WISSEN FÜR DIE PRAXIS

Ihr Online-Aktivierungscode
für den Online-Dienst
unter www.WALHALLA.de

Näheres dazu im Vorwort

WALHALLA

Walhalla Fachredaktion

Deutsches Beamten-Jahrbuch Nordrhein-Westfalen

Vorschriftensammlung zum Beamtenrecht

Bibliographische Information der Deutschen Nationalbibliothek
Die Deutsche Nationalbibliothek verzeichnet diese Publikation in der Deutschen Nationalbibliografie, detaillierte bibliografische Daten sind im Internet über www.dnb.de abrufbar.

Zitiervorschlag:
Deutsches Beamten-Jahrbuch Nordrhein-Westfalen
in der Reihe WALHALLA – Textausgabe
Walhalla Fachverlag, Regensburg 2026

Walhalla Mediengruppe

WALHALLA – eine Marke der Walhalla Mediengruppe

Rechtsstand: 1. August 2026, soweit bis zum 15.07.2026 veröffentlicht.

Kontakt bei Fragen zur Produktsicherheit:
Walhalla u. Praetoria Verlag GmbH & Co. KG, Haus an der Eisernen Brücke,
93042 Regensburg, E-Mail: produktsicherheit@walhalla.de, Telefon: 0941 5684-0

Produktion: Walhalla Mediengruppe, Regensburg
Umschlaggestaltung: grubergrafik, Augsburg
Printed in Germany
ISBN 978-3-8029-1218-4

Zur Walhalla Mediengruppe gehören die Marken WALHALLA, Deichmann+Fuchs, metropolitan und Annual Multimedia Award.

3WP-CPI-0926-10024-0

Das aktuelle Beamtenrecht 2026

Anpassung der Dienst- und Versorgungsbezüge

Die Landesregierung hat das Tarifergebnis in einem ersten Schritt vollständig auf die Beamtinnen und Beamten, Richterinnen und Richter sowie Versorgungsempfängerinnen und Versorgungsempfänger übertragen. Die notwendigen strukturellen Änderungen des Besoldungsrechts aufgrund der Entscheidung des Bundesverfassungsgerichts vom 17. September 2025 bleiben einem gesonderten Gesetzgebungsverfahren vorbehalten und werden nach Abschluss der erforderlichen Prüfungen umgesetzt.

Die Besoldungs- und Versorgungsbezüge wurden für die Jahre 2026 bis 2028 stufenweise angepasst. Zum 1. April 2026 wurden die Grundgehälter um 3,36 Prozent erhöht, wobei die Ausgestaltung der Erhöhung sicherstellt, dass sich die Grundgehälter in jeder Besoldungsgruppe und Erfahrungsstufe um mindestens 100 Euro erhöhten. Weitere dynamische Besoldungsbestandteile wurden um 2,8 Prozent angehoben; die Anwärterbezüge und Unterhaltsbeihilfen stiegen um 60 Euro. Zum 1. März 2027 folgen eine weitere Erhöhung der Bezüge um 2 Prozent sowie ein weiterer Zuschlag von 60 Euro für Anwärterinnen und Anwärter sowie bestimmte Auszubildende im Justizbereich. Zum 1. Januar 2028 werden die Bezüge nochmals um 1 Prozent und die entsprechenden Anwärterbezüge um 30 Euro erhöht.

Die Anpassungen wurden auf die Versorgungsbezüge einschließlich der weiteren dynamischen Versorgungsbestandteile übertragen. Darüber hinaus wurde für das Amt „Gesamtschulrektorin/Gesamtschulrektor – als Koordinatorin oder Koordinator –" eine Amtszulage eingeführt. Außerdem wurden das Landesbesoldungsgesetz und das Landesbeamtenversorgungsgesetz im Rahmen der Ämterbewertung angepasst sowie redaktionell überarbeitet.

Wahlordnung zum Landespersonalvertretungsgesetz

Die Wahlordnung zum Landespersonalvertretungsgesetz ist durch die Fünfte Verordnung zur Änderung der Wahlordnung zum Landespersonalvertretungsgesetz vom 10. März 2026 (GV. NRW. Nr. 6) geändert worden. Es wurden in unterschiedlichen Paragrafen Änderungen vorgenommen, wesentlich ist aber die Einfügung der neuen §§ 1a und 1b:

„§ 1a
Video- und Telefonkonferenzen

Die Sitzungen des Wahlvorstandes finden in der Regel als Präsenzsitzung in Anwesenheit seiner Mitglieder vor Ort statt. Die Sitzung kann vollständig oder unter Zuschaltung einzelner Wahlvorstandsmitglieder oder Teilnahmeberechtigter mittels Video- oder Telefonkonferenz durchgeführt werden, wenn

1. vorhandene Einrichtungen genutzt werden, die durch die Dienststelle zur dienstlichen Nutzung freigegeben sind,

2. kein Mitglied des Wahlvorstandes binnen einer von der vorsitzenden Person zu bestimmenden Frist gegenüber der vorsitzenden Person widerspricht,

3. der Wahlvorstand geeignete organisatorische Maßnahmen trifft, um sicherzustellen, dass Dritte vom Inhalt der Sitzung keine Kenntnis nehmen können und

4. eine barrierefreie Teilnahme für alle Wahlvorstandsmitglieder und Teilnahmeberechtigten möglich ist.

Eine Aufzeichnung ist unzulässig.

§ 1b
Elektronische Kommunikation

(1) Bekanntmachungen des Wahlvorstandes sollen zusätzlich zum Aushang auch mittels der nur dienststellenintern zugänglichen Informations- und Kommunikationstechnik erfolgen. In diesem Fall genügt es, die Bekanntmachung an einer geeigneten Stelle in der Hauptdienststelle und, falls davon abweichend, am dienstlichen Sitz des Wahlvorstands auszuhängen; in der elektronischen Fassung der Bekanntmachung ist anzugeben, an welchem Ort der schriftliche Aushang erfolgt. Eine Bekanntmachung ausschließlich als elektronische Fassung ist zulässig, wenn alle Beschäftigten von der Bekanntmachung Kenntnis erlangen können und Vorkehrungen getroffen werden, dass Änderungen der Bekanntmachung nur vom Wahlvorstand vorgenommen werden können.

(2) Soweit die schriftliche Form nicht als ausschließliche Schriftform vorgeschrieben ist, kann die Übersendung von Protokollen, Bekanntmachungen und Mitteilungen des Wahlvorstandes sowie von sonstigen Dokumenten im Wahlverfahren auch elektronisch erfolgen.

(3) Der Wahlvorstand kann zulassen, dass schriftlich ihm gegenüber abzugebende Erklärungen auch oder ausschließlich elektronisch übersendet werden können. In diesem Fall hat er in der Bekanntmachung nach § 1 Absatz 3 und im Wahlausschreiben darauf hinzuweisen und eine E-Mail-Adresse des Wahlvorstands bekannt zu machen. Die Entscheidung des Wahlvorstands über eine elektronisch eingegangene Erklärung kann vom Wahlvorstand ebenfalls elektronisch übermittelt werden.

(4) Für eine elektronische Übersendung innerhalb einer Dienststelle oder zwischen Dienststellen ist die in den Dienststellen üblicherweise genutzte Informations- und Kommunikationstechnik zu nutzen. Der Einhaltung der Voraussetzungen der elektronischen Form im Sinne von § 3a des Verwaltungsverfahrensgesetzes NRW in der Fassung der Bekanntmachung vom 12. November 1999 (GV. NRW. S. 602), das zuletzt durch Artikel 1 des Gesetzes vom 10. Dezember 2024 (GV. NRW. S. 1184) geändert worden ist, in der jeweils geltenden Fassung bedarf es dabei nicht."

JETZT MIT TESTZUGANG ZUM ONLINE-DIENST

Erstmals erhalten Sie parallel zum Druckwerk auch einen digitalen Zugriff auf die Inhalte. Der Online-Dienst ist orts- und zeitunabhängig über die Homepage des Verlages aufrufbar.

Ihr Zugangscode ist ab Einlösedatum 3 Monate gültig. Die Laufzeit endet automatisch. Sie gehen keine weiteren Verpflichtungen ein.

Aktivierungscode: KUQ-KOU-DWC

So lösen Sie den Code ein:
Melden Sie sich auf www.walhalla.de an. Sollten Sie noch kein Kundenkonto besitzen, können Sie sich einmalig unter „Mein Konto" registrieren.

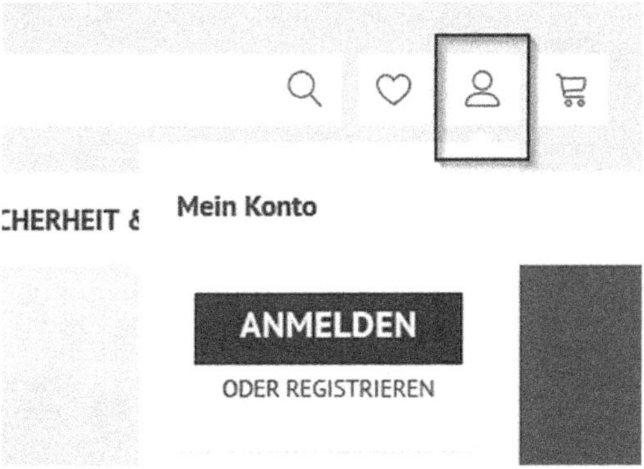

Lösen Sie anschließend Ihren Code in der oberen Navigationsleiste unter „Aktivierungscodes" ein.
Der Online-Dienst steht Ihnen nun in der Online-Bibliothek Ihres Accounts (oben rechts unter Mein Konto → Online-Bibliothek) zur Verfügung.

Schnellübersicht

I Statusrecht

Allgemeines Beamtenrecht

Arbeitszeit

Mutterschutz/Elternzeit/Urlaub

Disziplinarrecht

II Laufbahn/Ausbildung

II

Laufbahn

Ausbildung

III Besoldung

III

IV Versorgung

V Personalvertretung

V

VI Reise- und Umzugskosten/Trennungsgeld

VII Beihilfe/Fürsorge

VIII Soziale Schutzvorschriften/ Familienförderung/Vermögensbildung

Gleichberechtigung/Gleichstellung

Schwerbehinderte Menschen

Familienförderung

Vermögensbildung

IX Verfassung/Verwaltung

Verfassung

Verwaltung

X Allgemeine Schutzvorschriften

I Statusrecht

Allgemeines Beamtenrecht

Arbeitszeit

Mutterschutz/Elternzeit/Urlaub

Disziplinarrecht

I

Gesetz zur Regelung des Statusrechts der Beamtinnen und Beamten in den Ländern (Beamtenstatusgesetz – BeamtStG)

Vom 17. Juni 2008 (BGBl. I S. 1010)

Zuletzt geändert durch
Gesetz zur Beschleunigung von Disziplinarverfahren in der Bundesverwaltung und zur Änderung weiterer dienstrechtlicher Vorschriften
vom 20. Dezember 2023 (BGBl. I Nr. 389)

Inhaltsübersicht

Der Bundestag hat mit Zustimmung des Bundesrates das folgende Gesetz beschlossen:

Abschnitt 1
Allgemeine Vorschriften

§ 1 Geltungsbereich

Dieses Gesetz regelt das Statusrecht der Beamtinnen und Beamten der Länder, Gemeinden und Gemeindeverbände sowie der sonstigen der Aufsicht eines Landes unterstehenden Körperschaften, Anstalten und Stiftungen des öffentlichen Rechts.

§ 2 Dienstherrnfähigkeit

Das Recht, Beamtinnen und Beamte zu haben, besitzen

1. Länder, Gemeinden und Gemeindeverbände,
2. sonstige Körperschaften, Anstalten und Stiftungen des öffentlichen Rechts, die dieses Recht im Zeitpunkt des Inkrafttretens dieses Gesetzes besitzen oder denen es durch ein Landesgesetz oder aufgrund eines Landesgesetzes verliehen wird.

Abschnitt 2
Beamtenverhältnis

§ 3 Beamtenverhältnis

(1) Beamtinnen und Beamte stehen zu ihrem Dienstherrn in einem öffentlich-rechtlichen Dienst- und Treueverhältnis (Beamtenverhältnis).

(2) Die Berufung in das Beamtenverhältnis ist nur zulässig zur Wahrnehmung

1. hoheitsrechtlicher Aufgaben oder
2. solcher Aufgaben, die aus Gründen der Sicherung des Staates oder des öffentlichen Lebens nicht ausschließlich Personen übertragen werden dürfen, die in einem privatrechtlichen Arbeitsverhältnis stehen.

§ 4 Arten des Beamtenverhältnisses

(1) Das Beamtenverhältnis auf Lebenszeit dient der dauernden Wahrnehmung von Aufgaben nach § 3 Abs. 2. Es bildet die Regel.

(2) Das Beamtenverhältnis auf Zeit dient

a) der befristeten Wahrnehmung von Aufgaben nach § 3 Abs. 2 oder
b) der zunächst befristeten Übertragung eines Amtes mit leitender Funktion.

(3) Das Beamtenverhältnis auf Probe dient der Ableistung einer Probezeit

a) zur späteren Verwendung auf Lebenszeit oder
b) zur Übertragung eines Amtes mit leitender Funktion.

(4) Das Beamtenverhältnis auf Widerruf dient

a) der Ableistung eines Vorbereitungsdienstes oder
b) der nur vorübergehenden Wahrnehmung von Aufgaben nach § 3 Abs. 2.

§ 5 Ehrenbeamtinnen und Ehrenbeamte

(1) Als Ehrenbeamtin oder Ehrenbeamter kann berufen werden, wer Aufgaben im Sinne des § 3 Abs. 2 unentgeltlich wahrnehmen soll.

(2) Die Rechtsverhältnisse der Ehrenbeamtinnen und Ehrenbeamten können durch Landesrecht abweichend von den für Beamtinnen und Beamte allgemein geltenden Vorschriften geregelt werden, soweit es deren besondere Rechtsstellung erfordert.

(3) Ein Ehrenbeamtenverhältnis kann nicht in ein Beamtenverhältnis anderer Art, ein solches Beamtenverhältnis nicht in ein Ehrenbeamtenverhältnis umgewandelt werden.

§ 6 Beamtenverhältnis auf Zeit

Für die Rechtsverhältnisse der Beamtinnen auf Zeit und Beamten auf Zeit gelten die Vorschriften für Beamtinnen auf Lebenszeit und Beamte auf Lebenszeit entsprechend, soweit durch Landesrecht nichts anderes bestimmt ist.

§ 7 Voraussetzungen des Beamtenverhältnisses

(1) In das Beamtenverhältnis darf nur berufen werden, wer

1. Deutsche oder Deutscher im Sinne des Artikels 116 Absatz 1 des Grundgesetzes ist oder die Staatsangehörigkeit
   a) eines anderen Mitgliedstaates der Europäischen Union oder

b) eines anderen Vertragsstaates des Abkommens über den Europäischen Wirtschaftsraum oder
c) eines Drittstaates, dem die Bundesrepublik Deutschland und die Europäische Union vertraglich einen entsprechenden Anspruch auf Anerkennung von Berufsqualifikationen eingeräumt haben,

besitzt,

2. die Gewähr dafür bietet, jederzeit für die freiheitliche demokratische Grundordnung im Sinne des Grundgesetzes einzutreten, und
3. die nach Landesrecht vorgeschriebene Befähigung besitzt.

In das Beamtenverhältnis darf nicht berufen werden, wer unveränderliche Merkmale des Erscheinungsbilds aufweist, die mit der Erfüllung der Pflichten nach § 34 Absatz 2 nicht vereinbar sind.

(2) Wenn die Aufgaben es erfordern, darf nur eine Deutsche oder ein Deutscher im Sinne des Artikels 116 Absatz 1 des Grundgesetzes in ein Beamtenverhältnis berufen werden.

(3) Ausnahmen von Absatz 1 Nr. 1 und Absatz 2 können nur zugelassen werden, wenn

1. für die Gewinnung der Beamtin oder des Beamten ein dringendes dienstliches Interesse besteht oder
2. bei der Berufung von Hochschullehrerinnen und Hochschullehrern und anderen Mitarbeiterinnen und Mitarbeitern des wissenschaftlichen und künstlerischen Personals in das Beamtenverhältnis andere wichtige Gründe vorliegen.

§ 8 Ernennung

(1) Einer Ernennung bedarf es zur

1. Begründung des Beamtenverhältnisses,
2. Umwandlung des Beamtenverhältnisses in ein solches anderer Art (§ 4),
3. Verleihung eines anderen Amtes mit anderem Grundgehalt oder
4. Verleihung eines anderen Amtes mit anderer Amtsbezeichnung, soweit das Landesrecht dies bestimmt.

(2) Die Ernennung erfolgt durch Aushändigung einer Ernennungsurkunde. In der Urkunde müssen enthalten sein

1. bei der Begründung des Beamtenverhältnisses die Worte „unter Berufung in das Beamtenverhältnis" mit dem die Art des Beamtenverhältnisses bestimmenden Zusatz „auf Lebenszeit", „auf Probe", „auf Widerruf", „als Ehrenbeamtin" oder „als Ehrenbeamter" oder „auf Zeit" mit der Angabe der Zeitdauer der Berufung,
2. bei der Umwandlung des Beamtenverhältnisses in ein solches anderer Art die diese Art bestimmenden Worte nach Nummer 1 und
3. bei der Verleihung eines Amts die Amtsbezeichnung.

(3) Mit der Begründung eines Beamtenverhältnisses auf Probe, auf Lebenszeit und auf Zeit wird gleichzeitig ein Amt verliehen.

(4) Eine Ernennung auf einen zurückliegenden Zeitpunkt ist unzulässig und insoweit unwirksam.

§ 9 Kriterien der Ernennung

Ernennungen sind nach Eignung, Befähigung und fachlicher Leistung ohne Rücksicht auf Geschlecht, Abstammung, Rasse oder ethnische Herkunft, Behinderung, Religion oder Weltanschauung, politische Anschauungen, Herkunft, Beziehungen oder sexuelle Identität vorzunehmen.

§ 10 Voraussetzung der Ernennung auf Lebenszeit

Die Ernennung zur Beamtin auf Lebenszeit oder zum Beamten auf Lebenszeit ist nur zulässig, wenn die Beamtin oder der Beamte sich in einer Probezeit von mindestens sechs Monaten und höchstens fünf Jahren bewährt hat. Von der Mindestprobezeit können durch Landesrecht Ausnahmen bestimmt werden.

§ 11 Nichtigkeit der Ernennung

(1) Die Ernennung ist nichtig, wenn

1. sie nicht der in § 8 Abs. 2 vorgeschriebenen Form entspricht,
2. sie von einer sachlich unzuständigen Behörde ausgesprochen wurde oder

3. zum Zeitpunkt der Ernennung
   a) nach § 7 Absatz 1 Satz 1 Nummer 1 keine Ernennung erfolgen durfte und keine Ausnahme nach § 7 Abs. 3 zugelassen war,
   b) nicht die Fähigkeit zur Bekleidung öffentlicher Ämter vorlag oder
   c) eine ihr zu Grunde liegende Wahl unwirksam ist.

(2) Die Ernennung ist von Anfang an als wirksam anzusehen, wenn

1. im Fall des Absatzes 1 Nr. 1 aus der Urkunde oder aus dem Akteninhalt eindeutig hervorgeht, dass die für die Ernennung zuständige Stelle ein bestimmtes Beamtenverhältnis begründen oder ein bestehendes Beamtenverhältnis in ein solches anderer Art umwandeln wollte, für das die sonstigen Voraussetzungen vorliegen, und die für die Ernennung zuständige Stelle die Wirksamkeit schriftlich bestätigt; das Gleiche gilt, wenn die Angabe der Zeitdauer fehlt, durch Landesrecht aber die Zeitdauer bestimmt ist,
2. im Fall des Absatzes 1 Nr. 2 die sachlich zuständige Behörde die Ernennung bestätigt oder
3. im Fall des Absatzes 1 Nr. 3 Buchstabe a eine Ausnahme nach § 7 Abs. 3 nachträglich zugelassen wird.

§ 12 Rücknahme der Ernennung

(1) Die Ernennung ist mit Wirkung für die Vergangenheit zurückzunehmen, wenn

1. sie durch Zwang, arglistige Täuschung oder Bestechung herbeigeführt wurde,
2. dem Dienstherrn zum Zeitpunkt der Ernennung nicht bekannt war, dass die ernannte Person vor ihrer Ernennung ein Verbrechen oder Vergehen begangen hat, aufgrund dessen sie vor oder nach ihrer Ernennung rechtskräftig zu einer Strafe verurteilt worden ist und das sie für die Berufung in das Beamtenverhältnis als unwürdig erscheinen lässt,
3. die Ernennung nach § 7 Abs. 2 nicht erfolgen durfte und eine Ausnahme nach § 7 Abs. 3 nicht zugelassen war und die Ausnahme nicht nachträglich erteilt wird oder
4. eine durch Landesrecht vorgeschriebene Mitwirkung einer unabhängigen Stelle oder einer Aufsichtsbehörde unterblieben ist und nicht nachgeholt wurde.

(2) Die Ernennung soll zurückgenommen werden, wenn nicht bekannt war, dass gegen die ernannte Person in einem Disziplinarverfahren auf Entfernung aus dem Beamtenverhältnis oder auf Aberkennung des Ruhegehalts erkannt worden war. Dies gilt auch, wenn die Entscheidung gegen eine Beamtin oder einen Beamten der Europäischen Union oder eines Staates nach § 7 Absatz 1 Satz 1 Nummer 1 ergangen ist.

Abschnitt 3 Länderübergreifender Wechsel und Wechsel in die Bundesverwaltung

§ 13 Grundsatz

Die Vorschriften dieses Abschnitts gelten nur bei landesübergreifender Abordnung, Versetzung und Umbildung von Körperschaften sowie bei einer Abordnung oder Versetzung aus einem Land in die Bundesverwaltung.

§ 14 Abordnung

(1) Beamtinnen und Beamte können aus dienstlichen Gründen vorübergehend ganz oder teilweise zu einer dem übertragenen Amt entsprechenden Tätigkeit in den Bereich eines Dienstherrn eines anderen Landes oder des Bundes abgeordnet werden.

(2) Aus dienstlichen Gründen ist eine Abordnung vorübergehend ganz oder teilweise auch zu einer nicht dem Amt entsprechenden Tätigkeit zulässig, wenn der Beamtin oder dem Beamten die Wahrnehmung der neuen Tätigkeit aufgrund der Vorbildung oder Berufsausbildung zuzumuten ist. Dabei ist auch die Abordnung zu einer Tätigkeit, die nicht einem Amt mit demselben Grundgehalt entspricht, zulässig.

(3) Die Abordnung bedarf der Zustimmung der Beamtin oder des Beamten. Abweichend von Satz 1 ist die Abordnung auch ohne Zustimmung zulässig, wenn die neue Tätigkeit

zuzumuten ist und einem Amt mit demselben Grundgehalt entspricht und die Abordnung die Dauer von fünf Jahren nicht übersteigt.

(4) Die Abordnung wird von dem abgebenden im Einverständnis mit dem aufnehmenden Dienstherrn verfügt. Soweit zwischen den Dienstherren nichts anderes vereinbart ist, sind die für den Bereich des aufnehmenden Dienstherrn geltenden Vorschriften über die Pflichten und Rechte der Beamtinnen und Beamten mit Ausnahme der Regelungen über Diensteid, Amtsbezeichnung, Zahlung von Bezügen, Krankenfürsorgeleistungen und Versorgung entsprechend anzuwenden. Die Verpflichtung zur Bezahlung hat auch der Dienstherr, zu dem die Abordnung erfolgt ist.

§ 15 Versetzung

(1) Beamtinnen und Beamte können auf Antrag oder aus dienstlichen Gründen in den Bereich eines Dienstherrn eines anderen Landes oder des Bundes in ein Amt einer Laufbahn versetzt werden, für die sie die Befähigung besitzen.

(2) Eine Versetzung bedarf der Zustimmung der Beamtin oder des Beamten. Abweichend von Satz 1 ist die Versetzung auch ohne Zustimmung zulässig, wenn das neue Amt mit mindestens demselben Grundgehalt verbunden ist wie das bisherige Amt. Stellenzulagen gelten hierbei nicht als Bestandteile des Grundgehalts.

(3) Die Versetzung wird von dem abgebenden im Einverständnis mit dem aufnehmenden Dienstherrn verfügt. Das Beamtenverhältnis wird mit dem neuen Dienstherrn fortgesetzt.

§ 16 Umbildung einer Körperschaft

(1) Beamtinnen und Beamte einer juristischen Person des öffentlichen Rechts mit Dienstherrnfähigkeit (Körperschaft), die vollständig in eine andere Körperschaft eingegliedert wird, treten mit der Umbildung kraft Gesetzes in den Dienst der aufnehmenden Körperschaft über.

(2) Die Beamtinnen und Beamten einer Körperschaft, die vollständig in mehrere andere Körperschaften eingegliedert wird, sind anteilig in den Dienst der aufnehmenden Körperschaften zu übernehmen. Die beteiligten Körperschaften haben innerhalb einer Frist von sechs Monaten nach der Umbildung im Einvernehmen miteinander zu bestimmen, von welchen Körperschaften die einzelnen Beamtinnen und Beamten zu übernehmen sind. Solange eine Beamtin oder ein Beamter nicht übernommen ist, haften alle aufnehmenden Körperschaften für die ihr oder ihm zustehenden Bezüge als Gesamtschuldner.

(3) Die Beamtinnen und Beamten einer Körperschaft, die teilweise in eine oder mehrere andere Körperschaften eingegliedert wird, sind zu einem verhältnismäßigen Teil, bei mehreren Körperschaften anteilig, in den Dienst der aufnehmenden Körperschaften zu übernehmen. Absatz 2 Satz 2 ist entsprechend anzuwenden.

(4) Die Absätze 1 bis 3 gelten entsprechend, wenn eine Körperschaft mit einer oder mehreren anderen Körperschaften zu einer neuen Körperschaft zusammengeschlossen wird, wenn ein oder mehrere Teile verschiedener Körperschaften zu einem oder mehreren neuen Teilen einer Körperschaft zusammengeschlossen werden, wenn aus einer Körperschaft oder aus Teilen einer Körperschaft eine oder mehrere neue Körperschaften gebildet werden, oder wenn Aufgaben einer Körperschaft vollständig oder teilweise auf eine oder mehrere andere Körperschaften übergehen.

§ 17 Rechtsfolgen der Umbildung

(1) Tritt eine Beamtin oder ein Beamter aufgrund des § 16 Abs. 1 kraft Gesetzes in den Dienst einer anderen Körperschaft über oder wird sie oder er aufgrund des § 16 Abs. 2 oder 3 von einer anderen Körperschaft übernommen, wird das Beamtenverhältnis mit dem neuen Dienstherrn fortgesetzt.

(2) Im Fall des § 16 Abs. 1 ist der Beamtin oder dem Beamten von der aufnehmenden oder neuen Körperschaft die Fortsetzung des Beamtenverhältnisses schriftlich zu bestätigen.

(3) In den Fällen des § 16 Abs. 2 und 3 wird die Übernahme von der Körperschaft verfügt, in deren Dienst die Beamtin oder der Beamte treten soll. Die Verfügung wird mit der Zustellung an die Beamtin oder den Beamten wirksam. Die Beamtin oder der Beamte ist verpflichtet, der Übernahmeverfügung Folge

zu leisten. Kommt die Beamtin oder der Beamte der Verpflichtung nicht nach, ist sie oder er zu entlassen.

(4) Die Absätze 1 bis 3 gelten entsprechend in den Fällen des § 16 Abs. 4.

§ 18 Rechtsstellung der Beamtinnen und Beamten

(1) Beamtinnen und Beamten, die nach § 16 in den Dienst einer anderen Körperschaft kraft Gesetzes übertreten oder übernommen werden, soll ein gleich zu bewertendes Amt übertragen werden, das ihrem bisherigen Amt nach Bedeutung und Inhalt ohne Rücksicht auf Dienststellung und Dienstalter entspricht. Wenn eine dem bisherigen Amt entsprechende Verwendung nicht möglich ist, kann ihnen auch ein anderes Amt mit geringerem Grundgehalt übertragen werden. Das Grundgehalt muss mindestens dem des Amtes entsprechen, das die Beamtinnen und Beamten vor dem bisherigen Amt innehatten. In diesem Fall dürfen sie neben der neuen Amtsbezeichnung die des früheren Amtes mit dem Zusatz „außer Dienst" („a. D.") führen.

(2) Die aufnehmende oder neue Körperschaft kann, wenn die Zahl der bei ihr nach der Umbildung vorhandenen Beamtinnen und Beamten den tatsächlichen Bedarf übersteigt, innerhalb einer Frist, deren Bestimmung dem Landesrecht vorbehalten bleibt, Beamtinnen und Beamte im Beamtenverhältnis auf Lebenszeit oder auf Zeit in den einstweiligen Ruhestand versetzen, wenn deren Aufgabengebiet von der Umbildung berührt wurde. Bei Beamtinnen auf Zeit und Beamten auf Zeit, die nach Satz 1 in den einstweiligen Ruhestand versetzt sind, endet der einstweilige Ruhestand mit Ablauf der Amtszeit; sie gelten in diesem Zeitpunkt als dauernd in den Ruhestand versetzt, wenn sie bei Verbleiben im Amt mit Ablauf der Amtszeit in den Ruhestand getreten wären.

§ 19 Rechtsstellung der Versorgungsempfängerinnen und Versorgungsempfänger

(1) Die Vorschriften des § 16 Abs. 1 und 2 und des § 17 gelten entsprechend für die im Zeitpunkt der Umbildung bei der abgebenden Körperschaft vorhandenen Versorgungsempfängerinnen und Versorgungsempfänger.

(2) In den Fällen des § 16 Abs. 3 bleiben die Ansprüche der im Zeitpunkt der Umbildung vorhandenen Versorgungsempfängerinnen und Versorgungsempfänger gegenüber der abgebenden Körperschaft bestehen.

(3) Die Absätze 1 und 2 gelten entsprechend in den Fällen des § 16 Abs. 4.

Abschnitt 4
Zuweisung einer Tätigkeit bei anderen Einrichtungen

§ 20 Zuweisung

(1) Beamtinnen und Beamten kann mit ihrer Zustimmung vorübergehend ganz oder teilweise eine ihrem Amt entsprechende Tätigkeit zugewiesen werden

1. bei einer öffentlichen Einrichtung ohne Dienstherrneigenschaft oder bei einer öffentlich-rechtlichen Religionsgemeinschaft im dienstlichen oder öffentlichen Interesse oder
2. bei einer anderen Einrichtung, wenn öffentliche Interessen es erfordern.

(2) Beamtinnen und Beamten einer Dienststelle, die ganz oder teilweise in eine öffentlich-rechtlich organisierte Einrichtung ohne Dienstherrneigenschaft oder eine privatrechtlich organisierte Einrichtung der öffentlichen Hand umgewandelt wird, kann auch ohne ihre Zustimmung ganz oder teilweise eine ihrem Amt entsprechende Tätigkeit bei dieser Einrichtung zugewiesen werden, wenn öffentliche Interessen es erfordern.

(3) Die Rechtsstellung der Beamtinnen und Beamten bleibt unberührt.

Abschnitt 5
Beendigung des Beamtenverhältnisses

§ 21 Beendigungsgründe

Das Beamtenverhältnis endet durch

1. Entlassung,
2. Verlust der Beamtenrechte,

3. Entfernung aus dem Beamtenverhältnis nach den Disziplinargesetzen oder
4. Eintritt oder Versetzung in den Ruhestand.

§ 22 Entlassung kraft Gesetzes

(1) Beamtinnen und Beamte sind entlassen, wenn

1. die Voraussetzungen des § 7 Absatz 1 Satz 1 Nummer 1 nicht mehr vorliegen und eine Ausnahme nach § 7 Absatz 3 auch nachträglich nicht zugelassen wird oder
2. sie die Altersgrenze erreichen und das Beamtenverhältnis nicht durch Eintritt in den Ruhestand endet.

(2) Die Beamtin oder der Beamte ist entlassen, wenn ein öffentlich-rechtliches Dienst- oder Amtsverhältnis zu einem anderen Dienstherrn oder zu einer Einrichtung ohne Dienstherrneigenschaft begründet wird, sofern nicht im Einvernehmen mit dem neuen Dienstherrn oder der Einrichtung die Fortdauer des Beamtenverhältnisses neben dem neuen Dienst- oder Amtsverhältnis angeordnet oder durch Landesrecht etwas anderes bestimmt wird. Dies gilt nicht für den Eintritt in ein Beamtenverhältnis auf Widerruf oder als Ehrenbeamtin oder Ehrenbeamter.

(3) Die Beamtin oder der Beamte ist mit der Berufung in ein Beamtenverhältnis auf Zeit aus einem anderen Beamtenverhältnis bei demselben Dienstherrn entlassen, soweit das Landesrecht keine abweichenden Regelungen trifft.

(4) Das Beamtenverhältnis auf Widerruf endet mit Ablauf des Tages der Ablegung oder dem endgültigen Nichtbestehen der für die Laufbahn vorgeschriebenen Prüfung, sofern durch Landesrecht nichts anderes bestimmt ist.

(5) Das Beamtenverhältnis auf Probe in einem Amt mit leitender Funktion endet mit Ablauf der Probezeit oder mit Versetzung zu einem anderen Dienstherrn.

§ 23 Entlassung durch Verwaltungsakt

(1) Beamtinnen und Beamte sind zu entlassen, wenn sie

1. den Diensteid oder ein an dessen Stelle vorgeschriebenes Gelöbnis verweigern,
2. nicht in den Ruhestand oder einstweiligen Ruhestand versetzt werden können, weil eine versorgungsrechtliche Wartezeit nicht erfüllt ist,
3. dauernd dienstunfähig sind und das Beamtenverhältnis nicht durch Versetzung in den Ruhestand endet,
4. die Entlassung in schriftlicher Form verlangen oder
5. nach Erreichen der Altersgrenze berufen worden sind.

Im Fall des Satzes 1 Nr. 3 ist § 26 Abs. 2 entsprechend anzuwenden.

(2) Beamtinnen und Beamte können entlassen werden, wenn sie in Fällen des § 7 Abs. 2 die Eigenschaft als Deutsche oder Deutscher im Sinne des Artikels 116 Absatz 1 des Grundgesetzes verlieren.

(3) Beamtinnen auf Probe und Beamte auf Probe können entlassen werden,

1. wenn sie eine Handlung begehen, die im Beamtenverhältnis auf Lebenszeit mindestens eine Kürzung der Dienstbezüge zur Folge hätte,
2. wenn sie sich in der Probezeit nicht bewährt haben oder
3. wenn ihr Aufgabengebiet bei einer Behörde von der Auflösung dieser Behörde oder einer auf landesrechtlicher Vorschrift beruhenden wesentlichen Änderung des Aufbaus oder Verschmelzung dieser Behörde mit einer anderen oder von der Umbildung einer Körperschaft berührt wird und eine andere Verwendung nicht möglich ist.

Im Fall des Satzes 1 Nr. 2 ist § 26 Abs. 2 bei allein mangelnder gesundheitlicher Eignung entsprechend anzuwenden.

(4) Beamtinnen auf Widerruf und Beamte auf Widerruf können jederzeit entlassen werden. Die Gelegenheit zur Beendigung des Vorbereitungsdienstes und zur Ablegung der Prüfung soll gegeben werden.

§ 24 Verlust der Beamtenrechte

(1) Wenn eine Beamtin oder ein Beamter im ordentlichen Strafverfahren durch das Urteil eines deutschen Gerichts

1. wegen einer vorsätzlichen Tat zu einer Freiheitsstrafe von mindestens einem Jahr oder
2. wegen einer vorsätzlichen Tat, die nach den Vorschriften über Friedensverrat, Hochverrat und Gefährdung des demokratischen Rechtsstaates, Landesverrat und Gefährdung der äußeren Sicherheit, Volksverhetzung oder, soweit sich die Tat auf eine Diensthandlung im Hauptamt bezieht, Bestechlichkeit, strafbar ist, zu einer Freiheitsstrafe von mindestens sechs Monaten

verurteilt wird, endet das Beamtenverhältnis mit der Rechtskraft des Urteils. Entsprechendes gilt, wenn die Fähigkeit zur Bekleidung öffentlicher Ämter aberkannt wird oder wenn die Beamtin oder der Beamte aufgrund einer Entscheidung des Bundesverfassungsgerichts nach Artikel 18 des Grundgesetzes ein Grundrecht verwirkt hat.

(2) Wird eine Entscheidung, die den Verlust der Beamtenrechte zur Folge hat, in einem Wiederaufnahmeverfahren aufgehoben, gilt das Beamtenverhältnis als nicht unterbrochen.

§ 25 Ruhestand wegen Erreichens der Altersgrenze

Beamtinnen auf Lebenszeit und Beamte auf Lebenszeit treten nach Erreichen der Altersgrenze in den Ruhestand.

§ 26 Dienstunfähigkeit

(1) Beamtinnen auf Lebenszeit und Beamte auf Lebenszeit sind in den Ruhestand zu versetzen, wenn sie wegen ihres körperlichen Zustandes oder aus gesundheitlichen Gründen zur Erfüllung ihrer Dienstpflichten dauernd unfähig (dienstunfähig) sind. Als dienstunfähig kann auch angesehen werden, wer infolge Erkrankung innerhalb eines Zeitraums von sechs Monaten mehr als drei Monate keinen Dienst getan hat und keine Aussicht besteht, dass innerhalb einer Frist, deren Bestimmung dem Landesrecht vorbehalten bleibt, die Dienstfähigkeit wieder voll hergestellt ist. In den Ruhestand wird nicht versetzt, wer anderweitig verwendbar ist. Für Gruppen von Beamtinnen und Beamten können besondere Voraussetzungen für die Dienstunfähigkeit durch Landesrecht geregelt werden.

(2) Eine anderweitige Verwendung ist möglich, wenn der Beamtin oder dem Beamten ein anderes Amt derselben oder einer anderen Laufbahn übertragen werden kann. In den Fällen des Satzes 1 ist die Übertragung eines anderen Amtes ohne Zustimmung zulässig, wenn das neue Amt zum Bereich desselben Dienstherrn gehört, es mit mindestens demselben Grundgehalt verbunden ist wie das bisherige Amt und wenn zu erwarten ist, dass die gesundheitlichen Anforderungen des neuen Amtes erfüllt werden. Beamtinnen und Beamte, die nicht die Befähigung für die andere Laufbahn besitzen, haben an Qualifizierungsmaßnahmen für den Erwerb der neuen Befähigung teilzunehmen.

(3) Zur Vermeidung der Versetzung in den Ruhestand kann der Beamtin oder dem Beamten unter Beibehaltung des übertragenen Amtes ohne Zustimmung auch eine geringerwertige Tätigkeit im Bereich desselben Dienstherrn übertragen werden, wenn eine anderweitige Verwendung nicht möglich ist und die Wahrnehmung der neuen Aufgabe unter Berücksichtigung der bisherigen Tätigkeit zumutbar ist.

§ 27 Begrenzte Dienstfähigkeit

(1) Von der Versetzung in den Ruhestand wegen Dienstunfähigkeit ist abzusehen, wenn die Beamtin oder der Beamte unter Beibehaltung des übertragenen Amtes die Dienstpflichten noch während mindestens der Hälfte der regelmäßigen Arbeitszeit erfüllen kann (begrenzte Dienstfähigkeit).

(2) Die Arbeitszeit ist entsprechend der begrenzten Dienstfähigkeit herabzusetzen. Mit Zustimmung der Beamtin oder des Beamten ist auch eine Verwendung in einer nicht dem Amt entsprechenden Tätigkeit möglich.

§ 28 Ruhestand bei Beamtenverhältnis auf Probe

(1) Beamtinnen auf Probe und Beamte auf Probe sind in den Ruhestand zu versetzen, wenn sie infolge Krankheit, Verwundung

oder sonstiger Beschädigung, die sie sich ohne grobes Verschulden bei Ausübung oder aus Veranlassung des Dienstes zugezogen haben, dienstunfähig geworden sind.

(2) Beamtinnen auf Probe und Beamte auf Probe können in den Ruhestand versetzt werden, wenn sie aus anderen Gründen dienstunfähig geworden sind.

(3) § 26 Abs. 1 Satz 3, Abs. 2 und 3 sowie § 27 sind entsprechend anzuwenden.

§ 29 Wiederherstellung der Dienstfähigkeit

(1) Wird nach der Versetzung in den Ruhestand wegen Dienstunfähigkeit die Dienstfähigkeit wiederhergestellt und beantragt die Ruhestandsbeamtin oder der Ruhestandsbeamte vor Ablauf einer Frist, deren Bestimmung dem Landesrecht vorbehalten bleibt, spätestens zehn Jahre nach der Versetzung in den Ruhestand, eine erneute Berufung in das Beamtenverhältnis, ist diesem Antrag zu entsprechen, falls nicht zwingende dienstliche Gründe entgegenstehen.

(2) Beamtinnen und Beamte, die wegen Dienstunfähigkeit in den Ruhestand versetzt worden sind, können erneut in das Beamtenverhältnis berufen werden, wenn im Dienstbereich des früheren Dienstherrn ein Amt mit mindestens demselben Grundgehalt übertragen werden soll und wenn zu erwarten ist, dass die gesundheitlichen Anforderungen des neuen Amtes erfüllt werden. Beamtinnen und Beamte, die nicht die Befähigung für die andere Laufbahn besitzen, haben an Qualifizierungsmaßnahmen für den Erwerb der neuen Befähigung teilzunehmen. Den wegen Dienstunfähigkeit in den Ruhestand versetzten Beamtinnen und Beamten kann unter Übertragung eines Amtes ihrer früheren Laufbahn nach Satz 1 auch eine geringerwertige Tätigkeit im Bereich desselben Dienstherrn übertragen werden, wenn eine anderweitige Verwendung nicht möglich ist und die Wahrnehmung der neuen Aufgabe unter Berücksichtigung ihrer früheren Tätigkeit zumutbar ist.

(3) Die erneute Berufung in ein Beamtenverhältnis ist auch in den Fällen der begrenzten Dienstfähigkeit möglich.

(4) Beamtinnen und Beamte, die wegen Dienstunfähigkeit in den Ruhestand versetzt worden sind, sind verpflichtet, sich geeigneten und zumutbaren Maßnahmen zur Wiederherstellung ihrer Dienstfähigkeit zu unterziehen; die zuständige Behörde kann ihnen entsprechende Weisungen erteilen.

(5) Die Dienstfähigkeit der Ruhestandsbeamtin oder des Ruhestandsbeamten kann nach Maßgabe des Landesrechts untersucht werden; sie oder er ist verpflichtet, sich nach Weisung der zuständigen Behörde ärztlich untersuchen zu lassen. Die Ruhestandsbeamtin oder der Ruhestandsbeamte kann eine solche Untersuchung verlangen, wenn sie oder er einen Antrag nach Absatz 1 zu stellen beabsichtigt.

(6) Bei einer erneuten Berufung gilt das frühere Beamtenverhältnis als fortgesetzt.

§ 30 Einstweiliger Ruhestand

(1) Beamtinnen auf Lebenszeit und Beamte auf Lebenszeit können jederzeit in den einstweiligen Ruhestand versetzt werden, wenn sie ein Amt bekleiden, bei dessen Ausübung sie in fortdauernder Übereinstimmung mit den grundsätzlichen politischen Ansichten und Zielen der Regierung stehen müssen. Die Bestimmung der Ämter nach Satz 1 ist dem Landesrecht vorbehalten.

(2) Beamtinnen und Beamte, die auf Probe ernannt sind und ein Amt im Sinne des Absatzes 1 bekleiden, können jederzeit entlassen werden.

(3) Für den einstweiligen Ruhestand gelten die Vorschriften über den Ruhestand. § 29 Abs. 2 und 6 gilt entsprechend. Der einstweilige Ruhestand endet bei erneuter Berufung in das Beamtenverhältnis auf Lebenszeit auch bei einem anderen Dienstherrn, wenn den Beamtinnen oder Beamten ein Amt verliehen wird, das derselben oder einer gleichwertigen Laufbahn angehört wie das frühere Amt und mit mindestens demselben Grundgehalt verbunden ist.

(4) Erreichen Beamtinnen und Beamte, die in den einstweiligen Ruhestand versetzt sind, die gesetzliche Altersgrenze, gelten sie mit diesem Zeitpunkt als dauernd in den Ruhestand versetzt.

§ 31 Einstweiliger Ruhestand bei Umbildung und Auflösung von Behörden

(1) Bei der Auflösung einer Behörde oder bei einer auf landesrechtlicher Vorschrift beruhenden wesentlichen Änderung des Aufbaus oder bei Verschmelzung einer Behörde mit einer oder mehreren anderen kann eine Beamtin auf Lebenszeit oder ein Beamter auf Lebenszeit in den einstweiligen Ruhestand versetzt werden, wenn das übertragene Aufgabengebiet von der Auflösung oder Umbildung berührt wird und eine Versetzung nach Landesrecht nicht möglich ist. Zusätzliche Voraussetzungen können geregelt werden.

(2) Die erneute Berufung der in den einstweiligen Ruhestand versetzten Beamtin oder des in den einstweiligen Ruhestand versetzten Beamten in ein Beamtenverhältnis ist vorzusehen, wenn ein der bisherigen Tätigkeit entsprechendes Amt zu besetzen ist, für das sie oder er geeignet ist. Für erneute Berufungen nach Satz 1, die weniger als fünf Jahre vor Erreichen der Altersgrenze (§ 25) wirksam werden, können durch Landesrecht abweichende Regelungen getroffen werden.

(3) § 29 Abs. 6 gilt entsprechend.

§ 32 Wartezeit

Die Versetzung in den Ruhestand setzt die Erfüllung einer versorgungsrechtlichen Wartezeit voraus.

Abschnitt 6
Rechtliche Stellung im Beamtenverhältnis

§ 33 Grundpflichten

(1) Beamtinnen und Beamte dienen dem ganzen Volk, nicht einer Partei. Sie haben ihre Aufgaben unparteiisch und gerecht zu erfüllen und ihr Amt zum Wohl der Allgemeinheit zu führen. Beamtinnen und Beamte müssen sich durch ihr gesamtes Verhalten zu der freiheitlichen demokratischen Grundordnung im Sinne des Grundgesetzes bekennen und für deren Erhaltung eintreten.

(2) Beamtinnen und Beamte haben bei politischer Betätigung diejenige Mäßigung und Zurückhaltung zu wahren, die sich aus ihrer Stellung gegenüber der Allgemeinheit und aus der Rücksicht auf die Pflichten ihres Amtes ergibt.

§ 34 Wahrnehmung der Aufgaben, Verhalten und Erscheinungsbild

(1) Beamtinnen und Beamte haben sich mit vollem persönlichem Einsatz ihrem Beruf zu widmen. Sie haben die übertragenen Aufgaben uneigennützig nach bestem Gewissen wahrzunehmen. Ihr Verhalten innerhalb und außerhalb des Dienstes muss der Achtung und dem Vertrauen gerecht werden, die ihr Beruf erfordern.

(2) Beamtinnen und Beamte haben bei der Ausübung des Dienstes oder bei einer Tätigkeit mit unmittelbarem Dienstbezug auch hinsichtlich ihres Erscheinungsbilds Rücksicht auf das ihrem Amt entgegengebrachte Vertrauen zu nehmen. Insbesondere das Tragen von bestimmten Kleidungsstücken, Schmuck, Symbolen und Tätowierungen im sichtbaren Bereich sowie die Art der Haar- und Barttracht können eingeschränkt oder untersagt werden, soweit die Funktionsfähigkeit der Verwaltung oder die Pflicht zum achtungs- und vertrauenswürdigen Verhalten dies erfordert. Das ist insbesondere dann der Fall, wenn Merkmale des Erscheinungsbilds nach Satz 2 durch ihre über das übliche Maß hinausgehende besonders individualisierende Art geeignet sind, die amtliche Funktion der Beamtin oder des Beamten in den Hintergrund zu drängen. Religiös oder weltanschaulich konnotierte Merkmale des Erscheinungsbilds nach Satz 2 können nur dann eingeschränkt oder untersagt werden, wenn sie objektiv geeignet sind, das Vertrauen in die neutrale Amtsführung der Beamtin oder des Beamten zu beeinträchtigen. Die Einzelheiten nach den Sätzen 2 bis 4 können durch Landesrecht bestimmt werden. Die Verhüllung des Gesichts bei der Ausübung des Dienstes oder bei einer Tätigkeit mit unmittelbarem Dienstbezug ist stets unzulässig, es sei denn, dienstliche oder gesundheitliche Gründe erfordern dies.

§ 35 Folgepflicht

(1) Beamtinnen und Beamte haben ihre Vorgesetzten zu beraten und zu unterstützen. Sie sind verpflichtet, deren dienstliche Anordnungen auszuführen und deren allgemeine Richtlinien zu befolgen. Dies gilt nicht, soweit die Beamtinnen und Beamten nach besonderen gesetzlichen Vorschriften an Weisungen nicht gebunden und nur dem Gesetz unterworfen sind.

(2) Beamtinnen und Beamte haben bei organisatorischen Veränderungen dem Dienstherrn Folge zu leisten.

§ 36 Verantwortung für die Rechtmäßigkeit

(1) Beamtinnen und Beamte tragen für die Rechtmäßigkeit ihrer dienstlichen Handlungen die volle persönliche Verantwortung.

(2) Bedenken gegen die Rechtmäßigkeit dienstlicher Anordnungen haben Beamtinnen und Beamte unverzüglich auf dem Dienstweg geltend zu machen. Wird die Anordnung aufrechterhalten, haben sie sich, wenn die Bedenken fortbestehen, an die nächst höhere Vorgesetzte oder den nächst höheren Vorgesetzten zu wenden. Wird die Anordnung bestätigt, müssen die Beamtinnen und Beamten sie ausführen und sind von der eigenen Verantwortung befreit. Dies gilt nicht, wenn das aufgetragene Verhalten die Würde des Menschen verletzt oder strafbar oder ordnungswidrig ist und die Strafbarkeit oder Ordnungswidrigkeit für die Beamtinnen oder Beamten erkennbar ist. Die Bestätigung hat auf Verlangen schriftlich zu erfolgen.

(3) Wird von den Beamtinnen oder Beamten die sofortige Ausführung der Anordnung verlangt, weil Gefahr im Verzug besteht und die Entscheidung der oder des höheren Vorgesetzten nicht rechtzeitig herbeigeführt werden kann, gilt Absatz 2 Satz 3 und 4 entsprechend. Die Anordnung ist durch die anordnende oder den anordnenden Vorgesetzten schriftlich zu bestätigen, wenn die Beamtin oder der Beamte dies unverzüglich nach Ausführung der Anordnung verlangt.

§ 37 Verschwiegenheitspflicht

(1) Beamtinnen und Beamte haben über die ihnen bei oder bei Gelegenheit ihrer amtlichen Tätigkeit bekannt gewordenen dienstlichen Angelegenheiten Verschwiegenheit zu bewahren. Dies gilt auch über den Bereich eines Dienstherrn hinaus sowie nach Beendigung des Beamtenverhältnisses.

(2) Absatz 1 gilt nicht, soweit

1. Mitteilungen im dienstlichen Verkehr geboten sind,
2. Tatsachen mitgeteilt werden, die offenkundig sind oder ihrer Bedeutung nach keiner Geheimhaltung bedürfen,
3. gegenüber der zuständigen obersten Dienstbehörde, einer Strafverfolgungsbehörde oder einer durch Landesrecht bestimmten weiteren Behörde oder außerdienstlichen Stelle ein durch Tatsachen begründeter Verdacht einer Korruptionsstraftat nach den §§ 331 bis 337 des Strafgesetzbuches angezeigt wird oder
4. Informationen unter den Voraussetzungen des Hinweisgeberschutzgesetzes an eine zuständige Meldestelle weitergegeben oder offengelegt werden.

Im Übrigen bleiben die gesetzlich begründeten Pflichten, geplante Straftaten anzuzeigen und für die Erhaltung der freiheitlichen demokratischen Grundordnung einzutreten, von Absatz 1 unberührt.

(3) Beamtinnen und Beamte dürfen ohne Genehmigung über Angelegenheiten, für die Absatz 1 gilt, weder vor Gericht noch außergerichtlich aussagen oder Erklärungen abgeben. Die Genehmigung erteilt der Dienstherr oder, wenn das Beamtenverhältnis beendet ist, der letzte Dienstherr. Hat sich der Vorgang, der den Gegenstand der Äußerung bildet, bei einem früheren Dienstherrn ereignet, darf die Genehmigung nur mit dessen Zustimmung erteilt werden. Durch Landesrecht kann bestimmt werden, dass an die Stelle des in den Sätzen 2 und 3 genannten jeweiligen Dienstherrn eine andere Stelle tritt.

(4) Die Genehmigung, als Zeugin oder Zeuge auszusagen, darf nur versagt werden, wenn die Aussage dem Wohl des Bundes oder eines deutschen Landes erhebliche Nachteile bereiten oder die Erfüllung öffentlicher Aufgaben ernstlich gefährden oder erheblich erschweren

würde. Durch Landesrecht kann bestimmt werden, dass die Verweigerung der Genehmigung zur Aussage vor Untersuchungsausschüssen des Deutschen Bundestages oder der Volksvertretung eines Landes einer Nachprüfung unterzogen werden kann. Die Genehmigung, ein Gutachten zu erstatten, kann versagt werden, wenn die Erstattung den dienstlichen Interessen Nachteile bereiten würde.

(5) Sind Beamtinnen oder Beamte Partei oder Beschuldigte in einem gerichtlichen Verfahren oder soll ihr Vorbringen der Wahrnehmung ihrer berechtigten Interessen dienen, darf die Genehmigung auch dann, wenn die Voraussetzungen des Absatzes 4 Satz 1 erfüllt sind, nur versagt werden, wenn die dienstlichen Rücksichten dies unabweisbar erfordern. Wird sie versagt, ist Beamtinnen oder Beamten der Schutz zu gewähren, den die dienstlichen Rücksichten zulassen.

(6) Beamtinnen und Beamte haben, auch nach Beendigung des Beamtenverhältnisses, auf Verlangen des Dienstherrn oder des letzten Dienstherrn amtliche Schriftstücke, Zeichnungen, bildliche Darstellungen sowie Aufzeichnungen jeder Art über dienstliche Vorgänge, auch soweit es sich um Wiedergaben handelt, herauszugeben. Die gleiche Verpflichtung trifft ihre Hinterbliebenen und Erben.

§ 38 Diensteid

(1) Beamtinnen und Beamte haben einen Diensteid zu leisten. Der Diensteid hat eine Verpflichtung auf das Grundgesetz zu enthalten.

(2) In den Fällen, in denen Beamtinnen und Beamte erklären, dass sie aus Glaubens- oder Gewissensgründen den Eid nicht leisten wollen, kann für diese an Stelle des Eides ein Gelöbnis zugelassen werden.

(3) In den Fällen, in denen nach § 7 Abs. 3 eine Ausnahme von § 7 Absatz 1 Satz 1 Nummer 1 zugelassen worden ist, kann an Stelle des Eides ein Gelöbnis vorgeschrieben werden.

§ 39 Verbot der Führung der Dienstgeschäfte

Beamtinnen und Beamten kann aus zwingenden dienstlichen Gründen die Führung der Dienstgeschäfte verboten werden. Das Verbot erlischt, wenn nicht bis zum Ablauf von drei Monaten gegen die Beamtin oder den Beamten ein Disziplinarverfahren oder ein sonstiges auf Rücknahme der Ernennung oder auf Beendigung des Beamtenverhältnisses gerichtetes Verfahren eingeleitet worden ist.

§ 40 Nebentätigkeit

Eine Nebentätigkeit ist grundsätzlich anzeigepflichtig. Sie ist unter Erlaubnis- oder Verbotsvorbehalt zu stellen, soweit sie geeignet ist, dienstliche Interessen zu beeinträchtigen.

§ 41 Tätigkeit nach Beendigung des Beamtenverhältnisses

(1) Ruhestandsbeamtinnen und Ruhestandsbeamte sowie frühere Beamtinnen mit Versorgungsbezügen und frühere Beamte mit Versorgungsbezügen haben die Ausübung einer Erwerbstätigkeit oder sonstigen Beschäftigung außerhalb des öffentlichen Dienstes, die mit der dienstlichen Tätigkeit innerhalb eines Zeitraums, dessen Bestimmung dem Landesrecht vorbehalten bleibt, im Zusammenhang steht und durch die dienstliche Interessen beeinträchtigt werden können, anzuzeigen. Die Erwerbstätigkeit oder sonstige Beschäftigung ist zu untersagen, wenn zu besorgen ist, dass durch sie dienstliche Interessen beeinträchtigt werden. Das Verbot endet spätestens mit Ablauf von sieben Jahren nach Beendigung des Beamtenverhältnisses.

(2) Durch Landesrecht können für bestimmte Gruppen der in Absatz 1 Satz 1 genannten Beamtinnen und Beamten abweichende Voraussetzungen für eine Anzeige oder Regelungen für eine Genehmigung von Tätigkeiten nach Beendigung des Beamtenverhältnisses bestimmt werden.

§ 42 Verbot der Annahme von Belohnungen, Geschenken und sonstigen Vorteilen

(1) Beamtinnen und Beamte dürfen, auch nach Beendigung des Beamtenverhältnisses, keine Belohnungen, Geschenke oder sonstigen Vorteile für sich oder eine dritte Person in

Bezug auf ihr Amt fordern, sich versprechen lassen oder annehmen. Ausnahmen bedürfen der Zustimmung ihres gegenwärtigen oder letzten Dienstherrn.

(2) Wer gegen das in Absatz 1 genannte Verbot verstößt, hat das aufgrund des pflichtwidrigen Verhaltens Erlangte auf Verlangen dem Dienstherrn herauszugeben, soweit nicht die Einziehung von Taterträgen angeordnet worden oder es auf andere Weise auf den Staat übergegangen ist.

§ 43 Teilzeitbeschäftigung

Teilzeitbeschäftigung ist zu ermöglichen.

§ 44 Erholungsurlaub

Beamtinnen und Beamten steht jährlicher Erholungsurlaub unter Fortgewährung der Bezüge zu.

§ 45 Fürsorge

Der Dienstherr hat im Rahmen des Dienst- und Treueverhältnisses für das Wohl der Beamtinnen und Beamten und ihrer Familien, auch für die Zeit nach Beendigung des Beamtenverhältnisses, zu sorgen. Er schützt die Beamtinnen und Beamten bei ihrer amtlichen Tätigkeit und in ihrer Stellung.

§ 46 Mutterschutz und Elternzeit

Effektiver Mutterschutz und Elternzeit sind zu gewährleisten.

§ 47 Nichterfüllung von Pflichten

(1) Beamtinnen und Beamte begehen ein Dienstvergehen, wenn sie schuldhaft die ihnen obliegenden Pflichten verletzen. Ein Verhalten außerhalb des Dienstes ist nur dann ein Dienstvergehen, wenn es nach den Umständen des Einzelfalls in besonderem Maße geeignet ist, das Vertrauen in einer für ihr Amt bedeutsamen Weise zu beeinträchtigen.

(2) Bei Ruhestandsbeamtinnen und Ruhestandsbeamten oder früheren Beamtinnen mit Versorgungsbezügen und früheren Beamten mit Versorgungsbezügen gilt als Dienstvergehen, wenn sie sich gegen die freiheitliche demokratische Grundordnung im Sinne des Grundgesetzes betätigen oder an Bestrebungen teilnehmen, die darauf abzielen, den Bestand oder die Sicherheit der Bundesrepublik Deutschland zu beeinträchtigen, oder wenn sie schuldhaft gegen die in den §§ 37, 41 und 42 bestimmten Pflichten verstoßen. Bei sonstigen früheren Beamtinnen und früheren Beamten gilt es als Dienstvergehen, wenn sie schuldhaft gegen die in den §§ 37, 41 und 42 bestimmten Pflichten verstoßen. Für Beamtinnen und Beamte nach den Sätzen 1 und 2 können durch Landesrecht weitere Handlungen festgelegt werden, die als Dienstvergehen gelten.

(3) Das Nähere über die Verfolgung von Dienstvergehen regeln die Disziplinargesetze.

§ 48 Pflicht zum Schadensersatz

Beamtinnen und Beamte, die vorsätzlich oder grob fahrlässig die ihnen obliegenden Pflichten verletzen, haben dem Dienstherrn, dessen Aufgaben sie wahrgenommen haben, den daraus entstehenden Schaden zu ersetzen. Haben mehrere Beamtinnen oder Beamte gemeinsam den Schaden verursacht, haften sie als Gesamtschuldner.

§ 49 Übermittlungen bei Strafverfahren

(1) Das Gericht, die Strafverfolgungs- oder die Strafvollstreckungsbehörde hat in Strafverfahren gegen Beamtinnen und Beamte zur Sicherstellung der erforderlichen dienstrechtlichen Maßnahmen im Fall der Erhebung der öffentlichen Klage

1. die Anklageschrift oder eine an ihre Stelle tretende Antragsschrift,
2. den Antrag auf Erlass eines Strafbefehls und
3. die einen Rechtszug abschließende Entscheidung mit Begründung

zu übermitteln. Ist gegen die Entscheidung ein Rechtsmittel eingelegt worden, ist die Entscheidung unter Hinweis auf das eingelegte Rechtsmittel zu übermitteln. Der Erlass und der Vollzug eines Haftbefehls oder eines Unterbringungsbefehls sind mitzuteilen.

(2) In Verfahren wegen fahrlässig begangener Straftaten werden die in Absatz 1 Satz 1 bestimmten Übermittlungen nur vorgenommen, wenn

1. es sich um schwere Verstöße handelt, namentlich Vergehen der Trunkenheit im Straßenverkehr oder der fahrlässigen Tötung, oder
2. in sonstigen Fällen die Kenntnis der Daten aufgrund der Umstände des Einzelfalls erforderlich ist, um zu prüfen, ob dienstrechtliche Maßnahmen zu ergreifen sind.

(3) Entscheidungen über Verfahrenseinstellungen, die nicht bereits nach Absatz 1 oder 2 zu übermitteln sind, sollen übermittelt werden, wenn die in Absatz 2 Nr. 2 genannten Voraussetzungen erfüllt sind. Dabei ist zu berücksichtigen, wie gesichert die zu übermittelnden Erkenntnisse sind.

(4) Sonstige Tatsachen, die in einem Strafverfahren bekannt werden, dürfen mitgeteilt werden, wenn ihre Kenntnis aufgrund besonderer Umstände des Einzelfalls für dienstrechtliche Maßnahmen gegen eine Beamtin oder einen Beamten erforderlich ist und soweit nicht für die übermittelnde Stelle erkennbar ist, dass schutzwürdige Interessen der Beamtin oder des Beamten an dem Ausschluss der Übermittlung überwiegen. Erforderlich ist die Kenntnis der Daten auch dann, wenn diese Anlass zur Prüfung bieten, ob dienstrechtliche Maßnahmen zu ergreifen sind. Absatz 3 Satz 2 ist entsprechend anzuwenden.

(5) Nach den Absätzen 1 bis 4 übermittelte Daten dürfen auch für die Wahrnehmung der Aufgaben nach dem Sicherheitsüberprüfungsgesetz oder einem entsprechenden Landesgesetz verwendet werden.

(6) Übermittlungen nach den Absätzen 1 bis 3 sind auch zulässig, soweit sie Daten betreffen, die dem Steuergeheimnis (§ 30 der Abgabenordnung) unterliegen. Übermittlungen nach Absatz 4 sind unter den Voraussetzungen des § 30 Abs. 4 Nr. 5 der Abgabenordnung zulässig.

§ 50 Personalakte

Für jede Beamtin und jeden Beamten ist eine Personalakte zu führen. Zur Personalakte gehören alle Unterlagen, die die Beamtin oder den Beamten betreffen, soweit sie mit dem Dienstverhältnis in einem unmittelbaren inneren Zusammenhang stehen (Personalaktendaten). Die Personalakte ist vertraulich zu behandeln. Personalaktendaten dürfen ohne Einwilligung der Beamtin oder des Beamten nur für Zwecke der Personalverwaltung oder Personalwirtschaft verarbeitet werden. Für Ausnahmefälle kann landesrechtlich eine von Satz 4 abweichende Verarbeitung vorgesehen werden.

§ 51 Personalvertretung

Die Bildung von Personalvertretungen zum Zweck der vertrauensvollen Zusammenarbeit zwischen der Behördenleitung und dem Personal ist unter Einbeziehung der Beamtinnen und Beamten zu gewährleisten.

§ 52 Mitgliedschaft in Gewerkschaften und Berufsverbänden

Beamtinnen und Beamte haben das Recht, sich in Gewerkschaften oder Berufsverbänden zusammenzuschließen. Sie dürfen wegen Betätigung für ihre Gewerkschaft oder ihren Berufsverband nicht dienstlich gemaßregelt oder benachteiligt werden.

§ 53 Beteiligung der Spitzenorganisationen

Bei der Vorbereitung gesetzlicher Regelungen der beamtenrechtlichen Verhältnisse durch die obersten Landesbehörden sind die Spitzenorganisationen der zuständigen Gewerkschaften und Berufsverbände zu beteiligen. Das Beteiligungsverfahren kann auch durch Vereinbarung ausgestaltet werden.

Abschnitt 7
Rechtsweg

§ 54 Verwaltungsrechtsweg

(1) Für alle Klagen der Beamtinnen, Beamten, Ruhestandsbeamtinnen, Ruhestandsbeamten, früheren Beamtinnen, früheren Beamten und der Hinterbliebenen aus dem Beamtenverhältnis sowie für Klagen des Dienstherrn ist der Verwaltungsrechtsweg gegeben.

(2) Vor allen Klagen ist ein Vorverfahren nach den Vorschriften des 8. Abschnitts der Verwaltungsgerichtsordnung durchzuführen. Dies gilt auch dann, wenn die Maßnahme von der

obersten Dienstbehörde getroffen worden ist. Ein Vorverfahren ist nicht erforderlich, wenn ein Landesgesetz dieses ausdrücklich bestimmt.

(3) Den Widerspruchsbescheid erlässt die oberste Dienstbehörde. Sie kann die Entscheidung für Fälle, in denen sie die Maßnahme nicht selbst getroffen hat, durch allgemeine Anordnung auf andere Behörden übertragen. Die Anordnung ist zu veröffentlichen.

(4) Widerspruch und Anfechtungsklage gegen Abordnung oder Versetzung haben keine aufschiebende Wirkung.

Abschnitt 8
Spannungs- und Verteidigungsfall

§ 55 Anwendungsbereich

Beschränkungen, Anordnungen und Verpflichtungen nach den §§ 56 bis 59 sind nur nach Maßgabe des Artikels 80a des Grundgesetzes zulässig. Sie sind auf Personen im Sinne des § 5 Abs. 1 des Arbeitssicherstellungsgesetzes nicht anzuwenden.

§ 56 Dienstleistung im Verteidigungsfall

(1) Beamtinnen und Beamte können für Zwecke der Verteidigung auch ohne ihre Zustimmung zu einem anderen Dienstherrn abgeordnet oder zur Dienstleistung bei über- oder zwischenstaatlichen zivilen Dienststellen verpflichtet werden.

(2) Beamtinnen und Beamten können für Zwecke der Verteidigung auch Aufgaben übertragen werden, die nicht ihrem Amt oder ihrer Laufbahnbefähigung entsprechen, sofern ihnen die Übernahme nach ihrer Vor- und Ausbildung und im Hinblick auf die Ausnahmesituation zumutbar ist. Aufgaben einer Laufbahn mit geringeren Zugangsvoraussetzungen dürfen ihnen nur übertragen werden, wenn dies aus dienstlichen Gründen unabweisbar ist.

(3) Beamtinnen und Beamte haben bei der Erfüllung der ihnen für Zwecke der Verteidigung übertragenen Aufgaben Gefahren und Erschwernisse auf sich zu nehmen, soweit diese ihnen nach den Umständen und den persönlichen Verhältnissen zugemutet werden können.

(4) Beamtinnen und Beamte sind bei einer Verlegung der Behörde oder Dienststelle auch in das Ausland zur Dienstleistung am neuen Dienstort verpflichtet.

§ 57 Aufschub der Entlassung und des Ruhestands

Die Entlassung der Beamtinnen und Beamten auf ihren Antrag kann für Zwecke der Verteidigung hinausgeschoben werden, wenn dies im öffentlichen Interesse erforderlich ist und der Personalbedarf der öffentlichen Verwaltung im Bereich ihres Dienstherrn auf freiwilliger Grundlage nicht gedeckt werden kann. Satz 1 gilt entsprechend für den Ablauf der Amtszeit bei Beamtenverhältnissen auf Zeit. Der Eintritt der Beamtinnen und Beamten in den Ruhestand nach Erreichen der Altersgrenze und die vorzeitige Versetzung in den Ruhestand auf Antrag ohne Nachweis der Dienstunfähigkeit können unter den Voraussetzungen des Satzes 1 bis zum Ende des Monats hinausgeschoben werden, in dem die für Bundesbeamtinnen und Bundesbeamte geltende Regelaltersgrenze erreicht wird.

§ 58 Erneute Berufung von Ruhestandsbeamtinnen und Ruhestandsbeamten

Ruhestandsbeamtinnen und Ruhestandsbeamte, die die für Bundesbeamtinnen und Bundesbeamte geltende Regelaltersgrenze noch nicht erreicht haben, können für Zwecke der Verteidigung erneut in ein Beamtenverhältnis berufen werden, wenn dies im öffentlichen Interesse erforderlich ist und der Personalbedarf der öffentlichen Verwaltung im Bereich ihres bisherigen Dienstherrn auf freiwilliger Grundlage nicht gedeckt werden kann. Das Beamtenverhältnis endet, wenn es nicht vorher beendet wird, mit dem Ende des Monats, in dem die für Bundesbeamtinnen und Bundesbeamte geltende Regelaltersgrenze erreicht wird.

§ 59 Verpflichtung zur Gemeinschaftsunterkunft und Mehrarbeit

(1) Wenn dienstliche Gründe es erfordern, können Beamtinnen und Beamte für Zwecke der Verteidigung verpflichtet werden, vorübergehend in einer Gemeinschaftsunter-

kunft zu wohnen und an einer Gemeinschaftsverpflegung teilzunehmen.

(2) Beamtinnen und Beamte sind verpflichtet, für Zwecke der Verteidigung über die regelmäßige Arbeitszeit hinaus ohne besondere Vergütung Dienst zu tun. Für die Mehrbeanspruchung wird ein Freizeitausgleich nur gewährt, soweit es die dienstlichen Erfordernisse gestatten.

Abschnitt 9 Sonderregelungen für Verwendungen im Ausland

§ 60 Verwendungen im Ausland

(1) Beamtinnen und Beamte, die zur Wahrnehmung des ihnen übertragenen Amtes im Ausland oder außerhalb des Deutschen Hoheitsgebiets auf Schiffen oder in Luftfahrzeugen verwendet werden und dabei wegen vom Inland wesentlich abweichender Verhältnisse erhöhten Gefahren ausgesetzt sind, können aus dienstlichen Gründen verpflichtet werden,

1. vorübergehend in einer Gemeinschaftsunterkunft zu wohnen und an einer Gemeinschaftsverpflegung teilzunehmen,
2. Schutzkleidung zu tragen,
3. Dienstkleidung zu tragen und
4. über die regelmäßige Arbeitszeit hinaus ohne besondere Vergütung Dienst zu tun.

In den Fällen des Satzes 1 Nr. 4 wird für die Mehrbeanspruchung ein Freizeitausgleich nur gewährt, soweit es die dienstlichen Erfordernisse gestatten.

(2) Sind nach Absatz 1 verwendete Beamtinnen und Beamte zum Zeitpunkt des vorgesehenen Eintritts in den Ruhestand nach den §§ 25 und 26 oder des vorgesehenen Ablaufs ihrer Amtszeit wegen Verschleppung, Gefangenschaft oder aus sonstigen mit dem Dienst zusammenhängenden Gründen, die sie nicht zu vertreten haben, dem Einflussbereich des Dienstherrn entzogen, verlängert sich das Dienstverhältnis bis zum Ablauf des auf die Beendigung dieses Zustands folgenden Monats.

Abschnitt 10 Sonderregelungen für wissenschaftliches Hochschulpersonal

§ 61 Hochschullehrerinnen und Hochschullehrer

Abweichend von den §§ 14 und 15 können Hochschullehrerinnen und Hochschullehrer nur mit ihrer Zustimmung in den Bereich eines Dienstherrn eines anderen Landes oder des Bundes abgeordnet oder versetzt werden. Abordnung oder Versetzung im Sinne von Satz 1 sind auch ohne Zustimmung der Hochschullehrerinnen oder Hochschullehrer zulässig, wenn die Hochschule oder die Hochschuleinrichtung, an der sie tätig sind, aufgelöst oder mit einer anderen Hochschule zusammengeschlossen wird oder wenn die Studien- oder Fachrichtung, in der sie tätig sind, ganz oder teilweise aufgehoben oder an eine andere Hochschule verlegt wird. In diesen Fällen beschränkt sich eine Mitwirkung der aufnehmenden Hochschule oder Hochschuleinrichtung bei der Einstellung auf eine Anhörung. Die Vorschriften über den einstweiligen Ruhestand sind auf Hochschullehrerinnen und Hochschullehrer nicht anzuwenden.

Abschnitt 11 Schlussvorschriften

§ 62 Folgeänderungen

(hier nicht aufgenommen)

§ 63 Inkrafttreten, Außerkrafttreten

(1) Die §§ 25 und 50 treten am Tag nach der Verkündung in Kraft. Gleichzeitig treten die §§ 25 und 26 Abs. 3 sowie die §§ 56 bis 56f des Beamtenrechtsrahmengesetzes in der Fassung der Bekanntmachung vom 31. März 1999 (BGBl. I S. 654), das zuletzt durch Artikel 2 Abs. 1 des Gesetzes vom 5. Dezember 2006 (BGBl. I S. 2748), geändert worden ist, außer Kraft.

(2) § 62 Abs. 13 und 14 tritt für Bundesbeamtinnen und Bundesbeamte am 12. Februar 2009 in Kraft.

(3) Im Übrigen tritt das Gesetz am 1. April 2009 in Kraft. Gleichzeitig tritt das Beamtenrechtsrahmengesetz mit Ausnahme von Kapitel II und § 135 außer Kraft.

(4) Die Länder können für die Zeit bis zum Inkrafttreten des § 11 Landesregelungen im Sinne dieser Vorschrift in Kraft setzen. In den Ländern, die davon Gebrauch machen, ist § 8 des Beamtenrechtsrahmengesetzes nicht anzuwenden.

I

Gesetz über die Beamtinnen und Beamten des Landes Nordrhein-Westfalen (Landesbeamtengesetz – LBG NRW)

Vom 14. Juni 2016 (GV. NRW. S. 310, S. 642)

Zuletzt geändert durch
Hochschulstärkungsgesetz
vom 21. Juli 2026 (GV. NRW. S. 552)

Inhaltsübersicht

Abschnitt 1
Allgemeine Vorschriften

§ 1 Anwendungsbereich

(1) Dieses Gesetz gilt für die Beamtinnen und Beamten des Landes, der Gemeinden und Gemeindeverbände sowie der sonstigen der Aufsicht des Landes unterstehenden Körperschaften, Anstalten und Stiftungen des öffentlichen Rechts, soweit das Beamtenstatusgesetz vom 17. Juni 2008 (BGBl. I S. 1010) in der jeweils geltenden Fassung keine anderweitige Regelung enthält.

(2) Die Kirchen und öffentlich-rechtlichen Religionsgemeinschaften können Vorschriften dieses Gesetzes für anwendbar erklären.

(3) Die Landesregierung kann Körperschaften, Anstalten und Stiftungen des öffentlichen Rechts durch Rechtsverordnung das Recht verleihen, Beamtinnen und Beamte zu haben (Dienstherrnfähigkeit).

§ 2 Begriffsbestimmungen

(1) Oberste Dienstbehörde ist

1. für die Beamtinnen und Beamten des Landes die oberste Behörde des Geschäftsbereichs, in dem sie ein Amt bekleiden,
2. für die Beamtinnen und Beamten der Gemeinden und Gemeindeverbände die Vertretung der Gemeinde oder des Gemeindeverbandes und
3. für die Beamtinnen und Beamten der sonstigen der Aufsicht des Landes unterstehenden Körperschaften, Anstalten und Stiftungen des öffentlichen Rechts das nach Gesetz oder Satzung zuständige Organ.

Satz 1 Nummer 1 gilt für Beamtinnen und Beamte ohne Amt entsprechend. Für Ruhestandsbeamtinnen und Ruhestandsbeamte, frühere Beamtinnen und Beamte und deren Hinterbliebene gilt als oberste Dienstbehörde die letzte oberste Dienstbehörde. Ist eine oberste Dienstbehörde nicht vorhanden, so bestimmt für die Beamtinnen und Beamten der Gemeinden, der Gemeindeverbände und der sonstigen der Aufsicht des Landes unterstehenden Körperschaften, Anstalten und Stiftungen des öffentlichen Rechts die oberste Aufsichtsbehörde, wer die Aufgaben der obersten Dienstbehörde wahrnimmt. § 1 Absatz 1 des Gesetzes zur Regelung der Dienstaufsicht über die Bezirksregierungen in Personalangelegenheiten vom 9. Mai 2000 (GV. NRW. 2000, S. 462) in der jeweils geltenden Fassung bleibt unberührt.

(2) Dienstvorgesetzte Stelle ist

1. für Beamtinnen und Beamte des Landes die oberste Dienstbehörde, soweit durch Gesetz oder Verordnung nichts anderes bestimmt ist,
2. für Beamtinnen und Beamte der Gemeinden und Gemeindeverbände die durch das Kommunalverfassungsrecht bestimmte Stelle und
3. für Beamtinnen und Beamte der sonstigen der Aufsicht des Landes unterstehenden Körperschaften, Anstalten und Stiftungen des öffentlichen Rechts die durch Gesetz oder Satzung bestimmte Stelle.

Absatz 1 Satz 3 und 4 gilt entsprechend.

(3) Für Beamtinnen und Beamte des Landes kann die oberste Dienstbehörde für Entscheidungen nach Absatz 4 durch Rechtsverordnung eine andere dienstvorgesetzte Stelle bestimmen.

(4) Für Beamtinnen und Beamte des Landes trifft die dienstvorgesetzte Stelle die beamtenrechtlichen Entscheidungen über die persönlichen Angelegenheiten der ihr nachgeordneten Beamtinnen und Beamten, soweit nicht nach Gesetz oder Verordnung eine andere Stelle zuständig ist; sie kann sich dabei nach Maßgabe der für ihre Behörde geltenden Geschäftsordnung vertreten lassen. Für Beamtinnen und Beamte der Gemeinden und Gemeindeverbände sowie für Beamtinnen und Beamte der sonstigen der Aufsicht des Landes unterstehenden Körperschaften, Anstalten und Stiftungen des öffentlichen Rechts gilt Satz 1 entsprechend, soweit nicht nach den für sie geltenden Vorschriften eine andere Stelle zuständig ist.

(5) Vorgesetzte Person ist, wer dienstliche Anordnungen erteilen kann. Wer vorgesetzte Person ist, bestimmt sich nach dem Aufbau der öffentlichen Verwaltung.

I

(6) Hauptberuflich ist eine Tätigkeit, wenn sie entgeltlich ist, gewolltermaßen den Schwerpunkt der beruflichen Tätigkeit darstellt, in der Regel den überwiegenden Teil der Arbeitskraft beansprucht und dem durch Ausbildung und Berufswahl geprägten Berufsbild entspricht oder nahekommt.

Abschnitt 2 Beamtenverhältnis

§ 3 Voraussetzungen des Beamtenverhältnisses

(1) Wer in das Beamtenverhältnis berufen werden soll, muss die für die beabsichtigte Laufbahn vorgeschriebene Vorbildung besitzen (Laufbahnbewerberin oder Laufbahnbewerber). In das Beamtenverhältnis kann auch berufen werden, wer die erforderliche Befähigung durch Lebens- und Berufserfahrung innerhalb oder außerhalb des öffentlichen Dienstes erworben hat (andere Bewerberin oder anderer Bewerber); dies gilt nicht für die Wahrnehmung solcher Aufgaben, für die eine bestimmte Vorbildung, Ausbildung oder Prüfung durch besondere Rechtsvorschrift zwingend vorgeschrieben ist oder nach ihrer Eigenart zwingend erforderlich ist. Ist eine laufbahnrechtliche Befähigung außerhalb des Geltungsbereiches dieses Gesetzes aufgrund Lebens- und Berufserfahrung durch eine durch Bundes- oder Landesrecht vorgeschriebene Mitwirkung einer unabhängigen Stelle zuerkannt worden, gilt diese Zuerkennung auch im Geltungsbereich dieses Gesetzes.

(2) Ausnahmen nach § 7 Absatz 3 des Beamtenstatusgesetzes erlässt die oberste Dienstbehörde. Für die Beamtinnen und Beamten der Gemeinden und Gemeindeverbände und der sonstigen der Aufsicht des Landes unterstehenden Körperschaften, Anstalten und Stiftungen des öffentlichen Rechts liegt die Zuständigkeit bei der obersten Aufsichtsbehörde.

§ 4 Beamtenverhältnis auf Zeit

Die Fälle und Voraussetzungen der Ernennung von Beamtinnen und Beamten auf Zeit werden durch Gesetz bestimmt. Durch Rechtsverordnung des für Inneres zuständigen Ministeriums und des Finanzministeriums kann zugelassen werden, dass für einzelne Verwaltungszweige und Aufgabengebiete der Gemeinden, der Gemeindeverbände und der sonstigen der Aufsicht des Landes unterstehenden Körperschaften, Anstalten und Stiftungen des öffentlichen Rechts an Stelle von Beamtinnen und Beamten auf Lebenszeit Beamtinnen und Beamte auf Zeit berufen werden. Die Zeitdauer muss bei den Beamtinnen und Beamten der Gemeinden und der Gemeindeverbände zwölf Jahre betragen, bei den Beamtinnen und Beamten der sonstigen Körperschaften, Anstalten und Stiftungen des öffentlichen Rechts muss sie mindestens sechs Jahre betragen. Über die Berufung auf Zeit darf frühestens sechs Monate vor Freiwerden der Stelle entschieden werden. Soweit Gesetze oder Verordnungen nicht anderes bestimmen, ist die Beamtin oder der Beamte auf Zeit nach Ablauf der Amtszeit verpflichtet, das Amt weiterzuführen, wenn sie oder er unter nicht ungünstigeren Bedingungen für wenigstens die gleiche Zeit wieder ernannt werden soll.

§ 5 Begriff und Gliederung der Laufbahnen

(1) Es gibt Laufbahnen mit Vorbereitungsdienst und Laufbahnen besonderer Fachrichtung. Eine Laufbahn umfasst alle Ämter, die derselben Fachrichtung und derselben Laufbahngruppe angehören; zur Laufbahn gehört auch der Vorbereitungsdienst.

(2) Es gibt die Laufbahngruppen 1 und 2. Innerhalb der Laufbahngruppen gibt es nach Maßgabe des Besoldungsrechts erste und zweite Einstiegsämter. Der Zugang zu einer Laufbahngruppe und innerhalb einer Laufbahngruppe zu einem Einstiegsamt richtet sich nach den in § 6 normierten Zugangsvoraussetzungen. Besondere fachgesetzliche Regelungen bleiben unberührt.

(3) Laufbahnen besonderer Fachrichtung sind:

1. Gesundheit,
2. technische Dienste (einschließlich naturwissenschaftlicher Dienste),
3. nichttechnische Dienste,
4. Bildung und Wissenschaft.

Die Zuordnung der bisherigen Laufbahnen und der fachlichen Schwerpunkte zu den jeweiligen Laufbahnen besonderer Fachrichtung erfolgt nach Maßgabe der Laufbahnverordnung in der jeweils geltenden Fassung.

(4) Die Laufbahnbefähigung gilt für alle innerhalb einer Fachrichtung wahrzunehmenden Ämter einer Laufbahngruppe, soweit nicht für einzelne Ämter eine bestimmte Vorbildung, Ausbildung oder Prüfung durch besondere Rechtsvorschrift zwingend vorgeschrieben oder ihrer Eigenart nach zwingend erforderlich ist oder besondere Voraussetzungen nach § 8 Absatz 2 (Erwerb der fachlichen Voraussetzungen bei Laufbahnen besonderer Fachrichtung) gefordert worden sind.

§ 6 Zugangsvoraussetzungen zu den Laufbahnen

(1) Für den Zugang zu den Laufbahnen ist als Bildungsvoraussetzung mindestens zu fordern:

1. für die Laufbahngruppe 1, erstes Einstiegsamt, der erfolgreiche Besuch einer Hauptschule mit dem Abschluss „Erster Schulabschluss" oder „Erweiterter Erster Schulabschluss" oder ein gesetzlich als gleichwertig anerkannter Bildungsstand,
2. für die Laufbahngruppe 1, zweites Einstiegsamt,
   a) der mittlere Schulabschluss (Fachoberschulreife) oder ein gesetzlich als gleichwertig anerkannter Bildungsstand oder
   b) der erfolgreiche Besuch einer Hauptschule mit dem Abschluss „Erster Schulabschluss" oder „Erweiterter Erster Schulabschluss" oder ein gesetzlich als gleichwertig anerkannter Bildungsstand sowie eine förderliche abgeschlossene Berufsausbildung oder eine abgeschlossene Ausbildung in einem öffentlich-rechtlichen Ausbildungsverhältnis,
3. für die Laufbahngruppe 2, erstes Einstiegsamt,
   a) eine zu einem Hochschulstudium berechtigende Schulbildung oder ein gesetzlich als gleichwertig anerkannter Bildungsstand oder
   b) das Abschlusszeugnis eines zu einem Bachelorgrad oder einer entsprechenden Qualifikation führenden geeigneten Studiums an einer Fachhochschule, einer Universität, einer technischen Hochschule, einer Berufsakademie oder einer gleichstehenden Hochschule,
4. für die Laufbahngruppe 2, zweites Einstiegsamt,
   a) ein mit einem Mastergrad abgeschlossenes, geeignetes Hochschulstudium oder
   b) ein gleichwertiger Abschluss an einer Universität, einer technischen Hochschule oder einer anderen gleichstehenden Hochschule.

(2) Als weitere Voraussetzung für den Zugang zu den Laufbahnen mit Vorbereitungsdienst sind der für das jeweilige Einstiegsamt vorgesehene Vorbereitungsdienst und das Bestehen der jeweils vorgesehenen Prüfung erforderlich. Für Laufbahnen besonderer Fachrichtung ist zusätzlich zu den Voraussetzungen des Absatzes 1 Nummer 2 Buchstabe b, 3 Buchstabe b und 4 eine hauptberufliche Tätigkeit notwendig.

(3) In den Laufbahnverordnungen können für einzelne Laufbahnen und Laufbahngruppen Ausnahmen von den Mindestvoraussetzungen des Absatzes 1 insbesondere andere, geeignete Bildungsabschlüsse zugelassen werden.

(4) Die für die Ordnung der Laufbahn zuständige oberste Dienstbehörde kann in einer Rechtsverordnung nach § 7 Ausnahmen von Absatz 2 Satz 1 zulassen, wenn die Bewerberin oder der Bewerber

1. über eine inhaltlich den Anforderungen des Vorbereitungsdienstes entsprechende Qualifikation verfügt oder
2. eine für die Laufbahn und Laufbahngruppe geeignete Qualifikation und eine hauptberufliche Tätigkeit von zwei Jahren für die Laufbahngruppe 1 und von zwei Jahren und sechs Monaten für die Laufbahngruppe 2 nachweisen kann. Die hauptberufliche Tätigkeit muss nach Art und Bedeutung der Tätigkeit in der angestrebten Laufbahn gleichwertig sein. Die für die Ordnung der Laufbahn zuständige oberste Dienstbehör-

de legt in der Rechtsverordnung nach §7 die Anforderungen an die Qualifikation und die hauptberufliche Tätigkeit fest.

(5) Besondere fachgesetzliche Regelungen bleiben unberührt.

§7 Anforderungen an den Vorbereitungsdienst

(1) Soweit ein Vorbereitungsdienst vorgesehen ist, sollen die Laufbahnbewerberinnen und Laufbahnbewerber diesen im Beamtenverhältnis auf Widerruf ableisten; die für die Ordnung der Laufbahn zuständige oberste Dienstbehörde kann für Gruppen von Laufbahnbewerberinnen und Laufbahnbewerbern in den Rechtsverordnungen nach Absatz 2 oder den Laufbahnverordnungen Ausnahmen zulassen. In einer Rechtsverordnung nach Absatz 2 oder durch Gesetz kann bestimmt werden, dass der Vorbereitungsdienst abweichend von Satz 1 in einem öffentlich-rechtlichen Ausbildungsverhältnis außerhalb eines Beamtenverhältnisses abgeleistet wird, wenn ein öffentliches Interesse dies rechtfertigt. Dies umfasst auch einen berufsbegleitenden Vorbereitungsdienst im Rahmen eines öffentlich-rechtlichen Ausbildungsverhältnisses. Auf Laufbahnbewerberinnen und -bewerber, die ihren Vorbereitungsdienst in einem solchen öffentlich-rechtlichen Ausbildungsverhältnis ableisten, finden die für die Beamtinnen und Beamten geltenden Vorschriften mit Ausnahme des §7 Absatz 1 und des §38 des Beamtenstatusgesetzes und der §§44, 63 bis 65, 75 und 79 entsprechende Anwendung, soweit nicht durch Gesetz oder auf Grund eines Gesetzes etwas anderes bestimmt wird. Sie sind zu Beginn der Ausbildung nach §1 des Verpflichtungsgesetzes vom 2. März 1974 (BGBl. I S. 469, 547) in der jeweils geltenden Fassung auf die gewissenhafte Erfüllung ihrer Obliegenheiten zu verpflichten.

(2) Die für die Ordnung einer Laufbahn zuständige oberste Landesbehörde erlässt für die jeweilige Laufbahn im Bereich der Landesverwaltung und für die der Aufsicht unterstehenden Gemeinden, Gemeindeverbände und sonstigen Körperschaften, Anstalten und Stiftungen des öffentlichen Rechts im Einvernehmen mit den für Inneres und für Finanzen zuständigen Ministerien zur Ausführung der Bestimmungen nach §9 Absatz 1 Nummer 1, 2 und 7 und nach Maßgabe der Verordnung nach §9 Absatz 1 Vorschriften über die Ausbildung und Prüfung der Beamtinnen und Beamten durch Rechtsverordnung. Dabei sollen insbesondere geregelt werden

1. die Voraussetzungen für die Zulassung zum Vorbereitungsdienst,
2. der Inhalt und das Ziel der Ausbildung während des Vorbereitungsdienstes,
3. die Ausgestaltung des Vorbereitungsdienstes und Abweichungen von seiner regelmäßigen Dauer auch hinsichtlich Beurlaubungen und Teilzeitbeschäftigungen,
4. die Art und der Umfang der theoretischen und der praktischen Ausbildung,
5. die Anrechnung von förderlichen Zeiten auf den Vorbereitungsdienst,
6. die Beurteilung der Leistungen während des Vorbereitungsdienstes,
7. die Art und die Zahl der Prüfungsleistungen,
8. das Verfahren der Prüfung,
9. die Berücksichtigung von Leistungen nach Nummer 6 bei der Festlegung der Prüfungsergebnisse,
10. die Prüfungsnoten, die eine nach der Leistung der Kandidatin oder des Kandidaten abgestufte Beurteilung ermöglichen,
11. die Ermittlung und die Feststellung des Prüfungsergebnisses,
12. die Bildung der Prüfungsausschüsse,
13. die Wiederholung von Prüfungsleistungen und der gesamten Prüfung.

Ferner kann für die Einstellung in das Beamtenverhältnis auf Widerruf eine Höchstaltersgrenze festgelegt werden, die sich aus der jeweiligen Höchstaltersgrenze des §14 Absatz 3 und 6 abzüglich der Dauer des Vorbereitungsdienstes ergibt. §14 Absatz 5, 7, 10 und 11 findet entsprechende Anwendung. Sind Ämter einer Laufbahn im Geschäftsbereich mehrerer oberster Landesbehörden vorhanden, bestimmt das für Inneres zuständige Ministerium die für die Ordnung der Laufbahn zuständige oberste Landesbehörde. Besondere fachgesetzliche Regelungen bleiben unberührt.

(3) Die Rechtsverordnungen nach Absatz 2 können nach Maßgabe der Laufbahnverordnungen Regelungen zur beruflichen Entwicklung über eine modulare Qualifizierung und zu den Anforderungen an eine berufliche Entwicklung durch ein Studium sowie Anforderungen an einen Laufbahnwechsel nach § 22 Absatz 2 vorsehen.

§ 8 Erwerb der fachlichen Voraussetzung bei Laufbahnen besonderer Fachrichtung

(1) Die Einrichtung von Laufbahnen besonderer Fachrichtung setzt voraus, dass die Ausbildungsinhalte eines Vorbereitungsdienstes mindestens gleichwertig durch Kenntnisse und Fähigkeiten aus einer hauptberuflichen Tätigkeit ersetzt werden können. Vom Zeitpunkt des Inkrafttretens einer Rechtsverordnung nach § 7 Absatz 2, die den Erwerb der Befähigung durch einen Vorbereitungsdienst und nach § 6 Absatz 4 mögliche Ausnahmen hiervon vorschreibt, ist die Einstellung solcher Bewerberinnen und Bewerber in die entsprechende Laufbahn mit Vorbereitungsdienst nicht mehr zulässig, die ihre Befähigung nach den Vorschriften über Beamtinnen und Beamte besonderer Fachrichtung erworben haben. Die Rechtsverordnung kann für eine Übergangszeit hiervon abweichen.

(2) Als hauptberufliche Tätigkeit können nur solche Tätigkeiten anerkannt werden, die nach den Grundsätzen der funktionsbezogenen Bewertung gleichwertige Kenntnisse und Fertigkeiten des auszuübenden Amtes vermitteln. Nähere Bestimmungen hierzu trifft die Laufbahnverordnung. Sie kann insbesondere Regelungen treffen über

1. Art und Umfang der hauptberuflichen Tätigkeit,
2. weitere über § 6 hinausgehende Qualifikationen.

(3) Für die Laufbahnen besonderer Fachrichtung kann die oberste Dienstbehörde Regelungen nach § 7 Absatz 3 treffen.

§ 9 Laufbahnverordnung

(1) Die Landesregierung erlässt unter Berücksichtigung der Erfordernisse der einzelnen Verwaltungen durch Rechtsverordnung Vorschriften über die Laufbahnen der Beamtinnen und Beamten (Laufbahnverordnung). Dabei sind auch nach Maßgabe der §§ 5 bis 23 insbesondere zu regeln

1. die Voraussetzungen für die Einrichtung und Ausgestaltung von Laufbahnen, insbesondere Regelungen zum Befähigungserwerb sowie die Feststellung der bei einem anderen Dienstherrn erworbenen Laufbahnbefähigung,
2. Mindestanforderungen an einen Vorbereitungsdienst, insbesondere seine Dauer, seine Kürzung durch Anrechnung und seine Verlängerung sowie seinen Abschluss,
3. Mindestanforderungen an den Erwerb der fachlichen Voraussetzungen bei Laufbahnen besonderer Fachrichtung,
4. Art, Dauer und Berechnung der Probezeit, ihre Verlängerung, Kürzung und die Anrechnung von Zeiten hauptberuflicher Tätigkeit sowie die Dauer der Mindestprobezeit und Ausnahmen hiervon,
5. Beförderungsvoraussetzungen,
6. die in der Laufbahn regelmäßig zu durchlaufenden Ämter, sowie die davon abweichende vorzeitige Beförderung auf der Grundlage einer Qualifizierung oder eines Studiums,
7. die Voraussetzungen für den Aufstieg in das erste Einstiegsamt der Laufbahngruppe 2 (Laufbahnbefähigung im Wege des Aufstiegs),
8. die inhaltliche Ausgestaltung der Möglichkeit zur Einstellung im Beförderungsamt (§ 14 Absatz 1 Satz 3 Nummer 1 und 2),
9. der Verzicht auf eine erneute Probezeit, die in einem früheren Richter- oder Beamtenverhältnis bereits abgeleistet worden ist,
10. der Verzicht auf das erneute Durchlaufen von Laufbahnämtern, die in einem früheren Richter- oder Beamtenverhältnis bereits erreicht worden sind,

11. die inhaltlichen Anforderungen für die Anerkennung einer Laufbahnbefähigung bei einem Laufbahnwechsel sowie die Ausgestaltung des Laufbahnwechsels und
12. Kosten und Kostenerstattung für eine berufliche Qualifizierung oder ein Studium.

(2) Absatz 1 und die §§ 5 bis 16 und 19 bis 23 gelten nicht für Beamtinnen und Beamte auf Zeit.

§ 10 Sicherung der Mobilität

(1) Eine nach dem 1. April 2009 beim Bund oder in einem anderen Land erworbene Laufbahnbefähigung soll als Befähigung für eine Laufbahn vergleichbarer Fachrichtung in Nordrhein-Westfalen anerkannt werden. Soweit die Ausbildung bei dem anderen Dienstherrn hinsichtlich der Dauer oder der Inhalte ein erhebliches Defizit gegenüber der Ausbildung in Nordrhein-Westfalen aufweist, das nicht bereits durch die vorhandene Berufserfahrung ausgeglichen ist, kann die Anerkennung vom Ableisten einer Unterweisung oder von Fortbildungsmaßnahmen abhängig gemacht werden.

(2) Für die vor dem 1. April 2009 erworbenen Laufbahnbefähigungen trifft die Laufbahnverordnung nähere Regelungen.

(3) Die Befähigung für die Laufbahn, in die eingestellt, gewechselt oder von einem Dienstherrn versetzt werden soll, ist von der einstellenden oder aufnehmenden Behörde festzustellen und der Beamtin oder dem Beamten schriftlich mitzuteilen. Für den Bereich der Landesverwaltung erfolgt die Feststellung mit Zustimmung der für die Ausgestaltung der neuen Laufbahn zuständigen obersten Dienstbehörde oder der von ihr bestimmten Stelle. Die Regelungen des § 14 Absatz 3 des Lehrerausbildungsgesetzes vom 12. Mai 2009 (GV. NRW. S. 308) in der jeweils geltenden Fassung bleiben unberührt.

§ 11 Anerkennung der Laufbahnbefähigung auf Grund der Richtlinie 2005/36/EG und auf Grund in Drittstaaten erworbener Berufsqualifikation

(1) Die Laufbahnbefähigung kann auch

1. auf Grund der Richtlinie 2005/36/EG des Europäischen Parlaments und des Rates vom 7. September 2005 über die Anerkennung von Berufsqualifikationen (ABl. L 255 vom 30. 9. 2005, S. 22, L 271 vom 16. 10. 2007, S. 18, L 093 vom 4. 4. 2008, S. 28, L 33 vom 3. 2. 2009, S. 49, L 305 vom 24. 10. 2014, S. 115), die zuletzt durch die Richtlinie 2013/55/EU (ABl. L 354 vom 28. 12. 2013, S. 132) geändert worden ist, oder
2. nach Maßgabe des § 7 des Beamtenstatusgesetzes auf Grund einer auf eine Tätigkeit in einer öffentlichen Verwaltung vorbereitenden Berufsqualifikation, die in einem vom § 7 Absatz I Nummer 1 Buchstabe c des Beamtenstatusgesetzes nicht erfassten Drittstaat erworben ist,

anerkannt werden.

(2) Das Nähere, insbesondere das Anerkennungsverfahren sowie die Ausgleichsmaßnahmen, regelt das für Inneres zuständige Ministerium, für die Laufbahnen der Lehrerinnen und Lehrer das für das Schulwesen zuständige Ministerium, durch Rechtsverordnung. Das Berufsqualifikationsfeststellungsgesetz NRW vom 28. Mai 2013 (GV. NRW S. 272) in der jeweils geltenden Fassung findet insoweit keine Anwendung. Ergänzende Festlegungen können die Rechtsverordnungen nach § 7 regeln.

(3) Die deutsche Sprache muss in dem für die Wahrnehmung der Aufgaben der Laufbahn erforderlichen Maße beherrscht werden.

§ 12 Andere Bewerberinnen oder andere Bewerber

(1) Von anderen Bewerberinnen oder von anderen Bewerbern (§ 3 Absatz 1 Satz 2) dürfen die für die Laufbahn vorgeschriebene Vorbildung, Ausbildung (Vorbereitungsdienst oder hauptberufliche Tätigkeit) und Laufbahnprüfung nicht gefordert werden.

(2) Die Befähigung anderer Bewerberinnen oder anderer Bewerber für die Laufbahn, in der sie verwendet werden sollen, wird durch den Landespersonalausschuss festgestellt; die Feststellung ist nicht zulässig in den Fällen des § 3 Absatz 1 Satz 2 Halbsatz 2.

§ 13 Probezeit

(1) Probezeit ist die Zeit im Beamtenverhältnis auf Probe, während der sich Laufbahnbe-

werberinnen und Laufbahnbewerber nach Erwerb der Befähigung, andere Bewerberinnen und Bewerber nach Feststellung der Befähigung für ihre Laufbahn bewähren sollen. In den Fällen, in denen der Befähigungserwerb nach § 7 Absatz 1 Satz 1 Halbsatz 2 im Beamtenverhältnis auf Probe erfolgt, zählt diese Zeit auch zur Probezeit.

(2) Die regelmäßige Probezeit dauert drei Jahre. Die Probezeit kann gekürzt und bis zu einer Höchstdauer von fünf Jahren verlängert werden. Anrechnung und Kürzung der Probezeit dürfen nur in dem Umfang erfolgen, der die ordnungsgemäße Feststellung der Bewährung gewährleistet. Das Nähere sowie die Mindestprobezeit und Ausnahmen von der Mindestprobezeit regeln die Laufbahnverordnungen.

(3) Eignung, Befähigung und fachliche Leistung sind in der Probezeit unter Anlegung eines strengen Maßstabs, bei Probezeiten von mehr als zwölf Monaten wiederholt, zu beurteilen.

(4) Die Probezeit kann bei anderen Bewerberinnen und Bewerbern durch den Landespersonalausschuss gekürzt werden, sofern ein Zeitraum von weniger als drei Monaten nicht unterschritten wird.

(5) Zeiten hauptberuflicher Tätigkeit innerhalb oder außerhalb des öffentlichen Dienstes können auf die Probezeit angerechnet werden, soweit die Tätigkeit nach Art und Bedeutung der Tätigkeit in der Laufbahn gleichwertig ist.

(6) Ein Verzicht auf eine Probezeit durch Kürzung und Anrechnung ist mit Ausnahme der Einstellung früherer Richterinnen und Richter und Beamtinnen und Beamten nicht zulässig.

(7) Das Nähere regeln die Laufbahnverordnungen.

§ 14 Einstellung

(1) Eine Ernennung zur Begründung des Beamtenverhältnisses (Einstellung) ist nur in den Einstiegsämtern der Laufbahn zulässig. Die Einstiegsämter bestimmen sich nach dem Besoldungsrecht. Abweichend von Satz 1 kann

1. bei Beamtinnen und Beamten anderer Dienstherrn und bei früheren Beamtinnen und Beamten, sowie bei früheren Richterinnen und Richtern sofern die Laufbahnverordnung nach § 9 dies regelt,
2. bei entsprechenden beruflichen Erfahrungen oder sonstigen Qualifikationen, die zusätzlich zu den in § 6 geregelten Zugangsvoraussetzungen erworben wurden, wenn die Laufbahnverordnung nach § 9 dies bestimmt, oder
3. bei Zulassung einer Ausnahme durch den Landespersonalausschuss auch eine Einstellung in einem höheren Amt vorgenommen werden.

(2) Soweit im Zuständigkeitsbereich der Ernennungsbehörde in der angestrebten Laufbahn innerhalb der Ämtergruppe mit gleichem Einstiegsamt weniger Frauen als Männer sind, sind Frauen bei gleicher Eignung, Befähigung und fachlicher Leistung bevorzugt einzustellen, sofern nicht in der Person eines Mitbewerbers liegende Gründe überwiegen; ist die Landesregierung die für die Ernennung zuständige Behörde, so ist maßgebend der Zuständigkeitsbereich der obersten Landesbehörde, die den Einstellungsvorschlag macht; Beamtinnen und Beamte in einem Vorbereitungsdienst, der auch Voraussetzung für die Ausübung eines Berufes außerhalb des öffentlichen Dienstes ist, werden bei der Ermittlung der Beschäftigungsanteile nicht berücksichtigt. Für die Verleihung laufbahnfreier Ämter gilt Satz 1 Halbsatz 1 und 2 entsprechend; in diesen Fällen treten an die Stelle der Laufbahn die jeweiligen Ämter mit gleichem Endgrundgehalt und gleicher Amtsbezeichnung. Weitere Abweichungen von dem gemäß Satz 1 maßgeblichen Bezugsbereich oder in Bezug auf die Vergleichsgruppenbildung regelt die oberste Dienstbehörde durch Rechtsverordnung.

Für Beförderungen gilt § 19 Absatz 6.

(3) Als Laufbahnbewerberin oder Laufbahnbewerber darf in das Beamtenverhältnis auf Probe eingestellt werden, wer das 42. Lebensjahr noch nicht vollendet hat.

(4) Absatz 3 gilt entsprechend bei der Einstellung in das Beamtenverhältnis auf Lebenszeit von Beamtinnen und Beamten an-

derer Dienstherrn sowie von früheren Beamtinnen und Beamten.

(5) Die Höchstaltersgrenze der Absätze 3 und 4 erhöht sich um Zeiten

1. der Ableistung einer Dienstpflicht nach Artikel 12a des Grundgesetzes,
2. der Teilnahme an Maßnahmen im Sinne des § 34 Absatz 2 der Freistellungs- und Urlaubsverordnung NRW vom 10. Januar 2012 (GV. NRW. S. 2; ber. S. 92) in der jeweils geltenden Fassung,
3. der tatsächlichen Betreuung eines minderjährigen Kindes oder
4. der tatsächlichen Pflege einer oder eines nach § 7 Absatz 3 des Pflegezeitgesetzes vom 28. Mai 2008 (BGBl. I S. 874, 896) in der jeweils geltenden Fassung pflegebedürftigen nahen Angehörigen, deren oder dessen Pflegebedürftigkeit nach § 3 Absatz 2 des vorgenannten Gesetzes nachgewiesen ist.

In den Fällen des Satzes 1 Nummer 3 und 4 erhöht sich die Höchstaltersgrenze um jeweils bis zu drei Jahre, bei mehreren Kindern oder Angehörigen um insgesamt bis zu sechs Jahre, sofern über einen dementsprechenden Zeitraum keine berufliche Tätigkeit im Umfang von in der Regel mehr als zwei Drittel der jeweiligen regelmäßigen Arbeitszeit ausgeübt wurde.

(6) Schwerbehinderte Menschen und ihnen gemäß § 2 Absatz 3 des Neunten Buches Sozialgesetzbuch – Rehabilitation und Teilhabe behinderter Menschen – (Artikel 1 des Gesetzes vom 19. Juni 2001, BGBl. I S. 1046, 1047) in der jeweils geltenden Fassung gleichgestellte behinderte Menschen dürfen auch eingestellt werden, wenn sie das 45. Lebensjahr noch nicht vollendet haben. Absatz 5 findet in diesen Fällen keine Anwendung.

(7) § 7 Absatz 6 des Soldatenversorgungsgesetzes in der Fassung der Bekanntmachung vom 16. September 2009 (BGBl. I S. 3054) in der jeweils geltenden Fassung bleibt unberührt.

(8) Planstelleninhaberinnen und Planstelleninhaber an Ersatzschulen dürfen in das Beamtenverhältnis auch eingestellt werden, wenn sie das 55. Lebensjahr noch nicht vollendet haben. Bei Auflösung einer Ersatzschule nach § 111 des Schulgesetzes NRW vom 15. Februar 2005 (GV. NRW. S. 102) in der jeweils geltenden Fassung in den einstweiligen Ruhestand versetzte Planstelleninhaberinnen und Planstelleninhaber dürfen eingestellt werden, wenn sie das 60. Lebensjahr noch nicht vollendet haben. Absatz 5 findet in diesen Fällen keine Anwendung.

(9) Eine Höchstaltersgrenze gilt nicht

1. für die Berufung in ein Beamtenverhältnis auf Probe nach § 21 Absatz 1,
2. für den Wechsel aus dem Richterverhältnis in das Beamtenverhältnis und umgekehrt innerhalb des Geltungsbereichs dieses Gesetzes oder
3. für die Einstellung in das Beamtenverhältnis auf Probe im Anschluss an die Beendigung eines Vorbereitungsdienstes, wenn bei dessen Beginn für die Einstellung in das Beamtenverhältnis auf Widerruf eine Höchstaltersgrenze festgelegt war.

Ein Überschreiten der Höchstaltersgrenze ist unbeachtlich, wenn die Laufbahnbewerberin oder der Laufbahnbewerber an dem Tag, an dem sie oder er den Antrag auf Einstellung gestellt hat, das jeweilige Höchstalter nicht vollendet hatte und die Einstellung innerhalb eines Jahres nach der Antragstellung erfolgt.

(10) Weitere Ausnahmen von der jeweiligen Höchstaltersgrenze können zugelassen werden, und zwar

1. für einzelne Fälle oder Gruppen von Fällen, wenn der Dienstherr ein erhebliches dienstliches Interesse daran hat, Bewerberinnen oder Bewerber als Fachkräfte zu gewinnen, zu behalten oder
2. für einzelne Fälle, wenn sich nachweislich der berufliche Werdegang aus von der Bewerberin oder dem Bewerber nicht zu vertretenden Gründen in einem Maß verzögert hat, welches die Anwendung der Höchstaltersgrenze unbillig erscheinen ließe.

Ein erhebliches dienstliches Interesse im Sinne von Nummer l liegt insbesondere vor, wenn die Ausnahmeerteilung zur Sicherstellung der Erledigung der öffentlichen Aufgabe erforderlich ist.

(11) Über die Ausnahmen gemäß Absatz 10 entscheidet für die Beamtinnen und Beamten

1. des Landes die oberste Dienstbehörde als Aufsichtsbehörde im Einvernehmen mit den für Inneres und für Finanzen zuständigen Ministerien,
2. der Landschaftsverbände, des Landesverbandes Lippe und des Regionalverbandes Ruhr das für Kommunales zuständige Ministerium als Aufsichtsbehörde,
3. der Gemeinden und der sonstigen Gemeindeverbände die Aufsichtsbehörde, in den Fällen der auf Gruppen bezogenen Ausnahmen nach Absatz 10 Satz 1 Nummer 1 die Bezirksregierung als Aufsichtsbehörde und
4. der der Aufsicht des Landes unterstehenden Körperschaften, Anstalten und Stiftungen des öffentlichen Rechts, mit Ausnahme der Gemeinden und Gemeindeverbände, die Aufsichtsbehörde, bei Lehrerinnen und Lehrern im Einvernehmen mit der Schulaufsichtsbehörde.

(12) Der Abschnitt 5 des Gendiagnostikgesetzes vom 31. Juli 2009 (BGBl. I S. 2529, 3672) in der jeweils geltenden Fassung ist entsprechend anzuwenden auf

1. alle Personen,
   a) die in einem öffentlich-rechtlichen Dienstverhältnis im Anwendungsbereich dieses Gesetzes stehen,
   b) die sich für ein öffentlich-rechtliches Dienstverhältnis beworben haben oder
   c) deren öffentlich-rechtliches Dienstverhältnis beendet ist und
2. alle Dienstherren im Anwendungsbereich dieses Gesetzes.

§ 15 Voraussetzung der Ernennung auf Lebenszeit

Ein Beamtenverhältnis auf Probe ist in ein solches auf Lebenszeit umzuwandeln, wenn die beamtenrechtlichen Voraussetzungen hierfür erfüllt sind.

§ 16 Zuständigkeit und Wirkung der Ernennung

(1) Die Landesregierung ernennt die Beamtinnen und Beamten des Landes. Sie kann die Befugnis auf andere Stellen übertragen.

(2) Die Beamtinnen und Beamten der Gemeinden und Gemeindeverbände sowie der sonstigen der Aufsicht des Landes unterstehenden Körperschaften, Anstalten und Stiftungen des öffentlichen Rechts werden von den nach Gesetz, Verordnung oder Satzung hierfür zuständigen Stellen ernannt. Die Ernennungsurkunde einer kommunalen Wahlbeamtin oder eines kommunalen Wahlbeamten darf erst ausgehändigt werden, wenn die Wahl nicht innerhalb eines Monats nach ihrer Durchführung nach den dafür geltenden Vorschriften beanstandet worden ist oder wenn eine gesetzlich vorgeschriebene Bestätigung der Wahl vorliegt.

(3) Die Ernennung wird mit dem Tag der Aushändigung der Ernennungsurkunde wirksam, wenn nicht in der Urkunde ausdrücklich ein späterer Tag bestimmt ist.

(4) Mit der Ernennung erlischt das privatrechtliche Arbeitsverhältnis zum Dienstherrn.

§ 17 Verfahren und Rechtsfolgen bei nichtiger oder rücknehmbarer Ernennung

(1) In den Fällen des § 11 des Beamtenstatusgesetzes ist die Nichtigkeit festzustellen und dies der oder dem Ernannten oder im Falle des Todes den versorgungsberechtigten Hinterbliebenen schriftlich bekannt zu geben. Sobald der Grund für die Nichtigkeit bekannt wird, kann der oder dem Ernannten jede weitere Führung der Dienstgeschäfte verboten werden; im Fall des § 8 Absatz 1 Nummer 1 des Beamtenstatusgesetzes ist sie zu verbieten.

Das Verbot der Amtsführung kann erst ausgesprochen werden, wenn im Fall

1. des § 11 Absatz 1 Nummer 1 des Beamtenstatusgesetzes die schriftliche Bestätigung der Wirksamkeit der Ernennung,
2. des § 11 Absatz 1 Nummer 2 des Beamtenstatusgesetzes die Bestätigung der Ernennung oder
3. des § 11 Absatz 1 Nummer 3 des Beamtenstatusgesetzes die Zulassung einer Ausnahme

abgelehnt worden ist.

Die bis zum Verbot der Führung der Dienstgeschäfte vorgenommenen Amtshandlungen der oder des Ernannten sind in gleicher Weise gültig, wie wenn die Ernennung wirksam gewesen wäre. Die gewährten Leistungen können belassen werden.

(2) In den Fällen des § 12 des Beamtenstatusgesetzes muss die Ernennung innerhalb einer Frist von sechs Monaten zurückgenommen werden, nachdem die dienstvorgesetzte Stelle von der Ernennung und dem Grund der Rücknahme Kenntnis erlangt hat. Vor der Rücknahme ist die Beamtin oder der Beamte zu hören, soweit dies möglich ist. Die Rücknahmeerklärung ist der Beamtin oder dem Beamten und im Falle des Todes den versorgungsberechtigten Hinterbliebenen schriftlich bekannt zu geben. Absatz 1 Satz 2, 4 und 5 gilt entsprechend.

§ 18 Mitgliedschaft im Parlament

Legt eine Beamtin oder ein Beamter, deren oder dessen Rechte und Pflichten aus dem Beamtenverhältnis wegen einer Mitgliedschaft im Europäischen Parlament, im Bundestag, im Landtag oder in einer gesetzgebenden Körperschaft eines anderen Landes ruhen oder die oder der wegen einer Mitgliedschaft in einer gesetzgebenden Körperschaft eines anderen Landes ohne Besoldung beurlaubt ist, das Mandat nieder und bewirbt sie oder er sich anschließend erneut um einen Sitz im Europäischen Parlament, im Bundestag, im Landtag oder in einer gesetzgebenden Körperschaft eines anderen Landes, so ist die Übertragung eines anderen Amtes mit höherem Endgrundgehalt und die Übertragung eines anderen Amtes beim Wechsel der Laufbahngruppe nicht zulässig. Dies gilt entsprechend für die Zeit zwischen zwei Wahlperioden.

§ 19 Beförderung

(1) Beförderungen sind die

1. Ernennung unter Verleihung eines anderen Amtes mit höherem Endgrundgehalt und anderer Amtsbezeichnung,
2. Ernennung unter Verleihung eines anderen Amtes mit höherem Endgrundgehalt bei gleicher Amtsbezeichnung und
3. Ernennung unter Verleihung eines anderen Amtes mit gleichem Endgrundgehalt und anderer Amtsbezeichnung beim Wechsel der Laufbahngruppe.

Amtszulagen gelten als Bestandteile des Grundgehaltes.

(2) Eine Beförderung ist nicht zulässig

1. während der Probezeit sowie
2. vor Ablauf eines Jahres seit der letzten Beförderung, es sei denn, dass das bisherige Amt nicht zu durchlaufen war.

Innerhalb von zwei Jahren vor Eintritt in den Ruhestand wegen Erreichens der Altersgrenze ist eine weitere Beförderung nicht zulässig.

(2a) Eine Beförderung ist außerdem nicht zulässig vor Ablauf eines Jahres seit Beendigung der Probezeit, es sei denn,

1. es liegen besondere Leistungen vor,
2. für die Stelle besteht ein besonderer Bewerbermangel oder
3. die regelmäßige Probezeit wurde eingehalten oder die Unterschreitung beruht auf einer Anrechnung von Zeiten oder einer durch die Laufbahnverordnungen nicht nur im Einzelfall zulässigen Kürzung.

Über weitere Ausnahmen entscheidet der Landespersonalausschuss.

(3) Vor Feststellung der Eignung für einen höher bewerteten Dienstposten in einer Erprobungszeit, für die durch die Laufbahnverordnungen eine Dauer von mindestens drei Monaten festzulegen ist, darf die Beamtin oder der Beamte nicht befördert werden. Dies gilt nicht für Beförderungen in Ämter, deren Inhaberinnen oder Inhaber richterliche Unabhängigkeit besitzen, Staatsanwältinnen oder Staatsanwälte, Beamtinnen oder Beamte im Sinne von § 37 oder Wahlbeamtinnen oder Wahlbeamte sind. Für den Aufstieg und die berufliche Entwicklung innerhalb einer Laufbahngruppe können in den Laufbahnverordnungen Ausnahmen und besondere Regelungen zur Erprobungszeit getroffen werden. Eine Erprobung ist nicht erforderlich, wenn die Beförderung nur darauf beruht, dass sich die besoldungsrechtliche Zuordnung des Amtes ändert, ohne dass dies mit einer Änderung der Funktion verbunden ist.

(4) Regelmäßig zu durchlaufende Beförderungsämter dürfen mit Ausnahme von Beförderungen auf der Grundlage von § 9 Absatz 1 Satz 2 Nummer 6 zweiter Halbsatz nicht übersprungen werden.

(5) Der Landespersonalausschuss kann Ausnahmen von den Beförderungsverboten (Absatz 2 und Absatz 2a), vom Erfordernis der Erprobung vor Beförderung (Absatz 3) und vom Verbot der Sprungbeförderung (Absatz 4) zulassen.

(6) Beförderungen sind nach den Grundsätzen des § 9 des Beamtenstatusgesetzes vorzunehmen. Soweit im Bereich der für die Beförderung zuständigen Behörde im jeweiligen Beförderungsamt der Ämtergruppe eines Einstiegsamtes in einer Laufbahn weniger Frauen als Männer sind, sind Frauen bei gleicher Eignung, Befähigung und fachlicher Leistung bevorzugt zu befördern, sofern nicht in der Person eines Mitbewerbers liegende Gründe überwiegen; ist die Landesregierung die für die Beförderung zuständige Behörde, so ist maßgebend der Geschäftsbereich der obersten Landesbehörde, die den Beförderungsvorschlag macht.

§ 20 Nachteilsausgleich

(1) Schwangerschaft, Mutterschutz, Elternzeit und die Betreuung von Kindern unter achtzehn Jahren oder die Pflege einer oder eines nach § 7 Absatz 3 des Pflegezeitgesetzes pflegebedürftigen nahen Angehörigen, deren oder dessen Pflegebedürftigkeit nach § 3 Absatz 2 des Pflegezeitgesetzes nachgewiesen ist, dürfen sich bei der Einstellung und der beruflichen Entwicklung nach Maßgabe der Absätze 2 und 3 nicht nachteilig auswirken.

(2) Haben sich die Anforderungen an die fachliche Eignung einer Bewerberin oder eines Bewerbers für die Einstellung in den öffentlichen Dienst in der Zeit erhöht, in der sich die Bewerbung um Einstellung infolge der Geburt oder Betreuung eines Kindes verzögert hat, und hat sie oder er sich innerhalb von drei Jahren nach der Geburt dieses Kindes beworben, ist der Grad der fachlichen Eignung nach den Anforderungen zu prüfen, die zu dem Zeitpunkt bestanden haben, zu dem sie oder er sich ohne die Geburt des Kindes hätte bewerben können. Für die Berechnung des Zeitraums der Verzögerung sind die Fristen nach dem Bundeselterngeld- und Elternzeitgesetz in der Fassung der Bekanntmachung vom 27. Januar 2015 (BGBl. I S. 33) in der jeweils geltenden Fassung sowie dem Mutterschutzgesetz vom 23. Mai 2017 (BGBl. I S. 1228) in der jeweils geltenden Fassung zugrunde zu legen. Die Sätze 1 und 2 gelten entsprechend für die Verzögerung der Einstellung wegen der tatsächlichen Pflege einer oder eines nach § 7 Absatz 3 des Pflegezeitgesetzes pflegebedürftigen nahen Angehörigen, deren oder dessen Pflegebedürftigkeit nach § 3 Absatz 2 des Pflegezeitgesetzes nachgewiesen ist.

(3) Zum Ausgleich beruflicher Verzögerungen infolge

1. der Geburt oder der tatsächlichen Betreuung eines Kindes unter 18 Jahren,
2. der tatsächlichen Pflege einer oder eines nach § 7 Absatz 3 des Pflegezeitgesetzes pflegebedürftigen nahen Angehörigen, deren oder dessen Pflegebedürftigkeit nach § 3 Absatz 2 des Pflegezeitgesetzes nachgewiesen ist oder
3. eines festgestellten Dienstunfalls während der Probezeit zur Vermeidung einer unbilligen Härte

ist eine Beförderung ohne Mitwirkung des Landespersonalausschusses abweichend von § 19 Absatz 2 Satz 1 Nummer 1 sowie Absatz 2a während der Probezeit und vor Ablauf eines Jahres seit Beendigung der Probezeit möglich. Das Ableisten der regelmäßigen Probezeit bleibt unberührt. Satz 1 gilt nicht während eines Vorbereitungsdienstes, wenn dieser im Beamtenverhältnis auf Probe durchgeführt wird.

(4) Die Absätze 2 und 3 sind in den Fällen des Nachteilsausgleichs für ehemalige Beamtinnen und Beamte der Bundespolizei, für ehemalige Soldatinnen und Soldaten nach dem Arbeitsplatzschutzgesetz in der Fassung der Bekanntmachung vom 16. Juli 2009 (BGBl. I S. 2055) und dem Soldatenversorgungsgesetz in der Fassung der Bekanntmachung vom

16. September 2009 (BGBl. I S. 3054) sowie für ehemalige Zivildienstleistende nach dem Zivildienstgesetz in der Fassung der Bekanntmachung vom 17. Mai 2005 (BGBl. I S. 1346) und Entwicklungshelferinnen und Entwicklungshelfer nach dem Entwicklungshelfer-Gesetz vom 18. Juni 1969 (BGBl. I S. 549), jeweils in der jeweils geltenden Fassung entsprechend anzuwenden. Dies gilt auch für die Teilnahme an Maßnahmen im Sinne des § 34 Absatz 2 der Freistellungs- und Urlaubsverordnung NRW.

§ 21 Ämter mit leitender Funktion im Beamtenverhältnis auf Probe

(1) Ein Amt mit leitender Funktion im Sinne des Absatzes 7 wird zunächst im Beamtenverhältnis auf Probe übertragen. Die regelmäßige Probezeit beträgt zwei Jahre. Die oberste Dienstbehörde kann eine Verkürzung der Probezeit zulassen; die Mindestprobezeit beträgt ein Jahr. Zeiten, in denen der Beamtin oder dem Beamten eine leitende Funktion nach Satz 1 bereits übertragen worden ist, können auf die Probezeit angerechnet werden. Die Probezeit wird durch die Zeit einer Beurlaubung ohne Dienstbezüge unterbrochen und nach Beendigung des Urlaubs fortgesetzt. Die Neufestsetzung des Endes der Probezeit ist der Beamtin oder dem Beamten bekannt zu geben. Regelungen der Landesregierung nach § 92 Absatz 2 bleiben hiervon unberührt. Bei der Berechnung der Probezeit zählen die Zeiten einer Teilzeitbeschäftigung in vollem Umfang, es sei denn, zwingende sachliche Gründe stehen dem entgegen. Es ist nicht zulässig, die Probezeit zu verlängern.

(2) In ein Amt nach Absatz 1 darf nur berufen werden, wer

1. sich in einem Beamtenverhältnis auf Lebenszeit oder in einem Richterverhältnis auf Lebenszeit befindet und
2. in dieses Amt auch als Beamtin oder Beamter auf Lebenszeit berufen werden könnte.

Eine Richterin oder ein Richter darf in ein Beamtenverhältnis auf Probe nach Absatz 1 nur berufen werden, wenn sie oder er zugleich zustimmt, bei Fortsetzung des Richterverhältnisses auf Lebenszeit auch in einem anderen Richteramt desselben Gerichtszweiges verwendet zu werden.

(3) Vom Tag der Ernennung ruhen für die Dauer des Beamtenverhältnisses auf Probe die Rechte und Pflichten aus dem Amt, das der Beamtin oder dem Beamten zuletzt im Beamtenverhältnis oder im Richterverhältnis auf Lebenszeit übertragen worden ist, mit Ausnahme der Pflicht zur Amtsverschwiegenheit und des Verbotes der Annahme von Belohnungen und Geschenken; das Beamtenverhältnis oder das Richterverhältnis auf Lebenszeit besteht fort. Dienstvergehen, die mit Bezug auf das Beamtenverhältnis oder das Richterverhältnis auf Lebenszeit oder das Beamtenverhältnis auf Probe begangen worden sind, werden so verfolgt, als stünde die Beamtin oder der Beamte nur im Beamtenverhältnis oder im Richterverhältnis auf Lebenszeit.

(4) Der Landespersonalausschuss kann Ausnahmen von Absatz 2 Satz 1 zulassen. Befindet sich die Beamtin oder der Beamte nur in dem Beamtenverhältnis auf Probe nach Absatz 1, bleiben die für die Beamtinnen und Beamten auf Probe geltenden Vorschriften des Landesdisziplinargesetzes vom 16. November 2004 (GV. NRW. S. 624) in der jeweils geltenden Fassung unberührt.

(5) Mit dem erfolgreichen Abschluss der Probezeit ist der Beamtin oder dem Beamten das Amt nach Absatz 1 auf Dauer im Beamtenverhältnis auf Lebenszeit zu übertragen; eine erneute Berufung der Beamtin oder des Beamten in ein Beamtenverhältnis auf Probe zur Übertragung dieses Amtes innerhalb eines Jahres ist nicht zulässig. Wird das Amt nicht auf Dauer übertragen, endet der Anspruch auf Besoldung aus diesem Amt. Weitergehende Ansprüche bestehen nicht.

(6) § 19 Absatz 3 Satz 1 findet keine Anwendung.

(7) Ämter im Sinne des Absatzes 1 sind

1. im Landesdienst die
   a) Ämter der erstmalig als Referatsleiterin oder Referatsleiter in den obersten Landesbehörden oder den diesen angegliederten Dienststellen eingesetzten Be-

amtinnen oder Beamten sowie die mindestens der Besoldungsordnung B 4 angehörenden Ämter der in den obersten Landesbehörden oder den diesen angegliederten Dienststellen tätigen Beamtinnen und Beamten,

b) mindestens der Besoldungsgruppe A 15 oder der Besoldungsordnung B angehörenden Ämter der Leiterinnen und Leiter von Behörden, Einrichtungen und Landesbetriebe sowie von Justizvollzugsanstalten,

c) der Besoldungsgruppe A 16. oder der Besoldungsordnung B angehörenden Ämter der Leiterinnen und Leiter von Teilen (Abteilungen oder Gruppen) der den obersten Landesbehörden nachgeordneten Behörden, Einrichtungen und Landesbetriebe,

d) Ämter der Besoldungsgruppe A 16 bei den Polizeibehörden,

e) Ämter der Leiterinnen und Leiter öffentlicher Schulen sowie der Leiterinnen und Leiter von Zentren für schulpraktische Lehrerausbildung,

f) Ämter der als Leiterinnen oder Leiter einer Oberfinanzdirektion eingesetzten Beamtinnen oder Beamten, die zugleich Bundesbeamtinnen oder Bundesbeamte sind, sowie das Amt der Leiterin oder des Leiters der Zentralstelle für die Vergabe von Studienplätzen,

2. im Dienst der Gemeinden und Gemeindeverbände die Ämter der Leiterinnen und Leiter von Organisationseinheiten, die der Hauptverwaltungsbeamtin oder dem Hauptverwaltungsbeamten oder einer anderen Wahlbeamtin oder einem anderen Wahlbeamten oder dieser oder diesem in der Führungsfunktion vergleichbaren Beschäftigten unmittelbar unterstehen, sofern in der Hauptsatzung allgemein für diese Ämter die Übertragung auf Probe bestimmt ist und

3. im Dienst der sonstigen der Aufsicht des Landes unterstehenden Körperschaften, Anstalten und Stiftungen des öffentlichen Rechts die Ämter, die nach Maßgabe einer von der zuständigen obersten Aufsichtsbehörde zu erlassenden Rechtsverordnung dazu bestimmt werden.

Bei jeder Beförderung in ein Amt, das von Buchstabe a bis e erfasst wird, ist erneut eine Probezeit zu leisten. Dies gilt nicht, wenn die Beförderung nur darauf beruht, dass sich die besoldungsrechtliche Zuordnung des Amtes ändert, ohne dass dies mit einer Änderung der Funktion verbunden ist.

(8) Absatz 1 gilt nicht für die Ämter der Mitglieder des Landesrechnungshofes nach § 2 Absatz 1 des Gesetzes über den Landesrechnungshof Nordrhein-Westfalen vom 19. Juni 1994 (GV. NRW. S. 428) in der jeweils geltenden Fassung sowie für die Ämter, die

1. auf Grund anderer gesetzlicher Vorschriften im Beamtenverhältnis auf Zeit übertragen werden oder
2. in § 37 Absatz 1 und § 106 Absatz 2 genannt sind.

(9) Die Beamtin oder der Beamte führt während ihrer oder seiner Amtszeit nur die Amtsbezeichnung des nach Absatz 1 übertragenen Amtes. Wird das Amt nach Absatz 1 nicht auf Dauer übertragen, darf sie oder er die Amtsbezeichnung nach Satz 1 mit dem Ausscheiden aus dem Beamtenverhältnis auf Probe nicht weiterführen.

(10) Die Beamtin oder der Beamte ist mit

1. der Übertragung eines Amtes nach Absatz 8 bei demselben Dienstherrn oder
2. Beendigung ihres oder seines Beamtenverhältnisses oder Richterverhältnisses auf Lebenszeit

aus dem Beamtenverhältnis auf Probe nach Absatz 1 entlassen.

§ 22 Laufbahnwechsel

(1) Ein Laufbahnwechsel in ein statusgleiches Amt einer anderen Laufbahn ist nur zulässig, wenn die Beamtin oder der Beamte die Befähigung für die neue Laufbahn besitzt oder die für die Wahrnehmung der Aufgaben der neuen Laufbahn erforderlichen Fähigkeiten und Kenntnisse nach den Vorgaben des Laufbahnrechts erworben hat. §§ 26 und 29 des Beamtenstatusgesetzes und § 25 bleiben unberührt.

(2) Über den Laufbahnwechsel entscheidet die für die Ordnung der neuen Laufbahn zuständige oberste Dienstbehörde oder die von ihr bestimmte Stelle. Der Laufbahnwechsel nach Absatz 1 ist nicht zulässig, wenn für die neue Laufbahn eine bestimmte Vorbildung, Ausbildung oder Prüfung durch besondere Rechtsvorschrift zwingend vorgeschrieben oder nach ihrer Eigenart zwingend erforderlich ist.

(3) Für den Aufstieg gilt § 23 in Verbindung mit den Regelungen des Laufbahnrechts.

(4) Das Nähere regelt die Verordnung nach § 9.

§ 23 Aufstieg

(1) Der Aufstieg ist auch ohne Erfüllung der Zugangsvoraussetzungen (§ 6) möglich, wenn die für die höhere Laufbahngruppe erforderlichen Kenntnisse und Fähigkeiten vorliegen. Es kann auch eine auf Ämter oder Aufgabenbereiche beschränkte Befähigung erworben werden.

(2) Bei einem Aufstieg handelt es sich um eine Ernennung nach § 8 Absatz 1 Nummer 4 des Beamtenstatusgesetzes. Die Ämter der bisherigen Laufbahngruppe müssen nicht durchlaufen werden.

(3) Das Nähere regeln die Laufbahnverordnungen.

Abschnitt 3
Wechsel innerhalb des Landes

§ 24 Abordnung

(1) Eine Abordnung ist die vorübergehende Übertragung einer dem Amt der Beamtin oder des Beamten entsprechenden Tätigkeit bei einer anderen Dienststelle desselben oder eines anderen Dienstherrn unter Beibehaltung der Zugehörigkeit zur bisherigen Dienststelle. Die Abordnung kann ganz oder teilweise erfolgen.

(2) Beamtinnen und Beamte können, wenn hierfür ein dienstlicher Grund besteht, vorübergehend ganz oder teilweise zu einer ihrem Amt entsprechenden Tätigkeit an eine andere Dienststelle eines Dienstherrn im Geltungsbereich dieses Gesetzes abgeordnet werden.

(3) Aus dienstlichen Gründen können Beamtinnen und Beamte vorübergehend ganz oder teilweise auch zu einer nicht ihrem Amt entsprechenden Tätigkeit abgeordnet werden, wenn ihnen die Wahrnehmung der neuen Tätigkeit auf Grund ihrer Vorbildung oder Berufsausbildung zuzumuten ist. Dabei ist auch die Abordnung zu einer Tätigkeit, die nicht ihrem Amt mit demselben Endgrundgehalt entspricht, zulässig. Die Abordnung nach den Sätzen 1 und 2 bedarf der Zustimmung der Beamtin oder des Beamten, wenn sie die Dauer von zwei Jahren übersteigt.

(4) Die Abordnung zu einem anderen Dienstherrn bedarf der Zustimmung der Beamtin oder des Beamten. Abweichend von Satz 1 ist die Abordnung auch ohne Zustimmung der Beamtin oder des Beamten zulässig, wenn die neue Tätigkeit einem Amt mit demselben Endgrundgehalt auch einer anderen Laufbahn entspricht und die Abordnung die Dauer von fünf Jahren nicht übersteigt.

(5) Vor der Abordnung ist die Beamtin oder der Beamte zu hören.

(6) Die Abordnung zu einem anderen Dienstherrn wird von dem abgebenden im Einverständnis mit dem aufnehmenden Dienstherrn verfügt; das Einverständnis ist schriftlich oder elektronisch zu erklären. In der Verfügung ist zum Ausdruck zu bringen, dass das Einverständnis vorliegt. Zur Zahlung der der Beamtin oder dem Beamten zustehenden Leistungen ist auch der Dienstherr verpflichtet, zu dem die Beamtin oder der Beamte abgeordnet ist.

§ 25 Versetzung

(1) Eine Versetzung ist die auf Dauer angelegte Übertragung eines anderen Amtes bei einer anderen Dienststelle bei demselben oder einem anderen Dienstherrn.

(2) Beamtinnen und Beamte können in ein anderes Amt einer Laufbahn, für die sie die Befähigung besitzen, versetzt werden, wenn sie es beantragen oder ein dienstliches Bedürfnis besteht. Eine Versetzung bedarf nicht ihrer Zustimmung, wenn das neue Amt zum Bereich desselben Dienstherrn gehört, derselben Laufbahn angehört wie das bisherige Amt und mit mindestens demselben End-

grundgehalt verbunden ist; Stellenzulagen gelten hierbei nicht als Bestandteile des Grundgehaltes. Vor der Versetzung ist die Beamtin oder der Beamte zu hören.

(3) Aus dienstlichen Gründen können Beamtinnen oder Beamte ohne ihre Zustimmung in ein Amt mit demselben Endgrundgehalt auch einer anderen Laufbahn, auch im Bereich eines anderen Dienstherrn, versetzt werden; Stellenzulagen gelten hierbei nicht als Bestandteile des Grundgehaltes. § 22 bleibt unberührt.

(4) Besitzen die Beamtinnen und Beamten nicht die Befähigung für die andere Laufbahn, haben sie an Maßnahmen für den Erwerb der neuen Befähigung teilzunehmen.

(5) Werden die Beamtinnen und Beamten in ein Amt eines anderen Dienstherrn versetzt, wird das Beamtenverhältnis mit dem neuen Dienstherrn fortgesetzt; auf die beamten- und besoldungsrechtliche Stellung der Beamtinnen und Beamten finden die im Bereich des neuen Dienstherrn geltenden Vorschriften Anwendung. Die Versetzung wird von dem abgebenden im Einverständnis mit dem aufnehmenden Dienstherrn verfügt; das Einverständnis ist schriftlich oder elektronisch zu erklären. In die Verfügung ist aufzunehmen, dass das Einverständnis vorliegt.

§ 26 Umbildung, Auflösung und Verschmelzung von Behörden

(1) Wird eine Behörde aufgelöst oder auf Grund eines Gesetzes oder einer Verordnung der Landesregierung mit einer anderen verschmolzen oder in ihrem Aufbau wesentlich verändert, so können die auf Lebenszeit und auf Zeit ernannten Beamtinnen und Beamten dieser Behörden, deren Aufgabengebiet von der Auflösung oder Umbildung berührt wird, in den einstweiligen Ruhestand versetzt werden, wenn eine Versetzung nach § 25 nicht möglich ist. Die Versetzung in den einstweiligen Ruhestand darf nur innerhalb von sechs Monaten nach Auflösung der Behörde oder nach Inkrafttreten des Gesetzes oder der Verordnung ausgesprochen werden und ist nur innerhalb der Zahl der aus diesem Anlass eingesparten Planstellen zulässig. In dem Gesetz oder in der Verordnung kann ein anderer Zeitpunkt für den Beginn der Frist bestimmt werden.

(2) Ist bei Auflösung oder einer wesentlichen Änderung des Aufbaus oder der Aufgaben einer Behörde oder der Verschmelzung von Behörden eine dem bisherigen Amt entsprechende Verwendung nicht möglich, können Beamtinnen und Beamte, deren Aufgabengebiet davon berührt wird, auch ohne ihre Zustimmung in ein anderes Amt derselben Laufbahn mit geringerem Grundgehalt im Bereich desselben oder eines anderen Dienstherrn im Land Nordrhein-Westfalen versetzt werden. Das Grundgehalt muss mindestens dem des Amtes entsprechen, das sie vor ihrem bisherigen Amt innehatten.

Abschnitt 4
Beendigung des Beamtenverhältnisses

§ 27 Entlassung

(1) Beamtinnen und Beamte sind zu entlassen, wenn sie bei Übertragung eines Amtes, das kraft Gesetzes mit dem Mandat unvereinbar ist, Mitglied des Europäischen Parlaments, des Bundestages oder des Landtags waren und nicht innerhalb der von der obersten Dienstbehörde gesetzten angemessenen Frist ihr Mandat niederlegen.

(2) Beamtinnen und Beamte sind ferner zu entlassen, wenn sie als Beamtinnen und Beamte auf Zeit ihrer Verpflichtung nach § 4 letzter Satz und § 119 Absatz 2 Satz 4 nicht nachkommen.

(3) Das Verlangen, entlassen zu werden, muss schriftlich erklärt werden. Die Erklärung kann, solange die Entlassungsverfügung der Beamtin oder dem Beamten noch nicht zugegangen ist, innerhalb von zwei Wochen nach Zugang bei der dienstvorgesetzten Stelle, mit Zustimmung der nach § 28 Absatz 1 Satz 1 zuständigen Stelle auch nach Ablauf dieser Frist, zurückgenommen werden.

(4) Die Entlassung ist für den beantragten Zeitpunkt auszusprechen. Sie kann jedoch solange hinausgeschoben werden, bis die

Beamtin oder der Beamte ihre oder seine Amtsgeschäfte ordnungsgemäß erledigt hat; eine Frist von drei Monaten darf dabei nicht überschritten werden.

§ 28 Entlassungsverfahren

(1) Die Entlassung wird von der Stelle verfügt, die nach § 16 Absatz 1 und 2 für die Ernennung der Beamtin oder des Beamten zuständig wäre. Die Entlassung bedarf der Schriftform.

(2) Die Entlassung tritt im Falle des § 23 Absatz 1 Satz 1 Nummer 1 des Beamtenstatusgesetzes mit der Zustellung der Entlassungsverfügung, im Falle des § 27 Absatz 2 mit dem Ablauf der Amtszeit, im Übrigen mit dem Ende des Monats ein, in dem die Entlassungsverfügung der Beamtin oder dem Beamten zugestellt worden ist.

(3) Nach der Entlassung besteht kein Anspruch auf Leistungen des Dienstherrn, soweit gesetzlich nichts anderes bestimmt ist. Die Amtsbezeichnung und die im Zusammenhang mit dem Amt verliehenen Titel dürfen nur geführt werden, wenn die Erlaubnis nach § 77 Absatz 4 erteilt ist. Tritt die Entlassung im Laufe eines Kalendermonats ein, so können die für den Entlassungsmonat gezahlten Dienst- oder Anwärterbezüge der Beamtin oder dem Beamten belassen werden.

§ 29 Verlust der Beamtenrechte und Wiederaufnahmeverfahren

(1) Endet das Beamtenverhältnis nach § 24 des Beamtenstatusgesetzes, so haben frühere Beamtinnen und Beamte keinen Anspruch auf Leistungen des Dienstherrn, soweit gesetzlich nichts anderes bestimmt ist. Sie dürfen die Amtsbezeichnung und die im Zusammenhang mit dem Amt verliehenen Titel nicht führen.

(2) Im Fall des § 24 Absatz 2 des Beamtenstatusgesetzes haben Beamtinnen und Beamte, sofern sie die Altersgrenze noch nicht erreicht haben und noch dienstfähig sind, Anspruch auf Übertragung eines Amtes derselben Laufbahn wie ihr bisheriges Amt und mit mindestens demselben Endgrundgehalt (§ 25 Absatz 2 Satz 2). Bis zur Übertragung des neuen Amtes erhalten sie die Leistungen des Dienstherrn, die ihnen aus ihrem bisherigen Amt zugestanden hätten.

(3) Ist auf Grund des im Wiederaufnahmeverfahren festgestellten Sachverhaltes oder auf Grund eines rechtskräftigen Strafurteils, das nach der früheren Entscheidung ergangen ist, ein Disziplinarverfahren mit dem Ziel der Entfernung aus dem Beamtenverhältnis eingeleitet worden, so verliert die Beamtin oder der Beamte die ihr oder ihm nach Absatz 2 zustehenden Ansprüche, wenn auf Entfernung aus dem Beamtenverhältnis erkannt wird. Bis zur rechtskräftigen Entscheidung können die Ansprüche nicht geltend gemacht werden.

(4) Absatz 3 gilt entsprechend in Fällen der Entlassung von Beamtinnen und Beamten auf Probe oder auf Widerruf wegen eines Verhaltens der in § 23 Absatz 3 Nummer 1 des Beamtenstatusgesetzes bezeichneten Art.

§ 30 Gnadenerweis

(1) Der Ministerpräsidentin oder dem Ministerpräsidenten steht hinsichtlich des Verlustes der Beamtenrechte das Gnadenrecht zu. Sie oder er kann die Befugnis auf andere Stellen übertragen.

(2) Wird im Gnadenwege der Verlust der Beamtenrechte in vollem Umfang beseitigt, so gilt von diesem Zeitpunkt an § 24 Absatz 2 des Beamtenstatusgesetzes entsprechend.

§ 31 Ruhestand wegen Erreichens der Altersgrenze

(1) Beamtinnen und Beamte auf Lebenszeit und auf Zeit treten mit dem Ende des Monats in den Ruhestand, in dem sie die für sie jeweils geltende Altersgrenze erreichen. Die Altersgrenze wird in der Regel mit Vollendung des 67. Lebensjahres erreicht (Regelaltersgrenze), soweit nicht gesetzlich eine andere Altersgrenze (besondere Altersgrenze) bestimmt ist. Für Leiterinnen und Leiter und Lehrerinnen und Lehrer an öffentlichen Schulen gilt als Altersgrenze das Ende des Schulhalbjahres, in dem das 67. Lebensjahr vollendet wird.

(2) Beamtinnen und Beamte auf Lebenszeit und auf Zeit, die vor dem 1. Januar 1947 geboren sind, erreichen die Regelaltersgrenze

mit Vollendung des 65. Lebensjahres. Für Beamtinnen und Beamte auf Lebenszeit und auf Zeit, die nach dem 31. Dezember 1946 geboren sind, wird die Regelaltersgrenze wie folgt angehoben:

Geburtsjahr	Anhebung um Monate	Altersgrenze	Monate
1947	1	65	1
1948	2	65	2
1949	3	65	3
1950	4	65	4
1951	5	65	5
1952	6	65	6
1953	7	65	7
1954	8	65	8
1955	9	65	9
1956	10	65	10
1957	11	65	11
1958	12	66	0
1959	14	66	2
1960	16	66	4
1961	18	66	6
1962	20	66	8
1963	22	66	10
1964	24	67	0

Leiterinnen und Leiter und Lehrerinnen und Lehrer an öffentlichen Schulen treten mit dem Ende des Schulhalbjahres nach Erreichen der jeweiligen Altersgrenze in den Ruhestand.

(3) Beamtinnen und Beamte auf Zeit treten, soweit sie nicht nach § 27 Absatz 2 entlassen werden, ferner mit Ablauf ihrer Amtszeit in den Ruhestand, wenn sie insgesamt eine mindestens zehnjährige ruhegehaltfähige Dienstzeit abgeleistet haben; andernfalls sind sie entlassen.

(4) Wer die Altersgrenze überschritten hat, darf nicht zur Beamtin oder zum Beamten ernannt werden.

(5) Erreichen die in den einstweiligen Ruhestand versetzten Beamtinnen oder Beamte die Altersgrenze, so gelten sie in dem Zeitpunkt als dauernd in den Ruhestand getreten, in dem sie als Beamtinnen und Beamte auf Lebenszeit oder auf Zeit wegen Erreichens der Altersgrenze in den Ruhestand treten würden. Die in den einstweiligen Ruhestand versetzten Beamtinnen oder Beamte auf Zeit gelten auch mit Ablauf der Amtszeit als dauernd in den Ruhestand getreten.

§ 32 Hinausschieben des Ruhestandseintritts

(1) Der Eintritt in den Ruhestand kann auf Antrag der Beamtin oder des Beamten um bis zu drei Jahre, jedoch nicht über das Ende des Monats, in dem das 70. Lebensjahr vollendet wird hinaus, hinausgeschoben werden, wenn dies im dienstlichen Interesse liegt. Der Antrag ist spätestens sechs Monate vor Eintritt in den Ruhestand zu stellen. Im Verlängerungszeitraum ist die Beamtin oder der Beamte auf ihren oder seinen Antrag hin jederzeit in den Ruhestand zu versetzen; die beantragte Versetzung kann aus zwingenden dienstlichen Gründen um bis zu drei Monate hinausgeschoben werden. Für das Hinausschieben des Ruhestandseintritts nach Satz 1 ist bei den übrigen kommunalen Wahlbeamtinnen und Wahlbeamten im Sinne des § 119 die Zustimmung mit der Mehrheit der gesetzlichen Zahl des betreffenden Wahlgremiums erforderlich.

(2) Wenn dienstliche Gründe im Einzelfall die Fortführung der Dienstgeschäfte erfordern, kann die für die Versetzung in den Ruhestand zuständige Stelle mit Zustimmung der obersten Dienstbehörde und der Beamtin oder des Beamten den Eintritt in den Ruhestand für eine bestimmte Dauer, die jeweils ein Jahr und insgesamt drei Jahre nicht übersteigen darf, hinausschieben. Bei Wahlbeamtinnen und Wahlbeamten bedarf diese Entscheidung einer Zweidrittelmehrheit der gesetzlichen Mitgliederzahl des betreffenden Wahlgremiums.

(3) Die Absätze 1 und 2 gelten bei einer gesetzlich bestimmten besonderen Altersgrenze entsprechend.

§ 33 Dienstunfähigkeit, Antragsruhestand

(1) Bestehen Zweifel über die Dienstunfähigkeit der Beamtin oder des Beamten, so ist sie

oder er verpflichtet, sich nach Weisung der dienstvorgesetzten Stelle durch eine Ärztin oder einen Arzt der unteren Gesundheitsbehörde untersuchen und, falls eine Ärztin oder ein Arzt der unteren Gesundheitsbehörde dies für erforderlich hält, auch beobachten zu lassen. Gesetzliche Vorschriften, die für einzelne Beamtengruppen andere Voraussetzungen für die Beurteilung der Dienstunfähigkeit bestimmen, bleiben unberührt. Die Frist nach § 26 Absatz 1 Satz 2 des Beamtenstatusgesetzes beträgt sechs Monate.

(2) Beantragt die Beamtin oder der Beamte, sie oder ihn nach § 26 Absatz 1 Satz 1 des Beamtenstatusgesetzes in den Ruhestand zu versetzen, so hat die dienstvorgesetzte Stelle nach Einholung eines amtlichen Gutachtens der unteren Gesundheitsbehörde zu erklären, ob sie sie oder ihn nach pflichtgemäßem Ermessen für dauernd unfähig hält, ihre oder seine Amtspflichten zu erfüllen. Die nach § 36 Absatz 1 zuständige Stelle ist an die Erklärung der dienstvorgesetzten Stelle nicht gebunden, sie kann auch andere Beweise erheben.

(3) Ohne Nachweis der Dienstunfähigkeit kann eine Beamtin oder ein Beamter auf Lebenszeit oder auf Zeit auf ihren oder seinen Antrag in den Ruhestand versetzt werden

1. frühestens mit Vollendung des 63. Lebensjahres,
2. als schwerbehinderter Mensch im Sinne von § 2 Absatz 2 des Neunten Buches Sozialgesetzbuch – Rehabilitation und Teilhabe behinderter Menschen – (Artikel 1 des Gesetzes vom 19. Juni 2001, BGBl. I S. 1046) in der jeweils geltenden Fassung frühestens mit Vollendung des 60. Lebensjahres.

Aus dienstlichen Gründen kann bei Leiterinnen und Leitern und Lehrerinnen und Lehrern an öffentlichen Schulen die Versetzung in den Ruhestand bis zum Ende des laufenden Schuljahres hinausgeschoben werden.

§ 34 Versetzung in den Ruhestand wegen Dienstunfähigkeit

(1) Hält die dienstvorgesetzte Stelle nach Einholung eines amtlichen Gutachtens der unteren Gesundheitsbehörde die Beamtin oder den Beamten für dienstunfähig, so teilt die dienstvorgesetzte Stelle der Beamtin oder dem Beamten oder der Vertreterin oder dem Vertreter unter Angabe der Gründe mit, dass eine Versetzung in den Ruhestand beabsichtigt sei. Die Beamtin oder der Beamte oder die Vertreterin oder der Vertreter kann innerhalb eines Monats gegen die beabsichtigte Maßnahme Einwendungen erheben.

(2) Die Entscheidung über die Zurruhesetzung trifft die nach § 36 Absatz 1 zuständige Stelle. Wird die Dienstfähigkeit der Beamtin oder des Beamten festgestellt, so ist das Verfahren einzustellen. Wird die Dienstunfähigkeit festgestellt, so ist die Beamtin oder der Beamte mit dem Ende des Monats, in dem ihr oder ihm oder der Vertreterin oder dem Vertreter die Verfügung zugestellt worden ist, in den Ruhestand zu versetzen.

(3) Behält die Beamtin oder der Beamte nach der Entscheidung gemäß Absatz 2 Satz 3 wegen eines eingelegten Rechtsmittels Anspruch auf Besoldung, so werden mit dem Ende des Monats, in dem ihr oder ihm oder der Vertreterin oder dem Vertreter die Verfügung zugestellt worden ist, die Dienstbezüge einbehalten, die das Ruhegehalt übersteigen. Hat die Entscheidung gemäß Absatz 2 Satz 3 keinen Bestand, sind die einbehaltenen Beträge nachzuzahlen.

§ 35 Wiederherstellung der Dienstfähigkeit

(1) Die Beamtinnen und Beamten sind verpflichtet, zur Wiederherstellung ihrer Dienstfähigkeit an geeigneten und zumutbaren gesundheitlichen und beruflichen Rehabilitationsmaßnahmen teilzunehmen. Diese Verpflichtung gilt auch zur Vermeidung einer drohenden Dienstunfähigkeit. Vor der Versetzung in den Ruhestand sind sie auf diese Pflicht hinzuweisen, es sei denn, nach den Umständen des Einzelfalls kommt eine erneute Berufung in das Beamtenverhältnis nicht in Betracht. Der Dienstherr hat, sofern keine anderen Ansprüche bestehen, die Kosten für die erforderlichen Maßnahmen nach Satz 1 und Satz 2 zu tragen.

(2) Beantragt die Beamtin oder der Beamte nach Wiederherstellung ihrer oder seiner Dienstfähigkeit, sie oder ihn erneut in das Beamtenverhältnis zu berufen, so ist diesem Antrag zu entsprechen, falls nicht zwingende dienstliche Gründe entgegenstehen. Der Antrag muss vor Ablauf von fünf Jahren seit Beginn des Ruhestandes und spätestens zwei Jahre vor Erreichen der Altersgrenze gestellt werden.

§ 36 Zuständigkeit, Beginn des Ruhestands

(1) Die Versetzung in den Ruhestand wird, soweit durch Gesetz, Verordnung oder Satzung nichts anderes bestimmt ist, von der Stelle verfügt, die nach § 16 Absatz 1 und 2 für die Ernennung der Beamtin oder des Beamten zuständig wäre. Die Verfügung ist der Beamtin oder dem Beamten mitzuteilen; sie kann bis zum Beginn des Ruhestandes zurückgenommen werden.

(2) Der Ruhestand beginnt, abgesehen von den Fällen des § 31 Absatz 1 Satz 1 und Absatz 3 und der §§ 38, 114, 116 Absatz 3 und § 123 Absatz 3, mit dem Ende des Monats, in dem die Verfügung über die Versetzung in den Ruhestand der Beamtin oder dem Beamten zugestellt worden ist. Auf Antrag oder mit ausdrücklicher Zustimmung der Beamtin oder des Beamten kann ein früherer Zeitpunkt festgesetzt werden.

§ 37 Einstweiliger Ruhestand

(1) Die Landesregierung kann jederzeit in den einstweiligen Ruhestand versetzen

1. die Chefin der Staatskanzlei und Staatssekretärin oder den Chef der Staatskanzlei und Staatssekretär sowie Staatsekretärinnen und Staatssekretäre,
2. Regierungspräsidentinnen oder Regierungspräsidenten,
3. die Leiterin oder den Leiter der für den Verfassungsschutz zuständigen Abteilung,
4. die Regierungssprecherin oder den Regierungssprecher,

soweit sie Beamtinnen oder Beamte auf Lebenszeit sind.

(2) Für die in Absatz 1 bezeichneten Beamtinnen und Beamten entscheidet in den Fällen des § 12 Absatz 2, § 13 Absatz 4, § 14 Absatz 1 Satz 3 Nummer 3, § 19 Absatz 5 an Stelle des Landespersonalausschusses die Landesregierung.

Entscheidung des Bundesverfassungsgerichts vom 9. April 2024 (BGBl. I Nr. 178)

Aus dem Beschluss des Bundesverfassungsgerichts vom 9. April 2024 – 2 BvL 2/22 – wird die Entscheidungsformel veröffentlicht:

§ 37 Absatz 1 Nummer 5 des Beamtengesetzes für das Land Nordrhein-Westfalen in der Fassung vom 21. April 2009 (Gesetz- und Verordnungsblatt für das Land Nordrhein-Westfalen Seite 224) und in der Fassung vom 14. Juni 2016 (Gesetz- und Verordnungsblatt für das Land Nordrhein-Westfalen Seite 310) ist mit Artikel 33 Absatz 5 des Grundgesetzes unvereinbar und nichtig.

Die vorstehende Entscheidungsformel hat gemäß § 31 Absatz 2 des Bundesverfassungsgerichtsgesetzes Gesetzeskraft.

§ 38 Beginn des einstweiligen Ruhestands

Der einstweilige Ruhestand beginnt, wenn nicht im Einzelfall ausdrücklich ein späterer Zeitpunkt festgelegt wird, mit dem Zeitpunkt, in dem die Versetzung in den einstweiligen Ruhestand der Beamtin oder dem Beamten bekannt gegeben wird, spätestens jedoch mit dem Ende der drei Monate, die auf den Monat der Bekanntgabe folgen. Die Verfügung kann bis zum Beginn des Ruhestands zurückgenommen werden.

§ 39 Wiederverwendung aus dem einstweiligen Ruhestand

Nach Ablauf von fünf Jahren seit Beginn des einstweiligen Ruhestands ist eine erneute Berufung in das Beamtenverhältnis nur mit Zustimmung der Beamtin oder des Beamten zulässig, wenn sie oder er das 55. Lebensjahr vollendet hat.

§ 40 Einstweiliger Ruhestand bei organisatorischen Veränderungen

Die Versetzung in den einstweiligen Ruhestand darf in den Fällen des § 31 des Beamtenstatusgesetzes nur innerhalb von sechs Monaten nach Inkrafttreten des Gesetzes oder der Verordnung ausgesprochen werden. In dem Gesetz oder in der Verordnung kann ein anderer Zeitpunkt für den Beginn der Frist bestimmt werden.

§ 41 Voraussetzung für Eintritt und Versetzung in den Ruhestand

Für den Eintritt und die Versetzung in den Ruhestand gelten die Vorschriften der §§ 31 bis 40. Sind die Voraussetzungen des § 4 Absatz 1 des Landesbeamtenversorgungsgesetzes vom 14. Juni 2016 (GV. NRW. S. 310) in der jeweils geltenden Fassung nicht erfüllt, so endet das Beamtenverhältnis statt durch Eintritt oder Versetzung in den Ruhestand durch Entlassung (§ 28).

Abschnitt 5 Rechtliche Stellung im Beamtenverhältnis

§ 42 Fortbildung und Personalentwicklung

(1) Der Dienstherr fördert und entwickelt die Eignung, Befähigung und fachliche Leistung der Beamtinnen und Beamten auf der Grundlage von Personalentwicklungskonzepten. Dabei sind die Grundsätze der interkulturellen Öffnung der Verwaltung und die Notwendigkeit, interkulturelle Kompetenzen zu entwickeln, miteinzubeziehen.

(2) Beamtinnen und Beamte sind verpflichtet, ihre Kenntnisse und Fähigkeiten zu erhalten und fortzuentwickeln und insbesondere an Fortbildungen in dienstlichem Interesse teilzunehmen.

(3) Die Beamtinnen und Beamten haben einen Anspruch auf Teilnahme an für ihre berufliche Tätigkeit förderlichen Fortbildungsmaßnahmen, soweit dienstliche Belange nicht entgegenstehen. Satz 1 gilt entsprechend für Beamtinnen und Beamte, die sich in Elternzeit befinden oder zur Betreuung von Kindern oder Pflege einer oder eines nach § 7 Absatz 3 des Pflegezeitgesetzes pflegebedürftigen nahen Angehörigen, deren oder dessen Pflegebedürftigkeit nach § 3 Absatz 2 des Pflegezeitgesetzes nachgewiesen ist, beurlaubt sind. Für die Teilnahme an einer Fortbildungsveranstaltung des Dienstherrn während der Elternzeit oder der Beurlaubung aus familiären Gründen, die dem Wiedereinstieg in den Dienst dient und innerhalb von sechs Monaten vor dem Wiedereinstieg absolviert wird, ist eine bezahlte Dienstbefreiung von bis zu fünf Tagen nach dem Ende der Elternzeit oder der Beurlaubung zu gewähren, wenn dienstliche Belange nicht entgegenstehen. § 57 Absatz 3 Satz 1 des Schulgesetzes NRW gilt entsprechend.

(4) Die dienstvorgesetzte Stelle ist verpflichtet, ein Personalentwicklungskonzept zu erstellen und dies regelmäßig fortzuentwickeln. Dies kann auch in Form einer Dienstvereinbarung geschehen.

(5) Um den Beamtinnen und Beamten, die sich in Elternzeit befinden oder aus familiären Gründen beurlaubt sind, die Verbindung zum Beruf und die Rückkehr aus der Elternzeit oder der Beurlaubung zu erleichtern, ist die dienstvorgesetzte Stelle verpflichtet, ein Wiedereinstiegsmanagement in das Personalentwicklungskonzept zu integrieren.

(6) Die näheren Anforderungen an Personalentwicklungskonzepte und an Fortbildungsmaßnahmen können die Laufbahnverordnungen regeln.

§ 43 Unterrichtung der Öffentlichkeit

Die Leitung der Behörde entscheidet, wer Auskünfte an die Öffentlichkeit erteilt.

§ 44 Aufenthalt in der Nähe des Dienstortes

Wenn besondere dienstliche Verhältnisse es dringend erfordern, kann die Beamtin oder der Beamte angewiesen werden, sich während der dienstfreien Zeit erreichbar in der Nähe seines Dienstortes aufzuhalten.

§ 45 Dienstkleidung

Die Landesregierung erlässt die Bestimmungen über Dienstkleidung, die bei Ausübung des Amtes üblich oder erforderlich ist. Sie kann die Ausübung dieser Befugnis auf andere Stellen übertragen.

§ 46 Diensteid

(1) Die Beamtin oder der Beamte hat folgenden Diensteid zu leisten: „Ich schwöre, dass ich das mir übertragene Amt nach bestem Wissen und Können verwalten, Verfassung und Gesetze befolgen und verteidigen, meine Pflichten gewissenhaft erfüllen und Gerechtigkeit gegen jedermann üben werde. So wahr mir Gott helfe."

(2) Der Eid kann auch ohne die Worte „So wahr mir Gott helfe" geleistet werden.

(3) Lehnt eine Beamtin oder ein Beamter aus Glaubens- oder Gewissensgründen die Ablegung eines Eides ab, so kann sie oder er an Stelle der Worte „Ich schwöre" die Worte „Ich gelobe" oder eine andere Beteuerungsformel sprechen.

(4) In den Fällen, in denen nach § 7 Absatz 3 des Beamtenstatusgesetzes eine Ausnahme von § 7 Absatz 1 Nummer 1 des Beamtenstatusgesetzes zugelassen worden ist, kann an Stelle des Eides ein Gelöbnis vorgeschrieben werden.

§ 47 Befreiung von Amtshandlungen

(1) Beamtinnen und Beamte sind von Amtshandlungen zu befreien, die sich gegen sie selbst oder Angehörige richten würden, zu deren Gunsten ihnen wegen familienrechtlicher Beziehungen im Strafverfahren das Zeugnisverweigerungsrecht zusteht.

(2) Gesetzliche Vorschriften, nach denen Beamtinnen und Beamte von einzelnen Amtshandlungen ausgeschlossen sind, bleiben unberührt.

§ 48 Pflicht zur Nebentätigkeit

Beamtinnen und Beamte sind verpflichtet, auf Verlangen der dienstvorgesetzten Stelle eine Nebentätigkeit (Nebenamt, Nebenbeschäftigung) im öffentlichen Dienst zu übernehmen und fortzuführen, sofern diese Tätigkeit ihrer Vorbildung oder Berufsausbildung entspricht und sie nicht über Gebühr in Anspruch nimmt. Durch die Nebentätigkeit dürfen dienstliche Interessen nicht beeinträchtigt werden. Ergibt sich eine solche Beeinträchtigung während der Ausübung der Nebentätigkeit, so ist das Verlangen zu widerrufen.

§ 49 Genehmigungspflichtige Nebentätigkeit

(1) Die Beamtin oder der Beamte bedarf, soweit sie oder er nicht nach § 48 zur Übernahme verpflichtet ist, der vorherigen Genehmigung

1. zur Übernahme eines Nebenamtes,
2. zur Übernahme einer Nebenbeschäftigung gegen Vergütung, zu einer gewerblichen Tätigkeit, zur Mitarbeit in einem Gewerbebetrieb oder zur Ausübung eines freien Berufes und
3. zum Eintritt in den Vorstand, Aufsichtsrat, Verwaltungsrat oder in ein sonstiges Organ einer Gesellschaft oder eines in einer anderen Rechtsform betriebenen Unternehmens, soweit diese einen wirtschaftlichen Zweck verfolgen, sowie zur Übernahme einer Treuhänderschaft.

Die Wahrnehmung eines öffentlichen Ehrenamtes sowie einer unentgeltlichen Vormundschaft, Betreuung, Pflegschaft oder Testamentsvollstreckung gilt nicht als Nebentätigkeit. Ihre Übernahme ist der dienstvorgesetzten Stelle vor Aufnahme schriftlich oder elektronisch anzuzeigen.

(2) Die Genehmigung ist zu versagen, wenn die Nebentätigkeit dienstliche Interessen beeinträchtigen kann. Ein solcher Versagungsgrund liegt insbesondere vor, wenn die Nebentätigkeit

1. nach Art und Umfang die Arbeitskraft der Beamtin oder des Beamten so stark in Anspruch nimmt, dass die ordnungsgemäße Erfüllung ihrer oder seiner dienstlichen Pflichten behindert werden kann,
2. die Beamtin oder den Beamten in einen Widerstreit mit den dienstlichen Pflichten bringen kann,
3. in einer Angelegenheit ausgeübt wird, in der die Behörde oder Einrichtung, der die Beamtin oder der Beamte angehört, tätig wird oder werden kann,
4. die Unparteilichkeit oder die Unbefangenheit der Beamtin oder des Beamten beeinflussen kann,
5. zu einer wesentlichen Einschränkung der künftigen dienstlichen Verwendbarkeit

der Beamtin oder des Beamten führen kann oder

6. dem Ansehen der öffentlichen Verwaltung abträglich sein kann.

Die Voraussetzung des Satzes 2 Nummer 1 gilt in der Regel als erfüllt, wenn die zeitliche Beanspruchung durch eine oder mehrere Nebentätigkeiten in der Woche ein Fünftel der regelmäßigen wöchentlichen Arbeitszeit überschreitet. Im Falle einer begrenzten Dienstfähigkeit (§ 27 des Beamtenstatusgesetzes) gilt Satz 3 mit der Maßgabe, dass die herabgesetzte wöchentliche Arbeitszeit zugrunde zu legen ist.

(3) Die Genehmigung ist für jede einzelne Nebentätigkeit zu erteilen und auf längstens fünf Jahre zu befristen. Sie kann mit Auflagen und Bedingungen versehen werden. Die Genehmigung erlischt bei Versetzung zu einer anderen Dienststelle.

(4) Ergibt sich nach der Erteilung der Genehmigung eine Beeinträchtigung dienstlicher Interessen, so ist die Genehmigung zu widerrufen.

§ 50 Nebentätigkeit bei Freistellung vom Dienst

Während einer Freistellung vom Dienst nach §§ 64, 73 Absatz 3 oder der Verordnung nach § 74 Absatz 2 dürfen nur solche Nebentätigkeiten genehmigt werden, die dem Zweck der Freistellung nicht zuwiderlaufen.

§ 51 Nicht genehmigungspflichtige Nebentätigkeit

(1) Nicht genehmigungspflichtig ist

1. die Verwaltung eigenen oder der Nutznießung der Beamtin oder des Beamten unterliegenden Vermögens,
2. eine schriftstellerische, wissenschaftliche, künstlerische oder Vortragstätigkeit,
3. die mit Lehr- oder Forschungsaufgaben zusammenhängende selbständige Gutachtertätigkeit von Lehrerinnen und Lehrern an öffentlichen Hochschulen, die als solche zu Beamtinnen oder Beamten ernannt sind, und Beamtinnen und Beamten an wissenschaftlichen Instituten und Anstalten außerhalb der öffentlichen Hochschulen,
4. die Tätigkeit zur Wahrung von Berufsinteressen der Beamtinnen und Beamten in
   a) Gewerkschaften und Berufsverbänden oder
   b) Organen von Selbsthilfeeinrichtungen und
5. die unentgeltliche Tätigkeit in Organen von Genossenschaften.

(2) Durch die Nebentätigkeit dürfen dienstliche Interessen nicht beeinträchtigt werden. Ergibt sich eine solche Beeinträchtigung, so ist die Nebentätigkeit ganz oder teilweise zu untersagen.

§ 52 Ausübung der Nebentätigkeit, Verfahren, Tätigkeit von Ruhestandsbeamtinnen und Ruhestandsbeamten und früheren Beamtinnen und Beamten mit Versorgungsbezügen

(1) Nebentätigkeiten, welche die Beamtin oder der Beamte nicht auf Verlangen (§ 48), Vorschlag oder Veranlassung ihrer oder seiner dienstvorgesetzten Stelle übernommen hat, darf sie oder er nur außerhalb der Arbeitszeit ausüben. Ausnahmen dürfen nur in besonders begründeten Fällen zugelassen werden, wenn dienstliche Gründe nicht entgegenstehen und die versäumte Arbeitszeit nachgeleistet wird.

(2) Anträge auf Erteilung einer Genehmigung (§§ 49, 54) oder auf Zulassung einer Ausnahme (Absatz 1 Satz 2) und Entscheidungen über diese Anträge sowie das Verlangen nach § 48 und nach Absatz 4 bedürfen der Schriftform. Die Beamtin oder der Beamte hat die für die Entscheidungen erforderlichen Nachweise, insbesondere über Art und Umfang der Nebentätigkeit sowie die Entgelte und geldwerten Vorteile hieraus, zu erbringen; sie oder er hat jede Änderung unverzüglich schriftlich oder elektronisch anzuzeigen.

(3) Der Vorschlag und die Veranlassung der dienstvorgesetzten Stelle (Absatz 1 Satz 1) sind aktenkundig zu machen.

(4) Die Beamtin oder der Beamte ist auf Verlangen der dienstvorgesetzten Stelle verpflichtet, über Art und Umfang der von ihr oder ihm ausgeübten Nebentätigkeit und die

Höhe der dafür empfangenen Vergütung Auskunft zu geben.

(5) Der Zeitraum gemäß § 41 Satz 1 des Beamtenstatusgesetzes beträgt für Ruhestandsbeamtinnen und Ruhestandsbeamte oder frühere Beamtinnen und Beamte mit Versorgungsbezügen fünf Jahre, bei Eintritt in den Ruhestand nach § 31 Absatz 1 drei Jahre. Ein Verbot nach § 41 Satz 2 des Beamtenstatusgesetzes wird durch die letzte dienstvorgesetzte Stelle ausgesprochen; es endet spätestens mit Ablauf der in Satz 1 genannten Fristen.

§ 53 Meldung von Nebeneinnahmen

Die Beamtin oder der Beamte legt am Ende eines jeden Jahres ihrer oder seiner dienstvorgesetzten Stelle eine jeden Einzelfall erfassende Aufstellung über Art und Umfang der Nebentätigkeit sowie über die Vergütungen vor, die sie oder er für eine genehmigungspflichtige oder eine nach § 51 Absatz 1 Nummer 2, 3 und 4 Buchstabe b nicht genehmigungspflichtige Nebentätigkeit innerhalb oder außerhalb des öffentlichen Dienstes erhalten hat, wenn diese insgesamt die in der Rechtsverordnung nach § 57 zu bestimmende Höchstgrenze übersteigen.

§ 54 Inanspruchnahme von Einrichtungen, Personal oder Material des Dienstherrn

(1) Die Beamtin oder der Beamte darf bei der Ausübung von Nebentätigkeiten Einrichtungen, Personal oder Material des Dienstherrn nur mit Genehmigung in Anspruch nehmen. Sie oder er hat hierfür ein angemessenes Entgelt zu entrichten; das Entgelt kann auch nach einem Hundertsatz der für die Nebentätigkeit bezogenen Vergütung bemessen werden.

(2) Die Genehmigung, Einrichtungen des Dienstherrn in Anspruch zu nehmen, um in ihnen außerhalb der allgemeinen Dienststunden mit Personal des Dienstherrn Nebentätigkeiten auszuüben, kann davon abhängig gemacht werden, dass dem Personal ein angemessener Anteil an der Vergütung für die Nebentätigkeit gewährt wird. Der Anteil ist nach dem Teil der Vergütung zu bemessen, der nach Abzug des durch die Beamtin oder den Beamten entrichteten Entgelts (Absatz 1 Satz 2) verbleibt.

§ 55 Ersatzpflicht des Dienstherrn

Die Beamtin oder der Beamte, die oder der aus einer Tätigkeit im Vorstand, Aufsichtsrat, Verwaltungsrat oder in einem sonstigen Organ einer Gesellschaft, Genossenschaft oder eines in einer anderen Rechtsform betriebenen Unternehmens, die sie oder er auf Verlangen, Vorschlag oder Veranlassung ihrer oder seiner dienstvorgesetzten Stelle im dienstlichen Interesse übernommen hat, haftbar gemacht wird, hat gegen den Dienstherrn Anspruch auf Ersatz des ihr oder ihm entstandenen Schadens. Ist der Schaden vorsätzlich oder grob fahrlässig herbeigeführt worden, so ist der Dienstherr nur dann ersatzpflichtig, wenn die Beamtin oder der Beamte auf Verlangen einer oder eines Vorgesetzten gehandelt hat.

§ 56 Beendigung von mit dem Amt verbundener Nebentätigkeit

Endet das Beamtenverhältnis, so enden, wenn im Einzelfall nichts anderes bestimmt ist, auch die Nebenämter und Nebenbeschäftigungen, die der Beamtin oder dem Beamten im Zusammenhang mit ihrem oder seinem Hauptamt übertragen sind oder die sie oder er auf Verlangen, Vorschlag oder Veranlassung ihrer oder seiner dienstvorgesetzten Stelle übernommen hat.

§ 57 Regelung der Nebentätigkeit

Die zur Ausführung der §§ 48 bis 56 notwendigen Vorschriften über die Nebentätigkeit der Beamtinnen und Beamten erlässt die Landesregierung durch Rechtsverordnung. In ihr ist insbesondere zu bestimmen,

1. welche Tätigkeiten als öffentlicher Dienst im Sinne dieser Vorschriften anzusehen sind oder ihm gleichstehen; dabei sollen Tätigkeiten bei Einrichtungen und Unternehmen, die zu mehr als 50 Prozent in öffentlicher Hand sind oder fortlaufend unterhalten werden oder von der öffentlichen Hand zumindest wirtschaftlich beherrscht werden und Vergütungen jedenfalls mittelbar aus Beiträgen der öffentli-

chen Hand fließen, der Tätigkeit im öffentlichen Dienst gleichgestellt werden,

2. in welchen Fällen von geringer Bedeutung oder bei welcher wiederkehrenden Tätigkeit dieser Art die Genehmigung zur Ausübung der Nebentätigkeit als allgemein erteilt gilt,
3. welche nicht genehmigungspflichtigen oder allgemein genehmigten Nebentätigkeiten der dienstvorgesetzten Stelle unter Angabe von Art und Umfang sowie der voraussichtlich zu erwartenden Entgelte oder geldwerten Vorteile anzuzeigen sind,
4. in welchen Fällen für die Wahrnehmung von Aufgaben, die im Hauptamt erledigt werden können oder für welche die Beamtin oder der Beamte im Hauptamt entlastet wird, eine Vergütung ausnahmsweise zugelassen wird,
5. ob und inwieweit die Beamtin oder der Beamte für eine im öffentlichen Dienst ausgeübte oder auf Verlangen, Vorschlag oder Veranlassung ihres oder seines Dienstherrn übernommene Nebentätigkeit eine Vergütung erhält oder eine erhaltene Vergütung abzuführen hat,
6. unter welchen Voraussetzungen die Beamtin oder der Beamte zur Ausübung von Nebentätigkeiten Einrichtungen, Personal und Material des Dienstherrn in Anspruch nehmen darf und in welcher Höhe hierfür ein Entgelt an den Dienstherrn zu entrichten ist; das Entgelt ist mindestens kostendeckend zu bemessen und soll den besonderen Vorteil berücksichtigen, der der Beamtin oder dem Beamten durch die Inanspruchnahme entsteht; es darf nur entfallen
   a) bei der Wahrnehmung eines Nebenamtes,
   b) wenn die Nebentätigkeit unentgeltlich durchzuführen ist oder
   c) wenn die Kosten von einem Dritten in vollem Umfang getragen werden,
7. das Nähere zu § 54 Absatz 2.

§ 58 Dienstaufgabe als Nebentätigkeit

Übt eine Beamtin oder ein Beamter eine Tätigkeit, die zu ihren oder seinen dienstlichen Aufgaben (Hauptamt, Nebenamt) gehört, wie eine Nebenbeschäftigung gegen Vergütung aus, so hat sie oder er die Vergütung an den Dienstherrn abzuführen.

§ 59 Verbot der Annahme von Belohnungen, Geschenken und sonstigen Vorteilen

Einzelheiten zum Verbot der Annahme von Belohnungen, Geschenken und sonstigen Vorteilen regelt das für Inneres zuständige Ministerium durch Verwaltungsvorschrift.

§ 60 Arbeitszeit, alternierende mobile Arbeit

(1) Die regelmäßige Arbeitszeit darf im Jahresdurchschnitt einundvierzig Stunden in der Woche nicht überschreiten. Die durchschnittliche Wochenarbeitszeit vermindert sich für jeden gesetzlichen Feiertag, der auf einen Werktag fällt, um die Stunden, die an diesem Tag zu leisten wären.

(2) Soweit der Dienst in Bereitschaft besteht, kann die Arbeitszeit entsprechend den dienstlichen Bedürfnissen verlängert werden. Im wöchentlichen Zeitraum dürfen im Jahresdurchschnitt achtundvierzig Stunden einschließlich Mehrarbeitsstunden nicht überschritten werden.

(3) Das Nähere zu den Absätzen 1 und 2 sowie zu § 61 Absatz 1 regelt die Landesregierung durch Rechtsverordnung. Das gilt insbesondere für Regelungen über

1. die Dauer, die Verlängerung und die Verkürzung der regelmäßigen Arbeitszeit,
2. dienstfreie Zeiten,
3. den Ort und die Zeit der Dienstleistung,
4. den Bereitschaftsdienst,
5. die Mehrarbeit in Einzelfällen,
6. den Arbeitsversuch,
7. Langzeitarbeitskonten,

ferner für Regelungen der Pausen und der Dienststunden in der Landesverwaltung.

(4) Im Rahmen der dienstlichen Möglichkeiten haben die Dienststellen Beamtinnen und Beamten mit Dienstbezügen auch alternierende mobile Arbeit anzubieten. Die Dienststelle entscheidet über den Antrag der Be-

amtin oder des Beamten auf Teilnahme nach pflichtgemäßem Ermessen. Die Ausgestaltung alternierender mobiler Arbeit kann durch Dienstvereinbarung unter besonderer Berücksichtigung des Arbeits- und Gesundheitsschutzes geregelt werden.

§ 61 Mehrarbeit

(1) Die Beamtin oder der Beamte ist verpflichtet, ohne Entschädigung über die regelmäßige Arbeitszeit hinaus Dienst zu tun, wenn zwingende dienstliche Verhältnisse es erfordern. Wird sie oder er durch eine dienstlich angeordnete oder genehmigte Mehrarbeit mehr als fünf Stunden im Monat über die regelmäßige Arbeitszeit hinaus beansprucht, so ist ihr oder ihm innerhalb eines Jahres für die über die regelmäßige Arbeitszeit hinaus geleistete Mehrarbeit entsprechende Dienstbefreiung zu gewähren. Bei Teilzeitbeschäftigung sind die fünf Stunden anteilig zu kürzen.

(2) Ist die Dienstbefreiung aus zwingenden dienstlichen Gründen nicht möglich, so können an ihrer Stelle Beamtinnen und Beamte in Besoldungsgruppen mit aufsteigenden Gehältern für einen Zeitraum von längstens 480 Stunden im Jahr eine Mehrarbeitsvergütung erhalten.

§ 62 Fernbleiben vom Dienst

(1) Die Beamtin oder der Beamte darf dem Dienst nicht ohne Genehmigung fernbleiben. Dienstunfähigkeit infolge Krankheit ist auf Verlangen nachzuweisen.

(2) Verliert die Beamtin oder der Beamte wegen schuldhaften Fernbleibens vom Dienst ihren oder seinen Anspruch auf Dienstbezüge, so wird dadurch eine disziplinarrechtliche Verfolgung nicht ausgeschlossen.

§ 63 Voraussetzungslose Teilzeitbeschäftigung

(1) Beamtinnen und Beamten mit Dienstbezügen kann auf Antrag Teilzeitbeschäftigung bis auf die Hälfte der regelmäßigen Arbeitszeit und bis zur jeweils beantragten Dauer bewilligt werden, wenn dienstliche Belange nicht entgegenstehen.

(2) Bei der Genehmigung von Nebentätigkeiten gilt § 49 Absatz 2 Satz 3 mit der Maßgabe, dass von der regelmäßigen wöchentlichen Arbeitszeit ohne Rücksicht auf die Bewilligung von Teilzeitbeschäftigung auszugehen ist.

(3) Die dienstvorgesetzte Stelle kann auch nachträglich die Dauer der Teilzeitbeschäftigung beschränken oder den Umfang der zu leistenden Arbeitszeit erhöhen, soweit zwingende dienstliche Belange dies erfordern. Sie soll eine Änderung des Umfangs der Teilzeitbeschäftigung oder den Übergang zur Vollzeitbeschäftigung zulassen, wenn der Beamtin oder dem Beamten die Teilzeitbeschäftigung im bisherigen Umfang nicht mehr zugemutet werden kann und dienstliche Belange nicht entgegenstehen. Der Antrag auf Verlängerung der Teilzeitbeschäftigung ist spätestens sechs Monate vor Ablauf der genehmigten Freistellung zu stellen.

§ 64 Teilzeitbeschäftigung und Urlaub aus familiären Gründen

(1) Einer Beamtin oder einem Beamten mit Dienstbezügen ist auf Antrag, wenn zwingende dienstliche Belange nicht entgegenstehen, Teilzeitbeschäftigung bis auf die Hälfte der regelmäßigen Arbeitszeit oder Urlaub ohne Besoldung zu bewilligen zur tatsächlichen Betreuung oder Pflege von

1. mindestens einem Kind unter 18 Jahren oder
2. einer oder einem nach § 7 Absatz 3 des Pflegezeitgesetzes pflegebedürftigen nahen Angehörigen, deren oder dessen Pflegebedürftigkeit nach § 3 Absatz 2 des Pflegezeitgesetzes nachgewiesen ist.

Während der Zeit des Urlaubs nach Satz 1, § 67 oder § 74 Absatz 2 kann Teilzeitbeschäftigung auch mit weniger als der Hälfte der regelmäßigen Arbeitszeit bewilligt werden, wenn zwingende dienstliche Belange nicht entgegenstehen.

(2) Beamtinnen oder Beamten auf Widerruf, die ihren Vorbereitungsdienst nach dem 31. Dezember 2017 begonnen haben, kann aus den in Absatz 1 genannten Gründen Teilzeitbeschäftigung mit mindestens der Hälfte der regelmäßigen Arbeitszeit bewilligt werden, soweit die Struktur der Ausbildung

I

nicht entgegensteht und den unverzichtbaren Erfordernissen der Ausbildung Rechnung getragen wird. Nähere Regelungen trifft die Verordnung nach § 7 Absatz 2.

(3) Urlaub nach Absatz 1 darf auch in Verbindung mit Urlaub nach § 70 Absatz 1 insgesamt die Dauer von 15 Jahren nicht überschreiten. Dabei bleiben Zeiten einer unterhälftigen Teilzeitbeschäftigung während einer Elternzeit nach § 74 Absatz 2 und einer Freistellung zur Pflege und Betreuung von Angehörigen nach § 67 unberücksichtigt. Der Bewilligungszeitraum kann bei Beamtinnen und Beamten im Schul- und Hochschuldienst bis zum Ende des laufenden Schuljahrs, Semesters oder Trimesters ausgedehnt werden. Dies gilt auch bei Wegfall der tatbestandlichen Voraussetzungen des Absatzes 1.

(4) Der Antrag auf Verlängerung einer Teilzeitbeschäftigung ist spätestens sechs Monate vor Ablauf der genehmigten Freistellung zu stellen. Ein Übergang zur Vollzeitbeschäftigung oder eine Änderung des Umfangs der Teilzeitbeschäftigung ist auf Antrag zuzulassen, wenn der Beamtin oder dem Beamten die Fortsetzung der bewilligten Teilzeitbeschäftigung nicht mehr zugemutet werden kann und dienstliche Belange nicht entgegenstehen. Dies gilt entsprechend für eine Verlängerung eines Urlaubs oder eine Rückkehr aus dem Urlaub mit dem Ziel, eine Vollzeit- oder Teilzeitbeschäftigung aufzunehmen.

(5) Während der Zeit des Urlaubs nach Absatz 1 besteht ein Anspruch auf Leistungen der Krankenfürsorge in entsprechender Anwendung der Beihilferegelungen für Beamtinnen und Beamte mit Besoldung. Dies gilt nicht, wenn die Beamtin oder der Beamte berücksichtigungsfähige Angehörige oder berücksichtigungsfähiger Angehöriger einer oder eines Beihilfeberechtigten wird oder Anspruch auf Familienversicherung nach § 10 des Fünften Buches Sozialgesetzbuch – Gesetzliche Krankenversicherung – (Artikel I des Gesetzes vom 20. Dezember 1988, BGBl. I S. 2477, 2482) vom 20. Dezember 1988 in der jeweils geltenden Fassung hat.

§ 65 Teilzeitbeschäftigung im Blockmodell

(1) Wenn dienstliche Belange nicht entgegenstehen, kann Teilzeitbeschäftigung auf Antrag auch in der Weise bewilligt werden, dass während eines Teils des Bewilligungszeitraums die Arbeitszeit bis zur regelmäßigen Arbeitszeit erhöht und diese Arbeitszeiterhöhung während des unmittelbar daran anschließenden Teils des Bewilligungszeitraums durch eine entsprechende Ermäßigung der Arbeitszeit oder durch eine ununterbrochene Freistellung vom Dienst ausgeglichen wird. Der gesamte Bewilligungszeitraum darf höchstens sieben Jahre betragen.

(2) In Fällen von Teilzeitbeschäftigung nach § 64 kann die Ermäßigung der Arbeitszeit oder die ununterbrochene Freistellung auch zu Beginn oder während des Bewilligungszeitraums in Anspruch genommen werden. Der Bewilligungszeitraum wird unterbrochen für die Dauer einer Elternzeit oder einer Familienpflege- oder Pflegezeit. In Fällen von Teilzeitbeschäftigung nach § 67 erfolgt die Ermäßigung der Arbeitszeit während der Pflegephase zu Beginn des Bewilligungszeitraums.

(3) Treten während des Bewilligungszeitraums nach Absatz 1 Umstände ein, welche die vorgesehene Abwicklung unmöglich machen, so ist die Teilzeitbeschäftigung mit Wirkung für die Vergangenheit zu widerrufen

1. bei Beendigung des Beamtenverhältnisses im Sinne des § 21 des Beamtenstatusgesetzes,
2. bei Dienstherrnwechsel oder
3. in besonderen Härtefällen, wenn der Beamtin oder dem Beamten die Fortsetzung der Teilzeitbeschäftigung nicht mehr zuzumuten ist.

Gleichzeitig mit dem Widerruf wird der Arbeitszeitstatus entsprechend der nach dem Modell zu erbringenden Dienstleistung festgesetzt. Zuviel gezahlte Bezüge sind von den Beamtinnen und Beamten zurückzuzahlen, zu wenig gezahlte Bezüge sind vom Dienstherrn nachzuzahlen. Dies gilt nicht, soweit der Ausgleich über Arbeitszeit oder Freistellung bereits erfolgt ist oder die Beamtin oder der Beamte verstirbt. § 15 des Landesbesoldungsgesetzes vom 14. Juni 2016 (GV. NRW. S. 310) bleibt unberührt.

In Fällen des § 64 besteht ein Rückkehranspruch unter den Voraussetzungen des § 64 Absatz 4.

§ 66 Altersteilzeit

(1) Beamtinnen und Beamten mit Dienstbezügen kann auf Antrag, der sich auf die Zeit bis zum Beginn des Ruhestandes erstrecken muss, Teilzeitbeschäftigung als Altersteilzeit mit der Hälfte der in den letzten fünf Jahren vor Beginn der Altersteilzeit durchschnittlich zu leistenden Arbeitszeit bewilligt werden, wenn

1. die Beamtin oder der Beamte das 55. Lebensjahr vollendet hat; die Dauer der Altersteilzeitbeschäftigung darf dabei zehn Jahre nicht übersteigen und
2. dringende dienstliche Belange nicht entgegenstehen.

Ergeben sich bei der Ermittlung des zeitlichen Umfangs der Altersteilzeitbeschäftigung Stundenbruchteile, können diese auf volle Stunden aufgerundet werden, sofern personalwirtschaftliche Belange dies erfordern. § 63 Absatz 2 und 3 gilt entsprechend.

(2) Altersteilzeit kann auch in der Weise bewilligt werden, dass die Beamtin oder der Beamte die bis zum Beginn des Ruhestandes zu erbringende Dienstleistung vollständig vorab leistet und anschließend voll vom Dienst freigestellt wird (Blockmodell). Altersteilzeitbeschäftigung mit weniger als der Hälfte der regelmäßigen Arbeitszeit soll nur im Blockmodell bewilligt werden; dabei muss die Beamtin oder der Beamte in der Phase der vorab zu erbringenden Dienstleistung mit mindestens der Hälfte der regelmäßigen Arbeitszeit, im Fall des § 64 Absatz 1 Satz 2 im Umfang der bisherigen Teilzeitbeschäftigung, Dienst leisten.

(3) Die oberste Dienstbehörde kann von der Anwendung der Vorschrift ganz absehen oder sie auf bestimmte Verwaltungsbereiche oder Beamtengruppen beschränken. Die oberste Dienstbehörde kann auch allgemein oder für bestimmte Verwaltungsbereiche oder Beamtengruppen vorschreiben, dass

1. Altersteilzeit nur im Blockmodell bewilligt werden darf oder
2. die Altersteilzeitbeschäftigung mit bis zu 65 Prozent der nach Absatz 1 maßgeblichen bisherigen Arbeitszeit zu leisten ist, sofern personalwirtschaftliche Belange dies erfordern.

(4) Während der Zeit einer unterhälftigen Altersteilzeitbeschäftigung besteht Anspruch auf Leistungen der Krankenfürsorge in entsprechender Anwendung der Beihilferegelungen für Beamtinnen und Beamte mit Dienstbezügen.

§ 67 Familienpflegezeit, Pflegezeit

Freistellungen im Rahmen der Pflegezeit und Familienpflegezeit sind zu gewähren. Die Landesregierung regelt durch Rechtsverordnung die der Eigenart des öffentlichen Dienstes entsprechende Anwendung der Vorschriften des Pflegezeitgesetzes vom 28. Mai 2008 (BGBl. I S. 874, 896) und des Familienpflegezeitgesetzes vom 6. Dezember 2011 (BGBl. I S. 2564) in ihrer jeweils geltenden Fassung auf Beamtinnen und Beamte mit Besoldung. Sie trifft insbesondere Regelungen über

1. die Voraussetzungen der Inanspruchnahme,
2. die Dauer,
3. den Entlassungsschutz,
4. die Kostenübernahme für ärztliche Bescheinigungen durch den Dienstherrn,
5. die Teilzeitbeschäftigung,
6. die Fortzahlung von Leistungen des Dienstherrn.

Für die Dauer einer vollständigen Freistellung nach dem Pflegezeitgesetz gilt § 64 Absatz 5 entsprechend.

§ 68 Informationspflicht

Wird Teilzeitbeschäftigung oder Urlaub ohne Besoldung beantragt, sind die Beamtinnen und Beamten auf die Folgen ermäßigter Arbeitszeit oder langfristiger Urlaube hinzuweisen, insbesondere auf die Folgen für Ansprüche auf Grund beamtenrechtlicher Regelungen.

§ 69 Benachteiligungsverbot

(1) Die Ermäßigung der Arbeitszeit und die Teilnahme an der alternierenden mobilen Arbeit dürfen das berufliche Fortkommen nicht beeinträchtigen; eine unterschiedliche Behandlung von Beamtinnen und Beamten mit ermäßigter Arbeitszeit gegenüber Beamtinnen und Beamten mit regelmäßiger Arbeitszeit ist nur zulässig, wenn zwingende sachliche Gründe sie rechtfertigen.

(2) Teilzeit, mobile Arbeit, Jobsharing und andere Arbeitsorganisationsformen stehen der Übernahme und Wahrnehmung von Vorgesetzten- und Leitungsaufgaben grundsätzlich nicht entgegen und sind in Leitungsfunktionen für alle Geschlechter zu fördern.

§ 70 Urlaub aus arbeitsmarktpolitischen Gründen

(1) Beamtinnen und Beamten mit Dienstbezügen kann in Bereichen, in denen wegen der Arbeitsmarktsituation ein außergewöhnlicher Bewerberüberhang besteht und deshalb ein dringendes öffentliches Interesse daran gegeben ist, verstärkt Bewerberinnen und Bewerber im öffentlichen Dienst zu beschäftigen,

1. auf Antrag Urlaub ohne Dienstbezüge bis zur Dauer von insgesamt höchstens sechs Jahren oder
2. nach Vollendung des 55. Lebensjahres auf Antrag, der sich bis auf die Zeit bis zum Beginn des Ruhestandes erstrecken muss, Urlaub ohne Dienstbezüge

bewilligt werden, wenn dienstliche Belange nicht entgegenstehen.

(2) Dem Antrag nach Absatz 1 darf nur entsprochen werden, wenn die Beamtin oder der Beamte erklärt, während der Dauer des Bewilligungszeitraumes auf die Ausübung genehmigungspflichtiger Nebentätigkeiten gegen Vergütung zu verzichten und Tätigkeiten nach § 51 gegen Vergütung nur in dem Umfang auszuüben, wie sie oder er sie bei Vollzeitbeschäftigung ohne Verletzung dienstlicher Pflichten ausüben könnte. Ausnahmen von Satz 1 sind nur zulässig, soweit sie dem Zweck der Bewilligung des Urlaubs nicht zuwiderlaufen. Eine Rückkehr aus dem Urlaub kann zugelassen werden, wenn der Beamtin oder dem Beamten die Fortsetzung des Urlaubs nicht zugemutet werden kann und dienstliche Belange nicht entgegenstehen.

(3) Urlaub nach Absatz 1 darf auch im Zusammenhang mit Urlaub nach § 64 Absatz 1 die Dauer von 15 Jahren nicht überschreiten. Bei Beamtinnen und Beamten im Schul- und Hochschuldienst kann der Bewilligungszeitraum bis zum Ende des laufenden Schulhalbjahres, Semesters oder Trimesters ausgedehnt werden. Der Antrag auf Verlängerung eines Urlaubs nach Absatz 1 Nummer 1 ist spätestens sechs Monate vor Ablauf der genehmigten Freistellung zu stellen. In den Fällen des Absatzes 1 Nummer 2 findet Satz 1 keine Anwendung, wenn es der Beamtin oder dem Beamten nicht mehr zuzumuten ist, zur Voll- oder Teilzeitbeschäftigung zurückzukehren.

(4) Urlaub nach Absatz 1 Nummer 2 kann bereits nach Vollendung des 50. Lebensjahres bewilligt werden. Absatz 3 Satz 1 findet Anwendung.

§ 71 Erholungsurlaub

Der Beamtin oder dem Beamten steht jährlich ein Erholungsurlaub unter Fortgewährung der Leistungen des Dienstherrn zu. Die Landesregierung regelt durch Rechtsverordnung Einzelheiten der Urlaubsgewährung, insbesondere Dauer und Voraussetzungen der Inanspruchnahme, sowie Voraussetzungen und Umfang einer Abgeltung.

§ 72 Urlaub aus anderen Anlässen, Mandatsträgerinnen und Mandatsträger

(1) Die Landesregierung regelt durch Rechtsverordnung die Bewilligung von Urlaub aus anderen Anlässen (Sonderurlaub) und bestimmt insbesondere

1. die Anlässe für die Urlaubsgewährung,
2. die Dauer des Sonderurlaubs,
3. die Erteilung des Urlaubs (Gewährleistung des Dienstbetriebes, Widerruf, Anrechnung auf den Erholungsurlaub),
4. die Fortzahlung von Leistungen des Dienstherrn.

Sofern eine oder mehrere Beurlaubungen ohne Dienstbezüge nach Satz 1 30 Tage insgesamt im Kalenderjahr nicht überschreiten, werden für die Dauer dieser Beurlaubungen Beihilfen gewährt.

(2) Stimmen Beamtinnen und Beamte ihrer Aufstellung als Bewerberin oder Bewerber für die Wahl zum Europäischen Parlament, zum Bundestag, zum Landtag, zu der gesetzgebenden Körperschaft eines anderen Landes oder zu einer kommunalen Vertretungskörperschaft zu, so ist ihr oder ihm auf ihren oder seinen Antrag innerhalb der letzten zwei Monate vor dem Wahltag der zur Vorbereitung ihrer oder seiner Wahl erforderliche Urlaub ohne Besoldung zu gewähren. Für die Dauer der Beurlaubung werden Beihilfen gewährt.

(3) Zur Ausübung eines Mandats in der Vertretung einer Gemeinde oder eines Gemeindeverbandes oder einer Bezirksvertretung sowie für die Tätigkeit als Mitglied eines nach Kommunalverfassungsrecht gebildeten Ausschusses ist der Beamtin oder dem Beamten der erforderliche Urlaub unter Belassung der Leistungen des Dienstherrn zu gewähren. Das gilt auch für die von einer kommunalen Vertretung gewählten ehrenamtlichen Mitglieder von Ausschüssen, die auf Grund eines Gesetzes gebildet worden sind, sowie für Beamtinnen und Beamte, die als Mitglied der Vertretung einer Gemeinde Mitglied eines Regionalrates sind.

§ 73 Folgen aus der Übernahme oder Ausübung eines Mandats

(1) Die beamtenrechtlichen Folgen, die sich aus der Übernahme oder Ausübung eines Mandats im Europäischen Parlament, im Bundestag, im Landtag oder in der Vertretungskörperschaft einer Gemeinde, eines Gemeindeverbandes oder einer sonstigen der Aufsicht des Landes unterstehenden Körperschaft, Anstalt oder Stiftung des öffentlichen Rechts ergeben, werden unbeschadet der Vorschriften der §§ 18, 27 Absatz 1, § 72 Absatz 2 und 3 in besonderen Gesetzen und Verordnungen geregelt.

(2) Für eine Beamtin oder einen Beamten, die oder der in die gesetzgebende Körperschaft eines anderen Landes gewählt worden und deren oder dessen Amt kraft Gesetzes mit dem Mandat unvereinbar ist, gelten § 10 Absatz 3 Nummer 4 und die §§ 23 bis 25 des Abgeordnetengesetzes des Landes Nordrhein-Westfalen vom 5. April 2005 (GV. NRW. S. 252) in der jeweils geltenden Fassung entsprechend.

(3) Einer oder einem in die gesetzgebende Körperschaft eines anderen Landes gewählten Beamtin oder Beamten, deren oder dessen Amt mit dem Mandat vereinbar ist, ist zur Ausübung des Mandats auf Antrag

1. Teilzeitbeschäftigung in der Weise zu bewilligen, dass die Arbeitszeit bis auf 30 Prozent der regelmäßigen Arbeitszeit ermäßigt wird, oder
2. ein Urlaub ohne Leistungen des Dienstherrn zu gewähren;

der Antrag soll jeweils für einen Zeitraum von mindestens sechs Monaten gestellt werden. In den Fällen des Satzes 1 ist § 10 Absatz 3 Nummer 4, im Falle der Nummer 2 ferner § 25 des Abgeordnetengesetzes des Landes Nordrhein-Westfalen sinngemäß anzuwenden.

§ 74 Mutterschutz, Elternzeit, Arbeitsschutz

(1) Die Landesregierung regelt durch Rechtsverordnung die der Eigenart des öffentlichen Dienstes entsprechende Anwendung der Vorschriften des Mutterschutzgesetzes auf Beamtinnen. Sie trifft insbesondere Regelungen über

1. Beschäftigungsverbote und Stillzeiten,
2. die Zahlung von Besoldung und Mutterschaftsgeld,
3. Arbeitserleichterungen,
4. Entlassungsverbote,
5. die Unterrichtungspflicht der Beamtin gegenüber dem Dienstherrn,
6. die Kostenübernahme für ärztliche Zeugnisse durch den Dienstherrn.

Für die Kontrolle und Überwachung der Einhaltung der dem Gesundheitsschutz dienenden mutterschutzrechtlichen Vorschriften gilt § 29 des Mutterschutzgesetzes entsprechend.

(2) Die Landesregierung regelt durch Rechtsverordnung die der Eigenart des öffentlichen Dienstes entsprechende Anwendung der Vorschriften des Bundeselterngeld- und Elternzeitgesetzes über die Elternzeit. Sie trifft insbesondere Regelungen über

1. die Voraussetzungen der Inanspruchnahme,
2. die Dauer,
3. den Entlassungsschutz,
4. die Teilzeitbeschäftigung.

Für die Dauer der Elternzeit gilt § 64 Absatz 5 entsprechend.

(3) Die auf Grund der §§ 18 und 19 des Arbeitsschutzgesetzes vom 7. August 1996 (BGBl. I S. 1246) in der jeweils geltenden Fassung erlassenen Verordnungen der Bundesregierung gelten entsprechend. Durch Rechtsverordnung der Landesregierung kann ferner bestimmt werden, dass Vorschriften des Arbeitsschutzgesetzes für bestimmte Tätigkeiten ganz oder zum Teil nicht anzuwenden sind, soweit öffentliche Belange, insbesondere die Aufrechterhaltung oder die Wiederherstellung der öffentlichen Sicherheit, dies zwingend erfordern, und wie in diesen Fällen die Sicherheit und der Gesundheitsschutz bei der Arbeit unter Berücksichtigung der Ziele des Arbeitsschutzes auf andere Weise gewährleistet werden. Das Jugendarbeitsschutzgesetz vom 12. April 1976 (BGBl. I S. 965) in der jeweils geltenden Fassung gilt für jugendliche Beamtinnen und Beamte entsprechend. Soweit die Eigenart des Polizeivollzugsdienstes und die Belange der inneren Sicherheit es erfordern, kann das für Inneres zuständige Ministerium durch Rechtsverordnung Ausnahmen von den Vorschriften des Jugendarbeitsschutzgesetzes für jugendliche Polizeivollzugsbeamtinnen und Polizeivollzugsbeamte zulassen.

§ 75 Beihilfen in Geburts-, Krankheits-, Pflege- und Todesfällen

(1) Beihilfeberechtigt sind

1. Beamtinnen und Beamte mit Anspruch auf Besoldung,
2. Versorgungsempfängerinnen und Versorgungsempfänger, versorgungsberechtigte Witwen oder Witwer und ihre versorgungsberechtigten Kinder sowie hinterbliebene eingetragene Lebenspartnerinnen oder Lebenspartner,
3. frühere Beamtinnen und Beamte mit Anspruch auf einen Unterhaltsbeitrag oder Übergangsgeld nach dem Landesbeamtenversorgungsgesetz und
4. frühere Beamtinnen und Beamte auf Zeit während des Anspruchs von Übergangsgeld nach dem Landesbeamtenversorgungsgesetz.

(2) Beihilfeberechtigte nach Absatz 1 erhalten für sich und für ihre nicht selbst beihilfeberechtigten Ehegattinnen und Ehegatten oder für ihre nicht selbst beihilfeberechtigten eingetragenen Lebenspartnerinnen und Lebenspartner, wenn deren Einkünfte nach § 2 Absatz 2 und 5a des Einkommensteuergesetzes vom 8. Oktober 2009 (BGBl. I S. 3366, 3862) in der jeweils geltenden Fassung im Jahr vor Entstehen der Aufwendungen 20 000 Euro nicht übersteigen, sowie für ihre nicht selbst beihilfeberechtigten berücksichtigungsfähigen Kinder Beihilfen als Ergänzung zu der aus den laufenden Bezügen zu bestreitenden Eigenvorsorge. Den Einkünften nach Satz 1 werden hinzugerechnet:

1. die Differenz zwischen dem Besteuerungs- oder Ertragsanteil nach § 22 Nummer 1 Satz 3 Buchstabe a des Einkommensteuergesetzes und dem Bruttobetrag bei erstmaligem Rentenbezug ab dem 1. Januar 2022 und
2. ausländische Einkünfte im Sinne von § 34d des Einkommensteuergesetzes, die nicht in Satz 1 enthalten sind. Ziffer 1 gilt entsprechend.

Der Betrag nach Satz 1 wird regelmäßig im gleichen Verhältnis, wie sich der Rentenwert West erhöht, angepasst und auf volle Euro aufgerundet. Die Anpassung erfolgt erstmals ab einer Rentenerhöhung West im Kalenderjahr 2022 mit Wirkung für das auf die Rentenerhöhung folgende Kalenderjahr. Soweit die selbst beihilfeberechtigte Ehegattin, der selbst beihilfeberechtigte Ehegatte, die eingetragene Lebenspartnerin oder der eingetragene Lebenspartner der Beamtin oder des Beamten als Tarifbeschäftigte oder Tarifbeschäftigter mit weniger als der regelmäßigen wöchentlichen Arbeitszeit beschäftigt ist, erhält die Beihilfeberechtigte oder der Beihilfeberechtigte keinen Ausgleich für die auf Grund der Teilzeitbeschäftigung reduzierte Beihilfe der Ehegattin, des Ehegatten, der eingetragenen Lebenspartnerin oder des eingetragenen Lebenspartners.

(3) Beihilfeberechtigte erhalten Beihilfen zu der Höhe nach angemessenen Aufwendungen für medizinisch notwendige Maßnahmen, deren Wirksamkeit und therapeutischer Nutzen nachgewiesen sind

1. zur Vorbeugung und Linderung von Erkrankungen oder Behinderungen, zur Erhaltung und Wiederherstellung der Gesundheit und Besserung des Gesundheitszustandes (einschließlich Rehabilitation),
2. zur Früherkennung von Krankheiten,
3. in Geburtsfällen,
4. bei nicht rechtswidrigem Schwangerschaftsabbruch, bei nicht rechtswidriger Sterilisation sowie in Ausnahmefällen zur Empfängnisverhütung und bei künstlicher Befruchtung sowie
5. in Pflegefällen.

(4) Beihilfen dürfen nur insoweit geleistet werden, als sie zusammen mit von dritter Seite zustehenden Erstattungen die dem Grunde nach beihilfefähigen Aufwendungen nicht überschreiten. Dabei sind insbesondere Ansprüche auf Heilfürsorge, auf Krankenpflege und auf sonstige Sachleistungen sowie Ansprüche auf Kostenerstattung auf Grund von Rechtsvorschriften und auf Grund arbeitsvertraglicher Vereinbarungen in der Höhe zu berücksichtigen, in der sie ohne Verzicht auf Leistungen oder Nichtinanspruchnahme von Leistungen zustehen; Leistungen von Versicherungen können berücksichtigt werden.

(5) Aufwendungen für die Inanspruchnahme von gesondert berechneter Unterkunft und Verpflegung sowie gesondert berechneten ärztlichen oder zahnärztlichen Leistungen im Rahmen von stationären, teilstationären oder vor- und nachstationären Behandlungen sind jeweils nach Abzug folgender Eigenbeteiligungen beihilfefähig:

bei Inanspruchnahme

1. von gesondert berechneten ärztlichen oder zahnärztlichen Leistungen zehn Euro täglich für höchstens 20 Tage im Kalenderjahr,
2. von gesondert berechneter Unterkunft und Verpflegung 15 Euro täglich für höchstens 20 Tage im Kalenderjahr.

Aufwendungen, die durch die Inanspruchnahme von Krankenhäusern ohne Zulassung nach § 108 des Fünften Buches Sozialgesetzbuch entstehen, sind nur in der Höhe beihilfefähig, wie sie in der dem Behandlungsort nächstgelegenen Klinik der Maximalversorgung entstehen würden. Hiervon sind als Eigenbeteiligung für die Beihilfeberechtigte oder den Beihilfeberechtigten und ihre oder seine berücksichtigungsfähigen Angehörigen jeweils 25 Euro täglich für höchstens 20 Tage im Kalenderjahr in Abzug zu bringen. Soweit eine Vorsorge- oder Rehabilitationseinrichtung im Sinne von § 107 Absatz 2 des Fünften Buches Sozialgesetzbuch auch über Abteilungen verfügt, die die Voraussetzungen als Krankenhaus im Sinne von § 107 Absatz 1 des Fünften Buches Sozialgesetzbuch erfüllen, setzt die Beihilfefähigkeit der geplanten Maßnahmen in diesen Abteilungen ebenfalls eine vorherige Anerkennung der Beihilfestelle voraus.

(6) Beihilfeberechtigte können je Kalenderjahr, in dem Aufwendungen in Rechnung gestellt werden, zu einer vertretbaren – den Familienstand, die Anzahl der Kinder und die Besoldungsgruppe berücksichtigenden – pauschalen Selbstbeteiligung an den Aufwendungen (Kostendämpfungspauschale) herangezogen werden. Soweit eine Kostendämpfungspauschale nach Satz 1 nicht erhoben wird, kann Beihilfeberechtigten der Besoldungsgruppen A 5 und A 6 ein monatlicher Zuschuss zu den Beiträgen für die Krankenversicherung gezahlt werden. Das Nähere regelt das für Finanzen zuständige Ministerium durch Rechtsverordnung.

(7) Beihilfen werden als Prozentsatz der beihilfefähigen Aufwendungen (Bemessungssatz) oder als Pauschalen (Zuschuss) gezahlt. Der Bemessungssatz beträgt für Beihilfeberechtigte mindestens 50 Prozent, für Ehegattinnen und Ehegatten, eingetragene Lebenspartnerinnen und Lebenspartner sowie Versorgungsempfängerinnen und Versorgungsempfänger höchstens 70 Prozent, für berücksichtigungsfähige Kinder und eigenständig beihilfeberechtigte Waisen höchstens 80 Prozent. Sind zwei oder mehr Kinder berücksichtigungsfähig, beträgt der Bemessungssatz für die oder den Beihilfeberechtigten 70 Prozent, bei mehreren Beihilfeberechtigten jedoch nur bei einer oder einem von ihnen. In besonderen Härtefällen kann eine Erhöhung des Bemessungssatzes vorgesehen werden; dies gilt nicht, wenn die oder der Beihilfeberechtigte für sich und ihre oder seine berücksichtigungsfähigen Angehörigen für ambulante und stationäre Krankheits- und Pflegefälle keinen ausreichenden Versicherungsschutz nachweisen kann.

(8) Kostendämpfungspauschale und Eigenbehalte nach Absatz 5 Satz 1 und 3 sowie Eigenbehalte, die durch die Begrenzung von zahntechnischen Leistungen entstehen, dürfen die Belastungsgrenze von 2 Prozent der Jahresdienstbezüge oder Jahresversorgungsbezüge nach beamtenrechtlichen Vorschriften oder Grundsätzen nicht übersteigen. Bei der Ermittlung der Jahresbezüge ist der Bruttobetrag maßgebend. Variable Bezügebestandteile, kinderbezogene Anteile im Familienzuschlag sowie Renten aus der gesetzlichen Rentenversicherung und einer zusätzlichen Alters- und Hinterbliebenenversorgung der oder des Beihilfeberechtigten bleiben außer Ansatz. Andere nicht beihilfefähige Aufwendungen werden bei der Berechnung des den die Belastungsgrenze übersteigenden Betrages nicht berücksichtigt.

(9) Beihilfen können nach Maßgabe des § 35a des Verwaltungsverfahrensgesetzes für das Land Nordrhein-Westfalen vom 12. November 1999 (GV. NRW. S. 602) in der jeweils geltenden Fassung auch vollständig durch automatische Einrichtungen festgesetzt werden. Zur Gewährleistung eines zeitnahen und gleichmäßigen Vollzugs der Beihilfebestimmungen kann das Ministerium der Finanzen für bestimmte oder bestimmbare Fallgruppen von krankheits- und pflegebedingten Aufwendungen Weisungen über Art und Umfang der Prüfungen und der Verarbeitung von erhobenen oder erfassten Daten erteilen, soweit nicht durch andere gesetzliche Regelungen etwas anderes bestimmt ist. Die Beihilfestellen können zur Erfüllung ihrer Aufgaben automationsgestützte Systeme, sogenannte Risikomanagementsysteme einsetzen. Dabei soll auch der Grundsatz der Wirtschaftlichkeit und Zweckmäßigkeit der Verwaltung berücksichtigt werden. Das Risikomanagement muss mindestens folgende Anforderungen erfüllen:

1. die Gewährleistung, dass durch Zufallsauswahl eine hinreichende Anzahl von Fällen zur umfassenden Prüfung durch Amtsträger ausgewählt wird,
2. die Prüfung der als prüfungsbedürftig ausgesteuerten Sachverhalte durch Amtsträger,
3. die Gewährleistung, dass Amtsträger Fälle für eine umfassende Prüfung auswählen können und
4. die regelmäßige Überprüfung der Risikomanagementsysteme auf ihre Zielerfüllung.

Einzelheiten der Risikomanagementsysteme sind vertraulich zu behandeln, um eine Anpassung von Rechnungsausstellern an die Prüfungsmodalitäten zu vermeiden.

(10) Das für Finanzen zuständige Ministerium wird ermächtigt, das Nähere durch Rechtsverordnung zu regeln. Darin können unabhängig von der Notwendigkeit und Angemessenheit der Aufwendungen unter Beachtung der Grundsätze beamtenrechtlicher Fürsorge insbesondere Bestimmungen getroffen werden

1. hinsichtlich der Berücksichtigungsfähigkeit von Angehörigen der oder des Beihilfeberechtigten im Sinne des Absatzes 2,
2. hinsichtlich des Inhalts und des Umfangs der Beihilfeleistungen
   a) durch die Einführung von Höchstgrenzen,

b) durch die Beschränkung auf bestimmte Indikationen,
c) durch die Beschränkung oder den Ausschluss von Aufwendungen für Untersuchungen und Behandlungen nach wissenschaftlich nicht allgemein anerkannten oder unwirtschaftlichen Methoden,
d) durch die Beschränkung oder den Ausschluss von Aufwendungen für Behandlungen außerhalb des Wohnortes, Beförderungen, ärztliche und zahnärztliche (einschließlich implantologische) und kieferorthopädische sowie funktionsanalytische und funktionstherapeutische Leistungen, psychotherapeutische Leistungen, Heilpraktikerleistungen, die Beschäftigung von Pflege- und Hauspflegekräften, für stationäre Pflege, stationäre Rehabilitationsmaßnahmen, stationäre Müttergenesungskuren oder Mutter-/Vater-Kind-Kuren, ambulante Kur- und Rehabilitationsmaßnahmen, nicht verschreibungspflichtige oder verschreibungspflichtige Arzneimittel, unwirtschaftliche oder unwirksame Arzneimittel, Medizinprodukte sowie Heil- und Hilfsmittel,
e) durch Regelungen zur Feststellung der Einkünfte nach Absatz 2,
f) durch die Beschränkung oder den Ausschluss von Beihilfen zu Aufwendungen, die in Ländern außerhalb der Mitgliedstaaten der Europäischen Union entstanden sind,
g) in Todesfällen,

3. über die Höhe der Kostendämpfungspauschale und
4. hinsichtlich des Verfahrens über die Verwendung einer elektronischen Gesundheitskarte, wobei der Zugriff der Beihilfestellen auf Daten über die in Anspruch genommenen Leistungen und deren Kosten zu beschränken ist.

§ 76 Behördliches Gesundheitsmanagement

(1) Der Dienstherr fördert das Wohl und die Gesundheit der Beamtinnen und Beamten und bedient sich eines Behördlichen Gesundheitsmanagements. Behördliches Gesundheitsmanagement ist die strategische Steuerung und Implementierung gesundheitsrelevanter Maßnahmen und Prozesse in der Behörde mit dem Ziel, die Gesundheit und Leistungsfähigkeit der Beamtinnen und Beamten zu erhalten. Dieses Ziel wird mit den notwendigen finanziellen und personellen Ressourcen verfolgt.

(2) Die oberste Dienstbehörde erstellt ein Rahmenkonzept für das Behördliche Gesundheitsmanagement und entwickelt dieses regelmäßig fort. Für die in § 2 Absatz 2 Satz 1 Nummer 2 und 3 genannten Beamtinnen und Beamten erstellt die dienstvorgesetzte Stelle das Rahmenkonzept. Das Rahmenkonzept enthält Ziele und strategische Schwerpunkte, es regelt Zuständigkeiten und grundlegende Aufgabenfelder des Behördlichen Gesundheitsmanagements und zeigt Ansatzpunkte für die Evaluierung auf. Das Konzept sieht vor, dass Dienststellenleitungen und Führungskräfte aller Ebenen gemeinsam gesundheitsbeeinträchtigende Faktoren in der Dienststelle identifizieren und im Rahmen ihrer Zuständigkeiten auf deren Beseitigung hinwirken.

(3) Jede Behörde entwickelt auf Grundlage des Rahmenkonzeptes gemäß Absatz 2 ein eigenes Konzept oder einen Maßnahmenkatalog zum Behördlichen Gesundheitsmanagement. Dabei sollen insbesondere gesundheitsbeeinträchtigende Faktoren identifiziert werden sowie Möglichkeiten, diesen zu begegnen. Für das Behördliche Gesundheitsmanagement ist ein ständiges Gremium einzusetzen oder zu bestimmen, dem Leitungs- und Fachebene angehören. Dieses Gremium begleitet die Umsetzung des Konzepts sowie dessen regelmäßige Evaluierung. Gesundheitsrelevante Maßnahmen des Arbeits- und Gesundheitsschutzes, der Personal- und Organisationsentwicklung, der Gesundheitsförderung, des Betrieblichen Eingliederungsmanagements sowie der Mitarbeiterführung sind aufeinander abzustimmen. Für Schulen handelt die zuständige obere Schulaufsichtsbehörde.

§ 77 Führung der Amtsbezeichnung

(1) Die Landesregierung setzt die Amtsbezeichnung der Beamtinnen oder der Beamten fest, soweit sie diese Befugnis nicht durch andere Behörden ausüben lässt. Die Amtsbezeichnung der Beamtinnen und Beamten der Gemeinden, der Gemeindeverbände und der Sparkassen wird von den obersten Dienstbehörden festgesetzt. Andere gesetzliche Vorschriften bleiben unberührt.

(2) Die Beamtin oder der Beamte führt im Dienst die Amtsbezeichnung des ihr oder ihm übertragenen Amtes. Sie oder er darf sie auch außerhalb des Dienstes führen. Sie oder er hat jedoch keinen Anspruch auf Anrede mit der Amtsbezeichnung. Nach dem Übertritt in ein anderes Amt darf die Beamtin oder der Beamte die bisherige Amtsbezeichnung nicht mehr führen; in den Fällen der Versetzung in ein Amt mit geringerem Endgrundgehalt (§ 26) gelten Absatz 3 Satz 2 und 3 entsprechend.

(3) Ruhestandsbeamtinnen und Ruhestandsbeamte dürfen die ihnen bei Eintritt oder Versetzung in den Ruhestand zustehende Amtsbezeichnung mit dem Zusatz „außer Dienst (a. D.)" und die ihnen im Zusammenhang mit dem Amt verliehenen Titel weiterführen. Wird ihnen ein neues Amt übertragen, so erhalten sie die Amtsbezeichnung des neuen Amtes; gehört dieses Amt nicht einer Besoldungsgruppe mit mindestens demselben Endgrundgehalt (§ 15 Absatz 2 des Beamtenstatusgesetzes) an wie das bisherige Amt, so dürfen sie neben der neuen Amtsbezeichnung die des früheren Amtes mit dem Zusatz „außer Dienst (a. D.)" führen. Ändert sich die Bezeichnung des früheren Amtes, so darf die geänderte Amtsbezeichnung geführt werden.

(4) Einer entlassenen Beamtin oder einem entlassenen Beamten kann die Erlaubnis erteilt werden, die Amtsbezeichnung mit dem Zusatz „außer Dienst (a. D.)" sowie die im Zusammenhang mit dem Amt verliehenen Titel zu führen. Die Erlaubnis kann zurückgenommen werden, wenn die frühere Beamtin oder der frühere Beamte sich ihrer als nicht würdig erweist. Entsprechendes gilt bei Verlust der Beamtenrechte.

(5) Die Amtsbezeichnungen werden in männlicher und weiblicher Form geführt.

§ 78 Zusatz zur Amtsbezeichnung

Eine Amtsbezeichnung, die herkömmlich für ein Amt verwendet wird, das eine bestimmte Befähigung voraussetzt und einen bestimmten Aufgabenkreis umfasst, darf nur einer Beamtin oder einem Beamten verliehen werden, die oder der ein solches Amt bekleidet. Die Amtsbezeichnung der Beamtinnen und Beamten der Gemeinden, der Gemeindeverbände und der sonstigen der Aufsicht des Landes unterstehenden Körperschaften, Anstalten und Stiftungen des öffentlichen Rechts darf nicht zu einer Verwechselung mit einer Amtsbezeichnung für Beamtinnen und Beamte des Landes führen. Sie soll einen auf den Dienstherrn hinweisenden Zusatz enthalten. Einer Amtsbezeichnung für Beamtinnen und Beamte des Landes darf sie nur nachgebildet werden, wenn die Ämter nach ihrem Inhalt gleichwertig sind.

§ 79 Leistungen des Dienstherrn

(1) Die Beamtin oder der Beamte erhält Leistungen des Dienstherrn (Besoldung, Versorgung und sonstige Leistungen) im Rahmen der darüber erlassenen besonderen Bestimmungen. Aus Anlass der Vollendung einer fünfundzwanzigjährigen, einer vierzigjährigen und einer fünfzigjährigen Dienstzeit im öffentlichen Dienst kann der Beamtin oder dem Beamten eine Jubiläumszuwendung gewährt werden. Das Nähere regelt die Landesregierung durch Rechtsverordnung.

(2) Sonstige Leistungen sind Kostenerstattungen und Fürsorgeleistungen, soweit sie nicht zur Besoldung und nicht zur Versorgung gehören.

(3) § 15 Absatz 2 des Landesbesoldungsgesetzes vom 14. Juni 2016 (GV. NRW. S. 310) in der jeweils geltenden Fassung gilt entsprechend für sonstige Leistungen.

§ 80 Pflicht zum Schadensersatz

(1) Ansprüche nach § 48 des Beamtenstatusgesetzes verjähren in drei Jahren von dem Zeitpunkt an, in dem der Dienstherr von dem Schaden und der Person des Ersatzpflichtigen

Kenntnis erlangt hat, ohne Rücksicht auf diese Kenntnis in zehn Jahren von der Begehung der Handlung an. Hat der Dienstherr einer oder einem Dritten Schadensersatz geleistet, so tritt an die Stelle des Zeitpunktes, in dem der Dienstherr von dem Schaden Kenntnis erlangt, der Zeitpunkt, in dem der Ersatzanspruch der oder des Dritten dieser oder diesem gegenüber vom Dienstherrn anerkannt oder dem Dienstherrn gegenüber rechtskräftig festgestellt wird.

(2) Leistet die Beamtin oder der Beamte dem Dienstherrn Ersatz und hat dieser einen Ersatzanspruch gegen eine Dritte oder einen Dritten, so geht der Ersatzanspruch auf die Beamtin oder den Beamten über.

§ 81 Übergang eines Schadensersatzanspruchs auf den Dienstherrn

Werden Beamtinnen und Beamte, Versorgungsberechtigte oder deren Angehörige körperlich verletzt oder getötet, geht ein gesetzlicher Schadensersatzanspruch, der diesen Personen infolge der Körperverletzung oder der Tötung gegen Dritte zusteht, insoweit auf den Dienstherrn über, als dieser

1. während einer auf der Körperverletzung beruhenden Aufhebung der Dienstfähigkeit oder
2. infolge der Körperverletzung oder der Tötung

zur Gewährung von Leistungen verpflichtet ist. Ist eine Versorgungskasse zur Gewährung der Leistung verpflichtet, geht der Anspruch auf sie über. Der Übergang des Anspruchs kann nicht zum Nachteil der Verletzten oder der Hinterbliebenen geltend gemacht werden.

§ 82 Ersatz von Sachschäden

(1) Sind in Ausübung des Dienstes Kleidungsstücke oder sonstige Gegenstände, die üblicherweise im Dienst mitgeführt werden, beschädigt oder zerstört worden oder abhandengekommen, so kann dafür Ersatz geleistet werden. Das Zurücklegen des Weges nach und von der Dienststelle gehört nicht zum Dienst im Sinne des Satzes 1. Anträge auf Gewährung von Sachschadenersatz sind innerhalb einer Ausschlussfrist von drei Monaten zu stellen.

(2) Ersatz kann auch geleistet werden, wenn bei der ordnungsgemäßen Wahrnehmung von Rechten oder bei der Erfüllung von Pflichten nach dem Landespersonalvertretungsgesetz vom 3. Dezember 1974 (GV. NRW S. 1514) in der jeweils geltenden Fassung oder dem Neunten Buch Sozialgesetzbuch ein Schaden im Sinne des Absatzes 1 eingetreten ist. Absatz 1 Satz 2 gilt entsprechend.

§ 82a Zahlung durch den Dienstherrn bei Schmerzensgeldansprüchen

(1) Wird eine Dritte oder ein Dritter durch rechtskräftiges Endurteil eines deutschen Gerichts verurteilt, an eine Beamtin oder einen Beamten wegen eines Schadens, der nicht Vermögensschaden ist, eine billige Entschädigung in Geld (Schmerzensgeld) zu zahlen, so soll der Dienstherr diese Entschädigung auf Antrag ganz oder teilweise bewirken, sofern

1. der Schaden entstanden ist, weil die Dritte oder der Dritte den Körper, die Gesundheit, die Freiheit oder die sexuelle Selbstbestimmung der Beamtin oder des Beamten schuldhaft und im dienstlichen Zusammenhang verletzt hat,
2. trotz des Versuchs der Vollstreckung in das Vermögen der oder des Dritten die Schmerzensgeldforderung der Beamtin oder des Beamten noch in Höhe von mindestens 250 Euro besteht,
3. dem Endurteil kein Verfahren nach §§ 592 bis 600 der Zivilprozessordnung zugrunde liegt und
4. dies zur Vermeidung einer unbilligen Härte notwendig ist.

Ein vollstreckbarer Vergleich nach § 794 Absatz 1 Nummer 1 der Zivilprozessordnung über die Zahlung eines Schmerzensgeldes steht einem Endurteil nach Satz 1 gleich, soweit die vereinbarte Höhe der Entschädigung angemessen ist.

(2) Der Dienstherr kann Leistungen nach Absatz 1 ganz oder teilweise ablehnen, wenn auf Grund desselben Sachverhalts eine einmalige Unfallentschädigung oder einmalige Entschädigung (§ 51 des Landesbeamtenversorgungsgesetzes) oder ein Unfallausgleich

(§ 41 des Landesbeamtenversorgungsgesetzes) gezahlt wird.

(3) Der Antrag nach Absatz 1 ist innerhalb einer Ausschlussfrist von zwei Jahren zu stellen. Die Frist beginnt mit der Rechtskraft des Endurteils und in den Fällen des Absatzes 1 Satz 2 mit der Vollstreckbarkeit des Vergleichs. Dem Antrag ist ein Nachweis des Vollstreckungsversuches beizufügen. Die Entscheidung trifft die oberste Dienstbehörde oder die von ihr bestimmte Stelle. Soweit der Dienstherr die Zahlung übernommen hat, gehen Ansprüche gegen Dritte auf ihn über. Der Übergang der Ansprüche kann nicht zum Nachteil der oder des Geschädigten geltend gemacht werden.

(4) Verletzt eine Dritte oder ein Dritter in den Fällen des §§ 827, 828 des Bürgerlichen Gesetzbuches im dienstlichen Zusammenhang den Körper, die Gesundheit, die Freiheit oder die sexuelle Selbstbestimmung einer Beamtin oder eines Beamten, ohne für den hieraus entstehenden Schaden verantwortlich zu sein, so kann das Land der Beamtin oder dem Beamten wegen des Schadens, der nicht Vermögensschaden ist, auf Antrag eine eigene Entschädigung leisten, soweit dies zur Vermeidung einer unbilligen Härte geboten ist. Über den Antrag entscheidet eine beim Landesamt für Besoldung und Versorgung Nordrhein-Westfalen eingerichtete Ombudsstelle.

§ 83 Personalakten – allgemein

(1) Für jede Beamtin und jeden Beamten sowie für jede ehemalige Beamtin und jeden ehemaligen Beamten ist eine Personalakte zu führen. Artikel 9 der Verordnung (EU) Nr. 2016/679 des Europäischen Parlaments und des Rates vom 27. April 2016 zum Schutz natürlicher Personen bei der Verarbeitung personenbezogener Daten, zum freien Datenverkehr und zur Aufhebung der Richtlinie 95/46/EG (Datenschutz-Grundverordnung) (ABl. L 119 vom 4. 5. 2016, S. 1, L 314 vom 22. 11. 2016, S. 72, L 127 vom 23. 5. 2018, S. 2) ist zu beachten. Sie kann in Teilen oder vollständig im Wege des automatisierten Verfahrens geführt werden. Die Personalakte kann nach sachlichen Gesichtspunkten in Grundakte und Teilakten gegliedert werden. Teilakten können bei der für den betreffenden Aufgabenbereich zuständigen Behörde geführt werden. Nebenakten (Unterlagen, die sich auch in der Grundakte oder in Teilakten befinden) dürfen nur geführt werden, wenn die personalverwaltende Behörde nicht zugleich Beschäftigungsbehörde ist oder wenn mehrere personalverwaltende Behörden für die Beamtin oder den Beamten zuständig sind; sie dürfen nur solche Unterlagen enthalten, deren Kenntnis zur rechtmäßigen Aufgabenerledigung der betreffenden Behörde erforderlich ist. In die Grundakte ist ein vollständiges Verzeichnis aller Teil- und Nebenakten aufzunehmen. Wird die Personalakte nicht in Schriftform oder vollständig im Wege des automatisierten Verfahrens geführt, legt die personalverwaltende Stelle jeweils schriftlich oder elektronisch fest, welche Teile in welcher Form geführt werden und nimmt dies in das Verzeichnis nach Satz 7 auf. Soweit Personalakten teilweise oder ausschließlich elektronisch geführt werden, werden Papierdokumente in elektronische Dokumente übertragen und in der elektronischen Akte gespeichert. Dabei ist entsprechend dem Stand der Technik sicherzustellen, dass die elektronischen Dokumente mit den Papierdokumenten bildlich und inhaltlich übereinstimmen, wenn sie lesbar gemacht werden. Nach der Übertragung in elektronische Dokumente sollen diese Papierdokumente vernichtet werden, sobald ihre weitere Aufbewahrung nicht mehr aus rechtlichen Gründen oder zur Qualitätssicherung des Übertragungsvorgangs erforderlich ist. Liegen Anträgen oder Anschreiben an die personalverwaltenden Dienststellen Originaldokumente bei, die offensichtlich als solche zu erkennen sind, sind sie der Beamtin oder dem Beamten zurückzugeben, es sei denn, der Verbleib der Originaldokumente in der Personalstelle ist aus rechtlichen Gründen zwingend notwendig.

(2) Zugang zur Personalakte dürfen nur Beschäftigte haben, die im Rahmen der Personalverwaltung mit der Bearbeitung von Personalangelegenheiten beauftragt sind, und nur

soweit dies zu Zwecken der Personalverwaltung oder der Personalwirtschaft erforderlich ist; dies gilt auch für den Zugang im automatisierten Abrufverfahren. Satz 1 gilt entsprechend für Beauftragte des Dienstherrn, soweit sie zur Wahrnehmung besonderer Belange an Personalentscheidungen zu beteiligen sind. Zugang zur Personalakte haben ferner die mit Angelegenheiten der Innenrevision beauftragten Beschäftigten, soweit sie die zur Durchführung ihrer Aufgaben erforderlichen Erkenntnisse andernfalls nur mit unverhältnismäßigem Aufwand oder unter Gefährdung des Prüfzwecks gewinnen könnten.

(3) Nicht Bestandteil der Personalakte sind Unterlagen, die besonderen, von der Person und dem Dienstverhältnis sachlich zu trennenden Zwecken dienen, insbesondere Prüfungs-, Sicherheits- und Kindergeldakten. Kindergeldakten können mit Besoldungs- und Versorgungsakten verbunden geführt werden, wenn diese von der übrigen Personalakte getrennt sind und von einer von der Personalverwaltung getrennten Organisationseinheit bearbeitet werden. § 35 des Ersten Buches Sozialgesetzbuch – Allgemeiner Teil – (Artikel I des Gesetzes vom 11. Dezember 1975, BGBl. I S. 3015) in der jeweils geltenden Fassung und die §§ 67 bis 78 des Zehnten Buches Sozialgesetzbuch – Sozialverwaltungsverfahren und Sozialdatenschutz – in der Fassung der Bekanntmachung vom 18. Januar 2001 (BGBl. I S. 130) in der jeweils geltenden Fassung bleiben unberührt.

(4) Der Dienstherr darf personenbezogene Daten über Bewerberinnen und Bewerber, Beamtinnen und Beamte und ehemalige Beamtinnen und Beamte verarbeiten, soweit dies im Rahmen der Personalverwaltung und der Personalwirtschaft zur Begründung, Durchführung, Beendigung oder Abwicklung des Dienstverhältnisses oder zur Durchführung organisatorischer, personeller und sozialer Maßnahmen erforderlich ist oder eine Rechtsvorschrift oder eine Dienstvereinbarung dies erlaubt oder die betroffene Person eingewilligt hat. Fragebogen, mit denen solche personenbezogenen Daten erhoben werden, bedürfen der Genehmigung durch die zuständige oberste Dienstbehörde.

§ 84 Beihilfeakten

Unterlagen über Beihilfen sind stets als Teilakte zu führen. Diese ist von der übrigen Personalakte getrennt aufzubewahren. Sie soll in einer von der übrigen Personalverwaltung getrennten Organisationseinheit bearbeitet werden; Zugang sollen nur Beschäftigte dieser Organisationseinheit haben. Beihilfedaten dürfen für andere als für Beihilfezwecke nur verwendet oder übermittelt werden, wenn die oder der Beihilfeberechtigte und die oder der bei der Beihilfegewährung berücksichtigte Angehörige im Einzelfall einwilligen, die Einleitung oder Durchführung eines im Zusammenhang mit einem Beihilfeantrag stehenden behördlichen oder gerichtlichen Verfahrens dies erfordert oder soweit es zur Abwehr erheblicher Nachteile für das Gemeinwohl, einer sonst unmittelbar drohenden Gefahr für die öffentliche Sicherheit oder einer schwerwiegenden Beeinträchtigung der Rechte einer anderen Person erforderlich ist. Die Sätze 1 bis 4 gelten entsprechend für Unterlagen über Heilfürsorge und Heilverfahren.

§ 85 Anhörung

Die Beamtin oder der Beamte ist zu Beschwerden, Behauptungen und Bewertungen, die für sie oder ihn ungünstig sind oder ihr oder ihm nachteilig werden können, vor deren Aufnahme in die Personalakte zu hören, soweit die Anhörung nicht nach anderen Rechtsvorschriften erfolgt. Die Äußerung der Beamtin oder des Beamten ist zur Personalakte zu nehmen.

§ 86 Auskunftsrecht

(1) Der Anspruch der Beamtinnen und Beamten gemäß Artikel 15 der Verordnung (EU) Nr. 2016/679 auf Auskunft aus ihren Personalakten oder aus anderen Akten, die personenbezogene Daten über sie enthalten und für ihr Dienstverhältnis verarbeitet werden, umfasst auch die Gewährung von Akteneinsicht, soweit gesetzlich nichts anderes bestimmt ist. Beamtinnen und Beamte haben, auch nach Beendigung des Beamtenverhält-

nisses, ein Recht auf Einsicht in ihre vollständige Personalakte. Die Auskunft aus Sicherheitsakten ist unzulässig. Unzulässig ist die Einsichtnahme in Daten der oder des Betroffenen, die mit Daten Dritter oder geheimhaltungsbedürftigen nichtpersonenbezogenen Daten derart verbunden sind, dass ihre Trennung nicht oder nur mit unverhältnismäßig großem Aufwand möglich ist.

(2) Einer oder einem Bevollmächtigten der Beamtin oder des Beamten ist Auskunft zu gewähren, soweit dienstliche Gründe nicht entgegenstehen. Dies gilt auch für Hinterbliebene und deren Bevollmächtigte, wenn ein berechtigtes Interesse glaubhaft gemacht wird.

(3) Die aktenführende Behörde bestimmt, wo die Einsicht gewährt wird. Soweit wichtige dienstliche Gründe nicht entgegenstehen, werden Auszüge, Abschriften, Ablichtungen oder Ausdrucke gefertigt. Der Beamtin oder dem Beamten ist auf Verlangen ein Ausdruck der zu ihrer oder seiner Person automatisiert gespeicherten Personalaktendaten zu überlassen.

§ 87 Übermittlung an Behörden und Auskunft an nicht betroffene Personen

(1) Ohne Einwilligung der Beamtin oder des Beamten ist es zulässig, die Personalakte für Zwecke der Personalverwaltung oder Personalwirtschaft der obersten Dienstbehörde oder einer im Rahmen der Dienstaufsicht weisungsbefugten Behörde zu übermitteln. Das Gleiche gilt für Behörden im Bereich desselben Dienstherrn, soweit die Übermittlung der Akte zur Vorbereitung oder Durchführung einer Personalentscheidung notwendig ist. Ärztinnen und Ärzten, die im Auftrag der personalverwaltenden Behörde ein medizinisches Gutachten erstellen, darf die Personalakte ebenfalls ohne Einwilligung übermittelt werden. Für Auskünfte aus der Personalakte gelten die Sätze 1 bis 3 entsprechend. Soweit eine Auskunft ausreicht, ist von einer Übermittlung abzusehen.

(2) Auskünfte an nicht betroffene Personen dürfen nur mit Einwilligung der Beamtin oder des Beamten erteilt werden, es sei denn, dass die Abwehr einer erheblichen Beeinträchtigung des Gemeinwohls oder der Schutz berechtigter, höherrangiger Interessen der nicht betroffenen Person die Auskunftserteilung zwingend erfordert. Inhalt und Empfänger der Auskunft sind der Beamtin oder dem Beamten schriftlich oder elektronisch mitzuteilen.

(3) Übermittlung und Auskunft sind auf den jeweils erforderlichen Umfang zu beschränken.

§ 88 Entfernung von Personalaktendaten

(1) Unterlagen über Beschwerden, Behauptungen und Bewertungen, auf die die Tilgungsvorschriften des Disziplinarrechts keine Anwendung finden, sind,

1. falls diese sich als unbegründet oder falsch erwiesen haben, mit Zustimmung der Beamtin oder des Beamten unverzüglich aus der Personalakte zu entfernen und zu vernichten oder
2. falls sie für die Beamtin oder den Beamten ungünstig sind oder ihr oder ihm nachteilig werden können, auf Antrag der Beamtin oder des Beamten nach zwei Jahren zu entfernen und zu vernichten. Dies gilt nicht für dienstliche Beurteilungen.

Die Frist nach Satz 1 Nummer 2 wird durch erneute Sachverhalte im Sinne dieser Vorschrift oder durch die Einleitung eines Straf- oder Disziplinarverfahrens unterbrochen. Stellt sich der erneute Vorwurf als unbegründet oder falsch heraus, gilt die Frist als nicht unterbrochen.

(2) Mitteilungen in Strafsachen, soweit sie nicht Bestandteil einer Disziplinarakte sind, sowie Auskünfte aus dem Bundeszentralregister sind mit Zustimmung der Beamtin oder des Beamten nach zwei Jahren zu entfernen und zu vernichten. Absatz 1 Satz 3 und 4 gilt entsprechend.

§ 89 Verarbeitung und Übermittlung von Personalaktendaten

(1) Personalaktendaten dürfen in Dateien nur für Zwecke der Personalverwaltung oder der Personalwirtschaft verarbeitet werden. Ihre Übermittlung ist nur nach Maßgabe des § 87

zulässig. Ein Datenabruf im Wege des automatisierten Verfahrens durch andere Behörden ist unzulässig, soweit durch besondere Rechtsvorschrift nichts anderes bestimmt ist.

(2) Personalaktendaten im Sinne des § 84 dürfen im automatisierten Verfahren im Rahmen ihrer Zweckbestimmung und nur von den übrigen Personaldateien technisch und organisatorisch getrennt und nur nach Maßgabe des § 84 sowie im Fall der Übertragung von Aufgaben der Personalverwaltung im Sinne des § 91 verarbeitet werden.

(3) Von den Unterlagen über medizinische oder psychologische Untersuchungen und Tests dürfen im Rahmen der Personalverwaltung nur die Ergebnisse im Wege des automatisierten Verfahrens verarbeitet werden, soweit sie die Eignung betreffen und ihre Verarbeitung dem Schutz der Beamtin oder des Beamten dient.

(4) Beamtenrechtliche Entscheidungen dürfen nicht ausschließlich auf Informationen und Erkenntnisse gestützt werden, die unmittelbar durch Verarbeitung personenbezogener Daten im automatisierten Verfahren gewonnen werden.

(5) Bei erstmaliger Speicherung ist der oder dem Betroffenen die Art der über sie oder ihn gemäß Absatz 1 gespeicherten Daten mitzuteilen, bei wesentlichen Änderungen ist sie oder er zu benachrichtigen. Ferner sind die Verarbeitungsformen automatisierter Personalverwaltungsverfahren zu dokumentieren und einschließlich des jeweiligen Verwendungszweckes sowie der regelmäßigen Empfängerinnen oder Empfänger und des Inhalts automatisierter Datenübermittlung allgemein bekanntzugeben.

§ 90 Aufbewahrung

(1) Personalakten sind nach ihrem Abschluss von der personalaktenführenden Behörde fünf Jahre aufzubewahren. Personalakten sind abgeschlossen,

1. wenn die Beamtin oder der Beamte ohne Versorgungsansprüche aus dem öffentlichen Dienst ausgeschieden ist, mit Ablauf des Jahres der Vollendung der gesetzlichen Altersgrenze, im Falle der Weiterbeschäftigung über die gesetzliche Altersgrenze hinaus mit Ablauf des Jahres, in dem das Beschäftigungsverhältnis geendet hat; in den Fällen des § 24 des Beamtenstatusgesetzes und des § 10 des Landesdisziplinargesetzes jedoch erst, wenn mögliche Versorgungsempfängerinnen oder Versorgungsempfänger nicht mehr vorhanden sind,
2. wenn die Beamtin oder der Beamte ohne versorgungsberechtigte Hinterbliebene verstorben ist, mit Ablauf des Todesjahres oder
3. wenn nach der verstorbenen Beamtin oder dem verstorbenen Beamten versorgungsberechtigte Hinterbliebene vorhanden sind, mit Ablauf des Jahres, in dem der letzte Anspruch auf Versorgungsbezüge erloschen ist.

(2) Unterlagen über Beihilfen, Heilfürsorge, Heilverfahren, Unterstützungen, Erholungsurlaub, Erkrankungen, Umzugs- und Reisekosten sind fünf Jahre nach Ablauf des Jahres, in dem die Bearbeitung des einzelnen Vorgangs abgeschlossen wurde, aufzubewahren. Unterlagen, aus denen die Art einer Erkrankung ersichtlich ist, sind unverzüglich zurückzugeben, wenn sie für den Zweck, zu dem sie vorgelegt worden sind, nicht mehr benötigt werden; dies gilt nicht für Unterlagen über Beihilfen, soweit sie in einem elektronischen Verfahren gespeichert werden.

(3) Versorgungsakten sind zehn Jahre nach Ablauf des Jahres, in dem die letzte Versorgungszahlung geleistet worden ist, aufzubewahren; besteht die Möglichkeit eines Wiederauflebens des Anspruchs, sind die Akten mindestens dreißig Jahre aufzubewahren.

(4) Die Personalakten sind nach Ablauf der Aufbewahrungsfristen den zuständigen Archiven anzubieten. Die nicht übernommenen Personalakten sind zu vernichten.

(5) Auf Mikrofilm übernommene Personalakten dürfen vorzeitig vernichtet werden, jedoch frühestens drei Jahre nach Ablauf des Jahres, in dem das Beschäftigungsverhältnis geendet hat. Für die Aufbewahrung und für die Vernichtung von Mikrofilmen gelten die Absätze 1 bis 4 entsprechend.

§ 91 Übertragung von Aufgaben der Personalverwaltung

(1) Der Dienstherr kann Aufgaben der Personalverwaltung zur Durchführung auf eine personalverwaltende Stelle eines anderen Dienstherrn übertragen. Die Aufgabenübertragung kann sich auf die Durchführung von Widerspruchsverfahren und die Vertretung des Dienstherrn in gerichtlichen Verfahren erstrecken. Der Dienstherr darf die zur Aufgabenerfüllung erforderlichen Personalaktendaten an die personalverwaltende Stelle übermitteln.

(2) Die mit der Durchführung beauftragte personalverwaltende Stelle handelt in Vertretung des die Aufgabe übertragenden Dienstherrn.

(3) Für die mit der Durchführung beauftragte personalverwaltende Stelle gelten die Regelungen der §§ 83 bis 90 sowie § 50 des Beamtenstatusgesetzes entsprechend.

(4) Die Absätze 1 bis 3 gelten entsprechend für die Tätigkeit der kommunalen Versorgungskassen gemäß Gesetz über die kommunalen Versorgungskassen und Zusatzversorgungskassen im Land Nordrhein-Westfalen.

(5) Der Dienstherr kann sich zur Erfüllung seiner Verpflichtungen im Rahmen der Beihilfebearbeitung nach § 75 auch geeigneter Stellen außerhalb des öffentlichen Dienstes bedienen und diesen die zur Beihilfebearbeitung erforderlichen Daten übermitteln. Die beauftragte Stelle darf die Daten, die ihr im Rahmen der Beihilfebearbeitung bekannt werden, nur für diesen Zweck verarbeiten. Die §§ 84 und 89 Absatz 2 sowie Artikel 28 der Verordnung (EU) 2016/679 gelten entsprechend. Satz 1 gilt nicht für kommunale Dienstherren.

§ 91a Verarbeitung von Personalakten im Auftrag

(1) Die Verarbeitung von Personalaktendaten im Auftrag der personalverwaltenden Behörde ist innerhalb und auch außerhalb des öffentliches Dienstes zulässig,

1. soweit sie erforderlich ist für die automatisierte Erledigung von Aufgaben und
2. wenn der Verantwortliche die Einhaltung der beamten- und datenschutzrechtlichen Vorschriften durch den Auftragsverarbeiter regelmäßig kontrolliert.

(2) Die Auftragserteilung bedarf der vorherigen Zustimmung der obersten Dienstbehörde. Zu diesem Zweck hat der Verantwortliche der obersten Dienstbehörde rechtzeitig vor der Auftragserteilung schriftlich mitzuteilen:

1. den Auftragsverarbeiter, die von diesem getroffenen technischen und organisatorischen Maßnahmen und die ergänzenden Festlegungen nach Absatz 3,
2. die Aufgabe, zu deren Erfüllung der Auftragsverarbeiter die Daten verarbeiten soll,
3. die Art der Daten, die für den Verantwortlichen verarbeitet werden sollen, und den Kreis der Beschäftigten, auf den sich diese Daten beziehen, sowie
4. die beabsichtigte Erteilung von Unteraufträgen durch den Auftragsverarbeiter.

(3) In dem Auftrag ist insbesondere schriftlich festzulegen:

1. der Gegenstand und die Dauer des Auftrags,
2. der Umfang, die Art und der Zweck der vorgesehenen Datenverarbeitung, die Art der Daten und der Kreis der Betroffenen,
3. die nach § 15 des Datenschutzgesetzes Nordrhein-Westfalen zu treffenden technischen und organisatorischen Maßnahmen,
4. die Berichtigung, Löschung und Einschränkung der Verarbeitung von Daten und gegebenenfalls die Vernichtung der Papierakte,
5. die von dem Auftragsverarbeiter vorzunehmenden Kontrollen der Datenverarbeitung, insbesondere die Überprüfung, ob das Ergebnis bildlich und inhaltlich mit der Papierakte übereinstimmt,
6. die Kontrollrechte des Verantwortlichen und die entsprechenden Duldungs- und Mitwirkungspflichten des Auftragsverarbeiters,

7. mitzuteilende Verstöße des Auftragsverarbeiters oder der bei ihm beschäftigten Personen gegen Vorschriften zum Schutz personenbezogener Daten oder gegen die im Auftrag getroffenen Festlegungen,
8. der Umfang der Weisungsbefugnisse, die sich der Verantwortliche gegenüber dem Auftragsverarbeiter vorbehält,
9. die Verpflichtung des Auftragsverarbeiters, den Verantwortlichen unverzüglich darauf hinzuweisen, wenn er der Ansicht ist, dass eine Weisung des Verantwortlichen gegen dieses Gesetz oder andere Vorschriften über den Datenschutz verstößt, und
10. die Rückgabe überlassener Datenträger und die Löschung beim Auftragsverarbeiter gespeicherter Daten, sobald diese für die Erfüllung des Auftrags nicht mehr benötigt werden, spätestens nach Beendigung des Auftrags.

Soweit der Auftragsverarbeiter eine nichtöffentliche Stelle ist, ist auch festzulegen, dass der Auftragsverarbeiter die Kontrolle durch die Landesbeauftragte oder den Landesbeauftragten für Datenschutz und Informationsfreiheit zu dulden hat. Diese Kontrolle richtet sich nach den maßgeblichen datenschutzrechtlichen Bestimmungen.

(4) Eine nichtöffentliche Stelle darf nur beauftragt werden, wenn
1. beim Verantwortlichen sonst Störungen im Geschäftsablauf auftreten können oder der Auftragsverarbeiter die übertragenen Aufgaben erheblich kostengünstiger erledigen kann und
2. die beim Auftragsverarbeiter mit der Datenverarbeitung beauftragten Beschäftigten besonders auf den Schutz der Personalaktendaten verpflichtet sind.

Satz 1 Nummer 1 findet keine Anwendung für Gemeinden und Gemeindeverbände.

(5) Der Auftragsverarbeiter darf die Daten nur im Rahmen der Weisungen des Verantwortlichen verarbeiten. Der Auftragsverarbeiter darf die Daten nur für die im Auftrag festgelegten Zwecke verarbeiten und für die im Auftrag festgelegte Dauer speichern.

(6) Die Rechte der betroffenen Person nach dem geltenden Datenschutzrecht sind gegenüber dem Verantwortlichen geltend zu machen.

(7) Unteraufträge dürfen nur mit vorheriger Zustimmung des Verantwortlichen erteilt werden. Für Unterauftragsverarbeiter gelten die für den Auftragsverarbeiter bestehenden Vorgaben entsprechend.

§ 92 Dienstliche Beurteilung, Dienstzeugnis

(1) Eignung, Befähigung und fachliche Leistung der Beamtin oder des Beamten sind mindestens vor Ablauf der Probezeit dienstlich zu beurteilen. Sie sollen ferner in regelmäßigen Zeitabständen und aus besonderem Anlass insbesondere anlässlich einer Versetzung beurteilt werden; die obersten Dienstbehörden bestimmen die Zeitabstände und können Ausnahmen für Gruppen von Beamtinnen und Beamten zulassen. Die Beurteilungen sind mit einem Gesamturteil abzuschließen und sollen einen Vorschlag für die weitere dienstliche Verwendung enthalten. Sie sind zu den Personalakten der Beamtin oder des Beamten zu nehmen. Der Beamtin oder dem Beamten ist Gelegenheit zu geben, von ihrer oder seiner Beurteilung vor Aufnahme in die Personalakten Kenntnis zu nehmen und sie mit der oder dem Vorgesetzten zu besprechen. Eine Gegenäußerung der Beamtin oder des Beamten ist ebenfalls zu den Personalakten zu nehmen. Das Nähere regeln die Laufbahnverordnungen.

(2) Die Landesregierung wird ermächtigt, Vorschriften über eine fiktive Fortschreibung dienstlicher Beurteilungen sowie über eine fiktive Erprobung und Probezeit im Zusammenhang mit der Verleihung eines höherwertigen Amtes in den Laufbahnverordnungen zu treffen. Sie kann auch Regelungen dazu treffen, dass eine Erprobung oder Probezeit für dieses Amt als erfolgreich abgeleistet angesehen werden kann, wenn sich die Beamtin oder der Beamte in der tatsächlich wahrgenommenen Funktion, die von ihren Anforderungen dem Beförderungsamt vergleichbar ist, bewährt hat und dies festgestellt wurde.

I

(3) Der Beamtin oder dem Beamten wird beim Nachweis eines berechtigten Interesses und nach Beendigung des Beamtenverhältnisses auf ihren oder seinen Antrag ein Dienstzeugnis über Art und Dauer der von ihr oder ihm bekleideten Ämter erteilt. Das Dienstzeugnis muss auf Verlangen der Beamtin oder des Beamten auch über die von ihr oder ihm ausgeübte Tätigkeit und ihre oder seine Leistungen Auskunft geben.

§ 92a Kriterien für Auswahlentscheidungen, weitere Auswahlinstrumente

(1) Laufbahnrechtliche Entscheidungen sind, soweit sie Ernennungen, die Zulassung zur beruflichen Entwicklung und den Aufstieg betreffen, nach Maßgabe des § 9 des Beamtenstatusgesetzes sowie unter Berücksichtigung des § 10 des Landesgleichstellungsgesetzes vom 9. November 1999 (GV. NRW S. 590) in der jeweils geltenden Fassung zu treffen. Sie sollen regelmäßig auf der Grundlage aktueller dienstlicher Beurteilungen getroffen werden. Bei Auswahlverfahren für die Einstellung können Auswahlinstrumente nach Absatz 4 als Grundlage für die Entscheidung herangezogen werden. Unberührt bleiben die allgemeinen Ernennungsbedingungen, die laufbahnrechtlichen Voraussetzungen und die im Vorfeld der Auswahlentscheidung konkretisierten zwingenden Anforderungen an Eignung, Befähigung und fachliche Leistung.

(2) Zu dienstlichen Beurteilungen können weitere Auswahlinstrumente nach Absatz 4 hilfsweise herangezogen werden, wenn eine abschließende Entscheidung über Eignung, Befähigung und fachliche Leistung der Bewerberinnen und Bewerber auf Grundlage dienstlicher Beurteilungen nicht möglich ist.

(3) Neben dienstlichen Beurteilungen können weitere Auswahlinstrumente nach Absatz 4 als unmittelbar mitentscheidend herangezogen werden, um Eignung, Befähigung oder fachliche Leistung festzustellen, insbesondere bei Auswahlverfahren für die Zulassung zum Aufstieg und zur beruflichen Entwicklung, bei denen die Eignung und Befähigung für die Wahrnehmung von Aufgaben der höheren Laufbahn oder Laufbahngruppe überprüft werden.

(4) Als weitere Auswahlinstrumente können wissenschaftlich fundierte Auswahlmethoden, insbesondere strukturierte Interviews, computerbasierte Tests, Assessment-Center und Potentialanalysen herangezogen werden. Diese müssen geeignet sein, eine Feststellung zu mindestens einem der Kriterien von Eignung, Befähigung oder fachlicher Leistung zu treffen. Die Wahl und Gewichtung der Auswahlinstrumente sowie die wesentlichen Inhalte der Durchführung sind in nachvollziehbarer Weise festzulegen und zu dokumentieren.

(5) In den Laufbahnverordnungen und den Verordnungen nach § 7 Absatz 2 können nähere Regelungen, insbesondere zu der Wahl weiterer Auswahlinstrumente im Sinne des Absatzes 4, der Gewichtung und der konkreten Ausgestaltung des Auswahlverfahrens getroffen werden.

§ 93 Beteiligung der Spitzenorganisationen

(1) Die Entwürfe allgemeiner beamtenrechtlicher Regelungen werden den Spitzenorganisationen der zuständigen Gewerkschaften und Berufsverbände mit einer angemessenen Frist im Rahmen der vertrauensvollen Zusammenarbeit zur Stellungnahme zugeleitet. Die Stellungnahmen sind auf Verlangen zu erörtern. Die Spitzenorganisationen können weiterhin verlangen, dass ihre Vorschläge, die in Gesetzentwürfen keine Berücksichtigung finden, mit Begründung und einer Stellungnahme der Landesregierung dem Landtag mitgeteilt werden.

(2) Jede Spitzenorganisation und das für Inneres zuständige Ministerium sowie das Finanzministerium kommen regelmäßig zu gemeinsamen Gesprächen über allgemeine Regelungen beamtenrechtlicher Verhältnisse zusammen; ist ein anderes Ministerium für eine solche Regelung zuständig, ist dieses hinzuzuziehen. Beide Seiten können aus besonderem Anlass ein solches Gespräch verlangen, das innerhalb eines Monats stattzufinden hat.

(3) Spitzenorganisationen im Sinne der Absätze 1 und 2 und des § 53 des Beamtenstatusgesetzes sind die für den Bereich des Landes gebildeten Zusammenschlüsse von Gewerkschaften und Berufsverbänden, die für die Vertretung der Belange von Beamtinnen und Beamten im Sinne des § 3 des Beamtenstatusgesetzes erhebliche Bedeutung haben. Ihnen stehen die Gewerkschaften und Berufsverbände gleich, die keinem solchen Zusammenschluss angehören, aber die sonstigen Voraussetzungen des Satzes 1 erfüllen.

§ 94 Errichtung Landespersonalausschuss

Zur Wahrnehmung der Aufgaben nach § 97 wird ein Landespersonalausschuss errichtet. Er übt seine Tätigkeit innerhalb der gesetzlichen Schranken unabhängig und in eigener Verantwortung aus.

§ 95 Zusammensetzung

(1) Der Landespersonalausschuss besteht aus 14 ordentlichen und 14 stellvertretenden Mitgliedern.

(2) Je ein Mitglied und die Stellvertreterin oder der Stellvertreter werden durch das für Inneres zuständige Ministerium, das Finanzministerium, das Justizministerium, das für Schulwesen und das für Soziales zuständige Ministerium sowie durch die Präsidentin oder den Präsidenten des Landesrechnungshofs bestimmt.

(3) Die übrigen acht ordentlichen Mitglieder und ihre Stellvertreterinnen oder Stellvertreter werden von der Landesregierung auf Vorschlag des für Inneres zuständigen Ministeriums auf die Dauer von vier Jahren berufen, davon zwei ordentliche und zwei stellvertretende Mitglieder auf Grund einer Benennung durch die Landesorganisationen der kommunalen Spitzenverbände und sechs ordentliche und sechs stellvertretende Mitglieder auf Grund einer Benennung durch die Spitzenorganisationen der zuständigen Gewerkschaften im Lande. Für jedes zu berufende Mitglied und deren Stellvertreterinnen oder Stellvertreter müssen je drei Beamtinnen oder Beamte benannt werden.

(4) Die ordentlichen Mitglieder und ihre Stellvertreterinnen oder Stellvertreter müssen Beamtinnen oder Beamte der in § 1 bezeichneten Dienstherren sein.

(5) Die den Spitzenorganisationen der zuständigen Gewerkschaften im Lande zustehenden Sitze werden nach dem d'Hondt'schen Höchstzahlenverfahren verteilt. Dabei sind die Zahlen der Mitglieder, die Beamtinnen oder Beamte der in § 1 bezeichneten Dienstherren sind, zugrunde zu legen.

(6) Vorsitzende oder Vorsitzender des Landespersonalausschusses ist das von dem für Inneres zuständige Ministerium bestimmte Mitglied.

§ 96 Unabhängigkeit, Ausscheiden der Mitglieder

(1) Die Mitglieder des Landespersonalausschusses sind unabhängig und nur dem Gesetz unterworfen. Sie üben ihre Tätigkeit innerhalb dieser Schranken in eigener Verantwortung aus. Die berufenen ordentlichen Mitglieder und ihre Stellvertreterinnen oder Stellvertreter scheiden aus dem Landespersonalausschuss außer durch Zeitablauf (§ 95 Absatz 3) oder durch Beendigung des Beamtenverhältnisses zu einem der in § 1 bezeichneten Dienstherren nur unter den gleichen Voraussetzungen aus, unter denen Mitglieder einer Kammer oder eines Senats für Disziplinarsachen wegen rechtskräftiger Verurteilung im Strafverfahren oder im Disziplinarverfahren ihr Amt verlieren; § 39 des Beamtenstatusgesetzes findet keine Anwendung.

(2) Die Mitglieder des Landespersonalausschusses dürfen wegen ihrer Tätigkeit weder dienstlich gemaßregelt noch benachteiligt werden.

(3) § 82 Absatz 1 gilt entsprechend, wenn ein Mitglied des Landespersonalausschusses in Ausübung ihrer oder seiner Tätigkeit im Landespersonalausschuss einen Schaden erleidet. Erleidet ein Mitglied des Landespersonalausschusses in Ausübung oder infolge ihrer oder seiner Tätigkeit im Landespersonalausschuss einen Unfall, so gelten die Vorschriften des Landesbeamtenversorgungsgesetzes über die Unfallfürsorge entsprechend.

I

§ 97 Aufgaben

(1) Der Landespersonalausschuss entscheidet darüber, ob

1. in Einzelfällen oder allgemein Ausnahmen zugelassen werden
   a) nach § 13 Absatz 4, § 14 Absatz 1 Satz 3 Nummer 3, § 19 Absatz 5, § 21 Absatz 4,
   b) im Landesdisziplinargesetz nach § 8 Absatz 4 Satz 4 und Absatz 5 Satz 3, § 9 Absatz 3 Satz 2 und Absatz 4 Satz 3 sowie § 10 Absatz 6 Satz 1 Halbsatz 2,
   c) von Vorschriften der Verordnungen nach § 9 Absatz 1 und § 110 Absatz 1, soweit diese die Entscheidung dem Landespersonalausschuss vorbehalten,

   und
2. andere Bewerberinnen oder Bewerber die erforderliche Befähigung besitzen (§ 12 Absatz 2).

(2) Der Landespersonalausschuss wirkt mit bei der allgemeinen Anerkennung von Prüfungen. Er kann Vorschläge zur Änderung beamtenrechtlicher Vorschriften und ihrer Handhabung machen.

(3) Die Landesregierung kann dem Landespersonalausschuss durch Rechtsverordnung weitere Aufgaben übertragen. Der Landespersonalausschuss kann nach Maßgabe der Rechtsverordnung solche Aufgaben durch einen von ihm zu bestellenden Ausschuss wahrnehmen lassen, dessen Mitglieder nicht dem Landespersonalausschuss angehören müssen. Für diesen Ausschuss gilt § 94 Satz 2, für seine Mitglieder § 96 Absatz 1 Satz 1 und 2, Absatz 2 und 3 entsprechend.

(4) Über die Durchführung der Aufgaben hat der Landespersonalausschuss die Landesregierung jeweils zum Ablauf des in § 95 Absatz 3 Satz 1 genannten Zeitraums zu unterrichten.

§ 98 Geschäftsordnung

Der Landespersonalausschuss gibt sich eine Geschäftsordnung.

§ 99 Verfahren

(1) Die Sitzungen des Landespersonalausschusses sind nicht öffentlich. Er kann jedoch Beauftragten beteiligter Verwaltungen und anderen Personen die Anwesenheit bei der Verhandlung gestatten.

(2) Die Beauftragten der beteiligten Verwaltungen sind auf Verlangen zu hören.

(3) Beschlüsse werden mit Stimmenmehrheit gefasst. Zur Beschlussfähigkeit ist die Anwesenheit von mindestens zehn Mitgliedern erforderlich. Bei Stimmengleichheit entscheidet die Stimme der oder des Vorsitzenden.

§ 100 Verhandlungsleitung, Geschäftsstelle

(1) Die oder der Vorsitzende des Landespersonalausschusses leitet die Verhandlungen.

(2) Zur Vorbereitung der Verhandlungen und Durchführung der Beschlüsse bedient sie oder er sich der für den Landespersonalausschuss im für Inneres zuständigen Ministerium einzurichtenden Geschäftsstelle.

§ 101 Beweiserhebung, Amtshilfe

(1) Der Landespersonalausschuss kann zur Durchführung seiner Aufgaben in entsprechender Anwendung der Verwaltungsgerichtsordnung Beweise erheben. Er darf Zeuginnen oder Zeugen, Sachverständige und Beteiligte nicht beeidigen.

(2) Alle Dienststellen haben dem Landespersonalausschuss unentgeltlich Amtshilfe zu leisten und ihm auf Verlangen Auskünfte zu erteilen und Akten vorzulegen, soweit dies zur Durchführung seiner Aufgaben erforderlich ist.

§ 102 Beschlüsse

(1) Beschlüsse des Landespersonalausschusses, die allgemeine Bedeutung haben, sind bekanntzumachen. Das Nähere regelt die Geschäftsordnung.

(2) Soweit dem Landespersonalausschuss eine Entscheidungsbefugnis zusteht, binden seine Beschlüsse die beteiligten Verwaltungen.

Abschnitt 6
Rechtsweg

§ 103 Verwaltungsrechtsweg, Vorverfahren, Beschwerden

(1) Für Klagen der Beamtinnen und Beamten, Ruhestandsbeamtinnen und Ruhestandsbe-

amten, früheren Beamtinnen und Beamten und der Hinterbliebenen aus dem Beamtenverhältnis findet ein Widerspruchsverfahren nicht statt. Dies gilt nicht für Maßnahmen, denen die Bewertung einer Leistung im Rahmen einer berufsbezogenen Prüfung zugrunde liegt, sowie für Maßnahmen in besoldungs-, versorgungs-, beihilfe-, heilfürsorge-, reisekosten-, trennungsentschädigungs- und umzugskostenrechtlichen Angelegenheiten.

(2) Die Beamtin oder der Beamte kann Anträge und Beschwerden vorbringen; hierbei hat sie oder er den Dienstweg einzuhalten. Der Beschwerdeweg bis zur obersten Dienstbehörde steht offen. Richtet sich die Beschwerde gegen die unmittelbare Vorgesetzte oder den unmittelbaren Vorgesetzten (§ 2 Absatz 5), so kann sie bei der nächsthöheren Vorgesetzten oder dem nächsthöheren Vorgesetzten unmittelbar eingereicht werden. Die Beamtin oder der Beamte kann jederzeit Eingaben an den Landtag unmittelbar richten. Beamtinnen und Beamte, die eine Meldung oder Offenlegung nach dem Hinweisgeberschutzgesetz vornehmen, sind von der Einhaltung des Dienstwegs befreit.

§ 104 Vertretung bei Klagen aus dem Beamtenverhältnis

Bei Klagen aus dem Beamtenverhältnis wird der Dienstherr durch die dienstvorgesetzte Stelle vertreten. Für Klagen aus dem Beamtenverhältnis von Beamtinnen und Beamten des Landes kann die oberste Dienstbehörde durch Rechtsverordnung eine andere Vertretung bestimmen.

§ 105 Zustellung

Verfügungen und Entscheidungen, die der Beamtin oder dem Beamten oder der oder dem Versorgungsberechtigten nach den Vorschriften dieses Gesetzes mitzuteilen sind, sind zuzustellen, wenn durch sie eine Frist in Lauf gesetzt oder Rechte der Beamtin oder des Beamten oder der oder des Versorgungsberechtigten durch sie berührt werden.

Abschnitt 7
Besondere Beamtengruppen

§ 106 Beamtinnen und Beamte des Landtags

(1) Die Beamtinnen und Beamten des Landtags sind Beamtinnen und Beamte des Landes. Die Ernennung, Entlassung und Zurruhesetzung der Beamtinnen und Beamten des Landtags werden durch die Präsidentin oder den Präsidenten des Landtags im Benehmen mit dem Landtagspräsidium vorgenommen. Dies gilt auch für sonstige beamtenrechtliche Entscheidungen, für die bei den übrigen Landesbeamtinnen und Landesbeamten die Landesregierung oder das fachlich zuständige Ministerium als oberste Dienstbehörde zuständig ist. Soweit für Entscheidungen nach den Sätzen 2 und 3 bei den übrigen Landesbeamtinnen und Landesbeamten das Einvernehmen der Landesregierung oder des fachlich zuständigen Ministeriums erforderlich ist, tritt für die Beamtinnen und Beamten des Landtags anstelle des Einvernehmens der Landesregierung oder des fachlich zuständigen Ministeriums das Benehmen zwischen der Präsidentin oder dem Präsidenten des Landtags und dem Landtagspräsidium. Oberste Dienstbehörde und dienstvorgesetzte Stelle der Beamtinnen und Beamten des Landtags ist die Präsidentin oder der Präsident des Landtags.

(2) Die Direktorin oder der Direktor beim Landtag kann jederzeit in den einstweiligen Ruhestand versetzt werden, soweit sie oder er Beamtin oder Beamter auf Lebenszeit ist.

(3) § 37 Absatz 2 gilt mit der Maßgabe, dass an die Stelle der Landesregierung die Präsidentin oder der Präsident des Landtages tritt.

§ 106a Beamtinnen und Beamte des Verfassungsgerichtshofs

Die Beamtinnen und Beamten des Verfassungsgerichtshofs sind Beamtinnen und Beamte des Landes. Für sie gelten die Vorschriften dieses Gesetzes, soweit darin nichts anderes bestimmt ist. Die Ernennung, Entlassung und Zurruhesetzung der Beamtinnen und Beamten des Verfassungsgerichtshofs werden durch die Präsidentin oder den Präsidenten des Verfassungsgerichtshofs vorgenommen. Dies gilt auch für sonstige beamtenrechtliche Entscheidungen, für die bei den übrigen Landesbeamtinnen und Landesbeamten die Landesregierung oder das fachlich zuständige Ministerium als oberste Dienstbehörde zuständig ist. Soweit für Entscheidungen nach den Sätzen 3 und 4 bei den übrigen Landesbeamtinnen und Landesbeamten das Einvernehmen der Landesregierung oder des fachlich zuständigen Ministeriums erforderlich ist, tritt für die Beamtinnen und Beamten des Verfassungsgerichtshofs anstelle des Einvernehmens der Landesregierung oder des fachlich zuständigen Ministeriums die Entscheidung durch die Präsidentin oder den Präsidenten des Verfassungsgerichtshofs. Oberste Dienstbehörde und dienstvorgesetzte Stelle der Beamtinnen und Beamten des Verfassungsgerichtshofs ist die Präsidentin oder der Präsident des Verfassungsgerichtshofs.

§ 107 Ehrenbeamtinnen und Ehrenbeamte

(1) Für Ehrenbeamtinnen und Ehrenbeamte gelten die Vorschriften dieses Gesetzes mit folgenden Maßgaben:

1. Ehrenbeamtinnen und Ehrenbeamte können jederzeit verabschiedet werden. Sie sind zu verabschieden, wenn die sonstigen Voraussetzungen für die Versetzung einer Beamtin oder eines Beamten in den Ruhestand oder in den einstweiligen Ruhestand gegeben sind; es gilt jedoch keine Altersgrenze.
2. § 16 Absatz 3, §§ 24, 25, 32 Absatz 2, §§ 49 bis 54, 57, 60, 61, 75 und 79 finden keine Anwendung. Hauptberufliche Beamtinnen oder Beamte dürfen nach Erreichen der Altersgrenze nicht zur Weiterführung ihrer bisherigen Amtsaufgaben in ein Ehrenbeamtenverhältnis berufen werden.

(2) Im Übrigen regeln sich die Rechtsverhältnisse der Ehrenbeamtinnen und Ehrenbeamten nach den besonderen für die einzelnen Gruppen der Ehrenbeamtinnen und Ehrenbeamten geltenden Vorschriften. Für die Mitglieder eines von der Vertretung einer Gemeinde oder eines Gemeindeverbandes gewählten Ausschusses, die in dieser Eigenschaft zu Ehrenbeamtinnen oder Ehrenbeamten zu ernennen sind, nimmt die Aufsichtsbehörde der Gemeinde oder des Gemeindeverbandes die Befugnisse der dienstvorgesetzten Stelle wahr.

§ 108 Beamtinnen und Beamte des Landesrechnungshofs

Für die Beamtinnen und Beamten im Geschäftsbereich des Landesrechnungshofs gelten die Vorschriften dieses Gesetzes, soweit im Gesetz über den Landesrechnungshof nichts anderes bestimmt ist; § 39 des Beamtenstatusgesetzes gilt jedoch nicht für die Präsidentin oder den Präsidenten und die anderen Mitglieder des Landesrechnungshofs. Oberste Dienstbehörde und dienstvorgesetzte Stelle der Mitglieder und der anderen Beamtinnen und Beamten im Geschäftsbereich des Landesrechnungshofs ist die Präsidentin oder der Präsident des Landesrechnungshofs.

§ 109 Polizeivollzugsdienst

(1) Für die Polizeivollzugsbeamtinnen und Polizeivollzugsbeamten gelten die Vorschriften dieses Gesetzes, soweit nachstehend nichts anderes bestimmt ist.

(2) In das Beamtenverhältnis auf Probe darf eingestellt werden, wer das 40. Lebensjahr noch nicht vollendet hat. § 14 Absatz 4, 5, 7 und 9 bis 11 gilt entsprechend.

(2a) Zur Ausbildung für den Laufbahnabschnitt III des Polizeivollzugsdienstes können Beamtinnen und Beamte des Polizeivollzugsdienstes zugelassen werden, die die Ausbildung an der Fachhochschule abgeleistet und das 40. Lebensjahr noch nicht vollendet haben. § 14 Absatz 5 Satz 1 Nummer 2 bis 4 und Satz 2 gilt entsprechend. Von Satz 1 kann das für Inneres zuständige Ministerium darüber hinaus Ausnahmen bis zu einer Überschreitung von drei Jahren zulassen, wenn eine Zulassung unter Einhaltung der Höchstaltersgrenze aus einem von der Beamtin oder dem Beamten nicht zu vertretenden Grund nicht möglich war. Über die Zulassung von

Ausnahmen entscheidet das für Inneres zuständige Ministerium vor dem Auswahlverfahren.

(3) In das Beamtenverhältnis auf Widerruf darf eingestellt werden, wer das 37. Lebensjahr noch nicht vollendet hat. § 14 Absatz 5, 7, 10 und 11 findet entsprechende Anwendung.

(4) Welche Beamtengruppen zum Polizeivollzugsdienst gehören, bestimmt das für Inneres zuständige Ministerium im Einvernehmen mit dem Finanzministerium durch Rechtsverordnung.

§ 110 Laufbahn, Arbeitszeit

(1) Die Laufbahn der Polizeivollzugsbeamtinnen und Polizeivollzugsbeamten ist eine Einheitslaufbahn. Das für Inneres zuständige Ministerium erlässt im Einvernehmen mit dem Finanzministerium durch Rechtsverordnung besondere Vorschriften über die Laufbahn der Polizeivollzugsbeamtinnen und Polizeivollzugsbeamten; in der Verordnung sind insbesondere zu regeln

1. die Voraussetzungen für die Einstellung in den Polizeivollzugsdienst,
2. der Erwerb der Befähigung für den Laufbahnabschnitt II und III sowie
3. die in § 9 Absatz 1 Nummer 2, 4 bis 6, 9 und 10 genannten Regelungsinhalte.

(2) Das für Inneres zuständige Ministerium erlässt im Einvernehmen mit dem Finanzministerium zur Ausführung der Bestimmungen der Laufbahnverordnung durch Rechtsverordnung Vorschriften über die Ausbildung und Prüfung der Polizeivollzugsbeamtinnen und Polizeivollzugsbeamten. Dabei sind insbesondere zu regeln

1. das Ziel, der Inhalt und die Ausgestaltung der Ausbildung für den Laufbahnabschnitt II und III,
2. das Verfahren für die Auswahl der Beamtinnen und Beamten, die zur beruflichen Entwicklung in den nächsthöheren Laufbahnabschnitt zugelassen werden sollen sowie
3. die in § 7 Absatz 2 Satz 2 Nummer 5 bis 13 genannten Regelungsinhalte.

(3) Das für Inneres zuständige Ministerium erlässt durch Rechtsverordnung besondere Bestimmungen über die Arbeitszeit der Polizeivollzugsbeamtinnen und Polizeivollzugsbeamten, insbesondere über

1. die Dauer, die Verlängerung und die Verkürzung der regelmäßigen Arbeitszeit und der Dienstschichten,
2. unregelmäßige Arbeitszeiten,
3. den Bereitschaftsdienst und die Rufbereitschaft,
4. dienstfreie Zeiten,
5. die Pausen, die Arbeitszeiteinteilung und die Dienststundenregelung.

(4) Der Wechsel des Laufbahnabschnitts stellt einen Ernennungstatbestand nach § 8 Absatz 1 Nummer 4 des Beamtenstatusgesetzes dar.

§ 111 Gemeinschaftsunterkunft, Verpflegung

Polizeivollzugsbeamtinnen und Polizeivollzugsbeamte sind auf Anordnung verpflichtet, in einer Gemeinschaftsunterkunft zu wohnen und an einer Gemeinschaftsverpflegung teilzunehmen. Diese Verpflichtung kann Polizeivollzugsbeamtinnen und Polizeivollzugsbeamten, die Beamtinnen und Beamte auf Lebenszeit oder verheiratet sind oder in einer Lebenspartnerschaft leben, nur für besondere Einsätze oder Lehrgänge oder ihre oder seine Aus- und Weiterbildung in der Bereitschaftspolizei auferlegt werden.

§ 112 Dienstkleidung, Freie Heilfürsorge

(1) Polizeivollzugsbeamtinnen und Polizeivollzugsbeamte haben Anspruch auf unentgeltliche Ausstattung mit der Bekleidung und Ausrüstung, die die besondere Art des Dienstes erfordert. Das Nähere regelt das für Inneres zuständige Ministerium im Einvernehmen mit dem für Finanzen zuständigen Ministerium.

(2) Polizeivollzugsbeamtinnen und Polizeivollzugsbeamte haben Anspruch auf freie Heilfürsorge, solange ihnen Besoldung zusteht, Elternzeit oder Pflegezeit nach der auf Grund des § 74 Absatz 2 zu erlassenden Rechtsverordnung oder Urlaub nach § 72 Ab-

satz 1 Satz 2 oder Absatz 2 gewährt wird. Dies gilt auch während einer Beurlaubung nach § 64 Absatz 1 in Verbindung mit Absatz 2, sofern die Beamtin oder der Beamte nicht Anspruch auf Familienversicherung nach § 10 des Fünften Buches Sozialgesetzbuch hat. Das Nähere, insbesondere über den Umfang der freien Heilfürsorge, regelt das für Inneres zuständige Ministerium im Einvernehmen mit dem für Finanzen zuständigen Ministerium durch Rechtsverordnung.

§ 113 Untersagen des Tragens der Dienstkleidung

(1) Polizeivollzugsbeamtinnen und Polizeivollzugsbeamten, denen nach § 39 des Beamtenstatusgesetzes die Führung der Dienstgeschäfte verboten ist, kann auch das Tragen der Dienstkleidung und Ausrüstung, der Aufenthalt in den Polizeiunterkünften und die Führung dienstlicher Ausweise oder Abzeichen untersagt werden.

(2) Absatz 1 gilt auch für die vorläufige Dienstenthebung auf Grund des Landesdisziplinargesetzes.

§ 114 Eintritt in den Ruhestand

(1) Polizeivollzugsbeamtinnen und Polizeivollzugsbeamte auf Lebenszeit treten mit Ende des Monats, in dem sie das 62. Lebensjahr vollenden, in den Ruhestand.

(2) Die Altersgrenze nach Absatz 1 verringert sich um ein Jahr für 25 Dienstjahre, die im Wechselschichtdienst abgeleistet wurden. Wechselschichtdienst sind Zeiten, in denen die Beamtin oder der Beamte ständig nach einem Schichtplan (Dienstplan) eingesetzt ist, der einen regelmäßigen Wechsel der täglichen Arbeitszeit in Wechselschichten (wechselnde Arbeitsschichten, in denen ununterbrochen bei Tag und Nacht, werktags, sonntags und feiertags gearbeitet wird) vorsieht. Die Beamtin oder der Beamte hat die Zeiten nachzuweisen.

(3) Ohne Nachweis der Dienstunfähigkeit können Polizeivollzugsbeamtinnen und Polizeivollzugsbeamte auf Lebenszeit auf Antrag frühestens mit Vollendung des 60. Lebensjahres in den Ruhestand versetzt werden.

§ 115 Dienstunfähigkeit

(1) Die Polizeivollzugsbeamtin oder der Polizeivollzugsbeamte ist dienstunfähig (§ 26 Absatz 1 des Beamtenstatusgesetzes), wenn sie oder er den besonderen gesundheitlichen Anforderungen für den Polizeivollzugsdienst nicht mehr genügt und nicht zu erwarten ist, dass sie oder er die volle Verwendungsfähigkeit innerhalb von zwei Jahren wiedererlangt (Polizeidienstunfähigkeit), es sei denn, die auszuübende Funktion erfordert bei Beamtinnen und Beamten auf Lebenszeit diese besonderen gesundheitlichen Anforderungen auf Dauer nicht mehr uneingeschränkt.

(2) Bestehen Zweifel über die Dienstunfähigkeit der Polizeivollzugsbeamtin oder des Polizeivollzugsbeamten, so ist sie oder er verpflichtet, sich nach Weisung der dienstvorgesetzten Stelle durch eine Polizeiärztin oder einen Polizeiarzt oder eine Ärztin oder einen Arzt der unteren Gesundheitsbehörde untersuchen zu lassen.

(3) Wird die Polizeivollzugsbeamtin oder der Polizeivollzugsbeamte polizeidienstunfähig, so soll sie oder er, falls nicht zwingende dienstliche Gründe entgegenstehen, in ein Amt einer anderen Laufbahn bei einem der in § 1 bezeichneten Dienstherren versetzt werden, wenn die sonstigen Voraussetzungen des § 25 erfüllt sind. Soweit die Polizeivollzugsbeamtin oder der Polizeivollzugsbeamte für die neue Laufbahn die Befähigung nicht besitzt, hat sie oder er die ihr oder ihm gebotene Gelegenheit wahrzunehmen, die ergänzenden Kenntnisse und Fähigkeiten nach Maßgabe der Rechtsverordnungen zu den §§ 7 und 9 zu erwerben. § 26 Absatz 1 Satz 3 und Absatz 2 des Beamtenstatusgesetzes bleiben unberührt.

§ 116 Feuerwehrtechnischer Dienst

(1) Auf die Beamtinnen und Beamten des feuerwehrtechnischen Dienstes des Landes und der Gemeinden und Gemeindeverbände finden die für die Beamtinnen und Beamten allgemein geltenden Vorschriften dieses Gesetzes Anwendung, soweit nachstehend nichts anderes bestimmt ist.

(2) Es gelten § 112 Absatz 1 Satz 1 und § 113, außerdem für die Beamtinnen und Beamten des feuerwehrtechnischen Dienstes der Gemeinden und Gemeindeverbände § 110 Absatz 3 sowie für die Beamtinnen und Beamten des feuerwehrtechnischen Dienstes des Landes § 110 Absatz 3 und § 112 Absatz 1 Satz 2 entsprechend.

(3) Die Beamtinnen und Beamten des feuerwehrtechnischen Dienstes treten mit dem Ende des Monats in den Ruhestand, in dem sie das 61. Lebensjahr vollenden.

(4) Beamtinnen und Beamte des feuerwehrtechnischen Dienstes der Gemeinden, der Gemeindeverbände, am Institut der Feuerwehr Nordrhein-Westfalen sowie in den Feuerwehren des Landes, die vor dem 1. Januar 1968 geboren sind, erreichen die Altersgrenze mit Vollendung des 60. Lebensjahres. Für Beamtinnen und Beamte der Gemeinden, der Gemeindeverbände, am Institut der Feuerwehr Nordrhein-Westfalen sowie in den Feuerwehren des Landes, die nach dem 31. Dezember 1967 geboren sind, wird die Altersgrenze wie folgt angehoben:

Geburtsjahr	Anhebung um	auf Alter	
	Monate	Jahre	Monate
1968	3	60	3
1969	6	60	6
1970	9	60	9
1971	12	61	0

(5) Für Beamtinnen und Beamte des feuerwehrtechnischen Dienstes des Landes, mit Ausnahme der Beamtinnen und Beamten des feuerwehrtechnischen Dienstes am Institut der Feuerwehr Nordrhein-Westfalen und in den Feuerwehren des Landes, gilt Absatz 3 ab dem 1. Januar 2028. Beamtinnen und Beamte, die am 1. Januar 2028 die Altersgrenze nach Absatz 3 bereits erreicht haben, treten mit Ablauf des 31. Januar 2028 in den Ruhestand.

(6) Auf Antrag der Beamtinnen und Beamten des feuerwehrtechnischen Dienstes des Landes, mit Ausnahme der Beamtinnen und Beamten des feuerwehrtechnischen Dienstes am Institut der Feuerwehr Nordrhein-Westfalen und in den Feuerwehren des Landes, der vor dem 1. Januar 2029 gestellt wird, kann der Eintritt in den Ruhestand um bis zu drei Jahre, jedoch nicht über das Ende des Monats, in dem das 67. Lebensjahr vollendet wird, hinausgeschoben werden, wenn dienstliche Gründe nicht entgegenstehen. Im Übrigen gilt § 32 Absatz 1 Satz 2 und Absatz 2 entsprechend.

(7) Für diejenigen Beamtinnen und Beamten des feuerwehrtechnischen Dienstes, die vor dem 1. Januar 2024 eine Altersteilzeit gemäß § 66 angetreten haben, verbleibt es bei der bisherigen Altersgrenze.

(8) Das für Inneres zuständige Ministerium erlässt im Einvernehmen mit dem Finanzministerium durch Rechtsverordnung spezielle Vorschriften über die Laufbahnen der Beamtinnen und Beamten des feuerwehrtechnischen Dienstes. Diese bestimmt neben den in § 9 genannten Regelungstatbeständen insbesondere

1. die Voraussetzungen für die Einstellung in den feuerwehrtechnischen Dienst,
2. der Erwerb der Befähigung für die Laufbahngruppen des feuerwehrtechnischen Dienstes,
3. die Voraussetzungen für den Aufstieg in das erste Einstiegsamt der Laufbahngruppe 2 (Laufbahnbefähigung im Wege des Aufstiegs),
4. die Voraussetzungen für die Beförderung und
5. in welchem Umfang eine Tätigkeit in einer Feuerwehr außerhalb eines Beamtenverhältnisses auf die Probezeit angerechnet werden darf.

§ 117 Allgemeiner Vollzugsdienst und Werkdienst bei den Justizvollzugsanstalten, Vollzugsdienst in Abschiebungshaftvollzugseinrichtungen und Technischer Aufsichtsdienst in untertägigen Bergwerksbetrieben

(1) Die Beamtinnen und Beamten des allgemeinen Vollzugsdienstes und des Werkdienstes bei den Justizvollzugsanstalten und des Vollzugsdienstes in Abschiebungshaftvollzugseinrichtungen treten mit Ende des Mo-

I

nats, in dem sie das 62. Lebensjahr vollenden, in den Ruhestand.

(2) Ohne Nachweis der Dienstunfähigkeit können Beamtinnen und Beamte auf Lebenszeit auf Antrag frühestens mit Vollendung des 60. Lebensjahres in den Ruhestand versetzt werden.

(3) Vor der Zurruhesetzung von Beamtinnen und Beamten bei Justizvollzugsanstalten wegen Dienstunfähigkeit kann die ärztliche Untersuchung auch durch ein Gutachten einer oder eines vom Justizministerium bestellten beamteten Vollzugsärztin oder Vollzugsarztes erfolgen. Entsprechendes gilt bei Beamtinnen oder Beamten des allgemeinen Vollzugsdienstes, wenn eine Befreiung von bestimmten Diensten beantragt wird. Die Sätze 1 und 2 finden auf Beamtinnen und Beamte in Abschiebungshaftvollzugseinrichtungen keine Anwendung.

(4) Für die technischen Aufsichtsbeamtinnen und Aufsichtsbeamten der gemäß § 69 Absatz 1 des Bundesberggesetzes vom 13. August 1980 (BGBl. I S. 1310) in der jeweils geltenden Fassung zuständigen Bergbehörde Nordrhein-Westfalen, die mindestens 25 Jahre für die Sicherheit untertägiger Bergwerksbetriebe zuständig sind und die mittels regelmäßiger Grubenfahrten die Aufsicht sowie die Kontrolle bei Schadensereignissen durchführen, gelten die Absätze 1 und 2 entsprechend. Zeiten einer Beschäftigung mit ständigen Arbeiten unter Tage können auf die in Satz 1 geregelte Zeit angerechnet werden. Das Nähere regelt das für Bergbau zuständige Ministerium im Einvernehmen mit dem für Inneres zuständigen Ministerium und dem Finanzministerium durch Rechtsverordnung.

§ 118 Bürgermeisterinnen und Bürgermeister, Landrätinnen und Landräte

(1) Auf die Bürgermeisterinnen und Bürgermeister finden die für die Beamtinnen und Beamten allgemein geltenden Vorschriften Anwendung, soweit nachstehend nichts anderes bestimmt ist.

(2) Bürgermeisterinnen und Bürgermeister sind Wahlbeamtinnen und Wahlbeamte in einem Beamtenverhältnis auf Zeit. Sie sind nicht verpflichtet, sich einer Wiederwahl zu stellen.

(3) Das Beamtenverhältnis wird mit dem Tage der Annahme der Wahl, frühestens mit dem Ausscheiden der Vorgängerin oder des Vorgängers aus dem Amt, begründet (Amtsantritt) und bedarf keiner Ernennung. Es endet mit Ablauf der Amtszeit. Das Beamtenverhältnis ist nichtig, wenn die zugrunde liegende Wahl unwirksam ist. Die bis zur rechtskräftigen Feststellung der Unwirksamkeit der Wahl vorgenommenen Amtshandlungen sind in gleicher Weise gültig, wie wenn sie eine Beamtin oder ein Beamter ausgeführt hätte. Die gewährten Leistungen können belassen werden.

(4) Für Bürgermeisterinnen und Bürgermeister gilt keine Altersgrenze. Auf den Eintritt in den Ruhestand finden §§ 31 und 33 Absatz 3 keine Anwendung. Sie treten mit Ablauf ihrer Amtszeit in den Ruhestand, wenn sie

1. insgesamt eine mindestens achtjährige ruhegehaltfähige Dienstzeit erreicht und das 45. Lebensjahr vollendet haben,
2. eine ruhegehaltfähige Dienstzeit im Sinne des § 6 des Landesbeamtenversorgungsgesetzes von 18 Jahren erreicht haben oder
3. als Beamtin oder Beamter auf Zeit eine Gesamtdienstzeit von acht Jahren erreicht haben.

Anderenfalls sind sie entlassen. Die ruhegehaltfähige Dienstzeit im Sinne des Satzes 3 Nummer 1 schließt neben den kraft Gesetzes zu berücksichtigenden Zeiten auch solche Zeiten ein, die durch Ermessensentscheidung als ruhegehaltfähige Dienstzeit anerkannt worden sind.

(5) Ein einmal entstandener Anspruch auf Gewährung eines Ruhegehalts aus einem früheren Beamtenverhältnis auf Zeit bleibt bestehen, auch wenn sich daran ein Beamtenverhältnis auf Zeit nahtlos anschließt und dieses neue Beamtenverhältnis durch Entlassung endet.

(6) Auf abgewählte Bürgermeisterinnen und Bürgermeister findet § 30 Absatz 3 Satz 3 des Beamtenstatusgesetzes entsprechende Anwendung. Mit Ablauf der Amtszeit gilt Absatz 4 entsprechend.

(7) Die Aufgaben der für die Ernennung zuständigen Stelle nimmt im Falle der Entlassung (§ 28) und der Versetzung in den Ruhestand (§ 36) sowie für Entscheidungen nach § 57 die Aufsichtsbehörde wahr, soweit gesetzlich nichts anderes bestimmt ist. In den Fällen des § 34 dieses Gesetzes, der §§ 27 und 37 des Beamtenstatusgesetzes sowie des § 54 Absatz 3 des Landesbeamtenversorgungsgesetzes nimmt die Aufsichtsbehörde die Aufgaben der dienstvorgesetzten Stelle wahr.

(8) Bei Anwendung des § 88 des Landesbeamtenversorgungsgesetzes gilt ein am 30. September 1999 bestehendes Beamtenverhältnis auf Zeit als ein unmittelbar vorangehendes öffentlich-rechtliches Dienstverhältnis im Sinne dieser Vorschrift.

(9) § 24 des Abgeordnetengesetzes des Landes Nordrhein-Westfalen gilt für Bürgermeisterinnen und Bürgermeister, die in den Bundestag gewählt worden sind, entsprechend.

(10) Für Landrätinnen und Landräte gelten die Absätze 1 bis 9 entsprechend.

§ 119 Übrige kommunale Wahlbeamtinnen und Wahlbeamte

(1) Auf die übrigen kommunalen Wahlbeamtinnen und Wahlbeamten finden die für die Beamtinnen und Beamten allgemein geltenden Vorschriften dieses Gesetzes Anwendung, soweit nachstehend nichts anderes bestimmt ist.

(2) Die übrigen kommunalen Wahlbeamtinnen und Wahlbeamten werden für die Dauer von acht Jahren in das Beamtenverhältnis auf Zeit berufen. Über die Berufung darf frühestens sechs Monate vor Freiwerden der Stelle entschieden werden. Bei ihrer erstmaligen Berufung in ein Beamtenverhältnis auf Zeit müssen sie unter Berücksichtigung der Regelaltersgrenze nach § 31 Absatz 2 die Voraussetzungen zur Ableistung einer Dienstzeit nach Satz 1 erfüllen können. Sie sind verpflichtet, das Amt nach einer ersten und zweiten Wiederwahl weiterzuführen. Die Berufung in das Beamtenverhältnis ist nichtig, wenn die ihr zugrunde liegende Wahl unwirksam ist. Die bis zur rechtskräftigen Feststellung der Unwirksamkeit der Wahl vorgenommenen Amtshandlungen sind in gleicher Weise gültig, wie wenn sie eine Beamtin oder ein Beamter ausgeführt hätte.

(3) Auf die übrigen kommunalen Wahlbeamtinnen und Wahlbeamten finden im Falle der Abberufung oder Abwahl § 38 dieses Gesetzes und § 30 Absatz 3 des Beamtenstatusgesetzes entsprechende Anwendung. Mit Erreichen der Altersgrenze oder mit Ablauf der Amtszeit gilt § 31 Absatz 1 bis 3 entsprechend. § 24 des Abgeordnetengesetzes des Landes Nordrhein-Westfalen gilt für die übrigen kommunalen Wahlbeamtinnen und Wahlbeamten, die in den Bundestag gewählt worden sind, entsprechend.

§ 119a Übernahme eines kommunalen Wahlamtes durch Beamtinnen und Beamte

(1) Bei Eintritt in ein kommunales Wahlbeamtenverhältnis in Nordrhein-Westfalen ist für Beamtinnen und Beamte auf Lebenszeit oder auf Probe § 22 Absatz 2 Satz 1 und Absatz 3 des Beamtenstatusgesetzes nicht anzuwenden. Die Rechte und Pflichten aus dem zuletzt im Beamtenverhältnis wahrgenommenen Amt ruhen vom Tag der Begründung des Wahlbeamtenverhältnisses an mit Ausnahme der Pflicht zur Verschwiegenheit und des Verbotes der Annahme von Belohnungen, Geschenken und sonstigen Vorteilen. Sie ruhen längstens bis zum Erreichen der für die Beamtinnen und Beamten geltenden Altersgrenze. Folgt unmittelbar nach Ablauf einer Amtszeit eine erneute Berufung in ein kommunales Wahlbeamtenverhältnis in Nordrhein-Westfalen, so ruhen die Rechte und Pflichten aus dem zugrundeliegenden Beamtenverhältnis weiter. Satz 1 findet keine Anwendung auf Beamtinnen und Beamte gemäß § 37 Absatz 1.

(2) Nach Beendigung des Wahlbeamtenverhältnisses kehren diese Beamtinnen und Beamten auf Antrag in ein ihrem früheren Amt als Beamtin oder Beamter auf Lebenszeit oder Probe entsprechendes Amt derselben Laufbahn zurück. Der Antrag ist spätestens drei Monate nach Beendigung des Wahlbeamtenverhältnisses bei der obersten Dienstbehörde des Dienstherrn, in deren Dienstbereich die

I

Beamtin oder der Beamte ein Amt bekleidet hat, zu stellen. Die Wiederverwendung hat spätestens drei Monate nach der Antragstellung, frühestens nach Beendigung des Wahlbeamtenverhältnisses, zu erfolgen. Abweichend von § 25 Absatz 2 Satz 1 und 2 bedarf es für eine Versetzung bei Rückkehr aus dem Wahlbeamtenverhältnis eines dienstlichen Bedürfnisses nicht.

(3) Die Beamtinnen und Beamten erhalten mit dem Beginn der Wiederverwendung die Besoldung aus dem im früheren Beamtenverhältnis wahrgenommenen Amt.

(4) Wird der Antrag nach Absatz 2 Satz 2 nicht oder nicht fristgerecht gestellt, ist die Beamtin oder der Beamte entlassen. Für den Fall der Wiederwahl oder der Wahl in ein anderes kommunales Wahlbeamtenverhältnis ist die Beamtin oder der Beamte verpflichtet, die oberste Dienstbehörde des Dienstherrn, in deren Dienstbereich die Beamtin oder der Beamte ein Amt auf Lebenszeit oder Probe bekleidet hat, unverzüglich hierüber zu informieren.

§ 120 Wissenschaftliches und künstlerisches Personal an den Hochschulen, Wahl der hauptberuflichen Mitglieder des Rektorats

(1) Auf die Professorinnen und Professoren, Juniorprofessorinnen und Juniorprofessoren, Tandemprofessorinnen und Tandemprofessoren, wissenschaftlichen und künstlerischen Mitarbeiterinnen und Mitarbeiter, Lehrkräfte für besondere Aufgaben, die als solche an einer Hochschule des Landes in das Beamtenverhältnis berufen sind, und die in § 134 genannten Beamtinnen und Beamten finden die für die Beamtinnen und Beamten allgemein geltenden Vorschriften dieses Gesetzes Anwendung, soweit gesetzlich nichts anderes bestimmt ist.

(2) Für Ernennungen gilt § 14 Absatz 2 Satz 2 mit der Maßgabe, dass die jeweiligen Ämter mit gleichem Endgrundgehalt und gleicher Amtsbezeichnung demselben Fachbereich zugeordnet sind und Professorinnen und Professoren und Juniorprofessorinnen und Juniorprofessoren sowie Tandemprofessorinnen und Tandemprofessoren im privatrechtlichen Beschäftigungsverhältnis in die Berechnung nach § 14 Absatz 2 Satz 1 einbezogen werden.

(3) Bei der Wahl der hauptberuflichen Mitglieder des Rektorats findet § 4 Satz 4 keine Anwendung.

§ 121 Staatsangehörigkeit, Erholungsurlaub

(1) Sollen Professorinnen und Professoren, Juniorprofessorinnen und Juniorprofessoren, Tandemprofessorinnen und Tandemprofessoren oder wissenschaftliche und künstlerische Mitarbeiterinnen und Mitarbeiter in ein Beamtenverhältnis berufen werden, können Ausnahmen von § 7 Absatz 1 Satz 1 Nummer 1 und Absatz 2 des Beamtenstatusgesetzes nach § 7 Absatz 3 des Beamtenstatusgesetzes von der obersten Dienstbehörde zugelassen werden.

(2) Beamtinnen und Beamte, die im Rahmen ihrer Dienstaufgaben zur Lehrtätigkeit verpflichtet sind, müssen ihren Erholungsurlaub in der vorlesungsfreien Zeit nehmen.

§ 122 Arten und Verlängerung des Beamtenverhältnisses

(1) Die Professorinnen und Professoren werden in ein Beamtenverhältnis auf Lebenszeit berufen.

(2) Professorinnen und Professoren können zur Deckung eines vorübergehenden Lehrbedarfs, zur Wahrnehmung der Funktion einer Oberärztin oder eines Oberarztes, im Rahmen eines Tenure Tracks gemäß § 38a Absatz 4 des Hochschulgesetzes des Landes Nordrhein-Westfalen vom 16. September 2014 (GV. NRW. S. 547) in der jeweils geltenden Fassung, oder aus sonstigen Gründen, die eine Befristung nahelegen, in ein Beamtenverhältnis auf Zeit berufen werden. Die Dauer des Beamtenverhältnisses darf sechs Jahre nicht übersteigen, soweit gesetzlich nichts anderes bestimmt ist. Sofern dienstliche Gründe nicht entgegenstehen, ist das Beamtenverhältnis auf Antrag aus den in Satz 4 genannten Gründen zu verlängern. Gründe für eine Verlängerung sind

1. Urlaub nach § 64 oder § 70,
2. Urlaub zur Ausübung eines Mandats,

3. Urlaub für eine wissenschaftliche oder künstlerische Tätigkeit oder eine außerhalb des Hochschulbereichs oder im Ausland durchgeführte wissenschaftliche, künstlerische oder berufliche Aus-, Fort- oder Weiterbildung,
4. Grundwehr- und Zivildienst,
5. Inanspruchnahme von Elternzeit und Pflegezeit nach den Regelungen über die Elternzeit und Pflegezeit oder Beschäftigungsverbot nach den Regelungen über den Mutterschutz in dem Umfang, in dem eine Erwerbstätigkeit nicht erfolgt ist oder
6. Geburt oder die Adoption eines minderjährigen Kindes.

(3) Absatz 2 gilt entsprechend im Fall einer
1. Teilzeitbeschäftigung,
2. Ermäßigung der Arbeitszeit zur Ausübung eines Mandats oder
3. Freistellung zur Wahrnehmung von Aufgaben in einer Personal- oder Schwerbehindertenvertretung oder zur Wahrnehmung von Aufgaben nach § 3 Absatz 4 Satz 1 und § 24 des Hochschulgesetzes des Landes Nordrhein-Westfalen vom 16. September 2014 (GV. NRW. S. 547) in der jeweils geltenden Fassung, § 22 des Kunsthochschulgesetzes vom 13. März 2008 (GV. NRW. S. 195) in der jeweils geltenden Fassung,

wenn die Ermäßigung mindestens ein Fünftel der regelmäßigen Arbeitszeit betrug. Eine Verlängerung darf den Umfang des Urlaubs, der Freistellung oder der Ermäßigung der Arbeitszeit und in den Fällen des Absatzes 2 Satz 4 Nummer 1 bis 3 und des Absatzes 3 die Dauer von jeweils zwei Jahren, in den Fällen des Absatzes 2 Satz 4 Nummer 6 die Dauer von jeweils einem Jahr, nicht überschreiten. Mehrere Verlängerungen nach Absatz 2 Satz 4 Nummer 1 bis 4 und Absatz 3 dürfen insgesamt die Dauer von drei Jahren, in den Fällen des Absatzes 2 Satz 4 Nummer 6 insgesamt die Dauer von zwei Jahren, nicht überschreiten. Verlängerungen nach Absatz 2 Nummer 5 dürfen, auch wenn sie mit anderen Verlängerungen zusammentreffen, insgesamt vier Jahre nicht überschreiten. Verlängerungen nach Absatz 2 Satz 4 Nummer 6 dürfen nicht zu einer Erweiterung des Umfangs der Verlängerungsmöglichkeiten nach den Sätzen 3 und 4 führen. Eine erneute Berufung in ein Beamtenverhältnis auf Zeit ist nicht zulässig. § 31 Absatz 3 findet keine Anwendung. Mit Ablauf der Amtszeit ist die Beamtin oder der Beamte entlassen.

(4) Zur Feststellung der pädagogischen Eignung können Professorinnen und Professoren auch in ein Beamtenverhältnis auf Probe berufen werden.

§ 123 Sonderregelungen

(1) Die Vorschriften über die Laufbahnen, den einstweiligen Ruhestand und die Arbeitszeit sind auf die Professorinnen und Professoren nicht anzuwenden. §§ 63 bis 70 gelten entsprechend. Erfordern die Aufgaben einer Hochschuleinrichtung ausnahmsweise eine regelmäßige oder planmäßige Anwesenheit, so kann das für Wissenschaft und Forschung zuständige Ministerium im Einvernehmen mit den für Inneres und Finanzen zuständigen Ministerien durch Rechtsverordnung für bestimmte Gruppen von Beamtinnen und Beamten die Vorschriften über die Arbeitszeit für anwendbar erklären. § 11 des Besoldungsgesetzes für das Land Nordrhein-Westfalen in Verbindung mit § 62 Absatz 2 dieses Gesetzes finden Anwendung.

(2) Die Professorinnen und Professoren können nur mit ihrer Zustimmung abgeordnet oder versetzt werden. Abordnung und Versetzung in ein gleichwertiges Amt an einer anderen Hochschule sind auch ohne Zustimmung der Professorin oder des Professors zulässig, wenn die Hochschule oder die Hochschuleinrichtung, an der sie oder er tätig ist, aufgelöst oder mit einer anderen Hochschule zusammengeschlossen wird oder wenn der Studiengang, in dem sie oder er überwiegend tätig ist, ganz oder teilweise aufgegeben oder an eine andere Hochschule verlegt wird; in diesen Fällen beschränkt sich eine Mitwirkung der aufnehmenden Hochschule oder Hochschuleinrichtung auf eine Anhörung. Bei der Auflösung, der Verschmelzung oder einer wesentlichen Änderung des Aufbaues oder der Aufgaben von Hochschulen des Landes, deren Ausbildungsgänge ausschließlich auf den öffentlichen Dienst aus-

gerichtet sind, gelten für Professorinnen und Professoren, deren Aufgabengebiet davon berührt wird, §§ 24 und 25 entsprechend, wenn eine ihrem bisherigen Amt entsprechende Verwendung nicht möglich ist.

(3) Fällt der Monat, in dem eine Professorin oder ein Professor die Altersgrenze erreicht, in die Vorlesungszeit, so tritt sie oder er abweichend von § 31 Absatz 1 Satz 1 mit Ablauf des letzten Monats der Vorlesungszeit in den Ruhestand. Satz 1 gilt nicht für Professorinnen und Professoren, deren Beamtenverhältnis auf Lebenszeit wegen der Berufung in ein Beamtenverhältnis auf Zeit als Rektorin oder Rektor, Kanzlerin oder Kanzler, Präsidentin oder Präsident oder Vizepräsidentin oder Vizepräsident ruht.

(4) Professorinnen oder Professoren dürfen im Rahmen von § 77 Absatz 3 und 4 ihre Amtsbezeichnung ohne Zusatz weiterführen. § 77 Absatz 2 Satz 4 findet nach der Ernennung zur Präsidentin oder zum Präsidenten, zur Vizepräsidentin oder zum Vizepräsidenten oder zur Rektorin oder zum Rektor, zur Prorektorin oder zum Prorektor keine Anwendung.

§ 124 Juniorprofessorinnen und Juniorprofessoren; Tandemprofessorinnen und Tandemprofessoren

(1) Die Juniorprofessorinnen und Juniorprofessoren sowie die Tandemprofessorinnen und Tandemprofessoren werden in ein Beamtenverhältnis auf Zeit berufen. Die Dauer der Berufung richtet sich nach § 39 Absatz 5 und 5b des Hochschulgesetzes sowie § 32 Absatz 4 des Kunsthochschulgesetzes. Für eine darüber hinausgehende Verlängerung des Zeitbeamtenverhältnisses der Juniorprofessorinnen und Juniorprofessoren gilt § 122 Absatz 2 Satz 3 und 4 und Absatz 3 entsprechend. Eine erneute Berufung als Juniorprofessorin oder Juniorprofessor oder Tandemprofessorin oder Tandemprofessor ist ausgeschlossen. Dies gilt nicht für die erstmalige Berufung auf eine Juniorprofessur, bei der der Juniorprofessorin oder dem Juniorprofessor zugesichert wird, dass hinsichtlich ihrer oder seiner Bewerbung auf eine anschließende Professur in einem Beamtenverhältnis auf Lebenszeit oder einem unbefristeten Beschäftigungsverhältnis auf die Ausschreibung der Professur verzichtet wird (Tenure Track); das Gleiche gilt für eine Tandemprofessur, bei der der Tandemprofessorin oder dem Tandemprofessor ein Tenure Track zugesichert worden ist. § 31 Absatz 3 findet keine Anwendung; mit Ablauf der Amtszeit ist die Beamtin oder der Beamte entlassen.

(2) Die Vorschriften über die Laufbahnen, den einstweiligen Ruhestand, die Probezeit und die Arbeitszeit sind auf die Juniorprofessorinnen und Juniorprofessoren sowie auf die Tandemprofessorinnen und Tandemprofessoren nicht anzuwenden. § 123 Absatz 1 Satz 2 bis 4 und Absatz 2 gilt entsprechend.

§ 125 Nebentätigkeit

(1) Zur Übernahme einer Nebentätigkeit sind Professorinnen und Professoren sowie Juniorprofessorinnen und Juniorprofessoren nur insoweit verpflichtet, als die Nebentätigkeit in unmittelbarem Zusammenhang mit ihren Dienstaufgaben in Lehre, Forschung, Kunst und künstlerischen Entwicklungsvorhaben steht.

(2) Das wissenschaftliche und künstlerische Personal (§ 120) hat nicht genehmigungspflichtige Nebentätigkeiten im Sinne des § 51 Absatz 1 Nummer 2 und 3, die gegen Vergütung ausgeübt werden sollen, der dienstvorgesetzten Stelle vor Aufnahme unter Angabe von Art und Umfang der Nebentätigkeit sowie der voraussichtlich zu erwartenden Entgelte und geldwerten Vorteile anzuzeigen. Die oberste Dienstbehörde kann bei geringfügigen Nebentätigkeiten auf die Anzeige allgemein verzichten.

(3) Das für Wissenschaft und Forschung zuständige Ministerium erlässt für das wissenschaftliche und künstlerische Personal (§ 120) nach Anhörung der Hochschulen im Einvernehmen mit dem für Inneres zuständigen Ministerium und dem Finanzministerium die Rechtsverordnung nach § 57 einschließlich näherer Bestimmungen zu Absatz 1 und 2.

Abschnitt 8
Rechtsstellung der Beamtinnen und Beamten und Versorgungsempfängerinnen und -empfänger bei der Umbildung von Körperschaften

§ 126 Eingliederung von Körperschaften

(1) Die Beamtinnen oder Beamten einer juristischen Person des öffentlichen Rechts mit Dienstherrnfähigkeit (Körperschaft), die vollständig in eine andere Körperschaft eingegliedert wird, treten mit der Umbildung kraft Gesetzes in den Dienst der aufnehmenden Körperschaft über.

(2) Die Beamtinnen oder Beamten einer Körperschaft, die vollständig in mehrere andere Körperschaften eingegliedert wird, sind anteilig in den Dienst der aufnehmenden Körperschaften zu übernehmen. Die beteiligten Körperschaften haben innerhalb einer Frist von sechs Monaten nach dem Zeitpunkt, in dem die Umbildung vollzogen ist, im Einvernehmen miteinander zu bestimmen, von welchen Körperschaften die einzelnen Beamtinnen oder Beamten zu übernehmen sind. Solange eine Beamtin oder ein Beamter nicht übernommen ist, haften alle aufnehmenden Körperschaften für die ihr oder ihm zustehenden Bezüge als Gesamtschuldner.

(3) Die Beamtinnen oder Beamten einer Körperschaft, die teilweise in eine oder mehrere andere Körperschaften eingegliedert wird, sind zu einem verhältnismäßigen Teil, bei mehreren Körperschaften anteilig, in den Dienst der aufnehmenden Körperschaften zu übernehmen. Absatz 2 Satz 2 findet Anwendung.

(4) Absatz 1 bis 3 gelten entsprechend, wenn eine Körperschaft mit einer oder mehreren anderen Körperschaften zu einer neuen Körperschaft zusammengeschlossen wird, wenn aus einer Körperschaft oder aus Teilen einer Körperschaft eine oder mehrere neue Körperschaften gebildet werden, oder wenn Aufgaben einer Körperschaft vollständig oder teilweise auf eine oder mehrere andere Körperschaften übergehen.

§ 127 Rechtsfolgen der Umbildung

(1) Tritt eine Beamtin oder ein Beamter auf Grund des § 126 kraft Gesetzes in den Dienst einer anderen Körperschaft oder wird sie oder er auf Grund des § 126 Absatz 2 oder 3 von einer anderen Körperschaft übernommen, wird das Beamtenverhältnis mit dem neuen Dienstherrn fortgesetzt.

(2) Im Falle des § 126 Absatz 1 ist der Beamtin oder dem Beamten von der aufnehmenden oder neuen Körperschaft die Fortsetzung des Beamtenverhältnisses schriftlich zu bestätigen.

(3) In den Fällen des § 126 Absatz 2 und 3 wird die Übernahme von der Körperschaft verfügt, in deren Dienst die Beamtin oder der Beamte treten soll; die Verfügung wird mit der Zustellung an die Beamtin oder den Beamten wirksam. Die Beamtin oder der Beamte ist verpflichtet, der Übernahmeverfügung Folge zu leisten; kommt sie oder er der Verpflichtung nicht nach, so ist sie oder er zu entlassen.

(4) Absatz 1 bis 3 gelten entsprechend in den Fällen des § 126 Absatz 4.

§ 128 Rechtsstellung der Beamtinnen und Beamten

(1) Beamtinnen und Beamten, die nach § 126 in den Dienst einer anderen Körperschaft kraft Gesetzes übertreten oder übernommen werden, soll ein gleich zu bewertendes Amt übertragen werden, das ihrem bisherigen Amt nach Bedeutung und Inhalt ohne Rücksicht auf Dienststellung und Dienstalter entspricht. Wenn eine dem bisherigen Amt entsprechende Verwendung nicht möglich ist, kann ihnen auch ein anderes Amt mit geringerem Grundgehalt übertragen werden. Das Grundgehalt muss mindestens dem des Amtes entsprechen, das die Beamtinnen und Beamten vor dem bisherigen Amt innehatten. In diesem Fall dürfen sie neben der neuen Amtsbezeichnung die des früheren Amtes mit dem Zusatz „außer Dienst" („a. D.") führen.

(2) Die aufnehmende oder neue Körperschaft kann, wenn die Zahl der bei ihr nach der Umbildung vorhandenen Beamtinnen und Beamten den tatsächlichen Bedarf über-

steigt, innerhalb einer Frist von sechs Monaten Beamtinnen und Beamte auf Lebenszeit oder Zeit in den einstweiligen Ruhestand versetzen. wenn deren Aufgabengebiet von der Umbildung berührt wurde. Die Frist des Satzes 1 beginnt im Falle des § 126 Absatz 1 mit dem Übertritt, in den Fällen des § 126 Absatz 2 und 3 mit der Bestimmung derjenigen Beamtinnen und Beamten, zu deren Übernahme die Körperschaft verpflichtet ist; entsprechendes gilt in den Fällen des § 126 Absatz 4. Bei Beamtinnen und Beamten auf Zeit, die nach Satz 1 in den einstweiligen Ruhestand versetzt sind, endet der einstweilige Ruhestand mit Ablauf der Amtszeit; sie gelten in diesem Zeitpunkt als dauernd in den Ruhestand versetzt, wenn sie bei Verbleiben im Amt mit Ablauf der Amtszeit in den Ruhestand getreten wären.

§ 129 Vorbereitung der Umbildung

Ist innerhalb absehbarer Zeit mit einer Umbildung im Sinne des § 126 zu rechnen, so können die obersten Dienstbehörden der beteiligten Körperschaften anordnen, dass Beamtinnen oder Beamte, deren Aufgabengebiet von der Umbildung voraussichtlich berührt wird, nur mit ihrer Genehmigung ernannt werden dürfen. Die Anordnung darf höchstens für die Dauer eines Jahres ergehen. Sie ist den beteiligten Körperschaften zuzustellen. Die Genehmigung soll nur versagt werden, wenn durch derartige Ernennungen die Durchführung der nach den §§ 126 bis 128 erforderlichen Maßnahmen wesentlich erschwert würde.

§ 130 Rechtsstellung der Versorgungsempfängerinnen und Versorgungsempfänger

(1) Die Vorschriften des § 126 Absatz 1 und 2 und des § 127 gelten entsprechend für die im Zeitpunkt der Umbildung bei der abgebenden Körperschaft vorhandenen Versorgungsempfängerinnen und Versorgungsempfänger.

(2) In den Fällen des § 126 Absatz 3 bleiben die Ansprüche der im Zeitpunkt der Umbildung vorhandenen Versorgungsempfängerinnen und Versorgungsempfänger gegenüber der abgebenden Körperschaft bestehen.

(3) Absatz 1 und 2 gelten entsprechend in den Fällen des § 126 Absatz 4.

Abschnitt 9
Übergangs- und Schlussvorschriften

§ 131 Laufbahnbefähigung

Abweichend von § 6 Absatz 1 Satz 1 Nummer 4 und von § 7 Absatz 1 wird die Befähigung für die Laufbahn des allgemeinen Verwaltungsdienstes auch durch einen Ausbildungsgang nach § 5b des Deutschen Richtergesetzes in der bis zum 15. September 1984 geltenden Fassung in Verbindung mit Artikel 3 des Dritten Gesetzes zur Änderung des Deutschen Richtergesetzes vom 25. Juli 1984 (BGBl. I S. 995) erworben.

§ 132 Übergangsregelung für die Überführung von bestehenden Laufbahnen in die neue Laufbahngruppenstruktur

Beamtinnen und Beamte sowie Bewerberinnen und Bewerber, die die Laufbahnbefähigung im Geltungsbereich dieses Gesetzes vor dem 1. Juli 2016 erworben haben, besitzen die Befähigung für eine Laufbahn nach § 6. Dabei entspricht

1. die Laufbahngruppe des einfachen Dienstes der Laufbahngruppe 1 mit dem ersten Einstiegsamt,
2. die Laufbahngruppe des mittleren Dienstes der Laufbahngruppe 1 mit dem zweiten Einstiegsamt,
3. die Laufbahngruppe des gehobenen Dienstes der Laufbahngruppe 2 mit dem ersten Einstiegsamt und
4. die Laufbahngruppe des höheren Dienstes der Laufbahngruppe 2 mit dem zweiten Einstiegsamt.

§ 133 Übergang Altersteilzeit, Altersurlaub

(1) Für Beamtinnen und Beamte, die Altersteilzeit oder Altersurlaub bis zum Inkrafttreten des Landesbeamtengesetzes vom 21. April 2009 (GV. NRW. S. 224), das zuletzt durch Artikel I des Gesetzes vom 9. Dezember 2014 (GV. NRW. S. 874) geändert worden ist, ange-

treten haben, verbleibt es bei der damaligen Altersgrenze.

(2) Für Beamtinnen und Beamte, die Altersteilzeit vor dem 31. Dezember 2012 angetreten haben, verbleibt es bei dem damaligen Arbeitsmaß.

§ 133a Übergangsregelung für Beamtinnen und Beamte in einem Amt mit leitender Funktion im Beamtenverhältnis auf Probe

Für Beamtinnen und Beamte, die vor dem 7. Juni 2025 in ein Amt mit leitender Funktion im Beamtenverhältnis auf Probe berufen worden sind, ist § 21 Absatz 1 in seiner bis dahin geltenden Fassung weiter anzuwenden.

§ 134 Rechtsstellung der von Änderungen nicht erfassten Beamtinnen und Beamten

(1) Auf Beamtinnen und Beamte, die nach dem Gesetz über die wissenschaftlichen Hochschulen des Landes Nordrhein-Westfalen vom 20. November 1979 (GV. NRW. S. 926) oder dem Fachhochschulgesetz vom 20. November 1979 (GV. NRW. S. 964) jeweils in der bis zum 31. Dezember 1989 geltenden Fassung nicht als Professorinnen und Professoren, Hochschulassistentinnen und Hochschulassistenten, wissenschaftliche Mitarbeiterinnen und Mitarbeiter oder Lehrkräfte für besondere Aufgaben übernommen worden sind, finden § 199 Absatz 1 sowie die §§ 202 bis 206 und die §§ 209 bis 216 des Landesbeamtengesetzes in der Fassung der Bekanntmachung vom 6. Mai 1970 (GV. NRW. S. 344), in der einschließlich bis zum 31. Dezember 1979 geltenden Fassung mit folgenden Maßgaben weiterhin Anwendung:

1. § 200 Absatz 2 und § 202 gelten für Hochschullehrerinnen und Hochschullehrer im Sinne des § 199 Absatz 1 der bisherigen Fassung und Fachhochschullehrerinnen und Fachhochschullehrer, § 202 Absatz 3 auch für Direktorinnen und Direktoren der Institute für Leibesübungen und Akademische Räte entsprechend.
2. Bei Beamtinnen und Beamten auf Widerruf wird das Beamtenverhältnis nach den bisher geltenden Vorschriften beendet.

(2) Auf die Hochschulassistentinnen und Hochschulassistenten finden die sie betreffenden Vorschriften des Beamtengesetzes für das Land Nordrhein-Westfalen in der Fassung der Bekanntmachung vom 1. Mai 1981 (GV. NRW. S. 234) in der vor dem 22. November 1987 geltenden Fassung weiterhin Anwendung. Entsprechendes gilt für § 203a in der vor dem 22. November 1987 geltenden Fassung für wissenschaftliche Mitarbeiterinnen und Mitarbeiter, die nach dieser Vorschrift in ein Beamtenverhältnis auf Zeit berufen worden sind.

(3) Auf die Hochschuldozentinnen und Hochschuldozenten, wissenschaftlichen und künstlerischen Assistentinnen und Assistenten, Oberassistentinnen und Oberassistenten sowie Oberingenieurinnen und Oberingenieure finden die sie betreffenden Vorschriften des Beamtengesetzes für das Land Nordrhein-Westfalen in der Fassung der Bekanntmachung vom 1. Mai 1981 (GV. NRW. S. 234), in der vor dem Inkrafttreten des Hochschulreform-Weiterentwicklungsgesetzes vom 30. November 2004 (GV. NRW. S. 752) weiterhin Anwendung.

§ 135 Besitzstandswahrung bei der Entpflichtung

(1) Das Recht der nach § 119 des Gesetzes über die wissenschaftlichen Hochschulen übergeleiteten ordentlichen Professorinnen und Professoren, nach Erreichen der Altersgrenze von ihren amtlichen Pflichten entbunden zu werden (Entpflichtung), bleibt unberührt; das gilt auch bei einem Wechsel des Dienstherrn. In diesen Fällen werden die Dienstbezüge nach der Entpflichtung und die Versorgungsbezüge der Hinterbliebenen auf der Grundlage des am 31. Dezember 1979 geltenden Versorgungs- und Besoldungsrechts gewährt. Dabei wird das Grundgehalt nach der Erfahrungsstufe zugrunde gelegt, die bis zum Zeitpunkt der Entpflichtung hätte erreicht werden können; allgemeine Änderungen der Dienst- und Versorgungsbezüge im Sinne des § 84 Absatz 1 und 2 des Landesbeamtenversorgungsgesetzes sind zu berücksichtigen.

(2) Absatz 1 findet auf Antrag der Professorin oder des Professors keine Anwendung. Der Antrag kann nur gestellt werden, solange die Professorin oder der Professor noch nicht

entpflichtet ist. Ist die Professorin oder der Professor vor der Entpflichtung verstorben, ohne einen Antrag nach den Sätzen 1 und 2 gestellt zu haben, so werden die Hinterbliebenenbezüge auf Grund der Besoldungsgruppe berechnet, in die die Professorin oder der Professor zuletzt eingestuft war.

(3) Für die Entpflichtung der nach § 119 des Gesetzes über die wissenschaftlichen Hochschulen übergeleiteten ordentlichen Professorinnen und Professoren gilt § 32 entsprechend.

(4) Die Rechtsverhältnisse der am 31. Dezember 1979 entpflichteten oder im Ruhestand befindlichen Beamtinnen und Beamten im Sinne des Abschnitts XIII in der vor dem 1. Januar 1980 geltenden Fassung und der zu diesem Zeitpunkt versorgungsberechtigten Hinterbliebenen dieser Beamtinnen und Beamten bleiben unberührt.

§ 136 Satzungen

Satzungen von Körperschaften, Anstalten und Stiftungen des öffentlichen Rechts, die das Recht begründen, Beamtinnen oder Beamte zu haben, bedürfen der Genehmigung. Die Genehmigung erteilt die oberste Aufsichtsbehörde im Einvernehmen mit dem für Inneres zuständigen Ministerium.

§ 137 Rechtsverordnungen

Das für Inneres zuständige Ministerium kann im Einvernehmen mit dem Finanzministerium durch Rechtsverordnung

1. nach Anhörung des Ausschusses für Kommunalpolitik des Landtags nähere Vorschriften über die Aufstellung und Ausführung der Stellenpläne der Gemeinden und der Gemeindeverbände erlassen,
2. Ausnahmen von § 110 Absatz 1 zulassen für Bewerberinnen und Bewerber, die unmittelbar in den Laufbahnabschnitt III der Polizeilaufbahn eingestellt werden; die Bewerberinnen oder Bewerber müssen die Voraussetzungen des § 7 Absatz 1 erfüllen.

§ 138 Inkrafttreten, Außerkrafttreten

Dieses Gesetz tritt am 1. Juli 2016 in Kraft. Gleichzeitig tritt das Landesbeamtengesetz vom 21. April 2009 (GV. NRW. S. 224), das zuletzt durch Artikel I des Gesetzes vom 9. Dezember 2014 (GV. NRW. S. 874) geändert worden ist, außer Kraft.

Verordnung über die Nebentätigkeit der Beamten und Richter im Lande Nordrhein-Westfalen (Nebentätigkeitsverordnung – NtV)

Vom 21. September 1982 (GV. NW. S. 605, S. 689)

Zuletzt geändert durch
Zehnte Verordnung zur Änderung der Nebentätigkeitsverordnung
vom 19. November 2024 (GV. NRW. S. 902)

Inhaltsübersicht

Auf Grund der §§ 75 und 78 Abs. 3 des Landesbeamtengesetzes (LBG) in der Fassung der Bekanntmachung vom 1. Mai 1981 (GV. NW. S. 234), geändert durch Gesetz vom 13. Juli 1982 (GV. NW. S. 338), und des § 4 Abs. 1 Satz 1 des Landesrichtergesetzes vom 29. März 1966 (GV. NW. S. 217), zuletzt geändert durch Gesetz vom 24. November 1981 (GV. NW. S. 669), wird verordnet:

Abschnitt I
Allgemeines

§ 1 Geltungsbereich

(1) Diese Verordnung gilt für die Beamten des Landes, der Gemeinden, der Gemeindeverbände und der anderen der Aufsicht des Landes unterstehenden Körperschaften, Anstalten und Stiftungen des öffentlichen Rechts. Sie gilt auch für Ruhestandsbeamte und frühere Beamte hinsichtlich der Nebentätigkeiten, die sie vor Beendigung des Beamtenverhältnisses ausgeübt haben.

(2) Diese Verordnung gilt für das wissenschaftliche und künstlerische Personal im Sinne des § 120 des Landesbeamtengesetzes vom 14. Juni 2016 (GV. NRW. S. 310, ber. S. 642) in der jeweils geltenden Fassung, im Folgenden LBG NRW, sowie für entpflichtete Professoren (§ 134 LBG NRW), soweit in der Hochschulnebentätigkeitsverordnung nichts Abweichendes geregelt ist. Sie gilt nicht für Ehrenbeamte (§ 107 Absatz 1 Nummer 2 Satz 1 LBG NRW).

§ 2 Nebentätigkeit

(1) Nebentätigkeit ist die Wahrnehmung eines Nebenamtes oder einer Nebenbeschäftigung.

(2) Nebenamt ist ein nicht zu einem Hauptamt gehörender Kreis von Aufgaben, der auf Grund eines öffentlich-rechtlichen Dienst- oder Amtsverhältnisses wahrgenommen wird.

(3) Nebenbeschäftigung ist jede nicht zu einem Hauptamt oder einem Nebenamt gehörende Nebentätigkeit innerhalb oder außerhalb des öffentlichen Dienstes.

(4) Als Nebentätigkeit gelten nicht Tätigkeiten als

1. Mitglied
   a) von Vertretungen und ihren Ausschüssen, von Bezirksvertretungen sowie
   b) von Ausschüssen der Gebietskörperschaften und der Gemeindeverbände,
2. Mitglied eines Bezirksplanungsrates,
3. ehrenamtliches Mitglied von Organen der Sozialversicherungsträger und ihrer Verbände sowie der Bundesanstalt für Arbeit,
4. ehrenamtlicher Richter,
5. Mitglied einer Einigungsstelle nach dem Personalvertretungsrecht,
6. Mitglied
   a) des Rundfunkrats, Verwaltungsrats und Schulrundfunkausschusses nach dem Gesetz über den „Westdeutschen Rundfunk Köln" (WDR-Gesetz),
   b) der Rundfunkkommission nach dem Rundfunkgesetz für das Land NRW,
7. Pflegeperson im Sinne des SGB XI eines pflegebedürftigen Angehörigen oder einer pflegebedürftigen Person, deren Pflege aus Gründen sittlicher Verpflichtung geboten ist,
8. Ehrenbeamter oder sonstiger ehrenamtlicher Angehöriger in Organisationen für den Feuerschutz oder die Hilfeleistung bei der Abwehr von Gefahren und öffentlichen Notständen.

§ 3 Nebentätigkeit im öffentlichen Dienst

(1) Nebentätigkeit im öffentlichen Dienst ist jede im Dienst des Bundes, eines Landes, einer Gemeinde, eines Gemeindeverbandes, einer Körperschaft, Anstalt oder Stiftung des öffentlichen Rechts oder der Verbände von solchen ausgeübte Nebentätigkeit; ausgenommen ist die Tätigkeit für Kirchen und öffentlich-rechtliche Religionsgemeinschaften oder ihre Verbände. Als Dienst gilt auch die Tätigkeit auf Grund eines Vertragsverhältnisses, unabhängig davon, ob der Beamte selbst Vertragspartner ist oder eine natürliche oder eine juristische Person des Privatrechts oder

eine Gesellschaft, für die der Beamte tätig oder an der er beteiligt ist.

(2) Einer Nebentätigkeit im öffentlichen Dienst steht gleich jede Nebentätigkeit für

1. Vereinigungen, Einrichtungen und Unternehmen, deren Kapital (Grundkapital, Stammkapital) sich unmittelbar oder mittelbar zu mehr als 50 vom Hundert in öffentlicher Hand befindet oder fortlaufend in dieser Höhe aus öffentlichen Mitteln unterhalten werden,
2. zwischenstaatliche oder überstaatliche Einrichtungen, an denen eine juristische Person oder ein Verband im Sinne des Absatzes 1 Satz 1 Halbsatz 1 durch Zahlung von Beiträgen oder Zuschüssen oder in anderer Weise beteiligt ist,
3. natürliche oder juristische Personen, die der Wahrung von Belangen einer juristischen Person oder eines Verbandes im Sinne des Absatzes 1 Satz 1 Halbsatz 1 dient oder die der Beamte im Hinblick auf seine dienstliche Stellung ausübt.

§ 4 Hauptamt und Nebentätigkeit im öffentlichen Dienst

(1) Aufgaben seiner Behörde oder Einrichtung sollen einem Beamten nicht zur Erledigung als Nebentätigkeit übertragen werden.

(2) Aufgaben einer anderen Behörde oder Einrichtung dürfen den Beamten als Nebentätigkeit nur übertragen werden, wenn sie von eigenen Bediensteten der zuständigen Stelle allgemein oder im Einzelfall nicht wahrgenommen werden können. Die Übertragung ist nur im Einvernehmen mit dem Dienstvorgesetzten des Beamten zulässig.

§ 5 Nebentätigkeiten auf Vorschlag oder Veranlassung

Zur Übernahme einer Nebentätigkeit darf ein Beamter durch den Dienstvorgesetzten nur vorgeschlagen oder veranlaßt werden (§ 52 Abs. 1 Satz 1 LBG NRW), wenn ein dienstliches oder ein besonderes öffentliches Interesse an der Ausübung dieser Nebentätigkeit vorliegt.

Abschnitt II
Genehmigung

§ 6 Genehmigung im Einzelfall

(1) Die Genehmigung ist für jede einzelne Nebentätigkeit zu erteilen. Jede Genehmigung ist zu befristen; die Frist darf längstens fünf Jahre betragen. Der Antrag auf Erteilung einer Nebentätigkeitsgenehmigung ist schriftlich vorzulegen. Er muß Angaben enthalten über

1. Art und Dauer der Nebentätigkeit,
2. den zeitlichen Umfang in der Woche,
3. den Auftraggeber und
4. die Höhe der zu erwartenden Vergütung (§ 11).

Der Beamte hat nachträgliche Änderungen der im Genehmigungsantrag enthaltenen Angaben unverzüglich schriftlich oder elektronisch anzuzeigen.

(2) Die Genehmigung ist stets zu versagen, wenn die begründete Besorgnis besteht, daß durch die Nebentätigkeit dienstliche Interessen beeinträchtigt werden können.

(3) Will ein Beamter eine Preisrichter-, Schiedsrichter-, Schlichter- oder Gutachtertätigkeit in einer Sache ausüben, mit der die Behörde, der er angehört, amtlich befaßt ist oder werden kann, so liegt grundsätzlich ein Tatbestand im Sinne des § 49 Abs. 2 Satz 2 Nr. 2, 3 oder 4 LBG NRW vor. Fordert ein Gericht oder eine Behörde das Gutachten oder bestellt eine juristische Person des öffentlichen Rechts des Beamten zum Preisrichter, Schiedsrichter oder Schlichter, so liegt ein solcher Tatbestand nur vor, wenn Tatsachen bekannt sind, die den Verdacht eines Interessenwiderstreits mit der Behörde, der der Beamte angehört, begründen.

(4) Eine Genehmigung ist zu widerrufen, wenn

a) sich nach ihrer Erteilung eine Beeinträchtigung dienstlicher Interessen ergibt (§ 49 Absatz 4 LBG NRW) oder
b) der Beamte zu einem anderen Dienstherrn übertritt, übernommen oder versetzt wird und die Nebentätigkeit ihm im Zusammenhang mit seinem Hauptamt oder auf

Vorschlag oder Veranlassung seines Dienstvorgesetzten übertragen war.

Die §§ 48 und 49 des Verwaltungsverfahrensgesetzes bleiben unberührt. Bei Aufhebung der Genehmigung soll dem Beamten eine angemessene Frist zur Abwicklung seiner Nebentätigkeit bewilligt werden, soweit die dienstlichen Interessen dies zulassen.

(5) Die Genehmigung erlischt bei Versetzung zu einer anderen Dienststelle ohne Rücksicht auf die in ihr gesetzte Frist.

§ 7 Allgemeine Genehmigung

(1) Eine nach § 49 Abs. 1 Nr. 1 bis 3 LBG NRW genehmigungspflichtige Nebentätigkeit ist allgemein genehmigt, wenn sie

1. insgesamt einen geringen Umfang hat,
2. dienstliche Interessen nicht beeinträchtigt,
3. außerhalb der Arbeitszeit ausgeübt wird und
4. nicht oder mit weniger als 100 Euro monatlich vergütet wird.

(2) Eine Nebentätigkeit im Sinne von Absatz 1 ist dem Dienstvorgesetzten anzuzeigen, sofern es sich nicht um eine einmalige Tätigkeit handelt. Ein Widerruf in entsprechender Anwendung von § 6 Abs. 4 bleibt vorbehalten.

§ 8 Genehmigung von Nebentätigkeiten in der Krankenversorgung

(1) Den leitenden Ärzten (Chefärzten, Abteilungsärzten) der Krankenhäuser kann als Nebentätigkeit genehmigt werden, in den Krankenhäusern wahlärztliche Leistungen im stationären (voll-, teil-, vor- und nachstationären) Bereich und ambulante ärztliche Leistungen zu erbringen und zu berechnen, wenn die Patienten die persönliche Leistung des leitenden Arztes wünschen. Die persönliche ärztliche Leistung ist vor der Erbringung schriftlich zu vereinbaren.

(2) Durch die Nebentätigkeit darf insbesondere die Erfüllung der ärztlichen Pflichten gegenüber anderen Patienten nicht beeinträchtigt werden. Die Vereinbarung über wahlärztliche Leistungen darf nicht von einer Vereinbarung über gesondert berechenbare Unterkunft im Krankenhaus abhängig gemacht werden.

(3) Die persönlichen ärztlichen Leistungen (Absatz 1) müssen in allen wesentlichen Teilen von dem leitenden Arzt selbst erbracht werden. Soweit er dabei von ärztlichen Mitarbeitern unterstützt wird, trägt er uneingeschränkt die Verantwortung. Eine Vertretung durch einen anderen Arzt ist nur zulässig bei Verhinderung aus zwingendem Grund; für diesen Fall ist die Nebentätigkeit des Vertreters allgemein genehmigt. Das Honorar darf nur durch den leitenden Arzt gefordert und angenommen werden; im Falle des Satzes 3 ist der Vertreter seiner Leistung entsprechend am Honorar zu beteiligen.

(4) Den leitenden Ärzten kann die gelegentliche Konsiliartätigkeit außerhalb des Krankenhauses im Zusammenhang mit einer Nebentätigkeit nach Absatz 1 genehmigt werden. Die Ausübung einer Privatpraxis sowie das Betreiben eines Labors, eines Instituts oder einer ähnlichen Einrichtung außerhalb des Krankenhauses ist nicht zulässig.

(5) Die Absätze 1 bis 4 gelten nicht für die leitenden Ärzte der Krankenhäuser im Strafvollzug.

§ 9 Nicht genehmigungspflichtige Tätigkeiten

(1) Schriftstellerische, wissenschaftliche, künstlerische oder Vortragstätigkeiten sind nicht genehmigungspflichtig (§ 51 Abs. 1 Nr. 2 LBG NRW). Mit den dienstlichen Interessen können aber vertragliche Bindungen des Beamten für einen längeren Zeitraum zur fortlaufenden Fertigung von schriftstellerischen, wissenschaftlichen oder künstlerischen Arbeiten unvereinbar sein. Eine gewerbs- oder geschäftsmäßige Verwertung ist nach § 49 Absatz 1 Satz 1 Nummer 2 des Landesbeamtengesetzes genehmigungspflichtig. Nicht genehmigungspflichtige Vortragstätigkeit liegt nicht vor, wenn ein Sachgebiet in Fortsetzungen einem gleichbleibenden Personenkreis vermittelt wird (Unterricht).

(2) Die Gutachtertätigkeit ist nur dann nach § 51 Abs. 1 Nr. 3 LBG NRW nicht genehmi-

gungspflichtig, wenn der Beamte das Gutachten selbständig erarbeitet hat. Eine Gutachtertätigkeit ist nur selbständig, wenn das Gutachten von dem Beamten in den wesentlichen Teilen selbst erarbeitet wird und er die Verantwortung für das gesamte Gutachten durch Unterzeichnung übernimmt. Nur wenn der Beamte verhindert ist, selbst zu unterzeichnen, ist die Unterzeichnung durch einen Vertreter zulässig. Keine selbständigen Gutachtertätigkeiten sind insbesondere Tätigkeiten, die sich auf die Feststellung von Sachverhalten oder Tatsachen mit technischen Mitteln oder auf Grund von Laboratoriumsuntersuchungen nach geläufigen Methoden ohne wissenschaftliche Schlußfolgerungen beschränken und bei denen die notwendigen Untersuchungen und Beobachtungen üblicherweise von Mitarbeitern vorgenommen werden. Untersuchungen und Beratungen, die in unmittelbarem Zusammenhang mit der Erstattung von Gutachten stehen, gelten als Teil des Gutachtens. Mehrmalige entgeltliche Gutachtenerstattung für denselben Auftraggeber auf Grund eines Vertrages über eine ständige Mitarbeit oder ständige Beratungstätigkeit oder auf Grund eines ähnlichen Rechtsverhältnisses kann mit den dienstlichen Interessen unvereinbar sein.

Abschnitt III
Anzeige von Nebentätigkeiten

§ 10 Anzeigepflicht

(1) Der Beamte hat nicht genehmigungspflichtige Nebentätigkeiten im Sinne des § 51 Absatz 1 Nummer 2, 3 und 4b LBG NRW, die er gegen Vergütung ausüben will, seinem Dienstvorgesetzten vor Aufnahme schriftlich oder elektronisch anzuzeigen; § 125 Absatz 2 LBG NRW bleibt unberührt. Die Verpflichtung besteht unabhängig davon, ob Einrichtungen, Personal oder Material des Dienstherrn bei der Ausübung der Nebentätigkeit in Anspruch genommen werden.

(2) Die Anzeige ist schriftlich oder elektronisch vorzulegen und muss Angaben enthalten über

1. Art und Dauer der Nebentätigkeit,
2. den zeitlichen Umfang in der Woche,
3. den Auftraggeber und
4. die Höhe der zu erwartenden Vergütung (§ 11).

Abschnitt IV
Vergütung

§ 11 Begriff

(1) Vergütung für eine Nebentätigkeit ist jede Gegenleistung in Geld oder geldwerten Vorteilen, auch wenn kein Rechtsanspruch darauf besteht.

(2) Als Vergütung gelten nicht der Ersatz von Fahrtkosten sowie Tage- oder Übernachtungsgelder bis zur Höhe des Betrages, den das Landesreisekostengesetz für den vollen Kalendertag vorsieht.

(3) Pauschalierte Aufwandsentschädigungen sind in vollem Umfang, Tage- und Übernachtungsgelder insoweit, als sie die Beträge nach Absatz 2 übersteigen, als Vergütung anzusehen.

§ 12 Vergütungsverbot

(1) Für eine Nebentätigkeit im öffentlichen Dienst darf eine Vergütung von den in § 1 Abs. 1 genannten juristischen Personen nicht gewährt werden, es sei denn, daß Rechtsvorschriften etwas anderes bestimmen.

(2) Eine Vergütung darf gewährt werden für

1. ehrenamtliche Tätigkeiten als Pauschalaufwandsentschädigung,
2. Lehr-, Unterrichts-, Vortrags- und Prüfungstätigkeiten,
3. Gutachtertätigkeiten,
4. Forschungs- und Entwicklungstätigkeiten,
5. die Leitung wissenschaftlicher Institute oder Einrichtungen,
6. andere Nebentätigkeiten, zu deren Übernahme der Beamte nicht verpflichtet werden kann.

(3) Eine Vergütung für eine Nebentätigkeit im öffentlichen Dienst darf, soweit in dieser Verordnung nichts anderes bestimmt ist, nicht gewährt werden, wenn

I

a) der Beamte für die Nebentätigkeit angemessen entlastet wird oder

b) die zu erledigenden Aufgaben dem Beamten im Hauptamt zugewiesen werden können.

§ 13 Höchstgrenzen; Abführungspflicht

(1) Werden von einer der in § 1 Absatz 1 genannten juristischen Personen Vergütungen für eine oder mehrere Nebentätigkeiten im öffentlichen Dienst gewährt, so dürfen sie für die in einem Kalenderjahr ausgeübten Tätigkeiten insgesamt die Höchstgrenze von 11 563,53 Euro nicht übersteigen. Für Hauptverwaltungsbeamtinnen und Hauptverwaltungsbeamte, die Vergütungen aus Nebentätigkeiten gemäß § 18 Satz 3 des Sparkassengesetzes vom 18. November 2008 (GV. NRW. S. 696), in der jeweils geltenden Fassung, erhalten, gelten abweichend von Satz 1 folgende Höchstgrenzen:

1. für die Vorsitzende oder den Vorsitzenden im Verwaltungsrat der Sparkassen 28 908,85 Euro,
2. für die stellvertretende Vorsitzende oder den stellvertretenden Vorsitzenden im Verwaltungsrat der Sparkassen 23 127,08 Euro,
3. für das einfache Mitglied und die beratende Teilnehmerin oder den beratenden Teilnehmer im Verwaltungsrat der Sparkassen 17 345,31 Euro.

Werden Vergütungen aus Nebentätigkeiten nach Satz 1 und Satz 2 innerhalb eines Kalenderjahres erzielt, gilt die jeweilige Höchstgrenze nach Satz 2; Vergütungen aus Nebentätigkeiten nach Satz 1 dürfen in diesem Fall die Höchstgrenze von 11 563,53 Euro nicht übersteigen. Hauptamtliche Beanstandungsbeamtinnen und Beanstandungsbeamte, die gleichzeitig Mitglieder des Verwaltungsrats sind, werden hinsichtlich der Höchstgrenze entsprechend ihrer Nebentätigkeit wie ein Verwaltungsratsmitglied behandelt. Die Beträge nach Satz 1, 2 und 3 sind in einem Abstand von jeweils zwei Jahren ab dem Zeitpunkt des Inkrafttretens der Regelung jeweils entsprechend der in diesem Zeitraum vorgenommenen Anpassung der Grundgehaltssätze der Endstufe der Besoldungsgruppe A 12 der Landesbesoldungsordnung A (Anlage 1 zum Landesbesoldungsgesetz vom 14. Juni 2016 [GV. NRW. S. 310, ber. S. 642]) in der jeweils geltenden Fassung anzupassen.

(2) Erhält ein Beamter Vergütungen für eine oder mehrere Nebentätigkeiten im öffentlichen Dienst (§ 3) oder für andere Nebentätigkeiten, die er auf Vorschlag oder Veranlassung seines Dienstvorgesetzten ausübt, so hat er sie insoweit an seinen Dienstherrn im Hauptamt abzuführen, als sie für die in einem Kalenderjahr ausgeübten Tätigkeiten zusammengerechnet die jeweilige Höchstgrenze nach Absatz 1 übersteigen. In den Fällen des § 3 Absatz 1 Satz 2 gelten als empfangende Vergütung nach Maßgabe des § 11 alle Beträge, die dem Beamten auf Grund seiner Mitwirkung an der Erfüllung des Vertragsverhältnisses zugeflossen sind.

(3) Hat der Beamte seine Aufwendungen im Zusammenhang mit der Nebentätigkeit nicht besonders ersetzt erhalten, so kann er außer dem Betrag nach Absatz 1 von seiner Vergütung die Beträge behalten, die er nachweislich aufgewendet hat für

1. Fahrtkosten, bei der Benutzung eines eigenen Kraftfahrzeuges bis zur Höhe der höchsten auf Grund des § 5 Absatz 1 Satz 1 des Landesreisekostengesetzes vom 1. Dezember 2021 (GV. NRW. S. 1367), in der jeweils geltenden Fassung, festgesetzten Wegstreckenentschädigung,
2. Unterkunft und Verpflegung bis zur Höhe der in § 11 Absatz 2 genannten Beträge,
3. die Inanspruchnahme von Einrichtungen, Personal und Material des Dienstherrn,
4. sonstige Hilfeleistungen und selbst beschafftes Material.

(4) Die abzuführenden Beträge werden drei Monate nach Ablauf des Kalenderjahres fällig, in den Fällen des § 19 Absatz 2 Satz 1 jedoch frühestens einen Monat nach der Festsetzung.

(5) Die Absätze 1 bis 4 gelten nicht für Beamte auf Widerruf im Vorbereitungsdienst.

§ 14 Ausnahmen

(1) § 12 Abs. 1 sowie § 13 Abs. 1 und 2 sind nicht anzuwenden auf Vergütungen für

1. Lehr- und Prüfungstätigkeiten an einer Hochschule und bei der Ausbildung und Fortbildung von Angehörigen des öffentlichen Dienstes sowie Prüfungstätigkeiten bei einer Staatsprüfung,
2. Tätigkeiten als Sachverständiger für Gerichte oder Staatsanwaltschaften (außerhalb des Haupt- oder Nebenamtes),
3. im öffentlichen Interesse liegende wissenschaftliche Tätigkeiten in der Forschung im Auftrag einer Behörde sowie künstlerische Tätigkeiten,
4. die Erstattung von Gutachten durch Ärzte, Zahnärzte oder Tierärzte für juristische Personen des öffentlichen Rechts,
5. ärztliche, zahnärztliche oder tierärztliche Verrichtungen, für die nach den Gebührenordnungen Gebühren zu zahlen wären,
6. die Abgeltung von Arbeitnehmererfindungen,
7. Tätigkeiten, die während eines unter Wegfall der Leistungen des Dienstherrn gewährten Urlaubs ausgeübt werden.

(2) Honorare der leitenden Ärzte (Chefärzte, Abteilungsärzte) der Krankenhäuser aus einer persönlichen Beratung oder Behandlung von Patienten (§ 8 Abs. 1) unterliegen nicht den Beschränkungen der §§ 12 und 13.

§ 15 Aufstellung über Nebeneinnahmen

Der Beamte hat am Ende eines jeden Jahres seinem Dienstvorgesetzten eine Aufstellung über Nebeneinnahmen vorzulegen, die er für im Kalenderjahr ausgeübte genehmigungspflichtige oder nach § 51 Abs. 1 Nr. 2, 3 oder 4b LBG NRW nicht genehmigungspflichtige Nebentätigkeiten innerhalb und außerhalb des öffentlichen Dienstes erhalten oder zu erwarten hat, wenn diese insgesamt 1200 Euro übersteigen. In der Aufstellung ist jede Nebentätigkeit nach Art, Umfang und Höhe der Vergütung aufzuführen.

Abschnitt V Inanspruchnahme von Einrichtungen, Personal und Material

§ 16 Genehmigung

(1) Der Beamte bedarf der vorherigen Genehmigung, wenn er bei der Ausübung einer Nebentätigkeit Einrichtungen, Personal oder Material seines Dienstherrn in Anspruch nehmen will.

(2) Einrichtungen sind die sächlichen Mittel, insbesondere die Diensträume und deren Ausstattung auch mit Apparaten und Instrumenten, mit Ausnahme von Bibliotheken. Zum Material gehören alle verbrauchbaren Sachen und die Energie.

(3) Das Personal des Dienstherrn darf nur innerhalb seiner Arbeitszeit und nur im Rahmen seiner üblichen Dienstaufgaben in Anspruch genommen werden. Aus Anlaß der Mitwirkung an der Nebentätigkeit darf Mehrarbeit, Bereitschaftsdienst oder Rufbereitschaft nicht angeordnet, genehmigt und vergütet werden. Vereinbarungen über eine private Mitarbeit außerhalb der Arbeitszeit bleiben unberührt.

(4) Die Genehmigung darf nur erteilt werden, wenn dienstliche Interessen nicht beeinträchtigt werden. In ihr ist der Umfang der zugelassenen Inanspruchnahme anzugeben. Die Genehmigung ist ganz oder teilweise zu widerrufen, wenn die Inanspruchnahme zu einer Beeinträchtigung der dienstlichen Interessen führt. Sie ist ferner zu widerrufen, wenn das Nutzungsentgelt für die Inanspruchnahme nicht entrichtet wird. Die §§ 48 und 49 des Verwaltungsverfahrensgesetzes bleiben unberührt.

(5) Wird die Genehmigung, Einrichtungen des Dienstherrn in Anspruch zu nehmen, um in ihnen außerhalb der allgemeinen Dienststunden mit Personal des Dienstherrn Nebentätigkeiten auszuüben, davon abhängig gemacht, daß dem Personal ein angemessener Anteil an der Vergütung für die Nebentätigkeit gewährt wird, so ist der Anteil unter Berücksichtigung des Wertes der von dem Per-

sonal erbrachten Leistung zu berechnen. Er soll 50 vom Hundert der nach Abzug des durch den Beamten entrichteten Entgelts (§ 17 Abs. 1, § 19 Abs. 3) verbleibenden Vergütung nicht übersteigen, es sei denn, daß die Tätigkeit im wesentlichen auf der Mitwirkung des beteiligten Personals beruht. Wird ein Vergütungsanteil für eine Mitwirkung innerhalb der Arbeitszeit gewährt, so gilt § 42 BeamtStG i. V. m. § 59 LBG NRW.

§ 17 Nutzungsentgelt

(1) Für die Inanspruchnahme von Einrichtungen, Personal und Material des Dienstherrn ist ein angemessenes Nutzungsentgelt zu entrichten, das mindestens kostendeckend zu bemessen ist und den besonderen Vorteil berücksichtigen soll, der dem Beamten durch die Inanspruchnahme entsteht. Bei einer gemeinschaftlichen Inanspruchnahme durch mehrere Beamte sind sie als Gesamtschuldner zur Entrichtung des Nutzungsentgelts verpflichtet.

(2) Nimmt ein Beamter ein Nebenamt gegen Vergütung für seinen Dienstherrn wahr oder übt er eine unentgeltliche Nebentätigkeit im öffentlichen Dienst aus, so hat er für die Inanspruchnahme von Einrichtungen, Personal oder Material vorbehaltlich einer abweichenden Entscheidung kein Entgelt zu entrichten. Bei der Ausübung einer unentgeltlichen Nebentätigkeit außerhalb des öffentlichen Dienstes kann auf die Entrichtung eines Entgelts verzichtet werden.

§ 18 Höhe des Nutzungsentgelts

(1) Das Nutzungsentgelt wird pauschaliert als Vomhundertsatz der für die Nebentätigkeit bezogenen Vergütung bemessen. Es beträgt im Regelfall 10 vom Hundert für die Inanspruchnahme von Personal und je 5 vom Hundert für die Inanspruchnahme von Einrichtungen und von Material.

(2) Steht das nach den Vomhundertsätzen berechnete Nutzungsentgelt für eine Leistungsgruppe (Einrichtungen, Personal oder Material) in keinem angemessenen Verhältnis zum Umfang der Inanspruchnahme, so ist es von Amts wegen oder auf Antrag des Beamten entsprechend dem Wert der Inanspruchnahme unter Berücksichtigung der Kosten des Dienstherrn und des Nutzungsvorteils des Beamten höher oder niedriger zu bemessen; es kann auch pauschaliert werden. Die Bemessung des Nutzungsentgelts für eine der drei Leistungsgruppen entsprechend dem Wert der Inanspruchnahme schließt die Pauschalbemessung nach Absatz 1 Satz 2 für die anderen Leistungsgruppen nicht aus.

(3) Als Nutzungsentgelt ist bei ärztlicher Nebentätigkeit im stationären Bereich zu zahlen

1. bei Genehmigung der Nebentätigkeit vor dem 1. Januar 1993: mindestens 35 vom Hundert der um die Kostenerstattung nach der Bundespflegesatzverordnung geminderten bezogenen Vergütung. Die Kostenerstattung ist zu berechnen nach § 13 Abs. 3 Nr. 6a Buchstabe b der Bundespflegesatzverordnung (BPflV) vom 21. August 1985 (BGBl. I S. 1666), zuletzt geändert durch das Gesetz zur Sicherung und Strukturverbesserung der gesetzlichen Krankenversicherung (Gesundheitsstrukturgesetz) vom 21. Dezember 1992 (BGBl. I S. 2266), in der jeweils geltenden Fassung.
2. bei Genehmigung der Nebentätigkeit nach dem 31. Dezember 1992:
   die nach § 13 Abs. 3 Nr. 6 BPflV in der jeweils geltenden Fassung zu berechnende Kostenerstattung zuzüglich eines Vorteilsausgleichs von mindestens 20 vom Hundert der bezogenen Vergütung.

Höhere Vomhundertsätze als 35 bzw. 20 vom Hundert werden zwischen dem Dienstherrn und dem Beamten vereinbart.

Absatz 2 ist nicht anwendbar.

(4) Bei sonstiger ärztlicher Nebentätigkeit in der Krankenversorgung (§ 8) sind als Nutzungsentgelt die Sachkosten nach dem jeweiligen vom Dienstherrn erlassenen oder für anwendbar erklärten Tarif zu erstatten, soweit sie nicht anderweitig abgegolten werden. Neben den Sachkosten sind als Nutzungsentgelt mindestens 25 vom Hundert der bezogenen Vergütung im Kalenderjahr, die nach Abzug der Sachkosten und der Kosten für zahntechnische Leistungen Dritter verbleibt, zu entrichten. Absatz 2 ist nicht anwendbar.

(5) Ärztliche Nebentätigkeit im Sinne der Absätze 3 und 4 ist jede Tätigkeit unter der Berufsbezeichnung „Arzt" oder „Ärztin", wenn sie auf Grund medizinischer Ausbildung ausgeübt wird.

(6) Ist für eine Nebentätigkeit in der Krankenversorgung oder in Bereichen mit medizinisch-theoretischen Aufgaben eine Vergütung nicht gefordert oder eine in Rechnung gestellte Vergütung endgültig nicht erlangt worden, beschränkt sich das Nutzungsentgelt

1. in den Fällen einer Nebentätigkeit nach Absatz 3 auf die Kostenerstattung nach den Vorschriften der BPflV in der jeweils geltenden Fassung und
2. in den Fällen einer Nebentätigkeit nach Absatz 4 auf die Sachkosten.

Grundlage für die Berechnung nach Nr. 1 ist die dem Patienten in Rechnung gestellte oder, wenn eine Vergütung nicht gefordert ist, üblicherweise zu fordernde Vergütung.

§ 19 Verfahren

(1) Die Beamten sind verpflichtet, dem Dienstvorgesetzten die für die Festsetzung des Nutzungsentgelts (§§ 17, 18) erforderlichen Angaben bei Ende der Inanspruchnahme zu machen. Bei fortlaufender Inanspruchnahme sind die Angaben für die Berechnung der als Nutzungsentgelt zu erstattenden Sachkosten vierteljährlich, die Angaben für die Festsetzung des Nutzungsentgelts im übrigen halbjährlich zu machen. Auf Verlangen haben die Beamten entsprechende Unterlagen, insbesondere Aufzeichnungen, Bankbelege und sonstige Nachweise vorzulegen.

(2) Das Nutzungsentgelt ist von Amts wegen unverzüglich festzusetzen. Bei fortlaufender Inanspruchnahme sind von Amts wegen vierteljährlich Abschlagszahlungen in Höhe von 50 vom Hundert des zuletzt festgesetzten halbjährlichen Nutzungsentgelts festzusetzen, falls dieses den Betrag von 2500 Euro überstiegen hat.

(3) Das Nutzungsentgelt ist innerhalb eines Monats nach der Festsetzung fällig. Die Abschlagszahlungen sind zum Ablauf eines jeden Kalendervierteljahres fällig.

(4) Wird das Nutzungsentgelt oder die Abschlagszahlung darauf innerhalb eines Monats nach Fälligkeit nicht entrichtet, so ist unbeschadet der Einlegung von Rechtsbehelfen von dem rückständigen Betrag ab Fälligkeit ein jährlicher Zuschlag in Höhe von 2 vom Hundert über dem jeweiligen Zinssatz für längerfristige Refinanzierungsgeschäfte der Europäischen Zentralbank (LRG-Satz) zu erheben. Für die Berechnung des Zuschlags wird der rückständige Betrag auf volle 50 Euro abgerundet.

§ 20 Gebührenverteilung

Steht die Gegenleistung (Gebühr, Entgelt, Honorar) für ein Nebenamt des Beamten dem Dienstherrn zu und wird dem Beamten nach § 12 Abs. 2 oder § 14 für seine Tätigkeit aus der Gegenleistung eine Vergütung gewährt, so muß die Inanspruchnahme der Einrichtungen, des Personals oder des Materials des Dienstherrn durch die Nebentätigkeit des Beamten mindestens in dem in § 18 bestimmten Maß berücksichtigt werden.

Abschnitt VI
Ausführung des § 56 des Landesbeamtengesetzes

§ 21 Nebentätigkeit bei Beendigung des Beamtenverhältnisses

(1) Ein Zusammenhang mit dem Hauptamt im Sinne des § 56 LBG NRW besteht dann, wenn die Nebentätigkeit durch Rechtsvorschrift oder nach Herkommen mit dem Inhaber eines bestimmten Amtes verbunden ist oder wenn sie dem Beamten übertragen ist, weil er Inhaber des Hauptamtes war.

(2) Die Weiterdauer dieser Nebentätigkeit kann nur bei Beendigung des Beamtenverhältnisses bestimmt werden. Frühere Zusagen oder Vereinbarungen sind wirkungslos. Die Beendigung tritt in allen ihren rechtlichen Wirkungen ein. Der Dienstvorgesetzte hat die Beendigung des Beamtenverhältnisses und der Nebentätigkeit den beteiligten Stellen unverzüglich mitzuteilen.

Abschnitt VII
Übergangs- und Schlußvorschriften

§ 22 Ausnahmen

(1) Aus Gründen des öffentlichen Wohls können allgemein oder im Einzelfall Ausnahmen von § 12 Abs. 3 und § 13 Abs. 1 und 2 sowie weitere Ausnahmen von § 12 Abs. 1 zugelassen werden.

(2) Über die Zulassung von Ausnahmen entscheiden für Beamte des Landes die oberste Dienstbehörde im Einvernehmen mit dem für Inneres und dem für Finanzen zuständigen Ministerium, für Beamte der Gemeinden und der Gemeindeverbände das für Kommunales zuständige Ministerium im Einvernehmen mit dem für Inneres zuständigen Ministerium und für Beamte der anderen der Aufsicht des Landes unterstehenden Körperschaften, Anstalten und Stiftungen des öffentlichen Rechts die oberste Aufsichtsbehörde mit Zustimmung des für Inneres zuständigen Ministeriums.

§ 23 Übergangsvorschriften

(1) Genehmigungen, die nach bisherigem Recht erteilt waren oder als erteilt galten, bleiben wirksam, wenn sie auch nach dieser Verordnung erteilt werden könnten.

(2) Soweit bestehende öffentlich-rechtliche Vereinbarungen oder Zusicherungen, die Nebentätigkeiten oder die Inanspruchnahme von Einrichtungen, Personal und Material betreffen, dieser Verordnung widersprechen, sind sie den Vorschriften der Verordnung anzupassen. Festsetzungen über ein höheres als das in § 18 Abs. 3 und 4 vorgeschriebene Nutzungsentgelt bleiben gültig.

(3) Eine vor dem 1. Juni 1999 erteilte Genehmigung erlischt mit Ablauf von fünf Jahren nach ihrer Erteilung, frühestens aber mit Ablauf des 31. Dezember 1999 (Art. IX des Gesetzes vom 20. April 1999 – GV. NRW. S. 148).

§ 24 Geltung für Richter

Diese Verordnung gilt für Richter des Landes entsprechend. § 2 Abs. 4 Nr. 5 und § 13 gelten nicht für Richter als Vorsitzende einer Einigungsstelle; § 6 Abs. 3 Satz 1 findet auf die Tätigkeit als Schiedsrichter oder Schlichter keine Anwendung.

§ 25 Inkrafttreten

Diese Verordnung tritt am 1. Oktober 1982 in Kraft.

Verordnung über die Arbeitszeit der Beamtinnen und Beamten im Lande Nordrhein-Westfalen (Arbeitszeitverordnung – AZVO)

Vom 4. Juli 2006 (GV. NRW. S. 335)

Zuletzt geändert durch
Hochschulstärkungsgesetz
vom 21. Juli 2026 (GV. NRW. S. 552)

Inhaltsübersicht

Auf Grund des § 78 Abs. 3 des Landesbeamtengesetzes (LBG NRW) in der Fassung der Bekanntmachung vom 1. Mai 1981 (GV. NRW. S. 234), zuletzt geändert durch Artikel 2 (Erster Teil) des Gesetzes vom 3. Mai 2005 (GV. NRW. S. 498), wird verordnet:

§ 1 Geltungsbereich

(1) Diese Verordnung gilt für die Beamtinnen und Beamten des Landes, der Gemeinden, der Gemeindeverbände und der anderen der Aufsicht des Landes unterstehenden Körperschaften, Anstalten und Stiftungen des öffentlichen Rechts.

(2) Diese Verordnung gilt nicht für

1. Professorinnen und Professoren, Juniorprofessorinnen und Juniorprofessoren, es sei denn, sie befinden sich in der Funktion von Oberärztinnen und Oberärzten,
2. Tandemprofessorinnen und Tandemprofessoren, Fachhochschullehrerinnen und Fachhochschullehrer, Studienprofessorinnen und Studienprofessoren und Dozentinnen und Dozenten an Hochschulen des Landes sowie Dozentinnen und Dozenten an Fachhochschulen für den öffentlichen Dienst,
3. Lehrerinnen und Lehrer an öffentlichen Schulen,
4. Polizeivollzugsbeamtinnen und Polizeivollzugsbeamte und
5. Beamtinnen und Beamte des feuerwehrtechnischen Dienstes in den Feuerwehren gemäß § 116 Absatz 2 Halbsatz 2 Landesbeamtengesetz.

(3) § 2 Abs. 6 dieser Verordnung kann für den nach Absatz 2 ausgenommenen Personenkreis entsprechend Anwendung finden.

§ 2 Regelmäßige Arbeitszeit

(1) Die regelmäßige wöchentliche Arbeitszeit der Beamtinnen und Beamten beträgt, sofern in dieser Verordnung nichts anderes bestimmt oder zugelassen ist, durchschnittlich 41 Stunden. Sie verringert sich mit Ablauf des Tages der Vollendung des 55. Lebensjahres auf 40 Stunden und des 60. Lebensjahres auf 39 Stunden. Abweichend von Satz 1 beträgt die regelmäßige wöchentliche Arbeitszeit für schwerbehinderte Beamtinnen und Beamte im Sinne des § 2 Absatz 2 des Neunten Buches Sozialgesetzbuch – Rehabilitation und Teilhabe von Menschen mit Behinderungen – (Artikel 1 des Gesetzes vom 23. Dezember 2016, BGBl. I S. 3234) in der jeweils geltenden Fassung durchschnittlich

1. 39 Stunden und 50 Minuten ab dem Grad der Behinderung von mindestens 50,
2. 39 Stunden ab dem Grad der Behinderung von mindestens 80.

Satz 3 gilt ab dem Ersten des Monats, in dem der zuständigen Dienstbehörde der Nachweis über den Grad der Behinderung vorgelegt wird, bis zum Ablauf des Monats, in dem die Voraussetzungen nicht mehr vorliegen. § 199 Absatz 1 des Neunten Buches Sozialgesetzbuch bleibt unberührt. Wird die Eigenschaft als schwerbehinderter Mensch nach § 152 Absätze 1 und 2 des Neunten Buches Sozialgesetzbuch rückwirkend festgestellt, so ist abweichend von Satz 4 die regelmäßige wöchentliche Arbeitszeit ab diesem Zeitpunkt zu reduzieren, längstens jedoch fünf Wochen rückwirkend zu dem Tag, an dem der Dienststelle der Nachweis über den Grad der Behinderung vorgelegt wird. Die Beamtinnen und Beamten sind verpflichtet, jede Änderung unverzüglich anzuzeigen und auf Verlangen entsprechende Nachweise zu erbringen. Soweit es auf die regelmäßige tägliche Arbeitszeit ankommt, ist der durchschnittlich auf einen Arbeitstag entfallende Teil der regelmäßigen wöchentlichen Arbeitszeit zugrunde zu legen.

(2) Die durchschnittliche Wochenarbeitszeit vermindert sich für jeden gesetzlichen Feiertag, der auf einen Werktag fällt, um den durchschnittlich auf diesen Tag entfallenden Teil der regelmäßigen wöchentlichen Arbeitszeit.

(3) Bei Teilzeitbeschäftigung wird die durchschnittliche wöchentliche Arbeitszeit entsprechend ermäßigt. Sofern zwingende dienstliche Gründe nicht entgegenstehen, kann die Arbeitsleistung dabei auch ungleichmäßig auf die Arbeitstage einer oder mehrerer Wochen verteilt werden; innerhalb des in Absatz 5 genannten Berechnungszeit-

raumes muss jedoch die auf diesen Zeitraum entfallende Arbeitszeit erbracht werden.

(4) Soweit aufgrund einer Teilzeitbeschäftigung oder in begründeten Einzelfällen aus dienstlichen Gründen bei einer Vollzeitbeschäftigung regelmäßig die Arbeitsleistung ungleichmäßig auf die Arbeitstage einer oder mehrerer Wochen verteilt ist, kann abweichend von Absatz 1 Satz 8 und Absatz 2 die Stundenzahl zugrunde gelegt werden, die von der betreffenden Beamtin oder dem betreffenden Beamten regelmäßig an diesem Wochentag geleistet wird oder geleistet worden wäre.

(5) Vorbehaltlich der Regelungen in § 65 und § 66 Absatz 2 Landesbeamtengesetz ist für die Berechnung des Durchschnitts der Arbeitszeit grundsätzlich ein Zeitraum von 52 Wochen zugrunde zu legen. Zeiten des Erholungsurlaubs sowie der Dienstunfähigkeit bleiben bei der Berechnung des Durchschnitts unberücksichtigt. Dabei darf die wöchentliche Arbeitszeit 48 Stunden einschließlich der Mehrarbeitsstunden durchschnittlich nicht überschreiten; die tägliche Arbeitszeit soll 10 Stunden durchschnittlich nicht überschreiten.

Die oberste Dienstbehörde kann insbesondere für Besonderheiten bestimmter spezifischer Tätigkeiten beim Justizvollzugsdienst und Vollzugsdienst in Abschiebungshafteinrichtungen abweichende Regelungen von Satz 3 zulassen, wenn es deren zwingende dienstliche Belange erfordern und ein angemessener Schutz der Gesundheit gewährleistet wird.

(6) Einer Beamtin oder einem Beamten kann im Anschluss an eine länger dauernde Erkrankung vorübergehend für die Dauer von bis zu sechs Monaten eine Ermäßigung der regelmäßigen Arbeitszeit unter Fortzahlung der Dienstbezüge bewilligt werden, wenn dies nach ärztlicher Feststellung aus gesundheitlichen Gründen zur Wiedereingliederung in den Arbeitsprozess geboten ist (Arbeitsversuch). In begründeten Ausnahmefällen kann der Arbeitsversuch nach Satz 1 für die Dauer von bis zu zwölf Monaten erfolgen, wenn dies nach amtsärztlicher Feststellung aus gesundheitlichen Gründen zur Wiedereingliederung in den Arbeitsprozess geboten ist.

§ 3 Arbeitstag

(1) Arbeitstage sind grundsätzlich die Tage Montag bis Freitag.

(2) Arbeitstag kann jedoch auch ein Samstag, Sonntag oder Feiertag sein, soweit die dienstlichen Verhältnisse dies für einzelne Verwaltungszweige, Dienststellen, Teile von Dienststellen oder für bestimmte einzelne Tätigkeiten zwingend erfordern. In diesem Fall soll die als Ausgleich zu gewährende Freizeit zusammenhängend gewährt werden. Für die an einem Arbeitstag nach Satz 1 geleisteten Dienstgeschäfte einschließlich der damit verbundenen Reisezeiten gilt § 11 Abs. 1 entsprechend.

(3) Bei einer dauerhaften Öffnung einer Einrichtung an einem Arbeitstag nach Absatz 2 ist das Einvernehmen der obersten Dienstbehörde erforderlich.

§ 4 Ruhepausen

(1) Der Dienst ist bei einer Arbeitszeit von mehr als sechs bis zu neun Stunden durch Ruhepausen von insgesamt mindestens 30 Minuten und bei einer Arbeitszeit von mehr als neun Stunden durch Ruhepausen von insgesamt mindestens 45 Minuten zu unterbrechen. Die Ruhepausen nach Satz 1 können in Zeitabschnitte von jeweils mindestens 15 Minuten aufgeteilt werden.

(2) Die Pausenzeiten werden nicht auf die Arbeitszeit angerechnet und automatisch in Abzug gebracht.

(3) Die oberste Dienstbehörde oder die von ihr hierzu bestimmte Behörde kann abweichende Regelungen zulassen, wenn zwingende dienstliche Belange es erfordern und ein angemessener Schutz der Gesundheit gewährleistet wird.

§ 5 Ruhezeit

Nach Beendigung des täglichen Dienstes soll eine ununterbrochene Ruhezeit von mindestens elf Stunden eingehalten werden. In besonderen Tätigkeitsbereichen, insbesondere

I

für Besonderheiten bestimmter spezifischer Tätigkeiten beim Justizvollzugsdienst, Vollzugsdienst bei Abschiebungshafteinrichtungen und Justizwachtmeisterdienst, kann die oberste Dienstbehörde Ausnahmen zulassen, wenn zwingende dienstliche Belange es erfordern und ein angemessener Schutz der Gesundheit gewährleistet wird.

§ 6 Rufbereitschaft

(1) Rufbereitschaft liegt vor, wenn sich die Beamtin oder der Beamte auf Anordnung der oder des Dienstvorgesetzten außerhalb der regelmäßigen Arbeitszeit an einer der oder dem Dienstvorgesetzten anzuzeigenden Stelle aufhält, um auf Abruf die Arbeit aufzunehmen. Die Anordnungsbefugnis kann der Dienstvorgesetzte auf den unmittelbaren Vorgesetzten übertragen.

(2) Zeiten einer Rufbereitschaft werden mit Ausnahme der Zeiten der Heranziehung zur Dienstleistung nicht auf die Arbeitszeit angerechnet. Sie werden innerhalb von zwölf Monaten zu einem Achtel bei fester Arbeitszeit als Freizeitausgleich gewährt und bei flexibler Arbeitszeit dem Stundenkonto (§ 14 Absatz 5 Satz 2) gutgeschrieben, soweit nicht zwingende dienstliche Gründe entgegenstehen.

§ 7 Bereitschaftsdienst

Bereitschaftsdienst leisten Beamtinnen und Beamte, die sich auf Anordnung der oder des Dienstvorgesetzten an einer von der oder vom Dienstvorgesetzten bestimmten Stelle aufhalten, um im Bedarfsfall die Arbeit aufzunehmen. Soweit Bereitschaftsdienst besteht, kann die regelmäßige Arbeitszeit entsprechend den dienstlichen Bedürfnissen im angemessenen Verhältnis verlängert werden. Die Arbeitszeit darf 48 Stunden im wöchentlichen Durchschnitt nicht überschreiten.

§ 8 Schicht- und Nachtdienst

(1) (Wechsel-)Schichtdienst oder planmäßig sonstig wechselnder Dienst ist nach Bedarf anzuordnen, wenn die Aufgaben es zwingend erfordern. Die jeweilige Leitung der Behörden und Einrichtungen im Sinne des § 1 Abs. 1 legt die Schichtdienstzeiten oder die tägliche Arbeitszeit unter Berücksichtigung der dienstlichen und örtlichen Verhältnisse und nach Maßgabe dieser Verordnung fest.

(2) Nachtdienst ist der im Rahmen der regelmäßigen Arbeitszeit dienstplanmäßig zu leistende Dienst zwischen 20.00 Uhr und 06.00 Uhr. Nachtschicht ist eine Schicht, die mehr als zwei Stunden der Nachtdienstzeit umfasst.

(3) Der besonderen Beanspruchung der Arbeitskraft durch Nachtdienst ist bei der Dienstgestaltung Rechnung zu tragen.

(4) Der Nachtdienst soll acht Stunden pro 24-Stunden-Zeitraum nicht überschreiten. Die oberste Dienstbehörde kann für einzelne Tätigkeitsbereiche, insbesondere für Besonderheiten bestimmter spezifischer Tätigkeiten beim Justizvollzugsdienst, Vollzugsdienst bei Abschiebungshafteinrichtungen und Justizwachtmeisterdienst, Abweichungen zulassen, wenn zwingende dienstliche Belange es erfordern und ein angemessener Schutz der Gesundheit gewährleistet wird.

§ 9 Dienstbefreiung bei Wechselschichtdienst und Schichtdienst

(1) Beamtinnen und Beamte, die ständig Wechselschichtdienst oder ständig Schichtdienst leisten und denen die Zulage nach § 20 Absätze 1 oder 2 Erschwerniszulagenverordnung (EZulV) zusteht, erhalten

a) bei Wechselschichtdienst für je zwei zusammenhängende Monate und
b) bei Schichtdienst für je vier zusammenhängende Monate

einen Arbeitstag Dienstbefreiung.

(2) Im Falle nicht ständigen Wechselschicht- oder Schichtdienstes (z. B. ständige Vertreterinnen und Vertreter) erhalten Beamtinnen und Beamte einen Arbeitstag Dienstbefreiung für

a) je drei Monate im Jahr, in denen sie überwiegend Wechselschichtdienst geleistet haben, und
b) je fünf Monate im Jahr, in denen sie überwiegend Schichtdienst geleistet haben.

(3) Die Voraussetzungen der Absätze 1 und 2 hinsichtlich des Schichtdienstes sind nur er-

füllt, wenn ein regelmäßiger Wechsel des Beginns der täglichen Arbeitszeit um mindestens zwei Stunden stattfindet und der Schichtdienst innerhalb einer Zeitspanne von mindestens 13 Stunden geleistet wird.

(4) Es gelten die Bestimmungen zum Erholungsurlaub nach der Freistellungs- und Urlaubsverordnung NRW (FrUrlV NRW) mit Ausnahme von § 18 Absatz 3 FrUrlV NRW entsprechend.

§ 10 Mehrarbeit

(1) Beamtinnen und Beamte leisten Mehrarbeit im Sinne des § 61 Landesbeamtengesetz, wenn sie aufgrund schriftlicher oder elektronischer Anordnung oder Genehmigung verpflichtet sind, vorübergehend über die regelmäßige Arbeitszeit hinaus Dienst zu verrichten.

(2) Die Mehrarbeit muss sich auf zwingende Ausnahmefälle beschränken. Vor der Anordnung von Mehrarbeit sind die Instrumente der flexiblen Arbeitszeitgestaltung (§ 14 und § 15) auszuschöpfen. Die Entscheidung über die Anordnung von Mehrarbeit obliegt der jeweiligen Leitung der Behörden und Einrichtungen im Sinne des § 1 Abs. 1. Die Befugnis kann auf die allgemeine Vertretung oder die Leitung der für die Personalangelegenheiten zuständigen Abteilung übertragen werden.

(3) Werden Beamtinnen und Beamte durch dienstlich angeordnete oder genehmigte Mehrarbeit mehr als fünf Stunden im Monat beansprucht, so ist für die geleistete Mehrarbeit entsprechend den beamtenrechtlichen Vorschriften Freizeitausgleich zu gewähren. § 61 Absatz 2 Landesbeamtengesetz bleibt unberührt.

§ 11 Dienstreisen und Dienstgänge

(1) Bei Dienstreisen, Dienstgängen, eintägigen Fortbildungen und An- und Abreisetagen von mehrtägigen Fortbildungen werden Zeiten der Erledigung des Dienstgeschäfts innerhalb des am jeweiligen Tag geltenden Arbeitszeitrahmens mit ihrer tatsächlichen Dauer berücksichtigt. Reisezeiten werden bei Dienstreisen, Dienstgängen, soweit Dienstgänge an der Dienststelle beginnen oder enden, eintägigen Fortbildungen und An- und Abreisetagen von mehrtägigen Fortbildungen ebenfalls innerhalb des am jeweiligen Tag geltenden Arbeitszeitrahmens mit ihrer tatsächlichen Dauer berücksichtigt.

Überschreiten Zeiten der Erledigung des Dienstgeschäfts den geltenden Arbeitszeitrahmen, so werden sie mit ihrer tatsächlichen Dauer als Arbeitszeit berücksichtigt; bei den jeweiligen Arbeitszeitrahmen überschreitenden Reisezeiten wird die Hälfte dieser Zeit berücksichtigt.

Die Reisezeiten werden durch Freizeitausgleich entschädigt. Soweit zwingende dienstliche Gründe nicht entgegenstehen, sind sie bei fester Arbeitszeit innerhalb von zwölf Monaten auszugleichen; bei flexibler Arbeitszeit sind sie dem Stundenkonto (§ 14 Absatz 5 Satz 2) gutzuschreiben.

(2) Im Übrigen wird bei mehrtägigen Fortbildungen die regelmäßige tägliche Arbeitszeit für jeden Fortbildungstag berücksichtigt; für teilzeitbeschäftigte Beamtinnen und Beamte wird der auf diesen Tag entfallende Teil der regelmäßigen wöchentlichen Arbeitszeit einer entsprechenden Vollbeschäftigung berücksichtigt. Sollte ausnahmsweise an diesen Tagen die Gesamtdauer der Fortbildung abzüglich der Pausenzeiten über die Summe der für diese Tage vorgesehenen regelmäßigen Arbeitszeit hinausgehen, wird die überschreitende Zeit ebenfalls berücksichtigt.

§ 12 Dienstbefreiung aus persönlichen Anlässen und Arztbesuche

(1) Zeiten einer Dienstbefreiung aus persönlichen Anlässen oder eines Arztbesuches einschließlich Wegezeiten gelten lediglich innerhalb einer zeitlich festgelegten Dienstleistungspflicht (Kernzeit, feste Arbeitszeit) als Anwesenheit mit ihrer tatsächlichen Dauer, soweit ihre Wahrnehmung nicht außerhalb der zeitlich festgelegten Dienstleistungspflicht möglich ist.

(2) Zeiten eines Arztbesuchs einschließlich Wegezeiten können ausnahmsweise als Anwesenheit berücksichtigt werden, wenn ansonsten die Einhaltung der wöchentlichen

Arbeitszeit unzumutbar erschwert wird. Näheres regelt die oberste Dienstbehörde.

(3) Zeiten eines dienstlich angeordneten Arztbesuchs einschließlich Wegezeiten werden mit ihrer tatsächlichen Dauer als Arbeitszeit berücksichtigt.

§ 13 Feste Arbeitszeit

(1) Soweit dienstliche Interessen es erfordern, sollen feste Arbeitszeiten angeordnet werden. Das Dienstende darf montags bis donnerstags nicht vor 15.30 Uhr und freitags nicht vor 14.00 Uhr liegen.

(2) Die oberste Dienstbehörde kann abweichende Regelungen zulassen, wenn dienstliche Belange es erfordern.

§ 14 Flexible Arbeitszeit

(1) Durch Dienstvereinbarung kann die tägliche Arbeitszeit nach Maßgabe der nachfolgenden Absätze in der Weise geregelt werden, dass die Beamtinnen und Beamten innerhalb eines vorgegebenen Arbeitszeitrahmens über Lage und Dauer der individuellen täglichen Arbeitszeit selbst entscheiden. Bei dieser selbstbestimmten Arbeitszeitgestaltung ist den dienstlichen Interessen Vorrang einzuräumen.

(2) Der Arbeitszeitrahmen kann innerhalb eines Zeitrahmens von 06.30 Uhr bis 20.00 Uhr festgelegt werden.

(3) Aus dienstlichen Gründen können für

a) einzelne Beamtinnen und Beamte oder
b) Gruppen von Beamtinnen und Beamten oder
c) alle Beamtinnen oder Beamten einer Dienststelle

Zeiten vereinbart werden,

- in denen eine bestimmte Mindestanzahl von Beamtinnen und Beamten anwesend sein müssen (Servicezeit) oder
- in denen alle betroffenen Beamtinnen und Beamten anwesend sein müssen (Kernzeit).

Service- und Kernzeiten sollen ausschließlich der Pausen mindestens fünf Stunden pro Arbeitstag umfassen. Sie haben die Zeit des stärksten Arbeitsanfalls einzuschließen, sollen nicht nach 09.00 Uhr beginnen und montags bis donnerstags nicht vor 15.00 Uhr und freitags nicht vor 14.00 Uhr enden. Auch außerhalb dieser Zeiten muss die dienstlich notwendige Funktionsfähigkeit der Behörde gewährleistet sein.

(4) Aus dienstlichen Gründen kann angeordnet werden, dass einzelne Beamtinnen und Beamte oder Gruppen von Beamtinnen und Beamten

a) allgemein oder im Einzelfall dauernd oder vorübergehend von der Inanspruchnahme der flexiblen Arbeitszeit ausgenommen werden,
b) vorübergehend innerhalb der flexiblen Arbeitszeit Dienst zu leisten haben oder
c) in von Absatz 3 abweichenden Kern- oder Servicezeiten Dienst zu leisten haben, um die dienstlich notwendige Funktionsfähigkeit der Behörde zu gewährleisten.

(4a) Aus zwingenden dienstlichen Gründen kann für einzelne Beamtinnen und Beamte oder Gruppen von Beamtinnen und Beamten, deren Eigenart des Dienstes regelmäßige Rufbereitschaft und Dienststunden innerhalb der Nachtdienstzeit vorsieht, an Tagen, an denen aufgrund der Eigenart des Dienstes Dienststunden innerhalb der Nachtdienstzeit anfallen, ein von Absatz 2 abweichender Arbeitszeitrahmen angeordnet werden.

(5) Unterschreitungen der regelmäßigen wöchentlichen Arbeitszeit (Minderzeiten) sind maximal bis zu 40 Stunden zulässig. Überschreitungen der regelmäßigen wöchentlichen Arbeitszeit (Zeitguthaben) dürfen an mindestens einem und bis zu zwölf Stichtagen im Jahr ein festgelegtes Stundenkonto, das sich in einem Rahmen von nicht mehr als 120 Stunden Zeitguthaben bewegen kann, nicht übersteigen. Darüber hinausgehende Zeitguthaben verfallen.

(6) Zur Abgeltung von Zeitguthaben können Vereinbarungen hinsichtlich eines halbtägigen (Vormittag oder Nachmittag), ganztägigen, mehrtägigen oder unbegrenzten Freizeitausgleichs getroffen werden. Der Umfang des Zeitausgleichs ist rechtzeitig mit der oder dem Vorgesetzten abzustimmen und eine

Vertretungsregelung sicherzustellen. Dabei ist den dienstlichen Interessen Vorrang einzuräumen.

(7) Das Ministerium der Justiz kann für Rechtspflegerinnen und Rechtspfleger abweichende Regelungen von den Absätzen 5 und 6 sowie § 16 Absatz 2 zulassen.

§ 14a Langzeitarbeitskonten

(1) Nach Maßgabe der nachfolgenden Absätze kann Beamtinnen und Beamten die Führung von Langzeitarbeitskonten gestattet werden, wenn dienstliche Gründe nicht entgegenstehen. Langzeitarbeitskonten sind personenbezogene Arbeitszeitkonten. Sie dienen dem langfristigen Ansparen von Zeitguthaben (Ansparphase), die für zusammengefasste Freistellungszeiten verwendet werden können (Entnahmephase). Langzeitarbeitskonten werden unabhängig von einer Erfassung der dienstlichen Anwesenheit nach § 16 Absatz 2 Satz 1 geführt. Die Entscheidung der Beamtin oder des Beamten zur Führung eines Langzeitarbeitskontos erfolgt auf freiwilliger Basis. Nähere Bestimmungen werden durch Dienstvereinbarungen und sodann über Einzelvereinbarungen mit teilnehmenden Beamtinnen und Beamten festgelegt. Die Führung eines Langzeitarbeitskontos ist nicht zulässig für

1. Beamtinnen und Beamte auf Widerruf sowie
2. Beamtinnen und Beamte, die jederzeit in den einstweiligen Ruhestand versetzt werden können.

(2) Für Beamtinnen und Beamte, denen die Führung eines Langzeitarbeitskontos gestattet worden ist, wird über die regelmäßige wöchentliche Arbeitszeit nach § 2 Absatz 1 oder 3 hinaus die Wochenarbeitszeit auf ihren Antrag um maximal drei Stunden erhöht, soweit dies für die Erfüllung ihrer dienstlichen Aufgaben angemessen und zweckmäßig ist. Die Differenz zwischen der regelmäßigen wöchentlichen Arbeitszeit und der tatsächlich geleisteten Arbeitszeit wird dem Langzeitarbeitskonto als Zeitguthaben bis zur Höhe der nach Satz 1 vereinbarten Erhöhung jeweils am Ende des Monats der Ansparung gutgeschrieben (Ansparphase). Darüber hinaus geleistete Arbeitszeit ist dem Gleitzeitkonto oder anderen Konten zur Arbeitszeiterfassung gutzuschreiben. § 2 Absatz 5 und § 4 bleiben unberührt. Soweit tatsächlicher Bedarf für die beantragte Mehrleistung nicht mehr besteht, kann die dienstvorgesetzte Stelle die erhöhte wöchentliche Arbeitszeit nach Satz 1 entsprechend verringert festsetzen.

(3) Dem Langzeitarbeitskonto können darüber hinaus jährlich maximal 122 Stunden gutgeschrieben werden, die sich flexibel zusammensetzen können aus:

1. Ansprüchen auf Dienstbefreiung für dienstlich angeordnete oder genehmigte Mehrarbeit im Sinne des § 10 unabhängig vom Jahr der Entstehung sowie
2. Erholungsurlaub nach § 18 Absatz 2 der Freistellungs- und Urlaubsverordnung NRW, der den jährlichen Mindesturlaub nach § 19a Absatz 1 der Freistellungs- und Urlaubsverordnung NRW übersteigt und nach § 19 Absatz 2 der Freistellungs und Urlaubsverordnung NRW nicht verfallen ist.

Der Urlaub wird in Stunden auf der Basis des zum Zeitpunkt der Gutschreibung durchschnittlich auf einen Arbeitstag entfallenden Teils der regelmäßigen wöchentlichen Arbeitszeit berechnet.

(4) Dem Langzeitarbeitskonto können einmalig gutgeschrieben werden:

1. bei Einrichtung des Langzeitarbeitskontos maximal 156 Stunden Zeitguthaben nach § 14 Absatz 5 und maximal 122 Stunden nach § 14a Absatz 3 sowie
2. befristet bis zum 31. Dezember 2024 maximal 278 Stunden, die wegen Mehrbedarfs aufgrund der Coronapandemie angefallen sind.

(5) Dem Langzeitarbeitskonto kann ein Zeitguthaben bis zur Höhe von insgesamt 2132 Stunden gutgeschrieben werden. Es erfolgt eine jährliche Unterrichtung über den Kontostand. Der Wert des angesparten Zeitguthabens bleibt auch in Fällen einer Verminderung der Besoldung wegen disziplinar-

I

rechtlicher Maßnahmen oder nicht bestandener Probezeit nach § 21 des Landesbeamtengesetzes erhalten. Der Wertausgleich erfolgt durch zusätzliche Zeitgutschrift.

(6) Beurlaubungszeiten ohne Dienstbezüge, ununterbrochene Freistellungszeiten nach § 65 des Landesbeamtengesetzes und Eltern- und Pflegezeit ohne Teilzeitbeschäftigung werden dem Langzeitarbeitskonto nicht gutgeschrieben. Gleiches gilt für Krankheitszeiten, die insgesamt sechs Wochen pro Jahr in der Ansparphase überschreiten.

(7) Im Umfang des Zeitguthabens des Langzeitarbeitskontos wird der Beamtin oder dem Beamten auf Antrag Zeitausgleich durch vollständige oder teilweise Freistellung vom Dienst unter Fortzahlung der Besoldung gewährt (Entnahmephase). Die Dauer einer vollständigen Freistellung oder teilweisen Freistellung mit unterhälftiger Arbeitszeit darf in der Entnahmephase ununterbrochen maximal sechs Monate betragen. Eine weitere vollständige Freistellung oder teilweise Freistellung mit unterhälftiger Arbeitszeit ist erst nach einer Karenzzeit von zwölf Monaten zulässig. Ab fünf Jahren vor Erreichen der Regelaltersgrenze ist der Zeitausgleich nur in Form einer teilweisen Freistellung mit einer Reduzierung der Arbeitszeit bis zur Hälfte der regelmäßigen Arbeitszeit möglich. Während der Entnahmephase bleiben mit Ausnahme der Pflicht zur Dienstleistung alle Rechte und Pflichten aus dem Dienstverhältnis unberührt. Während der Entnahmephase ruht die Ansparphase. Die Entnahmephase wird unterbrochen zur Inanspruchnahme der Schutzfristen des § 3 des Mutterschutzgesetzes vom 23. Mai 2017 (BGBl. I. S. 1228) in der jeweils geltenden Fassung, zur Inanspruchnahme einer Elternzeit, einer Familienpflege- oder Pflegezeit sowie für die Dauer eines bewilligten Urlaubs oder einer Freistellung ohne Besoldung und für die Dauer einer Dienstunfähigkeit.

(8) Der Zeitausgleich ist rechtzeitig zu beantragen. Ab einer Entnahmephase von vier Wochen soll der Antrag mindestens vier Monate vor Beginn der Freistellung erfolgen. Die Freistellung bedarf der Zustimmung der dienstvorgesetzten Stelle. Der Freistellungsantrag kann aus dienstlichen Gründen abgelehnt werden. In diesem Fall ist mit der Beamtin oder dem Beamten ein Ersatzzeitraum zu vereinbaren.

(9) Das Langzeitarbeitskonto ist vor seiner Beendigung vorab durch Freizeit auszugleichen, sofern dienstliche Gründe nicht entgegenstehen. Nicht ausgeglichenes Zeitguthaben ist nach Beendigung dem Gleitzeitkonto oder anderen Konten zur Arbeitszeiterfassung gutzuschreiben. In den Fällen der Beendigung des Beamtenverhältnisses im Sinne des § 21 des Beamtenstatusgesetzes vom 17. Juni 2008 (BGBl. I S. 1010) in der jeweils geltenden Fassung, bei Dienstherrnwechsel oder in besonderen Härtefällen, wenn der Beamtin oder dem Beamten die Fortsetzung des Langzeitarbeitskontos nicht mehr zuzumuten ist, kann die rechtzeitige Entnahme zum Zwecke des Ausgleichs durch die dienstvorgesetzte Stelle angeordnet werden.

(10) Im Fall einer Versetzung kann im Einvernehmen mit der Dienststelle, zu der die Beamtin oder der Beamte versetzt wird, ein Zeitguthaben übertragen werden, sofern diese Dienststelle ebenfalls Langzeitkonten führt. Ein Anspruch auf Übertragung des Zeitguthabens besteht nicht.

(11) Von Amts wegen finanziell abzugelten ist Zeitguthaben, das

1. zum Zeitpunkt der Beendigung des Beamtenverhältnisses krankheitsbedingt
2. wegen eines unvorhersehbaren kurzfristigen Wechsels der Dienstbehörde, in der das Langzeitarbeitskonto nicht fortgeführt werden kann oder
3. in Fällen der Beendigung des Beamtenverhältnisses durch Tod

nicht durch Freizeit ausgeglichen werden konnte. Für die Berechnung des Abgeltungsbetrages pro Ausgleichstag ist § 19a Absatz 2 der Freistellungs- und Urlaubsverordnung NRW entsprechend anzuwenden.

§ 15 Dienstfreie Zeit

(1) Am 24. Dezember und 31. Dezember entfällt der Dienst, soweit es die dienstlichen Verhältnisse zulassen. Kann Dienstbefreiung

aus dienstlichen Gründen nicht erteilt werden, ist für den Dienst an einem anderen Tag innerhalb von drei Monaten Freizeitausgleich zu gewähren.

(2) Die Landesregierung kann anordnen, dass aus besonderem Anlass der Dienst an einzelnen Arbeitstagen entfällt. Bei örtlich bedingten Anlässen kann Dienstfreiheit von der obersten Dienstbehörde und, wenn der Anlass nur eine einzelne Dienststelle berührt, von der jeweiligen Leitung der Behörden und Einrichtungen im Sinne des § 1 Abs. 1 angeordnet werden.

§ 16 Ort und Zeit der Dienstleistung, Arbeitszeiterfassung

(1) Der Dienst ist grundsätzlich an der Dienststelle und innerhalb der regelmäßigen Dienststunden zu leisten, soweit nicht eine andere Regelung erforderlich oder zweckmäßig ist. Bei alternierender mobiler Arbeit entsprechend § 60 Absatz 4 des Landesbeamtengesetzes kann von Satz 1 hinsichtlich des Ortes der Dienstleistung abgewichen werden. Satz 1 gilt nicht für Staatsanwältinnen und Staatsanwälte sowie Amtsanwältinnen und Amtsanwälte. Ihre Arbeitszeit ist nicht zu erfassen.

(2) Beginn, Ende und Dauer der täglichen Arbeitszeit einschließlich Ruhepausen sind jeweils am Tag der Arbeitsleistung durch ein geeignetes objektives System zu erfassen und zu dokumentieren, das den Beamtinnen und Beamten zugänglich ist. Soweit die Zeiterfassung abweichend von Satz 1 auf die Beamtinnen und Beamten übertragen wird, sind diese zur ordnungsgemäßen Führung der Zeiterfassung anzuleiten. Diese ist von der dienstvorgesetzten Stelle regelmäßig zu kontrollieren und entsprechend Satz 1 zu dokumentieren.

(3) Die personenbezogenen Daten dürfen nur

1. für die Ermittlung und Überprüfung der Einhaltung der Arbeitszeit (zum Beispiel Zeiten der Dienstunfähigkeit, Dienstbefreiung, Mehrarbeit und des Urlaubs),
2. für die Führung einer An- und Abwesenheitsliste,
3. für die Erhebung und die damit in Zusammenhang stehenden elektronischen Datenübermittlungen zahlungsbegründender Daten für die Festsetzung und Zahlbarmachung von Besoldungsansprüchen sowie
4. in anonymisierter Form für Statistiken, insbesondere zur Evaluation der Arbeitszeitmodelle,

verwendet werden. Die personenbezogenen Daten sind durch organisatorische und technische Maßnahmen gegen unzulässige Verarbeitung sowie gegen Kenntnisnahme durch Dritte zu sichern. Die personenbezogenen Daten eines Kalenderjahres oder eines Abrechnungszeitraums nach § 14 Absatz 5 sind grundsätzlich spätestens nach sechs Monaten zu löschen. Eine darüberhinausgehende Speicherung ist nur für solche Daten zulässig, die zur Erfüllung gesetzlich zugewiesener Aufgaben erforderlich sind. In diesen Fällen sind die Daten sechs Monate nach Ablauf des für die Aufgabenerfüllung gesetzlich festgelegten Zeitraums zu löschen. Besoldungsrelevante Daten, die elektronisch übermittelt werden, unterliegen den für sie geltenden gesetzlichen Aufbewahrungsfristen. Die Datenverarbeitung unterliegt den Vorschriften des § 83 des Landesbeamtengesetzes sowie des Datenschutzgesetzes Nordrhein-Westfalen vom 17. Mai 2018 (GV. NRW. S. 244, ber. S. 278 und S. 404) in der jeweils geltenden Fassung.

§ 17 Experimentierklausel

Zur Erprobung weitergehender Arbeitszeitmodelle kann die zuständige oberste Dienstbehörde im Einvernehmen mit dem für Inneres zuständigen Ministerium von den Bestimmungen dieser Verordnung zeitlich begrenzte Ausnahmen zulassen. Führt die Erprobung zu einer Beeinträchtigung dienstlicher Interessen, sind die Arbeitszeitmodelle entsprechend anzupassen.

§ 18 Sondervorschriften für Körperschaften, Anstalten und Stiftungen des öffentlichen Rechts

(1) Bei den Gemeinden, den Gemeindeverbänden und den anderen der Aufsicht des Landes unterstehenden Körperschaften, Anstalten und Stiftungen des öffentlichen Rechts tritt an die Stelle der obersten Dienst-

behörde die bzw. der Dienstvorgesetzte, soweit nicht Beamtinnen und Beamte des Landes der Dienststelle angehören.

(2) Nach den örtlichen Erfordernissen können abweichende Regelungen von den § 3 Absätze 1 und 2, §§ 13 und 14 sowie durch Dienstvereinbarung von § 11 Absatz 1 Satz 2 und Satz 3 Halbsatz 2 getroffen werden.

(3) Für Hochschulen und bibliothekarische Zentraleinrichtungen kann die oberste Dienstbehörde abweichende Regelungen von § 14 zulassen. Die Entscheidung kann auf die Dienststellenleitung delegiert werden.

§ 19 In-Kraft-Treten und Fortbestehen von Dienstvereinbarungen

(1) Diese Verordnung tritt mit Wirkung vom 1. August 2006 in Kraft.

(2) Gleichzeitig tritt die Verordnung über die Arbeitszeit der Beamten im Lande Nordrhein-Westfalen (AZVO) in der Fassung der Bekanntmachung vom 28. Dezember 1986 (GV. NRW. 1987 S. 15), zuletzt geändert durch Artikel 4 des Gesetzes vom 17. Dezember 2003 (GV. NRW. S. 814), außer Kraft.

(3) Auf Grundlage der §§ 7a und 13 AZVO in der Fassung der Bekanntmachung vom 28. Dezember 1986 (GV. NRW. 1987 S. 15), zuletzt geändert durch Artikel 4 des Gesetzes vom 17. Dezember 2003 (GV. NRW. S. 814), bestehende Dienstvereinbarungen können, soweit sie den Bestimmungen dieser Verordnung entsprechen, unbefristet fortgeführt werden.

I

Anlage 1
(entspr. § 48a BAT)
(zu § 9 Abs. 2)

Dienstbefreiung bei Schicht- und Nachtdienst

(1) Beamtinnen und Beamte, die ständig im Wechselschichtdienst Dienst verrichten, und dabei in einem Kalenderjahr in je fünf Wochen durchschnittlich mindestens 40 Dienststunden in der dienstplanmäßigen oder betriebsüblichen Nachtschicht leisten, erhalten Dienstbefreiung innerhalb angemessener Zeit. Das gilt auch dann, wenn die Arbeit am Wochenende bis zu 48 Stunden unterbrochen wird.

(2) Dienstbefreiung im Sinne des Absatzes 1 wird wie folgt gewährt:

Bei Dienstleistungen		
in der Fünf-Tage-Woche an mindestens	in der Sechs-Tage-Woche an mindestens	
87 Arbeitstagen	104 Arbeitstagen	einen Arbeitstag
130 Arbeitstagen	156 Arbeitstagen	zwei Arbeitstage
173 Arbeitstagen	208 Arbeitstagen	drei Arbeitstage
195 Arbeitstagen	234 Arbeitstagen	vier Arbeitstage

Beginnt eine Nachtschicht vor 24.00 Uhr, so gelten die von ihr erfassten Tage als ein Arbeitstag.

(3) Beamtinnen und Beamte, die die Voraussetzungen des Absatzes 1 nicht erfüllen, aber im Schichtdienst Dienst verrichten, erhalten nach einer Dienstleistung von

mindestens 110 Stunden Nachtdienst	einen Arbeitstag
mindestens 220 Stunden Nachtdienst	zwei Arbeitstage
mindestens 330 Stunden Nachtdienst	drei Arbeitstage
mindestens 450 Stunden Nachtdienst	vier Arbeitstage

dienstfrei. Die Voraussetzungen des Satzes 1 sind nur erfüllt, wenn die Lage oder die Dauer der Schichten überwiegend um mindestens drei Stunden voneinander abweichen.

(4) Beamte, die die Voraussetzungen der Absätze 1 bis 3 nicht erfüllen, erhalten Dienstbefreiung von

einem Arbeitstag,	wenn mindestens 150 Stunden,
einem zweiten Arbeitstag,	wenn mindestens 300 Stunden,
einem dritten Arbeitstag,	wenn mindestens 450 Stunden,
einem vierten Arbeitstag,	wenn mindestens 600 Stunden

Nachtdienst geleistet worden sind.

(5) Die nach den Absätzen 1 bis 4 zustehende Dienstbefreiung erhöht sich für Beamtinnen und Beamte ab dem Kalenderjahr, in dem sie das 50. Lebensjahr vollenden, um eine Freischicht bzw. einen Arbeitstag.

(6) Soweit die Arbeitszeit von Beamtinnen und Beamten nach § 60 Abs. 2, §§ 78b, 78c, 78d oder 85a Landesbeamtengesetz ermäßigt worden ist, sind bei Anwendung der Absätze 1 bis 4 die geforderten Nachtdienststunden im Verhältnis zur Ermäßigung der regelmäßigen Arbeitszeit zu kürzen. Ist die vereinbarte Arbeitszeit auf weniger als fünf Arbeitstage in der Kalenderwoche verteilt, ist die Dienstbefreiung in entsprechender Anwendung des § 14 Erholungsurlaubsverordnung zu ermitteln.

(7) Die Dienstbefreiung nach den Absätzen 1 bis 4 darf insgesamt vier – in den Fällen des Absatzes 5 fünf – Freischichten bzw. Arbeitstage im Kalenderjahr nicht überschreiten. Die Dienstbefreiung ist in einem zeitnahen Anschluss an das Vorliegen ihrer Voraussetzun-

gen zu erteilen; davon kann aus zwingenden dienstlichen Gründen abgewichen werden.

(8) Die Absätze 1 bis 7 gelten nicht für Beamtinnen und Beamte, die in einem (Wechsel-)Schichtdienst eingesetzt sind, der in der Regel Schichten von 24 Stunden Dauer vorsieht. Ist mindestens ein Viertel der Schichten kürzer als 24, aber länger als 11 Stunden, so erhalten die Beamtinnen und Beamten für je fünf Monate Schichtdienst Dienstbefreiung für einen Arbeitstag bzw. eine Freischicht. Absatz 7 ist nicht anzuwenden.

Anlage 2
(entspr. § 27 TVöD)
(zu § 9 Abs. 2)

Dienstbefreiung bei Schicht- und Nachtdienst

(1) Beamtinnen und Beamte, die ständig Wechselschichtdienst oder ständig Schichtdienst leisten und denen die Zulage nach § 20 Abs. 1 oder 2 Erschwerniszulagenverordnung (EZulV) zusteht, erhalten

a) bei Wechselschichtdienst für je zwei zusammenhängende Monate und

b) bei Schichtdienst für je vier zusammenhängende Monate

einen Arbeitstag Dienstbefreiung.

(2) Im Falle nicht ständigen Wechselschicht- oder Schichtdienstes (z. B. ständige Vertreterinnen und Vertreter) erhalten Beamtinnen und Beamte einen Arbeitstag Dienstbefreiung für

a) je drei Monate im Jahr, in denen sie überwiegend Wechselschichtdienst geleistet haben, und

b) je fünf Monate im Jahr, in denen sie überwiegend Schichtdienst geleistet haben.

(3) Die nach den Absätzen 1 und 2 zustehende Dienstbefreiung erhöht sich für Beamtinnen und Beamte ab dem Kalenderjahr, in dem sie das 50. Lebensjahr vollenden, um einen Arbeitstag.

(4) Ist die vereinbarte Arbeitszeit auf weniger als fünf Arbeitstage in der Kalenderwoche verteilt, ist die Dienstbefreiung in entsprechender Anwendung des § 14 Erholungsurlaubsverordnung zu ermitteln.

Verordnung über die Arbeitszeit der Beamtinnen und Beamten des feuerwehrtechnischen Dienstes im Lande Nordrhein-Westfalen (Arbeitszeitverordnung Feuerwehr – AZVOFeu)

Vom 1. September 2006 (GV. NRW. S. 442)

Zuletzt geändert durch
Gesetz zur Stärkung der medienbruchfreien Digitalisierung
vom 1. Februar 2022 (GV. NRW. S. 122)

Auf Grund der §§ 78 Abs. 3, 197 Abs. 1 und 2 in Verbindung mit § 187 Abs. 3 Landesbeamtengesetz in der Fassung der Bekanntmachung vom 1. Mai 1981 (GV. NRW. S. 234, ber. 1982 S. 256), zuletzt geändert durch Gesetz vom 27. Juni 2006 (GV. NRW. S. 278), wird verordnet:

§ 1 Geltungsbereich

(1) Diese Verordnung gilt für die Beamtinnen und Beamten des feuerwehrtechnischen Dienstes, die in Schichten unter Einschluss von Bereitschaftszeiten Dienst leisten.

(2) Abweichend von § 1 Absatz 2 Nummer 5 der Verordnung über die Arbeitszeit der Beamtinnen und Beamten im Land Nordrhein-Westfalen (Arbeitszeitverordnung – AZVO) gilt für alle anderen Beamtinnen und Beamten des feuerwehrtechnischen Dienstes die Arbeitszeitverordnung.

§ 2 Regelmäßige wöchentliche Arbeitszeit im Schichtdienst

(1) Die regelmäßige Arbeitszeit der Beamtinnen und Beamten des feuerwehrtechnischen Dienstes, die in Schichten Dienst leisten, beträgt unter Berücksichtigung des Bereitschaftsdienstes wöchentlich einschließlich Mehrarbeitsstunden im Jahresdurchschnitt 48 Stunden. Dabei beträgt der Anteil des Bereitschaftsdienstes 19 Stunden.

(2) Für gesetzliche Feiertage, die auf einen Werktag fallen, vermindert sich die durchschnittliche wöchentliche Arbeitszeit nach Absatz 1 jeweils um ein Fünftel, und zwar ohne Rücksicht darauf, ob die Beamtin oder der Beamte an dem Feiertag tatsächlich Dienst zu leisten hat.

(3) Die Beamtinnen und Beamten sind verpflichtet, über die regelmäßige Arbeitszeit hinaus Dienst zu leisten, wenn zwingende dienstliche Gründe dies erfordern.

(4) Bei Ermittlung der im Jahresdurchschnitt geleisteten Arbeitszeit bleiben Zeiten des Erholungsurlaubs und der Dienstunfähigkeit unberücksichtigt.

§ 3 Tägliche Ruhezeit

(1) Innerhalb eines 24-Stunden-Zeitraumes beträgt die ununterbrochene Ruhezeit 11 Stunden.

(2) Bei Gewährung gleichwertiger Ausgleichsruhezeiten oder in Ausnahmefällen, in denen die Beamtin und der Beamte einen anderweitigen angemessenen Schutz erhält, kann hiervon abgewichen werden.

§ 4 Wöchentliche Ruhezeit

(1) Innerhalb eines Siebentageszeitraumes soll den Beamtinnen und Beamten eine Ruhezeit von 24 zusammenhängenden Stunden zuzüglich der täglichen Ruhezeit von 11 Stunden gewährt werden.

(2) § 3 Abs. 2 gilt entsprechend.

§ 5 Ausnahmen/Individualvereinbarungen

(1) Unter Beachtung der allgemeinen Grundsätze der Sicherheit und des Gesundheitsschutzes kann über den Rahmen des § 2 Abs. 1 hinaus Schichtdienst als durchschnittliche regelmäßige wöchentliche Arbeitszeit geleistet werden, wenn

a) die oder der Betroffene sich hierzu bereit erklären,
b) der Beamtin oder dem Beamten im Falle der Nichtbereitschaft zur Überschreitung

der Regelarbeitszeit keine Nachteile entstehen,

c) der Dienstherr aktuelle Listen über alle Beamtinnen und Beamten führt, die sich zu einer verlängerten Arbeitszeit bereit erklärt haben,

d) die Listen den für den Arbeitsschutz zuständigen Behörden, die eine Überschreitung der wöchentlichen Höchstarbeitszeit anlassbezogen unterbinden oder einschränken können, zur Verfügung gestellt werden,

e) der Dienstherr auf Ersuchen die für den Arbeitsschutz zuständigen Behörden über die Beamtinnen und Beamten unterrichtet, die eine Erklärung i. S. d. Buchstaben a) abgegeben haben.

Bei einer vereinbarten Wochenarbeitszeit von 54 Stunden soll in der Regel der Anteil des Arbeits- und Ausbildungsdienstes 23 Stunden und der Anteil des Bereitschaftsdienstes 31 Stunden betragen. Dieses Verhältnis gilt für davon abweichend vereinbarte Wochenarbeitsstunden entsprechend.

(2) Die Erklärung i. S. d. Absatzes 1 kann zum Ablauf des Kalenderjahres mit einer Frist von drei Monaten widerrufen werden. Die Beamtin oder der Beamte ist auf die Widerrufsmöglichkeit schriftlich oder elektronisch hinzuweisen.

§ 6 Arbeitszeitgestaltung

(1) Die Beamtinnen und Beamten müssen während der Arbeitszeit an der Dienststelle anwesend sein, soweit sie sich nicht im Einsatz befinden oder an anderer Stelle Dienstobliegenheiten des feuerwehrtechnischen Dienstes zu erfüllen haben.

(2) Während der Arbeitszeit haben die Beamtinnen und Beamten, solange kein Einsatz stattfindet, Arbeitsausbildungs- und Bereitschaftsdienst zu leisten. An Sonntagen kann nach Maßgabe örtlicher Regelungen Arbeits-, Ausbildungs- und Fortbildungsdienst geleistet werden, im Übrigen ist Bereitschaftsdienst zu leisten.

(3) Einzelheiten der Arbeitszeitverteilung, der Dienstplangestaltung und der Gewährung des Feiertagsausgleiches regelt nach Maßgabe dieser Verordnung die dienstvorgesetzte Stelle.

§ 7 Anwendbarkeit der Arbeitszeitverordnung

(1) Im Übrigen ist die Verordnung über die Arbeitszeit der Beamtinnen und Beamten im Land Nordrhein-Westfalen (AZVO) anwendbar, soweit sich aus den vorstehenden Regelungen nichts anderes ergibt.

(2) Abweichend von § 1 Abs. 1 kann festgelegt werden, dass für das feuerwehrtechnische Personal in Kreisleitstellen die Verordnung über die Arbeitszeit der Beamtinnen und Beamten im Land Nordrhein-Westfalen (AZVO) gilt.

§ 8 Inkrafttreten, Berichtspflicht

(1) Die Verordnung tritt am 1. Januar 2007 in Kraft.

(2) Das Innenministerium berichtet der Landesregierung bis zum 31. Dezember 2020 und danach alle fünf Jahre über die Notwendigkeit des Fortbestehens dieser Verordnung.

I

Verordnung über die Freistellung wegen Mutterschutz für Beamtinnen und Richterinnen, Eltern- und Pflegezeit, Erholungs- und Sonderurlaub der Beamtinnen und Beamten und Richterinnen und Richter im Land Nordrhein-Westfalen (Freistellungs- und Urlaubsverordnung NRW – FrUrlV NRW)

Vom 10. Januar 2012 (GV. NRW. S. 2, S. 92)

Zuletzt geändert durch
Hochschulstärkungsgesetz
vom 21. Juli 2026 (GV. NRW. S. 552)

Inhaltsübersicht

Auf Grund der §§ 73, 74 Absatz 1 und 76 Absatz 1 und 2 des Landesbeamtengesetzes vom 21. April 2009 (GV. NRW. S. 224), geändert durch Artikel 3 des Gesetzes vom 10. November 2009 (GV. NRW. S. 570), in Verbindung mit § 4 Absatz 1 Satz 1 des Landesrichtergesetzes vom 29. März 1966 (GV. NRW. S. 217), zuletzt geändert durch Gesetz vom 9. Juni 2009 (GV. NRW. S. 341), wird verordnet:

Teil 1
Allgemeines

§ 1 Geltungsbereich

Diese Verordnung gilt für die Beamtinnen und Beamten des Landes, der Gemeinden, der Gemeindeverbände und der anderen der Aufsicht des Landes unterstehenden Körperschaften, Anstalten und Stiftungen des öffentlichen Rechts. Sie gilt für Richterinnen und Richter entsprechend, soweit nicht durch besondere Rechtsvorschrift etwas anderes bestimmt ist.

§ 2 Arbeitstage

Arbeitstage im Sinne dieser Verordnung sind alle Kalendertage, an denen dienstplanmäßig oder auf Grund der Verteilung der durchschnittlichen regelmäßigen wöchentlichen Arbeitszeit Dienst zu leisten ist; ausgenommen sind Feiertage, die zu einer Kürzung der durchschnittlichen Wochenarbeitszeit um die an sich auf diese Tage entfallenden Dienststunden führen. Ist eine Dienstschicht auf zwei Kalendertage verteilt, wird als Arbeitstag im Sinne des Satzes 1 nur der erste Kalendertag berücksichtigt.

Teil 2
Mutterschutz

§ 3 Anwendung des Mutterschutzgesetzes

(1) Auf die Beschäftigung und den Gesundheitsschutz von Beamtinnen während der Schwangerschaft, nach der Entbindung und in der Stillzeit sind die folgenden Vorschriften des Mutterschutzgesetzes vom 23. Mai 2017 (BGBl. I S. 1228) in der jeweils geltenden Fassung entsprechend anzuwenden:

1. zu Zielen des Mutterschutzes und Begriffsbestimmungen (§ 1 Absatz 1, § 2 Absatz 3 Satz 1 und Absatz 4 des Mutterschutzgesetzes),
2. zu Beschäftigungsverboten und Ausnahmen (§§ 3 bis 6, 10 Absatz 3, § 13 Absatz 1 Nummer 3, §§ 16, 28 und 29 Absatz 3 Nummer 1 des Mutterschutzgesetzes),
3. zur Freistellung für Untersuchungen und zum Stillen (§ 7 des Mutterschutzgesetzes),
4. zur Gestaltung der Arbeitsbedingungen (§§ 9, 10 Absatz 1 und 2, § 13 Absatz 1 Nummern 1 und 2 und § 14 des Mutterschutzgesetzes),
5. zu unzulässigen Tätigkeiten und Arbeitsbedingungen für
   a) schwangere Frauen (§ 11 des Mutterschutzgesetzes) und
   b) stillende Frauen (§ 12 des Mutterschutzgesetzes),
6. zu Mitteilungen und Nachweisen über die Schwangerschaft und das Stillen (§ 15 des Mutterschutzgesetzes),
7. zu den Mitteilungs- und Aufbewahrungspflichten (§ 27 Absatz 1 bis 5 des Mutterschutzgesetzes) und
8. zu den Bußgeld- und Strafvorschriften (§§ 32 und 33 des Mutterschutzgesetzes).

(2) An die Stelle des Arbeitgebers im Sinne des Mutterschutzgesetzes tritt die nach § 2 des Landesbeamtengesetzes vom 14. Juni 2016 (GV. NRW. S. 310, ber. S. 642), das zuletzt durch Artikel 1 des Gesetzes vom 19. September 2017 (GV. NRW. S. 764) geändert worden ist, zuständige dienstvorgesetzte Stelle. Für die Kontrolle und Überwachung der Einhaltung der dem Gesundheitsschutz dienenden mutterschutzrechtlichen Vorschriften und damit einhergehenden Befugnissen gilt § 29 des Mutterschutzgesetzes entsprechend.

§ 4 Besoldung bei Beschäftigungsverbot, Untersuchungen und Stillzeit

(1) Durch die mutterschutzrechtlichen Beschäftigungsverbote nach § 3 Absatz 1 Satz 1 Nummer 2 mit Ausnahme des Verbots der Mehrarbeit wird die Zahlung der Besoldung nicht berührt. Das Gleiche gilt für Freistellungen für

Untersuchungen bei Schwangerschaft und Mutterschaft sowie für Freistellungen zum Stillen. Bemessungsgrundlage für die Zahlung der Zulagen für den Dienst zu ungünstigen Zeiten und den Wechselschicht- oder Schichtdienst sowie der Vergütung im Vollstreckungsdienst ist der Durchschnitt der Zulagen und der Vergütungen der letzten drei Monate vor Beginn des Monats, in dem die Schwangerschaft eingetreten ist (Zulagen nach §§ 3, 4 und 20 der Erschwerniszulagenverordnung in der Fassung der Bekanntmachung vom 3. Dezember 1998 (BGBl. I S. 3497) in der jeweils geltenden Fassung, in Verbindung mit § 92 Absatz 1 Nummer 2 des Landesbesoldungsgesetzes vom 14. Juni 2016 (GV. NRW. S. 310, ber. S. 642) in der jeweils geltenden Fassung, Vergütungen nach der Vollstreckungsvergütungsverordnung in der Fassung der Bekanntmachung vom 6. Januar 2003 (BGBl. I S. 8), die durch Artikel 2 der Verordnung vom 9. Dezember 2014 (GV. NRW. S. 880) geändert worden ist, in Verbindung mit § 92 Absatz 1 Nummer 4 des Landesbesoldungsgesetzes sowie Vergütungen nach der Gerichtsvollziehervergütungsverordnung vom 9. Dezember 2014 (GV. NRW. S. 880) in der jeweils geltenden Fassung).

(2) Nach der Beendigung einer Elternzeit nach § 16 Absatz 3 Satz 3 des Bundeselterngeld- und Elternzeitgesetzes vom 5. Dezember 2006 (BGBl. I S. 2748) in der jeweils geltenden Fassung richtet sich der Besoldungsanspruch nach dem Beschäftigungsumfang vor Beginn der Elternzeit. Während der Elternzeit eingetretene Veränderungen sind zu berücksichtigen. Wenn die Besoldung aus einer Teilzeitbeschäftigung während der beendeten Elternzeit höher ist als der Besoldungsanspruch im Sinne von Satz 1, wird diese Besoldung zugrunde gelegt.

§ 5 Zuschuss bei Beschäftigungsverbot während einer Elternzeit

Beamtinnen erhalten in der Zeit der Schutzfristen vor und nach der Entbindung (§ 3 des Mutterschutzgesetzes) und für den Entbindungstag einen Zuschuss von 13 Euro für jeden Kalendertag, der in eine Elternzeit fällt. Dies gilt nicht, wenn sie während der Elternzeit teilzeitbeschäftigt sind. Der Zuschuss ist auf insgesamt 210 Euro begrenzt, wenn die Besoldung der Beamtin vor Beginn der Elternzeit ohne die mit Rücksicht auf den Familienstand gewährten Zuschläge und ohne Aufwandsentschädigung die Versicherungspflichtgrenze in der gesetzlichen Krankenversicherung überschreitet oder überschreiten würde.

§ 6 Entlassungsverbot

(1) Die Entlassung einer Beamtin auf Probe oder auf Widerruf darf gegen ihren Willen nicht ausgesprochen werden

1. während der Schwangerschaft,
2. bis zum Ablauf von vier Monaten nach einer Fehlgeburt nach der zwölften Schwangerschaftswoche und
3. bis zum Ende ihrer Schutzfrist nach der Entbindung, mindestens jedoch bis zum Ablauf von vier Monaten nach der Entbindung, wenn der dienstvorgesetzten Stelle zum Zeitpunkt der Entlassung die Schwangerschaft, die Fehlgeburt nach der zwölften Schwangerschaftswoche oder die Entbindung bekannt ist oder wenn sie ihr innerhalb von zwei Wochen nach Zustellung der Entlassungsverfügung mitgeteilt wird. Das Überschreiten dieser Frist ist unbeachtlich, wenn es auf einem von der Beamtin nicht zu vertretenden Grund beruht und die Mitteilung unverzüglich nachgeholt wird. Die Sätze 1 und 2 gelten entsprechend für Maßnahmen zur Vorbereitung einer Entlassung.

(2) In besonderen Fällen kann die oberste Dienstbehörde abweichend von Absatz 1 eine Entlassung aussprechen, wenn ein Sachverhalt vorliegt, bei dem eine Beamtin auf Lebenszeit im Wege eines Disziplinarverfahrens aus dem Beamtenverhältnis zu entfernen wäre.

(3) Die §§ 22 und 23 Absätze 1 und 2 des Beamtenstatusgesetzes bleiben unberührt.

§ 7 Freistellung für Untersuchungen und zum Stillen

Die Beamtin hat zeitlich unabhängig von dienstlichen Interessen jederzeit das Recht auf Freistellung für die bei Schwangerschaft und

I

Mutterschaft erforderlichen Untersuchungen oder für die zum Stillen erforderliche Zeit. Freistellungszeiten für Untersuchungen einschließlich Wegezeiten und zum Stillen werden als Arbeitszeit entsprechend § 23 Absatz 1 des Mutterschutzgesetzes berücksichtigt.

§ 8 Auslage des Mutterschutzgesetzes und dieser Verordnung

In jeder Dienststelle, bei der regelmäßig mehr als drei Beamtinnen tätig sind, sind ein Abdruck des Mutterschutzgesetzes sowie ein Abdruck dieser Verordnung an geeigneter Stelle zur Einsicht auszulegen, sofern diese nicht allen Bediensteten in elektronischer Fassung zur Verfügung stehen.

Teil 3
Elternzeit

§ 9 Anwendung des Bundeselterngeld- und Elternzeitgesetzes

Beamtinnen und Beamte haben Anspruch auf Elternzeit ohne Besoldung in entsprechender Anwendung des § 15 Absatz 1 bis 3 und § 16 des Bundeselterngeld- und Elternzeitgesetzes vom 5. Dezember 2006 (BGBl. I S. 2748) in der jeweils geltenden Fassung, soweit nachfolgend nichts Abweichendes geregelt ist.

§ 10 Teilzeitbeschäftigung während der Elternzeit

(1) Während der Elternzeit ist Beamtinnen und Beamten auf Antrag eine Teilzeitbeschäftigung bei ihrem Dienstherrn bis zu 32 Stunden wöchentlich zu bewilligen, wenn zwingende dienstliche Belange nicht entgegenstehen.

(2) Mit Genehmigung der zuständigen Dienstbehörde darf während der Elternzeit auch eine Teilzeitbeschäftigung außerhalb des Beamtenverhältnisses in dem in Absatz 1 genannten Umfang ausgeübt werden. Diese Obergrenze gilt nicht für eine Tätigkeit als Tagespflegeperson im Sinne von § 23 des Achten Buches Sozialgesetzbuch – Kinder- und Jugendhilfe – (Artikel 1 des Gesetzes vom 26. Juni 1990, BGBl. I S. 1163) in der jeweils geltenden Fassung, sofern nicht mehr als fünf Kinder in Kindertagespflege betreut werden. Die Genehmigung kann nur innerhalb von vier Wochen ab Antragstellung versagt werden, wenn dringende dienstliche Belange entgegenstehen. Sie ist zu versagen, wenn einer der in § 50 in Verbindung mit § 49 Absatz 2 Satz 2 Nummer 2 bis 6 des Landesbeamtengesetzes genannten Gründe vorliegt. Eine Ablehnung bedarf der Schriftform.

§ 11 Sonderregelung im Schul- und Hochschuldienst

Bei Beamtinnen und Beamten mit Lehraufgaben im Schul- und Hochschuldienst sind Unterbrechungen der Elternzeit nicht zulässig, wenn sie überwiegend auf die Schulferien oder die vorlesungsfreie Zeit entfallen. Bei der Wahl von Beginn und Ende der Elternzeit dürfen Schulferien oder die vorlesungsfreie Zeit nicht ohne sachgerechte Begründung ausgespart werden.

§ 12 Entlassung aus dem Beamtenverhältnis

(1) Während der Elternzeit darf die Entlassung von Beamtinnen und Beamten auf Probe oder auf Widerruf gegen ihren Willen nur ausgesprochen werden, wenn ein Sachverhalt vorliegt, bei dem Beamtinnen und Beamte auf Lebenszeit aus dem Dienst zu entfernen wären.

(2) Die §§ 22 und 23 Absätze 1 und 2 des Beamtenstatusgesetzes bleiben unberührt.

§ 13 Krankenversicherung

(1) Den Beamtinnen und Beamten werden die Beiträge für die Krankenversicherung während der Elternzeit in Höhe von monatlich 31 Euro erstattet, wenn ihre Besoldung (ohne die mit Rücksicht auf den Familienstand gewährten Zuschläge und ohne Aufwandsentschädigung sowie ohne Auslandsdienstbezüge nach Maßgabe der besoldungsrechtlichen Bestimmungen) im Monat vor Beginn der Elternzeit ein Zwölftel der allgemeinen Versicherungspflichtgrenze in der gesetzlichen Krankenversicherung nicht überschritten haben oder überschritten hätten. Nehmen die Eltern gemeinsam Elternzeit, steht die Beitragserstattung nur dem Elternteil zu, bei dem das Kind im Familienzuschlag berücksichtigt wird oder berücksichtigt werden soll.

(2) Für die Dauer einer Elternzeit, für welche nach den §§ 4 und 4c des Bundeselterngeld- und Elternzeitgesetzes Anspruch auf die Zahlung von Basiselterngeld besteht und Zahlungen nach dem Bundeselterngeld- und Elternzeitgesetz bezogen werden, werden Beamtinnen und Beamten bis einschließlich der Besoldungsgruppe A 8 sowie Beamtinnen und Beamten auf Widerruf im Vorbereitungsdienst auf Antrag die Beiträge für die Kranken- und Pflegeversicherung über die Erstattung nach Absatz 1 hinaus in voller Höhe erstattet, soweit sie auf einen die jeweilige Beihilfe ergänzenden Tarif einschließlich etwaiger darin enthaltener Altersrückstellungen entfallen. Für andere Monate einer Elternzeit wird die Beitragserstattung nach Satz 1 weitergezahlt, solange keine Beschäftigung mit mindestens der Hälfte der regelmäßigen Arbeitszeit ausgeübt wird. Zu den Beiträgen zählen auch die auf die Kinder entfallenden Anteile, soweit die Kinder im Familienzuschlag berücksichtigt sind.

§ 14 Richterlicher Dienst

Richterinnen und Richter müssen die im Sinne von § 10 Absatz 1 zulässige Teilzeitbeschäftigung mindestens mit 30 Prozent des regelmäßigen Dienstes leisten.

§ 15 Übergangsvorschrift

Für die vor dem 1. September 2021 geborenen oder mit dem Ziel der Adoption aufgenommenen Kinder ist Teil 3 in der bis zum 31. August 2021 geltenden Fassung weiter anzuwenden.

Teil 4
Pflege- und Familienpflegezeit

§ 16 Kurzzeitige Arbeitsverhinderung, Pflegezeit und sonstige Freistellungen

(1) In entsprechender Anwendung des § 2 Absatz 1 und 2, des § 3 Absatz 1 bis 6, § 4 und des § 7 Absatz 3 und 4 des Pflegezeitgesetzes vom 28. Mai 2008 (BGBl. I S. 874, 896) in der jeweils geltenden Fassung haben Beamtinnen und Beamte Anspruch

1. dem Dienst bis zu zehn Arbeitstage fernzubleiben (kurzzeitige Arbeitsverhinderung) oder
2. vom Dienst teilweise oder vollständig freigestellt zu werden bis zur Dauer von maximal
   a) sechs Monaten (Pflegezeit, Betreuung pflegebedürftiger minderjähriger Angehöriger) oder
   b) drei Monaten (Begleitung letzte Lebensphase),

soweit nachfolgend nichts Abweichendes geregelt ist.

(2) Die Pflegebedürftigkeit ist entsprechend den §§ 2 Absatz 2 und 3 Absatz 2 des Pflegezeitgesetzes nachzuweisen. Das Vorliegen einer Erkrankung in Fällen des Absatzes 1 Nummer 2b ist entsprechend § 3 Absatz 6 des Pflegezeitgesetzes nachzuweisen. Soweit Kosten für die ärztliche Bescheinigung entstehen, werden sie vom Dienstherrn übernommen.

(3) Die Freistellung nach Absatz 1 Nummer 1 erfolgt im Umfang von 9 Arbeitstagen unter Fortzahlung der Besoldung, soweit keine andere Person bezahlte Freistellung im Rahmen der kurzzeitigen Arbeitsverhinderung für dieselbe pflegebedürftige Person in Anspruch nimmt. Der Dauer der Freistellung liegt eine Fünf-Tage-Woche zugrunde. § 23 Absatz 1, 2 und 4 gilt entsprechend. Zeiten einer vollständigen Freistellung nach Absatz 1 Nummer 2 erfolgen als Urlaub ohne Besoldung.

(4) Beamtinnen und Beamten ist für die Dauer der Freistellungen nach §§ 3, 4 des Pflegezeitgesetzes auf Antrag auch eine Teilzeitbeschäftigung zu bewilligen, wenn zwingende dienstliche Gründe nicht entgegenstehen. Richterinnen und Richter müssen die im Sinne von Satz 1 zulässige Teilzeitbeschäftigung mindestens mit 30 Prozent des regelmäßigen Dienstes leisten.

(5) Vollständige oder teilweise Freistellungen nach § 3 des Pflegezeitgesetzes unterbrechen eine Elternzeit, Beurlaubung nach §§ 64, 70 des Landesbeamtengesetzes oder eine Teilzeitbeschäftigung nach §§ 64, 65 des Landesbeamtengesetzes. Sie sind spätestens zwei Wochen vor Beginn schriftlich oder elektronisch zu beantragen.

(6) Bei einer Kombination müssen Pflegezeit und Familienpflegezeit (§ 16a) in unmittelba-

rem Anschluss aneinander erfolgen. Pflegezeit und Familienpflegezeit dürfen gemeinsam 24 Monate je pflegebedürftiger Angehöriger oder pflegebedürftigem Angehörigen nicht überschreiten (Gesamtdauer).

(7) Für eine Entlassung aus dem Beamtenverhältnis während der vollständigen und teilweisen Freistellungen nach § 3 des Pflegezeitgesetzes gilt § 12 entsprechend.

§ 16a Familienpflegezeit

(1) In entsprechender Anwendung der §§ 1, 2 Absatz 1, 2 und 5, § 2a des Familienpflegezeitgesetzes vom 6. Dezember 2011 (BGBl. I S. 2564) in der jeweils geltenden Fassung haben Beamtinnen und Beamte Anspruch auf Familienpflegezeit, wenn sie

1. eine pflegebedürftige nahe Angehörige oder einen pflegebedürftigen nahen Angehörigen in häuslicher Umgebung pflegen oder
2. eine minderjährige pflegebedürftige nahe Angehörige oder einen minderjährigen pflegebedürftigen nahen Angehörigen in häuslicher oder außerhäuslicher Umgebung betreuen,

soweit nachfolgend nichts Abweichendes geregelt ist.

(2) Die Familienpflegezeit nach Absatz 1 wird als Teilzeitbeschäftigung im beantragten Umfang bewilligt, soweit zwingende dienstliche Gründe nicht entgegenstehen. Die regelmäßige wöchentliche Arbeitszeit in der Pflegephase muss mindestens 15 Stunden betragen. Richterinnen und Richter müssen die im Sinne von Satz 1 zulässige Teilzeitbeschäftigung mindestens mit 30 Prozent des regelmäßigen Dienstes leisten.

(3) Teilzeitbeschäftigung kann auch als Teilzeitbeschäftigung im Blockmodell entsprechend § 65 Absatz 2 des Landesbeamtengesetzes in Anspruch genommen werden. In diesen Fällen ist Beamtinnen und Beamten ihre tatsächliche Arbeitszeit während der Pflegephase bis zu längstens 24 Monaten um den Anteil der reduzierten Arbeitszeit zu ermäßigen, welcher nach Beendigung der Pflegephase in der ebenso langen Nachpflegephase erbracht wird. In diesen Fällen ist die Bewilligung der Familienpflegezeit mit einem Widerrufsvorbehalt für die Fälle des § 65 Absatz 3 Satz 1 bis 5 des Landesbeamtengesetzes zu versehen.

(4) Die Pflegephase der Familienpflegezeit ist nur für einen einzigen zusammenhängenden Zeitabschnitt zu bewilligen. Die Dauer der Pflegephase der Familienpflegezeit beträgt maximal 24 Monate je pflegebedürftiger naher Angehöriger oder pflegebedürftigem nahen Angehörigen. § 16 Absatz 6 gilt entsprechend.

(5) Die Pflegebedürftigkeit der oder des Angehörigen ist entsprechend § 2a Absatz 4 des Familienpflegezeitgesetzes nachzuweisen. Soweit Kosten für die ärztliche Bescheinigung entstehen, werden sie vom Dienstherrn übernommen. § 7 Absatz 3 und 4 des Pflegezeitgesetzes gelten entsprechend.

(6) Für Freistellungen nach § 2 des Familienpflegezeitgesetzes gilt § 16 Absatz 5 entsprechend. Sie sind spätestens acht Wochen vor Beginn schriftlich oder elektronisch zu beantragen.

(7) Für eine Entlassung aus dem Beamtenverhältnis während der Familienpflegezeit gilt § 12 entsprechend.

Teil 5
Erholungsurlaub

§ 17 Urlaubsanspruch

(1) Beamtinnen und Beamte haben in jedem Kalenderjahr (Urlaubsjahr) Anspruch auf Erholungsurlaub unter Fortzahlung der Besoldung.

(2) Erholungsurlaub kann erst nach einer Beschäftigungszeit im öffentlichen Dienst von sechs Monaten, bei Beamtinnen und Beamten auf Widerruf im Vorbereitungsdienst und bei Beamtinnen und Beamten, die das 18. Lebensjahr zu Beginn des Urlaubsjahres noch nicht vollendet haben, nach einer Wartezeit von drei Monaten beansprucht werden. Ausnahmen können aus besonderen Gründen zugelassen werden.

§ 18 Urlaubsdauer

(1) Der Urlaub wird nach Arbeitstagen berechnet.

(2) Der jährliche Erholungsurlaub beträgt bei regelmäßiger Verteilung der Arbeitszeit auf fünf Tage in der Kalenderwoche 30 Arbeitstage.

(3) Beginnt oder endet das Beamtenverhältnis im Laufe des Urlaubsjahres, so besteht ein Urlaubsanspruch auf ein Zwölftel des Jahresurlaubs für jeden vollen Monat der Dienstzugehörigkeit. Von einem vollen Monat ist auszugehen, wenn das Beamtenverhältnis am ersten regelmäßigen Werktag eines Monats beginnt beziehungsweise am letzten regelmäßigen Werktag eines Monats endet. Endet das Beamtenverhältnis wegen Eintritt in den Ruhestand, so besteht Anspruch auf die Hälfte des Jahresurlaubes, wenn das Beamtenverhältnis in der ersten Jahreshälfte endet, sonst auf den vollen Urlaub.

(4) Während eines Urlaubs oder einer Freistellung ohne Besoldung wird der für das Urlaubsjahr zustehende Erholungsurlaub für jeden vollen Kalendermonat der Beurlaubung, Freistellung, Elternzeit (Teil 3) oder Pflegezeit (Teil 4) um ein Zwölftel gekürzt. Die Kürzung unterbleibt, wenn zeitgleich eine Teilzeitbeschäftigung bei dem eigenen Dienstherrn ausgeübt wird.

(5) Die Ausfallzeiten wegen mutterschutzrechtlicher Beschäftigungsverbote gelten als Beschäftigungszeiten.

(6) Für das Urlaubsjahr, in dem eine gemäß § 65 des Landesbeamtengesetzes oder § 10 des Landesrichter- und Staatsanwältegesetzes vom 8. Dezember 2015 (GV. NRW. S. 812) in der jeweils geltenden Fassung bewilligte volle ununterbrochene Freistellung vom Dienst beginnt oder endet, wird der Erholungsurlaub wie in den Fällen des Absatzes 4 Satz 1 berechnet. Absatz 4 Satz 2 und § 19 Absatz 4 Satz 1 finden entsprechende Anwendung.

(7) Für das Urlaubsjahr, in dem eine gemäß § 66 Absatz 2 des Landesbeamtengesetzes bis zum Beginn des Ruhestandes dauernde Freistellung beginnt, wird der Erholungsurlaub wie in den Fällen des Absatzes 4 Satz 1 berechnet.

(8) Ergibt sich der Bruchteil eines Arbeitstages, so ist – bei mehreren Bruchteilen nach der Zusammenrechnung – aufzurunden.

§ 19 Inanspruchnahme des Urlaubs

(1) Der Erholungsurlaub soll im Laufe des Urlaubsjahres nach Möglichkeit voll ausgenutzt werden. Der Erholungsurlaub kann geteilt werden, soweit dadurch der Urlaubszweck nicht gefährdet wird.

(2) Urlaub, der nicht innerhalb von 15 Monaten nach dem Ende des Urlaubsjahres in Anspruch genommen worden ist und nicht nach § 20a angespart wird verfällt. Urlaub, der zum Zeitpunkt der Beendigung des Beamtenverhältnisses nicht in Anspruch genommen wurde, verfällt. § 19a bleibt unberührt.

(3) Hat die Beamtin den ihr zustehenden Urlaub vor Beginn der Ausfallzeiten wegen mutterschutzrechtlicher Beschäftigungsverbote nicht oder nicht vollständig in Anspruch genommen, ist der Resturlaub nach Ablauf der Fristen dem Erholungsurlaub des laufenden Urlaubsjahres hinzuzufügen.

(4) Hat die Beamtin oder der Beamte den ihr oder ihm zustehenden Erholungsurlaub vor Beginn eines Urlaubs ohne Besoldung oder einer Eltern- oder Pflegezeit nicht oder nicht vollständig in Anspruch genommen, ist der Resturlaub nach dem Ende des Urlaubs ohne Besoldung oder der Eltern- oder Pflegezeit dem Erholungsurlaub des laufenden Urlaubsjahres hinzuzufügen. Gleiches gilt auch für unmittelbar aufeinanderfolgende Urlaube ohne Besoldung oder unmittelbar aufeinanderfolgende Elternzeiten. Der Übertragungsanspruch erhöht sich um den Zusatzurlaub nach § 208 Absatz 1 Satz 1 des Neunten Buches Sozialgesetzbuch – Rehabilitation und Teilhabe von Menschen mit Behinderungen – (Artikel 1 des Gesetzes vom 23. Dezember 2016, BGBl. I S. 3234) in der jeweils geltenden Fassung und um den Dienstbefreiungsanspruch nach § 9 Absatz 4 der Arbeitszeitverordnung vom 4. Juli 2006 (GV. NRW. S. 335) in der jeweils geltenden Fassung.

(5) Zu viel gewährter Erholungsurlaub, den die Beamtin oder der Beamte vor dem Beginn eines Urlaubs unter Wegfall der Besoldung oder der Eltern- oder Pflegezeit in einem Urlaubsjahr in Anspruch genommen hat, ist durch Anrechnung auf den nächsten neuen Urlaubsanspruch auszugleichen; dies gilt nicht, wenn die oberste Dienstbehörde oder die von ihr bestimmte

Stelle spätestens bei Beendigung des Urlaubs ohne Besoldung schriftlich oder elektronisch anerkannt hat, dass dieser dienstlichen Interessen oder öffentlichen Belangen dient.

(6) Die dienstvorgesetzte Stelle teilt von Amts wegen der Beamtin und dem Beamten zu Beginn eines jeden Kalenderjahres den vorhandenen Urlaubsanspruch nach dieser Verordnung, getrennt nach Kalenderjahren, in Textform mit, fordert zur rechtzeitigen Beantragung und Inanspruchnahme des Urlaubs auf und belehrt für den Fall der Nichtinanspruchnahme über den ersatzlosen Verfall nach Absatz 2. Die Absätze 3 und 4 bleiben unberührt. Wird die Mitteilungspflicht nicht oder unvollständig erfüllt, tritt nicht beanspruchter Mindesturlaub nach § 19a Absatz 1 Satz 1 am Ende des Übertragungszeitraums nach Absatz 2 Satz 1 zu dem im Folgejahr entstandenen Urlaubsanspruch hinzu beziehungsweise wird zum Zeitpunkt der Beendigung des Beamtenverhältnisses entsprechend dem Verfahren nach § 19a finanziell abgegolten. Die Sätze 1 bis 3 gelten entsprechend für den Zusatzurlaubsanspruch nach § 208 Absatz 1 Satz 1 des Neunten Buches Sozialgesetzbuch. Die Beweislast für die Erfüllung der Mitteilungspflicht liegt bei der dienstvorgesetzten Stelle.

§ 19a Finanzielle Abgeltung von Mindesturlaub bei Beendigung des Beamtenverhältnisses

(1) Erholungsurlaub bis zu einer Dauer von 20 Arbeitstagen im Urlaubsjahr (Mindesturlaub), der zum Zeitpunkt der Beendigung des Beamtenverhältnisses krankheitsbedingt ganz oder teilweise nicht in Anspruch genommen und zu diesem Zeitpunkt nach § 19 Absatz 2 nicht verfallen ist, ist von Amts wegen finanziell abzugelten. Gleiches gilt für nicht beanspruchten Zusatzurlaub nach § 208 Absatz 1 Satz 1 des Neunten Buches Sozialgesetzbuch. Dem Mindesturlaub nach Satz 1 liegt eine Fünf-Tage-Woche bei ganzjähriger Beschäftigung zugrunde. Im Urlaubsjahr bereits gewährte Urlaubstage sind zunächst vom Mindesturlaubsanspruch und von einem Zusatzurlaubsanspruch nach § 208 Absatz 1 Satz 1 des Neunten Buches Sozialgesetzbuch für dieses Jahr in Abzug zu bringen, auch wenn diese in Abrechnung von Urlaubsansprüchen für andere Jahre genommen wurden. § 18 Absatz 3 Satz 3 und Absatz 8 sowie § 23 Absatz 3 finden keine Anwendung. In Fällen der Beendigung des Beamtenverhältnisses durch Tod entsteht der finanzielle Abgeltungsanspruch für Urlaubsansprüche nach den Sätzen 1 bis 5 voraussetzungslos.

(2) Der Abgeltungsbetrag pro nicht genommenem Urlaubstag entspricht dem anteiligen Bruttobezug eines Arbeitstages. Die Höhe der Abgeltung bemisst sich nach dem Durchschnitt der Bruttobesoldung der letzten drei Monate vor Beendigung des Beamtenverhältnisses. Für die Berechnung ist die Summe dieser Bruttobezüge durch 13 (Wochenzahl des Quartals) und der sich hieraus ergebende Betrag durch die Anzahl der regelmäßigen Arbeitstage pro Woche zu dividieren und anschließend mit der Anzahl der nach Absatz 1 abzugeltenden Urlaubstage zu multiplizieren.

(3) Der Abgeltungsanspruch verjährt in der regelmäßigen Verjährungsfrist von drei Jahren, beginnend mit dem Schluss des Jahres, in dem das Beamtenverhältnis beendet wird. Der Umfang der nach Absatz 1 abzugeltenden Urlaubstage ist von der personalaktenführenden Stelle durch Verwaltungsakt festzusetzen und der Beamtin oder dem Beamten und zeitgleich der für die Auszahlung der Besoldung zuständigen Stelle schriftlich mitzuteilen.

§ 20 Zeitliche Lage des Urlaubs; Abgeltung von Urlaub im Hochschulbereich

(1) Während einer Ausbildung ist der Erholungsurlaub so zu bewilligen, dass der geordnete Ablauf der Ausbildung gewährleistet ist.

(2) Beamtinnen und Beamten in der Ausbildung, die das 18. Lebensjahr noch nicht vollendet haben, soll der Urlaub zusammenhängend erteilt und, soweit sie berufsschulpflichtig sind, in der Zeit der Berufsschulferien gewährt werden. Soweit er nicht in diese Zeit fällt, ist für jeden Berufsschultag, an dem die Berufsschule während des Urlaubs besucht wird, ein weiterer Urlaubstag zu gewähren.

(3) Bei einer Ausbildung an einer Fachhochschule soll Urlaub nicht während der fachwissenschaftlichen Studienzeit gewährt werden.

(4) Lehrerinnen und Lehrer an öffentlichen Schulen erhalten den Erholungsurlaub während der Schulferien.

(5) Bei Hochschullehrerinnen und Hochschullehrern ist der Erholungsurlaub durch die vorlesungsfreie Zeit abgegolten. Soweit infolge dienstlicher Inanspruchnahme oder infolge gemäß § 38 Satz 1 nachgewiesener Erkrankung während dieser Zeit die vorlesungsfreien Tage hinter den nach § 18 zustehenden Urlaubstagen zurückbleiben, ist Erholungsurlaub außerhalb der vorlesungsfreien Zeit zu gewähren. Hinsichtlich wissenschaftlicher Mitarbeiterinnen und Mitarbeiter bleibt § 44 Absatz 10 des Hochschulgesetzes vom 16. September 2014 (GV. NRW. S. 547) in der jeweils geltenden Fassung, sowie § 37 Absatz 10 des Kunsthochschulgesetzes vom 13. März 2008 (GV. NRW. S. 195) in der jeweils geltenden Fassung unberührt.

§ 20a Urlaubsansparung zur Kinderbetreuung

(1) Beamtinnen und Beamte können auf Antrag den Erholungsurlaub nach § 18 Absatz 2, der den Mindesturlaub nach § 19a Absatz 1 Satz 1 übersteigt, ansparen, solange ihnen für mindestens ein Kind unter zwölf Jahren die Personensorge zusteht. Satz 1 gilt auch für Beamtinnen und Beamte, deren Kinder, für die ihnen die Personensorge obliegt, wegen Pflegebedürftigkeit (nach dem Elften Buch Sozialgesetzbuch – Soziale Pflegeversicherung – (Artikel 1 des Gesetzes vom 26. Mai 1994, BGBl. I S. 1014) in der jeweils geltenden Fassung) oder Schwerbehinderung (nach dem Neunten Buch Sozialgesetzbuch) auch nach Vollendung des 12. bis zur Vollendung des 18. Lebensjahres auf deren persönliche Betreuung im häuslichen Umfeld angewiesen sind. Die Angewiesenheit auf Betreuung im häuslichen Umfeld liegt in der Regel vor, wenn und solange für das zu betreuende Kind ein Grad der Behinderung von mindestens 70 nach § 152 des Neunten Buches Sozialgesetzbuch oder das Merkzeichen H nach § 3 Absatz 1 Nummer 2 der Schwerbehindertenausweisverordnung in der Fassung der Bekanntmachung vom 25. Juli 1991 (BGBl. I S. 1739) in der jeweils geltenden Fassung oder mindestens der Pflegegrad 3 nach § 15 des Elften Buches Sozialgesetzbuch festgestellt ist. Dem Mindesturlaub von 20 Arbeitstagen liegt eine Fünf-Tage-Woche bei ganzjähriger Beschäftigung zugrunde. Die §§ 23 und 18 Absatz 4 finden entsprechende Anwendung.

(2) Angesparter, nicht in Anspruch genommener Erholungsurlaub verfällt bei Wegfall der Personensorge zum Ende des folgenden Urlaubsjahres, in den Fällen des § 20a Absatz 1 Satz 1 jedoch spätestens mit Ablauf des zwölften Urlaubsjahres nach der Geburt des letzten Kindes, für das die Personensorge zusteht, und in den Fällen des § 20a Absatz 1 Sätze 2 und 3 jedoch spätestens mit Ablauf des achtzehnten Urlaubsjahres nach der Geburt des schwerbehinderten oder pflegebedürftigen Kindes, für das die Personensorge zusteht. Eine zusammenhängende Inanspruchnahme des angesparten Erholungsurlaubs von mehr als 30 Arbeitstagen soll mindestens vier Monate vorher beantragt werden. Bei der Urlaubsgewährung sind dienstliche Belange zu berücksichtigen.

§ 21 Anrechnung des früheren Urlaubs

(1) Erholungsurlaub, der Beamtinnen und Beamten bei einer anderen Dienststelle oder während eines anderen Beschäftigungsverhältnisses für einen Zeitraum gewährt worden ist, für den nach dieser Verordnung Erholungsurlaub zusteht, ist anzurechnen.

(2) Beginnt das Beamtenverhältnis im Laufe eines Kalenderjahres, so ist eine unmittelbar vorher beendete Zeit in einem Beamtenverhältnis bei demselben oder einem anderen Dienstherrn im Geltungsbereich des § 1 Beamtenstatusgesetz beziehungsweise § 1 Bundesbeamtengesetz vom 5. Februar 2009 (BGBl. I S. 160) in der jeweils geltenden Fassung nach Maßgabe dieser Verordnung anzurechnen, soweit der Urlaub zu diesem Zeitpunkt nach § 19 nicht verfallen und für diese frühere Zeit noch nicht verbraucht oder finanziell abgegolten ist. Gleiches gilt bei der Übernahme aus einem privatrechtlichen Beschäftigungsverhältnis in das Beamtenverhältnis beim selben Dienstherrn. Für eine Anrechnung nach den Sätzen 1 und 2 muss das neue Beamtenverhältnis innerhalb eines Monats begründet werden.

§ 22 Urlaub im Anschluss an eine Kurmaßnahme

Dem Antrag einer Beamtin oder eines Beamten auf Gewährung von Erholungsurlaub im Anschluss an eine Kurmaßnahme ist zu entsprechen.

§ 23 Urlaub beim Abweichen von der Fünf-Tage-Woche

(1) Ist die durchschnittliche regelmäßige wöchentliche Arbeitszeit regelmäßig oder dienstplanmäßig im Durchschnitt des Urlaubsjahres auf mehr als fünf Arbeitstage in der Kalenderwoche verteilt, erhöht sich der Urlaub für jeden zusätzlichen Arbeitstag im Urlaubsjahr um ein zweihundertsechzigstel des Urlaubs nach § 18. Ist die durchschnittliche regelmäßige wöchentliche Arbeitszeit regelmäßig oder dienstplanmäßig im Durchschnitt des Urlaubsjahres auf weniger als fünf Arbeitstage in der Kalenderwoche verteilt, vermindert sich der Urlaub für jeden zusätzlichen arbeitsfreien Tag im Urlaubsjahr um ein zweihundertsechzigstel des Urlaubs nach § 18; die zusätzlichen arbeitsfreien Tage werden ohne Rücksicht auf gesetzliche Feiertage ermittelt.

(2) Wird die Verteilung der durchschnittlichen regelmäßigen wöchentlichen Arbeitszeit während des Urlaubsjahres auf Dauer oder jahreszeitlich bedingt vorübergehend geändert, ist für die Berechnung aller zu diesem Zeitpunkt bestehenden Urlaubsansprüche die Zahl der Arbeitstage zugrunde zu legen, die sich ergeben würde, wenn die für die Urlaubszeit maßgebende Verteilung der Arbeitszeit für das ganze Urlaubsjahr gelten würde.

(3) Verbleibt nach der Berechnung des Urlaubs nach den Absätzen 1 und 2 ein Bruchteil eines Urlaubstages von 0,5 oder mehr, wird er auf einen vollen Urlaubstag aufgerundet; ein Bruchteil von weniger als 0,5 bleibt unberücksichtigt.

(4) Abweichend von Absatz 2 unterbleibt eine Minderung von Urlaubsansprüchen aus Vorjahren und anteiligen Urlaubsansprüchen des laufenden Jahres, soweit diese bis zum Zeitpunkt einer regelmäßigen Verringerung der wöchentlichen Arbeitstage wegen

1. Ablehnung oder Widerruf des Erholungsurlaubs,
2. durch ein ärztliches Zeugnis nachgewiesener Dienstunfähigkeit infolge von Krankheit (§ 62 Absatz 1 Satz 2 des Landesbeamtengesetzes),
3. Beschäftigungsverbot nach § 16 Absatz 1 des Mutterschutzgesetzes in Verbindung mit § 3 Absatz 1 Satz 1 Nummer 2,
4. Dienstunfähigkeit nach § 26 des Beamtenstatusgesetzes in Verbindung mit § 33 des Landesbeamtengesetzes, wenn eine erneute Berufung in das Beamtenverhältnis nach § 29 des Beamtenstatusgesetzes in Verbindung mit § 35 des Landesbeamtengesetzes erfolgt oder
5. begrenzter Dienstfähigkeit nach § 27 des Beamtenstatusgesetzes

tatsächlich nicht in Anspruch genommen werden konnten und nicht nach § 20a angespart wurden. Für ungeminderte Urlaubsansprüche nach Satz 1 erfolgt im Falle einer späteren Erhöhung der Anzahl der wöchentlichen Arbeitstage keine Umrechnung nach den Absätzen 1 bis 3. Für nicht beanspruchten Zusatzurlaub nach § 208 Absatz 1 Satz 1 des Neunten Buches Sozialgesetzbuch gelten die Sätze 1 und 2 entsprechend.

§ 24 Beamtinnen und Beamte im Auslandseinsatz

Den Erholungs- und Heimaturlaub der im Ausland tätigen Beamtinnen und Beamten regelt die oberste Dienstbehörde nach den für die vergleichbaren Bundesbeamtinnen und -beamten geltenden Grundsätzen.

Teil 6
Sonderurlaub

§ 25 Urlaub zur Ausübung staatsbürgerlicher Rechte und zur Erfüllung staatsbürgerlicher Pflichten sowie zur Bekämpfung von öffentlichen Notständen

(1) Für die Dauer der notwendigen Abwesenheit vom Dienst ist Urlaub zu gewähren

1. für die Teilnahme an öffentlichen Wahlen und Abstimmungen,

2. zur Wahrnehmung amtlicher, insbesondere gerichtlicher oder polizeilicher Termine, soweit sie nicht durch private Angelegenheiten der Beamtin oder des Beamten veranlasst sind,
3. zur Ausübung einer ehrenamtlichen Tätigkeit oder eines öffentlichen Ehrenamtes in anderen als in § 72 Absatz 3 des Landesbeamtengesetzes genannten Fällen, wenn dazu eine gesetzliche Verpflichtung besteht.

(2) Beruht eine ehrenamtliche Tätigkeit oder ein öffentliches Ehrenamt auf gesetzlicher Vorschrift, besteht aber zur Übernahme keine Verpflichtung, soll der erforderliche Urlaub gewährt werden, wenn dienstliche Gründe nicht entgegenstehen. Für die Teilnahme an regelmäßig wiederkehrenden Sitzungen in anderen als den in § 72 Absatz 3 des Landesbeamtengesetzes genannten Fällen in Ausübung eines Mandates oder eines öffentlichen Ehrenamtes soll der erforderliche Urlaub gewährt werden, wenn zwingende dienstliche Gründe nicht entgegenstehen. Gleiches gilt für die Wahrnehmung einer Bevollmächtigung oder eines Beistandes gemäß § 20 Absatz 1 Landesdisziplinargesetz vom 16. November 2004 (GV. NRW. S. 624) in der jeweils geltenden Fassung.

(3) Zum Einsatz bei Deichschutzarbeiten gemäß § 123 Absatz 2 des Landeswassergesetzes vom 25. Juni 1995 (GV. NRW. S. 926) in der jeweils geltenden Fassung und im freiwilligen Sanitäts- und Rettungsdienst zur Bekämpfung öffentlicher Notstände ist der erforderliche Urlaub zu gewähren, wenn zwingende dienstliche Gründe nicht entgegenstehen.

§ 26 Urlaub für staatsbürgerliche, berufliche, kirchliche, gewerkschaftliche, sportliche und ähnliche Zwecke

(1) Für die Teilnahme an Tagungen und Veranstaltungen, die staatsbürgerlichen, wissenschaftlichen oder anderen beruflichen, politischen, kirchlichen, gewerkschaftlichen, karitativen, sportlichen oder ähnlichen Zwecken dienen, kann Urlaub unter Beschränkung auf das notwendige Maß bewilligt werden, soweit die Ausübung der Tätigkeit außerhalb der Dienstzeit nicht möglich ist und dienstliche Gründe nicht entgegenstehen. Das Arbeitnehmerweiterbildungsgesetz vom 6. November 1984 (GV. NRW. S. 678) in der jeweils geltenden Fassung gilt hinsichtlich des Nachweises, ob Veranstaltungen beruflichen oder politischen Zwecken dienen, entsprechend.

(2) Der Urlaub darf, auch wenn er für verschiedene Zwecke bewilligt wird, insgesamt fünf Arbeitstage einschließlich Reisetage im Urlaubsjahr nicht übersteigen. In besonderen Ausnahmefällen kann Urlaub bis zu zehn Arbeitstagen einschließlich Reisetage im Urlaubsjahr bewilligt werden. Für die aktive Teilnahme an den Olympischen Spielen, sportlichen Welt- und Europameisterschaften, internationalen sportlichen Länderwettkämpfen und den dazugehörigen Vorbereitungskämpfen auf Bundesebene sowie an Europapokalwettbewerben kann darüber hinaus Urlaub bewilligt werden.

§ 27 Urlaub für wissenschaftliche und künstlerische Zwecke im Hochschulbereich

(1) Hochschullehrerinnen und Hochschullehrern kann unbeschadet des § 40 Hochschulgesetz vom 31. Oktober 2006 (GV. NRW. S. 474) in der jeweils geltenden Fassung für Vorhaben in ihren Fächern, die nicht zu ihrem Hauptamt zählen, aber geeignet sind, die Erfüllung der Aufgaben dieses Amtes zu fördern, Urlaub ohne Besoldung bewilligt werden, soweit dienstliche Gründe nicht entgegenstehen. Der Urlaub darf grundsätzlich sechs Monate nicht übersteigen. In der Vorlesungszeit darf Urlaub nur ausnahmsweise bewilligt werden, wenn das Vorhaben nicht in der vorlesungsfreien Zeit durchgeführt werden kann und das Lehrangebot nicht beeinträchtigt wird. Den Urlaub bewilligt die Rektorin oder der Rektor bzw. die Präsidentin oder der Präsident der Hochschule.

(2) Bei einer zur Durchführung von Vorhaben im Sinne des Absatzes 1 notwendigen Abwesenheit vom Dienstort bis zu zwei Tagen zweiwöchentlich während der Vorlesungszeit und bis zu zwei Wochen halbjährlich in der vorlesungsfreien Zeit wird der Urlaub unter Belassung der Besoldung generell bewilligt. Die Erfüllung der dienstlichen Aufgaben, insbesondere der Lehrverpflichtungen, darf nicht beeinträchtigt werden. Die Abwesenheit ist der

Rektorin oder dem Rektor bzw. der Präsidentin oder dem Präsidenten der Hochschule rechtzeitig vor Antritt des Urlaubs anzuzeigen.

(3) Juniorprofessorinnen und Juniorprofessoren kann zur weiteren wissenschaftlichen Aus- und Fortbildung Urlaub ohne Besoldung bewilligt werden, soweit dienstliche Gründe nicht entgegenstehen. Den Urlaub bewilligt die Rektorin oder der Rektor bzw. die Präsidentin oder der Präsident der Hochschule.

(4) Urlaub gemäß Absatz 1 oder 3, der ganz oder teilweise dienstlichen Interessen dient, kann unter voller oder teilweiser Belassung der Besoldung bewilligt werden. Dabei sind der Umfang der dienstlichen Interessen sowie die Einnahmen und Ausgaben aus Anlass des Urlaubsvorhabens zu berücksichtigen. Den Urlaub bewilligt die Präsidentin oder der Präsident oder die Rektorin oder der Rektor der Hochschule; sofern die Besoldung für eine sechs Wochen übersteigende Zeit mit mehr als der Hälfte oder für einen Zeitraum von mehr als sechs Monaten belassen werden soll, bedarf diese Entscheidung bei den Kunsthochschulen jedoch der Zustimmung des für Wissenschaft zuständigen Ministeriums sowie des Finanzministeriums.

(5) Die für Hochschullehrerinnen und Hochschullehrer geltenden Bestimmungen finden auch auf Akademische Oberrätinnen und Akademische Oberräte auf Zeit, Hochschuldozentinnen und Hochschuldozenten, Oberassistentinnen und Oberassistenten sowie Studienprofessorinnen und Studienprofessoren und Dozentinnen und Dozenten im Beamtenverhältnis auf Widerruf, die für Juniorprofessorinnen und Juniorprofessoren geltenden Bestimmungen auch auf Akademische Rätinnen und Akademische Räte auf Zeit, wissenschaftliche Assistentinnen und Assistenten sowie Oberingenieurinnen und Oberingenieure Anwendung. Die Absätze 1 bis 4 finden keine Anwendung auf das Personal der Fachhochschulen für den öffentlichen Dienst.

(6) Das für Wissenschaft zuständige Ministerium kann im Einvernehmen mit dem Finanzministerium im Kunsthochschulbereich zu den Absätzen 1 bis 5 Richtlinien erlassen.

§ 28 Urlaub für gewerkschaftliche Aufgaben nach § 53 Beamtenstatusgesetz in Verbindung mit § 93 Landesbeamtengesetz sowie zur Teilnahme an Tarifverhandlungen

(1) Für die Teilnahme an Arbeitstagungen auf überörtlicher Ebene, die auf Veranlassung einer Spitzenorganisation der zuständigen Gewerkschaften und Berufsverbände im Lande im Rahmen ihrer Aufgaben nach § 53 des Beamtenstatusgesetzes vom 17. Juni 2008 (BGBl. I S. 1010) in der jeweils geltenden Fassung, in Verbindung mit § 93 des Landesbeamtengesetzes durchgeführt werden, kann auf Anforderung der Spitzenorganisation Urlaub bis zu zehn Arbeitstagen im Urlaubsjahr gewährt werden, wenn dienstliche Gründe nicht entgegenstehen.

(2) Zur Teilnahme an Tarifverhandlungen mit dem Bund, der Tarifgemeinschaft deutscher Länder und der Vereinigung der kommunalen Arbeitgeberverbände oder ihrer Arbeitgeberverbände kann auf Antrag einer der an den Verhandlungen beteiligten Gewerkschaften Sonderurlaub unter Fortzahlung der Besoldung ohne zeitliche Begrenzung erteilt werden.

§ 29 Urlaub für ehrenamtliche Mitarbeit in der Jugendhilfe

(1) Beamtinnen und Beamten, die ehrenamtlich in der Jugendhilfe tätig sind, das 16. Lebensjahr vollendet haben und deren Eignung und Befähigung zur ehrenamtlichen Mitarbeiterin oder zum ehrenamtlichen Mitarbeiter in der Jugendhilfe in entsprechender Anwendung des § 1 Absatz 3 des Sonderurlaubsgesetzes vom 31. Juli 1974 (GV. NRW. S. 768) in der jeweils geltenden Fassung nachgewiesen ist, kann Urlaub zu folgenden Zwecken bewilligt werden, wenn dienstliche Gründe nicht entgegenstehen:

1. für die leitende und helfende Tätigkeit, die in Jugendferienlagern, bei Jugendreisen, Jugendwandern, Jugendfreizeit- und Jugendsportveranstaltungen und internationalen Begegnungen ausgeübt wird,
2. zur erzieherischen Betreuung von Kindern und Jugendlichen in Heimen und ähnlichen Einrichtungen im Rahmen der Familien- und Kindererholung und

3. zur Teilnahme an Aus- und Fortbildungsmaßnahmen sowie Fachtagungen in Fragen der Jugendhilfe, wenn diese einer Aufgabe nach Nummer 1 und 2 dienen oder auf sie vorbereiten.

(2) Urlaub ist nur zu gewähren, wenn die Veranstaltungen und Maßnahmen von einem nach § 75 des Achten Buches Sozialgesetzbuchs – Kinder- und Jugendhilfe – anerkannten Träger der freien Jugendhilfe oder von einem Träger der öffentlichen Jugendhilfe selbst oder in seinem Auftrag von einem öffentlichen oder anderen anerkannten Träger der Weiterbildung durchgeführt werden.

(3) Der Urlaub darf, auch wenn er für mehrere der in Absatz 1 Nummer 1 bis 3 genannten Anlässe bewilligt wird, insgesamt acht Arbeitstage einschließlich Reisetage im Urlaubsjahr nicht übersteigen. Der Urlaub kann auf höchstens drei Veranstaltungen innerhalb des Urlaubsjahres verteilt werden.

(4) Lehrerinnen und Lehrern an öffentlichen Schulen, die ehrenamtlich in der Jugendhilfe tätig sind, darf Urlaub aus den in Absatz 1 genannten Anlässen nur während der Schulferien bewilligt werden. Das für Schule zuständige Ministerium kann Ausnahmen zulassen.

§ 30 Urlaub für eine Ausbildung als Schwesternhelferin oder Pflegediensthelfer

Zur Teilnahme an einem geschlossenen Lehrgang für eine Ausbildung als Schwesternhelferin oder Pflegediensthelfer soll der erforderliche Urlaub bis zu 20 Arbeitstagen im Urlaubsjahr bewilligt werden, wenn dienstliche Gründe nicht entgegenstehen.

§ 31 Urlaub zur Ausübung einer Tätigkeit in zwischenstaatlichen und überstaatlichen Organisationen oder zur Wahrnehmung von Aufgaben der Entwicklungszusammenarbeit

(1) Werden Beamtinnen oder Beamte zur Wahrnehmung einer hauptberuflichen Tätigkeit in öffentliche zwischenstaatliche oder überstaatliche Einrichtungen oder in Verwaltungen oder öffentlichen Einrichtungen eines Mitgliedstaates der Europäischen Union entsandt, ist ihnen für die Dauer dieser Tätigkeit Urlaub unter Wegfall der Besoldung zu gewähren; die Entscheidung trifft die oberste Dienstbehörde.

(2) Nicht entsandten Beamtinnen und Beamten kann zur Wahrnehmung einer hauptberuflichen Tätigkeit in öffentlichen zwischenstaatlichen oder überstaatlichen Einrichtungen oder in Verwaltungen oder öffentliche Einrichtungen eines Mitgliedstaates der Europäischen Union Urlaub unter Wegfall der Besoldung bewilligt werden, wenn dienstliche Gründe nicht entgegenstehen.

(3) Zur Übernahme von Aufgaben der Entwicklungshilfe soll durch die oberste Dienstbehörde Urlaub ohne Besoldung bewilligt werden, wenn dienstliche Gründe nicht entgegenstehen.

§ 32 Urlaub für eine fremdsprachliche Aus- oder Fortbildung

Für eine fremdsprachliche Aus- oder Fortbildung im Ausland kann Urlaub bis zur Dauer von drei Monaten bewilligt werden, wenn die Ausbildung im dienstlichen Interesse liegt und zu erwarten ist, dass ausreichende Fortschritte im Erlernen der Fremdsprache gemacht werden. Ein weiterer Urlaub zu diesem Zweck darf frühestens zwei Jahre nach Beendigung des letzten Urlaubs aus diesem Anlass bewilligt werden.

§ 33 Urlaub aus persönlichen Anlässen

(1) Aus wichtigen persönlichen Gründen kann, soweit dienstliche Gründe nicht entgegenstehen, Urlaub unter Fortzahlung der Besoldung im notwendigen Umfang gewährt werden. In den nachstehenden Fällen wird Urlaub in dem angegebenen Umfang gewährt:

1. Niederkunft der Ehefrau, eingetragenen Lebenspartnerin im Sinne des Lebenspartnerschaftsgesetzes vom 16. Februar 2001 (BGBl. I S. 266) in der jeweils geltenden Fassung oder der mit der Beamtin oder dem Beamten in ehe- oder lebenspartnerschaftsähnlicher Gemeinschaft lebenden Lebensgefährtin	1 Arbeitstag

I

2. Tod der Ehefrau oder des Ehemanns, der eingetragenen Lebenspartnerin oder des eingetragenen Lebenspartners im Sinne des Lebenspartnerschaftsgesetzes, eines Kindes oder eines Elternteils	2 Arbeitstage
3. Umzug aus dienstlichem Grund an einen anderen Ort	1 Arbeitstag
4. 25-, 40- und 50jähriges Dienstjubiläum	1 Arbeitstag
5. Erkrankung einer oder eines im Haushalt der Beamtin oder des Beamten lebenden Angehörigen,	1 Arbeitstag im Kalenderjahr
6. Erkrankung eines Kindes unter zwölf Jahren oder eines behinderten und auf Hilfe angewiesenen Kindes	bis zu 4 Arbeitstage im Kalenderjahr pro Kind, maximal 12 Arbeitstage im Kalenderjahr
7. Schwere Erkrankung der Betreuungsperson eines Kindes der Beamtin oder des Beamten, das das achte Lebensjahr noch nicht vollendet hat oder wegen körperlicher, geistiger oder seelischer Behinderung dauernd pflegebedürftig ist	bis zu 4 Arbeitstage im Kalenderjahr
8. in sonstigen dringenden Fällen	bis zu 3 Arbeitstage.

Zu den Kindern nach den Nummern 2, 6, 7 und Absatz 2 zählen leibliche (eheliche und nichteheliche) und angenommene Kinder, Stiefkinder sowie Kinder in Vollzeit- und Adoptionspflege. In den Fällen der Nummern 5 bis 7 wird Urlaub nur gewährt, soweit keine andere Person zur Betreuung zur Verfügung steht. In diesen Fällen können auch halbe Urlaubstage gewährt werden, deren Länge sich nach der Hälfte der für den jeweiligen Arbeitstag festgesetzten regelmäßigen Arbeitszeit richtet. In den Fällen der Nummern 5 und 6 muss die Notwendigkeit zur Beaufsichtigung oder Betreuung der erkrankten Person ärztlich bescheinigt werden. In den Fällen der Nummer 6 kann Beamtinnen und Beamten, deren Besoldung (ohne Familienzuschlag und ohne Aufwandsentschädigung) die Jahresarbeitsentgeltgrenze nach § 6 Absatz 6 des Fünften Buches Sozialgesetzbuch – Gesetzliche Krankenversicherung – (Artikel 1 des Gesetzes vom 20. Dezember 1988, BGBl. I S. 2477, 2482) in der jeweils geltenden Fassung nicht überschreitet, Urlaub bis zum Umfang der in § 45 Absatz 2 des Fünften Buches Sozialgesetzbuch für eine Freistellung von der Arbeitsleistung jeweils vorgesehenen Arbeitstage gewährt werden, soweit dienstliche Gründe nicht entgegenstehen. Bereits in Anspruch genommener Urlaub nach Nummer 6 wird angerechnet. Als Einkommensnachweis dient eine formlose Erklärung der Beamtin oder des Beamten. Abweichend von Satz 7 kann Beamtinnen und Beamten im Jahr 2026 ohne Berücksichtigung der Jahresarbeitsentgeltgrenze zur Betreuung eines Kindes in Fällen nach Satz 2 Nummer 6 Urlaub im Umfang von bis zu 13 Arbeitstagen, für Alleinerziehende bis zu 26 Arbeitstagen, im Kalenderjahr bewilligt werden. Der Urlaub nach Satz 10 besteht für nicht mehr als 30 Arbeitstage, für Alleinerziehende nicht mehr als 60 Arbeitstage, im Kalenderjahr.

(2) Urlaub unter Weitergewährung der Besoldung soll zur Beaufsichtigung oder Betreuung eines Kindes gewährt werden, wenn das Kind das zwölfte Lebensjahr noch nicht vollendet hat oder behindert und auf Hilfe angewiesen ist und nach ärztlichem Zeugnis an einer Erkrankung leidet,

1. die bereits ein weit fortgeschrittenes Stadium erreicht hat und weiter fortschreitet,
2. bei der eine Heilung ausgeschlossen und eine palliativ-medizinische Behandlung notwendig oder von einem Elternteil erwünscht ist und
3. die eine begrenzte Lebensdauer von wenigen Monaten erwarten lässt.

Der Anspruch besteht nur für einen Elternteil.

(3) Für die Dauer der notwendigen Abwesenheit vom Dienst bei einer amts-, vertrauens- oder versorgungsärztlich angeordneten Untersuchung oder kurzfristigen Behandlung

einschließlich der Anpassung, Wiederherstellung oder Erneuerung von Körperersatzstücken ist Urlaub zu gewähren, wenn zwingende dienstliche Gründe nicht entgegenstehen. In dem nach ärztlicher Bescheinigung nachgewiesenen Umfang ist der erforderliche Urlaub für die Dauer der notwendigen Abwesenheit vom Dienst für alle medizinisch notwendigen Maßnahmen zu gewähren im Zusammenhang mit

1. der Spende von Organen oder Geweben nach den §§ 8 und 8a des Transplantationsgesetzes in der Fassung der Bekanntmachung vom 4. September 2007 (BGBl. I S. 2206) in der jeweils geltenden Fassung und
2. der Blutspende zur Separation von Blutstammzellen oder anderer Blutbestandteile im Sinne von § 9 des Transfusionsgesetzes in der Fassung der Bekanntmachung vom 28. August 2007 (BGBl. I S. 2169) in der jeweils geltenden Fassung.

(4) Urlaub unter Fortzahlung der Besoldung wird gewährt für

1. eine Kurmaßnahme, deren Notwendigkeit nach den Voraussetzungen der Beihilferegelungen oder den Vorschriften über die freie Heilfürsorge der Polizei nachgewiesen wird,
2. die Durchführung einer auf Grund des § 11 Absatz 2 des Bundesversorgungsgesetzes in der Fassung der Bekanntmachung vom 22. Januar 1982 (BGBl. I S. 21) in der jeweils geltenden Fassung versorgungsärztlich verordneten Badekur sowie für dienstunfallbedingte Kurmaßnahmen auf Grund der versorgungsrechtlichen Bestimmungen oder
3. die Teilnahme an einer Kur eines Kindes als aus zwingenden medizinischen Gründen notwendige Begleitperson, sofern keine Erstattung der Bezüge durch Dritte erfolgt und keine andere Person zur Verfügung steht.

Soweit für eine Kurmaßnahme Urlaub nach Satz 1 nicht im beantragten Umfang gewährt werden kann, ist auf Antrag Erholungsurlaub oder Sonderurlaub nach § 34 unter Wegfall der Besoldung zu bewilligen. Lehrerinnen und Lehrer an öffentlichen Schulen erhalten den Urlaub während der Schulferien.

(5) Besteht nach § 3 der Trennungsentschädigungsverordnung vom 29. April 1988 (GV. NRW. S. 226) in der jeweils geltenden Fassung Anspruch auf Trennungsentschädigung und werden die Voraussetzungen des § 3 Absatz 2 Satz 1 Nummer 1 Buchstabe a oder b TEVO erfüllt, kann für jeden vollen Monat der getrennten Haushaltsführung ein Arbeitstag Urlaub für eine Familienheimfahrt bewilligt werden; dies gilt nicht, wenn eine ermäßigte Trennungsentschädigung nach § 4 Absatz 7 TEVO gewährt wird. Urlaub steht nicht zu für einen Monatszeitraum, in dem die Beamtin oder der Beamte an insgesamt mindestens zehn Arbeitstagen Urlaub erhalten hat, vom Dienst freigestellt oder wegen Erkrankung vom Dienstort abwesend gewesen ist. Der Anspruch verfällt, wenn der Urlaub nicht innerhalb eines Vierteljahres nach Ablauf des Monats, für den er gewährt werden kann, angetreten wird. Aus Anlass des Oster-, Pfingst- oder Weihnachtsfestes kann der Urlaub vor Ablauf eines Monats gewährt werden.

(6) Urlaub unter Fortzahlung der Besoldung wird für bis zu fünf Arbeitstage pro Kalenderjahr gewährt, wenn es aus medizinischen Gründen notwendig ist, dass die Beamtin oder der Beamte in den nachfolgenden Fällen bei einer stationären Krankenhausbehandlung zur Begleitung mit aufgenommen wird:

1. Begleitung eines Kindes, welches das zwölfte Lebensjahr noch nicht vollendet hat oder behindert und auf Hilfe angewiesen ist oder
2. Begleitung eines Angehörigen im Sinne des § 20 Absatz 5 des Verwaltungsverfahrensgesetzes NRW vom 12. November 1999 (GV. NRW S. 602) in der jeweils geltenden Fassung, bei dem die Voraussetzungen des § 2 Absatz 1 des Neunten Buches Sozialgesetzbuch vorliegen.

Die Notwendigkeit der Begleitung muss durch die stationäre Einrichtung bescheinigt werden. Bei der stationären Behandlung eines Kindes, das das neunte Lebensjahr noch nicht vollendet hat, wird die Notwendigkeit der Mitaufnahme einer Begleitperson aus medizinischen Gründen unwiderlegbar vermutet. Der Mitaufnahme steht die ganztägige Begleitung gleich.

§ 34 Urlaub in besonderen Fällen

(1) Urlaub ohne Besoldung kann bewilligt werden, wenn ein wichtiger Grund vorliegt und dienstliche Gründe nicht entgegenstehen. Ein Urlaub für mehr als sechs Monate bedarf der Zustimmung der obersten Dienstbehörde, bei Landesbediensteten ab einer Dauer von mehr als zwei Jahren auch der Zustimmung des für Inneres zuständigen Ministeriums und des Finanzministeriums.

(2) Urlaub ohne Besoldung kann gewährt werden zur Ableistung eines

1. freiwilligen sozialen oder ökologischen Jahres im Sinne des Jugendfreiwilligendienstegesetzes vom 16. Mai 2008 (BGBl. I S. 842) in der jeweils geltenden Fassung,
2. freiwilligen Dienstes für das Allgemeinwohl im Sinne des Bundesfreiwilligendienstgesetzes vom 28. April 2011 (BGBl. I S. 687) in der jeweils geltenden Fassung,
3. vergleichbaren staatlich anerkannten Freiwilligendienstes für das Allgemeinwohl,

wenn dienstliche Gründe nicht entgegenstehen.

(3) Lehrerinnen und Lehrern an öffentlichen Schulen kann zur Wahrnehmung einer Tätigkeit im Ersatzschuldienst oder im Auslandsschuldienst Urlaub ohne Besoldung bewilligt werden. Die Entscheidung trifft die obere Schulaufsichtsbehörde.

(4) Liegt ein bewilligter Urlaub zugleich ganz oder teilweise im dienstlichen Interesse, kann der Beamtin oder dem Beamten die Besoldung je nach dem Umfang des dienstlichen Interesses und unter Berücksichtigung der Einnahmen und Ausgaben aus Anlass des Urlaubsvorhabens bis zur Dauer von zwei Wochen, durch die oberste Dienstbehörde bis zur Dauer von sechs Monaten, für die sechs Wochen übersteigende Zeit jedoch nur bis zur halben Höhe belassen werden. Die oberste Dienstbehörde kann – bei Landesbediensteten mit Zustimmung des Finanzministeriums – Ausnahmen zulassen.

§ 35 Sonderurlaub beim Abweichen von der Fünf-Tage-Woche

Bei einem Abweichen von der Fünf-Tage-Woche richtet sich die Höhe des Sonderurlaubs gemäß §§ 26, 28, 29, 30 und 33 Absatz 1 Satz 7 nach § 23 Absatz 1 bis 3.

§ 36 Fortzahlung der Besoldung und Anrechnung auf den Erholungsurlaub

(1) Während des Urlaubs wird die Besoldung weitergezahlt, soweit nichts anderes bestimmt ist. Wird Urlaub ohne Besoldung bewilligt, so richtet sich die Berücksichtigung der Zeiten beim Stufenaufstieg, sowie ihre Berücksichtigung bei der Bemessung des Ruhegehalts nach den geltenden besoldungs- und versorgungsrechtlichen Regelungen.

(2) Urlaub, der unter Belassung der Besoldung bewilligt wird, ist auf den Erholungsurlaub nicht anzurechnen, soweit nichts anderes bestimmt ist.

§ 37 Sondervorschriften für Körperschaften, Anstalten und Stiftungen des öffentlichen Rechts

Bei Gemeinden, Gemeindeverbänden und anderen der Aufsicht des Landes unterstehenden Körperschaften, Anstalten und Stiftungen des öffentlichen Rechts tritt in den Fällen des § 31 Absatz 1, Absatz 3 und des § 34 Absatz 1 Satz 2 an die Stelle der obersten Dienstbehörde die dienstvorgesetzte Stelle.

Teil 7
Gemeinsame Vorschriften zum Erholungsurlaub und Sonderurlaub

§ 38 Erkrankung während des Urlaubs

Die Zeit einer krankheitsbedingten Dienstunfähigkeit während des Urlaubs wird auf den Urlaub nicht angerechnet, wenn dies unverzüglich angezeigt wird und die Tage der Dienstunfähigkeit durch ein ärztliches Zeugnis, auf Verlangen durch ein amts- oder vertrauensärztliches Zeugnis nachgewiesen sind. Eine Fortsetzung des Urlaubs nach Wiederherstellung der Dienstfähigkeit über den festgelegten Zeitraum hinaus bedarf einer neuen Bewilligung.

§ 39 Antrag und Bewilligung des Urlaubs

(1) Urlaub wird auf Antrag bewilligt. Er ist rechtzeitig zu beantragen. Der Antrag auf Urlaub für staatsbürgerliche Pflichten ist unverzüglich nach Bekanntwerden des Urlaubsanlasses zu stellen. Kosten für eine Stellvertretung sind nach Möglichkeit zu vermeiden.

(2) Die ordnungsgemäße Erledigung der Dienstgeschäfte während des Urlaubs muss gewährleistet sein.

(3) Lehrerinnen und Lehrern an öffentlichen Schulen darf Urlaub zur Fortbildung oder zur Durchführung von Studienreisen nur während der Schulferien bewilligt werden; die Schulleiterin oder der Schulleiter kann Ausnahmen zulassen.

§ 40 Widerruf und Verlegung eines Urlaubs

(1) Die Bewilligung des Urlaubs kann ausnahmsweise widerrufen werden, wenn bei Abwesenheit der Beamtin oder des Beamten die ordnungsgemäße Erledigung der Dienstgeschäfte nicht mehr gewährleistet wäre. Unvermeidbare Mehraufwendungen, die der Beamtin oder dem Beamten durch den Widerruf entstehen, werden ersetzt. Für den Ersatz von Mehraufwendungen gelten die Bestimmungen des Reisekosten- und Umzugskostenrechts entsprechend. Zuwendungen, die von anderer Seite zur Deckung der Aufwendungen geleistet werden, sind anzurechnen. Im Übrigen gelten die Vorschriften des Verwaltungsverfahrensgesetzes für das Land Nordrhein-Westfalen.

(2) Die Bewilligung eines Urlaubs aus anderen Anlässen ist zu widerrufen, wenn der Urlaub zu einem anderen als dem bewilligten Zweck verwendet wird oder wenn andere Gründe, die von der Beamtin oder dem Beamten zu vertreten sind, den Widerruf erfordern. In diesem Fall ist der Urlaub auf den Erholungsurlaub des gleichen Jahres und, soweit dieser Urlaub bereits genommen ist, auf den Erholungsurlaub des folgenden Jahres anzurechnen. Absatz 1 Satz 2 ist nicht anzuwenden.

(3) Wünschen Beamtinnen und Beamte aus wichtigen Gründen den Urlaub hinauszuschieben oder abzubrechen, so ist dem Wunsch zu entsprechen, wenn dies mit den Erfordernissen des Dienstes vereinbar ist.

(4) § 59 Absatz 1 des Infektionsschutzgesetzes vom 20. Juli 2000 (BGBl. I S. 1045) in der jeweils geltenden Fassung findet entsprechende Anwendung.

Teil 8
Schlussvorschriften

§ 41 Inkrafttreten

(1) Die Verordnung tritt am Tag nach ihrer Verkündung in Kraft.

(2) Mit Inkrafttreten dieser Verordnung treten gleichzeitig die folgenden Verordnungen außer Kraft:

1. die Verordnung über den Mutterschutz für Beamtinnen im Land Nordrhein-Westfalen vom 4. Juli 1968 (GV. NRW. S. 230),
2. die Elternzeitverordnung vom 1. April 2008 (GV. NRW. S. 370),
3. die Erholungsurlaubsverordnung vom 14. September 1993 (GV. NRW. S. 690) sowie
4. die Sonderurlaubsverordnung vom 14. September 1993 (GV. NRW. S. 691).

I

Disziplinargesetz für das Land Nordrhein-Westfalen (Landesdisziplinargesetz – LDG NRW)

Vom 16. November 2004 (GV. NRW. S. 624)

Zuletzt geändert durch
Elftes Gesetz zur Änderung der gesetzlichen Befristungen im Zuständigkeitsbereich des Ministeriums des Innern
vom 20. November 2018 (GV. NRW. S. 592)

Inhaltsübersicht

Teil 1
Allgemeine Bestimmungen

§ 1 Persönlicher Geltungsbereich

(1) Dieses Gesetz gilt für Beamtinnen und Beamte sowie Ruhestandsbeamtinnen und Ruhestandsbeamte im Sinne des Landesbeamtengesetzes.

(2) Frühere Beamtinnen und Beamte, die Unterhaltsbeiträge nach dem Landesbeamtenversorgungsgesetz vom 14. Juni 2016 (GV. NRW. S. 310) in der jeweils geltenden Fassung oder nach altem Recht beziehen, gelten als Ruhestandsbeamtinnen und Ruhestandsbeamte, ihre Unterhaltsbeiträge als Ruhegehalt.

(3) Die Wahl der Beamtenbeisitzer und Beamtenbeisitzerinnen zu den Kammern und Senaten für Disziplinarsachen, die über Beamtinnen und Beamte im Sinne des § 1 des Bundesdisziplinargesetzes zu entscheiden haben, bestimmt sich in Ausführung des § 47 Abs. 3 des Bundesdisziplinargesetzes nach den Sätzen 2 bis 4 des § 46 Abs. 3.

§ 2 Sachlicher Geltungsbereich

(1) Dieses Gesetz gilt für

1. von Beamtinnen und Beamten während ihres Beamtenverhältnisses begangene Dienstvergehen (§ 47 Abs. 1 des Beamtenstatusgesetzes) und
2. von Ruhestandsbeamtinnen und Ruhestandsbeamten
   a) während ihres Beamtenverhältnisses begangene Dienstvergehen (§ 47 Abs. 1 des Beamtenstatusgesetzes) und
   b) nach Eintritt in den Ruhestand begangene, als Dienstvergehen geltende Handlungen (§ 47 Abs. 2 des Beamtenstatusgesetzes).

(2) Für Personen nach Absatz 1 Nr. 1 und 2, die früher in einem anderen Beamtenverhältnis, Richterverhältnis, Berufssoldatenverhältnis oder Soldatenverhältnis auf Zeit gestanden haben, gilt dieses Gesetz auch wegen solcher Dienstvergehen, die sie in dem früheren Dienstverhältnis oder als Versorgungsberechtigte aus einem solchen Dienstverhältnis begangen haben; auch bei den aus einem solchen Dienstverhältnis Ausgeschiedenen und Entlassenen gelten Handlungen, die in § 47 Abs. 2 des Beamtenstatusgesetzes bezeichnet sind, als Dienstvergehen.

(3) Für Beamte, die Wehrdienst im Rahmen einer Wehrübung, einer Übung, einer besonderen Auslandsverwendung, einer Hilfeleistung im Innern oder einer Hilfeleistung im Ausland leisten, gilt dieses Gesetz auch wegen solcher Dienstvergehen, die während des Wehrdienstes begangen wurden, wenn das Verhalten sowohl soldatenrechtlich als auch beamtenrechtlich ein Dienstvergehen darstellt.

§ 3 Ergänzende Anwendung des Verwaltungsverfahrensgesetzes und der Verwaltungsgerichtsordnung

(1) Zur Ergänzung dieses Gesetzes sind die Bestimmungen des Verwaltungsverfahrensgesetzes und der Verwaltungsgerichtsordnung anzuwenden, soweit sie nicht zu den Bestimmungen dieses Gesetzes in Widerspruch stehen oder soweit nicht in diesem Gesetz etwas anderes bestimmt ist.

(2) Soweit nach diesem Gesetz im Rahmen des behördlichen Verfahrens die Zustellung von Anordnungen und Entscheidungen vorgeschrieben ist, erfolgt diese nach dem Verwaltungszustellungsgesetz für das Land Nordrhein-Westfalen in der jeweils geltenden Fassung. Die Beamtin oder der Beamte muss Zustellungen unter der Anschrift gegen sich gelten lassen, die der dienstvorgesetzten Stelle angezeigt worden ist.

§ 4 Gebot der Beschleunigung

(1) Disziplinarverfahren sind beschleunigt durchzuführen.

(2) Ermittlungen sind in der Regel von Beamtinnen und Beamten durchzuführen. Für die Durchführung von Ermittlungen sind sie im Hauptamt soweit zu entlasten, dass die Ermittlungen ohne Verzögerungen geführt werden können.

Teil 2
Disziplinarmaßnahmen

§ 5 Arten der Disziplinarmaßnahmen

(1) Disziplinarmaßnahmen gegen Beamtinnen und Beamte sind:

1. Verweis (§ 6)
2. Geldbuße (§ 7)
3. Kürzung der Dienstbezüge (§ 8)
4. Zurückstufung (§ 9) und
5. Entfernung aus dem Beamtenverhältnis (§ 10).

(2) Disziplinarmaßnahmen gegen Ruhestandsbeamtinnen und Ruhestandsbeamte sind:

1. Kürzung des Ruhegehalts (§ 11) und
2. Aberkennung des Ruhegehalts (§ 12).

(3) Personen im Beamtenverhältnis auf Probe oder auf Widerruf können nur Verweise erteilt und Geldbußen auferlegt werden. Für ihre Entlassung wegen eines Dienstvergehens gelten §§ 23 Abs. 3 Nr. 1 und Abs. 4 des Beamtenstatusgesetzes.

§ 6 Verweis

(1) Der Verweis ist der schriftliche Tadel eines bestimmten Verhaltens. Missbilligende Äußerungen (Zurechtweisungen, Ermahnungen oder Rügen), die nicht ausdrücklich als Verweis bezeichnet werden, sind keine Disziplinarmaßnahmen.

(2) Der Verweis steht bei Bewährung einer Beförderung nicht entgegen.

§ 7 Geldbuße

(1) Die Geldbuße kann bis zur Höhe der monatlichen Dienst- oder Anwärterbezüge auferlegt werden. Werden keine Dienst- oder Anwärterbezüge bezogen, darf die Geldbuße bis zu dem Betrag von 500 Euro auferlegt werden.

(2) § 6 Abs. 2 gilt entsprechend.

§ 8 Kürzung der Dienstbezüge

(1) Die Kürzung der Dienstbezüge ist die bruchteilmäßige Verminderung der monatlichen Dienstbezüge um höchstens ein Fünftel auf die Dauer von längstens drei Jahren. Sie erstreckt sich auf alle Ämter, welche die Beamtin oder der Beamte bei Eintritt der Unanfechtbarkeit der Entscheidung inne hat. Wurde aus einem früheren öffentlich-rechtlichen Dienstverhältnis ein Versorgungsanspruch erworben, bleibt die Kürzung der Dienstbezüge bei der Anwendung des § 66 des Landesbeamtenversorgungsgesetzes unberücksichtigt. Bezieht die Beamtin oder der Beamte Gebühren, wird die Kürzung nach einem monatlichen Pauschbetrag berechnet, der sich aus dem Durchschnitt der letzten Gesamtbezüge (Gebühren und etwaige sonstige Dienstbezüge) der letzten sechs Monate vor Einleitung des Disziplinarverfahrens ergibt.

(2) Die Kürzung der Dienstbezüge beginnt mit dem Kalendermonat, der auf den Eintritt der Unanfechtbarkeit der Entscheidung folgt. Tritt die Beamtin oder der Beamte vor Eintritt der Unanfechtbarkeit der Entscheidung in den Ruhestand, gilt eine entsprechende Kürzung des Ruhegehalts (§ 11) als festgesetzt. Bei einem Eintritt in den Ruhestand während der Dauer der Kürzung der Dienstbezüge wird das Ruhegehalt entsprechend der Dienstbezüge für denselben Zeitraum gekürzt. Sterbegeld sowie Witwen- und Waisengeld werden nicht gekürzt.

(3) Die Kürzung der Dienstbezüge wird während der Dauer einer Beurlaubung ohne Dienstbezüge gehemmt. Der Kürzungsbetrag kann jedoch für die Dauer der Beurlaubung monatlich vorab an den Dienstherrn entrichtet werden; die Dauer der Kürzung der Dienstbezüge nach der Beendigung der Beurlaubung verringert sich entsprechend.

(4) Während der Dauer der Kürzung der Dienstbezüge darf eine Beförderung nicht vorgenommen werden. Das Beförderungsverbot beginnt mit dem Tage der Unanfechtbarkeit der Entscheidung, mit der die Maßnahme verhängt wurde. Der Zeitraum kann in der Entscheidung abgekürzt werden, sofern dies im Hinblick auf eine von der Beamtin oder dem Beamten nicht zu vertretende übermäßige Dauer des Disziplinarverfahrens angezeigt ist. Ergeben sich erst nach der Unanfechtbarkeit der Entscheidung Gesichtspunkte, die für eine Abkürzung sprechen, kann der Landespersonalausschuss diese zulassen.

(5) Die Rechtsfolgen der Kürzung der Dienstbezüge erstrecken sich auch auf ein neues Beamtenverhältnis. Hierbei steht bei Anwendung des Absatzes 4 die Einstellung oder Anstellung in einem höheren als dem bishe-

rigen Amt der Beförderung gleich. Absatz 4 Satz 3 und 4 gilt entsprechend.

§ 9 Zurückstufung

(1) Die Zurückstufung ist die Versetzung in ein Amt derselben oder einer gleichwertigen Laufbahn mit geringerem Endgrundgehalt. Alle Rechte aus dem bisherigen Amt einschließlich der damit verbundenen Dienstbezüge und der Befugnis, die bisherige Amtsbezeichnung zu führen, gehen verloren. Soweit in der Entscheidung nichts anderes bestimmt ist, enden mit der Zurückstufung auch die Ehrenämter und die Nebentätigkeiten, die im Zusammenhang mit dem bisherigen Amt oder auf Verlangen, Vorschlag oder Veranlassung der dienstvorgesetzten Stelle übernommen worden sind.

(2) Die Dienstbezüge aus dem neuen Amt werden von dem Kalendermonat an gezahlt, der dem Eintritt der Unanfechtbarkeit der Entscheidung folgt. Bei einem Eintritt in den Ruhestand vor Unanfechtbarkeit der Entscheidung bestimmen sich die Versorgungsbezüge nach der in der Entscheidung festgelegten Besoldungsgruppe.

(3) Befördert werden darf frühestens fünf Jahre nach Eintritt der Unanfechtbarkeit der Entscheidung. § 8 Abs. 4 Satz 2 bis 4 gilt entsprechend.

(4) Die Rechtsfolgen der Zurückstufung erstrecken sich auch auf ein neues Beamtenverhältnis. Hierbei steht im Hinblick auf Absatz 3 die Einstellung oder Anstellung in einem höheren Amt als dem, in welches zurückgestuft wurde, der Beförderung gleich. Der Landespersonalausschuss kann Ausnahmen zulassen.

§ 10 Entfernung aus dem Beamtenverhältnis

(1) Mit der Entfernung aus dem Beamtenverhältnis endet das Dienstverhältnis. Der Anspruch auf Dienstbezüge und Versorgung sowie die Befugnis, die Amtsbezeichnung und die im Zusammenhang mit dem Amt verliehenen Titel zu führen und die Dienstkleidung zu tragen, gehen verloren.

(2) Die Zahlung der Dienstbezüge wird mit dem Ende des Kalendermonats eingestellt, in dem die Entscheidung unanfechtbar wird. Bei einem Eintritt in den Ruhestand vor Unanfechtbarkeit der Entscheidung über die Entfernung aus dem Beamtenverhältnis gilt die Entscheidung als Aberkennung des Ruhegehalts.

(3) Nach der Entfernung aus dem Beamtenverhältnis wird für die Dauer von sechs Monaten ein Unterhaltsbeitrag in Höhe von 70 Prozent des Ruhegehaltes geleistet, das die Beamtin oder der Beamte im Zeitpunkt der Entscheidung erdient hätte; eine Einbehaltung von Dienstbezügen nach § 38 Abs. 2 bleibt unberücksichtigt. Die Gewährung des Unterhaltsbeitrags kann in der Entscheidung ganz oder teilweise ausgeschlossen werden, soweit die Beamtin oder der Beamte ihrer nicht würdig oder den erkennbaren Umständen nach nicht bedürftig ist. Sie kann in der Entscheidung über sechs Monate hinaus verlängert werden, soweit dies notwendig ist, um eine unbillige Härte zu vermeiden; die Umstände sind glaubhaft zu machen. Für die Zahlung des Unterhaltsbeitrags gelten die besonderen Regelungen des § 76.

(4) Die Entfernung aus dem Beamtenverhältnis und ihre Rechtsfolgen erstrecken sich auf alle Ämter, welche die Beamtin oder der Beamte bei Eintritt der Unanfechtbarkeit der Entscheidung inne hat.

(5) Wer früher in einem anderen Dienstverhältnis im Geltungsbereich des Landesbeamtengesetzes gestanden hat, verliert nach einer Entfernung aus dem Dienst auch die Ansprüche aus dem früheren Dienstverhältnis, wenn die Disziplinarmaßnahme wegen eines Dienstvergehens ausgesprochen wird, das in dem früheren Dienstverhältnis begangen wurde.

(6) Wer aus dem Beamtenverhältnis entfernt worden ist, darf bei einem Dienstherrn, für den das Landesbeamtengesetz gilt, nicht wieder zur Beamtin oder zum Beamten ernannt werden; der Landespersonalausschuss kann Ausnahmen zulassen. Es soll auch kein anderes Beschäftigungsverhältnis begründet werden.

§ 11 Kürzung des Ruhegehalts

Die Kürzung des Ruhegehalts ist die bruchteilmäßige Verminderung des monatlichen Ruhegehalts um höchstens ein Fünftel auf längstens drei Jahre. § 8 Abs. 1 Satz 3 sowie Abs. 2 Satz 1 und 4 gelten entsprechend.

§ 12 Aberkennung des Ruhegehalts

(1) Mit der Aberkennung des Ruhegehalts gehen der Anspruch auf Versorgung einschließlich der Hinterbliebenenversorgung und die Befugnis, die Amtsbezeichnung und die Titel zu führen, die im Zusammenhang mit dem früheren Amt verliehen wurden, verloren.

(2) Nach der Aberkennung des Ruhegehalts wird bis zur Gewährung einer Rente auf Grund einer Nachversicherung, längstens jedoch für die Dauer von sechs Monaten, ein Unterhaltsbeitrag in Höhe von 70 Prozent des Ruhegehalts geleistet, das der Ruhestandsbeamtin oder dem Ruhestandsbeamten bei Eintritt der Unanfechtbarkeit der Entscheidung zusteht; eine Kürzung des Ruhegehalts nach § 38 Abs. 3 bleibt unberücksichtigt. § 10 Abs. 3 Satz 2 bis 4 gilt entsprechend.

(3) Die Aberkennung des Ruhegehalts und ihre Rechtsfolgen erstrecken sich auf alle Ämter, welche die Ruhestandsbeamtin oder der Ruhestandsbeamte bei Eintritt in den Ruhestand inne gehabt hat.

(4) § 10 Abs. 2 Satz 1 sowie Abs. 5 und 6 gilt entsprechend.

§ 13 Verhängung und Bemessung der Disziplinarmaßnahme

(1) Die Entscheidung über die Verhängung einer Disziplinarmaßnahme ergeht nach pflichtgemäßem Ermessen.

(2) Die Disziplinarmaßnahme ist insbesondere nach der Schwere des Dienstvergehens zu bemessen. Das Persönlichkeitsbild der Beamtin oder des Beamten ist angemessen zu berücksichtigen. Ferner soll berücksichtigt werden, in welchem Umfang das Vertrauen des Dienstherrn oder der Allgemeinheit beeinträchtigt worden ist. Bei der Bestimmung der Höhe der Geldbuße und der Kürzung der Dienstbezüge ist die finanzielle Leistungsfähigkeit zu berücksichtigen.

(3) Wer durch ein Dienstvergehen das Vertrauen des Dienstherrn oder der Allgemeinheit endgültig verloren hat, ist aus dem Beamtenverhältnis zu entfernen. Das Ruhegehalt ist abzuerkennen, wenn die Beamtin oder der Beamte als noch im Dienst befindliche Beamtin oder noch im Dienst befindlicher Beamter aus dem Beamtenverhältnis hätte entfernt werden müssen.

§ 14 Zulässigkeit von Disziplinarmaßnahmen nach Straf- oder Bußgeldverfahren

(1) Ist im Straf- oder Bußgeldverfahren unanfechtbar eine Strafe, Geldbuße oder Ordnungsmaßnahme verhängt worden oder kann eine Tat nach § 153a Abs. 1 Satz 5 oder Abs. 2 Satz 2 der Strafprozessordnung nach der Erfüllung von Auflagen und Weisungen nicht mehr als Vergehen verfolgt werden, darf wegen desselben Sachverhalts

1. ein Verweis, eine Geldbuße oder eine Kürzung des Ruhegehalts nicht ausgesprochen werden,
2. eine Kürzung der Dienstbezüge nur ausgesprochen werden, wenn dies zusätzlich erforderlich ist, um die Beamtin oder den Beamten zur Pflichterfüllung anzuhalten.

(2) Ist die Beamtin oder der Beamte im Straf- oder Bußgeldverfahren rechtskräftig freigesprochen worden, darf wegen des Sachverhalts, der Gegenstand der gerichtlichen Entscheidung gewesen ist, eine Disziplinarmaßnahme nur ausgesprochen werden, wenn dieser Sachverhalt ein Dienstvergehen darstellt, ohne den Tatbestand einer Straf- oder Bußgeldvorschrift zu erfüllen.

§ 15 Disziplinarmaßnahmeverbot wegen Zeitablaufs

(1) Sind seit der Vollendung eines Dienstvergehens mehr als zwei Jahre vergangen, darf ein Verweis nicht mehr erteilt werden.

(2) Sind seit der Vollendung eines Dienstvergehens mehr als drei Jahre vergangen, darf eine Geldbuße, eine Kürzung der Dienstbezüge oder eine Kürzung des Ruhegehalts nicht mehr ausgesprochen werden.

(3) Sind seit der Vollendung eines Dienstvergehens mehr als sieben Jahre vergangen, darf auf Zurückstufung nicht mehr erkannt werden.

(4) Die Fristen der Absätze 1 bis 3 werden durch die Einleitung und jede Ausdehnung

des Disziplinarverfahrens, die Erhebung der Disziplinarklage, die Erhebung der Nachtragsdisziplinarklage oder die Anordnung oder Ausdehnung von Ermittlungen gegen Personen im Beamtenverhältnis auf Probe oder auf Widerruf nach §§ 23 Abs. 3 Nr. 1 und Abs. 4 des Beamtenstatusgesetzes unterbrochen.

(5) Die Fristen der Absätze 1 bis 3 sind für die Dauer der Verfahren nach § 33 Abs. 3 und § 34 Abs. 2 sowie des gerichtlichen Disziplinarverfahrens gehemmt. Ist vor Ablauf der Frist wegen desselben Sachverhalts ein Straf- oder Bußgeldverfahren eingeleitet worden, ist die Frist für die Dauer dieses Verfahrens gehemmt. Gleiches gilt für die Dauer einer Aussetzung des Disziplinarverfahrens nach § 22, soweit nicht schon eine Hemmung nach Satz 2 eintritt.

§ 16 Verwertungsverbot, Entfernung aus der Personalakte

(1) Ein Verweis darf nach zwei Jahren, eine Geldbuße, eine Kürzung der Dienstbezüge und eine Kürzung des Ruhegehalts dürfen nach drei Jahren und eine Zurückstufung darf nach sieben Jahren bei weiteren Disziplinarmaßnahmen und bei sonstigen Personalmaßnahmen nicht mehr berücksichtigt werden (Verwertungsverbot).

(2) Die Frist für das Verwertungsverbot beginnt mit dem Tage der Unanfechtbarkeit der Entscheidung, mit der die Disziplinarmaßnahme verhängt wurde. Sie endet nicht, solange ein gegen die Beamtin oder den Beamten eingeleitetes Straf- oder Disziplinarverfahren oder ein Verfahren nach § 11 Absatz 1 des Landesbesoldungsgesetzes nicht unanfechtbar abgeschlossen ist, eine andere Disziplinarmaßnahme berücksichtigt werden darf oder eine Entscheidung über die Kürzung der Dienstbezüge noch nicht vollstreckt ist. Das Gleiche gilt bei Anhängigkeit eines gerichtlichen Verfahrens über die Beendigung des Beamtenverhältnisses oder über die Geltendmachung von Schadenersatz.

(3) Eintragungen in der Personalakte über Verweis, Geldbuße, Kürzung der Dienstbezüge und Kürzung des Ruhegehalts sind einschließlich der über diese Disziplinarmaßnahmen entstandenen Vorgänge mit Eintritt des Verwertungsverbotes von Amts wegen zu entfernen und zu vernichten. Das Rubrum und der Tenor einer abschließenden gerichtlichen Entscheidung, mit der auf eine Zurückstufung erkannt wurde, verbleiben in der Personalakte. Dabei sind die Bezeichnung weiterer Beteiligter und der Bevollmächtigten, die Namen der Richter sowie die Kostenentscheidung unkenntlich zu machen. Auf Antrag der Beamtin oder des Beamten unterbleibt die Entfernung oder erfolgt eine gesonderte Aufbewahrung. Der Antrag ist binnen eines Monats nach Mitteilung der bevorstehenden Entfernung und Hinweis auf das Antragsrecht und die Antragsfrist im Sinne der Sätze 4 und 5 zu stellen. Wird der Antrag gestellt oder verbleiben Rubrum und Tenor einer abschließenden gerichtlichen Entscheidung gemäß Satz 2 in der Personalakte, ist das Verwertungsverbot bei den Eintragungen zu vermerken.

(4) Die Absätze 1 bis 3 gelten entsprechend für Disziplinarvorgänge, die nicht zu einer Disziplinarmaßnahme geführt haben. Die Frist für das Verwertungsverbot beträgt, wenn das Disziplinarverfahren nach § 33 Abs. 1 Nr. 1 eingestellt wird, drei Monate. Im Übrigen beträgt sie zwei Jahre. Die Frist beginnt nach Satz 2 mit dem Tage der Zustellung der Einstellungsverfügung, nach Satz 3 mit dem Tage der Unanfechtbarkeit der Entscheidung.

(5) Auf die Entfernung und Vernichtung von Disziplinarvorgängen, die zu einer missbilligenden Äußerung geführt haben, findet § 88 Absatz 1 Satz 1 Nummer 2, Satz 2 und 3 des Landesbeamtengesetzes NRW Anwendung; die Frist beginnt mit der Bekanntgabe der missbilligenden Äußerung.

Teil 3
Behördliches Disziplinarverfahren

Kapitel 1
Einleitung, Ausdehnung und Beschränkung

§ 17 Einleitung von Amts wegen

(1) Liegen zureichende tatsächliche Anhaltspunkte vor, die den Verdacht eines Dienst-

vergehens rechtfertigen, hat die dienstvorgesetzte Stelle ein Disziplinarverfahren einzuleiten und die höhere dienstvorgesetzte Stelle hierüber unverzüglich zu unterrichten. Die höhere dienstvorgesetzte Stelle und die oberste Dienstbehörde stellen im Rahmen ihrer Aufsicht die Erfüllung der Einleitungspflicht sicher; sie können das Disziplinarverfahren in jeder Lage des Verfahrens im Einzelfall an sich ziehen oder sich dies allgemein vorbehalten. Die Einleitung ist aktenkundig zu machen.

(2) Ist zu erwarten, dass nach den §§ 14, 15 eine Disziplinarmaßnahme nicht in Betracht kommt, wird ein Disziplinarverfahren nicht eingeleitet. Die Gründe sind aktenkundig zu machen und der Beamtin oder dem Beamten bekannt zu geben.

(3) Hat eine Beamtin oder ein Beamter mehrere Ämter inne, die im Verhältnis von Haupt- zu Nebenamt stehen, kann ein Disziplinarverfahren nur durch die für das Hauptamt zuständige dienstvorgesetzte Stelle eingeleitet werden. Stehen die bekleideten Ämter nicht im Verhältnis von Haupt- zu Nebenamt, ist jede dienstvorgesetzte Stelle, zu deren Geschäftsbereich eines der Ämter gehört, zur Einleitung befugt. Die Einleitung ist den für die anderen Ämter zuständigen dienstvorgesetzten Stellen mitzuteilen. Ein weiteres Disziplinarverfahren kann wegen desselben Sachverhalts nicht eingeleitet werden.

(4) Die Zuständigkeiten nach den Abs. 1 bis 3 werden durch eine Beurlaubung, eine Abordnung oder eine Zuweisung nicht berührt. Für ein während der Abordnung begangenes Dienstvergehen kann die abordnende dienstvorgesetzte Stelle die Erfüllung der sich aus Absatz 1 ergebenden Pflicht den anderen dienstvorgesetzten Stellen überlassen, soweit nichts anderes bestimmt ist.

(5) Dienstvorgesetzte Stelle ist die oberste Dienstbehörde und die ihr nachgeordnete Stelle, der die Ausübung der Befugnis zur Ernennung übertragen ist, sowie die Behörde, der die Dienstaufsicht über diese Stelle obliegt. Die oberste Dienstbehörde kann durch Rechtsverordnung bestimmen, wer außerdem dienstvorgesetzte Stelle ist. Abweichend von Satz 1 und 2 bestimmt sich die dienstvorgesetzte Stelle für die Beamtinnen und Beamten der Gemeinden und Gemeindeverbände, der anderen Dienstherren unter der Aufsicht des Landes und für die Ruhestandsbeamtinnen und Ruhestandsbeamten nach den besonderen Bestimmungen in Teil 6.

§ 18 Einleitung auf Antrag

(1) Die Beamtin oder der Beamte kann bei der dienstvorgesetzten Stelle oder der höheren dienstvorgesetzten Stelle die Einleitung eines Disziplinarverfahrens gegen sich selbst beantragen, um sich von dem Verdacht eines Dienstvergehens zu entlasten.

(2) Der Antrag darf nur abgelehnt werden, wenn keine zureichenden tatsächlichen Anhaltspunkte vorliegen, die den Verdacht eines Dienstvergehens rechtfertigen, oder wenn die Voraussetzungen des § 17 Abs. 2 gegeben sind. Die Entscheidung ist der Beamtin oder dem Beamten mitzuteilen.

(3) § 17 Abs. 1 Satz 2 Halbsatz 2 und Satz 3 sowie Abs. 3 und 4 gilt entsprechend.

§ 19 Ausdehnung und Beschränkung

(1) Das Disziplinarverfahren kann bis zum Erlass einer Entscheidung nach den §§ 33 bis 35 auf neue Handlungen ausgedehnt werden, die den Verdacht eines Dienstvergehens rechtfertigen. Die Ausdehnung ist aktenkundig zu machen.

(2) Das Disziplinarverfahren kann bis zum Erlass einer Entscheidung nach den §§ 33 bis 35 beschränkt werden, indem solche Handlungen ausgeschieden werden, die für die Art und Höhe der zu erwartenden Disziplinarmaßnahme voraussichtlich nicht ins Gewicht fallen. Die Beschränkung ist aktenkundig zu machen. Die ausgeschiedenen Handlungen können nicht wieder in das Disziplinarverfahren einbezogen werden, es sei denn, die Voraussetzungen für die Beschränkung entfallen nachträglich. Sie können auch nicht zum Gegenstand eines neuen Disziplinarverfahrens gemacht werden.

Kapitel 2
Durchführung

§ 20 Unterrichtung, Belehrung und Anhörung

(1) Die Beamtin oder der Beamte ist über die Einleitung des Disziplinarverfahrens unverzüglich zu unterrichten, sobald dies ohne Gefährdung der Aufklärung des Sachverhalts möglich ist. Hierbei muss eröffnet werden, welches Dienstvergehen zur Last gelegt wird. Gleichzeitig ist darauf hinzuweisen, dass es der betroffenen Person freisteht, sich mündlich oder schriftlich zu äußern oder nicht zur Sache auszusagen und sich jederzeit einer oder eines Bevollmächtigten oder eines Beistandes zu bedienen.

(2) Für die Abgabe einer schriftlichen Äußerung wird der Beamtin oder dem Beamten eine Ausschlussfrist von einem Monat und für die Abgabe der Erklärung, sich mündlich äußern zu wollen, eine Ausschlussfrist von zwei Wochen gesetzt. Eine Fristversäumung berührt die Befugnis zur Äußerung im weiteren Verfahren nicht. Hat die Beamtin oder der Beamte rechtzeitig erklärt, sich mündlich äußern zu wollen, soll die Anhörung innerhalb von drei Wochen nach Eingang der Erklärung durchgeführt werden. Ist die Beamtin oder der Beamte aus zwingenden Gründen gehindert, eine Frist nach Satz 1 einzuhalten oder einer Ladung zur mündlichen Verhandlung Folge zu leisten, und wurde dies unverzüglich mitgeteilt, ist die maßgebliche Frist zu verlängern oder eine erneute Ladung vorzunehmen. Die Fristsetzungen und Ladungen sind zuzustellen.

(3) Ist die nach Absatz 1 Satz 2 und 3 vorgeschriebene Belehrung unterblieben oder unrichtig erfolgt, darf die Aussage der Beamtin oder des Beamten nicht zu ihrem oder seinem Nachteil verwertet werden.

§ 21 Pflicht zur Durchführung von Ermittlungen, Ausnahmen

(1) Zur Aufklärung des Sachverhalts sind die erforderlichen Ermittlungen durchzuführen. Dabei sind die belastenden, die entlastenden und die Umstände zu ermitteln, die für die Bemessung einer Disziplinarmaßnahme bedeutsam sind. Das Ergebnis der Ermittlungen ist aktenkundig zu machen.

(2) Von Ermittlungen ist abzusehen, soweit der Sachverhalt auf Grund der tatsächlichen Feststellungen eines rechtskräftigen Urteils im Straf- oder Bußgeldverfahren oder im verwaltungsgerichtlichen Verfahren, durch das nach § 11 Absatz 1 des Landesbesoldungsgesetzes vom 14. Juni 2016 (GV. NRW S. 310) in der jeweils geltenden Fassung über den Verlust der Besoldung bei schuldhaftem Fernbleiben vom Dienst entschieden worden ist, feststeht. Von Ermittlungen kann auch abgesehen werden, soweit der Sachverhalt auf sonstige Weise aufgeklärt ist, insbesondere nach der Durchführung eines anderen gesetzlich geordneten Verfahrens.

§ 22 Verhältnis zum Strafverfahren und zu anderen Verfahren

(1) Das Disziplinarverfahren ist auszusetzen, wenn wegen des Sachverhalts, der dem Disziplinarverfahren zugrunde liegt, im Strafverfahren die öffentliche Klage erhoben worden ist. Die Aussetzung unterbleibt, wenn keine begründeten Zweifel am Sachverhalt bestehen oder wenn im Strafverfahren aus Gründen nicht verhandelt werden kann, die in der Person der Beamtin oder des Beamten liegen. Das Disziplinarverfahren ist unverzüglich fortzusetzen, wenn die Voraussetzungen des Satzes 2 nachträglich eintreten, spätestens mit dem rechtskräftigen Abschluss des Strafverfahrens.

(2) Das Disziplinarverfahren kann ausgesetzt werden, wenn in einem anderen gesetzlich geordneten Verfahren über eine Frage zu entscheiden ist, deren Beurteilung für die Entscheidung im Disziplinarverfahren von wesentlicher Bedeutung ist. Absatz 1 Satz 2 und 3 gilt entsprechend.

§ 23 Bindung an tatsächliche Feststellungen aus Strafverfahren oder anderen Verfahren

(1) Die tatsächlichen Feststellungen eines rechtskräftigen Urteils im Straf- oder Bußgeldverfahren, auf denen das Urteil beruht, sind im Disziplinarverfahren, das denselben Sachverhalt zum Gegenstand hat, bindend.

I

Entsprechendes gilt für ein verwaltungsgerichtliches Verfahren, durch das nach § 11 Absatz 1 des Landesbesoldungsgesetzes über den Verlust der Besoldung bei schuldhaftem Fernbleiben vom Dienst entschieden worden ist.

(2) Die in einem anderen gesetzlich geordneten Verfahren getroffenen tatsächlichen Feststellungen sind nicht bindend, können aber der Entscheidung im Disziplinarverfahren ohne nochmalige Prüfung zugrunde gelegt werden.

§ 24 Beweiserhebung

(1) Die erforderlichen Beweise sind zu erheben. Hierbei können insbesondere

1. schriftliche dienstliche Auskünfte eingeholt werden,
2. Zeuginnen und Zeugen sowie Sachverständige vernommen oder ihre schriftliche Äußerung eingeholt werden,
3. Urkunden und Akten beigezogen sowie
4. der Augenschein eingenommen werden.

(2) Niederschriften über Aussagen von Personen, die schon in einem anderen gesetzlich geordneten Verfahren vernommen worden sind, sowie Niederschriften über einen richterlichen Augenschein können ohne erneute Beweiserhebung verwertet werden.

(3) Über einen Beweisantrag der Beamtin oder des Beamten ist nach pflichtgemäßem Ermessen zu entscheiden. Dem Beweisantrag ist stattzugeben, soweit er für die Tat- oder Schuldfrage oder für die Bemessung der Art und Höhe einer Disziplinarmaßnahme von Bedeutung sein kann.

(4) Der Beamtin oder dem Beamten ist Gelegenheit zu geben, an der Vernehmung von Zeuginnen und Zeugen sowie Sachverständigen und an der Einnahme des Augenscheins teilzunehmen und hierbei sachdienliche Fragen zu stellen. Auf die Verlegung eines Termins wegen Verhinderung besteht kein Anspruch. Die Beamtin oder der Beamte kann von der Teilnahme ausgeschlossen werden, soweit dies aus wichtigen Gründen erforderlich ist. Ein schriftliches Gutachten ist zugänglich zu machen, soweit nicht wichtige Gründe dem entgegenstehen. Wichtige Gründe sind insbesondere die Gefährdung des Zwecks der Ermittlungen und der Schutz der Rechte Dritter.

§ 25 Zeuginnen oder Zeugen und Sachverständige

(1) Zeuginnen oder Zeugen sind zur Aussage und Sachverständige zur Erstattung von Gutachten verpflichtet. Die Bestimmungen der Strafprozessordnung über die Pflicht, als Zeugin oder Zeuge auszusagen sowie als Sachverständige oder Sachverständiger ein Gutachten zu erstatten, über die Ablehnung von Sachverständigen sowie über die Vernehmung von Angehörigen des öffentlichen Dienstes als Zeuginnen oder Zeugen und Sachverständige gelten entsprechend. Für Letztere gelten die §§ 55, 72 der Strafprozessordnung zum Schutz vor einer etwaigen disziplinarischen Verfolgung entsprechend.

(2) Bei einer Verweigerung der Aussage oder der Erstattung eines Gutachtens ohne Vorliegen eines der in den §§ 52 bis 55 und 76 der Strafprozessordnung bezeichneten Gründe kann das Gericht um Vernehmung ersucht werden. In dem Ersuchen ist der Gegenstand der Vernehmung darzulegen sowie die Namen und Anschriften der Beteiligten anzugeben. Das Gericht entscheidet über die Rechtmäßigkeit der Verweigerung der Aussage oder der Erstattung des Gutachtens durch Beschluss.

§ 26 Herausgabe von Unterlagen

Die Beamtin oder der Beamte hat Unterlagen, die einen dienstlichen Bezug aufweisen, insbesondere Schriftstücke, Zeichnungen, bildliche Darstellungen und Aufzeichnungen einschließlich technischer Aufzeichnungen, auf Verlangen für das Disziplinarverfahren zur Verfügung zu stellen. Das Gericht kann die Herausgabe auf Antrag durch Beschluss anordnen und sie durch die Festsetzung von Zwangsgeld erzwingen. Der Beschluss ist unanfechtbar.

§ 27 Beschlagnahmen und Durchsuchungen

(1) Das Gericht kann auf Antrag Beschlagnahmen und Durchsuchungen durch Be-

schluss anordnen. Die Anordnung darf nur getroffen werden, wenn die Beamtin oder der Beamte des zur Last gelegten Dienstvergehens dringend verdächtig ist und die Maßnahme zu der Bedeutung der Sache und der zu erwartenden Disziplinarmaßnahme nicht außer Verhältnis steht. Die Bestimmungen der Strafprozessordnung über Beschlagnahmen und Durchsuchungen gelten entsprechend, soweit nicht in diesem Gesetz etwas anderes bestimmt ist.

(2) Die Maßnahmen nach Absatz 1 dürfen nur durch die nach der Strafprozessordnung dazu berufenen Behörden durchgeführt werden.

(3) Durch Absatz 1 wird das Grundrecht der Unverletzlichkeit der Wohnung (Artikel 13 Abs. 1 des Grundgesetzes) eingeschränkt.

§ 28 Unterbringung im Krankenhaus zur Erstellung eines Gutachtens über den psychischen Zustand der Beamtin oder des Beamten

(1) Zur Vorbereitung eines Gutachtens über den psychischen Zustand der Beamtin oder des Beamten kann das Gericht auf Antrag der oder des Dienstvorgesetzten und nach Anhörung einer oder eines Sachverständigen durch Beschluss anordnen, dass die Beamtin oder der Beamte in einem öffentlichen psychiatrischen Krankenhaus oder in einer anderen geeigneten Fachklinik für höchstens sechs Wochen untergebracht und untersucht wird. Die Anordnung darf nur getroffen werden, wenn die Beamtin oder der Beamte des zur Last gelegten Dienstvergehens dringend verdächtig ist und mindestens eine Kürzung der Dienstbezüge zu erwarten ist. Die Unterbringung darf nur durch die nach der Strafprozessordnung dazu berufenen Behörden durchgesetzt werden.

(2) Das Gericht hat die Beamtin oder den Beamten von dem Antrag in Kenntnis zu setzen. Hat die Beamtin oder der Beamte nicht selbst eine Bevollmächtigte oder einen Bevollmächtigten beigezogen, bestellt das Gericht für das Unterbringungsverfahren von Amts wegen eine Bevollmächtigte oder einen Bevollmächtigten mit Befähigung zum Richteramt. Von dem Beschluss, durch den die Unterbringung angeordnet wird, ist zusätzlich eine Angehörige oder ein Angehöriger der Beamtin oder des Beamten oder eine Vertrauensperson zu benachrichtigen.

(3) Durch Absatz 1 werden das Grundrecht der Freiheit der Person (Artikel 2 Abs. 2 Satz 2 des Grundgesetzes) und das Grundrecht der Unverletzlichkeit der Wohnung (Artikel 13 Abs. 1 des Grundgesetzes) eingeschränkt.

(4) Die Beschwerde gegen einen Beschluss nach Absatz 1 Satz 1 hat aufschiebende Wirkung.

§ 29 Protokoll

Über Anhörungen der Beamtin oder des Beamten und Beweiserhebungen sind Protokolle zu fertigen, von denen eine Abschrift auszuhändigen ist; § 168a der Strafprozessordnung gilt entsprechend. Bei der Einholung von schriftlichen dienstlichen Auskünften sowie der Beiziehung von Urkunden, Akten und technischen Aufzeichnungen genügt die Aufnahme eines Aktenvermerks. Eine Abschrift des Aktenvermerks ist der Beamtin oder dem Beamten von Amts wegen zuzuleiten.

§ 30 Innerdienstliche Informationen

(1) Die Vorlage von Personalakten und anderen Behördenunterlagen mit personenbezogenen Daten sowie die Erteilung von Auskünften aus diesen Akten und Unterlagen an die mit Disziplinarvorgängen befassten Stellen und die Verarbeitung der so erhobenen personenbezogenen Daten im Disziplinarverfahren sind, soweit nicht andere Rechtsvorschriften dem entgegenstehen, auch gegen den Willen der Beamtin oder des Beamten sowie anderer Betroffener zulässig, wenn und soweit die Durchführung des Disziplinarverfahrens dies erfordert und überwiegende berechtigte Interessen der Beamtin oder des Beamten, anderer Betroffener oder der ersuchten Stellen nicht entgegenstehen.

(2) Zwischen den Dienststellen eines oder verschiedener Dienstherrn im Geltungsbereich des Beamtenstatusgesetzes sowie zwischen Teilen einer Dienststelle sind Mitteilungen über Disziplinarverfahren, über Tatsachen aus Disziplinarverfahren und über Ent-

scheidungen der Disziplinarorgane sowie die Vorlage hierüber geführter Akten zulässig, wenn und soweit dies zur Durchführung des Disziplinarverfahrens, im Hinblick auf die künftige Übertragung von Aufgaben oder Ämtern oder im Einzelfall aus besonderen dienstlichen Gründen unter Berücksichtigung der berechtigten Interessen der Beamtin oder des Beamten sowie anderer Betroffener erforderlich ist.

(3) Nach Maßgabe des Artikels 56a der Richtlinie 2005/36/EG des Europäischen Parlaments und des Rates vom 7. September 2005 über die Anerkennung von Berufsqualifikationen (ABl. L 255 vom 30. 9. 2005, S. 22, L 271 vom 16. 10. 2007, S. 18, L 93 vom 4. 4. 2008, S. 28, L 33 vom 3. 2. 2009, S. 49), die zuletzt durch die Richtlinie 2013/55/EU des Europäischen Parlaments und des Rates vom 20. November 2013 (Abl. L 354 vom 28. 12. 2013, S. 132) geändert worden ist, unterrichten die Dienststellen die zuständigen Behörden der Mitgliedstaaten der Europäischen Union über rechtskräftige Entscheidungen der Disziplinarorgane zur

1. Entfernung aus dem Beamtenverhältnis nach § 5 Absatz 1 Nummer 5 in Verbindung mit § 10 Absatz 1,
2. Einstellung eines Disziplinarverfahrens wegen Beendigung des Beamtenverhältnisses nach § 24 Absatz 1 des Beamtenstatusgesetzes und
3. Einstellung des Disziplinarverfahrens, wenn die Beamtin oder der Beamte mit einem Antrag auf Entlassung einer im Disziplinarverfahren zu erwartenden Entfernung aus dem Beamtenverhältnis zuvor kommt.

Der Zeitraum im Sinne des Artikels 56a Absatz 2 Satz 2 Buchstabe e der Richtlinie nach Satz 1 beträgt längstens 15 Jahre. Er endet frühestens bei Erreichen der gesetzlichen Altersgrenze.

§ 31 Abschließende Anhörung

Nach der Beendigung der Ermittlungen ist deren Ergebnis der Beamtin oder dem Beamten mitzuteilen und Gelegenheit zur abschließenden Äußerung zu geben; § 20 Abs. 2 gilt entsprechend. Die Anhörung kann unterbleiben, wenn das Disziplinarverfahren nach § 33 Abs. 2 Nr. 2 bis 4 eingestellt werden soll.

Kapitel 3
Abschlussentscheidung

§ 32 Zuständigkeit

(1) Jede dienstvorgesetzte Stelle besitzt die Befugnis, Verweise und Geldbußen gegen die ihr unterstellten Beamtinnen und Beamten zu verhängen.

(2) Die Kürzung der Dienstbezüge können festsetzen

1. die oberste Dienstbehörde gegen Beamtinnen und Beamte ihres Geschäftsbereichs, für die sie die dienstrechtlichen Befugnisse besitzt, und
2. die der obersten Dienstbehörde unmittelbar nachgeordneten dienstvorgesetzten Stellen gegen die übrigen Beamten.

Die oberste Dienstbehörde kann durch Rechtsverordnung abweichende Zuständigkeitsregelungen treffen. § 17 Abs. 1 Satz 2 Halbsatz 2 bleibt unberührt.

(3) Die Disziplinarklage wird durch die nach Absatz 2 zuständige Stelle erhoben.

(4) Für die in Absatz 1 bis 3 genannten Maßnahmen sind in den Gemeinden und Gemeindeverbänden und bei den anderen Dienstherren unter der Aufsicht des Landes die nach den besonderen Bestimmungen in Teil 6 bestimmten dienstvorgesetzten Stellen zuständig. § 17 Abs. 1 Satz 2 Halbsatz 2 sowie § 81 bleiben unberührt.

(5) Die Abschlussentscheidung ist von der oder dem Dienstvorgesetzten, deren oder dessen allgemeiner Vertreterin oder allgemeinem Vertreter, der Leiterin oder dem Leiter der für Personalangelegenheiten zuständigen Abteilung oder in Gemeinden und Gemeindeverbänden durch die Leiterin oder den Leiter des für Personalangelegenheiten zuständigen Dezernates oder Amtes zu unterzeichnen. In den Fällen der §§ 33, 34 ist sie der Beamtin oder dem Beamten zuzustellen. Die höhere dienstvorgesetzte Stelle ist über die getroffene Abschlussentscheidung unverzüglich zu unterrichten.

§ 33 Einstellungsverfügung

(1) Das Disziplinarverfahren wird eingestellt, wenn

1. ein Dienstvergehen nicht erwiesen ist,
2. ein Dienstvergehen zwar erwiesen ist, eine Disziplinarmaßnahme jedoch nicht angezeigt erscheint,
3. nach § 14 oder § 15 eine Disziplinarmaßnahme nicht ausgesprochen werden darf oder
4. das Disziplinarverfahren oder eine Disziplinarmaßnahme aus sonstigen Gründen unzulässig ist.

(2) Das Disziplinarverfahren wird ferner eingestellt, wenn

1. die Beamtin oder der Beamte stirbt,
2. das Beamtenverhältnis durch Entlassung, Verlust der Beamtenrechte oder Entfernung endet und die Beamtin oder der Beamte keine Versorgung aus einem anderen Beamtenverhältnis erhält,
3. bei einer Ruhestandsbeamtin oder einem Ruhestandsbeamten die Folgen einer gerichtlichen Entscheidung nach § 74 Absatz 1 und 3 des Landesbeamtenversorgungsgesetzes eintreten oder
4. die Ruhestandsbeamtin oder der Ruhestandsbeamte der obersten Dienstbehörde gegenüber auf ihre oder seine Rechte schriftlich verzichtet.

(3) Ungeachtet der Einstellung können die höhere dienstvorgesetzte Stelle oder die oberste Dienstbehörde wegen desselben Sachverhalts eine Verfügung nach Absatz 1 oder Absatz 2 oder § 34 erlassen oder Disziplinarklage nach § 35 erheben. Eine Entscheidung nach Satz 1 ist nur innerhalb von drei Monaten nach Zustellung der Einstellungsverfügung zulässig, es sei denn, es ergeht wegen desselben Sachverhalts ein rechtskräftiges Urteil auf Grund von tatsächlichen Feststellungen, die von denjenigen tatsächlichen Feststellungen, auf denen die Entscheidung beruht, abweichen. Erfordert eine Neuentscheidung im Sinne des Satzes 1 die Durchführung weiterer Ermittlungen, so wird der Lauf der Frist des Satzes 2 für die Dauer ihrer Durchführung gehemmt.

§ 34 Disziplinarverfügung

(1) Ist ein Verweis, eine Geldbuße, eine Kürzung der Dienstbezüge oder eine Kürzung des Ruhegehalts angezeigt, wird eine solche Maßnahme durch Disziplinarverfügung ausgesprochen.

(2) Die höhere dienstvorgesetzte Stelle oder die oberste Dienstbehörde können eine Disziplinarverfügung einer nachgeordneten dienstvorgesetzten Stelle, die oberste Dienstbehörde auch eine von ihr selbst erlassene Disziplinarverfügung jederzeit aufheben. Sie können in der Sache neu entscheiden. Eine Verschärfung der Disziplinarmaßnahme nach Art oder Höhe oder die Erhebung der Disziplinarklage ist nur innerhalb von drei Monaten nach der Zustellung der Disziplinarverfügung zulässig, es sei denn, es ergeht wegen desselben Sachverhalts ein rechtskräftiges Urteil auf Grund von tatsächlichen Feststellungen, die von denjenigen tatsächlichen Feststellungen, auf denen die Entscheidung beruht, abweichen. Erfordert eine Neuentscheidung im Sinne des Satzes 2 die Durchführung weiterer Ermittlungen, so wird der Lauf der Frist des Satzes 3 für die Dauer ihrer Durchführung gehemmt.

§ 35 Erhebung der Disziplinarklage

(1) Soll gegen eine Beamtin oder einen Beamten auf Zurückstufung oder auf Entfernung aus dem Beamtenverhältnis oder gegen eine Ruhestandsbeamtin oder einen Ruhestandsbeamten auf Aberkennung des Ruhegehalts erkannt werden, ist Disziplinarklage zu erheben.

(2) Die höhere dienstvorgesetzte Stelle sowie die oberste Dienstbehörde können jederzeit die Befugnis einer nachgeordneten dienstvorgesetzten Stelle an sich ziehen, in den Fällen der §§ 79 Abs. 2 und 3, 80 Satz 2 gelten sie als Behörde des klagenden Dienstherrn.

§ 36 Verfahren bei nachträglicher Entscheidung im Straf- oder Bußgeldverfahren

(1) Ergeht nach dem Eintritt der Unanfechtbarkeit der Disziplinarverfügung in einem Straf- oder Bußgeldverfahren, das wegen

desselben Sachverhalts eingeleitet worden ist, unanfechtbar eine Entscheidung nach der gemäß § 14 die Disziplinarmaßnahme nicht zulässig wäre, ist die Disziplinarverfügung auf Antrag der Beamtin oder des Beamten aufzuheben und das Disziplinarverfahren einzustellen.

(2) Die Antragsfrist beträgt drei Monate. Sie beginnt mit dem Tag, an dem die Beamtin oder der Beamte von der in Absatz 1 bezeichneten Entscheidung Kenntnis erhält.

§ 37 Kostentragungspflicht

(1) Der Beamtin oder dem Beamten, gegen die oder den eine Disziplinarmaßnahme verhängt wird, können die entstandenen Auslagen auferlegt werden. Bildet das Dienstvergehen, das zur Last gelegt wird, nur zum Teil die Grundlage für die Disziplinarverfügung oder sind durch Ermittlungen, deren Ergebnis zugunsten der Beamtin oder des Beamten ausgefallen ist, besondere Kosten entstanden, können die Auslagen nur in verhältnismäßigem Umfang auferlegt werden.

(2) Wird das Disziplinarverfahren eingestellt, trägt der Dienstherr die entstandenen Auslagen. Erfolgt die Einstellung trotz Vorliegens eines Dienstvergehens, können die Auslagen der Beamtin oder dem Beamten auferlegt oder im Verhältnis geteilt werden.

(3) Stellt die Beamtin oder der Beamte einen Antrag nach § 36, gilt im Fall der Ablehnung des Antrags Absatz 1, andernfalls Absatz 2 entsprechend.

(4) Soweit der Dienstherr die entstandenen Auslagen trägt, hat er der Beamtin oder dem Beamten auch die Aufwendungen zu erstatten, die zur zweckentsprechenden Rechtsverfolgung notwendig waren. Die Gebühren und Auslagen von Bevollmächtigten oder Beiständen sind erstattungsfähig. Aufwendungen, die durch das Verschulden der Beamtin oder des Beamten entstanden sind, sind von dieser oder diesem selbst zu tragen, das Verschulden einer Vertreterin oder eines Vertreters ist zuzurechnen.

(5) Das behördliche Disziplinarverfahren ist gebührenfrei.

Kapitel 4
Vorläufige Dienstenthebung und Einbehaltung von Bezügen

§ 38 Zulässigkeit

(1) Die für die Erhebung der Disziplinarklage zuständige Behörde kann eine Beamtin oder einen Beamten gleichzeitig mit oder nach der Einleitung des Disziplinarverfahrens vorläufig des Dienstes entheben, wenn im Disziplinarverfahren voraussichtlich auf Entfernung aus dem Beamtenverhältnis erkannt werden oder wenn bei einer Person im Beamtenverhältnis auf Probe oder auf Widerruf voraussichtlich eine Entlassung nach § 5 Abs. 3 in Verbindung mit §§ 23 Abs. 3 Nr. 1 und Abs. 4 des Beamtenstatusgesetzes erfolgen wird. Sie kann die Beamtin oder den Beamten außerdem vorläufig des Dienstes entheben, wenn durch das Verbleiben im Dienst der Dienstbetrieb oder die Ermittlungen wesentlich beeinträchtigt würden und die vorläufige Dienstenthebung zu der Bedeutung der Sache und der zu erwartenden Disziplinarmaßnahme nicht außer Verhältnis steht.

(2) Die für die Erhebung der Disziplinarklage zuständige Behörde kann gleichzeitig mit oder nach der vorläufigen Dienstenthebung anordnen, dass bis zu 50 Prozent der monatlichen Dienst- oder Anwärterbezüge einbehalten werden, wenn im Disziplinarverfahren voraussichtlich auf Entfernung aus dem Beamtenverhältnis erkannt werden oder bei einer Person im Beamtenverhältnis auf Probe oder auf Widerruf voraussichtlich eine Entlassung nach § 5 Abs. 3 in Verbindung mit §§ 23 Abs. 3 Nr. 1 und Abs. 4 des Beamtenstatusgesetzes erfolgen wird.

(3) Die nach § 81 zuständige Stelle kann gleichzeitig mit oder nach der Einleitung des Disziplinarverfahrens anordnen, dass bis zu 30 Prozent des Ruhegehalts einbehalten werden, wenn im Disziplinarverfahren voraussichtlich auf Aberkennung des Ruhegehalts erkannt werden wird.

(4) Entscheidungen nach den Absätzen 1 bis 3 sind zuzustellen.

§ 39 Rechtswirkungen

(1) Die vorläufige Dienstenthebung wird mit der Zustellung, die Einbehaltung von Bezügen mit dem auf die Zustellung folgenden Fälligkeitstag wirksam und vollziehbar. Sie erstrecken sich auf alle Ämter, welche die Beamtin oder der Beamte im Zeitraum der Entscheidung inne hat.

(2) Für die Dauer der vorläufigen Dienstenthebung ruhen die im Zusammenhang mit dem Amt entstandenen Ansprüche auf Aufwandsentschädigung. Die Rechtswirkungen des § 29 Absatz 6 des Landesbesoldungsgesetzes bleiben unberührt.

(3) Wird die Beamtin oder der Beamte während eines schuldhaften Fernbleibens vom Dienst vorläufig des Dienstes enthoben, dauert der nach § 11 Absatz 1 des Landesbesoldungsgesetzes begründete Verlust der Bezüge fort. Er endet mit dem Zeitpunkt, zu dem die Beamtin oder der Beamte den Dienst aufgenommen hätte, wenn sie oder er hieran nicht durch die vorläufige Dienstenthebung gehindert worden wäre. Der Zeitpunkt ist von der nach § 32 zuständigen Stelle festzustellen und mitzuteilen.

(4) Die vorläufige Dienstenthebung und die Einbehaltung von Bezügen enden mit dem rechtskräftigen Abschluss des Disziplinarverfahrens.

§ 40 Verfall und Nachzahlung der einbehaltenen Beträge

(1) Die nach § 38 Abs. 2 und 3 einbehaltenen Bezüge verfallen, wenn

1. im Disziplinarverfahren auf Entfernung aus dem Beamtenverhältnis oder auf Aberkennung des Ruhegehalts erkannt worden oder eine Entlassung nach § 5 Abs. 3 Satz 2 dieses Gesetzes in Verbindung mit §§ 23 Abs. 3 Nr. 1 und Abs. 4 des Beamtenstatusgesetzes – BeamtStG erfolgt ist,
2. in einem wegen desselben Sachverhalts eingeleiteten Strafverfahren eine Strafe verhängt worden ist, die den Verlust der Rechte als Beamtin oder Beamter oder als Ruhestandsbeamtin oder Ruhestandsbeamter zur Folge hat,
3. das Disziplinarverfahren auf Grund des § 33 Abs. 1 Nr. 3 eingestellt worden ist und ein neues Disziplinarverfahren, das innerhalb von drei Monaten nach der Einstellung wegen desselben Sachverhalts eingeleitet worden ist, zur Entfernung aus dem Beamtenverhältnis oder zur Aberkennung des Ruhegehalts geführt hat oder
4. das Disziplinarverfahren wegen Entlassung aus dem Beamtenverhältnis eingestellt worden ist und die für die Erhebung der Disziplinarklage zuständige Stelle festgestellt hat, dass die Entfernung aus dem Beamtenverhältnis oder die Aberkennung des Ruhegehalts gerechtfertigt gewesen wäre.

(2) Wird das Disziplinarverfahren auf andere Weise als in den Fällen des Absatzes 1 unanfechtbar abgeschlossen, sind die nach § 38 Abs. 2 und 3 einbehaltenen Bezüge nachzuzahlen. Auf die nachzuzahlenden Dienstbezüge können Einkünfte aus genehmigungspflichtigen Nebentätigkeiten (§ 49 des Landesbeamtengesetzes) angerechnet werden, welche die Beamtin oder der Beamte aus Anlass der vorläufigen Dienstenthebung ausgeübt hat, wenn eine Disziplinarmaßnahme verhängt worden ist oder die für die Erhebung der Disziplinarklage zuständige Stelle feststellt, dass ein Dienstvergehen erwiesen ist. Die Beamtin oder der Beamte ist verpflichtet, über die Höhe solcher Einkünfte Auskunft zu geben.

Kapitel 5
(weggefallen)

§§ 41 und 42 (weggefallen)

Kapitel 6
(weggefallen)

§§ 43 und 44 (weggefallen)

Teil 4
Gerichtliches Disziplinarverfahren

Kapitel 1
Disziplinargerichtsbarkeit

§ 45 Zuständigkeit

(1) Die Aufgaben der Disziplinargerichtsbarkeit nach diesem Gesetz nehmen die Gerichte

der Verwaltungsgerichtsbarkeit wahr. Hierzu werden bei den Verwaltungsgerichten in Düsseldorf und Münster Kammern und bei dem Oberverwaltungsgericht Senate für Disziplinarsachen gebildet.

(2) Das Verwaltungsgericht Düsseldorf ist zuständig, wenn die Beamtin oder der Beamte im Zeitpunkt der Zustellung der Abschlussentscheidung oder der Erhebung der Disziplinarklage den dienstlichen Wohnsitz im Bereich der Regierungsbezirke Düsseldorf oder Köln oder außerhalb des Landes hat. Im Übrigen ist das Verwaltungsgericht Münster zuständig. Bei Ruhestandsbeamtinnen und Ruhestandsbeamten ist der Wohnsitz oder, wenn dieser außerhalb des Landes liegt, der letzte dienstliche Wohnsitz im Lande maßgeblich. Lag auch dieser außerhalb des Landes, gilt Satz 1 entsprechend.

§ 46 Kammer für Disziplinarsachen

(1) Mitglieder der Kammer für Disziplinarsachen sind die oder der Vorsitzende, ihre oder seine Stellvertreterinnen oder Stellvertreter, weitere Berufsrichterinnen und Berufsrichter sowie Beamtenbeisitzerinnen und Beamtenbeisitzer als ehrenamtliche Richterinnen und Richter.

(2) Die Berufsrichterinnen und Berufsrichter müssen auf Lebenszeit ernannt sein und das fünfunddreißigste Lebensjahr vollendet haben.

(3) Die Beamtenbeisitzerinnen und Beamtenbeisitzer müssen auf Lebenszeit oder Zeit ernannte Beamtinnen und Beamte sein, die das fünfunddreißigste Lebensjahr vollendet haben und bei ihrer Ernennung ihren dienstlichen Wohnsitz im Kammerbezirk haben. Sie werden nach den für ehrenamtliche Richterinnen und Richter geltenden Vorschriften der Verwaltungsgerichtsordnung berufen; dabei ist § 47 Absatz 4 zu berücksichtigen. Die obersten Landesbehörden und die Spitzenorganisationen der Gewerkschaften und Berufsverbände der Beamtinnen und Beamten können Vorschläge machen. Für Beamtinnen und Beamte im Sinne des § 1 Abs. 3 wird das Vorschlagsrecht von den obersten Bundesbehörden und den Spitzenorganisationen der Gewerkschaften und Berufsverbände der Beamtinnen und Beamten ausgeübt.

(4) Die Vorschriften des Landesbeamtenversorgungsgesetzes über die Unfallfürsorge und § 82 Absatz 1 des Landesbeamtengesetzes finden auf einen Unfall entsprechende Anwendung, den eine Beamtenbeisitzerin oder ein Beamtenbeisitzer in Ausübung oder infolge der Tätigkeit als Mitglied einer Kammer für Disziplinarsachen erleidet. Das Land erstattet dem Dienstherrn dessen Aufwendungen insoweit, als sie die Besoldung oder die sich nach den allgemeinen Vorschriften ergebende Versorgung übersteigen.

§ 47 Zusammensetzung

(1) Die Kammer für Disziplinarsachen entscheidet in der Besetzung von zwei Richterinnen oder Richtern und einer Beamtenbeisitzerin oder einem Beamtenbeisitzer, soweit nicht eine Einzelrichterin oder ein Einzelrichter entscheidet. In dem Verfahren der Disziplinarklage ist eine Übertragung auf die Einzelrichterin oder den Einzelrichter ausgeschlossen.

(2) Bei Beschlüssen außerhalb der mündlichen Verhandlung und bei Gerichtsbescheiden (§ 84 Verwaltungsgerichtsordnung) wirkt die Beamtenbeisitzerin oder der Beamtenbeisitzer nicht mit. Bei Stimmengleichheit gibt die Stimme des Vorsitzenden den Ausschlag.

(3) Weist die Rechtssache besondere Schwierigkeiten tatsächlicher oder rechtlicher Art auf, kann die Fachkammer nach Anhörung der Beteiligten beschließen, dass abweichend von Absatz 2 auch bei Beschlüssen außerhalb der mündlichen Verhandlung die Beamtenbeisitzerin oder der Beamtenbeisitzer mitwirkt.

(4) Die Beamtenbeisitzerin oder der Beamtenbeisitzer soll der Laufbahn der betroffenen Beamtin oder des betroffenen Beamten angehören; bei beschuldigten Beamtinnen soll möglichst eine Frau das Beisitzeramt ausüben.

§ 48 Ausschluss von der Ausübung des Richteramts

(1) Eine Richterin oder ein Richter sowie eine Beamtenbeisitzerin oder ein Beamtenbeisitzer

ist von der Ausübung des Richteramts kraft Gesetzes ausgeschlossen, wenn sie oder er

1. durch das Dienstvergehen verletzt ist,
2. Ehegattin, Ehegatte, Lebenspartnerin, Lebenspartner, gesetzliche Vertreterin oder gesetzlicher Vertreter der Beamtin oder des Beamten oder der oder des Verletzten ist oder war,
3. mit der Beamtin oder dem Beamten oder der oder dem Verletzten in gerader Linie verwandt oder verschwägert oder in der Seitenlinie bis zum dritten Grad verwandt oder bis zum zweiten Grad verschwägert ist oder war,
4. in dem Disziplinarverfahren gegen die Beamtin oder den Beamten tätig war oder als Zeugin oder Zeuge gehört wurde oder als Sachverständige oder Sachverständiger ein Gutachten erstattet hat,
5. in einem wegen desselben Sachverhalts eingeleiteten Straf- oder Bußgeldverfahren gegen die Beamtin oder den Beamten beteiligt war,
6. Dienstvorgesetzte oder Dienstvorgesetzter der Beamtin oder des Beamten ist oder war oder bei einer dienstvorgesetzten Stelle mit der Bearbeitung von Personalangelegenheiten der Beamtin oder des Beamten befasst ist.

(2) Eine Beamtenbeisitzerin oder ein Beamtenbeisitzer ist auch ausgeschlossen, wenn sie oder er der Dienststelle der Beamtin oder des Beamten angehört.

§ 49 Nichtheranziehung einer Beamtenbeisitzerin oder eines Beamtenbeisitzers

Eine Beamtenbeisitzerin oder ein Beamtenbeisitzer, gegen die oder den Disziplinarklage oder wegen einer vorsätzlich begangenen Straftat die öffentliche Klage erhoben oder der Erlass eines Strafbefehls beantragt oder der oder dem die Führung ihrer oder seiner Dienstgeschäfte verboten worden ist, darf während dieser Verfahren oder für die Dauer des Verbots zur Ausübung ihres oder seines Amtes nicht herangezogen werden.

§ 50 Erlöschen des Amtes der Beamtenbeisitzerin oder des Beamtenbeisitzers

(1) Das Amt der Beamtenbeisitzerin oder des Beamtenbeisitzers erlischt, wenn

1. sie oder er im Strafverfahren rechtskräftig zu einer Freiheitsstrafe verurteilt worden ist,
2. im Disziplinarverfahren gegen sie oder ihn unanfechtbar eine Disziplinarmaßnahme mit Ausnahme eines Verweises ausgesprochen worden ist,
3. sie oder er in ein Amt außerhalb des Bezirks, für den das Gericht zuständig ist, versetzt wird,
4. das Beamtenverhältnis endet oder
5. die Voraussetzungen für das Amt des Beamtenbeisitzers nach § 46 Abs. 3 Satz 1 von Anfang an nicht vorlagen.

Im Falle des Satzes 1 Nr. 3 tritt das Erlöschen des Amtes der Beamtenbeisitzerin oder des Beamtenbeisitzers mit Ablauf eines Monats nach Zustellung der Versetzungsverfügung ein.

(2) In besonderen Härtefällen kann die Beamtenbeisitzerin oder der Beamtenbeisitzer auch auf Antrag von der weiteren Ausübung des Amtes entbunden werden. Über den Antrag entscheidet die vom Präsidium für jedes Geschäftsjahr im Voraus bestimmte Kammer durch Beschluss. Der Beschluss ist unanfechtbar.

§ 51 Senate für Disziplinarsachen

(1) Für die Senate für Disziplinarsachen des Oberverwaltungsgerichtes gelten § 46 Abs. 2 und 3 sowie §§ 48 bis 50 entsprechend.

(2) Die Senate für Disziplinarsachen entscheiden mit drei Richterinnen oder Richtern und zwei Beamtenbeisitzerinnen oder Beamtenbeisitzern. § 47 Abs. 2 Satz 1 und Abs. 4 gilt entsprechend.

Kapitel 2
Disziplinarverfahren vor dem Verwaltungsgericht

Abschnitt 1
Klageverfahren

§ 52 Erhebung der Disziplinarklage

(1) Die Disziplinarklage ist schriftlich zu erheben.

(2) Die Klageschrift muss den persönlichen und beruflichen Werdegang der Beamtin oder des Beamten, den bisherigen Gang des Disziplinarverfahrens, die Tatsachen, in denen ein Dienstvergehen gesehen wird, und die anderen Tatsachen und Beweismittel, die für die Entscheidung bedeutsam sind, geordnet darstellen. Sie muss erkennen lassen, dass die Verhängung einer Maßnahme angestrebt wird, die nur mit einer Disziplinarklage verfolgt werden kann. Liegen die Voraussetzungen des § 23 Abs. 1 vor, kann wegen der Tatsachen, in denen ein Dienstvergehen gesehen wird, auf die bindenden Feststellungen der ihnen zugrunde liegenden Urteile verwiesen werden.

§ 53 Nachtragsdisziplinarklage

(1) Neue Handlungen, die nicht Gegenstand einer anhängigen Disziplinarklage sind, können nur durch Erhebung einer Nachtragsdisziplinarklage in das Disziplinarverfahren einbezogen werden.

(2) Wird die Einbeziehung neuer Handlungen für angezeigt gehalten, ist dies dem Gericht unter Angabe der konkreten Anhaltspunkte, die den Verdacht einer weiteren Dienstpflichtverletzung rechtfertigen, mitzuteilen. Das Gericht setzt das Disziplinarverfahren vorbehaltlich des Absatzes 3 aus und bestimmt eine Frist, bis zu der die Nachtragsdisziplinarklage erhoben werden kann. Die Frist kann auf einen vor ihrem Ablauf gestellten Antrag verlängert werden, wenn sie aus nicht zu vertretenden Gründen voraussichtlich nicht eingehalten werden kann. Die Fristsetzung und ihre Verlängerung erfolgen durch Beschluss. Der Beschluss ist unanfechtbar.

(3) Das Gericht kann von einer Aussetzung des Disziplinarverfahrens nach Absatz 2 absehen, wenn die neuen Handlungen für die Art und Höhe der zu erwartenden Disziplinarmaßnahme voraussichtlich nicht ins Gewicht fallen. Absatz 2 Satz 4 und 5 gilt entsprechend. Die neuen Handlungen können auch Gegenstand eines neuen Disziplinarverfahrens sein.

(4) Wird innerhalb der nach Absatz 2 bestimmten Frist nicht Nachtragsdisziplinarklage erhoben, setzt das Gericht das Disziplinarverfahren ohne Einbeziehung der neuen Handlungen fort; Absatz 3 Satz 2 gilt entsprechend.

§ 54 Mängel des behördlichen Disziplinarverfahrens oder der Klageschrift

(1) Bei einer Disziplinarklage hat die Beamtin oder der Beamte wesentliche Mängel des behördlichen Disziplinarverfahrens oder der Klageschrift innerhalb eines Monats nach Zustellung der Klage oder der Nachtragsdisziplinarklage geltend zu machen. Gleichzeitig mit der Zustellung ist die Beamtin oder der Beamte über die Folgen einer Fristversäumung (Absatz 2) zu belehren.

(2) Wesentliche Mängel, die nicht oder nicht innerhalb der Frist des Absatzes 1 geltend gemacht werden, kann das Gericht unberücksichtigt lassen, wenn ihre Berücksichtigung nach seiner freien Überzeugung die Erledigung des Disziplinarverfahrens verzögern würde und die Beamtin oder der Beamte über die Folgen der Fristversäumung belehrt worden ist; dies gilt nicht, wenn zwingende Gründe für die Verspätung glaubhaft gemacht werden.

(3) Das Gericht kann dem Dienstherrn zur Beseitigung eines wesentlichen Mangels, den die Beamtin oder der Beamte rechtzeitig geltend gemacht hat oder dessen Berücksichtigung es unabhängig davon für angezeigt hält, eine Frist setzen. § 53 Abs. 2 Satz 3 bis 5 gilt entsprechend. Wird der Mangel innerhalb der Frist nicht beseitigt, wird das Disziplinarverfahren durch Beschluss des Gerichts eingestellt.

(4) Die rechtskräftige Einstellung nach Absatz 3 steht einem rechtskräftigen Urteil gleich.

§ 55 Beschränkung des Disziplinarverfahrens

(1) Das Gericht kann das Disziplinarverfahren beschränken, indem es solche Handlungen ausscheidet, die für die Art und Höhe der zu erwartenden Disziplinarmaßnahme nicht oder voraussichtlich nicht ins Gewicht fallen. Die ausgeschiedenen Handlungen können nicht wieder in das Disziplinarverfahren einbezogen werden, es sei denn, die Voraussetzungen für die Beschränkung entfallen nachträglich.

(2) Werden die ausgeschiedenen Handlungen nicht wieder einbezogen, können sie nach dem unanfechtbaren Abschluss des Disziplinarverfahrens nicht zum Gegenstand eines neuen Disziplinarverfahrens gemacht werden.

(3) Der Beschluss, mit dem eine Handlung aus dem Disziplinarverfahren ausgeschieden worden ist, ist unanfechtbar.

§ 56 Bindung an tatsächliche Feststellungen aus anderen Verfahren

(1) Die tatsächlichen Feststellungen eines rechtskräftigen Urteils im Straf- oder Bußgeldverfahren oder im verwaltungsgerichtlichen Verfahren, durch das nach § 11 Absatz 1 des Landesbesoldungsgesetzes über den Verlust der Besoldung bei schuldhaftem Fernbleiben vom Dienst entschieden worden ist, sind im Disziplinarverfahren, das denselben Sachverhalt zum Gegenstand hat, für das Gericht bindend. Es hat jedoch die erneute Prüfung solcher Feststellungen zu beschließen, die offenkundig unrichtig sind; dies ist in den Urteilsgründen zum Ausdruck zu bringen. Der Beschluss nach Satz 2 Halbsatz 2 ist unanfechtbar.

(2) Die in einem anderen gesetzlich geordneten Verfahren getroffenen tatsächlichen Feststellungen sind nicht bindend, können aber der Entscheidung ohne erneute Prüfung zugrunde gelegt werden.

§ 57 Beweisaufnahme

(1) Das Gericht erhebt die erforderlichen Beweise. §§ 27, 28 gelten entsprechend.

(2) Bei einer Disziplinarklage sind Beweisanträge in der Klageschrift und von der Beamtin oder dem Beamten innerhalb eines Monats nach Zustellung der Klage oder der Nachtragsdisziplinarklage zu stellen. Die Beamtin oder der Beamte ist gleichzeitig mit der Zustellung über die Folgen einer Fristversäumung (Satz 3) zu belehren. Ein verspäteter Antrag kann abgelehnt werden, wenn seine Berücksichtigung nach der freien Überzeugung des Gerichts die Erledigung des Disziplinarverfahrens verzögern würde und die Beamtin oder der Beamte über die Folgen der Fristversäumung belehrt worden ist; dies gilt nicht, wenn zwingende Gründe für die Verspätung glaubhaft gemacht werden.

(3) Die Bestimmungen der Strafprozessordnung über die Pflicht, als Zeugin oder Zeuge auszusagen oder als Sachverständige oder Sachverständiger ein Gutachten zu erstatten, über die Ablehnung von Sachverständigen sowie über die Vernehmung von Angehörigen des öffentlichen Dienstes als Zeuginnen oder Zeugen und Sachverständige gelten entsprechend. Für Letztere gelten die §§ 55, 72 der Strafprozessordnung zum Schutz vor einer etwaigen disziplinarischen Verfolgung entsprechend.

§ 58 Nichtöffentlichkeit der Verhandlung

Die Verhandlung vor dem erkennenden Gericht einschließlich der Verkündung der Urteile und Beschlüsse ist nicht öffentlich. Von der obersten Dienstbehörde ermächtigte Personen, Vorgesetzte der beschuldigten Beamtin oder des beschuldigten Beamten oder von ihnen beauftragte Beamtinnen und Beamte können der Verhandlung beiwohnen. Die oder der Vorsitzende kann andere Personen zulassen, wenn eine durch körperliche Gebrechen behinderte Beamtin oder ein durch körperliche Gebrechen behinderter Beamter ihrer Hilfe bedarf. Auf Antrag der Beamtin oder des Beamten ist die Öffentlichkeit herzustellen. §§ 171a bis 174, 175 Abs. 1 und 3 des Gerichtsverfassungsgesetzes gelten entsprechend.

§ 59 Mündliche Verhandlung, Entscheidung durch Urteil

(1) Das Gericht entscheidet auf Grund mündlicher Verhandlung durch Urteil, soweit das Disziplinarverfahren nicht auf andere Weise abgeschlossen wird. Mit dem Einverständnis der Beteiligten kann es ohne mündliche Ver-

handlung entscheiden. § 106 der Verwaltungsgerichtsordnung wird nicht angewandt.

(2) Bei einer Disziplinarklage dürfen nur die Handlungen zum Gegenstand der Urteilsfindung gemacht werden, die der Beamtin oder dem Beamten in der Klage oder der Nachtragsdisziplinarklage als Dienstvergehen zur Last gelegt werden. Das Gericht kann in dem Urteil

1. auf die erforderliche Disziplinarmaßnahme (§ 5) erkennen oder
2. die Disziplinarklage abweisen.

(3) Bei der Klage gegen eine Disziplinarverfügung prüft das Gericht neben der Rechtmäßigkeit auch die Zweckmäßigkeit der angefochtenen Entscheidung. Es kann das Disziplinarverfahren einstellen, wenn ein Dienstvergehen zwar erwiesen ist, die Verhängung einer Disziplinarmaßnahme jedoch nicht angezeigt erscheint.

(4) § 275 Abs. 1 StPO gilt entsprechend.

§ 60 Entscheidung durch Beschluss

(1) Bei einer Disziplinarklage kann das Gericht, auch nach der Eröffnung der mündlichen Verhandlung, mit Zustimmung der Beteiligten durch Beschluss

1. auf die erforderliche Disziplinarmaßnahme (§ 5) erkennen, wenn nur ein Verweis, eine Geldbuße, eine Kürzung der Dienstbezüge oder eine Kürzung des Ruhegehalts verhängt werden soll, oder
2. die Disziplinarklage abweisen.

Zur Erklärung der Zustimmung kann den Beteiligten von dem Gericht, der oder dem Vorsitzenden sowie der Berichterstatterin oder dem Berichterstatter eine Frist gesetzt werden, nach deren Ablauf die Zustimmung als erteilt gilt, wenn nicht ein Beteiligter widersprochen hat. Die Beteiligten sind über die Folgen der Zustimmung (Absatz 2) und einer Fristversäumung nach Satz 2 zu belehren.

(2) Die Beschwerde gegen den Beschluss nach Absatz 1 kann nur auf das Fehlen der Zustimmung der Beteiligten gestützt werden.

(3) Der rechtskräftige Beschluss steht einem rechtskräftigen Urteil gleich.

§ 61 Grenzen der erneuten Ausübung der Disziplinarbefugnisse

(1) Soweit eine zulässige Disziplinarklage zurückgenommen worden ist, können die ihr zugrunde liegenden Handlungen nicht mehr Gegenstand eines Disziplinarverfahrens sein.

(2) Hat das Gericht unanfechtbar über die Klage gegen eine Disziplinarverfügung entschieden, ist hinsichtlich der dieser Entscheidung zugrunde liegenden Handlungen eine erneute Ausübung der Disziplinarbefugnisse nur wegen solcher erheblicher Tatsachen und Beweismittel zulässig, die keinen Eingang in das gerichtliche Disziplinarverfahren gefunden haben. Eine Verschärfung der Disziplinarmaßnahme nach Art oder Höhe oder die Erhebung der Disziplinarklage ist nur innerhalb von drei Monaten nach der Zustellung des Urteils zulässig, es sei denn, es ergeht wegen desselben Sachverhalts ein rechtskräftiges Urteil auf Grund von tatsächlichen Feststellungen, die von denjenigen tatsächlichen Feststellungen, auf denen die Entscheidung beruht, abweichen.

Abschnitt 2
Besondere Verfahren

§ 62 Antrag auf gerichtliche Fristsetzung

(1) Ist ein behördliches Disziplinarverfahren nicht innerhalb von sechs Monaten seit der Einleitung durch Einstellung, durch Erlass einer Disziplinarverfügung oder durch Erhebung der Disziplinarklage abgeschlossen worden, kann die Beamtin oder der Beamte bei dem Gericht die gerichtliche Bestimmung einer Frist zum Abschluss des Disziplinarverfahrens beantragen. Die Frist des Satzes 1 ist gehemmt, solange das Disziplinarverfahren nach § 22 ausgesetzt ist.

(2) Liegt ein zureichender Grund für den fehlenden Abschluss des behördlichen Disziplinarverfahrens innerhalb von sechs Monaten nicht vor, bestimmt das Gericht eine Frist, in der es abzuschließen ist. Anderenfalls lehnt es den Antrag ab. § 53 Abs. 2 Satz 3 bis 5 gilt entsprechend.

(3) Wird das behördliche Disziplinarverfahren innerhalb der nach Absatz 2 bestimmten Frist nicht abgeschlossen, ist es durch Beschluss des Gerichts einzustellen.

(4) Der rechtskräftige Beschluss nach Absatz 3 steht einem rechtskräftigen Urteil gleich.

§ 63 Antrag auf Aussetzung der vorläufigen Dienstenthebung und der Einbehaltung von Bezügen

(1) Die Beamtin oder der Beamte kann die Aussetzung der vorläufigen Dienstenthebung und der Einbehaltung von Dienst- oder Anwärterbezügen beim Gericht der Hauptsache beantragen; Gleiches gilt für die Ruhestandsbeamtin oder den Ruhestandsbeamten bezüglich der Einbehaltung von Ruhegehalt.

(2) Die vorläufige Dienstenthebung und die Einbehaltung von Bezügen sind auszusetzen, wenn ernstliche Zweifel an ihrer Rechtmäßigkeit bestehen.

(3) Für die Änderung oder Aufhebung von Beschlüssen über Anträge nach Absatz 1 gilt § 80 Abs. 7 der Verwaltungsgerichtsordnung entsprechend.

(4) Für das Beschwerdeverfahren gegen Beschlüsse des Verwaltungsgerichts über eine Aussetzung gilt § 146 Abs. 4 der Verwaltungsgerichtsordnung entsprechend.

Kapitel 3
Disziplinarverfahren vor dem Oberverwaltungsgericht

Abschnitt 1
Berufung

§ 64 Statthaftigkeit, Form und Frist der Berufung

(1) Gegen das Urteil des Verwaltungsgerichts über eine Disziplinarklage steht den Beteiligten die Berufung an das Oberverwaltungsgericht zu. Die Berufung ist bei dem Verwaltungsgericht innerhalb eines Monats nach Zustellung des vollständigen Urteils schriftlich einzulegen und zu begründen. Die Begründungsfrist kann auf einen vor ihrem Ablauf gestellten Antrag von der oder dem Vorsitzenden des zuständigen Senates für Disziplinarsachen verlängert werden. Die Begründung muss einen bestimmten Antrag sowie die im Einzelnen anzuführenden Gründe der Anfechtung (Berufungsgründe) enthalten. Mangelt es an einem dieser Erfordernisse, ist die Berufung unzulässig.

(2) Im Übrigen steht den Beteiligten die Berufung gegen das Urteil des Verwaltungsgerichts nur zu, wenn sie von dem Verwaltungsgericht oder dem Oberverwaltungsgericht zugelassen wird. Die §§ 124, 124a der Verwaltungsgerichtsordnung sind anzuwenden.

§ 65 Berufungsverfahren

(1) Für das Berufungsverfahren gelten die Bestimmungen über das Disziplinarverfahren vor dem Verwaltungsgericht entsprechend, soweit sich aus diesem Gesetz nichts anderes ergibt. § 53 wird nicht angewandt.

(2) Wesentliche Mängel des behördlichen Disziplinarverfahrens, die nach § 54 Abs. 2 unberücksichtigt bleiben durften, bleiben auch im Berufungsverfahren unberücksichtigt.

(3) Ein Beweisantrag, der vor dem Verwaltungsgericht nicht innerhalb der Frist des § 57 Abs. 2 gestellt worden ist, kann abgelehnt werden, wenn seine Berücksichtigung nach der freien Überzeugung des Oberverwaltungsgerichts die Erledigung des Disziplinarverfahrens verzögern würde und die Beamtin oder der Beamte im ersten Rechtszug über die Folgen der Fristversäumung belehrt worden ist; dies gilt nicht, wenn zwingende Gründe für die Verspätung glaubhaft gemacht werden.

(4) Die durch das Verwaltungsgericht erhobenen Beweise können der Entscheidung ohne erneute Beweisaufnahme zugrunde gelegt werden.

Abschnitt 2
Beschwerde

§ 66 Zulässigkeit

Gegen Beschlüsse des Verwaltungsgerichts steht den Beteiligten die Beschwerde an das Oberverwaltungsgericht zu, soweit nicht in diesem Gesetz oder der Verwaltungsgerichtsordnung etwas anderes bestimmt ist.

Kapitel 4
Disziplinarverfahren vor dem Bundesverwaltungsgericht

§ 67 Revision; Ausschluss der Sprungrevision

Gegen das Urteil des Oberverwaltungsgerichtes steht den Beteiligten die Revision an das Bundesverwaltungsgericht zu, wenn das Oberverwaltungsgericht oder auf Beschwerde gegen die Nichtzulassung das Bundesverwaltungsgericht sie zugelassen hat. Die Sprungrevision nach § 134 der Verwaltungsgerichtsordnung ist ausgeschlossen.

Kapitel 5
Wiederaufnahme des gerichtlichen Disziplinarverfahrens

§ 68 Wiederaufnahmegründe

(1) Die Wiederaufnahme des durch rechtskräftiges Urteil abgeschlossenen Disziplinarverfahrens ist zulässig, wenn

1. in dem Urteil eine Disziplinarmaßnahme ausgesprochen worden ist, die nach Art oder Höhe im Gesetz nicht vorgesehen ist,
2. Tatsachen oder Beweismittel beigebracht werden, die erheblich und neu sind,
3. das Urteil auf dem Inhalt einer unrechten oder verfälschten Urkunde oder auf einem vorsätzlich oder fahrlässig falsch abgegebenen Zeugnis oder Gutachten beruht,
4. ein Urteil, auf dessen tatsächlichen Feststellungen das Urteil im Disziplinarverfahren beruht, durch ein anderes rechtskräftiges Urteil aufgehoben worden ist,
5. an dem Urteil eine Richterin, ein Richter, eine Beamtenbeisitzerin oder ein Beamtenbeisitzer mitgewirkt hat, die oder der sich in dieser Sache der strafbaren Verletzung einer Amtspflicht schuldig gemacht hat,
6. an dem Urteil eine Richterin, ein Richter, eine Beamtenbeisitzerin oder ein Beamtenbeisitzer mitgewirkt hat, die oder der von der Ausübung des Richteramts kraft Gesetzes ausgeschlossen war, es sei denn, dass die Gründe für den gesetzlichen Ausschluss bereits erfolglos geltend gemacht worden waren,
7. die Beamtin oder der Beamte nachträglich glaubhaft ein Dienstvergehen eingesteht, das in dem Disziplinarverfahren nicht hat festgestellt werden können, oder
8. im Verfahren der Disziplinarklage nach dessen rechtskräftigem Abschluss in einem wegen desselben Sachverhalts eingeleiteten Straf- oder Bußgeldverfahren unanfechtbar eine Entscheidung ergeht, nach der gemäß § 14 die Disziplinarmaßnahme nicht zulässig wäre.

(2) Erheblich im Sinne des Absatzes 1 Nr. 2 sind Tatsachen und Beweismittel, wenn sie allein oder in Verbindung mit den früher getroffenen Feststellungen geeignet sind, eine andere Entscheidung, die Ziel der Wiederaufnahme des Disziplinarverfahrens sein kann, zu begründen. Neu im Sinne des Absatzes 1 Nr. 2 sind Tatsachen und Beweismittel, die dem Gericht bei seiner Entscheidung nicht bekannt gewesen sind. Ergeht nach Eintritt der Rechtskraft des Urteils im Disziplinarverfahren in einem wegen desselben Sachverhalts eingeleiteten Straf- oder Bußgeldverfahren ein rechtskräftiges Urteil auf Grund von tatsächlichen Feststellungen, die von denjenigen tatsächlichen Feststellungen des Urteils im Disziplinarverfahren abweichen, auf denen es beruht, gelten die abweichenden Feststellungen des Urteils im Straf- oder Bußgeldverfahren als neue Tatsachen im Sinne des Absatzes 1 Nr. 2.

(3) In den Fällen des Absatzes 1 Nr. 3 und 5 ist die Wiederaufnahme des Disziplinarverfahrens nur zulässig, wenn wegen der behaupteten Handlung eine rechtskräftige strafgerichtliche Verurteilung erfolgt ist oder wenn ein strafgerichtliches Verfahren aus anderen Gründen als wegen Mangels an Beweisen nicht eingeleitet oder nicht durchgeführt werden kann.

§ 69 Unzulässigkeit der Wiederaufnahme

(1) Die Wiederaufnahme des durch rechtskräftiges Urteil abgeschlossenen Disziplinarverfahrens ist unzulässig, wenn nach dem Eintritt der Rechtskraft

1. ein Urteil im Straf- oder Bußgeldverfahren ergangen ist, das sich auf denselben

Sachverhalt gründet und diesen ebenso würdigt, solange dieses Urteil nicht rechtskräftig aufgehoben worden ist, oder

2. ein Urteil im Strafverfahren ergangen ist, durch das die oder der Verurteilte ihr oder sein Amt oder ihren oder seinen Anspruch auf Ruhegehalt verloren hat oder ihn verloren hätte, wenn sie oder er noch im Dienst gewesen wäre oder Ruhegehalt bezogen hätte.

(2) Die Wiederaufnahme des Disziplinarverfahrens zuungunsten der Beamtin oder des Beamten ist außerdem unzulässig, wenn seit dem Eintritt der Rechtskraft des Urteils drei Jahre vergangen sind.

§ 70 Frist, Verfahren

(1) Der Antrag auf Wiederaufnahme des Disziplinarverfahrens ist binnen drei Monaten, nachdem die oder der Antragsberechtigte von dem Wiederaufnahmegrund Kenntnis erhalten hat, bei dem Gericht, dessen Entscheidung angefochten wird, schriftlich oder zur Niederschrift der Urkundsbeamtin oder des Urkundsbeamten der Geschäftsstelle einzureichen. Im Falle des Todes der Beamtin oder des Beamten können die Ehegattin oder der Ehegatte, die Lebenspartnerin oder der Lebenspartner, Verwandte aufsteigender und absteigender Linie und Geschwister die Wiederaufnahme beantragen. Der Antrag muss das angefochtene Urteil angeben. Er ist unter Bezeichnung der Beweismittel zu begründen.

(2) Für das weitere Verfahren gelten die Bestimmungen über das gerichtliche Disziplinarverfahren entsprechend, soweit sich aus §§ 70 bis 72 nichts anderes ergibt.

§ 71 Mündliche Verhandlung, Entscheidung des Gerichts

(1) Das Gericht entscheidet auf Grund mündlicher Verhandlung durch Urteil, wenn das Wiederaufnahmeverfahren nicht auf andere Weise abgeschlossen wird.

(2) Gegen das Urteil des Verwaltungsgerichts und des Oberverwaltungsgerichts kann das in dem jeweiligen Verfahren statthafte Rechtsmittel eingelegt werden.

§ 72 Entscheidung durch Beschluss

(1) Das Gericht kann den Antrag, auch nach der Eröffnung der mündlichen Verhandlung, durch Beschluss verwerfen, wenn es die gesetzlichen Voraussetzungen für seine Zulassung nicht für gegeben oder ihn für offensichtlich unbegründet hält.

(2) Das Gericht kann vor der Eröffnung der mündlichen Verhandlung mit Zustimmung der zuständigen Behörde durch Beschluss das angefochtene Urteil aufheben und die Disziplinarklage abweisen oder die Disziplinarverfügung aufheben. Der Beschluss ist unanfechtbar.

(3) Der rechtskräftige Beschluss nach Absatz 1 sowie der Beschluss nach Absatz 2 stehen einem rechtskräftigen Urteil gleich.

§ 73 Rechtswirkungen, Entschädigung

(1) Wird in einem Wiederaufnahmeverfahren das angefochtene Urteil zugunsten der Beamtin oder des Beamten aufgehoben, erhält diese oder dieser von dem Eintritt der Rechtskraft des aufgehobenen Urteils an die Rechtsstellung, die sie oder er erhalten hätte, wenn das aufgehobene Urteil der Entscheidung entsprochen hätte, die im Wiederaufnahmeverfahren ergangen ist. Wurde in dem aufgehobenen Urteil auf Entfernung aus dem Beamtenverhältnis oder auf Aberkennung des Ruhegehalts erkannt, gilt § 29 des Landesbeamtengesetzes entsprechend.

(2) Die Beamtin oder der Beamte und die Personen, gegenüber denen kraft Gesetzes eine Unterhaltspflicht besteht, können im Falle des Absatzes 1 neben den hiernach nachträglich zu gewährenden Bezügen in entsprechender Anwendung des Gesetzes über die Entschädigung für Strafverfolgungsmaßnahmen vom 8. März 1971 (BGBl. I S. 157) in der jeweils geltenden Fassung Ersatz des sonstigen Schadens vom Dienstherrn verlangen. Der Anspruch ist innerhalb von drei Monaten nach dem rechtskräftigen Abschluss des Wiederaufnahmeverfahrens bei der für die Erhebung der Disziplinarklage zuständigen Behörde geltend zu machen.

Kapitel 6
Kostenentscheidung im gerichtlichen Disziplinarverfahren

§ 74 Kostentragungspflicht und erstattungsfähige Kosten

(1) Für die Kostentragungspflicht der Beteiligten und die Erstattungsfähigkeit der Kosten gelten die Bestimmungen der Verwaltungsgerichtsordnung entsprechend, sofern sich aus den nachfolgenden Vorschriften nichts anderes ergibt.

(2) Wird eine Disziplinarverfügung trotz Vorliegens eines Dienstvergehens aufgehoben, können die Kosten ganz oder teilweise der Beamtin oder dem Beamten auferlegt werden.

(3) In Verfahren über den Antrag auf gerichtliche Fristsetzung (§ 62) hat das Gericht zugleich mit der Entscheidung über den Fristsetzungsantrag über die Kosten des Verfahrens zu befinden.

(4) Kosten im Sinne dieser Vorschrift sind auch die Kosten des behördlichen Disziplinarverfahrens.

§ 75 Gerichtskosten

In gerichtlichen Disziplinarverfahren werden Gebühren nach dem Gebührenverzeichnis der Anlage zu diesem Gesetz erhoben. Im Übrigen sind die für die Kosten in Verfahren vor den Gerichten der Verwaltungsgerichtsbarkeit geltenden Vorschriften des Gerichtskostengesetzes entsprechend anwendbar.

Teil 5
Unterhaltsbeitrag, Unterhaltsleistung und Begnadigung

§ 76 Unterhaltsbeitrag bei Entfernung aus dem Beamtenverhältnis oder bei Aberkennung des Ruhegehalts

(1) Die Zahlung des Unterhaltsbeitrags nach § 10 Abs. 3 oder § 12 Abs. 2 beginnt, soweit in der Entscheidung nichts anderes bestimmt ist, zum Zeitpunkt des Verlusts der Dienstbezüge oder des Ruhegehalts.

(2) Die Zahlung des Unterhaltsbeitrags nach § 12 Abs. 2 steht unter dem Vorbehalt der Rückforderung, wenn für denselben Zeitraum eine Rente auf Grund der Nachversicherung gewährt wird. Zur Sicherung des Rückforderungsanspruchs hat die Ruhestandsbeamtin oder der Ruhestandsbeamte eine entsprechende Abtretungserklärung abzugeben.

(3) Das Gericht kann in der Entscheidung bestimmen, dass der Unterhaltsbeitrag ganz oder teilweise an Personen gezahlt wird, zu deren Unterhalt die Beamtin oder der Beamte oder die Ruhestandsbeamtin oder der Ruhestandsbeamte verpflichtet ist; nach Rechtskraft der Entscheidung kann dies die oberste Dienstbehörde bestimmen.

(4) Auf den Unterhaltsbeitrag werden Erwerbs- und Erwerbsersatzeinkommen im Sinne des § 18a Abs. 2 sowie Abs. 3 Satz 1 und 2 des Vierten Buches Sozialgesetzbuch angerechnet. Die frühere Beamtin oder der frühere Beamte oder die frühere Ruhestandsbeamtin oder der frühere Ruhestandsbeamte ist verpflichtet, der zuletzt zuständigen dienstvorgesetzten Stelle alle Änderungen in den Verhältnissen, die für die Zahlung des Unterhaltsbeitrags bedeutsam sein können, unverzüglich anzuzeigen. Wird dieser Pflicht schuldhaft nicht nachgekommen, kann der Unterhaltsbeitrag ganz oder teilweise mit Wirkung für die Vergangenheit entzogen werden. Die Entscheidung trifft die oberste Dienstbehörde.

(5) Die oberste Dienstbehörde kann ihre Befugnisse nach Absatz 3 Halbsatz 2 und Absatz 4 Satz 4 durch Rechtsverordnung ganz oder teilweise auf nachgeordnete dienstvorgesetzte Stellen übertragen.

(6) Der Anspruch auf den Unterhaltsbeitrag erlischt, wenn die oder der Betroffene wieder in ein öffentlich-rechtliches Amts- oder Dienstverhältnis berufen wird.

§ 77 Unterhaltsleistung bei Mithilfe zur Aufdeckung von Straftaten

(1) Im Falle der Entfernung aus dem Beamtenverhältnis oder der Aberkennung des Ruhegehalts kann die zuletzt zuständige oberste Dienstbehörde der ehemaligen Beamtin oder dem ehemaligen Beamten oder der ehemaligen Ruhestandsbeamtin oder dem ehemaligen Ruhestandsbeamten, die oder der gegen das Verbot der Annahme von Be-

lohnungen oder Geschenken verstoßen hat, die Gewährung einer monatlichen Unterhaltsleistung zusagen, wenn sie oder er Wissen über Tatsachen offenbart hat, deren Kenntnis dazu beigetragen hat, Straftaten, insbesondere nach den §§ 331 bis 335 des Strafgesetzbuches, zu verhindern oder über den eigenen Tatbeitrag hinaus aufzuklären. Die Nachversicherung ist durchzuführen.

(2) Die Unterhaltsleistung ist als Prozentsatz der Anwartschaft auf eine Altersrente, die sich aus der Nachversicherung ergibt, oder einer entsprechenden Leistung aus der berufsständischen Alterssicherung mit folgenden Maßgaben festzusetzen:

1. Die Unterhaltsleistung darf die Höhe der Rentenanwartschaft aus der Nachversicherung nicht erreichen;
2. Unterhaltsleistung und Rentenanwartschaft aus der Nachversicherung dürfen zusammen den Betrag nicht übersteigen, der sich als Ruhegehalt nach § 16 Absatz 1 des Landesbeamtenversorgungsgesetzes ergäbe.

Die Höchstgrenzen nach Satz 1 gelten auch für die Zeit des Bezugs der Unterhaltsleistung; an die Stelle der Rentenanwartschaft aus der Nachversicherung tritt die anteilige Rente.

(3) Die Zahlung der Unterhaltsleistung an die frühere Beamtin oder den früheren Beamten kann erst erfolgen, wenn diese oder dieser die Regelaltersgrenze nach § 31 Absatz 1 oder 2 des Landesbeamtengesetzes erreicht hat oder eine Rente wegen Erwerbs- oder Berufsunfähigkeit aus der gesetzlichen Rentenversicherung oder eine entsprechende Leistung aus der berufsständischen Versorgung erhält.

(4) Der Anspruch auf die Unterhaltsleistung erlischt bei erneutem Eintritt in den öffentlichen Dienst sowie in den Fällen, die bei einer Ruhestandsbeamtin oder einem Ruhestandsbeamten das Erlöschen der Versorgungsbezüge nach § 74 des Landesbeamtenversorgungsgesetzes zur Folge hätten. Die hinterbliebene Ehegattin oder der hinterbliebene Ehegatte oder die hinterbliebene Lebenspartnerin oder der hinterbliebene Lebenspartner erhält 55 Prozent der Unterhaltsleistung, wenn zum Zeitpunkt der Entfernung aus dem Beamtenverhältnis oder der Aberkennung des Ruhegehalts die Ehe oder Lebenspartnerschaft bereits bestanden hatte.

§ 78 Begnadigung

(1) Dem Ministerpräsidenten steht das Begnadigungsrecht in Disziplinarsachen nach diesem Gesetz zu. Er kann es anderen Stellen übertragen.

(2) Wird die Entfernung aus dem Beamtenverhältnis oder die Aberkennung des Ruhegehalts im Gnadenweg aufgehoben, gilt § 30 Abs. 2 des Landesbeamtengesetzes entsprechend.

Teil 6
Besondere Bestimmungen für Beamtinnen und Beamte von Dienstherren unter der Aufsicht des Landes und für Ruhestandsbeamtinnen und Ruhestandsbeamte

§ 79 Beamtinnen und Beamte kommunaler Dienstherren

(1) Die Hauptverwaltungsbeamtin oder der Hauptverwaltungsbeamte einer Gemeinde oder eines Gemeindeverbandes ist dienstvorgesetzte Stelle der ihr oder ihm nachgeordneten Beamtinnen und Beamten. Für die Hauptverwaltungsbeamtinnen und Hauptverwaltungsbeamten und die Kreisausschussmitglieder gilt die Aufsichtsbehörde als dienstvorgesetzte Stelle.

(2) Als höhere dienstvorgesetzte Stelle der in Absatz 1 Satz 1 genannten nachgeordneten Beamtinnen und Beamten gilt die Aufsichtsbehörde. Als höhere dienstvorgesetzte Stelle der in Absatz 1 Satz 2 genannten Beamtinnen und Beamten gilt die obere Aufsichtsbehörde.

(3) Als oberste Dienstbehörde für alle Beamtinnen und Beamten der Gemeinden und Gemeindeverbände gilt das für Kommunales zuständige Ministerium; abweichend davon tritt an die Stelle der obersten Dienstbehörde in den Fällen der §§ 33 Abs. 2 Nr. 4 und 76 Abs. 3 Halbsatz 2 sowie Abs. 4 Satz 4 die dienstvorgesetzte Stelle.

§ 80 Beamtinnen und Beamte der anderen Dienstherren unter der Aufsicht des Landes

Für die Beamtinnen und Beamten der anderen Dienstherren unter der Aufsicht des Landes bestimmt das für die Aufsicht zuständige Ministerium im Einvernehmen mit dem für Inneres zuständigen Ministerium, wem die im Gesetz bezeichneten Befugnisse der dienstvorgesetzten Stelle zustehen, soweit dies nicht gesetzlich bestimmt ist. § 79 gilt entsprechend. Satz 1 gilt entsprechend für die an nichtstaatlichen Schulen tätigen beamteten Lehrpersonen, die der staatlichen Bestätigung bedürfen.

§ 81 Ausübung der Disziplinarbefugnisse bei Ruhestandsbeamtinnen und Ruhestandsbeamten

Bei Ruhestandsbeamtinnen und Ruhestandsbeamten werden die Disziplinarbefugnisse durch die zum Zeitpunkt des Eintritts in den Ruhestand zuständige oberste Dienstbehörde ausgeübt. Diese kann ihre Befugnisse durch Rechtsverordnung ganz oder teilweise auf nachgeordnete dienstvorgesetzte Stellen übertragen. Besteht die zuständige oberste Dienstbehörde nicht mehr, bestimmt das für Inneres zuständige Ministerium, welche Behörde zuständig ist. Für Ruhestandsbeamtinnen und Ruhestandsbeamte kommunaler Dienstherren werden die Disziplinarbefugnisse durch die zum Zeitpunkt des Eintritts in den Ruhestand zuständige dienstvorgesetzte Stelle ausgeübt; entsprechendes gilt für die Ausübung der Befugnisse der höheren dienstvorgesetzten Stelle und der obersten Dienstbehörde.

Teil 7
Übergangs- und Schlussbestimmungen

§ 82 Übergangsbestimmungen

(1) Die nach bisherigem Recht eingeleiteten Disziplinarverfahren werden in der Lage, in der sie sich bei In-Kraft-Treten dieses Gesetzes befinden, nach diesem Gesetz fortgeführt, soweit in den Absätzen 2 bis 9 nichts Abweichendes bestimmt ist. Maßnahmen, die nach bisherigem Recht getroffen worden sind, bleiben rechtswirksam.

(2) Die folgenden Disziplinarmaßnahmen nach bisherigem Recht stehen folgenden Disziplinarmaßnahmen nach diesem Gesetz gleich:

1. die Gehaltskürzung der Kürzung der Dienstbezüge,
2. die Versetzung in ein Amt derselben Laufbahn mit geringerem Endgrundgehalt der Zurückstufung und
3. die Entfernung aus dem Dienst der Entfernung aus dem Beamtenverhältnis.

(3) Förmliche Disziplinarverfahren werden nach dem zur Zeit ihrer Einleitung geltenden Recht fortgeführt. Für die Anschuldigung und die Durchführung des gerichtlichen Verfahrens gilt ebenfalls das bisherige Recht.

(4) Statthaftigkeit, Frist und Form eines Rechtsbehelfs oder Rechtsmittels gegen eine Entscheidung, die vor dem In-Kraft-Treten dieses Gesetzes ergangen ist, bestimmen sich nach bisherigem Recht. Im weiteren Verfahren gelten ebenfalls die Bestimmungen des bisherigen Rechts.

(5) Die gemäß § 41 DO NW errichteten Disziplinargerichte werden mit dem In-Kraft-Treten dieses Gesetzes aufgelöst. Die zu diesem Zeitpunkt bei den Gerichten anhängigen Verfahren gehen in dem Stand, in dem sie sich befinden, auf das nach diesem Gesetz jeweils zuständige Gericht über. Die gemäß § 46 Abs. 1 Satz 2 DO NW berufenen Beamtenbeisitzerinnen und Beamtenbeisitzer üben ihr Amt nach Auflösung der Disziplinargerichte bis zum Ende ihrer Amtszeit bei den gemäß § 45 Abs. 1 Satz 2 gebildeten Kammern und Senaten für Disziplinarsachen aus.

(6) Die bei In-Kraft-Treten dieses Gesetzes anhängigen gerichtlichen Disziplinarverfahren werden nach den Bestimmungen des bisherigen Rechts fortgeführt.

(7) Für die Wiederaufnahme von Disziplinarverfahren, die vor dem In-Kraft-Treten dieses Gesetzes rechtskräftig abgeschlossen worden sind, gelten die Bestimmungen dieses Gesetzes.

(8) Die nach bisherigem Recht in einem Disziplinarverfahren ergangenen Entscheidun-

gen sind nach bisherigem Recht zu vollstrecken, wenn sie unanfechtbar geworden sind.

(9) Die Frist für das Verwertungsverbot und ihre Berechnung für die Disziplinarmaßnahmen, die vor dem In-Kraft-Treten dieses Gesetzes verhängt worden sind, bestimmen sich nach diesem Gesetz. Dies gilt nicht, wenn die Frist und ihre Berechnung nach bisherigem Recht für die Beamtin oder den Beamten günstiger ist.

(10) § 14 Abs. 1 Nr. 2 ist in der bisher geltenden Fassung anzuwenden, wenn das Dienstvergehen im Zeitpunkt des Inkrafttretens dieses Änderungsgesetzes vollendet war.

(11) Gebühren nach § 75 Satz 1 werden nur für die nach dem 31. Dezember 2009 anhängig werdenden gerichtlichen Verfahren erhoben. Dies gilt nicht für Verfahren über ein Rechtsmittel, das nach dem 31. Dezember 2009 eingelegt worden ist.

§ 83 Verwaltungsvorschriften

Die zur Durchführung dieses Gesetzes erforderlichen Verwaltungsvorschriften erlässt das für Inneres zuständige Ministerium.

Anlage
(zu § 75)

Gebührenverzeichnis

Gliederung

Abschnitt 1 Klageverfahren erster Instanz

Abschnitt 2 Zulassung und Durchführung der Berufung

Abschnitt 3 Revision

Abschnitt 4 Besondere Verfahren

Abschnitt 5 Rüge wegen Verletzung des Anspruchs auf rechtliches Gehör

Abschnitt 6 Beschwerde

Nr.	Gebührentatbestand	Gebührenbetrag oder Satz der jeweiligen Gebühr

Vorbemerkung: Das Verfahren über den Antrag auf Wiederaufnahme gilt als neuer Rechtszug.

Abschnitt 1
Klageverfahren erster Instanz

Nr.	Gebührentatbestand	Gebührenbetrag oder Satz der jeweiligen Gebühr
	Verfahren über eine Disziplinarklage mit dem Antrag auf	
10	– Entfernung aus dem Beamtenverhältnis	360,00 €
11	– Aberkennung des Ruhegehalts	360,00 €
12	– Zurückstufung	240,00 €
	Verfahren über die Klage gegen eine Disziplinarverfügung, in der als Disziplinarmaßnahme ausgesprochen worden ist	
13	– Kürzung der Dienstbezüge	180,00 €
14	– Kürzung des Ruhegehalts	180,00 €
15	– Geldbuße	120,00 €
16	– Verweis	60,00 €
17	Verfahren über die Klage gegen eine Disziplinarverfügung, wenn nur eine Kostenentscheidung in der Disziplinarverfügung angegriffen wird, oder gegen eine Einstellungsverfügung (§ 33 LDG NRW)	60,00 €
18	Beendigung des gesamten Verfahrens durch 1. Zurücknahme der Klage a) vor dem Schluss der mündlichen Verhandlung oder b) wenn eine solche nicht stattfindet, vor Ablauf des Tages, an dem die Entscheidung in der Hauptsache der Geschäftsstelle übermittelt wird, oder 2. Erledigungserklärungen, wenn keine Entscheidung über die Kosten ergeht oder die Entscheidung einer zuvor mitgeteilten Einigung der Beteiligten über die Kostentragung oder der Kostenübernahmeerklärung eines Beteiligten folgt:	

Nr.	Gebührentatbestand	Gebührenbetrag oder Satz der jeweiligen Gebühr
	Die Gebühren 10 bis 17 ermäßigen sich auf	0,5
	Die Gebühr ermäßigt sich auch, wenn mehrere Ermäßigungstatbestände erfüllt sind.	
	Abschnitt 2 Zulassung und Durchführung der Berufung	
20	Verfahren über die Zulassung der Berufung: Soweit der Antrag abgelehnt wird	1,0
21	Verfahren über die Zulassung der Berufung: Soweit der Antrag zurückgenommen oder das Verfahren durch anderweitige Erledigung beendet wird	0,5
	Die Gebühr entsteht nicht, soweit die Berufung zugelassen wird.	
22	Verfahren über die Berufung im Allgemeinen	1,5
23	Beendigung des gesamten Verfahrens durch Zurücknahme der Berufung oder der Klage, bevor die Schrift zur Begründung der Berufung bei Gericht eingegangen ist:	
	Die Gebühr 22 ermäßigt sich auf	0,5
	Erledigungserklärungen stehen der Zurücknahme gleich, wenn keine Entscheidung über die Kosten ergeht oder die Entscheidung einer zuvor mitgeteilten Einigung der Beteiligten über die Kostentragung oder der Kostenübernahmeerklärung eines Beteiligten folgt.	
24	Beendigung des gesamten Verfahrens, wenn nicht Nummer 23 erfüllt ist, durch 1. Zurücknahme der Berufung oder der Klage a) vor dem Schluss der mündlichen Verhandlung oder b) wenn eine solche nicht stattfindet, vor Ablauf des Tages, an dem die Entscheidung in der Hauptsache der Geschäftsstelle übermittelt wird, oder 2. Erledigungserklärungen, wenn keine Entscheidung über die Kosten ergeht oder die Entscheidung einer zuvor mitgeteilten Einigung der Beteiligten über die Kostentragung oder der Kostenübernahmeerklärung eines Beteiligten folgt:	
	Die Gebühr 22 ermäßigt sich auf	1,0
	Die Gebühr ermäßigt sich auch, wenn mehrere Ermäßigungstatbestände erfüllt sind.	
	Abschnitt 3 Revision	
30	Verfahren über die Revision im Allgemeinen	2,0
31	Beendigung des gesamten Verfahrens durch Zurücknahme der Revision oder der Klage, bevor die Schrift zur Begründung der Revision bei Gericht eingegangen ist:Die Gebühr 30 ermäßigt sich auf	1,0

Nr.	Gebührentatbestand	Gebührenbetrag oder Satz der jeweiligen Gebühr
	Erledigungserklärungen stehen der Zurücknahme gleich, wenn keine Entscheidung über die Kosten ergeht oder die Entscheidung einer zuvor mitgeteilten Einigung der Beteiligten über die Kostentragung oder der Kostenübernahmeerklärung eines Beteiligten folgt.	
32	Beendigung des gesamten Verfahrens, wenn nicht Nummer 31 erfüllt ist, durch 1. Zurücknahme der Revision oder der Klage a) vor dem Schluss der mündlichen Verhandlung oder b) wenn eine solche nicht stattfindet, vor Ablauf des Tages, an dem die Entscheidung in der Hauptsache der Geschäftsstelle übermittelt wird, oder 2. Erledigungserklärungen, wenn keine Entscheidung über die Kosten ergeht oder die Entscheidung einer zuvor mitgeteilten Einigung der Beteiligten über die Kostentragung oder der Kostenübernahmeerklärung eines Beteiligten folgt: Die Gebühr 30 ermäßigt sich auf	1,5
	Die Gebühr ermäßigt sich auch, wenn mehrere Ermäßigungstatbestände erfüllt sind.	
	Abschnitt 4 **Besondere Verfahren**	
40	Verfahren über den Antrag auf Aussetzung der vorläufigen Dienstenthebung und der Einbehaltung von Bezügen	180,00 €
41	Verfahren über den Antrag auf gerichtliche Festsetzung einer Frist zum Abschluss des Disziplinarverfahrens einschließlich der Einstellung des Disziplinarverfahrens nach fruchtlosem Ablauf der Frist	60,00 €
42	Beendigung des gesamten Verfahrens durch 1. Zurücknahme des Antrags a) vor dem Schluss der mündlichen Verhandlung oder b) wenn eine solche nicht stattfindet, vor Ablauf des Tages, an dem die Entscheidung über den Antrag der Geschäftsstelle übermittelt wird, oder 2. Erledigungserklärungen, wenn keine Entscheidung über die Kosten ergeht oder die Entscheidung einer zuvor mitgeteilten Einigung der Beteiligten über die Kostentragung oder der Kostenübernahmeerklärung eines Beteiligten folgt: Die Gebühren 40 und 41 ermäßigen sich auf	0,5
	Die Gebühr ermäßigt sich auch, wenn mehrere Ermäßigungstatbestände erfüllt sind.	

Nr.	Gebührentatbestand	Gebührenbetrag oder Satz der jeweiligen Gebühr
	Abschnitt 5 Rüge wegen Verletzung des Anspruchs auf rechtliches Gehör	
50	Verfahren über die Rüge wegen Verletzung des Anspruchs auf rechtliches Gehör: Die Rüge wird in vollem Umfang verworfen oder zurückgewiesen	50,00 €
	Abschnitt 6 Beschwerde	
60	Verfahren über die Beschwerde gegen die Entscheidung über den Antrag auf Aussetzung der vorläufigen Dienstenthebung und der Einbehaltung von Bezügen	1,5
61	Verfahren über die Beschwerde gegen eine Entscheidung in der Hauptsache durch Beschluss nach § 60 LDG NRW	1,5
62	Verfahren über die Beschwerde gegen die Nichtzulassung der Revision: Die Beschwerde wird verworfen oder zurückgewiesen	1,5
63	Beendigung des gesamten Verfahrens durch 1. Zurücknahme der Beschwerde, der Klage oder des Antrags a) vor dem Schluss der mündlichen Verhandlung oder b) wenn eine solche nicht stattfindet, vor Ablauf des Tages, an dem die Entscheidung über die Beschwerde der Geschäftsstelle übermittelt wird, oder 2. Erledigungserklärungen, wenn keine Entscheidung über die Kosten ergeht oder die Entscheidung einer zuvor mitgeteilten Einigung der Beteiligten über die Kostentragung oder der Kostenübernahmeerklärung eines Beteiligten folgt: Die Gebühren 60 bis 62 ermäßigen sich auf Die Gebühr ermäßigt sich auch, wenn mehrere Ermäßigungstatbestände erfüllt sind.	0,75
64	Verfahren über nicht besonders aufgeführte Beschwerden im disziplinargerichtlichen Verfahren, die nicht nach anderen Vorschriften gebührenfrei sind: Die Beschwerde wird verworfen oder zurückgewiesen	50,00 €

II Laufbahn/Ausbildung

Laufbahn

Ausbildung

II

Verordnung über die Laufbahnen der Beamtinnen und Beamten im Land Nordrhein-Westfalen (Laufbahnverordnung – LVO)

Vom 27. Mai 2025 (GV. NRW. S. 464)

Zuletzt geändert durch
Hochschulstärkungsgesetz
vom 21. Juli 2026 (GV. NRW. S. 552)

Inhaltsübersicht

II

Auf Grund der §§ 9, 42 Absatz 6 und des § 92 Absatz 1 und 2 des Landesbeamtengesetzes vom 14. Juni 2016 (GV. NRW. S. 310, ber. S. 642), das zuletzt durch Artikel 1 des Gesetzes vom 27. Mai 2025 (GV. NRW. S. 464) geändert worden ist, wird verordnet:

Abschnitt 1

Unterabschnitt 1 Allgemeines

§ 1 Geltungsbereich

(1) Diese Verordnung gilt für die Beamtinnen und Beamten des Landes, der Gemeinden, der Gemeindeverbände und der anderen der Aufsicht des Landes unterstehenden Körperschaften, Anstalten und Stiftungen des öffentlichen Rechts, soweit in Absatz 2 nichts anderes bestimmt ist.

(2) Die Verordnung findet keine Anwendung auf

1. die Professorinnen und Professoren, die Juniorprofessorinnen und Juniorprofessoren, die Tandemprofessorinnen und Tandemprofessoren, die Hochschuldozentinnen und Hochschuldozenten, die wissenschaftlichen und künstlerischen Assistentinnen und Assistenten, die Oberassistentinnen und Oberassistenten, die Oberingenieurinnen und Oberingenieure und die in § 134 des Landesbeamtengesetzes vom 14. Juni 2016 (GV. NRW. S. 310, ber. S. 642) in der jeweils geltenden Fassung genannten Beamtinnen und Beamten und
2. die kommunalen Wahlbeamtinnen und Wahlbeamten sowie die Beamtinnen und Beamten auf Zeit, deren Zugangsvoraussetzungen gesetzlich geregelt sind.

(3) Für die Beamtinnen und Beamten des feuerwehrtechnischen Dienstes sowie für die Polizeivollzugsbeamtinnen und Polizeivollzugsbeamten gelten besondere Rechtsverordnungen.

§ 2 (weggefallen)

§ 3 Zuständigkeiten für Entscheidungen

Entscheidungen nach dieser Verordnung trifft die nach § 2 Absatz 2 des Landesbeamtengesetzes, bei Beamtinnen und Beamten des Landes in Verbindung mit § 2 Absatz 3 und 4 des Landesbeamtengesetzes, zuständige dienstvorgesetzte Stelle, soweit in den nachfolgenden Vorschriften oder in anderen Rechtsvorschriften nichts Abweichendes geregelt ist. Sofern in den nachfolgenden Vorschriften die Zuständigkeit der obersten Dienstbehörde vorgesehen ist, bleibt es für die Beamtinnen und Beamten der Gemeinden und Gemeindeverbände und der der Aufsicht des Landes unterstehenden sonstigen Körperschaften, Anstalten und Stiftungen des öffentlichen Rechts auch hier bei der Zuständigkeit der dienstvorgesetzten Stelle.

§ 4 Laufbahnrechtlicher Befähigungserwerb

(1) Laufbahnbewerberinnen und Laufbahnbewerber erwerben die Befähigung für ihre Laufbahn

1. durch Erwerb der Zugangsvoraussetzungen für eine Laufbahn mit Vorbereitungsdienst gemäß § 6 des Landesbeamtengesetzes,
2. nach den Vorschriften über Beamtinnen und Beamte besonderer Fachrichtungen,
3. nach den Vorschriften über den Aufstieg,
4. nach einem Laufbahnwechsel nach § 11,
5. nach § 5 Absatz 7 Satz 5, § 15 Absatz 3 oder
6. nach Maßgabe des § 11 des Landesbeamtengesetzes.

(2) Andere Bewerberinnen und Bewerber müssen die Befähigung für die Laufbahn, in der sie verwendet werden sollen, durch Lebens- und Berufserfahrung innerhalb oder außerhalb des öffentlichen Dienstes erworben haben. Diese wird durch den Landespersonalausschuss, für die in § 37 Absatz 1 des Landesbeamtengesetzes bezeichneten Beamtinnen und Beamten durch die Landesregierung festgestellt.

§ 5 Probezeit

(1) Die Beamtin oder der Beamte wird während der Probezeit auf mehr als einem Dienstposten eingesetzt, sofern dies dienstlich vertretbar ist. Bei der Berechnung der

Probezeit zählen die Zeiten einer Teilzeitbeschäftigung in vollem Umfang, es sei denn, zwingende sachliche Gründe stehen dem entgegen. Als Grundlage für die Entscheidung über die Bewährung während der Probezeit ist eine Beurteilung über Eignung, Befähigung und fachliche Leistung der Beamtin oder des Beamten spätestens nach zwölf Monaten, bei Probezeiten von mehr als zwölf Monaten ist eine weitere Beurteilung zum Ablauf der Probezeit zu erstellen. In der Beurteilung zum Ablauf der Probezeit wird festgestellt, ob die Beamtin oder der Beamte sich in vollem Umfang bewährt hat.

(2) Die Mindestprobezeit in der Laufbahngruppe 1 beträgt sechs Monate, in der Laufbahngruppe 2 ein Jahr.

(3) Von der Ableistung einer Probezeit kann abgesehen werden, wenn die Beamtin oder der Beamte oder die frühere Beamtin oder der frühere Beamte oder die frühere Richterin oder der frühere Richter bereits in das Beamtenverhältnis auf Lebenszeit oder in das Beamtenverhältnis auf Zeit oder in das Richterverhältnis auf Lebenszeit berufen war. Auf die Probezeit kann eine nicht beendete frühere oder vorhergehende Probezeit angerechnet werden. Das gilt auch für die Mindestprobezeit.

(4) Hauptberufliche Tätigkeiten innerhalb und außerhalb des öffentlichen Dienstes, die nach Art und Bedeutung mindestens der des zu übertragenden Amtes entsprechen, können auf die Probezeit angerechnet werden. Dies gilt nicht für die Mindestprobezeit. Absatz 1 Satz 2 gilt entsprechend. Nicht anzurechnen sind hauptberufliche Tätigkeiten,

1. die auf den Vorbereitungsdienst angerechnet worden sind oder
2. deren Ausübung Voraussetzung für den laufbahnrechtlichen Befähigungserwerb ist.

Dies gilt auch im Fall der Einstellung von Beamtinnen oder Beamten als andere Bewerberinnen oder andere Bewerber.

(5) Die Probezeit kann für Beamtinnen und Beamte, die die Laufbahnprüfung mit einer Prüfungsnote abgeschlossen haben, die für eine über dem Durchschnitt liegende Prüfungsleistung vergeben wird, und die sich in der bisher zurückgelegten Probezeit besonders bewährt haben, um bis zu einem Jahr gekürzt werden. Dies gilt nicht für die Mindestprobezeit.

(6) Die Probezeit wird durch die Zeit einer Beurlaubung ohne Dienstbezüge unterbrochen und nach Beendigung des Urlaubs fortgesetzt. Entsprechendes gilt für Elternzeit ohne Dienstbezüge. Die Neufestsetzung des Endes der Probezeit ist der Beamtin oder dem Beamten bekannt zu geben. Ist bei Gewährung eines Urlaubs von der obersten Dienstbehörde, bei Landesbeamtinnen und Landesbeamten außerdem mit Zustimmung der für Inneres und für Finanzen zuständigen Ministerien, festgestellt worden, dass der Urlaub überwiegend dienstlichen Interessen oder öffentlichen Belangen dient, so kann die Zeit des Urlaubs auf die Probezeit angerechnet werden.. Die Vorschriften über Mindestprobezeiten bleiben unberührt.

(7) Kann die Bewährung bis zum Ablauf der Probezeit noch nicht festgestellt werden, so kann die Probezeit verlängert werden. Sie darf jedoch fünf Jahre nicht überschreiten. Vor Ablauf der Probezeit ist eine abschließende Beurteilung über die Bewährung oder Nichtbewährung anzufertigen. Beamtinnen und Beamte, die sich nicht bewähren, sind zu entlassen. Sie können mit ihrer Zustimmung in das nächstniedrigere Einstiegsamt oder die Laufbahngruppe 1 derselben Fachrichtung übernommen werden, wenn sie hierfür geeignet sind und ein dienstliches Interesse vorliegt.

§ 6 Nachteilsausgleich

(1) Hat sich die Einstellung wegen der tatsächlichen Betreuung mindestens eines in häuslicher Gemeinschaft lebenden minderjährigen Kindes verzögert und ist die Bewerbung, die zur Einstellung geführt hat, innerhalb von sechs Monaten, im Falle fester Einstellungstermine zum nächsten Einstellungstermin, nach Beendigung der Kinderbetreuung oder nach Beendigung der im Anschluss an die Kinderbetreuung begonnenen vorgeschriebenen Ausbildung erfolgt, so ist zum Ausgleich der Verzögerung eine Beförderung bereits während der Probezeit frühestens nach zwei Jahren zulässig, sofern die dienst-

lichen Leistungen eine Beförderung rechtfertigen. Entsprechendes gilt für Beamtinnen und Beamte, die wegen Kinderbetreuung ohne Anwärter- oder Dienstbezüge beurlaubt waren. Zugrunde gelegt wird jeweils der Zeitraum der tatsächlichen Verzögerung durch die Betreuung eines Kindes oder mehrerer Kinder. Insgesamt können höchstens zwei Jahre berücksichtigt werden. Satz 1 und 2 gelten nicht während eines Vorbereitungsdienstes, wenn dieser im Beamtenverhältnis auf Probe durchgeführt wird.

(2) Absatz 1 gilt entsprechend bei der tatsächlichen Pflege einer oder eines nach § 7 Absatz 3 des Pflegezeitgesetzes vom 28. Mai 2008 (BGBl. I S. 874, 896) in der jeweils geltenden Fassung pflegebedürftigen nahen Angehörigen, deren oder dessen Pflegebedürftigkeit nach § 3 Absatz 2 des Pflegezeitgesetzes nachgewiesen ist.

§ 7 Beförderung, Erprobungszeit

(1) Ämter, die regelmäßig zu durchlaufen sind, dürfen nicht übersprungen werden. Regelmäßig zu durchlaufen sind die Ämter einer Laufbahn, die im Landesbesoldungsgesetz vom 14. Juni 2016 (GV. NRW. S. 310, ber. S. 642) in der jeweils geltenden Fassung unterschiedlichen Besoldungsgruppen der Besoldungsordnung A zugeordnet sind. Abweichungen bestimmt

1. bei Beamtinnen und Beamten des Landes die für die Ordnung der Laufbahn zuständige oberste Dienstbehörde im Einvernehmen mit den für Inneres und für Finanzen zuständigen Ministerien und
2. bei Beamtinnen und Beamten der Gemeinden, Gemeindeverbände und der sonstigen der Aufsicht des Landes unterstehenden Körperschaften, Anstalten und Stiftungen des öffentlichen Rechts die oberste Aufsichtsbehörde, bei Lehrkräften außerdem im Einvernehmen mit der obersten Schulaufsichtsbehörde.

Ob ein Amt der Besoldungsordnung B regelmäßig zu durchlaufen ist, bestimmen die in Satz 3 genannten Behörden.

(2) Eine Beförderung ist nicht zulässig

1. während der Probezeit sowie
2. vor Ablauf eines Jahres seit der letzten Beförderung, es sei denn, dass das bisherige Amt nicht zu durchlaufen war.

Innerhalb von zwei Jahren vor Eintritt in den Ruhestand wegen Erreichens der Altersgrenze ist eine weitere Beförderung nicht zulässig.

(2a) Eine Beförderung ist außerdem nicht zulässig vor Ablauf eines Jahres seit Beendigung der Probezeit, es sei denn,

1. es liegen besondere Leistungen vor,
2. für die Stelle besteht ein besonderer Bewerbermangel oder
3. die regelmäßige Probezeit wurde eingehalten oder die Unterschreitung beruht auf einer Anrechnung von Zeiten oder einer durch die Laufbahnverordnungen nicht nur im Einzelfall zulässigen Kürzung.

Über weitere Ausnahmen entscheidet der Landespersonalausschuss.

(3) Abweichend von Absatz 2 Satz 1 Nummer 1 und Absatz 2a ist eine Beförderung in den Fällen des Nachteilsausgleiches gemäß § 6 zulässig.

(4) Die Beamtin oder der Beamte darf erst befördert werden, wenn die Eignung für einen höher bewerteten Dienstposten in einer Erprobungszeit festgestellt wurde. Dies gilt nicht für die Beförderung in Ämter, deren Inhaberinnen oder Inhaber richterliche Unabhängigkeit besitzen, Staatsanwältinnen und Staatsanwälte oder Beamtinnen und Beamte im Sinne des § 37 Absatz 1 des Landesbeamtengesetzes sind. Dies gilt auch nicht für Fälle des Aufstiegs oder für Fälle der §§ 18 und 25 bis 27. Wird die Beamtin oder der Beamte auf einem Dienstposten, der seiner Wertigkeit nach mindestens zwei Statusämtern zugeordnet ist (gebündelter Dienstposten), verwendet, ist eine Erprobung nicht erforderlich für eine Beförderung in die höheren der diesem Dienstposten zugeordneten Statusämter. Die Erprobungszeit dauert in

1. der Laufbahngruppe 1 drei Monate,
2. der Laufbahngruppe 2 ab dem ersten Einstiegsamt jeweils sechs Monate und
3. der Laufbahngruppe 2 ab einem Amt der Besoldungsgruppe A 14 jeweils neun Monate

und kann in entsprechender Anwendung des § 5 Absatz 7 bis zu ihrer doppelten Dauer verlängert werden. Sie wird durch die Zeit einer Beurlaubung ohne Dienstbezüge unterbrochen und nach Beendigung des Urlaubs fortgesetzt. Die Neufestsetzung des Endes der Erprobungszeit ist der Beamtin oder dem Beamten bekannt zu geben. Die Regelung des § 9 Absatz 4 bleibt unberührt. Bei der Berechnung der Erprobungszeit zählen die Zeiten einer Teilzeitbeschäftigung in vollem Umfang, es sei denn, zwingende sachliche Gründe stehen dem entgegen.

Wenn die Eignung nicht festgestellt werden kann, ist die probeweise Übertragung des Dienstpostens rückgängig zu machen.

§ 8 Beurteilung von Landesbeamtinnen und Landesbeamten

(1) Die nach § 92 Absatz 1 Satz 2 des Landesbeamtengesetzes in regelmäßigen Zeitabständen zu erstellenden Beurteilungen (Regelbeurteilungen) von Landesbeamtinnen und Landesbeamten werden zu festen Stichtagen abgegeben, die von den obersten Dienstbehörden festgelegt werden. Der Zeitabstand beträgt grundsätzlich drei Jahre.

(2) Bei Beurteilungen nach Absatz 1 sind Vergleichsgruppen zu bilden. Die Zugehörigkeit zu einer Vergleichsgruppe bestimmt sich in erster Linie nach der Besoldungsgruppe oder nach der Funktionsebene.

(3) Der Anteil der Landesbeamtinnen und Landesbeamten einer Vergleichsgruppe soll bei der besten Note 10 Prozent und bei der zweitbesten Note 20 Prozent nicht überschreiten. Ist die Anwendung dieser Richtwerte wegen einer zu geringen Zahl der einer Vergleichsgruppe zuzuordnenden Beamtinnen und Beamten nicht möglich, sind die Beurteilungen in Anlehnung an diese Richtwerte entsprechend zu differenzieren.

(4) Im Beurteilungsprozess ist jegliche Form von Diskriminierung auszuschließen. Teilzeitbeschäftigung, mobiles Arbeiten, Tele- und Heimarbeit sowie familienbedingte Beurlaubung und Elternzeit dürfen sich nicht nachteilig auf die dienstliche Beurteilung auswirken. Bei einer Teilzeitbeschäftigung ist die geleistete Arbeitsmenge im Verhältnis zur anteiligen Arbeitszeit zu bewerten.

§ 9 Nachzeichnung dienstlicher Beurteilungen

(1) Liegt keine aktuelle dienstliche Beurteilung vor, ist ausgehend von der letzten dienstlichen Beurteilung einer Beamtin oder eines Beamten unter Berücksichtigung des seinerzeit angelegten Maßstabs und der durchschnittlichen Entwicklung vergleichbarer Beamtinnen und Beamter diese in den nachfolgenden Fällen fiktiv fortzuschreiben (Nachzeichnung):

1. bei Beurlaubungen zur Ausübung einer gleichwertigen hauptberuflichen Tätigkeit bei Fraktionen des Europäischen Parlaments, des Deutschen Bundestages oder der Landtage,
2. bei Beurlaubungen nach § 31 und § 34 der Freistellungs- und Urlaubsverordnung NRW vom 10. Januar 2012 (GV. NRW. S. 2, ber. S. 92) in der jeweils geltenden Fassung zur Ausübung einer gleichwertigen hauptberuflichen Tätigkeit insbesondere bei einer Behörde, öffentlichen Einrichtung oder bei einer europäischen oder internationalen Institution, wenn spätestens zu Beginn des Urlaubs schriftlich zugestanden worden ist, dass diese Tätigkeit öffentlichen Belangen oder dienstlichen Interessen dient,
3. bei Elternzeit und Beurlaubung aus familiären Gründen und
4. bei Freistellung von der dienstlichen Tätigkeit wegen einer Mitgliedschaft im Personalrat oder als Vertrauensperson der schwerbehinderten Menschen.

(2) Bei teilweise freigestellten oder teilweise beurlaubten oder in Elternzeit teilzeitbeschäftigten Beamtinnen und Beamten nach Absatz 1 ist die letzte dienstliche Beurteilung gemäß Absatz 1 nur dann fortzuschreiben, wenn die dienstliche Tätigkeit im Durchschnitt des gesamten Beurteilungszeitraumes weniger als 20 Prozent der regelmäßigen Arbeitszeit beträgt. Bei der Fortschreibung ist die tatsächlich geleistete Tätigkeit zu berücksichtigen.

(3) Die fiktive Fortschreibung ist in der Regel auf zwei Beurteilungszeiträume nach § 92 Absatz 1 Satz 2 des Landesbeamtengesetzes zu beschränken und erfolgt unter Betrachtung des letzten Beurteilungszeitraumes. Bei der fiktiven Fortschreibung können außerdienstliche Arbeitsleistungen, insbesondere, wenn diese beurteilt wurden, herangezogen werden.

(4) Sofern die Übertragung eines höherwertigen Amtes in der nächsthöheren oder innerhalb derselben Laufbahngruppe von einer Erprobung oder Probezeit abhängig ist, soll den beurlaubten oder freigestellten Beamtinnen und Beamten, sofern die erfolgreiche Erprobung oder eine erfolgreiche Probezeit nicht nachgezeichnet werden kann, die Möglichkeit einer Erprobung oder Ableistung der Probezeit eröffnet werden. Auf die Erprobung oder Ableistung der Probezeit kann im Einzelfall verzichtet werden, wenn die Anforderungen der in der Beurlaubung oder Freistellung ausgeübten Tätigkeit mit denen des Beförderungsamtes vergleichbar sind und die Zeitdauer der Ausübung mit der Erprobungszeit oder Probezeit übereinstimmt. Der Dienstherr hat in diesem Fall, in der Regel auf der Grundlage eines qualifizierten Zeugnisses, festzustellen, dass diese Voraussetzungen erfüllt sind und die Beamtin oder der Beamte sich auch unter Zugrundelegung der während der Beurlaubung oder Freistellung ausgeübten Tätigkeiten mit Blick auf das zu übertragende Beförderungsamt bewährt hat. Darüber hinaus ist die Prognose hinsichtlich der Eignung der Beamtin oder des Beamten für das Beförderungsamt auf sämtliche Erkenntnisse zu stützen, die auch für dienstliche Beurteilungen verwertet werden, insbesondere sind auch die dienstlichen Anforderungen und Leistungen bis zum Beginn der Beurlaubung oder Freistellung einzubeziehen.

§ 10 Dienstzeit

(1) Während der Dienstzeit soll die Beamtin oder der Beamte ergänzend zu ihrer oder seiner durch Vor- und Ausbildung erworbenen Qualifikation zusätzliche für die zu übertragenden Ämter notwendigen Kenntnisse und Fähigkeiten durch praktische Aufgabenwahrnehmung erwerben. Dieser Erwerb zusätzlicher Kenntnisse und Fähigkeiten ist Voraussetzung für eine beabsichtigte Beförderung oder einen beabsichtigten Aufstieg.

(2) Dienstzeiten, die nach dieser Verordnung Voraussetzung für eine Beförderung oder für den Aufstieg sind, rechnen von dem Zeitpunkt der Beendigung der Probezeit in der Laufbahngruppe, bei erfolgtem Aufstieg ab der Verleihung eines Amtes der neuen Laufbahngruppe. In den Fällen des Nachteilsausgleiches rechnen sie ab dem Zeitpunkt der frühestmöglichen Beförderung.

(3) Bei der Berechnung der Dienstzeit zählen die Zeiten einer Teilzeitbeschäftigung mit mindestens der Hälfte der regelmäßigen Arbeitszeit im vollen Umfang. Dies gilt auch für Zeiten einer unterhälftigen Teilzeitbeschäftigung aus familiären Gründen während der Elternzeit oder einer Pflegezeit.

(4) Anzurechnen sind Zeiten vor der Einstellung,

1. die in den Fällen des § 34 Absatz 2 der Freistellungs- und Urlaubsverordnung NRW geleistet wurden und zu einer Verzögerung bei der Einstellung geführt haben bis zu einem Jahr,
2. in denen eine hauptberufliche Tätigkeit als Lehrerin oder Lehrer an Schulen, die nach besonderer Rechtsvorschrift öffentliche Schulen sind oder als solche gelten, ausgeübt wurde, wenn die Tätigkeit nach Art und Bedeutung mindestens der Tätigkeit in einem Amt der Laufbahn entsprochen hat und die Zeit nicht bereits auf die Probezeit angerechnet worden ist und
3. in denen eine berufliche Tätigkeit als Planstelleninhaberin oder Planstelleninhaber an Ersatzschulen geleistet wurde.

(5) Beurlaubungszeiten ohne Dienstbezüge nach der Einstellung gelten nicht als Dienstzeiten.

Von diesem Grundsatz abweichend sind anzurechnen

1. bis zur Dauer von insgesamt zwei Jahren die Zeit eines Urlaubs ohne Dienstbezüge, wenn dieser überwiegend dienstlichen In-

teressen oder öffentlichen Belangen dient und das Vorliegen dieser Voraussetzung bei Gewährung des Urlaubs von der obersten Dienstbehörde, bei Landesbeamtinnen und Landesbeamten außerdem mit Zustimmung des für Inneres zuständigen Ministeriums und des für Finanzen zuständigen Ministeriums festgestellt worden ist,

2. bis zur Dauer von insgesamt fünf Jahren die Zeit eines Urlaubs ohne Dienstbezüge, wenn dieser zur Ausübung einer Tätigkeit bei Fraktionen des Europäischen Parlaments, des Deutschen Bundestages oder der Landtage als wissenschaftliche Assistentin oder wissenschaftlicher Assistent oder Geschäftsführerin oder Geschäftsführer erteilt wurde,
3. die Zeit eines Urlaubs ohne Dienstbezüge, wenn dieser zur Ausübung einer Tätigkeit in öffentlichen zwischenstaatlichen oder überstaatlichen Organisationen, im Auslandsschuldienst oder im Ersatzschuldienst oder zur Übernahme von Aufgaben der Entwicklungshilfe erteilt wurde und
4. bis zur Dauer von insgesamt drei Jahren Urlaubszeiten ohne Dienstbezüge infolge der tatsächlichen Betreuung eines minderjährigen Kindes oder mehrerer minderjähriger Kinder oder der Pflege eines nach § 7 Absatz 3 des Pflegezeitgesetzes pflegebedürftigen nahen Angehörigen, dessen Pflegebedürftigkeit nach § 3 Absatz 2 des Pflegezeitgesetzes nachgewiesen ist.

Der Ausgleich von Verzögerungen nach den Sätzen 1 und 2 und § 6 Absatz 1 und 2 darf zusammen einen Zeitraum von drei Jahren nicht überschreiten. Zeiten, die bereits zu einer Anrechnung bei der Probezeit geführt haben, bleiben unberücksichtigt.

(6) Besondere gesetzliche Regelungen bleiben unberührt.

§ 11 Laufbahnwechsel

(1) Ein Laufbahnwechsel in ein statusgleiches Amt einer anderen Laufbahn ist nur zulässig, wenn die Beamtin oder der Beamte die Befähigung für die neue Laufbahn besitzt. §§ 26 und 29 des Beamtenstatusgesetzes und § 25 des Landesbeamtengesetzes bleiben unberührt.

(2) Besitzt die Beamtin oder der Beamte die Befähigung für die neue Laufbahn nicht, so ist ein Laufbahnwechsel zulässig, wenn die für die Wahrnehmung der Ämter in der Laufbahn erforderlichen Fähigkeiten und Kenntnisse

1. durch Unterweisung oder entsprechende Qualifizierungsmaßnahmen oder
2. in Verbindung mit Maßnahmen nach Nummer 1 oder alleine durch die Wahrnehmung von Tätigkeiten, die mit den Anforderungen der neuen Laufbahn vergleichbar sind, erworben worden sind.

Art und Umfang der Maßnahmen nach Satz 1 Nummer 1 und von Tätigkeiten nach Satz 1 Nummer 2 können von der für die Ordnung der Laufbahn zuständigen obersten Dienstbehörde oder der von ihr bestimmten Stelle im Einzelfall oder allgemein in einer Rechtsverordnung nach § 7 des Landesbeamtengesetzes festgelegt werden. Für den Wechsel in eine Laufbahn besonderer Fachrichtung findet § 4 Absatz 1 Nummer 2 Anwendung.

(3) Über den Laufbahnwechsel entscheidet die für die Ordnung der neuen Laufbahn zuständige oberste Dienstbehörde oder die von ihr bestimmte Stelle, bei Laufbahnen besonderer Fachrichtung die oberste Dienstbehörde. Der Laufbahnwechsel nach Absatz 2 ist nicht zulässig, wenn für die neue Laufbahn eine bestimmte Vorbildung, Ausbildung oder Prüfung durch besondere Rechtsvorschrift zwingend vorgeschrieben oder nach ihrer Eigenart zwingend erforderlich ist.

(4) Für den Aufstieg von der Laufbahngruppe 1 in die Laufbahngruppe 2 derselben oder einer anderen Fachrichtung gelten die §§ 19 bis 23, für die berufliche Entwicklung innerhalb der Laubahngruppen 1 und 2 die §§ 18 und 25 bis 27.

§ 12 Einstellung im Beförderungsamt

(1) Eine Einstellung in einem Beförderungsamt ist zulässig, wenn es sich bei der Bewerberin oder dem Bewerber um eine frühere Beamtin oder einen früheren Beamten, eine frühere Richterin oder einen früheren Richter oder um eine Beamtin oder einen Beamten

eines anderen Dienstherrn handelt und das Beförderungsamt bereits verliehen war.

(2) Eine Einstellung im ersten oder zweiten Beförderungsamt ist zulässig, wenn

1. die Bewerberin oder der Bewerber eine zusätzliche, für die Laufbahn oder die zu besetzende Stelle förderliche, über die gesetzlichen Einstellungsvoraussetzungen erheblich hinausgehende berufliche Qualifikation nachweisen kann oder
2. nachgewiesen wird, dass eine den höheren Anforderungen des Beförderungsamtes entsprechende Berufserfahrung nach Absatz 4 vorliegt und das höhere Amt nach dem individuellen fiktiven Werdegang bei einer früheren Einstellung hätte erreicht werden können.

(3) Bei der Einstellung früherer Richterinnen oder Richter in ein Beamtenverhältnis gilt § 47 Absatz 3 entsprechend.

(4) Voraussetzung für den Nachweis nach Absatz 2 Nummer 2 ist eine hauptberufliche Tätigkeit, die nach Art, Bedeutung und Dauer den Eignungsvoraussetzungen für das Beförderungsamt mindestens gleichwertig ist. Es können hauptberufliche Tätigkeiten innerhalb und außerhalb des öffentlichen Dienstes berücksichtigt werden. Berufliche Bildungsgänge oder Zeiten, die nach den Ausbildungs- und Prüfungsvorschriften auf eine Ausbildungszeit angerechnet worden sind oder nach den Laufbahnvorschriften Voraussetzung für den Erwerb der Befähigung waren, dürfen nicht berücksichtigt werden.

§ 13 Erleichterung für schwerbehinderte und ihnen gleichgestellte behinderte Menschen

(1) Bei der Einstellung von schwerbehinderten und ihnen gleichgestellten behinderten Menschen darf nur das für die Laufbahn erforderliche Mindestmaß körperlicher Eignung verlangt werden.

(2) Im Prüfungsverfahren sind für schwerbehinderte und ihnen gleichgestellte behinderte Menschen die ihrer Behinderung angemessenen Erleichterungen auf Antrag zu gewähren.

(3) Bei der Beurteilung der Leistung schwerbehinderter und ihnen gleichgestellter behinderter Menschen ist die Minderung der Arbeits- und Einsatzfähigkeit durch die Behinderung zu berücksichtigen.

§ 14 Ausnahmen

(1) Ausnahmen können zugelassen werden von

1. der Regelprobezeit nach § 13 Absatz 2 Satz 1 des Landesbeamtengesetzes und der Mindestprobezeit nach § 5 Absatz 2, sofern die verbleibende Probezeit drei Monate nicht unterschreitet,
2. Dienstzeiterfordernissen gemäß § 21 Absatz 1, § 26 Absatz 1, § 47 Absatz 3 und § 48 Absatz 1,
3. Erfordernissen hauptberuflicher Tätigkeiten gemäß § 38 Absatz 1, § 44 Absatz 1 und 2 und § 45 Absatz 1 und 2,
4. dem Durchlaufen der Ämter bei Übernahme in den Schulaufsichtsdienst, soweit eine Dienstzeit gemäß § 10 und § 32 Absatz 3 Satz 1 von vier Jahren abgeleistet ist;
5. dem Promotionserfordernis gemäß § 41 Absatz 1 Nummer 2 und
6. dem Tätigkeitserfordernis nach § 28 Absatz 2 aus dienstlichen Gründen.

(2) Über Ausnahmen von den in Absatz 1 genannten Vorschriften entscheiden für die Beamtinnen und Beamten

1. des Landes die oberste Dienstbehörde als Aufsichtsbehörde im Einvernehmen mit den für Inneres und für Finanzen zuständigen Ministerien,
2. der Landschaftsverbände, des Landesverbandes Lippe und des Regionalverbandes Ruhr das für Kommunales zuständige Ministerium als Aufsichtsbehörde,
3. der Gemeinden und der sonstigen Gemeindeverbände die Aufsichtsbehörde oder
4. für die Beamtinnen und Beamten der der Aufsicht des Landes unterstehenden Körperschaften, Anstalten und Stiftungen des öffentlichen Rechts, mit Ausnahme der Gemeinden und Gemeindeverbände, die Aufsichtsbehörde, bei Lehrkräften im Einvernehmen mit der Schulaufsichtsbehörde.

Unterabschnitt 2
Zugang zu den Laufbahnen

§ 15 Laufbahnen mit Vorbereitungsdienst

(1) Der Vorbereitungsdienst dauert in Laufbahnen

1. der Laufbahngruppe 1, erstes Einstiegsamt, in der Regel sechs Monate und der Laufbahngruppe 1, zweites Einstiegsamt, in der Regel zwei Jahre und
2. der Laufbahngruppe 2, erstes Einstiegsamt, in der Regel drei Jahre und der Laufbahngruppe 2, zweites Einstiegsamt, in der Regel zwei Jahre.

Die Möglichkeit zur Anrechnung förderlicher Zeiten nach § 7 Absatz 2 Satz 2 Nummer 5 des Landesbeamtengesetzes bleibt unberührt.

(2) In der Laufbahngruppe 2, in der nach § 6 Absatz 1 Nummer 3 Buchstabe b des Landesbeamtengesetzes im ersten Einstiegsamt der Abschluss eines Studiums an einer Hochschule gefordert wird, soll dieses Studium im Umfang von mindestens 18 Monaten und höchstens 24 Monaten auf den Vorbereitungsdienst angerechnet werden. Der Vorbereitungsdienst soll sich in diesen Fällen auf eine Ausbildung in fachbezogenen Schwerpunktbereichen der Laufbahn beschränken.

(3) Beamtinnen und Beamten des zweiten Einstiegsamtes der Laufbahngruppe 1 oder des ersten Einstiegsamtes der Laufbahngruppe 2, die die Laufbahnprüfung nicht oder endgültig nicht bestehen, kann der Zugang zu einem niedrigeren Einstiegsamt derselben Fachrichtung zuerkannt werden, wenn die nachgewiesenen Kenntnisse ausreichen.

(4) Die Beamtinnen und Beamten führen während des Vorbereitungsdienstes die Dienstbezeichnung „Anwärterin" oder „Anwärter", in einem Vorbereitungsdienst für das zweite Einstiegsamt in der Laufbahngruppe 2 die Dienstbezeichnung „Referendarin" oder „Referendar" mit einem die Fachrichtung oder die Laufbahn bezeichnenden Zusatz. Das für Inneres zuständige Ministerium kann im Einvernehmen mit der beteiligten obersten Dienstbehörde andere Dienstbezeichnungen festsetzen.

§ 16 Laufbahnen besonderer Fachrichtung, Anforderungen und Dauer der hauptberuflichen Tätigkeit

(1) Die Laufbahnen besonderer Fachrichtung der Laufbahngruppe 1, zweites Einstiegsamt, ergeben sich aus der Anlage 1.

(2) Die Laufbahnen besonderer Fachrichtung der Laufbahngruppe 2 ergeben sich mit Ausnahme der im Abschnitt 3 und in den §§ 44 und 45 genannten Laufbahnen aus der Anlage 2. Die Zuordnung zu den Laufbahnen des technischen Dienstes in der Laufbahngruppe 2, erstes Einstiegsamt, erfolgt nach dem Schwerpunkt der Ausbildung im Einvernehmen mit den für Inneres und für Finanzen zuständigen Ministerien.

(3) Die hauptberufliche Tätigkeit muss die Eignung zur selbständigen Wahrnehmung von Aufgaben der angestrebten Laufbahn vermitteln.

(4) Die Zeit der hauptberuflichen Tätigkeit beträgt, soweit in der Anlage 3 und im Abschnitt 3 und in den §§ 44 und 45 nichts anderes bestimmt ist, in Laufbahnen

1. der Laufbahngruppe 1 zwei Jahre und
2. der Laufbahngruppe 2 zwei Jahre und sechs Monate.

(5) In der Anlage 3 können für bestimmte Ämter innerhalb der Laufbahnen besondere Anforderungen an die technische oder sonstige Fachbildung gestellt werden, die über die allgemeinen Anforderungen an die Vorbildung gemäß § 8 des Landesbeamtengesetzes hinausgehen. Die Möglichkeit, im Rahmen von Stellenausschreibungen konkrete Anforderungsprofile zu erstellen, die zusätzlich zu erfüllen sind, bleibt unberührt.

(6) Vom Zeitpunkt des Inkrafttretens einer Rechtsverordnung gemäß § 7 des Landesbeamtengesetzes an, die den Erwerb der Befähigung nach § 4 Absatz 1 Nummer 1 vorschreibt, ist die Einstellung solcher Bewerberinnen und Bewerber in die entsprechende Laufbahn mit Vorbereitungsdienst nicht mehr zulässig, die ihre Befähigung nach den Vorschriften über Beamtinnen und Beamte besonderer Fachrichtungen erworben haben. Die Rechtsverordnung kann für eine Übergangszeit von bis zu sechs Monaten hiervon abweichen.

Abschnitt 2
Berufliche Entwicklung

§ 17 Fortbildung und Personalentwicklung

(1) Die dienstliche Fortbildung ist zu fördern. Fortbildungsmaßnahmen können insbesondere

1. die Erhaltung und Verbesserung der Befähigung für den übertragenen Dienstposten und für gleich bewertete Dienstposten,
2. bei Änderung der Voraussetzungen für den Erwerb der Laufbahnbefähigung eine Angleichung an die neuen Anforderungen oder
3. den Erwerb ergänzender Qualifikationen
   a) für höher bewertete Dienstposten und
   b) die Wahrnehmung von Führungsaufgaben

zum Ziel haben. Alle Maßnahmen sollen sich auf die Erhaltung und Fortentwicklung der Fach-, Methoden- und Sozialkompetenzen insbesondere der Genderkompetenz und der interkulturellen Kompetenz erstrecken.

(2) Maßnahmen nach Absatz 1 Satz 2 Nummer 3 sind nach den Erfordernissen der Personalplanung, insbesondere der Frauenförderung und des Personaleinsatzes, vorzusehen. Den Belangen schwerbehinderter und ihnen gleichgestellter Menschen ist besonders Rechnung zu tragen.

(3) Die Vorgesetzten sollen die dienstliche Fortbildung der Beamtinnen und Beamten unterstützen und deren Entwicklung in der Aufgabenwahrnehmung fördern. Dabei ist neben dem persönlichen Qualifikationsprofil auch den Anforderungen an eine chancengleiche berufliche Entwicklung von Beamtinnen und Beamten Rechnung zu tragen.

(4) Personalentwicklungskonzepte bilden eine wesentliche Grundlage für eine Personalentwicklung. Bei der Erstellung ist den Zielen des Landesgleichstellungsgesetzes und der jeweiligen Gleichstellungspläne Rechnung zu tragen. Personalentwicklung zielt als systematischer Prozess darauf ab, die Kenntnisse und Fähigkeiten sowie das Leistungs- und Lernpotential der Beamtinnen und Beamten in Einklang zu bringen mit den Anforderungen und Bedarfen der Verwaltung. Vorgesetzte fördern die Beamtinnen und Beamten beim Erwerb, der Aufrechterhaltung und Weiterentwicklung ihrer dienstlichen Handlungsfähigkeit im Hinblick auf die Anforderungen der Verwaltung.

(5) Bei der Gestaltung der dienstlichen Fortbildungsmaßnahmen und in den Personalentwicklungskonzepten ist die besondere Situation der Beamtinnen und Beamten mit Familienpflichten, mit Teilzeitbeschäftigung und Telearbeitsplätzen zu berücksichtigen. Nach längerer Abwesenheit soll die Wiederaufnahme und Wahrnehmung der Dienstgeschäfte durch entsprechende Fortbildungsmaßnahmen unterstützt werden.

(6) Personalentwicklungskonzepte sollen zur Förderung des Wiedereinstiegs in den Beruf mindestens vorsehen, den Beamtinnen und Beamten, die sich in Elternzeit befinden oder aus familiären Gründen beurlaubt sind, Urlaubs- und Krankheitsvertretungen anzubieten, mit ihnen rechtzeitig vor Ablauf der Elternzeit oder der Beurlaubung Beratungsgespräche über ihre Beschäftigung nach dem Wiedereinstieg zu führen sowie sie gezielt über den Fortbildungsbedarf und das Angebot der Teilnahme an der Fortbildung während oder nach der Elternzeit oder Beurlaubung zu beraten.

(7) In den Personalentwicklungskonzepten sind die Grundsätze der interkulturellen Öffnung der Verwaltung zu berücksichtigen,

Unterabschnitt 1
Berufliche Entwicklung innerhalb der Laufbahngruppe 1

§ 18 Beförderungsvoraussetzungen

(1) Ein Amt der Besoldungsgruppe A 6 der Ämtergruppe des zweiten Einstiegsamtes derselben Fachrichtung oder ein Amt der Besoldungsgruppe A 7 für den Fall, dass die Beamtin oder der Beamte bereits ein Amt der Besoldungsgruppe A 6 innehat, darf Beamtinnen und Beamten im Beamtenverhältnis auf Lebenszeit des ersten Einstiegsamtes verliehen werden, wenn sie

1. nach ihrer Eignung, Befähigung und fachlichen Leistung hierfür in besonderer Weise in Betracht kommen,
2. in einem Auswahlverfahren zu einer Qualifizierung nach Maßgabe einer Rechtsverordnung nach § 7 des Landesbeamtengesetzes zugelassen worden sind und
3. diese Qualifizierung erfolgreich abgeleistet haben.

Sofern Regelungen nach § 7 des Landesbeamtengesetzes nicht erlassen worden sind sowie für Laufbahnen besonderer Fachrichtung entscheidet die oberste Dienstbehörde oder die von ihr bestimmte Stelle über die Anforderungen an die Qualifizierungsinhalte und die inhaltliche Ausgestaltung der Prüfung.

(2) Der Zeitraum der Qualifizierung beträgt mindestens ein Jahr. Nach erfolgreicher Qualifizierung ist eine Prüfung abzulegen, die der Laufbahnprüfung zu entsprechen hat.

(3) Ein Amt der Besoldungsgruppe A 6 der Ämtergruppe des zweiten Einstiegsamtes derselben Fachrichtung oder ein Amt der Besoldungsgruppe A 7 für den Fall, dass die Beamtin oder der Beamte bereits ein Amt der Besoldungsgruppe A 6 innehat, darf Beamtinnen und Beamten im Beamtenverhältnis auf Lebenszeit des ersten Einstiegsamtes, die nach ihrer Eignung, Leistung und Befähigung hierfür in besonderer Weise in Betracht kommen, abweichend von den Absätzen 1 und 2 verliehen werden, wenn sie

1. in einem Auswahlverfahren zu einer Qualifizierung nach Maßgabe einer Rechtsverordnung nach § 7 des Landesbeamtengesetzes zugelassen worden sind und
2. die Qualifizierung erfolgreich abgeleistet und nach Teilnahme an einem Lehrgang die Prüfung bestanden haben.

Sofern Regelungen in einer Rechtsverordnung nach § 7 des Landesbeamtengesetzes nicht erlassen worden sind sowie für Laufbahnen besonderer Fachrichtung, entscheidet die oberste Dienstbehörde oder die von ihr bestimmte Stelle über die Anforderungen an die Qualifizierungsinhalte und die inhaltliche Ausgestaltung der Prüfung.

(4) Der Zeitraum der Qualifizierung nach Absatz 3 beträgt mindestens fünf Monate. Sie umfasst eine exemplarische praktische Einweisung in Aufgaben des angestrebten Amtes und einen mindestens einen Monat dauernden Lehrgang. Beamtinnen und Beamte, deren Leistungen während der Qualifizierung mindestens mit einer ausreichenden Note beurteilt werden, nehmen an einem mindestens zwei Monate dauernden Lehrgang mit abschließender Prüfung teil.

(5) Die für die Ordnung der Laufbahn zuständige oberste Dienstbehörde erlässt die Rechtsverordnung nach § 7 des Landesbeamtengesetzes. In der Rechtsverordnung kann bestimmt werden, dass statt der Qualifizierung und Teilnahme an einem Lehrgang nach den Absätzen 1 bis 4 auch andere Formen einer prüfungsgebundenen Qualifizierung als gleichwertig anerkannt werden können. Sofern Regelungen nach Satz 2 nicht getroffen wurden sowie für Laufbahnen besonderer Fachrichtung kann eine im Umfang und von den Prüfungsanforderungen vergleichbare Qualifizierung durchgeführt werden.

(6) Die oberste Dienstbehörde oder die von ihr bestimmte Stelle entscheidet, ob sie von den Möglichkeiten der Absätze 1 oder 3 Gebrauch macht und führt auf der Grundlage aktueller dienstlicher Beurteilungen Auswahlverfahren zur Auswahl der am besten geeigneten Beamtinnen oder Beamten durch. Die Eignung und Befähigung bemessen sich nach dem Anforderungsprofil, das mit der Wahrnehmung der Aufgaben des neuen Amtes verbunden ist.

Unterabschnitt 2
Aufstieg von der Laufbahngruppe 1 in die Laufbahngruppe 2

§ 19 Grundsätzliche Regelungen

(1) Der Aufstieg in das erste Einstiegsamt der Laufbahngruppe 2 ist innerhalb derselben Fachrichtung auch ohne Erfüllung der Zugangsvoraussetzungen zu den Laufbahnen nach § 6 des Landesbeamtengesetzes möglich, wenn die Beamtinnen und Beamten nach Eignung, Befähigung und fachliche

Leistung hierfür in besonderer Weise in Betracht kommen und die Voraussetzungen der §§ 20 bis 22 erfüllen.

(2) Ein Aufstieg ist ausgeschlossen, wenn für Laufbahnen eine bestimmte Vorbildung, Ausbildung oder Prüfung durch besondere fachgesetzliche Rechtsvorschrift zwingend vorgeschrieben oder ihrer Eigenart nach zwingend erforderlich ist.

§ 20 Ausbildungsaufstieg

(1) Der Aufstieg setzt voraus, dass die Beamtin oder der Beamte

1. nach Eignung, Befähigung und fachlicher Leistung hierfür in besonderer Weise in Betracht kommt,
2. mindestens ein Amt der Besoldungsgruppe A 6 aus der Ämtergruppe des zweiten Einstiegsamtes innehat,
3. in einem Auswahlverfahren zu der Aufstiegsqualifizierung zugelassen worden ist und
4. die für den Zugang zu der Laufbahn erforderlichen Voraussetzungen nach § 6 Absatz 2 des Landesbeamtengesetzes erworben hat.

§ 19 Absatz 3 des Landesbeamtengesetzes findet keine Anwendung.

(2) Die Dauer des Ausbildungsaufstiegs beträgt

1. drei Jahre oder
2. in Bereichen technischer Laufbahnen
   a) ein Jahr, falls die Beamtin oder der Beamte ein erforderliches Abschlusszeugnis gemäß § 15 Absatz 2 besitzt oder
   b) mindestens zwei Jahre in allen übrigen Fällen.

(3) Der Ausbildungsaufstieg umfasst für Bereiche

1. nichttechnischer Laufbahnen fachpraktische Studienzeiten sowie fachwissenschaftliche Studienzeiten an Fachhochschulen im Sinne des § 1 des Fachhochschulgesetzes öffentlicher Dienst vom 29. Mai 1984 (GV. NRW. S. 303) in der jeweils geltenden Fassung,
2. technischer Laufbahnen unter der Voraussetzung des Absatzes 2 Nummer 2 Buchstabe a eine fachpraktische Ergänzung in fachbezogenen Schwerpunktbereichen oder
3. technischer Laufbahnen in den Fällen des Absatzes 2 Nummer 2 Buchstabe b einen durch Rechtsverordnung gemäß § 7 des Landesbeamtengesetzes zu bestimmenden Ausbildungsgang.

(4) Die für die Ordnung der Laufbahn zuständige oberste Dienstbehörde erlässt die Rechtsverordnung nach § 7 des Landesbeamtengesetzes. In der Rechtsverordnung kann bestimmt werden, dass statt der Teilnahme an einem Aufstiegslehrgang auch andere Formen einer prüfungsgebundenen Qualifizierung als gleichwertig anerkannt werden können. Sofern Regelungen nach den Sätzen 1 und 2 nicht getroffen wurden sowie für Laufbahnen besonderer Fachrichtung kann eine im Umfang und von den Prüfungsanforderungen vergleichbare Qualifizierung durchgeführt werden.

(5) Die oberste Dienstbehörde oder die von ihr bestimmte Stelle entscheidet, ob sie die Möglichkeit eines Ausbildungsaufstiegs anbietet und führt auf der Grundlage aktueller dienstlicher Beurteilungen ein Auswahlverfahren zur Auswahl der am besten geeigneten Beamtinnen oder Beamten durch. Die Eignung und Befähigung bemessen sich nach dem Anforderungsprofil, das mit der Wahrnehmung der zu übertragenden Aufgaben verbunden ist.

§ 21 Qualifizierungsaufstieg

(1) Der Aufstieg setzt voraus, dass die Beamtin oder der Beamte

1. nach Eignung, Befähigung und fachlicher Leistung hierfür in besonderer Weise in Betracht kommt,
2. ihr oder ihm seit mindestens zwei Jahren mindestens ein Amt der Besoldungsgruppe A 9 verliehen worden ist, oder ihr oder ihm ein Amt der Besoldungsgruppe A 8 verliehen worden ist und sie oder er seit mindestens zwei Jahren die Aufgaben eines Amtes der Besoldungsgruppe A 9 wahrnimmt,
3. dann in einem Auswahlverfahren zu der Aufstiegsqualifizierung zugelassen worden ist und

4. nach Maßgabe einer Rechtsverordnung gemäß § 7 des Landesbeamtengesetzes diese Qualifizierung erfolgreich abgeleistet und nach Teilnahme an einem Aufstiegslehrgang die Aufstiegsprüfung bestanden hat.

Sofern Regelungen in einer Rechtsverordnung nach § 7 des Landesbeamtengesetzes nicht erlassen worden sind sowie für Laufbahnen besonderer Fachrichtung entscheidet die oberste Dienstbehörde über die Anforderungen an die Qualifizierungsinhalte und die Aufstiegsprüfung.

(2) Der Zeitraum einer Qualifizierung nach Absatz 1 beträgt mindestens zehn Monate. Er umfasst eine exemplarische praktische Einweisung in Aufgaben der angestrebten Laufbahngruppe und einen mindestens drei Monate dauernden Lehrgang. Beamtinnen und Beamte, deren Leistungen während dieser Qualifizierung mindestens mit einer ausreichenden Note beurteilt werden, nehmen an einem mindestens drei Monate dauernden Aufstiegslehrgang mit abschließender Prüfung teil.

(3) Die für die Ordnung der Laufbahn zuständige oberste Dienstbehörde erlässt die Rechtsverordnung nach § 7 des Landesbeamtengesetzes. In der Rechtsverordnung kann bestimmt werden, dass statt der Qualifizierung und Teilnahme an einem Aufstiegslehrgang auch andere Formen einer prüfungsgebundenen Qualifizierung als gleichwertig anerkannt werden können. Sofern Regelungen nach den Sätzen 1 und 2 nicht getroffen wurden sowie für Laufbahnen besonderer Fachrichtung kann eine im Umfang und von den Prüfungsanforderungen vergleichbare Qualifizierung durchgeführt werden.

(4) Die oberste Dienstbehörde oder die von ihr bestimmte Stelle entscheidet, ob sie die Möglichkeit eines qualifizierungsgebundenen Aufstiegs anbietet und führt auf der Grundlage aktueller dienstlicher Beurteilungen ein Auswahlverfahren zur Auswahl der am besten geeigneten Beamtinnen oder Beamten durch. Die Eignung und Befähigung bemessen sich nach dem Anforderungsprofil, das mit der Wahrnehmung der zu übertragenden Aufgaben verbunden ist.

§ 22 Aufstieg in bestimmte Aufgabenbereiche

(1) Beamtinnen und Beamte können eine auf einen bestimmten Aufgabenbereich beschränkte Laufbahnbefähigung für dieselbe Fachrichtung der Laufbahngruppe 2 erwerben, wenn

1. sie sich in einem Amt der Besoldungsgruppe A 9 bewährt haben,
2. sie eine über die Voraussetzungen des § 6 Absatz 1 Nummer 2 des Landesbeamtengesetzes für das zweite Einstiegsamt der Laufbahngruppe 1 hinausgehende Qualifikation nachweisen mussten, die für die Amtsausübung erforderlich ist, und
3. wenn die zuständige oberste Dienstbehörde ein dienstliches Bedürfnis für den Einsatz der Beamtin oder des Beamten in dem Aufgabenbereich festgestellt hat.

(2) Beamtinnen und Beamten mit einer beschränkten Laufbahnbefähigung darf höchstens ein Amt der Besoldungsgruppe A 11 übertragen werden.

(3) Beamtinnen und Beamten mit einer beschränkten Laufbahnbefähigung, welche nachträglich die Voraussetzungen nach den §§ 20 und 21 erfüllen, kann auch ein über A 11 hinausgehendes Amt verliehen werden.

§ 23 Aufstieg durch Bachelor- oder Diplomstudium mit dem Ziel der Spezialisierung

(1) Abweichend von den §§ 20 und 21 ist ein Aufstieg durch Laufbahnwechsel in eine Laufbahn besonderer Fachrichtung zulässig, sofern

1. die Beamtin oder der Beamte nach ihrer oder seiner Eignung, Befähigung und fachlichen Leistung hierfür in besonderer Weise in Betracht kommt,
2. hierfür ein besonderes dienstliches Interesse von der obersten Dienstbehörde oder der von ihr bestimmten Stelle festgestellt wird,
3. die Beamtin oder der Beamte in einem Auswahlverfahren zu diesem Laufbahnwechsel zugelassen worden ist,

4. ein Diplom einer Fachhochschule oder der in einem akkreditierten Studiengang an einer Fachhochschule oder Berufsakademie erworbene Bachelorgrad vorliegt,
5. die Beamtin oder der Beamte nach dem Erwerb der erforderlichen Bildungsvoraussetzungen eine zwölfmonatige hauptberufliche Tätigkeit in den Aufgabenbereichen der neuen Laufbahn absolviert hat und
6. sich anschließend in einer mindestens sechsmonatigen Erprobung in den neuen Aufgabenbereichen bewährt hat.

Die Erprobungszeit wird durch die Zeit einer Beurlaubung ohne Dienstbezüge unterbrochen und nach Beendigung des Urlaubs fortgesetzt. Die Regelung des § 9 Absatz 4 bleibt unberührt. Die Neufestsetzung des Endes der Erprobungszeit ist der Beamtin oder dem Beamten bekannt zu geben. Die Erprobungszeit kann in entsprechender Anwendung des § 5 Absatz 7 bis zur doppelten Dauer der festgelegten Erprobungszeit verlängert werden. Bei der Berechnung der Erprobungszeit zählen die Zeiten einer Teilzeitbeschäftigung in vollem Umfang, es sei denn, zwingende sachliche Gründe stehen dem entgegen.

(2) Die oberste Dienstbehörde oder die von ihr bestimmte Stelle entscheidet, ob sie die Möglichkeit eines qualifizierungsgebundenen Aufstiegs nach Absatz 1 anbietet und führt auf der Grundlage aktueller dienstlicher Beurteilungen ein Auswahlverfahren zur Auswahl der am besten geeigneten Beamtinnen oder Beamten durch. Die Eignung und Befähigung bemessen sich nach dem Anforderungsprofil, das mit der Wahrnehmung der Aufgaben der Ämtergruppe des ersten Einstiegsamtes der Laufbahngruppe 2 verbunden ist.

§ 26 Absatz 3 und 5 sowie § 27 Absatz 5 finden entsprechende Anwendung.

Unterabschnitt 3
Berufliche Entwicklung innerhalb der Laufbahngruppe 2

§ 24 Allgemeine Beförderungsvoraussetzungen

In ein Amt der Besoldungsgruppe A 14 dürfen Beamtinnen oder Beamte, die nach Eignung, Befähigung und fachlicher Leistung hierfür in Betracht kommen, nur befördert werden, wenn sie

1. im zweiten Einstiegsamt der Laufbahngruppe 2 eingestellt wurden,
2. die Voraussetzungen für eine berufliche Entwicklung nach den §§ 25 bis 27 erfüllen oder
3. sich im Beförderungsamt der Besoldungsgruppe A 13 befinden und die Bildungs- und Zugangsvoraussetzungen für die Laufbahngruppe 2, zweites Einstiegsamt nach § 4 Abs. 1 Nummer 1 in Verbindung mit § 6 Abs. 1 Nummer 4 des Landesbeamtengesetzes erfüllen.

Haben Beamtinnen oder Beamte die laufbahnrechtliche Befähigung für ein Amt der Besoldungsgruppe A 13 der Ämtergruppe des zweiten Einstiegsamtes nach aufgehobenen Bestimmungen erworben, so gelten die Voraussetzungen nach Satz 1 Nummer 2 als erfüllt.

§ 25 Modulare Qualifizierung

(1) Beamtinnen oder Beamte dürfen in ein Amt der Besoldungsgruppe A 13 der Ämtergruppe des zweiten Einstiegsamtes oder A 14 für den Fall, dass sie bereits ein Amt der Besoldungsgruppe A 13 innehaben, befördert werden, wenn

1. sie nach Eignung, Befähigung und fachlicher Leistung hierfür in besonderer Weise in Betracht kommen,
2. ihnen mindestens ein Amt der Besoldungsgruppe A 12 übertragen worden ist,
3. sie dann in einem Auswahlverfahren zu einer modularen Qualifizierung zugelassen worden sind,
4. diese Qualifizierung erfolgreich absolviert haben und
5. sich anschließend in einer mindestens zehnmonatigen Erprobung in den neuen Aufgabenbereichen bewährt haben.

Zeiten der Bewährung in den neuen Aufgabenbereichen, die nach Zulassung, aber vor Abschluss der modularen Qualifizierung abgeleistet wurden, können auf die Erprobungszeit angerechnet werden. Die Erprobungszeit wird durch die Zeit einer Beurlaubung ohne Dienstbezüge unterbrochen und nach Beendigung des Urlaubs fortgesetzt. Die Regelung des § 9 Absatz 4 bleibt unberührt. Die Neufestsetzung des Endes der Erprobungszeit ist der Beamtin oder dem Beamten bekannt zu geben. Die Erprobungszeit kann in entsprechender Anwendung des § 5 Absatz 7 bis zur doppelten Dauer der festgelegten Erprobungszeit verlängert werden. Bei der Berechnung der Erprobungszeit zählen die Zeiten einer Teilzeitbeschäftigung in vollem Umfang, es sei denn, zwingende sachliche Gründe stehen dem entgegen.

(2) Die Qualifizierung muss geeignet sein, in Verbindung mit den bisher erworbenen Qualifikationen und den bisherigen beruflichen Tätigkeiten zu einer erfolgreichen Wahrnehmung der Aufgaben der höheren Ämtergruppe zu befähigen. Für Laufbahnen mit Vorbereitungsdienst kann die für die Ordnung der Laufbahn zuständige oberste Landesbehörde in einer Rechtsverordnung nach § 7 Abs. 3 des Landesbeamtengesetzes Anforderungen an die Qualifizierungsinhalte und die Feststellung des Erfolgs regeln. Diese soll Regelungen für Ausnahmen von der Teilnahme an Modulen enthalten, sofern an gleichwertigen Fortbildungen oder Qualifizierungsmaßnahmen bereits vor der Zulassung zur modularen Qualifizierung teilgenommen wurde oder der Inhalt der dort vermittelten Module bereits im Rahmen der dienstlichen Tätigkeit erlernt wurde.

(3) Sofern Regelungen nach § 7 Absatz 3 des Landesbeamtengesetzes nicht erlassen worden sind sowie für Laufbahnen besonderer Fachrichtung entscheidet die oberste Dienstbehörde über die Anforderungen an die Qualifizierungsinhalte und die Feststellung des Erfolgs sowie über Ausnahmen von der Teilnahme an einzelnen Modulen. Bei Laufbahnen besonderer Fachrichtung sollen sich innerhalb der Landesverwaltung die obersten Dienstbehörden hierfür auf gemeinsame Rahmenbedingungen für die modulare Qualifizierung und deren Erfolgsfeststellung verständigen.

(4) Die oberste Dienstbehörde oder die von ihr bestimmte Stelle entscheidet, ob sie die Möglichkeit einer modularen Qualifizierung anbietet und führt auf der Grundlage aktueller dienstlicher Beurteilungen ein Auswahlverfahren zur Auswahl der am besten geeigneten Beamtinnen oder Beamten durch. Das Auswahlverfahren dient der Feststellung, inwieweit und in welcher Rangfolge die Beamtinnen und Beamten für den Erwerb der Beförderungsvoraussetzungen auf Grundlage einer modularen Qualifizierung geeignet sind. In dem Auswahlverfahren wird, gemessen an dem Anforderungsprofil, das mit der Wahrnehmung eines Amtes der Laufbahngruppe 2, zweites Einstiegsamt, verbunden ist, die Eignung und Befähigung der Beamtinnen und Beamten überprüft.

§ 26 Masterstudium

(1) Beamtinnen oder Beamte dürfen in ein Amt der Besoldungsgruppe A 13 der Ämtergruppe des zweiten Einstiegsamtes oder A 14 für den Fall, dass sie bereits ein Amt der Besoldungsgruppe A 13 innehaben, auch ohne dass die darunterliegenden Ämter zu durchlaufen sind, befördert werden, wenn sie

1. nach Eignung, Befähigung und fachlicher Leistung hierfür in besonderer Weise in Betracht kommen,
2. eine dreijährige Dienstzeit nach § 10 Abs. 2 Satz 1 vorweisen können,
3. in einem Auswahlverfahren zu einem Masterstudium zugelassen worden sind,
4. dieses Masterstudium anschließend erfolgreich absolviert haben und
5. sich anschließend in einer mindestens zehnmonatigen Erprobung in den neuen Aufgabenbereichen bewährt haben.

Die Erprobungszeit wird durch die Zeit einer Beurlaubung ohne Dienstbezüge unterbrochen und nach Beendigung des Urlaubs fortgesetzt. Die Regelung des § 9 Absatz 4 bleibt unberührt. Die Neufestsetzung des Endes der Erprobungszeit ist der Beamtin oder dem Beamten bekannt zu geben. Die Erprobungszeit kann in entsprechender Anwendung des § 5 Absatz 7 bis zur doppelten Dauer der festgelegten Erprobungszeit verlängert werden. Bei der Berechnung der Probezeit zählen die Zeiten einer Teilzeitbeschäftigung in vollem Umfang, es sei denn, zwingende sachliche Gründe stehen dem entgegen.

(2) Das Masterstudium muss geeignet sein, in Verbindung mit den bisher erworbenen Qualifikationen und den bisherigen beruflichen Tätigkeiten zu einer erfolgreichen Wahrnehmung der Aufgaben des höheren Amtes zu befähigen. Es kann berufsbegleitend ausgestaltet sein. Für Laufbahnen mit Vorbereitungsdienst kann die für die Ordnung der Laufbahn zuständige oberste Dienstbehörde in einer Rechtsverordnung nach § 7 Absatz 2 des Landesbeamtengesetzes Anforderungen an die Studieninhalte stellen. Sofern Regelungen nach § 7 Absatz 2 des Landesbeamtengesetzes nicht erlassen worden sind sowie für Laufbahnen besonderer Fachrichtung entscheidet die oberste Dienstbehörde oder die von ihr bestimmte Stelle über die Anforderungen an die Studieninhalte.

(3) Die oberste Dienstbehörde oder die von ihr bestimmte Stelle kann Ausnahmen von der zeitlichen Abfolge nach Absatz 1 Satz 1 Nummer 3 und 4 zulassen.

(4) Die oberste Dienstbehörde oder die von ihr bestimmte Stelle entscheidet, ob sie die Möglichkeit einer Qualifizierung durch ein Masterstudium anbietet, und führt auf der Grundlage aktueller dienstlicher Beurteilungen ein Auswahlverfahren zur Auswahl der am besten geeigneten Beamtinnen oder Beamten durch. Das Auswahlverfahren dient der Feststellung, inwieweit und in welcher Rangfolge die Beamtinnen und Beamten für den Erwerb der Beförderungsvoraussetzungen auf Grundlage einer Qualifizierung durch ein Masterstudium geeignet sind. In dem Auswahlverfahren wird, gemessen an dem Anforderungsprofil, das mit der Wahrnehmung eines Amtes der Laufbahngruppe 2, zweites Einstiegsamt, verbunden ist, die Eignung und Befähigung der Beamtinnen und Beamten überprüft.

(5) Die oberste Dienstbehörde oder die von ihr bestimmte Stelle kann die zugelassenen Beamtinnen und Beamten für die erforderlichen Präsenzzeiten während des Studiums von den dienstlichen Aufgaben freistellen. Eine Entscheidung über eine mögliche Übernahme von Studiengebühren trifft die oberste Dienstbehörde oder die von ihr bestimmte Stelle vor Aufnahme des Studiums im Einzelfall. Sie hat eine Entscheidung für die Übernahme der Studiengebühren mit der Auflage zu verbinden, dass diese von der Beamtin oder dem Beamten zu erstatten sind,

1. wenn sie oder er das Studium aus einem von ihr oder ihm zu vertretenden Grund vorzeitig abbricht oder
2. wenn sie oder er nach Beendigung des Studiums vor Ablauf einer Dienstzeit von fünf Jahren aus einem von ihr oder ihm zu vertretenden Grund aus dem öffentlichen Dienst ausscheidet.

Der zu erstattende Betrag ermäßigt sich pro Jahr geleisteter Dienstzeit um ein Fünftel. Auf die Erstattung kann ganz oder teilweise verzichtet werden, wenn sie für die Beamtin oder den Beamten eine besondere Härte bedeuten würde.

§ 27 Masterstudium mit dem Ziel der Spezialisierung

(1) Beamtinnen oder Beamte dürfen in ein Amt der Besoldungsgruppe A 13 der Ämtergruppe des zweiten Einstiegsamtes oder A 14 für den Fall, dass sie bereits ein Amt der Besoldungsgruppe A 13 innehaben, auch ohne dass die darunterliegenden Ämter zu durchlaufen sind, befördert werden, wenn sie

1. nach Eignung, Befähigung und fachlicher Leistung hierfür in besonderer Weise in Betracht kommen,
2. in einem Auswahlverfahren zu einem Masterstudium zugelassen worden sind,
3. dieses Masterstudium anschließend erfolgreich absolviert haben,
4. nach dem Erwerb der erforderlichen Bildungsvoraussetzungen eine zwölfmonatige hauptberufliche Tätigkeit in den Aufgabenbereichen der neuen Laufbahn absolviert haben und
5. sich anschließend in einer mindestens sechsmonatigen Erprobung in den neuen Aufgabenbereichen bewährt haben.

Die Erprobungszeit wird durch die Zeit einer Beurlaubung ohne Dienstbezüge unterbrochen und nach Beendigung des Urlaubs fortgesetzt. Die Regelung des § 9 Absatz 4 bleibt unberührt. Die Neufestsetzung des Endes der Erprobungszeit ist der Beamtin oder dem Beamten bekannt zu geben. Die Erprobungszeit kann in entsprechender Anwendung des § 5 Absatz 7 bis zur doppelten Dauer der Erprobungszeit verlängert werden. Bei der Berechnung der Probezeit zählen die Zeiten einer Teilzeitbeschäftigung in vollem Umfang, es sei denn, zwingende sachliche Gründe stehen dem entgegen.

(2) Das Masterstudium muss geeignet sein, in Verbindung mit den bisher erworbenen Qualifikationen und den bisherigen beruflichen Tätigkeiten zu einer erfolgreichen Wahrnehmung der Aufgaben des höheren Amtes zu befähigen. Es kann berufsbegleitend ausgestaltet sein. Die oberste Dienstbehörde kann Ausnahmen von der zeitlichen Abfolge nach Absatz 1 Satz 1 Nummer 2 und 3 zulassen.

(3) Die oberste Dienstbehörde oder die von ihr bestimmte Stelle entscheidet, ob sie die Möglichkeit einer Qualifizierung durch ein Masterstudium anbietet und führt auf der Grundlage aktueller dienstlicher Beurteilungen ein Auswahlverfahren zur Auswahl der am besten geeigneten Beamtinnen oder Beamten durch. Das Auswahlverfahren dient der Feststellung, inwieweit und in welcher Rangfolge die Beamtinnen und Beamten für den Erwerb der Beförderungsvoraussetzungen auf Grundlage einer Qualifizierung durch ein Masterstudium geeignet sind. In dem Auswahlverfahren wird, gemessen an dem Anforderungsprofil, das mit der Wahrnehmung eines Amtes der Laufbahngruppe 2, zweites Einstiegsamt, verbunden ist, die Eignung und Befähigung der Beamtinnen und Beamten überprüft.

(4) § 26 Absatz 5 findet Anwendung.

(5) Im Fall eines unabweisbaren dringenden Personalbedarfs ist es im Einzelfall zulässig, das durchzuführende Auswahlverfahren auf einen Personenkreis zu beschränken, der bereits über den für die zu besetzende Funktion benötigten Bildungsabschluss verfügt. Es bedarf dazu der vorherigen Zustimmung der jeweiligen obersten Dienstbehörde oder der von ihr bestimmten Stelle. Der Einzelfall ist zu begründen. Die Begründung ist in geeigneter Weise im Zusammenhang mit dem durchzuführenden Auswahlverfahren zu dokumentieren.

§ 28 Berufliche Entwicklung in leitenden Funktionen an obersten Landesbehörden

(1) Leitende Funktionen an obersten Landesbehörden sollen auf Dauer nur an Beamtinnen und Beamte übertragen werden, die sich in verschiedenen Verwendungen bewährt haben.

(2) Bei einer obersten Landesbehörde darf ein Amt der Besoldungsgruppe A 16 mit Leitungsfunktion oder ein Amt mit höherem Endgrundgehalt als A 16 an Beamtinnen und Beamte nur übertragen werden, wenn die Beamtin oder der Beamte nach der Ernennung auf Probe

1. mindestens 18 Monate bei einer anderen Behörde oder bei einem Gericht eines Landes und
2. als Referentin, Referent oder in einer gleichwertigen Funktion in mindestens zwei Verwendungsbereichen eingesetzt war.

Die Verwendung nach Satz 1 Nummer 2 sollte in der Regel zwei Jahre bei einer obersten Landes- oder Bundesbehörde betragen. Davon kann abgesehen werden, sofern die Tätigkeit in einer gleichwertigen Funktion dem Erfordernis der Verwendungsbreite entspricht. Die Voraussetzungen des Satzes 1 gelten insgesamt als erfüllt, wenn die Beamtin oder der Beamte eine mindestens dreijährige Verwendung in den Vertretungen des Landes Nordrhein-Westfalen, beim Bund oder bei der Europäischen Union nachweisen kann.

(3) Als Verwendungen nach Absatz 2 Satz 1 können auch berücksichtigt werden

1. hauptberufliche Tätigkeiten im öffentlichen Dienst, die vor Ernennung zur Beamtin oder zum Beamten auf Probe, aber nach Bestehen der Laufbahnprüfung oder dem sonstigen Erwerb der Befähigung bei einer anderen Behörde als einer obersten Landes- oder Bundesbehörde abgeleistet wurden, wenn sie nach Art und Bedeutung mindestens der Tätigkeit in einem Einstiegsamt der Laufbahngruppe 2 entsprechen, und

2. vergleichbare hauptberufliche Tätigkeiten insbesondere bei Körperschaften, Anstalten oder Stiftungen des öffentlichen Rechts, Fraktionen der Volksvertretungen, zwischen- und überstaatlichen Einrichtungen, in der Privatwirtschaft und in Verbänden sowie Zeiten einer anwaltlichen Tätigkeit.

(4) Eine hauptberufliche Tätigkeit in Ämtern der Laufbahngruppe 2, erstes Einstiegsamt nach Erwerb der Laufbahnbefähigung kann als Verwendung nach Absatz 2 Satz 1 Nummer 1 berücksichtigt werden. Ist diese mit einer Tätigkeit nach Absatz 3 Nummer 2 vergleichbar, kann sie auch als Verwendung nach Absatz 2 Satz 1 Nummer 2 berücksichtigt werden.

(5) Ausgenommen von den Absätzen 1 und 2 sind der Landtag und der Geschäftsbereich des Landesrechnungshofs, die eigene Grundsätze für die Übertragung von Leitungsfunktionen anwenden.

Abschnitt 3 Besondere Vorschriften für Lehrkräfte an Schulen sowie für wissenschaftliche Mitarbeiterinnen und Mitarbeiter und Lehrkräfte für besondere Aufgaben an Hochschulen

Unterabschnitt 1 Gemeinsame Vorschriften

§ 29 Allgemeines

(1) Auf Leiterinnen und Leiter und Lehrkräfte an öffentlichen Schulen und an Zentren für schulpraktische Lehrerausbildung, an Universitäten, technischen Hochschulen, anderen gleichstehenden Hochschulen und an Fachhochschulen sowie auf Beamtinnen und Beamte im Schulaufsichtsdienst finden die Vorschriften der Abschnitte 1 und 2 mit Ausnahme des § 24 und der §§ 25 bis 27 Anwendung, soweit in diesem Teil nichts anderes bestimmt ist.

(2) Die Regelungen zu anderen Bewerberinnen oder anderen Bewerbern des § 12 des Landesbeamtengesetzes finden Anwendung auf die

1. Tätigkeit als Akademische Rätin oder Akademischer Rat an Universitäten, technischen Hochschulen oder anderen gleichstehenden Hochschulen, als Studienrätin oder Studienrat im Hochschuldienst und als Studienrätin oder Studienrat an Fachhochschulen und in entsprechenden Studiengängen an Universitäten, soweit für einzelne Lehrbereiche ein mit einem Mastergrad abgeschlossenes, geeignetes Hochschulstudium oder einer anderen gleichstehenden Hochschule oder ein mit einem Magister- oder Mastergrad abzuschließendes, für die Laufbahngruppe 2, zweites Einstiegsamt, geeignetes Studium an einer Fachhochschule nicht möglich oder nicht üblich ist,
2. Tätigkeit als Technische Lehrkraft an berufsbildenden Schulen und als Fachlehrerin oder Fachlehrer als Lehrkraft für besondere Aufgaben an Fachhochschulen und in entsprechenden Studiengängen an Universitäten, soweit für einzelne Lehrbereiche ein mit einem Bachelorgrad oder einer entsprechenden Qualifikation führendes Studium an einer Fachhochschule, einer Universität, einer technischen Hochschule oder einer anderen gleichstehenden Hochschule nicht möglich oder nicht üblich ist, und
3. Tätigkeit als Werkstattlehrkraft an berufsbildenden Schulen, soweit für einzelne Lehrbereiche eine Berufsausbildung und Prüfung als Handwerks-, Industrie- oder Hauswirtschaftsmeisterin oder -meister oder ein mit einer Prüfung abzuschließender Besuch einer Fachschule nicht möglich oder nicht üblich ist.

(3) Die §§ 8 und 9 finden keine Anwendung auf die in Absatz 1 genannten Beamtinnen und Beamten.

§ 30 Befähigung

(1) Die Befähigung für die Lehrkräftelaufbahn des Lehramtes

1. für die Primarstufe,
2. an Grundschulen,
3. an Grund- und Hauptschulen,
4. an Grund-, Haupt- und Realschulen und den entsprechenden Jahrgangsstufen der Gesamtschulen,
5. an Realschulen,

6. an Haupt-, Real- und Gesamtschulen,
7. an Haupt-, Real-, Sekundar- und Gesamtschulen,
8. für die Sekundarstufe I,
9. an Gymnasien,
10. an Gymnasien und Gesamtschulen,
11. für die Sekundarstufe II,
12. an berufsbildenden Schulen,
13. an Berufskollegs,
14. an Sonderschulen,
15. für Sonderpädagogik und
16. für sonderpädagogische Förderung

wird oder wurde nach den Bestimmungen des Lehrerausbildungsgesetzes vom 12. Mai 2009 (GV. NRW. S. 308) in der jeweils geltenden Fassung erworben.

(2) Die Befähigung für sonstige Lehrkräftelaufbahnen wird nach den Bestimmungen der §§ 34 bis 39 erworben.

§ 31 Probezeit

(1) Bei der Festlegung der Probezeit für Lehrkräfte, die die Befähigung durch Ableistung des Vorbereitungsdienstes und durch Bestehen der Laufbahnprüfung erworben haben sowie für Lehrkräfte, die die Befähigung auf Grund eines anderen Befähigungsnachweises erworben haben, findet § 5 mit Ausnahme des Absatzes 7 Satz 5 Anwendung.

(2) Auf die Probezeit können Zeiten einer beruflichen Tätigkeit als Lehrkraft an Ersatzschulen oder Auslandsschulen, die nicht bereits auf den Vorbereitungsdienst oder die für den Erwerb der Befähigung vorgeschriebene Zeit der hauptberuflichen Tätigkeit angerechnet worden sind, über die in Absatz 1 bestimmten Zeiten hinaus angerechnet werden, wenn die Tätigkeit nach Art und Bedeutung mindestens der Tätigkeit in einem Amt der Laufbahn entsprochen hat. Es sind jedoch mindestens drei Monate Probezeit zu leisten.

§ 32 Laufbahnwechsel

(1) Lehrkräfte, die neben ihrer bisherigen Befähigung für ein Lehramt die Befähigung für ein weiteres Lehramt erworben haben, können in die neue Laufbahn übernommen werden.

(2) Absatz 1 gilt sinngemäß für Lehrkräfte, die durch Bestehen einer Zweiten Staatsprüfung die Befähigung zu mehreren Lehrämtern erworben haben.

(3) Besitzt oder erwirbt die Lehrkraft eine zusätzliche Befähigung für ein weiteres Lehramt nach § 30, gelten beim Wechsel der Laufbahn die Zeiten in der bisherigen Laufbahn als Dienstzeiten. Beim Wechsel in eine einem anderen Einstiegsamt zugehörige Ämtergruppe ist vor einer Beförderung eine Dienstzeit von mindestens einem Jahr in der neuen Laufbahn abzuleisten.

(4) Erwirbt eine Beamtin oder ein Beamter zusätzlich zur vorhandenen Laufbahnbefähigung die Befähigung für eine Lehrkräftelaufbahn eines Lehramtes gemäß § 30, so ist der Laufbahnwechsel nach erfolgreich absolvierter Erprobungszeit zulässig. Die Dauer der Erprobung beträgt zwölf Monate. Kann die Bewährung für die neue Laufbahn bis zum Ablauf der Erprobungszeit nicht festgestellt werden, so kann sie um bis zu zwölf Monate verlängert werden. § 5 Absatz 6 findet entsprechend Anwendung. Die Erprobungszeit ist unter Belassung der bisherigen Rechtsstellung sowie der bisherigen Dienst- oder Amtsbezeichnung abzuleisten. Bei Nichtbewährung tritt die Beamtin oder der Beamte in ihre oder seine bisherige Laufbahn zurück.

(5) Lehrkräfte, die neben ihrer bisherigen Befähigung für ein Lehramt erziehungswissenschaftliche Tätigkeiten bei einer Behörde oder Einrichtung oder Tätigkeiten bei der für Schule zuständigen obersten Landesbehörde mit einer Zeitdauer gemäß § 16 Absatz 4 ausgeübt haben, erwerben die Laufbahnbefähigung der besonderen Fachrichtung Bildung und Wissenschaft in der jeweiligen Laufbahngruppe.

(6) Bei Übernahme in die Laufbahn darf unmittelbar ein Amt der Besoldungsgruppe verliehen werden, die in der bisherigen Laufbahn erreicht wurde.

§ 33 Befähigung für den Schulaufsichtsdienst und für Ämter mit überwiegend pädagogischen Aufgaben

Beamtinnen und Beamte im Schulaufsichtsdienst gehören der Laufbahngruppe 2, zweites Einstiegsamt, an. Bei dem Wechsel in den Schulaufsichtsdienst darf unmittelbar ein Amt der Besoldungsgruppe verliehen werden, die bereits im Schuldienst erreicht wurde. Dies gilt auch, soweit Ämter mit überwiegend pädagogischen Aufgaben bei dem Landesamt für Qualitätssicherung und Informationstechnologie der Lehrerausbildung und bei der Qualitäts- und Unterstützungs-Agentur – Landesinstitut für Schule übertragen werden.

Unterabschnitt 2
Lehrkräfte an berufsbildenden Schulen

§ 34 Befähigung für Werkstattlehrkräfte

Die laufbahnrechtliche Befähigung für eine Tätigkeit als Werkstattlehrkraft besitzt, wer

1. a) nach Ableisten der in der Fachrichtung erforderlichen Berufsausbildung die Prüfung als Meisterin oder Meister in Handwerk, Industrie, Hauswirtschaft, Landwirtschaft, Gartenbau oder Forstwirtschaft bestanden hat,
   b) nach einem mindestens dreisemestrigen Besuch einer Fachschule in Vollzeitform oder einem mindestens sechssemestrigen Besuch einer Fachschule in Teilzeitform die entsprechende Abschlussprüfung bestanden hat oder
   c) als Pflegefachfrau oder als Pflegefachmann nach Ableisten der erforderlichen Berufsausbildung die Befähigung zur Praxisanleiterin oder zum Praxisanleiter durch eine berufspädagogische Zusatzqualifikation im Umfang von mindestens 300 Stunden und kontinuierlicher, insbesondere berufspädagogischer Fortbildung im Umfang von mindestens 24 Stunden jährlich nachweisen kann (§ 4 Absatz 3 des Pflegeberufegesetzes vom 17. Juli 2017 (BGBl. I S. 2581), das zuletzt durch Artikel 9a des Gesetzes vom 11. Juli 2021 (BGBl. I S. 2754) geändert worden ist); für Personen, die am 31. Dezember 2019 nachweislich über die Qualifikation zur Praxisanleitung nach § 2 Absatz 2 der Altenpflege-Ausbildungs- und Prüfungsverordnung vom 26. November 2002 (BGBl. I S. 4418) in der am 31. Dezember 2019 geltenden Fassung oder § 2 Absatz 2 der Ausbildungs- und Prüfungsverordnung für die Berufe in der Krankenpflege vom 10. November 2003 (BGBl. I S. 2263) in der am 31. Dezember 2019 geltenden Fassung verfügen, wird diese der berufspädagogischen Zusatzqualifikation gleichgestellt

   und
2. nach Bestehen der Prüfung eine für die Laufbahn förderliche hauptberufliche Tätigkeit von vier Jahren ausgeübt hat, die der geforderten Vor- oder Ausbildung entspricht.

An die Stelle der hauptberuflichen Tätigkeit von vier Jahren tritt eine solche von drei Jahren, wenn der erfolgreiche Besuch einer Realschule oder ein entsprechender Bildungsstand nachgewiesen wird.

§ 35 Befähigung für Fachlehrkräfte an berufsbildenden Schulen

Die laufbahnrechtliche Befähigung für eine Tätigkeit als Fachlehrkraft an einer berufsbildenden Schule besitzt, wer

1. mindestens die Abschlussprüfung einer zweijährigen Berufsfachschule mit dem Ziel berufliche Qualifikation und schulischer Teil der Fachhochschulreife oder einer Fachoberschule bestanden hat oder einen vom für Schule zuständigen Ministerium als gleichwertig anerkannten Bildungsstand nachweist,
2. hauptberuflich eine mindestens dreijährige kaufmännische Tätigkeit ausgeübt hat und
3. an einem vom für Schule zuständigen Ministerium eingerichteten Lehrgang von mindestens einjähriger Dauer mit Erfolg teilgenommen hat.

§ 36 Befähigung für Technische Lehrkräfte

(1) Die laufbahnrechtliche Befähigung für eine Tätigkeit als Technische Lehrkraft besitzt, wer

1. das in der Fachrichtung erforderliche Abschlusszeugnis einer Fachhochschule erworben hat und

2. danach eine fünfjährige, der Vorbildung entsprechende hauptberufliche Tätigkeit ausgeübt hat.

An die Stelle der hauptberuflichen Tätigkeit von fünf Jahren tritt eine solche von vier Jahren, wenn eine Prüfung als Meisterin oder Meister abgelegt worden ist, und eine solche von drei Jahren, wenn eine einjährige praktisch-pädagogische Ausbildung mit Erfolg abgeleistet worden ist.

Hat eine Werkstattlehrkraft das in der Fachrichtung erforderliche Abschlusszeugnis einer Fachhochschule berufsbegleitend erworben, soll eine hauptberufliche Tätigkeit als Werkstattlehrkraft auf die nach Satz 1 Nummer 2 erforderliche hauptberufliche Tätigkeit angerechnet werden.

(2) Abweichend von Absatz 1 besitzt als Sozialpädagogin oder Sozialpädagoge oder als Jugendleiterin oder Jugendleiter die Befähigung, wer

1. nach erfolgreichem Besuch der Fachhochschule die staatliche Anerkennung erworben hat und
2. nach der staatlichen Anerkennung eine mindestens dreijährige, der Vorbildung entsprechende hauptberufliche Tätigkeit an einer sozialpädagogischen Einrichtung ausgeübt hat.

Auf die Dauer der hauptberuflichen Tätigkeit ist ein freiwillig geleistetes Berufspraktikum bis zu einem Jahr anzurechnen. Während des Studiums geleistete Praxissemester sind nicht anzurechnen. An die Stelle der hauptberuflichen Tätigkeit von drei Jahren tritt eine solche von zwei Jahren, wenn eine einjährige praktisch-pädagogische Ausbildung abgeleistet worden ist.

(3) Die laufbahnrechtliche Befähigung für eine Tätigkeit als Technische Lehrkraft besitzt auch, wer

1. mindestens die Fachhochschulreife oder einen vom für Schule zuständigen Ministerium als gleichwertig anerkannten Bildungsstand nachweist,
2. die laufbahnrechtliche Befähigung für eine Tätigkeit als Werkstattlehrkraft nach § 34 besitzt und eine mindestens fünfjährige hauptberufliche oder hauptamtliche Tätigkeit als Werkstattlehrkraft ausgeübt hat und
3. nach berufsbegleitender Teilnahme an einem vom für Schule zuständigen Ministerium eingerichteten zweijährigen fachlichen und praktisch-pädagogischen Ausbildungsgang die Abschlussprüfung bestanden hat. Der Ausbildungsgang verkürzt sich auf eine berufsbegleitende einjährige fachliche Ausbildung für solche Werkstattlehrkräfte, die bereits an einer praktischpädagogischen Einführung für Fachlehrkräfte oder Werkstattlehrkräfte teilgenommen haben. Die Voraussetzungen nach den Sätzen 1 und 2 müssen vor dem 31. Dezember 1997 vorgelegen haben.

(4) Die laufbahnrechtliche Befähigung für eine Tätigkeit als Technische Lehrkraft besitzt auch, wer

1. mindestens die Fachhochschulreife nachweist,
2. die laufbahnrechtliche Befähigung für eine Tätigkeit als Fachlehrkraft nach § 35 besitzt,
3. eine mindestens fünfjährige hauptberufliche Tätigkeit als Fachlehrkraft ausgeübt hat und
4. nach berufsbegleitender Teilnahme an einem für Schule zuständigen Ministerium eingerichteten mindestens einjährigen fachlichen und praktisch-pädagogischen Ausbildungsgang die Abschlussprüfung bestanden hat.

Der Erwerb der Befähigung nach dieser Vorschrift muss vor dem 31. Dezember 2009 erfolgt sein.

§ 37 Befähigung für eine Tätigkeit als Lehrkraft an Berufskollegs mit einer beruflichen Fachrichtung

(1) Die laufbahnrechtliche Befähigung für eine Tätigkeit als Lehrkraft an Berufskollegs mit einer beruflichen Fachrichtung besitzt nach den Regelungen zur förderlichen Berufstätigkeit des Lehrerausbildungsgesetzes auch, wer

1. a) ein mit einem Mastergrad abgeschlossenes, geeignetes Hochschulstudium absolviert hat oder
   b) einen gleichwertigen Abschluss an einer Universität, einer technischen Hochschule oder einer anderen gleichstehenden Hochschule erworben hat und
2. nach Bestehen der Prüfung eine mindestens vierjährige, der Vorbildung entsprechende und für die Laufbahn geeignete hauptberufliche Tätigkeit ausgeübt hat.

(2) In Fachrichtungen, in denen der Besuch einer Kunsthochschule vorgeschrieben oder üblich ist, besitzt die Befähigung, wer

1. die für die Fachrichtung erforderliche Ausbildung an einer Kunsthochschule abgeschlossen hat,
2. anschließend eine mindestens vierjährige, der Vorbildung entsprechende und für das Lehramt geeignete hauptberufliche Tätigkeit ausgeübt hat und
3. durch besondere schöpferische Leistungen hervorgetreten ist.

Unterabschnitt 3
Lehrkräfte an Förderschulen

§ 38 Befähigung für Fachlehrkräfte an Förderschulen

(1) Die laufbahnrechtliche Befähigung für eine Tätigkeit als Fachlehrkraft an Förderschulen im Bereich geistig oder körperlich behinderter Schülerinnen und Schüler und im Bereich der vorschulischen Erziehung von seh- oder hörgeschädigten Kindern besitzt, wer

1. mindestens den mittleren Schulabschluss (Fachoberschulreife) oder einen gesetzlich als gleichwertig anerkannten Bildungsstand besitzt,
2. a) nach Ableisten der in der Fachrichtung vorgeschriebenen Berufsausbildung die Prüfung als Handwerks-, Industrie- oder Hauswirtschaftsmeisterin oder -meister bestanden hat oder
   b) nach dem Besuch einer Fachschule für Sozialpädagogik die Abschlussprüfung bestanden und danach eine für die Laufbahn förderliche hauptberufliche Tätigkeit von mindestens einem Jahr und sechs Monaten ausgeübt hat und
3. an einem vom für Schule zuständigen Ministerium eingerichteten Ausbildungsgang teilgenommen und die Abschlussprüfung bestanden hat.

(2) Das für Schule zuständige Ministerium oder die von ihm beauftragte Stelle kann eine andere Vorbildung und Prüfung als gleichwertig im Sinne von Absatz 1 Nummer 2 anerkennen.

(3) Nach näherer Bestimmung der Ausbildungs- und Prüfungsvorschriften können

1. Zeiten einer beruflichen Tätigkeit, die geeignet sind, die für die Tätigkeit nach Absatz 1 erforderlichen Fähigkeiten zu vermitteln, auf die Dauer der hauptberuflichen Tätigkeit nach Absatz 1 Nummer 2 Buchstabe b und des Ausbildungsganges nach Absatz 1 Nummer 3 angerechnet werden und
2. eine sonderpädagogisch-fachliche und eine schulpraktische Prüfung als Abschlussprüfung nach Absatz 1 Nummer 3 anerkannt werden.

Unterabschnitt 4
Wissenschaftliche Mitarbeiterinnen und Mitarbeiter und Lehrkräfte für besondere Aufgaben an Hochschulen

§ 39 Befähigung für Fachlehrkräfte als Lehrkräfte für besondere Aufgaben

(1) Die laufbahnrechtliche Befähigung für eine Tätigkeit als Fachlehrkraft als Lehrkraft für besondere Aufgaben an Fachhochschulen und in entsprechenden Studiengängen an Universitäten besitzt, wer

1. das in der Fachrichtung erforderliche Abschlusszeugnis eines zu einem Bachelorgrad oder einer entsprechenden Qualifikation führenden Studiums an einer Fachhochschule, einer Vorgängereinrichtung, einer Universität, einer technischen Hochschule oder einer anderen gleichstehenden Hochschule erworben hat und

2. danach eine vierjährige, der Vorbildung entsprechende hauptberufliche Tätigkeit ausgeübt hat. In der Fachrichtung Sozialwesen tritt an die Stelle der hauptberuflichen Tätigkeit von vier Jahren eine hauptberufliche Tätigkeit von drei Jahren, wenn zuvor ein Anerkennungsjahr absolviert wurde. In der Fachrichtung Sozialwesen tritt an die Stelle der hauptberuflichen Tätigkeit von vier Jahren die staatliche Anerkennung und eine daran anschließende hauptberufliche Tätigkeit von drei Jahren.

(2) In den technischen Fachrichtungen und in den Fachrichtungen Design und Freie Kunst kann an die Stelle des Abschlusszeugnisses gemäß Absatz 1 Satz 1 Nummer 1 ein bis zum Ende des Sommersemesters des Jahres 1973 erworbenes Abschlusszeugnis einer Höheren Fachschule oder einer vom für Inneres zuständigen Ministerium anerkannten Bergschule oder eine für die Fachrichtung erforderliche, bis zum Ende des Sommersemesters des Jahres 1973 mit Erfolg abgeschlossene Ausbildung an einer Werkkunstschule treten.

(3) In der Fachrichtung Sozialwesen besitzt die laufbahnrechtliche Befähigung für eine Tätigkeit als Fachlehrkraft als Lehrkraft für besondere Aufgaben an Fachhochschulen und in entsprechenden Studiengängen an Universitäten auch, wer

1. a) nach einer dreijährigen Ausbildung im Lande Nordrhein-Westfalen oder einer vom für Wissenschaft zuständigen Ministerium als gleichwertig anerkannten Ausbildung die staatliche Abschlussprüfung an einer Höheren Fachschule für Sozialarbeit bestanden und
   b) nach der staatlichen Anerkennung eine dreijährige, der Vorbildung entsprechende hauptberufliche Tätigkeit ausgeübt

   hat oder

2. a) die Staatsprüfung für Sozialpädagoginnen oder Sozialpädagogen oder Jugendleiterinnen oder Jugendleiter bestanden und
   b) nach Bestehen der Prüfung eine mindestens dreijährige, der Vorbildung entsprechende hauptberufliche Tätigkeit ausgeübt

   hat.

(4) Bewerberinnen und Bewerber, die nicht das Abschlusszeugnis eines zu einem Bachelorgrad oder einer entsprechenden Qualifikation führenden Studiums an einer Fachhochschule, einer Universität, einer technischen Hochschule oder einer anderen gleichstehenden Hochschule erworben haben, müssen neben den nach Absatz 2 oder Absatz 3 geforderten Zeugnissen oder Prüfungen eine zu einem Hochschulstudium berechtigende Schulbildung oder einen als gleichwertig anerkannten Bildungsstand besitzen.

§ 40 Befähigung für Studienrätinnen und Studienräte

Für die Befähigung für die Laufbahn der Studienrätin oder des Studienrats an Fachhochschulen und in entsprechenden Studiengängen an Universitäten gilt § 37 Absatz 1 entsprechend.

§ 41 Befähigung für Akademische Rätinnen und Akademische Räte als wissenschaftliche oder künstlerische Mitarbeiterinnen oder Mitarbeiter an einer Hochschule

(1) Die laufbahnrechtliche Befähigung für eine Tätigkeit als Akademische Rätin oder Akademischer Rat an Universitäten, technischen Hochschulen oder anderen gleichstehenden Hochschulen, besitzt, wer

1. a) ein mit einem Mastergrad abgeschlossenes, geeignetes Hochschulstudium absolviert hat oder
   b) einen gleichwertigen Abschluss an einer Universität, einer technischen Hochschule oder einer anderen gleichstehenden Hochschule erworben hat,
2. eine auf Aufgaben der Laufbahn hinführende Promotion nachweist und
3. eine hauptberufliche Tätigkeit von drei Jahren und sechs Monaten nach Abschluss des Studiums oder von einem Jahr nach Abschluss der Promotion abgeleistet hat, die der Vorbildung der Bewerberin oder des Bewerbers entspricht und die ihr oder ihm die Eignung zur Erfüllung der dienstli-

II

chen Aufgaben in ihrer oder seiner Laufbahn vermittelt hat.

(2) Unter Berücksichtigung der dienstlichen Anforderungen kann an die Stelle der Voraussetzungen nach Absatz 1 Nummer 2 und 3 eine Laufbahnprüfung (Großes oder Zweites Staatsexamen) für eine Laufbahn, deren Eingangsamt der Laufbahngruppe 2, zweites Einstiegsamt, zugeordnet ist, oder eine vergleichbare kirchliche Prüfung treten.

(3) An die Stelle der Promotion kann treten

1. in technischen Fächern eine über dem Durchschnitt liegende Diplomprüfung oder eine entsprechende Qualifikation oder
2. ausnahmsweise eine der Promotion gleichwertige wissenschaftliche Leistung, wenn die Bewerberin oder der Bewerber die Zulassungsvoraussetzungen gemäß § 67 Absatz 4 Satz 1 des Hochschulgesetzes vom 16. September 2014 (GV. NRW. S. 547) in der jeweils geltenden Fassung erfüllt. In künstlerischen Fächern wird eine Promotion nicht vorausgesetzt.

(4) An die Stelle der hauptberuflichen Tätigkeit nach Absatz 1 Nummer 3 kann eine Zweite Staatsprüfung für das Lehramt für die Primarstufe, für die Sekundarstufe I oder für Sonderpädagogik beziehungsweise für das Lehramt an der Grundschule und Hauptschule, an der Realschule oder an Sonderschulen treten.

§ 42 Befähigung für Studienrätinnen und Studienräte im Hochschuldienst

Die laufbahnrechtliche Befähigung für eine Tätigkeit als Studienrätin oder Studienrat im Hochschuldienst besitzt, wer die Voraussetzungen des § 41 erfüllt.

Abschnitt 4
Besondere Vorschriften für Beamtinnen und Beamte der Gemeinden und Gemeindeverbände

§ 43 Ausbildung und Prüfung

Die Durchführung von Lehrgängen für die Laufbahngruppe 1, zweites Einstiegsamt, und Laufbahngruppe 2, erstes Einstiegsamt, und die Prüfung für diese Laufbahnen obliegen, soweit in den Rechtsverordnungen gemäß § 7 des Landesbeamtengesetzes nichts anderes bestimmt ist, den von den Gemeinden und Gemeindeverbänden errichteten Studieninstituten für kommunale Verwaltung.

§ 44 Zugangsvoraussetzungen für Leiterinnen und Leiter von Versorgungs- und Verkehrsbetrieben

(1) Zur Leiterin oder zum Leiter eines Versorgungs- und Verkehrsbetriebes (Werkleiterin oder Werkleiter) in einem Amt bis zur Besoldungsgruppe A 13 kann ernannt werden, wer

1. die Befähigung für die Laufbahngruppe 2 des allgemeinen Verwaltungsdienstes in den Gemeinden und Gemeindeverbänden erworben hat oder die Voraussetzung des § 6 Absatz 1 Nummer 3 Buchstabe a des Landesbeamtengesetzes erfüllt und
2. nach Erwerb der Befähigung oder Erwerb des Abschlusszeugnisses eine hauptberufliche Tätigkeit von mindestens acht Jahren ausgeübt hat.

(2) Zur Leiterin oder zum Leiter eines Versorgungs- und Verkehrsbetriebes (Werkleiterin oder Werkleiter) in einem Amt der Besoldungsgruppe A 13 oder in einem Amt mit höherem Endgrundgehalt kann ernannt werden, wer

1. die Laufbahnbefähigung durch Bestehen der zweiten juristischen Staatsprüfung oder einer entsprechenden Staatsprüfung erworben und nach Erwerb der Befähigung eine mindestens zweijährige hauptberufliche Tätigkeit ausgeübt hat,
2. an einer Universität, einer technischen Hochschule oder einer anderen gleichstehenden Hochschule das Studium der Ingenieurwissenschaften oder das Studium der Wirtschaftswissenschaften mit einem Mastergrad, einer Diplomprüfung oder, soweit üblich, mit einer anderen Hochschulprüfung abgeschlossen und eine hauptberufliche Tätigkeit von mindestens drei Jahren und sechs Monaten ausgeübt hat oder
3. die Voraussetzungen des Absatzes 1 Nummer 1 erfüllt und eine hauptberufliche Tätigkeit von mindestens zwölf Jahren ausgeübt hat.

Die §§ 25 bis 27 bleiben unberührt.

(3) Die in Absatz 1 Nummer 2 und Absatz 2 Satz 1 Nummer 1 bis 3 vorgeschriebene hauptberufliche Tätigkeit muss in Versorgungs- oder Verkehrsbetrieben oder solchen Verwaltungsbereichen abgeleistet worden sein, die geeignet sind, die für das Amt der Werkleiterin oder des Werkleiters erforderlichen Kenntnisse zu vermitteln.

§ 45 Zugangsvoraussetzungen für Leiterinnen und Leiter sowie für Lehrende an Studieninstituten für kommunale Verwaltung

(1) Zur Lehrenden oder zum Lehrenden an einem Studieninstitut für kommunale Verwaltung in einem Amt bis zur Besoldungsgruppe A 13 kann ernannt werden, wer

1. die Befähigung für die Laufbahngruppe 2, erstes Einstiegsamt, des allgemeinen Verwaltungsdienstes in den Gemeinden und Gemeindeverbänden erworben hat und
2. nach Erwerb der Befähigung eine hauptberufliche Tätigkeit von mindestens sechs Jahren im öffentlichen Dienst ausgeübt hat, die geeignet ist, die für die Lehrendentätigkeit erforderlichen Kenntnisse und Fähigkeiten zu vermitteln.

(2) Zur Lehrenden oder zum Lehrenden oder zur Leiterin oder zum Leiter an einem Studieninstitut für kommunale Verwaltung in einem Amt der Besoldungsgruppe A 13 oder in einem Amt mit höherem Endgrundgehalt kann ernannt werden, wer

1. die Laufbahnbefähigung durch Bestehen der zweiten juristischen Staatsprüfung oder einer entsprechenden Staatsprüfung erworben und nach Erwerb der Befähigung eine mindestens zweijährige, für die Lehrendentätigkeit geeignete hauptberufliche Tätigkeit ausgeübt hat oder
2. insbesondere das Studium der Informatik, der Ingenieurwissenschaften (Elektrotechnik, Maschinenbau), der Mathematik, der Philologie, der Physik, der Psychologie oder der Wirtschaftswissenschaften an einer Universität, einer technischen Hochschule oder einer anderen gleichstehenden Hochschule mit einem Mastergrad, mit einer Diplomprüfung oder, soweit üblich, mit einer anderen Hochschulprüfung abgeschlossen und eine für die Lehrendentätigkeit geeignete hauptberufliche Tätigkeit von mindestens zwei Jahren und sechs Monaten ausgeübt hat.

Die §§ 25 bis 27 bleiben unberührt.

Abschnitt 5
Besondere Vorschriften für einzelne Gruppen von Beamtinnen und Beamten und Richterinnen und Richter

§ 46 Aufstiegs- und Beförderungsregelungen für Beamtinnen und Beamte der Landtagsverwaltung, des Geschäftsbereichs des Landesrechnungshofs sowie der oder des Landesbeauftragten für Datenschutz und Informationsfreiheit

Für die Beamtinnen und Beamten der Landtagsverwaltung, des Geschäftsbereichs des Landesrechnungshofs sowie der oder des Landesbeauftragten für Datenschutz und Informationsfreiheit finden die §§ 20 bis 23 und 25 bis 27 Anwendung. Die darin vorgesehenen Entscheidungen treffen diese Behörden in eigener Zuständigkeit.

§ 47 Richterinnen und Richter

(1) Diese Verordnung gilt für Richterinnen und Richter entsprechend, soweit durch besondere Rechtsvorschrift nichts anderes bestimmt ist. Die §§ 8 und 9 finden keine Anwendung.

(2) Für die Einstellung einer früheren Richterin oder eines früheren Richters oder einer Richterin oder eines Richters eines anderen Dienstherrn in ein Richterverhältnis gilt § 12 Absatz 1 mit der Maßgabe entsprechend, dass die Richterin oder der Richter das höhere Beförderungsamt bereits inne hatte oder inne hat oder die Ernennungsvoraussetzungen für das Amt erfüllt; auf die Einstellung in ein Richterverhältnis findet § 12 Absatz 2 keine Anwendung.

(3) Wechselt eine Richterin oder ein Richter der Besoldungsgruppe R 1 in die Laufbahn des allgemeinen Verwaltungsdienstes, so kann ihr oder ihm ein Amt der Besoldungsgruppe A 14,

nach einer Dienstzeit von drei Jahren im Richterverhältnis ein Amt der Besoldungsgruppe nach A 15 und nach einer Dienstzeit von sechs Jahren im Richterverhältnis ein Amt der Besoldungsgruppe A 16 verliehen werden. Einer Richterin oder einem Richter der Besoldungsgruppe R 2 kann nach einer Dienstzeit von sechs Jahren im Richterverhältnis ein Amt der Besoldungsgruppe A 16 und nach einem weiteren Jahr im Richterverhältnis auch ein höheres Amt verliehen werden. Einer Richterin oder einem Richter der Besoldungsgruppe R 3 und höher wird bei einem Laufbahnwechsel das nummerisch entsprechende Besoldungsamt der Besoldungsordnung B oder ein höheres Amt verliehen. Soweit nach § 12 Absatz 2 eine Einstellung in ein höheres Amt zulässig wäre, kann im Einzelfall der Wechsel in ein höheres Amt auch vor Ablauf der in Satz 1 und 2 genannten Dienstzeiten erfolgen.

§ 48 Beamtinnen und Beamte im Geschäftsbereich des für Justiz zuständigen Ministeriums

(1) § 47 Absatz 1 Satz 2, Absatz 2 und 3 findet auf Staatsanwältinnen und Staatsanwälte entsprechende Anwendung.

(2) § 8 findet mit Ausnahme des Absatzes 4 keine Anwendung.

(3) Die Regelbeurteilungen erfolgen für die Beamtinnen und Beamten auf Lebenszeit nach Beendigung der Probezeit mit Ausnahme der Regelbeurteilungen für die Staatsanwältinnen und Staatsanwälte alle drei Jahre. Den Stichtag legt das für Justiz zuständige Ministerium fest.

§ 49 Praxisaufstieg für die Finanzverwaltung und im Geschäftsbereich des für Justiz zuständigen Ministeriums

(1) Beamtinnen und Beamte der Finanzverwaltung, des Justizdienstes und des Verwaltungsdienstes im Justizvollzug können eine auf einen bestimmten Aufgabenbereich beschränkte Laufbahnbefähigung für dieselbe Fachrichtung der Laufbahngruppe 2 erwerben, wenn

1. die oberste Dienstbehörde oder die von ihr bestimmte Stelle ein dienstliches Bedürfnis für den Einsatz von Beamtinnen oder Beamten der Laufbahngruppe 1, zweites Einstiegsamt, in dem Aufgabenbereich festgestellt hat,
2. ihnen seit mindestens drei Jahren ein Amt der Besoldungsgruppe A 9 mit Zulage verliehen ist,
3. sie sich in mindestens zwei Verwendungen innerhalb derselben Fachrichtung bewährt haben,
4. sie im Endamt mit der höchsten Bewertungsstufe beurteilt worden sind,
5. sie ein Auswahlverfahren nach Absatz 3 erfolgreich durchlaufen haben und
6. sie sich anschließend in einer mindestens zehnmonatigen Erprobung in den neuen Aufgabenbereichen bewährt haben.

Die Erprobungszeit wird durch die Zeit einer Beurlaubung ohne Dienstbezüge unterbrochen und nach Beendigung des Urlaubs fortgesetzt. Die Regelung des § 9 Absatz 4 bleibt unberührt. Die Neufestsetzung des Endes der Erprobungszeit ist der Beamtin oder dem Beamten bekannt zu geben. Die Erprobungszeit kann in entsprechender Anwendung des § 5 Absatz 7 bis zur doppelten Dauer der festgelegten Erprobungszeit verlängert werden. Bei der Berechnung der Probezeit zählen die Zeiten einer Teilzeitbeschäftigung in vollem Umfang, es sei denn, zwingende sachliche Gründe stehen dem entgegen.

(2) Beamtinnen und Beamten mit einer beschränkten Laufbahnbefähigung darf höchstens ein Amt der Besoldungsgruppe A 11 übertragen werden. Ein dienstliches Bedürfnis nach Absatz 1 Satz 1 Nummer 1 darf nur für Aufgabenbereiche festgestellt werden, bei denen eine langjährige berufliche Erfahrung ein wesentliches Merkmal des Anforderungsprofils darstellt und die Beamtin oder der Beamte die fachlichen Anforderungen auf Grund der Befähigung, aller sonstigen Qualifizierungen sowie der bisher wahrgenommenen beruflichen Tätigkeiten erfüllen kann. Die Wahrnehmung von Aufgaben, für die eine bestimmte Vorbildung, Ausbildung oder Prü-

fung durch besondere Rechtsvorschriften zwingend vorgeschrieben ist oder nach ihrer Eigenart zwingend erforderlich ist, ist nicht zulässig. Zum Nachweis der Verwendung nach Absatz 1 Satz 1 Nummer 3 sollen mindestens zwei Verwendungen mit unterschiedlichen Aufgaben für eine Dauer von jeweils mindestens zwei Jahren wahrgenommen werden.

(3) Die oberste Dienstbehörde oder die von ihr bestimmte Stelle entscheidet, ob sie die Möglichkeit eines begrenzten Aufstiegs anbietet und führt auf der Grundlage aktueller dienstlicher Beurteilungen ein Auswahlverfahren zur Auswahl der am besten geeigneten Beamtinnen oder Beamten durch. Die Eignung und Befähigung bemessen sich nach dem Anforderungsprofil, das mit der Wahrnehmung der bestimmten Aufgaben bis zur Besoldungsgruppe A 11 verbunden ist.

(4) Beamtinnen und Beamte, die nach den Absätzen 1 bis 3 ein Amt der Laufbahngruppe 2, erstes Einstiegsamt, verliehen bekommen haben, können auch in anderen geeigneten Aufgabenbereichen im Sinne des Absatzes 2 eingesetzt werden.

(5) Beamtinnen und Beamten mit einer beschränkten Laufbahnbefähigung, die nachträglich die Voraussetzungen nach den §§ 20 und 21 erfüllen, kann auch ein über A 11 hinausgehendes Amt verliehen werden.

Abschnitt 6
Übergangs- und Schlussbestimmungen

§ 50 Befähigung für das erste Einstiegsamt der Laufbahngruppe 2 in der Staatlichen Arbeitsschutzverwaltung

(1) Abweichend von § 6 Absatz 1 Nummer 3 Buchstabe b des Landesbeamtengesetzes kann für das erste Einstiegsamt der Laufbahngruppe 2 der staatlichen Arbeitsschutzverwaltung auch zugelassen werden, wer nach Ableisten einer Berufsausbildung die Prüfung als

1. Technikerin und Techniker an einer Fachakademie oder einer öffentlichen oder staatlich anerkannten Technikerschule,
2. Meisterin und Meister im Handwerk,
3. Industriemeisterin und Industriemeister oder
4. Bachelor Professional

bestanden hat.

(2) Im Falle des Vorliegens der Zugangsvoraussetzungen nach § 6 Absatz 1 Nummer 3 Buchstabe b des Landesbeamtengesetzes oder des Absatzes 1 beträgt die Dauer des Vorbereitungsdienstes mindestens zwölf Monate. Der Vorbereitungsdienst soll sich in diesen Fällen auf eine Ausbildung in fachbezogenen Schwerpunktbereichen der Laufbahn beschränken.

§ 51 Vor dem 1. April 2009 außerhalb des Geltungsbereiches dieser Verordnung erworbene Befähigungen

(1) Wer vor dem 1. April 2009 die Befähigung für die Herkunftslaufbahn außerhalb des Geltungsbereiches dieser Verordnung erworben hat, besitzt nach § 122 Absatz 2 des Beamtenrechtsrahmengesetzes in der Fassung der Bekanntmachung vom 31. März 1999 (BGBl. I S. 654), das zuletzt durch Artikel 6 Absatz 1 des Gesetzes vom 23. Mai 2017 (BGBl. I S. 1228) geändert worden ist, die Befähigung für die entsprechende Laufbahn im Geltungsbereich dieser Verordnung.

(2) Absatz 1 gilt auch in den Fällen, in denen jemand auf Grund der für eine Laufbahn besonderer Fachrichtung erworbenen Befähigung zur Beamtin oder zum Beamten ernannt worden ist.

§ 52 Früher erworbene Befähigungen

Wer nach aufgehobenen Bestimmungen die Befähigung für eine Laufbahn

1. durch Bestehen einer Laufbahnprüfung,
2. nach einer Regelung über den Aufstieg oder
3. nach einer Regelung für Beamtinnen oder Beamte besonderer Fachrichtungen

erworben hat und daraufhin zur Beamtin oder zum Beamten ernannt oder als Lehrerin oder Lehrer an Ersatzschulen Planstelleninhaber wurde, bleibt für diese Laufbahn befähigt.

§ 53 Zuordnung der Laufbahnen besonderer Fachrichtung, besondere Anforderungen an die Ausbildung, Regelungen zur hauptberuflichen Tätigkeit

Die am 7. Februar 2014 bestehenden Laufbahnen besonderer Fachrichtung werden nach Maßgabe der Anlage 3 den dort genannten Laufbahnen besonderer Fachrichtung zugeordnet. In dieser Zuordnung wird auch bestimmt, welche Berufsausbildungen, erforderlichenfalls mit Zusatzqualifikationen, in Verbindung mit welcher hauptberuflichen Tätigkeit unmittelbar für die jeweiligen Laufbahngruppen qualifizieren. Diese Anforderungen an die Berufsausbildung und die hauptberufliche Tätigkeit, sowie die Zuordnung zu einer Laufbahngruppe gelten als besondere Anforderungen für die Übertragung der dort aufgeführten Ämter (Spalte 1) und als Zuordnung dieser Ämter zu einer bestimmten Laufbahngruppe innerhalb der neuen Laufbahnen fort. Die Anlage 3 kann gemäß § 16 Absatz 5 für neu bestimmte Ämter erweitert und in Bezug auf die bereits aufgenommenen Ämter inhaltlich geändert werden.

§ 54 Übergangsregelung

(1) Auf Beamtinnen und Beamte, die vor dem 7. Juni 2025 in ein Beamtenverhältnis auf Probe berufen worden sind, ist § 5 der Laufbahnverordnung vom 21. Juni 2016 (GV. NRW. S. 461) in seiner bis dahin geltenden Fassung weiter anzuwenden. Abweichend von Satz 1 ist auf diese Beamtinnen und Beamten in Bezug auf die noch verbleibende Probezeit § 5 Absatz 4 und 5 dieser Verordnung anzuwenden. Die Mindestprobezeit bleibt unberührt.

(2) Auf Beamtinnen und Beamte, die sich am 7. Juni 2025 in einer Erprobungszeit für einen höher bewerteten Dienstposten befinden, ist § 7 Absatz 4 der Laufbahnverordnung vom 21. Juni 2016 in seiner bis dahin geltenden Fassung weiter anzuwenden.

(3) Beamtinnen und Beamte, die vor dem 7. Juni 2025 zu einem Laufbahnwechsel zugelassen worden sind, durchlaufen den Laufbahnwechsel nach § 11 der Laufbahnverordnung vom 21. Juni 2016 in seiner bis dahin geltenden Fassung. Wenn die Erprobungszeit dieser Beamtinnen und Beamten am 13. Dezember 2025 noch nicht begonnen hat, ist § 11 dieser Verordnung anzuwenden.

(4) Beamtinnen und Beamte, die vor dem 7. Juni 2025 zu einem Aufstiegsverfahren zugelassen worden sind, durchlaufen das Aufstiegsverfahren nach den §§ 21 bis 23 der Laufbahnverordnung vom 21. Juni 2016 in ihrer bis dahin geltenden Fassung. Abweichend von Satz 1 sind auf den Aufstieg durch Bachelor- oder Diplomstudium mit dem Ziel der Spezialisierung § 23 Absatz 1 Satz 1 Nummer 5 und 6 dieser Verordnung anzuwenden. In Fällen, in denen die hauptberufliche Tätigkeit in den Aufgabenbereichen der neuen Laufbahn gemäß § 23 Absatz 1 Satz 1 Nummer 5 am 13. Dezember 2025 bereits zwölf Monate oder länger andauert, beginnt an diesem Datum die Erprobungszeit gemäß § 23 Absatz 1 Satz 1 Nummer 6. In Fällen, in denen die Erprobungszeit gemäß Satz 1 am 13. Dezember 2025 bereits begonnen hat, finden die Sätze 2 und 3 keine Anwendung.

(5) Beamtinnen und Beamte, die vor dem 7. Juni 2025 zur beruflichen Entwicklung zugelassen worden sind, durchlaufen das Verfahren nach den §§ 25 bis 27 der Laufbahnverordnung vom 21. Juni 2016 in ihrer bis dahin geltenden Fassung. Abweichend von Satz 1 sind auf den Aufstieg durch Masterstudium mit dem Ziel der Spezialisierung § 27 Absatz 1 Satz 1 Nummer 4 und 5 dieser Verordnung anzuwenden. In Fällen, in denen die hauptberufliche Tätigkeit in den Aufgabenbereichen der neuen Laufbahn gemäß § 27 Absatz 1 Satz 1 Nummer 4 am 13. Dezember 2025 bereits zwölf Monate oder länger andauert, beginnt an diesem Datum die Erprobungszeit gemäß § 27 Absatz 1 Satz 1 Nummer 5. In Fällen, in denen die Erprobungszeit gemäß Satz 1 am 13. Dezember 2025 bereits begonnen hat, finden die Sätze 2 und 3 keine Anwendung.

§ 55 Inkrafttreten, Außerkrafttreten

Diese Verordnung tritt am Tag nach der Verkündung in Kraft. Gleichzeitig tritt die Laufbahnverordnung vom 21. Juni 2016 (GV. NRW. S. 461), die zuletzt durch Verordnung vom 3. Mai 2022 (GV. NRW. S. 714) geändert worden ist, außer Kraft.

Anlage 1

Laufbahngruppe 1

Laufbahn	fachlicher Schwerpunkt mit der Ausbildung
Gesundheit	– anerkannte Psychiatrische Pflegeprüfung, – Prüfung in der Krankenpflege gemäß § 13 des Krankenpflegegesetzes, – Anerkannte Prüfung für Lebensmittelkontrolleure,
technische Dienste (einschließlich naturwissenschaftliche Dienste)	– Gesellen und Facharbeiter in ihrem jeweiligen Beruf,
nichttechnische Dienste	– Sozialversicherungsfachangestellte, – Angestelltenprüfung (A-Prüfung) nach der Prüfungsordnung für Krankenkassenangestellte, für Knappschaftsangestellte oder nach den berufsgenossenschaftlichen Laufbahnrichtlinien,

II

Anlage 2

Laufbahngruppe 2

Laufbahn	fachlicher Schwerpunkt mit der Studienbereichsfächergruppe
Gesundheit	– Humanmedizin, – Gesundheitswissenschaften, – Veterinärmedizin, – Zahnmedizin, – Pharmazie,
technische Dienste (einschließlich naturwissenschaftliche Dienste)	– Naturwissenschaften und Mathematik, – Ingenieurswissenschaften, – Agrar-, Forst- und Ernährungswissenschaften,
nichttechnische Dienste	– Wirtschafts- und Sozialwissenschaften, – Geisteswissenschaften, – Kunst und Kunstwissenschaft, – Sport,
Bildung und Wissenschaft	

Anlage 3

bisherige Laufbahn besonderer Fachrichtung		zugeordnete Laufbahn besonderer Fachrichtung			
Ämter	bisherige Anlage/ laufende Nummer	Laufbahn	Laufbahn-gruppe	Berufsausbildung/Zusatzqualifikation	Dauer der hauptberuflichen Tätigkeit
Technische Dienste	Anlage 1/ Nummer 1.1	technische Dienste (einschließlich naturwissenschaftliche Dienste)	Laufbahn-gruppe 1	Gesellen und Facharbeiter in ihrem jeweiligen Beruf	eine zweijährige, der Vorbildung entsprechende Tätigkeit im öffentlichen Dienst
Nichttechnischer Dienst in dem überwiegend Kenntnisse in der gesetzlichen Unfallversicherung erforderlich sind	Anlage 1/ Nummer 1.2	nichttechnische Dienste	Laufbahn-gruppe 1	Sozialversicherungsfachangestellte, Angestelltenprüfung nach den berufsgenossenschaftlichen Vorgaben	eine zweijährige, der Vorbildung entsprechende Tätigkeit im öffentlichen Dienst
Nichttechnischer Dienst, in dem überwiegend Kenntnisse in der gesetzlichen Krankenversicherung erforderlich sind	Anlage 1/ Nummer 1.3	nichttechnische Dienste	Laufbahn-gruppe 1	Sozialversicherungsfachangestellte, Abschluss nach der Prüfungsordnung für Krankenkassenangestellte im Land Nordrhein-Westfalen oder nach der Prüfungsordnung für Knappschaftsangestellte	eine zweijährige, der Vorbildung entsprechende Tätigkeit im öffentlichen Dienst
Dienst in Bibliotheken, Dokumentationsstellen und vergleichbaren Einrichtungen	Anlage 1/ Nummer 1.4	nichttechnische Dienste	Laufbahn-gruppe 1	Fachangestellte für Medien- und Informationsdienste, Prüfung nach den entsprechenden rechtlichen Vorgaben	eine zweijährige, der Vorbildung entsprechende Tätigkeit im öffentlichen Dienst
Pflegedienst in Landeskrankenhäusern und psychiatrischen Fachkliniken	§ 24 Absatz 3 der Laufbahnverordnung vom 23. November 1995 (GV. NRW. 1996 S. 1)	Gesundheit	Laufbahn-gruppe 1	eine vom für Inneres zuständige Ministerium anerkannte psychiatrische Pflegeprüfung oder die Prüfung nach § 13 des Krankenpflegegesetzes	nach Bestehen der Prüfung eine vierjährige, der Vorbildung entsprechende Tätigkeit und eine einjährige aufsichtsführende Tätigkeit im Pflegedienst

bisherige Laufbahn besonderer Fachrichtung		zugeordnete Laufbahn besonderer Fachrichtung			
Ämter	bisherige Anlage/ laufende Nummer	Laufbahn	Laufbahngruppe	Berufsausbildung/Zusatzqualifikation	Dauer der hauptberuflichen Tätigkeit
Laufbahngruppe 1 in der Lebensmittelkontrolle	§ 24 Absatz 4 der Laufbahnverordnung vom 23. November 1995 (GV. NRW. 1996 S. 1)	technische Dienste (einschließlich naturwissenschaftliche Dienste)	Laufbahngruppe 1	eine vom für den Verbraucherschutz zuständigen Ministerium anerkannte Prüfung für Lebensmittelkontrolle	nach Bestehen der Prüfung eine vierjährige, der Vorbildung entsprechende Tätigkeit
Dienst in der Datenverarbeitung	Anlage 2/ Nummer 1.1	nichttechnische Dienste	Laufbahngruppe 2, erstes Einstiegsamt		
Technischer Dienst in der Datenverarbeitung	Anlage 2/ Nummer 1.2	technische Dienste (einschließlich naturwissenschaftliche Dienste)	Laufbahngruppe 2, erstes Einstiegsamt		
Technischer Dienst bei den Materialprüfungsämtern	Anlage 2/ Nummer 1.3	technische Dienste (einschließlich naturwissenschaftliche Dienste)	Laufbahngruppe 2, erstes Einstiegsamt		
Technischer Dienst mit Prüfung von Standsicherheitsnachweisen	Anlage 2/ Nummer 1.4	technische Dienste (einschließlich naturwissenschaftliche Dienste)	Laufbahngruppe 2, erstes Einstiegsamt		$2\frac{1}{2}$ Jahre wovon 1 Jahr die Tätigkeit als Bauleiter bei Ingenieurarbeiten und $1\frac{1}{2}$ Jahre die Tätigkeit der Anfertigung und Prüfung von Standsicherheitsnachweisen umfassen muss
Straßenbautechnischer Dienst	Anlage 2/ Nummer 1.5	technische Dienste (einschließlich naturwissenschaftliche Dienste)	Laufbahngruppe 2, erstes Einstiegsamt		

bisherige Laufbahn besonderer Fachrichtung		zugeordnete Laufbahn besonderer Fachrichtung			
Ämter	bisherige Anlage/ laufende Nummer	Laufbahn	Laufbahngruppe	Berufsausbildung/Zusatzqualifikation	Dauer der hauptberuflichen Tätigkeit
Verkehrsingenieur im technischen Dienst	Anlage 2/ Nummer 1.6	technische Dienste (einschließlich naturwissenschaftliche Dienste)	Laufbahngruppe 2, erstes Einstiegsamt	Die hauptberufliche Tätigkeit muss auf dem Gebiet des Verkehrsingenieurswesen ausgeübt worden sein	
Technischer Chemieingenieurdienst	Anlage 2/ Nummer 1.7	technische Dienste (einschließlich naturwissenschaftliche Dienste)	Laufbahngruppe 2, erstes Einstiegsamt		
Dienst im Gartenbau, in der Grünordnung, in der Landschaftspflege und im Naturschutz	Anlage 2/ Nummer 1.8	technische Dienste (einschließlich naturwissenschaftliche Dienste)	Laufbahngruppe 2, erstes Einstiegsamt		
Landwirtschaftlicher Dienst	Anlage 2/ Nummer 1.9	technische Dienste (einschließlich naturwissenschaftliche Dienste)	Laufbahngruppe 2, erstes Einstiegsamt		
Landwirtschaftlich-hauswirtschaftlicher Dienst	Anlage 2/ Nummer 1.10	nichttechnische Dienste	Laufbahngruppe 2, erstes Einstiegsamt		
Dienst in der Sozialarbeit	Anlage 2/ Nummer 1.11	nichttechnische Dienste	Laufbahngruppe 2, erstes Einstiegsamt	Staatliche Anerkennung nach Besuch der Fachhochschule als Sozialarbeiterin oder Sozialarbeiter	Die hauptberufliche Tätigkeit ist im öffentlichen Dienst abzuleisten. Auf die Dauer ist ein freiwillig geleistetes Berufspraktikum bis zu einem Jahr anzurechnen. Während des Studiums geleistete Praxissemester sind nicht anzurechnen.

bisherige Laufbahn besonderer Fachrichtung		zugeordnete Laufbahn besonderer Fachrichtung			
Ämter	bisherige Anlage/ laufende Nummer	Laufbahn	Laufbahn-gruppe	Berufsausbildung/Zusatzqualifikation	Dauer der hauptberuflichen Tätigkeit
Sozialpädagogischer Dienst	Anlage 2/ Nummer 1.12	nichttechnische Dienste	Laufbahn-gruppe 2, erstes Ein-stiegsamt	Staatliche Anerkennung nach Besuch der Fachhochschule als Sozialpädagogin oder Sozialpädagoge	Die hauptberufliche Tätigkeit ist im öffentlichen Dienst abzuleisten. Auf die Dauer ist ein freiwillig geleistetes Berufspraktikum bis zu einem Jahr anzurechnen. Während des Studiums geleistete Praxissemester sind nicht anzurechnen. Nach Erlangung der Befähigung für das Lehramt ist keine hauptberufliche Tätigkeit erforderlich.
Dienst in Bibliotheken, Dokumentationsstellen und vergleichbaren Einrichtungen	Anlage 2/ Nummer 1.13	nichttechnische Dienste	Laufbahn-gruppe 2, erstes Ein-stiegsamt		
Wirtschaftlicher Dienst	Anlage 2/ Nummer 1.14	nichttechnische Dienste	Laufbahn-gruppe 2, erstes Ein-stiegsamt		
Bergtechnischer Dienst	Anlage 2/ Nummer 2.1	technische Dienste (einschließlich naturwissenschaftliche Dienste)	Laufbahn-gruppe 2, erstes Ein-stiegsamt		
Bergvermessungstechnischer Dienst	Anlage 2/ Nummer 2.2	technische Dienste (einschließlich naturwissenschaftliche Dienste)	Laufbahn-gruppe 2, erstes Ein-stiegsamt		
Technischer Dienst beim Geologischen Landesamt	Anlage 2/ Nummer 2.3	technische Dienste (einschließlich	Laufbahn-gruppe 2,		

bisherige Laufbahn besonderer Fachrichtung		zugeordnete Laufbahn besonderer Fachrichtung			
Ämter	bisherige Anlage/ laufende Nummer	Laufbahn	Laufbahngruppe	Berufsausbildung/Zusatzqualifikation	Dauer der hauptberuflichen Tätigkeit
		naturwissenschaftliche Dienste)	erstes Einstiegsamt		
Technischer Dienst in der Landesplanung u. im Städtebau	Anlage 2/ Nummer 2.4	technische Dienste (einschließlich naturwissenschaftliche Dienste)	Laufbahngruppe 2, erstes Einstiegsamt		
Technischer Dienst in den Geschäftsbereichen der obersten Landesbehörden	Anlage 2/ Nummer 2.5	technische Dienste (einschließlich naturwissenschaftliche Dienste)	Laufbahngruppe 2, erstes Einstiegsamt		
Nachrichten- und signaltechnischer Dienst	Anlage 2/ Nummer 2.6	technische Dienste (einschließlich naturwissenschaftliche Dienste)	Laufbahngruppe 2, erstes Einstiegsamt		
Technischer Dienst im Bereich der Polizei	Anlage 2/ Nummer 2.7	technische Dienste (einschließlich naturwissenschaftliche Dienste)	Laufbahngruppe 2, erstes Einstiegsamt		
Technischer Dienst in der staatlichen Umweltverwaltung	Anlage 2/ Nummer 2.8	technische Dienste (einschließlich naturwissenschaftliche Dienste)	Laufbahngruppe 2, erstes Einstiegsamt		
Dienst als Wein- und Spirituosenkontrolleur	Anlage 2/ Nummer 2.9	technische Dienste (einschließlich naturwissenschaftliche Dienste)	Laufbahngruppe 2, erstes Einstiegsamt		

bisherige Laufbahn besonderer Fachrichtung		zugeordnete Laufbahn besonderer Fachrichtung			
Ämter	bisherige Anlage/ laufende Nummer	Laufbahn	Laufbahngruppe	Berufsausbildung/Zusatzqualifikation	Dauer der hauptberuflichen Tätigkeit
Dienst in der Aufsicht über die gesetzliche Krankenversicherung u. Prüfung der gesetzlichen Krankenversicherung	Anlage 2/ Nummer 2.10	nichttechnische Dienste	Laufbahngruppe 2, erstes Einstiegsamt		
Technischer Dienst bei der Zentralstelle der Länder für Gesundheitsschutz bei Arzneimitteln und Medizinprodukten	Anlage 2/ Nummer 2.11	technische Dienste (einschließlich naturwissenschaftliche Dienste)	Laufbahngruppe 2, erstes Einstiegsamt		
Dienst beim Landesinstitut für Gesundheit und Arbeit	Anlage 2/ Nummer 2.12	nichttechnische Dienste	Laufbahngruppe 2, erstes Einstiegsamt		
Technischer Aufsichtsdienst bei Unfallversicherungsträgern	Anlage 2/ Nummer 3.1	technische Dienste (einschließlich naturwissenschaftliche Dienste)	Laufbahngruppe 2, erstes Einstiegsamt		
Technischer Dienst für Arbeitssicherheit der Landschaftsverbände	Anlage 2/ Nummer 3.2	technische Dienste (einschließlich naturwissenschaftliche Dienste)	Laufbahngruppe 2, erstes Einstiegsamt		
Technischer Raumordnungsdienst	Anlage 2/ Nummer 3.3	technische Dienste (einschließlich naturwissenschaftliche Dienste)	Laufbahngruppe 2, erstes Einstiegsamt		

bisherige Laufbahn besonderer Fachrichtung		zugeordnete Laufbahn besonderer Fachrichtung			
Ämter	bisherige Anlage/ laufende Nummer	Laufbahn	Laufbahngruppe	Berufsausbildung/Zusatzqualifikation	Dauer der hauptberuflichen Tätigkeit
Technischer Dienst in der Wasser- und Abfallwirtschaft	Anlage 2/ Nummer 3.4	technische Dienste (einschließlich naturwissenschaftliche Dienste)	Laufbahngruppe 2, erstes Einstiegsamt		
Prüfdienst bei den landesunmittelbarenRentenversicherungsträgern	Anlage 2/ Nummer 3.5	nichttechnische Dienste	Laufbahngruppe 2, erstes Einstiegsamt		
Nichttechnischer Dienst, in dem überwiegend Kenntnisse in der gesetzlichen Unfallversicherung erforderlich sind	Anlage 2/ Nummer 3.6	nichttechnische Dienste	Laufbahngruppe 2, erstes Einstiegsamt		
Technischer Dienst für Maschinenwesen und Elektrotechnik	Anlage 2/ Nummer 3.7	technische Dienste (einschließlich naturwissenschaftliche Dienste)	Laufbahngruppe 2, erstes Einstiegsamt		
Leiter von Versorgungs- und Verkehrsbetrieben	§ 77 Absatz 1der LVO v. 23. 11. 1995 (GV NRW. 1996 S. 1)		Laufbahngruppe 2, erstes Einstiegsamt		
Pädagogischer Dienst im Justizvollzug		nichttechnische Dienste	Laufbahngruppe 2, erstes Einstiegsamt	Befähigung für das Lehramt für die Primarstufe, die Sekundarstufe I oder für das Lehramt an Grund- und Hauptschulen, für Realschulen oder die Sekundarstufe II, für das Lehramt an berufsbilden-	Nach Erlangung der Befähigung für das Lehramt ist keine hauptberufliche Tätigkeit erforderlich.

bisherige Laufbahn besonderer Fachrichtung		zugeordnete Laufbahn besonderer Fachrichtung			
Ämter	bisherige Anlage/ laufende Nummer	Laufbahn	Laufbahngruppe	Berufsausbildung/Zusatzqualifikation	Dauer der hauptberuflichen Tätigkeit
				den Schulen oder für das Lehramt an Sonder- oder Förderschulen	
Ärztlicher Dienst	Anlage 3/ Nummer 1.1	Gesundheit	Laufbahngruppe 2, zweites Einstiegsamt		1 Jahr nach Erteilung der Approbation
Dienst als Apotheker	Anlage 3/ Nummer 1.2	Gesundheit	Laufbahngruppe 2, zweites Einstiegsamt		$2\frac{1}{2}$ Jahre nach der Approbation oder $1\frac{1}{2}$ Jahre nach der Promotion oder der Berechtigung, die Berufsbezeichnung „Lebensmittelchemiker" zu führen
Geographischer Dienst	Anlage 3/ Nummer 1.3	technische Dienste (einschließlich naturwissenschaftliche Dienste)	Laufbahngruppe 2, zweites Einstiegsamt		
Dienst als Konservator	Anlage 3/ Nummer 1.4	technische Dienste (einschließlich naturwissenschaftliche Dienste)	Laufbahngruppe 2, zweites Einstiegsamt		
Ornithologischer Dienst	Anlage 3/ Nummer 1.5	technische Dienste (einschließlich naturwissenschaftliche Dienste)	Laufbahngruppe 2, zweites Einstiegsamt		

bisherige Laufbahn besonderer Fachrichtung		zugeordnete Laufbahn besonderer Fachrichtung			
Ämter	bisherige Anlage/ laufende Nummer	Laufbahn	Laufbahngruppe	Berufsausbildung/Zusatzqualifikation	Dauer der hauptberuflichen Tätigkeit
Schulpsychologischer Dienst	Anlage 3/ Nummer 1.6	nichttechnische Dienste	Laufbahngruppe 2, zweites Einstiegsamt		
Tierärztlicher Dienst mit Ausnahme der Veterinärverwaltung	Anlage 3/ Nummer 1.7	Gesundheit	Laufbahngruppe 2, zweites Einstiegsamt		$2\frac{1}{2}$ Jahre nach der Approbation (ein nach der Hochschulprüfung abgeschlossenes Aufbaustudium an der Tierärztlichen Hochschule Hannover wird zur Hälfte, höchstens aber bis zu einem Jahr angerechnet)
Tierärztlicher Fachdienst bei den Staatlichen Veterinäruntersuchungsämtern und beim Chemischen Landes- und Staatlichen Untersuchungsamt	Anlage 3/ Nummer 1.7	Gesundheit	Laufbahngruppe 2, zweites Einstiegsamt		$2\frac{1}{2}$ Jahre nach der Approbation (ein nach der Hochschulprüfung abgeschlossenes Aufbaustudium an der Tierärztlichen Hochschule Hannover wird zur Hälfte, höchstens aber bis zu einem Jahr angerechnet)
Zahnärztlicher Dienst	Anlage 3/ Nummer 1.8	Gesundheit	Laufbahngruppe 2, zweites Einstiegsamt		$2\frac{1}{2}$ Jahre nach der Approbation
Dienst in der Datenverarbeitung	Anlage 3/ Nummer 1.9	technische Dienste (einschließlich naturwissenschaftliche Dienste)	Laufbahngruppe 2, zweites Einstiegsamt		

bisherige Laufbahn besonderer Fachrichtung		zugeordnete Laufbahn besonderer Fachrichtung			
Ämter	bisherige Anlage/ laufende Nummer	Laufbahn	Laufbahngruppe	Berufsausbildung/Zusatzqualifikation	Dauer der hauptberuflichen Tätigkeit
Dienst im Gartenbau und Landespflege	Anlage 3/ Nummer 1.10	technische Dienste (einschließlich naturwissenschaftliche Dienste)	Laufbahngruppe 2, zweites Einstiegsamt		
Agrarwirtschaftlicher Fachdienst mit Ausnahme des agrarwirtschaftlichen Dienstes	Anlage 3/ Nummer 1.11	technische Dienste (einschließlich naturwissenschaftliche Dienste)	Laufbahngruppe 2, zweites Einstiegsamt		
Technischer Dienst bei den Materialprüfungsämtern	Anlage 3/ Nummer 1.12	technische Dienste (einschließlich naturwissenschaftliche Dienste)	Laufbahngruppe 2, zweites Einstiegsamt		
Technischer Dienst mit Prüfung von Standsicherheitsnachweisen	Anlage 3/ Nummer 1.13	technische Dienste (einschließlich naturwissenschaftliche Dienste)	Laufbahngruppe 2, zweites Einstiegsamt		5 Jahre, wovon 1 Jahr die Tätigkeit als Bauleiter und 4 Jahre die Tätigkeit der Anfertigung und Prüfung von Standsicherheitsnachweisen umfassen muss
Dienst als Lebensmittelchemiker	Anlage 3/ Nummer 1.14	technische Dienste (einschließlich naturwissenschaftliche Dienste)	Laufbahngruppe 2, zweites Einstiegsamt		$2\frac{1}{2}$ Jahre nach dem Zeitpunkt der Berechtigung, die Berufsbezeichnung „Lebensmittelchemiker“ führen zu dürfen beziehungsweise $1\frac{1}{2}$ Jahre nach der Promotion oder Approbation als Apotheker
Dienst in Bibliotheken, Dokumentationsstel-	Anlage 3/ Nummer 1.15	nichttechnische Dienste	Laufbahngruppe 2, zweites	ein abgeschlossenes Zusatzstudium in dem Studiengang „Bibliotheks- und Informationswesen“ an der FH Köln	2 Jahre

bisherige Laufbahn besonderer Fachrichtung		zugeordnete Laufbahn besonderer Fachrichtung			
Ämter	bisherige Anlage/ laufende Nummer	Laufbahn	Laufbahngruppe	Berufsausbildung/Zusatzqualifikation	Dauer der hauptberuflichen Tätigkeit
len und vergleichbaren Einrichtungen			Einstiegsamt		
Wissenschaftlicher Dienst in den Geschäftsbereichen der obersten Landesbehörden und an den Hochschulen	Anlage 3/ Nummer 2.1	nichttechnische Dienste	Laufbahngruppe 2, zweites Einstiegsamt		
Archäologischer Dienst	Anlage 3/ Nummer 3.1	technische Dienste (einschließlich naturwissenschaftliche Dienste)	Laufbahngruppe 2, zweites Einstiegsamt		
Dienst als Biologen	Anlage 3/ Nummer 3.2	technische Dienste (einschließlich naturwissenschaftliche Dienste)	Laufbahngruppe 2, zweites Einstiegsamt		
Dienst als Chemiker	Anlage 3/ Nummer 3.3	technische Dienste (einschließlich naturwissenschaftliche Dienste)	Laufbahngruppe 2, zweites Einstiegsamt		
Geophysikalischer Dienst	Anlage 3/ Nummer 3.4	technische Dienste (einschließlich naturwissenschaftliche Dienste)	Laufbahngruppe 2, zweites Einstiegsamt		

bisherige Laufbahn besonderer Fachrichtung		zugeordnete Laufbahn besonderer Fachrichtung			
Ämter	bisherige Anlage/ laufende Nummer	Laufbahn	Laufbahngruppe	Berufsausbildung/Zusatzqualifikation	Dauer der hauptberuflichen Tätigkeit
Geologischer Dienst	Anlage 3/ Nummer 3.5	technische Dienste (einschließlich naturwissenschaftliche Dienste)	Laufbahngruppe 2, zweites Einstiegsamt		
Dienst als Historiker	Anlage 3/ Nummer 3.6	nichttechnische Dienste	Laufbahngruppe 2, zweites Einstiegsamt		
Dienst als Kunsthistoriker	Anlage 3/ Nummer 3.7	nichttechnische Dienste	Laufbahngruppe 2, zweites Einstiegsamt		
Dienst als Mathematiker und als Statistiker	Anlage 3/ Nummer 3.8	nichttechnische Dienste	Laufbahngruppe 2, zweites Einstiegsamt		
Dienst als Mineraloge	Anlage 3/ Nummer 3.9	technische Dienste (einschließlich naturwissenschaftliche Dienste)	Laufbahngruppe 2, zweites Einstiegsamt		
Dienst als Physiker	Anlage 3/ Nummer 3.10	technische Dienste (einschließlich	Laufbahngruppe 2, zweites		

bisherige Laufbahn besonderer Fachrichtung		zugeordnete Laufbahn besonderer Fachrichtung			
Ämter	bisherige Anlage/ laufende Nummer	Laufbahn	Laufbahngruppe	Berufsausbildung/Zusatzqualifikation	Dauer der hauptberuflichen Tätigkeit
		naturwissenschaftliche Dienste)	Einstiegsamt		
Psychologischer Dienst	Anlage 3/ Nummer 3.11	nichttechnische Dienste	Laufbahngruppe 2, zweites Einstiegsamt		
Dienst als Völkerkundler	Anlage 3/ Nummer 3.12	nichttechnische Dienste	Laufbahngruppe 2, zweites Einstiegsamt		
Zoologischer Dienst	Anlage 3/ Nummer 3.13	technische Dienste (einschließlich naturwissenschaftliche Dienste)	Laufbahngruppe 2, zweites Einstiegsamt		
Dienst in der Abfallwirtschaft	Anlage 3/ Nummer 3.14	technische Dienste (einschließlich naturwissenschaftliche Dienste)	Laufbahngruppe 2, zweites Einstiegsamt		
Dienst bei den Landschaftsverbänden als Erziehungswissenschaftler in psychiatrischen Landeskliniken	Anlage 3/ Nummer 3.15	nichttechnische Dienste	Laufbahngruppe 2, zweites Einstiegsamt		

bisherige Laufbahn besonderer Fachrichtung		zugeordnete Laufbahn besonderer Fachrichtung			
Ämter	bisherige Anlage/ laufende Nummer	Laufbahn	Laufbahngruppe	Berufsausbildung/Zusatzqualifikation	Dauer der hauptberuflichen Tätigkeit
und Heimen der öffentlichen Erziehung					
Museumsdienst	Anlage 3/ Nummer 3.16	technische Dienste (einschließlich naturwissenschaftliche Dienste)	Laufbahngruppe 2, zweites Einstiegsamt		
Dienst an Musikschulen	Anlage 3/ Nummer 3.17	nichttechnische Dienste	Laufbahngruppe 2, zweites Einstiegsamt		
Raumordnungsdienst	Anlage 3/ Nummer 3.18	nichttechnische Dienste	Laufbahngruppe 2, zweites Einstiegsamt		
Dienst an Volkshochschulen	Anlage 3/ Nummer 3.19	nichttechnische Dienste	Laufbahngruppe 2, zweites Einstiegsamt		
Wirtschaftlicher Dienst	Anlage 3/ Nummer 3.20	nichttechnische Dienste	Laufbahngruppe 2, zweites Einstiegsamt		

bisherige Laufbahn besonderer Fachrichtung		zugeordnete Laufbahn besonderer Fachrichtung			
Ämter	bisherige Anlage/ laufende Nummer	Laufbahn	Laufbahn-gruppe	Berufsausbildung/Zusatzqualifikation	Dauer der hauptberuflichen Tätigkeit
Wissenschaftlicher Dienst in der Statistik	Anlage 3/ Nummer 3.21	nichttechnische Dienste	Laufbahn-gruppe 2, zweites Einstiegs-amt		
Dienst bei Handwerks-kammern	Anlage 3/ Nummer 3.22	nichttechnische Dienste	Laufbahn-gruppe 2, zweites Einstiegs-amt		
Dienst bei den Indus-trie- und Handelskam-mern	Anlage 3/ Nummer 3.23	nichttechnische Dienste	Laufbahn-gruppe 2, zweites Einstiegs-amt		
Dienst in der Land-schaftspflege und im Naturschutz bei den unteren Landesbehör-den	Anlage 3/ Nummer 3.24	technische Dienste (einschließlich naturwissenschaftli-che Dienste)	Laufbahn-gruppe 2, zweites Einstiegs-amt		
Dienst für Arbeitssi-cherheit bei den Ge-meinden und Gemein-deverbänden	Anlage 3/ Nummer 3.25	nichttechnische Dienste	Laufbahn-gruppe 2, zweites Einstiegs-amt		
Dienst als Geograph/ Ökologe	Anlage 3/ Nummer 3.26	technische Dienste (einschließlich	Laufbahn-gruppe 2, zweites		

bisherige Laufbahn besonderer Fachrichtung		zugeordnete Laufbahn besonderer Fachrichtung			
Ämter	bisherige Anlage/ laufende Nummer	Laufbahn	Laufbahn-gruppe	Berufsausbildung/Zusatzqualifikation	Dauer der hauptberuflichen Tätigkeit
		naturwissenschaftliche Dienste)	Einstiegsamt		
Stenographischer Dienst beim Landtag		nichttechnische Dienste	Laufbahngruppe 2, zweites Einstiegsamt		
Dienst für übernationale, innerdeutsche und protokollarische Angelegenheiten im Geschäftsbereich des Ministerpräsidenten		nichttechnische Dienste	Laufbahngruppe 2, zweites Einstiegsamt		
Pfarrer	§ 44 Absatz 3 LVO	nichttechnische Dienste	Laufbahngruppe 2, zweites Einstiegsamt	abgeschlossene theologische Ausbildung	

Verordnung über die Laufbahnen der Beamtinnen und Beamten des feuerwehrtechnischen Dienstes im Land Nordrhein-Westfalen (LVOFeu)

Vom 15. März 2017 (GV. NRW. S. 348)

Zuletzt geändert durch
Verordnung zur Änderung des Ausbildungs- und Laufbahnrechts im feuerwehrtechnischen Dienst
vom 4. Juni 2021 (GV. NRW. S. 730)

Auf Grund des § 116 Absatz 4 des Landesbeamtengesetzes vom 14. Juni 2016 (GV. NRW. S. 310, ber. S. 642) verordnet das Ministerium für Inneres und Kommunales im Einvernehmen mit dem Finanzministerium:

Teil 1
Gemeinsame Vorschriften

§ 1 Laufbahnverordnung, Beschäftigung von Beamtinnen und Beamten des feuerwehrtechnischen Dienstes

(1) Für die Beamtinnen und Beamten des feuerwehrtechnischen Dienstes gilt die Laufbahnverordnung vom 21. Juni 2016 (GV. NRW. S. 461) in der jeweils geltenden Fassung, soweit im Folgenden nichts Abweichendes bestimmt ist.

(2) Beamtinnen und Beamte des feuerwehrtechnischen Dienstes dürfen beschäftigt werden

1. bei den Feuerwehren der Gemeinden und des Landes und bei den einheitlichen Leitstellen für den Brandschutz, die Hilfeleistung, den Katastrophenschutz und den Rettungsdienst,
2. bei den Kreisen für die diesen obliegenden Aufgaben beim vorbeugenden Brandschutz, bei der Ausbildung im Brandschutz, bei der Gefahrenabwehr und deren Vorbereitung nach dem Gesetz über den Brandschutz, die Hilfeleistung und den Katastrophenschutz vom 17. Dezember 2015 (GV. NRW. S. 886) in der jeweils geltenden Fassung,
3. bei den Aufsichtsbehörden gemäß § 53 des Gesetzes über den Brandschutz, die Hilfeleistung und den Katastrophenschutz und
4. bei dem Institut der Feuerwehr NRW.

§ 2 Ausbilderinnen und Ausbilder

(1) Als Ausbilderin oder Ausbilder für Beamtinnen und Beamte des feuerwehrtechnischen Dienstes im Vorbereitungsdienst darf eine Beamtin oder ein Beamter eingesetzt werden, wenn sie oder er hierfür fachlich geeignet ist und sich pädagogisch fortgebildet hat. Der Nachweis der fachlichen Eignung wird durch eine Laufbahnbefähigung erbracht. Der Nachweis der pädagogischen Fortbildung wird in der Regel durch die erfolgreiche Teilnahme an einer pädagogischen Fortbildungsveranstaltung erbracht. Der Nachweis der pädagogischen Fortbildung gilt als erbracht, wenn bereits während des Vorbereitungsdienstes Kenntnisse gemäß § 2 der Ausbilder-Eignungsverordnung vom 21. Januar 2009 (BGBl. I S. 88) in der jeweils geltenden Fassung erworben wurden oder wenn die Beamtin oder der Beamte die Befähigung für ein Lehramt nach dem Lehrerausbildungsgesetz vom 12. Mai 2009 (GV. NRW. S. 308) in der jeweils geltenden Fassung besitzt.

(2) Arbeitnehmerinnen und Arbeitnehmer dürfen als Ausbilderinnen und Ausbilder für Beamtinnen und Beamte eingesetzt werden, wenn sie die Eignung als Ausbilderin oder Ausbilder nach der Ausbilder-Eignungsverordnung vom 21. Januar 2009 (BGBl. I S. 88) in der jeweils geltenden Fassung besitzen.

II

Teil 2
Zweites Einstiegsamt der Laufbahngruppe 1

§ 3 Voraussetzung für die Einstellung in den Vorbereitungsdienst

(1) In den Vorbereitungsdienst kann eingestellt werden, wer

1. a) mindestens einen Hauptschulabschluss oder einen als gleichwertig anerkannten Bildungsstand besitzt und
   b) eine für den feuerwehrtechnischen Dienst geeignete Gesellenprüfung erfolgreich abgelegt oder Berufsausbildung erfolgreich abgeschlossen hat oder
2. a) mindestens die Fachoberschulreife oder einen als gleichwertig anerkannten Bildungsstand besitzt und
   b) eine handwerkliche Vorausbildung gemäß der Stufenausbildungsverordnung Feuerwehr vom 15. März 2017 (GV. NRW. S. 352) erfolgreich absolviert hat.

(2) Die Bewerberin oder der Bewerber muss volljährig und

1. nach amtsärztlichem Gutachten für den Dienst in der Feuerwehr geeignet sein und
2. vor der Einstellung erfolgreich an einem Auswahlverfahren teilnehmen, das hinsichtlich der körperlichen Eignung auf sportliche und physische Übungen zur Eignungsfeststellung zu beschränken ist.

§ 4 Vorbereitungsdienst

(1) Der Vorbereitungsdienst umfasst die Ausbildung und die Laufbahnprüfung. Er dauert ein Jahr und sechs Monate. Die Bewerberin oder der Bewerber wird im Beamtenverhältnis auf Widerruf mit der Dienstbezeichnung „Brandmeisteranwärterin" oder „Brandmeisteranwärter" in den Vorbereitungsdienst eingestellt.

(2) Auf Antrag können von der Einstellungsbehörde bis zu acht Monate auf den Vorbereitungsdienst angerechnet werden:

1. Zeiten einer beruflichen, nebenberuflichen oder ehrenamtlichen Tätigkeit oder
2. feuerwehrtechnische und rettungsdienstliche Kompetenzen, die in anderen beruflichen oder dienstlichen, nebenberuflichen oder ehrenamtlichen Tätigkeiten erworben wurden,

wenn sie nach Art und Umfang geeignet sind, die Ausbildung in einzelnen Ausbildungsabschnitten ganz oder teilweise zu ersetzen.

(3) Näheres ist durch die Verordnung über die Ausbildung und Prüfung für die Laufbahn des zweiten Einstiegsamtes der Laufbahngruppe 1 des feuerwehrtechnischen Dienstes im Land Nordrhein-Westfalen vom 5. November 2015 (GV. NRW. S. 749) in der jeweils geltenden Fassung geregelt.

§ 5 Laufbahnprüfung

Der Vorbereitungsdienst schließt mit der Laufbahnprüfung für das zweite Einstiegsamt der Laufbahngruppe 1 des feuerwehrtechnischen Dienstes ab. Wird die Prüfung bestanden oder endgültig nicht bestanden, endet das Beamtenverhältnis an dem Tag, an dem das Prüfungsergebnis der Brandmeisteranwärterin oder dem Brandmeisteranwärter durch den Dienstherrn bekanntgegeben wird.

§ 6 Übernahme in das Beamtenverhältnis auf Probe

In das Beamtenverhältnis auf Probe kann übernommen werden, wer nach amtsärztlichem Gutachten für den Dienst in der Feuerwehr geeignet ist und

1. die nach der Verordnung über die Ausbildung und Prüfung für die Laufbahn des zweiten Einstiegsamtes der Laufbahngruppe 1 des feuerwehrtechnischen Dienstes im Land Nordrhein-Westfalen vorgeschriebene Laufbahnprüfung bestanden oder eine jeweils vergleichbare Ausbildung und Prüfung erfolgreich abgeschlossen hat oder
2. die Prüfung zur Werkfeuerwehrfrau oder zum Werkfeuerwehrmann gemäß der Werkfeuerwehrausbildungsverordnung vom 22. Mai 2015 (BGBl. I S. 830) oder der Verordnung über die Entwicklung und Erprobung des Ausbildungsberufes Werkfeuerwehrmann/Werkfeuerwehrfrau vom 7. Juli 2009 (BGBl. I S. 1747), die am 1. August 2015 außer Kraft getreten ist, bestanden hat.

§ 7 Probezeit

(1) Die regelmäßige Probezeit beträgt drei Jahre.

(2) Bei Übernahme von hauptberuflichen Angehörigen Freiwilliger Feuerwehren und von Werkfeuerwehren in das Beamtenverhältnis auf Probe kann die Probezeit auf ein Jahr herabgesetzt werden.

(3) Zeiten einer ehrenamtlichen Tätigkeit in einer Freiwilligen Feuerwehr oder einer nebenberuflichen Tätigkeit in einer Werkfeuerwehr können auf Antrag bis zur Hälfte auf die Probezeit angerechnet werden, soweit sie nach Art und Bedeutung mindestens der Tätigkeit in einem Amt der Laufbahngruppe 1 des feuerwehrtechnischen Dienstes entsprochen haben und nicht bereits auf den Vorbereitungsdienst angerechnet wurden.

(4) Die Probezeit darf durch Anrechnungen oder Ausnahmen eine Dauer von drei Monaten nicht unterschreiten.

Teil 3
Laufbahngruppe 2

Abschnitt 1
Erstes Einstiegsamt der Laufbahngruppe 2

§ 8 Voraussetzungen für die Einstellung in den Vorbereitungsdienst

(1) In den Vorbereitungsdienst kann eingestellt werden, wer mindestens das Abschlusszeugnis zu einem Bachelorgrad oder einer entsprechenden Qualifikation an einer Fachhochschule, einer Universität, einer technischen Hochschule, einer Berufsakademie oder einer anderen gleichstehenden Hochschule aus dem technischen, naturwissenschaftlichen oder einem anderen für die Feuerwehr geeigneten Bereich besitzt.

(2) § 3 Absatz 2 gilt entsprechend.

§ 9 Vorbereitungsdienst

(1) Der Vorbereitungsdienst umfasst die Ausbildung und die Laufbahnprüfung. Er dauert drei Jahre. Auf den Vorbereitungsdienst werden bis zu zwölf Monate Studienzeiten angerechnet, die zum Erwerb der in § 8 Absatz 1 geforderten Vorbildungsvoraussetzungen geführt haben. Die Bewerberin oder der Bewerber wird im Beamtenverhältnis auf Widerruf mit der Dienstbezeichnung „Brandoberinspektoranwärterin" oder „Brandoberinspektoranwärter" in den Vorbereitungsdienst eingestellt.

(2) Auf Antrag können von der Einstellungsbehörde bis zu zwölf Monate auf den Vorbereitungsdienst angerechnet werden:

1. Zeiten einer beruflichen, nebenberuflichen oder ehrenamtlichen Tätigkeit oder
2. feuerwehrtechnische und rettungsdienstliche Kompetenzen, die in anderen beruflichen oder dienstlichen, nebenberuflichen oder ehrenamtlichen Tätigkeiten erworben wurden,

wenn sie nach Art und Umfang geeignet sind, die Ausbildung in einzelnen Ausbildungsabschnitten ganz oder teilweise zu ersetzen. Der Vorbereitungsdienst darf zwölf Monate nicht unterschreiten.

(3) Näheres ist durch die Verordnung über die Ausbildung und Prüfung für die Laufbahn des ersten Einstiegsamtes der Laufbahngruppe 2 des feuerwehrtechnischen Dienstes im Land Nordrhein-Westfalen vom 25. November 2013 (GV. NRW. S. 668) in der jeweils geltenden Fassung geregelt.

§ 10 Laufbahnprüfung

Der Vorbereitungsdienst schließt mit der Laufbahnprüfung für das erste Einstiegsamt der Laufbahngruppe 2 des feuerwehrtechnischen Dienstes ab. Sie wird am Institut der Feuerwehr NRW abgelegt. Wird die Prüfung bestanden oder endgültig nicht bestanden, endet das Beamtenverhältnis an dem Tag, an dem der Brandoberinspektoranwärterin oder dem Brandoberinspektoranwärter das Prüfungsergebnis durch den Dienstherrn bekanntgegeben wird.

§ 11 Übernahme in das Beamtenverhältnis auf Probe

(1) In das Beamtenverhältnis auf Probe kann übernommen werden, wer

1. die Voraussetzungen des § 8 Absatz 1 erfüllt und

2. die nach der Verordnung über die Ausbildung und Prüfung für die Laufbahn des ersten Einstiegsamtes der Laufbahngruppe 2 des feuerwehrtechnischen Dienstes im Land Nordrhein-Westfalen vorgeschriebene oder eine jeweils vergleichbare Ausbildung und Prüfung erfolgreich abgeschlossen hat und
3. nach amtsärztlichem Gutachten für den Dienst in der Feuerwehr geeignet ist.

(2) Angehörige von Werkfeuerwehren können auch ohne Vorliegen der Voraussetzungen des § 8 Absatz 1 übernommen werden, wenn sie die Voraussetzungen des § 13 Absatz 1 erfüllen und die nach der Verordnung über die Ausbildung und Prüfung für die Laufbahn des ersten Einstiegsamtes der Laufbahngruppe 2 des feuerwehrtechnischen Dienstes im Land Nordrhein-Westfalen vorgeschriebene oder eine jeweils vergleichbare Ausbildung und Prüfung erfolgreich abgeschlossen haben und nach amtsärztlichem Gutachten für den Dienst in der Feuerwehr geeignet sind.

§ 12 Probezeit

(1) Die regelmäßige Probezeit beträgt drei Jahre.

(2) Bei Übernahme von hauptberuflichen Angehörigen Freiwilliger Feuerwehren und von Werkfeuerwehren in das Beamtenverhältnis auf Probe kann die Probezeit auf ein Jahr herabgesetzt werden.

(3) Zeiten einer ehrenamtlichen Tätigkeit in einer Freiwilligen Feuerwehr oder einer nebenberuflichen Tätigkeit in einer Werkfeuerwehr können auf Antrag bis zur Hälfte auf die Probezeit angerechnet werden, soweit sie nach Art und Bedeutung mindestens der Tätigkeit in einem Amt der Laufbahn des ersten Einstiegsamtes der Laufbahngruppe 2 des feuerwehrtechnischen Dienstes entsprochen haben und nicht bereits auf den Vorbereitungsdienst angerechnet wurden.

(4) Die Probezeit darf durch Anrechnungen oder Ausnahmen eine Dauer von drei Monaten nicht unterschreiten.

§ 13 Aufstieg von Laufbahngruppe 1 in die Laufbahngruppe 2

(1) Beamtinnen und Beamte der Laufbahngruppe 1 des feuerwehrtechnischen Dienstes können zur Ausbildung für die Laufbahn des ersten Einstiegsamtes der Laufbahngruppe 2 des feuerwehrtechnischen Dienstes zugelassen werden, wenn sie

1. nach ihrer Persönlichkeit und ihren Leistungen für den Dienst in der Laufbahngruppe 2 des feuerwehrtechnischen Dienstes geeignet sind,
2. a) die Voraussetzungen gemäß § 8 Absatz 1 erfüllen oder
   b) die Ausbildung hauptberuflicher Feuerwehrangehöriger zu Gruppenführerinnen und Gruppenführern abgeschlossen und über eine mindestens dreimonatige Tätigkeit
      aa) der Vorbereitung und Durchführung von Ausbildungen an einer kommunalen Feuerwehrschule oder am Institut der Feuerwehr NRW oder
      bb) in Form von Hospitationen bei anderen hierfür in Frage kommenden Organisationen oder Behörden

die Ausbildungsinhalte des zweiten Einstiegsamtes der Laufbahngruppe 1 des feuerwehrtechnischen Dienstes wiederholt und vertieft haben.

(2) Die Beamtinnen und Beamten werden auf Grund eines vom Dienstherrn vorzunehmenden Personalauswahlverfahrens zum Aufstieg zugelassen und in die Aufgaben der neuen Laufbahngruppe eingeführt. Die Einführungszeit dauert zwölf Monate. Für Beamtinnen und Beamte ohne abgeschlossene Ausbildung hauptberuflicher Feuerwehrangehöriger zu Gruppenführerinnen und Gruppenführern und ohne abgeschlossene Ausbildung zum Führen im ABC-Einsatz verlängert sich die Einführungszeit um die Dauer dieser Ausbildungen oder der hiervon fehlenden Teile. Mindestens ein Ausbildungsabschnitt soll bei einer hierfür geeigneten Feuerwehr außerhalb des Bereichs des Dienstherrn abgeleistet werden.

(3) Nach erfolgreicher Einführung ist die Aufstiegsprüfung, die der Laufbahnprüfung gemäß § 10 entspricht, abzulegen. Die Beamtinnen und Beamten bleiben bis zur Verleihung eines Amtes der neuen Laufbahngruppe in ihrer Rechtsstellung. Wenn sie die Aufstiegsprüfung endgültig nicht bestehen, verbleiben sie in ihrer bisherigen Laufbahngruppe.

(4) Beim Aufstieg brauchen die Beförderungsämter der Laufbahngruppe 1 des feuerwehrtechnischen Dienstes nicht durchlaufen zu werden.

(5) Abweichend von Absatz 1 Satz 1 können auch Beamtinnen und Beamte der Besoldungsgruppe A 10, die gemäß § 14 Absatz 1 aufgestiegen sind, zur Ausbildung zugelassen werden. Die Absätze 2 und 3 gelten entsprechend.

§ 14 Beschränkter prüfungsfreier Aufstieg bis zur Besoldungsgruppe A 11

(1) Beamtinnen und Beamte der Laufbahngruppe 1 des feuerwehrtechnischen Dienstes können abweichend von § 13 in das erste Einstiegsamt der Laufbahngruppe 2 des feuerwehrtechnischen Dienstes aufsteigen, wenn sie

1. nach ihrer Persönlichkeit und ihren Leistungen für den Dienst in der Laufbahngruppe 2 des feuerwehrtechnischen Dienstes geeignet sind und
2. die Ausbildung hauptberuflicher Feuerwehrangehöriger zu Gruppenführerinnen und Gruppenführern abgeschlossen haben und
3. a) eine hierzu am Institut der Feuerwehr NRW angebotene oder durch das Institut der Feuerwehr NRW anerkannte mindestens dreiwöchige Vertiefungsausbildung für feuerwehrtechnische Beamtinnen und Beamte der Laufbahngruppe 1 besucht haben oder
   b) zur Praxisanleitung nach § 3 Absatz 1 Nummer 1 der Ausbildungs- und Prüfungsverordnung für Notfallsanitäterinnen und Notfallsanitäter vom 16. Dezember 2013 (BGBl. I S. 4280) in der jeweils geltenden Fassung geeignet sind und
4. über eine mindestens dreimonatige Tätigkeit
   a) der Vorbereitung und Durchführung von Ausbildungen an einer kommunalen Feuerwehrschule oder am Institut der Feuerwehr NRW oder
   b) in Form von Hospitationen bei anderen hierfür in Frage kommenden Organisationen oder Behörden

die Ausbildungsinhalte des zweiten Einstiegsamtes der Laufbahngruppe 1 des feuerwehrtechnischen Dienstes wiederholt und vertieft haben.

(2) Beamtinnen und Beamte, die gemäß Absatz 1 in das erste Einstiegsamt der Laufbahngruppe 2 aufgestiegen sind, können aus diesem Amt zur Ausbildung gemäß § 13 zugelassen werden. Sie haben das Auswahlverfahren gemäß § 13 Absatz 2 Satz 1 zu absolvieren.

(3) Beamtinnen und Beamten mit einer beschränkten Laufbahnbefähigung nach Absatz 1 darf höchstens ein Amt der Besoldungsgruppe A 11 verliehen werden.

Abschnitt 2
Zweites Einstiegsamt der Laufbahngruppe 2

§ 15 Voraussetzungen für die Einstellung in den Vorbereitungsdienst

(1) In den Vorbereitungsdienst kann eingestellt werden, wer

1. an einer Universität, einer technischen Hochschule oder einer anderen gleichstehenden Hochschule das Studium mit der Diplom-Prüfung oder einem Mastergrad aus dem technischen oder naturwissenschaftlichen oder einem anderen für die Feuerwehren geeigneten Bereich oder
2. ein in einem Akkreditierungsverfahren als für das zweite Einstiegsamt der Laufbahngruppe 2 geeignet eingestuftes Fachhochschulstudium mit einem Mastergrad in einer der unter Nummer 1 genannten Fach-

richtungen oder einem anderen für die Feuerwehren geeigneten Bereich

abgeschlossen hat.

(2) § 3 Absatz 2 gilt entsprechend.

§ 16 Vorbereitungsdienst

(1) Der Vorbereitungsdienst umfasst die Ausbildung und die Laufbahnprüfung. Er dauert in der Regel zwei Jahre. Die Bewerberin oder der Bewerber wird im Beamtenverhältnis auf Widerruf mit der Dienstbezeichnung „Brandreferendarin" oder „Brandreferendar" in den Vorbereitungsdienst eingestellt.

(2) Auf Antrag können von der Einstellungsbehörde bis zu zwölf Monate auf den Vorbereitungsdienst angerechnet werden:

1. Zeiten einer beruflichen, nebenberuflichen oder ehrenamtlichen Tätigkeit oder
2. feuerwehrtechnische und rettungsdienstliche Kompetenzen, die in beruflichen, nebenberuflichen oder ehrenamtlichen Tätigkeiten erworben wurden,

wenn sie nach Art und Umfang geeignet sind, die Ausbildung in einzelnen Ausbildungsabschnitten ganz oder teilweise zu ersetzen.

(3) Näheres ist durch die Verordnung über die Ausbildung und Prüfung für die Laufbahn des zweiten Einstiegsamtes der Laufbahngruppe 2 des feuerwehrtechnischen Dienstes im Land Nordrhein-Westfalen vom 11. März 2010 (GV. NRW. S. 166) in der jeweils geltenden Fassung geregelt.

§ 17 Laufbahnprüfung

Der Vorbereitungsdienst schließt mit der Laufbahnprüfung für das zweite Einstiegsamt der Laufbahngruppe 2 des feuerwehrtechnischen Dienstes ab. Sie wird am Institut der Feuerwehr NRW abgelegt. Wird die Prüfung bestanden oder endgültig nicht bestanden, endet das Beamtenverhältnis an dem Tag, an dem der Brandreferendarin oder dem Brandreferendar das Prüfungsergebnis durch den Dienstherrn bekanntgegeben wird.

§ 18 Übernahme in das Beamtenverhältnis auf Probe

(1) In das Beamtenverhältnis auf Probe kann übernommen werden, wer

1. die Voraussetzungen des § 15 Absatz 1 erfüllt und
2. die nach der Verordnung über die Ausbildung und Prüfung für die Laufbahn des zweiten Einstiegsamtes der Laufbahngruppe 2 des feuerwehrtechnischen Dienstes im Land Nordrhein-Westfalen vorgeschriebene oder eine jeweils vergleichbare Ausbildung und Prüfung erfolgreich abgeschlossen hat und
3. nach amtsärztlichem Gutachten für den Dienst in der Feuerwehr geeignet ist.

(2) Angehörige von Werkfeuerwehren können auch ohne Vorliegen der Voraussetzungen des § 15 Absatz 1 übernommen werden, wenn sie die Voraussetzungen des § 20 Absatz 1 erfüllen und die nach der Verordnung über die Ausbildung und Prüfung für die Laufbahn des zweiten Einstiegsamtes der Laufbahngruppe 2 des feuerwehrtechnischen Dienstes im Land Nordrhein-Westfalen vorgeschriebene oder eine jeweils vergleichbare Ausbildung und Prüfung erfolgreich abgeschlossen haben und nach amtsärztlichem Gutachten für den Dienst in der Feuerwehr geeignet sind.

§ 19 Probezeit

(1) Die regelmäßige Probezeit beträgt drei Jahre.

(2) Bei Übernahme von hauptberuflichen Angehörigen Freiwilliger Feuerwehren und von Werkfeuerwehren in das Beamtenverhältnis auf Probe kann die Probezeit auf ein Jahr herabgesetzt werden.

(3) Zeiten einer ehrenamtlichen Tätigkeit in einer Freiwilligen Feuerwehr oder einer nebenberuflichen Tätigkeit in einer Werkfeuerwehr können auf Antrag bis zur Hälfte auf die Probezeit angerechnet werden, soweit sie nach Art und Bedeutung mindestens der Tätigkeit in einem Amt der Laufbahn des zweiten Einstiegsamtes der Laufbahngruppe 2 des feuerwehrtechnischen Dienstes entsprochen haben und nicht bereits auf den Vorbereitungsdienst angerechnet wurden.

(4) Die Probezeit darf durch Anrechnungen oder Ausnahmen eine Dauer von drei Monaten nicht unterschreiten.

§ 20 Berufliche Entwicklung in der Laufbahngruppe 2

(1) Beamtinnen und Beamte, die die Prüfung für das erste Einstiegsamt der Laufbahngruppe 2 des feuerwehrtechnischen Dienstes bestanden haben, können zur Ausbildung für das zweite Einstiegsamt derselben Laufbahngruppe zugelassen werden, wenn sie

1. nach ihrer Persönlichkeit und ihren Leistungen für den Dienst des zweiten Einstiegsamtes der Laufbahngruppe 2 geeignet sind und
2. a) die Voraussetzungen des § 15 Absatz 1 erfüllen oder
   b) innerhalb der Laufbahngruppe 2 unterschiedliche Verwendungen (im Einsatzdienst, im Vorbeugenden Brandschutz, in der Ausbildung, in der Technik oder Ähnliches) durchlaufen haben.

(2) Die Beamtinnen und Beamten werden aufgrund eines vom Dienstherrn vorzunehmenden Personalauswahlverfahrens zur Beförderung zugelassen und in die Aufgaben der neuen Laufbahn eingeführt. Die Einführungszeit dauert in der Regel zwölf Monate. Mindestens ein Ausbildungsabschnitt soll bei einer hierfür geeigneten Feuerwehr außerhalb des Bereichs des Dienstherrn abgeleistet werden.

(3) Nach erfolgreicher Einführung ist die Beförderungsprüfung, die der Laufbahnprüfung für das zweite Einstiegsamt der Laufbahngruppe 2 gemäß § 17 entspricht, abzulegen. Die Beamtinnen und Beamten bleiben bis zur Verleihung eines Amtes der neuen Laufbahn in ihrer Rechtsstellung. Wenn sie die Beförderungsprüfung endgültig nicht bestehen, verbleiben sie in der Ämtergruppe der Laufbahn ihres bisherigen Einstiegsamtes.

(4) Vor der Verleihung des zweiten Einstiegsamtes der Laufbahngruppe 2 brauchen die Beförderungsämter der Laufbahn des ersten Einstiegsamtes der Laufbahngruppe 2 des feuerwehrtechnischen Dienstes nicht durchlaufen zu werden.

§ 21 Prüfungsfreie Verleihung eines Amtes bis zur Besoldungsgruppe A 14

(1) Beamtinnen und Beamten der Besoldungsgruppe A 13 in der Ämtergruppe des ersten Einstiegsamtes der Laufbahngruppe 2 kann abweichend von § 20 ein Amt der Besoldungsgruppe A 14 verliehen werden, wenn sie

1. nach ihrer Persönlichkeit und ihren Leistungen für den Dienst im zweiten Einstiegsamt der Laufbahngruppe 2 des feuerwehrtechnischen Dienstes geeignet sind und
2. eine Fortbildung über persönliche Kompetenzen in der Mitarbeiterführung und weitere Kompetenzen analog der modularen Qualifizierung gemäß § 25 der Laufbahnverordnung im Umfang von mindestens vier Wochen und
3. eine hierzu am Institut der Feuerwehr NRW angebotene oder durch das Institut der Feuerwehr NRW anerkannte Vertiefungsausbildung für feuerwehrtechnische Beamtinnen und Beamte der Laufbahngruppe 2 besucht haben und
4. über einen Zeitraum von einem Monat in der Verwaltung außerhalb des feuerwehrtechnischen Dienstes hospitiert haben.

(2) Für Beamtinnen und Beamte nach Absatz 1, die bei Inkrafttreten dieser Verordnung die dort genannten Inhalte bereits im Rahmen der dienstlichen Tätigkeit erworben haben, gelten die Anforderungen gemäß der Nummern 2 und 3 als erfüllt. Unter dieser Voraussetzung kann auch auf die Hospitation nach Nummer 4 verzichtet werden.

(3) Beamtinnen und Beamten mit einer beschränkten Laufbahnbefähigung nach Absatz 1 darf höchstens ein Amt der Besoldungsgruppe A 14 verliehen werden.

Teil 4
Schlussvorschriften

§ 22 Übergangsregelung

Die Befähigung der Beamtinnen und Beamten des feuerwehrtechnischen Dienstes, die nach aufgehobenen Vorschriften erworben worden sind, werden weiter anerkannt.

§ 23 Inkrafttreten, Außerkrafttreten

(1) Diese Verordnung tritt am Tag nach der Verkündung in Kraft.

(2) Gleichzeitig tritt die Verordnung über die Laufbahnen der Beamtinnen und Beamten des feuerwehrtechnischen Dienstes im Lande Nordrhein-Westfalen vom 6. Mai 2014 (GV. NRW. S. 278), die durch Verordnung vom 10. März 2016 (GV. NRW. S. 180) geändert worden ist, außer Kraft.

Verordnung über die Laufbahn der Polizeivollzugsbeamtinnen und Polizeivollzugsbeamten des Landes Nordrhein-Westfalen (Laufbahnverordnung der Polizei – LVOPol)

Vom 4. Juni 2021 (GV. NRW. S. 684, 2022 S. 350)

Zuletzt geändert durch
Verordnung zur Änderung der Laufbahnverordnung der Polizei
vom 4. Februar 2026 (GV. NRW. S. 178)

II

Inhaltsübersicht

Abschnitt 5
Übergangs- und Schlussvorschriften

Auf Grund des § 110 Absatz 1 und 2 des Landesbeamtengesetzes vom 14. Juni 2016 (GV. NRW. S. 310, ber. S. 642), das zuletzt durch Artikel 1 des Gesetzes vom 27. Mai 2025 (GV. NRW. S. 464) geändert worden ist, verordnet das Ministerium des Innern im Einvernehmen mit dem Ministerium der Finanzen:

Abschnitt 1 Gemeinsame Vorschriften

§ 1 Geltungsbereich

(1) Diese Verordnung gilt für die Polizeivollzugsbeamtinnen und Polizeivollzugsbeamten des Landes Nordrhein-Westfalen.

(2) Soweit im Folgenden nichts Abweichendes bestimmt ist, gilt die Laufbahnverordnung vom 27. Mai 2025 (GV. NRW. S. 464) in der jeweils geltenden Fassung auch für Polizeivollzugsbeamtinnen und Polizeivollzugsbeamte entsprechend.

§ 2 Laufbahn, Ämter, Amtsbezeichnung

(1) Die Laufbahn der Polizeivollzugsbeamtinnen und Polizeivollzugsbeamten ist eine Einheitslaufbahn. Die Einheitslaufbahn gliedert sich in die Laufbahnabschnitte I bis III.

(2) Soweit dienstrechtliche Vorschriften anzuwenden sind, die auf Laufbahngruppen abstellen, gilt der Laufbahnabschnitt I als eine Laufbahn der Laufbahngruppe 1, Ämtergruppe des zweiten Einstiegsamtes, der Laufbalmabschnitt II als eine Laufbahn der Laufbahngruppe 2, Ämtergruppe des ersten Einstiegsamtes und der Laufbahnabschnitt III als eine Laufbahn der Laufbahngruppe 2, Ämtergruppe des zweiten Einstiegsamtes.

(3) Die zur Laufbahn gehörenden Ämter ergeben sich aus der Anlage.

(4) Polizeivollzugsbeamtinnen und Polizeivollzugsbeamte führen ihre Dienst- und Amtsbezeichnung in der auf ihre Verwendung hinweisenden Form. Der Dienstvorgesetzte stellt die zu führende Dienst- und Amtsbezeichnung fest. Einzelheiten regelt das für Inneres zuständige Ministerium.

(5) Zur Laufbahn gehören auch der Vorbereitungsdienst und die Probezeit.

(6) Den Polizeivollzugsbeamtinnen und Polizeivollzugsbeamten stehen alle Ämter des Polizeivollzugsdienstes nach den Vorschriften dieser Verordnung offen.

§ 3 Einstellung

(1) In den Polizeivollzugsdienst kann eingestellt werden, wer

1. die Voraussetzungen für die Berufung in das Beamtenverhältnis erfüllt,
2. für den Polizeivollzugsdienst geeignet ist,
3. polizeidiensttauglich ist und
4. die nach dieser Verordnung vorgeschriebenen besonderen Einstellungsvoraussetzungen für den jeweiligen Laufbahnabschnitt erfüllt.

(2) Die Bewerberinnen und Bewerber nehmen vor ihrer Einstellung an einem Auswahlverfahren teil.

§ 4 Befähigung für die Laufbahnabschnitte

(1) Die Anwärterinnen und Anwärter des Polizeivollzugsdienstes erwerben die Befähigung für die Laufbahnabschnitte durch das Ableisten des Vorbereitungsdienstes und das Bestehen der Fachprüfung.

(2) Polizeivollzugsbeamtinnen und Polizeivollzugsbeamte, denen bereits ein Amt verliehen wurde, erwerben die Befähigung für den nächsthöheren Laufbahnabschnitt durch das Ableisten der Ausbildung und das Bestehen der nächsthöheren Fachprüfung. Die Fachprüfung für den Laufbahnabschnitt III ist der Masterabschluss an der Deutschen Hochschule der Polizei.

(3) Abweichend von Absatz 2 können die Polizeivollzugsbeamtinnen und Polizeivollzugsbeamten, die die I. Fachprüfung bestanden haben, sich ohne das Ablegen der II. Fachprüfung nach § 6 beruflich entwickeln.

(4) Abweichend von Absatz 2 können die Polizeivollzugsbeamtinnen und Polizeivollzugsbeamten sich ohne das Ablegen der III. Fachprüfung nach § 24 beruflich entwickeln.

(5) Bewerberinnen und Bewerber für die unmittelbare Einstellung in den Laufbahnabschnitt III müssen die Befähigung für diesen Laufbahnabschnitt gemäß § 19 Absatz 1 Nummer 2 besitzen.

II

§ 5 Probezeit

(1) Die regelmäßige Probezeit im Sinne des § 13 des Landesbeamtengesetzes vom 14. Juni 2016 (GV. NRW S. 310, ber. S. 642) in der jeweils geltenden Fassung beträgt drei Jahre, während der sich Polizeivollzugsbeamtinnen und Polizeivollzugsbeamte nach Erwerb der Befähigung für ihren Laufbahnabschnitt im Beamtenverhältnis auf Probe bewähren sollen. In Bezug auf die Bestimmung des § 5 Absatz 1 der Laufbahnverordnung erfolgt der Einsatz von Polizeivollzugsbeamtinnen und Polizeivollzugsbeamten auf mehr als einem Dienstposten während der Probezeit nur soweit dienstlich vertretbar.

(2) Die Mindestprobezeit beträgt entsprechend der Regelung des § 5 Absatz 2 Halbsatz 2 der Laufbahnverordnung ein Jahr. Ausnahmen von der Mindestprobezeit kann das für Inneres zuständige Ministerium im Einvernehmen mit dem für Finanzen zuständigen Ministerium zulassen.

(3) Vorherige hauptberufiiche Tätigkeiten können entsprechend der Regelungen des § 5 Absatz 4 der Laufbahnverordnung auf die Probezeit angerechnet werden.

(4) Die Probezeit kann für Polizeivollzugsbeamtinnen und Polizeivollzugsbeamte entsprechend § 5 Absatz 5 der Laufbahnverordnung um ein Jahr gekürzt werden, sofern die Laufbahnprüfung mit Bachelorabschlusszeugnis des A-Segments, also als beste 10 Prozent des Abschlussjahrgangs, abgeschlossen wird und sich in der bisher zurückgelegten Probezeit besonders bewährt wurde.

(5) Kann die Bewährung nach Absatz 1 bis zum Ende der Probezeit noch nicht festgestellt werden, kann die Probezeit entsprechend § 5 Absatz 7 der Laufbahnverordnung verlängert werden, mit der Maßgabe, dass die Polizeivollzugsbeamtinnen und Polizeivollzugsbeamten auf Probe, die sich nicht bewähren, zu entlassen sind.

§ 6 Berufliche Entwicklung in den Laufbahnabschnitt II

(1) Eine berufliche Entwicklung von Polizeivollzugsbeamtinnen und Polizeivollzugsbeamten, die in den Laufbahnabschnitt I eingestellt wurden und die II. Fachprüfung nicht abgelegt haben, aus dem Endamt des Laufbahnabschnitts I in ein Amt der Besoldungsgruppe A 9 des Laufbahnabschnitts II ist nach drei Jahren zulässig.

(2) Eine Beförderung ist bis zur Besoldungsgruppe A 11 möglich. Führungsfunktionen können nicht übernommen werden.

§ 7 Beförderung und Einstellung in einem höheren Amt

(1) Die Beförderungsämter des Polizeivollzugsdienstes in Besoldungsgruppen mit aufsteigenden Gehältern sind regelmäßig zu durchlaufen. Eine Einstellung in einem höheren Amt ist entsprechend § 14 Absatz 1 des Landesbeamtengesetzes und der Voraussetzungen des § 12 der Laufbahnverordnung möglich.

(2) Die Erprobungszeit für ein höheres Statusamt beträgt drei Monate. Für die Berechnung der Erprobungszeit gilt § 7 Absatz 4 der Laufbahnverordnung entsprechend. § 7 Absatz 4 Satz 1 der Laufbahnverordnung gilt nicht in den Fällen des Aufstiegs nach Bestehen der III. Fachprüfung und des § 7 Absatz 4 Satz 4 der Laufbahnverordnung.

(3) Eine Ernennung ist abweichend von § 7 Absatz 1 der Laufbahnverordnung im Falle der beruflichen Entwicklung bei der Verleihung eines Amtes der Besoldungsgruppe A 13 des Laufbahnabschnitts III für die Ämter des Laufbahnabschnitts II zulässig.

§ 8 Fortbildung, Führungsfortbildung

(1) Die Polizeivollzugsbeamtinnen und Polizeivollzugsbeamten sind verpflichtet, sich fortzubilden, damit sie den Ämtern ihres Laufbahnabschnitts gewachsen sind.

(2) Wird einer Polizeivollzugsbeamtin beziehungsweise einem Polizeivollzugsbeamten, die beziehungsweise der die II. Fachprüfung bereits bestanden hat, eine Führungsfunktion innerhalb des Laufbahnabschnitts II übertragen, hat die Polizeivollzugsbeamtin beziehungsweise der Polizeivollzugsbeamte an einer Führungsfortbildung teilzunehmen. Das Nähere regelt das für Inneres zuständige Ministerium, insbesondere bestimmt es, welche Funktionen Führungsfunktionen im Sinne dieser Vorschrift sind.

Abschnitt 2
Laufbahnabschnitt II

Unterabschnitt 1
Aufnahme in den Bildungsgang Fachoberschule für Wirtschaft und Verwaltung, Schwerpunkt Polizeivollzugsdienst

§ 9 Praktikum im Bildungsgang Fachoberschule für Wirtschaft und Verwaltung, Schwerpunkt Polizeivollzugsdienst

(1) Die Ausbildung der Schülerinnen und Schüler im Bildungsgang Fachoberschule für Wirtschaft und Verwaltung, Schwerpunkt Polizeivollzugsdienst setzt einen Praktikumsplatz bei der Polizei Nordrhein-Westfalen voraus. Der Bildungsgang dauert in der Regel zwei Jahre und endet mit der Fachhochschulreife. Das Praktikum ist im ersten Jahr des Bildungsgangs abzuleisten.

(2) Nach Erwerb der Fachhochschulreife in dem in Absatz 1 genannten Bildungsgang wird eine verbindliche Einstellungszusage ausgesprochen. Weitere Bestimmungen zur Ausgestaltung des Praktikums und zur Einstellungszusage regelt das für Inneres zuständige Ministerium.

(3) Eine Einstellung in den Vorbereitungsdienst für den Laufbahnabschnitt II erfolgt ohne weitere Teilnahme an einem Auswahlverfahren gemäß § 16.

§ 10 Voraussetzungen für die Vergabe eines Praktikumsplatzes bei der Polizei Nordrhein-Westfalen

Bewerberinnen und Bewerbern kann ein Praktikumsplatz bei der Polizei Nordrhein-Westfalen zugewiesen werden, wenn sie:

1. die Voraussetzungen des § 3 Absatz 1 Nummer 1 bis 3 erfüllen und
2. an einem Auswahlverfahren gemäß § 11 erfolgreich teilgenommen haben.

§ 11 Auswahlverfahren

(1) Der Vergabe eines Praktikumsplatzes bei der Polizei Nordrhein-Westfalen geht ein Auswahlverfahren voraus.

(2) Das Auswahlverfahren stellt fest, ob die Bewerberinnen und Bewerber geeignet sind und legt die Rangfolge der Bewerberinnen und Bewerber für die Vergabe der Praktikumsplätze durch Vergabe eines Rangordnungswerts fest.

(3) Die Einzelheiten des Auswahlverfahrens bestimmt das für Inneres zuständige Ministerium.

§ 12 Vergabe des Praktikumsplatzes und des Schulplatzes

(1) Das für Inneres zuständige Ministerium legt die Anzahl der für den Bildungsgang jeweils zur Verfügung stehenden Praktikumsplätze fest und entscheidet über die Vergabe eines Praktikumsplatzes nach Maßgabe der gemäß § 11 Absatz 2 festgestellten Rangfolge.

(2) Über die Vergabe eines Schulplatzes entscheidet das Berufskolleg. Das Nähere bestimmt das für Schulwesen zuständige Ministerium.

(3) Bewerberinnen und Bewerber, denen ein Praktikumsplatz zugewiesen wurde und die von einem Berufskolleg aufgenommen wurden, erhalten eine vorbehaltliche Einstellungszusage für den Polizeivollzugsdienst für den Einstellungsjahrgang, welcher zeitlich unmittelbar auf das Jahr des erfolgreichen Abschlusses des Bildungsgangs folgt.

Unterabschnitt 2
Einstellung in den Laufbahnabschnitt II

§ 13 Einstellung

(1) In den Vorbereitungsdienst für den Laufbahnabschnitt II kann eingestellt werden, wer

1. die Voraussetzungen des § 3 erfüllt und
2. eine zu einem Hochschulstudium berechtigende Schulbildung oder einen als gleichwertig anerkannten Bildungsabschluss besitzt.

(2) Die Bewerberinnen und Bewerber werden unter Berufung in das Beamtenverhältnis auf Widerruf zu Kommissaranwärterinnen beziehungsweise Kommissaranwärtern ernannt.

(3) Liegen die Voraussetzungen für die Berufung in das Beamtenverhältnis auf Widerruf noch nicht vor oder ist die Eignung nach § 3

Absatz 1 Nummer 2 bis zum Beginn des Vorbereitungsdienstes noch nicht abschließend nachgewiesen, kann mit Zustimmung des für Inneres zuständigen Ministeriums der Vorbereitungsdienst auch im Rahmen eines öffentlich-rechtlichen Ausbildungsverhältnisses abgeleistet werden. Die Berufung in das Beamtenverhältnis auf Widerruf ist unverzüglich vorzunehmen, sobald die Hinderungsgründe entfallen.

§ 14 Vorbereitungsdienst, II. Fachprüfung

(1) Der Vorbereitungsdienst der Kommissaranwärterinnen und Kommissaranwärter dauert in der Regel drei Jahre. Die Dauer des Vorbereitungsdienstes kann sich verlängern oder insbesondere durch die Anrechnung förderlicher Zeiten verkürzen. Auf Antrag kann das für Inneres zuständige Ministerium bis zu zwölf Monate förderlicher Zeiten auf die Dauer des Vorbereitungsdienstes anrechnen, wenn diese nach Art und Umfang geeignet sind, die Ausbildung in den einzelnen Ausbildungsabschnitten ganz oder teilweise zu ersetzen. Der Vorbereitungsdienst darf 24 Monate nicht unterschreiten. Das Nähere regelt die Ausbildungs- und Prüfungsverordnung Laufbahnabschnitt II Bachelor vom 12. Mai 2022 (GV. NRW. S. 736), die zuletzt durch Verordnung vom 5. Mai 2023 (GV. NRW. S. 386) geändert worden ist.

(2) Für Kommissaranwärterinnen und Kommissaranwärter, die die II. Fachprüfung endgültig nicht bestehen, endet das Beamtenverhältnis an dem Tage, an dem ihnen das Prüfungsergebnis bekanntgegeben wird. Für Kommissaranwärterinnen und Kommissaranwärter, die die II. Fachprüfung bestehen, endet das Beamtenverhältnis auf Widerruf mit Ablauf des Monats, in dem die Prüfungsergebnisse bekannt gegeben wurden.

Unterabschnitt 3
Zulassung von Beamtinnen und Beamten zur Ausbildung für den Laufbahnabschnitt II

§ 15 Zulassungstermin

Den Stichtag für den Beginn der Ausbildung für den Laufbahnabschnitt II bestimmt das für Inneres zuständige Ministerium. Zu diesem Zeitpunkt müssen die in § 13 genannten Voraussetzungen erfüllt sein.

§ 16 Zulassungsverfahren

(1) Der Zulassung geht ein Auswahlverfahren voraus.

(2) Das Auswahlverfahren dient der Feststellung, inwieweit und in welcher Rangfolge die Bewerberinnen und Bewerber für die Zulassung zur Ausbildung für den Laufbahnabschnitt II geeignet sind.

(3) Die Einzelheiten, insbesondere den Zeitpunkt des Auswahlverfahrens und die Bewerbungstermine, bestimmt das für Inneres zuständige Ministerium.

(4) Am Auswahlverfahren können Polizeivollzugsbeamtinnen und Polizeivollzugsbeamte teilnehmen, die zum nächsten Zulassungstermin die Zulassungsvoraussetzungen des § 13 erfüllen.

(5) Das Auswahlverfahren kann einmal wiederholt werden.

§ 17 Zulassung

(1) Erfolgreiche Absolventen des Bildungsganges nach § 9 sind abweichend von Absatz 2 für die Ausbildung für den Laufbahnabschnitt II zuzulassen.

(2) Über die Zulassung zur Ausbildung für den Laufbahnabschnitt II entscheidet das für Inneres zuständige Ministerium nach erfolgreicher Teilnahme am Auswahlverfahren im Rahmen der Ausbildungskapazitäten für den Laufbahnabschnitt II unter Berücksichtigung der im Auswahlverfahren bestimmten Rangfolge.

(3) Werden Umstände bekannt, dass die Anwärterin oder der Anwärter ungeeignet ist, kann die Zulassung zur Ausbildung für den Laufbahnabschnitt II widerrufen werden.

§ 18 Ausbildung, II. Fachprüfung

Die Ausbildung der Bewerberinnen und Bewerber für den Laufbahnabschnitt II dauert in der Regel drei Jahre und endet mit der II. Fachprüfung. Sie setzt für die Zeiten aus, für die hinreichende Kenntnisse und Fähigkeiten vorliegen, die auf die Ausbildung angerechnet werden können.

Abschnitt 3
Laufbahnabschnitt III

Unterabschnitt 1
Einstellung in den Laufbahnabschnitt III

§ 19 Einstellung, Direkteinstieg

(1) In den Laufbahnabschnitt III kann eingestellt werden, wer

1. die Voraussetzungen des § 3 erfüllt und
2. die zweite juristische Staatsprüfung oder die zweite Prüfung (Staatsprüfung) für ein Amt der Laufbahngruppe II, Ämtergruppe des zweiten Einstiegsamtes des allgemeinen Verwaltungsdienstes bestanden hat. Näheres regelt das für Inneres zuständige Ministerium.

(2) Die Bewerberinnen und Bewerber werden unter Berufung in das Beamtenverhältnis auf Probe zur Polizeirätin oder zum Polizeirat beziehungsweise zur Kriminalrätin oder zum Kriminalrat ernannt.

(3) Während der Probezeit erhalten die Polizeivollzugsbeamtinnen und Polizeivollzugsbeamten eine polizeiliche Fortbildung. Sie soll ihre bisherige Ausbildung ergänzen und sie auf ihre künftigen Aufgaben als Polizeivollzugsbeamte beziehungsweise Polizeivollzugsbeamter des Laufbahnabschnitts III vorbereiten. Das für Inneres zuständige Ministerium regelt Dauer und Gestaltung der polizeilichen Fortbildung.

Unterabschnitt 2
Zulassung von Beamtinnen und Beamten zur Ausbildung für den Laufbahnabschnitt III

§ 20 Zulassungsvoraussetzungen

Zur Ausbildung für den Laufbahnabschnitt III des Polizeivollzugsdienstes können Polizeivollzugsbeamtinnen und Polizeivollzugsbeamte zugelassen werden, die die Ausbildung an der Hochschule für Polizei und öffentliche Verwaltung NRW abgeleistet haben, wenn

1. sie sich nach der II. Fachprüfung in einer Dienstzeit von drei Jahren nach ihrer Eignung, Leistung und Befähigung hierfür in besonderer Weise bewährt haben,
2. die Leiterin oder der Leiter der Behörde eine Teilnahme am Auswahlverfahren befürwortet, weil sie unter Berücksichtigung ihrer Persönlichkeit sowie ihrer Eignung, Leistung und Befähigung für den Laufbahnabschnitt III des Polizeivollzugsdienstes geeignet erscheinen,
3. sie die Voraussetzungen des § 109 Absatz 2a des Landesbeamtengesetzes erfüllen und
4. sie am Auswahlverfahren (§ 21) erfolgreich teilgenommen haben. An dem Auswahlverfahren nehmen auch Polizeivollzugsbeamtinnen und Polizeivollzugsbeamte teil, die sich bereits in einem Laufbahnabschnitt befinden und die für eine höhere Laufbahn erforderliche Berufsausbildung oder Hochschulausbildung nachträglich erworben haben.

Das Nähere regelt das für Inneres zuständige Ministerium.

§ 21 Auswahlverfahren

(1) Die Bewerbungstermine für die Teilnahme am Auswahlverfahren werden von dem für Inneres zuständigen Ministerium bestimmt.

(2) Erfüllen die Bewerberinnen und Bewerber die in § 20 festgelegten Zulassungsvoraussetzungen, legt die Behördenleitung die Bewerbungen um Zulassung zur Ausbildung zum Laufbahnabschnitt III dem für Inneres zuständigen Ministerium vor. Bewerbungen von Polizeivollzugsbeamtinnen und Polizeivollzugsbeamten, welche die Voraussetzungen nicht erfüllen, weist der Dienstvorgesetzte schriftlich zurück.

(3) Zur Feststellung, inwieweit die Bewerberinnen und Bewerber für eine Zulassung zur Ausbildung für den Laufbahnabschnitt III geeignet sind, wird ein mehrstufiges Auswahlverfahren durchgeführt. Hierbei findet die aktuelle dienstliche Beurteilung Berücksichtigung. Das Nähere regelt das für Inneres zuständige Ministerium.

(4) Die Teilnahme am Auswahlverfahren ist in der Personalakte zu dokumentieren.

(5) Die Polizeivollzugsbeamtinnen und Polizeivollzugsbeamten können das Auswahlver-

fahren zweimal wiederholen. § 20 Satz 1 Nummer 3 ist zu beachten.

§ 22 Zulassung zur Ausbildung

(1) Über die Zulassung zur Ausbildung für den Laufbahnabschnitt III entscheidet das für Inneres zuständige Ministerium im Rahmen des Bedarfs an Polizeivollzugsbeamtinnen und Polizeivollzugsbeamten für den Laufbahnabschnitt III.

(2) Der Stichtag für den Beginn der Ausbildung für den Laufbahnabschnitt III ist der 1. Oktober jeden Jahres. Das für Inneres zuständige Ministerium kann weitere Termine bestimmen. Zu diesem Zeitpunkt müssen die in § 20 genannten Voraussetzungen erfüllt sein.

§ 23 Ausbildung, III. Fachprüfung

(1) Die Ausbildung besteht aus einer zweijährigen Förderphase und dem Masterstudium an der Deutschen Hochschule der Polizei. Die zur Ausbildung zugelassenen Polizeivollzugsbeamtinnen und Polizeivollzugsbeamten haben vor Beginn ihres Masterstudiums die Förderphase erfolgreich zu durchlaufen. Die Förderphase dient der Vermittlung eines umfassenden Einblicks in das polizeiliche Aufgabenspektrum. Sie gliedert sich in Theoriemodule und Praxisabschnitte bei Polizeibehörden und bei einer polizeilichen Aufsichtsbehörde. Die erfolgreiche Teilnahme an den einzelnen Teilen der Förderphase kann von der Erbringung von Leistungsnachweisen abhängig gemacht werden. Das Nähere regelt das für Inneres zuständige Ministerium.

(2) Das Masterstudium für den Laufbahnabschnitt III dauert in der Regel zwei Jahre. Es endet mit dem Masterabschluss der III. Fachprüfung an der Deutschen Hochschule der Polizei.

(3) Die Zulassung zur Ausbildung für den Laufbahnabschnitt III kann widerrufen werden, wenn nachträglich Tatsachen bekannt werden, die die Polizeivollzugsbeamtin beziehungsweise den Polizeivollzugsbeamten für den Laufbahnabschnitt III ungeeignet erscheinen lassen.

Unterabschnitt 3
Modulare Qualifizierung für den Laufbahnabschnitt III

§ 24 Modulare Qualifizierung für den Laufbahnabschnitt III

(1) Polizeivollzugsbeamtinnen und Polizeivollzugsbeamten, die sich in einem Amt der Besoldungsgruppe A 13 der Ämtergruppe des Laufbahnabschnitts II befinden und nicht die III. Fachprüfung abgelegt haben, darf ein Amt der Besoldungsgruppe A 13 der Ämtergruppe des Laufbahnabschnitts III frühestens nach einer Dienstzeit von drei Jahren verliehen werden, wenn sie

1. nach ihrer oder seiner Eignung, Leistung und Befähigung hierfür in besonderer Weise in Betracht kommen,
2. in einem Auswahlverfahren zu einer modularen Qualifizierung zugelassen worden sind,
3. die Qualifizierungsmaßnahmen erfolgreich absolviert haben und
4. sich anschließend in einer mindestens dreimonatigen Erprobung in den neuen Aufgabenbereichen bewährt haben; für die Erprobungszeit gilt § 25 Absatz 1 Satz 2 bis 7 der Laufbahnverordnung entsprechend.

Beurlaubungszeiten ohne Dienstbezüge, Freistellungszeiten innerhalb einer Teilzeitbeschäftigung im Sinne der §§ 65 und 66 des Landesbeamtengesetzes und Krankheitszeiten von mehr als drei Monaten gelten nach Maßgabe des § 5 Absatz 5 nicht als Erprobungszeit. Für die Berechnung der Erprobungszeit bei einer Teilzeitbeschäftigung gilt § 5 Absatz 6 entsprechend.

(2) Die Qualifizierungsmaßnahmen müssen geeignet sein, in Verbindung mit den bisher erworbenen Qualifizierungen und den bisherigen beruflichen Tätigkeiten zu einer erfolgreichen Wahrnehmung der Aufgaben der höheren Ämtergruppe zu befähigen. Das für Inneres zuständige Ministerium oder die von ihm bestimmte Stelle entscheidet über die Anforderungen an die Qualifizierungsinhalte und die Feststellung des Erfolgs sowie über Ausnahmen von der Teilnahme an einzelnen Modulen,

sofern an gleichwertigen Fortbildungen bereits vor der Zulassung zur modularen Qualifizierung teilgenommen wurde oder der Inhalt der dort vermittelten Module bereits im Rahmen der dienstlichen Tätigkeit erlernt wurde.

(3) Das für Inneres zuständige Ministerium oder die von ihm bestimmte Stelle entscheidet, ob sie die Möglichkeit einer modularen Qualifizierung anbietet und führt auf der Grundlage aktueller dienstlicher Beurteilungen ein Auswahlverfahren zur Auswahl der am besten geeigneten Polizeivollzugsbeamtinnen oder Polizeivollzugsbeamten durch. Das Auswahlverfahren dient der Feststellung, inwieweit und in welcher Rangfolge die Beamtinnen und Beamten für den Erwerb der Beförderungsvoraussetzungen auf Grundlage einer modularen Qualifizierung geeignet sind. In dem Auswahlverfahren wird, gemessen an dem Anforderungsprofil, das mit der Wahrnehmung eines Amtes des Laufbahnabschnitts III verbunden ist, die Eignung und Befähigung der Polizeivollzugsbeamtinnen und Polizeivollzugsbeamten überprüft.

Abschnitt 4
Ergänzende Vorschriften

§ 25 Übernahme von Beamtinnen und Beamten anderer Laufbahnen

(1) In den Laufbahnabschnitt II oder den Laufbahnabschnitt III des Polizeivollzugsdienstes können in Einzelfällen durch Anerkennung der Befähigung Beamtinnen und Beamte anderer Laufbahnen der Laufbahngruppe 2, Ämtergruppe des ersten und zweiten Einstiegsamtes übernommen werden, die die Befähigung für eine Laufbahn erworben haben, die dem Laufbahnabschnitt II oder dem Laufbahnabschnitt III des Polizeivollzugsdienstes gleichwertig ist. Die Laufbahnen und Laufbahnabschnitte sind einander gleichwertig, wenn sie zu derselben Laufbahngruppe gehören und die Befähigung aufgrund der bisherigen Vorbildung, Ausbildung und Tätigkeit durch erfolgreiche Unterweisung erworben werden kann.

(2) Die Dauer der Unterweisungszeit legt das für Inneres zuständige Ministerium fest. Sie soll mindestens ein Drittel des für den Laufbahnabschnitt vorgeschriebenen Vorbereitungsdienstes betragen. Während der Unterweisungszeit ist die Beamtin beziehungsweise der Beamte in die Aufgaben des Laufbahnabschnitts einzuführen.

(3) Über die Anerkennung der Befähigung für einen Laufbahnabschnitt entscheidet das für Inneres zuständige Ministerium oder die von ihm bestimmte Stelle. Der Beamtin beziehungsweise dem Beamten darf ein Amt in der Laufbahn der Polizeivollzugsbeamtinnen und Polizeivollzugsbeamten erst nach dem Erwerb der Befähigung verliehen werden.

§ 26 Ernennung früherer Polizeivollzugsbeamtinnen und Polizeivollzugsbeamter und Übernahme von Polizeivollzugsbeamtinnen und Polizeivollzugsbeamten anderer Dienstherren

(1) Bei der Ernennung früherer Polizeivollzugsbeamtinnen und Polizeivollzugsbeamter und der Übernahme von Polizeivollzugsbeamtinnen und Polizeivollzugsbeamten anderer Dienstherren ist diese Verordnung anzuwenden. Dies gilt nicht, wenn die Polizeivollzugsbeamtinnen und Polizeivollzugsbeamten kraft Gesetzes oder auf Grund eines Rechtsanspruchs in ihrer bisherigen Rechtsstellung übernommen werden.

(2) Von der Ableistung einer Probezeit kann abgesehen werden, wenn die Polizeivollzugsbeamtin oder der Polizeivollzugsbeamte eines anderen Dienstherrn oder die frühere Polizeivollzugsbeamtin beziehungsweise der frühere Polizeivollzugsbeamte bereits in das Beamtenverhältnis auf Lebenszeit berufen war. Auf die Probezeit kann eine nicht beendete frühere oder vorhergehende Probezeit angerechnet werden. Dies gilt auch für die Mindestprobezeit.

(3) War bereits ein Beförderungsamt verliehen, so brauchen die darunter liegenden Ämter nicht regelmäßig durchlaufen zu werden. Die im Beförderungsamt verbrachte Zeit darf auf die einjährige Dienstzeit nach § 19 Absatz 2 des Landesbeamtengesetzes angerechnet werden. Wird von Bewerberinnen

oder Bewerbern, denen in einem früheren Beamtenverhältnis bereits ein Beförderungsamt verliehen war, die Ableistung einer Probezeit gefordert, darf ihnen die Amtsbezeichnung eines der Beförderungsämter verliehen werden, die sie nach Satz 1 im Zeitpunkt der erneuten Berufung in das Beamtenverhältnis erreichen durften. In Zweifelsfällen bestimmt das für Inneres zuständige Ministerium im Einvernehmen mit dem für Finanzen zuständigen Ministerium, ob Ämter übersprungen werden.

Abschnitt 5 Übergangs- und Schlussvorschriften

§ 27 Übernahme von Führungsaufgaben

Polizeivollzugsbeamtinnen und Polizeivollzugsbeamte, die vor Inkrafttreten der Laufbahnverordnung der Polizei vom 4. Januar 1995 (GV. NRW. S. 42, ber. S. 216 und S. 922), die zuletzt durch Verordnung vom 13. Dezember 2017 (GV. NRW. S. 948, ber. S. 1020) geändert worden ist, die II. Fachprüfung abgelegt haben oder zur beruflichen Entwicklung in ein Amt der Laufbahngruppe 2, Ämtergruppe des ersten Einstiegsamtes (Laufbahnabschnitt II) zugelassen worden sind, können abweichend von § 8 Absatz 2 mit Führungsaufgaben innerhalb des Laufbahnabschnittes II betraut werden.

§ 28 Inkrafttreten, Außerkrafttreten

Diese Verordnung tritt am Tag nach der Verkündung in Kraft. Gleichzeitig tritt die Laufbahnverordnung der Polizei vom 20. März 2018 (GV. NRW. S. 1179) außer Kraft.

Verordnung über die Ausbildung und Prüfung für die Laufbahn der Ämtergruppe des zweiten Einstiegsamtes der Laufbahngruppe 1 des allgemeinen Verwaltungsdienstes des Landes Nordrhein-Westfalen (Ausbildungsverordnung zweites Einstiegsamt der Laufbahngruppe 1 des allgemeinen Verwaltungsdienstes Land – VAP1.2)

Vom 19. August 2011 (GV. NRW. S. 394)

Zuletzt geändert durch
Vierte Verordnung zur Änderung der Ausbildungsverordnung zweites Einstiegsamt Laufbahngruppe 1 des allgemeinen Verwaltungsdienstes Land
vom 3. September 2021 (GV. NRW. S. 1101)

Inhaltsübersicht

Auf Grund des § 6 Absatz 2 des Landesbeamtengesetzes vom 21. April 2009 (GV. NRW. S. 224), geändert durch Artikel 3 des Gesetzes vom 10. November 2009 (GV. NRW. S. 570), wird im Einvernehmen mit dem Finanzministerium verordnet:

Teil 1
Auswahl, Einstellung und Zulassung

§ 1 Einstellungsvoraussetzungen

In den Vorbereitungsdienst für die Laufbahn der Ämtergruppe des zweiten Einstiegsamtes der Laufbahngruppe 1 des allgemeinen Verwaltungsdienstes des Landes Nordrhein-Westfalen kann eingestellt werden, wer

1. die gesetzlichen Voraussetzungen für die Ernennung zur Beamtin oder zum Beamten erfüllt,
2. nach seinen charakterlichen, geistigen und körperlichen Anlagen für die Laufbahn geeignet ist; dabei darf von schwerbehinderten Menschen und ihnen gleichgestellten behinderten Menschen nur das für die Laufbahn erforderliche Mindestmaß körperlicher Eignung verlangt werden und
3. a) eine Realschule mit Erfolg besucht hat oder einen entsprechenden Bildungsstand besitzt, oder
   b) eine Hauptschule mit Erfolg besucht hat oder einen als gleichwertig anerkannten Bildungsstand besitzt sowie
      aa) eine förderliche abgeschlossene Berufsausbildung oder
      bb) eine abgeschlossene Ausbildung in einem öffentlich-rechtlichen Ausbildungsverhältnis nachweist.

§ 1a Anerkennung anderer Laufbahnen

Mit Erwerb einer Laufbahnbefähigung für die Ämtergruppe des zweiten Einstiegsamtes der Laufbahngruppe 1 in der Finanzverwaltung oder für die Ämtergruppe des zweiten Einstiegsamtes der Laufbahngruppe 1 des allgemeinen Verwaltungsdienstes in den Gemeinden und Gemeindeverbänden besteht zugleich eine Laufbahnbefähigung für die Laufbahn der Ämtergruppe des zweiten Einstiegsamtes der Laufbahngruppe 1 des allgemeinen Verwaltungsdienstes.

§ 2 Bewerbungen

(1) Bewerbungen sind an die jeweils zuständige Einstellungsbehörde zu richten. Einstellungsbehörden sind

1. die Bezirksregierungen,
2. das Landesamt für Besoldung und Versorgung,
3. der Landesbetrieb Information und Technik Nordrhein-Westfalen,
4. der Landesbetrieb Straßenbau Nordrhein-Westfalen und
5. das Landesamt für Finanzen.

(2) Der Bewerbung sind beizufügen:

1. ein Lebenslauf,
2. eine Einverständniserklärung der gesetzlichen Vertreter, wenn die Bewerberin oder der Bewerber noch nicht volljährig ist und
3. eine beglaubigte Abschrift des letzten Schulzeugnisses vor der Bewerbung, ggf. auch Abschriften von Zeugnissen über die Tätigkeiten seit der Schulentlassung. Sofern ein Zwischenzeugnis vorgelegt wird, ist das Abschlusszeugnis, das die nach § 1 Nummer 3 zu fordernde Vorbildung nachweist, unverzüglich nachzureichen.

(3) Bei Bewerbungen aus dem öffentlichen Dienst kann auf die Vorlage der Unterlagen verzichtet werden, die bereits in der Personalakte enthalten sind.

§ 3 Auswahl

(1) Der Entscheidung über die Zulassung geht ein Verfahren nach anerkannten wissenschaftlichen Regeln der Personalauswahl voraus.

(2) Die Einzelheiten des Auswahlverfahrens regelt das für Inneres zuständige Ministerium.

(3) Auf der Grundlage des Ergebnisses des Auswahlverfahrens entscheidet die Einstellungsbehörde über die Zulassung.

§ 4 Einstellungszeitpunkt, Zulassung

(1) Die Bewerberinnen oder Bewerber werden zum 1. September eines Jahres eingestellt oder zur Aufstiegseinführung zugelassen.

(2) Vor der Einstellung hat die Bewerberin oder der Bewerber folgende Unterlagen vorzulegen

1. eine Geburtsurkunde,
2. ein amtsärztliches Gesundheitszeugnis,
3. eine Erklärung, ob sie oder er vorbestraft ist, und ob gegen sie oder ihn ein gerichtliches Strafverfahren oder ein Ermittlungsverfahren der Staatsanwaltschaft anhängig ist und
4. eine Erklärung, ob sie oder er in geordneten wirtschaftlichen Verhältnissen lebt.

Die Bewerberin oder der Bewerber hat rechtzeitig bei der zuständigen Meldebehörde ein Führungszeugnis zur Vorlage bei Behörden zu beantragen. § 2 Absatz 3 gilt entsprechend.

§ 5 Rechtsstellung

Die Bewerberinnen und Bewerber werden unbeschadet der besonderen Bestimmungen für Aufstiegsbeamtinnen und -beamte, Beamtinnen und Beamte in der Qualifizierung und Polizeivollzugsbeamtinnen und -beamte von der Einstellungsbehörde in das Beamtenverhältnis auf Widerruf berufen und führen die Dienstbezeichnung „Regierungssekretäranwärterin" oder „Regierungssekretäranwärter".

§ 6 (weggefallen)

Teil 2
Vorbereitungsdienst

Kapitel 1
Allgemeines

§ 7 Dauer des Vorbereitungsdienstes

(1) Der Vorbereitungsdienst umfasst die praktische und theoretische Ausbildung sowie die Prüfung. Er dauert zwei Jahre.

(2) Beim erstmaligen Nichtbestehen der Prüfung (§ 21 Absatz 5 und 6, § 21a Absatz 2 und 3, § 23 Absatz 2, § 25 Absatz 5) kann der Vorbereitungsdienst um höchstens ein Jahr durch die Einstellungsbehörde verlängert werden. Über die Notwendigkeit und das Maß der Verlängerung des Vorbereitungsdienstes aus Anlass von Sonderurlaubs- und Krankheitszeiten entscheidet die Einstellungsbehörde; eine solche Verlängerung ist auf die Höchstgrenze nach Satz 1 nicht anzurechnen.

§ 8 Ziel

Ziel des Vorbereitungsdienstes ist es, die Beamtinnen und die Beamten für die Laufbahn zu befähigen. Ihnen sind

1. das erforderliche Fachwissen,
2. die Fähigkeit, Sach- und Rechtszusammenhänge zu erkennen,
3. die Arbeitstechnik zur Vorbereitung und Durchführung von Entscheidungen sowie
4. die Kenntnis wirtschaftlicher Zusammenhänge

zu vermitteln.

§ 9 Vorzeitige Entlassung

(1) Eine Beamtin oder ein Beamter ist zu entlassen, wenn sie oder er

1. die geistigen oder körperlichen Anforderungen nicht erfüllt oder sonst ein wichtiger Grund vorliegt oder
2. die in § 16 Absatz 3 geforderte Leistungsbewertung (Punktwert) endgültig nicht erreicht.

(2) Für die Beamtinnen und Beamten in der Qualifizierung und für Polizeivollzugsbeamtinnen und Polizeivollzugsbeamten der Laufbahngruppe 1 im zweiten Einstiegsamt im Laufbahnwechsel gilt Absatz 1 Nummer 1 mit der Maßgabe, dass sie aus der Einführungszeit beziehungsweise aus der Unterweisungszeit ausscheiden.

§ 9a Regelungen für Prüflinge mit Behinderungen

Prüflingen mit Behinderungen sowie Prüflingen, die eine krankheitsbedingte Beeinträchtigung zum Zeitpunkt der Prüfung aufweisen, ohne prüfungsunfähig zu sein, ist für die Teilnahme an Prüfungen auf Antrag von der Prüfungsbehörde der ihrer Behinderung oder krankheitsbedingten Beeinträchtigung angemessene Nachteilsausgleich zu gewähren. Prüflinge mit Behinderungen legen die erforderlichen Bescheinigungen über Art und Umfang ihrer Behinderung vor, sofern sie Erleichterungen im Rahmen der Prüfung in Anspruch nehmen wollen. Prüflinge, die eine krankheitsbedingte Beeinträchtigung zum Zeitpunkt der Prüfung aufweisen, legen ein ärztliches Zeugnis vor. Art und Umfang des Nachteilsausgleichs sind mit ihnen zu erörtern. Der Nachteilsausgleich darf nicht zu einer qualitativen Herabsetzung der Prüfungsanforderungen insgesamt führen. Der Antrag soll zu Beginn eines jeden Studienjahres gestellt werden. Die Schwerbehindertenvertretung hat bei mündlichen und fachpraktischen Prüfungen von Prüflingen mit Behinderungen ein Teilnahmerecht. Das Teilnahmerecht erstreckt sich nicht auf die Beratung über das Prüfungsergebnis. Die Schwerbehindertenvertretung ist im Einvernehmen mit dem Prüfling zur unverzüglichen Rüge von Verfahrensfehlern gegenüber der Prüfungsbehörde berechtigt. § 178 des Neunten Buches Sozialgesetzbuch vom 23. Dezember 2016 (BGBl. I S. 3234) in der jeweils geltenden Fassung bleibt unberührt.

Kapitel 2
Ausbildung

§ 10 Ausbildungsleitung, Ausbilderinnen und Ausbilder

(1) Die Einstellungsbehörde bestellt die Ausbildungsleitung. Für die praktische Ausbildung sind in den einzelnen Ausbildungsstellen Ausbilderinnen und Ausbilder zu bestellen.

(2) Die Ausbildungsleitung hat die praktische Ausbildung in den Ausbildungsstellen, insbesondere durch regelmäßiges Aufsuchen verschiedener Ausbildungsplätze, zu begleiten. In regelmäßigen Abständen hat sie die Ausbilderinnen und Ausbilder über aktuelle Themen der Ausbildung zu unterrichten und auf die Beseitigung von eventuellen Mängeln hinzuwirken. Soweit die auszubildenden Beamtinnen und Beamten desselben Zulassungstermins eine Sprecherin oder einen Sprecher gewählt haben, soll diese Person an den Besprechungen teilnehmen.

(3) Die Ausbilderinnen und Ausbilder unterweisen die Beamtinnen und Beamten am Arbeitsplatz und leiten sie an. Sie informieren über den Stand der Ausbildung, führen zum Schluss der Ausbildung das Beurteilungsgespräch und legen die Beurteilung nach § 14 der Ausbildungsleitung vor.

§ 11 Bewertung der Leistungen

(1) Die Leistungen während der Ausbildung einschließlich der Prüfungen dürfen nur wie folgt bewertet werden:

sehr gut	= 15–14 Punkte = eine den Anforderungen in besonderem Maße entsprechende Leistung
gut	= 13–11 Punkte = eine den Anforderungen voll entsprechende Leistung
befriedigend	= 10–8 Punkte = eine im Allgemeinen den Anforderungen entsprechende Leistung
ausreichend	= 7–5 Punkte = eine Leistung, die zwar Mängel aufweist, aber im Ganzen den Anforderungen noch entspricht
mangelhaft	= 4–2 Punkte = eine den Anforderungen nicht entsprechende Leistung, die jedoch erkennen lässt, dass die notwendigen Grundkenntnisse vorhanden sind und die Mängel in absehbarer Zeit behoben werden könnten
ungenügend	= 1–0 Punkte = eine den Anforderungen nicht entsprechende Leistung, bei der selbst die Grundkenntnisse so lückenhaft sind, dass die Mängel in absehbarer Zeit nicht behoben werden können.

(2) Die Durchschnittsnoten sind jeweils bis zur zweiten Dezimalstelle zu berechnen. Bei der Ermittlung des Gesamtergebnisses bleiben Bruchwerte, die sich bei Abschluss des

Rechnungsgangs ergeben, unter einem Wert von 5,00 Punkten unberücksichtigt. Ab einem Wert von 5,00 Punkten aufwärts wird wie folgt auf- oder abgerundet:

5,00 bis unter 5,50 = ausreichend (5),
5,50 bis unter 6,50 = ausreichend (6),
6,50 bis unter 7,50 = ausreichend (7),
7,50 bis unter 8,50 = befriedigend (8),
8,50 bis unter 9,50 = befriedigend (9),
9,50 bis unter 10,50 = befriedigend (10),
10,50 bis unter 11,50 = gut (11),
11,50 bis unter 12,50 = gut (12),
12,50 bis unter 13,50 = gut (13),
13,50 bis unter 14,50 = sehr gut (14),
14,50 bis 15,00 = sehr gut (15).

§ 12 Ausbildungsgang

(1) Während der Ausbildung werden die Beamtinnen und Beamten praktisch und theoretisch ausgebildet. Die praktische Ausbildung umfasst mehrere in entsprechenden Ausbildungsstellen abzuleistende Abschnitte, die theoretische Ausbildung wird in zentralen Lehrgängen vermittelt (§ 15).

(2) Die Beamtinnen und Beamten sind zum Selbststudium verpflichtet. Die Ausbildungsbehörde soll sie hierbei soweit erforderlich und vertretbar unterstützen, indem sie insbesondere Ausbildungsräume und aktuelle Literatur zur Verfügung stellt.

§ 13 Praktische Ausbildung

(1) Die Beamtinnen und Beamten sollen die für ihre Laufbahn bedeutsamen Aufgaben und die für ihre Erledigung zu beachtenden Rechts- und Verwaltungsvorschriften kennenlernen. Anhand von Fällen aus der Verwaltungspraxis soll die Anwendung des Fachwissens methodisch geübt werden.

(2) Die praktische Ausbildung erfolgt in drei Zeitblöcken in fünf Ausbildungsabschnitten:

1. Zeitblock (nach dem Einführungslehrgang Teil I):
   Ausbildungsabschnitt 1: „Geschäftsablauf",
2. Zeitblock (nach dem Einführungslehrgang Teil II):
   Ausbildungsabschnitt 2: „Öffentliche Finanzwirtschaft",
   Ausbildungsabschnitt 3: „Öffentliches Dienstrecht (Beamten- und Tarifrecht)",
   Ausbildungsabschnitt 4: „Reisekosten, Beihilfe";
3. Zeitblock (nach dem Zwischenlehrgang):
   Ausbildungsabschnitt 5 (der vor dem Abschlusslehrgang durchzuführen ist):
   a) bei den Bezirksregierungen „ordnende und leistende Verwaltung",
   b) beim Landesamt für Besoldung und Versorgung „Besoldung, Versorgung, Entgelte",
   c) beim Landesbetrieb Information und Technik Nordrhein-Westfalen „Statistik",
   d) beim Landesbetrieb Straßenbau Nordrhein-Westfalen „Justiziariat" und
   e) beim Landesamt für Finanzen „Landeshauptkasse, Aufgabenbereich Rückgriff nach dem Unterhaltsvorschussgesetz".

Jeder Ausbildungsabschnitt soll mindestens zweieinhalb Monate betragen.

Bei den Ausbildungsabschnitten zwei bis fünf kann von der Reihenfolge abgewichen werden.

(3) Mit einfachen, regelmäßig wiederkehrenden Arbeiten dürfen die Beamtinnen und Beamten nicht länger als für den Zweck der Ausbildung erforderlich beschäftigt werden.

(4) Die bearbeiteten Vorgänge sind zu besprechen und bei der Beurteilung zu berücksichtigen.

(5) Die Beamtinnen und Beamten werden in den Einstellungsbehörden in den dort verwendeten elektronischen und digitalen Fachanwendungen unterwiesen.

§ 14 Beurteilung

Über die praktische Ausbildung in den Abschnitten 1 bis 5 ist spätestens am letzten Tag des jeweiligen Ausbildungsabschnittes eine Beurteilung zu fertigen und zur Ausbildungsakte zu nehmen.

§ 15 Theoretische Ausbildung

(1) Das Institut für öffentliche Verwaltung ist für die theoretische Ausbildung zuständig. Diese dient der Vorbereitung, der Ergänzung und der Vertiefung der praktischen Ausbildung. Die Landesbehörden unterstützen das Institut für öffentliche Verwaltung bei der Durchführung der theoretischen Ausbildung insbesondere durch Freistellung von Dozentinnen und Dozenten. Das Institut für öffentliche Verwaltung erstellt den Zeitplan der Ausbildung.

(2) Das Unterrichtsvolumen, die Unterrichtsinhalte und die Verteilung des Unterrichtsstoffes auf zentrale Lehrgänge bestimmt das für Inneres zuständige Ministerium durch den Lehr- und Stoffverteilungsplan. Dieser ist den Dozentinnen und Dozenten sowie den Beamtinnen und Beamten zu Beginn der Ausbildung bekannt zu geben. Während der theoretischen Ausbildung besteht die Verpflichtung, den Unterrichtsstoff nach Anweisung der Dozentin oder des Dozenten in Eigenarbeit vor- beziehungsweise nachzuarbeiten.

§ 16 Einführungslehrgang

(1) Die Beamtinnen und Beamten nehmen nach einer Einweisung in der Einstellungsbehörde an einem Einführungslehrgang teil, der in der Regel dreieinhalb Monate dauert und sich in zwei Teile gliedert. Zwischen dem ersten und dem zweiten Teil findet die praktische Ausbildung im Ausbildungsabschnitt 1 statt.

(2) Während des Einführungslehrgangs soll festgestellt werden, ob die Beamtinnen und Beamten aufgrund ihrer Leistungen den Berufsanforderungen gerecht werden. Sie haben am Ende des gesamten Einführungslehrgangs vier Aufgaben aus verschiedenen Unterrichtsfächern zu lösen. Für die Lösung jeder Aufgabe stehen zwei Zeitstunden zur Verfügung. § 21 Absatz 2 bis 6, § 21a und § 22 Absatz 3 finden sinngemäß Anwendung. Spätestens zehn Tage vor dem ersten Termin sind die Fächer, aus denen die Aufgaben gestellt werden, bekanntzugeben.

(3) Die Arbeiten sind von einer Dozentin oder einem Dozenten, die oder der in dem Lehrgang unterrichtet hat, zu bewerten. Die Einzelnoten sind zu addieren, das Ergebnis durch die Zahl 4 zu teilen. Ergibt die Rechnung den Punktwert 4,5 oder schlechter, so haben sich die Beamtinnen und Beamten in den Fächern, in denen die Leistungen mit weniger als der Note „ausreichend" bewertet wurden, innerhalb von zwei Monaten nach dem Ende des Einführungslehrgangs einer nochmaligen schriftlichen Überprüfung zu unterziehen. Ergeben die neugeschriebenen Arbeiten und die mindestens mit „ausreichend" bewerteten Arbeiten des Einführungslehrgangs nicht mindestens den Punktwert 5,00, so ist die Beamtin oder der Beamte aus dem Vorbereitungsdienst zu entlassen.

§ 17 Zwischenlehrgang

(1) Nach dem Ausbildungsabschnitt 2 nehmen die Beamtinnen und Beamten an einem in der Regel zweieinhalbmonatigen Zwischenlehrgang teil.

(2) Im Zwischenlehrgang werden die im Einführungslehrgang und den Ausbildungsabschnitten 1 bis 4 erlernten Kenntnisse vertieft. Daneben werden neue Inhalte vermittelt, die auf den Ausbildungsabschnitt 5 vorbereiten sollen.

(3) Gegen Ende des Lehrgangs sind zwei Aufgaben aus verschiedenen Unterrichtsfächern zu lösen, deren Ergebnisse mit insgesamt 5 Prozent in die Gesamtnote der Abschlussprüfung einfließen. Für die Lösung jeder Aufgabe stehen drei Zeitstunden zur Verfügung. § 21 Absatz 2 bis 6, § 21a und § 22 Absatz 3 finden sinngemäß Anwendung. Die Arbeiten sind möglichst von einer Dozentin oder einem Dozenten, die oder der in dem Lehrgang unterrichtet hat, zu bewerten. Die Fächer, aus denen die Aufgaben gestellt werden, sind spätestens zehn Tage vor dem ersten Termin bekanntzugeben.

§ 18 Abschlusslehrgang

(1) Zur Vorbereitung auf die Laufbahnprüfung findet ein zentraler Abschlusslehrgang statt, der in der Regel drei Monate dauert.

(2) Die Einstellungsbehörde lässt die zur Prüfung anstehenden Beamtinnen und Beamten zum Lehrgang zu und stellt sie dem Landesprüfungsamt (§ 19a) vor. Das Landesprüfungsamt kann die Vorlage der Personalakten verlangen.

Teil 3
Prüfung

§ 19 Zweck der Prüfung

Die Prüfung dient der Feststellung, ob die Beamtinnen oder die Beamten für die Laufbahn befähigt sind. Sie sollen nachweisen, dass sie die erforderlichen Fachkenntnisse erworben haben und in der Lage sind, diese Kenntnisse in Aufgabenbereichen ihrer Laufbahn praxisbezogen anzuwenden.

§ 19a Landesprüfungsamt

Für die Organisation und Durchführung der Staatsprüfung ist das Landesprüfungsamt für Verwaltungslaufbahnen (Landesprüfungsamt) zuständig.

§ 20 Prüfungsausschuss

(1) Die Prüfung wird vor einem Prüfungsausschuss abgelegt, der beim Landesprüfungsamt gebildet wird. Das Landesprüfungsamt richtet bei Bedarf weitere Prüfungsausschüsse ein. Jeder Prüfungsausschuss ist zu besetzen mit einer Beamtin oder einem Beamten der Ämtergruppe des zweiten Einstiegsamtes der Laufbahngruppe 2 des allgemeinen Verwaltungsdienstes als Vorsitzender oder Vorsitzendem sowie zwei Beamtinnen oder Beamten der Ämtergruppe des ersten Einstiegsamtes der Laufbahngruppe 2 des allgemeinen Verwaltungsdienstes als Beisitzerinnen oder Beisitzer. Die Mitglieder des Prüfungsausschusses werden für die Dauer von drei Jahren bestellt. Die Wiederbestellung ist zulässig. Sie sind in ihrer Prüfungstätigkeit unabhängig. Scheidet ein Mitglied aus, wird die Nachfolge für die restliche Zeitdauer bestellt. Für die Prüfungsausschussmitglieder bestellt das Landesprüfungsamt Stellvertretungen.

(2) Die Sitzungen des Prüfungsausschusses sind nicht öffentlich. Beauftragte des für Inneres zuständigen Ministeriums sowie des Landesprüfungsamtes sind berechtigt, bei der praktischen Prüfung zugegen zu sein. Die oder der Vorsitzende des Prüfungsausschusses kann ferner Personen, bei denen ein dienstliches Interesse vorliegt, sowie Beamtinnen und Beamten, die noch nicht im Prüfungsverfahren stehen, gestatten, bei der praktischen Prüfung zugegen zu sein. Die Beratung und Abstimmung über das Prüfungsergebnis erfolgt unter Ausschluss aller Personen, die nicht Mitglied des jeweiligen Prüfungsausschusses sind.

§ 21 Durchführung der Prüfung

(1) Die Prüfung besteht aus einem schriftlichen und einem praktischen Teil. Anstelle einer schriftlichen Arbeit kann die Prüfung computergestützt durchgeführt werden. In diesem Fall gelten die Regelungen zu den schriftlichen Arbeiten sinngemäß. Die Landesbehörden unterstützen das Landesprüfungsamt bei der Durchführung der Prüfung insbesondere durch Freistellung von Mitgliedern für die Prüfungsausschüsse sowie Prüfungsaufsichten.

(2) Sind Prüflinge durch Krankheit oder sonstige von ihnen nicht zu vertretenden Umstände an der Ablegung der Prüfung oder von Prüfungsteilen verhindert, so ist dies dem Landesprüfungsamt in geeigneter Form nachzuweisen. Entschuldigungsgründe sind nur zu berücksichtigen, wenn sie unverzüglich gegenüber dem Landesprüfungsamt geltend gemacht werden.

(3) Die Prüflinge können in besonderen Fällen mit Genehmigung des Landesprüfungsamtes von der Prüfung zurücktreten. Die Rücktrittsgenehmigung darf nur aus wichtigem Grund erteilt werden.

(4) Wird eine Prüfung aus den in den Absätzen 2 und 3 genannten Gründen abgebrochen, so wird sie an einem vom Landesprüfungsamt zu bestimmenden Termin fortgesetzt. Dabei ist vom Landesprüfungsamt zu entscheiden, ob und in welchem Umfang die bereits abgelieferten Arbeiten als Prüfungsarbeiten anzurechnen sind.

(5) Schriftliche Aufgaben, zu denen Prüflinge ohne ausreichende Entschuldigung nicht erscheinen oder deren Lösung ohne ausreichende Entschuldigung nicht abgegeben werden, sind mit „ungenügend“ zu bewerten; bei zwei oder mehr aus diesen Gründen nicht erbrachten Lösungen gilt die Prüfung als nicht bestanden.

(6) Erscheinen Prüflinge ohne ausreichende Entschuldigung nicht zur praktischen Prüfung oder treten sie ohne Genehmigung zurück, so gilt diese Prüfung als nicht bestanden.

§ 21a Ordnungsverstöße/Täuschungsversuche

(1) Prüflinge, die bei der Anfertigung einer schriftlichen Arbeit erheblich gegen die Ordnung verstoßen, können von der Fortsetzung dieser Arbeit ausgeschlossen werden. Unternimmt ein Prüfling bei der Anfertigung einer schriftlichen Arbeit eine Täuschung oder einen Täuschungsversuch, so haben die Aufsichtsführenden dies in der Niederschrift zu vermerken und das Landesprüfungsamt davon unverzüglich zu unterrichten. Das Mitführen von unzulässigen Hilfsmitteln gilt in der Regel als Täuschungsversuch.

(2) Über die Folgen eines Täuschungsversuches oder eines erheblichen Verstoßes gegen die Ordnung entscheidet das Landesprüfungsamt. Es kann nach der Schwere der Verfehlung die Wiederholung einzelner oder mehrerer Prüfungsleistungen anordnen oder die Prüfung für nicht bestanden erklären.

(3) Hat der Prüfling bei der Prüfung getäuscht und wird diese Tatsache erst nach Aushändigung des Zeugnisses bekannt, so kann das Landesprüfungsamt nachträglich die Prüfung für nicht bestanden erklären, jedoch nur innerhalb einer Frist von fünf Jahren nach dem Tage der praktischen Prüfung.

§ 22 Schriftliche Prüfung

(1) Das Landesprüfungsamt setzt den Zeitpunkt der schriftlichen Prüfung fest und teilt die Termine und Prüfungsfächer spätestens zehn Tage vorher den Prüflingen mit. Das Landesprüfungsamt stellt die Aufgaben und bestimmt, welche Hilfsmittel bei der Anfertigung der Arbeiten benutzt werden dürfen.

(2) Die im schriftlichen Teil der Laufbahnprüfung zu stellenden vier Aufgaben sind den folgenden Prüfungsfächern zu entnehmen:

1. Staats- und Europarecht,
2. Beamtenrecht,
3. Arbeits- und Tarifrecht,
4. Beihilferecht,
5. Reisekostenrecht, Trennungsgeld, Umzugskosten,
6. Allgemeines Verwaltungsrecht einschließlich des Ordnungsrechts,
7. Öffentliche Finanzwirtschaft und
8. Öffentliche Betriebswirtschaftslehre.

Für die Bearbeitung und Lösung jeder Aufgabe sind drei Zeitstunden anzusetzen.

(3) Die schriftlichen Arbeiten sind getrennt in verschlossenen Umschlägen aufzubewahren und erst an den Prüfungstagen in Gegenwart der Prüflinge zu öffnen. Die Prüfungsarbeiten sind anonym zu schreiben.

(4) Das Landesprüfungsamt bestimmt, wer die Aufsicht führt. Die Aufsichtsführenden fertigen eine Niederschrift nach dem Muster der Anlage 1 und vermerken in ihr jede Unregelmäßigkeit. Die schriftlichen Arbeiten und die Niederschrift sind in einem Umschlag zu verschließen und dem Landesprüfungsamt oder einer von ihm bestimmten Person unmittelbar zu übersenden.

§ 23 Bewertung der schriftlichen Prüfungsleistungen

(1) Die Arbeiten sind von zwei Prüferinnen oder Prüfern nacheinander in der vom Vorsitz bestimmten Reihenfolge zu beurteilen und mit Noten und Punkten nach § 11 Absatz 1 zu bewerten. Das Landesprüfungsamt kann Dozentinnen und Dozenten aus dem Abschlusslehrgang oder weitere Prüfer, die nicht Mitglieder des Prüfungsausschusses sind, zur gutachterlichen Vorbeurteilung hinzuziehen. Bei der Bewertung sind nicht nur die Richtigkeit der Lösung, sondern auch deren Gliederung, die Art der Begründung sowie die sprachliche Darstellung zu berücksichtigen. Bei abweichender Bewertung ist eine Einigung im Rahmen der vorgegebenen Noten anzustreben; kommt sie nicht zustande, entscheidet der Prüfungsausschuss mit Stimmenmehrheit. Stimmenthaltung ist unzulässig. Erst nach Bewertung sämtlicher Arbeiten ist die Anonymität (§ 22 Absatz 3 Satz 2) aufzuheben.

(2) Der Prüfling ist zur praktischen Prüfung zugelassen, wenn mindestens drei Prüfungs-

arbeiten mit „ausreichend" oder mit einer besseren Bewertung beurteilt worden sind und der Notendurchschnitt einen Punktwert von mindestens 5 erreicht. Andernfalls ist die Prüfung nicht bestanden.

(3) Spätestens zehn Tage vor der praktischen Prüfung sind den Prüflingen die Zulassung zur praktischen Prüfung sowie die Prüfungsfächer der praktischen Prüfung mitzuteilen. Über die Nichtzulassung zur praktischen Prüfung und die Ergebnisse der schriftlichen Prüfung erlässt das Landesprüfungsamt einen Bescheid.

§ 24 Praktische Prüfung und Bewertung der Prüfungsleistungen

(1) Die praktische Prüfung soll vor Ablauf der Ausbildung und spätestens acht Wochen nach der schriftlichen Prüfung stattfinden. Die praktische Prüfung gliedert sich in ein Fachgespräch mit einem Mitglied des Prüfungsausschusses oder einem vom Landesprüfungsamt bestimmten Prüfer, der nicht der Ausbilder des Prüflings sein darf, über eine vom Prüfling vorbereitete praktische Aufgabe und ein Prüfungsgespräch mit dem Prüfungsausschuss. Fach- und Prüfungsgespräch sollen insgesamt nicht länger als 30 Minuten dauern. Die Dauer des Prüfungsgesprächs soll dabei 15 Minuten nicht überschreiten. Dem Prüfling ist eine Vorbereitungszeit von 30 Minuten zur Vorbereitung der praktischen Aufgabe zu gewähren. Das Fachgespräch soll sich auf ein Prüfungsfach beziehen.

(2) Das Landesprüfungsamt bestimmt die vier Prüfungsfächer, auf die sich die praktische Prüfung erstreckt. Die Prüfungsfächer sind:

1. Staats- und Europarecht,
2. Beamtenrecht,
3. Arbeits- und Tarifrecht,
4. Beihilferecht,
5. Reisekostenrecht, Trennungsgeld, Umzugskosten,
6. Allgemeines Verwaltungsrecht einschließlich des Ordnungsrechts,
7. Öffentliche Finanzwirtschaft,
8. Öffentliche Betriebswirtschaftslehre und
9. Verwaltungsorganisation.

(3) Das vorsitzende Mitglied des Prüfungsausschusses leitet die praktische Prüfung. Es ist berechtigt, jederzeit in die Prüfung einzugreifen.

(4) Das Landesprüfungsamt kann Dozentinnen und Dozenten, die im Abschlusslehrgang unterrichtet haben und nicht Mitglieder des Prüfungsausschusses sind, beauftragen, Prüfungsfragen zu stellen.

(5) Der Prüfungsausschuss bewertet die Leistungen der praktischen Prüfung als einzelne Prüfungsleistung.

§ 25 Gesamtergebnis

(1) Nach der praktischen Prüfung stellt der Prüfungsausschuss das Gesamtergebnis der Prüfung fest und gibt es den Prüflingen bekannt.

(2) Grundlagen der Festsetzung sind folgende Punktwerte

1. für die Ausbildung mit 20 Prozent,
2. für die Lehrgangsklausuren mit 5 Prozent,
3. für die Leistungen in der schriftlichen Prüfung mit 50 Prozent und
4. für die Leistungen in der praktischen Prüfung mit 25 Prozent.

(3) Die Punktwerte für die Leistungen in der schriftlichen und in der praktischen Prüfung werden ermittelt, indem die jeweiligen Punktzahlen der Einzelleistungen zusammengezählt werden und die Summe durch die Anzahl der Einzelleistungen geteilt wird. Bruchwerte sind bis zur zweiten Dezimalstelle zu errechnen.

(4) Die Punktwerte nach Absatz 2 werden entsprechend ihrem jeweiligen Anteilsverhältnis zu einem Punktwert für die Abschlussnote zusammengefasst. Bei der Ermittlung des Gesamtergebnisses bleiben die Bruchwerte, die sich beim Abschluss des Rechengangs ergeben, unter einem Punktwert von 5,00 unberücksichtigt und werden ab einem Punktwert von 5,00 wie folgt auf- oder abgerundet:

5,00 bis unter 5,50	= ausreichend (5),
5,50 bis unter 6,50	= ausreichend (6),
6,50 bis unter 7,50	= ausreichend (7),
7,50 bis unter 8,50	= befriedigend (8),

8,50 bis unter 9,50 = befriedigend (9),
9,50 bis unter 10,50 = befriedigend (10),
10,50 bis unter 11,50 = gut (11),
11,50 bis unter 12,50 = gut (12),
12,50 bis unter 13,50 = gut (13),
13,50 bis unter 14,50 = sehr gut (14),
14,50 bis 15,00 = sehr gut (15).

(5) Wird das Gesamtergebnis der Prüfung mit „mangelhaft“ oder „ungenügend“ bewertet, so ist die Prüfung nicht bestanden. Dies gilt auch, wenn die praktische Prüfung mit der Note „ungenügend“ abgeschlossen wurde.

(6) Der Prüfungsausschuss kann Entscheidungen, die eine Beurteilung der Prüfungsleistungen enthalten, nicht abändern.

§ 26 Niederschrift und Einsichtnahme

(1) Über den Prüfungshergang ist für jeden Prüfling eine Niederschrift nach dem Muster der Anlage 2 zu fertigen. Eine Zweitausfertigung der Niederschrift ist der Einstellungsbehörde zur Aufnahme in die Personalakte zu übersenden.

(2) Die Prüflinge können nach Abschluss des Prüfungsverfahrens innerhalb eines Jahres Einsicht in ihre Prüfungsarbeiten einschließlich ihrer Bewertung nehmen.

§ 27 Prüfungszeugnis, Berufsbezeichnung

(1) Über das Ergebnis der bestandenen Prüfung händigt das Landesprüfungsamt ein Prüfungszeugnis aus. Eine Zweitausfertigung des Zeugnisses oder der Mitteilung ist der Einstellungsbehörde zur Aufnahme in die Personalakten zu übersenden.

(2) Die bestandene Laufbahnprüfung berechtigt dazu, die Berufsbezeichnung „Verwaltungswirtin/Verwaltungswirt“ zu führen.

(3) Wer die Prüfung nicht bestanden hat, erhält darüber eine schriftliche Mitteilung durch das Landesprüfungsamt.

(4) Die Prüfungsarbeiten und Niederschriften nach Anlage 1 sind fünf Jahre aufzubewahren. Die Zeugnisse und Prüfungsniederschriften nach Anlage 2 sind 30 Jahre aufzubewahren.

§ 28 Wiederholung der Prüfung

(1) Wer die Prüfung nicht bestanden hat, kann sie einmal wiederholen. Die Frist, nach deren Ablauf die Prüfung wiederholt werden kann, bestimmt das Landesprüfungsamt auf Vorschlag des Prüfungsausschusses. § 7 Absatz 2 ist zu beachten. Auf Vorschlag des Landesprüfungsamtes bestimmt die Einstellungsbehörde, für welche Zeit der Vorbereitungsdienst verlängert wird.

(2) Die Prüfung ist vollständig zu wiederholen (§ 21 Absatz 1 Satz 3).

§ 29 Beendigung des Beamtenverhältnisses

Bei Beamtinnen und Beamten, die die Prüfung

1. bestanden haben,
2. nicht bestanden haben und die Wiederholung der Prüfung nicht wünschen oder
3. auch bei Wiederholung nicht bestanden haben,

endet das Beamtenverhältnis an dem Tage, an dem das Prüfungsergebnis bekanntgegeben wird. Erklären Prüflinge, die die Prüfung nicht bestanden haben, erst später, sie wollen die Prüfung nicht wiederholen (Nummer 2), endet das Beamtenverhältnis am Tage der Erklärung.

Teil 4
Berufliche Entwicklung innerhalb der Laufbahngruppe 1, Laufbahnwechsel von polizeidienstunfähigen Polizeivollzugsbeamtinnen und Polizeivollzugsbeamten

Kapitel 1
Ausbildungsqualifizierung für die Ämtergruppe des zweiten Einstiegsamtes der Laufbahngruppe 1 des allgemeinen Verwaltungsdienstes

§ 30 Voraussetzungen, Durchführung

(1) Beamtinnen und Beamte der Ämtergruppe des ersten Einstiegsamtes der Laufbahngruppe 1 des allgemeinen Verwaltungsdienstes

II

können nach Beendigung der Probezeit zur Qualifizierung in die Ämtergruppe des zweiten Einstiegsamtes der Laufbahngruppe 1 des allgemeinen Verwaltungsdienstes des Landes zugelassen werden, wenn sie nach ihrer Eignung, Leistung und Befähigung hierfür in besonderer Weise in Betracht kommen.

(2) Dem Antrag ist eine Beurteilung beizufügen. Die Eignung wird in einem Auswahlverfahren nach § 3 festgestellt.

(3) Die zur Qualifizierung zugelassenen Beamtinnen und Beamten leisten eine zweijährige Einführungszeit ab. Sie legen die Qualifizierungsprüfung ab, die der Laufbahnprüfung entspricht. Die §§ 12 bis 28 gelten entsprechend.

Kapitel 2
Fortbildungsqualifizierung für die Ämtergruppe des zweiten Einstiegsamtes der Laufbahngruppe 1 des allgemeinen Verwaltungsdienstes

§ 31 Voraussetzungen

Beamtinnen und Beamte der Ämtergruppe des ersten Einstiegsamtes der Laufbahngruppe 1 des Landes, die nach ihrer Eignung, Leistung und Befähigung hierfür in besonderer Weise in Betracht kommen, können auf Antrag auch zur Fortbildungsqualifizierung in die Laufbahn der Ämtergruppe des zweiten Einstiegsamtes der Laufbahngruppe 1 des allgemeinen Verwaltungsdienstes durch die oberste Dienstbehörde zugelassen werden, wenn sie

1. in einem Auswahlverfahren zu einer Qualifizierung nach Maßgabe einer Rechtsverordnung nach § 7 des Landesbeamtengesetzes vom 14. Juni 2016 (GV. NRW. S. 310, ber. S. 642) in der jeweils geltenden Fassung zugelassen worden sind und
2. die Qualifizierung erfolgreich abgeleistet und nach Teilnahme an einem Qualifizierungslehrgang die Qualifizierungsprüfung bestanden haben.

§ 32 Einführungszeit

(1) Die Einführungszeit besteht aus

1. einem einmonatigen Einführungslehrgang, der vom Institut für öffentliche Verwaltung Nordrhein-Westfalen durchgeführt wird und
2. einer viermonatigen exemplarischen praktischen Einweisung in Aufgaben der Ämtergruppe des zweiten Einstiegsamtes der Laufbahngruppe 1 des allgemeinen Verwaltungsdienstes.

(2) Umfang und Inhalt des Unterrichts legt das für Inneres zuständige Ministerium fest. Während der Einweisung sind die Beamtinnen und Beamten mit den Aufgaben der angestrebten Laufbahn im Bereich der beamtenrechtlichen Nebengebiete vertraut zu machen; sie sollen Anträge auf Erstattung von Reisekosten und auf Gewährung von Beihilfen einschließlich der Zusammenhangsarbeiten unterschriftsreif bearbeiten können.

(3) Kann die Beschäftigungsdienststelle keine ordnungsgemäße Einweisung sicherstellen, werden die Beamtinnen und Beamten einer geeigneten Dienststelle, möglichst innerhalb des Geschäftsbereichs ihrer obersten Dienstbehörde, zugewiesen. Die einweisende Dienststelle bestimmt eine Ausbilderin oder einen Ausbilder; diese oder dieser leitet die Beamtinnen und Beamten an, informiert sie regelmäßig und ausreichend über den Ausbildungsstand, beurteilt sie zum Schluss der Einweisung und führt das Beurteilungsgespräch.

§ 33 Qualifizierungslehrgang

Beamtinnen und Beamte, deren Eignung und Leistungen während der Einweisung mindestens mit „ausreichend" (§ 11) beurteilt werden, nehmen an einem zweimonatigen Qualifizierungslehrgang teil, der vom Institut für öffentliche Verwaltung Nordrhein-Westfalen durchgeführt wird.

§ 34 Qualifizierungsprüfung

(1) Die Vorschriften in Teil 3 sind mit folgenden Maßgaben anzuwenden:

1. Der Prüfling ist zur praktischen Prüfung zugelassen, wenn mindestens zwei Prüfungsarbeiten mit „ausreichend" oder mit einer besseren Bewertung beurteilt worden sind.

2. § 23 Absatz 2 Satz 2 findet keine Anwendung.
3. Das Landesprüfungsamt bestimmt aus den Fächern des Qualifizierungslehrgangs drei Prüfungsfächer, auf die sich die praktische Prüfung erstreckt.
4. § 25 Absatz 2 Nummer 2 findet keine Anwendung. § 25 Absatz 2 Nummer 3 ist mit der Maßgabe anzuwenden, dass die Leistungen in der schriftlichen Prüfung mit 55 Prozent gewertet werden.

(2) Über den Prüfungshergang ist für jeden Prüfling eine Niederschrift nach dem Muster der Anlage 3 zu fertigen. Eine Zweitausfertigung der Niederschrift ist der Einstellungsbehörde zur Aufnahme in die Personalakte zu übersenden.

Kapitel 3
Laufbahnwechsel von polizeidienstunfähigen Polizeivollzugsbeamtinnen und Polizeivollzugsbeamten

§ 35 Zulassung, Unterweisung

(1) Polizeivollzugsbeamtinnen und Polizeivollzugsbeamte der Ämtergruppe des zweiten Einstiegsamtes der Laufbahngruppe 1 mit I. Fachprüfung können zur Ableistung einer Unterweisungszeit in die Ämtergruppe des zweiten Einstiegsamtes der Laufbahngruppe 1 des allgemeinen Verwaltungsdienstes des Landes zugelassen werden.

(2) Die Unterweisungszeit dauert zwei Jahre. Die §§ 9 bis 11, 13 und 14 gelten entsprechend. Die theoretische Unterweisung erfolgt in zentralen Lehrgängen. Die zuständige Bezirksregierung stellt fest, ob die Unterweisungszeit erfolgreich abgeleistet ist.

Teil 5
Schlussvorschriften

§ 35a Veröffentlichung von Anlagen

Von einem Abdruck der Anlagen 1 und 2 wurde abgesehen; die verbindlichen Anlagen sind nur in der elektronischen Version des entsprechenden Gesetz- und Verordnungsblattes des Landes Nordrhein-Westfalen (GV. NRW.) und in der Sammlung aller geltenden Gesetze und Verordnungen des Landes Nordrhein-Westfalen (SGV. NRW) veröffentlicht (https://recht.nrw.de).

§ 35b Übergangsvorschriften

Für Beamtinnen und Beamte, die sich im Zeitpunkt des Inkrafttretens dieser Verordnung im Vorbereitungsdienst befinden, gelten weiterhin die Vorschriften der Ausbildungsverordnung mittlerer allgemeiner Verwaltungsdienst Land vom 19. August 2011 (GV. NRW. S. 394), die durch Verordnung vom 18. September 2014 (GV. NRW. S. 534) geändert worden ist, fort.

§ 36 Inkrafttreten

Diese Verordnung tritt am 1. September 2011 in Kraft.

Mit Inkrafttreten dieser Verordnung tritt die Ausbildungsverordnung mittlerer allgemeiner Verwaltungsdienst Land vom 26. Oktober 1981 (GV. NRW. S. 644) außer Kraft.

Anlage 1 bis 3

(hier nicht aufgenommen)

Verordnung über die Ausbildung und Prüfung der Justizfachwirtinnen und Justizfachwirte des Landes Nordrhein-Westfalen (Ausbildungsordnung der Justizfachwirtinnen und Justizfachwirte – APO JFW NRW)

Vom 26. Juni 2019 (GV. NRW. S. 305)

Zuletzt geändert durch
Verordnung zur Änderung der Ausbildungsordnung der Justizfachwirtinnen und Justizfachwirte
vom 5. August 2024 (GV. NRW. S. 532)

Inhaltsübersicht

Auf Grund des § 7 Absatz 2 Satz 1 des Landesbeamtengesetzes vom 14. Juni 2016 (GV. NRW. S. 310, ber. S. 642) verordnet das Ministerium der Justiz im Einvernehmen mit dem Ministerium des Innern und dem Ministerium der Finanzen:

Abschnitt 1
Allgemeine Bestimmungen

§ 1 Befähigung und Berufsbezeichnung

(1) Die Befähigung für die Laufbahngruppe 1, zweites Einstiegsamt, des Justizdienstes besitzt, wer den Vorbereitungsdienst abgeleistet und die Prüfung für die Laufbahngruppe 1, zweites Einstiegsamt, des Justizdienstes bestanden hat.

(2) Wer für die Laufbahngruppe 1, zweites Einstiegsamt, des Justizdienstes befähigt ist, darf die Berufsbezeichnung „Justizfachwirtin" oder „Justizfachwirt" führen.

§ 2 Einstellungsvoraussetzungen

(1) In den Vorbereitungsdienst kann eingestellt werden, wer

1. die gesetzlichen Voraussetzungen für die Berufung in das Beamtenverhältnis erfüllt,
2. mindestens
   a) den mittleren Schulabschluss (Fachoberschulreife) oder einen gesetzlich als gleichwertig anerkannten Bildungsstand besitzt oder
   b) den erfolgreichen Besuch einer Hauptschule nachweist oder einen gesetzlich als gleichwertig anerkannten Bildungsstand besitzt sowie
      aa) eine förderliche abgeschlossene Berufsausbildung oder
      bb) eine abgeschlossene Ausbildung in einem öffentlich-rechtlichen Ausbildungsverhältnis nachweist,
3. über angemessene schreibtechnische Fertigkeiten verfügt und
4. nach charakterlichen, geistigen und körperlichen Anlagen sowie in gesundheitlicher Hinsicht für die Laufbahn geeignet ist, dabei darf von Menschen mit Behinderungen nur das für die Laufbahn erforderliche Mindestmaß körperlicher Rüstigkeit verlangt werden.

(2) Wer die Voraussetzungen nach Absatz 1 Nummer 3 noch nicht erfüllt, kann mit der Auflage eingestellt werden, den Nachweis bis zum Ende des ersten Ausbildungsjahres zu erbringen.

§ 3 Bewerbung und Einstellung

(1) Die Bewerbung ist an die Präsidentin oder den Präsidenten des Oberlandesgerichts zu richten, in deren oder dessen Bezirk die Einstellung gewünscht wird.

(2) Dem Gesuch sind beizufügen:

1. ein Lebenslauf,
2. beglaubigte Abschriften oder Ablichtungen von Zeugnissen und Unterlagen, durch die die Voraussetzungen des § 2 Absatz 1 Nummer 2 nachgewiesen werden,
3. beglaubigte Abschriften oder Ablichtungen von Zeugnissen über Beschäftigungen seit der Schulentlassung,
4. bei Minderjährigen die Einwilligung der gesetzlichen Vertreter und
5. gegebenenfalls der Nachweis über angemessene schreibtechnische Fertigkeiten.

(3) Wer bereits im Justizdienst steht, reicht das Gesuch auf dem Dienstweg ein. Soweit die erforderlichen Unterlagen in den Personalakten enthalten sind, kann auf sie Bezug genommen werden. Die Leitung der Beschäftigungsbehörde hat sich in einer dienstlichen Beurteilung über Eignung, Befähigung und fachliche Leistung der Bewerberin oder des Bewerbers zu äußern. Etwaige Bedenken gegen eine Aufnahme in den Vorbereitungsdienst sind darzustellen. Die dienstliche Beurteilung ist mit der Bewerberin oder dem Bewerber zu besprechen.

(4) Über die Einstellung in den Vorbereitungsdienst entscheidet die Präsidentin oder der Präsident des Oberlandesgerichts. Sie oder er kann die persönliche Vorstellung der Bewerberin oder des Bewerbers anordnen und weitere Feststellungen veranlassen.

(5) Die Bewerberinnen und Bewerber, deren Einstellung in Aussicht genommen ist, wer-

den von der Präsidentin oder dem Präsidenten des Oberlandesgerichts aufgefordert,

1. eine Erklärung abzugeben, ob sie oder er
   a) vorbestraft ist und ob gegen sie oder ihn ein gerichtliches Strafverfahren oder ein Ermittlungsverfahren der Staatsanwaltschaft anhängig ist,
   b) Schulden hat, gegebenenfalls welche und
2. bei der zuständigen Meldebehörde ein Führungszeugnis zur Vorlage bei der Einstellungsbehörde zu beantragen.

Gleichzeitig veranlasst die Präsidentin oder der Präsident des Oberlandesgerichts die amtsärztliche Untersuchung dieser Bewerberinnen und Bewerber durch die untere Gesundheitsbehörde.

(6) Vor der Berufung in das Beamtenverhältnis müssen eine Geburtsurkunde oder ein beglaubigter Ausdruck aus dem Geburtenregister, bei Verheirateten auch die Eheurkunde oder ein beglaubigter Ausdruck aus dem Eheregister, bei Lebenspartnern auch die Lebenspartnerschaftsurkunde oder ein beglaubigter Ausdruck aus dem Lebenspartnerschaftsregister und gegebenenfalls ein Nachweis über die aktuelle Namensführung sowie ein amtsärztliches Gesundheitszeugnis vorliegen.

§ 4 Dienstverhältnis

Die zugelassenen Bewerberinnen und Bewerber werden in das Beamtenverhältnis auf Widerruf berufen und führen während des Vorbereitungsdienstes die Dienstbezeichnung „Justizsekretäranwärterin" oder „Justizsekretäranwärter".

§ 5 Ziel und Grundsätze der Ausbildung

(1) Ziel der Ausbildung ist es, Beamtinnen und Beamte heranzubilden, die nach ihrer Persönlichkeit sowie nach ihren fachlichen und allgemeinen Kenntnissen und Fähigkeiten in der Lage sind, die der Laufbahngruppe 1, zweites Einstiegsamt, des Justizdienstes obliegenden Aufgaben selbstständig und effizient zu erfüllen.

(2) Die Anwärterinnen und Anwärter sind in allen Aufgaben ihrer Laufbahn gründlich zu unterrichten. Außerdem ist ihr Verständnis für rechtliche, wirtschaftliche und gesellschaftliche Zusammenhänge sowie für die Anliegen der Bürgerinnen und Bürger zu fördern. Die Ausbildung soll die soziale und kommunikative Kompetenz der Anwärterinnen und Anwärter stärken und ein arbeitsplatzübergreifendes und berufsgruppenübergreifendes Rollenverständnis vermitteln.

Abschnitt 2
Ausbildung

§ 6 Dauer des Vorbereitungsdienstes, Entlassung

(1) Der Vorbereitungsdienst dauert zwei Jahre. Auf den Vorbereitungsdienst können Zeiten einer vorhergehenden Beschäftigung mit Aufgaben der Laufbahngruppe 1, zweites Einstiegsamt, des Justizdienstes bis zur Dauer eines Jahres angerechnet werden, wenn die Bewerberin oder der Bewerber mindestens fünf Jahre derartige Aufgaben wahrgenommen hat. Die Entscheidung trifft die Präsidentin oder der Präsident des Oberlandesgerichts.

(2) Urlaubszeiten werden regelmäßig nur auf das einzelne Ausbildungsjahr angerechnet. Andere Unterbrechungen, insbesondere Krankheitszeiten werden angerechnet, soweit sie zusammen während des Ausbildungsjahres 15 Arbeitstage nicht überschreiten. Der Erfolg der Ausbildung in den einzelnen Abschnitten darf nicht beeinträchtigt werden. Urlaub und Krankheitszeiten sind daher soweit erforderlich auf mehrere Abschnitte anzurechnen. Der Erholungsurlaub ist regelmäßig im fünften Ausbildungsabschnitt abzuwickeln.

(3) Die Präsidentin oder der Präsident des Oberlandesgerichts kann einzelne der in § 7 genannten Ausbildungsabschnitte verlängern, wenn die Anwärterin oder der Anwärter den Anforderungen noch nicht genügt.

(4) Anwärterinnen und Anwärter können nach Maßgabe des § 23 Absatz 4 des Beamtenstatusgesetzes vom 17. Juni 2008 (BGBl. I S. 1010), das zuletzt durch Artikel 5 des Gesetzes vom 20. Dezember 2023 (BGBl. 2023 I Nr. 389) geändert worden ist, entlassen werden, wenn sie auf Grund ihrer Leistungen

oder ihres Verhaltens nicht geeignet erscheinen oder wenn sie die an sie zu stellenden geistigen oder körperlichen Anforderungen nicht erfüllen. Eine Entlassung soll erfolgen, wenn die in den Fachtheorien I und II insgesamt erbrachten schriftlichen Leistungen im Notendurchschnitt nicht wenigstens mit 4,00 Punkten bewertet werden. Wird die sofortige Vollziehung der Entlassungsverfügung gemäß § 80 Absatz 2 Satz 1 Nummer 4 der Verwaltungsgerichtsordnung in der Fassung der Bekanntmachung vom 19. März 1991 (BGBl. I S. 686), die zuletzt durch Artikel 11 des Gesetzes vom 22. Dezember 2023 (BGBl. 2023 I Nr. 409) geändert worden ist, angeordnet, so darf die Ausbildung von der Zustellung der Anordnung an nicht mehr fortgesetzt werden. Die Anwärterin oder der Anwärter ist hierauf hinzuweisen.

§ 7 Gliederung des Vorbereitungsdienstes

Der Vorbereitungsdienst gliedert sich wie folgt:

1. erster Abschnitt:
   Einführungsmonat
   zentralisiert bei den Landgerichten oder Präsidialamtsgerichten,
   Einweisung in die grundsätzlichen Abläufe und Arbeitsweisen,
2. zweiter Abschnitt:
   Fachtheorie I
   drei Monate fachtheoretische Ausbildung,
3. dritter Abschnitt:
   Fachpraxis I
   drei Monate fachpraktische Ausbildung beim Amtsgericht,
4. vierter Abschnitt:
   Fachtheorie II
   drei Monate fachtheoretische Ausbildung,
5. fünfter Abschnitt:
   Fachpraxis II
   fünf Monate fachpraktische Ausbildung bei Amtsgericht und Landgericht,
   ein Monat fachpraktische Ausbildung bei einer Staatsanwaltschaft,
6. sechster Abschnitt:
   Fachtheorie III
   drei Monate fachtheoretische Ausbildung,
7. siebter Abschnitt:
   Fachpraxis III
   vier Monate fachpraktische Ausbildung bei Amtsgericht und Landgericht,
8. achter Abschnitt:
   Fachtheorie IV
   ein Monat fachtheoretische Ausbildung.

Im Einzelfall können mit Zustimmung des für die Justiz zuständigen Ministeriums Abweichungen bestimmt werden.

§ 8 Leitung der praktischen Ausbildung

(1) Die Ausbildung wird von der Präsidentin oder dem Präsidenten des Oberlandesgerichts geleitet. Diese oder dieser bestimmt die Gerichte und im Benehmen mit der Generalstaatsanwaltschaft auch die Staatsanwaltschaften, bei denen die Ausbildung stattfindet, und regelt die Reihenfolge und die Dauer der Beschäftigung bei den einzelnen Stellen. Diese Befugnis kann auf die Leitung des Landgerichts oder Amtsgerichts übertragen werden.

(2) Für die Ausbildung ist die Leitung der Beschäftigungsbehörde zuständig. Sie setzt die Reihenfolge und die Dauer der Beschäftigung bei den einzelnen Abteilungen fest und bestimmt die Kräfte, die die Anwärterinnen und Anwärter ausbilden sollen.

(3) Mit der Ausbildung sollen nur solche Kräfte betraut werden, die über die notwendigen Kenntnisse verfügen und die nach ihrer Persönlichkeit hierzu geeignet sind. Sie sind verpflichtet, die ihnen zugewiesenen Anwärterinnen und Anwärter mit Arbeiten ihres Geschäftsbereichs möglichst vielseitig zu beschäftigen und umfassend auszubilden.

§ 9 Gestaltung der praktischen Ausbildung

(1) Die praktische Ausbildung umfasst alle wesentlichen Geschäfte der Laufbahngruppe 1, zweites Einstiegsamt, des Justizdienstes. Sie gliedert sich in einen Einführungsmonat sowie die Abschnitte Fachpraxis I bis III.

(2) Der Einführungsmonat dient einem ersten Einblick in den Aufbau, in die Tätigkeitsbereiche und in die Geschäftsabläufe einer Justizbehörde. Hierbei sollen die Anwärterinnen und Anwärter insbesondere den Aufbau der Justiz sowie die dort tätigen Berufsgruppen mit ihren Aufgaben kennenlernen. Daneben sollen sie eine Vorstellung von den büroorganisatorischen Abläufen, beispielhaft im Zivilverfahren, erhalten.

(3) Beim Amtsgericht werden die Anwärterinnen und Anwärter in der Fachpraxis I bis III in allen Aufgaben der Laufbahngruppe 1, zweites Einstiegsamt, des Justizdienstes innerhalb der streitigen und freiwilligen Gerichtsbarkeit jeweils einschließlich der Protokollführung und des Kostenrechts ausgebildet. Ferner werden sie der Zahlstelle sowie der Anweisungsstelle zur Ausbildung zugeteilt. Daneben sollen die Anwärterinnen und Anwärter auch Einblick in sonstige das Berufsbild umfassende Tätigkeiten sowie in die Aufgaben des Gerichtsvollzieherdienstes erhalten. Beim Landgericht werden sie in der Fachpraxis II und III in Aufgaben der Justizverwaltung ausgebildet. Anstelle der Ausbildung beim Landgericht kann im Bedarfsfall die Ausbildung in Verwaltungssachen auch bei einem großen Amtsgericht, einer Staatsanwaltschaft, einem Oberlandesgericht oder einer Generalstaatsanwaltschaft stattfinden. Bei der Staatsanwaltschaft erstreckt sich die Ausbildung in der Fachpraxis II auch auf die Aufgaben der Laufbahngruppe 1, zweites Einstiegsamt, des Justizdienstes in Ermittlungsangelegenheiten und in der Strafvollstreckung.

(4) Durch Zuweisung von praktischen Arbeiten aus dem jeweiligen Ausbildungsgebiet sollen die Anwärterinnen und Anwärter mit den einschlägigen gesetzlichen und sonstigen Bestimmungen vertraut gemacht und in die Lage versetzt werden, eigenständig zu urteilen und selbstständig zu arbeiten. Hierzu zählt auch die Unterweisung in den jeweils geltenden Regelungen der Gestaltung des Schriftverkehrs. Die Anwärterinnen und Anwärter sind deshalb während des gesamten Vorbereitungsdienstes auch verpflichtet, ihr Fachwissen durch gewissenhaftes Selbststudium ständig zu vertiefen und zu erweitern.

(5) Das Ziel der Ausbildung, nicht die Nutzbarmachung der Arbeitskraft, bestimmt Maß und Art der den Anwärterinnen und Anwärtern zu übertragenden Aufgaben. Eine Beschäftigung zur Entlastung von anderen Beschäftigten ist unzulässig.

(6) Nach der schriftlichen Prüfung kann die Präsidentin oder der Präsident des Oberlandesgerichts Anwärterinnen und Anwärtern im Rahmen des Ausbildungsziels die selbstständige Wahrnehmung von Aufgaben der Laufbahngruppe 1, zweites Einstiegsamt, des Justizdienstes übertragen (Dienstleistungsauftrag). Eine ausreichende Vorbereitung auf die mündliche Prüfung darf dadurch nicht beeinträchtigt werden.

§ 10 Begleitunterricht

(1) Die praktische Ausbildung wird durch einen begleitenden Unterricht ergänzt.

(2) Der Unterricht erstreckt sich auf alle Rechtsvorschriften und Verwaltungsvorschriften, die für die Laufbahngruppe 1, zweites Einstiegsamt, des Justizdienstes von Bedeutung sind, sowie auf die Grundlagen der Informationstechnik und Informationsverarbeitung. Die von der Laufbahngruppe 1, zweites Einstiegsamt, des Justizdienstes anzuwendenden informationstechnischen Programme werden nach Möglichkeit in die Lehrveranstaltungen der jeweils betroffenen Fächer einbezogen.

(3) Im Rahmen des Begleitunterrichts sind Arbeiten unter Aufsicht zu fertigen und mündliche Leistungen zu erbringen; § 11 Absatz 4 gilt entsprechend.

(4) Auf den Unterricht sind wöchentlich in der Regel sechs Stunden zu verwenden. Das Nähere bestimmt die Ausbildungsleitung. Sie bestellt die Unterrichtsleitung sowie die Lehrkräfte. Die Leiterin oder der Leiter des Ausbildungszentrums der Justiz Nordrhein-Westfalen oder eine von ihr oder ihm beauftragte Lehrkraft erstellt im Benehmen mit den Präsidentinnen und Präsidenten der Oberlandesgerichte den Lehrplan für den Begleitunterricht sowie die erforderlichen Unterrichtsmaterialien. Für das Unterrichtsmaterial im Bereich Informationstechnik sind die Präsidentinnen und Präsidenten der Oberlandes-

gerichte verantwortlich. § 8 Absatz 1 Satz 1 bleibt unberührt.

(5) Die Präsidentinnen und Präsidenten der Oberlandesgerichte können vereinbaren, dass der Unterricht in einer oder mehreren Justizbehörden, auch gerichtsbezirksübergreifend, durchgeführt wird. Sie können ferner mit Zustimmung des für die Justiz zuständigen Ministeriums vereinbaren, dass der Unterricht abweichend von Absatz 4 Satz 1 in Blockform durchgeführt wird. Weitere Abweichungen können im Einzelfall mit Zustimmung des für Justiz zuständigen Ministeriums bestimmt werden.

(6) Das für die Justiz zuständige Ministerium kann die Durchführung des Begleitunterrichts dem Ausbildungszentrum der Justiz Nordrhein-Westfalen übertragen. In diesem Fall entscheidet dessen Leiterin oder Leiter darüber, in welchen Räumlichkeiten der Unterricht stattfindet und inwieweit dies in Blockform geschieht. Absatz 5 findet keine Anwendung. Abweichend von Absatz 4 Satz 2 bestimmt die Leiterin oder der Leiter des Ausbildungszentrums der Justiz Nordrhein-Westfalen in diesem Fall die weiteren Einzelheiten der Gestaltung und Durchführung des Unterrichts. Sie oder er verteilt die Unterrichtsaufgaben auf die Lehrkräfte des Ausbildungszentrums.

§ 11 Fachtheorie

(1) Die fachtheoretischen Ausbildungsabschnitte, Fachtheorien I bis IV, werden durch das Ausbildungszentrum der Justiz Nordrhein-Westfalen durchgeführt. Die Leitung der Lehrgänge obliegt der Leiterin oder dem Leiter des Ausbildungszentrums der Justiz Nordrhein-Westfalen. Sie oder er kann eine Lehrkraft mit Aufgaben der Lehrgangsleitung betrauen. In den Fachtheorien I bis III sollen den Anwärterinnen und Anwärtern die erforderlichen theoretischen Kenntnisse vermittelt werden. Daneben werden in den Fachtheorien II bis IV die in der bisherigen Ausbildung erworbenen Kenntnisse ergänzt und vertieft.

(2) Die Leiterin oder der Leiter des Ausbildungszentrums der Justiz Nordrhein-Westfalen oder eine von ihr oder ihm beauftragte Lehrkraft erstellt im Benehmen mit den Präsidentinnen und Präsidenten der Oberlandesgerichte den Lehrplan, stellt den Stundenplan auf und sorgt für einen ordnungsgemäßen Unterricht. Der Lehrplan umfasst, soweit für die Aufgabenbereiche der Laufbahngruppe 1, zweites Einstiegsamt, des Justizdienstes erforderlich, insbesondere

1. Zivilprozessrecht,
2. Zwangsvollstreckungsrecht,
3. Familien- und Betreuungsrecht,
4. Kostenrecht,
5. Strafrecht,
6. Nachlassrecht,
7. Insolvenzrecht,
8. Grundbuchrecht,
9. Handelsrecht und Registerrecht,
10. Justizverwaltungssachen,
11. öffentliches Dienstrecht und Arbeitsrecht und
12. zivilrechtliche Grundlagen, Gerichtsverfassung und Staatsrecht.

Weitere Inhalte können mit Zustimmung des für Justiz zuständigen Ministeriums ergänzt werden.

(3) Während der Fachtheorien I bis III sind mündliche Leistungen zu erbringen. Der Unterricht ist durch Beispiele aus der Praxis wirklichkeitsnah zu gestalten. Er ist inhaltlich und methodisch so durchzuführen, dass die soziale und kommunikative Kompetenz sowie die Selbstständigkeit, Teamfähigkeit und Verantwortungsbereitschaft der Anwärterinnen und Anwärter gestärkt wird. Während der Fachtheorien I bis III sollen durchschnittlich jeweils 320 Stunden und während der Fachtheorie IV 80 Stunden Unterricht erteilt werden. Die von der Laufbahngruppe 1, zweites Einstiegsamt, des Justizdienstes anzuwendenden informationstechnischen Programme werden nach Möglichkeit in die Lehrveranstaltungen der jeweils betroffenen Fächer einbezogen. Der Stundenplan ist so aufzustellen, dass hinreichend Zeit verbleibt, den Lehrstoff zu verarbeiten und das Wissen durch Nacharbeit und Selbststudium zu erweitern und zu vertiefen.

(4) Während der Fachtheorien I bis III sind schriftliche Arbeiten unter Aufsicht zu fertigen. Diese können sich auch auf den Umgang mit den von der Laufbahngruppe 1, zweites Einstiegsamt, des Justizdienstes anzuwendenden informationstechnischen Programmen beziehen. In diesem Fall sind den Anwärterinnen und Anwärtern die erforderlichen technischen Hilfsmittel zur Verfügung zu stellen. Die Arbeiten sind durch die zuständige Lehrkraft zu begutachten, mit einer Note und Punktzahl nach § 13 Absatz 1 zu bewerten, nach Möglichkeit mit den Anwärterinnen und Anwärtern zu besprechen und diesen auszuhändigen. Sollte eine Besprechung vor Ende des jeweiligen Ausbildungsabschnitts zeitlich nicht mehr möglich sein, kann die Überlassung eines schriftlichen Lösungsvorschlags eine Besprechung ersetzen. Über die Ergebnisse der Aufsichtsarbeiten sind Übersichten anzufertigen, die unverzüglich der Lehrgangsleitung vorzulegen sind.

(5) Die Leiterin oder der Leiter des Ausbildungszentrums der Justiz Nordrhein-Westfalen kann im Einvernehmen mit dem für Justiz zuständigen Ministerium festlegen, dass die schriftlichen Leistungen auch elektronisch erbracht werden können.

§ 12 Zeugnisse

(1) Die Anwärterinnen und Anwärter sind zu beurteilen

1. am Ende des dritten, fünften und siebten Ausbildungsabschnitts (§ 7 Nummer 3, 5 und 7) durch die Leitung der Beschäftigungsbehörde,
2. am Ende des zweiten, vierten und des sechsten Ausbildungsabschnitts (§ 7 Nummer 2, 4 und 6) durch die Leiterin oder den Leiter des Ausbildungszentrums der Justiz Nordrhein-Westfalen oder eine von ihr oder ihm beauftragte Lehrkraft,
3. am Ende des Begleitunterrichts (§ 10) nach dem dritten, fünften und siebten Ausbildungsabschnitt durch die Unterrichtsleitung, im Falle des § 10 Absatz 6 durch die Leiterin oder den Leiter des Ausbildungszentrums der Justiz Nordrhein-Westfalen oder eine von ihr oder ihm beauftragte Lehrkraft.

(2) In der Beurteilung soll zu den fachlichen und allgemeinen Kenntnissen und Fähigkeiten, zum praktischen Geschick, zum Stand der Ausbildung und zum Gesamtbild der Persönlichkeit Stellung genommen werden. Die gefertigten Aufsichtsarbeiten sowie die mündlich erbrachten Leistungen sind mit Noten und Punktzahlen aufzunehmen. Die Beurteilung schließt mit einer der in § 13 Absatz 1 genannten Noten und Punktzahlen ab. Für den Einführungsmonat ist eine Bescheinigung über Dauer und Gegenstand der Ausbildung zu erteilen.

(3) Jedes Zeugnis ist der Anwärterin oder dem Anwärter zur Kenntnisnahme vorzulegen. Ihr oder ihm ist Gelegenheit zur Besprechung zu geben. Die Zeugnisse sind gegebenenfalls mit einer Gegenäußerung der Anwärterin oder des Anwärters der Präsidentin oder dem Präsidenten des Oberlandesgerichts zuzuleiten und dort in einem besonderen Heft zu den Personalakten zu nehmen.

§ 13 Noten

(1) Die Leistungen im Vorbereitungsdienst sind wie folgt zu bewerten:

sehr gut: eine besonders hervorragende Leistung
= 16 bis 18 Punkte,

gut: eine erheblich über den durchschnittlichen Anforderungen liegende Leistung
= 13 bis 15 Punkte,

vollbefriedigend: eine über den durchschnittlichen Anforderungen liegende Leistung
= 10 bis 12 Punkte,

befriedigend: eine Leistung, die in jeder Hinsicht durchschnittlichen Anforderungen entspricht
= 7 bis 9 Punkte,

ausreichend: eine Leistung, die trotz ihrer Mängel durchschnittlichen Anforderungen noch entspricht
= 4 bis 6 Punkte,

mangelhaft: eine an erheblichen Mängeln leidende, im Ganzen nicht mehr brauchbare Leistung
= 1 bis 3 Punkte,

ungenügend: eine völlig unbrauchbare Leistung
= 0 Punkte

(2) Sofern Einzelnoten rechnerisch zu einer Gesamtbewertung zusammengefasst werden, entsprechen den ermittelten Punkten folgende Notenbezeichnungen:

14,00 bis 18,00 Punkte:
sehr gut,

11,50 bis 13,99 Punkte:
gut,

9,00 bis 11,49 Punkte:
vollbefriedigend,

6,50 bis 8,99 Punkte:
befriedigend,

4,00 bis 6,49 Punkte:
ausreichend,

1,50 bis 3,99 Punkte:
mangelhaft,

0 bis 1,49 Punkte:
ungenügend.

Abschnitt 3
Verkürzter Vorbereitungsdienst

§ 14 Möglichkeit der Verkürzung, Einstellungsvoraussetzungen und Status

(1) Das für Justiz zuständige Ministerium kann abweichend von § 2 bestimmen, dass in den Vorbereitungsdienst auch eingestellt werden kann, wer die Voraussetzungen des § 2 Absatz 1 Nummer 1, 3 und 4 erfüllt und zusätzlich

1. mindestens den mittleren Schulabschluss (Fachoberschulreife) oder einen gesetzlich als gleichwertig anerkannten Bildungsstand besitzt sowie
2. die Prüfung zur oder zum Justizfachangestellten erfolgreich abgelegt hat.

(2) Unter den Voraussetzungen des Absatzes 1 treten an die Stelle der §§ 2, 6 bis 12 die Vorschriften dieses Abschnittes.

(3) Das für Justiz zuständige Ministerium kann abweichend von § 4 bestimmen, dass die Einstellung in das Beamtenverhältnis auf Probe erfolgt.

§ 15 Ziel der verkürzten Ausbildung

Die Ausbildung hat die Kenntnisse der Laufbahnbewerberinnen und Laufbahnbewerber derart zu ergänzen, zu festigen und zu vertiefen, dass sie am Ende der Ausbildung alle Aufgaben der Laufbahngruppe 1, zweites Einstiegsamt, des Justizdienstes erfüllen können. § 5 gilt entsprechend.

§ 16 Dauer des verkürzten Vorbereitungsdienstes, Entlassung

(1) Auf den Vorbereitungsdienst von zwei Jahren (§ 6 Absatz 1 Satz 1) wird die Ausbildung zur oder zum Justizfachangestellten oder die Beschäftigung als Justizangestellte oder Justizangestellter mit Aufgaben der Laufbahngruppe 1, zweites Einstiegsamt, des Justizdienstes mit einer Dauer von 18 Monaten angerechnet.

(2) Urlaub soll während des Vorbereitungsdienstes nur während der unterrichtsfreien Tage gewährt werden. Andere Unterbrechungen, insbesondere Krankheitszeiten werden angerechnet, soweit sie zusammen während der Ausbildung 15 Arbeitstage nicht überschreiten. Die Präsidentin oder der Präsident des Oberlandesgerichts kann Ausnahmen von Satz 2 zulassen. Der Erfolg der Ausbildung darf nicht beeinträchtigt werden.

(3) Wer die gestellten Anforderungen in charakterlicher, geistiger oder körperlicher Hinsicht nicht erfüllt oder fortgesetzt nur mangelhafte oder ungenügende Leistungen erbringt, kann nach Maßgabe des § 23 Absatz 4 des Beamtenstatusgesetzes aus dem Vorbereitungsdienst entlassen werden.

(4) Werden in Fällen des § 14 Absatz 3 die gestellten Anforderungen in charakterlicher oder geistiger Hinsicht nicht erfüllt oder fortgesetzt nur mangelhafte oder ungenügende Leistungen erbracht, prüft die Präsidentin oder der Präsident des Oberlandesgerichts, ob die Probezeit zu verlängern oder die Beamtin oder der Beamte gemäß § 23 Absatz 3 des Beamtenstatusgesetzes zu entlassen ist.

§ 17 Gliederung der Ausbildung

(1) Der Vorbereitungsdienst besteht aus einem Fachlehrgang von sechs Monaten.

(2) Nach der schriftlichen Prüfung kann die Präsidentin oder der Präsident des Oberlandesgerichts den Laufbahnbewerberinnen und Laufbahnbewerbern im Rahmen des Ausbildungsziels die selbstständige Wahrnehmung von Aufgaben der Laufbahngruppe 1, zweites Einstiegsamt des Justizdienstes übertragen (Dienstleistungsauftrag). Die ausreichende Vorbereitung auf die mündliche Prüfung darf dadurch nicht beeinträchtigt werden.

§ 18 Fachlehrgang

(1) Der Fachlehrgang wird durch das Ausbildungszentrum der Justiz Nordrhein-Westfalen durchgeführt. Die Leitung des Lehrgangs obliegt der Leiterin oder dem Leiter des Ausbildungszentrums der Justiz Nordrhein-Westfalen. Sie oder er kann eine Lehrkraft mit Aufgaben der Lehrgangsleitung betrauen. Der Fachlehrgang soll den Laufbahnbewerberinnen und Laufbahnbewerbern die theoretischen Kenntnisse vermitteln, die für eine Tätigkeit in der Laufbahngruppe 1, zweites Einstiegsamt, des Justizdienstes erforderlich sind, aber in der Ausbildung zur oder zum Justizfachangestellten nicht oder nicht in der erforderlichen Tiefe vermittelt werden. Ferner soll er vorhandene Kenntnisse ergänzen, festigen und vertiefen.

(2) Die Lehrgangsleitung erstellt im Benehmen mit den Präsidentinnen und Präsidenten der Oberlandesgerichte den Lehrplan, stellt den Stundenplan auf und sorgt für einen ordnungsgemäßen Unterricht. Der Lehrplan umfasst, soweit für die Aufgabenbereiche der Laufbahngruppe 1, zweites Einstiegsamt, des Justizdienstes erforderlich, insbesondere

1. Zivilprozessrecht,
2. Zwangsvollstreckungsrecht,
3. Familien- und Betreuungsrecht,
4. Kostenrecht,
5. Strafrecht,
6. Nachlassrecht,
7. Insolvenzrecht,
8. Grundbuchrecht,
9. Handelsrecht und Registerrecht,
10. Justizverwaltungssachen und
11. öffentliches Dienstrecht und Arbeitsrecht.

(3) Während des Fachlehrgangs sind mündliche Leistungen zu erbringen. Der Unterricht ist durch Beispiele aus der Praxis wirklichkeitsnah zu gestalten. Er ist inhaltlich und methodisch so durchzuführen, dass die soziale und kommunikative Kompetenz sowie die Selbstständigkeit, Teamfähigkeit und Verantwortungsbereitschaft der Laufbahnbewerberinnen und Laufbahnbewerber gestärkt wird. Die anzuwendenden informationstechnischen Programme werden nach Möglichkeit in die Lehrveranstaltungen der jeweils betroffenen Fächer einbezogen. Insgesamt sind regelmäßig 600 Stunden Unterricht zu erteilen. Zur Prüfungsvorbereitung und Schulung im Umgang mit Datenverarbeitungsprogrammen können gesonderte Veranstaltungen vorgesehen werden. Der Stundenplan ist so aufzustellen, dass hinreichend Zeit verbleibt, den Lehrstoff zu verarbeiten und das Wissen durch Nacharbeit und Selbststudium zu erweitern und zu vertiefen.

(4) Während des Fachlehrgangs sind schriftliche Arbeiten unter Aufsicht zu fertigen. Diese können sich auch auf den Umgang mit den anzuwendenden informationstechnischen Programmen beziehen. In diesem Fall sind den Laufbahnbewerberinnen und Laufbahnbewerbern die zur Aufgabenbearbeitung erforderlichen technischen Hilfsmittel zur Verfügung zu stellen. Die Arbeiten sind durch die zuständige Lehrkraft zu begutachten, mit einer Note und Punktzahl nach § 13 Absatz 1 zu bewerten, nach Möglichkeit mit den Laufbahnbewerberinnen und Laufbahnbewerbern zu besprechen und diesen auszuhändigen. Sollte eine Besprechung vor Ende des jeweiligen Ausbildungsabschnitts zeitlich nicht mehr möglich sein, kann die Überlassung eines schriftlichen Lösungsvorschlags eine Besprechung ersetzen. Über die Ergebnisse der Aufsichtsarbeiten sind Übersichten zu fertigen, die der Lehrgangsleitung unverzüglich vorzulegen sind.

§ 19 Zeugnisse

(1) Am Ende des Vorbereitungsdienstes sind die Laufbahnbewerberinnen und Laufbahnbewerber durch die Leiterin oder den Leiter

des Ausbildungszentrums der Justiz Nordrhein-Westfalen oder eine von ihr oder ihm beauftragte Lehrkraft zu beurteilen. In der Beurteilung soll zu den fachlichen und allgemeinen Kenntnissen und Fähigkeiten, zum praktischen Geschick, zum Stand der Ausbildung und zum Gesamtbild der Persönlichkeit Stellung genommen werden. Die gefertigten Aufsichtsarbeiten sowie die mündlich erbrachten Leistungen sind mit Noten und Punktzahlen aufzunehmen. Die Beurteilung schließt mit einer der in § 13 Absatz 1 genannten Noten und Punktzahlen ab.

(2) Jedes Zeugnis ist der Laufbahnbewerberin oder dem Laufbahnbewerber zur Kenntnisnahme vorzulegen, es ist Gelegenheit zur Besprechung zu geben. Die Zeugnisse sind gegebenenfalls mit einer Gegenäußerung der Laufbahnbewerberin oder des Laufbahnbewerbers der Präsidentin oder dem Präsidenten des Oberlandesgerichts zuzuleiten und dort in einem besonderen Heft zu den Personalakten zu nehmen.

Abschnitt 4
Prüfungsverfahren

§ 20 Prüfung

(1) Die Prüfung soll zeigen, ob das Ausbildungsziel (§§ 5, 15) erreicht wurde und der Prüfling nach Fähigkeiten, Kenntnissen, Leistungen und Persönlichkeit für eine Tätigkeit in der Laufbahngruppe 1, zweites Einstiegsamt, des Justizdienstes geeignet ist.

(2) Die Prüfung besteht aus einem schriftlichen und einem mündlichen Teil. Der schriftliche Teil der Prüfung geht dem mündlichen voraus.

(3) Während der letzten Woche vor der mündlichen Prüfung sind die Anwärterinnen und Anwärter vom Dienst befreit.

§ 21 Prüfungsausschuss

(1) Die Prüfung der Justizfachwirtinnen und Justizfachwirte wird vor einem Prüfungsausschuss abgelegt, der bei dem Oberlandesgericht gebildet wird.

(2) Der Prüfungsausschuss besteht aus drei Mitgliedern. Ein Mitglied des Prüfungsausschusses muss die Befähigung zum Richteramt besitzen. Die beiden anderen Mitglieder gehören der Laufbahngruppe 2 oder der Laufbahngruppe 1, zweites Einstiegsamt, des Justizdienstes an. Sie sollen aufgrund ihrer Tätigkeit über Erfahrungen im praktischen Aufgabenbereich der Laufbahngruppe 1, zweites Einstiegsamt, des Justizdienstes verfügen. Für die Mitglieder sind jeweils Stellvertreterinnen oder Stellvertreter zu bestimmen.

(3) Die Präsidentin oder der Präsident des Oberlandesgerichts bestellt die Mitglieder des Prüfungsausschusses und die erforderlichen Stellvertreterinnen und Stellvertreter widerruflich für die Dauer von fünf Jahren und bestimmt die Vorsitzende oder den Vorsitzenden.

(4) Die Prüferinnen und Prüfer sind in ihrer Prüfertätigkeit unabhängig. Im Übrigen untersteht der Prüfungsausschuss der Dienstaufsicht der Präsidentin oder des Präsidenten des Oberlandesgerichts.

§ 22 Prüfungsverfahren

(1) Die schriftliche Prüfung soll am Ende der Fachtheorie IV abgenommen werden, im Fall der Verkürzung der Ausbildung nach Abschnitt 3 dieser Verordnung am Ende des Vorbereitungsdienstes. Die mündliche Prüfung wird so bald wie möglich nach der schriftlichen Prüfung abgeschlossen.

(2) Die Präsidentin oder der Präsident des Oberlandesgerichts leitet das Prüfungsverfahren. Sie oder er trifft die Entscheidung über den Einsatz der Prüferinnen und Prüfer sowie die Besetzung der Ausschüsse und die Verteilung der Prüflinge auf die Prüfungsausschüsse, soweit mehr als ein Ausschuss gebildet wird. Ferner trifft sie oder er, sofern nachfolgend nichts anderes geregelt ist, alle weiteren Entscheidungen außerhalb der mündlichen Prüfung.

(3) Die Präsidentin oder der Präsident des Oberlandesgerichts setzt die Termine für die schriftliche Prüfung auf Vorschlag der Leiterin oder des Leiters des Ausbildungszentrums der Justiz Nordrhein-Westfalen fest und lädt zu diesen Terminen. Sofern Termine für Aufsichtsarbeiten außerhalb der regelmäßigen Prüfungstermine aus Gründen anberaumt werden

müssen, die in der Person des Prüflings liegen, zum Beispiel Krankheit, werden diese Termine durch die Präsidentin oder den Präsidenten des Oberlandesgerichts im Einvernehmen mit der Leiterin oder dem Leiter des Ausbildungszentrums der Justiz Nordrhein-Westfalen und dem Prüfungsausschuss festgesetzt.

(4) Die oder der Vorsitzende des Prüfungsausschusses bestimmt den Termin der mündlichen Prüfung und veranlasst gleichzeitig die Ladungen zu diesem Termin.

§ 23 Schriftliche Prüfung

(1) Während der schriftlichen Prüfung sind sechs Aufsichtsarbeiten zu fertigen, und zwar:

1. eine Aufgabe mit dem Schwerpunkt Familien- und Betreuungsrecht sowie Nachlassrecht,
2. eine Aufgabe mit dem Schwerpunkt Strafrecht,
3. eine Aufgabe mit dem Schwerpunkt Kostenrecht,
4. eine Aufgabe mit dem Schwerpunkt Zivilprozessrecht, Zwangsvollstreckungsrecht und Insolvenzrecht,
5. eine Aufgabe mit dem Schwerpunkt Grundbuchrecht sowie Handelsrecht und Registerrecht und
6. eine Aufgabe mit dem Schwerpunkt Justizverwaltungsrecht und öffentliches Dienstrecht.

§ 11 Absatz 5 findet entsprechende Anwendung.

(2) Die schriftlichen Prüfungsaufgaben einschließlich der für die Prüferinnen und Prüfer unverbindlichen Lösungsvorschläge werden durch das Ausbildungszentrum der Justiz Nordrhein-Westfalen erstellt. In jeder Aufgabe sind die Zeit, in der sie zu lösen ist, und die Hilfsmittel, die benutzt werden dürfen, anzugeben. Die Aufgaben können sich auch auf den Umgang mit den anzuwendenden informationstechnischen Programmen beziehen. In diesem Fall sind den Prüflingen die zur Aufgabenbearbeitung erforderlichen technischen Hilfsmittel zur Verfügung zu stellen.

(3) An einem Tag sollen nicht mehr als zwei Aufgaben bearbeitet werden. Die Zeit zur Lösung der Arbeiten ist nach dem Umfang und der Schwierigkeit der Aufgabe festzusetzen. Die Dauer der Bearbeitung der Aufgaben an einem Tag soll fünf Stunden nicht übersteigen.

(4) Prüflingen mit Behinderungen können, regelmäßig bis spätestens vier Wochen vor den Prüfungsarbeiten, auf Antrag die ihrer Beeinträchtigung angemessenen Erleichterungen gewährt werden. Insbesondere kann die Bearbeitungszeit verlängert werden. Die Dauer des Verlängerungszeitraums soll zwei Stunden pro Tag nicht überschreiten. Über die Anträge entscheidet die Leiterin oder der Leiter des Ausbildungszentrums der Justiz Nordrhein-Westfalen oder eine von ihr oder ihm beauftragte Lehrkraft. Von einem Prüfling, der einen Nachteilsausgleich begehrt, kann die Vorlage eines amtsärztlichen Zeugnisses auf dessen Kosten verlangt werden.

(5) Die Prüflinge haben die Prüfungsarbeiten spätestens bei Ablauf der Bearbeitungszeit an die Aufsichtskraft abzugeben. Die Arbeiten sind anstelle des Namens mit der Kennziffer zu versehen. Die Kennziffern werden vor Beginn der schriftlichen Prüfung vom Ausbildungszentrum der Justiz Nordrhein-Westfalen zugeteilt. Die zu den Kennziffern gehörenden Namen und sonstige Angaben zur Person des Prüflings dürfen den Prüferinnen und Prüfern vor der Begutachtung und Bewertung der Aufsichtsarbeiten nicht bekannt gegeben werden. Kenntnisse über die Person des Prüflings, die eine Prüferin oder ein Prüfer vorher durch die Tätigkeit bei der verwaltungsmäßigen Durchführung des Prüfungsverfahrens oder als Mitglied eines Prüfungsausschusses erlangt, stehen der Mitwirkung nicht entgegen.

(6) Die Aufsichtskraft fertigt eine Niederschrift und vermerkt in ihr jede Unregelmäßigkeit. Bei Störungen des ordnungsgemäßen Ablaufs des Termins zur Anfertigung der Aufsichtsarbeiten kann die Leiterin oder der Leiter des Ausbildungszentrums der Justiz Nordrhein-Westfalen die zum Ausgleich etwaiger Beeinträchtigungen notwendigen Maßnahmen treffen. Sie oder er kann insbesondere die Bearbeitungszeit verlängern oder

für einzelne oder alle Prüflinge die erneute Anfertigung der Aufsichtsarbeit anordnen oder ermöglichen. Die Berufung auf die Störung ist ausgeschlossen, wenn der Prüfling sie nicht unmittelbar gegenüber der Aufsichtsperson rügt und binnen eines Monats seit ihrem Eintritt schriftlich gegenüber der Präsidentin oder dem Präsidenten des Oberlandesgerichts geltend macht.

(7) Nach Abschluss der schriftlichen Prüfung sind die Prüfungsaufgaben, die dazu erstellten Lösungsvorschläge, die Arbeiten der Prüflinge, das Verzeichnis der Kennziffern und die Prüfungsniederschriften von der Leiterin oder dem Leiter des Ausbildungszentrums der Justiz Nordrhein-Westfalen oder einer von ihr oder ihm beauftragten Lehrkraft in versiegelten Umschlägen den Präsidentinnen und Präsidenten der Oberlandesgerichte zu übersenden. Im Einvernehmen mit den Präsidentinnen und Präsidenten der Oberlandesgerichte können die Prüfungsarbeiten und Lösungsvorschläge einem Mitglied des Prüfungsausschusses unmittelbar zugeleitet werden, bei Bedarf auch schon vor Abschluss der schriftlichen Prüfung.

§ 24 Bewertung der schriftlichen Prüfungsarbeiten

(1) Die schriftlichen Arbeiten werden von jedem Mitglied des Prüfungsausschusses selbstständig begutachtet.

(2) Nach vollständiger Begutachtung der schriftlichen Arbeiten werden die einzelnen Arbeiten vom Prüfungsausschuss nach Beratung mit einer Note und Punktzahl nach § 13 Absatz 1 bewertet. Die Bewertung findet vor der mündlichen Prüfung statt und ist für das weitere Prüfungsverfahren bindend.

(3) Dem Prüfling wird die Bewertung der Aufsichtsarbeiten mitgeteilt, sobald Noten und Punktwerte endgültig festgelegt sind, spätestens jedoch zwei Wochen vor der mündlichen Prüfung. Auf Antrag des Prüflings unterbleibt die Mitteilung. Der Antrag ist spätestens innerhalb einer Woche nach dem Tag, an dem der Prüfling die letzte schriftliche Arbeit abgeliefert hat, bei der Präsidentin oder dem Präsidenten des Oberlandesgerichts zu stellen. Die Frist für die Mitteilung der Bewertung der Aufsichtsarbeiten wird im Falle einer postalischen Übermittlung durch Aufgabe zur Post gewahrt; maßgebend ist das Datum des Poststempels.

§ 25 (weggefallen)

§ 26 Mündliche Prüfung

(1) In der mündlichen Prüfung sollen in der Regel nicht mehr als fünf Prüflinge gleichzeitig geprüft werden.

(2) Vor der Prüfung soll die oder der Vorsitzende des Prüfungsausschusses mit jedem Prüfling ein Gespräch führen, um ein Bild von der Persönlichkeit zu gewinnen. Die anderen Mitglieder des Prüfungsausschusses können zu dem Gespräch hinzugezogen werden.

(3) Die Gesamtdauer der mündlichen Prüfung beträgt je erschienenem Prüfling etwa 30 Minuten. Die Prüfung ist durch eine angemessene Pause zu unterbrechen.

(4) Die mündliche Prüfung ist vor allem eine Verständnisprüfung. Sie erstreckt sich auf das gesamte Ausbildungsgebiet. Fragen nach nebensächlichen Einzelheiten oder aus entlegenen Wissensgebieten sollen unterbleiben.

(5) Die oder der Vorsitzende des Prüfungsausschusses kann Justizangehörigen, die ein dienstliches Interesse nachweisen, sowie Laufbahnbewerberinnen und Laufbahnbewerber, die zur Prüfung anstehen, die Anwesenheit in der mündlichen Prüfung gestatten. Die Verkündung der Entscheidung des Prüfungsausschusses findet unter Ausschluss der Zuhörerinnen und Zuhörer statt, wenn ein Prüfling nicht in deren Anwesenheit einwilligt.

§ 27 Abstimmungen, Vorbereitung der abschließenden Entscheidung

(1) Alle Entscheidungen über Prüfungsleistungen fällt der Prüfungsausschuss mit Stimmenmehrheit. Eine Stimmenthaltung ist nicht zulässig. Bei Stimmengleichheit entscheidet die Stimme der oder des Vorsitzenden.

(2) Vor Beginn der mündlichen Prüfung findet eine Vorberatung des Ausschusses statt, in der die Persönlichkeit und die bisherigen Leistungen der Prüflinge erörtert werden.

Dabei berichtet die oder der Vorsitzende den anderen Prüferinnen und Prüfern über das Vorgespräch.

§ 28 Schlussentscheidung

(1) Im Anschluss an die mündliche Prüfung berät der Ausschuss über das Ergebnis der Prüfung. Grundlage der Entscheidung bilden die schriftlichen Prüfungsleistungen und die Leistungen in der mündlichen Prüfung.

(2) Der Prüfungsausschuss bewertet die in der mündlichen Prüfung erbrachte Leistung und setzt eine Note und Punktzahl gemäß § 13 Absatz 1 fest. Anschließend entscheidet er unter Ermittlung des Punktwerts für die Gesamtnote über das Ergebnis der Prüfung.

(3) Entsprechen die Leistungen des Prüflings insgesamt den Anforderungen, so wird die Prüfung für bestanden erklärt, und zwar entsprechend § 13 Absatz 2 als „ausreichend", „befriedigend", „vollbefriedigend", „gut" oder „sehr gut". Entsprechen die Leistungen nicht den Anforderungen, so ist die Prüfung für nicht bestanden zu erklären.

(4) Die Leistungen des Prüflings entsprechen in der Gesamtnote den Anforderungen, wenn der Punktwert 4,00 Punkte nicht unterschreitet.

(5) Die Punktwerte für die Gesamtnote und für die einzelnen Prüfungsabschnitte sind rechnerisch zu ermitteln. Es sind die Aufsichtsarbeiten mit einem Anteil von 72 Prozent und die Leistung in der mündlichen Prüfung mit einem Anteil von 28 Prozent zu berücksichtigen. Der Punktwert für die Gesamtnote wird ermittelt, indem die Punktzahl der Bewertung jeder Aufsichtsarbeit mit 12 und die der Leistung in der mündlichen Prüfung mit 28 vervielfältigt und sodann die Summe durch 100 geteilt wird. Alle Punktwerte sind bis auf zwei Dezimalstellen ohne Aufrundung und Abrundung rechnerisch zu ermitteln.

(6) Der Prüfungsausschuss kann bei der Entscheidung über das Ergebnis der Prüfung von dem rechnerisch ermittelten Wert für die Gesamtnote um bis zu einem Punkt abweichen, wenn dies aufgrund des Gesamteindrucks den Leistungsstand des Prüflings besser kennzeichnet und die Abweichung auf das Bestehen keinen Einfluss hat. Die Noten im Vorbereitungsdienst sind zu berücksichtigen.

(7) Fehler bei der Notenbezeichnung für die Gesamtnote und bei der Errechnung des Punktwertes können von Amts wegen durch die Präsidentin oder den Präsidenten des Oberlandesgerichts berichtigt werden. Die Berichtigung der Punktwerte und eine durch sie bewirkte Änderung in der Notenbezeichnung sind auf der Prüfungsniederschrift zu vermerken. Das unrichtige Zeugnis ist einzuziehen und durch ein richtiges zu ersetzen.

(8) Die Schlussentscheidung gibt die oder der Vorsitzende dem Prüfling mündlich bekannt.

§ 29 Niederschrift über den Prüfungshergang und Erteilung des Zeugnisses

(1) Über den Prüfungshergang ist eine Niederschrift anzufertigen, in die aufgenommen werden:

1. Ort und Tag der Prüfung,
2. die Zusammensetzung des Prüfungsausschusses,
3. die Namen und die Anwesenheit der Prüflinge,
4. die Bewertung der schriftlichen Prüfungsarbeiten,
5. die Gegenstände und das Ergebnis der mündlichen Prüfung,
6. die errechneten Punkte für die Gesamtnote,
7. eine Änderung des Punktwertes für die Gesamtnote und die dafür maßgeblichen Gründe,
8. alle sonstigen Entscheidungen des Prüfungsausschusses, insbesondere solche gemäß § 31,
9. die Schlussentscheidung des Prüfungsausschusses und
10. die Verkündung der Entscheidung des Prüfungsausschusses.

(2) Ist die Prüfung nicht bestanden und war der Vorbereitungsdienst nicht im Sinne des dritten Abschnittes dieser Verordnung verkürzt, so wird in der Niederschrift vermerkt,

welchen weiteren Vorbereitungsdienst der Prüfungsausschuss für erforderlich hält.

(3) Die Niederschrift ist von der oder dem Vorsitzenden des Prüfungsausschusses zu unterzeichnen und mit den sonstigen Prüfungsvorgängen und den Personalakten der Präsidentin oder dem Präsidenten des Oberlandesgerichts zu übersenden.

(4) Die Präsidentin oder der Präsident des Oberlandesgerichts erteilt allen Prüflingen, die die Prüfung bestanden haben, ein Zeugnis über das Ergebnis der Prüfung.

§ 30 Schlussentscheidung in anderen Fällen

(1) Die Prüfung ist durch die Präsidentin oder den Präsidenten des Oberlandesgerichts für nicht bestanden zu erklären, wenn

1. mehr als die Hälfte der Aufsichtsarbeiten mit „mangelhaft" oder „ungenügend" bewertet worden sind oder
2. ein Prüfling ohne genügende Entschuldigung drei oder mehr der Aufsichtsarbeiten nicht rechtzeitig abliefert oder
3. ein Prüfling ohne genügende Entschuldigung zu dem Prüfungsgespräch nicht rechtzeitig erscheint oder den Prüfungstermin nicht bis zum Ende wahrnimmt.

(2) Liefert der Prüfling ohne genügende Entschuldigung bis zu zwei Aufsichtsarbeiten nicht rechtzeitig ab, so sind sie durch die Präsidentin oder den Präsidenten des Oberlandesgerichts für „ungenügend" zu erklären.

(3) Die Prüfung ist durch die Präsidentin oder den Präsidenten des Oberlandesgerichts für nicht unternommen zu erklären, wenn

1. ein Prüfling mit Genehmigung der Präsidentin oder des Präsidenten des Oberlandesgerichts von der Prüfung zurücktritt oder
2. die Präsidentin oder der Präsident des Oberlandesgerichts nach Anhörung des Prüflings das Prüfungsverfahren abbricht, weil sich dessen sachgemäße Durchführung wegen einer ernsten Erkrankung des Prüflings oder aus einem anderen wichtigen Grund längere Zeit verzögert hat oder verzögern wird; in diesen Fällen entfällt auch die Wirkung der Meldung.

Die Genehmigung nach Satz 1 Nummer 1 darf nur aus wichtigem Grund erteilt werden.

(4) Die Entscheidung der Präsidentin oder des Präsidenten des Oberlandesgerichts in den Fällen der Absätze 1 bis 3 ist dem Prüfling mit einer Rechtsbehelfsbelehrung zuzustellen.

(5) Liefert ein Prüfling mindestens eine Aufsichtsarbeit mit genügender Entschuldigung nicht ab, hat er zum nächstmöglichen Zeitpunkt alle Aufsichtsarbeiten neu anzufertigen.

(6) Bleibt der Prüfling der mündlichen Prüfung fern und sieht die Präsidentin oder der Präsident des Oberlandesgerichts das Ausbleiben als entschuldigt an, ist der mündliche Teil der Prüfung in einem neuen Termin abzulegen.

(7) Entschuldigungsgründe sind nur zu berücksichtigen, wenn sie bei der Anfertigung von Aufsichtsarbeiten gegenüber der Leiterin oder dem Leiter des Ausbildungszentrums der Justiz Nordrhein-Westfalen und bei der mündlichen Prüfung gegenüber der Präsidentin oder dem Präsidenten des Oberlandesgerichts unverzüglich geltend gemacht werden. Von einem Prüfling, der sich mit Krankheit entschuldigt, kann die Vorlage eines amtsärztlichen Zeugnisses auf dessen Kosten verlangt werden.

§ 31 Verstöße gegen die Prüfungsbestimmungen

(1) Als Folge eines Verstoßes gegen die Prüfungsbestimmungen zu eigenem oder fremdem Vorteil, namentlich eines Täuschungsversuchs, des Besitzes oder der Benutzung nicht zugelassener Hilfsmittel, können ausgesprochen werden:

1. dem Prüfling kann die Wiederholung einzelner oder mehrerer Prüfungsleistungen aufgegeben werden,
2. Prüfungsleistungen, auf die sich die Ordnungswidrigkeit bezieht, können für „ungenügend" (0 Punkte) erklärt werden oder
3. die Prüfung kann für nicht bestanden erklärt und in besonders schweren Fällen der Prüfling von einer Wiederholungsprüfung ausgeschlossen werden.

(2) Die Entscheidungen trifft während der mündlichen Prüfung der Prüfungsausschuss, im Übrigen die Präsidentin oder der Präsident des Oberlandesgerichts.

(3) Über eine erst nach der Schlussentscheidung entdeckte Täuschung in der mündlichen Prüfung hat der Prüfungsausschuss zu befinden, wenn die Prüfung nicht bestanden war. War sie bestanden, so ist an die Präsidentin oder den Präsidenten des Oberlandesgerichts zu berichten. In diesem Fall sowie bei nachträglich entdeckter Täuschung in der schriftlichen Prüfung entscheidet die Präsidentin oder der Präsident des Oberlandesgerichts. Sie oder er kann die Prüfung nachträglich für nicht bestanden erklären, jedoch nur innerhalb einer Frist von fünf Jahren seit dem Tag der mündlichen Prüfung.

§ 32 Wiederholung der Prüfung

(1) Wer die Prüfung nicht bestanden hat, darf sie einmal wiederholen. Die Prüfung ist vollständig zu wiederholen, einzelne Prüfungsleistungen können nicht erlassen werden.

(2) Der weitere Vorbereitungsdienst beträgt mindestens sechs Monate. Art und Dauer bestimmt die Präsidentin oder der Präsident des Oberlandesgerichts. Dabei sollen die Vorschläge des Prüfungsausschusses (§ 29 Absatz 2) berücksichtigt werden.

(3) Unbeschadet anderer Bestimmungen enden der Vorbereitungsdienst und das Beamtenverhältnis auf Widerruf mit der Ablegung der Prüfung oder der Verkündung der Entscheidung über das endgültige Nichtbestehen. Wird die Entscheidung nicht im Prüfungstermin getroffen, ist der Zeitpunkt der schriftlichen Bekanntgabe maßgebend.

(4) Abweichend von Absatz 2 dauert im Fall der Verkürzung des Vorbereitungsdienstes nach Abschnitt 3 der weitere Vorbereitungsdienst bis zum Ende des auf die nicht bestandene Prüfung folgenden Lehrgangs beim Ausbildungszentrum der Justiz Nordrhein-Westfalen. An diesem Lehrgang hat die Laufbahnbewerberin oder der Laufbahnbewerber während des weiteren Vorbereitungsdienstes teilzunehmen. Die Art der ergänzenden Ausbildung bis zum Beginn des Lehrgangs regelt die Präsidentin oder der Präsident des Oberlandesgerichts.

(5) Wird das endgültige Nichtbestehen der Prüfung einer Beamtin oder eines Beamten auf Probe festgestellt, prüft die Präsidentin oder der Präsident des Oberlandesgerichts, ob die Beamtin oder der Beamte gemäß § 23 Absatz 3 des Beamtenstatusgesetzes zu entlassen ist.

§ 33 Einsicht in die Prüfungsarbeiten

Innerhalb eines Jahres nach Abschluss des Prüfungsverfahrens können die Verfasserinnen und Verfasser Einsicht in die von ihnen gefertigten Prüfungsarbeiten einschließlich ihrer Bewertung nehmen.

Abschnitt 5
Berufliche Entwicklung innerhalb der Laufbahngruppe 1: Regelform

§ 34 Beförderungsvoraussetzungen

(1) Beamtinnen und Beamte der Laufbahngruppe 1, erstes Einstiegsamt, des Justizdienstes können sich unter den Voraussetzungen des § 18 Absatz 1 und 2 der Laufbahnverordnung vom 21. Juni 2016 (GV. NRW. S. 461) in der jeweils geltenden Fassung für die Laufbahngruppe 1, zweites Einstiegsamt, des Justizdienstes qualifizieren.

(2) Das Auswahlverfahren ist auf der Grundlage aktueller dienstlicher Beurteilungen durchzuführen. Die Eignung und Befähigung bemisst sich nach dem Anforderungsprofil, das mit der selbstständigen Wahrnehmung von Aufgaben der Laufbahngruppe 1, zweites Einstiegsamt, des Justizdienstes verbunden ist. Die nähere Ausgestaltung und Durchführung des Auswahlverfahrens obliegt der Präsidentin oder dem Präsidenten des Oberlandesgerichts.

(3) Für zugelassene Beamtinnen und Beamte der Laufbahngruppe 1, erstes Einstiegsamt, des Justizdienstes findet diese Ausbildungsordnung mit folgenden Maßgaben Anwendung:

1. an die Stelle des Vorbereitungsdienstes tritt eine Qualifizierung mit einer Dauer

von zwei Jahren, dabei kann die Beschäftigungszeit in der Laufbahngruppe 1, erstes Einstiegsamt, des Justizdienstes bis zur Dauer von drei Monaten auf die Qualifizierung angerechnet werden;

2. für die Qualifizierung gelten die Vorschriften des Abschnitts 2 entsprechend;
3. nach erfolgreicher Qualifizierung ist eine Prüfung abzulegen, die der Laufbahnprüfung der Laufbahngruppe 1, zweites Einstiegsamt, des Justizdienstes entspricht, dabei verfolgt die Qualifizierung das Ziel, am Ende der Ausbildung alle Aufgaben der Laufbahngruppe 1, zweites Einstiegsamt, des Justizdienstes erfüllen zu können, wobei § 5 entsprechend gilt;
4. bis zur Verleihung eines Amtes der Laufbahngruppe 1, zweites Einstiegsamt, des Justizdienstes werden die Amtsbezeichnung und die Dienstbezüge des bisherigen Amtes beibehalten und
5. wer die Prüfung auch nach Wiederholung nicht besteht, übernimmt wieder eine seinem Amt entsprechende Tätigkeit der Laufbahngruppe 1, erstes Einstiegsamt, des Justizdienstes.

Abschnitt 6
Berufliche Entwicklung innerhalb der Laufbahngruppe 1: Verkürzte Qualifizierung

§ 35 Beförderungsvoraussetzungen

Beamtinnen und Beamte der Laufbahngruppe 1, erstes Einstiegsamt, des Justizdienstes können sich unter den Voraussetzungen des § 18 Absatz 3 und 4 der Laufbahnverordnung für die Laufbahngruppe 1, zweites Einstiegsamt, des Justizdienstes qualifizieren. § 34 Absatz 2 gilt entsprechend.

§ 36 Eignungslehrgang und Fachlehrgang

(1) Die Qualifizierung untergliedert sich in Eignungslehrgang und Fachlehrgang.

(2) Der Eignungslehrgang und der sich anschließende Fachlehrgang dauern zusammen neun Monate.

(3) Der siebenmonatige Eignungslehrgang gliedert sich wie folgt:

1. zwei Monate Fachtheorie, die durch das Ausbildungszentrum der Justiz Nordrhein-Westfalen durchgeführt wird, und
2. fünf Monate fachpraktische Einweisung in die Aufgaben der Laufbahngruppe 1, zweites Einstiegsamt, des Justizdienstes.

(4) Der zweimonatige Fachlehrgang wird durch das Ausbildungszentrum der Justiz Nordrhein-Westfalen durchgeführt.

(5) Den Beamtinnen und Beamten soll während der Fachtheorie und des Fachlehrgangs Erholungsurlaub nicht gewährt werden.

(6) Während des Eignungslehrgangs und im Fachlehrgang ist Unterricht in allen Rechtsgebieten und Sachgebieten zu erteilen, deren Kenntnis für die Erfüllung der Aufgaben der Laufbahngruppe 1, zweites Einstiegsamt, des Justizdienstes erforderlich ist. Hierzu gehören vor allem Grundzüge

1. des Zivilprozessrechts,
2. des Zwangsvollstreckungsrechts,
3. des Familien- und Betreuungsrechts,
4. des Kostenrechts,
5. des Strafrechts,
6. des Nachlassrechts,
7. des Insolvenzrechts,
8. des Grundbuchrechts,
9. des Handelsrechts und Registerrechts,
10. der Justizverwaltungssachen,
11. des öffentlichen Dienstrechts und Arbeitsrechts sowie
12. der Informationstechnik und der Informationsverarbeitung.

§ 37 Fachtheorie

(1) Die Fachtheorie im Rahmen des Eignungslehrgangs umfasst regelmäßig 240 Stunden. Der Unterricht wird durch Vorträge, Besprechungen und Übungen erteilt.

(2) Die Leitung der Fachtheorie obliegt der Leiterin oder dem Leiter des Ausbildungszentrums der Justiz Nordrhein-Westfalen. Sie oder er kann eine Lehrkraft mit Aufgaben der Leitung der Fachtheorie betrauen. Diese Lehrkraft erstellt im Benehmen mit den Prä-

sidentinnen und Präsidenten der Oberlandesgerichte den Lehrplan, stellt den Stundenplan auf und sorgt für einen ordnungsgemäßen Unterricht. Der Stundenplan ist so zu gestalten, dass den Beamtinnen und Beamten hinreichend Zeit verbleibt, den Lehrstoff zu verarbeiten und ihr Wissen durch eigenes Studium zu erweitern und zu vertiefen.

(3) Die Beamtinnen und Beamten haben während der Fachtheorie schriftliche Arbeiten unter Aufsicht zu fertigen. Die Arbeiten sind durch die zuständige Lehrkraft zu begutachten und mit einer Note und Punktzahl nach § 13 Absatz 1 zu bewerten. Die Arbeiten sind mit den Beamtinnen und Beamten zu besprechen und diesen auszuhändigen. Über die Ergebnisse der Aufsichtsarbeiten sind Übersichten anzufertigen, die der Leitung der Fachtheorie unverzüglich vorzulegen sind.

§ 38 Fachpraktische Einweisung

(1) Die fachpraktische Einweisung wird von der Präsidentin oder dem Präsidenten des Oberlandesgerichts geleitet. Während dieser Zeit werden die Beamtinnen und Beamten beim Amtsgericht drei Monate in die Aufgaben der Abteilungen der streitigen und freiwilligen Gerichtsbarkeit jeweils unter Berücksichtigung des Kostenrechts eingeführt. Ferner werden sie mit den Aufgaben der Zahlstelle sowie der Anweisungsstelle bekannt gemacht. Beim Landgericht werden sie für einen Monat in die Aufgaben der Justizverwaltung, bei der Staatsanwaltschaft für einen Monat in die Aufgaben der Laufbahngruppe 1, zweites Einstiegsamt, des Justizdienstes in Ermittlungsangelegenheiten und Strafvollstreckungsangelegenheiten eingeführt. Anstelle der Ausbildung beim Landgericht kann im Bedarfsfall die Einführung in Verwaltungssachen auch bei einem großen Amtsgericht oder bei einem Oberlandesgericht stattfinden.

(2) Die fachpraktische Einweisung ist durch begleitenden Unterricht zu ergänzen. Die Leiterin oder der Leiter des Ausbildungszentrums der Justiz Nordrhein-Westfalen oder eine von ihr oder ihm beauftragte Lehrkraft erstellt im Benehmen mit den Präsidentinnen und Präsidenten der Oberlandesgerichte den Lehrplan für den planmäßigen Unterricht und erstellt die erforderlichen Unterrichtsmaterialien. Für das Unterrichtsmaterial im Bereich Informationstechnik sind die Präsidentinnen und Präsidenten der Oberlandesgerichte verantwortlich. Absatz 1 Satz 1 bleibt unberührt. Das Nähere zur Durchführung des Lehrplans bestimmt die Präsidentin oder der Präsident des Oberlandesgerichts. Die Präsidentinnen und Präsidenten der Oberlandesgerichte können vereinbaren, dass der Unterricht in einer oder mehreren Justizbehörden, auch gerichtsbezirksübergreifend, durchgeführt wird. Weitere Abweichungen können im Einzelfall mit Zustimmung des für Justiz zuständigen Ministeriums bestimmt werden.

§ 39 Fachlehrgang

(1) Beamtinnen und Beamte, deren Eignung und Leistungen in der Fachtheorie und in der fachpraktischen Einweisung von der Präsidentin oder dem Präsidenten des Oberlandesgerichts insgesamt mindestens mit „ausreichend" beurteilt werden, nehmen an dem Fachlehrgang mit abschließender Prüfung teil.

(2) Für den Fachlehrgang gelten die Vorschriften für die Fachtheorie (§ 37) entsprechend.

(3) Wer den Anforderungen des Absatzes 1 nicht genügt, übernimmt wieder eine seinem Amt entsprechende Tätigkeit der Laufbahngruppe 1, erstes Einstiegsamt, des Justizdienstes.

§ 40 Zeugnisse

Die §§ 12 und 13 finden entsprechende Anwendung. Ausbildungsabschnitte im Sinne von § 12 Absatz 1 sind die Fachtheorie, die Zeiten der fachpraktischen Einweisung beim Amtsgericht, beim Landgericht und bei der Staatsanwaltschaft, der Begleitunterricht und der Fachlehrgang.

§ 41 Dienstleistungsauftrag

Nach der schriftlichen Prüfung kann die Präsidentin oder der Präsident des Oberlandesgerichts den Beamtinnen und Beamten, deren Wissen und Leistungsstand dies zulässt, im Rahmen des Ausbildungsziels die selbstständige Wahrnehmung von Aufgaben der Laufbahngruppe 1, zweites Einstiegsamt, des Justizdienstes übertragen (Dienstleistungsauftrag). Die ausreichende Vorbereitung auf die mündliche Prüfung darf dadurch nicht beeinträchtigt werden.

§ 42 Prüfung

(1) Die Prüfung besteht aus einem schriftlichen und einem mündlichen Teil. Die schriftliche Prüfung dauert zwei Tage. Dabei sind unter Aufsicht vier Aufgaben zu bearbeiten. Die Aufgaben sind aus den in § 36 Absatz 6 genannten Lerngebieten zu stellen. Teile der Aufgaben können auch im Multiple-Choice-Verfahren verfasst werden. Die Zeit zur Lösung einer Prüfungsaufgabe soll zwei Stunden nicht überschreiten.

(2) Sind mindestens zwei schriftliche Prüfungsaufgaben mit „mangelhaft" oder „ungenügend" bewertet worden, so ist die Beamtin oder der Beamte von der mündlichen Prüfung ausgeschlossen und hat die Prüfung insgesamt nicht bestanden.

(3) Die mündliche Prüfung erstreckt sich auf die in § 36 Absatz 6 genannten Lerngebiete. Sie ist vor allem eine Verständnisprüfung. Fragen nach nebensächlichen Einzelheiten oder aus entlegenen Wissensgebieten sollen unterbleiben.

(4) Für die Prüfung gelten im Übrigen die §§ 20 bis 22, 23 Absatz 2 bis 7, §§ 24, 26 Absatz 1 bis 3, Absatz 5, §§ 27 bis 31 und 33 mit der Maßgabe, dass nur ein Prüfungsausschuss gebildet wird, und zwar bei dem Oberlandesgericht Hamm. § 28 Absatz 5 gilt ferner nur mit der Maßgabe, dass die Punktzahl der Bewertung jeder Aufsichtsarbeit mit 18 zu multiplizieren ist.

§ 43 Wiederholung der Prüfung

(1) Wer die Prüfung nicht bestanden hat, darf sie einmal wiederholen. Einzelne Prüfungsleistungen können nicht erlassen werden. § 42 Absatz 2 findet Anwendung.

(2) Die weitere Einführungszeit beträgt höchstens drei Monate. Art und Dauer bestimmt die Präsidentin oder der Präsident des Oberlandesgerichts. Sie oder er soll dabei die Vorschläge des Prüfungsausschusses berücksichtigen.

(3) Wer die Prüfung endgültig nicht bestanden hat, übernimmt wieder eine seinem Amt entsprechende Tätigkeit der Laufbahngruppe 1, erstes Einstiegsamt, des Justizdienstes.

§ 44 Status nach bestandener Prüfung

(1) Mit dem Bestehen der Prüfung wird die Berechtigung zum Führen der Berufsbezeichnung nach § 1 Absatz 2 erworben.

(2) Bis zur Verleihung eines Amtes werden die Amtsbezeichnung und die Dienstbezüge des bisherigen Amtes beibehalten.

Abschnitt 7
Fachgerichtsbarkeiten

§ 45 Anwendung in der Verwaltungsgerichtsbarkeit, der Sozialgerichtsbarkeit, der Finanzgerichtsbarkeit und der Arbeitsgerichtsbarkeit

(1) Diese Ausbildungsordnung findet auf Laufbahnbewerberinnen und Laufbahnbewerber, die für die Laufbahngruppe 1, zweites Einstiegsamt, des Justizdienstes in der Verwaltungsgerichtsbarkeit, der Sozialgerichtsbarkeit, der Finanzgerichtsbarkeit und der Arbeitsgerichtsbarkeit ausgebildet werden, mit folgenden Maßgaben Anwendung:

1. Bewerbungsgesuche (§ 3) sind an die Präsidentin oder den Präsidenten des Oberverwaltungsgerichts für das Land Nordrhein-Westfalen, des Landessozialgerichts Nordrhein-Westfalen, der Finanzgerichte oder der Landesarbeitsgerichte, in deren oder dessen Bezirk die Einstellung gewünscht wird, zu richten;
2. § 6 Absatz 1 Satz 2 beziehungsweise § 14 Absatz 1 Satz 1 Nummer 2 gilt für Verwaltungsangestellte und Regierungsangestellte entsprechend;
3. die Entscheidung nach § 6 Absatz 4 beziehungsweise § 16 Absatz 3 trifft die Präsidentin oder der Präsident des Oberverwaltungsgerichts für das Land Nordrhein-Westfalen, des Landessozialgerichts Nordrhein-Westfalen, des Finanzgerichts oder des Landesarbeitsgerichts im Benehmen mit der Präsidentin oder dem Präsidenten des Oberlandesgerichts und
4. an die Stelle des in § 23 Absatz 1 Nummer 2 genannten Aufgabenschwerpunkts

tritt ein Aufgabenschwerpunkt aus der Fachgerichtsbarkeit, für die ausgebildet wird, hierzu kann abweichend von § 23 Absatz 2 Satz 1 die jeweilige Fachgerichtsbarkeit im Einvernehmen mit der Leiterin oder dem Leiter des Ausbildungszentrums der Justiz Nordrhein-Westfalen die schriftliche Prüfungsaufgabe einschließlich des Lösungsvorschlags erstellen.

(2) Soweit der Vorbereitungsdienst nicht im Sinne des Abschnitts 3 dieser Verordnung verkürzt ist, gliedert er sich für die Anwärterinnen und Anwärter, die für die Laufbahngruppe 1, zweites Einstiegsamt, des Justizdienstes in den genannten Fachgerichtsbarkeiten ausgebildet werden, im dritten, fünften und siebten Abschnitt (§ 7 Nummer 3, 5 und 7) wie folgt:

1. dritter Abschnitt:
   Fachpraxis I
   zwei Monate fachpraktische Ausbildung beim Amtsgericht,
   ein Monat fachpraktische Ausbildung bei einem Gericht der Fachgerichtsbarkeit, für die ausgebildet wird,
2. fünfter Abschnitt:
   Fachpraxis II
   fünf Monate fachpraktische Ausbildung bei Amtsgericht und Landgericht, ein Monat fachpraktische Ausbildung bei einem Gericht der Fachgerichtsbarkeit, für die ausgebildet wird und
3. siebter Abschnitt:
   Fachpraxis III
   drei Monate fachpraktische Ausbildung bei Amtsgericht und Landgericht, ein Monat fachpraktische Ausbildung bei einem Gericht der Fachgerichtsbarkeit, für die ausgebildet wird.

Im Einzelfall können mit Zustimmung des für Justiz zuständigen Ministeriums Abweichungen bestimmt werden.

(3) Die Anwärterinnen und Anwärter nehmen während der praktischen Ausbildung bei ihrer Fachgerichtsbarkeit weiter an dem Begleitunterricht der ordentlichen Gerichtsbarkeit (§ 10) teil.

Abschnitt 8
Regelungen für Menschen mit Behinderungen

§ 46 Regelungen für Menschen mit Behinderungen

Menschen mit Behinderungen sind unabhängig von der Zuerkennung einer Schwerbehinderung im Sinne des Neunten Buches Sozialgesetzbuch vom 23. Dezember 2016 (BGBl. I S. 3234), das zuletzt durch Artikel 6 des Gesetzes vom 22. Dezember 2023 (BGBl. 2023 I Nr. 412) geändert worden ist, bei der Erbringung von Leistungen während des Vorbereitungsdienstes und der Qualifizierung sowie für die Teilnahme an der Laufbahnprüfung beziehungsweise Prüfung gemäß § 42 die ihrer Behinderung angemessenen Erleichterungen zu gewähren. Art und Umfang der Erleichterungen sind mit den behinderten Menschen zu erörtern. Die Erleichterungen dürfen nicht zu einer qualitativen Herabsetzung der Anforderungen führen. Bei schwerbehinderten und diesen gleichgestellten behinderten Menschen im Sinne von Teil 3 des Neunten Buches Sozialgesetzbuch ist die zuständige Schwerbehindertenvertretung rechtzeitig zu informieren und anzuhören. § 23 Absatz 4 bleibt unberührt.

Abschnitt 9
Schlussvorschriften und Übergangsvorschriften

§ 47 Inkrafttreten, Außerkrafttreten, Übergangsregelung

(1) Diese Verordnung tritt am 1. August 2019 in Kraft. Gleichzeitig tritt die Ausbildungsordnung der Justizfachwirtinnen und Justizfachwirte vom 12. September 2005 (GV. NRW. S. 804), die zuletzt durch Verordnung vom 4. Dezember 2017 (GV. NRW. S. 918) geändert worden ist, außer Kraft.

(2) Für Justizsekretäranwärterinnen und Justizsekretäranwärter sowie für nach Abschnitt 5 oder 6 zugelassene Beamtinnen und Beamte, deren Ausbildung vor dem 1. September 2024 begonnen hat, und die sich in

einer ununterbrochenen Ausbildung befinden, gelten die Regelungen dieser Verordnung in der bis einschließlich des Tages vor Inkrafttreten der Änderungsverordnung vom 5. August 2024 geltenden Fassung fort. Satz 1 gilt nicht, wenn die Ausbildung unterbrochen und nach dem 1. September 2024 fortgesetzt wird.

(3) Auf Wiederholungsprüfungen ist das beim ersten Prüfungsversuch geltende Recht anzuwenden; dies gilt auf Antrag auch dann, wenn die Prüfung als nicht unternommen gilt.

(4) Unbeschadet des Absatzes 3 richtet sich eine weitere Einführungszeit nach § 32 Absatz 2 oder § 43 Absatz 2, die nach dem 1. September 2024 angeordnet wurde, nach den Vorschriften dieser Verordnung in der zum Zeitpunkt der Anordnung geltenden Fassung.

II

Verordnung über die Ausbildung und Prüfung für die Ämtergruppe des ersten Einstiegsamtes der Laufbahngruppe 2 des allgemeinen Verwaltungsdienstes (Bachelor) des Landes Nordrhein-Westfalen (Ausbildungsverordnung erstes Einstiegsamt Laufbahngruppe 2 allgemeiner Verwaltungsdienst Land – VAP2.1)

Vom 5. August 2008 (GV. NRW. S. 572)

Zuletzt geändert durch
Neunte Verordnung zur Änderung der Ausbildungsverordnung erstes Einstiegsamt Laufbahngruppe 2 allgemeiner Verwaltungsdienst Land
vom 11. November 2024 (GV. NRW. S. 1194)

Aufgrund des § 16 des Landesbeamtengesetzes in der Fassung der Bekanntmachung vom 1. Mai 1981 (GV. NRW. S. 234), zuletzt geändert durch Artikel 3 des Zweiten Gesetzes zum Bürokratieabbau (Bürokratieabbaugesetz II) vom 9. Oktober 2007 (GV. NRW. S. 393), wird im Einvernehmen mit dem Finanzministerium verordnet:

Teil I
Allgemeine Regelungen

§ 1 Geltungsbereich

Die Verordnung gilt für

1. die Laufbahn der Ämtergruppe des ersten Einstiegsamtes der Laufbahngruppe 2 des allgemeinen Verwaltungsdienstes im Land Nordrhein-Westfalen,
2. die Laufbahn der Ämtergruppe des ersten Einstiegsamtes der Laufbahngruppe 2 der Deutschen Rentenversicherung Rheinland und der Deutschen Rentenversicherung Westfalen und
3. die Laufbahn der Ämtergruppe des ersten Einstiegsamtes der Laufbahngruppe 2 des allgemeinen Verwaltungsdienstes in den Gemeinden und Gemeindeverbänden im Land Nordrhein-Westfalen.

§ 1a Anerkennung anderer Laufbahnen

(1) Mit dem Erwerb einer Laufbahnbefähigung für eine der in § 1 genannten Laufbahnen besteht zugleich eine Laufbahnbefähigung für alle dort genannten Laufbahnen.

(2) Mit dem Erwerb einer Laufbahnbefähigung für die Ämtergruppe des ersten Einstiegsamtes der Laufbahngruppe 2 in der Finanzverwaltung als Diplom-Finanzwirtin oder Diplom-Finanzwirt oder für die Ämtergruppe des ersten Einstiegsamtes der Laufbahngruppe 2 des Justizdienstes als Diplom-Rechtspflegerin (FH) oder Diplom-Rechtspfleger (FH) besteht zugleich eine Laufbahnbefähigung für alle in § 1 genannten Laufbahnen.

§ 2 Einstellungsvoraussetzungen

(1) Zur Ausbildung im Rahmen des Vorbereitungsdienstes (§ 7) für die Laufbahn gemäß § 1 kann zugelassen werden, wer

1. die gesetzlichen Voraussetzungen für die Berufung in das Beamtenverhältnis erfüllt,
2. nach den charakterlichen, geistigen und körperlichen Anlagen für die Laufbahn geeignet ist; dabei darf von schwerbehinderten Menschen und ihnen gleichgestellten behinderten Menschen nur das für die jeweilige Laufbahn erforderliche Mindestmaß an körperlicher Eignung verlangt werden, und
3. eine zu einem Hochschulstudium berechtigende Schulbildung oder einen als gleichwertig anerkannten Bildungsstand besitzt.

(2) Zur Ausbildung kann auch zugelassen werden, wer die Voraussetzungen gemäß Absatz 1 Nummer 2 und 3 erfüllt und im

Rahmen eines Vertrages für das Studium im Beschäftigungsverhältnis gemäß § 6 Abs. 2 für eine Tätigkeit auf der Funktionsebene der Laufbahn der Amtergruppe des ersten Einstiegsamtes der Laufbahngruppe 2 befähigt werden soll.

§ 3 Bewerbung

(1) Bewerbungen sind an die Einstellungsbehörde zu richten. Einstellungsbehörden sind

1. für die allgemeine Verwaltung in Nordrhein-Westfalen die Bezirksregierungen, die durch das für Inneres zuständige Ministerium bestimmten Polizeibehörden, die Landwirtschaftskammer Nordrhein-Westfalen, das Landesamt für Besoldung und Versorgung, das Landesamt für Finanzen, der Landesbetrieb Straßenbau Nordrhein-Westfalen, die Hochschule für Polizei und öffentliche Verwaltung Nordrhein-Westfalen sowie die Hochschulen im Sinne des § 1 Absatz 2 des Hochschulgesetzes vom 16. September 2014 (GV. NRW. S. 547) in der jeweils geltenden Fassung, für den Studiengang Verwaltungsinformatik davon abweichend auch das Institut der Feuerwehr und die obersten Landesbehörden,
2. für die Gemeinden und Gemeindeverbände im Land Nordrhein-Westfalen die Gemeinden, die Städte, die Kreise, die Landschaftsverbände, der Landesverband Lippe, der Regionalverband Ruhr beziehungsweise die durch diese im Kommunalverfassungsrecht bestimmte Stelle und
3. für die Rentenversicherungsträger die Deutsche Rentenversicherung Rheinland und die Deutsche Rentenversicherung Westfalen.

(2) Der Bewerbung sind beizufügen:

1. ein Lebenslauf,
2. eine Einverständniserklärung der gesetzlichen Vertreter, wenn die oder der Bewerbende noch nicht volljährig ist,
3. eine Abschrift oder Kopie des letzten Schulzeugnisses vor der Bewerbung und von Zeugnissen über die Tätigkeiten seit der Schulentlassung; sofern ein Zwischenzeugnis vorgelegt wird, ist das Abschlusszeugnis, das die nach § 2 Abs. 1 Nr. 3 geforderte Vorbildung nachweist, unverzüglich nachzureichen.

(3) Bei Bewerbungen aus dem öffentlichen Dienst kann auf die Vorlage solcher Unterlagen verzichtet werden, die schon in der Personalakte enthalten sind.

§ 4 Auswahl

(1) Der Entscheidung über die Zulassung zum Vorbereitungsdienst (§ 7) geht ein Auswahlverfahren voraus. Personen, die ausweislich der Bewerbungsunterlagen gemäß § 3 die Voraussetzungen für eine Zulassung offensichtlich nicht erfüllen, nehmen am Auswahlverfahren nicht teil.

(2) Die Auswahlmethode bestimmt die Einstellungsbehörde unter Berücksichtigung der in Wissenschaft und Praxis sich fortentwickelnden Erkenntnisse über Personalausleseverfahren im Einklang mit Artikel 33 Absatz 2 des Grundgesetzes. Die Auswahlmethode muss für Bewerbende desselben Zulassungstermins gleich bleiben. Beim Auswahlverfahren und bei der Auswahlmethode werden die besonderen Belange von schwerbehinderten Menschen und ihnen gleichgestellten behinderten Menschen berücksichtigt.

(3) Auf der Grundlage des Ergebnisses des Auswahlverfahrens entscheidet die Einstellungsbehörde über die Zulassung.

§ 5 Einstellungszeitpunkt, Zulassung

(1) Einstellungen erfolgen jeweils zum 1. September eines Jahres.

(2) Vor der Zulassungsentscheidung müssen vorliegen:

1. Geburtsurkunde oder Geburtsschein,
2. Gesundheitszeugnis,
3. Erklärung der Bewerberin oder des Bewerbers, ob sie oder er vorbestraft ist und ob gegen sie oder ihn ein gerichtliches Strafverfahren oder ein Ermittlungsverfahren der Staatsanwaltschaft anhängig ist,
4. Erklärung der Bewerberin oder des Bewerbers, ob sie oder er in geordneten wirtschaftlichen Verhältnissen lebt.

Die Bewerbenden haben rechtzeitig bei der zuständigen Meldebehörde ein Führungszeugnis zur Vorlage bei Behörden zu beantragen.

§ 3 Abs. 3 gilt entsprechend.

§ 6 Rechtsstellung

(1) Zugelassene Personen werden für die Dauer der Ausbildung und Prüfung (Vorbereitungsdienst) in das Beamtenverhältnis auf Widerruf berufen. Die dienstrechtlichen Entscheidungen trifft die Einstellungsbehörde. Erholungsurlaub ist grundsätzlich in der lehrveranstaltungsfreien Studienzeit in Anspruch zu nehmen.

(2) Abweichend von Absatz 1 können zugelassene Personen, die für eine Tätigkeit auf der Funktionsebene der Ämtergruppe des ersten Einstiegsamtes der Laufbahngruppe 2 befähigt werden sollen, für die Dauer der Ausbildung und Prüfung mit der Einstellungsbehörde einen Vertrag für das Studium im Beschäftigungsverhältnis abschließen. In diesem Vertrag sind die beiderseitigen Rechte und Pflichten einschließlich der Vergütung zu regeln. Dies gilt auch für die Anwendung dieser Verordnung.

§ 7 Vorbereitungsdienst

Der Vorbereitungsdienst besteht aus dem auf drei Studienjahre ausgerichteten Bachelor-Studiengang an der Hochschule für Polizei und öffentliche Verwaltung Nordrhein-Westfalen, im Folgenden Hochschule genannt.

§ 8 Vorzeitige Entlassung

(1) Eine nicht bestandene Studienleistung kann einmal wiederholt werden. Wird auch die Wiederholungsprüfung schlechter als „ausreichend" (4,0) bewertet, kann für bis zu zwei Modulprüfungen ab dem zweiten Studienjahr eine als Klausur oder Fachgespräch zu erbringende Studienleistung ein weiteres Mal wiederholt werden.

Erreichen Studierende in der Gesamtnote einer Studienleistung auch nach Inanspruchnahme der Wiederholungsmöglichkeiten nicht eine Bewertung von mindestens „ausreichend" (4,0) oder „bestanden", ist die Studienleistung endgültig nicht bestanden.

In diesem Fall kann das Studium nicht fortgesetzt werden. Dies ist auch der Fall, wenn eine Studienleistung nicht innerhalb eines in der Studienordnung geregelten Zeitraums erbracht wird.

(2) Beamtinnen und Beamte auf Widerruf sind entlassen, wenn

1. sie die Bachelorprüfung (§ 12) nicht bestanden haben und die Wiederholung der zum Nichtbestehen führenden Studienleistung nicht wünschen, mit dem Tag der Erklärung,
2. sie die Bachelorprüfung endgültig nicht bestanden haben, mit dem Tag der Bekanntgabe,
3. sie eine Studienleistung nicht innerhalb eines in der Studienordnung geregelten Zeitraums erbracht haben, mit Verstreichen der Frist oder
4. sie die maximale Zeitvorgabe des Studiums gemäß § 10a Absatz 1 überschreiten, mit dem Tag der Überschreitung.

(3) Für Studierende nach § 18 gilt Absatz 2 mit der Maßgabe, dass die Beamtin oder der Beamte aus der Ausbildung ausscheidet.

(4) Für Studierende gemäß § 6 Absatz 2 gelten die Absätze 1 und 2 mit der Maßgabe, dass das Vertragsverhältnis beendet ist.

(5) Über die Zuerkennung der Befähigung der Laufbahn derselben Fachrichtung in der Ämtergruppe des zweiten Einstiegsamtes der Laufbahngruppe 1 entscheidet nach Abschluss des dritten fachwissenschaftlichen Studienabschnitts im zweiten Studienjahr die Einstellungsbehörde.

Teil II
Ausbildung

§ 9 Ziel und Mindestinhalte der Ausbildung

(1) Ziel der Ausbildung ist es, den Studierenden einen Hochschulgrad „Bachelor", und die Befähigung für die Laufbahn gemäß § 1 zu vermitteln. Die Ausbildung soll die Studie-

renden vor dem Hintergrund sich verändernder Qualifikations- und Kompetenzprofile durch die Vermittlung von grundlegendem Fachwissen, Methodenkompetenzen und Schlüsselqualifikationen zur Berufsfähigkeit führen.

(2) Die Ausbildung umfasst mindestens folgende Inhalte:

1. Rechtswissenschaften mit den Schwerpunkten Recht der gesetzlichen Rentenversicherung, allgemeines und besonderes Verwaltungsrecht, Verfassungsrecht, Europarecht, Grundlagen des Privatrechts,
2. Verwaltungswissenschaften mit den Schwerpunkten Verwaltungslehre, Informations- und Kommunikationstechnologie,
3. Wirtschaftswissenschaften mit den Schwerpunkten Verwaltungsbetriebswirtschaft und öffentliche Finanzwirtschaft,
4. Sozialwissenschaften mit den Schwerpunkten Soziologie, Politologie und Sozialpsychologie.

§ 10 Gliederung des Studiums

(1) Die Ausbildung erfolgt im Rahmen eines dualen Bachelor-Studiums. Sie gliedert sich in die fachwissenschaftliche Studienzeit an der Hochschule und in die fachpraktische Studienzeit bei den Einstellungsbehörden beziehungsweise ausbildenden Stellen. Die fachwissenschaftliche Studienzeit wird grundsätzlich als Präsenzstudium mit Selbststudienanteilen durchgeführt. Für die fachwissenschaftliche Studienzeit weisen die Einstellungsbehörden die Studierenden der Hochschule zu; für die fachpraktische Studienzeit weisen die Einstellungsbehörden die Studierenden den ausbildenden Stellen zu.

(2) Die Ausbildungsinhalte werden in Modulen (abgeschlossene Studien- bzw. Lerneinheiten) vermittelt, welche mit einer Studienleistung (Modulprüfung oder andere Studienleistung) abgeschlossen werden. Studienleistungen können auch aus mehreren Teilstudienleistungen bestehen. Die Gewichtung wird in der Studienordnung (§ 17) festgelegt. Jede Studienleistung wird mit einer Punktzahl und Note nach § 13 oder mit „bestanden" bzw. „nicht bestanden" bewertet.

(3) Die Studierenden werden unabhängig von den die Module abschließenden Studienleistungen während der fachpraktischen Zeit beurteilt.

§ 10a Dauer der Ausbildung

(1) Die Ausbildung dauert unbeschadet des § 8 drei Jahre. Die Ausbildung endet mit dem Bestehen der Bachelorprüfung, die zugleich Laufbahnprüfung ist. Die Ausbildungszeit ist auf höchstens fünf Jahre begrenzt.

(2) Die Ausbildung kann nach Anhörung der betroffenen Person im Einzelfall verlängert werden, wenn sie wegen

1. des Mutterschutzes, einer Elternzeit oder einer Pflegezeit nach der Freistellungs- und Urlaubsverordnung NRW vom 10. Januar 2012 (GV. NRW S. 2, ber. S. 92) in der jeweils geltenden Fassung,
2. einer Erkrankung oder
3. anderer zwingender Gründe

unterbrochen wurde und aufgrund der Unterbrechung die Ziele und Mindestanforderungen der Ausbildung gemäß § 9 innerhalb der verbleibenden Ausbildungsdauer nicht erreicht werden können. Dabei können Abweichungen vom Ausbildungs-, Lehr- oder Studienplan zugelassen werden. Die Ausbildung kann in den Fällen des Satzes 1 Nummer 2 und 3 zweimal, insgesamt jedoch nicht um mehr als 24 Monate verlängert werden. Die Entscheidung über die Verlängerung der Ausbildung in den Fällen des Satzes 1 trifft die Einstellungsbehörde.

(3) In den Fällen, in denen die Einhaltung der Studienzeitbegrenzung nach Absatz 1 eine unzumutbare Härte für die Studierenden darstellen würde und die dazu führenden Umstände nicht von ihnen zu vertreten sind, kann das für Inneres zuständige Ministerium im Einzelfall eine Ausnahme von der Ausbildungszeitbegrenzung nach Absatz 1 zulassen.

(4) Für Studierende, die einem olympischen, paralympischen oder deaflympischen Bundes- oder Landeskader angehören oder Mitglied einer entsprechenden Auswahlmannschaft sind und eine Empfehlung des Sportfachverbandes vorlegen, kann die Ausbil-

dung um die mit dem Sportfachverband abgestimmte Trainings- und Wettkampfzeit bis zur Höchstausbildungszeit nach Absatz 1 verlängert werden.

(5) Zeiten eines Vorbereitungsdienstes für eine Laufbahn mit vergleichbaren Inhalten können von dem für Inneres zuständigen Ministerium bis zur Dauer eines Jahres auf den Vorbereitungsdienst angerechnet werden. Dem Antrag ist ein Votum der Hochschule beizufügen.

§ 10b Teilzeitstudium und Teilzeitmodell-Praxis

(1) Bei einem Studium in Teilzeit werden die fachtheoretischen sowie die fachpraktischen Studienzeiten zeitlich reduziert (Teilzeitstudium). Dadurch verlängert sich die Ausbildungsdauer gemäß § 10a auf regelmäßig vier bis höchstens sechs Jahre. Im Rahmen dieses Studiums absolvieren die Studierenden regelmäßig 30 Wochenstunden. Das Nähere regelt die Hochschule in einer entsprechenden Studienordnung.

(2) Zum Teilzeitstudium kann zugelassen werden, wer sich entsprechend der gesetzlichen Regelungen in Elternzeit befindet oder andere Voraussetzungen des § 64 Absatz 1 des Landesbeamtengesetzes vom 14. Juni 2016 (GV. NRW. S. 310, ber. S. 642), in der jeweils geltenden Fassung, erfüllt. Gleiches gilt entsprechend § 164 Absatz 5 des Neunten Buches Sozialgesetzbuch vom 23. Dezember 2016 (BGBl. I S. 3234), in der jeweils geltenden Fassung, für schwerbehinderte Studierende sowie ihnen gleichgestellte Personen im Sinne des § 2 Absatz 2 und 3 des Neunten Buches Sozialgesetzbuch.

(3) Zur Förderung der Vereinbarkeit von Familie und Beruf sowie in sonstigen Fällen steht die Zulassung von weiteren Studierenden zu einem Teilzeitstudium nach Absatz 1 im Ermessen der jeweiligen Einstellungsbehörde.

(4) Studierende, die

1. die Voraussetzungen des Absatzes 2 erfüllen, für deren Studiengang jedoch kein Teilzeitstudium nach Absatz 1 angeboten wird,
2. die das Studium bereits in Vollzeit begonnen haben oder
3. die einem olympischen, paralympischen oder deaflympischen Bundes- oder Landeskader angehören oder Mitglied einer entsprechenden Auswahlmannschaft sind und eine Empfehlung des Sportfachverbandes vorlegen,

können alternativ lediglich die fachpraktischen Studienzeiten in Teilzeit absolvieren (Teilzeitmodell-Praxis). Die fachtheoretischen Studienzeiten erfolgen gemäß Studienverlauf in Vollzeit. Im Teilzeitmodell-Praxis können die fachpraktischen Studienzeiten um bis zur Hälfte der regelmäßigen Arbeitszeit reduziert werden. Die fachpraktischen Studienzeiten können bis zum entsprechenden Umfang der Reduzierung in einem der nächsten fachpraktischen Studienabschnitte nachgeholt werden. Sie müssen bis zum summarischen Erreichen einer regelmäßigen Arbeitszeit im Umfang von 30 Wochenstunden nachgeholt werden, wenn die individuelle regelmäßige Arbeitszeit in der Fachpraxis zuvor weniger als 30 Wochenstunden betragen hat.

(5) Unabhängig vom summarischen Erreichen einer regelmäßigen Arbeitszeit im Umfang von 30 Wochenstunden trifft die Hochschule im Rahmen des Teilzeitmodells-Praxis nach Absatz 4 im Benehmen mit der jeweiligen Einstellungsbehörde die Entscheidung, ob das Ausbildungsziel durch die Reduzierung der fachpraktischen Studienzeit gefährdet ist und ob und inwieweit aus diesem Grund eine Verlängerung der fachpraktischen Studienzeit bis zum summarischen Erreichen einer regelmäßigen Arbeitszeit eines Vollzeitstudierenden im Einzelfall erforderlich ist.

(6) Im Falle einer Verlängerung der fachpraktischen Studienzeit nach den Absätzen 4 und 5 verlängert sich das Studium entsprechend. Eine Anrechnung auf die Ausbildungszeitbegrenzung nach § 10a Absatz 1 erfolgt in diesem Fall nicht.

(7) In Fällen des Teilzeitstudiums oder des Teilzeitmodells-Praxis gilt § 10a Absatz 2 entsprechend.

§ 10c Nachteilsausgleich, Rechte der Schwerbehindertenvertretung bei Prüfungen

(1) Menschen mit Behinderungen sowie Menschen, die eine krankheitsbedingte Beeinträchtigung zum Zeitpunkt der Prüfung aufweisen, ohne prüfungsunfähig zu sein, ist auf deren Antrag ein der jeweiligen Beeinträchtigung angemessener Nachteilsausgleich zu gewähren. Über die Gewährung eines Nachteilsausgleichs, der für den jeweiligen Einzelfall unter Berücksichtigung der individuellen Belange der betroffenen Person geprüft wird, entscheidet im Einstellungsverfahren die Einstellungsbehörde, während der Ausbildung die Ausbildungsleitung und im Prüfungsverfahren gemäß § 11 der Prüfungsausschuss oder eine von ihm beauftragte Stelle. Art und Umfang des Nachteilsausgleichs sind mit den Betroffenen und auf Wunsch der betroffenen Person mit der Schwerbehindertenvertretung der Einstellungsbehörde zu erörtern. Der Nachteilsausgleich darf nicht zu einer qualitativen Herabsetzung der Prüfungsanforderungen führen.

(2) Die Personen nach Absatz 1 Satz 1 legen die erforderlichen Bescheinigungen über Art und Umfang der prüfungsrelevanten Beeinträchtigungen vor, sofern sie Erleichterungen im Sinne des Absatz 1 in Anspruch nehmen wollen. Der Antrag auf Gewährung eines Nachteilsausgleichs im Prüfungsverfahren soll zu Beginn eines jeden Studienjahres gestellt werden, soweit dies zu diesem Zeitpunkt bereits möglich ist.

(3) Die Schwerbehindertenvertretung der Einstellungsbehörde ist rechtzeitig über anstehende Prüfungstermine mit Schwerbehinderten sowie den ihnen gleichgestellten zu prüfenden Personen zu informieren. Der Schwerbehindertenvertretung ist zu gestatten, an den mündlichen und praktischen Prüfungen teilzunehmen und nach deren Abschluss vor der Beratung des Ergebnisses der Prüfung gegenüber der Prüfungskommission eine Stellungnahme abzugeben. Bei mündlichen Prüfungen hat die Schwerbehindertenvertretung zudem das Recht, an allen Prüfungsgesprächen auch mit nicht behinderten Bewerbenden teilzunehmen.

(4) Die Regelungen der Richtlinie SGB IX vom 19. Dezember 2023 (MBl. NRW. S. 1540) in der jeweils geltenden Fassung, insbesondere die Nummern 1.5 und 7 bleiben unberührt.

Teil III
Prüfungsangelegenheiten

§ 11 Prüfungsausschuss

(1) Es wird ein Prüfungsausschuss eingerichtet, der sich paritätisch aus Vertretenden der Hochschule und der Fachpraxis zusammensetzt. Den Vorsitz im Prüfungsausschuss hat die Präsidentin oder der Präsident der Hochschule. Der Prüfungsausschuss trifft alle Entscheidungen in Prüfungsangelegenheiten einschließlich der Entscheidungen über Rechtsbehelfe, soweit er diese nicht auf die dem Prüfungsausschuss vorsitzende Person überträgt. Unaufschiebbare Entscheidungen kann die vorsitzende Person allein treffen, in diesem Fall ist dem Prüfungsausschuss in der nächsten Sitzung über die getroffene Entscheidung zu berichten.

(2) Zur Bewältigung der dem Prüfungsausschuss übertragenen Aufgaben und zu seiner Unterstützung wird am Dienstsitz der dem Prüfungsausschuss vorsitzenden Person ein Prüfungsamt eingerichtet. Die vorsitzende Person ist verantwortlich für die Leitung und Beaufsichtigung des Geschäftsgangs des Prüfungsamtes. Dabei kann sie sich die persönliche Bearbeitung einzelner Angelegenheiten vorbehalten.

§ 12 Bachelorprüfung, Gesamtnote

(1) Die Bachelorprüfung besteht aus den Studienleistungen während des Studiums und der Bachelorarbeit einschließlich eines Kolloquiums.

(2) Das Studium ist erfolgreich abgeschlossen, wenn die Leistungen gemäß Absatz 1 jeweils mindestens mit der Note „ausreichend" (4,0) oder „bestanden" bewertet wurden. Die Bachelorprüfung ist nicht bestanden, wenn eine Studienleistung oder die Bachelorarbeit einschließlich des Kolloquiums endgültig nicht bestanden ist.

(3) Für die Berechnung der Gesamtnote werden die Studienleistungen während des Studiums mit 80 Prozent und die Bachelorarbeit einschließlich eines Kolloquiums mit 20 Prozent gewichtet.

§ 13 Bewertung von Studienleistungen

Studienleistungen, die nicht mit „bestanden" oder „nicht bestanden" bewertet werden, sind mit einer der folgenden Noten des Bachelor-Bewertungssystems zu bewerten:

Laufbahnrechtliches Bewertungssystem		Bachelor-Bewertungssystem	
in Noten	in Worten	in Noten	in Worten
sehr gut (1)	eine den Anforderungen in besonderem Maße entsprechende Leistung	sehr gut (1,0 oder 1,3)	eine den Anforderungen in besonderem Maße entsprechende Leistung
gut (2)	eine den Anforderungen voll entsprechende Leistung	gut (1,7 oder 2,0 oder 2,3)	eine den Anforderungen voll entsprechende Leistung
befriedigend (3)	eine im Allgemeinen den Anforderungen entsprechende Leistung	befriedigend (2,7 oder 3,0 oder 3,3)	eine im Allgemeinen den Anforderungen entsprechende Leistung
ausreichend (4)	eine Leistung, die zwar Mängel aufweist, aber im Ganzen den Anforderungen noch entspricht	ausreichend (3,7 oder 4,0)	eine Leistung, die zwar Mängel aufweist, aber im Ganzen den Anforderungen noch entspricht
mangelhaft (5)	eine den Anforderungen nicht entsprechende Leistung, die jedoch erkennen lässt, dass die notwendigen Grundkenntnisse vorhanden sind und die Mängel in absehbarer Zeit behoben werden könnten	nicht ausreichend (5,0)	eine den Anforderungen nicht entsprechende Leistung
ungenügend (6)	eine den Anforderungen nicht entsprechende Leistung, bei der selbst die Grundkenntnisse so lückenhaft sind, dass die Mängel in absehbarer Zeit nicht behoben werden könnten		

Satz 1 gilt auch für die Bachelorarbeit einschließlich des Kolloquiums.

§ 14 Hochschulgrad, Laufbahnprüfung

(1) Mit Bestehen der Hochschulprüfung verleiht die Hochschule einen Hochschulgrad „Bachelor of Laws" beziehungsweise „Bachelor of Arts".

(2) Die erfolgreich abgeleistete Hochschulprüfung gilt zugleich als Laufbahnprüfung für die in § 1 genannte Laufbahn. Bei Studierenden gemäß § 6 Abs. 2 gilt die Hochschulprüfung als der Laufbahnprüfung gleichwertig.

(3) Prüfungsakten sind mindestens vier Jahre aufzubewahren.

Teil IV
Evaluierung, Hochschulregelungen

§ 15 Evaluierung

Studium und Prüfung im Sinne dieser Verordnung sind regelmäßig zu evaluieren. In die Evaluierung sollten unter Leitung und Organisation der Hochschule Einstellungs- und Ausbildungsbehörden, Studierende, zu prüfende Personen, Lehrende und das für Inneres zuständige Ministerium einbezogen werden. Über den Stand der Evaluierung ist dem für Inneres zuständigen Ministerium jeweils bis zum 31. Oktober eines Jahres zu berichten.

§ 16 Datenerhebung, Datenverarbeitung, Datenübermittlung

(1) Die Hochschule kann für Zwecke der Verwaltung Stammdatensätze der Studierenden erheben und speichern. Ein Stammdatensatz besteht aus Matrikelnummer, Name, Vorname, Geburtsdatum, Geschlecht, Kontaktdaten (Telefonnummer, E-Mail-Adresse), Art des zum Hochschulstudium berechtigenden Bildungsstandes und Einstellungsbehörde; der zugehörige Wohnsitz kann bei Bedarf mit erhoben werden. Die Hochschule darf die Stammdatensätze zur Durchführung eines ordnungsgemäßen Studiums weiter verarbeiten. Insbesondere dürfen die Bewertungen der während des Studiums zu erbringenden Prüfungs- oder Studienleistungen im Stammdatensatz erfasst werden. Die Stammdatensätze dürfen für die Durchführung des Prüfungsverfahrens sowie zur Auswertung der Prüfungsergebnisse weiter verarbeitet werden. Zulässig ist insoweit auch eine Merkmalvergabe zum Nichtbestehen in Bachelorarbeit oder Kolloquium, erstmalig oder endgültig, zur Aufnahme in den Stammdatensatz.

(2) Die Hochschule darf den dienstaufsichtführenden Einstellungsbehörden die Stammdatensätze zur Wahrnehmung der Dienstaufsicht zur Verfügung stellen.

(3) Die gemäß Absatz 1 erhobenen und gemäß Absatz 2 übermittelten Daten sind spätestens vier Jahre nach Beendigung des Studiums zu löschen. Bereits bestehende Regelungen für statistische Zwecke bleiben unberührt.

§ 17 Studienordnung

(1) Die Hochschule wird ermächtigt, ergänzende Regelungen zur Durchführung der Ausbildung und Prüfung im Bachelor-Studiengang in einer Studienordnung zu treffen. Insbesondere sind Regelungen zu treffen zu

1. den Folgen der Nichterbringung von Prüfungsleistungen und des Rücktritts von einer Prüfung,
2. den Folgen von Verstößen gegen Prüfungsvorschriften, insbesondere ordnungswidrigen Verhaltens,
3. der Anrechnung von in anderen Studiengängen oder an anderen Hochschulen erbrachten Studienzeiten, Studien- und Prüfungsleistungen,
4. die Einsicht in die Prüfungsakten nach den einzelnen Prüfungen oder einer abgeschlossenen Teilprüfung und
5. gutachterlichen Stellungnahmen, Bescheinigungen nach § 19 des Gesetzes über den öffentlichen Gesundheitsdienst des Landes Nordrhein-Westfalen.

(2) Die Studienordnung bedarf der Genehmigung durch das für Inneres zuständige Ministerium.

Teil V
Regelaufstieg, Polizeidienstunfähigkeit

§ 18 Ausbildungsaufstieg

Verbeamtete Personen der Ämtergruppe des zweiten Einstiegsamtes der Laufbahngruppe 1 erwerben die Befähigung für die Laufbahn der Ämtergruppe des ersten Einstiegsamtes der Laufbahngruppe 2 derselben Fachrichtung nach Maßgabe der Regelungen für den Aufstieg von der Laufbahngruppe 1 in die Laufbahngruppe 2 der Laufbahnverordnung vom 21. Juni 2016 (GV. NRW. S. 461) in der jeweils geltenden Fassung.

§ 19 Laufbahnwechsel von polizeidienstunfähigen Polizeivollzugsbeamtinnen und Polizeivollzugsbeamten

(1) Polizeidienstunfähige Polizeivollzugsbeamtinnen und Polizeivollzugsbeamte erwer-

ben die Befähigung für eine andere Laufbahn nach Maßgabe des § 115 des Beamtengesetzes für das Land Nordrhein-Westfalen. Die Zulassungsentscheidung zum Laufbahnwechsel trifft die zuständige Bezirksregierung nach Durchführung eines Personalgesprächs.

(2) Die erforderliche Unterweisungszeit dauert bei Polizeivollzugsbeamtinnen und Polizeivollzugsbeamten für die Ämtergruppe des ersten Einstiegsamtes der Laufbahngruppe 2 ohne Laufbahnprüfung drei Jahre. Sie ist sowohl an der Hochschule als Gaststudierende oder Gaststudierender als auch bei einer Ausbildungsbehörde abzuleisten. Für die erfolgreiche Ableistung der Unterweisungszeit und damit zum Erwerb der Befähigung für die Ämtergruppe des ersten Einstiegsamtes der Laufbahngruppe 2 des allgemeinen Dienstes sind grundsätzlich im Studiengang Staatlicher Verwaltungsdienst oder Verwaltungsinformatik fachwissenschaftliche und fachpraktische Ausbildungsabschnitte zu absolvieren und mit Leistungsnachweisen abzuschließen. Generelle Prüfungserleichterungen können gewährt werden.

(3) Zum Laufbahnwechsel in die Ämtergruppe des ersten Einstiegsamtes der Laufbahngruppe 2 des allgemeinen Verwaltungsdienstes zugelassene Polizeivollzugsbeamtinnen und Polizeivollzugsbeamte der Ämtergruppe des ersten Einstiegsamtes der Laufbahngruppe 2 mit Laufbahnprüfung können die Befähigung durch eine zweijährige Unterweisungszeit erwerben (erstes und zweites Studienjahr an der Hochschule). Hierfür sind fachwissenschaftliche Veranstaltungen und fachpraktische Ausbildungsabschnitte erfolgreich abzuschließen.

(4) Für die Unterweisungszeit gelten die jeweils aktuellen Regelungen der Studienordnung (§ 17). Die näheren Einzelheiten zu Inhalt und Ausgestaltung der Unterweisungszeit regelt das für Inneres zuständige Ministerium durch Erlass.

Teil VI
Übergangs- und Schlussregelungen, Inkrafttreten, Außerkrafttreten

§ 20 Vorbereitungsdienst nach bisherigen Regelungen

Für Studierende, die im September 2023 oder früher mit dem Vorbereitungsdienst im Bachelor-Studiengang begonnen haben, findet weiterhin diese Verordnung in der bis zum 20. Dezember 2024 geltenden Fassung Anwendung. Die Verlängerungszeit des Vorbereitungsdienstes wird durch Hochschule und Einstellungsbehörde im Einzelfall geregelt.

§ 21 Inkrafttreten

Diese Verordnung tritt am 1. September 2008 in Kraft.

Verordnung über die Ausbildung und Prüfung für die Ämtergruppe des zweiten Einstiegsamtes der Laufbahngruppe 2 des allgemeinen Verwaltungsdienstes des Landes Nordrhein-Westfalen (Ausbildungsverordnung zweites Einstiegsamt Laufbahngruppe 2 – allgemeiner Verwaltungsdienst Land – VAP 2.2)

Vom 14. September 2020 (GV. NRW. S. 900)

Zuletzt geändert durch
Verordnung zur Änderung der Ausbildungsverordnung zweites Einstiegsamt Laufbahngruppe 2 – allgemeiner Verwaltungsdienst Land
vom 29. Februar 2024 (GV. NRW. S. 141)

Auf Grund des § 7 Absatz 2 des Landesbeamtengesetzes vom 14. Juni 2016 (GV. NRW. S. 310, ber. S. 642), verordnet das Ministerium des Innern im Einvernehmen mit dem Ministerium der Finanzen:

Teil 1
Allgemeine Bestimmungen

§ 1 Geltungsbereich und Einstellungsvoraussetzungen

(1) Diese Verordnung gilt für die Laufbahn der Ämtergruppe des zweiten Einstiegsamtes der Laufbahngruppe 2 des allgemeinen Verwaltungsdienstes im Land Nordrhein-Westfalen.

(2) Zur Ausbildung im Rahmen dieses Vorbereitungsdienstes für die Laufbahn nach Absatz 1 kann eingestellt werden, wer

1. die gesetzlichen Voraussetzungen für die Berufung in das Beamtenverhältnis erfüllt,
2. Grundkenntnisse des öffentlichen Rechts nachweisen kann und
3. ein grundständiges Studium mit den Abschlüssen Diplom oder Magister beziehungsweise ein konsekutives Studium mit einem Mastergrad erfolgreich abgeschlossen hat; zugelassen werden Absolvierende mit den Studiengängen der Wirtschafts-, Verwaltungs-, Sozial- oder Politikwissenschaften sowie der Studiengänge Wirtschafts- oder Verwaltungsrecht.

(3) Das konsekutive Studium nach Absatz 2 Nummer 3 muss einen Bachelorabschluss sowie einen Masterabschluss mit insgesamt mindestens 300 Leistungspunkten nach dem Europäischen Credit-Transfer-System umfassen.

§ 2 Einstellungsverfahren

(1) Die Bewerbung um Einstellung in den Vorbereitungsdienst ist an das für Inneres zuständige Ministerium oder an eine von ihm bestellte Bezirksregierung zu richten. Das für Inneres zuständige Ministerium legt den Einstellungstermin fest und darf je Einstellungsverfahren die zu berücksichtigenden Studienrichtungen beschränken.

(2) Der Bewerbung sind beizufügen:

1. ein tabellarischer Lebenslauf,
2. der Nachweis der Hochschulreife,
3. das Zeugnis über einen Abschluss gemäß § 1 Absatz 2 Nummer 3,
4. Zeugnisse über bisherige Beschäftigungsverhältnisse und
5. ein Nachweis über Grundkenntnisse des Öffentlichen Rechts; als Nachweis eignen sich insbesondere Zeugnisse über die Durchführung von Praktika von mindestens sechs Wochen im Bereich der öffentlichen Verwaltung oder universitäre Seminarnachweise aus dem Bereich des Öffentlichen Rechts.

(3) Der Einstellung geht ein Auswahlverfahren voraus, das von dem für Inneres zuständigen Ministerium durchgeführt wird. Überschreitet die Anzahl der zulässigen Bewerbungen die zu vergebende Anzahl an Plätzen zur Einstellung in den Vorbereitungsdienst, richtet sich die Einladung zum Auswahlverfahren insbesondere

nach der erzielten Abschlussnote des von den Bewerbenden erreichten höchsten Studienabschlusses. Personen, die ausweislich der Bewerbungsunterlagen gemäß Absatz 2 die Voraussetzungen für eine Zulassung offensichtlich nicht erfüllen, nehmen am Auswahlverfahren nicht teil. Nach einer erfolglosen Teilnahme am Auswahlverfahren erfolgt eine erneute Zulassung zum Auswahlverfahren frühestens nach einem Zeitraum von drei Jahren. Die Auswahlmethode regelt das für Inneres zuständige Ministerium unter Berücksichtigung der in Wissenschaft und Praxis sich fortentwickelnden Erkenntnisse über Personalauswahlverfahren. Die Auswahlmethode muss für Bewerbende desselben Zulassungstermins gleichbleiben.

(4) Vor der Einstellung ist

1. eine Geburtsurkunde vorzulegen,
2. ein amtsärztliches Zeugnis über den Gesundheitszustand und die körperliche Eignung für den Verwaltungsdienst beizubringen,
3. eine Erklärung darüber abzugeben, ob gegen die eigene Person ein gerichtliches Strafverfahren oder ein Ermittlungsverfahren der Staatsanwaltschaft anhängig ist,
4. eine Erklärung darüber abzugeben, ob die oder der Bewerbende in geordneten wirtschaftlichen Verhältnissen lebt und
5. ein „Führungszeugnis zur Vorlage bei einer Behörde" bei der zuständigen Meldebehörde zu beantragen.

(5) Bei Personen, die bereits im öffentlichen Dienst beschäftigt sind, kann auf die Vorlage solcher Unterlagen nach Absatz 4 verzichtet werden, die schon in der Personalakte enthalten sind.

§ 3 Rechtsstellung

Die zum Vorbereitungsdienst zugelassenen Personen werden für die Dauer der Ausbildung und Prüfung in das Beamtenverhältnis auf Widerruf berufen. Sie leisten den Diensteid der Beamtinnen und Beamten und führen die Dienstbezeichnung „Verwaltungsreferendarin" beziehungsweise „Verwaltungsreferendar". Die dienstrechtlichen Entscheidungen trifft die Einstellungsbehörde.

§ 4 Regelungen für schwerbehinderte und ihnen gleichgestellte Menschen

(1) Schwerbehinderten Menschen sowie den ihnen gleichgestellten Menschen ist auf deren Antrag ein der jeweiligen Behinderung angemessener Nachteilsausgleich zu gewähren. Über die Gewährung eines Nachteilsausgleichs entscheidet im Einstellungsverfahren die Einstellungsbehörde, während der Ausbildung die Ausbildungsleitung und im Prüfungsverfahren das Landesprüfungsamt gemäß § 12. Art und Umfang des Nachteilsausgleichs sind mit ihnen zu erörtern. Der Nachteilsausgleich darf nicht zu einer qualitativen Herabsetzung der Prüfungsanforderungen führen.

(2) Schwerbehinderte Menschen sowie die ihnen gleichgestellte Menschen legen die erforderlichen Bescheinigungen über Art und Umfang ihrer Behinderung vor, sofern sie Erleichterungen im Sinne des Absatz 1 in Anspruch nehmen wollen.

(3) Während der Ausbildung ist die Schwerbehindertenvertretung der Einstellungsbehörde, im Prüfungsverfahren die Hauptschwerbehindertenvertretung rechtzeitig über anstehende Prüfungstermine mit Schwerbehinderten sowie den ihnen gleichgestellten zu prüfenden Personen zu informieren. Der Schwerbehindertenvertretung ist zu gestatten, an den mündlichen und praktischen Prüfungen teilzunehmen und nach deren Abschluss – vor der Beratung des Ergebnisses der Prüfung – gegenüber der Prüfungskommission eine Stellungnahme abzugeben. Bei mündlichen Prüfungen hat die Schwerbehindertenvertretung zudem das Recht, an allen Prüfungsgesprächen auch mit nicht behinderten Bewerbenden teilzunehmen.

(4) Die Regelungen gem. Ziffer 7 der Richtlinie SGB IX vom 19. Dezember 2023 (MBl. NRW. S. 1540) in der jeweils geltenden Fassung bleiben unberührt.

Teil 2
Ausbildung

§ 5 Ziel des Vorbereitungsdienstes

Ziel des Vorbereitungsdienstes ist es, die Personen im Verwaltungsreferendariat insbesondere durch die Vermittlung von öffentlich-rechtlichen sowie privatrechtlichen Kenntnissen fachlich auf eine spätere Tätigkeit in der öffentlichen Verwaltung vorzubereiten und sie unter anderem durch Führungstraining gezielt zu befähigen, eine Führungsposition übernehmen zu können.

§ 6 Gliederung des Vorbereitungsdienstes

(1) DerVorbereitungsdienst beinhaltet die zweijährige Ausbildung mit der abschließenden Staatsprüfung.

(2) Ausgebildet wird:

1. in einem Einführungslehrgang	2 Monate
2. bei einer Bezirksregierung	7 Monate
3. im ersten Zwischenlehrgang	1 Monat
4. bei einer Behörde des Bundes oder des Landes, bei Gemeinden oder Gemeindeverbänden, bei einer sonstigen Körperschaft oder Anstalt des öffentlichen Rechts, bei einer überstaatlichen Organisation oder bei einem Verband oder Unternehmen, bei Landesbetrieben innerhalb des Landes Nordrhein-Westfalen	3 Monate
5. bei der Deutschen Universität für Verwaltungswissenschaften Speyer	3 Monate
6. im zweiten Zwischenlehrgang	1 Monat
7. bei einem Verwaltungsgericht in Nordrhein-Westfalen	3 Monate
8. in einem Abschlusslehrgang mit Vorbereitung auf die Staatsprüfung	4 Monate.

Die Ausbildungsabschnitte gemäß der Nummern 1, 3, 6 sowie 8 erfolgen im Institut für öffentliche Verwaltung Nordrhein-Westfalen. Der Ausbildungsabschnitt in einer Bezirksregierung nach Nummer 2 findet pro Verwaltungsreferendarin beziehungsweise Verwaltungsreferendar in zwei unterschiedlichen Dezernaten statt. Das Nähere regelt ein Ausbildungsplan.

(3) Mit dem Ausbildungsabschnitt nach Absatz 2 Satz 1 Nummer 4 erhält die Person im Verwaltungsreferendariat die Möglichkeit, die praktische Ausbildung interessengesteuert zu vertiefen, sofern die avisierte Ausbildungsstelle einen sinnvollen Beitrag zum Erreichen des erforderlichen Fähigkeitsportfolios des angestrebten Abschlusses leistet. Der Ausbildungsabschnitt ist räumlich innerhalb des Landes Nordrhein-Westfalen zu absolvieren. Über die letztendliche Zuweisung zu der angestrebten Ausbildungsstation in diesem Zeitraum entscheidet die Einstellungsbehörde.

(4) In besonderen Fällen können die Ausbildungsabschnitte, deren Reihenfolge und Dauer sowie die Dauer des Vorbereitungsdienstes durch das für Inneres zuständige Ministerium geändert werden. In begründeten Einzelfällen kann der Ausbildungsabschnitt zu Absatz 2 Nummer 5 alternativ bei einer obersten Landesbehörde des Landes Nordrhein-Westfalen absolviert werden. Die Verpflichtung zur Teilnahme der Verwaltungsreferendarin oder des Verwaltungsreferendars an der „Landesübung Nordrhein-Westfalen", die an der Deutschen Universität für Verwaltungswissenschaften in Speyer durchgeführt wird, bleibt hiervon unberührt.

(5) War die Person im Verwaltungsreferendariat vor Beginn des Vorbereitungsdienstes bereits bei einer Behörde beschäftigt, so sind die Ausbildungsabschnitte gemäß Absatz 2 Satz 1 Nummer 2, 4 und 5 nicht in dieser Behörde zu absolvieren.

§ 6a Verlängerung des Vorbereitungsdienstes

(1) Der Vorbereitungsdienst kann nach Anhörung der Person im Verwaltungsreferendariat im Einzelfall verlängert werden, wenn er wegen

1. einer Erkrankung,
2. des Mutterschutzes,
3. einer Elternzeit,
4. einer Pflegezeit nach dem Pflegezeitgesetz vom 28. Mai 2008 (BGBl. I S. 874, 896) in der jeweils geltenden Fassung oder
5. anderer zwingender Gründe

unterbrochen wurde und durch die Verkürzung von Ausbildungsabschnitten die zielgerechte Fortsetzung des Vorbereitungsdienstes nicht gewährleistet ist. Dabei können Abweichungen vom Ausbildungs-, Lehr- oder Studienplan zugelassen werden.

(2) Der Vorbereitungsdienst kann in den Fällen des Absatzes 1 Satz 1 Nummer 1 und 5 zweimal, insgesamt jedoch nicht mehr als 24 Monate verlängert werden. Die Einzelfallentscheidung über die Verlängerung des Vorbereitungsdienstes in den Fällen des Absatzes 1 Satz 1 Nummer 1 bis 5 trifft die Einstellungsbehörde.

§ 7 Gestaltung des Vorbereitungsdienstes

(1) Das für Inneres zuständige Ministerium beaufsichtigt die Ausbildung der Personen im Verwaltungsreferendariat. Die von ihm bestimmte Bezirksregierung als Einstellungsbehörde überträgt die Ausbildungsleitung auf eine verbeamtete Person der Ämtergruppe des zweiten Einsteigsamtes der Laufbahngruppe 2 des allgemeinen Verwaltungsdienstes.

(2) In den einzelnen Ausbildungsabschnitten hat sich die Person im Verwaltungsreferendariat mit den Aufgaben und der Arbeitsweise der Ausbildungsstelle vertraut zu machen. Es ist Gelegenheit zu geben, die Ausbildung durch eigenverantwortliche und selbständige Arbeit zu fördern. Die Fähigkeit zur schriftlichen und mündlichen Erörterung praktischer und wissenschaftlicher Fragen soll durch die Abfassung von Gutachten und Entwürfen für Berichte, Entscheidungen und andere Maßnahmen sowie durch die Teilnahme an Verhandlungen und Dienstbesprechungen geschult werden.

(3) Während der praktischen Ausbildung nimmt die Person im Verwaltungsreferendariat an den zur Erweiterung und Vertiefung der Kenntnisse und Fertigkeiten eingerichteten Arbeitsgemeinschaften sowie an weiteren Lehrgängen nach Maßgabe der Einstellungsbehörde teil. Die Teilnahme geht jedem anderen Dienst vor. Die Arbeitsgemeinschaften werden in der Regel von verbeamteten Personen der Ämtergruppe des Zweiten Einstiegsamtes der Laufbahngruppe 2 geleitet. Deren Bestellung erfolgt durch die Einstellungsbehörde.

(4) In den Arbeitsgemeinschaften fertigt die Person im Verwaltungsreferendariat Aufsichtsarbeiten und hält Aktenvorträge nach Maßgabe des jeweils gültigen Ausbildungsplanes. Während der Ausbildungszeit besteht die Verpflichtung den Unterrichtsstoff aus den Arbeitsgemeinschaften und den Lehrgängen in Eigenarbeit vor- sowie nachzubereiten.

(5) Im Abschlusslehrgang gemäß § 6 Absatz 2 Nummer 8 sind von der Person im Verwaltungsreferendariat sieben Aufsichtsarbeiten zu fertigen und ein Aktenvortrag zu halten.

(6) Erscheint die Person im Verwaltungsreferendariat nicht zur Anfertigung einer Aufsichtsarbeit oder eines Aktenvortrages, ohne hierfür einen ausreichenden Entschuldigungsgrund anführen zu können, so wird die jeweilige Prüfungsleistung mit der Note „ungenügend" und 0 Punkten bewertet.

(7) Über das Vorliegen einer ausreichenden Entschuldigung nach Absatz 6 entscheidet das Landesprüfungsamt. Entschuldigungsgründe sind dabei nur zu berücksichtigen, wenn sie unverzüglich gegenüber dem Landesprüfungsamt geltend gemacht werden. Liegt eine ausreichende Entschuldigung vor, so ist der Person im Verwaltungsreferendariat Gelegenheit zu geben, die fehlenden Aufsichtsarbeiten und beziehungsweise oder den Aktenvortrag nachzuholen.

§ 8 Projektarbeiten während der Ausbildung

(1) Die Person im Verwaltungsreferendariat hat gemäß § 6 Absatz 2 Nummer 2 gegen Ende des ersten Ausbildungsabschnittes bei einer Bezirksregierung und gegen Ende des in § 6 Absatz 2 Nummer 4 genannten Ausbildungsabschnittes je eine schriftliche Projektarbeit aus einem Fachgebiet der Ausbildungsstelle zu fertigen. Die Bearbeitungszeit hierfür beträgt jeweils zwei Wochen.

(2) Die Arbeiten sind von der ausbildenden Person des jeweiligen Ausbildungsabschnit-

tes zu vergeben, zu beurteilen und mit den Noten und Punkten gemäß § 19 Absatz 3 zu bewerten. Die Arbeiten sind anschließend mit der Person im Verwaltungsreferendariat zu besprechen.

§ 9 Beurteilungen

(1) Die ausbildenden Personen der praktischen Ausbildungsabschnitte sowie die Leitungen der Arbeitsgemeinschaften haben die Kenntnisse, Fähigkeiten und Leistungen sowie das dienstliche Verhalten der Personen im Verwaltungsreferendariat zu beurteilen und mit Noten und Punkten nach § 19 Absatz 3 zu bewerten. Mangelhafte und ungenügende Leistungen rechtfertigen keine Verlängerung der jeweiligen Ausbildungsstation.

(2) Die ausbildenden Personen haben die von der Person im Verwaltungsreferendariat erbrachten Leistungen in einem Zeugnis zu dokumentieren und der Einstellungsbehörde unmittelbar nach Abschluss des jeweiligen Ausbildungsabschnittes vorzulegen.

§ 10 Erholungsurlaub

Der Erholungsurlaub ist im gegenseitigen Benehmen grundsätzlich während der Ausbildungsabschnitte nach § 6 Absatz 2 Nummern 2, 4 und 7 in Anspruch zu nehmen. Es ist darauf zu achten, dass der zustehende Erholungsurlaub bis zum Ende des Verwaltungsreferendariats verbraucht wird.

Teil 3 Staatsprüfung

§ 11 Zweck der Prüfung

Die Staatsprüfung besteht aus sechs Aufsichtsarbeiten und einer mündlichen Prüfung und dient der Feststellung, ob die Person im Verwaltungsreferendariat nach den fachlichen und allgemeinen Kenntnissen und Fähigkeiten, nach den erlangten praktischen Erfahrungen in der Erledigung der Dienstgeschäfte und nach dem Gesamtbild der Persönlichkeit die Befähigung für die Ämtergruppe des zweiten Einstiegsamtes der Laufbahngruppe 2 des allgemeinen Verwaltungsdienstes besitzt.

§ 12 Landesprüfungsamt

Für die Organisation und Durchführung der Staatsprüfung ist das Landesprüfungsamt für Verwaltungslaufbahnen des Landes Nordrhein-Westfalen zuständig (Landesprüfungsamt).

§ 13 Prüfungsausschuss

(1) Die Prüfung wird vor einem Prüfungsausschuss abgelegt. Der Ausschuss führt die Bezeichnung „Prüfungsausschuss für die Ämtergruppe des zweiten Einstiegsamtes der Laufbahngruppe 2 des allgemeinen Verwaltungsdienstes".

(2) Der Prüfungsausschuss besteht, einschließlich der vorsitzenden Person, aus drei Mitgliedern. Zwei Mitglieder müssen die Befähigung für die Ämtergruppe des zweiten Einstiegsamtes der Laufbahngruppe 2 des allgemeinen Verwaltungsdienstes, ein Mitglied soll besondere Kenntnisse und Erfahrungen auf wirtschaftsverwaltungs-, sozial-, politikwissenschaftlichem beziehungsweise wirtschafts- oder verwaltungsrechtlichem Gebiet besitzen. Bei Bedarf können mehrere Prüfungsausschüsse einberufen werden.

(3) Alle Mitglieder des Prüfungsausschusses sowie deren Vertretungen werden vom für Inneres zuständigen Ministerium jeweils für die Dauer von drei Jahren berufen.

(4) Das für Inneres zuständige Ministerium kann zudem weitere Prüfende jeweils für die Dauer von drei Jahren bestellen. Die weiteren Prüfenden können vom Landesprüfungsamt zur Bewertung der Aufsichtsarbeiten gemäß § 15 eingesetzt werden und können als Fachprüfende ohne Stimmrecht zur mündlichen Prüfung gemäß § 17 dazu gezogen werden.

(5) Das Landesprüfungsamt bestimmt die jeweilige Zusammensetzung des Prüfungsausschusses. Sofern nichts anderes bestimmt ist, ist die vorsitzende Person für alle Entscheidungen während des Prüfungsverfahrens zuständig.

(6) Die Prüfenden sind in ihrer Prüfungstätigkeit unabhängig.

§ 14 Vorbereitung der Prüfung

(1) Nach Beendigung des letzten Ausbildungsabschnitts übersendet die Einstellungs-

behörde die Personalakten der Personen im Verwaltungsreferendariat an das Landesprüfungsamt.

(2) Das Landesprüfungsamt legt am Tag der mündlichen Prüfung die jeweiligen Personalakten dem Prüfungsausschuss vor. Die Vorlage der Personalakten dient dem Prüfungsausschuss dazu, einen Gesamteindruck über den Ausbildungsgang der zu prüfenden Person zu erhalten.

(3) Für den Zeitraum nach Anfertigung der letzten Aufsichtsarbeit nach § 15 und Beginn der mündlichen Prüfung gemäß § 17 wird die Person im Verwaltungsreferendariat von der Einstellungsbehörde jeweils zur Hälfte, mit dem Ziel der Vorbereitung auf die mündliche Prüfung, freigestellt. Für die andere Hälfte dieses Zeitraumes kann der Person im Verwaltungsreferendariat auf dessen Antrag Erholungsurlaub gewährt werden.

§ 15 Aufsichtsarbeiten

(1) Die Aufsichtsarbeiten werden unmittelbar nach Beendigung der Ausbildung angefertigt. Hiervon kann im Einvernehmen mit dem für Inneres zuständigen Ministerium abgewichen werden.

(2) Für jede der unter Aufsicht zu schreibenden Arbeiten stehen fünf Zeitstunden zur Verfügung. Im Einvernehmen mit dem für Inneres zuständigen Ministerium können die schriftlichen Aufsichtsarbeiten auch in elektronischer Form erfolgen.

(3) An je einem Tag ist eine Aufgabe zu bearbeiten. Es sind zu fertigen:

1. drei Arbeiten aus dem Tätigkeitsbereich der allgemeinen öffentlichen Verwaltung, bei denen der Schwerpunkt in der Behandlung rechtlicher Probleme liegt; eine dieser Aufgaben kann auch die privatrechtlichen Bezüge des Verwaltungshandelns enthalten,
2. zwei Arbeiten nach Wahl der zu prüfenden Person (Wahlfächer) aus den Bereichen der Wirtschafts-, Finanz- oder Sozialverwaltung, der Verwaltungsorganisation oder der planenden Verwaltung, wobei die Arbeiten aus zwei verschiedenen Wahlfächern entnommen werden; näheres hierzu regelt der Ausbildungsplan und
3. eine Arbeit aus dem Tätigkeitsbereich der allgemeinen öffentlichen Verwaltung, bei der der Schwerpunkt im öffentlichen Haushalts- und Finanzwesen liegt.

Die Person im Verwaltungsreferendariat hat dem Landesprüfungsamt vier Monate vor dem Ende der Ausbildung mitzuteilen, in welchem der in Absatz 3 Nummer 2 festgelegten möglichen Wahlfächer sie im schriftlichen Teil der Staatsprüfung geprüft werden möchte. Wird diese Mitteilung unterlassen, so trifft das Landesprüfungsamt die Auswahl.

(4) Das Landesprüfungsamt stellt die Aufgaben und bestimmt, welche Hilfsmittel bei der Anfertigung der Aufsichtsarbeiten benutzt werden dürfen. Die Aufgaben sollen möglichst auf der Grundlage von Aktenauszügen aus der Verwaltungspraxis gestellt werden.

(5) Die Aufsichtsarbeiten sind nach Fächern getrennt in verschlossenen Umschlägen aufzubewahren und erst an den jeweiligen Prüfungstagen in Gegenwart der zu prüfenden Person zu öffnen. Die Aufsichtsarbeiten sind anonym zu schreiben.

(6) Die mit der Aufsichtsführung beauftragte Person fertigt eine Niederschrift an und vermerkt in ihr jede Unregelmäßigkeit. Auf jeder Aufsichtsarbeit sind der Zeitpunkt des Beginns der Bearbeitungsfrist und der Zeitpunkt der Abgabe zu vermerken. Die abgegebenen Aufsichtsarbeiten sind in einem Umschlag zu verschließen und dem Landesprüfungsamt zu übermitteln.

(7) Aufsichtsarbeiten, zu deren Anfertigung eine zu prüfende Person ohne ausreichende Entschuldigung nicht erscheint oder deren Bearbeitung ohne ausreichende Entschuldigung nicht abgegeben wird, werden mit der Note „ungenügend" und 0 Punkten bewertet. Die Staatsprüfung gilt in diesem Falle als nicht bestanden.

(8) Über das Vorliegen einer ausreichenden Entschuldigung entscheidet das Landesprüfungsamt. Entschuldigungsgründe sind dabei nur zu berücksichtigen, wenn sie unverzüglich gegenüber dem Landesprüfungsamt gel-

tend gemacht werden.Von einer zu prüfenden Person, die sich mit Krankheit entschuldigt, kann die Vorlage eines amtsärztlichen Zeugnisses verlangt werden.

(9) Beim Vorliegen einer als ausreichend befundenen Entschuldigung hat die zu prüfende Person in einem vom Landesprüfungsamt neu zu bestimmenden Termin die entsprechenden Aufsichtsarbeiten anzufertigen.

§ 16 Bewertung der Aufsichtsarbeiten

(1) Die Aufsichtsarbeiten sind von zwei Mitgliedern des Prüfungsausschusses oder von zwei weiteren Prüfenden im Sinne des § 13 Absatz 4 nacheinander in der von dem Landesprüfungsamt bestimmten Reihenfolge zu beurteilen und mit Noten und Punkten nach § 19 Absatz 3 zu bewerten. Bei nicht einheitlicher Bewertung entscheidet die vorsitzende Person des Prüfungsausschusses oder ein von dieser beauftragtes Mitglied des Prüfungsausschusses im Rahmen der abgegebenen Bewertungen.

(2) Den zu prüfenden Personen sind die Noten der Aufsichtsarbeiten mindestens zwei Wochen vor der mündlichen Prüfung schriftlich oder elektronisch bekannt zu geben.

§ 17 Mündliche Prüfung

(1) Die mündliche Prüfung erfolgt nach der Bekanntgabe der schriftlichen Prüfungsergebnisse nach Maßgabe des § 16. Hiervon kann in begründeten Fällen, insbesondere zur Gewährleistung eines einheitlichen Prüfungsablaufs, abgewichen werden.

(2) Zur mündlichen Prüfung ist zugelassen, wer bei der Bewertung der Aufsichtsarbeiten im Durchschnitt mindestens einen Punktwert von 5 Punkten erreicht hat.

(3) In der Prüfung ist ein freier Vortrag aus Akten zu halten. Die Dauer des Vortrags soll zehn Minuten betragen. Die Akten sind der zu prüfenden Person am Prüfungstag zu übergeben. Die Vorbereitungszeit beträgt 90 Minuten.

(4) Das Prüfungsgespräch erstreckt sich auf drei der in § 15 Absatz 3 genannten Prüfungsgebiete, die von der vorsitzenden Person ausgewählt werden. An die Stelle eines dieser Fächer kann Staatsrecht und Staatslehre treten.

(5) Das Prüfungsgespräch dauert für jede zu prüfende Person höchstens eine Stunde. Mehr als vier Personen sollen nicht gleichzeitig geprüft werden. Die Prüfung ist durch eine angemessene Pause zu unterbrechen, wenn gleichzeitig mehr als zwei Personen geprüft werden.

(6) Erscheint eine zu prüfende Person ohne ausreichende Entschuldigung nicht zur mündlichen Prüfung, so wird die mündliche Prüfung mit der Note „ungenügend" und 0 Punkten bewertet. Die Staatsprüfung gilt in diesem Falle als nicht bestanden. Gleiches gilt im Falle einer nicht ausreichend entschuldigten Verspätung, Unterbrechung oder eines nicht genehmigten Rücktritts von der mündlichen Prüfung.

(7) Über das Vorliegen einer ausreichenden Entschuldigung entscheidet die vorsitzende Person des Prüfungsausschusses. Entschuldigungsgründe sind dabei nur zu berücksichtigen, wenn sie unverzüglich gegenüber dem Prüfungsausschuss geltend gemacht werden. Von einer zu prüfenden Person, die sich mit Krankheit entschuldigt, kann die Vorlage eines amtsärztlichen Zeugnisses verlangt werden.

(8) Bei ausreichender Entschuldigung oder bei Rücktritt mit Genehmigung der vorsitzenden Person des Prüfungsausschusses hat die zu prüfende Person in einem neu zu bestimmenden Termin die mündliche Prüfung zu erbringen.

(9) Die Prüfung ist nicht öffentlich. Die vorsitzende Person des Prüfungsausschusses kann der Ausbildungsleitung und in besonderen Fällen auch anderen Personen gestatten, der mündlichen Prüfung beizuwohnen. Die Beratung und Abstimmung über das Prüfungsergebnis erfolgt unter Ausschluss aller Personen, die nicht Mitglied des jeweiligen Prüfungsausschusses sind.

§ 18 Ordnungsverstöße und Täuschungsversuche

(1) Als Folgen eines ordnungswidrigen Verhaltens, insbesondere eines Täuschungsversuchs, des Besitzes oder der Benutzung nicht

zugelassener Hilfsmittel oder eines Verstoßes gegen die Wahrung der Anonymität können ausgesprochen werden:

1. der zu prüfenden Person kann die Wiederholung einzelner oder mehrerer Prüfungsleistungen aufgegeben werden,
2. Prüfungsleistungen, auf die sich der Ordnungsverstoß bezieht, können für „ungenügend" 0 Punkte erklärt werden oder
3. die Staatsprüfung kann für nicht bestanden erklärt und in besonders schweren Fällen die zu prüfende Person von einer Wiederholungsprüfung ausgeschlossen werden.

Die Entscheidung bleibt für das weitere Prüfungsverfahren wirksam. Sie ist der zu prüfenden Person mit einer Rechtsbehelfsbelehrung zuzustellen. Im Fall des Satzes 1 Nummer 3 findet § 20 keine Anwendung.

(2) Auch nach Aushändigung des Zeugnisses über das Bestehen der Staatsprüfung kann diese für nicht bestanden erklärt werden, jedoch nur innerhalb einer Frist von fünf Jahren seit dem Tag der mündlichen Prüfung.

(3) Über die Folgen eines in der mündlichen Prüfung festgestellten ordnungswidrigen Verhaltens der zu prüfenden Person entscheidet der Prüfungsausschuss. Im Übrigen entscheidet das Landesprüfungsamt.

§ 19 Prüfungsleistungen, Prüfungsergebnisse

(1) Die Entscheidungen über die mündlichen Prüfungsleistungen und über das Gesamtergebnis der Prüfung werden vom Prüfungsausschuss mit Stimmenmehrheit getroffen. Stimmenthaltung ist unzulässig. Die Regelungen gemäß §§ 15 Absatz 7, 17 Absatz 6 bleiben hiervon unberührt.

(2) Der Punktwert für die Prüfungsnote wird errechnet, indem die Punkte der Bewertung jeder Aufsichtsarbeit, des freien Vortrages aus Akten und der drei Fächer des Prüfungsgesprächs addiert werden und sodann die Summe durch zehn geteilt wird.

(3) Die einzelnen Prüfungsleistungen dürfen nur unter Verwendung von folgenden Noten und Punkten bewertet werden:

sehr gut	=	15 bis 14 Punkte
	=	eine den Anforderungen in besonderem Maße entsprechende Leistung,
gut	=	13 bis 11 Punkte
	=	eine den Anforderungen voll entsprechende Leistung,
befriedigend	=	10 bis 8 Punkte
	=	eine im allgemeinen den Anforderungen entsprechende Leistung,
ausreichend	=	7 bis 5 Punkte
	=	eine Leistung, die zwar Mängel aufweist, aber im Ganzen den Anforderungen noch entspricht,
mangelhaft	=	4 bis 2 Punkte
	=	eine den Anforderungen nicht entsprechende Leistung, die jedoch erkennen lässt, dass die notwendigen Grundkenntnisse vorhanden sind und die Mängel in absehbarer Zeit behoben werden könnten,
ungenügend	=	1 bis 0 Punkte
	=	eine den Anforderungen nicht entsprechende Leistung, bei der selbst die Grundkenntnisse so lückenhaft sind, dass die Mängel in absehbarer Zeit nicht behoben werden könnten.

(4) Bei der Ermittlung des Gesamtergebnisses bleiben die Bruchwerte, die sich beim Abschluss des Rechenganges ergeben, unter einem Wert von 5,00 Punkten unberücksichtigt und werden ab 5,00 Punkten wie folgt aufoder abgerundet:

5,00 bis unter 5,50	ausreichend (5),
5,50 bis unter 6,50	ausreichend (6),
6,50 bis unter 7,50	ausreichend (7),
7,50 bis unter 8,50	befriedigend (8),
8,50 bis unter 9,50	befriedigend (9),
9,50 bis unter 10,50	befriedigend (10),
10,50 bis unter 11,50	gut (11),
11,50 bis unter 12,50	gut (12),

12,50 bis unter 13,50 gut (13),
13,50 bis unter 14,50 sehr gut (14),
14,50 bis 15,00 sehr gut (15).

(5) Wird das Gesamtergebnis der Prüfung mit „mangelhaft" oder „ungenügend" bewertet, so ist die Staatsprüfung nicht bestanden.

(6) Der Prüfungsausschuss kann bei der Entscheidung über das Ergebnis der Prüfung den rechnerisch ermittelten Wert für die Gesamtnote um bis zu einem Punkt verbessern, wenn dies auf Grund des Gesamteindrucks den Leistungsstand der zu prüfenden Person besser kennzeichnet und die Abweichung auf das Bestehen keinen Einfluss hat.

§ 20 Wiederholung der Prüfung

(1) Hat die zu prüfende Person die Prüfung nicht bestanden oder gilt sie als nicht bestanden, so darf sie einmal wiederholt werden. Die Prüfung ist vollständig zu wiederholen. Einzelne Prüfungsleistungen können nicht erlassen werden.

(2) Die Person im Verwaltungsreferendariat, die die Staatsprüfung nicht bestanden hat oder deren Staatsprüfung als nicht bestanden gilt, wiederholt gemeinsam mit den Personen im Verwaltungsreferendariat des nachfolgenden Jahrgangs die Ausbildungsabschnitte gemäß § 6 Absatz 2 Satz 1 Nummer 6 bis 8. In der Zeit zwischen Nichtbestehen der Staatsprüfung und Beginn der Ausbildungsstation nach § 6 Absatz 2 Nummer 6 erfolgt die Ausbildung nach Maßgabe der Einstellungsbehörde.

§ 21 Niederschrift über die Prüfung

(1) Über den Prüfungshergang ist eine Niederschrift aufzunehmen, in der festgestellt werden

1. die Zusammensetzung des Prüfungsausschusses,
2. die Bewertung der Aufsichtsarbeiten,
3. die Gegenstände und Einzelbewertungen der mündlichen Prüfung,
4. das abschließende Prüfungsergebnis,
5. die Entscheidung nach § 19 Absatz 6 und
6. die Namen der nach § 17 Absatz 9 Satz 2 anwesenden Personen.

(2) Die Niederschrift ist von der vorsitzenden Person zu unterschreiben.

§ 22 Bekanntgabe des Prüfungsergebnisses

(1) Die vorsitzende Person des Prüfungsausschusses gibt der zu prüfenden Person im Anschluss an die mündliche Prüfung das Ergebnis der Prüfung bekannt. Über die bestandene Prüfung erhält die zu prüfende Person außerdem ein Zeugnis nach dem Muster der Anlage I.

(2) Der zu prüfenden Person wird darüber hinaus eine schriftliche, mit Rechtsbehelfsbelehrung versehene Mitteilung über das Gesamtergebnis zugestellt, aus der sich auch die Einzelbewertungen der schriftlichen und der mündlichen Prüfung ergeben.

(3) Während der Rechtsbehelfsfrist kann die zu prüfende Person in die Niederschrift und in die Aufsichtsarbeiten beim Landesprüfungsamt Einsicht nehmen.

(4) Prüfungsakten sind fünf Jahre aufzubewahren. Die Zeugnisse und Prüfungsniederschriften sind 30 Jahre aufzubewahren.

§ 23 Berufsbezeichnung

Wer die Prüfung bestanden hat, ist berechtigt, die Bezeichnung „Assessorin des Verwaltungsdienstes" oder „Assessor des Verwaltungsdienstes" zu führen.

§ 24 Übergangsvorschriften

Für Personen, die sich am 16. März 2024 im Vorbereitungsdienst befinden, gelten weiterhin die Vorschriften dieser Verordnung in der bis einschließlich zum 15. März 2024 geltenden Fassung.

Teil 4
Schlussvorschriften

§ 25 Inkrafttreten, Außerkrafttreten

Diese Verordnung tritt am 1. Oktober 2020 in Kraft. Gleichzeitig tritt die Ausbildungsverordnung höherer allgemeiner Verwaltungsdienst Land vom 6. Mai 1995 (GV. NRW. S. 502), die zuletzt durch Verordnung vom 26. August 2014 (GV. NRW. S. 478) geändert worden ist, außer Kraft.

Anlage 1

ZEUGNIS

Der/Die Verwaltungsreferendar/in ________________ geboren am ______________ in ______________ hat am _________ die in der Verordnung über die Ausbildung und Prüfung für die Ämtergruppe des zweiten Einstiegsamtes der Laufbahngruppe 2 des allgemeinen Verwaltungsdienstes des Landes Nordrhein-Westfalen mit abgeschlossenem Studium der Wirtschafts-, Verwaltungs- oder Sozialwissenschaften vom 14. September 2020 (GV. NRW. S. 900) vorgeschriebene

Staatsprüfung

____

Note, Punkte

bestanden.

Hilden, den

(Siegel LPA)

____

D__Vorsitzende des Prüfungsausschusses

Anlage 2

ZEUGNIS

Der/Die Verwaltungsreferendar/in ________________ geboren am ______________ in ______________ hat am _________ die in der Verordnung über die Ausbildung und Prüfung für die Laufbahn des höheren allgemeinen Verwaltungsdienstes des Landes Nordrhein-Westfalen mit abgeschlossenem Studium der Wirtschafts-, Verwaltungs- oder Sozialwissenschaften vom 6. Mai 1995 (GV. NW. S. 502) vorgeschriebene

Staatsprüfung

____

Note, Punkte

bestanden.

Hilden, den

(Siegel LPA)

____

D__Vorsitzende des Prüfungsausschusses

III Besoldung

Landesbesoldungsgesetz

Weitere besoldungsrechtliche Regelungen

III

Besoldungsgesetz für das Land Nordrhein-Westfalen (Landesbesoldungsgesetz – LBesG NRW)

Vom 14. Juni 2016 (GV. NRW. S. 310, S. 642)

Zuletzt geändert durch
Gesetz zur Anpassung der Dienst- und Versorgungsbezüge in den Jahren 2026 bis 2028 sowie zur Änderung weiterer dienstrechtlicher Vorschriften im Land Nordrhein-Westfalen
vom 21. Juli 2026 (GV. NRW. S. 474)
und Hochschulstärkungsgesetz
vom 21. Juli 2026 (GV. NRW. S. 552)

III

Inhaltsübersicht

III

III

Abschnitt 1
Allgemeine Vorschriften

§ 1 Geltungsbereich

(1) Dieses Gesetz regelt die Besoldung der Beamtinnen, Beamten, Richterinnen und Richter des Landes und der Beamtinnen und Beamten der Gemeinden, der Gemeindeverbände und der sonstigen der Aufsicht des Landes unterstehenden Körperschaften, Anstalten und Stiftungen des öffentlichen Rechts.

(2) Von diesem Gesetz sind ausgenommen:

1. die Ehrenbeamtinnen und Ehrenbeamten und
2. die ehrenamtlichen Richterinnen und Richter.

(3) Dieses Gesetz gilt nicht für die öffentlich-rechtlichen Religionsgesellschaften und ihre Verbände.

(4) Zur Besoldung gehören folgende Dienstbezüge:

1. Grundgehalt,
2. Leistungsbezüge für Professorinnen und Professoren sowie hauptberufliche Leiterinnen, Leiter und Mitglieder von Leitungsgremien an Hochschulen,
3. Familienzuschlag,
4. Zulagen mit Ausnahme der Leistungsprämien,
5. Vergütungen,
6. Auslandsbesoldung.

(5) Zur Besoldung gehören ferner folgende sonstige Bezüge:

1. Anwärterbezüge,
2. vermögenswirksame Leistungen,
3. Leistungsprämien,
4. Zuschläge.

(6) Dieses Gesetz trifft ferner Regelungen zu Aufwandsentschädigungen (§ 82) und zu dienstordnungsmäßigen Arbeitnehmerinnen und Arbeitnehmern (§ 83).

§ 2 Regelung durch Gesetz

(1) Die Besoldung der Beamtinnen, Beamten, Richterinnen und Richter wird durch Gesetz geregelt.

(2) Zusicherungen, Vereinbarungen und Vergleiche, die eine höhere als die gesetzlich zustehende Besoldung verschaffen sollen, sind unwirksam. Das Gleiche gilt für Versicherungsverträge, die zu diesem Zweck abgeschlossen werden.

(3) Die Berechtigten nach Absatz 1 können auf die ihnen gesetzlich zustehende Besoldung weder ganz noch teilweise verzichten. Ausgenommen sind vermögenswirksame Leistungen und Leistungen im Rahmen einer Entgeltumwandlung für vom Dienstherrn geleaste Dienstfahrräder, die den Berechtigten auch zur privaten Nutzung überlassen werden, wenn es sich um Fahrräder im verkehrsrechtlichen Sinn handelt. Eine Entgeltumwandlung nach Satz 2 setzt außerdem voraus, dass sie für eine Maßnahme erfolgt, die den Berechtigten vom Dienstherrn angeboten wird und es diesen freigestellt ist, ob sie das Angebot annehmen.

§ 3 Anspruch auf Besoldung

(1) Die Beamtinnen, Beamten, Richterinnen und Richter haben Anspruch auf Besoldung. Der Anspruch entsteht mit dem Tag, an dem ihre Ernennung, Versetzung, Übernahme oder ihr Übertritt in den Dienst eines der in § 1 Absatz 1 genannten Dienstherren wirksam wird. Bedarf es zur Verleihung eines Amtes mit anderem Endgrundgehalt (Grundgehalt) keiner Ernennung oder wird die Beamtin, der Beamte, die Richterin ocler der Richter rückwirkend in eine Planstelle eingewiesen, so entsteht der Anspruch mit dem Tag, der in der Einweisungsverfügung bestimmt ist. Wird ein Amt auf Grund einer Regelung nach § 23 Satz 1 eingestuft, so entsteht der Anspruch mit der Maßnahme, die der Einweisungsverfügung entspricht.

(2) Der Anspruch auf Besoldung endet mit Ablauf des Tages des Ausscheidens aus dem Dienstverhältnis, soweit gesetzlich nichts anderes bestimmt ist.

(3) Besteht der Anspruch auf Besoldung nicht für einen vollen Kalendermonat, so wird nur der Teil der Bezüge gezahlt, der auf den Anspruchszeitraum entfällt, soweit gesetzlich nichts anderes bestimmt ist.

(4) Die Dienstbezüge nach § 1 Absatz 4 Nummer 1 bis 3 werden monatlich im Voraus gezahlt. Die anderen Bezüge werden monatlich im Voraus gezahlt, soweit nichts anderes bestimmt ist.

(5) Werden Bezüge nach dem Tag der Fälligkeit gezahlt, so besteht kein Anspruch auf Verzugszinsen.

(6) Bei der Berechnung von Bezügen nach § 1 sind die sich ergebenden Bruchteile eines Cents unter 0,5 abzurunden und Bruchteile von 0,5 und mehr aufzurunden. Zwischenrechnungen werden jeweils auf zwei Dezimalstellen durchgeführt. Jeder Bezügebestandteil ist einzeln zu runden.

(7) Die Beamtin, der Beamte, die Richterin oder der Richter verliert einen Anspruch auf Besoldung, der über die gesetzlich zustehende Besoldung hinaus geht, soweit sie oder er den Anspruch nicht innerhalb des jeweiligen Haushaltsjahres, für das die zusätzliche Besoldung verlangt wird, schriftlich gegenüber der nach § 85 Absatz 1 oder 2 bestimmten Stelle geltend macht. Eine Geltendmachung von Ansprüchen für vergangene und nachfolgende Haushaltsjahre ist unwirksam.

§ 4 Weitergewährung der Besoldung bei Versetzung in den einstweiligen Ruhestand oder bei Abwahl von Wahlbeamtinnen oder Wahlbeamten auf Zeit

(1) In den einstweiligen Ruhestand versetzte Beamtinnen, Beamte, Richterinnen oder Richter erhalten für den Monat, in dem ihnen die Versetzung in den einstweiligen Ruhestand mitgeteilt worden ist, und für die folgenden drei Monate die Bezüge weiter, die ihnen am Tag vor der Versetzung zustanden; Änderungen beim Familienzuschlag sind zu berücksichtigen. Aufwandsentschädigungen werden nur bis zum Beginn des einstweiligen Ruhestandes gezahlt.

(2) Werden Wahlbeamtinnen oder Wahlbeamten auf Zeit abgewählt, so gilt Absatz 1 entsprechend; an die Stelle der Mitteilung über die Versetzung in den einstweiligen Ruhestand tritt die Mitteilung über die Abwahl oder der sonst bestimmte Beendigungszeitpunkt für das Beamtenverhältnis auf Zeit. Satz 1 gilt entsprechend für die Fälle des Eintritts in den einstweiligen Ruhestand kraft Gesetzes.

§ 5 Besoldung bei mehreren Hauptämtern

Hat die Beamtin, der Beamte, die Richterin oder der Richter mit Genehmigung der obersten Dienstbehörde gleichzeitig mehrere besoldete Hauptämter inne, so wird die Besoldung aus dem Amt mit den höchsten Dienstbezügen gewährt, soweit gesetzlich nichts anderes bestimmt ist. Sind für die Ämter Dienstbezüge in gleicher Höhe vorgesehen, so werden die Dienstbezüge aus dem zuerst übertragenen Amt gezahlt, soweit gesetzlich nichts anderes bestimmt ist.

§ 6 Zahlungsweise

Für Zahlungen nach diesem Gesetz hat die Empfängerin oder der Empfänger auf Verlangen der zuständigen Behörde ein Konto anzugeben oder einzurichten, auf das die Überweisung erfolgen kann. Die Übermittlungskosten mit Ausnahme der Kosten für die Gutschrift auf dem Konto trägt der Dienstherr; bei einer Überweisung der Besoldung auf ein außerhalb der Europäischen Union geführtes Konto trägt die Empfängerin oder der Empfänger die Kosten und die Gebühr der Übermittlung sowie die Kosten einer Meldung nach § 67 der Außenwirtschaftsverordnung vom 2. August 2013 (BGBl. I S 2865) in der jeweils geltenden Fassung. Die Kontoeinrichtungs-, Kontoführungs- oder Buchungsgebühren trägt die Empfängerin oder der Empfänger. Eine Auszahlung auf andere Weise kann nur zugestanden werden, wenn die Einrichtung oder Benutzung eines Kontos aus wichtigem Grund nicht zugemutet werden kann.

§ 7 Verjährung von Ansprüchen

Ansprüche und Rückforderungsansprüche nach diesem Gesetz oder auf der Grundlage dieses Gesetzes verjähren in drei Jahren. Die Verjährung beginnt mit dem Schluss des Jahres, in dem der Anspruch entstanden ist. Im Übrigen finden die §§ 194 bis 218 des Bürgerlichen Gesetzbuches sowie § 53 des Ver-

III

waltungsverfahrensgesetzes für das Land Nordrhein-Westfalen in der Fassung der Bekanntmachung vom 12. November 1999 (GV. NRW. S. 602) in der jeweils geltenden Fassung entsprechende Anwendung.

§ 8 Besoldung bei Teilzeitbeschäftigung

(1) Bei Teilzeitbeschäftigung wird die Besoldung im gleichen Verhältnis wie die Arbeitszeit gekürzt, soweit nichts anderes bestimmt ist. Dies gilt nicht für Bezüge, die während eines Erholungsurlaubs gezahlt werden, soweit der Urlaubsanspruch in Höhe des unionsrechtlich gewährleisteten Mindesturlaubsanspruchs nach Artikel 7 Absatz 1 der Richtlinie 2003/88/EG des Europäischen Parlaments und des Rates vom 4. November 2003 über bestimmte Aspekte der Arbeitszeitgestaltung (ABl. L 299 vom 18. 11. 2003, S. 9) vor der Reduzierung des Beschäftigungsumfangs erworben wurde, aber aus den in § 23 Absatz 4 der Freistellungs- und Urlaubsverordnung NRW vom 10. Januar 2012 (GV. NRW. S. 2, ber. S. 92) in der jeweils geltenden Fassung genannten Gründen während dieser Zeit nicht erfüllt werden konnte.

(2) Bei Altersteilzeit nach § 66 des Landesbeamtengesetzes vom 14. Juni 2016 (GV. NRW. S. 310) in der jeweils geltenden Fassung wird zusätzlich zu der Besoldung nach Absatz 1 ein Zuschlag nach Maßgabe des § 70 gewährt.

§ 9 Besoldung bei begrenzter Dienstfähigkeit

(1) Bei begrenzter Dienstfähigkeit nach § 27 des Beamtenstatusgesetzes vom 17. Juni 2008 (BGBl. I S. 1010) in der jeweils geltenden Fassung erhalten Beamtinnen, Beamte, Richterinnen und Richter Besoldung entsprechend § 8 Absatz 1.

(2) Bei begrenzter Dienstfähigkeit wird zusätzlich zu der Besoldung nach Absatz 1 ein Zuschlag nach Maßgabe des § 71 gewährt.

§ 10 Kürzung der Besoldung bei Gewährung einer Versorgung durch eine zwischenstaatliche oder überstaatliche Einrichtung

(1) Erhalten Beamtinnen, Beamte, Richterinnen oder Richter aus der Verwendung im öffentlichen Dienst einer zwischenstaatlichen oder überstaatlichen Einrichtung eine Versorgung, werden ihre Dienstbezüge gekürzt. Die Kürzung beträgt 1,79375 Prozent für jedes im zwischenstaatlichen oder überstaatlichen Dienst vollendete Jahr; ihnen verbleiben jedoch mindestens 40 Prozent ihrer Dienstbezüge. Erhalten sie als Invaliditätspension die Höchstversorgung aus ihrem Amt bei der zwischenstaatlichen oder überstaatlichen Einrichtung, werden die Dienstbezüge um 60 Prozent gekürzt. Der Kürzungsbetrag darf die von der zwischenstaatlichen oder überstaatlichen Einrichtung gewährte Versorgung nicht übersteigen.

(2) Als Zeit im zwischenstaatlichen oder überstaatlichen Dienst wird auch die Zeit gerechnet, in welcher die Beamtinnen, Beamten, Richterinnen oder Richter ohne Ausübung eines Amtes bei einer zwischenstaatlichen oder überstaatlichen Einrichtung einen Anspruch auf Vergütung oder sonstige Entschädigung haben und Ruhegehaltsansprüche erwerben. Entsprechendes gilt für Zeiten nach dem Ausscheiden aus dem Dienst einer zwischenstaatlichen oder überstaatlichen Einrichtung, die dort bei der Berechnung des Ruhegehalts wie Dienstzeiten berücksichtigt werden.

(3) Dienstbezüge im Sinne des Absatzes 1 sind Grundgehalt, Familienzuschlag, Amtszulagen, Strukturzulage und ruhegehaltfähige Stellenzulagen, außerdem ruhegehaltfähige Leistungsbezüge für Professorinnen und Professoren sowie hauptberufliche Leiterinnen und Leiter und Mitglieder von Leitungsgremien an Hochschulen.

§ 11 Verlust der Besoldung bei schuldhaftem Fernbleiben vom Dienst

(1) Bleiben Beamtinnen, Beamte, Richterinnen oder Richter ohne Genehmigung schuldhaft dem Dienst fern, so verlieren sie für die Zeit des Fernbleibens ihre Bezüge. Dies gilt auch bei einem Fernbleiben vom Dienst für Teile eines Tages. Der Verlust der Bezüge ist durch die dienstvorgesetzte Stelle festzustellen.

(2) Der Vollzug einer Freiheitsstrafe, die rechtskräftig von einem deutschen Gericht verhängt wurde, gilt als schuldhaftes Fernbleiben vom Dienst. Für die Zeit einer Unter-

suchungshaft wird die Besoldung unter dem Vorbehalt der Rückforderung gezahlt. Die Besoldung ist zurückzuerstatten, wenn die oder der Betroffene wegen des dem Haftbefehl zugrunde liegenden Sachverhalts rechtskräftig zu einer Freiheitsstrafe verurteilt wird.

§ 12 Anrechnung anderer Einkünfte auf die Besoldung

(1) Haben Beamtinnen, Beamte, Richterinnen oder Richter Anspruch auf Besoldung für eine Zeit, in der sie nicht zur Dienstleistung verpflichtet waren, kann ein infolge der unterbliebenen Dienstleistung für diesen Zeitraum erzieltes anderes Einkommen auf die Besoldung angerechnet werden. Die Beamtinnen, Beamten, Richterinnen oder Richter sind zur Auskunft verpflichtet. In den Fällen einer vorläufigen Dienstenthebung auf Grund eines Disziplinarverfahrens gelten die besonderen Vorschriften des Disziplinarrechts.

(2) Erhalten Beamtinnen, Beamte, Richterinnen oder Richter aus einer Verwendung nach § 20 des Beamtenstatusgesetzes anderweitig Bezüge, werden diese auf die Besoldung angerechnet. In besonderen Fällen kann die oberste Dienstbehörde im Einvernehmen mit dem für Finanzen zuständigen Ministerium und dem für Inneres zuständigen Ministerium oder – soweit von einer bestehenden Delegationsmöglichkeit Gebrauch gemacht wurde – mit der von ihnen bestimmten Stelle von der Anrechnung ganz oder teilweise absehen.

§ 13 Anrechnung von Sachbezügen auf die Besoldung

(1) Sachbezüge werden unter Berücksichtigung ihres wirtschaftlichen Wertes mit einem angemessenen Betrag auf die Besoldung angerechnet, soweit nichts anderes bestimmt ist.

(2) Das Nähere regelt das für Finanzen zuständige Ministerium im Einvernehmen mit dem für Inneres zuständigen Ministerium, für die Beamtinnen und Beamten der Gemeinden, der Gemeindeverbände und der sonstigen der Aufsicht des Landes unterstehenden Körperschaften, Anstalten und Stiftungen des öffentlichen Rechts das zuständige Fachministerium im Einvernehmen mit dem für Finanzen zuständigen Ministerium durch Rechtsverordnung.

§ 14 Abtretung von Bezügen, Verpfändung, Aufrechnungs- und Zurückbehaltungsrecht

(1) Wenn gesetzlich nichts anderes bestimmt ist, können Ansprüche auf Bezüge nur abgetreten oder verpfändet werden, soweit sie der Pfändung unterliegen.

(2) Gegenüber Ansprüchen auf Bezüge kann der Dienstherr ein Aufrechnungs- oder Zurückbehaltungsrecht nur in Höhe des pfändbaren Teils der Bezüge geltend machen. Dies gilt nicht, soweit gegen die Beamtin, den Beamten, die Richterin oder den Richter ein Anspruch auf Schadenersatz wegen vorsätzlicher unerlaubter Handlung besteht.

§ 15 Rückforderung von Bezügen

(1) Wird eine Beamtin, ein Beamter, eine Richterin oder ein Richter durch eine gesetzliche Änderung der Bezüge einschließlich der Einreihung des Amtes in die Besoldungsgruppen der Landesbesoldungsordnungen mit rückwirkender Kraft schlechter gestellt, so sind die Unterschiedsbeträge nicht zu erstatten.

(2) Im Übrigen regelt sich die Rückforderung zu viel gezahlter Bezüge nach den Vorschriften des Bürgerlichen Gesetzbuchs über die Herausgabe einer ungerechtfertigten Bereicherung, soweit gesetzlich nichts anderes bestimmt ist. Der Kenntnis des Mangels des rechtlichen Grundes der Zahlung steht es gleich, wenn der Mangel so offensichtlich war, dass die Empfängerin oder der Empfänger ihn hätte erkennen müssen. Von der Rückforderung kann aus Billigkeitsgründen mit Zustimmung der obersten Dienstbehörde oder der von ihr bestimmten Stelle ganz oder teilweise abgesehen werden.

(3) Geldleistungen, die für die Zeit nach dem Tod der Beamtin, des Beamten, der Richterin oder des Richters auf ein Konto bei einem Geldinstitut überwiesen wurden, gelten als unter Vorbehalt erbracht. Das Geldinstitut hat sie der überweisenden Stelle zurück zu überweisen, wenn diese sie als zu Unrecht erbracht zurückfordert. Eine Verpflichtung zur

Rücküberweisung besteht nicht, soweit über den entsprechenden Betrag bei Eingang der Rückforderung bereits anderweitig verfügt wurde, es sei denn, dass die Rücküberweisung aus einem Guthaben erfolgen kann. Das Geldinstitut darf den überwiesenen Betrag nicht zur Befriedigung eigener Forderungen verwenden.

(4) Soweit Geldleistungen für die Zeit nach dem Tod der Beamtin, des Beamten, der Richterin oder des Richters zu Unrecht erbracht worden sind, haben die Personen, welche die Geldleistungen in Empfang genommen oder über den entsprechenden Betrag verfügt haben, diesen Betrag der überweisenden Stelle zu erstatten, sofern er nicht nach Absatz 3 von dem Geldinstitut zurück überwiesen wird. Ein Geldinstitut, das eine Rücküberweisung mit dem Hinweis abgelehnt hat, dass über den entsprechenden Betrag bereits anderweitig verfügt wurde, hat der überweisenden Stelle auf Verlangen Namen und Anschrift der Personen, die über den Betrag verfügt haben, und etwaiger neuer Kontoinhaberinnen oder Kontoinhaber zu benennen. Ein Anspruch gegen die Erbinnen und Erben bleibt unberührt.

§ 16 Anpassung der Besoldung

Die Besoldung wird entsprechend der Entwicklung der allgemeinen wirtschaftlichen und finanziellen Verhältnisse und unter Berücksichtigung der mit den Dienstaufgaben verbundenen Verantwortung durch Gesetz regelmäßig angepasst.

§ 17 Anpassung der Besoldung im Jahr 2026

(1) Ab dem 1. April 2026 erhöhen sich um 3,36 Prozent

1. die Grundgehaltssätze der Landesbesoldungsordnungen A, B, R und W sowie die auslaufenden Grundgehaltssätze der Landesbesoldungsordnungen C und H und
2. die Ober- und Untergrenzen der Grundgehaltsspannen für den Auslandszuschlag.

(2) Ab dem 1. April 2026 erhöhen sich um 2,8 Prozent

1. der Familienzuschlag einschließlich der Erhöhungsbeträge,
2. die Amtszulagen,
3. die Strukturzulage,
4. die Stellenzulage nach § 56 Nummer 3,
5. die Beträge nach § 4 der Bundesmehrarbeitsvergütungsverordnung in der Fassung der Bekanntmachung vom 3. Dezember 1998 (BGBl. I S. 3494), die zuletzt durch Artikel 2 des Gesetzes vom 9. November 2004 (BGBl. I S. 2774) geändert worden ist, in Verbindung mit § 92 Absatz 1 Nummer 3,
6. die Zuschüsse und Sonderzuschüsse nach den Vorbemerkungen Nummer 1 und Nummer 2 der fortgeltenden Besoldungsordnung C,
7. die Höchstbeträge für Sondergrundgehälter und Zuschüsse zum Grundgehalt sowie festgesetzte Sondergrundgehälter und Zuschüsse der fortgeltenden Landesbesoldungsordnung H und
8. die Bemessungsgrundlagen der Zulagen, Aufwandsentschädigungen und anderer Bezüge nach Artikel 14 § 5 des Reformgesetzes vom 24. Februar 1997 (BGBl. I S. 322), das durch Artikel 17 des Gesetzes vom 19. Februar 2006 (BGBl. I S. 334) geändert worden ist.

(3) Ab dem 1. April 2026 erhöhen sich die Anwärtergrundbeträge um 60 Euro.

(4) Die sich bei der Berechnung der erhöhten Beträge ergebenden Bruchteile eines Cents sind hinsichtlich der Beträge des Familienzuschlags der Stufe 1 auf den nächsten durch zwei teilbaren Centbetrag aufzurunden und im Übrigen kaufmännisch zu runden.

(5) Das für Finanzen zuständige Ministerium wird ermächtigt, die nach Absatz 2 Nummer 5 erhöhten Beträge im Ministerialblatt für das Land Nordrhein-Westfalen bekannt zu machen.

§ 18 Dienstlicher Wohnsitz

(1) Dienstlicher Wohnsitz der Beamtin, des Beamten, der Richterin oder des Richters ist der Ort, an dem die Behörde oder ständige Dienststelle ihren Sitz hat.

(2) Die oberste Dienstbehörde kann als dienstlichen Wohnsitz anweisen:

1. den Ort, der Mittelpunkt der dienstlichen Tätigkeit der Beamtin, des Beamten, der Richterin oder des Richters ist,
2. den Ort, in dem die Beamtin, der Beamte, die Richterin oder der Richter mit Zustimmung der vorgesetzten Dienststelle wohnt oder
3. einen Ort im Inland, wenn die Beamtin oder der Beamte im Ausland an der deutschen Grenze beschäftigt ist.

Sie kann diese Befugnis auf nachgeordnete Stellen übertragen.

Abschnitt 2 Grundgehalt, Leistungsbezüge an Hochschulen

Unterabschnitt 1 Allgemeine Grundsätze

§ 19 Grundsatz der funktionsgerechten Besoldung

(1) Die Funktionen der Beamtinnen, Beamten, Richterinnen und Richter sind nach den mit ihnen verbundenen Anforderungen sachgerecht zu bewerten und Ämtern zuzuordnen. Eine Zuordnung von Funktionen zu mehreren Ämtern ist zulässig. Die Ämter sind nach ihrer Wertigkeit unter Berücksichtigung der gemeinsamen Belange der in § 1 Absatz 1 genannten Dienstherren den Besoldungsgruppen zuzuordnen.

(2) Bei der Einstufung von Ämtern der Leitungsebene in der Landesbesoldungsordnung B ist zwischen den Behördenleitungen und ihren Stellvertretungen ein Mindestabstand von drei Besoldungsgruppen einzuhalten. Ein geringerer Abstand ist nur dann zulässig, wenn die Wertigkeit des Leitungsamtes unterhalb der Besoldungsgruppe B 5 einzustufen ist oder die besondere Leitungsstruktur eine Abweichung vom Grundsatz des Satzes 1 rechtfertigt.

§ 20 Bestimmung des Grundgehalts nach dem Amt

(1) Das Grundgehalt der Beamtin, des Beamten, der Richterin oder des Richters bestimmt sich nach der Besoldungsgruppe des verliehenen Amtes. Ist ein Amt noch nicht in einer Landesbesoldungsordnung enthalten oder ist es mehreren Besoldungsgruppen zugeordnet, bestimmt sich das Grundgehalt nach der Besoldungsgruppe, die in der Einweisungsverfügung bestimmt ist. Die Einweisung bedarf bei Körperschaften, Anstalten und Stiftungen des öffentlichen Rechts in den Fällen, in denen das Amt in einer Landesbesoldungsordnung noch nicht enthalten ist, der Zustimmung der obersten Rechtsaufsichtsbehörde im Einvernehmen mit dem für Finanzen zuständigen Ministerium. Ist der Richterin oder dem Richter noch kein Amt verliehen worden. so bestimmt sich das Grundgehalt nach der Besoldungsgruppe R 1; soweit die Einstellung in einem anderen als dem Einstiegsamt erfolgt ist, bestimmt sich das Grundgehalt nach der entsprechenden Besoldungsgruppe.

(2) Ist einem Amt gesetzlich eine Funktion zugeordnet oder richtet sich die Zuordnung eines Amtes zu einer Besoldungsgruppe einschließlich der Gewährung von Amtszulagen nach einem gesetzlich festgelegten Bewertungsmaßstab, insbesondere nach der Zahl der Planstellen, nach der Einwohnerzahl einer Gemeinde oder eines Gemeindeverbandes oder nach der Schülerzahl einer Schule, so gibt die Erfüllung dieser Voraussetzungen allein keinen Anspruch auf die Besoldung aus diesem Amt.

(3) Wird der Beamtin, dem Beamten, der Richterin oder dem Richter ein Amt mit höherem Endgrundgehalt verliehen, so kann die Einweisung in die höhere Planstelle, soweit sie besetzbar war, mit Rückwirkung von dem ersten oder einem sonstigen Tage des Kalendermonats, in dem die Verleihung wirksam wird, erfolgen. In Haushaltsgesetzen oder Haushaltssatzungen kann zugelassen werden, dass Beamtinnen, Beamte, Richterinnen und Richter mit Rückwirkung von höchstens drei Monaten in die höhere Planstelle eingewiesen werden, soweit sie während dieser Zeit die Obliegenheiten des verliehenen oder eines gleichwertigen Amtes tatsächlich wahrgenommen haben und die Planstellen, in die sie eingewiesen werden, besetzbar waren.

(4) Richtet sich die Zuordnung von Ämtern zu den Besoldungsgruppen einschließlich der Gewährung von Amtszulagen nach der Schülerzahl einer Schule, so sind bei einer dadurch eintretenden Änderung der Zuordnung Ernennungen und Einweisungen in Planstellen nicht vorzunehmen und Amtszulagen nicht zu gewähren, wenn abzusehen ist, dass die Änderung nicht länger als für die Dauer eines Schuljahres Bestand haben wird.

§ 21 Besoldung bei Verleihung eines anderen Amtes

(1) Verringert sich während eines Dienstverhältnisses nach § 1 Absatz 1 das Grundgehalt durch Verleihung eines anderen Amtes aus Gründen, die nicht von der Beamtin, dem Beamten, der Richterin oder dem Richter zu vertreten sind, ist abweichend von § 20 Absatz 1 Satz 1 das Grundgehalt zu zahlen, das bei einem Verbleiben in dem bisherigen Amt zugestanden hätte. Satz 1 gilt entsprechend bei einem Wechsel aus einem Beamtenverhältnis in ein Richterverhältnis oder bei einem Wechsel aus einem Richterverhältnis in ein Beamtenverhältnis. Veränderungen in der besoldungsrechtlichen Bewertung des bisherigen Amtes bleiben unberücksichtigt. Die Sätze 1 bis 3 gelten entsprechend für Amtszulagen und die Strukturzulage auch dann, wenn eine andere Funktion übertragen worden ist.

(2) Absatz 1 gilt bei Beamtinnen und Beamten auf Zeit nur für die restliche Amtszeit. Absatz 1 gilt nicht, wenn ein Amt mit leitender Funktion im Beamtenverhältnis auf Probe nicht auf Dauer übertragen wurde oder die Verringerung der in Absatz 1 genannten Dienstbezüge auf einer Disziplinarmaßnahme beruht.

(3) Absatz 1 gilt entsprechend, wenn eine Ruhegehaltempfängerin oder ein Ruhegehaltempfänger erneut in ein Beamten- oder Richterverhältnis berufen wird und das neue Grundgehalt geringer ist als das, das bis zur Zurruhesetzung bezogen wurde. Entsprechendes gilt für Amtszulagen und die Strukturzulage.

Unterabschnitt 2
Vorschriften für Beamtinnen und Beamte

§ 22 Landesbesoldungsordnungen A und B

(1) Die Zuordnung der Ämter der Beamtinnen und Beamten zu den Besoldungsgruppen der Besoldungsordnungen A und B, die Amtsbezeichnungen sowie die Gewährung besonderer Zulagen werden in den Landesbesoldungsordnungen A und B geregelt. § 23 sowie die §§ 32 und 40 bleiben unberührt.

(2) Die Landesbesoldungsordnung A – aufsteigende Gehälter – und die Landesbesoldungsordnung B – feste Gehälter – sind in den Anlagen 1 und 2 zu diesem Gesetz, die Grundgehaltssätze der Besoldungsgruppen in den Anlagen 6 und 7 zu diesem Gesetz ausgewiesen.

(3) Die in der Landesbesoldungsordnung A gesperrt gedruckten Amtsbezeichnungen sind Grundamtsbezeichnungen. Den Grundamtsbezeichnungen können Zusätze, die auf

1. den Dienstherrn oder den Verwaltungsbereich,
2. die Laufbahn,
3. die Fachrichtung

hinweisen, beigefügt werden. Die Grundamtsbezeichnungen „Rätin, Rat", „Oberrätin, Oberrat", „Direktorin, Direktor" und „Leitende Direktorin, Leitender Direktor" dürfen nur in Verbindung mit einem Zusatz nach Satz 2 verliehen werden. Auf die Amtsbezeichnung „Leitende Direktorin, Leitender Direktor" in den Besoldungsgruppen B 2 und B 3 sind Satz 2 und 3 entsprechend anzuwenden.

(4) Über die Beifügung von Zusätzen zu den Grundamtsbezeichnungen entscheidet für die Beamtinnen und Beamten des Landes das für Finanzen zuständige Ministerium im Einvernehmen mit dem für Inneres zuständigen Ministerium, für die Beamtinnen und Beamten der Gemeinden, Gemeindeverbände und der sonstigen der Aufsicht des Landes unterstehenden Körperschaften, Anstalten und Stiftungen des öffentlichen Rechts die oberste Aufsichtsbehörde im Einvernehmen mit

dem für Finanzen zuständigen Ministerium und dem für Inneres zuständigen Ministerium.

§ 23 Hauptamtliche Wahlbeamtinnen und Wahlbeamte auf Zeit im kommunalen Bereich

(1) Das für Kommunales zuständige Ministerium wird ermächtigt, durch Rechtsverordnung im Einvernehmen mit dem für Finanzen zuständigen Ministerium den Besoldungsgruppen der Landesbesoldungsordnungen A und B die folgenden Ämter der hauptamtlichen Wahlbeamtinnen und Wahlbeamten auf Zeit zuzuordnen:

1. der Gemeinden und Kreise unter Berücksichtigung der Zahl der Einwohner und
2. der regionalen Kommunalverbände und anderer überörtlicher kommunaler Einrichtungen unter Berücksichtigung des begrenzten Aufgabeninhaltes im Vergleich zur Einstufung der entsprechenden Ämter der beteiligten Körperschaften im Sinne der Nummer 1.

Dabei können bei den in Nummer 1 genannten Körperschaften einer Größenklasse höchstens zwei Besoldungsgruppen für ein Amt vorgesehen werden. Für diese Beamtinnen und Beamten können das Aufsteigen in den Stufen und die Festsetzung der Erfahrungsstufe abweichend von den §§ 29 und 30 Absatz 1 bis 3 geregelt werden.

(2) Bürgermeisterinnen (Oberbürgermeisterinnen) und Bürgermeistern (Oberbürgermeistern) sowie Landrätinnen und Landräten kann zu ihrem Grundgehalt nach Ablauf einer vollen Amtszeit ab Beginn einer zweiten Amtszeit eine nicht ruhegehaltfähige Zulage von bis zu 8 Prozent ihres Grundgehalts gewährt werden. Das für Kommunales zuständige Ministerium wird ermächtigt, im Einvernehmen mit dem für Finanzen zuständigen Ministerium das Nähere durch Rechtsverordnung zu bestimmen.

(3) Zur Eingruppierung wird das für Kommunales zuständige Ministerium ermächtigt, im Einvernehmen mit dem für Finanzen zuständigen Ministerium durch Rechtsverordnung nähere Bestimmungen zur maßgebenden Einwohnerzahl nach Absatz 1 Satz 1 Nummer 1 zu regeln, insbesondere die statistische Erhebung der Einwohnerzahl. Der Einwohnerzahl können Personen, die sich im Zusammenhang mit den Stationierungsstreitkräften in den Gemeinden oder Kreisen aufhalten. hinzugerechnet werden. In Gemeinden, die als Heilbad, Kurort oder Erholungsort nach den Vorschriften des Kurortegesetzes vom 11. Dezember 2007 (GV. NRW. 2008 S. 8), das zuletzt durch Artikel 1 des Gesetzes vom 15. Dezember 2016 (GV. NRW S. 1150) geändert worden ist, ganz oder teilweise anerkannt sind, kann auch die jährliche Zahl der Fremdenübernachtungen hinzugerechnet werden.

§ 24 Einstiegsämter

Die Einstiegsämter für Beamtinnen und Beamte sind folgenden Besoldungsgruppen zuzuweisen:

1. in der Laufbahngruppe 1 als erstes Einstiegsamt der Besoldungsgruppe A 5,
2. in der Laufbahngruppe 1 als zweites Einstiegsamt der Besoldungsgruppe A 6, in technischen Laufbahnen der Besoldungsgruppe A 6 oder A 7,
3. in der Laufbahngruppe 2 als erstes Einstiegsamt der Besoldungsgruppe A 9, in technischen Laufbahnen der Besoldungsgruppe A 10,
4. in der Laufbahngruppe 2 als zweites Einstiegsamt der Besoldungsgruppe A 13.

§ 25 Einstiegsämter in Sonderlaufbahnen

(1) Die Einstiegsämter für Beamtinnen und Beamte in Sonderlaufbahnen, bei denen im Einstiegsamt Anforderungen gestellt werden, die bei sachgerechter Bewertung zwingend die Zuweisung des Einstiegsamtes zu einer anderen Besoldungsgruppe als nach § 24 erfordern, können der höheren Besoldungsgruppe zugewiesen werden, in die gleichwertige Ämter eingereiht sind. Die Festlegung als Einstiegsamt ist in den Landesbesoldungsordnungen zu kennzeichnen.

(2) Das erste Einstiegsamt in Laufbahnen der Laufbahngruppe 1 kann, wenn die Voraussetzung des Absatzes 1 Satz 1 erfüllt ist, der

höheren Besoldungsgruppe zugewiesen werden, in die gleichwertige Ämter eingereiht sind.

§ 26 Beförderungsämter

Beförderungsämter dürfen mit Ausnahme der Fälle des § 19 Absatz 1 Satz 2 nur eingerichtet werden, wenn sie sich von den Ämtern der niedrigeren Besoldungsgruppe nach der Wertigkeit der zugeordneten Funktion wesentlich abheben.

§ 27 Obergrenzen für Beförderungsämter

(1) Die Anteile der Beförderungsämter dürfen nach Maßgabe sachgerechter Bewertung folgende Obergrenzen nicht überschreiten:

1. in der Besoldungsgruppe A 8 30 Prozent,
2. in der Besoldungsgruppe A 9 8 Prozent,
3. in der Besoldungsgruppe A 11 30 Prozent,
4. in der Besoldungsgruppe A 12 16 Prozent,
5. in der Besoldungsgruppe A 13 6 Prozent,
6. in den Besoldungsgruppen A 15, A 16 und B 2 nach Einzelbewertung zusammen 40 Prozent,
7. in den Besoldungsgruppen A 16 und B 2 zusammen 10 Prozent.

Die Prozentsätze beziehen sich

1. für die Besoldungsgruppe A 8 oder A 9 auf die Gesamtzahl der Planstellen für Beamtinnen und Beamte der Besoldungsgruppen A 6 (zweites Einstiegsamt) bis A 9 in der Laufbahngruppe 1 bei einem Dienstherrn,
2. für die Besoldungsgruppe A 11, A 12 oder A 13 auf die Gesamtzahl der Planstellen für Beamtinnen und Beamte der Besoldungsgruppe A 9 bis A 13 (ohne zweites Einstiegsamt) in der Laufbahngruppe 2 bei einem Dienstherrn und
3. für die Besoldungsgruppe A 15, A 16 oder B 2 auf die Gesamtzahl der Planstellen für Beamtinnen und Beamte der Besoldungsgruppen A 13 (zweites Einstiegsamt) bis A 16 und B 2 in der Laufbahngruppe 2 bei einem Dienstherrn.

Die für dauernd beschäftigte Arbeitnehmerinnen und Arbeitnehmer eines Dienstherrn ausgebrachten gleichwertigen Stellen können mit der Maßgabe in die Berechnungsgrundlage einbezogen werden, dass eine entsprechende Anrechnung auf die jeweiligen Stellen für Beförderungsämter erfolgt.

(2) Absatz 1 gilt nicht für

1. die Gemeinden, Gemeindeverbände sowie für die Gemeindeprüfungsanstalt, den Landesverband Lippe und den Regionalverband Ruhr,
2. die obersten Landesbehörden,
3. Lehrerinnen und Lehrer und pädagogisches Hilfspersonal an öffentlichen Schulen und Hochschulen,
4. Lehrkräfte an verwaltungsinternen Fachhochschulen,
5. Laufbahnen, in denen auf Grund des § 25 Absatz 1 das Einstiegsamt einer höheren Besoldungsgruppe zugewiesen worden ist,
6. Bereiche eines Dienstherrn, in denen durch Haushaltsbestimmung die Besoldungsaufwendungen höchstens auf den Betrag festgelegt sind, der sich bei Anwendung des Absatzes 1 und der Rechtsverordnungen zu Absatz 3 ergeben würde.

(3) Die Landesregierung wird ermächtigt, für ihren Bereich unter Berücksichtigung der gemeinsamen Belange aller Dienstherren im Sinne des § 1 Absatz 1 durch Rechtsverordnung zur sachgerechten Bewertung der Funktionen für die Zahl der Beförderungsämter ganz oder teilweise von Absatz 1 abweichende Obergrenzen festzulegen.

(4) Werden in Verwaltungsbereichen bei einer Verminderung oder Verlagerung von Planstellen infolge von Rationalisierungsmaßnahmen nach sachgerechter Bewertung der Beförderungsämter die Obergrenzen gemäß den vorstehenden Absätzen und den dazu erlassenen Rechtsverordnungen überschritten, kann aus personalwirtschaftlichen Gründen die Umwandlung der die Obergrenzen überschreitenden Planstellen für einen Zeitraum von längstens fünf Jahren ausgesetzt und danach auf jede dritte freiwerdende Planstelle beschränkt werden. Dies gilt ent-

sprechend für die Umwandlung von Planstellen, wenn die Obergrenzen nach einer Fußnote zur Landesbesoldungsordnung A aus gleichen Gründen überschritten werden.

§ 28 Leitungsämter an unteren Verwaltungsbehörden, allgemeinbildenden oder beruflichen Schulen und Handwerkskammern, Beförderungsämter an Schulen

(1) Die Leitungsämter an unteren Verwaltungsbehörden mit einem beim jeweiligen Dienstherrn örtlich begrenzten Zuständigkeitsbereich mit Ausnahme der Ämter der Polizeipräsidentinnen und Polizeipräsidenten sowie die Leitungsämter an allgemeinbildenden oder beruflichen Schulen dürfen nur in Besoldungsgruppen der Landesbesoldungsordnung A eingestuft werden.

(2) Bei Anwendung der Obergrenzen des § 27 Absatz 1 auf die übrigen Leitungsämter unterer Verwaltungsbehörden, Mittelbehörden oder Oberbehörden bleiben die mit einer Amtszulage nach § 46 ausgestatteten Planstellen der Besoldungsgruppe A 16 unberücksichtigt.

(3) Die Ämter der Leitung und der ständigen Vertretung der Leitung eines Weiterbildungskollegs mit mindestens zwei Bildungsgängen, darunter dem Bildungsgang Abendrealschule, werden nach Maßgabe der Landesbesoldungsordnung A unabhängig davon verliehen, für welche Lehrerlaufbahn an allgemeinbildenden Schulen die Lehramtsbefähigung besteht. Dabei muss regelmäßig eines der beiden Ämter mit einer Beamtin oder einem Beamten einer Lehrerlaufbahn der Laufbahngruppe 2 mit zweitem Einstiegsamt mit Strukturzulage besetzt werden.

(4) Für die Verleihung der Leitungsämter an den Staatlichen Zentren für schulpraktische Lehrerausbildung ist der Nachweis einer Lehramtsbefähigung nach dem Lehrerausbildungsgesetz vom 12. Mai 2009 (GV. NRW. S. 308) in der jeweils geltenden Fassung Voraussetzung. Die Leitungsämter an den Staatlichen Zentren für schulpraktische Lehrerausbildung werden nach Maßgabe der Landesbesoldungsordnung A unabhängig davon verliehen, für welche Laufbahn die Lehramtsbefähigung besteht.

(5) Die besoldungsrechtliche Einstufung der Leitung einer Förderschule mit Förderschwerpunkt Lernen, die im Verbund mit einer Förderschule mit anderem Förderschwerpunkt geführt wird, richtet sich nach der Schülerzahl des Förderschwerpunktes, in dem überwiegend unterrichtet wird.

(6) Die gesamtschulbezogenen Beförderungsämter und die Beförderungsämter an Schulen im organisatorischen Zusammenschluss nach § 83 Absatz 1 bis 3 des Schulgesetzes NRW vom 15. Februar 2005 (GV. NRW. S. 102) in der Fassung des Gesetzes vom 27. Juni 2006 (GV. NRW. S. 278) werden nach Maßgabe der Landesbesoldungsordnung A unabhängig davon verliehen, für welche Lehrerlaufbahn an allgemeinbildenden oder Förderschulen die Lehramtsbefähigung besteht. Dabei soll regelmäßig die Hälfte der Stellen für gesamtschulbezogene Beförderungsämter mit Beamtinnen und Beamten einer Lehrerlaufbahn der Laufbahngruppe 2 mit zweitem Einstiegsamt mit Strukturzulage besetzt werden; das gilt nicht für die Stellen der Leitungen der Sekundarstufe II.

(7) Planstellen für Beamtinnen und Beamten der Besoldungsgruppe A 15 mit Amtszulage, A 15 und A 14 mit Amtszulage, denen die Funktion der ständigen Vertretung der Leitung einer Gesamtschule oder der didaktischen Leitung einer Gesamtschule übertragen ist, werden, soweit sie für Beamtinnen und Beamte im Sinne des Absatzes 6 Satz 2 vorgesehen sind, auf den haushaltsmäßig festgelegten Stellenanteil nach Fußnote 7 zur Besoldungsgruppe A 15 der Landesbesoldungsordnung A angerechnet. Planstellen für Gesamtschulrektorinnen und Gesamtschulrektoren der Besoldungsgruppen A 14 mit Amtszulage oder A 14 werden, soweit sie für Beamtinnen und Beamte im Sinne des Absatzes 6 Satz 2 vorgesehen und nicht nach Satz 1 anzurechnen sind, auf den haushaltsmäßig festgelegten Stellenanteil für Oberstudienrätinnen und Oberstudienräte angerechnet.

(8) Die in der Landesbesoldungsordnung A ausgebrachten Amtsbezeichnungen für Lehr-

kräfte an allgemeinbildenden Schulen im Einstiegsamt sowie die Amtsbezeichnungen „Oberstudienrätin, Oberstudienrat" und „Studiendirektorin, Studiendirektor" dürfen auch an Gesamtschulen verwendet werden.

(9) An Gesamtschulen im Aufbau dürfen Ämter für didaktische Leitungen erst eingerichtet werden, wenn mindestens vier Jahrgangsstufen vorhanden sind.

(10) Absatz 6 Satz 1 sowie Absätze 8 und 9 gelten für Sekundarschulen entsprechend.

(11) An Gemeinschaftsschulen im Sinne von Artikel 2 des 6. Schulrechtsänderungsgesetzes vom 25. Oktober 2011 (GV. NRW. S. 540) können die an Sekundarschulen ausgebrachten Ämter verliehen werden, wenn sie nur die Sekundarstufe I umfassen. Absatz 6 Satz 1 sowie Absatz 8 und 9 gelten entsprechend. Umfassen Gemeinschaftsschulen die Sekundarstufen I und II, können die an Gesamtschulen ausgebrachten Ämter verliehen werden. Absätze 6 bis 9 gelten entsprechend.

(12) Die zur Schulleitung gehörenden Ämter an Grundschulen, Hauptschulen und Realschulen können auch Lehrkräften mit der Befähigung zum Lehramt für sonderpädagogische Förderung, zum Lehramt für Sonderpädagogik oder zum Lehramt an Sonderschulen verliehen werden.

(13) Die für den Schulbereich ausgebrachten Beförderungsämter in der Landesbesoldungsordnung A können mit Ausnahme der Ämter für Schulleiterinnen und Schulleiter auch außerhalb von Schulorganisationen verliehen werden. Die Verleihung ist begrenzt auf die Ämter der Laufbahn, für die die Bewerberinnen und Bewerber die Lehramtsbefähigung besitzen.

(14) Der Hauptgeschäftsführerin oder dem Hauptgeschäftsführer einer Handwerkskammer und der Geschäftsführerin oder dem Geschäftsführer bei einer Handwerkskammer als der ständigen Vertreterin oder dem ständigen Vertreter der Hauptgeschäftsführerin oder des Hauptgeschäftsführers ist mit der Ernennung zunächst das niedrigere der in den Landesbesoldungsordnungen für diese Funktion ausgewiesenen Ämter zu verleihen; Ausnahmen bedürfen der Genehmigung der Aufsichtsbehörde. Über den Zeitpunkt der Verleihung des höheren Amtes entscheidet der Dienstherr im Einvernehmen mit der Aufsichtsbehörde.

§ 29 Bemessung des Grundgehalts

(1) Das Grundgehalt wird, soweit die Landesbesoldungsordnung nicht feste Gehälter vorsieht, nach Stufen (Erfahrungsstufen) bemessen. Dabei erfolgt der Aufstieg in eine nächsthöhere Stufe nach bestimmten Zeiten mit dienstlicher Erfahrung und der Leistung.

(2) Mit der ersten Ernennung in ein Beamtenverhältnis mit Anspruch auf Dienstbezüge im Geltungsbereich dieses Gesetzes wird ein Grundgehalt der ersten mit einem Grundgehaltsbetrag ausgewiesenen Stufe der maßgeblichen Besoldungsgruppe (Anfangsgrundgehalt) festgesetzt, soweit nicht berücksichtigungsfähige Zeiten nach § 30 Absatz 1 anerkannt werden. Die Stufe wird mit Wirkung vom Ersten des Monats festgesetzt, in dem das Beamtenverhältnis begründet wird. Ausgehend von diesem Zeitpunkt beginnt der Stufenaufstieg. Frühere Dienstzeiten mit Anspruch auf Dienstbezüge in einem Beamten-, Richter- oder Soldatenverhältnis bei einem öffentlich-rechtlichen Dienstherrn (§ 31 Absatz 1) im Geltungsbereich des Grundgesetzes führen zu einer Vorverlegung des Beginns des Stufenaufstiegs auf den Zeitpunkt der ersten Ernennung mit Anspruch auf Dienstbezüge, soweit in § 30 Absatz 4 nichts anderes bestimmt ist; Satz 1 zweiter Halbsatz und die Sätze 2 und 3 gelten entsprechend. Die Stufenfestsetzung ist der Beamtin oder dem Beamten schriftlich mitzuteilen.

(3) Das Grundgehalt steigt bis zur fünften Stufe im Abstand von zwei Jahren, bis zur neunten Stufe im Abstand von drei Jahren und darüber hinaus im Abstand von vier Jahren. Zeiten ohne Anspruch auf Grundgehalt verzögern den Stufenaufstieg, soweit in § 30 Absatz 2 nichts anderes bestimmt ist. Die Zeiten nach Satz 2 werden auf volle Monate abgerundet. Die Sätze 1 bis 3 gelten in den Fällen des Absatzes 2 Satz 4 entsprechend.

(4) Bei dauerhaft herausragenden Leistungen kann für Beamtinnen und Beamte der Landesbesoldungsordnung A die nächsthöhere Stufe als Grundgehalt vorweg festgesetzt werden (Leistungsstufe). Die Zahl der in einem Kalenderjahr bei einem Dienstherrn vergebenen Leistungsstufen darf 15 Prozent der Zahl der bei dem Dienstherrn vorhandenen Beamtinnen und Beamten der Landesbesoldungsordnung A, die das Endgrundgehalt noch nicht erreicht haben, nicht übersteigen. Wird festgestellt, dass die Leistung nicht den mit dem Amt verbundenen durchschnittlichen Anforderungen entspricht, verbleibt die Beamtin oder der Beamte in der bisherigen Stufe, bis die Leistung ein Aufsteigen in die nächsthöhere Stufe rechtfertigt. Eine darüber liegende Stufe, die ohne die Hemmung des Aufstiegs inzwischen erreicht wäre, darf frühestens nach Ablauf eines Jahres als Grundgehalt festgesetzt werden, wenn in diesem Zeitraum anforderungsgerechte Leistungen erbracht worden sind. Die Landesregierung wird ermächtigt, zur Gewährung von Leistungsstufen und zur Hemmung des Aufstiegs in den Stufen nähere Regelungen durch Rechtsverordnung zu treffen. In der Rechtsverordnung kann zugelassen werden, dass bei Dienstherren mit weniger als sieben Beamtinnen und Beamten im Sinne des Satzes 2 in jedem Kalenderjahr einer Beamtin oder einem Beamten die Leistungsstufe gewährt wird.

(5) Absatz 4 gilt nicht für Beamtinnen und Beamte im Beamtenverhältnis auf Probe nach § 4 Absatz 3 des Beamtenstatusgesetzes. Die Entscheidung über die Gewährung einer Leistungsstufe oder über die Hemmung des Aufstiegs trifft die zuständige oberste Dienstbehörde oder die von ihr bestimmte Stelle. Die Entscheidung ist der Beamtin oder dem Beamten schriftlich mitzuteilen. Widerspruch und Anfechtungsklage haben keine aufschiebende Wirkung.

(6) Für die Dauer einer vorläufigen Dienstenthebung verbleibt die Beamtin oder der Beamte in der bisherigen Stufe. Führt ein Disziplinarverfahren nicht zur Entfernung aus dem Beamtenverhältnis oder endet das Beamtenverhältnis nicht durch Entlassung auf Antrag oder infolge strafgerichtlicher Verurteilung, so regelt sich das Aufsteigen im Zeitraum der vorläufigen Dienstenthebung nach Absatz 3.

§ 30 Berücksichtigungsfähige Zeiten

(1) Bei der ersten Stufenfestsetzung nach § 29 Absatz 2 werden als berücksichtigungsfähige Zeiten anerkannt, soweit in Absatz 4 nichts anderes bestimmt ist:

1. Zeiten einer Kinderbetreuung bis zu drei Jahren für jedes Kind,
2. Zeiten der tatsächlichen Pflege von nach ärztlichem Gutachten pflegebedürftigen nahen Angehörigen (Eltern, Schwiegereltern, Eltern von Lebenspartnerinnen und Lebenspartnern nach dem Lebenspartnerschaftsgesetz vom 16. Februar 2001 (BGBl. I S. 266) in der jeweils geltenden Fassung, Ehegatten, Lebenspartnerinnen und Lebenspartnern nach dem Lebenspartnerschaftsgesetz, Geschwistern oder Kindern) bis zu drei Jahren für jeden nahen Angehörigen,
3. Pflegezeiten nach dem Pflegezeitgesetz vom 28. Mai 2008 (BGBl. I S. 874, 896) in der jeweils geltenden Fassung,
4. Zeiten einer hauptberuflichen Tätigkeit, die nicht Voraussetzung für den Erwerb der Laufbahnbefähigung sind, im Dienst eines öffentlich-rechtlichen Dienstherrn (§ 31) oder im Dienst von öffentlich-rechtlichen Religionsgesellschaften und ihren Verbänden sowie im Dienst eines sonstigen Arbeitgebers, der die im öffentlichen Dienst geltenden Tarifverträge oder Tarifverträge wesentlich gleichen Inhalts anwendet und an dem die öffentliche Hand durch Zahlung von Beiträgen oder Zuschüssen oder in anderer Weise wesentlich beteiligt ist,
5. Zeiten von mindestens vier Monaten bis zu insgesamt zwei Jahren, in denen Wehrdienst, Zivildienst, Bundesfreiwilligendienst, Entwicklungsdienst oder ein freiwilliges soziales oder ökologisches Jahr geleistet wurde,
6. Zeiten einer Eignungsübung nach dem Eignungsübungsgesetz in der im Bundesgesetzblatt III, Gliederungsnummer 53-5,

veröffentlichten bereinigten Fassung in der jeweils geltenden Fassung, und

7. Verfolgungszeiten nach dem Beruflichen Rehabilitierungsgesetz in der Fassung der Bekanntmachung vom 1. Juli 1977 (BGBl. I S. 1625) in der jeweils geltenden Fassung, soweit eine Erwerbstätigkeit, die einem Dienst bei einem öffentlich-rechtlichen Dienstherrn (§ 31) entspricht, nicht ausgeübt werden konnte.

Weitere hauptberufliche Zeiten, die nicht Voraussetzung für den Erwerb der Laufbahnbefähigung sind, können ganz oder teilweise anerkannt werden, soweit sie für die Verwendung der Beamtin oder des Beamten förderlich sind. Mit Zustimmung des für Finanzen zuständigen Ministeriums kann von Satz 1 Nummer 4 und Satz 2 abgewichen werden, wenn für die Zulassung zu einer Laufbahn besondere Voraussetzungen gelten. Zeiten für zusätzliche Qualifikationen, die nicht im Rahmen einer hauptberuflichen Tätigkeit erworben wurden, können in besonderen Einzelfällen, insbesondere zur Deckung des Personalbedarfs, mit insgesamt bis zu drei Jahren als berücksichtigungsfähige Zeiten anerkannt werden. Die Entscheidung nach den Sätzen 2 bis 4 trifft die oberste Dienstbehörde oder die von ihr bestimmte Stelle. Zeiten nach den Sätzen 1 und 2 werden durch Unterbrechungszeiten nach Absatz 2 nicht vermindert. Die Summe der Zeiten nach den Sätzen 1 bis 4 wird auf volle Monate aufgerundet.

(2) Abweichend von § 29 Absatz 3 Satz 2 wird der Aufstieg in den Stufen durch folgende Zeiten nicht verzögert:

1. Zeiten einer Kinderbetreuung bis zu drei Jahren für jedes Kind,
2. Zeiten der tatsächlichen Pflege von nach ärztlichem Gutachten pflegebedürftigen nahen Angehörigen (Eltern, Schwiegereltern, Eltern von Lebenspartnerinnen und Lebenspartnern nach dem Lebenspartnerschaftsgesetz, Ehegatten, Lebenspartnerinnen und Lebenspartnern nach dem Lebenspartnerschaftsgesetz, Geschwistern oder Kindern) bis zu drei Jahren für jeden nahen Angehörigen,
3. Pflegezeiten in entsprechender Anwendung des Pflegezeitgesetzes,
4. Zeiten einer Beurlaubung ohne Dienstbezüge, wenn die oberste Dienstbehörde oder die von ihr bestimmte Stelle schriftlich anerkannt hat, dass der Urlaub dienstlichen Interessen oder öffentlichen Belangen dient,
5. Zeiten, die nach dem Arbeitsplatzschutzgesetz in der Fassung der Bekanntmachung vom 16. Juli 2009 (BGBl. I S. 2055) in der jeweils geltenden Fassung nicht zu dienstlichen Nachteilen führen dürfen,
6. Zeiten einer Eignungsübung nach dem Eignungsübungsgesetz,
7. Zeiten einer hauptberuflichen Tätigkeit, die nicht Voraussetzung für den Erwerb der Laufbahnbefähigung sind, im Dienst eines öffentlich-rechtlichen Dienstherrn (§ 31) oder im Dienst von öffentlich-rechtlichen Religionsgesellschaften und ihren Verbänden sowie im Dienst eines sonstigen Arbeitgebers, der die im öffentlichen Dienst geltenden Tarifverträge oder Tarifverträge wesentlich gleichen Inhalts anwendet und an dem die öffentliche Hand durch Zahlung von Beiträgen oder Zuschüssen oder in anderer Weise wesentlich beteiligt ist,
8. Zeiten nach Absatz 1 Satz 2 bis 4, wobei Absatz 1 Satz 5 bis 7 entsprechend gilt, und
9. Zeiten, die in einem kommunalen Wahlbeamtenverhältnis erbracht wurden.

(3) Eine Mehrfachberücksichtigung von Zeiten nach den Absätzen 1 und 2 und § 29 Absatz 2 Satz 4 ist unzulässig.

(4) Für die Vorverlegung des Beginns des Stufenaufstiegs nach § 29 Absatz 2 Satz 4 und für die Anerkennung von Zeiten nach § 30 Absatz 1 Satz 1 Nummer 4 und Satz 2 sind Zeiten einer Tätigkeit für das Ministerium für Staatssicherheit oder das Amt für Nationale Sicherheit der ehemaligen Deutschen Demokratischen Republik nicht zu berücksichtigen. Dies gilt auch für Zeiten, die vor einer solchen Tätigkeit zurückgelegt worden sind. Satz 1 gilt auch für Zeiten einer Tätigkeit als Angehöriger der Grenztruppen der ehemaligen Deutschen Demokratischen Repub-

lik. Die Sätze 1 und 2 gelten auch für Zeiten einer Tätigkeit, die auf Grund einer besonderen persönlichen Nähe zum System der ehemaligen Deutschen Demokratischen Republik übertragen war. Das Vorliegen dieser Voraussetzung wird insbesondere widerlegbar vermutet, wenn die Beamtin oder der Beamte

1. vor oder bei Übertragung der Tätigkeit eine hauptamtliche oder hervorgehobene ehrenamtliche Funktion in der Sozialistischen Einheitspartei Deutschlands, dem Freien Deutschen Gewerkschaftsbund, der Freien Deutschen Jugend oder einer vergleichbaren systemunterstützenden Partei oder Organisation innehatte,
2. als mittlere oder obere Führungskraft in zentralen Staatsorganen, als obere Führungskraft beim Rat eines Bezirkes, als Vorsitzender des Rates eines Kreises oder einer kreisfreien Stadt oder in einer vergleichbaren Funktion tätig war,
3. hauptamtlich Lehrende oder Lehrender an den Bildungseinrichtungen der staatstragenden Parteien oder einer Massen- oder gesellschaftlichen Organisation war oder
4. Absolventin oder Absolvent der Akademie für Staat und Recht oder einer vergleichbaren Bildungseinrichtung war.

§ 31 Öffentlich-rechtliche Dienstherren

(1) Öffentlich-rechtliche Dienstherren im Sinne dieses Gesetzes sind der Bund, die Länder, die Gemeinden, die Gemeindeverbände und andere Körperschaften, Anstalten und Stiftungen des öffentlichen Rechts mit Ausnahme der öffentlich-rechtlichen Religionsgesellschaften und ihrer Verbände.

(2) Der Tätigkeit im Dienst eines öffentlich-rechtlichen Dienstherrn stehen gleich:

1. für Staatsangehörige eines Mitgliedstaates der Europäischen Union die ausgeübte gleichartige Tätigkeit im öffentlichen Dienst einer Einrichtung der Europäischen Union oder im öffentlichen Dienst eines Mitgliedstaates der Europäischen Union und
2. die von volksdeutschen Vertriebenen, Spätaussiedlerinnen und Spätaussiedlern ausgeübte gleichartige Tätigkeit im Dienst eines öffentlich-rechtlichen Dienstherrn ihres Herkunftslandes.

Unterabschnitt 3 Vorschriften für Professorinnen und Professoren, Juniorprofessorinnen und Juniorprofessoren sowie hauptamtliche Leitungen und Mitglieder von Leitungsgremien an Hochschulen

§ 32 Landesbesoldungsordnung W

(1) Die Ämter der Professorinnen, Professoren, Hochschuldozentinnen, Hochschuldozenten, Juniorprofessorinnen, Juniorprofessoren, Tandemprofessorinnen und Tandemprofessoren und ihre Besoldungsgruppen sind in der Landesbesoldungsordnung W (Anlage 4 zu diesem Gesetz) geregelt. Die Grundgehaltssätze sind in der Anlage 9 zu diesem Gesetz ausgewiesen. Die Sätze 1 und 2 gelten auch für hauptamtliche Leiterinnen und Leiter und Mitglieder von Leitungsgremien an Hochschulen, die nicht Professorinnen oder Professoren sind, soweit ihre Ämter nicht Besoldungsgruppen der Landesbesoldungsordnungen A und B zugewiesen sind.

(2) Die Ämter der Juniorprofessorinnen, Juniorprofessoren, Tandemprofessorinnen und Tandemprofessoren sind der Besoldungsgruppe W 1, die Ämter der Professorinnen und Professoren sowie der Hochschuldozentinnen und Hochschuldozenten sind nach Maßgabe sachgerechter Bewertung (§ 19) den Besoldungsgruppen W 2 und W 3 zuzuordnen. An Fachhochschulen darf der Anteil der W 3-Stellen bis zu 10 Prozent betragen. Das Nähere bestimmt der Haushalt.

(3) Die Ämter der hauptberuflichen Mitglieder von Hochschulleitungen und Fachbereichsleitungen werden der Besoldungsgruppe W 3 zugeordnet. Den Amtsbezeichnungen ist ein Zusatz auf die jeweilige Hochschule beizufügen; bei den hauptberuflichen Mitgliedern der Fachbereichsleitungen auch des jeweiligen Fachbereichs.

§ 33 Leistungsbezüge

(1) In den Besoldungsgruppen W 2 und W 3 werden nach Maßgabe der nachfolgenden Vorschriften neben dem als Mindestbezug

III

gewährten Grundgehalt variable Leistungsbezüge vergeben:

1. aus Anlass von Berufungs- und Bleibeverhandlungen (Berufungs- oder Bleibe-Leistungsbezüge),
2. für besondere Leistungen in Forschung, Lehre, Kunst, Weiterbildung und Nachwuchsförderung (besondere Leistungsbezüge) sowie
3. für die Wahrnehmung von Funktionen oder besonderen Aufgaben im Rahmen der Hochschulselbstverwaltung oder der Hochschulleitung (Funktions-Leistungsbezüge).

(2) Leistungsbezüge dürfen den Unterschiedsbetrag zwischen den Grundgehältern der Besoldungsgruppe W 3 und der Besoldungsgruppe B 10 übersteigen, wenn dies erforderlich ist, um die Professorin oder den Professor aus dem Bereich außerhalb der deutschen Hochschulen zu gewinnen oder um die Abwanderung der Professorin oder des Professors in den Bereich außerhalb der deutschen Hochschulen abzuwenden. Leistungsbezüge dürfen diesen Unterschiedsbetrag ferner übersteigen, wenn die Professorin oder der Professor bereits an der bisherigen Hochschule Leistungsbezüge erhält, die diesen Unterschiedsbetrag erreichen oder übersteigen und dies erforderlich ist, um die Professorin oder den Professor für eine nordrhein-westfälische Hochschule zu gewinnen oder die Abwanderung an eine andere deutsche Hochschule zu verhindern. Die Sätze 1 und 2 gelten entsprechend für hauptamtliche Leiterinnen und Leiter und Mitglieder von Leitungsgremien an Hochschulen, die nicht Professorinnen oder Professoren sind.

(3) Die am 1. Januar 2017 zustehenden Leistungsbezüge nach Absatz 1 erhöhen sich um 2,5 Prozent, wenn diese sich nicht nach im Zusammenhang mit der Integration der Sonderzahlung am 1. Januar 2017 erhöhten Bezügen bemessen. Satz 1 gilt nicht für Leistungsbezüge, die als Einmalzahlung gewährt werden.

§ 34 Berufungs- und Bleibe-Leistungsbezüge

Bei der Entscheidung über Leistungsbezüge nach § 33 Absatz 1 Nummer 1 sind insbesondere die individuelle Qualifikation, vorliegende Evaluationsergebnisse, die Bewerberlage und die Arbeitsmarktsituation in dem jeweiligen Fach zu berücksichtigen. Die Leistungsbezüge werden in der Regel unbefristet und als laufender Bezug vergeben; sie können auch als Einmalzahlung gewährt werden. Es kann vereinbart werden, dass gewährte Berufungs- oder Bleibe-Leistungsbezüge an den regelmäßigen Besoldungsanpassungen teilnehmen. Neue oder höhere Leistungsbezüge nach § 33 Absatz 1 Nummer 1 sollen bei einem neuen Ruf frühestens nach Ablauf von drei Jahren seit der letzten Gewährung zugestanden werden. Die Gewährung von Bleibe-Leistungsbezügen setzt voraus, dass die Professorin oder der Professor den Ruf einer anderen Hochschule oder das Einstellungsangebot einer anderen Arbeitgeberin oder eines anderen Arbeitgebers vorlegt.

§ 35 Besondere Leistungsbezüge

Für besondere Leistungen, die in der Regel über mehrere Jahre in den Bereichen Forschung, Lehre, Kunst, Weiterbildung oder Nachwuchsförderung erbracht werden, können Leistungsbezüge nach § 33 Absatz 1 Nummer 2 gewährt werden. Diese Leistungsbezüge können neben solchen nach § 33 Absatz 1 Nummer 1 gewährt und als Einmalzahlung oder als monatliche Zahlungen für einen Zeitraum von bis zu fünf Jahren befristet vergeben werden. Im Falle einer wiederholten Vergabe können laufende besondere Leistungsbezüge unbefristet vergeben werden. Unbefristete monatliche Bezüge sind mit einem Widerrufsvorbehalt für den Fall des erheblichen Leistungsabfalls zu versehen. Es kann vereinbart werden, dass gewährte besondere Leistungsbezüge an den regelmäßigen Besoldungsanpassungen teilnehmen.

§ 36 Funktions-Leistungsbezüge

Hauptamtlichen Mitgliedern von Hochschulleitungen sowie Mitgliedern von Leitungsgremien an Hochschulen werden für die Dauer der Wahrnehmung dieser Aufgaben Leistungsbezüge nach § 33 Absatz 1 Nummer 3 gewährt. Für die Wahrnehmung besonderer Aufgaben im Rahmen der Hochschulselbstverwaltung oder -leitung können diese Leistungsbezüge für die Dauer der Wahrnehmung ebenfalls gewährt werden. Die Bemessung der Funktions-Leistungsbezüge richtet sich nach § 19, insbesondere sind die im Einzelfall mit den Aufgaben verbundene Verantwortung und Belastung sowie die Größe und Bedeutung der Hochschule zu berücksichtigen. Funktions-Leistungsbezüge können teilweise erfolgsabhängig vereinbart werden, in diesem Fall können sie nach Eintritt des Erfolgs auch als Einmalzahlung gewährt werden. Funktions-Leistungsbezüge nach Satz 1 nehmen an allgemeinen Besoldungsanpassungen teil.

§ 37 Ruhegehaltfähigkeit von Leistungsbezügen

(1) Soweit Leistungsbezüge nach § 33 Absatz 1 Nummer 1 und 2 unbefristet gewährt werden und jeweils mindestens zwei Jahre bezogen worden sind, sind sie vorbehaltlich des Absatzes 2 bis zur Höhe von zusammen 21 Prozent in der Besoldungsgruppe W 2 und 32,5 Prozent in der Besoldungsgruppe W 3 des jeweiligen Grundgehalts ruhegehaltfähig; dynamisierte Leistungsbezüge sind dabei vorrangig anzusetzen. In den Fällen des § 5 Absatz 6 Satz 2 des Landesbeamtenversorgungsgesetzes vom 14. Juni 2016 (GV. NRW. S. 310) in der jeweils geltenden Fassung gilt die Zweijahresfrist nicht. Soweit die Leistungsbezüge befristet gewährt werden, können sie vorbehaltlich des Absatzes 2 höchstens bis zur Höhe von 40 Prozent des jeweiligen Grundgehalts in der Höhe für ruhegehaltfähig erklärt werden, in der sie jeweils mindestens für die Dauer von zehn Jahren bezogen wurden. Bei mehreren befristeten Leistungsbezügen, die für ruhegehaltfähig erklärt worden sind, wird der höchste Betrag berücksichtigt. Wurden mehrere solcher befristeten Leistungsbezüge mindestens fünf Jahre nebeneinander gewährt, sind sie in der Summe ruhegehaltfähig. Treffen unbefristete mit befristeten, für ruhegehaltfähig erklärten Leistungsbezügen zusammen, findet Satz 5 entsprechende Anwendung. Im Übrigen können befristete Leistungsbezüge nur insoweit für ruhegehaltfähig erklärt werden, als sie die unbefristeten ruhegehaltfähigen Leistungsbezüge übersteigen.

(2) Leistungsbezüge nach § 33 Absatz 1 Nummer 1 und 2 können zusammen höchstens für

1. 2 Prozent der Inhaberinnen und Inhaber von W 2- oder W 3-Stellen bis zur Höhe von 42 vom Hundert des Grundgehalts,
2. 3 Prozent der Inhaberinnen und Inhaber von W 2- oder W 3-Stellen bis zur Höhe von 52 vom Hundert des Grundgehalts,
3. 2 Prozent der Inhaberinnen und Inhaber von W 2- oder W 3-Stellen bis zur Höhe von 71 vom Hundert des Grundgehalts

für ruhegehaltfähig erklärt werden.

(3) Leistungsbezüge nach § 33 Absatz 1 Nummer 3 an hauptamtliche Mitglieder von Hochschulleitungen sowie Mitglieder von Leitungsgremien an Hochschulen sind ruhegehaltfähig, soweit das Amt mindestens fünf Jahre wahrgenommen wurde und sofern das Mitglied aus dem Beamtenverhältnis auf Zeit oder aus einem Beamtenverhältnis auf Lebenszeit nach § 19 Absatz 2 Satz 3 des Kunsthochschulgesetzes vom 13. März 2008 (GV. NRW. S. 195) in der jeweils geltenden Fassung in den Ruhestand tritt oder versetzt wird. In anderen Fällen erhöhen Leistungsbezüge nach § 33 Absatz 1 Nummer 3 die ruhegehaltfähigen Dienstbezüge aus einem Beamtenverhältnis auf Lebenszeit. In den Fällen des Satzes 2 sind sie ruhegehaltfähig in Höhe eines Viertels, soweit das Amt fünf Jahre und in Höhe der Hälfte, soweit es fünf Jahre und zwei Amtszeiten wahrgenommen wurde. Sie sind in voller Höhe ruhegehaltfähig, soweit das Amt mindestens fünf Jahre wahrgenommen wurde und das Mitglied während seiner Amtszeit wegen Dienstunfähigkeit oder auf Antrag wegen Schwerbehinderung nach Vollendung des 63. Lebensjahres in den Ruhestand versetzt wird oder die Leistungsbezüge nach § 33 Absatz 1 Nummer 3 bis zum Eintritt in den Ruhestand wegen Erreichens der gesetzlichen Altersgrenze oder bei Eintritt oder Versetzung in den Ruhestand nach Erreichen der gesetzlichen Altersgrenze bezo-

III

gen hat. § 5 Absatz 3 des Landesbeamtenversorgungsgesetzes gilt entsprechend.

(4) Treffen ruhegehaltfähige Leistungsbezüge nach § 33 Absatz I Nummer 1 und 2 mit solchen nach § 33 Absatz 1 Nummer 3 zusammen, wird nur der bei der Berechnung des Ruhegehalts für die Beamtin oder den Beamten günstigere Betrag als ruhegehaltfähiger Dienstbezug berücksichtigt.

(5) Einmalzahlungen sind nicht ruhegehaltfähig.

(6) Im Falle von gemeinsamen Berufungen mit einer außeruniversitären Forschungseinrichtung werden von der Hochschule festgesetzte Leistungsbezüge bei einer Beurlaubung ohne Dienstbezüge nach Maßgabe der vorstehenden Absätze ruhegehaltfähig, soweit dafür ein entsprechender Versorgungszuschlag entrichtet worden ist.

§ 38 Vergaberahmen

Die Organe der Hochschulen tragen dafür Sorge, dass durch die Gewährung von Leistungsbezügen die Funktionsfähigkeit der Hochschulen nicht berührt wird.

§ 39 Verordnungsermächtigung

Das für Wissenschaft zuständige Ministerium wird ermächtigt, im Einvernehmen mit dem für Finanzen zuständigen Ministerium durch Rechtsverordnung Grundsätze, Zuständigkeiten und Verfahren für die Vergabe von Leistungsbezügen sowie von Forschungs- und Lehrzulagen nach Maßgabe der §§ 33 bis 38 und § 62 zu regeln. Für die Deutsche Hochschule der Polizei erlässt die Rechtsverordnung nach Satz 1 das für Inneres zuständige Ministerium im Einvernehmen mit dem für Finanzen zuständigen Ministerium. In den Rechtsverordnungen kann bestimmt werden, dass Verfahrensregelungen zur Vergabe der Leistungsbezüge sowie der Forschungs- und Lehrzulagen durch Hochschulordnung festgelegt werden dürfen. Für die Fachhochschulen des Landes, die ausschließlich Ausbildungsgänge für den öffentlichen Dienst anbieten, erlässt die Rechtsverordnung nach Satz 1 das jeweils zuständige Ministerium im Einvernehmen mit dem für Finanzen zuständigen Ministerium.

Unterabschnitt 4
Vorschriften für Richterinnen, Richter, Staatsanwältinnen und Staatsanwälte

§ 40 Landesbesoldungsordnung R

Die Ämter der Richterinnen, Richter, Staatsanwältinnen und Staatsanwälte und ihre Besoldungsgruppen sind in der Landesbesoldungsordnung R (Anlage 3 zu diesem Gesetz) geregelt. Die Grundgehaltssätze der Besoldungsgruppen sind in der Anlage 8 zu diesem Gesetz ausgewiesen.

§ 41 Bemessung des Grundgehalts

Das Grundgehalt wird, soweit die Besoldungsordnung nicht feste Gehälter vorsieht, nach Stufen (Erfahrungsstufen) bemessen. Dabei erfolgt der Aufstieg in eine nächsthöhere Stufe nach bestimmten Zeiten mit dienstlicher Erfahrung. Die §§ 29 bis 31 gelten mit Ausnahme des § 29 Absatz 1, 4 und 5 mit der Maßgabe entsprechend, dass das Grundgehalt im Abstand von zwei Jahren bis zum Erreichen des Endgrundgehalts steigt.

Abschnitt 3
Familienzuschlag

§ 42 Grundlage des Familienzuschlags

(1) Der Familienzuschlag wird nach der Anlage 13 zu diesem Gesetz gewährt. Seine Höhe richtet sich

1. nach der Besoldungsgruppe,
2. nach der Stufe, die den Familienverhältnissen der Beamtin, des Beamten, der Richterin oder des Richters entspricht und
3. nach der Mietenstufe, der die Gemeinde, in der die Beamtin, der Beamte, die Richterin oder Richter mit Hauptwohnsitz gemeldet ist, zugeordnet ist gemäß § 38 Nummer 2 des Wohngeldgesetzes vom 24. September 2008 (BGBl. I S. 1856) in Verbindung mit der Anlage zur Wohngeldverordnung in der Fassung der Bekanntmachung vom 19. Oktober 2001 (BGBl. I S. 2722) in der jeweils geltenden Fassung.

(2) Ist die Beamtin, der Beamte, die Richterin oder der Richter nicht mit Hauptwohnsitz im Inland gemeldet, ist für die Bemessung des

Familienzuschlags die Mietenstufe maßgeblich, der die Gemeinde am dienstlichen Wohnsitz (§ 18) der Beamtin, des Beamten, der Richterin oder des Richters zugeordnet ist. Verfügt die Beamtin, der Beamte, die Richterin oder Richter über keinen dienstlichen Wohnsitz im Inland, tritt an die Stelle des dienstlichen Wohnsitzes der Dienstsitz der obersten Dienstbehörde der Beamtin, des Beamten, der Richterin oder des Richters.

(3) Für die Bestimmung der Mietenstufe nach Absatz 1 oder Absatz 2 sind die jeweiligen Verhältnisse am Ersten eines Monats maßgeblich.

(4) Die Beamtin, der Beamte, die Richterin oder der Richter ist verpflichtet, bei der Feststellung des für die Bestimmung der Mietenstufe jeweils maßgeblichen Wohnsitzes mitzuwirken. Die nach § 85 zuständigen Behörden werden ermächtigt zum Zwecke der Festsetzung des Familienzuschlags folgende Daten bei den Meldebehörden abzufragen:

1. Familienname,
2. frühere Namen,
3. Vornamen unter Kennzeichnung des gebräuchlichen Vornamens,
4. Geburtsdatum und -ort,
5. derzeitige Anschriften oder Wegzugsanschrift, gekennzeichnet nach Haupt- oder Nebenwohnung,
6. Tag des Ein- und Auszugs,
7. Amtlicher Gemeindeschlüssel.

Die Abfrage darf auch in Form eines Datenabgleichs aus Anlass der erstmaligen Festsetzung des Familienzuschlags sowie zum Zwecke der Überprüfung der Voraussetzungen des Familienzuschlags erfolgen. Bei dem Datenabruf sind Anlass und Zweck der Abfrage, das Aktenzeichen, der Datenempfänger sowie die abgefragten Daten anzugeben. Das für Finanzen zuständige Ministerium kann das Nähere durch Rechtsverordnung regeln.

(5) Für Anwärterinnen und Anwärter (§ 74 Absatz 1) ist für die Bemessung der Höhe des Familienzuschlags nach Absatz 1 die Besoldungsgruppe des Einstiegsamtes maßgebend, in das sie nach Abschluss des Vorbereitungsdienstes unmittelbar eintreten.

§ 43 Stufen des Familienzuschlags

(1) Zur Stufe 1 gehören

1. Beamtinnen, Beamte, Richterinnen und Richter in einer Ehe oder Lebenspartnerschaft,
2. verwitwete Beamtinnen, Beamte, Richterinnen und Richter sowie hinterbliebene Beamtinnen, Beamte, Richterinnen und Richter einer Lebenspartnerschaft,
3. geschiedene Beamtinnen, Beamte, Richterinnen und Richter sowie Beamtinnen, Beamte, Richterinnen und Richter, deren Ehe oder Lebenspartnerschaft für aufgehoben oder nichtig erklärt ist, wenn sie gegenüber der früheren Ehegattin, dem früheren Ehegatten, der früheren Lebenspartnerin oder dem früheren Lebenspartner aus der letzten Ehe oder Lebenspartnerschaft zum Unterhalt verpflichtet sind und diese Unterhaltsverpflichtung mindestens die Höhe des Betrags der Stufe 1 erreicht,
4. andere Beamtinnen, Beamte, Richterinnen und Richter, die eine andere Person nicht nur vorübergehend in ihre Wohnung aufgenommen haben und ihr Unterhalt gewähren, weil sie gesetzlich oder sittlich dazu verpflichtet sind oder aus beruflichen oder gesundheitlichen Gründen ihrer Hilfe bedürfen. Dies gilt bei gesetzlicher oder sittlicher Verpflichtung zur Unterhaltsgewährung außer in den Fällen des Satzes 3 nicht, wenn für den Unterhalt der aufgenommenen Person Mittel zur Verfügung stehen, die, bei einem Kind einschließlich des kinderbezogenen Teils des Familienzuschlags, das Sechsfache des Betrages der Stufe 1 übersteigen.

Zur Stufe 1 gehören ferner andere Beamtinnen, Beamte, Richterinnen und Richter, die ein Kind nicht nur vorübergehend in ihre Wohnung aufgenommen haben, für das ihnen Kindergeld nach dem Einkommensteuergesetz oder nach dem Bundeskindergeldgesetz zusteht oder ohne Berücksichtigung der §§ 64 und 65 des Einkommensteuergesetzes oder der §§ 3 und 4 des Bundeskindergeldgesetzes zustehen würde. Als in die Wohnung aufgenommen gilt ein Kind auch dann, wenn

III

die Beamtin, der Beamte, die Richterin oder der Richter es auf ihre oder seine Kosten anderweitig untergebracht hat, ohne dass dadurch die häusliche Verbindung aufgehoben werden soll. Beanspruchen mehrere nach Satz 1 Nummer 4 oder Satz 3 Anspruchsberechtigte, Arbeitnehmerinnen und Arbeitnehmer im öffentlichen Dienst oder auf Grund einer Tätigkeit im öffentlichen Dienst Versorgungsberechtigte wegen der Aufnahme einer Person oder mehrerer Personen in die gemeinsam bewohnte Wohnung oder derselben Person in jeweils ihre Wohnungen einen Familienzuschlag der Stufe 1 oder eine entsprechende Leistung, wird der Betrag der Stufe 1 des für die Beamtin, den Beamten, die Richterin oder den Richter maßgebenden Familienzuschlags nach der Zahl der Berechtigten anteilig gewährt.

(2) Zur Stufe 2 und den folgenden Stufen gehören die Beamtinnen, Beamten, Richterinnen und Richter der Stufe 1, denen Kindergeld nach dem Einkommensteuergesetz oder nach dem Bundeskindergeldgesetz zusteht oder ohne Berücksichtigung des § 64 oder § 65 des Einkommensteuergesetzes oder des § 3 oder § 4 des Bundeskindergeldgesetzes zustehen würde. Zur Stufe 2 und den folgenden Stufen gehören auch die Beamtinnen, Beamten, Richterinnen und Richter der Stufe 1, die Kinder ihrer Lebenspartnerin oder ihres Lebenspartners in ihren Haushalt aufgenommen haben, wenn andere Beamtinnen, Beamte, Richterinnen oder Richter der Stufe 1 bei sonst gleichem Sachverhalt zur Stufe 2 oder einer der folgenden Stufen gehörten. Die Stufe richtet sich nach der Anzahl der berücksichtigungsfähigen Kinder.

(3) Ledige und geschiedene Beamtinnen, Beamte, Richterinnen und Richter sowie Beamtinnen, Beamte, Richterinnen und Richter, deren Ehe aufgehoben oder für nichtig erklärt ist, denen Kindergeld nach dem Einkommensteuergesetz oder dem Bundeskindergeldgesetz zusteht oder ohne Berücksichtigung des § 64 oder § 65 des Einkommensteuergesetzes oder des § 3 oder § 4 des Bundeskindergeldgesetzes zustehen würde, erhalten zusätzlich zum Grundgehalt den Unterschiedsbetrag zwischen der Stufe 1 und der Stufe des Familienzuschlags, der der Anzahl der berücksichtigungsfähigen Kinder entspricht. Dies gilt auch für Beamtinnen, Beamte, Richterinnen und Richter, deren Lebenspartnerschaft aufgehoben worden ist und die Kinder ihrer früheren Lebenspartnerin oder ihres früheren Lebenspartners in ihren Haushalt aufgenommen haben, wenn Beamtinnen. Beamte, Richterinnen oder Richter, die geschieden sind oder deren Ehe aufgehoben oder für nichtig erklärt ist, bei sonst gleichem Sachverhalt den Unterschiedsbetrag erhielten. Absatz 5 gilt entsprechend.

(4) Steht die Ehegattin, der Ehegatte, die Lebenspartnerin oder der Lebenspartner einer Beamtin, eines Beamten, einer Richterin oder eines Richters als Beamtin, Beamter, Richterin, Richter, Soldatin, Soldat, Arbeitnehmerin oder Arbeitnehmer im öffentlichen Dienst oder ist sie oder er auf Grund einer Tätigkeit im öffentlichen Dienst nach beamtenrechtlichen Grundsätzen versorgungsberechtigt und stünde ihr oder ihm ebenfalls der Familienzuschlag der Stufe 1 oder einer der folgenden Stufen oder eine entsprechende Leistung in Höhe von mindestens der Hälfte des Betrags der Stufe 1 des Familienzuschlags zu, so erhält die Beamtin, der Beamte, die Richterin oder der Richter den Betrag der Stufe 1 des für sie oder ihn maßgebenden Familienzuschlags zur Hälfte; dies gilt auch für die Zeit des Bezugs von Mutterschaftsgeld. Eine Kürzung nach Satz 1 auf die Hälfte des Betrags erfolgt nicht, wenn beide Ehegatten, Lebenspartnerinnen oder Lebenspartner in Teilzeit beschäftigt sind und zusammen nicht die regelmäßige Arbeitszeit einer Vollzeitbeschäftigung erreichen. Auf den halbierten Betrag nach Satz 1 findet § 8 keine Anwendung, wenn eine oder einer der Ehegatten, Lebenspartnerinnen oder Lebenspartner im Sinne des Satzes 1 vollzeitbeschäftigt oder nach beamtenrechtlichen Grundsätzen versorgungsberechtigt ist oder beide in Teilzeit beschäftigt sind und dabei zusammen mindestens die regelmäßige Arbeitszeit bei Vollzeitbeschäftigung erreichen.

(5) Stünde neben der Beamtin, dem Beamten, der Richterin oder dem Richter einer anderen

Person, die im öffentlichen Dienst steht oder auf Grund einer Tätigkeit im öffentlichen Dienst nach beamtenrechtlichen Grundsätzen oder nach einer Ruhelohnordnung versorgungsberechtigt ist, der Familienzuschlag nach Stufe 2 oder einer der folgenden Stufen zu, so wird der auf das Kind entfallende Betrag des Familienzuschlags der Beamtin, dem Beamten, der Richterin oder dem Richter gewährt, wenn und soweit ihr oder ihm das Kindergeld nach dem Einkommensteuergesetz oder nach dem Bundeskindergeldgesetz gewährt wird oder ohne Berücksichtigung des § 65 des Einkommensteuergesetzes oder des § 4 des Bundeskindergeldgesetzes vorrangig zu gewähren wäre; dem Familienzuschlag nach Stufe 2 oder einer der folgenden Stufen stehen eine sonstige entsprechende Leistung oder das Mutterschaftsgeld gleich. Auf das Kind entfällt derjenige Betrag, der sich aus der für die Anwendung des Einkommensteuergesetzes oder des Bundeskindergeldgesetzes maßgebenden Reihenfolge der Kinder ergibt. § 8 findet auf den Betrag keine Anwendung, wenn eine oder einer der Anspruchsberechtigten im Sinne des Satzes 1 vollzeitbeschäftigt oder nach beamtenrechtlichen Grundsätzen versorgungsberechtigt ist oder mehrere Anspruchsberechtigte in Teilzeit beschäftigt sind und dabei zusammen mindestens die regelmäßige Arbeitszeit bei Vollzeitbeschäftigung erreichen.

(6) Öffentlicher Dienst im Sinne der Absätze 1, 4 und 5 ist die Tätigkeit im Dienst des Bundes, eines Landes, einer Gemeinde oder anderer Körperschaften, Anstalten und Stiftungen des öffentlichen Rechts oder der Verbände von solchen; ausgenommen ist die Tätigkeit bei öffentlich-rechtlichen Religionsgesellschaften oder ihren Verbänden, sofern nicht bei organisatorisch selbständigen Einrichtungen, insbesondere bei Schulen, Hochschulen, Krankenhäusern, Kindergärten, Altersheimen die Voraussetzungen des Satzes 3 erfüllt sind. Dem öffentlichen Dienst steht die Tätigkeit im Dienst einer zwischenstaatlichen oder überstaatlichen Einrichtung gleich, an der der Bund oder eine der in Satz 1 bezeichneten Körperschaften oder einer der dort bezeichneten Verbände durch Zahlung von Beiträgen oder Zuschüssen oder in anderer Weise beteiligt ist. Dem öffentlichen Dienst steht ferner gleich die Tätigkeit im Dienst eines sonstigen Arbeitgebers, der die für den öffentlichen Dienst geltenden Tarifverträge oder Tarifverträge wesentlich gleichen Inhalts oder die darin oder in Besoldungsgesetzen über Familienzuschläge getroffenen Regelungen oder vergleichbare Regelungen anwendet, wenn der Bund oder eine oder einer der in Satz 1 bezeichneten Körperschaften oder Verbände durch Zahlung von Beiträgen oder Zuschüssen oder in anderer Weise beteiligt ist. Die Entscheidung, ob die Voraussetzungen erfüllt sind, trifft das für Finanzen zuständige Ministerium oder die von ihm bestimmte Stelle.

(7) Die Bezügestellen des öffentlichen Dienstes (Absatz 6) dürfen die zur Durchführung dieser Vorschrift erforderlichen personenbezogenen Daten erheben und untereinander austauschen.

(8) Lebenspartnerschaft, Lebenspartnerin oder Lebenspartner im Sinne der vorstehenden Absätze definieren sich nach § 1 Absatz 1 des Lebenspartnerschaftsgesetzes.

§ 44 Änderung des Familienzuschlags

Der Familienzuschlag wird vom Ersten des Monats an gezahlt, in den das hierfür maßgebende Ereignis fällt. Er wird nicht mehr gezahlt für den Monat, in dem die Anspruchsvoraussetzungen an keinem Tag vorgelegen haben. Die Sätze 1 und 2 gelten entsprechend für die Zahlungen von Teilbeträgen der Stufen des Familienzuschlags.

Abschnitt 4
Zulagen, Vergütungen, Zuschläge

Unterabschnitt 1
Amtszulagen und Strukturzulage

§ 45 Amtszulagen

(1) Für herausgehobene Funktionen, die dauerhaft wahrzunehmen sind, können Amtszulagen vorgesehen werden. Sie dürfen 75 Prozent des Unterschiedsbetrags zwischen dem

Endgrundgehalt der Besoldungsgruppe der Beamtin, des Beamten, der Richterin oder des Richters und dem Endgrundgehalt der nächsthöheren Besoldungsgruppe nicht übersteigen, soweit in diesem Gesetz nichts anderes bestimmt ist.

(2) Amtszulagen sind unwiderruflich und ruhegehaltfähig. Sie gelten als Bestandteil des Grundgehalts.

(3) Die einzelnen Amtszulagen ergeben sich aus § 46 sowie den Landesbesoldungsordnungen.

Die Höhe der Amtszulagen ergibt sich aus der Anlage 14 zu diesem Gesetz.

§ 46 Amtszulage für die Leitung von besonders großen und besonders bedeutenden unteren Verwaltungsbehörden sowie von Mittel- und Oberbehörden

Für die Leitung von besonders großen und besonders bedeutenden unteren Verwaltungsbehörden sowie die Leitung von Mittel- oder Oberbehörden können nach Maßgabe des Haushalts Planstellen der Besoldungsgruppe A 16 mit einer Amtszulage ausgestattet werden. Die Zahl der mit einer Amtszulage ausgestatteten Planstellen darf 30 Prozent der Zahl der Planstellen der Besoldungsgruppe A 16 für die Leitung unterer Verwaltungsbehörden, Mittelbehörden oder Oberbehörden nicht überschreiten.

§ 47 Strukturzulage

Eine das Grundgehalt ergänzende ruhegehaltfähige Strukturzulage nach der Anlage 14 erhalten

a) Beamtinnen und Beamte der Laufbahngruppe 1 mit dem Einstiegsamt der Besoldungsgruppe A 5,

b) Beamtinnen und Beamte der Laufbahngruppe 1 mit dem Einstiegsamt der Besoldungsgruppen A 6, A 7 oder A 8
   aa) in den Besoldungsgruppen A 6 bis A 8,
   bb) in den Besoldungsgruppen A 9 und A 10,

c) Beamtinnen und Beamte der Laufbahngruppe 2 mit dem Einstiegsamt der Besoldungsgruppen A 9 oder A 10 und ihnen gleichgestellte Beamtinnen und Beamte sowie Amtsanwältinnen und Amtsanwälte,

d) Beamtinnen und Beamte des Verwaltungsdienstes der Laufbahngruppe 2 mit dem Einstiegsamt A 13 einschließlich der Beamtinnen und Beamten besonderer Fachrichtungen, Studienrätinnen und Studienräte, Akademische Rätinnen auf Zeit und Akademische Räte auf Zeit sowie Polizeivollzugsbeamtinnen und Polizeivollzugsbeamte in der Besoldungsgruppe A 13.

Unterabschnitt 2
Stellenzulagen

§ 48 Stellenzulagen

(1) Für herausgehobene Funktionen können Stellenzulagen vorgesehen werden. Sie dürfen 75 Prozent des Unterschiedsbetrags zwischen dem Endgrundgehalt der Besoldungsgruppe der Beamtin, des Beamten, der Richterin oder des Richters und dem Endgrundgehalt der nächsthöheren Besoldungsgruppe nicht übersteigen, soweit in diesem Gesetz nichts anderes bestimmt ist.

(2) Stellenzulagen dürfen nur für die Dauer der Wahrnehmung der herausgehobenen Funktionen gewährt werden. Wird der Beamtin, dem Beamten, der Richterin oder dem Richter vorübergehend eine andere Funktion übertragen, die zur Herbeiführung eines im besonderen öffentlichen Interesse liegenden unaufschiebbaren und zeitgebundenen Ergebnisses im Inland wahrgenommen werden muss, wird für die Dauer ihrer Wahrnehmung eine Stellenzulage weiter gewährt; sie wird für höchstens drei Monate auch weiter gewährt, wenn die vorübergehende Übertragung einer anderen Funktion zur Sicherung der Funktionsfähigkeit des Behördenbereichs, in dem die Beamtin, der Beamte, die Richterin oder der Richter eingesetzt wird, dringend erforderlich ist. Daneben wird eine Stellenzulage für diese andere Funktion nur in der Höhe des Mehrbetrages gewährt. Die Entscheidung, ob die Voraussetzungen des Satzes 2 vorliegen, trifft die oberste Dienstbehörde im Einvernehmen mit dem für Finanzen zuständigen Ministerium.

(3) Stellenzulagen nehmen an den regelmäßigen Besoldungsanpassungen nach § 16 nicht teil, soweit gesetzlich nichts anderes bestimmt ist.

(4) Stellenzulagen sind widerruflich und nur ruhegehaltfähig, wenn dies gesetzlich bestimmt ist.

(5) Die Stellenzulagen nach § 55 Absatz 1 Nummer 1, 2 und 4 sind ruhegehaltfähig. Die Stellenzulagen nach den §§ 49 bis 52 und nach § 56 Nummer 1 gehören zu den ruhegehaltfähigen Dienstbezügen, wenn die Beamtin oder der Beamte

1. mindestens zehn Jahre zulagenberechtigend verwendet worden ist oder
2. während einer zulagenberechtigenden Verwendung wegen Dienstunfähigkeit in den Ruhestand versetzt worden oder verstorben ist und diese Verwendung mindestens zwei Jahre gedauert hat oder infolge Krankheit, Verwundung oder sonstiger Beschädigungen, die sie oder er sich ohne grobes Verschulden bei der Ausübung oder aus Veranlassung des Dienstes zugezogen hat, in den Ruhestand versetzt worden oder verstorben ist.

Absatz 6 bleibt unberührt. Der Betrag der ruhegehaltfähigen Zulage ergibt sich aus der im Zeitpunkt des Eintritts oder der Versetzung in den Ruhestand geltenden Anlage 15 zu diesem Gesetz. Die Ausschlussregelungen bei den einzelnen Stellenzulagen gelten entsprechend auch bei den ruhegehaltfähigen Dienstbezügen.

(6) Die Stellenzulage nach § 53 ist für Beamtinnen und Beamte nach § 53 Absatz 1 im Umfang von 50 Prozent ruhegehaltfähig, wenn sie mindestens fünf Jahre bezogen worden ist oder das Dienstverhältnis durch Tod oder Dienstunfähigkeit infolge eines durch die Verwendung erlittenen Dienstunfalls oder einer durch die Besonderheiten dieser Verwendung bedingten gesundheitlichen Schädigung beendet worden ist.

(7) Die einzelnen Stellenzulagen ergeben sich aus den §§ 49 bis 56 sowie den Landesbesoldungsordnungen. Die Höhe der Stellenzulagen ergibt sich aus der Anlage 15.

§ 49 Zulage für Beamtinnen und Beamte mit vollzugspolizeilichen Aufgaben

(1) Polizeivollzugsbeamtinnen und -beamte und Beamtinnen und Beamte des Steuerfahndungsdienstes in Ämtern der Landesbesoldungsordnung A erhalten eine Stellenzulage. Die Stellenzulage erhalten unter den gleichen Voraussetzungen auch Anwärterinnen und Anwärter (§ 74 Absatz 1).

(2) Durch die Stellenzulage werden die Besonderheiten des jeweiligen Dienstes, insbesondere der mit dem Posten- und Streifendienst sowie dem Nachtdienst verbundene Aufwand sowie der Aufwand für Verzehr mit abgegolten.

(3) Die Stellenzulage wird nicht neben einer Stellenzulage nach § 56 Nummer 1 gewährt.

§ 50 Zulage für Beamtinnen und Beamte der Feuerwehr

(1) Beamtinnen und Beamte in Ämtern der Landesbesoldungsordnung A im Einsatzdienst der Feuerwehr sowie Beamtinnen und Beamte, die entsprechend verwendet werden, erhalten eine Stellenzulage. Die Stellenzulage erhalten unter den gleichen Voraussetzungen auch Anwärterinnen und Anwärter (§ 74 Absatz 1).

(2) Durch die Stellenzulage werden die Besonderheiten des Einsatzdienstes der Feuerwehr, insbesondere der mit dem Nachtdienst verbundene Aufwand sowie der Aufwand für Verzehr mit abgegolten.

§ 51 Zulage für Beamtinnen und Beamte bei Justizvollzugseinrichtungen, Psychiatrischen Krankenanstalten, in abgeschlossenen Vorführbereichen der Gerichte sowie in Abschiebungshafteinrichtungen

(1) Beamtinnen und Beamte in Ämtern der Landesbesoldungsordnung A bei Justizvollzugseinrichtungen, in geschlossenen Abteilungen oder Stationen bei Psychiatrischen Krankenanstalten, die ausschließlich dem Vollzug von Maßregeln der Sicherung und Besserung dienen, in abgeschlossenen Vorführbereichen der Gerichte sowie in Abschiebungshafteinrichtungen erhalten eine Stellenzulage. Die Stellenzulage erhalten unter

den gleichen Voraussetzungen auch Anwärterinnen und Anwärter (§ 74 Absatz 1).

(2) Für Beamtinnen und Beamte in Abschiebungshafteinrichtungen wird die Stellenzulage nicht neben einer Stellenzulage nach § 49 gewährt.

§ 52 Zulage für Beamtinnen und Beamte im Außendienst der Steuerverwaltung

(1) Die folgenden Beamtinnen und Beamten in der Steuerverwaltung erhalten bis Besoldungsgruppe A 13 für die Zeit ihrer überwiegenden Verwendung im Außendienst der Steuerprüfung eine Stellenzulage

a) der Laufbahngruppe 1 mit dem zweiten Einstiegsamt,

b) der Laufbahngruppe 2 mit dem ersten Einstiegsamt.

Satz 1 gilt auch für die Prüfungsbeamtinnen und Prüfungsbeamte der Finanzgerichte, die überwiegend im Außendienst tätig sind.

(2) Die Stellenzulage wird nicht neben einer Stellenzulage nach § 49 gewährt.

§ 53 Zulage für Beamtinnen und Beamte als fliegendes Personal

(1) Beamtinnen und Beamte in Ämtern der Landesbesoldungsordnung A erhalten

1. als Luftfahrzeugführerin oder als Luftfahrzeugführer mit der Erlaubnis zum Führen von Luftfahrzeugen oder
2. als sonstige ständige Luftfahrzeugbesatzungsangehörige

   eine Stellenzulage, wenn sie entsprechend verwendet werden.

(2) Die zuletzt gewährte Stellenzulage wird nach Beendigung der Verwendung für fünf Jahre weitergewährt, wenn die Beamtin oder der Beamte

1. mindestens fünf Jahre in einer Tätigkeit nach Absatz 1 verwendet worden ist oder
2. bei der Verwendung nach Absatz 1 einen Dienstunfall im Flugdienst oder eine durch die Besonderheiten dieser Verwendung bedingte gesundheitliche Schädigung erlitten hat, welche die weitere Verwendung nach Absatz 1 ausschließen.

Danach verringert sich die Stellenzulage auf 50 Prozent.

(3) Wer einen Anspruch auf eine Stellenzulage nach Absatz 2 hat und in eine weitere Verwendung überwechselt, mit der ein Anspruch auf eine geringere Stellenzulage nach Absatz 1 verbunden ist, erhält zusätzlich zu der geringeren Stellenzulage den Unterschiedsbetrag zu der Stellenzulage nach Absatz 2. Nach Beendigung der weiteren Verwendung wird die Stellenzulage nach Absatz 2 Satz 1 nur weiter gewährt, soweit sie noch nicht vor der weiteren Verwendung bezogen und auch nicht während der weiteren Verwendung durch den Unterschiedsbetrag zwischen der geringeren Stellenzulage und der Stellenzulage nach Absatz 2 abgegolten worden ist. Der Berechnung der Stellenzulage nach Absatz 2 Satz 2 wird die höhere Stellenzulage zugrunde gelegt.

(4) Die Stellenzulage wird neben einer Stellenzulage nach § 56 Nummer 1 nur gewährt, soweit sie diese übersteigt. Abweichend von Satz 1 wird die Stellenzulage nach Absatz 1 neben einer Stellenzulage nach § 56 Nummer 1 gewährt, soweit sie deren Hälfte übersteigt.

§ 54 Zulage für die Verwendung bei obersten Behörden des Bundes oder eines anderen Landes

Beamtinnen, Beamte, Richterinnen und Richter erhalten während ihrer Verwendung bei

1. obersten Behörden oder Gerichtshöfen des Bundes oder
2. obersten Behörden eines anderen Landes, das bei der Verwendung bei diesen Behörden eine Stellenzulage gewährt,

die Stellenzulage in der nach dem Besoldungsrecht des Bundes oder dieses Landes bestimmten Höhe, wenn der Dienstherr, für den die Beamtin, der Beamte, die Richterin oder der Richter tätig ist, diese in vollem Umfang erstattet. Die Stellenzulage wird neben Stellenzulagen nach den §§ 49, 50, 53 und 56 Nummer 1 nur gewährt, soweit sie diese übersteigt. § 57 findet bei Beendigung der Verwendung keine Anwendung.

§ 55 Stellenzulagen für Lehrkräfte

(1) Eine Stellenzulage erhalten

1. Lehrerinnen und Lehrer in der Laufbahngruppe 2 mit dem ersten Einstiegsamt einschließlich Sonderpädagoginnen und Sonderpädagogen mit der Befähigung zu einem schulform- oder schulstufenbezogenem Lehramt, die neben der Unterrichtstätigkeit im Schuldienst Aufgaben als Fachleiterin oder Fachleiter an Zentren für schulpraktische Lehrerausbildung wahrnehmen. Studienrätinnen und Studienräte sowie Oberstudienrätinnen und Oberstudienräte erhalten bei entsprechender Verwendung ebenfalls diese Stellenzulage unter der weiteren Voraussetzung, dass sie als Fachleiterinnen und Fachleiter allgemein auf Stellen der Besoldungsgruppe A 15 geführt werden. Beträgt die Inanspruchnahme als Fachleiterin oder Fachleiter mehr als ein Viertel der regelmäßigen Arbeitszeit, wird die Zulage in voller Höhe gewährt, ansonsten in Höhe von zwei Dritteln. Die Inanspruchnahme bemisst sich nach der Pflichtstundenermäßigung. Die Gewährung der Stellenzulage wird nicht dadurch ausgeschlossen, dass der Einsatz als Fachleiterin oder Fachleiter aus zwingenden organisatorischen Gründen eine Unterrichtstätigkeit im Schuldienst nicht oder nur in geringem Umfang zulässt.
2. Lehrerinnen und Lehrer in der Laufbahngruppe 2 mit dem ersten Einstiegsamt einschließlich Sonderpädagoginnen und Sonderpädagogen mit der Befähigung zu einem schulform- oder schulstufenbezogenem Lehramt, die Aufgaben als Fachleiterin oder Fachleiter in der Lehrerfortbildung auf Bezirksebene wahrnehmen. Studienrätinnen und Studienräte sowie Oberstudienrätinnen und Oberstudienräte erhalten bei entsprechender Verwendung ebenfalls diese Stellenzulage.
3. Studienrätinnen, Studienräte, Oberstudienrätinnen und Oberstudienräte mit zusätzlicher Prüfung für ein sonderpädagogisches Lehramt.
4. Lehrerinnen und Lehrer während der Dauer der Abordnung zu Kommunalen Integrationszentren
   a) als Fachkraft
   b) als Leiterin oder Leiter.

(2) Die Landesregierung wird ermächtigt, durch Rechtsverordnung die Gewährung von Stellenzulagen zu regeln für

1. Beamtinnen und Beamte des Verwaltungs- und Vollzugsdienstes sowie für Richterinnen und Richter, Staatsanwältinnen und Staatsanwälte, die in ihrem Hauptamt mindestens zur Hälfte in der dienstlichen Aus- oder Fortbildung als Lehrkräfte tätig sind,
2. Lehrkräfte, deren Tätigkeit sich aus den ihrer Ausbildung entsprechenden Aufgaben durch eine der folgenden ständigen Funktionen heraushebt:
   a) ausschließlicher Unterricht an Förderschulen sowie Schulen für Kranke, soweit es sich um Lehrkräfte der Besoldungsgruppe A 12 oder niedriger handelt,
   b) Leitung eines Schülerheimes,
   c) fachliche Koordinierung bei Schul- oder Modellversuchen oder neuen Schulformen,
   d) Unterricht im Strafvollzugsdienst,
   e) Verwendung als Fachberaterin oder Fachberater für Hör- und Sprachgeschädigte bei Gesundheitsämtern,
   f) Verwendung an staatlichen Berufsförderungswerken.

Eine Stellenzulage darf nur vorgesehen werden, soweit die Wahrnehmung dieser Funktion nicht durch die Einstufung berücksichtigt ist. Mit der Stellenzulage nach Nummer 1 sind die mit der Tätigkeit verbundenen Erschwernisse und der Aufwand abgegolten. Die Stellenzulagen nach Nummer 2 Buchstabe a und d können für ruhegehaltfähig erklärt werden.

§ 56 Weitere Stellenzulagen

Eine Stellenzulage erhalten außerdem:

1. Beamtinnen und Beamte, die im Verfassungsschutz verwendet werden,
2. Beamtinnen und Beamte in der Laufbahngruppe 1 mit dem zweiten Einstiegsamt ab der Besoldungsgruppe A 6, in denen die Meisterprüfung oder die Abschlussprüfung

III

als staatlich geprüfte Technikerin oder als staatlich geprüfter Techniker vorgeschrieben ist, nach bestandener Prüfung und

3. Beamtinnen und Beamte der Laufbahngruppe 1 mit dem zweiten Einstiegsamt, die in der Krankenpflege in Kliniken, dem Justizvollzugskrankenhaus Nordrhein-Westfalen, in den Justizvollzugsanstalten oder in den Abschiebungshafteinrichtungen eingesetzt sind; die Zulage nimmt an den regelmäßigen Besoldungsanpassungen nach § 16 teil.

Unterabschnitt 3
Andere Zulagen

§ 57 Ausgleichszulage für den Wegfall von Stellenzulagen

(1) Der Wegfall einer Stellenzulage aus dienstlichen Gründen wird ausgeglichen, wenn die Stellenzulage zuvor in einem Zeitraum von sieben Jahren insgesamt mindestens fünf Jahre zugestanden hat. Die Ausgleichszulage wird auf den Betrag festgesetzt, der am Tag vor dem Wegfall zugestanden hat. Jeweils nach Ablauf eines Jahres vermindert sich die Ausgleichszulage ab Beginn des Folgemonats um 20 Prozent des nach Satz 2 zustehenden Betrages. Erhöhen sich die Dienstbezüge wegen des Anspruchs auf eine Stellenzulage, wird diese auf die Ausgleichszulage angerechnet. Bezugszeiten von Stellenzulagen, die bereits zu einem Anspruch auf eine Ausgleichszulage geführt haben, bleiben für weitere Ausgleichsansprüche unberücksichtigt. Die Ausgleichszulage ist ruhegehaltfähig, soweit die Stellenzulage ruhegehaltfähig war.

(2) Bestand innerhalb des Zeitraumes nach Absatz 1 Satz 1 ein Anspruch auf mehrere Stellenzulagen für einen Gesamtzeitraum von mindestens fünf Jahren, ohne dass eine der Stellenzulagen allein für fünf Jahre zugestanden hat, gilt Absatz 1 mit der Maßgabe, dass sich die Ausgleichszulage nach der Stellenzulage mit dem niedrigsten Betrag bemisst.

(3) Die Absätze 1 und 2 gelten nicht im Falle des § 53, bei Wegfall einer Stellenzulage aufgrund einer Disziplinarmaßnahme oder bei Zahlung von Auslandsbesoldung in der neuen Verwendung.

(4) Wird eine Ruhegehaltempfängerin oder ein Ruhegehaltempfänger nach § 29 des Beamtenstatusgesetzes erneut in das Beamten- oder Richterverhältnis berufen, gelten die Absätze 1 bis 3 entsprechend mit der Maßgabe, dass die Zeit im Ruhestand unberücksichtigt bleibt.

§ 58 Zulage für die Wahrnehmung befristeter Funktionen

(1) Wird einer Beamtin oder einem Beamten außer in den Fällen des § 59 eine herausgehobene Funktion befristet übertragen, kann hierfür eine nicht ruhegehaltfähige Zulage zu den Dienstbezügen gewährt werden. Satz 1 gilt entsprechend für die Übertragung einer herausgehobenen Funktion, die üblicherweise nur befristet wahrgenommen wird. Die Zulage kann ab dem siebten Monat der ununterbrochenen Wahrnehmung bis zu einer Dauer von höchstens fünf Jahren gewährt werden.

(2) Die Zulage wird bis zur Höhe des Unterschiedsbetrags zwischen dem Grundgehalt der Besoldungsgruppe der Beamtin oder des Beamten und dem Grundgehalt der Besoldungsgruppe, die der Wertigkeit der wahrgenommenen Funktion entspricht, höchstens jedoch der dritten folgenden Besoldungsgruppe, gewährt. Die Zulage vermindert sich bei jeder Verleihung eines anderen Amtes mit höherem Endgrundgehalt um den jeweiligen Erhöhungsbetrag; § 57 findet keine Anwendung.

(3) Die Entscheidung über die Gewährung der Zulage trifft im Rahmen haushaltsrechtlicher Bestimmungen die oberste Dienstbehörde oder die von ihr bestimmte Stelle.

§ 59 Zulage für die Wahrnehmung eines höherwertigen Amtes

(1) Werden einer Beamtin oder einem Beamten die Aufgaben eines Amtes der nächsthöheren oder einer höheren als der nächsthöheren Besoldungsgruppe vorübergehend vertretungsweise übertragen, wird ab dem 13. Monat der ununterbrochenen Wahrnehmung dieser Aufgaben eine nicht ruhegehaltfähige Zulage gewährt, wenn zu diesem

Zeitpunkt die haushaltsrechtlichen Voraussetzungen für die Übertragung des wahrgenommenen höherwertigen Amtes und die laufbahnrechtlichen Voraussetzungen für die Übertragung des Amtes der nächsthöheren Besoldungsgruppe vorliegen.

(2) Die Zulage wird in Höhe des Unterschiedsbetrages zwischen dem jeweiligen Grundgehalt der Besoldungsgruppe, das die Beamtin oder der Beamte bezieht, und dem Grundgehalt der Besoldungsgruppe gewährt, der das wahrgenommene höherwertige Amt zugeordnet ist, höchstens jedoch dem Grundgehalt der nächsthöheren Besoldungsgruppe. Auf die Zulage sind die Strukturzulage, Amtszulagen und Stellenzulagen nach diesem Gesetz anzurechnen, wenn sie in dem Amt der nächsthöheren Besoldungsgruppe nicht zustünden.

§ 60 Prämien und Zulagen für besondere Leistungen

(1) Die Landesregierung wird ermächtigt, zur Abgeltung von herausragenden besonderen Leistungen durch Rechtsverordnung die Gewährung von Leistungsprämien (Einmalzahlungen) und Leistungszulagen an Beamtinnen und Beamte in Besoldungsgruppen der Landesbesoldungsordnung A zu regeln.

(2) Die Gesamtzahl der in einem Kalenderjahr bei einem Dienstherrn vergebenen Leistungsprämien und Leistungszulagen darf 15 Prozent der Zahl der bei dem Dienstherrn vorhandenen Beamtinnen und Beamten der Landesbesoldungsordnung A nicht übersteigen. Die Überschreitung des Prozentsatzes nach Satz 1 ist in dem Umfang zulässig, in dem von der Möglichkeit der Vergabe von Leistungsstufen nach § 29 Absatz 4 Satz 2 kein Gebrauch gemacht wird. In der Rechtsverordnung kann zugelassen werden, dass bei Dienstherren mit weniger als sieben Beamtinnen und Beamten in jedem Kalenderjahr einer Beamtin oder einem Beamten eine Leistungsprämie oder eine Leistungszulage gewährt werden kann. Erneute Bewilligungen sind möglich. Die Zahlung von Leistungszulagen ist zu befristen; bei Leistungsabfall sind sie zu widerrufen. Leistungsprämien dürfen das Anfangsgrundgehalt der Besoldungsgruppe der Beamtin oder des Beamten, Leistungszulagen dürfen monatlich 7 Prozent des Anfangsgrundgehaltes nicht übersteigen. Die Entscheidung über die Bewilligung trifft die zuständige oberste Dienstbehörde oder die von ihr bestimmte Stelle.

(3) Leistungsprämien und Leistungszulagen können nur im Rahmen besonderer haushaltsrechtlicher Regelungen gewährt werden. In der Rechtsverordnung sind Anrechnungs- oder Ausschlussvorschriften zu Zahlungen, die aus demselben Anlass geleistet werden, vorzusehen. In der Rechtsverordnung kann vorgesehen werden, dass Leistungsprämien und Leistungszulagen, die an mehrere Beamtinnen oder Beamte wegen ihrer wesentlichen Beteiligung an einer durch enges arbeitsteiliges Zusammenwirken erbrachten Leistung vergeben werden, zusammen nur als eine Leistungsprämie oder Leistungszulage im Sinne des Absatzes 2 Satz 1 gelten. Leistungsprämien und Leistungszulagen nach Satz 3 dürfen zusammen 150 Prozent des in Absatz 2 Satz 6 geregelten Umfangs nicht übersteigen; maßgeblich ist die höchste Besoldungsgruppe der an der Leistung wesentlich Beteiligten. Bei Übertragung eines anderen Amtes mit höherem Endgrundgehalt (Grundgehalt) oder bei Gewährung einer Amtszulage können in der Rechtsverordnung Anrechnungs- oder Ausschlussvorschriften zu Leistungszulagen vorgesehen werden.

(4) Beamtinnen und Beamten der Gemeinden und Gemeindeverbände dürfen Leistungsbezüge nach Maßgabe eines in einer Betriebs- oder Dienstvereinbarung festgelegten betrieblichen Systems unter den Voraussetzungen gewährt werden, dass das betriebliche System einheitlich für Beamtinnen und Beamte sowie Arbeitnehmerinnen und Arbeitnehmer gilt und dass der Dienstherr keine Leistungsprämien und keine Leistungszulagen auf der Grundlage der Absätze 1 bis 3 gewährt. Das betriebliche System muss Art und Umfang der Leistungsbezüge sowie einen einheitlichen Maßstab für die Leistungsbewertung in Form von Zielvereinbarungen oder einer systematischen Leistungsbewer-

III

tung festlegen. Leistungsbezüge können nur im Rahmen bereitstehender Haushaltsmittel gewährt werden. Der jährliche Gesamtbetrag darf einen in der Betriebs- oder Dienstvereinbarung festzulegenden Prozentsatz der im Vorjahr an die Beamtinnen und Beamten ausgezahlten Grundgehälter nicht übersteigen. Der Prozentsatz ist so festzulegen, dass für Beamtinnen und Beamte im gleichen Verhältnis Mittel für eine Leistungsvergütung zur Verfügung stehen wie für Arbeitnehmerinnen und Arbeitnehmer.

(5) Leistungsprämien, Leistungszulagen und Leistungsbezüge nach den Absätzen 1 bis 4 sind nicht ruhegehaltfähig und sind auf Überleitungszulagen und Ausgleichszulagen nicht anzurechnen. Beamtinnen und Beamte dürfen innerhalb eines Kalenderjahres Leistungsvergütungen insgesamt nur bis zur Höhe des Anfangsgrundgehalts der Besoldungsgruppe erhalten, der sie im Zeitpunkt der Entscheidung angehören.

§ 61 Ausgleichszulage bei Dienstherrenwechsel

(1) Verringert sich aufgrund einer Versetzung, die auf Antrag erfolgt, in den Geltungsbereich dieses Gesetzes die Summe der Dienstbezüge, ist eine Ausgleichszulage zu gewähren. Dies gilt nicht für einen Wechsel in die Besoldungsgruppen W 2 oder W 3 der Landesbesoldungsordnung W. Die Ausgleichszulage bemisst sich in Höhe des Unterschiedsbetrages, der sich zwischen den Summen der Dienstbezüge in der bisherigen Verwendung und in der neuen Verwendung zum Zeitpunkt der Versetzung ergibt. Sie vermindert sich bei jeder Erhöhung der Dienstbezüge um die Hälfte des Erhöhungsbetrages.

(2) Dienstbezüge im Sinne dieser Bestimmung sind das Grundgehalt, Amts- und Stellenzulagen, die Strukturzulage, der Familienzuschlag, Ausgleichs- und Überleitungszulagen sowie auf einen Monat umgerechnete Sonderzahlungen.

(3) Bei einer Versetzung aus dienstlichen Gründen, einer Übernahme oder einem Übertritt in den Geltungsbereich dieses Gesetzes gelten die Absätze 1 und 2 entsprechend. Die Ausgleichszulage nach Satz 1 ist ruhegehaltfähig, soweit sie ruhegehaltfähige Dienstbezüge ausgleicht.

(4) Die Absätze 1 bis 3 gelten entsprechend bei Wechseln aus einem Beamten- oder Richterverhältnis außerhalb des Geltungsbereichs des Gesetzes in den Geltungsbereich des Gesetzes, bei denen eine Ernennung erfolgt.

§ 62 Forschungs- und Lehrzulage für Professorinnen und Professoren sowie Juniorprofessorinnen und Juniorprofessoren

Professorinnen und Professoren sowie Juniorprofessorinnen und Juniorprofessoren in Ämtern der Landesbesoldungsordnung W, die Mittel privater Dritter für Forschungs- oder Lehrvorhaben der Hochschule einwerben und diese Vorhaben durchführen, kann für die Dauer des Drittmittelflusses aus diesen Mitteln eine nicht ruhegehaltfähige Zulage gewährt werden, soweit der Drittmittelgeber bestimmte Mittel ausdrücklich zu diesem Zweck vorgesehen hat. Eine Zulage darf nur gewährt werden, soweit neben den übrigen Kosten des Forschungs- oder Lehrvorhabens auch die Zulagenbeträge durch die Drittmittel gedeckt sind. Die im Rahmen eines Lehrvorhabens anfallende Lehrtätigkeit ist auf die Lehrverpflichtung nicht anzurechnen. Forschungs- und Lehrzulagen dürfen in der Regel jährlich 100 Prozent des Jahresgrundgehaltes der Professorin, des Professors, der Juniorprofessorin oder des Juniorprofessors nicht überschreiten.

§ 63 Zulage für Juniorprofessorinnen und Juniorprofessoren

Juniorprofessorinnen und Juniorprofessoren erhalten, wenn sie sich als Hochschullehrerinnen oder Hochschullehrer bewährt haben, ab dem Zeitpunkt der ersten Verlängerung des Beamtenverhältnisses eine nicht ruhegehaltfähige Zulage nach Anlage 15.

§ 64 Zulage für Professorinnen und Professoren als Richterinnen oder Richter

Professorinnen und Professoren an einer Hochschule, die zugleich ein Richteramt der

Besoldungsgruppen R 1 oder R 2 ausüben, erhalten, solange sie beide Ämter bekleiden, die Dienstbezüge aus ihrem Professorenamt und eine nicht ruhegehaltfähige Zulage. Die Höhe der Zulage ergibt sich aus der Anlage 15.

§ 64a Zulage für Notfallsanitäterinnen und Notfallsanitäter

(1) Beamtinnen und Beamte des feuerwehrtechnischen Dienstes, die eine Erlaubnis zur Führung der Berufsbezeichnung „Notfallsanitäterin" oder „Notfallsanitäter" besitzen, erhalten eine Zulage. Die Zulage wird gewährt je 24-Stunden-Schicht, in der die Notfallsanitäterin oder der Notfallsanitäter im Rettungsdienst oder als Leitstellendisponentin oder Leitstellendisponent eingesetzt ist.

(2) Die Zulage beträgt 20,00 Euro je 24-Stunden-Schicht. Bei einer Schicht von weniger als 24 Stunden wird die Zulage anteilig gewährt.

(3) Die Zulage nimmt an den regelmäßigen Anpassungen der Besoldung nach § 16 nicht teil. Die Zulage ist widerruflich und nicht ruhegehaltfähig.

§ 65 Zulagen für besondere Erschwernisse

Die Landesregierung wird ermächtigt, durch Rechtsverordnung die Gewährung von Zulagen zur Abgeltung besonderer, bei der Bewertung des Amtes oder bei der Regelung der Anwärterbezüge nicht berücksichtigter Erschwernisse (Erschwerniszulagen) zu regeln. Die Zulagen sind widerruflich und nicht ruhegehaltfähig. Es kann bestimmt werden, inwieweit mit der Gewährung von Erschwerniszulagen ein besonderer Aufwand der Beamtin, des Beamten, der Richterin oder des Richters mit abgegolten ist.

Unterabschnitt 4 Vergütungen

§ 66 Mehrarbeitsvergütung

(1) Die Landesregierung wird ermächtigt, durch Rechtsverordnung die Gewährung einer Mehrarbeitsvergütung (§ 61 des Landesbeamtengesetzes) für Beamtinnen und Beamte zu regeln, soweit die Mehrarbeit nicht durch Dienstbefreiung ausgeglichen wird. Die Vergütung darf nur in Bereichen vorgesehen werden, in denen nach Art der Dienstverrichtung eine Mehrarbeit messbar ist. Die Höhe der Vergütung ist nach dem Umfang der tatsächlich geleisteten Mehrarbeit festzusetzen und unter Zusammenfassung von Besoldungsgruppen zu staffeln.

(2) Teilzeitbeschäftigte Beamtinnen und Beamte erhalten eine Mehrarbeitsvergütung in Höhe der anteiligen Besoldung, soweit die individuelle Arbeitszeit und die geleistete Mehrarbeit die regelmäßige Arbeitszeit der vollbeschäftigten Beamtinnen und Beamten nicht überschreiten.

(3) Besoldung im Sinne des Absatzes 2 ist das Grundgehalt, der Familienzuschlag und die in festen Monatsbeträgen gezahlten Zulagen. Bezüge, die nicht der anteiligen Kürzung nach § 8 Absatz 1 unterliegen, bleiben unberücksichtigt.

(4) Die Landesregierung wird ermächtigt, durch Rechtsverordnung die Gewährung einer Ausgleichszahlung in Höhe der zum Zeitpunkt des Ausgleichsanspruchs geltenden Sätze der Mehrarbeitsvergütung für Beamtinnen und Beamte zu regeln, bei denen ein Arbeitszeitausgleich aus einer langfristigen ungleichmäßigen Verteilung der Arbeitszeit, während der eine von der für sie jeweils geltenden regelmäßigen Arbeitszeit abweichende Arbeitszeit festgelegt wurde, nicht oder nur teilweise möglich ist.

§ 67 Sitzungsvergütung

Das für Kommunales zuständige Ministerium wird ermächtigt, durch Rechtsverordnung im Einvernehmen mit dem für Finanzen zuständigen Ministerium die Gewährung einer Vergütung für Beamtinnen und Beamte der Landesbesoldungsordnung A bei den Gemeinden mit weniger als 40 000 Einwohnern zu regeln, wenn diese als Protokollführerinnen oder Protokollführer regelmäßig an Sitzungen kommunaler Vertretungskörperschaften oder ihrer Ausschüsse außerhalb der regelmäßigen Arbeitszeit teilnehmen. Die Sitzungsvergütung darf den Betrag nach Anlage 15 nicht übersteigen. Sie darf nicht neben einer Aufwandsentschädigung gewährt werden; ein allgemein mit der Sitzungstätigkeit verbundener Aufwand wird mit abgegolten. Die Vergütung entfällt, wenn die Arbeitsleistung durch Dienstbefreiung ausgeglichen werden kann.

§ 68 Vergütung im Vollstreckungsdienst

(1) Die Landesregierung wird ermächtigt, durch Rechtsverordnung die Gewährung einer Vergütung für Gerichtsvollzieherinnen und Gerichtsvollzieher sowie andere im Vollstreckungsdienst tätige Beamtinnen und Beamte zu regeln. Maßstab für die Festsetzung der Vergütung sind die vereinnahmten Gebühren oder Beträge.

(2) Für die Vergütung können Höchstsätze für die einzelnen Vollstreckungsaufträge sowie für das Kalenderjahr festgesetzt werden. Ein Teil der Vergütung kann für ruhegehaltfähig erklärt werden. Es kann bestimmt werden, inwieweit mit der Vergütung ein besonderer Aufwand der Beamtin oder des Beamten mit abgegolten ist. Ist ein Teil der Vergütung für ruhegehaltfähig erklärt worden, so erhöht sich die Vergütung ab dem 1. Januar 2017 monatlich in den Besoldungsgruppen A 5 und A 6 um einen Betrag von 4,76 Prozent, in den Besoldungsgruppen A 7 und A 8 um einen Betrag von 3,61 Prozent sowie in den übrigen Besoldungsgruppen um einen Betrag von 2,44 Prozent des für ruhegehaltfähig erklärten Teils der Vergütung.

Unterabschnitt 5
Zuschläge

§ 69 Sonderzuschläge zur Sicherung der Funktions- und Wettbewerbsfähigkeit

(1) Zur Sicherung der Funktions- und Wettbewerbsfähigkeit des öffentlichen Dienstes können Beamtinnen und Beamten der Landesbesoldungsordnung A und der Besoldungsgruppe W 1 nicht ruhegehaltfähige Sonderzuschläge gewährt werden, wenn ein bestimmter Dienstposten andernfalls insbesondere im Hinblick auf die fachliche Qualifikation sowie die Bedarfs- und Bewerberlage nicht anforderungsgerecht besetzt werden kann und die Deckung des Personalbedarfs dies im konkreten Fall erfordert.

(2) In der Landesbesoldungsordnung A darf der Sonderzuschlag monatlich 10 Prozent des Anfangsgrundgehalts der entsprechenden Besoldungsgruppe nicht übersteigen; Grundgehalt und Sonderzuschlag dürfen zusammen nicht höher als das Endgrundgehalt sein. Bei Beamtinnen und Beamten der Besoldungsgruppe W 1 darf der Sonderzuschlag monatlich 10 Prozent des Grundgehalts der Besoldungsgruppe nicht übersteigen. Der Sonderzuschlag wird in fünf Schritten um jeweils 20 Prozent seines Ausgangsbetrages jährlich verringert, erstmals ein Jahr nach dem Entstehen des Anspruchs. Abweichend von Satz 3 kann der Sonderzuschlag auch befristet bis zu drei Jahren gewährt werden; ergänzend kann dann festgelegt werden, dass er auf Grund einer Beförderung auch vor Ablauf der Befristung wegfällt. Der Sonderzuschlag kann rückwirkend höchstens für drei Monate gewährt werden. Er kann nach vollständigem Wegfall erneut gewährt werden, wenn die Voraussetzungen des Absatzes 1 wieder oder noch vorliegen. § 8 Absatz 1 gilt entsprechend.

(3) Die Ausgaben für die Sonderzuschläge eines Dienstherrn dürfen 0,1 Prozent der im jeweiligen Haushaltsplan des Dienstherrn veranschlagten jährlichen Besoldungsausgaben, zuzüglich der im Rahmen einer flexibilisierten Haushaltsführung für diesen Zweck erwirtschafteten Mittel, nicht überschreiten.

(4) Die Entscheidung über die Gewährung von Sonderzuschlägen trifft die oberste Dienstbehörde, im Landesbereich im Einvernehmen mit dem für Finanzen zuständigen Ministerium oder der von ihm bestimmten Stelle.

§ 70 Zuschlag bei Altersteilzeit

(1) Beamtinnen und Beamte in Altersteilzeit nach § 66 des Landesbeamtengesetzes erhalten zusätzlich zu der Besoldung nach § 8 Absatz 1 einen nicht ruhegehaltfähigen Altersteilzeitzuschlag.

(2) Der Zuschlag wird in Höhe des Unterschiedsbetrags zwischen der Nettobesol-

dung, die sich aus dem Umfang der Teilzeitbeschäftigung ergibt, und 80 Prozent der Nettobesoldung, die nach der bisherigen Arbeitszeit, die für die Bemessung der ermäßigten Arbeitszeit während der Altersteilzeit zugrunde gelegt worden ist, bei Beamtinnen und Beamten mit begrenzter Dienstfähigkeit (§ 27 des Beamtenstatusgesetzes) unter Berücksichtigung des § 9 zustehen würde, gewährt. Zur Ermittlung der letztgenannten Nettobesoldung ist die Bruttobesoldung um die Lohnsteuer entsprechend der individuellen Steuerklasse, den Solidaritätszuschlag und um einen Abzug in Höhe von 8 Prozent der Lohnsteuer zu vermindern; Freibeträge oder sonstige individuelle Merkmale bleiben unberücksichtigt.

(3) Brutto- und Nettobesoldung im Sinne des Absatzes 2 sind das Grundgehalt, der Familienzuschlag, die Strukturzulage, Amtszulagen, Stellenzulagen, Zuschüsse zum Grundgehalt für Professorinnen und Professoren der auslaufenden Landesbesoldungsordnung C, Überleitungszulagen und Ausgleichszulagen, die wegen des Wegfalls oder der Verminderung solcher Bezüge zustehen.

(4) Steuerfreie Bezüge, Erschwerniszulagen und Vergütungen werden entsprechend dem Umfang der tatsächlich geleisteten Tätigkeit gewährt.

(5) Wenn eine Altersteilzeit mit ungleichmäßiger Verteilung der Arbeitszeit (Blockmodell) vorzeitig endet und die insgesamt gezahlten Altersteilzeitbezüge geringer sind als die Besoldung, die nach der tatsächlichen Beschäftigung ohne Altersteilzeit zugestanden hätte, ist ein Ausgleich in Höhe des Unterschiedsbetrags zu gewähren.

§ 71 Zuschlag bei begrenzter Dienstfähigkeit

(1) Begrenzt Dienstfähige erhalten zusätzlich zu der Besoldung nach § 9 Absatz 1 einen nicht ruhegehaltfähigen Zuschlag. Der Zuschlag beträgt 50 Prozent des Unterschiedsbetrags zwischen den aufgrund der begrenzten Dienstfähigkeit gekürzten Dienstbezügen und den Dienstbezügen, die sie bei Vollzeitbeschäftigung erhalten würden. Ist oder wird die Arbeitszeit über die begrenzte Dienstfähigkeit hinaus aufgrund einer Teilzeitbeschäftigung ermäßigt, wird der nach Satz 2 errechnete Zuschlag anteilig in Höhe des Quotienten aus der insgesamt ermäßigten Arbeitszeit und der aufgrund der begrenzten Dienstfähigkeit ermäßigten Arbeitszeit gewährt. § 8 Absatz 1 und § 9 Absatz 1 finden auf den Zuschlag keine Anwendung.

(2) Dienstbezüge im Sinne des Absatzes 1 sind:

1. das Grundgehalt,
2. monatlich gewährte Zuschüsse zum Grundgehalt sowie Leistungsbezüge bei Professorinnen und Professoren und bei hauptamtlichen Mitgliedern von Leistungsgremien an Hochschulen,
3. der Familienzuschlag,
4. die Strukturzulage,
5. Amts- und Stellenzulagen und
6. Ausgleichs- und Überleitungszulagen.

§ 71a Zuschlag bei Hinausschieben des Eintritts in den Ruhestand

(1) Bei einem Hinausschieben des Eintritts in den Ruhestand nach § 32 des Landesbeamtengesetzes wird ein Zuschlag gewährt. Der Zuschlag wird nicht neben einem Zuschlag nach § 8 Absatz 2 in Verbindung mit § 70 oder § 91 Absatz 4 gewährt. Der Zuschlag beträgt 10 Prozent des Grundgehalts und ist nicht ruhegehaltfähig. Er wird erst gewährt ab Beginn des Kalendermonats, der auf den Zeitpunkt des Erreichens der gesetzlichen Altersgrenze folgt und wenn der Höchstsatz des Ruhegehalts nach § 16 Absatz 1 des Landesbeamtenversorgungsgesetzes erreicht ist. Wird der Höchstruhegehaltsatz im Zeitraum des Hinausschiebens erreicht, wird der Zuschlag ab dem Beginn des folgenden Kalendermonats gewährt.

(2) Bei einer Teilzeitbeschäftigung im Zeitraum des Hinausschiebens des Eintritts in den Ruhestand nach § 32 des Landesbeamtengesetzes wird ein nicht ruhegehaltfähiger Zuschlag gewährt, dessen Bemessungsgrundlage das Ruhegehalt ist, das bei Eintritt in den Ruhestand wegen Erreichens der gesetzlichen Altersgrenze zugestanden hätte. Ab-

III

satz 1 Satz 2 gilt entsprechend. Die Höhe des Zuschlags entspricht dem Teil des erdienten Ruhegehalts, der sich aus dem Verhältnis der Freistellung zur regelmäßigen Arbeitszeit ergibt. Der Zuschlag nach Absatz 1 bleibt hiervon unberührt. Die Sätze 1 bis 4 gelten nicht bei einer Teilzeitbeschäftigung mit ungleichmäßig verteilter Arbeitszeit in einer Freistellungsphase.

§ 71b Ergänzungszuschlag zum Familienzuschlag

(1) Beamtinnen, Beamten, Richterinnen und Richtern mit Anspruch auf Familienzuschlag wird auf Antrag ein Ergänzungszuschlag zum Familienzuschlag gewährt, wenn

1. deren Ehegattin oder Ehegatte nicht über ein monatliches Nettoeinkommen in Höhe von mindestens der Geringfügigkeitsgrenze einer geringfügigen Beschäftigung gemäß § 8 Absatz 1 Nummer 1 des Vierten Buches Sozialgesetzbuch – Gemeinsame Vorschriften für die Sozialversicherung – in der Fassung der Bekanntmachung vom 12. November 2009 (BGBl. I S. 3710, 3973; 2011 I S. 363) in der jeweils geltenden Fassung verfügt und
2. die Summe der monatlichen Nettoalimentation der Beamtin, des Beamten, der Richterin oder des Richters und des monatlichen Nettoeinkommens der Ehegattin oder des Ehegatten nicht fünfzehn Prozent über dem monatlichen grundsicherungsrechtlichen Gesamtbedarf der Beamtin, des Beamten, der Richterin oder des Richters und der im Familienzuschlag zu berücksichtigenden Personen nach Anlage 18 liegt (Nettofehlbetrag).

Der Ergänzungszuschlag wird, unter Berücksichtigung der Lohnsteuerabzugsmerkmale sowie der Lohnsteuerklasse III, in Höhe des zum Ausgleich des Nettofehlbetrages erforderlichen Betrages mit den monatlichen Bezügen gewährt.

(2) Monatliches Nettoeinkommen der Ehegattin oder des Ehegatten ist der zwölfte Teil deren oder dessen Einkommens des Kalenderjahres gemäß § 18a des Vierten Buches Sozialgesetzbuch sowie Einkünfte aus einer geringfügigen Beschäftigung gemäß § 8 des Vierten Buches Sozialgesetzbuch abzüglich der von der Ehegattin oder dem Ehegatten zu tragenden Steuern und Sozialabgaben. Die Berechnung des Nettoeinkommens aus Einkünften, die der Lohnsteuer gemäß § 38 Absatz 1 des Einkommensteuergesetzes in der Fassung der Bekanntmachung vom 8. Oktober 2009 (BGBl. I S. 3366, 3862) in der jeweils geltenden Fassung unterliegen, für die keine Pauschalversteuerung durch den Arbeitgeber erfolgt, erfolgt nach Maßgabe der Anlage 18.

(3) Bei der Ermittlung der monatlichen Nettoalimentation sowie der Berechnung der Höhe des Ergänzungszuschlages sind Kürzungen der Besoldung, der Verlust der Besoldung und Anrechnungen auf die Besoldung nach diesem Gesetz sowie Kürzungen der Dienstbezüge nach dem Landesdisziplinargesetz vom 16. November 2004 (GV. NRW. S. 624) in der jeweils geltenden Fassung unbeachtlich. Die Berechnung der Nettoalimentation erfolgt im Übrigen nach Maßgabe der Anlage 18.

(4) Der Antrag ist schriftlich bei der für die Zahlbarmachung der Bezüge zuständigen Stelle zu stellen. Der Ergänzungszuschlag wird für die Dauer des Kalenderjahres gewährt, in dem der Antrag gestellt wurde, soweit die Voraussetzungen nach Absatz 1 vorliegen. Bei der Antragstellung ist das monatliche Nettoeinkommen der Ehegattin oder des Ehegatten von der Antragstellerin oder dem Antragsteller nachzuweisen. Sofern der Nachweis im Zeitpunkt der Antragstellung nicht möglich ist, genügt die Glaubhaftmachung. In den Fällen des Satzes 4 wird der Ergänzungszuschlag bis zur Erbringung des Nachweises unter dem Vorbehalt der Rückforderung gewährt. Der Nachweis ist spätestens bis zum Ablauf des übernächsten, auf den Bewilligungszeitraum folgenden Kalenderjahres zu erbringen. Änderungen der Einkommensverhältnisse der Ehegattin oder des Ehegatten sind vom Antragsteller unverzüglich bei der nach Satz 1 zuständigen Stelle anzuzeigen; die Sätze 3 und 4 gelten entsprechend.

(5) Die Absätze 1 bis 4 finden entsprechende Anwendung, wenn sich die Beamtin, der Be-

amte, die Richterin oder der Richter in einer eingetragenen Lebenspartnerschaft nach dem Lebenspartnerschaftsgesetz vom 16. Februar 2001 (BGBl. I S. 266), das zuletzt durch Artikel 5 Absatz 3 des Gesetzes vom 11. Juni 2024 (BGBl. 2024 I Nr. 185) geändert worden ist, befindet.

(6) Die Absätze 1 bis 5 gelten nicht für Beamtinnen und Beamte mit Anspruch auf Anwärterbezüge.

(7) Die Absätze 1 bis 6 gelten entsprechend für Beamtinnen und Beamte sowie Richterinnen und Richter, denen gemäß § 43 Absatz 5 ein Anspruch auf einen Unterschiedsbetrag zusteht.

Unterabschnitt 6 Sonstiges

§ 72 Andere Zulagen, Vergütungen und Zuschläge

Andere als die in diesem Abschnitt geregelte Zulagen, Vergütungen und Zuschläge dürfen nur gewährt werden, soweit dies in diesem Gesetz bestimmt ist. Vergütungen für Nebentätigkeiten im öffentlichen Dienst bleiben unberührt.

Abschnitt 5 Auslandsbesoldung

§ 73 Auslandsbesoldung

Beamtinnen, Beamte, Richterinnen und Richter, die im Ausland verwendet werden, erhalten neben den Dienstbezügen, die ihnen bei einer Verwendung im Inland zustehen, Auslandsbesoldung in entsprechender Anwendung der für Bundesbesoldungsempfängerinnen und -empfänger jeweils geltenden Vorschriften des Abschnitts 5 des Bundesbesoldungsgesetzes in der Fassung der Bekanntmachung vom 19. Juni 2009 (BGBl. I S. 1434) in der jeweils geltenden Fassung und der aufgrund dieser erlassenen Rechtsverordnungen. Bei Anwendung des § 54 Absatz 4 Satz 4 Halbsatz 2 des Bundesbesoldungsgesetzes tritt § 8 an die Stelle des § 6 des Bundesbesoldungsgesetzes. Bei Anwendung der Anlage VI zum Bundesbesoldungsgesetz treten an die Stelle der dort dargestellten Beträge zur Grundgehaltsspanne die in Anlage 16 zu diesem Gesetz ausgewiesenen Beträge. Bei Lebenspartnerschaften nach dem Lebenspartnerschaftsgesetz sind die für Ehegatten geltenden Bestimmungen entsprechend anzuwenden.

Abschnitt 6 Anwärterbezüge

§ 74 Anwärterbezüge

(1) Beamtinnen und Beamte auf Widerruf im Vorbereitungsdienst (Anwärterinnen und Anwärter) erhalten Anwärterbezüge.

(2) Zu den Anwärterbezügen gehören der Anwärtergrundbetrag nach Anlage 12 zu diesem Gesetz und die Anwärtersonderzuschläge. Daneben werden der Familienzuschlag sowie die vermögenswirksamen Leistungen gewährt. Zulagen und Vergütungen werden nur gewährt, wenn dies in diesem Gesetz besonders bestimmt ist.

(3) Anwärterinnen und Anwärter, die bei einer von ihnen selbst gewählten Stelle im Ausland ausgebildet werden, erhalten keine Auslandsbesoldung. Die für Bundesbeamtinnen und Bundesbeamte geltenden Bestimmungen über den Kaufkraftausgleich gelten mit der Maßgabe, dass mindestens Bezüge nach Absatz 2 verbleiben.

(4) Für Anwärterinnen und Anwärter, die im Rahmen ihres Vorbereitungsdienstes ein Studium ableisten, kann die Gewährung der Anwärterbezüge von der Erfüllung von Auflagen abhängig gemacht werden.

§ 75 Anwärterbezüge nach Ablegung der Laufbahnprüfung

Endet das Beamtenverhältnis einer Anwärterin oder eines Anwärters mit Ablauf des Tages der erfolgreichen Ablegung oder dem endgültigen Nichtbestehen der Laufbahnprüfung, werden die Anwärterbezüge und der Familienzuschlag für die Zeit nach Ablegung der Prüfung bis zum Ende des laufenden Monats weitergewährt. Wird bereits vor diesem

III

Zeitpunkt ein Anspruch auf Bezüge aus einer hauptberuflichen Tätigkeit bei einem öffentlich-rechtlichen Dienstherrn (§ 31) oder bei einer Ersatzschule erworben, so werden die Anwärterbezüge und der Familienzuschlag nur bis zum Tag vor Beginn dieses Anspruchs belassen.

§ 76 Anwärtersonderzuschläge

(1) Besteht ein erheblicher Mangel an qualifizierten Bewerberinnen und Bewerbern, kann das für Finanzen zuständige Ministerium oder die von ihm bestimmte Stelle Anwärtersonderzuschläge gewähren. Sie dürfen 90 Prozent des Anwärtergrundbetrages nicht übersteigen.

(2) Anspruch auf Anwärtersonderzuschläge besteht nur, wenn die Anwärterin oder der Anwärter

1. unmittelbar nach Bestehen der Laufbahnprüfung insgesamt für mindestens fünf Jahre
   a) als Beamtin oder Beamter im öffentlichen Dienst (§ 31) in der Laufbahn verbleibt, für welche die Befähigung erworben wurde,
   b) in derselben Laufbahn in ein neues Beamtenverhältnis im öffentlichen Dienst (§ 31) eintritt oder
   c) nachweislich im eigenen Namen durch oder aufgrund eines Gesetzes übertragene hoheitliche Aufgaben wahrnimmt, die der erworbenen Befähigung entsprechen oder bei einer natürlichen oder juristischen Person des Privatrechts, die durch oder aufgrund eines Gesetzes hoheitliche Aufgaben in eigenem Namen wahrnimmt, eine Tätigkeit in einem Beschäftigungsverhältnis aufnimmt, die der erworbenen Laufbahnbefähigung entspricht oder
2. wegen nicht schuldhaften Nichtbestehens der Laufbahnprüfung ausscheidet.

(3) Werden die in Absatz 2 genannten Voraussetzungen aus Gründen, die die Beamtin, der Beamte, die frühere Beamtin oder der frühere Beamte zu vertreten hat, nicht erfüllt, ist der Anwärtersonderzuschlag in voller Höhe zurückzuzahlen. Der Rückzahlungsbetrag vermindert sich für jedes nach Bestehen der Laufbahnprüfung abgeleistete Dienstjahr um jeweils ein Fünftel. § 15 bleibt unberührt.

§ 77 Unterrichtsvergütung für Lehramtsanwärterinnen und Lehramtsanwärter

Das für Schule zuständige Ministerium wird ermächtigt, im Einvernehmen mit dem für Finanzen zuständigen Ministerium durch Rechtsverordnung die Gewährung einer Unterrichtsvergütung für Lehramtsanwärterinnen und Lehramtsanwärter zu regeln. Die Unterrichtsvergütung darf nur vorgesehen werden, soweit die Anwärterin oder der Anwärter über zehn Wochenstunden Ausbildungsunterricht oder selbständigen Unterricht hinaus selbständig Unterricht erteilt. Die Unterrichtsvergütung darf zusammen mit dem Anwärtergrundbetrag das Grundgehalt der ersten Stufe mit Familienzuschlag des Amtes nicht übersteigen, das nach erfolgreichem Abschluss des Vorbereitungsdienstes und bestandener Prüfung auf Probe übertragen werden soll.

§ 78 Anrechnung anderer Einkünfte

(1) Erhält eine Anwärterin oder ein Anwärter ein Entgelt oder eine Vergütung für eine Nebentätigkeit innerhalb oder für eine genehmigungspflichtige Nebentätigkeit außerhalb des öffentlichen Dienstes, so werden das Entgelt und die Vergütung auf die Anwärterbezüge angerechnet, soweit sie diese übersteigen. Als Anwärtergrundbetrag werden jedoch mindestens 30 Prozent des Anfangsgrundgehaltes der Eingangsbesoldungsgruppe der Laufbahn gewährt.

(2) Hat die Anwärterin oder der Anwärter einen arbeitsrechtlichen Anspruch auf ein Entgelt für eine in den Ausbildungsrichtlinien vorgeschriebene Tätigkeit außerhalb des öffentlichen Dienstes, so wird das Entgelt auf die Anwärterbezüge angerechnet, soweit die Summe von Entgelt, Anwärterbezügen und Familienzuschlag die Summe von Grundgehalt und Familienzuschlag übersteigt, die einer Beamtin oder einem Beamten mit gleichem Familienstand im Einstiegsamt der entsprechenden Laufbahn in der ersten Stufe zusteht.

(3) Übt eine Anwärterin oder ein Anwärter gleichzeitig eine Tätigkeit im öffentlichen Dienst mit mindestens der Hälfte der dafür geltenden regelmäßigen Arbeitszeit aus, gilt § 5 entsprechend.

§ 79 Kürzung der Anwärterbezüge

(1) Die oberste Dienstbehörde oder die von ihr bestimmte Stelle kann den Anwärtergrundbetrag bis auf 30 Prozent des Grundgehalts herabsetzen, das einer Beamtin oder einem Beamten der entsprechenden Laufbahn in der ersten Erfahrungsstufe des Einstiegsamts zusteht, wenn die Anwärterin oder der Anwärter die vorgeschriebene Laufbahnprüfung nicht bestanden hat oder sich die Ausbildung aus einem von ihr oder ihm zu vertretenden Grund verzögert.

(2) Von der Kürzung ist abzusehen

1. bei Verlängerung des Vorbereitungsdienstes infolge genehmigten Fernbleibens oder Rücktritts von der Prüfung oder
2. in besonderen Härtefällen.

(3) Wird eine Zwischenprüfung nicht bestanden oder ein sonstiger Leistungsnachweis nicht erbracht, so ist die Kürzung auf den sich daraus ergebenden Zeitraum der Verlängerung des Vorbereitungsdienstes zu beschränken.

Abschnitt 7
Vermögenswirksame Leistungen

§ 80 Vermögenswirksame Leistungen

(1) Beamtinnen, Beamte, Richterinnen und Richter erhalten vermögenswirksame Leistungen nach dem Fünften Vermögensbildungsgesetz in der Fassung der Bekanntmachung vom 4. März 1994 (BGBl I S. 406) in der jeweils geltenden Fassung. Dies gilt nicht für Beamtinnen und Beamte der fortgeltenden Landesbesoldungsordnung H.

(2) Vermögenswirksame Leistungen werden für die Kalendermonate gewährt, in denen den Berechtigten Dienstbezüge oder Anwärterbezüge zustehen und sie diese auch erhalten.

(3) Der Anspruch auf die vermögenswirksamen Leistungen entsteht frühestens für den Kalendermonat, in dem die oder der Berechtigte die nach § 81 Absatz 1 erforderlichen Angaben mitteilt, und für die beiden vorangegangenen Monate desselben Kalenderjahres. Die vermögenswirksame Leistung wird im Kalendermonat nur einmal gewährt.

(4) Die vermögenswirksame Leistung beträgt 6,65 Euro monatlich. Anwärterinnen und Anwärter (§ 74 Absatz 1), deren Anwärterbezüge nebst Familienzuschlag der Stufe 1 971,45 Euro monatlich nicht erreichen, erhalten 13,29 Euro monatlich. § 8 Absatz 1 und § 9 Absatz 1 gelten entsprechend.

(5) Für die Höhe der vermögenswirksamen Leistungen sind die Verhältnisse am Ersten des Kalendermonats maßgebend. Wird das Dienstverhältnis nach dem Ersten des Kalendermonats begründet, ist für diesen Monat der Tag des Beginns des Dienstverhältnisses maßgebend.

(6) Die vermögenswirksame Leistung ist bis zum Ablauf der auf den Monat der Mitteilung nach § 81 Absatz 1 folgenden drei Kalendermonate, danach monatlich im Voraus zu zahlen.

§ 81 Anlage der vermögenswirksamen Leistungen

(1) Die oder der Berechtigte teilt der Dienststelle oder der nach Landesrecht bestimmten Stelle schriftlich die Art der gewählten Anlage mit und gibt hierbei, soweit dies nach der Art der Anlage erforderlich ist, das Unternehmen oder Institut mit der Nummer des Kontos an, auf das die Leistung eingezahlt werden soll.

(2) Der Wechsel der Anlage bedarf im Fall des § 11 Absatz 3 Satz 2 des Fünften Vermögensbildungsgesetzes nicht der Zustimmung der zuständigen Stelle, wenn die berechtigte Person diesen Wechsel aus Anlass der erstmaligen Gewährung der vermögenswirksamen Leistungen verlangt.

Abschnitt 8
Sonstige Leistungen und sonstige Vorschriften

§ 82 Aufwandsentschädigungen

(1) Aufwandsentschädigungen dürfen nur gewährt werden, wenn aus dienstlicher Ver-

anlassung Aufwendungen entstehen, deren Übernahme der Beamtin, dem Beamten, der Richterin oder dem Richter nicht zugemutet werden kann, und der Haushaltsplan Mittel dafür zur Verfügung stellt. Aufwandsentschädigungen in festen Beträgen sind nur zulässig, wenn aufgrund tatsächlicher Anhaltspunkte oder tatsächlicher Erhebungen nachvollziehbar ist, dass und in welcher Höhe dienstbezogene finanzielle Aufwendungen typischerweise entstehen.

(2) Das zuständige Fachministerium wird ermächtigt, im Einvernehmen mit dem für Finanzen zuständigen Ministerium durch Rechtsverordnung Richtlinien für die Gewährung von Dienstaufwandsentschädigungen an die Beamtinnen und Beamten der Gemeinden, der Gemeindeverbände und der sonstigen der Aufsicht des Landes unterstehenden Körperschaften, Anstalten und Stiftungen des öffentlichen Rechts zu erlassen und dabei Höchstgrenzen festzulegen. Die Richtlinien dürfen von den für die Landesbeamtinnen und Landesbeamten geltenden Bestimmungen nur abweichen, wenn dies wegen der Verschiedenheit der Verhältnisse sachlich notwendig ist.

§ 83 Dienstordnungsmäßige Arbeitnehmerinnen und Arbeitnehmer

(1) Die unter der Aufsicht des Landes stehenden Körperschaften des öffentlichen Rechts im Bereich der Sozialversicherung haben bei der Aufstellung ihrer Dienstordnungen für Arbeitnehmerinnen und Arbeitnehmer nach den §§ 351 bis 357, § 413 Absatz 2, § 414b der Reichsversicherungsordnung in der im Bundesgesetzblatt Teil III, Gliederungsnummer 820-1, veröffentlichten bereinigten Fassung in der jeweils geltenden Fassung, §§ 144 bis 147 des Siebten Buches Sozialgesetzbuch – Gesetzliche Unfallversicherung – (Artikel 1 des Gesetzes vom 7. August 1996, BGBl. I S. 1254) in der jeweils geltenden Fassung, § 52 des Gesetzes über die Alterssicherung der Landwirte vom 29. Juli 1994 (BGBl. I S. 1890, 1891) in der jeweils geltenden Fassung und § 58 des Zweiten Gesetzes über die Krankenversicherung der Landwirte vom 20. Dezember 1988 (BGBl. I S. 2477, 2557) in der jeweils geltenden Fassung

1. den Rahmen dieses Gesetzes, insbesondere das für die Beamtinnen und Beamten des Landes geltende Besoldungs- und Stellengefüge, einzuhalten,
2. alle weiteren Geldleistungen und geldwerten Leistungen sowie die Versorgung im Rahmen und nach den Grundsätzen der für die Beamtinnen und Beamten des Landes geltenden Bestimmungen zu regeln.

(2) Die besoldungsrechtliche Einstufung der Dienstposten der Geschäftsführerinnen und Geschäftsführer der Träger der Unfallversicherung darf die Besoldungsgruppe B 6 nicht überschreiten. Die stellvertretende Geschäftsführerin oder der stellvertretende Geschäftsführer ist jeweils mindestens eine Besoldungsgruppe niedriger einzustufen.

(3) Das für Soziales zuständige Ministerium wird ermächtigt, durch Rechtsverordnung im Einvernehmen mit dem für Finanzen zuständigen Ministerium nach sachgerechter Bewertung Höchstgrenzen für die besoldungsrechtliche Einstufung der Dienstposten der in Absatz 2 genannten Geschäftsführerinnen und Geschäftsführer festzulegen.

(4) Die Landesregierung wird ermächtigt, Obergrenzen für Beförderungsämter der dienstordnungsmäßigen Arbeitnehmerinnen und Arbeitnehmer durch Rechtsverordnung entsprechend § 27 festzusetzen.

(5) Auf die am 1. Juli 1975 vorhandenen dienstordnungsmäßigen Arbeitnehmerinnen und Arbeitnehmer findet Artikel IX §§ 11 bis 13 des Zweiten Gesetzes zur Vereinheitlichung und Neuregelung des Besoldungsrechtes in Bund und Ländern vom 23. Mai 1975 (BGBl. I S. 1173) entsprechende Anwendung.

§ 84 Zuordnung zu Ämtern nach Einwohner- oder Schülerzahlen

(1) Soweit sich die Einreihung der Ämter in die Besoldungsgruppen nach der Zahl der Einwohnerinnen und Einwohner eines Bezirks bestimmt, ist die zum 30. Juni vom Landesbetrieb Information und Technik ermittelte Wohnbevölkerung jeweils vom Beginn des folgenden Kalenderjahres an maßgebend.

(2) Soweit sich an Schulen die Einreihung der Funktionsämter in die Besoldungsgruppen nach der Schülerzahl bestimmt, sind für das jeweilige Schuljahr die Ergebnisse der amtlichen Schulstatistik maßgebend.

(3) § 20 Absatz 2 bleibt unberührt.

Abschnitt 9 Übergangs- und Schlussvorschriften

§ 85 Zuständigkeitsregelungen

(1) Die Landesregierung bestimmt durch Rechtsverordnung die Behörden, welche bei den Beamtinnen und Beamten des Landes das Bestehen oder Nichtbestehen eines Anspruchs auf Besoldung feststellen und die Besoldung festsetzen. Für die Beamtinnen und Beamten der Gemeinden, Gemeindeverbände und der sonstigen der Aufsicht des Landes unterstehenden Körperschaften, Anstalten und Stiftungen des öffentlichen Rechts mit Ausnahme der in Absatz 2 genannten Hochschulen setzt die oberste Dienstbehörde oder die von ihr bestimmte Stelle die Besoldung fest.

(2) Die Besoldung der Beamtinnen und Beamten der Hochschulen im Sinne des § 1 Absatz 2 des Hochschulgesetzes vom 16. September 2014 (GV. NRW. S. 547) in der jeweils geltenden Fassung werden dienstherrenübergreifend von der Stelle festgesetzt, die die Besoldung der Beamtinnen und Beamten des Landes festsetzt. Sie nimmt für die Hochschulen auch die sonstigen Befugnisse auf dem Gebiet des Besoldungsrechts wahr, die ihr bis zum 1. Januar 2007 für die Besoldungsberechtigten durch die Besoldungszuständigkeitsverordnung NRW vom 27. November 1979 (GV. NRW. S. 990) in der jeweils geltenden Fassung übertragen worden sind. Die Stelle nimmt hierbei die Funktion der dienstvorgesetzten Stelle wahr und ist Besoldungsfestsetzungsbehörde; sie erlässt auch den Widerspruchsbescheid. Für die Amtshandlung nach Satz 1 gelten für die handelnde Stelle die §§ 83 bis 90 des Landesbeamtengesetzes, dabei ist es abweichend von § 87 Absatz 1 des Landesbeamtengesetzes ohne Einwilligung der Beamtin oder des Beamten zulässig, dass die Hochschule der handelnden Stelle zum Zwecke der Durchführung der Amtshandlung die Personalakte vorlegt. Die Hochschule und die handelnde Stelle nach Satz 1 dürfen einander personenbezogene Daten der Besoldungsberechtigten nach Satz 1 übermitteln und derartige Daten verarbeiten, wenn dies zur rechtmäßigen Erfüllung der der übermittelnden Stelle oder dem Empfänger obliegenden Aufgaben erforderlich ist; § 89 Absatz 1 Satz 2 und 3 des Landesbeamtengesetzes gelten insofern nicht. Das Nähere über Art, Umfang und Behandlung der zu übermittelnden und zu verarbeitenden personenbezogenen Daten regelt die Hochschule in einer Ordnung.

(3) Soweit gesetzlich nichts anderes bestimmt ist, erlässt die zur Durchführung dieses Gesetzes erforderlichen allgemeinen Verwaltungsvorschriften das für Finanzen zuständige Ministerium.

§ 86 Überleitung in die Landesbesoldungsordnungen A, B, R und W

(1) Bei Beamtinnen und Beamten sowie Richterinnen und Richtern, deren Ämter in den Bundesbesoldungsordnungen A, B, R oder W des übergeleiteten Besoldungsgesetzes für das Land Nordrhein-Westfalen vom 16. Mai 2013 (GV. NRW. S. 234) in der bis zum Inkrafttreten dieses Gesetzes geltenden Fassung oder in den Landesbesoldungsordnungen A oder B des Landesbesoldungsgesetzes in der Fassung der Bekanntmachung vom 17. Februar 2005 (GV. NRW. S. 154) in der bis zum Inkrafttreten dieses Gesetzes geltenden Fassung ausgebracht waren, werden die bisherigen Ämter in die entsprechenden Ämter und Besoldungsgruppen der Anlagen 1 bis 5 übergeleitet, soweit sich durch dieses Gesetz keine Änderungen bei der Amtsbezeichnung und der Besoldungsgruppe ergeben. Dies gilt auch für die in der Bundesbesoldungsordnung A des übergeleiteten Besoldungsgesetzes für das Land Nordrhein-Westfalen ausgebrachten Grundamtsbezeichnungen, gegebenenfalls mit den Zusätzen zu den Grundamtsbezeichnungen nach § 22 Absatz 3 und Absatz 4. Re-

III

daktionelle Änderungen im Sinne einer geschlechtsneutralen Sprache sind keine Änderungen im Sinne dieser Vorschrift.

(2) Die am 30. Juni 2016 vorhandenen Beamtinnen und Beamten der bisherigen Besoldungsgruppen A 3 und A 4 der Bundesbesoldungsordnung A des Übergeleiteten Besoldungsgesetzes für das Land Nordrhein-Westfalen und der Landesbesoldungsordnung A des Landesbesoldungsgesetzes werden zum 1. Juli 2016 in die Besoldungsgruppe A 5 der Landesbesoldungsordnung A übergeleitet und in eine entsprechende Planstelle der Besoldungsgruppe A 5 der Landesbesoldungsordnung A eingewiesen.

(3) Soweit sich durch dieses Gesetz unmittelbar die Einstufung, Amtsbezeichnungen, Amtszulagen oder Funktionszusätze ändern, werden die Beamtinnen, Beamten, Richterinnen und Richter nach Maßgabe der Anlage 17 zu diesem Gesetz in die entsprechenden Ämter und Besoldungsgruppen der Anlagen 1 bis 5 übergeleitet. Als bisherige Besoldungsgruppe gilt die Besoldungsgruppe, der die Beamtinnen und Beamten sowie Richterinnen und Richter am Tag vor dem Inkrafttreten dieses Gesetzes angehörten. Die Beamtinnen, Beamten, Richterinnen und Richter führen die neue Amtsbezeichnung.

(4) Beamtinnen und Richterinnen, die am Tag vor dem Inkrafttreten dieses Gesetzes eine männliche Amtsbezeichnung führen, sind berechtigt, die Amtsbezeichnung auch künftig in der männlichen Form zu führen.

§ 87 Übergangsregelungen für Professorinnen und Professoren, Rektorinnen und Rektoren, Kanzlerinnen und Kanzler

(1) Für die am 1. Januar 2005 im Amt befindlichen Professorinnen und Professoren der mit Artikel 1 Nummer 1 des Dienstrechtsanpassungsgesetzes für das Land Nordrhein-Westfalen vom 16. Mai 2013 in Landesrecht übergeleiteten Bundesbesoldungsordnung C, die noch in dieser Landesbesoldungsordnung vorhanden sind, finden § 1 Absatz 2 Nummer 2, § 8 Absatz 3, § 13 Absatz 1 Satz 5 und Absatz 4 Satz 1, der Abschnitt 2, Unterabschnitt 3, die §§ 43 und 50, die Anlagen I und II des Bundesbesoldungsgesetzes und die Hochschulleitungs-Stellenzulagenverordnung vom 3. August 1977 (BGBl. I S. 1527), jeweils in der bis zum 22. Februar 2002 geltenden Fassung, sowie die Anlagen IV und IX des Bundesbesoldungsgesetzes nach Maßgabe des Bundesbesoldungs- und -versorgungsanpassungsgesetzes 2000 vom 19. April 2001 (BGBl. I S. 618) sowie unter Berücksichtigung der weiteren Anpassungen der Besoldung nach § 14 des Bundesbesoldungsgesetzes in der am 31. August 2006 geltenden Fassung, nach § 14 des Übergeleiteten Besoldungsgesetzes für das Land Nordrhein-Westfalen und nach § 16 Anwendung; eine Erhöhung von Dienstbezügen durch die Gewährung von Zuschüssen nach § 1 Absatz 2 Nummer 2 des Bundesbesoldungsgesetzes in der bis zum 22. Februar 2002 geltenden Fassung ist ausgeschlossen. Abweichend von Satz 1 wird im Fall einer Berufung auf eine höherwertige Professur an der gleichen Hochschule oder einer Berufung an eine andere nordrhein-westfälische Hochschule, bei erstmaliger Annahme eines Rufes in Nordrhein-Westfalen oder auf Antrag Professorinnen und Professoren der Besoldungsgruppe C 4 ein Amt der Besoldungsgruppe W 3 übertragen. Professorinnen und Professoren der Besoldungsgruppen C 2 und C 3 wird im Falle des Wechsels auf Antrag ein Amt der Besoldungsgruppe W 2, in den übrigen Fällen des Satzes 2 ein Amt der Besoldungsgruppen W 2 oder W 3 übertragen. Anträge auf Wechsel sind unwiderruflich. In den Fällen der Sätze 2 und 3 finden § 21 Absatz 1, § 57 und § 61 keine Anwendung. Beamtinnen und Beamte, die die Übertragung eines Amtes der Landesbesoldungsordnung W beantragt haben, können abweichend von § 35 Satz 2 und Satz 3 besondere Leistungsbezüge bereits bei erstmaliger Vergabe unbefristet gewährt werden.

(2) Für die am 1. Januar 2005 im Amt befindlichen Hochschuldozentinnen, Hochschuldozenten, Oberassistentinnen, Oberassistenten, Oberingenieurinnen, Oberingenieure sowie wissenschaftlichen und künstlerischen Assistentinnen und Assistenten sind

der Abschnitt 2, Unterabschnitt 3 sowie die Anlage II des Bundesbesoldungsgesetzes in der bis zum 22. Februar 2002 geltenden Fassung sowie die Anlagen IV und IX des Bundesbesoldungsgesetzes nach Maßgabe des Bundesbesoldungs- und -versorgungsanpassungsgesetzes 2000 vom 19. April 2001 (BGBl. I S. 618) sowie unter Berücksichtigung der weiteren Anpassungen der Besoldung nach § 14 des Bundesbesoldungsgesetzes in der am 31. August 2006 geltenden Fassung, nach § 14 des Übergeleiteten Besoldungsgesetzes für das Land Nordrhein-Westfalen und nach § 16 anzuwenden.

(3) Rektorinnen und Rektoren einer Hochschule, deren Besoldung sich nach einem der in Anlage 5 zu diesem Gesetz unter „Künftig wegfallende Ämter" aufgeführten Amt bestimmt und die bis zu ihrer Ernennung als Professorin oder Professor der Besoldungsgruppe C 4 ein höheres Grundgehalt zuzüglich der Zuschüsse nach den Nummern 1 und 2 der Vorbemerkungen zu der Bundesbesoldungsordnung C bezogen haben, erhalten eine Ausgleichszulage. Diese wird in Höhe des jeweiligen Unterschiedsbetrags zwischen dem Grundgehalt als Rektorin oder Rektor und dem Gesamtbetrag des Grundgehalts und der Zuschüsse gewährt, der in dem Amt als Professorin oder Professor jeweils zugestanden hätte. Die Ausgleichszulage ist ruhegehaltfähig, soweit sie zum Ausgleich eines ruhegehaltfähigen Zuschusses dient.

(4) Die Ämter für die in Absatz 1 Satz 1 und Absatz 2 genannten Amtsinhaberinnen und Amtsinhaber werden als künftig wegfallende Ämter in der Anlage 5 fortgeführt. Die sich aus Absatz 1 Satz 1 und Absatz 2 ergebenden Grundgehaltssätze sind in der Anlage 10 zu diesem Gesetz ausgewiesen. Die allgemeine Stellenzulage nach Nummer 2b der Vorbemerkungen zu der Bundesbesoldungsordnung C für wissenschaftliche und künstlerische Assistentinnen und Assistenten in der Besoldungsgruppe C 1 wird zur Strukturzulage. Ihre Höhe ergibt sich aus Anlage 14.

(5) Rektorinnen und Rektoren sowie Kanzlerinnen und Kanzler einer Hochschule in einem Amt der Landesbesoldungsordnungen A oder B wird auf Antrag ein Amt der Besoldungsgruppe W 3 übertragen.

(6) Die am 1. Januar 2017 zustehenden Stellenzulagen nach der Hochschulleitungs-Stellenzulagenverordnung vom 3. August 1977 (BGBl. I S. 1527) in der bis zum 22. Februar 2002 geltenden Fassung sowie die Zuschüsse zum Grundgehalt für Professorinnen und Professoren an Hochschulen nach den Nummern 1 und 2 und die Zulage nach Nummer 5 der Vorbemerkungen zur Landesbesoldungsordnung C, soweit sie nach Absatz 1 fortgelten, erhöhen sich um 2,5 Prozent.

III

§ 88 Grundgehaltssätze der fortgeltenden Landesbesoldungsordnung H

Die Grundgehaltssätze der fortgeltenden Landesbesoldungsordnung H sind in der Anlage 11 zu diesem Gesetz ausgewiesen.

§ 89 Künftig wegfallende Ämter

Die als künftig wegfallend bezeichneten Ämter (Anlage 5) dürfen nicht mehr verliehen werden, soweit nicht etwas anderes bestimmt ist.

§ 90 Übergangsregelung durch die Neuregelung der Auslandsbesoldung

Auslandsdienstbezüge, die vor dem Inkrafttreten dieses Gesetzes nach dem Abschnitt 5 des Übergeleiteten Besoldungsgesetzes für das Land Nordrhein-Westfalen gewährt wurden, werden bei einer unveränderten Auslandsverwendung in der bisherigen Höhe weitergewährt, soweit sie die Auslandsbesoldung nach § 73 übersteigen.

§ 91 Sonstige Übergangsregelungen

(1) Verringert sich die Besoldung durch die Anwendung der Vorschriften dieses Gesetzes, wird eine Ausgleichszulage in Höhe des Unterschiedsbetrags zwischen der Besoldung, die am Tag vor dem Inkrafttreten dieses Gesetzes zugestanden hat, und der Besoldung, die ab dem Inkrafttreten dieses Gesetzes zusteht, gewährt, soweit in diesem Gesetz nichts anderes bestimmt ist. Diese Ausgleichszulage vermindert sich bei jeder Erhöhung der Dienstbezüge um den Erhöhungsbetrag. Verringert sich die Stellenzulage für

eine Beamtin oder einen Beamten in einem Amt der Landesbesoldungsordnung A bei Justizvollzugseinrichtungen, in geschlossenen Abteilungen oder Stationen bei Psychiatrischen Krankenanstalten, die ausschließlich dem Vollzug von Maßregeln der Sicherung und Besserung dienen, in abgeschlossenen Vorführbereichen der Gerichte sowie in Abschiebungshafteinrichtungen durch die Anwendung dieses Gesetzes, wird bei unveränderter Verwendung bis zu einer Dienstzeit von zwei Jahren eine Ausgleichszulage in Höhe des Unterschiedsbetrags zwischen der Zulage, die am Tag vor dem Inkrafttreten dieses Gesetzes nach Vorbemerkung Nummer 12 zu den Besoldungsordnungen A und B in der Fassung des Übergeleiteten Besoldungsgesetzes für das Land Nordrhein-Westfalen zugestanden hat, und der Zulage nach § 51 gewährt. Die Ausgleichszulage wird Beamtinnen und Beamten in Abschiebungshafteinrichtungen nicht neben einer Stellenzulage nach § 49 gewährt. Die Sätze 3 und 4 gelten unter den gleichen Voraussetzungen auch für Anwärterinnen und Anwärter nach § 74 Absatz 1.

(2) Werden am Tag vor dem Inkrafttreten dieses Gesetzes Ausgleichs- oder Überleitungszulagen nach früherem Recht gewährt, sind diese, solange die bisherigen Anspruchsvoraussetzungen erfüllt sind, außer in den Fällen des Satzes 5 als Ausgleichs- oder Überleitungszulage in Höhe der am Tag vor dem Inkrafttreten dieses Gesetzes zustehenden Höhe fortzuzahlen. Soweit sie für die Verringerung von Dienstbezügen einschließlich von Stellenzulagen bei Dienstherrenwechseln in den Geltungsbereich dieses Gesetzes zustehen, sind sie nach Maßgabe des § 61 Absatz 1 Satz 4 zu vermindern. Soweit sie in anderen Fällen als bei Dienstherrenwechseln in den Geltungsbereich dieses Gesetzes für den Wegfall von Stellenzulagen zustehen, sind sie nach Maßgabe des § 57 Absatz 1 Satz 3 zu vermindern. Soweit sie aufgrund von § 3 Absatz 1 des Gesetzes zur Überleitung der vorhandenen Beamtinnen, Beamten, Richterinnen, Richter, Versorgungsempfängerinnen und Versorgungsempfänger in die neuen Grundgehaltstabellen zustehen, sind sie nach Absatz 1 Satz 2 zu vermindern. Soweit sie in anderen Fällen als bei Dienstherrenwechseln in den Geltungsbereich dieses Gesetzes für die Verringerung des Grundgehalts einschließlich von Amtszulagen sowie der Zulage nach Vorbemerkung Nummer 27 der Anlage I des Übergeleiteten Besoldungsgesetzes für das Land Nordrhein-Westfalen gewährt werden, gilt ab dem Tag des Inkrafttretens dieses Gesetzes § 21 entsprechend.

(3) Beamtinnen und Beamten, die am Tag vor dem Inkrafttreten dieses Gesetzes aufgrund von § 3 Absatz 2 Satz 1 des Gesetzes zur Überleitung der vorhandenen Beamtinnen, Beamten, Richterinnen, Richter, Versorgungsempfängerinnen und Versorgungsempfänger in die neuen Grundgehaltstabellen oder aufgrund von § 27 Absatz 4 Satz 1 des Übergeleiteten Besoldungsgesetzes für das Land Nordrhein-Westfalen die nächsthöhere Stufe als Grundgehalt erhalten, wird diese weiterhin in der bisherigen Höhe gewährt, bis sie regulär die nächste Stufe des Grundgehalts erreichen. Leistungszulagen aufgrund von § 3 Absatz 2 Satz 2 des Gesetzes zur Überleitung der vorhandenen Beamtinnen, Beamten, Richterinnen, Richter, Versorgungsempfängerinnen und Versorgungsempfänger in die neuen Grundgehaltstabellen oder aufgrund von § 42a des Übergeleiteten Besoldungsgesetzes für das Land Nordrhein-Westfalen sind, solange die bisherigen Voraussetzungen vorliegen, bis zum Ablauf der Befristung fortzuzahlen.

(4) Wurde Altersteilzeit vor dem Inkrafttreten dieses Gesetzes angetreten, erfolgt die Berechnung des Zuschlags abweichend von § 70 Absatz 2 nach § 6 Absatz 2 des Übergeleiteten Besoldungsgesetzes für das Land Nordrhein-Westfalen in Verbindung mit der Altersteilzeitzuschlagsverordnung in der Fassung der Bekanntmachung vom 23. August 2001 (BGBl. I S. 2239), die zuletzt durch Artikel 9 des Gesetzes vom 16. Mai 2013 (GV. NRW. S. 234) geändert worden ist.

(5) Hat die regelmäßige Verjährungsfrist von Ansprüchen auf Besoldung und auf Rückforderung von zu viel gezahlter Besoldung, die

vor Inkrafttreten dieses Gesetzes entstanden sind, zum Zeitpunkt des Inkrafttretens dieses Gesetzes noch nicht begonnen, wird die Frist nach § 7 vom Tag des Inkrafttretens dieses Gesetzes an berechnet. Die Verjährung tritt spätestens mit Ablauf der bisherigen Höchstfrist ein, die ohne Rücksicht auf Kenntnis oder grob fahrlässige Unkenntnis begonnen hat. Hat die Verjährungsfrist vor dem Inkrafttreten begonnen, ist für den Fristablauf das bis dahin geltende Recht maßgebend.

(6) Die Ruhegehaltfähigkeit der Zulagen nach den Nummern 8, 9, 10, 12 und 26 der Vorbemerkungen zu den Bundesbesoldungsordnungen A und B in der Fassung des Übergeleiteten Besoldungsgesetzes für das Land Nordrhein-Westfalen, die durch das Versorgungsreformgesetz 1998 vom 29. Juni 1998 (BGBl. I S. 1666) weggefallen ist, wird für Empfängerinnen und Empfänger von Dienstbezügen, die bis zum Inkrafttreten dieses Gesetzes in den Ruhestand getreten sind oder versetzt worden sind und die bei Eintritt oder Versetzung in den Ruhestand die Voraussetzungen der Nummer 3a Absatz 1 Satz 1 und Satz 4 sowie Absatz 2 der Vorbemerkungen zu den Bundesbesoldungsordnungen A und B zum Bundesbesoldungsgesetz in der bis zum 31. Dezember 1998 geltenden Fassung erfüllt haben, ab dem Inkrafttreten dieses Gesetzes wieder hergestellt. Ab dem Inkrafttreten dieses Gesetzes wieder ruhegehaltfähig sind auch Ausgleichszulagen, soweit sie als Ausgleich für den Wegfall nach Satz 1 wieder ruhegehaltfähiger Stellenzulagen gewährt wurden. Für die Höhe der Ruhegehaltfähigkeit der Zulagen nach den Sätzen 1 und 2 ist der Zeitpunkt des Eintritts oder der Versetzung in den Ruhestand maßgebend. Eine Nachzahlung für Zeiträume vor dem Inkrafttreten dieses Gesetzes erfolgt nicht.

(7) Bei Anwärterinnen und Anwärtern (§ 74 Absatz 1), die sich am 31. Mai 2013 im Vorbereitungsdienst bei einem Dienstherrn nach § 1 Absatz 1 befunden haben und die nach Abschluss des Vorbereitungsdienstes in ein Amt der Besoldungsgruppe bis höchstens A 11 eintreten, richtet sich die Festsetzung der Stufe des Grundgehalts abweichend von § 29 Absatz 2 entsprechend nach § 27 und § 28 des Bundesbesoldungsgesetzes in der am 31. August 2006 geltenden Fassung.

(8) Bis zum 31. Dezember 2016 gehört die jährliche Sonderzahlung nach dem Sonderzahlungsgesetz-NRW vom 20. November 2003 (GV. NRW. S. 696) in der jeweils geltenden Fassung als sonstiger Bezug zur Besoldung nach § 1 Absatz 5 sowie zur Brutto- und Nettobesoldung im Sinne des § 70 Absatz 2 nach § 70 Absatz 3. Zum 1. Januar 2017 wird die jährliche Sonderzahlung in die monatlichen Bezüge integriert.

(9) Am 1. Januar 2017 zustehende Ausgleichs- oder Überleitungszulagen erhöhen sich für die Beamtinnen und Beamten der Besoldungsgruppen A 5 und A 6 um 5 Prozent, für die Beamtinnen und Beamten der Besoldungsgruppen A 7 und A 8 sowie für die Anwärterinnen und Anwärter um 3,75 Prozent und für die übrigen Beamtinnen und Beamten sowie die Richterinnen und Richter um 2,5 Prozent. Für die Bemessungsgrundlagen der Zulagen, Aufwandsentschädigungen und anderer Bezüge nach Artikel 14 § 5 des Reformgesetzes vom 24. Februar 1997 (BGBl. I S. 322), das durch Artikel 17 des Gesetzes vom 19. Februar 2006 (BGBl. I S. 334) geändert worden ist, gilt Satz 1 entsprechend. Soweit am 1. Januar 2017 Ausgleichs- und Überleitungszulagen erhöht werden, die der Verminderung unterliegen, erhöhen die Erhöhungsbeträge nach Satz 1 die Bemessungsgrundlagen für die Verminderung. Am 1. Januar 2017 zustehende Sondergrundgehälter und Zuschüsse, am 1. Januar 2017 bestehende Höchstbeträge für Sondergrundgehälter und Zuschüsse zum Grundgehalt sowie am 1. Januar 2017 zugesicherte Kolleggeldpauschalen nach der fortgeltenden Landesbesoldungsordnung H erhöhen sich um 2,5 Prozent. Der als ruhegehaltfähig zu berücksichtigende Monatsbetrag der Kolleggeldpauschale wird ab dem 1. Januar 2017 um 2,5 Prozent erhöht.

(10) Die Erhöhungen der Besoldung zum 1. Januar 2017, die auf die Integration der jährlichen Sonderzahlung in die monatlich zu zahlenden Bezüge zurückzuführen sind, gelten nicht als Erhöhung der Dienstbezüge im

III

Hinblick auf Ausgleichs- und Überleitungszulagen und auch nicht als Anpassung im Sinne des § 17 Absatz 2 Satz 1.

(11) Beamtinnen und Beamte, die sich am Tag vor dem Inkrafttreten dieses Gesetzes in Erfahrungsstufe 7 der Besoldungsgruppen A 3 oder A 4 befinden, werden der Erfahrungsstufe 8 der Besoldungsgruppe A 5 zugeordnet, wenn die bis zum Inkrafttreten dieses Gesetzes in der Erfahrungsstufe 7 der Besoldungsgruppen A 3 oder A 4 nach den §§ 27 und 28 des Übergeleiteten Besoldungsgesetzes für das Land Nordrhein-Westfalen zu berücksichtigenden Erfahrungszeiten mehr als drei Jahre bis zu sechs Jahren, der Erfahrungsstufe 9 der Besoldungsgruppe A 5, wenn diese Zeiten mehr als sechs Jahre bis zu zehn Jahren und der Erfahrungsstufe 10 der Besoldungsgruppe A 5, wenn diese Zeiten mehr als zehn Jahre betragen. Für den weiteren Stufenaufstieg von der Erfahrungsstufe 8 in die Erfahrungsstufe 9 und von der Erfahrungsstufe 9 in die Erfahrungsstufe 10, jeweils der Besoldungsgruppe A 5, gelten die vor dem Inkrafttreten dieses Gesetzes in Erfahrungsstufe 7 der Besoldungsgruppen A 3 oder A 4 erbrachten Zeiten, soweit sie mehr als drei Jahre bis zu sechs Jahren betragen, als in Erfahrungsstufe 8 der Besoldungsgruppe A 5 und, soweit sie mehr als sechs bis zu zehn Jahren betragen, als in Erfahrungsstufe 9 der Besoldungsgruppe A 5 erbracht. Beamtinnen und Beamte, die sich am Tag vor dem Inkrafttreten dieses Gesetzes in Erfahrungsstufe 8 der Besoldungsgruppe A 5 befinden, werden der Erfahrungsstufe 9 zugeordnet, wenn die bis zum Inkrafttreten dieses Gesetzes in der Erfahrungsstufe 8 nach den §§ 27 und 28 des Übergeleiteten Besoldungsgesetzes für das Land Nordrhein-Westfalen zu berücksichtigenden Erfahrungszeiten mehr als drei Jahre bis zu sieben Jahren und der Erfahrungsstufe 10, wenn diese Zeiten mehr als sieben Jahre betragen. Für den weiteren Stufenaufstieg von der Erfahrungsstufe 9 in die Erfahrungsstufe 10 gelten die vor dem Inkrafttreten dieses Gesetzes in Erfahrungsstufe 8 erbrachten Zeiten, soweit sie mehr als drei Jahre betragen, als in Erfahrungsstufe 9 erbracht. Beamtinnen und Beamte, die sich am Tag vor dem Inkrafttreten dieses Gesetzes in Erfahrungsstufe 9 der Besoldungsgruppe A 6 befinden, werden der Erfahrungsstufe 10 zugeordnet, wenn die bis zum Inkrafttreten dieses Gesetzes in der Erfahrungsstufe 9 nach den §§ 27 und 28 des Übergeleiteten Besoldungsgesetzes für das Land Nordrhein-Westfalen zu berücksichtigenden Erfahrungszeiten mehr als vier Jahre betragen.

(12) Die §§ 9 und 71 finden auch in den Fällen Anwendung, in denen vor dem 1. Januar 2021 ein höherer Zuschlag bei begrenzter Dienstfähigkeit als der nach den Regeln der §§ 9 und 71 in der Fassung vom 14. Juni 2016 (GV. NRW S. 310, ber. S. 642) oder als der nach den Regeln der Verordnung über die Gewährung eines Zuschlags zu den Dienstbezügen bei begrenzter Dienstfähigkeit vom 9. Oktober 2007 (GV. NRW. S. 407), die durch Verordnung vom 28. August 2012 (GV. NRW. S. 385) geändert worden ist, beantragt worden ist. Ein Antrag in diesem Sinne setzt nicht voraus, dass ein beziffeter Anspruch, etwa ein konkreter Zuschlagsbetrag, geltend gemacht wurde. Über den geltend gemachten Anspruch darf noch nicht abschließend entschieden worden sein. Der Zuschlag nach § 71 ist ab dem Monat Januar des Jahres der Antragstellung, frühestens jedoch ab dem Monat, in dem alle Tatbestandsvoraussetzungen vorliegen, zu zahlen. Verringert sich die Besoldung bei begrenzter Dienstfähigkeit, die einer Beamtin, einem Beamten, einer Richterin oder einem Richter am 31. Dezember 2020 zustand, durch die Anwendung der §§ 9 und 71, ist eine Ausgleichszulage zu gewähren. Die Ausgleichszulage bemisst sich in Höhe des Unterschiedsbetrags, der sich zwischen der Besoldung bei begrenzter Dienstfähigkeit am 31. Dezember 2020 und der Besoldung bei begrenzter Dienstfähigkeit am 1. Januar 2021 ergibt. Die Ausgleichszulage vermindert sich bei jeder Erhöhung der Besoldung der Beamtin, des Beamten, der Richterin oder des Richters um den Erhöhungsbetrag.

(13) Anstelle der Stufenzuordnung durch §§ 1 bis 3 des Gesetzes zur Überleitung der vor-

handenen Beamtinnen, Beamten, Richterinnen, Richter, Versorgungsempfängerinnen und Versorgungsempfänger in die neuen Grundgehaltstabellen vom 16. Mai 2013 (GV. NRW. S. 234) wird die Erfahrungsstufe auf Antrag nach den §§ 29 bis 31 und 41 festgesetzt. Die Stufenfestsetzung erfolgt frühestens mit Wirkung vom ersten Tag des Kalenderjahres, in dem der Antrag gestellt wird. Das Antragsrecht nach Satz 1 erlischt mit Ablauf des 30. Juni 2017.

(14) Für das Jahr 2026 bedarf es abweichend von § 3 Absatz 7 keiner Geltendmachung eines Anspruchs auf Besoldung, der über die gesetzlich zustehende Besoldung hinaus geht.

§ 91a (weggefallen)

§ 91b Ausgleichszulage zum Familienzuschlag

(1) Beamtinnen und Beamten sowie Richterinnen und Richtern mit Anspruch auf Familienzuschlag der Stufe 4 oder höher, dessen Betrag sich aufgrund von Artikel 1 des Gesetzes zur Anpassung der Dienst- und Versorgungsbezüge in den Jahren 2024 und 2025 sowie zur Änderung weiterer dienstrechtlicher Vorschriften im Land Nordrhein-Westfalen vom 29. Oktober 2024 (GV. NRW. S. 656) verringert hat, wird eine Ausgleichszulage gewährt. Die Ausgleichszulage bemisst sich jeweils nach dem Unterschiedsbetrag, der sich aus der Differenz zwischen der Höhe des Familienzuschlags zum 31. Dezember 2023 und 1. Januar 2024 ergibt. Diese Ausgleichszulage vermindert sich bei jeder gesetzlichen Erhöhung des Familienzuschlags um den Erhöhungsbetrag.

(2) Absatz 1 findet entsprechende Anwendung auf Beamtinnen und Beamte sowie Richterinnen und Richter, denen im Zeitraum vom 1. Januar 2024 bis 31. Oktober 2024 ein Anspruch auf Familienzuschlag der Stufe 4 oder höher zugestanden und der sich aufgrund von Artikel 1 des Gesetzes zur Anpassung der Dienst- und Versorgungsbezüge in den Jahren 2024 und 2025 sowie zur Änderung weiterer dienstrechtlicher Vorschriften im Land Nordrhein-Westfalen rückwirkend verringert hat.

(3) Die Gewährung der Ausgleichszulage nach den Absätzen 1 und 2 entfällt bei einem Wechsel des Hauptwohnsitzes sowie bei einer Änderung der Familienverhältnisse, die für die Bestimmung der Stufe des Familienzuschlags nach § 42 Absatz 1 Satz 2 Nummer 2 maßgeblich sind und zu einer Erhöhung der Stufe des Familienzuschlags führen, sofern die Änderung nach Ablauf des 31. Oktober 2024 eingetreten ist.

(4) Die Absätze 1 bis 3 gelten entsprechend für Beamtinnen und Beamte sowie Richterinnen und Richter, die gemäß § 43 Absatz 3 Anspruch auf einen Unterschiedsbetrag haben.

§ 92 Fortgeltung von Rechtsverordnungen

(1) Folgende durch § 1 Absatz 2 Nummer 2 des Landesbesoldungsgesetzes in der Fassung vom 16. Mai 2013 (GV. NRW. S. 234) in Landesrecht übergeleitete, auf Grund des Bundesbesoldungsgesetzes erlassene Rechtsverordnungen des Bundes jeweils in der am 31. August 2006 geltenden Fassung gelten bis zum Inkrafttreten jeweiliger neuer Rechtsverordnungen fort, soweit sich aus diesem Gesetz oder auf Grund sonstiger landesrechtlicher Bestimmungen nichts anderes ergibt; unberührt bleiben landesrechtliche Bestimmungen, die seit dem 1. September 2006 erlassen wurden:

1. Zweite Besoldungs-Übergangsverordnung in der Fassung der Bekanntmachung vom 27. November 1997 (BGBl. I S. 2764), die zuletzt durch Artikel 258 der Verordnung vom 25. November 2003 (BGBl. I S. 2304) geändert worden ist,
2. Erschwerniszulagenverordnung in der Fassung der Bekanntmachung vom 3. Dezember 1998 (BGBl. I S. 3497), die zuletzt durch Artikel 67 des Gesetzes vom 21. Juni 2005 (BGBl. I S. 1818) geändert worden ist,
3. Verordnung über die Gewährung von Mehrarbeitsvergütung für Beamte in der Fassung der Bekanntmachung vom 3. Dezember 1998 (BGBl. I S. 3494), die zuletzt durch Artikel 2 des Gesetzes vom

9. November 2004 (BGBl. I S. 2774) geändert worden ist,

4. Vollstreckungsvergütungsverordnung in der Fassung der Bekanntmachung vom 6. Januar 2003 (BGBl. I S. 8),
5. Verordnung über die Gewährung einer Unterrichtsvergütung für Lehramtsanwärter vom 18. Juli 1976 (BGBl. I S. 1828), die durch Artikel 6 der Verordnung vom 8. August 2002 (BGBl. I S. 3177) geändert worden ist,
6. Übergangszahlungsverordnung vom 23. Juli 1975 (BGBl. I S. 1982), die durch Artikel 14 des Gesetzes vom 23. Dezember 2003 (BGBl. I S. 2848) geändert worden ist,
7. Kommunalbesoldungsverordnung des Bundes vom 7. April 1978 (BGBl. I S. 468), die zuletzt durch Verordnung vom 19. Oktober 2001 (BGBl. I S. 2697) geändert worden ist,
8. Sparkassenbesoldungsverordnung des Bundes vom 16. Juni 1976 (BGBl. I S. 1588), die durch Verordnung vom 22. Juni 1983 (BGBl. I S. 732) geändert worden ist,
9. Werkleiterbesoldungsverordnung des Bundes vom 16. Juni 1976 (BGBl. I S. 1585), die durch Verordnung vom 22. Juni 1983 (BGBl. I S. 731) geändert worden ist,
10. Verordnung zu § 26 Abs. 4 Nr. 4 des Bundesbesoldungsgesetzes vom 8. Juni 1976 (BGBl. I S. 1468),
11. Hochschulleitungs-Stellenzulagenverordnung vom 3. August 1977 (BGBl. I S. 1527) und die
12. Verordnung zur Überleitung in die im Zweiten Gesetz zur Vereinheitlichung und Neuregelung des Besoldungsrechts in Bund und Ländern geregelten Ämter und über die künftig wegfallenden Ämter vom 1. Oktober 1975 (BGBl. I S. 2608), die zuletzt durch Gesetz vom 25. September 1990 (BGBl. I S. 2106) geändert worden ist.

(2) Soweit nach diesem Gesetz die Landesregierung oder eine andere Stelle ermächtigt ist, durch Rechtsverordnung bestimmte Bereiche zu regeln, bleiben die bisherigen Rechtsverordnungen der Landesregierung oder einer anderen Stelle des Landes bis zum Inkrafttreten der jeweiligen neuen Rechtsverordnung in Kraft.

§ 93 Inkrafttreten, Außerkrafttreten

Dieses Gesetz tritt am 1. Juli 2016 in Kraft. Gleichzeitig tritt das Landesbesoldungsgesetz in der Fassung der Bekanntmachung vom 17. Februar 2005 (GV. NRW. S. 154), das zuletzt durch Artikel 2 des Gesetzes vom 2. Oktober 2014 (GV. NRW. S. 624) geändert worden ist, außer Kraft.

Anlage 1

Landesbesoldungsordnung A

Besoldungsgruppe A 5

Justizoberwachtmeisterin, Justizoberwachtmeister[1])

Oberamtsmeisterin, Oberamtsmeister[1])

[1]) Erhält eine Amtszulage nach Anlage 14.

Besoldungsgruppe A 6

Justizhauptwachtmeisterin, Justizhauptwachtmeister[1])

Landgestüthauptwärterin, Landgestüthauptwärter

Obersattelmeisterin, Obersattelmeister[2])

Sekretärin, Sekretär[3])[4])

Werkmeisterin, Werkmeister

[1]) Erhält eine Amtszulage nach Anlage 14.

[2]) Soweit nicht in der Besoldungsgruppe A 7.

[3]) Als Einstiegsamt für Laufbahnen der Laufbahngruppe 1, zweites Einstiegsamt sowie als Beförderungsamt für Laufbahnen der Laufbahngruppe 1, erstes Einstiegsamt.

[4]) Erhält im Beförderungsamt für Laufbahnen der Laufbahngruppe 1, erstes Einstiegsamt eine Amtszulage nach Anlage 14.

Besoldungsgruppe A 7

Brandmeisterin, Brandmeister[1])

Erste Justizhauptwachtmeisterin, Erster Justizhauptwachtmeister[2])

Krankenschwester, Krankenpfleger[1])

Obersattelmeisterin, Obersattelmeister[3])

Obersekretärin, Obersekretär[4])[5])

Oberwerkmeisterin, Oberwerkmeister[6])[7])

Stationsschwester, Stationspfleger[8])

[1]) Als Einstiegsamt.

[2]) Als Beförderungsamt der Laufbahngruppe 1, erstes Einstiegsamt für die Laufbahn des Justizwachtmeisterdienstes. Erhält eine Amtszulage nach Anlage 14.

[3]) Soweit nicht in der Besoldungsgruppe A 6.

[4]) Auch als Einstiegsamt für Laufbahnen der Laufbahngruppe 1, zweites Einstiegsamt der technischen Dienste.

[5]) Als Einstiegsamt der Laufbahngruppe 1, zweites Einstiegsamt für die Laufbahn des allgemeinen Vollzugsdienstes bei den Justizvollzugsanstalten. Auch als Einstiegsamt der Laufbahngruppe 1, zweites Einstiegsamt für die Laufbahn des allgemeinen Vollzugsdienstes in besonderen Abschiebungshafteinrichtungen.

[6]) Auch als Einstiegsamt.

[7]) Als Einstiegsamt für die Laufbahn des Werkdienstes bei den Justizvollzugsanstalten.

[8]) Erhält eine Amtszulage nach Anlage 14.

Besoldungsgruppe A 8

Abteilungsschwester, Abteilungspfleger

Gerichtsvollzieherin, Gerichtsvollzieher[1])

Hauptsattelmeisterin, Hauptsattelmeister

Hauptsekretärin, Hauptsekretär

Hauptwerkmeisterin, Hauptwerkmeister

Oberbrandmeisterin, Oberbrandmeister

[1]) Als Einstiegsamt.

Besoldungsgruppe A 9

Amtsinspektorin, Amtsinspektor[1])

Betriebsinspektorin, Betriebsinspektor[1])

Erste Hauptsattelmeisterin, Erster Hauptsattelmeister

Fachlehrerin, Fachlehrer mit der Befähigung für die Laufbahn[2])[3])

- der Fachlehrerin oder des Fachlehrers an Berufskollegs –
- der Fachlehrerin oder des Fachlehrers an Förderschulen –
- der Werkstattlehrerin oder des Werkstattlehrers –

Hauptbrandmeisterin, Hauptbrandmeister[1])

Inspektorin, Inspektor

Kriminalkommissarin, Kriminalkommissar

Obergerichtsvollzieherin,Obergerichtsvollzieher[1])

Oberin, Pflegevorsteher[4])[5])

III

Oberschwester, Oberpfleger[5])

Polizeikommissarin, Polizeikommissar

[1]) Für Funktionen, die sich von denen der Besoldungsgruppe A 9 abheben, können nach Maßgabe sachgerechter Bewertung jeweils bis zu 35 Prozent der Stellen mit einer Amtszulage nach Anlage 14 ausgestattet werden.

[2]) Als Einstiegsamt.

[3]) Ohne Strukturzulage nach § 47.

[4]) Erhält eine Amtszulage nach Anlage 14.

[5]) Erhält bei Bestellung zum Mitglied einer Krankenhausbetriebsleitung für die Dauer dieser Tätigkeit eine Stellenzulage nach Anlage 15.

Besoldungsgruppe A 10

Fachlehrerin, Fachlehrer mit der Befähigung für die Laufbahn

- der Fachlehrerin oder des Fachlehrers an allgemeinbildenden Schulen –[1])
- der Fachlehrerin oder des Fachlehrers an Berufskollegs –[1])[2])
- der Fachlehrerin oder des Fachlehrers an Förderschulen –[1])[2])
- der Technischen Lehrerin oder des Technischen Lehrers an Berufskollegs –[1])[3])[4])
- der Werkstattlehrerin oder des Werkstattlehrers –[1])[2])

Kriminaloberkommissarin, Kriminaloberkommissar

Oberinspektorin, Oberinspektor[5])[6])[7])[8])[9])

Polizeioberkommissarin, Polizeioberkommissar

[1]) Ohne Strukturzulage nach § 47.

[2]) Soweit nicht in Besoldungsgruppe A 11.

[3]) Als Einstiegsamt.

[4]) Nur für Beamtinnen und Beamte ohne Fachhochschul- oder Ingenieurschulabschluss.

[5]) Als erstes Einstiegsamt in der Laufbahngruppe 2 in technischen Laufbahnen.

[6]) Als Beförderungsamt der Laufbahngruppe 1, zweites Einstiegsamt für die Laufbahn des allgemeinen Vollzugsdienstes bei den Justizvollzugsanstalten oder der Laufbahn des Werkdienstes bei den Justizvollzugsanstalten. Das Amt kann nur Beamtinnen und Beamten verliehen werden, die eine mindestens vierjährige Dienstzeit in der Besoldungsgruppe A 9 verbracht haben.

[7]) Das Amt kann nur Beamtinnen und Beamten, denen die Leitung des allgemeinen Justizvollzugsdienstes oder des Werkdienstes in einer Justizvollzugsanstalt übertragen worden ist, verliehen werden. Nur in Stellen von besonderer Bedeutung.

[8]) Das Amt kann auch Beamtinnen und Beamten als ständige Vertreterin oder ständiger Vertreter einer in die Besoldungsgruppe A 11 eingestuften Leitung des allgemeinen Vollzugsdienstes oder des Werkdienstes in einer Justizvollzugsanstalt verliehen werden. Nur in Stellen von besonderer Bedeutung.

[9]) Das Amt kann auch Beamtinnen und Beamten, denen die Leitung des Krankenpflegedienstes in dem Justizvollzugskrankenhaus Nordrhein-Westfalen übertragen worden ist, oder als ständige Vertreterin oder ständiger Vertreter einer in Besoldungsgruppe A 11 eingestuften Leitung des Krankenpflegedienstes in dem Justizvollzugskrankenhaus Nordrhein-Westfalen verliehen werden.

Besoldungsgruppe A 11

Amtfrau, Amtmann

Amtfrau, Amtmann[1])[2])[3])

Fachlehrerin, Fachlehrer – an einer Fachhochschule oder in einem Fachhochschulstudiengang an einer Universität mit der Befähigung für die Laufbahn

- der Lehrerin oder des Lehrers für Sozialarbeit –[4])
- der Lehrerin oder des Lehrers für Sozialpädagogik –[4])
- der Technischen Lehrerin oder des Technischen Lehrers –[4])

Fachlehrerin, Fachlehrer mit der Befähigung für die Laufbahn

- der Fachlehrerin oder des Fachlehrers an Berufskollegs –[5])[9])
- der Fachlehrerin oder des Fachlehrers an Berufskollegs als Fachberaterin oder Fachberater –[5])[6])
- der Fachlehrerin oder des Fachlehrers an Förderschulen –[5])[9])
- der Technischen Lehrerin oder des Technischen Lehrers an Berufskollegs –[5])[7])[8])
- der Werkstattlehrerin oder des Werkstattlehrers –[5])[9])

Kriminalhauptkommissarin, Kriminalhauptkommissar[6])

Polizeihauptkommissarin, Polizeihauptkommissar[6])

[1]) Als Beförderungsamt der Laufbahngruppe 1, zweites Einstiegsamt für die Laufbahn des allgemeinen Vollzugsdienstes bei den Justizvollzugsanstalten, der Laufbahn des Werkdienstes bei den Justizvollzugsanstalten oder der Laufbahn des allgemeinen Vollzugsdienstes in besonderen Abschiebungshafteinrichtungen. Das Amt kann nur Beamtinnen und Beamten verliehen werden, die eine mindestens zweijährige Dienstzeit in der Besoldungsgruppe A 10 verbracht haben.

[2]) Das Amt kann nur Beamtinnen und Beamten, denen die Leitung des allgemeinen Vollzugsdienstes in einer Justizvollzugsanstalt oder in einer besonderen Abschiebungshafteinrichtung oder des Werkdienstes in einer Justizvollzugsanstalt übertragen worden ist, verliehen werden. Nur in Stellen von besonderer Bedeutung.

[3]) Das Amt kann auch Beamtinnen und Beamten, denen die Leitung des Krankenpflegedienstes in dem Justizvollzugskrankenhaus Nordrhein-Westfalen übertragen worden ist, verliehen werden.

[4]) Nur für Beamtinnen und Beamte ohne Fachhochschul- oder Ingenieurschulabschluss.

[5]) Ohne Strukturzulage nach § 47.

[6]) Soweit nicht in der Besoldungsgruppe A 12.

[7]) Als Einstiegsamt nur für Beamtinnen und Beamte mit Fachhochschul- oder Ingenieurschulabschluss.

[8]) Als Beförderungsamt für Beamtinnen und Beamte, die nach Abschluss der Ausbildung eine achtjährige Lehrtätigkeit ausgeübt oder seit der Beendigung der Probezeit eine vierjährige Dienstzeit in einem Amt ihrer Laufbahn oder einer gleichwertigen Laufbahn in der Besoldungsgruppe A 10 verbracht haben.

[9]) Soweit nicht in Besoldungsgruppe A 10. Für bis zu 20 Prozent der Gesamtzahl der für diese Lehrkräftegruppen ausgebrachten Planstellen.

Besoldungsgruppe A 12

Amtsanwältin, Amtsanwalt[1])

Amtsrätin, Amtsrat

Fachlehrerin, Fachlehrer – an einer Fachhochschule oder in einem Fachhochschulstudiengang an einer Universität mit der Befähigung für die Laufbahn

- der Lehrerin oder des Lehrers für Sozialarbeit –[2])
- der Lehrerin oder des Lehrers für Sozialpädagogik –[2])
- der Technischen Lehrerin oder des Technischen Lehrers –[2])

Fachlehrerin, Fachlehrer mit der Befähigung für die Laufbahn

- der Fachlehrerin oder des Fachlehrers an Berufskollegs als Fachberaterin oder Fachberater –[3])
- der Technischen Lehrerin oder des Technischen Lehrers an Berufskollegs –[4])

Kriminalhauptkommissarin, Kriminalhauptkommissar[3])

Polizeihauptkommissarin, Polizeihauptkommissar[3])

[1]) Als Einstiegsamt.

[2]) Nur für Beamtinnen und Beamte ohne Fachhochschul- oder Ingenieurschulabschluss. Das Amt kann nur Beamtinnen und Beamten verliehen werden, die nach Abschluss der Ausbildung eine achtjährige Lehrtätigkeit ausgeübt oder seit der Beendigung der Probezeit eine vierjährige Dienstzeit in einem Amt ihrer Laufbahn oder einer gleichwertigen Laufbahn in der Besoldungsgruppe A 11 verbracht haben.

[3]) Soweit nicht in der Besoldungsgruppe A 11.

[4]) Als Beförderungsamt für Beamtinnen und Beamte mit Fachhochschul- oder Ingenieurschulabschluss, die eine achtjährige Lehrtätigkeit ausgeübt oder eine dreijährige Dienstzeit seit der Beendigung der Probezeit als Fachlehrerin oder Fachlehrer in der Besoldungsgruppe A 11 verbracht haben.

Besoldungsgruppe A 13

Ärztin, Arzt[1])

Akademische Rätin, Akademischer Rat

- als wissenschaftliche oder künstlerische Mitarbeiterin, als wissenschaftlicher oder künstlerischer Mitarbeiter an einer Hochschule –

Erste Kriminalhauptkommissarin, Erster Kriminalhauptkommissar

Erste Polizeihauptkommissarin, Erster Polizeihauptkommissar

Gesamtschulrektorin, Gesamtschulrektor

- als Koordinatorin oder Koordinator –[2])[4])

Geschäftsführerin, Geschäftsführer bei einer Handwerkskammer[3])

Konrektorin, Konrektor

- einer Grund- oder Hauptschule –[4])
- als Fachleiterin oder Fachleiter in der Lehrerfortbildung auf Bezirksebene –[1])

– einer Schule im organisatorischen Zusammenschluss mit mehr als 180 und bis zu 360 Schülerinnen und Schülern –[4])
– einer Schule im organisatorischen Zusammenschluss mit mehr als 360 Schülerinnen und Schülern –[5])

Konservatorin, Konservator

Kustodin, Kustos

Lehrerin, Lehrer
– mit der Befähigung für ein schulform- oder schulstufenbezogenes Lehramt an einer allgemeinbildenden Schule, soweit nicht anderweitig eingereiht –[6])
– mit der Befähigung für ein sonderpädagogisches Lehramt –[6])
– im Pädagogischen Dienst im Justizvollzug –[6])

Oberamtsanwältin, Oberamtsanwalt[7])

Pfarrerin, Pfarrer[1])

Rätin, Rat[8])[9])[10])

Realschulkonrektorin, Realschulkonrektor
– einer Realschule mit bis zu 180 Schülerinnen und Schülern –[4])

Rektorin, Rektor
– als Fachdienstleitung im Pädagogischen Dienst im Justizvollzug –[4])

Sekundarschulrektorin, Sekundarschulrektor
– als didaktische Leiterin oder didaktische Leiter an einer noch nicht voll ausgebauten Sekundarschule mit weniger als vier Zügen in vier Jahrgangsstufen –[11])
– als Koordinatorin oder Koordinator lernbereichs- und abteilungsübergreifender Aufgaben –[11])[12])
– als Leiterin oder Leiter einer Abteilung mit mehr als 180 bis zu 360 Schülerinnen und Schülern einer Sekundarschule –[11])

Studienrätin, Studienrat
– an Fachhochschulen –
– im Hochschuldienst –
– mit der Befähigung für das Lehramt an Berufskollegs –
– mit der Befähigung für das Lehramt an Gymnasien und Gesamtschulen –[13])

Verwaltungsdirektorin, Verwaltungsdirektor einer Hochschule[1])

Zweite Konrektorin, Zweiter Konrektor
– einer Grundschule oder Hauptschule mit mehr als 540 Schülerinnen und Schülern –[4])

---

1) Soweit nicht in der Besoldungsgruppe A 14.

2) Nur an einer Gesamtschule mit mindestens vier Zügen in drei Jahrgangsstufen. An einer Gesamtschule mit mindestens sechs Zügen in drei Jahrgangsstufen dürfen zwei Stellen für das Amt vorgesehen werden.

3) Soweit nicht in den Besoldungsgruppen A 14, A 15, A 16.

4) Erhält eine Amtszulage nach Anlage 14.

5) Erhält eine Amtszulage nach Anlage 14.

6) Als Einstiegsamt.

7) Für Funktionen einer Amtsanwältin oder eines Amtsanwalts bei einer Staatsanwaltschaft, die sich von denen der Besoldungsgruppe A 13 abheben, können nach Maßgabe sachgerechter Bewertung bis zu 25 Prozent der Stellen für Oberamtsanwältinnen und Oberamtsanwälte mit einer Amtszulage nach Anlage 14 ausgestattet werden.

8) Als zweites Einstiegsamt für Laufbahnen der Laufbahngruppe 2 sowie als Beförderungsamt für Laufbahnen der Laufbahngruppe 2, erstes Einstiegsamt.

9) Für Beamtinnen und Beamte der Laufbahngruppe 2, erstes Einstiegsamt der technischen Dienste können für Funktionen, die sich von denen der Besoldungsgruppe A 13 abheben, nach Maßgabe sachgerechter Bewertung bis zu 25 Prozent der für technische Beamtinnen und Beamte ausgebrachten Stellen der Besoldungsgruppe A 13 mit einer Amtszulage nach Anlage 14 ausgestattet werden.

10) Für Beamtinnen und Beamte der Rechtspflegerlaufbahn können für Funktionen der Rechtspflegerinnen und Rechtspfleger bei Gerichten und Staatsanwaltschaften, die sich von denen der Besoldungsgruppe A 13 abheben, nach Maßgabe sachgerechter Bewertung bis zu 25 Prozent der für Rechtspflegerinnen und Rechtspfleger ausgebrachten Stellen der Besoldungsgruppe A 13 mit einer Amtszulage nach Anlage 14 ausgestattet werden.

11) Erhält eine Amtszulage nach Anlage 14.

12) Nur an einer Sekundarschule mit mindestens fünf Zügen. An einer Sekundarschule mit acht und mehr Zügen dürfen zwei Stellen für das Amt vorgesehen werden.

13) Für dieses Amt dürfen an Gesamtschulen höchstens 33 Prozent der Planstellen für die Sekundarstufe I

und an Sekundarschulen höchstens 16,5 Prozent der Planstellen ausgewiesen werden.

Besoldungsgruppe A 14

Ärztin, Arzt[1])

Akademische Oberrätin, Akademischer Oberrat

- als wissenschaftliche oder künstlerische Mitarbeiterin, als wissenschaftlicher oder künstlerischer Mitarbeiter an einer Hochschule –

Chefärztin, Chefarzt[2])

Förderschulkonrektorin, Förderschulkonrektor

- einer Förderschule, deren Leitung in Besoldungsgruppe A 14 mit Amtszulage eingestuft ist –
- einer Förderschule, deren Leitung mindestens in Besoldungsgruppe A 15 eingestuft ist –[3])
- Förderschulrektorin, Förderschulrektor
- einer Förderschule mit Förderschwerpunkt Lernen mit bis zu 100 Schülerinnen und Schülern oder einer sonstigen Förderschule mit bis zu 60 Schülerinnen und Schülern –
- einer Förderschule mit Förderschwerpunkt Lernen mit 101 bis 200 Schülerinnen und Schülern oder einer sonstigen Förderschule mit 61 bis 120 Schülerinnen und Schülern –[3])

Gesamtschulrektorin, Gesamtschulrektor

- als didaktische Leiterin oder didaktischer Leiter an einer Gesamtschule mit noch nicht voll ausgebauter Sekundarstufe I –[4])
- als ständige Vertreterin oder ständiger Vertreter der Leitung einer Gesamtschule, bei der die Voraussetzungen der Fußnote 6 zur Besoldungsgruppe A 15 nicht erfüllt sind –[3])
- als Koordinatorin oder Koordinator lernbereichs- und abteilungsübergreifender Aufgaben –[5])
- als Leiterin oder Leiter einer Abteilung mit mehr als 180 bis zu 360 Schülerinnen und Schülern der Sekundarstufe I an einer Gesamtschule –
- als Leiterin oder Leiter einer Abteilung mit mehr als 360 Schülerinnen und Schülern der Sekundarstufe I an einer Gesamtschule –[3])

Geschäftsführerin, Geschäftsführer bei einer Handwerkskammer[1])[2])

Konrektorin, Konrektor

- als Fachleiterin oder Fachleiter in der Lehrerfortbildung auf Bezirksebene –[6])
- einer Schule im organisatorischen Zusammenschluss mit mehr als 360 Realschülerinnen und Realschülern –
- einer Schule im organisatorischen Zusammenschluss mit mehr als 180 und höchstens 360 Realschülerinnen und Realschülern und gleichzeitig insgesamt mehr als 360 Schülerinnen und Schülern –

Konrektorin, Konrektor an einem Weiterbildungskolleg

- als Abteilungsleiterin oder Abteilungsleiter für den Bildungsgang Abendrealschule mit bis zu 240 Studierenden –
- als Abteilungsleiterin oder Abteilungsleiter für den Bildungsgang Abendrealschule mit mehr als 240 Studierenden –[3])

Oberärztin, Oberarzt[7])

Oberkonservatorin, Oberkonservator

Oberkustodin, Oberkustos

Oberrätin, Oberrat

Oberstudienrätin, Oberstudienrat

- an Fachhochschulen –
- im Hochschuldienst –
- mit der Befähigung für das Lehramt an Berufskollegs –
- mit der Befähigung für das Lehramt an Gymnasien und Gesamtschulen –

Pfarrerin, Pfarrer[1])

Realschulkonrektorin, Realschulkonrektor

- einer Realschule mit mehr als 180 bis zu 360 Schülerinnen und Schülern –
- einer Realschule mit mehr als 360 Schülerinnen und Schülern –[3])

- eines Weiterbildungskollegs des Bildungsgangs Abendrealschule mit 121 bis 240 Schülerinnen und Schülern –
- eines Weiterbildungskollegs des Bildungsgangs Abendrealschule mit mehr als 240 Schülerinnen und Schülern –[3])
- einer Förderschule im Bildungsbereich der Realschule mit 61 bis 120 Schülerinnen und Schülern –[8])
- einer Förderschule im Bildungsbereich der Realschule mit mehr als 120 Schülerinnen und Schülern –[3])[8])

Realschulrektorin, Realschulrektor
- einer Realschule mit bis zu 180 Schülerinnen und Schülern –
- einer Realschule mit mehr als 180 bis zu 360 Schülerinnen und Schülern –[3])
- eines Weiterbildungskollegs des Bildungsgangs Abendrealschule mit bis zu 120 Schülerinnen und Schülern –
- eines Weiterbildungskollegs des Bildungsgangs Abendrealschule mit 121 bis 240 Schülerinnen und Schülern –[3])
- einer Förderschule im Bildungsbereich der Realschule mit bis zu 60 Schülerinnen und Schülern –[8])
- einer Förderschule im Bildungsbereich der Realschule mit 61 bis 120 Schülerinnen und Schülern –[3])[8])

Regierungsschulrätin, Regierungsschulrat
- als Dezernentin oder Dezernent in der Schulaufsicht auf Bezirksebene –
- im Schulaufsichtsdienst –

Rektorin, Rektor
- als didaktische Leiterin oder didaktischer Leiter an einer noch nicht voll ausgebauten Sekundarschule mit mindestens vier Zügen in vier Jahrgangsstufen –
- als didaktische Leiterin oder didaktischer Leiter einer voll ausgebauten Sekundarschule –[9])
- als ständige Vertreterin oder ständiger Vertreter der Leitung einer voll ausgebauten Sekundarschule oder einer Sekundarschule mit mindestens vier Zügen in drei Jahrgangsstufen –[9])
- als ständige Vertreterin oder ständiger Vertreter einer Sekundarschulleitung, bei der die Voraussetzungen für die Einstufung der Leitung in Besoldungsgruppe A 15 nicht erfüllt sind –
- einer Grundschule oder Hauptschule –
- als Leitung der Abteilung Pädagogisches Zentrum bei der Justizvollzugsbehörde Münster –
- als Leiterin oder Leiter einer Abteilung mit mehr als 360 Schülerinnen und Schülern an einer Sekundarschule –
- einer Schule im organisatorischen Zusammenschluss mit bis zu 180 Schülerinnen und Schülern –
- einer Schule im organisatorischen Zusammenschluss mit mehr als 180 bis zu 360 Schülerinnen und Schülern –[3])
- einer Schule im organisatorischen Zusammenschluss mit mehr als 360 Schülerinnen und Schülern –[7])[10])

Rektorin, Rektor an einem Weiterbildungskolleg
- als ständige Vertreterin oder ständiger Vertreter der Leitung eines nicht voll ausgebauten Weiterbildungskollegs mit mindestens zwei Bildungsgängen, darunter dem Bildungsgang Abendrealschule –

Schulrätin, Schulrat
- als Schulaufsichtsbeamtin oder Schulaufsichtsbeamter auf Kreisebene –[3])
- an der Qualitäts- und Unterstützungs-Agentur – Landesinstitut für Schule –[3])
- als Leitung des Fachbereichs Pädagogik im Justizvollzug Nordrhein-Westfalen –[3])[7])

Sekundarschulrektorin, Sekundarschulrektor
- einer Sekundarschule, bei der die Voraussetzungen für die Einstufung der Leitung in Besoldungsgruppe A 15 nicht erfüllt sind –[9])

Verwaltungsdirektorin, Verwaltungsdirektor einer Hochschule[1])

Zweite Realschulkonrektorin, Zweiter Realschulkonrektor
- einer Realschule mit mehr als 540 Schülerinnen und Schülern –

[1]) Soweit nicht in der Besoldungsgruppe A 13.

[2]) Soweit nicht in den Besoldungsgruppen A 15, A 16.

[3]) Erhält eine Amtszulage nach Anlage 14.

[4]) Erhält an einer Gesamtschule mit mindestens vier Zügen in vier Jahrgangsstufen eine Amtszulage nach Anlage 14.

[5]) Nur an einer Gesamtschule mit mindestens fünf Zügen. An einer Gesamtschule mit acht und mehr Zügen dürfen zwei Stellen für das Amt vorgesehen werden.

[6]) Dieses Amt kann nur Fachleiterinnen oder Fachleitern mit der Befähigung für ein schulform- oder schulstufenbezogenes Lehramt für die Sekundarstufe I oder für ein sonderpädagogisches Lehramt verliehen werden.

[7]) Soweit nicht in Besoldungsgruppe A 15.

[8]) Dieses Amt kann nur Beamtinnen oder Beamten mit der Befähigung für ein sonderpädagogisches Lehramt und für ein schulform- oder schulstufenbezogenes Lehramt für die Sekundarstufe I verliehen werden.

[9]) Erhält eine Amtszulage nach Anlage 14.

[10]) Erhält eine Amtszulage nach Anlage 14.

Besoldungsgruppe A 15

Akademische Direktorin, Akademischer Direktor
- als wissenschaftliche oder künstlerische Mitarbeiterin, als wissenschaftlicher oder künstlerischer Mitarbeiter an einer Hochschule –

Chefärztin, Chefarzt[1])

Dekanin, Dekan[2])

Direktorin, Direktor

Direktorin, Direktor eines Zentrums für schulpraktische Lehrerausbildung
- für Lehrämter der Laufbahngruppe 2, erstes Einstiegsamt –[3])
- mit mindestens einem Seminar für Lehrämter der Laufbahngruppe 2, zweites Einstiegsamt und bis zu 220 Lehramtsanwärterinnen und Lehramtsanwärtern –[4])

Direktorin, Direktor an einer Gesamtschule
- als didaktische Leiterin oder didaktischer Leiter an einer Gesamtschule, bei der die Voraussetzungen für die Einstufung der Leitung in Besoldungsgruppe A 16 erfüllt sind oder die Sekundarstufe I voll ausgebaut ist, aber nicht mehr als 1000 Schülerinnen und Schüler vorhanden sind –
- als ständige Vertreterin oder ständiger Vertreter der Leitung einer Gesamtschule mit voll ausgebauter Sekundarstufe I oder an einer Gesamtschule mit mindestens vier Zügen in drei Jahrgangsstufen –
- als ständige Vertreterin oder ständiger Vertreter an einer Gesamtschule, deren Leitung in die Besoldungsgruppe A 16 eingestuft ist –[4])
- als Leiterin oder Leiter der Sekundarstufe II an einer Gesamtschule –[5])

Direktorin, Direktor an einer Sekundarschule
- als ständige Vertreterin oder ständiger Vertreter der Leitung einer voll ausgebauten Sekundarschule oder einer voll ausgebauten Sekundarschule mit mindestens vier Zügen in drei Jahrgangsstufen und einer Schülerzahl von mehr als 750 –

Direktorin, Direktor an einem Weiterbildungskolleg
- als ständige Vertreterin oder ständiger Vertreter der Leitung eines voll ausgebauten Weiterbildungskollegs mit mindestens zwei Bildungsgängen, darunter dem Bildungsgang Abendrealschule –[4])

Direktorin, Direktor an einem Zentrum für schulpraktische Lehrerausbildung
- als Leiterin oder Leiter eines Seminars für ein Lehramt –

Förderschulrektorin, Förderschulrektor
- einer Förderschule mit Schwerpunkt Lernen mit mehr als 200 Schülerinnen und Schülern oder einer sonstigen Förderschule mit mehr als 120 Schülerinnen und Schülern –
- einer Förderschule im Bildungsbereich des Gymnasiums oder eines Berufskollegs oder einer sonstigen Förderschule mit angegliederten Gymnasial- oder Berufskollegsklassen –

Gesamtschuldirektorin, Gesamtschuldirektor
- einer Gesamtschule, deren Leitung die Einstufung in die Besoldungsgruppe A 16 nicht erfüllt –[6])

III

Geschäftsführerin, Geschäftsführer bei einer Handwerkskammer[7])

Hauptkonservatorin, Hauptkonservator

Hauptkustodin, Hauptkustos

Kollegdirektorin, Kollegdirektor
- eines nicht voll ausgebauten Weiterbildungskollegs mit mindestens zwei Bildungsgängen, darunter dem Bildungsgang Abendrealschule –[8])

Kurdirektorin, Kurdirektor
- als Leitung der Kurverwaltung Bad Meinberg –

Museumsdirektorin und Professorin, Museumsdirektor und Professor

Oberärztin, Oberarzt[9])

Oberverwaltungsdirektorin, Oberverwaltungsdirektor einer Hochschule

Realschulrektorin, Realschulrektor
- einer Realschule mit mehr als 360 Schülerinnen und Schülern –
- eines Weiterbildungskollegs des Bildungsgangs Abendrealschule mit mehr als 240 Schülerinnen und Schülern –
- einer Förderschule im Bildungsbereich der Realschule mit mehr als 120 Schülerinnen und Schülern –[10])

Regierungsschuldirektorin, Regierungsschuldirektor
- als Dezernentin oder Dezernent in der Schulaufsicht auf Bezirksebene –
- als Referentin oder Referent am Landesamt für Qualitätssicherung und Informationstechnologie der Lehrerausbildung –[4])
- an der Qualitäts- und Unterstützungs-Agentur – Landesinstitut für Schule –
- an der Zentralstelle für Fernunterricht –
- in der Schulaufsicht –

Rektorin, Rektor
- einer Schule im organisatorischen Zusammenschluss mit mehr als 360 Realschülerinnen und Realschülern –
- einer Schule im organisatorischen Zusammenschluss mit mehr als 180 und höchstens 360 Realschülerinnen und Realschüler und gleichzeitig insgesamt mehr als 360 Schülerinnen und Schüler –

Schulamtsdirektorin, Schulamtsdirektor
- als Schulaufsichtsbeamtin oder Schulaufsichtsbeamter auf Kreisebene –

Schulrätin, Schulrat
- als Leitung des Fachbereichs Pädagogik im Justizvollzug Nordrhein-Westfalen –[9])

Sekundarschuldirektorin, Sekundarschuldirektor
- einer voll ausgebauten Sekundarschule oder einer Sekundarschule mit mindestens vier Zügen in drei Jahrgangsstufen –[11])

Stellvertretende Geschäftsführerin, Stellvertretender Geschäftsführer eines Medizinischen Dienstes der Krankenversicherung in Nordrhein-Westfalen[2])

Studiendirektorin, Studiendirektor
- als Fachberaterin oder Fachberater in der Schulaufsicht, als Fachleiterin oder Fachleiter an Zentren für schulpraktische Lehrerausbildung oder zur Koordinierung schulfachlicher Aufgaben –[12])
- als Fachleiterin oder Fachleiter in der Lehrerfortbildung auf Bezirksebene –[13])
- als ständige Vertreterin oder ständiger Vertreter der Leitung eines Berufskollegs mit mehr als 80 bis zu 360 Schülerinnen und Schülern –[14])
- als ständige Vertreterin oder ständiger Vertreter der Leitung eines Berufskollegs mit mehr als 360 Schülerinnen und Schülern –[4])[14])
- als ständige Vertreterin oder ständiger Vertreter der Leitung eines Gymnasiums im Aufbau mit
  - mehr als 540 Schülerinnen und Schülern, wenn die oberste Jahrgangsstufe fehlt –[4])
  - mehr als 670 Schülerinnen und Schülern, wenn die zwei oberen Jahrgangsstufen fehlen –[4])
  - mehr als 800 Schülerinnen und Schülern, wenn die drei oberen Jahrgangsstufen fehlen –[4])

- als ständige Vertreterin oder ständiger Vertreter der Leitung eines nicht voll ausgebauten Gymnasiums –
- als ständige Vertreterin oder ständiger Vertreter der Leitung eines voll ausgebauten Gymnasiums mit bis zu 360 Schülerinnen und Schülern –
- als ständige Vertreterin oder ständiger Vertreter der Leitung eines voll ausgebauten Gymnasiums mit mehr als 360 Schülerinnen und Schülern –[4])
- als ständige Vertreterin oder ständiger Vertreter der Leitung eines voll ausgebauten Oberstufengymnasiums –
- als ständige Vertreterin oder ständiger Vertreter der Leitung eines zweizügig voll ausgebauten Oberstufengymnasiums –[4])
- als Leiterin oder Leiter eines Berufskollegs mit bis zu 80 Schülerinnen und Schülern –[14])
- als Leiterin oder Leiter eines Berufskollegs mit mehr als 80 bis zu 360 Schülerinnen und Schülern –[4])[14])
- als Leiterin oder Leiter eines nicht voll ausgebauten Gymnasiums oder eines voll ausgebauten Gymnasiums mit bis zu 360 Schülerinnen und Schülern oder eines voll ausgebauten Oberstufengymnasiums –[4])
- einer Förderschule im Bildungsbereich des Gymnasiums oder eines Berufskollegs oder einer sonstigen Förderschule mit angegliederten Gymnasial- oder Berufskollegklassen – (soweit nicht anderweitig eingestuft) –
- im Hochschuldienst –[15])

Studiendirektorin, Studiendirektor[16])

- als ständige Vertreterin oder ständiger Vertreter der Leitung einer Förderschule im Bildungsbereich des Gymnasiums oder eines Berufskollegs mit 61 bis 180 Schülerinnen und Schülern –[14])
- als ständige Vertreterin oder ständiger Vertreter der Leitung einer Förderschule im Bildungsbereich des Gymnasiums oder eines Berufskollegs mit mehr als 180 Schülerinnen und Schülern –[4])[14])
- als ständige Vertreterin oder ständiger Vertreter der Leitung einer Förderschule mit mehr als 90 Schülerinnen und Schülern mit angegliederten Gymnasial- oder Berufskollegklassen, wenn zu den angegliederten Bildungsbereichen mehr als 30 Schülerinnen und Schüler zählen –[14])
- als ständige Vertreterin oder ständiger Vertreter der Leitung einer Förderschule mit mehr als 180 Schülerinnen und Schülern mit angegliederten Gymnasial- oder Berufskollegklassen, wenn zu den angegliederten Bildungsbereichen mehr als 60 Schülerinnen und Schüler zählen –[4])[14])
- einer Förderschule im Bildungsbereich des Gymnasiums oder eines Berufskollegs mit 61 bis 180 Schülerinnen und Schülern –[4])[14])
- einer Förderschule mit mehr als 90 Schülerinnen und Schülern mit angegliederten Gymnasial- oder Berufskollegsklassen, wenn zu den angegliederten Bildungsbereichen mehr als 30 Schülerinnen und Schüler zählen –[4])[14])

---

[1]) Soweit nicht in den Besoldungsgruppen A 14, A 16.

[2]) Soweit nicht in der Besoldungsgruppe A 16.

[3]) Erhält an einem Zentrum für schulpraktische Lehrerausbildung mit mehr als 220 Lehramtsanwärterinnen oder Lehramtsanwärtern eine Amtszulage nach Anlage 14.

[4]) Erhält eine Amtszulage nach Anlage 14.

[5]) Dieses Amt kann nur Beamtinnen und Beamten, die die Befähigung für ein schulform- oder schulstufenbezogenes Lehramt für die Sekundarstufe II mit der Berechtigung zum Unterrichten eines Faches in der gymnasialen Oberstufe besitzen, und im Rahmen der Obergrenze nach Fußnote 12) zur Besoldungsgruppe A 15 verliehen werden.

[6]) Erhält als Leitung einer Gesamtschule mit voll ausgebauter Sekundarstufe I oder mit mindestens vier Zügen in drei Jahrgangsstufen eine Amtszulage nach Anlage 14.

[7]) Soweit nicht in den Besoldungsgruppen A 13, A 14 und A 16.

[8]) Erhält als Leitung eines Weiterbildungskollegs mit voll ausgebautem Bildungsgang Abendrealschule eine Amtszulage nach Anlage 14.

[9]) Soweit nicht in der Besoldungsgruppe A 14.

[10]) Dieses Amt kann nur Beamtinnen und Beamten mit der Befähigung für ein sonderpädagogisches Lehramt und für ein schulform- oder schulstufenbezogenes Lehramt für die Sekundarstufe I verliehen werden.

[11]) Erhält bei einer Schülerzahl von mehr als 750 eine Amtszulage nach Anlage 14.

[12]) Höchstens 30 Prozent der Gesamtzahl der planmäßigen Beamtinnen und Beamten in der Laufbahn der Studienrätinnen und Studienräte.

[13]) Stellen für dieses Amt dürfen nur unter Anrechnung auf den haushaltsmäßig festgelegten Stellenanteil nach Fußnote 12) zur Besoldungsgruppe A 15 ausgebracht werden.

[14]) Bei Schulen mit Teilzeitunterricht rechnen 2,5 Unterrichtsteilnehmerinnen oder Unterrichtsteilnehmer mit Teilzeitunterricht als eine/einer.

[15]) Nur in Stellen von besonderer Bedeutung.

[16]) Dieses Amt kann nur Beamtinnen und Beamten mit der Befähigung für ein sonderpädagogisches Lehramt und für ein schulform- oder schulstufenbezogenes Lehramt für die Sekundarstufe II verliehen werden.

Besoldungsgruppe A 16

Abteilungsdirektorin, Abteilungsdirektor

Abteilungspräsidentin, Abteilungspräsident

Chefärztin, Chefarzt[1])

Dekanin, Dekan[2])

Geschäftsführerin, Geschäftsführer bei der Handwerkskammer Bielefeld, Dortmund, Köln, Münster
- als die ständige Vertretung der Hauptgeschäftsführerin/des Hauptgeschäftsführers –[3])

Geschäftsführerin, Geschäftsführer bei der Handwerkskammer Düsseldorf[4])

Kurdirektorin, Kurdirektor
- als Leitung der Kurverwaltung Bad Salzuflen –

Landeskonservatorin, Landeskonservator

Landstallmeisterin und Direktorin, Landstallmeister und Direktor der Deutschen Reitschule

Leitende Akademische Direktorin, Leitender Akademischer Direktor
- als wissenschaftliche oder künstlerische Mitarbeiterin, als wissenschaftlicher oder künstlerischer Mitarbeiter an einer Hochschule –[5])

Leitende Direktorin, Leitender Direktor

Leitende Direktorin, Leitender Direktor eines Zentrums für schulpraktische Lehrerausbildung
- mit mindestens einem Seminar für Lehrämter der Laufbahngruppe 2, zweites Einstiegsamt und mehr als 220 Lehramtsanwärterinnen und Lehramtsanwärtern –

Leitende Gesamtschuldirektorin, Leitender Gesamtschuldirektor
- einer Gesamtschule mit voll ausgebauter gymnasialer Oberstufe oder einer Gesamtschule mit voll ausgebauter Sekundarstufe I und mehr als 1000 Schülerinnen und Schülern –

Leitende Kollegdirektorin, Leitender Kollegdirektor
- eines voll ausgebauten Weiterbildungskollegs mit mindestens zwei Bildungsgängen, darunter dem Bildungsgang Abendrealschule –

Leitende Regierungsdirektorin, Leitender Regierungsdirektor
- als Leiterin oder Leiter eines Arbeitsbereichs am Landesamt für Qualitätssicherung und Informationstechnologie der Lehrerausbildung –
- als ständige Vertreterin oder ständiger Vertreter der Leitung des Landesamtes für Qualitätssicherung und Informationstechnologie der Lehrerausbildung –

Leitende Regierungsschuldirektorin, Leitender Regierungsschuldirektor
- als Leiterin oder Leiter eines Arbeitsbereichs am Landesamt für Qualitätssicherung und Informationstechnologie der Lehrerausbildung –
- als Dezernentin oder Dezernent in der Schulaufsicht auf Bezirksebene –
- an der Qualitäts- und Unterstützungs-Agentur – Landesinstitut für Schule –

Leitende Schulamtsdirektorin, Leitender Schulamtsdirektor
- als leitende Schulaufsichtsbeamtin oder leitender Schulaufsichtsbeamter auf Kreisebene, der oder dem mindestens sechs

weitere Schulaufsichtsbeamtinnen und Schulaufsichtsbeamte unterstellt sind –

Ministerialrätin, Ministerialrat
- bei einer obersten Landesbehörde –[6])
- als Leitung eines Referats beim Landesbeauftragten für Datenschutz und Informationsfreiheit –[3])

Museumsdirektorin und Professorin, Museumsdirektor und Professor

Oberstudiendirektorin, Oberstudiendirektor
- eines Berufskollegs mit mehr als 360 Schülerinnen und Schülern –[7])
- eines Gymnasiums im Aufbau mit mehr als 540 Schülerinnen und Schülern, wenn die oberste Jahrgangsstufe fehlt, oder mit mehr als 670 Schülerinnen und Schülern, wenn die zwei oberen Jahrgangsstufen fehlen, oder mit mehr als 800 Schülerinnen und Schülern, wenn die drei oberen Jahrgangsstufen fehlen –
- eines voll ausgebauten Gymnasiums mit mehr als 360 Schülerinnen und Schülern –
- eines zweizügig voll ausgebauten Oberstufengymnasiums –

Oberstudiendirektorin, Oberstudiendirektor[8])
- einer Förderschule im Bildungsbereich des Gymnasiums oder eines Berufskollegs mit mehr als 180 Schülerinnen und Schülern –[7])
- einer Förderschule mit mehr als 180 Schülerinnen und Schülern mit angegliederten Gymnasial- oder Berufsschulklassen, wenn zu den angegliederten Bildungsbereichen mehr als 60 Schülerinnen und Schüler zählen –[7])

Polizeipräsidentin, Polizeipräsident[9])

Stellvertretende Geschäftsführerin, Stellvertretender Geschäftsführer eines Medizinischen Dienstes der Krankenversicherung in Nordrhein-Westfalen[2])

---

[1]) Soweit nicht in den Besoldungsgruppen A 14, A 15.

[2]) Soweit nicht in der Besoldungsgruppe A 15.

[3]) Soweit nicht in der Besoldungsgruppe B 2.

[4]) Soweit nicht in den Besoldungsgruppen A 13, A 14, A 15.

[5]) Nur in Stellen von besonderer Bedeutung.

[6]) Soweit nicht in den Besoldungsgruppen B 2, B 3.

[7]) Bei Schulen mit Teilzeitklassen rechnen 2,5 Unterrichtsteilnehmerinnen oder Unterrichtsteilnehmer mit Teilzeitunterricht als eine/einer.

[8]) Dieses Amt kann nur Beamtinnen und Beamten mit der Befähigung für ein sonderpädagogisches Lehramt und mit der Befähigung für ein schulform- oder schulstufenbezogenes Lehramt für die Sekundarstufe II verliehen werden.

[9]) Soweit nicht in der Besoldungsgruppe B 2, B 4 oder B 5.

Anlage 2

Landesbesoldungsordnung B

Besoldungsgruppe B 2

Abteilungsdirektorin, Abteilungsdirektor
- als die ständige Vertretung der Direktorin oder des Direktors des Landesamtes für Finanzen –
- als die ständige Vertretung der Direktorin oder des Direktors des Landesbetriebs Geologischer Dienst –
- als die ständige Vertretung der Direktorin oder des Direktors der Qualitäts- und UnterstützungsAgentur – Landesinstitut für Schule –
- als Leitung eines Geschäftsbereichs beim Bau- und Liegenschaftsbetrieb –

Abteilungsdirektorin, Abteilungsdirektor oder Abteilungspräsidentin, Abteilungspräsident
- als Leitung einer großen und bedeutenden Abteilung

bei einer Mittel- oder Oberbehörde des Landes –

bei einer sonstigen Dienststelle oder Einrichtung, wenn deren Leitung mindestens in Besoldungsgruppe B 5 eingestuft ist –
- als Leitung einer großen und bedeutsamen Gruppe bei der Oberfinanzdirektion, sofern sie für ihre und mindestens eine weitere Gruppe die Vertretung der Finanzpräsidentin oder des Finanzpräsidenten ist –

Direktorin, Direktor der Akademie für öffentliches Gesundheitswesen

Direktorin, Direktor der Berufsfeuerwehr
- bei einer Stadt mit mehr als 600 000 Einwohnern –[1])

Direktorin, Direktor des Hochschulbibliothekszentrums

Direktorin, Direktor des Instituts der Feuerwehr

Direktorin, Direktor des Landesbetriebs Mess- und Eichwesen Nordrhein-Westfalen

Direktorin, Direktor des Landesmuseums für Kunst und Kulturgeschichte in Münster[1])

Direktorin, Direktor des Landesamtes für Qualitätssicherung und Informationstechnologie der Lehrerausbildung

Direktorin, Direktor des Rheinischen Industriemuseums

Direktorin, Direktor des Rheinischen Landesmuseums in Bonn[1])

Direktorin, Direktor des Römisch-Germanischen Museums in Köln (soweit nicht gleichzeitig Generaldirektorin, Generaldirektor der Museen der Stadt Köln)[1])

Direktorin, Direktor des Wallraf-Richartz-Museums in Köln (soweit nicht gleichzeitig Generaldirektorin, Generaldirektor der Museen der Stadt Köln)[1])

Direktorin, Direktor des Westfälischen Industriemuseums

Direktorin und Professorin, Direktor und Professor
- als Leitung einer wissenschaftlichen Forschungseinrichtung –[2])
- bei einer wissenschaftlichen Forschungseinrichtung oder in einem wissenschaftlichen Forschungsbereich als Leitung einer Abteilung, eines Fachbereichs, eines Instituts sowie einer großen oder bedeutenden Gruppe (Unterabteilung) oder eines großen oder bedeutenden Laboratoriums, soweit seine Leitung nicht einer Unterabteilungsleiterin oder Gruppenleiterin/einem Unterabteilungsleiter oder Gruppenleiter unmittelbar unterstellt ist –

Geschäftsführerin, Geschäftsführer bei der Handwerkskammer Bielefeld, Dortmund, Köln, Münster
- als die ständige Vertretung der Hauptgeschäftsführerin oder des Hauptgeschäftsführers –[3])

Geschäftsführerin, Geschäftsführer eines Medizinischen Dienstes der Krankenversicherung in Nordrhein-Westfalen[4])

Kanzlerin, Kanzler der Hochschule für Polizei und öffentliche Verwaltung

Leitende Direktorin, Leitender Direktor[1])

- als Leitung einer besonders großen und besonders bedeutenden Organisationseinheit in der Zentralverwaltung eines Landschaftsverbandes –
- als Leitung einer großen und bedeutenden Organisationseinheit einer Kreisverwaltung –
- als Leitung eines großen und bedeutenden Amtes der Verwaltung einer Stadt mit mehr als 100 000 Einwohnern –
- als Geschäftsleitung eines großen und bedeutenden Zweckverbandes mit einer Gesamtzahl von mehr als 100 000 Einwohnern der dem Zweckverband zugehörigen Gemeinden und Gemeindeverbände –

Leitende Direktorin, Leitender Direktor[1])

- als die ständige Vertretung der Finanzpräsidentin oder des Finanzpräsidenten –
- als Leitung eines Landeskrankenhauses (Fachklinik für Psychiatrie) mit mehr 800 Betten –

Leitende Kriminaldirektorin, Leitender Kriminaldirektor[5])

Leitende Polizeidirektorin, Leitender Polizeidirektor[5])

Ministerialrätin, Ministerialrat[6])[7])

- bei einer obersten Landesbehörde –
- als Leitung eines Referates beim Landesbeauftragten für Datenschutz und Informationsfreiheit –[4])

Polizeipräsidentin, Polizeipräsident

- in einem Polizeibereich mit mehr als 175 000 bis zu 300 000 Einwohnern –

Vizepräsidentin, Vizepräsident[8])

- als die ständige Vertretung einer in Besoldungsgruppe B 5 eingestuften Leitung einer Dienststelle oder sonstigen Einrichtung –

Vizepräsidentin, Vizepräsident des Landesamtes für Natur, Umwelt und Verbraucherschutz

---

[1]) Nach Maßgabe des Stellenplans. Für die Wahrnehmung der diesem Amt zugewiesenen Funktionen kann auch das Amt „Leitende Direktorin, Leitender Direktor" in der Besoldungsgruppe A 16 verliehen werden.

[2]) Soweit die Funktion nicht einem in eine höhere oder niedrigere Besoldungsgruppe eingestuften Amt zugeordnet ist. Ist in einer kollegial organisierten Forschungseinrichtung zusätzlich zu den sonstigen Funktionen die Leitung der Forschungseinrichtung mit zeitlicher Begrenzung übertragen, so wird für die Dauer der Wahrnehmung dieser Funktionen eine Stellenzulage nach Anlage 15 gewährt.

[3]) Soweit nicht in der Besoldungsgruppe A 16.

[4]) Soweit nicht in der Besoldungsgruppe B 3.

[5]) Nur beim für Inneres zuständigen Ministerium, soweit nicht in der Besoldungsgruppe A 16. Die Inhaberinnen oder Inhaber dieses Amtes sind im Rahmen der Fußnote 7) wie Ministerialrätinnen und Ministerialräte zu berücksichtigen.

[6]) Soweit nicht in den Besoldungsgruppen A 16, B 3.

[7]) Die Zahl der Planstellen für Leitende Ministerialrätinnen oder Leitende Ministerialräte in der Besoldungsgruppe B 3 und für Ministerialrätinnen oder Ministerialräte in den Besoldungsgruppen B 2 und B 3 darf zusammen 60 Prozent der Gesamtzahl der für Leitende Ministerialrätinnen und Leitende Ministerialräte in der Besoldungsgruppe B 3 und für Ministerialrätinnen und Ministerialräte ausgebrachten Planstellen nicht überschreiten.

[8]) Der Amtsbezeichnung kann ein Zusatz beigefügt werden, der auf die Dienststelle oder sonstige Einrichtung hinweist, der die Amtsinhaberin oder der Amtsinhaber angehört. Der Zusatz „und Professorin" oder „und Professor" darf beigefügt werden, wenn die Leitung der Dienststelle oder sonstigen Einrichtung diesen Zusatz in der Amtsbezeichnung führt.

Besoldungsgruppe B 3

Abteilungsdirektorin, Abteilungsdirektor

- als Leitung einer besonders großen oder besonders bedeutenden Abteilung bei einer Bezirksregierung –

Abteilungsdirektorin, Abteilungsdirektor der Landwirtschaftskammer Nordrhein-Westfalen

- als die ständige Vertretung der Direktorin oder des Direktors der Landwirtschaftskammer –

Direktorin, Direktor der Hochschule für Finanzen Nordrhein-Westfalen Direktorin

Direktor der Hochschule der Justiz Nordrhein-Westfalen

Direktorin, Direktor des Landesamtes für Ausbildung, Fortbildung und Personalangelegenheiten der Polizei

Direktorin, Direktor des Landesamtes zur Bekämpfung der Finanzkriminalität

Direktorin, Direktor des Landesamtes für Zentrale Polizeiliche Dienste

Direktorin, Direktor des Landeskriminalamtes

Direktorin, Direktor der Qualitäts- und UnterstützungsAgentur – Landesinstitut für Schule –

Direktorin, Direktor der Zentralstelle der Länder für Gesundheitsschutz bei Arzneimitteln und Medizinprodukten

Direktorin, Direktor der Zentralstelle für die Vergabe von Studienplätzen

Direktorin und Professorin, Direktor und Professor

- als Leitung einer wissenschaftlichen Forschungseinrichtung –[1])
- bei einer wissenschaftlichen Forschungseinrichtung oder in einem wissenschaftlichen Forschungsbereich als Leitung einer großen Abteilung, eines großen Fachbereichs oder eines großen Instituts –

Finanzpräsidentin, Finanzpräsident[2])[3])

Geschäftsführerin, Geschäftsführer bei der Handwerkskammer Düsseldorf

- als die ständige Vertretung der Hauptgeschäftsführerin oder des Hauptgeschäftsführers –[3])

Geschäftsführerin, Geschäftsführer eines Medizinischen Dienstes der Krankenversicherung in Nordrhein-Westfalen[4])

Hauptgeschäftsführerin, Hauptgeschäftsführer der Handwerkskammern Aachen, Arnsberg[3])

Leitende Direktorin, Leitender Direktor

- als Leitung eines besonders großen und besonders bedeutenden Amtes der Verwaltung einer Stadt mit mehr als 600 000 Einwohnerinnen und Einwohnern sowie der Landeshauptstadt Düsseldorf –[5])
- als Geschäftsleitung eines großen und bedeutenden Zweckverbandes mit einer Gesamtzahl von mehr als 600 000 Einwohnerinnen und Einwohnern der dem Zweckverband zugehörigen Gemeinden und Gemeindeverbände –

Leitende Ministerialrätin, Leitender Ministerialrat[6])

- bei einer obersten Landesbehörde

als Leitung einer Abteilung –[7])

als Leitung einer Unterabteilung oder als Leitung einer auf Dauer eingerichteten Gruppe von Referaten –[7])

als ständige Vertretung einer Abteilungsleitung, soweit keine Unterabteilungsleitung oder Gruppenleitung vorhanden ist –[7])[8])

Ministerialrätin, Ministerialrat

- bei einer obersten Landesbehörde, soweit nicht einer in Besoldungsgruppe B 3 oder B 4 eingestuften Gruppenleitung unterstellt –[6])[9])

Präsidentin, Präsident des Landesamtes für Verbraucherschutz und Ernährung

Präsidentin, Präsident des Landesarchivs

Vizepräsidentin als ständige Vertreterin, Vizepräsident als ständiger Vertreter der Präsidentin oder des Präsidenten der Hochschule für Polizei und öffentliche Verwaltung

---

[1]) Soweit die Funktion nicht einem in eine niedrigere Besoldungsgruppe eingestuften Amt zugeordnet ist. Ist in einer kollegial organisierten Forschungseinrichtung zusätzlich zu den sonstigen Funktionen die Leitung der Forschungseinrichtung mit zeitlicher Begrenzung übertragen, so wird für die Dauer der Wahrnehmung dieser Funktionen eine Stellenzulage nach Anlage 15 gewährt.

[2]) Als Vertreterin oder Vertreter der Oberfinanzpräsidentin oder des Oberfinanzpräsidenten in Besoldungsgruppe B 7.

[3]) Soweit nicht in der Besoldungsgruppe B 4.

[4]) Soweit nicht in der Besoldungsgruppe B 2.

[5]) Nach näherer Bestimmung durch den Stellenplan in höchstens drei Stellen.

[6]) Die Zahl der Planstellen für Leitende Ministerialrätinnen oder Leitende Ministerialräte in der Besol-

dungsgruppe B 3 und für Ministerialrätinnen oder Ministerialräte in den Besoldungsgruppen B 2 und B 3 darf zusammen 60 Prozent der Gesamtzahl der für Leitende Ministerialrätinnen und Leitende Ministerialräte in der Besoldungsgruppe B 3 und für Ministerialrätinnen und Ministerialräte ausgebrachten Planstellen nicht überschreiten.

[7]) Soweit die Funktion nicht einem in eine höhere oder niedrigere Besoldungsgruppe eingestuften Amt zugeordnet ist.

[8]) Dieses Amt kann auch mehr als einer Beamtin oder einem Beamten übertragen werden, soweit es in großen und bedeutenden Abteilungen erforderlich ist, die Stellvertreterfunktion aufzuteilen.

[9]) Soweit nicht in den Besoldungsgruppen A 16, B 2.

Besoldungsgruppe B 4

Direktorin, Direktor des Landesamtes für Besoldung und Versorgung

Direktorin, Direktor des Landesamtes für Finanzen

Direktorin, Direktor des Landesbetriebs Geologischer Dienst

Direktorin, Direktor des Materialprüfungsamts

Finanzpräsidentin, Finanzpräsident[1])[2])

Geschäftsführerin, Geschäftsführer bei der Handwerkskammer Düsseldorf

– als die ständige Vertretung der Hauptgeschäftsführerin oder des Hauptgeschäftsführers –[2])

Hauptgeschäftsführerin, Hauptgeschäftsführer der Handwerkskammer Aachen, Arnsberg[2])

Hauptgeschäftsführerin, Hauptgeschäftsführer der Handwerkskammer Bielefeld, Dortmund, Köln, Münster[3])

Inspekteurin, Inspekteur der Polizei

Landeskriminaldirektorin, Landeskriminaldirektor

– beim für Inneres zuständigen Ministerium –

Leitende Ministerialrätin, Leitender Ministerialrat

– als geschäftsführende Vertretung der Präsidentin oder des Präsidenten des Landesjustizprüfungsamts –
– als Landesschlichterin oder Landesschlichter –
– als Leitung des Arbeitsstabs EPOS.NRW –
– als Leitung der Stabsstelle und Vertretung des Beauftragten der Landesregierung Nordrhein-Westfalen für Informationstechnik (CIO) –
– als Mitglied des Landesrechnungshofs –
– als die ständige Vertretung der oder des Landesbeauftragten für Datenschutz und Informationsfreiheit –
– als Vertreterin oder Vertreter des für Finanzen zuständigen Ministeriums in der Tarifgemeinschaft deutscher Länder –

Leitende Ministerialrätin, Leitender Ministerialrat

– bei einer obersten Landesbehörde

als Leitung einer Abteilung –[4])

als Leitung einer Unterabteilung oder als Leitung einer auf Dauer eingerichteten Gruppe von Referaten unter einer oder einem in Besoldungsgruppe B 7 eingestuften Beamtin oder Beamten –[5])

als die ständige Vertretung einer oder eines in Besoldungsgruppe B 7 eingestuften Beamtin oder Beamten, soweit keine Unterabteilungsleitung oder Gruppenleitung vorhanden ist –[5])

Leiterin, Leiter der Landeszentrale für politische Bildung

Leiterin, Leiter des Rechenzentrums der Finanzverwaltung

Polizeipräsidentin, Polizeipräsident – in einem Polizeibereich mit mehr als 300 000 Einwohnern – oder mit 1000 bis 3500 Mitarbeiterinnen und Mitarbeitern

Präsidentin, Präsident der Hochschule für Polizei und öffentliche Verwaltung

Präsidentin, Präsident der Deutschen Hochschule der Polizei[6])

Präsidentin, Präsident des Landesamtes für Gesundheit und Arbeitsschutz Nordrhein-Westfalen

Regierungsvizepräsidentin, Regierungsvizepräsident

– als die ständige Vertretung einer oder eines in Besoldungsgruppe B 8 eingestuften Re-

III

gierungspräsidentin oder Regierungspräsidenten

Stellvertretende Geschäftsführerin, Stellvertretender Geschäftsführer der Unfallkasse Nordrhein-Westfalen

Stellvertreterin, Stellvertreter der Präsidentin oder des Präsidenten der Gemeindeprüfungsanstalt

Verbandsvorsteherin, Verbandsvorsteher des Landesverbandes Lippe[3])

Vizepräsidentin, Vizepräsident des Landesbetriebs Information und Technik

---

[1]) Als Vertretung der Oberfinanzpräsidentin oder des Oberfinanzpräsidenten in Besoldungsgruppe B 7.

[2]) Soweit nicht in der Besoldungsgruppe B 3.

[3]) Soweit nicht in der Besoldungsgruppe B 5.

[4]) Soweit die Funktion nicht einem in eine höhere oder niedrigere Besoldungsgruppe eingestuften Amt zugeordnet ist.

[5]) Soweit die Funktion nicht einem in eine niedrigere Besoldungsgruppe eingestuften Amt zugeordnet ist.

[6]) Soweit nicht in der Besoldungsgruppe W 3.

Besoldungsgruppe B 5

Direktorin, Direktor bei einem Regionalträger der gesetzlichen Rentenversicherung – als stellvertretende Geschäftsführerin oder stellvertretender Geschäftsführer oder Mitglied der Geschäftsführung, wenn die Erste Direktorin oder der Erste Direktor in Besoldungsgruppe B 6 eingestuft ist –

Direktorin, Direktor beim Landesrechnungshof

Direktorin, Direktor der Landwirtschaftskammer

Direktorin, Direktor der Unfallkasse Nordrhein-Westfalen

Generaldirektorin, Generaldirektor der Museen der Stadt Köln – gleichzeitig als Direktorin, Direktor des Wallraf-Richartz-Museums oder als Direktorin, Direktor des Römisch-Germanischen Museums –

Hauptgeschäftsführerin, Hauptgeschäftsführer der Handwerkskammer Bielefeld, Dortmund, Köln, Münster[1])

Leiterin, Leiter des Landesbetriebs Wald und Holz

Ministerialdirigentin, Ministerialdirigent

– bei einer obersten Landesbehörde als Leitung einer Abteilung –[2])

Polizeipräsidentin, Polizeipräsident – in einem Polizeibereich mit mehr als 300 000 Einwohnern und mit mehr als 3500 Mitarbeiterinnen und Mitarbeitern –

Präsidentin, Präsident des Hauses der Geschichte Nordrhein-Westfalen

Präsidentin, Präsident des Landesamtes für Natur, Umwelt und Verbraucherschutz

Verbandsvorsteherin, Verbandsvorsteher des Landesverbandes Lippe[3])

---

[1]) Soweit nicht in der Besoldungsgruppe B 4.

[2]) Soweit die Funktion nicht einem in eine niedrigere Besoldungsgruppe eingestuften Amt zugeordnet ist.

[3]) Im Falle der unmittelbaren Wiederwahl nach einer achtjährigen Amtszeit.

Besoldungsgruppe B 6

Direktorin, Direktor des Landesbetriebs Straßenbau

Erste Direktorin, Erster Direktor eines Regionalträgers der gesetzlichen Rentenversicherung

– als Geschäftsführerin, Geschäftsführer oder Vorsitzende, Vorsitzender der Geschäftsführung bei mehr als 3,7 Millionen Versicherten und laufenden Rentenfällen –

Hauptgeschäftsführerin, Hauptgeschäftsführer der Handwerkskammer Düsseldorf[1])

Ministerialdirigentin, Ministerialdirigent

– bei einer obersten Landesbehörde
  – als Leitung einer großen oder bedeutenden Abteilung –[2])
  – als Leitung einer Hauptabteilung –[3])

Präsidentin, Präsident des Landesbetriebs Information und Technik

---

[1]) Soweit nicht in der Besoldungsgruppe B 7.

[2]) Soweit nicht einer Hauptabteilungsleitung unterstellt, auch in Besoldungsgruppe B 7.

[3]) Soweit die Funktion nicht einem in Besoldungsgruppe B 7 eingestuften Amt zugeordnet ist.

Besoldungsgruppe B 7

Hauptgeschäftsführerin, Hauptgeschäftsführer der Handwerkskammer Düsseldorf[1])

Landesbeauftragte, Landesbeauftragter für den Datenschutz und Informationsfreiheit

Ministerialdirigentin, Ministerialdirigent
- bei einer obersten Landesbehörde
  - als Leitung einer großen oder bedeutenden Abteilung, soweit nicht einer Hauptabteilungsleitung unterstellt –[2])
  - als Leitung einer Hauptabteilung –[2])

Oberfinanzpräsidentin, Oberfinanzpräsident

Präsidentin, Präsident der Gemeindeprüfungsanstalt

Präsidentin, Präsident des Landesjustizprüfungsamts

Vizepräsidentin, Vizepräsident des Landesrechnungshofs

---

[1]) Soweit nicht in der Besoldungsgruppe B 6.

[2]) Soweit die Funktion nicht einem in Besoldungsgruppe B 6 eingestuften Amt zugeordnet ist.

Besoldungsgruppe B 8

Regierungspräsidentin, Regierungspräsident

Beauftragte, Beauftragter der Landesregierung Nordrhein-Westfalen für Informationstechnik (CIO)

Besoldungsgruppe B 9

Direktorin, Direktor beim Landtag

Besoldungsgruppe B 10

Chefin der Staatskanzlei und Staatssekretärin, Chef der Staatskanzlei und Staatssekretär

Präsidentin, Präsident des Landesrechnungshofs

Staatssekretärin, Staatssekretär

III

III

Anlage 3

Landesbesoldungsordnung R

Besoldungsgruppe R 1

Richterin, Richter am Amtsgericht

Richterin, Richter am Arbeitsgericht

Richterin, Richter am Landgericht

Richterin, Richter am Sozialgericht

Richterin, Richter am Verwaltungsgericht

Direktorin, Direktor des Amtsgerichts[1])

Direktorin, Direktor des Arbeitsgerichts[1])

Direktorin, Direktor des Sozialgerichts[1])

Staatsanwältin, Staatsanwalt[2])

---

[1]) An einem Gericht mit bis zu 3 Richterplanstellen, erhält eine Amtszulage nach Anlage 14.

[2]) Erhält als Gruppenleitung bei der Staatsanwaltschaft bei einem Landgericht mit 4 Planstellen und mehr für Staatsanwältinnen und Staatsanwälte eine Amtszulage nach Anlage 14; anstatt einer Planstelle für eine Oberstaatsanwältin oder einen Oberstaatsanwalt als Abteilungsleitung können bei einer Staatsanwaltschaft mit 4 und 5 Planstellen für Staatsanwältinnen und Staatsanwälte eine Planstelle für eine Staatsanwältin oder einen Staatsanwalt als Gruppenleitung und bei einer Staatsanwaltschaft mit 6 und mehr Planstellen für Staatsanwältinnen und Staatsanwälte hierfür 2 Planstellen für Staatsanwältinnen oder Staatsanwälte als Gruppenleitung ausgebracht werden.

Besoldungsgruppe R 2

Richterin, Richter am Amtsgericht
- als weitere aufsichtsführende Richterin oder weiterer aufsichtführender Richter –[1])
- als die ständige Vertretung einer Direktorin oder eines Direktors –[2])

Richterin, Richter am Arbeitsgericht
- als weitere aufsichtsführende Richterin oder weiterer aufsichtführender Richter –[1])
- als die ständige Vertretung einer Direktorin oder eines Direktors –[2])

Richterin, Richter am Finanzgericht

Richterin, Richter am Landessozialgericht

Richterin, Richter am Oberlandesgericht

Richterin, Richter am Oberverwaltungsgericht

Richterin, Richter am Sozialgericht
- als weitere aufsichtsführende Richterin oder weiterer aufsichtführender Richter –[1])
- als die ständige Vertretung einer Direktorin oder eines Direktors –[2])

Vorsitzende Richterin, Vorsitzender Richter am Landgericht

Vorsitzende Richterin, Vorsitzender Richter am Verwaltungsgericht

Direktorin, Direktor des Amtsgerichts[3])[9])

Direktorin, Direktor des Arbeitsgerichts[3])

Direktorin, Direktor des Sozialgerichts[3])

Vizepräsidentin, Vizepräsident des Amtsgerichts[4])

Vizepräsidentin, Vizepräsident des Arbeitsgerichts[4])

Vizepräsidentin, Vizepräsident des Landgerichts[5])

Vizepräsidentin, Vizepräsident des Sozialgerichts[4])

Vizepräsidentin, Vizepräsident des Verwaltungsgerichts[5])

Oberstaatsanwältin, Oberstaatsanwalt
- als Abteilungsleitung bei einer Staatsanwaltschaft bei einem Landgericht –[6])
- als Hauptabteilungsleitung bei einer Staatsanwaltschaft bei einem Landgericht –[7])
- als Dezernentin oder Dezernent bei einer Staatsanwaltschaft bei einem Oberlandesgericht –

Leitende Oberstaatsanwältin, Leitender Oberstaatsanwalt
- als Leitung einer Staatsanwaltschaft bei einem Landgericht –[8])

---

[1]) An einem Gericht mit 15 und mehr Richterplanstellen. Bei 22 Richterplanstellen und auf je 7 weitere Richterplanstellen kann für weitere aufsichtführende Richterinnen oder Richter je eine Richterplan-

stelle der Besoldungsgruppe R 2 ausgebracht werden.

[2]) An einem Gericht mit 8 und mehr Richterplanstellen.

[3]) An einem Gericht mit 4 und mehr Richterplanstellen; erhält an einem Gericht mit 8 bis 23 Richterplanstellen eine Amtszulage nach Anlage 14.

[4]) Als die ständige Vertretung einer Präsidentin oder eines Präsidenten der Besoldungsgruppe R 3 oder R 4; erhält an einem Gericht mit 16 und mehr Richterplanstellen eine Amtszulage nach Anlage 14.

[5]) Erhält als die ständige Vertretung einer Präsidentin oder eines Präsidenten der Besoldungsgruppe R 3 oder R 4 eine Amtszulage nach Anlage 14.

[6]) Auf je 4 Planstellen für Staatsanwältinnen und Staatsanwälte kann eine Planstelle für eine Oberstaatsanwältin oder einen Oberstaatsanwalt als Abteilungsleitung ausgebracht werden; erhält als die ständige Vertretung einer Leitenden Oberstaatsanwältin oder eines Leitenden Oberstaatsanwalts der Besoldungsgruppe R 3 oder R 4 eine Amtszulage nach Anlage 14.

[7]) Mit 101 und mehr Planstellen für Staatsanwältinnen und Staatsanwälte, erhält eine Amtszulage nach Anlage 14.

[8]) Mit bis zu 10 Planstellen für Staatsanwältinnen und Staatsanwälte; erhält eine Amtszulage nach Anlage 14.

[9]) Erhält an einem Gericht mit 24 und mehr Richterplanstellen eine Amtszulage nach Anlage 14.

Besoldungsgruppe R 3

Vorsitzende Richterin, Vorsitzender Richter am Finanzgericht

Vorsitzende Richterin, Vorsitzender Richter am Landesarbeitsgericht

Vorsitzende Richterin, Vorsitzender Richter am Landessozialgericht

Vorsitzende Richterin, Vorsitzender Richter am Oberlandesgericht

Vorsitzende Richterin, Vorsitzender Richter am Oberverwaltungsgericht

Präsidentin, Präsident des Amtsgerichts[1])

Präsidentin, Präsident des Arbeitsgerichts[1])

Präsidentin, Präsident des Landgerichts[1])

Präsidentin, Präsident des Sozialgerichts[1])

Präsidentin, Präsident des Verwaltungsgerichts[1])

Vizepräsidentin, Vizepräsident des Amtsgerichts[2])

Vizepräsidentin, Vizepräsident des Finanzgerichts[3])

Vizepräsidentin, Vizepräsident des Landesarbeitsgerichts[3])

Vizepräsidentin, Vizepräsident des Landessozialgerichts[3])

Vizepräsidentin, Vizepräsident des Landgerichts[2])

Vizepräsidentin, Vizepräsident des Oberlandesgerichts[3])

Vizepräsidentin, Vizepräsident des Oberverwaltungsgerichts[3])

Vizepräsidentin, Vizepräsident des Verwaltungsgerichts[2])

Leitende Oberstaatsanwältin, Leitender Oberstaatsanwalt

- als Leitung einer Staatsanwaltschaft bei einem Landgericht –[4])
- als Abteilungsleitung bei einer Staatsanwaltschaft bei einem Oberlandesgericht –[5])

---

[1]) An einem Gericht mit bis zu 40 Richterplanstellen einschließlich der Richterplanstellen der Gerichte, über die die Präsidentin oder der Präsident die Dienstaufsicht führt.

[2]) Als die ständige Vertretung der Präsidentin oder des Präsidenten eines Gerichts mit 81 und mehr Richterplanstellen, einschließlich der Richterplanstellen der Gerichte, über die die Präsidentin oder der Präsident die Dienstaufsicht führt.

[3]) Erhält als die ständige Vertretung einer Präsidentin oder eines Präsidenten der Besoldungsgruppe R 6 eine Amtszulage nach Anlage 14.

[4]) Mit 11 bis 40 Planstellen für Staatsanwältinnen und Staatsanwälte.

[5]) Erhält als die ständige Vertretung einer Generalstaatsanwältin oder eines Generalstaatsanwalts der Besoldungsgruppe R 6 eine Amtszulage nach Anlage 14.

Besoldungsgruppe R 4

Präsidentin, Präsident des Amtsgerichts[1])

Präsidentin, Präsident des Arbeitsgerichts[2])

Präsidentin, Präsident des Landgerichts[1])

Präsidentin, Präsident des Sozialgerichts[2])

Präsidentin, Präsident des Verwaltungsgerichts[1])

Vizepräsidentin, Vizepräsident des Landesarbeitsgerichts[3])

Vizepräsidentin, Vizepräsident des Landessozialgerichts[3])

Vizepräsidentin, Vizepräsident des Oberlandesgerichts[3])

Vizepräsidentin, Vizepräsident des Oberverwaltungsgerichts[3])

Leitende Oberstaatsanwältin, Leitender Oberstaatsanwalt
– als Leitung einer Staatsanwaltschaft bei einem Landgericht –[4])

---

[1]) An einem Gericht mit 41 bis 80 Richterplanstellen einschließlich der Richterplanstellen der Gerichte, über die die Präsidentin oder der Präsident die Dienstaufsicht führt.

[2]) An einem Gericht mit 41 und mehr Richterplanstellen einschließlich der Richterplanstellen der Gerichte, über die die Präsidentin oder der Präsident die Dienstaufsicht führt.

[3]) Als die ständige Vertretung einer Präsidentin oder eines Präsidenten der Besoldungsgruppe R 8.

[4]) Mit 41 und mehr Planstellen für Staatsanwältinnen und Staatsanwälte.

Besoldungsgruppe R 5

Präsidentin, Präsident des Amtsgerichts[1])

Präsidentin, Präsident des Finanzgerichts[2])

Präsidentin, Präsident des Landesarbeitsgerichts[2])

Präsidentin, Präsident des Landessozialgerichts[2])

Präsidentin, Präsident des Landgerichts[1])

Präsidentin, Präsident des Oberlandesgerichts[2])

Präsidentin, Präsident des Oberverwaltungsgerichts[2])

Präsidentin, Präsident des Verwaltungsgerichts[1])

Generalstaatsanwältin, Generalstaatsanwalt
– als Leitung einer Staatsanwaltschaft bei einem Oberlandesgericht –[3])

---

[1]) An einem Gericht mit 81 bis 150 Richterplanstellen einschließlich der Richterplanstellen der Gerichte, über die die Präsidentin oder der Präsident die Dienstaufsicht führt.

[2]) An einem Gericht mit bis zu 25 Richterplanstellen im Bezirk.

[3]) Mit bis zu 100 Planstellen für Staatsanwältinnen und Staatsanwälte im Bezirk.

Besoldungsgruppe R 6

Präsidentin, Präsident des Amtsgerichts[1])

Präsidentin, Präsident des Finanzgerichts[2])

Präsidentin, Präsident des Landesarbeitsgerichts[3])

Präsidentin, Präsident des Landessozialgerichts[3])

Präsidentin, Präsident des Landgerichts[1])

Präsidentin, Präsident des Oberlandesgerichts[3])

Präsidentin, Präsident des Oberverwaltungsgerichts[3])

Generalstaatsanwältin, Generalstaatsanwalt
– als Leitung einer Staatsanwaltschaft bei einem Oberlandesgericht –[4])

---

[1]) An einem Gericht mit 151 und mehr Richterplanstellen einschließlich der Richterplanstellen der Gerichte, über die die Präsidentin oder der Präsident die Dienstaufsicht führt.

[2]) An einem Gericht mit 26 und mehr Richterplanstellen im Bezirk.

[3]) An einem Gericht mit 26 bis 100 Richterplanstellen im Bezirk.

[4]) Mit 101 und mehr Planstellen für Staatsanwältinnen und Staatsanwälte im Bezirk.

Besoldungsgruppe R 8

Präsidentin, Präsident des Landesarbeitsgerichts[1])

Präsidentin, Präsident des Landessozialgerichts[1])

Präsidentin, Präsident des Oberlandesgerichts[1])

Präsidentin, Präsident des Oberverwaltungsgerichts[1])

---

[1]) An einem Gericht mit 101 und mehr Richterplanstellen im Bezirk.

Anlage 4

Landesbesoldungsordnung W

Besoldungsgruppe W 1

Professorin als Juniorprofessorin, Professor als Juniorprofessor

Professorin als Tandemprofessorin, Professor als Tandemprofessor

Besoldungsgruppe W 2

Dekanin, Dekan[1])

Hochschuldozentin, Hochschuldozent[1])
– an einer Universität –

Professorin, Professor[1])
– an einer Fachhochschule –

Professorin, Professor an einer Kunsthochschule[1])

Prorektorin, Prorektor der . . .[1])[2])

Universitätsprofessorin, Universitätsprofessor[1])

[1]) Soweit nicht in der Besoldungsgruppe W 3.

[2]) Der Amtsbezeichnung ist ein Zusatz beizufügen, der auf die Hochschule hinweist, der die Amtsinhaberin oder der Amtsinhaber angehört.

Besoldungsgruppe W 3

Dekanin, Dekan[1])[2])

Hochschuldozentin, Hochschuldozent[1])
– an einer Universität –

Kanzlerin, Kanzler der . . .[3])

Konrektorin, Konrektor der . . .[3])

Präsidentin, Präsident der . . .[3])

Professorin, Professor[1])
– an einer Fachhochschule –

Professorin, Professor an einer Kunsthochschule[1])

Prorektorin, Prorektor der . . .[3])

Rektorin, Rektor der . . .[3])

Universitätsprofessorin, Universitätsprofessor[1])

Vizepräsidentin, Vizepräsident der . . .[3])

[1]) Soweit nicht in der Besoldungsgruppe W 2.

[2]) Der Amtsbezeichnung ist ein Zusatz beizufügen, der auf den Fachbereich verweist.

[3]) Der Amtsbezeichnung ist ein Zusatz beizufügen, der auf die Hochschule hinweist, der die Amtsinhaberin oder der Amtsinhaber angehört.

III

Anlage 5

Künftig wegfallende (kw) Ämter

A 7

Polizeimeisterin/Polizeimeister[1])

Kriminalmeisterin/Kriminalmeister[1])

[1]) Als Eingangsamt.

A 8

Polizeiobermeisterin/Polizeiobermeister

Kriminalobermeisterin/Kriminalobermeister

A 9

Polizeihauptmeisterin/Polizeihauptmeister[1])

Kriminalhauptmeisterin/Kriminalhauptmeister[1])

[1]) Für Funktionen, die sich von denen der Besoldungsgruppe A 9 abheben, können nach Maßgabe sachgerechter Bewertung bis zu 30 Prozent der Stellen mit einer Amtszulage nach Anlage 14 ausgestattet werden.

A 12

(weggefallen)

A 13

Studienrätin, Studienrat

- als Lehrerin oder Lehrer für Fremdsprachen an einer Fachhochschule oder in einem Fachhochschulstudiengang an einer Universität –
- als Lehrerin oder Lehrer für Medienpädagogik an einer Fachhochschule oder in einem Fachhochschulstudiengang an einer Universität –
- mit der Befähigung für das Lehramt der Sekundarstufe II bei entsprechender Verwendung –
- mit der Lehramtsbefähigung für die Sekundarstufe I und die Sekundarstufe II bei Verwendung an beruflichen Schulen oder an Schulen mit dem Bildungsgang zum Erwerb der allgemeinen Hochschulreife –[1])
- mit zusätzlicher Prüfung für das Lehramt an Sonderschulen oder das Lehramt für Sonderpädagogik bei entsprechender Verwendung –[2])

[1]) Für dieses Amt dürfen höchstens 33 Prozent der Planstellen für die Sekundarstufe I an Gesamtschulen ausgewiesen werden.

[2]) Erhält eine Stellenzulage nach Anlage 15.

A 14

Oberstudienrätin, Oberstudienrat

- als Lehrerin oder Lehrer für Medienpädagogik an einer Fachhochschule oder in einem Fachhochschulstudiengang an einer Universität –
- mit der Befähigung für das Lehramt an Gymnasien, mit der Befähigung für das Lehramt an Gymnasien und Gesamtschulen und mit den Lehramtsbefähigungen für die Sekundarstufe I und die Sekundarstufe II (Doppelbefähigung) – bei Verwendung an einer Sekundarschule –[1])
- mit der Befähigung für das Lehramt der Sekundarstufe II bei entsprechender Verwendung –
- mit der Lehramtsbefähigung für die Sekundarstufe I und die Sekundarstufe II bei Verwendung an beruflichen Schulen oder an Schulen mit dem Bildungsgang zum Erwerb der allgemeinen Hochschulreife –[2])
- mit zusätzlicher Prüfung für das Lehramt an Sonderschulen oder das Lehramt für Sonderpädagogik bei entsprechender Verwendung –[3])

[1]) Durch die Inanspruchnahme dieses Amtes darf die Zahl der Planstellen gemäß Anlage 1 Fußnote 13) zu Besoldungsgruppe A 13 nicht überschritten werden.

[2]) Durch die Inanspruchnahme dieses Amtes darf die Zahl der Planstellen gemäß Fußnote 1) zur Besoldungsgruppe A 13kw nicht überschritten werden.

[3]) Erhält eine Stellenzulage nach Anlage 15.

A 15

Kanzlerin, Kanzler

- einer Fachhochschule – (soweit nicht in den Besoldungsgruppen A 16, B 2)
- einer Kunsthochschule –

A 16

Kanzlerin, Kanzler

- der Deutschen Sporthochschule Köln –
- einer Fachhochschule – (soweit nicht in den Besoldungsgruppen A 15, B 2)

B 2

Abteilungsdirektorin als ständige Vertreterin/Abteilungsdirektor als ständiger Vertreter der Leiterin/des Leiters der Fachhochschule für öffentliche Verwaltung

Direktorin/Direktor des Landesinstituts für den öffentlichen Gesundheitsdienst

Kanzlerin/Kanzler

- der Fachhochschule Köln –

B 3

Kanzlerin/Kanzler

- der Fernuniversität – in Hagen –
- der Universität Bielefeld, Dortmund, Paderborn, Siegen, Wuppertal –

Leitende Verwaltungsdirektorin/Leitender Verwaltungsdirektor

- als Leitung der Personal- und Wirtschaftsverwaltung der Medizinischen Einrichtungen der Technischen Hochschule Aachen, der Universität Bonn, der Universität Düsseldorf, der Universität Köln, der Universität Münster, der Universität-Gesamthochschule Essen –

Präsidentin/Präsident des Landesinstituts für Arbeitsschutz und Arbeitsgestaltung

Rektorin/Rektor der Fachhochschule Aachen, Bielefeld, Bochum, Dortmund, Düsseldorf, Gelsenkirchen, Südwestfalen in Iserlohn, Lippe und Höxter in Lemgo, Münster, Niederrhein in Krefeld und Mönchengladbach, Bonn-Rhein-Sieg in Sankt Augustin

Rektorin/Rektor

- einer Kunsthochschule –

B 4

Kanzlerin/Kanzler

- der Technischen Hochschule Aachen –
- der Universität Bochum, Bonn, Düsseldorf, Duisburg-Essen, Köln, Münster –

Rektorin/Rektor der Deutschen Sporthochschule Köln

Rektorin/Rektor der Fachhochschule Köln

B 5

Direktorin/Direktor des Landesbetriebs Geologischer Dienst

Rektorin/Rektor der Universität Bielefeld, Dortmund, Paderborn, Siegen, Wuppertal

B 6

Rektorin/Rektor

- der Fernuniversität – in Hagen –
- der Technischen Hochschule Aachen –
- der Universität Bochum, Bonn, Düsseldorf, Duisburg-Essen, Köln, Münster –

C 1

Künstlerische Assistentin/Künstlerischer Assistent

Wissenschaftliche Assistentin/Wissenschaftlicher Assistent

C 2

Hochschuldozentin/Hochschuldozent[1])

Oberassistentin/Oberassistent[1])

Oberingenieurin/ Oberingenieur

Professorin/Professor[2])

- an einer Fachhochschule –
- an einer wissenschaftlichen Hochschule mit Fachhochschulstudiengängen, soweit überwiegend in diesen tätig –

Professorin/Professor an einer Kunsthochschule[3])

Professorin/Professor an einer wissenschaftlichen Hochschule[3])

- an einer künstlerisch-wissenschaftlichen Hochschule –
- soweit überwiegend in Studiengängen tätig, in denen Aufgaben der wissenschaftlichen Hochschulen und der Fachhochschulen miteinander verbunden werden –[4])

III

Universitätsprofessorin/Universitätsprofessor[3])

– an einer künstlerisch-wissenschaftlichen Hochschule[5])

[1]) Erhält eine Stellenzulage nach Anlage 15, soweit als Oberärztin/Oberarzt einer Hochschulklinik tätig.

[2]) Soweit nicht in der Besoldungsgruppe C 3.

[3]) Soweit nicht in der Besoldungsgruppe C 3 oder C 4.

[4]) Nur an einer wissenschaftlichen Hochschule, die nach Landesrecht weder Universität ist, noch einer Universität gleichgestellt ist.

[5]) Soweit die Hochschule das Recht zur Promotion und Habilitation besitzt.

C 3

Professorin/Professor[1])

– an einer Fachhochschule –

– an einer wissenschaftlichen Hochschule mit Fachhochschulstudiengängen, soweit überwiegend in diesen tätig –[2])

Professorin/Professor an einer wissenschaftlichen Hochschule[2])[3])

Universitätsprofessorin/Universitätsprofessor[2])[4])

[1]) Soweit nicht in der Besoldungsgruppe C 2.

[2]) Soweit nicht in der Besoldungsgruppe C 2 oder C 4.

[3]) Nur an einer wissenschaftlichen Hochschule, die nach Landesrecht weder Universität ist, noch einer Universität gleichgestellt ist.

[4]) Auch an einer künstlerisch-wissenschaftlichen Hochschule, soweit die Hochschule das Recht zur Promotion und Habilitation besitzt.

C 4

Professorin/Professor an einer Kunsthochschule[1])

Professorin/Professor an einer wissenschaftlichen Hochschule[1])[2])

Universitätsprofessorin/Universitätsprofessor[1])[3])

[1]) Soweit nicht in der Besoldungsgruppe C 2, C 3.

[2]) Nur an einer wissenschaftlichen Hochschule, die nach Landesrecht weder Universität ist, noch einer Universität gleichgestellt ist.

[3]) Auch an einer künstlerisch-wissenschaftlichen Hochschule, soweit die Hochschule das Recht zur Promotion und Habilitation besitzt.

H 1

Akademische Rätin/Akademischer Rat[1])

Dozentin/Dozent[2])

Lektorin/Lektor[3])

Wissenschaftliche Assistentin/Wissenschaftlicher Assistent[4])

[1]) An einer wissenschaftlichen Hochschule. Akademische Rätinnen/Akademische Räte mit Lehraufgaben erhalten eine Lehrvergütung von höchstens jährlich; die näheren Bestimmungen erlässt das für Wissenschaft zuständige Ministerium im Einvernehmen mit dem für Finanzen zuständigen Ministerium.

[2]) An einer Pädagogischen Hochschule oder der Deutschen Sporthochschule Köln, soweit nicht in der Besoldungsgruppe H 2. Erhält für die Lehrtätigkeit eine Kolleggeldpauschale von 786,11 Euro jährlich.

[3]) An einer wissenschaftlichen Hochschule. Erhält für die Lehrtätigkeit eine Kolleggeldpauschale von 628,89 Euro jährlich.

[4]) An einer wissenschaftlichen Hochschule. Wissenschaftliche Assistentinnen/Wissenschaftliche Assistenten, denen Lehraufgaben übertragen sind, erhalten eine Lehrvergütung von höchstens 766,94 Euro jährlich; die näheren Bestimmungen erlässt das für Wissenschaft zuständige Ministerium im Einvernehmen mit dem für Finanzen zuständigen Ministerium.

H 2

Akademische Rätin/Akademischer Rat[1])

Dozentin/Dozent[2])

Fachhochschullehrerin/Fachhochschullehrer

Oberärztin/Oberarzt[2])

Oberassistentin/Oberassistent[2])

Oberingenieurin/Oberingenieur[2])

[1]) An einer wissenschaftlichen Hochschule. Akademische Oberrätinnen/Akademische Oberräte mit Lehraufgaben erhalten eine Lehrvergütung von höchstens 1533,88 Euro jährlich; die näheren Bestimmungen erlässt das für Wissenschaft zuständige Ministerium im Einvernehmen mit dem für Finanzen zuständigen Ministerium.

[2]) An einer wissenschaftlichen Hochschule, soweit nicht in der Besoldungsgruppe H 1. Erhält für die Lehrtätigkeit eine Kolleggeldpauschale von 786,11 Euro jährlich. Die Kolleggeldpauschale erhöht sich auf 1572,23 Euro jährlich für Beamtinnen und Beamte, die die Stellung einer/eines außerplanmäßigen Professorin/Professors haben.

H 3

Akademische Direktorin/Akademischer Direktor

Außerordentliche Professorin/Außerordentlicher Professor[1])

Direktorin/Direktor des Instituts für Leibesübungen an einer wissenschaftlichen Hochschule[2])

Fachhochschullehrerin/Fachhochschullehrer[4])[5])[6])

Professorin/Professor[3])

Wissenschaftliche Rätin und Professorin/Wissenschaftlicher Rat und Professor[2])

Studienprofessorin/Studienprofessor

---

[1]) An einer wissenschaftlichen Hochschule. Erhält für seine Lehrtätigkeit eine Kolleggeldpauschale von mindestens 1572,23 Euro, höchstens 9433,33 Euro jährlich; eine Kolleggeldpauschale von mehr als 1572,23 Euro jährlich bedarf der Zustimmung des für Finanzen zuständigen Ministeriums.

[2]) An einer wissenschaftlichen Hochschule. Erhält für die Lehrtätigkeit eine Kolleggeldpauschale von 1572,23 Euro jährlich.

[3]) An einer Kunsthochschule oder der Sozialakademie Dortmund, soweit nicht in der Besoldungsgruppe H 4. Erhält als Leitung der Sozialakademie Dortmund für die Dauer dieser Amtstätigkeit eine widerrufliche, nicht ruhegehaltfähige Zulage, deren Höhe das für Wissenschaft zuständige Ministerium im Einvernehmen mit dem für Finanzen zuständigen Ministerium bestimmt.

[4]) Beamtinnen und Beamte, die am 31. Juli 1971 als Oberbaudirektorinnen/Oberbaudirektoren – als Leitung einer Ingenieurschule mit mindestens 18 Semesterklassen – oder als Oberbaudirektorinnen/ Oberstudiendirektoren – als Leitung einer berufsbildenden Schule, Höheren Fachschule oder Höheren Wirtschaftsfachschule mit mindestens 18 Klassen oder 18 Semesterklassen – in die Besoldungsgruppe A 16 eingereiht waren, erhalten für ihre Person Bezüge nach Besoldungsgruppe A 16.

[5]) Beamtinnen und Beamte, die am 31. Juli 1971 als Oberbaudirektorinnen/Oberbaudirektoren – als Leitung einer Ingenieurschule mit weniger als 18 Semesterklassen – oder als Oberstudiendirektorinnen/ Oberstudiendirektoren – als Leitung einer berufsbildenden Schule, Höheren Fachschule oder Höheren Wirtschaftsfachschule mit weniger als 18 Klassen oder 18 Semesterklassen – in die Besoldungsgruppe A 15 eingereiht waren und eine Amtszulage nach Fußnote 5) erhielten, behalten diese Zulage.

[6]) Beamtinnen und Beamte, die am 31. Juli 1971 als Baudirektorinnen/Baudirektoren – im Ingenieurschuldienst (als ständige Vertretung einer Oberbaudirektorin/eines Oberbaudirektors der Besoldungsgruppe A 16) – oder als ständige Vertretung einer Oberstudiendirektorin/eines Oberstudiendirektors der Besoldungsgruppe A 16 – in die Besoldungsgruppe A 15 eingereiht waren und eine Amtszulage nach Fußnote 13 erhielten, behalten diese Amtszulage.

H 4

Ordentliche Professorin/Ordentlicher Professor[1])

Professorin/Professor[2])

---

[1]) An einer wissenschaftlichen Hochschule. Erhält für seine Lehrtätigkeit eine Kolleggeldpauschale von mindestens 1572,23 Euro, höchstens 9433,33 Euro jährlich; eine Kolleggeldpauschale von mehr als 1572,23 Euro jährlich bedarf der Zustimmung des für Finanzen zuständigen Ministeriums.

[2]) An einer Kunsthochschule oder der Sozialakademie Dortmund, soweit nicht in der Besoldungsgruppe H 3. Erhält als Leitung der Sozialakademie Dortmund für die Dauer dieser Amtstätigkeit eine widerrufliche, nicht ruhegehaltfähige Zulage, deren Höhe das für Wissenschaft zuständige Ministerium im Einvernehmen mit dem für Finanzen zuständigen Ministerium bestimmt.

H 5

Professorin als Direktorin einer Kunsthochschule/Professor als Direktor einer Kunsthochschule

III

Anlage 6
Gültig ab 1. April 2026

Grundgehaltssätze

(Monatsbeträge in Euro)

Landesbesoldungsordnung A

Besoldungsgruppe	2-Jahres-Rhythmus				3-Jahres-Rhythmus				4-Jahres-Rhythmus			
	Erfahrungsstufe											
	1	2	3	4	5	6	7	8	9	10	11	12
A 5			3076,37	3145,21	3214,05	3282,90	3351,75	3420,60	3489,46	3558,32		
A 6			3128,27	3203,86	3279,46	3355,07	3430,67	3506,25	3581,84	3657,40		
A 7			3215,64	3309,66	3403,66	3497,60	3591,62	3658,72	3725,87	3793,02		
A 8			3297,34	3417,78	3538,22	3658,68	3779,14	3859,42	3939,72	4020,04	4100,31	
A 9			3438,22	3565,23	3692,22	3819,22	3946,23	4033,49	4120,87	4208,16	4295,45	
A 10			3693,51	3856,20	4018,94	4181,64	4344,38	4452,85	4561,86	4672,80	4783,77	
A 11			4047,72	4209,60	4371,53	4533,45	4698,97	4809,35	4919,78	5031,72	5144,33	5256,99
A 12				4504,78	4701,47	4898,95	5099,22	5233,52	5367,79	5502,12	5636,43	5770,65
A 13					5221,48	5438,95	5656,44	5801,45	5946,45	6091,47	6236,50	6381,49
A 14					5530,75	5812,82	6094,83	6282,88	6470,89	6658,95	6846,99	7035,03
A 15						6355,71	6665,80	6913,86	7161,95	7410,06	7658,16	7906,23
A 16						6981,43	7340,03	7626,98	7913,91	8200,79	8487,74	8774,66

Anlage 7
Gültig ab 1. April 2026

Grundgehaltssätze

(Monatsbeträge in Euro)

Landesbesoldungsordnung B

Besoldungsgruppe	
B 1	7906,23
B 2	9137,62
B 3	9658,97
B 4	10 204,98
B 5	10 831,40
B 6	11 422,98
B 7	11 998,38
B 8	12 598,17
B 9	13 342,81
B 10	15 655,35
B 11	16 251,33

Anlage 8
Gültig ab 1. April 2026

Grundgehaltssätze

(Monatsbeträge in Euro)

Landesbesoldungsordnung R

Besoldungsgruppe	2-Jahres-Rhythmus											
	Erfahrungsstufe											
	1	2	3	4	5	6	7	8	9	10	11	12
R 1		5330,74	5445,22	5740,57	6035,99	6331,33	6626,71	6922,09	7217,45	7512,86	7808,18	8103,61
R 2			6152,29	6447,64	6743,02	7038,42	7333,80	7629,15	7924,55	8219,91	8515,27	8810,61
R 3	9658,97											
R 4	10 204,98											
R 5	10 831,40											
R 6	11 422,98											
R 7	11 998,38											
R 8	12 598,17											

Anlage 9
Gültig ab 1. April 2026

Grundgehaltssätze

(Monatsbeträge in Euro)

Landesbesoldungsordnung W

Besoldungsgruppe	
W 1	5590,96
W 2	7288,92
W 3	8028,44

III

Anlage 10
Gültig ab 1. April 2026

Grundgehaltssätze – auslaufend –

(Monatsbeträge in Euro)

Landesbesoldungsordnung C

Besoldungsgruppe/ Stufe	2-Jahres-Rhythmus														
	1	2	3	4	5	6	7	8	9	10	11	12	13	14	15
C 1	4506,21	4647,67	4789,79	4931,94	5076,46	5221,48	5366,45	5511,47	5656,44	5801,45	5946,45	6091,47	6236,50	6381,49	
C 2	4514,89	4740,89	4967,64	5198,79	5429,83	5660,92	5892,01	6123,12	6354,18	6585,28	6816,37	7047,44	7278,52	7509,63	7740,72
C 3	4924,88	5185,89	5447,54	5709,21	5970,86	6232,55	6494,20	6755,84	7017,50	7279,13	7540,79	7802,47	8064,12	8325,79	8587,44
C 4	6156,07	6419,11	6682,14	6945,18	7208,20	7471,22	7734,32	7997,28	8260,30	8523,34	8786,39	9049,41	9312,45	9575,48	9838,49

Anlage 11
Gültig ab ab 1. April 2026

Grundgehaltssätze – auslaufend –

(Monatsbeträge in Euro)

Landesbesoldungsordnung H

Besoldungsgruppe/ Stufe	1	2	3	4	5	6	7	8	9	10	11	12	13	14	15
H 1	4506,21	4647,67	4789,77	4931,94	5076,46	5221,46	5366,46	5511,47	5656,44	5801,45	5946,45	6091,48	6236,50	6381,49	
H 2	4597,71	4782,06	4966,61	5154,66	5342,71	5530,74	5718,75	5906,80	6094,83	6282,88	6470,89	6658,95	6846,99	7035,03	
H 3	5011,90	5218,63	5425,41	5632,14	5838,86	6045,62	6252,32	6459,03	6665,80	6872,55	7079,31	7285,98	7492,73	7699,48	7906,23
H 4	5427,28	5666,37	5905,46	6144,58	6383,66	6622,73	6861,89	7100,93	7340,07	7579,18	7818,27	8057,34	8296,46	8535,59	8774,66
H 5	6697,76	6958,28	7218,77	7479,27	7739,76	8000,24	8260,79	8521,23	8781,74	9042,22	9302,71	9563,21	9823,75	10 084,20	10 344,70

III

Anlage 12
Gültig ab 1. April 2026

Anwärtergrundbetrag

(Monatsbeträge in Euro)

Besoldungsgruppe des Eingangsamtes, in das die Anwärterin oder der Anwärter nach Abschluss des Vorbereitungsdienstes unmittelbar eintritt	Grundbetrag
A 5 bis A 8	1559,78
A 9 bis A 11	1615,68
A 12	1760,37
A 13	1793,28
A 13 mit Zulage nach § 47 Buchstabe d	1829,43

III

Anlage 13
Gültig ab 1. April 2026

Familienzuschlag für Beamtinnen und Beamte

(Monatsbeträge in Euro)

Stufe 1
(§ 43 Absatz 1)

Besoldungsgruppen A 5 und A 6	169,26
Besoldungsgruppen A 7 und A 8	167,26
übrige Besoldungsgruppen	173,50

Stufe 2
(§ 43 Absatz 2)

	Mietenstufe						
	I	II	III	IV	V	VI	VII
Besoldungsgruppen A 5 und A 6	323,89	323,89	373,17	518,14	650,94	793,75	954,44
Besoldungsgruppen A 7 und A 8	320,07	320,07	369,36	514,32	647,13	789,94	950,62
übrige Besoldungsgruppen	324,52	324,52	373,81	518,76	651,57	794,39	955,05

Stufe 3
(§ 43 Absatz 2)

	Mietenstufe						
	I	II	III	IV	V	VI	VII
Besoldungsgruppen A 5 und A 6	737,09	880,30	1027,88	1199,36	1361,94	1529,08	1724,50
Besoldungsgruppen A 7 und A 8	731,44	874,66	1022,24	1193,72	1356,29	1523,45	1718,87
übrige Besoldungsgruppen	734,08	877,30	1024,87	1196,36	1358,93	1526,09	1721,50

Stufe 4
(§ 43 Absatz 2)

	Mietenstufe						
	I	II	III	IV	V	VI	VII
Besoldungsgruppen A 5 und A 6	1450,50	1615,85	1789,38	1991,40	2176,88	2373,13	2600,78
Besoldungsgruppen A 7 und A 8	1439,21	1604,55	1778,08	1980,11	2165,58	2361,84	2589,49
übrige Besoldungsgruppen	1436,24	1601,59	1775,12	1977,14	2162,61	2358,88	2586,52

III

Stufe 5
(§ 43 Absatz 2)

	Mietenstufe						
	I	II	III	IV	V	VI	VII
Besoldungsgruppen A 5 und A 6	2169,15	2359,21	2559,84	2789,90	2999,21	3237,91	3498,95
Besoldungsgruppen A 7 und A 8	2152,20	2342,26	2542,88	2772,95	2982,26	3220,96	3482,00
übrige Besoldungsgruppen	2143,64	2333,69	2534,32	2764,39	2973,69	3212,40	3473,44

Für das fünfte und jedes weitere im Familienzuschlag zu berücksichtigende Kind erhöht sich der Familienzuschlag um

	Mietenstufe						
	I	II	III	IV	V	VI	VII
Besoldungsgruppen A 5 und A 6	760,89	788,82	819,69	851,89	879,53	928,98	968,42
Besoldungsgruppen A 7 und A 8	755,23	783,16	814,02	846,23	873,87	923,32	962,76
übrige Besoldungsgruppen	749,64	777,56	808,43	840,64	868,27	917,73	957,16

Erhöhungsbetrag für die Besoldungsgruppe A 5:

Der Familienzuschlag der Stufe 2 erhöht sich in der Besoldungsgruppe A 5 für das erste zu berücksichtigende Kind um 8,65 Euro, ab Stufe 3 für jedes weitere zu berücksichtigende Kind in der Besoldungsgruppe A 5 um 25,87 Euro.

Soweit dadurch im Einzelfall die Besoldung hinter derjenigen aus einer niedrigeren Besoldungsgruppe zurückbleibt, wird der Unterschiedsbetrag zusätzlich gewährt.

Familienzuschlag für Anwärterinnen und Anwärter*

(Monatsbeträge in Euro)

Stufe 1
(§ 43 Absatz 1)

Besoldungsgruppen A 5 bis A 8	167,26
übrige Besoldungsgruppen	175,62

Stufe 2
(§ 43 Absatz 2)

	Mietenstufe						
	I	II	III	IV	V	VI	VII
Besoldungsgruppen A 5 bis A 8	320,07	320,07	369,36	514,32	647,13	789,94	950,62
übrige Besoldungsgruppen	328,44	328,44	377,74	522,69	655,48	798,30	958,98

Stufe 3
(§ 43 Absatz 2)

	Mietenstufe						
	I	II	III	IV	V	VI	VII
Besoldungsgruppen A 5 bis A 8	731,44	874,66	1022,24	1193,72	1356,29	1523,45	1718,87
übrige Besoldungsgruppen	739,81	883,02	1030,60	1202,08	1364,66	1531,81	1727,23

Stufe 4
(§ 43 Absatz 2)

	Mietenstufe						
	I	II	III	IV	V	VI	VII
Besoldungsgruppen A 5 bis A 8	1439,21	1604,55	1778,08	1980,11	2165,58	2361,84	2589,49
übrige Besoldungsgruppen	1447,57	1612,92	1786,45	1988,47	2173,95	2370,20	2597,85

Stufe 5
(§ 43 Absatz 2)

	Mietenstufe						
	I	II	III	IV	V	VI	VII
Besoldungsgruppen A 5 bis A 8	2152,20	2342,26	2542,88	2772,95	2982,26	3220,96	3482,00
übrige Besoldungsgruppen	2160,57	2350,62	2551,25	2781,32	2990,62	3229,33	3490,37

Für das fünfte und jedes weitere im Familienzuschlag zu berücksichtigende Kind erhöht sich der Familienzuschlag um

	Mietenstufe						
	I	II	III	IV	V	VI	VII
Besoldungsgruppen A 5 bis A 8	755,23	783,16	814,02	846,23	873,87	923,32	962,76
übrige Besoldungsgruppen	755,23	783,16	814,02	846,23	873,87	923,32	962,76

Erhöhungsbetrag für die Besoldungsgruppe A 5:

Der Familienzuschlag der Stufe 2 erhöht sich für das erste zu berücksichtigende Kind in der Besoldungsgruppe A 5 um 8,52 Euro, ab Stufe 3 für jedes weitere zu berücksichtigende Kind in der Besoldungsgruppe A 5 um 25,57 Euro.

Soweit dadurch im Einzelfall die Besoldung hinter derjenigen aus einer niedrigeren Besoldungsgruppe zurückbleibt, wird der Unterschiedsbetrag zusätzlich gewährt.

Anlage 14
Gültig ab 1. Februar 2025

Amtszulagen und Strukturzulage

(Monatsbeträge in Euro)

Amtszulagen

nach Fußnote 1 zur Besoldungsgruppe A 5	92,59
nach Fußnote 1 und 4 zur Besoldungsgruppe A 6	92,59
nach Fußnote 2 zur Besoldungsgruppe A 7	91,48
nach Fußnote 8 zur Besoldungsgruppe A 7	50 Prozent des jeweiligen Unterschiedsbetrages zum Grundgehalt der Besoldungsgruppe A 8
nach Fußnote 1 zur Besoldungsgruppe A 9 kw	364,76
nach Fußnote 1 und 4 zur Besoldungsgruppe A 9	364,76
nach Fußnote 4 zur Besoldungsgruppe A 13	254,14
nach Fußnote 5 zur Besoldungsgruppe A 13	356,71
nach Fußnote 7, 9 und 10 zur Besoldungsgruppe A 13	370,70
nach Fußnote 11 zur Besoldungsgruppe A 13	295,96
nach Fußnote 3 zur Besoldungsgruppe A 14	254,14
nach Fußnote 4 zur Besoldungsgruppe A 14	254,14
nach Fußnote 9 zur Besoldungsgruppe A 14	392,66
nach Fußnote 10 zur Besoldungsgruppe A 14	606,22
nach Fußnote 3 zur Besoldungsgruppe A 15	254,14
nach Fußnote 4 zur Besoldungsgruppe A 15	254,14
nach Fußnote 6 zur Besoldungsgruppe A 15	254,14
nach Fußnote 8 zur Besoldungsgruppe A 15	254,14
nach Fußnote 11 zur Besoldungsgruppe A 15	249,39
nach Fußnote 1 und 2 zur Besoldungsgruppe R 1	280,97
nach Fußnote 3 bis 8 zur Besoldungsgruppe R 2	280,97
nach Fußnote 9 zur Besoldungsgruppe R 2	421,46
nach Fußnote 3 und 5 zur Besoldungsgruppe R 3	280,97
nach § 46	284,22

Strukturzulage

nach § 47			
	Buchstabe a		11,36
	Buchstabe b		
		Doppelbuchstabe aa	90,89
		Doppelbuchstabe bb	102,63
	Buchstabe c		114,06
	Buchstabe d		114,06
nach § 87 Absatz 4 Satz 3			114,06

Anlage 15
Gültig ab 1. Februar 2025

Stellenzulagen und andere Zulagen

(Monatsbeträge in Euro)

nach Fußnote 5 zur Besoldungsgruppe A 9	8 Prozent des Endgrundgehaltes der Besoldungsgruppe A 9
nach Fußnote 2 zur Besoldungsgruppe A 13 kw	18,35
nach Fußnote 3 zur Besoldungsgruppe A 14 kw	48,45
nach Fußnote 1 zur Besoldungsgruppe C 2 kw	106,93
nach Fußnote 2 zur Besoldungsgruppe B 2	117,92
nach Fußnote 1 zur Besoldungsgruppe B 3	117,92
nach § 49 oder § 50 oder § 51	
Die Zulage beträgt nach einer Dienstzeit	
von einem Jahr in den Besoldungsgruppen	
bis A 6	66,87
A 7 und A 8 und für Anwärter	66,08
ab A 9	65,28
von zwei Jahren in den Besoldungsgruppen	
bis A 6	133,75
A 7 und A 8 und für Anwärter	132,16
ab A 9	130,56
nach § 52	
Die Zulage beträgt	
in der Laufbahngruppe 1 mit dem zweiten Einstiegsamt in den Besoldungsgruppen	
bis A 6	17,90
A 7 und A 8	17,69
ab A 9	17,48
in der Laufbahngruppe 2 mit dem ersten Einstiegsamt	39,31
nach § 53 Abs. 1	
Nummer 1	
Die Zulage beträgt in den Besoldungsgruppen	
bis A 6	386,54
A 7 und A 8	381,94
ab A 9	377,33
Nummer 2	
Die Zulage beträgt in den Besoldungsgruppen	
bis A 6	309,23
A 7 und A 8	305,54
ab A 9	301,86
nach § 55 Abs. 1 Nummer 1	
in voller Höhe	153,75
in Höhe von 2/3	102,50

nach § 55 Abs. 1 Nummer 2	93,17
nach § 55 Abs. 1 Nummer 3	
Die Zulage beträgt in den Besoldungsgruppen	
A 13	21,75
A 14	57,42
nach § 55 Abs. 1 Nummer 4	
a) als Fachkraft	153,75
b) als Leiterin oder Leiter	256,25
nach § 56 Nummer 1	
Die Zulage beträgt in den Besoldungsgruppen	
A 6	161,06
A 7 und A 8	159,14
A 9	157,23
ab A 10	196,52
nach § 56 Nummer 2	
bis A 6	40,27
A 7 und A 8	39,79
ab A 9	39,31
nach § 56 Nummer 3	142,67
nach § 63	266,50
nach § 64	
Die Zulage beträgt bei gleichzeitiger Ausübung eines Amts in	
R 1	210,68
R 2	235,83
nach § 67	102,26

Anlage 16
Gültig ab 1. April 2026

Auslandsbesoldung

Auslandszuschlag

VI.1 (Monatsbeträge in Euro)

	1	2	3	4	5	6	7	8	9	10	11	12	13	14	15
Grund-gehalts-spanne		3076,38	3184,78	3568,91	3991,32	4472,89	5021,27	5655,39	6375,83	7194,50	8124,60	9181,43	10 382,22	11 746,58	
	bis	bis	bis	bis	bis	bis	bis	bis	bis	bis	bis	bis	bis	bis	ab
	3076,37	3184,77	3568,90	3991,31	4472,88	5021,26	5655,38	6375,82	7194,49	8124,59	9181,42	10 382,21	11 746,57	13 296,83	13 296,84
Zonenstufe															
1															
2															
3															
4															
5															
6															
7															
8															
9															
10	Die betragsmäßige Zuordnung ergibt sich aus Anlage VI, Tabelle VI.1 zum Bundesbesoldungsgesetz.														
11															
12															
13															
14															
15															
16															
17															
18															
19															
20															

Anlage 17

Überleitungsübersicht

Lfd. Nr.	Bisherige Amtsbezeichnung mit Funktionszusatz in der Bundesbesoldungsordnung A i. d. F. des ÜBesG NRW	Bisherige Besoldungsgruppe/ Amtszulage	Neue Amtsbezeichnung mit Funktionszusatz in der Landesbesoldungsordnung A	Neue Besoldungsgruppe/ Amtszulage
1.	Hauptamtsgehilfe[1])[4])	A 3	Oberamtsmeisterin, Oberamtsmeister[2])[4])	A 5 + 67,42 Euro
2.	Oberaufseher[2])[4])	A 3 +36,54 Euro	Oberwachtmeisterin, Oberwachtmeister[1])[2])	A 5 + 36,54 Euro
3.	Amtsmeister[1])	A 4 + 67,42 Euro	Oberamtsmeisterin, Oberamtsmeister[2])[4])	A 5 + 67,42 Euro
4.	Hauptaufseher[2])	A 4 + 36,54 Euro	Oberwachtmeisterin, Oberwachtmeister[1])[2])	A 5 + 36,54 Euro
5.	Hauptwachtmeister[2])[4])	A 4 + 36,54 Euro	Erste Hauptwachtmeisterin, Erster Hauptwachtmeister[1])[2])	A 5 + 36,54 Euro
6.	Justizhauptwachtmeister[2])[4])	A 4 + 36,54 Euro	Justizoberwachtmeisterin, Justizoberwachtmeister[3])	A 5 + 67,42 Euro
7.	Oberwart[2])[3])	A 4 + 36,54 Euro	Hauptwartin, Hauptwart[1])[2])	A 5 + 36,54 Euro
8.	Betriebsassistent[3])[5])	A 5 + 36,54 Euro	Oberwachtmeisterin, Oberwachtmeister[1])[2])	A 5 + 36,54 Euro
9.	Erster Justizhauptwachtmeister[5])[6])	A 5 + 36,54 Euro	Justizoberwachtmeisterin, Justizoberwachtmeister[3])	A 5 + 67,42 Euro
10.	Betriebsassistent[5])	A 6	Sekretärin, Sekretär	A 6[5])[6])
11.	Erster Hauptwachtmeister[5])[6])	A 6 + 36,54 Euro	Erste Hauptwachtmeisterin, Erster Hauptwachtmeister[1])	A 6
12.	Erster Justizhauptwachtmeister[5])[6])	A 6 + 36,54 Euro	Justizhauptwachtmeisterin, Justizhauptwachtmeister[2])	A 6 + 67,42 Euro
13.	Oberamtsmeister	A 6	Sekretärin, Sekretär	A 6[5])[6])
14.	Lehrer – mit der Befähigung für das Lehramt an Grund-, Haupt- und Realschulen und den entsprechenden Jahrgangsstufen der Gesamtschulen in Nordrhein-Westfalen bei entsprechender Verwendung –[1])[3])	A 12	Lehrerin, Lehrer – mit der Befähigung für das Lehramt an Grund-, Haupt- und Realschulen und den entsprechenden Jahrgangsstufen der Gesamtschulen –[1])[6])	A 12
15.	Lehrer – als Leiter einer Grundschule, Hauptschule oder Grund- und Hauptschule mit bis zu 80 Schülern –[8])	A 12 + 158,04 Euro	Rektorin, Rektor – an einer Grundschule oder Hauptschule mit bis zu 80 Schülerinnen und Schülern –[5])	A 12 + 158,04 Euro
16.	Rechnungsrat – als Prüfungsbeamter bei einem Rechnungshof –	A 12	Rechnungsrätin, Rechnungsrat – als Prüfungsbeamtin oder Prüfungsbeamter beim Landesrechnungshof –	A 12
17.	Zweiter Konrektor – einer Grundschule, Hauptschule oder Grund- und	A 12 + 158,04 Euro	Zweite Konrektorin, Zweiter Konrektor	A 12 + 158,04 Euro

III

Lfd. Nr.	Bisherige Amtsbezeichnung mit Funktionszusatz in der Bundesbesoldungsordnung A i. d. F. des ÜBesG NRW	Bisherige Besoldungsgruppe/ Amtszulage	Neue Amtsbezeichnung mit Funktionszusatz in der Landesbesoldungsordnung A	Neue Besoldungsgruppe/ Amtszulage
	Hauptschule mit mehr als 540 Schülern –[7])		– einer Grundschule oder Hauptschule mit mehr als 540 Schülerinnen und Schülern –[5])	
18.	Konrektor – als der ständige Vertreter des Leiters einer Grundschule, Hauptschule oder Grund- und Hauptschule mit mehr als 360 Schülern –	A 13	Konrektorin, Konrektor – einer Grundschule oder Hauptschule mit mehr als 360 Schülerinnen und Schülern –	A 13
19.	Lehrer – mit der Befähigung für das Lehramt an Grund-, Haupt- und Realschulen und den entsprechenden Jahrgangsstufen der Gesamtschulen in Nordrhein-Westfalen bei überwiegender Verwendung im Bereich der Sekundarstufe I –[20])	A 13	Lehrerin, Lehrer – mit der Befähigung für das Lehramt an Grund-, Haupt- und Realschulen und den entsprechenden Jahrgangsstufen der Gesamtschulen –[7])	A 13
20.	Oberamtsrat[13])	A 13	Rätin, Rat[9])[10])[11])	A 13
21.	Oberrechnungsrat – als Prüfungsbeamter bei einem Rechnungshof –	A 13	Oberrechnungsrätin, Oberrechnungsrat – als Prüfungsbeamtin oder Prüfungsbeamter beim Landesrechnungshof –	A 13
22.	Rektor – einer Grundschule, Hauptschule oder Grund- und Hauptschule mit mehr als 180 bis zu 360 Schülern –[7])	A 13 + 189,57 Euro	Rektorin, Rektor – einer Grundschule oder Hauptschule mit mehr als 180 bis zu 360 Schülerinnen und Schülern –[4])	A 13 + 189,57 Euro
23.	Studienrat – mit der Befähigung für das Lehramt an Gymnasien oder beruflichen Schulen bei einer der jeweiligen Befähigung entsprechenden Verwendung –	A 13	Studienrätin, Studienrat – mit der Befähigung für das Lehramt an Berufskollegs – – mit der Befähigung für das Lehramt an Gymnasien und Gesamtschulen –[14])	A 13
24.	Oberstudienrat – mit der Befähigung für das Lehramt an Gymnasien oder beruflichen Schulen bei einer der jeweiligen Befähigung entsprechenden Verwendung –	A 14	Oberstudienrätin, Oberstudienrat – mit der Befähigung für das Lehramt an Gymnasien und Gesamtschulen – – mit der Befähigung für das Lehramt an Berufskollegs –	A 14
25.	Regierungsschulrat – als Dezernent (Referent) in der Schulaufsicht auf Bezirksebene –	A 14	Regierungsschulrätin, Regierungsschulrat – als Dezernentin oder Dezernent in der Schulaufsicht auf Bezirksebene –	A 14

Lfd. Nr.	Bisherige Amtsbezeichnung mit Funktionszusatz in der Bundesbesoldungsordnung A i. d. F. des ÜBesG NRW	Bisherige Besoldungsgruppe/ Amtszulage	Neue Amtsbezeichnung mit Funktionszusatz in der Landesbesoldungsordnung A	Neue Besoldungsgruppe/ Amtszulage
26.	Regierungsschuldirektor – als Dezernent (Referent) in der Schulaufsicht auf Bezirksebene –	A 15	Regierungsschuldirektorin, Regierungsschuldirektor – als Dezernentin oder Dezernent in der Schulaufsicht auf Bezirksebene –	A 15
27.	Studiendirektor – als Fachberater in der Schulaufsicht, als Fachleiter oder Seminarlehrer an Studienseminaren oder Seminarschulen oder zur Koordinierung schulfachlicher Aufgaben –[9])	A 15	Studiendirektorin, Studiendirektor – als Fachberaterin oder Fachberater in der Schulaufsicht, als Fachleiterin oder Fachleiter an Zentren für schulpraktische Lehrerausbildung oder zur Koordinierung schulfachlicher Aufgaben –[12])	A 15
	– als der ständige Vertreter des Leiters einer beruflichen Schule mit mehr als 80 bis zu 360 Schülern –[8])		– als ständige Vertreterin oder ständiger Vertreter der Leitung eines Berufskollegs mit mehr als 80 bis zu 360 Schülerinnen und Schülern –[14])	
	– als der ständige Vertreter des Leiters einer beruflichen Schule mit mehr als 360 Schülern –[7])[8])	+ 189,57 Euro	– als ständige Vertreterin oder ständiger Vertreter der Leitung eines Berufskollegs mit mehr als 360 Schülerinnen und Schülern –[4])[14])	+ 189,57 Euro
	– als der ständige Vertreter des Leiters eines zweizügig voll ausgebauten Oberstufengymnasiums oder eines Oberstufengymnasiums mit mindestens zwei Schultypen –[7])	+ 189,57 Euro	– als ständige Vertreterin oder ständiger Vertreter des Leiters eines zweizügig voll ausgebauten Oberstufengymnasiums –[4])	+ 189,57 Euro
	– als Leiter einer beruflichen Schule mit bis zu 80 Schülern –[8])		– als Leiterin oder Leiter eines Berufskollegs mit bis zu 80 Schülerinnen und Schülern –[14])	
	– als Leiter einer beruflichen Schule mit mehr als 80 bis zu 360 Schülern –[7])[8])	+ 189,57 Euro	– als Leiterin oder Leiter eines Berufskollegs mit mehr als 80 bis zu 360 Schülerinnen und Schülern –[4])[14])	+ 189,57 Euro
28.	Leitender Regierungsschuldirektor – als Dezernent (Referent) in der Schulaufsicht auf Bezirksebene –	A 16	Leitende Regierungsschuldirektorin, Leitender Regierungsschuldirektor – als Dezernentin oder Dezernent in der Schulaufsicht auf Bezirksebene –	A 16
29.	Oberstudiendirektor	A 16	Oberstudiendirektorin, Oberstudiendirektor	A 16

Lfd. Nr.	Bisherige Amtsbezeichnung mit Funktionszusatz in der Bundesbesoldungsordnung A i. d. F. des ÜBesG NRW	Bisherige Besoldungsgruppe/ Amtszulage	Neue Amtsbezeichnung mit Funktionszusatz in der Landesbesoldungsordnung A	Neue Besoldungsgruppe/ Amtszulage
	– als Leiter einer beruflichen Schule mit mehr als 360 Schülern –[12]) – eines zweizügig voll ausgebauten Oberstufengymnasiums oder eines Oberstufengymnasiums mit mindestens zwei Schultypen –		– eines Berufskollegs mit mehr als 360 Schülerinnen und Schülern –[8]) – eines zweizügig voll ausgebauten Oberstufengymnasiums –	

Lfd. Nr.	Bisherige Amtsbezeichnung mit Funktionszusatz in der Bundesbesoldungsordnung B i. d. F. des ÜBesG NRW	Bisherige Besoldungsgruppe/ Amtszulage	Neue Amtsbezeichnung mit Funktionszusatz in der Landesbesoldungsordnung B	Neue Besoldungsgruppe/ Amtszulage
30.	Regierungspräsident – in einem Regierungsbezirk mit mehr als zwei Millionen Einwohnern –	B 8	Regierungspräsidentin, Regierungspräsident	B 8
31.	Präsident des Verfassungsgerichtshofs und des Oberverwaltungsgerichts	B 10	Präsidentin, Präsident des Verfassungsgerichtshofs und des Oberverwaltungsgerichts	R 10

Lfd. Nr.	Bisherige Amtsbezeichnung mit Funktionszusatz in der Bundesbesoldungsordnung R i. d. F. des ÜBesG NRW	Bisherige Besoldungsgruppe/ Amtszulage	Neue Amtsbezeichnung mit Funktionszusatz in der Landesbesoldungsordnung R	Neue Besoldungsgruppe/ Amtszulage
32.	Direktor des Amtsgerichts[3])	R 2	Direktorin, Direktor des Amtsgerichts[3])[9])	R 2 + 314,40 Euro

Lfd. Nr.	Bisherige Amtsbezeichnung mit Funktionszusatz in der Landesbesoldungsordnung A	Bisherige Besoldungsgruppe/ Amtszulage	Neue Amtsbezeichnung mit Funktionszusatz in der Landesbesoldungsordnung A	Neue Besoldungsgruppe/ Amtszulage
33.	Landgestütwärter	A 3	Landgestüthauptwärterin, Landgestüthauptwärter	A 5
34.	Landgestütoberwärter	A 4	Landgestüthauptwärterin, Landgestüthauptwärter	A 5
35.	Erster Justizhauptwachtmeister[1])	A 7 + 19,57 Euro	Erste Justizhauptwachtmeisterin, Erster Justizhauptwachtmeister – als Leiterin oder Leiter einer Justizwachtmeisterei –[2])	A 7 + 67,42 Euro
36.	Fachlehrer mit der Befähigung für die Laufbahn – des Fachlehrers an beruflichen Schulen –[1]) – des Fachlehrers an Sonderschulen –[1]) – des Werkstattlehrers –	A 9	Fachlehrerin, Fachlehrer mit der Befähigung für die Laufbahn[2])[3]) – der Fachlehrerin oder des Fachlehrers an Berufskollegs –	A 9

Lfd. Nr.	Bisherige Amtsbezeichnung mit Funktionszusatz in der Landesbesoldungsordnung A	Bisherige Besoldungsgruppe/ Amtszulage	Neue Amtsbezeichnung mit Funktionszusatz in der Landesbesoldungsordnung A	Neue Besoldungsgruppe/ Amtszulage
			– der Fachlehrerin oder des Fachlehrers an Förderschulen – – der Werkstattlehrerin oder des Werkstattlehrers –	
37.	Fachlehrer mit der Befähigung für die Laufbahn – des Fachlehrers an beruflichen Schulen –[1]) – des Fachlehrers an Sonderschulen –[1]) – des Technischen Lehrers an beruflichen Schulen –[2])	A 10	Fachlehrerin, Fachlehrer mit der Befähigung für die Laufbahn – der Fachlehrerin oder des Fachlehrers an Berufskollegs –[1])[2]) – der Fachlehrerin oder des Fachlehrers an Förderschulen –[1])[2]) – der Technischen Lehrerin oder des Technischen Lehrers an Berufskollegs –[1])[3])[4])	A 10
38.	Fachlehrer mit der Befähigung für die Laufbahn – des Fachlehrers an beruflichen Schulen –[3]) – des Technischen Lehrers an beruflichen Schulen –[1])[2])	A 11	Fachlehrerin, Fachlehrer mit der Befähigung für die Laufbahn – der Fachlehrerin oder des Fachlehrers an Berufskollegs als Fachberaterin oder Fachberater –[5])[6]) – der Technischen Lehrerin oder des Technischen Lehrers an Berufskollegs –[5])[7])[8])	A 11
39.	Lehrer – mit der Befähigung für das Lehramt für Sonderpädagogik bei entsprechender Verwendung –	A 13	Lehrerin, Lehrer – mit der Befähigung für ein sonderpädagogisches Lehramt –[6])	A 13
40.	Studienrat – mit der Befähigung für das Lehramt an Gymnasien, mit der Befähigung für das Lehramt an Gymnasien und Gesamtschulen und mit den Lehramtsbefähigungen für die Sekundarstufe I und die Sekundarstufe II(Doppelbefähigung) – bei Verwendung an einer Sekundarschule –[10])	A 13	Studienrätin, Studienrat – mit der Befähigung für das Lehramt an Gymnasien und Gesamtschulen –[14])	A 13
41.	Konrektor – als der ständige Vertreter des Leiters einer Schule im organisatorischen Zusammenschluss mit mehr als 180 und höchstens 360 Realschülern und gleichzeitig mehr als 360 Gesamt-/Hauptschülern –	A 14	Konrektorin, Konrektor – einer Schule im organisatorischen Zusammenschluss mit mehr als 180 und höchstens 360 Realschülerinnen und Realschülern und gleichzeitig insgesamt mehr als 360 Schülerinnen und Schülern –	A 14

III

Lfd. Nr.	Bisherige Amtsbezeichnung mit Funktionszusatz in der Landesbesoldungsordnung A	Bisherige Besoldungsgruppe/ Amtszulage	Neue Amtsbezeichnung mit Funktionszusatz in der Landesbesoldungsordnung A	Neue Besoldungsgruppe/ Amtszulage
42.	Sonderschulkonrektor	A 14	Förderschulkonrektorin, Förderschulkonrektor	A 14
	– als der ständige Vertreter eines in der Besoldungsgruppe A 14 mit Amtszulage eingestuften Leiters einer Förderschule –		– einer Förderschule, deren Leitung in Besoldungsgruppe A 14 mit Amtszulage eingestuft ist –	
	– als der ständige Vertreter eines mindestens in der Besoldungsgruppe A 15 eingestuften Leiters einer Förderschule –[2])	+ 189,57 Euro	– einer Förderschule, deren Leitung mindestens in Besoldungsgruppe A 15 eingestuft ist –[3])	+ 189,57 Euro
43.	Sonderschulrektor	A 14	Förderschulrektorin, Förderschulrektor	A 14
	– als Leiter einer Förderschule mit Förderschwerpunkt Lernen mit bis zu 100 Schülern oder einer sonstigen Förderschule mit bis zu 60 Schülern –		– einer Förderschule mit Förderschwerpunkt Lernen mit bis zu 100 Schülerinnen und Schülern oder einer sonstigen Förderschule mit bis zu 60 Schülerinnen und Schülern –	
	– als Leiter einer Förderschule mit Förderschwerpunkt Lernen mit 101 bis 200 Schülern oder einer sonstigen Förderschule mit 61 bis 120 Schülern –[2])	+ 189,57 Euro	– einer Förderschule mit Förderschwerpunkt Lernen mit 101 bis 200 Schülerinnen und Schülern oder einer sonstigen Förderschule mit 61 bis 120 Schülerinnen und Schülern –[3])	+ 189,57 Euro
44.	Direktor	A 15	Direktorin, Direktor	A 15
	– als Leiter eines Studienseminars für Lehrämter des gehobenen Dienstes –[10])	+ 189,57 Euro	– eines Zentrums für schulpraktische Lehrerausbildung für Lehrämter der Laufbahngruppe 2, erstes Einstiegsamt –[3])	+ 189,57 Euro
	– als Leiter eines Studienseminars mit mindestens einem Seminar für Lehrämter des höheren Dienstes und bis zu 220 Lehramtsanwärtern –[3])	+ 189,57 Euro	– eines Zentrums für schulpraktische Lehrerausbildung mit mindestens einem Seminar für Lehrämter der Laufbahngruppe 2, zweites Einstiegsamt und bis zu 220 Lehramtsanwärterinnen und Lehramtsanwärtern –[4])	+ 189,57 Euro
45.	Direktor an einer Gesamtschule – als der ständige Vertreter eines Leitenden Gesamtschuldirektors –[3])	A 15 + 189,57 Euro	Direktorin, Direktor an einer Gesamtschule – als ständige Vertreterin oder ständiger Vertreter an einer Gesamtschule, deren Leitung in die Besoldungsgruppe A 16 eingestuft ist –[4])	A 15 + 189,57 Euro

Lfd. Nr.	Bisherige Amtsbezeichnung mit Funktionszusatz in der Landesbesoldungsordnung A	Bisherige Besoldungsgruppe/ Amtszulage	Neue Amtsbezeichnung mit Funktionszusatz in der Landesbesoldungsordnung A	Neue Besoldungsgruppe/ Amtszulage
46.	Direktor an einem Studienseminar – als Leiter eines Seminars für ein Lehramt –	A 15	Direktorin, Direktor an einem Zentrum für schulpraktische Lehrerausbildung – als Leiterin oder Leiter eines Seminars für ein Lehramt –	A 15
47.	Rektor – als Leiter einer Schule im organisatorischen Zusammenschluss mit mehr als 180 und höchstens 360 Realschülern und gleichzeitig mehr als 360 Gesamt-/Hauptschülern –	A 15	Rektorin, Rektor – einer Schule im organisatorischen Zusammenschluss mit mehr als 180 und höchstens 360 Realschülerinnen und Realschülern und gleichzeitig insgesamt mehr als 360 Schülerinnen und Schülern –	A 15
48.	Sonderschulrektor – als Leiter einer Förderschule mit Schwerpunkt Lernen mit mehr als 200 Schülern oder einer sonstigen Förderschule mit mehr als 120 Schülern –	A 15	Förderschulrektorin, Förderschulrektor – einer Förderschule mit Schwerpunkt Lernen mit mehr als 120 Schülerinnen und Schülern oder einer sonstigen Förderschule mit mehr als 120 Schülerinnen und Schülern –	A 15
49.	Sonderschulrektor – als Leiter einer Förderschule im Bildungsbereich des Gymnasiums oder eines Berufskollegs oder einer sonstigen Förderschule mit angegliederten Gymnasial- oder Berufsschulklassen –	A 15	Förderschulrektorin, Förderschulrektor – einer Förderschule im Bildungsbereich des Gymnasiums oder eines Berufskollegs oder einer sonstigen Förderschule mit angegliederten Gymnasial- oder Berufskollegsklassen –	A 15
50.	Leitender Direktor – als Leiter eines Studienseminars mit mindestens einem Seminar für Lehrämter des höheren Dienstes und mehr als 220 Lehramtsanwärtern	A 16	Leitende Direktorin, Leitender Direktor – eines Zentrums für schulpraktische Lehrerausbildung mit mindestens einem Seminar für Lehrämter der Laufbahngruppe 2, zweites Einstiegsamt und mehr als 220 Lehramtsanwärterinnen und Lehramtsanwärtern –	A 16

Anlage 18
Gültig ab 1. Januar 2025

Berechnungsgrundlagen für den Ergänzungszuschlag zum Familienzuschlag

Monatliche Nettoalimentation

Berechnung der monatlichen Nettoalimentation im Sinne des § 71b Absatz 3; maßgeblich sind die Bezüge des jeweiligen Monats:

Summe aus der Besoldung im Sinne des § 1 Absatz 4 (Dienstbezüge) und § 1 Absatz 5 (sonstige Bezüge) mit Ausnahme der Zuschläge nach § 8 Absatz 2 in Verbindung mit § 70, nach § 91 Absatz 4 und nach § 9 Absatz 2 in Verbindung mit § 71

+ Sonderzahlungen
– Gesetzliche Lohnsteuer unter Berücksichtigung der Lohnsteuerklasse III und individueller Freibeträge und des nach dem Bürgerentlastungsgesetz Krankenversicherung vom 16. Juli 2009 (BGBl. I S. 1959) steuerlich absetzbaren Anteils der Beiträge zur Kranken- und Pflegeversicherung (sog. „BEG-Anteil").
– Solidaritätszuschlag (ohne Berücksichtigung der Kirchensteuer)
– Kosten einer die Beihilfeleistungen des Dienstherrn ergänzenden Kranken- und Pflegeversicherung
+ Erstattungsbetrag für Beiträge zur Krankenversicherung nach § 12a Satz 2 der Beihilfenverordnung NRW
+ Kindergeld[1])
= **Monatliche Nettoalimentation**

Monatliches Nettoeinkommen der Ehegattin oder des Ehegatten

Berechnung des monatlichen Nettoeinkommens der Ehegattin oder des Ehegatten im Sinne des § 71b Absatz 2 Satz 2; maßgeblich sind die Werte des Kalenderjahres, für das ein Antrag nach § 71b Absatz 1 gestellt wurde:

Summe der Einkünfte des Kalenderjahres, die der Lohnsteuer gemäß § 38 Absatz 1 des Einkommensteuergesetzes vom 8. Oktober 2009 (BGBl. I S. 3366, 3862) in der jeweils geltenden Fassung unterliegen, für die keine Pauschalversteuerung durch den Arbeitgeber erfolgt.

– Gesetzliche Lohnsteuer unter Berücksichtigung der Lohnsteuerklasse V und individueller Freibeträge. Bei Beamtinnen und Beamten, Richterinnen und Richtern: Steuerliche Berücksichtigung des nach dem Bürgerentlastungsgesetz Krankenversicherung vom 16. Juli 2009 (BGBl. I S. 1959) steuerlich absetzbaren Anteils der Beiträge zur Kranken- und Pflegeversicherung (sog. „BEG-Anteil").
– Solidaritätszuschlag (ohne Berücksichtigung der Kirchensteuer)
– Arbeitnehmeranteil an den gesetzlichen Sozialabgaben. Bei Beamtinnen und Beamten, Richterinnen und Richtern: Kosten einer die Beihilfeleistungen des Dienstherrn ergänzenden Kranken- und Pflegeversicherung

[1]) Eine Berücksichtigung des Kindergeldes erfolgt unabhängig davon, ob es der Beamtin oder dem Beamten, der Richterin oder dem Richter oder einer dritten Person gezahlt wird.

+ Erstattungsbetrag für Beiträge zur Krankenversicherung nach § 12a Satz 2 der Beihilfenverordung NRW
= **Nettoeinkommen des Kalenderjahres der Ehegattin oder des Ehegatten nach § 71b Absatz 2 Satz 2**

Das auf einen Monat entfallende Nettoeinkommen (monatliches Nettoeinkommen) entspricht dem zwölften Teil des Nettoeinkommens des Kalenderjahres. Bei der Berechnung des Nettoeinkommens findet § 3 Absatz 6 entsprechende Anwendung.

Monatlicher grundsicherungsrechtlicher Gesamtbedarf

Monatlicher grundsicherungsrechtlicher Gesamtbedarf im Sinne des § 71b Absatz 1 Nummer 2 für Beamtinnen und Beamte, Richterinnen und Richter mit Anspruch auf Familienzuschlag der

Stufe 1
(§ 43 Absatz 1)

Mietenstufe	I	II	III	IV	V	VI	VII
Grundsicherungsrechtlicher Gesamtbedarf	1885,72 €	1947,52 €	2011,61 €	2085,00 €	2153,52 €	2224,48 €	2306,88 €
115% des grundsicherungsrechtlichen Gesamtbedarfs	2168,58 €	2239,65 €	2313,35 €	2398,90 €	2476,55 €	2558,15 €	2652,91 €

Stufe 2
(§ 43 Absatz 2)

Mietenstufe	I	II	III	IV	V	VI	VII
Grundsicherungsrechtlicher Gesamtbedarf	2582,40 €	2654,50 €	2731,18 €	2819,30 €	2899,41 €	2985,25 €	3081,38 €
115% des grundsicherungsrechtlichen Gesamtbedarfs	2969,76 €	3052,68 €	3140,86 €	3242,20 €	3334,32 €	3433,04 €	3543,59 €

Stufe 3
(§ 43 Absatz 2)

Mietenstufe	I	II	III	IV	V	VI	VII
Grundsicherungsrechtlicher Gesamtbedarf	3252,34 €	3338,18 €	3425,30 €	3528,15 €	3624,29 €	3722,71 €	3837,15 €
115% des grundsicherungsrechtlichen Gesamtbedarfs	3740,19 €	3838,91 €	3940,25 €	4057,37 €	4167,93 €	4281,12 €	4412,72 €

Stufe 4
(§ 43 Absatz 2)

Mietenstufe	I	II	III	IV	V	VI	VII
Grundsicherungsrechtlicher Gesamtbedarf	3897,39 €	3994,67 €	4095,53 €	4214,40 €	4321,98 €	4435,28 €	4555,74 €
115% des grundsicherungsrechtlichen Gesamtbedarfs	4482,00 €	4593,87 €	4711,01 €	4846,56 €	4970,28 €	5100,57 €	5250,60 €

III

Stufe 5
(§ 43 Absatz 2)

Mietenstufe	I	II	III	IV	V	VI	VII
Grundsicherungsrechtlicher Gesamtbedarf	4537,85 €	4547,73 €	4753,32 €	4894,93 €	5013,95 €	5148,99 €	5295,48 €
115% des grundsicherungsrechtlichen Gesamtbedarfs	5218,54 €	5344,89 €	5477,82 €	5629,17 €	5766,04 €	5921,34 €	6089,80 €

Stufe 6
(§ 43 Absatz 2)

Mietenstufe	I	II	III	IV	V	VI	VII
Grundsicherungsrechtlicher Gesamtbedarf	5178,33 €	5300,79 €	5430,11 €	5575,46 €	5705,92 €	5862,70 €	6025,22 €
115% des grundsicherungsrechtlichen Gesamtbedarfs	5955,08 €	6095,91 €	6244,63 €	6411,78 €	6561,81 €	6742,11 €	6929,00 €

Stufe 7
(§ 43 Absatz 2)

Mietenstufe	I	II	III	IV	V	VI	VII
Grundsicherungsrechtlicher Gesamtbedarf	5818,80 €	5953,85 €	6096,90 €	6255,99 €	6397,89 €	6576,41 €	6754,95 €
115% des grundsicherungsrechtlichen Gesamtbedarfs	6691,62 €	6846,93 €	7011,44 €	7194,39 €	7357,57 €	7562,87 €	7768,20 €

Stufe 8
(§ 43 Absatz 2)

Mietenstufe	I	II	III	IV	V	VI	VII
Grundsicherungsrechtlicher Gesamtbedarf	6459,27 €	6606,91 €	6763,69 €	6936,52 €	7089,86 €	7290,12 €	7484,70 €
115% des grundsicherungsrechtlichen Gesamtbedarfs	7428,16 €	7597,95 €	7778,24 €	7977,00 €	8153,34 €	8383,64 €	8607,41 €

Anlage 6
Gültig ab 1. März 2027

Grundgehaltssätze

(Monatsbeträge in Euro)

Landesbesoldungsordnung A

Besoldungsgruppe	2-Jahres-Rhythmus				3-Jahres-Rhythmus				4-Jahres-Rhythmus			
	Erfahrungsstufe											
	1	2	3	4	5	6	7	8	9	10	11	12
A 5			3137,90	3208,11	3278,33	3348,56	3418,79	3489,01	3559,25	3629,49		
A 6			3190,84	3267,94	3345,05	3422,17	3499,28	3576,38	3653,48	3730,55		
A 7			3279,95	3375,85	3471,73	3567,55	3663,45	3731,89	3800,39	3868,88		
A 8			3363,29	3486,14	3608,98	3731,85	3854,72	3936,61	4018,51	4100,44	4182,32	
A 9			3506,98	3636,53	3766,06	3895,60	4025,15	4114,16	4203,29	4292,32	4381,36	
A 10			3767,38	3933,32	4099,32	4265,27	4431,27	4541,91	4653,10	4766,26	4879,45	
A 11			4128,67	4293,79	4458,96	4624,12	4792,95	4905,54	5018,18	5132,35	5247,22	5362,13
A 12				4594,88	4795,50	4996,93	5201,20	5338,19	5475,15	5612,16	5749,16	5886,06
A 13					5325,91	5547,73	5769,57	5917,48	6065,38	6213,30	6361,23	6509,12
A 14					5641,37	5929,08	6216,73	6408,54	6600,31	6792,13	6983,93	7175,73
A 15						6482,82	6799,12	7052,14	7305,19	7558,26	7811,32	8064,35
A 16						7121,06	7486,83	7779,52	8072,19	8364,81	8657,49	8950,15

III

Anlage 7
Gültig ab 1. März 2027

Grundgehaltssätze

(Monatsbeträge in Euro)

Landesbesoldungsordnung B

Besoldungsgruppe	
B 1	8064,35
B 2	9320,37
B 3	9852,15
B 4	10 409,08
B 5	11 048,03
B 6	11 651,44
B 7	12 238,35
B 8	12 850,13
B 9	13 609,67
B 10	15 968,46
B 11	16 576,36

Anlage 8
Gültig ab 1. März 2027

Grundgehaltssätze

(Monatsbeträge in Euro)

Landesbesoldungsordnung R

Besoldungsgruppe	2-Jahres-Rhythmus											
	Erfahrungsstufe											
	1	2	3	4	5	6	7	8	9	10	11	12
R 1		5437,35	5554,12	5855,38	6156,71	6457,96	6759,24	7060,53	7361,80	7663,12	7964,34	8265,68
R 2			6275,34	6576,59	6877,88	7179,19	7480,48	7781,73	8083,04	8384,31	8685,58	8986,82
R 3	9852,15											
R 4	10 409,08											
R 5	11 048,03											
R 6	11 651,44											
R 7	12 238,35											
R 8	12 850,13											

Anlage 9
Gültig ab 1. März 2027

Grundgehaltssätze

(Monatsbeträge in Euro)

Landesbesoldungsordnung W

Besoldungsgruppe	
W 1	5702,78
W 2	7434,70
W 3	8189,01

III

Anlage 10
Gültig ab 1. März 2027

Grundgehaltssätze – auslaufend –

(Monatsbeträge in Euro)

Landesbesoldungsordnung C

Besoldungsgruppe/ Stufe	2-Jahres-Rhythmus														
	1	2	3	4	5	6	7	8	9	10	11	12	13	14	15
C 1	4596,33	4740,62	4885,59	5030,58	5177,99	5325,91	5473,78	5621,70	5769,57	5917,48	6065,38	6213,30	6361,23	6509,12	
C 2	4605,19	4835,71	5066,99	5302,77	5538,43	5774,14	6009,85	6245,58	6481,26	6716,99	6952,70	7188,39	7424,09	7659,82	7895,53
C 3	5023,38	5289,61	5556,49	5823,39	6090,28	6357,20	6624,08	6890,96	7157,85	7424,71	7691,61	7958,52	8225,40	8492,31	8759,19
C 4	6279,19	6547,49	6815,78	7084,08	7352,36	7620,64	7889,01	8157,23	8425,51	8693,81	8962,12	9230,40	9498,70	9766,99	10 035,26

III

Anlage 11
Gültig ab ab 1. März 2027

Grundgehaltssätze – auslaufend –

(Monatsbeträge in Euro)

Landesbesoldungsordnung H

Besoldungsgruppe/ Stufe	1	2	3	4	5	6	7	8	9	10	11	12	13	14	15
H 1	4596,33	4740,62	4885,57	5030,58	5177,99	5325,89	5473,79	5621,70	5769,57	5917,48	6065,38	6213,31	6361,23	6509,12	
H 2	4689,66	4877,70	5065,94	5257,75	5449,56	5641,35	5833,13	6024,94	6216,73	6408,54	6600,31	6792,13	6983,93	7175,73	
H 3	5112,14	5323,00	5533,92	5744,78	5955,64	6166,53	6377,37	6588,21	6799,12	7010,00	7220,90	7431,70	7642,58	7853,47	8064,35
H 4	5535,83	5779,70	6023,57	6267,47	6511,33	6755,18	6999,13	7242,95	7486,87	7730,76	7974,64	8218,49	8462,39	8706,30	8950,15
H 5	6831,72	7097,45	7363,15	7628,86	7894,56	8160,24	8426,01	8691,65	8957,37	9223,06	9488,76	9754,47	10 020,23	10 285,88	10 551,59

Anlage 12
Gültig ab 1. März 2027

Anwärtergrundbetrag

(Monatsbeträge in Euro)

Besoldungsgruppe des Einstiegsamtes, in das die Anwärterin oder der Anwärter nach Abschluss des Vorbereitungsdienstes unmittelbar eintritt	Grundbetrag
A 5 bis A 8	1619,78
A 9 bis A 11	1675,68
A 12	1820,37
A 13	1853,28
A 13 mit Zulage nach § 47 Buchstabe d	1889,43

III

Anlage 13
Gültig ab 1. März 2027

Familienzuschlag für Beamtinnen und Beamte

(Monatsbeträge in Euro)

Stufe 1
(§ 43 Absatz 1)

Besoldungsgruppen A 5 und A 6	172,66
Besoldungsgruppen A 7 und A 8	170,62
übrige Besoldungsgruppen	176,98

Stufe 2
(§ 43 Absatz 2)

	Mietenstufe						
	I	II	III	IV	V	VI	VII
Besoldungsgruppen A 5 und A 6	330,37	330,37	380,63	528,50	663,96	809,63	973,53
Besoldungsgruppen A 7 und A 8	326,47	326,47	376,75	524,61	660,07	805,74	969,63
übrige Besoldungsgruppen	331,01	331,01	381,29	529,14	664,60	810,28	974,15

Stufe 3
(§ 43 Absatz 2)

	Mietenstufe						
	I	II	III	IV	V	VI	VII
Besoldungsgruppen A 5 und A 6	751,83	897,91	1048,44	1223,35	1389,18	1559,66	1758,99
Besoldungsgruppen A 7 und A 8	746,07	892,15	1042,68	1217,59	1383,42	1553,92	1753,25
übrige Besoldungsgruppen	748,76	894,85	1045,37	1220,29	1386,11	1556,61	1755,93

Stufe 4
(§ 43 Absatz 2)

	Mietenstufe						
	I	II	III	IV	V	VI	VII
Besoldungsgruppen A 5 und A 6	1479,51	1648,17	1825,17	2031,23	2220,42	2420,59	2652,80
Besoldungsgruppen A 7 und A 8	1467,99	1636,64	1813,64	2019,71	2208,89	2409,08	2641,28
übrige Besoldungsgruppen	1464,96	1633,62	1810,62	2016,68	2205,86	2406,06	2638,25

Stufe 5
(§ 43 Absatz 2)

	Mietenstufe						
	I	II	III	IV	V	VI	VII
Besoldungsgruppen A 5 und A 6	2212,53	2406,39	2611,04	2845,70	3059,19	3302,67	3568,93
Besoldungsgruppen A 7 und A 8	2195,24	2389,11	2593,74	2828,41	3041,91	3285,38	3551,64
übrige Besoldungsgruppen	2186,51	2380,36	2585,01	2819,68	3033,16	3276,65	3542,91

Für das fünfte und jedes weitere im Familienzuschlag zu berücksichtigende Kind erhöht sich der Familienzuschlag um

	Mietenstufe						
	I	II	III	IV	V	VI	VII
Besoldungsgruppen A 5 und A 6	776,11	804,60	836,08	868,93	897,12	947,56	987,79
Besoldungsgruppen A 7 und A 8	770,33	798,82	830,30	863,15	891,35	941,79	982,02
übrige Besoldungsgruppen	764,63	793,11	824,60	857,45	885,64	936,08	976,30

Erhöhungsbetrag für die Besoldungsgruppe A 5:

Der Familienzuschlag der Stufe 2 erhöht sich in der Besoldungsgruppe A 5 für das erste zu berücksichtigende Kind um 8,82 Euro, ab Stufe 3 für jedes weitere zu berücksichtigende Kind in der Besoldungsgruppe A 5 um 26,39 Euro.

Soweit dadurch im Einzelfall die Besoldung hinter derjenigen aus einer niedrigeren Besoldungsgruppe zurückbleibt, wird der Unterschiedsbetrag zusätzlich gewährt.

Familienzuschlag für Anwärterinnen und Anwärter*

(Monatsbeträge in Euro)

Stufe 1
(§ 43 Absatz 1)

Besoldungsgruppen A 5 bis A 8	170,62
übrige Besoldungsgruppen	179,14

Stufe 2
(§ 43 Absatz 2)

	Mietenstufe						
	I	II	III	IV	V	VI	VII
Besoldungsgruppen A 5 bis A 8	326,47	326,47	376,75	524,61	660,07	805,74	969,63
übrige Besoldungsgruppen	335,01	335,01	385,29	533,14	668,59	814,27	978,16

Stufe 3
(§ 43 Absatz 2)

	Mietenstufe						
	I	II	III	IV	V	VI	VII
Besoldungsgruppen A 5 bis A 8	746,07	892,15	1042,68	1217,59	1383,42	1553,92	1753,25
übrige Besoldungsgruppen	754,61	900,68	1051,21	1226,12	1391,95	1562,45	1761,77

Stufe 4
(§ 43 Absatz 2)

	Mietenstufe						
	I	II	III	IV	V	VI	VII
Besoldungsgruppen A 5 bis A 8	1467,99	1636,64	1813,64	2019,71	2208,89	2409,08	2641,28
übrige Besoldungsgruppen	1476,52	1645,18	1822,18	2028,24	2217,43	2417,60	2649,81

Stufe 5
(§ 43 Absatz 2)

	Mietenstufe						
	I	II	III	IV	V	VI	VII
Besoldungsgruppen A 5 bis A 8	2195,24	2389,11	2593,74	2828,41	3041,91	3285,38	3551,64
übrige Besoldungsgruppen	2203,78	2397,63	2602,28	2836,95	3050,43	3293,92	3560,18

Für das fünfte und jedes weitere im Familienzuschlag zu berücksichtigende Kind erhöht sich der Familienzuschlag um

	Mietenstufe						
	I	II	III	IV	V	VI	VII
Besoldungsgruppen A 5 bis A 8	770,33	798,82	830,30	863,15	891,35	941,79	982,02
übrige Besoldungsgruppen	770,33	798,82	830,30	863,15	891,35	941,79	982,02

Erhöhungsbetrag für die Besoldungsgruppe A 5:

Der Familienzuschlag der Stufe 2 erhöht sich für das erste zu berücksichtigende Kind in der Besoldungsgruppe A 5 um 8,69 Euro, ab Stufe 3 für jedes weitere zu berücksichtigende Kind in der Besoldungsgruppe A 5 um 26,08 Euro.

Soweit dadurch im Einzelfall die Besoldung hinter derjenigen aus einer niedrigeren Besoldungsgruppe zurückbleibt, wird der Unterschiedsbetrag zusätzlich gewährt.

Anlage 14
Gültig ab 1. März 2027

Amtszulagen und Strukturzulage

(Monatsbeträge in Euro)

Amtszulagen

nach Fußnote 1 zur Besoldungsgruppe A 5	97,08
nach Fußnote 1 und 4 zur Besoldungsgruppe A 6	97,08
nach Fußnote 2 zur Besoldungsgruppe A 7	95,92
nach Fußnote 8 zur Besoldungsgruppe A 7	50 Prozent des jeweiligen Unterschiedsbetrages zum Grundgehalt der Besoldungsgruppe A 8
nach Fußnote 1 zur Besoldungsgruppe A 9 kw	382,47
nach Fußnote 1 und 4 zur Besoldungsgruppe A 9	382,47
nach Fußnote 4 zur Besoldungsgruppe A 13	266,49
nach Fußnote 5 zur Besoldungsgruppe A 13	374,03
nach Fußnote 7, 9 und 10 zur Besoldungsgruppe A 13	388,70
nach Fußnote 11 zur Besoldungsgruppe A 13	310,34
nach Fußnote 3 zur Besoldungsgruppe A 14	266,49
nach Fußnote 4 zur Besoldungsgruppe A 14	266,49
nach Fußnote 9 zur Besoldungsgruppe A 14	411,72
nach Fußnote 10 zur Besoldungsgruppe A 14	635,65
nach Fußnote 3 zur Besoldungsgruppe A 15	266,49
nach Fußnote 4 zur Besoldungsgruppe A 15	266,49
nach Fußnote 6 zur Besoldungsgruppe A 15	266,49
nach Fußnote 8 zur Besoldungsgruppe A 15	266,49
nach Fußnote 11 zur Besoldungsgruppe A 15	261,50
nach Fußnote 1 und 2 zur Besoldungsgruppe R 1	294,62
nach Fußnote 3 bis 8 zur Besoldungsgruppe R 2	294,62
nach Fußnote 9 zur Besoldungsgruppe R 2	441,93
nach Fußnote 3 und 5 zur Besoldungsgruppe R 3	294,62
nach § 46	298,02

Strukturzulage

nach § 47			
	Buchstabe a		11,91
	Buchstabe b		
		Doppelbuchstabe aa	95,30
		Doppelbuchstabe bb	107,61
	Buchstabe c		119,60
	Buchstabe d		119,60
nach § 87 Absatz 4 Satz 3			119,60

Anlage 15
Gültig ab 1. März 2027

Stellenzulagen und andere Zulagen

(Monatsbeträge in Euro)

nach Fußnote 5 zur Besoldungsgruppe A 9	8 Prozent des Endgrundgehaltes der Besoldungsgruppe A 9
nach Fußnote 2 zur Besoldungsgruppe A 13 kw	18,35
nach Fußnote 3 zur Besoldungsgruppe A 14 kw	48,45
nach Fußnote 10 zur Besoldungsgruppe A 16	388,80
nach Fußnote 1 zur Besoldungsgruppe C 2 kw	106,93
nach Fußnote 2 zur Besoldungsgruppe B 2	117,92
nach Fußnote 1 zur Besoldungsgruppe B 3	117,92
nach § 49 oder § 50 oder § 51	
Die Zulage beträgt nach einer Dienstzeit	
von einem Jahr in den Besoldungsgruppen	
bis A 6	66,87
A 7 und A 8 und für Anwärter	66,08
ab A 9	65,28
von zwei Jahren in den Besoldungsgruppen	
bis A 6	133,75
A 7 und A 8 und für Anwärter	132,16
ab A 9	130,56
nach § 52	
Die Zulage beträgt	
in der Laufbahngruppe 1 mit dem zweiten Einstiegsamt in den Besoldungsgruppen	
bis A 6	17,90
A 7 und A 8	17,69
ab A 9	17,48
in der Laufbahngruppe 2 mit dem ersten Einstiegsamt	39,31
nach § 53 Abs. 1	
Nummer 1	
Die Zulage beträgt in den Besoldungsgruppen	
bis A 6	386,54
A 7 und A 8	381,94
ab A 9	377,33
Nummer 2	
Die Zulage beträgt in den Besoldungsgruppen	
bis A 6	309,23
A 7 und A 8	305,54
ab A 9	301,86
nach § 55 Abs. 1 Nummer 1	
in voller Höhe	153,75

III

in Höhe von 2/3	102,50
nach § 55 Abs. 1 Nummer 2	93,17
nach § 55 Abs. 1 Nummer 3	
Die Zulage beträgt in den Besoldungsgruppen	
A 13	21,75
A 14	57,42
nach § 55 Abs. 1 Nummer 4	
a) als Fachkraft	153,75
b) als Leiterin oder Leiter	256,25
nach § 56 Nummer 1	
Die Zulage beträgt in den Besoldungsgruppen	
A 6	161,06
A 7 und A 8	159,14
A 9	157,23
ab A 10	196,52
nach § 56 Nummer 2	
bis A 6	40,27
A 7 und A 8	39,79
ab A 9	39,31
nach § 56 Nummer 3	149,59
nach § 63	266,50
nach § 64	
Die Zulage beträgt bei gleichzeitiger Ausübung eines Amts in	
R 1	210,68
R 2	235,83
nach § 67	102,26

Anlage 16
Gültig ab 1. März 2027

Auslandsbesoldung
Auslandszuschlag

VI.1 (Monatsbeträge in Euro)

	1	2	3	4	5	6	7	8	9	10	11	12	13	14	15
Grund-gehalts-spanne		3137,91	3248,48	3640,29	4071,15	4562,35	5121,70	5768,50	6503,35	7338,39	8287,09	9365,06	10 589,86	11 981,51	
	bis	bis	bis	bis	bis	bis	bis	bis	bis	bis	bis	bis	bis	bis	ab
	3137,90	3248,47	3640,28	4071,14	4562,34	5121,69	5768,49	6503,34	7338,38	8287,08	9365,05	10 589,85	11 981,50	13 562,77	13 562,78
Zonenstufe															
1															
2															
3															
4															
5															
6															
7															
8															
9															
10															
11															
12															
13															
14															
15															
16															
17															
18															
19															
20															

Die betragsmäßige Zuordnung ergibt sich aus Anlage VI, Tabelle VI.1 zum Bundesbesoldungsgesetz.

Anlage 6
Gültig ab 1. Januar 2028

Grundgehaltssätze

(Monatsbeträge in Euro)

Landesbesoldungsordnung A

Besoldungsgruppe	2-Jahres-Rhythmus				3-Jahres-Rhythmus				4-Jahres-Rhythmus			
	Erfahrungsstufe											
	1	2	3	4	5	6	7	8	9	10	11	12
A 5			3169,28	3240,19	3311,11	3382,05	3452,98	3523,90	3594,84	3665,78		
A 6			3222,75	3300,62	3378,50	3456,39	3534,27	3612,14	3690,01	3767,86		
A 7			3312,75	3409,61	3506,45	3603,23	3700,08	3769,21	3838,39	3907,57		
A 8			3396,92	3521,00	3645,07	3769,17	3893,27	3975,98	4058,70	4141,44	4224,14	
A 9			3542,05	3672,90	3803,72	3934,56	4065,40	4155,30	4245,32	4335,24	4425,17	
A 10			3805,05	3972,65	4140,31	4307,92	4475,58	4587,33	4699,63	4813,92	4928,24	
A 11			4169,96	4336,73	4503,55	4670,36	4840,88	4954,60	5068,36	5183,67	5299,69	5415,75
A 12				4640,83	4843,46	5046,90	5253,21	5391,57	5529,90	5668,28	5806,65	5944,92
A 13					5379,17	5603,21	5827,27	5976,65	6126,03	6275,43	6424,84	6574,21
A 14					5697,78	5988,37	6278,90	6472,63	6666,31	6860,05	7053,77	7247,49
A 15						6547,65	6867,11	7122,66	7378,24	7633,84	7889,43	8144,99
A 16						7192,27	7561,70	7857,32	8152,91	8448,46	8744,06	9039,65

Anlage 7
Gültig ab 1. Januar 2028

Grundgehaltssätze

(Monatsbeträge in Euro)

Landesbesoldungsordnung B

Besoldungsgruppe	
B 1	8144,99
B 2	9413,57
B 3	9950,67
B 4	10 513,17
B 5	11 158,51
B 6	11 767,95
B 7	12 360,73
B 8	12 978,63
B 9	13 745,77
B 10	16 128,14
B 11	16 742,12

Anlage 8
Gültig ab 1. Januar 2028

Grundgehaltssätze

(Monatsbeträge in Euro)

Landesbesoldungsordnung R

Besoldungsgruppe	2-Jahres-Rhythmus											
	Erfahrungsstufe											
	1	2	3	4	5	6	7	8	9	10	11	12
R 1		5491,72	5609,66	5913,93	6218,28	6522,54	6826,83	7131,14	7435,42	7739,75	8043,98	8348,34
R 2			6338,09	6642,36	6946,66	7250,98	7555,28	7859,55	8163,87	8468,15	8772,44	9076,69
R 3	9950,67											
R 4	10 513,17											
R 5	11 158,51											
R 6	11 767,95											
R 7	12 360,73											
R 8	12 978,63											

Anlage 9
Gültig ab 1. Januar 2028

Grundgehaltssätze

(Monatsbeträge in Euro)

Landesbesoldungsordnung W

Besoldungsgruppe	
W 1	5759,81
W 2	7509,05
W 3	8270,90

III

Anlage 10
Gültig ab 1. Januar 2028

Grundgehaltssätze – auslaufend –

(Monatsbeträge in Euro)

Landesbesoldungsordnung C

Besoldungsgruppe/ Stufe	2-Jahres-Rhythmus														
	1	2	3	4	5	6	7	8	9	10	11	12	13	14	15
C 1	4642,29	4788,03	4934,45	5080,89	5229,77	5379,17	5528,52	5677,92	5827,27	5976,65	6126,03	6275,43	6424,84	6574,21	
C 2	4651,24	4884,07	5117,66	5355,80	5593,81	5831,88	6069,95	6308,04	6546,07	6784,16	7022,23	7260,27	7498,33	7736,42	7974,49
C 3	5073,61	5342,51	5612,05	5881,62	6151,18	6420,77	6690,32	6959,87	7229,43	7498,96	7768,53	8038,11	8307,65	8577,23	8846,78
C 4	6341,98	6612,96	6883,94	7154,92	7425,88	7696,85	7967,90	8238,80	8509,77	8780,75	9051,74	9322,70	9593,69	9864,66	10 135,61

Anlage 11
Gültig ab ab 1. Januar 2028

Grundgehaltssätze – auslaufend –

(Monatsbeträge in Euro)

Landesbesoldungsordnung H

Besoldungsgruppe/ Stufe	2-Jahres-Rhythmus														
	1	2	3	4	5	6	7	8	9	10	11	12	13	14	15
H 1	4642,29	4788,03	4934,43	5080,89	5229,77	5379,15	5528,53	5677,92	5827,27	5976,65	6126,03	6275,44	6424,84	6574,21	
H 2	4736,56	4926,48	5116,60	5310,33	5504,06	5697,76	5891,46	6085,19	6278,90	6472,63	6666,31	6860,05	7053,77	7247,49	
H 3	5163,26	5376,23	5589,26	5802,23	6015,20	6228,20	6441,14	6654,09	6867,11	7080,10	7293,11	7506,02	7719,01	7932,00	8144,99
H 4	5591,19	5837,50	6083,81	6330,14	6576,44	6822,73	7069,12	7315,38	7561,74	7808,07	8054,39	8300,67	8547,01	8793,36	9039,65
H 5	6900,04	7168,42	7436,78	7705,15	7973,51	8241,84	8510,27	8778,57	9046,94	9315,29	9583,65	9852,01	10 120,43	10 388,74	10 657,11

III

Anlage 12
Gültig ab 1. Januar 2028

Anwärtergrundbetrag

(Monatsbeträge in Euro)

Besoldungsgruppe des Eingangsamtes, in das die Anwärterin oder der Anwärter nach Abschluss des Vorbereitungsdienstes unmittelbar eintritt	Grundbetrag
A 5 bis A 8	1649,78
A 9 bis A 11	1705,68
A 12	1850,37
A 13	1883,28
A 13 mit Zulage nach § 47 Buchstabe d	1919,43

Anlage 13
Gültig ab 1. Januar 2028

Familienzuschlag für Beamtinnen und Beamte

(Monatsbeträge in Euro)

Stufe 1
(§ 43 Absatz 1)

Besoldungsgruppen A 5 und A 6	174,40
Besoldungsgruppen A 7 und A 8	172,34
übrige Besoldungsgruppen	178,76

Stufe 2
(§ 43 Absatz 2)

	Mietenstufe						
	I	II	III	IV	V	VI	VII
Besoldungsgruppen A 5 und A 6	333,67	333,67	384,44	533,79	670,60	817,73	983,27
Besoldungsgruppen A 7 und A 8	329,73	329,73	380,52	529,86	666,67	813,80	979,33
übrige Besoldungsgruppen	334,32	334,32	385,10	534,43	671,25	818,38	983,89

Stufe 3
(§ 43 Absatz 2)

	Mietenstufe						
	I	II	III	IV	V	VI	VII
Besoldungsgruppen A 5 und A 6	759,35	906,89	1058,92	1235,58	1403,07	1575,26	1776,58
Besoldungsgruppen A 7 und A 8	753,53	901,07	1053,11	1229,77	1397,25	1569,46	1770,78
übrige Besoldungsgruppen	756,25	903,80	1055,82	1232,49	1399,97	1572,18	1773,49

Stufe 4
(§ 43 Absatz 2)

	Mietenstufe						
	I	II	III	IV	V	VI	VII
Besoldungsgruppen A 5 und A 6	1494,31	1664,65	1843,42	2051,54	2242,62	2444,80	2679,33
Besoldungsgruppen A 7 und A 8	1482,67	1653,01	1831,78	2039,91	2230,98	2433,17	2667,69
übrige Besoldungsgruppen	1479,61	1649,96	1828,73	2036,85	2227,92	2430,12	2664,63

Stufe 5
(§ 43 Absatz 2)

	Mietenstufe						
	I	II	III	IV	V	VI	VII
Besoldungsgruppen A 5 und A 6	2234,66	2430,45	2637,15	2874,16	3089,78	3335,70	3604,62
Besoldungsgruppen A 7 und A 8	2217,19	2413,00	2619,68	2856,69	3072,33	3318,23	3587,16
übrige Besoldungsgruppen	2208,38	2404,16	2610,86	2847,88	3063,49	3309,42	3578,34

Für das fünfte und jedes weitere im Familienzuschlag zu berücksichtigende Kind erhöht sich der Familienzuschlag um

	Mietenstufe						
	I	II	III	IV	V	VI	VII
Besoldungsgruppen A 5 und A 6	783,87	812,65	844,44	877,62	906,09	957,04	997,67
Besoldungsgruppen A 7 und A 8	778,03	806,81	838,60	871,78	900,26	951,21	991,84
übrige Besoldungsgruppen	772,28	801,04	832,85	866,02	894,50	945,44	986,06

Erhöhungsbetrag für die Besoldungsgruppe A 5:

Der Familienzuschlag der Stufe 2 erhöht sich in der Besoldungsgruppe A 5 für das erste zu berücksichtigende Kind um 8,91 Euro, ab Stufe 3 für jedes weitere zu berücksichtigende Kind in der Besoldungsgruppe A 5 um 26,65 Euro.

Soweit dadurch im Einzelfall die Besoldung hinter derjenigen aus einer niedrigeren Besoldungsgruppe zurückbleibt, wird der Unterschiedsbetrag zusätzlich gewährt.

Familienzuschlag für Anwärterinnen und Anwärter*

(Monatsbeträge in Euro)

Stufe 1
(§ 43 Absatz 1)

Besoldungsgruppen A 5 bis A 8	172,34
übrige Besoldungsgruppen	180,94

Stufe 2
(§ 43 Absatz 2)

	Mietenstufe						
	I	II	III	IV	V	VI	VII
Besoldungsgruppen A 5 bis A 8	329,73	329,73	380,52	529,86	666,67	813,80	979,33
übrige Besoldungsgruppen	338,36	338,36	389,14	538,47	675,28	822,41	987,94

Stufe 3
(§ 43 Absatz 2)

	Mietenstufe						
	I	II	III	IV	V	VI	VII
Besoldungsgruppen A 5 bis A 8	753,53	901,07	1053,11	1229,77	1397,25	1569,46	1770,78
übrige Besoldungsgruppen	762,16	909,69	1061,72	1238,38	1405,87	1578,07	1779,39

Stufe 4
(§ 43 Absatz 2)

	Mietenstufe						
	I	II	III	IV	V	VI	VII
Besoldungsgruppen A 5 bis A 8	1482,67	1653,01	1831,78	2039,91	2230,98	2433,17	2667,69
übrige Besoldungsgruppen	1491,29	1661,63	1840,40	2048,52	2239,60	2441,78	2676,31

Stufe 5
(§ 43 Absatz 2)

	Mietenstufe						
	I	II	III	IV	V	VI	VII
Besoldungsgruppen A 5 bis A 8	2217,19	2413,00	2619,68	2856,69	3072,33	3318,23	3587,16
übrige Besoldungsgruppen	2225,82	2421,61	2628,30	2865,32	3080,93	3326,86	3595,78

Für das fünfte und jedes weitere im Familienzuschlag zu berücksichtigende Kind erhöht sich der Familienzuschlag um

	Mietenstufe						
	I	II	III	IV	V	VI	VII
Besoldungsgruppen A 5 bis A 8	778,03	806,81	838,60	871,78	900,26	951,21	991,84
übrige Besoldungsgruppen	778,03	806,81	838,60	871,78	900,26	951,21	991,84

III

Erhöhungsbetrag für die Besoldungsgruppe A 5:

Der Familienzuschlag der Stufe 2 erhöht sich für das erste zu berücksichtigende Kind in der Besoldungsgruppe A 5 um 8,78 Euro, ab Stufe 3 für jedes weitere zu berücksichtigende Kind in der Besoldungsgruppe A 5 um 26,34 Euro.

Soweit dadurch im Einzelfall die Besoldung hinter derjenigen aus einer niedrigeren Besoldungsgruppe zurückbleibt, wird der Unterschiedsbetrag zusätzlich gewährt.

Anlage 14
Gültig ab 1. Januar 2028

Amtszulagen und Strukturzulage

(Monatsbeträge in Euro)

Amtszulagen

nach Fußnote 1 zur Besoldungsgruppe A 5	98,05
nach Fußnote 1 und 4 zur Besoldungsgruppe A 6	98,05
nach Fußnote 2 zur Besoldungsgruppe A 7	96,88
nach Fußnote 8 zur Besoldungsgruppe A 7	50 Prozent des jeweiligen Unterschiedsbetrages zum Grundgehalt der Besoldungsgruppe A 8
nach Fußnote 1 zur Besoldungsgruppe A 9 kw	386,29
nach Fußnote 1 und 4 zur Besoldungsgruppe A 9	386,29
nach Fußnote 4 zur Besoldungsgruppe A 13	269,15
nach Fußnote 5 zur Besoldungsgruppe A 13	377,77
nach Fußnote 7, 9 und 10 zur Besoldungsgruppe A 13	392,59
nach Fußnote 11 zur Besoldungsgruppe A 13	313,44
nach Fußnote 3 zur Besoldungsgruppe A 14	269,15
nach Fußnote 4 zur Besoldungsgruppe A 14	269,15
nach Fußnote 9 zur Besoldungsgruppe A 14	415,84
nach Fußnote 10 zur Besoldungsgruppe A 14	642,01
nach Fußnote 3 zur Besoldungsgruppe A 15	269,15
nach Fußnote 4 zur Besoldungsgruppe A 15	269,15
nach Fußnote 6 zur Besoldungsgruppe A 15	269,15
nach Fußnote 8 zur Besoldungsgruppe A 15	269,15
nach Fußnote 11 zur Besoldungsgruppe A 15	264,12
nach Fußnote 1 und 2 zur Besoldungsgruppe R 1	297,57
nach Fußnote 3 bis 8 zur Besoldungsgruppe R 2	297,57
nach Fußnote 9 zur Besoldungsgruppe R 2	446,35
nach Fußnote 3 und 5 zur Besoldungsgruppe R 3	297,57
nach § 46	301,00

Strukturzulage

nach § 47			
	Buchstabe a		12,03
	Buchstabe b		
		Doppelbuchstabe aa	96,25
		Doppelbuchstabe bb	108,69
	Buchstabe c		120,80
	Buchstabe d		120,80
nach § 87 Absatz 4 Satz 3			120,80

Anlage 15
Gültig ab 1. Januar 2028

Stellenzulagen und andere Zulagen

(Monatsbeträge in Euro)

nach Fußnote 5 zur Besoldungsgruppe A 9	8 Prozent des Endgrundgehaltes der Besoldungsgruppe A 9
nach Fußnote 2 zur Besoldungsgruppe A 13 kw	18,35
nach Fußnote 3 zur Besoldungsgruppe A 14 kw	48,45
nach Fußnote 10 zur Besoldungsgruppe A 16	388,80
nach Fußnote 1 zur Besoldungsgruppe C 2 kw	106,93
nach Fußnote 2 zur Besoldungsgruppe B 2	117,92
nach Fußnote 1 zur Besoldungsgruppe B 3	117,92
nach § 49 oder § 50 oder § 51	
Die Zulage beträgt nach einer Dienstzeit	
von einem Jahr in den Besoldungsgruppen	
bis A 6	66,87
A 7 und A 8 und für Anwärter	66,08
ab A 9	65,28
von zwei Jahren in den Besoldungsgruppen	
bis A 6	133,75
A 7 und A 8 und für Anwärter	132,16
ab A 9	130,56
nach § 52	
Die Zulage beträgt	
in der Laufbahngruppe 1 mit dem zweiten Einstiegsamt in den Besoldungsgruppen	
bis A 6	17,90
A 7 und A 8	17,69
ab A 9	17,48
in der Laufbahngruppe 2 mit dem ersten Einstiegsamt	39,31
nach § 53 Abs. 1	
Nummer 1	
Die Zulage beträgt in den Besoldungsgruppen	
bis A 6	386,54
A 7 und A 8	381,94
ab A 9	377,33
Nummer 2	
Die Zulage beträgt in den Besoldungsgruppen	
bis A 6	309,23
A 7 und A 8	305,54
ab A 9	301,86
nach § 55 Abs. 1 Nummer 1	
in voller Höhe	153,75
in Höhe von 2/3	102,50

nach § 55 Abs. 1 Nummer 2	93,17
nach § 55 Abs. 1 Nummer 3	
Die Zulage beträgt in den Besoldungsgruppen	
A 13	21,75
A 14	57,42
nach § 55 Abs. 1 Nummer 4	
a) als Fachkraft	153,75
b) als Leiterin oder Leiter	256,25
nach § 56 Nummer 1	
Die Zulage beträgt in den Besoldungsgruppen	
A 6	161,06
A 7 und A 8	159,14
A 9	157,23
ab A 10	196,52
nach § 56 Nummer 2	
bis A 6	40,27
A 7 und A 8	39,79
ab A 9	39,31
nach § 56 Nummer 3	151,09
nach § 63	266,50
nach § 64	
Die Zulage beträgt bei gleichzeitiger Ausübung eines Amts in	
R 1	210,68
R 2	235,83
nach § 67	102,26

Anlage 16
Gültig ab 1. Januar 2028

Auslandsbesoldung

Auslandszuschlag

VI.1 (Monatsbeträge in Euro)

<table>
<tr><td rowspan="4">Grund-
gehalts-
spanne</td><td>1</td><td>2</td><td>3</td><td>4</td><td>5</td><td>6</td><td>7</td><td>8</td><td>9</td><td>10</td><td>11</td><td>12</td><td>13</td><td>14</td><td>15</td></tr>
<tr><td></td><td>3169,29</td><td>3280,96</td><td>3676,69</td><td>4111,86</td><td>4607,97</td><td>5172,92</td><td>5826,18</td><td>6568,38</td><td>7411,77</td><td>8369,96</td><td>9458,71</td><td>10 695,76</td><td>12 101,33</td><td></td></tr>
<tr><td>bis</td><td>bis</td><td>bis</td><td>bis</td><td>bis</td><td>bis</td><td>bis</td><td>bis</td><td>bis</td><td>bis</td><td>bis</td><td>bis</td><td>bis</td><td>bis</td><td>ab</td></tr>
<tr><td>3169,28</td><td>3280,95</td><td>3676,68</td><td>4111,85</td><td>4607,96</td><td>5172,91</td><td>5826,17</td><td>6568,37</td><td>7411,76</td><td>8369,95</td><td>9458,70</td><td>10 695,75</td><td>12 101,32</td><td>13 698,40</td><td>13 698,41</td></tr>
<tr><td>Zonenstufe</td><td colspan="15" rowspan="21">Die betragsmäßige Zuordnung ergibt sich aus Anlage VI, Tabelle VI.1 zum Bundesbesoldungsgesetz.</td></tr>
<tr><td>1</td></tr>
<tr><td>2</td></tr>
<tr><td>3</td></tr>
<tr><td>4</td></tr>
<tr><td>5</td></tr>
<tr><td>6</td></tr>
<tr><td>7</td></tr>
<tr><td>8</td></tr>
<tr><td>9</td></tr>
<tr><td>10</td></tr>
<tr><td>11</td></tr>
<tr><td>12</td></tr>
<tr><td>13</td></tr>
<tr><td>14</td></tr>
<tr><td>15</td></tr>
<tr><td>16</td></tr>
<tr><td>17</td></tr>
<tr><td>18</td></tr>
<tr><td>19</td></tr>
<tr><td>20</td></tr>
</table>

Anordnung über die Festsetzung von Zusätzen zu den Grundamtsbezeichnungen

Vom 29. Juli 1992 (GV. NW. S. 324)

Zuletzt geändert durch
Verordnung zur Änderung der Befristung von Rechtsvorschriften im Geschäftsbereich des Finanzministeriums
vom 2. Dezember 2014 (GV. NRW. S. 870)

Artikel 1

1. Auf Grund der Vorbemerkung Nr. 1 Abs. 2 zu den Besoldungsordnungen A und B – Anlage I des Bundesbesoldungsgesetzes – in Verbindung mit § 8 Abs. 5 des Landesbesoldungsgesetzes werden im Einvernehmen mit dem Innenministeriums für die Beamten des Landes die nachstehenden Zusätze zu den Grundamtsbezeichnungen festgesetzt:

Nr.	Grundamts-bezeichnung	Zusatz
1	Oberamtsgehilfe Hauptamtsgehilfe Amtsmeister Oberamtsmeister	Steuer-
2	Aufseher Oberaufseher Hauptaufseher	Labor-
3	Oberwachtmeister Hauptwachtmeister Erster Hauptwachtmeister	Justiz-
4	Sekretär Obersekretär Hauptsekretär Amtsinspektor	Bibliotheks- Forst- Justiz- Regierungs- Steuer- – als Präparator/Präparatorin –
5	Obersekretär Hauptsekretär Amtsinspektor	Eich- Gewerbe- Justizvollzugs- Technischer Umwelt-
6	Inspektor Oberinspektor Amtmann Amtsrat Oberamtsrat	Bibliotheks- Brand- Forst- Garten- Justiz- Regierungs- Sozial- Staatsarchiv- Steuer- Umwelt-
7	Inspektor Oberinspektor Amtmann	Regierungs- – als Ausbildungsberater/Ausbildungsberaterin –
8	Oberinspektor Amtmann	Justizvollzugs- Technischer
9	Oberinspektor Amtmann Amtsrat Oberamtsrat	Berg- Bergvermessungs- Gewerbe- Regierungsbau- Regierungskartographen- Regierungsvermessungs-
10	Rat Oberrat Direktor Leitender Direktor	Berg- Bergvermessungs- Bibliotheks- Eich- Forst- Geologie- Gewerbemedizinal- Kriminal- Pharmazie- Polizei- Regierungs- Regierungsbau- Regierungsbrand- Regierungschemie- Regierungsgewerbe- Regierungsmedizinal- Regierungsumwelt- Regierungsvermessungs- Regierungsveterinär- Staatsarchiv-
11	Rat Oberrat Direktor	Brand- Regierungspharmazie-

2. Bei den Amtsbezeichnungen mit der Grundamtsbezeichnung „Leitender Direktor" wird das Wort „Leitender" vorangestellt. Bei den Amtsbezeichnungen mit der Grundamtsbezeichnung „Oberrat" wird, außer bei Verwendung der Zusätze „Kriminal-" und „Polizei-", der Wortteil „Ober" vorangestellt.
3. Ohne Zusatz werden folgende Grundamtsbezeichnungen verwendet:
   Oberamtsgehilfe, Hauptamtsgehilfe, Amtsmeister, Oberamtsmeister
   – soweit unter Ziffer 1 nichts anderes bestimmt ist –,

   Werkmeister, Oberwerkmeister, Hauptwerkmeister, Betriebsinspektor,
   Amtsrat, Oberamtsrat
   – für Beamte der obersten Landesbehörden –.

   Im Übrigen werden die Grundamtsbezeichnungen nicht ohne Zusatz verwendet.
4. Die Amtsbezeichnung „Leitender Bibliotheksdirektor" wird nur an einer Universität, einer Technischen Hochschule oder für den Leiter der deutschen Zentralbibliothek für Medizin in Köln verwendet.

Artikel 2

Diese Anordnung tritt am 14. September 1992 in Kraft.

Verordnung über die Gewährung von Mehrarbeitsvergütung für Beamte (MVergV)

in der Fassung der Bekanntmachung vom 3. Dezember 1998 (BGBl. I S. 3494)

Dienstrechtsanpassungsgesetz für das Land Nordrhein-Westfalen vom 16. Mai 2013 (GV. NRW. S. 234)

Für die Landesbeamtinnen und -beamten, Landesrichterinnen und -richter gilt die Verordnung über die Gewährung von Mehrarbeitsvergütung für Beamte (MVergV) in der Fassung der Bekanntmachung vom 3. Dezember 1998 (BGBl. I S. 3494), zuletzt geändert durch Gesetz vom 9. November 2004 (BGBl. I S. 2774) als Landesrecht fort, soweit sich auf Grund sonstiger landesrechtlicher Bestimmungen nichts anderes ergibt (siehe § 92 Absatz 1 Nr. 3 LBesG, abgedruckt unter **III.1**).

Die Bekanntmachung des Finanzministeriums zu den erhöhten Beträgen nach § 4 MVergV ist abgedruckt unter **III.3.1**.

Zuletzt geändert durch
Erstes Gesetz zur Änderung des Postpersonalrechtsgesetzes
vom 9. November 2004 (BGBl. I S. 2774)

§ 1

Vergütungen für Mehrarbeit dürfen nur nach Maßgabe dieser Verordnung gezahlt werden.

§ 2

(1) Beamten mit Dienstbezügen in Besoldungsgruppen mit aufsteigenden Gehältern kann in folgenden Bereichen für Mehrarbeit eine Vergütung gewährt werden

1. im Arzt- und Pflegedienst der Krankenhäuser, Kliniken und Sanatorien,
2. im Betriebsdienst des Bundeseisenbahnvermögens, soweit dieser bei der Deutsche Bahn Aktiengesellschaft sowie einer gemäß § 2 Abs. 1 und § 3 Abs. 3 des Deutsche Bahn Gründungsgesetzes vom 27. Dezember 1993 (BGBl. I S. 2378/2386) ausgegliederten Gesellschaft geleistet wird, und im Dienst der Nachfolgeunternehmen der Deutschen Bundespost,
3. im Abfertigungsdienst der Zollverwaltung,
4. im polizeilichen Vollzugsdienst,
5. im Einsatzdienst der Berufsfeuerwehr,
6. im Schuldienst als Lehrer.

(2) Absatz 1 gilt entsprechend auch in anderen Bereichen, soweit Mehrarbeit geleistet wird im Rahmen eines

1. Dienstes in Bereitschaft,
2. Schichtdienstes,
3. allgemein geltenden besonderen Dienstplanes, wenn ihn die Eigenart des Dienstes erfordert,
4. Dienstes, der ausschließlich aus gleichartigen, im wesentlichen die gleiche Arbeitszeit erfordernden Arbeitsvorgängen besteht, für die der Dienstherr Richtwerte eingeführt hat,
5. Dienstes zur Herbeiführung eines im öffentlichen Interesse liegenden unaufschiebbaren und termingebundenen Ergebnisses.

(3) Eine Mehrarbeitsvergütung wird nicht gewährt neben

1. (weggefallen)
2. Auslandsdienstbezügen (§ 55 oder § 58a des Bundesbesoldungsgesetzes),
3. einer Zulage nach Nummer 7 der Vorbemerkungen zu den Bundesbesoldungsordnungen A und B des Bundesbesol-

dungsgesetzes oder nach entsprechendem Landesrecht,

4. einer Zulage nach Nummer 8 der Vorbemerkungen zu den Bundesbesoldungsordnungen A und B des Bundesbesoldungsgesetzes,

4a. einer Zulage nach Nummer 8b der Vorbemerkungen zu den Bundesbesoldungsordnungen A und B des Bundesbesoldungsgesetzes,

5. Zulagen nach Vorschriften, die gemäß Artikel IX § 22 des Zweiten Gesetzes zur Vereinheitlichung und Neuregelung des Besoldungsrechts in Bund und Ländern in Kraft geblieben sind,

6. einer bei der Deutschen Bundesbank gezahlten Bankzulage.

Beamte des Observations- und Ermittlungsdienstes, die überwiegend im Außendienst eingesetzt sind, erhalten eine Mehrarbeitsvergütung neben der in Nummer 3 oder 4 genannten Zulage. Im übrigen erhalten Beamte der Besoldungsgruppen A 1 bis A 8 neben den in Nummer 3, 4 oder 4a genannten Zulagen eine Mehrarbeitsvergütung in Höhe des die Zulage übersteigenden Betrages.

(4) Ist die Gewährung einer Mehrarbeitsvergütung neben einer Zulage ganz oder teilweise ausgeschlossen, gilt dies auch für eine nach Wegfall der Zulage gewährte Ausgleichszulage, solange diese noch nicht bis zur Hälfte aufgezehrt ist.

§ 3

(1) Die Vergütung wird nur gewährt, wenn die Mehrarbeit von einem Beamten geleistet wurde, der der Arbeitszeitregelung für Beamte unterliegt, und sie

1. schriftlich angeordnet oder genehmigt wurde,
2. die sich aus der regelmäßigen Arbeitszeit ergebende jeweilige monatliche Arbeitszeit oder, soweit der Beamte nur während eines Teils eines Kalendermonats Dienst leistet, die anteilige monatliche Arbeitszeit um mehr als fünf Stunden im Kalendermonat übersteigt und
3. aus zwingenden dienstlichen Gründen nicht durch Dienstbefreiung innerhalb eines Jahres ausgeglichen werden kann.

(2) Die Vergütung wird höchstens bis zu 480 Mehrarbeitsstunden im Kalenderjahr gewährt.

(3) Besteht keine feste tägliche Arbeitszeit, so daß eine Mehrarbeit nicht für den einzelnen Arbeitstag, sondern nur auf Grund der regelmäßigen wöchentlichen Arbeitszeit für eine volle Woche ermittelt werden kann, so ist Mehrarbeit innerhalb einer Kalenderwoche, wenn diese zum Teil auf den laufenden, zum Teil auf den folgenden Kalendermonat fällt, diesem zuzurechnen.

§ 4

(1) Die Vergütung beträgt je Stunde bei Beamten in den Besoldungsgruppen

A 2 bis A 4 9,96 Euro,

A 5 bis A 8 11,77 Euro,

A 9 bis A 12 16,15 Euro,

A 13 bis A 16 22,27 Euro.

(2) Diese Beträge gelten auch für Beamte vergleichbarer Besoldungsgruppen, die einer Besoldungsordnung H, AH, HS oder der Bundesbesoldungsordnung C angehören.

(3) Bei Mehrarbeit im Schuldienst beträgt die Vergütung abweichend von Absatz 1 je Unterrichtsstunde für Inhaber von Lehrämtern

1. des gehobenen Dienstes, soweit sie nicht unter die Nummern 2 und 3 fallen 15,03 Euro,
2. des gehobenen Dienstes, deren Eingangsämter mindestens der Besoldungsgruppe A 12 zugeordnet sind, und des höheren Dienstes an Grund- und Hauptschulen 18,62 Euro,
3. des gehobenen Dienstes, deren Eingangsämter der Besoldungsgruppe A 13 zugeordnet sind, und des höheren Dienstes an Sonderschulen und Realschulen 22,11 Euro,
4. des höheren Dienstes an Gymnasien und an berufsbildenden Schulen 25,83 Euro,
5. des höheren Dienstes an Fachhochschulen 25,83 Euro.

Das Gleiche gilt für Lehrer an Fachschulen des Bundes mit der Maßgabe, dass an die Stelle des jeweiligen Lehramtes die entsprechende für den staatlichen Schuldienst erworbene Lehrbefähigung tritt.

(4) Die in den Absätzen 1 und 3 enthaltenen Vergütungssätze gelten nur für Mehrarbeit, die nach dem Inkrafttreten dieser Sätze geleistet wird.

Die Bekanntmachung der Beträge nach § 4 MVergV ist abgedruckt unter **III.3.1**.

§ 5

(1) Als Mehrarbeitsstunde im Sinne der §§ 3, 4 Abs. 1 und 2 gilt die volle Zeitstunde. Hiervon abweichend wird eine Stunde Dienst in Bereitschaft nur entsprechend dem Umfang der erfahrungsgemäß bei der betreffenden Tätigkeit durchschnittlich anfallenden Inanspruchnahme berücksichtigt; dabei ist schon die Ableistung eines Dienstes in Bereitschaft als solche in jeweils angemessenem Umfang anzurechnen.

(2) Bei Mehrarbeit im Schuldienst gelten bei Anwendung

1. des § 3 Abs. 1 Nr. 2 drei Unterrichtsstunden als fünf Stunden,
2. des § 3 Abs. 2 24 Unterrichtsstunden als 40 Mehrarbeitsstunden.

(3) Ergibt sich bei der monatlichen Mehrarbeitsstundenberechnung ein Bruchteil einer Stunde, so werden 30 Minuten und mehr auf eine volle Stunde aufgerundet, weniger als 30 Minuten bleiben unberücksichtigt.

§§ 6 und 7 (weggefallen)

§ 8 (Inkrafttreten)

Beträge nach § 4 der Mehrarbeitsvergütungsverordnung in Verbindung mit § 92 Absatz 1 Nummer 3 des Landesbesoldungsgesetzes in der ab dem 1. November 2024 und 1. Februar 2025 maßgeblichen Höhe

Vom 31. Oktober 2024 (MBl. NRW. S. 1014)

III

1.

Gemäß § 17 Absatz 4 des Besoldungsgesetzes für das Land Nordrhein-Westfalen (Landesbesoldungsgesetz) vom 14. Juni 2016 (GV. NRW. S. 310, ber. S. 642), das zuletzt durch Artikel 2 des Gesetzes vom 29. Oktober 2024 (GV. NRW. S. 656) geändert worden ist, werden hiermit die Beträge nach § 4 der Mehrarbeitsvergütungsverordnung in der Fassung der Bekanntmachung vom 3. Dezember 1998 (BGBl. I S. 3494), die zuletzt durch Gesetz vom 9. November 2004 (BGBl. I S. 2774) geändert worden ist, in Verbindung mit § 92 Absatz 1 Nummer 3 des Landesbesoldungsgesetzes in der ab dem 1. November 2024 und in der ab dem 1. Februar 2025 maßgeblichen Höhe bekannt gegeben. Die Beträge ergeben sich aus der jeweiligen Anlage.

2.

Dieser Runderlass tritt am Tag der Veröffentlichung in Kraft und mit Ablauf des 31. Dezember 2027 außer Kraft. Gleichzeitig tritt der Runderlass des Ministeriums der Finanzen „Beträge nach § 4 der Mehrarbeitsvergütungsverordnung in Verbindung mit § 92 Absatz 1 Nummer 3 des Landesbesoldungsgesetzes in der ab dem 1. Dezember 2022 maßgeblichen Höhe" vom 9. November 2022 (MBl. NRW. S. 900) außer Kraft.

Anlage 1
Gültig ab 1. November 2024

Vergütungen nach der Mehrarbeitsvergütungsverordnung (Beträge je Stunde in Euro)

Beträge nach § 4 der Verordnung über die Gewährung von Mehrarbeitsvergütung von Beamten in der Fassung der Bekanntmachung vom 3. Dezember 1998 (BGBl. I S. 3494), die zuletzt durch Artikel 2 des Gesetzes vom 9. November 2004 (BGBl. I S. 2774) geändert worden ist, in Verbindung mit § 92 Absatz 1 Nummer 3 des Landesbesoldungsgesetzes vom 14. Juni 2016 (GV. NRW. S. 310, ber. S. 642), das zuletzt durch Artikel 2 des Gesetzes vom 29. Oktober 2024 (GV. NRW. 2024 S. 656) geändert worden ist.

nach § 4 Absatz 1 der Mehrarbeitsvergütungsverordnung	
in den Besoldungsgruppen A 5 bis A 8	17,43
in den Besoldungsgruppen A 9 bis A 12	23,92
in den Besoldungsgruppen A 13 bis A 16	32,99
nach § 4 Absatz 3 Nummer 1 der Mehrarbeitsvergütungsverordnung	22,25
nach § 4 Absatz 3 Nummer 2 der Mehrarbeitsvergütungsverordnung	27,57
nach § 4 Absatz 3 Nummer 3 der Mehrarbeitsvergütungsverordnung	32,74
nach § 4 Absatz 3 Nummer 4 der Mehrarbeitsvergütungsverordnung	38,28
nach § 4 Absatz 3 Nummer 5 der Mehrarbeitsvergütungsverordnung	38,28

Anlage 2
Gültig ab 1. Februar 2025

Vergütungen nach der Mehrarbeitsvergütungsverordnung (Beträge je Stunde in Euro)

Beträge nach § 4 der Verordnung über die Gewährung von Mehrarbeitsvergütung von Beamten in der Fassung der Bekanntmachung vom 3. Dezember 1998 (BGBl. I S. 3494), die zuletzt durch Gesetz vom 9. November 2004 (BGBl. I S. 2774) geändert worden ist, in Verbindung mit § 92 Absatz 1 Nummer 3 des Landesbesoldungsgesetzes vom 14. Juni 2016 (GV. NRW. S. 310, ber. S. 642), das zuletzt durch Artikel 2 des Gesetzes vom 29. Oktober 2024 (GV. NRW. 2024 S. 656) geändert worden ist.

nach § 4 Absatz 1 der Mehrarbeitsvergütungsverordnung	
in den Besoldungsgruppen A 5 bis A 8	18,39
in den Besoldungsgruppen A 9 bis A 12	25,24
in den Besoldungsgruppen A 13 bis A 16	34,80
nach § 4 Absatz 3 Nummer 1 der Mehrarbeitsvergütungsverordnung	23,47
nach § 4 Absatz 3 Nummer 2 der Mehrarbeitsvergütungsverordnung	29,09
nach § 4 Absatz 3 Nummer 3 der Mehrarbeitsvergütungsverordnung	34,54
nach § 4 Absatz 3 Nummer 4 der Mehrarbeitsvergütungsverordnung	40,39
nach § 4 Absatz 3 Nummer 5 der Mehrarbeitsvergütungsverordnung	40,39

Verordnung über die Gewährung von Erschwerniszulagen (Erschwerniszulagenverordnung – EZulV)

Vom 16. Mai 2013 (GV. NRW. S. 234)

Zuletzt geändert durch
Gesetz zur Anpassung der Dienst- und Versorgungsbezüge in den Jahren 2026 bis 2028 sowie zur Änderung weiterer dienstrechtlicher Vorschriften im Land Nordrhein-Westfalen vom 21. Juli 2026 (GV. NRW. S. 474)

1. Abschnitt
Allgemeine Vorschriften

§ 1 Anwendungsbereich

Diese Verordnung regelt die Gewährung von Zulagen zur Abgeltung besonderer, bei der Bewertung des Amtes oder bei der Regelung der Anwärterbezüge nicht berücksichtigter Erschwernisse (Erschwerniszulagen) für Empfänger von Dienstbezügen und Anwärterbezügen. Durch eine Erschwerniszulage wird ein mit der Erschwernis verbundener Aufwand mit abgegolten.

§ 2 Ausschluss einer Erschwerniszulage neben einer Ausgleichszulage

Ist die Gewährung einer Erschwerniszulage neben einer anderen Zulage ganz oder teilweise ausgeschlossen, gilt dies auch für eine nach Wegfall der anderen Zulage gewährte Ausgleichszulage, solange diese noch nicht bis zur Hälfte aufgezehrt ist.

2. Abschnitt
Einzeln abzugeltende Erschwernisse

1. Titel
Zulage für Dienst zu ungünstigen Zeiten

§ 3 Allgemeine Voraussetzungen

(1) Empfänger von Dienstbezügen der Landesbesoldungsordnung A und Empfänger von Anwärterbezügen erhalten eine Zulage für Dienst zu ungünstigen Zeiten, wenn sie mit mehr als fünf Stunden im Kalendermonat zum Dienst zu ungünstigen Zeiten herangezogen werden.

(2) Dienst zu ungünstigen Zeiten ist der Dienst

1. an Sonntagen und gesetzlichen Wochenfeiertagen,
2. an Samstagen nach 13.00 Uhr,
3. an den Samstagen vor Ostern und Pfingsten nach 12.00 Uhr; dies gilt auch für den 24. und 31. Dezember jeden Jahres, wenn diese Tage nicht auf einen Sonntag fallen,
4. an den übrigen Tagen in der Zeit zwischen 20.00 Uhr und 6.00 Uhr.

(3) Zulagefähig sind nur Zeiten einer tatsächlichen Dienstausübung; Bereitschaftsdienst, der zu ungünstigen Zeiten geleistet wird, ist voll zu berücksichtigen. Wachdienst ist nur zulagefähig, wenn er mit mehr als 24 Stunden im Kalendermonat zu ungünstigen Zeiten geleistet wird.

(4) Zum Dienst zu ungünstigen Zeiten gehören nicht der Dienst während Übungen, Reisezeiten bei Dienstreisen und die Rufbereitschaft.

(5) Rufbereitschaft im Sinne von Absatz 4 ist das Bereithalten des hierzu Verpflichteten in seiner Häuslichkeit (Hausrufbereitschaft) oder das Bereithalten an einem von ihm anzuzeigenden und dienstlich genehmigten Ort seiner Wahl (Wahlrufbereitschaft), um bei Bedarf zu Dienstleistungen sofort abgerufen werden zu können. Beim Wohnen in einer Gemeinschaftsunterkunft gilt als Häuslichkeit die Gemeinschaftsunterkunft.

§ 4 Höhe und Berechnung der Zulage

(1) Die Zulage beträgt für Dienst

1. an Sonntagen und gesetzlichen Wochenfeiertagen, an den Samstagen vor Ostern und Pfingsten nach 12.00 Uhr sowie am 24. und 31. Dezember jeden Jahres nach 12.00 Uhr, wenn diese Tage nicht auf einen Sonntag fallen, 4,25 Euro je Stunde,

2. a) an den übrigen Samstagen in der Zeit zwischen 13.00 Uhr und 20.00 Uhr 0,64 Euro je Stunde sowie
   b) im Übrigen in der Zeit zwischen 20.00 Uhr und 6.00 Uhr 1,28 Euro je Stunde.

(2) In den Fällen des Absatzes 1 Nummer 2 Buchstabe a beträgt die Zulage für Beamte nach den §§ 49 und 50 des Landesbesoldungsgesetzes vom 14. Juni 2016 (GV. NRW. S. 310, ber. S. 642) in der jeweils geltenden Fassung sowie für Beamte in Ämtern der Landesbesoldungsordnung A des Landesbesoldungsgesetzes bei Justizvollzugsanstalten 0,77 Euro je Stunde; dies gilt auch für entsprechende Beamte auf Widerruf im Vorbereitungsdienst.

(3) Für Dienst über volle Stunden hinaus wird die Zulage anteilig gewährt.

---

§ 4 Absatz 1 Nummer 1 lautet ab dem 1. März 2027 wie folgt: „Die Zulage beträgt für den Dienst an Sonntagen und gesetzlichen Wochenfeiertagen, an den Samstagen vor Ostern und Pfingsten nach 12.00 Uhr sowie am 24. und 31. Dezember jeden Jahres nach 12.00 Uhr, wenn diese Tage nicht auf einen Sonntag fallen, 4,34 Euro je Stunde,"

§ 4a Fortzahlung bei vorübergehender Dienstunfähigkeit

Bei einer vorübergehenden Dienstunfähigkeit infolge eines Unfalls im Sinne des § 43 des Landesbeamtenversorgungsgesetzes vom 14. Juni 2016 (GV. NRW. S. 310, ber. 642) in der jeweils geltenden Fassung wird Beamten des Vollzugsdienstes und des Einsatzdienstes der Feuerwehr die Zulage für Dienst zu ungünstigen Zeiten weitergewährt. Ferner wird die Zulage weitergewährt, wenn Beamte bei einem besonderen Einsatz im Ausland oder im dienstlichen Zusammenhang damit einen Unfall erleiden, der auf vom Inland wesentlich abweichende Verhältnisse mit gesteigerter Gefährdungslage zurückzuführen ist, ohne dass die sonstigen Voraussetzungen des § 37 des Landesbeamtenversorgungsgesetzes vorliegen. Bemessungsgrundlage für die Zahlung der Erschwerniszulage ist der Durchschnitt der Zulage der letzten drei Monate vor Beginn des Monats, in dem die vorübergehende Dienstunfähigkeit eingetreten ist.

§ 5 Ausschluß der Zulage durch andere Zulagen

Die Zulage wird nicht gewährt neben

1. einer Vergütung für Beamte im Vollstreckungsdienst (§ 68 des Landesbesoldungsgesetzes),
2. Auslandsdienstbezügen (§ 73 des Landesbesoldungsgesetzes in der jeweils geltenden Fassung in Verbindung mit den jeweils geltenden Vorschriften des Bundesbesoldungsgesetzes in der jeweils geltenden Fassung zum Auslandszuschlag und Auslandsverwendungszuschlag),
3. einer Zulage nach § 54 des Landesbesoldungsgesetzes; ausgenommen sind die Beamten der Besoldungsgruppen A 5 bis A 9, in den Lagezentren oder Leitstellen oberster Landesbehörden sowie beim Landtag des Landes Nordrhein-Westfalen auch Polizeivollzugsbeamte der Besoldungsgruppen A 10 bis A 13,
4. einer Zulage nach § 56 Nummer 1 des Landesbesoldungsgesetzes.

§ 6 Sonstiger Ausschluß der Zulage

Die Zulage entfällt oder sie verringert sich, soweit der Dienst zu ungünstigen Zeiten auf andere Weise als mit abgegolten oder ausgeglichen gilt.

2. Titel
Zulage für Tauchertätigkeit

§ 7 Allgemeine Voraussetzungen

(1) Beamte und Soldaten erhalten eine Zulage für Tauchertätigkeiten.

(2) Tauchertätigkeiten sind Übungen oder Arbeiten im Wasser

1. im Tauchanzug ohne Helm oder ohne Tauchgerät,
2. mit Helm oder Tauchgerät sowie als Ausbilder für das U-Boot-Rettungstauchen im Ausbildungszentrum Schiffssicherung der Marinetechnikschule der Bundeswehr in Neustadt/Holstein in Erstverwendung.

Zu den Tauchertätigkeiten gehören auch Übungen oder Arbeiten in Pressluft (Druckkammern).

(3) Die Zulage wird nicht gewährt neben der Kampfschwimmer- oder Minentaucherzulage nach § 23e.

§ 8 Höhe der Zulage

(1) Die Zulage für Tauchertätigkeit nach § 7 Abs. 2 Nr. 1 beträgt je Stunde 3,40 Euro.

(2) Die Zulage für Tauchertätigkeit nach § 7 Abs. 2 Nr. 2 beträgt je Stunde Tauchzeit bei einer Tauchtiefe

bis zu 5 Metern 14,30 Euro,

von mehr als 5 Metern 17,40 Euro,

von mehr als 10 Metern 21,60 Euro,

von mehr als 15 Metern 27,80 Euro.

Bei Tauchtiefen von mehr als zwanzig Metern erhöht sich die Zulage für je fünf Meter weiterer Tauchtiefe um 5,50 Euro je Stunde.

(3) Die Zulage nach Absatz 2 erhöht sich für Tauchertätigkeit

1. in Strömung mit Stromschutz gleich welcher Art um 15 vom Hundert,
2. in Strömung ohne Stromschutz um 30 vom Hundert,
3. in Seewasserstraßen oder auf offener See um 25 vom Hundert,
4. in Binnenwasserstraßen bei Lufttemperaturen von weniger als 3° C Wärme um 25 vom Hundert.

(4) Die Zulage für Tauchertätigkeit nach § 7 Abs. 2 Satz 2 beträgt je Stunde ein Drittel der Sätze nach Absatz 2.

§ 9 Berechnung der Zulage

(1) Die Zulage wird nach Stunden berechnet. Die Zeiten sind für jeden Kalendertag zu ermitteln, und das Ergebnis ist zu runden. Dabei bleiben Zeiten von weniger als zehn Minuten unberücksichtigt; Zeiten von zehn bis dreißig Minuten werden auf eine halbe Stunde, von mehr als dreißig Minuten auf eine volle Stunde aufgerundet.

(2) Als Tauchzeit gilt

1. für Helmtaucher die Zeit unter dem geschlossenen Taucherhelm,
2. für Schwimmtaucher die Zeit unter der Atemmaske,
3. bei Arbeiten in Druckkammern die Zeit von Beginn des Einschleusens bis zum Ende des Ausschleusens.

3. Titel
Zulagen für den Umgang mit Munition und Explosivstoffen

§ 10 Zulage für das Räumen und Vernichten von Munition und für besonders gefährliche Munitionserprobungen

(1) Soldaten mit Berechtigungsschein zum Vernichten von Munition oder mit abgeschlossener Ausbildung als Feuerwerker und Beamte mit Befähigungsschein F erhalten, wenn sie auf Truppenübungs- oder Schießplätzen, auf See, bei Erprobungsstellen der Bundeswehr oder gemäß dienstlicher Weisung an sonstigen Plätzen Blindgänger (Munition) räumen oder vernichten, eine Zulage. Die Tätigkeit muß zum ständigen Aufgabenbereich des Soldaten oder Beamten gehören und von ihm selbst ausgeübt werden. Die Zulage beträgt täglich 3,83 Euro. Bei einem Einsatz von mehr als sechs Stunden täglich erhöht sich die Zulage für jede weitere volle Stunde um 0,77 Euro, höchstens jedoch bis zu 7,68 Euro.

(2) Beamte und Soldaten erhalten für das Laborieren, Delaborieren, Untersuchen von Munition und Munitionskomponenten mit besonders hohem Gefährlichkeitsgrad, insbesondere von unbekannter, beanstandeter oder belasteter Munition, eine Zulage nach Maßgabe des Absatzes 1.

§ 11 Zulage für Tätigkeiten der Sprengstoffentschärfer und Sprengstoffermittler

(1) Beamte mit gültigem Nachweis über eine erfolgreich abgeschlossene Ausbildung zum Sprengstoffentschärfer, deren ständige Aufgabe das Prüfen, Entschärfen und Beseitigen unkonventioneller Spreng- und Brandvorrichtungen ist, erhalten eine Zulage. Die Zulage beträgt 35,70 Euro für jeden Einsatz im un-

mittelbaren Gefahrenbereich, der erforderlich wird, um verdächtige Gegenstände einer näheren Behandlung zu unterziehen. Unmittelbarer Gefahrenbereich ist der Wirkungsbereich einer möglichen Explosion oder eines Brandes. Die Behandlung umfaßt insbesondere

1. optische, akustische, elektronische und mechanische Prüfung auf Spreng-, Zünd- und Brandvorrichtungen,
2. Überwinden von Sprengfallen, Öffnen von unkonventionellen Spreng- und Brandvorrichtungen, Trennen der Zündkette, Unterbrechen der Zündauslösevorrichtung, Neutralisieren, Phlegmatisieren,
3. Vernichten, Transportvorbehandlung, Verladen, Transportieren der unkonventionellen Spreng- und Brandvorrichtungen oder ihrer Teile.

Die Zulage darf den Betrag von 535,00 Euro im Monat nicht übersteigen.

(2) Besondere Schwierigkeiten bei dem Unschädlichmachen oder Delaborieren von Spreng- und Brandvorrichtungen oder ähnlichen Gegenständen, die explosionsgefährliche Stoffe enthalten, können mit einer Erhöhung der Zulage auf bis zu 357,00 Euro für jeden Einsatz abgegolten werden.

(3) Beamte mit gültigem Nachweis über eine erfolgreich abgeschlossene Ausbildung zum Sprengstoffermittler, die im Rahmen ihrer Tätigkeit als Sprengstoffermittler mit explosionsgefährlichen Stoffen umgehen, erhalten eine Zulage von 21,40 Euro je Einsatz. Der Umgang umfaßt insbesondere Sicherstellung, Asservierung und Transport. Die Zulage darf den Betrag von 321,00 Euro im Monat nicht übersteigen.

(4) Die Zulagen nach den Absätzen 1 und 2 dürfen den Gesamtbetrag von 1142,00 Euro im Monat nicht übersteigen.

4. Titel
Zulage für Tätigkeiten an Antennen und Antennenträgern, an Geräten und Geräteträgern des Wetterdienstes, des Vermessungsdienstes sowie an Windmasten des lufthygienischen Überwachungsdienstes

§ 12 Allgemeine Voraussetzungen

(1) Beamte und Soldaten erhalten eine Zulage für Tätigkeiten an Antennen oder Antennenträgern, wenn diese Tätigkeiten zu ihren regelmäßigen Aufgaben gehören.

(2) Tätigkeiten an Antennen oder Antennenträgern sind

1. das Besteigen von Antennenträgern über Leitern oder Sprossen,
2. die Arbeiten in einer Höhe von mindestens zwanzig Metern über dem Erdboden an und auf über Leitern oder Sprossen zu besteigenden Antennenträgern oder an Antennen, die sich auf Dächern und Plattformen ohne Randsicherung (oder ohne seitliche Abdeckung) oder an wegen ihrer schweren Zugänglichkeit ähnlich gefährlichen Stellen befinden.

§ 13 Höhe der Zulage

(1) Die Zulage für eine Tätigkeit nach § 12 Abs. 2 Nr. 1 beträgt für jeden Tag bei Überwindung eines Höhenunterschiedes

von mehr als 20 Metern 2,10 Euro,
von mehr als 50 Metern 3,50 Euro,
von mehr als 100 Metern 5,70 Euro,
von mehr als 200 Metern 9,30 Euro,
von mehr als 300 Metern 12,80 Euro.

Diese Sätze erhöhen sich, wenn vom Erdboden bis zum Fußpunkt der Leitern oder Sprossen ein Höhenunterschied besteht

von mehr als 50 Metern um 0,70 Euro,
von mehr als 100 Metern um 1,40 Euro,
von mehr als 200 Metern um 2,10 Euro,
von mehr als 300 Metern um 2,80 Euro.

Sie erhöhen sich ferner, wenn die Tätigkeit in den Monaten November bis März durchgeführt wird, um jeweils 25 vom Hundert.

(2) Die Zulage für Tätigkeiten nach § 12 Abs. 2 Nr. 2 beträgt für jeden Tag bei

1. Inaugenscheinnahme aus besonderem Anlaß, Prüfgängen, Erkundungen, Einweisungen oder Beaufsichtigungen 1,40 Euro,
2. Instandhalten, Instandsetzen oder Abnehmen 2,10 Euro,
3. Errichten oder Abbrechen 2,80 Euro.

Die Sätze erhöhen sich, wenn die Tätigkeiten in den Monaten November bis März durchgeführt werden, um jeweils 25 vom Hundert.

III

§ 14 Berechnung der Zulage

Die Zulagen nach § 12 Abs. 2 Nr. 1 und 2 werden nebeneinander gewährt; jede Zulage wird für jeden Tag nur einmal, und zwar nach dem höchsten zustehenden Satz gewährt.

§ 15 Zulage für Tätigkeiten an Geräten und Geräteträgern des Wetterdienstes, des Vermessungsdienstes sowie an Windmasten des lufthygienischen Überwachungsdienstes

Die §§ 12 bis 14 gelten entsprechend für Tätigkeiten an Geräten und Geräteträgern des Wetterdienstes und an trigonometrischen Beobachtungseinrichtungen des Vermessungsdienstes sowie an Windmasten des lufthygienischen Überwachungsdienstes.

5. Titel
Zulagen für Klimaerprobung und Unterdruckkammerdienst

§ 16 Zulage für Klimaerprobung

Beamte und Soldaten, die an einer Klimaerprobung im Freien bei extremen Kälte- oder Hitzeeinwirkungen teilnehmen, erhalten eine Zulage. Die Zulage beträgt bei einem „Wind-Chill-Faktor" von mindestens 1 400 oder bei einem Wet-Bulb-Globe-Temperature-Index von mindestens 20 °C 2,05 Euro täglich. Die Zulage erhöht sich bei einem „Wind-Chill-Faktor" von mehr als 1 600 oder bei einem Wet-Bulb-Globe-Temperature-Index von mehr als 30 °C um 0,51 Euro täglich.

§ 16a Zulage für Soldaten im Unterdruckkammerdienst

(1) Soldaten im Unterdruckkammerdienst beim Flugmedizinischen Institut der Luftwaffe, die in einer simulierten Höhe von mindestens 5000 Metern verwendet werden, erhalten eine Zulage.

(2) Die Zulage beträgt 7,67 Euro für jeden Einsatz nach Absatz 1, höchstens jedoch 76,70 Euro monatlich. Der Einsatz beginnt mit dem Einschleusen und endet mit dem Ausschleusen.

(3) Die Zulage wird nicht gewährt neben der Fliegerzulage nach § 23f.

6. Titel
Zulage für die Pflege Schwerbrandverletzter

§ 17 Allgemeine Voraussetzungen und Höhe der Zulage

Beamte der Laufbahngruppe 1, zweites Einstiegsamt in der Laufbahn besonderer Fachrichtung „Gesundheit", die die Grund- und Behandlungspflege bei schwer brandverletzten Patienten in Einheiten für Schwerbrandverletzte, denen Schwerbrandverletzte durch die Zentralstelle für die Vermittlung Schwerbrandverletzter in der Bundesrepublik Deutschland bei der Behörde für Arbeit, Gesundheit und Soziales der Freien und Hansestadt Hamburg vermittelt werden, ausüben, erhalten für jede volle Pflegestunde 2,01 Euro.

---

§ 17 lautet ab dem 1. März 2027 wie folgt: „Beamte der Laufbahngruppe 1, zweites Einstiegsamt in der Laufbahn besonderer Fachrichtung „Gesundheit", die die Grund- und Behandlungspflege bei schwer brandverletzten Patienten in Einheiten für Schwerbrandverletzte, denen Schwerbrandverletzte durch die Zentralstelle für die Vermittlung Schwerbrandverletzter in der Bundesrepublik Deutschland bei der Behörde für Arbeit, Gesundheit und Soziales der Freien und Hansestadt Hamburg vermittelt werden, ausüben, erhalten für jede volle Pflegestunde 2,05 Euro."

3. Abschnitt
Zulagen in festen Monatsbeträgen

§ 18 Entstehung des Anspruchs

(1) Der Anspruch auf die Zulage entsteht mit der tatsächlichen Aufnahme der zulageberechtigenden Tätigkeit und erlischt mit deren Beendigung, soweit in den §§ 19 bis 26 nichts anderes bestimmt ist.

(2) Besteht der Anspruch auf die Zulage nicht für einen vollen Kalendermonat und sieht die Zulageregelung eine tageweise Abgeltung nicht vor, wird nur der Teil der Zulage gezahlt, der auf den Anspruchszeitraum entfällt.

§ 19 Unterbrechung der zulageberechtigenden Tätigkeit

(1) Bei einer Unterbrechung der zulageberechtigenden Tätigkeit wird die Zulage nur weitergewährt im Falle

1. eines Erholungsurlaubs,
2. eines Sonderurlaubs unter Fortzahlung der Dienstbezüge,
3. einer Erkrankung einschließlich Heilkur,
4. einer Dienstbefreiung oder einer Freistellung vom Dienst für besondere zeitliche Belastungen (§ 50a des Bundesbesoldungsgesetzes),
5. einer Teilnahme an Fortbildungsveranstaltungen,
6. einer Dienstreise,

soweit in den §§ 20 bis 26 nichts anderes bestimmt ist. In den Fällen der Nummern 2 bis 6 wird die Zulage nur weitergewährt bis zum Ende des Monats, der auf den Eintritt der Unterbrechung folgt. Bei einer Unterbrechung der zulageberechtigenden Verwendung durch Erkrankung einschließlich Heilkur, die auf einem Dienstunfall beruht, wird die Zulage weitergewährt bis zum Ende des sechsten Monats, der auf den Eintritt der Unterbrechung folgt.

(2) Die Befristungen nach Absatz 1 Satz 2 und 3 gelten nicht, wenn bei Beamten die Voraussetzungen des § 43 des Landesbeamtenversorgungsgesetzes erfüllt sind. Es ist nicht erforderlich, dass sich der Beamte oder Soldat des Lebenseinsatzes bei Ausübung der Diensthandlung bewusst war.

§ 20 Zulagen für Wechselschichtdienst und für Schichtdienst

(1) Beamte erhalten eine Wechselschichtzulage von 102,26 Euro monatlich, wenn sie ständig nach einem Schichtplan (Dienstplan) eingesetzt sind, der einen regelmäßigen Wechsel der täglichen Arbeitszeit in Wechselschichten (wechselnde Arbeitsschichten, in denen ununterbrochen bei Tag und Nacht, werktags, sonntags und feiertags gearbeitet wird) vorsieht, und sie dabei in je fünf Wochen durchschnittlich mindestens 40 Dienststunden in der dienstplanmäßigen oder betriebsüblichen Nachtschicht leisten. Bei Beamten, die in Universitätskliniken und Krankenhäusern eingesetzt sind, beträgt die Wechselschichtzulage 146,23 Euro monatlich. Zeiten eines Bereitschaftsdienstes gelten nicht als Arbeitszeit im Sinne dieser Vorschrift.

(2) Beamte erhalten, wenn sie ständig Schichtdienst zu leisten haben (Dienst nach einem Schichtplan, der einen regelmäßigen Wechsel der täglichen Arbeitszeit in Zeitabschnitten von längstens einem Monat vorsieht),

a) eine Schichtzulage von 61,36 Euro monatlich, wenn sie die Voraussetzungen für eine Wechselschichtzulage nach Absatz 1 nur deshalb nicht erfüllen, weil nach dem Schichtplan eine zeitlich zusammenhängende Unterbrechung des Dienstes von höchstens 48 Stunden vorgesehen ist oder sie durchschnittlich mindestens 40 Dienststunden in der dienstplanmäßigen oder betriebsüblichen Nachtschicht nur in je sieben Wochen leisten,
b) eine Schichtzulage von 46,02 Euro monatlich, wenn der Schichtdienst innerhalb einer Zeitspanne von mindestens 18 Stunden,
c) eine Schichtzulage von 35,79 Euro monatlich, wenn der Schichtdienst innerhalb einer Zeitspanne von mindestens 13 Stunden geleistet wird.

Bei Beamten, die in Universitätskliniken und Krankenhäusern eingesetzt sind, beträgt die

III

Schichtzulage in den Fällen des Satzes 1 Buchstabe a 87,75 Euro monatlich, in den Fällen des Satzes 1 Buchstabe b 65,80 Euro monatlich und in den Fällen des Satzes 1 Buchstabe c 51,18 Euro monatlich. Zeitspanne ist die Zeit zwischen dem Beginn der frühesten und dem Ende der spätesten Schicht innerhalb von 24 Stunden. Die geforderte Stundenzahl muß im Durchschnitt an den im Schichtplan vorgesehenen Arbeitstagen erreicht werden. Sieht der Schichtplan mehr als fünf Arbeitstage wöchentlich vor, können, falls dies günstiger ist, der Berechnung des Durchschnitts fünf Arbeitstage wöchentlich zugrunde gelegt werden. Absatz 1 Satz 2 gilt entsprechend.

(3) Die Absätze 1 und 2 gelten nicht, soweit der Schichtplan (Dienstplan) eine Unterscheidung zwischen Volldienst und Bereitschaftsdienst nicht vorsieht. Sie finden keine Anwendung auf Beamte auf Widerruf im Vorbereitungsdienst; abweichend hiervon erhalten Beamte im Vorbereitungsdienst für den Krankenpflegedienst 75 vom Hundert der entsprechenden Beträge. Sie finden ferner keine Anwendung auf Beamte, die als Pförtner oder Wächter tätig sind oder Auslandsdienstbezüge (§ 73 des Landesbesoldungsgesetzes in der jeweils geltenden Fassung in Verbindung mit den jeweils geltenden Vorschriften des Bundesbesoldungsgesetzes in der jeweils geltenden Fassung zum Auslandszuschlag und Auslandsverwendungszuschlag) erhalten oder die auf Schiffen und schwimmenden Geräten tätig sind, wenn die dadurch bedingte besondere Dienstplangestaltung bereits anderweitig berücksichtigt ist.

(4) Die Erschwerniszulagen nach den Absätzen 1 und 2 werden nur zur Hälfte gewährt, wenn für denselben Zeitraum Anspruch auf eine Stellenzulage nach den §§ 49, 50, 51 und 56 Nummer 1 des Landesbesoldungsgesetzes besteht. Abweichend von Satz 1 erhalten Beamte im Krankenpflegedienst, die für den gleichen Zeitraum Anspruch auf eine Zulage nach § 51 des Landesbesoldungsgesetzes in der jeweils geltenden Fassung haben, die Erschwerniszulage nach Absatz 1 in Höhe von 76,69 Euro monatlich und nach Absatz 2 in voller Höhe.

§ 21 Zulagen für den Krankenpflegedienst

(1) Beamte der Laufbahngruppe 1, zweites Einstiegsamt im Krankenpflegedienst, die

1. in psychiatrischen Krankenhäusern, Kliniken, Abteilungen oder Stationen Patienten pflegen,
2. in neurologischen Kliniken, Abteilungen oder Stationen ständig geisteskranke Patienten pflegen,
3. in psychiatrischen oder neurologischen Krankenhäusern, Kliniken oder Abteilungen im Elektroencephalogramm-Dienst (EEG-Dienst) oder in der Röntgendiagnostik tätig sind und ständig mit geisteskranken Patienten umgehen,
4. zu arbeitstherapeutischen Zwecken ständig mit geisteskranken Patienten zusammenarbeiten oder sie bei der Arbeitstherapie beaufsichtigen,

erhalten eine Zulage von monatlich 15,34 Euro.

(2) Beamte der Laufbahngruppe 1, zweites Einstiegsamt im Krankenpflegedienst, die die Grund- und Behandlungspflege zeitlich überwiegend bei

1. an schweren Infektionskrankheiten erkrankten Patienten (z. B. Tuberkulose-Patienten), die wegen der Ansteckungsgefahr in besonderen Infektionsabteilungen oder Infektionsstationen untergebracht sind,
2. Kranken in geriatrischen Abteilungen oder Stationen,
3. gelähmten oder an multipler Sklerose erkrankten Patienten,
4. Patienten nach Transplantationen innerer Organe oder von Knochenmark,
5. an AIDS (Vollbild) erkrankten Patienten,
6. Patienten, bei denen Chemotherapien durchgeführt oder die mit Strahlen oder mit inkorporierten radioaktiven Stoffen behandelt werden,
7. Patienten in Einheiten für Intensivmedizin

ausüben, erhalten in den Fällen der Nummern 1 und 7 eine Zulage in Höhe von monatlich 76,85 Euro und im Übrigen in Höhe von monatlich 46,02 Euro. Die Zulage erhalten auch Beamte, die unmittelbare Aufsichtsfunktionen im Krankenpflegedienst über die vorstehend genannten ihnen ständig unterstellten Beamten wahrnehmen; das gilt auch für deren ständige Vertreter. Auf die Zulage wird eine für denselben Kalendermonat zustehende Zulage nach § 17 angerechnet.

(3) Beamte der Laufbahngruppe 1, zweites Einstiegsamt im Krankenpflegedienst, die

1. zeitlich überwiegend Kranke in geschlossenen oder halbgeschlossenen (Open-door-system) psychiatrischen Abteilungen oder Stationen oder als Beamte des Justizvollzugsdienstes ständig Kranke in psychiatrischen Abteilungen oder Stationen pflegen,
2. ständig in Abteilungen für zwangsasylierte asoziale Tuberkulosekranke tätig sind,
3. als Beamte des Justizvollzugsdienstes die Voraussetzungen einer Zulage nach Absatz 2 erfüllen,

erhalten eine Zulage von monatlich 61,36 Euro.

(4) Eine Zulage wird jeweils nur einmal gewährt. Sind die Voraussetzungen für eine Zulage nach den Absätzen 1 und 2 erfüllt, so werden beide Zulagen nebeneinander gewährt. Eine Stellenzulage nach § 51 des Landesbesoldungsgesetzes ist mit dem Betrag von 46,02 Euro anzurechnen.

§ 22 Zulage für Polizeivollzugsbeamte für besondere polizeiliche Einsätze sowie für Beamte als Verdeckte Ermittler

(1) Eine Zulage in Höhe von 300,00 Euro monatlich erhält, wer als Polizeivollzugsbeamtin oder als Polizeivollzugsbeamter

1. in einem Mobilen Einsatzkommando,
2. in einem Spezialeinsatzkommando des Landes für besondere polizeiliche Einsätze,
3. bei den Spezialeinheiten der Polizei in einer technischen Einsatzgruppe, einer Verhandlungsgruppe oder einer Führungsstelle oder
4. in der Fahndungsgruppe Staatsschutz beim Landeskriminalamt oder als Beamtin oder Beamter unter einer verliehenen, auf Dauer angelegten veränderten Identität (Legende) als Verdeckte Ermittlerin oder als Verdeckter Ermittler

verwendet wird.

Beamte, die unter einer ihnen verliehenen, auf Dauer angelegten veränderten Identität (Legende) als Verdeckte Ermittler verwendet werden, erhalten eine Zulage in Höhe von 260,00 Euro monatlich.

(2) Eine Zulage in Höhe von 170,00 Euro monatlich erhält, wer als Polizeivollzugsbeamtin oder Polizeivollzugsbeamter in einem Personenschutzkommando verwendet wird.

(3) Eine Verwendung im Sinne des Absatzes 1 liegt auch vor, wenn die Polizeivollzugsbeamtin oder der Polizeivollzugsbeamte nicht mehr unmittelbar Angehörige oder Angehöriger der Spezialeinheiten ist, jedoch Tätigkeiten mit Bezug zu den Spezialeinheiten ausübt, den Nachweis der Leistungsfähigkeit regelmäßig erbringt und im Alarmierungsfall bei den Spezialeinheiten eingesetzt werden kann.

(4) Die Zulage wird nicht neben einer Stellenzulage nach den §§ 53 und 56 Nummer 1 des Landesbesoldungsgesetzes und einer Zulage nach § 22a gewährt. Neben einer Stellenzulage nach § 54 des Landesbesoldungsgesetzes wird die Zulage nur gewährt, soweit sie unter Hinzurechnung der Stellenzulage nach § 49 des Landesbesoldungsgesetzes den Betrag der Stellenzulage nach § 54 des Landesbesoldungsgesetzes übersteigt.

§ 22a Zulage für Polizeivollzugsbeamte als fliegendes Personal

(1) Polizeivollzugsbeamte, die als Luftfahrzeugführer oder Bordwart in fliegenden Verbänden, fliegerischen Ausbildungseinrichtungen oder den fliegenden Verbänden gleichgestellten Einrichtungen, Einheiten und Dienststellen verwendet werden, erhalten eine Zulage.

(2) Die Zulage erhalten auch Polizeivollzugsbeamte, die

1. auf Grund von Dienstvorschriften oder Dienstanweisungen als nichtständige Luftfahrzeugbesatzungsangehörige zum Mitfliegen in Luftfahrzeugen dienstlich verpflichtet sind und mindestens zehn Flüge im laufenden Kalendermonat nachweisen,
2. in Erfüllung ihrer Aufgaben als Prüfer von Luftfahrtgerät zum Mitfliegen verpflichtet sind

(Sondergruppe).

Eine Anrechnung von Flügen aus anderen Kalendermonaten und von Reiseflügen ist nicht zulässig.

(3) Die Zulage beträgt monatlich für Polizeivollzugsbeamte in der Verwendung als

1. Luftfahrzeugführer oder Bordwart jeweils mit Zusatzqualifikation 300,00 Euro,
2. Luftfahrzeugführer oder Bordwart jeweils ohne Zusatzqualifikation 240,00 Euro,
3. Angehörige der Sondergruppe (Absatz 2) bei zehn oder mehr Flügen im laufenden Kalendermonat 180,00 Euro.

   Werden im laufenden Kalendermonat weniger als zehn, jedoch mindestens fünf Flüge nachgewiesen, vermindert sich die Zulage für jeden fehlenden Flug um 18,00 Euro. § 19 findet keine Anwendung.

Zusatzqualifikation im Sinne der Nummer 1 sind insbesondere Instrumentenflugberechtigung sowie die erworbene Ausbildung im Umfang mit Bildverstärkerbrille oder Wärmebildkamera.

§ 22b Zulage für Polizeivollzugsbeamtinnen und -beamte in der Sachbearbeitung von sexuellem Missbrauch von Kindern oder Kinderpornografie

Eine Zulage in Höhe von 300 Euro monatlich erhält, wer als Polizeivollzugsbeamtin oder als Polizeivollzugsbeamter im Bereich der Sachbearbeitung von sexuellem Missbrauch von Kindern oder Kinderpornografie in der Bewertung oder Auswertung visueller, auditiver oder audiovisueller Daten verwendet wird.

§ 23 Zulage für die Beseitigung von Munition aus den Weltkriegen

(1) Beamte und Soldaten erhalten, wenn sie als Räumgruppenleiter bei besonderen Entgiftungsarbeiten eingesetzt werden, eine Zulage. Die Zulage beträgt monatlich 586,47 Euro, wenn die Beamten oder Soldaten 120 oder mehr Stunden im Kalendermonat im unmittelbaren Gefahrenbereich tätig sind. Die Zulage verringert sich für jede Stunde, die an 120 Stunden fehlt, um 1/120.

(2) Beamte erhalten, wenn sie als Feuerwerker oder als Hilfskräfte in Munitionsräumgruppen zur Beseitigung von Munition und anderen Sprengkörpern eingesetzt werden, eine Zulage. Die Zulage beträgt monatlich höchstens 398,81 Euro für den Feuerwerker, sofern er selbst Munition und Sprengkörper entschärft, für die Hilfskräfte höchstens 281,21 Euro. Die Beamten müssen 135 oder mehr Arbeitsstunden im Kalendermonat im unmittelbaren Gefahrenbereich tätig sein. Sinkt die Zahl der Arbeitsstunden im unmittelbaren Gefahrenbereich im Kalendermonat um mehr als 30, so verringert sich die Zulage für jede Stunde, die an 135 Stunden fehlt, um 1/135.

(3) Eine Tätigkeit im unmittelbaren Gefahrenbereich nach Absatz 2 ist das Suchen, Prüfen, Entfernen, Entschärfen, Sprengen oder Zerlegen von Munition oder Munitionsteilen sowie deren Transport.

(4) Für die Entschärfung von Bomben mit Langzeitzündern oder für sonstige besonders schwierige Entschärfungen mit außergewöhnlichem Gefahrenmoment oder für den Transport nicht entschärfter Bomben mit Langzeitzündern und Ausbausperre kann die Zulage nach Absatz 2 um einen Betrag bis zu 255,65 Euro erhöht werden.

§ 23a Zulage im Seuchenbetrieb des Friedrich-Loeffler-Instituts

Beamte des Friedrich-Loeffler-Instituts, Bundesforschungsinstitut für Tiergesundheit, die ständig im Seuchenbetrieb tätig sind, erhalten eine Zulage von monatlich 51,13 Euro.

§ 23b Zulage für Tätigkeiten an Bord in Dienst gestellter seegehender Schiffe

(1) Beamte und Soldaten, die als Besatzungsangehörige an Bord eines in Dienst gestellten seegehenden Schiffes verwendet werden, erhalten eine Zulage (Bordzulage). Bei einer Werftliegezeit des Schiffes wird die Bordzulage gewährt, wenn der Beamte oder Soldat an Bord Dienst leistet und dort untergebracht ist. Leistet der Beamte oder Soldat an Bord Dienst, ohne dort untergebracht zu sein, wird die Bordzulage für die Dauer von höchstens vier Monaten gewährt.

(2) Die Bordzulage wird auch Beamten und Soldaten gewährt, die

1. an Bord eines in Dienst gestellten seegehenden Schiffes an mehr als einem Kalendertag verwendet werden, ohne zu dessen Besatzung zu gehören,
2. auf einem Binnenfahrzeug der Bundeswehr verwendet werden, das an mehr als einem Kalendertag seewärts der in § 1 der Flaggenrechtsverordnung vom 4. Juli 1990 (BGBl. I S. 1389) festgelegten Grenzen der Seefahrt eingesetzt ist. Eingeschlossen ist die Dauer des Aufenthaltes in Seehäfen. Die Bordzulage steht nicht zu für die Dauer der An- und Abfahrt auf Binnengewässern.

(3) Die Bordzulage beträgt für

1. Beamte und Soldaten als Besatzungsangehörige auf Schiffen
   a) der Seestreitkräfte oder im Dienst von Seestreitkräften 80,53 Euro monatlich,
   b) sonstiger Eigner 53,69 Euro monatlich,
2. Beamte und Soldaten, die nicht der Besatzung angehören, 2,68 Euro täglich; sie darf den Monatsbetrag nach Nummer 1 nicht übersteigen.

(4) Die Bordzulage erhöht sich um 50 vom Hundert für die Dauer eines ununterbrochenen Aufenthalts von mehr als zehn Tagen außerhalb eines Hafens seewärts der in Absatz 2 bezeichneten Grenzen der Seefahrt oder für die Dauer eines mindestens 24-stündigen Aufenthalts außerhalb des Seegebietes, das begrenzt wird

1. südlich durch die Linie Dover – Calais,
2. westlich durch den 5. Grad westlicher Länge,
3. nördlich durch den 60. Grad nördlicher Breite;

ausgenommen sind die Häfen des Vereinigten Königreichs Großbritannien und Nordirland sowie der Normandie und der nördlichen Bretagne bis einschließlich des Hafens Brest. Die erhöhte Bordzulage wird nur für volle Kalendertage gewährt.

(5) Ein Zeitraum von mehr als 12 Stunden gilt als voller Kalendertag.

(6) Die Bordzulage wird neben

1. der Stellenzulage nach Nummer 6 der Vorbemerkungen zu den Bundesbesoldungsordnungen A und B des Bundesbesoldungsgesetzes in Höhe von 53,69 Euro monatlich gewährt,
2. der U-Boot-Zulage nach § 23c nicht gewährt.

§ 23c Zulage für Tätigkeiten an Bord in Dienst gestellter U-Boote

(1) Beamte und Soldaten, die als Besatzungsangehörige an Bord eines in Dienst gestellten U-Bootes der Seestreitkräfte verwendet werden, erhalten eine Zulage (U-Boot-Zulage). Bei einer Werftliegezeit des U-Bootes wird die U-Boot-Zulage bis zur Dauer von vier Monaten gewährt, wenn der Beamte oder Soldat an Bord verwendet wird.

(2) Die U-Boot-Zulage erhalten auch Beamte und Soldaten, die nicht zur Besatzung eines U-Bootes gehören, für die Dauer der dienstlich angeordneten tatsächlichen Bordanwesenheit, wenn diese mit Tauchfahrten oder Tauchübungen verbunden ist und mindestens drei aufeinander folgende Kalendertage oder fünf Kalendertage im Monat beträgt. Ein Zeitraum von mehr als 12 Stunden gilt als voller Kalendertag.

(3) Die U-Boot-Zulage beträgt für

1. a) Beamte und Soldaten als Besatzungsangehörige 230,08 Euro monatlich,
   b) bei einer Werftliegezeit vom Beginn des zweiten Monats an 103,54 Euro monatlich,

2. Beamte und Soldaten, die nicht der Besatzung angehören, 7,67 Euro täglich;

sie darf den Monatsbetrag nach Nummer 1 nicht übersteigen.

Die Zulage erhöht sich um 0,38 Euro täglich, wenn die Voraussetzungen des § 23b Abs. 4 erfüllt sind.

§ 23d Zulage für Tätigkeiten im Maschinenraum seegehender Schiffe

(1) Beamte und Soldaten, die als Besatzungsangehörige im Maschinenraum eines in Dienst gestellten seegehenden Schiffes verwendet werden, erhalten eine Zulage (Maschinenzulage). Bei einer Werftliegezeit des Schiffes wird die Maschinenzulage gewährt, wenn der Beamte oder Soldat an Bord Dienst leistet und dort untergebracht ist. Leistet der Beamte oder Soldat an Bord Dienst, ohne dort untergebracht zu sein, wird die Maschinenzulage für die Dauer von höchstens vier Monaten gewährt.

(2) Die Maschinenzulage wird auch Beamten und Soldaten gewährt, die im Maschinenraum eines

1. in Dienst gestellten seegehenden Schiffes an mehr als einem Kalendertag verwendet werden, ohne zu dessen Besatzung zu gehören,
2. Binnenfahrzeuges der Bundeswehr verwendet werden, das an mehr als einem Kalendertag seewärts der in § 1 der Flaggenrechtsverordnung vom 4. Juli 1990 (BGBl. I S. 1389) festgelegten Grenzen der Seefahrt eingesetzt ist. Eingeschlossen ist die Dauer des Aufenthaltes in Seehäfen. Die Maschinenzulage steht nicht zu für die Dauer der An- und Abfahrt auf Binnengewässern.

(3) Die Maschinenzulage beträgt für

1. Beamte und Soldaten als Besatzungsangehörige auf Schiffen
   a) der Seestreitkräfte oder im Dienst von Seestreitkräften 23,01 Euro monatlich,
   b) sonstiger Eigner 15,34 Euro monatlich,
2. Beamte und Soldaten, die nicht der Besatzung angehören, 0,77 Euro täglich;

sie darf den Monatsbetrag nach Nummer 1 nicht übersteigen.

Die Maschinenzulage erhöht sich um 50 vom Hundert, wenn die Voraussetzungen des § 23b Abs. 4 erfüllt sind.

(4) Ein Zeitraum von mehr als 12 Stunden gilt als voller Kalendertag.

(5) Die Maschinenzulage wird nicht gewährt neben der U-Boot-Zulage nach § 23c.

§ 23e Zulage für Kampfschwimmer und Minentaucher

(1) Soldaten, die als Kampfschwimmer verwendet werden oder sich in der Ausbildung zum Kampfschwimmer befinden, erhalten eine Zulage (Kampfschwimmerzulage) in Höhe von 300 Euro monatlich.

(2) Soldaten, die als Minentaucher verwendet werden oder sich in der Ausbildung zum Minentaucher befinden, erhalten eine Zulage (Minentaucherzulage) in Höhe von 184,07 Euro monatlich.

(3) Soldaten, die nicht als Kampfschwimmer oder Minentaucher verwendet werden, jedoch

1. im Besitz des gültigen Kampfschwimmer- oder Minentaucherscheines sind und
2. zur Erhaltung des Kampfschwimmer- oder Minentaucherscheines verpflichtet sind, erhalten eine Zulage in Höhe von 46,02 Euro monatlich.

(4) Die Kampfschwimmer- oder Minentaucherzulage wird nicht gewährt neben der U-Boot-Zulage nach § 23c und der Fliegerzulage nach § 23f.

§ 23f Zulage für fliegendes Personal der Bundeswehr und anderer Einrichtungen des Bundes

(1) Beamte und Soldaten, die als Luftfahrzeugführer, Kampfbeobachter (Waffensystemoffiziere), Luftfahrzeugoperationsoffiziere oder als ständige Luftfahrzeugbesatzungsangehörige in fliegenden Verbänden, fliegerischen Ausbildungseinrichtungen, den fliegenden Verbänden gleichgestellten Einrichtungen, Einheiten und Dienststellen oder im Erprobungs- oder Güteprüfdienst verwendet werden, erhalten eine Zulage (Fliegerzulage). Bei einer Verwendung außerhalb der in Satz 1 genannten Stellen wird die Fliegerzulage nur

für die Dauer der Verpflichtung zur Erhaltung der vorgeschriebenen Erlaubnis und der Berechtigungen gewährt.

(2) Die Fliegerzulage erhalten auch Beamte und Soldaten,

1. während der fliegerischen Ausbildung zum Luftfahrzeugführer oder Luftfahrzeugbesatzungsangehörigen sowie für die Dauer der Nachschulung zum Zwecke der Erneuerung einer Erlaubnis oder einer Berechtigung zum Führen von Luftfahrzeugen oder zum Einsatz auf Luftfahrzeugen (Fliegerausbildungsgruppe),
2. wenn sie auf Grund von Dienstvorschriften oder Dienstanweisungen als nichtständige Luftfahrzeugbesatzungsangehörige zum Mitfliegen in Luftfahrzeugen dienstlich verpflichtet sind und mindestens fünf Flüge im laufenden Kalendermonat nachweisen (Sondergruppe). Eine Anrechnung von Flügen aus anderen Kalendermonaten und von Reiseflügen ist nicht zulässig.

(3) Die Fliegerzulage beträgt für Beamte und Soldaten in der Verwendung als

1. Luftfahrzeugführer mit der Erlaubnis oder Berechtigung zum Führen von Strahlflugzeugen und Kampfbeobachter (Waffensystemoffiziere) mit der Erlaubnis zum Einsatz auf zweisitzigen Strahlflugzeugen 470 Euro monatlich,
2. sonstige Strahlflugzeugführer, Luftfahrzeugoperationsoffiziere mit der Erlaubnis zum Einsatz auf sonstigen Luftfahrzeugen, Transportluftfahrzeugführer, Hubschrauberführer des Heeres, Marinehubschrauberführer, Seefernaufklärer, Hubschrauberführer Combat Search And Rescue und Hubschrauberschwarmführer der Luftwaffe 360 Euro monatlich,
3. sonstige Hubschrauberführer der Luftwaffe, Hubschrauberführer der Flugbereitschaft des Bundesministeriums der Verteidigung, sonstige Luftfahrzeugführer der Marine sowie Hubschrauberführer in der fliegerischen Grundschulung des Heeres und in Verwendungen außerhalb fliegender Verbände und gleichgestellter Einrichtungen 310 Euro monatlich,
4. ständige Luftfahrzeugbesatzungsangehörige mit der Erlaubnis zum Einsatz auf strahlgetriebenen oder sonstigen Luftfahrzeugen 245 Euro monatlich,
5. Lufttransportbegleiter 150 Euro monatlich,
6. Angehörige der Fliegerausbildungsgruppe 140 Euro monatlich,
7. Angehörige der Sondergruppe 115 Euro monatlich.

Werden im Falle der Nummer 7 im laufenden Kalendermonat weniger als 15, jedoch mindestens fünf Flüge nachgewiesen, vermindert sich die Fliegerzulage für jeden fehlenden Flug um 7,66 Euro. § 19 ist nicht anzuwenden.

(4) Werden Luftfahrzeugführer als Fluglehrer verwendet und sind sie im Besitz der maßgebenden Erlaubnis und Berechtigung, erhöht sich der ihnen zustehende Betrag nach Absatz 3 Satz 1 Nr. 1 um 120 Euro, nach Nummer 2 um 90 Euro und nach Nummer 3 um 80 Euro monatlich.

(5) Abweichend von Absatz 3 beträgt die Fliegerzulage in den Fällen des Absatzes 1 Satz 2 für

1. Luftfahrzeugführer mit der Erlaubnis oder Berechtigung zum Führen von Strahlflugzeugen und Kampfbeobachter (Waffensystemoffiziere) mit der Erlaubnis zum Einsatz auf zweisitzigen Strahlflugzeugen 330 Euro monatlich,
2. Luftfahrzeugführer mit der Erlaubnis oder Berechtigung zum Führen von sonstigen Luftfahrzeugen und Luftfahrzeugoperationsoffiziere mit der Erlaubnis zum Einsatz auf sonstigen Luftfahrzeugen 225 Euro monatlich.

(6) § 22a bleibt unberührt.

§ 23g Zulage für technische Luftfahrzeugführer im Erprobungs- und Güteprüfdienst

(1) Beamte und Soldaten als Luftfahrzeugführer im Erprobungs- oder Güteprüfdienst, die im Besitz der erforderlichen Flugerlaubnis und Berechtigung sind, erhalten eine Zulage, wenn sie überwiegend

1. als Erprobungsflieger mit abgeschlossener Ausbildung als Testpilot, die
   a) Erprobungsflüge mit noch nicht mustergeprüften Flugzeug-Neuentwicklungen zum Zwecke der Musterprüfung oder vorläufigen Zulassung durchführen, oder
   b) Flugerprobungsgruppen verantwortlich leiten und dabei entsprechende Erprobungsflüge durchzuführen haben, oder
2. als Luftfahrzeugführer im Erprobungs- oder Güteprüfflugdienst mit abgeschlossener Ausbildung als Testpilot und nach langjähriger Tätigkeit als Luftfahrzeugführer im Erprobungs- oder Güteprüfdienst auf mehreren Luftfahrzeugmustern

verwendet werden. Die abgeschlossene Ausbildung als Testpilot erfordert die erfolgreiche Teilnahme an einem Lehrgang einer anerkannten Testpilotenschule.

(2) Die Zulage beträgt in den Fällen

a) des Absatzes 1 Nr. 1 153,39 Euro monatlich,

b) des Absatzes 1 Nr. 2 102,26 Euro monatlich.

Liegen die Voraussetzungen nach Absatz 1 Nr. 1 und 2 vor, so ist nur die höhere Zulage zu gewähren.

§ 23h Zulage für Fallschirmspringer

(1) Beamte und Soldaten, die nach erfolgreich abgeschlossener Fallschirmsprungausbildung mit der Erlaubnis zum Fallschirmspringen in einem Verband, einer Einheit oder Dienststelle, deren Ausbildungs- oder Einsatzauftrag das Fallschirmspringen einschließt, als Fallschirmspringer oder Ausbilder für den Fallschirmsprungdienst verwendet werden, erhalten eine Zulage (Fallschirmspringerzulage). Die Fallschirmspringerzulage erhalten auch Beamte und Soldaten während der Ausbildung oder der Nachschulung zum Fallschirmsprungdienst.

(2) Soldaten, die die Voraussetzungen nach Absatz 1 Satz 1 erfüllen, jedoch in keiner der dort genannten Stellen verwendet werden, erhalten die Fallschirmspringerzulage nur, wenn sie zum Üben im Fallschirmspringen verpflichtet sind.

(3) Die Erlaubnis zum Fallschirmspringen setzt den Besitz des Fallschirmspringerscheines mit Beiblatt oder der Ersatzerlaubnis voraus. Zusätzlich kann eine Berechtigung erteilt werden.

(4) Die Höhe der Zulage beträgt 115,04 Euro monatlich, für Soldaten im Sinne des Absatzes 2 beträgt sie 34,51 Euro monatlich.

(5) Die Fallschirmspringerzulage wird neben

1. der Zulage für Beamte als Verdeckte Ermittler nach § 22 und der Kampfschwimmer- und Minentaucherzulage nach § 23e in Höhe von 38,35 Euro monatlich,
2. der Zulage für Polizeivollzugsbeamte für besondere polizeiliche Einsätze nach § 22 und der Zulage für Soldaten im Kommando Spezialkräfte nach § 23m in Höhe von 63,91 Euro monatlich,
3. der Bergführerzulage nach § 23l Abs. 1 in Höhe von 95,87 Euro monatlich

gewährt.

§ 23i Zulage im militärischen Flugsicherungsbetriebsdienst und im Radarführungsdienst

(1) Beamte und Soldaten im militärischen Flugsicherungsbetriebsdienst und Soldaten im Radarführungsdienst, die in militärischen Dienststellen verwendet werden, in denen die nach Absatz 2 zu ermittelnden Verkehrsbelastungen einen Belastungswert von 1000 übersteigen, und die nicht nur gelegentlich verantwortlich als

1. Flugsicherungskontrollpersonal,
2. Flugabfertigungspersonal in Flugsicherungssektoren oder
3. Betriebspersonal des Radarführungsdienstes sowohl bei der Erarbeitung der Luftlage als auch der Leitung von Luftfahrzeugen

verwendet werden, erhalten eine Zulage. Eine verantwortliche Mitarbeit des lizenzierten Betriebspersonals im Radarführungsdienst setzt den Besitz der örtlichen Zulassung voraus.

(2) Bewertungsmaßstab für die Höhe der Zulage ist ein Belastungswert, der sich errechnet aus den im Durchschnitt der letzten drei Kalenderjahre abgewickelten kontrollierten Flugbewegungen der Flugsicherungs- oder Radarführungsdienststelle im Verhältnis zum eingesetzten Personal und auf vier Gruppen zu verteilen ist. Bei Platzschließungen von mehr als drei Monaten sind der Berechnung

die im davorliegenden Jahr kontrollierten Flugbewegungen zugrunde zu legen.

(3) Nach der von der Verkehrsbelastung der jeweiligen Dienststelle abhängigen Bewertung und der Zugehörigkeit des Beamten oder Soldaten zu einer bestimmten Personengruppe steht die Zulage monatlich wie folgt zu:

Belastungswert Gruppe	Flugsicherungskontrollpersonal, Betriebspersonal des Radarführungsdienstes mit Radarleit-Jagdlizenz und/oder Luftlagelizenz	Aufsichtspersonal (Einsatzstabsoffiziere, Radarleit-Stabsoffiziere mit Radarführungslizenz)	Flugabfertigungspersonal, übriges Betriebspersonal des Radarführungsdienstes
	Höhe der Zulage	Höhe der Zulage	Höhe der Zulage
1001–2000 I	81,81 Euro	76,69 Euro	30,68 Euro
2001–4500 II	102,26 Euro	76,69 Euro	40,90 Euro
4501–7000 III	122,71 Euro	76,69 Euro	51,13 Euro
mehr als 7000 IV	143,16 Euro	76,69 Euro	61,36 Euro

(4) Das Bundesministerium der Verteidigung legt die nach Absatz 2 ermittelte Zuordnung der betroffenen Dienststellen der militärischen Flugsicherung und des Radarführungsdienstes – einschließlich ihrer disloziert eingesetzten Truppenteile – zu den einzelnen Gruppen verbindlich fest und gibt dies allgemein bekannt. Die Zuordnung ist jeweils nach Ablauf eines Jahres zu überprüfen.

(5) Die Zulage wird neben der Fliegerzulage nach § 23f und der Fallschirmspringerzulage nach § 23h nur gewährt, soweit sie diese übersteigt.

§ 23j Zulage für Führer oder Ausbilder im Außen- und Geländedienst

(1) Soldaten, die überwiegend als Führer oder Ausbilder im Außen- und Geländedienst verwendet werden, erhalten eine Zulage. Außen- und Geländedienst ist jeder militärische Dienst außerhalb der ortsfesten Unterkünfte im Freien, einschließlich des Dienstes in Stellungen der Flugabwehrraketen- und Flugkörperverbände.

(2) Die Zulage beträgt 25,56 Euro monatlich. Der Anspruch auf die Zulage entsteht mit dem Tag, an dem die anspruchsberechtigende Tätigkeit tatsächlich aufgenommen wird, frühestens jedoch nach Ablauf von 15 Monaten seit der Einstellung als Soldat.

(3) Die Zulage wird nicht gewährt neben einer Stellenzulage nach Nummer 9 der Vorbemerkungen zu den Bundesbesoldungsordnungen A und B des Bundesbesoldungsgesetzes und den Zulagen nach den §§ 23b bis 23g und § 23i.

§ 23k Zulage für Ausbilder bei Einzelkämpferlehrgängen

(1) Soldaten, die überwiegend als Ausbilder bei Einzelkämpferlehrgängen verwendet werden, erhalten eine Zulage in Höhe von 61,36 Euro monatlich.

(2) Die Zulage wird neben einer Stellenzulage nach Nummer 4 der Vorbemerkungen zu den Bundesbesoldungsordnungen A und B des Bundesbesoldungsgesetzes, einer Zulage nach § 23j oder einer Fallschirmspringerzula-

ge nach § 23h Abs. 4 in Höhe von 34,51 Euro nur in Höhe von 51,13 Euro monatlich gewährt; sie entfällt neben einer Fallschirmspringerzulage in Höhe von 115,04 Euro.

§ 23l Zulage für Bergführer

(1) Beamte und Soldaten mit gültigem Nachweis über eine erfolgreich abgeschlossene Ausbildung zum Bergführer erhalten bei Verwendung als

1. Bergführer in der Bergausbildung von Polizeivollzugsbeamten oder
2. Bergführer der Bundeswehr

eine Zulage (Bergführerzulage) in Höhe von 57,52 Euro monatlich.

(2) Die Bergführerzulage erhalten auch Beamte und Soldaten für die Dauer ihrer in geschlossenen Lehrgängen stattfindenden Ausbildung zum Bergführer.

(3) Beamte und Soldaten, die nach erfolgreich abgeschlossener Ausbildung nicht nach Absatz 1 Nr. 1 oder 2 verwendet werden, jedoch zur Erhaltung ihres bergsteigerischen Könnens verpflichtet sind, erhalten die Bergführerzulage in Höhe von 23,01 Euro monatlich.

(4) Neben der Stellenzulage nach Nummer 9 der Vorbemerkungen zu den Bundesbesoldungsordnungen A und B des Bundesbesoldungsgesetzes wird die Bergführerzulage nach Absatz 1 nur in Höhe von 38,35 Euro monatlich, die Bergführerzulage nach Absatz 3 nur in Höhe von 15,34 Euro monatlich gewährt.

§ 23m Zulage für Soldaten im Kommando Spezialkräfte

(1) Soldaten, die im Kommando Spezialkräfte für besondere Einsätze verwendet werden, erhalten eine Zulage in Höhe von 350 Euro monatlich.

(2) Die Zulage erhalten auch Soldaten während der lehrgangsgebundenen Ausbildung für diese Einsätze, frühestens jedoch ab dem Tag nach bestandener Eignungsfeststellung.

(3) Die Zulage wird nicht neben einer Stellenzulage nach Nummer 6 der Vorbemerkungen zu den Bundesbesoldungsordnungen A und B des Bundesbesoldungsgesetzes gewährt. Neben einer Stellenzulage nach Nummer 4a der Vorbemerkungen zu den Bundesbesoldungsordnungen A und B des Bundesbesoldungsgesetzes wird sie nur gewährt, soweit sie diese übersteigt.

§ 23n Zulage für besondere Erprobungs- und Versuchsarbeiten im Geschäftsbereich des Bundesministeriums der Verteidigung

(1) Beamte und Soldaten im Geschäftsbereich des Bundesministeriums der Verteidigung, die

1. bei Erprobungs- und Versuchsarbeiten in der ABC-Abwehr oder dem medizinischen ABC-Schutz verwendet werden und dabei mit radioaktiven Stoffen, potentiellen biologischen oder potentiellen chemischen Kampfstoffen umgehen, erhalten eine Zulage in Höhe von 92,03 Euro monatlich,
2. bei Erprobungs-, Reinigungs- und Versuchsarbeiten an Hochleistungsröntgen- oder kernphysikalischen Beschleunigungsanlagen, unter Pressluft- oder Kreislaufatmungsgeräten mit Druckluftbehältern und -zylindern ab 200 bar sowie unter ABC-Schutzkleidung und bei Überschlagsmessungen hoher elektrischer Spannungen bei Verwendung verschiedener Löschmittel verwendet werden, erhalten eine Zulage in Höhe von 76,69 Euro monatlich,
3. bei Erprobungs- und Versuchsarbeiten mit festen, flüssigen oder gasförmigen Stoffen, bei Brand-, Abbrand- oder Explosionsversuchen mit Brand-, Nebel- oder Flammkampfmitteln eingesetzt werden sowie unter Hitze- oder Flammschutzanzügen starker Hitzeentwicklung ausgesetzt sind, erhalten eine Zulage in Höhe von 61,36 Euro monatlich,
4. Versuchstiere im Bereich der ABC-Abwehr oder des wehrwissenschaftlichen ABC-Schutzes pflegen oder vernichten, erhalten eine Zulage in Höhe von 46,02 Euro monatlich.

(2) Die Zulage wird nur gewährt, wenn die Tätigkeiten in häufiger Wiederholung ausgeübt werden und zu den regelmäßigen Aufgaben im Rahmen des normalen Dienstablaufs gehören. Personen, die überwiegend eine Lehr- oder Verwaltungstätigkeit ausüben, erhalten keine Zulage.

Durchführung der Verordnung über die Gewährung von Erschwerniszulagen

Vom 27. Januar 1977 (MBl. NW. S. 235)

Zuletzt geändert durch
Runderlass
vom 17. Dezember 2009 (MBl. NRW. 2010 S. 28)

Die Erschwerniszulagenverordnung – EZulV in der Fassung der Bekanntmachung vom 3. Dezember 1998 (BGBl. I S. 3497) in der am 31. August 2006 geltenden Fassung gilt gemäß Art. 125a des Grundgesetzes (GG) bis auf Weiteres für die in § 1 Abs. 1 des Landesbesoldungsgesetzes NRW (LBesG) Genannten unmittelbar fort.

Zur Duchführung der Verordnung wird im Einvernehmen mit dem Innenminister bestimmt:

1 Allgemeines

1.1 Erschwerniszulagen sind, soweit in der Verordnung nichts anderes bestimmt ist, monatlich nachträglich zu zahlen. Die obersten Landesbehörden können für ihren Geschäftsbereich mit meiner Zustimmung ergänzende Regelungen über Abrechnungszeiträume und Zahlbarmachung der Zulage für Dienst zu ungünstigen Zeiten treffen.

1.2 Auf die Erschwerniszulagen sollen im voraus monatliche Abschläge gezahlt werden, wenn die zulageberechtigende Tätigkeit nicht nur gelegentlich ausgeübt wird. Die Abschläge sind nach sechs Monaten abzurechnen. Wird innerhalb der Abrechnungszeiträume im Einzelfall erkennbar, dass die festgesetzten monatlichen Abschläge wesentlich von dem Betrag der tatsächlich zustehenden Zulage abweichen, veranlaßt die zuständige Behörde eine entsprechende Änderung der Abschläge.

1.3 Die tatsächlich erbrachten Zeiten der zulageberechtigenden Tätigkeiten sind im einzelnen nachzuweisen. Die Nachweisungen sind begründende Unterlagen i. S. der Vorbemerkungen zu den §§ 70 bis 80 LHO.

1.4 Die Zulagen unterliegen dem Steuerabzug vom Arbeitslohn. Soweit die Zulage für Dienst zu ungünstigen Zeiten für Sonntags-, Feiertags-, und Nachtarbeit gezahlt wird, ist sie im Rahmen des § 3b des Einkommensteuergesetzes steuerfrei.

2 Zulage für Tauchertätigkeit

2.1 Zur Tauchertätigkeit gehört auch die Tätigkeit während der Ausbildung zum Taucher.

3 Zulagen für Wechselschichtdienst und für Schichtdienst

3.1 Die Kriterien „ständig" und „regelmäßig" in § 20 Abs. 1 und 2 EZulV müssen sowohl im allgemeinen (Schichtplan) als auch individuell erfüllt sein, d. h. der/die Bedienstete selbst muß innerhalb eines allgemein geltenden entsprechenden Schichtplans diese Kriterien für sich selbst ebenfalls erfüllen. Dabei ist das Kriterium „regelmäßig" für ihn/sie auch erfüllt, wenn er/sie in jeder Schichtart (Frühschicht, Spätschicht, Nachtschicht) zumindest in dem Umfang Dienst geleistet hat, in dem Nachtdienststunden für die Gewährung der Zulage erforderlich sind (je 40 Stunden in fünf bzw. sieben Wochen; für Teilzeitbeschäftigte gilt Nr. 3.5 S. 2 entsprechend).

3.2 Zur Feststellung, ob der Einsatz „ständig" erfolgt und die geforderten Nachtschichtstunden „durchschnittlich" erbracht werden, ist jeweils ein Zeitraum von 10 Wochen bei der Zulage nach Absatz 1 und von 14 Wochen bei der Zulage nach Absatz 2 zugrunde zu legen. Ein gelegentlicher Einsatz z. B. zur Urlaubs- oder Krankheitsvertretung reicht dafür nicht aus. Die für die Zulage erforderlichen Nachtschichtstunden müssen tatsächlich geleistet worden sein.

3.3 Nachtschicht ist im Regelfall der Dienst zwischen 20.00 Uhr und 6.00 Uhr. Wenn aus dienstlich bedingten Gründen hiervon abgewichen werden muß, gilt auch dieser Zeitraum als Nachtschicht, wenn er dienststellenüblich als solcher bezeichnet wird.

3.4 Beginnt oder endet der Einsatz im Wechselschichtdienst oder im Schichtdienst nicht am Anfang oder Ende eines Monats, ist die Zulage nur anteilig zu zahlen (§ 3 Abs. 4 BBesG).

3.5 Bei Teilzeittätigkeit ist entsprechend § 6 BBesG in der am 31. August 2006 geltenden Fassung nur der Teil der Zulage zu zahlen, der dem Verhältnis der ermäßigten zur regelmäßigen Arbeitszeit entspricht. Die in Absatz 1 und Absatz 2 Buchst. a geforderten 40 Nachtdienststunden ermäßigen sich in Anlehnung an das Urteil des BVerwG vom 26. 03. 2009 – 2 C 12.08 – ebenfalls in diesem Verhältnis. Die übrigen Voraussetzungen für die Zulagengewährung (z. B. durchgehender Schichtdienst) müssen jedoch erfüllt sein.

3.6 Bei Unterbrechung der Wechselschichtdienst- bzw. Schichtdiensttätigkeit durch Erholungsurlaub, vorübergehende Erkrankung oder Teilnahme an Fortbildungslehrgängen i. S. v. Nr. 42.3.11.4 BBesGVwV in der am 31. August 2006 geltenden Fassung werden die Zulagen weitergewährt, wenn während dieser Unterbrechung ansonsten auch Wechselschichtdienst bzw. Schichtdienst zu leisten gewesen wäre (Anhaltspunkt: Weitere Führung des Bediensteten im Schichtplan).

3.7 Bei Empfängern der Feuerwehrzulage müssen nach § 20 Abs. 3 Satz 1 die Voraussetzungen für die Zulage „ohne Berücksichtigung von Zeiten des Bereitschaftsdienstes" erfüllt sein: das bedeutet, daß die nach Absatz 1 und Absatz 2 Buchst. a geforderten 40 Nachtschichtdienststunden als Volldienst geleistet sein müssen bzw. die dem Absatz 2 Buchst. b und c zugrundeliegenden Zeitspannen von Volldienst ausgefüllt sind.

3.8 Der Ausschluss der Wechselschichtdienst- bzw. Schichtdienstzulage für Beamte/Beamtinnen, die auf Schiffen oder schwimmenden Geräten tätig sind (Abs. 3), ist nur dann gerechtfertigt, wenn diese hierfür bereits eine spezielle besoldungsrechtliche oder besoldungsrechtsähnliche Abgeltung erhalten.

Verordnung über das leistungsabhängige Aufsteigen in den Grundgehaltsstufen (Leistungsstufenverordnung – LStuVO)

Vom 10. März 1998 (GV. NW. S. 205, S. 556, S. 632)

Zuletzt geändert durch
Verordnung zur Änderung der Befristung von Rechtsvorschriften
im Geschäftsbereich des Finanzministeriums
vom 2. Dezember 2014 (GV. NRW. S. 870)

Auf Grund des § 27 Abs. 3 des Bundesbesoldungsgesetzes in der Fassung der Bekanntmachung vom 16. Mai 1997 (BGBl. I S. 1065) wird verordnet:

§ 1 Geltungsbereich

Diese Verordnung regelt das leistungsabhängige Aufsteigen und das Verbleiben in den Grundgehaltsstufen bei Beamten in Besoldungsgruppen der Besoldungsordnung A im Geltungsbereich des Landesbeamtengesetzes. Sie gilt nicht für Beamte in der laufbahnrechtlichen Probezeit, für Beamte auf Zeit gemäß § 12b Beamtenrechtsrahmengesetz in der ersten Amtsperiode sowie für kommunale Wahlbeamte.

§ 2 Allgemeines

(1) Das Aufsteigen in den Grundgehaltsstufen der Besoldungsordnung A bestimmt sich nach dem Besoldungsdienstalter und der Leistung.

(2) Die nächsthöhere Stufe des Grundgehalts kann vorzeitig als Grundgehalt festgesetzt werden (Leistungsstufe), wenn der Beamte dauerhaft herausragende Gesamtleistungen erbringt und zu erwarten ist, daß dies auch in Zukunft der Fall sein wird. Durch dauerhaft herausragende Gesamtleistungen entsteht kein Anspruch auf die Gewährung.

(3) Leistungsstufen können nur im Rahmen bereitstehender Haushaltsmittel gewährt werden.

(4) Der Beamte verbleibt in der bisherigen Stufe des Grundgehalts, wenn und solange seine Gesamtleistung den mit seinem Amt verbundenen durchschnittlichen Anforderungen nicht genügen.

(5) Die Maßnahmen nach Absatz 2 und 4 werden von dem auf die Entscheidung (§ 7) folgenden Monat an wirksam.

§ 3 Festsetzung einer Leistungsstufe

(1) Eine Leistungsstufe kann frühestens nach Ablauf der Hälfte des regelmäßigen zeitlichen Abstandes bis zum Erreichen der nächsthöheren Stufe festgesetzt werden. Nach Ablauf der Zeit, um den die Erhöhung des Grundgehalts vorgezogen worden ist, bestimmt sich die weitere Zuordnung zu den Stufen wieder nach dem Besoldungsdienstalter und der Leistung. Die Festsetzung einer Leistungsstufe ist unwiderruflich.

(2) Die Festsetzung einer Leistungsstufe und die Gewährung einer Leistungszulage oder Leistungsprämie nach der Leistungsprämien- und -zulagenverordnung dürfen nicht mit demselben Sachverhalt begründet werden. Nach der Verleihung eines Amtes mit höherem Endgrundgehalt soll in den folgenden 12 Monaten eine Leistungsstufe nicht bewilligt werden.

§ 4 Verbleiben in der Stufe

Verbleibt der Beamte in seiner bisherigen Stufe, so ist nach dem Wirksamwerden der Maßnahme in jährlichen Abständen zu prüfen, ob die Gesamtleistungen inzwischen den mit seinem Amt verbundenen durchschnittlichen Anforderungen entsprechen. Wird eine entsprechende Feststellung getroffen, ist der Beamte vom ersten Tag des auf die erneute Leistungsfeststellung folgenden Monats an der nächsthöheren Stufe zuzuordnen. Eine darüberliegende Stufe bis zu der Stufe, in der er sich ohne die Hemmung des Aufstiegs befinden würde, kann frühestens nach Ablauf jeweils eines weiteren Jahres erreicht werden, wenn auch in diesem Zeitraum anforderungsgerechte Leistungen erbracht worden sind.

§ 5 Leistungsfeststellung

(1) Die Leistungsstufe wird auf der Grundlage der letzten dienstlichen Beurteilung oder einer aktuellen Leistungsfeststellung, die die dauerhaft herausragenden Gesamtleistungen darstellt, festgesetzt. Eine Leistungsstufe soll nicht aufgrund einer Beurteilung festgesetzt werden, die bereits Grundlage der Verleihung eines Amtes mit höherem Endgrundgehalt war.

(2) Absatz 1 gilt entsprechend für die Feststellung des Verbleibens des Beamten in der bisherigen Stufe (§ 2 Abs. 4) mit der Maßgabe, daß eine Aktualisierung vorzunehmen ist, wenn die dienstliche Beurteilung oder die gesonderte Leistungsfeststellung älter als 12 Monate ist.

§ 6 Zahl der Empfänger

Leistungsstufen können nach Maßgabe des Haushalts an insgesamt höchstens 10 vom Hundert der am 1. Januar eines Kalenderjahres vorhandenen Beamten mit Dienstbezügen der Besoldungsordnung A, die das Endgrundgehalt noch nicht erreicht haben, gewährt werden. Dabei sollen alle Laufbahngruppen berücksichtigt werden.

Bei Dienstherren mit weniger als 10 Beamten in Besoldungsgruppen der Besoldungsordnung A kann in jedem Kalenderjahr einem Beamten eine Leistungsstufe gewährt werden.

§ 7 Zuständigkeit und Verfahren

(1) Die Entscheidung über die Festsetzung einer Leistungsstufe und über das Verbleiben in der bisherigen Stufe trifft die zuständige oberste Dienstbehörde. Sie kann die Entscheidungsbefugnis auf andere Stellen übertragen.

(2) In den Gemeinden und Gemeindeverbänden entscheidet abweichend von Absatz 1 die nach dem Kommunalverfassungsrecht für beamtenrechtliche Entscheidungen zuständige Stelle.

Für die sonstigen der Aufsicht des Landes unterstehenden Körperschaften, Anstalten und Stiftungen des öffentlichen Rechts gilt Entsprechendes.

(3) Die Entscheidung ist dem Beamten schriftlich mitzuteilen. Widerspruch und Anfechtungsklage haben keine aufschiebende Wirkung.

§ 8 Inkrafttreten

Diese Verordnung tritt am Tage nach der Verkündung in Kraft.

Verordnung über die Gewährung von Prämien und Zulagen für besondere Leistungen (Leistungsprämien- und -zulagenverordnung – LPZVO)

Vom 10. März 1998 (GV. NW. S. 204, S. 556, S. 632)

Zuletzt geändert durch
Verordnung zur Änderung der Befristung von Rechtsvorschriften
im Geschäftsbereich des Finanzministeriums
vom 2. Dezember 2014 (GV. NRW. S. 870)

Auf Grund des § 42a Abs. 1 des Bundesbesoldungsgesetzes in der Fassung der Bekanntmachung vom 16. Mai 1997 (BGBl. I S. 1065) wird verordnet:

§ 1 Geltungsbereich

Diese Verordnung regelt die Gewährung von Leistungsprämien und Leistungszulagen an Beamte in Besoldungsgruppen der Besoldungsordnung A im Geltungsbereich des Landesbeamtengesetzes. Sie gilt nicht für kommunale Wahlbeamte.

§ 2 Allgemeines

(1) Eine Leistungsprämie oder Leistungszulage kann gewährt werden, wenn der Beamte eine herausragende besondere Leistung erbringt oder erbracht hat. Erfüllt eine Gruppe mehrerer Bediensteter insgesamt diese Voraussetzung, so kann jedem Beamten, der an dieser Leistung als Gruppenmitglied wesentlich beteiligt ist oder war, eine Leistungsprämie oder Leistungszulage gewährt werden.

(2) Die Gewährung einer Leistungsprämie oder einer Leistungszulage und die Festsetzung einer Leistungsstufe nach der Leistungsstufenverordnung dürfen nicht mit demselben Sachverhalt begründet werden. Leistungsprämien und Leistungszulagen dürfen nicht gewährt werden, wenn der Beamte für die besondere Leistung aufgrund desselben Sachverhalts eine Zulage nach § 46 BBesG, eine Vergütung gemäß § 48 BBesG bzw. § 49 BBesG oder eine erfolgsorientierte andere Leistung erhält.

(3) Leistungsprämien und Leistungszulagen können nur im Rahmen bereitstehender Haushaltsmittel gewährt werden. Durch eine herausragende besondere Leistung entsteht kein Anspruch auf die Gewährung.

(4) Die Begründung für die Gewährung der Leistungsprämie oder der Leistungszulage ist aktenkundig zu machen; die herausragende besondere Leistung ist im einzelnen darzustellen. Grundlage hierfür ist eine aktuelle Leistungsfeststellung außerhalb eines geregelten Beurteilungsverfahrens durch die nach § 6 zuständige Stelle.

(5) Leistungsprämien und Leistungszulagen sind nicht ruhegehaltfähig. Sie gehören nicht zu den Bezügen im Sinne des § 6 Abs. 1 des Sonderzuwendungsgesetzes und sind auf Überleitungszulagen und Ausgleichszulagen nicht anzurechnen.

§ 3 Leistungsprämie

(1) Die Leistungsprämie dient der Anerkennung einer herausragenden besonderen Einzelleistung; ihre Gewährung soll in engem zeitlichen Zusammenhang mit der besonderen Leistung stehen.

(2) Die Leistungsprämie wird in einem Einmalbetrag bis zur Höhe des Anfangsgrundgehalts der Besoldungsgruppe, der der Beamte im Zeitpunkt der Entscheidung angehört, gewährt; die Höhe ist entsprechend dem Grad der besonderen Leistung zu bemessen. Bei teilzeitbeschäftigten Beamten ist das entsprechend § 6 BBesG geminderte Anfangsgrundgehalt maßgebend.

(3) Mehrere Leistungsprämien dürfen an einen Beamten innerhalb eines Jahres insgesamt nur bis zur Höhe des Anfangsgrundgehalts gemäß Absatz 2 gewährt werden.

§ 4 Leistungszulage

(1) Die Leistungszulage dient der Anerkennung einer in einem Zeitraum von mindestens drei Monaten erbrachten und auch für die Zukunft zu erwartenden herausragenden besonderen Leistung.

(2) Die Leistungszulage beträgt maximal sieben vom Hundert des Anfangsgrundgehalts der Besoldungsgruppe des Beamten im Zeitpunkt der Zuerkennung. Die Höhe und die Dauer der Gewährung sind entsprechend der erbrachten Leistung zu bemessen. Bei teilzeitbeschäftigten Beamten ist das entsprechend § 6 BBesG geminderte Anfangsgrundgehalt maßgebend. Die Leistungszulage kann rückwirkend bis zu drei Monate und längstens für einen Zeitraum von einem Jahr gewährt werden. Die Zahlung erfolgt monatlich nachträglich von dem auf die Leistungsfeststellung folgenden Monat an. Eine Neubewilligung ist frühestens ein Jahr nach Ablauf des Gewährungszeitraums zulässig.

(3) Die Leistungszulage ist bei erheblichem Leistungsabfall für die Zukunft zu widerrufen.

§ 5 Zahl der Empfänger

(1) Leistungsprämien und Leistungszulagen dürfen in einem Kalenderjahr an insgesamt höchstens 15 vom Hundert der am 1. Januar eines Jahres vorhandenen Beamten mit Dienstbezügen des jeweiligen Dienstherrn in Besoldungsgruppen der Besoldungsordnung A gewährt werden. Die Überschreitung des Vomhundertsatzes ist in dem Umfang zulässig, in dem die Anzahl der möglichen Empfänger einer Leistungsstufe nach § 27 Abs. 3 des Bundesbesoldungsgesetzes nicht ausgeschöpft wurde. Die in einem Fall des § 2 Abs. 1 Satz 2 gewährten Leistungsprämien und Leistungszulagen gelten als eine Leistungsprämie oder Leistungszulage. Sie darf zusammen 150 v. H. des in § 3 Abs. 2 und § 4 Abs. 2 geregelten Umfangs nicht übersteigen; maßgeblich ist die höchste Besoldungsgruppe der an der Leistung wesentlich beteiligten Beamten.

(2) Bei der Vergabe sollen alle Laufbahngruppen berücksichtigt werden.

(3) Bei Dienstherren mit weniger als sieben Beamten in Besoldungsgruppen der Besoldungsordnung A kann in jedem Kalenderjahr einem Beamten eine Leistungsprämie oder Leistungszulage gewährt werden.

§ 6 Zuständigkeit und Verfahren

(1) Die Entscheidung über die Gewährung der Leistungsprämien und über die Gewährung und den Widerruf von Leistungszulagen trifft die zuständige oberste Dienstbehörde. Sie kann die Entscheidungsbefugnis auf andere Stellen übertragen. In den der Aufsicht des Landes unterstehenden Körperschaften, Anstalten und Stiftungen des öffentlichen Rechts entscheidet abweichend von Satz 1 die für beamtenrechtliche Entscheidungen zuständige Stelle.

(2) In den Gemeinden und Gemeindeverbänden entscheidet abweichend von Absatz 1 der Hauptverwaltungsbeamte als Dienstvorgesetzter.

(3) Die Entscheidung über die Gewährung oder den Widerruf ist dem Beamten schriftlich mitzuteilen.

§ 7 Inkrafttreten

Diese Verordnung tritt am Tage nach der Verkündung in Kraft.

Verordnung über die Gewährung von Jubiläumszuwendungen an die Beamtinnen und Beamten und Richterinnen und Richter im Land Nordrhein-Westfalen (Jubiläumszuwendungsverordnung – JZV)

Vom 10. Januar 2017 (GV. NRW. S. 210)

Zuletzt geändert durch
Verordnung zur Änderung der Jubiläumszuwendungsverordnung
vom 18. Mai 2021 (GV. NRW. S. 612)

III

Auf Grund des § 79 Absatz 1 Satz 3 des Landesbeamtengesetzes vom 14. Juni 2016 (GV. NRW. S. 310, ber. S. 642) verordnet die Landesregierung:

§ 1 Jubiläumszuwendung

(1) Beamtinnen und Beamte des Landes, der Gemeinden, der Gemeindeverbände und der anderen der Aufsicht des Landes unterstehenden Körperschaften, Anstalten und Stiftungen des öffentlichen Rechts erhalten bei Vollendung einer 25-, 40- oder 50-jährigen Dienstzeit eine Jubiläumszuwendung und eine Dankurkunde, soweit sie das Jubiläum frühestens am 1. Juli 2016 begehen.

(2) Für Richterinnen und Richter des Landes gelten die Vorschriften dieser Verordnung entsprechend.

§ 2 Höhe der Jubiläumszuwendung, Dienstbefreiung

(1) Die Jubiläumszuwendung beträgt

1. bei einer Dienstzeit von 25 Jahren 300 Euro,
2. bei einer Dienstzeit von 40 Jahren 450 Euro und
3. bei einer Dienstzeit von 50 Jahren 500 Euro.

(2) Aus Anlass des Dienstjubiläums wird gemäß § 33 Absatz 1 Satz 2 Ziffer 4 der Freistellungs- und Urlaubsverordnung NRW vom 10. Januar 2012 (GV. NRW. S. 2, ber. S. 92), in der jeweils geltenden Fassung, an einem Arbeitstag Dienstbefreiung gewährt.

§ 3 Jubiläumsdienstzeit

(1) Zur Jubiläumsdienstzeit zählen

1. Zeiten einer hauptberuflichen Tätigkeit auch im Sinne von Absatz 3 in einem Dienst- oder Arbeitsverhältnis sowie eines Amtsverhältnisses bei einem öffentlich-rechtlichen Dienstherrn oder öffentlich-rechtlichen Arbeitgeber,
2. Zeiten der Ableistung einer Dienstpflicht nach Artikel 12a des Grundgesetzes,
3. Zeiten einer Elternzeit, soweit diese nach Eintritt in den Dienst eines öffentlich-rechtlichen Dienstherrn oder eines öffentlich-rechtlichen Arbeitgebers, verbracht worden ist,
4. Zeiten, die in den Fällen des § 34 Absatz 2 der Freistellungs- und Urlaubsverordnung NRW geleistet wurden und zu einer Verzögerung bei der Einstellung geführt haben bis zu einem Jahr,
5. Zeiten, in denen eine berufliche Tätigkeit als Planstelleninhaberin oder Planstelleninhaber an Ersatzschulen geleistet wurde und
6. Zeiten, die in einem Beamtenverhältnis auf Widerruf oder in einem öffentlich-rechtlichen Ausbildungsverhältnis nach § 7 Absatz 1 des Landesbeamtengesetzes abgeleistet wurden.

Wurde die Tätigkeit nach Satz 1 Nummer 1, 2 und 5 am ersten Arbeitstag eines Monats angetreten, so zählt der gesamte Monat zur Jubiläumsdienstzeit, wenn ansonsten das Dienstjubiläum nicht mehr erreicht werden würde.

(2) Beurlaubungszeiten ohne Dienstbezüge oder Vergütung nach der Einstellung gelten nicht als Jubiläumsdienstzeit. Von diesem Grundsatz abweichend sind anzurechnen

1. bis zur Dauer von insgesamt zwei Jahren die Zeit eines Urlaubs ohne Dienstbezüge oder Vergütung, wenn dieser überwiegend dienstlichen Interessen oder öffentlichen Belangen dient und das Vorliegen dieser Voraussetzung bei Gewährung des Urlaubs von der obersten Dienstbehörde, bei Landesbeamtinnen und Landesbeamten außerdem mit Zustimmung des für Inneres zuständigen Ministeriums und des Finanzministeriums festgestellt worden ist,
2. bis zur Dauer von insgesamt fünf Jahren die Zeit eines Urlaubs ohne Dienstbezüge oder Vergütung, wenn dieser zur Ausübung einer Tätigkeit bei Fraktionen des Europäischen Parlaments, des Deutschen Bundestages oder der Landtage erteilt wurde,
3. die Zeit eines Urlaubs ohne Dienstbezüge oder Vergütung, wenn dieser zur Ausübung einer Tätigkeit in öffentlichen zwischenstaatlichen oder überstaatlichen Organisationen, im Auslandsschuldienst oder im Ersatzschuldienst oder zur Übernahme von Aufgaben der Entwicklungshilfe erteilt wurde und
4. bis zur Dauer von insgesamt drei Jahren Urlaubszeiten ohne Dienstbezüge oder Vergütung infolge der tatsächlichen Betreuung eines minderjährigen Kindes oder mehrerer minderjähriger Kinder oder der Pflege eines nach § 7 Absatz 3 des Pflegezeitgesetzes vom 28. Mai 2008 (BGBl. I S. 874, 896), in der jeweils geltenden Fassung, pflegebedürftigen nahen Angehörigen, dessen Pflegebedürftigkeit nach § 3 Absatz 2 des vorgenannten Gesetzes nachgewiesen ist.

(3) Zeiten einer Teilzeitbeschäftigung sind voll zu berücksichtigen. Dies gilt auch für Zeiten einer unterhälftigen Teilzeitbeschäftigung im Rahmen einer Beurlaubung aus familiären Gründen. Die Zeit braucht nicht zusammenhängend abgeleistet zu sein. Derselbe Zeitraum darf nur einmal berücksichtigt werden.

(4) Als Jubiläumsdienstzeit gelten nicht

1. Dienstzeiten in einem Beamtenverhältnis, das durch eine Entscheidung der in § 24 des Beamtenstatusgesetzes vom 17. Juni 2008 (BGBl. I S. 1010), in der jeweils geltenden Fassung, bezeichneten Art oder durch Disziplinarurteil beendet worden ist,
2. Dienstzeiten in einem Beamtenverhältnis, das auf Antrag der Beamtin oder des Beamten durch Entlassung beendet worden ist, weil ein Verfahren mit der Folge des Verlustes der Beamtenrechte, der Entlassung wegen eines Verhaltens im Sinne des § 23 Absatz 3 Satz 1 Nummer 1 des Beamtenstatusgesetzes oder der Entfernung aus dem Beamtenverhältnis drohte,
3. Zeiten in einem privatrechtlichen Arbeitsverhältnis, das aus einem von der oder dem Beschäftigten zu vertretenden Grund beendet worden ist, der den Arbeitgeber zur fristlosen Kündigung berechtigt hätte,
4. Zeiten des schuldhaften Fernbleibens vom Dienst mit der Folge des Verlustes der Bezüge und
5. Zeiten nach § 30 Absatz 4 des Landesbesoldungsgesetzes vom 14. Juni 2016 (GV. NRW. S. 310, ber. S. 642), in der jeweils geltenden Fassung.

§ 4 Fortfall und Zurückstellung

(1) Die Ehrung gemäß § 1 und § 2 entfällt bei Beamtinnen und Beamten,

1. denen aus demselben Anlass bereits eine Geldzuwendung aus öffentlichen Mitteln gewährt worden ist,
2. die von einem anderen Dienstherrn abgeordnet sind, wenn ihnen von dem abordnenden Dienstherrn aus demselben Anlass eine Geldzuwendung gewährt worden ist oder gewährt werden kann oder
3. gegen die innerhalb der letzten drei Jahre vor dem Jubiläumstag die Disziplinarmaßnahme der Kürzung der Dienstbezüge oder des Ruhegehalts oder gegen die innerhalb der letzten sieben Jahre vor dem Jubiläumstag die Disziplinarmaßnahme der Zurückstufung verhängt worden ist oder voraussichtlich verhängt worden wäre, wenn nicht die Voraussetzungen des § 14 Absatz 1 des Landesdisziplinargesetzes vom 16. November 2004 (GV. NRW. S. 624), in

der jeweils geltenden Fassung, vorgelegen hätten.

(2) Die Entscheidung über die Ehrung ist bei Beamtinnen und Beamten, gegen die am Jubiläumstag straf- oder disziplinarrechtliche Ermittlungen geführt werden oder gegen die Anklage erhoben wurde, bis zu einem rechtskräftigen Abschluss zurückzustellen.

§ 5 Zuständigkeit, Verfahren

(1) Für die Gewährung der Jubiläumszuwendung, für die Aushändigung der Dankurkunde, für die Bewilligung der Dienstbefreiung sowie für die Festsetzung der für die Gewährung der Jubiläumszuwendung maßgebenden Dienstzeit ist die nach § 2 Absatz 2 des Gesetzes über die Beamtinnen und Beamten des Landes Nordrhein-Westfalen (Landesbeamtengesetz – LBG NRW) vom 14. Juni 2016, in der jeweils geltenden Fassung, bei Beamtinnen und Beamten des Landes in Verbindung mit § 2 Absatz 3 und 4 des Landesbeamtengesetzes, dienstvorgesetzte Stelle zuständig.

(2) Die Dankurkunden werden von den jeweils zuständigen obersten Dienstbehörden oder den von ihnen ermächtigten Stellen ausgefertigt. Die Dankurkunden zum 40-jährigen oder 50-jährigen Dienstjubiläum werden für Beamtinnen und Beamte des Landes von der Ministerpräsidentin oder dem Ministerpräsidenten und der Ministerin oder dem Minister unterschrieben.

(3) Im Bereich der Gemeinden und Gemeindeverbänden und der der Aufsicht des Landes unterstehenden sonstigen Körperschaften, Anstalten und Stiftungen des öffentlichen Rechts bleibt es bei der Zuständigkeit der dienstvorgesetzten Stelle. Die zusätzliche Unterzeichnung der Dankurkunden durch ein Mitglied der Vertretung der Gemeinde oder des Gemeindeverbandes neben der dienstvorgesetzten Stelle kann in einer Satzung geregelt werden.

(4) Der Jubiläumstag ist bei Beamtinnen und Beamten nach der Berufung in das Beamtenverhältnis oder nach der Übernahme von einem anderen Dienstherrn zu ermitteln und ihnen bekannt zu geben. Eine Bekanntgabe des Jubiläumstages erfolgt auch nach einer Neuberechnung nach § 6.

(5) Die Jubiläumszuwendung wird zusammen mit den Dienstbezügen gewährt.

(6) Die zu einem anderen Dienstherrn abgeordneten Beamtinnen und Beamten erhalten die Jubiläumszuwendung vom abordnenden Dienstherrn.

§ 6 Berechnung der Jubiläumsdienstzeit vor dem 1. Juli 2016

Für Beamtinnen und Beamte, die bereits vor dem 1. Juli 2016 in einem Beamtenverhältnis zum Land Nordrhein-Westfalen gestanden haben, bleibt es bei dem errechneten Tag des Dienstjubiläums. Zeiten, welche im Beamtenverhältnis auf Widerruf oder in einem öffentlich-rechtlichen Ausbildungsverhältnis nach § 7 Absatz 1 des Landesbeamtengesetzes abgeleistet wurden und noch nicht berücksichtigt worden sind, sind nachträglich einzubeziehen. Sofern ab dem 1. Juli 2016 Änderungen im Dienstverhältnis auftreten, erfolgt die Berechnung der Jubiläumsdienstzeit ab dem Zeitpunkt der Änderung im Sinne dieser Verordnung.

§ 7 Inkrafttreten

Diese Verordnung tritt mit Wirkung vom 1. Juli 2016 in Kraft.

IV Versorgung

Beamtenversorgungsgesetz

Durchführung des Beamtenversorgungsgesetzes

Berufskrankheiten

Sicherung der Versorgung

Beamtenversorgungsgesetz für das Land Nordrhein-Westfalen (Landesbeamtenversorgungsgesetz – LBeamtVG NRW)

Vom 14. Juni 2016 (GV. NRW. S. 310, S. 642)

Zuletzt geändert durch
Gesetz zur Anpassung der Dienst- und Versorgungsbezüge
in den Jahren 2026 bis 2028 sowie zur Änderung weiterer dienstrechtlicher Vorschriften
im Land Nordrhein-Westfalen
vom 21. Juli 2026 (GV. NRW. S. 474)

IV

Inhaltsübersicht

IV

Abschnitt 1
Allgemeine Vorschriften

§ 1 Geltungsbereich

(1) Dieses Gesetz regelt die Versorgung der Beamtinnen und Beamten des Landes, der Gemeinden, der Gemeindeverbände und der sonstigen der Aufsicht des Landes unterstehenden Körperschaften, Anstalten und Stiftungen des öffentlichen Rechts sowie ihrer Hinterbliebenen.

(2) Dieses Gesetz gilt entsprechend für die Versorgung der Richterinnen und Richter des Landes sowie ihrer Hinterbliebenen.

(3) Dieses Gesetz gilt nicht für die öffentlich-rechtlichen Religionsgesellschaften und ihre Verbände.

(4) Bestimmungen dieses Gesetzes, die sich auf das Bestehen oder frühere Bestehen einer Ehe beziehen, sind auf das Bestehen oder frühere Bestehen einer eingetragenen Lebenspartnerschaft sinngemäß anzuwenden. Bestimmungen, die sich auf Ehegattinnen oder Ehegatten und deren Angehörige beziehen, sind auf eingetragene Lebenspartnerinnen oder Lebenspartner und deren Angehörige sinngemäß anzuwenden. Bestimmungen, die sich auf Witwen oder Witwer und deren Angehörige beziehen, sind auf hinterbliebene Lebenspartnerinnen oder Lebenspartner und deren Angehörige sinngemäß anzuwenden.

(5) Dieses Gesetz gilt nicht für Ehrenbeamtinnen und Ehrenbeamte, soweit dies nicht ausdrücklich gesetzlich vorgesehen ist.

§ 2 Arten der Versorgung

Versorgungsbezüge sind

1. Ruhegehalt oder Unterhaltsbeitrag (§§ 4 bis 19),
2. Hinterbliebenenversorgung (§§ 20 bis 33),
3. Bezüge bei Verschollenheit (§ 34),
4. Unfallfürsorge (§§ 35 bis 55),
5. Übergangsgeld (§ 56),

5a. Ausgleich bei besonderen Altersgrenzen (§ 56a) und

6. familienbezogene Leistungen (§§ 58 bis 62).

§ 3 Regelung durch Gesetz

(1) Die Versorgung wird durch Gesetz geregelt.

(2) Zusicherungen, Vereinbarungen und Vergleiche, die eine höhere als die gesetzlich zustehende Versorgung zur Folge haben sollen, sind unwirksam. Das Gleiche gilt für Versicherungsverträge, die zu diesem Zweck abgeschlossen werden.

(3) Auf die gesetzlich zustehende Versorgung kann weder ganz noch teilweise verzichtet werden.

(4) Die oder der Versorgungsberechtigte verliert einen Anspruch auf Versorgung, der über die gesetzlich zustehende Versorgung hinaus geht, soweit sie oder er den Anspruch nicht innerhalb des jeweiligen Haushaltsjahres, für das die zusätzliche Versorgung verlangt wird, schriftlich gegenüber der nach § 57 Absatz 1 bis 4 zuständigen Stelle geltend macht. Eine Geltendmachung von Ansprüchen für vergangene und nachfolgende Haushaltsjahre ist unwirksam.

Abschnitt 2
Ruhegehalt, Unterhaltsbeitrag

§ 4 Entstehung und Berechnung des Ruhegehalts

(1) Ein Ruhegehalt wird nur gewährt, wenn die Beamtin oder der Beamte

1. eine Dienstzeit von mindestens fünf Jahren abgeleistet hat oder
2. infolge Krankheit, Verwundung oder sonstiger Beschädigung, die sie oder er sich ohne grobes Verschulden bei Ausübung oder aus Veranlassung des Dienstes zugezogen hat, dienstunfähig geworden ist.

Die Dienstzeit berechnet sich ab dem Zeitpunkt der ersten Berufung in das Beamtenverhältnis und wird nur berücksichtigt, soweit sie ruhegehaltfähig ist. Zeiten, die kraft gesetzlicher Vorschrift als ruhegehaltfähig gelten oder nach § 9 als ruhegehaltfähige Dienstzeit berücksichtigt werden, sind einzurechnen. Satz 3 gilt nicht für Zeiten, die die Beamtin oder der Beamte vor dem 3. Oktober

IV

1990 in dem in Artikel 3 des Einigungsvertrages vom 31. August 1990 (BGBl. 1990 II S. 889) genannten Gebiet zurückgelegt hat.

(2) Der Anspruch auf Ruhegehalt entsteht mit dem Beginn des Ruhestandes. Im Fall des §4 des Landesbesoldungsgesetzes vom 14. Juni 2016 (GV. NRW. S. 310) in der jeweils geltenden Fassung entsteht der Anspruch auf Ruhegehalt abweichend von Satz 1 nach Ablauf der Zeit, für die Dienstbezüge gewährt werden.

(3) Das Ruhegehalt wird auf der Grundlage der ruhegehaltfähigen Dienstbezüge und der ruhegehaltfähigen Dienstzeit berechnet.

IV

§5 Ruhegehaltfähige Dienstbezüge

(1) Ruhegehaltfähige Dienstbezüge sind

1. das Grundgehalt,
2. der Familienzuschlag (§58 Absatz 1) der Stufe 1,
3. sonstige Dienstbezüge, die im Besoldungsrecht als ruhegehaltfähig bezeichnet sind und
4. Leistungsbezüge, die nach §37 des Landesbesoldungsgesetzes ruhegehaltfähig sind,

die der Beamtin oder dem Beamten in den Fällen der Nummern 1 und 3 zuletzt zugestanden haben oder in den Fällen der Nummer 2 nach dem Besoldungsrecht zustehen würden. Bei Teilzeitbeschäftigung und Beurlaubung ohne Dienstbezüge (Freistellung) sowie bei eingeschränkter Verwendung einer Beamtin oder eines Beamten wegen begrenzter Dienstfähigkeit nach §27 des Beamtenstatusgesetzes vom 17. Juni 2008 (BGBl. I S. 1010) in der jeweils geltenden Fassung gelten als ruhegehaltfähige Dienstbezüge die dem letzten Amt entsprechenden vollen ruhegehaltfähigen Dienstbezüge. Die ruhegehaltfähigen Dienstbezüge in den Besoldungsgruppen A 7 und A 8 sind mit dem Faktor 0,99518 und in den übrigen Besoldungsgruppen, mit Ausnahme der Besoldungsgruppen A 5 und A 6 sowie in den weggefallenen Besoldungsgruppen A 2 bis A 4, mit dem Faktor 0,99349 zu vervielfältigen. Bei Versorgungsempfängerinnen und Versorgungsempfängern, die einen Unterhaltsbeitrag nach §27 Absatz 1 bis 3, durch Gnadenerweis oder in Folge Disziplinarentscheidung oder eine Versorgung auf Grund einer Entscheidung im Dienstordnungsverfahren nach früherem Recht erhalten, sind die ruhegehaltfähigen Dienstbezüge in den Besoldungsgruppen A 5 und A 6 sowie in den weggefallenen Besoldungsgruppen A 2 bis A 4 mit dem Faktor 0,95238, in den Besoldungsgruppen A 7 und A 8 mit dem Faktor 0,96385 und in den übrigen Besoldungsgruppen mit dem Faktor 0,9756 zu vervielfältigen.

(2) Ist die Beamtin oder der Beamte wegen Dienstunfähigkeit auf Grund eines Dienstunfalls nach §36 in den Ruhestand versetzt worden, so ist das Grundgehalt der nach Absatz 1 Satz 1 Nummer 1, Absatz 3 bis 5 maßgebenden Besoldungsgruppe nach der Erfahrungsstufe zugrunde zu legen, die sie oder er bis zum Eintritt in den Ruhestand wegen Erreichens der Altersgrenze hätte erreichen können.

(3) Ist die Beamtin oder der Beamte aus einem Amt in den Ruhestand getreten oder versetzt worden, das nicht der Besoldungsgruppe ihres oder seines Einstiegsamtes der Laufbahngruppe oder das keiner Laufbahn angehört, und hat sie oder er die Dienstbezüge dieses oder eines mindestens gleichwertigen Amtes vor dem Eintritt oder der Versetzung in den Ruhestand nicht mindestens zwei Jahre erhalten, sind ruhegehaltfähig nur die Bezüge des vorher bekleideten Amtes. Hat die Beamtin oder der Beamte vorher ein Amt nicht bekleidet, setzt die oberste Dienstbehörde im Einvernehmen mit dem Finanzministerium die ruhegehaltfähigen Dienstbezüge bis zur Höhe der ruhegehaltfähigen Dienstbezüge der nächst niedrigeren Besoldungsgruppe der Laufbahn fest, mindestens jedoch bis zur Höhe der ruhegehaltfähigen Dienstbezüge aus der Besoldungsgruppe des Einstiegsamtes der Laufbahngruppe.

(4) Das Ruhegehalt von Beamtinnen und Beamten, die früher ein höher besoldetes Amt bekleidet und diese Bezüge mindestens zwei Jahre erhalten haben, wird nach den höheren ruhegehaltfähigen Dienstbezügen des früheren Amtes und der gesamten ruhegehaltfähigen Dienstzeit berechnet, wenn der Übertritt in das niedriger besoldete Amt nicht lediglich aus eigenem Interesse der Beamtin oder des

Beamten auf ihren oder seinen Antrag hin erfolgte.

(5) Verringern sich bei einem Wechsel in ein Amt der Besoldungsordnung W die ruhegehaltfähigen Dienstbezüge, berechnet sich das Ruhegehalt aus den ruhegehaltfähigen Dienstbezügen des früheren Amtes und der gesamten ruhegehaltfähigen Dienstzeit, sofern die Beamtin oder der Beamte die Dienstbezüge des früheren Amtes mindestens zwei Jahre erhalten hat. Ruhegehaltfähig ist die zum Zeitpunkt des Wechsels erreichte Erfahrungsstufe des Grundgehalts. Auf die Zweijahresfrist wird der Zeitraum angerechnet, in dem die Beamtin oder der Beamte Dienstbezüge aus einem Amt der Besoldungsordnung W erhalten hat.

(6) In die Zweijahresfrist nach den Absätzen 3 bis 5 ist die innerhalb dieser Frist liegende, als ruhegehaltfähige Dienstzeit berücksichtigte Zeit einer Beurlaubung ohne Dienstbezüge einzurechnen. Die Zweijahresfrist kommt nicht zur Anwendung, wenn die Beamtin oder der Beamte vor Ablauf der Frist infolge von Krankheit, Verwundung oder sonstiger Beschädigung, die sie oder er sich ohne grobes Verschulden bei Ausübung oder aus Veranlassung des Dienstes zugezogen hat, in den Ruhestand versetzt wurde oder verstarb.

(7) Das Ruhegehalt nach einem früheren Amt darf die ruhegehaltfähigen Dienstbezüge des letzten Amtes nicht übersteigen.

§ 6 Regelmäßige ruhegehaltfähige Dienstzeit

(1) Ruhegehaltfähig ist die Dienstzeit, welche die Beamtin oder der Beamte ab dem Tag ihrer oder seiner ersten Berufung in das Beamtenverhältnis im Dienst eines inländischen öffentlich-rechtlichen Dienstherrn im Beamtenverhältnis zurückgelegt hat. Dies gilt nicht für die Zeit

1. im Beamtenverhältnis auf Widerruf im Sinne des § 4 Absatz 4 Buchstabe b des Beamtenstatusgesetzes,
2. in einem Amt, das die Arbeitskraft der Beamtin oder des Beamten nur nebenbei beansprucht,
3. einer Tätigkeit, aus der ohne Ruhegehaltsberechtigung nur Gebühren bezogen werden,
4. einer Beurlaubung ohne Dienstbezüge; die Zeit einer Beurlaubung ohne Dienstbezüge kann berücksichtigt werden, wenn spätestens bei Beendigung des Urlaubs schriftlich zugestanden worden ist, dass er öffentlichen Belangen oder dienstlichen Interessen dient,
5. eines schuldhaften Fernbleibens vom Dienst unter Verlust der Dienstbezüge,
6. für die eine Abfindung aus öffentlichen Mitteln gewährt wurde oder
7. einer ehrenamtlichen Tätigkeit.

(2) Die Berücksichtigung der Zeit einer Beurlaubung (Absatz 1 Satz 2 Nummer 4) als ruhegehaltfähige Dienstzeit setzt die Zahlung eines Versorgungszuschlags für die Dauer der Beurlaubung voraus. Der Versorgungszuschlag beträgt 30 Prozent der ohne Beurlaubung zustehenden ruhegehaltfähigen Bezüge. Die ruhegehaltfähigen Bezüge bemessen sich bei Teilbeurlaubung nach dem Umfang der Beurlaubung. Unbefristete und befristete Hochschulleistungsbezüge, die dem Grunde nach ruhegehaltfähig sind, sind von Anfang an in voller Höhe zu berücksichtigen. Das Finanzministerium kann Ausnahmen zulassen.

(3) Nicht ruhegehaltfähig sind Dienstzeiten

1. in einem Beamtenverhältnis, das durch eine Entscheidung der in § 24 Absatz 1 des Beamtenstatusgesetzes bezeichneten Art oder durch Disziplinarurteil beendet wurde,
2. in einem Beamtenverhältnis auf Probe oder auf Widerruf, wenn die Beamtin oder der Beamte entlassen wurde, weil er eine Handlung begangen hat, die bei einer Beamtin oder einem Beamten auf Lebenszeit mindestens eine Kürzung der Dienstbezüge zur Folge hätte,
3. in einem Beamtenverhältnis, das durch Entlassung auf Antrag der Beamtin oder des Beamten beendet wurde,
   a) wenn ihr oder ihm ein Verfahren mit der Folge des Verlustes der Beamtenrechte

IV

oder der Entfernung aus dem Dienst drohte oder

b) wenn die Beamtin oder der Beamte den Antrag gestellt hat, um einer drohenden Entlassung nach Nummer 2 zuvorzukommen.

Die oberste Dienstbehörde kann im Einvernehmen mit dem Finanzministerium Ausnahmen zulassen.

(4) Der im Beamtenverhältnis zurückgelegten Dienstzeit stehen gleich

1. die im Richterverhältnis zurückgelegte Dienstzeit,
2. die Zeit als Mitglied der Bundesregierung oder einer Landesregierung, soweit diese Zeit nicht im Rahmen eines aus diesem Amtsverhältnis zustehenden Anspruchs auf Ruhegehalt oder einer ruhegehaltähnlichen Versorgung berücksichtigt wird und noch kein Ruhegehalt aus dem Amtsverhältnis gezahlt wird,
3. die Zeit der Bekleidung des Amtes einer Parlamentarischen Staatssekretärin oder eines Parlamentarischen Staatssekretärs bei einem Mitglied der Bundesregierung oder bei einem Mitglied einer Landesregierung, soweit entsprechende Voraussetzungen vorliegen und diese Zeit nicht im Rahmen eines aus diesem Amtsverhältnis zustehenden Anspruchs auf Ruhegehalt oder einer ruhegehaltähnlichen Versorgung berücksichtigt wird und noch kein Ruhegehalt aus dem Amtsverhältnis gezahlt wird,
4. die Zeit des vorgeschriebenen Vorbereitungsdienstes im öffentlich-rechtlichen Ausbildungsverhältnis,
5. die im öffentlichen Dienst einer zwischenstaatlichen oder überstaatlichen Einrichtung zurückgelegte Dienstzeit; Absatz 1 Satz 2 Nummer 6 findet keine Anwendung und
6. die in einem Dienstordnungsverhältnis bei einem Sozialversicherungsträger zurückgelegte Dienstzeit; soweit für diese Zeit eine unverfallbare Anwartschaft auf eine Betriebsrente erworben wurde, findet § 13 Absatz 4 entsprechend Anwendung.

§ 7 Erhöhung der ruhegehaltfähigen Dienstzeit

Die ruhegehaltfähige Dienstzeit nach § 6 erhöht sich um die Zeit, welche die Ruhestandsbeamtin oder der Ruhestandsbeamte

1. in einer die Arbeitskraft voll beanspruchenden entgeltlichen Beschäftigung als Beamtin oder Beamter, Richterin oder Richter, Berufssoldatin oder Berufssoldat oder in einem Amtsverhältnis im Sinne des § 6 Absatz 4 Nummer 2 und 3 zurückgelegt hat, ohne daraus einen Versorgungsanspruch zu erlangen oder
2. in einer Tätigkeit im Sinne des § 6 Absatz 4 Nummer 5 zurückgelegt hat.

§ 6 Absatz 1 Satz 2 Nummer 4 und 5, Absatz 2 und Absatz 3 gilt entsprechend, für die Anwendung des Satzes 1 Nummer 1 gilt außerdem § 6 Absatz 1 Satz 2 Nummer 6 entsprechend.

§ 8 Wehrdienst und vergleichbare Zeiten

(1) Als ruhegehaltfähig gilt die Dienstzeit, in der die Beamtin oder der Beamte berufsmäßig im Dienst der Bundeswehr, der Nationalen Volksarmee der ehemaligen Deutschen Demokratischen Republik oder im Vollzugsdienst der Polizei gestanden hat.

(2) Als ruhegehaltfähig gilt auch die Zeit, während der die Beamtin oder der Beamte

1. nichtberufsmäßigen Wehrdienst in der Bundeswehr oder der Nationalen Volksarmee der ehemaligen Deutschen Demokratischen Republik oder einen vergleichbaren zivilen Ersatzdienst oder Polizeivollzugsdienst geleistet hat oder
2. sich auf Grund einer Krankheit oder Verwundung als Folge eines Dienstes nach Nummer 1 oder Absatz 1 im Anschluss an die Entlassung arbeitsunfähig in einer Heilbehandlung befunden hat.

(3) Für die Anwendung des Absatzes 1 gilt § 6 Absatz 1 Satz 2 Nummer 4 bis 6 und Absatz 3 und für die Anwendung des Absatzes 2 § 6 Absatz 1 Satz 2 Nummer 2, 4 bis 6 und Absatz 3 entsprechend.

§ 9 Zeiten im privatrechtlichen Arbeitsverhältnis im öffentlichen Dienst

Als ruhegehaltfähig sollen auch folgende Zeiten berücksichtigt werden, in denen die Beamtin oder der Beamte im privatrechtlichen Arbeitsverhältnis im Dienst eines öffentlich-rechtlichen Dienstherrn ohne von der Beamtin oder dem Beamten zu vertretende Unterbrechung tätig gewesen ist, sofern diese Tätigkeit zu der Ernennung geführt hat:

1. Zeiten einer hauptberuflichen, in der Regel einer Beamtin oder einem Beamten obliegenden oder später einer Beamtin oder einem Beamten übertragenen entgeltlichen Beschäftigung, sofern bei Beginn der Tätigkeit die Laufbahnbefähigung vorgelegen hat, oder
2. Zeiten einer für die Laufbahn der Beamtin oder des Beamten förderlichen Tätigkeit.

Der Tätigkeit im Dienst eines öffentlich-rechtlichen Dienstherrn steht die Tätigkeit im Dienst von Einrichtungen gleich, die von mehreren der in Satz 1 bezeichneten Dienstherren durch Staatsvertrag oder Verwaltungsabkommen zur Erfüllung oder Koordinierung ihnen obliegender hoheitsrechtlicher Aufgaben geschaffen worden sind.

§ 10 Sonstige Zeiten

Die Zeit, während der eine Beamtin oder ein Beamter

1. a) hauptberuflich im Dienst öffentlich-rechtlicher Religionsgesellschaften oder ihrer Verbände (Artikel 140 des Grundgesetzes) oder im öffentlichen oder nichtöffentlichen Schuldienst nach Erwerb der Lehrbefähigung,
   b) hauptberuflich im Dienst der Fraktionen des Bundestages oder der Landtage oder kommunaler Vertretungskörperschaften oder
   c) hauptberuflich im Dienst von kommunalen Spitzenverbänden oder ihren Landesverbänden sowie von Spitzenverbänden der Sozialversicherung oder ihren Landesverbänden

   tätig gewesen ist,
2. hauptberuflich im ausländischen öffentlichen Dienst gestanden hat oder
3. a) auf wissenschaftlichem, künstlerischem, technischem oder wirtschaftlichem Gebiet besondere Fachkenntnisse erworben hat, die die notwendige Voraussetzung für die Wahrnehmung ihres oder seines Amtes bilden, oder
   b) als Entwicklungshelferin oder Entwicklungshelfer im Sinne des Entwicklungshelfer-Gesetzes vom 18. Juni 1969 (BGBl. I S. 549) in der jeweils geltenden Fassung tätig gewesen ist, kann als ruhegehaltfähige Dienstzeit berücksichtigt werden.

In den Fällen der Nummer 1 gilt dies nur, wenn ein innerer Zusammenhang zwischen dieser Tätigkeit und dem ersten im Beamtenverhältnis übertragenen Amt bestanden hat. Die Zeit nach Satz 1 Nummer 3 kann jedoch höchstens bis zur Hälfte und nicht über zehn Jahre hinaus berücksichtigt werden.

§ 11 Ausbildungszeiten

(1) Die Mindestzeit

1. der außer der allgemeinen Schulbildung vorgeschriebenen Ausbildung (Fachschul-, Hochschul- und praktische Ausbildung, Vorbereitungsdienst, übliche Prüfungszeit) oder
2. einer praktischen hauptberuflichen Tätigkeit, die für die Übernahme in das Beamtenverhältnis vorgeschrieben war,

kann als ruhegehaltfähige Dienstzeit berücksichtigt werden. Die Zeit einer Fachschulausbildung einschließlich der Prüfungszeit kann dabei bis zu 1095 Tagen und die Zeit einer Hochschulausbildung einschließlich der Prüfungszeit bis zu 855 Tagen, insgesamt höchstens bis zu 1095 Tagen, anerkannt werden. Wurde die allgemeine Schulbildung durch eine andere Art der Ausbildung ersetzt, so steht diese der Schulbildung gleich.

(2) Für die Beamtinnen und Beamten des Vollzugsdienstes und des Einsatzdienstes der Feuerwehr können Zeiten einer praktischen Ausbildung und einer praktischen hauptberuflichen Tätigkeit anstelle einer Berücksich-

IV

tigung nach Absatz 1 bis zu einer Gesamtzeit von fünf Jahren als ruhegehaltfähige Dienstzeit berücksichtigt werden, wenn sie für die Wahrnehmung des Amtes förderlich gewesen sind. Absatz 1 Satz 3 gilt entsprechend.

(3) Bei anderen als Laufbahnbewerberinnen und -bewerbern können Zeiten nach Absatz 1 als ruhegehaltfähig berücksichtigt werden, wenn und soweit sie für Laufbahnbewerberinnen und -bewerber vorgeschrieben sind. Ist eine Laufbahn der Fachrichtung der Beamtin oder des Beamten bei einem Dienstherrn noch nicht gestaltet, so gilt das gleiche für solche Zeiten, die bei Gestaltung der Laufbahn mindestens vorgeschrieben werden müssen.

IV

§ 12 Zeiten in dem in Artikel 3 des Einigungsvertrages genannten Gebiet

(1) Wehrdienstzeiten und vergleichbare Zeiten nach § 8, Beschäftigungszeiten nach § 9 und sonstige Zeiten nach den §§ 10, 81 Absatz 8 und § 82 Absatz 2, die die Beamtin oder der Beamte vor dem 3. Oktober 1990 in dem in Artikel 3 des Einigungsvertrages genannten Gebiet zurückgelegt hat, werden nicht als ruhegehaltfähige Dienstzeit berücksichtigt, sofern die allgemeine Wartezeit für die gesetzliche Rentenversicherung erfüllt ist und diese Zeiten als rentenrechtliche Zeiten berücksichtigungsfähig sind. Ausbildungszeiten nach den §§ 11 und 81 Absatz 8 sind nicht ruhegehaltfähig, soweit die allgemeine Wartezeit für die gesetzliche Rentenversicherung erfüllt ist.

(2) Sofern die allgemeine Wartezeit für die gesetzliche Rentenversicherung nicht erfüllt ist, können die in Absatz 1 genannten Zeiten im Rahmen der dort genannten Vorschriften insgesamt höchstens bis zu fünf Jahren als ruhegehaltfähig berücksichtigt werden.

§ 13 Allgemeine Bestimmungen zur Berücksichtigung ruhegehaltfähiger Dienstzeiten

(1) Zeiten einer Teilzeitbeschäftigung und einer eingeschränkten Verwendung wegen begrenzter Dienstfähigkeit sind nur zu dem Teil ruhegehaltfähig, der dem Verhältnis der ermäßigten zur regelmäßigen Arbeitszeit entspricht. Zeiten der eingeschränkten Verwendung einer Beamtin oder eines Beamten wegen begrenzter Dienstfähigkeit nach § 27 des Beamtenstatusgesetzes sind mindestens im Umfang der Zurechnungszeit nach § 15 Absatz 1 Satz 1 ruhegehaltfähig. Zeiten einer Altersteilzeit nach § 66 des Landesbeamtengesetzes vom 14. Juni 2016 (GV. NRW. S. 310) in der jeweils geltenden Fassung sind zu acht Zehnteln der Arbeitszeit ruhegehaltfähig, die der Bemessung der ermäßigten Arbeitszeit während der Altersteilzeit zugrunde gelegt worden ist.

(2) Zeiten im Sinne der §§ 8 bis 12 werden nur berücksichtigt, wenn sie vor der Berufung in das Beamtenverhältnis zurückgelegt wurden.

(3) Hauptberuflich ist eine Tätigkeit, wenn sie gegen Entgelt erbracht wird, den Schwerpunkt der beruflichen Tätigkeit darstellt, dem durch Ausbildung und Berufswahl geprägten Berufsbild entspricht und deren Beschäftigungsumfang im gleichen Zeitraum im Beamtenverhältnis zulässig gewesen wäre.

(4) Zeiten nach den §§ 10, 11, § 81 Absatz 8, § 82 Absatz 2 und § 87 Absatz 1 Nummer 4 dürfen nur insoweit berücksichtigt werden, als die Versorgungsbezüge nach diesem Gesetz zusammen mit aus den in diesen Vorschriften genannten Tätigkeiten erworbenen Versorgungsansprüchen oder Rentenansprüchen, soweit es sich nicht um Renten im Sinne des § 68 handelt, die Höchstgrenze nach § 68 Absatz 2 nicht übersteigen. Bei dieser Berechnung sind Renten im Sinne von § 68 einzubeziehen.

§ 14 Ausschlusszeiten

Zeiten, die nach § 30 Absatz 4 des Landesbesoldungsgesetzes nicht berücksichtigt werden, sind nicht ruhegehaltfähig.

§ 15 Zurechnungszeit und Zeit gesundheitsschädigender Verwendung

(1) Ist die Beamtin oder der Beamte vor Vollendung des 60. Lebensjahres wegen Dienstunfähigkeit in den Ruhestand versetzt worden, wird die Zeit von der Versetzung in den Ruhestand bis zum Ablauf des Monats der

Vollendung des 60. Lebensjahres für die Berechnung des Ruhegehalts der ruhegehaltfähigen Dienstzeit zu zwei Dritteln hinzugerechnet, soweit sie nicht nach anderen Vorschriften als ruhegehaltfähig berücksichtigt wird (Zurechnungszeit). Ist die Beamtin oder der Beamte nach § 29 des Beamtenstatusgesetzes erneut in das Beamtenverhältnis berufen worden, so wird eine der Berechnung des früheren Ruhegehalts zugrunde gelegene Zurechnungszeit insoweit berücksichtigt, als die Zahl der dem neuen Ruhegehalt zugrunde liegenden Dienstjahre hinter der Zahl der dem früheren Ruhegehalt zugrunde gelegenen Dienstjahre zurückbleibt.

(2) Die Zeit der Verwendung einer Beamtin oder eines Beamten in Ländern, in denen sie oder er gesundheitsschädigenden klimatischen Einflüssen ausgesetzt war, kann bis zum Doppelten als ruhegehaltfähige Dienstzeit berücksichtigt werden, wenn sie ununterbrochen mindestens ein Jahr gedauert hat. Entsprechendes gilt für Beurlaubungen, wenn die Tätigkeit in den in Satz 1 genannten Gebieten öffentlichen Belangen oder dienstlichen Interessen diente und dies spätestens bei Beendigung des Urlaubs anerkannt worden ist. Zeiten einer besonderen Verwendung im Ausland nach § 37 Absatz 1 können bis zum Doppelten als ruhegehaltfähige Dienstzeit berücksichtigt werden, wenn sie einzeln ununterbrochen mindestens 30 Tage und insgesamt mindestens 180 Tage gedauert haben.

(3) Sind sowohl die Voraussetzungen des Absatzes 1 als auch die des Absatzes 2 erfüllt, findet nur die günstigere Vorschrift Anwendung.

§ 16 Höhe des Ruhegehalts

(1) Das Ruhegehalt beträgt für jedes Jahr ruhegehaltfähiger Dienstzeit 1,79375 Prozent der ruhegehaltfähigen Dienstbezüge (§ 5), insgesamt jedoch höchstens 71,75 Prozent. Der Ruhegehaltssatz ist auf zwei Dezimalstellen auszurechnen. Dabei ist die zweite Dezimalstelle um eins zu erhöhen, wenn in der dritten Stelle eine der Ziffern fünf bis neun verbleiben würde. Zur Ermittlung der gesamten ruhegehaltfähigen Dienstjahre sind etwa anfallende Tage unter Benutzung des Nenners 365 umzurechnen; die Sätze 2 und 3 gelten entsprechend.

(2) Das Ruhegehalt vermindert sich um 3,6 Prozent für jedes Jahr, um das die Beamtin oder der Beamte

1. vor Ablauf des Monats, in dem sie oder er das 63. Lebensjahr vollendet, nach § 33 Absatz 3 Satz 1 Nummer 2 des Landesbeamtengesetzes in den Ruhestand versetzt wird,
2. vor Ablauf des Monats, in dem sie oder er die für sie oder ihn geltende gesetzliche Altersgrenze erreicht, nach § 33 Absatz 3 Satz 1 Nummer 1, § 114 Absatz 3 oder § 117 Absatz 2 des Landesbeamtengesetzes in den Ruhestand versetzt wird oder
3. vor Ablauf des Monats, in dem sie oder er das 65. Lebensjahr vollendet, wegen Dienstunfähigkeit, die nicht auf einem Dienstunfall beruht, in den Ruhestand versetzt wird.

Die Minderung des Ruhegehalts darf 10,8 Prozent in den Fällen der Nummern 1 und 3 und 14,4 Prozent in den Fällen der Nummer 2 nicht übersteigen. Absatz 1 Satz 2 bis 4 gilt entsprechend. Gilt für die Beamtin oder den Beamten eine vor der Vollendung des 63. Lebensjahres liegende Altersgrenze, tritt sie in den Fällen des Satzes 1 Nummer 1 an die Stelle des 63. Lebensjahres. Gilt für die Beamtin oder den Beamten eine vor Vollendung des 65. Lebensjahres liegende Altersgrenze, tritt sie in den Fällen des Satzes 1 Nummer 3 an die Stelle des 65. Lebensjahres. Gilt für die Beamtin oder den Beamten eine nach Vollendung des 67. Lebensjahres liegende Altersgrenze, wird in den Fällen des Satzes 1 Nummer 2 nur die Zeit bis zum Ablauf des Monats berücksichtigt, in dem die Beamtin oder der Beamte das 67. Lebensjahr vollendet. In den Fällen des Satzes 1 Nummer 2 ist das Ruhegehalt nicht zu vermindern, wenn die Beamtin oder der Beamte zum Zeitpunkt der Versetzung in den Ruhestand das 65. Lebensjahr vollendet und mindestens 45 Jahre mit ruhegehaltfähigen Dienstzeiten nach §§ 6, 8 und 9 und nach § 17 Absatz 2 Satz 1 berücksichtigungsfähigen Pflichtbei-

IV

tragszeiten, soweit sie nicht im Zusammenhang mit Arbeitslosigkeit stehen, und Zeiten einer der Beamtin oder dem Beamten zuzuordnenden Erziehung eines Kindes bis zu dessen vollendetem zehnten Lebensjahr sowie Zeiten nach § 61 zurückgelegt hat. In den Fällen des Satzes 1 Nummer 3 ist das Ruhegehalt nicht zu vermindern, wenn die Beamtin oder der Beamte zum Zeitpunkt der Versetzung in den Ruhestand das 63. Lebensjahr vollendet und mindestens 40 Jahre mit in Satz 7 genannten Zeiten zurückgelegt hat. In den Fällen des Satzes 1 Nummer 3 ist das Ruhegehalt nicht zu vermindern, wenn die Beamtin oder der Beamte zum Zeitpunkt der Versetzung in den Ruhestand schwerbehindert im Sinne von § 2 Absatz 2 des Neunten Buches Sozialgesetzbuch vom 23. Dezember 2016 (BGBl. I S. 3234) in der jeweils geltenden Fassung ist und das 63. Lebensjahr vollendet hat. § 13 Absatz 1 findet keine Anwendung. Soweit sich bei der Berechnung nach den Sätzen 7 und 8 Zeiten überschneiden, sind diese nur einmal zu berücksichtigen.

(3) Das Ruhegehalt beträgt mindestens 35 Prozent der ruhegehaltfähigen Dienstbezüge (§ 5). An die Stelle des Ruhegehalts nach Satz 1 treten, wenn dies günstiger ist, 61,6 Prozent der jeweils ruhegehaltfähigen Dienstbezüge aus der Endstufe der Besoldungsgruppe A 5.

(4) Übersteigt beim Zusammentreffen von Mindestversorgung nach Absatz 3 mit einer Rente die nach Anwendung des § 68 verbleibende Versorgung das nach den Absätzen 1 und 2 erdiente Ruhegehalt, so ruht die Versorgung bis zur Höhe des Unterschieds zwischen dem erdienten Ruhegehalt und der Mindestversorgung. In den von § 88 erfassten Fällen gilt das nach dieser Vorschrift maßgebliche Ruhegehalt als erdient. Der Unterschiedsbetrag nach § 58 Absatz 1 und ein Betrag in Höhe von 30,68 Euro bleiben bei der Berechnung außer Betracht. Die Summe aus Versorgung und Rente darf nicht hinter dem Betrag der Mindestversorgung zuzüglich des Unterschiedsbetrages nach § 58 Absatz 1 zurück bleiben. Zahlbar bleibt mindestens das erdiente Ruhegehalt zuzüglich des Unterschiedsbetrages nach § 58 Absatz 1. Die Sätze 1 bis 5 gelten entsprechend für Witwen, Witwer und Waisen.

(5) Bei einer oder einem in den einstweiligen Ruhestand versetzten Beamtin oder Beamten beträgt das Ruhegehalt für die Dauer der Zeit, welche die Beamtin oder der Beamte das Amt, aus dem sie oder er in den einstweiligen Ruhestand versetzt worden ist, innehatte, mindestens für die Dauer von sechs Monaten, längstens für die Dauer von drei Jahren, 71,75 Prozent der ruhegehaltfähigen Dienstbezüge aus der Endstufe der Besoldungsgruppe, in der sich die Beamtin oder der Beamte zur Zeit ihrer oder seiner Versetzung in den einstweiligen Ruhestand befunden hat. Das erhöhte Ruhegehalt darf die Dienstbezüge, die der Beamtin oder dem Beamten in diesem Zeitpunkt zustanden, nicht übersteigen. Das nach sonstigen Vorschriften ermittelte Ruhegehalt darf nicht unterschritten werden.

§ 17 Vorübergehende Erhöhung des Ruhegehaltssatzes

(1) Der nach § 16 Absatz 1, § 42 Absatz 3 Satz 1, § 81 Absatz 2 und § 88 Absatz 3 berechnete Ruhegehaltssatz erhöht sich vorübergehend, wenn die Beamtin oder der Beamte vor Erreichen der Regelaltersgrenze nach § 31 Absatz 1 und 2 des Landesbeamtengesetzes in den Ruhestand getreten oder versetzt worden ist und sie oder er

1. bis zum Beginn des Ruhestandes die Wartezeit von 60 Kalendermonaten für eine Rente der gesetzlichen Rentenversicherung erfüllt hat,
2. a) wegen Dienstunfähigkeit im Sinne des § 26 Absatz 1 des Beamtenstatusgesetzes in den Ruhestand versetzt worden ist oder
   b) wegen Erreichens einer besonderen Altersgrenze in den Ruhestand getreten ist und
3. einen Ruhegehaltssatz von 66,97 Prozent noch nicht erreicht hat.

(2) Die Erhöhung des Ruhegehaltssatzes beträgt 0,95667 Prozent der ruhegehaltfähigen Dienstbezüge für je zwölf Kalendermonate der für die Erfüllung der Wartezeit (Absatz 1 Nummer 1) anrechnungsfähigen Pflichtbei-

tragszeiten, soweit sie nicht von § 62 Absatz 1 erfasst werden und nicht als ruhegehaltfähig berücksichtigt sind; § 13 Absatz 2 gilt entsprechend. Der hiernach berechnete Ruhegehaltssatz darf 66,97 Prozent nicht überschreiten. In den Fällen des § 16 Absatz 2 ist das Ruhegehalt, das sich nach Anwendung der Sätze 1 und 2 ergibt, entsprechend zu vermindern. Für die Berechnung nach Satz 1 sind verbleibende Kalendermonate unter Benutzung des Nenners zwölf umzurechnen. § 16 Absatz 1 Satz 2 und 3 gilt entsprechend.

(3) Die Erhöhung fällt spätestens mit Ablauf des Monats weg, in dem die Ruhestandsbeamtin oder der Ruhestandsbeamte die Regelaltersgrenze nach § 31 Absatz 1 und 2 des Landesbeamtengesetzes erreicht. Die Erhöhung endet vorher, wenn die Ruhestandsbeamtin oder der Ruhestandsbeamte

1. aus den anrechnungsfähigen Pflichtbeitragszeiten eine Versichertenrente der gesetzlichen Rentenversicherung bezieht, mit Ablauf des Tages vor dem Beginn der Rente,
2. in den Fällen des Absatzes 1 Nummer 2 Buchstabe a nicht mehr dienstunfähig ist, mit Ablauf des Monats, in dem ihr oder ihm der Wegfall der Erhöhung mitgeteilt wird.

§ 54 Absatz 5 gilt sinngemäß.

(4) Die Erhöhung des Ruhegehaltssatzes wird auf Antrag vorgenommen. Anträge, die innerhalb von drei Monaten nach Eintritt oder Versetzung der Beamtin oder des Beamten in den Ruhestand gestellt werden, gelten als zum Zeitpunkt des Ruhestandsbeginns gestellt. Wird der Antrag zu einem späteren Zeitpunkt gestellt, so tritt die Erhöhung vom Beginn des Antragsmonats an ein.

§ 18 Unterhaltsbeitrag für entlassene Beamtinnen und Beamte auf Lebenszeit und auf Probe

Beamtinnen und Beamten auf Lebenszeit oder auf Probe, die wegen Erreichens der Altersgrenze oder wegen Dienstunfähigkeit entlassen wurden (§ 22 Absatz 1 Nummer 2, § 23 Absatz 1 Nummer 2 und 3 des Beamtenstatusgesetzes), kann ein Unterhaltsbeitrag bis zur Höhe des Ruhegehaltes bewilligt werden.

§ 19 Beamtinnen und Beamte auf Probe in leitender Funktion

§ 18 findet auf Beamtenverhältnisse auf Probe nach § 4 Absatz 3 Buchstabe b des Beamtenstatusgesetzes in Verbindung mit § 21 des Landesbeamtengesetzes keine Anwendung. Aus diesem Beamtenverhältnis ergibt sich kein selbständiger Anspruch auf Versorgung. Die Unfallfürsorge bleibt davon unberührt.

Abschnitt 3 Hinterbliebenenversorgung und Bezüge bei Verschollenheit

§ 20 Allgemeines

Die Hinterbliebenenversorgung umfasst

1. Bezüge für den Sterbemonat (§ 21),
2. Sterbegeld (§ 22),
3. Witwen- und Witwergeld (§§ 23, 24),
4. Witwen- und Witwerabfindung (§ 25),
5. Waisengeld (§§ 28, 29) und
6. Unterhaltsbeiträge (§§ 26, 27, 31).

§ 21 Bezüge für den Sterbemonat

(1) Die Bezüge einschließlich Aufwandsentschädigungen für den Sterbemonat werden nicht zurückgefordert.

(2) Noch nicht gezahlte Teile der Bezüge für den Sterbemonat können statt an die Erben an die Ehegattin oder den Ehegatten und an die Abkömmlinge gezahlt werden.

§ 22 Sterbegeld

(1) Verstirbt eine Beamtin oder ein Beamter, eine Ruhestandsbeamtin oder ein Ruhestandsbeamter wird Sterbegeld gezahlt. Dies gilt auch beim Tod einer entlassenen Beamtin oder eines entlassenen Beamten, wenn im Sterbemonat ein Anspruch auf Unterhaltsbeitrag bestanden hat. Anspruch auf Sterbegeld haben in folgender Rangfolge

1. die Ehegattin oder der Ehegatte,
2. die Abkömmlinge des oder der Verstorbenen und
3. auf Antrag
   a) die Verwandten der aufsteigenden Linie,

IV

b) Geschwister,
c) Geschwisterkinder oder
d) Stiefkinder.

Die in Nummer 3 genannten Personen müssen zur Zeit des Todes mit der oder dem Verstorbenen in häuslicher Gemeinschaft gelebt haben oder die oder der Verstorbene muss ganz oder überwiegend für deren Lebensunterhalt aufgekommen sein. Bei Vorliegen eines wichtigen Grundes kann von dieser Rangfolge abgewichen oder das Sterbegeld aufgeteilt werden.

(2) Das Sterbegeld beträgt das Zweifache der Dienst-, Anwärter- oder Versorgungsbezüge für den Sterbemonat ausschließlich der Zuschläge für Personen nach § 73 des Landesbesoldungsgesetzes und der Vergütungen. § 5 Absatz 1 Satz 2 gilt entsprechend. Sterbegeld aus anderen Beschäftigungsverhältnissen kann angerechnet werden.

(3) Sind Anspruchsberechtigte nach Absatz 1 Satz 3 nicht vorhanden, ist sonstigen Personen, welche die Kosten der Bestattung getragen haben, auf Antrag Kostensterbegeld zu gewähren. Es wird bis zur Höhe ihrer Aufwendungen, höchstens jedoch in Höhe des Sterbegeldes nach Absatz 2 gewährt.

(4) Stirbt eine Empfängerin von Witwengeld oder ein Empfänger von Witwergeld, so erhalten die Kinder der in Absatz 1 Satz 1 genannten Personen Sterbegeld, wenn sie berechtigt sind, Waisengeld oder einen Unterhaltsbeitrag zu beziehen und zur Zeit des Todes zur häuslichen Gemeinschaft des oder der Verstorbenen gehört haben. Das Sterbegeld beträgt das Zweifache des Witwengeldes oder des Witwergeldes. Dies gilt entsprechend, wenn an Stelle des Witwengeldes oder des Witwergeldes ein Unterhaltsbeitrag bezogen wurde. Absatz 2 Satz 3 gilt entsprechend.

§ 23 Witwengeld und Witwergeld

(1) Witwengeld erhält die Witwe eines Beamten auf Lebenszeit oder eines Ruhestandsbeamten. Witwergeld erhält der Witwer einer Beamtin auf Lebenszeit oder einer Ruhestandsbeamtin. Dies gilt nicht, wenn

1. die Beamtin oder der Beamte die Voraussetzungen des § 4 Absatz 1 nicht erfüllt hat,
2. die Ehe mit der oder dem Verstorbenen nicht mindestens ein Jahr bestanden hat, es sei denn, dass nach den besonderen Umständen des Falls die Annahme nicht gerechtfertigt ist, dass es der alleinige oder überwiegende Zweck der Heirat war, der Witwe oder dem Witwer eine Versorgung zu verschaffen, oder
3. sich die Beamtin oder der Beamte zum Zeitpunkt der Eheschließung bereits im Ruhestand befand und die Regelaltersgrenze nach § 31 Absatz 1 oder 2 des Landesbeamtengesetzes bereits erreicht hatte.

(2) Absatz 1 gilt auch für die Witwe eines Beamten oder den Witwer einer Beamtin auf Probe, der oder die an den Folgen einer Dienstbeschädigung (§ 28 Absatz 1 des Beamtenstatusgesetzes) verstorben ist oder dem die Entscheidung nach § 28 Absatz 2 des Beamtenstatusgesetzes zugestellt war.

§ 24 Höhe des Witwengeldes und des Witwergeldes

(1) Das Witwengeld oder Witwergeld beträgt 55 Prozent des Versorgungsbezugs (Ruhegehalt zuzüglich der Zuschläge nach §§ 59 und 61), den die oder der Verstorbene erhalten hat oder hätte erhalten können, wenn er am Todestag wegen Dienstunfähigkeit in den Ruhestand versetzt worden wäre. Es beträgt nach Anwendung des § 60 mindestens 60,65 Prozent des Ruhegehaltes nach § 16 Absatz 3 Satz 2. § 16 Absatz 5 sowie die §§ 17 und 62 sind nicht anzuwenden. Änderungen des Mindestruhegehaltes (§ 16 Absatz 3) sind zu berücksichtigen. An die Stelle von 55 Prozent nach Satz 1 treten 60 Prozent, wenn die Ehe vor dem 1. Januar 2002 geschlossen wurde und mindestens eine Ehegattin oder ein Ehegatte vor dem 2. Januar 1962 geboren ist; in diesen Fällen ist § 60 nicht anzuwenden.

(2) War die Witwe oder der Witwer mehr als 20 Jahre jünger als die oder der Verstorbene und ist aus der Ehe kein Kind hervorgegangen, so wird das Witwengeld oder Witwergeld (Absatz 1) für jedes angefangene Jahr des Altersunterschiedes über 20 Jahre um

5 Prozent gekürzt, jedoch höchstens um 50 Prozent. Nach fünfjähriger Dauer der Ehe werden für jedes angefangene Jahr ihrer weiteren Dauer dem gekürzten Betrag 5 Prozent des Witwengeldes oder Witwergeldes hinzugesetzt, bis der volle Betrag wieder erreicht ist. Das nach Satz 1 errechnete Witwengeld oder Witwergeld darf nicht hinter dem Mindestwitwengeld oder Mindestwitwergeld (Absatz 1 in Verbindung mit § 16 Absatz 3) zurück bleiben.

(3) Von dem nach Absatz 2 gekürzten Witwengeld oder Witwergeld ist auch bei der Anwendung des § 30 auszugehen.

§ 25 Witwenabfindung, Witwerabfindung

(1) Witwen oder Witwer mit Anspruch auf Witwen- oder Witwergeld oder Unterhaltsbeitrag erhalten im Fall einer Wiederverheiratung eine Abfindung.

(2) Die Abfindung beträgt das 24fache des für den Monat, in dem die Wiederverheiratung erfolgt ist, nach Anwendung der Anrechnungs-, Kürzungs- und Ruhensvorschriften zu zahlenden Betrages des Versorgungsbezuges. Eine Kürzung nach § 30 und die Anwendung der §§ 66 und 67 Absatz 1 Nummer 3 bleiben außer Betracht. Die Abfindung ist in einer Summe zu zahlen.

(3) Lebt der Anspruch auf Witwengeld, Witwergeld oder Unterhaltsbeitrag nach § 33 Absatz 5 wieder auf, so ist die Abfindung in angemessenen monatlichen Teilbeträgen von dem zu zahlenden Betrag des Versorgungsbezuges einzubehalten, soweit sie für einen nach dem Wiederaufleben liegenden Zeitraum berechnet ist.

§ 26 Unterhaltsbeitrag für nicht witwengeldberechtigte Witwen und nicht witwergeldberechtigte Witwer

(1) In den Fällen des § 23 Absatz 1 Satz 3 Nummer 3 ist ein Unterhaltsbeitrag in Höhe des Witwengeldes oder Witwergeldes zu gewähren, sofern die besonderen Umstände des Falls keine volle oder teilweise Versagung nach Maßgabe des Absatzes 2 rechtfertigen. Erwerbseinkommen und Erwerbsersatzeinkommen sind in angemessenem Umfang anzurechnen. Wird ein Erwerbsersatzeinkommen nicht beantragt oder wird auf ein Erwerbs- oder Erwerbsersatzeinkommen verzichtet oder wird an deren Stelle eine Kapitalleistung, Abfindung oder Beitragserstattung gezahlt, ist der Betrag zu berücksichtigen, der ansonsten zu zahlen wäre.

(2) Ein Unterhaltsbeitrag ist vollständig zu versagen, wenn

1. die Ehe zwar ein Jahr oder länger bestanden hat, nach den gegebenen Umständen aber anzunehmen ist, dass die Eheschließung in erster Linie dem Zweck diente, der Witwe oder dem Witwer eine Versorgung zu verschaffen, sofern nicht besondere Billigkeitsgründe vorliegen, oder
2. der Witwe oder dem Witwer im Hinblick auf ihr oder sein Lebensalter zugemutet werden kann, den Lebensunterhalt selbst zu bestreiten.

Eine teilweise Versagung kommt insbesondere in Betracht, wenn

1. die Ruhestandsbeamtin oder der Ruhestandsbeamte im Zeitpunkt der Eheschließung bereits das 80. Lebensjahr vollendet hatte oder
2. die Ehe weniger als fünf Jahre bestanden hat.

§ 27 Unterhaltsbeitrag für frühere Ehefrauen und frühere Ehemänner

(1) Der geschiedenen Ehefrau eines verstorbenen Beamten oder Ruhestandsbeamten oder dem geschiedenen Ehemann einer verstorbenen Beamtin oder Ruhestandsbeamtin, die oder der im Fall des Fortbestehens der Ehe Witwengeld oder Witwergeld erhalten hätte, ist auf Antrag ein Unterhaltsbeitrag insoweit zu gewähren, als sie oder er im Zeitpunkt des Todes des Beamten, der Beamtin, des Ruhestandsbeamten oder der Ruhestandsbeamtin gegen diesen oder diese einen Anspruch auf schuldrechtlichen Versorgungsausgleich nach § 1587f Nummer 2 des Bürgerlichen Gesetzbuches in der bis zum 31. August 2009 geltenden Fassung wegen einer Anwartschaft oder eines Anspruchs nach § 1587a Absatz 2 Nummer 1 des Bürgerlichen Gesetzbuches in

IV

der bis zum 31. August 2009 geltenden Fassung hatte. Der Unterhaltsbeitrag wird jedoch nur gewährt,

1. solange die geschiedene Ehefrau oder der geschiedene Ehemann erwerbsgemindert im Sinne des Sechsten Buches Sozialgesetzbuch – Gesetzliche Rentenversicherung – in der Fassung der Bekanntmachung vom 19. Februar 2002 (BGBl. I S. 754, 1404, 3384) in der jeweils geltenden Fassung ist oder mindestens ein waisengeldberechtigtes Kind erzieht oder die Sorge für ein waisengeldberechtigtes Kind mit körperlichen oder geistigen Gebrechen hat oder
2. wenn sie oder er das 60. Lebensjahr vollendet hat.

Der nach Satz 1 festgestellte Betrag ist in einem Prozentsatz des Witwengeldes oder Witwergeldes festzusetzen; der Unterhaltsbeitrag darf fünf Sechstel des entsprechend § 72 gekürzten Witwengeldes oder Witwergeldes nicht übersteigen. § 25 gilt entsprechend.

(2) Absatz 1 gilt entsprechend für die frühere Ehefrau eines verstorbenen Beamten oder Ruhestandsbeamten und für den früheren Ehemann einer verstorbenen Beamtin oder Ruhestandsbeamtin, deren oder dessen Ehe mit dem Verstorbenen oder der Verstorbenen aufgehoben oder für nichtig erklärt war.

(3) Wenn das Scheidungsverfahren bis zum 31. Juli 1989 rechtshängig geworden ist oder die Parteien bis zu diesem Zeitpunkt eine Vereinbarung nach § 1587o des Bürgerlichen Gesetzbuches in der bis zum 31. Juli 1989 jeweils geltenden Fassung getroffen haben, ist ein Unterhaltsbeitrag nach Absatz 1 auch insoweit zu gewähren, als ein Anspruch auf schuldrechtlichen Versorgungsausgleich besteht, weil

1. die Begründung von Rentenanwartschaften in einer gesetzlichen Rentenversicherung mit Rücksicht auf die Vorschrift des § 1587b Absatz 3 Satz 1 Halbsatz 2 des Bürgerlichen Gesetzbuches in der bis zum 31. Juli 1989 jeweils geltenden Fassung nicht möglich war,
2. die ausgleichspflichtige Ehefrau oder der ausgleichspflichtige Ehemann die ihr oder ihm nach § 1587b Absatz 3 Satz 1 Halbsatz 1 des Bürgerlichen Gesetzbuches in der bis zum 31. Juli 1989 jeweils geltenden Fassung auferlegten Zahlungen zur Begründung von Rentenanwartschaften in einer gesetzlichen Rentenversicherung nicht erbracht hat,
3. in den Ausgleich Leistungen der betrieblichen Altersversorgung aufgrund solcher Anwartschaften oder Aussichten einzubeziehen sind, die im Zeitpunkt des Erlasses der Entscheidung noch nicht unverfallbar waren, oder
4. das Familiengericht nach § 1587b Absatz 4 des Bürgerlichen Gesetzbuches in der bis zum 31. Juli 1989 jeweils geltenden Fassung eine Regelung in der Form des schuldrechtlichen Versorgungsausgleichs getroffen hat oder die Eheleute nach § 1587o des Bürgerlichen Gesetzbuches in der bis zum 31. Juli 1989 jeweils geltenden Fassung den schuldrechtlichen Versorgungsausgleich vereinbart haben.

(4) Ist die Ehe vor dem 1. Juli 1977 geschieden, aufgehoben oder für nichtig erklärt worden, ist dem schuldlos oder aus überwiegendem Verschulden des anderen Ehepartners geschiedenen Ehepartner einer verstorbenen Beamtin oder Ruhestandsbeamtin oder eines verstorbenen Beamten oder Ruhestandsbeamten, die oder der im Fall des Fortbestehens der Ehe Witwen- oder Witwergeld erhalten hätte, ein Unterhaltsbeitrag bis zur Höhe des Witwen- oder Witwergeldes insoweit zu gewähren, als der oder die Verstorbene zu Lebzeiten noch Unterhalt zu leisten hatte. Auf den Unterhaltsbeitrag werden Renten aus den gesetzlichen Rentenversicherungen und nach dem Sozialgesetzbuch Vierzehntes Buch – Soziale Entschädigung – vom 12. Dezember 2019 (BGBl. I S. 2652) in der jeweils geltenden Fassung, die sich von der oder dem Verstorbenen herleiten, angerechnet; das gleiche gilt für sonstige Hinterbliebenenversicherungen, zu denen der Arbeitgeber Zuschüsse in Höhe von mindestens der Hälfte der Beiträge geleistet hat. Spätere Änderungen der Verhältnisse können berücksichtigt werden.

§ 28 Waisengeld

(1) Waisengeld erhalten die Kinder

1. einer verstorbenen Beamtin oder eines verstorbenen Beamten auf Lebenszeit,
2. einer verstorbenen Ruhestandsbeamtin oder eines verstorbenen Ruhestandsbeamten oder
3. einer verstorbenen Beamtin oder eines verstorbenen Beamten auf Probe, die oder der an den Folgen einer Dienstbeschädigung (§ 28 Absatz 1 des Beamtenstatusgesetzes) verstorben ist oder wenn ihr oder ihm die Entscheidung über die Versetzung in den Ruhestand wegen Dienstunfähigkeit (§ 28 Absatz 2 des Beamtenstatusgesetzes) zugestellt war,

wenn die Beamtin oder der Beamte die Voraussetzungen des § 4 Absatz 1 erfüllt hat.

(2) Kein Waisengeld erhalten die Kinder einer verstorbenen Ruhestandsbeamtin oder eines verstorbenen Ruhestandsbeamten, wenn das Kindschaftsverhältnis durch Annahme als Kind begründet wurde und die Ruhestandsbeamtin oder der Ruhestandsbeamte in diesem Zeitpunkt bereits im Ruhestand war und die Regelaltersgrenze nach § 31 Absatz 1 oder 2 des Landesbeamtengesetzes bereits erreicht hatte. Es kann ihnen jedoch ein Unterhaltsbeitrag bis zur Höhe des Waisengeldes bewilligt werden.

§ 29 Höhe des Waisengeldes

(1) Das Waisengeld beträgt für die Halbwaise 12 Prozent und für die Vollwaise 20 Prozent des Versorgungsbezugs (Ruhegehalt zuzüglich der Zuschläge nach §§ 59 und 61), den die oder der Verstorbene erhalten hat oder hätte erhalten können, wenn sie oder er am Todestag wegen Dienstunfähigkeit in den Ruhestand versetzt worden wäre. § 16 Absatz 5 sowie die §§ 17 und 62 sind nicht anzuwenden. Änderungen des Mindestruhegehalts (§ 16 Absatz 3) sind zu berücksichtigen.

(2) Wenn die Mutter des Kindes des Verstorbenen nicht zum Bezug von Witwengeld oder der Vater des Kindes der Verstorbenen nicht zum Bezug von Witwergeld berechtigt ist und auch keinen Unterhaltsbeitrag in Höhe des Witwen- oder Witwergeldes erhält, wird das Waisengeld nach dem Satz für Vollwaisen gezahlt. Es darf zuzüglich des Unterhaltsbeitrages den Betrag des Witwen- oder Witwergeldes und des Waisengeldes nach dem Satz für Halbwaisen nicht übersteigen.

(3) Ergeben sich für eine Waise Waisengeldansprüche aus Beamtenverhältnissen mehrerer Personen, wird nur das höchste Waisengeld gezahlt.

§ 30 Zusammentreffen von Witwen- oder Witwergeld, Waisengeld und Unterhaltsbeiträgen

(1) Witwen- oder Witwer- und Waisengeld dürfen weder einzeln noch zusammen den Betrag des ihrer Berechnung zugrunde zu legenden Ruhegehaltes übersteigen. Ergibt sich an Witwen- oder Witwer- und Waisengeld zusammen ein höherer Betrag, so werden die einzelnen Bezüge im gleichen Verhältnis gekürzt.

(2) Nach dem Ausscheiden einer witwen-, witwer- oder waisengeldberechtigten Person erhöht sich das Witwen-, Witwer- oder Waisengeld der verbleibenden Berechtigten vom Beginn des folgenden Monats an insoweit, als sie nach Absatz 1 noch nicht den vollen Betrag nach § 24 oder § 29 erhalten.

(3) Die Absätze 1 und 2 gelten entsprechend, wenn neben Witwen-, Witwer- oder Waisengeld ein Unterhaltsbeitrag nach § 27 gewährt wird.

(4) Unterhaltsbeiträge nach § 26 Absatz 1 gelten für die Anwendung der Absätze 1 bis 3 als Witwen- oder Witwergeld. Unterhaltsbeiträge nach § 28 Absatz 2 Satz 2 dürfen nur insoweit bewilligt werden, als sie allein oder zusammen mit gesetzlichen Hinterbliebenenbezügen die in Absatz 1 Satz 1 bezeichnete Höchstgrenze nicht übersteigen.

§ 31 Unterhaltsbeitrag für Hinterbliebene von Beamtinnen und Beamten auf Lebenszeit und auf Probe

(1) Der Witwe oder dem Witwer, der geschiedenen Ehefrau oder dem geschiedenen Ehemann (§ 27 Absatz 1 und 2) und den Kindern einer Beamtin oder eines Beamten, der

oder dem nach § 18 ein Unterhaltsbeitrag bewilligt worden ist oder hätte bewilligt werden können, kann die in den §§ 23, 24 und 26 bis 30 vorgesehene Versorgung bis zu der dort bezeichneten Höhe als Unterhaltsbeitrag bewilligt werden.

(2) § 25 gilt entsprechend.

§ 32 Beginn der Zahlungen

(1) Die Zahlung des Witwen-, Witwer- und Waisengeldes sowie eines Unterhaltsbeitrages nach § 26 Absatz 1 oder § 28 Absatz 2 Satz 2 beginnt mit dem Ablauf des Sterbemonats. Kinder, die nach diesem Zeitpunkt geboren werden, erhalten Waisengeld vom ersten Tag des Geburtsmonats an.

(2) Die Zahlung eines Unterhaltsbeitrages nach § 27 Absatz 1 bis 3 beginnt mit dem ersten Tag des Monats, in dem eine der in § 27 Absatz 1 Satz 2 genannten Voraussetzungen eintritt, frühestens jedoch mit Ablauf des Sterbemonats. Die Zahlung eines Unterhaltsbeitrages nach § 27 Absatz 4 beginnt mit Ablauf des Sterbemonats.

(3) Die Absätze 1 und 2 gelten entsprechend für die Zahlung eines Unterhaltsbeitrages nach § 31.

§ 33 Erlöschen der Hinterbliebenenversorgung

(1) Der Anspruch auf Hinterbliebenenversorgung erlischt

1. für jede Berechtigte und jeden Berechtigten mit dem Ende des Monats, in dem sie oder er stirbt,
2. für jede Witwe und jeden Witwer außerdem mit dem Ende des Monats, in dem sie oder er sich verheiratet,
3. für jede Waise außerdem mit dem Ende des Monats, in dem sie das 18. Lebensjahr vollendet.

(2) Das Waisengeld wird nach Vollendung des 18. Lebensjahres auf Antrag längstens bis zur Vollendung des 27. Lebensjahres gewährt, solange die Waise

1. sich in der Schul- oder Berufsausbildung oder in einer Übergangszeit von höchstens vier Monaten befindet,
2. ein freiwilliges soziales Jahr oder ein freiwilliges ökologisches Jahr oder einen ähnlichen Dienst leistet oder
3. wegen körperlicher, geistiger oder seelischer Behinderung außerstande ist, sich selbst zu unterhalten.

Im Fall des Satzes 1 Nr. 3 wird das Waisengeld ungeachtet der Höhe eines eigenen Einkommens dem Grunde nach gewährt. Soweit ein eigenes Einkommen der Waise das Zweifache des Mindestvollwaisengeldes (§ 16 Absatz 3 Satz 2 in Verbindung mit § 29 Absatz 1) übersteigt, wird es zur Hälfte auf das Waisengeld zuzüglich des Unterschiedsbetrages (§ 58 Absatz 1) angerechnet.

(3) In den Fällen des Absatzes 2 Satz 1 Nummer 1 wird eine Waise, die

1. den gesetzlichen Grundwehrdienst oder Zivildienst geleistet hat oder
2. sich anstelle des gesetzlichen Grundwehrdienstes freiwillig für die Dauer von nicht mehr als drei Jahren zum Wehrdienst verpflichtet hat oder
3. eine vom gesetzlichen Grundwehrdienst oder Zivildienst befreiende Tätigkeit als Entwicklungshelferin oder Entwicklungshelfer im Sinne des § 1 Absatz 1 des Entwicklungshelfer-Gesetzes ausgeübt hat,

für einen der Dauer dieser Dienste oder der Tätigkeit entsprechenden Zeitraum, höchstens für die reguläre Dauer des inländischen gesetzlichen Grundwehrdienstes oder bei anerkannten Kriegsdienstverweigerern für die Dauer des inländischen gesetzlichen Zivildienstes, über das 27. Lebensjahr hinaus berücksichtigt. Wird der gesetzliche Grundwehrdienst oder Zivildienst in einem Mitgliedstaat der Europäischen Union oder einem Staat, auf den das Abkommen über den Europäischen Wirtschaftsraum Anwendung findet, geleistet, so ist die Dauer dieses Dienstes maßgebend.

(4) Das Waisengeld nach Absatz 2 Satz 1 Nummer 3 wird über das 27. Lebensjahr hinaus nur gewährt, wenn

1. die Behinderung bei Vollendung des 27. Lebensjahres bestanden hat oder bis zu dem sich nach Absatz 3 ergebenden Zeitpunkt eingetreten ist, wenn sich die

Waise in verzögerter Schul- oder Berufsausbildung befunden hat, und

2. die Waise ledig oder verwitwet ist oder ihre Ehegattin, ihr Ehegatte, ihre frühere Ehegattin oder ihr früherer Ehegatte ihr keinen ausreichenden Unterhalt leisten kann oder dem Grunde nach nicht unterhaltspflichtig ist und sie nicht unterhält.

(5) Hat eine Witwe oder ein Witwer sich wieder verheiratet und wird die Ehe aufgelöst, lebt der Anspruch auf Witwengeld oder Witwergeld wieder auf. Ein von der Witwe oder dem Witwer infolge Auflösung der Ehe erworbener neuer Versorgungs-, Unterhalts- oder Rentenanspruch ist auf den wieder aufgelebten Versorgungsanspruch und den Unterschiedsbetrag nach § 58 Absatz 1 anzurechnen. Wird eine solche Leistung nicht beantragt oder wird auf sie verzichtet oder wird an ihrer Stelle eine Abfindung, Kapitalleistung oder Beitragserstattung gezahlt, ist der Betrag anzurechnen, der ansonsten zu zahlen wäre. Der Auflösung der Ehe steht die Nichtigerklärung gleich.

§ 34 Bezüge bei Verschollenheit

(1) Verschollene erhalten die ihnen zustehenden Bezüge bis zum Ablauf des Monats, in dem die oberste Dienstbehörde oder die von ihr bestimmte Stelle feststellt, dass ihr Ableben mit Wahrscheinlichkeit anzunehmen ist.

(2) Mit Beginn des Folgemonats erhalten die Personen, die im Fall des Todes der oder des Verschollenen Witwen-, Witwer- oder Waisengeld erhalten würden oder einen Unterhaltsbeitrag erhalten könnten, diese Bezüge. Die §§ 21 und 22 gelten nicht.

(3) Kehren Verschollene zurück, so lebt der Anspruch auf Bezüge wieder auf, soweit nicht besondere gesetzliche Gründe entgegenstehen. Nachzahlungen sind längstens für die Dauer eines Jahres zu leisten. Die nach Absatz 2 für den gleichen Zeitraum gewährten Bezüge sind anzurechnen.

(4) Ergibt sich, dass bei einer Beamtin oder einem Beamten die Voraussetzungen des § 11 des Landesbesoldungsgesetzes vorliegen, so können die nach Absatz 2 gezahlten Bezüge von ihr oder ihm zurückgefordert werden.

(5) Werden Verschollene für tot erklärt oder die Todeszeit gerichtlich festgestellt oder eine Sterbeurkunde über den Tod der oder des Verschollenen ausgestellt, so ist die Hinterbliebenenversorgung ab dem Ersten des auf die Rechtskraft der gerichtlichen Entscheidung oder die Ausstellung der Sterbeurkunde folgenden Monats unter Berücksichtigung des festgestellten Todeszeitpunktes neu festzusetzen.

Abschnitt 4
Unfallfürsorge

§ 35 Allgemeines

(1) Wird eine Beamtin oder ein Beamter durch einen Dienstunfall verletzt, so wird Unfallfürsorge gewährt. Unfallfürsorge wird auch dem Kind einer Beamtin gewährt, das durch deren Dienstunfall während der Schwangerschaft unmittelbar geschädigt wurde. Satz 2 gilt auch, wenn die Schädigung durch besondere Einwirkungen verursacht worden ist, die generell geeignet sind, bei der Mutter einen Dienstunfall im Sinne des § 36 Absatz 3 zu verursachen.

(2) Die Unfallfürsorge umfasst:

1. Erstattung von Sachschäden und besonderen Aufwendungen (§ 38),
2. Heilverfahren (§§ 39, 40),
3. Unfallausgleich (§ 41),
4. Unfallruhegehalt oder Unterhaltsbeitrag (§§ 42 bis 45),
5. Unfallhinterbliebenenversorgung (§§ 46 bis 50),
6. einmalige Unfallentschädigung (§ 51) und
7. Schadensausgleich in besonderen Fällen (§ 52).

Im Fall von Absatz 1 Satz 2 und 3 erhält das Kind der Beamtin Leistungen nach Nummer 2 und 3 sowie nach § 45.

(3) Im Übrigen gelten die allgemeinen Vorschriften.

§ 36 Dienstunfall

(1) Ein Dienstunfall ist ein auf äußerer Einwirkung beruhendes, plötzliches, örtlich und

IV

zeitlich bestimmbares, einen Körperschaden verursachendes Ereignis, das in Ausübung oder infolge des Dienstes eingetreten ist. Zum Dienst gehören auch

1. Dienstreisen, Dienstgänge und die dienstliche Tätigkeit am Bestimmungsort,
2. die Teilnahme an dienstlichen Veranstaltungen und
3. Nebentätigkeiten im öffentlichen Dienst oder in dem ihm gleichstehenden Dienst, zu deren Übernahme die Beamtin oder der Beamte gemäß § 48 des Landesbeamtengesetzes verpflichtet ist, oder Nebentätigkeiten, deren Wahrnehmung von ihr oder ihm im Zusammenhang mit den Dienstgeschäften erwartet wird, sofern die Beamtin oder der Beamte hierbei nicht in der gesetzlichen Unfallversicherung versichert ist (§ 2 des Siebten Buches Sozialgesetzbuch – Gesetzliche Unfallversicherung – vom 7. August 1996 (BGBl. I S. 1254) in der jeweils geltenden Fassung).

(2) Als Dienst gilt auch das Zurücklegen des mit dem Dienst zusammenhängenden Weges zur und von der Dienststelle; hat die Beamtin oder der Beamte wegen der Entfernung der ständigen Familienwohnung vom Dienstort an diesem oder in dessen Nähe eine Unterkunft, so gilt der Halbsatz 1 auch für den Weg von und zu der Familienwohnung. Der Zusammenhang mit dem Dienst gilt als nicht unterbrochen, wenn die Beamtin oder der Beamte von dem unmittelbaren Wege zwischen der Wohnung und der Dienststelle in vertretbarem Umfang abweicht, weil

1. ihr oder sein dem Grunde nach Kindergeld berechtigendes Kind, das mit ihr oder ihm in einem Haushalt lebt, wegen ihrer oder seiner beruflichen Tätigkeit oder der beruflichen Tätigkeit beider Eheleute fremder Obhut anvertraut wird oder
2. weil sie oder er mit anderen berufstätigen oder in der gesetzlichen Unfallversicherung versicherten Personen gemeinsam ein Fahrzeug für den Weg zur und von der Dienststelle benutzt.

Ein Unfall, den die oder der Verletzte bei Durchführung des Heilverfahrens (§ 39) oder auf einem hierzu notwendigen Wege erleidet, gilt als Folge eines Dienstunfalls.

(3) Erkrankt eine Beamtin oder ein Beamter, die oder der nach der Art ihrer oder seiner dienstlichen Verrichtung der Gefahr der Erkrankung an bestimmten Krankheiten besonders ausgesetzt ist, an einer solchen Krankheit, so gilt dies als Dienstunfall, es sei denn, dass die Beamtin oder der Beamte sich die Krankheit außerhalb des Dienstes zugezogen hat. Die Erkrankung an einer solchen Krankheit gilt jedoch stets als Dienstunfall, wenn sie durch gesundheitsschädigende Verhältnisse verursacht worden ist, denen die Beamtin oder der Beamte am Ort des dienstlich angeordneten Aufenthaltes im Ausland besonders ausgesetzt war. Die in Betracht kommenden Krankheiten ergeben sich aus der Berufskrankheiten-Verordnung vom 31. Oktober 1997 (BGBl. I S. 2623) in der jeweils geltenden Fassung.

(4) Dem durch Dienstunfall verursachten Körperschaden ist ein Körperschaden gleichzusetzen, den eine Beamtin oder ein Beamter außerhalb des Dienstes erleidet, wenn sie oder er im Hinblick auf pflichtgemäßes dienstliches Verhalten oder wegen ihrer oder seiner Eigenschaft als Beamtin oder Beamter angegriffen wird. Gleichzusetzen ist ferner ein Körperschaden, den eine Beamtin oder ein Beamter im Ausland erleidet, wenn sie oder er bei Kriegshandlungen, Aufruhr oder Unruhen, denen sie oder er am Ort ihres oder seines dienstlich angeordneten Aufenthaltes im Ausland besonders ausgesetzt war, angegriffen wird.

(5) Unfallfürsorge wie bei einem Dienstunfall kann auch gewährt werden, wenn eine Beamtin oder ein Beamter, die oder der zur Wahrnehmung einer Tätigkeit, die öffentlichen Belangen oder dienstlichen Interessen dient, beurlaubt worden ist und in Ausübung oder infolge dieser Tätigkeit einen Körperschaden erleidet.

§ 37 Einsatzunfall

(1) Unfallfürsorge wie bei einem Dienstunfall wird auch bei einem Einsatzunfall gewährt. Ein Einsatzunfall liegt vor, wenn eine Beamtin oder ein Beamter während einer besonderen

Auslandsverwendung auf Grund der mit dieser Verwendung verbundenen gesteigerten Gefährdungslage in Ausübung oder infolge des Dienstes bei einem Unfall oder einer Erkrankung im Sinne von § 36 eine gesundheitliche Schädigung erleidet. Eine besondere Auslandsverwendung ist eine Verwendung, die auf Grund eines Übereinkommens oder einer Vereinbarung mit einer über- oder zwischenstaatlichen Einrichtung oder mit einem auswärtigen Staat auf Beschluss der Bundesregierung im Ausland oder außerhalb des deutschen Hoheitsgebiets auf Schiffen oder in Luftfahrzeugen stattfindet, oder eine Verwendung im Ausland oder außerhalb des deutschen Hoheitsgebiets auf Schiffen oder in Luftfahrzeugen mit vergleichbar gesteigerter Gefährdungslage. Die besondere Verwendung im Ausland beginnt mit dem Eintreffen im Einsatzgebiet und endet mit dem Verlassen des Einsatzgebiets.

(2) Gleiches gilt, wenn eine Erkrankung, ihre Folgen oder ein Unfall bei einer besonderen Auslandsverwendung im Sinne von Absatz 1

1. auf gesundheitsschädigende oder sonst vom Inland wesentlich abweichende Verhältnisse zurückzuführen ist oder
2. bei dienstlicher Verwendung im Ausland im Zusammenhang mit einer Verschleppung oder einer Gefangenschaft steht oder
3. darauf beruht, dass die Beamtin oder der Beamte aus sonstigen mit dem Dienst zusammenhängenden Gründen dem Einflussbereich des Dienstherrn entzogen ist.

(3) § 36 Absatz 5 gilt entsprechend.

(4) Die Unfallfürsorge ist ausgeschlossen, wenn sich die Beamtin oder der Beamte vorsätzlich oder grob fahrlässig der Gefährdung ausgesetzt oder die Gründe für eine Verschleppung, Gefangenschaft oder sonstige Einflussbereichsentziehung herbeigeführt hat. Unfallfürsorge kann ganz oder teilweise gewährt werden, wenn der Ausschluss für die Betreffenden eine unbillige Härte wäre.

§ 38 Ersatz von Sachschäden und besonderen Aufwendungen

Der Ersatz von Sachschäden, die durch einen Dienstunfall verursacht werden, richtet sich nach § 82 Absatz 1 Satz 1 und 3 des Landesbeamtengesetzes. Sind durch die erste Hilfeleistung nach dem Unfall besondere Kosten entstanden, ist der Beamtin oder dem Beamten der nachweisbar notwendige Aufwand zu ersetzen.

§ 39 Heilverfahren

(1) Das Heilverfahren umfasst die notwendige

1. ärztliche, zahnärztliche und psychotherapeutische Behandlung,
2. Versorgung mit Arznei-, Verband-, Heil- und Hilfsmitteln, mit Geräten zur Selbstbehandlung und zur Selbstkontrolle sowie mit Körperersatzstücken, die den Erfolg der Heilbehandlung sichern oder die Unfallfolgen erleichtern sollen,
3. Pflege (§ 40),
4. Behandlung in Krankenhäusern und Rehabilitationseinrichtungen,
5. Haushaltshilfe und
6. Fahrten.

(2) Die Verletzten sind verpflichtet, sich Maßnahmen des Heilverfahrens zu unterziehen, wenn sie nach einer von der Dienstbehörde eingeholten ärztlichen Stellungnahme zur Sicherung des Heilerfolgs notwendig sind. Dies gilt nicht, wenn die Maßnahmen mit einer erheblichen Gefahr für Leben oder Gesundheit verbunden sind oder einen erheblichen Eingriff in die körperliche Unversehrtheit bedeuten.

(3) Verursachen die Folgen des Dienstunfalls außergewöhnliche Kosten für Kleider- und Wäscheverschleiß, so sind diese in angemessenem Umfang zu ersetzen. Kraftfahrzeughilfe wird gewährt, wenn die oder der Verletzte infolge des Dienstunfalls nicht nur vorübergehend auf die Benutzung eines Kraftfahrzeugs angewiesen ist. Notwendige Aufwendungen für eine bedarfsgerechte Anpassung des Wohnumfelds werden erstattet, wenn infolge des Dienstunfalls nicht nur vorübergehend die Anpassung vorhandenen oder die Beschaffung bedarfsgerechten Wohnraums erforderlich ist.

(4) Das Nähere zu Umfang und Durchführung des Heilverfahrens regelt das Finanzministerium durch Rechtsverordnung.

IV

§ 40 Pflegekosten

(1) Für ärztlich verordnete häusliche Krankenpflege (Grund- und Behandlungspflege) werden die notwendigen Kosten erstattet, wenn dadurch eine Krankenhausbehandlung vermieden oder verkürzt werden kann.

(2) Ist die oder der Verletzte infolge des Dienstunfalls so hilflos, dass sie oder er nicht ohne fremde Hilfe und Pflege auskommen kann, sind die notwendigen Pflegekosten in angemessenem Umfang zu erstatten.

§ 41 Unfallausgleich

(1) Liegt infolge eines Dienstunfalles ein Grad der Schädigungsfolgen von mindestens 25 länger als sechs Monate vor, so erhält die oder der Verletzte, solange dieser Zustand andauert, neben den Dienstbezügen, den Anwärterbezügen oder dem Ruhegehalt einen Unfallausgleich. Die Höhe des Unfallausgleichs ergibt sich aus der Anlage 1 zu diesem Gesetz. Ein Anspruch auf Unfallausgleich besteht auch während einer Beurlaubung ohne Besoldung.

(2) Der Grad der Schädigungsfolgen ist nach den allgemeinen Auswirkungen der Funktionsbeeinträchtigungen, die durch die als Schädigungsfolge anerkannten körperlichen, geistigen oder seelischen Gesundheitsstörungen bedingt sind, in allen Lebensbereichen zu beurteilen. Hat bei Eintritt des Dienstunfalls ein abschätzbarer Grad der Schädigungsfolgen bereits bestanden, so ist für die Berechnung des Unfallausgleichs von dem individuellen Grad der Schädigungsfolgen der oder des Verletzten, der unmittelbar vor dem Eintritt des Dienstunfalls bestand, auszugehen und zu ermitteln, welcher Teil dieses individuellen Grades der Schädigungsfolgen durch den Dienstunfall eingetreten ist. Beruht der frühere Grad der Schädigungsfolgen auf einem Dienstunfall, so kann ein einheitlicher Unfallausgleich festgesetzt werden. Für äußere Körperschäden können Mindestgrade festgelegt werden. Vorübergehende Gesundheitsstörungen sind nicht zu berücksichtigen; als vorübergehend gilt ein Zeitraum von bis zu sechs Monaten.

(3) Der Unfallausgleich wird neu festgestellt, wenn in den Verhältnissen, die für die Feststellung maßgebend gewesen sind, eine wesentliche Änderung eingetreten ist.

§ 42 Unfallruhegehalt

(1) Ist die Beamtin oder der Beamte infolge des Dienstunfalls dienstunfähig geworden und in den Ruhestand versetzt worden, so erhält sie oder er Unfallruhegehalt.

(2) Wird eine Beamtin oder ein Beamter auf Grund eines Dienstunfalls nach Absatz 1 vor Vollendung des 60. Lebensjahres in den Ruhestand versetzt, wird zur Berechnung des Unfallruhegehalts der ruhegehaltfähigen Dienstzeit nur die Hälfte der Zurechnungszeit nach § 15 Absatz 1 hinzugerechnet. § 15 Absatz 3 gilt entsprechend.

(3) Der Ruhegehaltssatz berechnet sich nach § 16 Absatz 1 mit der Maßgabe, dass er für jedes Jahr ruhegehaltfähiger Dienstzeit anstatt um 1,79375 Prozent um 1,875 Prozent ansteigt, und erhöht sich zusätzlich um 20 Prozentpunkte. Das Unfallruhegehalt beträgt mindestens 66 2/3 Prozent der ruhegehaltfähigen Dienstbezüge und darf 75 Prozent der ruhegehaltfähigen Dienstbezüge nicht übersteigen. Es darf nicht hinter 70,86 Prozent der jeweils ruhegehaltfähigen Dienstbezüge aus der Endstufe der Besoldungsgruppe A 5 zurückbleiben.

§ 43 Erhöhtes Unfallruhegehalt

(1) Setzt sich eine Beamtin oder ein Beamter bei Ausübung einer Diensthandlung einer damit verbundenen besonderen Lebensgefahr aus und erleidet infolge dieser Gefährdung einen Dienstunfall, so sind bei der Bemessung des Unfallruhegehaltes 80 Prozent der ruhegehaltfähigen Dienstbezüge aus der Endstufe der übernächsten Besoldungsgruppe zugrunde zu legen, wenn sie oder er infolge dieses Dienstunfalls dienstunfähig geworden und in den Ruhestand versetzt worden ist und der Grad der Schädigungsfolgen im Zeitpunkt der Versetzung in den Ruhestand infolge des Dienstunfalls mindestens 50 beträgt. Satz 1 gilt mit der Maßgabe,

dass sich die ruhegehaltfähigen Dienstbezüge für Beamtinnen und Beamte

1. der Laufbahngruppe 1 mit dem ersten Einstiegsamt mindestens nach der Besoldungsgruppe A 8,
2. der Laufbahngruppe 1 mit dem zweiten Einstiegsamt mindestens nach der Besoldungsgruppe A 9,
3. der Laufbahngruppe 2 mit dem ersten Einstiegsamt mindestens nach der Besoldungsgruppe A 12 und
4. der Laufbahngruppe 2 mit dem zweiten Einstiegsamt mindestens nach der Besoldungsgruppe A 16

bemessen.

(2) Unfallruhegehalt nach Absatz 1 wird auch gewährt, wenn die Beamtin oder der Beamte

1. in Ausübung des Dienstes durch einen rechtswidrigen Angriff oder
2. außerhalb des Dienstes durch einen Angriff im Sinne des § 36 Absatz 4

einen Dienstunfall mit den in Absatz 1 genannten Folgen erleidet.

(3) Unfallruhegehalt nach Absatz 1 wird auch gewährt, wenn eine Beamtin oder ein Beamter einen Einsatzunfall oder ein diesem gleichstehendes Ereignis im Sinne des § 37 erleidet und infolge des Einsatzunfalls oder des diesem gleichstehenden Ereignisses dienstunfähig geworden und in den Ruhestand versetzt worden ist und im Zeitpunkt des diesem gleichstehenden Ereignisses einen Grad der Schädigungsfolgen von mindestens 50 erlangt hat.

§ 44 Unterhaltsbeitrag für frühere Beamtinnen und Beamte, frühere Ruhestandsbeamtinnen und Ruhestandsbeamte

(1) Eine frühere Beamtin oder ein früherer Beamter, die oder der durch einen Dienstunfall verletzt wurde und deren oder dessen Beamtenverhältnis nicht durch Eintritt oder Versetzung in den Ruhestand geendet hat, erhält neben dem Heilverfahren (§§ 39 und 40) für die Dauer eines durch den Dienstunfall verursachten Grades der Schädigungsfolgen einen Unterhaltsbeitrag.

(2) Der Unterhaltsbeitrag beträgt

1. 66 2/3 Prozent der ruhegehaltfähigen Dienstbezüge nach Absatz 4 bei einem Grad der Schädigungsfolgen von 100,
2. bei einem Grad der Schädigungsfolgen von mindestens 20 den diesem Grad entsprechenden Teil des Unterhaltsbeitrages nach Nummer 1.

(3) Im Fall des Absatzes 2 Nummer 2 kann der Unterhaltsbeitrag bis auf den Betrag nach Absatz 2 Nummer 1 erhöht werden, solange die oder der Verletzte aus Anlass des Unfalls unverschuldet arbeitslos ist.

(4) Die ruhegehaltfähigen Dienstbezüge bestimmen sich nach § 5 Absatz 1. Bei einer früheren Beamtin oder einem früheren Beamten auf Widerruf im Vorbereitungsdienst sind die Dienstbezüge zugrunde zu legen, die sie oder er bei der Ernennung zur Beamtin oder zum Beamten auf Probe zuerst erhalten hätte. Ist die Beamtin oder der Beamte wegen Dienstunfähigkeit infolge des Dienstunfalls entlassen worden, gilt § 5 Absatz 2 entsprechend. Der Unterhaltsbeitrag für eine frühere Beamtin oder einen früheren Beamten auf Widerruf in einem Amt, das die Arbeitskraft nur nebenbei beanspruchte, ist nach billigem Ermessen festzusetzen.

(5) Ist die Beamtin oder der Beamte wegen Dienstunfähigkeit infolge des Dienstunfalls entlassen worden, darf der Unterhaltsbeitrag nach Absatz 2 Nummer 1 nicht hinter dem Mindestunfallruhegehalt (§ 42 Absatz 3 Satz 3) zurückbleiben. Ist die Beamtin oder der Beamte wegen Dienstunfähigkeit infolge eines Dienstunfalls der in § 43 bezeichneten Art entlassen worden und beträgt der Grad der Schädigungsfolgen der Beamtin oder des Beamten infolge des Dienstunfalls im Zeitpunkt der Entlassung mindestens 50, treten an die Stelle des Mindestunfallruhegehaltes 80 Prozent der ruhegehaltfähigen Dienstbezüge aus der Endstufe der Besoldungsgruppe, die sich bei sinngemäßer Anwendung des § 43 ergibt. Absatz 4 Satz 4 gilt entsprechend.

(6) § 41 Absatz 2 gilt entsprechend.

(7) Die Absätze 1 bis 6 gelten entsprechend für eine frühere Ruhestandsbeamtin oder ei-

IV

nen früheren Ruhestandsbeamten, die oder der durch einen Dienstunfall verletzt wurde und ihre oder seine Rechte als Ruhestandsbeamtin oder Ruhestandsbeamter verloren hat oder der oder dem das Ruhegehalt aberkannt worden ist.

§ 45 Unterhaltsbeitrag bei Schädigung eines ungeborenen Kindes

(1) Der Unterhaltsbeitrag wird im Fall des § 35 Absatz 1 Satz 2 und 3 für die Dauer des Bestehens der durch einen Dienstunfall der Mutter verursachten Schädigungsfolgen gewährt

1. bei einem Grad der Schädigungsfolgen von 100 in Höhe des Mindestunfallwaisengeldes nach § 47 Satz 2 in Verbindung mit § 42 Absatz 3 Satz 3,
2. bei einem Grad der Schädigungsfolgen von mindestens 20 in Höhe eines diesem Grad entsprechenden Teils des Unterhaltsbeitrages nach Nummer 1.

(2) § 41 Absatz 2 gilt entsprechend. Bei Minderjährigen wird der Grad der Schädigungsfolgen nach den Auswirkungen bemessen, die sich bei Erwachsenen mit gleichem Gesundheitsschaden ergeben würden. Die Sorgeberechtigten sind verpflichtet, Untersuchungen zu ermöglichen.

(3) Der Unterhaltsbeitrag beträgt vor Vollendung des 14. Lebensjahres 30 Prozent, vor Vollendung des 18. Lebensjahres 50 Prozent der Sätze nach Absatz 1.

(4) Auf den Unterhaltsbeitrag werden erstattete Pflegekosten nach § 40 Absatz 2 angerechnet.

(5) Hat eine unterhaltsbeitragsberechtigte Person Anspruch auf Waisengeld nach diesem Gesetz, wird nur der höhere Versorgungsbezug gezahlt.

§ 46 Unfallsterbegeld

(1) Ist die oder der Verletzte an den Folgen des Dienstunfalls verstorben, wird Unfallsterbegeld gewährt. Das Unfallsterbegeld beträgt das Dreifache der Dienst-, Anwärter- oder Versorgungsbezüge für den Sterbemonat ausschließlich der Zuschläge für Personen nach § 73 des Landesbesoldungsgesetzes und der Vergütungen, mindestens aber 8000 Euro. Im Übrigen gilt § 22 entsprechend.

(2) Auf das Unfallsterbegeld ist Sterbegeld nach § 22 Absatz 1 in Verbindung mit Absatz 2 zu 50 Prozent und Sterbegeld nach § 22 Absatz 3 in voller Höhe anzurechnen.

§ 47 Unfall-Hinterbliebenenversorgung

Ist eine Beamtin, ein Beamter, eine Ruhestandsbeamtin oder ein Ruhestandsbeamter mit Anspruch auf Unfallruhegehalt verstorben, richtet sich die Hinterbliebenenversorgung nach den allgemeinen Vorschriften unter Berücksichtigung des Unfallruhegehalts, soweit nichts Abweichendes bestimmt ist. Ist der Tod infolge des Dienstunfalls eingetreten, beträgt das Witwen- oder Witwergeld 60 Prozent des Unfallruhegehalts, mindestens 60,65 Prozent des Unfallruhegehalts nach § 42 Absatz 3 Satz 3, sowie das Waisengeld für jedes waisengeldberechtigte Kind (§ 28) 30 Prozent des Unfallruhegehalts. Waisengeld wird auch elternlosen Enkeln gewährt, deren Unterhalt zur Zeit des Dienstunfalls ganz oder überwiegend durch die Verstorbene oder den Verstorbenen bestritten wurde. In den Fällen des § 26 wird keine Unfall-Hinterbliebenenversorgung gewährt.

§ 48 Unterhaltsbeitrag für Verwandte der aufsteigenden Linie

Verwandten der aufsteigenden Linie, deren Unterhalt zur Zeit des Dienstunfalls ganz oder überwiegend durch die Verstorbene oder den Verstorbenen (§ 47) bestritten wurde, ist für die Dauer der Bedürftigkeit ein Unterhaltsbeitrag von zusammen 30 Prozent des Unfallruhegehalts zu gewähren, mindestens jedoch 40 Prozent des in § 42 Absatz 3 Satz 3 genannten Betrages. Sind mehrere Personen dieser Art vorhanden, so wird der Unterhaltsbeitrag den Eltern vor den Großeltern gewährt. An die Stelle eines verstorbenen Elternteils treten dessen Eltern.

§ 49 Unterhaltsbeitrag für Hinterbliebene

(1) Ist in den Fällen des § 44 die oder der Anspruchsberechtigte an den Folgen des Dienstunfalls verstorben, so erhalten die Hinterbliebenen einen Unterhaltsbeitrag in Höhe

des Witwen-, Witwer- oder Waisengeldes, das sich nach den allgemeinen Vorschriften unter Zugrundelegung des Unterhaltsbeitrags nach § 44 Absatz 2 Nummer 1 ergibt.

(2) Ist in den Fällen des § 44 die oder der Anspruchsberechtigte nicht an den Folgen des Dienstunfalls verstorben, so kann den Hinterbliebenen ein Unterhaltsbeitrag bis zur Höhe des Witwen-, Witwer- oder Waisengeldes bewilligt werden, das sich nach den allgemeinen Vorschriften unter Zugrundelegung des Unterhaltsbeitrages ergibt, den die oder der Verstorbene im Zeitpunkt des Todes bezogen hat.

(3) Für die Hinterbliebenen einer oder eines an den Unfallfolgen verstorbenen Beamtin oder Beamten gilt Absatz 1 entsprechend, wenn nicht Unfall-Hinterbliebenenversorgung nach § 47 zusteht.

(4) § 25 gilt entsprechend.

§ 50 Höchstgrenzen der Hinterbliebenenversorgung

Die Unfallversorgung der Hinterbliebenen (§§ 47 bis 49) darf insgesamt die Bezüge (Unfallruhegehalt oder Unterhaltsbeitrag) nicht übersteigen, welche die oder der Verstorbene erhalten hat oder hätte erhalten können. Abweichend von Satz 1 sind in den Fällen des § 43 als Höchstgrenze mindestens die ruhegehaltfähigen Dienstbezüge aus der Endstufe der übernächsten anstelle der von der oder dem Verstorbenen tatsächlich erreichten Besoldungsgruppe zugrunde zu legen. § 30 ist entsprechend anzuwenden. Der Unfallausgleich (§ 41) sowie der Zuschlag bei Arbeitslosigkeit (§ 44 Absatz 3) bleiben sowohl bei der Berechnung des Unterhaltsbeitrages nach § 49 als auch bei der vergleichenden Berechnung nach § 30 außer Betracht.

§ 51 Einmalige Unfallentschädigung und einmalige Entschädigung

(1) Eine Beamtin oder ein Beamter, die oder der einen Dienstunfall der in § 43 bezeichneten Art erleidet, erhält neben einer beamtenrechtlichen Versorgung bei Beendigung des Dienstverhältnisses eine einmalige Unfallentschädigung von 150 000 Euro, wenn von der obersten Dienstbehörde oder der von ihr bestimmten Stelle zu diesem Zeitpunkt ein dauerhafter Grad der Schädigungsfolgen von mindestens 50 infolge des Unfalls festgestellt wird.

(2) Ist eine Beamtin oder ein Beamter an den Folgen eines Dienstunfalls der in § 43 bezeichneten Art verstorben und hat sie oder er eine einmalige Unfallentschädigung nach Absatz 1 nicht erhalten, wird ihren oder seinen Hinterbliebenen eine einmalige Unfallentschädigung wie folgt gewährt:

1. Die Witwe oder der Witwer sowie die versorgungsberechtigten Kinder erhalten eine Entschädigung in Höhe von insgesamt 100 000 Euro,
2. sind Anspruchsberechtigte im Sinne der Nummer 1 nicht vorhanden, so erhalten die Eltern und die nicht versorgungsberechtigten Kinder eine Entschädigung in Höhe von insgesamt 40 000 Euro,
3. sind Anspruchsberechtigte im Sinne der Nummern 1 und 2 nicht vorhanden, so erhalten die Großeltern und Enkel eine Entschädigung in Höhe von insgesamt 20 000 Euro.

(3) Die Absätze 1 und 2 gelten entsprechend, wenn eine Beamtin oder ein Beamter, die oder der

1. als Angehörige oder Angehöriger des besonders gefährdeten fliegenden Personals während des Flugdienstes,
2. als Helm- oder Schwimmtaucherin, Helm- oder Schwimmtaucher während des besonders gefährlichen Tauchdienstes,
3. als Angehörige oder Angehöriger des besonders gefährdeten Munitionsuntersuchungspersonals während des dienstlichen Umgangs mit Munition,
4. als Angehörige oder Angehöriger eines Polizeiverbandes bei einer besonders gefährlichen Diensthandlung im Einsatz oder in der Ausbildung dazu,
5. im Einsatz beim Ein- oder Aushängen von Außenlasten bei einem Hubschrauber oder
6. im Einsatz unter umluftunabhängigen Atemschutzgeräten

einen Unfall erleidet, der nur auf die besonderen Verhältnisse des Dienstes nach den

Nummern 1 bis 6 zurückzuführen ist. Den Personenkreis des Satzes 1 und die zum Dienst im Sinne des Satzes 1 gehörenden dienstlichen Verrichtungen bestimmt die Landesregierung durch Rechtsverordnung. Die Sätze 1 und 2 gelten entsprechend für andere Angehörige des öffentlichen Dienstes, zu deren Dienstobliegenheiten Tätigkeiten der in Satz 1 Nummer 1 bis 6 bezeichneten Art gehören.

(4) Absatz 1 gilt entsprechend, wenn eine Beamtin oder ein Beamter, eine andere Angehörige oder ein anderer Angehöriger des öffentlichen Dienstes einen Einsatzunfall oder ein diesem gleichstehendes Ereignis im Sinne des § 37 erleidet.

IV

(5) Die Hinterbliebenen erhalten eine einmalige Entschädigung nach Maßgabe des Absatzes 2, wenn eine Beamtin oder ein Beamter, eine andere Angehörige oder ein anderer Angehöriger des öffentlichen Dienstes an den Folgen eines Einsatzunfalls oder eines diesem gleichstehenden Ereignisses im Sinne des § 37 verstorben ist.

(6) Für eine einmalige Entschädigung nach den Absätzen 4 und 5 gelten § 36 Absatz 5 und § 37 Absatz 4 entsprechend. Besteht auf Grund derselben Ursache Anspruch sowohl auf eine einmalige Unfallentschädigung nach den Absätzen 1 bis 3 als auch auf eine einmalige Entschädigung nach Absatz 4 oder 5, wird nur die einmalige Entschädigung gewährt.

(7) Eine Entschädigung aus einer Unfallversicherung, für die der Dienstherr die Beiträge gezahlt hat, ist auf die Unfallentschädigung nach Absatz 3 anzurechnen.

§ 52 Schadensausgleich in besonderen Fällen

(1) Schäden, die Beamtinnen und Beamten oder anderen Angehörigen des öffentlichen Dienstes während einer Verwendung im Sinne des § 37 Absatz 1 infolge von besonderen, vom Inland wesentlich abweichenden Verhältnissen, insbesondere infolge von Kriegshandlungen, kriegerischen Ereignissen, Aufruhr, Unruhen oder Naturkatastrophen oder als Folge der Ereignisse nach § 37 Absatz 2 entstehen, werden ihnen in angemessenem Umfang ersetzt. Gleiches gilt für Schäden der Beamtinnen und Beamten oder anderen Angehörigen des öffentlichen Dienstes durch einen Gewaltakt gegen staatliche Amtsträger, Einrichtungen oder Maßnahmen, wenn die Beamtinnen und Beamten oder andere Angehörige des öffentlichen Dienstes von dem Gewaltakt in Ausübung des Dienstes oder wegen ihrer Eigenschaft als Beamtinnen und Beamte oder andere Angehörige des öffentlichen Dienstes betroffen sind.

(2) Im Fall einer Verwendung im Sinne des § 37 Absatz 1 wird Beamtinnen und Beamten oder anderen Angehörigen des öffentlichen Dienstes ein angemessener Ausgleich auch für Schäden infolge von Maßnahmen einer ausländischen Regierung, die sich gegen die Bundesrepublik Deutschland richten, gewährt.

(3) Sind Beamtinnen oder Beamte oder andere Angehörige des öffentlichen Dienstes an den Folgen des schädigenden Ereignisses der in Absatz 1 oder 2 bezeichneten Art verstorben, wird

1. der Witwe oder dem Witwer sowie den versorgungsberechtigten Kindern oder
2. den Eltern sowie den nicht versorgungsberechtigten Kindern, wenn Hinterbliebene nach Nummer 1 nicht vorhanden sind,

ein angemessener Ausgleich gewährt.

Der Ausgleich für ausgefallene Versicherungen wird der natürlichen Person gewährt, welche die Beamtin, der Beamte oder die oder der andere Angehörige des öffentlichen Dienstes im Versicherungsvertrag begünstigt hat. Sind Versicherungsansprüche zur Finanzierung des Erwerbs von Wohneigentum an eine juristische Person abgetreten worden, wird der Ausgleich für die ausgefallene Versicherung an diese juristische Person gezahlt, wenn die Abtretung durch die Beamtin oder den Beamten dazu gedient hat, eine natürliche Person von Zahlungspflichten auf Grund der Finanzierung des Wohneigentums freizustellen.

(4) Der Schadensausgleich nach den Absätzen 1 bis 3 wird nur einmal gewährt. Wird er

auf Grund derselben Ursache nach § 86 des Soldatenversorgungsgesetzes vom 20. August 2021 (BGBl. I S. 3932, 3958), das zuletzt durch Artikel 7 des Gesetzes vom 29. Dezember 2025 (BGBl. I S. 370) geändert worden ist, in der jeweils geltenden Fassung vorgenommen, sind die Absätze 1 bis 3 nicht anzuwenden.

(5) Die Absätze 1 bis 4 sind auch auf Schäden bei dienstlicher Verwendung im Ausland anzuwenden, die im Zusammenhang mit einer Verschleppung oder einer Gefangenschaft entstanden sind oder darauf beruhen, dass die oder der Geschädigte aus sonstigen mit dem Dienst zusammenhängenden Gründen dem Einflussbereich des Dienstherrn entzogen ist.

(6) Für den Schadensausgleich gelten § 36 Absatz 5 und § 37 Absatz 4 entsprechend.

§ 53 Nichtgewährung von Unfallfürsorge

(1) Unfallfürsorge wird nicht gewährt, wenn die oder der Verletzte den Dienstunfall vorsätzlich herbeigeführt hat.

(2) Hat die oder der Verletzte eine die Heilbehandlung betreffende Anordnung ohne gesetzlichen oder sonstigen wichtigen Grund nicht befolgt und wird dadurch ihre oder seine Dienstfähigkeit oder der Grad der Schädigungsfolgen ungünstig beeinflusst, so kann ihr oder ihm die oberste Dienstbehörde oder die von ihr bestimmte Stelle die Unfallfürsorge insoweit versagen. Die oder der Verletzte ist auf diese Folgen schriftlich hinzuweisen.

§ 54 Meldung und Untersuchungsverfahren

(1) Unfälle, aus denen Unfallfürsorgeansprüche nach diesem Gesetz entstehen können, sind innerhalb einer Ausschlussfrist von zwei Jahren nach dem Eintritt des Unfalls bei der oder dem Dienstvorgesetzten der oder des Verletzten schriftlich zu melden. § 38 in Verbindung mit § 82 des Landesbeamtengesetzes bleibt unberührt. Die Frist nach Satz 1 gilt auch dann als gewahrt, wenn der Unfall bei der für den Wohnort der oder des Berechtigten zuständigen unteren Verwaltungsbehörde gemeldet worden ist.

(2) Nach Ablauf der Ausschlussfrist wird Unfallfürsorge nur gewährt, wenn seit dem Unfall noch nicht zehn Jahre vergangen sind und gleichzeitig glaubhaft gemacht wird, dass mit der Möglichkeit einer den Anspruch auf Unfallfürsorge begründenden Folge des Unfalls nicht habe gerechnet werden können oder dass die oder der Berechtigte durch außerhalb ihres oder seines Willens liegende Umstände gehindert worden ist, den Unfall zu melden. Die Meldung muss, nachdem mit der Möglichkeit einer den Anspruch auf Unfallfürsorge begründenden Folge des Unfalls gerechnet werden konnte oder das Hindernis für die Meldung weggefallen ist, innerhalb von drei Monaten erfolgen. Die Unfallfürsorge wird in diesen Fällen ab dem Tag der Meldung gewährt; zur Vermeidung von Härten kann sie auch ab einem früheren Zeitpunkt gewährt werden.

(3) Die oder der Dienstvorgesetzte hat jeden Unfall sofort zu untersuchen, der ihr oder ihm von Amts wegen oder durch Meldung der Beteiligten bekannt wird. Die oberste Dienstbehörde oder die von ihr bestimmte Stelle entscheidet, ob ein Dienstunfall vorliegt und ob die oder der Verletzte den Unfall vorsätzlich herbeigeführt hat. Die Entscheidung ist der oder dem Verletzten oder ihren oder seinen Hinterbliebenen bekannt zu geben.

(4) Unfallfürsorge nach § 35 Absatz 1 Satz 2 wird nur gewährt, wenn der Unfall der Beamtin innerhalb der Fristen nach den Absätzen 1 und 2 gemeldet und als Dienstunfall anerkannt worden ist. Der Anspruch auf Unfallfürsorge nach § 35 Absatz 2 Satz 2 ist innerhalb von zwei Jahren vom Tag der Geburt an von den Sorgeberechtigten geltend zu machen. Absatz 2 gilt mit der Maßgabe, dass die Zehnjahresfrist am Tag der Geburt zu laufen beginnt. Der Antrag muss, nachdem mit der Möglichkeit einer Schädigung durch einen Dienstunfall der Mutter während der Schwangerschaft gerechnet werden konnte oder das Hindernis für den Antrag weggefallen ist, innerhalb von drei Monaten gestellt werden.

(5) Die betroffenen Personen haben sich auf Verlangen der obersten Dienstbehörde von einer von ihr bestimmten Person ärztlich oder

psychologisch untersuchen oder beobachten zu lassen und die erforderlichen Auskünfte zu erteilen, soweit dies zur Entscheidung über die Gewährung von Unfallfürsorge erforderlich ist. Zum Zwecke der Nachprüfung des Grades der Schädigungsfolgen gilt dies entsprechend. Die oberste Dienstbehörde ist zur Weitergabe von Erkenntnissen und Beweismitteln an die mit der Begutachtung beauftragte Person berechtigt. Die oberste Dienstbehörde kann die Befugnis nach den Sätzen 1 bis 3 auf andere Stellen übertragen.

§ 54a Meldung von Dienstunfalldaten an Eurostat

(1) Die meldepflichtigen Daten über Dienstunfälle von Beamtinnen und Beamten im Sinne der Verordnung (EU) Nr. 349/2011 der Kommission vom 11. April 2011 zur Durchführung der Verordnung (EG) Nr. 1338/2008 des Europäischen Parlaments und des Rates zu Gemeinschaftsstatistiken über öffentliche Gesundheit und über Gesundheitsschutz und Sicherheit am Arbeitsplatz betreffend Statistiken über Arbeitsunfälle (ABl. L 97 vom 12. 4. 2011, S. 3) können über die Unfallkasse Nordrhein-Westfalen weitergemeldet werden.

(2) Einzelheiten zum Verfahren und zur Kostenerstattung können in einer Verwaltungsvereinbarung geregelt werden.

§ 55 Begrenzung der Unfallfürsorgeansprüche

(1) Eine verletzte Beamtin oder ein verletzter Beamter und ihre oder seine Hinterbliebenen haben aus Anlass eines Dienstunfalls gegen den Dienstherrn nur die in den §§ 35 bis 52 geregelten Ansprüche. Ist die Beamtin oder der Beamte nach dem Dienstunfall in den Dienstbereich eines anderen öffentlich-rechtlichen Dienstherrn im Geltungsbereich dieses Gesetzes versetzt worden, so richten sich die Ansprüche gegen diesen. Das Gleiche gilt in den Fällen des gesetzlichen Übertritts oder der Übernahme bei der Umbildung von Körperschaften. Satz 2 gilt auch in den Fällen, in denen die Beamtin oder der Beamte aus dem Dienstbereich eines öffentlich-rechtlichen Dienstherrn außerhalb des Geltungsbereiches dieses Gesetzes zu einem Dienstherrn im Geltungsbereich dieses Gesetzes versetzt werden mit der Maßgabe, dass die Vorschriften dieses Gesetzes Anwendung finden.

(2) Weitergehende Ansprüche auf Grund allgemeiner gesetzlicher Vorschriften können gegen einen öffentlich-rechtlichen Dienstherrn im Bundesgebiet oder gegen die in seinem Dienst stehenden Personen nur dann geltend gemacht werden, wenn der Dienstunfall

1. durch eine vorsätzliche unerlaubte Handlung einer solchen Person verursacht worden ist oder
2. bei der Teilnahme am allgemeinen Verkehr eingetreten ist.

Im Fall von Satz 1 Nummer 2 sind Leistungen, die der Beamtin oder dem Beamten und ihren oder seinen Hinterbliebenen nach diesem Gesetz gewährt werden, auf diese weitergehenden Ansprüche anzurechnen. Der Dienstherr, der Leistungen nach diesem Gesetz gewährt, hat keinen Anspruch auf Ersatz dieser Leistungen gegen einen anderen öffentlich-rechtlichen Dienstherrn im Bundesgebiet.

(3) Ersatzansprüche gegen andere Personen bleiben unberührt.

(4) Auf laufende und einmalige Geldleistungen, die nach diesem Gesetz wegen eines Körper-, Sach- oder Vermögensschadens gewährt werden, sind Leistungen anzurechnen, die wegen desselben Schadens von anderer Seite erbracht werden. Hierzu gehören insbesondere Geldleistungen, die von Drittstaaten oder von zwischenstaatlichen oder überstaatlichen Einrichtungen gewährt oder veranlasst werden. Nicht anzurechnen sind Leistungen privater Schadensversicherungen, die auf Beiträgen der Beamtinnen und Beamten oder anderen Angehörigen des öffentlichen Dienstes beruhen. Satz 3 gilt nicht in den Fällen des § 38.

Abschnitt 5
Übergangsgeld, Ausgleich bei besonderen Altersgrenzen

§ 56 Übergangsgeld

(1) Eine Beamtin oder ein Beamter mit Dienstbezügen, die oder der nicht auf eige-

nen Antrag entlassen wird, erhält als Übergangsgeld nach vollendeter einjähriger Beschäftigungszeit das Einfache und bei längerer Beschäftigungszeit für jedes weitere volle Jahr ihrer Dauer die Hälfte, insgesamt höchstens das Sechsfache der Besoldung des letzten Monats nach § 1 Absatz 4 Nummer 1 bis 4 des Landesbesoldungsgesetzes. § 5 Absatz 1 Satz 2 gilt entsprechend. Das Übergangsgeld wird auch dann gewährt, wenn die Beamtin oder der Beamte im Zeitpunkt der Entlassung ohne Dienstbezüge beurlaubt war; in diesem Fall ist maßgebend die Besoldung, welche die Beamtin oder der Beamte im Zeitpunkt der Entlassung erhalten hätte.

(2) Als Beschäftigungszeit gilt die Zeit ununterbrochener hauptberuflicher entgeltlicher Tätigkeit (§ 13 Absatz 3) im Dienste desselben Dienstherrn oder der Verwaltung, deren Aufgaben der Dienstherr übernommen hat, sowie im Fall der Versetzung die entsprechende Zeit im Dienste des früheren Dienstherrn; die vor einer Beurlaubung ohne Dienstbezüge liegende Beschäftigungszeit wird mit berücksichtigt. Zeiten mit einer Ermäßigung der regelmäßigen Arbeitszeit sind nur zu dem Teil anzurechnen, der dem Verhältnis der ermäßigten zur regelmäßigen Arbeitszeit entspricht.

(3) Das Übergangsgeld wird nicht gewährt, wenn

1. die Beamtin oder der Beamte wegen eines Verhaltens im Sinne des § 22 Absatz 1 Nummer 1 und Absatz 2 oder des § 23 Absatz 1 Nummer 1, Absatz 2 und Absatz 3 Nummer 1 des Beamtenstatusgesetzes entlassen wird,
2. ein Unterhaltsbeitrag nach § 18 bewilligt wird,
3. die Beschäftigungszeit als ruhegehaltfähige Dienstzeit angerechnet wird oder
4. die Beamtin oder der Beamte mit der Berufung in ein Richterverhältnis oder mit der Ernennung zur Beamtin oder zum Beamten auf Zeit entlassen wird.

(4) Das Übergangsgeld wird in Monatsbeträgen für die der Entlassung folgende Zeit wie die Besoldung gezahlt. Es ist längstens bis zum Ende des Monats zu zahlen, in dem die entlassene Beamtin oder der entlassene Beamte die für ihr oder sein Beamtenverhältnis bestimmte gesetzliche Altersgrenze erreicht hat. Beim Tode der oder des Berechtigten ist der noch nicht ausgezahlte Betrag den Hinterbliebenen in einer Summe zu zahlen.

(5) Erwerbs- oder Erwerbsersatzeinkommen (§ 66 Absatz 5) ist in voller Höhe auf das Übergangsgeld anzurechnen.

(6) Eine Beamtin oder ein Beamter, die oder der aus einem Amt im Sinne des § 37 des Landesbeamtengesetzes nicht auf eigenen Antrag entlassen wird, erhält ein Übergangsgeld in Höhe von 71,75 Prozent der ruhegehaltfähigen Dienstbezüge aus der Endstufe der Besoldungsgruppe, in der sie oder er sich zur Zeit der Entlassung befunden hat. § 4 des Landesbesoldungsgesetzes und § 4 Absatz 2 Satz 2 gelten entsprechend. Für die Dauer der Gewährung des Übergangsgeldes gilt § 16 Absatz 5 Satz 1 entsprechend. Die Absätze 3 und 4 gelten entsprechend. Im Fall des Bezugs von Erwerbs- oder Erwerbsersatzeinkommen (§ 66 Absatz 5) verringern sich die in entsprechender Anwendung des § 4 des Landesbesoldungsgesetzes fortgezahlten Bezüge und das Übergangsgeld um den Betrag dieser Einkünfte. § 77 Nummer 11 findet keine Anwendung.

§ 56a Ausgleich bei besonderen Altersgrenzen

(1) Beamtinnen und Beamte des Vollzugsdienstes und Beamtinnen und Beamte des Einsatzdienstes der Feuerwehr, die vor Vollendung des 65. Lebensjahres wegen Erreichens der für sie geltenden besonderen Altersgrenze nach §§ 114 Absatz 1 und 2, 116 Absatz 3 oder § 117 Absatz 1 des Landesbeamtengesetzes in den Ruhestand treten, erhalten neben dem Ruhegehalt einen einmaligen Ausgleich in Höhe von 4091 Euro. Der Ausgleich verringert sich jeweils um ein Fünftel für jedes Jahr, das über das vollendete 60. Lebensjahr hinaus Dienst geleistet wird. Der Ausgleich ist bei Eintritt in den Ruhestand in einer Summe zu zahlen.

(2) Der Ausgleich wird nicht neben einer einmaligen Unfallentschädigung oder einmali-

IV

gen Entschädigung nach § 51 sowie im Fall der Bewilligung von Urlaub nach § 70 Absatz 1 Nummer 2 des Landesbeamtengesetzes gewährt.

(3) Schwebt zum Zeitpunkt des Eintritts in den Ruhestand gegen die Beamtin oder den Beamten ein Verfahren auf Rücknahme der Ernennung oder nach § 24 Absatz 1 des Beamtenstatusgesetzes, das zum Verlust der Beamtenrechte führen könnte, oder ist gegen die Beamtin oder den Beamten Disziplinarklage erhoben worden, darf der Ausgleich erst nach dem rechtskräftigen Abschluss des Verfahrens gewährt werden, wenn kein Verlust der Versorgungsbezüge eingetreten ist. Die disziplinarrechtlichen Vorschriften bleiben unberührt.

Abschnitt 6
Gemeinsame Vorschriften

§ 57 Festsetzung und Zahlung der Versorgungsbezüge, Versorgungsauskunft

(1) Die Festsetzung, Berechnung und Abrechnung der Versorgungsbezüge, die Bestimmung der Person der Zahlungsempfängerin oder des Zahlungsempfängers und die Entscheidung über die Berücksichtigung von Zeiten als ruhegehaltfähige Dienstzeiten sowie über die Bewilligung von Versorgungsbezügen auf Grund von Kannvorschriften obliegt der obersten Dienstbehörde.

(2) Die in diesem Gesetz genannten Befugnisse der obersten Dienstbehörden können für die Versorgungsberechtigten des Landes durch Rechtsverordnung der Landesregierung auf andere Stellen übertragen werden.

(3) Für die Versorgungsberechtigten der Gemeinden, der Gemeindeverbände und der sonstigen der Aufsicht des Landes unterstehenden Körperschaften, Anstalten und Stiftungen des öffentlichen Rechts können die in diesem Gesetz genannten Befugnisse der obersten Dienstbehörden durch diese übertragen werden, soweit gesetzlich nichts anderes bestimmt ist. Hinsichtlich der für die Versorgungsberechtigten der Gemeinden und Gemeindeverbände zuständigen obersten Dienstbehörden gilt Satz 1 mit der Maßgabe, dass die Befugnisse nach Absatz 1 nur auf andere juristische Personen des öffentlichen Rechts übertragen werden dürfen. Im Fall des § 78 Absatz 1 tritt an die Stelle der obersten Dienstbehörde die oberste Aufsichtsbehörde.

(4) Abweichend von Absatz 3 Satz 1 werden die Versorgungsbezüge der Versorgungsberechtigten der Hochschulen im Sinne des § 1 Absatz 2 des Hochschulgesetzes vom 16. September 2014 (GV. NRW. S. 547) in der jeweils geltenden Fassung sowie der Emeriti von der Stelle festgesetzt, die die Versorgungsbezüge der Versorgungsberechtigten des Landes festsetzt. Sie nimmt für die Hochschulen auch die sonstigen Befugnisse auf dem Gebiet des Versorgungsrechts wahr, die ihr durch die Verordnung nach Absatz 2 übertragen werden. Die Stelle nimmt hierbei die Funktion der dienstvorgesetzten Stelle wahr und ist Pensionsfestsetzungsbehörde; sie erlässt auch den Widerspruchsbescheid. Für die Amtshandlung nach Satz 1 gelten für die handelnde Stelle die §§ 83 bis 90 des Landesbeamtengesetzes; dabei ist es abweichend von § 87 Absatz 1 des Landesbeamtengesetzes ohne Einwilligung des Beamten zulässig, dass die Hochschule der handelnden Stelle zum Zwecke der Durchführung der Amtshandlung die Personalakte vorlegt. Die Hochschule und die Stelle nach Satz 1 dürfen einander personenbezogene Daten der Versorgungsberechtigten sowie der Emeriti nach Satz 1 übermitteln und derartige Daten verarbeiten, wenn dies zur rechtmäßigen Erfüllung der der übermittelnden Stelle oder dem Empfänger obliegenden Aufgaben erforderlich ist; § 89 Absatz 1 Satz 2 und 3 des Landesbeamtengesetzes gilt insofern nicht. Das Nähere über Art, Umfang und Behandlung der zu übermittelnden und zu verarbeitenden personenbezogenen Daten regelt die Hochschule in einer Ordnung.

(5) Entscheidungen über die Bewilligung von Versorgungsbezügen auf Grund von Kann-Vorschriften dürfen erst beim Eintritt des Versorgungsfalls getroffen werden; vorheri-

ge Zusicherungen sind unwirksam. Ob Zeiten auf Grund der §§ 9 bis 11 und § 82 Absatz 2 als ruhegehaltfähige Dienstzeiten zu berücksichtigen sind, soll in der Regel bei der Berufung in das Beamtenverhältnis entschieden werden; diese Entscheidungen stehen unter dem Vorbehalt des Gleichbleibens der ihnen zugrunde liegenden Rechtslage.

(6) Entscheidungen in versorgungsrechtlichen Angelegenheiten, die eine grundsätzliche, über den Einzelfall hinausgehende Bedeutung haben, sind vom Finanzministerium zu treffen.

(7) Hat eine Versorgungsempfängerin oder ein Versorgungsempfänger ihren oder seinen Wohnsitz oder dauernden Aufenthalt außerhalb der Bundesrepublik Deutschland, kann die oberste Dienstbehörde oder die von ihr bestimmte Stelle die Zahlung der Versorgungsbezüge von der Bestellung einer oder eines Empfangsbevollmächtigten in der Bundesrepublik Deutschland abhängig machen.

(8) Für die Zahlung der Versorgungsbezüge hat die Empfängerin oder der Empfänger auf Verlangen der zuständigen Stelle ein Konto anzugeben oder einzurichten, auf das die Überweisung erfolgen kann. Die Übermittlungskosten mit Ausnahme der Kosten für die Konto-Gutschrift trägt die auszahlende Stelle; bei einer Überweisung der Versorgungsbezüge auf ein außerhalb des einheitlichen Euro-Zahlungsverkehrsraums Single Euro Payment Area (SEPA) geführtes Konto trägt die Versorgungsempfängerin oder der Versorgungsempfänger die Kosten und die Gefahr der Übermittlung der Versorgungsbezüge sowie die Kosten einer Meldung nach § 11 Absatz 2 des Außenwirtschaftsgesetzes vom 6. Juni 2013 (BGBl. I S. 1482) in der jeweils geltenden Fassung in Verbindung mit einer auf Grund dieser Vorschrift erlassenen Rechtsverordnung. Kontoeinrichtungs-, Kontoführungs- oder Buchungsgebühren trägt die Empfängerin oder der Empfänger. Eine Auszahlung auf andere Weise kann nur zugestanden werden, wenn der Empfängerin oder dem Empfänger die Einrichtung oder Benutzung eines Kontos aus wichtigem Grund nicht zugemutet werden kann.

(9) Die Versorgungsbezüge sind, soweit nichts anderes bestimmt ist, für die gleichen Zeiträume und im gleichen Zeitpunkt zu zahlen wie die Besoldung der Beamtinnen und Beamten. Werden sie nach dem Tag der Fälligkeit gezahlt, besteht kein Anspruch auf Verzugszinsen. Bei der Berechnung von Versorgungsbezügen sind die sich ergebenden Bruchteile eines Cents unter 0,5 abzurunden und ab 0,5 aufzurunden. Zwischenrechnungen werden jeweils auf zwei Dezimalstellen durchgeführt. Jeder Versorgungsbestandteil ist einzeln zu runden. Beträge von weniger als fünf Euro sind nur auf Verlangen der oder des Empfangsberechtigten auszuzahlen.

(10) Die für die Festsetzung der Versorgungsbezüge zuständige Behörde hat ab dem 1. Januar 2021 Beamtinnen und Beamten, die das 55. Lebensjahr vollendet haben, auf Antrag eine Auskunft zum Anspruch auf Versorgungsbezüge nach der Sach- und Rechtslage zum Zeitpunkt der Antragsstellung zu erteilen. Ein wiederholter Antrag ist frühestens nach drei Jahren möglich. In besonders begründeten Fällen ist eine solche Auskunft auch vor Vollendung des 55. Lebensjahres und in kürzerem Zeitabstand zu erteilen. Die Auskunft steht unter dem Vorbehalt künftiger Sach- und Rechtsänderungen sowie der Richtigkeit und Vollständigkeit der zugrunde liegenden Daten. Die Beamtin oder der Beamte ist verpflichtet, bei Erstellung der Versorgungsauskunft mitzuwirken. Die personalverwaltenden Dienststellen der Beamtinnen und Beamten des Landes sowie der Hochschulen im Sinne des § 1 Absatz 2 des Hochschulgesetzes stellen die geprüften, erforderlichen Daten elektronisch zur Verfügung. Über die Erfahrungen mit der Vorschrift ist der Landesregierung bis zum 31. Dezember 2023 zu berichten, soweit die Beamtinnen und Beamte des Landes sowie der Hochschulen im Sinne des § 1 Absatz 2 des Hochschulgesetzes davon betroffen sind.

§ 58 Familienzuschlag, Ausgleichsbetrag

(1) Auf den Familienzuschlag finden die geltenden Vorschriften des Besoldungsrechts Anwendung. Ist die oder der Versorgungsbe-

IV

rechtigte nicht mit einem Hauptwohnsitz im Inland gemeldet, ist für die Bemessung des Familienzuschlags die Mietenstufe maßgeblich, der die Gemeinde am Dienstsitz der obersten Dienstbehörde der oder des Versorgungsberechtigten nach § 38 Nummer 2 des Wohngeldgesetzes vom 24. September 2008 (BGBl. I S. 1856 in Verbindung mit der Anlage zur Wohngeldverordnung in der Fassung der Bekanntmachung vom 19. Oktober 2001 (BGBl. I S. 2722) in der jeweils geltenden Fassung zugeordnet ist. Der Unterschiedsbetrag zwischen der Stufe 1 und der nach dem Besoldungsrecht in Betracht kommenden Stufe des Familienzuschlags wird neben dem Ruhegehalt gezahlt. Er wird unter Berücksichtigung der nach den Verhältnissen der Beamtin, des Beamten, der Ruhestandsbeamtin oder des Ruhestandsbeamten für die Stufen des Familienzuschlags in Betracht kommenden Kinder neben dem Witwen- oder Witwergeld gezahlt, soweit die Witwe oder der Witwer Anspruch auf Kindergeld für diese Kinder hat oder ohne Berücksichtigung der §§ 64 und 65 des Einkommensteuergesetzes in der Fassung der Bekanntmachung vom 8. Oktober 2009 (BGBl. I S. 3366, 3862) in der jeweils geltenden Fassung oder der §§ 3 und 4 des Bundeskindergeldgesetzes in der Fassung der Bekanntmachung vom 28. Januar 2009 (BGBl. I S. 142, 3177) in der jeweils geltenden Fassung haben würde. Soweit hiernach kein Anspruch auf den Unterschiedsbetrag besteht, wird er neben dem Waisengeld gezahlt, wenn die Waise bei den Stufen des Familienzuschlags zu berücksichtigen ist oder zu berücksichtigen wäre, wenn die Beamtin, der Beamte, die Ruhestandsbeamtin oder der Ruhestandsbeamte noch lebte. Sind mehrere Anspruchsberechtigte vorhanden, ist der Unterschiedsbetrag anteilig nach der Anzahl der Anspruchsberechtigten auszuzahlen. Für die Bestimmung der Mietenstufe sind dabei jeweils die individuellen Verhältnisse der oder des Versorgungsberechtigten maßgeblich. Bei Ruhestandsbeamtinnen und Ruhestandsbeamten, die ein Mindestruhegehalt nach § 16 Absatz 3 Satz 2 oder ein Mindestunfallruhegehalt nach § 42 Absatz 3 Satz 3 beziehen, erhöht sich der Unterschiedsbetrag für das zweite und jedes weitere zu berücksichtigende Kind zusätzlich um einen Betrag von 8,39 Euro. Satz 6 gilt entsprechend für Empfängerinnen und Empfänger von Versorgungsbezügen, deren Berechnung ein Mindestruhegehalt nach § 16 Absatz 3 Satz 2 oder ein Mindestunfallruhegehalt nach § 42 Absatz 3 Satz 3 zugrunde liegt.

(1a) Die oder der Versorgungsberechtigte ist verpflichtet, bei der Feststellung des für die Bestimmung der Mietenstufe jeweils maßgeblichen Wohnsitzes mitzuwirken. Die nach § 57 für die Festsetzung der Versorgung zuständigen Behörden werden ermächtigt, zum Zwecke der Festsetzung des Familienzuschlags folgende Daten bei den Meldebehörden abzufragen:

1. Familienname,
2. frühere Namen,
3. Vornamen unter Kennzeichnung des gebräuchlichen Vornamens,
4. Geburtsdatum und -ort,
5. derzeitige Anschriften oder Wegzugsanschrift, gekennzeichnet nach Haupt- oder Nebenwohnung,
6. Tag des Ein- und Auszugs,
7. Amtlicher Gemeindeschlüssel.

Die Abfrage darf auch in Form eines Datenabgleichs aus Anlass der erstmaligen Festsetzung des Familienzuschlags sowie zum Zwecke der Überprüfung der Voraussetzungen des Familienzuschlags erfolgen. Bei dem Datenabruf sind Anlass und Zweck der Abfrage, das Aktenzeichen, der Datenempfänger sowie die abgefragten Daten anzugeben. Das für Finanzen zuständige Ministerium kann das Nähere durch Rechtsverordnung regeln.

(1b) Die Absätze 1 und 1a finden entsprechende Anwendung bei Gewährung einer Ausgleichszulage nach § 91b des Landesbesoldungsgesetzes.

(2) Neben dem Waisengeld wird ein Ausgleichsbetrag gezahlt, der dem Betrag für das erste Kind nach § 66 Absatz 1 des Einkommensteuergesetzes entspricht, wenn

1. in der Person der Waise die Voraussetzungen des § 32 Absatz 1 bis 5 des Einkommensteuergesetzes erfüllt sind,

2. Ausschlussgründe nach § 65 des Einkommensteuergesetzes nicht vorliegen,
3. keine Person vorhanden ist, die nach § 62 des Einkommensteuergesetzes oder nach § 1 des Bundeskindergeldgesetzes anspruchsberechtigt ist und
4. die Waise keinen Anspruch auf Kindergeld nach § 1 Absatz 2 des Bundeskindergeldgesetzes hat.

Der Ausgleichsbetrag gilt für die Anwendung der §§ 66 und 67 nicht als Versorgungsbezug. Im Fall des § 67 wird er nur zu den neuen Versorgungsbezügen gezahlt.

§ 59 Kindererziehungs- und Kindererziehungsergänzungszuschlag

(1) Hat eine Beamtin oder ein Beamter ein nach dem 31. Dezember 1991 geborenes Kind erzogen, wird neben dem Ruhegehalt für jeden Monat einer ihr oder ihm zuzuordnenden Kindererziehungszeit ein Kindererziehungszuschlag gezahlt. Dies gilt nicht, wenn die Beamtin oder der Beamte wegen der Erziehung des Kindes in der gesetzlichen Rentenversicherung versicherungspflichtig (§ 3 Satz 1 Nummer 1 des Sechsten Buches Sozialgesetzbuch) war und die allgemeine Wartezeit für eine Rente der gesetzlichen Rentenversicherung erfüllt ist.

(2) Die Kindererziehungszeit beginnt nach Ablauf des Monats der Geburt und endet mit dem Ablauf des Monats, in dem die Erziehung endet, spätestens nach 36 Kalendermonaten. Wird während dieses Zeitraums vom erziehenden Elternteil ein weiteres Kind erzogen, für das ihm eine Kindererziehungszeit zuzuordnen ist, wird die Kindererziehungszeit für dieses und jedes weitere Kind um die Anzahl der Kalendermonate der gleichzeitigen Erziehung verlängert.

(3) Für die Zuordnung der Kindererziehungszeit zu einem Elternteil (§ 56 Absatz 1 Satz 1 Nummer 3 und Absatz 3 Nummer 2 und 3 des Ersten Buches Sozialgesetzbuch – Allgemeiner Teil – vom 11. Dezember 1975 (BGBl. I S. 3015) in der jeweils geltenden Fassung) gilt § 56 Absatz 2 des Sechsten Buches Sozialgesetzbuch entsprechend.

(4) Die Höhe des Kindererziehungszuschlags ergibt sich aus der Anlage 2 zu diesem Gesetz. Bei einer linearen Erhöhung der Versorgungsbezüge erhöht sich der Zuschlag entsprechend.

(5) Ab dem Tage der Geburt wird für Zeiten, für die kein Kindererziehungszuschlag zusteht, ein Kindererziehungsergänzungszuschlag gezahlt, soweit

1. nach dem 31. Dezember 1991 liegende Zeiten der Erziehung eines Kindes bis zur Vollendung des zehnten Lebensjahres oder Zeiten der nichterwerbsmäßigen Pflege eines pflegebedürftigen Kindes (§ 3 des Sechsten Buches Sozialgesetzbuch) bis zur Vollendung des 18. Lebensjahres
   a) mit entsprechenden Zeiten für ein anderes Kind zusammentreffen oder
   b) mit Zeiten im Beamtenverhältnis, die als ruhegehaltfähig berücksichtigt werden, oder Zeiten nach § 61 Absatz 1 Satz 1 zusammentreffen,
2. für diese Zeiten kein Anspruch nach § 70 Absatz 3a Satz 2 des Sechsten Buches Sozialgesetzbuch besteht und
3. der Beamtin oder dem Beamten die Zeiten nach Absatz 3 zuzuordnen sind.

(6) Die Höhe des Kindererziehungsergänzungszuschlags ergibt sich aus der Anlage 2 zu diesem Gesetz. Bei einer linearen Erhöhung der Versorgungsbezüge erhöht sich der Zuschlag entsprechend.

(7) Ruhegehalt, Kindererziehungs- und Kindererziehungsergänzungszuschlag dürfen zusammen nicht höher sein als das Ruhegehalt, das sich unter Berücksichtigung des Höchstruhegehaltssatzes und der ruhegehaltfähigen Dienstbezüge aus der Endstufe der Besoldungsgruppe ergeben würde, aus der sich das Ruhegehalt berechnet.

(8) Bei der Anwendung des § 16 Absatz 2 sowie der Ruhens-, Kürzungs- und Anrechnungsvorschriften bleiben der Kindererziehungs- und Kindererziehungsergänzungszuschlag außer Betracht.

(9) Hat eine Beamtin oder ein Beamter vor der Berufung in ein Beamtenverhältnis ein vor dem 1. Januar 1992 geborenes Kind erzogen,

IV

gelten die Absätze 1 bis 4, 7 und 8 entsprechend mit der Maßgabe, dass die Kindererziehungszeit zwölf Kalendermonate nach Ablauf des Monats der Geburt endet. Die §§ 249 Absatz 2 bis 6 und 249a des Sechsten Buches Sozialgesetzbuch gelten entsprechend.

§ 60 Kinderzuschlag zum Witwen- und Witwergeld

(1) Neben dem Witwen- oder Witwergeld nach § 24 Absatz 1 wird für jeden Monat einer nach § 59 Absatz 3 zuzuordnenden Kindererziehungszeit bis zum Ablauf des Monats, in dem das Kind das dritte Lebensjahr vollendet hat, ein Kinderzuschlag gezahlt. Die Höhe des Zuschlags ergibt sich aus der Anlage 2 zu diesem Gesetz. Bei einer linearen Erhöhung der Versorgungsbezüge erhöht sich der Zuschlag entsprechend. Satz 1 gilt nicht bei Bezügen nach § 24 Absatz 1 in Verbindung mit § 16 Absatz 3 Satz 2.

(2) War die Kindererziehungszeit der oder dem vor Vollendung des dritten Lebensjahres des Kindes Verstorbenen zugeordnet, erhalten Witwen und Witwer den Kinderzuschlag anteilig mindestens für die Zeit, die bis zum Ablauf des Monats fehlt, in dem das Kind das dritte Lebensjahr vollendet hat. Stirbt ein Beamter vor der Geburt des Kindes, sind der Berechnung des Kinderzuschlags 36 Kalendermonate zugrunde zu legen, wenn das Kind innerhalb von 300 Tagen nach dem Tod geboren wird. Ist das Kind später geboren, wird der Zuschlag erst nach Ablauf des in § 59 Absatz 2 Satz 1 genannten Zeitraums gewährt. Stirbt das Kind vor der Vollendung des dritten Lebensjahres, ist der Kinderzuschlag anteilig zu gewähren.

(3) § 59 Absatz 8 gilt entsprechend.

§ 61 Pflege- und Kinderpflegeergänzungszuschlag

(1) War eine Beamtin oder ein Beamter nach § 3 Satz 1 Nummer 1a des Sechsten Buches Sozialgesetzbuch versicherungspflichtig, weil sie oder er eine oder mehrere pflegebedürftige Personen nicht erwerbsmäßig gepflegt hat, wird für die Zeit der Pflege ein einfacher Pflegezuschlag neben dem Ruhegehalt gewährt. Dies gilt nicht, wenn die allgemeine Wartezeit in der gesetzlichen Rentenversicherung erfüllt ist. Eine Pflegetätigkeit während des Ruhestandes kann nicht zu einer Erhöhung des Ruhegehalts um einen Pflegezuschlag führen.

(2) Die Höhe des Pflegezuschlags ergibt sich aus der Anlage 2 zu diesem Gesetz. Bei einer linearen Erhöhung der Versorgungsbezüge erhöht sich der Zuschlag entsprechend.

(3) Hat eine Beamtin oder ein Beamter ein nach § 59 Absatz 3 zuzuordnendes pflegebedürftiges Kind nicht erwerbsmäßig gepflegt (§ 3 des Sechsten Buches Sozialgesetzbuch), wird neben dem Pflegezuschlag ein Kinderpflegeergänzungszuschlag gewährt. Dieser wird längstens für die Zeit bis zur Vollendung des 18. Lebensjahres des pflegebedürftigen Kindes und nicht neben Leistungen nach § 59 oder nach § 70 Absatz 3a des Sechsten Buches Sozialgesetzbuch gewährt. Die Höhe des Kinderpflegeergänzungszuschlags ergibt sich aus der Anlage 2 zu diesem Gesetz. Bei einer linearen Erhöhung der Versorgungsbezüge erhöht sich der Zuschlag entsprechend.

(4) § 59 Absatz 7 und 8 gilt entsprechend.

§ 62 Vorübergehende Gewährung von Zuschlägen

(1) Versorgungsempfängerinnen und Versorgungsempfänger, die vor Erreichen der Regelaltersgrenze gemäß § 31 Absatz 1 oder 2 des Landesbeamtengesetzes in den Ruhestand versetzt worden oder getreten sind, erhalten vorübergehend Leistungen entsprechend den §§ 59 und 61, wenn

1. bis zum Beginn des Ruhestandes die allgemeine Wartezeit für eine Rente der gesetzlichen Rentenversicherung erfüllt ist,
2. a) sie wegen Dienstunfähigkeit im Sinne des § 26 Absatz 1 des Beamtenstatusgesetzes in den Ruhestand versetzt worden sind oder
   b) sie wegen Erreichens einer besonderen Altersgrenze in den Ruhestand getreten sind,
3. ihnen entsprechende Leistungen nach dem Sechsten Buch Sozialgesetzbuch dem Grunde nach zustehen, jedoch vor dem

Erreichen der maßgebenden Altersgrenze noch nicht gewährt werden und

4. sie einen Ruhegehaltssatz von 66,97 Prozent noch nicht erreicht haben.

Durch die Leistung nach Satz 1 darf der Betrag nicht überschritten werden, der sich bei Berechnung des Ruhegehalts mit einem Ruhegehaltssatz von 66,97 Prozent ergibt.

(2) Die Leistung entfällt spätestens mit Ablauf des Monats, in dem die Versorgungsempfängerin oder der Versorgungsempfänger die Regelaltersgrenze gemäß § 31 Absatz 1 oder 2 des Landesbeamtengesetzes erreicht. Bezieht die Versorgungsempfängerin oder der Versorgungsempfänger vor Erreichen der Regelaltersgrenze eine Versichertenrente aus der gesetzlichen Rentenversicherung, endet die Leistung mit Ablauf des Tages vor dem Beginn der Rente.

(3) Die Leistung wird auf Antrag gewährt. Anträge, die innerhalb von drei Monaten nach Eintritt oder Versetzung der Beamtin oder des Beamten in den Ruhestand gestellt werden, gelten als zum Zeitpunkt des Ruhestandsbeginns gestellt. Wird der Antrag zu einem späteren Zeitpunkt gestellt, so wird die Leistung vom Beginn des Antragsmonats an gewährt.

§ 63 Abtretung, Verpfändung, Aufrechnungs- und Zurückbehaltungsrecht

(1) Ansprüche auf Versorgungsbezüge können nur abgetreten oder verpfändet werden, soweit sie der Pfändung unterliegen.

(2) Gegenüber Ansprüchen auf Versorgungsbezüge kann der Dienstherr ein Aufrechnungs- oder Zurückbehaltungsrecht nur in Höhe des pfändbaren Teils der Versorgungsbezüge geltend machen. Dies gilt nicht, soweit gegen die Versorgungsempfängerin oder den Versorgungsempfänger ein Anspruch auf Schadensersatz wegen vorsätzlicher unerlaubter Handlung besteht oder mit Ansprüchen auf Rückzahlung zu viel gezahlter Besoldung oder Versorgungsbezüge für denselben Zeitraum aufgerechnet wird.

(3) Ansprüche auf Sterbegeld (§ 22), auf Erstattung der Kosten des Heilverfahrens (§ 39) und der Pflege (§ 40), auf Unfallausgleich (§ 41), auf Unfallsterbegeld (§ 46), auf einmalige Unfallentschädigung (§ 51) und auf Schadensausgleich in besonderen Fällen (§ 52) können weder gepfändet noch abgetreten noch verpfändet werden. Forderungen des Dienstherrn gegen die Verstorbene oder den Verstorbenen aus Vorschuss- oder Darlehensgewährungen sowie aus Überzahlungen von Besoldung oder Versorgungsbezügen können auf das Sterbegeld angerechnet werden.

§ 64 Rückforderung von Versorgungsbezügen

(1) Wird eine Versorgungsberechtigte oder ein Versorgungsberechtigter durch eine gesetzliche Änderung ihrer oder seiner Versorgungsbezüge mit rückwirkender Kraft schlechter gestellt, so sind die Unterschiedsbeträge nicht zu erstatten.

(2) Im Übrigen regelt sich die Rückforderung zu viel gezahlter Versorgungsbezüge nach den Vorschriften des Bürgerlichen Gesetzbuches über die Herausgabe einer ungerechtfertigten Bereicherung, soweit gesetzlich nichts anderes bestimmt ist. Der Kenntnis des Mangels des rechtlichen Grundes der Zahlung steht es gleich, wenn der Mangel so offensichtlich war, dass die Empfängerin oder der Empfänger ihn hätte erkennen müssen. Von der Rückforderung kann aus Billigkeitsgründen mit Zustimmung der obersten Dienstbehörde oder der von ihr bestimmten Stelle ganz oder teilweise abgesehen werden. Die Zahlung von Versorgungsbezügen kann von der Abgabe einer Abtretungserklärung über Sozialleistungen gemäß § 53 Absatz 2 Nummer 1 des Ersten Buches Sozialgesetzbuch abhängig gemacht werden, wenn zu erwarten ist, dass es wegen auf die Versorgungsbezüge anzurechnender oder sie mindernder Sozialleistungen zu einer Rückforderung von Versorgungsbezügen kommen kann.

(3) Die Rückforderung von Beträgen von weniger als fünf Euro unterbleibt. Treffen mehrere Einzelbeträge zusammen, gilt die Grenze für die Gesamtrückforderung.

(4) § 118 Absatz 3 und 4 des Sechsten Buches Sozialgesetzbuch gilt entsprechend.

IV

§ 65 Verjährung

Ansprüche auf Versorgungsbezüge und auf die Rückzahlung von Versorgungsbezügen verjähren in drei Jahren. Die Verjährung beginnt mit dem Schluss des Jahres, in dem der Anspruch entstanden ist. Im Übrigen finden die §§ 194 bis 218 des Bürgerlichen Gesetzbuches sowie § 53 des Verwaltungsverfahrensgesetzes für das Land Nordrhein-Westfalen in der Fassung der Bekanntmachung vom 12. November 1999 (GV. NRW. S. 602) in der jeweils geltenden Fassung entsprechende Anwendung.

§ 66 Zusammentreffen von Versorgungsbezügen mit Erwerbs- und Erwerbsersatzeinkommen

(1) Bezieht eine Versorgungsempfängerin oder ein Versorgungsempfänger Erwerbs- oder Erwerbsersatzeinkommen (Absatz 5), erhält sie oder er daneben ihre oder seine Versorgungsbezüge nur bis zum Erreichen der in Absatz 2 bezeichneten Höchstgrenze.

(2) Als Höchstgrenze gelten

1. für Ruhestandsbeamtinnen, Ruhestandsbeamte, Witwen und Witwer die ruhegehaltfähigen Dienstbezüge aus der Endstufe der Besoldungsgruppe, aus der sich das Ruhegehalt berechnet, mindestens ein Betrag in Höhe des 1,39-fachen der jeweils ruhegehaltfähigen Dienstbezüge aus der Endstufe der Besoldungsgruppe A 5,
2. für Waisen 40 Prozent des Betrages, der sich nach Nummer 1 ergibt,
3. für Ruhestandsbeamtinnen und Ruhestandsbeamte, die wegen Dienstunfähigkeit, die nicht auf einem Dienstunfall beruht, oder nach § 33 Absatz 3 Nummer 2 des Landesbeamtengesetzes in den Ruhestand versetzt worden sind, bis zum Ablauf des Monats, in dem sie die Regelaltersgrenze nach § 31 Absatz 1 oder 2 des Landesbeamtengesetzes erreichen, 71,75 Prozent der ruhegehaltfähigen Dienstbezüge aus der Endstufe der Besoldungsgruppe, aus der sich das Ruhegehalt berechnet, mindestens ein Betrag in Höhe von 71,75 Prozent des 1,39-fachen der jeweils ruhegehaltfähigen Dienstbezüge aus der Endstufe der Besoldungsgruppe A 5, sowie eines Betrages in Höhe von vierzehn Zwölfteln der Geringfügigkeitsgrenze im Sinne des § 8 Absatz 1a des Vierten Buches Sozialgesetzbuch – Gemeinsame Vorschriften für die Sozialversicherung – in der Fassung der Bekanntmachung vom 12. November 2009 (BGBl. I S. 3710, 3973; 2011 I S. 363), das zuletzt durch Artikel 8 des Gesetzes vom 27. April 2026 (BGBl. 2026 I Nr. 119) geändert worden ist, in der jeweils geltenden Fassung.

Bei der Berechnung der Höchstgrenze nach den Nummern 1 und 2 findet § 5 Absatz 1 Satz 3 und 4 keine Anwendung. Die Höchstgrenze erhöht sich um den jeweils zustehenden Unterschiedsbetrag nach § 58 Absatz 1.

(3) Der Versorgungsempfängerin oder dem Versorgungsempfänger ist mindestens ein Betrag in Höhe von 20 Prozent des Versorgungsbezuges zu belassen. Dies gilt nicht bei Bezug von Verwendungseinkommen aus einer den ruhegehaltfähigen Bezügen mindestens vergleichbaren Besoldungs- oder Entgeltgruppe oder sonstigem, in der Höhe vergleichbarem Verwendungseinkommen.

(4) Bei der Ruhensberechnung für eine frühere Beamtin, einen früheren Beamten, eine frühere Ruhestandsbeamtin oder einen früheren Ruhestandsbeamten mit Anspruch auf Versorgung nach § 44, ist mindestens ein Betrag als Versorgung zu belassen, der unter Berücksichtigung des Grades der Schädigungsfolgen infolge des Dienstunfalls dem Unfallausgleich entspricht. Dies gilt nicht, wenn wegen desselben Unfalls eine monatliche Entschädigungszahlung nach dem Sozialgesetzbuch Vierzehntes Buch zusteht.

(5) Erwerbseinkommen sind Einkünfte aus nichtselbständiger Arbeit einschließlich Abfindungen, aus selbständiger Arbeit, aus gewerblicher sowie aus land- und forstwirtschaftlicher Betätigung, abzüglich der Werbungskosten und Betriebsausgaben. Als Erwerbseinkommen gelten auch Gewinne aus Kapitalgesellschaften, in denen die Versorgungsempfängerin oder der Versorgungsempfänger ohne angemessene Vergütung tätig ist, soweit die Gewinne auf diese Tätigkeit entfallen. Im Übrigen bleiben Einkünfte aus Kapitalvermögen unberücksichtigt. Ein Verlustausgleich zwischen

einzelnen Einkunftsarten ist nicht vorzunehmen. Nicht als Erwerbseinkommen gelten

1. Aufwandsentschädigungen, soweit sie keine Vergütungseigenschaft haben,
2. Jubiläumszuwendungen,
3. ein Unfallausgleich (§ 41),
4. steuerfreie Einnahmen für Leistungen zur Grundpflege oder hauswirtschaftlichen Versorgung,
5. Einkünfte aus Nebentätigkeiten im Sinne von § 51 Absatz 1 Nummer 2 des Landesbeamtengesetzes sowie
6. der Zuschlag nach § 71a des Landesbesoldungsgesetzes.

Erwerbsersatzeinkommen sind Leistungen, die auf Grund oder in entsprechender Anwendung öffentlich-rechtlicher Vorschriften kurzfristig erbracht werden, um Erwerbseinkommen zu ersetzen. Die Berücksichtigung des Erwerbs- und Erwerbsersatzeinkommens erfolgt monatsbezogen. Wird Einkommen nicht in Monatsbeträgen erzielt, ist es je Kalendermonat mit einem Zwölftel des Jahreseinkommens anzusetzen. Wurde die Erwerbstätigkeit keine zwölf Monate ausgeübt, ist das Gesamteinkommen zu gleichen Teilen auf die Monate der Erwerbstätigkeit umzulegen.

(6) Nach Ablauf des Monats, in dem die Versorgungsempfängerin oder der Versorgungsempfänger die Regelaltersgrenze nach § 31 Absatz 1 oder 2 des Landesbeamtengesetzes erreicht, gelten die Absätze 1 bis 5 nur für Erwerbseinkommen aus einer Verwendung im öffentlichen Dienst (Verwendungseinkommen). Dies ist jede Beschäftigung im Dienst von Körperschaften, Anstalten und Stiftungen des deutschen öffentlichen Rechts oder ihrer Verbände; ausgenommen ist die Beschäftigung bei öffentlich-rechtlichen Religionsgesellschaften oder ihren Verbänden. Der Verwendung im öffentlichen Dienst stehen gleich

1. die Verwendung im öffentlichen Dienst einer zwischenstaatlichen oder überstaatlichen Einrichtung, an der eine Körperschaft oder ein Verband im Sinne des Satzes 2 durch Zahlung von Beiträgen oder Zuschüssen oder in anderer Weise beteiligt ist, sowie
2. die Beschäftigung im inländischen nichtöffentlichen Schuldienst.

Ob die Voraussetzungen des Satzes 3 Nummer 1 zutreffen, entscheidet auf Antrag der zuständigen Stelle oder der Versorgungsberechtigten das Finanzministerium.

(7) Erhält die Beamtin oder der Beamte Bezüge nach § 4 des Landesbesoldungsgesetzes und bezieht sie oder er zugleich Verwendungseinkommen (Absatz 6), werden die Bezüge um das Verwendungseinkommen verringert.

(8) Bezieht eine Beamtin oder ein Beamter im einstweiligen Ruhestand Erwerbs- oder Erwerbsersatzeinkommen nach Absatz 5, das nicht Verwendungseinkommen im Sinne des Absatzes 6 ist, so ruhen die Versorgungsbezüge um 50 Prozent des Betrages, um den sie und das Einkommen die Höchstgrenze übersteigen. Satz 1 gilt für Wahlbeamtinnen und Wahlbeamte auf Zeit im Ruhestand entsprechend.

(9) Beziehen Wahlbeamtinnen und Wahlbeamte auf Zeit im Ruhestand neben ihren Versorgungsbezügen Verwendungseinkommen nach Absatz 6, ist Absatz 3 nicht anzuwenden. Für Wahlbeamtinnen und Wahlbeamte auf Zeit im Ruhestand, die wegen Dienstunfähigkeit, die nicht auf einem Dienstunfall beruht, oder nach § 33 Absatz 3 Nummer 2 des Landesbeamtengesetzes in den Ruhestand versetzt worden sind und Verwendungseinkommen beziehen, bestimmt sich die Höchstgrenze nach Absatz 2 Satz 1 Nummer 1.

(10) (weggefallen)

(11) (weggefallen)

(12) (weggefallen)

(13) Werden Versorgungsberechtigte im öffentlichen Dienst verwendet (Absatz 6 Satz 2 und 3), gelten die hieraus erzielten Einkünfte nach Ablauf des Monats, in dem

1. Ruhestandsbeamtinnen und Ruhestandsbeamte die für sie geltende gesetzliche Altersgrenze für den Eintritt in den Ruhestand
2. Hinterbliebene die Regelaltersgrenze nach § 31 Absatz 1 und 2 des Landesbeamtengesetzes

erreichen, bis zum Ablauf des Jahres 2029 nicht als Erwerbseinkommen. Ist die Hinter-

IV

bliebene oder der Hinterbliebene zugleich Ruhestandsbeamtin oder Ruhestandsbeamter gilt abweichend von Satz 1 Nummer 2 der in Satz 1 Nummer 1 bezeichnete Zeitpunkt.

§ 67 Zusammentreffen mehrerer Versorgungsbezüge und von Versorgungsbezügen mit Alters- und Hinterbliebenengeld

(1) Erhält aus einer Verwendung im öffentlichen Dienst (§ 66 Absatz 6)

1. eine Ruhestandsbeamtin oder ein Ruhestandsbeamter Ruhegehalt oder eine ähnliche Versorgung,
2. eine Witwe, ein Witwer oder eine Waise Witwengeld, Witwergeld, Waisengeld oder eine ähnliche Versorgung,
3. eine Witwe oder ein Witwer Ruhegehalt oder eine ähnliche Versorgung,

als weiteren Versorgungsbezug (neuer Versorgungsbezug), sind neben diesem frühere Versorgungsbezüge nur bis zum Erreichen der in Absatz 2 bezeichneten Höchstgrenze zu zahlen. Dabei darf die Gesamtversorgung nicht hinter der früheren Versorgung zurückbleiben. Beim neuen Versorgungsbezug sind Kürzungen auf Grund eines Versorgungsausgleichs nach § 72 oder vergleichbaren Vorschriften nicht zu berücksichtigen.

(2) Als Höchstgrenze gelten

1. in den Fällen des Absatzes 1 Nummer 1 das Ruhegehalt, das sich unter Zugrundelegung der gesamten ruhegehaltfähigen Dienstzeit und der ruhegehaltfähigen Dienstbezüge aus der Endstufe der Besoldungsgruppe, aus der sich das frühere Ruhegehalt berechnet, ergibt,
2. in den Fällen des Absatzes 1 Nummer 2 das Witwen-, Witwer- oder Waisengeld, das sich aus dem Ruhegehalt nach Nummer 1 ergibt,
3. in den Fällen des Absatzes 1 Nummer 3 71,75 Prozent, in den Fällen des § 42 75 Prozent und in den Fällen des § 43 80 Prozent der ruhegehaltfähigen Dienstbezüge aus der Endstufe der Besoldungsgruppe, aus der sich das dem Witwen- oder Witwergeld zugrunde liegende Ruhegehalt bemisst.

Die Höchstgrenze erhöht sich um den jeweils zustehenden Unterschiedsbetrag nach § 58 Absatz 1. Ist bei einem an der Ruhensregelung nach Satz 1 Nummer 1 oder 2 beteiligten Versorgungsbezug das Ruhegehalt um einen Versorgungsabschlag gemindert oder um einen Versorgungsaufschlag erhöht, ist das für die Höchstgrenze maßgebende Ruhegehalt entsprechend festzusetzen. In den Fällen des Satzes 1 Nummer 3 ist Satz 3 entsprechend anzuwenden, wenn das dem Witwen- oder Witwergeld zugrunde liegende Ruhegehalt um einen Versorgungsabschlag gemindert oder um einen Versorgungsaufschlag erhöht ist.

(3) Im Fall des Absatzes 1 Nummer 3 ist neben dem Ruhegehalt oder der ähnlichen Versorgung mindestens ein Betrag in Höhe von 20 Prozent des Witwen- oder Witwergeldes zu belassen.

(4) Erwirbt eine Ruhestandsbeamtin oder ein Ruhestandsbeamter einen Anspruch auf Witwengeld, Witwergeld oder eine ähnliche Versorgung, so wird daneben das Ruhegehalt zuzüglich des Unterschiedsbetrages nach § 58 Absatz 1 nur bis zum Erreichen der in Absatz 2 Satz 1 Nummer 3 und Satz 4 bezeichneten Höchstgrenze gezahlt. Sofern das Witwen- oder Witwergeld oder eine ähnliche Versorgung auf Grund Bundes- oder anderen Landesrechts gezahlt wird, sind bei der Ermittlung der Höchstgrenze die entsprechenden Regelungen des Bundes- oder anderen Landesrechts anzuwenden. Absatz 1 Satz 3 gilt entsprechend. Die Gesamtbezüge dürfen nicht hinter dem Ruhegehalt zuzüglich des Unterschiedsbetrages nach § 58 Absatz 1 sowie eines Betrages in Höhe von 20 Prozent des Witwen- oder Witwergeldes zurückbleiben.

(5) Bezieht eine Versorgungsempfängerin oder ein Versorgungsempfänger Altersgeld oder eine dem Altersgeld entsprechende Alterssicherung, ruhen die Versorgungsbezüge in Höhe des Altersgeldes oder in Höhe einer dem Altersgeld entsprechenden Alterssicherung. Entsprechendes gilt beim Zusammentreffen von Hinterbliebenenversorgung und

Hinterbliebenengeld. Absatz 1 Satz 3 und § 68 Absatz 4 gelten entsprechend.

(6) § 66 Absatz 4 gilt entsprechend.

§ 68 Zusammentreffen von Versorgungsbezügen mit Renten

(1) Versorgungsbezüge werden neben Renten nur bis zum Erreichen der in Absatz 2 bezeichneten Höchstgrenze gezahlt. Als Renten gelten

1. Renten aus den gesetzlichen Rentenversicherungen,
2. Renten aus einer zusätzlichen Alters- oder Hinterbliebenenversorgung für Angehörige des öffentlichen Dienstes,
3. Renten nach dem Gesetz über die Alterssicherung der Landwirte vom 29. Juli 1994 (BGBl. I S. 1890, 1891) in der jeweils geltenden Fassung,
4. Renten aus der gesetzlichen Unfallversicherung, wobei für Empfängerinnen und Empfänger von Ruhegehalt ein dem Unfallausgleich (§ 41) entsprechender Betrag unberücksichtigt bleibt; ab einem Grad der Schädigungsfolgen von 20 bleiben zwei Drittel des Unfallausgleichs und ab einem Grad der Schädigungsfolgen von 10 ein Drittel des Unfallausgleichs, der nach § 41 Absatz 1 bei einem Schädigungsgrad von 25 gewährt wird, unberücksichtigt,
5. Leistungen aus einer berufsständischen Versorgungseinrichtung oder aus einer befreienden Lebensversicherung, zu denen der Arbeitgeber auf Grund eines Beschäftigungsverhältnisses im öffentlichen Dienst mindestens die Hälfte der Beiträge oder Zuschüsse in dieser Höhe geleistet hat.

Zu den Renten und Leistungen nach Satz 2 rechnen nicht der Kinderzuschuss und der Zuschlag zur Waisenrente. Renten, Rentenerhöhungen und Rentenminderungen, die auf § 1587b des Bürgerlichen Gesetzbuches in der jeweils bis zum 31. August 2009 geltenden Fassung, § 1 des Versorgungsausgleichs-Härteregelungsgesetzes vom 21. Februar 1983 (BGBl. I S. 105) in der jeweils bis zum 31. August 2009 geltenden Fassung oder § 1 des Versorgungsausgleichsgesetzes vom 3. April 2009 (BGBl. I S. 700) in der jeweils geltenden Fassung beruhen, sowie Zuschläge oder Abschläge beim Rentensplitting nach § 76c des Sechsten Buches Sozialgesetzbuch bleiben unberücksichtigt.

(2) Als Höchstgrenze gelten

1. für Ruhestandsbeamtinnen und Ruhestandsbeamte der Betrag, der sich als Ruhegehalt ergeben würde, wenn der Berechnung zugrunde gelegt werden
   a) bei den ruhegehaltfähigen Dienstbezügen die Endstufe der Besoldungsgruppe, aus der sich das Ruhegehalt berechnet,
   b) als ruhegehaltfähige Dienstzeit die Zeit vom vollendeten 17. Lebensjahr bis zum Eintritt des Versorgungsfalls abzüglich von Zeiten nach § 14, zuzüglich ruhegehaltfähiger Dienstzeiten vor Vollendung des 17. Lebensjahres sowie der Zeiten, um die sich die ruhegehaltfähige Dienstzeit erhöht, und der bei der Rente berücksichtigten Zeiten einer rentenversicherungspflichtigen Beschäftigung oder Tätigkeit nach Eintritt des Versorgungsfalls und
2. für Witwen, Witwer und Waisen der Betrag, der sich als Witwen-, Witwer- oder Waisengeld aus dem Ruhegehalt nach Nummer 1 ergeben würde.

Die Höchstgrenze erhöht sich um den jeweils zustehenden Unterschiedsbetrag nach § 58 Absatz 1. Ist bei einem an der Ruhensregelung beteiligten Versorgungsbezug das Ruhegehalt um einen Versorgungsabschlag gemindert, ist das für die Höchstgrenze maßgebende Ruhegehalt entsprechend festzusetzen.

(3) Als Renten im Sinne des Absatzes 1 gelten nicht

1. bei Ruhestandsbeamtinnen und Ruhestandsbeamten Hinterbliebenenrenten aus einer Beschäftigung oder Tätigkeit der Ehegattin oder des Ehegatten,
2. bei Witwen, Witwern und Waisen Renten auf Grund einer eigenen Beschäftigung oder Tätigkeit.

(4) Wird eine Rente im Sinne des Absatzes 1 Satz 2 nicht beantragt oder auf sie verzichtet oder wird an deren Stelle eine Kapitalleis-

IV

tung, Beitragserstattung oder Abfindung gezahlt, so tritt an die Stelle der Rente der Betrag, der vom Leistungsträger ansonsten zu zahlen wäre. Bei Zahlung einer Abfindung, Beitragserstattung oder eines sonstigen Kapitalbetrages ist der sich bei einer Verrentung ergebende Betrag zugrunde zu legen. Dies gilt nicht, wenn die Ruhestandsbeamtin oder der Ruhestandsbeamte innerhalb von drei Monaten nach Zufluss den Kapitalbetrag zuzüglich der hierauf gewährten Zinsen an den Dienstherrn abführt. Die Kapitalbeträge nach Satz 2 sind um die Prozentsätze der allgemeinen Anpassungen nach § 84 zu erhöhen oder zu vermindern, die sich nach dem Zeitpunkt der Entstehung des Anspruchs auf die Kapitalbeträge bis zur Gewährung von Versorgungsbezügen ergeben. Der Verrentungsbetrag nach Satz 2 errechnet sich bezogen auf den Monat aus dem Verhältnis zwischen dem nach Satz 4 dynamisierten Kapitalbetrag und dem Verrentungsfaktor, der sich aus dem zwölffachen Betrag des Kapitalwertes nach der vom Bundesministerium der Finanzen zu § 14 Absatz 1 des Bewertungsgesetzes in der Fassung der Bekanntmachung vom 1. Februar 1991 (BGBl. I S. 230) in der jeweils geltenden Fassung im Bundessteuerblatt Teil I veröffentlichten Tabelle ergibt.

(5) Bei Anwendung der Absätze 1 und 2 bleibt der Teil der Rente außer Ansatz, der

1. dem Verhältnis der Versicherungsjahre auf Grund freiwilliger Weiterversicherung oder Selbstversicherung zu den gesamten Versicherungsjahren oder, wenn sich die Rente nach Werteinheiten berechnet, dem Verhältnis der Werteinheiten für freiwillige Beiträge zu der Summe der Werteinheiten für freiwillige Beiträge, Pflichtbeiträge, Ersatzzeiten und Ausfallzeiten oder, wenn sich die Rente nach Entgeltpunkten berechnet, dem Verhältnis der Entgeltpunkte für freiwillige Beiträge zu der Summe der Entgeltpunkte für freiwillige Beiträge, Pflichtbeiträge, Ersatzzeiten, Zurechnungszeiten und Anrechnungszeiten entspricht oder
2. auf einer Höherversicherung beruht.

Dies gilt nicht, soweit der Arbeitgeber mindestens die Hälfte der Beiträge oder Zuschüsse in dieser Höhe geleistet hat.

(6) Den in Absatz 1 bezeichneten Renten stehen entsprechende wiederkehrende Geldleistungen gleich, die auf Grund der Zugehörigkeit zu Zusatz- oder Sonderversorgungssystemen der ehemaligen Deutschen Demokratischen Republik geleistet werden oder die von einem ausländischen Versicherungsträger nach einem für die Bundesrepublik Deutschland wirksamen zwischen- oder überstaatlichen Abkommen gewährt werden.

(7) § 66 Absatz 4 gilt entsprechend. Für die Umrechnung von Renten ausländischer Versorgungsträger gilt § 17a Absatz 1 des Vierten Buches Sozialgesetzbuch – Gemeinsame Vorschriften für die Sozialversicherung – in der Fassung der Bekanntmachung vom 12. November 2009 (BGBl. I S. 3710, 3973; 2011 I S. 363) in der jeweils geltenden Fassung entsprechend.

§ 69 Zusammentreffen von Versorgungsbezügen mit Versorgung aus zwischenstaatlicher und überstaatlicher Verwendung

(1) Erhalten Ruhestandsbeamtinnen und Ruhestandsbeamte aus der Verwendung im öffentlichen Dienst einer zwischenstaatlichen oder überstaatlichen Einrichtung eine Versorgung, ruht das Ruhegehalt nach diesem Gesetz nach Anwendung von § 16 Absatz 2 in Höhe des Betrages, um den die Summe aus der genannten Versorgung und dem Ruhegehalt nach diesem Gesetz die in Absatz 2 genannte Höchstgrenze übersteigt, mindestens jedoch in Höhe des Betrages, der einer Minderung des Prozentsatzes von 1,79375 für jedes Jahr im zwischenstaatlichen oder überstaatlichen Dienst entspricht. Der Unterschiedsbetrag nach § 58 Absatz 1 ruht in Höhe von 2,39167 Prozent für jedes Jahr im zwischenstaatlichen oder überstaatlichen Dienst. § 16 Absatz 1 Satz 2 bis 4 sind entsprechend anzuwenden. Die Versorgungsbezüge ruhen in voller Höhe, wenn Ruhestandsbeamtinnen und -beamte als Invaliditätspension die Höchstversorgung aus ihrem

Amt bei der zwischenstaatlichen oder überstaatlichen Einrichtung erhalten. Bei der Anwendung des Satzes 1 wird die Zeit, in welcher Beamtinnen und Beamte, ohne ein Amt bei einer zwischenstaatlichen oder überstaatlichen Einrichtung auszuüben, dort einen Anspruch auf Vergütung oder sonstige Entschädigung haben und Ruhegehaltsansprüche erwerben, als Zeit im zwischenstaatlichen oder überstaatlichen Dienst gerechnet. Entsprechendes gilt für Zeiten nach dem Ausscheiden aus dem Dienst einer zwischenstaatlichen oder überstaatlichen Einrichtung, die dort bei der Berechnung des Ruhegehaltes wie Dienstzeiten berücksichtigt werden.

(2) Als Höchstgrenze gelten die in § 67 Absatz 2 bezeichneten Höchstgrenzen sinngemäß. Dabei ist als Ruhegehalt das Ruhegehalt zugrunde zu legen, das sich unter Einbeziehung der Zeiten einer Verwendung im öffentlichen Dienst einer zwischenstaatlichen oder überstaatlichen Einrichtung als ruhegehaltfähige Dienstzeit und auf der Grundlage der ruhegehaltfähigen Dienstbezüge aus der Endstufe der nächsthöheren Besoldungsgruppe ergibt.

(3) Verzichten Beamtinnen, Beamte, Ruhestandsbeamtinnen oder Ruhestandsbeamte bei ihrem Ausscheiden aus dem öffentlichen Dienst einer zwischenstaatlichen oder überstaatlichen Einrichtung auf eine Versorgung oder wird an deren Stelle eine Abfindung, Beitragserstattung oder ein sonstiger Kapitalbetrag gezahlt, so findet Absatz 1 mit der Maßgabe Anwendung, dass an die Stelle der Versorgung der Betrag tritt, der vom Leistungsträger ansonsten zu zahlen wäre; erfolgt die Zahlung eines Kapitalbetrages, weil kein Anspruch auf laufende Versorgung besteht, so ist der sich bei einer Verrentung des Kapitalbetrages ergebende Betrag zugrunde zu legen. Satz 1 gilt nicht, wenn Beamtinnen, Beamte, Ruhestandsbeamtinnen oder Ruhestandsbeamte innerhalb eines Jahres nach Beendigung der Verwendung oder der Berufung in das Beamtenverhältnis den Kapitalbetrag zuzüglich der hierauf gewährten Zinsen an ihren Dienstherrn abführen. § 68 Absatz 4 Satz 4 und 5 gilt entsprechend.

(4) Haben Beamtinnen, Beamte, Ruhestandsbeamtinnen oder Ruhestandsbeamte schon vor ihrem Ausscheiden aus dem zwischenstaatlichen oder überstaatlichen öffentlichen Dienst unmittelbar oder mittelbar Zahlungen aus dem Kapitalbetrag erhalten oder hat die zwischenstaatliche oder überstaatliche Einrichtung diesen durch Aufrechnung oder in anderer Form verringert, ist die Zahlung nach Absatz 3 in Höhe des ungekürzten Kapitalbetrages zu leisten.

(5) Erhalten Witwen, Witwer oder die Waisen von Beamtinnen, Beamten, Ruhestandsbeamtinnen oder Ruhestandsbeamten Hinterbliebenenbezüge von der zwischenstaatlichen oder überstaatlichen Einrichtung, ruhen Witwen-, Witwer- oder Waisengeld nach diesem Gesetz in Höhe des Betrages, der sich unter Anwendung der Absätze 1 und 2 nach dem entsprechenden Anteilsatz ergibt. Absatz 1 Satz 2, Absätze 3, 4 und 6 finden entsprechende Anwendung.

(6) Der Ruhensbetrag darf die von der zwischenstaatlichen oder überstaatlichen Einrichtung gewährte Versorgung nicht übersteigen. Den Ruhestandsbeamtinnen und -beamten ist mindestens ein Betrag in Höhe von 20 Prozent ihres Ruhegehalts nach diesem Gesetz zu belassen. Satz 2 gilt nicht, wenn die Unterschreitung der Mindestbelassung darauf beruht, dass

1. das Ruhegehalt nach diesem Gesetz in Höhe des Betrages ruht, der einer Minderung des Prozentsatzes um 1,79375 für jedes Jahr im zwischenstaatlichen oder überstaatlichen Dienst entspricht, oder
2. Absatz 1 Satz 4 anzuwenden ist.

(7) § 66 Absatz 4 gilt entsprechend.

§ 70 Zusammentreffen von Versorgungsbezügen mit Entschädigung oder Versorgungsbezügen nach dem Abgeordnetenstatut des Europäischen Parlaments

(1) Bezieht eine Versorgungsempfängerin oder ein Versorgungsempfänger eine Entschädigung nach Artikel 10 des Beschlusses 2005/684/EG des Europäischen Parlaments vom 28. September 2005 zur Annahme des

IV

Abgeordnetenstatuts des Europäischen Parlaments (ABl. L 262 vom 7. 10. 2005 S. 1), ruhen ihre oder seine Versorgungsbezüge in Höhe von 80 Prozent, höchstens aber in Höhe der Entschädigung.

(2) Bezieht eine Versorgungsempfängerin oder ein Versorgungsempfänger Versorgungsbezüge nach Artikel 14, 15 und 17 des Beschlusses 2005/684/EG, findet Absatz 1 entsprechend Anwendung. Das Übergangsgeld nach Artikel 13 des Beschlusses 2005/684/EG zählt zu den Versorgungsbezügen.

IV

§ 71 Allgemeine Bestimmungen zur Anwendung der Anrechnungs-, Kürzungs- und Ruhensvorschriften

(1) Der Anwendung der Ruhensvorschriften nach den §§ 66 bis 70 gehen sonstige Anrechnungs- und Kürzungsvorschriften vor, soweit nichts anderes bestimmt ist.

(2) Beim Zusammentreffen von zwei Versorgungsbezügen mit Erwerbs- oder Erwerbsersatzeinkommen ist zunächst der neuere und dann der frühere Versorgungsbezug nach § 66 zu regeln. Bei der Regelung des früheren Versorgungsbezugs ist dem Einkommen der nicht ruhende Teil des neueren Versorgungsbezugs hinzuzurechnen. Die Berechnungsreihenfolge ist umzukehren, soweit dies für die Versorgungsberechtigten günstiger ist. Die Versorgungsberechtigten dürfen nicht besser gestellt werden, als wenn kein Erwerbs- oder Erwerbsersatzeinkommen bezogen würde.

(3) Beim Zusammentreffen von Versorgungsbezügen mit Erwerbs- oder Erwerbsersatzeinkommen und Renten ist § 66 mit der nach § 68 verbleibenden Gesamtversorgung anzuwenden.

(4) Beim Zusammentreffen von zwei Versorgungsbezügen mit einer Rente ist zunächst der neuere Versorgungsbezug nach § 68 Absatz 1 bis 5 und danach der frühere Versorgungsbezug unter Berücksichtigung des gekürzten neueren Versorgungsbezugs nach § 67 zu regeln. Der hiernach gekürzte frühere Versorgungsbezug ist unter Berücksichtigung des gekürzten neueren Versorgungsbezugs nach § 68 Absatz 1 bis 5 zu regeln; für die Berechnung der Höchstgrenze nach § 68 Absatz 2 ist hierbei die Zeit bis zum Eintritt des neueren Versorgungsfalls zu berücksichtigen.

(5) Der nach § 69 berechnete Ruhensbetrag ist von den nach Anwendung der §§ 66 bis 68 und § 70 verbleibenden Versorgungsbezügen abzuziehen.

(6) Einmal-, Sonder-, Jahressonderzahlungen und ähnliche Leistungen, die zu den in den §§ 66 bis 70 genannten Einkommens- oder Versorgungsarten gehören, und zusätzlich zu Leistungen im Sinne der §§ 66 bis 70 gewährt werden, sind bei der Anwendung der Ruhens- und Anrechnungsvorschriften im jeweiligen Auszahlungsmonat zu berücksichtigen; § 66 Absatz 5 Satz 6 findet auf diese Zahlungen keine Anwendung.

(7) Bis zum 31. Dezember 2016 erhöhen sich die bei der Anwendung von Ruhensvorschriften maßgeblichen Höchstgrenzen im Monat der Zahlung der Sonderzahlung nach dem Sonderzahlungsgesetz NRW vom 20. November 2003 (GV. NRW. S. 696) in der jeweils geltenden Fassung um den Bemessungssatz des Grundbetrages dieser Sonderzahlung und um den Sonderbetrag für Kinder.

§ 72 Kürzung der Versorgungsbezüge nach der Ehescheidung

(1) Sind bei der Durchführung eines Versorgungsausgleichs durch Entscheidung des Familiengerichts

1. Anwartschaften in einer gesetzlichen Rentenversicherung nach § 1587b Absatz 2 des Bürgerlichen Gesetzbuches in der bis zum 31. August 2009 geltenden Fassung oder
2. Anrechte nach dem Versorgungsausgleichsgesetz

rechtskräftig begründet oder übertragen worden, werden die Versorgungsbezüge der oder des Ausgleichspflichtigen und ihrer oder seiner Hinterbliebenen nach Anwendung von Ruhens-, Kürzungs- und Anrechnungsvorschriften um den nach Absatz 2 oder 3 berechneten Betrag gekürzt. Hat der Dienstherr Erstattungen nach § 5 des Bundesversorgungsteilungsgesetzes vom 3. April 2009 (BGBl. I S. 700, 716) in der jeweils geltenden Fassung oder einer vergleichbaren landesrechtlichen Regelung zu leisten, werden die Versorgungsbezüge der ausgleichspflichtigen Person und ihrer Hinterbliebenen entsprechend der Regelung in Satz 1 gekürzt. Das Ruhegehalt, das die oder der Ausgleichspflichtige im Zeitpunkt der Wirksamkeit der Entscheidung des Familiengerichts über den Versorgungsausgleich erhält, wird erst gekürzt, wenn der oder dem Ausgleichsberechtigten eine Leistung aus Anwartschaften oder Anrechten nach Satz 1 gewährt wird. Dies gilt jedoch nur, wenn der Anspruch auf Ruhegehalt vor dem 1. Juni 2013 entstanden ist und die Entscheidung des Familiengerichts zu diesem Zeitpunkt bereits wirksam war. Das einer Vollwaise zu gewährende Waisengeld wird nicht gekürzt, wenn nach dem Recht der gesetzlichen Rentenversicherungen die Voraussetzungen für die Gewährung einer Waisenrente aus der Versicherung der oder des Ausgleichsberechtigten nicht erfüllt sind.

(2) Der Kürzungsbetrag für das Ruhegehalt berechnet sich aus dem Monatsbetrag der durch die Entscheidung des Familiengerichts begründeten Anwartschaften oder übertragenen Anrechte. Dieser Monatsbetrag erhöht oder vermindert sich entsprechend den allgemeinen Anpassungen gemäß § 84. Vom Zeitpunkt des Eintritts oder der Versetzung in den Ruhestand an, bei einer Ruhestandsbeamtin oder einem Ruhestandsbeamten vom Tag nach dem Ende der Ehezeit an, erhöht oder vermindert sich der Kürzungsbetrag in dem Verhältnis, in dem sich das Ruhegehalt vor Anwendung von Ruhens-, Kürzungs- und Anrechnungsvorschriften durch Anpassung der Versorgungsbezüge erhöht oder vermindert.

(3) Der Kürzungsbetrag für das Witwen-, Witwer- und Waisengeld berechnet sich aus dem Kürzungsbetrag nach Absatz 2 für das Ruhegehalt, das die Beamtin oder der Beamte erhalten hat oder hätte erhalten können, wenn sie oder er am Todestag wegen Dienstunfähigkeit in den Ruhestand versetzt worden wäre, nach den Anteilssätzen des Witwen-, Witwer- oder Waisengeldes.

(4) Ein Unterhaltsbeitrag nach § 27 wird nicht gekürzt.

(5) In den Fällen des Absatzes 1 Satz 3 und des § 5 des Versorgungsausgleichs-Härteregelungsgesetzes in der bis zum 31. August 2009 geltenden Fassung und der §§ 33 und 34 des Versorgungsausgleichsgesetzes steht die Zahlung des Ruhegehalts der oder des Ausgleichspflichtigen für den Fall rückwirkender oder erst nachträglich bekannt werdender Rentengewährung an die Ausgleichsberechtigte oder den Ausgleichsberechtigten unter dem Vorbehalt der Rückforderung.

§ 73 Abwendung der Kürzung der Versorgungsbezüge

(1) Die Kürzung der Versorgungsbezüge nach § 72 kann von der Beamtin, dem Beamten, der Ruhestandsbeamtin oder dem Ruhestandsbeamten durch Zahlung eines Kapitalbetrages an den Dienstherrn abgewendet werden.

(2) Als voller Kapitalbetrag wird der Betrag angesetzt, der auf Grund der Entscheidung des Familiengerichts zur Begründung der Anwartschaft auf die bestimmte Rente zu leisten gewesen wäre, erhöht oder vermindert entsprechend den allgemeinen Anpassungen gemäß § 84, die nach dem Tag, an dem die Entscheidung des Familiengerichts ergangen ist, bis zum Tag der Zahlung des Kapitalbetrages eingetretenen sind. Vom Zeitpunkt des Eintritts oder der Versetzung in den Ruhestand an, bei einer Ruhestandsbeamtin oder einem Ruhestandsbeamten von dem Tag, an dem die Entscheidung des Familiengerichts ergangen ist, erhöht oder vermindert sich der Kapitalbetrag in dem Verhältnis, in dem sich das Ruhegehalt vor Anwendung von Ruhens-, Kürzungs- und Anrechnungsvorschriften durch Anpassung der Versorgungsbezüge erhöht oder vermindert.

(3) Bei Zahlung eines Teilbetrages vermindert sich die Kürzung der Versorgungsbezüge in dem entsprechenden Verhältnis. Der Betrag der teilweisen Zahlung soll den Monatsbetrag der Dienstbezüge der Beamtin oder des Beamten oder des Ruhegehaltes der Ruhestandsbeamtin oder des Ruhestandsbeamten nicht unterschreiten.

IV

(4) Ergeht nach der Scheidung eine Entscheidung des Familiengerichts zur Abänderung des Wertausgleichs und sind Zahlungen nach Absatz 1 erfolgt, sind im Umfang der Abänderung zu viel gezahlte Beträge unter Anrechnung der nach § 72 anteilig errechneten Kürzungsbeträge zurückzuzahlen.

§ 74 Verlust und Erlöschen der Versorgung infolge Verurteilung

(1) Ruhestandsbeamtinnen und Ruhestandsbeamte,

1. gegen die wegen einer vor Beendigung des Beamtenverhältnisses begangenen Tat eine Entscheidung ergangen ist, die nach § 24 des Beamtenstatusgesetzes zum Verlust der Beamtenrechte geführt hätte, oder
2. die wegen einer nach Beendigung des Beamtenverhältnisses begangenen Tat durch ein deutsches Gericht im ordentlichen Strafverfahren
   a) wegen einer vorsätzlichen Tat zu einer Freiheitsstrafe von mindestens zwei Jahren oder
   b) wegen einer vorsätzlichen Tat, die nach den Vorschriften über Friedensverrat, Hochverrat, Gefährdung des demokratischen Rechtsstaates, Volksverhetzung oder Landesverrat und Gefährdung der äußeren Sicherheit strafbar ist, zu einer Freiheitsstrafe von mindestens sechs Monaten verurteilt worden sind,

verlieren mit der Rechtskraft der Entscheidung ihre Rechte als Ruhestandsbeamtinnen und Ruhestandsbeamte. Entsprechendes gilt, wenn Ruhestandsbeamtinnen und Ruhestandsbeamte auf Grund einer Entscheidung des Bundesverfassungsgerichts gemäß Artikel 18 des Grundgesetzes ein Grundrecht verwirkt haben.

(2) Absatz 1 Satz 1 Nummer 2 und Satz 2 gelten entsprechend für Hinterbliebene, wobei an die Stelle des Verlustes der Versorgung das Erlöschen tritt. § 49 gilt sinngemäß.

(3) Der Verurteilung durch ein deutsches Gericht im Sinne des Absatzes 1 Satz 1 Nummer 2 Buchstabe a steht die Verurteilung durch ein ausländisches Gericht gleich, wenn wegen des der Verurteilung zugrunde liegenden Sachverhaltes auch im Geltungsbereich des deutschen Strafrechts ungeachtet etwaiger Verfahrenshindernisse eine Freiheitsstrafe von mindestens zwei Jahren hätte verhängt werden können.

(4) §§ 29 und 30 des Landesbeamtengesetzes finden entsprechende Anwendung.

§ 75 Verlust der Versorgungsbezüge bei Ablehnung einer erneuten Berufung

Kommt eine Ruhestandsbeamtin oder ein Ruhestandsbeamter entgegen den Vorschriften der § 29 Absatz 2 und 3, § 30 Absatz 3 oder § 31 Absatz 2 des Beamtenstatusgesetzes einer erneuten Berufung in das Beamtenverhältnis schuldhaft nicht nach, obwohl sie oder er auf die Folgen eines solchen Verhaltens schriftlich hingewiesen worden ist, so verliert sie oder er für diese Zeit die Versorgungsbezüge. Die oberste Dienstbehörde stellt den Verlust der Versorgungsbezüge fest. Eine disziplinarrechtliche Verfolgung wird dadurch nicht ausgeschlossen.

§ 76 Anzeigepflicht

(1) Die Beschäftigungsstelle hat der die Versorgungsbezüge festsetzenden Stelle oder der die Versorgungsbezüge zahlenden Kasse jede Verwendung einer Versorgungsempfängerin oder eines Versorgungsempfängers unter Angabe der gewährten Bezüge oder Entgelte, ebenso jede spätere Änderung der Bezüge oder Entgelte sowie ihre Zahlungseinstellung sowie die Gewährung einer Versorgung unverzüglich anzuzeigen.

(2) Die Versorgungsempfängerin oder der Versorgungsempfänger hat der in Absatz 1 genannten Stelle oder Kasse

1. die Verlegung des Wohnsitzes,
2. den Bezug und jede Änderung der in § 13 Absatz 4, § 16 Absatz 4, § 26 Absatz 1 Satz 2, § 33 Absatz 2, § 56 sowie der in §§ 66 bis 70 genannten Einkünfte oder das Bestehen von Ansprüchen oder Anwartschaften auf die in diesen Vorschriften genannten Einkünfte,
3. Änderungen des Familienstandes und
4. die Erfüllung der allgemeinen Wartezeit nach dem Sechsten Buch Sozialgesetzbuch

im Fall des § 12 sowie im Rahmen der §§ 59 bis 62

umgehend anzuzeigen. Witwen und Witwer haben außerdem im Fall der Auflösung einer neuen Ehe den Erwerb und jede Änderung eines neuen Versorgungs-, Unterhalts- oder Rentenanspruchs (§ 33 Absatz 5 Satz 2) mitzuteilen. Die Versorgungsempfängerin oder der Versorgungsempfänger ist zudem verpflichtet, auf Verlangen der in Absatz 1 genannten Stelle oder Kasse Nachweise vorzulegen, Auskünfte zu erteilen oder der Erteilung erforderlicher Nachweise oder Auskünfte durch Dritte zuzustimmen, die für die Festsetzung und Regelung der Versorgungsbezüge erheblich sind.

(3) Kommt die Versorgungsempfängerin oder der Versorgungsempfänger der ihr oder ihm nach Absatz 2 Satz 1 Nummer 2 und Satz 2 und 3 auferlegten Verpflichtungen schuldhaft nicht nach, so kann ihr oder ihm die Versorgung ganz oder teilweise auf Zeit oder auf Dauer entzogen werden. Beim Vorliegen besonderer Verhältnisse kann die Versorgung durch die oberste Dienstbehörde oder die von ihr bestimmte Stelle ganz oder teilweise wieder zuerkannt werden.

(4) Solange eine Versorgungsberechtigte oder ein Versorgungsberechtigter der Verpflichtung nach Absatz 2 Satz 1 Nummer 1 schuldhaft nicht nachkommt, kann die Auszahlung der Versorgungsbezüge vorübergehend ausgesetzt werden.

§ 77 Anwendungsbereich

Für die Anwendung des Abschnittes 6 gilt oder gelten

1. ein Unterhaltsbeitrag nach § 18 als Ruhegehalt,
2. ein Unterhaltsbeitrag nach § 44 als Ruhegehalt, außer für die Anwendung des § 74 Absatz 1,
3. ein Unterhaltsbeitrag nach § 31 als Witwen-, Witwer- oder Waisengeld,
4. ein Unterhaltsbeitrag nach § 49 und § 74 Absatz 2 Satz 2 als Witwen-, Witwer- oder Waisengeld, außer für die Anwendung des § 74 Absatz 2 Satz 1,
5. ein Unterhaltsbeitrag nach § 26 und § 48 als Witwen- oder Witwergeld,
6. ein Unterhaltsbeitrag nach § 27 Absatz 1 oder 2 als Witwen- oder Witwergeld, außer für die Anwendung des § 72,
7. ein Unterhaltsbeitrag nach § 28 Absatz 2 als Waisengeld,
8. ein Unterhaltsbeitrag nach § 45 als Waisengeld,
9. ein Unterhaltsbeitrag nach § 30 des Landesbeamtengesetzes sowie den §§ 74 Absatz 4 und 83 als Ruhegehalt, Witwen-, Witwer- oder Waisengeld,
10. die Bezüge der nach § 32 des Deutschen Richtergesetzes in der Fassung der Bekanntmachung vom 19. April 1972 (BGBl. I S. 713) in der jeweils geltenden Fassung oder einer entsprechenden gesetzlichen Vorschrift nicht im Amt befindlichen Richterinnen oder Richter und Mitglieder einer obersten Rechnungsprüfungsbehörde als Ruhegehalt und
11. die Bezüge, die nach § 4 des Landesbesoldungsgesetzes gewährt werden, als Ruhegehalt;

die Empfängerin und Empfänger dieser Versorgungsbezüge gelten als Ruhestandsbeamtinnen, Ruhestandsbeamte, Witwen, Witwer oder Waisen.

Abschnitt 7
Sondervorschriften

§ 78 Entzug der Hinterbliebenenversorgung

(1) Die oberste Dienstbehörde kann Empfängerinnen und Empfängern von Hinterbliebenenversorgung die Versorgungsbezüge auf Zeit oder auf Dauer ganz oder teilweise entziehen, wenn sie sich gegen die freiheitliche demokratische Grundordnung im Sinne des Grundgesetzes betätigt haben. § 49 gilt sinngemäß. Die diese Maßnahme rechtfertigenden Tatsachen sind in einem Untersuchungsverfahren festzustellen, in dem die eidliche Vernehmung von Zeuginnen und Zeugen sowie Sachverständigen zulässig und die Versorgungsempfängerin oder der Versorgungsempfänger zu hören ist.

(2) § 74 Absatz 2 Satz 1 bleibt unberührt.

IV

§ 79 Hinterbliebenenversorgung im Fall der Tötung

Anspruch auf Hinterbliebenenversorgung besteht nicht für Personen, die den Tod der Beamtin, des Beamten, der Ruhestandsbeamtin oder des Ruhestandsbeamten vorsätzlich herbeigeführt haben.

§ 80 Nichtberücksichtigung der Versorgungsbezüge

Wird eine Versorgungsempfängerin oder ein Versorgungsempfänger im öffentlichen Dienst (§ 66 Absatz 6) verwendet, so sind ihre oder seine Bezüge oder Entgelte aus dieser Verwendung ohne Rücksicht auf die Versorgungsbezüge zu bemessen. Das Gleiche gilt für eine auf Grund der Verwendung zu gewährende Versorgung.

IV

Abschnitt 8
Versorgung besonderer Beamtengruppen

§ 81 Beamtinnen und Beamte auf Zeit

(1) Für die Versorgung der Beamtinnen und Beamten auf Zeit und ihrer Hinterbliebenen gelten die Vorschriften für die Versorgung der Beamtinnen und Beamten auf Lebenszeit und ihrer Hinterbliebenen entsprechend, soweit in diesem Gesetz nichts anderes bestimmt ist.

(2) Für Beamtinnen und Beamte auf Zeit, die eine ruhegehaltfähige Dienstzeit von zehn Jahren zurückgelegt haben, beträgt das Ruhegehalt, wenn es für sie günstiger ist, nach einer Amtszeit von acht Jahren als Beamtin oder Beamter auf Zeit 33,48345 Prozent der ruhegehaltfähigen Dienstbezüge und steigt mit jedem weiteren vollen Amtsjahr als Beamtin oder Beamter auf Zeit um 1,91333 Prozent der ruhegehaltfähigen Dienstbezüge bis zum Höchstruhegehaltssatz von 71,75 Prozent. Als Amtszeit rechnet hierbei auch die Zeit bis zur Dauer von fünf Jahren, die eine Beamtin oder ein Beamter auf Zeit im einstweiligen Ruhestand zurückgelegt hat. § 16 Absatz 2 findet Anwendung.

(3) Ein Übergangsgeld nach § 56 Absatz 1 bis 5 wird nicht gewährt, wenn die Beamtin oder der Beamte auf Zeit einer gesetzlichen Verpflichtung, ihr oder sein Amt nach Ablauf der Amtszeit unter erneuter Berufung in das Beamtenverhältnis weiterzuführen, nicht nachkommt.

(4) Führt die Beamtin oder der Beamte auf Zeit nach Ablauf ihrer oder seiner Amtszeit ihr oder sein bisheriges Amt unter erneuter Berufung als Beamtin oder als Beamter auf Zeit oder durch Wiederwahl für die folgende Amtszeit weiter, gilt für die Anwendung dieses Gesetzes das Beamtenverhältnis als nicht unterbrochen. Satz 1 gilt entsprechend für Beamtinnen und Beamte auf Zeit, die aus ihrem bisherigen Amt ohne Unterbrechung in ein vergleichbares oder höherwertiges Amt unter erneuter Berufung als Beamtin oder Beamter auf Zeit gewählt werden.

(5) Wird eine Beamtin oder ein Beamter auf Zeit wegen Dienstunfähigkeit entlassen, gelten die §§ 18 und 31 entsprechend.

(6) Wird eine Wahlbeamtin oder ein Wahlbeamter auf Zeit wegen Dienstunfähigkeit in den Ruhestand versetzt, ist § 16 Absatz 2 Satz 1 Nummer 3 nicht anzuwenden, wenn sie oder er nach Ablauf ihrer oder seiner Amtszeit ihr oder sein Amt weitergeführt hat, obwohl sie oder er dazu nicht gesetzlich verpflichtet war und mit Ablauf ihrer oder seiner Amtszeit bereits eine Versorgungsanwartschaft erworben hatte. § 15 Absatz 1 Satz 1 findet mit der Maßgabe Anwendung, dass die Zeit vom Eintritt in den Ruhestand bis zum Ablauf des Monats der Vollendung des 60. Lebensjahres zu einem Drittel als ruhegehaltfähige Dienstzeit berücksichtigt wird.

(7) Wird eine Wahlbeamtin oder ein Wahlbeamter auf Zeit abgewählt, erhält sie oder er bis zum Ablauf ihrer oder seiner Amtszeit, bei einem vorherigen Eintritt in den Ruhestand oder der Entlassung längstens bis zu diesem Zeitpunkt, Versorgung mit der Maßgabe, dass das Ruhegehalt während der ersten fünf Jahre 71,75 Prozent der ruhegehaltfähigen Dienstbezüge aus der Endstufe der Besoldungsgruppe, in der sich der Beamte zur Zeit seiner Abwahl befunden hat, beträgt. Die ruhegehaltfähige Dienstzeit nach § 6 erhöht sich um bis zu fünf Jahre der Zeit, in der die Beamtin oder der Beamte Versorgung nach

Satz 1 erhält; das Höchstruhegehalt nach Absatz 2 darf nicht überschritten werden.

(8) Zeiten, während der eine Wahlbeamtin oder ein Wahlbeamter auf Zeit durch eine hauptberufliche Tätigkeit oder eine Ausbildung außerhalb der allgemeinen Schulbildung Fachkenntnisse erworben hat, die für die Wahrnehmung des Amtes förderlich sind, sollen bis zu einer Gesamtzeit von vier Jahren als ruhegehaltfähig berücksichtigt werden, die Zeit einer Fachschulausbildung einschließlich der Prüfungszeit bis zu 1095 Tagen und die Zeit einer Hochschulausbildung einschließlich der Prüfungszeit bis zu 855 Tagen, insgesamt höchstens bis zu 1095 Tagen. § 57 Absatz 5 Satz 2 gilt entsprechend.

(9) Für kommunale Wahlbeamtinnen und Wahlbeamten (§§ 118, 119 des Landesbeamtengesetzes) sind die Entscheidungen nach Absatz 8 Satz 2 und § 57 Absatz 5 Satz 2 über die Ruhegehaltfähigkeit von Zeiten innerhalb von drei Monaten nach der Begründung des Beamtenverhältnisses zu treffen. Diese Entscheidungen stehen unter dem Vorbehalt des Gleichbleibens der ihnen zugrundeliegenden Rechtslage.

§ 82 Wissenschaftliches und künstlerisches Personal sowie hauptberufliches Leitungspersonal an Hochschulen im Beamtenverhältnis

(1) Für die Versorgung der Hochschullehrerinnen und Hochschullehrer sowie des sonstigen wissenschaftlichen und künstlerischen Personals an Hochschulen im Beamtenverhältnis mit Bezügen nach § 87 Absatz 2 des Landesbesoldungsgesetzes und ihrer Hinterbliebenen gelten die Vorschriften dieses Gesetzes, soweit nachfolgend nichts anderes bestimmt ist. Satz 1 gilt auch für die Versorgung der Hochschullehrerinnen und Hochschullehrer, der hauptberuflichen Leiterinnen, Leiter und Mitglieder von Leitungsgremien an Hochschulen im Beamtenverhältnis mit Bezügen nach der Besoldungsordnung W des Landesbesoldungsgesetzes und ihrer Hinterbliebenen.

(2) Ruhegehaltfähig ist auch die Zeit, in der Personen im Sinne des Absatzes 1 nach der Habilitation dem Lehrkörper einer Hochschule angehört haben. Als ruhegehaltfähig gilt auch die zur Vorbereitung für die Promotion benötigte Zeit bis zu zwei Jahren. Zeiten für die Erbringung der Habilitationsleistungen, sonstiger gleichwertiger wissenschaftlicher Leistungen oder einer Juniorprofessur, die im Beschäftigtenverhältnis verbracht wird, können bis zu drei Jahre berücksichtigt werden, es sei denn die Habilitationsordnung schreibt eine andere Mindestzeit vor. Die nach erfolgreichem Abschluss eines Hochschulstudiums vor der Ernennung zur Professorin, Juniorprofessorin, Hochschuldozentin, Oberassistentin, Oberingenieurin, Wissenschaftlichen oder Künstlerischen Assistentin sowie zum Professor, Juniorprofessor, Hochschuldozenten, Oberassistenten, Oberingenieur, Wissenschaftlichen und Künstlerischen Assistenten liegende Zeit einer hauptberuflichen Tätigkeit, in der besondere Fachkenntnisse erworben wurden, die für die Wahrnehmung des Amtes förderlich sind, sollen im Fall des § 36 Absatz 1 Nummer 4 bis 6 und Absatz 2 des Hochschulgesetzes als ruhegehaltfähig berücksichtigt werden; im Übrigen kann sie bis zu fünf Jahren in vollem Umfang, darüber hinaus bis zur Hälfte als ruhegehaltfähig berücksichtigt werden. Zeiten nach Satz 4 können insgesamt nicht über zehn Jahre hinaus als ruhegehaltfähig berücksichtigt werden. § 13 gilt entsprechend.

(3) Für Juniorprofessorinnen, Juniorprofessoren, Hochschuldozentinnen, Hochschuldozenten, Akademische Räte auf Zeit, Akademische Oberräte auf Zeit, Oberassistentinnen, Oberassistenten, Oberingenieurinnen, Oberingenieure, Wissenschaftliche und Künstlerische Assistentinnen und Assistenten beträgt das Übergangsgeld abweichend von § 56 Absatz 1 Satz 1 für ein Jahr Dienstzeit das Einfache, insgesamt höchstens das Sechsfache der Besoldung des letzten Monats nach § 1 Absatz 4 Nummer 1 bis 4 des Landesbesoldungsgesetzes.

§ 83 Ehrenbeamtinnen und Ehrenbeamte

Erleidet eine Ehrenbeamtin oder ein Ehrenbeamter einen Dienstunfall (§ 36), so hat sie oder er Anspruch auf ein Heilverfahren (§ 39). Außerdem kann ihr oder ihm Ersatz von

IV

Sachschäden (§ 38) und von der obersten Dienstbehörde oder der von ihr bestimmten Stelle ein nach billigem Ermessen festzusetzender Unterhaltsbeitrag bewilligt werden. Das gleiche gilt für die Hinterbliebenen.

Abschnitt 9
Anpassung der Versorgungsbezüge

§ 84 Allgemeine Anpassung

(1) Wird die Besoldung allgemein angepasst, sind von demselben Zeitpunkt an die Versorgungsbezüge durch Gesetz entsprechend zu regeln. Als allgemeine Anpassung gelten auch die Neufassung der Grundgehaltstabelle mit unterschiedlicher Änderung der Grundgehaltssätze und die allgemeine Erhöhung oder Verminderung der Besoldung um feste Beträge.

(2) Für Versorgungsempfängerinnen und Versorgungsempfänger gelten die Erhöhungen nach § 17 des Landesbesoldungsgesetzes für die dort aufgeführten Bezügebestandteile entsprechend, sofern diese Grundlage der Versorgung sind. Die Erhöhungen nach Satz 1 gelten entsprechend für Empfängerinnen und Empfänger von Versorgungsbezügen der weggefallenen Besoldungsgruppen A 2 bis A 4 sowie A 12a, A 13a und R 10. Liegen der Berechnung der Versorgungsbezüge sonstige ruhegehaltfähige Bezügebestandteile nach früherem oder fortgeltendem Bundes- oder Landesrecht zugrunde, erhöhen sich diese nach Maßgabe des Satzes 1, sofern die Teilnahme dieser ruhegehaltfähigen Bezügebestandteile an den allgemeinen Anpassungen nicht eingeschränkt oder ausgeschlossen ist.

(3) Bei Versorgungsempfängerinnen und Versorgungsempfängern vermindert sich das Grundgehalt, wenn den ruhegehaltfähigen Dienstbezügen die Stellenzulage nach Vorbemerkung Nummer 27 Absatz 1 Buchstabe a oder b der Anlage 1 des Bundesbesoldungsgesetzes in der bis zum 31. Dezember 1989 geltenden Fassung bei Eintritt des Versorgungsfalls nicht zugrunde gelegen hat, ab dem 1. Februar 2025 um 80,45 Euro, wenn den Versorgungsbezügen ein Grundgehalt der Besoldungsgruppe A 5 oder A 6 oder weggefallenen Besoldungsgruppen A 2 bis A 4 zugrunde liegt, und um 79,51 Euro, wenn den Versorgungsbezügen ein Grundgehalt der Besoldungsgruppe A 7 oder A 8 zugrunde liegt.

(3a) Der Monatsbetrag im Sinne des § 72 Absatz 2 Satz 2 erhöht sich ab dem 1. April 2026 um 2,8 Prozent.

(3b) Für das Jahr 2026 bedarf es abweichend von § 3 Absatz 4 keiner Geltendmachung eines Anspruchs auf Versorgung, der über die gesetzlich zustehende Versorgung hinaus geht.

(4) Das Finanzministerium wird ermächtigt, die Beträge der amtsunabhängigen Mindestversorgungsbezüge und der Mindesthöchstgrenzen nach § 66 im Ministerialblatt für das Land Nordrhein-Westfalen bekannt zu machen.

---

§ 84 Absatz 3 und 3a lauten ab dem 01.03.2027 wie folgt: „(3) Bei Versorgungsempfängerinnen und Versorgungsempfängern vermindert sich das Grundgehalt, wenn den ruhegehaltfähigen Dienstbezügen die Stellenzulage nach Vorbemerkung Nummer 27 Absatz 1 Buchstabe a oder b der Anlage 1 des Bundesbesoldungsgesetzes in der bis zum 31. Dezember 1989 geltenden Fassung bei Eintritt des Versorgungsfalls nicht zugrunde gelegen hat, ab dem 1. Februar 2025 um 82,06 Euro, wenn den Versorgungsbezügen ein Grundgehalt der Besoldungsgruppe A 5 oder A 6 oder weggefallenen Besoldungsgruppen A 2 bis A 4 zugrunde liegt, und um 81,10 Euro, wenn den Versorgungsbezügen ein Grundgehalt der Besoldungsgruppe A 7 oder A 8 zugrunde liegt.
(3a) (weggefallen)"

Abschnitt 10
Anzuwendendes Recht, Übergangs- und Besitzstandsregelungen für am 1. Juli 2016 vorhandene Versorgungsempfängerinnen, Versorgungsempfänger, Beamtinnen und Beamte

§ 85 Besondere Bestandskraft für vorhandene Versorgungsberechtigte

(1) Der Versorgung der am 1. Juli 2016 vorhandenen Ruhestandsbeamtinnen und Ruhestandsbeamten sind der Ruhegehaltssatz, die

ruhegehaltfähige Dienstzeit, die prozentuale Verminderung des Ruhegehalts auf Grund vorzeitiger Ruhestandsversetzung und die Besoldungsgruppe, aus der sich das Ruhegehalt berechnet, wie sie sich aus der letzten bestandskräftigen Festsetzung vor dem 1. Juli 2016 unter Berücksichtigung der seither vorgenommenen Anpassungen der Versorgungsbezüge ergeben, zugrunde zu legen. Werden nach diesem Zeitpunkt neue Beweismittel bekannt, die einen dieser Werte betreffen, gelten die §§ 48, 49 und 51 des Verwaltungsverfahrensgesetzes für das Land Nordrhein-Westfalen entsprechend. Die Neufestsetzung erfolgt nur in Bezug auf den betroffenen Wert, dabei ist der Ruhegehaltssatz für am 31. Dezember 1991 vorhandene Beamtinnen und Beamte, Ruhestandsbeamtinnen und Ruhestandsbeamte nach § 88 zu ermitteln. Soweit noch keine Festsetzung erfolgt oder die letzte Festsetzung vor dem 1. Juli 2016 noch nicht bestandskräftig ist, ist bis zur Bestandskraft der Festsetzung oder bis zur rechtskräftigen Entscheidung über die Festsetzung das am 30. Juni 2016 geltende Recht anzuwenden. Nach Eintritt der Bestandskraft oder Rechtskraft gilt Satz 1 entsprechend. § 5 Absatz 1 Satz 1 Nummer 2 und § 16 Absatz 3 bleiben unberührt. Für frühere Beamtinnen und Beamte, die am 1. Juli 2016 einen Unterhaltsbeitrag erhalten, der nicht auf einem Dienstunfall beruht, gelten die Sätze 1 bis 3 entsprechend für die festgesetzten Unterhaltsbeiträge.

(2) Beruht die Versorgung auf einem Beamtenverhältnis, das vor dem 1. Januar 1966 begründet wurde, ist § 68 mit der Maßgabe anzuwenden, dass der zu berücksichtigende Rentenbetrag um 40 Prozent gemindert und neben den Renten mindestens ein Betrag von 40 Prozent der Versorgungsbezüge belassen wird. Der Ausgleichsbetrag nach Artikel 2 § 2 Absatz 1 des 2. Haushaltsstrukturgesetzes vom 22. Dezember 1981 (BGBl. I S. 1523), das durch Artikel 14 des Gesetzes vom 29. Juni 1998 (BGBl. I S. 1666) geändert worden ist, darf den sich aus § 68 ergebenden Ruhensbetrag nicht übersteigen. Der Ausgleichsbetrag vermindert sich um die Hälfte des Betrags, um den sich die Versorgungsbezüge auf Grund einer allgemeinen Anpassung der Bezüge nach § 84 erhöhen; er ist auf die Mindestbelassung nach Satz 2 anzurechnen. § 12, § 16 Absatz 4 und § 68 Absatz 4 gelten nicht für am 1. Oktober 1994 vorhandene Ruhestandsbeamtinnen und Ruhestandsbeamte. Bei am 1. Januar 2002 vorhandenen Ruhestandsbeamtinnen und Ruhestandsbeamten bleiben bei der Anwendung des § 68 Renten nach § 68 Absatz 1 Nummer 4 außer Ansatz.

(3) Für die am 1. Juli 2016 vorhandenen Hinterbliebenen, die Witwen-, Witwer- oder Waisengeld erhalten, gelten Absatz 1 Sätze 1 bis 4 und Absatz 2 entsprechend, auch für den für die Höhe des Witwen- oder Witwergeldes maßgeblichen Prozentsatz. § 24 Absatz 1 Satz 2 bis 4, § 27 Absatz 4 Satz 3, § 29 Absatz 1 Satz 3 und § 33 bleiben unberührt. Für die am 1. Juli 2016 vorhandenen Hinterbliebenen, die einen Unterhaltsbeitrag erhalten, der nicht auf einem Dienstunfall beruht, gelten die Sätze 1 und 2 entsprechend für die festgesetzten Unterhaltsbeiträge.

(4) Für die am 1. Juli 2016 vorhandenen Unfallfürsorgeberechtigten steht ein vor dem 1. Juli 2016 erlittener Dienstunfall oder Einsatzunfall dem Dienstunfall oder Einsatzunfall im Sinne dieses Gesetzes gleich. Auf die am 31. Dezember 1991 vorhandenen Beamtinnen und Beamten, denen auf Grund eines bis zu diesem Zeitpunkt erlittenen Dienstunfalls ein Unfallausgleich gewährt wird, findet § 35 des Beamtenversorgungsgesetzes in der bis zum 31. Dezember 1991 geltenden Fassung unter der Maßgabe Anwendung, dass sich die Höhe des Unfallausgleichs entsprechend aus § 41 dieses Gesetzes ergibt. Für das Unfallruhegehalt gilt Absatz 1 entsprechend, für die Unfall-Hinterbliebenenversorgung Absatz 3. Ein vor dem 1. Juli 2016 gewährter Hilflosigkeitszuschlag nach § 34 Absatz 2 des Landesbeamtenversorgungsgesetzes vom 16. Mai 2013 (GV. NRW. S. 234), das zuletzt durch Artikel 1 des Gesetzes zur Änderung des Landesbeamtenversorgungsgesetzes und des Übergeleiteten Besoldungsgesetzes für das Land Nordrhein-Westfalen vom 17. März 2016 (GV. NRW.

S. 182) geändert worden ist, wird weitergewährt und bei allgemeinen Änderungen der Versorgungsbezüge entsprechend angepasst. Für die Mindestversorgung nach § 14 Absatz 4 des Landesbeamtenversorgungsgesetzes vom 16. Mai 2013 (GV. NRW. S. 234), das zuletzt durch Artikel 1 des Gesetzes zur Änderung des Landesbeamtenversorgungsgesetzes und des Übergeleiteten Besoldungsgesetzes für das Land Nordrhein-Westfalen vom 17. März 2016 (GV. NRW. S. 182) geändert worden ist, gilt Satz 4 sinngemäß.

(5) § 68 Absatz 1 Satz 1 Nummer 3 gilt nicht für am 1. Juli 2016 bereits vorhandene Versorgungsberechtigte und ihre Hinterbliebenen.

(6) In Versorgungsfällen, die vor dem 1. Januar 2017 eingetreten sind, erhöhen sich Ausgleichs- und Überleitungszulagen, Anpassungszuschläge, der Strukturausgleich, Erhöhungszuschläge, Zuschüsse und sonstige Zulagen, die nach früherem Bundes- oder Landesrecht zu den ruhegehaltfähigen Bezügebestandteilen zählen und der Berechnung der Versorgungsbezüge zugrunde liegen, in entsprechender Anwendung des § 91 Absatz 9 des Landesbesoldungsgesetzes, wenn sich diese nicht nach den im Zusammenhang mit dem Einbau der Sonderzahlung am 1. Januar 2017 erhöhten Bezügen bemessen. Wenn diese der Berechnung der Versorgungsbezüge zugrunde liegen, werden die Grundgehälter der weggefallenen Besoldungsgruppen A 2 bis A 4 am 1. Januar 2017 um 5 Prozent und die Grundgehälter der weggefallenen Besoldungsgruppen A 12a und A 13a am 1. Januar 2017 um 2,5 Prozent erhöht. Die nach Satz 1 und 2 erhöhten Bezügebestandteile sind mit den nach § 5 Absatz 1 Satz 3 und 4 jeweils maßgeblichen Faktoren zu vervielfältigen.

§ 86 Versorgung zukünftiger Hinterbliebener vorhandener Versorgungsberechtigter

(1) Die Versorgungsbezüge der am 1. Juli 2016 vorhandenen Ruhestandsbeamtinnen und -beamten sind für die zukünftige Hinterbliebenenversorgung zugrunde zu legen.

(2) § 85 Absatz 3 Satz 1 gilt im Fall des § 33 Absatz 5 Satz 1 entsprechend, soweit der frühere Anspruch vor dem 1. Juli 2016 entfallen ist.

§ 87 Übergangsregelung für vorhandene Beamtinnen und Beamte

(1) Die Rechtsverhältnisse der am 1. Juli 2016 vorhandenen Beamtinnen und Beamten regeln sich nach diesem Gesetz mit folgenden Maßgaben:

1. Für Beamtinnen und Beamte, denen erstmals vor dem 1. Januar 1999 ein Amt im Sinne des § 36 des Bundesbeamtengesetzes in der bis zum 31. Dezember 1998 geltenden Fassung oder des entsprechenden Landesrechts übertragen war, finden § 4 Absatz 1 Satz 1 Nummer 3, § 7 und § 14 Absatz 6 des Beamtenversorgungsgesetzes in der bis zum 31. Dezember 1998 geltenden Fassung Anwendung;
2. wurden Zeiten einer Verwendung im Sinne des § 69 erstmals vor dem 1. Januar 1999 zurückgelegt, ist § 56 des Beamtenversorgungsgesetzes in der bis zum 30. September 1994 geltenden Fassung anzuwenden, es sei denn, die Anwendung des § 56 des Beamtenversorgungsgesetzes in der bis zum 31. Dezember 1998 geltenden Fassung ist für die Versorgungsempfängerin oder den Versorgungsempfänger günstiger, § 88 Absatz 4 bleibt unberührt;
3. für Beurlaubungen ohne Dienstbezüge, die vor dem 1. Juli 2016 bewilligt und angetreten wurden, gilt der bisherige § 6 Absatz 1 Satz 2 Nummer 5, Halbsatz 2 des Landesbeamtenversorgungsgesetzes vom 16. Mai 2013 (GV. NRW. S. 234), das zuletzt durch Artikel 1 des Gesetzes zur Änderung des Landesbeamtenversorgungsgesetzes und des Übergeleiteten Besoldungsgesetzes für das Land Nordrhein-Westfalen vom 17. März 2016 (GV. NRW. S. 182) geändert worden ist;
4. für vor dem 1. Juli 2016 vorhandene Beamtinnen und Beamten kann die Zeit, während der sie vor der Berufung in das Beamtenverhältnis als Rechtsanwältinnen oder Rechtsanwälte sowie Notarinnen und Notare tätig gewesen sind, als ruhegehaltfähige Dienstzeit berücksichtigt wer-

den, jedoch höchstens bis zur Hälfte und nicht über zehn Jahre hinaus. § 13 Absatz 3 und 4 findet Anwendung;

5. Zeiten der Verwendung einer Beamtin oder eines Beamten aus dem früheren Bundesgebiet zum Zweck der Aufbauhilfe im Beitrittsgebiet bis zum 31. Dezember 1995 werden doppelt als ruhegehaltfähige Dienstzeiten berücksichtigt, sofern sie ohne Unterbrechung mindestens ein Jahr gedauert haben;
6. Zeiten einer Altersteilzeit, die vor dem 31. Dezember 2012 nach § 65 des Landesbeamtengesetzes vom 21. April 2009 (GV. NRW. S. 224) in der bis zum 31. Mai 2013 geltenden Fassung angetreten wurde, sind zu neun Zehnteln der Arbeitszeit ruhegehaltfähig, die der Bemessung der ermäßigten Arbeitszeit während der Altersteilzeit zugrunde gelegt worden ist;
7. § 68 Absatz 1 Satz 1 Nummer 3 gilt nicht für Anwartschaften, die vor dem 1. Juli 2016 bereits erworben wurden.

(2) Für die am 1. Juli 2016 vorhandenen Beamtinnen und Beamten, die bereits am 1. Januar 1977 vorhanden waren, können zum Ausgleich von Härten Zeiten, die nach dem bis zum 31. Dezember 1976 geltenden Recht ruhegehaltfähig waren, als ruhegehaltfähig galten oder als ruhegehaltfähig berücksichtigt werden konnten und vor dem 1. Januar 1977 zurückgelegt worden sind, im Anwendungsbereich des bis zum 31. Dezember 1976 geltenden Rechts als ruhegehaltfähig berücksichtigt werden. Die Entscheidung trifft das Finanzministerium oder die von ihm bestimmte Stelle.

§ 88 Ruhegehaltssatz für am 31. Dezember 1991 vorhandene Beamtinnen und Beamte

(1) Hat das Beamtenverhältnis, aus dem die Beamtin oder der Beamte in den Ruhestand tritt oder in den Ruhestand versetzt wird, oder ein unmittelbar vorangegangenes anderes öffentlich-rechtliches Dienstverhältnis bereits am 31. Dezember 1991 bestanden, bleibt der zu diesem Zeitpunkt erreichte Ruhegehaltssatz gewahrt, wobei sich die Berechnung der ruhegehaltfähigen Dienstzeit und des Ruhegehaltssatzes nach dem bis zum 31. Dezember 1991 geltenden Recht richtet. Die Begrenzung der ruhegehaltfähigen Dienstzeiten auf Zeiten nach Vollendung des 17. Lebensjahres sowie § 14 Absatz 1 Satz 1 Halbsatz 2 und 3 des Beamtenversorgungsgesetzes in seiner jeweils vom 1. August 1984 bis zum 31. Dezember 1991 geltenden Fassung finden hierbei keine Anwendung. Der sich nach Satz 1 und 2 ergebende Ruhegehaltssatz steigt mit jedem Jahr, das ab dem 1. Januar 1992 nach dem von diesem Zeitpunkt an geltenden Recht als ruhegehaltfähige Dienstzeit zurückgelegt wird, um ein Prozent der ruhegehaltfähigen Dienstbezüge. Der auf diese Weise ermittelte Ruhegehaltssatz ist mit dem Faktor 0,95667 zu vervielfältigen und darf den Höchstsatz von 71,75 Prozent nicht übersteigen. Insoweit gelten § 16 Absatz 1 Satz 2 und 3 entsprechend. Bei der Anwendung von Satz 3 bleiben Zeiten bis zur Vollendung einer zehnjährigen ruhegehaltfähigen Dienstzeit außer Betracht. § 13 Absatz 1 des Beamtenversorgungsgesetzes in der bis zum 31. Dezember 1991 geltenden Fassung findet Anwendung. § 16 Absatz 2 findet Anwendung.

(2) Für die Beamtinnen und Beamten auf Zeit, deren Beamtenverhältnis über den 31. Dezember 1991 hinaus fortbesteht, ist § 66 Absatz 2, 4 und 6 des Beamtenversorgungsgesetzes in der bis zum 31. Dezember 1991 geltenden Fassung anzuwenden. Absatz 1 Satz 4 gilt entsprechend.

(3) Der sich nach Absatz 1 oder 2 ergebende Ruhegehaltssatz wird der Berechnung des Ruhegehaltes zugrunde gelegt, wenn er höher ist als der Ruhegehaltssatz, der sich nach diesem Gesetz für die gesamte ruhegehaltfähige Dienstzeit ergibt. Der sich nach Absatz 1 ergebende Ruhegehaltssatz darf den Ruhegehaltssatz, der sich nach dem bis zum 31. Dezember 1991 geltenden Recht ergäbe, nicht übersteigen. Absatz 1 Satz 2 und 4 gilt entsprechend.

(4) Errechnet sich der Ruhegehaltssatz nach Absatz 1 in Verbindung mit Absatz 3 Satz 2, oder nach Absatz 2, ist entsprechend diesen Vorschriften auch der Ruhegehaltssatz für die Höchstgrenzen nach § 67 Absatz 2 und § 68

IV

Absatz 2 zu berechnen. Bei Zeiten im Sinne des § 69 Absatz 1, die bis zum 31. Dezember 1991 zurückgelegt sind, ist § 56 des Beamtenversorgungsgesetzes in der bis zu diesem Zeitpunkt geltenden Fassung anzuwenden. Soweit Zeiten im Sinne des § 69 Absatz 1 nach diesem Zeitpunkt zurückgelegt sind, ist § 56 des Beamtenversorgungsgesetzes in der vom 1. Januar 1992 an geltenden Fassung mit der Maßgabe anzuwenden, dass an die Stelle des Prozentsatzes von 1,875 der Prozentsatz von 1,0 und an die Stelle des Prozentsatzes von 2,5 der Prozentsatz von 1,33 tritt. Errechnet sich der Versorgungsbezug nach Absatz 2, ist § 56 des Beamtenversorgungsgesetzes in der bis zum 31. Dezember 1991 geltenden Fassung anzuwenden. In Fällen der Sätze 2 bis 4 wird bei der Berechnung des Ruhensbetrages auch die Dienstzeit bei einer zwischen- oder überstaatlichen Einrichtung berücksichtigt, die über volle Jahre hinausgeht. § 16 Absatz 1 Satz 2 bis 4 gilt entsprechend.

(5) Die Berücksichtigung der Zeit einer Kindererziehung für ein vor dem 1. Januar 1992 geborenes Kind richtet sich nach § 6 Absatz 1 Satz 4 und 5 des Beamtenversorgungsgesetzes in der bis zum 31. Dezember 1991 geltenden Fassung. Für nach dem 31. Dezember 1991 innerhalb des Beamtenverhältnisses geborene Kinder gelten hinsichtlich der Kindererziehungszeit § 59 Absatz 1 bis 4, 7 und 8 auch dann, wenn die Berechnung des Ruhegehaltssatzes nach dem bis zum 31. Dezember 1991 geltenden Recht vorzunehmen ist.

(6) Bei der Anwendung des Absatzes 1 bleibt der am 31. Dezember 1991 erreichte Ruhegehaltssatz auch dann gewahrt, wenn dem Beamtenverhältnis, aus dem die Beamtin oder der Beamte in den Ruhestand tritt oder in den Ruhestand versetzt wird, mehrere öffentlich-rechtliche Dienstverhältnisse in unmittelbarem zeitlichen Zusammenhang mit dem am 31. Dezember 1991 bestehenden öffentlich-rechtlichen Dienstverhältnis vorangegangen sind. Einem öffentlich-rechtlichen Dienstverhältnis steht ein Beschäftigungsverhältnis im Sinne von § 5 Absatz 1 Nummer 2 und § 6 Absatz 1 Nummer 2 des Sechsten Buches Sozialgesetzbuch gleich.

§ 89 Erneute Berufung in das Beamtenverhältnis

Im Fall der erneuten Berufung in das Beamtenverhältnis nach §§ 29, 30 Absatz 3 oder 31 Absatz 2 des Beamtenstatusgesetzes bleibt der am Tag vor dieser Berufung vor Anwendung von Ruhens-, Kürzungs- und Anrechnungsvorschriften zustehende Betrag des Ruhegehaltes gewahrt. Bei erneutem Ruhestand werden die ruhegehaltfähige Dienstzeit und das Ruhegehalt nach dem im Zeitpunkt der erneuten Zurruhesetzung geltenden Recht berechnet. Für die Anwendung des § 88 Absatz 1 gilt die Zeit des Ruhestandes nicht als Unterbrechung des Beamtenverhältnisses. Dabei ist die Zeit im Ruhestand nicht ruhegehaltfähig. Das höhere Ruhegehalt wird gezahlt.

§ 90 Hochschullehrerinnen und Hochschullehrer, wissenschaftliche Assistentinnen und Assistenten, Lektorinnen und Lektoren

(1) Auf die Versorgung der Hochschullehrerinnen und Hochschullehrer, Wissenschaftlichen Assistentinnen und Assistenten, Lektorinnen und Lektoren im Sinne des Kapitels I, Abschnitt V, Titel 3 des Beamtenrechtsrahmengesetzes in der vor dem 30. Januar 1976 geltenden Fassung, die nicht als Professorinnen und Professoren oder als Hochschulassistentinnen und Hochschulassistenten übernommen worden sind, und ihrer Hinterbliebenen finden die für Beamtinnen und Beamte auf Lebenszeit, auf Probe oder auf Widerruf geltenden Vorschriften dieses Gesetzes nach Maßgabe der bis zum 31. Dezember 1976 geltenden landesrechtlichen Vorschriften Anwendung. § 82 Absatz 2 Satz 1 gilt entsprechend.

(2) Für Professorinnen und Professoren, die nach dem 31. Dezember 1976 von ihren amtlichen Pflichten entbunden werden (Entpflichtung), und ihre Hinterbliebenen gilt Folgendes:

1. Die §§ 66 bis 73, 76 und 80 finden Anwendung, wobei die Bezüge der entpflichteten Professorinnen und Professoren als Ruhegehalt und die Empfängerinnen und Empfänger als Ruhestandsbeamtinnen und Ruhestandsbeamte gelten; § 80 gilt nicht für entpflichtete Hochschul-

lehrerrinnen und Hochschullehrer, welche die Aufgaben der von ihnen bis zur Entpflichtung innegehabten Stelle vertretungsweise wahrgenommen haben;

2. die Bezüge der entpflichteten Professorinnen und Professoren gelten unter Hinzurechnung des der oder dem Entpflichteten zustehenden, mindestens des zuletzt vor einer Überleitung nach dem nach § 72 des Hochschulrahmengesetzes erlassenen Landesgesetz zugesicherten Vorlesungsgeldes (Kolleggeldpauschale) als Höchstgrenze im Sinne des § 66 Absatz 2 Satz 1 Nummer 1 und 3;
3. für die Versorgung der Hinterbliebenen einer entpflichteten Hochschullehrerin oder eines entpflichteten Hochschullehrers gilt dieses Gesetz mit der Maßgabe, dass sich die Bemessung des den Hinterbliebenenbezügen zugrunde zu legenden Ruhegehaltes sowie die Bemessung des Sterbe-, Witwen-, Witwer- und Waisengeldes der Hinterbliebenen nach dem vor dem 1. Januar 1977 geltenden Landesrecht bestimmt. Für die Anwendung des § 23 Absatz 1 Satz 2 Nummer 3 und des § 28 Absatz 2 gelten die entpflichteten Professorinnen und Professoren als Ruhestandsbeamtinnen und Ruhestandsbeamte.

(3) Die Versorgung der Hinterbliebenen einer nach dem nach § 72 des Hochschulrahmengesetzes erlassenen Landesgesetz übergeleiteten Professorin oder eines entsprechenden Professors, die oder der einen Antrag nach § 76 Absatz 2 des Hochschulrahmengesetzes nicht gestellt hat, regelt sich nach § 82, wenn die Professorin oder der Professor vor der Entpflichtung verstorben ist.

(4) Auf das den Hinterbliebenenbezügen nach Absatz 2 Nummer 3 zugrunde liegende, nach dem vor dem 1. Januar 1977 geltenden Landesrecht errechnete fiktive Ruhegehalt ist § 88 Absatz 1 Satz 4 sinngemäß anzuwenden.

§ 91 Übergangsregelungen zur Anhebung des Ruhestandseintrittsalters

(1) Für Beamtinnen und Beamte, die nach dem 30. Juni 2016 nach § 33 Absatz 3 Nummer 1 des Landesbeamtengesetzes in den Ruhestand versetzt werden, ist § 16 Absatz 2 Satz 1 Nummer 2 mit der Maßgabe anzuwenden, dass an die Stelle des Erreichens der gesetzlichen Altersgrenze die Vollendung des 65. Lebensjahrs tritt, wenn sie vor Ablauf des 31. Dezember 2012 eine Altersteilzeitbeschäftigung nach § 65 des Landesbeamtengesetzes in der bis zum 31. Mai 2013 geltenden Fassung angetreten haben und am 1. August 2013 voll vom Dienst frei gestellt sind. In den Fällen des § 16 Absatz 2 Satz 6 tritt für Beamtinnen und Beamte, die vor dem 1. Januar 1964 geboren sind, an die Stelle der Vollendung des 67. Lebensjahres die in § 31 Absatz 2 Satz 2 des Landesbeamtengesetzes genannte Altersgrenze.

(2) Für Beamtinnen und Beamte, die nach dem 30. Juni 2016 wegen Dienstunfähigkeit, die nicht auf einem Dienstunfall beruht, in den Ruhestand versetzt werden, ist § 16 Absatz 2 Satz 1 Nummer 3 mit der Maßgabe anzuwenden, dass an die Stelle der Vollendung des 65. Lebensjahres, wenn sie nach dem 31. Dezember 2015 und vor dem 1. Januar 2025 in den Ruhestand versetzt werden, das Erreichen des folgenden Lebensalters tritt:

Zeitpunkt der Versetzung in den Ruhestand vor dem	Lebensalter	
	Jahr	Monat
1. Januar 2017	63	9
1. Januar 2018	63	10
1. Januar 2019	63	11
1. Januar 2020	64	–
1. Januar 2021	64	2
1. Januar 2022	64	4
1. Januar 2023	64	6
1. Januar 2024	64	8
1. Januar 2025	64	10

§ 92 Übergangsregelung für die Verminderung der Berücksichtigung von Hochschulausbildungszeiten

In Versorgungsfällen, die vor dem 1. Juli 2017 eintreten, gilt anstelle der nach § 11 Absatz 1 Satz 1 und nach § 81 Absatz 8 Satz 1 höchstens anrechenbaren Zeit einer Hochschulausbildung einschließlich Prüfungszeit folgender Zeitraum:

IV

Zeitpunkt des Eintritts des Versorgungsfalls vor dem	Zeitraum der höchstens anrechenbaren Zeit einer Hochschulausbildung
1. Januar 2017	915 Tage
1. Juli 2017	885 Tage

§ 93 Übergangsvorschrift zur Verjährung

Hat die regelmäßige Verjährungsfrist von Ansprüchen auf Versorgungsbezüge und auf Rückforderung von zu viel gezahlten Versorgungsbezügen, die vor dem 1. Juli 2016 entstanden sind, zu diesem Zeitpunkt noch nicht begonnen, wird die Frist nach § 65 vom 1. Juli 2016 an berechnet. Die Verjährung tritt spätestens mit Ablauf der bisherigen Höchstfrist ein, die ohne Rücksicht auf Kenntnis oder grob fahrlässige Unkenntnis begonnen hat. Hat die Verjährungsfrist vor dem 1. Juli 2016 begonnen, ist für den Fristablauf das bis dahin geltende Recht maßgebend.

§ 93a Übergangsvorschrift zur Änderung der Gleichstellung von Zeiten nach § 6 Absatz 4

Auf die zum 16. Juli 2016 vorhandenen Versorgungsfälle ist § 6 Absatz 4 in der vor diesem Zeitpunkt geltenden Fassung anzuwenden.

§ 93b Übergangsvorschrift zur Anrechnung von Leistungen nach § 3 Nummer 11c des Einkommensteuergesetzes

Eine in der Zeit vom 26. Oktober 2022 bis zum Ablauf des 31. Dezember 2024 in Form von Zuschüssen und Sachbezügen gewährte Leistung, die nach § 3 Nummer 11c des Einkommensteuergesetzes steuerfrei ist, gilt bis zu einem Betrag von 3000 Euro nicht als Erwerbseinkommen.

Abschnitt 11 Versorgungslastenteilung bei landesinternen Dienstherrenwechseln

§ 94 Dienstherrenwechsel

(1) Ein Dienstherrenwechsel liegt vor, wenn eine Person aus einem der in § 1 Absatz 1 oder 2 genannten Rechtsverhältnisse ausscheidet und bei einem anderen Dienstherrn in ein solches Rechtsverhältnis tritt. Einbezogen sind auch Wechsel in Dienstordnungsverhältnisse der Sozialversicherungsträger und umgekehrt. Ausgenommen sind Beamtinnen und Beamte auf Widerruf.

(2) Als Dienstherrenwechsel gilt auch die Übernahme in den Dienst nach Maßgabe der §§ 16 und 17 des Beamtenstatusgesetzes und § 26 des Landesbeamtengesetzes, soweit die abgebende Körperschaft bestehen bleibt und nicht etwas anderes geregelt wird.

(3) Absatz 1 gilt nicht für Wechsel vom Land zu einer Hochschule im Sinne des § 1 Absatz 2 des Hochschulgesetzes und umgekehrt sowie für Wechsel zwischen Hochschulen im Sinne des § 1 Absatz 2 des Hochschulgesetzes.

§ 95 Voraussetzungen

(1) Eine Versorgungslastenteilung findet bei einem Dienstherrenwechsel statt, wenn der abgebende Dienstherr dem Dienstherrenwechsel zugestimmt hat und zwischen dem Ausscheiden und dem Eintritt keine zeitliche Unterbrechung liegt.

(2) Die Zustimmung muss vor dem Wirksamwerden des Dienstherrenwechsels schriftlich gegenüber dem aufnehmenden Dienstherrn erklärt werden. Sie darf nur aus dienstlichen Gründen verweigert werden.

(3) Die Zustimmung gilt als erteilt, wenn Beamtinnen und Beamte auf Zeit mit Ablauf ihrer Dienst- oder Amtszeit bei einem neuen Dienstherrn eintreten oder wenn eine Wahl Voraussetzung für die Begründung des Beamtenverhältnisses ist.

(4) Eine zeitliche Unterbrechung ist unschädlich,

1. wenn sie auf allgemein arbeitsfreien Tage beruht oder
2. wenn Personen auf Grund einer gesetzlichen Verpflichtung übernommen werden und keine Nachversicherung durchgeführt wurde.

§ 96 Abfindung

(1) Die Versorgungslastenteilung erfolgt durch Zahlung einer Abfindung.

(2) Die Höhe der Abfindung entspricht dem Produkt aus den Bezügen (§ 97 Absatz 1), den in vollen Monaten ausgedrückten Dienstzeiten (§ 97 Absatz 2) und einem Bemessungssatz. Der Bemessungssatz ist vom Lebensalter der wechselnden Person zum Zeitpunkt des Ausscheidens beim abgebenden Dienstherrn abhängig und beträgt

1. bis Vollendung des 30. Lebensjahres 15 Prozent,
2. bis Vollendung des 50. Lebensjahres 20 Prozent,
3. nach Vollendung des 50. Lebensjahres 25 Prozent.

Bei Professorinnen und Professoren beträgt der Bemessungssatz unabhängig vom Lebensalter 25 Prozent.

(3) Maßgebend sind die tatsächlichen und rechtlichen Verhältnisse beim abgebenden Dienstherrn zum Zeitpunkt des Ausscheidens. Nachberechnungen finden nicht statt.

(4) Bei Beamtinnen und Beamten auf Zeit, die nach Ablauf ihrer beim abgebenden Dienstherrn begründeten Dienst- und Amtszeit nicht in den Ruhestand getreten wären, ist eine Abfindung in Höhe der Kosten zu zahlen, die im Fall des Ausscheidens zum Zeitpunkt des Dienstherrenwechsels für eine Nachversicherung der bei ihm zurückgelegten Zeiten in der gesetzlichen Rentenversicherung angefallen wären. Hat der abgebende Dienstherr auf Grund eines früheren Dienstherrenwechsels eine Abfindung nach diesem Gesetz oder nach dem Versorgungslastenteilungs-Staatsvertrag erhalten, hat er neben der Abfindung nach Satz 1 diesen Betrag zuzüglich Zinsen in Höhe von 4,5 Prozent pro Jahr ab dem Zeitpunkt des Erhalts der Zahlung an den aufnehmenden Dienstherrn zu zahlen.

§ 97 Berechnungsgrundlagen

(1) Bezüge sind die nach § 5 ruhegehaltfähigen Bezüge. Auf die Erfüllung von Mindestdienst- oder Mindestbezugszeiten kommt es nicht an. Die Bezüge sind als Monatsbetrag anzusetzen.

(2) Dienstzeiten sind die Zeiten, die beim abgebenden Dienstherrn und bei früheren Dienstherren in einem der in § 1 Absatz 1 genannten Rechtsverhältnisse zurückgelegt wurden, soweit sie ruhegehaltfähig sind. Einzubeziehen sind Zeiten, die bei Dienstherren außerhalb des Geltungsbereichs dieses Gesetzes in einem Beamten-, Richter- oder Soldatenverhältnis zurückgelegt wurden, soweit sie ruhegehaltfähig sind. Ausgenommen sind Zeiten in einem Beamtenverhältnis auf Widerruf sowie Zeiten, für die eine Nachversicherung durchgeführt wurde. Dem Dienstherrenwechsel unmittelbar vorangehende Abordnungszeiten beim aufnehmenden Dienstherrn sind diesem zuzurechnen, es sei denn, der aufnehmende Dienstherr hat hierfür einen Versorgungszuschlag an den abgebenden Dienstherrn entrichtet.

§ 98 Weitere Zahlungsansprüche

(1) Liegt ein Dienstherrenwechsel ohne Erfüllung der Voraussetzungen des § 95 vor und hat der abgebende Dienstherr auf Grund eines früheren Dienstherrenwechsels eine Abfindung nach diesem Gesetz oder nach dem Versorgungslastenteilungs-Staatsvertrag erhalten, hat er diesen Betrag zuzüglich Zinsen in Höhe von 4,5 Prozent pro Jahr ab dem Zeitpunkt des Erhalts der Zahlung an den aufnehmenden Dienstherrn zu zahlen, wenn nicht bereits eine Nachversicherung durchgeführt wurde.

(2) Hat der aufnehmende Dienstherr aufgrund eines Dienstherrenwechsels eine Abfindung erhalten und scheidet die wechselnde Person beim aufnehmenden Dienstherrn ohne Versorgungsansprüche aus, hat der aufnehmende Dienstherr dem abgebenden Dienstherrn die Kosten einer Nachversicherung zu erstat-

IV

ten oder im Fall eines bestehenden Versorgungsanspruchs gegenüber dem abgebenden Dienstherrn die erhaltene Abfindung zuzüglich Zinsen in Höhe von 4,5 Prozent pro Jahr ab dem Zeitpunkt des Erhalts der Zahlung an diesen zurückzuzahlen.

§ 99 Dokumentationspflichten und Zahlungsmodalitäten

(1) Der zahlungspflichtige Dienstherr hat die Berechnung des Zahlungsbetrags durchzuführen und dem berechtigten Dienstherrn gegenüber nachzuweisen.

(2) Die Abfindung ist innerhalb von sechs Monaten nach Aufnahme beim neuen Dienstherrn zu leisten. In Fällen des § 95 Absatz 4 Nummer 2 beginnt die Frist nach Mitteilung der Aufnahme durch den neuen Dienstherrn.

(3) Die beteiligten Dienstherrn können abweichende Zahlungsregelungen vereinbaren.

(4) Die Abwicklung kann auf andere Stellen übertragen werden.

§ 100 Laufende Erstattungen

Zum 1. Juli 2016 laufende Erstattungen nach den bis dahin geltenden gesetzlichen Regelungen zur Versorgungslastenteilung werden mit den bisherigen Anteilen fortgeführt.

§ 101 Versorgungslastenteilung bei vergangenen Dienstherrenwechseln ohne laufende Erstattung

(1) Hat vor dem 1. Juli 2016 ein Dienstherrenwechsel stattgefunden, der die gesetzlichen Voraussetzungen für eine Versorgungslastenteilung nach den zum Zeitpunkt des Wechsels geltenden Vorschriften erfüllte und ist der Versorgungsfall noch nicht eingetreten, ist anstelle der Erstattung von dem oder den zahlungspflichtigen Dienstherren jeweils eine Abfindung an den berechtigten Dienstherrn zu zahlen.

(2) Die Abfindung wird nach §§ 96 und 97 mit folgenden Maßgaben berechnet:

1. Abweichend von § 96 Absatz 3 sind die Bezüge nach § 97 in der zum Zeitpunkt der Zahlung oder des Eintritts oder der Versetzung in den Ruhestand geltenden Besoldungstabellen anzusetzen;
2. liegen mehrere Dienstherrenwechsel vor, welche die Voraussetzungen der zum Zeitpunkt des Wechsels jeweils geltenden Vorschriften für eine Versorgungslastenteilung erfüllen, sind abweichend von § 97 Absatz 2 die Zeiten bei anderen zahlungspflichtigen Dienstherren nicht zu berücksichtigen;
3. Dienstzeiten bei weiteren Dienstherren, die nicht nach den zum Zeitpunkt des Wechsels jeweils geltenden Vorschriften für eine Versorgungslastenteilung zur Erstattung verpflichtet sind, werden den zahlungspflichtigen Dienstherren und dem berechtigten Dienstherrn anteilig zugerechnet (Quotelung). Die Aufteilung erfolgt nach dem Verhältnis der Zeiten, welche die wechselnde Person bei den zahlungspflichtigen Dienstherren und dem berechtigten Dienstherrn abgeleistet hat; abweichend hiervon werden die Zeiten dem nachfolgenden zahlungspflichtigen Dienstherrn zugerechnet, wenn der Dienstherrenwechsel bis zum 28. November 2008 stattgefunden und er die wechselnde Person ohne die in diesen Fällen vorgeschriebene Zustimmung übernommen hat.

(3) Die Abfindung ist innerhalb von sechs Monaten nach Unterrichtung der zahlungspflichtigen Dienstherren über den Eintritt des Versorgungsfalls durch den berechtigten Dienstherrn an diesen zu zahlen. Sie kann von jedem zahlungspflichtigen Dienstherrn vor Eintritt des Versorgungsfalls geleistet werden. Bei Zahlung vor Eintritt des Versorgungsfalls ist im Rahmen der Quotelung für den berechtigten Dienstherrn die Zeit bis zum Erreichen der für die wechselnde Person gültigen gesetzlichen Altersgrenze anzusetzen.

(4) Die beteiligten Dienstherren unterrichten sich gegenseitig über die für die Abfindung relevanten Umstände. § 98 Absatz 2 sowie § 99 Absatz 1, 3 und 4 gelten entsprechend.

§ 102 Versorgungslastenteilung im Fall eines zusätzlichen Dienstherrenwechsels nach § 95

(1) Erfolgt in Fällen des § 101 nach dem 30. Juni 2016 ein Dienstherrenwechsel, der die

Voraussetzungen des § 95 erfüllt, haben neben dem zuletzt abgebenden Dienstherrn auch die früheren, nach bisherigem Recht erstattungspflichtigen Dienstherren eine Abfindung an den aufnehmenden Dienstherrn innerhalb von sechs Monaten nach Unterrichtung der zahlungspflichtigen Dienstherren über den letzten Dienstherrenwechsel durch den aufnehmenden Dienstherrn an diesen zu leisten.

(2) Die Berechnung der vom letzten abgebenden Dienstherrn zu leistenden Abfindung bestimmt sich nach §§ 96 und 97 mit der Maßgabe, dass ihm abweichend von § 97 Absatz 2 die Zeiten nicht zugerechnet werden, für die eine Abfindung nach Absatz 1 geleistet wird. § 101 Absatz 2 Nummer 3 und Absatz 3 Satz 3 gelten entsprechend.

§ 102a Versorgungslastenteilung bei landesinterner Übernahme eines kommunalen Wahlamtes durch Beamtinnen und Beamte

(1) Sofern eine Beamtin oder ein Beamter ein kommunales Wahlamt übernimmt und ihre oder seine Rechte und Pflichten aus dem zuletzt im Beamtenverhältnis wahrgenommen Amt nach § 119a des Landesbeamtengesetzes ruhen, wird die Versorgungslastenteilung nach den Absätzen 2 bis 5 vorgenommen.

(2) Scheidet die Beamtin oder der Beamte auf eigenen Antrag aus dem ruhenden Beamtenverhältnis aus oder wird das ruhende Beamtenverhältnis nach Ablauf des kommunalen Wahlamtes nicht fortgeführt, finden die §§ 96 und 97 entsprechende Anwendung, wobei die Dienstzeit im kommunalen Wahlamt der Kommune zugerechnet wird, zu der das Wahlbeamtenverhältnis begründet wurde.

(3) Sofern die Beamtin oder der Beamte ohne eigenen Versorgungsanspruch aus dem kommunalen Wahlamt ausscheidet und das ruhende Beamtenverhältnis fortgeführt wird, entrichtet die Kommune, zu der das Wahlbeamtenverhältnis begründet wurde, an den Dienstherrn, zu dem das ruhende Beamtenverhältnis besteht, für die Dauer der Dienstzeit im kommunalen Wahlamt einen Versorgungszuschlag in Höhe von 30 Prozent der ohne das Ruhen zustehenden ruhegehaltfähigen Bezüge.

(4) Sofern die Beamtin oder der Beamte aus beiden Beamtenverhältnissen jeweils einen Versorgungsanspruch erwirbt und der gegenüber der Kommune, zu der das Wahlbeamtenverhältnis begründet wurde, bestehende Versorgungsanspruch nach § 67 geregelt werden kann, beteiligt sich die entsprechende Kommune im Innenverhältnis an den im Ruhenszeitraum zuzurechnenden Versorgungslasten des Dienstherrn, zu dem das ruhende Beamtenverhältnis besteht. Die Beteiligung erfolgt über die Zahlung eines Versorgungszuschlages; Absatz 3 gilt entsprechend.

(5) Sofern die Beamtin oder der Beamte aus beiden Beamtenverhältnissen jeweils einen Versorgungsanspruch erwirbt und der gegenüber dem Dienstherrn, zu dem das ruhende Beamtenverhältnis besteht, bestehende Versorgungsanspruch nach § 67 geregelt wird, beteiligt sich dieser Dienstherr im Innenverhältnis an den Versorgungslasten der Kommune, zu der das Wahlbeamtenverhältnis begründet wurde, für die vor Beginn des kommunalen Wahlamtes abgeleistete Dienstzeit im Beamtenverhältnis. Die Beteiligung erfolgt über die Zahlung eines Versorgungszuschlages für den Zeitraum vom Beginn des Beamtenverhältnisses bis zum Tag der Übernahme des kommunalen Wahlamtes in Höhe von 30 Prozent der zustehenden ruhegehaltfähigen Bezüge.

(6) Etwaige Ansprüche auf Zahlung von Beiträgen zu den Versorgungslasten werden erst zum Zeitpunkt des Ruhestandseintritts oder der Beendigung des Doppeldienstverhältnisses der Beamtin oder des Beamten festgestellt und in einer Summe ausgezahlt. Eine Verzinsung für zurückliegende Zeiträume findet nicht statt. Scheidet die Beamtin oder der Beamte nach der Zahlung von Beiträgen zur Versorgungslast aus dem Beamtenverhältnis ohne Versorgungsanspruch aus, erstattet der Dienstherr, der durch diese Zahlung begünstigt ist, dem anderen Dienstherrn die Kosten einer Nachversicherung.

IV

IV

Abschnitt 12
Schlussvorschriften

§ 103 Allgemeine Verwaltungsvorschriften

Die zur Durchführung dieses Gesetzes erforderlichen allgemeinen Verwaltungsvorschriften erlässt das Finanzministerium.

§ 104 Fortgeltung von Rechtsverordnungen

(1) Folgende durch Nummer 1 des Gesetzes zur Überleitung des Beamtenversorgungsrechts vom 16. Mai 2013 (GV. NRW. S. 234) in Landesrecht übergeleitete, auf Grund des Beamtenversorgungsgesetzes erlassene Rechtsverordnungen des Bundes jeweils in der am 31. August 2006 geltenden Fassung gelten bis zum Inkrafttreten neuer Rechtsverordnungen fort, soweit sich aus diesem Gesetz oder auf Grund sonstiger landesrechtlicher Bestimmungen nichts anderes ergibt:

a) die Heilverfahrensverordnung vom 25. April 1979 (BGBl. I S. 502), die geändert durch Artikel 12 der Verordnung vom 8. August 2002 (BGBl. I S. 3177) geändert worden ist,

b) die Verordnung über die einmalige Unfallentschädigung nach § 43 Absatz 3 des Beamtenversorgungsgesetzes vom 24. Juni 1977 (BGBl. I S. 1011), die durch Artikel 65 des Gesetzes vom 21. Juni 2005 (BGBl. I S. 1818) geändert worden ist.

(2) Soweit nach diesem Gesetz die Landesregierung oder eine andere Stelle ermächtigt ist, durch Rechtsverordnung bestimmte Bereiche zu regeln, bleiben die bisherigen Rechtsverordnungen der Landesregierung oder einer anderen Stelle des Landes bis zum Inkrafttreten der jeweiligen neuen Rechtsverordnung in Kraft.

§ 105 Inkrafttreten, Außerkrafttreten

(1) Dieses Gesetz tritt vorbehaltlich des Absatzes 2 am 1. Juli 2016 in Kraft. Gleichzeitig tritt das Landesbeamtenversorgungsgesetz vom 16. Mai 2013 (GV. NRW. S. 234), das zuletzt durch Artikel 1 des Gesetzes zur Änderung des Landesbeamtenversorgungsgesetzes und des Übergeleiteten Besoldungsgesetzes für das Land Nordrhein-Westfalen vom 17. März 2016 (GV. NRW. S. 182) geändert worden ist, außer Kraft.

(2) § 5 Absatz 1 Satz 3 und 4, § 66 Absatz 2 Satz 2 und § 85 Absatz 6 treten am 1. Januar 2017 in Kraft.

Anlage 1
(Gültig ab dem 1. April 2026)

Unfallausgleich zu § 41 Absatz 1:

Der Unfallausgleich beträgt bei einem Grad der Schädigungsfolgen von:

30	192 Euro
40	260 Euro
50	388 Euro
60	483 Euro
70	662 Euro
80	790 Euro
90	950 Euro
100	1057 Euro

Die vorstehenden Vomhundertsätze stellen Durchschnittssätze dar; ein um fünf geringerer Grad der Schädigungsfolgen wird vom höheren Zehnergrad mit umfasst.

Anlage 2
(Gültig ab dem 1. April 2026)

Zuschläge nach den §§ 59 bis 61

(1) Der Kindererziehungszuschlag nach § 59 Absatz 1 beträgt für jeden Monat der Kindererziehungszeit 3,78 Euro.

(2) Der Kindererziehungsergänzungszuschlag nach § 59 Absatz 5 beträgt für jeden angefangenen Monat, in dem die darin genannten Voraussetzungen erfüllt werden:

1. im Fall von § 59 Absatz 5 Nummer 1 Buchstabe a 1,15 Euro,
2. im Fall von § 59 Absatz 5 Nummer 1 Buchstabe b 0,84 Euro.

Abweichend von Satz 1 beträgt der Kindererziehungsergänzungszuschlag bei der nicht erwerbsmäßigen Pflege eines pflegebedürftigen Kindes bis zur Vollendung seines 18. Lebensjahres 1,31 Euro.

(3) Der Kinderzuschlag nach § 60 Absatz 1 beträgt für jeden Monat der Kindererziehungszeit 2,28 Euro.

(4) Der Pflegezuschlag nach § 61 Absatz 1 beträgt für jeden Kalendermonat der nicht erwerbsmäßigen Pflege einer pflegebedürftigen Person 2,63 Euro.

(5) Der Kinderpflegeergänzungszuschlag nach § 61 Absatz 3 beträgt für jeden Kalendermonat der nicht erwerbsmäßigen Pflege eines pflegebedürftigen Kindes 1,31 Euro.

IV

Anlage 1
(Gültig ab dem 1. März 2027)

Unfallausgleich zu § 41 Absatz 1:

Der Unfallausgleich beträgt bei einem Grad der Schädigungsfolgen von:

30	196 Euro
40	265 Euro
50	396 Euro
60	493 Euro
70	675 Euro
80	806 Euro
90	969 Euro
100	1078 Euro

Die vorstehenden Vomhundertsätze stellen Durchschnittssätze dar; ein um fünf geringerer Grad der Schädigungsfolgen wird vom höheren Zehnergrad mit umfasst.

Anlage 2
(Gültig ab dem 1. März 2027)

Zuschläge nach den §§ 59 bis 61

(1) Der Kindererziehungszuschlag nach § 59 Absatz 1 beträgt für jeden Monat der Kindererziehungszeit 3,86 Euro.

(2) Der Kindererziehungsergänzungszuschlag nach § 59 Absatz 5 beträgt für jeden angefangenen Monat, in dem die darin genannten Voraussetzungen erfüllt werden:

1. im Fall von § 59 Absatz 5 Nummer 1 Buchstabe a 1,17 Euro,
2. im Fall von § 59 Absatz 5 Nummer 1 Buchstabe b 0,86 Euro.

Abweichend von Satz 1 beträgt der Kindererziehungsergänzungszuschlag bei der nicht erwerbsmäßigen Pflege eines pflegebedürftigen Kindes bis zur Vollendung seines 18. Lebensjahres 1,34 Euro.

(3) Der Kinderzuschlag nach § 60 Absatz 1 beträgt für jeden Monat der Kindererziehungszeit 2,33 Euro.

(4) Der Pflegezuschlag nach § 61 Absatz 1 beträgt für jeden Kalendermonat der nicht erwerbsmäßigen Pflege einer pflegebedürftigen Person 2,68 Euro.

(5) Der Kinderpflegeergänzungszuschlag nach § 61 Absatz 3 beträgt für jeden Kalendermonat der nicht erwerbsmäßigen Pflege eines pflegebedürftigen Kindes 1,34 Euro.

Anlage 1
(Gültig ab dem 1. Januar 2028)

Unfallausgleich zu § 41 Absatz 1:

Der Unfallausgleich beträgt bei einem Grad der Schädigungsfolgen von:

30	198 Euro
40	268 Euro
50	400 Euro
60	498 Euro
70	682 Euro
80	814 Euro
90	979 Euro
100	1089 Euro

Die vorstehenden Vomhundertsätze stellen Durchschnittssätze dar; ein um fünf geringerer Grad der Schädigungsfolgen wird vom höheren Zehnergrad mit umfasst.

Anlage 2
(Gültig ab dem 1. Januar 2028)

Zuschläge nach den §§ 59 bis 61

(1) Der Kindererziehungszuschlag nach § 59 Absatz 1 beträgt für jeden Monat der Kindererziehungszeit 3,90 Euro.

(2) Der Kindererziehungsergänzungszuschlag nach § 59 Absatz 5 beträgt für jeden angefangenen Monat, in dem die darin genannten Voraussetzungen erfüllt werden:

1. im Fall von § 59 Absatz 5 Nummer 1 Buchstabe a 1,18 Euro,
2. im Fall von § 59 Absatz 5 Nummer 1 Buchstabe b 0,87 Euro.

Abweichend von Satz 1 beträgt der Kindererziehungsergänzungszuschlag bei der nicht erwerbsmäßigen Pflege eines pflegebedürftigen Kindes bis zur Vollendung seines 18. Lebensjahres 1,35 Euro.

(3) Der Kinderzuschlag nach § 60 Absatz 1 beträgt für jeden Monat der Kindererziehungszeit 2,35 Euro.

(4) Der Pflegezuschlag nach § 61 Absatz 1 beträgt für jeden Kalendermonat der nicht erwerbsmäßigen Pflege einer pflegebedürftigen Person 2,71 Euro.

(5) Der Kinderpflegeergänzungszuschlag nach § 61 Absatz 3 beträgt für jeden Kalendermonat der nicht erwerbsmäßigen Pflege eines pflegebedürftigen Kindes 1,35 Euro.

IV

Verordnung über die Durchführung von Heilverfahren nach § 33 des Beamtenversorgungsgesetzes (Heilverfahrensverordnung – HeilVfV)

Vom 9. November 2020 (BGBl. I S. 2349)

IV

Abschnitt 1 Allgemeines

§ 1 Persönlicher Geltungsbereich

Diese Verordnung gilt für die durch einen Dienstunfall nach § 31 des Beamtenversorgungsgesetzes verletzten

1. Beamtinnen und Beamten des Bundes,
2. Ehrenbeamtinnen und Ehrenbeamten des Bundes (§ 6 Absatz 5 Satz 1 des Bundesbeamtengesetzes).

Für die Richterinnen und Richter im Bundesdienst gilt diese Verordnung nach § 46 des Deutschen Richtergesetzes entsprechend.

§ 2 Rechtsanspruch

(1) Eine durch einen Dienstunfall verletzte Person hat Anspruch auf Durchführung eines Heilverfahrens mit dem Ziel, die Folgen des Dienstunfalls zu beseitigen oder zu lindern und eine möglichst rasche Rehabilitation zu erreichen.

(2) Der Anspruch auf Durchführung des Heilverfahrens wird dadurch erfüllt, dass der verletzten Person die wirtschaftlich angemessenen Aufwendungen für notwendige Maßnahmen des Heilverfahrens erstattet werden, soweit nicht der Dienstherr das Heilverfahren selbst durchführt.

§ 3 Notwendigkeit und Angemessenheit

(1) Notwendig sind die von einer Ärztin oder einem Arzt, einer Zahnärztin oder einem Zahnarzt, einer Psychotherapeutin oder einem Psychotherapeuten, einer Heilpraktikerin oder einem Heilpraktiker durchgeführten oder verordneten Maßnahmen, die erforderlich sind, um die Folgen des Dienstunfalls zu beseitigen oder zu lindern. § 6 Absatz 2 der Bundesbeihilfeverordnung gilt entsprechend.

(2) Für die wirtschaftliche Angemessenheit gilt § 6 Absatz 3 und 4 der Bundesbeihilfeverordnung entsprechend, soweit nachstehend nichts anderes bestimmt ist.

(3) Bei der Prüfung der wirtschaftlichen Angemessenheit kann über die im Beihilferecht getroffenen Begrenzungen hinausgegangen werden. Die Entscheidung ist besonders zu begründen und zu dokumentieren.

(4) Über die Notwendigkeit der Maßnahmen und über die wirtschaftliche Angemessenheit der Aufwendungen entscheidet die Dienstunfallfürsorgestelle.

§ 4 Durchgangsärztliche und besondere unfallmedizinische Behandlung

(1) Ist auf Grund einer Verletzung mit einer vorübergehenden Dienstunfähigkeit über den Unfalltag hinaus oder mit einer Behandlungsbedürftigkeit zu rechnen, so hat sich die verletzte Person von einer Durchgangsärztin oder einem Durchgangsarzt untersuchen und behandeln zu lassen. Dabei hat die verletzte Person die freie Wahl unter den am Unfall-, Dienst- oder Wohnort niedergelassenen oder an einem dortigen Krankenhaus tätigen Durchgangsärztinnen und Durchgangsärzten.

(2) Die Verpflichtung nach Absatz 1 Satz 1 entfällt bei

1. Verletzungen, die ausschließlich die Augen, die Zähne, den Hals, die Nase oder die Ohren betreffen,
2. rein psychischen Gesundheitsstörungen,
3. medizinischen Notfällen sowie
4. Unfällen im Ausland.

(3) Sofern wegen der Art und Schwere der Verletzung eine besondere unfallmedizinische Behandlung erforderlich ist, hat die Dienstunfallfürsorgestelle dafür Sorge zu tragen, dass die verletzte Person in einem Krankenhaus im Sinne des § 34 Absatz 2 des Siebten Buches Sozialgesetzbuch behandelt wird.

§ 5 Gutachten

Sofern nach dieser Verordnung ein ärztliches Gutachten oder ein Gutachten zur Feststellung eines ursächlichen Zusammenhangs eingeholt wird, beauftragt die Dienstunfallfürsorgestelle

1. eine Gutachterin oder einen Gutachter aus dem Gutachterverzeichnis der Deutschen Gesetzlichen Unfallversicherung,
2. eine Gutachterin oder einen Gutachter eines medizinischen Gutachteninstituts oder
3. eine andere Fachärztin oder einen anderen Facharzt, die oder der über umfangreiche Erfahrungen auf dem Gebiet der unfallrechtlichen Begutachtung verfügt.

Die Einschränkungen nach Satz 1 gelten nicht in Fällen des § 10 Absatz 1 Satz 2 sowie bei Begutachtungen, die im Ausland erfolgen müssen.

Abschnitt 2 Erstattung von Aufwendungen

§ 6 Erstattungsfähige Aufwendungen

(1) Erstattungsfähig sind Aufwendungen für

1. ärztliche, zahnärztliche und psychotherapeutische Maßnahmen sowie Maßnahmen von Heilpraktikerinnen und Heilpraktikern einschließlich Berichtsgebühren,
2. die im Rahmen einer Maßnahme nach Nummer 1 verbrauchten und die ärztlich oder zahnärztlich verordneten Arznei- und Verbandmittel,
3. die im Rahmen einer Maßnahme nach Nummer 1 ärztlich oder zahnärztlich verordneten Heilmittel und die bei der Anwendung der Heilmittel verbrauchten Stoffe, soweit letztere nach § 23 Absatz 1 der Bundesbeihilfeverordnung beihilfefähig sind,
4. die Versorgung mit Hilfsmitteln, mit Geräten zur Selbstbehandlung und zur Selbstkontrolle sowie mit Körperersatzstücken (§ 8),
5. Krankenhausleistungen und Rehabilitationsmaßnahmen (§ 9),
6. Pflege (§ 10),
7. Haushaltshilfen (§ 11) sowie
8. Fahrten (§ 12).

(2) Erstattungsfähig sind auch

1. ein erhöhter Kleider- und Wäscheverschleiß (§ 13),
2. Aufwendungen infolge bewilligter Kraftfahrzeughilfe (§ 14),
3. Aufwendungen infolge bewilligter Anpassung des Wohnumfelds (§ 15) sowie
4. Aufwendungen für Überführung und Bestattung (§ 16).

(3) Die Aufwendungen für eine Untersuchung oder Begutachtung im unmittelbaren Anschluss an ein Unfallereignis werden auch dann erstattet, wenn diese Maßnahme nur der Feststellung diente, ob ein Dienstunfall vorliegt oder ob Dienstunfallfolgen eingetreten sind.

(4) Bei dienstunfallbedingten Aufwendungen, die im Ausland entstanden sind, gilt § 11 Absatz 1 und 2 der Bundesbeihilfeverordnung entsprechend. Für verletzte Personen, die ihren dienstlichen Wohnsitz im Ausland haben oder in das Ausland abgeordnet sind, gelten § 11 Absatz 3, § 18a Absatz 4 Satz 2, § 23 Absatz 2 Satz 1, § 26a Absatz 5, § 29 Absatz 1 und 3, § 31 Absatz 5, § 32 Absatz 3, § 36 Absatz 3 sowie § 44 Absatz 2 der Bundesbeihilfeverordnung entsprechend.

(5) Zur Vermeidung unbilliger Härten kann die Dienstunfallfürsorgestelle mit vorheriger Zustimmung des Bundesministeriums des Innern, für Bau und Heimat und des Bundesministeriums der Finanzen von dieser Verordnung abweichen.

§ 7 Erstattungsfähige Aufwendungen bei Traumatisierung

(1) Nach einem traumatischen Ereignis, das von der verletzten Person nach § 45 des Beamtenversorgungsgesetzes angezeigt worden ist, werden zur psychischen Stabilisierung nach vorheriger Zustimmung der Dienstunfallfürsorgestelle die Aufwendungen für bis zu fünf Sitzungen in Gruppen- oder Einzeltherapie erstattet. Satz 1 gilt auch, wenn das Verfahren zur Feststellung, ob ein

Dienstunfall vorliegt, noch andauert. Für eine Therapie, die auf Veranlassung der Durchgangsärztin oder des Durchgangsarztes erfolgt, gilt die Zustimmung nach Satz 1 als erteilt.

(2) Zu den erstattungsfähigen Aufwendungen gehören auch solche für die fundierte Psychodiagnostik, für die Krisen- oder die Frühintervention und für das Abklären der Notwendigkeit weiterführender Behandlungsmaßnahmen.

(3) Stellt sich während der Therapie nach Absatz 1 Satz 1 heraus, dass eine weiterführende therapeutische Behandlung erforderlich ist, sind Aufwendungen für weitere Sitzungen in Gruppen- oder Einzeltherapie nur nach vorheriger Anerkennung des Dienstunfalls erstattungsfähig. Vor Beginn der Therapie ist von der Dienstunfallfürsorgestelle ein Gutachten zu Art und Umfang der Therapie einzuholen.

(4) Erstattungsfähig sind nur Aufwendungen für Sitzungen bei

1. Fachärztinnen oder Fachärzten für Neurologie und Psychiatrie,
2. Fachärztinnen oder Fachärzten für Psychiatrie,
3. Fachärztinnen oder Fachärzten für Psychiatrie und Psychotherapie,
4. Fachärztinnen oder Fachärzten für psychosomatische Medizin und Psychotherapie,
5. Fachärztinnen oder Fachärzten für psychotherapeutische Medizin,
6. ärztlichen und psychologischen Psychotherapeutinnen oder Psychotherapeuten sowie
7. Psychotherapeutinnen oder Psychotherapeuten nach § 1 Absatz 1 Satz 1 des Psychotherapeutengesetzes in der jeweils geltenden Fassung.

§ 8 Hilfsmittel, Geräte zur Selbstbehandlung und Selbstkontrolle, Körperersatzstücke

(1) Aufwendungen für die dienstunfallbedingte Versorgung mit Hilfsmitteln, mit Geräten zur Selbstbehandlung und Selbstkontrolle sowie mit Körperersatzstücken nach Anlage 11 der Bundesbeihilfeverordnung werden erstattet, wenn eine ärztliche Verordnung vorliegt. Zu den Aufwendungen zählt auch die Miete von Hilfsmitteln, Geräten zur Selbstbehandlung und Selbstkontrolle sowie von Körperersatzstücken, soweit die Miete nicht höher ist als die Anschaffungskosten. Übersteigen die Anschaffungskosten 1000 Euro, so werden die Aufwendungen nur erstattet, wenn

1. die Dienstunfallfürsorgestelle die Erstattung vorher zugesagt hat oder
2. die Verordnung und eine gegebenenfalls erforderliche Anpassung während einer stationären Krankenhausbehandlung erfolgt sind.

(2) Die Versorgung umfasst

1. die Erstausstattung, das notwendige Zubehör, die Instandsetzung und Instandhaltung, die Änderung und die Ersatzbeschaffung, sofern diese nicht durch Missbrauch, Vorsatz oder grobe Fahrlässigkeit der verletzten Person bedingt ist,
2. die Ausbildung im Gebrauch,
3. die für den Betrieb eines Hilfsmittels erforderlichen Energiekosten, insbesondere Kosten für Strom oder Batterien,
4. dienstunfallbedingt erforderliche Änderungen an Schuhen, Bekleidung und anderen Gebrauchsgegenständen des täglichen Lebens.

(3) Ist infolge eines Dienstunfalls eine Sehbeeinträchtigung erstmals eingetreten oder eine bereits bestehende Sehbeeinträchtigung verschlimmert worden, so richtet sich die Erstattung von Aufwendungen für von einer Augenärztin oder einem Augenarzt verordnete Brillen, Kontaktlinsen und andere Sehhilfen nach Anlage 11 Abschnitt 4 der Bundesbeihilfeverordnung ohne Berücksichtigung beihilferechtlicher Alterseinschränkungen. Aufwendungen für ein Brillengestell sind bis zu 100 Euro erstattungsfähig.

(4) Ist dienstunfallbedingt die Haltung eines Blindenhundes oder die Mitnahme einer Begleitperson erforderlich, so wird für nachgewiesene Aufwendungen ein Erstattungsbetrag von bis zu 200 Euro monatlich gezahlt.

§ 9 Krankenhausleistungen und Rehabilitationsmaßnahmen

(1) Erstattungsfähig sind die dienstunfallbedingten Aufwendungen für

1. Krankenhausbehandlungen bis zur Höhe der Aufwendungen, wie sie in Krankenhäusern im Sinne der §§ 26 und 26a der Bundesbeihilfeverordnung ohne Abzug von Eigenbehalten entstanden wären,
2. die gesondert berechnete Unterkunft ohne Abzug von Eigenbehalten
   a) bis zur Höhe der Aufwendungen für ein Zweibettzimmer der jeweiligen Abteilung oder
   b) in einem Einbettzimmer, wenn dies auf Grund besonderer dienstlicher oder medizinischer Gründe erforderlich ist,
3. ärztlich verordnete Anschlussheilbehandlungen als medizinische Rehabilitationsmaßnahmen bis zur Höhe der Aufwendungen, die in Rehabilitationseinrichtungen, mit denen ein Versorgungsvertrag nach § 111 Absatz 2 Satz 1 des Fünften Buches Sozialgesetzbuch besteht, entstanden wären,
4. ärztlich verordnete stationäre Rehabilitationsmaßnahmen bis zur Höhe der Aufwendungen, die in Rehabilitationseinrichtungen, mit denen ein Versorgungsvertrag nach § 111 Absatz 2 Satz 1 des Fünften Buches Sozialgesetzbuch besteht, entstanden wären, sofern die Dienstunfallfürsorgestelle vor Beginn der Maßnahme die Erstattungsfähigkeit anerkannt hat,
5. ärztlich verordnete ambulante Rehabilitationsmaßnahmen in Rehabilitationseinrichtungen oder in wohnortnahen Einrichtungen,
6. ärztlich verordneten Rehabilitationssport in Gruppen unter ärztlicher Betreuung und Überwachung.

(2) Die Erstattungsfähigkeit von Maßnahmen nach Absatz 1 Nummer 4 darf nur anerkannt werden, wenn die Maßnahmen nach durchgangsärztlicher Stellungnahme zur Behebung oder Minderung der Dienstunfallfolgen notwendig sind. Ort, Zeit und Dauer der Maßnahmen nach Absatz 1 Nummer 4 bestimmt dann die Dienstunfallfürsorgestelle. Bei dienstlichem Wohnsitz im Ausland oder bei einer Abordnung in das Ausland ist abweichend von Satz 1 eine fachärztliche Stellungnahme erforderlich; die Kosten einer erforderlichen Übersetzung werden erstattet.

(3) Die verletzte Person hat der Dienstunfallfürsorgestelle den Beginn einer geplanten Krankenhausbehandlung oder einer Rehabilitationsmaßnahme unverzüglich anzuzeigen. Nach Beendigung der Maßnahme hat die verletzte Person der Dienstunfallfürsorgestelle einen ärztlichen Schlussbericht vorzulegen; die dadurch entstehenden Aufwendungen werden erstattet.

(4) Die Dienstunfallfürsorgestelle weist die verletzte Person vor Beginn einer stationären Krankenhausbehandlung oder einer stationären Rehabilitationsmaßnahme darauf hin, dass die Aufwendungen, die die nach Absatz 1 Nummer 1 bis 4 erstattungsfähigen Aufwendungen übersteigen, grundsätzlich nicht erstattet werden.

§ 10 Pflege

(1) Die Kosten für eine notwendige Pflege werden erstattet, wenn die verletzte Person infolge des Dienstunfalls mindestens dem Pflegegrad 2 im Sinne des § 15 Absatz 3 Satz 4 Nummer 2 des Elften Buches Sozialgesetzbuch zugeordnet worden ist. Die Dienstunfallfürsorgestelle hat bei einer geeigneten Stelle ein Gutachten über die dienstunfallbedingte Pflegebedürftigkeit und über die Zuordnung zu einem Pflegegrad nach § 15 Absatz 1 bis 5 des Elften Buches Sozialgesetzbuch einzuholen.

(2) Bei der häuslichen Pflege durch geeignete Pflegekräfte im Sinne des § 36 Absatz 4 Satz 2 und 3 des Elften Buches Sozialgesetzbuch werden Pflegekosten bis zur Höhe der in § 36 Absatz 3 des Elften Buches Sozialgesetzbuch genannten Beträge erstattet. Nachgewiesene höhere Aufwendungen, die erforderlich sind, um die notwendige häusliche Pflege zu erhalten, können zur Vermeidung unbilliger Härten auf Antrag erstattet werden.

(3) Wird die häusliche Pflege ausschließlich durch andere als die in Absatz 2 Satz 1 ge-

IV

nannten Personen erbracht, werden Pflegekosten bis zur Hälfte der in § 36 Absatz 3 des Elften Buches Sozialgesetzbuch genannten Beträge erstattet. Haben die in Satz 1 genannten Personen ihren Beruf aufgegeben, um die Pflege ausüben zu können, so wird das ausgefallene Arbeitseinkommen bis zur Höhe der in § 36 Absatz 3 des Elften Buches Sozialgesetzbuch genannten Beträge zuzüglich des Arbeitgeberanteils zur Sozialversicherung erstattet. Wird die häusliche Pflege sowohl durch geeignete Pflegekräfte (Absatz 2 Satz 1) als auch durch die in Satz 1 genannten Personen erbracht, werden die Pflegekosten anteilig erstattet.

(4) Ist eine Pflegeperson wegen Erholungsurlaubs, Krankheit oder aus anderen Gründen an der häuslichen Pflege gehindert, so sind die Aufwendungen für eine notwendige Ersatzpflege entsprechend § 39 des Elften Buches Sozialgesetzbuch erstattungsfähig. Kann die häusliche Pflege zeitweise nicht, noch nicht oder nicht im erforderlichen Umfang erbracht werden und reicht auch teilstationäre Pflege nicht aus, sind Aufwendungen für Kurzzeitpflege entsprechend § 42 des Elften Buches Sozialgesetzbuch erstattungsfähig.

(5) Muss die verletzte Person in einer stationären Einrichtung gepflegt werden, weil eine geeignete Pflege sonst nicht gewährleistet werden kann, werden die Kosten bis zu der Höhe erstattet, die für eine angemessene Unterbringung in einer zugelassenen oder in einer vergleichbaren Einrichtung am Wohnort der verletzten Person oder in dessen Nähe aufgewendet werden müssen.

(6) Der Anspruch auf Erstattung von Pflegekosten ruht bei stationärer Behandlung in Krankenhäusern und Rehabilitationseinrichtungen. Dies gilt nicht für die ersten vier Wochen einer stationären Behandlung. Im Anschluss an den in Satz 2 genannten Zeitraum werden Betten- und Platzfreihaltegebühren für die restliche Dauer der stationären Behandlung erstattet.

(7) Die erstattungsfähigen Beträge können monatlich im Voraus gezahlt werden. Die pflegebedürftige Person ist verpflichtet, der Dienstunfallfürsorgestelle jede wesentliche Änderung in den Verhältnissen, die für die Erstattung der Pflegekosten maßgebend sind, unverzüglich anzuzeigen. Erfolgt die Pflege nicht für den gesamten Kalendermonat, ist der Erstattungsbetrag durch die Dienstunfallfürsorgestelle entsprechend zu mindern.

(8) Der Bund beteiligt sich an den personenbezogenen Kosten der Träger für eine Pflegeberatung nach § 7a des Elften Buches Sozialgesetzbuch.

§ 11 Haushaltshilfe

(1) Eine Haushaltshilfe ist notwendig, solange und soweit der verletzten Person die Weiterführung des Haushalts nicht möglich ist wegen

1. eines dienstunfallbedingten außerhäuslichen Heilverfahrens oder
2. der Art und Schwere des dienstunfallbedingten Körperschadens, insbesondere nach einem stationären Heilverfahren, einer ambulanten Operation oder einer ambulanten Krankenhausbehandlung.

(2) Aufwendungen für eine Haushaltshilfe werden nur erstattet, wenn und solange keine im Haushalt lebende Person den Haushalt weiterführen kann und im Haushalt der verletzten Person eine der folgenden Personen lebt:

1. ein Kind (§ 63 Absatz 1 Satz 1 des Einkommensteuergesetzes), das zu Beginn des Zeitraums, für den die Haushaltshilfe gewährt wird, das zwölfte Lebensjahr noch nicht vollendet hat,
2. eine pflegebedürftige Ehegattin oder ein pflegebedürftiger Ehegatte oder
3. ein Kind der verletzten Person, das
   a) pflegebedürftig ist oder
   b) wegen körperlicher, geistiger oder seelischer Behinderung außerstande ist, sich selbst zu unterhalten.

Einer alleinstehenden verletzten Person werden Aufwendungen für eine Haushaltshilfe nach einem stationären Heilverfahren, nach einer ambulanten Operation oder nach einer ambulanten Krankenhausbehandlung erstattet.

(3) Werden Leistungen nach § 34 des Beamtenversorgungsgesetzes gewährt, besteht kein Anspruch auf Erstattung der Aufwendungen für eine Haushaltshilfe.

(4) Bei einem dienstunfallbedingten außerhäuslichen Heilverfahren (Absatz 1 Nummer 1) sind Aufwendungen für eine Haushaltshilfe zu erstatten, solange das außerhäusliche Heilverfahren andauert. Ist eine Haushaltshilfe nach einem stationären Heilverfahren, einer ambulanten Operation oder einer ambulanten Krankenhausbehandlung (Absatz 1 Nummer 2) notwendig, so werden die Aufwendungen erstattet für

1. höchstens 28 Tage oder
2. höchstens sechs Monate, sofern gleichzeitig die Voraussetzungen nach Absatz 2 Satz 1 vorliegen.

(5) Der Dienstunfallfürsorgestelle ist eine fachärztliche Bescheinigung über die Notwendigkeit und den zeitlichen Umfang der Haushaltshilfe vorzulegen. Die Aufwendungen für eine Haushaltshilfe sind pro Stunde bis zur Höhe von 0,32 Prozent der sich aus § 18 Absatz 1 des Vierten Buches Sozialgesetzbuch ergebenden monatlichen Bezugsgröße, aufgerundet auf volle Euro, erstattungsfähig. Aufwendungen für notwendige Fahrten der Haushaltshilfe werden in sinngemäßer Anwendung des § 12 Absatz 1 Satz 1 erstattet. § 3 Absatz 3 gilt entsprechend.

§ 12 Fahrten

(1) Aufwendungen der verletzten Person für notwendige Hin- und Rückfahrten aus Anlass der Heilbehandlung werden wie folgt erstattet:

1. bei Benutzung öffentlicher Verkehrsmittel bis zur Höhe der Kosten in der niedrigsten Beförderungsklasse zuzüglich der Aufwendungen einer notwendigen Gepäckbeförderung,
2. bei Benutzung eines Kraftfahrzeuges oder eines anderen motorbetriebenen Fahrzeuges in Höhe von 20 Cent je Kilometer zurückgelegter Strecke der Hin- und Rückfahrt,
3. Aufwendungen für ein Taxi, wenn nach Bescheinigung durch die behandelnde Ärztin oder den behandelnden Arzt aus zwingenden medizinischen Gründen öffentliche Verkehrsmittel oder ein privates Kraftfahrzeug nicht benutzt werden können.

Die Aufwendungen werden nur bis zur Höhe der Aufwendungen für Fahrten zum nächstgelegenen geeigneten Behandlungs- oder Untersuchungsort erstattet.

(2) Aufwendungen für Fahrten zu Begutachtungen oder Untersuchungen, die von der Dienstunfallfürsorgestelle veranlasst worden sind, werden erstattet.

(3) Erstattungsfähig sind ferner

1. Aufwendungen für Rettungsfahrten und -flüge,
2. Aufwendungen für ärztlich verordnete Krankentransportfahrten
   a) im Zusammenhang mit einem stationären Heilverfahren oder
   b) bei einer medizinisch notwendigen Verlegung in ein anderes Krankenhaus,
3. Aufwendungen einer Begleitperson, wenn die Begleitung der verletzten Person nach Stellungnahme durch die behandelnde Ärztin oder den behandelnden Arzt erforderlich war, und
4. bei einer stationären Krankenhausbehandlung Aufwendungen von Angehörigen für Besuchsfahrten, wenn die Besuche nach Stellungnahme der behandelnden Ärztin oder des behandelnden Arztes zur Sicherung des Heilerfolgs dringend erforderlich waren.

Angehörige im Sinne von Satz 1 Nummer 4 sind:

1. die Ehegattin oder der Ehegatte,
2. Kinder,
3. Eltern.

(4) Aufwendungen für eine notwendige Übernachtung der verletzten Person anlässlich notwendiger auswärtiger ambulanter ärztlicher, zahnärztlicher oder psychotherapeutischer Leistungen sind bis zu einem Betrag von 80 Euro erstattungsfähig. Satz 1 gilt

entsprechend für Aufwendungen für Übernachtungen einer Begleitperson im Fall des Absatzes 3 Satz 1 Nummer 3 sowie von Angehörigen im Fall des Absatzes 3 Satz 1 Nummer 4.

(5) § 3 Absatz 3 gilt entsprechend.

§ 13 Erhöhter Kleider- und Wäscheverschleiß

Aufwendungen, die infolge eines dienstunfallbedingt erhöhten Kleider- und Wäscheverschleißes entstehen, werden von Amts wegen mit einem monatlichen Pauschbetrag in entsprechender Anwendung des § 15 des Bundesversorgungsgesetzes in Verbindung mit der Verordnung zur Durchführung des § 15 des Bundesversorgungsgesetzes erstattet. Die Entscheidung trifft die Dienstunfallfürsorgestelle auf Grund einer fachärztlichen Bescheinigung, die auch Aussagen zur Dauer des Zustands beinhaltet. Die in Sonderfällen den Pauschbetrag nachweislich übersteigenden Aufwendungen werden jeweils für das abgelaufene Kalenderjahr auf Antrag erstattet.

IV

§ 14 Kraftfahrzeughilfe

Kraftfahrzeughilfe wird gewährt, wenn

1. der verletzten Person infolge des Dienstunfalls nicht nur vorübergehend nicht zuzumuten ist, dass sie die zur Dienstausübung erforderlichen Wege zu Fuß oder mit öffentlichen Verkehrsmitteln zurücklegt, und
2. die Dienstunfallfürsorgestelle vor der Entstehung der Aufwendungen die Erstattung zugesagt hat.

§ 40 Absatz 2, 3 und 5 des Siebten Buches Sozialgesetzbuch in Verbindung mit der Kraftfahrzeughilfe-Verordnung gilt entsprechend. Die §§ 6 und 8 der Kraftfahrzeughilfe-Verordnung gelten nicht.

§ 15 Dienstunfallbedingte Wohnumfeldanpassung

(1) Die Aufwendungen für eine bedarfsgerechte Anpassung wie Ausstattung, Umbau oder Ausbau der bisher genutzten Wohnung sowie die Aufwendungen für den Umzug in eine bedarfsgerechte Wohnung werden nach Maßgabe des § 41 Absatz 4 des Siebten Buches Sozialgesetzbuch erstattet, wenn die Maßnahme infolge des Dienstunfalls nicht nur vorübergehend erforderlich ist.

(2) Die Aufwendungen für Maßnahmen nach Absatz 1 werden nur erstattet, wenn die Dienstunfallfürsorgestelle die Erstattung vorher zugesagt hat. Bei Maßnahmen ab 5000 Euro hat die verletzte Person zwei Vergleichsangebote beizubringen.

§ 16 Überführung und Bestattung

(1) Ist die verletzte Person an den Folgen des Dienstunfalls verstorben, so werden erstattet die Aufwendungen für

1. die Überführung der verstorbenen Person an den Ort der Bestattung und
2. die Bestattung, die Todesanzeigen, Trauerkarten und Danksagungen, die Trauerfeier und die Bewirtung der Trauergäste sowie die Herrichtung einer Grabstätte einschließlich des Grabmals und des ersten Grabschmucks bis zu einem Siebtel der sich im Zeitpunkt des Todes aus § 18 Absatz 1 des Vierten Buches Sozialgesetzbuch ergebenden jährlichen Bezugsgröße.

(2) Auf den Erstattungsbetrag nach Absatz 1 Nummer 2 ist ein Sterbegeld nach § 18 Absatz 1 und 2 des Beamtenversorgungsgesetzes mit 40 Prozent seines Bruttobetrages anzurechnen.

Abschnitt 3
Verfahren

§ 17 Erstattungsverfahren

(1) Soweit nichts anderes bestimmt ist, werden Aufwendungen nur erstattet, wenn die verletzte Person dies bei der Dienstunfallfürsorgestelle schriftlich oder elektronisch beantragt und die Aufwendungen nachweist. Satz 1 gilt entsprechend für Hinterbliebene, wenn die verletzte Person an den Folgen des Dienstunfalls verstorben ist.

(2) Auf Antrag kann die Dienstunfallfürsorgestelle Vorschüsse oder Abschlagszahlungen gewähren.

(3) Die Dienstunfallfürsorgestelle kann bei Zweifeln an der Notwendigkeit oder an der Dienstunfallbedingtheit einer Maßnahme oder bei Zweifeln an der wirtschaftlichen Angemessenheit von Aufwendungen ein ärztliches Gutachten einholen.

(4) In Fällen, in denen sich die Anerkennung eines Dienstunfalls aus Gründen verzögert, die die verletzte Person nicht zu vertreten hat, können die Aufwendungen zunächst unter Vorbehalt erstattet werden. Dies gilt auch während anhängiger Verfahren auf Anerkennung eines Dienstunfalls. Wird nachträglich festgestellt, dass kein Dienstunfall vorliegt, ist der Erstattungsbetrag zurückzuzahlen.

Abschnitt 4 Übergangsvorschriften

§ 18 Übergangsvorschriften

(1) Hinsichtlich der Erstattung von Aufwendungen, die vor dem Inkrafttreten dieser Verordnung entstanden sind, ist die Heilverfahrensverordnung vom 25. April 1979 (BGBl. I S. 502) in der bis zum 13. November 2020 geltenden Fassung weiter anzuwenden. Entstanden im Sinne von Satz 1 sind Aufwendungen für

1. ärztliche Untersuchungen und Behandlungen einschließlich der dabei verbrauchten Arznei- und Verbandmittel sowie der bei der Anwendung der Heilmittel verbrauchten Stoffe am Behandlungstag,
2. Arznei-, Verband-, Heil- und Hilfsmittel am Tag der ärztlichen Verordnung.

(2) Hinsichtlich der Erstattung von Aufwendungen für Krankenhausbehandlungen sowie für Rehabilitationsmaßnahmen, die bereits vor dem Inkrafttreten dieser Verordnung begonnen worden sind, ist die Heilverfahrensverordnung in der bis zum 13. November 2020 geltenden Fassung weiter anzuwenden.

(3) Übersteigt der nach § 12 der Heilverfahrensverordnung vom 25. April 1979 (BGBl. I S. 502) in der bis zum 13. November 2020 geltenden Fassung zu erstattende Betrag die erstattungsfähigen Pflegekosten nach § 10, wird die Differenz als Pauschale weitergezahlt. Ändern sich die für die Erstattung der Pflegekosten maßgebenden Verhältnisse wesentlich, ist die Erstattung von Pflegekosten nach § 10 neu festzusetzen.

Berufskrankheiten-Verordnung (BKV)

Vom 31. Oktober 1997 (BGBl. I S. 2623)

Zuletzt geändert durch
Sechste Verordnung zur Änderung der Berufskrankheiten-Verordnung
vom 19. Februar 2025 (BGBl. I Nr. 50)

Auf Grund des § 9 Abs. 1 und 6 und des § 193 Abs. 8 des Siebten Buches Sozialgesetzbuch – Gesetzliche Unfallversicherung – (Artikel 1 des Gesetzes vom 7. August 1996, BGBl. I S. 1254) verordnet die Bundesregierung:

Abschnitt 1 Allgemeine Bestimmungen

§ 1 Berufskrankheiten

(1) Berufskrankheiten sind die in der Anlage 1 bezeichneten Krankheiten, die Versicherte infolge einer den Versicherungsschutz nach § 2, 3 oder 6 des Siebten Buches Sozialgesetzbuch begründenden Tätigkeit erleiden.

(2) Bei der Entscheidung über das Vorliegen einer Berufskrankheit nach § 9 Absatz 1 Satz 2 sowie nach § 9 Absatz 2 des Siebten Buches Sozialgesetzbuch sind die veröffentlichten Ergebnisse der Beratungen des Ärztlichen Sachverständigenbeirates Berufskrankheiten nach § 9 Absatz 4 dieser Verordnung auf ihrem jeweils aktuellen Stand vorrangig zu berücksichtigen. Dies gilt insbesondere in Bezug auf die Art, die Diagnostik und die Merkmale des jeweiligen Krankheitsbildes sowie hinsichtlich der Art, der Ausprägung und des Ausmaßes der ursächlichen Einwirkungen, einschließlich vorhandener Dosismaße.

§ 2 Erweiterter Versicherungsschutz in Unternehmen der Seefahrt

Für Versicherte in Unternehmen der Seefahrt erstreckt sich die Versicherung gegen Tropenkrankheiten und Fleckfieber auch auf die Zeit, in der sie an Land beurlaubt sind.

§ 3 Maßnahmen gegen Berufskrankheiten, Übergangsleistung

(1) Besteht für Versicherte die Gefahr, daß eine Berufskrankheit entsteht, wiederauflebt oder sich verschlimmert, haben die Unfallversicherungsträger dieser Gefahr mit allen geeigneten Mitteln entgegenzuwirken. Ist die Gefahr gleichwohl nicht zu beseitigen, haben die Unfallversicherungsträger darauf hinzuwirken, daß die Versicherten die gefährdende Tätigkeit unterlassen. Den für den medizinischen Arbeitsschutz zuständigen Stellen ist Gelegenheit zur Äußerung zu geben.

(2) Versicherte, die die gefährdende Tätigkeit unterlassen, weil die Gefahr fortbesteht, haben zum Ausgleich hierdurch verursachter Minderungen des Verdienstes oder sonstiger wirtschaftlicher Nachteile gegen den Unfallversicherungsträger Anspruch auf Übergangsleistungen. Als Übergangsleistung wird

1. ein einmaliger Betrag bis zur Höhe der Vollrente oder
2. eine monatlich wiederkehrende Zahlung bis zur Höhe eines Zwölftels der Vollrente längstens für die Dauer von fünf Jahren

gezahlt. Renten wegen Minderung der Erwerbsfähigkeit sind nicht zu berücksichtigen.

§ 4 Mitwirkung der für den medizinischen Arbeitsschutz zuständigen Stellen

(1) Die für den medizinischen Arbeitsschutz zuständigen Stellen wirken bei der Feststellung von Berufskrankheiten und von Krankheiten, die nach § 9 Abs. 2 des Siebten Buches Sozialgesetzbuch wie Berufskrankheiten anzuerkennen sind, nach Maßgabe der Absätze 2 bis 4 mit.

(2) Die Unfallversicherungsträger haben die für den medizinischen Arbeitsschutz zuständigen Stellen über die Einleitung eines Feststellungsverfahrens unverzüglich zu unterrichten; als Unterrichtung gilt auch die Übersendung der Anzeige nach § 193 Abs. 2 und 7

oder § 202 des Siebten Buches Sozialgesetzbuch. Die Unfallversicherungsträger beteiligen die für den medizinischen Arbeitsschutz zuständigen Stellen an dem weiteren Feststellungsverfahren; das nähere Verfahren können die Unfallversicherungsträger mit den für den medizinischen Arbeitsschutz zuständigen Stellen durch Vereinbarung regeln.

(3) In den Fällen der weiteren Beteiligung nach Absatz 2 Satz 2 haben die Unfallversicherungsträger vor der abschließenden Entscheidung die für den medizinischen Arbeitsschutz zuständigen Stellen über die Ergebnisse ihrer Ermittlungen zu unterrichten. Soweit die Ermittlungsergebnisse aus Sicht der für den medizinischen Arbeitsschutz zuständigen Stellen nicht vollständig sind, können sie den Unfallversicherungsträgern ergänzende Beweiserhebungen vorschlagen; diesen Vorschlägen haben die Unfallversicherungsträger zu folgen.

(4) Nach Vorliegen aller Ermittlungsergebnisse können die für den medizinischen Arbeitsschutz zuständigen Stellen ein Zusammenhangsgutachten erstellen. Zur Vorbereitung dieser Gutachten können sie die Versicherten untersuchen oder andere Ärzte auf Kosten der Unfallversicherungsträger mit Untersuchungen beauftragen.

§ 5 Gebühren

(1) Erstellen die für den medizinischen Arbeitsschutz zuständigen Stellen ein Zusammenhangsgutachten nach § 4 Abs. 4, erhalten sie von den Unfallversicherungsträgern jeweils eine Gebühr in Höhe von 200 Euro. Mit dieser Gebühr sind alle Personal- und Sachkosten, die bei der Erstellung des Gutachtens entstehen, einschließlich der Kosten für die ärztliche Untersuchung von Versicherten durch die für den medizinischen Arbeitsschutz zuständigen Stellen abgegolten.

(2) Ein Gutachten im Sinne des Absatzes 1 setzt voraus, daß der Gutachter unter Würdigung

1. der Arbeitsanamnese des Versicherten und der festgestellten Einwirkungen am Arbeitsplatz,
2. der Beschwerden, der vorliegenden Befunde und der Diagnose

eine eigenständig begründete schriftliche Bewertung des Ursachenzusammenhangs zwischen der Erkrankung und den tätigkeitsbezogenen Gefährdungen unter Berücksichtigung der besonderen für die gesetzliche Unfallversicherung geltenden Bestimmungen vornimmt.

§ 6 Rückwirkung

(1) Leiden Versicherte am 1. August 2017 an einer Krankheit nach den Nummern 1320, 1321, 2115, 4104 (Eierstockkrebs) oder 4113 (Kehlkopfkrebs) der Anlage 1, ist die Krankheit auf Antrag als Berufskrankheit anzuerkennen, wenn sie vor diesem Tag eingetreten ist.

(2) Leiden Versicherte am 1. Januar 2015 an einer Krankheit nach Nummer 1319, 2113, 2114 oder 5103 der Anlage 1, ist die Krankheit auf Antrag als Berufskrankheit anzuerkennen, wenn sie vor diesem Tag eingetreten ist.

(3) Leiden Versicherte am 1. Juli 2009 an einer Krankheit nach Nummer 2112, 4114 oder 4115 der Anlage 1, ist diese auf Antrag als Berufskrankheit anzuerkennen, wenn der Versicherungsfall nach dem 30. September 2002 eingetreten ist. Leiden Versicherte am 1. Juli 2009 an einer Krankheit nach Nummer 4113 der Anlage 1, ist diese auf Antrag als Berufskrankheit anzuerkennen, wenn der Versicherungsfall nach dem 30. November 1997 eingetreten ist. Leiden Versicherte am 1. Juli 2009 an einer Krankheit nach Nummer 1318 der Anlage 1, ist die Krankheit auf Antrag als Berufskrankheit anzuerkennen, wenn der Versicherungsfall vor diesem Tag eingetreten ist.

(4) Leidet ein Versicherter am 1. Oktober 2002 an einer Krankheit nach Nummer 4112 der Anlage 1, ist diese auf Antrag als Berufskrankheit anzuerkennen, wenn der Versicherungsfall nach dem 30. November 1997 eingetreten ist. Satz 1 gilt auch für eine Krankheit nach Nummer 2106 der Anlage 1, wenn diese nicht bereits nach der Nummer 2106 der Anlage 1 in der am 1. Dezember 1997 in Kraft getretenen Fassung als Berufskrankheit anerkannt werden kann.

(5) Leidet ein Versicherter am 1. Dezember 1997 an einer Krankheit nach Nummer 1316, 1317, 4104 (Kehlkopfkrebs) oder 4111 der

Anlage 1, ist diese auf Antrag als Berufskrankheit anzuerkennen, wenn der Versicherungsfall nach dem 31. Dezember 1992 eingetreten ist. Abweichend von Satz 1 ist eine Erkrankung nach Nummer 4111 der Anlage 1 auch dann als Berufskrankheit anzuerkennen, wenn die Erkrankung bereits vor dem 1. Januar 1993 eingetreten und einem Unfallversicherungsträger bis zum 31. Dezember 2009 bekannt geworden ist.

(6) Hat ein Versicherter am 1. Januar 1993 an einer Krankheit gelitten, die erst auf Grund der Zweiten Verordnung zur Änderung der Berufskrankheiten-Verordnung vom 18. Dezember 1992 (BGBl. I S. 2343) als Berufskrankheit anerkannt werden kann, ist die Krankheit auf Antrag als Berufskrankheit anzuerkennen, wenn der Versicherungsfall nach dem 31. März 1988 eingetreten ist.

(7) Hat ein Versicherter am 1. April 1988 an einer Krankheit gelitten, die erst auf Grund der Verordnung zur Änderung der Berufskrankheiten-Verordnung vom 22. März 1988 (BGBl. I S. 400) als Berufskrankheit anerkannt werden kann, ist die Krankheit auf Antrag als Berufskrankheit anzuerkennen, wenn der Versicherungsfall nach dem 31. Dezember 1976 eingetreten ist.

(8) Bindende Bescheide und rechtskräftige Entscheidungen stehen der Anerkennung als Berufskrankheit nach den Absätzen 1 bis 7 nicht entgegen. Leistungen werden rückwirkend längstens für einen Zeitraum bis zu vier Jahren erbracht; der Zeitraum ist vom Beginn des Jahres an zu rechnen, in dem der Antrag gestellt worden ist.

Abschnitt 2
Ärztlicher Sachverständigenbeirat Berufskrankheiten

§ 7 Aufgaben

Der Ärztliche Sachverständigenbeirat Berufskrankheiten (Sachverständigenbeirat) ist ein wissenschaftliches Gremium, das das Bundesministerium bei der Prüfung der medizinischen Erkenntnisse zur Bezeichnung neuer und zur Erarbeitung wissenschaftlicher Stellungnahmen zu bestehenden Berufskrankheiten unterstützt.

§ 8 Mitglieder

(1) Der Sachverständigenbeirat besteht in der Regel aus zwölf Mitgliedern, die vom Bundesministerium für Arbeit und Soziales für die Dauer von fünf Jahren berufen werden. Dem Sachverständigenbeirat sollen angehören:

1. acht Hochschullehrerinnen oder Hochschullehrer, insbesondere der Fachrichtung Arbeitsmedizin oder Epidemiologie,
2. zwei Staatliche Gewerbeärztinnen oder Staatliche Gewerbeärzte und
3. zwei Ärztinnen oder Ärzte aus dem betriebs- oder werksärztlichen Bereich.

(2) Die Mitgliedschaft im Sachverständigenbeirat ist ein persönliches Ehrenamt, das keine Stellvertretung zulässt. Der Name und die hauptamtliche Funktion der Mitglieder werden vom Bundesministerium für Arbeit und Soziales veröffentlicht.

(3) Die Mitglieder sind unabhängig und nicht an Weisungen gebunden; sie sind nur ihrem Gewissen verantwortlich und zu unparteiischer Erfüllung ihrer Aufgaben sowie zur Verschwiegenheit verpflichtet. Sie sind auch nach Beendigung ihrer Mitgliedschaft verpflichtet, über die ihnen dabei bekannt gewordenen Angelegenheiten, insbesondere über den Inhalt und den Verlauf der Beratungen, Verschwiegenheit zu wahren.

(4) Das Bundesministerium für Arbeit und Soziales ist berechtigt, Mitglieder aus sachlichen Gründen oder wenn die persönlichen Voraussetzungen der Berufung entfallen sind, abzuberufen. Die Mitglieder können jederzeit aus eigenem Entschluss die Mitgliedschaft beenden.

§ 9 Durchführung der Aufgaben

(1) Zur Durchführung seiner Aufgaben tritt der Sachverständigenbeirat zu Sitzungen zusammen. Das Bundesministerium für Arbeit und Soziales nimmt an den Sitzungen teil. Die Sitzungen sind nicht öffentlich.

(2) Zu den Sitzungen können ständige Berater sowie externe Sachverständige und Gäste hinzugezogen werden. Für ständige Berater

gilt § 8 Absatz 2 und 3, für externe Sachverständige und Gäste gilt § 8 Absatz 3 entsprechend.

(3) Die Beratungsthemen, die aktuell vom Sachverständigenbeirat geprüft werden, werden vom Bundesministerium für Arbeit und Soziales veröffentlicht.

(4) Der Sachverständigenbeirat gibt als Ergebnis seiner Beratungen Empfehlungen für neue oder Stellungnahmen zu bestehenden Berufskrankheiten entsprechend dem aktuellen wissenschaftlichen Erkenntnisstand ab. Gibt der Sachverständigenbeirat keine Empfehlung oder Stellungnahme ab, wird ein Abschlussvermerk erstellt. Die Empfehlungen und Stellungnahmen enthalten eine ausführliche wissenschaftliche Begründung, die Abschlussvermerke eine Zusammenfassung der wissenschaftlichen Entscheidungsgründe.

(5) Das Bundesministerium für Arbeit und Soziales gibt die Empfehlungen und Stellungnahmen des Sachverständigenbeirats bekannt; die Abschlussvermerke werden veröffentlicht. Die vorbereitenden, intern erstellten Beratungsunterlagen des Sachverständigenbeirats sind vertraulich.

§ 10 Geschäftsstelle

(1) Die Bundesanstalt für Arbeitsschutz und Arbeitsmedizin führt die Geschäfte des Sachverständigenbeirats. Sie unterstützt die Arbeit des Sachverständigenbeirats wissenschaftlich und organisatorisch.

(2) Zur wissenschaftlichen Unterstützung kann der Sachverständigenbeirat die Geschäftsstelle insbesondere beauftragen, zu einzelnen Beratungsthemen systematische Reviews oder Literaturrecherchen durchzuführen. Außerdem unterstützt die Geschäftsstelle die Sachverständigen bei der Erstellung von wissenschaftlichen Empfehlungen und Stellungnahmen.

(3) Zur organisatorischen Unterstützung verwaltet die Geschäftsstelle insbesondere die Beratungsunterlagen und erstellt die Ergebnisniederschriften der einzelnen Sitzungen.

§ 11 Geschäftsordnung

(1) Der Sachverständigenbeirat gibt sich eine Geschäftsordnung, die der Zustimmung des Bundesministeriums für Arbeit und Soziales bedarf und veröffentlicht wird.

(2) In der Geschäftsordnung werden insbesondere die Einzelheiten über den Vorsitz und die organisatorische Durchführung der Sitzungen, die Bildung von Arbeitsgruppen sowie die Hinzuziehung externer Sachverständiger geregelt.

Abschnitt 3
Übergangsrecht

§ 12 Überprüfung früherer Bescheide

Bescheide, in denen eine Krankheit nach Nummer 1315, 2101, 2104, 2108 bis 2110, 4301, 4302 oder 5101 der Anlage 1 von einem Unfallversicherungsträger vor dem 1. Januar 2021 nur deshalb nicht als Berufskrankheit anerkannt worden ist, weil die Versicherten die verrichtete gefährdende Tätigkeit nicht unterlassen haben, werden von den Unfallversicherungsträgern von Amts wegen überprüft, wenn die Bescheide nach dem 1. Januar 1997 erlassen worden sind.

IV

Anlage 1

Nr.	Krankheiten
1	**Durch chemische Einwirkungen verursachte Krankheiten**
11	**Metalle und Metalloide**
1101	Erkrankungen durch Blei oder seine Verbindungen
1102	Erkrankungen durch Quecksilber oder seine Verbindungen
1103	Erkrankungen durch Chrom oder seine Verbindungen
1104	Erkrankungen durch Cadmium oder seine Verbindungen
1105	Erkrankungen durch Mangan oder seine Verbindungen
1106	Erkrankungen durch Thallium oder seine Verbindungen
1107	Erkrankungen durch Vanadium oder seine Verbindungen
1108	Erkrankungen durch Arsen oder seine Verbindungen
1109	Erkrankungen durch Phosphor oder seine anorganischen Verbindungen
1110	Erkrankungen durch Beryllium oder seine Verbindungen
12	**Erstickungsgase**
1201	Erkrankungen durch Kohlenmonoxid
1202	Erkrankungen durch Schwefelwasserstoff
13	**Lösemittel, Schädlingsbekämpfungsmittel (Pestizide) und sonstige chemische Stoffe**
1301	Schleimhautveränderungen, Krebs oder andere Neubildungen der Harnwege durch aromatische Amine
1302	Erkrankungen durch Halogenkohlenwasserstoffe
1303	Erkrankungen durch Benzol, seine Homologe oder durch Styrol
1304	Erkrankungen durch Nitro- oder Aminoverbindungen des Benzols oder seiner Homologe oder ihrer Abkömmlinge
1305	Erkrankungen durch Schwefelkohlenstoff
1306	Erkrankungen durch Methylalkohol (Methanol)
1307	Erkrankungen durch organische Phosphorverbindungen
1308	Erkrankungen durch Fluor oder seine Verbindungen
1309	Erkrankungen durch Salpetersäureester
1310	Erkrankungen durch halogenierte Alkyl-, Aryl- oder Alkylaryloxide
1311	Erkrankungen durch halogenierte Alkyl-, Aryl- oder Alkylarylsulfide
1312	Erkrankungen der Zähne durch Säuren
1313	Hornhautschädigungen des Auges durch Benzochinon
1314	Erkrankungen durch para-tertiär-Butylphenol
1315	Erkrankungen durch Isocyanate
1316	Erkrankungen der Leber durch Dimethylformamid
1317	Polyneuropathie oder Enzephalopathie durch organische Lösungsmittel oder deren Gemische
1318	Erkrankungen des Blutes, des blutbildenden und des lymphatischen Systems durch Benzol
1319	Larynxkarzinom durch intensive und mehrjährige Exposition gegenüber schwefelsäurehaltigen Aerosolen
1320	Chronisch-myeloische oder chronisch-lymphatische Leukämie durch 1,3-Butadien bei Nachweis der Einwirkung einer kumulativen Dosis von mindestens 180 Butadien-Jahren (ppm × Jahre)
1321	Schleimhautveränderungen, Krebs oder andere Neubildungen der Harnwege durch polyzyklische aromatische Kohlenwasserstoffe bei Nachweis der Einwirkung einer kumulativen Dosis von mindestens 80 Benzo(a)pyren-Jahren [(µg/m^3) × Jahre]Zu den Nummern 11 01 bis 11 10, 12 01 und 12 02, 13 03 bis 13 09 und 13 15:
	Ausgenommen sind Hauterkrankungen. Diese gelten als Krankheiten im Sinne dieser Anlage nur insoweit, als sie Erscheinungen einer Allgemeinerkrankung sind, die durch Aufnahme der schädigenden Stoffe in den Körper verursacht werden, oder gemäß Nummer 51 01 zu entschädigen sind.
2	**Durch physikalische Einwirkungen verursachte Krankheiten**
21	**Mechanische Einwirkungen**
2101	Schwere oder wiederholt rückfällige Erkrankungen der Sehnenscheiden oder des Sehnengleitgewebes sowie der Sehnen- oder Muskelansätze
2102	Meniskusschäden nach mehrjährigen andauernden oder häufig wiederkehrenden, die Kniegelenke überdurchschnittlich belastenden Tätigkeiten
2103	Erkrankungen durch Erschütterung bei Arbeit mit Druckluftwerkzeugen oder gleichartig wirkenden Werkzeugen oder Maschinen
2104	Vibrationsbedingte Durchblutungsstörungen an den Händen
2105	Chronische Erkrankungen der Schleimbeutel durch ständigen Druck
2106	Druckschädigung der Nerven
2107	Abrißbrüche der Wirbelfortsätze
2108	Bandscheibenbedingte Erkrankungen der Lendenwirbelsäule durch langjähriges Heben oder Tragen schwerer Lasten oder durch langjährige Tätigkeiten in extremer Rumpfbeugehaltung, die zu chronischen oder chronisch-rezidivierenden Beschwerden und Funktionseinschränkungen (der Lendenwirbelsäule) geführt haben

Nr.	Krankheiten
2109	Bandscheibenbedingte Erkrankungen der Halswirbelsäule durch langjähriges Tragen schwerer Lasten auf der Schulter, die zu chronischen oder chronisch-rezidivierenden Beschwerden und Funktionseinschränkungen (der Halswirbelsäule) geführt haben
2110	Bandscheibenbedingte Erkrankungen der Lendenwirbelsäule durch langjährige, vorwiegend vertikale Einwirkung von Ganzkörperschwingungen im Sitzen, die zu chronischen oder chronisch-rezidivierenden Beschwerden und Funktionseinschränkungen (der Lendenwirbelsäule) geführt haben
2111	Erhöhte Zahnabrasionen durch mehrjährige quarzstaubbelastende Tätigkeit
2112	Gonarthrose durch eine Tätigkeit im Knien oder vergleichbare Kniebelastung mit einer kumulativen Einwirkungsdauer während des Arbeitslebens von mindestens 13 000 Stunden und einer Mindesteinwirkungsdauer von insgesamt einer Stunde pro Schicht
2113	Druckschädigung des Nervus medianus im Carpaltunnel (Carpaltunnel-Syndrom) durch repetitive manuelle Tätigkeiten mit Beugung und Streckung der Handgelenke, durch erhöhten Kraftaufwand der Hände oder durch Hand-Arm-Schwingungen
2114	Gefäßschädigung der Hand durch stoßartige Krafteinwirkung (Hypothenar-Hammer-Syndrom und Thenar-Hammer-Syndrom)
2115	Fokale Dystonie als Erkrankung des zentralen Nervensystems bei Instrumentalmusikern durch feinmotorische Tätigkeit hoher Intensität
2116	Koxarthrose durch Lastenhandhabung mit einer kumulativen Dosis von mindestens 9500 Tonnen während des Arbeitslebens gehandhabter Lasten mit einem Lastgewicht von mindestens 20 kg, die mindestens zehnmal pro Tag gehandhabt wurden
2117	Läsion der Rotatorenmanschette der Schulter durch eine langjährige und intensive Belastung durch Überschulterarbeit, repetitive Bewegungen im Schultergelenk, Kraftanwendungen im Schulterbereich durch Heben von Lasten oder Hand-Arm-Schwingungen
2118	Gonarthrose bei professionellen Fußballspielerinnen und Fußballspielern nach mindestens 13-jähriger Expositionsdauer
22	**Druckluft**
2201	Erkrankungen durch Arbeit in Druckluft
23	**Lärm**
2301	Lärmschwerhörigkeit
24	**Strahlen**
2401	Grauer Star durch Wärmestrahlung
2402	Erkrankungen durch ionisierende Strahlen

Nr.	Krankheiten
3	**Durch Infektionserreger oder Parasiten verursachte Krankheiten sowie Tropenkrankheiten**
3101	Infektionskrankheiten, wenn der Versicherte im Gesundheitsdienst, in der Wohlfahrtspflege oder in einem Laboratorium tätig oder durch eine andere Tätigkeit der Infektionsgefahr in ähnlichem Maße besonders ausgesetzt war
3102	Von Tieren auf Menschen übertragbare Krankheiten
3103	Wurmkrankheiten der Bergleute, verursacht durch Ankylostoma duodenale oder Strongyloides stercoralis
3104	Tropenkrankheiten, Fleckfieber
4	**Erkrankungen der Atemwege und der Lungen, des Rippenfells und Bauchfells und der Eierstöcke**
41	**Erkrankungen durch anorganische Stäube**
4101	Quarzstaublungenerkrankung (Silikose)
4102	Quarzstaublungenerkrankung in Verbindung mit aktiver Lungentuberkulose (Siliko-Tuberkulose)
4103	Asbeststaublungenerkrankung (Asbestose) oder durch Asbeststaub verursachte Erkrankung der Pleura
4104	Lungenkrebs, Kehlkopfkrebs oder Eierstockkrebs – in Verbindung mit Asbeststaublungenerkrankung (Asbestose) – in Verbindung mit durch Asbeststaub verursachter Erkrankung der Pleura oder – bei Nachweis der Einwirkung einer kumulativen Asbestfaserstaub-Dosis am Arbeitsplatz von mindestens 25 Faserjahren [25 × 10^6 [(Fasern/m^3) × Jahre]
4105	Durch Asbest verursachtes Mesotheliom des Rippenfells, des Bauchfells oder des Perikards
4106	Erkrankungen der tieferen Atemwege und der Lungen durch Aluminium oder seine Verbindungen
4107	Erkrankungen an Lungenfibrose durch Metallstäube bei der Herstellung oder Verarbeitung von Hartmetallen
4108	Erkrankungen der tieferen Atemwege und der Lungen durch Thomasmehl (Thomasphosphat)
4109	Bösartige Neubildungen der Atemwege und der Lungen durch Nickel oder seine Verbindungen
4110	Bösartige Neubildungen der Atemwege und der Lungen durch Kokereirohgase
4111	Chronische obstruktive Bronchitis oder Emphysem von Bergleuten unter Tage im Steinkohlebergbau bei Nachweis der Einwirkung einer kumulativen Dosis von in der Regel 100 Feinstaubjahren [(mg/m^3) × Jahre]
4112	Lungenkrebs durch die Einwirkung von kristallinem Siliziumdioxid (SiO_2) bei nachgewiesener Quarzstaublungenerkrankung (Silikose oder Siliko-Tuberkulose)

IV

Nr.	Krankheiten
4113	Lungenkrebs oder Kehlkopfkrebs durch polyzyklische aromatische Kohlenwasserstoffe bei Nachweis der Einwirkung einer kumulativen Dosis von mindestens 100 Benzo[a]pyren-Jahren [(µg/m³) × Jahre]
4114	Lungenkrebs durch das Zusammenwirken von Asbestfaserstaub und polyzyklischen aromatischen Kohlenwasserstoffen bei Nachweis der Einwirkung einer kumulativen Dosis, die einer Verursachungswahrscheinlichkeit von mindestens 50 Prozent nach der Anlage 2 entspricht
4115	Lungenfibrose durch extreme und langjährige Einwirkung von Schweißrauchen und Schweißgasen – (Siderofibrose)
4116	Lungenkrebs nach langjähriger und intensiver Passivrauchexposition am Arbeitsplatz bei Versicherten, die selbst nie oder maximal bis zu 400 Zigarettenäquivalente aktiv geraucht haben
4117	Chronische obstruktive Bronchitis einschließlich Emphysem durch Quarzstaubexposition bei Nachweis der Einwirkung einer kumulativen Dosis am Arbeitsplatz von mindestens zwei Quarz-Feinstaubjahren [(mg/m³) x Jahre]] oberhalb der Konzentration von 0,1 mg/m³
42	**Erkrankungen durch organische Stäube**
4201	Exogen-allergische Alveolitis
4202	Erkrankungen der tieferen Atemwege und der Lungen durch Rohbaumwoll-, Rohflachs- oder Rohhanfstaub (Byssinose)
4203	Adenokarzinome der Nasenhaupt- und Nasennebenhöhlen durch Stäube von Eichen- oder Buchenholz
43	**Obstruktive Atemwegserkrankungen**
4301	Durch allergisierende Stoffe verursachte obstruktive Atemwegserkrankungen (einschließlich Rhinopathie)
4302	Durch chemisch-irritativ oder toxisch wirkende Stoffe verursachte obstruktive Atemwegserkrankungen
5	**Hautkrankheiten**
5101	Schwere oder wiederholt rückfällige Hauterkrankungen
5102	Hautkrebs oder zur Krebsbildung neigende Hautveränderungen durch Ruß, Rohparaffin, Teer, Anthrazen, Pech oder ähnliche Stoffe
5103	Plattenepithelkarzinome oder multiple aktinische Keratosen der Haut durch natürliche UV-Strahlung
6	**Krankheiten sonstiger Ursache**
6101	Augenzittern der Bergleute

Anlage 2
Berufskrankheit Nummer 4114 Verursachungswahrscheinlichkeit in Prozent

BaP Jahre	Asbestfaserjahre																									
	0	1	2	3	4	5	6	7	8	9	10	11	12	13	14	15	16	17	18	19	20	21	22	23	24	25
0	0	4	7	11	14	17	19	22	24	26	29	31	32	34	36	38	39	40	42	43	44	46	47	48	49	**50**
1	1	5	8	12	15	17	20	22	25	27	29	31	33	35	36	38	39	41	42	44	45	46	47	48	49	**50**
2	2	6	9	12	15	18	21	23	25	28	30	32	33	35	37	38	40	41	43	44	45	46	47	48	49	**50**
3	3	7	10	13	16	19	21	24	26	28	30	32	34	35	37	39	40	42	43	44	45	47	48	49	**50**	51
4	4	7	11	14	17	19	22	24	26	29	31	32	34	36	38	39	40	42	43	44	46	47	48	49	**50**	51
5	5	8	12	15	17	20	22	25	27	29	31	33	35	36	38	39	41	42	44	45	46	47	48	49	**50**	51
6	6	9	12	15	18	21	23	25	28	30	32	33	35	37	38	40	41	43	44	45	46	47	48	49	**50**	51
7	7	10	13	16	19	21	24	26	28	30	32	34	35	37	39	40	42	43	44	45	47	48	49	**50**	51	52
8	7	11	14	17	19	22	24	26	29	31	32	34	36	38	39	40	42	43	44	46	47	48	49	**50**	51	52
9	8	12	15	17	20	22	25	27	29	31	33	35	36	38	39	41	42	44	45	46	47	48	49	**50**	51	52
10	9	12	15	18	21	23	25	28	30	32	33	35	37	38	40	41	43	44	45	46	47	48	49	**50**	51	52
11	10	13	16	19	21	24	26	28	30	32	34	35	37	39	40	42	43	44	45	47	48	49	**50**	51	52	53
12	11	14	17	19	22	24	26	29	31	32	34	36	38	39	40	42	43	44	46	47	48	49	**50**	51	52	53
13	12	15	17	20	22	25	27	29	31	33	35	36	38	39	41	42	44	45	46	47	48	49	**50**	51	52	53
14	12	15	18	21	23	25	28	30	32	33	35	37	38	40	41	43	44	45	46	47	48	49	**50**	51	52	53
15	13	16	19	21	24	26	28	30	32	34	35	37	39	40	42	43	44	45	47	48	49	**50**	51	52	53	53
16	14	17	19	22	24	26	29	31	32	34	36	37	39	40	42	43	44	46	47	48	49	**50**	51	52	53	54
17	15	17	20	22	25	27	29	31	33	35	36	38	39	41	42	44	45	46	47	48	49	**50**	51	52	53	54
18	15	18	21	23	25	28	30	32	33	35	37	38	40	41	43	44	45	46	47	48	49	**50**	51	52	53	54
19	16	19	21	24	26	28	30	32	34	35	37	39	40	42	43	44	45	47	48	49	**50**	51	52	53	53	54
20	17	19	22	24	26	29	31	32	34	36	37	39	40	42	43	44	46	47	48	49	**50**	51	52	53	54	55
21	17	20	22	25	27	29	31	33	35	36	38	39	41	42	44	45	46	47	48	49	**50**	51	52	53	54	55
22	18	21	23	25	28	30	32	33	35	37	38	40	41	43	44	45	46	47	48	49	**50**	51	52	53	54	55
23	19	21	24	26	28	30	32	34	35	37	39	40	42	43	44	45	47	48	49	**50**	51	52	53	53	54	55
24	19	22	24	26	29	31	32	34	36	37	39	40	42	43	44	46	47	48	49	**50**	51	52	53	54	55	55
25	20	22	25	27	29	31	33	35	36	38	39	41	42	44	45	46	47	48	49	**50**	51	52	53	54	55	56
26	21	23	25	28	30	32	33	35	37	38	40	41	43	44	45	46	47	48	49	**50**	51	52	53	54	55	56
27	21	24	26	28	30	32	34	35	37	39	40	42	43	44	45	47	48	49	**50**	51	52	53	53	54	55	56
28	22	24	26	29	31	32	34	36	38	39	40	42	43	44	46	47	48	49	**50**	51	52	53	54	55	55	56
29	22	25	27	29	31	33	35	36	38	39	41	42	44	45	46	47	48	49	**50**	51	52	53	54	55	56	56
30	23	25	28	30	32	33	35	37	38	40	41	43	44	45	46	47	48	49	**50**	51	52	53	54	55	56	57
31	24	26	28	30	32	34	35	37	39	40	42	43	44	45	47	48	49	**50**	51	52	53	53	54	55	56	57
32	24	26	29	31	32	34	36	38	39	40	42	43	44	46	47	48	49	**50**	51	52	53	54	55	55	56	57
33	25	27	29	31	33	35	36	38	39	41	42	44	45	46	47	48	49	**50**	51	52	53	54	55	56	56	57
34	25	28	30	32	33	35	37	38	40	41	43	44	45	46	47	48	49	**50**	51	52	53	54	55	56	57	57
35	26	28	30	32	34	35	37	39	40	42	43	44	45	47	48	49	**50**	51	52	53	53	54	55	56	57	57
36	26	29	31	32	34	36	37	39	40	42	43	44	46	47	48	49	**50**	51	52	53	54	55	55	56	57	58
37	27	29	31	33	35	36	38	39	41	42	44	45	46	47	48	49	**50**	51	52	53	54	55	56	56	57	58
38	28	30	32	33	35	37	38	40	41	43	44	45	46	47	48	49	**50**	51	52	53	54	55	56	57	57	58
39	28	30	32	34	35	37	39	40	42	43	44	45	47	48	49	**50**	51	52	53	53	54	55	56	57	57	58
40	29	31	32	34	36	37	39	40	42	43	44	46	47	48	49	**50**	51	52	53	54	55	55	56	57	58	58

IV

BaP Jahre	Asbestfaserjahre																								
	0	1	2	3	4	5	6	7	8	9	10	11	12	13	14	15	16	17	18	19	20	21	22	23	24	25
41	29	31	33	35	36	38	39	41	42	44	45	46	47	48	49	**50**	51	52	53	54	55	56	56	57	58	59
42	30	32	33	35	37	38	40	41	43	44	45	46	47	48	49	**50**	51	52	53	54	55	56	57	57	58	59
43	30	32	34	35	37	39	40	42	43	44	45	47	48	49	**50**	51	52	53	53	54	55	56	57	57	58	59
44	31	32	34	36	37	39	40	42	43	44	46	47	48	49	**50**	51	52	53	54	55	55	56	57	58	58	59
45	31	33	35	36	38	39	41	42	44	45	46	47	48	49	**50**	51	52	53	54	55	56	56	57	58	59	59
46	32	33	35	37	38	40	41	43	44	45	46	47	48	49	**50**	51	52	53	54	55	56	57	57	58	59	59
47	32	34	35	37	39	40	42	43	44	45	47	48	49	**50**	51	52	53	53	54	55	56	57	57	58	59	60
48	32	34	36	38	39	40	42	43	44	46	47	48	49	**50**	51	52	53	54	55	55	56	57	58	58	59	60
49	33	35	36	38	39	41	42	44	45	46	47	48	49	**50**	51	52	53	54	55	56	56	57	58	59	59	60
50	33	35	37	38	40	41	43	44	45	46	47	48	49	**50**	51	52	53	54	55	56	57	57	58	59	59	60
51	34	35	37	39	40	42	43	44	45	47	48	49	**50**	51	52	53	53	54	55	56	57	57	58	59	60	60
52	34	36	38	39	40	42	43	44	46	47	48	49	**50**	51	52	53	54	55	55	56	57	58	58	59	60	60
53	35	36	38	39	41	42	44	45	46	47	48	49	**50**	51	52	53	54	55	56	56	57	58	59	59	60	60
54	35	37	38	40	41	43	44	45	46	47	48	49	**50**	51	52	53	54	55	56	57	57	58	59	59	60	61
55	35	37	39	40	42	43	44	45	47	48	49	**50**	51	52	53	53	54	55	56	57	57	58	59	60	60	61
56	36	38	39	40	42	43	44	46	47	48	49	**50**	51	52	53	54	55	55	56	57	58	58	59	60	60	61
57	36	38	39	41	42	44	45	46	47	48	49	**50**	51	52	53	54	55	56	56	57	58	59	59	60	60	61
58	37	38	40	41	43	44	45	46	47	48	49	**50**	51	52	53	54	55	56	57	57	58	59	59	60	61	61
59	37	39	40	42	43	44	45	47	48	49	**50**	51	52	53	53	54	55	56	57	57	58	59	60	60	61	61
60	38	39	40	42	43	44	46	47	48	49	**50**	51	52	53	54	55	55	56	57	58	58	59	60	60	61	62
61	38	39	41	42	44	45	46	47	48	49	**50**	51	52	53	54	55	56	56	57	58	59	59	60	60	61	62
62	38	40	41	43	44	45	46	47	48	49	**50**	51	52	53	54	55	56	57	57	58	59	59	60	61	61	62
63	39	40	42	43	44	45	47	48	49	**50**	51	52	53	53	54	55	56	57	57	58	59	60	60	61	61	62
64	39	40	42	43	44	46	47	48	49	**50**	51	52	53	54	55	55	56	57	58	58	59	60	60	61	62	62
65	39	41	42	44	45	46	47	48	49	**50**	51	52	53	54	55	56	56	57	58	59	59	60	60	61	62	62
66	40	41	43	44	45	46	47	48	49	**50**	51	52	53	54	55	56	57	57	58	59	59	60	61	61	62	62
67	40	42	43	44	45	47	48	49	**50**	51	52	53	53	54	55	56	57	57	58	59	60	60	61	61	62	63
68	40	42	43	44	46	47	48	49	**50**	51	52	53	54	55	55	56	57	58	58	59	60	60	61	62	62	63
69	41	42	44	45	46	47	48	49	**50**	51	52	53	54	55	56	56	57	58	59	59	60	60	61	62	62	63
70	41	43	44	45	46	47	48	49	**50**	51	52	53	54	55	56	57	57	58	59	59	60	61	61	62	62	63
71	42	43	44	45	47	48	49	**50**	51	52	53	53	54	55	56	57	57	58	59	60	60	61	61	62	63	63
72	42	43	44	46	47	48	49	**50**	51	52	53	54	55	55	56	57	58	58	59	60	60	61	62	62	63	63
73	42	44	45	46	47	48	49	**50**	51	52	53	54	55	56	56	57	58	59	59	60	60	61	62	62	63	63
74	43	44	45	46	47	48	49	**50**	51	52	53	54	55	56	57	57	58	59	59	60	61	61	62	62	63	64
75	43	44	45	47	48	49	**50**	51	52	53	53	54	55	56	57	57	58	59	60	60	61	61	62	63	63	64
76	43	44	46	47	48	49	**50**	51	52	53	54	55	55	56	57	58	58	59	60	60	61	62	62	63	63	64
77	44	45	46	47	48	49	**50**	51	52	53	54	55	56	56	57	58	59	59	60	60	61	62	62	63	63	64
78	44	45	46	47	48	49	**50**	51	52	53	54	55	56	57	57	58	59	59	60	61	61	62	62	63	64	64
79	44	45	47	48	49	**50**	51	52	53	53	54	55	56	57	57	58	59	60	60	61	61	62	63	63	64	64
80	44	46	47	48	49	**50**	51	52	53	54	55	55	56	57	58	58	59	60	60	61	62	62	63	63	64	64
81	45	46	47	48	49	**50**	51	52	53	54	55	56	56	57	58	59	59	60	60	61	62	62	63	63	64	64
82	45	46	47	48	49	**50**	51	52	53	54	55	56	57	57	58	59	59	60	61	61	62	62	63	64	64	65
83	45	47	48	49	**50**	51	52	53	53	54	55	56	57	57	58	59	60	60	61	61	62	63	63	64	64	65
84	46	47	48	49	**50**	51	52	53	54	55	55	56	57	58	58	59	60	60	61	62	62	63	63	64	64	65
85	46	47	48	49	**50**	51	52	53	54	55	56	56	57	58	59	59	60	60	61	62	62	63	63	64	64	65

BaP Jahre	Asbestfaserjahre																									
	0	1	2	3	4	5	6	7	8	9	10	11	12	13	14	15	16	17	18	19	20	21	22	23	24	25
86	46	47	48	49	**50**	51	52	53	54	55	56	57	57	58	59	59	60	61	61	62	62	63	64	64	65	65
87	47	48	49	**50**	51	52	53	53	54	55	56	57	57	58	59	60	60	61	61	62	63	63	64	64	65	65
88	47	48	49	**50**	51	52	53	54	55	55	56	57	58	58	59	60	60	61	62	62	63	63	64	64	65	65
89	47	48	49	**50**	51	52	53	54	55	56	56	57	58	59	59	60	60	61	62	62	63	63	64	64	65	65
90	47	48	49	**50**	51	52	53	54	55	56	57	57	58	59	59	60	61	61	62	62	63	64	64	65	65	66
91	48	49	**50**	51	52	53	53	54	55	56	57	57	58	59	60	60	61	61	62	63	63	64	64	65	65	66
92	48	49	**50**	51	52	53	54	55	55	56	57	58	58	59	60	60	61	62	62	63	63	64	64	65	65	66
93	48	49	**50**	51	52	53	54	55	56	56	57	58	59	59	60	60	61	62	62	63	63	64	64	65	65	66
94	48	49	**50**	51	52	53	54	55	56	57	57	58	59	59	60	61	61	62	62	63	64	64	65	65	66	66
95	49	**50**	51	52	53	53	54	55	56	57	57	58	59	60	60	61	61	62	63	63	64	64	65	65	66	66
96	49	**50**	51	52	53	54	55	55	56	57	58	58	59	60	60	61	62	62	63	63	64	64	65	65	66	66
97	49	**50**	51	52	53	54	55	56	56	57	58	59	59	60	60	61	62	62	63	63	64	64	65	65	66	66
98	49	**50**	51	52	53	54	55	56	57	57	58	59	59	60	61	61	62	62	63	64	64	65	65	66	66	66
99	**50**	51	52	53	53	54	55	56	57	57	58	59	60	60	61	61	62	63	63	64	64	65	65	66	66	67
100	**50**	51	52	53	54	55	55	56	57	58	58	59	60	60	61	62	62	63	63	64	64	65	65	66	66	67

Verordnung zur Bestimmung der Versorgungsfestsetzungs- und -regelungsbehörden und zur Übertragung von Befugnissen auf dem Gebiet des Versorgungsrechts (Versorgungszuständigkeitsverordnung – VersZVO)

Vom 6. Dezember 2024 (GV. NRW. S. 1123)

IV

Es verordnen auf Grund

1. des § 57 Absatz 2 des Landesbeamtenversorgungsgesetzes vom 14. Juni 2016 (GV. NRW. S. 310, ber. S. 642) die Landesregierung,
2. des § 2 Absatz 3 und des § 104 Satz 2 des Landesbeamtengesetzes vom 14. Juni 2016 (GV. NRW. S. 310, ber. S. 642), des § 54 Absatz 3 Satz 2 des Beamtenstatusgesetzes vom 17. Juni 2008 (BGBl. I S. 1010) und des § 2 Absatz 2 sowie des § 100 des Landesrichter- und Staatsanwältegesetzes vom 8. Dezember 2015 (GV. NRW. S. 812) der Ministerpräsident, das Ministerium für Wirtschaft, Industrie, Klimaschutz und Energie, Ministerium der Finanzen, das Ministerium des Innern, das Ministerium für Kinder, Jugend, Familie, Gleichstellung, Flucht und Integration, das Ministerium für Arbeit, Gesundheit und Soziales, das Ministerium für Schule und Bildung, das Ministerium für Heimat, Kommunales, Bau und Digitalisierung, das Ministerium der Justiz, das Ministerium für Umwelt, Naturschutz und Verkehr, das Ministerium für Landwirtschaft und Verbraucherschutz, das Ministerium für Kultur und Wissenschaft sowie der Minister für Bundes- und Europaangelegenheiten, Internationales sowie Medien und Chef der Staatskanzlei, der Präsident des Landtages, die Präsidentin des Landesrechnungshofes, die Präsidentin des Verfassungsgerichtshofs und die Landesbeauftragte für Datenschutz und Informationsfreiheit:

§ 1 Versorgungsbezüge

Die Versorgungsbezüge der Versorgungsberechtigten des Landes werden, soweit § 2 nichts Abweichendes bestimmt, vom Landesamt für Besoldung und Versorgung festgesetzt, berechnet und abgerechnet.

§ 2 Unfallfürsorge

Die Unfallfürsorge nach Abschnitt 4 des Landesbeamtenversorgungsgesetzes vom 14. Juni 2016 (GV. NRW. S. 310, ber. S. 642), das zuletzt durch Artikel 3 des Gesetzes vom 29. Oktober 2024 (GV. NRW. S. 656) geändert worden ist, wird gewährt

1. für aktive Beamtinnen und Beamte von den Behörden, die für die Festsetzung der Erfahrungsstufen zuständig sind,
2. für aktive Richterinnen und Richter von der Präsidentin oder dem Präsidenten der oberen Landesgerichte, je für ihren Geschäftsbereich und
3. im Übrigen vom Landesamt für Besoldung und Versorgung.

Abweichend von Nummer 1 können für Beamtinnen und Beamte der Polizeibehörden im Sinne des § 2 des Polizeiorganisationsgesetzes in der Fassung der Bekanntmachung vom 5. Juli 2002 (GV. NRW. S. 308), das zuletzt durch Gesetz vom 8. Oktober 2020 (GV. NRW. S. 1008) geändert worden ist, und für Polizeivollzugsbeamtinnen und Polizeivollzugsbeamte im Sinne des § 109 Abs. 1 des Landesbeamtengesetzes die Befugnisse vom Ministerium des Innern des Landes Nordrhein-Westfalen auf das Landesamt für Ausbildung, Fortbildung und Personalangelegenheiten der Polizei übertragen werden.

§ 3 Versorgungsausgleich, Versorgungslastenteilung

Das Landesamt für Besoldung und Versorgung ist zuständig für die

1. Wahrnehmung der Befugnisse des Versorgungsträgers nach § 219 des Gesetzes über das Verfahren in Familiensachen und in den

Angelegenheiten der freiwilligen Gerichtsbarkeit vom 17. Dezember 2008 (BGBl. I S. 2586, 2587), das zuletzt durch Artikel 8 des Gesetzes vom 15. Juli 2024 (BGBl. 2024 I Nr. 237) geändert worden ist, für die Erteilung von Auskünften nach § 220 des Gesetzes über das Verfahren in Familiensachen und in den Angelegenheiten der freiwilligen Gerichtsbarkeit und für die Festsetzung des Kapitalbetrages nach § 73 des Landesbeamtenversorgungsgesetzes,

2. Erstattung von Aufwendungen der Versicherungsträger gemäß § 225 Absatz 1 des Sechsten Buches Sozialgesetzbuch – Gesetzliche Rentenversicherung – in der Fassung der Bekanntmachung vom 19. Februar 2002 (BGBl. I S. 754, 1404, 3384), das zuletzt durch Artikel 3 des Gesetzes vom 24. Oktober 2024 (BGBl. 2024 I Nr. 329) geändert worden ist, und für die Beitragszahlung gemäß § 225 Absatz 1 und 2 des Sechsten Buches Sozialgesetzbuch – Gesetzliche Rentenversicherung – und
3. Festsetzung, Zahlung, Einziehung und Erstattung von Abfindungen und weiteren Zahlungsansprüchen nach dem Versorgungslastenteilungs-Staatsvertrag in der Fassung der Bekanntmachung vom 9. Februar 2010 (GV. NRW. S. 137) sowie nach Abschnitt 11 des Landesbeamtenversorgungsgesetzes.

§ 4 Allgemeine versorgungsrechtliche Befugnisse

(1) Es werden übertragen die Befugnisse der obersten Dienstbehörden des Landes nach

1. § 17 Absatz 3 Satz 3 des Landesbeamtenversorgungsgesetzes die Anordnung der Nachuntersuchung auf das Landesamt für Besoldung und Versorgung,
2. § 34 Absatz 1 des Landesbeamtenversorgungsgesetzes die Feststellung, dass das Ableben einer Verschollenen oder eines Verschollenen mit Wahrscheinlichkeit anzunehmen ist,
   a) für aktive Beamtinnen und Beamte auf die Behörden, die für die Festsetzung der Erfahrungsstufen zuständig sind,
   b) für aktive Richterinnen und Richter auf die Präsidentinnen oder Präsidenten der oberen Landesgerichte, je für ihren Geschäftsbereich sowie
   c) für Versorgungsempfängerinnen und Versorgungsempfänger auf die nach Nummer 1 zuständige Behörde,
3. § 57 Absatz 1 des Landesbeamtenversorgungsgesetzes
   a) die Bestimmung des Zahlungsempfängers nach § 21 Absatz 2 und § 22 Absatz 1 Satz 5 des Landesbeamtenversorgungsgesetzes,
   b) die Entscheidung über die Berücksichtigung von Zeiten als ruhegehaltfähige Dienstzeit nach § 8 Absatz 3, den §§ 9 bis 11, § 15 Absatz 2 und § 82 Absatz 2 Satz 2 bis 5 des Landesbeamtenversorgungsgesetzes sowie
   c) die Bewilligung von Versorgungsbezügen auf Grund von Kannvorschriften nach den § 18, § 27 Absatz 4, § 28 Absatz 2 Satz 2 und § 31 Absatz 1 des Landesbeamtenversorgungsgesetzes auf die nach Nummer 1 zuständige Behörde,
4. § 57 Absatz 7 des Landesbeamtenversorgungsgesetzes die Entscheidung zur Bestellung einer Empfangsbevollmächtigten oder eines Empfangsbevollmächtigten auf die nach Nummer 1 zuständige Behörde,
5. § 76 Absatz 3 des Landesbeamtenversorgungsgesetzes den Entzug und die Wiederzuerkennung der Versorgungsbezüge bei Verletzung der Anzeigepflicht auf die nach Nummer 1 zuständige Behörde und
6. § 6 Absatz 1 Satz 2 Nummer 4 des Landesbeamtenversorgungsgesetzes die Entscheidung über die Berücksichtigung der Zeit einer Beurlaubung ohne Dienstbezüge als ruhegehaltfähige Dienstzeit, für den Geschäftsbereich des für Wissenschaft zuständigen Ministeriums auf die Präsidentinnen und Präsidenten sowie Rektorinnen und Rektoren der Hochschulen, soweit diese für die Bewilligung eines Urlaubs nach § 27 der Freistellungs- und Urlaubsverordnung NRW vom 10. Januar 2012 (GV. NRW. S. 2, ber. S. 92), die zuletzt durch Verordnung vom 10. September 2024 (GV.

NRW. S. 620) geändert worden ist, zuständig sind.

(2) Absatz 1 Nummer 2 findet keine Anwendung für Polizeipräsidentinnen und -präsidenten.

§ 5 Befugnisse auf dem Gebiet der Unfallfürsorge

(1) Auf dem Gebiet der Unfallfürsorge werden übertragen die Befugnisse der obersten Dienstbehörden des Landes nach

1. § 54 Absatz 3 Satz 2 des Landesbeamtenversorgungsgesetzes die Anerkennung eines Unfalls als Dienstunfall mit Ausnahme der besonderen Voraussetzungen des § 43 des Landesbeamtenversorgungsgesetzes
   a) für Beamtinnen und Beamte auf die Behörden, die für die Festsetzung der Erfahrungsstufen zuständig sind, und
   b) für Richterinnen und Richter auf die Präsidentinnen oder Präsidenten der oberen Landesgerichte, je für ihren Geschäftsbereich,
2. § 38 des Landesbeamtenversorgungsgesetzes die Erstattung von Sachschäden auf die nach Nummer 1 zuständigen Behörden,
3. § 54 Absatz 2 Satz 3 des Landesbeamtenversorgungsgesetzes die Zuerkennung der Unfallfürsorgeleistungen von einem früheren Zeitpunkt auf die nach Nummer 1 zuständigen Behörden,
4. § 44 Absatz 3 und § 49 Absatz 2 des Landesbeamtenversorgungsgesetzes die Bewilligung und Erhöhung des Unterhaltsbeitrages auf das Landesamt für Besoldung und Versorgung,
5. § 54 Absatz 5 des Landesbeamtenversorgungsgesetzes die Anordnung zur amtsärztlichen Untersuchung für aktive Beamtinnen und Beamte sowie für Richterinnen und Richter auf die nach Nummer 1 zuständigen Behörden, im Übrigen auf das Landesamt für Besoldung und Versorgung sowie
6. § 53 Absatz 2 Satz 1 des Landesbeamtenversorgungsgesetzes die Versagung der Unfallfürsorgeleistungen für aktive Beamtinnen und Beamte sowie für Richterinnen und Richter auf die nach Nummer 1 zuständigen Behörden, im Übrigen auf das Landesamt für Besoldung und Versorgung.

(2) Absatz 1 findet keine Anwendung auf die Polizeipräsidentinnen oder Polizeipräsidenten und die Leiterinnen oder Leiter der den obersten Dienstbehörden unmittelbar unterstehenden Gerichte, Behörden und Einrichtungen. § 2 Satz 2 gilt für § 5 Absatz 1 Nummer 1 a) entsprechend.

§ 6 Rückforderung von Versorgungsbezügen

In den Fällen des § 1 und § 2 Nummer 3 wird die Entscheidung über das Absehen von der Rückforderung überzahlter Versorgungsbezüge aus Billigkeitsgründen nach § 64 Absatz 2 Satz 3 des Landesbeamtenversorgungsgesetzes auf das Landesamt für Besoldung und Versorgung übertragen. Soll in Höhe von mehr als 5000 Euro von einer Rückforderung abgesehen werden, ist vor einer Entscheidung im Außenverhältnis die Zustimmung des für Finanzen zuständigen Ministeriums einzuholen.

§ 7 Sachschadensersatz

(1) Für Entscheidungen über den Ersatz von Sachschäden nach § 82 des Landesbeamtengesetzes vom 14. Juni 2016 (GV. NRW. S. 310, ber. S. 642), das zuletzt durch Gesetz vom 5. Juli 2024 (GV. NRW. S. 447) geändert worden ist, werden als Dienstvorgesetzte die Leiterinnen oder Leiter der in § 5 Absatz 1 Nummer 1 genannten Behörden bestimmt. § 5 Absatz 2 gilt entsprechend.

(2) Im Geschäftsbereich des für Justiz zuständigen Ministeriums werden abweichend von Absatz 1 Satz 1 für Entscheidungen über den Ersatz von Sachschäden nach § 82 des Landesbeamtengesetzes bis zur Höhe von 3000 Euro die Präsidentinnen oder Präsidenten der Verwaltungsgerichte und der Landgerichte, die Direktorinnen oder Direktoren der Amtsgerichte und die Leitenden Oberstaatsanwältinnen und -staatsanwälte als Dienstvorgesetzte bestimmt.

§ 8 Widerspruchsverfahren, Vertretung des Landes bei Klagen

Soweit nach dieser Verordnung Zuständigkeiten auf das Landesamt für Besoldung und Versorgung Nordrhein-Westfalen übertragen sind, ist dieses auch zuständig:

1. für die Entscheidung über den Widerspruch, sofern ein Vorverfahren nach § 54 Absatz 2 des Beamtenstatusgesetzes vom 17. Juni 2008 (BGBl. I S. 1010) in der jeweils geltenden Fassung und § 103 Absatz 1 des Landesbeamtengesetzes vom 14. Juni 2016 (GV. NRW. S. 310, ber. S. 642) in der jeweils geltenden Fassung durchzuführen ist, sowie
2. für die Vertretung des Landes in allen sich aus den übertragenen Zuständigkeiten ergebenden Rechtsstreitigkeiten.

§ 9 Inkrafttreten

Diese Verordnung tritt am Tag nach der Verkündung in Kraft. Gleichzeitig tritt die Versorgungszuständigkeitsverordnung vom 22. März 1978 (GV. NRW. S. 150), die zuletzt durch Verordnung vom 3. September 2012 (GV. NRW. S. 395) geändert worden ist, außer Kraft.

Gesetz zur Errichtung des Pensionsfonds des Landes Nordrhein-Westfalen (Pensionsfondsgesetz Nordrhein-Westfalen – PFoG)

Vom 2. Februar 2016 (GV. NRW. S. 92)

Zuletzt geändert durch
Haushaltsbegleitgesetz 2026
vom 18. Dezember 2025 (GV. NRW. S. 1179)

§ 1 Geltungsbereich

(1) Dieses Gesetz regelt die Vorsorge für die Versorgungsausgaben für die Beamtinnen und Beamten sowie die Richterinnen und Richter des Landes Nordrhein-Westfalen, die Bezieherinnen und Bezieher von Amtsbezügen in öffentlich-rechtlichen Amtsverhältnissen, die an das Landesbesoldungsgesetz vom 14. Juni 2016 (GV. NRW. S. 310) anknüpfen, sowie für die Beamtinnen und Beamten der sonstigen der Aufsicht des Landes unterstehenden Körperschaften, Anstalten und Stiftungen des öffentlichen Rechts.

(2) Dieses Gesetz gilt nicht für Körperschaften, Anstalten und Stiftungen, die aufgrund anderer rechtlicher Bestimmungen verpflichtet sind, in Höhe ihrer künftigen Pensionsverpflichtungen Rückstellungen zu bilden oder unabhängig von einer rechtlichen Verpflichtung im Rahmen des Jahresabschlusses Rückstellungen in Höhe ihrer künftigen Pensionsverpflichtungen bilden. Soweit das Land für Beamtinnen und Beamte die Versorgungslasten trägt, gilt Satz 1 nicht. Die zuständigen Aufsichtsbehörden haben das Vorliegen der Voraussetzungen für die Ausnahmeregelung nach Satz 1 zu prüfen.

§ 2 Errichtung

Zur Finanzierung und Sicherung der Versorgungsausgaben wird ein Sondervermögen des Landes unter dem Namen „Pensionsfonds des Landes Nordrhein-Westfalen" errichtet. Dieses gilt auch für die Beamtinnen und Beamten der Hochschulen im Sinne des § 1 Absatz 2 des Hochschulgesetzes vom 16. September 2014 (GV. NRW. S. 547), das zuletzt durch Gesetz vom 30. Juni 2022 (GV. NRW. S. 780b) geändert worden ist.

§ 3 Zweck

(1) Das Sondervermögen dient ausschließlich der Vorsorge für die Versorgungsausgaben.

(2) Unmittelbare Ansprüche von Versorgungsempfängerinnen und Versorgungsempfängern gegen das Sondervermögen werden nicht begründet.

§ 4 Rechtsform

(1) Das Sondervermögen ist nicht rechtsfähig. Es kann unter seinem Namen im rechtsgeschäftlichen Verkehr handeln, klagen und verklagt werden. Der allgemeine Gerichtsstand des Sondervermögens ist Düsseldorf.

(2) Eine Kreditaufnahme durch das Sondervermögen ist unzulässig.

§ 5 Zuführungen und Entnahmen

(1) Dem Sondervermögen sind die Beträge, die dem Land und den Hochschulen im Sinne des § 1 Absatz 2 des Hochschulgesetzes für die Versorgungsausgaben des in § 1 genannten Personenkreises gezahlt werden, zuzuführen.

(2) Weitere Zuführungen zu dem Sondervermögen sind zulässig.

(3) Entnahmen aus dem Sondervermögen sind nach Maßgabe des Haushaltsgesetzes zulässig. Soweit das Haushaltsgesetz nicht etwas anderes bestimmt, sind die Entnahmen auf die langfristig vom Sondervermögen erzielte Rendite zu begrenzen. Der entnahmefähige Betrag auf Basis der langfristigen Rendite entspricht für ein Haushaltsjahr einem Anteil am Vermögen des Sondervermögens, der sich ergibt, wenn die von der Deutschen Bundesbank für den von ihr verwalteten Teil des Vermögens ausgewiesene annu-

alisierte Rendite zum 31. Dezember des zweiten dem Haushaltsjahr vorangegangenen Jahres mit dem Gesamtvermögen zum gleichen Stichtag multipliziert wird. Soweit das Vermögen des Sondervermögens zu diesem Stichtag den am 31. Dezember 2022 erreichten Stand unterschreitet oder durch die nach Satz 2 ermittelte Entnahme unterschreiten würde, ist der Entnahmebetrag im Ausmaß der Unterschreitung, höchstens jedoch im Umfang des Entnahmebetrages nach Satz 2 zu reduzieren.

(4) Die Regelungen nach Absatz 3 werden beginnend ab dem Jahr 2030 regelmäßig in einem fünfjährigen Rhythmus unter Berücksichtigung der zu dem jeweiligen Zeitpunkt bestehenden Pensionszahlungsverpflichtungen auf ihre Notwendigkeit und Angemessenheit hin überprüft.

§ 6 Verwaltung, Anlage der Mittel

(1) Anlage und Verwaltung des Sondervermögens erfolgen durch das für Finanzen zuständige Ministerium. Es kann diese Aufgaben der Deutschen Bundesbank mit deren Einverständnis im Rahmen einer zu treffenden Vereinbarung überantworten. Eine Übertragung auf Kreditinstitute nach § 1 Absatz 1 des Kreditwesengesetzes in der Fassung der Bekanntmachung vom 9. September 1998 (BGBl. I S. 2776), das zuletzt durch Artikel 2 Absatz 5 des Gesetzes vom 12. Juni 2015 (BGBl. I S. 926) geändert worden ist, und auf Kapitalanlagegesellschaften nach § 17 des Kapitalanlagegesetzbuches vom 4. Juli 2013 (BGBl. I S. 1981), das zuletzt durch Artikel 8 Absatz 17 des Gesetzes vom 17. Juli 2015 (BGBl. I S. 1245) geändert worden ist, ist zulässig.

(2) Die mit der Anlage und Verwaltung Beauftragten legen dem für Finanzen zuständige Ministerium mindestens vierteljährlich einen Bericht vor. Des Weiteren erstattet das für Finanzen zuständige Ministerium dem Parlament einmal jährlich über die Verwaltung und Anlage der Mittel Bericht.

(3) Die dem Sondervermögen zufließenden Mittel einschließlich deren Erträge sind so anzulegen, dass größtmögliche Sicherheit und Rentabilität gewährleistet sind.

(4) Nach Maßgabe der Absätze 1 und 3 hat die Mittelanlage zu marktüblichen Konditionen in Anleihen, Schuldscheinen oder anderen Schuldverschreibungen des Landes Nordrhein-Westfalen, anderer Länder oder deutscher Gemeinden oder Gemeindeverbände, des Bundes oder von Staaten des Euro-Raums sowie jeweils ihrer Förderbanken oder anderer von ihnen dominierter Emittenten (sogenannte Agencies) und von Banken supranationaler Einrichtungen zu erfolgen. Sie kann auch in Covered Bonds, Pfandbriefen, Kommunalobligationen, Aktien sowie Fondsanteilen und Anteilen an Fondsgesellschaften nach den §§ 192 bis 211 des Kapitalanlagegesetzbuches erfolgen.

(5) Die Mittelanlage in Rentenpapiere darf ausschließlich in der Währung Euro erfolgen.

(6) Das für Finanzen zuständige Ministerium wird ermächtigt, Anlagerichtlinien zu erlassen. Die Anlagerichtlinien werden dem Haushalts- und Finanzausschuss zur Kenntnis gegeben.

§ 7 Verwendung des Sondervermögens

(1) Das Sondervermögen darf ausschließlich zu dem in § 3 genannten Zweck verwendet werden.

(2) Beginn, Höhe und Dauer der Ablieferung des Sondervermögens sind durch Gesetz zu regeln.

§ 8 Vermögenstrennung

Das Sondervermögen des Landes ist von dem übrigen Vermögen des Landes, seinen Rechten und Verbindlichkeiten getrennt zu halten.

§ 9 Wirtschaftsplan

Das für Finanzen zuständige Ministerium erstellt für jedes Jahr einen Wirtschaftsplan, in dem die Einnahmen und Ausgaben darzustellen sind.

§ 10 Jahresrechnung

(1) Das für Finanzen zuständige Ministerium stellt nach Ablauf eines jeden Wirtschaftsjahres eine Jahresrechnung für das Sondervermögen auf. Diese wird als Anhang der Haushaltsrechnung des Landes beigefügt.

(2) In der Jahresrechnung sind der Bestand des Sondervermögens einschließlich der Forderungen sowie die Einnahmen und Ausgaben auszuweisen.

(3) Der Landesrechnungshof prüft gemäß § 113 Satz 2 der Landeshaushaltsordnung in der Fassung der Bekanntmachung vom 26. April 1999 (GV. NRW. S. 158), die zuletzt durch Artikel 1 des Gesetzes vom 18. Dezember 2018 (GV. NRW. S. 803) geändert worden ist, die Haushalts- und Wirtschaftsführung des Sondervermögens.

§ 11 Beirat

(1) Beim Sondervermögen wird ein Beirat gebildet. Er hat die Aufgabe, einen Bericht des für Finanzen zuständigen Ministeriums über die Verwaltung und Anlage der Mittel entgegenzunehmen und grundsätzliche Fragen der Konzeption und langfristigen Strategie des Sondervermögens zu erörtern. Bei den Anlagerichtlinien ist er zu hören.

(2) Der Beirat besteht aus acht Mitgliedern, die von dem für Finanzen zuständigen Ministerium für die Dauer von fünf Jahren berufen werden. Ihm gehören je eine Vertreterin oder ein Vertreter folgender Stellen an:

1. für Finanzen zuständiges Ministerium (zugleich vorsitzendes Mitglied),
2. je einer Vertretung des für Inneres zuständigen Ministeriums, des für Wirtschaft zuständigen Ministeriums, des für Schule zuständigen Ministeriums und des für Umwelt zuständigen Ministeriums,
3. DBB NRW Beamtenbund und Tarifunion Nordrhein-Westfalen,
4. DGB Nordrhein-Westfalen,
5. Bund der Richter und Staatsanwälte in Nordrhein-Westfalen e. V.

Die Berufung der Mitglieder erfolgt auf Vorschlag der jeweils entsendenden Stelle. Für jedes Mitglied ist eine Stellvertreterin beziehungsweise ein Stellvertreter zu berufen. Scheidet ein Mitglied oder eine Stellvertreterin beziehungsweise ein Stellvertreter vorzeitig aus, so wird für den Rest der Amtszeit eine Nachfolgerin beziehungsweise ein Nachfolger berufen. Für die Berufung nach Satz 4 und Satz 5 gilt das Verfahren nach Satz 3 entsprechend.

(3) Das Sondervermögen zahlt an die Mitglieder und ihre Stellvertreter für ihre Tätigkeit keine Vergütung; Auslagen werden ebenfalls nicht erstattet.

(4) Der Beirat gibt sich eine Geschäftsordnung.

§ 12 Auflösung

Das Sondervermögen gilt nach seiner vollständigen Auszahlung als aufgelöst.

§ 13 Übergang der bisherigen Sondervermögen

Die Vermögen der Sondervermögen „Versorgungsrücklage des Landes Nordrhein-Westfalen“ und „Versorgungsfonds des Landes Nordrhein-Westfalen“ gehen mit Ablauf des 31. Dezember 2016 vollständig auf das Sondervermögen „Pensionsfonds des Landes Nordrhein-Westfalen“ über.

§ 14 Sondervorschriften für die sonstigen der Aufsicht des Landes unterstehenden Körperschaften, Anstalten und Stiftungen des öffentlichen Rechts

(1) Die sonstigen der Aufsicht des Landes unterstehenden Körperschaften, Anstalten und Stiftungen des öffentlichen Rechts sind berechtigt, bestehende Sondervermögen über den 31. Dezember 2017 hinaus zur Finanzierung und Sicherung der Versorgungsausgaben für ihre Beamtinnen und Beamten fortzuführen oder zu diesem Zweck andere Sondervermögen zu errichten. Das Nähere, insbesondere die Rechtsform der Sondervermögen, die Modalitäten der Errichtung sowie der Mittelzuführung und -verwaltung, regeln die nach Satz 1 Berechtigten allein oder im Verbund durch Satzung.

(2) Die Entscheidung über Beginn, Höhe und Dauer der Ablieferungen der Sondervermögen treffen die sonstigen der Aufsicht des Landes unterstehenden Körperschaften, Anstalten und Stiftungen des öffentlichen Rechts allein oder im Verbund durch Satzung.

(3) Die Absätze 1 und 2 gelten nicht für die Hochschulen im Sinne des § 1 Absatz 2 des Hochschulgesetzes.

§ 15 Inkrafttreten, Außerkrafttreten

Dieses Gesetz tritt am 1. Januar 2017 in Kraft. Gleichzeitig tritt das Versorgungsfondsgesetz vom 20. April 1999 (GV. NRW. S. 174), das zuletzt durch Artikel 34 des Gesetzes vom 14. Juni 2016 (GV. NRW. S. 310) geändert worden ist, außer Kraft.

V Personalvertretung

Personalvertretungsgesetz für das Land Nordrhein-Westfalen (Landespersonalvertretungsgesetz – LPVG)

Vom 3. Dezember 1974 (GV. NW. S. 1514)

Zuletzt geändert durch
Hochschulstärkungsgesetz
vom 21. Juli 2026 (GV. NRW. S. 552)

Inhaltsübersicht

V

V

Erstes Kapitel
Allgemeine Vorschriften

§ 1 (Anwendungsbereich)

(1) Bei den Dienststellen des Landes, der Gemeinden, der Gemeindeverbände und der sonstigen der Aufsicht des Landes unterstehenden Körperschaften, Anstalten und Stiftungen des öffentlichen Rechts werden Personalvertretungen gebildet.

(2) Dienststellen im Sinne dieses Gesetzes sind, soweit nicht im Zehnten Kapitel etwas anderes bestimmt ist, die Behörden, Einrichtungen und Betriebe des Landes sowie die Kunsthochschulen des Landes, die Schulen und die Gerichte; bei den Gemeinden, den Gemeindeverbänden und den sonstigen der Aufsicht des Landes unterstehenden Körperschaften, Anstalten und Stiftungen des öffentlichen Rechts bilden die Verwaltungen, die Eigenbetriebe und die Schulen gemeinsam eine Dienststelle.

(3) Nebenstellen oder Teile einer Dienststelle können von der obersten Dienstbehörde zu selbständigen Dienststellen im Sinne dieses Gesetzes erklärt werden, sofern der Nebenstelle oder dem Teil einer Dienststelle eine selbständige Regelungskompetenz im personellen und sachlichen Bereich zusteht.

§ 2 (Zusammenarbeit)

(1) Dienststelle und Personalvertretung arbeiten zur Erfüllung der dienstlichen Aufgaben und zum Wohle der Beschäftigten im Rahmen der Gesetze und Tarifverträge vertrauensvoll zusammen; hierbei wirken sie mit den in der Dienststelle vertretenen Gewerkschaften und Arbeitgebervereinigungen zusammen.

(2) Dienststelle und Personalvertretung haben alles zu unterlassen, was geeignet ist, die Arbeit und den Frieden der Dienststelle zu beeinträchtigen. Insbesondere dürfen Dienststelle und Personalvertretung keine Maßnahmen des Arbeitskampfes gegeneinander durchführen. Arbeitskämpfe tariffähiger Parteien werden hierdurch nicht berührt.

(3) Außenstehende Stellen dürfen erst angerufen werden, wenn eine Einigung in der Dienststelle nicht erzielt worden ist. Dies gilt nicht für Gewerkschaften, Berufsverbände und Arbeitgeberverbände.

§ 3 (Parteipolitische, gewerkschaftliche Betätigung)

(1) Die Dienststelle und die Personalvertretung in der Dienststelle haben jede parteipolitische Betätigung zu unterlassen; die Behandlung von Tarif-, Besoldungs- und Sozialangelegenheiten wird hierdurch nicht berührt.

(2) Beschäftigte, die Aufgaben nach diesem Gesetz wahrnehmen, werden dadurch in der Betätigung für ihre Gewerkschaft in der Dienststelle nicht beschränkt.

(3) Die Aufgaben der Gewerkschaften und Vereinigungen der Arbeitgeber, insbesondere die Wahrnehmung der Interessen ihrer Mitglieder, werden durch dieses Gesetz nicht berührt.

(4) Zur Wahrnehmung der in diesem Gesetz genannten Aufgaben und Befugnisse der in der Dienststelle vertretenen Gewerkschaften ist deren Beauftragten nach Unterrichtung der Dienststelle Zugang zu der Dienststelle zu gewähren, soweit dem nicht unumgängliche Notwendigkeiten des Dienstablaufs, zwingende Sicherheitsvorschriften oder der Schutz von Dienstgeheimnissen entgegenstehen.

§ 4 (Verhältnis zum Tarifvertrag)

Durch Tarifvertrag oder Dienstvereinbarung kann das Personalvertretungsrecht nicht abweichend von diesem Gesetz geregelt werden.

§ 5 (Beschäftigte)

(1) Beschäftigte im Sinne dieses Gesetzes sind die Beamtinnen und Beamten und Arbeitnehmerinnen und Arbeitnehmer und arbeitnehmerähnlichen Personen im Sinne des § 12a Tarifvertragsgesetz der in § 1 bezeichneten Körperschaften, Anstalten und Stiftungen des öffentlichen Rechts einschließlich der Personen, die sich in der Berufsausbildung befinden. Beschäftigte im Sinne dieses Gesetzes sind auch diejenigen, die in der Dienststelle weisungsgebunden tätig sind oder der Dienstaufsicht unterliegen, unabhängig davon, ob ein Arbeits- oder Dienstverhältnis zur Dienststelle besteht. Richterinnen und Richter sind nicht Beschäftigte im Sinne dieses Gesetzes.

V

(2) Wer Beamtin oder Beamter ist, bestimmen die Beamtengesetze. Als Beamtin oder Beamter gelten auch Beschäftigte in einem öffentlich-rechtlichen Ausbildungsverhältnis.

(3) Arbeitnehmerinnen und Arbeitnehmer im Sinne dieses Gesetzes sind Beschäftigte, die nach dem für die Dienststelle maßgebenden Tarifvertrag oder nach der für die Dienststelle geltenden Dienstordnung oder nach ihrem Arbeitsvertrag Arbeitnehmerinnen oder Arbeitnehmer sind oder als übertarifliche Arbeitnehmerinnen oder Arbeitnehmer beschäftigt werden einschließlich der zu ihrer Berufsausbildung Beschäftigten.

(4) Als Beschäftigte im Sinne dieses Gesetzes gelten nicht

a) Hochschullehrerinnen und Hochschullehrer, Lehrbeauftragte mit einem Lehrumfang unter vier Lehrveranstaltungsstunden, studentische Hilfskräfte, nach § 107 des Hochschulgesetzes vom 16. September 2014 (GV. NRW. S. 547) in der jeweils geltenden Fassung nicht übernommene Hochschullehrerinnen und Hochschullehrer, Fachhochschullehrerinnen und Fachhochschullehrer und entsprechende Beschäftigte an Hochschulen, Hochschuldozentinnen und Hochschuldozenten, wissenschaftliche und künstlerische Assistentinnen und Assistenten, Oberassistentinnen und Oberassistenten, Oberingenieurinnen und Oberingenieure und entsprechende Beschäftigte an Hochschulen,
b) Professorinnen und Professoren an der Sozialakademie,
c) Staatsanwältinnen und Staatsanwälte,
d) Ehrenbeamtinnen und Ehrenbeamte,
e) Rechtspraktikantinnen und Rechtspraktikanten,
f) Personen, die überwiegend zu ihrer Heilung, Wiedereingewöhnung, sittlichen Besserung oder Erziehung beschäftigt werden,
g) Personen, die nur vorübergehend ausschließlich zur Behebung eines durch höhere Gewalt bedingten Notstandes beschäftigt werden.

(5) Bei gemeinsamen Dienststellen des Landes und anderer Körperschaften gelten die im Landesdienst Beschäftigten als zur Dienststelle des Landes und die im Dienst der Körperschaft Beschäftigten als zur Dienststelle der Körperschaft gehörig.

§ 6 (Gruppen)

Beamtinnen und Beamte sowie Arbeitnehmerinnen und Arbeitnehmer bilden je eine Gruppe.

§ 7 (Verbot der Behinderung, Benachteiligung)

(1) Personen, die Aufgaben oder Befugnisse nach diesem Gesetz wahrnehmen, dürfen darin nicht behindert werden und wegen ihrer Tätigkeit nicht benachteiligt oder begünstigt werden; dies gilt auch für ihre berufliche Entwicklung.

(2) Beabsichtigt der Arbeitgeber, eine oder einen in einem Berufsausbildungsverhältnis nach dem Berufsbildungsgesetz, dem Krankenpflegegesetz oder dem Hebammengesetz stehende Beschäftigte oder stehenden Beschäftigten (Auszubildende oder Auszubildenden), die oder der Mitglied einer Personalvertretung oder einer Jugend- und Auszubildendenvertretung ist, nach erfolgreicher Beendigung des Berufsausbildungsverhältnisses nicht in ein Arbeitsverhältnis auf unbestimmte Zeit zu übernehmen, so hat er dies drei Monate vor Beendigung des Berufsausbildungsverhältnisses der oder dem Auszubildenden schriftlich mitzuteilen.

(3) Verlangt eine oder ein in Absatz 2 genannte Auszubildende oder genannter Auszubildender innerhalb der letzten drei Monate vor Beendigung des Berufsausbildungsverhältnisses schriftlich vom Arbeitgeber ihre oder seine Weiterbeschäftigung, so gilt zwischen der oder dem Auszubildenden und dem Arbeitgeber im Anschluss an das erfolgreiche Berufsausbildungsverhältnis ein Arbeitsverhältnis auf unbestimmte Zeit als begründet.

(4) Die Absätze 2 und 3 gelten auch, wenn das Berufsausbildungsverhältnis vor Ablauf eines Jahres nach Beendigung der Amtszeit der Personalvertretung oder der Jugend- und Auszubildendenvertretung erfolgreich endet.

(5) Der Arbeitgeber kann spätestens bis zum Ablauf von zwei Wochen nach Beendigung

des Berufsausbildungsverhältnisses beim Verwaltungsgericht beantragen,

a) festzustellen, dass ein Arbeitsverhältnis nach den Absätzen 3 oder 4 nicht begründet wird, oder

b) das bereits nach den Absätzen 3 oder 4 begründete Arbeitsverhältnis aufzulösen,

wenn Tatsachen vorliegen, aufgrund derer dem Arbeitgeber unter Berücksichtigung aller Umstände die Weiterbeschäftigung nicht zugemutet werden kann. In dem Verfahren vor dem Verwaltungsgericht ist die Personalvertretung, bei einem Mitglied der Jugend- und Auszubildendenvertretung auch diese beteiligt.

(6) Die Absätze 3 bis 5 sind unabhängig davon anzuwenden, ob der Arbeitgeber seiner Mitteilungspflicht nach Absatz 2 nachgekommen ist.

§ 8 (Vertretung der Dienststelle)

(1) Für die Dienststelle handelt ihre Leiterin oder ihr Leiter. Sie oder er kann sich durch ihre oder seine ständige Vertretung oder durch die Leiterin oder den Leiter der für Personalangelegenheiten zuständigen Abteilung sowie in Gemeinden und Gemeindeverbänden durch die Leiterin oder den Leiter des für Personalangelegenheiten zuständigen Dezernats oder Amts vertreten lassen, soweit diese oder dieser entscheidungsbefugt ist. Das Gleiche gilt für sonstige Beauftragte, sofern die Personalvertretung sich mit dieser Beauftragung einverstanden erklärt.

(2) Im Bereich der Sozialversicherung handelt bei den der Aufsicht des Landes unterstehenden Körperschaften und Anstalten des öffentlichen Rechts für die Dienststelle der Vorstand, soweit er die Entscheidungsbefugnis nicht auf die Geschäftsführung übertragen hat. Er kann sich durch eines oder mehrere seiner Mitglieder vertreten lassen.

(3) Für Hochschulen mit Ausnahme der Fachhochschulen für den öffentlichen Dienst handelt vorbehaltlich des § 105 die Vizepräsidentin oder der Vizepräsident für den Bereich Wirtschafts- und Personalverwaltung oder die Kanzlerin oder der Kanzler, für die Universitätsklinik die Kaufmännische Direktorin oder der Kaufmännische Direktor.

(4) Abweichend von den Absätzen 1 bis 3 ist bei verfahrenseinleitenden Maßnahmen und bei anderen schriftlichen Äußerungen der Dienststelle gegenüber der Personalvertretung unabhängig von dem jeweiligen Stand des Verfahrens auch eine Vertretung entsprechend der geschäftsordnungsmäßig allgemein oder im Einzelfall erteilten Zeichnungsbefugnis zulässig. Die Dienststelle hat der Personalvertretung die Zeichnungsbefugten namentlich zu benennen.

§ 9 (Schweigepflicht)

(1) Personen, die Aufgaben oder Befugnisse nach diesem Gesetz wahrnehmen oder wahrgenommen haben, sind verpflichtet, über die ihnen dabei bekanntgewordenen Angelegenheiten und Tatsachen zu schweigen.

(2) Die Schweigepflicht besteht nicht für Angelegenheiten oder Tatsachen, die offenkundig sind oder ihrer Bedeutung nach keiner Geheimhaltung bedürfen. Sie gilt ferner nicht gegenüber den von Maßnahmen gemäß § 72 Abs. 1 unmittelbar erfaßten Beschäftigten. Abgesehen von den Fällen des § 65 Abs. 3 gilt die Schweigepflicht nicht im Verhältnis der Mitglieder der Personalvertretungen und der Jugend- und Auszubildendenvertretung zu den Mitgliedern dieser Vertretungen und zu den Vertrauensleuten sowie für die in § 36 genannten Personen; sie entfällt ferner in den Verfahren nach den §§ 66 bis 69 und 78 Absatz 2 bis 4 und 6 zwischen den dort bezeichneten Stellen.

(3) Bei Rechtsstreitigkeiten kann für die Mitglieder der Personalvertretungen und der in den §§ 54, 60, 85 und 86 genannten Vertretungen Aussagegenehmigung durch diese Vertretungen im Einvernehmen mit der Dienststelle erteilt werden.

Zweites Kapitel
Personalrat

Erster Abschnitt
Wahl und Zusammensetzung

§ 10 (Wahlberechtigung)

(1) Wahlberechtigt sind alle Beschäftigten, die am Wahltage das 18. Lebensjahr vollendet haben.

(2) Wer zu einer Dienststelle abgeordnet ist oder im Wege einer Zuweisung oder Personalgestellung Dienst- oder Arbeitsleistungen erbringt, wird in ihr wahlberechtigt, sobald die Abordnung, die Zuweisung oder die Personalgestellung länger als sechs Monate gedauert hat; im gleichen Zeitpunkt tritt, außer im Falle der Gestellung, der Verlust des Wahlrechts bei der bisherigen Dienststelle ein.

(3) Wahlberechtigt sind nicht Beschäftigte, die

a) infolge Richterspruchs das Recht, in öffentlichen Angelegenheiten zu wählen oder zu stimmen, nicht besitzen,
b) voraussichtlich nur für einen Zeitraum von höchstens sechs Monaten beschäftigt werden,
c) am Wahltag seit mehr als achtzehn Monaten unter Wegfall der Bezüge beurlaubt sind,
d) in § 8 Abs. 1 Satz 1 und 2, Abs. 2 und 3 genannt sind,
e) bei Altersteilzeit im Blockmodell in die Freistellungsphase eintreten.

(4) Beschäftigte in der Berufsausbildung sind nur bei der Dienststelle wahlberechtigt, die von der die Ausbildung leitenden Stelle als Stammdienststelle erklärt wird.

(5) Beamtinnen und Beamte in der Schulaufsicht bei den Bezirksregierungen sind bei der Dienststelle wahlberechtigt, der sie angehören. Beamtinnen und Beamte in der Schulaufsicht bei den Schulämtern sowie im Landesdienst beschäftigtes Verwaltungspersonal an Schulen sind zu dem bei der jeweiligen Bezirksregierung gebildeten Bezirkspersonalrat der allgemeinen Verwaltung wahlberechtigt.

§ 11 (Wählbarkeit)

(1) Wählbar sind alle Wahlberechtigten, die am Wahltage seit sechs Monaten derselben Körperschaft, Anstalt oder Stiftung angehören.

(2) Nicht wählbar sind Beschäftigte, die

a) infolge Richterspruch die Fähigkeit, Rechte aus öffentlichen Wahlen zu erlangen, nicht besitzen,
b) zu selbständigen Entscheidungen in Personalangelegenheiten der Dienststelle befugt sind sowie die in § 8 Abs. 1 Satz 3 genannten sonstigen Beauftragten, sofern diese nach einer Wahl die mit der Beauftragung eingeräumten Befugnisse weiter ausüben,
c) am Wahltag seit mehr als sechs Monaten unter Wegfall der Bezüge beurlaubt sind,
d) nach der Wahl Aufgaben einer Gleichstellungsbeauftragten der Dienststelle wahrnehmen.

(3) Nicht wählbar sind Arbeitnehmerinnen und Arbeitnehmer der Gemeinden und der Gemeindeverbände, die dem in deren Verfassung vorgesehenen obersten Organ angehören.

§ 12 (Wählbarkeit in besonderen Fällen)

Besteht die Körperschaft, Anstalt oder Stiftung oder in der Landesverwaltung die Dienststelle, der die oder der Beschäftigte angehört, weniger als sechs Monate, so bedarf es für die Wählbarkeit nicht der Voraussetzungen des § 11 Abs. 1.

§ 13 (Personalratspflichtige Stellen)

(1) In allen Dienststellen mit in der Regel mindestens fünf wahlberechtigten Beschäftigten, von denen drei wählbar sind, werden Personalräte gebildet.

(2) Dienststellen des Landes, bei denen die Voraussetzungen des Absatzes 1 nicht gegeben sind, werden von der übergeordneten Dienststelle im Einvernehmen mit der Stufenvertretung einer benachbarten Dienststelle zugeteilt.

(3) Der Personalrat besteht in Dienststellen mit in der Regel

5	bis	20	wahlberechtigten Beschäftigten aus einer Person,
21	bis	50	wahlberechtigten Beschäftigten aus drei Mitgliedern,
51	bis	150	Beschäftigten aus fünf Mitgliedern,
151	bis	300	Beschäftigten aus sieben Mitgliedern,
301	bis	600	Beschäftigten aus neun Mitgliedern,
601	bis	1000	Beschäftigten aus elf Mitgliedern.

Die Zahl der Mitglieder erhöht sich in Dienststellen mit 1001 bis 5000 Beschäftigten um je zwei für je weitere angefangene 1000, mit 5001 und mehr Beschäftigten um je zwei für je weitere angefangene 2000.

(4) Die Höchstzahl der Mitglieder beträgt fünfundzwanzig.

§ 14 (Verteilung auf die Gruppen)

(1) Sind in der Dienststelle Angehörige verschiedener Gruppen beschäftigt, so muss jede Gruppe entsprechend ihrer Stärke im Personalrat vertreten sein, wenn dieser aus mindestens drei Mitgliedern besteht. Bei gleicher Stärke der Gruppen entscheidet das Los. Macht eine Gruppe von ihrem Recht, im Personalrat vertreten zu sein, keinen Gebrauch, so verliert sie ihren Anspruch auf Vertretung.

(2) Der Wahlvorstand berechnet die Verteilung der Sitze auf die Gruppen nach den Grundsätzen der Verhältniswahl.

(3) Eine Gruppe erhält mindestens

bei weniger als 51 Gruppenangehörigen ein Mitglied,

bei 51 bis 200	Gruppenangehörigen zwei Mitglieder,
bei 201 bis 600	Gruppenangehörigen drei Mitglieder,
bei 601 bis 1000	Gruppenangehörigen vier Mitglieder,
bei 1001 bis 3000	Gruppenangehörigen fünf Mitglieder,
bei 3001 und mehr	Gruppenangehörigen sechs Mitglieder.

(4) Eine Gruppe, der in der Regel nicht mehr als fünf Beschäftigte angehören, erhält nur dann eine Vertretung, wenn sie mindestens ein Zwanzigstel der Beschäftigten der Dienststelle umfasst. Erhält sie keine Vertretung und findet Gruppenwahl statt, so kann sich jede oder jeder Angehörige dieser Gruppe durch Erklärung gegenüber dem Wahlvorstand einer Gruppe anschließen.

(5) Der Personalrat soll sich aus Mitgliedern der verschiedenen Beschäftigungsarten zusammensetzen.

(6) Frauen und Männer sollen ihrem zahlenmäßigen Anteil in der Dienststelle entsprechend vertreten sein.

§ 15 (Abweichende Verteilung auf die Gruppen)

(1) Die Verteilung der Mitglieder des Personalrats auf die Gruppen kann abweichend von § 14 geordnet werden, wenn jede Gruppe dies vor der Neuwahl in getrennter geheimer Abstimmung beschließt.

(2) Für jede Gruppe können auch Angehörige anderer Gruppen vorgeschlagen werden. Die Gewählten sind Mitglieder derjenigen Gruppe, für die sie vorgeschlagen worden sind.

§ 16 (Grundsätze der Wahl)

(1) Der Personalrat wird in geheimer und unmittelbarer Wahl gewählt.

(2) Besteht der Personalrat aus mehr als einer Person, wählt jede Gruppe ihre Mitglieder (§ 14) je in getrennten Wahlgängen, es sei denn, daß die wahlberechtigten Angehörigen jeder Gruppe vor der Neuwahl in getrennten geheimen Abstimmungen die gemeinsame Wahl beschließen. Der Beschluß bedarf der Mehrheit der Stimmen aller wahlberechtigten Beschäftigten jeder Gruppe.

(3) Die Wahl wird nach den Grundsätzen der Verhältniswahl durchgeführt. Wird nur ein Wahlvorschlag eingereicht, so findet Personenwahl statt. In Dienststellen, deren Personalrat aus einer Person besteht, wird dieser mit einfacher Stimmenmehrheit gewählt. Das gleiche gilt für Gruppen, denen nur ein Mitglied im Personalrat zusteht.

(4) Zur Wahl des Personalrats können die wahlberechtigten Beschäftigten und die in der Dienststelle vertretenen Gewerkschaften Wahlvorschläge machen. Die nach § 11 Abs. 2 nicht wählbaren Beschäftigten dürfen keine Wahlvorschläge machen oder unterzeichnen. Die oder der Beschäftigte darf nur einen Wahlvorschlag unterzeichnen.

(5) Bei einer Wahl in getrennten Wahlgängen muß jeder Wahlvorschlag der Beschäftigten von mindestens einem Zwanzigstel der wahlberechtigten Gruppenangehörigen, jedoch von mindestens drei wahlberechtigten Gruppenangehörigen, unterzeichnet sein; in jedem Fall genügt die Unterzeichnung durch 100 wahlberechtigte Gruppenangehörige.

(6) Bei gemeinsamer Wahl muß jeder Wahlvorschlag der Beschäftigten von mindestens einem Zwanzigstel der wahlberechtigten Beschäftigten, jedoch von mindestens drei wahlberechtigten Beschäftigten, unterzeichnet sein; in jedem Fall genügt die Unterzeichnung durch 100 wahlberechtigte Beschäftigte. Werden bei gemeinsamer Wahl für eine Gruppe gruppenfremde Bewerberinnen und Bewerber vorgeschlagen, muß der Wahlvorschlag von mindestens einem Zwanzigstel der wahlberechtigten Angehörigen dieser Gruppe unterzeichnet sein.

(7) Jeder Wahlvorschlag einer Gewerkschaft muß von einer von ihr beauftragten Person unterzeichnet sein.

(8) Die oder der Beschäftigte darf nur auf einem Wahlvorschlag benannt werden.

V

§ 17 (Bestellung des Wahlvorstands)

(1) Spätestens drei Monate vor Ablauf der Amtszeit bestellt der Personalrat drei wahlberechtigte Beschäftigte als Wahlvorstand und eine oder einen von ihnen als vorsitzende Person. Sind in der Dienststelle Angehörige verschiedener Gruppen beschäftigt, so soll jede Gruppe im Wahlvorstand vertreten sein. Hat die Dienststelle weibliche und männliche Beschäftigte, sollen dem Wahlvorstand Frauen und Männer angehören. Für jedes Mitglied des Wahlvorstandes kann ein Ersatzmitglied benannt werden.

(2) Besteht zwei Monate vor Ablauf der Amtszeit des Personalrats kein Wahlvorstand, so beruft die Dienststelle auf Antrag von mindestens drei wahlberechtigten Beschäftigten oder einer in der Dienststelle vertretenen Gewerkschaft eine Personalversammlung zur Wahl des Wahlvorstandes ein. Absatz 1 Satz 2 und 3 gilt entsprechend. Die Personalversammlung wählt eine Person als Versammlungsleitung.

§ 18 (Wahl des Wahlvorstands durch Personalversammlung)

Besteht in einer Dienststelle, die die Voraussetzungen des § 13 Abs. 1 erfüllt, kein Personalrat, so beruft die Dienststelle auf Antrag von mindestens drei wahlberechtigten Beschäftigten oder einer in der Dienststelle vertretenen Gewerkschaft eine Personalversammlung zur Wahl des Wahlvorstands ein. § 17 Abs. 2 Satz 3 gilt entsprechend.

§ 19 (Bestellung des Wahlvorstands durch Dienststellenleitung)

Findet eine Personalversammlung (§ 17 Abs. 2, § 18) nicht statt oder wählt die Personalversammlung keinen Wahlvorstand, so bestellt ihn die Dienststelle auf Antrag von mindestens drei wahlberechtigten Beschäftigten oder einer in der Dienststelle vertretenen Gewerkschaft.

§ 20 (Aufgaben des Wahlvorstands)

(1) Der Wahlvorstand hat die Wahl fristgerecht vorzubereiten; sie soll spätestens zwei Wochen vor Ablauf der Amtszeit des Personalrats stattfinden. Kommt der Wahlvorstand dieser Verpflichtung nicht nach, so beruft die Dienststelle auf Antrag von mindestens drei wahlberechtigten Beschäftigten oder einer in der Dienststelle vertretenen Gewerkschaft eine Personalversammlung zur Wahl eines neuen Wahlvorstandes ein. § 17 Abs. 2 Satz 3 und § 19 gelten entsprechend.

(2) Der Wahlvorstand hat seine Sitzungen den in der Dienststelle vertretenen Gewerkschaften bekanntzugeben. Je eine von ihnen beauftragte Person ist berechtigt, mit beratender Stimme teilzunehmen.

(3) Unverzüglich nach Abschluß der Wahl zählt der Wahlvorstand öffentlich die Stimmen, stellt das Ergebnis in einer Niederschrift fest und gibt es den Beschäftigten der Dienststelle durch Aushang bekannt. Der Dienststelle und den in der Dienststelle vertretenen Gewerkschaften ist eine Abschrift der Niederschrift zu übersenden.

§ 21 (Schutz der Wahl – Wahlkosten)

(1) Niemand darf die Wahl des Personalrats behindern oder in einer gegen die guten Sitten verstoßenden Weise beeinflussen. Insbesondere darf keine wahlberechtigte Person in der Ausübung des aktiven und passiven Wahlrechts beschränkt werden. § 43 gilt für Mitglieder des Wahlvorstands und für Wahlbewerberinnen und Wahlbewerber entsprechend.

(2) Die Kosten der Wahl trägt die Dienststelle. Notwendige Versäumnis von Arbeitszeit infolge der Ausübung des Wahlrechts, der Teilnahme an den in § 17 Abs. 2 und in den §§ 18 und 20 Abs. 1 genannten Personalversammlungen oder der Betätigung im Wahlvorstand hat keine Minderung der Bezüge oder des Arbeitsentgelts zur Folge. Für die Mitglieder des Wahlvorstands gelten § 40 Abs. 1 Satz 2 und 3 sowie § 42 Abs. 2 Satz 2 und Abs. 5 entsprechend.

§ 22 (Wahlanfechtung)

(1) Mindestens drei wahlberechtigte Beschäftigte, jede in der Dienststelle vertretene Gewerkschaft oder die Dienststelle können innerhalb von zwei Wochen nach dem Tage der Bekanntgabe des Wahlergebnisses die Wahl beim Verwaltungsgericht anfechten, wenn gegen wesentliche Vorschriften über das Wahlrecht, die Wählbarkeit oder das Wahlverfahren verstoßen worden und eine Berichtigung nicht erfolgt ist, es sei denn, daß durch den Verstoß das Wahlergebnis nicht geändert oder beeinflußt werden konnte.

(2) Wird die Wahl des Personalrats oder einer Gruppe mit Erfolg angefochten, so setzt die oder der Vorsitzende der Fachkammer des Verwaltungsgerichts einen Wahlvorstand ein. Wird die Wahl einer Gruppe mit Erfolg angefochten, so ist der Wahlvorstand aus Angehörigen dieser Gruppe zu bilden. Der Wahlvorstand hat unverzüglich eine neue Wahl einzuleiten. Bis zur Neuwahl nimmt er die dem Personalrat oder der Gruppe nach diesem Gesetz zustehenden Befugnisse und Pflichten wahr.

(3) Im Falle des Absatzes 2 Satz 1 bleiben die vom Personalrat oder von der Gruppe bis zum Eintritt der Rechtskraft des die Ungültigkeit oder Nichtigkeit feststellenden Urteils gefaßten Beschlüsse rechtswirksam.

Zweiter Abschnitt
Amtszeit

§ 23 (Regelmäßige Amtszeit)

(1) Die regelmäßige Amtszeit des Personalrats beginnt und endet mit der jeweiligen Wahlperiode. Sie beträgt vier Jahre. Für die Personalvertretungen, die für die bis zum 30. 06. 2020 laufende Wahlperiode gewählt wurden, wird die Amtszeit über den 30. 06. 2020 hinaus verlängert bis zur Wahl einer neuen Personalvertretung, längstens bis zum 30. 06. 2021. § 23 Absatz 2 Satz 1 findet für diese Personalräte Anwendung.

(2) Wird ein Personalrat während einer Wahlperiode gewählt, so beginnt seine Amtszeit mit dem Tage der Wahl. Sie endet mit Ablauf der laufenden Wahlperiode, wenn bis dahin mehr als ein Jahr verstrichen ist, sonst mit Ablauf der folgenden Wahlperiode. Entsprechendes gilt für die Gruppe, wenn die Mitglieder einer Gruppe während einer Wahlperiode neu gewählt werden.

(3) Nach Ablauf der Amtszeit des bisherigen Personalrats führt dieser die Geschäfte weiter, bis der neue Personalrat zu seiner ersten Sitzung zusammengetreten ist.

§ 24 (Neuwahl des Personalrats)

(1) Der Personalrat ist neu zu wählen, wenn

a) mit Ablauf von vierundzwanzig Monaten nach dem Tage der Wahl die Zahl der regelmäßig Beschäftigten um die Hälfte, mindestens aber um 50 gestiegen oder gesunken ist oder
b) die Gesamtzahl der Mitglieder des Personalrats auch nach Eintreten sämtlicher Ersatzmitglieder um mehr als ein Viertel der vorgeschriebenen Zahl gesunken ist oder
c) der Personalrat mit der Mehrheit seiner Mitglieder seinen Rücktritt beschlossen hat oder
d) die Wahl des Personalrats mit Erfolg angefochten worden ist oder
e) der Personalrat durch gerichtliche Entscheidung aufgelöst worden ist.

Satz 1 Buchstabe b gilt nicht, wenn es sich bei den dort bezeichneten Mitgliedern des Personalrats ausschließlich um Mitglieder einer Gruppe handelt.

(2) In den Fällen des Absatzes 1 Buchstabe a bis c führt der Personalrat die Geschäfte weiter, bis der neue Personalrat zu seiner ersten Sitzung zusammengetreten ist.

V

(3) Die Mitglieder einer Gruppe sind neu zu wählen, wenn die Gesamtzahl der Mitglieder dieser Gruppe auch nach Eintreten sämtlicher Ersatzmitglieder um mehr als ein Viertel der vorgeschriebenen Zahl gesunken ist. Absatz 2 gilt entsprechend.

§ 25 (Ausschluss eines Personalratsmitglieds – Auflösung des Personalrats)

(1) Auf Antrag eines Viertels der wahlberechtigten Beschäftigten oder einer in der Dienststelle vertretenen Gewerkschaft kann das Verwaltungsgericht den Ausschluß eines Mitglieds aus dem Personalrat oder die Auflösung des Personalrats wegen grober Vernachlässigung seiner gesetzlichen Befugnisse oder wegen grober Verletzung seiner Pflichten nach diesem Gesetz beschließen. Der Personalrat kann aus den gleichen Gründen den Ausschluß eines Mitglieds beantragen. Die Dienststelle kann den Ausschluss eines Mitgliedes aus dem Personalrat oder die Auflösung des Personalrats wegen grober Verletzung seiner gesetzlichen Pflichten beantragen.

(2) Ist der Personalrat aufgelöst, so gilt § 22 Abs. 2 entsprechend.

§ 26 (Erlöschen der Mitgliedschaft im Personalrat)

(1) Die Mitgliedschaft im Personalrat erlischt durch

a) Ablauf der Amtszeit,
b) erfolgreiche Anfechtung der Wahl,
c) Niederlegung des Amtes,
d) Beendigung des Dienstverhältnisses,
e) Ausscheiden aus der Dienststelle,
f) Verlust der Wählbarkeit, außer, die Abwesenheit beruht auf Elternzeit,
g) gerichtliche Entscheidung nach § 25 Abs. 1,
h) Feststellung nach Ablauf der in § 22 Abs. 1 bezeichneten Frist, daß die oder der Gewählte nicht wählbar war.

(2) Die Mitgliedschaft im Personalrat erlischt ferner, wenn eine Beurlaubung ohne Besoldung oder Arbeitsentgelt während der Amtszeit des Personalrats länger als sechs Monate andauert, außer in den Fällen von Elternzeit.

(3) Die Mitgliedschaft im Personalrat wird durch einen Wechsel der Gruppenzugehörigkeit eines Mitglieds nicht berührt; dieses bleibt Mitglied der Gruppe, für die es gewählt wurde.

§ 27 (Ruhen der Mitgliedschaft)

(1) Die Mitgliedschaft einer Beamtin oder eines Beamten im Personalrat ruht, solange ihr oder ihm die Führung der Dienstgeschäfte verboten oder sie oder er wegen eines gegen sie oder ihn schwebenden Disziplinarverfahrens vorläufig des Dienstes enthoben ist.

(2) In den Fällen des § 26 Abs. 1 Buchstaben d und e ruht die Mitgliedschaft im Personalrat bis zur Rechtskraft der Entscheidung.

§ 28 (Ersatzmitglieder)

(1) Scheidet ein Mitglied aus dem Personalrat aus, so tritt ein Ersatzmitglied ein. Ist ein Mitglied zeitweilig verhindert oder ruht seine Mitgliedschaft, so tritt ein Ersatzmitglied für die Zeit der Verhinderung oder des Ruhens ein.

(2) Die Ersatzmitglieder werden der Reihe nach aus den nicht gewählten Beschäftigten derjenigen Vorschlagslisten entnommen, denen die zu ersetzenden Mitglieder angehören. Ist das zu ersetzende Mitglied mit einfacher Stimmenmehrheit gewählt, so tritt die oder der nicht gewählte Beschäftigte mit der nächsthöheren Stimmenzahl als Ersatzmitglied ein.

(3) § 26 Abs. 3 gilt entsprechend bei einem Wechsel der Gruppenzugehörigkeit vor dem Eintritt des Ersatzmitglieds in den Personalrat.

(4) Im Falle des § 24 Abs. 1 Satz 1 Buchstaben d und e treten Ersatzmitglieder nicht ein.

Dritter Abschnitt
Geschäftsführung

§ 29 (Vorsitzende Person, Stellvertretung)

(1) Der Personalrat wählt aus seiner Mitte die vorsitzende Person und Stellvertreterinnen oder Stellvertreter. Die Reihenfolge der Stellvertretung bestimmt der Personalrat. Sofern im Personalrat Beamtinnen und Beamte sowie Arbeitnehmerinnen und Arbeitnehmer vertreten sind, darf die erste Stellvertreterin

oder der erste Stellvertreter nicht derselben Gruppe angehören wie die vorsitzende Person.

(2) Die vorsitzende Person führt die laufenden Geschäfte und vertritt den Personalrat im Rahmen der von diesem gefassten Beschlüsse.

§ 30 (Sitzungen)

(1) Spätestens eine Woche nach dem Wahltag hat der Wahlvorstand die Mitglieder des Personalrats zur Vornahme der vorgeschriebenen Wahlen einzuberufen und die Sitzung zu leiten.

(2) Die weiteren Sitzungen beraumt die vorsitzende Person des Personalrats an. Sie setzt die Tagesordnung fest und leitet die Verhandlung. Die vorsitzende Person hat die Mitglieder des Personalrats und die in § 36 genannten Personen zu den Sitzungen rechtzeitig unter Mitteilung der Tagesordnung zu laden.

(3) Auf Antrag eines Viertels der Mitglieder des Personalrats, der Mehrheit der Mitglieder einer Gruppe, der Dienststelle, in Angelegenheiten, die besonders schwerbehinderte Beschäftigte betreffen, der Schwerbehindertenvertretung oder in Angelegenheiten, die besonders Beschäftigte im Sinne von § 55 Abs. 1 betreffen, der Mehrheit der Mitglieder der Jugend- und Auszubildendenvertretung, hat die vorsitzende Person eine Sitzung anzuberaumen und den Gegenstand, dessen Beratung beantragt ist, auf die Tagesordnung zu setzen.

(4) Die Dienststelle nimmt an den Sitzungen teil, die auf ihren Antrag anberaumt sind oder zu denen sie ausdrücklich eingeladen ist. Sie kann ein Mitglied der Arbeitgebervereinigung, der die Dienststelle angehört, hinzuziehen.

§ 31 (Sitzung während der Arbeitszeit – Nichtöffentlichkeit)

(1) Die Sitzungen des Personalrats finden in der Regel während der Arbeitszeit statt. Der Personalrat hat bei der Anberaumung seiner Sitzungen die dienstlichen Erfordernisse zu berücksichtigen. Die Dienststelle ist vom Zeitpunkt der Sitzung rechtzeitig zu verständigen.

(2) Die Sitzungen des Personalrats sind nicht öffentlich. Der Personalrat kann die Teilnahme des ihm nach § 40 Abs. 3 zur Verfügung gestellten Büropersonals sowie sachkundiger Personen gestatten.

(3) Die Sitzungen des Personalrats finden in der Regel als Präsenzsitzung in Anwesenheit seiner Mitglieder vor Ort statt. Die Sitzung kann vollständig oder unter Zuschaltung einzelner Personalratsmitglieder oder Teilnahmeberechtigter mittels Video- oder Telefonkonferenz durchgeführt werden, wenn

1. vorhandene Einrichtungen genutzt werden, die durch die Dienststelle zur dienstlichen Nutzung freigegeben sind,
2. nicht mindestens ein Viertel der Mitglieder des Personalrats oder die Mehrheit der Mitglieder einer Gruppe binnen einer von der vorsitzenden Person zu bestimmenden Frist gegenüber der vorsitzenden Person widerspricht und
3. der Personalrat geeignete organisatorische Maßnahmen trifft, um sicherzustellen, dass Dritte vom Inhalt der Sitzung keine Kenntnis nehmen können.

Eine Aufzeichnung ist unzulässig. § 37 Absatz 1 Satz 3 findet mit der Maßgabe Anwendung, dass die vorsitzende Person vor Beginn der Beratung die zugeschalteten Personalratsmitglieder feststellt und in die Anwesenheitsliste einträgt.

§ 32 (Teilnahme von Gewerkschaftsbeauftragten)

(1) Auf Antrag von einem Viertel der Mitglieder oder der Mehrheit einer Gruppe des Personalrats können Beauftragte einer im Personalrat vertretenen Gewerkschaft an den Sitzungen beratend teilnehmen.

(2) Der Personalrat kann beschließen, daß beauftragte Mitglieder der Stufenvertretungen, die bei übergeordneten Dienststellen bestehen, sowie des Gesamtpersonalrats berechtigt sind, mit beratender Stimme an seinen Sitzungen teilzunehmen.

§ 33 (Beschlüsse – Stimmenmehrheit)

(1) Die Beschlüsse des Personalrats werden mit einfacher Stimmenmehrheit der anwesenden Mitglieder gefaßt. Stimmenthaltungen bleiben bei der Ermittlung der Mehrheit

V

außer Betracht. Bei Stimmengleichheit ist ein Antrag abgelehnt.

(2) Der Personalrat ist nur beschlußfähig, wenn mindestens die Hälfte seiner Mitglieder anwesend ist; Stellvertretung durch Ersatzmitglieder ist zulässig.

(3) Personalratsmitglieder, die mittels Video- oder Telefonkonferenz an Sitzungen teilnehmen, gelten als anwesend im Sinne des Absatzes 1 Satz 1 und des Absatzes 2.

§ 34 (Beschlüsse in gemeinsamen Angelegenheiten und in Gruppenangelegenheiten)

(1) Über die gemeinsamen Angelegenheiten der Gruppen wird vom Personalrat gemeinsam beraten und beschlossen. Die in § 72 Absatz 2 bezeichneten Angelegenheiten gelten auch dann als gemeinsame Angelegenheiten, wenn sie nur einzelne Beschäftigte betreffen.

V

(2) Über Angelegenheiten, die lediglich die Angehörigen einer Gruppe betreffen, wird nach gemeinsamer Beratung vom Personalrat beschlossen, sofern die Mehrheit der Mitglieder der betreffenden Gruppe nicht widerspricht; bei Widerspruch beschließen nur die Mitglieder der Gruppe. Satz 1 gilt entsprechend für Angelegenheiten, die lediglich die Angehörigen von zwei Gruppen betreffen.

§ 35 (Aussetzung von Beschlüssen)

(1) Erachtet die Mehrheit der Mitglieder einer Gruppe oder der Jugend- und Auszubildendenvertretung einen Beschluß des Personalrats als eine erhebliche Beeinträchtigung wichtiger Interessen der durch sie vertretenen Beschäftigten, so ist auf ihren Antrag der Beschluß auf die Dauer einer Woche vom Zeitpunkt der Beschlußfassung an auszusetzen. In dieser Frist soll, gegebenenfalls mit Hilfe der unter den Mitgliedern des Personalrats oder der Jugend- und Auszubildendenvertretung vertretenen Gewerkschaften, eine Verständigung versucht werden.

(2) Die Antragsteller können verlangen, daß an der nach Ablauf der Aussetzungsfrist stattfindenden Sitzung des Personalrats, in der über die Angelegenheit neu zu beschließen ist, eine beauftragte Person der von ihnen benannten und unter den Mitgliedern des Personalrats vertretenen Gewerkschaft mit beratender Stimme teilnimmt. Wird der erste Beschluß bestätigt, so kann der Antrag auf Aussetzung nicht wiederholt werden.

(3) Die Absätze 1 und 2 gelten entsprechend, wenn die Schwerbehindertenvertretung einen Beschluß des Personalrats als eine erhebliche Beeinträchtigung wichtiger Interessen der schwerbehinderten Beschäftigten erachtet.

§ 36 (Teilnahme von Sondervertretern und der Schwerbehindertenvertretung)

(1) Ein Mitglied der Jugend- und Auszubildendenvertretung, das von dieser benannt wird, und die Schwerbehindertenvertretung können an allen Sitzungen des Personalrats beratend teilnehmen; auf Beschluß des Personalrats können weitere Mitglieder teilnehmen. Der Vertrauensmann der Zivildienstleistenden kann an Sitzungen beratend teilnehmen, wenn Angelegenheiten behandelt werden, die auch die Dienstleistenden betreffen.

(2) Die gesamte Jugend- und Auszubildendenvertretung kann an Sitzungen des Personalrats, in denen Angelegenheiten behandelt werden, die besonders Beschäftigte im Sinne von § 55 Abs. 1 betreffen, teilnehmen und bei Beschlüssen mitstimmen.

§ 37 (Verhandlungsniederschrift)

(1) Über jede Verhandlung des Personalrats ist eine Niederschrift aufzunehmen, die mindestens den Wortlaut der Beschlüsse und die Stimmenmehrheit, mit der sie gefaßt sind, enthält. Die Niederschrift ist von der vorsitzenden Person und einem weiteren Mitglied zu unterzeichnen und dem Personalrat in der nächsten Sitzung zur Genehmigung vorzulegen. Der Niederschrift ist eine Anwesenheitsliste beizufügen, in die sich jede Teilnehmerin und jeder Teilnehmer eigenhändig einzutragen hat.

(2) Hat die Dienststelle an der Sitzung teilgenommen, so ist ihr der entsprechende Teil der Niederschrift in Abschrift zuzuleiten. Das gleiche gilt für Beauftragte von Gewerkschaften, die an der Sitzung teilgenommen

haben. Einwendungen gegen die Niederschrift sind unverzüglich schriftlich zu erheben und der Niederschrift beizufügen.

§ 38 (Geschäftsordnung)

Sonstige Bestimmungen über die Geschäftsführung können in einer Geschäftsordnung getroffen werden, die der Personalrat mit der Mehrheit der Stimmen seiner Mitglieder beschließt.

§ 39 (Sprechstunden)

(1) Der Personalrat kann Sprechstunden während der Arbeitszeit einrichten. Die Zeit und den Ort bestimmt er im Benehmen mit der Dienststelle.

(2) Versäumnis von Arbeitszeit, die zur Inanspruchnahme des Personalrats erforderlich ist, hat keine Minderung der Bezüge oder des Arbeitsentgelts zur Folge.

§ 40 (Kostentragung – Personal- und Sachaufwand)

(1) Die durch die Tätigkeit des Personalrats entstehenden Kosten trägt die Dienststelle. Reisen, die zur Erfüllung von Aufgaben des Personalrats notwendig sind, sind der Dienststelle rechtzeitig vorher anzuzeigen. Mitglieder des Personalrats erhalten bei solchen Reisen Reisekostenvergütungen nach dem Landesreisekostengesetz. Bei Fahrten zu der Stelle, bei der der Personalrat gebildet worden ist, und bei Fahrten zu regelmäßigen Sitzungen bei einer anderen Stelle und täglicher Rückkehr zum Wohnort finden die Bestimmungen des Trennungsentschädigungsrechts keine Anwendung. Dienststelle und Personalrat können sich im Rahmen eines Budgets über die voraussichtlich anfallenden notwendigen Kosten verständigen; der Personalrat entscheidet im Rahmen des Budgets eigenverantwortlich.

(2) Zur Deckung der dem Personalrat als Aufwand entstehenden Kosten sind ihm Haushaltsmittel zur Verfügung zu stellen. Ihre Höhe ist unter Berücksichtigung der Zahl der in der Regel vorhandenen Beschäftigten zu bemessen; sie wird durch Rechtsverordnung der Landesregierung festgesetzt. Über die Verwendung der Mittel beschließt der Personalrat. Er hat sie auf Verlangen gegenüber der für die Rechnungsprüfung zuständigen Stelle nachzuweisen.

(3) Für die Sitzungen, die Sprechstunden und die laufende Geschäftsführung hat die Dienststelle im erforderlichen Umfang Räume, den Geschäftsbedarf und Büropersonal zur Verfügung zu stellen.

(4) Der Personalrat ist im Rahmen seiner Aufgaben nach diesem Gesetz berechtigt, die Beschäftigten über Angelegenheiten, die sie unmittelbar betreffen, schriftlich oder elektronisch zu unterrichten. Ihm sind in allen Dienststellen geeignete Plätze für Bekanntmachungen zur Verfügung zu stellen und die Möglichkeit einer elektronischen Bekanntmachung zu eröffnen.

§ 41 (Beitragsverbot)

Der Personalrat darf für seine Zwecke von den Beschäftigten keine Beiträge erheben oder annehmen.

Vierter Abschnitt
Rechtsstellung der Mitglieder

§ 42 (Ehrenamt – Arbeitsversäumnis – Dienstbefreiung – Freistellung)

(1) Die Mitglieder des Personalrats führen ihr Amt unentgeltlich als Ehrenamt.

(2) Versäumnis von Arbeitszeit, die zur ordnungsgemäßen Durchführung der Aufgaben des Personalrats erforderlich ist, hat keine Minderung der Bezüge oder des Arbeitsentgelts zur Folge. Werden Personalratsmitglieder durch die Erfüllung ihrer Aufgaben über ihre individuelle Arbeitszeit hinaus beansprucht, so ist ihnen Dienstbefreiung in entsprechendem Umfang zu gewähren.

(3) Mitglieder des Personalrats sind durch die Dienststelle von ihrer dienstlichen Tätigkeit ganz oder teilweise freizustellen, wenn und soweit es nach Umfang und Art der Dienststelle zur ordnungsgemäßen Durchführung ihrer Aufgaben erforderlich ist und der Personalrat die Freistellung beschließt. Dabei ist zunächst die vorsitzende Person und sodann je ein Mitglied der Gruppe, der die vorsitzende Person nicht angehört, unter Beachtung der in dieser Gruppe am stärksten vertretenen Liste

V

zu berücksichtigen. Die übrigen Freistellungen richten sich nach der Gruppenstärke; Gewerkschaften, die zur selben Spitzenorganisation gehören sowie freie Listen können sich hierfür gruppenübergreifend zusammenschließen. Die Freistellung hat keine Minderung der Besoldung oder des Arbeitsentgelts zur Folge und darf nicht zur Beeinträchtigung des beruflichen Werdegangs führen.

(4) Von ihrer dienstlichen Tätigkeit sind nach Absatz 3 freizustellen in Dienststellen mit in der Regel 100 bis 199 Beschäftigten ein Mitglied für 12 Arbeitsstunden in der Woche. Im Einvernehmen zwischen Personalrat und Dienststelle kann bei außergewöhnlichem, anlassbezogenen Bedarf vorübergehend abgewichen werden. Von ihrer dienstlichen Tätigkeit sind nach Absatz 3 ganz freizustellen in Dienststellen mit in der Regel

200 bis	500 Beschäftigten	ein Mitglied,
501 bis	900 Beschäftigten	zwei Mitglieder,
901 bis	1 500 Beschäftigten	drei Mitglieder,
1 501 bis	2 000 Beschäftigten	vier Mitglieder,
2 001 bis	3 000 Beschäftigten	fünf Mitglieder,
3 001 bis	4 000 Beschäftigten	sechs Mitglieder,
4 001 bis	5 000 Beschäftigten	sieben Mitglieder,
5 001 bis	6 000 Beschäftigten	acht Mitglieder,
6 001 bis	7 000 Beschäftigten	neun Mitglieder,
7 001 bis	8 000 Beschäftigten	zehn Mitglieder,
8 001 bis	9 000 Beschäftigten	elf Mitglieder,
9 001 bis	10 000 Beschäftigten	zwölf Mitglieder.

In Dienststellen mit mehr als 10 000 Beschäftigten ist für je angefangene weitere 2000 Beschäftigte ein weiteres Mitglied freizustellen. Von den Sätzen 3 und 4 kann im Einvernehmen zwischen Personalrat und Dienststelle abgewichen werden. Auf Antrag des Personalrats können mehrere Mitglieder anteilig freigestellt werden.

(5) Die Mitglieder des Personalrats und Ersatzmitglieder, die regelmäßig zu Sitzungen des Personalrats herangezogen werden, sind unter Fortzahlung der Bezüge und Erstattung der angemessenen Kosten für die Teilnahme an Schulungs- und Bildungsveranstaltungen vom Dienst freizustellen, soweit diese Kenntnisse vermitteln, die für die Tätigkeit im Personalrat erforderlich sind. Dienststelle und Personalrat können sich im Rahmen eines Budgets über die voraussichtlich anfallenden notwendigen Kosten verständigen; der Personalrat entscheidet im Rahmen des Budgets eigenverantwortlich.

(6) Erleidet eine Beamtin oder ein Beamter anlässlich der Wahrnehmung von Rechten oder der Erfüllung von Pflichten nach diesem Gesetz einen Unfall, der im Sinne der beamtenrechtlichen Unfallfürsorgevorschriften ein Dienstunfall wäre, so finden diese Vorschriften entsprechende Anwendung.

§ 43 (Besonderer Schutz bei Versetzung, Abordnung, außerordentlicher Kündigung)

(1) Eine Versetzung, Abordnung, Umsetzung nach § 72 Absatz 1 Satz 1 Nummer 5, Zuweisung oder Gestellung darf gegen den Willen des Mitglieds des Personalrats nur erfolgen, wenn dies auch unter Berücksichtigung der Mitgliedschaft im Personalrat aus wichtigen dienstlichen Gründen unvermeidbar ist, und der Personalrat, dem das Mitglied angehört, zustimmt. Dies gilt entsprechend für Ersatzmitglieder, solange sie gemäß § 28 Abs. 1 in den Personalrat eingetreten sind.

(2) Die außerordentliche Kündigung von Mitgliedern des Personalrats, die in einem Arbeitsverhältnis stehen, bedarf der Zustimmung des Personalrats. Verweigert der Personalrat seine Zustimmung oder äußert er sich nicht innerhalb von drei Arbeitstagen nach Eingang des Antrags, so kann das Verwaltungsgericht sie auf Antrag der Dienststelle ersetzen, wenn die außerordentliche Kündigung unter Berücksichtigung aller Umstände gerechtfertigt ist. In dem Verfahren vor dem Verwaltungsgericht ist die betroffene Arbeitnehmerin oder der betroffene Arbeitnehmer Beteiligte oder Beteiligter.

Drittes Kapitel
Personalkommission

§ 44 (Teilung, Zusammenlegung von Dienststellen)

(1) Wird in der Landesverwaltung durch Zusammenlegung von Dienststellen oder von

Teilen von Dienststellen eine neue Dienststelle gebildet, die die Voraussetzungen des § 13 Abs. 1 erfüllt, so werden die Rechte des bei der neuen Dienststelle zu wählenden Personalrats von einer Personalkommission wahrgenommen, bis der Personalrat zu seiner ersten Sitzung zusammengetreten ist. Das gilt auch für die Umbildung von Gemeinden, Gemeindeverbänden und sonstigen Körperschaften, Anstalten oder Stiftungen des öffentlichen Rechts, wenn im Zusammenhang mit der Umbildung keine besonderen personalvertretungsrechtlichen Vorschriften erlassen werden.

(2) Die Mitglieder der Personalkommission müssen für den Personalrat der neuen Dienststelle wählbar sein. § 13 Abs. 3 und 4 gilt entsprechend. Die Mitglieder sind von den Personalräten der von der Organisationsmaßnahme betroffenen Dienststellen zu bestellen; die anteilige Zahl der Mitglieder wird entsprechend dem Verhältnis der von der Organisationsmaßnahme betroffenen wahlberechtigten Beschäftigten der bisherigen Dienststellen an der Gesamtzahl der wahlberechtigten Beschäftigten der neuen Dienststelle nach dem d'Hondt'schen Höchstzahlenverfahren ermittelt. Sind in der neuen Dienststelle Angehörige verschiedener Gruppen beschäftigt, so soll jede Gruppe entsprechend ihrer Stärke vertreten sein.

(3) Für die Geschäftsführung der Personalkommission und die Rechtsstellung ihrer Mitglieder gelten die §§ 29 bis 43 entsprechend.

(4) Die Personalkommission hat spätestens zwei Monate nach Wirksamwerden der Organisationsmaßnahmen einen Wahlvorstand für die Wahl des Personalrats zu bestellen. Die §§ 17 und 19 gelten entsprechend.

(5) Wird durch eine Organisationsmaßnahme im Sinne des Absatzes 1 eine Dienststelle betroffen, bei der eine Stufenvertretung besteht, so werden auch die Rechte der bei der neuen Dienststelle zu wählenden Stufenvertretung von einer Personalkommission wahrgenommen, bis die Stufenvertretung zu ihrer ersten Sitzung zusammengetreten ist. Die Absätze 2 bis 4 gelten entsprechend.

(6) Wird eine Dienststelle geteilt, umgewandelt oder aufgelöst, so bleibt deren Personalrat im Amt und führt die Geschäfte für die ihm bislang zugeordneten Dienststellenteile weiter, die die Voraussetzungen des § 13 Absatz 1 erfüllen und nicht in eine Dienststelle eingegliedert werden, in der ein Personalrat besteht (Übergangsmandat). Absatz 4 gilt entsprechend. Das Übergangsmandat endet, sobald ein neuer Personalrat zu seiner ersten Sitzung zusammengetreten ist, spätestens jedoch sechs Monate nach der Teilung. Ist eine Dienststelle betroffen, in der eine Stufenvertretung besteht, gelten Satz 1 bis 3 entsprechend.

Viertes Kapitel
Personalversammlung

§ 45 (Zusammensetzung)

(1) Die Personalversammlung besteht aus den Beschäftigten der Dienststelle. Sie wird von der vorsitzenden Person des Personalrats geleitet. Sie ist nicht öffentlich.

(2) Kann nach den dienstlichen Verhältnissen eine gemeinsame Versammlung aller Beschäftigten nicht stattfinden, so sind Teilversammlungen abzuhalten. Das gleiche gilt, wenn dies zur Erörterung der besonderen Belange eines Teils der Beschäftigten erforderlich ist.

(3) Der Personalrat kann die Personalversammlung oder die Teilversammlung im Einvernehmen mit der Leiterin oder dem Leiter der Dienststelle mittels Videokonferenz in digitaler Form oder hybrid durchführen sowie in Nebenstellen oder Teile der Dienststelle übertragen. § 31 Absatz 3 Satz 2 Nummer 1 und 3 sowie Satz 3 gilt entsprechend.

§ 46 (Berichterstattung)

(1) Der Personalrat hat einmal in jedem Kalenderjahr in einer Personalversammlung über seine Tätigkeit zu berichten.

(2) Der Personalrat ist berechtigt und auf Antrag der Dienststelle oder eines Viertels der wahlberechtigten Beschäftigten verpflichtet, zusätzliche Personalversammlungen einzube-

rufen und den Gegenstand, dessen Beratung beantragt ist, auf die Tagesordnung zu setzen.

(3) Auf Antrag einer in der Dienststelle vertretenen Gewerkschaft muß der Personalrat vor Ablauf von zwölf Arbeitstagen nach Eingang des Antrags eine Personalversammlung einberufen, wenn im vorhergegangenen Kalenderjahr keine Personalversammlung und keine Teilversammlung durchgeführt worden ist.

§ 47 (Zeitpunkt der Personalversammlung)

Personalversammlungen finden während der Arbeitszeit statt, soweit nicht die dienstlichen Verhältnisse eine andere Regelung erfordern. Die Teilnahme an der Personalversammlung hat keine Minderung der Bezüge oder des Arbeitsentgelts zur Folge. Soweit in den Fällen des Satzes 1 Personalversammlungen aus dienstlichen Gründen außerhalb der Arbeitszeit stattfinden müssen, ist den Teilnehmerinnen und Teilnehmern Dienstbefreiung in entsprechendem Umfang zu gewähren. Fahrtkosten, die den Beschäftigten durch die Teilnahme an einer Personalversammlung nach Satz 1 entstehen, sind von der Dienststelle in entsprechender Anwendung des Landesreisekostengesetzes zu erstatten.

§ 48 (Befugnisse und Zuständigkeiten)

Die Personalversammlung kann dem Personalrat Anträge unterbreiten und zu seinen Beschlüssen Stellung nehmen. Sie darf alle Angelegenheiten behandeln, die die Dienststelle oder ihre Beschäftigten unmittelbar betreffen, insbesondere Tarif-, Besoldungs- und Sozialangelegenheiten, Fragen der Förderung der Gleichstellung von Frauen und Männern und der Vereinbarkeit von Familie und Beruf. § 2 Abs. 2 und § 3 Abs. 1 gelten für die Personalversammlung entsprechend.

§ 49 (Teilnahmeberechtigte)

Die Dienststelle, beauftragte Personen aller in der Dienststelle vertretenen Gewerkschaften, eine beauftragte Person der Arbeitgebervereinigung, der die Dienststelle angehört, je ein beauftragtes Mitglied der Stufenvertretungen oder des Gesamtpersonalrats sowie je eine beauftragte Person der Dienststellen, bei denen die Stufenvertretungen bestehen, sind berechtigt, mit beratender Stimme an der Personalversammlung teilzunehmen. Der Personalrat hat die Einberufung der Personalversammlung der Dienststelle und den in Satz 1 genannten Gewerkschaften mitzuteilen. An Versammlungen, die auf Antrag der Dienststelle einberufen sind oder zu denen sie ausdrücklich eingeladen ist, hat sie teilzunehmen. Der Personalrat kann sachkundigen Personen die Teilnahme an der Personalversammlung gestatten.

Fünftes Kapitel
Stufenvertretungen

§ 50 (Bildung von Stufenvertretungen)

(1) In der Landesverwaltung werden für den Geschäftsbereich mehrstufiger Verwaltungen bei den Mittelbehörden Bezirkspersonalräte und bei den obersten Landesbehörden Hauptpersonalräte gebildet.

(2) Die Mitglieder des Bezirkspersonalrats werden von den zum Geschäftsbereich der Mittelbehörde, die Mitglieder des Hauptpersonalrats von den zum Geschäftsbereich der obersten Landesbehörde gehörenden Beschäftigten gewählt. Soweit bei Mittelbehörden die Personalangelegenheiten der Beschäftigten zum Geschäftsbereich verschiedener oberster Landesbehörden gehören, sind diese Beschäftigten für den Hauptpersonalrat bei der jeweils zuständigen obersten Landesbehörde wahlberechtigt.

(3) Die §§ 10 bis 12, 13 Abs. 3, 14 Abs. 1, 2, 5 und 6, §§ 15 bis 18 und 20 bis 22 gelten entsprechend. Die in § 10 Abs. 4 genannten Beschäftigten sind nicht wählbar. § 11 Abs. 2 Buchstabe b gilt nur für die Beschäftigten der Dienststelle, bei der die Stufenvertretung zu errichten ist. Die Stufenvertretung hat höchstens fünfzehn Mitglieder. Eine Personalversammlung zur Bestellung des Bezirks- oder Hauptwahlvorstands findet nicht statt. An ihrer Stelle übt die Dienststelle, bei der die Stufenvertretung zu errichten ist, die Befug-

nis zur Bestellung des Wahlvorstands nach § 17 Abs. 2, §§ 18 und 20 Abs. 1 aus.

(4) Werden in einer Verwaltung die Personalräte und die Stufenvertretungen gleichzeitig gewählt, so führen die bei den Dienststellen bestehenden Wahlvorstände die Wahlen der Stufenvertretungen im Auftrag des Bezirks- oder Hauptwahlvorstands durch; andernfalls bestellen auf sein Ersuchen die Personalräte oder, wenn solche nicht bestehen, die Dienststellen die örtlichen Wahlvorstände für die Wahl der Stufenvertretungen.

(5) In den Stufenvertretungen erhält jede Gruppe mindestens ein Mitglied.

§ 51 (Entsprechende Anwendung von Vorschriften)

Für die Amtszeit und die Geschäftsführung der Stufenvertretungen sowie für die Rechtsstellung ihrer Mitglieder gelten §§ 23, 24 Abs. 1 Satz 1 Buchstaben b bis e und Satz 2, Abs. 2 und 3, §§ 25 bis 38, 40, 41, 42 Absatz 1 bis 3, 5 und 6 und § 43 entsprechend. § 42 Abs. 3 Satz 1 findet mit der Maßgabe Anwendung, dass höchstens fünf Mitglieder freigestellt werden dürfen. In begründeten Fällen kann im Einvernehmen zwischen Dienststelle und Stufenvertretung von Satz 2 abgewichen werden, um die ordnungsgemäße Wahrnehmung der Aufgaben durch die Stufenvertretung zu gewährleisten. § 30 Abs. 1 gilt mit der Maßgabe, dass die Mitglieder der Stufenvertretung spätestens zwei Wochen nach dem Wahltag einzuberufen sind.

Sechstes Kapitel
Gesamtpersonalrat

§ 52 (Bildung eines Gesamtpersonalrats)

In den Fällen des § 1 Absatz 2 Halbsatz 2 und Absatz 3 ist neben den einzelnen Personalräten ein Gesamtpersonalrat zu errichten. Die Gesamtpersonalräte der Landschaftsverbände, des Landesbetriebs Straßenbau NRW und des Bau- und Liegenschaftsbetriebs NRW nehmen die Aufgaben des Hauptpersonalrates wahr.

§ 53 (Entsprechende Anwendung von Vorschriften)

Für die Wahl, die Amtszeit und die Geschäftsführung des Gesamtpersonalrats sowie für die Rechtsstellung seiner Mitglieder gelten § 50 Abs. 2 bis 5 und § 51 entsprechend.

Siebentes Kapitel
Jugend- und Auszubildendenvertretung

§ 54 (Bildung von Jugend- und Auszubildendenvertretungen)

In Dienststellen mit in der Regel mindestens fünf zur Jugend- und Auszubildendenvertretung wahlberechtigten Beschäftigten werden Jugend- und Auszubildendenvertretungen gebildet.

§ 55 (Wahlberechtigung und Wählbarkeit)

(1) Wahlberechtigt sind alle jugendlichen Beschäftigten, die das 18. Lebensjahr noch nicht vollendet haben, sowie Auszubildende, Beamtenanwärterinnen und Beamtenanwärter und Praktikantinnen und Praktikanten. § 10 Abs. 2 bis 4 gilt entsprechend.

(2) Wählbar sind Beschäftigte, die am Wahltag noch nicht das 27. Lebensjahr vollendet haben, sowie Auszubildende, Beamtenanwärterinnen und Beamtenanwärter und Praktikantinnen und Praktikanten. §§ 11 und 12 gelten entsprechend.

§ 56 (Größe)

(1) Die Jugend- und Auszubildendenvertretung besteht in Dienststellen mit in der Regel

5 bis 20 wahlberechtigten Beschäftigten aus einer Person,

21 bis 50 wahlberechtigten Beschäftigten aus drei Mitgliedern,

51 bis 200 wahlberechtigten Beschäftigten aus fünf Mitgliedern,

201 bis 300 wahlberechtigten Beschäftigten aus sieben Mitgliedern,

301 bis 500 wahlberechtigten Beschäftigten aus elf Mitgliedern,

V

501 bis 1000 wahlberechtigten Beschäftigten aus dreizehn Mitgliedern,

mehr als 1000 wahlberechtigten Beschäftigten aus fünfzehn Mitgliedern.

(2) § 14 Abs. 5 und 6 gelten entsprechend.

§ 57 (Bestellung des Wahlvorstands – Amtszeit – Vorsitz)

(1) Der Personalrat bestimmt den Wahlvorstand und seine vorsitzende Person. Für die Wahl der Jugend- und Auszubildendenvertretung gelten § 16 Abs. 1, 3, 4, 6 Satz 1, Abs. 7 und 8, § 20 Abs. 2, §§ 21 und 22 entsprechend.

(2) Die regelmäßige Amtszeit der Jugend- und Auszubildendenvertretung beginnt und endet mit der jeweiligen Wahlperiode. Sie beträgt zwei Jahre. Im übrigen gelten für die Amtszeit der Jugend- und Auszubildendenvertretung § 23 Abs. 2 und 3, § 24 Abs. 1 Satz 1 Buchstaben b bis e und Abs. 2 und §§ 25, 26 Abs. 1 und 2 sowie §§ 27 und 28 Abs. 1, 2 und 4 entsprechend. Die Mitgliedschaft in der Jugend- und Auszubildendenvertretung erlischt nicht dadurch, daß ein Mitglied während der Amtszeit das 27. Lebensjahr vollendet.

(3) Besteht die Jugend- und Auszubildendenvertretung aus drei oder mehr Mitgliedern, so wählt sie aus ihrer Mitte eine vorsitzende Person und deren Stellvertreterin oder Stellvertreter. Im übrigen gelten für die Geschäftsführung die §§ 30 bis 33 und 37 bis 39, § 40 Abs. 1, 3 und 4 und § 41 entsprechend. An den Sitzungen der Jugend- und Auszubildendenvertretung kann ein vom Personalrat beauftragtes Mitglied des Personalrats teilnehmen.

§ 58 (Entsprechende Anwendung von Vorschriften)

Für die Rechtsstellung der Mitglieder der Jugend- und Auszubildendenvertretung gelten § 42 Abs. 1, 2, 3 Satz 1 und 3, Abs. 5 und 6 und § 43 entsprechend.

§ 59 (Versammlung)

Die Jugend- und Auszubildendenvertretung hat einmal in jedem Kalenderjahr eine Jugend- und Auszubildendenversammlung durchzuführen, die von der vorsitzenden Person der Jugend- und Auszubildendenvertretung geleitet wird. Außer dieser kann eine weitere Jugend- und Auszubildendenversammlung während der Arbeitszeit stattfinden. Die vorsitzende Person des Personalrats oder ein vom Personalrat beauftragtes anderes Mitglied soll an der Jugend- und Auszubildendenversammlung teilnehmen. Im übrigen sind die Vorschriften des Vierten Kapitels auf die Jugend- und Auszubildendenversammlung entsprechend anzuwenden.

§ 60 (Stufenvertretungen)

(1) In der Landesverwaltung werden für den Geschäftsbereich mehrstufiger Verwaltungen, in denen Stufenvertretungen bestehen, bei den Mittelbehörden Bezirksjugend- und Auszubildendenvertretungen und bei den obersten Landesbehörden Hauptjugend- und Auszubildendenvertretungen gebildet. Für sie gelten § 50 Abs. 2 und 4, §§ 55, 56, 58 und 61 entsprechend, ferner § 57 mit der Maßgabe, daß die Einrichtung von Sprechstunden entfällt. Die Jugend- und Auszubildendenstufenvertretung hat höchstens fünf Mitglieder.

(2) Bestehen in Fällen des § 1 Abs. 3 mehrere Jugend- und Auszubildendenvertretungen, so ist neben diesen eine Gesamtjugend- und Auszubildendenvertretung zu errichten. Für sie gilt Absatz 1 Satz 2 und 3 entsprechend.

§ 61 (Aufgaben)

(1) Die Jugend- und Auszubildendenvertretung hat folgende allgemeine Aufgaben:

1. Maßnahmen, die den Beschäftigten im Sinne von § 55 Abs. 1 dienen, insbesondere in Fragen der Berufsbildung und der Entscheidung über die Übernahme der Auszubildenden in ein Beschäftigungsverhältnis, beim Personalrat zu beantragen,
2. darüber zu wachen, daß die zugunsten der Beschäftigten im Sinne von § 55 Abs. 1 geltenden Gesetze, Verordnungen, Unfallverhütungsvorschriften, Tarifverträge, Dienstvereinbarungen und Verwaltungsanordnungen durchgeführt werden,
3. Anregungen und Beschwerden von Beschäftigten im Sinne von § 55 Abs. 1, insbesondere in Fragen der Berufsbildung, entgegenzunehmen und, falls sie berech-

tigt erscheinen, beim Personalrat auf eine Erledigung hinzuwirken; die Jugend- und Auszubildendenvertretung hat die betroffenen Beschäftigten im Sinne von § 55 Abs. 1 über den Stand und das Ergebnis der Verhandlungen zu informieren.

(2) Die Befugnisse der Jugend- und Auszubildendenvertretung gegenüber dem Personalrat bestimmen sich nach § 30 Abs. 3, § 35 Abs. 1 und 2 und § 36. Sie beziehen sich auf die in den §§ 72 bis 75 genannten beteiligungspflichtigen Angelegenheiten der Beschäftigten im Sinne von § 55 Abs. 1.

(3) Zur Durchführung ihrer Aufgaben ist die Jugend- und Auszubildendenvertretung durch den Personalrat rechtzeitig und umfassend zu unterrichten. Die Jugend- und Auszubildendenvertretung kann verlangen, daß ihr der Personalrat die zur Durchführung ihrer Aufgaben erforderlichen Unterlagen zur Verfügung stellt.

(4) Der Personalrat hat die Jugend- und Auszubildendenvertretung zu den Besprechungen zwischen Dienststelle und Personalrat nach § 63 beizuziehen, wenn Angelegenheiten behandelt werden, die besonders Beschäftigte im Sinne von § 55 Abs. 1 betreffen. Im übrigen kann ein Mitglied der Jugend- und Auszubildendenvertretung, das von dieser benannt wird, an Besprechungen nach § 63 beratend teilnehmen.

(5) An der Auswahl der ausbildenden Personen, soweit eigene Ausbildungsbezirke in den Dienststellen existieren, und an der Auswahl der Ausbildungsleiterin oder des Ausbildungsleiters nimmt ein Mitglied der Jugend- und Auszubildendenvertretung teil. Hierzu ist die Jugend- und Auszubildendenvertretung frühzeitig und fortlaufend zu informieren.

Achtes Kapitel
Beteiligung der Personalvertretung

Erster Abschnitt
Allgemeines

§ 62 (Gleichbehandlung)

Dienststelle und Personalvertretung haben darüber zu wachen, dass alle Angehörigen der Dienststelle nach Recht und Billigkeit behandelt werden, insbesondere, dass jede Benachteiligung von Personen aus Gründen ihrer Rasse oder wegen ihrer ethnischen Herkunft, ihrer Abstammung oder sonstigen Herkunft, ihrer Nationalität, ihrer Religion oder Weltanschauung, ihrer Behinderung, ihres Alters, ihrer politischen oder gewerkschaftlichen Betätigung oder Einstellung oder wegen ihres Geschlechts oder ihrer sexuellen Identität unterbleibt.

§ 63 (Vierteljahresgespräch)

Die Dienststelle und der Personalrat müssen mindestens einmal im Vierteljahr zu gemeinschaftlichen Besprechungen zusammentreten. In ihnen soll auch die Gestaltung des Dienstbetriebs behandelt werden, insbesondere alle Vorgänge, die die Beschäftigten wesentlich berühren. Sie haben über strittige Fragen mit dem ernsten Willen zur Einigung zu verhandeln und Vorschläge für die Beilegung von Meinungsverschiedenheiten zu machen. Im Rahmen der Besprechungen unterrichtet die Dienststelle den Personalrat zweimal im Jahr über die Haushaltsplanung und die wirtschaftliche Entwicklung, sofern kein Wirtschaftsausschuss nach § 65a besteht. Die Dienststelle ist berechtigt, zu der Besprechung für Personal- und Organisationsangelegenheiten zuständige Beschäftigte hinzuzuziehen.

§ 64 (Aufgaben)

Der Personalrat hat folgende allgemeine Aufgaben:

1. Maßnahmen, die der Dienststelle, ihren Angehörigen oder im Rahmen der Aufgabenerledigung der Dienststelle der Förderung des Gemeinwohls dienen, zu beantragen,
2. darüber zu wachen, daß die zugunsten der Beschäftigten geltenden Gesetze, Verordnungen, Tarifverträge, Dienstvereinbarungen und Verwaltungsanordnungen durchgeführt werden,
3. sich für die Wahrung der Vereinigungsfreiheit der Beschäftigten einzusetzen,
4. auf die Verhütung von Unfall- und Gesundheitsgefahren zu achten, die für den Arbeitsschutz zuständigen Stellen durch

V

Anregung, Beratung und Auskunft zu unterstützen und sich für die Durchführung gesundheitsfördernder Maßnahmen und des Arbeitsschutzes einzusetzen,

5. Anregungen und Beschwerden von Beschäftigten entgegenzunehmen und, falls sie berechtigt erscheinen, durch Verhandlung mit der Dienststelle auf ihre Erledigung hinzuwirken,
6. die Eingliederung und berufliche Entwicklung schwerbehinderter Beschäftigter und sonstiger schutzbedürftiger, insbesondere älterer Personen, zu fördern,
7. Maßnahmen zur beruflichen Förderung schwerbehinderter Beschäftigter zu beantragen,
8. an der Entwicklung der interkulturellen Öffnung der Verwaltung mitzuwirken und die Eingliederung von Beschäftigten mit Migrationshintergrund in die Dienststelle sowie das Verständnis zwischen Beschäftigten unterschiedlicher Herkunft zu fördern,
9. mit der Jugend- und Auszubildendenvertretung zur Förderung der Belange der von ihr vertretenen Beschäftigten eng zusammenzuarbeiten,
10. die Verwirklichung des Grundrechts der Gleichberechtigung von Frauen und Männern zu fördern,
11. Maßnahmen, die dem Umweltschutz in der Dienststelle dienen, anzuregen.

§ 65 (Unterrichtungspflicht – Vorlage von Unterlagen)

(1) Der Personalrat ist zur Durchführung seiner Aufgaben rechtzeitig und umfassend zu unterrichten. Ihm sind die dafür erforderlichen Unterlagen vorzulegen. Vor Organisationsentscheidungen der Dienststelle, die beteiligungspflichtige Maßnahmen zur Folge haben, ist der Personalrat frühzeitig und fortlaufend zu informieren. An Arbeitsgruppen, die der Vorbereitung derartiger Entscheidungen dienen, kann der Personalrat beratend teilnehmen.

(2) Bei Einstellungen sind ihm auf Verlangen die Unterlagen aller Bewerberinnen und Bewerber vorzulegen. An Gesprächen, die im Rahmen geregelter oder auf Übung beruhender Vorstellungsverfahren zur Auswahl unter mehreren dienststelleninternen oder dienststellenexternen Bewerberinnen und Bewerbern von der Dienststelle geführt werden, kann ein Mitglied des Personalrats teilnehmen; dies gilt nicht in den Fällen des § 72 Abs. 1 Satz 2. Ein Mitglied der Jugend- und Auszubildendenvertretung kann zusätzlich teilnehmen, wenn zu den Gesprächen Beschäftigte im Sinne des § 55 Absatz 1 eingeladen sind.

(3) Personalakten oder Sammlungen von Personaldaten dürfen nur mit Zustimmung der oder des Beschäftigten und nur von den von ihr oder ihm bestimmten Mitgliedern des Personalrats eingesehen werden; dies gilt nicht für listenmäßig aufgeführte Personaldaten, die regelmäßig Entscheidungsgrundlage in beteiligungspflichtigen Angelegenheiten sind. Dienstliche Beurteilungen sind auf Verlangen der oder des Beschäftigten dem Personalrat zur Kenntnis zu bringen. Ein Mitglied des Personalrats kann auf Wunsch der oder des Beschäftigten an Besprechungen mit entscheidungsbefugten Personen der Dienststelle teilnehmen, soweit dabei beteiligungspflichtige Angelegenheiten berührt werden. Das Gleiche gilt für ein Mitglied der Jugend- und Auszubildendenvertretung, soweit es um beteiligungspflichtige Angelegenheiten der von ihr vertretenen Beschäftigten geht.

(4) Die Einhaltung des Datenschutzes obliegt dem Personalrat. Der Dienststelle sind die getroffenen Maßnahmen mitzuteilen.

§ 65a (Bildung eines Wirtschaftsausschusses)

(1) In Dienststellen mit in der Regel mehr als einhundert ständig Beschäftigten soll auf Antrag des Personalrats ein Wirtschaftsausschuss gebildet werden. Der Wirtschaftsausschuss hat die Aufgabe, wirtschaftliche Angelegenheiten der Dienststelle im Sinne des Absatzes 3 zu beraten und den Personalrat zu unterrichten.

(2) Die Dienststelle hat den Wirtschaftsausschuss rechtzeitig und umfassend über die

wirtschaftlichen Angelegenheiten unter Vorlage der erforderlichen Unterlagen zu unterrichten – soweit dadurch nicht die Betriebs- und Geschäftsgeheimnisse oder Dienstgeheimnisse gefährdet werden – sowie die sich daraus ergebenden Auswirkungen auf die Personalplanung darzustellen.

(3) Zu den wirtschaftlichen Angelegenheiten im Sinne des Absatzes 1 Satz 2 gehören insbesondere

1. die wirtschaftliche und finanzielle Lage der Dienststelle,
2. Veränderungen der Produktpläne,
3. beabsichtigte Investitionen,
4. beabsichtigte Partnerschaften mit Privaten,
5. Stellung der Dienststelle in der Gesamtdienststelle,
6. Rationalisierungsvorhaben,
7. Einführung neuer Arbeits- und Managementmethoden,
8. Fragen des betrieblichen Umweltschutzes,
9. Verlegung von Dienststellen oder Dienststellenteilen,
10. Neugründung, Zusammenlegung oder Teilung der Dienststelle oder von Dienststellenteilen,
11. Kooperation mit anderen Dienststellen im Rahmen interadministrativer Zusammenarbeit,
12. sonstige Vorgänge und Vorhaben, welche die Interessen der Beschäftigten der Dienststelle wesentlich berühren können.

(4) Der Wirtschaftsausschuss besteht aus mindestens drei und höchstens sieben Mitgliedern, die der Dienststelle angehören müssen, darunter mindestens einem Personalratsmitglied. Die Mitglieder sollen die zur Erfüllung ihrer Aufgaben erforderliche fachliche und persönliche Eignung besitzen. Sie werden vom Personalrat für die Dauer seiner Amtszeit bestimmt.

(5) Der Wirtschaftsausschuss soll vierteljährlich einmal zusammentreten. Er hat über jede Sitzung dem Personalrat unverzüglich und vollständig zu berichten.

(6) An den Sitzungen des Wirtschaftsausschusses hat die Dienststelle teilzunehmen. Sie kann weitere sachkundige Beschäftigte hinzuziehen.

Zweiter Abschnitt
Formen und Verfahren

§ 66 (Verfahren der Mitbestimmung)

(1) Soweit eine Maßnahme der Mitbestimmung des Personalrats unterliegt, kann sie nur mit seiner Zustimmung getroffen werden. Eine Maßnahme im Sinne des Satzes 1 liegt bereits dann vor, wenn durch eine Handlung eine mitbestimmungspflichtige Maßnahme vorweggenommen oder festgelegt wird.

(2) Die Dienststelle unterrichtet den Personalrat von der beabsichtigten Maßnahme und beantragt seine Zustimmung. Der Personalrat kann verlangen, dass die Dienststelle die beabsichtigte Maßnahme begründet; der Personalrat kann außer in Personalangelegenheiten auch eine schriftliche oder elektronische Begründung verlangen. Der Beschluss des Personalrats über die beantragte Zustimmung ist der Dienststelle innerhalb von zwei Wochen mitzuteilen; in dringenden Fällen kann die Dienststelle diese Frist auf eine Woche verkürzen. In den Fällen des § 35 verlängert sich die Frist um eine Woche. Die Maßnahme gilt als gebilligt, wenn nicht der Personalrat innerhalb der genannten Frist die Zustimmung unter Angabe der Gründe schriftlich verweigert.

(3) Sofern der Personalrat beabsichtigt, der Maßnahme nicht zuzustimmen, hat er dies nach Zugang des Antrags innerhalb der Fristen des Absatzes 2 Satz 3 oder Satz 4 der Dienststelle mitzuteilen; in diesen Fällen ist die Maßnahme mit dem Ziel einer Verständigung zwischen der Dienststelle und dem Personalrat innerhalb von zwei Wochen zu erörtern; die Frist kann im Einvernehmen zwischen der Dienststelle und dem Personalrat verlängert werden. In dringenden Fällen kann die Dienststelle verlangen, dass die Erörterung innerhalb einer Frist von einer Woche durchzuführen ist. In den Fällen einer Erörterung beginnt die Frist des Absatzes 2 Satz 3

V

und 4 mit dem Tag der Erörterung. Absatz 2 Satz 5 gilt entsprechend. Die Dienststelle ist berechtigt, zu der Erörterung für Personal- und Organisationsangelegenheiten zuständige Beschäftigte hinzuzuziehen. Soweit Beschwerden oder Behauptungen tatsächlicher Art vorgetragen werden, die für eine Beschäftigte oder einen Beschäftigten ungünstig sind oder ihr oder ihm nachteilig werden können, ist der oder dem Beschäftigten Gelegenheit zur Äußerung zu geben; die Äußerung ist aktenkundig zu machen. Soweit anstelle der Dienststelle das verfassungsmäßig zuständige oberste Organ oder ein von diesem bestimmter Ausschuss über eine beabsichtigte Maßnahme zu entscheiden hat, ist der Personalrat so rechtzeitig zu unterrichten, dass seine Stellungnahme bei der Entscheidung von dem zuständigen Organ oder Ausschuss berücksichtigt werden kann. Die vorsitzende Person der zuständigen Personalvertretung und ein Mitglied der betreffenden Gruppe sind berechtigt, an den Sitzungen des verfassungsmäßig zuständigen obersten Organs oder des von ihm bestimmten Ausschusses mit Ausnahme der Beschlussfassung teilzunehmen und die Auffassung der Personalvertretung darzulegen, sofern personelle oder soziale Angelegenheiten der Angehörigen der Dienststelle behandelt werden. Termin und Tagesordnung sind der Personalvertretung rechtzeitig bekannt zu geben.

(4) Im Rahmen seiner Aufgaben nach § 72 kann der Personalrat in allen personellen, sozialen, organisatorischen und sonstigen innerdienstlichen Angelegenheiten Maßnahmen bei der Dienststelle beantragen, die die Beschäftigten der Dienststelle insgesamt, Gruppen von ihnen oder einzelne Beschäftigte betreffen oder sich auf sie auswirken. Der Personalrat hat die Maßnahme schriftlich oder elektronisch vorzuschlagen und zu begründen. Die Entscheidung über seinen Vorschlag ist dem Personalrat innerhalb von zwei Wochen nach Zugang des Vorschlags bei der Dienststelle mitzuteilen. Sofern beabsichtigt ist, dem Vorschlag nicht zu entsprechen, hat die Dienststelle dies innerhalb der Frist des Satzes 3 nach Zugang des Vorschlags dem Personalrat mitzuteilen; in diesen Fällen gelten Absatz 3 Satz 1 Halbsatz 2 und 3 und Satz 2 und 3 entsprechend. Bei einer Ablehnung des Vorschlags sind die Gründe anzugeben.

(5) Kommt eine Einigung über eine von der Dienststelle beabsichtigte Maßnahme nicht zustande, so kann sie innerhalb von zwei Wochen die Angelegenheit der im Verwaltungsaufbau übergeordneten Stelle, bei der eine Stufenvertretung besteht, vorlegen. Für das Stufenverfahren gelten die Absätze 2 und 3 entsprechend. Kommt eine Einigung über eine vom Personalrat beantragte Maßnahme nicht zustande oder trifft die Dienststelle innerhalb der in Absatz 4 Satz 3 genannten Frist keine Entscheidung, so kann der Personalrat innerhalb von zwei Wochen nach Ablauf der in Absatz 3 genannten Frist die Angelegenheit der Stufenvertretung, die bei der im Verwaltungsaufbau übergeordneten Stelle besteht, vorlegen. Für das Stufenverfahren gilt Absatz 4 entsprechend. Die Dienststelle und der Personalrat unterrichten sich gegenseitig, wenn sie die Angelegenheit der übergeordneten Stelle oder der bei ihr bestehenden Stufenvertretung vorlegen.

(6) Bei Anträgen des Personalrats nach Absatz 4, die Maßnahmen nach § 72 Abs. 1 zum Gegenstand haben, entscheidet in der Landesverwaltung die oberste Landesbehörde und bei den Gemeinden, den Gemeindeverbänden und den sonstigen der Aufsicht des Landes unterstehenden Körperschaften, Anstalten und Stiftungen des öffentlichen Rechts die Dienststelle (§ 1 Abs. 2 Halbsatz 2) endgültig.

(7) Ergibt sich bei Maßnahmen, die von der Dienststelle beabsichtigt sind, und bei den vom Personalrat beantragten Maßnahmen, die nach § 72 Abs. 2 bis 4 seiner Mitbestimmung unterliegen,

a) in der Landesverwaltung zwischen der obersten Landesbehörde,

b) bei den Gemeinden, den Gemeindeverbänden und den sonstigen der Aufsicht des Landes unterstehenden Körperschaften, Anstalten und Stiftungen des öffentlichen Rechts zwischen der Dienststelle (§ 1 Abs. 2 Halbsatz 2 und Abs. 3) und der dort bestehenden zuständigen Personalvertretung keine Einigung, so entscheidet auf Antrag der Dienststelle (§ 1 Abs. 2 Halbsatz 2) oder der Personalvertretung die Einigungsstelle (§ 67). Die Personalvertretung kann die Entscheidung der Einigungsstelle auch dann beantragen, wenn die Dienststelle über einen Antrag nach Absatz 4 nicht innerhalb der in Absatz 4 Satz 3 vorgesehenen Frist entscheidet. In den Fällen des § 72 Absatz 1, 3 und 4 Satz 1 Nummer 2, 6, 11, 12, 14 bis 17, 19 bis 22 und des § 74 Absatz 1 beschließt die Einigungsstelle eine Empfehlung an die in diesen Fällen endgültig entscheidende Stelle (§ 68). Wurde über eine Maßnahme nach Satz 1, die wegen ihrer Auswirkungen auf das Gemeinwohl wesentlicher Bestandteil der Regierungsgewalt sein kann, durch bindenden Beschluss der Einigungsstelle entschieden, können die beteiligten Dienststellen innerhalb eines Monats nach Zustellung des Beschlusses auf dem Dienstweg die nach § 68 zuständige Stelle anrufen. Den beteiligten Personalräten ist von dieser Stelle Gelegenheit zur Stellungnahme zu geben; hierfür kann eine Frist gesetzt werden. Die nach § 68 zuständige Stelle stellt fest, ob der Beschluss der Einigungsstelle wegen der Maßnahme, die aufgrund ihrer Auswirkungen auf das Gemeinwohl wesentlicher Bestandteil der Regierungsgewalt ist, nur empfehlenden Charakter hat und entscheidet über die Maßnahme abschließend. Die Entscheidung ist zu begründen. Liegen diese Voraussetzungen nicht vor, verbleibt es beim Beschluss der Einigungsstelle. Die vorsitzende Person der Einigungsstelle sowie die am Einigungsverfahren beteiligten Dienststellen und Personalvertretungen sind unverzüglich über die Entscheidung und deren Gründe schriftlich oder elektronisch zu informieren.

(8) Die Dienststelle kann bei Maßnahmen, die der Natur der Sache nach keinen Aufschub dulden, bis zur endgültigen Entscheidung vorläufige Regelungen treffen. Sie hat dem Personalrat die vorläufige Regelung mitzuteilen und zu begründen und unverzüglich das Verfahren nach den Absätzen 2, 3, 5 und 7 einzuleiten oder fortzusetzen.

§ 67 (Einigungsstelle)

(1) Bei jeder obersten Dienstbehörde wird für die Dauer der Wahlperiode der Personalvertretung eine Einigungsstelle gebildet. Sie besteht aus einer unparteiischen vorsitzenden Person, ihrer Stellvertreterin oder ihrem Stellvertreter und Beisitzerinnen und Beisitzern. Auf die vorsitzende Person und deren Stellvertreterin oder Stellvertreter haben sich die oberste Dienstbehörde und die bei ihr bestehende Personalvertretung innerhalb von zwei Monaten nach Beginn der Wahlperiode zu einigen. Kommt eine Einigung nicht zustande, so entscheidet auf Antrag der obersten Dienstbehörde oder der Personalvertretung die Präsidentin oder der Präsident des Oberverwaltungsgerichts. Die Beisitzerinnen und Beisitzer werden für das jeweilige Einigungsstellenverfahren benannt; sie müssen Beschäftigte im Geltungsbereich eines Personalvertretungsgesetzes sein.

(2) Die Mitglieder der Einigungsstelle sind unabhängig und üben ihre Tätigkeit als Ehrenamt in eigener Verantwortung aus. Für sie gilt § 40 Abs. 1 Sätze 1 bis 4 und Abs. 3 und, soweit sie Beschäftigte im Geltungsbereich dieses Gesetzes sind, § 42 Abs. 2 entsprechend. Der vorsitzenden Person kann eine Entschädigung für Zeitaufwand gewährt werden. Die Mitglieder scheiden aus der Einigungsstelle außer durch Zeitablauf (Absatz 1 Satz 1) oder Niederlegung des Amtes nur unter den in § 50 Abs. 1 Nr. 1 und 2 des Landesdisziplinargesetzes bezeichneten Voraussetzungen aus, die Beisitzerinnen und Beisitzer ferner bei Beendigung des Dienst- oder Arbeitsverhältnisses im Geltungsbereich eines Personalvertretungsgesetzes.

(3) Die Einigungsstelle wird tätig in der Besetzung mit der vorsitzenden Person oder, falls sie verhindert ist, der Stellvertreterin oder dem Stellvertreter und sechs Beisitzerinnen und Beisitzern, die auf Vorschlag der obersten Dienstbehörde und der Personalvertretung je zur Hälfte benannt werden.

(4) Die Sitzungen der Einigungsstelle sind nicht öffentlich. Den Beteiligten ist die Anwesenheit nur bei der Verhandlung zu gestatten; sachverständigen Personen kann die

V

Teilnahme gestattet werden. Den Beteiligten ist Gelegenheit zur mündlichen Äußerung zu geben, die mit ihrem Einverständnis auch schriftlich oder elektronisch erfolgen kann.

(5) Die Einigungsstelle entscheidet durch Beschluß über die Anträge der Beteiligten, sie kann den Anträgen auch teilweise entsprechen. Die Einigungsstelle soll binnen zwei Monaten nach der Erklärung einer oder eines Beteiligten, die Entscheidung der Einigungsstelle herbeiführen zu wollen, entscheiden. Der Beschluß muß sich im Rahmen der geltenden Rechtsvorschriften, insbesondere des Haushaltsgesetzes, halten. Der Beschluß wird mit Stimmenmehrheit gefaßt.

(6) Der Beschluß der Einigungsstelle ist zu begründen und den Beteiligten zuzustellen. Er bindet diese, soweit er eine Entscheidung im Sinne des Absatzes 5 enthält; § 66 Abs. 7 Satz 4 bleibt unberührt. Eine Bindung besteht nicht in den Fällen des § 66 Abs. 7 Satz 3.

(7) Für die Geschäftsführung der Einigungsstelle gilt § 40 Abs. 1 Sätze 1 bis 4 und Abs. 3 entsprechend.

(8) Besteht bei einer obersten Dienstbehörde ein Hauptpersonalrat oder ein Gesamtpersonalrat, so nimmt dieser die Befugnisse der Personalvertretung nach Absatz 1 Satz 3 und 4 und Absatz 3 wahr.

(9) In den Fällen des § 84, des § 89 Absatz 1 Satz 2 Nummer 2, § 94 Absatz 1 Nummer 3 und des § 94b Absatz 1 ist die Einigung nach Absatz 1 Satz 3 zwischen der obersten Dienstbehörde und allen Hauptpersonalräten des Geschäftsbereichs herbeizuführen. Bei der Verhandlung von Angelegenheiten aus dem Zuständigkeitsbereich der Hauptpersonalräte nach § 84, § 89 Absatz 1 Satz 2 Nummer 2, § 94 Absatz 1 Nummer 3 und § 94b Absatz 1 üben diese Hauptpersonalräte das Vorschlagsrecht nach Absatz 3 aus.

§ 68 (Entscheidung in besonderen Fällen)

In den in § 66 Abs. 7 Satz 3 bezeichneten Fällen entscheidet

1. bei Beschäftigten des Landes die Landesregierung,
2. bei Beschäftigten der Gemeinden, der Gemeindeverbände und der sonstigen der Aufsicht des Landes unterstehenden Körperschaften, Anstalten und Stiftungen des öffentlichen Rechts deren verfassungsmäßig zuständiges oberstes Organ oder der von ihm bestimmte Ausschuß

endgültig. Bei Maßnahmen im Bereich der Verwaltung des Landtags tritt an die Stelle der Landesregierung die Präsidentin oder der Präsident des Landtags im Benehmen mit dem Präsidium, im Geschäftsbereich des Landesrechnungshofs die Präsidentin oder der Präsident des Landesrechnungshofs und im Bereich des Landesbeauftragten für Datenschutz und Informationsfreiheit die oder der Landesbeauftragte für Datenschutz und Informationsfreiheit.

§ 69 (Verfahren der Mitwirkung)

(1) Soweit der Personalrat an Entscheidungen mitwirkt, ist die beabsichtigte Maßnahme vor der Durchführung mit dem Ziel einer Verständigung rechtzeitig und eingehend mit ihm zu erörtern. § 66 Absatz 3 Satz 7 bis 9 gilt entsprechend.

(2) Äußert sich der Personalrat nicht innerhalb von zwei Wochen oder hält er bei Erörterung seine Einwendungen oder Vorschläge nicht aufrecht, so gilt die beabsichtigte Maßnahme als gebilligt. Erhebt der Personalrat Einwendungen, so hat er der Dienststelle die Gründe mitzuteilen. § 66 Absatz 3 Satz 6 gilt entsprechend. Entspricht die Dienststelle den Einwendungen des Personalrats nicht oder nicht in vollem Umfang, so teilt sie dem Personalrat ihre Entscheidung unter Angabe der Gründe schriftlich oder elektronisch mit.

(3) Der Personalrat einer nachgeordneten Behörde kann innerhalb von zwei Wochen nach Zugang der Mitteilung (Absatz 2 Satz 4) die Entscheidung der im Verwaltungsaufbau übergeordneten Stelle, bei der eine Stufenvertretung besteht, beantragen. Diese entscheidet nach Verhandlung mit der bei ihr bestehenden Stufenvertretung. Eine Abschrift des Antrags leitet der Personalrat der Dienststelle zu.

(4) Ist ein Antrag nach Absatz 3 Satz 1 gestellt, so ist eine beabsichtigte Maßnahme bis

zur Entscheidung der angerufenen Stelle auszusetzen.

(5) § 66 Abs. 8 gilt entsprechend.

(6) In den Fällen des Absatzes 2 Satz 4 kann der Personalrat einer Gemeinde, eines Gemeindeverbandes oder einer sonstigen der Aufsicht des Landes unterstehenden Körperschaft, Anstalt oder Stiftung des öffentlichen Rechts die Entscheidung des verfassungsmäßig zuständigen obersten Organs oder des von ihm bestimmten Ausschusses beantragen. Die Absätze 3 bis 5 gelten entsprechend.

§ 70 (Dienstvereinbarungen)

(1) Dienstvereinbarungen sind zulässig, soweit nicht gesetzliche oder tarifliche Regelungen entgegenstehen. Sie sind unzulässig, soweit sie Arbeitsentgelte oder sonstige Arbeitsbedingungen betreffen, die durch Tarifvertrag geregelt sind oder üblicherweise geregelt werden; dies gilt nicht, wenn ein Tarifvertrag ergänzend Dienstvereinbarungen ausdrücklich zuläßt.

(2) Dienstvereinbarungen, die für einen größeren Bereich gelten, gehen den Dienstvereinbarungen für einen kleineren Bereich vor.

(3) Dienstvereinbarungen bedürfen der Schriftform, sie sind von beiden Seiten zu unterzeichnen und von der Dienststelle in geeigneter Weise bekanntzumachen.

(4) Dienstvereinbarungen können, soweit nichts anderes vereinbart ist, mit einer Frist von drei Monaten gekündigt werden. Nach Kündigung oder Ablauf einer Dienstvereinbarung gelten ihre Regelungen in Angelegenheiten, in denen der Spruch der Einigungsstelle die Einigung zwischen Dienststelle und Personalrat ersetzen kann, weiter, bis sie durch eine neue Dienstvereinbarung ersetzt wird. Die Nachwirkung kann ausgeschlossen werden.

§ 71 (Durchführung der Entscheidungen in Beteiligungsangelegenheiten)

(1) Entscheidungen, an denen der Personalrat beteiligt war, führt die Dienststelle durch, es sei denn, dass im Einzelfall etwas anderes vereinbart ist.

(2) Wird eine Maßnahme, der der Personalrat zugestimmt hat, von der Dienststelle nicht unverzüglich durchgeführt, so hat diese den Personalrat unter Angabe von Gründen zu unterrichten.

Dritter Abschnitt
Beteiligungspflichtige Angelegenheiten

§ 72 (Uneingeschränkte Mitbestimmung)

(1) Der Personalrat hat mitzubestimmen in Personalangelegenheiten bei

1. Einstellung, Nebenabreden zum Arbeitsvertrag, erneuter Zuweisung eines Arbeitsplatzes gemäß Arbeitsplatzsicherungsvorschriften sowie nach Beendigung eines Urlaubs ohne Dienstbezüge nach § 64 und § 70 des Landesbeamtengesetzes vom 14. Juni 2016 (GV. NRW. S. 310, ber. S. 642) in der jeweils geltenden Fassung und nach Beendigung einer Teilzeitbeschäftigung im Blockmodell nach § 65 des Landesbeamtengesetzes oder den entsprechenden Regelungen für Arbeitnehmerinnen und Arbeitnehmer und nach einer Rückkehr aus der Elternzeit ohne gleichzeitige Teilzeit oder aus der Pflegezeit nach § 67 des Landesbeamtengesetzes, Verlängerung der Probezeit, Befristung von Arbeitsverträgen,
2. Beförderung, Zulassung zum Aufstieg, Übertragung eines anderen Amtes mit niedrigerem Endgrundgehalt,
3. Laufbahnwechsel,
4. Eingruppierung, Höhergruppierung, Herabgruppierung, Übertragung einer höher oder niedriger zu bewertenden Tätigkeit, Stufenzuordnung und Verkürzung und Verlängerung der Stufenlaufzeit gemäß Entgeltgrundsätzen, Bestimmung der Fallgruppen innerhalb einer Entgeltgruppe, wesentliche Änderung von Arbeitsverträgen,
5. Versetzung zu einer anderen Dienststelle, Umsetzung innerhalb der Dienststelle für eine Dauer von mehr als drei Monaten, Umsetzung innerhalb der Dienststelle,

V

die mit einem Wechsel des Dienstortes verbunden ist, wobei das Einzugsgebiet im Sinne des Umzugskostenrechts zum Dienstort gehört,

6. Abordnung, Zuweisung von Beamtinnen und Beamten gemäß § 20 des Beamtenstatusgesetzes, Zuweisung von Arbeitnehmerinnen und Arbeitnehmern gemäß tarifrechtlicher Vorschriften, für eine Dauer von mehr als drei Monaten und ihrer Aufhebung,
7. Kürzung der Anwärterbezüge oder der Unterhaltsbeihilfe,
8. Entlassung von Beamtinnen und Beamten auf Lebenszeit, auf Probe oder Widerruf oder Entlassung aus einem öffentlich-rechtlichen Ausbildungsverhältnis, wenn die Entlassung nicht selbst beantragt wurde,
9. vorzeitiger Versetzung in den Ruhestand, Feststellung der begrenzten Dienstfähigkeit und der Polizeidienstunfähigkeit, wenn die Maßnahme nicht selbst beantragt wurde,
10. Weiterbeschäftigung von Beamtinnen und Beamten und Arbeitnehmerinnen und Arbeitnehmern über die Altersgrenze hinaus,
11. Anordnungen, welche die Freiheit in der Wahl der Wohnung beschränken,
12. Versagung, Untersagung oder Widerruf der Genehmigung einer Nebentätigkeit,
13. Ablehnung eines Antrags auf Teilzeitbeschäftigung, Freistellung oder Urlaub gemäß §§ 63 bis 67, 70 und 74 des Landesbeamtengesetzes sowie Ablehnung einer entsprechenden Arbeitsvertragsänderung bei Arbeitnehmerinnen und Arbeitnehmern,
14. Ablehnung eines Antrags auf Einrichtung eines Arbeitsplatzes außerhalb der Dienststelle.

Satz 1 gilt für die in § 8 Absatz 1 bis 3 und § 11 Absatz 2 Buchstabe b bezeichneten Beschäftigten und für Dozentinnen und Dozenten gemäß § 20 Fachhochschulgesetz öffentlicher Dienst nur, wenn sie es beantragen; er gilt nicht

1. für die in § 37 des Landesbeamtengesetzes bezeichneten Beamtinnen und Beamten,
2. für Beamtenstellen von der Besoldungsgruppe B 3 an aufwärts sowie für Arbeitnehmerinnen und Arbeitnehmer, die ein der Besoldungsgruppe B 3 an aufwärts vergleichbares Entgelt erhalten,
3. für überwiegend und unmittelbar künstlerisch tätige Beschäftigte an Theatern, die unter den Geltungsbereich des Normalvertrages (NV) Bühne fallen,
4. für kommunale Wahlbeamtinnen und Wahlbeamte,
5. für Leiterinnen und Leiter von öffentlichen Betrieben in den Gemeinden, den Gemeindeverbänden und den sonstigen der Aufsicht des Landes unterstehenden Körperschaften, Anstalten und Stiftungen des öffentlichen Rechts.

Satz 1 Nr. 5 gilt nicht für Beschäftigte in der Berufsausbildung.

(2) Der Personalrat hat mitzubestimmen in sozialen Angelegenheiten bei

1. Gewährung und Versagung von Unterstützungen, Vorschüssen, Darlehen und entsprechenden Zuwendungen,
2. Zuweisung und Kündigung von Wohnungen, über die die Beschäftigungsdienststelle verfügt, und Ausübung eines Vorschlagsrechts sowie der allgemeinen Festsetzung der Nutzungsbedingungen,
3. Zuweisung von Dienst- und Pachtland und Ausübung eines Vorschlagsrechts sowie Festsetzung der Nutzungsbedingungen,
4. Errichtung, Verwaltung und Auflösung von Sozialeinrichtungen ohne Rücksicht auf ihre Rechtsform,
5. Aufstellung von Sozialplänen einschließlich Plänen für Umschulungen zum Ausgleich von Härtefällen sowie Milderung wirtschaftlicher Nachteile infolge von Rationalisierungsmaßnahmen.

(3) Der Personalrat hat, soweit eine gesetzliche oder tarifliche Regelung nicht besteht, mitzubestimmen in Rationalisierungs-, Technologie- und Organisationsangelegenheiten bei

1. Einführung, Anwendung, wesentlicher Änderung oder wesentlicher Erweiterung von automatisierter Verarbeitung personenbezogener Daten der Beschäftigten außerhalb von Besoldungs-, Gehalts-, Lohn-, Versorgungs- und Beihilfeleistungen sowie Jubiläumszuwendungen,
2. Einführung, Anwendung und Erweiterung technischer Einrichtungen, es sei denn, dass deren Eignung zur Überwachung des Verhaltens oder der Leistung der Beschäftigten ausgeschlossen ist,
3. Einführung grundlegend neuer, wesentlicher Änderung und wesentlicher Ausweitung von Arbeitsmethoden,
4. Maßnahmen, die die Hebung der Arbeitsleistung oder Erleichterungen des Arbeitsablaufs zur Folge haben sowie Maßnahmen der Änderung der Arbeitsorganisation,
5. Einführung, wesentlicher Änderung oder wesentlicher Ausweitung betrieblicher Informations- und Kommunikationsnetze,
6. Einrichtung von Arbeitsplätzen außerhalb der Dienststelle.

(4) Der Personalrat hat, soweit eine gesetzliche oder tarifliche Regelung nicht besteht, mitzubestimmen über

1. Beginn und Ende der täglichen Arbeitszeit und der Pausen sowie Verteilung der Arbeitszeit auf die einzelnen Wochentage, Einführung, Ausgestaltung und Aufhebung der gleitenden Arbeitszeit,
2. Anordnung von Überstunden oder Mehrarbeit, soweit sie vorauszusehen oder nicht durch Erfordernisse des Betriebsablaufs oder der öffentlichen Sicherheit und Ordnung bedingt sind, sowie allgemeine Regelung des Ausgleichs von Mehrarbeit,
3. Zeit, Ort und Art der Auszahlung der Dienstbezüge und Arbeitsentgelte,
4. Aufstellung des Urlaubsplans, Festsetzung der zeitlichen Lage des Erholungsurlaubs für einzelne Beschäftigte, wenn zwischen der Dienststelle und der oder dem beteiligten Beschäftigten kein Einverständnis erzielt wird,
5. Fragen der Gestaltung des Entgelts innerhalb der Dienststelle, insbesondere die Aufstellung von Entgeltgrundsätzen, die Einführung und Anwendung von neuen Entgeltmethoden und deren Änderung sowie die Festsetzung der Akkord- und Prämiensätze und vergleichbarer leistungsbezogener Entgelte, einschließlich der Geldfaktoren, sowie entsprechende Regelungen für Beamtinnen und Beamte,
6. Bestellung und Abberufung von Vertrauens- und Betriebsärztinnen und Vertrauens- und Betriebsärzten sowie Sicherheitsfachkräften und Bestellung der oder des Datenschutzbeauftragten,
7. Maßnahmen zur Verhütung von Dienst- und Arbeitsunfällen und sonstigen Gesundheitsschädigungen einschließlich Maßnahmen vorbereitender und präventiver Art,
8. Grundsätze über die Prämierung von anerkannten Vorschlägen im Rahmen des behördlichen und betrieblichen Vorschlagswesens,
9. Regelung der Ordnung in der Dienststelle und des Verhaltens der Beschäftigten,
10. Gestaltung der Arbeitsplätze,
11. Geltendmachung von Ersatzansprüchen gegen eine oder einen Beschäftigten,
12. Maßnahmen nach § 1 Abs. 3,
13. Grundsätze über die Durchführung der Berufsausbildung der Beschäftigten,
14. Richtlinien für die personelle Auswahl bei Einstellungen, bei Versetzungen, bei Höhergruppierungen und bei Kündigungen,
15. Beurteilungsrichtlinien,
16. allgemeine Fragen der Fortbildung der Beschäftigten, Auswahl der Teilnehmerinnen und Teilnehmer an Fortbildungsveranstaltungen,
17. Inhalt von Personalfragebogen,
18. Maßnahmen, die der Durchsetzung der tatsächlichen Gleichberechtigung von Frauen und Männern, insbesondere bei der Einstellung, Beschäftigung, Aus-, Fort- und Weiterbildung und dem beruflichen Aufstieg dienen,

V

19. Grundsätze der Arbeitsplatz- und Dienstpostenbewertung in der Dienststelle,
20. Abschluss von Arbeitnehmerüberlassungs- oder Gestellungsverträgen,
21. Aufstellung von Grundsätzen zu Arbeitszeitmodellen und erstmalige Einführung grundlegend neuer Formen der Arbeitsorganisation,
22. Übertragung von Arbeiten der Dienststelle, die üblicherweise von ihren Beschäftigten vorgenommen werden, auf Dauer an Privatpersonen oder auf Dritte in jeglicher Rechtsform (Privatisierung).

In den Fällen des Satzes 1 Nr. 11 bestimmt der Personalrat nur auf Antrag der oder des Beschäftigten mit; diese oder dieser ist von der beabsichtigten Maßnahme rechtzeitig vorher in Kenntnis zu setzen. Satz 1 Nr. 17 gilt nicht für den Inhalt von Personalfragebogen, die der Finanzkontrolle durch den Landesrechnungshof dienen.

(5) Der Personalrat hat in den Fällen der Absätze 3 und 4 auch mitzubestimmen, wenn eine Maßnahme probeweise oder befristet durchgeführt werden soll.

§ 73 (Mitwirkung bei Nichtbestehen gesetzlicher oder tariflicher Regelung)

Der Personalrat wirkt, soweit eine gesetzliche oder tarifliche Regelung nicht besteht, mit bei

1. Verwaltungsanordnungen einer Dienststelle für die innerdienstlichen, sozialen oder persönlichen Angelegenheiten der Beschäftigten ihres Geschäftsbereichs,
2. Stellenausschreibungen, soweit die Personalmaßnahme der Mitbestimmung unterliegen kann,
3. Errichtung, Auflösung, Einschränkung, Verlegung oder Zusammenlegung von Dienststellen oder wesentlichen Teilen von ihnen,
4. behördlichen oder betrieblichen Grundsätzen der Personalplanung,
5. Aufträgen zur Überprüfung der Organisation oder Wirtschaftlichkeit einer Dienststelle durch Dritte,
6. Erhebung der Disziplinarklage gegen eine Beamtin oder einen Beamten, wenn sie oder er die Beteiligung des Personalrats beantragt. Die Beamtin oder der Beamte ist von der Maßnahme rechtzeitig vorher in Kenntnis zu setzen,
7. Maßnahmen zur Beschäftigungsförderung,
8. grundlegenden Änderungen von Arbeitsabläufen bei Wirtschaftsbetrieben.

§ 74 (Beteiligung bei Beendigung von Arbeitsverhältnissen)

(1) Der Personalrat bestimmt mit bei ordentlichen Kündigungen durch den Arbeitgeber. § 72 Absatz 1 Satz 2 gilt entsprechend.

(2) Der Personalrat ist vor Abmahnungen, bei Kündigungen in der Probezeit, bei außerordentlichen Kündigungen, bei Aufhebungs- oder Beendigungsverträgen und bei Mitteilungen an Auszubildende darüber, dass deren Einstellung nach beendeter Ausbildung nicht beabsichtigt ist, anzuhören. Hierbei sind die Gründe, auf die sich die beabsichtigte Abmahnung oder Kündigung stützen soll, vollständig anzugeben.

(3) Eine ohne Beteiligung des Personalrates ausgesprochene Kündigung oder ein ohne Beteiligung des Personalrates geschlossener Aufhebungs- oder Beendigungsvertrag ist unwirksam.

(4) Der Personalrat kann vor einer Stellungnahme die betroffene Arbeitnehmerin oder den betroffenen Arbeitnehmer anhören. Erhebt der Personalrat Einwendungen gegen die beabsichtigte Maßnahme oder Vereinbarung, hat er der betroffenen Arbeitnehmerin oder dem betroffenen Arbeitnehmer eine Abschrift seiner Stellungnahme zuzuleiten.

(5) Stimmt der Personalrat einer beabsichtigten ordentlichen Kündigung nicht zu, gilt § 66 Absatz 2 und 3 sinngemäß. Das weitere Verfahren regelt sich nach § 66 Absatz 5 und Absatz 7 Satz 1 und 2.

(6) Hat der Personalrat gegen eine beabsichtigte Kündigung in der Probezeit oder gegen eine außerordentliche Kündigung Einwendungen, gibt er diese binnen drei Arbeitsta-

gen der Dienststelle schriftlich zur Kenntnis. Absatz 4 gilt entsprechend.

(7) Will der Personalrat gegen einen Aufhebungs- oder Beendigungsvertrag Einwände erheben, gibt er diese binnen einer Woche schriftlich der Dienststelle zur Kenntnis. Absatz 4 gilt entsprechend.

(8) Bei Initiativanträgen des Personalrats gilt § 66 Absatz 4 und 6 entsprechend.

§ 75 (Anhörung des Personalrats)

(1) Der Personalrat ist anzuhören bei

1. der Vorbereitung der Entwürfe von Stellenplänen, Bewertungsplänen und Stellenbesetzungsplänen,
2. grundlegenden Änderungen von Arbeitsverfahren und Arbeitsabläufen,
3. der Planung von Neu-, Um- und Erweiterungsbauten sowie der Anmietung von Diensträumen,
4. der Anordnung von amts- und vertrauensärztlichen Untersuchungen zur Feststellung der Arbeits- oder Dienstfähigkeit,
5. der wesentlichen Änderung oder Verlagerung von Arbeitsplätzen.

(2) Die Anhörung hat so rechtzeitig zu erfolgen, daß die Äußerung des Personalrats noch Einfluß auf die Willensbildung der Dienststelle nehmen kann.

§ 76 (Teilnahme an Prüfungen)

An Prüfungen, die eine Dienststelle von den Beschäftigten ihres Bereichs abnimmt, kann ein Mitglied des für diesen Bereich zuständigen Personalrats, das von diesem benannt ist, beratend teilnehmen; Teilnahme und Beratung beschränken sich auf den Ablauf der mündlichen Prüfung. Mitglieder des Personalrats dürfen bei Prüfungen, die sie noch abzulegen haben, nicht nach Satz 1 tätig werden.

§ 77 (Bekämpfung von Unfall- und Gesundheitsgefahren)

(1) Der Personalrat hat bei der Bekämpfung von Unfall- und Gesundheitsgefahren die für den Arbeitsschutz zuständigen Behörden, die Träger der gesetzlichen Unfallversicherung und die übrigen in Betracht kommenden Stellen durch Anregung, Beratung und Auskunft zu unterstützen und sich für die Durchführung der Vorschriften über den Arbeitsschutz und die Unfallverhütung in der Dienststelle einzusetzen.

(2) Die Dienststelle und die für den Arbeitsschutz zuständigen Stellen sind verpflichtet, den Personalrat oder die von ihm bestimmten Mitglieder des Personalrats bei allen im Zusammenhang mit dem Arbeitsschutz oder der Unfallverhütung stehenden Besichtigungen und Fragen und bei Unfalluntersuchungen hinzuzuziehen. Die Dienststelle hat dem Personalrat unverzüglich die den Arbeitsschutz und die Unfallverhütung betreffenden Auflagen und Anordnungen der in Satz 1 genannten Stellen mitzuteilen.

(3) An den Besprechungen der Dienststelle mit den Sicherheitsbeauftragten nach § 22 Abs. 2 des Siebten Buches Sozialgesetzbuch nehmen vom Personalrat beauftragte Personalratsmitglieder teil.

(4) Der Personalrat erhält die Niederschriften über Untersuchungen, Besichtigungen und Besprechungen, zu denen er nach den Absätzen 1 und 2 hinzuzuziehen ist.

(5) Die Dienststelle hat dem Personalrat eine Durchschrift der nach § 193 Abs. 5 des Siebten Buches Sozialgesetzbuch vom Personalrat zu unterschreibenden oder der nach beamtenrechtlichen Vorschriften zu erstattenden Unfallanzeige auszuhändigen.

Vierter Abschnitt
Beteiligung der Stufenvertretung und des Gesamtpersonalrats

§ 78 (Zuständigkeit)

(1) In Angelegenheiten, in denen die Dienststelle nicht zur Entscheidung befugt ist, ist an Stelle des Personalrats die bei der zuständigen übergeordneten Dienststelle gebildete Stufenvertretung zu beteiligen. In mitbestimmungs- und mitwirkungspflichtigen Angelegenheiten, in denen die Landesregierung auf Vorschlag einer obersten Landesbehörde entscheidet oder eine oberste Landesbehörde eine Entscheidung mit Wirkung über ihren

V

Geschäftsbereich hinaus trifft, ist die Stufenvertretung am Vorschlag oder der Entscheidung der obersten Landesbehörde zu beteiligen. Betrifft der Vorschlag oder die Entscheidung nur Beschäftigte oberster Landesbehörden, tritt an die Stelle der Stufenvertretung der bei der obersten Landesbehörde gebildete Personalrat.

(2) Vor einem Beschluß in Angelegenheiten, die einzelne Beschäftigte oder Dienststellen betreffen, gibt die Stufenvertretung den Personalräten Gelegenheit zur Äußerung. In diesem Fall verdoppeln sich die Fristen der §§ 66 und 69.

(3) Werden im Geschäftsbereich mehrstufiger Verwaltungen Maßnahmen von einer Dienststelle beabsichtigt, bei der keine für eine Beteiligung an diesen Maßnahmen zuständige Personalvertretung besteht, ist an ihrer Stelle die Stufenvertretung bei der nächsthöheren Dienststelle zu beteiligen. Sofern in den Fällen des Absatzes 1 Satz 1 und 2 eine Stufenvertretung nicht besteht, tritt an deren Stelle der dortige Personalrat. Sofern in den Fällen des § 66 Absatz 5 oder des § 69 Absatz 3 eine Stufenvertretung zu beteiligen ist und diese nicht besteht, ist an ihrer Stelle die Personalvertretung bei der nächstniedrigeren Dienststelle zu beteiligen.

(4) Absatz 1 Satz 1 und die Absätze 2 und 3 gelten entsprechend für die Verteilung der Zuständigkeit zwischen Personalrat und Gesamtpersonalrat.

(5) Für die Beteiligung der Stufenvertretungen und des Gesamtpersonalrats gelten die §§ 62 bis 66 und 68 bis 77 entsprechend.

(6) Die Hauptpersonalräte bei den obersten Landesbehörden können eine Arbeitsgemeinschaft bilden.

V

Neuntes Kapitel
Gerichtliche Entscheidung

§ 79 (Zuständigkeit der Verwaltungsgerichte)

(1) Die Verwaltungsgerichte, im dritten Rechtszug das Bundesverwaltungsgericht, entscheiden in den Fällen der §§ 7, 22, 25 und des § 43 Abs. 2 sowie über

1. Wahlberechtigung und Wählbarkeit,
2. Wahl, Zusammensetzung und Amtszeit der Personalvertretungen und der in den §§ 54 und 60 genannten Vertretungen,
3. Zuständigkeiten und Geschäftsführung der Personalvertretungen und der in den §§ 54 und 60 genannten Vertretungen,
4. Rechtsstellung der Mitglieder von Personalvertretungen und der in den §§ 54 und 60 genannten Vertretungen,
5. Bestehen oder Nichtbestehen von Dienstvereinbarungen,
6. Streitigkeiten aus § 67.

(2) Die Vorschriften des Arbeitsgerichtsgesetzes über das Beschlußverfahren gelten entsprechend, der § 89 Abs. 1 Arbeitsgerichtsgesetz mit der Maßgabe, dass die Dienststellen auf die Prozessvertretung durch eine Rechtsanwältin oder einen Rechtsanwalt verzichten können.

(3) Das Beschlussverfahren kann auf die Unterlassung oder Durchführung einer Handlung oder Maßnahme gerichtet sein. § 23 Absatz 3 Betriebsverfassungsgesetz gilt entsprechend. Für einstweilige Verfügungen gilt § 85 Absatz 2 Arbeitsgerichtsgesetz. Die Zwangsvollstreckung findet nach § 85 Absatz 1 Arbeitsgerichtsgesetz statt.

§ 80 (Fachkammern – Fachsenate)

(1) Für die nach diesem Gesetz zu treffenden Entscheidungen sind bei den Verwaltungsgerichten des ersten und zweiten Rechtszuges Fachkammern (Fachsenate) zu bilden. Die Zuständigkeit einer Fachkammer kann auf die Bezirke anderer Gerichte oder Teile von ihnen erstreckt werden.

(2) Die Fachkammer (der Fachsenat) besteht aus einer oder einem Vorsitzenden, weiteren Richterinnen und Richtern und ehrenamtlichen Richterinnen und Richtern. Die ehrenamtlichen Richterinnen und Richter müssen Beschäftigte des Landes, einer Gemeinde, eines Gemeindeverbandes oder einer sonstigen der Aufsicht des Landes unterstehenden Körperschaft, Anstalt oder Stiftung des öf-

fentlichen Rechts sein. Sie werden durch die Landesregierung oder eine von ihr bestimmte Stelle je zur Hälfte auf Vorschlag

1. der unter den genannten Beschäftigten vertretenen gewerkschaftlichen Spitzenorganisationen und
2. der obersten Landesbehörden

berufen. Für die Berufung und Stellung der ehrenamtlichen Richterinnen und Richter und ihre Heranziehung zu den Sitzungen gelten die Vorschriften des Arbeitsgerichtsgesetzes über ehrenamtliche Richterinnen und Richter entsprechend.

(3) Die Fachkammer (der Fachsenat) wird tätig in der Besetzung mit einer oder einem Vorsitzenden, zwei weiteren Richterinnen oder Richtern und zwei ehrenamtlichen Richterinnen oder Richtern, von denen je eine oder einer nach Absatz 2 Satz 3 Nummer 1 und 2 berufen worden ist. Die Fachkammer (der Fachsenat) kann im Einverständnis der Beteiligten durch eine Richterin oder einen Richter entscheiden.

Zehntes Kapitel
Sondervorschriften für besondere Verwaltungszweige und die Behandlung von Verschlusssachen

Erster Abschnitt
Polizei

§ 81 (Landespolizei)

Für die Beschäftigten der Polizei bei den in § 82 bezeichneten Polizeidienststellen gelten die Vorschriften der Kapitel 1 bis 9 und 11 insoweit, als in diesem Abschnitt nichts anderes bestimmt ist.

§ 82 Dienststellen

Dienststellen im Sinne dieses Gesetzes sind die Kreispolizeibehörden, das Landeskriminalamt, das Landesamt für Zentrale Polizeiliche Dienste, das Landesamt für Ausbildung, Fortbildung und Personalangelegenheiten der Polizei und die Deutsche Hochschule der Polizei.

§ 83 Wahlberechtigung

(1) Abgeordnete Polizeivollzugsbeamtinnen und Polizeivollzugsbeamte sind nur bei ihrer Stammdienststelle wahlberechtigt und wählbar; § 10 Abs. 2 und § 26 Abs. 2 finden keine Anwendung.

(2) Auf die Kommissaranwärterinnen und Kommissaranwärter findet § 72 Abs. 1 Satz 1 Nr. 1 bei Einstellungen und § 72 Abs. 1 Satz 1 Nr. 11 keine Anwendung.

§ 84 Hauptpersonalrat

Beim Innenministerium wird ein Hauptpersonalrat gebildet, dessen Mitglieder von den Beschäftigten der in § 82 bezeichneten Dienststellen gewählt werden.

Zweiter Abschnitt
Lehrkräfte

§ 85 (Lehrkräfte)

(1) Für Lehrkräfte gelten die Vorschriften der Kapitel 1 bis 6, 8, 9 und 11 insoweit, als in diesem Abschnitt oder in § 69 Schulgesetz NRW nichts anderes bestimmt ist. Für die nach dem Schulgesetz NRW gebildeten Lehrerräte gelten in den Fällen des § 69 Absatz 3 Schulgesetz NRW die §§ 7 Absatz 1, 33, 37, 62 bis 77 und 85 Absatz 4 entsprechend.

(2) Abweichend von § 8 Abs. 1 handelt für das Ministerium, das für das Schulwesen zuständig ist, noch eine andere den Hauptpersonalräten benannte Person mit Entscheidungsbefugnis.

(3) Die Vorschriften über die Gruppen gelten nicht. Als Lehrkräfte im Sinne dieses Abschnitts gelten auch die in der Ausbildung zu einem Lehrerberuf stehenden Beschäftigten sowie pädagogische und sozialpädagogische Mitarbeiterinnen und Mitarbeiter gemäß § 58 Schulgesetz NRW. Lehrkräfte im Dienst der Landwirtschaftskammer gelten nicht als Lehrkräfte im Sinne dieses Abschnitts.

(4) Abweichend von § 63 treten die Dienststelle (§ 92 Satz 1 Nr. 2) und der Personalrat einmal im Schulhalbjahr zu einer gemeinschaftlichen Besprechung zusammen.

(5) In Dienststellen mit in der Regel 100 bis 199 Beschäftigten ist ein Personalratsmitglied von seiner dienstlichen Tätigkeit mit

V

12 Unterrichtsstunden in der Woche freizustellen. Auf Antrag kann die Dienststelle in den Fällen des § 42 Absatz 2 aus Gründen der Verwaltungsvereinfachung wegen der Teilnahme an Personalratssitzungen und der Erledigung der damit in unmittelbarem Zusammenhang stehenden Aufgaben eine dem durchschnittlichen Zeitaufwand entsprechende Ermäßigung der regelmäßigen wöchentlichen Arbeitszeit bewilligen.

(6) Absatz 4 gilt für das Ministerium, das für das Schulwesen zuständig ist und die bei diesem gebildeten Lehrer-Hauptpersonalräte entsprechend.

§ 86 (Schulen – Studienseminare)

Im Bereich der Schulen und der Studienseminare werden für Lehrkräfte besondere gemeinsame Personalvertretungen gebildet.

§ 87 (Lehrkräfte an Schulen und Studienseminaren)

(1) Für die im Landesdienst beschäftigten Lehrkräfte an Schulen und an Studienseminaren werden Personalvertretungen – getrennt nach Schulformen und besonderen Einrichtungen des Schulwesens – gebildet.

(2) Für nicht im Landesdienst beschäftigte Lehrkräfte kann die oberste Dienstbehörde bestimmen, dass getrennte Personalvertretungen entsprechend Absatz 1 gebildet werden. Werden getrennte Personalvertretungen nicht gebildet, bilden die Lehrkräfte der verschiedenen Schulformen je eine Lehrergruppe. Für diese Lehrergruppen gelten die Vorschriften dieses Gesetzes über die Gruppenwahl und die Rechte der Gruppen entsprechend, jedoch findet in den Fällen des § 34 Abs. 2 eine gemeinsame Beratung nicht statt.

§ 88 (Dienststellen – Lehrkräfte)

(1) Für die im Landesdienst beschäftigten Lehrkräfte sind die Schulen und die Studienseminare nicht Dienststellen im Sinne dieses Gesetzes.

(2) Dienststellen im Sinne dieses Gesetzes für nicht im Landesdienst beschäftigte Lehrkräfte sind die Verwaltungen der Gemeinden, Gemeindeverbände und sonstigen der Aufsicht des Landes unterstehenden Körperschaften, Anstalten und Stiftungen des öffentlichen Rechts, bei denen die Lehrkräfte beschäftigt sind.

(3) § 1 Abs. 3 findet keine Anwendung.

§ 89 (Personalrat je nach Schulform)

(1) Bei den aufgrund von § 92 Satz 1 Nr. 2 bestimmten Dienststellen und bei den in § 88 Abs. 2 genannten Dienststellen werden Personalräte gebildet. Für die im Landesdienst beschäftigten Lehrkräfte werden außerdem – getrennt nach Schulformen und besonderen Einrichtungen des Schulwesens –

1. bei den Mittelbehörden Lehrer-Bezirkspersonalräte und
2. beim dem für das Schulwesen zuständigen Ministerium Lehrer-Hauptpersonalräte

gebildet.

(2) Die Bezirkspersonalräte für Lehrkräfte an Hauptschulen und an Förderschulen nehmen bei beteiligungspflichtigen fachaufsichtlichen Maßnahmen der Schulämter die Aufgaben nach diesem Gesetz wahr. In diesen Fällen ist der jeweilige Lehrer-Hauptpersonalrat zuständige Stufenvertretung.

§ 90 (Wahlberechtigung und Wählbarkeit der Schulleitung)

(1) Schulleiterinnen und Schulleiter sind wahlberechtigt und wählbar. Sie gelten als Lehrkräfte der Schulform, der die Schule angehört, die sie leiten. Sofern sie Mitglied eines Personalrats sind, dürfen sie dann nicht beratend oder entscheidend tätig werden, wenn sie selbst oder die Schule, die sie leiten, durch die Angelegenheit unmittelbar betroffen sind. Die Sätze 1 und 3 gelten entsprechend für die Ansprechpartnerinnen für Gleichstellungsfragen an Schulen.

(2) Mitarbeiterinnen und Mitarbeiter gemäß § 58 SchulG gelten als Lehrkräfte der Schulform, in der sie überwiegend verwendet werden. Die in der Ausbildung zu einem Lehrerberuf stehenden Beschäftigten gelten als Lehrkräfte der Schulform, der sie im Rahmen der schulpraktischen Ausbildung zugewiesen werden. Ausbilderinnen und Ausbilder an Studienseminaren gelten als Lehrkräfte der Schulform, in der sie verwendet werden oder

vor der Tätigkeit am Studienseminar gemäß § 6 LABG verwendet worden sind.

§ 91 (Abordnung von Lehrkräften)

(1) Bei Lehrkräften gilt als Versetzung oder Abordnung im Sinne des § 72 Abs. 1 Nrn. 5 und 6 die Versetzung oder Abordnung an eine Schule oder ein Studienseminar.

(2) Bei Versetzungen von Lehrkräften an eine Schule oder ein Studienseminar gibt der bei der abgebenden Dienststelle gebildete Personalrat dem bei der aufnehmenden Dienststelle gebildeten Personalrat Gelegenheit zur Äußerung. Die Frist zur Äußerung gemäß § 66 Abs. 2 Satz 3 beträgt vier Wochen.

(3) Abordnungen von Lehrkräften nach § 72 Abs. 1 Satz 1 Nr. 6 unterliegen nur dann der Mitbestimmung, wenn sie länger als bis zum Ende des laufenden Schulhalbjahres andauern.

(4) Bei Stellenausschreibungen gemäß § 73 Nr. 2 wirkt der Personalrat nur mit, wenn die Ausschreibung nicht der Vorbereitung einer Maßnahme gemäß § 72 Abs. 1 Satz 1 Nr. 1 oder Nr. 3 dient.

§ 92 (Rechtsverordnung)

Das für das Schulwesen zuständige Ministerium bestimmt durch Rechtsverordnung

1. die Schulformen und besonderen Einrichtungen des Schulwesens, für die getrennte Personalvertretungen nach § 87 Abs. 1 und § 89 Abs. 1 Satz 2 zu bilden sind,
2. die Stellen, die für die im Landesdienst beschäftigten Lehrkräfte Dienststellen nach § 88 Abs. 1 sind.

Es hat dabei die Schulstruktur und die Organisation der Schulverwaltung zu berücksichtigen. Schulformübergreifende Versuchsschulen können als besondere Schulform behandelt werden, wenn sie voraussichtlich länger als die Wahlperiode der Personalvertretungen bestehen werden.

Dritter Abschnitt
Justizvollzug

§ 93 (Entsprechende Anwendung von Vorschriften)

Für die Beschäftigten im Justizvollzug gelten die Vorschriften der Kapitel 1 bis 9 und 11, insoweit, als in diesem Abschnitt nichts anderes bestimmt ist.

§ 94 (Beschäftigte im Justizvollzug)

(1) Für die Beschäftigten im Justizvollzug wird beim Justizministerium ein besonderer Hauptpersonalrat gebildet.

(2) Die Mitglieder des Hauptpersonalrates werden von den zum Justizvollzug gehörenden Beschäftigten gewählt. Nur zu dieser Stufenvertretung sind sie wahlberechtigt.

Vierter Abschnitt
Referendarinnen und Referendare im juristischen Vorbereitungsdienst

§ 95 (Entsprechende Anwendung von Vorschriften)

Für Referendarinnen und Referendare im juristischen Vorbereitungsdienst gelten die Vorschriften der Kapitel 1 bis 6, 8, 9 und 11 insoweit, als in diesem Abschnitt nichts anderes bestimmt ist.

§ 96 (Referendarinnen und Referendare im juristischen Vorbereitungsdienst)

(1) Für Referendarinnen und Referendare im juristischen Vorbereitungsdienst werden besondere Personalvertretungen gebildet, und zwar bei den

1. zu Stammdienststellen bestimmten Landgerichten Personalräte und
2. Oberlandesgerichten Bezirkspersonalräte.

(2) Dienststellen im Sinne dieses Gesetzes sind für Referendarinnen und Referendare im juristischen Vorbereitungsdienst die zu Stammdienststellen bestimmten Landgerichte.

§ 97 (Wahlberechtigung und Wählbarkeit)

(1) Referendarinnen und Referendare im juristischen Vorbereitungsdienst sind nur zum Personalrat der Referendarinnen und Referendare bei dem Landgericht wahlberechtigt, das zu ihrer Stammdienststelle bestimmt ist.

(2) Nicht wahlberechtigt sind Referendarinnen und Referendare im juristischen Vorbereitungsdienst, die am Wahltage

V

a) unter Wegfall der Unterhaltsbeihilfe beurlaubt oder

b) einer Ausbildungsstelle außerhalb des Landes Nordrhein-Westfalen zugewiesen sind.

(3) Wählbar sind nur wahlberechtigte Referendarinnen und Referendare im juristischen Vorbereitungsdienst, die am Wahltage

1. sich seit mindestens drei Monaten im Vorbereitungsdienst befinden und
2. noch mindestens vier Monate der vorgeschriebenen Ausbildung zu durchlaufen haben.

§ 98 (Wahlvorschläge)

Wahlvorschläge müssen abweichend von § 16 Abs. 5 und 6 nur von mindestens fünf vom Hundert der wahlberechtigten Referendarinnen und Referendare, jedoch von mindestens drei wahlberechtigten Referendarinnen und Referendaren unterzeichnet werden.

§ 99 (Wahlperiode)

Die Wahlperiode beträgt zwölf Monate.

§ 100 (Bezirkspersonalrat beim OLG)

(1) Der Bezirkspersonalrat beim Oberlandesgericht besteht aus Referendarinnen und Referendaren, die von den Personalräten der Referendarinnen und Referendare bei den Landgerichten des Oberlandesgerichtsbezirks gewählt werden.

(2) In den Bezirkspersonalrat wird für jeweils bis zu 150 Referendarinnen und Referendare, für die das Landgericht zur Stammdienststelle bestimmt ist, eine Referendarin oder ein Referendar gewählt. Wählbar sind Referendarinnen und Referendare, die dem Personalrat beim Landgericht als Mitglied oder als Ersatzmitglied angehören.

(3) Die §§ 17, 18, 50 Abs. 3 Satz 5 und 6 gelten entsprechend. Im übrigen ist § 50 auf den Bezirkspersonalrat der Referendare beim Oberlandesgericht nicht anzuwenden. Scheidet ein Mitglied aus dem Bezirkspersonalrat aus, so wählt der Personalrat beim Landgericht, von dem das ausscheidende Mitglied entsandt worden ist, ein neues Mitglied.

§ 101 (Entsprechende Anwendung von Vorschriften)

(1) Auf die Mitglieder der Personalvertretungen der Referendarinnen und Referendare finden § 40 Abs. 2 und § 42 Abs. 3 bis 5 keine Anwendung.

(2) Mitglieder der Personalvertretungen der Referendarinnen und Referendare dürfen gegen ihren Willen einer Ausbildungsstelle außerhalb des Bezirks ihrer Stammdienststelle nur zugewiesen werden, wenn dies auch unter Berücksichtigung der Mitgliedschaft in der Personalvertretung aus dienstlichen oder ausbildungsmäßigen Gründen unvermeidbar ist. Im übrigen soll bei der Zuweisung zu einer Ausbildungsstelle Rücksicht auf die Mitgliedschaft in der Personalvertretung genommen werden. § 43 findet keine Anwendung.

§ 102 (Zuständigkeiten der Personalvertretungen der Referendarinnen und Referendare)

(1) Bei Grundsätzen über die Durchführung des juristischen Vorbereitungsdienstes (§ 72 Absatz 4 Nummer 13) sowie bei den anderen in den §§ 62 bis 65 und 72 bis 74 bezeichneten Angelegenheiten, soweit diese ausschließlich Referendarinnen und Referendare im juristischen Vorbereitungsdienst betreffen, sind an Stelle der nach den allgemeinen Vorschriften gebildeten Personalvertretungen die Personalvertretungen der Referendarinnen und Referendare zuständig. § 72 Abs. 1 Satz 1 Nr. 1 ist für die Aufnahme in den juristischen Vorbereitungsdienst nicht anzuwenden.

(2) In Angelegenheiten, die nicht ausschließlich Referendarinnen und Referendare im juristischen Vorbereitungsdienst betreffen, haben die Personalvertretungen der Referendarinnen und Referendare die Befugnisse einer Jugend- und Auszubildendenvertretung.

(3) In den zur Zuständigkeit der Bezirksregierung gehörenden Angelegenheiten ist nach Maßgabe von Absatz 1 und 2 der Bezirkspersonalrat der Referendarinnen und Referendare bei dem Oberlandesgericht zu beteiligen, in dessen Bezirk die Bezirksregierung

ihren Sitz hat. In diesen Angelegenheiten nimmt im Rahmen von § 30 Absatz 4 auch eine Vertreterin oder ein Vertreter der Bezirksregierung an der Sitzung teil.

(4) Im Anschluss an das Verfahren nach § 66 Abs. 1 bis 5 können die Präsidentin oder der Präsident des Oberlandesgerichts oder der Bezirkspersonalrat der Referendarinnen und Referendare beim Oberlandesgericht eine Angelegenheit dem Justizministerium vorlegen, welches nach Verhandlung mit dem Bezirkspersonalrat endgültig entscheidet.

§ 103 (Vertretung durch Ausbildungsleitung)

Die Präsidentin oder der Präsident des Oberlandesgerichts oder des Landgerichts kann sich über § 8 Absatz 1 hinaus auch durch ihre oder seine Ausbildungsleiterin oder ihren oder seinen Ausbildungsleiter vertreten lassen.

Fünfter Abschnitt
Hochschulen

§ 104 (Personal an Fachhochschulen, Hochschulen)

Für Dozentinnen und Dozenten nach § 20 des Fachhochschulgesetzes öffentlicher Dienst, wissenschaftliche und künstlerische Mitarbeiterinnen und Mitarbeiter, Lehrkräfte für besondere Aufgaben, Lehrbeauftragte, wissenschaftliche und künstlerische Hilfskräfte sowie nach § 107 des Hochschulgesetzes nicht übernommene Beamtinnen und Beamte und entsprechende Angestellte an den Hochschulen, soweit sie nicht nach § 5 Absatz 4 Buchstabe a von der Geltung dieses Gesetzes ausgenommen sind, gelten die Vorschriften der Kapitel 1 bis 9 und 11 insoweit, als in diesem Abschnitt nichts anderes bestimmt ist. Die Vorschriften über die Gruppen gelten nicht.

§ 105 (Bildung von Personalvertretungen)

(1) Für die Beschäftigten nach § 104 werden besondere Personalvertretungen gebildet, und zwar jeweils ein Personalrat bei den Hochschulen und bei den Universitätskliniken. Die Beschäftigten nach § 104 sind nur für die Wahl zu diesen Personalvertretungen wahlberechtigt. § 8 Abs. 3 gilt nicht; für die Hochschule handelt die Präsidentin oder der Präsident oder die Rektorin oder der Rektor, für die Universitätsklinik die Ärztliche Direktorin oder der Ärztliche Direktor.

(2) Werden Medizinische Einrichtungen in der Rechtsform einer Anstalt des öffentlichen Rechts geführt, so handelt für diese die Ärztliche Direktorin oder der Ärztliche Direktor. Beschäftigte nach § 104, die Aufgaben in der Anstalt nach Satz 1 wahrnehmen, gelten personalvertretungsrechtlich auch als Beschäftigte dieser Anstalt; die Beschäftigteneigenschaft bei der Universität bleibt unberührt. Sie sind für die Wahl zu den nach Absatz 1 Satz 1 gebildeten Personalvertretungen wahlberechtigt.

(3) Abweichend von Absatz 1 Satz 2 sind die in § 104 bezeichneten Personen an den Kunsthochschulen auch für die Wahl zum Hauptpersonalrat wahlberechtigt. Sie bilden eine weitere Gruppe im Sinne von § 14 Abs. 1 Satz 1, soweit der Hauptpersonalrat aus mindestens drei Mitgliedern besteht. § 8 Abs. 3 gilt nicht; für die Hochschule handelt die Präsidentin oder der Präsident oder die Rektorin oder der Rektor.

§ 105a (Arbeitsgemeinschaft)

(1) Auf Landesebene jeweils zu einer Arbeitsgemeinschaft (Landespersonalrätekonferenz) zusammenschließen und sich eine Satzung geben, können

1. die Personalräte der Hochschulen gemäß § 105,
2. die Personalräte der Hochschulen, die die sonstigen Hochschulbeschäftigten vertreten, und die Personalräte der Universitätskliniken sowie
3. die Personalräte der Studierendenwerke.

Die Satzungen sind zu veröffentlichen.

(2) Zu den Aufgaben der Landespersonalrätekonferenzen gehören die Koordination der Belange von Hochschulpersonalräten, von Personalräten der Universitätskliniken sowie von Personalräten der Studierendenwerke auf Landesebene und die vertrauensvolle Zusammenarbeit mit dem für die Hochschulen zuständigen Ministerium.

(3) Wenn eine Stufenvertretung für die Beschäftigten in Hochschulen, Universitätskliniken und Studierendenwerken nicht besteht, werden die Kosten für den Geschäftsbedarf der Landespersonalrätekonferenzen nach Absatz 1 Satz 1 Nummer 1 und 2 entsprechend § 40 von dem für die Hochschulen zuständigen Ministerium und der Landespersonalrätekonferenzen nach Absatz 1 Satz 1 Nummer 3 entsprechend § 40 von den Studierendenwerken übernommen, ebenso wie die Kosten einer Freistellung pro Landespersonalrätekonferenz.

(4) Reisen zu den Sitzungen der Landespersonalrätekonferenzen gelten als Dienstreisen der Personalratsmitglieder in Anwendung des Landesreisekostengesetzes.

V

(5) Der Personalrat des Universitätsklinikums einerseits und die Mitglieder der Betriebsräte der mit dem Universitätsklinikum verbundenen Unternehmen, an denen das Universitätsklinikum eine Beteiligung von über 50 Prozent hält, andererseits können sich zu einer Arbeitsgemeinschaft (Konferenz der Personalvertretungen im Universitätsklinikum) zusammenschließen. Die Kosten für den Geschäftsbedarf der Konferenz nach Satz 1 werden entsprechend § 40 von dem jeweiligen Universitätsklinikum übernommen, ebenso wie die Kosten einer Freistellung pro Konferenz. Im Übrigen gelten die Absätze 1 und 4 entsprechend, für die Mitglieder der Betriebsräte in entsprechender Anwendung des Landesreisekostengesetzes.

§ 105b (Wirtschaftsausschuss)

In den Hochschulen und den Universitätskliniken soll auf Antrag eines oder des Personalrats ein Wirtschaftsausschuss (§ 65a) gebildet werden. Zu den wirtschaftlichen Angelegenheiten im Sinne des § 65a Absatz 1 Satz 2 gehört auch die Personalplanung und die Hochschulentwicklungsplanung.

Sechster Abschnitt
Behandlung von Verschlusssachen

§ 106 (Beteiligung bei Verschlusssachen)

(1) Die Beteiligung eines Personalrats in beteiligungspflichtigen Angelegenheiten nach diesem Gesetz, die als Verschlusssache mindestens des Geheimhaltungsgrades „VS-Vertraulich" eingestuft sind, setzt voraus, dass die mitwirkenden Personalratsmitglieder nach den dafür geltenden Bestimmungen ermächtigt sind, Kenntnis von Verschlusssachen des in Betracht kommenden Geheimhaltungsgrades zu erhalten.

(2) In Angelegenheiten nach Absatz 1 sind die §§ 30 Abs. 3, 4. Alternative, 31 Abs. 2 Satz 2, 32, 35 und 36 nicht anzuwenden. Diese Angelegenheiten werden in der Personalversammlung nicht behandelt.

(3) Ein Personalrat, dessen Mitglieder sämtlich im Sinne des Absatzes 1 ermächtigt sind, ist in beteiligungspflichtigen Angelegenheiten mindestens des Geheimhaltungsgrades „VS-Vertraulich" insgesamt zu beteiligen. Er kann für die Beteiligung einen Ausschuss bilden, der aus dem Vorstand besteht; er hat diesen Ausschuss zu bilden, wenn die Ermächtigung aller Mitglieder nicht zustande kommt.

(4) Für das Verfahren in der Einigungsstelle und die Beteiligten nach § 67 gilt Absatz 1 sinngemäß. Kommt die Ermächtigung aller Mitglieder der Einigungsstelle nicht zustande, tritt an ihre Stelle ein Gremium, das aus der oder dem Vorsitzenden der Einigungsstelle und je einer oder einem von der obersten Dienstbehörde oder der Personalvertretung vorgeschlagenen Beisitzerin oder Beisitzer besteht.

(5) Die oberste Dienstbehörde kann anordnen, dass in Angelegenheiten nach Absatz 1 den Beteiligten nach Absatz 3 und Absatz 4 Unterlagen nicht vorgelegt und Auskünfte nicht erteilt werden dürfen, soweit dies zur Vermeidung von Nachteilen für das Wohl der Bundesrepublik Deutschland oder eines ihrer Länder oder aufgrund internationaler Verpflichtungen geboten ist. Im Verfahren nach § 79 sind die Voraussetzungen für die Anordnung glaubhaft zu machen.

Elftes Kapitel
Sonder- und Schlussvorschriften

§ 107 (Nichtanwendbarkeit des Gesetzes)

Dieses Gesetz findet keine Anwendung auf Kirchen, Religionsgemeinschaften und ihre karitativen und erzieherischen Einrichtungen ohne Rücksicht auf ihre Rechtsform; ihnen bleibt die selbständige Ordnung eines Personalvertretungsrechts überlassen.

§ 108 (Vertretungen – Vertrauensleute)

Vertretungen und Vertrauensleute nach diesem Gesetz wurden im Juni 1975 gewählt. Ihre Wahlperiode beginnt am 1. Juli 1975.

§ 109 (Regelung der Wahlen – Rechtsverordnung)

Zur Regelung der nach den §§ 10 bis 22, 50, 53, 55 bis 57, 60, 97, 98 und 105 erforderlichen Wahlen erlässt die Landesregierung durch Rechtsverordnung Vorschriften über

a) die Vorbereitung der Wahl, insbesondere die Aufstellung der Wählerlisten und die Berechnung der Vertreterzahl,
b) die Frist für die Einsichtnahme in die Wählerlisten und die Erhebung von Einsprüchen,
c) die Wahlvorschlagslisten und die Frist für ihre Einreichung,
d) das Wahlausschreiben und die Fristen für seine Bekanntmachung,
e) die Stimmabgabe,
f) die Feststellung des Wahlergebnisses und die Fristen für seine Bekanntmachung,
g) die Aufbewahrung der Wahlakten.

§ 110 (Rechte der Berufsverbände)

Die nach § 3 Abs. 4, § 16 Abs. 4 und 7, § 17 Abs. 2, §§ 19, 20, 22 Abs. 1, § 25 Abs. 1, § 32 Abs. 1, §§ 35, 37 Abs. 2, § 46 Abs. 3 und § 49 den Gewerkschaften zustehenden Rechte haben auch die in der Dienststelle vertretenen Berufsverbände, die einer gewerkschaftlichen Spitzenorganisation angeschlossen sind.

§ 111 (Anwendbarkeit auf Dienstvereinbarungen)

§ 70 Abs. 4 Satz 2 findet keine Anwendung auf Dienstvereinbarungen, die vor Inkrafttreten dieses Gesetzes beschlossen worden sind.

§ 112 (Wahl bei Zuweisung zum Jobcenter)

Abweichend von § 10 Absatz 2 können Beschäftigte, denen gemäß § 44b Absatz 1 und Absatz 2 Zweites Buch Sozialgesetzbuch Aufgaben der gemeinsamen Einrichtungen zugewiesen sind oder werden, bei den abgebenden Dienststellen wählen oder gewählt werden.

§ 113 (Erstmalige Anwendung von Vorschriften)

(1) Die Regelungen über den Vorsitz gemäß § 29 und über die Freistellung gemäß § 42 Absatz 4 finden erstmals bei Neuwahlen Anwendung.

(2) § 1 Abs. 3, 2. Halbsatz findet für die Vertretung des Landes Nordrhein-Westfalen beim Bund keine Anwendung.

§ 114 (Inkrafttreten)

Dieses Gesetz tritt am 1. Juli 1975 in Kraft.

Verordnung über die Höhe der Aufwandsdeckung für Personalvertretungen (Aufwandsdeckungsverordnung)

Vom 25. Februar 1976 (GV. NW. S. 89)

Zuletzt geändert durch
Dritte Verordnung zur Änderung der Aufwandsdeckungsverordnung
vom 24. Mai 2022 (GV. NRW. S. 794)

Aufgrund des § 40 Abs. 2 Satz 2 des Landespersonalvertretungsgesetzes vom 3. Dezember 1974 (GV. NW. S. 1514) sowie des § 12 Satz 2 des Landesrichtergesetzes vom 29. März 1966 (GV. NW. S. 217), zuletzt geändert durch Gesetz vom 3. Dezember 1974 (GV. NW. S. 1514), wird verordnet:

V

§ 1

Der Betrag, der dem Personalrat zur Deckung der als Aufwand entstehenden Kosten jährlich zur Verfügung zu stellen ist, wird in Dienststellen mit

1. bis zu 20 Beschäftigten auf 76,80 Euro,
2. mehr als 20 bis zu 100 Beschäftigten auf 115,05 Euro,
3. mehr als 100 bis zu 1000 Beschäftigten auf 115,05 Euro für die ersten 100 Beschäftigten zuzüglich 0,90 Euro für jeden weiteren Beschäftigten,
4. mehr als 1000 Beschäftigten auf 925,05 Euro für die ersten 1000 Beschäftigten zuzüglich 0,45 Euro für jeden weiteren Beschäftigten, höchstens jedoch auf 3834,75 Euro,

festgesetzt. Er ist nach der bei der jeweils letzten Personalratswahl im Wählerverzeichnis festgestellten Zahl der in der Regel Beschäftigten zu berechnen. Die Zahl nach Satz 2 ist für die gesamte Dauer der Amtszeit der Personalvertretung maßgeblich.

§ 2

Stufenvertretungen und Gesamtpersonalräte erhalten zur Deckung der als Aufwand entstehenden Kosten jährlich 38,40 Euro je Mitglied. Gesamtpersonalräte können mit Personalräten vereinbaren, daß unter Berücksichtigung der zwischen ihnen bestehenden Aufgabenverteilung Gesamtpersonalräte zusätzlich einen Anteil der Beträge erhalten, die den Personalräten nach § 1 zustehen.

§ 3

Die in den §§ 1 und 2 genannten Beträge sind den Personalvertretungen zu Beginn des Haushaltsjahres zur Verfügung zu stellen. Beginnt oder endet die Amtszeit einer Personalvertretung im Laufe des Haushaltsjahres, so vermindern sich die Beträge im Verhältnis der tatsächlichen Amtszeit zum Haushaltsjahr.

§ 4

Die §§ 1 bis 3 gelten für Richterräte, die §§ 2 und 3 auch für Präsidialräte entsprechend.

§ 5 Inkrafttreten

Diese Verordnung tritt mit Wirkung vom 1. Januar 1976 in Kraft.

Wahlordnung zum Landespersonalvertretungsgesetz (WO-LPVG)

Vom 20. Mai 1986 (GV. NW. S. 485)

Zuletzt geändert durch
Fünfte Verordnung zur Änderung der Wahlordnung zum Landespersonalvertretungsgesetz
vom 10. März 2026 (GV. NRW. S. 186)

Inhaltsübersicht

V

V

Auf Grund des § 124 des Landespersonalvertretungsgesetzes vom 3. Dezember 1974 (GV. NW. S. 1514), zuletzt geändert durch Gesetz vom 18. Dezember 1984 (GV. NW. 1985 S. 29), wird verordnet:

Erstes Kapitel
Wahl des Personalrats

Erster Abschnitt
Gemeinsame Vorschriften über Vorbereitung und Durchführung der Wahl

§ 1 Wahlvorstand, Wahlhelfer

(1) Bei der Bestellung des Wahlvorstandes sind Beschäftigte auszuwählen, die eine Durchführung der Wahl nach Maßgabe der nachfolgenden Regelungen gewährleisten.

(2) Der Wahlvorstand führt die Wahl des Personalrats durch. Er kann wahlberechtigte Beschäftigte als Wahlhelfer zur Durchführung der Wahlhandlung und zur Auszählung der Stimmen bestellen; dabei soll er die in der Dienststelle vertretenen Gruppen angemessen berücksichtigen.

Wahlhelfer dürfen nur in Anwesenheit eines Mitglieds des Wahlvorstandes tätig werden.

(3) Der Wahlvorstand gibt die Namen seiner Mitglieder durch Aushang in der Dienststelle bekannt.

(4) Der Wahlvorstand faßt seine Beschlüsse mit einfacher Stimmenmehrheit seiner Mitglieder.

(5) Die Dienststelle hat den Wahlvorstand bei der Erfüllung seiner Aufgaben zu unterstützen, insbesondere ihm die notwendigen Unterlagen zur Verfügung zu stellen und die erforderlichen Auskünfte zu erteilen.

§ 1a Video- und Telefonkonferenzen

Die Sitzungen des Wahlvorstandes finden in der Regel als Präsenzsitzung in Anwesenheit seiner Mitglieder vor Ort statt. Die Sitzung kann vollständig oder unter Zuschaltung einzelner Wahlvorstandsmitglieder oder Teilnahmeberechtigter mittels Video- oder Telefonkonferenz durchgeführt werden, wenn

1. vorhandene Einrichtungen genutzt werden, die durch die Dienststelle zur dienstlichen Nutzung freigegeben sind,
2. kein Mitglied des Wahlvorstandes binnen einer von der vorsitzenden Person zu bestimmenden Frist gegenüber der vorsitzenden Person widerspricht,
3. der Wahlvorstand geeignete organisatorische Maßnahmen trifft, um sicherzustellen, dass Dritte vom Inhalt der Sitzung keine Kenntnis nehmen können und
4. eine barrierefreie Teilnahme für alle Wahlvorstandsmitglieder und Teilnahmeberechtigten möglich ist.

Eine Aufzeichnung ist unzulässig.

§ 1b Elektronische Kommunikation

(1) Bekanntmachungen des Wahlvorstandes sollen zusätzlich zum Aushang auch mittels der nur dienststellenintern zugänglichen Informations- und Kommunikationstechnik erfolgen. In diesem Fall genügt es, die Bekanntmachung an einer geeigneten Stelle in der Hauptdienststelle und, falls davon abweichend, am dienstlichen Sitz des Wahlvorstands auszuhängen; in der elektronischen Fassung der Bekanntmachung ist anzugeben, an welchem Ort der schriftliche Aushang erfolgt. Eine Bekanntmachung ausschließlich als elektronische Fassung ist zulässig, wenn alle Beschäftigten von der Bekanntmachung Kenntnis erlangen können und Vorkehrungen getroffen werden, dass Änderungen der Bekanntmachung nur vom Wahlvorstand vorgenommen werden können.

(2) Soweit die schriftliche Form nicht als ausschließliche Schriftform vorgeschrieben ist, kann die Übersendung von Protokollen, Bekanntmachungen und Mitteilungen des Wahlvorstandes sowie von sonstigen Dokumenten im Wahlverfahren auch elektronisch erfolgen.

(3) Der Wahlvorstand kann zulassen, dass schriftlich ihm gegenüber abzugebende Erklärungen auch oder ausschließlich elektronisch übersendet werden können. In diesem Fall hat er in der Bekanntmachung nach § 1 Absatz 3 und im Wahlausschreiben darauf hinzuweisen und eine E-Mail-Adresse des Wahlvorstands bekannt zu machen. Die Entscheidung des Wahlvorstands über eine elektronisch eingegangene Erklärung kann vom Wahlvorstand ebenfalls elektronisch übermittelt werden.

V

(4) Für eine elektronische Übersendung innerhalb einer Dienststelle oder zwischen Dienststellen ist die in den Dienststellen üblicherweise genutzte Informations- und Kommunikationstechnik zu nutzen. Der Einhaltung der Voraussetzungen der elektronischen Form im Sinne von § 3a des Verwaltungsverfahrensgesetzes NRW in der Fassung der Bekanntmachung vom 12. November 1999 (GV. NRW. S. 602), das zuletzt durch Artikel 1 des Gesetzes vom 10. Dezember 2024 (GV. NRW. S. 1184) geändert worden ist, in der jeweils geltenden Fassung bedarf es dabei nicht.

§ 2 Feststellung der Beschäftigtenzahl, Wählerverzeichnis

(1) Der Wahlvorstand stellt die Zahl der in der Regel Beschäftigten und ihre Verteilung auf die Gruppen gemäß den §§ 6 und 105 des Landespersonalvertretungsgesetzes vom 3. Dezember 1974 (GV. NRW. S. 1514), das zuletzt durch Artikel 1 des Gesetzes vom 30. Mai 2023 (GV. NRW. S. 316) geändert worden ist, in der jeweils geltenden Fassung, im Folgenden LPVG, fest; innerhalb der Gruppen sind die Anteile der Geschlechter festzustellen. Übersteigt die Zahl der in der Regel Beschäftigten 50 nicht, stellt er außerdem die Zahl der wahlberechtigten Beschäftigten fest.

(2) Der Wahlvorstand stellt ein Verzeichnis der wahlberechtigten Beschäftigten (Wählerverzeichnis) getrennt nach den Gruppen auf; innerhalb der Gruppen sind die Anteile der Geschlechter festzustellen. Er hat bis zum Abschluss der Stimmabgabe das Wählerverzeichnis auf dem laufenden zu halten und mindestens eine Abschrift an geeigneter Stelle zur Einsicht auszulegen.

§ 3 Einsprüche gegen das Wählerverzeichnis

(1) Jeder Beschäftigte kann beim Wahlvorstand schriftlich oder elektronisch, soweit der Wahlvorstand gemäß § 1b Absatz 3 den elektronischen Zugang eröffnet hat, innerhalb einer Woche nach Auslegung des Wählerverzeichnisses Einspruch gegen die Richtigkeit des Wählerverzeichnisses einlegen.

(2) Die Entscheidung über den Einspruch ist dem Beschäftigten unverzüglich, spätestens einen Tag vor Beginn der Stimmabgabe schriftlich oder elektronisch mitzuteilen.

§ 4 Vorabstimmungen

(1) Die Ergebnisse der Abstimmungen nach den §§ 15 Abs. 1 und 16 Abs. 2 LPVG werden nur berücksichtigt, wenn sie dem Wahlvorstand innerhalb einer Woche nach der Bekanntgabe seiner Mitglieder vorliegen und ihm glaubhaft gemacht wird, daß sie unter Leitung eines aus mindestens drei wahlberechtigten Beschäftigten bestehenden Abstimmungsvorstands in geheimen und nach Gruppen getrennten Abstimmungen zustande gekommen sind. Dem Abstimmungsvorstand soll ein Mitglied jeder in der Dienststelle vertretenen Gruppe angehören.

(2) Der Wahlvorstand hat in der Bekanntgabe seiner Mitglieder auf die in Absatz 1 bezeichnete Frist hinzuweisen.

§ 5 Ermittlung der Zahl der zu wählenden Personalratsmitglieder; Verteilung der Sitze auf die Gruppen

(1) Der Wahlvorstand ermittelt die Zahl der zu wählenden Mitglieder des Personalrats. Ist eine von § 14 LPVG abweichende Verteilung der Mitglieder des Personalrats auf die Gruppen nicht beschlossen worden, so errechnet der Wahlvorstand die Verteilung der Personalratssitze auf die Gruppen nach dem Höchstzahlenverfahren.

(2) Die Zahlen der der Dienststelle angehörenden Beschäftigten der einzelnen Gruppen werden nebeneinander gestellt und der Reihe nach durch 1, 2, 3 usw. geteilt. Auf die jeweils höchste Teilzahl (Höchstzahl) wird solange ein Sitz zugeteilt, bis alle Personalratssitze verteilt sind. Jede Gruppe erhält soviel Sitze, wie Höchstzahlen auf sie entfallen. Ist bei gleichen Höchstzahlen nur noch ein Sitz oder sind bei drei gleichen Höchstzahlen nur noch zwei Sitze zu verteilen, so entscheidet das Los.

(3) Entfallen bei der Verteilung der Sitze nach Absatz 2 auf eine Gruppe weniger Sitze, als ihr nach § 14 Abs. 3 LPVG mindestens zustehen, so erhält sie die in § 14 Abs. 3 LPVG vorgeschriebene Zahl von Sitzen. Die Zahl der Sitze der übrigen Gruppen vermindert sich

entsprechend. Dabei werden die jeweils zuletzt zugeteilten Sitze zuerst gekürzt. Ist bei gleichen Höchstzahlen nur noch ein Sitz zu kürzen, entscheidet das Los, welche Gruppe den Sitz abzugeben hat. Sitze, die einer Gruppe nach den Vorschriften des LPVG mindestens zustehen, können ihr nicht entzogen werden.

(4) Haben in einer Dienststelle alle Gruppen die gleiche Zahl von Angehörigen, so erübrigt sich die Errechnung der Sitze nach dem Höchstzahlenverfahren; in diesen Fällen entscheidet das Los, wem die höhere Zahl von Sitzen zufällt.

§ 6 Wahlausschreiben

(1) Spätestens sechs Wochen vor dem letzten Tage der Stimmabgabe erlässt der Wahlvorstand ein Wahlausschreiben. Es ist von den Mitgliedern des Wahlvorstandes zu unterzeichnen.

(2) Im Wahlausschreiben ist neben Ort und Tag seines Erlasses anzugeben

1. die Zahl der zu wählenden Mitglieder des Personalrats, getrennt nach Gruppen;
2. Angaben über die Anteile der Geschlechter innerhalb der Dienststelle, getrennt nach Gruppen mit dem Hinweis, dass Frauen und Männer ihrem zahlenmäßigen Anteil in der Dienststelle entsprechend im Personalrat vertreten sein sollen (§ 14 Abs. 6 LPVG);
3. ob die Gruppen ihre Vertreter in getrennten Wahlgängen (Gruppenwahl) oder in gemeinsamer Wahl wählen;
4. wo und wann das Wählerverzeichnis und diese Wahlordnung zur Einsicht ausliegen;
5. dass Einsprüche gegen die Richtigkeit des Wählerverzeichnisses schriftlich oder elektronisch, soweit der Wahlvorstand gemäß § 1b Absatz 3 den elektronischen Zugang eröffnet hat, beim Wahlvorstand eingelegt werden können;
6. die Mindestzahl der wahlberechtigten Beschäftigten, von denen ein Wahlvorschlag unterzeichnet sein muss, und dass Wahlvorschläge der Organisationen von einem Beauftragten unterzeichnet sein müssen (§§ 16 und 110 LPVG);
7. dass jeder Beschäftigte für die Wahl des Personalrats nur auf einem Wahlvorschlag benannt werden darf und die nicht wählbaren Beschäftigten keine Wahlvorschläge machen oder unterzeichnen dürfen;
8. dass jeder Beschäftigte nur einen Wahlvorschlag unterzeichnen darf;
9. dass Wahlvorschläge innerhalb von drei Wochen nach dem Erlass des Wahlausschreibens beim Wahlvorstand einzureichen sind; der letzte Tag der Einreichungsfrist ist anzugeben;
10. dass nur fristgerecht eingereichte Wahlvorschläge berücksichtigt werden und dass nur gewählt werden kann, wer in einen solchen Wahlvorschlag aufgenommen ist;
11. der Ort, an dem die Wahlvorschläge bekanntgegeben werden;
12. Ort und Zeit der Stimmabgabe;
13. dass schriftliche Stimmabgabe möglich oder angeordnet ist;
14. Ort und Termin der Sitzung, in der das Wahlergebnis festgestellt wird.

(3) Der Wahlvorstand hat mindestens eine Abschrift oder einen Abdruck dieser Wahlordnung und des Wahlausschreibens vom Tage seines Erlasses bis zum Abschluss der Stimmabgabe an geeigneter Stelle auszuhängen. § 1b Absatz 1 gilt entsprechend.

(4) Offenbare Unrichtigkeiten des Wahlausschreibens können vom Wahlvorstand jederzeit berichtigt werden.

§ 7 Wahlvorschläge, Einreichungsfrist

(1) Zur Wahl des Personalrats können die wahlberechtigten Beschäftigten sowie die in der Dienststelle vertretenen Gewerkschaften und Berufsverbände (§§ 16 Absatz 4 und 110 LPVG) Wahlvorschläge machen.

(2) Wahlvorschläge sind innerhalb von drei Wochen nach dem Erlass des Wahlausschreibens beim Wahlvorstand ausschließlich schriftlich einzureichen. Bei Gruppenwahl sind für die einzelnen Gruppen getrennte Wahlvorschläge einzureichen.

§ 8 Inhalt der Wahlvorschläge

(1) Jeder Wahlvorschlag soll so viele Bewerber enthalten wie

a) bei Gruppenwahl Gruppenvertreter,

b) bei gemeinsamer Wahl Personalratsmitglieder

zu wählen sind.

(2) Frauen und Männer sollen ihrem zahlenmäßigen Anteil in der Dienststelle entsprechend im Personalrat vertreten sein.

(3) Die Namen der einzelnen Bewerber sind auf dem Wahlvorschlag untereinander aufzuführen und mit fortlaufenden Nummern zu versehen. Es sind Familienname, Vorname, Geburtsdatum, Amts-, Dienst- oder Berufsbezeichnung, Beschäftigungsstelle und Gruppenzugehörigkeit anzugeben. Sofern eine dienstliche E-Mail-Adresse vorhanden ist, ist diese ebenfalls anzugeben. Bei gemeinsamer Wahl sind in dem Wahlvorschlag die Bewerber jeweils nach Gruppen zusammenzufassen.

(4) Aus dem Wahlvorschlag soll zu ersehen sein, welcher der Unterzeichner zur Vertretung des Vorschlags gegenüber dem Wahlvorstand und zur Entgegennahme von Erklärungen und Entscheidungen des Wahlvorstands berechtigt ist. Fehlt bei Wahlvorschlägen der Beschäftigten eine Angabe hierüber, gilt der Unterzeichner als berechtigt, der an erster Stelle steht.

(5) Der Wahlvorschlag kann mit einem Kennwort versehen werden.

(6) Ein Wahlvorschlag darf nur geändert werden, wenn die in § 7 bestimmte Frist noch nicht abgelaufen ist und alle Unterzeichner der Änderung zustimmen. § 9 Absatz 3 bleibt unberührt.

(7) Dem Wahlvorschlag ist die schriftliche Zustimmung der Bewerber zur Aufnahme in den Wahlvorschlag beizufügen.

§ 9 Behandlung der Wahlvorschläge, ungültige Wahlvorschläge

(1) Der Wahlvorstand vermerkt auf den Wahlvorschlägen den Tag des Eingangs. Im Falle des Absatzes 7 ist auch der Zeitpunkt des Eingangs des berichtigten Wahlvorschlags zu vermerken.

(2) Wahlvorschläge, die ungültig sind, weil sie nicht die erforderliche Anzahl von Unterschriften aufweisen oder weil sie nicht fristgerecht eingereicht worden sind, gibt der Wahlvorstand unverzüglich unter Angabe der Gründe zurück.

(3) Der Wahlvorstand hat einen Bewerber, der mit seiner schriftlichen Zustimmung auf mehreren Wahlvorschlägen benannt ist, aufzufordern, innerhalb von drei Kalendertagen zu erklären, auf welchem Wahlvorschlag er benannt bleiben will. Gibt der Bewerber diese Erklärung nicht fristgerecht ab, so wird er von sämtlichen Wahlvorschlägen gestrichen.

(4) Der Wahlvorstand hat auf Wahlvorschlägen die Namen von nicht wählbaren Beschäftigten zu streichen und den zur Vertretung des Vorschlags Berechtigten davon zu unterrichten.

(5) Der Wahlvorstand hat auf Wahlvorschlägen Unterschriften nicht wählbarer Beschäftigter zu streichen.

(6) Der Wahlvorstand hat einen Beschäftigten, der mehrere Wahlvorschläge unterzeichnet hat, aufzufordern, innerhalb von drei Kalendertagen zu erklären, welche Unterschrift er aufrecht erhält. Gibt der Beschäftigte diese Erklärung nicht fristgerecht ab, zählt seine Unterschrift nur auf dem zuerst eingegangenen Wahlvorschlag; auf den übrigen Wahlvorschlägen wird sie gestrichen. Bei gleichzeitigem Eingang entscheidet das Los, auf welchem Wahlvorschlag die Unterschrift zählt.

(7) Wahlvorschläge, die

a) den Erfordernissen des § 7 Absatz 2 sowie des § 8 Absatz 3 nicht entsprechen,

b) ohne die schriftliche Zustimmung der Bewerber eingereicht sind,

c) infolge von Streichungen gemäß Absatz 5 oder 6 nicht mehr die erforderliche Anzahl von Unterschriften aufweisen,

hat der Wahlvorstand mit der Aufforderung zurückzugeben, die Mängel innerhalb der Frist gemäß § 7 zu beseitigen; bei Wahlvorschlägen, die weniger als eine Woche vor Ablauf der Frist gemäß § 7 zurückgegeben werden, gilt eine Frist von einer Woche, gerechnet vom Tage der Rückgabe an. Werden die Mängel nicht fristgerecht beseitigt, sind diese Wahlvorschläge ungültig.

§ 10 Nachfrist für die Einreichung von Wahlvorschlägen

(1) Ist nach Ablauf der in § 7 und § 9 Abs. 7 genannten Frist bei Gruppenwahl nicht für jede Gruppe ein gültiger Wahlvorschlag, bei gemeinsamer Wahl kein gültiger Wahlvorschlag eingegangen, so gibt der Wahlvorstand dies unverzüglich durch Aushang an den Stellen, an denen das Wahlausschreiben ausgehängt ist, bekannt. Gleichzeitig fordert er zur Einreichung von Wahlvorschlägen innerhalb einer Frist von einer Woche auf und weist darauf hin, daß im Falle der Fristversäumnis

a) bei Gruppenwahl eine Gruppe keine Vertreter in den Personalrat wählen kann,

b) bei gemeinsamer Wahl der Personalrat nicht gewählt werden kann.

§ 1b Absatz 1 gilt entsprechend.

(2) Gehen gültige Wahlvorschläge nicht ein, so gibt der Wahlvorstand unverzüglich bekannt

a) bei Gruppenwahl, für welche Gruppe oder für welche Gruppen keine Vertreter gewählt werden können,

b) bei gemeinsamer Wahl, daß diese Wahl nicht stattfinden kann.

§ 1b Absatz 1 gilt entsprechend.

§ 11 Bezeichnung der Wahlvorschläge

(1) Der Wahlvorstand versieht die Wahlvorschläge in der Reihenfolge ihres Eingangs mit Ordnungsnummern (Vorschlag 1 usw.). Ist ein Wahlvorschlag berichtigt worden, so ist der Zeitpunkt des Eingangs des berichtigten Wahlvorschlags maßgebend. Sind mehrere Wahlvorschläge am selben Tage eingegangen, so entscheidet das Los über die Reihenfolge.

(2) Finden Wahlen für Personalvertretungen mehrerer Stufen gleichzeitig statt, ist für Wahlvorschläge mit demselben Kennwort für die Wahlen auf allen Stufen die Entscheidung auf der obersten Stufe maßgebend. Für Wahlvorschläge, die an der Entscheidung auf der obersten Stufe nicht beteiligt sind, werden die folgenden Plätze auf dem Stimmzettel in entsprechender Anwendung des Absatzes 1 festgelegt.

(3) Der Wahlvorstand bezeichnet die Wahlvorschläge mit dem Familien- und Vornamen der in dem Wahlvorschlag benannten ersten drei Bewerber, bei gemeinsamer Wahl mit dem Familien- und Vornamen der für die Gruppen an erster Stelle benannten Bewerber. Bei Wahlvorschlägen, die mit einem Kennwort versehen sind, ist auch das Kennwort anzugeben.

§ 12 Bekanntgabe der Wahlvorschläge

Nach Ablauf der in § 7 und § 10 Absatz 1 genannten Fristen, spätestens jedoch eine Woche vor Beginn der Stimmabgabe, gibt der Wahlvorstand die als gültig anerkannten Wahlvorschläge an den Stellen, an denen das Wahlausschreiben ausgehängt ist, bis zum Abschluss der Stimmabgabe bekannt. Die Namen der Unterzeichner der Wahlvorschläge werden nicht bekanntgemacht. § 1b Absatz 1 gilt entsprechend.

§ 13 Sitzungsniederschriften

Der Wahlvorstand fertigt über den Inhalt jeder Sitzung eine Niederschrift. Sie ist von den Mitgliedern des Wahlvorstands zu unterzeichnen.

§ 14 Ausübung des Wahlrechts; Stimmzettel, ungültige Stimmen

(1) Wählen kann nur, wer in das Wählerverzeichnis eingetragen ist. Das Wahlrecht wird durch Abgabe eines Stimmzettels ausgeübt. Bei Gruppenwahl müssen die Stimmzettel für jede Gruppe, bei gemeinsamer Wahl alle Stimmzettel dieselbe Größe, Farbe, Beschaffenheit und Beschriftung haben.

(2) Ist nach den Grundsätzen der Verhältniswahl zu wählen, so kann die Stimme nur für den genannten Wahlvorschlag (Vorschlagsliste) abgegeben werden. Ist nach den Grundsätzen der Personenwahl zu wählen, so wird die Stimme für die einzelnen Bewerber abgegeben.

(3) Ungültig sind Stimmzettel,

a) die nicht mindestens einmal so gefaltet sind, dass die Kennzeichnung nicht zu er-

V

kennen ist bzw. die bei schriftlicher Stimmabgabe nach § 16 nicht in einem Wahlumschlag abgegeben sind, entsprechen,

b) aus denen sich der Wille des Wählers nicht zweifelsfrei ergibt,

c) die ein besonderes Merkmal, einen Zusatz oder einen Vorbehalt enthalten.

Mehrere bei schriftlicher Stimmabgabe nach § 16 in einem Wahlumschlag für eine Wahl enthaltene Stimmzettel werden als eine Stimme gezählt, wenn sie gleich lauten; andernfalls sind sie ungültig.

(4) Hat der Wähler einen Stimmzettel verschrieben oder versehentlich unbrauchbar gemacht, so ist ihm auf Verlangen gegen Rückgabe des unbrauchbaren Stimmzettels ein neuer Stimmzettel auszuhändigen. Der Wahlvorstand hat den zurückgegebenen Stimmzettel unverzüglich in Gegenwart des Wählers zu vernichten.

V

§ 15 Wahlhandlung

(1) Der Wahlvorstand hat zu gewährleisten, daß der Wähler den Stimmzettel im Wahlraum unbeobachtet ankreuzen und zusammenfalten kann. Ein Wähler, der durch körperliches Gebrechen in der Stimmabgabe behindert ist, bestimmt eine Person seines Vertrauens, der er sich bei der Stimmabgabe bedienen will, und gibt dies dem Wahlvorstand bekannt. Die Hilfeleistung hat sich auf die Erfüllung der Wünsche des Wählers zur Stimmabgabe zu beschränken. Die Vertrauensperson darf gemeinsam mit dem Wähler die Wahlzelle aufsuchen, soweit dies zur Hilfestellung erforderlich ist. Die Vertrauensperson ist zur Geheimhaltung der Kenntnisse verpflichtet, die sie bei der Hilfeleistung von der Wahl eines anderen erlangt hat. Wahlbewerber, Mitglieder des Wahlvorstands und Wahlhelfer dürfen nicht zur Hilfeleistung herangezogen werden. Für die Aufnahme der Stimmzettel sind Wahlurnen zu verwenden. Vor Beginn der Stimmabgabe hat der Wahlvorstand festzustellen, daß die Wahlurnen leer sind, und sie zu verschließen. Sie müssen so eingerichtet sein, daß die Stimmzettel nicht vor Öffnung entnommen werden können. Findet Gruppenwahl statt, so kann die Stimmabgabe nach Gruppen getrennt durchgeführt werden; in jedem Falle sind getrennte Wahlurnen zu verwenden.

(2) Während der Wahlhandlung sowie der Ermittlung und Feststellung des Wahlergebnisses hat jedermann zum Wahlraum Zutritt, soweit das ohne Störung des Wahlgeschäfts möglich ist. Solange der Wahlraum zur Stimmabgabe geöffnet ist, müssen mindestens zwei Mitglieder des Wahlvorstands im Wahlraum anwesend sein; sind Wahlhelfer bestellt, genügt die Anwesenheit eines Mitglieds des Wahlvorstandes und eines Wahlhelfers.

(3) Vor Einwurf des Stimmzettels in die Urne ist festzustellen, ob der Wähler im Wählerverzeichnis eingetragen ist. Ist dies der Fall, wirft der Wähler den mindestens einmal zusammengefalteten Stimmzettel in die Wahlurne. Absatz 1 Sätze 2 bis 5 bleiben unberührt. Die Stimmabgabe ist im Wählerverzeichnis zu vermerken.

(4) Wird die Wahlhandlung unterbrochen oder wird das Wahlergebnis nicht unmittelbar nach Abschluß der Stimmabgabe festgestellt, so hat der Wahlvorstand für die Zwischenzeit die Wahlurne so zu verschließen und aufzubewahren, daß der Einwurf oder die Entnahme von Stimmzetteln ohne Beschädigung des Verschlusses unmöglich ist. In diesen Fällen ist die Wahlurne in der Dienststelle, nur dem Wahlvorstand zugänglich, gesichert aufzubewahren. Bei Wiedereröffnung der Wahl oder bei Entnahme der Stimmzettel zur Stimmzählung hat sich der Wahlvorstand davon zu überzeugen, daß der Verschluß unversehrt ist.

§ 16 Schriftliche Stimmabgabe

(1) Einem Beschäftigten, der eine schriftliche Stimmabgabe wünscht, hat der Wahlvorstand auf Verlangen

1. den Stimmzettel und den Wahlumschlag,
2. eine vorgedruckte vom Wähler abzugebende Erklärung, in der dieser gegenüber dem Wahlvorstand versichert, dass er den Stimmzettel persönlich angekreuzt hat oder soweit unter den Voraussetzungen des § 15 Abs. 1 erforderlich, durch eine Person seines Vertrauens hat kennzeichnen lassen,

3. einen größeren Briefumschlag, im Bedarfsfall einen Freiumschlag, der die Anschrift des Wahlvorstandes und als Absender den Namen und die Anschrift des wahlberechtigten Beschäftigten sowie den Vermerk „Schriftliche Stimmabgabe" trägt, auszuhändigen oder zu übersenden. Die Dienststelle stellt hierfür dem Wahlvorstand die erforderliche Anzahl der Umschläge zur Verfügung. Auf Antrag ist auch ein Abdruck des Wahlvorschlags und des Wahlausschreibens auszuhändigen oder zu übersenden. Der Wahlvorstand hat die Aushändigung oder Übersendung im Wählerverzeichnis zu vermerken.

(2) Der Wähler gibt seine Stimme in der Weise ab, daß er den Wahlumschlag, in den der Stimmzettel gelegt ist, unter Verwendung des Freiumschlags oder des Briefumschlags so rechtzeitig an den Wahlvorstand absendet oder übergibt, daß er vor Abschluß der Stimmabgabe vorliegt. Der Wähler kann, soweit unter den Voraussetzungen des § 15 Abs. 1 erforderlich, die in Satz 1 bezeichneten Tätigkeiten durch eine Person seines Vertrauens verrichten lassen. Der Wahlvorstand hat die Briefumschläge gesichert aufzubewahren.

§ 17 Behandlung der schriftlich abgegebenen Stimmen

(1) Rechtzeitig vor Abschluß der Stimmabgabe entnimmt der Wahlvorstand die Wahlumschläge den Briefumschlägen oder den Freiumschlägen und legt sie nach Vermerk der Stimmabgabe im Wählerverzeichnis ungeöffnet in die Wahlurne.

(2) Verspätet eingehende Briefumschläge hat der Wahlvorstand mit einem Vermerk über den Zeitpunkt des Eingangs ungeöffnet zu den Wahlunterlagen zu nehmen. Die Briefumschläge sind einen Monat nach Bekanntgabe des Wahlergebnisses ungeöffnet zu vernichten, wenn die Wahl nicht angefochten worden ist.

§ 18 Schriftliche Stimmabgabe in sonstigen Fällen

(1) Für die Beschäftigten

a) mit besonderer Diensteinteilung,

b) von Nebenstellen oder Teilen einer Dienststelle, die nicht nach § 1 Abs. 3 LPVG zu selbständigen Dienststellen erklärt worden sind,

c) von Dienststellen, in denen auf Grund einer nach § 92 Satz 1 Nr. 2 LPVG erlassenen Rechtsverordnung Beschäftigte mehrerer Beschäftigungsstellen zusammengefaßt sind,

kann der Wahlvorstand die Stimmabgabe in diesen Stellen durchführen oder die schriftliche Stimmabgabe anordnen. Im Fall der Anordnung der schriftlichen Stimmabgabe hat der Wahlvorstand die Briefwahlunterlagen von Amts wegen zur Verfügung zu stellen. Das gleiche gilt für Wahlen zu Stufenvertretungen, wenn diese nicht gleichzeitig mit Personalratswahlen stattfinden.

(2) Die §§ 16 und 17 gelten entsprechend.

§ 19 Feststellung des Wahlergebnisses

(1) Nach Öffnung der Wahlurne vergleicht der Wahlvorstand die Zahl der in der Wahlurne enthaltenen Stimmzettel und Wahlumschläge mit der Zahl der nach dem Wählerverzeichnis abgegebenen Stimmen und prüft die Gültigkeit der Stimmzettel.

(2) Der Wahlvorstand zählt

a) im Falle der Verhältniswahl die auf jede Vorschlagsliste,

b) im Falle der Personenwahl die auf jeden einzelnen Bewerber

entfallenen gültigen Stimmzettel.

(3) Stimmzettel, über deren Gültigkeit oder Ungültigkeit der Wahlvorstand beschließt, weil sie zu Zweifeln Anlaß geben, sind mit fortlaufender Nummer zu versehen und von den übrigen Stimmzetteln gesondert bei den Wahlunterlagen aufzubewahren.

§ 20 Wahlniederschrift

(1) Die Wahlniederschrift ist von den Mitgliedern des Wahlvorstands zu unterzeichnen. Sie muß enthalten

1. bei Gruppenwahl die Summe der von jeder Gruppe abgegebenen und der gültigen Stimmen,
2. bei gemeinsamer Wahl die Summe aller abgegebenen und der gültigen Stimmen,
3. die Zahl der ungültigen Stimmen,

4. die für die Gültigkeit oder Ungültigkeit zweifelhafter Stimmen maßgebenden Gründe,
5. bei Verhältniswahl die Zahl der auf jede Vorschlagsliste entfallenen gültigen Stimmen sowie die Errechnung der Höchstzahlen und ihre Verteilung auf die Vorschlagslisten,
6. bei Personenwahl die Zahl der auf jeden Bewerber entfallenen gültigen Stimmen,
7. die Namen der gewählten Bewerber.

(2) Besondere Vorkommnisse bei der Wahlhandlung oder der Feststellung des Wahlergebnisses sind in der Niederschrift zu vermerken.

(3) Dem Dienststellenleiter und den in der Dienststelle vertretenen Gewerkschaften übersendet der Wahlvorstand eine Abschrift der Niederschrift.

§ 21 Benachrichtigung der gewählten Bewerber und Bekanntmachung

Der Wahlvorstand benachrichtigt die als Personalratsmitglieder Gewählten unverzüglich schriftlich oder elektronisch von ihrer Wahl. Erklärt ein Gewählter nicht binnen drei Arbeitstagen nach Zugang der Benachrichtigung dem Wahlvorstand, dass er die Wahl ablehne, so gilt die Wahl als angenommen. Der Wahlvorstand gibt das Wahlergebnis und die Namen der als Personalratsmitglieder gewählten Bewerber durch zweiwöchigen Aushang an den Stellen bekannt, an denen das Wahlausschreiben bekannt gemacht worden ist. § 1b Absatz 1 gilt entsprechend.

§ 22 Aufbewahrung der Wahlunterlagen

Von den Wahlunterlagen sind die Niederschriften, Bekanntmachungen und Wahlvorschläge vom Personalrat mindestens fünf Jahre aufzubewahren. Die übrigen Wahlunterlagen sind vom Wahlvorstand für die Dauer eines Monats nach Bekanntmachung des Wahlergebnisses, im Falle der Anfechtung der Wahl für die Dauer eines Monats nach Abschluss des Verfahrens verschlossen aufzubewahren und anschließend zu vernichten. Dies gilt auch für sämtliche elektronisch gespeicherte Daten und Dokumente, die im Zusammenhang mit der Wahl elektronisch zugegangen sind.

Zweiter Abschnitt
Besondere Vorschriften

Erster Unterabschnitt
Wahlverfahren bei Vorliegen mehrerer Wahlvorschläge (Verhältniswahl)

§ 23 Voraussetzungen für Verhältniswahl; Stimmzettel, Stimmabgabe

(1) Nach den Grundsätzen der Verhältniswahl (Listenwahl) ist zu wählen, wenn

a) bei Gruppenwahl für die betreffende Gruppe mehrere gültige Wahlvorschläge,
b) bei gemeinsamer Wahl mehrere gültige Wahlvorschläge

eingegangen sind.

(2) Auf den Stimmzetteln sind die Vorschlagslisten in der Reihenfolge der Ordnungsnummern unter Angabe von Familienname, Vorname, Amts-, Dienst- oder Berufsbezeichnung, Beschäftigungsstelle und Gruppenzugehörigkeit der ersten drei Bewerber, bei gemeinsamer Wahl der für die Gruppen an erster Stelle benannten Bewerber untereinander aufzuführen; bei Listen, die mit einem Kennwort versehen sind, ist auch das Kennwort anzugeben.

(3) Der Wähler kreuzt auf dem Stimmzettel die Vorschlagslisten an, für die er seine Stimme abgeben will.

§ 24 Ermittlung der gewählten Gruppenvertreter bei Gruppenwahl

(1) Bei Gruppenwahl werden die Summen der auf die einzelnen Vorschlagslisten jeder Gruppe entfallenen Stimmen nebeneinander gestellt und der Reihe nach durch 1, 2, 3 usw. geteilt. Auf die jeweils höchste Teilzahl (Höchstzahl) wird solange ein Sitz zugeteilt, bis alle der Gruppe zustehenden Sitze verteilt sind. Ist bei gleichen Höchstzahlen nur noch ein Sitz oder sind bei drei gleichen Höchstzahlen nur noch zwei Sitze zu verteilen, so entscheidet das Los.

(2) Enthält eine Vorschlagsliste weniger Bewerber, als ihr nach den Höchstzahlen Sitze zustehen würden, so fallen die überschüssigen Sitze den übrigen Vorschlagslisten in der Reihenfolge der nächsten Höchstzahlen zu.

(3) Innerhalb der Vorschlagsliste werden die Sitze auf die Bewerber in der Reihenfolge ihrer Benennung verteilt.

§ 25 Ermittlung der gewählten Gruppenvertreter bei gemeinsamer Wahl

(1) Bei gemeinsamer Wahl werden die Summen der auf die einzelnen Vorschlagslisten entfallenen Stimmen nebeneinander gestellt und der Reihe nach durch 1, 2, 3 usw. geteilt. Die jeder Gruppe zustehenden Sitze werden getrennt, jedoch unter Verwendung derselben Teilzahlen ermittelt. § 24 Abs. 1 Satz 2 und 3 gilt entsprechend.

(2) Enthält eine Vorschlagsliste weniger Bewerber einer Gruppe, als dieser nach den Höchstzahlen Sitze zustehen würden, so fallen die restlichen Sitze dieser Gruppe den Angehörigen derselben Gruppe auf den übrigen Vorschlagslisten in der Reihenfolge der nächsten Höchstzahlen zu.

(3) Innerhalb der Vorschlagslisten werden die den einzelnen Gruppen zustehenden Sitze auf die Angehörigen der entsprechenden Gruppe in der Reihenfolge ihrer Benennung verteilt.

Zweiter Unterabschnitt
Wahlverfahren bei Vorliegen eines Wahlvorschlags und bei Wahl eines Personalratsmitglieds oder eines Gruppenvertreters (Personenwahl)

§ 26 Voraussetzungen für Personenwahl; Stimmzettel, Stimmabgabe

(1) Nach den Grundsätzen der Personenwahl ist zu wählen, wenn

a) bei Gruppenwahl für die betreffende Gruppe nur ein gültiger Wahlvorschlag,

b) bei gemeinsamer Wahl nur ein gültiger Wahlvorschlag

eingegangen ist. In diesen Fällen kann jeder Wähler nur solche Bewerber wählen, die in dem Wahlvorschlag aufgeführt sind.

(2) In den Stimmzettel werden die Bewerber aus dem Wahlvorschlag in unveränderter Reihenfolge unter Angabe von Familienname, Vorname, Amts-, Dienst- oder Berufsbezeichnung, Beschäftigungsstelle, Gruppenzugehörigkeit und Kennwort übernommen. Der Wähler kreuzt auf dem Stimmzettel die Namen der Bewerber an, für die er seine Stimme abgeben will. Er darf

a) bei Gruppenwahl nicht mehr Namen ankreuzen, als für die betreffende Gruppe Vertreter zu wählen sind,

b) bei gemeinsamer Wahl nicht mehr Namen ankreuzen, als Personalratsmitglieder zu wählen sind.

(3) Nach den Grundsätzen der Personenwahl kann gewählt werden, wenn

a) bei Gruppenwahl nur ein Vertreter,

b) bei gemeinsamer Wahl nur ein Personalratsmitglied

zu wählen ist. Absatz 2 gilt entsprechend. Der Wähler hat auf dem Stimmzettel den Namen des Bewerbers anzukreuzen, für den er seine Stimme abgeben will.

§ 27 Ermittlung der gewählten Bewerber

(1) Bei Gruppenwahl sind die Bewerber in der Reihenfolge der jeweils höchsten auf sie entfallenen Stimmenzahlen gewählt.

(2) Bei gemeinsamer Wahl werden die den einzelnen Gruppen zustehenden Sitze mit den Bewerbern dieser Gruppen in der Reihenfolge der jeweils höchsten auf sie entfallenen Stimmenzahlen besetzt.

(3) Bei der Personenwahl ist der Bewerber gewählt, der die meisten Stimmen erhalten hat.

(4) Bei gleicher Stimmenzahl entscheidet das Los.

Zweites Kapitel
Wahl der Stufenvertretungen

Erster Abschnitt
Wahl des Bezirkspersonalrats

§ 28 Entsprechende Anwendung der Vorschriften über die Wahl des Personalrats

Für die Wahl des Bezirkspersonalrats gelten die §§ 1 bis 27 entsprechend, soweit sich aus den §§ 29 bis 35 nichts anderes ergibt.

V

§ 29 Leitung der Wahl

(1) Der Bezirkswahlvorstand leitet die Wahl des Bezirkspersonalrats. Die Durchführung der Wahl in den einzelnen Dienststellen übernehmen die örtlichen Wahlvorstände im Auftrag und nach Anordnung des Bezirkswahlvorstands.

(2) Der örtliche Wahlvorstand gibt die Namen der Mitglieder des Bezirkswahlvorstands und die dienstliche Anschrift seines Vorsitzenden durch Aushang bis zum Abschluss der Stimmabgabe bekannt. § 1b Absatz 1 gilt entsprechend.

§ 30 Feststellung der Beschäftigtenzahl; Wählerverzeichnis

(1) Die örtlichen Wahlvorstände teilen die gemäß § 2 Absatz 1 festgestellten Zahlen unverzüglich ausschließlich schriftlich dem Bezirkswahlvorstand mit.

(2) Die Aufstellung der Wählerverzeichnisse und die Behandlung von Einsprüchen ist Aufgabe der örtlichen Wahlvorstände. Sie teilen dem Bezirkswahlvorstand die Zahl der wahlberechtigten Beschäftigten, getrennt nach Gruppen, unverzüglich ausschließlich schriftlich mit. Dabei sind innerhalb der Gruppen die Anteile der Geschlechter festzustellen.

§ 31 Ermittlung der Zahl der zu wählenden Bezirkspersonalratsmitglieder

Der Bezirkswahlvorstand ermittelt die Zahl der zu wählenden Mitglieder des Bezirkspersonalrats und die Verteilung der Sitze auf die Gruppen.

§ 32 Gleichzeitige Wahl

Die Wahl des Bezirkspersonalrats soll möglichst gleichzeitig mit der Wahl der Personalräte in demselben Bezirk stattfinden.

§ 33 Wahlausschreiben

(1) Der Bezirkswahlvorstand erlässt das Wahlausschreiben. § 6 Absatz 2 Nummer 1, 2, 3, 6, 7, 8, 9, 10 und 13 gilt entsprechend. Der Bezirkswahlvorstand bestimmt im Wahlausschreiben ferner den Tag oder die Tage der Stimmabgabe und weist darauf hin, dass die gemäß § 50 Absatz 3 Satz 3 LPVG nicht wählbaren Beschäftigten keine Wahlvorschläge machen oder unterzeichnen dürfen.

(2) Der örtliche Wahlvorstand ergänzt das Wahlausschreiben um die Angaben gemäß § 6 Absatz 2 Nummer 4, 5 und 12; er weist darauf hin, dass Einsprüche bei ihm einzulegen sind und bestimmt ferner den Ort und die Tageszeit der Stimmabgabe.

(3) Der örtliche Wahlvorstand gibt das Wahlausschreiben unverzüglich in der Dienststelle an geeigneter Stelle durch Aushang bis zum Abschluss der Stimmabgabe bekannt. Er vermerkt auf dem Wahlausschreiben den ersten und letzten Tag des Aushangs. § 1b Absatz 1 gilt entsprechend.

(4) Offenbare Unrichtigkeiten des Wahlausschreibens können vom Bezirkswahlvorstand jederzeit berichtigt werden.

(5) Die Niederschrift über die Sitzungen, in denen über Einsprüche gegen das Wählerverzeichnis entschieden ist, fertigt der örtliche Wahlvorstand.

§ 34 Stimmabgabe, Stimmzettel

Findet die Wahl des Bezirkspersonalrats zugleich mit der Wahl der Personalräte statt, so sind für die Wahl des Bezirkspersonalrats Stimmzettel von anderer Farbe als für die Wahl des Personalrats zu verwenden; für die schriftliche Stimmabgabe ist zu beiden Wahlen derselbe Wahlumschlag zu verwenden.

§ 35 Feststellung und Bekanntmachung des Wahlergebnisses

(1) Die örtlichen Wahlvorstände zählen die auf die einzelnen Vorschlagslisten oder, wenn Personenwahl stattgefunden hat, die auf die einzelnen Bewerber entfallenden Stimmen. Sie fertigen eine Wahlniederschrift gemäß § 20.

(2) Nach Feststellung des Wahlergebnisses ist dieses unverzüglich dem Bezirkswahlvorstand möglichst elektronisch zu übermitteln. Unverzüglich im Anschluss an die Übermittlung des Wahlergebnisses nach Satz 1 ist dem Bezirkswahlvorstand die Niederschrift zu übersenden. Nach Eingang der Niederschrift hat der Bezirkswahlvorstand zu prüfen, ob das nach Satz 1 übermittelte Wahlergebnis mit dem in der Niederschrift angegebenen Wahlergebnis übereinstimmt. Die bei der Dienststelle entstandenen Unterlagen für die Wahl des Be-

zirkspersonalrats werden zusammen mit einer Abschrift der Niederschrift vom Personalrat mindestens fünf Jahre aufbewahrt.

(3) Der Bezirkswahlvorstand zählt unverzüglich die auf jede Vorschlagsliste oder, wenn Personenwahl stattgefunden hat, die auf jeden einzelnen Bewerber entfallenen Stimmen und stellt das Ergebnis der Wahl fest.

(4) Sobald die Namen der als Mitglieder des Bezirkspersonalrats gewählten Bewerber feststehen, teilt der Bezirkswahlvorstand ihre Namen den örtlichen Wahlvorständen mit. Diese geben sie durch zweiwöchigen Aushang in der gleichen Weise wie das Wahlausschreiben bekannt. § 1b Absatz 1 gilt entsprechend.

Zweiter Abschnitt
Wahl des Hauptpersonalrats

§ 36 Entsprechende Anwendung der Vorschriften über die Wahl des Bezirkspersonalrats

Für die Wahl des Hauptpersonalrats gelten die §§ 28 bis 35 entsprechend, soweit sich aus den §§ 37 und 38 nichts anderes ergibt.

§ 37 Leitung der Wahl

Der Hauptwahlvorstand leitet die Wahl des Hauptpersonalrats.

§ 38 Durchführung der Wahl

(1) Der Hauptwahlvorstand kann die Wahlvorstände bei den im Geschäftsbereich nachgeordneten Dienststellen mit Aufgaben gemäß § 30 und § 35 Abs. 1 und 3 betrauen und diese Wahlvorstände beauftragen, seine Bekanntmachungen weiterzuleiten.

(2) Die Bezirkswahlvorstände können von den örtlichen Wahlvorständen die zur Weitergabe an den Hauptwahlvorstand erforderlichen Angaben verlangen.

Drittes Kapitel
Wahl des Gesamtpersonalrats

§ 39 Entsprechende Anwendung der Vorschriften über die Wahl des Personalrats

Für die Wahl des Gesamtpersonalrats gelten die §§ 1 bis 27 entsprechend. Der Wahlvorstand kann die Personalräte der an der Wahl des Gesamtpersonalrats beteiligten Dienststellen beauftragen, jeweils für ihren Bereich örtliche Wahlvorstände zu bestellen. In diesem Falle gelten die §§ 28 bis 35 entsprechend.

Viertes Kapitel
Wahl der Jugend- und Auszubildendenvertretungen

Erster Abschnitt
Wahl der Jugend- und Auszubildendenvertretung

§ 40 Vorbereitung und Durchführung der Wahl

(1) Für die Vorbereitung und Durchführung der Wahl der Jugend- und Auszubildendenvertretung gelten die §§ 1 bis 3, 6 bis 23, 26 und 27 entsprechend mit der Maßgabe, daß die Vorschriften über Gruppenwahl, über den Minderheitenschutz und über die Zusammenfassung der Bewerber in den Wahlvorschlägen nach Gruppen keine Anwendung finden. Dem Wahlvorstand muß mindestens ein nach § 11 LPVG wählbarer Beschäftigter angehören. Der Wahlvorstand ermittelt die Zahl der zu wählenden Mitglieder der Jugend- und Auszubildendenvertretung.

(2) Sind mehrere Mitglieder der Jugend- und Auszubildendenvertretung zu wählen und ist die Wahl auf Grund mehrerer Vorschlagslisten durchgeführt worden, so werden die Summen der auf die einzelnen Vorschlagslisten entfallenen Stimmen nebeneinander gestellt und der Reihe nach durch 1, 2, 3 usw. geteilt. Auf die jeweils höchste Teilzahl (Höchstzahl) wird solange ein Sitz zugeteilt, bis alle Sitze verteilt sind. § 24 Abs. 1 Satz 3, Abs. 2 und 3 findet Anwendung.

(3) Sind mehrere Mitglieder der Jugend- und Auszubildendenvertretung zu wählen und ist die Wahl auf Grund eines Wahlvorschlags durchgeführt worden, so sind die Bewerber in der Reihenfolge der jeweils höchsten auf sie entfallenen Stimmenzahl gewählt; bei Stimmengleichheit entscheidet das Los.

V

Zweiter Abschnitt
Wahl der Jugend- und Auszubildendenstufenvertretung und der Gesamtjugend- und Auszubildendenvertretung

§ 41 Vorbereitung und Durchführung der Wahl

(1) Für die Vorbereitung und Durchführung der Wahl der Jugend- und Auszubildendenstufenvertretung und der Gesamtjugend- und Auszubildendenvertretung gilt § 40 entsprechend. Der Wahlvorstand kann die Personalräte der an der Wahl der Jugend- und Auszubildendenstufenvertretung und der Gesamtjugend- und Auszubildendenvertretung beteiligten Dienststellen beauftragen, jeweils für ihren Bereich örtliche Wahlvorstände zu bestellen. In diesem Falle gelten die §§ 28 bis 38 entsprechend.

(2) Für in § 54 LPVG genannte Beschäftigte in nachgeordneten Dienststellen mit in der Regel weniger als fünf solchen Beschäftigten führt der Bezirks- oder Hauptwahlvorstand die Wahl der Jugend- und Auszubildendenstufenvertretungen durch; in den genannten Dienststellen werden keine Wahlvorstände bestellt. Der Bezirks- oder Hauptwahlvorstand kann die schriftliche Stimmabgabe anordnen. In diesem Fall hat der Bezirks- oder Hauptwahlvorstand den wahlberechtigten Beschäftigten die in § 16 bezeichneten Unterlagen zu übersenden.

(3) Für die Wahl der Gesamtjugend- und Auszubildendenvertretung gilt Absatz 2 entsprechend.

Fünftes Kapitel
Sondervorschriften

Erster Abschnitt
(weggefallen)

§ 42 (weggefallen)

Zweiter Abschnitt
Lehrkräfte

§ 43 Wahl der Lehrkräfte-Personalvertretungen in den Fällen des § 87 Absatz 1 und 2 Satz 1 LPVG

(1) Für die Vorbereitung und Durchführung der Wahl der Lehrkräfte-Personalvertretungen gelten die §§ 1 bis 3, § 5 Absatz 1 Satz 1, §§ 6 bis 23 und § 26, außerdem in den Fällen des § 87 Absatz 1 LPVG die §§ 28 bis 38 entsprechend mit Ausnahme der Vorschriften über die Gruppen.

(2) Sind mehrere Mitglieder einer Personalvertretung zu wählen und ist die Wahl auf Grund mehrerer Vorschlagslisten durchgeführt worden, so werden die Summen der auf die einzelnen Vorschlagslisten entfallenen Stimmen nebeneinander gestellt und der Reihe nach durch 1, 2, 3 und so weiter geteilt. Auf die jeweils höchste Teilzahl (Höchstzahl) wird solange ein Sitz zugeteilt, bis alle Sitze verteilt sind. § 24 Absatz 1 Satz 3, Absatz 2 und 3 findet Anwendung.

(3) Sind mehrere Mitglieder einer Personalvertretung zu wählen und ist die Wahl auf Grund eines Wahlvorschlags durchgeführt worden, so sind die Bewerber in der Reihenfolge der jeweils höchsten auf sie entfallenen Stimmenzahlen gewählt; bei Stimmengleichheit entscheidet das Los.

§ 44 Wahl der Lehrkräfte-Personalvertretungen in den Fällen des § 87 Absatz 2 Satz 2 LPVG

Für die Vorbereitung und Durchführung der Wahl der Lehrkräfte-Personalvertretungen gelten die §§ 1 bis 27 entsprechend mit der Maßgabe, dass die Vorschriften über die Gruppen für die Lehrergruppen (§ 87 Absatz 2 Satz 2 LPVG) sinngemäß angewandt werden.

Dritter Abschnitt
Rechtsreferendarinnen und Rechtsreferendare im juristischen Vorbereitungsdienst

§ 45 Wahl der Personalräte

(1) Für die Vorbereitung und Durchführung der Wahl der Personalräte der Rechtsreferendarinnen und Rechtsreferendare im juristischen Vorbereitungsdienst gelten die §§ 1 bis 3, § 5 Absatz 1 Satz 1 sowie die §§ 6 bis 14, 16, 17, 19 bis 23, 25 und 26 entsprechend mit der Maßgabe, dass die Stimmabgabe schriftlich erfolgt.

(2) § 44 Absatz 2 und 3 gilt entsprechend.

§ 46 Wahl des Bezirkspersonalrats

(1) Jeder bei einem Landgericht bestehende Personalrat wählt innerhalb von einem Monat nach Ablauf der in § 30 Abs. 1 LPVG vorgeschriebenen Frist die sich nach § 100 Abs. 2 Satz 1 LPVG ergebende Zahl von Mitgliedern in den Bezirkspersonalrat. Für die Wahl gilt § 33 Abs. 1 Satz 1 und 2 des Gesetzes entsprechend; bei Stimmengleichheit entscheidet das Los.

(2) Der Personalrat bei dem Landgericht teilt dem Bezirkswahlvorstand die Zahl der dem Landgericht als Stammdienststelle angehörenden Referendare und die Namen und Anschriften der in den Bezirkspersonalrat gewählten Mitglieder unverzüglich nach der Wahl schriftlich mit.

(3) Der Bezirkswahlvorstand stellt das Ergebnis der Wahl fest und teilt die Namen der Mitglieder des Bezirkspersonalrats den Personalräten bei den Landgerichten zur Bekanntmachung durch zweiwöchigen Aushang wie bei Wahlausschreiben mit. Spätestens zwei Wochen nach Ablauf der in Absatz 1 vorgeschriebenen Frist hat er die Mitglieder des Bezirkspersonalrats zur Vornahme der vorgeschriebenen Wahlen einzuberufen und die Sitzung zu leiten.

Sechstes Kapitel Schlussvorschriften

§ 47 Bestellung von Wahlvorständen

Ist für Beschäftigte mehrerer Beschäftigungsstellen durch eine nach § 92 Satz 1 Nr. 2 LPVG erlassene Rechtsverordnung eine Behörde, die einer obersten Landesbehörde unmittelbar unterstellt ist, als Dienststelle bestimmt und entfällt daher die Bildung eines Bezirkspersonalrats, so gilt für die Bestellung des Wahlvorstands bei einer solchen Dienststelle für die erste Wahl von Personalräten § 50 Abs. 3 Satz 5 und 6 LPVG entsprechend. Das gilt auch in den Fällen des § 96 Absatz 1 Nummer 1 LPVG.

§ 48 Berechnung von Fristen

Für die Berechnung der in dieser Verordnung festgelegten Fristen finden die §§ 186 bis 193 des Bürgerlichen Gesetzbuchs entsprechende Anwendung.

§ 49 Sprachform

Soweit in dieser Verordnung die männliche Sprachform benutzt wird, bezieht sich diese gleichermaßen auf Männer und Frauen.

§ 50 Inkrafttreten

Diese Verordnung tritt am Tag nach der Verkündung in Kraft.

VI Reise- und Umzugskosten/Trennungsgeld

Reisekostengesetz Nordrhein-Westfalen (Landesreisekostengesetz – LRKG)

Vom 1. Dezember 2021 (GV. NRW. S. 1367)

Zuletzt geändert durch
Gesetz zur Neuregelung des Landesumzugskostengesetzes sowie zur weiteren Modernisierung des Reisekostenrechts
vom 2. Dezember 2025 (GV. NRW. S. 1128)

§ 1 Geltungsbereich

Dieses Gesetz regelt Art und Umfang der Reisekostenvergütung der Beamtinnen und Beamten, Richterinnen und Richter des Landes Nordrhein-Westfalen, der Beamtinnen und Beamten der Gemeinden, der Gemeindeverbände und der sonstigen der Aufsicht des Landes unterstehenden Körperschaften, Anstalten und Stiftungen des öffentlichen Rechts sowie der zu diesen Dienstherren abgeordneten Beamtinnen, Beamten, Richterinnen und Richtern.

§ 2 Dienstreisen

(1) Dienstreisende im Sinne dieses Gesetzes sind die in § 1 genannten Personen, die eine Dienstreise ausführen.

(2) Dienstreisen im Sinne dieses Gesetzes sind Reisen zur Erledigung von Dienstgeschäften außerhalb der Dienststätte. Sie müssen von der zuständigen Behörde angeordnet oder genehmigt werden, es sei denn, eine Anordnung oder Genehmigung kommt nach dem Amt der Dienstreisenden oder dem Wesen der Dienstgeschäfte nicht in Betracht. Die oberste Dienstbehörde kann die Voraussetzungen näher bestimmen. Dienstreisen von Richterinnen und Richtern zur Wahrnehmung richterlicher Amtsgeschäfte bedürfen nicht der Anordnung oder Genehmigung.

(3) Dienstreisen sollen nur durchgeführt werden, wenn sie aus dienstlichen Gründen notwendig sind und eine kostengünstigere Erledigung des Dienstgeschäfts insbesondere durch Nutzung digitaler Kommunikationsmöglichkeiten nicht möglich oder nicht sinnvoll ist. Sie sind wirtschaftlich durchzuführen und zeitlich auf das notwendige Maß zu beschränken. Bei der Wahl des Beförderungsmittels sind neben wirtschaftlichen Gesichtspunkten insbesondere Aspekte des Klimaschutzes zu berücksichtigen.

(4) Dienstreisen außerhalb des Dienstortes sind von der zuständigen Behörde schriftlich oder elektronisch anzuordnen oder zu genehmigen. Dienstreisen am Dienst- oder Wohnort können auch mündlich angeordnet oder genehmigt werden.

(5) Die Dauer der Dienstreise bestimmt sich nach der Abreise und Ankunft an der Wohnung. Wird die Dienstreise an der Dienststätte oder an anderer Stelle am Dienst- oder Wohnort angetreten oder beendet, tritt diese an die Stelle der Wohnung.

§ 3 Anspruch auf Reisekostenvergütung

(1) Dienstreisende erhalten auf Antrag Reisekostenvergütung zur Abgeltung der dienstlich veranlassten notwendigen Mehraufwendungen nach Maßgabe dieses Gesetzes. Dies gilt auch bei Reisen zum Zwecke der Ausbildung. Die Reisekostenvergütung wird Dienstreisenden des Landes unbar auf das nach § 6 des Landesbesoldungsgesetzes vom 14. Juni 2016 (GV. NRW. S. 310, ber. S. 642) in der jeweils geltenden Fassung anzugebende Konto gezahlt.

(2) Die Reisekostenvergütung ist innerhalb einer Ausschlussfrist von sechs Monaten schriftlich oder elektronisch zu beantragen. Zahlungsbegründende Unterlagen sind dem Antrag nicht beizufügen. Die für die Abrechnung zuständige Stelle kann bis zur abschließenden Bearbeitung, längstens sechs Monate nach Antragstellung die Vorlage der maßgeblichen Belege verlangen. Werden diese nicht innerhalb von drei Monaten vorgelegt, ist der Antrag insoweit abzulehnen. Die Frist

nach Satz 1 beginnt mit dem Tage nach Beendigung der Dienstreise, in den Fällen des § 8 Absatz 2 mit Ablauf des Tages, an dem die Dienstreise beendet worden wäre.

(3) Der Bescheid über die Reisekostenvergütung kann vollständig durch automatische Einrichtungen erlassen werden.

(4) Leistungen, die Dienstreisende ihres Amtes wegen von dritter Seite für dieselbe Dienstreise erhalten, sind auf die Reisekostenvergütung anzurechnen.

(5) Bei Dienstreisen für eine auf Veranlassung der zuständigen Behörde wahrgenommenen Nebentätigkeit haben Dienstreisende nur insoweit Anspruch auf Reisekostenvergütung, als die Stelle, bei der die Nebentätigkeit ausgeübt wird, keine Auslagenerstattung für dieselbe Dienstreise zu leisten hat. Das gilt auch dann, wenn Dienstreisende auf ihren Anspruch gegen diese Stelle verzichtet haben.

§ 4 Fahr- und Flugkostenerstattung

(1) Entstandene Kosten für Fahrten mit regelmäßig verkehrenden Beförderungsmitteln werden bis zur Höhe der niedrigsten buchbaren Klasse erstattet. Für Bahnfahrten von mindestens zwei Stunden können die entstandenen Fahrkosten der nächsthöheren Klasse erstattet werden. Dienstreisenden mit einem Grad der Behinderung von mindestens 50 und einem Schwerbehindertenausweis mit Merkzeichen G, aG, Gl, Bl, Tbl oder H werden die Kosten der nächsthöheren Klasse erstattet.

(2) Wird aus dienstlichen Gründen ein Flugzeug benutzt, werden die Kosten der niedrigsten buchbaren Klasse erstattet.

(3) Mögliche Fahrpreisermäßigungen sind zu berücksichtigen. Fahrkosten werden nicht erstattet, wenn eine unentgeltliche Beförderungsmöglichkeit genutzt werden kann.

(4) Wurde aus dienstlichen oder zwingenden persönlichen Gründen ein Taxi oder ein Mietwagen benutzt, werden die entstandenen notwendigen Kosten erstattet.

§ 5 Wegstrecken- und Mitnahmeentschädigung

(1) Sofern der Dienstherr kein Fahrzeug zur Verfügung stellt, wird für Fahrten mit anderen als den in § 4 genannten Beförderungsmitteln eine Wegstreckenentschädigung von 35 Cent je Kilometer, für zweirädrige Kraftfahrzeuge und Fahrräder von 23 Cent je Kilometer gewährt. Mit diesen Pauschalsätzen sind die Kosten der Fahrzeugvollversicherung abgegolten.

(2) Dienstreisenden, die aus dienstlichen Gründen Personen in einem privaten Kraftfahrzeug mitnehmen, wird eine Mitnahmeentschädigung von 5 Cent je Person und Kilometer gewährt. Werden Dienstreisende von einer Person mitgenommen, die keinen Anspruch auf Fahrkostenerstattung hat, erhalten sie Ersatz der ihnen entstandenen Auslagen nach Absatz 1.

(3) Werden aus dienstlichen Gründen Diensthunde oder Sachen, die erfahrungsgemäß eine übermäßige Abnutzung des Kraftfahrzeugs bewirken, mitgenommen, wird eine Entschädigung von 5 Cent je Kilometer gewährt.

(4) Wird aus dienstlichen Gründen ein Kraftfahrzeuganhänger mitgeführt, wird eine Entschädigung von 10 Cent je Kilometer gewährt.

§ 6 Tagegeld, Aufwandsvergütung

(1) Die Höhe des Tagegeldes für Mehraufwendungen für Verpflegung beträgt für jeden Kalendertag bei Abwesenheitszeiten

1. von 24 Stunden 24 Euro,
2. von weniger als 24 Stunden, aber mehr als 11 Stunden 12 Euro und
3. von mehr als 8 bis 11 Stunden 6 Euro.

Bei mehreren Dienstreisen an einem Kalendertag sind die Abwesenheitszeiten an diesem Tag zusammenzurechnen. Eine Dienstreise, die an einem Kalendertag beginnt und am nachfolgenden Kalendertag endet, ohne dass eine Übernachtung stattfindet, ist mit der gesamten Abwesenheitsdauer dem Kalendertag der überwiegenden Abwesenheit zuzurechnen. Für den An- und Abreisetag beträgt das Tagegeld, wenn der Dienstreisende an diesem, einem anschließenden oder vorhergehenden Tag außerhalb seiner Wohnung übernachtet, ohne Rücksicht auf die Abwesenheitszeit jeweils 12 Euro.

VI

(2) Wird den Dienstreisenden ihres Amtes wegen unentgeltlich Verpflegung zur Verfügung gestellt, ist unabhängig von der tatsächlichen Inanspruchnahme das Tagegeld

1. für das Frühstück um 20 Prozent und
2. für das Mittag- und Abendessen um jeweils 40 Prozent

des Tagegeldes für einen vollen Kalendertag zu kürzen. Die Kürzung ist auch vorzunehmen, wenn von dritter Seite Verpflegung bereitgestellt wird und das Entgelt hierfür in den erstattbaren Fahr- oder Nebenkosten enthalten ist.

(3) Dienstreisende, denen erfahrungsgemäß geringere Aufwendungen für Verpflegung als allgemein entstehen, erhalten nach näherer Bestimmung der obersten Dienstbehörde anstelle des Tagegeldes nach Absatz 1 eine Aufwandsvergütung entsprechend dem notwendigen Verpflegungsmehraufwand.

(4) Bei einer Dienstreise an den Wohnort wird für die Dauer des Aufenthalts in der eigenen Wohnung kein Tagegeld gewährt.

VI

§ 7 Übernachtungsgeld

(1) Für eine notwendige Übernachtung erhalten Dienstreisende pauschal 20 Euro. Höhere Übernachtungskosten werden erstattet, soweit sie notwendig sind.

(2) Übernachtungsgeld wird nicht gewährt

1. bei unentgeltlicher Bereitstellung einer Unterkunft des Amtes wegen,
2. in Fällen, in denen das Entgelt für die Unterkunft in den erstattungsfähigen Fahr- oder Nebenkosten enthalten ist,
3. die Art des Dienstgeschäfts die Inanspruchnahme einer Unterkunft ausschließt,
4. für die Dauer der Benutzung von Beförderungsmitteln oder
5. bei Dienstreisen am oder zum Wohnort für die Dauer des Aufenthalts an diesem Ort.

§ 8 Erstattung von Nebenkosten und Auslagen für Reisevorbereitungen

(1) Zur Erledigung des Dienstgeschäfts notwendige Auslagen, die nicht nach den §§ 4 bis 7 zu erstatten sind, werden als Nebenkosten ersetzt.

(2) Wird eine Dienstreise aus dienstlichen oder zwingenden persönlichen Gründen nicht ausgeführt, werden die durch die Vorbereitung entstandenen notwendigen und nach diesem Gesetz berücksichtigungsfähigen Auslagen erstattet.

§ 9 Erstattung von Auslagen bei längerem Aufenthalt am Geschäftsort

Dauert der dienstlich veranlasste Aufenthalt an demselben auswärtigen Geschäftsort länger als 14 Tage, wird vom 15. Tag an ein um 50 Prozent ermäßigtes Tagegeld gewährt. § 6 Absatz 2 ist zu berücksichtigen. Notwendige Übernachtungskosten werden erstattet. Ein pauschales Übernachtungsgeld nach § 7 Absatz 1 Satz 1 wird nicht gewährt. § 6 Absatz 3 gilt entsprechend. Als Reisebeihilfe für Heimfahrten werden für jeweils 15 Tage des Aufenthalts am Geschäftsort Fahrkosten entsprechend § 4 Absatz 1 Sätze 1 und 3 oder eine Wegstreckenentschädigung in Höhe von 20 Cent je Kilometer gewährt. Wird der Geschäftsort aufgrund von Heimfahrten verlassen, wird Tagegeld nicht gewährt.

§ 10 Erstattung von Auslagen bei Reisen aus besonderem Anlass

Bei Reisen zum Zwecke der Fortbildung außerhalb des Dienst- oder Wohnorts, die teilweise im dienstlichen Interesse liegen, können mit Zustimmung der obersten Dienstbehörde oder der von ihr ermächtigten Behörde die notwendigen Auslagen bis zur Höhe der bei Dienstreisen zustehenden Reisekostenvergütung erstattet werden.

§ 11 Pauschvergütung

Die oberste Dienstbehörde oder die von ihr ermächtigte Behörde kann bei regelmäßigen oder gleichartigen Dienstreisen zur Vereinfachung der Abrechnung anstelle der Reisekostenvergütung oder Teilen davon eine Pauschvergütung gewähren, die nach dem Durchschnitt der in einem bestimmten Zeitraum sonst anfallenden Einzelvergütungen zu bemessen ist.

§ 12 Erkrankung während einer Dienstreise

Ist bei einer Erkrankung eine Rückkehr an den Wohnort nicht möglich, wird die Reisekostenvergütung weiter gewährt. Bei Aufnahme in ein Krankenhaus wird für jeden vollen Kalendertag des Krankenhausaufenthalts nur Ersatz der notwendigen Auslagen für das Beibehalten der Unterkunft am Geschäftsort gewährt. Im Falle einer lebensgefährlichen Erkrankung der Dienstreisenden werden für eine Besuchsreise einer Person Fahrauslagen entsprechend § 4 Absatz 1 Sätze 1 und 3 oder Wegstreckenentschädigung entsprechend § 5 Absatz 1 gewährt.

§ 13 Verbindung von Dienstreisen mit anderen Reisen

(1) Wird die Dienstreise mit einer privaten Reise verbunden, ist die Reisekostenvergütung so zu bemessen, als wäre nur die Dienstreise durchgeführt worden. Die Reisekostenvergütung darf die nach dem tatsächlichen Reiseverlauf entstandenen Kosten nicht übersteigen.

(2) Ist angeordnet oder genehmigt worden, eine Dienstreise an einem Urlaubsort oder einem anderen vorübergehenden Aufenthaltsort

1. anzutreten,
2. zu beenden oder
3. anzutreten und zu beenden,

tritt dieser Ort an die nach § 2 Absatz 5 maßgebliche Stelle. Absatz 1 Satz 2 ist entsprechend anzuwenden. In den Fällen des Satzes 1 Nummer 1 und 2 werden auf die Reisekostenvergütung Fahrkosten oder Wegstreckenentschädigung für die kürzeste Reisestrecke zwischen dem Urlaubsort oder dem anderen vorübergehenden Aufenthaltsort und dem Dienstort oder der Wohnung angerechnet.

(3) Wird aus dienstlichen Gründen die vorzeitige Beendigung eines Urlaubs oder die vorzeitige Abreise von einem anderen vorübergehenden Aufenthaltsort angeordnet, gilt die Rückreise unmittelbar oder über den Geschäftsort zu der nach § 2 Absatz 5 maßgeblichen Stelle als Dienstreise, für die Reisekostenvergütung gewährt wird. Kosten für die Hinreise der Dienstreisenden und der sie begleitenden Personen werden im Verhältnis des auf Grund der vorzeitigen Beendigung nicht ausgenutzten Teils des Urlaubs oder des Aufenthalts erstattet. Dies gilt entsprechend für sonstige Aufwendungen.

§ 14 Auslandsdienstreisen

(1) Auslandsdienstreisen sind Dienstreisen zwischen Inland und Ausland sowie im Ausland. Es gelten die Vorschriften für Inlandsdienstreisen, soweit in diesem Paragraphen nichts Abweichendes bestimmt ist.

(2) Auslandsdienstreisen bedürfen der schriftlichen oder elektronischen Anordnung oder Genehmigung der obersten Dienstbehörde oder der von ihr ermächtigten Behörde. Dies gilt nicht für Auslandsdienstreisen von Richterinnen und Richtern zur Wahrnehmung richterlicher Amtsgeschäfte.

(3) Bei Auslandsdienstreisen, die mit dem Flugzeug durchgeführt werden und deren reine Flugzeit mindestens fünf Stunden beträgt, können abweichend von § 4 Absatz 2 die Kosten einer höheren Beförderungsklasse erstattet werden. Für besondere dienstliche und persönliche Ausnahmefälle kann die oberste Dienstbehörde auch bei einer Flugzeit von weniger als fünf Stunden eine entsprechende Regelung treffen.

(4) Bei Auslandsdienstreisen werden abweichend von § 6 Absatz 1 Auslandstagegelder in der Höhe gezahlt, wie sie sich aus den Spalten 2 bis 4 der Anlage 4 zu den Allgemeinen Verwaltungsvorschriften zum Landesreisekostengesetz vom 13. Dezember 2021 (MBl. NRW. S. 1096) in der jeweils geltenden Fassung ergeben. Für den An- und Abreisetag ergibt sich das Auslandstagegeld, wenn der Dienstreisende an diesem, einem anschließenden oder vorhergehenden Tag außerhalb seiner Wohnung übernachtet, ohne Rücksicht auf die Abwesenheitszeit aus Spalte 3 der in Satz 1 genannten Anlage. Für die in der in Satz 1 genannten Anlage nicht aufgeführten Übersee- und Außengebiete eines Landes ist das Auslandstagegeld des Mutterlandes maßgebend. Für die in der in Satz 1 genannten Anlage und in Satz 3 nicht erfassten Gebiete oder Länder ist das Auslandstagegeld von Luxemburg maßgebend. Bei mehrtägigen Auslandsdienstreisen richtet sich das Tagegeld für den Tag des Grenz-

VI

übertritts zum Ausland nach dem Land oder dem Ort, das beziehungsweise den die Dienstreisenden vor 24 Uhr Ortszeit zuletzt erreichen. Bei Flugreisen gilt ein Land oder ein Ort in dem Zeitpunkt als erreicht, in dem das Flugzeug dort landet. Zwischenlandungen bleiben unberücksichtigt, es sei denn, dass durch sie Übernachtungen notwendig werden. Bei eintägigen Auslandsdienstreisen und für den Tag des Grenzübertritts zum Inland bei mehrtägigen Auslandsdienstreisen wird Auslandstagegeld nach dem Land des letzten Geschäftsortes, Dienstortes oder des dem vorübergehenden Aufenthalt dienenden Ortes im Ausland gewährt.

(5) Bei Auslandsdienstreisen werden abweichend von § 7 Absatz 1 Auslandsübernachtungsgelder in der Höhe gezahlt, wie sie sich aus Spalte 5 der in Absatz 4 Satz 1 genannten Anlage zu den Verwaltungsvorschriften ergeben. Bei Übernachtungen ohne belegmäßigen Nachweis beträgt. Das Auslandsübernachtungsgeld einheitlich 30 Euro je Übernachtung. In begründeten Ausnahmefällen kann von Satz 1 abgewichen werden, wenn die nachgewiesenen Übernachtungskosten das Auslandsübernachtungsgeld für die gesamte Auslandsdienstreise übersteigen. Für die in der in Absatz 4 Satz 1 genannten Anlage nicht aufgeführten Übersee- und Außengebiete eines Landes ist das Auslandsübernachtungsgeld des Mutterlandes maßgebend. Für die in der in Absatz 4 Satz 1 genannten Anlage und in Satz 4 nicht erfassten Gebiete oder Länder ist das Auslandsübernachtungsgeld von Luxemburg maßgebend.

(6) Abweichend von § 9 Satz 1 beträgt die Ermäßigung des Tagegeldes bei längerem Aufenthalt am Geschäftsort im Ausland lediglich 10 Prozent. Die oberste Dienstbehörde kann von der Ermäßigung des Tagegeldes in begründeten Ausnahmefällen absehen.

(7) Werden Dienstreisende wegen einer Erkrankung in ein ausländisches Krankenhaus aufgenommen, erhalten sie zusätzlich zu der Kostenerstattung nach § 12 Satz 2 für jeden vollen Kalendertag des Krankenhausaufenthaltes 10 Prozent des bisherigen Auslandstagegeldes.

VI

§ 15 Gerichtsvollzieher- und Justizvollziehungsdienst

(1) Beschäftigte im Gerichtsvollzieher- und Justizvollziehungsdienst erhalten bei Dienstreisen in Vollstreckungsangelegenheiten eine Abfindung für jede Amtshandlung.

(2) Das für die Justiz zuständige Ministerium wird ermächtigt, Näheres im Einvernehmen mit dem für Finanzen zuständige Ministerium unter Beachtung der Grundsätze dieses Gesetzes durch Rechtsverordnung zu bestimmen.

§ 16 Trennungsentschädigung

(1) Beamtinnen, Beamte, Richterinnen und Richter, die aus dienstlichen Gründen an einen Ort außerhalb des Dienst- oder Wohnortes ohne Zusage der Umzugskostenvergütung abgeordnet werden, erhalten für die ihnen dadurch entstehenden notwendigen Auslagen eine Entschädigung unter Berücksichtigung der häuslichen Ersparnis, sogenannte Trennungsentschädigung. Der Abordnung stehen eine vorübergehende dienstliche Tätigkeit bei einer anderen Stelle als einer Dienststelle sowie eine Zuweisung nach § 20 des Beamtenstatusgesetzes vom 17. Juni 2008 (BGBl. I S. 1010), das zuletzt durch Artikel 10 des Gesetzes vom 20. November 2019 (BGBl. I S. 1626) geändert worden ist, gleich. Das für Finanzen zuständige Ministerium wird ermächtigt, Umfang und Höhe der Trennungsentschädigung unter Beachtung der Grundsätze dieses Gesetzes durch Rechtsverordnung zu regeln.

(2) Absatz 1 gilt entsprechend für Beamtinnen und Beamte auf Widerruf im Vorbereitungsdienst, die zum Zwecke ihrer Ausbildung einer Ausbildungsstelle außerhalb des Ortes der Stammdienststelle oder des Wohnorts zugewiesen werden, sowie für Abordnungen ohne Zusage der Umzugskostenvergütung zwischen Inland und Ausland. Das für Finanzen zuständige Ministerium wird ermächtigt, für Abordnungen ohne Zusage der Umzugskostenvergütung zwischen Inland und Ausland abweichende Vorschriften unter Beachtung der Grundsätze dieses Gesetzes durch Rechtsverordnung zu erlassen, soweit die besonderen Verhältnisse im Ausland es erfordern.

§ 17 Übertragungsbefugnis bei Gemeinden, Gemeindeverbänden und sonstigen Körperschaften des öffentlichen Rechts

Soweit dieses Gesetz der obersten Dienstbehörde gestattet, ihre Befugnisse zu übertragen, gelten bei den Gemeinden und Gemeindeverbänden für die Übertragung die Vorschriften des kommunalen Verfassungsrechts. Dies gilt entsprechend für die sonstigen der Aufsicht des Landes unterstehenden Körperschaften, Anstalten und Stiftungen des öffentlichen Rechts.

§ 18 Zuständigkeit

Die Landesregierung wird ermächtigt, durch Rechtsverordnung die Aufgaben der Festsetzung und Abrechnung der Reisekostenvergütung sowie der Trennungsentschädigung bei einer oder mehreren Behörden zu zentralisieren.

§ 19 Inkrafttreten, Außerkrafttreten

(1) Dieses Gesetz tritt am 1. Januar 2022 in Kraft. Gleichzeitig tritt das Landesreisekostengesetz vom 16. Dezember 1998 (GV. NRW S. 738), das zuletzt durch Artikel 32 des Gesetzes vom 14. Juni 2016 (GV. NRW. S. 310) geändert worden ist, außer Kraft.

(2) Für Dienstreisen, die bis zum 31. Dezember 2021 angetreten werden, gelten die Vorschriften des Landesreisekostengesetzes in der am 31. Dezember 2021 geltenden Fassung. Dies gilt auch, wenn die Dienstreise bis zum 31. Dezember 2021 angetreten wurde und über den Zeitpunkt des Inkrafttretens dieses Gesetzes hinaus andauert.

Umzugskostengesetz Nordrhein-Westfalen (Landesumzugskostengesetz – LUKG)

Vom 2. Dezember 2025 (GV. NRW. S. 1128)

§ 1 Anwendungsbereich

Dieses Gesetz regelt Art und Umfang der Erstattung von Aufwendungen aus Anlass der in § 4 bezeichneten Umzüge und der in § 11 genannten Maßnahmen zur Gewährung von Trennungsentschädigung. Es trifft ferner Regelungen zur Fahrtkostenerstattung bei Verlegung oder Auflösung einer Dienststelle. Berechtigte sind:

1. Beamtinnen und Beamte des Landes Nordrhein-Westfalen, der Gemeinden, der Gemeindeverbände und der sonstigen der Aufsicht des Landes unterstehenden Körperschaften, Anstalten und Stiftungen des öffentlichen Rechts sowie zu diesen Dienstherren abgeordnete Beamtinnen und Beamte mit Ausnahme der Ehrenbeamtinnen und Ehrenbeamten,
2. Richterinnen und Richter des Landes sowie in den Landesdienst abgeordnete Richterinnen und Richter mit Ausnahme der ehrenamtlichen Richterinnen und Richter,
3. in den Fällen des § 4 Absatz 1 Nummer 6 und § 4 Absatz 2 Nummer 7 auch Beamtinnen, Beamte, Richterinnen und Richter im Sinne der Nummern 1 und 2 im Ruhestand und frühere Beamtinnen, Beamte, Richterinnen und Richter im Sinne der Nummern 1 und 2, die wegen Dienstunfähigkeit oder Erreichens der Altersgrenze entlassen worden sind, sowie
4. Hinterbliebene der in den Nummern 1 bis 3 bezeichneten Personen.

§ 2 Begriffsbestimmungen

(1) Hinterbliebene im Sinne dieses Gesetzes sind die Witwe, der Witwer, die Lebenspartnerin, der Lebenspartner, Verwandte bis zum zweiten Grad, Pflegekinder und Pflegeeltern, wenn diese Personen zur Zeit des Todes zur häuslichen Gemeinschaft der oder des Verstorbenen gehört haben.

(2) Eine häusliche Gemeinschaft im Sinne dieses Gesetzes setzt ein Zusammenleben in gemeinsamer Wohnung oder in enger Betreuungsgemeinschaft in demselben Haus voraus.

(3) Einzugsgebiet im Sinne dieses Gesetzes ist das Gebiet, das auf einer üblicherweise befahrenen Strecke weniger als 30 Kilometer von der Dienststätte entfernt ist.

(4) Eine Wohnung im Sinne dieses Gesetzes ist mindestens ein abgeschlossener Raum, der die Führung eines Haushalts ermöglicht. Zu einer Wohnung gehören stets eine Kochgelegenheit, eine Wasserversorgung und -entsorgung sowie eine Toilette.

(5) Ein eigener Hausstand im Sinne dieses Gesetzes ist eine eingerichtete Wohnung, die den Lebensmittelpunkt bildet und in der ein Haushalt unterhalten wird. Die Wohnung muss als Eigentümerin oder Eigentümer, Mieterin oder Mieter oder aus einem abgeleiteten Recht genutzt werden.

§ 3 Anspruch auf Umzugskostenvergütung

(1) Umzugskostenvergütung wird nur gewährt, wenn sie schriftlich oder elektronisch zugesagt worden ist. Die Entscheidung über die Gewährung von Umzugskostenvergütung soll gleichzeitig mit der den Umzug veranlassenden Maßnahme bekanntgegeben werden.

(2) Die Umzugskostenvergütung wird nach Beendigung des Umzuges gewährt. Sie ist innerhalb einer Ausschlussfrist von sechs Monaten bei der Beschäftigungsbehörde, von den in § 1 Satz 3 Nummer 3 bezeichneten Berechtigten bei der letzten Beschäftigungsbehörde und von den Hinterbliebenen gemäß § 1 Satz 3 Nummer 4 bei der letzten Beschäftigungsbehörde der oder des Verstorbenen schriftlich oder elektronisch zu beantragen. Die Frist beginnt mit dem Tag nach Beendigung des Umzuges, in den Fällen des § 4 Absatz 5 Satz 1 mit der Bekanntgabe des Widerrufs.

VI

(3) Umzugskostenvergütung wird nur gewährt, wenn der Umzug innerhalb von fünf Jahren nach Wirksamwerden der Zusage der Umzugskostenvergütung erfolgt.

§ 4 Zusage der Umzugskostenvergütung

(1) Die Umzugskostenvergütung ist zuzusagen für Umzüge aus Anlass

1. der Versetzung aus dienstlichen Gründen, sofern nicht mit einer baldigen weiteren Versetzung an einen anderen Dienstort zu rechnen ist,
2. der Aufhebung einer Versetzung nach einem Umzug mit Zusage der Umzugskostenvergütung,
3. der Verlegung der Beschäftigungsbehörde,
4. der nicht nur vorübergehenden Zuteilung aus dienstlichen Gründen zu einem anderen Teil der Beschäftigungsbehörde,
5. der Übertragung eines anderen Richteramtes nach § 32 Absatz 2 des Deutschen Richtergesetzes in der Fassung der Bekanntmachung vom 19. April 1972 (BGBl. I S. 713), das zuletzt durch Artikel 9 des Gesetzes vom 22. Oktober 2024 (BGBl. 2024 I Nr. 320) geändert worden ist, oder eines weiteren Richteramtes nach § 27 Absatz 2 des Deutschen Richtergesetzes,
6. der Räumung einer Dienstwohnung aus dienstlichen Gründen auf dienstliche Weisung sowie
7. der Anweisung der oder des Dienstvorgesetzten, die Wohnung innerhalb einer bestimmten Entfernung von der Dienststelle zu nehmen oder eine Dienstwohnung zu beziehen.

(2) Die Umzugskostenvergütung kann zugesagt werden für Umzüge aus Anlass

1. der Einstellung,
2. der Abordnung,
3. der Zuweisung nach § 20 des Beamtenstatusgesetzes vom 17. Juni 2008 (BGBl. I S. 1010), das zuletzt durch Artikel 5 des Gesetzes vom 20. Dezember 2023 (BGBl. 2023 I Nr. 389) geändert worden ist,
4. der vorübergehenden Zuteilung aus dienstlichen Gründen zu einem anderen Teil der Beschäftigungsbehörde,
5. der vorübergehenden dienstlichen Tätigkeit bei einer anderen Stelle als einer Dienststelle,
6. der Aufhebung oder Beendigung einer Maßnahme nach den Nummern 2, 4 oder 5 nach einem Umzug mit Zusage der Umzugskostenvergütung,
7. der Räumung einer dienstherrneigenen oder im Besetzungsrecht des Dienstherrn stehenden Mietwohnung, wenn sie auf dienstliche Veranlassung hin geräumt werden soll, sowie
8. eines Umzugs aus einer Wohnung in eine vorläufige Wohnung, wenn die zuständige Behörde diese vorher als vorläufige Wohnung anerkannt hat.

(3) Die Umzugskostenvergütung darf in den Fällen des Absatzes 1 Nummer 1 bis 5 und des Absatzes 2 Nummer 1 bis 6 nur zugesagt werden, wenn der neue Dienstort ein anderer als der bisherige Dienstort ist und die Wohnung der oder des Berechtigten nicht am neuen Dienstort oder im Einzugsgebiet liegt.

(4) Von der Zusage der Umzugskostenvergütung ist abzusehen, wenn die oder der Berechtigte auf die Zusage der Umzugskostenvergütung unwiderruflich verzichtet und dienstliche Gründe den Umzug nicht erfordern oder wenn der Umzug aus besonderen Gründen nicht durchgeführt werden soll.

(5) Wird die Zusage der Umzugskostenvergütung aus von der oder dem Berechtigten nicht zu vertretenden Gründen widerrufen, so werden die durch die Vorbereitung des Umzuges entstandenen nachgewiesenen notwendigen, nach diesem Gesetz erstattungsfähigen Auslagen bei Berechtigten ohne eigenen Hausstand bis zur Höhe des in § 5 Absatz 1 genannten Betrages, bei Berechtigten mit eigenem Hausstand bis zur Höhe der in § 8 Absatz 1 genannten Beträge erstattet. Muss in diesem Fall ein anderer Umzug durchgeführt werden, so wird dafür zusätzlich Umzugskostenvergütung gewährt. Die Sätze 1 und 2 gelten entsprechend, wenn die

Zusage der Umzugskostenvergütung zurückgenommen, anderweitig aufgehoben wird oder sich auf andere Weise erledigt.

§ 5 Umzugskostenvergütung

(1) Berechtigte, die vor oder nach dem Umzug keinen eigenen Hausstand haben, erhalten eine pauschale Umzugskostenvergütung in Höhe von 800 Euro.

(2) Für Berechtigte mit eigenem Hausstand umfasst die Umzugskostenvergütung Erstattungen für

1. Beförderungsaufwendungen gemäß § 6,
2. Fahrtkosten gemäß § 7,
3. sonstige Umzugsaufwendungen gemäß § 8 und
4. Aufwendungen für den Unterhalt zweier Wohnungen gemäß § 9.

(3) Umzugskostenvergütung im Sinne dieses Gesetzes umfasst auch die Auslagenerstattung gemäß § 4 Absatz 5.

(4) Zuwendungen, die für denselben Umzug von einer anderen Dienst- oder Beschäftigungsstelle gewährt werden, sind auf die Umzugskostenvergütung insoweit anzurechnen, soweit diese für denselben Zweck gewährt wird.

(5) Die aufgrund einer Zusage nach § 4 Absatz 2 Nummer 1 gewährte Umzugskostenvergütung ist zurückzuzahlen, wenn die oder der Berechtigte vor Ablauf von zwei Jahren nach Beendigung des Umzuges aus einem von ihr oder ihm zu vertretenden Grund aus dem Dienst beim bisherigen Dienstherrn ausscheidet. Die oberste Dienstbehörde kann hiervon Ausnahmen zulassen, wenn die oder der Berechtigte unmittelbar in ein Dienst- oder Beschäftigungsverhältnis zu einer Körperschaft, Anstalt oder Stiftung des öffentlichen Rechts oder einer öffentlichen Interessen dienenden Einrichtung übertritt.

§ 6 Beförderungsaufwendungen

(1) Aufwendungen für das Befördern des Umzugsgutes von der bisherigen zur neuen Wohnung werden als Pauschale erstattet. Die pauschale Erstattung beträgt

1. bei einem Einpersonenhaushalt und einer Wohnfläche der neuen Wohnung bis zu 50 Quadratmetern 1000 Euro,
2. bei einem Zweipersonenhaushalt oder einer Wohnfläche der neuen Wohnung bis zu 80 Quadratmetern 1500 Euro,
3. bei einem Dreipersonenhaushalt oder einer Wohnfläche der neuen Wohnung bis zu 110 Quadratmetern 2500 Euro und
4. bei einem Vier- oder Mehrpersonenhaushalt oder einer Wohnfläche der neuen Wohnung von mehr als 110 Quadratmetern 4000 Euro.

Das für die Berechtigten günstigere Kriterium ist ausschlaggebend.

(2) Die Pauschale nach Absatz 1 erhöht sich

1. bei einer Entfernung von der bisherigen zur neuen Wohnung von mehr als 250 Kilometern um 250 Euro und
2. bei einer Entfernung von der bisherigen zur neuen Wohnung von mehr als 400 Kilometern um 500 Euro.

§ 7 Fahrtkosten

(1) Die Vorbereitung des Umzugs, das Suchen und Besichtigen einer Wohnung und die Umzugsreise der oder des Berechtigten und der zur häuslichen Gemeinschaft gehörenden Personen von der bisherigen zur neuen Wohnung werden insgesamt mit einer Fahrtkostenpauschale abgegolten. Die Pauschale wird bemessen nach dem Vierfachen der vollen Entfernungskilometer zwischen der bisherigen und der neuen Wohnung und beträgt 30 Cent für jeden Kilometer.

(2) Liegt die neue Wohnung im Ausland, sind in den Fällen des § 4 Absatz 1 Nummer 6 und des § 4 Absatz 2 Nummer 7 bei der Bemessung der Pauschale höchstens 600 Entfernungskilometer zu berücksichtigen.

§ 8 Sonstige Umzugsaufwendungen

(1) Berechtigte, die am Tage vor dem Einladen des Umzugsgutes eine Wohnung hatten und nach dem Umzug wieder eine Wohnung eingerichtet haben, erhalten eine Pauschvergütung für sonstige Umzugsaufwendungen.

Sie beträgt

1. für Berechtigte 1000 Euro und
2. für jede auch nach dem Umzug zur häuslichen Gemeinschaft der berechtigten Person gehörende Person 200 Euro.

(2) Für denselben Umzug kann eine Pauschvergütung nach Absatz 1 Satz 2 Nummer 1 nur einmal gewährt werden.

§ 9 Unterhalt zweier Wohnungen

Sind für den umzugsbedingten vorübergehenden Unterhalt zweier Wohnungen tatsächliche Aufwendungen entstanden, werden diese für bis zu zwei Kalendermonate als Pauschale erstattet. Die pauschale Erstattung beträgt monatlich bei einer Wohnfläche der neuen Wohnung

1. bis zu 50 Quadratmetern 500 Euro,
2. von mehr als 50 Quadratmetern bis zu 80 Quadratmetern 800 Euro,
3. von mehr als 80 Quadratmetern bis zu 110 Quadratmetern 1100 Euro und
4. von mehr als 110 Quadratmetern 1250 Euro.

Die für die Abrechnung zuständige Stelle kann bis zur abschließenden Bearbeitung, längstens sechs Monate nach Antragstellung, die Vorlage der maßgeblichen Belege für den Unterhalt der Wohnungen verlangen.

§ 10 Auslandsumzüge

Bei Auslandsumzügen nach § 13 des Bundesumzugskostengesetzes vom 11. Dezember 1990 (BGBl. I S. 2682), das zuletzt durch Artikel 7 des Gesetzes vom 9. Dezember 2019 (BGBl. I S. 2053) geändert worden ist, bestimmt sich der Anspruch auf Umzugskostenvergütung nach Maßgabe der Auslandsumzugskostenverordnung vom 26. November 2012 (BGBl. I S. 2349) in der jeweils geltenden Fassung, soweit in diesem Gesetz nichts Abweichendes bestimmt ist.

§ 11 Trennungsentschädigung

(1) Berechtigte erhalten:

1. in den Fällen des § 4 Absatz 1 Nummer 1 bis 6, wenn ihre Wohnung außerhalb des neuen Dienstortes und des Einzugsgebiets liegt und sie nicht unwiderruflich auf die Umzugskostenvergütung verzichtet haben,
2. in den Fällen des § 4 Absatz 2 Nummer 2 bis 6, soweit sie an einem anderen Ort als dem bisherigen Dienstort tätig werden, und
3. bei der Einstellung mit Zusage der Umzugskostenvergütung gemäß § 4 Absatz 2 Nummer 1

Trennungsentschädigung unter Berücksichtigung der häuslichen Ersparnis für die ihnen durch die getrennte Haushaltsführung, das Beibehalten der Wohnung oder der Unterkunft am bisherigen Wohnort oder das Unterstellen des zur Führung eines Haushalts notwendigen Teils der Wohnungseinrichtung entstehenden notwendigen Auslagen.

(2) Das für Finanzen zuständige Ministerium wird ermächtigt, Umfang und Höhe der Trennungsentschädigung unter Beachtung der Grundsätze dieses Gesetzes durch Rechtsverordnung zu regeln.

§ 12 Pauschale Fahrtkostenerstattung bei Verlegung oder Auflösung einer Dienststelle

(1) Werden Berechtigte aus Anlass der Auflösung oder der Verlegung der Dienststelle an einen anderen Ort als den bisherigen Dienstort versetzt und haben sie außerhalb des neuen Dienstortes und des Einzugsgebiets eine Wohnung zur Miete oder im Eigentum, zu der sie täglich zurückkehren, so kann ihnen auf Antrag Fahrtkostenerstattung nach Absatz 2 gewährt werden, wenn ein Anspruch auf Trennungsentschädigung nicht besteht. Dies gilt nicht für Beamtinnen und Beamte auf Widerruf.

(2) Die Fahrtkostenerstattung beträgt für jede Fahrt von der Wohnung zur neuen Dienststelle 20 Cent für jeden Entfernungskilometer, der die Strecke zwischen Wohnung und bisheriger Dienststelle übersteigt, höchstens jedoch 100 Euro je Monat.

(3) Zur Vereinfachung der Abrechnung kann die oberste Dienstbehörde oder die von ihr ermächtigte Behörde anstelle der Fahrtkostenerstattung nach Absatz 2 eine Pauschver-

gütung gewähren. Der Höchstbetrag nach Absatz 2 ist zu beachten.

(4) Fahrtkostenerstattung nach Absatz 2 wird frühestens vom Zeitpunkt des Wirksamwerdens der Versetzung oder der Verlegung der Dienststelle bis zur Dauer von zwei Jahren gewährt. Haben Berechtigte im Zeitpunkt des Wirksamwerdens der dienstlichen Maßnahme das 62. Lebensjahr vollendet, erhalten sie Fahrtkostenerstattung bis zur Beendigung des Dienstverhältnisses.

(5) Der Antrag nach Absatz 1 ist innerhalb einer Ausschlussfrist von drei Monaten nach Wirksamwerden der dienstlichen Maßnahme schriftlich oder elektronisch zu stellen. Die Fahrtkostenerstattung ist monatlich nachträglich innerhalb von drei Monaten nach dem jeweiligen Abrechnungszeitraum abzurechnen. Sie wird monatlich nachträglich unbar auf das Bezügekonto der Berechtigten gezahlt.

(6) Bei der Umbildung von Körperschaften gilt Absatz 1 entsprechend.

VI

§ 13 Zuständigkeiten

(1) In den Gemeinden, Gemeindeverbänden und den sonstigen der Aufsicht des Landes unterstehenden Körperschaften, Anstalten und Stiftungen des öffentlichen Rechts ist in den Fällen des § 5 Absatz 5 Satz 2 die oder der Dienstvorgesetzte zuständig.

(2) Die Landesregierung wird ermächtigt, durch Rechtsverordnung die Festsetzung und Abrechnung der Umzugskostenvergütung, der Trennungsentschädigung gemäß § 11 und der Fahrtkostenerstattung in den Fällen des § 12 bei einer oder mehreren Behörden zu zentralisieren.

§ 14 Übergangsregelung

Das Landesumzugskostengesetz in der Fassung der Bekanntmachung vom 6. Juli 1993 (GV. NRW. S. 464) in der am 31. Dezember 2025 geltenden Fassung ist weiter anzuwenden für:

1. Umzüge, die vor dem 1. Januar 2026 durchgeführt, aber noch nicht abgerechnet worden sind,
2. Umzüge, für die die Umzugskostenvergütung vor dem 1. Januar 2026 zugesagt wurde und für die Berechtigte vor dem 31. Dezember 2025 Angebote von Speditionsunternehmen für die Durchführung des Umzugs vorgelegt haben, und
3. die Gewährung eines Auslagenersatzes aus Anlass der Auflösung oder Verlegung von Dienststellen oder der Umbildung von Körperschaften, wenn die Maßnahmen vor dem 1. Januar 2026 wirksam geworden sind.

§ 15 Inkrafttreten, Außerkrafttreten

Dieses Gesetz tritt am 1. Januar 2026 in Kraft. Gleichzeitig tritt das Landesumzugskostengesetz in der Fassung der Bekanntmachung vom 6. Juli 1993 (GV. NRW. S. 464), das zuletzt durch Artikel 59 des Gesetzes vom 1. Februar 2022 (GV. NRW. S. 122) geändert worden ist, außer Kraft.

Gesetz über die Umzugskostenvergütung für die Bundesbeamten, Richter im Bundesdienst und Soldaten (Bundesumzugskostengesetz – BUKG)

in der Fassung der Bekanntmachung vom 11. Dezember 1990 (BGBl. I S. 2682)

Zuletzt geändert durch Dienstrechtsneuordnungsgesetz vom 5. Februar 2009 (BGBl. I S. 160)[1])

§ 1 Anwendungsbereich

(1) Dieses Gesetz regelt Art und Umfang der Erstattung von Auslagen aus Anlaß der in den §§ 3 und 4 bezeichneten Umzüge und der in § 12 genannten Maßnahmen. Berechtigte sind:

1. Bundesbeamte und in den Bundesdienst abgeordnete Beamte,
2. Richter im Bundesdienst und in den Bundesdienst abgeordnete Richter,
3. Berufssoldaten und Soldaten auf Zeit,
4. Beamte und Richter (Nummern 1 und 2) und Berufssoldaten im Ruhestand,
5. frühere Beamte und Richter (Nummern 1 und 2) und Berufssoldaten, die wegen Dienstunfähigkeit oder Erreichens der Altersgrenze entlassen worden sind,
6. Hinterbliebene der in den Nummern 1 bis 5 bezeichneten Personen.

(2) Hinterbliebene sind der Ehegatte, Lebenspartner Verwandte bis zum vierten Grade, Verschwägerte bis zum zweiten Grade, Pflegekinder und Pflegeeltern, wenn diese Personen zur Zeit des Todes zur häuslichen Gemeinschaft des Verstorbenen gehört haben.

(3) Eine häusliche Gemeinschaft im Sinne dieses Gesetzes setzt ein Zusammenleben in gemeinsamer Wohnung oder in enger Betreuungsgemeinschaft in demselben Hause voraus.

§ 2 Anspruch auf Umzugskostenvergütung

(1) Voraussetzung für den Anspruch auf Umzugskostenvergütung ist die schriftliche oder elektronische Zusage. Sie soll gleichzeitig mit der den Umzug veranlassenden Maßnahme erteilt werden. In den Fällen des § 4 Abs. 3 muß die Umzugskostenvergütung vor dem Umzug zugesagt werden.

(2) Die Umzugskostenvergütung wird nach Beendigung des Umzuges gewährt. Sie ist innerhalb einer Ausschlußfrist von einem Jahr bei der Beschäftigungsbehörde, in den Fällen des § 4 Abs. 3 bei der letzten Beschäftigungsbehörde, schriftlich oder elektronisch zu beantragen. Die Frist beginnt mit dem Tage nach Beendigung des Umzuges, in den Fällen des § 11 Abs. 3 Satz 1 mit der Bekanntgabe des Widerrufs.

(3) Umzugskostenvergütung wird nicht gewährt, wenn nicht innerhalb von fünf Jahren nach Wirksamwerden der Zusage der Umzugskostenvergütung umgezogen wird. Die oberste Dienstbehörde kann diese Frist in besonders begründeten Ausnahmefällen um längstens zwei Jahre verlängern. § 4 Abs. 3 Satz 2 bleibt unberührt.

§ 3 Zusage der Umzugskostenvergütung

(1) Die Umzugskostenvergütung ist zuzusagen für Umzüge

1. aus Anlaß der Versetzung aus dienstlichen Gründen an einen anderen Ort als den bisherigen Dienstort, es sei denn, daß

VI

[1]) Zur in Nordrhein-Westfalen geltenden Fassung des BUKG siehe § 1 Abs. 1 LUKG.

a) mit einer baldigen weiteren Versetzung an einen anderen Dienstort zu rechnen ist,
b) der Umzug aus besonderen Gründen nicht durchgeführt werden soll,
c) die Wohnung auf einer üblicherweise befahrenen Strecke weniger als 30 Kilometer von der neuen Dienststätte entfernt ist oder im neuen Dienstort liegt (Einzugsgebiet) oder
d) der Berechtigte auf die Zusage der Umzugskostenvergütung unwiderruflich verzichtet und dienstliche Gründe den Umzug nicht erfordern,

2. auf Anweisung des Dienstvorgesetzten, die Wohnung innerhalb bestimmter Entfernung von der Dienststelle zu nehmen oder eine Dienstwohnung zu beziehen,
3. aus Anlaß der Räumung einer Dienstwohnung auf dienstliche Weisung,
4. aus Anlaß der Aufhebung einer Versetzung nach einem Umzug mit Zusage der Umzugskostenvergütung.

(2) Absatz 1 Nr. 1 gilt entsprechend für Umzüge aus Anlaß

1. der Verlegung der Beschäftigungsbehörde,
2. der nicht nur vorübergehenden Zuteilung aus dienstlichen Gründen zu einem anderen Teil der Beschäftigungsbehörde,
3. der Übertragung eines anderen Richteramtes nach § 32 Abs. 2 des Deutschen Richtergesetzes oder eines weiteren Richteramtes nach § 27 Abs. 2 des vorgenannten Gesetzes.

§ 4 Zusage der Umzugskostenvergütung in besonderen Fällen

(1) Die Umzugskostenvergütung kann in entsprechender Anwendung des § 3 Abs. 1 Nr. 1 zugesagt werden für Umzüge aus Anlaß

1. der Einstellung,
2. der Abordnung oder Kommandierung,
3. der vorübergehenden Zuteilung aus dienstlichen Gründen zu einem anderen Teil der Beschäftigungsbehörde,
4. der vorübergehenden dienstlichen Tätigkeit bei einer anderen Stelle als einer Dienststelle.

(2) Die Umzugskostenvergütung kann ferner zugesagt werden für Umzüge aus Anlaß

1. der Aufhebung oder Beendigung einer Maßnahme nach Absatz 1 Nr. 2 bis 4 nach einem Umzug mit Zusage der Umzugskostenvergütung,
2. der Räumung einer bundeseigenen oder im Besetzungsrecht des Bundes stehenden Mietwohnung, wenn sie auf Veranlassung der obersten Dienstbehörde oder der von ihr ermächtigten Behörde im dienstlichen Interesse geräumt werden soll,
3. einer Versetzung oder eines Wohnungswechsels wegen des Gesundheitszustandes des Berechtigten, des mit ihm in häuslicher Gemeinschaft lebenden Ehegatten oder Lebenspartners oder der mit ihm in häuslicher Gemeinschaft lebenden, beim Familienzuschlag nach dem Bundesbesoldungsgesetz berücksichtigungsfähigen Kinder, wobei die Notwendigkeit des Umzuges amts- oder vertrauensärztlich bescheinigt sein muß,
4. eines Wohnungswechsels, der notwendig ist, weil die Wohnung wegen der Zunahme der Zahl der zur häuslichen Gemeinschaft gehörenden, beim Familienzuschlag nach dem Bundesbesoldungsgesetz berücksichtigungsfähigen Kinder unzureichend geworden ist. Unzureichend ist eine Wohnung, wenn die Zimmerzahl der bisherigen Wohnung um mindestens zwei hinter der zustehenden Zimmerzahl zurückbleibt. Dabei darf für jede vor und nach dem Umzug zur häuslichen Gemeinschaft des Berechtigten gehörende Person (§ 6 Abs. 3 Satz 2 und 3) nur ein Zimmer zugebilligt werden.

(3) Die Umzugskostenvergütung kann ferner für Umzüge aus Anlaß der Beendigung des Dienstverhältnisses Berechtigten nach § 1 Abs. 1 Satz 2 Nr. 4 bis 6 zugesagt werden, wenn

1. ein Verbleiben an Grenzorten, kleineren abgelegenen Plätzen oder Inselorten nicht zumutbar ist oder
2. in den vorausgegangenen zehn Jahren mindestens ein Umzug mit Zusage der Umzugskostenvergütung an einen anderen Ort durchgeführt wurde.

Die Umzugskostenvergütung wird nur gewährt, wenn innerhalb von zwei Jahren nach Beendigung des Dienstverhältnisses umgezogen wird. Sie wird nicht gewährt, wenn das Dienstverhältnis aus Disziplinargründen oder zur Aufnahme einer anderen Tätigkeit beendet wurde.

(4) Der Abordnung nach Absatz 1 Nr. 2 stehen die Zuweisung nach § 29 des Bundesbeamtengesetzes oder nach § 20 des Beamtenstatusgesetzes gleich.

§ 5 Umzugskostenvergütung

(1) Die Umzugskostenvergütung umfaßt

1. Beförderungsauslagen (§ 6),
2. Reisekosten (§ 7),
3. Mietentschädigung (§ 8),
4. andere Auslagen (§ 9),
5. Pauschvergütung für sonstige Umzugsauslagen (§ 10),
6. Auslagen nach § 11.

(2) Zuwendungen, die für denselben Umzug von einer anderen Dienst- oder Beschäftigungsstelle gewährt werden, sind auf die Umzugskostenvergütung insoweit anzurechnen, als für denselben Zweck Umzugskostenvergütung nach diesem Gesetz gewährt wird.

(3) Die aufgrund einer Zusage nach § 4 Abs. 1 Nr. 1 oder Abs. 2 Nr. 3 oder 4 gewährte Umzugskostenvergütung ist zurückzuzahlen, wenn der Berechtigte vor Ablauf von zwei Jahren nach Beendigung des Umzuges aus einem von ihm zu vertretenden Grunde aus dem Bundesdienst ausscheidet. Die oberste Dienstbehörde kann hiervon Ausnahmen zulassen, wenn der Berechtigte unmittelbar in ein Dienst- oder Beschäftigungsverhältnis zu einem anderen öffentlich-rechtlichen Dienstherrn im Geltungsbereich dieses Gesetzes oder zu einer in § 40 Abs. 6 Satz 2 und 3 des Bundesbesoldungsgesetzes bezeichneten Einrichtung übertritt.

§ 6 Beförderungsauslagen

(1) Die notwendigen Auslagen für das Befördern des Umzugsgutes von der bisherigen zur neuen Wohnung werden erstattet. Liegt die neue Wohnung im Ausland, so werden in den Fällen des § 3 Abs. 1 Nr. 3, § 4 Abs. 2 Nr. 2 und Abs. 3 Satz 1 die Beförderungsauslagen bis zum inländischen Grenzort erstattet.

(2) Auslagen für das Befördern von Umzugsgut, das sich außerhalb der bisherigen Wohnung befindet, werden höchstens insoweit erstattet, als sie beim Befördern mit dem übrigen Umzugsgut erstattungsfähig wären.

(3) Umzugsgut sind die Wohnungseinrichtung und in angemessenem Umfang andere bewegliche Gegenstände und Haustiere, die sich am Tage vor dem Einladen des Umzugsgutes im Eigentum, Besitz oder Gebrauch des Berechtigten oder anderer Personen befinden, die mit ihm in häuslicher Gemeinschaft leben. Andere Personen im Sinne des Satzes 1 sind der Ehegatte, der Lebenspartner sowie die ledigen Kinder, Stief- und Pflegekinder. Es gehören ferner dazu die nicht ledigen in Satz 2 genannten Kinder und Verwandte bis zum vierten Grade, Verschwägerte bis zum zweiten Grade und Pflegeeltern, wenn der Berechtigte diesen Personen aus gesetzlicher oder sittlicher Verpflichtung nicht nur vorübergehend Unterkunft und Unterhalt gewährt, sowie Hausangestellte und solche Personen, deren Hilfe der Berechtigte aus beruflichen oder gesundheitlichen Gründen nicht nur vorübergehend bedarf.

§ 7 Reisekosten

(1) Die Auslagen für die Reise des Berechtigten und der zur häuslichen Gemeinschaft gehörenden Personen (§ 6 Abs. 3 Satz 2 und 3) von der bisherigen zur neuen Wohnung werden wie bei Dienstreisen des Berechtigten erstattet, in den Fällen des § 4 Abs. 3 Satz 1 Nr. 1 wie sie bei Dienstreisen im letzten Dienstverhältnis zu erstatten wären. Tagegeld wird vom Tage des Einladens des Umzugsgutes an bis zum Tage des Ausladens mit

VI

der Maßgabe gewährt, daß auch diese beiden Tage als volle Reisetage gelten. Übernachtungsgeld wird für den Tag des Ausladens des Umzugsgutes nur gewährt, wenn eine Übernachtung außerhalb der neuen Wohnung notwendig gewesen ist.

(2) Absatz 1 Satz 1 gilt entsprechend für zwei Reisen einer Person oder eine Reise von zwei Personen zum Suchen oder Besichtigen einer Wohnung mit der Maßgabe, daß die Fahrkosten bis zur Höhe der billigsten Fahrkarte der allgemein niedrigsten Klasse eines regelmäßig verkehrenden Beförderungsmittels erstattet werden. Tage- und Übernachtungsgeld wird je Reise für höchstens zwei Reise- und zwei Aufenthaltstage gewährt.

(3) Für eine Reise des Berechtigten zur bisherigen Wohnung zur Vorbereitung und Durchführung des Umzuges werden Fahrkosten gemäß Absatz 2 Satz 1 erstattet. Die Fahrkosten einer anderen Person für eine solche Reise werden im gleichen Umfang erstattet, wenn sich zur Zeit des Umzuges am bisherigen Wohnort weder der Berechtigte noch eine andere Person (§ 6 Abs. 3 Satz 2 und 3) befunden hat, der die Vorbereitung und Durchführung des Umzuges zuzumuten war. Wird der Umzug vor dem Wirksamwerden einer Maßnahme nach §§ 3, 4 Abs. 1 durchgeführt, so werden die Fahrkosten für die Rückreise von der neuen Wohnung zum Dienstort, in den Fällen des § 4 Abs. 1 Nr. 1 zur bisherigen Wohnung, gemäß Absatz 2 Satz 1 erstattet.

(4) § 6 Abs. 1 Satz 2 gilt entsprechend.

§ 8 Mietentschädigung

(1) Miete für die bisherige Wohnung wird bis zu dem Zeitpunkt, zu dem das Mietverhältnis frühestens gelöst werden konnte, längstens jedoch für sechs Monate, erstattet, wenn für dieselbe Zeit Miete für die neue Wohnung gezahlt werden mußte. Ferner werden die notwendigen Auslagen für das Weitervermieten der Wohnung innerhalb der Vertragsdauer bis zur Höhe der Miete für einen Monat erstattet. Die Sätze 1 und 2 gelten auch für die Miete einer Garage.

(2) Miete für die neue Wohnung, die nach Lage des Wohnungsmarktes für eine Zeit gezahlt werden mußte, während der die Wohnung noch nicht benutzt werden konnte, wird längstens für drei Monate erstattet, wenn für dieselbe Zeit Miete für die bisherige Wohnung gezahlt werden mußte. Entsprechendes gilt für die Miete einer Garage.

(3) Die bisherige Wohnung im eigenen Haus oder die Eigentumswohnung steht der Mietwohnung gleich mit der Maßgabe, daß die Mietentschädigung längstens für ein Jahr gezahlt wird. Die oberste Dienstbehörde kann diese Frist in besonders begründeten Ausnahmefällen um längstens sechs Monate verlängern. An die Stelle der Miete tritt der ortsübliche Mietwert der Wohnung. Entsprechendes gilt für die eigene Garage. Für die neue Wohnung im eigenen Haus oder die neue Eigentumswohnung wird Mietentschädigung nicht gewährt.

(4) Miete nach den Absätzen 1 bis 3 wird nicht für eine Zeit erstattet, in der die Wohnung oder die Garage ganz oder teilweise anderweitig vermietet oder benutzt worden ist.

§ 9 Andere Auslagen

(1) Die notwendigen ortsüblichen Maklergebühren für die Vermittlung einer Mietwohnung und einer Garage oder die entsprechenden Auslagen bis zu dieser Höhe für eine eigene Wohnung werden erstattet.

(2) Die Auslagen für einen durch den Umzug bedingten zusätzlichen Unterricht der Kinder des Berechtigten (§ 6 Abs. 3 Satz 2) werden bis zu vierzig vom Hundert des im Zeitpunkt der Beendigung des Umzuges maßgebenden Endgrundgehaltes der Besoldungsgruppe A 12 des Bundesbesoldungsgesetzes für jedes Kind erstattet, und zwar bis zu fünfzig vom Hundert dieses Betrages voll und darüber hinaus zu drei Vierteln.

(3) Die Auslagen für einen Kochherd werden bis zu einem Betrag von 450 Deutsche Mark erstattet, wenn seine Beschaffung beim Bezug der neuen Wohnung notwendig ist. Sofern die neue Wohnung eine Mietwohnung ist, werden unter den gleichen Voraussetzun-

gen auch die Auslagen für Öfen bis zu einem Betrag von 320 Deutsche Mark für jedes Zimmer erstattet.

Hinweis zu Abs. 3:
450 DM entspricht 230,08 Euro; 320 DM entspricht 163,61 Euro. Die Umrechnung erfolgt aufgrund von EG-Recht vorbehaltlich einer späteren Rechtsbereinigung. Die Umzugskostenvergütung für einen im Jahr 2001 mit Zusage der Umzugskostenvergütung durchgeführten Umzug, der im Jahr 2002 abgerechnet wird, erfolgte nach den im Jahre 2001 geltenden Beträgen, die eurocentgenau umzurechnen sind.

§ 10 Pauschvergütung für sonstige Umzugsauslagen

(1) Berechtigte, die am Tage vor dem Einladen des Umzugsgutes eine Wohnung hatten und nach dem Umzug wieder eingerichtet haben, erhalten eine Pauschvergütung für sonstige Umzugsauslagen. Sie beträgt für verheiratete oder in einer Lebenspartnerschaft lebende Angehörige der Besoldungsgruppen B 3 bis B 11, C 4 sowie R 3 bis R 10 28,6, der Besoldungsgruppen B 1 und B 2, A 13 bis A 16, C 1 bis C 3 sowie R 1 und R 2 24,1, der Besoldungsgruppen A 9 bis A 12 21,4 sowie der Besoldungsgruppen A 1 bis A 8 20,2 Prozent des Endgrundgehaltes der Besoldungsgruppe A 13 nach Anlage IV des Bundesbesoldungsgesetzes. Ledige erhalten 50 Prozent des Betrages nach Satz 2. Die Beträge nach den Sätzen 2 und 3 erhöhen sich für jede in § 6 Abs. 3 Satz 2 und 3 bezeichnete Person mit Ausnahme des Ehegatten oder Lebenspartners um 6,3 Prozent des Endgrundgehaltes der Besoldungsgruppe A 13 nach Anlage IV des Bundesbesoldungsgesetzes, wenn sie auch nach dem Umzug mit dem Umziehenden in häuslicher Gemeinschaft lebt.

(2) Dem Verheirateten stehen gleich der Verwitwete und der Geschiedene sowie derjenige, dessen Ehe aufgehoben oder für nichtig erklärt ist, ferner der Ledige, der auch in der neuen Wohnung Verwandten bis zum vierten Grade, Verschwägerten bis zum zweiten Grade, Pflegekindern oder Pflegeeltern aus gesetzlicher oder sittlicher Verpflichtung nicht nur vorübergehend Unterkunft und Unterhalt gewährt, sowie der Ledige, der auch in der neuen Wohnung eine andere Person aufgenommen hat, deren Hilfe er aus beruflichen oder gesundheitlichen Gründen nicht nur vorübergehend bedarf. Dem in einer Lebenspartnerschaft Lebenden stehen gleich derjenige, der seinen Lebenspartner überlebt hat, und derjenige, dessen Lebenspartnerschaft aufgehoben wurde.

(3) Eine Wohnung im Sinne des Absatzes 1 besteht aus einer geschlossenen Einheit von mehreren Räumen, in der ein Haushalt geführt werden kann, darunter stets eine Küche oder ein Raum mit Kochgelegenheit. Zu einer Wohnung gehören außerdem Wasserversorgung, Ausguß und Toilette.

(4) Sind die Voraussetzungen des Absatzes 1 Satz 1 nicht gegeben, so beträgt die Pauschvergütung bei Verheirateten 30 vom Hundert, bei Ledigen 20 vom Hundert des Betrages nach Absatz 1 Satz 2 oder 3. Die volle Pauschvergütung wird gewährt, wenn das Umzugsgut aus Anlaß einer vorangegangenen Auslandsverwendung untergestellt war.

(5) In den Fällen des § 11 Abs. 3 werden die nachgewiesenen notwendigen Auslagen bis zur Höhe der Pauschvergütung erstattet.

(6) Ist innerhalb von fünf Jahren ein Umzug mit Zusage der Umzugskostenvergütung nach §§ 3, 4 Abs. 1 Nr. 2 bis 4 oder Abs. 2 Nr. 1 vorausgegangen, so wird ein Häufigkeitszuschlag in Höhe von 50 vom Hundert der Pauschvergütung nach Absatz 1 gewährt, wenn beim vorausgegangenen und beim abzurechnenden Umzug die Voraussetzungen des Absatzes 1 Satz 1 vorgelegen haben.

(7) Stehen für denselben Umzug mehrere Pauschvergütungen zu, wird nur eine davon gewährt; sind die Pauschvergütungen unterschiedlich hoch, so wird die höhere gewährt.

§ 11 Umzugskostenvergütung in Sonderfällen

(1) Ein Beamter mit Wohnung im Sinne von § 10 Abs. 3, dem Umzugskostenvergütung für einen Umzug nach § 3 Abs. 1 Nr. 1, 3 oder 4, § 4 Abs. 1 Nr. 1 bis 4, Abs. 2 Nr. 1 zugesagt ist, kann für den Umzug in eine vorläufige Wohnung Umzugskostenvergütung erhalten,

VI

wenn die zuständige Behörde diese Wohnung vorher schriftlich oder elektronisch als vorläufige Wohnung anerkannt hat. Bis zum Umzug in die endgültige Wohnung darf eine Wohnung nur einmal als vorläufige Wohnung anerkannt werden.

(2) In den Fällen des § 4 Abs. 2 Nr. 3 und 4 werden höchstens die Beförderungsauslagen (§ 6) und die Reisekosten (§ 7) erstattet, die bei einem Umzug über eine Entfernung von fünfundzwanzig Kilometern entstanden wären. Im Falle des § 4 Abs. 3 Satz 1 Nr. 2 werden nur die Beförderungsauslagen (§ 6) erstattet. Satz 2 gilt auch für das Befördern des Umzugsgutes des Ehegatten oder Lebenspartners, wenn der Berechtigte innerhalb von sechs Monaten nach dem Tag geheiratet oder die Lebenspartnerschaft begründet hat, an dem die Umzugskostenvergütung nach § 3 Abs. 1 Nr. 1 oder 2 oder Abs. 2 oder § 4 Abs. 1 oder Abs. 2 Nr. 1 zugesagt worden ist.

(3) Wird die Zusage der Umzugskostenvergütung aus von dem Berechtigten nicht zu vertretenden Gründen widerrufen, so werden die durch die Vorbereitung des Umzuges entstandenen notwendigen, nach diesem Gesetz erstattungsfähigen Auslagen erstattet. Muß in diesem Fall ein anderer Umzug durchgeführt werden, so wird dafür Umzugskostenvergütung gewährt; Satz 1 bleibt unberührt. Die Sätze 1 und 2 gelten entsprechend, wenn die Zusage der Umzugskostenvergütung zurückgenommen, anderweitig aufgehoben wird oder sich auf andere Weise erledigt.

VI

§ 12 Trennungsgeld

(1) Trennungsgeld wird gewährt

1. in den Fällen des § 3 Abs. 1 Nr. 1, 3 und 4 sowie Abs. 2, ausgenommen bei Vorliegen der Voraussetzungen des § 3 Abs. 1 Nr. 1 Buchstaben c und d,
2. in den Fällen des § 4 Abs. 1 Nr. 2 bis 4 und Abs. 2 Nr. 1 oder 3, soweit der Berechtigte an einen anderen Ort als den bisherigen Dienstort versetzt wird, und
3. bei der Einstellung mit Zusage der Umzugskostenvergütung

für die dem Berechtigten durch die getrennte Haushaltsführung, das Beibehalten der Wohnung oder der Unterkunft am bisherigen Wohnort oder das Unterstellen des zur Führung eines Haushalts notwendigen Teils der Wohnungseinrichtung entstehenden notwendigen Auslagen unter Berücksichtigung der häuslichen Ersparnis.

(2) Ist dem Berechtigten die Umzugskostenvergütung zugesagt worden, so darf Trennungsgeld nur gewährt werden, wenn er uneingeschränkt umzugswillig ist und nachweislich wegen Wohnungsmangels am neuen Dienstort einschließlich des Einzugsgebietes (§ 3 Abs. 1 Nr. 1 Buchstabe c) nicht umziehen kann. Diese Voraussetzungen müssen seit dem Tage erfüllt sein, an dem die Umzugskostenvergütung zugesagt worden oder, falls für den Berechtigten günstiger, die Maßnahme wirksam geworden oder die Dienstwohnung geräumt worden ist.

(3) Nach Wegfall des Wohnungsmangels darf Trennungsgeld nur weitergewährt werden, wenn und solange dem Umzug des umzugswilligen Berechtigten einer der folgenden Hinderungsgründe entgegensteht:

1. Vorübergehende schwere Erkrankung des Berechtigten oder eines seiner Familienangehörigen (§ 6 Abs. 3 Satz 2 und 3) bis zur Dauer von einem Jahr;
2. Beschäftigungsverbote für die Berechtigte oder eine Familienangehörige (§ 6 Abs. 3 Satz 2 und 3) für die Zeit vor oder nach einer Entbindung nach mutterschutzrechtlichen Vorschriften;
3. Schul- oder Berufsausbildung eines Kindes (§ 6 Abs. 3 Satz 2 und 3) bis zum Ende des Schul- oder Ausbildungsjahres. Befindet sich das Kind in der Jahrgangsstufe 12 einer Schule, so verlängert sich die Gewährung des Trennungsgeldes bis zum Ende des folgenden Schuljahres; befindet sich das Kind im vorletzten Ausbildungsjahr eines Berufsausbildungsverhältnisses, so verlängert sich die Gewährung des Trennungsgeldes bis zum Ende des folgenden Ausbildungsjahres;

4. Schul- oder Berufsausbildung eines schwerbehinderten Kindes (§ 6 Abs. 3 Satz 2 und 3). Trennungsgeld wird bis zur Beendigung der Ausbildung gewährt, solange diese am neuen Dienst- oder Wohnort oder in erreichbarer Entfernung davon wegen der Behinderung nicht fortgesetzt werden kann;
5. Akute lebensbedrohende Erkrankung eines Elternteils des Berechtigten, seines Ehegatten oder Lebenspartners, wenn dieser in hohem Maße Hilfe des Ehegatten, Lebenspartners oder Familienangehörigen des Berechtigten erhält;
6. Schul- oder erste Berufsausbildung des Ehegatten oder Lebenspartners in entsprechender Anwendung der Nummer 3.

Trennungsgeld darf auch gewährt werden, wenn zum Zeitpunkt des Wirksamwerdens der dienstlichen Maßnahme kein Wohnungsmangel, aber einer dieser Hinderungsgründe vorliegt. Liegt bei Wegfall des Hinderungsgrundes ein neuer Hinderungsgrund vor, kann mit Zustimmung der obersten Dienstbehörde Trennungsgeld bis zu längstens einem Jahr weiterbewilligt werden. Nach Wegfall des Hinderungsgrundes darf Trennungsgeld auch bei erneutem Wohnungsmangel nicht gewährt werden.

(4) Der Bundesminister des Innern wird ermächtigt, durch Rechtsverordnung Vorschriften über die Gewährung des Trennungsgeldes zu erlassen. Dabei kann bestimmt werden, daß Trennungsgeld auch bei der Einstellung ohne Zusage der Umzugskostenvergütung gewährt wird und daß in den Fällen des § 3 Abs. 1 Nr. 1 Buchstabe d der Berechtigte für längstens ein Jahr Reisebeihilfen für Heimfahrten erhält.

§ 13 Auslandsumzüge

(1) Auslandsumzüge sind Umzüge zwischen Inland und Ausland sowie im Ausland.

(2) Als Auslandsumzüge gelten nicht die Umzüge

1. der im Grenzverkehr tätigen Beamten, und zwar auch dann nicht, wenn sie im Anschluß an die Tätigkeit im Grenzverkehr in das Inland oder in den Fällen des § 3 Abs. 1 Nr. 3, § 4 Abs. 2 Nr. 2 bis 4, Abs. 3 Satz 1 im Ausland umziehen,
2. in das Ausland in den Fällen des § 3 Abs. 1 Nr. 3, § 4 Abs. 2 Nr. 2 bis 4, Abs. 3 Satz 1,
3. in das Inland in den Fällen des § 3 Abs. 1 Nr. 2 und 3,
4. aus Anlaß einer Einstellung, Versetzung, Abordnung oder Kommandierung und der in § 3 Abs. 2, § 4 Abs. 1 Nr. 3, Abs. 2 Nr. 2 bis 4 bezeichneten Maßnahmen im Inland einschließlich ihrer Aufhebung, wenn die bisherige oder die neue Wohnung im Ausland liegt.

In den Fällen des Satzes 1 Nr. 2 bis 4 wird für die Umzugsreise (§ 7 Abs. 1) Tage- und Übernachtungsgeld nur für die notwendige Reisedauer gewährt; § 7 Abs. 2 und 3 findet keine Anwendung.

§ 14 Sondervorschriften für Auslandsumzüge

(1) Der Bundesminister des Auswärtigen wird ermächtigt, im Einvernehmen mit dem Bundesminister des Innern, dem Bundesminister der Verteidigung und dem Bundesminister der Finanzen für Auslandsumzüge durch Rechtsverordnungen nähere Vorschriften über die notwendige Umzugskostenvergütung (Auslandsumzugskostenverordnung, Absatz 2) sowie das notwendige Trennungsgeld (Auslandstrennungsgeldverordnung, Absatz 3) zu erlassen, soweit die besonderen Bedürfnisse des Auslandsdienstes und die besonderen Verhältnisse im Ausland es erfordern. Soweit aufgrund dieser Ermächtigung keine Sonderregelungen ergangen sind, finden auch auf Auslandsumzüge die §§ 6 bis 12 Anwendung.

(2) In der Auslandsumzugskostenverordnung sind insbesondere zu regeln:

1. Erstattung der Auslagen für Umzugsvorbereitungen einschließlich Wohnungsbesichtigungsreisen,
2. Erstattung der Beförderungsauslagen,
3. Berücksichtigung bis zu 50 vom Hundert der eingesparten Beförderungsauslagen für zurückgelassene Personenkraftfahrzeuge,

4. Erstattung der Auslagen für die Umzugsreise des Berechtigten und der zu seiner häuslichen Gemeinschaft gehörenden Personen,
5. Gewährung von Beihilfen zu den Fahrkosten von Personen, die mit der Reise in die häusliche Gemeinschaft aufgenommen werden, und zu den Kosten des Beförderns des Heiratsgutes an den Auslandsdienstort, wenn der Anspruchsberechtigte nach seinem Umzug in das Ausland heiratet,
6. Gewährung von Beihilfen zu den Fahrkosten sowie zu den Kosten der Beförderung des anteiligen Umzugsgutes eines Mitglieds der häuslichen Gemeinschaft, wenn es sich vom Berechtigten während seines Auslandsdienstes auf Dauer trennt, bis zur Höhe der Kosten für eine Rückkehr an den letzten Dienstort im Inland,
7. Gewährung der Mietentschädigung,
8. Gewährung der Pauschvergütung für sonstige Umzugsauslagen und Aufwand,
9. Erstattung der nachgewiesenen sonstigen Umzugsauslagen,
10. Erstattung der Lagerkosten oder der Auslagen für das Unterstellen zurückgelassenen Umzugsgutes,
11. Berücksichtigung bis zu 50 vom Hundert der eingesparten Lagerkosten für zurückgelassenes Umzugsgut,
12. Erstattung der Kosten für das Beibehalten der Wohnung im Inland in den Fällen des Absatzes 5,
13. Erstattung der Auslagen für umzugsbedingten zusätzlichen Unterricht,
14. Erstattung der Mietvertragsabschluß-, Gutachter-, Makler- oder vergleichbarer Kosten für die eigene Wohnung,
15. Beiträge zum Beschaffen oder Instandsetzen von Wohnungen,
16. Beiträge zum Beschaffen technischer Geräte und Einrichtungen, die aufgrund der örtlichen Gegebenheiten notwendig sind,
17. Beitrag zum Beschaffen klimabedingter Kleidung,
18. Ausstattungsbeitrag bei Auslandsverwendung,
19. Einrichtungsbeitrag für Leiter von Auslandsvertretungen und funktionell selbständigen Delegationen, die von Botschaftern geleitet werden, sowie für ständige Vertreter und Leiter von Außenstellen von Auslandsvertretungen,
20. Erstattung der Auslagen für die Rückführung von Personen und Umzugsgut aus Sicherheitsgründen,
21. Erstattung der Auslagen für Umzüge in besonderen Fällen,
22. Erstattung der Auslagen für Umzüge in eine vorläufige Wohnung,
23. Erstattung der Umzugsauslagen beim Ausscheiden aus dem Dienst im Ausland.

(3) In der Auslandstrennungsgeldverordnung sind insbesondere zu regeln:

1. Entschädigung für getrennte Haushaltsführung,
2. Entschädigung für getrennte Haushaltsführung aus zwingenden persönlichen Gründen,
3. Entschädigung bei täglicher Rückkehr zum Wohnort,
4. Mietersatz,
5. Gewährung von Trennungsgeld, wenn keine Auslandsdienstbezüge gewährt werden,
6. Gewährung von Trennungsgeld im Einzelfall aus Sicherheitsgründen oder wegen anderer außergewöhnlicher Verhältnisse im Ausland (Trennungsgeld in Krisenfällen),
7. Gewährung von Reisebeihilfen für Heimfahrten für je drei Monate, in besonderen Fällen für je zwei Monate der Trennung. Dies gilt auch für längstens ein Jahr, wenn der Berechtigte auf die Zusage der Umzugskostenvergütung unwiderruflich verzichtet und dienstliche Gründe den Umzug nicht erfordern.

(4) Abweichend von § 2 Abs. 2 Satz 1 entsteht der Anspruch auf die Pauschvergütung, den

Beitrag zum Beschaffen klimabedingter Kleidung, den Ausstattungsbeitrag und den Einrichtungsbeitrag zu dem Zeitpunkt, an dem die Umzugskostenvergütung nach § 3 oder § 4 zugesagt wird.

(5) Abweichend von den §§ 3 und 4 kann die Umzugskostenvergütung auch in Teilen zugesagt werden, wenn dienstliche Gründe es erfordern.

(6) Abweichend von § 2 Abs. 2 Satz 2 beträgt die Ausschlußfrist bei Auslandsumzügen zwei Jahre. Wird in den Fällen des Absatzes 2 Nr. 16 die Beitragsfähigkeit erst nach Beendigung des Umzuges anerkannt, beginnt die Ausschlußfrist mit der Anerkennung. In den Fällen des Absatzes 2 Nr. 5 und 6 beginnt sie mit dem Eintreffen am beziehungsweise der Abreise vom Dienstort. Bei laufenden Zahlungen muß die erste Zahlung innerhalb der Frist geleistet werden. Auf einen vor Fristablauf gestellten Antrag können in besonderen Fällen auch später geleistete Zahlungen berücksichtigt werden.

(7) Die oberste Dienstbehörde kann die Umzugskostenvergütung allgemein oder im Einzelfall ermäßigen, soweit besondere Verhältnisse es rechtfertigen.

§ 15 Dienstortbestimmung, Verwaltungsvorschriften

(1) Die oberste Dienstbehörde wird ermächtigt, im Einvernehmen mit dem Bundesminister des Innern benachbarte Gemeinden zu einem Dienstort zu bestimmen, wenn sich Liegenschaften derselben Dienststelle über das Gebiet mehrerer Gemeinden erstrecken.

(2) Die allgemeinen Verwaltungsvorschriften zu diesem Gesetz erläßt der Bundesminister des Innern im Einvernehmen mit dem Bundesminister der Justiz und dem Bundesminister der Verteidigung.

§ 16 Übergangsvorschrift

Ist ein Mietbeitrag vor der Verkündung dieses Gesetzes bewilligt worden, wird er nach bisherigem Recht weiter gewährt.

Verordnung über die Umzugskostenvergütung bei Auslandsumzügen (Auslandsumzugskostenverordnung – AUV)

Vom 26. November 2012 (BGBl. I S. 2349)[1])

Auf Grund des § 14 Absatz 1 des Bundesumzugskostengesetzes in der Fassung der Bekanntmachung vom 11. Dezember 1990 (BGBl. I S. 2682) und des § 82 Absatz 3 des Bundesbeamtengesetzes vom 5. Februar 2009 (BGBl. I S. 160) verordnet das Auswärtige Amt im Einvernehmen mit dem Bundesministerium des Innern, dem Bundesministerium der Verteidigung und dem Bundesministerium der Finanzen:

Abschnitt 1
Allgemeines

§ 1 Regelungsgegenstand

Diese Verordnung regelt die bei Auslandsumzügen erforderlichen Abweichungen von den allgemein für Beamtinnen und Beamte des Bundes geltenden Vorschriften über die Umzugskostenvergütung.

§ 2 Begriffsbestimmungen

(1) Berücksichtigungsfähige Personen sind:

1. die Ehegattin oder der Ehegatte der berechtigten Person,
2. die Lebenspartnerin oder der Lebenspartner der berechtigten Person,
3. Kinder der berechtigten Person oder der berücksichtigungsfähigen Person nach Nummer 1 oder Nummer 2, die beim Auslandszuschlag berücksichtigungsfähig sind oder spätestens 40 Wochen nach dem Einladen des Umzugsguts geboren worden sind,
4. der gemeinsam mit der berechtigten Person sorgeberechtigte Elternteil eines eigenen Kindes der berechtigten Person,
5. pflegebedürftige Eltern der berechtigten Person oder der berücksichtigungsfähigen Person nach Nummer 1 oder Nummer 2 (mindestens Pflegestufe I nach § 15 des Elften Buches Sozialgesetzbuch); alle weiteren Maßnahmen, die der Gesundheitszustand dieser Personen erfordert, sind im Rahmen der Umzugskosten nicht berücksichtigungsfähig, sowie
6. im Einzelfall weitere Personen, die nach § 6 Absatz 3 des Bundesumzugskostengesetzes berücksichtigungsfähig sind, soweit ihre Berücksichtigung im Einzelfall nach pflichtgemäßem Ermessen geboten ist, insbesondere, weil die berechtigte Person ihnen aufgrund gesetzlicher oder sittlicher Verpflichtung nicht nur vorübergehend Unterkunft und Unterhalt gewährt,

soweit sie nach dem Umzug zur häuslichen Gemeinschaft der berechtigten Person gehören. Die Personen nach Satz 1 Nummer 3, 4 und 6 sind nur berücksichtigungsfähig, wenn sie auch vor dem Umzug zur häuslichen Gemeinschaft der berechtigten Person gehören.

(2) Eine eigene Wohnung ist eine Wohnung, deren Eigentümerin oder Eigentümer oder Hauptmieterin oder Hauptmieter die berechtigte Person oder eine berücksichtigungsfähige Person ist.

§ 3 Antrag und Anzeigepflicht

(1) Die Ausschlussfrist für die Beantragung der Umzugskostenvergütung nach § 14 Absatz 6 Satz 1 des Bundesumzugskostengesetzes beginnt mit Beendigung des Umzugs.

(2) Die berechtigte Person hat jede Änderung der tatsächlichen Verhältnisse, die die Höhe der Umzugskostenvergütung beeinflussen

[1]) § 8 der Auslandskostenerstattungsverordnung (AKEVO) enthält eine Verweisung auf die Auslandsumzugskostenverordnung vom 26. November 2012 (BGBl. I S. 2349).

VI

kann, unverzüglich anzuzeigen. Entsprechendes gilt für Rabatte, Geld- und Sachzuwendungen sowie für unentgeltliche Leistungen. Leistungen von dritter Seite sind anzurechnen.

§ 4 Bemessung der Umzugskostenvergütung, berücksichtigungsfähige Kosten

(1) Die Bemessung der Umzugskostenvergütung richtet sich nach den persönlichen Verhältnissen der berechtigten Person am Tag des Dienstantritts am neuen Dienstort. Bei Umzügen aus dem Ausland ins Inland und bei Umzügen aus Anlass der Beendigung des Beamtenverhältnisses (§ 28) sind die persönlichen Verhältnisse an dem Tag, für den zuletzt Auslandsdienstbezüge gewährt worden sind, maßgeblich.

(2) Wenn bei einem Umzug aus dem Ausland ins Inland die berechtigte Person den Wohnort so wählt, dass sie in der ordnungsgemäßen Wahrnehmung ihrer Dienstgeschäfte beeinträchtigt ist, werden höchstens die Umzugskosten erstattet, die bei einem Umzug an den neuen Dienstort entstanden wären; Maklerkosten werden nicht erstattet; Mietentschädigung wird nicht gewährt. Wird ein Umzug ins Ausland oder im Ausland an einen anderen Ort als den neuen Dienstort oder dessen Einzugsgebiet durchgeführt, werden keine Umzugskosten erstattet.

(3) Wird eine eigene Wohnung nicht innerhalb eines Jahres nach dem Dienstantritt der berechtigten Person am neuen Dienstort bezogen, kann eine solche Wohnung im Rahmen der Umzugskostenvergütung nicht berücksichtigt werden. In den Fällen des § 28 Absatz 1 und 2 tritt der Tag nach dem Eintritt des maßgeblichen Ereignisses an die Stelle des Tages des Dienstantritts. Wird die Umzugskostenvergütung erst nach dem Dienstantritt zugesagt, tritt der Tag des Zugangs der Zusage an die Stelle des Tages des Dienstantritts. Ist die Wohnung wegen Wohnungsmangels oder aus anderen von der obersten Dienstbehörde als zwingend anerkannten Gründen erst nach Ablauf eines Jahres bezogen worden, kann sie berücksichtigt werden, wenn die berechtigte Person den Antrag auf Fristverlängerung vor Ablauf der Jahresfrist stellt.

(4) Leistungen nach den §§ 18 bis 21, die vor dem Umzug gewährt werden, stehen unter dem Vorbehalt, dass zu viel erhaltene Beträge zurückgefordert werden können, wenn der Umzug anders als zunächst geplant durchgeführt wird.

(5) Kosten werden nur berücksichtigt, soweit sie notwendig und nachgewiesen sind.

Abschnitt 2
Erstattungsfähige Kosten

Unterabschnitt 1
Beförderung und Lagerung des Umzugsguts

§ 5 Umzugsgut

(1) Die Auslagen für die Beförderung des Umzugsguts (Beförderungsauslagen) von der bisherigen zur neuen Wohnung werden erstattet.

(2) Zu den Beförderungsauslagen gehören auch:

1. die Kosten für das Ein- und Auspacken des Umzugsguts, die Montage und Installation der üblichen Haushaltsgeräte, das Zwischenlagern (§ 9) und die Transportversicherung sowie
2. Gebühren und Abgaben, die bei der Beförderung des Umzugsguts anfallen.

(3) Wird das Umzugsgut getrennt befördert, ohne dass die oberste Dienstbehörde die Gründe dafür vorher als zwingend anerkannt hat, werden höchstens die Beförderungsauslagen erstattet, die bei nicht getrennter Beförderung entstanden wären.

(4) Bei Umzügen im oder ins Ausland gehören zum Umzugsgut auch Einrichtungsgegenstände und Personenkraftfahrzeuge, für die die berechtigte Person innerhalb von drei Monaten nach dem Bezug der neuen Wohnung den Lieferauftrag erteilt hat; Absatz 3 gilt entsprechend.

VI

(5) Hat die berechtigte Person nach einer Auslandsverwendung mit ausgestatteter Dienstwohnung bei einem folgenden Umzug im Ausland mit Zusage der Umzugskostenvergütung den Lieferauftrag für Einrichtungsgegenstände innerhalb der in Absatz 4 genannten Frist erteilt, um mit diesen Einrichtungsgegenständen eine nicht ausgestattete Wohnung beziehen zu können, werden die Beförderungsauslagen erstattet.

§ 6 Umzugsvolumen

(1) Der berechtigten Person werden Beförderungsauslagen für ein Umzugsvolumen von bis zu 100 Kubikmetern erstattet. Zieht eine berücksichtigungsfähige Person mit um, werden die Auslagen für die Beförderung weiterer 30 Kubikmeter erstattet; für jede weitere mitumziehende berücksichtigungsfähige Person werden die Auslagen für die Beförderung weiterer 10 Kubikmeter erstattet.

(2) Bei Leiterinnen und Leitern von Auslandsvertretungen kann die oberste Dienstbehörde in Einzelfällen der Erstattung der Auslagen für die Beförderung weiterer 50 Kubikmeter zustimmen. Dies gilt im Geschäftsbereich des Bundesministeriums der Verteidigung nach näherer Bestimmung durch die oberste Dienstbehörde auch für sonstige Berechtigte in vergleichbaren Dienststellungen.

(3) Wird der berechtigten Person eine voll oder teilweise ausgestattete Dienstwohnung zugewiesen, kann die oberste Dienstbehörde die Volumengrenzen nach Absatz 1 herabsetzen.

(4) Der Dienstherr kann eine amtliche Vermessung des Umzugsguts veranlassen.

§ 7 Personenkraftfahrzeuge

(1) Die Kosten der Beförderung eines Personenkraftfahrzeugs werden erstattet.

(2) Kosten der Beförderung eines zweiten Personenkraftfahrzeugs mit bis zu 1,8 Litern Hubraum und einem Volumen von höchstens 11 Kubikmetern werden nur erstattet, wenn zum Haushalt am neuen Dienstort mindestens eine berücksichtigungsfähige Person gehört. Innerhalb Europas werden nur die Kosten der Selbstüberführung eines zweiten Personenkraftfahrzeugs bis zur Höhe der Beförderungsauslagen nach dem Bundesreisekostengesetz erstattet; die Kosten der Beförderung eines zweiten Personenkraftfahrzeugs nach Island, Malta, in die Russische Föderation, die Türkei, die Ukraine, nach Weißrussland und Zypern werden jedoch nach Satz 1 erstattet.

(3) Personenkraftfahrzeuge, die beim Umzug berücksichtigt werden, werden nicht in die Berechnung des Umzugsvolumens einbezogen.

(4) Bei einem Umzug im Ausland kann die oberste Dienstbehörde Auslagen für die Beförderung des am bisherigen Dienstort genutzten Personenkraftfahrzeugs nach Deutschland und für die Beförderung eines Fahrzeugs aus Deutschland zum neuen Dienstort erstatten, wenn bezüglich des bisher genutzten Fahrzeugs sowohl die Einfuhr am neuen Dienstort als auch der Verkauf am bisherigen Dienstort verboten sind.

§ 8 Tiere

Beförderungsauslagen für bis zu zwei Haustiere werden erstattet, soweit diese üblicherweise in der Wohnung gehalten werden. Kosten für Transportbehältnisse, Tierheime, Quarantäne und andere Nebenkosten werden nicht erstattet.

§ 9 Zwischenlagern von Umzugsgut

(1) Auslagen für das Zwischenlagern einschließlich der Lagerversicherung sind nur erstattungsfähig, wenn die berechtigte Person den Grund für das Zwischenlagern nicht zu vertreten hat oder wenn die berechtigte Person vorübergehend keine angemessene Leerraumwohnung am neuen Dienstort beziehen kann.

(2) Diese Auslagen werden für die Zeit vom Tag des Einladens des Umzugsguts bis zum Tag des Ausladens des Umzugsguts in der endgültigen Wohnung erstattet.

§ 10 Lagern von Umzugsgut

(1) Zieht die berechtigte Person in eine ganz oder teilweise ausgestattete Dienstwohnung, werden ihr die Auslagen für das Verpacken,

Versichern und Lagern des Umzugsguts erstattet, das nicht in die neue Wohnung mitgenommen wird. Daneben werden die notwendigen Auslagen für die Beförderung zum Lagerort erstattet, höchstens jedoch bis zur Höhe der Auslagen für die Beförderung bis zum Sitz der obersten Dienstbehörde (erster Dienstsitz) oder bis zu einem anderen Ort im Inland mit unentgeltlicher Lagermöglichkeit. Bezüglich des berücksichtigungsfähigen Volumens sind Absatz 6 Satz 2 und § 6 Absatz 1 entsprechend anzuwenden.

(2) Wird das nach Absatz 1 eingelagerte Umzugsgut bei einem folgenden Umzug wieder hinzugezogen und ist für diesen Umzug Umzugskostenvergütung zugesagt, werden die Beförderungsauslagen erstattet.

(3) Die Absätze 1 und 2 gelten entsprechend, wenn

1. die Mitnahme des Umzugsguts an den neuen Dienstort aus besonderen Gründen, insbesondere aus klimatischen oder Sicherheitsgründen, nicht zumutbar ist oder
2. während der Dauer der Verwendung an diesem Ort keine Möglichkeit besteht, eine Leerraumwohnung zu mieten, in der das Umzugsgut untergebracht werden kann.

(4) Absatz 1 gilt entsprechend, wenn die berechtigte Person bei einem Umzug ins Ausland einen Teil des Umzugsguts nicht mitnehmen möchte. Kosten für das Lagern werden nur für die Zeit bis zur nächsten Inlandsverwendung übernommen. Kosten für das Hinzuziehen des Lagerguts während einer Auslandsverwendung werden nicht übernommen.

(5) Ist die Verwendung im Inland von vornherein voraussichtlich auf weniger als ein Jahr beschränkt, können Kosten für das Lagern des Umzugsguts erstattet werden.

(6) Kann bei einem Umzug ins Ausland aufgrund der Beschränkung des Umzugsvolumens nach § 6 ein Teil des Umzugsguts nicht mitgeführt werden, gilt Absatz 4 entsprechend. Kosten für das Lagern des Umzugsguts, das die Volumengrenzen nach § 6 Absatz 1 übersteigt, können nur für ein Volumen von bis zu 20 Kubikmetern für die berechtigte Person und von 10 Kubikmetern für jede mitumziehende berücksichtigungsfähige Person erstattet werden. Insgesamt können bei Übersteigen der Volumengrenzen nach § 6 Absatz 1 Kosten für das Lagern von bis zu 50 Kubikmetern Umzugsgut erstattet werden.

Unterabschnitt 2 Reisen

§ 11 Wohnungsbesichtigungsreise, Umzugsabwicklungsreise

(1) Die Auslagen für eine gemeinsame Reise der berechtigten Person und einer berücksichtigungsfähigen Person nach § 2 Absatz 1 Satz 1 Nummer 1, 2 oder 4 vom bisherigen an den neuen Dienstort zur Wohnungssuche (Wohnungsbesichtigungsreise) oder für eine Reise einer dieser Personen vom neuen zum bisherigen Dienstort zur Vorbereitung und Durchführung des Umzugs (Umzugsabwicklungsreise) werden mit der Maßgabe erstattet, dass gezahlt werden:

1. die Kosten der billigsten Fahrkarte für ein regelmäßig verkehrendes Beförderungsmittel und
2. Tage- und Übernachtungsgeld wie bei Dienstreisen der berechtigten Person für höchstens vier Aufenthaltstage sowie für die notwendigen Reisetage.

(2) Mehreren berechtigten Personen, denen jeweils eine eigene Umzugskostenvergütung zugesagt wurde und die am neuen Dienstort eine gemeinsame Wohnung suchen, stehen die Ansprüche nach Absatz 1 nur für eine gemeinsame Reise zu.

(3) Auslagen für eine Wohnungsbesichtigungsreise zu einer Dienstwohnung werden nicht erstattet.

§ 12 Umzugsreise

(1) Die Auslagen für die Umzugsreise vom bisherigen zum neuen Dienstort werden unter Berücksichtigung der notwendigen Reisedauer nach Maßgabe der folgenden Absätze erstattet.

VI

(2) Die Auslagen für die Umzugsreise der berechtigten Person und der berücksichtigungsfähigen Personen werden wie bei Dienstreisen erstattet. Für die Berechnung des Tagesgelds gelten die Abreise- und Ankunftstage als volle Reisetage.

(3) Die Reisekosten für einen dienstlich angeordneten Umweg der berechtigten Person werden auch für die berücksichtigungsfähigen Personen erstattet, wenn sie mit der berechtigten Person gemeinsam reisen und ihr Verbleib am bisherigen Dienstort unzumutbar ist oder Mietzuschuss nach § 54 des Bundesbesoldungsgesetzes eingespart wird.

(4) Für eine angestellte Betreuungsperson werden die Kosten der billigsten Fahrkarte für ein regelmäßig verkehrendes Beförderungsmittel erstattet, wenn die berechtigte Person betreuungsbedürftig ist oder zum Haushalt der berechtigten Person am neuen Dienstort eine berücksichtigungsfähige Person gehört, die minderjährig, schwerbehindert oder pflegebedürftig (mindestens Pflegestufe I nach § 15 des Elften Buches Sozialgesetzbuch) ist; der Antrag muss spätestens drei Monate nach dem Bezug der neuen Wohnung gestellt werden. Für eine angestellte Betreuungsperson, die im Ausland aus wichtigem Grund aus dem Arbeitsverhältnis ausscheidet, können Fahrtkosten bis zur Höhe der Kosten der billigsten Fahrkarte für ein regelmäßig verkehrendes Beförderungsmittel zum Sitz der obersten Bundesbehörde erstattet werden, auch wenn die Fahrtkosten nach Ablauf der Frist nach § 3 Absatz 1 entstanden sind; der Antrag muss innerhalb von sechs Monaten nach dem Ausscheiden gestellt werden. Für eine Ersatzperson können Fahrtkosten erstattet werden, wenn zum Zeitpunkt ihrer Ankunft die Voraussetzungen nach Satz 1 erfüllt sind; der Erstattungsantrag muss innerhalb von drei Monaten nach Ausscheiden der vorherigen Betreuungsperson, für die Reisekosten erstattet worden sind, gestellt werden.

(5) Verbindet eine berechtigte oder eine berücksichtigungsfähige Person die Umzugsreise mit Urlaub, werden die Auslagen für die Reise zum neuen Dienstort abweichend von § 13 des Bundesreisekostengesetzes bis zu der Höhe erstattet, bis zu der sie erstattet würden, wenn die Umzugsreise unmittelbar vom bisherigen zum neuen Dienstort erfolgt wäre.

(6) Wird die berechtigte Person im Anschluss an einen Heimaturlaub an einen anderen Dienstort versetzt oder abgeordnet, erhält sie für die Reise vom bisherigen Dienstort zum Sitz der für sie zuständigen Dienststelle im Inland (Heimaturlaubsreise) und für die Reise von dort zum neuen Dienstort Reisekostenvergütung wie bei einer Umzugsreise. Dabei werden im anzuwendenden Kostenrahmen die fiktiven Fahrtkosten der Heimaturlaubsreise berücksichtigt, der Anspruch auf Fahrtkostenzuschuss nach der Heimaturlaubsverordnung entfällt. Die Auslagen für die Versicherung des Reisegepäcks werden für die Dauer des Heimaturlaubs erstattet, höchstens jedoch für die Zeit von der Abreise vom bisherigen Dienstort bis zur Ankunft am neuen Dienstort.

(7) Für die berücksichtigungsfähigen Personen gilt Absatz 6 entsprechend.

§ 13 Reisegepäck

(1) Die Auslagen für die Beförderung unbegleiteten Reisegepäcks anlässlich der Umzugsreise vom bisherigen zum neuen Dienstort werden erstattet bis zu einem Gewicht des Reisegepäcks von 200 Kilogramm. Die Obergrenze erhöht sich

1. um 100 Kilogramm für die mitumziehende berücksichtigungsfähige Person nach § 2 Absatz 1 Satz 1 Nummer 1 oder Nummer 2,
2. um 50 Kilogramm für jede mitumziehende berücksichtigungsfähige Person nach § 2 Absatz 1 Satz 1 Nummer 3 bis 6 und in den Fällen des § 12 Absatz 4 für die angestellte Betreuungsperson oder Ersatzkraft.

(2) Bei Flugreisen werden die Auslagen für die Beförderung unbegleiteten Luftgepäcks nach Maßgabe des Absatzes 1 erstattet. Auslagen für die Beförderung begleiteten Luftgepäcks werden bis zu 50 Prozent der Gewichtsgrenzen nach Absatz 1 erstattet, wenn

1. es aus Sicherheitsgründen notwendig ist, das Gepäck als begleitetes Luftgepäck mitzuführen, oder nicht gewährleistet ist, dass das Gepäck in einem zumutbaren Zeitraum ausgelöst werden kann, und
2. die oberste Dienstbehörde vor der Aufgabe des Gepäcks der Erstattung zugestimmt hat.

Unterabschnitt 3 Wohnung

§ 14 Vorübergehende Unterkunft

(1) Auslagen für eine vorübergehende Unterkunft am bisherigen und am neuen Dienstort werden für die Zeit vom Tag des Einladens des Umzugsguts bis zum Tag nach dem Ausladen des Umzugsguts in der endgültigen Wohnung auf Antrag erstattet, soweit sie 25 Prozent der Bezüge übersteigen, die für die Berechnung des Mietzuschusses nach § 54 des Bundesbesoldungsgesetzes maßgeblich sind. Bei Umzügen mit Umzugskostenvergütung nach § 26 gilt Satz 1 für die Zeit vom Tag nach Beendigung der Hinreise bis zum Tag vor Antritt der Rückreise.

(2) Zum Ausgleich des Mehraufwands für die Verpflegung der berechtigten Person und der berücksichtigungsfähigen Personen während des in Absatz 1 genannten Zeitraums wird ohne Vorlage von Einzelnachweisen ein Zuschuss gezahlt. Der Zuschuss beträgt für die ersten 14 Tage des Aufenthalts

1. am ausländischen Wohn- oder Dienstort 75 Prozent des Auslandstagegelds nach § 3 der Auslandsreisekostenverordnung,
2. am inländischen Wohn- oder Dienstort 75 Prozent des Inlandstagegelds nach § 6 Absatz 1 des Bundesreisekostengesetzes.

Vom 15. Tag an wird der Zuschuss auf 50 Prozent des Auslands- oder Inlandstagegelds gesenkt.

(3) Ist die Unterkunft mit einer Kochgelegenheit ausgestattet, werden 50 Prozent der Beträge nach Absatz 2 Satz 2 und 3 gezahlt. Handelt es sich um eine Wohnung mit ausgestatteter Küche oder halten sich die in Absatz 2 Satz 1 genannten Personen bei Verwandten oder Bekannten auf, wird kein Zuschuss gezahlt. Werden nach Absatz 1 Kosten für eine Unterkunft übernommen, in denen Kosten für ein Frühstück enthalten sind, ist der Mehraufwand für Verpflegung um 20 Prozent zu kürzen.

(4) Die Zahlungen nach den Absätzen 1 bis 3 werden nicht für die Tage geleistet, an denen die berechtigte Person

1. Heimaturlaub hat,
2. Urlaub an einem anderen als dem bisherigen oder neuen Wohn- oder Dienstort verbringt oder
3. Auslandstrennungsgeld oder vergleichbare Leistungen erhält.

§ 15 Mietentschädigung

(1) Muss für dieselbe Zeit sowohl für die bisherige als auch für die neue eigene Wohnung der berechtigten Person Miete gezahlt werden, wird die Miete für die bisherige Wohnung bis zu dem Zeitpunkt erstattet, zu dem das Mietverhältnis frühestens gelöst werden kann, höchstens jedoch für drei Monate für eine Wohnung im Inland und für neun Monate für eine Wohnung im Ausland (Mietentschädigung). Die oberste Dienstbehörde kann die Frist für eine Wohnung im Ausland um höchstens ein Jahr verlängern, wenn dies wegen der ortsüblichen Verhältnisse erforderlich ist. Ausgaben für das Weitervermieten der Wohnung innerhalb der Vertragsdauer und für Maßnahmen, durch die Mietentschädigung eingespart wird, werden erstattet. Die Sätze 1 bis 3 gelten entsprechend für die Miete für eine Garage.

(2) Abweichend von § 8 Absatz 4 des Bundesumzugskostengesetzes wird Mietentschädigung auch nicht gewährt

1. für eine Zeit, für die die berechtigte Person Auslandstrennungsgeld oder vergleichbare Leistungen erhält,
2. für eine Wohnung oder Garage, für die Mietzuschuss (§ 54 des Bundesbesoldungsgesetzes) gewährt wird.

(3) Muss die berechtigte Person aufgrund der Lage des Wohnungsmarktes eine Wohnung am neuen Dienstort oder in dessen Einzugs-

VI

gebiet mieten, die sie noch nicht nutzen kann, und muss für dieselbe Zeit für die bisherige eigene Wohnung der berechtigten Person oder für eine vorübergehende Unterkunft am neuen Dienstort Miete gezahlt werden, wird die Miete für die endgültige Wohnung höchstens für drei Monate erstattet. Wenn die im oder ins Ausland versetzte berechtigte Person eine Wohnung nach Satz 1 schon vor Dienstantritt nutzt und noch keine Auslandsdienstbezüge für den neuen Dienstort erhält, kann mit Zustimmung der obersten Dienstbehörde ein Zuschuss gewährt werden, für dessen Höhe § 54 Absatz 1 des Bundesbesoldungsgesetzes entsprechend gilt.

(4) Zu der Miete für die bisherige Wohnung im Ausland kann auch ohne Anmietung einer neuen Wohnung ein Zuschuss für die Zeit gewährt werden, für die die berechtigte Person weder Auslandstrennungsgeld noch vergleichbare Leistungen erhält. Für die Höhe des Zuschusses gilt § 54 Absatz 1 des Bundesbesoldungsgesetzes entsprechend.

(5) Die oberste Dienstbehörde kann einer berechtigten Person, die im Ausland aus dem Dienst ausgeschieden ist, einen Mietzuschuss nach Absatz 1 bis zur frühesten Kündigungsmöglichkeit, höchstens drei Monate, auch dann bewilligen, wenn sie die Wohnung noch nutzt und keine neue Wohnung gemietet hat. Für die Höhe des Zuschusses gilt § 54 des Bundesbesoldungsgesetzes entsprechend.

(6) Die bisherige Wohnung im eigenen Haus oder die Eigentumswohnung steht der Mietwohnung in Bezug auf Mietentschädigung gleich, sofern eine Vermietung nicht möglich ist; in diesem Fall wird die Mietentschädigung längstens für ein Jahr gezahlt. An die Stelle der Miete tritt der ortsübliche Mietwert der Wohnung. Entsprechendes gilt für die eigene Garage. Für die neue Wohnung im eigenen Haus oder die neue Eigentumswohnung wird keine Mietentschädigung gewährt.

§ 16 Wohnungsbeschaffungskosten

(1) Gutachterkosten, Maklerkosten, ortsübliche Mietvertragsabschlussgebühren, Kosten für Garantieerklärungen und Bürgschaften sowie vergleichbare Kosten, die beim Auszug aus der Wohnung am ausländischen Dienstort oder bei der Beschaffung einer neuen angemessenen Wohnung am ausländischen Dienstort anfallen, werden erstattet.

(2) Wird dem Vermieter einer Wohnung am neuen ausländischen Dienstort eine Kaution geleistet, wird ein unverzinslicher Gehaltsvorschuss bis zum Dreifachen der Mieteigenbelastung der berechtigten Person gewährt, die sich bei entsprechender Anwendung des § 54 des Bundesbesoldungsgesetzes ergibt. Der Vorschuss ist in höchstens 20 gleichen Monatsraten zurückzuzahlen. Die Raten werden von den Dienstbezügen der berechtigten Person einbehalten. Bei vorzeitiger Versetzung oder Beendigung des Dienstverhältnisses ist der Rest des Vorschusses in einer Summe zurückzuzahlen. Soweit die ortsübliche Kaution den Gehaltsvorschuss übersteigt, wird sie erstattet.

(3) Rückzahlungsansprüche gegenüber der Vermieterin oder dem Vermieter sind an den Dienstherrn abzutreten. Soweit die Kaution von der Vermieterin oder vom Vermieter berechtigterweise in Anspruch genommen wird, ist die berechtigte Person zur Rückzahlung des Erstattungsbetrags an den Dienstherrn verpflichtet.

(4) Bei Umzügen aus dem Ausland ins Inland ist § 9 Absatz 1 des Bundesumzugskostengesetzes anzuwenden.

(5) Soweit die Verhältnisse im Zusammenhang mit dem Bezug oder dem Auszug aus einer Wohnung am Auslandsdienstort von im Ausland typischen Verhältnissen abweichen und dies zu einer außergewöhnlichen, von der berechtigten Person nicht zu vertretenden Härte führt, kann die oberste Dienstbehörde eine Leistung zur Milderung der Härte gewähren. Die Entscheidung ist besonders zu begründen und zu dokumentieren.

§ 17 Technische Geräte

(1) Müssen beim Bezug der neuen Wohnung aufgrund der örtlichen Verhältnisse Klimageräte oder Notstromerzeuger beschafft werden, werden die Auslagen für das Beschaffen und den Einbau dieser Geräte sowie die Kosten für die bauliche Herrichtung der betreffenden Räume erstattet.

(2) Die berechtigte Person hat die Geräte auf ihre Kosten regelmäßig zu warten.

(3) Beim Auszug hat die berechtigte Person die Geräte dem Dienstherrn zur Verfügung zu stellen oder den nach Absatz 1 erstatteten Betrag zurückzuzahlen.

Unterabschnitt 4
Pauschalen und zusätzlicher Unterricht

§ 18 Umzugspauschale

(1) Eine berechtigte Person, die eine eigene Wohnung einrichtet, erhält für sich und die berücksichtigungsfähigen Personen eine Pauschale für sonstige Umzugskosten (Umzugspauschale), die sich aus Teilbeträgen nach den folgenden Absätzen zusammensetzt.

(2) Bei einem Auslandsumzug innerhalb der Europäischen Union erhält die berechtigte Person einen Betrag in Höhe von 20 Prozent des Grundgehalts der Stufe 8 der Besoldungsgruppe A 13. Für berücksichtigungsfähige Personen erhält die berechtigte Person zusätzlich folgende Beträge:

1. für eine Person nach § 2 Absatz 1 Satz 1 Nummer 1 oder Nummer 2 einen Betrag in Höhe von 19 Prozent des Grundgehalts der Stufe 8 der Besoldungsgruppe A 13,
2. für eine Person nach § 2 Absatz 1 Satz 1 Nummer 4 bis 6 einen Betrag in Höhe von 7 Prozent des Grundgehalts der Stufe 8 der Besoldungsgruppe A 13,
3. für ein Kind nach § 2 Absatz 1 Satz 1 Nummer 3 einen Betrag in Höhe von 10 Prozent des Grundgehalts der Stufe 8 der Besoldungsgruppe A 13,
4. für ein Kind nach § 2 Absatz 1 Satz 1 Nummer 3, für das ein Auslandszuschlag gezahlt wird, das aber nicht mitumzieht, einen Betrag in Höhe von 10 Prozent des Grundgehalts der Stufe 8 der Besoldungsgruppe A 13,
5. für ein Kind nach § 2 Absatz 1 Satz 1 Nummer 3, für das ein Auslandszuschlag gezahlt wird, das aber im Inland bleibt, einen Betrag in Höhe von 7 Prozent des Grundgehalts der Stufe 8 der Besoldungsgruppe A 13.

(3) Bei einem Umzug außerhalb der Europäischen Union, aus einem Mitgliedstaat der Europäischen Union in einen Staat außerhalb der Europäischen Union oder aus einem Staat außerhalb der Europäischen Union in einen Mitgliedstaat der Europäischen Union erhält die berechtigte Person einen Betrag in Höhe von 21 Prozent des Grundgehalts der Stufe 8 der Besoldungsgruppe A 13. Für berücksichtigungsfähige Personen erhält die berechtigte Person zusätzlich folgende Beträge:

1. für eine Person nach § 2 Absatz 1 Satz 1 Nummer 1 oder Nummer 2 einen Betrag in Höhe von 21 Prozent des Grundgehalts der Stufe 8 der Besoldungsgruppe A 13,
2. für eine Person nach § 2 Absatz 1 Satz 1 Nummer 4 bis 6 einen Betrag in Höhe von 10,5 Prozent des Grundgehalts der Stufe 8 der Besoldungsgruppe A 13,
3. für ein Kind nach § 2 Absatz 1 Satz 1 Nummer 3 einen Betrag in Höhe von 14 Prozent des Grundgehalts der Stufe 8 der Besoldungsgruppe A 13,
4. für ein Kind nach § 2 Absatz 1 Satz 1 Nummer 3, für das ein Auslandszuschlag gezahlt wird, das aber nicht mitumzieht, einen Betrag in Höhe von 14 Prozent des Grundgehalts der Stufe 8 der Besoldungsgruppe A 13,
5. für ein Kind nach § 2 Absatz 1 Satz 1 Nummer 3, für das ein Auslandszuschlag gezahlt wird, das aber im Inland bleibt, einen Betrag in Höhe von 7 Prozent des Grundgehalts der Stufe 8 der Besoldungsgruppe A 13.

(4) Bei einem Umzug aus einem anderen Mitgliedstaat der Europäischen Union ins Inland erhält die berechtigte Person 80 Prozent der Beträge nach Absatz 2, bei einem Umzug aus einem Staat außerhalb der Europäischen

Union ins Inland erhält die berechtigte Person 80 Prozent der Beträge nach Absatz 3.

(5) Bei einem Umzug am Wohnort oder in dessen Einzugsgebiet nach § 23 erhält die berechtigte Person 60 Prozent der Beträge nach den Absätzen 2 und 3.

(6) Eine berechtigte Person, die keine Wohnung einrichtet oder eine ausgestattete Wohnung bezieht, erhält 25 Prozent der Beträge nach den Absätzen 2 und 3 für sich und die Person nach § 2 Absatz 1 Satz 1 Nummer 1 oder Nummer 2. Ist nur ein Teil der Privaträume ausgestattet, wird der Betrag nach Satz 1 verhältnismäßig erhöht.

(7) Ist innerhalb der letzten fünf Jahre ein Umzug mit Zusage der Umzugskostenvergütung nach § 3 oder § 4 Absatz 1 Nummer 2 bis 4 oder Absatz 2 des Bundesumzugskostengesetzes an einen anderen Wohnort durchgeführt worden und ist auch bei diesem Umzug eine eigene Wohnung für die Berechnung der pauschalen Vergütung berücksichtigt worden, wird ein Zuschlag in Höhe von 50 Prozent der Beträge nach den Absätzen 2 bis 6 gezahlt.

(8) Besteht am neuen Wohnort eine andere Netzspannung oder Netzfrequenz als am bisherigen Wohnort und ist die neue Wohnung nicht mit einer der bisherigen Wohnung entsprechenden Stromversorgung oder nicht mit den notwendigen elektrischen Geräten ausgestattet, wird ein Zuschlag in Höhe von 13 Prozent des Grundgehalts der Stufe 8 der Besoldungsgruppe A 13 gewährt. Besteht am neuen Wohnort eine andere Fernsehnorm als am bisherigen Wohnort, wird ein weiterer Zuschlag in Höhe von 10 Prozent des Grundgehalts der Stufe 8 der Besoldungsgruppe A 13 gewährt.

(9) Berechtigten Personen, die jeweils eine eigene Zusage der Umzugskostenvergütung erhalten haben und die eine gemeinsame Wohnung beziehen, wird insgesamt nur eine Umzugspauschale gewährt. In diesem Fall gilt eine der beiden Personen als berücksichtigungsfähige Person nach § 2 Absatz 1 Nummer 1 oder Nummer 2. Sind die Pauschalen der berechtigten Personen unterschiedlich hoch, wird die höhere gezahlt.

§ 19 Ausstattungspauschale

(1) Bei der ersten Verwendung im Ausland erhält die verheiratete oder in einer Lebenspartnerschaft lebende berechtigte Person eine Ausstattungspauschale in Höhe von 70 Prozent des Grundgehalts der Stufe 8 der Besoldungsgruppe A 13, zuzüglich des Grundgehalts der Stufe 8 der jeweiligen Besoldungsgruppe, mindestens der Besoldungsgruppe A 5, höchstens der Besoldungsgruppe B 3. Eine berechtigte Person, die weder verheiratet ist noch in einer Lebenspartnerschaft lebt, und die berechtigte Person, deren Ehegattin oder Ehegatte oder Lebenspartnerin oder Lebenspartner nicht an den neuen Dienstort umzieht, erhält 90 Prozent des sich nach Satz 1 ergebenden Betrages. Für jedes Kind, für das ihr Auslandskinderzuschlag zusteht, erhält die berechtigte Person einen Betrag in Höhe von 14 Prozent des Grundgehalts der Stufe 8 der Besoldungsgruppe A 13. Soweit die oberste Dienstbehörde besondere Verpflichtungen der dienstlichen Repräsentation anerkennt, erhöht sich die Ausstattungspauschale nach Satz 1 oder Satz 2 um 30 Prozent; dies gilt nicht für Empfängerinnen oder Empfänger einer Einrichtungspauschale nach § 20.

(2) Die berechtigte Person, die am neuen Dienstort keine Wohnung einrichtet oder eine ausgestattete Wohnung bezieht, erhält eine Ausstattungspauschale in Höhe von 50 Prozent der Beträge nach Absatz 1. Ist nur ein Teil der Privaträume einer Dienstwohnung ausgestattet, wird die Ausstattungspauschale nach Satz 1 verhältnismäßig erhöht.

(3) Bei einer weiteren Verwendung im Ausland wird eine Ausstattungspauschale gezahlt, wenn die berechtigte Person

1. innerhalb der letzten drei Jahre vor der neuen Verwendung nicht oder nur vorübergehend Dienstbezüge im Ausland oder entsprechende von einer zwischen- oder überstaatlichen Organisation gezahlte Bezüge erhalten hat,
2. bei vorausgegangenen Umzügen innerhalb der letzten drei Jahre keine Ausstattungspauschale aufgrund des § 14 Ab-

satz 7 des Bundesumzugskostengesetzes erhalten hat oder

3. bei vorausgegangenen Umzügen innerhalb der letzten drei Jahre eine verminderte Ausstattungspauschale aufgrund des § 14 Absatz 7 des Bundesumzugskostengesetzes oder nach § 26 Absatz 1 Nummer 9 oder Absatz 5 Nummer 2 dieser Verordnung erhalten hat; in diesem Fall sind die Beträge anzurechnen, die bei den vorausgegangenen Umzügen gezahlt worden sind.

(4) Berechtigte Personen, denen bereits anlässlich einer Verwendung in einem Mitgliedstaat der Europäischen Union eine Ausstattungspauschale gewährt wurde, erhalten bei einem erneuten Umzug in einen Mitgliedstaat der Europäischen Union keine weitere Ausstattungspauschale.

(5) Berechtigte Personen, die eine Gemeinschaftsunterkunft beziehen, erhalten keine Ausstattungspauschale.

(6) § 18 Absatz 9 gilt entsprechend.

§ 20 Einrichtungspauschale

(1) Bei der Bestellung zur Leiterin oder zum Leiter einer Auslandsvertretung erhält die berechtigte Person, die eine ausgestattete Dienstwohnung bezieht oder eine möblierte Wohnung mietet, eine Einrichtungspauschale in Höhe von 140 Prozent des Grundgehalts der Stufe 1 ihrer jeweiligen Besoldungsgruppe. Berechtigte Personen, die einer Besoldungsgruppe der Bundesbesoldungsordnung B angehören, erhalten eine Einrichtungspauschale in Höhe von 120 Prozent des jeweiligen Grundgehalts. Für zusätzliche Einrichtungsgegenstände im Zusammenhang mit der Anwesenheit der Ehegattin oder des Ehegatten oder der Lebenspartnerin oder des Lebenspartners am Dienstort erhöht sich die Einrichtungspauschale um 10 Prozent.

(2) Bezieht die berechtigte Person eine Leerraumwohnung, erhöht sich die Pauschale nach Absatz 1 für die Einrichtung der Empfangsräume und der privaten Wohn- und Esszimmer jeweils um 50 Prozent. Ist die Wohnung teilweise ausgestattet, verringert sich der Prozentsatz verhältnismäßig.

(3) Die ständige Vertreterin oder der ständige Vertreter der Leiterin oder des Leiters einer Auslandsvertretung sowie die Leiterin oder der Leiter einer Außenstelle einer Auslandsvertretung erhalten bei ihrer Bestellung eine Einrichtungspauschale in Höhe von 50 Prozent der Pauschale nach Absatz 1. Bezieht die berechtigte Person eine Leerraumwohnung, erhält sie 75 Prozent der Pauschale nach Absatz 1. Absatz 2 Satz 2 gilt entsprechend.

(4) Früher gezahlte Einrichtungspauschalen sind anzurechnen. Übersteigen diese 80 Prozent der neuen Einrichtungspauschale, wird eine Einrichtungspauschale in Höhe von 20 Prozent gezahlt.

(5) Einer berechtigten Person, die während einer Auslandsverwendung zur Leiterin oder zum Leiter einer Auslandsvertretung bestellt wird, wird die Einrichtungspauschale nur gezahlt, wenn ihr aus Anlass der Bestellung die Umzugskostenvergütung zugesagt worden ist.

(6) Eine berechtigte Person, deren neuer Dienstort in einem Mitgliedstaat der Europäischen Union liegt, ist verpflichtet, die zweckentsprechende Verwendung der Einrichtungspauschale, die aus Anlass des Umzugs an diesen Dienstort gewährt worden ist, der obersten Dienstbehörde auf Verlangen nachzuweisen. Die dafür erforderlichen Belege sind für die Dauer des Verbleibs an diesem Dienstort aufzubewahren und der obersten Dienstbehörde auf Verlangen vorzulegen.

(7) § 18 Absatz 9 gilt entsprechend.

(8) Das Bundesministerium der Verteidigung kann bestimmen, dass die Absätze 1 bis 7 in seinem Geschäftsbereich auch für sonstige berechtigte Personen in vergleichbaren Dienststellungen gelten.

§ 21 Pauschale für klimagerechte Kleidung

(1) Bei der ersten Verwendung an einem Auslandsdienstort mit einem Klima, das vom mitteleuropäischen Klima erheblich abweicht, wird eine Pauschale für das Beschaffen klimagerechter Kleidung gezahlt, die sich aus folgenden Teilbeträgen zusammensetzt:

1. an einem Dienstort mit extrem niedrigen Temperaturen
   a) für die berechtigte Person und die berücksichtigungsfähige Person nach § 2 Absatz 1 Satz 1 Nummer 1 oder Nummer 2 jeweils 30 Prozent des Grundgehalts der Stufe 8 der Besoldungsgruppe A 13,
   b) für jedes mitumziehende berücksichtigungsfähige Kind 15 Prozent des Grundgehalts der Stufe 8 der Besoldungsgruppe A 13,
2. an einem Dienstort mit extrem hohen Temperaturen für die berechtigte Person und die berücksichtigungsfähige Person nach § 2 Absatz 1 Satz 1 Nummer 1 oder Nummer 2 jeweils 15 Prozent des Grundgehalts der Stufe 8 der Besoldungsgruppe A 13.

Wird klimagerechte Kleidung von Amts wegen bereitgestellt, ist die Pauschale um 25 Prozent zu kürzen.

(2) Das Auswärtige Amt stellt im Einvernehmen mit dem Bundesministerium der Verteidigung durch Allgemeinverfügung die Auslandsdienstorte fest, deren Klima vom mitteleuropäischen Klima erheblich abweicht.

(3) Bei einer weiteren Verwendung an einem Auslandsdienstort nach Absatz 1 wird eine weitere Pauschale gezahlt, wenn

1. die berechtigte Person innerhalb der letzten drei Jahre vor der neuen Verwendung nicht an einem solchen Dienstort Auslandsdienstbezüge oder entsprechende von einer zwischen- oder überstaatlichen Organisation gezahlte Bezüge erhalten hat,
2. am neuen Dienstort Klimaverhältnisse herrschen, die denen am vorigen Dienstort entgegengesetzt sind, oder
3. die berechtigte Person bei den vorausgegangenen Umzügen innerhalb der letzten drei Jahre eine ermäßigte Pauschale aufgrund des § 26 Absatz 1 Nummer 10 oder Absatz 5 Nummer 3 erhalten hat und beim neuen Umzug keine Gründe für eine Ermäßigung vorliegen; in diesem Fall ist die bei den vorausgegangenen Umzügen gezahlte Pauschale anzurechnen.

(4) Gibt es am Dienstort während der Verwendung sowohl Zeiträume mit extrem niedrigen als auch Zeiträume mit extrem hohen Temperaturen, wird sowohl der Teilbetrag für Dienstorte mit extrem niedrigen Temperaturen als auch der Teilbetrag für Dienstorte mit extrem hohen Temperaturen gewährt.

(5) Ergeht die Feststellung nach Absatz 2 erst nach dem Dienstantritt der berechtigten Person, beginnt die Ausschlussfrist nach § 3 Absatz 1 für den Antrag auf Gewährung der Pauschale für das Beschaffen klimagerechter Kleidung mit der Feststellung der erheblichen Abweichung vom mitteleuropäischen Klima nach Absatz 2, sofern die berechtigte Person zum Zeitpunkt der Antragstellung noch für diesen Dienstort Auslandsdienstbezüge erhält.

(6) § 18 Absatz 9 gilt entsprechend.

§ 22 Zusätzlicher Unterricht

(1) Benötigt ein berücksichtigungsfähiges Kind aufgrund des Umzugs zusätzlichen Unterricht, werden die Unterrichtskosten für höchstens ein Jahr zu 90 Prozent erstattet. Die Frist beginnt spätestens ein Jahr nach Beendigung des Umzugs des Kindes.

(2) Insgesamt wird für jedes berücksichtigungsfähige Kind höchstens ein Betrag in Höhe des zum Zeitpunkt der Beendigung des Umzugs maßgeblichen Grundgehalts der Stufe 1 der Besoldungsgruppe A 14 erstattet. Mit Zustimmung der obersten Dienstbehörde können höhere Kosten erstattet werden, wenn die Anwendung des Satzes 1 für eine berechtigte Person mit häufigen Auslandsverwendungen eine unzumutbare Härte bedeuten würde.

Abschnitt 3
Sonderfälle

§ 23 Umzug am ausländischen Dienstort

(1) Für einen Umzug am ausländischen Dienstort kann Umzugskostenvergütung zugesagt werden, wenn die Gesundheit oder

die Sicherheit der berechtigten Person oder der berücksichtigungsfähigen Personen erheblich gefährdet sind oder wenn ein Umzug aus anderen zwingenden Gründen, die sich aus dem Auslandsdienst und den besonderen Verhältnissen im Ausland ergeben, erforderlich ist. In diesen Fällen werden neben den Beförderungsauslagen nach § 5 Absatz 1 bis 3 auch die Auslagen für Wohnungsbeschaffungskosten nach § 16 sowie die Umzugspauschale nach § 18 Absatz 5 gezahlt. Soweit erforderlich, können auch Auslagen nach § 17 erstattet werden.

(2) Bei Umzügen nach Absatz 1 aus gesundheitlichen Gründen kann die Umzugskostenvergütung nur zugesagt werden, wenn die Notwendigkeit amts- oder vertrauensärztlich bescheinigt worden ist.

(3) Die Umzugskostenvergütung ist so rechtzeitig zu beantragen, dass über sie vor Beginn des geplanten Umzugs entschieden werden kann.

(4) Die berechtigte Person, der die Umzugskostenvergütung für einen Umzug nach § 3 Absatz 1 Nummer 1, 3 oder Nummer 4, nach § 4 Absatz 1 Nummer 2 bis 4 des Bundesumzugskostengesetzes oder in den Fällen des § 28 Absatz 1 und 2 dieser Verordnung zugesagt worden ist, erhält für den Umzug in eine vorläufige Wohnung Umzugskostenvergütung, wenn der Dienstherr die neue Wohnung vorher schriftlich als vorläufige Wohnung anerkannt hat.

§ 24 Umzugsbeihilfe

(1) Wenn einer berechtigten Person mit Dienstbezügen die Umzugskostenvergütung zugesagt worden ist und sie nach dem Dienstantritt am neuen ausländischen Dienstort heiratet oder eine Lebenspartnerschaft begründet, können ihr für die Umzugsreise ihrer Ehegattin oder ihres Ehegatten oder ihrer Lebenspartnerin oder ihres Lebenspartners und der zu deren oder dessen häuslicher Gemeinschaft gehörenden minderjährigen Kinder, die durch die Reise in die häusliche Gemeinschaft der berechtigten Person aufgenommen werden, die notwendigen Fahrtkosten erstattet werden. Fahrtkosten werden nur erstattet bis zur Höhe der Kosten der billigsten Fahrkarte für ein regelmäßig verkehrendes Beförderungsmittel für eine Reise vom Wohnort der Ehegattin oder des Ehegatten oder der Lebenspartnerin oder des Lebenspartners zum Dienstort der berechtigten Person, höchstens jedoch für eine solche Reise vom letzten inländischen Dienstort der berechtigten Person an deren neuen ausländischen Dienstort. Die notwendigen Auslagen für das Befördern des Umzugsguts der Ehegattin oder des Ehegatten oder der Lebenspartnerin oder des Lebenspartners und des Umzugsguts ihrer oder seiner Kinder an den ausländischen Dienstort können bis zur Höhe der Auslagen erstattet werden, die entstanden wären, wenn das Umzugsgut vom letzten inländischen an den ausländischen Dienstort befördert worden wäre. § 6 Absatz 1 und § 10 Absatz 6 sind entsprechend anzuwenden.

(2) Bei dauerhafter Trennung im Ausland und bei Beendigung der Beurlaubung der berücksichtigungsfähigen Person nach § 2 Absatz 1 Satz 1 Nummer 1 oder Nummer 2 nach § 24 Absatz 2 des Gesetzes über den Auswärtigen Dienst auf Betreiben des Dienstherrn der berücksichtigungsfähigen Person ist Absatz 1 entsprechend anzuwenden, wenn die berücksichtigungsfähige Person bis zur Trennung zur häuslichen Gemeinschaft der berechtigten Person gehört hat. Die Auslagen werden für die Reise und die Beförderungskosten vom ausländischen Wohnort zum neuen Wohnort entsprechend erstattet, höchstens jedoch bis zur Höhe der Kosten für eine Rückkehr an den letzten inländischen Dienstort der berechtigten Person. Mehrkosten für das getrennte Versenden von Umzugsgut (§ 5 Absatz 3) werden nicht erstattet, wenn die berechtigte Person innerhalb von drei Monaten ins Inland versetzt wird.

(3) Die Absätze 1 und 2 gelten entsprechend für minderjährige Kinder, die erstmals zu dem in einem anderen Staat lebenden anderen Elternteil übersiedeln, sowie einmalig für Kinder der berechtigten Person, für die ein Anspruch auf Kindergeld besteht, bis längstens drei Monate nach Wegfall des Anspruchs

für einen Umzug vom Inland ins Ausland oder im Ausland.

(4) Absatz 2 gilt entsprechend für berücksichtigungsfähige Kinder bei

1. Rückkehr ins Inland innerhalb von 18 Monaten nach Abschluss der Schulausbildung am ausländischen Dienstort,
2. Rückkehr ins Inland zur Fortsetzung der Schulausbildung, sofern es am Dienstort keine geeignete Schule gibt, oder
3. erstmaliger Aufnahme einer Berufsausbildung oder eines Studiums im Ausland innerhalb von 18 Monaten nach Abschluss der Schulausbildung am ausländischen Dienstort bis zur Höhe der Kosten für eine Rückkehr an den letzten inländischen Dienstort.

§ 25 Widerruf der Zusage der Umzugskostenvergütung

VI

(1) Die Zusage der Umzugskostenvergütung kann ganz oder teilweise widerrufen werden, wenn

1. mit einer baldigen weiteren Versetzung an einen anderen Dienstort zu rechnen ist,
2. der Umzug aus besonderen Gründen nicht durchgeführt werden soll oder
3. die berechtigte Person stirbt, bevor sie an den neuen Dienstort umgezogen ist.

(2) Die Zusage der Umzugskostenvergütung gilt als ganz widerrufen, wenn vor dem Bezug der neuen Wohnung die Umzugskostenvergütung für einen anderen Umzug zugesagt worden ist.

(3) Wird die Zusage der Umzugskostenvergütung ganz oder teilweise widerrufen, hat die berechtigte Person

1. die Pauschalen nach den §§ 18 bis 21 zurückzuzahlen, soweit sie bis zur Bekanntgabe des Widerrufs nicht bestimmungsgemäß verbraucht worden sind;
2. alle Möglichkeiten zur Vermeidung von Kosten für Umzugsvorbereitungen zu nutzen.

Andere notwendige Auslagen, die der berechtigten Person im Zusammenhang mit dem erwarteten Umzug entstanden sind, und Schäden, die als unmittelbare Folge des Widerrufs entstanden sind, können erstattet werden.

(4) Wird innerhalb von sechs Monaten nach dem Widerruf der Zusage die Umzugskostenvergütung für einen Umzug an einen anderen Ort zugesagt, werden die Pauschalen nach den §§ 18 bis 21, die die berechtigte Person aufgrund der ersten Zusage erhalten hat, auf die Beträge angerechnet, die ihr aufgrund der neuen Zusage gewährt werden. Die Anrechnung unterbleibt, soweit die berechtigte Person die Pauschalen bis zur Bekanntgabe des Widerrufs der ersten Zusage bestimmungsgemäß verbraucht hat und die daraus beschafften Gegenstände am neuen Dienstort nicht verwendbar sind.

(5) Wird die Zusage der Umzugskostenvergütung aus Gründen widerrufen, die die berechtigte Person zu vertreten hat, hat sie abweichend von den Absätzen 3 und 4 die schon erhaltene Umzugskostenvergütung insoweit zurückzuzahlen, als die Zusage widerrufen worden ist.

(6) Bei Rücknahme, Aufhebung oder Erledigung der Zusage der Umzugskostenvergütung auf andere Weise gelten die Absätze 3 bis 5 entsprechend.

§ 26 Umzugskostenvergütung bei einer Auslandsverwendung von bis zu zwei Jahren

(1) Soweit von vornherein feststeht, dass die berechtigte Person für nicht mehr als zwei Jahre ins Ausland oder im Ausland versetzt, abgeordnet oder abkommandiert wird, wird für den Hin- und Rückumzug Umzugskostenvergütung höchstens in folgendem Umfang gewährt:

1. Erstattung der Auslagen für die Umzugsreise nach § 12,
2. Erstattung der Auslagen für die Beförderung von Reisegepäck nach § 13,
3. Erstattung der Auslagen für eine vorübergehende Unterkunft nach § 14,
4. Erstattung der Beförderungsauslagen für bis zu 200 Kilogramm Umzugsgut für die berechtigte Person und jede mitumziehende berücksichtigungsfähige Person,

5. Erstattung der notwendigen Auslagen für das Beibehalten der bisherigen Wohnung im Inland, und zwar in voller Höhe, wenn diese aufgrund der dienstlichen Maßnahme nicht bewohnt wird, im Übrigen anteilig entsprechend der Zahl der Personen, die die Wohnung aufgrund der dienstlichen Maßnahme nicht mehr nutzen, oder Erstattung der notwendigen Auslagen für das Lagern des Umzugsguts,
6. Erstattung der notwendigen Garagenmiete für ein am bisherigen Dienst- oder Wohnort zurückgelassenes Personenkraftfahrzeug, sofern weder das Fahrzeug noch die Garage anderweitig genutzt wird,
7. Mietentschädigung nach § 15,
8. Erstattung der Wohnungsbeschaffungskosten nach § 16,
9. 40 Prozent der Umzugspauschale nach § 18 sowie 40 Prozent der Ausstattungspauschale nach § 19,
10. die Pauschale für klimagerechte Kleidung nach § 21; für jede mitumziehende berücksichtigungsfähige Person 40 Prozent dieser Pauschale.

(2) Leistungen nach Absatz 1 Nummer 5 und 6 werden nicht für Tage gewährt, für die die berechtigte Person Auslandstrennungsgeld oder vergleichbare Leistungen erhält. Leistungen nach Absatz 1 Nummer 9 und 10 werden für den Hin- und Rückumzug nur einmal gewährt.

(3) Anstelle der Erstattung der Auslagen nach Absatz 1 Nummer 5 können für die Beförderung des Umzugsguts an den ausländischen Dienstort Auslagen bis zur Höhe der Kosten erstattet werden, die durch eine Einlagerung im Inland entstanden wären, höchstens jedoch bis zur Höhe der Kosten für das Beibehalten der bisherigen Wohnung. Kann das Umzugsgut an einem anderen Ort im Inland unentgeltlich gelagert werden, können anstelle der Erstattung der Auslagen nach Absatz 1 Nummer 5 die Beförderungsauslagen nach § 10 Absatz 1 erstattet werden.

(4) Die oberste Dienstbehörde kann im Einzelfall aus dienstlichen Gründen

1. die Umzugskostenvergütung erweitern,
2. insbesondere aus Gründen der Sicherheit oder aus fiskalischen Gründen die Zusage der Umzugskostenvergütung auf die berechtigte Person beschränken.

(5) Bei einer Auslandsverwendung mit einer vorgesehenen Dauer von bis zu acht Monaten wird Umzugskostenvergütung nur gewährt, wenn Auslandsdienstbezüge (§ 52 des Bundesbesoldungsgesetzes) gezahlt werden. Die Absätze 1 bis 4 gelten in diesem Fall mit folgenden Maßgaben:

1. für die berechtigte Person und jede berücksichtigungsfähige Person, die an der Umzugsreise teilnimmt, werden die Auslagen für die Beförderung von bis zu 100 Kilogramm Umzugsgut erstattet;
2. 20 Prozent der Umzugspauschale nach § 18 sowie 10 Prozent der Ausstattungspauschale nach § 19 werden gezahlt,
3. für die berechtigte Person werden 50 Prozent und für jede mitumziehende berücksichtigungsfähige Person werden 20 Prozent der Pauschale für klimagerechte Kleidung nach § 21 gezahlt.

(6) Dauert die Auslandsverwendung nach Absatz 5 länger als ursprünglich vorgesehen, kann die Umzugskostenvergütung gezahlt werden, die für die längere Verwendungsdauer zusteht. In diesem Fall beginnt die Ausschlussfrist nach § 3 Absatz 1 für die Zahlung der zusätzlichen Umzugskostenvergütung an dem Tag, an dem der berechtigten Person die Verlängerung ihrer Verwendung bekannt gegeben wird.

§ 27 Rückführung aus Gefährdungsgründen

(1) Sind an einem ausländischen Dienstort Leben oder Gesundheit der berechtigten Person oder der zu ihrer häuslichen Gemeinschaft gehörenden berücksichtigungsfähigen Personen und von Betreuungspersonen, für die Kosten nach § 12 Absatz 4 erstattet wurden, erheblich gefährdet, kann die oberste Dienstbehörde Umzugskostenvergütung für

VI

die Rückführung oder den Umzug der berechtigten Person oder der zu ihrer häuslichen Gemeinschaft gehörenden berücksichtigungsfähigen Personen und der Betreuungspersonen sowie von Umzugsgut zusagen.

(2) Ist an einem ausländischen Dienstort das Eigentum der berechtigten Person oder der zu ihrer häuslichen Gemeinschaft gehörenden berücksichtigungsfähigen Personen erheblich gefährdet, kann die oberste Dienstbehörde Umzugskostenvergütung für die Rückführung von Umzugsgut zusagen.

(3) Die Zusage kann für eine Rückführung oder einen Umzug ins Inland oder im Ausland erteilt werden. Die Umzugskostenvergütung darf jedoch nur in dem Umfang zugesagt werden, wie es den Umständen nach notwendig ist. Die Sätze 1 und 2 gelten entsprechend für die Rückkehr zum Dienstort.

(4) Die oberste Dienstbehörde bestimmt im Einzelfall, in welchem Umfang Umzugskosten erstattet werden, wenn wegen erheblicher Gefährdung des Lebens, der Gesundheit oder des Eigentums oder wegen anderer außergewöhnlicher Verhältnisse im Ausland andere als die im Bundesumzugskostengesetz vorgesehenen dienstlichen Maßnahmen erforderlich sind. Dabei berücksichtigt sie die nach § 12 Absatz 8 der Auslandstrennungsgeldverordnung getroffenen Regelungen. Werden für einen Dienstort, an dem sich eine Auslandsvertretung befindet, Maßnahmen nach Satz 1 erforderlich, bestimmt das Auswärtige Amt den Umfang der Umzugskostenvergütung für alle an diesem Dienstort tätigen und von der Maßnahme betroffenen berechtigten Personen.

(5) Die berechtigte Person erhält eine pauschale Vergütung nach § 18 Absatz 6, wenn außer dem Reisegepäck Teile des Hausrats zurückgeführt werden müssen und sich die Zusage der Umzugskostenvergütung hierauf erstreckt.

§ 28 Umzug bei Beendigung des Beamtenverhältnisses

(1) Einer berechtigten Person mit Dienstort im Ausland, die in den Ruhestand tritt oder deren Beamtenverhältnis auf Zeit endet, ist Umzugskostenvergütung für einen Umzug an einen Ort ihrer Wahl im Inland zuzusagen. Umzugskostenvergütung wird nur gezahlt, wenn der Umzug spätestens zwei Jahre nach der Beendigung des Beamtenverhältnisses durchgeführt wird. Die oberste Dienstbehörde kann diese Frist in Ausnahmefällen um ein Jahr verlängern.

(2) Absatz 1 gilt nach dem Tod einer berechtigten Person, deren letzter Dienstort im Ausland liegt, entsprechend für berücksichtigungsfähige Personen, die am Todestag der berechtigten Person zu deren häuslicher Gemeinschaft gehört haben. Gibt es keine solchen berücksichtigungsfähigen Personen oder ziehen diese berücksichtigungsfähigen Personen nicht ins Inland um, können den Erbinnen und Erben die notwendigen Auslagen für das Befördern beweglicher Nachlassgegenstände an einen Ort im Inland sowie sonstige berücksichtigungsfähige Auslagen, die durch den Umzug nachweislich entstanden sind, erstattet werden, wenn die Auslagen innerhalb der in Absatz 1 genannten Frist entstanden sind. Für angestellte Betreuungspersonen gilt § 12 Absatz 4 entsprechend.

(3) Soweit in den Fällen der Absätze 1 und 2 Satz 1 Umzüge im Ausland durchgeführt werden, können die notwendigen Umzugsauslagen erstattet werden, höchstens jedoch in dem Umfang, in dem Auslagen bei einem Umzug an den Sitz der obersten Dienstbehörde entstanden wären. Wird später, jedoch noch innerhalb der Frist nach Absatz 1, ein Umzug ins Inland durchgeführt, ist der nach Satz 1 erstattete Betrag auf die nach Absatz 1 oder Absatz 2 zustehende Umzugskostenvergütung anzurechnen.

(4) Endet das Beamtenverhältnis einer berechtigten Person mit Dienstort im Ausland aus einem von ihr zu vertretenden Grund und zieht diese Person spätestens sechs Monate danach ins Inland um, können ihr und den berücksichtigungsfähigen Personen für diesen Umzug die Beförderungsauslagen und Fahrtkosten bis zur Höhe der Kosten der billigsten Fahrkarte für ein regelmäßig verkehrendes Beförderungsmittel erstattet werden, höchstens jedoch die Beförderungsauslagen

und Fahrtkosten, die durch einen Umzug an den Sitz der obersten Dienstbehörde entstanden wären.

Abschnitt 4
Schlussvorschriften

§ 29 Übergangsregelungen

(1) Die Kosten für die Beförderung und die Einlagerung von Umzugsgut werden der berechtigten Person, die bereits vor Inkrafttreten dieser Verordnung über höheres Umzugsvolumen verfügt als nach dieser Verordnung berücksichtigt werden kann, bis zum nächsten Umzug ins Inland mit Zusage der Umzugskostenvergütung nach § 3 Absatz 1 Nummer 1 des Bundesumzugskostengesetzes in dem Umfang erstattet, in dem sie vor Inkrafttreten dieser Verordnung erstattungsfähig waren. Reisekosten für Hausangestellte, deren Kosten für die Reise zum bisherigen Dienstort im Rahmen der Auslandsumzugskostenverordnung vor Inkrafttreten dieser Verordnung erstattet wurden, können beim nächsten Umzug mit Zusage der Umzugskostenvergütung nach § 3 Absatz 1 Nummer 1 des Bundesumzugskostengesetzes im Rahmen der Kosten einer Reise ins Inland geltend gemacht werden.

(2) Hat die berechtigte Person den Dienst am neuen Dienstort infolge einer Maßnahme, für die Umzugskostenvergütung zugesagt worden ist, nach dem 30. Juni 2010, aber vor dem Inkrafttreten dieser Verordnung angetreten, bemisst sich die Höhe des Ausstattungs- und des Einrichtungsbeitrags nach den §§ 12 und 13 der Auslandsumzugskostenverordnung in der am 30. Juni 2010 geltenden Fassung und dem Bundesbesoldungsgesetz.

§ 30 Inkrafttreten, Außerkrafttreten

Diese Verordnung tritt am 1. Dezember 2012 in Kraft. Gleichzeitig tritt die Auslandsumzugskostenverordnung in der Fassung der Bekanntmachung vom 25. November 2003 (BGBl. I S. 2360), die zuletzt durch Artikel 15 Absatz 44 des Gesetzes vom 5. Februar 2009 (BGBl. I S. 160) geändert worden ist, außer Kraft.

Verordnung über die Gewährung von Trennungsentschädigung (Trennungsentschädigungsverordnung – TEVO)

Vom 6. Mai 2022 (GV. NRW. S. 771)

Zuletzt geändert durch
Gesetz zur Neuregelung des Landesumzugskostengesetzes sowie zur weiteren Modernisierung des Reisekostenrechts
vom 2. Dezember 2025 (GV. NRW. S. 1128)

Inhaltsübersicht

Auf Grund des § 16 Absatz 1 Satz 3 und Absatz 2 des Landesreisekostengesetzes vom 1. Dezember 2021 (GV. NRW. S. 1367) und des § 3 Satz 1 des Landesumzugskostengesetzes in der Fassung der Bekanntmachung vom 6. Juli 1993 (GV. NRW. S. 464) verordnet das Ministerium der Finanzen, hinsichtlich des § 3 Satz 1 des Landesumzugskostengesetzes im Einvernehmen mit dem Ministerium des Innern:

§ 1 Anwendungsbereich

(1) Berechtigte nach dieser Verordnung sind

1. Beamtinnen und Beamte des Landes, der Gemeinden, der Gemeindeverbände und der sonstigen der Aufsicht des Landes unterstehenden Körperschaften, Anstalten und Stiftungen des öffentlichen Rechts,
2. Richterinnen und Richter des Landes und
3. in den Dienst des Landes, der Gemeinden, der Gemeindeverbände und der sonstigen der Aufsicht des Landes unterstehenden Körperschaften, Anstalten und Stiftungen des öffentlichen Rechts abgeordnete Beamtinnen und Beamte sowie in den Dienst des Landes abgeordnete Richterinnen und Richter,

solange ein Anspruch auf Dienst- oder Anwärterbezüge besteht.

(2) Trennungsentschädigung wird gewährt aus Anlass der

1. Versetzung aus dienstlichen Gründen,
2. Aufhebung einer Versetzung nach einem Umzug mit Zusage der Umzugskostenvergutung,
3. Verlegung der Beschäftigungsbehörde,
4. nicht nur vorübergehenden Zuteilung aus dienstlichen Gründen zu einem anderen Teil der Beschäftigungsbehörde,
5. Übertragung eines anderen Richteramtes nach § 32 Absatz 1 des Deutschen Richtergesetzes in der Fassung der Bekanntmachung vom 19. April 1972 (BGBl. I S. 713) in der jeweils geltenden Fassung oder eines weiteren Richteramtes nach § 27 Absatz 2 des vorgenannten Gesetzes,
6. Abordnung aus dienstlichen Gründen,
7. Zuweisung nach § 20 des Beamtenstatusgesetzes vom 17. Juni 2008 (BGBl. I S. 1010) in der jeweils geltenden Fassung,
8. vorübergehenden Zuteilung aus dienstlichen Gründen zu einem anderen Teil der Beschäftigungsbehörde,
9. vorübergehenden dienstlichen Tätigkeit bei einer anderen Stelle als einer Dienststelle,
10. Aufhebung oder Beendigung einer Maßnahme nach den Nummern 6 bis 9 nach einem Umzug mit Zusage der Umzugskostenvergütung,
11. Einstellung mit Zusage der Umzugskostenvergütung,
12. Einstellung ohne Zusage der Umzugskostenvergütung bei der vorübergehenden Dauer des Dienstverhältnisses, der vorübergehenden Verwendung am Einstellungsort oder während der Probezeit, vorbehaltlich der Zustimmung der obersten Dienstbehörde oder der von ihr ermächtigten nachgeordneten Behörde,
13. Zuweisung im Rahmen der Ausbildung zu einer auswärtigen Ausbildungsstelle und
14. Räumung einer Dienstwohnung auf dienstliche Weisung, solange der zur Führung eines Haushalts notwendige Teil der Wohnungseinrichtung untergestellt werden muss.

(3) Anspruch auf Trennungsentschädigung besteht weiter, wenn sich aus Anlass einer neuen Maßnahme nach Absatz 2 der neue Dienstort nicht ändert.

§ 2 Voraussetzungen für den Anspruch auf Trennungsentschädigung

(1) Bei Maßnahmen nach § 1 Absatz 2 Nummer 1 bis 12 wird Trennungsentschädigung gewährt, wenn

1. der neue Dienstort ein anderer als der bisherige Dienstort ist,
2. die Wohnung nicht am neuen Dienstort liegt und
3. die Wohnung mindestens 30 Kilometer von der neuen Dienststätte entfernt liegt.

VI

(2) Bei Maßnahmen nach §1 Absatz 2 Nummer 6 bis 9, die eine Dauer von drei Monaten nicht überschreiten, wird Trennungsentschädigung auch dann gewährt, wenn

1. der neue Dienstort ein anderer als der bisherige ist und
2. die Wohnung nicht am neuen Dienstort liegt.

(3) Bei einer Maßnahme nach §1 Absatz 2 Nummer 13 wird Trennungsentschädigung nur gewährt, wenn die Ausbildungsstelle weder am Ort der Stammdienststelle noch am Wohnort und mindestens 30 Kilometer von der Stammdienststelle und der Wohnung entfernt liegt. Die oberste Dienstbehörde bestimmt, welche Ausbildungsstelle als Stammdienststelle anzusehen ist.

(4) Trennungsentschädigung wird nicht gewährt, wenn Beschäftigte bei Maßnahmen nach §1 Absatz 2 Nummer 1 bis 5 unwiderruflich auf die Zusage der Umzugskostenvergütung verzichten und dienstliche Gründe den Umzug nicht erfordern.

(5) Der Anspruchsberechtigte hat nachzuweisen, dass die Voraussetzungen für die Gewährung der Trennungsentschädigung vorliegen.

(6) Die Abrechnung über die Trennungsentschädigung ist innerhalb einer Ausschlussfrist von sechs Monaten bei der für die Abrechnung zuständigen Stelle schriftlich oder elektronisch zu beantragen. Die Frist beginnt jeweils mit Ablauf des Kalendermonats, für den die Trennungsentschädigung zusteht, in den Fällen des §9 Absatz 1 frühestens mit Ablauf des Kalendermonats, in dem der Umzug oder der Abschluss des Miet- oder Kaufvertrages erfolgt ist. Die Trennungsentschädigung wird monatlich nachträglich unbar auf das Bezügekonto der Berechtigten gezahlt.

§3 Höhe der Trennungsentschädigung bei täglicher Rückkehr zum Wohnort

(1) Berechtigte, die täglich an den Wohnort zurückkehren, erhalten Fahrkostenerstattung in Höhe der entstandenen Kosten der niedrigsten Klasse regelmäßig verkehrender Beförderungsmittel einschließlich Zuschlägen. Berechtigten mit einem Grad der Behinderung von mindestens 50 und einem Schwerbehindertenausweis mit Merkzeichen G, aG, Gl, Bl, Tbl oder H werden in den ersten sieben Tagen der dienstlichen Maßnahme die Kosten der nächsthöheren Klasse erstattet. Bei Benutzung eines privaten Kraftfahrzeuges erhalten Berechtigte eine Wegstreckenentschädigung in Höhe von 30 Cent je Kilometer, bei Benutzung eines privaten zweirädrigen Kraftfahrzeuges oder Fahrrades eine Wegstreckenentschädigung in Höhe von 20 Cent je Kilometer.

(2) Der Höchstbetrag für die nach Absatz 1 in einem Kalendermonat zu erstattenden Fahrtkosten beträgt bei Abordnungen zu dienstlichen Fortbildungsveranstaltungen 1000 Euro, im Übrigen 500 Euro. Für Beamtinnen und Beamte auf Widerruf beträgt der Höchstbetrag 250 Euro. Bei mehreren Maßnahmen in einem Kalendermonat mit Anspruch auf Trennungsentschädigung nach dieser Verordnung darf der zu erstattende Betrag insgesamt 1000 Euro, bei Beamtinnen und Beamten auf Widerruf 500 Euro nicht übersteigen.

(3) Verbleiben Berechtigte nicht am auswärtigen Dienstort, obwohl Unterkunft oder Unterkunft und Verpflegung von Amts wegen unentgeltlich gestellt werden, werden höchstens die Beträge erstattet, die bei Inanspruchnahme der Unterkunft oder Unterkunft und Verpflegung nach §4 zu zahlen wären.

(4) In den ersten sieben Kalendertagen der dienstlichen Maßnahme erhalten Berechtigte zusätzlich Parkgebühren von bis zu 10 Euro pro Tag und bei einer Abwesenheit von mehr als acht Stunden einen Verpflegungszuschuss von 4 Euro pro Tag. Beamtinnen und Beamte auf Widerruf erhalten die hälftigen Beträge. Der Verpflegungszuschuss wird nicht gewährt für Tage, an denen eine unentgeltliche Mahlzeit zur Verfügung gestellt wird. Bei einer Maßnahme nach §1 Absatz 2 und einer Dienstreise am gleichen Tag wird anstelle des Verpflegungszuschusses nach Satz 1 Tagegeld gemäß §6 des Landesreisekostengesetzes vom 1. Dezember 2021 (GV. NRW. S. 1367) in der jeweils geltenden Fassung gewährt. Für die Gewährung des Tagegeldes sind die Abwesenheitszeiten zusammenzurechnen.

§ 4 Höhe der Trennungsentschädigung beim auswärtigen Verbleiben

(1) Berechtigte, die nicht täglich zum Wohnort zurückkehren und denen die tägliche Rückkehr nicht zuzumuten oder aus dienstlichen Gründen nicht gestattet ist, erhalten für die An- und Abreise bei Benutzung von regelmäßig verkehrenden Beförderungsmitteln Fahrkostenerstattung in Höhe der Kosten der niedrigsten buchbaren Klasse. Berechtigten mit einem Grad der Behinderung von mindestens 50 und einem Schwerbehindertenausweis mit Merkzeichen G, aG, Gl, Bl, Tbl oder H werden die Kosten der nächsthöheren Klasse erstattet. Benutzen Berechtigte ein privates Kraftfahrzeug, erhalten sie eine Wegstreckenentschädigung in Höhe von 30 Cent je Kilometer, bei Benutzung zweirädriger Kraftfahrzeuge und Fahrräder in Höhe von 20 Cent je Kilometer.

(2) Die tägliche Rückkehr zum Wohnort ist bei mehrtägigen Maßnahmen in der Regel nicht zuzumuten, wenn die Abwesenheit von der Wohnung mehr als zwölf Stunden oder die benötigte Zeit für das Zurücklegen der Strecke zwischen Wohnung und Dienststätte und zurück mehr als drei Stunden beträgt. Für Beamtinnen und Beamte auf Widerruf gilt dies mit der Maßgabe, dass an die Stelle der Dienststätte die auswärtige Ausbildungsstelle tritt. Maßgebend sind die Zeiten, die sich bei Benutzung regelmäßig verkehrender Beförderungsmittel ergeben. Bei eintägigen Maßnahmen ist die tägliche Rückkehr in der Regel nicht zuzumuten, wenn ein Verlassen der Wohnung vor 6 Uhr oder die Rückkehr nach 22 Uhr erfolgen würde.

(3) Nachgewiesene notwendige, auf Grund eines Mietvertrages oder einer ähnlichen Nutzungsvereinbarung zu zahlende Kosten für eine wegen einer Maßnahme nach § 1 Absatz 2 bezogenen Unterkunft werden in den ersten beiden Kalendermonaten, in die die Maßnahme fällt, bis zu einem Betrag in Höhe von je 1000 Euro, danach bis zu einem Betrag von 500 Euro erstattet, jedoch höchstens 80 Euro pro Nacht. Eine Kostenerstattung von mehr als 80 Euro pro Nacht ist dabei nur in begründeten Einzelfällen möglich. Zu den Unterkunftskosten gehören auch entsprechende Abschlagszahlungen für umlagefähige Betriebskosten. Für Beamtinnen und Beamte auf Widerruf beträgt der Höchstbetrag in den ersten beiden Kalendermonaten, in die die Maßnahme fällt, je 500 Euro, danach 250 Euro. Bei mehreren Maßnahmen in einem Kalendermonat mit Anspruch auf Trennungsentschädigung nach dieser Verordnung darf der zu erstattende Betrag insgesamt 1000 Euro, bei Beamtinnen und Beamten auf Widerruf 500 Euro nicht übersteigen.

(4) Wird Berechtigten ihres Amtes wegen Unterkunft unentgeltlich bereitgestellt, werden Übernachtungskosten nach Absatz 3 nicht gewährt.

(5) In den ersten 14 Kalendertagen der dienstlichen Maßnahme erhalten Berechtigte zusätzlich Parkgebühren von bis zu 10 Euro pro Tag und einen Verpfiegungszuschuss. Der Verpflegungszuschuss beträgt am An- und am Abreisetag jeweils 4 Euro, sofern an diesen Tagen keine unentgeltliche Mahlzeit zur Verfügung gestellt wird. Im Übrigen wird ein Verpflegungszuschuss von je 4 Euro für bis zu drei Mahlzeiten pro Tag gewährt, soweit diese nicht unentgeltlich zur Verfügung gestellt werden. Beamtinnen und Beamte auf Widerruf erhalten die hälftigen Beträge der Sätze 1 bis 3. Bei einer Maßnahme nach § 1 Absatz 2 und einer Dienstreise am gleichen Tag wird anstelle des Verpflegungszuschusses nach den Sätzen 2 und 3 Tagegeld gemäß § 6 des Landesreisekostengesetzes gewährt. Für die Gewährung des Tagegeldes sind die Abwesenheitszeiten zusammenzurechnen.

§ 5 Sonderbestimmungen beim auswärtigen Verbleiben

(1) Ändert sich der neue Dienstort aufgrund einer weiteren Maßnahme nach § 1 Absatz 2 oder aufgrund der Aufhebung einer Maßnahme nach § 1 Absatz 2 für längstens sechs Monate, werden nachgewiesene notwendige Kosten für das Beibehalten der bisherigen entgeltlichen Unterkunft, gegebenenfalls neben der Trennungsentschädigung für den neuen Dienstort, erstattet. Die Höchstbeträge nach § 4 gelten entsprechend.

(2) Wird in den Fällen

1. einer neuen Maßnahme nach § 1 Absatz 2,
2. eines Umzuges mit Zusage der Umzugskostenvergütung oder
3. des Verlassens des Dienstortes vor Ende des Dienstverhältnisses

keine Trennungsentschädigung für die bisherige Unterkunft mehr gewährt, werden notwendige Auslagen für die Unterkunft längstens bis zu dem Zeitpunkt erstattet, zu dem das Mietverhältnis frühestens gelöst werden konnte.

(3) Im Fall einer neuen Maßnahme nach § 1 Absatz 2 wird Trennungsentschädigung weitergewährt, wenn Berechtigte wegen Krankheit den bisherigen Dienstort nicht verlassen können.

(4) Die Trennungsentschädigung kann in Fällen, in denen erfahrungsgemäß geringere Aufwendungen für Verpflegung oder Unterkunft als allgemein entstehen, nach näherer Bestimmung der obersten Dienstbehörde oder der von ihr ermächtigten Behörde entsprechend den notwendigen Mehrauslagen herabgesetzt werden, gegebenenfalls auch entfallen.

VI

§ 6 Reisebeihilfe für Heimfahrten

(1) Berechtigte nach § 4 erhalten eine Reisebeihilfe für eine Heimfahrt für jeden Monat der Maßnahme. Dies gilt nicht für Beamtinnen und Beamte auf Widerruf. Eine Reisebeihilfe wird nur gewährt, wenn die Reise im maßgebenden Anspruchszeitraum beginnt.

(2) Anstelle einer Reise der oder des Berechtigten kann auch eine Reise der Ehegattin oder des Ehegatten, der eingetragenen Lebenspartnerin oder des eingetragenen Lebenspartners, eines Kindes, eines Elternteils oder einer Person, die mit der oder dem Berechtigten in häuslicher Gemeinschaft lebt, berücksichtigt werden.

(3) Als Reisebeihilfe werden die Fahrkosten der niedrigsten buchbaren Klasse regelmäßig verkehrender Beförderungsmittel, bei Benutzung eines privaten Kraftfahrzeuges 20 Cent je Kilometer vom Dienstort zum bisherigen Wohnort und zurück erstattet.

(4) Wird der Dienstort wegen Erkrankung oder wegen Beschäftigungsverboten nach den mutterschutzrechtlichen Vorschriften verlassen, werden für die Fahrt zum Wohnort und zurück Fahrkosten nach Absatz 3 oder bei Benutzung eines privaten Kraftfahrzeuges 30 Cent je Kilometer erstattet.

§ 7 Sonderbestimmungen bei Zuweisung von Beamtinnen und Beamten auf Widerruf im Vorbereitungsdienst zu einer auswärtigen Ausbildungsstelle

(1) Werden Beamtinnen oder Beamte auf Widerruf auf eigenen Wunsch einer entfernteren Ausbildungsstelle statt der für sie vorgesehenen zugewiesen, können die Entschädigungen nach den §§ 3 bis 5 nur insoweit gewährt werden, als sie am Ort der vorgesehenen Ausbildungsstelle entstanden wären.

(2) Werden Rechtsreferendarinnen und Rechtsreferendare einer Station außerhalb des Landes Nordrhein-Westfalen zugewiesen, erhalten sie lediglich eine Erstattung der innerhalb des Landes Nordrhein-Westfalen entstandenen Fahrtkosten entsprechend der Regelung in § 3. Die §§ 4 und 5 finden keine Anwendung. § 2 Absatz 1 Nummer 3 findet mit der Maßgabe Anwendung, dass die zugewiesene Ausbildungsstelle mehr als 30 Kilometer von der Stammdienststelle entfernt liegt.

§ 8 Pauschale Abfindung

Unter Beachtung der Grundsätze dieser Verordnung kann die oberste Dienstbehörde oder die von ihr ermächtigte Behörde bei regelmäßigen oder gleichartigen Maßnahmen zur Vereinfachung der Abrechnung anstelle der Einzelvergütungen nach den §§ 3 bis 6 oder Teilen davon eine Pauschvergütung gewähren. Die Höchstbeträge nach § 3 Absatz 2 und § 4 Absatz 3 sind zu beachten.

§ 9 Trennungsentschädigung nach Zusage der Umzugskostenvergütung

(1) Ist Umzugskostenvergütung zugesagt und ziehen Berechtigte innerhalb von sechs Monaten nach Wirksamwerden der Maßnahme nach § 1 Absatz 2 um oder können sie in diesem Zeitraum den Abschluss eines Miet- oder Kaufvertrages nachweisen, erhalten sie Trennungsentschädigung bis zum Tag vor dem Umzug, jedoch längstens für sechs Monate.

(2) Berechtigten, die umzugswillig sind, wird Trennungsentschädigung gewährt, wenn und solange dem Umzug einer der folgenden Hinderungsgründe entgegensteht:

1. schwere Erkrankung der Berechtigten oder deren Ehegattinnen oder Ehegatten, eingetragenen Lebenspartnerinnen oder Lebenspartnern, Eltern, ledigen Kinder oder anderer mit im Haushalt lebender Personen bis zur Dauer von einem Jahr,
2. Beschäftigungsverbote für Berechtigte oder eine andere Person aus dem Personenkreis nach Nummer 1 für die Zeit vor oder nach einer Entbindung nach mutterschutzrechtlichen Vorschriften oder entsprechendem Landesrecht,
3. Schul- oder Berufsausbildung eines Kindes bis zum Ende des Schul- oder Ausbildungsjahres; befindet sich das Kind im vorletzten Schulbesuchsjahr in einem Bildungsgang der Sekundarstufe II, verlängert sich die Gewährung der Trennungsentschädigung bis zum Ende des folgenden Schuljahres, befindet sich das Kind im vorletzten Ausbildungsjahr eines Berufsausbildungsverhältnisses, verlängert sich die Gewährung der Trennungsentschädigung bis zum Ende des folgenden Ausbildungsjahres,
4. Schul- oder Berufsausbildung eines schwerbehinderten Kindes; Trennungsentschädigung wird bis zur Beendigung der Ausbildung gewährt, solange diese am neuen Dienst- oder Wohnort oder in erreichbarer Entfernung davon wegen der Behinderung nicht fortgesetzt werden kann, oder
5. Schul- oder erste Berufsausbildung der Ehegattin oder des Ehegatten oder der eingetragenen Lebenspartnerin oder des eingetragenen Lebenspartners in entsprechender Anwendung der Nummer 3.

Liegt bei Wegfall des Hinderungsgrundes ein neuer Hinderungsgrund vor, kann mit Zustimmung der obersten Dienstbehörde Trennungsentschädigung bis zu längstens einem Jahr weiterbewilligt werden.

(3) Ist ein Umzug, für den Umzugskostenvergütung zugesagt ist, aus Anlass einer Maßnahme nach § 1 Absatz 2 vor deren Wirksamwerden durchgeführt, kann Trennungsentschädigung in sinngemäßer Anwendung dieser Verordnung bis zum Tag vor der Anreise, längstens für drei Monate, gewährt werden.

(4) Wird die Zusage der Umzugskostenvergütung mit Wirkung für die Zukunft widerrufen, wird dadurch ein Trennungsentschädigungsanspruch nicht begründet. Ein erloschener Trennungsentschädigungsanspruch lebt nicht wieder auf.

(5) Nach einem Umzug, für den keine Umzugskostenvergütung gewährt wird, darf die Trennungsentschädigung nicht höher sein als die bisherige.

§ 10 Ende des Trennungsentschädigungsanspruchs

(1) Trennungsentschädigung wird bis zum Wegfall der maßgebenden Voraussetzungen gewährt.

(2) Bei einem Umzug mit Zusage der Umzugskostenvergütung wird Trennungsentschädigung längstens bis vor dem Tag der Umzugsreise gewährt. Wird eine Umzugsreise nicht durchgeführt, wird Trennungsentschädigung bis zu dem Tag gewährt, an dem das Umzugsgut ausgeladen wird. Satz 2 gilt auch bei einem Umzug ohne Zusage der Umzugskostenvergütung, wenn die Wohnung entweder am Dienstort oder innerhalb von 30 Kilometern Entfernung zur Dienststätte liegt.

(3) In den Fällen des § 5 Absatz 2 Nummer 1 und 3 wird Trennungsentschädigung bis zu dem Tag gewährt, an dem der Dienstort verlassen wird, bei Gewährung einer Entschädigung nach § 4 Absatz 1 für diesen Tag bis zum vorausgehenden Tag.

(4) Die Trennungsentschädigung kann ganz oder teilweise versagt werden, wenn die Führung der Dienstgeschäfte verboten ist oder der Dienst infolge einer vorläufigen Dienstenthebung oder einer gesetzmäßig angeordneten Freiheitsentziehung nicht ausgeübt werden kann. Das gilt nicht, wenn Berechtigte auf Grund einer dienstlichen Weisung am Dienstort bleiben.

§ 11 Besondere Bestimmungen für die Gemeinden, Gemeindeverbände und sonstigen der Aufsicht des Landes unterstehenden Körperschaften, Anstalten und Stiftungen des öffentlichen Rechts

(1) Soweit diese Verordnung der obersten Dienstbehörde gestattet, ihre Befugnisse zu übertragen, gelten bei den Gemeinden und Gemeindeverbänden für die Übertragung die Vorschriften des kommunalen Verfassungsrechts. In den Fällen des § 1 Absatz 2 Nummer 12 und des § 2 Absatz 3 Satz 2 tritt an die Stelle der obersten Dienstbehörde die oder der Dienstvorgesetzte.

(2) Absatz 1 gilt entsprechend für die sonstigen der Aufsicht des Landes unterstehenden Körperschaften, Anstalten und Stiftungen des öffentlichen Rechts.

§ 12 Auslandstrennungsentschädigung

Die Auslandstrennungsgeldverordnung vom 27. Juni 2018 (BGBl. I S. 891) in der jeweils geltenden Fassung gilt im Land Nordrhein-Westfalen sinngemäß.

§ 13 Inkrafttreten, Außerkrafttreten, Übergangsregelung

(1) Diese Verordnung tritt am Tag nach der Verkündung in Kraft. Gleichzeitig tritt die Trennungsentschädigungsverordnung vom 29. April 1988 (GV. NRW. S. 226), die zuletzt durch Artikel 2 der Verordnung vom 28. März 2014 (GV. NRW. S. 238) geändert worden ist, außer Kraft.

(2) Für dienstliche Maßnahmen, die bis zum 7. Juni 2022 begonnen haben, gelten die Vorschriften der Trennungsentschädigungsverordnung vom 29. April 1988 (GV. NRW. S. 226), die zuletzt durch Artikel 2 der Verordnung vom 28. März 2014 (GV. NRW. S. 238) geändert worden ist, fort. Dies gilt auch, wenn die dienstliche Maßnahme über den Zeitpunkt des Inkrafttretens dieser Verordnung hinaus andauert.

Verordnung über das Auslandstrennungsgeld (Auslandstrennungsgeldverordnung – ATGV)

in der Fassung der Bekanntmachung vom 22. Januar 1998 (BGBl. I S. 189)[1])

Zuletzt geändert durch
Dienstrechtsneuordnungsgesetz
vom 5. Februar 2009 (BGBl. I S. 160)

§ 1 Anwendungsbereich, Zweckbestimmung

(1) Ansprüche auf Auslandstrennungsgeld entstehen aus Anlaß von Versetzungen, versetzungsgleichen Maßnahmen (§ 3 Abs. 2 des Bundesumzugskostengesetzes) und Abordnungen vom Inland in das Ausland, im Ausland und vom Ausland in das Inland sowie auch ohne Zusage der Umzugskostenvergütung bei Einstellungen in das Ausland und im Ausland bei vorübergehender Dauer des Dienstverhältnisses oder bei einer vorübergehenden Verwendung am Einstellungsort. Der Abordnung steht gleich

1. die Kommandierung,
2. die vorübergehende Zuteilung aus dienstlichen Gründen zu einem anderen Teil der Beschäftigungsbehörde an einem anderen Ort als dem bisherigen Dienstort,
3. die Aufhebung der Abordnung oder Kommandierung nach einem Umzug mit Zusage der Umzugskostenvergütung,
4. die vorübergehende dienstliche Tätigkeit bei einer anderen Stelle als einer Dienststelle und
5. die Zuweisung zur Amtsausübung in besonderen Fällen (§ 29 des Bundesbeamtengesetzes).

(2) Mit dem Auslandstrennungsgeld werden notwendige Auslagen für getrennte Haushaltsführung am bisherigen Wohnort aus Anlaß von Versetzungen oder Abordnungen an einen anderen Ort als den bisherigen Dienst- oder Wohnort unter Berücksichtigung der häuslichen Ersparnis abgegolten.

(3) Auslandstrennungsgeld wird nur gewährt, wenn bei Maßnahmen nach Absatz 1 der neue Dienstort ein anderer als der bisherige Dienstort ist und die Wohnung nicht im Einzugsgebiet (§ 3 Abs. 1 Nr. 1 Buchstabe c des Bundesumzugskostengesetzes) liegt.

(4) Verzichtet der Berechtigte unwiderruflich auf die Zusage der Umzugskostenvergütung und ist aus dienstlichen Gründen ein Umzug nicht erforderlich, werden als Auslandstrennungsgeld nur Reisebeihilfen nach § 13 für längstens ein Jahr gezahlt.

§ 2 Berechtigte

(1) Berechtigt sind

1. Bundesbeamte,
2. Richter im Bundesdienst,
3. Berufssoldaten und Soldaten auf Zeit und
4. in den Bundesdienst abgeordnete Beamte und Richter.

(2) Berechtigt sind nicht

1. im Grenzverkehr tätige Beamte bei dienstlichen Maßnahmen nach § 1 Abs. 1 im Bereich ausländischer Lokalgrenzbehörden, zwischen solchen Bereichen und zwischen diesen und dem Inland,
2. Ehrenbeamte und
3. ehrenamtliche Richter.

§ 3 Arten des Auslandstrennungsgeldes

Als Auslandstrennungsgeld werden gezahlt:

VI

[1]) § 9 der Auslandskostenerstattungsverordnung (AKEVO) enthält eine Verweisung auf die Auslandstrennungsgeldverordnung in der Fassung der Bekanntmachung vom 22. Januar 1998 (BGBl. I S. 189), zuletzt geändert durch Artikel 15 Absatz 41 des Gesetzes vom 5. Februar 2009 (BGBl. I S. 160).

1. Entschädigung für getrennte Haushaltsführung (§§ 6 bis 8, 10),
2. Entschädigung bei täglicher Rückkehr zum Wohnort (§ 11),
3. Entschädigung, wenn keine Auslandsdienstbezüge gezahlt werden (§ 12 Abs. 7),
4. Reisebeihilfen für Heimfahrten (§ 13),
5. Entschädigung im Einzelfall aus Sicherheitsgründen oder wegen anderer außergewöhnlicher Verhältnisse im Ausland (Auslandstrennungsgeld in Krisenfällen; § 12 Abs. 8).

§ 4 Entschädigung für getrennte Haushaltsführung

(1) Das Auslandstrennungsgeld nach den §§ 6 bis 8 und 10 wird gezahlt, wenn der Berechtigte

1. mit seinem Ehegatten, Lebenspartner oder ledigen Kindern in häuslicher Gemeinschaft lebt oder
2. mit anderen Verwandten bis zum vierten Grade, einem Verschwägerten bis zum zweiten Grade, einem Pflegekind oder Pflegeeltern in häuslicher Gemeinschaft lebt und ihnen aus gesetzlicher oder sittlicher Verpflichtung – nicht nur vorübergehend – Unterkunft und Unterhalt ganz oder überwiegend gewährt oder
3. mit einer Person in häuslicher Gemeinschaft lebt, deren Hilfe er aus beruflichen oder nach amtsärztlichem Zeugnis aus gesundheitlichen Gründen – nicht nur vorübergehend – bedarf,

und getrennten Haushalt führt. § 8 Abs. 3 und 4 sowie § 12 Abs. 7 bleiben unberührt.

(2) Ist Umzugskostenvergütung (§§ 3 und 4 des Bundesumzugskostengesetzes) zugesagt, wird Auslandstrennungsgeld nach den §§ 6 bis 8 nur gezahlt, wenn die Voraussetzungen des § 5 vorliegen.

§ 5 Auslandstrennungsgeld nach Zusage der Umzugskostenvergütung

(1) Nach Zusage der Umzugskostenvergütung (§§ 3 und 4 des Bundesumzugskostengesetzes) wird Auslandstrennungsgeld nur gezahlt, wenn und solange der Berechtigte

1. seit dem Tage des Wirksamwerdens der Zusage oder, falls für ihn günstiger, der dienstlichen Maßnahme nach § 1 Abs. 1 uneingeschränkt umzugswillig ist und
2. wegen Wohnungsmangels am neuen Dienstort einschließlich des Einzugsgebietes oder aus zwingenden persönlichen Gründen vorübergehend nicht umziehen kann.

Der Berechtigte ist verpflichtet, sich unter Ausnutzung jeder gebotenen Gelegenheit nachweislich fortwährend um eine Wohnung zu bemühen. Der Umzug darf nicht durch unangemessene Ansprüche an die Wohnung oder aus anderen nicht zwingenden Gründen verzögert werden.

(2) Nach Widerruf der Zusage der Umzugskostenvergütung darf Auslandstrennungsgeld nicht gezahlt werden, wenn im Zeitpunkt der Bekanntgabe des Widerrufs die Voraussetzungen für die Zahlung des Auslandstrennungsgeldes nach Absatz 1 nicht erfüllt waren oder weggefallen sind.

(3) Die Absätze 1 und 2 gelten nicht, wenn Umzugskostenvergütung nach § 17 der Auslandsumzugskostenverordnung gezahlt wird.

§ 6 Versetzungen und Abordnungen vom Inland in das Ausland

(1) Bei Versetzungen und Abordnungen vom Inland in das Ausland wird Auslandstrennungsgeld in Höhe der Sätze des Trennungstagegeldes nach § 3 Abs. 3 Satz 2 bis 4 der Trennungsgeldverordnung gezahlt; § 4 Abs. 5 der Trennungsgeldverordnung findet Anwendung.

(2) Nach Räumung der bisherigen Wohnung wird das Auslandstrennungsgeld nach Absatz 1 auch gezahlt, wenn die zur häuslichen Gemeinschaft des Berechtigten gehörenden Personen (§ 4 Abs. 1 Satz 1) an einem anderen als dem neuen Dienstort einschließlich Einzugsgebiet eine Unterkunft gegen Entgelt oder eine ihnen oder dem Berechtigten gehörende Wohnung vorübergehend beziehen. Ist die Unterkunft unentgeltlich, wird das Auslandstrennungsgeld nach Absatz 1 um die

Hälfte gekürzt. Diese Ansprüche schließen Leistungen nach § 4 Abs. 5 und 6 der Auslandsumzugskostenverordnung aus.

(3) In das Inland versetzten oder abgeordneten Berechtigten, die Auslandstrennungsgeld nach § 8 Abs. 3 oder 4 erhalten, wird bei einer erneuten Versetzung oder Abordnung in das Ausland anstelle des Auslandstrennungsgeldes nach § 8 Abs. 3 oder 4 Auslandstrennungsgeld nach Absatz 1 gezahlt. Daneben kann der Unterschiedsbetrag zwischen der Miete für die Unterkunft im Inland und 18 vom Hundert der Summe aus Grundgehalt, Familienzuschlag der Stufe 1, Amts-, Stellen- und Ausgleichszulagen erstattet werden. § 12 Abs. 3 findet Anwendung.

(4) In das Inland versetzten oder abgeordneten Berechtigten, die Auslandstrennungsgeld nach § 8 Abs. 1 oder 2 erhalten, wird bei einer erneuten Versetzung oder Abordnung in das Ausland mit Zusage der Umzugskostenvergütung anstelle der Abfindung nach § 8 Abs. 1 und 2 Auslandstrennungsgeld nach § 7 gezahlt. § 12 Abs. 3 findet Anwendung.

§ 7 Versetzungen und Abordnungen im Ausland

(1) Bei Versetzungen und Abordnungen im Ausland wird Auslandstrennungsgeld in Höhe der Sätze des Trennungstagegeldes nach § 3 Abs. 3 Satz 2 bis 4 der Trennungsgeldverordnung gezahlt; § 4 Abs. 5 der Trennungsgeldverordnung findet Anwendung.

(2) Nach Räumung der bisherigen Wohnung wird Auslandstrennungsgeld in Höhe des Betrages gezahlt, der dem Berechtigten nach § 3 der Trennungsgeldverordnung zustünde, wenn die zu seiner häuslichen Gemeinschaft gehörenden Personen (§ 4 Abs. 1) weder am bisherigen Dienstort noch im Einzugsgebiet (§ 3 Abs. 1 Nr. 1 Buchstabe c des Bundesumzugskostengesetzes) eine Unterkunft beziehen.

§ 8 Versetzungen und Abordnungen vom Ausland in das Inland

(1) Bei Versetzungen und Abordnungen vom Ausland in das Inland wird Auslandstrennungsgeld in Höhe der Sätze des Trennungstagegeldes nach § 3 Abs. 3 Satz 2 bis 4 der Trennungsgeldverordnung gezahlt; § 4 Abs. 5 der Trennungsgeldverordnung findet Anwendung.

(2) Bei Zusage der Umzugskostenvergütung wird Auslandstrennungsgeld nach Absatz 1 gezahlt, wenn und solange die in § 4 Abs. 1 Satz 1 genannten Personen am bisherigen Dienstort zurückbleiben, weil

1. der Berechtigte wegen Wohnungsmangels am neuen Dienstort an einem Umzug gehindert ist oder
2. zwingende persönliche Umzugshinderungsgründe (§ 12 Abs. 3 des Bundesumzugskostengesetzes) vorliegen.

Bei Wohnungsmangel wird Auslandstrennungsgeld nach Absatz 1 jedoch längstens bis zum letzten Tage des auf die Abreise des Anspruchsberechtigten folgenden dritten Kalendermonats gewährt.

(3) Dauert der Wohnungsmangel über die in Absatz 2 Satz 2 genannte Frist hinaus fort, erhöht sich das Trennungsgeld nach Absatz 1 für eine in § 4 Abs. 1 Satz 1 Nr. 1 bis 3 genannte Person um 50 vom Hundert und für jede weitere dort genannte Person um 10 vom Hundert, sofern sie in die Wohnung aufgenommen ist. Es erhöht sich um weitere 10 vom Hundert für Hausangestellte, für die die Kosten der Umzugsreise erstattet werden oder die als Ersatzkraft für eine im Ausland zurückgebliebene Hausangestellte in die Wohnung aufgenommen sind.

(4) Berechtigte, die am bisherigen Dienstort im Ausland eine Wohnung im Sinne des § 10 Abs. 3 des Bundesumzugskostengesetzes hatten, erhalten nach Aufgabe der Wohnung am bisherigen ausländischen Wohnort bis zum Wegfall des Wohnungsmangels am neuen inländischen Dienstort besonderes Auslandstrennungsgeld in Höhe des Trennungsgeldes nach § 3 der Trennungsgeldverordnung. Absatz 3 Satz 1 gilt entsprechend bezüglich der ab dem 15. Tag zustehenden Zahlung. Die Zahlung steht auch zu, wenn beide Ehegatten oder Lebenspartner mit Anspruch auf Auslandstrennungsgeld zeitgleich vom Ausland ins Inland versetzt oder abge-

VI

ordnet werden. In diesem Fall erfolgt die Zahlung einschließlich der Erhöhungssätze nach Absatz 3 Satz 2 nur an einen Ehegatten oder Lebenspartner. Das besondere Auslandstrennungsgeld wird auch alleinstehenden Berechtigten gezahlt, und zwar in Höhe des Trennungsgeldes nach § 3 Abs. 3 Satz 1 der Trennungsgeldverordnung.

§ 9 (weggefallen)

§ 10 Vorwegumzüge

Wird ein Umzug, für den Umzugskostenvergütung zugesagt ist, aus Anlaß einer Maßnahme nach § 1 Abs. 1 vor deren Wirksamwerden durchgeführt, wird Auslandstrennungsgeld nach § 6 Abs. 1, § 7 Abs. 1 oder § 8 Abs. 1 bis zum Ablauf des Tages der Beendigung der Dienstantrittsreise, längstens jedoch für 3 Monate gezahlt.

§ 11 Entschädigung bei täglicher Rückkehr zum Wohnort

(1) Bei täglicher Rückkehr zum Wohnort wird Fahrkostenerstattung, Wegstrecken- oder Mitnahmeentschädigung wie bei Dienstreisen gezahlt. Für Tage mit mehr als elfstündiger Abwesenheit von der Wohnung wird ein Verpflegungszuschuß gezahlt; bei Dienstschichten über zwei Tage wird die Abwesenheitsdauer für jede Schicht gesondert berechnet. Der Verpflegungszuschuß beträgt 4 Deutsche Mark, bei Berechtigten, die eine Wohnung im Sinne des § 10 Abs. 3 des Bundesumzugskostengesetzes haben oder mit einer in § 4 Abs. 1 Satz 1 bezeichneten Person in häuslicher Gemeinschaft leben, 5 Deutsche Mark täglich. Die Entschädigung nach den Sätzen 1 bis 3 darf den nach § 6 Abs. 1, § 7 Abs. 1 oder § 8 Abs. 1 zustehenden Betrag nicht übersteigen.

(2) Berechtigte, die nicht täglich an den Wohnort zurückkehren, obwohl dies zumutbar ist, erhalten eine Vergütung wie bei täglicher Rückkehr zum Wohnort. Die tägliche Rückkehr zum Wohnort ist in der Regel nicht zumutbar, wenn beim Benutzen regelmäßig verkehrender Beförderungsmittel die Abwesenheit von der Wohnung mehr als 12 Stunden oder die benötigte Zeit für das Zurücklegen der Strecke zwischen Wohnung und Dienststätte und zurück mehr als 3 Stunden beträgt.

(3) Muß der Berechtigte aus dienstlichen Gründen am Dienstort übernachten, werden die nachgewiesenen notwendigen Mehraufwendungen erstattet.

§ 12 Auslandstrennungsgeld in Sonderfällen

(1) Haben beide Ehegatten oder Lebenspartner Anspruch auf Auslandstrennungsgeld nach dieser Verordnung, wird Auslandstrennungsgeld nach den §§ 6 bis 8 Abs. 1 und 2 und § 10 nicht gezahlt. Satz 1 gilt nicht, wenn dritte Personen im Sinne des § 4 Abs. 1 Satz 1 in der bisherigen Wohnung verbleiben; in diesem Falle erhält ein Ehegatte oder Lebenspartner, bei unterschiedlichen Dienstbezügen der mit den höheren, Auslandstrennungsgeld nach den §§ 6 bis 8 oder 10. Steht dem Ehegatten oder Lebenspartner des Berechtigten Trennungsgeld nach § 3 der Trennungsgeldverordnung oder eine entsprechende Entschädigung nach den Vorschriften eines anderen Dienstherrn zu, gelten die Sätze 1 und 2 entsprechend.

(2) Bei Versetzungen und Abordnungen an demselben Dienstort wird Auslandstrennungsgeld weitergezahlt.

(3) Berechtigten werden bei einer neuen dienstlichen Maßnahme nach § 1 Abs. 1 und bei Aufhebung der Abordnung die notwendigen Auslagen für die Unterkunft am bisherigen Dienstort längstens bis zu dem Zeitpunkt erstattet, zu dem das Mietverhältnis frühestens gelöst werden kann.

(4) Die Rückwirkung der Einweisung in eine Planstelle oder der Einordnung von Ämtern und Dienstgraden bleibt unberücksichtigt.

(5) Ist einem Berechtigten mit Anspruch auf Auslandstrennungsgeld die Führung seiner Dienstgeschäfte verboten oder ist er infolge von Maßnahmen des Disziplinarrechts oder durch eine auf Grund eines Gesetzes angeordnete Freiheitsentziehung an der Ausübung seines Dienstes gehindert, kann für die Dauer der Dienstunterbrechung das Auslandstrennungsgeld gekürzt oder seine Zah-

lung eingestellt werden. Das gilt nicht, wenn er auf Grund dienstlicher Weisung am Dienstort bleibt.

(6) Für einen Zeitraum, für den kein Anspruch auf Besoldung besteht, wird kein Auslandstrennungsgeld gezahlt.

(7) Bei Abordnungen vom Inland in das Ausland und im Ausland, für die keine Auslandsdienstbezüge (§ 52 des Bundesbesoldungsgesetzes) zustehen, wird als Auslandstrennungsgeld die gleiche Vergütung wie bei Auslandsdienstreisen gezahlt; die §§ 4 bis 7 finden insoweit keine Anwendung.

(8) Die oberste Dienstbehörde bestimmt in sinngemäßer Anwendung der Vorschriften dieser Verordnung das Auslandstrennungsgeld im Einzelfall, wenn aus Sicherheitsgründen oder wegen anderer außergewöhnlicher Verhältnisse im Ausland andere als in § 1 Abs. 1 bezeichnete dienstliche Maßnahmen oder Maßnahmen, die die im Haushalt des Berechtigten wohnenden Personen im Sinne des § 4 Abs. 1 Satz 1 betreffen, erforderlich sind und dadurch Mehraufwendungen im Sinne des § 1 Abs. 2 entstehen. Werden für einen Dienstort, an dem sich eine Auslandsvertretung befindet, Maßnahmen nach Satz 1 erforderlich, bestimmt das Auswärtige Amt das Auslandstrennungsgeld für alle an diesem Dienstort tätigen und von der Maßnahme betroffenen Berechtigten.

§ 13 Reisebeihilfen für Heimfahrten

(1) Ein Berechtigter, dem Auslandstrennungsgeld nach den §§ 6 bis 8 und 10 gezahlt wird, erhält eine Reisebeihilfe für Heimfahrten für je drei Monate der Trennung. In besonderen Fällen kann die oberste Dienstbehörde den Anspruchszeitraum auf je zwei Monate festlegen; dies gilt für die Fälle des § 12 Abs. 7 entsprechend. Anderen Berechtigten, denen keine uneingeschränkte Umzugskostenvergütung nach den §§ 3 und 4 des Bundesumzugskostengesetzes zugesagt wurde, kann die oberste Dienstbehörde insbesondere unter Berücksichtigung der Besonderheiten des Dienstortes und der persönlichen Situation der Betreffenden Reisebeihilfen nach den Sätzen 1 und 2 gewähren.

(2) Der Anspruchszeitraum beginnt mit dem ersten Tag, für den Auslandstrennungsgeld zusteht.

(3) Die Reise kann frühestens einen Monat nach Beginn des Anspruchszeitraums oder nach dem Ablauf der Zeiträume nach Absatz 1, für die bereits eine Reisebeihilfe gezahlt wurde, angetreten werden. Der Anspruch auf Reisebeihilfe kann in den nächsten Anspruchszeitraum übertragen werden. Der Anspruchszeitraum wird durch eine neue dienstliche Maßnahme nach § 1 Abs. 1 nicht unterbrochen.

(4) Hält sich der Berechtigte während der dienstlichen Maßnahme am Wohnort auf und wurden die Kosten der Reise vom Dienstort zum Wohnort aus amtlichen Mitteln erstattet oder ein Zuschuß gezahlt oder wurde er unentgeltlich befördert und handelt es sich dabei nicht um eine Reise nach Absatz 1 oder eine Heimaturlaubsreise, beginnt der Anspruchszeitraum mit dem Tage der Rückkehr an den Dienstort. Dies gilt entsprechend für eine Wohnungsbesichtigungsreise an den neuen Dienstort im Sinne des § 4 Abs. 4 der Auslandsumzugskostenverordnung.

(5) Anstelle einer Reise des Berechtigten kann auch eine Reise der in § 4 Abs. 1 Satz 1 genannten Personen berücksichtigt werden. Empfängern eines Auslandsverwendungszuschlags nach § 58a des Bundesbesoldungsgesetzes, die in schwimmenden Verbänden eingesetzt sind, und Empfängern eines Auslandszuschlags nach § 55 des Bundesbesoldungsgesetzes mindestens der Stufe 10, denen auf Grund einer Entscheidung der obersten Dienstbehörde aus zwingenden dienstlichen Gründen eine Heimfahrt nach Absatz 1 nicht gewährt werden kann, können Reisebeihilfen nach den Grundsätzen des Absatzes 6 für eine Reise für sie und die in § 4 Abs. 1 Nr. 1 genannten Personen zu einem von der obersten Dienstbehörde festgelegten Ort gewährt werden. Absatz 3 gilt entsprechend.

(6) Als Reisebeihilfe werden die entstandenen notwendigen Fahrkosten zwischen dem neuen Dienstort und dem Wohnort der in § 4 Abs. 1 Satz 1 genannten Personen auf dem

VI

kürzesten Wege bis zur Höhe der billigsten Fahrkarte der allgemein niedrigsten Klasse eines regelmäßig verkehrenden Beförderungsmittels erstattet. In diesem Kostenrahmen wird Reisebeihilfe auch zum Urlaubsort der in § 4 Abs. 1 Satz 1 genannten Personen gezahlt. Mögliche Fahrpreisermäßigungen sind zu berücksichtigen. Soweit dienstliche Beförderungsmittel unentgeltlich benutzt werden können, werden Fahrkosten nicht erstattet.

§ 14 Sonderbestimmungen bei auswärtigem Verbleiben

(1) Für volle Kalendertage

1. der Abwesenheit vom neuen Dienstort und dem Ort der auf Grund einer dienstlichen Maßnahme nach § 1 Abs. 1 bezogenen Unterkunft,
2. des Aufenthaltes in einem Krankenhaus, einer Sanatoriumsbehandlung oder einer Heilkur,
3. der Beschäftigungsverbote nach mutterschutzrechtlichen Bestimmungen

wird kein Auslandstrennungsgeld nach den §§ 6 bis 8 und 10 gewährt, es sei denn, dass die Nichtgewährung wegen besonderer Verhältnisse unbillig wäre.

(2) Absatz 1 gilt nicht in den Fällen, in denen Auslandstrennungsgeld nach § 8 Abs. 3 und 4 gezahlt wird.

§ 15 Zahlungsvorschriften

(1) Auslandstrennungsgeld wird grundsätzlich vom Tage nach dem Tage der Beendigung der Dienstantrittsreise zum neuen Dienstort bis zu dem Tage gezahlt, an dem die maßgebenden Voraussetzungen wegfallen. Bei Versetzungen und Abordnungen vom Ausland in das Inland wird abweichend hiervon das Auslandstrennungsgeld mit dem Tage des Beginns der Dienstantrittsreise gezahlt, längstens jedoch für einen Zeitraum, der für die zeitgerechte Durchführung der Reise erforderlich gewesen wäre, wenn Auslandsdienstbezüge nur bis zum Tage vor der Abreise vom ausländischen Dienstort gezahlt werden (§ 52 Abs. 2 des Bundesbesoldungsgesetzes). Dies gilt auch für die Dauer der Rückreise zum alten Dienstort aus Anlaß der Aufhebung der Abordnung vom Ausland in das Inland. Für die Dauer der Rückreise nach Beendigung der Abordnung im Ausland gilt dies nur in den Fällen, in denen ein höherer Mietzuschuß nach § 54 des Bundesbesoldungsgesetzes bezogen auf den alten Dienstort nicht gezahlt wurde.

(2) Besteht der Anspruch auf Auslandstrennungsgeld nicht für einen vollen Kalendermonat, wird nur der Teil gezahlt, der auf den Anspruchszeitraum entfällt, soweit in dieser Verordnung nichts anderes bestimmt ist.

(3) Wird bei einer neuen dienstlichen Maßnahme im Sinne des § 1 Abs. 1 der Dienstort vorzeitig verlassen, wird Auslandstrennungsgeld bis zu dem Tage gezahlt, an dem der Dienstort verlassen wird, bei Gewährung von Reisekostenvergütung für diesen Tag bis zum vorausgehenden Tag. § 12 Abs. 3 findet Anwendung. Kann der bisherige Dienstort wegen Erkrankung nicht verlassen werden, wird Auslandstrennungsgeld bis zum Tage vor dem Tage weitergezahlt, an dem der Dienstort hätte verlassen werden können. Satz 1 gilt entsprechend bei Beendigung des Dienstverhältnisses.

(4) Ist bei Erkrankung mit der Aufnahme des Dienstes innerhalb von 3 Monaten nicht zu rechnen und ist nach Feststellung des Dienstherrn die Rückkehr an den Wohnort zumutbar, wird Auslandstrennungsgeld bis zu dem Tage gezahlt, an dem der Dienstort hätte verlassen werden können. Notwendige Fahrkosten werden bis zur Höhe der Kosten für die Fahrt zum Wohnort und zurück wie bei einer Dienstreise erstattet. Das gilt auch bei einem Beschäftigungsverbot nach der Verordnung über den Mutterschutz für Beamtinnen. Die weiterlaufenden Kosten für die Unterkunft am Dienstort werden nach § 12 Abs. 3 erstattet.

(5) Bei einem Umzug mit Zusage der Umzugskostenvergütung wird Auslandstrennungsgeld längstens bis zum Tage des Einladens des Umzugsgutes gezahlt; an die Stelle des Tages des Einladens des Umzugsgutes tritt bei einer Umzugskostenvergütung nach § 17 der Auslandsumzugskostenverordnung

der Tag der Umzugsreise einer zur häuslichen Gemeinschaft gehörenden Person. In den Fällen des § 6 Abs. 2 und des § 8 Abs. 2 Satz 1 Nr. 1 wird Auslandstrennungsgeld längstens bis zum Tage des Verlassens der Unterkunft gezahlt.

(6) Der Anspruch nach § 8 Abs. 3 endet am Tage vor dem Bezug der Wohnung oder der Möglichkeit zum Bezug der Wohnung.

(7) Ändert sich für einen Trennungsgeldempfänger im Inland auf Grund einer Maßnahme nach § 1 Abs. 1 vom Inland in das Ausland der neue Dienstort für längstens zwölf Monate, können nachgewiesene notwendige Kosten für das Beibehalten der Unterkunft im Inland erstattet werden, wenn dem Berechtigten die Aufgabe der Unterkunft nicht zuzumuten ist.

§ 16 Verfahrensvorschriften

(1) Das Auslandstrennungsgeld ist innerhalb einer Ausschlußfrist von zwei Jahren bei der Beschäftigungsbehörde schriftlich zu beantragen. Die Frist beginnt mit dem Tage des Dienstantritts, bei Zahlung von Reisekostenvergütung für diesen Tag mit dem folgenden Tage.

(2) Das Auslandstrennungsgeld wird monatlich nachträglich gezahlt. Auf Antrag kann ein angemessener Abschlag gezahlt werden. Die oberste Dienstbehörde kann bestimmen, daß das Auslandstrennungsgeld unter Vorbehalt vorausgezahlt wird.

(3) Der Berechtigte ist verpflichtet, alle Änderungen unverzüglich anzuzeigen, die für die Auslandstrennungsgeldzahlung von Bedeutung sein können.

(4) Die oberste Dienstbehörde bestimmt die zuständige Behörde für die Bewilligung und Zahlung des Auslandstrennungsgeldes.

§ 17 Übergangsvorschrift

Ein vor dem Inkrafttreten dieser Änderungsverordnung bewilligtes Auslandstrennungsgeld nach § 1 Abs. 3 Satz 2 wird nach den bisherigen Vorschriften weitergewährt.

§ 18 (Inkrafttreten, Außerkrafttreten)

VII Beihilfe/Fürsorge

Verordnung über Beihilfen in Geburts-, Krankheits-, Pflege- und Todesfällen (Beihilfenverordnung NRW – BVO NRW)

Vom 5. November 2009 (GV. NRW. S. 602)

Zuletzt geändert durch
Hochschulstärkungsgesetz
vom 21. Juli 2026 (GV. NRW. S. 552)

Auf Grund des § 77 Absatz 8 des Landesbeamtengesetzes vom 21. April 2009 (GV. NRW. S. 224) wird verordnet:

§ 1 Beihilfeberechtigte Personen

(1) In Krankheits-, Geburts-, Pflege- und Todesfällen sowie in Fällen eines nicht rechtswidrigen Schwangerschaftsabbruchs und einer durch Krankheit erforderlichen Sterilisation sind beihilfeberechtigt:

1. Beamte und Richter mit Ausnahme der Ehrenbeamten,
2. Ruhestandsbeamte und Richter im Ruhestand sowie frühere Beamte und Richter,
3. Witwer, hinterbliebene eingetragene Lebenspartner sowie Kinder (§ 28 des Landesbeamtenversorgungsgesetzes vom 14. Juni 2016 (GV. NRW. S. 310, ber. S. 642) der unter Nummer 1 und 2 bezeichneten Personen,
4. Verwaltungslehrlinge, Verwaltungspraktikanten und Schulpraktikanten,

solange sie Dienstbezüge, Anwärterbezüge, Ruhegehalt, Witwengeld, Witwergeld, Waisengeld, Unterhaltsbeihilfe, Unterhaltsbeiträge nach den Abschnitten 2, 3 oder 4 oder Übergangsgeld nach Abschnitt 5 des Landesbeamtenversorgungsgesetzes erhalten.

(2) Beihilfen werden abweichend von Absatz 1 auch dann gewährt, wenn die Versorgungsbezüge auf Grund der §§ 66 bis 69 des Landesbeamtenversorgungsgesetzes voll ruhen oder auf Grund von § 26 Absatz 1 Satz 2 oder § 33 Absatz 2 Satz 3 oder Absatz 5 Satz 2 des Landesbeamtenversorgungsgesetzes nicht gezahlt werden und der Versorgungsberechtigte keine Beihilfeberechtigung in anderer Eigenschaft erworben hat.

(3) Beihilfen werden nicht gezahlt

1. an Beamte und Richter,
   a) wenn sie für weniger als ein Jahr beschäftigt werden, es sei denn, dass sie insgesamt mindestens ein Jahr ununterbrochen im öffentlichen Dienst (§ 43 Absatz 6 des Landesbesoldungsgesetzes vom 14. Juni 2016 (GV. NRW. S. 310, ber. S. 642), das durch Artikel 29 des Gesetzes vom 14. Juni 2016 (GV. NRW. S. 310) geändert worden ist,) tätig sind, oder
   b) wenn ihre regelmäßige wöchentliche Arbeitszeit durchschnittlich weniger als die Hälfte der regelmäßigen wöchentlichen Arbeitszeit eines Vollbeschäftigten beträgt,
2. an Versorgungsempfänger (Absatz 1 Nummer 2 und 3) für die Dauer einer Beschäftigung, die zum Bezug von Beihilfen berechtigt,
3. sofern Ansprüche nach § 27 des Gesetzes über die Rechtsverhältnisse der Mitglieder des Deutschen Bundestages (Abgeordnetengesetz – AbgG) vom 21. Februar 1996 (BGBl. I S. 326) in der jeweils geltenden Fassung oder nach entsprechenden Regelungen dem Grunde nach bestehen.

(4) Wird ein Beamter zu einem Dienstherrn abgeordnet, in dessen Dienstbereich diese Verordnung gilt, zahlt der jeweilige Dienstherr Beihilfen zu den Aufwendungen, die während des Zeitraums der Dienstleistung bei ihm entstehen. Bei Abordnungen von oder zu Dienstherren außerhalb des Geltungsbereichs dieser Verordnung ist § 14 Absatz 4 Satz 2 und 3 des Beamtenstatusgesetzes vom 17. Juni 2008 (BGBl. I S. 1010), das durch Artikel 15 des Gesetzes vom

5. Februar 2009 (BGBl. I S. 160) geändert worden ist in Verbindung mit § 24 Absatz 6 des Landesbeamtengesetzes zu beachten.

(5) Beihilfeberechtigt sind auch Beamte, die ihren dienstlichen Wohnsitz im Ausland haben oder in das Ausland abgeordnet sind. Das Ministerium der Finanzen kann im Rahmen der Verwaltungsvorschriften zu dieser Verordnung ergänzende Regelungen treffen, die die besonderen Verhältnisse und Erschwernisse im Ausland berücksichtigen.

(6) Wird ein Beamter zu einem Dienstherrn versetzt, in dessen Dienstbereich diese Verordnung gilt, werden von dem aufnehmenden Dienstherrn Beihilfen zu Aufwendungen gezahlt, die nach dem Zeitpunkt der Versetzung entstanden sind. Bei einer Versetzung zu einem Dienstherrn, in dessen Dienstbereich diese Verordnung nicht gilt, werden zu den bis zum Zeitpunkt der Versetzung entstandenen Aufwendungen Beihilfen nach dieser Verordnung gezahlt.

(7) Versorgungsempfänger mit mehreren Ansprüchen auf Versorgungsbezüge erhalten Beihilfen von der Stelle, die für die Festsetzung der neuen Versorgungsbezüge (§ 67 des Landesbeamtenversorgungsgesetzes) zuständig ist. Dies gilt nicht, soweit es sich bei dem neuen Versorgungsbezug um eine Hinterbliebenenversorgung handelt; in diesem Fall bleibt die bisherige Beihilfestelle zuständig.

§ 2 Beihilfefälle

(1) Beihilfefähig sind Aufwendungen, die erwachsen

1. in Krankheits- und Pflegefällen
   a) für den Beihilfeberechtigten selbst,
   b) für nicht selbst beihilfeberechtigte Ehegattinnen und Ehegatten oder für nicht selbst beihilfeberechtigte eingetragene Lebenspartnerinnen und Lebenspartner, wenn deren Einkünfte nach § 2 Absatz 2 und 5a des Einkommensteuergesetzes vom 8. Oktober 2009 (BGBl. I S. 3366, 3862) in der jeweils geltenden Fassung im Kalenderjahr vor Entstehen der Aufwendungen 20 000 Euro nicht übersteigen. Den Einkünften werden hinzugerechnet:
      aa) die Differenz zwischen dem Besteuerungs- oder Ertragsanteil nach § 22 Nummer 1 Satz 3 Buchstabe a des Einkommensteuergesetzes und dem Bruttobetrag bei erstmaligem Rentenbezug ab dem 1. Januar 2022 und
      bb) ausländische Einkünfte im Sinne von § 34d des Einkommensteuergesetzes, die nicht in Satz 1 enthalten sind. Doppelbuchstabe aa gilt entsprechend.

      Der Betrag nach Satz 1 wird regelmäßig im gleichen Verhältnis, wie sich der Rentenwert West erhöht, angepasst und auf volle Euro aufgerundet. Die Anpassung erfolgt erstmals ab einer Rentenerhöhung West im Kalenderjahr 2022 mit Wirkung für das auf die Rentenerhöhung folgende Kalenderjahr. Bei Überschreitung dieser Einkommensgrenze sind aus Fürsorgegründen Aufwendungen beihilfefähig, wenn der Ehegatte oder der eingetragene Lebenspartner trotz einer ausreichenden Krankenversicherung für bestimmte Erkrankungen von Leistungen ausgeschlossen ist oder die Leistungen auf Dauer eingestellt worden sind; beihilfefähig ist der 1000 Euro im Kalenderjahr übersteigende Betrag. Für einen getrennt lebenden Ehegatten oder eingetragenen Lebenspartner werden Beihilfen nur gewährt, soweit dieser einen Unterhaltsanspruch gegen den Beihilfeberechtigten hat,
   c) für die in Absatz 2 bezeichneten Kinder;

   Aufwendungen für Schutzimpfungen, Aufwendungen zur Früherkennung bestimmter Krankheiten (§ 3 Absatz 1 Nummer 2) sowie Aufwendungen für prophylaktische zahnärztliche Leistungen (§ 3 Absatz 1 Nummer 3) werden den Aufwendungen in Krankheitsfällen zur Wiedererlangung der Gesundheit gleichgestellt;
2. in Geburtsfällen
   a) einer Beihilfeberechtigten,
   b) der nicht selbst beihilfeberechtigten Ehefrau oder eingetragenen Lebens-

VII

partnerin des oder der Beihilfeberechtigten,
   c) der nicht selbst beihilfeberechtigten Mutter eines nicht ehelichen Kindes des Beihilfeberechtigten,
   d) einer nach Absatz 2 zu berücksichtigenden Tochter des Beihilfeberechtigten;

3. im Todesfall
   a) eines Beihilfeberechtigten,
   b) seines nicht selbst beihilfeberechtigt gewesenen Ehegatten oder eingetragenen Lebenspartners,
   c) eines im Absatz 2 bezeichneten Kindes; bei Totgeburten, wenn der Beihilfeberechtigte im Falle der Lebendgeburt zu Krankheitsaufwendungen des Kindes Anspruch auf Beihilfen hätte;

4. in Fällen eines nicht rechtswidrigen Schwangerschaftsabbruchs
   a) einer Beihilfeberechtigten,
   b) der nicht selbst beihilfeberechtigten Ehefrau oder eingetragenen Lebenspartnerin des oder der Beihilfeberechtigten,
   c) einer nach Absatz 2 zu berücksichtigenden Tochter des Beihilfeberechtigten;

5. in Fällen einer durch Krankheit erforderlichen Sterilisation
   a) eines Beihilfeberechtigten,
   b) des nicht selbst beihilfeberechtigten Ehegatten oder eingetragenen Lebenspartners des Beihilfeberechtigten,
   c) eines im Absatz 2 bezeichneten Kindes.

(2) Beihilfen zu Aufwendungen nach Absatz 1 werden nur für nicht selbst beihilfeberechtigte, im Familienzuschlag nach §43 des Landesbesoldungsgesetzes berücksichtigte oder berücksichtigungsfähige Kinder des Beihilfeberechtigten gezahlt. Ist ein Kind bei mehreren Beihilfeberechtigten im Familienzuschlag berücksichtigungsfähig oder ist bei verheirateten oder in einer eingetragenen Lebenspartnerschaft lebenden Kindern neben dem beihilfeberechtigten Elternteil der Ehegatte oder der eingetragene Lebenspartner des Kindes beihilfeberechtigt, wird eine Beihilfe zu den Aufwendungen des Kindes nur dem Beihilfeberechtigten gezahlt, der den entsprechenden Anteil des Familienzuschlags erhält.

(3) Aufwendungen für Ehegatten, eingetragene Lebenspartner und Kinder beihilfeberechtigter Waisen sind nicht beihilfefähig.

§3 Begriff der beihilfefähigen Aufwendungen

(1) Beihilfefähig sind die notwendigen Aufwendungen in angemessenem Umfange

1. in Krankheitsfällen zur Wiedererlangung der Gesundheit, zur Besserung oder Linderung von Leiden, zur Beseitigung oder zum Ausgleich angeborener oder erworbener Körperschäden sowie bei dauernder Pflegebedürftigkeit und erheblichem allgemeinen Betreuungsbedarf,
2. zur Früherkennung und Vorsorge von Krankheiten nach Maßgabe der Richtlinien des Gemeinsamen Bundesausschusses [§§91, 92 des Fünften Buches Sozialgesetzbuch – Gesetzliche Krankenversicherung – (Artikel 1 des Gesetzes vom 20. Dezember 1988, BGBl. I S. 2477, 2482) in der jeweils geltenden Fassung] zu den §§ 20i, 25, 25a und 26 des Fünften Buches Sozialgesetzbuch,
3. für prophylaktische Leistungen nach Abschnitt B und der Nummer 2000 des Gebührenverzeichnisses der Gebührenordnung für Zahnärzte vom 22. Oktober 1987 (BGBl. I S. 2316), zuletzt geändert durch Verordnung vom 5. Dezember 2011 (BGBl. I S. 2661) sowie Früherkennungsuntersuchungen auf Zahn-, Mund- und Kieferkrankheiten bei Kindern, die das sechste Lebensjahr noch nicht vollendet haben,
4. in Geburtsfällen für die Entbindung, das Wochenbett und die Säuglingsausstattung,
5. für Schutzimpfungen, soweit sie nach den jeweils gültigen Empfehlungen der Ständigen Impfkommission am Robert Koch-Institut (STIKO) öffentlich empfohlen werden, für Impfungen, die in Zusammenhang mit einer privaten Auslandsreise stehen sowie für FSME- (Frühsommer-Meningoenzephalitis) und Grippeschutzimpfungen.
6. in Fällen eines nicht rechtswidrigen Schwangerschaftsabbruchs,

VII

7. in Fällen einer durch Krankheit erforderlichen Sterilisation und
8. in Fällen einer Präexpositionsprophylaxe entsprechend § 20j des Fünften Buches Sozialgesetzbuch.

(2) Über die beihilferechtliche Notwendigkeit und den wirtschaftlich angemessenen Umfang von Aufwendungen entscheidet die Beihilfestelle. Sie kann bei Zweifeln über die Notwendigkeit und den wirtschaftlich angemessenen Umfang ein Gutachten eines Amts- oder Vertrauensarztes – beziehungsweise Zahnarztes, einer Fachklinik oder des Medizinischen Dienstes der Gesetzlichen Krankenversicherungen einholen. Die Kosten des Gutachtens trägt die Beihilfestelle; dies gilt auch für Gutachten in Zusammenhang mit beihilferechtlichen Voranerkennungsverfahren, soweit die nachfolgenden Vorschriften nicht etwas anderes bestimmen.

(3)

a) Erhalten in der gesetzlichen Krankenversicherung freiwillig oder pflichtversicherte Beihilfeberechtigte oder gesetzlich versicherte berücksichtigungsfähige Personen Sach- oder Dienstleistungen (ärztliche und zahnärztliche Versorgung, ambulante und stationäre Krankenhausbehandlung, Heilmittel und so weiter), werden hierzu keine Beihilfen gezahlt. Als Sach- oder Dienstleistungen gelten auch Geldleistungen bei künstlicher Befruchtung, bei kieferorthopädischer Behandlung, bei Arznei- und Verbandmitteln, bei Heilmitteln, bei häuslicher Krankenpflege, bei Haushaltshilfe (§§ 27a, 29, 31 Absatz 1 und 2, §§ 32, 37 Absatz 4, § 38 Absatz 4 des Fünften Buches Sozialgesetzbuch in der jeweils geltenden Fassung) und bei Hilfsmitteln (§ 33 des Fünften Buches Sozialgesetzbuch und § 40 Absatz 2 des Elften Buches Sozialgesetzbuch (Artikel 1 des Gesetzes vom 26. Mai 1994, BGBl. I S. 1014, 1015) in der jeweils geltenden Fassung, mit Ausnahme der Personen nach Absatz 4 Satz 2 Nummer 4).
b) Nicht beihilfefähig sind Aufwendungen, die dadurch entstehen, dass Pflichtversicherte an Stelle von Sach- oder Dienstleistungen Kostenerstattung nach § 13 Absatz 2 oder 4 des Fünften Buches Sozialgesetzbuch wählen oder erhalten, sowie Aufwendungen, bei denen die Krankenkasse die Kosten bis zur Höhe des Festbetrags nach dem Fünften Buch Sozialgesetzbuch übernimmt.
c) Aufwendungen, die gesetzlich versicherten Personen bei Inanspruchnahme von freiwilligen Leistungen ihrer Krankenkasse außerhalb des Leistungskatalogs des Fünften Buches Sozialgesetzbuch im Rahmen der jeweiligen Satzung, eines Bonusprogramms oder eines Gesundheitskontos entstehen, sind nicht beihilfefähig. Aufwendungen, die in Zusammenhang mit der Inanspruchnahme von individuellen Gesundheitsleistungen (IGeL) entstehen, sind bei pflichtversicherten Personen nicht und bei freiwillig versicherten Personen nur insoweit beihilfefähig, als sie den Aufwendungen nach Absatz 1 und § 4 entsprechen.
d) Zuzahlungen, die gesetzlich Versicherte nach § 23 Absatz 6, § 24 Absatz 3, § 31 Absatz 3, § 32 Absatz 2, § 33 Absatz 8, § 37 Absatz 5, § 37a Absatz 3, § 38 Absatz 5, § 39 Absatz 4, § 40 Absatz 5 und 6, § 41 Absatz 3 und § 60 Absatz 1 und 2 des Fünften Buches Sozialgesetzbuch sowie § 32 des Sechsten Buches Sozialgesetzbuch und § 40 Absatz 3 des Elften Buches Sozialgesetzbuch in der jeweils geltenden Fassung erbringen müssen, sind nicht beihilfefähig.

(4) Besteht ein Anspruch auf Heilfürsorge, Krankenhilfe oder Kostenerstattung auf Grund von Rechtsvorschriften oder arbeitsvertraglichen Vereinbarungen, sind die auf Grund dieser Vorschriften zustehenden Leistungen in voller Höhe von den beihilfefähigen Aufwendungen abzuziehen. Dies gilt nicht hinsichtlich der Schadensersatzansprüche, die nach § 81 des Landesbeamtengesetzes vom 14. Juni 2016 (GV. NRW. S. 310, ber. S. 642) auf den Dienstherrn oder eine Versorgungskasse übergehen, sowie nicht hinsichtlich der Leistungen der gesetzlichen Krankenversicherung, der sozialen Pflegeversicherung bzw. der gesetzlichen Rentenversicherung

1. für Personen, die freiwillig in einer gesetzlichen Krankenkasse versichert sind und

VII

denen dem Grunde nach kein Beitragszuschuss nach § 257 SGB V zusteht, sofern nicht nach § 224 SGB V Beitragsfreiheit besteht,

2. für Beihilfeberechtigte und berücksichtigungsfähige Kinder, die von der gesetzlichen Krankenversicherung oder der sozialen Pflegeversicherung einer anderen Person erfasst werden, an deren Beiträgen kein Arbeitgeber beteiligt ist, oder – bei Beteiligung eines Arbeitgebers – wenn Leistungen aus dieser Versicherung nicht in Anspruch genommen werden,
3. für in der gesetzlichen Rentenversicherung Versicherte, die im Zeitpunkt des Entstehens der Aufwendungen nicht pflichtversichert waren und vom Arbeitgeber keinen Zuschuss zu den Prämien einer Lebensversicherung erhalten haben, wenn Leistungen aus dieser Versicherung nicht in Anspruch genommen werden,
4. für Personen, die nach § 28 Absatz 2 SGB XI Leistungen der sozialen Pflegeversicherung zur Hälfte erhalten,
5. für Personen, die ihre Beiträge zur Pflegeversicherung (SGB XI) allein zu tragen haben,
6. für Personen, die am 31. Dezember 1993 als Rentner in einer gesetzlichen Krankenversicherung pflichtversichert waren.

Satz 1 und Satz 2 Nummer 2 gelten entsprechend für Personen, die bei einem privaten Krankenversicherungsunternehmen kranken- und pflegeversichert sind, sofern zu dieser Versicherung ein Zuschuss nach §§ 26 Absatz 2 SGB II, 257 SGB V oder 61 SGB XI gewährt oder der Beitrag auf Grund des § 174 des Dritten Buches Sozialgesetzbuch – Arbeitsförderung – (Artikel 1 des Gesetzes vom 24. März 1997, BGBl. I S. 594, 595) in der jeweils geltenden Fassung übernommen wird; übersteigt die Hälfte des Beitrages für eine Versicherung gegen Krankheit oder Pflegebedürftigkeit den Beitragszuschuss nach §§ 26 Absatz 2 SGB II, 257 SGB V oder 61 SGB XI bzw. den nach § 174 des Dritten Buches Sozialgesetzbuch übernommenen Beitrag, so gelten die Leistungen der Kranken- oder Pflegeversicherung nur im Verhältnis des Beitragszuschusses bzw. des übernommenen Beitrages zur Hälfte des Kranken- oder Pflegeversicherungsbeitrages als zustehende Leistungen im Sinne des Satzes 1. Maßgebend sind die Beiträge, der Beitragszuschuss und der übernommene Beitrag im Zeitpunkt der Antragstellung. Satz 2 Nummer 1 und Satz 3 gelten entsprechend für Personen, die einen Zuschuss nach § 44a Absatz 1 des Elften Buches Sozialgesetzbuch erhalten. Personen, denen Sachleistungen auf Grund des Vierzehnten Buches Sozialgesetzbuch vom 12. Dezember 2019 (BGBl. I S. 2652) in der jeweils geltenden Fassung, des Häftlingshilfegesetzes in der Fassung der Bekanntmachung vom 2. Juni 1993 (BGBl. I S. 838) in der jeweils geltenden Fassung oder des Soldatenentschädigungsgesetzes vom 20. August 2021 (BGBl. I S. 3932, 3933) in der jeweils geltenden Fassung zustehen, sind nicht verpflichtet, diese in Anspruch zu nehmen; Satz 1 ist insoweit nicht anzuwenden. Satz 1 findet keine Anwendung, soweit durch die Heilfürsorge eine stationäre Rehabilitationsmaßnahme erstattet wird; dies gilt als Sachleistung nach Absatz 3 Buchstabe a. In diesen Fällen sind Aufwendungen für zusätzlich in Anspruch genommene Wahlleistungen sowie für seitens der Rehabilitationseinrichtung verordnete oder verabreichte Arzneimittel nicht beihilfefähig.

(5) Voraussetzung für eine Beihilfefähigkeit der Aufwendungen ist, dass im Zeitpunkt ihres Entstehens eine Beihilfeberechtigung nach § 1 oder bei Angehörigen von Beihilfeberechtigten eine Berücksichtigungsfähigkeit nach § 2 besteht. Die Aufwendungen gelten in dem Zeitpunkt als entstanden, in dem die sie begründende Leistung erbracht wird. Innerhalb der Frist nach § 13 Absatz 3 kann eine Beihilfe auch dann beantragt werden, wenn zum Zeitpunkt der Antragstellung kein Anspruch nach Satz 1 mehr besteht.

(6) Nicht beihilfefähig sind Aufwendungen für die persönliche Tätigkeit von Ehegatten, eingetragenen Lebenspartnern, Kindern und Eltern des Behandelten; Kosten, die dem behandelnden Angehörigen im Einzelfall – z. B. für Materialien, Verbandmittel und Arzneimittel – entstehen und deren Geldwert nach-

gewiesen ist, sind im Rahmen der Verordnung beihilfefähig. § 5a Absatz 3 bleibt unberührt.

§ 4 Beihilfefähige Aufwendungen in Krankheitsfällen

(1) Die beihilfefähigen Aufwendungen umfassen die Kosten für:

1. medizinische Leistungen, die durch Ärztinnen und Ärzte, Zahnärztinnen und Zahnärzte, Psychologische Psychotherapeutinnen und -therapeuten oder Kinder- und Jugendlichenpsychotherapeutinnen und -therapeuten, Heilpraktikerinnen und Heilpraktiker, Hebammen und Entbindungspfleger sowie nichtärztliche Leistungserbringerinnen und Leistungserbringer im Sinne des § 4j Absatz 2 erbracht werden. Beihilfefähig sind nur medizinisch notwendige und der Höhe nach angemessene Aufwendungen in wirtschaftlichem Umfang (§ 3 Absatz 1 und 2)
   a) zur Gesundheitsvorsorge,
   b) zur Empfängnisregelung, im Geburtsfall, bei nicht rechtswidrigem Schwangerschaftsabbruch und einer durch Krankheit erforderlichen Sterilisation,
   c) in Krankheitsfällen zur Wiedererlangung der Gesundheit, zur Besserung oder Linderung von Leiden, zur Beseitigung oder zum Ausgleich angeborener oder erworbener Körperschäden,
   d) bei ambulanten und stationären Kur- und Rehabilitationsmaßnahmen oder
   e) um eine Behinderung oder Pflegebedürftigkeit abzuwenden, zu beseitigen, zu mindern, auszugleichen, ihre Verschlimmerung zu verhüten oder ihre Folgen zu mildern.

   Voraussetzung und Umfang der Beihilfefähigkeit der Aufwendungen richten sich für ärztliche Leistungen nach der Gebührenordnung für Ärzte in der Fassung der Bekanntmachung vom 9. Februar 1996 (BGBl. I S. 210), in der jeweils geltenden Fassung, für zahnärztliche Leistungen nach der Gebührenordnung für Zahnärzte vom 22. Oktober 1987 (BGBl. I S. 2316), die zuletzt durch Artikel 1 der Verordnung vom 5. Dezember 2011 (BGBl. I S. 2661) geändert worden ist, für ambulante durchgeführte psychotherapeutische Leistungen, Maßnahmen der psychotherapeutischen Grundversorgung und der psychotherapeutischen Akutbehandlung nach den §§ 4a bis 4f und der Anlage 1 zu dieser Verordnung, für durch Heilpraktikerinnen und Heilpraktiker erbrachte Leistungen nach der Anlage 4 zu dieser Verordnung, für durch nichtärztliche Leistungserbringerinnen und Leistungserbringer erbrachte Leistungen nach § 4j Absatz 2 in Verbindung mit der Anlage 5 zu dieser Verordnung und für durch Hebammen und Entbindungspfleger erbrachte Leistungen nach der Hebammengebührenordnung Nordrhein-Westfalen vom 30. Juni 2015 (GV. NRW. S. 541), in der jeweils geltenden Fassung.

2. Behandlungen in Krankenhäusern nach § 108 des Fünften Buches Sozialgesetzbuch, die entstanden sind für
   a) allgemeine Krankenhausleistungen gemäß § 2 Absatz 2 des Krankenhausentgeltgesetzes (KHEntgG) vom 23. April 2002 (BGBl. I S. 1412, 1422), das zuletzt durch Artikel 8c des Gesetzes vom 17. Juli 2017 (BGBl. I S. 2615) geändert worden ist, sowie gemäß § 2 Absatz 2 der Bundespflegesatzverordnung vom 26. September 1994 (BGBl. I S. 2750), die zuletzt durch Artikel 6ba des Gesetzes vom 17. Juli 2017 (BGBl. I S. 2581) geändert worden ist,
   b) gesondert berechnete ärztliche und zahnärztliche Leistungen (§§ 17, 18 Absatz 1 Satz 2 des Krankenhausentgeltgesetzes und § 16 Satz 2 der Bundespflegesatzverordnung) abzüglich zehn Euro täglich für höchstens 20 Tage im Kalenderjahr sowie gesondert berechnete Unterkunft (niedrigster Zweibettzimmersatz der jeweiligen Fachabteilung für Wahlleistungspatienten ohne gesondert in Rechnung gestellte Komfortzusatzleistungen abzüglich 15 Euro täglich für

VII

insgesamt höchstens 20 Tage im Kalenderjahr,

c) vor- und nachstationäre Krankenhausbehandlungen nach § 115a des Fünften Buches Sozialgesetzbuch,

d) Übergangspflege nach § 39e des Fünften Buches Sozialgesetzbuch (ohne gesondert berechnete Wahlleistungen nach Buchstabe b),

e) die aus medizinischen Gründen notwendige Unterbringung einer Begleitperson im Krankenhaus (§ 2 Absatz 2 Satz 2 Nummer 3 des Krankenhausentgeltgesetzes),

sofern nicht die §§ 5d, 6 oder 6a anzuwenden sind. Ist bei einer stationären Behandlung die Anwesenheit einer Begleitperson aus medizinischen Gründen notwendig, eine Mitaufnahme ins Krankenhaus jedoch nicht möglich, sind Aufwendungen für die Unterbringung der Begleitperson auch außerhalb des Krankenhauses bis zur Höhe der Kosten für eine Mitaufnahme der Begleitperson in das Krankenhaus beihilfefahig.

Aufwendungen für Behandlungen in Krankenhäusern nach § 107 Absatz 1 des Fünften Buches Sozialgesetzbuch, die nicht nach § 108 des Fünften Buches Sozialgesetzbuch zugelassen sind, sind nur insoweit als angemessen (§ 3 Absatz 1 Satz 1) anzuerkennen, als sie den Kosten (Behandlungs-, Unterkunfts- und Verpflegungskosten) entsprechen, die die dem Behandlungsort nächstgelegene Klinik der Maximalversorgung (Universitätsklinik nach § 108 des Fünften Buches Sozialgesetzbuch) für eine medizinisch gleichwertige Behandlung abzüglich eines Betrags von 25 Euro täglich für höchstens 20 Tage im Kalenderjahr berechnen würde. Die Vergleichsberechnung nach Satz 3 entfällt im Fall einer stationären Notfallbehandlung, wenn das nicht nach § 108 des Fünften Buches Sozialgesetzbuch zugelassene Krankenhaus als nächstgelegenes geeignetes Krankenhaus aufgesucht werden musste. Die Selbstbeteiligungen sind innerhalb eines Kalenderjahres für den Beihilfeberechtigten und seine berücksichtigungsfähigen Angehörigen bis zu einem Betrag von jeweils insgesamt 500 Euro in Abzug zu bringen. Fehlt in den Fällen des § 75 Absatz 5 Satz 4 des Landesbeamtengesetzes eine vorherige Anerkennung durch die Beihilfestelle, sind nur die Behandlungskosten nach § 4 Absatz 1 Nummer 1 und 7 und § 4j Absatz 1 bis 4 beihilfefähig. Die vorherige Anerkennung gilt als erteilt, wenn die Krankenversicherung die medizinische Notwendigkeit der stationären Krankenhausbehandlung im Vorhinein bescheinigt hat und die Beihilfestelle feststellt, dass es keine Anhaltspunkte gibt, die eine abweichende Entscheidung rechtfertigen könnten.

3. Unterkunft für den Erkrankten und eine notwendige Begleitperson bei notwendigen auswärtigen ambulanten ärztlichen Behandlungen außerhalb einer Maßnahme nach § 7 bis höchstens 150 Prozent des Betrags nach § 7 Absatz 1 Satz 1 des Landesreisekostengesetzes vom 1. Dezember 2021 (GV. NRW. S. 1367) in der jeweils geltenden Fassung.

4. Erste Hilfe.

5. Eine notwendige Berufspflegekraft, solange die oder der Erkrankte nach ärztlicher Verordnung der häuslichen Krankenpflege (Behandlungspflege, Grundpflege, hauswirtschaftliche Versorgung, ambulante Palliativversorgung und ambulante psychiatrische Krankenpflege) bedarf. Die Kosten einer Ersatzpflegekraft können unter derselben Voraussetzung anerkannt werden. Bei einer Pflege durch den Ehegatten, eingetragenen Lebenspartner, Kinder, Enkelkinder, Eltern, Großeltern, Geschwister, Verschwägerte ersten Grades sowie Schwager sind nur Beförderungskosten (Nummer 11) und Kosten für eine Unterbringung der Pflegekraft außerhalb der Wohnung beihilfefähig. Außerdem kann eine für die Pflege gewährte Vergütung bis zur Höhe eines ausgefallenen Arbeitseinkommens als beihilfefähig berücksichtigt werden,

VII

wenn wegen Ausübung der Pflege eine Erwerbstätigkeit aufgegeben worden ist, die mindestens den Umfang einer Halbtagsbeschäftigung hatte; für den Ehegatten, eingetragenen Lebenspartner und die Eltern eines Pflegebedürftigen ist eine für die Pflege gezahlte Vergütung nicht beihilfefähig. In den Fällen des Satzes 2 bis 4 sind höchstens die Kosten für eine Berufspflegekraft beihilfefähig. Aufwendungen für im Haushalt des Beihilfeberechtigten bereits tätige Personen sind nur insoweit beihilfefähig, als sie nachweislich über die bisher gezahlte Vergütung hinaus durch Mehrarbeit infolge Übernahme der Pflege entstanden sind.

5a. Eine außerklinische Intensivpflege nach § 37c des Fünften Buches Sozialgesetzbuch. Voraussetzung ist, dass nach Feststellung der Krankenversicherung ein besonders hoher Bedarf an medizinischer Behandlungspflege besteht.

Erfolgt die außerklinische Intensivpflege in einer vollstationären Pflegeeinrichtung, die Leistungen nach § 43 des Elften Buches Sozialgesetzbuch erbringt, sind neben den pflegebedingten Aufwendungen einschließlich der Aufwendungen für die Betreuung und den Aufwendungen für die medizinische Behandlungspflege unter Berücksichtigung der Leistungen nach dem Elften Buch Sozialgesetzbuch auch die betriebsnotwendigen Investitionskosten sowie die Entgelte für Unterkunft und Verpflegung nach § 87 des Elften Buches Sozialgesetzbuch beihilfefähig. Wird die Pflege in einer Einrichtung durchgeführt, die die Voraussetzungen des § 71 Absatz 2 des Elften Buches Sozialgesetzbuch erfüllt, sind höchstens die vergleichbaren Kosten nach § 37c des Fünften Buches Sozialgesetzbuch, die in einer zugelassenen vollstationären Pflegeeinrichtung nach § 72 Absatz 1 Satz 1 des Elften Buches Sozialgesetzbuch am Ort der Unterbringung oder seiner nächsten Umgebung entstanden wären, beihilfefähig. Entfällt der Anspruch auf außerklinische Intensivpflege auf Grund einer Besserung des Gesundheitszustandes, sind die Leistungen nach Satz 3 und 4 für sechs Monate weiter zu gewähren, wenn eine Pflegebedürftigkeit des Pflegegrades 2, 3, 4 oder 5 im Sinne des § 15 Absatz 3 Satz 4 Nummer 2 bis 5 des Elften Buches Sozialgesetzbuch festgestellt ist.

Das Nähere zu Inhalt und Umfang der Leistungen richtet sich für Verordnungen von Leistungen der außerklinischen Intensivpflege ab dem 1. Januar 2023 nach Maßgabe der Außerklinischen Intensivpflege-Richtlinie vom 19. November 2021 (BAnz AT 17. März 2022 B2) in der jeweils geltenden Fassung. Bis zu diesem Zeitpunkt gilt für Verordnungen die Häusliche Krankenpflege-Richtlinie vom 17. September 2009 (BAnz Nr. 21a vom 9. Februar 2010) in der jeweils geltenden Fassung entsprechend.

Aufwendungen für häusliche Krankenpflege nach Nummer 5 sind neben einer außerklinischen Intensivpflege nicht beihilfefähig.

6. Eine Familien- und Hauspflegekraft bis zum Betrag von 13 Euro je Stunde, höchstens jedoch 104 Euro täglich, wenn der den Haushalt führende berücksichtigungsfähige Familienangehörige oder der den Haushalt führende Beihilfeberechtigte wegen einer stationären Unterbringung (Nummer 2, §§ 5b, 6, 6a und 8) oder ambulanten Rehabilitationsmaßnahme (§ 7 Absatz 4) den Haushalt nicht weiterführen kann. Voraussetzung ist, dass die haushaltsführende Person – ausgenommen sie ist allein erziehend – nicht oder nur geringfügig im Sinne des § 8 SGB IV erwerbstätig ist oder, soweit mehrere teilzeitbeschäftigte Personen den Haushalt führen, die Erwerbstätigkeit dieser Personen insgesamt nicht mehr als 120 vom Hundert der durchschnittlichen wöchentlichen Arbeitszeit einer Vollzeitstelle (40 Stunden/Woche) erreicht, im Haushalt mindestens eine beihilfeberechtigte oder berücksichtigungsfähige Person verbleibt, die pflegebedürftig ist oder das 15. Le-

VII

bensjahr noch nicht vollendet hat, und keine andere im Haushalt lebende Person den Haushalt weiterführen kann. Dies gilt nach begründeter ärztlicher Bescheinigung auch für bis zu 28 Tage nach Ende der stationären Unterbringung, nach einer ambulanten Operation oder darüber hinaus, wenn dadurch ein stationärer Krankenhausaufenthalt (§ 4 Absatz 1 Nummer 2) vermieden wird (z. B. Liegeschwangerschaft) sowie bei Alleinstehenden und Alleinerziehenden, wenn eine Hilfe zur Führung des Haushalts erforderlich ist. Nummer 5 Satz 3 bis 6 gilt entsprechend. Wird an Stelle der Beschäftigung einer Familien- und Hauspflegekraft ein Kind unter 15 Jahren oder eine in Satz 3 aufgeführte pflegebedürftige Person in einem Heim oder in einem fremden Haushalt untergebracht, so sind die Aufwendungen für Unterkunft und Verpflegung sowie notwendige Beförderungskosten – auch für eine Begleitperson – bis zu den sonst berücksichtigungsfähigen Aufwendungen für eine Familien- und Hauspflegekraft beihilfefähig. Die Aufwendungen für Unterkunft und Verpflegung aus Anlass einer Unterbringung bei den in Nummer 5 Satz 3 genannten Personen sind nicht beihilfefähig.

VII

7. Die von Behandlerinnen und Behandlern nach Nummer 1 bei ihren Verrichtungen verbrauchten oder nach Art und Umfang verordneten apothekenpflichtigen Arzneimittel nach § 2 des Arzneimittelgesetzes in der Fassung der Bekanntmachung vom 5. Dezember 2005 (BGBl. I. S. 3394) in der jeweils geltenden Fassung, Verbandmittel, Harn- und Blutteststreifen sowie Stoffe und Zubereitungen aus Stoffen, die als Medizinprodukte im Sinne des Medizinprodukterechts zur Anwendung am oder im menschlichen Körper bestimmt, in Anlage V der Arzneimittel-Richtlinie des Gemeinsamen Bundesausschusses in der Fassung vom 18. Dezember 2008/22. Januar 2009 (BAnz. Nr. 49a vom 31. März 2009) in der jeweils geltenden Fassung aufgeführt sind und die dort genannten Maßgaben erfüllen. Der Zuschlag von Apotheken für die Abgabe beihilfefähiger Arzneimittel im Wege des Botendienstes je Lieferort und Tag ist entsprechend § 129 Absatz 5g des Fünften Buches Sozialgesetzbuch beihilfefähig. Nicht beihilfefähig sind Aufwendungen
   1. für verschreibungspflichtige Arzneimittel, die nach den Arzneimittel-Richtlinien des Gemeinsamen Bundesausschusses von der vertragsärztlichen Verordnung ausgeschlossen sind und
   2. für nichtverschreibungspflichtige apothekenpflichtige und nicht apothekenpflichtige Arzneimittel.

   Satz 3 gilt nicht für Personen bis zum vollendeten 18. Lebensjahr.

   Die Beihilfestelle kann abweichend von Satz 3 in medizinisch begründeten besonderen Einzelfällen unter Beteiligung der zuständigen Amtsärztin oder des zuständigen Amtsarztes bestimmen, zu welchen verschreibungspflichtigen und nicht verschreibungspflichtigen Arzneimitteln, die bei der Behandlung schwerwiegender Erkrankungen als Therapiestandard gelten oder die sich in der klinischen Erprobung befinden, Beihilfen gezahlt werden können. Dies gilt nicht für Arzneimittel und Medizinprodukte der besonderen Therapierichtungen.

   Das Ministerium der Finanzen kann in Anlage 2 Arzneimittel von der Beihilfefähigkeit ausschließen, die ihrer Zweckbestimmung nach üblicherweise bei geringfügigen Gesundheitsstörungen verordnet werden, die für das Therapieziel oder zur Minderung von Risiken nicht erforderliche Bestandteile enthalten, deren Wirkungen wegen der Vielzahl der enthaltenen Wirkstoffe nicht mit ausreichender Sicherheit beurteilt werden können oder deren therapeutischer Nutzen nicht nachgewiesen ist. § 4j Absatz 4 gilt sinngemäß.

8. Eine von einer Ärztin oder von einem Arzt angeordnete Entseuchung und die dabei verbrauchten Stoffe.

9. Eine spezialisierte ambulante oder stationäre Palliativ- oder Hospizversorgung. Aufwendungen für eine spezialisierte ambulante Palliativversorgung sind beihilfefähig, wenn wegen einer nicht heilbaren, fortschreitenden und weit fortgeschrittenen Erkrankung bei einer zugleich begrenzten Lebenserwartung eine besonders aufwändige Versorgung notwendig ist. § 37b Absatz 1 Satz 3 und 4, Absatz 2 und 3 sowie § 132d Absatz 1 Satz 1 des Fünften Buches Sozialgesetzbuch gelten entsprechend. Aufwendungen für eine stationäre oder teilstationäre Versorgung in einem Hospiz (Kinderhospiz), in dem eine palliativ oder teilstationäre Behandlung erbracht wird, sind für die ersten neun (Kinderhospiz 18) Monate der Versorgung nach Nummer 2 beihilfefähig. Die Abzugsbeträge nach Nummer 2 Satz 1 Buchstabe b bleiben unberücksichtigt. Nach Ablauf der Fristen nach Satz 4 gelten die §§ 5 bis 5e entsprechend. Ist bei stationär untergebrachten Kindern bis zum vollendeten 14. Lebensjahr zu deren Betreuung die Unterbringung eines Elternteils oder auch von Geschwistern medizinisch erforderlich, wird zu deren Unterbringungskosten ein Zuschuss von bis zu insgesamt 80 Euro täglich gezahlt, soweit das Hospiz die Unterbringungskosten gesondert in Rechnung stellt. Das gilt nicht in den Fällen des Satzes 6.

10. Von einer Ärztin oder einem Arzt verordnete Hilfsmittel, Körperersatzstücke, Kontrollgeräte sowie Apparate zur Selbstbehandlung. Beihilfefähig sind die angemessenen Aufwendungen für Anschaffung und Reparatur. Von den Aufwendungen für den Betrieb (zum Beispiel Batterien für Hörgeräte einschließlich Ladegeräte) und Pflege der Hilfsmittel (zum Beispiel Pflege- und Reinigungsmittel für Kontaktlinsen) ist bei Personen, die das 18 Lebensjahr vollendet haben, nur der 100 Euro im Kalenderjahr übersteigende Betrag beihilfefähig. Mietgebühren sowie Fall- oder Versorgungspauschalen sind beihilfefähig, soweit sie insgesamt nicht höher als die entsprechenden Anschaffungskosten bei Kauf des Hilfsmittels sind. Für die regelmäßig in der Miete sowie Fall- oder Versorgungspauschalen enthaltenen Aufwendungen für Betrieb und Pflege von Hilfsmitteln ist bei volljährigen Personen pauschal ein Betrag in Höhe von 100 Euro vom beihilfefähigen Betrag in Abzug zu bringen, es sei denn, die beihilfeberechtigte Person macht glaubhaft, dass innerhalb des berechneten Nutzungszeitraums nur geringere Aufwendungen entstanden sind. Aufwendungen für Apparate zur Selbstbehandlung oder Selbstkontrolle sind nur beihilfefähig, wenn die ersparten Behandlungskosten höher als die Anschaffungskosten sind oder die Anschaffung aus besonderen Gründen zwingend geboten ist. Nicht zu den beihilfefähigen Hilfsmitteln gehören Gegenstände, die auch im Rahmen der allgemeinen Lebenshaltung genutzt werden oder die einen Gegenstand der allgemeinen Lebenshaltung ersetzen können. Eine Mehrfachversorgung ist beihilferechtlich zugelassen, wenn neben der Versorgung im häuslichen Bereich (Erstversorgung) eine Zweitversorgung zum Beispiel im Kindergarten oder schulischen Bereich erforderlich ist und das Hilfsmittel der Erstversorgung auf Grund seines Gewichtes oder seiner Größe nicht zwischen Wohnung und Kindergarten oder Schule zumutbar transportiert werden kann. Aufwendungen für Hilfsmittel von mehr als 1000 Euro, die nicht in der Anlage 3 oder im Hilfsmittelkatalog der gesetzlichen Kranken- oder Pflegeversicherung aufgelistet sind, sind nur beihilfefähig, wenn die Beihilfestelle die Beihilfefähigkeit vor der Anschaffung anerkannt hat; bei Aufwendungen für Hilfsmittel von mehr als 10 000 Euro ist darüber hinaus die Zustimmung des Ministeriums der Finanzen erforderlich. Weiteres regelt die Anlage 3 zu dieser Verordnung.

11. Die Beförderung des Erkrankten und, falls erforderlich, einer Begleitperson bis zur Höhe der Kosten der niedrigsten Klasse regelmäßig verkehrender Beförde-

rungsmittel unter Berücksichtigung möglicher Fahrpreisermäßigungen. Gepäckbeförderungskosten sind daneben nicht gesondert beihilfefähig. Höhere Fahr- und Transportkosten dürfen nur berücksichtigt werden, wenn sie unvermeidbar waren. Wird in diesen Fällen ein privater Personenkraftwagen benutzt, ist höchstens der in § 5 Absatz 1 Satz 1 und 2 des Landesreisekostengesetzes genannte Betrag beihilfefähig. Nicht beihilfefähig sind Aufwendungen für

a) die Mitnahme weiterer Personen bei Benutzung privater Personenkraftwagen,
b) die Benutzung privater Personenkraftwagen sowie regelmäßig verkehrender Beförderungsmittel am Wohn-, Behandlungs- oder Aufenthaltsort und in deren Nahbereich bei einfachen Entfernungen bis zu 30 Kilometern,
c) die Mehrkosten von Hin- und Rückfahrten zu einem anderen als dem nächstgelegenen Ort, an dem eine geeignete Behandlung möglich wäre.

Ist bei Maßnahmen nach den §§ 6 bis 6b und 7 die Hin- und Rückfahrt nur mit einem Krankentransportwagen möglich, kann statt eines Zuschusses die Beihilfefähigkeit der Aufwendungen anerkannt werden.

12. Einen Organspender, soweit der Empfänger zu den in § 2 Absatz 1 Nummer 1 Buchstabe a bis c bezeichneten Personen gehört. Beihilfefähig sind

a) die Aufwendungen nach den Nummern 1, 2, 6, 7 und 11 und nach § 4j, die aus Anlass der für die Organspende notwendigen Maßnahmen entstehen,
b) Behandlungskosten auf Grund von Komplikationen, die auf die Organentnahme zurückzuführen sind,
c) Aufwendungen nach den §§ 6 und 7,
d) der nachgewiesene Ausfall an Arbeitseinkommen,
e) Aufwendungen nach Nummer 3 und darüberhinausgehend entsprechend § 7 Absatz 1 Satz 2 des Landesreisekostengesetzes und
f) seitens der Stiftung Organtransplantation in Rechnung gestellte Organisations-, Flugkosten- und Transplantationsbeauftragtenpauschalen.

Beihilfefähig ist auch der Ausfall von Arbeitseinkommen von Personen, die als Organspender vorgesehen waren, aber nicht in Betracht gekommen sind. Dem Arbeitgeber des Organspenders wird auf Antrag das fortgezahlte Entgelt einschließlich der hierauf entfallenden Sozialversicherungsbeiträge sowie zur betrieblichen Alters- und Hinterbliebenenversorgung erstattet. Maßgebend für die Aufwendungen nach Satz 2 und die Erstattung des Arbeitsentgeltes nach Satz 4 ist der Bemessungssatz des Organempfängers.

13. Aufwendungen im Zusammenhang mit der Suche eines geeigneten Knochenmarkspenders bis zu einem Betrag von 20 000 Euro.

14. Aufwendungen für Kommunikationshilfen für gehörlose, hochgradig schwerhörige oder ertaubte Personen bei medizinisch notwendiger ambulanter oder stationärer Untersuchung und Behandlung, wenn in Verwaltungsverfahren das Recht auf Verwendung einer Kommunikationshilfe nach § 9 des Behindertengleichstellungsgesetzes vom 27. April 2002 (BGBl. I S. 1467, 1468) in der jeweils geltenden Fassung bestünde und im Einzelfall der Informationsfluss zwischen Leistungserbringer und beihilfeberechtigter oder berücksichtigungsfähiger Person nur so gewährleistet werden kann.

(1a) Abweichend von Absatz 1 Nummer 1 und § 3 Absatz 1 wird zu den Aufwendungen für von gesetzlichen Krankenkassen als förderwürdig anerkannten Gesundheits- oder Präventionskursen je Kurs ein Zuschuss in Höhe von bis zu 75 Euro für höchstens zwei Kurse im Kalenderjahr gezahlt. Das Weitere regelt die Anlage 8 zu dieser Verordnung.

(2)

a) Aufwendungen für kieferorthopädische Leistungen sind beihilfefähig, wenn die behandelte Person bei Behandlungsbeginn das achtzehnte Lebensjahr noch nicht vollendet hat; die Altersbegrenzung gilt nicht bei schweren Kieferanomalien, die eine kombinierte kieferchirurgische und kieferorthopädische Behandlung erfordern oder wenn vor Behandlungsbeginn durch amts- oder vertrauenszahnärztliche Begutachtung festgestellt wird, dass die Behandlung medizinisch notwendig ist, ästhetische Gründe ausgeschlossen werden können und keine Behandlungsalternative besteht.

b) Aufwendungen für implantologische Leistungen nach Abschnitt K des Gebührenverzeichnisses der Gebührenordnung für Zahnärzte vom 22. Oktober 1987 (BGBl. I S. 2316), die zuletzt durch Artikel 1 der Verordnung vom 5. Dezember 2011 (BGBl. I S. 2661) geändert worden ist, sind für höchstens zehn Implantate pauschal bis zu 1000 Euro je Implantat beihilfefähig. Mit dem Pauschalbetrag sind sämtliche Kosten der zahnärztlichen und kieferchirurgischen Behandlung einschließlich notwendiger Anästhesie und der Kosten unter anderem für die Implantate selbst, die Implantataufbauten, die implantatbedingten Verbindungselemente, Implantatprovisorien, notwendige Instrumente (zum Beispiel Bohrer und Fräsen), Membranen und Membrannägel, Knochen- und Knochenersatzmaterial, Nahtmaterial, Röntgenleistungen, Computertomographie und Anästhetika abgegolten. Die Aufwendungen für die Suprakonstruktion sind neben dem Pauschalbetrag nach Satz 1 beihilfefähig. Vorhandene Implantate, zu denen eine Beihilfe gewährt wurde, sind auf die Höchstzahl nach Satz 1 anzurechnen.

Bei Vorliegen der folgenden Indikationen:

1. größere Kiefer- und Gesichtsdefekte, die ihre Ursache in
   a) Tumoroperationen,
   b) Entzündungen des Kiefers,
   c) Operationen infolge großer Zysten (zum Beispiel große follikuläre Zysten oder Keratozysten),
   d) Operationen infolge von Osteopathien, sofern keine Kontraindikation für eine Implantatversorgung vorliegt,
   e) angeborenen Fehlbildungen des Kiefers (Lippen-, Kiefer-, Gaumenspalten, ektodermale Dysplasien) oder
   f) Unfällen

   haben,
2. dauerhaft bestehende extreme Xerostomie, insbesondere im Rahmen einer Tumorbehandlung,
3. generalisierte genetische Nichtanlage von Zähnen,
4. nicht willentlich beeinflussbare muskuläre Fehlfunktion im Mund- und Gesichtsbereich (zum Beispiel Spastiken) oder
5. zahnloser Ober- oder Unterkiefer (ohne vorhandenes Implantat),

sind abweichend von Satz 1 bis 4 die notwendigen und angemessenen Aufwendungen beihilfefähig. Voraussetzung ist, dass der Beihilfestelle ein Kostenvoranschlag vorgelegt wird und diese auf Grund eines Gutachtens des zuständigen Amtszahnarztes vor Behandlungsbeginn die Notwendigkeit der beabsichtigten Maßnahme und die Angemessenheit der Kosten anerkannt hat (Voranerkennungsverfahren). Die Kosten des Gutachtens trägt die Beihilfestelle. Wird mit der Behandlung vor der Anerkennung durch die Beihilfestelle begonnen, gelten abweichend von Satz 5 die Sätze 1 bis 4 entsprechend. Die Kosten des Gutachtens sind in diesem Fall nicht beihilfefähig.

Bei Reparaturen sind neben den Kosten für die Suprakonstruktion bis zu 400 Euro je Implantat beihilfefähig.

c) Zahntechnische Leistungen nach § 9 der Gebührenordnung für Zahnärzte vom 22. Oktober 1987 (BGBl. I S. 2316), die zuletzt durch Artikel 1 der Verordnung vom 5. Dezember 2011 (BGBl. I S. 2661) geändert worden ist, sind bei der Versorgung mit Zahnersatz, Zahnkronen und Su-

VII

prakonstruktionen in Höhe von 70 Prozent beihilfefähig.

d) Soweit in der Anlage 7 beihilferechtliche Hinweise zum zahnärztlichen Gebührenrecht aufgeführt sind, richtet sich die Beihilfefähigkeit der Aufwendungen nach dieser Anlage.

§ 4a Psychotherapie, psychosomatische Grundversorgung, psychotherapeutische Akutbehandlung

(1) Aufwendungen für Leistungen der Psychotherapie in den Behandlungsformen psychoanalytisch begründete Verfahren, Verhaltenstherapie und Systemische Therapie sowie für Leistungen der psychosomatischen Grundversorgung sind nach Maßgabe der Absätze 3 und 4 sowie der §§ 4b bis 4f beihilfefähig.

(2) Aufwendungen für eine psychotherapeutische Akutbehandlung sind als Einzeltherapie in Einheiten von mindestens 25 Minuten bis zu 24 Behandlungen je Krankheitsfall beihilfefähig. Für Personen, die das 21. Lebensjahr noch nicht vollendet haben, und Personen mit geistiger Behinderung sind Aufwendungen für eine psychotherapeutische Akutbehandlung unter Einbeziehung von Bezugspersonen bis zu 30 Behandlungen beihilfefähig. Ist eine anschließende Behandlung nach den §§ 4c bis 4e beabsichtigt, ist § 4b Absatz 3 zu beachten. Die Zahl der durchgeführten Akutbehandlungen ist auf das Kontingent der Behandlungen nach den §§ 4c bis 4e anzurechnen.

(3) Vor einer Behandlung durch Psychologische Psychotherapeutinnen und Psychologische Psychotherapeuten oder durch Kinder- und Jugendlichenpsychotherapeutinnen oder Kinder- und Jugendlichenpsychotherapeuten oder durch Fachpsychotherapeutinnen für Erwachsene und Fachpsychotherapeuten für Erwachsene oder durch Fachpsychotherapeutinnen für Kinder und Jugendliche und Fachpsychotherapeuten für Kinder und Jugendliche muss eine somatische Abklärung spätestens nach den probatorischen Sitzungen und vor Einleitung des Begutachtungsverfahrens erfolgen. Die Beihilfefähigkeit setzt voraus, dass die somatische Abklärung durch eine Ärztin oder einen Arzt in einem Konsiliarbericht bestätigt wird.

(4) Ein psychotherapeutischer Krankheitsfall umfasst die Behandlung derselben Erkrankung innerhalb eines Jahres.

(5) Nicht beihilfefähig sind Aufwendungen für

1. gleichzeitige Behandlungen nach den §§ 4a Absatz 2 und 4c bis 4f,
2. Leistungen nach Abschnitt 1 der Anlage 1 zu dieser Verordnung.

§ 4b Gemeinsame Vorschriften für die Behandlungsformen psychoanalytisch begründete Verfahren, Verhaltenstherapie und Systemische Therapie

(1) Aufwendungen für Leistungen der Psychotherapie sind beihilfefähig bei

1. affektiven Störungen: depressive Episoden, rezidivierende depressive Störungen und Dysthymie,
2. Angststörungen und Zwangsstörungen,
3. somatoformen Störungen und dissoziativen Störungen,
4. Anpassungsstörungen und Reaktionen auf schwere Belastungen,
5. Essstörungen,
6. nichtorganischen Schlafstörungen,
7. sexuellen Funktionsstörungen,
8. Persönlichkeits- und Verhaltensstörungen oder
9. Verhaltens- und emotionalen Störungen mit Beginn in der Kindheit und Jugend.

(2) Neben oder nach einer somatischen ärztlichen Behandlung von Krankheiten oder deren Auswirkungen sind Aufwendungen für Leistungen der Psychotherapie beihilfefähig bei

1. psychischen Störungen und Verhaltensstörungen
   a) durch psychotrope Substanzen; im Fall einer Abhängigkeit nur, wenn Suchtmittelfreiheit oder Abstinenz erreicht ist oder voraussichtlich innerhalb von zehn Sitzungen erreicht werden kann,
   b) durch Opioide und gleichzeitiger stabiler substitutionsgestützter Behandlung im Zustand der Beigebrauchsfreiheit,

VII

2. seelischen Krankheiten auf Grund frühkindlicher emotionaler Mangelzustände oder tiefgreifender Entwicklungsstörungen, in Ausnahmefällen auch bei seelischen Krankheiten, die im Zusammenhang mit frühkindlichen körperlichen Schädigungen oder Missbildungen stehen,
3. seelischen Krankheiten als Folge schwerer chronischer Krankheitsverläufe oder
4. schizophrenen und affektiven psychotischen Störungen.

Die Beihilfefähigkeit setzt voraus, dass die Leistungen von einer Ärztin oder einem Arzt oder einer Psychotherapeutin oder einem Psychotherapeuten nach den Abschnitten 2 bis 5 der Anlage 1 erbracht werden.

(3) Aufwendungen für Leistungen der Psychotherapie, die zu den wissenschaftlich anerkannten Verfahren gehören und nach den Abschnitten B und G der Anlage zur Gebührenordnung für Ärzte abgerechnet werden, sind beihilfefähig, wenn

1. sie der Feststellung, Heilung oder Linderung von Störungen nach Absatz 1 dienen, bei denen eine Psychotherapie indiziert ist,
2. nach einer biographischen Analyse oder einer Verhaltensanalyse und nach höchstens fünf, bei analytischer Psychotherapie nach höchstens acht probatorischen Sitzungen ein Behandlungserfolg zu erwarten ist und
3. die Beihilfestelle vor Beginn der Behandlung die Beihilfefähigkeit der Aufwendungen auf Grund eines Gutachtens zu Notwendigkeit, Art und Umfang der Behandlung anerkannt hat.

Aufwendungen für Maßnahmen nach Satz 1 Nummer 2 sind auch dann beihilfefähig, wenn sich eine psychotherapeutische Behandlung später als nicht notwendig erwiesen hat. Die Anerkennung einer Gruppentherapie kann ohne Gutachten erfolgen. Absatz 5 bleibt unberührt.

(4) Das Gutachten nach Absatz 3 Satz 1 Nummer 3 ist bei einer Gutachterin oder einem Gutachter einzuholen, die oder der von der Kassenärztlichen Bundesvereinigung im Einvernehmen mit den Bundesverbänden der Vertragskassen nach § 12 der Psychotherapie-Vereinbarung in der jeweils geltenden auf der Internetseite der Kassenärztlichen Bundesvereinigung (www.kbv.de) veröffentlichten Fassung bestellt worden ist. Die Kosten des Gutachtens zuzüglich Umsatzsteuer trägt die Beihilfestelle in Höhe der in der Vereinbarung über die Honorierung von Gutachten im Gutachterverfahren zwischen der Kassenärztlichen Bundesvereinigung und dem GKV-Spitzenverband in der jeweils geltenden auf der Internetseite der Kassenärztlichen Bundesvereinigung veröffentlichten Fassung festgelegten Honorare.

(5) Aufwendungen für Kurzzeittherapien sind ohne Genehmigung durch die Beihilfestelle im Umfang von bis zu 24 Sitzungen als Einzel- oder Gruppentherapie beihilfefähig. Für Personen, die das 21. Lebensjahr noch nicht vollendet haben, und für Menschen mit geistiger Behinderung sind Aufwendungen für bis zu 30 Behandlungen einer genehmigungsfreien Kurzzeittherapie unter Einbeziehung von Bezugspersonen beihilfefähig. Erbrachte Sitzungen im Rahmen der psychotherapeutischen Akutbehandlung werden mit der Anzahl der Sitzungen der Kurzzeittherapie verrechnet. Die bereits in Anspruch genommenen Sitzungen der Kurzzeittherapie sind auf eine genehmigungspflichtige Therapie nach den §§ 4c bis 4e anzurechnen.

(6) Aufwendungen für Eye Movement Desensitization and Reprocessing (EMDR) sind bei Personen mit posttraumatischen Belastungsstörungen, die das 18. Lebensjahr vollendet haben, beihilfefähig, wenn die Behandlung im Rahmen eines umfassenden Behandlungskonzepts der Verhaltenstherapie, der tiefenpsychologisch fundierten Psychotherapie oder analytischen Psychotherapie durchgeführt wird.

§ 4c Psychoanalytisch begründete Verfahren

(1) Aufwendungen für psychoanalytisch begründete Verfahren mit ihren beiden Behandlungsformen, der tiefenpsychologisch fundierten Psychotherapie und der analytischen Psychotherapie (Nummern 860 bis 865 der Anlage zur Gebührenordnung für Ärzte), sind je Krankheitsfall in folgendem Umfang beihilfefähig:

1. tiefenpsychologisch fundierte Psychotherapie von Personen, die das 21. Lebensjahr vollendet haben:

	Einzel-behandlung	Gruppen-behandlung
im Regelfall	60 Sitzungen	60 Sitzungen
im Ausnahmefall	40 weitere Sitzungen	20 weitere Sitzungen

2. analytische Psychotherapie von Personen, die das 21. Lebensjahr vollendet haben:

	Einzel-behandlung	Gruppen-behandlung
im Regelfall	160 Sitzungen	80 Sitzungen
im Ausnahmefall	140 weitere Sitzungen	70 weitere Sitzungen

3. tiefenpsychologisch fundierte oder analytische Psychotherapie von Personen, die das 14. Lebensjahr, aber noch nicht das 21. Lebensjahr vollendet haben:

	Einzel-behandlung	Gruppen-behandlung
im Regelfall	90 Sitzungen	60 Sitzungen
im Ausnahmefall	90 weitere Sitzungen	30 weitere Sitzungen

4. tiefenpsychologisch fundierte oder analytische Psychotherapie von Personen, die das 14. Lebensjahr noch nicht vollendet haben:

	Einzel-behandlung	Gruppen-behandlung
im Regelfall	70 Sitzungen	60 Sitzungen
im Ausnahmefall	80 weitere Sitzungen	30 weitere Sitzungen

Bei einer Kombination von Einzel- und Gruppenbehandlung richtet sich die Beihilfefähigkeit der Aufwendungen nach der überwiegend durchgeführten Behandlung. Überwiegt die Einzelbehandlung, so werden zwei als Gruppenbehandlung durchgeführte Sitzungen als eine Sitzung der Einzelbehandlung gewertet. Überwiegt die Gruppenbehandlung, so wird eine als Einzelbehandlung durchgeführte Sitzung als zwei Sitzungen der Gruppenbehandlung gewertet.

(2) In den Fällen des Absatzes 1 Satz 1 Nummer 3 sind Aufwendungen für eine Psychotherapie, die vor Vollendung des 21. Lebensjahres begonnen wurde, zur Sicherung des Therapieerfolges auch nach Vollendung des 21. Lebensjahres beihilfefähig.

(3) In besonderen Ausnahmefällen kann die Beihilfefähigkeit von Aufwendungen für eine über die in Absatz 1 Satz 1 festgelegte Höchstzahl von Sitzungen hinaus anerkannt werden, wenn die medizinische Notwendigkeit durch ein Gutachten belegt wird.

(4) Aufwendungen für Sitzungen, in die auf Grund einer durch Gutachten belegten medizinischen Notwendigkeit Bezugspersonen einbezogen werden, sind bei Einzelbehandlung bis zu einem Viertel und bei Gruppenbehandlung bis zur Hälfte der bewilligten Zahl von Sitzungen zusätzlich beihilfefähig, wenn die zu therapierende Person das 21. Lebensjahr noch nicht vollendet hat. Bei Personen, die das 21. Lebensjahr vollendet haben, werden die Sitzungen, in die Bezugspersonen einbezogen werden, in voller Höhe auf die bewilligte Zahl der Sitzungen angerechnet. Satz 2 gilt nicht für die Behandlung von Personen mit einer geistigen Behinderung.

(5) Im Rahmen psychoanalytisch begründeter Verfahren ist die simultane Kombination von Einzel- und Gruppentherapie grundsätzlich ausgeschlossen. Aufwendungen für Leistungen einer solchen Kombination sind nur beihilfefähig, wenn sie auf dem Gebiet der tiefenpsychologisch fundierten Psychotherapie bei niederfrequenten Therapien auf Grund eines besonders begründeten Erstantrags erbracht werden.

(6) Aufwendungen für katathymes Bilderleben sind nur im Rahmen eines übergeordneten tiefenpsychologischen Therapiekonzepts beihilfefähig.

§ 4d Verhaltenstherapie

(1) Aufwendungen für eine Verhaltenstherapie (Nummern 870 und 871 der Anlage zur Gebührenordnung für Ärzte) sind je Krankheitsfall in folgendem Umfang beihilfefähig:

	Einzel-behandlung	Gruppen-behandlung
im Regelfall	60 Sitzungen	60 Sitzungen
im Ausnahmefall	20 weitere Sitzungen	20 weitere Sitzungen

(2) § 4c Absatz 1 Satz 2 bis 4 und Absatz 2 bis 4 gelten entsprechend.

(3) Aufwendungen für eine Rational-Emotive Therapie sind nur im Rahmen eines umfassenden verhaltenstherapeutischen Behandlungskonzepts beihilfefähig.

§ 4e Systemische Therapie

Aufwendungen für eine Systemische Therapie sind je Krankheitsfall in folgendem Umfang, auch im Mehrpersonensetting, beihilfefähig:

	Einzelbehandlung	Gruppenbehandlung
im Regelfall	36 Sitzungen	36 Sitzungen
im Ausnahmefall	12 weitere Sitzungen	12 weitere Sitzungen

§ 4c Absatz 3 gilt entsprechend.

§ 4f Psychosomatische Grundversorgung

(1) Die psychosomatische Grundversorgung im Sinne dieser Verordnung umfasst

1. verbale Intervention im Rahmen der Nummer 849 des Gebührenverzeichnisses für ärztliche Leistungen der Gebührenordnung für Ärzte und
2. Hypnose, autogenes Training und progressive Muskelrelaxation nach Jacobson nach den Nummern 845 bis 847 der Anlage zur Gebührenordnung für Ärzte.

(2) Je Krankheitsfall sind beihilfefähig Aufwendungen für

1. verbale Intervention als Einzelbehandlung mit bis zu 25 Sitzungen, sowohl über einen kürzeren Zeitraum als auch im Verlauf chronischer Erkrankungen über einen längeren Zeitraum in niederfrequenter Form,
2. Hypnose als Einzelbehandlung mit bis zu zwölf Sitzungen sowie
3. autogenes Training und progressive Muskelrelaxation nach Jacobson als Einzel- oder Gruppenbehandlung mit bis zu zwölf Sitzungen, wobei eine Kombination von Einzel- und Gruppenbehandlung hierbei möglich ist.

Aufwendungen für Leistungen nach Satz 1 Nummer 1 sind nicht beihilfefähig, wenn sie zusammen mit Aufwendungen für Leistungen nach Satz 1 Nummer 2 und 3 in derselben Sitzung entstanden sind. Neben den Aufwendungen für Leistungen nach Absatz 1 Nummer 1 sind Aufwendungen für somatische ärztliche Untersuchungen und Behandlungen von Krankheiten und deren Auswirkungen beihilfefähig.

(3) Aufwendungen für eine bis zu sechs Monate dauernde ambulante psychosomatische Nachsorge nach einer stationären psychosomatischen Behandlung sind bis zur Höhe der Vergütung, die von den gesetzlichen Krankenkassen oder den Rentenversicherungsträgern zu tragen ist, beihilfefähig.

§ 4g Neuropsychologische Therapie

(1) Aufwendungen für eine ambulante neuropsychologische Therapie sind beihilfefähig, wenn sie von Fachärztinnen oder Fachärzten für

a) Neurologie,
b) Nervenheilkunde, Psychiatrie, Psychiatrie und Psychotherapie,
c) Kinder- und Jugendmedizin mit Schwerpunkt Neuropädiatrie oder
d) Neurochirurgie und Kinder- und Jugendpsychiatrie und -psychotherapie,

die zusätzlich zu ihrer Gebietsbezeichnung über eine neuropsychologische Zusatzqualifikation verfügen,

zur Behandlung akut erworbener Hirnschädigungen oder Hirnerkrankungen, insbesondere nach Schlaganfall oder Schädel-Hirn-Trauma, durchgeführt werden. Satz 1 gilt auch bei Behandlung durch

a) Psychotherapeutinnen und Psychotherapeuten,
b) ärztliche Psychotherapeutinnen und Psychotherapeuten,
c) psychologische Psychotherapeutinnen und Psychotherapeuten oder
d) Kinder- und Jugendlichenpsychotherapeutinnen sowie Kinder- und Jugendlichenpsychotherapeuten,

wenn diese über eine neuropsychologische Zusatzqualifikation verfügen. Der Umfang der beihilfefähigen Aufwendungen richtet sich nach Absatz 3.

(2) Nicht beihilfefähig sind Aufwendungen für eine ambulante neuropsychologische Therapie anlässlich der Behandlung von

a) ausschließlich angeborenen Einschränkungen oder Behinderungen der Hirnleistungsfunktionen ohne sekundäre organische Hirnschädigung, insbesondere Aufmerksamkeitsdefizit-Syndrom mit oder ohne Hyperaktivität (AD(H)S), oder Intelligenzminderung,

b) Erkrankungen des Gehirns mit progredientem Verlauf im fortgeschrittenen Stadium, insbesondere mittel- und hochgradige Demenz vom Alzheimertyp,

c) schädigenden Ereignissen oder Gehirnerkrankungen mit neuropsychologischen Defiziten bei erwachsenen Patientinnen und Patienten, die länger als fünf Jahre zurückliegen.

(3) Aufwendungen für neuropsychologische Behandlungen sind in folgendem Umfang beihilfefähig:

a) bis zu fünf probatorische Sitzungen sowie,

b) Einzelbehandlung, gegebenenfalls unter Einbeziehung von Bezugspersonen

	wenn eine Behandlungseinheit mindestens 25 Minuten dauert	wenn eine Behandlungseinheit mindestens 50 Minuten dauert
Regelfall	120 Behandlungseinheiten	60 Behandlungseinheiten
Ausnahmefall	40 weitere Behandlungseinheiten	20 weitere Behandlungseinheiten

und

c) Gruppenbehandlung, bei Kindern und Jugendlichen gegebenenfalls unter Einbeziehung von Bezugspersonen

wenn eine Behandlungseinheit mindestens 50 Minuten dauert	wenn eine Behandlungseinheit mindestens 100 Minutendauert
80 Behandlungseinheiten	40 Behandlungseinheiten

Bei einer Kombination von Einzel- und Gruppenbehandlung ist die gesamte Behandlung nach Satz 1 Buchstabe b beihilfefähig.

§ 4h Anwendbarkeit von Vereinbarungen und Abrechnungsempfehlungen

(1) Aufwendungen für Leistungen, die in Form von ambulanten, teil- oder vollstationären Komplextherapien erbracht und pauschal abgerechnet werden, sind in Höhe der Beträge beihilfefähig, die eine gesetzliche Krankenkasse mit dem Leistungsanbieter vereinbart hat. Komplextherapie ist eine aus verschiedenen, sich ergänzenden Teilen zusammengesetzte Therapie spezifischer Krankheitsbilder und wird von einem interdisziplinären Team erbracht.

(2) Aufwendungen für Leistungen psychiatrischer oder psychosomatischer Institutsambulanzen sind entsprechend des § 118 des Fünften Buches Sozialgesetzbuch bis zur Höhe der Vergütungen beihilfefähig, die die Einrichtung mit dem Verband der privaten Krankenversicherung e. V., mit einem Landesverband der Krankenkassen, mit einem privaten Krankenversicherungsunternehmen oder mit Sozialversicherungsträgern vereinbart hat.

(3) Aufwendungen für eine ambulante sozialpädiatrische Behandlung von Kindern in sozialpädiatrischen Zentren, die die Voraussetzungen des § 119 des Fünften Buches Sozialgesetzbuch erfüllen, sind beihilfefähig bis zu der Höhe der Vergütung, die die Einrichtung mit dem Verband der privaten Krankenversicherung e. V., mit einem privaten Krankenversicherungsunternehmen oder mit Sozialversicherungsträgern in einer Vereinbarung getroffen hat. Aufwendungen für sozialpädagogische Leistungen sind nicht beihilfefähig.

(4) Aufwendungen für Leistungen, die im Rahmen einer integrierten Versorgung erbracht und pauschal abgerechnet werden, sind in Höhe der Pauschalbeträge beihilfefähig, die in Verträgen zwischen Leistungserbringern und privaten Krankenversicherungsunternehmen vereinbart wurden oder soweit Verträge zu integrierten Versorgungs-

formen nach § 140a des Fünften Buches Sozialgesetzbuch bestehen.

(5) Das Ministerium der Finanzen kann Vereinbarungen über Pauschalabrechnungen im Rahmen der integrierten Versorgung mit Kliniken treffen oder, soweit diese von privaten Krankenversicherungen geschlossen werden, im Rahmen der Verwaltungsvorschriften zu dieser Verordnung für anwendbar erklären.

(6) Von der Angemessenheit von Aufwendungen ist auszugehen, wenn die entsprechenden Rechnungen auf Vereinbarungen oder gemeinsamen Abrechnungsempfehlungen des Verbandes der Privaten Krankenversicherung e.V. mit Leistungserbringern, Gruppen oder Verbänden von Leistungserbringern beruhen. Dies gilt nicht, wenn das für Finanzen zuständige Ministerium entscheidet, dass einer Vereinbarung oder gemeinsamen Abrechnungsempfehlung nicht gefolgt werden kann. Bei dieser Entscheidung sind die Vor- und Nachteile einer Abweichung abzuwägen, insbesondere hinsichtlich der Auswirkungen auf

a) die Versorgungssicherheit der Beihilfeberechtigen,
b) die Festsetzungspraxis und
c) die Entwicklung der Beihilfeausgaben auch im Vergleich zu gleichartigen Leistungen in der gesetzlichen Krankenversicherung.

Soweit Aufwendungen die nach Satz 1 angemessenen Beträge überschreiten, sind die übersteigenden Beträge nicht beihilfefähig.

§ 4i Soziotherapie

(1) Aufwendungen für eine Soziotherapie sind beihilfefähig, wenn die beihilfeberechtigte oder berücksichtigungsfähige Person wegen einer schweren psychischen Erkrankung nicht in der Lage ist, ärztliche oder ärztlich verordnete Leistungen selbständig in Anspruch zu nehmen und durch die Soziotherapie eine Krankenhausbehandlung vermieden oder verkürzt wird. Dies gilt auch, wenn die Krankenhausbehandlung geboten, aber nicht durchführbar ist. Inhalt und Ausgestaltung der Soziotherapie richten sich nach § 37a des Fünften Buches Sozialgesetzbuch in Verbindung mit der Soziotherapie-Richtlinie vom 22. Januar 2015 (BAnz AT 14. April 2015 B5) in der jeweils geltenden Fassung.

(2) Die Leistungserbringung und die Höhe der Vergütung richten sich nach den geschlossenen Verträgen des § 132b des Fünften Buches Sozialgesetzbuch. Beihilfefähig sind die Aufwendungen bis zur Höhe der Kosten, die von den Krankenkassen oder den Landesverbänden der Krankenkassen in vergleichbaren Fällen auf der Grundlage des § 37a des Fünften Buches Sozialgesetzbuch gezahlt werden.

§ 4j Sonstige Heilbehandlungen

(1) Zur Heilbehandlung gehören auch Bäder – ausgenommen Saunabäder und Aufenthalte in Mineral- oder Thermalbädern außerhalb einer Rehabilitations- oder Kurmaßnahme (§§ 6 bis 7) –, Massagen, Bestrahlungen, Krankengymnastik, Bewegungs-, Beschäftigungs- und Sprachtherapien und die bei Durchführung der Heilbehandlung verbrauchten Stoffe.

(2) Die Angemessenheit von Aufwendungen verordneter Heilbehandlungen, die nur von Leistungserbringerinnen und Leistungserbringern mit einer Qualifikation nach § 124 Absatz 1 Nummer 1 des Fünften Buches Sozialgesetzbuch erbracht werden dürfen, bestimmt sich nach Anlage 5 zu dieser Verordnung. Pauschalabrechnungen können grundsätzlich nicht berücksichtigt werden, es sei denn, die Pauschalabrechnungen entgelten im Grundsatz beihilfefähige Leistungen und entsprechen den Beträgen, die mit gesetzlichen Krankenkassen oder Rentenversicherungsträgern vereinbart wurden. Das Ministerium der Finanzen kann weitere Ausnahmen zulassen.

(3) Abweichend von § 4 Absatz 1 Nummer 1 Satz 1 und § 4j Absatz 2 können Physiotherapeutinnen oder Physiotherapeuten mit eingeschränkter Heilpraktikererlaubnis (Physiotherapie-Heilpraktiker) Heilbehandlungen nach eigener Diagnosestellung ohne ärztliche Verordnung nach Anlage 4 erbringen. Wird der Physiotherapie-Heilpraktiker auf Grund einer ärztlichen Verordnung tätig, bemessen sich die Gebühren nach Anlage 5 dieser Verordnung. Die in diesen Fällen in Rechnung gestellte Umsatzsteuer ist beihilfefähig.

VII

(4) Heilbehandlungen, die wegen fehlender wissenschaftlicher Anerkennung oder fehlender Notwendigkeit beihilferechtlich nicht oder teilweise nicht berücksichtigt werden können, ergeben sich aus der nicht abschließenden Anlage 6 zu dieser Verordnung. Die Beihilfestelle kann auf Grund eines Gutachtens eines Amts- oder Vertrauensarztes (-zahnarztes) Aufwendungen für wissenschaftlich noch nicht anerkannte Heilbehandlungen als beihilfefähig anerkennen, wenn wissenschaftlich anerkannte Heilbehandlungen ohne Erfolg angewendet worden sind. In begründeten Einzelfällen einer lebensbedrohlichen oder regelmäßig tödlich verlaufenden Erkrankung sowie einer Erkrankung, die wertungsmäßig diesen beiden Arten von Erkrankungen vergleichbar ist, sind die Aufwendungen beihilfefähig, wenn eine allgemein anerkannte, dem medizinischen Standard entsprechende Behandlung nicht zur Verfügung steht oder ohne Erfolg angewandt wurde und eine nicht ganz entfernt liegende Aussicht auf Heilung oder auf eine spürbare positive Einwirkung auf den Krankheitsverlauf besteht. Zum 31. Dezember 2024 berichten die Landesbeihilfestellen dem für Finanzen zuständigen Ministerium über Entscheidungen nach den Sätzen 1 bis 3.

(5) Ist die Durchführung einer Heilbehandlung in einen Unterricht zur Erfüllung der Schulpflicht eingebunden, sind die Aufwendungen für die Heilbehandlung bis zu 20 Euro täglich beihilfefähig. Entsprechendes gilt für Heilbehandlungen, mit denen zugleich berufsbildende oder allgemeinbildende Zwecke verfolgt werden.

(6) Bei Behandlungen in einer Einrichtung, die der Betreuung und der Behandlung von Kranken oder Menschen mit Behinderung dient, sind auch notwendige Aufwendungen für Verpflegung bis zu 6 Euro, für Unterkunft und Verpflegung insgesamt bis zu 10 Euro täglich beihilfefähig, es sei denn, dass § 5f Absatz 2 anzuwenden ist.

§ 5 Beihilfefähige Aufwendungen bei dauernder Pflegebedürftigkeit

(1) Pflegebedürftig sind Personen, die gesundheitlich bedingte Beeinträchtigungen der Selbständigkeit oder der Fähigkeiten aufweisen und deshalb der Hilfe durch andere bedürfen. Es muss sich um Personen handeln, die körperliche, kognitive oder psychische Beeinträchtigungen oder gesundheitlich bedingte Belastungen oder Anforderungen nicht selbständig kompensieren oder bewältigen können. Die Pflegebedürftigkeit muss auf Dauer, voraussichtlich für mindestens sechs Monate und mit mindestens der in § 15 des Elften Buches Sozialgesetzbuch festgelegten Schwere bestehen.

(2) Die Beihilfestelle entscheidet über die Beihilfefähigkeit der Aufwendungen auf Grund eines ärztlichen Gutachtens, das zu dem Vorliegen der dauernden Pflegebedürftigkeit, der Art und dem notwendigen Umfang der Pflege und dem Pflegegrad Stellung nimmt. Bei Versicherten in der Pflegeversicherung sind deren Feststellungen zugrunde zu legen. Dies gilt auch für Befristungen nach § 33 Absatz 1 Sätze 4 bis 8 des Elften Buches Sozialgesetzbuch. Die Beihilfe wird ab Beginn des Monats der erstmaligen Antragstellung oder des Antrages auf einen höheren Pflegegrad gezahlt, frühestens jedoch ab dem Zeitpunkt, von dem an die jeweiligen Anspruchsvoraussetzungen vorliegen.

(3) Die beihilfefähigen Aufwendungen bei dauernder Pflegebedürftigkeit richten sich nach den §§ 5a bis 5g. Bemisst sich die maßgebliche Leistung der Pflegeversicherung dabei nach § 30 des Elften Buches Sozialgesetzbuch, gelten die dort genannten Beträge entsprechend.

(4) Die Beihilfestelle beteiligt sich an den Kosten für eine Pflegeberatung nach § 7a des Elften Buches Sozialgesetzbuch, soweit das Land Nordrhein-Westfalen, vertreten durch das Ministerium der Finanzen, entsprechenden Rahmenvereinbarungen des Bundesministeriums des Innern mit der COMPASS Private Pflegeberatung GmbH beigetreten ist.

§ 5a Häusliche Pflege

(1) Aufwendungen für häusliche Pflege entsprechend § 36 Absatz 1 und 2 des Elften Buches Sozialgesetzbuch in Form körperbezogener Pflegemaßnahmen, pflegerischen Betreu-

ungsmaßnahmen und Hilfen bei der Haushaltsführung (häusliche Pflegehilfe) sind in Höhe der in § 36 Absatz 3 des Elften Buches Sozialgesetzbuch genannten Beträge beihilfefähig. Voraussetzung ist, dass die häusliche Pflege durch geeignete Pflegekräfte (§ 36 Absatz 4 Satz 2 bis 4 des Elften Buches Sozialgesetzbuch) erbracht wird und die Aufwendungen nicht bereits nach § 4 Absatz 1 Nummer 5 oder 5a beihilfefähig sind. § 36 Absatz 4 Satz 1 des Elften Buches Sozialgesetzbuch gilt entsprechend. Entstehen aufgrund eines höheren Pflegebedarfs von Pflegebedürftigen der Pflegegrade 4 und 5 höhere Aufwendungen, sind diese monatlich zusätzlich bei Pflegegrad 4 bis 1000 Euro und bei Pflegegrad 5 bis zu 1995 Euro (Pflegezuschlag) beihilfefähig.

(2) Aufwendungen für Leistungen

1. zur Entlastung pflegender Angehöriger oder vergleichbar Nahestehender in ihrer Eigenschaft als Pflegende oder
2. zur Förderung der Selbständigkeit und Selbstbestimmtheit der Pflegebedürftigen bei der Gestaltung ihres Alltags

sind entsprechend der §§ 45, 45a und 45b des Elften Buches Sozialgesetzbuch beihilfefähig.

(3) Anstelle der Beihilfe für häusliche Pflegehilfe nach Absatz 1 ist ein Pflegegeld nach § 37 Absatz 1 des Elften Buches Sozialgesetzbuch beihilfefähig, sofern die Pflege durch andere als die in Absatz 1 Satz 2 genannten Pflegekräfte erfolgt. Neben dem Pflegegeld ist aus Fürsorgegründen bei Pflegebedürftigen des Pflegegrades 4 ein Pflegezuschlag von 150 Euro und bei Pflegegrad 5 von 240 Euro monatlich beihilfefähig.

(4) Besteht der Anspruch auf Pflegegeld und Pflegezuschlag nach Absatz 3 nicht für einen vollen Kalendermonat, ist das Pflegegeld und der Pflegezuschlag um ein Dreißigstel für jeden nicht in Anspruch genommenen Tag zu mindern. Pflegegeld in Höhe der Hälfte des vor Beginn der Verhinderungs- oder Kurzzeitpflege geleisteten Pflegegeldes ist während einer Verhinderungspflege nach Absatz 8 und während einer Kurzzeitpfiege nach § 5b Absatz 3 jeweils für bis zu acht Wochen je Kalenderjahr zusätzlich beihilfefähig. Der Anspruch auf Pflegegeld gilt bis zum Ende des Kalendermonats, in dem die pflegebedürftige Person gestorben ist, bei einer stundenweisen Verhinderungspflege von weniger als acht Stunden Dauer pro Tag, für die ersten acht Wochen einer vollstationären Krankenhausbehandlung nach § 4 Absatz 1 Nummer 2 oder einer stationären Rehabilitationsmaßnahme nach § 6 fort; Absatz 3 Satz 2 findet keine Anwendung.

(5) Beihilfefähig sind auch Aufwendungen für Beratungsbesuche im Sinne des § 37 Absatz 3 des Elften Buches Sozialgesetzbuch, sofern für den jeweiligen Beratungsbesuch ein Anspruch auf Leistungen durch die private oder soziale Pflegeversicherung besteht. § 37 Absatz 4 Satz 1 des Elften Buches Sozialgesetzbuch bleibt unberührt. Der Umfang der beihilfefähigen Aufwendungen bestimmt sich entsprechend § 37 Absatz 3 bis 3c des Elften Buches Sozialgesetzbuch. § 37 Absatz 6 des Elften Buches Sozialgesetzbuch gilt entsprechend.

(6) Erfolgt die häusliche Pflegehilfe nach Absatz 1 nur teilweise durch eine geeignete Pflegekraft nach Absatz 1 Satz 2, und erbringt die Pflegeversicherung Kombinationsleistungen nach § 38 des Elften Buches Sozialgesetzbuch, ist daneben ein anteiliges Pflegegeld nach Absatz 3 Satz 1 beihilfefähig. Das Pflegegeld ist um den Prozentsatz zu mindern, zu dem Beihilfe nach Absatz 1 gezahlt wird. Absatz 3 Satz 2 und Absatz 4 Satz 2 gelten entsprechend. Dem Aufteilungsmaßstab der Pflegeversicherung ist zu folgen.

(7) Pflegebedürftige Personen, die Leistungen nach § 43a des Elften Buches Sozialgesetzbuch beziehen, erhalten ungekürztes Pflegegeld anteilig für die Tage, an denen sie sich in häuslicher Pflege befinden. Absatz 3 Satz 2 gilt nicht.

(8) Ist eine Pflegeperson nach Absatz 3 wegen Erholungsurlaubs, Krankheit oder aus anderen Gründen an der häuslichen Pflege gehindert, sind die Aufwendungen für eine notwendige Ersatzpflege entsprechend den §§ 39 und 42a des Elften Buches Sozialgesetzbuch beihilfefähig. Anstelle der Antrags-

VII

frist des § 39 Absatz 1 Satz 2 des Elften Buches Sozialgesetzbuch gilt § 13 Absatz 3.

(9) Aufwendungen für eine Versorgung der pflegebedürftigen Person sind auch in den Fällen nach § 42b Absatz 1 und 2 des Elften Buches Sozialgesetzbuch beihilfefähig. Für Umfang und Höhe gilt § 42b Absatz 3 und 5 des Elften Buches Sozialgesetzbuch entsprechend. Die Leistungsmitteilung der Pflegeversicherung ist für die Beihilfestelle bindend und zunächst abzuwarten. Absatz 4 Satz 1 gilt entsprechend.

§ 5b Teilstationäre Pflege und Kurzzeitpflege

(1) Aufwendungen für teilstationäre Pflege in Einrichtungen der Tages- oder Nachtpflege sind entsprechend § 41 Absatz 2 des Elften Buches Sozialgesetzbuch beihilfefähig, wenn

1. häusliche Pflege nicht in ausreichendem Umfang sichergestellt werden kann oder
2. die teilstationäre Pflege zur Ergänzung oder Stärkung der häuslichen Pflege erforderlich ist.

(2) Die teilstationäre Pflege umfasst auch die notwendige Beförderung der pflegebedürftigen Person von der Wohnung zur Einrichtung der Tages- oder Nachtpflege und zurück. Aufwendungen für Leistungen der teilstationären Tages- oder Nachtpflege sind neben den Aufwendungen nach § 5a Absatz 1, 3 Satz 1 oder Absatz 6 beihilfefähig. § 5a Absatz 3 Satz 2 gilt nicht.

(3) Kann die häusliche Pflege zeitweise nicht, noch nicht oder nicht im erforderlichen Umfang erbracht werden und reicht auch die teilstationäre Pflege nach Absatz 1 nicht aus, sind Aufwendungen für Kurzzeitpflege entsprechend den §§ 42 und 42a des Elften Buches Sozialgesetzbuch beihilfefähig.

§ 5c Leistungen zur sozialen Sicherung der Pflegeperson

(1) Auf Antrag der Pflegeperson sind beihilfefähig

1. Zuschüsse zur Kranken- und Pflegeversicherung nach § 44a Absatz 1 und 4 des Elften Buches Sozialgesetzbuch und
2. Pflegeunterstützungsgeld nach § 44a Absatz 3 des Elften Buches Sozialgesetzbuch.

(2) Die Beihilfestelle führt an die jeweiligen Leistungsträger Leistungen ab für die

1. Pflegeperson im Sinne des § 19 des Elften Buches Sozialgesetzbuch zur sozialen Sicherung nach § 44 Absatz 1, 2 und 2b des Elften Buches Sozialgesetzbuch und
2. Bezieherinnen und Bezieher von Pflegeunterstützungsgeld nach § 26 Absatz 2 Nummer 2b des Dritten Buches Sozialgesetzbuch in Verbindung mit den §§ 345 und 347 des Dritten Buches Sozialgesetzbuch.

(3) Die Leistungen nach den Absätzen 1 und 2 werden in Höhe des Bemessungssatzes der beihilfeberechtigten oder berücksichtigungsfähigen Person gezahlt.

§ 5d Vollstationäre Pflege

(1) Aufwendungen für vollstationäre Pflege in einer zugelassenen Pflegeeinrichtung im Sinne des § 72 Absatz 1 Satz 1 des Elften Buches Sozialgesetzbuch oder in einer vergleichbaren Einrichtung sind beihilfefähig, wenn häusliche oder teilstationäre Pflege nicht möglich ist oder wegen der Besonderheit des Falles nicht in Betracht kommt. Beihilfefähig sind

1. pflegebedingte Aufwendungen einschließlich der Aufwendungen für Betreuung und
2. Aufwendungen für medizinische Behandlungspflege, sofern hierzu nicht nach § 4 Absatz 1 Nummer 5 Beihilfe gezahlt wird.

(2) Aufwendungen für Unterkunft und Verpflegung (ohne Zusatzleistungen nach § 88 des Elften Buches Sozialgesetzbuch) einschließlich der Investitionskosten (§ 82 Absatz 3 des Elften Buches Sozialgesetzbuch) werden als Beihilfe gezahlt, soweit sie folgende Eigenanteile übersteigen

1. bei Beihilfeberechtigten mit
   a) einem Angehörigen 30 Prozent,
   b) mehreren Angehörigen 25 Prozent

   des um 600 Euro – bei Empfängern von Versorgungsbezügen um 450 Euro – verminderten Einkommens oder
2. bei Beihilfeberechtigten ohne Angehörige sowie bei gleichzeitiger stationärer Pflege

VII

des Beihilfeberechtigten und aller Angehörigen 50 Prozent des um 400 Euro verminderten Einkommens.

Einkommen sind die monatlichen (Brutto-)Dienstbezüge (ohne sonstige variable Bezügebestandteile) oder Versorgungsbezüge, das Erwerbseinkommen sowie Renten aus der gesetzlichen Rentenversicherung und aus einer Alters- oder Hinterbliebenenversorgung des Beihilfeberechtigten. Angehörige im Sinne des Satzes 1 sind nur der Ehegatte, der eingetragene Lebenspartner sowie die Kinder, die nach § 2 zu berücksichtigen oder nur deshalb nicht zu berücksichtigen sind, weil sie selbst beihilfeberechtigt sind. Wird zu den Aufwendungen für die Pflege eines Angehörigen eine Beihilfe gezahlt, sind dem Einkommen des Beihilfeberechtigten das Erwerbseinkommen, die Versorgungsbezüge sowie die Renten aus der gesetzlichen Rentenversicherung und aus einer Alters- oder Hinterbliebenenversorgung des Ehegatten oder eingetragenen Lebenspartners hinzuzurechnen.

(3) Bei einer Pflege in einer Einrichtung, die die Voraussetzungen des § 71 Absatz 2 des Elften Buches Sozialgesetzbuch erfüllt, sind höchstens die vergleichbaren Kosten einer Einrichtung nach § 72 Absatz 1 Satz 1 des Elften Buches Sozialgesetzbuch am Ort der Unterbringung oder seiner nächsten Umgebung beihilfefähig. Absatz 1 und 2 gilt entsprechend.

(4) Aufwendungen für zusätzliche Betreuung und Aktivierung entsprechend § 43b des Elften Buches Sozialgesetzbuch, die über die nach Art und Schwere der Pflegebedürftigkeit notwendige Versorgung hinausgehen, sind zusätzlich beihilfefähig.

(5) Aufwendungen entsprechend § 87a Absatz 4 des Elften Buches Sozialgesetzbuch sind beihilfefähig, wenn

1. die pflegebedürftige beihilfeberechtigte oder berücksichtigungsfähige Person nach der Durchführung aktivierender oder rehabilitativer Maßnahmen in einen niedrigeren Pflegegrad zurückgestuft wurde oder
2. festgestellt wurde, dass die zuvor pflegebedürftige beihilfeberechtigte oder berücksichtigungsfähige Person nicht mehr pflegebedürftig im Sinne der §§ 14 und 15 des Elften Buches Sozialgesetzbuch ist.

(6) Die beihilfefähigen Aufwendungen einer vollstationären Pflege im Rahmen einer außerklinischen Intensivpflege nach § 37c des Fünften Buches Sozialgesetzbuch richten sich nach § 4 Absatz 1 Nummer 5a.

§ 5e Pflegehilfsmittel und Maßnahmen zur Verbesserung des Wohnumfeldes

Aufwendungen für

1. Pflegehilfsmittel und Hilfsmittel nach § 40 Absatz 1, 3, 5 und 6 des Elften Buches Sozialgesetzbuch,
2. Maßnahmen zur Verbesserung des Wohnumfeldes der pflegebedürftigen Person nach § 40 Absatz 4 des Elften Buches Sozialgesetzbuch und
3. digitale Pflegeanwendungen nach § 40a des Elften Buches Sozialgesetzbuch sowie Leistungen für die Inanspruchnahme von ergänzenden Unterstützungsleistungen ambulanter Pflegeeinrichtungen nach § 39a des Elften Buches Sozialgesetzbuch

sind in der Höhe beihilfefähig, die die Pflegeversicherung anerkannt hat.

§ 5f Ambulant betreute Wohngruppen, gemeinschaftliche Wohnformen mit Verträgen zur pflegerischen Versorgung und Einrichtungen der Behindertenhilfe

(1) Entstehen Aufwendungen nach § 5a Absatz 1 bis 3 Satz 1, Absatz 5 und 6 in ambulant betreuten Wohngruppen, wird eine weitere Beihilfe entsprechend § 45f Absatz 1 des Elften Buches Sozialgesetzbuch zum jeweiligen Bemessungssatz gezahlt. Daneben sind Aufwendungen im Rahmen der Anschubfinanzierung zur Gründung ambulant betreuter Wohngruppen entsprechend § 45g des Elften Buches Sozialgesetzbuch beihilfefähig. § 5a Absatz 3 Satz 2 gilt nicht.

(2) Entstehen Aufwendungen für Leistungen zur Sicherstellung einer selbstbestimmten Pflege in gemeinschaftlichen Wohnformen mit Verträgen zur pflegerischen Versorgung nach § 92c des Elften Buches Sozialgesetz-

VII

buch, wird eine Beihilfe entsprechend § 45h Absatz 1 des Elften Buches Sozialgesetzbuch zum jeweiligen Bemessungssatz gezahlt. Daneben sind weitere Aufwendungen beihilfefähig für

1. pflegebedürftige Personen des Pflegegrades 1 entsprechend § 45h Absatz 3 Satz 1 des Elften Buches Sozialgesetzbuch sowie
2. pflegebedürftige Personen der Pflegegrade 2 bis 5 entsprechend § 45h Absatz 2 und 3 des Elften Buches Sozialgesetzbuch.

In Fällen des Satzes 2 gelten § 5 Absatz 4 und § 5a Absatz 1 Satz 4 und Absatz 6 entsprechend mit der Maßgabe, dass § 5a Absatz 3 Satz 2 nicht gilt. Die Sätze 1 bis 3 gelten nicht in Einrichtungen oder Räumlichkeiten im Sinne des § 71 Absat 4 des Elften Buches Sozialgesetzbuch.

(3) Beihilfefähig sind entsprechend § 43a des Elften Buches Sozialgesetzbuch Aufwendungen für Fflege und Betreuung in einer vollstationären Einrichtung im Sinne des § 71 Absatz 4 Nummer 1 des Elften Buches Sozialgesetzbuch, in der die Teilhabe am Arbeitsleben, an Bildung oder die soziale Teilhabe, die schulische Ausbildung oder die Erziehung von Menschen mit Behinderung im Vordergrund des Einrichtungszwecks stehen, sowie in Räumlichkeiten im Sinne des § 71 Absatz 4 Nummer 3 des Elften Buches Sozialgesetzbuch für Pflegebedürftige, die Leistungen der Eingliederungshilfe für Menschen mit Behinderungen nach Teil 2 des Neunten Buches Sozialgesetzbuch vom 23. Dezember 2016 (BGB. I S. 3234), das zuletzt durch Artikel 13 des Gesetzes vom 16. Januar 2026 (BGBl. 2026 I Nr. 14) geändert worden ist, in der jeweils geltenden Fassung erhalten.

§ 5g Aufwendungen der Pflegebedürftigen mit Pflegegrad 1

(1) Für pflegebedürftige beihilfeberechtigte oder berücksichtigungsfähige Personen des Pflegegrades 1 sind Aufwendungen beihilfefähig für

1. Pflegeberatung nach § 5 Absatz 4 und Beratung im eigenen Haushalt nach § 5a Absatz 5,
2. zusätzliche Leistungen in ambulant betreuten Wohngruppen nach § 5f Absatz 1, ohne dass Aufwendungen nach § 5a Absatz 1 bis 3 und 6 entstanden sein müssen,
3. Pflegehilfsmittel, digitale Pflegeanwendungen inklusive ergänzende Unterstützungsleistungen ambulanter Pflegeeinrichtungen sowie Maßnahmen zur Verbesserung des Wohnumfeldes nach § 5e,
4. zusätzliche Betreuung und Aktivierung in stationären Pflegeeinrichtungen nach § 5d Absatz 4,
5. vollstationäre Pflege nach § 5d Absatz 1 in Höhe des in § 43 Absatz 3 des Elften Buches Sozialgesetzbuch genannten Betrages,
6. den Entlastungsbetrag nach § 5a Absatz 2,
7. Rückstufung nach § 5d Absatz 5,
8. Pflegekurse für Angehörige und ehrenamtliche Pflegepersonen nach § 45 des Elften Buches Sozialgesetzbuch,
9. Leistungen zur sozialen Sicherung der Pflegeperson nach § 5c,
10. deren Versorgung nach § 5a Absatz 9 bei Inanspruchnahme von Vorsorge- oder Rehabilitationsleistungen durch die Pflegeperson und
11. Leistungen in gemeinschaftlichen Wohnformen mit Verträgen zur pflegerischen Versorgung nach § 5f Absatz 2.

(2) Die Beihilfefähigkeit der Aufwendungen richtet sich nach der Entscheidung der zuständigen Pflegeversicherung, die zunächst durch die Beihilfestelle abzuwarten ist.

§ 6 Beihilfefähige Aufwendungen bei stationären Rehabilitationsmaßnahmen

(1) Aufwendungen für Unterkunft, Verpflegung, Kurtaxe und den ärztlichen Schlussbericht können für höchstens 23 Kalendertage einschließlich der Reisetage beihilfefähig sein, wenn

1. die Beihilfestelle auf Grund einer ärztlichen Bescheinigung vor Behandlungsbe-

ginn die medizinische Notwendigkeit der Maßnahme anerkannt hat,

2. die Behandlung nicht durch eine Maßnahme nach § 7 oder durch andere ambulante Maßnahmen ersetzt werden kann und
3. im laufenden oder in den drei vorangegangenen Kalenderjahren keine als beihilfefähig anerkannte stationäre Rehabilitationsmaßnahme oder Maßnahme nach § 6a oder § 7 durchgeführt worden ist.

Der ärztlichen Bescheinigung nach Satz 1 steht bei Diagnosen aus dem Indikationsspektrum zur Anwendung von Psychotherapie nach den §§ 4c bis 4g die Bescheinigung durch Behandlerinnen und Behandler nach § 4a Absatz 3 Satz 1 gleich. Für die Anerkennung nach Satz 1 Nummer 1 ist eine ärztliche Bescheinigung nicht notwendig, wenn die beihilfeberechtigte oder berücksichtigungsfähige Person mit der Mitteilung der Entscheidung der zuständigen Pflegeversicherung über die Pflegebedürftigkeit eine Rehabilitationsempfehlung erhalten hat, aus der hervorgeht, dass die Durchführung einer solchen Maßnahme angezeigt ist. In Fällen des Satzes 3 ist Satz 1 Nummer 2 und 3 nicht anzuwenden. Von der Einhaltung der Frist nach Satz 1 Nummer 3 darf nur abgesehen werden, wenn dies nach der ärztlichen Bescheinigung aus zwingenden medizinischen Gründen dringend notwendig ist. Die in Satz 1 genannten Kosten sind über den 23. Kalendertag hinaus beihilfefähig, wenn eine Verlängerung aus medizinischen Gründen dringend notwendig ist. Wird die Maßnahme nicht innerhalb von einem Jahr nach Bekanntgabe des Bewilligungsbescheides begonnen, ist ein neues Anerkennungsverfahren durchzuführen. Die Behandlungskosten nach § 4 Absatz 1 Nummer 1 und 7 und § 4j Absatz 1 bis 4 können auch dann beihilfefähig sein, wenn die Beihilfefähigkeit der Rehabilitationsmaßnahme nicht anerkannt wird.

(2) Aufwendungen für ärztlich verordnete Anschlussheilbehandlungen, die als stationäre Rehabilitationsmaßnahme durchgeführt werden, sind beihilfefähig. Voraussetzung ist, dass sich die Anschlussheilbehandlung unmittelbar an einen Krankenhausaufenthalt zur Behandlung einer schwerwiegenden Erkrankung anschließt oder bei einer zeitlichen Unterbrechung zum Krankenhausaufenthalt mit diesem in zeitlichem Zusammenhang steht. Gleiches gilt für Anschlussheilbehandlungen, die nach einer ambulanten Operation, Strahlen- oder Chemotherapie notwendig sind. Absatz 1 gilt, jedoch ohne die zeitliche Begrenzung auf 23 Kalendertage, entsprechend. In begründeten Fällen kann die erforderliche Voranerkennung auch nachträglich erfolgen.

(3) Zu den Kosten der Hin- und Rückfahrt einschließlich der Gepäckbeförderung wird ein Zuschuss von 200 Euro gezahlt. Bei Nutzung eines nichtöffentlichen Verkehrsmittels wird der Zuschuss nach Satz 1 unabhängig von der Gesamtzahl der mitreisenden Personen nur einmal gezahlt.

(4) Die Maßnahmen nach den Absätzen 1 und 2 müssen in einer Einrichtung durchgeführt werden, die die Voraussetzungen nach § 107 Absatz 2 des Fünften Buches Sozialgesetzbuch erfüllt.

(5) Die Kosten für Unterkunft, Verpflegung und Behandlung sind in Höhe der Preisvereinbarung (Pauschale) beihilfefähig, die die Einrichtung mit einem Sozialversicherungsträger getroffen hat. Werden neben den Kosten für Unterkunft und Verpflegung Leistungen nach § 4 Absatz 1 Nummer 1, 7 oder § 4j Absatz 1 bis 4 in Rechnung gestellt, ist die Pauschale nach Satz 1 um 30 Prozent zu kürzen; der Restbetrag ist beihilfefähig. Verfügt die Einrichtung nicht über eine Preisvereinbarung mit einem Sozialversicherungsträger, sind die Aufwendungen für Unterkunft und Verpflegung bis zur Höhe des niedrigsten Tagessatzes der Einrichtung, höchstens 120 Euro täglich beihilfefähig. Wird die Preisvereinbarung der Einrichtung mit einem Sozialversicherungsträger durch die beihilfeberechtigte Person nicht beigebracht, sind nur die Aufwendungen nach § 4 Absatz 1 Nummer 1, 7 oder § 4j Absatz 1 bis 4 sowie der ärztliche Schlussbericht beihilfefähig. Daneben wird ein Zuschuss nach § 7 Absatz 3 Satz 2 gezahlt.

(6) Bei Personen, bei denen die Notwendigkeit einer ständigen Begleitperson behördlich

VII

festgestellt ist, sowie bei Kindern bis zum vollendeten 14. Lebensjahr, die aus medizinischen Gründen einer Begleitperson bedürfen und dies ärztlich bescheinigt ist, wird zu den Aufwendungen für Unterkunft und Verpflegung sowie Kurtaxe der Begleitperson ein Zuschuss von 40 Euro täglich gezahlt. Absatz 3 gilt entsprechend.

§ 6a Beihilfefähige Aufwendungen für stationäre Müttergenesungskuren oder Mutter-/Vater-Kind-Kuren

(1) Zu den Kosten einer stationären Rehabilitationsmaßnahme in einer Einrichtung des Müttergenesungswerkes (Müttergenesungskur) oder in einer gleichartigen Einrichtung, die Leistungen in Form einer Mutter-/Vater-Kind-Kur erbringt (§§ 24 und 41 Absatz 1 SGB V) werden – soweit die Einrichtungen über Versorgungsverträge nach § 111a SGB V verfügen – Beihilfen bis zu einer Dauer von 23 Kalendertagen (bei chronisch kranken Kindern bis zum vollendeten 14. Lebensjahr bis zu 30 Kalendertagen) einschließlich der Reisetage gewährt. § 7 Absatz 2 gilt entsprechend. Wird die Maßnahme nach Satz 1 ausschließlich auf Grund der Erkrankung eines Kindes notwendig, ist § 7 Absatz 2 Satz 1 Nummer 2 nicht anzuwenden. Voraussetzung für die Beihilfefähigkeit ist, dass die Beihilfestelle auf Grund einer ärztlichen Bescheinigung über die Kurbedürftigkeit eines Elternteils oder eines Kindes die medizinische Notwendigkeit der Maßnahme vor Behandlungsbeginn anerkannt hat.

(2) Beihilfefähig sind neben den Aufwendungen nach § 4 Absatz 1 Nummer 1, 7 oder § 4j Absatz 1 bis 4 die Aufwendungen für Unterkunft und Verpflegung, die Kurtaxe, den ärztlichen Schlussbericht sowie die Beförderungskosten. § 6 Absatz 3 und 5 gilt entsprechend. Ist die Rehabilitationsmaßnahme nicht anerkannt worden, sind nur die Aufwendungen nach § 4 Absatz 1 Nummer 1, 7 oder § 4j Absatz 1 bis 4 beihilfefähig.

(3) Hinsichtlich der Aufwendungen einer notwendigen Begleitperson gilt § 6 Absatz 6 entsprechend.

§ 6b Familienorientierte Rehabilitation

(1) Aufwendungen für eine ärztlich verordnete Familientherapie sind für höchstens 23 Tage einschließlich der Reisetage im Kalenderjahr beihilfefähig, wenn ein Kind bis zum vollendeten 14. Lebensjahr an einer schweren chronischen Erkrankung insbesondere Krebserkrankung, Mukoviszidose, Zustand nach Operation am Herzen oder nach Organtransplantation leidet.

(2) Für die Aufwendungen des erkrankten Kindes gilt § 6 entsprechend.

(3) Für die Aufwendungen für Unterkunft und Verpflegung, Kurtaxe sowie Fahrtkosten der begleitenden Familienmitglieder (Eltern, Geschwister) wird pro Person ein Zuschuss von 40 Euro, höchstens aber insgesamt 120 Euro täglich gezahlt. Entstehen den begleitenden Familienangehörigen Aufwendungen für ärztliche Behandlungen, die in Zusammenhang mit der Behandlung des erkrankten Kindes stehen, sind diese Aufwendungen im Rahmen dieser Verordnung beihilfefähig; § 12 Absatz 2 Buchstabe b gilt entsprechend.

(4) Ist für das erkrankte Kind eine Verlängerung der Rehabilitationsmaßnahme über 23 Tage hinaus medizinisch indiziert, gilt Absatz 3 für höchstens weitere 7 Tage.

(5) Bestehen zwischen der aufgesuchten Einrichtung und einem Sozialversicherungsträger Verträge oder Verfahrensabsprachen, kann der dort vereinbarte Pauschalsatz pro Person als beihilfefähiger Betrag abweichend von Absatz 3 Satz 1 berücksichtigt werden, wenn dies für den Beihilfeberechtigten günstiger ist; § 12 Absatz 2 Buchstabe b gilt entsprechend.

§ 6c Sozialmedizinische Nachsorge

Die Aufwendungen für von Ärztinnen oder Ärzten verordnete ambulante sozialmedizinische Nachsorge für chronisch- oder schwerstkranke Kinder bis zum vollendeten 14. Lebensjahr (in besonders schwerwiegenden Fällen bis zum vollendeten 18. Lebensjahr), die im Anschluss an eine stationäre Maßnahme erbracht wird, sind im Rahmen der Vereinbarung der Spitzenverbände der Krankenkassen zu Voraussetzungen, Inhalten und zur Qualität sozialmedizinischer Nachsorgemaßnahmen

VII

nach § 43 Absatz 2 des Fünften Buches Sozialgesetzbuch in der jeweils geltenden Fassung beihilfefähig, wenn nach ärztlicher Feststellung dadurch die stationäre Maßnahme verkürzt oder die nachfolgende ambulante Weiterbehandlung gesichert wird. Die Aufwendungen sind nur in der Höhe beihilfefähig, in der sie von der Ortskrankenkasse am Wohnort des Beihilfeberechtigten mit dem Leistungserbringer vereinbart sind.

§ 6d Rehabilitationssport und Funktionstraining

(1) Aufwendungen für ärztlich verordneten Rehabilitationssport und ärztlich verordnetes Funktionstraining sind beihilfefähig

1. zur Vorbeugung einer Behinderung,
2. zum Hinauszögern von Funktionsverlusten einzelner Organsysteme/Körperteile oder
3. im Anschluss an eine abgeschlossene Rehabilitationsmaßnahme nach §§ 6, 6a oder 7 Absatz 4.

Die Maßnahmen müssen unter ärztlicher Überwachung durchgeführt werden.

(2) Beihilfefähig sind ausschließlich die in der Rahmenvereinbarung der Rehabilitationsträger der Sozialversicherung über den Rehabilitationssport und Funktionstraining vom 1. Januar 2011 (in der jeweils geltenden Fassung) genannten Maßnahmen und nur Gebühren, die der Veranstalter für gesetzlich versicherte Teilnehmer mit den Rehabilitationsträgern vereinbart hat.

(3) Nicht beihilfefähig sind Mitgliedsbeiträge, Aufwendungen für den Besuch eines Fitness-Studios oder für allgemeine Fitness-Übungen und -Geräte, für notwendige Sportbekleidung sowie die Fahrtkosten zum Veranstaltungsort. Dies gilt auch für die Aufwendungen einer ggf. notwendigen Begleitperson.

§ 7 Beihilfefähige Aufwendungen für ambulante Kur- und Rehabilitationsmaßnahmen

(1) Zu den Kosten einer unter ärztlicher Leitung in einem anerkannten Heilbad oder Kurort im Inland durchgeführten ambulanten Kur werden Beihilfen bis zu einer Dauer von 23 Kalendertagen einschließlich der Reisetage, bei einer ambulanten Rehabilitationsmaßnahme gemäß Absatz 4 bis zu 20 Behandlungstagen sowie bei chronisch kranken Kindern bis zum vollendeten 14. Lebensjahr bis zu 30 Kalendertagen einschließlich der Reisetage gewährt. Aus schwerwiegenden gesundheitlichen Gründen kann die behandelnde Ärztin oder der behandelnde Arzt bei ambulanter Heilkur eine Verlängerung bis zu 14 Kalendertage und bei ambulanter Rehabilitationsmaßnahme bis zu zehn Behandlungstage verordnen. Aus dringenden medizinischen Gründen in Zusammenhang mit neuropsychologischen und psychosomatischen Behandlungen kann die Beihilfestelle der Verlängerung einer ambulanten Rehabilitationsmaßnahme um bis zu weitere 20 Behandlungstage und darüber hinaus in dem Umfang der Bewilligung der Krankenversicherung der erkrankten Person zustimmen.

(2) Voraussetzung für die Gewährung einer Beihilfe nach Absatz 1 ist, dass

1. vor der erstmaligen Antragstellung eine Wartezeit von insgesamt drei Jahren Beihilfeberechtigung nach diesen oder entsprechenden Beihilfevorschriften erfüllt ist,
2. keine anerkannte Maßnahme nach Absatz 1 oder den §§ 6 oder 6a
   a) bei Beihilfeberechtigten im Sinne des § 1 Absatz 1 Nummer 1, die das 63. Lebensjahr vollendet haben, im laufenden oder vorangegangenen Kalenderjahr oder
   b) in allen übrigen Fällen im laufenden Kalenderjahr oder in den drei vorangegangenen Kalenderjahren durchgeführt wurde,
3. ambulante ärztliche Behandlungen und Heilbehandlungen außerhalb von Maßnahmen nach Absatz 1 wegen erheblich beeinträchtigter Gesundheit nicht ausreichend sind,
4. die medizinische Notwendigkeit vor Beginn einer Maßnahme nach Absatz 1 durch begründete ärztliche Bescheinigungen nachgewiesen wird,
5. die Beihilfestelle die Beihilfefähigkeit vor Beginn der Maßnahme nach Absatz 1 anerkannt hat,

VII

6. die Maßnahme nach Absatz 1 innerhalb von einem Jahr nach Bekanntgabe des Anerkennungsbescheides oder innerhalb eines im Anerkennungsbescheid unter Beachtung der dienstlichen Belange zu bestimmenden Zeitraums begonnen wird und
7. die ordnungsgemäße Durchführung der Maßnahme nach Absatz 1 durch Vorlage eines Schlussberichtes oder in anderer geeigneter Weise nachgewiesen wird.

§ 6 Absatz 1 Satz 2 gilt entsprechend. Von der Einhaltung der in Satz 1 Nummer 2 genannten Frist darf nur abgesehen werden, wenn nach ärztlicher Bescheinigung aus zwingenden medizinischen Gründen eine Kurmaßnahme in einem kürzeren Zeitabstand notwendig ist.

(3) Beihilfefähig sind bei ambulanten Kurmaßnahmen die Aufwendungen nach § 4 Absatz 1 Nummer 1 und 7 und § 4j Absatz 1 bis 4 sowie für den ärztlichen Schlussbericht. Zu den Fahrkosten, den Aufwendungen für Kurtaxe sowie Unterkunft und Verpflegung am Kurort oder seiner unmittelbaren Umgebung wird ein Zuschuss von täglich 60 Euro einschließlich der Reisetage gezahlt. Der Zuschuss nach Satz 2 reduziert sich auf 40 Euro täglich, wenn zwei Familienmitglieder gemeinsam an einem Ort kuren. Bei mehr als zwei gleichzeitig kurenden Familienmitgliedern beträgt der Zuschuss unabhängig von der Gesamtzahl der Kurenden 120 Euro täglich. Ist die Beihilfefähigkeit der Kurmaßnahme nach Absatz 1 nicht anerkannt worden, sind nur die Aufwendungen nach § 4 Absatz 1 Nummer 1 und 7 und § 4j Absatz 1 bis 4 beihilfefähig. Bei Personen, bei denen die Voraussetzung für eine ständige Begleitperson behördlich festgestellt ist, und bei Kindern, bei denen für eine Erfolg versprechende Behandlung eine Begleitperson notwendig ist, wird zu den Kosten für Unterkunft und Verpflegung und Kurtaxe sowie Fahrkosten der Begleitperson ein Zuschuss von 40 Euro täglich gewährt.

(4) Aufwendungen für ambulante Rehabilitationsmaßnahmen sind beihilfefähig, wenn die Einrichtung mit einem Sozialversicherungsträger einen Versorgungsvertrag geschlossen hat. Absatz 2 Satz 1 Nummern 2 bis 7 und Satz 3 gilt sinngemäß. Hat die beihilfeberechtigte oder berücksichtigungsfähige Person mit der Mitteilung der Entscheidung der zuständigen Pflegeversicherung über die Pflegebedürftigkeit eine Rehabilitationsempfehlung erhalten, aus der hervorgeht, dass die Durchführung einer ambulanten Rehabilitationsmaßnahme angezeigt ist, ist nur Absatz 2 Satz 1 Nummer 5 bis 7 entsprechend anzuwenden. Für Anschlussheilbehandlungen in Einrichtungen nach Satz 1 gilt § 6 Absatz 2 entsprechend. Wird die ambulante Rehabilitationsmaßnahme durch die Einrichtung pauschal abgerechnet, sind die Aufwendungen in Höhe der Preisvereinbarung beihilfefähig, die die Einrichtung mit dem Sozialversicherungsträger getroffen hat. Nebenkosten, die nicht in der Preisvereinbarung enthalten sind, sind bis zu einem Betrag von insgesamt 20 Euro täglich beihilfefähig; dies gilt entsprechend für die Nebenkosten einer medizinisch notwendigen Begleitperson. Soweit die Einrichtung nicht über einen kostenlosen Fahrdienst verfügt, sind notwendige Fahrkosten bis zu einem Betrag von 40 Euro täglich beihilfefähig.

VII

§ 8 Beihilfefähige Aufwendungen bei nicht rechtswidrigem Schwangerschaftsabbruch und einer durch Krankheit erforderlicher Sterilisation sowie bei Empfängnisregelung

(1) Aus Anlass eines nicht rechtswidrigen Schwangerschaftsabbruchs sind die Aufwendungen für die ärztliche Beratung über die Erhaltung oder den Abbruch der Schwangerschaft und die ärztliche Behandlung nach § 4 Absatz 1 Nummer 1, 2, 3, 6, 7 und 11 beihilfefähig. Satz 1 gilt entsprechend für einen Schwangerschaftsabbruch, der unter den Voraussetzungen des § 218a Absatz 1 des Strafgesetzbuches vorgenommen wurde, mit der Ausnahme, dass die Aufwendungen für die Vornahme des Abbruchs (bei einer vollstationären Behandlung nur für den Tag des Abbruchs) nicht beihilfefähig sind.

(2) Aus Anlass einer durch Krankheit erforderlichen Sterilisation sind die Aufwendungen nach § 4 Absatz 1 Nummer 1, 2, 3, 6, 7 und 11 beihilfefähig.

(3) Beihilfefähig sind die Aufwendungen für die ärztliche Beratung über Fragen der Empfängnisregelung und künstlichen Befruchtung einschließlich der hierzu erforderlichen ärztlichen Untersuchungen.

(4) Aufwendungen für medizinische Maßnahmen zur Herbeiführung einer Schwangerschaft (künstliche Befruchtung) sind beihilfefähig, wenn

1. nach ärztlicher Feststellung hinreichende Aussicht besteht, dass durch die Maßnahmen eine Schwangerschaft herbeigeführt wird; eine hinreichende Aussicht besteht nicht mehr, wenn die Maßnahme dreimal ohne Erfolg durchgeführt worden ist,
2. die Personen, die diese Maßnahmen in Anspruch nehmen wollen, miteinander verheiratet sind,
3. ausschließlich Ei- und Samenzellen des Beihilfeberechtigten und seines Ehegatten verwendet werden,
4. sich der Beihilfeberechtigte und sein Ehegatte vor Durchführung der Maßnahmen von einem Arzt, der die Behandlung nicht selbst durchführt, über eine solche Behandlung unter Berücksichtigung ihrer medizinischen und psychosozialen Gesichtspunkte haben unterrichten lassen und der Arzt sie an einen der Ärzte oder eine der Einrichtungen überwiesen hat, denen eine Genehmigung nach § 121a des Fünften Buches Sozialgesetzbuch erteilt worden ist.

Dies gilt auch für Inseminationen, die nach Stimulationsverfahren durchgeführt werden und bei denen dadurch ein erhöhtes Risiko von Schwangerschaften mit drei oder mehr Embryonen besteht. Bei anderen Inseminationen ist Satz 1 Nummer 1 zweiter Halbsatz und Nummer 4 nicht anzuwenden. Weitere Voraussetzung ist, dass die Ehegatten das 25. Lebensjahr, die Ehefrau noch nicht das 40. Lebensjahr und der Ehemann noch nicht das 50. Lebensjahr vollendet haben. Für die Zuordnung der Aufwendungen für die ICSI- und die IVF-Behandlung ist das Kostenteilungsprinzip zu beachten. Die vom Gemeinsamen Bundesausschuss nach § 27a Absatz 4 des Fünften Buches Sozialgesetzbuch erlassenen Richtlinien zur Künstlichen Befruchtung gelten in der jeweils geltenden Fassung entsprechend.

(5) Aufwendungen einer Kryokonservierung von Ei- oder Samenzellen oder von Keimzellgewebe sowie für die dazugehörigen Maßnahmen sind mit Ausnahme von weiblichen Personen, die das 40. Lebensjahr und von männlichen Personen, die das 50. Lebensjahr vollendet haben (Absatz 4 Satz 4), entsprechend § 27a Absatz 4 des Fünften Buches Sozialgesetzbuch beihilfefähig, wenn die Kryokonservierung wegen einer Erkrankung und deren Behandlung mit einer keimzellschädigenden Therapie medizinisch notwendig ist, um spätere medizinische Maßnahmen zur Herbeiführung einer Schwangerschaft vornehmen zu können.

§ 9 Beihilfefähige Aufwendungen in Geburtsfällen

(1) Die beihilfefähigen Aufwendungen umfassen die Kosten für

1. die Hebamme oder den Entbindungspfleger im Rahmen der Gebührenordnung,
2. die ärztliche Hilfe und Schwangerschaftsüberwachung,
3. die vom Arzt, von der Hebamme oder vom Entbindungspfleger verbrauchten Stoffe und Verbandmittel sowie die auf ärztliche Verordnung beschafften Stoffe, wie Heilmittel, Verbandmittel und dergleichen; § 4 Absatz 1 Nummer 7 gilt entsprechend,
4. die Unterkunft und Verpflegung in Entbindungsanstalten; § 4 Absatz 1 Nummer 2 gilt entsprechend,
5. eine Hauspflegerin bei Geburten (auch bei Fehl- und Totgeburten) in der Wohnung oder einer ambulanten Entbindung in einer Entbindungsanstalt, sofern die Wöchnerin nicht bereits von einer Kraft nach § 4 Absatz 1 Nummer 5 gepflegt wird, für einen Zeitraum bis zu 14 Tagen, beginnend mit dem Tage der Geburt; § 4 Absatz 1 Nummer 5 Satz 3 bis 6 gilt entsprechend,

VII

6. die durch die Niederkunft unmittelbar veranlassten Fahrten; § 4 Absatz 1 Nummer 11 gilt entsprechend,
7. Unterkunft und Pflege eines Frühgeborenen in einer dafür geeigneten Einrichtung,
8. eine Familien- und Hauspflegekraft; § 4 Absatz 1 Nummer 6 gilt entsprechend.

Zu den Kosten für die Säuglings- und Kleinkinderausstattung wird bei Lebendgeburten ein Zuschuss von 170 Euro gewährt. Der Zuschuss wird auch gewährt, wenn der Beihilfeberechtigte ein Kind unter zwei Jahren als Kind annimmt oder mit dem Ziel der Annahme in seinen Haushalt aufnimmt und die zur Annahme erforderliche Einwilligung (§§ 1747, 1748 BGB) erteilt ist, es sei denn, dass für die Säuglings- und Kleinkinderausstattung bereits eine Beihilfe gewährt worden ist.

(2) Bedarf die Mutter während der Stillzeit einer stationären Behandlung und wird der Säugling mit ihr zusammen untergebracht, sind auch die Kosten für Unterkunft und Verpflegung des Säuglings beihilfefähig.

VII

§ 10 Behandlungs- und Beförderungskosten im Ausland; Auslandskrankenversicherung

(1) Aufwendungen nach § 2 Absatz 1 im Ausland sind bis zur Höhe der Aufwendungen beihilfefähig, die am inländischen Wohnort oder letzten früheren inländischen Dienstort oder in dem ihnen am nächsten gelegenen geeigneten inländischen Behandlungsort beihilfefähig wären.

(2) Bei in einem Mitgliedstaat der Europäischen Union, einem Vertragsstaat des Abkommens über den Europäischen Wirtschaftsraum, dem Vereinigten Königreich Großbritannien und Nordirland oder der Schweiz entstandenen Aufwendungen für ambulante Behandlungen und für stationäre Leistungen in öffentlichen Krankenhäusern ist ein Kostenvergleich nach Absatz 1 nicht erforderlich. Bei Behandlungen in anderen Krankenhäusern, sind die Aufwendungen nur insoweit angemessen, als sie den Aufwendungen (Behandlungs-, Unterkunfts- und Verpflegungskosten) entsprechen, die in der der Beihilfestelle nächstgelegenen Klinik der Maximalversorgung für eine medizinisch gleichwertige Behandlung entstanden wären. § 4 Absatz 1 Nummer 2 Satz 1 Buchstabe b und Satz 3 gelten entsprechend. Die entsprechenden Nachweise sind durch den Beihilfeberechtigten zu erbringen. Notwendige Übersetzungskosten sind nicht beihilfefähig.

(3) Aufwendungen für stationäre Rehabilitationsmaßnahmen sowie ambulante Kur- und Rehabilitationsmaßnahmen in einem Mitgliedstaat der Europäischen Union, einem anderen Vertragsstaat des Abkommens über den Europäischen Wirtschaftsraum, dem Vereinigten Königreich Großbritannien und Nordirland oder der Schweiz sind bis zur Höhe der Aufwendungen beihilfefähig, die bei einer Behandlung am inländischen Wohnort oder in dem ihm am nächsten gelegenen inländischen Behandlungsort beihilfefähig wären. § 6 und § 7 gelten sinngemäß. Bei ambulanten Kurmaßnahmen in den in Satz 1 genannten Staaten sind die Aufwendungen nur dann beihilfefähig, wenn der Nachweis erbracht werden kann, dass der Behandlungsort als Kurort anerkannt ist. Wird die Behandlung außerhalb der in Satz 1 genannten Staaten durchgeführt, sind die Aufwendungen nach Satz 1 nur dann beihilfefähig, wenn im Inland oder in den in Satz 1 genannten Staaten kein vergleichbarer Heilerfolg zu erwarten ist und die Behandlung vor Beginn vom Ministerium der Finanzen auf Grund eines amtsärztlichen Gutachtens anerkannt worden ist.

(4) Aufwendungen für eine Krankenbehandlung im Ausland sind ohne die Einschränkung der Absätze 1 und 2 beihilfefähig

1. wenn ein Beihilfeberechtigter auf einer Auslandsdienstreise erkrankt und die Krankenbehandlung nicht bis zur Rückkehr ins Inland aufgeschoben werden kann,
2. wenn durch ein amts- oder vertrauensärztliches Gutachten nachgewiesen wird, dass die Behandlung im Ausland dringend notwendig und im Inland kein vergleichbarer Heilerfolg zu erwarten ist; die Beihilfefähigkeit der Aufwendungen muss vor Beginn der Behandlung von der Beihilfestelle und bei Beihilfeberechtigten des Landes vom Ministerium der Finanzen anerkannt worden sein,

3. wenn sie 1000 Euro je Krankheitsfall nicht übersteigen.

(5) Bei Aufwendungen von im Ausland wohnenden Beihilfeberechtigten und im Ausland wohnenden berücksichtigungsfähigen Personen gelten die Absätze 1, 2 und 3 entsprechend.

(6) Für Beförderungskosten im Ausland gilt § 4 Absatz 1 Nummer 11 entsprechend. Beförderungskosten in Gebiete außerhalb der Europäischen Union, eines anderen Vertragsstaates des Abkommens über den Europäischen Wirtschaftsraum, des Vereinigten Königreichs Großbritannien und Nordirland oder der Schweiz oder Rücktransportkosten aus diesen Gebieten sind nicht beihilfefähig; Absatz 4 Nummer 1 und 2 bleibt unberührt.

(7) Schließt der Beihilfeberechtigte zur Absicherung von Krankheits-, Beförderungs- und Rücktransportkosten eine Auslandskrankenversicherung ab, sind die jährlichen Versicherungsbeiträge bis zu einem Betrag von 10 Euro für den Beihilfeberechtigten und für jede berücksichtigungsfähige Person beihilfefähig; § 12 Absatz 1 und 3 gelten entsprechend. Der Beihilfeberechtigte ist unabhängig von einer Beihilfengewährung nach Satz 1 verpflichtet, im Versicherungsfall die Versicherungsleistungen in Anspruch zu nehmen; § 3 Absatz 4 Satz 1 gilt sinngemäß.

§ 11 Beihilfefähige Aufwendungen in Todesfällen

(1) In Todesfällen sind die Aufwendungen beihilfefähig aus Anlass der Todesfeststellung und für die Überführung der Leiche oder Urne

1. bei einem Sterbefall im Inland
   a) vom Sterbeort zur Beisetzungsstelle oder
   b) vom Sterbeort zum nächstgelegenen Krematorium und von dort zur Beisetzungsstelle,

höchstens jedoch bis zur Höhe der Überführungskosten an den Familienwohnsitz im Zeitpunkt des Todes;

2. bei einem Sterbefall im Ausland
   a) eines im Inland wohnenden Beihilfeberechtigten auf einer Dienstreise in entsprechender Anwendung der Nummer 1,
   b) eines im Inland wohnenden Beihilfeberechtigten oder berücksichtigungsfähigen Angehörigen bei privatem Aufenthalt im Ausland bis zur Höhe der Kosten einer Überführung von der deutschen Grenze zum Familienwohnsitz,
   c) eines im Ausland wohnenden Beihilfeberechtigten oder eines im Ausland wohnenden berücksichtigungsfähigen Angehörigen bis zur Höhe der Kosten einer Überführung an den Familienwohnsitz, höchstens über eine Entfernung von 500 Kilometern.

(2) Kann der Haushalt beim Tode des den Haushalt allein führenden Elternteils nicht durch eine andere im Haushalt lebende Person weitergeführt werden, so sind die Aufwendungen für eine Familien- und Hauspflegekraft bis zur Dauer von sechs Monaten bis zu der in § 4 Absatz 1 Nummer 6 genannten Höhe beihilfefähig, falls im Haushalt mindestens ein Kind unter 15 Jahren oder ein pflegebedürftiges Kind lebt, das nach § 2 Absatz 2 zu berücksichtigen oder nur deshalb nicht zu berücksichtigen ist, weil es selbst beihilfeberechtigt ist. In Ausnahmefällen kann die Frist auf ein Jahr verlängert werden. § 4 Absatz 1 Nummer 5 Satz 3 bis 6 gilt entsprechend. Wird an Stelle der Beschäftigung einer Familien- und Hauspflegekraft ein Kind unter 15 Jahren oder ein pflegebedürftiges Kind (Satz 1) in einem Heim oder in einem fremden Haushalt untergebracht, so sind die Aufwendungen für Unterkunft und Verpflegung sowie notwendige Beförderungskosten – auch für eine Begleitperson – bis zu den sonst berücksichtigungsfähigen Aufwendungen für eine Familien- und Hauspflegekraft beihilfefähig. § 4 Absatz 1 Nummer 6 letzter Satz gilt entsprechend.

§ 12 Bemessung der Beihilfen

(1) Die Beihilfe bemisst sich nach einem Vomhundertsatz der beihilfefähigen Aufwendungen (Bemessungssatz). Maßgebend für die Höhe des Bemessungssatzes sind die Verhältnisse im Zeitpunkt des Entstehens der Aufwendungen nach § 3 Absatz 5 Satz 2. Der Bemessungssatz beträgt für Aufwendungen, die entstanden sind für

VII

a) beihilfeberechtigte Personen nach § 1 Absatz 1 Nummer 1 und 4 sowie für entpflichtete Hochschullehrerinnen und Hochschullehrer 50 vom Hundert,
b) beihilfeberechtigte Personen nach § 1 Absatz 1 Nummer 2 und 3 mit Ausnahme der Waisen 70 vom Hundert,
c) berücksichtigungsfähige Personen in der Ehe oder Lebenspartnerschaft nach § 2 Absatz 1 Nummer 1 Buchstabe b 70 vom Hundert,
d) berücksichtigungsfähige Kinder nach § 2 Absatz 1 Nummer 1 Buchstabe c sowie Waisen nach § 1 Absatz 1 Nummer 3, die als solche beihilfeberechtigt sind, 80 vom Hundert.

Sind zwei oder mehr Kinder berücksichtigungsfähig oder nur deshalb nicht berücksichtigungsfähig, weil sie selbst beihilfeberechtigt sind, beträgt der Bemessungssatz bei der beihilfeberechtigten Person nach Satz 3 Buchstabe a 70 vom Hundert, bei mehreren beihilfeberechtigten Personen, unabhängig davon, nach welchen Beihilfevorschriften – Bundes- oder Landesrecht – ein Beihilfeanspruch besteht, jedoch nur bei einer von ihnen. Den erhöhten Bemessungssatz erhält, wer die entsprechenden Kinderanteile im Familienzuschlag bezieht. Bestimmungen zum Erhalt des erhöhten Bemessungssatzes nach dem bis zum 31. Dezember 2019 geltenden Recht gelten bis auf Widerruf einer der betroffenen beihilfeberechtigten Personen fort.

(2) Für die Anwendung von Absatz 1 Satz 3 und 4 gelten die Aufwendungen

a) nach § 4 Absatz 1 Nummer 6 als Aufwendungen der stationär untergebrachten Person,
b) einer Begleitperson als Aufwendungen des Begleiteten,
c) nach § 9 Absatz 1 Satz 1 Nummer 1 bis 6 und 8 als Aufwendungen der Mutter,
d) nach § 11 Absatz 2 als Aufwendungen eines Kindes.

(3) Sind Versicherte trotz ausreichender und rechtzeitiger Versicherung für bestimmte Krankheiten von den Leistungen ausgeschlossen oder sind die Leistungen auf Dauer eingestellt worden, so erhöht sich der Bemessungssatz für Aufwendungen in diesen Fällen um 20 vom Hundert, höchstens auf 90 vom Hundert.

(4) Die Bemessungssätze der Absätze 1 und 3 können von der Beihilfestelle im Einzelfall für im Grundsatz beihilfefähige Aufwendungen erhöht werden,

a) wenn die Aufwendungen infolge einer Dienstbeschädigung entstanden sind und keine Leistungen einer Krankenversicherung erbracht werden,
b) im Falle einer Leichenüberführung, wenn der Tod während einer Dienstreise oder einer Abordnung oder vor der Ausführung eines dienstlich angeordneten Umzuges eingetreten ist und die Leiche an den Familienwohnsitz überführt wird,
c) in besonderen Ausnahmefällen, die nur bei Anlegung des strengsten Maßstabes anzunehmen sind.

Satz 1 gilt nicht für Aufwendungen nach § 5d oder wenn der Beihilfeberechtigte für sich und seine berücksichtigungsfähigen Angehörigen für ambulante und stationäre Krankheits- und Pflegefälle keinen ausreichenden Versicherungsschutz nachweisen kann.

(5) Die Beihilfestelle kann unter den Voraussetzungen des Absatzes 4 Satz 1 Buchstabe c für Ehegatten und eingetragene Lebenspartner, deren Aufwendungen nach § 2 Absatz 1 Nummer 1 Buchstabe b nicht beihilfefähig sind, die Gewährung von Beihilfen zulassen.

(6) Die Beihilfe darf zusammen mit den erbrachten Leistungen einer Versicherung, Leistungen auf Grund von Rechtsvorschriften oder arbeitsvertraglichen Vereinbarungen die dem Grunde nach beihilfefähigen Aufwendungen nicht übersteigen. Unberücksichtigt bleiben Leistungen aus Krankentagegeld-, Krankenhaustagegeld-, Pflegetagegeld-, Pflegezusatz-, Pflegerentenzusatzversicherungen und sonstigen Summenversicherungen, soweit sie für den Beihilfeberechtigten und seine berücksichtigungsfähigen Personen jeweils 100 Euro täglich nicht überschreiten. Der Summe der mit einem Antrag geltend gemachten Aufwendungen ist die Summe der hierauf entfallenden

VII

Versicherungsleistungen gegenüberzustellen. Abweichend von Satz 3 kann bei Aufwendungen nach § 4 Absatz 1 Nummer 2, zu denen Leistungen der gesetzlichen Krankenversicherung erbracht wurden, auf Antrag der beihilfeberechtigten Person die Summe der Aufwendungen und der hierauf entfallenden Versicherungsleistungen auf den einzelnen Krankheitsfall bezogen werden, sofern dies für die beihilfeberechtigte Person günstiger ist. Aufwendungen nach den §§ 5, 5a bis 5g sind getrennt abzurechnen. Dabei sind die beihilfefähigen Pauschalen nach § 5e Satz 1 Nummer 2, § 5f Absatz 1 und 2 Satz 1 und der beihilfefähige Betrag nach § 5a Absatz 3 als dem Grunde nach beihilfefähige Aufwendungen zu berücksichtigen. Aufwendungen nach § 4 Absatz 1a und § 9 Absatz 1 Satz 2 bleiben bei Anwendung der Sätze 1 bis 3 unberücksichtigt. Das gleiche gilt in den Fällen, in denen nach § 3 Absatz 3 eine Beihilfengewährung ausgeschlossen ist.

§ 12a Kostendämpfungspauschale

Eine Kostendämpfungspauschale nach § 75 Absatz 6 Satz 1 des Landesbeamtengesetzes wird ab dem Kalenderjahr 2022 nicht mehr erhoben. Die von der Kostendämpfungspauschale in der bis zum 31. Dezember 2021 geltenden Fassung ausgenommenen Beihilfeberechtigten der Besoldungsgruppen A 5 und A 6 erhalten einen Zuschuss zu den Beiträgen für die Krankenversicherung nach § 75 Absatz 6 Satz 2 des Landesbeamtengesetzes in Höhe von monatlich 12,50 Euro.

§ 13 Verfahren

(1) Die Beihilfen werden nur auf Antrag gezahlt. Eine Antragstellung durch E-Mail oder Telefax ist nicht zulässig; § 3a des Verwaltungsverfahrensgesetzes NRW in der Fassung der Bekanntmachung vom 12. November 1999 (GV. NRW. S. 602) in der jeweils geltenden Fassung bleibt unberührt. Als Beihilfestellen entscheiden

1. das Landesamt für Besoldung und Versorgung über Anträge der Beihilfeberechtigten der obersten Dienstbehörden des Landes mit Ausnahme der Präsidentin oder des Präsidenten des Landtags und der dem Ministerium der Finanzen nachgeordneten Behörden und Einrichtungen,
2. die Bezirksregierungen über die Anträge der Beihilfeberechtigten ihres Geschäftsbereichs, der Beihilfeberechtigten der Staatlichen Rechnungsprüfungsämter und der Beihilfeberechtigten der übrigen Behörden und Einrichtungen des Landes einschließlich der Landesbetriebe innerhalb ihres Bezirks, soweit nicht in den Nummern 3 bis 7 eine abweichende Regelung getroffen ist,
3. die Oberlandesgerichte über die Anträge der Beihilfeberechtigten ihres Geschäftsbereichs und nach näherer Bestimmung des Ministeriums der Justiz über die Anträge der Beihilfeberechtigten der anderen Gerichte sowie der dem Ministerium der Justiz nachgeordneten Behörden und Einrichtungen,
4. die Landräte über die Anträge der Beihilfeberechtigten der von ihnen geleiteten Kreispolizeibehörden mit Ausnahme der Anträge der Landräte als Leiter der Kreispolizeibehörden,
5. die Schulämter über die Anträge der Lehrer an den öffentlichen Grundschulen und Hauptschulen und an den ihrer Schulaufsicht unterstehenden öffentlichen Förderschulen,
6. die Kunsthochschulen und Einrichtungen im Hochschulbereich über die Anträge ihrer Beihilfeberechtigten, soweit in einer Vereinbarung nach § 71 Absatz 4 des Kunsthochschulgesetzes vom 13. März 2008 (GV. NRW. S. 195) in der jeweils geltenden Fassung oder nach § 102 Absatz 5 in Verbindung mit Absatz 3 des Hochschulgesetzes vom 16. September 2014 (GV. NRW. S. 547) in der jeweils geltenden Fassung nicht etwas anderes geregelt ist,
7. die Pensionsregelungsbehörden über die Anträge der Versorgungsempfänger; die Pensionsregelungsbehörden des Landes entscheiden auch über die Anträge der Versorgungsempfänger des Landes, wenn diese im Landesdienst wieder beschäftigt werden.

Wird eine Beamtin oder ein Beamter zu einem Dienstherrn abgeordnet, in dessen Dienstbereich diese Verordnung gilt, verbleibt die Zu-

VII

ständigkeit bei der bisherigen Beihilfestelle. Das Ministerium der Finanzen kann im Einvernehmen mit der jeweiligen obersten Dienstbehörde in begründeten Ausnahmefällen eine von Satz 3 abweichende Zuständigkeitsregelung treffen. In den Fällen des Satzes 3 Nummer 4 und 5 können kommunale Versorgungskassen, Kreise oder kreisfreie Städte mit der Festsetzung der Beihilfen beauftragt werden.

(1a) Die oberste Fachaufsicht über die Festsetzung der Beihilfen obliegt dem Ministerium der Finanzen. Über Widersprüche gegen Beihilfefestsetzungen entscheiden die nach Absatz 1 Satz 3 Nummer 1 bis 3, 6 und 7 zuständigen Stellen; über Widersprüche gegen Beihilfefestsetzungen der nach Absatz 1 Satz 3 Nummer 4 und 5 zuständigen Stellen entscheidet die jeweils zuständige Bezirksregierung. Satz 2 gilt entsprechend für die Vertretung des Landes vor den Gerichten der Verwaltungsgerichtsbarkeit.

(2) Die Anträge sind der zuständigen Beihilfestelle unter Beifügung der dem Antrag zugrunde liegenden Belege vorzulegen. Für den Antrag sind die von der zuständigen Beihilfestelle herausgegebenen Formulare zu verwenden. Für die Beihilfestellen, die das automatisierte Verfahren des Landes zur Festsetzung von Beihilfen in Anspruch nehmen, macht das Landesamt für Besoldung und Versorgung die für die Antragstellung zu verwendenden Formulare auf seiner Internetseite öffentlich bekannt und stellt sie in digitaler Form bereit. Die Nutzung einer angebotenen elektronischen Antragsmöglichkeit bleibt unberührt. Die in den Anträgen enthaltenen Beihilfedaten unterliegen einer besonderen Geheimhaltung. Aufwendungen für Halbwaisen können zusammen mit den Aufwendungen des Elternteils in einem Antrag geltend gemacht werden.

(3) Eine Beihilfe wird nur gewährt, wenn sie innerhalb von 24 Monaten nach Entstehen der Aufwendungen (§ 3 Absatz 5 Satz 2), spätestens jedoch 24 Monate nach der ersten Ausstellung der Rechnung beantragt wird; die Antragsfrist beginnt für den Fall

1. der Zuschussgewährung nach § 6 Absatz 3, § 6a Absatz 2 Satz 2 sowie § 7 Absatz 3 Satz 2 bis 4 mit dem Tag der Beendigung der Maßnahme,
2. der Beihilfe für die häusliche Pflege nach § 5a Absatz 3, in ambulant betreuten Wohngruppen nach § 5f Absatz 1 Satz 1 sowie für Leistungen in gemeinschaftlichen Wohnformen mit Verträgen zur pflegerischen Versorgung nach § 5f Absatz 2 Satz 1 mit dem ersten Tag nach Ablauf des Monats, in dem die Leistung erbracht wurde,
3. der Zuschussgewährung für die Säuglings- und Kleinkinderausstattung mit dem Tage der Geburt, der Annahme als Kind oder der Aufnahme in den Haushalt.

Zu verspätet geltend gemachten Aufwendungen darf eine Beihilfe nur gewährt werden, wenn das Versäumnis entschuldbar ist. Arztrechnungen und Zahnarztrechnungen sollen die Diagnose enthalten.

(4) Auf eine zu erwartende Beihilfe können angemessene Abschlagszahlungen geleistet werden.

(5) Bei Beihilfen von mehr als 500 Euro, bei stationären Behandlungen oder ambulanten Kur- und Rehabilitationsmaßnahmen von mehr als 1000 Euro, hat der Beihilfeberechtigte die ihm von der Beihilfestelle zurückgegebenen Belege für die beihilfefähigen Aufwendungen noch drei Jahre nach dem Empfang der Beihilfe aufzubewahren und auf Anfordern vorzulegen, soweit sie nicht bei einer Versicherung verbleiben. Die Beihilfestelle hat ihn bei der Rückgabe der Belege hierauf hinzuweisen.

(6) Ist eine nach dieser Verordnung erforderliche vorherige Anerkennung der Beihilfefähigkeit ohne Verschulden des Antragstellers unterblieben, wird die Beihilfe dennoch gewährt. Dies gilt nicht für Aufwendungen nach den §§ 6, 6a und 7, soweit dort nicht etwas anderes bestimmt ist.

(7) Bei Vorliegen einer wirtschaftlichen Notlage bleibt die Gewährung einer Unterstützung auf Grund der Unterstützungsgrundsätze zu nicht beihilfefähigen Aufwendungen in Krankheits-, Geburts- und Todesfällen unberührt.

(8) Zum Zwecke der Beihilfenfestsetzung dürfen durch die Beihilfestelle Belege und

VII

Schriftstücke in elektronischer Form abgebildet und gespeichert, die in ihnen enthaltenen Daten elektronisch ausgelesen und weiterverarbeitet werden. In diesem Fall werden die vorgelegten Belege digitalisiert und anschließend vernichtet. Absatz 5 findet keine Anwendung. Erfolgt die Antragstellung unter Verwendung einer Beihilfe App, verbleiben die Belege beim Beihilfeberechtigten.

(9) Soweit Maßnahmen nach Absatz 8 in zentralen Einrichtungen vorgenommen werden, sind diese Teil der jeweiligen Beihilfestelle.

(10) Zur Ermittlung der Belastungsgrenze (§ 15) werden die Bruttobezüge des Beihilfeberechtigten aus dem vorangegangenen Kalenderjahr bei der die Bezüge zahlenden Stelle erhoben und im Weiteren von der nach Absatz 1 zuständigen Stelle gespeichert und genutzt.

(11) Hat der Dienstherr oder die juristische Person des öffentlichen Rechts, die mit der Bearbeitung von Beihilfeangelegenheiten betraut ist, mit Personen oder Einrichtungen, die Leistungen erbringen oder Rechnungen ausstellen, die direkte Abrechnung von Leistungen vereinbart, kann die Beihilfestelle an diese Zahlungen in Höhe des Beihilfeanspruchs leisten (Direktabrechnung). Die Direktabrechnung ist nur zulässig, wenn der oder die Beihilfeberechtigte dies beantragt und sich mit der direkten Klärung von Fragen zwischen der Beihilfestelle und den Personen und Einrichtungen, die Leistungen erbringen oder Rechnungen ausstellen, einverstanden erklärt und die behandelte beihilfeberechtigte oder berücksichtigungsfähige Person die Person oder Einrichtung, die Leistungen erbringt oder Rechnungen ausstellt, im Einzelfall von der ärztlichen Schweigepflicht gegenüber der Beihilfestelle entbindet.

(12) Für die Aufgaben zur Umsetzung des Gesetzes über Rabatte für Arzneimittel vom 22. Dezember 2010 (BGBl. I S. 2262, 2275), das zuletzt durch Artikel 2b des Gesetzes vom 19. Juli 2023 (BGBl. 2023 I Nr. 197) geändert worden ist, insbesondere für die Zusammenarbeit mit der ZESAR – Zentrale Stelle zur Abrechnung von Arzneimittelrabatten GmbH, ist das Landesamt für Besoldung und Versorgung in den Fällen zuständig, in denen Ansprüche auf Rabatte gegen pharmazeutische Hersteller entstehen, nachdem Beihilfen für Arzneimittelaufwendungen unter dem Institutskennzeichen des Landes festgesetzt worden sind. Das Landesamt für Besoldung und Versorgung ist zuständig für die Annahme der Arzneimittelrabatte nach § 9 Absatz 5 der Hochschulwirtschaftsführungsverordnung vom 11. Juni 2007 (GV. NRW S. 246), die zuletzt durch Verordnung vom 30. Juni 2018 (GV. NRW S. 392) geändert worden ist.

§ 14 Zahlung von Beihilfen in Todesfällen

(1) Beihilfen zu Aufwendungen, die einem verstorbenen Beihilfeberechtigten entstanden sind, können auf folgende Konten überwiesen werden:

1. das Bezügekonto der verstorbenen beihilfeberechtigten Person,
2. ein anderes Konto, das von der verstorbenen beihilfeberechtigten Person angegeben wurde,
3. ein Konto, das für diesen Zweck von einer oder einem durch Erbschein oder durch eine andere öffentliche oder öffentlich beglaubigte Urkunde ausgewiesenen Alleinerbin oder -erben oder der entsprechend ausgewiesenen Erbengemeinschaft angegeben worden ist, oder
4. ein Konto, das für diesen Zweck von der zur Testamentsvollstreckung, Abwesenheitspflegschaft, Nachlasspflegschaft oder -verwaltung bestellten Person angegeben worden ist.

(2) Beihilfen zu den in § 11 Absatz 1 genannten Aufwendungen aus Anlass des Todes der beihilfeberechtigten Person können auf ein Konto überwiesen werden, das zu diesem Zweck von der Person oder den Personen angegeben worden ist, die die Aufwendungen übernommen hat oder haben. Die Beihilfe ist nach dem Vomhundertsatz zu bemessen, der dem verstorbenen Beihilfeberechtigten zugestanden hat.

§ 15 Belastungsgrenze

(1) Maßgebend für die Feststellung der Belastungsgrenze nach § 75 Absatz 8 Satz 1 des Landesbeamtengesetzes sind die jährlichen

Bruttobezüge des vorangegangenen Kalenderjahres. Bei Begründung eines Beamtenverhältnisses oder Rückkehr aus einer Beurlaubung ohne Besoldung sowie bei erstmaligem Anspruch auf beamtenrechtliche Hinterbliebenenversorgung sind zur Ermittlung der Belastungsgrenze des laufenden Kalenderjahres die ersten vollen laufenden Monatsbezüge auf den Rest des Jahres hochzurechnen. Für das Folgejahr ist anhand der Bezüge für den Monat Januar ein fiktiver Vorjahresbruttobetrag zu ermitteln. Variable Bezügebestandteile, kinderbezogene Anteile im Familienzuschlag, Renten aus der gesetzlichen Rentenversicherung und einer zusätzlichen Alters- und Hinterbliebenenversorgung der beihilfeberechtigten Person sowie Einkünfte berücksichtigungsfähiger Personen bleiben bei der Ermittlung der Belastungsgrenze außer Ansatz. Bei beamtenrechtlichen Versorgungsbezügen bleiben Minderungen aufgrund von Ruhens-, Kürzungs- und Anrechnungsvorschriften unberücksichtigt. Versorgungsabschläge sind bei der Ermittlung der Belastungsgrenze den Bruttobezügen hinzuzurechnen, bei Hinterbliebenen entsprechend den Anteilssätzen der beamtenrechtlichen Hinterbliebenenversorgung. Die Eigenbehalte nach § 4 Absatz 1 Nummer 2 Satz 1 Buchstabe b und Satz 3 sowie Absatz 2 Buchstabe c sind nur in Höhe des Beihilfebemessungssatzes nach § 12 zu berücksichtigen.

VII

(2) Die Feststellung der Belastungsgrenze erfolgt durch die Beihilfestelle. Maßgeblich für die Zuordnung der Selbstbehalte zur Belastungsgrenze ist das Entstehen der Aufwendungen (§ 3 Absatz 5 Satz 2). Wird die Belastungsgrenze nach Absatz 1 überschritten, sind für das betreffende Kalenderjahr keine weiteren Selbstbehalte in Abzug zu bringen.

§ 16 Besondere Bestimmungen für die Gemeinden, Gemeindeverbände und die sonstigen der Aufsicht des Landes unterstehenden Körperschaften, Anstalten und Stiftungen des öffentlichen Rechts

(1) Über die Beihilfeanträge der Beihilfeberechtigten der Gemeinden und Gemeindeverbände entscheidet der Dienstvorgesetzte; dieser tritt in den Fällen des § 4 Absatz 1 Nummer 10 Satz 9 und des § 10 Absatz 3 an die Stelle des Ministeriums der Finanzen. Über Beihilfeanträge des Dienstvorgesetzten entscheidet dessen allgemeiner Vertreter.

(2) Absatz 1 gilt entsprechend für die sonstigen der Aufsicht des Landes unterstehenden Körperschaften, Anstalten und Stiftungen des öffentlichen Rechts. Die Hochschulen im Sinne des § 1 Absatz 2 des Hochschulgesetzes können in einer Vereinbarung nach § 102 Absatz 2 oder 3 des Hochschulgesetzes abweichende Regelungen erlassen.

§ 17 Personenbezogene Bezeichnungen

Die personenbezogenen Bezeichnungen in dieser Verordnung beziehen sich auf beide Geschlechter.

§ 17a Übergangsregelungen

(1) Die Beihilfenverordnung vom 27. März 1975 (GV. NRW. S. 332), zuletzt geändert durch Verordnung vom 27. Juni 2008 (GV. NRW. S. 530), gilt für Aufwendungen, die bis zum 31. März 2009 entstanden sind.

(2) Diese Verordnung gilt vorbehaltlich der Absätze 3 und 4 für Aufwendungen, die nach dem 31. März 2009 entstanden sind.

(3) Die Regelungen der Zweiten Verordnung zur Änderung der Beihilfenverordnung NRW vom 9. Dezember 2012 (GV. NRW. S. 642) gelten vorbehaltlich des Absatzes 4 für Aufwendungen, die nach dem 31. Dezember 2012 entstanden sind.

(4) § 5 Absatz 4 Satz 4 bis 8 und Absatz 6, § 5a Absatz 3 Satz 3 und Absatz 4 Satz 4, § 5b Absatz 7 Satz 3, § 5d Absatz 5 sowie die Regelungen der Zweiten Verordnung zur Änderung der Beihilfenverordnung NRW (GV. NRW S. 642) zu § 5b Absatz 8 und § 5c Absatz 6 Satz 2 gelten für Aufwendungen, die nach dem 29. Oktober 2012 entstanden sind.

(5) Die Regelungen der Vierten Verordnung zur Änderung der Beihilfenverordnung vom 15. Dezember 2013 (GV. NRW. S. 644) gelten für Aufwendungen, die nach dem 31. Dezember 2013 entstanden sind.

(6) Die Regelungen der Fünften Verordnung zur Änderung der Beihilfenverordnung NRW vom 10. Dezember 2014 (GV. NRW. S. 890) gelten mit Ausnahme des Artikels 1 Nummer 14 Buchstabe b für Aufwendungen, die nach dem 31. Dezember 2014 entstanden sind. Artikel 1 Nummer 14 Buchstabe b gilt für Aufwendungen, die nach dem 31. Dezember 2013 entstanden sind.

(7) Die Regelungen der Sechsten Verordnung zur Änderung der Beihilfenverordnung NRW vom 1. Dezember 2015 (GV. NRW. S. 844) gelten für Aufwendungen, die nach dem 31. Dezember 2015 entstehen.

(8) Die Regelungen der Siebten Verordnung zur Änderung der Beihilfenverordnung vom 16. Dezember 2016 (GV. NRW. S. 1196) gelten für Aufwendungen, die nach dem 31. Dezember 2016 entstehen.

(9) Soweit vor dem 1. Januar 2017 Anspruch auf Leistungen nach den §§ 5, 5a Absatz 1 Satz 1 und Absätze 2 bis 5, § 5d in Verbindung mit § 12 Absatz 7 Satz 1 sowie § 5e in der bis zum 31. Dezember 2016 geltenden Fassung bestand, sind diese Regelungen auf einmaligen widerrufbaren Antrag des Beihilfeberechtigten weiterhin anzuwenden.

(10) Die Regelungen der Achten Verordnung zur Änderung der Beihilfenverordnung NRW vom 15. Dezember 2017 (GV. NRW. S. 967) gelten für Aufwendungen, die nach dem 31. Dezember 2017 entstehen.

(11) Die Regelungen der Neunten Verordnung zur Änderung der Beihilfenverordnung NRW vom 6. Dezember 2018 (GV. NRW S. 644) gelten für Aufwendungen, die nach dem 31. Dezember 2018 entstehen.

(12) Die Regelungen der Zehnten Verordnung zur Änderung der Beihilfenverordnung NRW vom 12. Dezember 2019 (GV. NRW. S. 944) gelten für Aufwendungen, die nach dem 31. Dezember 2019 entstehen.

(13) Die Regelungen der Elften Verordnung zur Änderung der Beihilfenverordnung NRW vom 1. Dezember 2021 (GV. NRW. S. 1446) gelten für Aufwendungen, die nach dem 23. Dezember 2021 entstehen, vorbehaltlich Artikel 1 Nummer 1 und Nummer 9 Buchstabe a, die für Aufwendungen gelten, die nach dem 31. Dezember 2021 entstehen.

(14) Die Regelung des Artikels 5 Nummer 1 Satz 1 des Gesetzes zur Anpassung der Alimentation von Familien sowie zur Änderung weiterer dienstrechtlicher Vorschriften vom 25. März 2022 (GV. NRW. S. 389) gilt für Aufwendungen, die nach dem 31. Dezember 2021 in Rechnung gestellt werden. § 12a in der bis zum 31. Dezember 2021 geltenden Fassung gilt weiterhin für Aufwendungen, die vor dem 1. Januar 2022 in Rechnung gestellt wurden. Die Regelung des Artikels 5 Nummer 1 Satz 2 des Gesetzes zur Anpassung der Alimentation von Familien sowie zur Änderung weiterer dienstrechtlicher Vorschriften gilt für Zuschüsse zu Beiträgen, mit denen Krankenversicherungen für Zeiträume nach dem 31. Dezember 2021 finanziert werden. Die Regelungen des Artikels 5 Nummer 2 des Gesetzes zur Anpassung der Alimentation von Familien sowie zur Änderung weiterer dienstrechtlicher Vorschriften gelten für Aufwendungen, die nach dem 31. Dezember 2021 entstehen.

(15) Die Regelungen der Zwölften Verordnung zur Änderung der Beihilfenverordnung NRW vom 17. März 2023 (GV. NRW S. 180) gelten für Aufwendungen, die nach dem 31. März 2023 entstehen.

(16) Die Regelungen der Dreizehnten Verordnung zur Änderung der Beihilfenverordnung NRW vom 10. Juli 2023 (GV. NRW. S. 1016) gelten für Aufwendungen, die nach dem 31. Mai 2023 entstehen.

(17) Die Regelungen der Fünfzehnten Verordnung zur Änderung der Beihilfenverordnung NRW vom 19. Dezember 2023 (GV. NRW. S. 1441) gelten für Aufwendungen, die nach dem 31. Dezember 2023 entstehen.

(18) Die Regelungen der Sechzehnten Verordnung zur Änderung der Beihilfenverordnung NRW vom 30. Juli 2024 (GV. NRW. S. 494) gelten für Aufwendungen, die nach dem 30. Juni 2024 entstehen.

(19) Die Regelungen der Siebzehnten Verordnung zur Änderung der Beihilfenverordnung NRW vom 2. Februar 2025 (GV. NRW. S. 180)

gelten für Aufwendungen, die nach dem 31. Dezember 2024 entstehen.

(20) Die Regelungen des Artikels 1 der Achtzehnten Verordnung zur Änderung der Beihilfenverordnung NRW vom 12. November 2025 (GV. NRW. S. 1072) gelten für Aufwendungen, die nach dem 30. Juni 2025 entstehen. Beihilfeleistungen für im Zeitraum vom 1. Januar 2025 bis einschließlich 30. Juni 2025 entstandene Aufwendungen nach § 5a Absatz 8 und § 5b Absatz 3 werden auf die Beihilfeleistungen des Gemeinsamen Jahresbetrags nach § 5a Absatz 8 und § 5b Absatz 3 in Verbindung mit den §§ 39, 42 und 42a des Elften Buches Sozialgesetzbuch für das Kalenderjahr 2025 angerechnet.

(21) Die Regelungen des Artikels 2 der Achtzehnten Verordnung zur Änderung der Beihilfenverordnung NRW vom 12. November 2025 (GV. NRW. S. 1072) gelten für Aufwendungen, die nach dem 31. Dezember 2025 entstehen. Für Anerkennungsverfahren nach den §§ 6, 6a und 7, die vor dem 1. Januar 2026 begonnen haben, richtet sich die Beihilfefähigkeit der Aufwendungen für amtsärztliche oder vertrauensärztliche Gutachten nach dem bis zum 31. Dezember 2025 geltenden Recht.

(22) Die Regelungen der Neunzehnten Verordnung zur Änderung der Beihilfenverordnung NRW vom 25. März 2026 (GV. NRW. S. 222) gelten für Aufwendungen, die nach dem 31. Dezember 2025 entstehen.

§ 18 Inkrafttreten

Diese Verordnung tritt mit Wirkung vom 1. April 2009 in Kraft.

VII

Anlage 1
(zu § 4 Absatz 1, § 4a Absatz 4 und § 4b Absatz 2)

Ambulant durchgeführte psychotherapeutische Behandlungen und Maßnahmen der psychosomatischen Grundversorgung

Abschnitt 1
Psychotherapeutische Leistungen

1. Nicht beihilfefähig sind die Aufwendungen für:
   a) Familientherapie,
   b) Funktionelle Entspannung nach Marianne Fuchs,
   c) Gestalttherapie,
   d) Körperbezogene Therapie,
   e) Konzentrative Bewegungstherapie,
   f) Logotherapie,
   g) Musiktherapie,
   h) Psychodrama,
   i) Respiratorisches Biofeedback und
   j) Transaktionsanalyse.
2. Nicht zu den psychotherapeutischen Leistungen im Sinne der §§ 4a bis 4f gehören
   a) Behandlungen, die zur schulischen, beruflichen oder sozialen Anpassung oder Förderung bestimmt sind,
   b) Maßnahmen der Erziehungs-, Ehe-, Lebens- oder Sexualberatung,
   c) Heilpädagogische und ähnliche Maßnahmen und
   d) psychologische Maßnahmen, die der Aufarbeitung und Überwindung sozialer Konflikte dienen.

Abschnitt 2
Psychosomatische Grundversorgung

1. Aufwendungen für eine verbale Intervention sind nur beihilfefähig, wenn die Behandlung durchgeführt wird von einer Fachärztin oder einem Facharzt für
   a) Allgemeinmedizin,
   b) Augenheilkunde,
   c) Frauenheilkunde und Geburtshilfe,
   d) Haut- und Geschlechtskrankheiten,
   e) Innere Medizin,
   f) Kinder- und Jugendlichenmedizin,
   g) Kinder- und Jugendpsychiatrie und -psychotherapie,
   h) Neurologie,
   i) Phoniatrie und Pädaudiologie,
   j) Psychiatrie und Psychotherapie,
   k) Psychotherapeutische Medizin beziehungsweise Psychosomatische Medizin und Psychotherapie oder
   l) Urologie.
2. Aufwendungen für übende und suggestive Interventionen (autogenes Training, progressive Muskelrelaxation nach Jacobson, Hypnose) sind nur dann beihilfefähig, wenn die Behandlung durchgeführt wird von
   a) einer Ärztin oder einem Arzt,
   b) einer Psychologischen Psychotherapeutin oder einem Psychologischen Psychotherapeuten,
   c) einer Kinder- und Jugendlichenpsychotherapeutin oder einem Kinder- und Jugendlichenpsychotherapeuten oder
   d) einer Psychotherapeutin oder einem Psychotherapeuten.

Die behandelnde Person muss über entsprechende Kenntnisse und Erfahrungen in der Anwendung der entsprechenden Interventionen verfügen.

Abschnitt 3
Tiefenpsychologisch fundierte und analytische Psychotherapie

1. Leistungen der anerkannten Psychotherapieform tiefenpsychologisch fundierte oder analytische Psychotherapie dürfen bei Personen, die das 18. Lebensjahr vollendet haben, nur von folgenden Personen erbracht werden:
   a) Psychotherapeutinnen und Psychotherapeuten mit einer Weiterbildung für die Behandlung von Erwachsenen in diesem Verfahren,
   b) Psychologischen Psychotherapeutinnen und Psychologischen Psychothera-

VII

peuten mit einer vertieften Ausbildung in diesem Verfahren sowie

c) Fachpsychotherapeutinnen für Erwachsene und Fachpsychotherapeuten für Erwachsene mit einer entsprechenden verfahrensspezifischen Zusatzbezeichnung (analytische Psychotherapie beziehungsweise tiefenpsychologisch fundierte Psychotherapie).

2. Leistungen der anerkannten Psychotherapieform tiefenpsychologisch fundierte oder analytische Psychotherapie dürfen bei Personen, die das 18. Lebensjahr noch nicht vollendet haben, nur von folgenden Personen erbracht werden:

a) Psychotherapeutinnen und Psychotherapeuten mit einer Weiterbildung für die Behandlung von Kindern und Jugendlichen in diesem Verfahren,

b) Psychologischen Psychotherapeutinnen und Psychologischen Psychotherapeuten mit einer vertieften Ausbildung in diesem Verfahren und einer Zusatzqualifikation für die Behandlung von Kindern und Jugendlichen, die die Anforderungen des § 6 Absatz 4 der Psychotherapievereinbarung erfüllt,

c) Kinder- und Jugendlichenpsychotherapeutinnen und Kinder- und Jugendlichenpsychotherapeuten mit einer vertieften Ausbildung in diesem Verfahren, sowie

d) Fachpsychotherapeutinnen für Kinder und Jugendliche und Fachpsychotherapeuten für Kinder und Jugendliche mit einer entsprechenden verfahrensspezifischen Zusatzbezeichnung (analytische Psychotherapie beziehungsweise tiefenpsychologisch fundierte Psychotherapie).

3. Wird die Behandlung von einer ärztlichen Psychotherapeutin oder einem ärztlichen Psychotherapeuten durchgeführt, muss diese Person Fachärztin oder Facharzt für eines der folgenden Fachgebiete sein:

a) Psychotherapeutische Medizin,

b) Psychiatrie und Psychotherapie oder Psychosomatische Medizin und Psychotherapie,

c) Kinder- und Jugendlichenpsychiatrie und -psychotherapie oder

d) Ärztin oder Arzt mit der Bereichs- oder Zusatzbezeichnung „Psychotherapie" oder „Psychoanalyse".

Eine Fachärztin oder ein Facharzt für Psychotherapeutische Medizin, Psychiatrie und Psychotherapie oder Kinder- und Jugendlichenpsychiatrie und -psychotherapie sowie eine Ärztin oder ein Arzt mit der Bereichsbezeichnung „Psychotherapie" kann nur tiefenpsychologisch fundierte Psychotherapie (Nummern 860 bis 862 der Anlage zur Gebührenordnung für Ärzte) durchführen. Eine Ärztin oder ein Arzt mit der Bereichs- oder Zusatzbezeichnung „Psychoanalyse" oder mit der vor dem 1. April 1984 verliehenen Bereichsbezeichnung „Psychotherapie" kann auch analytische Psychotherapie (Nummern 863 und 864 der Anlage zur Gebührenordnung für Ärzte) durchführen.

4. Voraussetzung für die Beihilfefähigkeit der Aufwendungen in Ausnahmefällen (§ 4c Absatz 1 Nummer 3 und 4) ist, dass vor Beginn der Behandlung eine erneute eingehende Begründung der Therapeutin oder des Therapeuten vorgelegt wird und die Beihilfestelle vor Beginn der Behandlung zugestimmt hat. Zeigt sich bei der Therapie, dass das Behandlungsziel innerhalb der vorgesehenen Anzahl der Sitzungen nicht erreicht wird, kann in Ausnahmefällen eine weitere begrenzte Behandlungsdauer anerkannt werden. Die Anerkennung darf erst im letzten Behandlungsabschnitt erfolgen. Voraussetzung für die Anerkennung ist eine Indikation nach § 4b Absatz 1 und 2, die nach ihrer besonderen Symptomatik und Struktur eine besondere tiefenpsychologisch fundierte oder analytische Bearbeitung erfordert und eine hinreichende Prognose über das Erreichen des Behandlungsziels erlaubt.

Abschnitt 4
Verhaltenstherapie

1. Leistungen der Verhaltenstherapie dürfen bei Personen, die das 18. Lebensjahr voll-

endet haben, nur von folgenden Personen erbracht werden:

a) Psychotherapeutinnen und Psychotherapeuten mit einer Weiterbildung für die Behandlung von Erwachsenen in diesem Verfahren,
b) Psychologischen Psychotherapeutinnen und Psychologischen Psychotherapeuten mit einer vertieften Ausbildung in diesem Verfahren sowie
c) Fachpsychotherapeutinnen für Erwachsene und Fachpsychotherapeuten für Erwachsene mit einer entsprechenden verfahrensspezifischen Zusatzbezeichnung.

2. Leistungen der Verhaltenstherapie dürfen bei Personen, die das 18. Lebensjahr noch nicht vollendet haben, nur von folgenden Personen erbracht werden:

a) Psychotherapeutinnen und Psychotherapeuten mit einer Weiterbildung für die Behandlung von Kindern und Jugendlichen in diesem Verfahren,
b) Psychologischen Psychotherapeutinnen und Psychologischen Psychotherapeuten mit einer vertieften Ausbildung in diesem Verfahren und einer Zusatzqualifikation für die Behandlung von Kindern und Jugendlichen, die die Anforderungen des § 6 Absatz 4 der Psychotherapievereinbarung erfüllt,
c) Kinder- und Jugendlichenpsychotherapeutinnen und Kinder- und Jugendlichenpsychotherapeuten mit einer vertieften Ausbildung in diesem Verfahren sowie
d) Fachpsychotherapeutinnen für Kinder und Jugendliche und Fachpsychotherapeuten für Kinder und Jugendliche mit einer entsprechenden verfahrensspezifischen Zusatzbezeichnung.

3. Wird die Behandlung von einer ärztlichen Psychotherapeutin oder einem ärztlichen Psychotherapeuten durchgeführt, muss diese Person Fachärztin oder Facharzt für eines der folgenden Fachgebiete sein:

a) Psychotherapeutische Medizin oder Psychosomatische Medizin,
b) Psychiatrie und Psychotherapie,
c) Kinder- und Jugendlichenpsychiatrie und -psychotherapie oder
d) Ärztin oder Arzt mit der Bereichs- oder Zusatzbezeichnung „Psychotherapie".

Ärztliche Psychotherapeutinnen oder ärztliche Psychotherapeuten, die keine Fachärztinnen oder Fachärzte sind, können die Behandlung durchführen, wenn sie den Nachweis erbringen, dass sie während ihrer Weiterbildung schwerpunktmäßig Kenntnisse und Erfahrungen in Verhaltenstherapie erworben haben.

Abschnitt 5
Systemische Therapie

1. Leistungen der Systemischen Therapie dürfen bei Personen, die das 18. Lebensjahr vollendet haben, nur von folgenden Personen erbracht werden:

a) Psychotherapeutinnen und Psychotherapeuten mit einer Weiterbildung in diesem Verfahren,
b) Psychologischen Psychotherapeutinnen und Psychologischen Psychotherapeuten mit einer vertieften Ausbildung in diesem Verfahren,
c) Psychologischen Psychotherapeutinnen und Psychologischen Psychotherapeuten mit einer vertieften Ausbildung in einem Verfahren nach Abschnitt 3 oder 4 und einer Zusatzqualifikation für dieses Verfahren, die die Anforderungen des § 6 Absatz 8 der Psychotherapievereinbarung erfüllt, und
d) Fachpsychotherapeutinnen für Erwachsene und Fachpsychotherapeuten für Erwachsene mit einer entsprechenden verfahrensspezifischen Zusatzbezeichnung.

2. Leistungen der Systemischen Therapie dürfen bei Personen, die das 18. Lebensjahr noch nicht vollendet haben, nur von folgenden Personen erbracht werden:

a) Psychotherapeutinnen und Psychotherapeuten mit einer Weiterbildung für die Behandlung von Kindern und Jugendlichen in diesem Verfahren,

b) Psychologischen Psychotherapeutinnen und Psychologischen Psychotherapeuten mit einer vertieften Ausbildung in diesem Verfahren und einer Zusatzqualifikation für die Behandlung von Kindern und Jugendlichen, die die Anforderungen des § 9 der Psychotherapievereinbarung erfüllt,
c) Kinder- und Jugendlichenpsychotherapeutinnen und Kinder- und Jugendlichenpsychotherapeuten mit einer vertieften Ausbildung in diesem Verfahren sowie
d) Fachpsychotherapeutinnen für Kinder und Jugendliche und Fachpsychotherapeuten für Kinder und Jugendliche mit einer entsprechenden verfahrensspezifischen Zusatzbezeichnung.

3. Wird die Behandlung von einer ärztlichen Psychotherapeutin oder einem ärztlichen Psychotherapeuten durchgeführt, muss diese Person Fachärztin oder Facharzt für eines der folgenden Fachgebiete sein:
   a) Psychiatrie und Psychotherapie,
   b) Psychosomatische Medizin und Psychotherapie oder
   c) Ärztin oder Arzt mit der Zusatzbezeichnung „Psychotherapie"

   mit erfolgreicher Weiterbildung auf dem Gebiet der Systemischen Therapie.

Abschnitt 6
Eye-Movement-Desensitization-and-Reprocessing-Behandlung

1. Leistungen der Eye-Movement-Desensitization-and-Reprocessing-Behandlung dürfen nur von folgenden Personen erbracht werden:
   a) Psychotherapeutinnen und Psychotherapeuten mit einer Weiterbildung in einem Verfahren nach Abschnitt 3 oder 4 sowie
   b) Psychologischen Psychotherapeutinnen und Psychologischen Psychotherapeuten mit einer vertieften Ausbildung in einem Verfahren nach Abschnitt 3 oder 4.
2. Wird die Behandlung von einer Psychologischen Psychotherapeutin oder einem Psychologischen Psychotherapeuten, einer Psychotherapeutin oder einem Psychotherapeuten durchgeführt, muss diese Person Kenntnisse und praktische Erfahrungen in der Behandlung der posttraumatischen Belastungsstörung und in der Eye-Movement-Desensitization-and-Reprocessing-Behandlung erworben haben.
3. Wurde die Qualifikation nach Nummer 1 oder Nummer 2 bei Psychologischen Psychotherapeutinnen oder Psychologischen Psychotherapeuten nicht im Rahmen der Ausbildung und bei Psychotherapeutinnen oder Psychotherapeuten nicht im Rahmen der Weiterbildung erworben, muss die behandelnde Person
   a) in mindestens 40 Stunden eingehende Kenntnisse in der Theorie der Traumabehandlung und der Eye-Movement-Desensitization-and-Reprocessing-Behandlung erworben haben und
   b) mindestens 40 Stunden Einzeltherapie mit mindestens fünf abgeschlossenen Eye-Movement-Desensitization-and-Reprocessing-Behandlungsabschnitten unter Supervision von mindestens 10 Stunden mit Eye-Movement-Desensitization-and-Reprocessing-Behandlung durchgeführt haben.
4. Wird die Behandlung von einer ärztlichen Psychotherapeutin oder einem ärztlichen Psychotherapeuten durchgeführt, muss diese Person
   a) die Voraussetzungen nach Abschnitt 3 oder 4 erfüllen sowie
   b) Kenntnisse und praktische Erfahrungen in der Behandlung der posttraumatischen Belastungsstörung und in der Eye-Movement-Desensitization-and-Reprocessing-Behandlung erworben haben.

Anlage 2
(zu § 4 Abschnitt 1 Nummer 7)

Aufwendungen für Arzneimittel, Medizinprodukte, Nahrungsergänzungsmittel, Mittel aus dem Bereich der privaten Lebensführung

1. Nach § 4 Absatz 1 Nummer 7 in Verbindung mit dieser Anlage sind bei Beihilfeberechtigten und berücksichtigungsfähigen Personen, die das 18. Lebensjahr vollendet haben, nur Aufwendungen für verschreibungspflichtige Arzneimittel beihilfefähig, soweit sie nicht nach der Arzneimittel-Richtlinie, im Folgenden AM-RL, von der Verordnung in der GKV ausgeschlossen sind, sowie Aufwendungen für apothekenpflichtige, nicht verschreibungspflichtige Arzneimittel, die bei der Behandlung schwerwiegender Erkrankungen als Therapiestandard gelten. Eine Krankheit gilt als schwerwiegend, wenn sie lebensbedrohlich ist oder wenn sie auf Grund der Schwere der durch sie verursachten Gesundheitsstörungen die Lebensqualität auf Dauer nachhaltig beeinträchtigt. Als Therapiestandard gilt ein Arzneimittel, wenn der therapeutische Nutzen zur Behandlung der schwerwiegenden Erkrankung dem allgemeinen Standard der medizinischen Erkenntnisse entspricht. Voraussetzung für eine Beihilfefähigkeit der Aufwendungen ist, dass die schwerwiegende Erkrankung und das für die Behandlung dieser Erkrankung verordnete Standardtherapeutikum in der Anlage I zum Abschnitt F der AM-RL aufgeführt ist. Neben der Anlage I sind auch die Anlagen - II, V und VI der AM-RL beihilferechtlich zu berücksichtigen.
2. Beihilfefähig sind die Aufwendungen für alle nach dem Arzneimittelgesetz zugelassenen Arzneimittel, sofern sie nicht nach § 4 Absatz 1 Nummer 7 Satz 3 oder im Rahmen dieser Anlage ausgeschlossen sind.
3. Beihilfefähig sind Aufwendungen für zugelassene nicht verschreibungspflichtige apothekenpflichtige Arzneimittel, die begleitend zu einer medikamentösen Haupttherapie mit verschreibungspflichtigen Arzneimitteln eingesetzt werden (Begleitmedikation), wenn das nicht verschreibungspflichtige Arzneimittel in der Fachinformation des Hauptarzneimittels als Begleitmedikation zwingend vorgeschrieben ist oder wenn es zur Behandlung der beim bestimmungsgemäßen Gebrauch eines verschreibungspflichtigen Arzneimittels auftretenden schwerwiegenden, schädlichen, unbeabsichtigten Reaktionen eingesetzt wird (unerwünschte Arzneimittelwirkungen).
4. Beihilfefähig sind Aufwendungen für von Ärztinnen und Ärzten oder Zahnärztinnen und Zahnärzten beschaffte zugelassene nicht verschreibungspflichtige Arzneimittel, die in Form von Spritzen, Infusionen, Salben und Inhalationen im Rahmen einer ambulanten Behandlung durch die Ärzte oder Zahnärzte mit einer einmaligen Anwendung verbraucht werden.
5. Beihilfefähig sind Aufwendungen für nichtverschreibungspflichtige Arzneimittel, die für diagnostische Zwecke und Untersuchungen benötigt und in der Rechnung als Auslagen abgerechnet werden.
6. Aufwendungen für Stoffe und Zubereitungen aus Stoffen, die als Medizinprodukte im Sinne des Medizinprodukterechts zur Anwendung am oder im menschlichen Körper bestimmt, in Anlage V der AM-RL aufgeführt sind und die dort genannten Maßgaben erfüllen, sind indikationsbezogen beihilfefähig. Die Regelung gilt nicht für von Heilpraktikern verbrauchte Stoffe und nicht für die Verabreichung von nichtbeihilfefähigen Medizinprodukten. Beihilfefähig sind ausschließlich Fertigarzneimittel, insbesondere die in Anlage Ider AM-RL aufgeführten Wirkstoffe.

7. Beihilfefähig sind Aufwendungen für ärztlich verordnete hormonelle Mittel zur Kontrazeption nur bei Personen bis zur Vollendung des 22. Lebensjahres und bei Personen ab Vollendung des 48. Lebensjahres. Dies gilt entsprechend für nicht verschreibungspflichtige Notfallkontrazeptiva („Pille danach"). Die Altersgrenzen sind unbeachtlich, wenn die Arzneimittel unabhängig von der arzneimittelrechtlichen Zulassung mangels Alternative als Arzneimittel zur Behandlung einer Krankheit ärztlich verordnet werden und die Notwendigkeit durch eine Amtsärztin oder einen Amtsarzt bestätigt wird.

8. Bei Personen, die das 18. Lebensjahr vollendet haben, sind – unabhängig von der Verschreibungspflicht – die Aufwendungen für folgende Arzneimittel nicht beihilfefähig:

   a) Arzneimittel zur Anwendung bei Erkältungskrankheiten und grippalen Infekten einschließlich der bei diesen Krankheiten anzuwendenden Schnupfenmittel, Schmerzmittel, hustendämpfenden und hustenlösenden Mittel, sofern es sich nicht um schwerwiegende Gesundheitsstörungen handelt,
   b) Mund- und Rachentherapeutika, ausgenommen bei Pilzinfektionen, geschwürigen Erkrankungen der Mundhöhle und nach chirurgischen Eingriffen im Hals-, Nasen- und Ohrenbereich,
   c) Abführmittel außer zur Behandlung von Erkrankungen im Zusammenhang mit Tumorleiden, Megacolon, Divertikulose, Divertikulitis, Mukoviszidose, neurogener Darmlähmung, vor diagnostischen Eingriffen, bei phosphatbindender Medikamentation bei chronischer Niereninsuffizienz, bei der Opiat- sowie Opioidtherapie und in der Terminalphase und
   d) Arzneimittel gegen Reisekrankheit (unberührt bleibt die Beihilfefähigkeit der Aufwendungen bei Erbrechen bei Tumortherapie und anderen schwerwiegenden Erkrankungen, zum Beispiel Menierescher Symtomkomplex).

9. Arzneimittel der Anthroposophie, der Homöopathie und der Phytotherapie sind – soweit nicht ausnahmsweise in der Anlage I der AM-RL aufgelistet – auch im Ausnahmeweg nicht beihilfefähig. Dies gilt nicht für Personen bis zur Vollendung des 18. Lebensjahres.

10. Aufwendungen für ärztlich verordnete Aminosäuremischungen, Eiweißhydrolysate, Elementardiäten und Sondennahrung sind bei fehlender oder eingeschränkter Fähigkeit zur ausreichenden normalen Ernährung ausnahmsweise beihilfefähig, wenn eine Modifizierung der normalen Ernährung oder sonstige ärztliche, pflegerische oder ernährungstherapeutische Maßnahmen zur Verbesserung der Ernährungssituation nicht ausreichen. Solche Ausnahmefälle liegen insbesondere vor bei:

    a) Ahornsirupkrankheit,
    b) AIDS-assoziierten Diarrhöen,
    c) Colitis ulcerosa,
    d) Epilepsien, wenn trotz optimierter antikonvulsiver Therapie eine ausreichende Anfallskontrolle nicht gelingt,
    e) Kurzdarmsyndrom,
    f) Morbus Crohn,
    g) Mukoviszidose,
    h) Multipler Nahrungsmittelallergie,
    i) Niereninsuffizienz,
    j) Phenylketonurie,
    k) Tumortherapien (auch nach der Behandlung),
    l) postoperativer Nachsorge,
    m) angeborenen Defekten im Kohlenhydrat- und Fettstoffwechsel,
    n) angeborenen Enzymdefekten, die mit speziellen Aminosäuremischungen behandelt werden,
    o) erheblichen Störungen der Nahrungsaufnahme bei neurologischen Schluckbeschwerden oder Tumoren der oberen Schluckstraße (zum Beispiel Mundboden- und Zungenkarzinom).

11. Aufwendungen für Elementardiäten sind für Säuglinge (bis zur Vollendung des

ersten Lebensjahres) und Kleinkinder (Zeit zwischen dem ersten und dritten Lebensjahr) mit Kuhmilcheiweißallergie beihilfefähig; dies gilt ferner für einen Zeitraum von sechs Monaten bei Säuglingen und Kleinkindern mit Neurodermitis, sofern Elementardiäten zu diagnostischen Zwecken eingesetzt werden.

12. Aufwendungen für Arzneimittel, die zur Verwendung in nicht zugelassenen Anwendungsgebieten verordnet werden (sogenannter OFF-Label-Use), sind grundsätzlich nur beihilfefähig, wenn sie in der Anlage VI Teil A der AM-RL aufgeführt sind. Wirkstoffe zur Anwendung in nicht zugelassenen Anwendungsgebieten, die nach Feststellung des Gemeinsamen Bundesausschusses im Bereich der gesetzlichen Krankenversicherung von einer Verordnung ausgeschlossen sind, sind im Teil B der in Satz 1 genannten Anlage aufgeführt; die Aufwendungen sind grundsätzlich nicht beihilfefähig. Für Entscheidungen über Anträge auf Zulassung einer beihilferechtlichen Ausnahme gilt § 4i Absatz 4 sinngemäß.

13. Verschreibungspflichtige Arzneimittel, die auch zur Behandlung des benignen Prostatasyndroms (gutartiger nicht kanzeröser Tumor), wie zum Beispiel Cialis 5 mg oder TadaHexal 5 mg, zugelassen sind, sind in der Dosierung 1 x täglich 5 mg beihilfefähig.

14. Aufwendungen für ärztlich verordnete Arzneimittel mit den Wirkstoffen Dronabinol, Nabilon oder getrockneten Cannabisblüten und Cannabisextrakten sind beihilfefähig, wenn

    a) eine allgemein anerkannte, dem medizinischen Standard entsprechende Leistung

        aa) nicht zur Verfügung steht oder

        bb) im Einzelfall nach der begründeten Einschätzung der behandelnden Ärztin oder des behandelnden Arztes unter Abwägung der zu erwartenden Nebenwirkungen und unter Berücksichtigung des Krankheitszustandes der oder des Erkrankten nicht zur Anwendung kommen kann und

    b) eine nicht ganz entfernt liegende Aussicht auf eine spürbare positive Einwirkung auf den Krankheitsverlauf oder auf schwerwiegende Symptome besteht.

    Die Beihilfestelle hat über den Erstantrag der beihilfeberechtigten Person innerhalb eines Monats nach Antragseingang zu entscheiden (vorherige Anerkennung). Eine vorherige Anerkennung durch die Beihilfestelle ist nicht erforderlich, wenn die behandelnde Ärztin oder der behandelnde Arzt über eine in der Nummer 1 oder 2 der Anlage XI zur AM-RL genannten Facharzt- und Schwerpunktbezeichnungen beziehungsweise Zusatzbezeichnungen verfügt. Die Verordnungsvoraussetzungen nach Satz 1 bleiben unberührt. Bei Anschlussverordnung aufgrund einer Versorgung mit Cannabisarzneimitteln im Rahmen eines stationären Krankenhausaufenthalts, bei Verordnungen im Rahmen einer spezialisierten ambulanten Palliativversorgung oder einer Allgemeinen Ambulanten Palliativversorgung bedarf es keiner vorherigen Anerkennung. Beihilfefähig sind auch Aufwendungen, die auf der Grundlage einer Verordnung einer Ärztin oder eines Arztes entstehen, bei der allein die Dosierung eines Cannabisarzneimittels angepasst oder ein Wechsel zu anderen getrockneten Blüten oder zu anderen Extrakten in standardisierter Qualität angeordnet wird. In diesen Fällen bedarf es keiner erneuten Anerkennung nach Satz 2. Satz 6 gilt auch bei Verordnung durch eine andere oder einen anderen als die erstverordnende Ärztin oder den erstverordnenden Arzt. In allen anderen Fällen bedarf der Wechsel des Cannabisarzneimittels der erneuten Anerkennung nach Satz 2.

15. Nicht beihilfefähig sind 'unabhängig vom Alter des Beihilfeberechtigten und der

VII

berücksichtigungsfähigen Person sowie der Verschreibungspflicht:

a) Aufwendungen für Mittel, die geeignet sind, Güter des täglichen Bedarfs zu ersetzen. Es sind dies zum Beispiel Lebensmittel, Nahrungsergänzungsmittel, so genannte Krankenkost und diätetische Lebensmittel einschließlich Produkte für Säuglinge oder Kleinkinder. Abweichend von Satz 1 sind beihilfefähig Aufwendungen für Aminosäuremischungen, Eiweißhydrolysate, Elementardiäten und Sondennahrung im Zusammenhang mit Enteraler und Parenteraler Ernährung im Rahmen der jeweils aktuellen Fassung des Abschnitts I der AM-RL.

b) Aufwendungen für Arzneimittel, bei deren Anwendung eine Erhöhung der Lebensqualität im Vordergrund steht. Dies sind Arzneimittel, deren Einsatz grundsätzlich durch die private Lebensführung bedingt ist oder die aufgrund ihrer Zweckbestimmung insbesondere

   aa) nicht oder nicht ausschließlich zur Behandlung von Krankheiten dienen,

   bb) zur individuellen Bedürfnisbefriedigung oder zur Aufwertung des Selbstwertgefühls dienen,

   cc) zur Behandlung von Befunden angewandt werden, die lediglich Folge natürlicher Alterungsprozesse sind und deren Behandlung medizinisch nicht notwendig ist,

   dd) die zur Anwendung bei kosmetischen Befunden angewandt werden, deren Behandlung in der Regel nicht notwendig ist.

   Hierzu gehören insbesondere Aufwendungen für Arzneimittel, die überwiegend zur Behandlung der erektilen Dysfunktion, der Anreizung und Steigerung der sexuellen Potenz, zur Raucherentwöhnung, zur Abmagerung oder zur Zügelung des Appetits, zur Regulierung des Körpergewichts oder zur Verbesserung des Haarwuchses dienen.

c) Genussmittel, sämtliche Weine (auch medizinische Weine) und der Wirkung nach ähnliche, Ethylalkohol als einen wesentlichen Bestandteil (mindestens 5 Volumenprozent) enthaltene Mittel (ausgenommen Tinkturen im Sinne des Deutschen Arzneibuches und tropfenweise einzunehmende ethylalkoholhaltige Arzneimittel) sowie Mittel, bei denen die Gefahr besteht, dass sie wegen ihrer wohlschmeckenden Zubereitung als Ersatz für Süßigkeiten genossen werden,

d) Mineral-, Heil- oder andere Wässer,

e) Mittel, die auch zur Reinigung und Pflege oder Färbung der Haut, des Haares, der Nägel, der Zähne, der Mundhöhle dienen sowie medizinische Haut- und Haarwaschmittel, medizinische Haarwässer und kosmetische Mittel. Ausgenommen und somit beihilfefähig sind Aufwendungen für als Arzneimittel zugelassene Basiscremes, Basissalben, Haut- und Kopfhautpflegemittel, auch Rezepturgrundlagen, soweit und solange sie Teil der arzneilichen Therapie (Intervall-Therapie bei Neurodermitis/endogenen Ekzem, Psoriasis, Akne-Schältherapie und Strahlentherapie) sind und nicht der Färbung der Haut und -anhangsgebilde sowie der Vermittlung von Geruchseindrücken dienen,

f) Balneotherapeutika, ausgenommen und somit beihilfefähig sind Aufwendungen für als Arzneimittel zugelassene Balneotherapeutika bei Neurodermitis/endogenem Ekzem, Psoriasis und Erkrankungen des rheumatischen Formenkreises,

g) Mittel, die der Veränderung der Körperform (zum Beispiel Entfettungscreme, Busencreme) dienen sollen,

h) Mittel zur Raucherentwöhnung,

i) Saftzubereitungen für Erwachsene, von in der Person des Patienten begründeten Ausnahmen abgesehen,
j) Würz- und Süßstoffe, Obstsäfte,
k) Abmagerungsmittel und Appetitzügler,
l) Anabolika, außer bei neoplastischen Erkrankungen,
m) Stimulantien (zum Beispiel Psychoanaleptika, Psychoenergetika und Leistungsstimulantien), ausgenommen bei Narkolepsie und schwerer Zerebralsklerose sowie beim hyperkinetischen Syndrom und bei der so genannten minimalen zerebralen Dysfunktion vorpubertärer Schulkinder,
n) so genannte Zellulartherapeutika und Organhydrolysate,
o) so genannte Geriatrika und so genannte Arteriosklerosemittel,
p) Roborantien, Tonika und appetitanregende Mittel,
q) Insekten-Abschreckmittel,
r) Fixe Kombinationen aus Vitaminen und anderen Stoffen, ausgenommen und somit beihilfefähig sind Vitamin D-Fluorid-Kombinationen zur Anwendung bei Kindern bis zum vollendeten 12. Lebensjahr und zur Osteoporoseprophylaxe,
s) Arzneimittel, welche nach § 11 Absatz 3 des Arzneimittelgesetzes nur mit einem oder mehreren der folgenden Hinweise:
Traditionell angewendet:
   aa) zur Stärkung oder Kräftigung,
   bb) zur Besserung des Befindens,
   cc) zur Unterstützung der Organfunktion,
   dd) zur Vorbeugung,
   ee) als mild wirkendes Arzneimittel

in den Verkehr gebracht werden.

VII

Anlage 3
(zu § 4 Absatz 1)

Aufwendungen für Hilfsmittel

Abschnitt I
Beihilfefähig sind die angemessenen Aufwendungen von ärztlich verordneten Hilfsmitteln, Geräten und Körperersatzstücken, die nachfolgend aufgeführt oder die im Hilfsmittelkatalog der gesetzlichen Kranken- oder Pflegeversicherung mit einer Hilfsmittelnummer verzeichnet sind:

1. Abduktionslagerungskeil, Absauggerät (zum Beispiel bei Kehlkopferkrankungen), Allergiebettwäsche (Abschnitt II Nummer 1 ist zu beachten), Adaptionshilfe, Alarmgerät für Epileptikerinnen und Epileptiker), Anpassungen für diverse Gebrauchsgegenstände (zum Beispiel Universalhalter für Schwerstbehinderte zur Erleichterung der Körperpflege und zur Nahrungsaufnahme), Anus-praeter-Versorgungsartikel, Anziehoder Ausziehhilfe, Aquamat, Armmanschette, Armtragegurt oder -tuch, Assistenzhund (zum Beispiel bei Epilepsie) und nachgewiesener GdB von mindestens 80 (Abschnitt II Nummer 3 gilt sinngemäß), Atemmonitor, Atemtherapiegerät, Atomiseur (zur Medikamenten-Aufsprühung), Auffahrrampe für Krankenfahrstuhl, Aufrichteschlaufe, Aufrichtstuhl, Aufstehgestelle, Auftriebshilfe (bei Schwerstbehinderung), Augenbadewanne, -dusche, -spülglas, -flasche, -pinsel, -pipette oder -stäbchen, Augenschielklappe, auch als Folie, Autokindersitz für Kinder mit Behinderungen (Abschnitt II Nummer 2 ist zu beachten).
2. Badestrumpf, Badewannensitz (bei Schwerstbehinderung, Totalendoprothese, Hüftgelenk-Luxations-Gefahr oder Polyarthritis), Badewannenverkürzer, Ballspritze, Beatmungsgeräte, Bestrahlungsmaske für ambulante Strahlentherapie, Bettnässer-Weckgerät, Beugebandage, Billroth-Batist-Lätzchen, Blasenfistelbandage, Blindenführhund einschließlich Geschirr, Hundeleine, Halsband und Maulkorb (Abschnitt II Nummer 3 ist zu beachten), Blindenhilfsmittel (Abschnitt II Nummer 4 ist zu beachten), Blutdruckmessgerät (Abschnitt II Nummer 5 ist zu beachten), Blutgerinnungsmessgerät (bei erforderlicher Dauerantikoagulation oder künstlichem Herzklappenersatz), Blutlanzette, Blutzuckermessgerät (Abschnitt II Nummer 6 ist zu beachten), Blutzuckerteststreifen (Abschnitt II Nummer 7 ist zu beachten), Bracelet, Bruchband.
3. Clavicula-Bandage, Communicator (bei dysarthrischen Sprechstörungen), CPAP-Gerät.
4. Defibrillatorweste, Dekubitus-Schutzmittel (zum Beispiel Auf- oder Unterlagen für das Bett oder den Rollstuhl, Schützer für Ellenbogen, Unterschenkel und Füße, Spezialmatratzen, Keile, Kissen), Delta-Gehrad, Drehscheibe und Umsetzhilfen, Duschsitz oder -stuhl.
5. Einlagen (orthopädische, einschließlich der zur Anpassung notwendigen Ganganalyse), Einmalschutzhose bei Querschnittgelähmten, Ekzemmanschette, Elektrostimulationsgerät, Epicondylitisbandage oder -spange mit Pelotten, Epitrainbandage, Ernährungspumpe, Ernährungssonde.
6. Fepo-Gerät (funktionelle elektronische Peronaeus-Prothese), Fersenschutz (Kissen, Polster, Schale, Schoner), Fingerling, Fingerschiene, Fixationshilfe, Fußteil-Entlastungsschuh (Einzelschuhversorgung).
7. Gehgipsgalosche, Gehhilfen und -übungsgeräte, Gehörschutz, Gehstützen, Gehwagen, Genutrain-Aktiv-Kniebandage, Gesichtsteilersatzstücke (Ektoprothese, Epithese), Gilchrist-Bandage, Gipsbett (Liegeschale), Glasstäbchen, Gummihose bei Blasen- oder Darminkontinenz, Gummistrümpfe.

8. Halskrawatte, Hals- , Kopf- , Kinnstütze, Handgelenkriemen, Hebekissen, Heimdialysegerät, Helfende Hand (Scherenzange), Herzschrittmacher einschließlich Kontrollgerät, Hilfsgeräte (für Schwerstbehinderte, Ohnhänder u. a.), Hochtongerät, Hörhilfen (Abschnitt II Nummer 8 ist zu beachten).
9. Impulsvibrator, Infusionsbesteck oder -gerät und Zubehör, Inhalationsapparate (einschließlich Sauerstoff und Zubehör, jedoch keine Luftbefeuchter, -filter, -wäscher), Innenschuh (orthopädischer), Insulinapplikationshilfen und Zubehör (Insulindosiergerät, -pumpe , -injektor), Irisschale mit gefärbter Pupille bei entstellenden Veränderungen der Hornhaut eines blinden Auges.
10. Kanülen und Zubehör, Katapultsitz, Katheter (auch Ballonkatheter und Zubehör), Kieferspreizgerät, Klosett-Matratze für den häuslichen Bereich bei dauernder Bettlägerigkeit und bestehender Inkontinenz, Klumpfußschiene, Klumphandschiene, Klyso, Kniekappe/-bandage, Kniepolster/-rutscher bei Unterschenkelamputation, Knöchel- und Gelenkstützen, Körperersatzstücke (Abschnitt II Nummer 9 ist zu beachten), Kopfring mit Stab, Kopfschreiber, Kopfschützer, Korrekturschienen u. Ä., Krabbler für Spastikerinnen und Spastiker, Krampfaderbinde, Krankenfahrstühle (auch Brems- und Schiebehilfen), Krankenstöcke (einschließlich Gehbänkchen mit Zubehör), Kreuzgelenkbandage, Kreuzstützbandage.
11. Latextrichter bei Querschnittlähmung, Leibbinde (jedoch keine Nieren-, Flanell- und Wärmeleibbinden), Lesehilfen (Leseständer, Blattwendestab, Blattlesegerät, Auflagestell), Lichtsignalanlage für Gehörlose und hochgradig Schwerhörige, Lifter (Krankenlifter, Multilift, Badhelfer, Krankenheber oder Badewannenlifter), Lispelsonde, Lumbalbandage.
12. Malleotrain-Bandage, Mangoldsche Schnürbandage, Manutrain-Bandage, Milchpumpe, Mundsperrer, Mundstab/-greifstab.
13. Narbenschützer, Neurodermitis-Overall (Abschnitt II Nummer 10 ist zu beachten).
14. Orthopädische Maßschuhe und Zurichtungen, die nicht serienmäßig herstellbar sind (Abschnitt II Nummer 11 ist zu beachten), Orthese, Orthoprothese.
15. Pavlik-Bandage, Peak-Flow-Meter, Perücke (Abschnitt II Nummer 12 ist zu beachten), Pflegebett in behindertengerechter Ausstattung, Peronaeusschiene, Phonator, Polarimeter, Psoriasiskamm.
16. Quengelschiene.
17. Rauchwarnmelder für Gehörlose und hochgradig Schwerhörige, Reflektometer, Reizstromgerät zur Behandlung der Skoliose, Rektophor, Rollator, Rollbrett, Rutschbrett.
18. Schede-Rad, Schrägliegebrett, Schutzbrille für Blinde, Schutzhelm für Behinderte, Schwellstromapparat, Segofix-Bandagensystem, Sehhilfen (Abschnitt II Nummer 13 zu beachten), Sitzkissen für Oberschenkelamputierte, Skolioseumkrümmungsbandage, Spastikerhilfen (auch Übungsgeräte), Sphinkter-Stimulator, Sprachverstärker nach Kehlkopfresektion, Sprechhilfen (auch elektronische), Sprechkanülen, Spreizfußbandage, Spreizhose , -schale, -wagenaufsatz, Spritzen, Stehübungsgerät, Stomaversorgungsartikel, Strickleiter (zum Aufrichten und Übersetzen Gelähmter), Stützapparate, Stumpfschutzhülle, Stumpfstrümpfe (und Narbenschützer), Suspensorium, Symphysengürtel.
19. Talocrur (Sprunggelenkmanschette nach Dr. Grisar), Therapiedreirad (Abschnitt II Nummer 14 ist zu beachten), Therapiestuhl, Tinnitusgerät, Toilettenhilfen bei Schwerbehinderten, Tracheostomaversorgungsartikel (auch Wasserschutzgerät – Larchel –), Tragegurtsitz.
20. Übertragungsanlagen, wenn nach differenzierter fachärztlicher pädaudiologischer Diagnostik bei Bestehen einer auditiven Verarbeitungs- und Wahrnehmungsstörung auch eine Einschränkung

des Sprachverständnisses im Störschall besteht, Übungsschiene, Ultraschallvernebler, Urinale, Urostomiebeutel.

21. Verbandschuhe (Einzelschuhversorgung), Vibrationstrainer bei Taubheit.
22. Wasser- und Luftkissen, wasserfeste Gehhilfe, Wechseldruckgerät.
23. Zyklomat-Hormon-Pumpe.

Abschnitt II
Für die nachfolgenden Hilfsmittel gelten zusätzlich folgende Regelungen:

1. Allergiebettwäsche (Komplettset Encasings)

Aufwendungen für ein Komplettset Allergiebettbezüge (Kopfkissen, Oberbett- und Matratzenbezug) sind bis zu einem Höchstbetrag von 120 Euro (Doppelbetten 240 Euro) beihilfefähig.

Aufwendungen für eine Ersatzbeschaffung sind nach einer Mindestnutzungsdauer von

a) zwei Jahren, bei Kindern bis zum vollendeten 6. Lebensjahr,
b) vier Jahren, bei Kindern bis zum vollendeten 16. Lebensjahr und
c) sechs Jahren bei Personen ab dem 17. Lebensjahr

beihilfefähig.

2. Autokindersitz für Kinder mit Behinderung

Die Aufwendungen für einen behindertengerechten Autokindersitz sind einschließlich Zubehör abzüglich eines Eigenanteils von 150 Euro beihilfefähig.

3. Blindenführhund

a) Die Anschaffungs- und Ausbildungskosten eines Blindenführhundes sowie die geführten Trainingsstunden zum Umgang mit dem Hund (Nummer 4 Buchstabe b Doppelbuchstabe bb gilt entsprechend) sind beihilfefähig.
b) Die Unterhaltskosten (unter anderem: Tierarzt, Futter, Kranken- und Haftpflichtversicherungen) sind ohne Nachweis bis zu 140 Euro im Monat beihilfefähig. Werden höhere Kosten geltend gemacht, ist die Vorlage von Belegen erforderlich.

4. Blindenhilfsmittel

a) Computerspezialausstattung
Spezialhardware und Spezialsoftware sind bis zu einem Betrag von 3500 Euro beihilfefähig. Eine gegebenenfalls notwendige Braillezeile (40 Module) ist zusätzlich bis zu 5400 Euro einschließlich aller Zusatzgeräte beihilfefähig.
b) Blindenlangstöcke und Unterweisung in den Gebrauch von Blindenhilfsmitteln und für Training in Orientierung und Mobilität.
    aa) Aufwendungen für die Anschaffung zweier Langstöcke sowie gegebenenfalls elektronischer Blindenleitgeräte sind beihilfefähig.
    bb) Aufwendungen für die Unterweisung in den Gebrauch des Langstocks sowie Training in Orientierung und Mobilität sind bis zu folgenden Höchstbeträgen beihilfefähig:
        aaa) Einzeltraining ambulant oder stationär in einer Spezialeinrichtung bis zu 100 Stunden, Mindestdauer 60 Minuten (einschließlich der Vor- und Nachbereitung), je Stunde 66,75 Euro.
        bbb) Fahrzeitentschädigung für Fahrten der Trainerin oder des Trainers, je angefangene fünf Minuten 4,42 Euro.
        ccc) Fahrkosten der Trainerin oder des Trainers (0,30 Euro je gefahrenen Kilometer bei Benutzung eines Kraftfahrzeuges; im Übrigen die niedrigsten Kosten eines regelmäßig verkehrenden Beförderungsmittels).
        ddd) Kosten für Unterkunft und Verpflegung der Trainerin oder des Trainers, wenn eine Rückfahrt zum Wohnort am Tag des Trainings nicht zumutbar ist, je Tag 26 Euro.

Trainiert die Trainerin oder der Trainer an einem Tag mehrere blinde Menschen, sind die oben genannten Kosten nur anteilig beihilfefähig.

cc) Aufwendungen für ein erforderliches Nachtraining (zum Beispiel bei Wegfall eines noch vorhandenen Sehrestes oder bei Wechsel des Wohnortes) sind entsprechend Doppelbuchstabe bb beihilfefähig.

dd) Aufwendungen für ein ergänzendes Training an Blindenleitgeräten sind bis zu 30 Stunden entsprechend Doppelbuchstabe bb beihilfefähig. Aufwendungen für weitere Stunden sind beihilfefähig, wenn die Trainerin oder der Trainer oder eine Ärztin oder ein Arzt die Notwendigkeit begründet.

ee) Die entstandenen Aufwendungen sind durch die Rechnung einer Blindenorganisation oder der Trainerin oder des Trainers, die oder der zur Rechnungsstellung gegenüber den gesetzlichen Krankenkassen berechtigt ist, nachzuweisen. Wenn Umsatzsteuerpflicht besteht, erhöhen sich die beihilfefähigen Aufwendungen um die jeweils gültige Umsatzsteuer.

5. Blutdruckmessgerät

Als beihilfefähiger Höchstbetrag wird ein Betrag von 50 Euro festgesetzt.

6. Blutzuckermessgerät

Aufwendungen zur kontinuierlichen interstitiellen Gewebezuckermessung mit Real-Time Messgeräten einschließlich der erforderlichen Sensoren sind bei insulinpflichtiger Diabetes mellitus, die einer intensivierten Insulinbehandlung bedarf, beihilfefähig, wenn das Gerät von einer Fachärztin oder einem Facharzt für Innere Medizin, Endokrinologie oder Diabetologie, von einer Fachärztin oder einem Facharzt für Innere Medizin, für Allgemeinmedizin oder für Kinder- und Jugendmedizin jeweils mit der Anerkennung „Diabetologie" oder „Diabetologin oder Diabetologe Deutsche Diabetes Gesellschaft (DDG)" oder mit vergleichbarer Qualifikation oder einer Fachärztin oder einem Facharzt „Kinder- und Jugendmedizin mit entsprechender Zusatzqualifikation" verordnet wird. Beihilfefähig sind auch die Aufwendungen für die notwendige Schulung in der sicheren Handhabung des Gerätes. Die Versorgung mit einem Gerät zur kontinuierlichen Gewebezuckermessung schließt die Beihilfefähigkeit der Aufwendungen für ein konventionelles Blutzuckermessgerät (beihilfefähiger Höchstbetrag 100 Euro) einschließlich der erforderlichen Blutteststreifen nicht aus.

7. Blutzuckerteststreifen (Glucose-Teststreifen)

Beihilfefähig je Teststreifen ist ein Höchstbetrag von 0,70 Euro.

8. Hörhilfen

Beihilfefähig sind Hinter-dem-Ohr-Geräte (HdO-Geräte), In-dem-Ohr-Geräte (IdOGeräte), Taschengeräte, Hörbrillen, Schallsignale überleitende Geräte (C.R.O.S.-Geräte, Contralateral Routing of Signals) und drahtlose Hörhilfen bis zu einem Betrag von 1500 Euro pro Ohr. Mit diesem Betrag sind sämtliche Nebenkosten einschließlich der Aufwendungen einer Otoplastik sowie der medizinisch notwendigen Fernbedienung abgegolten. Die Mindesttragedauer beträgt fünf Jahre. Die erneute Verordnung von Hörgeräten vor Ablauf von fünf Jahren bedarf der besonderen Begründung und gegebenenfalls der Überprüfung durch eine Amtsärztin oder einen Amtsarzt. Medizinische Gründe können zum Beispiel fortschreitende Hörverschlechterungen oder Ohrsekretionen sein. Technische Gründe ergeben sich aus dem Gerätezustandsbericht der Hörgeräte-Akustikerin oder des Hörgeräte-Akustikers. Für eine Folgeversorgung nach Ablauf der Mindesttragedauer nach Satz 3 genügen anstelle der ärztlichen Verordnung die Feststellungen einer Hörgeräte-Akustikerin oder eines Hörgeräte-Akustikers.

Cochlea-Implantate sind keine Hilfsmittel, sondern sind beihilferechtlich als Körperersatzstücke zu behandeln. Der Selbstbehalt nach § 4 Absatz 1 Nummer 10 Satz 3 der Beihilfenverordnung NRW gilt hierfür nicht.

VII

9. Körperersatzstücke einschließlich Zubehör

Beihilfefähig sind die Aufwendungen für Körpersatzstücke einschließlich Zubehör, abzüglich eines Eigenanteils von 30 Euro für Brustprothesenhalter und 60 Euro für Badeanzüge, Bodys oder Korseletts für Brustprothesenträgerinnen.

10. Neurodermitis-Overalls

Bei an Neurodermitis erkrankten Kindern sind bis zum vollendeten 10. Lebensjahr die Aufwendungen für jährlich zwei Neurodermitis-Overalls bis zu einem Höchstbetrag von jeweils 80 Euro beihilfefähig.

11. Schuhe

a) Aufwendungen für orthopädische Maßschuhe (auch Orthesenschuhe) sind um den Betrag für eine normale Fußbekleidung zu kürzen (häusliche Ersparnis). Als Kürzungsbetrag sind bei Erwachsenen 70 Euro (für Hausschuhe 30 Euro) und bei Kindern bis zum vollendeten 14. Lebensjahr 40 Euro (für Hausschuhe 20 Euro) anzusetzen.

b) Aufwendungen für orthopädische Zurichtungen an Konfektionsschuhen sind höchstens für zwei Paar Schuhe und ein Paar Hausschuhe pro Jahr beihilfefähig.

c) Aufwendungen für Spezialschuhe für Diabetiker, abzüglich eines Eigenanteils von 70 Euro.

d) Stabilisationsschuhe bei Sprunggelenkschäden, Achillessehnenschäden oder Lähmungszuständen (eine gleichzeitige Versorgung mit Orthesen oder Orthesenschuhen ist ausgeschlossen).

12. Perücke

Aufwendungen für eine ärztlich verordnete Perücke sind bis zu einem Höchstbetrag von 1200 Euro (800 Euro bis zum vollendeten 14. Lebensjahr) beihilfefähig, wenn ein krankhafter entstellender Haarausfall (zum Beispiel: Alopecia areata), eine erhebliche Verunstaltung (zum Beispiel infolge einer Schädelverletzung), oder ein totaler oder weitgehender Haarausfall (zum Beispiel in Folge einer Chemotherapie) vorliegt. Aufwendungen für eine Zweitperücke sind beihilfefähig, wenn die Tragedauer laut ärztlichem Attest den Zeitraum von zwölf Monaten überschreiten wird. Eine Ersatzbeschaffung ist frühestens nach 24 Monaten möglich; dies gilt nicht, wenn sich bei Kindern vor Ablauf dieses Zeitraums die Kopfform geändert hat.

13. Sehhilfen (Brille, Kontaktlinsen)

a) Aufwendungen für die Erstbeschaffung einer ärztlich verordneten Brille oder von Kontaktlinsen, Entspiegelung und Härtung sind in angemessenem Umfang beihilfefähig. Aufwendungen für höherbrechende Gläser und eine Superentspiegelung sind ab 6 Dioptrien beihilfefähig.

b) Als angemessene Kosten einer Erst- oder Ersatzbeschaffung von Kontaktlinsen (Jahres-, Monats-, Tages- oder Einmallinsen) gelten die Aufwendungen für Dauerlinsen in einem Zeitraum von 24 Monaten (170 Euro je Auge). Dies gilt nicht, wenn

   aa) Wegwerf- oder Einmallinsen nach ärztlicher Begründung als Verbandlinse oder Medikamententräger benötigt werden,

   bb) auf Grund von Brechungsfehlern, die progressiv verlaufen, die Linsen mehrfach im Jahr durch stärkere Linsen ersetzt werden müssen oder

   cc) ein häufiger Austausch der Linsen aus anderen medizinischen Gründen zwingend indiziert ist.

c) Sind Kontaktlinsen verordnet oder gewählt worden, sind daneben die Aufwendungen für eine Brille nur in medizinisch begründeten Ausnahmefällen des zeitweisen Unterbrechens der Tragedauer von Kontaktlinsen (in Fällen ab 8 Dioptrien, des irregulären Astigmatismus, der Anisometropie ab 2 Dioptrien) beihilfefähig.

d) Bei einer Ersatzbeschaffung besteht ein Wahlrecht für die Verwendung einer Brille oder von Kontaktlinsen. Der Wechsel von einer Brille zu Kontaktlinsen oder von Kontaktlinsen zu einer Brille ist aus schwerwiegenden medizinischen Gründen (augenärztliche Begründung erforderlich) jederzeit beihilferechtlich möglich.

e) Aufwendungen für die Ersatzbeschaffung von Sehhilfen sind bei Personen, die das 14. Lebensjahr vollendet haben, bei einer Änderung der Sehschärfe um mindestens 0,5 Dioptrien (sphärischer Wert) beihilfefähig. Bei gleichbleibender Sehschärfe sind die Aufwendungen einer Ersatzbeschaffung von Kontaktlinsen nach zwei Jahren bis zu 170 Euro je Kontaktlinse und nach drei Jahren von 220 Euro je Brillenglas (unter 6 Dioptrien) oder 250 Euro je Glas (ab 6 Dioptrien) beihilfefähig.

f) Für die Ersatzbeschaffung einer Brille oder von Kontaktlinsen mit Ausnahme einer Prismenbrille reicht anstelle der ärztlichen Verordnung die Refraktionsbestimmung durch eine Augenoptikerin oder einen Augenoptiker aus. Die Aufwendungen für die Refraktionsbestimmung sind bis zu 13 Euro je Sehhilfe beihilfefähig.

g) Aufwendungen für ein Brillengestell (auch die Reparaturkosten des Gestells) sind bis zu 70 Euro sowie die Einschleifkosten der Brillengläser in das Gestell bis zu einem Betrag von 25 Euro je Glas beihilfefähig.

h) Aufwendungen für Sonnenbrillen sind nur bei zwingender medizinischer Indikation beihilfefähig. Mehraufwendungen für phototrope Gläser (zum Beispiel Colormaticgläser, Umbramaticgläser) sind nur bei Albinismus, Pupillotonie und totaler Aniridie (Fehlen der Regenbogenhaut) beihilfefähig.

i) Soweit Schüler (bis zur Vollendung des 18. Lebensjahres) während des Sportunterrichts ärztlich begründet Sportbrillen tragen müssen, sind die Aufwendungen beihilfefähig.

j) Aufwendungen für eine Bildschirmbrille, ein Brillenetui sowie eine Brillenversicherung sind nicht beihilfefähig.

14. Therapiedreirad, Therapietandem, Handy-Bike und Roll-Fiets

Beihilfefähig ist der Grundpreis der jeweils einfachsten Ausführung des Hilfsmittels. Von diesem Grundpreis ist als Selbstbehalt für die häusliche Ersparnis der Anschaffung eines Hilfsmittels ohne Elektrounterstützung 700 Euro (für Kinder bis zur Vollendung des 14. Lebensjahres 300 Euro) in Abzug zu bringen. Für ein Hilfsmittel mit Elektrounterstützung (medizinische Notwendigkeit muss hinreichend begründet sein) ist ein einheitlicher Selbstbehalt in Höhe von 2000 Euro in Abzug zu bringen. Auf Grund der jeweiligen Körperbehinderung notwendige Zusatzkosten für Sonderausstattungen sind dem Grundpreis hinzurechnen.

Abschnitt III
Nicht beihilfefähig sind unter anderem folgende Gegenstände:

1. Adju-Set/-Sano, Auffahrrampen (gegebenenfalls beihilfefähig im Rahmen des § 5e Satz 1 der Beihilfenverordnung NRW), Angorawäsche, Anti-Allergene-Matratze, Aqua-Therapie-Hose, Augenheizkissen, Autofahrerrückenstütze, Autokindersitz für nicht behinderte Kinder, Autokofferraumlifter, Autolifter.
2. Badewannengleitschutz/-kopfstütze/-matte, Basaltthermometer, Bandscheibenmatratzen, Bauchgurt, Bestrahlungsgeräte/-lampen zur Selbstbehandlung, Bidet, Bill-Wanne, Brückentisch.
3. (frei)
4. Dusche.
5. Einkaufsnetz, Einmalhandschuhe, es sei denn, sie sind bei regelmäßiger Katheterisierung, zur endotrachialen Absaugung, im Zusammenhang mit sterilem Ansaugkatheter oder bei Querschnittsgelähmten zur Darmentleerung erforderlich, Eisbeutel und –kompressen, Elektrische Zahnbürste, Elektro-Luftfilter, Elektronic-Muscle-Control (EMC 1000), Erektionshilfen, Ergometer, Ess- und Trinkhilfen, Expander.
6. Fieberthermometer, Fußgymnastik-Rolle, Fußwippe (zum Beispiel Venentrainer).
7. Garage für Krankenfahrzeuge, Gesundheitsschuhe.

VII

8. Handtrainer, Hängeliege, Hantel (Federhantel), Hausnotrufsystem (gegebenenfalls beihilfefähig im Rahmen des § 5e Satz 1 der Beihilfenverordnung NRW), Hautschutzmittel, Heizdecke/-kissen, Hilfsgeräte für die Hausarbeit, Höhensonne, Hörkissen, Hörkragen Akusta-Coletta.
9. Intraschallgerät (Schallwellengerät), Inuma-Gerät (alpha, beta, gamma), Ionisierungsgeräte (zum Beispiel Ionisator, Pollimed 100), Ionopront (Permox-Sauerstofferzeuger).
10. (frei)
11. Katzenfell, Knickfußstrumpf, Knoche Natur-Bruch-Slip, Kraftfahrzeuge einschließlich behindertengerechter Um- und Einbauten, Kreislaufgerät, Krankenunterlagen, es sei denn
    a) sie sind in direktem Zusammenhang mit der Behandlung einer Krankheit erforderlich (Blasen- oder Darminkontinenz im Rahmen einer Dekubitusbehandlung oder bei Dermatitiden),
    b) neben der Blasen- oder Darminkontinenz liegen so schwere Funktionsstörungen vor (zum Beispiel Halbseitenlähmung mit Sprachverlust), dass sonst der Eintritt von Dekubitus oder Dermatitiden droht),
    c) die Teilnahme am gesellschaftlichen Leben wird damit wieder ermöglicht.
12. Language-Master, Luftreinigungsgeräte.
13. Magnetfolie, Monophonator, Munddusche.
14. Nackenheizkissen.
15. Öldispersionsapparat.
16. Pulsfrequenzmesser.
17. (frei)
18. Rotlichtlampe, Rückentrainer.
19. Salbenpinsel, Schlaftherapiegerät, Schuhe (soweit nicht in Abschnitt II Nummer 11 aufgeführt), Spezialsitze, Spirometer, Spranzbruchband, Sprossenwand, Sterilisator, Stimmübungssystem für Kehlkopflose, Stockroller, Stockständer, Stufenbett, SUNTRONIC-System (AS 43).
20. Taktellgerät, Tamponapplikator, Telefonverstärker, Telefonhalter, Therapeutische Wärme-/Kältesegmente. Treppenlifte (gegebenenfalls beihilfefähig im Rahmen des § 5e Satz 1 der Beihilfenverordnung NRW)
21. Übungsmatte, Ultraschallgeräte, Urin-Prüfgerät.
22 Venenkissen
23. Waage, WC-Sitz.

Anlage 4
(zu § 4 Absatz 1, § 4j Absatz 3)

Beihilferechtliches Gebührenverzeichnis NRW für Heilpraktikerleistungen

1. Allgemeine Hinweise

Heilpraktikerinnen und Heilpraktiker üben ihren Beruf eigenverantwortlich aus. Das Berufsbild zählt zu den freien Berufen im Sinne des § 18 des Einkommensteuergesetzes.

Die Tätigkeit der Heilpraktikerinnen und Heilpraktiker beruht auf einem zum bürgerlichen Recht gehörenden Behandlungsvertrag (als besondere Form des Dienstvertrags nach §§ 630a bis 630h des Bürgerlichen Gesetzbuches) mit Patientinnen und Patienten. Der Vertrag ist laut § 145 des Bürgerlichen Gesetzbuches nicht an eine bestimmte Form gebunden und kann auch ohne ausdrückliche Vereinbarung durch schlüssige Handlungen zustande kommen.

Im Rahmen eines einheitlichen Behandlungszieles wenden Heilpraktikerinnen und Heilpraktiker die notwendigen Verfahren an, die zu einer diagnostischen Abklärung und einer entsprechenden therapeutischen Beeinflussung des jeweiligen Krankheitsgeschehens notwendig sind.

§ 4j Absatz 3 dieser Verordnung gilt entsprechend.

Nach § 630b in Verbindung mit § 611 des Bürgerlichen Gesetzbuches ist die Höhe der Vergütung der freien Vereinbarung zwischen den Parteien überlassen. Auch wenn beim Zustandekommen des Behandlungsvertrages über eine Vergütung nicht gesprochen wurde, gilt sie doch nach § 630b in Verbindung mit § 612 des Bürgerlichen Gesetzbuches als vereinbart.

Ist in Ermangelung einer Taxe die Höhe der Vergütung nicht bestimmt, so ist die übliche Vergütung als vereinbart anzusehen (§ 630b in Verbindung mit § 612 Absatz 2 des Bürgerlichen Gesetzbuches).

Die Höhe der üblichen Vergütung resultiert aus der Bestimmung der Leistung nach billigem Ermessen (§ 315 des Bürgerlichen Gesetzbuches).

Die Gewährung der Vergütung ist nicht von einem Heilerfolg abhängig, es besteht jedoch für die Heilpraktikerin oder den Heilpraktiker die Verpflichtung zu einer gewissenhaften Behandlung unter Beachtung der Aufklärungs- und Sorgfaltspflichten.

2. Rechnungshinweise

Eine Rechnungserstellung hat korrekt im Sinne der Nebenpflichten aus dem Behandlungsvertrag zu erfolgen. Die Rechnung muss in ihrer Form sowohl für den Zahlungspflichtigen, als auch für die Beihilfestellen übersichtlich und nachvollziehbar sein. Hierbei sind insbesondere anzugeben:

a) Vor- und Zuname und die vollständige Adresse des Patienten,
b) die vollständige Diagnose (hierbei sind für alle im entsprechenden zeitlichen Zusammenhang durch den Heilpraktiker festgestellten und/oder behandelten Krankheiten, Beschwerden oder Unfallfolgen die entsprechenden Diagnosen in nachvollziehbarer Form anzugeben, so dass sich ein erkennbarer Zusammenhang zu allen Behandlungsmaßnahmen sowie den verordneten oder verwendeten Arzneimitteln ergibt,
c) jede Einzelleistung mit der entsprechenden Ziffer des nachfolgenden Verzeichnisses,
d) jeder Einzelbetrag der entsprechenden Leistung,
e) jeder Leistungskomplex mit dem entsprechenden Datum.

Nicht gesondert berechnungsfähig sind:

a) Porto- und Versandkosten innerhalb einer Laborgemeinschaft, Kleinmaterialien wie Zellstoff- und Mulltupfer, Schnellverbandmittel, Verbandspray, Einmalspatel und -stäbchen, Wattestäbchen, Gummifingerlinge, kleine Mull- und Zellstoffkompressen. (Werden wegen der Besonderheit des

Falles größere Mengen Mull oder Zellstoff benötigt, können diese mit dem Selbstkostenpreis zur Berechnung kommen),

b) Mittel zur Oberflächenanästhesie, Desinfektions- und Reinigungsmittel, Augen-, Ohren- und Nasentropfen, Puder und Salben sowie geringwertige Arzneimittel zur sofortigen Anwendung,

c) Einmalartikel, wie Einmalspritzen, Einmalkanülen, Einmalhandschuhe, Einmalkatheter, Einmaldarmrohre.

3. Beihilferechtliche Hinweise

a) Beihilfefähig sind ausschließlich die in dem nachfolgenden Gebührenverzeichnis aufgeführten Leistungen mit den hierzu benannten Höchstbeträgen. Diese wurden seitens des Bundesministeriums des Innern mit dem Dachverband Deutscher Heilpraktikerverbände e. V. (DDH), Maarweg 10, 53123 Bonn, dem Fachverband Deutscher Heilpraktiker e. V. (FDH), Maarweg 10, 53123 Bonn, dem Freien Verband Deutscher Heilpraktiker e. V. (FVDH), Weseler Straße 19–21, 48151 Münster, der Union Deutscher Heilpraktiker e. V. (UDH), Waldstraße 21, 61137 Schöneck, dem Verband Deutscher Heilpraktiker e. V. (VDH), Ernst-Grote-Straße 13, 30916 Isernhagen und dem Bund Deutscher Heilpraktiker e. V. (BDH), Südstraße 11, 48231 Warendorf am 23. September 2011 für den Bundesbeihilfebereich vereinbart. Weitere Leistungen (Ausnahme Buchstabe b) und höhere Honorarvergütungssätze sind nicht beihilfefähig.

b) Leistungen, die nicht in dem Gebührenverzeichnis aufgeführt sind, können ausnahmsweise entsprechend einer ähnlichen Leistung des Verzeichnisses berechnet werden. Eine verständliche Beschreibung dieser Leistung ist erforderlich. Es hat eine Kennzeichnung als analoge Leistung mit einem „A" zur entsprechenden Ziffer zu erfolgen.

c) Die §§ 3 und 4 sowie Anlage 2 dieser Verordnung sind zu beachten.

4. Gebührenverzeichnis:

Nummer	Leistungsbeschreibung	Höchstbetrag
1 – 10	**Allgemeine Leistungen**	
1	Für die eingehende, das gewöhnliche Maß übersteigende Untersuchung	12,50 €
2a	Erhebung der homöopathischen Erstanamnese mit einer Mindestdauer von einer Stunde je Behandlungsfall	80,00 €
2b	Durchführung des vollständigen Krankenexamens mit Repertorisation nach den Regeln der klassischen Homöopathie *Anmerkung: Die Leistung nach Nummer 2b ist in einer Sitzung nur einmal und innerhalb von sechs Monaten höchstens dreimal berechnungsfähig.*	35,00 €
3	Kurze Information, auch mittels Fernsprecher, oder Ausstellung einer Wiederholungsverordnung, als einzige Leistung pro Inanspruchnahme der Heilpraktikerin/des Heilpraktikers	3,00 €
4	Eingehende Beratung, die das gewöhnliche Maß übersteigt, von mindestens 15 Minuten Dauer, gegebenenfalls einschließlich einer Untersuchung *Anmerkung: Eine Leistung nach Nummer 4 ist nur als alleinige Leistung oder in Zusammenhang mit einer Leistung nach Nummer 1 oder 17.1 beihilfefähig.*	18,50 €
5	Beratung, auch mittels Fernsprecher, gegebenenfalls einschließlich einer kurzen Untersuchung *Anmerkung: Eine Leistung nach Nummer 5 ist nur einmal pro Behandlungsfall neben einer anderen Leistung beihilfefähig.*	9,00 €
6	Für die gleichen Leistungen wie unter 5, jedoch außerhalb der normalen Sprechstundenzeit	13,00 €
7	Für die gleichen Leistungen wie unter 5, jedoch bei Nacht, zwischen 20 und 7 Uhr	18,00 €
8	Für die gleichen Leistungen wie unter 5, jedoch sonn- und feiertags *Anmerkung: Als allgemeine Sprechstunde gilt die durch Aushang festgesetzte Zeit, selbst wenn sie nach 20 Uhr festgesetzt ist. Eine Berechnung des Honorars nach Nummern 6 bis 8 kann also nur dann erfolgen, wenn die Beratung außerhalb der festgesetzten Zeiten stattfand und der Patient nicht schon vor Ablauf derselben im Wartezimmer anwesend war. Ebenso können für Sonn- und Feiertage nicht die dafür vorgesehenen erhöhten Honorare zur Berechnung kommen, wenn der Heilpraktiker gewohnheitsmäßig an Sonn- und Feiertagen Sprechstunden hält.*	20,00 €
9	**Hausbesuch einschließlich Beratung**	
9.1	bei Tag	24,00 €
9.2	in dringenden Fällen (Eilbesuch, sofort ausgeführt)	26,00 €
9.3	bei Nacht und an Sonn- und Feiertagen	29,00 €
10	**Nebengebühren für Hausbesuche**	
10.1	für jede angefangene Stunde bei Tag – bis zu 2 km Entfernung zwischen Praxis- und Besuchsort	4,00 €

VII

Nummer	Leistungsbeschreibung	Höchstbetrag
10.2	für jede angefangene Stunde bei Nacht – bis zu 2 km Entfernung zwischen Praxis- und Besuchsort	8,00 €
10.5	für jeden zurückgelegten km bei Tag von 2–25 km Entfernung zwischen Praxis- und Besuchsort	1,00 €
10.6	für jeden zurückgelegten km bei Nacht von 2–25 km Entfernung zwischen Praxis- und Besuchsort	2,00 €
10.7	Handelt es sich um einen Fernbesuch von über 25 km Entfernung zwischen Praxis- und Besuchsort, so können pro Kilometer an Reisekosten in Anrechnung gebracht werden. *Anmerkung: Die Wegekilometer werden nach dem jeweils günstigsten benutzbaren Fahrtweg berechnet. Besucht der Heilpraktiker mehrere Patienten bei einer Besuchsfahrt, werden die Fahrtkosten entsprechend aufgeteilt.*	0,20 €
10.8	Handelt es sich bei einem Krankenbesuch um eine Reise, welche länger als 6 Stunden dauert, so kann der Heilpraktiker anstelle des Wegegeldes die tatsächlich entstandenen Reisekosten in Abrechnung bringen und außerdem für den Zeitaufwand pro Stunde Reisezeit berechnen. Die Patientin bzw. der Patient ist hiervon vorher in Kenntnis zu setzen.	16,00 €
11	**Auslassungen und Krankheitsbescheinigungen in Textform**	
11.1	Kurze Krankheitsbescheinigung oder Brief für Patienten	5,00 €
11.2	Ausführlicher Krankheitsbericht oder Gutachten (DIN A 4 engzeilig maschinengeschrieben): Ausführlicher schriftlicher Krankheits- und Befundbericht (einschließlich Angaben zur Anamnese, zu dem(n) Befund(en), zur epikritischen Bewertung und gegebenenfalls zur Therapie)	15,00 €
	Gutachtliche Äußerung	16,00 €
11.3	Individuell angefertigter Diätplan bei Ernährungs- und Stoffwechselstörungen	8,00 €
12	**Chemisch-physikalische Untersuchungen**	
12.1	Harnuntersuchungen qualitativ mittels Verwendung eines Mehrfachreagenzträgers (Teststreifen) durch visuellen Farbvergleich *Anmerkung: Die einfache qualitative Untersuchung auf Zucker und Eiweiß sowie die Bestimmung des ph-Wertes und des spezifischen Gewichtes sind nicht berechnungsfähig.*	3,00 €
12.2	Harnuntersuchung quantitativ (es ist anzugeben, auf welchen Stoff untersucht wurde, z. B. Zucker)	4,00 €
12.4	Harnuntersuchung, nur Sediment	4,00 €
12.7	Blutstatus (nicht neben Nummer 12.9, 12.10, 12.11)	10,00 €
12.8	Blutzuckerbestimmung	2,00 €
12.9	Hämoglobinbestimmung	3,00 €
12.10	Differenzierung des gefärbten Blutausstriches	6,00 €

Nummer	Leistungsbeschreibung	Höchstbetrag
12.11	Zählung der Leuko- und Erythrozyten: Erythrozytenzahl und/oder Hämatokrit und/oder Hämoglobin und/oder mittleres Zellvolumen (MCV) und die errechneten Kenngrößen (z. B. MCH, MCHC) und die Erythrozytenverteilungskurve und/oder Leukozytenzahl und/oder Thrombozytenzahl.	3,00 €
	Zählung der Leuko- und Erythrozyten: Differenzierung der Leukozyten, elektronischzytometrisch, zytochemisch-zytometrisch oder mittels mechanisierter Mustererkennung (Bildanalyse)	1,00 €
12.12	Blutkörperchen-Senkungsgeschwindigkeit (BKS) einschließlich Blutentnahme	3,00 €
12.13	Einfache mikroskopische und/oder chemische Untersuchungen von Körperflüssigkeiten und Ausscheidungen auch mit einfachen oder schwierigen Färbeverfahren sowie Dunkelfeld, pro Untersuchung *Anmerkung: Die Art der Untersuchung ist anzugeben.*	6,00 €
12.14	Aufwendige Chemogramme von Körperflüssigkeiten und Ausscheidungen je nach Umfang pro Einzeluntersuchung *Anmerkung: Die Art der Untersuchung ist anzugeben.*	7,00 €
13	**Sonstige Untersuchungen**	
13.1	Sonstige Untersuchungen unter Zuhilfenahme spezieller Apparaturen oder Färbeverfahren besonders schwieriger Art (zum Beispiel: ph-Messungen im strömenden Blut oder Untersuchungen nach v. Bremer, Enderlein). *Anmerkung: Die Art der Untersuchung ist anzugeben.*	6,00 €
14	**Spezielle Untersuchungen**	
14.1	Binokulare mikroskopische Untersuchung des Augenvordergrundes *Anmerkung: Eine Leistung nach Nummer 14.1 kann nicht neben einer Leistung nach Nummer 1 oder Nummer 4 berechnet werden. Leistungen nach Nummer 14.1 und Nummer 14.2 können nicht nebeneinander berechnet werden.*	8,00 €
14.2	Binokulare Spiegelung des Augenhintergrundes *Anmerkung: Eine Leistung nach Nummer 14.2 kann nicht neben einer Leistung nach Nummer 1 oder Nummer 4 berechnet werden.*	8,00 €
14.3	Grundumsatzbestimmung nach Read	5,00 €
14.4	Grundumsatzbestimmung mit Hilfe der Atemgasuntersuchung	20,00 €
14.5	Prüfung der Lungenkapazität (Spirometrische Untersuchung)	7,00 €
14.6	Elektrokardiogramm mit Phonokardiogramm und Ergometrie, vollständiges Programm	41,00 €
14.7	Elektrokardiogramm mit Standardableitungen, Goldbergerableitungen, Nehbsche Ableitungen, Brustwandableitungen	14,00 €
14.8	Oszillogramm-Methoden	11,00 €
14.9	Spezielle Herz-Kreislauf-Untersuchungen *Anmerkung: Nicht neben Nummer 1 oder Nummer 4 berechenbar.*	8,00 €
14.10	Ultraschall-Gefäßdoppler-Untersuchung zu peripheren Venendruck-/ und oder Strömungsmessungen	9,00 €

Nummer	Leistungsbeschreibung		Höchstbetrag
17	**Neurologische Untersuchungen**		
17.1	Neurologische Untersuchung		21,00 €
18–23	**Spezielle Behandlungen**		
20	**Atemtherapie, Massagen**		
20.1	Atemtherapeutische Behandlungsverfahren		8,00 €
20.2	Nervenpunktmassage nach Cornelius, Aurelius u. a., Spezialnervenmassage		6,00 €
20.3	Bindegewebsmassage		6,00 €
20.4	Teilmassage (Massage einzelner Körperteile)		4,00 €
20.5	Großmassage		6,00 €
20.6	Sondermassagen	Unterwasserdruckstrahlmassage(Wanneninhalt mindestens 400 Liter, Leistung der Apparatur mindestens 4 bar)	8,00 €
		Massage im extramuskulären Bereich (zum Beispiel: Bindegewebsmassage, Periostmassage, manuelle Lymphdrainage)	6,00 €
		Extensionsbehandlung mit Schrägbett, Extensionstisch, Perlgerät	6,00 €
20.7	Behandlung mit physikalischen oder medicomechanischen Apparaten		6,00 €
20.8	Einreibungen zu therapeutischen Zwecken in die Haut		4,00 €
21	**Akupunktur**		
21.1	Akupunktur einschließlich Pulsdiagnose		23,00 €
21.2	Moxibustionen, Injektionen und Quaddelungen in Akupunkturpunkte		7,00 €
22	**Inhalationen**		
22.1	Inhalationen, soweit sie von dem Heilpraktiker mit den verschiedenen Apparaten in der Sprechstunde ausgeführt werden		3,00 €
24–30	**Blutentnahmen – Injektionen – Infusionen – Hautableitungsverfahren**		
24	**Eigenblut, Eigenharn**		
24.1	Eigenblutinjektion		11,00 €
25	**Injektionen, Infusionen**		
25.1	Injektion, subkutan		5,00 €
25.2	Injektion, intramuskulär		5,00 €
25.3	Injektion, intravenös, intraarteriell		7,00 €
25.4	Intrakutane Reiztherapie (Quaddelbehandlung), pro Sitzung		7,00 €
25.5	Injektion, intraartikulär		11,50 €
25.6	Neural- oder segmentgezielte Injektionen nach Hunecke		11,50 €
25.7	Infusion		8,00 €
25.8	Dauertropfeninfusion *Anmerkung: Die Beihilfefähigkeit der mit der Infusion eingebrachten Medikamente richtet sich nach dem Beihilferecht des jeweiligen Beihilfeträgers.*		12,50 €

VII

Nummer	Leistungsbeschreibung	Höchstbetrag
26	**Blutentnahmen**	
26.1	Blutentnahme	3,00 €
26.2	Aderlass	12,00 €
27	**Hautableitungsverfahren, Hautreizverfahren**	
27.1	Setzen von Blutegeln, gegebenenfalls einschließlich Verband	5,00 €
27.2	Skarifikation der Haut	4,00 €
27.3	Setzen von Schröpfköpfen, unblutig	5,00 €
27.4	Setzen von Schröpfköpfen, blutig	5,00 €
27.5	Schröpfkopfmassage einschl. Gleitmittel	5,00 €
27.6	Anwendung großer Saugapparate für ganze Extremitäten	5,00 €
27.7	Setzen von Fontanellen	5,00 €
27.8	Setzen von Cantharidenblasen	5,00 €
27.9	Reinjektion des Blaseninhaltes (aus Nummer 27.8)	5,00 €
27.10	Anwendung von Pustulantien	5,00 €
27.12	Biersche Stauung	5,00 €
28	**Infiltrationen**	
28.1	Behandlung mittels paravertebraler Infiltration, einmalig	9,00 €
28.2	Behandlung mittels paravertebraler Infiltration, mehrmalig	15,00 €
29	**Roedersches Verfahren**	
29.1	Roedersches Behandlungs- und Mandelabsaugverfahren	5,00 €
30	**Sonstiges**	
30.1	Spülung des Ohres	5,00 €
31	**Wundversorgung, Verbände und Verwandtes**	
31.1	Eröffnung eines oberflächlichen Abszesses	9,00 €
31.2	Entfernung von Aknepusteln pro Sitzung	8,00 €
32	**Versorgung einer frischen Wunde**	
32.1	bei einer kleinen Wunde	8,00 €
32.2	bei einer größeren und verunreinigten Wunde	13,00 €
33	**Verbände (außer zur Wundbehandlung)**	
33.1	Verbände, jedes Mal	5,00 €
33.2	Elastische Stütz- und Pflasterverbände	7,00 €
33.3	Kompressions- oder Zinkleimverband	10,00 €
	Anmerkung: Die Beihilfefähigkeit des für den Verband verbrauchten Materials richtet sich nach dem Beihilferecht des jeweiligen Beihilfeträgers.	
34	**Gelenk- und Wirbelsäulenbehandlung**	
34.1	Chiropraktische Behandlung	4,00 €
34.2	Gezielter chiropraktischer Eingriff an der Wirbelsäule	17,00 €
	Anmerkung: Die Leistung nach Nummer 34.2 ist nur einmal je Sitzung berechnungsfähig.	
35	**Osteopathische Behandlung**	
35.1	des Unterkiefers	11,00 €
35.2	des Schultergelenkes und der Wirbelsäule	21,00 €

Nummer	Leistungsbeschreibung	Höchstbetrag
35.3	der Handgelenke, des Oberschenkels, des Unterschenkels, des Vorderarmes und der Fußgelenke	21,00 €
35.4	des Schlüsselbeins und der Kniegelenke	12,00 €
35.5	des Daumens	10,00 €
35.6	einzelner Finger und Zehen	10,00 €
36	**Hydro- und Elektrotherapie, Medizinische Bäder und sonstige hydrotherapeutische Anwendungen** *Anmerkung: Alle nicht aufgeführten Bäder sind nicht beihilfefähig.*	
36.1	Leitung eines ansteigenden Vollbades	7,00 €
36.2	Leitung eines ansteigenden Teilbades	4,00 €
36.3	Spezialdarmbad (subaquales Darmbad)	13,00 €
36.4	Kneippsche Güsse	4,00 €
37	**Elektrische Bäder und Heißluftbäder** *Anmerkung: Alle nicht aufgeführten Bäder sind nicht beihilfefähig.*	
37.1	Teilheißluftbad, (zum Beispiel: Kopf oder Arm)	3,00 €
37.2	Ganzheißluftbad, (zum Beispiel: Rumpf oder Beine)	5,00 €
37.3	Heißluftbad im geschlossenen Kasten	5,00 €
37.4	Elektrisches Vierzellenbad	4,00 €
37.5	Elektrisches Vollbad (Stangerbad)	8,00 €
38	**Spezialpackungen** *Anmerkung: Alle nicht aufgeführten Packungen sind nicht beihilfefähig.*	
38.1	Fangopackungen	3,00 €
38.2	Paraffinpackungen, örtliche	3,00 €
38.3	Paraffinganzpackungen	3,00 €
38.4	Kneippsche Wickel- und Ganzpackungen, Prießnitz- und Schlenzpackungen	3,00 €
39	**Elektro-physikalische Heilmethoden**	
39.1	Einfache oder örtliche Lichtbestrahlungen	3,00 €
39.2	Ganzbestrahlungen	8,00 €
39.4	Faradisation, Galvanisation und verwandte Verfahren (Schwellstromgeräte)	4,00 €
39.5	Anwendung der Influenzmaschine	4,00 €
39.6	Anwendung von Heizsonnen (Infrarot)	4,00 €
39.7	Verschorfung mit heißer Luft und heißen Dämpfen	8,00 €
39.8	Behandlung mit hochgespannten Strömen, Hochfrequenzströmen in Verbindung mit verschiedenen Apparaten	3,00 €
39.9	Langwellenbehandlung (Diathermie), Kurzwellen- und Mikrowellenbehandlung	3,00 €
39.10	Magnetfeldtherapie mit besonderen Spezialapparaten	4,00 €
39.11	Elektromechanische und elektrothermische Behandlung (je nach Aufwand und Dauer)	4,00 €
39.12	Niederfrequente Reizstromtherapie, z. B. Jono-Modulator	4,00 €
39.13	Ultraschall-Behandlung	4,00 €

Anlage 5
(zu § 4 Absatz 1 und § 4j Absatz 2 und 3)

Aufwendungen für Heilbehandlungen durch nichtärztliche Leistungserbringerinnen und Leistungserbringer

1. Allgemeines

1.1 Die Beihilfefähigkeit der Aufwendungen für ein Heilmittel setzt voraus, dass die Verordnung durch eine Person erfolgt, die entsprechend der Heilmittel-Richtlinie des Gemeinsamen Bundesausschusses vom 20. Januar 2011/19. Mai 2011 (BAnz. Nr. 96 S. 2247 vom 30. Juni 2011) oder der Heilmittel-Richtlinie Zahnärzte vom 15. Dezember 2016 (BAnz. AT 14.03.2017 B2) in der jeweils geltenden Fassung hierzu qualifiziert ist, sofern unter den Nummern 2. oder 3. nichts anderes bestimmt ist.

1.2 Aufwendungen für Heilmittel, die als Dienstleistungen im Bereich der Physiotherapie, der Stimm-, Sprech-, Sprach- und Schlucktherapie, der Ergotherapie, der Podologie oder der Ernährungstherapie von nichtärztlichen Leistungserbringerinnen und Leistungserbringern im Sinne des § 4j Absatz 2 Satz 1 erbracht werden, sind in der Höhe angemessen, die in den jeweils geltenden Fassungen der Verträge nach den §§ 125 oder 125a des Fünften Buches Sozialgesetzbuch zwischen dem Spitzenverband Bund der gesetzlichen Krankenkassen und den Spitzenorganisationen auf Bundesebene für den jeweiligen Heilmittelbereich vereinbart ist.

1.3 Beihilfefähig sind höchstens die Beträge, die im Zeitpunkt des Entstehens der Aufwendungen in den Vergütungs- oder Preislisten für die Laufzeit der in Nummer 1.2 genannten Verträge festgelegt sind.

1.4 Soweit die in Nummer 1.2 genannten Verträge nach § 125a des Fünften Buches Sozialgesetzbuch Vergütungsabschläge bei Überschreitung eines bestimmten Behandlungsumfangs vorsehen, sind diese beihilferechtlich unbeachtlich.

VII

1.5 Werden die in Nummer 1.2 genannten Verträge geändert oder neu geschlossen, so sind rückwirkende Änderungen beihilferechtlich nicht zu berücksichtigen. Änderungen bei den Leistungen oder den Vergütungs- und Preislisten sind ab dem Monat wirksam, der auf den Monat folgt, in dem die Verträge durch den Spitzenverband Bund der gesetzlichen Krankenkassen veröffentlicht worden sind.

Der Veröffentlichung gleichgestellt ist die Entscheidung einer Schiedsstelle im Sinne des § 125 Absatz 6 des Fünften Buches Sozialgesetzbuch.

1.6 Neben den Heilmitteln nach den in Nummer 1.2 genannten Verträgen sind für sonstige verordnete Heilmittel die nachfolgenden Höchstbeträge beihilferechtlich angemessen:

Nr.	Leistung	beihilfefähiger Höchstbetrag in Euro
1	Physiotherapeutische Erstbefundung zur Erstellung eines Behandlungsplans (einmal je Behandlungsfall)	16,50
2	Inhalationstherapie, auch mittels Ultraschallvernebelung	
	a) als Rauminhalation in einer Gruppe, je Teilnehmerin oder Teilnehmer	4,80
	b) als Rauminhalation in einer Gruppe, je Teilnehmerin oder Teilnehmer	7,50
	Aufwendungen für die für Inhalationen erforderlichen Zusätze sind daneben gesondert beihilfefähig.	
3	Radon-Inhalation	

Nr.	Leistung	beihilfefähiger Höchstbetrag in Euro
	a) im Stollen	14,90
	b) mittels Hauben	18,20
4	Warmpackung eines oder mehrerer Körperteile einschließlich der erforderlichen Nachruhe, bei Anwendung einmal verwendbarer natürlicher Peloide (Heilerde, Moor, Naturfango, Pelose, Schlamm, Schlick) ohne Verwendung von Folie oder Vlies zwischen Haut und Peloid, Richtwert: 20 bis 30 Minuten, auch bei Blankoverordnung	
	a) Teilpackung	36,20
	b) Großpackung	47,80
5	Schwitzpackung (zum Beispiel spanischer Mantel, Salzhemd, Dreiviertel-Packung nach Kneipp) einschließlich der erforderlichen Nachruhe	19,70
6	Kaltpackung (Teilpackung)	
	a) Anwendung von Lehm, Quark oder Ähnlichem	10,20
	b) Anwendung einmal verwendbarer Peloide (Heilerde, Moor, Naturfango, Pelose, Schlamm, Schlick) ohne Verwendung von Folie oder Vlies zwischen Haut und Peloid	20,30
7	Heublumensack, Peloidkompresse	12,10
8	Wickel, Auflagen, Kompressen und andere, auch mit Zusatz	6,10
9	Trockenpackung	4,10
10	a) Teilguss, Teilblitzguss, Wechselteilguss	4,10
	b) Vollguss, Vollblitzguss, Wechselvollguss	6,10
	c) Abklatschung, Abreibung, Abwaschung	5,40
11	a) an- oder absteigendes Teilbad (zum Beispiel nach Hauffe) einschließlich der erforderlichen Nachruhe	16,20
	b) an- oder absteigendes Vollbad (Überwärmungsbad) einschließlich der erforderlichen Nachruhe	26,40
12	Wechselbad einschließlich der erforderlichen Nachruhe	
	a) Teilbad	12,10
	b) Vollbad	17,60
13	Bürstenmassagebad einschließlich der erforderlichen Nachruhe	25,10
14	Sandbad einschließlich der erforderlichen Nachruhe	
	a) Teilbad	37,90
	b) Vollbad	43,30
15	Balneo-Phototherapie (Sole-Phototherapie) und Licht-Öl-Bad einschließlich Nachfetten und der erforderlichen Nachruhe	43,30
16	Medizinisches Bad mit Zusatz	
	a) Hand- oder Fußbad	8,80
	b) Teilbad einschließlich der erforderlichen Nachruhe	17,60
	c) Vollbad einschließlich der erforderlichen Nachruhe	24,40
	d) bei mehreren Zusätzen je weiterer Zusatz	4,10
17	Gashaltiges Bad	
	a) gashaltiges Bad mit Zusatz einschließlich der erforderlichen Nachruhe	29,70
	b) Radon-Bad einschließlich der erforderlichen Nachruhe	24,40
	c) Radon-Zusatz, je 500 000 Millistat	4,10

Nr.	Leistung	beihilfefähiger Höchstbetrag in Euro
	Hinweis zu den Positionsnummern 10 bis 17: Aufwendungen für andere als die hier bezeichneten Bäder sind nicht beihilfefähig. Bei Hand- oder Fußbad, Teil- und Vollbädern mit ortsgebundenen natürlichen Heilwässern erhöhen sich die Höchstbeträge nach Nummer 16 Buchstabe a bis c und nach Nummer 17 Buchstabe b um 4,10 Euro. Weitere Zusätze hierzu sind nach Maßgabe der Nummer 16 Buchstabe d beihilfefähig.	

Ein Richtwert ist die Zeitangabe zur regelmäßigen Dauer der jeweiligen Therapiemaßnahme (Regelbehandlungszeit). Er beinhaltet die Durchführung der Therapiemaßnahme einschließlich der Vor- und Nachbereitung (inklusive Dokumentation). Die Regelbehandlungszeit darf nur aus medizinischen Gründen unterschritten werden.

Einige Maßnahmen sehen nach deren Durchführung eine Nachruhe vor. Richtwert für die Nachruhe: 20 bis 25 Minuten.

2. Medizinisches Aufbautraining und Medizinische Trainingstherapie (MAT/MTT)

2.1 Aufwendungen für ein ärztlich verordnetes Medizinisches Aufbautraining und eine Medizinische Trainingstherapie (MAT/MTT) mit Sequenztrainingsgeräten zur Behandlung von Funktions- und Leistungseinschränkungen im Stütz- und Bewegungsapparat sind beihilfefähig, wenn

a) das Training von Krankenhausärztinnen und Krankenhausärzten, Fachärztinnen und Fachärzten für Orthopädie, Neurologie oder Chirurgie, Ärztinnen und Ärzten für Physikalische und Rehabilitative Medizin oder Allgemeinärztinnen und Allgemeinärzten mit der Zusatzbezeichnung „Physikalische und Rehabilitative Medizin" verordnet wird,

b) Therapieplanung und Ergebniskontrolle von Ärztinnen oder Ärzten der Therapieeinrichtung vorgenommen werden und

c) jede therapeutische Sitzung unter ärztlicher Aufsicht durchgeführt wird.

Die Durchführung therapeutischer und diagnostischer Leistungen kann teilweise an speziell geschultes medizinisches Personal delegiert werden.

2.2 Die Beihilfefähigkeit ist auf maximal 25 Behandlungen je Kalenderhalbjahr begrenzt.

2.3 Die Angemessenheit und damit Beihilfefähigkeit der Aufwendungen richtet sich bei Leistungen, die von Ärztinnen oder Ärzten erbracht werden, nach dem Beschluss der Bundesärztekammer zur Analogbewertung der Medizinischen Trainingstherapie. Danach sind folgende Leistungen bis zum 2,3-fachen der Gebührensätze der Anlage zur Gebührenordnung für Ärzte beihilfefähig:

a) Eingangsuntersuchung zur Medizinischen Trainingstherapie einschließlich biomechanischer Funktionsanalyse der Wirbelsäule, spezieller Schmerzanamnese und gegebenenfalls anderer funktionsbezogener Messverfahren sowie Dokumentation analog Nummer 842 der Anlage zur Gebührenordnung für Ärzte. Die Berechnung einer Kontrolluntersuchung analog Nummer 842 der Anlage zur Gebührenordnung für Ärzte ist nach Abschluss der Behandlungsserie beihilfefähig.

b) Medizinische Trainingstherapie mit Sequenztraining einschließlich progressivdynamischen Muskeltrainings mit speziellen Therapiemaschinen analog Nummer 846 der Anlage zur Gebührenordnung für Ärzte, zuzüglich zusätzlichen Geräte-Sequenztrainings analog Nummer 558 der Anlage zur Gebührenordnung für Ärzte und begleitender krankengymnastischer Übungen nach Nummer 506 der Anlage zur Gebührenordnung für Ärzte. Die Nummern 506, analog 558 sowie analog 846 der Anlage zur Gebührenordnung für Ärzte sind pro Sitzung jeweils nur einmal beihilfefähig.

2.4 Werden die Leistungen von zugelassenen Leistungserbringerinnen oder Leistungserbringern nach § 4j Absatz 2 Satz 1 erbracht, richtet sich die Angemessenheit der Aufwendungen nach der Leistung „Gerätegestützte Krankengymnastik (KG-Gerät): Parallele Einzelbehandlung bis zu 3 Patienten" der Verträge nach §§ 125 und 125a des Fünften Buches Sozialgesetzbuch.

2.5 Fitness- und Kräftigungsmethoden, die nicht den Anforderungen nach Nummer 2.1 entsprechen, sind nicht beihilfefähig. Dies ist auch dann der Fall, wenn sie an identischen Trainingsgeräten mit gesundheitsfördernder Zielsetzung durchgeführt werden.

3. Erweiterte ambulante Physiotherapie (EAP)

3.1 Aufwendungen für eine erweiterte ambulante Physiotherapie sind nur dann beihilfefähig, wenn die Therapie in einer Einrichtung, die durch die gesetzlichen Krankenkassen oder Berufsgenossenschaften zur ambulanten Rehabilitation oder zur EAP zugelassen ist, durchgeführt wird. Weitere Voraussetzung ist, dass die EAP von Krankenhausärztinnen und Krankenhausärzten, von Fachärztinnen und Fachärzten für Orthopädie, Neurologie, Chirurgie oder Physikalische und Rehabilitative Medizin oder Allgemeinärztinnen und Allgemeinärzten mit der Zusatzbezeichnung „Physikalische und Rehabilitative Medizin" und nur bei Vorliegen einer der folgenden Indikationen verordnet wird:

a) Wirbelsäulensyndrome mit erheblicher Symptomatik bei
   - aa) nachgewiesenem frischem Bandscheibenvorfall (auch postoperativ),
   - bb) Protrusionen mit radikulärer, muskulärer und statischer Symptomatik,
   - cc) nachgewiesenen Spondylolysen und Spondylolisthesen mit radikulärer, muskulärer und statischer Symptomatik,
   - dd) instabilen Wirbelsäulenverletzungen mit muskulärem Defizit und Fehlstatik, wenn die Leistungen im Rahmen einer konservativen oder postoperativen Behandlung erbracht werden,
   - ee) lockerer korrigierbarer thorakaler Scheuermann-Kyphose von mehr als 50 Grad nach Cobb,

b) Operation am Skelettsystem
   - aa) posttraumatische Osteosynthesen,
   - bb) Osteotomien der großen Röhrenknochen,

c) prothetischer Gelenkersatz bei Bewegungseinschränkungen oder muskulärem Defizit
   - aa) Schulterprothesen,
   - bb) Knieendoprothesen,
   - cc) Hüftendoprothesen,

d) operativ oder konservativ behandelte Gelenkerkrankungen, einschließlich Instabilitäten bei
   - aa) Kniebandrupturen (mit Ausnahme des isolierten Innenbands),
   - bb) Schultergelenkläsionen, insbesondere nach
     - aaa) operativ versorgter Bankard-Läsion,
     - bbb) Rotatorenmanschettenruptur,
     - ccc) schwerer Schultersteife (frozen shoulder),
     - ddd) Impingement-Syndrom,
     - eee) Schultergelenkluxation,
     - fff) tendinosis calcarea,
     - ggg) periathritis humero-scapularis,
   - cc) Achillessehnenrupturen und Achillessehnenabriss,
   - dd) Behandlung von Knorpelschäden am Kniegelenk nach Durchführung einer Knorpelzelltransplantation oder nach Anwendung von Knorpelchips (sogenannte minced cartilage),

e) Amputationen.

3.2 Eine Verlängerung der EAP erfordert eine erneute ärztliche Verordnung. Eine Bescheinigung der Therapieeinrichtung oder von bei der Einrichtung beschäftigten Ärztinnen oder Ärzten reicht nicht aus. Nach Abschluss der erweiterten ambulanten Physiotherapie ist der Beihilfestelle die Therapiedokumentation zusammen mit der Rechnung vorzulegen.

3.3 Die EAP umfasst je Behandlungstag mindestens folgende Leistungen:

a) Krankengymnastische Einzeltherapie,

b) Physikalische Therapie,

c) Medizinisches Aufbautraining (MAT).

3.4 Werden Lymphdrainagen, Massagen, Bindegewebsmassagen, Isokinetik oder Unterwassermassagen zusätzlich erbracht, sind diese Leistungen mit dem Höchstbetrag nach Nummer 3.6 abgegolten.

3.5 Die Behandelten müssen die durchgeführten Leistungen auf der Tagesdokumentation unter Angabe des Datums bestätigen.

3.6 Der beihilfefähige Höchstbetrag für eine EAP (Richtwert: 120 Minuten) beträgt je Behandlungstag 115,30 Euro.

4. Palliativversorgung

4.1 Aufwendungen für physiotherapeutische Komplexbehandlung in der Palliativversorgung sind gesondert beihilfefähig, sofern sie nicht bereits von § 4 Absatz 1 Nummer 9 Satz 2 umfasst sind.

4.2 Aufwendungen für Leistungen nach Nummer 1 werden als beihilfefähig anerkannt bei

a) passiven Bewegungsstörungen mit Verlust, Einschränkung und Instabilität funktioneller Bewegung im Bereich der Wirbelsäule, der Gelenke, der discoligamentären Strukturen,

b) aktiven Bewegungsstörungen bei Muskeldysbalancen oder -insuffizienz,

c) atrophischen und dystrophischen Muskelveränderungen,

d) spastischen Lähmungen (cerebral oder spinal bedingt),

e) schlaffen Lähmungen,

f) abnormenBewegungen/Koordinationsstörungen bei Erkrankungen des zentralen Nervensystems,

g) Schmerzen bei strukturellen Veränderungen im Bereich der Bewegungsorgane,

h) funktionellen Störungen von Organsystemen (zum Beispiel Herz-Kreislauferkrankungen, Lungen-/Bronchialerkrankungen, Erkrankungen eines Schließmuskels oder der Beckenbodenmuskulatur),

i) unspezifischen schmerzhaften Bewegungsstörungen, Funktionsstörungen, auch bei allgemeiner Dekonditionierung.

4.3 Aufwendungen nach Nummer 1 umfassen folgende Leistungen:

a) Behandlung einzelner oder mehrerer Körperteile entsprechend dem individuell erstellten Behandlungsplan,

b) Wahrnehmungsschulung,

c) Behandlung von Organfehlfunktionen (zum Beispiel Atemtherapie),

d) dosiertes Training (zum Beispiel Bewegungsübungen),

e) angepasstes, gerätegestütztes Training,

f) Anwendung entstauender Techniken,

g) Anwendung von Massagetechniken im Rahmen der lokalen Beeinflussung im Behandlungsgebiet als vorbereitende oder ergänzende Maßnahme der krankengymnastischen Behandlung,

h) ergänzende Beratung,

i) Begleitung in der letzten Lebensphase,

j) Anleitung oder Beratung der Bezugsperson,

k) Hilfsmittelversorgung,

l) interdisziplinäre Absprachen.

4.4 Der beihilfefähige Höchstbetrag für eine physiotherapeutische Komplexbehandlung in der Palliativversorgung (Richtwert: 60 Minuten) beträgt 66 Euro.

Anlage 6
(zu § 4j Absatz 4)

Von der Beihilfefähigkeit ausgeschlossene oder teilweise ausgeschlossene Untersuchungs- und Behandlungsmethoden

Abschnitt I

Die Aufwendungen für nachfolgende Methoden sind nicht beihilfefähig:

A

1. ACP-Therapie,
2. Aktivspezifische Immuntherapie – ASI – mit autologer Tumorzellvakzine (auch Impfung mit dendritischen Zellen),
3. Akupunktmassage,
4. Akupressur,
5. Allergostop-Therapie (vgl. auch Ziffer 94),
6. Anwendung tonmodulierter Verfahren, Audio-Psycho-Phonologische Therapie (z. B. nach Tomatis, Hörtraining nach Dr. Volf, Audiovokale Integration und Therapie, Psychophonie-Verfahren zur Behandlung einer Migräne),
7. Atemtherapie nach Middendorf,
8. Atlastherapie nach Arlen und modifizierte Verfahren,
9. Autohomologe Immuntherapien – AHIT –, (z. B. ACTI-Cell-Therapie, nach Dr. Kief),
10. Autologe-Target-Cytokine – ATC – nach Dr. Klehr [auch tumorspezifische Immuntherapie (TSIT), (ATC-TSIT)],
11. Ayurvedische Behandlungen, z. B. nach Maharishi,

B

12. Behandlung mit ionisiertem Sauerstoff,
13. Behandlung mit nicht beschleunigten Elektronen nach Dr. Nuhr,
14. Behandlung mit niederenergetischem Laser (Soft- und Mid-Power-Laser),
15. Behandlung mit Peptidvakzine (außer im Rahmen von klinischen Studien und der Stiko-Empfehlung),
16. Behandlung mit Symbionten- und Lactobazillenkulturen,
17. Biochemische Phototherapie,
18. Biolelektrische Stimulationstherapie,
19. Bioelektronische Funktionsdiagnostik – BFD –,
20. Biologische Krebstherapie nach Dr. Maar,
21. Biomagnetische Induktionstherapie,
22. Biomechanische Stimulation – BMS –,
23. Biomentale Therapie nach Dr. Greuel,
24. Biomolekulare vitOrgan-Therapie,
25. Biophotonen-Therapie
26. Bioresonanzdiagnostik, Bioresonanztherapie u. -test, Mora-Therapie und vergleichbare Verfahren,
27. Blutkristallisationstests zur Erkennung von Krebserkrankungen,
28. Bogomoletz-Serum,
29. Brechkraftverändernde Operation der Hornhaut des Auges (Keratomileusis) nach Barraquer,
30. Bruchheilung ohne Operation (biologische Injektionsbehandlung von Leisten-, Nabel- und anderen Brüchen),

C

31. Cervicale Selektive Rezeptoren-Blockade,
32. (unbesetzt),
33. CO_2-Insufflation (Quellgasbehandlung),
34. Colon-Hydro-Therapie und ihre Modifikationen,
35. Computergestützte mechanische Distraktionsverfahren [zur nichtoperativen segmentalen Distraktion an der Wirbelsäule (zum Beispiel SpineMED-Verfahren, DRX 9000, Accu-SPINA)],
36. Computergestütztes Gesichtsfeldtraining zur Behandlung nach einer neurologisch bedingten Erkrankung oder Schädigung (z. B. Curavis Therapieprogramm),

37. Craniosacrale Osteopathie,
38. Cytotoxologische Lebensmitteltests,

D

39. Decoderdermographie,
40. DermoDyne-Therapie (DermoDyne-Lichtimpfung),
41. Doman-Delcato bzw. BIBIC-Therapie,
42. Dormedverfahren,

E

43. Eigenblutozonbehandlung (vgl. auch Ziffer 100)
44. Elektro-Akupunktur nach Voll,
45. Elektro-Cancer-Therapie – ECT – oder Galvanotherapie,
46. Elektro-Neural-Behandlungen nach Dr. Croon,
47. Elektro-Neural-Diagnostik,
48. Elektronische Systemdiagnostik,
49. Epidurale Wirbelsäulenkathetertechnik nach Prof. Racz (vgl. auch Ziffern 86 und 140),
50. Eutonie-Therapie,

F

51. Fratzer-Therapie,
52. Frischzellentherapie,
53. Fußreflexzonenmassage,

G

54. Galvanotherapie (s. Elektro-Cancer-Therapie – ECT –),
55. Ganzheitsbehandlungen auf biolektrisch-heilmagnetischer Grundlage (z. B. Bioresonanztherapie, Decoderdermographie, Elektroakupunktur nach Dr. Voll, Elektronische Systemdiagnostik, Heilmagnetische Behandlung, Medikamententests nach der Bioelektrischen Funktionsdiagnostik – BFD –, Mora-Therapie),
56. Gezielte vegetative Umstimmungsbehandlung oder gezielte vegetative Gesamtumschaltung durch negative statische Elektrizität,

H

57. Hämatogene Oxidationstherapie – HOT –, Blutwäsche nach Wehrli,
58. Haifa-Therapie,
59. Heidelberger Kapsel (Säurewertmessung im Magen durch Anwendung der Endoradiosonde),
60. Heileurhythmie,
61. Heinz-Spagyrik-Therapie,
62. Hochdosierte, selektive UVA1-Bestrahlung,
63. Höhenflüge zur Asthma- oder Keuchhustenbehandlung,
64. Höhlentherapie,
64a. Hornhautimplantation refraktiv zur Korrektur der Presbyopie,

I

65. Immuno-augmentative Therapie – IAT –,
66. Immunseren (Serocytotherapie),
67. Insulin Potentiation Therapie – IPT –,
68. Intravasale Insufflation bzw. andere parenterale Infiltration von Sauerstoff und anderen Gasen,
69. IRAP-Therapie,
70. Iso- oder hyperbare Inhalationstherapien mit ionisiertem oder nicht ionisiertem Sauerstoff/Ozon einschließlich der oralen, parenteralen oder perkutanen Aufnahme (z. B. Hämatogene Oxydationstherapie, Sauerstoff-Darmsanierung, Sauerstoff-Mehrschritt-Therapie nach Prof. Dr. von Ardenne),
71. Isokinetische Muskelrehabilitation,

K

72. (unbesetzt),
73. Kariesentfernung nach Prof. Fusayama,
74. Kinesiologische Behandlung,
75. Kirlian-Fotografie,
76. Kombinierte Serumtherapie (z. B. Wiedemann-Kur),
77. Konduktive Förderung nach Petö, sofern nicht schon als heilpädagogische Behandlung ausgeschlossen,

78. (unbesetzt)
79. Krebs-Mehrschritt-Therapie nach Prof. von Ardenne,

L

80. Laser-Behandlung im Bereich der physikalischen Therapie,
81. Laserinduzierte interstitielle Thermotherapie – LITT –,
82. Leukozytenapherese,
83. Low-Level-Laser-Therapie (bei Tinnitus, Schwerhörigkeit und Hörsturz),
84. Lymphozytäre Autovaccine-Therapie bei HIV-Patienten,

M

85. Manual-Therapie nach Dr. Kozijavkin,
86. MBS-Therapie (Kernspin-Resonanz-Therapie),
87. Medikamententestung nach Dr. Voll,
88. Minimalinvasive Wirbelsäulen-Kathetertechnik nach Racz,
89. Modifizierte Eigenblutbehandlung (z. B. nach Garthe, Blut-Kristall-Analyse unter Einsatz der Präparate Autohaemin, Antihaemin und Anhaemin), Orthokin-Therapie und sonstige Verfahren, bei denen aus körpereigenen Substanzen dem Patienten individuelle Präparate gefertigt werden (z. B. Clustermedizin, Gegensensibilisierung nach Theurer),
90. Mora-Therapie,
91. Musik- und Tanztherapie,

N

92. Neurostimulation nach Molsberger (NSM),
93. Neurotopische Diagnostik und Therapie nach Desnizza und ähnliche Therapien mit Kochsalzlösunginjektionen,
94. Nicht-invasive Kariesbehandlung mit dem sog. HealOzone-Gerät,
95. Niedrig dosierter, gepulster Ultraschall,

O

96. Original Matrix-Regenerations-Therapie nach Dr. Köhler,
97. Orthokin-Therapie,
98. Osmotische Entwässerungstherapie,
99. OTCB Therapieprogramm,
100. Oxidativer Stress-Test,
101. Oxyvenierungstherapie nach Regelsberger (z. B. intravenöse Sauerstoffinsufflation, Sauerstoff-Infusions-Therapie – SIT –, Komplexe intravenöse Sauerstofftherapie – KIS –,
102. Ozontherapie, Sauerstoff-Ozon-Eigenbluttherapie, Oxytherapie, Hyperbare Ozontherapie,

P

103. Panchakarma-Therapie,
104. Parenterale Autovaccine-Behandlung (bei den Diagnosen „Reizkolon", „Colon Irritable", „rezidivierende katarrhalische Infekte", „rheumatoide Arthritis"),
105. PCA3 (Prostata Cancer Gene 3)-Test,
106. Peptidbehandlung nach Prof. Gauri,
107. Physikalisch-katalytische Sauerstoffinhalation,
108. Psycotron-Therapie,
109. Pyramidenenergiebestrahlung,

Q

110. Qi-Gong (s. auch traditionelle chinesische Therapie),

R

111. (unbesetzt),
112. Regeneresen-Therapie,
113. Reinigungsprogramm mit Megavitaminen und Ausschwitzen,
114. RiV-Impftherapie bei AIDS,
115. Rolfing-Behandlung,

S

116. Sauerstoff-Darmsanierung (Colonies),
117. Sauerstoff-Ionisationstherapie,

118. Sauerstoff-Mehrschritt-Therapie nach von Ardenne,
119. Schwingfeld-Therapie,
120. Selektive UVA1-Bestrahlung,
121. Serelogischer Test zur Immunglobin-G-4(IgG 4-) Bestimmung gegen Nahrungsmittel,
122. Soma-Behandlungstherapie,
123. SystematischeKrebs-Mehrschritt-Therapie nach von Ardenne – sKMT –,

T

124. Tai Chi (s. auch Traditionelle chinesische Therapie),
125. T-Zell - Vakzinierung nach Dr. Kübler,
126. Tanztherapie,
127. Therapie nach Dr. Kozijavkin,
128. Thermoregulationsdiagnostik,
129. Thermotherapie der Prostata (z. B. transurethrale Mikrowellentherapie der Prostata, TUMT) bei bösartigen Erkrankungen,
130. Thymustherapie und Behandlung mit Thymuspräparaten,
131. Tomatis-Methode,
132. Traditionelle chinesische Therapie (z. B. Qi-Gong, Shiatsu-Therapie, Tai-Na, Tui-Na und Akupressur),
133. Transorbitale Wechselstromstimulation bei Optikusatrophie (z. B. SAVIR-Verfahren),
134. Transzendentale Meditation,
135. Trockenzellentherapie,
136. Tui-Na (s. auch traditionelle chinesische Therapie),

U

137. Ultraviolettbestrahlung des Blutes – UVB –,
138. Uterus-Ballon-Therapie,

V

139. Vaduril-Injektionen gegen Parodontose,
140. Vibrationsmassage des Kreuzbeins,
141. Visuelle Restitutionstherapie,

W

142. Wiedemann-Serum-Therapie,
143. Wirbelsäulenkathetertechnik nach Racz,

Y

144. Yoga-Übungen,

Z

145. Zellmilieu-Therapie.

Abschnitt II

Die Aufwendungen für die nachfolgenden Methoden sind nur in dem angegebenen Umfang beihilfefähig:

1. Akupunkturbehandlung

Zu den Aufwendungen können Beihilfen gewährt werden, wenn wissenschaftlich anerkannte Behandlungsmethoden ohne Erfolg angewandt worden sind. Ob diese Voraussetzungen gegeben sind, entscheidet die Beihilfestelle (in Zweifelsfällen unter Beteiligung eines Amtsarztes).

Die Aufwendungen für eine Akupunktur zur Behandlung von Schmerzen (Nummern 269 und 269a GOÄ) sind ohne Einschränkungen beihilfefähig.

2. Autologe Chondrozytenimplantation bzw. -transplantation

Aufwendungen sind nur beihilfefähig bei Behandlungen am Kniegelenk.

3. Chelat-Therapie

Aufwendungen für eine Chelat-Therapie sind nur beihilfefähig bei der Behandlung von

1. schwerwiegender Schwermetallvergiftung,
2. Morbus Wilson (Kupferspeicherkrankheit) oder
3. Siderosen (Eisenspeicherkrankheit).

Alternative Schwermetallausleitungen gehören nicht zur Behandlung einer Schwermetallvergiftung; die Aufwendungen sind nicht beihilfefähig.

4. (unbesetzt)

5. Fokussierte Extrakorporale Stoßwellentherapie (f-ESWT) im orthopädischen, chirurgischen und schmerztherapeutischen Bereich

Die Aufwendungen sind nur beihilfefähig für die Behandlung

1. verkalkender Sehnenerkrankungen (Tendinosis calcarea),
2. nicht heilender Knochenbrüche (Pseudarthrose),
3. des Fersensporns (Fasciitis plantaris),
4. der therapieresistenten Achillessehnenentzündung (therapierefraktäre Achillodynie) sowie
5. therapierefraktäre Epicondylitis humeri radialis.

Auf der Grundlage des Beschlusses der Bundesärztekammer zur Analogbewertung der ESWT ist ausschließlich der analoge Ansatz der Ziffer 1800 GOÄ beihilfefähig. Daneben sind keine Zuschläge beihilfefähig.

6. Gendiagnostik

Beihilfefähig sind nur die Aufwendungen für wissenschaftlich anerkannte diagnostische und prädiktive Untersuchungen nach den Bestimmungen des Gendiagnostikgesetzes vom 31. Juli 2009 (BGBl. I S. 2529, 3672) in der jeweils geltenden Fassung.

Die vorgeburtliche genetische Untersuchung zu medizinischen Zwecken ist auf die Feststellung genetischer Eigenschaften, die die Gesundheit des Fötus oder Embryos vor der Geburt oder nach der Geburt beeinträchtigen können, beschränkt. Aufwendungen für Untersuchungen auf Krankheiten, die gegebenenfalls erst im Erwachsenenalter ausbrechen können (spätmanifestierende Krankheiten), sind nach dem Gendiagnostikgesetz unzulässig; die Aufwendungen sind daher nicht beihilfefähig.

Nicht beihilfefähig sind Aufwendungen für genetische Untersuchungen zur Klärung der Abstammung, im Versicherungsbereich sowie im Arbeitsleben (§§ 17, 18 und 19 des Gendiagnostikgesetzes).

Die Aufwendungen für Genexpressionstests sind ausschließlich beim Mammakarzinom (MammaPrint, OncotypeDX, EndoPredict und Prosigna-Genexpressionstest) beihilfefähig. Die Indikationen richten sich nach der Richtlinie des Gemeinsamen Bundesausschusses über die ambulante spezialfachärztliche Versorgung nach § 116b des Fünften Buches Sozialgesetzbuch vom 21. März 2013 (BAnz AT 19.07.2013 B1) in der jeweils geltenden Fassung.

7. Hyperbare Sauerstofftherapie (HBO)

Die Aufwendungen einer HBO (auch Überdruckbehandlung genannt) sind beihilfefähig bei Behandlung von

1. Arterieller Gasembolie,
2. Clostridiale Myonekrose,
3. Dekompressionskrankheit,
4. Diabetischem Fußsyndrom ab Wagner Stadium II,
5. Gasbrand und andere nekrotisierende Weichteilinfektionen,
6. Kohlenmonoxidvergiftung,
7. Neuroblastomrezidiv im Stadium IV,
8. Perzeptionsstörungen des Innenohres und damit verbundenen Tinnitusleiden.

Nicht beihilfefähig sind die Aufwendungen für Behandlungen bei Brandwunden, Erstmanifestation eines Neuroblastoms Stadium IV, Idiopathischer Femurkopfnekrose, Morbus Perthes, Myokardinfarkt und Schädelhirntrauma.

8. Hyperthermiebehandlung

Aufwendungen sind nur beihilfefähig bei Tumorbehandlungen in Kombination mit Chemo- oder Strahlentherapie.

9. Klimakammerbehandlungen

Die Aufwendungen sind nur beihilfefähig, soweit andere übliche Behandlungsmethoden nicht zum Erfolg geführt haben und die Beihilfestelle aufgrund eines amts- oder vertrauensärztlichen Gutachtens die Beihilfefähigkeit vor Beginn der Behandlung anerkannt hat.

10. Lanthasol-Aerosol-Inhalationskur

Aufwendungen sind nur beihilfefähig, wenn die Aerosol-Inhalationskur mit hochwirksamen Medikamenten, zum Beispiel Aludrin, durchgeführt wird.

11. Magnetfeldtherapie

Die Aufwendungen sind nur beihilfefähig bei Behandlung

1. von atrophen Pseudarthrosen,
2. bei Endoprothesenlockerung,
3. bei idiopathischer Hüftkopfnekrose und
4. verzögerter Knochenbruchheilung,

wenn die Magnetfeldtherapie in Verbindung mit einer sachgerechten chirurgischen Therapie durchgeführt wird.

12. Peeling (mechanisch, chemisch, Enzym, Laser, Mikrodermabrasion)

Die Aufwendungen sind nur in Zusammenhang mit der Behandlung von Keratosen beihilfefähig.

13. Protonentherapie

Die Aufwendungen sind grundsätzlich nur bei eingeschränkten Indikationen (Richtlinie zu Untersuchungs- und Behandlungsmethoden im Krankenhaus des Gemeinsamen Bundesausschusses) und nur in der Höhe beihilfefähig, wie sie die Behandlerin oder der Behandler mit der gesetzlichen oder privaten Krankenversicherung der erkrankten Person vereinbart hat.

14. Radiale Extrakorporale Stoßwellentherapie (r-ESWT)

Die Aufwendungen sind im orthopädischen, chirurgischen und schmerztherapeutischen Bereich nur beihilfefähig bei Behandlung der therapierefraktären Epicondylitis humeri radialis oder Fasciitis plantaris. Auf der Grundlage des Beschlusses der Bundesärztekammer zur Analogbehandlung der r-ESWT sind Gebühren nach der Nummer 302 GOÄ beihilfefähig. Daneben sind keine Zuschläge beihilfefähig.

15. Therapeutisches Reiten (Hippotherapie)

Aufwendungen sind nur beihilfefähig bei ausgeprägten cerebralen Bewegungsstörungen (Spastik) oder schwerer geistiger Behinderung, sofern die ärztlich verordnete und induzierte Behandlung von Angehörigen der Gesundheits- und Medizinalfachberufe (z. B. Krankengymnasten mit entsprechender Zusatzausbildung) durchgeführt wird. Die Aufwendungen sind in der Höhe angemessen, die in den Verträgen nach § 125 des Fünften Buches Sozialgesetzbuch zwischen dem Spitzenverband Bund der gesetzlichen Krankenkassen und den Spitzenorganisationen auf Bundesebene für Physiotherapie vereinbart ist für

a) allgemeine Krankengymnastik auch auf neurophysiologischer Grundlage als Einzelbehandlung,
b) Krankengymnastik zur Behandlung von zentralen Bewegungsstörungen nach Vollendung des 18. Lebensjahres als Einzelbehandlung,
c) Krankengymnastik zur Behandlung von zentralen Bewegungsstörungen bis zur Vollendung des 18. Lebensjahres als Einzelbehandlung.

Vollendung des 18. Lebensjahres als Einzelbehandlung.

Zur beihilferechtlichen Berücksichtigung geänderter oder neu geschlossener Verträge gilt Anlage 5 Nummer 1.5 entsprechend.

16. Visusverbessernde operative Maßnahmen

a) Austausch natürlicher Linsen

   Bei einer reinen visusverbessernden Operation sind die Aufwendungen nur beihilfefahig, wenn der Austausch der natürlichen Linse die einzige Möglichkeit ist, um eine Verbesserung des Visus zu erreichen.

VII

Bei einem Austausch der natürlichen Linse zur Behandlung einer Katarakterkrankung sind neben den Operationskosten die Aufwendungen für die künstliche Linse nur bis zu einem Betrag von 300 Euro je Auge beihilfefähig.

b) Chirurgische Hornhautkorrektur durch Laserbehandlung (LASIK und vergleichbare Verfahren)

Die Aufwendungen sind nur beihilfefähig, wenn eine Korrektur der Sehschwäche durch Brille oder Kontaktlinsen oder in Kombination nicht möglich ist.

c) Implantation einer additiven Linse (auch Add-on-Intraokularlinse)

Die Aufwendungen sind nur beihilfefähig, wenn die Implantation die einzige Möglichkeit ist, um eine Verbesserung des Visus zu erreichen.

d) Implantation einer phaken Intraokularlinse

Die Aufwendungen sind nur beihilfefähig, wenn die Implantation die einzige Möglichkeit ist, um eine Verbesserung des Visus zu erreichen.

Vor Durchführung der Behandlungen nach Buchstabe a Satz 1 und den Buchstaben b bis d ist die Zustimmung der Beihilfestelle einzuholen. Diese kann neben der Beteiligung einer Amtsärztin oder eines Amtsarztes eine Augenklinik (zum Beispiel Universitätsaugenklinik), die die Behandlung nicht selbst durchführen wird, um eine gutachterliche Stellungnahme bitten.

Anlage 7

Beihilferechtliche Hinweise zum zahnärztlichen Gebührenrecht

Nach § 75 Absatz 3 des Landesbeamtengesetzes in Verbindung mit § 3 Absatz 1 der Beihilfenverordnung sind die notwendigen Aufwendungen in angemessenem Umfang beihilfefähig. Die Angemessenheit der Aufwendungen für zahnärztliche (einschließlich kieferorthopädischer) Leistungen beurteilt sich grundsätzlich nach der Gebührenordnung für Zahnärzte (GOZ) vom 22. Oktober 1987 (BGBl. I S. 2316), die zuletzt durch Verordnung vom 5. Dezember 2011 (BGBl. I S. 2661) geändert worden ist. Damit setzt die Beihilfefähigkeit der Aufwendungen voraus, dass Zahnärztinnen und Zahnärzte die Rechnungsbeträge bei zutreffender Auslegung der Gebührenordnung zu Recht in Rechnung gestellt haben.

Nach der Rechtsprechung des Bundesverwaltungsgerichts (Urteil vom 30. 05. 1996 – 2 C 10.95 –) sind die Beihilfestellen im Hinblick auf die beihilferechtlichen Vorschriften zur Prüfung der Angemessenheit der in Rechnung gestellten Beträge verpflichtet. Eventuelle Zweifel sind anhand der Gebührenordnung einschließlich des Gebührenverzeichnisses zu beurteilen. Dabei kann generell davon ausgegangen werden, dass die Gebührenvorschriften eindeutig sind und sowohl von den Beihilfestellen als auch den Gerichten ohne weiteres zweifelsfrei ausgelegt werden können. Lediglich dann, wenn objektive Unklarheiten beziehungsweise objektiv zweifelhafte Gebührenvorschriften Anlass zu ernsthaft widerstreitenden Meinungen über die Berechtigung von Gebührenansätzen geben, muss der Dienstherr vor Entstehung der Aufwendungen seine Rechtsauffassung (generell oder im Einzelfall) deutlich klarstellen, um so die Beihilfefähigkeit dieser Aufwendungen wirksam auszuschließen. Unter Berücksichtigung dieser Rechtsprechung sind folgende beihilferechtlichen Hinweise zu beachten:

A) Allgemeiner Teil

1. Zahnärztinnen und Zahnärzte (Kieferorthopädinnen und Kieferorthopäden) dürfen Vergütungen nur für solche Leistungen berechnen, die nach den Regeln der zahnärztlichen Kunst für eine zahnmedizinisch (kieferorthopädisch) notwendige Versorgung erforderlich sind (§ 1 Absatz 2 Satz 1 GOZ). Soweit sie darüber hinaus Leistungen berechnen, die sie auf Verlangen der Patientinnen und Patienten erbracht haben (§ 1 Absatz 2 Satz 2, § 2 Absatz 1 und 2 GOZ), sind diese in der Rechnung kenntlich zu machen (§ 10 Absatz 3 Satz 7 GOZ).
2. Die Vereinbarung einer von der Gebührenordnung abweichenden Höhe der Vergütung (Abdingung) ist nur unter den Voraussetzungen des § 2 Absatz 1 und 2 GOZ zulässig. Die Vereinbarung eines abweichenden Punktwertes oder einer abweichenden Punktzahl ist ausgeschlossen (§ 2 Absatz 1 Satz 2 GOZ). Auch wenn eine gebührenrechtlich zulässige Abdingung vorliegt, können Gebühren grundsätzlich nur bis zum 2,3fachen Gebührensatz (so genannter Schwellenwert) beihilferechtlich als angemessen angesehen werden, es sei denn, eine Überschreitung des Schwellenwertes – gegebenenfalls bis zum Höchstsatz (3,5facher Satz) – ist nach der gegebenen Begründung gerechtfertigt. Dies gilt entsprechend für eine nach § 2 Absatz 4 GOZ getroffene Vereinbarung.
3. Nach § 4 Absatz 3 GOZ sind mit den Gebühren die Praxiskosten einschließlich der Kosten für Füllungsmaterial, für den Sprechstundenbedarf, für die Anwendung von Instrumenten und Apparaten sowie für Lagerhaltung abgegolten, sofern im Gebührenverzeichnis nichts anderes bestimmt ist. Nicht beihilfefähig sind somit unter anderem die Kosten für Einmalartikel, Bohrer, Füllungsmaterial (am Patienten verwendetes plastisches Material), Kunststoffe für nicht im Labor hergestellte provisorische Kronen, Mulltupfer, Nahtmaterial (außer atraumatisches Nahtmaterial), Wurzelkanalinstrumente (außer einmal verwendbare Nickel-Titan-Instrumente) und so weiter;

VII

dies gilt entsprechend für die Kosten der Anwendung von Instrumenten und Apparaten, also der Behandlungseinheit, der Zangen, Spiegel und so weiter [weder als Anschaffungskosten noch als Kosten der (Ab-) Nutzung]. Bezugnehmend auf das BGH-Urteil vom 27. Mai 2004 (Az.: III ZR 26 4/03) sind aber folgende Materialien zusätzlich beihilfefähig:

a) Oraquix im Zusammenhang mit der Nummer 0080 GOZ,
b) ProRoot MTA im Zusammenhang mit der Berechnung der Nummer 2440 GOZ,
c) Harvard MTA Opticaps im Zusammenhang mit der Berechnung der Nummer 2440 GOZ.

Die Berechnung der Auslagen für zahntechnische Leistungen (§ 9 GOZ) bleibt unberührt.

4. Zielleistung (§ 4 GOZ)

4.1 Nach § 4 Absatz 2 Satz 1 GOZ können Zahnärztinnen und Zahnärzte nur Gebühren für selbständige zahnärztliche Leistungen berechnen, das heißt nur für Leistungen, die weder Bestandteil, noch besondere Ausführung einer anderen, ebenfalls berechneten Leistung sind. § 4 Absatz 2 Satz 2 GOZ grenzt die selbständige „zahnärztliche Leistung" ab, indem er klarstellt, dass für eine Leistung, die Bestandteil oder eine besondere Ausführung einer anderen Leistung nach dem Gebührenverzeichnis ist, keine gesonderte Gebühr berechnet werden kann, wenn für die andere Leistung bereits eine Gebühr berechnet wird. Die Doppelberechnung von Teilleistungen wird damit ausgeschlossen.

4.2 Die in Nummer 4.1 aufgeführten Grundsätze gelten auch für die zur Erbringung der im Gebührenverzeichnis aufgeführten operativen Leistungen methodisch notwendiger operativer Einzelschritte. Eine Leistung ist methodisch notwendiger Bestandteil einer anderen Leistung, wenn sie inhaltlich von der Leistungsbeschreibung der anderen Leistung (Zielleistung) umfasst und auch in deren Bewertung berücksichtigt worden ist.
Methodisch notwendige operative Einzelschritte sind diejenigen zahnärztlichen Leistungen, die immer anfallen, damit die Zahnärztin beziehungsweise der Zahnarzt den Leistungsinhalt einer Gebührenziffer erfüllen kann [vergleiche zum Beispiel allgemeine Bestimmung Ziffer 1 zum Abschnitt E: die primäre Wundversorgung (zum Beispiel Reinigen der Wunde, Glätten des Knochens, Umschneidung, Tamponieren, Wundverschluss ohne zusätzliche Lappenbildung, gegebenenfalls Fixieren eines plastischen Wundverbandes) ist Bestandteil der Leistungen nach Abschnitt E und nicht gesondert berechnungsfähig]. Zusätzlich muss die Leistung auch in der Bewertung der Hauptleistung berücksichtigt sein. Das ist allerdings nicht der Fall, wenn die Vergütung des möglichen Leistungsbestandteils außer Verhältnis zur Vergütung der vermeintlichen Zielleistung steht.

4.3 Aufwendungen für das Entfernen eines Teilbogens oder eines Bogens im Zusammenhang mit einer kieferorthopädischen Behandlung sind nicht gesondert beihilfefähig.

5. Überschreiten des Schwellenwertes (§ 5 GOZ)

5.1 Nach § 5 Absatz 1 Satz 1 GOZ bemisst sich die Höhe der einzelnen Gebühr nach dem Einfachen bis Dreieinhalbfachen des im Gebührenverzeichnis angegebenen Gebührensatzes. § 5 Absatz 2 GOZ bestimmt, wie die individuell „angemessene" Gebühr in dem von § 5 Absatz 1 Satz 1 GOZ eröffneten Gebührenrahmen zu finden ist.
Bemessungskriterien sind:

a) Schwierigkeit der einzelnen Leistung,
b) Zeitaufwand der einzelnen Leistung sowie
c) Umstände bei der Ausführung.

Bemessungskriterien, die bereits in der Leistungsbeschreibung im Gebührenverzeichnis berücksichtigt wurden, bleiben bei der Gebührenbemessung außer Acht. Das können Leistungen sein, die nach Schwierigkeiten gestuft sind (zum Beispiel Umfang bei den Nummern 6030 ff. GOZ), Leistungen bei denen die Schwierigkeit in der Leistungsbeschreibung aufgenommen ist (zum Beispiel die Gefährdung anatomischer Nachbarstrukturen in der Nummer 3045 GOZ) oder Leistungen, bei denen bestimmte Mindestzeiten vorgesehen sind. Die derart im Gebührenverzeichnis aufgenommenen Umstände, Schwierigkeiten oder Zeiten gelten als bei der Gebühr bereits berücksichtigt und können nicht „nochmals" zur Gebührenbemessung herangezogen werden. Besondere Verfahrenstechniken können als Begründung zur Rechtfertigung einer Überschreitung des 2,3fachen Gebührensatzes beihilferechtlich nicht berücksichtigt werden.

5.2 Nach § 5 Absatz 2 Satz 4 GOZ bildet der 2,3fache Gebührensatz in Anlehnung an das Urteil des BGH vom 8. November 2007 – III ZR 54/07 – die nach Schwierigkeit und Zeitaufwand durchschnittliche Leistung ab; ein Überschreiten ist nur zulässig, wenn die unter Nummer 5.1 aufgeführten Bemessungskriterien dies im konkreten Behandlungsfall rechtfertigen. Aus der Begründung der Zahnärztin beziehungsweise des Zahnarztes muss für die Patienten ersichtlich und verständlich sein, dass die gegenüber ihnen erbrachte Leistung aufgrund der tatsächlichen Umstände vom Typischen und Durchschnittlichen vergleichbarer Behandlungen abweicht. Die tatsächlichen Umstände sind zu erklären.
Die Schwierigkeit einer Leistung ist individuell und leistungsbezogen auf die einzelne Gebühr zu begründen und kann nicht auf die gesamte Honorarforderung ausgedehnt werden.

5.3 Der 2,3fache Gebührensatz darf nicht schematisch berechnet werden; vielmehr ist bei einer einfacheren, unter dem Durchschnitt liegenden Leistung, auch ein niedrigerer Gebührensatz zu berechnen (vergleiche auch BGH – a. a. O. –).

5.4 Insbesondere bei Einlagefüllungen und (Anker-)Kronen ist der komplexe Leistungsinhalt der entsprechenden Gebührenpositionen zu beachten, wie er sich aus den Abrechnungsbestimmungen zu den Nummern 2220 und 5040 GOZ ergibt. Bei Komplexgebühren dieser Art hat die Zahnärztin beziehungsweise der Zahnarzt die Höhe der Gebühr unter Berücksichtigung der in den Komplexgebühren enthaltenen einzelnen Leistungsschritte nach Maßgabe der bei deren Erbringung vorliegenden Schwierigkeit, des Zeitaufwandes sowie der Umstände bei der Ausführung gemäß in ihrer Gesamtheit zu berücksichtigen. Bemessungskriterien von durchschnittlichem Gewicht sind regelmäßig mit dem 2,3fachen Gebührensatz ausreichend berücksichtigt.

5.5 Folgende Begründungen rechtfertigen grundsätzlich keine Überschreitung des Schwellenwertes und müssen bei Überschreiten des 2,3fachen Gebührensatzes bezüglich ihrer Auswirkungen auf die individuelle Behandlungssituation näher spezifiziert werden:

a) pulpanahe Präparation,
b) starker Speichelfluss,
c) erschwerter Mundzugang,
d) divergierende Pfeilerzähne,
e) subgingivale Präparation,
f) Verblendung und Farbauswahl,
g) erhöhter Zungen- und Wangendruck,
h) kurze oder lange klinische Krone,
i) tiefe Zahnfleischtaschen,
j) festhaftende Beläge/Konkremente,
k) gekrümmte oder verengte Wurzelkanäle [das erschwerte Aufsuchen verengter Wurzelkanaleingänge und das Überwinden natürlicher Hindernisse bei der Aufbereitung des Wurzelkanals (Dentikel, Obliterationen, Verengungen, Krümmungen et cetera) sowie natürlicher oder iatrogener Stufen stellen keine selbständigen, analog zu berechnenden Leistungen dar, sondern sind mit der Grundleistung unter Berücksichtigung des § 5 Absatz 2 GOZ zu berechnen].

6. Analogbewertung (§ 6 GOZ)

6.1 § 6 Absatz 1 Satz 1 GOZ ermöglicht die Berechnung von Leistungen, die nicht in das Gebührenverzeichnis aufgenommen worden sind, mit einer nach Art, Kosten- und Zeitaufwand gleichwertigen Leistung (sogenannte Analogbewertung). Voraussetzung ist, dass es sich um eine selbständige zahnärztliche Leistung und keine besondere Ausführung oder Teilleistung einer bereits im Gebührenverzeichnis enthaltenen Leistung handelt. Nach § 6 Absatz 1 Satz 2 GOZ ist bei einer Analogbewertung zunächst eine nach Art, Kosten- und Zeitaufwand gleichwertige Leistung aus dem Gebührenverzeichnis der GOZ heranzuziehen. Erst nachrangig kann für den Analogabgriff eine Leistung aus den nach § 6 Absatz 2 GOZ eröffneten Leistungsverzeichnis der GOÄ berücksichtigt werden.

6.2 Die Wiedereingliederung (inklusive Säuberung, gegebenenfalls Wiederanpassung) andernorts angefertigter direkter oder laborgefertigter Provisorien ist analog nach der Nummer 2260 GOZ beihilfefähig.

6.3 Die Entfernung nekrotischen Pulpagewebes vor der Aufbereitung des Wurzelkanals stellt eine selbständige Leistung dar und ist als Analoggebühr nach der Nummer 2360 GOZ beihilfefähig.

6.4 Im Rahmen einer zahnärztlichen Behandlung sind Fotos, die ausschließlich zu dokumentarischen Zwecken angefertigt worden sind, mit den Gebührennummern der zahnärztlichen Leistung abgegolten. Fotos, die therapeutischen oder diagnostischen Zwecken, nicht jedoch einer kieferorthopädischen Auswertung dienen, sind analog zusätzlich beihilfefähig. Als Analoggebühr wird die Nummer 6000 GOZ als angemessen angesehen.

6.5 Die Eingliederung einer Protrusionsschiene, zum Beispiel zur Behandlung einer Schlafapnoe, stellt eine selbständige Leistung dar und ist analog nach Nummer 7010 GOZ (Eingliederung eines Aufbissbehelfs mit adjustierter Oberfläche) beihilfefähig.

6.6 § 6 Absatz 2 GOZ regelt den gebührenrechtlichen Zugriff auf Leistungen, die im Gebührenverzeichnis der GOÄ enthalten sind. In bestimmten Fällen ist es möglich, dass die Zahnärztin oder der Zahnarzt auch Leistungen erbringen kann, die nicht im Gebührenverzeichnis der GOZ enthalten sind, aber im Gebührenverzeichnis der GOÄ beschrieben werden. In § 6 Absatz 2 Satz 1 GOZ werden die Abschnitte, Unterabschnitte oder einzelnen Gebührenpositionen des Gebührenverzeichnisses der GOÄ aufgeführt, die Anwendung finden können.

6.7 Zwingende Voraussetzung für die Berechnung einer Leistung nach der GOÄ durch eine Zahnärztin oder einen Zahnarzt ist, dass die Zahnärztin oder der Zahnarzt diese Leistung berufsrechtlich erbringen darf. Der gebührenrechtlich zulässige Zugriff auf eine Leistung aus dem Gebührenverzeichnis der GOÄ ersetzt diese Voraussetzung nicht. Das zahnärztliche Berufsrecht ist insoweit dem privatzahnärztlichen Gebührenrecht vorgelagert. Aus der Nennung eines Abschnittes oder Unterabschnittes der GOÄ in § 6 Absatz 2 GOZ kann somit nicht gefolgert werden, dass ein Zahnarzt alle in diesem Abschnitt oder Unterabschnitt aufgeführten Leistungen berufsrechtlich erbringen und gebührenrechtlich berechnen darf. In Zweifelsfällen ist die zuständige Zahnärztekammer um Stellungnahme zu bitten.

6.8 Erbringen Mund-, Kiefer-, Gesichtschirurginnen oder -chirurgen Leistungen, die im Gebührenverzeichnis für zahnärztliche Leistungen aufgeführt sind, sind die Vergütungen für diese Leistungen nach der GOZ zu berechnen. Ein Wahlrecht zwischen GOÄ und GOZ besteht insoweit nicht.

7. Minderungspflicht bei stationärer Behandlung (§ 6a GOZ)

7.1 Die Minderungspflicht bei vollstationären, teilstationären sowie vor- und nachstationären privatärztlichen Leistungen bezieht sich auch auf die im Gebührenverzeichnis als Zuschläge bezeichneten Gebührenpositionen, nicht aber auf den Zuschlag für die belegzahnärztliche Visite (Buchstabe J in Abschnitt B V des Gebührenverzeichnisses der GOÄ).

7.2 Die gesonderte Berechnung anderer als nach Nummer 7.1 geminderter Gebühren ist nach § 6a Absatz 2 GOZ ausgeschlossen. Entschädigungen und Auslagen können daneben nach den §§ 8, 9 und 10 GOZ berücksichtigt werden.

8. Entschädigungen (§ 7 GOZ)
Zur besseren Abgrenzung der Reiseentschädigung vom Wegegeld (§ 8 Absatz 2 GOZ) stellt die Regelung auf den Radius um die Praxisstelle der Zahnärztin oder des Zahnarztes ab; außerhalb eines Radius von 25 Kilometern tritt an die Stelle des Wegegeldes die Reiseentschädigung.

9. Berechnung „je Kieferhälfte oder Frontzahnbereich"
Im Falle der Berechnungsweise „je Kieferhälfte oder je Frontzahnbereich" einer Gebühr ist zu berücksichtigen, dass der Frontzahnbereich nur Anwendung findet, wenn die Leistung im Bereich von Eckzahn bis Eckzahn (Zähne 13 bis 23 beziehungsweise 33 bis 43) durchgeführt wird. Geht der Bereich über den Eckzahn hinaus, muss beihilferechtlich nach Kieferhälften (Quadranten) berechnet werden. Eine Berechnungsweise je Frontzahnbereich oder je Kieferhälfte kann nicht berücksichtigt werden.

B) Gebührenverzeichnis (Anlage 1 zur GOZ)

1. Zu Nummer 0070 GOZ
Die Nummer 0070 GOZ ist in einer Sitzung nur einmal beihilfefähig. Auch bei Anwendung unterschiedlicher Methoden ist die Testung nur einmal berechenbar und beihilfefähig. Die Vitalitätsprobe kann im Verlauf einer Behandlung an unterschiedlichen Behandlungstagen erneut erforderlich werden.

2. Zu Nummer 0080 bis 0110 GOZ

2.1 Die Leistung nach Nummer 0090 GOZ ist im Regelfall nur einmal je Zahn und Sitzung beihilfefähig. Eine routinemäßige Berechnung je Einstich ist nicht zulässig. Ein mehrfacher Ansatz je Zahn in einer Sitzung ist nur im Ausnahmefall mit entsprechender Begründung in der Rechnung beihilfefähig.

2.2 Die Leitungsanästhesie nach Nummer 0100 GOZ ist im Regelfall nur einmal je Sitzung und Kieferhälfte erforderlich.

2.3 Die bei der Erbringung der Leistungen nach den Nummern 0080 bis 0100 GOZ verwendeten Einmalartikel (zum Beispiel Kanüle) sind mit den Gebühren abgegolten. Dies gilt bei der Leistung nach Nummer 0080 GOZ auch für die verwendeten Arzneimittel. Bei den Leistungen nach den Nummern 0090 und 0100 GOZ ist das verwendete Anästhetikum gesondert beihilfefähig. Hierbei können Kosten von bis zu 0,70 Euro je Karpule als angemessen anerkannt werden.

2.4 Die computergesteuerte Anästhesie (zum Beispiel WAND/STA) erfüllt trotz modifizierter Handhabung die Leistungsinhalte der Nummern 0090 oder 0100 GOZ und ist je nach Lokalisation und Indikation originär nach den Nummern 0090 GOZ für die Infiltrationsanästhesie (dazu zählen auch die intraligamentäre, intrakanaläre, intrapulpäre und intraossäre Anästhesie) oder Nummer 0100 GOZ für die Leitungsanästhesie beihilfefähig.

2.5 Der Zuschlag für die Anwendung des Operationsmikroskops ist nur für die in der Nummer 0110 GOZ abschließend aufgezählten Gebührenpositionen beihilfefähig. Eine analoge Anwendung dieser Zuschlagspositionen oder anderer GOZ-Positionen für die Verwendung des Operationsmikroskops bei anderen als den in Nummer 0110 GOZ bezeichneten Leistungen kommt nicht in Betracht. Wird eine nicht zuschlagsfähige

VII

Leistung erbracht, die aufgrund von darzulegender Schwierigkeit oder Zeitaufwand den Einsatz des Operationsmikroskops erfordert, kann dies mittels § 5 Absatz 2 GOZ abgebildet werden.

2.6 Führt der Zahnarzt die Behandlung unter Verwendung einer Lupenbrille durch, kann hierfür keine Gebühr berücksichtigt werden (weder nach Nummer 0110 GOZ noch im Rahmen einer Analogbewertung).

3. Zu Nummer 0120 GOZ
Die Höhe des Zuschlags entspricht dem einfachen Gebührensatz der Leistung, neben der er berechnet wird und ist nicht steigerungsfähig. Bei der Durchführung mehrerer zuschlagsfähiger Leistungen wird diejenige Leistung zur Bemessung herangezogen, die mit der höchsten Punktzahl bewertet ist. Der Zuschlag darf nicht mehr als 68 Euro betragen. Die Zuschlagsposition ist nur bei den in der abschließenden Aufzählung der in der Leistungsbeschreibung enthaltenen Gebührenziffern beihilfefähig.

4. Zu Nummern 0500 bis 0530 GOZ
Durch den Ansatz der Zuschläge nach den Nummern 0500 bis 0530 GOZ neben den jeweiligen ambulant erbrachten zahnärztlich-chirurgischen Leistungen soll der im Vergleich zu einer herkömmlichen Praxistätigkeit erforderliche Mehraufwand abgegolten werden. Ein gesonderter Ansatz von Aufwendungen für Operationssets ist daneben nicht möglich (Abgeltung durch den Zuschlag).

5. Zu Nummer 1020 GOZ
Die Maßnahme ist unabhängig von der Anzahl der Zähne nur einmal je Sitzung beihilfefähig. Sie ist nicht beihilfefähig für die Behandlung überempfindlicher Zähne. Eine Mundspülung mit fluoridhaltigen Lösungen erfüllt nicht die Voraussetzungen dieser Leistung.

6. Zu Nummer 1040 GOZ

6.1 Die Leistung umfasst die Professionelle Zahnreinigung (PZR). Die Entfernung unterhalb des Zahnfleisches liegender Konkremente, die nur von der Zahnärztin oder dem Zahnarzt durchgeführt und nicht auf eine qualifizierte Fachangestellte delegiert werden kann, ist grundsätzlich nach Nummer 4070 GOZ beziehungsweise Nummer 4075 GOZ beihilfefähig, allerdings nicht in derselben Sitzung mit einer PZR. Auch wenn die PZR aufwendiger gewesen ist (zum Beispiel subgingivale Reinigung), rechtfertigt dies beihilferechtlich nicht die zusätzliche analoge Berechnung der Nummern 1040, 4070 oder 4075 GOZ.

6.2 Die Verbrauchsmaterialien sind mit den Gebühren abgegolten.

6.3 Nach erfolgter PZR ist in einer separaten Sitzung als Kontrolle die Nummer 4060 GOZ beihilfefähig. Sie beinhaltet auch die Nachreinigung einschließlich des Polierens je Zahn, Implantat oder Brückenglied.

6.4 Unter dem Gesichtspunkt der medizinischen Notwendigkeit ist eine PZR (auch bei einer kieferorthopädischen Behandlung) grundsätzlich zweimal im Jahr beihilfefähig. Eine höhere Behandlungsfrequenz ist nur ausnahmsweise im Einzelfall und unter Vorlage entsprechender zahnärztlicher Begründung beihilfefähig.

7. Zu Nummer 2000 GOZ

7.1 Das verwendete Versiegelungsmaterial ist mit der Gebühr abgegolten. Auch bei mehreren Fissuren oder in Kombination Fissur/Grübchen sind die Aufwendungen nur einmal je Zahn beihilfefähig. Die Versiegelung bei Entfernen eines Bandes, eines Brackets oder eines Attachments ist Bestandteil der Nummer 6110 beziehungsweise 6130 GOZ und in derselben Sitzung nicht gesondert beihilfefähig. Bei der zeitgleich beim Kleben der Brackets durchgeführten Bracketumfeld- oder Glattflächenversiegelung handelt es sich nicht um einen selbständigen, technisch vom Kleben der Brackets getrennten Behandlungsschritt, der eine eigene Berechnung rechtfertigt. Für eine Leistung, die Bestandteil oder eine besondere Ausführung einer anderen Leistung nach dem Gebührenverzeichnis ist, kann der Zahnarzt eine Gebühr nicht berechnen, wenn er für die andere Leistung eine Gebühr berechnet (§ 4 Absatz 2 GOZ).

7.2 Im Zusammenhang mit der Versiegelung von kariesfreien Zahnfissuren mit aushärtenden Kunststoffen und Glattflächenversiegelung nach der Nummer 2000 GOZ ist die Nummer 2197 GOZ für die adhäsive Befestigung der Versiegelung nicht zusätzlich beihilfefähig, da die adhäsive Befestigung der Versiegelung nach der wissenschaftlichen „Neubeschreibung einer präventionsorientierten Zahn-, Mund- und Kieferheilkunde" Bestandteil der Fissurenversiegelung ist.

8. Zu Nummer 2020 GOZ
Bei dem temporären Verschluss von kariösen Läsionen (zum Beispiel als Notfallmaßnahme etwa bei Verlust einer Füllung) ist eine gegebenenfalls notwendige Erweiterung oder Anpassung der Kavität Leistungsbestandteil der Nummer 2020 GOZ.

9. Zu Nummer 2030 GOZ

9.1 Die Leistung nach Nummer 2030 GOZ ist je Kieferhälfte oder Frontzahnbereich je Sitzung höchstens zweimal beihilfefähig, wenn mindestens eine besondere Maßnahme beim Präparieren und mindestens eine besondere Maßnahme beim Füllen von Kavitäten erbracht werden. Werden mehrere besondere Maßnahmen in derselben Kieferhälfte oder im Frontzahnbereich nur beim Präparieren erbracht, ist die Leistung nach Nummer 2030 GOZ nur einmal je Sitzung beihilfefähig. Gleiches gilt, wenn mehrere besondere Maßnahmen nur beim Füllen von Kavitäten erbracht werden.

9.2 Laut Leistungsbeschreibung kann die Leistung nach Nummer 2030 GOZ nur in Zusammenhang mit einer Füllungstherapie oder einer Zahnpräparation berechnet werden. Die Maßnahme nach Nummer 2030 GOZ kann nicht gesondert zur Darstellung von Präparationsrändern bei einer prothetischen Therapie oder der Versorgung mit Einlagefüllungen angesetzt werden, da sie Bestandteil der Abformung und daher der Leistungen nach den Nummern 2150 bis 2170, 2200 ff. und 5000 ff. GOZ ist; sie kann auch nicht im Rahmen einer KFO-Behandlung zum Tragen kommen.

9.3 Für die approximale Schmelzreduktion wird der analoge Ansatz der Nummer 2030 GOZ als angemessen angesehen.

10. Zu Nummer 2040 GOZ

10.1 Mit der Nummer 2040 GOZ wird das Anlegen eines Spanngummis (Kofferdamms) je Kieferhälfte oder Frontzahnbereich abgegolten. Im Rahmen einer kieferorthopädischen Behandlung ist diese Leistung aus beihilferechtlicher Sicht grundsätzlich nicht erforderlich und daher nicht beihilfefähig.

10.2 Die Materialkosten sind nicht gesondert beihilfefähig.

11. Zu Nummern 2160 und 2170 GOZ
Nach der Leistungsbeschreibung handelt es sich nicht um Aufbaufüllungen (Nummern 2180 ff. GOZ) sondern ausschließlich um Füllungsversorgungen. Es besteht daher kein Anspruch auf Erstattung der Nummern 2160 und 2170 GOZ (analog) vor einer Überkronung von Zähnen, da es sich bei den vorbereitenden Tätigkeiten für eine prothetische Versorgung um Leistungen nach den Nummern 2180 ff. GOZ handelt (so auch Urteil des Amtsgerichts Köln vom 30. 06. 2003 – 116 C 110/02 –).

12. Zu Nummer 2197 GOZ
Die Leistung nach Nummer 2197 GOZ ist nicht im Zusammenhang mit der Nummer 2000 oder Füllungen nach den Nummern 2060, 2080, 2100 und 2120 GOZ beihilfefähig.

VII

13. Zu Nummern 2260 und 2270 GOZ
Kosten für die labortechnische Herstellung provisorischer Kronen und Brücken sind nur dann beihilfefähig, wenn es sich um Langzeitprovisorien nach den Nummern 7080 und 7090 GOZ handelt, nicht jedoch in Verbindung mit den Nummern 2260, 2270 sowie 5120 und 5140 GOZ.

14. Zu Nummer 2390 GOZ
Die Leistung nach Nummer 2390 GOZ ist nur als selbständige Leistung beihilfefähig (zum Beispiel im Rahmen einer Notfallbehandlung) und nicht zum Beispiel als Zugangsleistung zur Erbringung der Leistungen nach den Nummern 2360, 2410 und 2440 GOZ.

15. Zu Nummer 2410 GOZ
Spülungen sind unabhängig von dem angewandten Verfahren oder Aufwand Bestandteil der Wurzelkanalbehandlung nach der Nummer 2410 GOZ und daher nicht gesondert beihilfefähig.
Die Aufbereitung des Wurzelkanals nach der Nummer 2410 GOZ ist als Gesamtleistung auch bei Durchführung in mehreren Sitzungen grundsätzlich nur einmal beihilfefähig. Hiervon kann in zwei Fällen abgewichen werden:

a) Erfolgt nach der Aufbereitung eine definitive Versorgung des Kanals und ist danach eine weitere Aufbereitung notwendig, ist die Leistung erneut berechenbar und beihilfefähig.

b) Bei anatomischen Besonderheiten kann eine Aufbereitung des Wurzelkanals gegebenenfalls nicht in einer Sitzung erfolgen. Nach Angaben der Bundeszahnärztekammer liegen solche Besonderheiten in rund 10 Prozent der Wurzelkanalaufbereitungen vor. Auch in diesen Fällen ist die erneute Berechnung der Nummer 2410 GOZ beihilfefähig. Die Berechnung der Nummer 2410 GOZ ist aber bei dieser Fallkonstellation auf höchstens zweimal je Aufbereitung des Kanals – bezogen auf den gesamten Aufbereitungsvorgang bis zur definitiven Füllung – begrenzt. Im Einzelfall darüber hinausgehende erheblich höhere Aufwände können einzelbezogen bei der Bemessung des Gebührenrahmens berücksichtigt werden.

Zum Leistungsinhalt der Wurzelkanalaufbereitung gehört auch die Entfernung von zuvor eingebrachtem definitivem Wurzelfüllmaterial. Die Maßnahme ist gemäß § 4 Absatz 2 GOZ mit der GOZ-Nummer 2410 abgegolten. Sofern sich die Aufbereitung aufwendiger gestalten sollte, zum Beispiel bedingt durch die Entfernung adhäsiv befestigten Wurzelfüllmaterials, kann der Steigerungsfaktor erhöht werden. Auch in diesen Fällen stellt die Entfernung definitiven Wurzelfüllmaterials keine selbstständige Leistung im Sinne des § 6 Absatz 1 GOZ dar und kann somit nicht analog (zum Beispiel mit der Nummer 3110 GOZ) zusätzlich berechnet werden.

16. Zu Nummer 2430 GOZ
Die medikamentöse Einlage ist nicht je Wurzelkanal beihilfefähig.

17. Zu Nummer 3050 GOZ
Die Nummer 3050 GOZ ist im Rahmen der dentoalveolären Chirurgie gegebenenfalls als selbständige Leistung zusätzlich beihilfefähig, wenn die Blutung das typische Maß bei dem Eingriff deutlich übersteigt und eine Unterbrechung der eigentlichen operativen Maßnahme erfordert. In allen anderen Fällen sind Blutstillungsmaßnahmen (auch größeren Umfangs), die ortsgleich mit chirurgischen Maßnahmen erfolgen, Bestandteil der jeweiligen Hauptleistung und nicht gesondert nach Nummer 3050 GOZ beihilfefähig. Dies gilt auch für die chirurgischen Leistungen aus der GOÄ, die für Zahnärztinnen und Zahnärzte gemäß § 6 Absatz 2 GOZ geöffnet sind.

18. Zu Nummer 3070 GOZ
Durch den Zusatz in der Leistungsbeschreibung „als selbständige Leistung"

VII

soll ausgeschlossen werden, dass diese Leistung als notwendiger Leistungsbestandteil einer anderen, umfassenderen Leistung zusätzlich berechnet wird. Dies ist zum Beispiel der Fall, wenn es sich um Zugangsleistungen handelt oder um eine, der eigentlichen Hauptleistung vorangehende oder nachgeschaltete Begleitverrichtung, die immer oder mit einer erkennbaren Regelmäßigkeit mit der Hauptleistung verknüpft ist.

19. Zu Nummer 3100 GOZ
Die Leistung bildet die im Rahmen einer Wundversorgung einschließlich einer erforderlichen Periostschlitzung auftretenden Eingriffe ab. Die Periostschlitzung ist dabei ein obligatorischer Leistungsteil. Ortsgleiche Eingriffe ohne Verlagerung von Weichgewebe sind jedoch mit den Gebühren für die operativen Leistungen abgegolten und nicht gesondert beihilfefähig. Die Leistung nach Nummer 3100 GOZ ist jedoch grundsätzlich neben anderen operativen Leistungen beihilfefähig.

20. Zu Nummer 3230 GOZ
Neben Extraktionen ist die Nummer 3230 GOZ dann beihilfefähig, wenn die Resektion aufgrund eigenständiger Indikation (nicht zur oder durch die Zahnentfernung notwendig) mit einem separaten auf der Rechnung dokumentierten Operationszugang erbracht wird und es sich insofern um eine selbständige Leistung handelt. Die eigenständige Indikation muss auf der Rechnung dokumentiert und erläutert werden.

21. Zu Nummer 3290 GOZ
Die in der Leistungsbeschreibung enthaltene Formulierung „als selbständige Leistung" bedeutet nicht, dass die Kontrolle nur als einzige Leistung beihilfefähig ist. Ausgeschlossen ist die Beihilfefähigkeit der Nummer 3290 GOZ dagegen, wenn die Kontrolle als unselbständige Teilleistung einer in gleicher Sitzung anfallenden anderen, umfassenderen Leistung anzusehen ist.

22. Zu Nummer 4000 GOZ
Der Ansatz eines erhöhten Steigerungsfaktors mit der Begründung „mehrerer Messstellen" (zum Beispiel 6) stellt in der Parodontaldiagnostik keine außergewöhnliche Leistung dar und ist daher nicht beihilfefähig. Die Bayerische Landeszahnärztekammer gibt in einer Mitteilung im Bayerischen Zahnärzteblatt aus dem Jahr 1997 (BZB 1997, Heft 11/97, S. 28, 31) beispielsweise an, dass sechs bis sogar zehn Messpunkte für eine Diagnostik in Frage kommen können.

23. Zu Nummer 4005 GOZ
Die Leistungsbeschreibung umfasst die Erhebung mindestens eines Gingivalindex und/oder eines Parodontalindex. Die Durchführung eines weiteren diagnostischen Index ist durch die Leistung als solche bereits abgedeckt und kann auch nicht gesondert über einen erhöhten Steigerungssatz berücksichtigt werden.

24. Zu Nummer 4025 GOZ
Die Leistung kann je Zahn und Sitzung nur einmal berücksichtigt werden.

25. Zu Nummer 4110 GOZ
Die Leistung der Nummer 4110 GOZ ist mit der Nummer 4138 GOZ kombinierbar, die die zusätzliche Verwendung einer Membran – bezogen auf die Behandlung eines Zahnes oder Implantates – zur Behandlung eines Knochendefektes abbildet. Die Leistungen nach den Nummern 4110 und 4138 GOZ können auch im Rahmen von chirurgischen Behandlungen indiziert sein.

26. Zu Nummer 5170 GOZ
Die Berechnung einer Gebühr nach Nummer 5170 GOZ kann regelmäßig nur im Zusammenhang mit größeren prothetischen Leistungen (Abschnitt F des Gebührenverzeichnisses) in Betracht kommen, wenn die in der Leistungsbeschreibung genannten qualifizierten Voraussetzungen (zum Beispiel bei sogenannten Kombinationsarbeiten von festsitzendem und herausnehmba-

VII

rem Zahnersatz) vorliegen. Die Abformungen im Zusammenhang mit der Versorgung der Zähne mit Einlagefüllungen und Einzelkronen sowie festsitzendem Zahnersatz für eine Kieferhälfte oder den Frontzahnbereich sind mit den Leistungen nach den Nummern 2150 bis 2170, 2200 bis 2220 und 5000 bis 5040 GOZ abgegolten.

27. Zu Abschnitt G Kieferorthopädische Leistungen
Aufwendungen für Materialien, die auf Grund einer gesonderten Vereinbarung mit der beihilfeberechtigten Person oder ihren berücksichtigungsfähigen Angehörigen nach den allgemeinen Bestimmungen zu Abschnitt G berechnet werden, sind nicht beihilfefähig. Die üblichen Materialien sind nach den Allgemeinen Bestimmungen zu Abschnitt G mit den Gebühren abgegolten.
Zusätzliche Kosten für besondere Bracketsysteme und Bögen wie zum Beispiel selbst ligierende Brackets, thermo- oder superelastische Bögen und so weiter gehen über das Maß des medizinisch Notwendigen hinaus und sind daher nicht beihilfefähig.

28. Zu Nummern 6030 bis 6080 GOZ
Die Leistungen nach den Nummern 6030 bis 6080 GOZ umfassen alle im Behandlungsplan festgelegten Maßnahmen innerhalb eines Zeitraumes von bis zu vier Jahren. Mit Rücksicht auf die Länge des Behandlungszeitraums von kieferorthopädischen Behandlungen nach den Nummern 6030 bis 6080 GOZ können quartalsweise Abschlagszahlungen als beihilfefähig anerkannt werden. Die Beihilfeleistungen stehen dann unter dem Vorbehalt einer ordnungsgemäßen Schluss- oder Gesamtabrechnung über den Leistungskomplex gemäß den jeweiligen Vorgaben der Gebührenordnung. Für einen Verlängerungszeitraum der ursprünglichen Kieferumformung kann regelmäßig pro Jahr der Weiterbehandlung ein Viertel der jeweils vollen Gebühr unter Berücksichtigung der Kriterien des § 5 Absatz 2 GOZ als angemessen angesehen werden (Beschluss des Bayerischen Verwaltungsgerichtshofs vom 24. 03. 1997 – 3 B 95.1895 –). Maßnahmen zur Retention (dazu werden Lingualretainer eingesetzt) sind ebenfalls in den Nummern 6030 bis 6080 GOZ berücksichtigt.

29. Zu Nummer 6110 GOZ
Das Entfernen einer Versiegelung wird bei gleichzeitigem Entfernen von Klebebrackets in einem Arbeitsschritt mit dem Entfernen der Klebereste durchgeführt. Die Entfernung einer Versiegelung bei gleichzeitigem Entfernen des Klebebrackets ist deshalb mit der Gebühr nach Nummer 6110 GOZ für das Entfernen des Brackets abgegolten. Eine zusätzlich analoge Berechnung nach Nummer 2000 GOZ für das Entfernen einer alten Versiegelung ist nicht beihilfefähig. Eine erneute Versiegelung des Zahnes ist mit der Gebühr nach Nummer 6110 GOZ ebenfalls abgegolten.

30. Zu Nummer 6190 GOZ
Das beratende und belehrende Gespräch nach Nummer 6190 GOZ kann sich auf kieferorthopädische Fragestellungen, aber auch auf andere zahnmedizinische Gebiete beziehen.
In derselben Sitzung sind die Nummern 0010 GOZ sowie 1 und 3 GOÄ nicht beihilfefähig.

31. Zu Nummern 7000 bis 7070 GOZ
Leistungen aus Abschnitt H GOZ betreffen die Eingliederung von Aufbissbehelfen und Schienen. Sie werden als Behandlungsgeräte zur Beseitigung von Funktionsstörungen oder bei Parodontalerkrankungen eingesetzt. Im Zusammenhang mit der kieferorthopädischen Therapie ist der Ansatz dieser Positionen nicht nachvollziehbar und daher nicht beihilfefähig.

32. Zu Nummern 8000 ff. GOZ

32.1 Aufwendungen für funktionsanalytische und funktionstherapeutische Leistungen sind nur beihilfefähig bei Vorliegen mindestens einer der folgenden Indikationen:

a) Kiefergelenks-, Zahn- und Muskelerkrankungen (Myoarthropathien, craniomandibuläre Dysfunktionen, myofasziales Schmerzsyndrom),
b) im Zusammenhang mit der Behandlung von Zahnfleischerkrankungen (Parodontopathien),
c) umfangreiche Gebisssanierungen,
d) im Zusammenhang mit der Behandlung von Aufbissschienen mit adjustierten Oberflächen nach Anlage 1 Nummer 7010 und 7020 GOZ.

32.2 Eine umfangreiche Gebisssanierung liegt nur vor, wenn in jedem Kiefer mindestens die Hälfte der Zähne eines natürlichen Gebisses sanierungsbedürftig ist und die regelrechte Schlussbisslage durch Einbruch der vertikalen Stützzonen und/oder die Führung der seitlichen Unterkieferbewegungen nicht mehr sicher feststellbar ist. Außerdem ist der erhobene Befund in geeigneter Form nachzuweisen. Im Interesse einer fachgerechten Befunderhebung des stomatognathen Systems ist in diesen Fällen regelmäßig die Leistung nach Nummer 8000 GOZ erforderlich. Liegen die zuvor genannten Voraussetzungen nicht vor, so kann eine niedrigere Bewertung in Form der Nummer 0030 GOZ erfolgen.

32.3 Die Leistungen für die Versorgung mit Einlagefüllungen (Nummern 2150 bis 2170 GOZ), mit Kronen (Nummern 2200 bis 2220 GOZ), mit Brücken (Nummern 5000 bis 5040 GOZ) und mit Prothesen (Nummern 5200 bis 5230 GOZ) umfassen nach den Abrechnungsbestimmungen hinter den Nummern 2220, 5040 und 5230 GOZ auch die Bestimmung der Kieferrelation. Hierfür können daher grundsätzlich keine Gebühren aus Abschnitt J des Gebührenverzeichnisses berechnet werden, es sei denn, dass die unter 32.1 genannten Voraussetzungen erfüllt sind.

32.4 Funktionsanalytische und funktionstherapeutische Leistungen nach den Nummern 8000 ff. GOZ gehören zum Leistungsumfang der kieferorthopädischen Behandlung; sie sind nicht gesondert berechenbar (Urteil Verwaltungsgericht Gelsenkirchen – 3 K 2335/05 – vom 10. 11. 2006).

33. Zu Nummer 9020 GOZ
Die Leistung nach Nummer 9020 GOZ bildet die Einbringung von Implantaten zum temporären Verbleib ab. Zu diesen – in der Regel transgingival eingebrachten – Implantaten gehören auch die orthodontischen, im Rahmen kieferorthopädischer Maßnahmen genutzten Implantate. Im Rahmen der Versorgung mit einer Implantatprothese dürfte eine medizinische Notwendigkeit allerdings kaum zu begründen sein.

34. Zu Nummern 9090 bis 9120 GOZ
Neben der Nummer 9100 GOZ ist die Nummer 9090 GOZ nicht beihilfefähig. Neben den Nummern 9110 und 9120 GOZ ist die Nummer 9090 GOZ dann beihilfefähig, wenn die Knochentransplantation im Operationsgebiet nicht der Auffüllung des durch die Anhebung der Kieferhöhlenschleimhaut entstandenen Hohlraumes dient. Dies ist bei der Auffüllung von Knochendefiziten mit Eigenknochen im Bereich der Implantatschulter bei zeitgleicher Implantation oder beim Ausgleich von Knochendefiziten des Alveolarkamms mit Eigenknochen getrennt vom Bereich des Sinuslifts der Fall. Wird neben den Nummern 9110 oder 9120 GOZ die Nummer 9100 GOZ in Ansatz gebracht, ist eine Berechnung der Nummer 9090 GOZ in derselben Kieferhälfte beihilferechtlich nicht möglich.

35. Zu Nummer 9140 GOZ
Die extraorale Entnahme von Knochen, zum Beispiel aus dem Beckenkamm oder der Schädelkalotte, unterliegt – wie bisher – entsprechenden Gebüh-

VII

renpositionen der GOÄ. Die intraorale Einbringung von Knochenmaterial wird durch die Leistung nach den Nummern 9100, 9110, 9120, 9130 oder 4110 GOZ und gegebenenfalls Nummer 9150 GOZ abgebildet.

C) Sonstige Hinweise

1. Der Ansatz der Nummern 15, 30, 31 und 34 GOÄ ist in Zusammenhang mit zahnärztlichen Maßnahmen grundsätzlich nicht gerechtfertigt.
2. Die Durchführung einer Digitalen Volumentomografie (DVT) ist nur als erweiterte Diagnostik zur Abklärung einer gegebenenfalls zweifelhaften Basisdiagnostik im Einzelfall notwendig. Es bedarf einer gesonderten Begründung des behandelnden Zahnarztes. Bei entsprechender Indikation (s2k-Leitlinie der AWMF zur „Dentalen digitalen Volumentomographie") kann für die DVT die Nummer 5370 GOÄ als beihilfefähig anerkannt werden. Die anschließende computergesteuerte Analyse mit einer 3-D-Rekonstruktion kann in diesen Fällen mit der Zuschlagsnummer 5377 GOÄ als angemessen angesehen werden.
3. Im Hinblick auf die Rechtsprechung des Bundesgerichtshofs (Urteil vom 13. 10. 2011 – III ZR 231/10 –) ist spätestens vor einem Klageverfahren eine amtszahnärztliche Meinung einzuholen und zu den Akten zu nehmen.
4. Die Nummern 490, 491, 493, 494 GOÄ dürfen von Zahnärzten ohne ärztliche Approbation nicht zum Zwecke der intraoralen Lokal- beziehungsweise Leitungsanästhesie berechnet werden. Die Berechnung der Nummer 494 GOÄ ist auch für Mund-Kiefer-Gesichtschirurgen zum alleinigen Zwecke der Schmerzausschaltung bei zahnärztlich-chirurgischen Leistungen fachlich nicht indiziert und daher nicht berechnungs- und beihilfefähig.
5. Im Zusammenhang mit den in der zahnärztlichen Therapie gängigen Röntgenaufnahmen (Nummern 5000, 5002, 5004 GOÄ) ist eine Berechnung der Nummer 5298 GOÄ nicht beihilfefähig. Fernröntgenseitenaufnahmen können mit Nummer 5095 GOÄ als beihilfefähig anerkannt werden.
6. Watterollen, Sauger und Instrumente zum Abhalten der Wange, Lippe und Zunge sind konventionelle Mittel, um eine relative Trockenlegung zu erreichen. Die relative Trockenlegung ist bei vielen Leistungen integraler Bestandteil und daher nicht gesondert beihilfefähig.
7. Stellt die Anamneseerhebung über eine Bezugsperson nach Nummer 4 GOÄ für bestimmte Personengruppen (insbesondere Kinder) den Regelfall dar, so ist diese bereits mit der Abrechnung nach den Nummern 1 oder 3 GOÄ abgegolten und berechtigt nicht zu einem zusätzlichen Ansatz der Nummer 4 GOÄ.
8. Eine Periimplantitis-Behandlung im offenen Verfahren stellt eine selbstständige Leistung dar und wird gemäß § 6 Absatz 1 GOZ analog berechnet. Als Analoggebühr können je nach Lokalisation die Nummern 4090 beziehungsweise 4100 GOZ als angemessen berücksichtigt werden.

Anlage 8

Förderwürdige Gesundheits- und Präventionskurse

1. Je Kalenderjahr wird zu den Aufwendungen für die Teilnahme an bis zu zwei Gesundheits- oder Präventionskursen zu den Bereichen Bewegungsgewohnheiten, Ernährung, Stressmanagement und Suchtmittelkonsum ein Zuschuss von bis zu 75 Euro je Kurs gezahlt. Der in Anspruch genommene Kurs muss von einer gesetzlichen Krankenkasse als förderwürdig anerkannt sein und die Teilnahme an mindestens 80 Prozent der Kurseinheiten des Kurses nachgewiesen werden. Die Voraussetzungen nach Satz 2 sind durch eine Bescheinigung des Kursveranstalters nachzuweisen. Die Aufwendungen werden dem Kalenderjahr zugerechnet, in dem der Kurs beendet wurde. Die Zuschüsse sind auf Zuschüsse nach Nummer 3 anzurechnen.

2. Der Zuschuss wird nicht gezahlt, wenn die oder der Beihilfeberechtigte oder die oder der berücksichtigungsfähige Angehörige als Mitglied der gesetzlichen Krankenversicherung dem Grunde nach einen Anspruch auf Leistungen im Sinne des § 20 des Fünften Buches Sozialgesetzbuch oder vergleichbare freiwillige Leistungen der gesetzlichen Krankenversicherung hat.

3. Für Kursgebühren vergleichbarer Gesundheits- und Präventionskurse nach Nummer 1 Satz 1, die ein Dienstherr im Rahmen seines Betrieblichen Gesundheitsmanagements anbietet, kann Beihilfeberechtigten je Kalenderjahr für zwei Kurse ein Zuschuss von bis zu 75 Euro je Kurs gezahlt werden. Die Zuschüsse sind auf Zuschüsse nach Nummer 1 anzurechnen.

Verwaltungsvorschriften zur Ausführung der Verordnung über die Gewährung von Beihilfen in Geburts-, Krankheits-, Pflege- und Todesfällen

Vom 15. September 2016 (MBl. NRW. S. 524)

Zuletzt geändert durch
Änderung des Runderlasses „Verwaltungsvorschriften zur Ausführung der Verordnung über die Gewährung von Beihilfen in Geburts-, Krankheits-, Pflege- und Todesfällen"
vom 29. August 2018 (MBl. NRW. S. 485)

Artikel I

Zur Ausführung der Verordnung über die Gewährung von Beihilfen in Geburts-, Krankheits-, Pflege- und Todesfällen bestimme ich:

1 Zu § 1 Beihilfeberechtigte Personen

1.1 Absatz 1

1.1.1 Nach § 72 Absatz 1 Satz 2 des Landesbeamtengesetzes vom 14. Juni 2016 (GV. NRW. S. 310, ber. S. 642) in der jeweils geltenden Fassung werden, sofern eine oder mehrere Beurlaubungen ohne Dienstbezüge 30 Tage insgesamt im Kalenderjahr nicht überschreiten, für die Dauer dieser Beurlaubungen Beihilfen gewährt.

VII

1.1.2 Witwer, hinterbliebene eingetragene Lebenspartner und Waisen beihilfeberechtigter Personen sind ab dem Tod der beihilfeberechtigten Person selbst beihilfeberechtigt.

1.1.3 Während der Elternzeit besteht gegebenenfalls ein Anspruch auf eine besoldungsabhängige Erstattung von Beiträgen zur Kranken- und Pflegeversicherung nach der Freistellungs- und Urlaubsverordnung NRW vom 19. Januar 2012 (GV. NRW. S. 2, ber. S. 92), die zuletzt durch Artikel 1 der Verordnung vom 19. Dezember 2017 (GV. NRW. S. 1004) geändert worden ist, in der jeweils geltenden Fassung.

1.2 Absatz 2

(unbesetzt)

1.3 Absatz 3

1.3.1 Nummer 1

1.3.1.1 Bedienstete, die auf unbestimmte Zeit beschäftigt werden, sind beihilfeberechtigt.

1.3.1.2 Eine Unterbrechung der Tätigkeit im öffentlichen Dienst liegt vor, wenn der Beihilfeberechtigte an einem oder mehreren Werktagen, an denen üblicherweise Dienst getan wurde, nicht im öffentlichen Dienst gestanden hat. Dies gilt nicht für die Zeit, die zwischen zwei Dienstverhältnissen zur Ausführung eines Umzuges benötigt wurde. Als Unterbrechung gilt es nicht, wenn das Beamtenverhältnis auf Widerruf gemäß § 22 Absatz 4 des Beamtenstatusgesetzes vom 17. Juni 2008 (BGBl. I S. 1010) in der jeweils geltenden Fassung, geendet hat und der Antragsteller innerhalb von drei Monaten nach dem Ausscheiden wieder in den öffentlichen Dienst übernommen worden ist.

1.3.1.3 Lehrer erhalten keine Beihilfen, wenn sie regelmäßig wöchentlich weniger als die Hälfte der Pflichtstundenzahl unterrichten.

1.3.1.4 Beamte, denen eine unterhälftige Teilzeitbeschäftigung nach den §§ 64 Absatz 1 Satz 2, 66 Absatz 4 oder 67 des Landesbeamtengesetzes bewilligt worden ist, erhalten weiterhin Leistungen der Krankenfürsorge nach § 64 Absatz 5 bzw. § 74 Absatz 2 Satz 3 des Landesbeamtengesetzes.

1.3.1.5 Während einer Teilzeitbeschäftigung im Blockmodell nach § 65 des Landesbeamtengesetzes besteht ein Beihilfeanspruch. Während einer unterhälftigen Altersteilzeit besteht Anspruch auf Leistungen der Krankenfürsorge in entsprechender Anwendung der Beihilferegelungen für Beamtinnen und

Beamte (§ 66 Absatz 4 des Landesbeamtengesetzes).

1.3.2 Nummer 2

1.3.2.1 Nach der Rechtsprechung des Bundesverwaltungsgerichts ist die Konkurrenzregelung des § 1 Absatz 3 Nummer 2 der Beihilfenverordnung NRW vom 5. November 2009 (GV. NRW. S. 602) in der jeweils geltenden Fassung, nicht auf Versorgungsempfänger anzuwenden, die auf Grund einer krankenversicherungspflichtigen Beschäftigung einen Beihilfeanspruch haben und damit beihilferechtlich auf die Sachleistungen der gesetzlichen Krankenversicherung oder Unfallversicherung verwiesen werden. Der Versorgungsempfänger kann in diesem Fall bei seiner Pensionsregelungsbehörde die Aufwendungen geltend machen, die über die Sachleistungen bzw. den Wert der Sachleistungen hinausgehen.

1.3.3 Nummer 3 (unbesetzt)

1.4 Absatz 4

1.4.1 Bei laufenden Abordnungen (Beginn vor dem 1. April 2009) kann es bei der Regelung nach § 1 Absatz 4 der Beihilfenverordnung in der bis zum 31. März 2009 geltenden Fassung verbleiben, soweit keine anderen Vereinbarungen zwischen den Dienstherren getroffen werden bzw. der Beihilfeberechtigte nicht die Anwendung des § 14 Absatz 4 des Beamtenstatusgesetzes beantragt. Einzelfallbezogene Vereinbarungen der Dienstherren über die Erstattung der Beihilfekosten sollten im Rahmen der Vereinbarungen über die Erstattung der Besoldung getroffen werden und sind seitens der Beihilfestellen zu beachten.

1.4.2 Eine Abordnung oder Versetzung liegt nicht vor, wenn ein Bediensteter einem anderen Dienstherrn zur Ausbildung zugewiesen wird. In diesem Fall zahlt der zuweisende Dienstherr die Beihilfen.

1.5 Absatz 5
(unbesetzt)

1.6 Absatz 6

1.6.1 § 1 Absatz 6 der Beihilfenverordnung NRW ist beim Übertritt oder bei der Übernahme eines Beamten in den Dienst eines anderen Dienstherrn entsprechend anzuwenden (vergleiche § 3 Absatz 5 der Beihilfenverordnung NRW).

1.7 Absatz 7

1.7.1 Mit der Regelung des § 1 Absatz 7 Satz 2 der Beihilfenverordnung NRW wird sichergestellt, dass der Beihilfeanspruch aus einem eigenen Ruhegehalt dem nachträglich erworbenen Beihilfeanspruch als Hinterbliebener vorgeht. Die bisherige Regelung, nach der Versorgungsempfänger mit mehreren Versorgungsansprüchen die Beihilfen von der Stelle erhalten, die für die Festsetzung der neuen Versorgungsbezüge zuständig ist, kann in den Fällen, die bereits vor dem 1. April 2009 bestanden, beibehalten werden, wenn der Beihilfeberechtigte dies beantragt.

2 Zu § 2 Beihilfefälle

2.1 Absatz 1

2.1.1 Nummer 1

2.1.1.1 Die steuerrechtlichen Einkünfte umfassen folgende Einkunftsarten:

1. Einkünfte aus Land- und Forstwirtschaft,
2. Einkünfte aus Gewerbebetrieb,
3. Einkünfte aus selbständiger Arbeit (zum Beispiel aus der Tätigkeit als Arzt, Zahnarzt, Rechtsanwalt, Architekt, Steuerberater),
4. Einkünfte aus nichtselbständiger Arbeit (Gehälter, Löhne, Versorgungsbezüge auf Grund früherer Dienstleistung),
5. Einkünfte aus Kapitalvermögen,
6. Einkünfte aus Vermietung und Verpachtung,
7. sonstige Einkünfte im Sinne des § 22 des Einkommensteuergesetzes vom 08. Oktober 2009 (BGBl. I S. 3366, 3862) in der jeweils geltenden Fassung.

Die Summe dieser Einkünfte, vermindert um den Altersentlastungsbetrag, den Entlastungsbetrag für Alleinerziehende und den Abzug bei den Einkünften aus Land- und Forstwirtschaft nach § 13 Absatz 3 des Einkommensteuergesetzes ist der Gesamtbetrag

VII

der Einkünfte. Kinderbetreuungskosten sind zu berücksichtigen (vergleiche § 2 Absatz 5a Satz 2 des Einkommensteuergesetzes). Nach § 2 Absatz 2 des Einkommensteuergesetzes sind Einkünfte bei Land- und Forstwirtschaft, Gewerbebetrieb und selbständiger Arbeit der Gewinn (§§ 4 bis 7k des Einkommensteuergesetzes), bei anderen Einkunftsarten die Einnahmen abzüglich der Werbungskosten (§§ 8 bis 9a des Einkommensteuergesetzes).

2.1.1.2 (unbesetzt)

2.1.1.3 Der Festsetzung der Beihilfe sind die Angaben des Beihilfeberechtigten über die Einkünfte des Ehegatten oder eingetragenen Lebenspartners im Antragsvordruck zu Grunde zu legen. Sofern der Gesamtbetrag der Einkünfte noch nicht festgestellt werden kann, steht die Beihilfefestsetzung unter dem Vorbehalt, dass die Grenze von 18 000 Euro nicht überschritten wird. Sofern nach Lage des Falles ein Überschreiten der Höchstgrenze möglich erscheint, hat die Beihilfestelle einen Nachweis über die Höhe der Einkünfte zu fordern. Die beihilferechtlich zu berücksichtigenden Kinderbetreuungskosten sind dem Steuerbescheid zu entnehmen. Bei gewählter Zusammenveranlagung (§ 26 des Einkommensteuergesetzes) sind die Kinderbetreuungskosten hälftig bei der Ermittlung des Gesamtbetrages der Einkünfte der zu berücksichtigenden Person in Abzug zu bringen, soweit die zu berücksichtigende Person nicht nachweist, dass sie höhere Aufwendungen aus eigenen Mitteln wirtschaftlich getragen hat.

2.1.1.3.1 Die für die beihilferechtliche Prüfung nicht benötigten Angaben auf dem Steuerbescheid können von den Beihilfeberechtigten unkenntlich gemacht werden.

2.1.1.4 Der Ehegatte oder eingetragene Lebenspartner eines Beihilfeberechtigten, der der Krankenversorgung der Bundesbahnbeamten (KVB) angehört, ist als selbst beihilfeberechtigt anzusehen. Dies gilt nicht, wenn der Ehegatte oder eingetragene Lebenspartner einen Zuschlag zu seinem Krankenversicherungsbeitrag zahlen muss, weil ihm die aus Haushaltsmitteln gewährten Fürsorgeleistungen der Deutschen Bundesbahn nicht zu Gute kommen. Ist ein Kind, für das der Beihilfeberechtigte Anspruch auf Beihilfen hat, in der KVB mitversichert, wird eine Beihilfe zu den Aufwendungen für das Kind nur gewährt, sofern nachgewiesen wurde, dass die KVB zu diesen Aufwendungen keine Fürsorgeleistungen erbracht hat bzw. erbringt.

2.1.1.5 Hat der berücksichtigungsfähige Ehegatte oder eingetragene Lebenspartner keine Einkünfte mehr und erklärt der Beihilfeberechtigte, dass im laufenden Kalenderjahr der Gesamtbetrag der Einkünfte des Ehegatten oder eingetragenen Lebenspartners den Betrag von 18 000 Euro (vergleiche Nummer 2.1.1.1) nicht überschreiten wird, kann unter dem Vorbehalt des Widerrufs eine Beihilfe gewährt werden. Nach Ablauf des Kalenderjahres ist ein Nachweis über die Höhe der Einkünfte zu erbringen. Satz 1 gilt nicht für Aufwendungen, die in den Kalenderjahren entstanden sind, in denen der Gesamtbetrag der Einkünfte des Ehegatten oder eingetragenen Lebenspartners 18 000 Euro (vergleiche Nummer 2.1.1.1) überschritten hat.

2.1.1.6 In den Fällen des § 4 des Pflegezeitgesetzes vom 28. Mai 2008 (BGBl. I S. 874, 896) in der jeweils geltenden Fassung, sowie der §§ 64 Absatz 5 und 74 Absatz 2 Satz 3 des Landesbeamtengesetzes ist eine Beihilfe auch dann zu gewähren, wenn der Ehegatte oder eingetragene Lebenspartner im Kalenderjahr vor der Antragstellung und/oder im laufenden Kalenderjahr ausschließlich Einkünfte aus nichtselbstständiger Arbeit (§ 19 des Einkommensteuergesetzes) erzielt und diese mehr als 18 000 Euro betragen haben bzw. betragen. Dies gilt bei Ehegatten oder eingetragenen Lebenspartnern, die vor der Beurlaubung einen Beihilfeanspruch gegen einen anderen Dienstherrn hatten, nur dann, wenn der andere Dienstherr bei Beamten des Landes, die auf Grund der Regelung des § 4 des Pflegezeitgesetzes sowie der §§ 64 Absatz 5 und 74 Absatz 2 Satz 3 des Landesbeamtengesetzes berücksichtigungsfähige Person werden, entsprechend verfährt.

2.1.1.7 Nicht selbst beihilfeberechtigt im Sinne des § 2 Beihilfenverordnung NRW sind

VII

nach der Rechtsprechung des Bundesverwaltungsgerichts auch die Angehörigen eines Beihilfeberechtigten, die gesetzlich versichert sind, auf Grund ihrer Beschäftigung einen Beihilfeanspruch haben und damit beihilferechtlich auf die Sach- oder Dienstleistungen der gesetzlichen Kranken- oder Unfallversicherung verwiesen werden. Der Beihilfeberechtigte kann in diesem Fall bei seiner Beihilfestelle die Aufwendungen geltend machen, die über die Sach- oder Dienstleistungen bzw. den Wert der Sach- oder Dienstleistungen hinausgehen. Hat der pflichtversicherte Angehörige Kostenerstattung nach § 13 Absatz 2 SGB V gewählt oder nach § 13 Absatz 4 SGB V erhalten, können die nicht gedeckten Aufwendungen nicht geltend gemacht werden. Dies gilt entsprechend für gesetzlich vorgesehene Zuzahlungen und Gebühren.

2.1.1.8 Nach § 64 Absatz 5 in Verbindung mit § 74 Absatz 2 des Landesbeamtengesetzes besteht während der Zeit einer familienpolitischen Beurlaubung oder bei Elternzeit ein Anspruch auf Leistungen der Krankenfürsorge in entsprechender Anwendung der Beihilferegelungen für Beamtinnen und Beamte mit Besoldung. Dies gilt nicht, wenn die Beamtin oder der Beamte berücksichtigungsfähige Person einer oder eines Beihilfeberechtigten wird oder Anspruch auf Familienversicherung nach § 10 des Fünften Buches Sozialgesetzbuch – Gesetzliche Krankenversicherung – (Artikel 1 des Gesetzes vom 20. Dezember 1988, BGBl. I S. 2477, 2482), das zuletzt durch Artikel 4 des Gesetzes vom 17. August 2017 (BGBl. I S. 3214) geändert worden ist, besteht. Die Beihilfestelle hat daher abzuklären, ob die oder der Beurlaubte berücksichtigungsfähige Person gegebenenfalls auch nach anderen Beihilfevorschriften werden kann. Nach § 5 Absatz 1 Nummer 2 der Bundesbeihilfeverordnung vom 13. Februar 2009 (BGBl. I S. 326), die zuletzt durch Artikel 1 der Verordnung vom 24. Juli 2018 (BGBl. I S. 1232) geändert worden ist, ist dies zum Beispiel ausgeschlossen, sodass der eigene Beihilfeanspruch nach der Beihilfenverordnung NRW bestehen bleibt. Da in vergleichbaren Fällen Beihilfeberechtigte des Bundes ihren Beihilfeanspruch behalten, werden sie nicht berücksichtigungsfähige Person ihrer Ehegatten oder eingetragenen Lebenspartnerinnen oder Lebenspartner mit Anspruch nach der Beihilfenverordnung NRW.

2.1.1.9 Beantragt der Beihilfeberechtigte erstmals eine Beihilfe für Aufwendungen seines eingetragenen Lebenspartners, ist dem Beihilfeantrag eine beglaubigte Kopie der Lebenspartnerschaftsurkunde beizufügen. Diese Kopie ist zu den Akten zu nehmen.

2.1.1.10 Nach dem Landesbesoldungsgesetz vom 14. Juni 2016 in der jeweils geltenden Fassung, werden im Familienzuschlag die Kinder berücksichtigt, für die dem Beamten Kindergeld nach dem Einkommensteuergesetz oder nach dem Bundeskindergeldgesetz vom 28. Januar 2009 (BGBl. I S. 142, 3177) in der jeweils geltenden Fassung, zusteht oder ohne Berücksichtigung der §§ 64 oder 65 des Einkommensteuergesetzes oder der §§ 3 oder 4 des Bundeskindergeldgesetzes zustehen würde. Bei in einer eingetragenen Lebenspartnerschaft lebenden Kindern ist es bis zu einer Änderung der besoldungs- und versorgungsrechtlichen Vorschriften für die Gewährung von Beihilfen ausreichend, wenn einem der eingetragenen Lebenspartner für das Kind Kindergeld zusteht oder zustehen würde. Nummer 2.2.2 gilt entsprechend.

2.1.2 Nummer 2

2.1.2.1 Die Aufwendungen (§ 9 Absatz 1 Beihilfenverordnung NRW) sind auch dann beihilfefähig, wenn die Einkünfte der grundsätzlich berücksichtigungsfähigen Ehefrau (anderen eingetragenen Lebenspartnerin) im Kalenderjahr vor der Antragstellung 18 000 Euro überstiegen haben. Auch der Zuschuss nach § 9 Absatz 1 Satz 2 Beihilfenverordnung NRW kann gezahlt werden.

2.1.3 Nummer 3 (unbesetzt)

2.1.4 Nummer 4 (unbesetzt)

2.1.5 Nummer 5 (unbesetzt)

2.2 Absatz 2

2.2.1 § 2 Absatz 2 Beihilfenverordnung NRW gilt auch für nicht selbst beihilfeberechtigte

Kinder von Beihilfeberechtigten, die keinen Anspruch auf Familienzuschlag haben (Lohnempfänger), sofern bei Anwendung des Besoldungsgesetzes die Kinder im Familienzuschlag berücksichtigungsfähig wären; Nummer 2.1.1.10 gilt entsprechend.

2.2.2 § 2 Absatz 2 Satz 1 zweiter Halbsatz Beihilfenverordnung NRW gilt in den Fällen des § 32 Absatz 5 des Einkommensteuergesetzes entsprechend.

2.2.3 Ein nicht selbst beihilfeberechtigtes Kind gilt auch dann als im Familienzuschlag berücksichtigungsfähig, wenn es wegen der Konkurrenzregelung des § 43 Absatz 5 des Landesbesoldungsgesetzes nicht im Familienzuschlag erfasst ist. Dies gilt nicht, wenn ein Kind, das bei mehreren Beihilfeberechtigten berücksichtigungsfähig ist, nach Bundes- oder Landesbeihilferecht nur bei dem Beihilfeberechtigten berücksichtigt wird, der den Familienzuschlag für das Kind nach § 43 des Landesbesoldungsgesetzes erhält.

2.2.4 Die schriftliche Erklärung der Beihilfeberechtigten zu den Aufwendungen des Kindes ist von der Beihilfestelle, die die Beihilfe für das Kind zahlen soll, zu den Akten zu nehmen. Eine Kopie der Erklärung ist der Beihilfestelle des anderen Beihilfeberechtigten zu übersenden. In den Fällen der Nummer 2.2.3 Satz 2 gilt die Beantragung des Familienzuschlags durch einen Beihilfeberechtigten als Bestimmung der Beihilfeberechtigten nach § 2 Absatz 2 Satz 2 der Beihilfenverordnung NRW.

VII

2.3 Absatz 3

(unbesetzt)

3 Zu § 3 Begriff der beihilfefähigen Aufwendungen

3.1 Absatz 1

3.1.1 Nummer 1

(unbesetzt)

3.1.2 Nummer 2

3.1.2.1 Für die Früherkennung von Krankheiten gelten die folgenden Richtlinien des Gemeinsamen Bundesausschusses (**www.g-ba.de**) in der jeweils aktuellen Fassung:

a) Kinder-Richtlinie in der Fassung vom 18. Juni 2015 (BAnz AT 18. 08. 2016 B 1).
b) Jugendgesundheitsuntersuchungs-Richtlinie in der Fassung vom 26. Juni 1998 (BAnz Nr. 159 vom 27. August 1998).
c) Krebsfrüherkennungs-Richtlinie in der Fassung vom 18. Juni 2009 (BAnz Nr. 148a).
d) Gesundheitsuntersuchungs-Richtlinie in der Fassung vom 24. August 1989 (Bundesarbeitsblatt Nr. 10).

Die vorstehend genannten Richtlinien sind auf der Internetseite des Gemeinsamen Bundesausschusses (www.g-ba.de) veröffentlicht.

3.1.2.2 Aufwendungen für Leistungen, die im Rahmen von Maßnahmen zur Früherkennung von Krankheiten und Vorsorgeuntersuchungen durchgeführt werden, nicht aber zum Leistungsumfang nach den Richtlinien des Gemeinsamen Bundesausschusses (s. o. Nummer 3.1.2.1) gehören, sind grundsätzlich nur dann beihilfefähig, wenn sie im Rahmen einer gesonderten Diagnosestellung des Arztes erfolgt sind.

3.1.3 Auf Teil B Nummer 5, 6 und 7 der Anlage 7 der Beihilfenverordnung NRW wird hingewiesen.

3.2 Absatz 2

3.2.1 Nach der Rechtsprechung des Bundesverwaltungsgerichts (vergleiche Beschluss vom 30. September 2011 – 2 B 66.11 –) sind Aufwendungen beihilferechtlich zu berücksichtigen, wenn die medizinische Leistung notwendig ist. § 27 Absatz 1 Satz 1 SGB V gilt entsprechend. Leistungen auf Verlangen (zum Beispiel Schönheitsoperationen ohne medizinischen Grund) sind in Ermangelung einer behandlungsbedürftigen Erkrankung oder Verletzung dementsprechend nicht notwendig und die Behandlungskosten somit nicht beihilfefähig.

3.2.2 Die Aufwendungen müssen der Höhe nach angemessen sein. Die Entscheidung hierüber trifft die Beihilfestelle. Die in den Anlagen 3, 4 und 5 der Beihilfenverordnung NRW genannten Beträge gelten als angemessen. In Zweifelsfällen ist bei Landesbediensteten das Ministerium der Finanzen zu beteiligen.

3.2.3 Hält ein Facharzt oder – nach Einholung einer fachärztlichen Stellungnahme – ein praktischer Arzt eine Untersuchung in einer Diagnoseklinik wegen der Besonderheit des Krankheitsbildes für erforderlich, sind die durch die Inanspruchnahme der nächstgelegenen Diagnoseklinik entstehenden Kosten nach § 4 Absatz 1 Nummer 1, 2, 3, 7 und 11 sowie § 4i Absatz 2 Beihilfenverordnung NRW beihilfefähig. Die ärztliche Bescheinigung, die gegebenenfalls einen Hinweis auf die fachärztliche Stellungnahme enthalten muss, ist zusammen mit dem Beihilfeantrag vorzulegen.

Sind die Voraussetzungen des Absatzes 1 nicht erfüllt, wird zu den Beförderungskosten sowie zu den bei stationärer oder nichtstationärer Unterbringung entstehenden Kosten für Unterkunft und Verpflegung keine Beihilfe gezahlt; beihilfefähig sind nur die Aufwendungen nach § 4 Absatz 1 Nummer 1 und 7 sowie § 4i Absatz 2 der Beihilfenverordnung NRW. Aufwendungen für eine stationäre Unterbringung (§ 4 Absatz 1 Nummer 2 Beihilfenverordnung NRW) können ausnahmsweise dann als beihilfefähig berücksichtigt werden, wenn sich anlässlich der Untersuchung in der Klinik die dringende Notwendigkeit einer solchen Unterbringung ergibt und dies von der Klinik bescheinigt wird.

3.2.4 Der in der Gebührenordnung für Ärzte vom 9. Februar 1996 (BGBl. I S. 210) in der jeweils geltenden Fassung, und der Gebührenordnung für Zahnärzte vom 22. Oktober 1987 (BGBl. I S. 2316) in der jeweils geltenden Fassung, vorgegebene Bemessungsrahmen enthält im Zusammenwirken mit den jeweiligen Gebührenverzeichnissen eine Bandbreite für die Gebührenbemessung, die, bezogen auf die einzelne Leistung, ausreicht, um grundsätzlich auch schwierigste Leistungen angemessen zu entgelten. Liquidationen, die neben der Abrechnung erbrachter ärztlicher Leistungen nach der Gebührenordnung für Ärzte in Übereinstimmung mit der aktuellen Rechtslage auch die entsprechende Umsatzsteuer ausweisen, sind in vollem Umfang, d.h. einschließlich der Umsatzsteuer beihilfefähig (zum Beispiel selbständig tätige Beleg- oder Laborärzte).

3.2.5 Soweit hinsichtlich der Notwendigkeit und Angemessenheit der berechneten Leistungen erhebliche Zweifel an Heilpraktikerrechnungen bestehen, können Anfragen anonymisiert und kostenfrei an die nachfolgend aufgeführten Berufsverbände der Heilpraktiker gestellt werden:

1. Bund Deutscher Heilpraktiker e. V., Gebühren- und Gutachtenkommission, Herrn Siegfried Kämper, Am Stadtgarten 2, 45883 Gelsenkirchen,
2. Deutsche Heilpraktikerverbände – DDH –, Gebühren- und Gutachterkommission, Maarweg 10, 53123 Bonn,
3. Freie Heilpraktiker e.V., Gutachter- und GebüH-Kommission, Frau Cynthia Roosen, Benrather Schlossallee 49–53, 40597 Düsseldorf.

3.2.6 Nach der Gebührenordnung für Psychologische Psychotherapeuten und Kinder- und Jugendlichenpsychotherapeuten (GOP) vom 8. Juni 2000 (BGBl. I S. 818) in der jeweils geltenden Fassung, richten sich die Vergütungen für die beruflichen Leistungen dieser Berufsgruppe nach der Gebührenordnung für Ärzte. Berechenbar sind ausschließlich Leistungen, die in den Abschnitten B und G aufgeführt sind (§ 1 Absatz 2 GOP).

Berechenbar sind aus Abschnitt B grundsätzlich nur die Nummern 1, 3, 4, 34, 60, 70 (ausgenommen Dienst- bzw. Arbeitsunfähigkeitsbescheinigungen), 75, 80, 85, 95, 96 und aus Abschnitt G nur die Nummern 808, 835, 845 bis 847, 855 bis 857, 860 bis 865, 870, 871.

Gebühren für Leistungen nach Abschnitt B sowie Gebühren für Leistungen nach den Nummern 808, 835, 845 bis 847, 855 bis 857 und 860 des Abschnittes G der Gebührenordnung für Ärzte unterliegen nicht dem Voranerkennungsverfahren durch vertrauensärztliche Gutachter, sie sind unabhängig von den übrigen Behandlungsziffern nach Abschnitt G der Gebührenordnung für Ärzte beihilfefähig.

Mein Runderlass „Hinweise zum ärztlichen Gebührenrecht" vom 10. Dezember 1997 (MBl. NRW. 1998 S. 36) gilt entsprechend; dabei ist jedoch davon auszugehen, dass die Gebühren den 2,3fachen Satz grundsätzlich nicht überschreiten dürfen.

Nach § 1 Absatz 2 Satz 2 GOP gilt § 6 Absatz 2 der Gebührenordnung für Ärzte mit der Maßgabe, dass psychotherapeutische Leistungen, die nicht in der Gebührenordnung für Ärzte enthalten sind, entsprechend einer nach Art, Kosten und Zeitaufwand gleichwertigen Leistung der Abschnitte B und G des Gebührenverzeichnisses der Gebührenordnung für Ärzte berechnet werden können. Derzeit wird die Notwendigkeit einer Analogbewertung allerdings nicht gesehen.

Sofern Psychotherapeuten eine Analogbewertung vornehmen und/oder den o. g. Gebührenansatz überschreiten, ist die Rechnung dem Gutachter/Obergutachter zur Begutachtung vorzulegen. Diese Begutachtung kann zum üblichen Satz (Nummer 4b.4.3) vergütet werden.

3.2.7 Überschreitet eine Gebühr für ärztliche oder psychotherapeutische Leistungen den in den §§ 5 Absatz 2 Satz 4, 5 Absatz 3 Satz 2 und 5 Absatz 4 Satz 2 Gebührenordnung für Ärzte vorgesehenen Schwellenwert, so kann sie nur dann als angemessen angesehen werden, wenn in der schriftlichen Begründung der Rechnung (§ 12 Absatz 3 Sätze 1 und 2 Gebührenordnung für Ärzte) dargelegt ist, dass erheblich über das gewöhnliche Maß hinausgehende Umstände, die in der Person des Patienten liegen (patientenbezogene Bemessungskriterien), dies rechtfertigen. Derartige Umstände können i.d.R. nur dann gegeben sein, wenn die einzelne Leistung aus bestimmten Gründen

a) besonders schwierig war oder
b) einen außergewöhnlichen Zeitaufwand beanspruchte oder
c) wegen anderer besonderer Umstände bei der Ausführung erheblich über das gewöhnliche Maß hinausging

und diese Umstände nicht bereits in der Leistungsbeschreibung des Gebührenverzeichnisses berücksichtigt sind (§ 5 Absatz 2 Satz 3 der Gebührenordnung für Ärzte; vergleiche z. B. Nummer 2382 des Gebührenverzeichnisses der GOÄ).

Nach § 12 Absatz 3 Satz 2 der Gebührenordnung für Ärzte ist die Begründung auf Verlangen näher zu erläutern. Bestehen bei der Beihilfestelle Zweifel darüber, ob die in der Begründung dargelegten Umstände die Überschreitung und/oder den Umfang der Überschreitung rechtfertigen, ist gegebenenfalls mit Einverständniserklärung des Beihilfeberechtigten eine Stellungnahme des zuständigen Amtsarztes und gegebenenfalls eines sonstigen medizinischen Sachverständigen einzuholen. Die Kosten der Begutachtung übernimmt die Beihilfestelle.

Wird das Einverständnis verweigert und kann die Berechtigung des Anspruchs nicht anderweitig festgestellt werden, wird eine Beihilfe nicht gezahlt.

Gebühren, die auf einer Abdingung nach § 2 Absatz 1 der Gebührenordnung für Ärzte beruhen, können grundsätzlich nur bis zum Schwellenwert als angemessen im Sinne der Beihilfenverordnung NRW angesehen werden, es sei denn, eine Überschreitung des Schwellenwertes bis zum höchsten Gebührensatz (§ 5 GOÄ) ist nach der Begründung (s. o.) gerechtfertigt. Über Ausnahmen in außergewöhnlichen, medizinisch besonders gelagerten Einzelfällen entscheidet für den Landesbereich das Finanzministerium.

3.2.8 Hinsichtlich der Beihilfefähigkeit von Aufwendungen zahnärztlicher Leistungen verweise ich auf Anlage 7 der Beihilfenverordnung NRW.

3.2.9 Aufwendungen, die auf Grund der Anwendung einer anderen öffentlichen Gebührenordnung entstehen, können ebenfalls beihilfefähig sein. Als andere öffentliche Gebührenordnung gelten zum Beispiel die landesrechtlichen Regelungen (Gesetze) über den Rettungsdienst. Darin ist geregelt, dass für Leistungen des Rettungsdienstes (Notfallrettung oder Krankentransport) Benutzungsentgelte zwischen den Leistungsträgern und bestimmten Kostenträgern zu vereinbaren sind, die für alle anderen Benutzer

VII

verbindlich sind. Pauschal berechnete Benutzungsentgelte für Leistungen des Rettungsdienstes sind beihilfefähig, wenn sie auf Grundlage dieser Regelungen vereinbart und einheitlich berechnet werden. Abrechnungen nach dem „Deutsche Krankenhausgesellschaft Normaltarif (DKG-NT)" sind ebenfalls beihilfefähig.

3.2.10 Ist die Beihilfeberechtigte beziehungsweise der Beihilfeberechtigte oder eine berücksichtigungsfähige Person zivilgerichtlich rechtskräftig zur Begleichung der Honorarforderung einer Behandlerin oder eines Behandlers verurteilt, ist die Vergütung regelmäßig als angemessen im Sinne des § 3 Absatz 1 Satz 1 der Beihilfenverordnung NRW anzuerkennen (BVerwG, Urteil vom 25. November 2004 – 2 C 30.03).

3.2.11 Rechnungen, die auf Grund von Vereinbarungen, Verträgen zwischen Leistungserbringern und Krankenhäusern nach dem Fünften Buch Sozialgesetzbuch oder Unternehmen der privaten Krankenversicherungen erstellt worden sind, bedürfen – soweit die Leistung dem Grundsatz nach beihilfefähig ist – grundsätzlich keiner weiteren Prüfung der Angemessenheit der Aufwendungen durch die Beihilfestelle. Dies gilt auch für Pauschalrechnungen. Sofern die Unternehmen der privaten Krankenversicherung unterschiedliche Tarifvereinbarungen mit Krankenhäusern abgeschlossen haben, gilt Satz 1 nur für den Bereich des Grundtarifs, der im Regelfall bereits die Unterbringung im Zweibettzimmer umfasst. Ausgewiesene Komforttarife, die ein besonderes Wahlleistungsangebot umfassen, beinhalten insoweit Leistungen, die nicht notwendig sind. Sie sind daher nur in Höhe der Grundtarife beihilfefähig.

3.2.12 Den Amtsärzten werden die beamteten Ärzte gleichgestellt. Als Vertrauens(-zahn)arzt kann auch ein als Tarifbeschäftigter im öffentlichen Dienst stehender Arzt (Zahnarzt) oder ein frei praktizierender Arzt (Zahnarzt) herangezogen werden. Gutachten sind grundsätzlich nur mit Einverständnis der Betroffenen einzuholen, sofern dazu persönliche Daten weitergegeben werden; wird das Einverständnis verweigert, ist die Beihilfe unter Berücksichtigung der Zweifel der Beihilfestelle festzusetzen. Nach § 19 des Gesetzes über den öffentlichen Gesundheitsdienst des Landes NRW vom 25. November 1997 (GV. NRW. S. 430) in der jeweils geltenden Fassung, kann neben dem amtsärztlichen Dienst am Wohnort der zu begutachtenden Person ausnahmsweise auch die untere Gesundheitsbehörde am Dienstort beauftragt werden. Gegen eine entgeltliche Beauftragung des medizinischen Dienstes der gesetzlichen Krankenkassen (MDK) bestehen keine Bedenken, soweit der grundsätzlich zuständige amtsärztliche Dienst in einer angemessenen Frist keine Stellungnahme abgeben kann oder dessen zu erwartende Gebühr in keinem Verhältnis zur Höhe der zu prüfenden Aufwendungen steht. Soweit erstmals Vereinbarungen mit dem MDK getroffen werden, ist das Ministerium der Finanzen zu unterrichten bzw. zu beteiligen.

3.2.13 Ob die Aufwendungen aus Anlass einer Krankheit entstanden sind und notwendig waren, ergibt sich aus der Diagnose; ohne deren Angabe in der Rechnung können die Aufwendungen daher nicht als beihilfefähig anerkannt werden. Bei zahnärztlicher Behandlung ist die Angabe der Diagnose bei implantologischen, funktionsanalytischen und funktionstherapeutischen Leistungen erforderlich.

3.2.14 Mehraufwendungen für Verblendungen (einschließlich Vollkeramikkronen bzw. -brücken, zum Beispiel im Cerec-Verfahren) sind im angemessenen Umfang beihilfefähig.

3.2.15 Aufwendungen für ärzt-/zahnärztliche Bescheinigungen zum Nachweis der Dienstunfähigkeit und Dienstfähigkeit des Beihilfeberechtigten und seiner berücksichtigungsfähigen Angehörigen sind beihilfefähig. Dies gilt entsprechend für sogenannte Betreuungsbescheinigungen zur Beantragung eines Sonderurlaubs nach § 33 Absatz 1 der Freistellungs- und Urlaubsverordnung NRW. Aufwendungen für von Heilpraktikerinnen und Heilpraktikern ausgestellte Dienstunfähigkeitsbescheinigungen sind nicht beihilfefähig.

3.3 Absatz 3

3.3.1 § 3 Absatz 3 Satz 2 der Beihilfenverordnung NRW gilt nicht für von § 28 Absatz 2 des Elften Buches Sozialgesetzbuch – Soziale Pflegeversicherung – (Artikel 1 des Gesetzes vom 26. Mai 1994, BGBl. I S. 1014, 1015), das zuletzt durch Artikel 9 des Gesetzes vom 18. Juli 2017 (BGBl. I. S. 2757) geändert worden ist, erfasste Personen, die die Leistung der Pflegeversicherung nur zur Hälfte erhalten (§ 3 Absatz 4 Satz 2 Nummer 4 der Beihilfenverordnung NRW); die Aufwendungen für ein Hilfsmittel sind unter den allgemeinen Voraussetzungen beihilfefähig.

3.4 Absatz 4

3.4.0.1 Nach § 2 des Zwölften Buches Sozialgesetzbuch – Sozialhilfe – (Artikel 1 des Gesetzes vom 27. Dezember 2003, BGBl. I S. 3022, 3023), das zuletzt durch Artikel 2 des Gesetzes vom 10. Juli 2018 (BGBl. I S. 1117) geändert worden ist, erhält Sozialhilfe nicht, wer sich vor allem durch den Einsatz seiner Arbeitskraft, seines Einkommens und seines Vermögens selbst helfen kann oder wer die erforderliche Leistung von anderen, insbesondere von Angehörigen oder von Trägern anderer Sozialleistungen, erhält. Danach hat eine nach der Beihilfenverordnung zustehende Beihilfe Vorrang vor der Sozialhilfe.

VII

3.4.0.2 Erhält ein Beihilfeberechtigter, ein nicht getrennt lebender Ehegatte, ein nicht getrennt lebender eingetragener Lebenspartner oder ein berücksichtigungsfähiges Kind zunächst Sozialhilfe, kann der Träger der Sozialhilfe durch schriftliche Anzeige gegenüber der Beihilfestelle den Übergang des Beihilfeanspruchs auf sich bewirken (§ 93 des Zwölften Buches Sozialgesetzbuch).

3.4.0.3 Bei der Ermittlung der auf die beihilfefähigen Aufwendungen anzurechnenden Krankenversicherungsleistungen nach § 3 Absatz 4 Satz 3 zweiter Halbsatz Beihilfenverordnung NRW sind die Berechnungsgrundlagen auf volle Euro nach unten abzurunden. Beispiel:

Einer außerhalb des öffentlichen Dienstes tätigen Ehefrau eines Beamten sind beihilfefähige Gesamtaufwendungen von 1000 Euro entstanden. Die private Krankenversicherung hat hierzu 750,50 Euro erstattet. Der Krankenversicherungsbeitrag beträgt monatlich 100,50 Euro, zu dem der Arbeitgeber einen Zuschuss von 40,70 Euro leistet. Von den Leistungen der Krankenversicherung sind auf die beihilfefähigen Gesamtaufwendungen anzurechnen

$$\frac{40 \times 750}{50} = 600 \text{ Euro}$$

Beihilfefähig sind 400 Euro.

3.4.0.4 Soweit eine stationäre Rehabilitationsmaßnahme durch die Heilfürsorge erstattet wird, gilt dies als Sachleistung nach § 3 Absatz 3 BVO; § 3 Absatz 4 Beihilfenverordnung NRW findet insoweit keine Anwendung. Aufwendungen für zusätzlich in Anspruch genommene Wahlleistungen sind nicht beihilfefähig. Nummer 7.4.2 findet keine Anwendung.

3.4.1 Nummer 1

3.4.1.1 § 3 Absatz 4 Satz 2 Nummer 1 und Satz 3 Beihilfenverordnung NRW gelten entsprechend für Personen, die einen Zuschuss nach § 44a Absatz 1 SGB XI erhalten.

3.4.2 Nummer 2 (unbesetzt)

3.4.3 Nummer 3 (unbesetzt)

3.4.4 Nummer 4

3.4.4.1 Nach § 3 Absatz 4 Satz 2 Nummer 4 und 5 Beihilfenverordnung NRW erfolgt bei Pflegeaufwendungen keine Anrechnung von Leistungen der Pflegeversicherung.

3.4.5 Nummer 5 (unbesetzt)

3.4.6 Nummer 6

3.4.6.1 Beihilferechtlich unschädlich ist der ausschließliche Bezug einer sogenannten Mütterrente nach § 56 des Sechsten Buches Sozialgesetzbuch – Gesetzliche Rentenversicherung – in der Fassung der Bekanntmachung vom 19. Februar 2002 (BGBl. I S. 754, 1404, 3384), das zuletzt durch Artikel 1 des Gesetzes vom 17. Juli 2017 (BGBl. I S. 2575) geändert worden ist. § 3 Absatz 4 Satz 1 der

Beihilfenverordnung NRW gilt insoweit nicht. § 3 Absatz 4 Satz 2 Nummer 6 der Beihilfenverordnung NRW gilt sinngemäß.

3.5 Absatz 5

3.5.1 Eine Beihilfe darf auch noch nach dem Ausscheiden aus dem Kreis der Beihilfeberechtigten gewährt werden, wenn es sich um Aufwendungen handelt, die innerhalb der Zeit entstanden sind, in der der Betreffende noch beihilfeberechtigt war.

3.6 Absatz 6

(unbesetzt)

4 Zu § 4 Beihilfefähige Aufwendungen in Krankheitsfällen

4.1 Absatz 1

4.1.1 Nummer 1 (unbesetzt)

4.1.2 Nummer 2

4.1.2.1 Zu den allgemeinen Krankenhausleistungen gehört gemäß § 2 Absatz 2 Satz 2 Nummer 3 des Krankenhausentgeltgesetzes vom 23. April 2002 (BGBl. I S. 1412) in der jeweils geltenden Fassung, auch die aus medizinischen Gründen notwendige Mitaufnahme einer Begleitperson des Patienten. Über die medizinische Notwendigkeit entscheidet der Krankenhausarzt. Für den Aufnahmetag und jeden weiteren Tag des vollstationären Krankenhausaufenthalts (Berechnungstage) können seitens des Krankenhauses ein Zuschlag von 45,00 Euro für Unterkunft und Verpflegung (basierend auf der Vereinbarung zwischen dem AOK-Bundesverband, den Ersatzkassen sowie dem PKV-Verband einerseits sowie der Deutschen Krankenhausgesellschaft anderseits) berechnet werden. Entlassungs- und Verlegungstage, die nicht zugleich Aufnahmetag sind, können bei vollstationären Behandlungen nicht abgerechnet werden. Der Betrag von 45,00 Euro ist beihilfefähig. Besonders berechnete Kosten für die Unterbringung einer medizinisch nicht notwendigen Begleitperson sind nicht beihilfefähig. Abweichend hiervon können Aufwendungen für eine notwendige Begleitperson außerhalb des Krankenhauses nach § 4 Absatz 1 Nummer 3 Beihilfenverordnung NRW als beihilfefähig anerkannt werden.

4.1.2.2 Von den nach § 4 Absatz 1 Nummer 2 Beihilfenverordnung NRW beihilfefähigen Aufwendungen sind die Selbstbehalte für den Aufnahmetag und jeden weiteren Tag des Krankenhausaufenthalts (einschließlich Entlassungstag) abzuziehen. Die Selbstbeteiligungen sind innerhalb eines Kalenderjahres für den Beihilfeberechtigten und seine berücksichtigungsfähigen Angehörigen bis zu einem Betrag von jeweils insgesamt 750 Euro in Abzug zu bringen.

4.1.2.3 Zweibettzimmerzuschläge sind nur in der Höhe angemessen, wie sie zwischen dem Verband der privaten Krankenversicherungen (PKV) und der Deutschen Krankenhausgesellschaft vereinbart wurden. Gesondert berechnete und gegebenenfalls mit der Privaten Krankenversicherung vereinbarte Komfortzuschläge sind nicht beihilfefähig. Soweit Zweifel an der Höhe des berechneten Zweibettzimmerzuschlags bestehen, ist der Beihilfestelle vom Beihilfeberechtigten eine Kopie der Zweibettzimmerabrechnung seiner PKV vorzulegen; um Zeitverzögerungen bei der Abrechnung zu vermeiden, ist gegebenenfalls die Beihilfe mit dem berechneten Zweibettzimmerzuschlag unter Vorbehalt und mit der Auflage festzusetzen, den Erstattungsbescheid der PKV nachzureichen. Liegt für die berechnende Krankenanstalt keine Vereinbarung mit dem PKV-Verband vor, ist im Rahmen einer Vergleichsberechnung der Zweibettzimmerzuschlag der zum Behandlungsort nächstgelegenen Krankenanstalt heranzuziehen, mit der eine Vereinbarung getroffen wurde. Wird als Wahlleistung die Unterbringung in einem Einbettzimmer in Anspruch genommen, so sind die Mehraufwendungen gegenüber der Inanspruchnahme eines Zweibettzimmers nicht beihilfefähig. Dies gilt entsprechend, wenn die allgemeinen Krankenhausleistungen bereits die Kosten der Unterbringung in einem Zweibettzimmer umfassen (auch für Krankenhäuser, die die Bundespflegesatzverordnung vom 26. September 1994 (BGBl. I

VII

S. 2750) in der jeweils geltenden Fassung, oder das Krankenhausentgeltgesetz nicht anwenden).

4.1.2.4 Die beihilferechtliche Vergleichsberechnung nach § 4 Absatz 1 Nummer 2 Satz 3 Beihilfenverordnung NRW gilt auch für so genannte „Anschlussheilbehandlungen", soweit eine Abrechnung nicht nach § 6 Beihilfenverordnung NRW sondern nach § 4 Beihilfenverordnung NRW erfolgt.

4.1.2.5 Bei Kliniken der Maximalversorgung ist davon auszugehen, dass grundsätzlich für jede Erkrankung eine nach neuesten medizinischen Erkenntnissen bestmögliche Behandlung erfolgen kann.

4.1.2.6 Soweit die dem Behandlungsort nächstgelegene Klinik der Maximalversorgung keine medizinisch gleichwertigen Leistungen anbieten kann (vergleiche Nummer 4.1.2.5), ist die Vergleichsberechnung an Hand der vergleichbaren Pflegesätze der dem Behandlungsort nächstgelegenen Klinik nach § 108 Nummer 3 SGB V durchzuführen, soweit diese eine medizinisch gleichwertige Behandlung anbieten kann. Ist dies nicht der Fall, sind die Pflegesätze der zur Beihilfestelle nächstgelegenen Klinik der Maximalversorgung zur Vergleichsberechnung heranzuziehen. Betreibt der Träger der „Privatklinik" (ohne Zulassung nach § 108 SGB V) auf dem Grundstück der Klinik oder in unmittelbarer Nähe hierzu eine weitere Klinik mit Zulassung nach § 108 SGB V, kann aus Vereinfachungsgründen die Vergleichsberechnung auch zwischen diesen Kliniken erfolgen.

4.1.2.7 Rechnet die aufgesuchte „Privatklinik" (ohne Zulassung nach § 108 SGB V) eine an den Fallpauschalenkatalog des Krankenhausentgeltgesetzes angelehnte „DRG" ab, ist darauf zu achten, dass der Vergleichsklinik (der Maximalversorgung) sämtliche Diagnosen sowie Prozeduren (OPS) des Behandlungsfalles vorgelegt werden. Für die Vergleichsberechnung ist der am Tag der Aufnahme in die Privatklinik gültige Zahlbasisfallwert (inklusive Zuschläge und Zusatzentgelte etc.) der vergleichbaren Klinik der Maximalversorgung maßgebend. Gegebenenfalls anfallende Kosten der Begutachtung trägt die Beihilfestelle.

4.1.2.8 Bei Behandlungen in Kliniken, deren medizinische Leistungen mit den Leistungen der unter § 1 Absatz 1 Bundespflegesatzverordnung fallenden Krankenhäuser vergleichbar sind, gelten die Nummern 4.1.2.2 bis 4.1.2.7 entsprechend.

4.1.2.9 Zusätzlich zur Fallpauschale (DRG) berechnete sonstige Entgelte nach § 6 in Verbindung mit § 9 des Krankenhausentgeltgesetzes vom 23. April 2002 (BGBl. I S. 1412, 1422), das zuletzt durch Artikel 8c des Gesetzes vom 17. Juli 2017 (BGBl. I S. 2615) geändert worden ist, sind beihilfefähig. Dies gilt nach dem Gemeinsamen Bundesausschuss unter anderem für den Systemzuschlag nach § 91 Absatz 2 in Verbindung mit § 139c des Fünften Buches Sozialgesetzbuch, den DRG-Systemzuschlag nach § 17b Absatz 5 des Krankenhausfinanzierungsgesetzes in der Fassung der Bekanntmachung vom 10. April 1991 (BGBl. I S. 886), das zuletzt durch Artikel 6 des Gesetzes vom 17. Juli 2017 (BGBl. I S. 2581) geändert worden ist, den Ausbildungszuschlag nach § 17a Absatz 1 des Krankenhausfinanzierungsgesetzes, den Qualitätssicherungszuschlag nach § 17b Absatz 1 des Krankenhausfinanzierungsgesetzes in Verbindung mit § 137 des Fünften Buches Sozialgesetzbuch, den Hygienezuschlag nach § 4 Absatz 11 des Krankenhausentgeltgesetzes, den Pflegezuschlag nach § 8 Absatz 10 des Krankenhausentgeltgesetzes. Die für einen Verlegungstag gegebenenfalls berechnete Wahlleistung „gesondert berechnete Unterkunft oder Unterbringung in einem Ein- oder Zweibettzimmer" für den Verlegungstag ist nicht beihilfefähig.

4.1.2.10 Bei der stationsäquivalenten psychiatrischen Behandlung handelt es sich um eine stationäre Krankenhausleistung (Abrechnung über PEPP-Entgelte), die aber im häuslichen Umfeld der erkrankten Person erbracht wird.

4.1.3 Nummer 3 (unbesetzt)

4.1.4 Nummer 4

4.1.4.1 Die beihilfefähigen Aufwendungen für Erste Hilfe umfassen den Einsatz von Rettungskräften, Sanitätern und anderen Personen und die dabei verbrauchten Stoffe (zum Beispiel Arzneimittel, Heil- und Verbandmittel etc.).

4.1.5 Nummer 5

4.1.5.1 Ist die häusliche Krankenpflege bei schwerer Erkrankung, der akuten Verschlimmerung einer Krankheit, nach einem Krankenhausaufenthalt, nach einer ambulanten Operation oder nach einer ambulanten Krankenhausbehandlung nicht ausreichend und liegt keine Pflegebedürftigkeit nach § 5 Absatz 1 Beihilfenverordnung NRW vor, sind Aufwendungen für eine Kurzzeitpflege in zugelassenen Einrichtungen nach dem Elften Buch Sozialgesetzbuch oder in einer anderen geeigneten Einrichtung entsprechend § 5b Absatz 3 Beihilfenverordnung NRW beihilfefähig, wenn die Notwendigkeit der Kurzzeitpflege ärztlich bescheinigt worden ist.

4.1.5.2 Bei vorübergehender Erkrankung einer Person, die in einem Altenheim nicht wegen krankheitsbedingter dauernder Pflegebedürftigkeit wohnt, ist ein zu den allgemeinen Heimkosten erhobener Pflegekostenzuschlag beihilfefähig.

4.1.5.3 Neben der Grundpflege sind zum Beispiel bei 24-Stunden-Beatmungspflegefällen auch die Aufwendungen für eine häusliche Behandlungspflege (zum Beispiel Verbandwechsel, Injektionen, Absaugen) ohne zeitliche Begrenzung beihilfefähig. Eine ärztliche Verordnung, aus der sich die notwendige Stundenzahl der täglichen Pflege ergibt, ist ausreichend; eine Beteiligung des Amtsarztes ist grundsätzlich nicht erforderlich.

4.1.5.4 Maßnahmen der ambulanten psychiatrischen Krankenpflege sind:

1. Erarbeiten der Pflegeakzeptanz (Beziehungsaufbau),
2. Durchführen von Maßnahmen zur Bewältigung von Krisensituationen und
3. Entwickeln kompensatorischer Hilfen bei krankheitsbedingten Fähigkeitsstörungen.

Aufwendungen für Maßnahmen der psychiatrischen Krankenpflege sind neben Aufwendungen inhaltlich gleicher Leistungen der Soziotherapie für denselben Zeitraum nicht beihilfefähig. Dies gilt nicht, wenn die Maßnahmen ihre jeweils spezifische Zielsetzung ergänzen.

4.1.6 Nummer 6 (unbesetzt)

4.1.7 Nummer 7 und Anlage 2 Beihilfenverordnung NRW

4.1.7.1 Nach § 4 Absatz 1 Nummer 7 und der Anlage 2 Beihilfenverordnung NRW sind grundsätzlich nur Aufwendungen für verschreibungspflichtige Arzneimittel beihilfefähig, soweit sie nicht nach der Arzneimittelrichtlinie (AM-RL) in der jeweils geltenden Fassung, des Gemeinsamen Bundesausschusses gemäß § 92 Absatz 1 Satz 2 Nummer 6 SGB V von der Verordnung in der GKV ausgeschlossen sind, sowie Aufwendungen für apothekenpflichtige, nicht verschreibungspflichtige Arzneimittel, die bei der Behandlung schwerwiegender Erkrankungen als Therapiestandard gelten (für Personen bis zur Vollendung des 18. Lebensjahres gelten diese Einschränkungen nicht). Eine Krankheit ist schwerwiegend, wenn sie lebensbedrohlich ist oder wenn sie auf Grund der Schwere der durch sie verursachten Gesundheitsstörung die Lebensqualität auf Dauer nachhaltig beeinträchtigt. Als Therapiestandard gilt ein Arzneimittel, wenn der therapeutische Nutzen zur Behandlung der schwerwiegenden Erkrankung dem allgemein anerkannten Stand der medizinischen Erkenntnisse entspricht. Voraussetzung für eine Beihilfefähigkeit der Aufwendungen ist, dass die schwerwiegende Erkrankung und das für die Behandlung dieser Erkrankung verordnete Standardtherapeutikum in der Anlage I zum Abschnitt F der AM-RL in der jeweils aktuellen Fassung (www.g-ba.de/informationen/richtlinien) aufgeführt ist. Die Anlagen I, II, V und VI der AM-RL sind beihilfenrechtlich zu berücksichtigen.

4.1.7.2 Arzneimittel der Anthroposophie, der Homöopathie und Phytotherapie sind – soweit nicht ausnahmsweise in der Anlage 1 der AM-RL aufgelistet – auch im Ausnahme-

VII

weg nicht beihilfefähig. Bei Präparaten der Fachrichtung Anthroposophie und Homöopathie ist eine wissenschaftliche Anerkennung nicht zu erwarten. Satz 1 gilt nicht für Personen bis zum vollendeten 18. Lebensjahr.

4.1.7.3 Aufwendungen für apothekenpflichtige, nicht verschreibungspflichtige Arzneimittel mit den in der Anlage I der AM-RL aufgeführten Wirkstoffen sind auch außerhalb der genannten Indikationen beihilfefähig, wenn die zur Behandlung der Erkrankung alternativ zur Verfügung stehenden verschreibungspflichtigen Arzneimittel teurer sind. Der Nachweis ist durch den Beihilfeberechtigten bzw. seinen Arzt zu führen.

4.1.7.4 Aufwendungen für Stoffe und Zubereitungen aus Stoffen, die als Medizinprodukt nach § 3 Nummer 1 oder Nummer 2 des Medizinproduktegesetzes zur Anwendung am oder im menschlichen Körper bestimmt und apothekenpflichtig sind, und die bei Anwendung der am 31. Dezember 1994 geltenden Fassung des § 2 Absatz 1 des Arzneimittelgesetzes Arzneimittel gewesen wären, sind beihilfefähig (vergleiche § 31 Absatz 1 SGB V).

4.1.7.5 Aufwendungen für die folgenden Mittel (Anlage 2 Nummern 7a und b zu § 4 Absatz 1 Nummer 7 Beihilfenverordnung NRW) sind – von den genannten Ausnahmen abgesehen – nicht beihilfefähig:

a) Genussmittel, sämtliche Weine (auch medizinische Weine) und der Wirkung nach ähnliche, Ethylalkohol als einen wesentlichen Bestandteil (mind. 5 Volumenprozent) enthaltene Mittel (ausgenommen Tinkturen im Sinne des Deutschen Arzneibuches und tropfenweise einzunehmende ethylalkoholhaltige Arzneimittel) sowie Mittel, bei denen die Gefahr besteht, dass sie wegen ihrer wohlschmeckenden Zubereitung als Ersatz für Süßigkeiten genossen werden,

b) Mineral-, Heil- oder andere Wässer,

c) Mittel, die auch zur Reinigung und Pflege oder Färbung der Haut, des Haares, der Nägel, der Zähne, der Mundhöhle usw. dienen einschl. medizinische Haut- und Haarwaschmittel sowie medizinische Haarwässer und kosmetische Mittel. Ausgenommen und somit beihilfefähig sind Aufwendungen für als Arzneimittel zugelassene Basiscremes, Basissalben, Haut- und Kopfhautpflegemittel, auch Rezepturgrundlagen, soweit und solange sie Teil der arzneilichen Therapie (Intervall-Therapie bei Neurodermitis/endogenen Ekzem, Psoriasis, Akne-Schältherapie und Strahlentherapie) sind und nicht der Färbung der Haut und – anhangsgebilde sowie der Vermittlung von Geruchseindrücken dienen,

d) Balneotherapeutika, ausgenommen und somit beihilfefähig sind Aufwendungen für als Arzneimittel zugelassene Balneotherapeutika bei Neurodermitis/endogenem Ekzem, Psoriasis und Erkrankungen des rheumatischen Formenkreises,

e) Mittel, die der Veränderung der Körperform (zum Beispiel Entfettungscreme, Busencreme) dienen sollen,

f) Mittel zur Raucherentwöhnung,

g) Saftzubereitungen für Erwachsene, von in der Person des Patienten begründeten Ausnahmen abgesehen,

h) Würz- und Süßstoffe, Obstsäfte,

i) Abmagerungsmittel und Appetitzügler,

j) Anabolika, außer bei neoplastischen Erkrankungen,

k) Stimulantien (zum Beispiel Psychoanaleptika, Psychoenergetika und Leistungsstimulantien), ausgenommen bei Narkolepsie und schwerer Zerebralsklerose sowie beim hyperkinetischen Syndrom und bei der so genannten minimalen zerebralen Dysfunktion vorpubertärer Schulkinder,

l) so genannte Zellulartherapeutika und Organhydrolysate,

m) so genannte Geriatrika und so genannte Arteriosklerosemittel,

n) Roborantien, Tonika und appetitanregende Mittel,

o) Insekten-Abschreckmittel,

p) Fixe Kombinationen aus Vitaminen und anderen Stoffen, ausgenommen und somit beihilfefähig sind Vitamin D-Fluorid-

Kombinationen zur Anwendung bei Kindern bis zum vollendeten 12. Lebensjahr und zur Osteoporoseprophylaxe,

q) Arzneimittel, welche nach § 11 Absatz 3 des Gesetzes über den Verkehr mit Arzneimitteln (Arzneimittelgesetz – AMG) vom 12. Dezember 2005 (BGBl. I S. 3394), zuletzt geändert durch Artikel 1 des Gesetzes vom 18. Juli 2017 (BGBl. I S. 2757), nur mit einem oder mehreren der folgenden Hinweise:

„Traditionell angewendet:
1. zur Stärkung oder Kräftigung,
2. zur Besserung des Befindens,
3. zur Unterstützung der Organfunktion,
4. zur Vorbeugung,
5. als mild wirkendes Arzneimittel"

in den Verkehr gebracht werden.

4.1.7.6 Aufwendungen für ärztlich verordnete Aminosäuremischungen, Eiweißhydrolysate, Elementardiäten und Sondennahrung sind bei fehlender oder eingeschränkter Fähigkeit zur ausreichenden normalen Ernährung ausnahmsweise beihilfefähig, wenn eine Modifizierung der normalen Ernährung oder sonstige ärztliche, pflegerische oder ernährungstherapeutische Maßnahmen zur Verbesserung der Ernährungssituation nicht ausreichen. Solche Ausnahmefälle liegen insbesondere vor bei:

a) Ahornsirupkrankheit,
b) AIDS-assoziierten Diarrhöen,
c) Colitis ulcerosa,
d) Epilepsien, wenn trotz optimierter antikonvulsiver Therapie eine ausreichende Anfallskontrolle nicht gelingt,
e) Kurzdarmsyndrom,
f) Morbus Crohn,
g) Mukoviszidose,
h) Multipler Nahrungsmittelallergie,
i) Niereninsuffizienz,
j) Phenylketonurie,
k) Tumortherapien (auch nach der Behandlung),
l) postoperativer Nachsorge,
m) angeborenen Defekten im Kohlenhydrat- und Fettstoffwechsel,
n) angeborenen Enzymdefekten, die mit speziellen Aminosäuremischungen behandelt werden,
o) erheblichen Störungen der Nahrungsaufnahme bei neurologischen Schluckbeschwerden oder Tumoren der oberen Schluckstraße (zum Beispiel Mundboden- und Zungenkarzinom).

4.1.7.7 Aufwendungen für Elementardiäten sind für Säuglinge (bis zur Vollendung des ersten Lebensjahres) und Kleinkinder (Zeit zwischen dem ersten und dritten Lebensjahr) mit Kuhmilcheiweißallergie beihilfefähig; dies gilt ferner für einen Zeitraum von sechs Monaten bei Säuglingen und Kleinkindern mit Neurodermitis, sofern Elementardiäten zu diagnostischen Zwecken eingesetzt werden.

4.1.7.8 Aufwendungen für Arzneimittel, die zur Verwendung in nicht zugelassenen Anwendungsgebieten verordnet werden (sog. OFF-Label-Use), sind grundsätzlich nur beihilfefähig, wenn sie in der Anlage VI Teil A der AM-RL (in der jeweils aktuellen Fassung) aufgeführt sind. Wirkstoffe zur Anwendung in nicht zugelassenen Anwendungsgebieten, die nach Feststellung des Gemeinsamen Bundesausschusses im Bereich der gesetzlichen Krankenversicherung von einer Verordnung ausgeschlossen sind, sind im Teil B der in Satz 1 genannten Anlage aufgeführt; die Aufwendungen sind grundsätzlich nicht beihilfefähig. Anträge auf Zulassung einer beihilferechtlichen Ausnahme sind für den Landesbereich dem Finanzministerium zur Entscheidung vorzulegen.

4.1.7.9 Verschreibungspflichtige Arzneimittel, die auch zur Behandlung des benignen Prostatasyndroms (gutartiger nicht kanzeröser Tumor), wie zum Beispiel Cialis 5 mg oder TadaHexal 5 mg, zugelassen sind, sind in der Dosierung 1 x täglich 5 mg beihilfefähig.

4.1.7.9.1 Aufwendungen für ärztlich verordnete Arzneimittel mit den Wirkstoffen Dronabinol, Nabilon oder getrockneten Cannabisblüten und Cannabisextrakten sind ab dem 5. August 2017 beihilfefähig, wenn

VII

1. eine allgemein anerkannte, dem medizinischen Standard entsprechende Leistung
   a) nicht zur Verfügung steht oder
   b) im Einzelfall nach der begründeten Einschätzung der zuständigen Amtsärztin oder des Amtsarztes unter Abwägung der zu erwartenden Nebenwirkungen und unter Berücksichtigung des Krankheitszustandes der oder des Erkrankten nicht zur Anwendung kommen kann und
2. eine nicht ganz entfernt liegende Aussicht auf eine spürbare positive Einwirkung auf den Krankheitsverlauf oder auf schwerwiegende Symptome besteht.

Die Beihilfestelle hat über den Erstantrag der oder des Beihilfeberechtigten (erste Verordnung) innerhalb eines Monats nach Antragseingang unter Beteiligung der zuständigen Amtsärztin oder des zuständigen Amtsarztes zu entscheiden (eine Beteiligung des Ministeriums der Finanzen ist grundsätzlich nicht erforderlich). Sofern innerhalb dieser Frist keine Stellungnahme des amtsärztlichen Dienstes erfolgt, entscheidet die Beihilfestelle zunächst für einen Behandlungszeitraum von drei Monaten unter Beachtung der oben genannten Kriterien nach Aktenlage. Die oder der Beihilfeberechtigte ist über die zeitlich befristete Entscheidung zu unterrichten. Folgeverordnungen bedürfen keines weiteren Voranerkennungsverfahrens, soweit die Zustimmung des amtsärztlichen Dienstes vorliegt.

4.1.7.10 Die Versorgung mit Arzneimitteln, Verbandmittel und dergleichen setzt eine ärzt-/zahnärztliche oder Heilpraktiker-Verordnung voraus. Änderungen und Ergänzungen bedürfen der erneuten Unterschrift des Arztes/Zahnarztes/Heilpraktikers. Werden auf ein Rezept Heilmittel, Verbandmittel und dergleichen mehrmals beschafft, sind die Kosten für Wiederholungen nur insoweit beihilfefähig, als sie vom Arzt/Zahnarzt/Heilpraktiker besonders vermerkt worden sind. Ist die Zahl der Wiederholungen nicht angegeben, sind nur die Kosten der einmaligen Wiederholung beihilfefähig.

4.1.7.11 Anlage 2 Beihilfenverordnung NRW

4.1.7.11.1 Nummer 1 (unbesetzt)

4.1.7.11.2 Nummer 2

4.1.7.11.2.1 Die Altersgrenzen sind ausnahmsweise unbeachtlich, wenn die Arzneimittel unabhängig von der arzneimittelrechtlichen Zulassung mangels Alternative als Arzneimittel zur Behandlung einer Krankheit ärztlich verordnet werden und die Notwendigkeit durch einen Amtsarzt bestätigt wurde.

4.1.7.11.2.2 Nicht verschreibungspflichtige Notfallkontrazeptiva („Pille danach") sind bei Personen bis zur Vollendung des 20. Lebensjahres beihilfefähig, soweit sie ärztlich verordnet sind.

4.1.7.11.3 Nummer 3 (unbesetzt)

4.1.7.11.4 Nummer 4

4.1.7.11.4.1 Beihilfefähig sind auch Aufwendungen für nicht verschreibungspflichtige Arzneimittel, die für diagnostische Zwecke und Untersuchungen benötigt und in der Rechnung als Auslagen abgerechnet werden.

4.1.7.11.5 Nummer 5

4.1.7.11.5.1 Die Regelung gilt nicht für von Heilpraktikern verbrauchte Stoffe und nicht für die Verabreichung von nicht beihilfefähigen Medizinprodukten. Beihilfefähig sind ausschließlich Fertigarzneimittel, insbesondere die in Anlage I der AM-RL aufgeführten Wirkstoffe. Selbsthergestellte Mischungen – auch von Fertigarzneimitteln – sind wissenschaftlich nicht geprüft und daher grundsätzlich nicht beihilfefähig.

4.1.7.11.6 Nummer 6 (unbesetzt)

4.1.7.11.7 Nummer 7

4.1.7.11.7.1 Die nach Anlage 2 Nummer 7 Buchstabe b zu § 4 Absatz 1 Nummer 7 Beihilfenverordnung NRW ausgeschlossenen Fertigarzneimittel sind aus der Anlage II der Arzneimittelrichtlinie ersichtlich.

4.1.8 Nummer 8 (unbesetzt)

4.1.9 Nummer 9

4.1.9.1 § 4 Absatz 1 Nummer 9 Beihilfenverordnung NRW gilt entsprechend für Aufwendungen, die durch die Unterbringung, Behandlung und Betreuung in der Palliativstation eines Krankenhauses entstehen.

4.1.9.2 Die Abzugsbeträge nach § 4 Absatz 1 Nummer 2 Satz 2 Buchstabe b Beihilfenverordnung NRW bleiben außer Ansatz.

4.1.9.3 Aufwendungen für eine spezialisierte ambulante Palliativversorgung und eine spezialisierte ambulante pädiatrische Palliativversorgung sind beihilfefähig, wenn wegen einer nicht heilbaren, fortschreitenden und weit fortgeschrittenen Erkrankung bei einer zugleich begrenzten Lebenserwartung eine besonders aufwändige Versorgung notwendig ist. § 37b Absatz 1 Satz 3 und 4 sowie Absatz 2 und Absatz 3 SGB V gelten entsprechend. Die pflegerischen Aufwendungen sind bis zur Höhe der vereinbarten Vergütung nach § 132d SGB V (es ist ausreichend, wenn der Leistungserbringer dies bestätigt) beihilfefähig.

4.1.9.4 Für den Unterbringungszuschuss nach § 4 Absatz 1 Nummer 9 Satz 7 Beihilfenverordnung NRW reicht die Verordnung des behandelnden Arztes aus. Eine Beteiligung des Amtsarztes ist grundsätzlich nicht erforderlich. Der Zuschuss wird nicht mehr gezahlt, wenn sich die Beihilfefähigkeit der Aufwendungen nach den §§ 5, 5a, 5b und 5d Beihilfenverordnung NRW richtet.

4.1.10 Nummer 10

4.1.10.1 Aufwendungen für Hilfsmittel mit einer GKV-Hilfsmittelnummer sind grundsätzlich ohne nähere Prüfung beihilfefähig.

4.1.10.2 Im Regelfall ergibt sich die Erforderlichkeit der Anschaffung eines Hilfsmittels etc. aus der ärztlichen Verordnung und bedarf keiner näheren Prüfung durch die Beihilfestelle. Hat die Beihilfestelle jedoch Zweifel, ist sie gehalten, zusätzliche Ermittlungen anzustellen, z. B. durch Anforderung einer näheren Begründung des behandelnden Arztes oder Einholung eines fachärztlichen Gutachtens. Das gilt insbesondere dann, wenn die Beihilfestelle Anhaltspunkte dafür hat, dass ein gleichwertiger Behandlungserfolg auch mit einem preisgünstigeren Hilfsmittel erlangt werden kann. Bestätigt sich das, sind die zusätzlichen Kosten für das aufwendigere Hilfsmittel nicht notwendig und damit nicht beihilfefähig.

4.1.10.3 Betrieb und Unterhaltung der Hilfsmittel, Geräte zur Selbstbehandlung und Selbstkontrolle und Körperersatzstücke schließen die technischen Kontrollen und die Wartung dieser Gegenstände mit ein. Aufwendungen für Reparaturen der Hilfsmittel, Geräte zur Selbstbehandlung und Selbstkontrolle sowie der Körperersatzstücke sind ohne Vorlage einer ärztlichen Verordnung beihilfefähig.

4.1.10.4 Der Vergleich von Miete und Anschaffung sollte auf der Grundlage des ärztlich verordneten zeitlichen Rahmens der Behandlung erfolgen. Versorgungspauschalen für gemietete Hilfsmittel sind grundsätzlich als Teil der Miete anzusehen. Soweit einzelne Positionen als nicht beihilfefähig erkennbar sind, sind diese in Abzug zu bringen. Sind in der Versorgungspauschale Aufwendungen für den Betrieb enthalten, ist der Selbstbehalt nach § 4 Absatz 1 Nummer 10 Satz 2 Beihilfenverordnung NRW zu berücksichtigen.

4.1.10.5 Aufwendungen zur kontinuierlichen interstitiellen Gewebezuckermessung mit Real-Time Messgeräten (zum Beispiel Free-Style Libre) einschließlich der erforderlichen Sensoren sind bei insulinpflichtiger Diabetes mellitus, die einer intensivierten Insulinbehandlung bedarf, beihilfefähig, wenn das Gerät von einer Fachärztin oder einem Facharzt für Innere Medizin, Endokrinologie oder Diabetologie, von einer Fachärztin oder einem Facharzt für Innere Medizin, für Allgemeinmedizin oder für Kinder- und Jugendmedizin jeweils mit der Anerkennung „Diabetologie" oder „Diabetologin oder Diabetologe Deutsche Diabetes Gesellschaft (DDG)" oder mit vergleichbarer Qualifikation oder einer Fachärztin oder einem Facharzt „Kinder- und Jugendmedizin mit entsprechender Zusatzqualifikation" verordnet wird. Beihilfefähig sind auch die Aufwendungen für die notwendige Schulung in der sicheren Handhabung des Gerätes. Die Versorgung mit einem Gerät zur kontinuierlichen Gewebezuckermessung schließt die Beihilfefähigkeit der Aufwendungen für ein übliches Blutzuckermessgerät einschließlich der erforderlichen Blutteststreifen nicht aus.

4.1.10.6 Nummer 6 (unbesetzt)

4.1.10.7 Nummer 7 (unbesetzt)

4.1.10.8 Nummer 8 (unbesetzt)

4.1.10.9 Nummer 9 (unbesetzt)

4.1.10.10 Nummer 10 (unbesetzt)

4.1.10.11 Bei orthopädischen Maßschuhen sind die Aufwendungen um den Betrag für eine normale Fußbekleidung zu kürzen. Als Kürzungsbetrag sind bei Erwachsenen 70 Euro (für Hausschuhe 30 Euro) und bei Kindern bis zu 16 Jahren 40 Euro (für Hausschuhe 20 Euro) anzusetzen.

4.1.10.12 Betragen die beihilfefähigen Aufwendungen für ein in § 4 Absatz 1 Nummer 10 Beihilfenverordnung NRW nicht aufgeführtes Hilfsmittel mehr als 1000 Euro und hat der Beihilfeberechtigte die erforderliche vorherige Anerkennung nicht eingeholt, so sind die Aufwendungen bis 1000 Euro beihilfefähig.

4.1.10.13 Nicht zu den beihilfefähigen Hilfsmitteln zählen Treppenlift und Auffahrrampe. Die Kosten sind gegebenenfalls im Rahmen des § 5e Satz 1 der Beihilfenverordnung NRW beihilfefähig.

4.1.10.14 Die Unterhaltskosten (Futter, Tierarzt, Versicherungen etc.) für einen Blindenführhund können ohne Nachweis bis zu 140 Euro im Monat als beihilfefähig anerkannt werden, sofern der Beihilfeberechtigte versichert, dass ihm Kosten in dieser Höhe entstanden sind. Werden höhere Kosten geltend gemacht, ist die Vorlage von Belegen erforderlich.

4.1.10.15 Knochenleitungsgeräte mit teilimplantierten Schallaufnehmern (zum Beispiel Cochlea-Implantate) sind keine Hilfsmittel, sondern Körperersatzstücke. Der Selbstbehalt nach § 4 Absatz 1 Nummer 10 Satz 2 gilt insoweit nicht.

4.1.10.16 Nummer 10 und Anlage 3 Beihilfenverordnung NRW

4.1.10.16.1 Die erneute Verordnung von Hörgeräten vor Ablauf von 5 Jahren bedarf der besonderen Begründung und gegebenenfalls der Überprüfung durch einen Amtsarzt. Medizinische Gründe können zum Beispiel fortschreitende Hörverschlechterung oder Ohrsekretion sein. Technische Gründe ergeben sich aus dem Gerätezustandsbericht des Hörgeräte-Akustikers.

4.1.10.16.2 Aufwendungen für jährlich zwei Neurodermitis-Overalls sind bei an Neurodermitis erkrankten Kindern bis zum vollendeten 10. Lebensjahr bis zu einem Höchstbetrag von jeweils 80 Euro beihilfefähig.

4.1.10.16.3 Aufwendungen für ein Komplettset Allergiebettbezüge (sogenannten Encasings), bestehend aus einem Kopfkissen-, Oberbett- und Matratzenbezug, sind bis zu einem Höchstbetrag von 120 Euro beihilfefähig. Bei Doppelbetten sind die Aufwendungen für beide Betten beihilfefähig.

Die Aufwendungen für eine Ersatzbeschaffung sind erst nach Ablauf einer Mindestnutzungsdauer von

- 2 Jahren, bei Kindern bis zum vollendeten 6. Lebensjahr,
- 5 Jahren, bei Kindern bis zum vollendeten 16. Lebensjahr und
- 8 Jahren, bei Personen ab dem 17. Lebensjahr

beihilfefähig.

4.1.10a Nummer 10a

4.1.10a.1 Beihilfefähig sind die Aufwendungen für eine Brille oder für Kontaktlinsen. Maßgebend ist bei der Erstbeschaffung die ärztliche Verordnung. Bei einer Ersatzbeschaffung besteht ein Wahlrecht für die Verwendung einer Brille oder von Kontaktlinsen.

4.1.10a.2 Aufwendungen für Entspiegelung und Härtung sind in angemessenem Umfang beihilfefähig. Aufwendungen für eine Superentspiegelung sind nur bei höherbrechenden Gläsern ab 6 Dioptrien beihilfefähig. Für Kunststoffgläser bestehen grundsätzlich keine weiteren beihilferechtlichen Einschränkungen; die Angemessenheit der Aufwendungen ist zu prüfen.

4.1.10a.3 Sind Kontaktlinsen verordnet oder gewählt worden, sind daneben die Aufwendungen für eine Brille grundsätzlich nicht beihilfefähig; dies gilt nicht, wenn nach einer ärztlichen Verordnung aus schwerwiegenden medizinischen Gründen (zum Beispiel ab 8 Dioptrien, irregulärem Astigmatismus, Anisometropie ab 2 Dioptrien) das Tragen von Kontaktlinsen gelegentlich unterbrochen werden muss. Der Wechsel von einer Brille zu Kontaktlinsen oder von Kontaktlinsen zu einer Brille ist aus schwerwiegenden medizinischen Gründen (ärztliche Begründung erforderlich) beihilferechtlich jederzeit zulässig.

4.1.10a.4 Als angemessene Kosten einer Erst- oder Ersatzbeschaffung von Kontaktlinsen (Jahres-, Monats-, Tages- oder Einmallinsen) gelten die Aufwendungen für Dauerlinsen in einem Zeitraum von 24 Monaten (170 Euro je Auge). Dies gilt nicht, wenn Wegwerf- oder Einmallinsen nach ausführlicher ärztlicher Begründung als Verbandlinse oder Medikamententräger benötigt werden, auf Grund von Brechungsfehlern, die progressiv verlaufen, die Linsen mehrfach im Jahr durch stärkere Linsen ersetzt werden müssen oder aus sonstigen medizinischen Gründen zwingend indiziert sind.

4.1.10a.5 Eine Änderung der Sehfähigkeit um mindestens 0,5 Dioptrien liegt auch vor, wenn zum Beispiel die Werte für ein Auge um 0,25 Dioptrien zugenommen und für das andere Auge um 0,25 Dioptrien abgenommen haben, nicht jedoch, wenn sowohl die Werte für das linke Auge als auch das rechte Auge um jeweils 0,25 Dioptrien zu- oder abgenommen haben. Bei Kurzsichtigkeit oder Achsenverschiebung sind die Aufwendungen für eine Ersatzbeschaffung auch dann beihilfefähig, wenn sich mit der neuen Sehhilfe die Sehschärfe (Visus) um mindestens 20 Prozentpunkte verbessert.

4.1.10a.6 Aufwendungen für Sonnenbrillen sind nur bei zwingender medizinischer Indikation beihilfefähig. Mehraufwendungen für phototrope Gläser (zum Beispiel Colormaticgläser, Umbramaticgläser) sind nur bei Albinismus, Pupillotonie und totaler Aniridie (Fehlen der Regenbogenhaut) beihilfefähig.

4.1.10a.7 Aufwendungen für Brillenversicherungen sind nicht beihilfefähig. Kommt es zu einem Versicherungsfall, sind die Versicherungsleistungen nicht auf die beihilfefähigen Leistungen anzurechnen. § 12 Absatz 6 der Beihilfenverordnung NRW bleibt unberührt. Aufwendungen für Brillenetuis sind nicht beihilfefähig.

4.1.10a.8 Aufwendungen für Sportbrillen sind nur beihilfefähig, wenn sie von Schülern (bis zur Vollendung des 18. Lebensjahres) während des Schulsports getragen werden müssen. Aufwendungen für Bildschirmbrillen sind nicht beihilfefähig.

4.1.10b Nummer 10b

4.1.10b.1 Reparaturen eines Brillengestells sind bis zu 70 Euro beihilfefähig. Dies gilt entsprechend bei einem Totalverlust der Brille.

4.1.10b.2 Die Beträge nach § 4 Absatz 1 Nummer 10b Satz 1 der Beihilfenverordnung NRW sind kumulativ zu berücksichtigen.

4.1.10c Nummer 10c

4.1.10c.1 Zur Abgrenzung zwischen Reparaturkosten und Ersatzbeschaffungskosten wird auf die Grundsätze des Urteils des Oberverwaltungsgerichts für das Land Nordrhein-Westfalen vom 14. September 1981 – 12 (6) A 387/81 hingewiesen.

4.1.11 Nummer 11

4.1.11.1 Die Beförderungsaufwendungen sind grundsätzlich für die Hin- und Rückfahrt unter Berücksichtigung des aktuellen Gesundheitszustandes und der Gehfähigkeit der erkrankten Person getrennt zu prüfen. Bei Fahrten zu einer ambulanten Operation, ambulanten onkologischen Chemo- oder Strahlentherapie, ambulanten Dialyse und bei Fahrten von Personen, die einen Schwerbehindertenausweis mit den Merkzeichen "aG", "Bl" oder "H" oder einen Einstufungsbescheid in den Pflegegrad 3, 4 oder 5 der Pflegeversicherung vorlegen können (bei der Einstufung in den Pflegegrad 3 bedarf es zu-

VII

sätzlich einer ärztlichen Verordnung wegen dauerhafter Beeinträchtigung der Mobilität), ist die Notwendigkeit für Hin- und Rückfahrt gegeben. Aufwendungen für Fahrten, für die ein zwingender medizinischer Grund nicht vorliegt, zum Beispiel Fahrten zum Abstimmen von Terminen, Erfragen von Befunden, Abholen von Verordnungen, sind nicht beihilfefähig. § 4 Absatz 1 Nummer 11 Buchstabe c der Beihilfenverordnung NRW ist zu beachten.

4.1.11.2 Rettungsfahrten umfassen Aufwendungen für Rettungswagen, Notarztwagen und Rettungshubschrauber. Da regelmäßig vor einer Rettungsfahrt keine ärztliche Entscheidung über deren Notwendigkeit herbeigeführt werden kann, ist die Beihilfefähigkeit von Aufwendungen für Rettungsfahrten immer gegeben.

4.1.11.3 Für die Erstattung von Fahrtkosten gelten grundsätzlich die Bestimmungen der §§ 5 und 6 Landesreisekostengesetz (LRKG NRW).

4.1.11.4 Aufwendungen für ein Taxi sind nur dann beihilfefähig, wenn nach einer ärztlichen Bescheinigung aus zwingenden medizinischen Gründen öffentliche Verkehrsmittel oder ein privates Kraftfahrzeug nicht benutzt werden können. Nummer 4.1.11.1 Satz 3 gilt entsprechend. Aufwendungen für Wartekosten des Taxis sind nicht beihilfefähig, es sei denn, dass das Warten insgesamt zu einer Einsparung gegenüber den Aufwendungen für Einzelfahrten führt.

4.1.11.5 Fahrtkosten sind auch innerhalb der 30 Kilometerzone beihilfefähig, wenn nach einer Bescheinigung des behandelnden Arztes der Transport durch einen Krankentransportwagen erfolgen muss.

4.1.11.6 Aufwendungen für Fahrten zum Besuch eines Erkrankten sind grundsätzlich nicht beihilfefähig. Abweichend hiervon können Aufwendungen für Fahrten eines Elternteils zum Besuch eines im Krankenhaus, Pflegeheim, Hospiz oder in einer stationären Rehabilitationseinrichtung aufgenommenen Kindes als beihilfefähig anerkannt werden, wenn nach der Feststellung des behandelnden Arztes der Besuch wegen des Alters des Kindes oder seiner eine Langzeittherapie erfordernden schweren Erkrankung aus medizinischen Gründen notwendig ist; § 4 Absatz 1 Nummer 11 Buchstabe c Beihilfenverordnung NRW gilt entsprechend.

4.1.12 Nummer 12

4.1.12.1 Die seitens der Deutschen Stiftung Organtransplantation (DSO) im Rahmen von Organtransplantationen in Rechnung gestellten Organisations- und Flugkostenpauschalen sowie die Transplantationsbeauftragtenpauschale sind beihilfefähig.

4.1.12.2 Zu den Auswirkungen des Bezugs von Leistungen zum Ausgleich des Verdienstausfalls von Organ- oder Gewebespendern nach §§ 8 und 8a des Transplantationsgesetzes wird auf das Schreiben der Deutschen Rentenversicherung Bund vom 15. November 2012 sowie auf das Gemeinsame Rundschreiben des GKV-Spitzenverbandes und der Verbände der Krankenkasse auf Bundesebene vom 19. April 2013 zu den leistungsrechtlichen Auswirkungen des Gesetzes zur Änderung des Transplantationsgesetzes hingewiesen.

4.1.12.3 Für die Dauer der notwendigen Abwesenheit vom Dienst für alle medizinisch notwendigen Maßnahmen im Zusammenhang mit der Spende von Organen oder Geweben nach den §§ 8 und 8a des Transplantationsgesetzes in der Fassung der Bekanntmachung vom 4. September 2007 (BGBl. I S. 2206) in der jeweils geltenden Fassung besteht Anspruch auf Urlaub (vergleiche § 33 Absatz 3 der Freistellungs- und Urlaubsverordnung NRW).

4.1.13 Nummer 13

4.1.13.1 Neben den Aufwendungen der Registrierung sind auch die Aufwendungen für die Suche nach einem geeigneten Spender im Zentralen Knochenmarkspender-Register beihilfefähig.

4.1.14 Nummer 14

4.1.14.1 Die Aufwendungen für die Hinzuziehung eines Gebärdendolmetschers sind bis zu 75 Euro je Stunde Einsatzzeit zuzüglich der erforderlichen Reisezeit sowie der Fahrkosten in Höhe von 0,30 Euro je Kilometer bei Benutzung eines Kraftfahrzeuges oder in Höhe der niedrigsten Kosten des regelmäßig verkehrenden Beförderungsmittels beihilfefähig.

4.1.14.2 Zum Nachweis der Notwendigkeit einer Kommunikationshilfe reicht die Bescheinigung des behandelnden Arztes grundsätzlich aus.

4.2 Absatz 2

4.2.a Eine Ausnahme von der Altersbegrenzung kann vorliegen, wenn durch amtszahnärztliches Gutachten vor Behandlungsbeginn bestätigt wird, dass die Behandlung ausschließlich medizinisch indiziert ist und ästhetische Gründe ausgeschlossen werden können, keine Behandlungsalternative vorhanden ist und erhebliche Folgeprobleme insbesondere bei einer craniomandibulären Dysfunktion bestehen.

4.2.b.1 Liegt der Rechnungsbetrag je Implantat unterhalb der 1000-Euro-Pauschale, ist nur der Rechnungsbetrag beihilfefähig. Grundsätzlich nachvollziehbare Schwellenwertüberschreitungen können ohne weitere Prüfung bis zur Pauschalgrenze berücksichtigt werden.

4.2.b.2 Die Höchstzahl von zehn Implantaten kann mit Ausnahme der Indikationsfälle nach § 4 Absatz 2 Buchstabe b Satz 5 Beihilfenverordnung NRW nicht überschritten werden. Der Ersatz eines Implantats an gleicher Stelle gilt als Reparatur und wird nicht auf die Höchstzahl von zehn Implantaten angerechnet.

4.2.b.3 Es ist entsprechend der Rechtsprechung des Bundesverwaltungsgerichts (Urteil vom 28. 05. 2008 – 2 C 12.07) davon auszugehen, dass zu bereits vorhandenen Implantaten Beihilfen gewährt wurden, sofern der Beihilfeberechtigte nicht in geeigneter Weise nachweisen kann, dass eine Finanzierung ohne Leistungen aus öffentlichen Kassen erfolgt ist.

4.2.b.4 Soweit das Voranerkennungsverfahren zwingend vorgeschrieben ist, ist seitens des Beihilfeberechtigten der Abschluss dieses Verfahrens vor Behandlungsbeginn abzuwarten. Die Beihilfestelle hat ihre Entscheidung mit einer Rechtsmittelbelehrung zu versehen. Wird mit der Behandlung vor Abschluss des Rechtsmittelverfahrens begonnen, kann unabhängig vom Ausgang dieses Verfahrens eine Beihilfe nur nach § 4 Absatz 2 Buchstabe b Sätze 1 bis 4 Beihilfenverordnung NRW gezahlt werden.

4.2.b.5 Steht am Wohnort des Beihilfeberechtigten kein Amtszahnarzt zur Verfügung (zum Beispiel Wohnsitz im Ausland), ist das Gesundheitsamt am (letzten) Dienstort zuständig. Alternativ kann eine Universitätszahnklinik mit der Begutachtung beauftragt werden.

4.2.b.6 Sind die Voraussetzungen für eine Indikation nach § 4 Absatz 2 Buchstabe b Satz 5 Beihilfenverordnung NRW erfüllt, sind die Aufwendungen im notwendigen und angemessenen Umfang beihilfefähig. Eine Begrenzung auf zehn Implantate ist im Indikationsfall nicht vorgesehen; ein Überschreiten der Höchstzahl nach § 4 Absatz 2 Buchstabe b Satz 1 bedarf allerdings einer eingehenden Begründung des behandelnden Zahnarztes und einer entsprechenden Bestätigung durch den Amtszahnarzt.

4.2.b.7 Reparaturkosten eines Implantats sind einheitlich (auch in den Indikationsfällen) bis zu 400 Euro beihilfefähig; die Kosten der gegebenenfalls auch zu erneuernden Suprakonstruktion sind daneben beihilfefähig.

4.2.c (unbesetzt)

4.2.d (unbesetzt)

4a Zu § 4a Psychotherapie, psychosomatische Grundversorgung

4a.1 Absatz 1

(unbesetzt)

4a.2 Absatz 2

(unbesetzt)

4a.3 Absatz 3

(unbesetzt)

4b Zu § 4b Gemeinsame Vorschriften für die Behandlungsformen psychoanalytisch begründete Verfahren und Verhaltenstherapie

4b.1 Absatz 1

(unbesetzt)

4b.2 Absatz 2

4b.2.1 Ein „Krankheitsfall" umfasst die auf einer verbindenden Diagnose beruhende und im Wesentlichen einer einheitlichen Zielsetzung dienende Psychotherapie in einer akuten Krankheitsperiode.

4b.3 Absatz 3

4.b.3.1 Die Durchführung eines beihilferechtlichen Voranerkennungsverfahrens ist nicht erforderlich, wenn eine gesetzliche oder private Krankenversicherung des Beihilfeberechtigten oder des berücksichtigungsfähigen Angehörigen bereits eine Leistungszusage aufgrund eines durchgeführten Gutachterverfahrens erteilt hat, aus der sich Art und Umfang der Behandlung und Qualifikation des Therapeuten ergibt. Entspricht die Leistungszusage nicht dem beihilferechtlich möglichen Umfang oder ist sie ganz versagt worden, kann das beihilferechtliche Voranerkennungsverfahren daneben durchgeführt werden.

VII

4.b.3.2 Der Gutachter erstellt im Auftrag der Beihilfestelle ein Gutachten zur Notwendigkeit und zu Art und Umfang der Behandlung und bewertet die Angaben des Arztes, des Psychologischen Psychotherapeuten oder des Kinder- und Jugendlichenpsychotherapeuten (nachstehend Therapeut genannt); dabei sind die Formblätter 1 und 2 der Anlage 1 zu dieser VV zu verwenden. Die Einreichung der Unterlagen an den Gutachter hat in anonymisierter Form zu erfolgen. Die Beihilfestelle vergibt an den Beihilfeberechtigten einen von ihr festgelegten Anonymisierungscode (zum Beispiel Beihilfenummer). Bei Erst- und Folgegutachten ist derselbe Anonymisierungscode zu verwenden.

4.b.3.3 Der Beihilfeberechtigte hat der Beihilfestelle das Formblatt 1 – s. o. – (Antrag auf Anerkennung der Beihilfefähigkeit der Psychotherapie) ausgefüllt vorzulegen. Außerdem hat der Beihilfeberechtigte oder der berücksichtigungsfähige Patient den behandelnden Therapeuten zu ersuchen, auf dem Formblatt 2 – s. o. – einen Bericht für den Gutachter zu erstellen.

4.b.3.4 Der Therapeut soll das ausgefüllte Formblatt 2 und gegebenenfalls das Formblatt 3 der Anlage 1 zu dieser VV in einem verschlossenen, als vertrauliche Arztsache gekennzeichneten orangefarbenen Umschlag der Beihilfestelle zur Weiterleitung an den Gutachter übermitteln.

4.b.3.5 Nach Erhalt aller Unterlagen beauftragt die Beihilfestelle mit dem Formblatt 4 der Anlage 1 zu dieser VV einen Gutachter (s. o.) mit der Erstellung des Gutachtens nach dem Formblatt 5 der Anlage 1 zu dieser VV und leitet ihm zugleich die folgenden Unterlagen zu:

a) den als vertrauliche Arztsache gekennzeichneten orangefarbenen Umschlag des Therapeuten (ungeöffnet),
b) das ausgefüllte Formblatt 1 der Anlage 1 (als Kopie),
c) das Formblatt 5 der Anlage 1, in dreifacher Ausfertigung,
d) einen an die Beihilfestelle adressierten, als vertrauliche Arztsache gekennzeichneten Freiumschlag.

4.b.3.6 Der Gutachter übermittelt seine Stellungnahme nach dem Formblatt 5 (Psychotherapie-Gutachten) – in zweifacher Ausfertigung – in dem Freiumschlag der Beihilfestelle. Diese leitet eine Ausfertigung des „Psychotherapie-Gutachtens" an den Therapeuten weiter. Auf Grundlage dieser Stellungnahme erteilt die Beihilfestelle dem Beihilfeberechtigten einen rechtsmittelfähigen Bescheid über die Anerkennung der Beihilfefähigkeit der Aufwendungen für Psychotherapie nach dem Formblatt 6 der Anlage 1 zu dieser VV.

4.b.3.7 Legt der Beihilfeberechtigte gegen den Bescheid der Beihilfestelle Widerspruch ein, kann die Beihilfestelle im Rahmen des Widerspruchsverfahrens ein Obergutachten einholen. Zu diesem Zweck hat der Beihilfeberechtigte oder der Patient den behandelnden Therapeuten zu ersuchen, den „Erstbericht" an den Gutachter auf dem Formblatt 2 der Anlage 1 zu dieser VV zu ergänzen, wobei insbesondere die Notwendigkeit der Behandlung erneut begründet und auf die Ablehnungsgründe der Beihilfestelle und des Gutachters eingegangen werden sollte.

Der Therapeut soll den ergänzten Bericht in einem verschlossenen, als vertrauliche Arztsache gekennzeichneten Umschlag der Beihilfestelle zur Weiterleitung an den Obergutachter übermitteln. Ein Obergutachten ist grundsätzlich nicht einzuholen, wenn die psychotherapeutische Behandlung vom Gutachter abgelehnt wurde, weil der Therapeut die in Anlage 1 Beihilfenverordnung NRW aufgeführten Voraussetzungen nicht erfüllt.

4.b.3.8 Nach Erhalt der Unterlagen beauftragt die Beihilfestelle einen geeigneten Obergutachter (Adressen s. o.) mit der Erstellung eines Obergutachtens. Die Beihilfestelle leitet dem Obergutachter zugleich folgende Unterlagen zu:

a) den als vertrauliche Arztsache gekennzeichneten Umschlag des Therapeuten (ungeöffnet),
b) Kopie des Psychotherapie-Gutachtens,
c) einen an die Beihilfestelle adressierten, als vertrauliche Arztsache gekennzeichneten Freiumschlag.

Ist der die psychotherapeutische Behandlung ablehnende Gutachter gleichzeitig Obergutachter, ist ein anderer Gutachter einzuschalten.

4.b.3.9 Der Obergutachter übermittelt seine Stellungnahme in dem Freiumschlag der Beihilfestelle. Auf Grundlage dieser Stellungnahme hilft die Beihilfestelle dem Widerspruch ab oder erteilt dem Beihilfeberechtigten einen Widerspruchsbescheid.

4.b.3.10 Bei einer Verlängerung der Behandlung oder Folgebehandlung leitet die Beihilfestelle den von dem Therapeuten begründeten Verlängerungsbericht (Bericht zum Fortführungsantrag nach Formblatt 2 der Anlage 1 zu dieser VV) mit einem Freiumschlag dem Gutachter zu, der das Erstgutachten erstellt hatte. Dabei ist das Formblatt 4 der Anlage 1 zu dieser VV um die zusätzlichen Angaben bei der Folgebegutachtung zu ergänzen.

4b.4 Absatz 4

4b.4.1 Die Liste der Gutachter und Obergutachter für Psychotherapie etc. ist vertraulich und daher in einem passwortgeschützten Bereich auf der Internetseite des Bundesverwaltungsamts (www.dienstleistungszentrum.de) unter der Rubrik „Dienstleistungen, Beihilfe, Gutachterliste" hinterlegt. Neue Zugangsberechtigungen für Beihilfestellen können per Mail unter „Manfred.Goempel@bva.bund.de" beantragt werden.

4b.4.2 Um eine Konzentration auf einzelne Gutachter zu vermeiden, sind die Anträge zur Stellungnahme von der Beihilfestelle den Gutachtern und Obergutachtern im Rotationsverfahren zuzuleiten.

4b.4.3 Die Kosten des Gutachtens in Höhe von 41 Euro und des Obergutachtens in Höhe von 82 Euro – jeweils zuzüglich der Umsatzsteuer (soweit in Rechnung gestellt) trägt die Beihilfestelle. Aufwendungen für die Abrechnung der Nummer 808 des Gebührenverzeichnisses der Gebührenordnung für Ärzte (GOÄ) für die Einleitung des Gutachterverfahrens sind beihilfefähig.

4b.5 Absatz 5 (unbesetzt)

4b.6 Absatz 6

(unbesetzt)

4c Zu § 4c Psychoanalytisch begründete Verfahren

4c.1 Absatz 1

4c.1.1 Der Begriff des „Krankheitsfalles" ist identisch mit dem in Nummer 4e.2.1.

4c.2 Absatz 2

4c.2.1 Bei einer tiefenpsychologisch fundierten oder analytischen Psychotherapie von Kindern und Jugendlichen können Bezugspersonen einbezogen werden. In der Begründung zum Antrag ist anzugeben, ob und in welchem Umfang eine Einbeziehung von Bezugspersonen als notwendig angesehen wird. Die vorgesehene Stundenzahl für die Einbeziehung der Bezugspersonen steht zur Stundenzahl des Patienten bei Einzelbehandlungen im Verhältnis 1 zu 4 und bei Gruppenbehandlungen im Verhältnis 1 zu 2. Die in diesem Verhältnis für die Einbeziehung der Bezugspersonen bewilligte Stundenzahl ist der Stundenzahl für die Behandlung des Kindes oder Jugendlichen hinzuzurechnen. Ist eine höhere Stundenzahl für die Einbeziehung der Bezugspersonen therapeutisch geboten und bewilligt, so reduziert sich die Stundenzahl für die Behandlung des Kindes oder Jugendlichen entsprechend.

4c.3 Absatz 3
(unbesetzt)

4c.4 Absatz 4
(unbesetzt)

4d Zu § 4d Verhaltenstherapie

4d.1 Absatz 1

4d.1.1 Der Begriff des „Krankheitsfalles" ist identisch mit dem in Nummer 4e.2.

4d.1.2 Nummer 4c.2.1 gilt entsprechend.

4d.2 Absatz 2
(unbesetzt)

4d.3 Absatz 3
(unbesetzt)

4d.4 Absatz 4
(unbesetzt)

4e Zu § 4e Psychosomatische Grundversorgung

4e.1 Absatz 1
(unbesetzt)

4e.2 Absatz 2

4e.2.1 Ein „Krankheitsfall" umfasst die auf einer verbindenden Diagnose beruhende und im Wesentlichen einer einheitlichen Zielsetzung dienende Psychotherapie in einer akuten Krankheitsperiode.

4e.3 Absatz 3

4e.3.1 Die ambulante psychosomatische Nachsorge ist keine ambulante psychotherapeutische Behandlung im Sinne der §§ 4a bis 4d der Beihilfeverordnung NRW; die Durchführung des Gutachterverfahrens ist entbehrlich. Die Aufwendungen sind bis zur Höhe der Vergütung, die von den gesetzlichen Krankenkassen oder den Rentenversicherungsträgern zu tragen sind, angemessen.

4f Zu § 4f Neuropsychologische Therapie

4f.1 Absatz 1

4f.1.1 Die ambulante neuropsychologische Therapie umfasst Diagnostik und Therapie geistiger (kognitiver) und seelischer (emotional-affektiver) Störungen, Schädigungen und Behinderungen nach erworbener Hirnschädigung oder Hirnerkrankung unter der Berücksichtigung der individuellen physischen und psychischen Ressourcen, der biographischen Bezüge, der interpersonalen Beziehungen, der sozialen und beruflichen Anforderungen sowie der inneren Kontextfaktoren (zum Beispiel Antrieb, Motivation, Anpassungsfähigkeit des oder der Hirngeschädigten oder Hirnerkrankten).

4f.2 Absatz 2
(unbesetzt)

4f.3 Absatz 3

4f.3.1 Für die Abrechnung der ambulanten neuropsychologischen Therapie ist derzeit im Gebührenverzeichnis für ärztliche Leistungen (GOÄ) keine Gebührennummer vorgesehen. Die Therapie kann daher nur in analoger Anwendung abgerechnet werden. Hierfür kommen insbesondere die Nummern 849, 860, 870, 871 GOÄ in Betracht. Aufwendungen für eine Behandlungseinheit als Einzelbehandlung sind beihilfefähig bis zur Höhe des Betrages entsprechend der Nummer 870 GOÄ.

4g Zu § 4g Komplextherapien und integrierte Versorgung

4g.1 Absatz 1

4g.1.1 Komplextherapien sind fachgebietsübergreifende Behandlungen eines einheitlichen Krankheitsbildes, die gemeinsam durch ärztliches und gegebenenfalls nichtärztliches Personal durchgeführt werden. Die Beteiligung einer Ärztin oder eines Arztes muss dabei sichergestellt sein. Zu den Komplextherapien gehören insbesondere Asthmaschulungen, COPD-Schulungen, ambulante Entwöhnungstherapien, ambulante Tinnitustherapien, ambulante kardiologische Therapien, Behandlung chronischer Wunden in Wundzentren, Diabetikerschulungen, Adipositasschulungen, Neurodermitisschulungen, sozialmedizinische Nachsorgeleistungen sowie medizinische Leistungen zur Früherkennung und Frühförderung behinderter und von Behinderung bedrohter Kinder durch interdisziplinäre Frühförderstellen nach § 30 des Neunten Buches Sozialgesetzbuch – Rehabilitation und Teilhabe von Menschen mit Behinderungen – vom 23. Dezember 2016 (BGBl. I S. 3234), das zuletzt durch Artikel 23 des Gesetzes vom 17. Juli 2017 (BGBl. I S. 2541) geändert worden ist. Keine Komplextherapien sind psychiatrische Krankenpflege (§ 4 Absatz 1 Nummer 5 der Beihilfenverordnung NRW) und Soziotherapien (§ 4h der Beihilfenverordnung NRW).

Nicht beihilfefähig sind Aufwendungen für sozialpädagogische und sozialpädiatrische Leistungen außerhalb von Komplextherapien. Keine Komplextherapien sind Soziotherapien (§ 4h Beihilfenverordnung NRW und psychiatrische Krankenpflege.

4g.1.2 Die angemessene Höhe der beihilfefähigen Aufwendungen entspricht der Vergütung, die von den Krankenkassen oder Rentenversicherungsträgern auf Grund entsprechender Vereinbarungen zu tragen ist.

4g.1.3 Sofern Komplextherapien im Rahmen von Rehabilitationsverfahren (zum Beispiel Anschlussheilbehandlungen, Entwöhnungstherapien) durchgeführt werden, richtet sich die Beihilfefähigkeit der Aufwendungen nach den §§ 6 bis 7 der Beihilfenverordnung NRW.

4g.2 Absatz 2

4g.2.1 Von der Beihilfefähigkeit ausgeschlossen sind nur die Aufwendungen für den nichtärztlichen (sozialpädagogischen) Teil der sozialpädiatrischen Behandlung. Die medizinischen Leistungen der sozialpädiatrischen Therapie sind von dem Ausschluss nicht betroffen.

4g.2.2 Aufwendungen für die ambulante sozialpädiatrische Behandlung von Kindern in sozialpädiatrischen Zentren sind unter den Voraussetzungen des § 119 Fünftes Buch Sozialgesetzbuch und bis zur Höhe der Vergütung, die auf Grund einer Vereinbarung des Verbandes der privaten Krankenversicherung e. V., eines privaten Krankenversicherungsunternehmens oder von Sozialversicherungsträgern mit der Einrichtung getroffen sind, beihilfefähig.

4g.3 Absatz 3

4g.3.1 Für die Beihilfefähigkeit ist maßgebend, auf welcher in der Rechnung vermerkten Vertragsgrundlage die Behandlung erfolgt.

4g.3.2 Beihilfefähig sind Aufwendungen, die auf Grund der Vereinbarung zwischen der TAG TeleArzt GmbH sowie den dieser Vereinbarung beigetretenen Hausärztinnen und Hausärzte sowie dem Verband der Privaten Krankenversicherung e. V. geltend gemacht werden. Die Abrechnung der privaten Krankenversicherung ist von den Beihilfeberechtigten mit dem Beihilfeantrag vorzulegen.

4g.4 Absatz 4

(unbesetzt)

4h Zu § 4h Soziotherapie

4h.1 Absatz 1

4h.1.1 Die Erkrankungen, die der Soziotherapie bedürfen, sind gekennzeichnet durch folgende Fähigkeitsstörungen:

a) Beeinträchtigung durch Störungen des Antriebs, der Ausdauer und der Belastbarkeit, durch Unfähigkeit zu strukturieren. Durch Einschränkungen des planerischen

VII

Denkens und Handelns sowie des Realitätsbezuges.

b) Störungen im Verhalten mit Einschränkungen der Kontaktfähigkeit und fehlender Konfliktlösungsfähigkeit.

c) Einbußen im Sinne von Störungen der kognitiven Fähigkeiten wie Konzentration und Merkfähigkeit, der Lernleistungen sowie des problemlösenden Denkens.

d) Mangelnde Compliance (Therapietreue) im Sinne eines krankheitsbedingt unzureichenden Zugangs zur eigenen Krankheitssymptomatik und zum Erkennen von Konfliktsituationen und Krisen.

4h.1.2 Die Beihilfefähigkeit der Soziotherapie setzt voraus, dass der Patient die Therapieziele erreichen kann. Deshalb soll der Patient über die hierzu notwendige Belastbarkeit, Motivierbarkeit und Kommunikationsfähigkeit verfügen und in der Lage sein, einfache Absprachen einzuhalten. Diese Voraussetzung ist nicht gegeben, wenn bei dem Patienten keine langfristige Verminderung der in Nummer 4h.1.1 genannten Fähigkeitsstörungen und kein längerfristig anhaltendes Erreichen der soziotherapeutischen Therapieziele zu erwarten ist.

VII

4h.1.3 Wenn die Voraussetzungen für die Anerkennung der Soziotherapie vorliegen, sind die im Folgenden aufgeführten Leistungen beihilfefähig, die den Patienten zur selbständigen Inanspruchnahme ärztlicher oder ärztlich verordneter Maßnahmen befähigen sollen:

- Erstellung des soziotherapeutischen Betreuungsplans,
- Koordination von Behandlungsmaßnahmen und Leistungen,
- Arbeit im sozialen Umfeld,
- soziotherapeutische Dokumentation.

Darüber hinaus können die Aufwendungen für folgende Maßnahmen als beihilfefähig anerkannt werden:

- Motivations-(antriebs-)relevantes Training,
- Training zur handlungsrelevanten Willensbildung,
- Anleitung zur Verbesserung der Krankheitswahrnehmung,
- Hilfe in Krisensituationen.

4h.2 Absatz 2

4h.2.1 Voraussetzung für die Beihilfefähigkeit der Aufwendungen ist die Motivierung des Patienten, die Überweisung zur Behandlung wahrzunehmen. Zur Erreichung dieses Zieles stehen den soziotherapeutischen Leistungserbringern maximal fünf Therapieeinheiten zur Verfügung. Diese werden auf das Gesamtkontingent der Soziotherapie angerechnet, wenn es zur Verordnung der Therapie kommt. Die Aufwendungen für die fünf Therapieeinheiten sind auch dann beihilfefähig, wenn es nicht zu einer Verordnung der Soziotherapie kommen sollte.

4h.2.2 Unter einem Krankheitsfall ist eine Phase der Behandlungsbedürftigkeit bei einer der in Nummer 4h.1.1 bis 4h.1.2 aufgeführten Indikationen von bis zu drei Jahren zu verstehen.

4h.2.3 Beihilfefähig sind je Verordnung bis maximal 30 Therapieeinheiten, höchstens jedoch so viele Therapieeinheiten, wie zur Erreichung des Therapiezieles oder bis zur Feststellung, dass dieses nicht erreichbar sein wird, erforderlich scheinen.

4h.2.4 Eine Soziotherapieeinheit umfasst 60 Minuten. Die Einheiten können in kleinere Zeiteinheiten maßnahmenbezogen aufgeteilt werden. Dies ist in der soziotherapeutischen Dokumentation (Zeitaufwand) entsprechend zu vermerken.

4h.2.5 An einer Gruppenbehandlung dürfen maximal 12 Patienten teilnehmen.

4h.3 Absatz 3

(unbesetzt)

4h.4 Absatz 4

4h.4.1 Die Leistungserbringung und die Höhe der Vergütung richtet sich nach den geschlossenen Verträgen des § 132b des SGB V.

4i Zu § 4i Sonstige Heilbehandlungen

4i.1 Absatz 1

(unbesetzt)

4i.2 Absatz 2

4i.2.1 Die in § 4i Absatz 2 Beihilfenverordnung NRW genannten Behandler sind grundsätzlich Angehörige von Gesundheits- oder Medizinalfachberufen, für die eine staatliche Regelung der Berufsausbildung oder des Berufsbildes besteht; bei einer Sprachtherapie konnten die Aufwendungen für die Behandlung übergangsweise durch „Heilpraktiker/Heilpraktikerinnen (Sprachtherapie)“, denen auf der Grundlage des RdErl. des Ministeriums für Frauen, Jugend, Familie und Gesundheit NRW vom 11. September 1998 – III B 2 0417.7 – (n.v.) eine eingeschränkte Heilpraktikererlaubnis erteilt worden war, als beihilfefähig anerkannt werden. Der zuvor genannte Erlass wurde mit Erlass des Ministeriums für Gesundheit, Emanzipation, Pflege und Alter NRW vom 2. Februar 2011 – 416-0417.7 – (n.v.) ersatzlos aufgehoben. Aufwendungen für durch den in Satz 1 2. Halbsatz genannten Behandlerkreis erbrachte Behandlungen sind daher ab dem 1. 1. 2012 nicht mehr beihilfefähig. Zur Vermeidung von Härten sind Aufwendungen für Behandlungen, die bis zum 31. 12. 2011 begonnen werden, bis zum Abschluss der Behandlung beihilfefähig. Nicht beihilfefähig sind weiterhin insbesondere Aufwendungen für Leistungen, die von Beschäftigungs- und Arbeitstherapeuten auf dem Gebiet der Arbeitstherapie, von Diplom-Pädagogen, Eurythmielehrern, Eutoniepädagogen und -therapeuten, Gymnastiklehrern, Heilpädagogen, Kunsttherapeuten, Maltherapeuten, Montessoritherapeuten, Musiktherapeuten, Sonderschullehrern und Sportlehrern erbracht werden.

4i.3 Absatz 3

(unbesetzt)

4i.4 Absatz 4

4i.4.1 Die Fürsorgepflicht des Dienstherrn gebietet es, in besonderen Einzelfällen grundsätzlich auch Beihilfen zu den Kosten einer wissenschaftlich nicht allgemein anerkannten Behandlungsmethode einschließlich der verabreichten Arzneimittel nach den jeweiligen Bemessungssätzen zu zahlen (vergleiche BVerfG, Beschluss vom 6. Dezember 2005 – 1 BvR 347/98 –), wenn im Einzelfall folgende Voraussetzungen kumulativ erfüllt sind:

- es liegt eine lebensbedrohende oder regelmäßig tödlich verlaufende Erkrankung vor,
- bezüglich dieser Erkrankung steht eine allgemein anerkannte, medizinischem Standard entsprechende Behandlung nicht zur Verfügung bzw. die allgemein anerkannte Behandlungsmethode konnte (zum Beispiel wegen einer Kontraindikation) nicht angewandt werden oder hat nicht zu einem Wirksamkeitsnachweis geführt,
- bezüglich der bei der erkrankten Person angewandten (neuen, nicht allgemein anerkannten) medizinischen Behandlungsmethode besteht eine „auf Indizien gestützte“, nicht ganz fern liegende Aussicht auf Heilung oder wenigstens auf eine spürbare Einwirkung auf den Krankheitsverlauf.

Die Beihilfestelle prüft auf Grund einer amtsärztlichen Stellungnahme oder der Stellungnahme einer Universitätsklinik sowie der Entscheidung der Krankenversicherung der erkrankten Person unter Beteiligung des Ministeriums der Finanzen das Vorliegen der Voraussetzungen. Dabei ist zu beachten, dass die Behandlungsmethode fachärztlich unter Beachtung der Regeln der ärztlichen Kunst durchgeführt und ausreichend dokumentiert werden muss. Die Bewilligung sollte nicht über einen Zeitraum von sechs Monaten hinaus erfolgen. Danach ist zunächst eine weitere Überprüfung der Wirksamkeit der Methode einschließlich einer erneuten individuellen Chancen-/Risikoabwägung erforderlich.

4i.4.2 Anlage 6 der Beihilfenverordnung NRW ist auch in den Fällen der Nummer 4i.4.1 vorrangig zu beachten.

4i.4.3 Soweit nicht in Anlage 6 aufgeführt, sind im Regelfall von der GKV anerkannte neue Behandlungsmethoden beihilfefähig. Bestehen Zweifel, ob eine neue Behandlungsmethode wissenschaftlich allgemein

VII

anerkannt ist und werden diese durch ein amtsärztliches Gutachten bestätigt, ist vor einer abschließenden Entscheidung bei Landesbediensteten dem Finanzministerium zu berichten.

4i.4.4 Aufwendungen für eine Behandlung der Legasthenie oder Akalkulie sind grundsätzlich nicht beihilfefähig, da es sich hierbei im Regelfall nicht um eine Krankheit sondern um eine pädagogische Behandlung handelt. Sofern der Behandlung im Ausnahmefall eine organische Erkrankung zu Grunde liegt (Schlaganfall, Tumorerkrankung, Unfall) oder es zu neurotischen Störungen, Fehlentwicklungen und psychosomatischen Erkrankungen gekommen ist, können die Behandlungskosten (ärztliche, psychiatrische, psychotherapeutische Behandlung) beihilfefähig sein (zum Beispiel Verhaltenstherapie nach Nummern 870 und 871 GOÄ).

4i.4.5 Nummer 3.2.10 gilt entsprechend.

4i.4.6 Aufwendungen für eine chirurgische Hornhautkorrektur durch Laserbehandlung sind nur beihilfefähig, wenn vor der Behandlung die Zustimmung der Beihilfestelle, bei Landesbediensteten zusätzlich des Ministeriums der Finanzen, eingeholt wurde (Anlage 6, Abschnitt II Nummer 3 der Beihilfenverordnung NRW). Für die Prüfung der Notwendigkeit der Maßnahme reicht neben einem amtsärztlichen Gutachten auch die Stellungnahme einer Klinik, die die Behandlung nicht durchführt, grundsätzlich aus. Dabei sollten die Gutachterkosten den Betrag von 500 Euro nicht übersteigen. Grundsätzlich ist davon auszugehen, dass Sehfehler durch Brillen oder Kontaktlinsen ausgeglichen werden können.

4i.5 Absatz 5

(unbesetzt)

4i.6 Absatz 6

4.i.6.1 Die Regelung des § 4i Absatz 6 Beihilfenverordnung NRW kommt nicht zum Tragen, wenn die erkrankte oder pflegebedürftige Person in einer stationären Pflegeeinrichtung oder Einrichtung der Behindertenhilfe untergebracht ist und § 5d Absatz 2 oder Absatz 6 anzuwenden ist.

5 Zu § 5 Beihilfefähige Aufwendungen bei dauernder Pflegebedürftigkeit

5.1 Absatz 1

5.1.1 Der beihilferechtliche Begriff der Pflegebedürftigkeit richtet sich ab 1. Januar 2017 nach § 14 in Verbindung mit § 15 des Elften Buches Sozialgesetzbuch. Mit dem neuen Pflegebedürftigkeitsbegriff ist auch die Einführung eines neuen Begutachtungsinstruments verbunden. Zentraler Maßstab ist nunmehr der Grad der Selbständigkeit und das Angewiesensein auf personelle Unterstützung durch andere.

5.2 Absatz 2

5.2.1 Unter Berücksichtigung des neuen Pflegebedürftigkeitsbegriffs umfasst Pflege alle pflegerischen Maßnahmen in den in § 14 Absatz 2 des Elften Buches Sozialgesetzbuch genannten sechs Bereichen (Mobilität, kognitive und kommunikative Fähigkeiten, Verhaltensweisen und psychische Problemlagen, Selbstversorgung, Bewältigung von und selbständiger Umgang mit krankheits- oder therapiebedingten Anforderungen und Belastungen, Gestaltung des Alltagslebens und sozialer Kontakte) sowie Hilfen bei der Haushaltsführung. Pflege umfasst zukünftig somit auch regelmäßig (pflegerische) Betreuungsmaßnahmen.

5.2.2 Das Ergebnis der Beurteilung der einzelnen Kriterien ist der Grad der Beeinträchtigung in dem jeweiligen Lebensbereich. Aus der Zusammenführung aller Teilergebnisse der sechs Module ergibt sich dann der Pflegegrad der pflegebedürftigen Personen. Zu berücksichtigen ist zudem, dass die Ergebnisse der einzelnen Module unterschiedlich gewichtet sind. So fließen zum Beispiel die Ergebnisse aus dem Modul Selbstversorgung mit 40 Prozent und aus dem Modul Mobilität mit 10 Prozent in die Gesamtbewertung ein.

5.2.3 Wer bereits Leistungen der Pflegeversicherung bezogen hat, wird nach dem Elften Buch Sozialgesetzbuch automatisch in das neue System der Pflegegrade übergeleitet. Die Überleitung verfolgt dabei zwei wesentliche Ziele: Zum einen sollen bisherige Leistungsbezieher durch die Einführung des neuen Pflegebedürftigkeitsbegriffs nicht schlechter gestellt werden als bisher. Daher erfolgt die Überleitung grundsätzlich in einen Pflegegrad, mit dem entweder gleich hohe oder höhere Leistungen als bisher verbunden sind. Ist dies ausnahmsweise nicht der Fall, besteht Besitzstandschutz. Zum anderen sollen umfangreiche Begutachtungen vermieden werden. Der Pflegegrad wird von der Pflegeversicherung der Pflegebedürftigen mitgeteilt und ist von der Beihilfestelle zu übernehmen.

5.2.4 Für Personen, die keine Überleitung nachweisen können, ist von der zuständigen Beihilfestelle die Überleitung entsprechend § 140 des Elften Buches Sozialgesetzbuch vorzunehmen.

(von) Pflegestufe	(nach) Pflegegrad
ohne Pflegestufe, aber erheblich eingeschränkte Alltagskompetenz	2
I	2
I und erheblich eingeschränkte Alltagskompetenz	3
II	3
II und erheblich eingeschränkte Alltagskompetenz	4
III	4
III und erheblich eingeschränkte Alltagskompetenz	5
III Härtefall	5
III Härtefall und erheblich eingeschränkte Alltagskompetenz	5

5.2.5 In Neufällen ist der von der jeweils zuständigen Pflegeversicherung festgestellte Pflegegrad durch geeignete Unterlagen (zum Beispiel Leistungsmitteilung, Mitteilung nach § 44 Absatz 4 des Elften Buches Sozialgesetzbuch bei Zahlung von Rentenversicherungsbeiträgen für Pflegepersonen) nachzuweisen. Bei nicht gegen das Risiko der Pflegebedürftigkeit Versicherten bedarf es eines amts- oder vertrauensärztlichen Gutachtens.

5.2.6 Wird ein Antrag auf Feststellung der Pflegebedürftigkeit oder eines höheren Pflegegrades zunächst bei einer Pflegekasse oder einer privaten Pflegeversicherung gestellt, ist für den Beginn der Beihilfegewährung dieser Antrag maßgebend.

5.2.6.1 Die Zuordnung zu einem Pflegegrad sowie die Bewilligung von Leistungen können durch die zuständige Pflegeversicherung befristet werden. Die Befristung erfolgt, wenn eine Verringerung des Hilfebedarfs zu erwarten ist. Die Befristung kann wiederholt werden und darf insgesamt die Dauer von drei Jahren nicht überschreiten. Die Entscheidung der Pflegeversicherung ist für die Beihilfestelle bindend. Die entsprechenden Bescheinigungen sind durch die Beihilfeberechtigten beizubringen.

5.2.6.2 Um eine nahtlose Beihilfegewährung sicherzustellen, soll die Beihilfestelle die Beihilfeberechtigten darauf hinweisen, dass er rechtzeitig vor Ablauf der Befristung die Beihilfestelle über die weitere Entscheidung der Pflegeversicherung hinsichtlich einer Befristungsverlängerung (gegebenenfalls mit geändertem Pflegegrad) unterrichtet.

5.2.7 Erheben Beihilfeberechtigte gegen einen Beihilfebescheid Widerspruch mit der Begründung, der von der Pflegeversicherung anerkannte Pflegegrad sei zu niedrig, ist der Widerspruch zwar zulässig, jedoch ist die Entscheidung bis zur rechtskräftigen Feststellung des Pflegegrades durch die Pflegeversicherung auszusetzen; sodann ist über den Widerspruch zu entscheiden und dieser ist gegebenenfalls als unbegründet zurückzuweisen.

5.2.8 Besteht keine Pflegeversicherung, hat die Beihilfestelle ein Gutachten einzuholen, aus dem die Pflegebedürftigkeit nach § 15 Absatz 1 Satz 1 und Absatz 3 Satz 4 des Elften Buches Sozialgesetzbuch hervorgeht.

5.3 Absatz 3

5.3.1 Aufwendungen für eine berufliche oder soziale Eingliederung oder zur Förderung der Kommunikation sind nicht beihilfefähig.

5.3.2 Aufwendungen für medizinische Behandlungen sind nach § 4 der Beihilfenverordnung NRW beihilfefähig.

5.3.3 Bei einem pflegebedürftigen Kind ist der zusätzliche Hilfebedarf gegenüber einem gesunden Kind gleichen Alters maßgebend.

5.4 Absatz 4

5.4.1 Wird durch eine Gutachterin oder einen Gutachter der Pflegekasse den Pflegebedürftigen eine Rehabilitationsmaßnahme verordnet, bedarf es keines weiteren Gutachterverfahrens.

5.5 Absatz 5

5.5.1 Derzeit besteht zwischen dem Land Nordrhein-Westfalen und der COMPASS Private Pflegeberatung keine Vereinbarung, die COMPASS berechtigen würde, die von ihr erbrachte Pflegeberatung in Rechnung zu stellen. Entsprechende Anträge auf Kostenübernahme bzw. Kostenbeteiligung sind daher seitens der Beihilfestelle abzulehnen. Dies gilt nicht für Beratungsbesuche nach § 37 Absatz 3 des Elften Buches Sozialgesetzbuch; hier ist Nummer 5a.5.1 zu beachten.

VII

5a Zu § 5a Häusliche Pflege

5a.1 Absatz 1

5a.1.1 Beihilfefähig sind bei Pflegebedürftigen der Pflegegrade 2 bis 5 Aufwendungen für körperbezogene Pflegemaßnahmen und pflegerische Betreuungsmaßnahmen sowie für Hilfe bei der Haushaltsführung (häusliche Pflegehilfe). Hierzu gehören pflegerische Maßnahmen in den in § 14 des Elften Buches Sozialgesetzbuch genannten Bereichen Mobilität, kognitive und kommunikative Fähigkeiten, Verhaltensweisen und psychische Problemlagen, Selbstversorgung, Bewältigung von und selbständiger Umgang mit krankheits- oder therapiebedingten Anforderungen und Belastungen, Gestaltung des Alltagslebens und sozialer Kontakte sowie die pflegerische Anleitung von Pflegebedürftigen und Pflegepersonen.

5a.1.2 Geeignete Pflegekräfte sind Personen, die mittelbar oder unmittelbar in einem Vertragsverhältnis zur Pflegeversicherung oder zu einer ambulanten Pflegeeinrichtung stehen, mit der die jeweilige Pflegeversicherung einen Versorgungsvertrag abgeschlossen hat.

5a.1.3 Entsprechend § 36 Absatz 3 des Elften Buches Sozialgesetzbuch sind beihilfefähig:

Pflegegrad	beihilfefähige Aufwendungen
2	689 Euro/Monat
3	1298 Euro/Monat
4	1612 Euro/Monat
5	1995 Euro/Monat

5a.1.4 Bei Pflegebedürftigen des Pflegegrades 4 mit besonderem Pflegebedarf sind notwendige und angemessene Aufwendungen von bis zu 1000 Euro und des Pflegegrades 5 bis zu 1995 Euro zusätzlich zu den Beträgen nach Nummer 5a.1.3 beihilfefähig. Es bedarf keiner zusätzlichen ärztlichen Verordnung. Eine Beteiligung der zuständigen Pflegeversicherung hierzu erfolgt nicht.

5a.1.5 Aufwendungen für häusliche Pflege sind auch beihilfefähig, wenn Pflegebedürftige nicht in ihrem eigenen Haushalt gepflegt werden. Die Pflege darf in diesen Fällen aber nicht in einer vollstationären Einrichtung nach § 71 Absatz 2 in Verbindung mit § 72 oder in einer Einrichtung im Sinne des § 71 Absatz 4 des Elften Buches Sozialgesetzbuch erfolgen.

5a.1.6 Wird die Pflege nicht für einen vollen Monat erbracht, wird der beihilfefähige Pauschalbetrag nach § 5a Absatz 1 der Beihilfenverordnung NRW in Verbindung mit § 36 Absatz 3 des Elften Buches Sozialgesetzbuch nicht anteilig gekürzt. Auf die Notwendigkeit und Angemessenheit der geltend gemachten Kosten ist in diesem Fall verstärkt zu achten.

5a.1.7 Neben den Pflegekosten sind die Aufwendungen für medizinische Behandlungen beihilfefähig. Hierzu zählen insbesondere Injektionen, Anlegen und Wechseln von Verbänden, Kathetern, Darmspülungen, Dekubitusversorgung (nicht Dekubitusprophylaxe), Blutdruckmessung, Blutzuckermessung, Verabreichung von Sondennahrung.

5a.2 Absatz 2

5a.2.1 Angebote zur Unterstützung pflegender Angehöriger und vergleichbar nahestehender Pflegepersonen wie zum Beispiel Nachbarn, Freunde und Bekannte sind:

1. Betreuungsangebote (zum Beispiel Tagesbetreuung, Einzelbetreuung),
2. Angebote zur Entlastung von Pflegenden (zum Beispiel durch Pflegebegleiter),
3. Angebote zur Entlastung im Alltag (zum Beispiel in Form praktischer Hilfen).

Die Angebote bedürfen einer Anerkennung durch die zuständige Behörde nach Maßgabe des § 45a Absatz 3 des Elften Buches Sozialgesetzbuch. Die Entscheidung der zuständigen Pflegekasse ist abzuwarten.

5a.2.2 Pflegebedürftige der Pflegegrade 2 bis 5 können bis zu 40 Prozent ihrer Ansprüche für Aufwendungen für häusliche Pflege in Aufwendungen zur Unterstützung im Alltag nach § 45a des Elften Buches Sozialgesetzbuch umwandeln. Unabhängig davon kann die pflegebedürftige Person einen Entlastungsbetrag nach § 45b des Elften Buches Sozialgesetzbuch in Anspruch nehmen. Ein Vorrang-Nachrang-Verhältnis zwischen der 40-Prozent-Regelung und dem Entlastungsbetrag ist nicht gegeben. Die pflegebedürftige Person entscheidet selbst, wie sie die Aufwendungen zur Unterstützung im Alltag finanzieren will.

5a.2.3 Nach § 45 des Elften Buches Sozialgesetzbuch kann der Entlastungsbetrag unter anderem im Zusammenhang mit der Inanspruchnahme von Tages-, Nacht- oder Kurzzeitpflege in Anspruch genommen werden. Dies gilt sowohl für Aufwendungen für Unterkunft und Verpflegung als auch für Investitionskosten.

5a.2.4

Nach § 144 Absatz 3 des Elften Buches Sozialgesetzbuch können Leistungsbeträge nach § 45b des Elften Buches Sozialgesetzbuch, die Pflegebedürftige in der Zeit vom 1. Januar 2015 bis zum 31. Dezember 2016 nicht genutzt hatten, bis zum 31. Dezember 2018 zum Bezug von Leistungen nach § 45b Absatz 1 Satz 3 des Elften Buches Sozialgesetzbuch in der ab 1. Januar 2017 geltenden Fassung eingesetzt werden. Die Bewilligung durch die zuständige Pflegeversicherung ist von den Beihilfeberechtigten vorzulegen.

5a.2.5 Die in einem Kalenderjahr von pflegebedürftigen Personen nicht in Anspruch genommenen Beträge sind auf das nächste Kalenderhalbjahr zu übertragen (ein Antrag ist hierzu nicht erforderlich; § 45b Absatz 2 des Elften Buches Sozialgesetzbuch).

5a.3 Absatz 3

5a.3.1 Der Anspruch auf Pflegegeld setzt voraus, dass die pflegebedürftige Person die erforderlichen körperbezogenen Pflegemaßnahmen, pflegerischen Betreuungsmaßnahmen und Hilfen bei der Haushaltsführung durch andere Personen als die in § 5a Absatz 1 Satz 2 der Beihilfenverordnung NRW genannten Pflegekräfte selbst sicherstellt.

5a.3.2 Pflegegeld ist in folgender Höhe beihilfefähig:

Pflegegrad	beihilfefähige Aufwendungen
2	316 Euro/Monat
3	545 Euro/Monat
4	728 Euro/Monat
5	901 Euro/Monat

Daneben ist bei Pflegebedürftigen des Pflegegrades 4 ein Pflegezuschlag von 150 Euro und bei Pflegegrad 5 von 240 Euro monatlich beihilfefähig. Eine Beteiligung der zuständigen Pflegeversicherung erfolgt hierzu nicht.

5a.3.3 Die Pflege muss in einer häuslichen Umgebung erbracht werden. Dies kann der eigene Haushalt der gepflegten Person, der Haushalt der Pflegeperson oder ein anderer Haushalt sein, in der die pflegebedürftige Person aufgenommen wurde. Unbeachtlich ist, ob die Pflege durch Angehörige, Lebenspartner, sonstige ehrenamtliche Pflegepersonen, erwerbsmäßige Pflegekräfte oder eine von der pflegebedürftigen Person angestellte Person erbracht wird. Die Prüfung, ob die erforderliche Grundpflege und die hauswirtschaftliche Versorgung sichergestellt sind,

VII

obliegt der zuständigen Pflegekasse oder Pflegeversicherung.

5a.3.4 Die häusliche Pflege wird nicht dadurch ausgeschlossen, dass die pflegebedürftige Person in einem Altenwohnheim oder in einer Altenwohnung lebt. Nummer 5a.1.5 gilt entsprechend.

5a.4 Absatz 4

5a.4.1 Zeiträume, für die Aufwendungen einer vollstationären Krankenhausbehandlung (§ 4 Absatz 1 Nummer 2 der Beihilfenverordnung NRW), einer stationären Rehabilitationsmaßnahme (§ 6 der Beihilfenverordnung NRW) oder einer stationären Pflege (§ 5d der Beihilfenverordnung NRW) geltend gemacht werden, unterbrechen die häusliche Pflege. Für diese Zeiten wird das Pflegegeld nach § 5a Absatz 3 Satz 1 der Beihilfenverordnung NRW und der Pflegezuschlag nach § 5a Absatz 3 Satz 2 der Beihilfenverordnung NRW nur anteilig (tageweise; der Monat wird mit 30 Tagen berücksichtigt) gezahlt; dies gilt hinsichtlich des Pflegegeldes (ohne Pflegezuschlag nach § 5a Absatz 3 Satz 2 der Beihilfenverordnung NRW) nicht für die ersten vier Wochen einer vollstationären Krankenhausbehandlung, einer stationären Rehabilitationsmaßnahme oder des Monats, in dem die pflegebedürftige Person gestorben ist.

5a.4.2 Bei einem Krankenhaus- oder Rehabilitationsaufenthalt beginnt die Vier-Wochen-Frist mit dem Aufnahmetag. Bei einer Kürzung setzt die Zahlung des Pflegegeldes mit dem Entlassungstag und des Pflegezuschlags mit dem nachfolgenden Tag wieder ein.

5a.4.3 Während einer Verhinderungspflege (§ 5a Absatz 8 der Beihilfenverordnung NRW) ist das Pflegegeld (nicht der Pflegezuschlag) für bis zu sechs Wochen je Kalenderjahr und während einer Kurzzeitpflege (§ 5b Absatz 3 der Beihilfenverordnung NRW) für bis zu acht Wochen je Kalenderjahr in Höhe der Hälfte des vor Beginn der Verhinderungs- oder Kurzzeitpflege gezahlten Pflegegeldes zusätzlich beihilfefähig.

5a.4.4 Bei einer stundenweisen Verhinderung der Pflegeperson von weniger als acht Stunden am Tag besteht ein Anspruch auf das volle Pflegegeld (ohne Pflegezuschlag). Die Entscheidung der Pflegeversicherung ist abzuwarten.

5a.5 Absatz 5

5a.5.1 Bei pflegebedürftigen Personen mit Pflegegrad 2 oder 3 sind Beratungsbesuche (§ 37 Absatz 3 Satz 1 des Elften Buches Sozialgesetzbuch) halbjährlich und mit Pflegegrad 4 oder 5 vierteljährlich durchzuführen. Pflegebedürftige Personen mit Pflegegrad 1, die zu Hause gepflegt werden, und pflegebedürftige Personen der Pflegegrade 2 bis 5, die häusliche Pflege nach § 5a Absatz 1 der Beihilfenverordnung NRW oder Kombinationsleistungen nach § 5a Absatz 6 der Beihilfenverordnung NRW in Anspruch nehmen, können den Beratungsbesuch nach § 37 Absatz 3 Satz 1 und 2 des Elften Buches Sozialgesetzbuch halbjährlich freiwillig in Anspruch nehmen.

5a.5.2 Für einen Beratungsbesuch sind in den Pflegegraden 1 bis 3 bis zu 23 Euro und in den Pflegegraden 4 und 5 bis zu 33 Euro beihilfefähig.

5a.5.3 Rufen Pflegebedürftige die Beratung nicht ab, hat die zuständige Pflegeversicherung das Pflegegeld angemessen zu kürzen und im Wiederholungsfall zu entziehen. Die Beihilfestelle folgt der Entscheidung der Pflegeversicherung.

5a.6 Absatz 6

5a.6.1 Bei einer Kombination der Leistungen nach § 5a Absatz 1 und 3 der Beihilfenverordnung NRW (§ 36 Absatz 1 und 3 des Elften Buches Sozialgesetzbuch) ist das in der privaten oder sozialen Pflegeversicherung zugrunde gelegte Verhältnis der anteiligen Inanspruchnahme auch für die Beihilfe maßgebend. Dem Beihilfeantrag ist daher der Bescheid der jeweiligen Pflegeversicherung beizufügen.

Beispiele:

1. Eine in der privaten Pflegeversicherung versicherte Person mit Anspruch auf Versorgungsbezüge (Pflegegrad 3) nimmt zu jeweils 50 Prozent die Pflege durch Berufspflegekräfte (649 Euro von 1298 Euro)

VII

und das Pflegegeld (272,50 Euro von 545 Euro) in Anspruch.

Die Beihilfe errechnet sich aufgrund der Aufteilung durch die Pflegeversicherung wie folgt:

a) 70 Prozent von 649,00 Euro (50 Prozent von 1298,00 Euro) = 454,30 Euro
b) 70 Prozent von 272,50 Euro (50 Prozent von 545,00 Euro) = 190,75 Euro.

Beihilfe insgesamt: 645,05 Euro.

2. Eine in der sozialen Pflegeversicherung versicherte Person (Pflegegrad 3) mit Anspruch auf Versorgungsbezüge (§ 28 Absatz 2 des Elften Buches Sozialgesetzbuch) nimmt zu jeweils 50 Prozent die Pflege durch Berufspflegekräfte (649 Euro von 1298 Euro) und das Pflegegeld (272,50 Euro von 545 Euro) in Anspruch.

   Die Beihilfe errechnet sich aufgrund der Aufteilung durch die Pflegeversicherung wie folgt:

   a) 70 Prozent von 649,00 Euro (50 Prozent von 1298,00 Euro) = 454,30 Euro
   b) 70 Prozent von 272,50 Euro (50 Prozent von 545,00 Euro) = 190,75 Euro.

   Beihilfe unter Berücksichtigung des § 12 Absatz 6 der Beihilfenverordnung NRW (Leistungen der Pflegeversicherung 460,75 Euro) insgesamt: 460,75 Euro.

5a.7 Absatz 7

5a.7.1 Pflegebedürftige Personen in vollstationären Einrichtungen der Hilfe für behinderte Menschen, in der die Teilhabe am Arbeitsleben und am Leben in der Gemeinschaft, die schulische Ausbildung oder die Erziehung behinderter Menschen im Vordergrund des Einrichtungszwecks stehen und die sich während der Woche, an Wochenenden oder in den Ferienzeiten im häuslichen Bereich aufhalten, erhalten neben den Leistungen nach § 5f Absatz 2 der Beihilfenverordnung NRW anteilig ein ungekürztes Pflegegeld für die Tage, an denen die häusliche Pflege sichergestellt ist (§ 43a des Elften Buches Sozialgesetzbuch). Tage der An- und Abreise gelten als volle Tage der häuslichen Pflege. Der für den Pflegegrad maßgebende Pauschalbetrag wird durch 30 dividiert und mit der Zahl der zu Hause verbrachten Tage multipliziert. Der Entscheidung der Pflegeversicherung ist zu folgen. Der Pflegezuschlag nach § 5a Absatz 3 Satz 2 der Beihilfenverordnung NRW wird nicht gezahlt.

5a.7.2 Kann zum Beispiel an den Wochenenden oder in Ferienzeiten eine häusliche Pflege nicht erfolgen und ist die Unterbringung in derselben vollstationären Einrichtung der Hilfe für behinderte Menschen weiterhin sichergestellt, sind die Aufwendungen mit der Zahlung der Beihilfe nach § 5f Absatz 2 der Beihilfenverordnung NRW abgegolten. § 5b der Beihilfenverordnung NRW gilt nicht.

5a.8 Absatz 8

5a.8.1 Aufwendungen für Verhinderungspflege sind nur für pflegebedürftige Personen der Pflegegrade 2 bis 5 beihilfefähig.

5a.8.2 Der beihilfefähige Betrag der Verhinderungspflege beträgt 1612 Euro für längstens sechs Wochen je Kalenderjahr. Der Betrag kann um bis zu 806 Euro auf insgesamt 2418 Euro aus noch nicht in Anspruch genommenen Mitteln der Kurzzeitpflege nach § 5b Absatz 3 der Beihilfenverordnung NRW erhöht werden.

5b Zu § 5b Teilstationäre Pflege und Kurzzeitpflege

5b.1 Absatz 1

5b.1.1 Die Aufwendungen für teilstationäre Pflege sind entsprechend § 41 des Elften Buches Sozialgesetzbuch bis zu folgender Höhe beihilfefähig:

Pflegegrad	beihilfefähige Aufwendungen
2	689 Euro/Monat
3	1298 Euro/Monat
4	1612 Euro/Monat
5	1995 Euro/Monat

5b.1.2 Die Aufwendungen für teilstationäre Pflege umfassen die pflegebedingten Aufwendungen, die Aufwendungen für Betreuung und die Aufwendungen für die in der

Einrichtung notwendigen Leistungen der medizinischen Behandlungspflege.

5b.1.3 Bei vorübergehender Abwesenheit der pflegebedürftigen Person von der Pflegeeinrichtung sind die Aufwendungen (Betten- und Platzfreihaltegebühren) für teilstationäre Pflege beihilfefähig, solange die Voraussetzungen des § 87a Absatz 1 Satz 5 und 6 des Elften Buches Sozialgesetzbuch vorliegen. Das heißt, dass im Fall vorübergehender Abwesenheit von der teilstationären Pflegeeinrichtung die Freihaltegebühren für einen Abwesenheitszeitraum von 42 Tagen im Kalenderjahr beihilfefähig sind. Bei Krankenhausaufenthalten und bei Aufenthalten in stationären Rehabilitationseinrichtungen verlängert sich der Abwesenheitszeitraum für die Dauer dieser Aufenthalte. In den nach § 75 des Elften Buches Sozialgesetzbuch abzuschließenden Rahmenverträgen sind die vorgenannten Abwesenheitszeiten, soweit drei Kalendertage überschritten werden, Abschläge von mindestens 25 Prozent der Pflegevergütung, der Entgelte für Unterkunft und Verpflegung und der Zuschläge nach § 92b des Elften Buches Sozialgesetzbuch vorzusehen.

5b.2 Absatz 2

5b.2.1 Aufwendungen der häuslichen Pflege nach § 5a Absatz 1 der Beihilfenverordnung NRW (geeignete Pflegekräfte), Absatz 3 Satz 1 der Beihilfenverordnung NRW (Pflegegeld) oder nach § 5a Absatz 6 der Beihilfenverordnung NRW (Kombinationsleistungen) sind neben den Aufwendungen für teilstationäre Pflege beihilfefähig. Ein Anspruch auf den Pflegezuschlag nach § 5a Absatz 3 Satz 2 der Beihilfenverordnung NRW besteht nicht.

5b.2.2 Die notwendigen Beförderungskosten für die Beförderung der pflegebedürftigen Person von der Wohnung zur Einrichtung der Tages- und Nachtpflege und zurück sind beihilfefähig.

5b.3 Absatz 3

5b.3.1 Ist die vorübergehende Unterbringung einer pflegebedürftigen Person mit Pflegegrad 2 bis 5 in einem Kurzzeitpflegeheim wegen Verhinderung oder Abwesenheit der Pflegeperson erforderlich, sind die pflegebedingten Aufwendungen bis 1612 Euro im Kalenderjahr beihilfefähig. Unterbringungs-, Verpflegungs- und Investitionskosten sind nicht beihilfefähig.

5b.3.2 Die Kurzzeitpflege kann unter Anrechnung auf den für Verhinderungspflege zustehenden Leistungsbetrag um bis zu 1612 Euro auf insgesamt 3224 Euro erhöht werden, soweit eine Verhinderungspflege noch nicht in Anspruch genommen wurde. Der Anspruch auf Kurzzeitpflege ist auf acht Wochen je Kalenderjahr beschränkt. Bei Aufstockung aus der Verhinderungspflege verlängert sich der Anspruch entsprechend auf bis zu 14 Wochen.

5b.3.3 Während einer Kurzzeitpflege wird die Pauschalbeihilfe bis zu acht Wochen im Kalenderjahr zur Hälfte weitergezahlt, wenn vor der Kurzzeitpflege ein Anspruch auf Pauschalbeihilfe bestand (§ 5a Absatz 4 der Beihilfenverordnung NRW). Bei Kurzzeitpflege erfolgt keine Kürzung des Pflegegeldes für den ersten und letzten Tag der Inanspruchnahme der Leistungen der Kurzzeitpflege. Für die Höhe der Pauschalbeihilfe ist die geleistete Höhe der Pauschalbeihilfe vor Beginn der Kurzzeitpflege maßgebend.

5c Zu § 5c Kurzzeitpflege

5c.1 Absatz 1

5c.1.1 Die Zuschüsse zur Kranken- und Pflegeversicherung werden der Person, die Pflegezeit in Anspruch nimmt, auf Antrag gewährt. Änderungen der Verhältnisse, die sich auf die Zuschussgewährung auswirken können, sind der für die pflegebedürftige Person zuständigen Beihilfestelle zeitnah mitzuteilen.

5c.2 Absatz 2

5c.2.1 Entsprechend den Grundsätzen der §§ 173 des Sechsten Buches Sozialgesetzbuch und 349 Absatz 4a des Dritten Buches Sozialgesetzbuch – Arbeitsförderung – (Artikel 1 des Gesetzes vom 24. März 1997, BGBl. I S. 594, 595), das zuletzt durch Artikel 3 des Gesetzes vom 12. Juli 2018 (BGBl. I S. 1147) geändert worden ist, hat die Beihilfestelle den von ihr zu tragenden Anteil an den zuständigen Träger der Rentenversicherung und die Bundesagentur für Arbeit zu zahlen.

5c.2.2 Die Zahlung der Beiträge zur Arbeitslosenversicherung für die im Beitragsjahr (Kalenderjahr) versicherungspflichtigen Pflegepersonen erfolgt in Form eines Gesamtbeitrages der Beihilfestelle für das Kalenderjahr, in dem die Pflege geleistet wurde (§ 349 Absatz 5 Satz 2 des Dritten Buches Sozialgesetzbuch). Der Gesamtbetrag wird spätestens im März des Jahres fällig, das dem Beitragsjahr folgt. Die Rentenversicherungsbeiträge sind im Gegensatz dazu monatlich zu zahlen.

5c.2.3 Die Rentenversicherungsbeiträge sind nach dem einheitlichen Verteilungsschlüssel, der jährlich von der Deutschen Rentenversicherung festgelegt wird, an die Deutsche Rentenversicherung Bund und an den zuständigen Regionalträger, in dessen Bereich die Beihilfestelle ihren Sitz hat, zu zahlen. Die Beiträge sind unter Angabe der von der Bundesagentur für Arbeit vergebenen Betriebsnummer von der zuständigen Beihilfestelle zu überweisen. Soweit die Beihilfestelle keine Betriebsnummer besitzt, ist eine solche beim Betriebsnummernservice der Bundesagentur für Arbeit zu beantragen.

5c.2.4 Der Beleg zur Überweisung der Rentenversicherungsbeiträge muss im Feld „Verwendungszweck" folgende Angaben enthalten:

1. Zeile:
   - Betriebsnummer der zahlenden Stelle (achtstellig),
   - Monat (zweistellig) und Jahr (zweistellig), für den die Beiträge gezahlt werden,
   - Kennzeichen „West" oder „Ost" und
2. Zeile:
   - „RV-BEITRAG-PFLEGE"

5c.2.5 Nach § 10 Absatz 4b Satz 4 bis 6 des Einkommensteuergesetzes sind Behörden und andere öffentliche Stellen verpflichtet, geleistete Beiträge an steuerpflichtige Personen zur Alterssicherung, Krankenversicherung oder Pflegeversicherung elektronisch an die Zentrale Zulagenstelle bei der Deutschen Rentenversicherung Bund nach § 81 des Einkommensteuergesetzes zu übermitteln, um die steuerlich zutreffende Ermittlung von steuerfreien Zuschüssen zu ermöglichen.

Beihilfestellen sind in den Fällen des § 44 des Elften Buches Sozialgesetzbuch, in denen Rentenversicherungsbeiträge zur sozialen Sicherung von nicht erwerbstätigen Personen gezahlt werden sowie in den Fällen des § 44a des Elften Buches Sozialgesetzbuch für zu zahlende Leistungen zur sozialen Sicherung bei Beziehern von Pflegeunterstützungsgeld grundsätzlich meldepflichtig.

Die elektronische Meldung an die zentrale Stelle hat erstmals für den Veranlagungszeitraum 2016 zu erfolgen; die Daten von 2016 sind umgehend der zentralen Stelle mitzuteilen. Sofern eine Meldung aus technischen Gründen zeitnah nicht möglich ist, sollen die meldepflichtigen Stellen die Daten vorhalten und nach erfolgter technischer Anbindung die Meldung nachholen. Auf das Schreiben des Bundesministeriums des Innern (BMI) vom 1. Februar 2016 D 6 – 11031/2#1 über das Amtshilferichtlinie-Umsetzungsgesetz vom 26. Juni 2013 (BGBl. I S. 1809) wird insoweit hingewiesen.

Nach Abklärung des Umfangs der Meldepflichten der jeweiligen Beihilfestellen mit dem Bundesministerium der Finanzen hat der BMI ergänzend mit Rundschreiben vom 13. Februar 2017 – D 6 – 11031/2#1 unter anderem Folgendes mitgeteilt:

Folgende Fallgruppen sind zu unterscheiden:

1. Soziale Sicherung der Pflegepersonen.

   Die Beihilfestellen führen für Pflegepersonen (auch wenn es sich um Beamtinnen oder Beamte handelt) Beiträge zur gesetzlichen Rentenversicherung ab. Die Beiträge werden unmittelbar an den zuständigen Träger der Rentenversicherung gezahlt. Es fließen keine weiteren Beträge an die Pflegepersonen oder die beihilfeberechtigte Person.

   In diesen Fällen besteht keine Meldepflicht.

   Nach § 44a Absatz 1 des Elften Buches Sozialgesetzbuch erhalten Beschäftigte, die nach § 3 Absatz 1 Satz 1 des Pflegezeitgesetzes vom 28. Mai 2008 (BGBl. I S. 874,

VII

896), das zuletzt durch Artikel 7 des Gesetzes vom 21. Dezember 2015 (BGBl. I S. 2424) geändert worden ist, von der Arbeitsleistung vollständig freigestellt wurden oder deren Beschäftigung durch Reduzierung der Arbeitszeit zu einer geringfügigen Beschäftigung im Sinne des § 8 Absatz 1 Nummer 1 des Vierten Buches Sozialgesetzbuch – Gemeinsame Vorschriften für die Sozialversicherung – in der Fassung der Bekanntmachung vom 12. November 2009 (BGBl. I S. 3710, 3973; 2011 I S. 363), das zuletzt durch Artikel 7a des Gesetzes vom 18. Juli 2017 (BGBl. I S. 2757) geändert worden ist, wird, auf Antrag Zuschüsse zur Kranken- und Pflegeversicherung von der jeweiligen Beihilfestelle, wenn sie nahe Angehörige pflegen, die beihilfeberechtigte oder berücksichtigungsfähige Personen sind.

Auf Beamtinnen und Beamte als Pflegepersonen ist das Pflegezeitgesetz nicht anzuwenden. Für sie gilt § 67 des Landesbeamtengesetzes in Verbindung mit § 16 der Freistellungs- und Urlaubsverordnung NRW sowie § 5c der Beihilfenverordnung NRW.

Soweit Pflegebedürftige beihilfeberechtigte oder berücksichtigungsfähige Personen sind, werden die Beiträge zur Arbeitslosenversicherung und der Zuschuss zum Kranken- und Pflegeversicherungsbeitrag von der Pflegeversicherung bzw. den Pflegekassen und den Beihilfestellen anteilig gezahlt.

Erfolgt die Zahlung unmittelbar von der Beihilfestelle an die Pflegeperson, löst dies die Meldepflicht aus. Eine Ausnahme ist dann gegeben, wenn die beihilfeberechtigte Person, die gepflegt wird, die Zuschüsse zur Kranken- und Pflegeversicherung der pflegenden Person gezahlt hat und sich diese Zuschüsse über die Beihilfe erstatten lässt.

2. Leistungen bei kurzzeitiger Arbeitsverhinderung nach § 2 Pflegezeitgesetz.

   Das Pflegeunterstützungsgeld als Lohnersatzleistung enthält grundsätzlich keine Zuschüsse i. S. d. § 10 Absatz 4b Satz 4 des Einkommensteuergesetzes. Dies gilt jedoch nicht für die Beiträge zur Arbeitslosenversicherung und die Zuschüsse zum Kranken- und Pflegeversicherungsbeitrag.

   Erfolgt die Zahlung unmittelbar von der Beihilfestelle an die Pflegeperson, löst dies die Meldepflicht aus. Eine Ausnahme besteht dann, wenn die beihilfeberechtigte Person, die gepflegt wird, die Zuschüsse zur Kranken- und Pflegeversicherung der pflegenden Person gezahlt hat und sich diese Zuschüsse über die Beihilfe erstatten lässt.

3. Zahlung von Beiträgen zur gesetzlichen Krankenversicherung aufgrund des Bezuges von Pflegeunterstützungsgeld.

   Für die Zahlung von Beiträgen in die gesetzliche Krankenversicherung für Bezieher von Pflegeunterstützungsgeld müssen die Beihilfestellen eine Betriebsnummer mit der Anfangsnummer 997 verwenden. Diese ist – soweit nicht bereits vorhanden – bei der Deutschen Rentenversicherung Knappschaft-Bahn-See zu beantragen. Auf das Rundschreiben des GKV-Spitzenverbandes, der Deutschen Rentenversicherung Bund, der Bundesagentur für Arbeit und des Verbandes der Privaten Krankenversicherung e. V. vom 31. August 2015 („Versicherungs-, beitrags- und melderechtliche Auswirkungen des Bezuges von Pflegeunterstützungsgeld nach § 44a Abs. 3 SGB XI") wird hingewiesen.

5c.2.6 Die in Nummer 5c.2.5 zitierten Rundschreiben sind bei der Zentralen Koordinierungsstelle Beihilfe (**www.beihilfe.nrw.de**) abrufbar. Einzelheiten der Zahlungsabwicklung einschließlich Zahlungsfristen ergeben sich auch aus dem „Gemeinsamen Rundschreiben GKV Spitzenverband, Deutsche Rentenversicherung Bund, Bundesagentur für Arbeit, Verband der Privaten Krankenversicherung e. V. zur Renten- und Arbeitslosenversicherung der nicht erwerbsmäßig tätigen Pflegepersonen vom 13. Dezember 2016", das auf der Internetseite der Deutschen Rentenversicherung (**www.deutsche-rentenversicherung.de**) veröffentlicht ist.

5d Zu § 5d Vollstationäre Pflege

5d.1 Absatz 1

5d.1.1 Werden zu den Kosten einer stationären Pflege Leistungen der privaten oder sozialen Pflegeversicherung erbracht, ist davon auszugehen, dass die Pflegeeinrichtung eine nach § 72 Absatz 1 Satz 1 des Elften Buches Sozialgesetzbuch zugelassene Einrichtung ist. Bei den Pflegesätzen dieser Einrichtungen ist eine Differenzierung nach Kostenträgern nicht zulässig (§ 84 Absatz 3 des Elften Buches Sozialgesetzbuch).

5d.1.2 Beihilfefähig sind die pflegebedingten Aufwendungen einschließlich der Aufwendungen für Betreuung und grundsätzlich medizinische Behandlungspflege. Die Begrenzung nach § 43 Absatz 2 des Elften Buches Sozialgesetzbuch ist unbeachtlich.

5d.1.3 Entsprechend § 141 Absatz 3 des Elften Buches Sozialgesetzbuch sind Pflegezuschläge nach § 84 Absatz 3 des Elften Buches Sozialgesetzbuch (einrichtungseinheitlicher Eigenanteil) sowie besonders pauschalierte Pflegesätze nach § 8 Absatz 3 Satz 3 des Elften Buches Sozialgesetzbuch als pflegebedingte Aufwendungen nach § 5d Absatz 1 der Beihilfenverordnung NRW beihilfefähig.

5d.2 Absatz 2

5d.2.1 Dienstbezüge sind die in § 1 Absatz 4 des Landesbesoldungsgesetzes genannten Bruttobezüge; Versorgungsbezüge sind die laufenden Bezüge nach Anwendung von Ruhens- und Anrechnungsvorschriften. Unfallausgleich nach § 41 des Landesbeamtenversorgungsgesetzes vom 14. Juni 2016 (GV. NRW. S. 310; ber. S. 642), das zuletzt durch Artikel 4 des Gesetzes vom 7. April 2017 (GV. NRW. S. 452) geändert worden ist, bleibt unberücksichtigt. Zu den Renten zählen nicht die Beitragsanteile oder Beitragszuschüsse des Rentenversicherungsträgers zur Krankenversicherung. Krankenkassen- und Pflegeversicherungsbeiträge bleiben unberücksichtigt, auch wenn die Beiträge von den Versorgungsbezügen oder der Rente einbehalten werden. Zur Rente gehören nicht Leistungen der Kindererziehung nach § 294 des Sechsten Buches Sozialgesetzbuch.

5d.2.2 Als Erwerbseinkommen im Sinne des § 5d Absatz 2 Sätze 2 und 4 der Beihilfenverordnung NRW sind Einkünfte aus nichtselbständiger Arbeit, aus selbständiger Arbeit, aus Gewerbebetrieb, aus Land- und Forstwirtschaft sowie Lohnersatzleistungen zugrunde zu legen. Einkommen aus geringfügigen Tätigkeiten nach § 8 des Vierten Buches Sozialgesetzbuch bleiben außer Ansatz. Dabei ist bei einem monatlich schwankenden Einkommen ein Durchschnitt der letzten zwölf Monate für die Ermittlung des Eigenanteils heranzuziehen. Einkommen der Kinder bleiben unberücksichtigt.

5d.2.3 Werden die Kosten für Unterkunft und Verpflegung (und gegebenenfalls der Investitionskosten) von der Pflegeeinrichtung bei der Berechnung des Pflegesatzes nicht gesondert ausgewiesen, ist grundsätzlich die von der privaten oder sozialen Pflegeversicherung vorgenommene Aufteilung der Kosten für die Berechnung der Beihilfe maßgebend.

5d.2.4 Die Zahlungspflicht der Heimbewohner oder ihrer Kostenträger endet mit dem Tag, an dem die Heimbewohner aus der Pflegeeinrichtung entlassen werden oder versterben. Ziehen Pflegebedürftige in eine andere Pflegeeinrichtung um, darf nur die aufnehmende Pflegeeinrichtung ein Gesamtentgelt für den Verlegungstag berechnen.

5d.3 Absatz 3

5d.3.1 Bei vorübergehender Abwesenheit Pflegebedürftiger von der Pflegeeinrichtung sind die Aufwendungen (Betten- und Platzfreihaltegebühren) für einen Abwesenheitszeitraum von bis zu 42 Tagen im Kalenderjahr beihilfefähig (§ 87a Absatz 1 Satz 5 und 6 des Elften Buches Sozialgesetzbuch). Bei Aufenthalten in Krankenhäusern oder Rehabilitationseinrichtungen sind die Freihaltegebühren für die gesamte Dauer dieser Aufenthalte beihilfefähig. In den zu schließenden Rahmenverträgen nach § 75 des Elften Buches Sozialgesetzbuch sind für die vorgenannten Abwesenheitszeiten, soweit drei Kalendertage

VII

überschritten werden, ab dem vierten Tag Abschläge von mindestens 25 Prozent der Pflegevergütung, der Entgelte für Unterkunft und Verpflegung und der Zuschläge nach § 92b des Elften Buches Sozialgesetzbuch vorzusehen.

5e Zu § 5e Pflegehilfsmittel und Maßnahmen zur Verbesserung des Wohnumfeldes

5e.1

Aus Vereinfachungsgründen ist keine ärztliche Verordnung zum Nachweis der Notwendigkeit von Pflegehilfsmitteln erforderlich, wenn im Gutachten zur Feststellung der Pflegebedürftigkeit konkrete Empfehlungen zu Hilfsmitteln und Pflegehilfsmitteln, die den Zielen des § 40 des Elften Buches Sozialgesetzbuch dienen, getroffen werden.

5e.2

Die Pflegekassen überlassen technische Pflegehilfsmittel vorrangig leihweise. In Rechnung gestellte Leih- und Leasinggebühren (auch Pauschalbeträge) sowie Aufwendungen für notwendige Änderungen (Anpassungen), Instandsetzungen und Ersatzbeschaffungen sowie die Ausbildung im Gebrauch der Hilfsmittel sind beihilfefähig. Bei selbst beschafften Hilfsmitteln ist zu beachten, dass diese Hilfsmittel in dem vom Spitzenverband Bund der Krankenkassen/Pflegekassen erstellten Pflegehilfsmittelverzeichnis aufgeführt sind. Mehrkosten für eine über das Maß des Notwendigen hinausgehende Ausstattung des Pflegehilfsmittels sowie dadurch bedingte Folgekosten sind nicht beihilfefähig. Hinsichtlich der Betriebskosten der Hilfsmittel gilt § 4 Absatz 1 Nummer 10 Satz 2 2. Halbsatz der Beihilfenverordnung NRW entsprechend.

5e.3

Aufwendungen für zum Verbrauch bestimmte Pflegehilfsmittel sind im notwendigen und angemessenen Umfang beihilfefähig. § 40 Absatz 3 Satz 4 des Elften Buches Sozialgesetzbuch ist unbeachtlich.

5e.4

Für die Verbesserung des Wohnumfeldes ist ein Betrag von bis zu 4000 Euro je Maßnahme beihilfefähig. Leben mehrere pflegebedürftige Personen in einer gemeinsamen Wohnung, sind je pflegebedürftige Person bis zu 4000 Euro beihilfefähig. Der beihilfefähige Gesamtbetrag nach Satz 2 ist auf 16 000 Euro begrenzt und wird bei mehr als vier Anspruchsberechtigten (mit oder ohne Beihilfeanspruch) anteilig auf die Leistungsträger der Anspruchsberechtigten verteilt.

5e.5

Alle Maßnahmen, die zum Zeitpunkt der „Zuschussgewährung" (und damit auf der Grundlage des zu diesem Zeitpunkt bestehenden Hilfebedarfs) zur Wohnumfeldverbesserung erforderlich sind, sind als eine Verbesserungsmaßnahme zu werten. Das gilt auch dann, wenn die Verbesserungsmaßnahmen in Einzelschritten verwirklicht werden. Ändert sich die Pflegesituation und werden weitere Maßnahmen erforderlich, kann der Betrag von 4000 Euro erneut geltend gemacht werden.

5e.6

Eine Maßnahme zur Verbesserung des individuellen Wohnumfeldes der Pflegebedürftigen liegt auch vor, wenn den Besonderheiten des Einzelfalles durch einen Umzug in eine den Anforderungen der Pflegebedürftigen entsprechende Wohnung (zum Beispiel Umzug aus dem Obergeschoss in das Erdgeschoss) Rechnung getragen werden kann. In diesem Fall können die Umzugskosten bis zu einem Betrag von 4000 Euro als beihilfefähig anerkannt werden, wenn die Pflegekasse oder Pflegeversicherung einen Zuschuss geleistet hat.

5f Zu § 5f Ambulant betreute Wohngruppen und Einrichtungen der Behindertenhilfe

5f.1 Absatz 1

5f.1.1 Der beihilfefähige Wohngruppenzuschlag beträgt 214 Euro pro Monat. Von maximal zwölf Personen, die in einer ambulant betreuten Wohngruppe betreut werden, müssen mindestens drei pflegebedürftig sein.

5f.1.2 Leistungen der teilstationären Pflege (§ 5b Absatz 1 und 2 der Beihilfenverordnung NRW) können nur zusätzlich in Anspruch genommen werden, wenn durch den Medizinischen Dienst der Krankenversicherung oder der Medicproof GmbH für die Versicherten der privaten Pflegepflichtversicherung festgestellt wird, dass die Pflege in der ambulanten Wohngruppe ohne teilstationäre Pflege nicht in einem ausreichenden Umfang sichergestellt werden kann. Für die Beihilfestelle ist die Entscheidung der zuständigen Pflegeversicherung bindend.

5f.1.3 Soweit die Pflegeversicherungen als Anschubfinanzierung zur Gründung ambulant betreuter Wohngruppen einmalig einen Betrag in Höhe von bis zu 2500 Euro nach § 45e des Elften Buches Sozialgesetzbuch zahlen, ist dieser Betrag zusätzlich beihilfefähig. Die Förderung einer Wohngemeinschaft ist auf maximal 10 000 Euro begrenzt, so dass bei mehr als vier anspruchsberechtigten Personen eine anteilige Finanzierung durch die beteiligten Pflegeversicherungen zu erfolgen hat. Dabei wird der Höchstförderbetrag je Wohngruppe von 10 000 Euro durch die Anzahl der förderberechtigten Personen geteilt.

5f.2 Absatz 2

5f.2.1a Beihilfefähig sind 10 Prozent des nach § 75 Absatz 3 des Zwölften Buches Sozialgesetzbuch vereinbarten Heimentgeltes, höchstens jedoch 266 Euro monatlich. Wird für die Tage, an denen die pflegebedürftigen behinderten Menschen zu Hause gepflegt und betreut werden, anteilige Pauschalbeihilfe gezahlt, gelten die Tage der An- und Abreise als volle Tage der häuslichen Pflege. Der für den Pflegegrad maßgebende Pauschalbetrag wird durch 30 dividiert und mit der Zahl der zu Hause verbrachten Tage multipliziert. Der Entscheidung der Pflegeversicherung ist zu folgen. Der Pflegezuschlag nach § 5a Absatz 3 Satz 2 der Beihilfenverordnung NRW wird nicht gezahlt.

5f.2.1b Inhalt der Vereinbarung nach § 75 Absatz 3 des Zwölften Buches Sozialgesetzbuch ist gemäß § 76 Absatz 2 des Zwölften Buches Sozialgesetzbuch die Vergütung für die Pauschalen für Unterkunft und Verpflegung (Grundpauschale) und für die Maßnahmen (Maßnahmenpauschale), so dass auch die Kosten der teilstationären Unterbringung (zum Beispiel für die Betreuung in einer Werkstatt für behinderte Menschen) in die Berechnung der 10-Prozent-Regelung einzubeziehen sind.

5f.2.2 Bei zu Hause gepflegten pflegebedürftigen Personen, die ausnahmsweise eine Kurzzeitpflege in geeigneten Einrichtungen der Hilfe für behinderte Menschen und anderen geeigneten Einrichtungen erhalten, bestimmt sich die Beihilfefähigkeit der Aufwendungen ausschließlich nach § 5b Absatz 3 der Beihilfenverordnung NRW.

5f.2.3 Ist eine pflegebedürftige Person, die noch die Schule besucht, von Montag bis Freitag in einer Einrichtung internatsmäßig untergebracht, besteht für diese Zeit ein Anspruch auf Beihilfe nach § 5a Absatz 3 Satz 1 der Beihilfenverordnung NRW. Es darf sich allerdings nicht um eine Einrichtung im Sinne des § 71 Absatz 4 des Elften Buches Sozialgesetzbuch handeln (zum Beispiel Krankenhaus, Rehabilitationseinrichtung, Werkstatt und Wohnheim für behinderte Menschen, Kindergarten). Für diese Zeit kann unterstellt werden, dass der Schwerpunkt der häuslichen Pflege erhalten bleibt. Bei vorübergehender Pflege zu Hause (zum Beispiel am Wochenende) wird kein Pflegezuschlag nach § 5a Absatz 3 Satz 2 der Beihilfenverordnung NRW gezahlt.

5f.2.4 Von einer dauerhaften Internatsunterbringung ist demgegenüber auszugehen, wenn die pflegebedürftige Person nicht regelmäßig jedes Wochenende in den Haushalt der Familie zurückkehrt; in diesen Fällen ist der Lebensmittelpunkt innerhalb des Internats anzunehmen.

5g Zu § 5g Aufwendungen der Pflegebedürftigen mit Pflegegrad 1

5g.1 Absatz 1

5g.1.1 Für Pflegebedürftige mit Pflegegrad 1 sind nur die enumerativ in § 5g Absatz 1 der

VII

Beihilfenverordnung NRW aufgeführten Leistungen beihilfefähig. Diese entsprechen weitestgehend den Leistungen nach § 28a des Elften Buches Sozialgesetzbuch.

5g.2 Absatz 2

5g.2.1 (bleibt frei)

6 Zu § 6 Beihilfefähige Aufwendungen bei stationären Rehabilitationsmaßnahmen

6.1 Absatz 1

6.1.1 Nummer 3.2.10 gilt entsprechend. Dass die beantragte stationäre Rehabilitationsmaßnahme nicht durch eine Maßnahme nach § 7 Beihilfenverordnung NRW mit gleicher Erfolgsaussicht ersetzbar ist, ist im Rahmen der Verordnung des behandelnden Arztes überprüfbar zu begründen und durch den Amtsarzt zu bestätigen (Ausnahme Anschlussheilbehandlungen). Auf das amtsärztliche Gutachten kann auch in den Fällen einer Entscheidung über die Pflegebedürftigkeit in Verbindung mit einer Rehabilitationsempfehlung verzichtet werden.

6.1.2 Bei der Anschlussheilbehandlung handelt es sich um eine Maßnahme der medizinischen Rehabilitation, in deren Rahmen die während einer stationären Krankenhausbehandlung (§ 4 Absatz 1 Nummer 2 Beihilfenverordnung NRW) begonnenen Leistungen fortgesetzt werden, um einen langfristigen Erfolg zu erreichen. In diesen Fällen kann eine stationäre Rehabilitationsmaßnahme durch die Beihilfestelle – gegebenenfalls auch nachträglich – anerkannt werden, wenn der Krankenhausarzt deren Notwendigkeit bescheinigt und die stationäre Rehabilitationsmaßnahme spätestens einen Monat nach Beendigung der stationären Krankenhausbehandlung beginnt, eine weitere amtsärztliche Begutachtung ist nicht erforderlich. Bei einer zuvor ambulant durchgeführten Chemo- oder Strahlentherapie gilt eine anschließend notwendige stationäre Rehabilitationsmaßnahme ebenfalls als Anschlussheilbehandlung.

6.1.3 Der Zuschuss nach § 6 Absatz 1 Satz 7 Beihilfenverordnung NRW in Höhe von 100 Euro kann gewährt werden, wenn bei Beihilfeberechtigten mit Wohnsitz in Nordrhein-Westfalen durch das amts- oder vertrauensärztliche Gutachten im Rahmen des Voranerkennungsverfahrens bestätigt wird, dass der gewünschte Heilerfolg nur durch eine stationäre Rehabilitationsmaßnahme in einer Einrichtung außerhalb von NRW erreicht werden kann. Ist dies nicht der Fall, wird unabhängig von dem Ort der gewählten Einrichtung ein Zuschuss von 50 Euro gewährt. Beihilfeberechtigten mit Wohnsitz außerhalb von NRW werden pauschal 100 Euro, höchstens aber die tatsächlichen Kosten erstattet.

6.1.4 Treten mehrere Personen (behandlungsbedürftige Person einschließlich Begleitperson) die Rehabilitationsmaßnahme gleichzeitig mit einem privaten Personenkraftwagen an, wird der Zuschuss für die erste Person zu 100 Prozent und für den/die Mitfahrer zu jeweils 50 Prozent gewährt. Ist die Hin- und Rückfahrt nur im Krankenwagen möglich, gilt § 4 Absatz 1 Nummer 11 Satz 3 Beihilfenverordnung NRW entsprechend.

6.1.5 Zur Wiederherstellung der Dienstfähigkeit oder zur Vermeidung einer drohenden Dienstunfähigkeit kann der Dienstherr die Beamtin oder den Beamten nach § 35 des Landesbeamtengesetzes auf seine Pflicht hinweisen, an geeigneten und zumutbaren gesundheitlichen und beruflichen Rehabilitationsmaßnahmen teilzunehmen. Nach § 35 Absatz 1 Satz 4 des Landesbeamtengesetzes hat der Dienstherr (nicht die Beihilfestelle) die Kosten für die erforderlichen Maßnahmen zu tragen, soweit keine anderen Ansprüche bestehen. § 6 Absatz 1 Satz 2 der Beihilfenverordnung NRW gilt in diesen Fällen grundsätzlich nicht. Eine solche seitens des Dienstherrn veranlasste Maßnahme kann auch in Einrichtungen erfolgen, die nicht die Voraussetzungen des § 6 Absatz 2 der Beihilfenverordnung NRW erfüllen, aber zum Beispiel mit einem Rentenversicherungsträger eine Vereinbarung getroffen haben. Es besteht in diesen Fällen kein Beihilfeanspruch.

Bei Rückfragen von Beihilfeberechtigten sollten diese zunächst an ihre Personalstelle verwiesen werden, da eine Abwicklung außerhalb der Beihilfevorschriften für die Beamtin oder den Beamten regelmäßig finanziell günstiger sein dürfte.

6.2 Absatz 2

6.2.1 Verfügt die aufgesuchte Einrichtung sowohl über eine genehmigte Reha- als auch eine Krankenhausabteilung, richtet sich die beihilferechtliche Abrechnung nach der Unterbringung des Erkrankten. Ein Wechsel von einer in eine andere Abteilung während eines Aufenthaltes kann beihilferechtlich berücksichtigt werden. Bei längeren oder ausschließlichen Aufenthalten in der Krankenhausabteilung ist gegebenenfalls die Notwendigkeit dieser Unterbringung durch einen Amtsarzt zu überprüfen. Voraussetzung für eine beihilferechtliche Berücksichtigung der Aufwendungen nach § 4 Absatz 1 Nummer 2 der Beihilfenverordnung NRW ist, dass die Einrichtung die formalen Voraussetzungen nach § 107 Absatz 1 SGB V in Verbindung mit § 108 SGB V erfüllt (Zulassung als Krankenhaus).

6.3 Absatz 3

6.3.1 Die Kosten für Unterkunft und Verpflegung oder gegebenenfalls der Behandlung (soweit nicht einzeln berechnet) sind auch bei Anschlussheilhandlungen in Höhe der Preisvereinbarung beihilfefähig, die die Einrichtung mit einem Sozialversicherungsträger geschlossen hat. Soweit die Einrichtung mit mehreren Sozialversicherungsträgern unterschiedliche Preisvereinbarungen getroffen hat, bestehen keine Bedenken, die für den Beihilfeberechtigten günstigste Vereinbarung zu berücksichtigen, die für die vergleichbare Indikation abgeschlossen wurde. Aufwendungen für Arzneimittel, die die Einrichtung verordnet bzw. verabreicht, sind neben der Pauschale beihilfefähig.

6.3.2 Wird die Preisvereinbarung der Einrichtung mit einem Sozialversicherungsträger durch den Beihilfeberechtigten nicht beigebracht, sind nur die Aufwendungen nach § 4 Absatz 1 Nummer 1, 7 oder § 4i Absatz 1 bis 4 der Beihilfenverordnung NRW, für das amtsärztliche Gutachten sowie den ärztlichen Schlussbericht beihilfefähig. Daneben wird ein Zuschuss nach § 7 Absatz 3 Satz 2 Beihilfenverordnung NRW gewährt.

6.4 Absatz 4

(unbesetzt)

6a Zu § 6a Beihilfefähige Aufwendungen für stationäre Müttergenesungskuren oder Mutter-/Vater-Kind-Kuren

6a.1 Absatz 1

6a.1.1 Die Einrichtung muss die Voraussetzungen nach § 24 SGB V oder alternativ nach § 41 Absatz 1 SGB V erfüllen.

6a.1.2 Die Beihilfefähigkeit der Aufwendungen einer stationären Müttergenesungskur bzw. Mutter-/Vater-Kind-Kur setzt voraus, dass der Amtsarzt vor Behandlungsbeginn die Kurbedürftigkeit der Mutter/des Vaters und/oder eines Kindes bestätigt hat.

6a.1.3 Eine Kur nach § 6a Absatz 1 Satz 1 kann auch bei behandlungsbedürftigen Kindern bis zum vollendeten 14. Lebensjahr bewilligt werden, wenn der Amtsarzt bestätigt, dass zum Behandlungserfolg die Anwesenheit der Mutter/des Vaters zwingend erforderlich ist; für die Kosten der Mutter/des Vaters gilt Nummer 6a.2.1 sinngemäß.

6a.2 Absatz 2

6a.2.1 Für mitgenommene nicht behandlungsbedürftige Kinder bis zum vollendeten 14. Lebensjahr wird jeweils ein Zuschuss nach § 6 Absatz 4 Beihilfenverordnung NRW gewährt, soweit die Kosten der Unterbringung und Verpflegung dieser Kinder nicht im Rahmen der mit dem Sozialversicherungsträger getroffenen Vereinbarung für den oder die Behandlungsbedürftigen mit abgegolten ist.

6a.3 Absatz 3

(unbesetzt)

VII

6b Zu § 6b Familienorientierte Rehabilitation

6b.1 Absatz 1

6b.1.1 Ziel der familienorientierten Rehabilitation ist die gemeinsame Rehabilitation aller Familienmitglieder unabhängig davon, ob jedes einzelne Familienmitglied die Voraussetzung für eine Rehabilitationsmaßnahme erfüllt. Die Voraussetzungen müssen nur bei dem erkrankten Kind vorliegen (§ 6b Absatz 2 Beihilfenverordnung NRW). Ein gutachterliches Voranerkennungsverfahren ist nicht erforderlich; die Verordnung des behandelnden Arztes des erkrankten Kindes ist ausreichend.

Nicht zum Leistungsumfang einer familienorientierten Rehabilitation gehört eine Rehamaßnahme für verwaiste Familien nach dem Tod des erkrankten Kindes. Sollten auf Grund des Trauerfalles bei einzelnen Personen der Familie behandlungsbedürftige Krankheitssymptome wie zum Beispiel psychische Probleme auftreten, gelten für eine Behandlung die allgemeinen Regelungen der §§ 4, 4i, 6 oder 6a Beihilfenverordnung NRW.

VII

6b.2 Absatz 2

(unbesetzt)

6b.3 Absatz 3

(unbesetzt)

6b.4 Absatz 4

6b.4.1 Nummer 6b.1.1 Satz 3 gilt entsprechend.

6b.5 Absatz 5

6b.5.1 Hinsichtlich der Beförderungskosten gilt § 6 Absatz 1 Satz 7 Beihilfenverordnung NRW und Nummer 6.1.4 entsprechend.

6b.5.2 § 12 Absatz 2 Buchstabe b Beihilfenverordnung NRW gilt sinngemäß (die Beihilfenberechnung erfolgt nach dem Bemessungssatz des erkrankten Kindes).

6c Zu § 6c Sozialmedizinische Nachsorge

6c.1 Absatz 1

6c.1.1 Die sozialmedizinische Nachsorge koordiniert und vernetzt zwischen den stationären und ambulanten Sektoren und bezieht alle Beteiligten ein: von den Familienmitgliedern über die behandelnden Ärzte, Therapeuten und Mitarbeiter in den Leistungszentren bis zu den Selbsthilfegruppen. Ergänzend bietet sie psychosoziale, emotional entlastende und praktische Hilfen an. Von der sozialmedizinischen Nachsorge werden insbesondere Früh- und Risikogeborene sowie Kinder mit Krebs oder anderen chronischen Erkrankungen erfasst und mit ihren Familien betreut.

6d Zu § 6d Rehabiliationssport und Funktionstraining

6d.1 Absatz 1

(unbesetzt)

6d.2 Absatz 2

6d.2.1 Aufwendungen für ärztlich verordneten Rehabilitationssport und Funktionstraining unter ärztlicher Betreuung und Überwachung sind grundsätzlich beihilfefähig. Beihilfefähig sind ausschließlich die in der Rahmenvereinbarung der Rehabilitationsträger über den Rehabilitationssport und das Funktionstraining vom 1. Januar 2011 in der jeweils geltenden Fassung genannten Maßnahmen. Die Rahmenvereinbarung kann von einem gesetzlichen Rehabilitationsträger bezogen werden.

6d.3 Absatz 3

6d.3.1 Beihilfefähig sind nur Gebühren, die der Veranstalter für gesetzlich versicherte Teilnehmer mit den Rehabilitationsträgern vereinbart hat. Nicht beihilfefähig sind Mitgliedsbeiträge, Aufwendungen für den Besuch eines Fitness-Studios oder für allgemeine Fitness-Übungen und -Geräte sowie für notwendige Sportbekleidung und die Fahrten zum Veranstaltungsort. Dies gilt auch für die

Aufwendungen einer gegebenenfalls notwendigen Begleitperson.

7 Zu § 7 Beihilfefähige Aufwendungen für ambulante Kur- und Rehabilitationsmaßnahmen

7.1 Absatz 1

7.1.1 Das Heilkurorteverzeichnis „Inland" und „EU-Ausland" ist als Anlage 5 zu dieser VV beigefügt. Ambulante Rehabilitationsmaßnahmen (Nummer 7.4) können auch in einem Ort außerhalb des Kurorteverzeichnisses durchgeführt werden.

7.1.2 Sollte die behandelnde Ärztin oder Kurärztin oder der behandelnde Arzt oder Kurarzt eine Verlängerung der ambulanten Rehabilitationsmaßnahme beziehungsweise Kurmaßnahme verordnen, bedarf es keiner weiteren Anerkennung durch den amtsärztlichen Dienst oder die Beihilfestelle. Die Verlängerungsverordnung ist von der beihilfeberechtigten Person der personalaktenführenden Stelle umgehend zuzuleiten. Eine Kopie der Verordnung ist dem späteren Beihilfeantrag beizulegen.

7.2 Absatz 2

7.2.1 Die Aufwendungen für eine Kur sind auch dann beihilfefähig, wenn die Kur nicht ordnungsgemäß durchgeführt worden ist, weil der Beihilfeberechtigte aus Gründen, die er nicht zu vertreten hat, daran gehindert wurde.

7.2.2 Als Wartezeit nach § 7 Absatz 2 Buchstabe a Beihilfenverordnung NRW gilt die Zeit ab erstmaligem Eintritt in den öffentlichen Dienst. Kuren von Kindern sowie Kuren, die nach dem Gutachten des zuständigen Amtsarztes aus zwingenden medizinischen Gründen (zum Beispiel in schweren Fällen von Morbus Bechterew) durchgeführt werden müssen, können auch innerhalb der Wartezeit bewilligt werden.

7.2.3 Die verkürzte Wartezeit für eine Wiederholungskur bei Beihilfeberechtigten, die das 63. Lebensjahr vollendet haben, gilt nicht für Versorgungsempfängerinnen oder Versorgungsempfänger sowie berücksichtigungsfähige Personen.

7.3 Absatz 3

7.3.1 Sind Kuren für mehrere Familienmitglieder gleichzeitig verordnet, ist auf eine umfassende Verordnung und amtsärztliche Genehmigung für alle Familienmitglieder zu achten. Der gewählte Kurort muss für sämtliche Indikationen der Familienmitglieder geeignet sein. Der ärztliche Schlussbericht hat zu den einzelnen Familienmitgliedern Stellung zu nehmen.

7.3.2 Ist die An- und/oder Abreise zum Kurort nur im Krankenwagen möglich, gilt § 4 Absatz 1 Nummer 11 Satz 3 Beihilfenverordnung NRW entsprechend.

7.3.3 Übernachtet die Begleitperson mit der kurenden Person in einem Zimmer oder in einer Wohnung gilt § 7 Absatz 3 Satz 3 und 4 der Beihilfenverordnung NRW.

7.4 Absatz 4

7.4.1 Eine Anschlussheilbehandlung kann auch im Rahmen einer ambulanten Rehabilitationsmaßnahme durchgeführt werden; § 7 Absatz 2 Buchstaben a und b Beihilfenverordnung NRW gelten insoweit nicht. Eine amtsärztliche Bestätigung (§ 7 Absatz 2 Buchstabe d Beihilfenverordnung NRW) ist entbehrlich.

7.4.2 Die Aufwendungen für seitens der ambulanten Rehabilitationseinrichtung verordneten bzw. während der Rehabilitationsmaßnahme verabreichten Arzneimittel sind grundsätzlich neben der mit einem Sozialversicherungsträger vereinbarten Pauschale (§ 7 Absatz 4 Satz 3 Beihilfenverordnung NRW) beihilfefähig. Bei den Nebenkosten nach § 7 Absatz 4 Satz 4 Beihilfenverordnung NRW kann grundsätzlich davon ausgegangen werden, dass mindestens Kosten in Höhe von 20 Euro täglich angefallen sind; ein Einzelnachweis ist daher nur in begründeten Ausnahmefällen notwendig.

7.4.3 Die Notwendigkeit weiterer – nicht in der Preisvereinbarung mit einem Sozialversicherungsträger enthaltener – Aufwendungen nach § 4 Absatz 1 Nummer 1, 7 und 9 Bei-

VII

hilfenverordnung NRW ist durch einen Amtsarzt zu bestätigen.

7.4.4 Ambulante Rehabilitationsmaßnahmen sind auch beihilfefähig, wenn sie von Einrichtungen durchgeführt werden, die der stationären Rehabilitation dienen.

7.4.5 Die ärztlich verordnete ambulante Rehabilitationsmaßnahme umfasst auch die mobile Rehabilitation. Die mobile Rehabilitation ist eine Sonderform der ambulanten Rehabilitation, bei der der Erkrankte zu Hause behandelt wird.

7.4.6 Ist zur Durchführung einer ambulanten Rehabilitationsmaßnahme eine Begleitperson aus zwingenden medizinischen Gründen erforderlich, gilt für die Aufwendungen der Begleitperson § 7 Absatz 4 Satz 4 Beihilfenverordnung NRW entsprechend.

7.4.7 Nach § 7 Absatz 1 Satz 1 in Verbindung mit Satz 2 der Beihilfenverordnung NRW sind bei ambulanten Rehabilitationsmaßnahmen die Aufwendungen für maximal 30 Behandlungstage (20 Tage plus 10 Tage bei entsprechender Verordnung der behandelnden Ärztin oder des behandelnden Arztes) beihilfefähig. Ist aus dringenden medizinischen Gründen in Zusammenhang mit neuropsychologischen Behandlungen eine Verlängerung der Behandlung geboten, kann die Beihilfestelle einer Verlängerung bis zu weiteren 20 Behandlungstagen zustimmen. Darüber hinaus sind weitere beihilferechtlichen Verlängerungen nur in dem Umfang der Bewilligung der Krankenversicherung des Patienten möglich.

VII

8 Zu § 8 Beihilfefähige Aufwendungen bei nicht rechtswidrigem Schwangerschaftsabbruch und einer durch Krankheit erforderlichen Sterilisation sowie bei Empfängnisregelung

8.1 Absatz 1

8.1.1 Zu der ärztlichen Behandlung anlässlich der unmittelbaren Vornahme des Schwangerschaftsabbruchs zählen insbesondere:

1. die Anästhesie,
2. der operative Eingriff,
3. die vaginale Behandlung einschließlich der Einbringung von Arzneimitteln in die Gebärmutter,
4. die Injektion von Medikamenten,
5. die Gabe Wehen auslösender Medikamente,
6. die Assistenz durch einen anderen Arzt,
7. die körperlichen Untersuchungen im Rahmen der unmittelbaren Operationsvorbereitung und die Überwachung im direkten Anschluss an die Operation

sowie die im Zusammenhang mit diesen Leistungen entstandenen Sachkosten.

8.2 Absatz 2

8.2.1 Über die Notwendigkeit einer durch Krankheit erforderlichen Sterilisation entscheidet die Beihilfestelle auf der Grundlage eines amtsärztlichen Gutachtens. Die Kosten des Gutachtens sind beihilfefähig.

8.3 Absatz 3

8.3.1 Auf nachfolgende Nummer 8.4.3 Satz 3 wird hingewiesen.

8.4 Absatz 4

8.4.1 Die maßgebliche Altersgrenze für die Ehegatten (§ 8 Absatz 4 Satz 4 Beihilfenverordnung NRW) muss in jedem Behandlungszyklus (Zyklusfall) zum Zeitpunkt des ersten Zyklustages im Spontanzyklus, des ersten Stimulationstages im stimulierten Zyklus bzw. des ersten Tages der Down-Regulation erfüllt sein. Liegt nur bei einem Ehegatten die geforderte Altersgrenze vor, ist die gesamte Maßnahme nicht beihilfefähig. Die vom Gemeinsamen Bundesausschuss nach § 27a Absatz 4 SGB V (Künstliche Befruchtung) erlassenen Richtlinien gelten in der jeweils aktuellen Fassung entsprechend.

8.4.2 Nicht beihilfefähig sind Aufwendungen für die heterologe Insemination und die heterologe In-vitro-Fertilisation. Außerdem sind Aufwendungen für die Kryokonservierung von Samenzellen, imprägnierten Eizellen oder noch nicht transferierten Embryonen nicht beihilfefähig. In medizinisch begründeten besonderen Ausnahmefällen können mit

Zustimmung des Finanzministeriums Aufwendungen der Kryokonservierung von Samen- oder Eizellen als beihilfefähig anerkannt werden. Maßnahmen zur künstlichen Befruchtung nach vorhergehender Sterilisation, die medizinisch nicht notwendig war, sind nicht beihilfefähig.

8.4.3 Für die Beihilfefähigkeit von Aufwendungen zur künstlichen Befruchtung ist – ebenso wie in der Gesetzlichen Krankenversicherung – eine körperbezogene Betrachtungsweise (vergleiche § 27a Absatz 3 Satz 3 SGB V) maßgebend. Das so genannte „Verursacherprinzip" (vergleiche Urteil des BGH v. 3. März 2004 – IV ZR 25/03) ist beihilferechtlich unbeachtlich. Für die Zuordnung der Aufwendungen der Intrazytoplasmatischen Spermieninjektion (ICSI) und der In-vitro-Fertilisation (IVF) ist das Kostenteilungsprinzip (körperbezogene Kostenaufteilung) – § 8 Absatz 4 Beihilfenverordnung NRW – wie folgt anzuwenden:

1. Maßnahmen im Zusammenhang mit der Gewinnung, Untersuchung und Aufbereitung, gegebenenfalls einschließlich der Kapazitation des männlichen Samens (Reifung der Samenzellen, ohne die eine Befruchtung der Eizelle nicht möglich ist) sind dem Mann zuzuordnen.
2. Aufwendungen für die Beratung des Ehepaares nach Nummer 16 der Richtlinien über künstliche Befruchtung (Beratung über die speziellen Risiken) und die gegebenenfalls in diesem Zusammenhang erfolgende humangenetische Beratung entfallen auf den Mann.
3. Aufwendungen für die Beratung der Ehegatten nach Nummer 14 der Richtlinien über künstliche Befruchtung (Beratung über die individuellen medizinischen, psychischen und sozialen Aspekte der künstlichen Befruchtung, nicht nur im Hinblick auf die gesundheitlichen Risiken und die Erfolgsquoten der Behandlungsverfahren, sondern auch auf die körperlichen und seelischen Belastungen insbesondere für die Frau) sowie für die extrakorporalen Maßnahmen im Zusammenhang mit der Zusammenführung von Eizellen und Samenzellen entfallen auf die Frau.
4. Die Kosten der IVF einschließlich aller extrakorporalen Maßnahmen im Zusammenhang mit der Zusammenführung von Ei- und Samenzellen, der Hormonbehandlung sowie der Beratung sind der Frau zuzuordnen.
5. Ansonsten werden extrakorporale Maßnahmen demjenigen zugeordnet, bei dem die Maßnahmen durchgeführt werden: zum Beispiel Fertilitätsstörungen des Mannes, diesem.

9 Zu § 9 Beihilfefähige Aufwendungen in Geburtsfällen

9.1 Absatz 1

9.1.1 Für die Schwangerschaftsüberwachung werden die Richtlinien des Gemeinsamen Bundesausschusses über die ärztliche Betreuung während der Schwangerschaft und nach der Entbindung (Mutterschafts-Richtlinien) in der jeweils geltenden Fassung zugrunde gelegt. Danach sind bei Schwangeren auch die Aufwendungen für einen HIV-Test beihilfefähig.

9.1.2 Leistungen einer Hebamme oder eines Entbindungspflegers (zum Beispiel Geburtsvorbereitung einschließlich Schwangerschaftsgymnastik) nach der Hebammengebührenordnung bedürfen keiner ärztlichen Verordnung, soweit nicht in der Hebammengebührenordnung etwas anderes bestimmt ist.

9.1.3 Bei Mehrlingsgeburten sowie in Fällen, in denen mehrere Kinder angenommen oder mit dem Ziel der Annahme in den Haushalt aufgenommen werden, wird der Zuschuss nach § 9 Absatz 1 Satz 2 Beihilfenverordnung NRW für jedes Kind gewährt.

9.2 Absatz 2

(unbesetzt)

VII

10 Zu § 10 Behandlungs- und Beförderungskosten im Ausland; Auslandskrankenversicherung

10.1 Absatz 1

10.1.1 Rechnungsbeträge in ausländischer Währung (außerhalb des Euroraumes) sind mit dem am Tage der Festsetzung der Beihilfe maßgebenden amtlichen Devisen-Wechselkurs in Euro umzurechnen, sofern der auf die Aufwendungen entfallende Umrechnungskurs nicht nachgewiesen wird (zum Beispiel durch Umtauschbestätigung der Bank). Den Belegen über die Aufwendungen ist eine Übersetzung beizufügen.

10.1.2 Für Pflichtversicherte sowie freiwillig in der gesetzlichen Krankenversicherung Versicherte, denen zu ihrem Krankenversicherungsbeitrag dem Grunde nach ein Zuschuss nach § 257 SGB V zusteht oder die beitragsfrei nach § 224 SGB V versichert sind, werden Beihilfen zu Aufwendungen für eine Krankenbehandlung oder Entbindung im Ausland nur gezahlt, wenn im Ausland keine Sachleistung oder Kostenerstattung erlangt werden konnte und das Ausland nicht zum Zwecke der Behandlung aufgesucht wurde. § 3 Absatz 4 Beihilfenverordnung NRW bleibt unberührt.

VII

10.2 Absatz 2

10.2.1 Als „andere" Krankenhäuser im Sinne des Satzes 2 sind insbesondere Krankenhäuser anzusehen, die denen entsprechen, die in Deutschland nicht nach § 108 SGB V zugelassen sind. Nummer 10.1.1 gilt in Fällen des § 10 Absatz 2 Satz 2 Beihilfenverordnung NRW entsprechend.

10.3 Absatz 3

10.3.1 Ausländische Krankenanstalten und Einrichtungen können auch dann als stationäre Einrichtungen im Sinne des § 6 anerkannt werden, wenn wegen fehlender Regelungen eine Überwachung durch die zuständige Gesundheitsbehörde oder eine Konzessionierung nicht erfolgt.

10.3.2 Aufwendungen, die im Kleinen Walsertal (Österreich) und in der Hochgebirgsklinik Davos Wolfgang (Schweiz) entstehen, sind grundsätzlich wie im Inland entstandene Aufwendungen zu behandeln. Da über die Art der Behandlung (Krankenhaus- oder stationäre Rehabilitationsbehandlung) regelmäßig erst der leitende Arzt nach der Eingangsuntersuchung entscheidet, ist im Interesse des Beihilfeberechtigten in jedem Fall ein Anerkennungsverfahren nach § 6 Absatz 1 Satz 1 Beihilfenverordnung NRW durchzuführen.

10.3.3 Als ausländische Kurorte anerkannt sind die in der Anlage 3 (Teil 3 und 4) zu dieser VV aufgeführten Orte. Diesen sind Kurorte bzw. Kurbetriebe gleichgestellt, die nach Auskunft des europäischen Heilbäderverbandes (EHV) die für die Durchführung von ambulanten Kuren in Deutschland vorgeschriebenen Qualitätsstandards erfüllen. Es wird gebeten, dem Finanzministerium von Stellungnahmen des EHV zu entsprechenden Anfragen jeweils eine Mehrausfertigung zu übersenden.

10.3.4 Als Nachweis nach § 10 Absatz 3 Satz 3 Beihilfenverordnung NRW reicht eine Bescheinigung des Kurortes aus, dass dieser nach jeweiligem Landesrecht als Kurort anerkannt ist. Eventuelle Übersetzungskosten trägt der Beihilfeberechtigte.

10.4 Absatz 4

10.4.1 In den Fällen des § 10 Absatz 4 Nummer 3 Beihilfenverordnung NRW sind alle anlässlich des Krankheitsfalles des Beihilfeberechtigten oder einer berücksichtigungsfähigen Person entstandenen Aufwendungen (zum Beispiel Arztkosten, Arzneimittel) zusammenzurechnen.

10.5 Absatz 5

(unbesetzt)

10.6 Absatz 6

(unbesetzt)

10.7 Absatz 7

10.7.1 Maßgebend ist der Beihilfebemessungssatz der versicherten Person. Bei Pauschalverträgen ist der Bemessungssatz des Beihilfeberechtigten zu berücksichtigen.

10.7.2 Leistungen der Auslandskrankenversicherung sind vorrangig in Anspruch zu nehmen. Dies gilt auch für den Fall, dass zu den Beiträgen der Auslandskrankenversicherung keine Beihilfe gezahlt wurde. Ein Beihilfeanspruch besteht nur hinsichtlich der ungedeckten Aufwendungen.

10.7.3 Eine Kopie des Versicherungsvertrages ist zur Beihilfeakte zu nehmen.

11 Zu § 11 Beihilfefähige Aufwendungen in Todesfällen

11.1 Absatz 1

11.1.1 Zu den Überführungskosten rechnen neben dem Transport mit dem Leichenwagen auch die Kosten für den Leichenpass, Notsarg oder Zinksarg (soweit vorgeschrieben).

11.1.2 Beihilfefähig sind aus Anlass der Todesfeststellung die Nummern 100 bis 107 der Anlage zur Gebührenordnung für Ärzte einschließlich des in diesem Zusammenhang berechneten Wegegeldes.

11.2 Absatz 2

(unbesetzt)

12 Zu § 12 Bemessung der Beihilfen

12.1 Absatz 1

12.1.1 Die Erhöhung des Bemessungssatzes nach § 12 Absatz 1 Satz 3 Beihilfenverordnung NRW bezieht sich auf alle Aufwendungen, die in dem Zeitraum entstanden sind, in dem der Familienzuschlag für zwei oder mehr Kinder zusteht bzw. zustünde.

12.1.2 In den Fällen des § 12 Absatz 1 Satz 4 Beihilfenverordnung NRW ist durch gemeinsame schriftliche Erklärung nach Anlage 4 zu dieser Verwaltungsvorschrift derjenige zu bestimmen, der den erhöhten Bemessungssatz erhalten soll; in der Erklärung ist anzugeben, welche Beihilfestelle für den weiteren Berechtigten zuständig ist. Die Beihilfestelle, bei der der erhöhte Bemessungssatz beantragt wird, übersendet eine Kopie der Erklärung der anderen Beihilfestelle.

12.1.3 Nach den beihilferechtlichen Regelungen des Bundes und gegebenenfalls anderer Länder wird ein Kind, das bei mehreren Beihilfeberechtigten berücksichtigungsfähig ist, bei dem Beihilfeberechtigten berücksichtigt, der den Familienzuschlag nach § 43 Landesbesoldungsgesetz NRW erhält. Die Beihilfeberechtigten bestimmen in diesen Fällen bereits mit der Festlegung, wer von ihnen die familienbezogenen Besoldungsbestandteile erhalten soll, auch die Zuordnung des erhöhten Beihilfebemessungssatzes. Hierüber ergeht seitens der zuständigen Bundesbeihilfestelle (und gegebenenfalls Landesbeihilfestelle außerhalb des Geltungsbereichs der Beihilfenverordnung NRW) eine gesonderte Bescheinigung, die zu den Akten zu nehmen ist.

12.1.4 § 12 Absatz 1 Satz 4 zweiter Halbsatz Beihilfenverordnung NRW ist auch anzuwenden, wenn ein Beihilfeberechtigter Anspruch auf Beihilfe nach personenbezogenen Bemessungssätzen auf Grund von Vorschriften eines anderen Dienstherrn hat.

12.1.5 Nummer 2.2.4 gilt entsprechend.

12.2 Absatz 2

(unbesetzt)

12.3 Absatz 3

12.3.1 Eine ausreichende Versicherung ist anzunehmen, wenn sich aus den Versicherungsbedingungen ergibt oder offenkundig ist, dass die Versicherung in den üblichen Fällen stationärer oder ambulanter Krankenbehandlung wesentlich zur Entlastung des Versicherten beiträgt. Eine rechtzeitige Versicherung liegt zum Beispiel vor, wenn sie im Zusammenhang mit dem Eintritt in das Beamtenverhältnis abgeschlossen wird.

12.4 Absatz 4

12.4.1 Wird der Nachweis nach § 12 Absatz 4 Satz 2 Beihilfenverordnung NRW nicht erbracht, kann eine Erhöhung des Bemessungssatzes nicht erfolgen. Unabhängig vom Leistungsumfang genügt eine vor dem 1. April 2007 abgeschlossene Versicherung, sofern sie ambulante und stationäre Leistun-

VII

gen vorsieht, sowie eine ab 1. 1. 2009 abgeschlossene Versicherung im sogenannten Basistarif als ausreichende Versicherung.

12.4.2 Eine Erhöhung des Bemessungssatzes nach § 12 Absatz 4 ist in den Fällen des § 5d Beihilfenverordnung NRW ausgeschlossen (vergleiche § 12 Absatz 4 Satz 2 Beihilfenverordnung NRW); der Fürsorgepflicht wird durch die Regelung des § 5d Absatz 1 Satz 2 und Absatz 3 Beihilfenverordnung NRW ausreichend Rechnung getragen.

12.4.3 Soweit Beihilfeberechtigte für sich und ihre berücksichtigungsfähigen Angehörigen nicht über einen ausreichenden Versicherungsschutz für ambulante und stationäre Krankheits- und Pflegefälle verfügen, ist eine Erhöhung des Bemessungssatzes nach § 12 Absatz 4 Satz 2 Beihilfenverordnung NRW ausgeschlossen.

12.5 Absatz 5

12.5.1 Bei einer Ausnahmeentscheidung ist der strengste Maßstab anzulegen; § 12 Absatz 4 Satz 2 der Beihilfenverordnung NRW ist zu beachten. Die Beihilfestelle kann auch einen Bemessungssatz wählen, der unter den Regelsätzen liegt.

12.6 Absatz 6

12.6.1 Die sich nach Anwendung des Bemessungssatzes ergebende Beihilfe wird insoweit vermindert, als sie zusammen mit den anrechenbaren Leistungen von dritter Seite zu einer über die tatsächlichen Aufwendungen hinausgehenden Erstattung führen würde. Als tatsächliche Aufwendungen gelten neben den beihilfefähigen Aufwendungen auch die Kosten, zu denen lediglich wegen Überschreitung von Höchstgrenzen keine Beihilfen gezahlt werden können, die aber im Übrigen dem Grunde nach beihilfefähig sind.

Dem Grunde nach beihilfefähig sind Aufwendungen, die über etwaige Höchstbeträge, sonstige Begrenzungen oder Einschränkungen hinausgehen (zum Beispiel Arzthonorare, die den Schwellenwert nach der Gebührenordnung überschreiten, bei der Versorgung mit Zahnersatz, Zahnkronen und Suprakonstruktionen die gesamten Kosten für zahntechnische Leistungen und bei stationärer Pflege die berechneten Investitionskosten), nicht jedoch Aufwendungen, deren Beihilfefähigkeit ausgeschlossen ist (zum Beispiel die Aufwendungen für ein Einbettzimmer im Pflegeheim, Krankenhaus oder in einer Rehabilitationseinrichtung, für Lifestyle-Arzneimittel oder nichtverschreibungspflichtige Arzneimittel).

12.6.2 Der Nachweis über die Leistungen der Krankenversicherung usw. ist durch entsprechende Bescheinigungen zu erbringen. Bei sogenannten Quotenversicherungen können die Leistungen durch Vorlage der Versicherungsverträge oder anderer geeigneter Versicherungsunterlagen nachgewiesen werden.

12.6.3 Sind bei der Höchstbetragsberechnung Leistungen der gesetzlichen Krankenversicherung zu berücksichtigen, kann auf Antrag des Beihilfeberechtigten bei stationärer Krankenhausbehandlung die Höchstbetragsberechnung auf den einzelnen Krankheitsfall bezogen werden, sofern dies für den Beihilfeberechtigten günstiger ist.

12.6.4 Bei der Beihilfegewährung zu Aufwendungen in Todesfällen bleiben Leistungen aus Lebensversicherungen und Sterbegeldversicherungen unberücksichtigt.

12.7 Absatz 7

12.7.1 Die sich nach Anwendung des Bemessungssatzes ergebende Beihilfe wird insoweit vermindert, als sie zusammen mit den anrechenbaren Leistungen von dritter Seite zu einer über die tatsächlichen Aufwendungen hinausgehenden Erstattung führen würde. Als tatsächliche Aufwendungen gelten neben den beihilfefähigen Aufwendungen auch die Kosten, zu denen lediglich wegen Überschreitung von Höchstgrenzen keine Beihilfen gewährt werden können, die aber im Übrigen dem Grunde nach beihilfefähig sind (zum Beispiel bei einem Krankenhausaufenthalt die Aufwendungen für ein Einbettzimmer, bei stationären Rehabilitationsmaßnahmen und Müttergenesungskuren sowie ambulanten Kur- und Rehabilitationsmaßnahmen die gesamten Kosten für Unterkunft und Verpflegung und bei der Versorgung mit Zahnersatz, Zahnkronen und Suprakonstruktionen die gesamten Kosten für zahntechnische Leistungen). Die bei stationärer Pflege berechneten Investitionskosten (§ 5d Absatz 2 Satz 1 Beihilfenverordnung NRW) sind auch dem Grunde nach nicht beihilfefähig.

12.7.2 Der Nachweis über die Leistungen der Krankenversicherung usw. ist durch entsprechende Bescheinigungen zu erbringen. Bei sogenannten Quotenversicherungen können die Leistungen durch Vorlage der Versicherungsverträge oder anderer geeigneter Versicherungsunterlagen nachgewiesen werden.

12.7.3 Sind bei der Höchstbetragsberechnung Leistungen der gesetzlichen Krankenversicherung zu berücksichtigen, kann auf Antrag des Beihilfeberechtigten bei stationärer Krankenhausbehandlung die Höchstbetragsberechnung auf den einzelnen Krankheitsfall bezogen werden, sofern dies für den Beihilfeberechtigten günstiger ist.

12.7.4 Bei der Beihilfegewährung zu Aufwendungen in Todesfällen bleiben Leistungen aus Lebensversicherungen und Sterbegeldversicherungen unberücksichtigt.

12a Zu § 12a Kostendämpfungspauschale

12a.1 Absatz 1

12a.1.1 Aufgrund der Sechsten Verordnung zur Änderung der Beihilfenverordnung vom 1. Dezember 2015 (GV. NRW. S. 844) erfolgt ab 1. Januar 2016 die Zuordnung der Aufwendungen zur Kostendämpfungspauschale ausschließlich nach dem Zeitpunkt der Rechnungsstellung (Rechnungsdatum). Für Aufwendungen, die noch im Jahre 2015 entstanden sind (§ 3 Absatz 5 Satz 2 Beihilfenverordnung NRW), aber erst im Jahre 2016 oder später in Rechnung gestellt werden, ist weiterhin das bis zum 31. Dezember 2015 geltende Recht anzuwenden.

12a.1.2 Bei der ersten Antragstellung im Kalenderjahr ist bei Angehörigen der Besoldungsgruppen W 1 bis W 3 mit Zulage oder Leistungsbezug das Monatsbrutto (Grundgehalt plus Leistungsbezug beziehungsweise Zulage) des Antragsmonats der Vergleichsberechnung zu Grunde zu legen. Einmalzahlungen nach dem Landesbesoldungsgesetz bleiben außer Ansatz.

12a.1.3 Für die Ermittlung der Kostendämpfungspauschale der Besoldungsgruppen W 1 und W 2 ist in der Besoldungsgruppenstufe 3 das niedrigste Grundgehalt der Besoldungsgruppe A 16, in der Stufe 4 das der Besoldungsgruppe B 4 sowie in der Stufe 5 das Grundgehalt der Besoldungsgruppe B 8 maßgebend; dies gilt entsprechend für die Besoldungsgruppe W 3 für die Stufen 4 und 5.

12a.1.4 Bei privat krankenversicherten Arbeitnehmern ist die jeweilige Vergütungsgruppe des Arbeitnehmers der entsprechenden Besoldungsgruppe eines Beamten nach dem Landesbesoldungsgesetz zuzuordnen.

12a.2 Absatz 2

(unbesetzt)

12a.3 Absatz 3

12a.3.1 Bei Witwern, hinterbliebenen eingetragenen Lebenspartnern und in den Fällen der Gewährung von Beihilfen an Hinterbliebene und sonstige Personen in Todesfällen (§ 14 Beihilfenverordnung NRW) entfällt im Jahr des Todes des Beihilfeberechtigten – und soweit es sich um Aufwendungen des Verstorbenen handelt, auch in dem Folgejahr – die Kostendämpfungspauschale.

12a.4 Absatz 4

12a.4.1 Bei Personen mit Ansprüchen auf Leistungen der Krankenfürsorge nach § 64 Absatz 5 und § 74 Absatz 2 des Landesbeamtengesetzes und § 7 Absatz 6 Richter- und Staatsanwältegesetz für das Land Nordrhein-Westfalen (Landesrichter- und Staatsanwältegesetz – LRiStaG) vom 8. Dezember 2015 (GV. NRW. S. 812) sowie § 4 des Pflegezeitgesetzes entfällt die Kostendämpfungspauschale; dies gilt nicht bei einer Teilzeitbeschäftigung.

12a.5 Absatz 5

12a.5.1 Die Minderung je berücksichtigungsfähiges Kind ist auch bei einer Teilzeit-

VII

beschäftigung in ungekürzter Höhe vorzunehmen.

12a.6 Absatz 6

12a.6.1 Die Kostendämpfungspauschale ist auf volle 5 Euro abzurunden.

12a.7 Absatz 7
(unbesetzt)

13 Zu § 13 Verfahren

13.1 Absatz 1

13.1.1 Pensionsregelungsbehörde ist im kommunalen Bereich der letzte Dienstherr.

13.1.2 Neben dem schriftlichen Beihilfeantrag ist eine Antragstellung mittels Beihilfe-App und grundsätzlich durch eine De-Mail (für den Landesbereich: **zsdt-beihilfe@brdt-nrw.de-mail.de**) zulässig. Bei einer Antragstellung durch De-Mail ist die Verwendung eines Antragsformulars zwingend erforderlich. Für Beihilfeanträge und das Einlegen von Widersprüchen gegen Beihilfebescheide ist die schriftform-wahrende De-Mail notwendig (Versandoption nach § 5 Absatz 5 des De-Mail-Gesetzes vom 28. April 2011, BGBl. I S. 666, das zuletzt durch Artikel 3 des Gesetzes vom 18. Juli 2017, BGBl. I S. 2745, geändert worden ist). Die Übersendung von allgemeinen Schreiben (ohne Rechnungsbelege) ist im Rahmen einer De-Mail ohne Absenderbestätigung zulässig.

13.2 Absatz 2

13.2.1 Für die Beihilfeanträge sollen die als Anlagen 5 und 6 zu dieser Verwaltungsvorschrift beigefügten Formblätter verwendet werden. Bei Unfällen (einschl. häuslicher Unfälle, Sport-, Spiel- und Schulunfälle) ist ein Unfallbericht nach Anlage 9 zu dieser Verwaltungsvorschrift vorzulegen. Sofern Beihilfen mittels eines automatisierten Verfahrens festgesetzt werden, können dem Verfahren angepasste Vordrucke verwendet werden.

13.2.2 Für Beihilfeanträge aus Anlass dauernder Pflegebedürftigkeit (§ 5 Beihilfenverordnung NRW) soll das als Anlage 7 zu dieser Verwaltungsvorschrift beigefügte Formblatt verwendet werden. Die Beihilfen aus Anlass dauernder Pflegebedürftigkeit sind für aktive Beamte unter Titel 441 02 und für Versorgungsempfänger unter Titel 446 02 zu buchen.

13.2.3 Auf die Vorlage der Originalbelege kann verzichtet werden. Bei Auslandsrechnungen ist dem Beihilfeantrag eine Kopie des Erstattungsnachweises der Krankenversicherung (gegebenenfalls der Auslandskrankenversicherung, zum Beispiel ADAC) beizufügen.

13.2.4 Bei Halbwaisen ist eine Erklärung der Halbwaise und des Elternteils (bei minderjährigen Halbwaisen ausschließlich des Elternteils) einzuholen, bei welcher Beihilfestelle die Aufwendungen der Halbwaise eingereicht werden; die andere Beihilfestelle ist darüber zu informieren. Diese Erklärung ist bis zu ihrem Widerruf bindend.

13.2.5 Soweit bei sozialhilfeberechtigten Personen die Abwicklung der krankheitsbedingten Kosten nach § 264 SGB V über eine gesetzliche Krankenversicherung erfolgt, kann die von der Krankenkasse erstellte Quartalsabrechnung der Beihilfenberechnung zu Grunde gelegt werden. Die nach § 264 Absatz 7 SGB V zu entrichtenden Verwaltungskosten sind nicht beihilfefähig.

13.3 Absatz 3

13.3.1 In Fällen, in denen die Erben zunächst unbekannt sind und vom Nachlassgericht ein Nachlasspfleger mit der Ermittlung der Erben und Sicherung des Erbes beauftragt ist, beträgt aus Fürsorgegründen die Antragsfrist zwei Jahre.

13.4 Absatz 4

13.4.1 Die Antragsgrenze von 200 Euro gilt nicht, wenn der Beihilfeberechtigte aus dem beihilfeberechtigten Personenkreis ausgeschieden ist oder den Dienstherrn gewechselt hat. Soweit die Beihilfestelle elektronische Dokumente zur Abbildung von Schriftstücken herstellt und die dem Beihilfeantrag beigefügten Belege nicht zurücksendet, kann sie auf die Einhaltung der Antragsgrenze verzichten. Dies gilt sinngemäß für die Antragstellung mittels einer Beihilfe-App.

13.5 Absatz 5

(unbesetzt)

13.6 Absatz 6

(unbesetzt)

13.7 Absatz 7

13.7.1 Ein Abschlag darf auch dann gewährt werden, wenn eine dem Grunde nach zustehende Beihilfe nicht festgesetzt werden kann, weil zunächst die Klärung eines etwaigen Schadensersatzanspruchs abgewartet werden muss; bei der Bemessung des Abschlages kann ein möglicher Ersatzanspruch außer Betracht bleiben. Der Abschlag ist unverzüglich abzuwickeln, sobald der Ersatzanspruch geklärt ist.

13.7.2 Bei stationärer Krankenhausbehandlung und bei Dialysebehandlung kann auf Antrag des Beihilfeberechtigten ein Abschlag auch unmittelbar an das Krankenhaus oder die Dialyse-Institution überwiesen werden. Das als Anlage 8 zu dieser Verwaltungsvorschrift beigefügte Formblatt sollte nach Möglichkeit für die Beantragung der Abschlagszahlung verwendet werden.

13.7.3 In den Fällen des § 5a Absatz 3 und § 5d Beihilfenverordnung NRW können jeweils für die Dauer von bis zu sechs Monaten Abschläge auf die Beihilfe gezahlt werden. Der Beihilfeberechtigte ist darauf hinzuweisen, dass nach Ablauf dieses Zeitraums zur endgültigen Festsetzung der Beihilfe ein Antrag (§ 13 Absatz 1 Beihilfenverordnung NRW) erforderlich ist. Weitere Abschläge können nur nach Eingang des Antrags bewilligt werden.

13.8 Absatz 8

(unbesetzt)

13.9 Absatz 9

(unbesetzt)

13.10 Absatz 10

(unbesetzt)

13.11 Absatz 11

13.11.1 Soweit die Beihilfestelle elektronische Dokumente zur Abbildung von Schriftstücken herstellt, werden die dem Beihilfeantrag beigefügten Belege (Originalbelege oder/und Duplikate) nicht zurückgesandt. Die Belege werden spätestens drei Monate nach Eingang und Digitalisierung vernichtet. Liegen Anhaltspunkte dafür vor, dass ein vorgelegter Beleg unecht ist oder dass ein vorgelegter echter Beleg verfälscht worden ist, kann die Beihilfestelle mit Einwilligung des Beihilfeberechtigten bei dem Rechnungssteller eine Auskunft über die Echtheit des Beleges einholen. Wird die Einwilligung verweigert, ist die Beihilfe zu den betreffenden Aufwendungen abzulehnen.

13.12 Absatz 12

(unbesetzt)

14 Zu § 14 Gewährung von Beihilfen an Hinterbliebene und andere Personen in Todesfällen

14.1 Absatz 1

14.1.1 Kinder im Sinne von § 14 Absatz 1 Beihilfenverordnung NRW sind die leiblichen sowie die als Kind angenommenen Kinder. Bis zum Zeitpunkt des Todes des Beihilfeberechtigten sowie in Unkenntnis seines Todes danach noch erlassene Beihilfebescheide sind aus Anlass des Todes nicht zurückzunehmen.

14.2 Absatz 2

14.2.1 Der Beihilfeantrag kann durch einen Testamentsvollstrecker oder Nachlassverwalter gestellt werden.

15 Zu § 15 Belastungsgrenze

15.1 Absatz 1

15.1.1 Zu berücksichtigen sind die jährlichen (Brutto-)Dienst- oder Versorgungsbezüge (Grundgehalt, Allgemeine Stellenzulagen, Familienzuschlag ohne kinderbezogene Anteile, vermögenswirksame Leistungen, Sonderzahlungen, Leistungsbezüge der W-Besoldung). Außer Ansatz bleiben variable Bezügebestandteile wie zum Beispiel Erschwerniszulagen, Mehrarbeitsvergütungen, Vergütung für Beamte im Vollstreckungsdienst. Bei den Versorgungsbezügen handelt es sich insbesondere um Ruhegehalt, Witwergeld, Waisengeld, Unterhaltsbeitrag. Soweit Anrechnungs-, Ruhens- und Regelungsvorschriften Anwendung finden, ist beihilferechtlich von dem ungekürzten Versorgungsbezug auszugehen.

15.1.2 Bei erstmaligem Anspruch auf Besoldung (auch nach Beendigung einer Beurlaubung, s. Nummer 15.1.3) oder auf Witwergeld im laufenden Kalenderjahr ist der erste volle Monatsbezug auf den Rest des laufenden Jahres hochzurechnen. Der so ermittelte Bruttojahresdienst-(-versorgungs-)bezug dient als Bemessungsgrundlage zur Ermittlung der Belastungsgrenze des laufenden Kalenderjahres. Einkommen aus anderen Beschäftigungsverhältnissen (außerhalb des Beamtenstatus) sowie Rentenbezüge bleiben außer Ansatz. Für das Folgejahr ist an Hand des Januarbezuges ein fiktiver Vorjahresbruttobetrag (12/12) zu ermitteln.

VII

15.1.3 Bei Personen mit Ansprüchen auf Leistungen der Krankenfürsorge nach § 64 Absatz 5 und § 74 Absatz 2 des Landesbeamtengesetzes sowie nach § 7 Absatz 6 Landesrichter- und Staatsanwältegesetz sowie § 4 des Pflegezeitgesetzes gilt Nummer 15.1.2 entsprechend. Soweit dieser Personenkreis im Vorjahr und im laufenden Jahr keine Bezüge erhalten hat bzw. erhält, wird die Belastungsgrenze auf 0,– Euro festgesetzt.

15.1.4 Ein Versorgungsabschlag (-ausgleich) bleibt unberücksichtigt. Auszugehen ist von der ungekürzten Brutto-Versorgung.

15.2 Absatz 2

15.2.1 Für Tarifbeschäftigte ist im Hinblick auf die ausschließlich beamtenrechtliche Regelung keine Belastungsgrenze zu ermitteln und zu berücksichtigen.

15.3 Absatz 3

15.3.1 Nicht verschreibungspflichtige Arzneimittel werden in die Belastungsgrenze einbezogen, wenn:

1. der Eigenbehalt von jährlich 200 Euro überschritten ist,
2. die Belastungsgrenze nach § 15 Absatz 4 Beihilfenverordnung NRW überschritten ist und
3. der Beihilfeberechtigte nachträglich einen Antrag stellt.

Aufwendungen für Arzneimittel und Medizinprodukte der besonderen Therapierichtungen sowie Aufwendungen, die nach Anlage 2 Nummer 7 der Beihilfenverordnung NRW von einer Beihilfefähigkeit ausgeschlossen sind, können nicht berücksichtigt werden.

15.4 Absatz 4

15.4.1 Arzneimittelaufwendungen der berücksichtigungsfähigen Kinder sind dem Beihilfeberechtigten zuzurechnen; steuerpflichtige Einkünfte der Kinder bleiben außer Ansatz. Soweit Arzneimittelaufwendungen des berücksichtigungsfähigen Ehegatten bzw. eingetragenen Lebenspartners geltend gemacht werden, sind dessen steuerliche Einkünfte in die Berechnung der Belastungsgrenze des Beihilfeberechtigten einzubeziehen. Arzneimittelaufwendungen des nicht berücksichtigungsfähigen Ehegatten bzw. eingetragenen Lebenspartners sind nicht zu berücksichtigen.

15.5 Absatz 5

15.5.1 Die Aufwendungen der berücksichtigungsfähigen Kinder des Beihilfeberechtigten werden mit 80 Prozent in die Belastungsgrenze einbezogen.

15.6 Absatz 6

15.6.1 Für Chroniker bestehen keine Sonderregelungen, da bei diesem Personenkreis trotz teilweise anderslautender Rechtsprechung keine finanziellen Zusatzbelastungen erkennbar sind.

16 Zu § 16 Besondere Bestimmungen für die Gemeinden, Gemeindeverbände und die sonstigen der Aufsicht des Landes unterstehenden Körperschaften, Anstalten und Stiftungen des öffentlichen Rechts

16 Absatz 1

16.1.1 Nummer 4i.4.1 ist zwingend zu beachten.

16.2 Absatz 2
(unbesetzt)

17 Zu § 17 Personenbezogene Bezeichnungen

17 (unbesetzt)

17a Zu § 17a Übergangsregelungen

17a.1 Absatz 1
(unbesetzt)

17a.2 Absatz 2
(unbesetzt)

17a.3 Absatz 3
(unbesetzt)

17a.4 Absatz 4
(unbesetzt)

17a.5 Absatz 5
(unbesetzt)

17a.6 Absatz 6
(unbesetzt)

17a.7 Absatz 7
(unbesetzt)

17a.8 Absatz 8
(bleibt frei)

17a.9 Absatz 9

17a.9.1 Bei Änderung der Leistungsart (zum Beispiel: Wechsel von häuslicher Pflege – § 5a der Beihilfenverordnung NRW – zur stationären Pflege – § 5d der Beihilfenverordnung NRW –) besteht kein Anspruch nach § 17a Absatz 9 der Beihilfenverordnung NRW.

17a.10 Absatz 10
(bleibt frei)

18 Zu § 18 Inkrafttreten

18 (unbesetzt)

Artikel II

Mein Runderlass vom 15. September 2014 (MBl. NRW. S. 530), geändert durch Runderlass vom 1. Dezember 2015 (GV NRW. S. 844), wird hiermit aufgehoben.

VII

Anlagen 1 bis 2

(hier nicht aufgenommen)

Anlage 3

Heilkurorteverzeichnis
(Inland/Register Ortsteile/Ausland)

1. Heilbad- und Kurorteverzeichnis Inland

Name ohne „Bad"	PLZ	Gemeinde	Anerkennung als Kurort ist erteilt für: (Ortsteile, sofern nicht B, G, K*)	Artbezeichnung
A				
Aachen	52066	Aachen	Burtscheid	Heilbad
	52062	Aachen	Monheimsallee	Heilbad
Aalen	73433	Aalen	Röthardt	Heilklimatischer Kurort
Abbach	93077	Bad Abbach	Bad Abbach, Abbach-Schlossberg, Au, Kalkofen, Weichs	Heilbad
Ahlbeck	17419	Ahlbeck	G	Ostseeheilbad
Aibling	83043	Bad Aibling	Bad Aibling, Harthausen, Thürham, Zell	Heilbad
Alexandersbad	95680	Bad Alexandersbad	G	Heilbad
Altenau	38707	Altenau	G	Heilklimatischer Kurort
Altenberg	01773	Altenberg	Altenberg	Kneippkurort
Andernach	56626	Andernach	Bad Tönisstein	Heilbad
Arolsen	34454	Bad Arolsen	K	Heilbad
Aulendorf	88326	Aulendorf	Aulendorf	Kneippkurort
B				
Baden-Baden	76530	Baden-Baden	Baden-Baden, Balg, Lichtental, Oos	Heilbad
Badenweiler	79410	Badenweiler	Badenweiler	Heilbad
Baiersbronn	72270	Baiersbronn	Schwarzenberg-Schönmünzach	Kneippkurort
			Obertal	Heilklimatischer Kurort
Balge	31609	Balge	B – Bad Blenhorst	Ort mit Moor-Kurbetrieb
Baltrum	26579	Baltrum	G	Nordseeheilbad
Bansin	17429	Bansin	G	Ostseeheilbad
Bayersoien	82435	Bad Bayersoien	Bad Bayersoien	Heilbad

*) B = Einzelkurbetrieb
G = gesamtes Gemeindegebiet
K = nur Kerngemeinde, Kernstadt

VII

Name ohne „Bad"	PLZ	Gemeinde	Anerkennung als Kurort ist erteilt für: (Ortsteile, sofern nicht B, G, K*)	Artbezeichnung
Bayreuth	95410	Bayreuth	B – Lohengrin Therme Bayreuth	Heilquellenkurbetrieb
Bayrischzell	83735	Bayrischzell	G	Heilklimatischer Kurort
Bederkesa	27624	Bad Bederkesa	G	Ort mit Moor-Kurbetrieb
Bellingen	79415	Bad Bellingen	Bad Bellingen	(Mineral-)Heilbad
Belzig	14806	Bad Belzig	Bad Belzig	Heilbad
Bentheim	48455	Bad Bentheim	Bad Bentheim	(Moor- und Mineral-)Heilbad
Berchtesgaden	83471	Berchtesgaden	G	Heilklimatischer Kurort
Berggießhübel	01819	Bad Gottleuba-Berggießhübel	Berggießhübel	Kneippkurort
Bergzabern	76887	Bad Bergzabern	Bad Bergzabern	Kneippheilbad und heilklimatischer Kurort
Berka	99438	Bad Berka	Bad Berka	Ort mit Heilquellen-Kurbetrieb
Berleburg	57319	Bad Berleburg	Bad Berleburg	Kneippheilbad
Berneck	95460	Bad Berneck	Bad Berneck im Fichtelgebirge, Frankenhammer, Kutschenrangen, Rödlasberg, Warmeleithen	Kneippheilbad
Bernkastel-Kues	54470	Bernkastel-Kues	Stadtteil Kueser Plateau	Heilklimatischer Kurort
Bertrich	56864	Bad Bertrich	Bad Bertrich	Heilbad
Beuren	72660	Beuren	G	Ort mit Heilquellen-Kurbetrieb
Bevensen	29549	Bad Bevensen	Bad Bevensen	(Jod- u. Sole-)Heilbad
Biberach	88400	Biberach	Jordanbad	Kneippkurort
Birnbach	84364	Birnbach	Birnbach, Aunham	Heilquellenkurbetrieb
Bischofsgrün	95493	Bischofsgrün	G	Heilklimatischer Kurort
Bischofswiesen	83483	Bischofswiesen	G	Heilklimatischer Kurort
Blankenburg, Harz	38889	Blankenburg, Harz	G	Heilbad
Blieskastel	66440	Blieskastel	Blieskastel-Mitte (Alschbach, Blieskastel, Lautzkirchen)	Kneippkurort
Bocklet	97708	Bad Bocklet	G	Heilbad
Bodenmais	94249	Bodenmais	G	Heilklimatischer Kurort
Bodenteich	29389	Bodenteich	G	Kneippkurort

VII

Name ohne „Bad"	PLZ	Gemeinde	Anerkennung als Kurort ist erteilt für: (Ortsteile, sofern nicht B, G, K*)	Artbezeichnung
Boll	73087	Bad Boll	Bad Boll	Ort mit Heilquellen-Kurbetrieb
Boltenhagen	23944	Ostseebad Boltenhagen	G	Ostseeheilbad
Boppard	56154	Boppard	a) Boppard	Kneippheilbad
			b) Bad Salzig	Heilbad
Borkum	26757	Borkum	G	Nordseeheilbad
Brambach	08648	Bad Brambach	Bad Brambach	(Mineral-)Heilbad
Bramstedt	24576	Bad Bramstedt	Bad Bramstedt	(Moor-)Heilbad
Braunlage	38700	Braunlage	G mit Hohengeiß	Heilklimatischer Kurort
Breisig	53498	Bad Breisig	Bad Breisig	Heilbad
Brilon	59929	Brilon	Brilon	Kneippkurort
Brückenau	97769	Bad Brückenau	G – sowie Gemeindeteil Eckarts des Marktes Zeitlofs	Heilbad
Buchau	88422	Bad Buchau	Bad Buchau	(Moor-, Mineral-)Heilbad
Buckow	15377	Buckow	G – ausgenommen der Ortsteil „Hasenholz"	Kneippkurort
Bünde	32257	Bünde	Randringhausen	Kurmittelgebiet (Heilquelle und Moor)
Büsum	25761	Büsum	Büsum	Nordseeheilbad
Burg	03096	Burg	Burg	Ort mit Heilquellenkurbetrieb
Burgbrohl	56659	Burgbrohl	Bad Tönisstein	Heilbad
Burg/Fehmarn	23769	Burg/Fehmarn	Burg	Nordseeheilbad
C				
Camberg	65520	Bad Camberg	K	Kneippheilbad
Clausthal-Zellerfeld	38678	Clausthal-Zellerfeld	Clausthal-Zellerfeld	Heiklimatischer Kurort
Colberg-Heldburg	98663	Bad Colberg – Heldburg	Bad Colberg	Ort mit Heilquellen-Kurbetrieb
Cuxhaven	27478	Cuxhaven	G	Nordseeheilbad
D				
Dahme	23747	Dahme	Dahme	Ostseeheilbad
Damp	24351	Damp	Damp 2000	Ostseeheilbad
Daun	54550	Daun	Daun	Kneippkurort und heilklimatischer Kurort

VII

Name ohne „Bad"	PLZ	Gemeinde	Anerkennung als Kurort ist erteilt für: (Ortsteile, sofern nicht B, G, K*)	Artbezeichnung
Detmold	32760	Detmold	Hiddesen	Kneippkurort
Diez	65582	Diez	Diez	Heilbad
Ditzenbach	73342	Bad Ditzenbach	Bad Ditzenbach	Heilbad
Dobel	75335	Dobel	G	Heilklimatischer Kurort
Doberan	18209	Bad Doberan	a) Bad Doberan	(Moor-)Heilbad
			b) Heiligendamm	Seeheilbad
Driburg	33014	Bad Driburg	Bad Driburg, Hermannsborn	Heilbad
Düben	04849	Bad Düben	Bad Düben	(Moor-)Heilbad
Dürkheim	67098	Bad Dürkheim	Bad Dürkheim	Heilbad
Dürrheim	78073	Bad Dürrheim	Bad Dürrheim	(Sole-)Heilbad und heilklimatischer Kurort und Kneippkurort
E				
Ehlscheid	56581	Ehlscheid	G	Heilklimatischer Kurort
Eilsen	31707	Bad Eilsen	G	Ort mit Heilquellen-Kurbetrieb
Elster	04645	Bad Elster	Bad Elster, Sohl	(Mineral- und Moor)Heilbad
Ems	56130	Bad Ems	Bad Ems	Heilbad
Emstal	34308	Bad Emstal	Sand	Heilbad
Endbach	35080	Bad Endbach	K	Kneippheilbad
Endorf	83093	Bad Endorf	Bad Endorf, Eisenbartling, Hofham, Kurf, Rachental, Ströbing	Heilbad
Erwitte	59597	Erwitte	Bad Westernkotten	Heilbad
Esens	26422	Esens	Bensersiel	Nordseeheilbad
Essen	49152	Bad Essen	Bad Essen	Ort mit Sole-Kurbetrieb
Eutin	23701	Eutin	G	Heilklimatischer Kurort
F				
Feilnbach	83075	Bad Feilnbach	G – ausgenommen die Gemeindeteile der ehemaligen Gemeinde Dettendorf	(Moor-)Heilbad
Feldberger Seenlandschaft	17258	Feldberger Seenlandschaft	Feldberg	Kneippkurort
Finsterbergen	99898	Finsterbergen	G	Heilklimatischer Kurort
Fischen	87538	Fischen/Allgäu	G	Heilklimatischer Kurort

VII

Name ohne „Bad"	PLZ	Gemeinde	Anerkennung als Kurort ist erteilt für: (Ortsteile, sofern nicht B, G, K*)	Artbezeichnung
Frankenhausen	06567	Bad Frankenhausen	K	(Sole-)Heilbad
Freiburg	79098	Freiburg	Ortsbereich „An den Heilquellen"	Ort mit Heilquellen-Kurbetrieb
Freienwalde	16259	Bad Freienwalde	Bad Freienwalde	(Moor-)Heilbad
Freudenstadt	72250	Freudenstadt	Freudenstadt	Kneippkurort und heilklimatischer Kurort
Friedrichskoog	25718	Friedrichskoog	Friedrichskoog	Nordseeheilbad
Füssen	87629	Füssen	a) Bad Faulenbach	Heilbad
			b) Gebiet der ehemaligen Stadt Füssen und der ehemaligen Gemeinde Hopfen am See	Kneippkurort
Füssing	94072	Bad Füssing	Bad Füssing, Aichmühle, Ainsen, Angering, Brandschachen, Dürnöd, Egglfing a. Inn, Eitlöd, Flickenöd, Gögging, Holzhäuser, Holzhaus, Hub, Irching, Mitterreuthen, Oberreuthen, Pichl, Pimsöd, Poinzaun, Riedenburg, Safferstetten, Schieferöd, Schöchlöd, Steinreuth, Thalau, Thalham, Thierham, Unterreuthen, Voglöd, Weidach, Wies, Würding, Zieglöd, Zwicklarn	Heilbad
G				
Gaggenau	76571	Gaggenau	Bad Rotenfels	Ort mit Heilquellen-Kurbetrieb
Gandersheim	37581	Bad Gandersheim	Bad Gandersheim	Soleheilbad
Garmisch-Partenkirchen	82467	Garmisch-Partenkirchen	G – ohne das eingegliederte Gebiet der ehemaligen Gemeinde Wamberg	Heilklimatischer Kurort

Name ohne „Bad“	PLZ	Gemeinde	Anerkennung als Kurort ist erteilt für: (Ortsteile, sofern nicht B, G, K*)	Artbezeichnung
Gelting	24395	Gelting	G	Kneippkurort
Gersfeld	36129	Gersfeld (Rhön)	K	Heilklimatischer Kurort und Kneippkurort
Gladenbach	35075	Gladenbach	K	Kneippheilbad
Glücksburg	24960	Glücksburg	Glücksburg	Nordseeheilbad
Göhren	18586	Ostseebad Göhren	G	Kneippkurort
Goslar	38644	Goslar	Hahnenklee-Bockswiese	Heilklimatischer Kurort
Gottleuba	01816	Bad Gottleuba-Berggießhübel	Bad Gottleuba	Kneippkurort und (Moor-)Heilbad
Graal-Müritz	18181	Graal-Müritz	G	Ostseeheilbad
Grasellenbach	64689	Grasellenbach	K	Kneippkurort und Heilbad
Griesbach i. Rottal	94086	Bad Griesbach i. Rottal	Bad Griesbach i. Rottal	Heilbad
Grömitz	23743	Grömitz	Grömitz	Ostseeheilbad
Grönenbach	87728	Grönenbach	Bad Grönenbach, Au, Brandholz, in der Tarrast, Egg, Gmeinschwenden, Greit, Herbisried, Hueb, Klevers, Kornhofen, Kreuzbühl, Manneberg, Niederholz, Ölmühle, Raupolz, Rechberg, Rothenstein, Schwenden, Seefeld, Waldegg b. Grönenbach, Ziegelberg, Ziegelstadel	Kneippheilbad
Großenbrode	23775	Großenbrode	G	Ostseeheilbad
Grund	37539	Bad Grund	Bad Grund	Heilbad und Heiklimatischer Kurort
H				
Haffkrug-Scharbeutz	23683	Haffkrug-Scharbeutz	Haffkrug	Ostseeheilbad
Haigerloch	72401	Haigerloch	Bad Imnau	Ort mit Heilquellen-Kurbetrieb
Harzburg	38667	Bad Harzburg	K	(Sole-)Heilbad

Name ohne „Bad"	PLZ	Gemeinde	Anerkennung als Kurort ist erteilt für: (Ortsteile, sofern nicht B, G, K*)	Artbezeichnung
Heilbrunn	83670	Bad Heilbrunn	Bad Heilbrunn, Achmühl, Baumberg, Bernwies, Graben, Hinterstallau, Hub, Kiensee, Langau, Linden, Mürnsee, Oberbuchen, Oberenzenau, Obermühl, Obersteinbach, Ostfeld, Ramsau, Reindlschmiede, Schönau, Unterbuchen, Unterenzenau, Untersteinbach, Voglherd, Weiherweber, Wiesweber, Wörnern	Heilbad und heilklimatischer Kurort
Heiligenhafen	23774	Heiligenhafen	Heiligenhafen	Ostseeheilbad
Heiligenstadt	37308	Heiligenstadt	Heiligenstadt	(Sole-) Heilbad
Helgoland	27498	Helgoland	G	Nordseeheilbad
Herbstein	36358	Herbstein	B	Heilquellen-Kurbetrieb
Heringsdorf	17424	Heringsdorf	G	Ostseeheilbad und (Sole-)Heilbad
Herrenalb	76332	Bad Herrenalb	Bad Herrenalb	Heilbad und heilklimatischer Kurort
Hersfeld	36251	Bad Hersfeld	K	(Mineral-)Heilbad
Hille	32479	Hille	Rothenuffeln	Kurmittelgebiet (Heilquelle und Moor)
Hindelang	87541	Bad Hindelang	Bad Hindelang, Bad Oberdorf, Bruck, Gailenberg, Groß, Hinterstein, Liebenstein, Oberjoch, Reckenberg, Riedle, Unterjoch, Vorderhindelang	Kneippheilbad und heilklimatischer Kurort
Hinterzarten	79856	Hinterzarten	G	Heilklimatischer Kurort und Kneippkurort
Höchenschwand	79862	Höchenschwand	Höchenschwand	Heilklimatischer Kurort
Hönningen	53557	Bad Hönningen	Bad Hönningen	Heilbad
Höxter	37671	Höxter	Bruchhausen	Heilquellen-Kurbetrieb
Hohwacht	24321	Hohwacht	G	Ostseeheilbad

VII

Name ohne „Bad"	PLZ	Gemeinde	Anerkennung als Kurort ist erteilt für: (Ortsteile, sofern nicht B, G, K*)	Artbezeichnung
Homburg	61348	Bad Homburg v. d. Höhe	K	Heilbad
Horn	32805	Horn-Bad Meinberg	Bad Meinberg	Heilbad
I				
Iburg	49186	Bad Iburg	Bad Iburg	Kneippheilbad
Isny	88316	Isny	Isny, Neutrauchburg	Heilklimatischer Kurort
J				
Juist	26571	Juist	G	Nordseeheilbad
K				
Karlshafen	34385	Bad Karlshafen	K	Heilbad
Kassel	34117	Kassel	Wilhelmshöhe	Kneippheilbad und (Thermal-Sole-)Heilbad
Kellenhusen	23746	Kellenhusen	Kellenhusen	Nordseeheilbad
Kissingen	97688	Bad Kissingen	G	Heilbad
Klosterlausnitz	07639	Bad Klosterlausnitz	Bad Klosterlausnitz	Heilbad
König	64732	Bad König	K	Heilbad
Königsfeld	78126	Königsfeld	Königsfeld, Bregnitz, Grenier	Kneippkurort und heilklimatischer Kurort
Königshofen	97631	Bad Königshofen i. Grabfeld	G – ohne die eingegliederten Gebiete der ehemaligen Gemeinden Aub und Merkershausen	Heilbad
Königstein	61462	Königstein im Taunus	K	Heilklimatischer Kurort
Kösen	06628	Bad Kösen	G	Heilbad
Kötzting	91344	Bad Kötzting	Liebenstein, Matzelsdorf, Wettzell, Arndorf, Gehstorf, Haus, Traidersdorf und Weißenregen	Kneippkurort
Kohlgrub	82433	Bad Kohlgrub	G	(Moor-)Heilbad
Kreuth	83708	Kreuth	G	Heilklimatischer Kurort
Kreuznach	55543	Bad Kreuznach	Bad Kreuznach	Heilbad
Krozingen	79189	Bad Krozingen	Bad Krozingen	Heilbad
Krumbach	86381	Krumbach (Schwaben)	B – Sanatorium Krumbach	Peloidkurbetrieb

VII

Name ohne „Bad"	PLZ	Gemeinde	Anerkennung als Kurort ist erteilt für: (Ortsteile, sofern nicht B, G, K*)	Artbezeichnung
L				
Laasphe	57334	Bad Laasphe	Bad Laasphe	Kneippheilbad
Laer	49196	Bad Laer	G	(Sole-)Heilbad
Langensalza	99947	Bad Langensalza	K	Schwefel-Sole-Heilbad
Langeoog	26465	Langeoog	G	Nordseeheilbad
Lausick	04651	Bad Lausick	G	(Mineral-)Heilbad
Lauterberg	37431	Bad Lauterberg	Bad Lauterberg	Kneippheilbad
Lenzkirch	79853	Lenzkirch	Lenzkirch, Saig	Heilklimatischer Kurort
Liebenstein	36448	Bad Liebenstein	K	Heilbad
Liebenwerda	04924	Bad Liebenwerda	Dobra, Kosilenzien, Maasdorf, Zeischa	Ort mit Peloidkurbetrieb
Liebenzell	75378	Bad Liebenzell	Bad Liebenzell	Heilbad
Lindenfels	64678	Lindenfels	K	Heilklimatischer Kurort
Lippspringe	33175	Bad Lippspringe	Bad Lippspringe	Heilbad und heilklimatischer Kurort
Lippstadt	59556	Lippstadt	Bad Waldliesborn	Heilbad
Lobenstein	07356	Lobenstein	Lobenstein	(Moor-)Heilbad
Ludwigsburg	71638	Ludwigsburg	Hoheneck	Ort mit Heilquellen-Kurbetrieb
M				
Malente	23714	Malente	Malente-Gremsmühlen, Krummsee, Timmdorf	Heilklimatischer Kurort
Manderscheid	54531	Manderscheid	Manderscheid	Heilklimatischer Kurort und Kneippkurort
Marienberg	56470	Bad Marienberg	Bad Marienberg (nur Stadtteile Bad Marienberg, Zinnheim und der Gebietsteil der Gemarkung Langenbach, begrenzt durch die Gemarkungsgrenze Hardt, Zinnheim, Marienberg sowie die Bahntrasse Eberbach-Bad Marienberg)	Kneippheilbad
Marktschellenberg	83487	Marktschellenberg	G	Heilklimatischer Kurort
Masserberg	98666	Masserberg	Masserberg	Heilklimatischer Kurort
Mergentheim	97980	Bad Mergentheim	Bad Mergentheim	Heilbad

VII

Name ohne „Bad"	PLZ	Gemeinde	Anerkennung als Kurort ist erteilt für: (Ortsteile, sofern nicht B, G, K*)	Artbezeichnung
Mölln	23879	Mölln	Mölln	Kneippkurort
Mössingen	72116	Mössingen	Bad Sebastiansweiler	Ort mit Heilquellen-Kurbetrieb
Münder	31848	Bad Münder	Bad Münder	Ort mit Heilquellen-Kurbetrieb
Münster/Stein	55583	Bad Münster am Stein-Ebernburg	Bad Münster am Stein	(Mineral-)Heilbad und heilklimatischer Kurort
Münstereifel	53902	Bad Münstereifel	Bad Münstereifel	Kneippheilbad
Muskau	02953	Bad Muskau	G	Ort mit Moorkurbetrieb
N				
Nauheim	61231	Bad Nauheim	K	Heilbad
Naumburg	34309	Naumburg	K	Kneippkurort
Nenndorf	31542	Bad Nenndorf	Bad Nenndorf	(Moor- und Mineral-)Heilbad
Neualbenreuth	95698	Neualbenreuth	B – Badehaus Maiersreuth/Sybillenbad	Ort mit Heilquellen-Kurbetrieb
Neubulach	75387	Neubulach	Neubulach	Heilklimatischer Kurort
Neuenahr	53474	BadNeuenahr-Ahrweiler	Bad Neuenahr	Heilbad
Neuharlingersiel	26427	Neuharlingersiel	Neuharlingersiel	Nordseeheilbad
Neukirchen	34626	Neukirchen	K	Kneippkurort
Neustadt/D	93333	Neustadt a. d. Donau	Bad Gögging	Heilbad
Neustadt/S	97616	Bad Neustadt a. d. Saale	Bad Neustadt a. d. Saale	Heilbad
Nidda	63667	Nidda	Bad Salzhausen	Heilbad
Nonnweiler	66620	Nonnweiler	Nonnweiler	Heilklimatischer Kurort
Norddorf	25946	Norddorf/Amrum	Norddorf	Nordseeheilbad
Norden	26506	Norddeich/Westermarsch II	Norden	Nordseeheilbad
Norderney	26548	Norderney	G	Nordseeheilbad
Nordstrand	25845	Nordstrand	G	Nordseeheilbad
Nümbrecht	51588	Nümbrecht	G	Heilklimatischer Kurort

VII

Name ohne „Bad"	PLZ	Gemeinde	Anerkennung als Kurort ist erteilt für: (Ortsteile, sofern nicht B, G, K*)	Artbezeichnung
O				
Oberstaufen	87534	Oberstaufen	G – ausgenommen die Gemeindeteile Aach i. Allgäu, Hänse, Hagspiel, Hütten, Krebs, Nägeleshalde	(Schroth-)Heilbad und heilklimatischer Kurort
Oberstdorf	87561	Oberstdorf	Oberstdorf, Anatswald, Birgsau, Dietersberg, Ebene, Einödsbach, Faistenoy, Gerstruben, Gottenried, Gruben, Gundsbach, Jauchen, Kornau, Reute, Ringang, Schwand, Spielmannsau	Kneippkurort und heilklimatischer Kurort
Oeynhausen	32545	Bad Oeynhausen	Bad Oeynhausen	Heilbad
Olsberg	59939	Olsberg	Olsberg	Kneippkurort
Orb	63619	Bad Orb	G	Heilbad
Ottobeuren	87724	Ottobeuren	Ottobeuren, Eldern	Kneippkurort
Oy-Mittelberg	87466	Oy-Mittelberg	Oy	Kneippkurort
P				
Pellworm	25847	Pellworm	Pellworm	Nordseeheilbad
Petershagen	32469	Petershagen	Hopfenberg	Kurmittelgebiet
Peterstal-Griesbach	77740	Bad Peterstal-Griesbach	G	Heilbad und Kneippkurort
Porta Westfalica	32457	Porta Westfalica	Hausberge	Kneippkurort
Preußisch Oldendorf	32361	Preußisch Oldendorf	Bad Holzhausen	Heilbad
Prien	83209	Prien a. Chiemsee	G – ohne den eingegliederten Gemeindeteil Vachendorf der ehemaligen Gemeinde Hittenkirchen und den Gemeindeteil Wildenwart	Kneippkurort
Pyrmont	31812	Bad Pyrmont	K	(Moor- und Mineral-)Heilbad

VII

Name ohne „Bad“	PLZ	Gemeinde	Anerkennung als Kurort ist erteilt für: (Ortsteile, sofern nicht B, G, K*)	Artbezeichnung
R				
Radolfzell	78315	Radolfzell	Mettnau	Kneippkurort
Ramsau	83486	Ramsau b. Berchtesgaden	G	Heilklimatischer Kurort
Rappenau	74906	Bad Rappenau	Bad Rappenau	(Sole-)Heilbad
Reichenhall	83435	Bad Reichenhall	Bad Reichenhall, Bayerisch Gmain und Kibling	Heilbad
Reichshof	51580	Reichshof	Eckenhagen	Heilklimatischer Kurort
Rengsdorf	56579	Rengsdorf	Rengsdorf	Heilklimatischer Kurort
Rippoldsau-Schapbach	77776	Bad Rippoldsau-Schapbach	Bad Rippoldsau	(Mineral-, Moor-)Heilbad
Rodach	96476	Bad Rodach b. Coburg	Bad Rodach	Heilbad
Rothenfelde	49214	Bad Rothenfelde	G	(Sole-)Heilbad
Rottach-Egern	83700	Rottach-Egern	G	Heilklimatischer Kurort
S				
Saarow	15526	Bad Saarow	Bad Saarow	(Sole- und Moor-)Heilbad
Sachsa	37441	Bad Sachsa	Bad Sachsa	Heilklimatischer Kurort
Säckingen	79713	Bad Säckingen	Bad Säckingen	Heilbad
Salzdetfurth	31162	Bad Salzdetfurth	Bad Salzdetfurth, Detfurth	(Sole- und Moor-)Heilbad
Salzgitter	38259	Salzgitter	Salzgitter-Bad	Ort mit Sole-Kurbetrieb
Salzschlirf	36364	Bad Salzschlirf	G	(Mineral- und Sole-)Heilbad
Salzuflen	32105	Bad Salzuflen	Bad Salzuflen	Heilbad und Kneippkurort
Salzungen	36433	Bad Salzungen	Bad Salzungen	(Sole-)Heilbad
Sasbachwalden	77887	Sasbachwalden	G	Heilklimatischer Kurort und Kneippkurort
Sassendorf	59505	Bad Sassendorf	Bad Sassendorf	(Sole-)Heilbad
Saulgau	88348	Saulgau	Saulgau	Heilbad
Schandau	01814	Bad Schandau	Bad Schandau	Kneippkurort
Scharbeutz	23683	Scharbeutz	Scharbeutz	Ostseeheilbad
Scheidegg	88175	Scheidegg	G	Kneippkurort und heilklimatischer Kurort
Schieder	32816	Schieder-Schwalenberg	Schieder, Glashütte	Kneippkurort

VII

Name ohne „Bad“	PLZ	Gemeinde	Anerkennung als Kurort ist erteilt für: (Ortsteile, sofern nicht B, G, K*)	Artbezeichnung
Schlangenbad	65388	Schlangenbad	K	Heilbad
Schleiden	53937	Schleiden	Gemünd	Kneippkurort
Schlema	08301	Bad Schlema	G	Heilbad
Schluchsee	79859	Schluchsee	Schluchsee, Faulenfürst, Fischbach	Heilklimatischer Kurort
Schmallenberg	57392	Schmallenberg	a) Fredeburg b) Grafschaft	Kneippkurort Heilklimatischer Kurort
Schmiedeberg	06905	Bad Schmiedeberg	G	Heilbad
Schömberg	75328	Schömberg	Schömberg	Heilklimatischer Kurort und Kneippkurort
Schönau	83471	Schönau a. Königssee	G	Heilklimatischer Kurort
Schönberg	24217	Schönberg	Holm	Heilbad
Schönborn	76669	Bad Schönborn	a) Bad Mingolsheim b) Langenbrücken	Heilbad Ort mit Heilquellen-Kurbetrieb
Schönebeck-Salzelmen	39624	Schönebeck-Salzelmen	G	(Sole-)Heilbad
Schönwald	78141	Schönwald	G	Heilklimatischer Kurort
Schussenried	88427	Bad Schussenried	Bad Schussenried	(Moor-)Heilbad
Schwalbach	65307	Bad Schwalbach	K	Heilbad
Schwangau	87645	Schwangau	G	Heilklimatischer Kurort
Schwartau	23611	Bad Schwartau	Bad Schwartau	(Jodsole- und Moor-)Heilbad
Segeberg	23795	Bad Segeberg	G	Heilbad
Siegsdorf	83313	Siegsdorf	B – Kurheim Bad Adelholzen	Heilquellen-Kurbetrieb
Sobernheim	55566	Bad Sobernheim	Bad Sobernheim	Heilbad
Soden am Taunus	65812	Bad Soden am Taunus	K	Heilbad
Soden-Salmünster	63628	Bad Soden-Salmünster	Bad Soden	(Mineral-)Heilbad
Soltau	29614	Soltau	Soltau	Ort mit Sole-Kurbetrieb
Sooden-Allendorf	37242	Bad Sooden-Allendorf	K	Heilbad
Spiekeroog	26474	Spiekeroog	G	Nordseeheilbad
St. Blasien	79837	St. Blasien	St. Blasien	Kneippkurort und heilklimatischer Kurort
St. Peter-Ording	25826	St. Peter-Ording	St. Peter-Ording	Nordseeheilbad und Schwefelbad

VII

Name ohne „Bad"	PLZ	Gemeinde	Anerkennung als Kurort ist erteilt für: (Ortsteile, sofern nicht B, G, K*)	Artbezeichnung
Staffelstein	96226	Bad Staffelstein	G	Heilbad
Steben	95138	Bad Steben	G	Heilbad
Stützerbach	98714	Stützerbach	Stützerbach	Heilkurort
Stuttgart	70173	Stuttgart	a) Berg	Mineralbad
			b) Bad Cannstatt	Ort mit Heilquellen-Kurbetrieb
Suderode	06507	Bad Suderode	G	(Calciumsole-)Heilbad
Sülze	18334	Bad Sülze	G	Peloidkurbetrieb
Sulza	99518	Bad Sulza	Bad Sulza	(Sole-)Heilbad
T				
Tabarz	99891	Tabarz	G	Kneippkurort
Tecklenburg	49545	Tecklenburg	Tecklenburg	Kneippkurort
Tegernsee	83684	Tegernsee	G	Heilklimatischer Kurort
Teinach-Zavelstein	75385	Bad Teinach-Zavelstein	Bad Teinach	Heilbad
Templin	17268	Templin	Templin	(Thermalsole-)Heilbad
Tennstedt	99955	Bad Tennstedt	G	Ort mit Heilquellenkurbetrieb
Thyrnau	94136	Thyrnau	B – Sanatorium Kellberg	Mineralquellenkurbetrieb
Timmendorfer Strand	23669	Timmendorfer Strand	Timmendorfer Strand, Niendorf	Ostseeheilbad
Titisee-Neustadt	79822	Titisee-Neustadt	Titisee	Heilklimatischer Kurort
Todtmoos	79682	Todtmoos	G	Heilklimatischer Kurort
Tölz	83646	Bad Tölz	a) Gebiet der ehem. Stadt Bad Tölz	(Moor-)Heilbad und heilklimatischer Kurort
			b) Gebiet der ehem. Gemeinde Oberfischbach	Heilklimatischer Kurort
Traben-Trarbach	56841	Traben-Trarbach	Bad Wildstein	Heilbad
Travemünde	23570	Travemünde	Travemünde	Ostseeheilbad
Treuchtlingen	91757	Treuchtlingen	B – Altmühltherme/ Lambertusbad	Ort mit Heilquellenkurbetrieb
Triberg	78098	Triberg	Triberg	Heilklimatischer Kurort
U				
Überkingen	73337	Bad Überkingen	Bad Überkingen	Heilbad
Überlingen	88662	Überlingen	Überlingen	Kneippheilbad
Urach	72574	Bad Urach	Bad Urach	Heilbad

Name ohne „Bad"	PLZ	Gemeinde	Anerkennung als Kurort ist erteilt für: (Ortsteile, sofern nicht B, G, K*)	Artbezeichnung
V				
Vallendar	56179	Vallendar	Vallendar	Kneippkurort
Vilbel	61118	Bad Vilbel	K	Heilbad
Villingen-Schwenningen	78050	Villingen-Schwenningen	Villingen	Kneippkurort
Vlotho	32602	Vlotho	Seebruch, Senkelteich, Valdorf-West	Kurmittelgebiet (Heilquelle und Moor)
W				
Waldbronn	76337	Waldbronn	Gemeindeteile Busenbach, Reichenbach	Ort mit Heilquellenkurbetrieb
Waldsee	88399	Bad Waldsee	Bad Waldsee, Steinach	(Moor-)Heilbad und Kneippkurort
Wangerland	26434	Wangerland	Horumersiel, Schillig	Nordseeheilbad
Wangerooge	26486	Wangerooge	G	Nordseeheilbad
Warburg	34414	Warburg	Germete	Kurmittelbetrieb (Heilquelle)
Waren	17192	Waren/Müritz	Waren/Müritz	(Sole-)Heilbad
Warmbad	09429	Wolkenstein	Warmbad	Ort mit Heilquellen-Kurbetrieb
Weiskirchen	66709	Weiskirchen	Weiskirchen	Heilklimatischer Kurort
Wenningstedt	25996	Wenningstedt/Sylt	Wenningstedt	Nordseeheilbad
Westerland	25980	Westerland	Westerland	Nordseeheilbad
Wiesbaden	65189	Wiesbaden	K	Heilbad
Wiesenbad	09488	Wiesa	Thermalbad Wiesenbad	Ort mit Heilquellenkurbetrieb
Wiessee	83707	Bad Wiessee	G	Heilbad
Wildbad	75323	Bad Wildbad	Bad Wildbad	Heilbad
Wildungen	34537	Bad Wildungen	K	Heilbad
Willingen	34508	Willingen (Upland)	a) K	Heilklimatischer Kurort, Kneippkurort und Heilbad
			b) Usseln	Heilklimatischer Kurort
Wilsnack	19336	Bad Wilsnack	K	(Thermal- und Moor-)Heilbad
Wimpfen	74206	Bad Wimpfen	Bad Wimpfen, Erbach, Fleckinger Mühle, Höhenhöfe	(Sole-)Heilbad
Windsheim	91438	Bad Windsheim	Bad Windsheim, Kleinwindsheimer Mühle, Walkmühle	Heilbad

Name ohne „Bad"	PLZ	Gemeinde	Anerkennung als Kurort ist erteilt für: (Ortsteile, sofern nicht B, G, K*)	Artbezeichnung
Winterberg	59955	Winterberg	Winterberg, Altastenberg, Elkeringhausen	Heilklimatischer Kurort
Wittdün/Amrum	25946	Wittdün/Amrum	Wittdün	Nordseeheilbad
Wörishofen	86825	Bad Wörishofen	Bad Wörishofen, Hartenthal, Oberes Hart, Obergammenried, Schöneschach, Untergammenried, Unteres Hart	Kneippheilbad
Wolfegg	88364	Wolfegg	G	Heilklimatischer Kurort
Wünnenberg	33181	Wünnenberg	Wünnenberg	Kneippheilbad
Wurzach	88410	Bad Wurzach	Bad Wurzach	(Moor-)Heilbad
Wyk a. F.	25938	Wyk a. F.	Wyk	Nordseeheilbad
Z				
Zingst	18374	Ostseebad Zingst	G	Ostseeheilbad
Zwesten	34596	Bad Zwesten	K	Heilbad und Ort mit Heilquellenkurbetrieb
Zwischenahn	26160	Bad Zwischenahn	Bad Zwischenahn	(Moor-)Heilbad

VII

2. Register der Heilbäder und Kurorte (Ortsteile),
die wegen Zugehörigkeit zu einer größeren Einheit an anderer Stelle aufgeführt sind

Kurort ohne Zusatz „Bad"	aufgeführt bei
A	
Abbach-Schloßberg	Abbach
Achmühl	Heilbrunn
Adelholzen	Siegsdorf
Aichmühle	Füssing
Ainsen	Füssing
Alschbach	Blieskastel
Altastenberg	Winterberg
Anatswald	Oberstdorf
An den Heilquellen	Freiburg
Angering	Füssing
Au	Abbach
Au	Grönenbach
Aunham	Birnbach

Kurort ohne Zusatz „Bad"	aufgeführt bei
B	
Balg	Baden-Baden
Baumberg	Heilbrunn
Bayerisch Gmain	Reichenhall
Bensersiel	Esens
Bernwies	Heilbrunn
Berg	Stuttgart
Birgsau	Oberstdorf
Blenhorst	Balge
Bockswiese	Goslar
Brandholz	Grönenbach
Brandschachen	Füssing
Bregnitz	Königsfeld
Bruchhausen	Höxter
Bruck	Hindelang
Burtscheid	Aachen
Busenbach	Waldbronn
C	
Cannstadt	Stuttgart
D	
Detfurth	Salzdetfurth
Dietersberg	Oberstdorf
Dobra	Liebenwerda
Dürnöd	Füssing
E	
Ebene	Oberstdorf
Eckarts	Brückenau
Eckenhagen	Reichshof
Egg	Grönenbach
Egglfing a. Inn	Füssing
Einödsbach	Oberstdorf
Eisenbartling	Endorf
Eitlöd	Füssing
Eldern	Ottobeuren
Elkeringhausen	Winterberg
Erbach	Wimpfen
F	
Faistenoy	Oberstdorf
Faulenbach	Füssen
Faulenfürst	Schluchsee

Kurort ohne Zusatz „Bad"	aufgeführt bei
Feldberg	Feldberger Seenlandschaft
Fischbach	Schluchsee
Fleckinger Mühle	Wimpfen
Flickenöd	Füssing
Frankenhammer	Berneck
Fredeburg	Schmallenberg
G	
Gailenberg	Hindelang
Gemünd	Schleiden
Germete	Warburg
Gerstruben	Oberstdorf
Glashütte	Schieder
Gmeinschwenden	Grönenbach
Gögging	Füssing
Gögging	Neustadt a. d. Donau
Gottenried	Oberstdorf
Graben	Heilbrunn
Greit	Grönenbach
Gremsmühlen	Malente
Grenier	Königsfeld
Griesbach	Peterstal-Griesbach
Groß	Hindelang
Gruben	Oberstdorf
Gundsbach	Oberstdorf
H	
Hahnenklee	Goslar
Hartenthal	Wörishofen
Harthausen	Aibling
Hausberge	Porta Westfalica
Heiligendamm	Doberan
Herbisried	Grönenbach
Hermannsborn	Driburg
Hiddesen	Detmold
Hinterstallau	Heilbrunn
Hinterstein	Hindelang
Höhenhöfe	Wimpfen
Hofham	Endorf
Hohegeiß	Braunlage
Hoheneck	Ludwigsburg
Holm	Schönberg
Holzhäuser	Füssing

Kurort ohne Zusatz „Bad"	aufgeführt bei
Holzhaus	Füssing
Holzhausen	Preußisch Oldendorf
Hopfen am See	Füssen
Hopfen am Berg	Petershagen
Horumersiel	Wangerland
Hub	Füssing
Hub	Heilbrunn
Hueb	Grönenbach
I	
Imnau	Haigerloch
In der Tarrast	Grönenbach
Irching	Füssing
J	
Jauchen	Oberstdorf
Jordanbad	Biberach
K	
Kalkofen	Abbach
Kellberg	Thyrnau
Kibling	Reichenhall
Kiensee	Heilbrunn
Kleinwindsheimer Mühle	Windsheim
Klevers	Grönenbach
Kornhofen	Grönenbach
Kornau	Oberstdorf
Kosilenzien	Liebenwerda
Kreuzbühl	Grönenbach
Krummsee	Malente
Kurf	Endorf
Kutschenrangen	Berneck
L	
Langau	Heilbrunn
Langenbach	Marienberg
Langenbrücken	Schönborn
Lautzkirchen	Blieskastel
Lichtental	Baden-Baden
Liebenstein	Hindelang
Linden	Heilbrunnn
M	
Maasdorf	Liebenwerda
Manneberg	Grönenbach

VII

Kurort ohne Zusatz „Bad"	aufgeführt bei
Meinberg	Horn
Mettnau	Radolfzell
Mingolsheim	Schönborn
Mitterreuthen	Füssing
Monheimsallee	Aachen
Mürnsee	Heilbrunn
N	
Neutrauchburg	Isny
Niederholz	Grönenbach
Niendorf	Timmendorfer Strand
O	
Oberbuchen	Heilbrunn
Oberdorf	Hindelang
Oberenzenau	Heilbrunn
Oberes Hart	Wörishofen
Oberfischbach	Tölz
Obergammenried	Wörishofen
Oberjoch	Hindelang
Obermühl	Heilbrunn
Oberreuthen	Füssing
Obersteinbach	Heilbrunn
Obertal	Baiersbronn
Ölmühle	Grönenbach
Oos	Baden-Baden
Ostfeld	Heilbrunn
Ostrau	Schandau
P	
Pichl	Füssing
Pimsöd	Füssing
Poinzaun	Füssing
R	
Rachental	Endorf
Ramsau	Heilbrunn
Randringhausen	Bünde
Raupolz	Grönenbach
Rechberg	Grönenbach
Reckenberg	Hindelang
Reichenbach	Waldbronn
Reindlschmiede	Heilbrunn
Reute	Oberstdorf
Riedenburg	Füssing

VII

Kurort ohne Zusatz „Bad"	aufgeführt bei
Riedle	Hindelang
Ringang	Oberstdorf
Rödlasberg	Berneck
Röthardt	Aalen
Rotenfels	Gaggenau
Rothenstein	Grönenbach
Rothenuffeln	Hille
S	
Safferstetten	Füssing
Saig	Lenzkirch
Salzhausen	Nidda
Salzig	Boppard
Sand	Emstal
Schieferöd	Füssing
Schillig	Wangerland
Schöchlöd	Füssing
Schönau	Heilbrunn
Schöneschach	Wörishofen
Schwand	Oberstdorf
Schwarzenberg-Schönmünzach	Baiersbronn
Schwenden	Grönenbach
Sebastiansweiler	Mössingen
Seebruch	Vlotho
Seefeld	Grönenbach
Senkelteich	Vlotho
Sohl	Elster
Spielmannsau	Oberstdorf
Steinach	Waldsee
Steinreuth	Füssing
Ströbing	Endorf
T	
Thalau	Füssing
Thalham	Füssing
Thierham	Füssing
Thürham	Aibling
Timmdorf	Malente
Tönisstein	Andernach
Tönisstein	Burgbrohl
U	
Unterbuchen	Heilbrunn
Unterenzenau	Heilbrunn

VII

Kurort ohne Zusatz „Bad"	aufgeführt bei
Unteres Hart	Wörishofen
Untergammenried	Wörishofen
Unterjoch	Hindelang
Untersteinbach	Heilbrunn
Unterreuthen	Füssing
Usseln	Willingen
V	
Valdorf-West	Vlotho
Voglherd	Heilbrunn
Voglöd	Füssing
Vorderhindelang	Hindelang
W	
Waldegg b. Grönenbach	Grönenbach
Waldliesborn	Lippstadt
Walkmühle	Windsheim
Waren/Müritz	Waren
Warmbad	Wolkenstein
Warmeleithen	Berneck
Weghof	Griesbach
Weichs	Abbach
Weidach	Füssing
Weiherweber	Heilbrunn
Weißenstadt am See	
Westernkotten	Erwitte
Wies	Füssing
Wiesweber	Heilbrunn
Wildstein	Traben-Trarbach
Wilhelmshöhe	Kassel
Wörnern	Heilbrunn
Würding	Füssing
Z	
Zeitlofs	Brückenau
Zeischa	Liebenwerda
Zell	Aibling
Ziegelberg	Grönenbach
Ziegelstadel	Grönenbach
Zieglöd	Füssing
Zinnheim	Marienberg
Zwicklarn	Füssing

3. Heilbad- und Kurorteverzeichnis EU-Ausland

Frankreich
Aix-les-Bains
Amélie-les-Bains
Cambo-les-Bains
La Roche-Posay

Italien
Abano Terme
Galzignano
Ischia
Montegrotto

Österreich
Bad Gastein
Bad Hall in Tirol
Bad Hofgastein
Bad Schönau
Bad Traunstein
Oberlaa

Polen
Bad Flinsberg / Swieradow-Zdroj

Rumänien
Bad Felix / Baile Felix

Slowakei
Piestany
Turčianske Teplice

Tschechien
Bad Belohrad / Lázně Bělohrad
Bad Joachimsthal / Jáchymov
Bad Luhatschowitz / Luthecovice
Bad Teplitz / Lázně Teplice v Čechách
Franzensbad / Frantiskovy Lázně
Freiwaldau / Lazne Jesenik
Johannisbad / Janské Lázně
Karlsbad / Karlovy Vary
Konstantinsbad / Konstantinovy Lázně
Marienbad / Marianske Lázně

Ungarn
Bad Heviz
Bad Zalakaros
Bük
Hajdúszoboszló
Komarom
Sarvar

4. Heilbad- und Kurorteverzeichnis Nicht-EU-Ausland

Ortsnamen am Toten Meer
Ein Boqeq
Sweimeh

Anlagen 4 bis 9

(hier nicht aufgenommen)

VIII Soziale Schutzvorschriften/ Familienförderung/Vermögensbildung

Gesetz zur Gleichstellung von Frauen und Männern für das Land Nordrhein-Westfalen (Landesgleichstellungsgesetz – LGG)

Vom 9. November 1999 (GV. NRW. S. 590)

Zuletzt geändert durch
Hochschulstärkungsgesetz
vom 21. Juli 2026 (GV. NRW. S. 552)

Inhaltsübersicht

Abschnitt I
Allgemeine Bestimmungen

§ 1 Gesetzesziele und allgemeine Grundsätze

(1) Dieses Gesetz dient der Verwirklichung des Grundrechts der Gleichberechtigung von Frauen und Männern. Nach Maßgabe dieses Gesetzes und anderer Vorschriften zur Gleichstellung von Frauen und Männern werden Frauen gefördert, um bestehende Benachteiligungen abzubauen. Ziel des Gesetzes ist es auch, die Vereinbarkeit von Beruf und Familie für Frauen und Männer zu verbessern.

(2) Frauen und Männer dürfen wegen ihres Geschlechts nicht diskriminiert werden. Eine Diskriminierung liegt auch dann vor, wenn sich eine geschlechtsneutral formulierte Regelung oder Maßnahme tatsächlich auf ein Geschlecht wesentlich häufiger nachteilig oder seltener vorteilhaft auswirkt und dies nicht durch zwingende Gründe objektiv gerechtfertigt ist. Maßnahmen zur Förderung von Frauen mit dem Ziel, tatsächlich bestehende Ungleichheiten zu beseitigen, bleiben unberührt.

(3) Die Erfüllung des Verfassungsauftrages aus Artikel 3 Absatz 2 des Grundgesetzes sowie die Umsetzung dieses Gesetzes sind Aufgaben der Dienststellen und dort besondere, für die Leistungsbeurteilung relevante Aufgaben der Dienstkräfte mit Leitungsfunktionen.

§ 2 Geltungsbereich

(1) Dieses Gesetz gilt, soweit es nichts anderes bestimmt, für

1. die Verwaltungen des Landes, der Gemeinden und Gemeindeverbände und der sonstigen der alleinigen Aufsicht des Landes unterstehenden Körperschaften, Anstalten und Stiftungen des öffentlichen Rechts,
2. die Landesbetriebe sowie die Eigenbetriebe und eigenbetriebsähnlichen Einrichtungen der Gemeinden und Gemeindeverbände,
3. die Gerichte,
4. die öffentlichen Schulen,
5. die Universitäten und Fachhochschulen in der Trägerschaft des Landes, die Universitätsklinika, die staatlichen Kunsthochschulen sowie die Fachhochschulen für den öffentlichen Dienst,
6. den Landesrechnungshof,
7. die Landesbeauftragte oder den Landesbeauftragten für Datenschutz und Informationsfreiheit,
8. die Verwaltung des Landtages,
9. die Sparkassen,
10. die LBS Westdeutsche Landesbausparkasse und
11. die NRW.BANK.

Dieses Gesetz gilt nicht für den Verband öffentlicher Versicherer. Auf den Westdeutschen Rundfunk Köln finden die §§ 1 bis 4, § 5 Absatz 1, § 6 Absatz 1, § 7 Absatz 1 und 2, § 13 Absatz 1 bis 7, § 14, § 15 Absatz 1 und 2, § 17 Absatz 1 Satz 1 und Absatz 2 Anwendung. Die übrigen Vorschriften dieses Gesetzes gelten für den Westdeutschen Rundfunk Köln dem Sinne nach.

(2) Das Land, die Gemeinden und Gemeindeverbände beziehungsweise ihre Vertreterinnen und Vertreter in den Unternehmensgremien haben bei der Gründung von Unternehmen in Rechtsformen des privaten Rechts in unmittelbarer und mittelbarer Beteiligung dafür Sorge zu tragen, dass die entsprechende Anwendung dieses Gesetzes in der Unternehmenssatzung verankert wird. Gehört dem Land, einer Gemeinde oder einem Gemeindeverband allein oder gemeinsam mit anderen Gebietskörperschaften die Mehrheit der Anteile eines Unternehmens in einer Rechtsform des privaten Rechts, wirken die Vertreterinnen und Vertreter darauf hin, dass in dem Unternehmen die Ziele dieses Gesetzes beachtet werden. Satz 2 gilt sowohl für unmittelbare als auch für mittelbare Beteiligungen. Satz 1 und 2 gelten nicht für Unternehmen, die auf eine Beendigung ihrer Geschäftstätigkeit ausgerichtet sind, sowie für Beteiligungen der NRW.BANK im Rahmen ihres Förderauftrages.

(3) In dem Vertrag nach § 110 Absatz 3 des Hochschulgesetzes vom 16. September 2014 (GV. NRW. S. 547) in der jeweils geltenden Fassung soll mit der staatlich anerkannten Fachhochschule die entsprechende Anwendung in den Bereichen vereinbart werden, in denen die Fachhochschule Zuschüsse nach § 110 Absatz 1 des Hochschulgesetzes erhält.

§ 3 Begriffsbestimmung

(1) Dienststellen im Sinne dieses Gesetzes sind die Behörden und Einrichtungen des Landes und die in § 2 genannten Stellen. Dienststellen für Lehrkräfte und das sonstige im Landesdienst beschäftigte pädagogische Personal an Schulen sind die Bezirksregierungen und Schulämter.

(2) Beschäftigte im Sinne des Gesetzes sind Beamtinnen und Beamte, Richterinnen und Richter, Personen in einem Arbeitsverhältnis sowie Auszubildende. Kommunale Wahlbeamtinnen und Wahlbeamte sowie Beamtinnen und Beamte, die nach § 37 des Landesbeamtengesetzes in der Fassung der Bekanntmachung vom 1. Mai 1981 (GV. NRW. S. 234), zuletzt geändert durch Gesetz vom 20. April 1999 (GV. NRW. S. 148) jederzeit in den einstweiligen Ruhestand versetzt werden können, sind keine Beschäftigten im Sinne dieses Gesetzes.

(3) Stellen im Sinne des § 6 Absatz 2 und Absatz 3 Satz 3 und des § 8 Absatz 1 Satz 1 und Absatz 6 und 7 sind Planstellen und andere Stellen im Sinne von § 17 der Landeshaushaltsordnung in der Fassung der Bekanntmachung vom 26. April 1999 (GV. NRW. S. 158), das zuletzt durch Artikel 16 des Gesetzes vom 14. Juni 2016 (GV. NRW. S. 310) geändert worden ist.

§ 4 Sprache

Gesetze und andere Rechtsvorschriften tragen sprachlich der Gleichstellung von Frauen und Männern Rechnung. In der internen wie externen dienstlichen Kommunikation ist die sprachliche Gleichbehandlung von Frauen und Männern zu beachten. In Vordrucken sind geschlechtsneutrale Personenbezeichnungen zu verwenden. Sofern diese nicht gefunden werden können, sind die weibliche und die männliche Sprachform zu verwenden.

Abschnitt II
Maßnahmen zur Frauenförderung

§ 5 Erstellung, Überprüfung und Fortschreibung von Gleichstellungsplänen

(1) Jede Dienststelle mit mindestens 20 Beschäftigten erstellt im Rahmen ihrer Zuständigkeit für Personalangelegenheiten jeweils für den Zeitraum von drei bis fünf Jahren einen Gleichstellungsplan und schreibt diesen nach Ablauf fort. In anderen Dienststellen kann ein Gleichstellungsplan aufgestellt werden. In der Hochschule besteht der Gleichstellungsplan aus einem Rahmenplan für die gesamte Hochschule und aus den Gleichstellungsplänen der Fachbereiche, der Verwaltung, der zentralen wissenschaftlichen Einrichtungen und der zentralen Betriebseinheiten, soweit mindestens 20 Beschäftigte vorhanden sind. Die Gleichstellungspläne der Fachbereiche können weiter differenziert werden. Mehrere Dienststellen können in einem Gleichstellungsplan zusammengefasst werden. Die Zusammenfassung darf eine erhebliche Unterrepräsentanz von Frauen in einer Dienststelle nicht durch eine erhebliche Überrepräsentanz von Frauen in anderen Dienststellen ausgleichen.

(2) In der Landesverwaltung sind Gleichstellungspläne der Dienststelle vorzulegen, die die unmittelbare allgemeine Dienstaufsicht über die Dienststellen ausübt, für die der Gleichstellungsplan aufgestellt ist. Über die Gleichstellungspläne der Hochschulen beschließt der Senat. Widerspricht die Gleichstellungsbeauftragte einer nachgeordneten Dienststelle dem Gleichstellungsplan, ist der Gleichstellungsplan der Dienststelle nach Satz 1 zur Zustimmung vorzulegen. Widerspricht die Gleichstellungsbeauftragte einer Hochschule dem Gleichstellungsplan, ist der Gleichstellungsplan dem Senat zur erneuten Beschlussfassung vorzulegen. Der Senat beschließt nach Maßgabe eines in der Grundordnung geregelten qualifizierten Quorums von mindestens zwei Dritteln seiner Stimmen.

(3) Der Gleichstellungsplan beim Landtag wird im Benehmen mit dem Landtagspräsidium aufgestellt.

(4) In den Gemeinden und Gemeindeverbänden sind die Gleichstellungspläne durch die Vertretung der kommunalen Körperschaft zu beschließen.

(5) Gleichstellungspläne der sonstigen der Aufsicht des Landes unterstehenden juristischen Personen des öffentlichen Rechts werden im Benehmen mit deren verfassungsmäßig zuständigen obersten Organen aufgestellt.

(6) Abweichend von Absatz 1 kann in begründeten Einzelfällen die Laufzeit der bestehenden Gleichstellungspläne verlängert werden. Der neue Gleichstellungsplan ist spätestens sechs Monate nach Wegfall des Verlängerungsgrundes aufzustellen. Begründete Einzelfälle nach Satz 1 können die Zusammenlegung oder Eingliederung von Dienststellen darstellen.

(7) Nach spätestens zwei Jahren ist die Zielerreichung des Gleichstellungsplans zu überprüfen. Wird erkennbar, dass dessen Ziele nicht erreicht werden, sind Maßnahmen im Gleichstellungsplan entsprechend anzupassen beziehungsweise zu ergänzen. Absätze 2 bis 5 gelten entsprechend.

(8) Solange kein gültiger Gleichstellungsplan vorliegt, sind Einstellungen, Beförderungen und die Übertragung höherwertiger Tätigkeiten bis zum Inkrafttreten des Gleichstellungsplans auszusetzen. Gleiches gilt, sofern von der Möglichkeit eines alternativen Instrumentes nach § 6a Gebrauch gemacht wird. Ausgenommen sind Einstellungen, die aus zwingenden dienstlichen Gründen geboten sind.

(9) Wenn die Zielvorgaben des Gleichstellungsplans im Hinblick auf Einstellungen, Beförderungen von und die Übertragung höherwertiger Tätigkeiten an Frauen innerhalb des vorgesehenen Zeitraumes nicht erfüllt worden sind, ist bis zur Erfüllung der Zielvorgaben bei jeder Einstellung, Beförderung und Höhergruppierung eines Mannes in einem Bereich, in dem Frauen unterrepräsentiert sind, eine besondere Begründung durch die Dienststelle notwendig.

(10) Der Gleichstellungsplan ist ein wesentliches Steuerungsinstrument der Personalplanung, insbesondere der Personalentwicklung der Dienststelle. Seine Umsetzung und Überprüfung ist besondere Verpflichtung der Dienststellenleitung, der Personalverwaltung sowie der Beschäftigten mit Vorgesetzten- oder Leitungsaufgaben.

§ 5a Bericht über die Umsetzung des Gleichstellungsplans

(1) Innerhalb von sechs Monaten nach Ablauf des Gleichstellungsplans hat die Dienststelle, die den Gleichstellungsplan aufstellt, einen Bericht über die Personalentwicklung und die durchgeführten Maßnahmen zu erarbeiten und der nach § 5 Absatz 2 bis 5 zuständigen Stelle gemeinsam mit der Fortschreibung des Gleichstellungsplans vorzulegen. Sind während der Geltungsdauer des Gleichstellungsplans ergänzende Maßnahmen im Sinne des § 5 Absatz 7 ergriffen worden, sind die Gründe im Bericht darzulegen.

(2) Die Gleichstellungspläne, die Berichte über die Personalentwicklung und die nach Maßgabe des Gleichstellungsplans durchgeführten Maßnahmen sind in den Dienststellen, deren Personal sie betreffen, sowie in den Hochschulen und Schulen bekannt zu machen. Sie können darüber hinaus zusätzlich öffentlich bekannt gemacht werden. Datenschutzrechtliche Vorschriften bleiben unberührt.

§ 6 Inhalt des Gleichstellungsplans

(1) Gegenstand des Gleichstellungsplans sind Maßnahmen zur Förderung der Gleichstellung, der Vereinbarkeit von Beruf und Familie und zum Abbau der Unterrepräsentanz von Frauen.

(2) Grundlagen des Gleichstellungsplans sind eine Bestandsaufnahme und Analyse der Beschäftigtenstruktur sowie eine Prognose der zu besetzenden Stellen und der möglichen Beförderungen und Höhergruppierungen für den Zeitraum der Geltungsdauer.

VIII

(3) Der Gleichstellungsplan enthält für den Zeitraum der Geltungsdauer konkrete Zielvorgaben bezogen auf den Anteil von Frauen bei Einstellungen, Beförderungen und Höhergruppierungen, um diesen in den Bereichen, in denen sie unterrepräsentiert sind, bis auf 50 Prozent zu erhöhen. Es ist festzulegen, mit welchen personellen, organisatorischen, sozialen und fortbildenden Maßnahmen die Zielvorgaben nach Satz 1 erreicht werden sollen. Ist absehbar, dass auf Grund personalwirtschaftlicher Regelungen Stellen gesperrt werden oder entfallen, soll der Gleichstellungsplan Maßnahmen aufzeigen, die geeignet sind, ein Absinken des Frauenanteils zu verhindern. Der Gleichstellungsplan enthält auch Maßnahmen zur Aufwertung von Tätigkeiten an überwiegend mit Frauen besetzten Arbeitsplätzen und zur Verbesserung der Arbeitsbedingungen und der Arbeitszeitgestaltung.

§ 6a Experimentierklausel

(1) Der gemäß § 5 Absatz 1 zu erstellende Gleichstellungsplan kann im Einvernehmen mit der Gleichstellungsbeauftragten und mit Zustimmung der gemäß § 5 Absatz 2 bis 5 zuständigen Stelle ganz oder teilweise durch ein neues Instrument zur Erreichung der mit dem Gleichstellungsplan beabsichtigten Ziele ersetzt werden. In Fällen des § 5 Absatz 2 Satz 1 ist das Einvernehmen mit der dort zuständigen Gleichstellungsbeauftragten herzustellen. Das für die Gleichstellung von Frau und Mann zuständige Ministerium ist hierüber in Kenntnis zu setzen. § 5 Absatz 7 und 10 sowie § 5a gelten entsprechend. Werden die in Satz 1 genannten Ziele nicht erreicht, ist dies in dem Bericht nach § 5a darzulegen.

(2) Das Einvernehmen der Gleichstellungsbeauftragten und die Information des für die Gleichstellung von Frau und Mann zuständigen Ministeriums sind aktenkundig zu machen.

(3) Das für die Gleichstellung von Frau und Mann zuständige Ministerium evaluiert die Auswirkungen dieser Vorschrift auf wissenschaftlicher Grundlage unter Einbeziehung der Erfahrungen der Anwendungspraxis. Die Evaluation setzt fünf Kalenderjahre nach Inkrafttreten des Gesetzes ein.

§ 7 Vergabe von Ausbildungsplätzen, Einstellungen, Beförderungen und Übertragung höherwertiger Tätigkeiten

(1) Bei gleicher Eignung, Befähigung und fachlicher Leistung sind Frauen bei Begründung eines Beamten- oder Richterverhältnisses nach Maßgabe von § 14 Absatz 2 sowie § 120 Absatz 2 des Landesbeamtengesetzes vom 14. Juni 2016 (GV. NRW. S. 310, ber. S. 642), das durch Artikel 7 des Gesetzes vom 7. April 2017 (GV. NRW. S. 414) geändert worden ist, bevorzugt zu berücksichtigen. Für Beförderungen gilt § 19 Absatz 6 des Landesbeamtengesetzes.

(2) Bei gleicher Eignung, Befähigung und fachlicher Leistung sind Frauen bei Begründung eines Arbeitsverhältnisses bevorzugt einzustellen, soweit in dem Zuständigkeitsbereich der für die Personalauswahl zuständigen Dienststelle in der jeweiligen Gruppe der Arbeitnehmerinnen und Arbeitnehmer weniger Frauen als Männer sind, sofern nicht in der Person eines Mitbewerbers liegende Gründe überwiegen. Satz 1 gilt auch für die Übertragung höherwertiger Tätigkeiten, soweit in der damit verbundenen Entgeltgruppe der jeweiligen Gruppe der Arbeitnehmerinnen und Arbeitnehmer weniger Frauen als Männer sind.

(3) Gruppen der Arbeitnehmerinnen und Arbeitnehmer sind die Tarifbeschäftigten des Tarifvertrages für den öffentlichen Dienst (TVöD) und des Tarifvertrages für den öffentlichen Dienst der Länder (TV-L) in Tätigkeiten, die im Bereich der Beamtinnen und Beamten in einer Laufbahn erfasst sind und deren Gruppenzugehörigkeit sich im Vergleich von Entgelt- und Besoldungsgruppen unter Berücksichtigung der Anlagen 1 und 2 bestimmen lässt. Die Zuordnung in den Anlagen 1 und 2 gilt ausschließlich für die Vergleichsgruppenbestimmung bei Anwendung dieses Gesetzes. Zu den Arbeitnehmerinnen und Arbeitnehmern gehören auch die Auszubildenden. In Bereichen, in denen die genannten

Tarifverträge nicht gelten, bilden eine Gruppe der Arbeitnehmerinnen und Arbeitnehmer diejenigen Arbeitnehmerinnen und Arbeitnehmer in artverwandten und in aufeinander aufbauenden Tätigkeitsbereichen, deren Tätigkeiten üblicherweise eine gleiche Vorbildung oder eine gleiche Ausbildung oder eine gleiche Berufserfahrung voraussetzen.

(4) Für Hochschullehrerinnen und Hochschullehrer, wissenschaftliche und künstlerische Mitarbeiterinnen und Mitarbeiter im Beschäftigtenverhältnis sowie für wissenschaftliche, künstlerische und studentische Hilfskräfte gilt als zuständige Dienststelle der Fachbereich oder die Einheit gemäß § 26 Absatz 5 des Hochschulgesetzes vom 16. September 2014 (GV. NRW. S. 547), das zuletzt durch Artikel 3 des Gesetzes vom 7. April 2017 (GV. NRW. S. 414) geändert worden ist oder § 24 Absatz 4 des Kunsthochschulgesetzes vom 13. März 2008 (GV. NRW. S. 195), das zuletzt durch Artikel 10 des Gesetzes vom 14. Juni 2016 (GV. NRW. S. 310) geändert worden ist. Soweit Hochschullehrerinnen und Hochschullehrer im Beschäftigtenverhältnis beschäftigt werden sollen, werden Hochschullehrerinnen und Hochschullehrer im Beamtenverhältnis in die Berechnung nach Absatz 2 einbezogen. Die Hochschullehrerinnen und Hochschullehrer, die akademischen Mitarbeiterinnen und Mitarbeiter derselben Entgeltgruppe, die wissenschaftlichen und künstlerischen Hilfskräfte und die studentischen Hilfskräfte gelten jeweils als eine Gruppe der Arbeiternehmerinnen und Arbeitnehmer.

(5) Für Versetzungen und Umsetzungen, die mit der Übertragung eines höherbewerteten Dienstpostens oder der erstmaligen Übertragung einer gleich bewerteten Vorgesetzten- oder Leitungsfunktion derselben oder einer anderen Laufbahn verbunden sind, und für die Zulassung zum Aufstieg sowie zur beruflichen Entwicklung innerhalb der Laufbahngruppen sind Absatz 1 Satz 2, Absatz 2 Satz 1 und 2 entsprechend anzuwenden.

§ 8 Ausschreibung

(1) In Bereichen, in denen Frauen nach Maßgabe des § 7 unterrepräsentiert sind, sind zu besetzende Stellen in allen Dienststellen des Dienstherrn beziehungsweise der Arbeitgeberin oder des Arbeitgebers auszuschreiben. Im Einvernehmen mit der Gleichstellungsbeauftragten kann von einer dienststellenübergreifenden Ausschreibung abgesehen werden. Bei befristeten Beschäftigungsverhältnissen des wissenschaftlichen Personals an Hochschulen kann entsprechend Satz 1 verfahren werden. Die Vorgaben des Absatzes 4 Satz 1 und der Absätze 5 und 6 gelten unbeschadet der Feststellung einer Unterrepräsentanz und sind bei allen Ausschreibungen der Dienststelle zu berücksichtigen.

(2) Liegen nach einer Ausschreibung in allen Dienststellen des Dienstherrn beziehungsweise der Arbeitgeberin oder des Arbeitgebers keine Bewerbungen von Frauen vor, die die geforderte Qualifikation erfüllen, und ist durch haushaltsrechtliche Bestimmungen eine interne Besetzung nicht zwingend vorgeschrieben, soll die Ausschreibung öffentlich einmal wiederholt werden. Im Einvernehmen mit der Gleichstellungsbeauftragten kann von einer wiederholten Ausschreibung abgesehen werden. Satz 1 findet keine Anwendung, sofern bereits die erste Ausschreibung öffentlich erfolgt ist.

(3) Ausbildungsplätze sind öffentlich auszuschreiben. Beträgt der Frauenanteil in einem Ausbildungsgang weniger als 50 Prozent, ist zusätzlich öffentlich mit dem Ziel zu werben, den Frauenanteil zu erhöhen. Im Einvernehmen mit der Gleichstellungsbeauftragten kann von einer öffentlichen Ausschreibung abgesehen werden.

(4) In der Ausschreibung sind sowohl die männliche als auch die weibliche Form zu verwenden, es sei denn, ein bestimmtes Geschlecht ist unverzichtbare Voraussetzung für die Tätigkeit. In der Ausschreibung ist darauf hinzuweisen, dass Bewerbungen von Frauen ausdrücklich erwünscht sind und Frauen nach Maßgabe dieses Gesetzes bevorzugt berücksichtigt werden.

(5) Die Ausschreibung hat sich ausschließlich an den Anforderungen des zu besetzenden Arbeitsplatzes oder des zu übertragenden Amtes zu orientieren.

(6) Soweit zwingende dienstliche Belange nicht entgegenstehen, sind die Stellen einschließlich der Funktionen mit Vorgesetzten- und Leitungsaufgaben zur Besetzung auch in Teilzeit auszuschreiben.

(7) Von einer Ausschreibung im Sinne der Absätze 1 und 2 kann abgesehen werden bei

1. Stellen der Beamtinnen und Beamten im Sinne des § 37 des Landesbeamtengesetzes;
2. Stellen, die Anwärterinnen und Anwärtern oder Auszubildenden vorbehalten sein sollen;
3. Stellen, deren Besetzung nicht mit der Übertragung eines höherbewerteten Dienstpostens verbunden sind;
4. Stellen der kommunalen Wahlbeamtinnen und -wahlbeamten.

§ 9 Vorstellungsgespräch

(1) In Bereichen, in denen Frauen unterrepräsentiert sind, sind mindestens ebenso viele Frauen wie Männer oder alle Bewerberinnen zum Vorstellungsgespräch einzuladen, wenn sie die geforderte Qualifikation für die Besetzung des Arbeitsplatzes oder des zu übertragenden Amtes erfüllen.

(2) Auswahlkommissionen sollen zur Hälfte mit Frauen besetzt werden. Ist dies aus zwingenden Gründen nicht möglich, sind die Gründe aktenkundig zu machen.

(3) Fragen, die geeignet sind, diskriminierend zu wirken, insbesondere Fragen nach dem Familienstand, einer bestehenden oder geplanten Schwangerschaft oder Elternzeit und danach, wie Familien- und Pflegeaufgaben neben der Berufstätigkeit gewährleistet werden können, sind unzulässig.

§ 10 Auswahlkriterien

(1) Für die Beurteilung von Eignung, Befähigung und fachlicher Leistung sind ausschließlich die Anforderungen des zu besetzenden Arbeitsplatzes oder des zu vergebenden Amtes maßgeblich. Bei der Qualifikationsbeurteilung sollen Erfahrungen und Fähigkeiten aus der Betreuung von Kindern und Pflegebedürftigen einbezogen werden, soweit diese für die zu übertragende Aufgabe von Bedeutung sind.

(2) Vorangegangene Teilzeitbeschäftigungen, Unterbrechungen der Erwerbstätigkeit und Verzögerungen beim Abschluss der Ausbildung auf Grund der Betreuung von Kindern oder pflegebedürftiger Angehöriger dürfen nicht nachteilig berücksichtigt werden. Die dienstrechtlichen Vorschriften bleiben unberührt. Familienstand, Einkommensverhältnisse des Partners oder der Partnerin und die Zahl der unterhaltsberechtigten Personen dürfen nicht berücksichtigt werden.

§ 11 Fortbildung

(1) Bei der Vergabe von Plätzen für Fortbildungsmaßnahmen, insbesondere für Weiterqualifikationen, sind – soweit die erforderlichen Voraussetzungen erfüllt sind – weibliche Beschäftigte mindestens entsprechend ihrem Anteil an den Bewerbungen zu der Fortbildungsmaßnahme zuzulassen. Liegen mehr Bewerbungen als zu besetzende Plätze vor und bereitet die Fortbildung auf eine Tätigkeit in einer Vorgesetzten- oder Leitungsfunktion vor, bei der Frauen unterrepräsentiert sind, werden Bewerberinnen bis zum Erreichen eines Anteils von 50 Prozent der an der Fortbildung Teilnehmenden bevorzugt berücksichtigt. Satz 2 findet keine Anwendung, wenn der Zulassung zur Fortbildung bereits ein anderes Auswahl- oder Zulassungsverfahren vorausgegangen ist.

(2) Für weibliche Beschäftigte werden auch besondere Fortbildungsmaßnahmen angeboten, die auf die Übernahme von Tätigkeiten vorbereiten, bei denen Frauen unterrepräsentiert sind.

(3) Die Fortbildungsmaßnahmen sollen so durchgeführt werden, dass Beschäftigten, die Kinder betreuen oder pflegebedürftige Angehörige versorgen, sowie Teilzeitbeschäftigten die Teilnahme möglich ist. Entstehen durch die Teilnahme an Fortbildungsmaßnahmen notwendige Kosten für die Betreuung von Kindern unter zwölf Jahren, so sind diese vom Dienstherrn beziehungsweise von der Arbeitgeberin oder dem Arbeitgeber zu erstatten.

(4) In das Fortbildungsangebot sind regelmäßig die Themen Gleichstellung von Frau und Mann und Schutz vor sexueller Belästigung am Arbeitsplatz aufzunehmen. Dies gilt insbesondere für die Fortbildung von Beschäftigten mit Leitungsaufgaben und von Beschäftigten, die im Organisations- und Personalwesen tätig sind.

(5) Frauen sind verstärkt als Leiterinnen und Referentinnen für Fortbildungsmaßnahmen einzusetzen, sofern nicht bereits ein ausgewogenes Verhältnis von Frauen und Männern erreicht wurde.

§ 12 Gremien

(1) In wesentlichen Gremien müssen Frauen mit einem Mindestanteil von 40 Prozent vertreten sein. Es ist in allen Fällen auf volle Personenzahlen mathematisch auf- beziehungsweise abzurunden.

(2) Wesentliche Gremien sind Aufsichts- und Verwaltungsräte, vergleichbare Aufsicht führende Organe sowie Gremien von besonderer tatsächlicher und rechtlicher Bedeutung. Hierzu zählen regelmäßig Kommissionen, Beiräte, Ausschüsse und Kuratorien. Weiterhin zählen dazu Gremien, die durch die obersten Landesbehörden im Rahmen ihrer fachlichen Zuständigkeit als wesentlich bestimmt werden. Wahlgremien sind Aufsichts- und Verwaltungsräte sowie andere wesentliche Gremien, deren Mitglieder ganz oder zum Teil gewählt werden. Ausgenommen sind die unmittelbar oder mittelbar aus Volkswahlen hervorgegangenen Vertretungskörperschaften der Gemeinden und Gemeindeverbände sowie deren Ausschüsse.

(3) Werden bei Dienststellen im Sinne des § 3 Gremien gemäß Absatz 2 gebildet oder wiederbesetzt, müssen die entsendenden Stellen zu mindestens 40 Prozent Frauen benennen. Besteht das Benennungsrecht nur für eine Person, sind Frauen und Männer alternierend zu berücksichtigen. Die Sätze 1 und 2 gelten für die Begründung der Mitgliedschaft in einem Gremium durch Berufungsakt einer Dienststelle entsprechend.

(4) Bei der Aufstellung von Listen und Kandidaturen für Wahlgremien mit Ausnahme der in Absatz 2 Satz 5 genannten Gremien soll der Anteil von Frauen mindestens 40 Prozent betragen.

(5) Von den Absätzen 1 und 3 darf nur aus zwingenden Gründen abgewichen werden. Zwingende Gründe liegen insbesondere vor, soweit

1. Mitglieder aufgrund einer Wahl ernannt werden,
2. eine für das Gremium geltende Regelung die Besetzung von Mitgliedern Kraft eines Amtes oder einer besonderen Funktion (geborene Mitglieder) vorsieht oder
3. der entsendenden Stelle die Einhaltung der Vorgaben des Absatzes 3 aus tatsächlichen Gründen nicht möglich ist.

In den Fällen nach Nummer 2 werden die geborenen Mitglieder bei der Berechnung des Mindestanteils von 40 Prozent Frauen nicht einbezogen. In den Fällen nach Nummer 3 ist von der entsendenden Stelle darzulegen, dass hinreichende Bemühungen getroffen wurden, um die Mindestquote zu erfüllen. Die Dienststellenleitung der berufenden Stelle stellt fest, ob zwingende Gründe vorliegen, um einen Sitz abweichend zu besetzen und macht ihre Entscheidung aktenkundig. Liegen keine zwingenden Gründe für die Abweichung vor, bleibt der Sitz bis zur quotenkonformen Nachbenennung frei, es sei denn, die Mindestquote nach Absatz 1 wird anderweitig bereits erfüllt.

(6) Die Öffentlichkeit ist über die Zusammensetzung von Aufsichts und Verwaltungsräten nach Geschlecht regelmäßig in geeigneter Form zu unterrichten. Wird der Mindestanteil gemäß Absatz 1 Satz 1 bei einer Wahl unterschritten, ist dies anzugeben. Gremien, die einer obersten Landesbehörde zugeordnet sind, berichten dieser im Abstand von einem Jahr über ihre Zusammensetzung nach Geschlecht. Wird der Mindestanteil gemäß Absatz 1 unterschritten, ist dies gegenüber der obersten Landesbehörde zu begründen.

(7) Im Übrigen sollen Gremien geschlechtsparitätisch besetzt werden.

(8) Bei der Entsendung von Vertreterinnen und Vertretern durch Dienststellen im Sinne

VIII

des § 3 in Gremien außerhalb des Geltungsbereiches dieses Gesetzes sollen die entsendenden Stellen ebenso viele Frauen wie Männer benennen. Besteht ein Benennungsrecht nur für eine Person, sollen Frauen und Männer alternierend berücksichtigt werden. Bei ungerader Personenzahl gilt Satz 2 entsprechend für die letzte Position.

(9) Weitergehende spezialgesetzliche Regelungen zur geschlechtergerechten Gremienbesetzung bleiben unberührt.

Abschnitt III
Maßnahmen zur Vereinbarkeit von Beruf und Familie

§ 13 Arbeitsmodelle und Teilzeit

(1) Im Rahmen der gesetzlichen, tarifvertraglichen oder sonstigen Regelungen der Arbeitszeit sind Beschäftigten, die mindestens ein Kind unter 18 Jahren oder eine pflegebedürftige nahe Angehörige oder einen pflegebedürftigen nahen Angehörigen nach § 7 Absatz 3 des Pflegezeitgesetzes vom 28. Mai 2008 (BGBl. I S. 874, 896) in der jeweils geltenden Fassung tatsächlich betreuen oder pflegen, Arbeitszeiten zu ermöglichen, die eine Vereinbarkeit von Beruf und Familie erleichtern, soweit zwingende dienstliche Belange nicht entgegenstehen.

(2) Die Dienststellen sollen ihre Beschäftigten über die Möglichkeiten von Teilzeit informieren. Sie sollen den Beschäftigten dem Bedarf entsprechend Teilzeitarbeitsplätze anbieten. Dies gilt auch für Arbeitsplätze mit Vorgesetzten- und Leitungsaufgaben.

(3) Anträgen von Beschäftigten auf Ermäßigung der regelmäßigen Arbeitszeit bis auf die Hälfte zur tatsächlichen Betreuung oder Pflege mindestens eines Kindes unter 18 Jahren oder einer oder eines nach § 7 Absatz 3 des Pflegezeitgesetzes pflegebedürftigen nahen Angehörigen ist zu entsprechen, soweit zwingende dienstliche Belange nicht entgegenstehen. Die Wahrnehmung von Vorgesetzten- und Leitungsaufgaben stellt in der Regel keinen entgegenstehenden zwingenden dienstlichen Belang dar. Die Ablehnung von Anträgen ist im Einzelfall schriftlich oder elektronisch zu begründen.

(4) Die Ermäßigung der Arbeitszeit darf das berufliche Fortkommen nicht beeinträchtigen. Eine unterschiedliche Behandlung von Beschäftigten mit ermäßigter wöchentlicher Arbeitszeit gegenüber Beschäftigten mit regelmäßiger wöchentlicher Arbeitszeit ist nur zulässig, wenn zwingende sachliche Gründe sie rechtfertigen. Teilzeitbeschäftigung darf sich nicht nachteilig auf die dienstliche Beurteilung auswirken.

(5) Beschäftigte, die eine Teilzeitbeschäftigung beantragen, sind auf die Folgen der ermäßigten Arbeitszeit, insbesondere auf die beamten-, arbeits-, versorgungs- und rentenrechtlichen Folgen hinzuweisen.

(6) Bei Teilzeitbeschäftigung aus familiären Gründen im Sinne des Absatzes 3 ist unter Ausschöpfen aller haushaltsrechtlichen Möglichkeiten ein personeller, sonst ein organisatorischer Ausgleich vorzunehmen.

(7) Wenn den Beschäftigten die Teilzeitbeschäftigung im bisherigen Umfang nicht mehr zugemutet werden kann und dienstliche Belange nicht entgegenstehen, ist auf Antrag eine Änderung des Umfangs der Teilzeitbeschäftigung oder der Übergang zur Vollzeitbeschäftigung zuzulassen.

(8) Teilzeit, Telearbeit, Jobsharing und andere Arbeitsorganisationsformen stehen der Übernahme und Wahrnehmung von Vorgesetzten- und Leitungsaufgaben grundsätzlich nicht entgegen und sind in Leitungsfunktionen für beide Geschlechter zu fördern.

§ 14 Beurlaubung

(1) Anträgen von Beschäftigten auf Beurlaubung zur tatsächlichen Betreuung oder Pflege mindestens eines Kindes unter 18 Jahren oder einer oder eines nach § 7 Absatz 3 des Pflegezeitgesetzes pflegebedürftigen nahen Angehörigen ist zu entsprechen, soweit zwingende dienstliche Belange nicht entgegenstehen. § 13 Absatz 5 gilt entsprechend.

(2) Nach Beendigung der Beurlaubung oder der Elternzeit sollen die Beschäftigten in der Regel wieder am alten Dienstort oder wohnortnah eingesetzt werden.

(3) Bei Beurlaubungen aus familiären Gründen im Sinne des Absatzes 1 Satz 1 und bei Inanspruchnahme von Elternzeit ist unter Ausschöpfen aller haushaltsrechtlichen Möglichkeiten ein personeller, sonst ein organisatorischer Ausgleich vorzunehmen.

(4) Beschäftigten, die gemäß Absatz 3 eine Beurlaubung oder Elternzeit in Anspruch nehmen, sind insbesondere Urlaubs- und Krankheitsvertretungen vorrangig anzubieten. Sie sind über das Fortbildungsangebot zu unterrichten. Im Rahmen des bestehenden Angebotes sind ihnen Fortbildungsmaßnahmen anzubieten, die geeignet sind, Status und Qualifikation zu erhalten und einen Wiedereinstieg in den Beruf zu erleichtern.

(5) Mit den Beschäftigten sind rechtzeitig vor Ablauf der Beurlaubung oder der Elternzeit Beratungsgespräche zu führen, in denen sie über die Möglichkeiten ihrer Beschäftigung nach der Beurlaubung beziehungsweise Elternzeit informiert werden. Wird wieder eine Beschäftigung in Vollzeit oder mit reduzierter Arbeitszeit angestrebt, gilt § 13 Absatz 7 entsprechend.

Abschnitt IV Gleichstellungsbeauftragte

§ 15 Bestellung der Gleichstellungsbeauftragten

(1) Jede Dienststelle mit mindestens 20 Beschäftigten bestellt eine Gleichstellungsbeauftragte und mindestens eine Stellvertreterin. Die Bestellung erfolgt nach vorheriger Ausschreibung oder Durchführung eines Interessenbekundungsverfahrens. Die stellvertretenden Gleichstellungsbeauftragten haben im Vertretungsfall dieselben Rechte und Pflichten wie die Gleichstellungsbeauftragte selbst. Soweit auf Grund von Satz 1 eine Gleichstellungsbeauftragte nicht zu bestellen ist, nimmt die Gleichstellungsbeauftragte der übergeordneten Dienststelle oder der Dienststelle, die die Rechtsaufsicht ausübt, diese Aufgabe wahr.

(2) Als Gleichstellungsbeauftragte ist eine Frau zu bestellen. Ihre fachliche Qualifikation soll den umfassenden Anforderungen ihres Aufgabengebietes gerecht werden.

(3) Bei der Zusammenlegung von Dienststellen zu einer neuen Dienststelle endet die Amtszeit der Gleichstellungsbeauftragten und die der Stellvertreterinnen spätestens sechs Monate nach Zusammenlegung der Dienststellen. Bis zu diesem Zeitpunkt erfolgt die Aufgabenaufteilung und -wahrnehmung in gegenseitigem Einvernehmen zwischen den Gleichstellungsbeauftragten und Stellvertreterinnen. Die Bestellung nach § 15 Absatz 1 muss rechtzeitig vor Ablauf von sechs Monaten nach Zusammenlegung der Dienststellen abgeschlossen sein.

(4) Im Falle der Teilung oder Aufspaltung einer Dienststelle in zwei oder mehrere Dienststellen endet die Amtszeit der Gleichstellungsbeauftragten und die der Stellvertreterinnen spätestens sechs Monate nach dem Vollzug des Organisationsaktes. Absatz 3 Satz 3 gilt entsprechend.

(5) Wird eine Dienststelle in eine andere Dienststelle eingegliedert, endet die Amtszeit der Gleichstellungsbeauftragten und die der Stellvertreterinnen der eingegliederten Dienststelle mit Vollzug des Organisationsaktes der Eingliederung.

§ 15a Ansprechpartnerin für Gleichstellungsfragen

(1) An den Schulen wird durch die Leiterin oder den Leiter nach Anhörung der Lehrerkonferenz eine Ansprechpartnerin für Gleichstellungsfragen und mindestens eine Stellvertreterin bestellt. Soweit die Ansprechpartnerin für Gleichstellungsfragen für die den Schulleiterinnen und Schulleitern übertragenen Dienstvorgesetztenaufgaben die Pflichtmitwirkungsaufgaben einer Gleichstellungsbeauftragten wahrnimmt, gelten § 15 Absatz 1 Satz 2 und 3 und Absatz 2, § 16 Absatz 1 Satz 1 bis 4, Absatz 2 Satz 2, Absätze 3 und 5, § 17 Absatz 1 Satz 1 und Satz 2 Nummern 1 bis 3 und Absatz 2, § 18 Absatz 1 bis 6 und § 19 entsprechend.

(2) An den Zentren für schulpraktische Lehrerausbildung, an denen die Konferenz des Zentrums dies beschließt, wird eine Ansprechpartnerin für Gleichstellungsfragen bestellt.

(3) Die Ansprechpartnerin für Gleichstellungsfragen und ihre Stellvertreterin haben im Rahmen der verfügbaren Mittel Anspruch auf Teilnahme an Fortbildungen, die die zur Erfüllung ihrer Aufgaben erforderlichen Kenntnisse vermitteln.

§ 16 Dienstliche Stellung der Gleichstellungsbeauftragten und ihrer Stellvertreterinnen

(1) Die Gleichstellungsbeauftragte nimmt ihre Aufgabe als Angehörige der Verwaltung der Dienststelle wahr. Dabei ist sie von fachlichen Weisungen frei und entscheidet insbesondere über den Vorrang ihrer Aufgabenwahrnehmung. Ein Interessenwiderstreit mit ihren sonstigen dienstlichen Aufgaben soll vermieden werden. Die Gleichstellungsbeauftragte und ihre Stellvertreterinnen dürfen nicht gleichzeitig dem Personalrat, dem Richterrat oder dem Staatsanwaltschaftsrat angehören.

(2) Die Gleichstellungsbeauftragte ist mit den zur Erfüllung ihrer Aufgaben notwendigen sächlichen Mitteln auszustatten und bei Bedarf personell zu unterstützen. Sie ist im erforderlichen Umfang von den sonstigen dienstlichen Aufgaben im Rahmen der verfügbaren Stellen zu entlasten. Die Entlastung soll in der Regel betragen

1. in Dienststellen mit mehr als 200 Beschäftigten mindestens die Hälfte der regelmäßigen Arbeitszeit,
2. in Dienststellen mit mehr als 500 Beschäftigten mindestens die volle regelmäßige Arbeitszeit.

In Fällen von § 15 Absatz 1 Satz 4 ist die Zahl der Beschäftigten der nachgeordneten Dienststellen oder der Dienststellen, die der Aufsicht des Landes unterstehen, bei der Entlastungsregelung der zuständigen Gleichstellungsbeauftragten zusätzlich zu berücksichtigen.

(3) Die Gleichstellungsbeauftragte und ihre Stellvertreterinnen dürfen wegen ihrer Tätigkeit nicht benachteiligt oder begünstigt werden; dies gilt auch für ihre berufliche Entwicklung.

(4) Die Gleichstellungsbeauftragte und ihre Stellvertreterinnen haben das Recht, an mindestens einer Fortbildungsveranstaltung pro Jahr teilzunehmen, die Kenntnisse vermittelt, die zur Erfüllung ihrer Aufgaben erforderlich sind. Für die Teilnahme ist die Gleichstellungsbeauftragte von ihren anderen Dienstpflichten freizustellen. Ihre anderen Ansprüche auf Fortbildung verringern sich dadurch nicht.

(5) Sie haben auch über die Zeit ihrer Bestellung hinaus Verschwiegenheit über die persönlichen Verhältnisse von Beschäftigten und andere vertrauliche Angelegenheiten zu wahren.

§ 17 Aufgaben der Gleichstellungsbeauftragten

(1) Die Gleichstellungsbeauftragte unterstützt und berät die Dienststelle und wirkt mit bei der Ausführung dieses Gesetzes sowie aller Vorschriften und Maßnahmen, die Auswirkungen auf die Gleichstellung von Frau und Mann haben oder haben können. Ihre Mitwirkung bezieht sich insbesondere auf

1. personelle Maßnahmen, einschließlich Stellenausschreibungen, Auswahlverfahren und Vorstellungsgespräche,
2. organisatorische Maßnahmen,
3. soziale Maßnahmen,
4. die Aufstellung und Änderung des Gleichstellungsplans sowie die Erstellung des Berichts über die Umsetzung des Gleichstellungsplans oder die Konzeption von alternativen Modellen nach § 6a und
5. Planungsvorhaben von grundsätzlicher Bedeutung für die Beschäftigungsverhältnisse oder die Arbeitsbedingungen in der Dienststelle.

Die Gleichstellungsbeauftragte ist gleichberechtigtes Mitglied von Beurteilungsbesprechungen und in der Stellenbewertungskommission.

(2) Zu den Aufgaben der Gleichstellungsbeauftragten gehören auch die Beratung und Unterstützung der Beschäftigten in Fragen der Gleichstellung von Frau und Mann.

§ 18 Rechte der Gleichstellungsbeauftragten

(1) Die Gleichstellungsbeauftragte ist frühzeitig über beabsichtigte Maßnahmen zu unterrichten und anzuhören. Ihr sind alle Akten, die Maßnahmen betreffen, an denen sie zu beteiligen ist, vorzulegen. Die Sätze 1 und 2 gelten entsprechend, wenn von einer Maßnahme abgesehen werden soll. Bei Personalentscheidungen gilt dies auch für Bewerbungsunterlagen, einschließlich der von Bewerberinnen und Bewerbern, die nicht in die engere Auswahl einbezogen werden, sowie für Personalakten nach Maßgabe der Grundsätze des § 83 Absatz 2 des Landesbeamtengesetzes.

(2) Der Gleichstellungsbeauftragten ist innerhalb einer angemessenen Frist, die in der Regel eine Woche nicht unterschreiten darf, Gelegenheit zur Stellungnahme zu geben. Bei fristlosen Entlassungen und außerordentlichen Kündigungen beträgt die Frist drei Arbeitstage. Die Personalvertretung kann in diesen Fällen zeitgleich mit der Unterrichtung der Gleichstellungsbeauftragten beteiligt werden. Soweit die Maßnahme einer anderen Dienststelle zur Entscheidung vorgelegt wird, kann die Gleichstellungsbeauftragte eine schriftliche oder elektronische Stellungnahme beifügen. Bei fristlosen Entlassungen und außerordentlichen Kündigungen ist die Angelegenheit unbeschadet des Vorliegens der Stellungnahme unverzüglich der zuständigen Dienststelle vorzulegen. Aus Gründen der Rechtssicherheit ist die Beteiligung der Gleichstellungsbeauftragten zu dokumentieren. Sofern die Dienststelle beabsichtigt, eine Entscheidung zu treffen, die dem Inhalt der Stellungnahme entgegensteht, hat sie dies vor Umsetzung der Entscheidung gegenüber der Gleichstellungbeauftragten schriftlich oder elektronisch darzulegen.

(3) Wird die Gleichstellungsbeauftragte nicht oder nicht rechtzeitig an einer Maßnahme beteiligt, ist die Maßnahme rechtswidrig. § 46 des Verwaltungsverfahrensgesetzes für das Land Nordrhein-Westfalen in der Fassung der Bekanntmachung vom 12. November 1999 (GV. NRW. S. 602), das zuletzt durch Artikel 2 des Gesetzes vom 15. November 2016 (GV. NRW. S. 934) geändert worden ist, bleibt unberührt. Ist eine Maßnahme, an der die Gleichstellungsbeauftragte nicht oder nicht rechtzeitig beteiligt wurde, noch nicht vollzogen, ist sie auszusetzen und die Beteiligung ist nachzuholen. Die Fristen des Absatzes 2 gelten entsprechend. Die Dienststellenleitung kann bei Maßnahmen, die der Natur der Sache nach keinen Aufschub dulden, bis zur endgültigen Entscheidung vorläufige Regelungen treffen. Sie hat der Gleichstellungsbeauftragten die vorläufige Regelung mitzuteilen und zu begründen.

(4) Die Gleichstellungsbeauftragte hat ein unmittelbares Vortragsrecht bei der Dienststellenleitung. Ihr ist Gelegenheit zur Teilnahme an allen Besprechungen ihrer Dienststelle zu geben, die Angelegenheiten ihres Aufgabenbereichs betreffen. Dies gilt auch für Besprechungen nach § 63 des Landespersonalvertretungsgesetzes vom 3. Dezember 1974 (GV. NRW. S. 1514), das zuletzt durch Artikel 3 des Gesetzes vom 8. Dezember 2015 (GV. NRW. S. 1052) geändert worden ist.

(5) Die Gleichstellungsbeauftragte kann Sprechstunden für die Beschäftigten durchführen und einmal im Jahr eine Versammlung der weiblichen Beschäftigten einberufen. Sie kann sich ohne Einhaltung des Dienstweges an andere Gleichstellungsbeauftragte und an die für die Gleichstellung von Frau und Mann zuständige oberste Landesbehörde wenden.

(6) Die Gleichstellungsbeauftragten und die Dienststelle können Vereinbarungen über die Form und das Verfahren der Beteiligung treffen, die zu dokumentieren sind. Die Ziele dieses Gesetzes dürfen durch Verfahrensabsprachen nicht unterlaufen werden. Gesetzlich vorgegebene Beteiligungspflichten sind nicht abdingbar. Die gleichstellungsrechtliche Beteiligung, auch die Inanspruchnahme einer gleichstellungsrechtlichen Zustimmungsfiktion, ist zu dokumentieren. Die Gleichstellungsbeauftragte kann jederzeit einzelfallbezogen ihre Beteiligung nach Maßgabe dieses Gesetzes verlangen.

(7) Die Gleichstellungsbeauftragte kann zu ihrer Unterstützung externen Sachverstand

hinzuziehen, soweit dies zur ordnungsgemäßen Erfüllung ihrer Aufgaben im Einzelfall erforderlich ist. Die Kosten trägt die Dienststelle.

(8) Die Rechte der Personal- und Schwerbehindertenvertretungen bleiben unberührt.

§ 19 Widerspruchsrecht

(1) Hält die Gleichstellungsbeauftragte eine Maßnahme für unvereinbar mit diesem Gesetz, anderen Vorschriften zur Gleichstellung von Frau und Mann, mit dem Gleichstellungsplan oder dem alternativen Instrument nach § 6a, kann sie innerhalb einer Woche nach ihrer Unterrichtung der Maßnahme widersprechen. Bei außerordentlichen Kündigungen und fristlosen Entlassungen ist der Widerspruch spätestens innerhalb von drei Kalendertagen einzulegen. Die Dienststellenleitung entscheidet erneut über die Maßnahme. Die Entscheidung über den Widerspruch ergeht schriftlich oder elektronisch. Bis zur erneuten Entscheidung ist der Vollzug der Maßnahme auszusetzen. § 18 Absatz 3 Satz 3 und 4 gilt entsprechend.

(2) Wird dem Widerspruch der Gleichstellungsbeauftragten einer nachgeordneten Dienststelle nicht abgeholfen, kann sie innerhalb einer Woche nach der erneuten Entscheidung der Dienststelle nach Absatz 1 Satz 2 nach rechtzeitiger Unterrichtung der Dienststellenleitung eine Stellungnahme der übergeordneten Dienststelle einholen. Bei fristlosen Entlassungen und außerordentlichen Kündigungen ist die Stellungnahme innerhalb von drei Kalendertagen einzuholen; in diesen Fällen gilt die beabsichtigte Maßnahme als gebilligt, wenn nicht innerhalb von drei Kalendertagen eine Stellungnahme der übergeordneten Dienststelle vorliegt. Absatz 1 Satz 3 und 4 gilt entsprechend.

(3) Die Zentrale Gleichstellungsbeauftragte einer Hochschule legt den Widerspruch beim Rektorat ein. Im Falle der Nichtabhilfe durch das Rektorat nimmt die Gleichstellungskommission zum Widerspruch Stellung. Auf der Grundlage der Stellungnahme entscheidet das Rektorat erneut. Über den Widerspruch gegen Maßnahmen des Rektorates, mit Ausnahme von Widerspruchentscheidungen nach Satz 3, entscheidet das für die Hochschulen zuständige Ministerium, für die Fachhochschulen nach dem Fachhochschulgesetz öffentlicher Dienst vom 29. Mai 1984 (GV. NRW. S. 303), das zuletzt durch Artikel 12 des Gesetzes vom 2. Oktober 2014 (GV. NRW. S. 622) geändert worden ist, das gemäß § 29 Absatz 2 des Fachhochschulgesetzes öffentlicher Dienst zuständige Ministerium. Im Übrigen gelten die Regelungen der Absätze 1 und 2.

§ 19a Rechtsschutz

(1) Die Gleichstellungsbeauftragte kann innerhalb eines Monats nach Abschluss des Widerspruchsverfahrens das zuständige Verwaltungsgericht anrufen, wenn die Dienststelle

1. die Rechte der Gleichstellungsbeauftragten verletzt oder
2. einen den Bestimmungen dieses Gesetzes nicht entsprechenden Gleichstellungsplan aufgestellt beziehungsweise ein unzureichendes alternatives Instrument nach § 6a eingesetzt hat.

(2) Die Anrufung des Gerichts hat keine aufschiebende Wirkung.

(3) Die Dienststelle trägt die der Gleichstellungsbeauftragten entstehenden notwendigen Kosten.

§ 20 Anrufungsrecht der Beschäftigten

Die Beschäftigten können sich unmittelbar an die für sie zuständige Gleichstellungsbeauftragte, darüber hinaus an die Gleichstellungsbeauftragten der übergeordneten Dienststellen oder an die für Gleichstellungsfragen zuständige oberste Landesbehörde wenden.

§ 21 Vorschriften für Gleichstellungsbeauftragte der Gemeinden und Gemeindeverbände

Von den Vorschriften des Abschnittes IV finden für die Gleichstellungsbeauftragten der Gemeinden und Gemeindeverbände § 15 Absatz 1 Satz 2 und 3 und Absatz 2, § 16 Absatz 1, Absatz 2 Satz 1 und 2, Absatz 3 bis 5, § 17, § 18, § 19 Absatz 1 und § 19a Anwendung. § 20 findet insofern Anwendung, als dass sich die Beschäftigten unmittelbar an die für sie zuständige Gleichstellungbeauftragte oder an die für Gleichstellungsfragen zuständige oberste Landesbehörde wenden können.

Abschnitt V Berichtspflicht, Übergangsvorschriften, Schlussvorschriften

§ 22 Berichtspflicht

Die Landesregierung berichtet dem Landtag im Abstand von fünf Jahren über die Umsetzung dieses Gesetzes in der Landesverwaltung. Nach Inkrafttreten des Gesetzes zur Neuregelung des Gleichstellungsrechts vom 6. Dezember 2016 (GV. NRW. S. 1052) erfolgt der nächste Bericht mit dem Stichtag 31. Dezember 2018.

§ 23 Verwaltungsvorschriften

Verwaltungsvorschriften zu diesem Gesetz erlässt das für die Gleichstellung zuständige Ministerium. Die übrigen Ministerien können im Einvernehmen mit dem für die Gleichstellung zuständigen Ministerium ergänzende Regelungen für ihren Zuständigkeitsbereich erlassen. Soweit die Verwaltungsvorschriften sich auch auf die Gemeinden und Gemeindeverbände oder deren verselbstständigte Aufgabenbereiche in öffentlich-rechtlicher oder privatrechtlicher Form erstrecken, bedarf es insoweit des Einvernehmens mit dem für Kommunales zuständigen Ministerium.

§ 24 Übergangsregelungen

Bereits erstellte und in Kraft getretene Frauenförderpläne gelten für den jeweils vorgesehenen Zeitraum fort. Im Anschluss erfolgt eine Fortschreibung als Gleichstellungsplan oder die Einführung eines alternativen Instrumentes nach § 6a.

Anlage 1
zu § 7 Absatz 5

Besoldungsgruppe	Entgeltgruppe (Neueinstellungen ab 11/2006)	Entgeltgruppe (Übergeleiteter Bestand/Altfälle)
Laufbahngruppe 2, zweites Einstiegsamt		
A 16	AT vglb. A 16	E 15 Ü
A 15	E 15	E 15
A 14	E 14	E 14, E 13 Ü
A 13 Einstiegsamt	E 13	E 13
Laufbahngruppe 2, erstes Einstiegsamt		
A 13 Beförderungsamt	E 13 vglb. g.D.*	E 13 (Altfälle)
A 12	E 12	E 12
A 11	E 11	E 11
A 10	E 10	E 10
A 9 Einstiegsamt	E 9	E 9
Laufbahngruppe 1, zweites Einstiegsamt		
A 9 Beförderungsamt	„kleine E 9"	E 9
A 8	E 8	E 8
A 7	E 7	E 7
A 6 Einstiegsamt	E 6, E 5, E 4	E 6, E 5, E 4
Laufbahngruppe 1, erstes Einstiegsamt		
A 6 Beförderungsamt	–	–
A 4/A 5	–	–
A 3 Einstiegsamt	E 3, E 2, E 2 Ü, E 1	E 2 Ü, E 2

* Abschn. 8 der Entgeltordnung Konferenzdolmetscher/in, Überprüfer/in Übersetzer/in
Abschn. 9 der Entgeltordnung Gartenbau-, landwirtschafts- und weinbautechnische Beschäftigte
Abschn. 21 der Entgeltordnung Leitende Konzernprüfer/in, Betriebsprüfer/in für schwierigste Großbetriebe
Abschn. 22.1 der Entgeltordnung Ingenieurinnen und Ingenieure

Anlage 2
zu § 7 Abs. 5 LGG

Besoldungsgruppe	TVöD-VKA im Bereich des KAV NW Entgeltgruppe
Laufbahngruppe 2, zweites Einstiegsamt	
A 16	E 15Ü
A 15	E 15
A 14	E 14
A 13 Einstiegsamt	E 13
Laufbahngruppe 2, erstes Einstiegsamt	
A 12	E 12, S 18
A 11	E 11, S 17
A 10	E 10, S 15 – S 16Ü
A 9 Einstiegsamt	E 9b, E 9c, S 10 – S 14
Laufbahngruppe 1, zweites Einstiegsamt	
A 9 Beförderungsamt	E 9a, S 9
A 8	E 8, S 6 – S 8b
A 7	E 7
A 6 Einstiegsamt	E 4, E 5, E 6, S 3 – S 5
Laufbahngruppe 1, erstes Einstiegsamt	
A 6 Beförderungsamt	–
A 4/A 5	–
A 3 Einstiegsamt	E 1, E 2, E 2Ü, E 3, S 2

Gesetz des Landes Nordrhein-Westfalen zur Gleichstellung von Menschen mit Behinderung (Behindertengleichstellungsgesetz Nordrhein-Westfalen – BGG NRW)

Vom 16. Dezember 2003 (GV. NRW. S. 766)

Zuletzt geändert durch
Gesetz zur Änderung des Behindertengleichstellungsgesetzes Nordrhein-Westfalen
vom 11. April 2019 (GV. NRW. S. 207)

Inhaltsübersicht

Abschnitt 1
Allgemeine Bestimmungen

§ 1 Ziel des Gesetzes/Geltungsbereich

(1) Ziel dieses Gesetzes ist es, Diskriminierung von Menschen mit Behinderung zu verhindern und zu beseitigen sowie die volle, wirksame und gleichberechtigte Teilhabe von Menschen mit Behinderungen am Leben in der Gesellschaft durch die Beseitigung von Barrieren und die Herstellung von Auffindbarkeit, Zugänglichkeit und Nutzbarkeit zu gewährleisten. Hierzu gehört auch die Ermöglichung einer selbstbestimmten Lebensführung.

(2) Dieses Gesetz gilt für Träger öffentlicher Belange nach § 2 des Inklusionsgrundsätzegesetzes vom 14. Juni 2016 (GV. NRW. S. 442).

(3) Die Träger öffentlicher Belange sind verpflichtet, sich aktiv für die Ziele des Gesetzes einzusetzen. Sie arbeiten hierzu eng mit den Organisationen und Verbänden der Menschen mit Behinderungen zusammen.

(4) Soweit Dritte Aufgaben wahrnehmen oder Angebote bereitstellen, die auch im erheblichen Interesse der Träger öffentlicher Belange liegen, sind Letztere verpflichtet, aktiv darauf hinzuwirken, dass die Ziele dieses Gesetzes beachtet werden. Bei der Gewährung von Zuwendungen und sonstigen Leistungen durch die Träger öffentlicher Belange sind die Ziele dieses Gesetzes in geeigneten Bereichen ebenfalls zu beachten.

§ 2 Verbot jeder Diskriminierung

(1) Eine Diskriminierung im Sinne dieses Gesetzes liegt vor, wenn Menschen mit Behinderungen oder Menschen, die von Behinderung bedroht sind, auf Grund ihrer Behinderung oder ihrer drohenden Behinderung im Vergleich zu Menschen ohne Behinderungen unterschiedlich behandelt werden, ohne dass hierfür ein zwingender Grund vorliegt, und dadurch in der gleichberechtigten Teilhabe am Leben in der Gesellschaft oder in ihrer selbstbestimmten Lebensführung unmittelbar oder mittelbar beeinträchtigt werden.

(2) Die Träger öffentlicher Belange dürfen Menschen mit Behinderungen nicht diskriminieren und haben in ihrem Verantwortungsbereich Maßnahmen zu ergreifen, die verhindern, dass es zu Diskriminierungen von Menschen mit Behinderungen kommt.

(3) Eine Belästigung im Sinne des § 3 Absatz 3 und Absatz 4 des Allgemeinen Gleichbehandlungsgesetzes vom 14. August 2006 (BGBl. I S. 1879) in der jeweils geltenden Fassung stellt ebenfalls eine Diskriminierung im Sinne dieses Gesetzes dar.

(4) Machen Menschen mit Behinderungen eine Ungleichbehandlung auf Grund ihrer Behinderung durch einen Träger öffentlicher Belange glaubhaft, so muss der Träger öffentlicher Belange beweisen, dass eine Diskriminierung nicht vorliegt. Erfolgt eine unterschiedliche Behandlung auch aus weiteren in § 1 des Allgemeinen Gleichbehandlungsgesetzes genannten Gründen, ist die unterschiedliche Behandlung nur gerechtfertigt, wenn die Voraussetzungen der §§ 8 bis 10 des Allgemeinen Gleichbehandlungsgesetzes vorliegen (mehrdimensionale Diskriminierung).

§ 3 Angemessene Vorkehrungen

Angemessene Vorkehrungen sind notwendige und geeignete Änderungen und Anpassungen, die keine unverhältnismäßige oder unbillige Belastung darstellen und die, wenn sie in einem bestimmten Fall erforderlich sind, vorgenommen werden, um zu gewährleisten, dass Menschen mit Behinderungen oder Menschen, die von Behinderung bedroht sind, gleichberechtigt mit anderen teilhaben und ihre Menschenrechte und Grundfreiheiten ausüben können.

Die Versagung angemessener Vorkehrungen stellt eine Diskriminierung im Sinne von § 2 Absatz 1 dar. Für die Beurteilung der Angemessenheit der Vorkehrungen sind die Umstände des Einzelfalles maßgeblich.

§ 4 Barrierefreiheit, Agentur Barrierefrei Nordrhein-Westfalen

(1) Die Erreichung von Barrierefreiheit für Menschen mit Behinderungen ist ein zentrales Ziel dieses Gesetzes, das von den Trägern öffentlicher Belange im Rahmen ihrer Zuständigkeit zu verwirklichen ist. Barrierefreiheit im Sinne dieses Gesetzes ist die Auffindbarkeit,

Zugänglichkeit und Nutzbarkeit der gestalteten Lebensbereiche für alle Menschen. Die Auffindbarkeit, der Zugang und die Nutzung müssen für Menschen mit Behinderungen in der allgemein üblichen Weise, ohne besondere Erschwernis und grundsätzlich ohne fremde Hilfe möglich sein. Hierbei ist die Nutzung persönlicher Hilfsmittel zulässig.

(2) Zu den gestalteten Lebensbereichen gehören insbesondere bauliche und sonstige Anlagen, die Verkehrsinfrastruktur, Beförderungsmittel im Personennahverkehr, technische Gebrauchsgegenstände, Systeme der Informationsverarbeitung, akustische und visuelle Informationsquellen sowie Kommunikationseinrichtungen. Zur Auffindbarkeit, Zugänglichkeit und Nutzbarkeit gehört auch die Gewährleistung der Verständlichkeit von Informationen.

(3) Die Landesregierung unterstützt durch die Sicherstellung von Beratungsangeboten die Träger öffentlicher Belange bei der Entwicklung von Konzepten und der Umsetzung von konkreten Maßnahmen zur Herstellung von Barrierefreiheit.

(4) Das Land unterhält eine Agentur, die vor allem die Verbände und Organisationen der Menschen mit Behinderungen sowie die Träger öffentlicher Belange in Fragen der Barrierefreiheit informiert und berät (Agentur Barrierefrei NRW) sowie bei der Entwicklung und Umsetzung von Konzepten zur Herstellung von Barrierefreiheit unterstützt. Ein Steuerungskreis, dem Vertreterinnen und Vertreter der Verbände der Menschen mit Behinderungen, des Landesbehindertenrates NRW, des für den Bereich der Politik für und mit Menschen mit Behinderungen zuständigen Ministeriums und der Agentur Barrierefrei NRW angehören, legt die Arbeitsinhalte der Agentur fest. Zu den Arbeitsinhalten gehören insbesondere die Erstberatung, die Bereitstellung, die Bündelung und die Weiterentwicklung von unterstützenden Informationen zur Herstellung von Barrierefreiheit, zu universellem Design und assistiver Technologie sowie Bewusstseinsbildung durch Öffentlichkeitsarbeit wie auch Konzeptentwicklung und Forschung im Bereich technologiegestützter Barrierefreiheit.

(5) Das für Inklusion federführend zuständige Ministerium berichtet dem zuständigen Ausschuss des nordrhein-westfälischen Landtags beginnend ab dem Jahr 2017 einmal jährlich über die Tätigkeiten der Agentur nach Absatz 4.

§5 Zielvereinbarungen

(1) Zur Herstellung von Barrierefreiheit sollen, soweit dem nicht besondere gesetzliche Vorschriften entgegenstehen, Zielvereinbarungen zwischen den Landesverbänden von Menschen mit Behinderungen und den Trägern öffentlicher Belange für ihren jeweiligen sachlichen und räumlichen Organisations- und Tätigkeitsbereich getroffen werden. Soweit Landesverbände nicht vorhanden sind, treten an ihre Stelle landesweite und örtliche Verbände von Menschen mit Behinderungen. Die vorstehend genannten Verbände können von den betreffenden Trägern die Aufnahme von Verhandlungen über Zielvereinbarungen verlangen.

Die Ermächtigung nach § 5 des Behindertengleichstellungsgesetzes vom 27. April 2002 (BGBl. I S. 1467), das zuletzt durch Artikel 12 des Gesetzes vom 19. Dezember 2007 (BGBl. I S. 3024) geändert worden ist, wonach die Verbände die Aufnahme von Verhandlungen mit Unternehmen und Unternehmensverbänden verlangen können, gilt auch für die Landesverbände.

(2) Zielvereinbarungen zur Herstellung von Barrierefreiheit enthalten insbesondere

1. die Bestimmung der Vereinbarungspartner und Regelungen zum Geltungsbereich und zur Geltungsdauer,
2. die Festlegung von Mindestbedingungen, wie gestaltete Lebensbereiche im Sinne von § 4 Absatz 2 künftig zu verändern sind, um dem Anspruch von Menschen mit Behinderungen auf Auffindbarkeit, Zugang und Nutzung zu genügen und
3. den Zeitpunkt oder einen Zeitplan zur Erfüllung der festgelegten Mindestbedingungen.

(3) Ein Verband, der die Aufnahme von Verhandlungen nach Absatz 1 verlangt, hat dies gegenüber dem nach Absatz 5 federführend

zuständigen Ministerium unter Benennung von Verhandlungsgegenstand und Verhandlungsparteien anzuzeigen. Das für den Bereich der Politik für und mit Menschen mit Behinderungen federführend zuständige Ministerium gibt diese Anzeige auf seiner Internetseite bekannt. Innerhalb von vier Wochen nach der Bekanntgabe haben andere Verbände im Sinne des Absatzes 1 das Recht, den Verhandlungen durch Erklärung gegenüber den bisherigen Verhandlungsparteien beizutreten. Nachdem die beteiligten Verbände eine gemeinsame Verhandlungskommission gebildet haben oder fest steht, dass nur ein Verband verhandelt, sind die Verhandlungen binnen vier Wochen aufzunehmen.

(4) Ein Anspruch auf Verhandlungen nach Absatz 1 Satz 3 besteht nicht

1. während laufender Verhandlungen im Sinne des Absatzes 3 für die nicht beigetretenen Verbände,
2. für die in Absatz 1 Satz 3 Genannten, die ankündigen, einer Zielvereinbarung beizutreten, über die von anderen dort Genannten Verhandlungen geführt werden,
3. für den Geltungsbereich und die Geltungsdauer einer zustande gekommenen Zielvereinbarung oder
4. für die in Absatz 1 Satz 3 Genannten, die einer zustande gekommenen Zielvereinbarung ohne Einschränkung beigetreten sind.

(5) Das für die Politik für und mit Menschen mit Behinderungen federführend zuständige Ministerium führt ein Register, in das der Abschluss, die Änderung und die Aufhebung von Zielvereinbarungen nach Absatz 1 und 2 eingetragen werden. Der die Zielvereinbarung abschließende Verband von Menschen mit Behinderungen ist verpflichtet, innerhalb eines Monats nach Abschluss einer Zielvereinbarung diese dem Ministerium unterschrieben und in erfassbarer Form zu übersenden sowie eine Änderung oder Aufhebung innerhalb eines Monats mitzuteilen.

(6) Sofern die Träger öffentlicher Belange Zielvereinbarungsgespräche ohne Ergebnis abbrechen oder abgeschlossene Zielvereinbarungen nicht einhalten, können die in Absatz 1 genannten Verbände dies gegenüber dem das Register führenden Ministerium anzeigen. Dieses fordert die Träger öffentlicher Belange zur Stellungnahme auf. Diese sind verpflichtet, binnen eines Monats nach Zugang dieses Aufforderungsschreibens die Gründe für den Abbruch oder die Nichteinhaltung zur Eintragung in das Register mitzuteilen.

§ 6 Mitwirkung von Verbänden, Verbandsklage

(1) Ein nach § 13 des Behindertengleichstellungsgesetzes anerkannter Verband oder dessen nordrhein-westfälischer Landesverband kann, ohne dass ihm dadurch eigene Rechte verliehen würden, gegen einen zuständigen Träger öffentlicher Belange sowie im Fall von § 10 und § 10b gegen eine öffentlichen Stelle des Landes Klage erheben wegen eines Verstoßes gegen

1. das Diskriminierungsverbot nach den §§ 2 und 3 und
2. die Verpflichtung zur Herstellung der Barrierefreiheit nach den §§ 7 bis 10 und 10b.

Satz 1 gilt nicht, wenn eine Maßnahme aufgrund einer Entscheidung in einem verwaltungsgerichtlichen Streitverfahren getroffen worden ist.

(2) Eine Klage ist nur zulässig, wenn der Verband durch die Maßnahme in seinem satzungsgemäßen Aufgabenbereich berührt wird. Soweit ein Mensch mit Behinderung selbst seine Rechte durch eine Gestaltungs- oder Leistungsklage verfolgen kann oder hätte verfolgen können, kann die Klage nach Absatz 1 nur erhoben werden, wenn der Verband geltend macht, dass es sich bei der Maßnahme um einen Fall von allgemeiner Bedeutung handelt. Dies ist insbesondere bei einer Vielzahl gleichgelagerter Fälle sowie generell bei Fragen der Barrierefreiheit der Fall.

(3) Werden Menschen mit Behinderung in ihren Rechten nach Absatz 1 verletzt, können an ihrer Stelle und mit ihrem Einverständnis Verbände nach Absatz 1 Satz 1, die nicht selbst am Verfahren beteiligt sind, Rechtsschutz beantragen. In diesen Fällen müssen alle Verfahrensvoraussetzungen wie bei einem Rechtsschutzersuchen durch den Men-

schen mit Behinderung selbst vorliegen. Das Einverständnis ist schriftlich zu erklären.

(4) Solange in einer Sache im Sinne des Absatzes 1 die Klage eines Verbandes anhängig ist und soweit über die Sache selbst rechtskräftig entschieden worden ist, kann die Sache von keinem anderen Verband anderweitig anhängig gemacht werden.

Abschnitt 2 Verpflichtung zur Gleichstellung und Barrierefreiheit

§ 7 Barrierefreiheit in den Bereichen Anlagen und Verkehr

(1) Bauliche Anlagen, öffentliche Wege, Plätze, Straßen sowie öffentlich zugängliche Verkehrsanlagen und Beförderungsmittel sowie sonstige Anlagen im Sinne von § 4 Absatz 2 sind nach Maßgabe der geltenden Rechtsvorschriften barrierefrei zu gestalten.

(2) Sofern die Träger öffentlicher Belange in ihrem jeweiligen sachlichen und räumlichen Organisations- oder Tätigkeitsbereich Pläne zur Sicherstellung oder Herstellung der Barrierefreiheit entwickeln, beziehen sie die Verbände der Menschen mit Behinderungen hierbei frühzeitig ein. Dabei soll den Verbänden hierbei fachliche Unterstützung gewährt werden. § 9 des Inklusionsgrundsätzegesetzes ist zu beachten.

VIII

§ 8 Barrierefreie Kommunikation, Gebärdensprache

(1) Menschen mit Behinderungen haben unbeschadet anderer Bundes- oder Landesgesetze das Recht, mit Trägern öffentlicher Belange in geeigneten Kommunikationsformen zu kommunizieren, soweit dies im Verwaltungsverfahren zur Wahrnehmung eigener Rechte oder zur Wahrnehmung von Aufgaben im Rahmen der elterlichen Sorge nach § 1626 des Bürgerlichen Gesetzbuches erforderlich ist. Satz 1 gilt auch für die mündliche Kommunikation außerhalb eines Verwaltungsverfahrens, soweit dies zur Wahrnehmung von Aufgaben im Rahmen der elterlichen Sorge nach § 1626 des Bürgerlichen Gesetzbuches erforderlich ist,

1. in schulischen Belangen an öffentlichen Schulen und entsprechend an Ersatzschulen,
2. in Kindertageseinrichtungen und in der Kindertagespflege.

Die Träger öffentlicher Belange haben die geeigneten Kommunikationsunterstützungen kostenfrei zur Verfügung zu stellen oder auf Antrag der Berechtigten die notwendigen Auslagen, die aus der entgeltlichen Nutzung von geeigneten Kommunikationshilfen entstehen, zu erstatten.

(2) Die Träger öffentlicher Belange sollen mit Menschen mit geistiger oder kognitiver Beeinträchtigung in einer leicht verständlichen Sprache kommunizieren.

(3) Die Landesregierung wird ermächtigt,

1. Anlass und Umfang des Anspruchs auf Bereitstellung von geeigneter Kommunikationsunterstützung,
2. die Art und Weise der Bereitstellung von geeigneter Kommunikationsunterstützung,
3. die Grundsätze für eine angemessene Vergütung oder die Einzelheiten Erstattung von notwendigen Aufwendungen für den Einsatz geeigneter Kommunikationsunterstützung und
4. die Bestimmung der im Sinne des Absatzes 1 geeigneten Kommunikationsunterstützung

durch Rechtsverordnung zu regeln.

(4) Die Deutsche Gebärdensprache ist als eigenständige Sprache anerkannt.

§ 9 Gestaltung von Bescheiden, amtlichen Informationen und Vordrucken

(1) Die Träger öffentlicher Belange haben bei der Gestaltung von schriftlichen Bescheiden, Allgemeinverfügungen, öffentlich-rechtlichen Verträgen, Vordrucken und amtlichen Informationen die besonderen Belange betroffener Menschen mit Behinderungen zu berücksichtigen.

(2) Die Träger öffentlicher Belange sollen im Rahmen ihrer personellen und organisatorischen Möglichkeiten Schwierigkeiten mit

dem Textverständnis durch beigefügte Erläuterungen in leicht verständlicher Sprache entgegen wirken. Die Landesregierung wirkt darauf hin, dass das Instrument der Leichten Sprache vermehrt eingesetzt und angewandt wird und entsprechende Kompetenzen für das Verfassen von Texten in Leichter Sprache auf- und ausgebaut werden.

(3) Blinde und sehbehinderte Menschen können insbesondere verlangen, dass ihnen Bescheide, Vordrucke und amtliche Informationen unentgeltlich auch in einer für sie wahrnehmbaren Form zugänglich gemacht werden, um eigene Rechte oder Aufgaben im Rahmen der elterlichen Sorge nach § 1626 des Bürgerlichen Gesetzbuches im Verwaltungsverfahren wahrzunehmen. § 9 des Inklusionsgrundsätzegesetzes ist zu beachten.

(4) Das für den Bereich der Politik für und mit Menschen mit Behinderungen federführend zuständige Ministerium wird ermächtigt, durch Rechtsverordnung im Einvernehmen mit den übrigen Ministerien zu regeln, in welcher Weise und bei welchen Anlässen die in Absatz 3 genannten Dokumente blinden und sehbehinderten Menschen zugänglich gemacht werden.

§ 10 Barrierefreie Informationstechnik

(1) Die Träger öffentlicher Belange gestalten die von ihnen zur Verfügung gestellten Programmoberflächen im Bereich der elektronischen Datenverarbeitung sowie ihre Online-Auftritte und Angebote technisch so, dass sie von Menschen mit Behinderungen genutzt werden können.

(2) Öffentliche Stellen des Landes gestalten Websites und mobile Anwendungen gemäß Artikel 1 der Richtlinie (EU) 2016/2102 des Europäischen Parlaments und des Rates vom 26. Oktober 2016 über den barrierefreien Zugang zu den Websites und mobilen Anwendungen öffentlicher Stellen (ABl. L 327 vom 2. 12. 2016, S. 1) im Internet sowie im Intranet barrierefrei, so dass sie von Menschen mit Behinderungen uneingeschränkt genutzt werden können.

(3) Die barrierefreie Gestaltung erfolgt nach Maßgabe der gemäß § 10e zu erlassenden Verordnung. Soweit diese Verordnung keine Vorgaben enthält, erfolgt die barrierefreie Gestaltung nach den anerkannten Regeln der Technik.

(4) Von den Vorgaben zur Barrierefreiheit darf nur abgewichen werden, wenn und soweit die barrierefreie Gestaltung gemäß Absatz 2 für öffentliche Stellen des Landes einen unverhältnismäßigen Aufwand bewirkt.

(5) Die Regelungen in Absatz 2, § 10b sowie die Regelungen zum Überwachungs- und Ombudsverfahren gelten nicht für Kindertageseinrichtungen und Kindertagespflege sowie Schulen und Ersatzschulen mit Ausnahme der Inhalte, die sich auf wesentliche Online-Verwaltungsfunktionen beziehen. Wenn und soweit Kindertageseinrichtungen, Kindertagespflege, Schulen sowie Ersatzschulen Träger öffentlicher Belange nach § 2 des Inklusionsgrundsätzegesetzes Nordrhein-Westfalen vom 14. Juni 2016 (GV. NRW. S. 442) in der jeweils geltenden Fassung sind, bleibt die Verpflichtung zur barrierefreien Gestaltung nach Absatz 1 in Verbindung mit Absatz 3 unberührt.

(6) Angebote öffentlicher Stellen im Internet, die auf Websites Dritter veröffentlicht werden, sind soweit möglich barrierefrei zu gestalten.

§ 10a Öffentliche Stellen des Landes

(1) Öffentliche Stellen des Landes sind

1. die Träger öffentlicher Belange nach § 2 des Inklusionsgrundsätzegesetzes Nordrhein-Westfalen, soweit sie Verwaltungsfunktionen wahrnehmen, sowie
2. sonstige öffentliche Stellen nach Artikel 3 Nummer 1 der Richtlinie (EU) 2016/2102, wenn sie dem Land Nordrhein-Westfalen gemäß Absatz 2 zuzurechnen sind.

(2) Dem Land Nordrhein-Westfalen zuzurechnen sind öffentliche Stellen, wenn sie

1. überwiegend vom Land, von Gebietskörperschaften oder von anderen Einrichtungen öffentlicher Stellen des Landes finanziert werden,

2. hinsichtlich ihrer Leitung der Aufsicht dieser Gebietskörperschaften oder Einrichtungen unterstehen oder
3. ein Verwaltungs-, Leitungs- oder Aufsichtsorgan haben, das mehrheitlich aus Mitgliedern besteht, die vom Land, von Gebietskörperschaften oder von anderen Einrichtungen öffentlicher Stellen des Landes ernannt worden sind.

(3) Dem Land Nordrhein-Westfalen sind ferner Vereinigungen zuzurechnen, an denen mindestens eine öffentliche Stelle nach Absatz 2 Nummer 1 oder 2 beteiligt ist, wenn sie

1. nicht über den Bereich des Landes Nordrhein-Westfalen hinaus tätig werden,
2. dem Land die absolute Mehrheit der Anteile gehört,
3. dem Land die absolute Mehrheit der Stimmen zusteht oder
4. überwiegend vom Land finanziert werden.

Eine überwiegende Finanzierung durch das Land wird angenommen, wenn es mehr als 50 Prozent der Gesamtheit der Mittel aufbringt.

§ 10b Erklärung zur Barrierefreiheit und elektronisches Kontaktformular

(1) Die Websites und mobilen Anwendungen öffentlicher Stellen des Landes müssen eine detaillierte, umfassende und klare Erklärung zur Barrierefreiheit nach Maßgabe der Festlegungen der Durchführungsrechtsakte der Kommission nach Artikel 7 Absatz 2 Satz 1 der Richtlinie (EU) 2016/2102 enthalten und diese in einem zugänglichen Format bereitstellen und veröffentlichen.

(2) Die Erklärung nach Absatz 1 enthält

1. für den Fall, dass ausnahmsweise keine vollständige barrierefreie Gestaltung erfolgt ist,
   a) die Benennung der Teile des Inhalts, die nicht vollständig barrierefrei gestaltet sind,
   b) die Gründe für die nicht barrierefreie Gestaltung und
   c) gegebenenfalls einen Hinweis auf barrierefrei gestaltete Alternativen,
2. ein unmittelbar zugängliches und barrierefrei gestaltetes elektronisches Kontaktformular (Feedback-Mechanismus), mit dem noch bestehende Barrieren gemeldet und die von der barrierefreien Gestaltung ausgenommenen Informationen angefordert werden können und aus dem die Kontaktangaben der zuständigen Stelle hervorgehen sowie
3. eine Verlinkung auf das in § 10d geregelte Ombudsverfahren sowie die Kontaktdaten der hierfür zuständigen Stelle.

(3) Die öffentliche Stelle des Landes ist verpflichtet, auf Mitteilungen oder Anfragen, die ihr auf Grund der Erklärung zur Barrierefreiheit übermittelt werden, innerhalb einer angemessenen Frist zu reagieren.

§ 10c Überwachung der Barrierefreiheit und Berichterstattung

(1) Das für den Bereich der Politik für und mit Menschen mit Behinderungen federführend zuständige Ministerium richtet eine Stelle zur Überwachung der Einhaltung der Anforderungen an die Barrierefreiheit von Websites und mobilen Anwendungen der öffentlichen Stellen des Landes ein. Die Art und Weise der Überwachung erfolgt nach Maßgabe der Festlegungen der Durchführungsrechtsakte der Kommission nach Artikel 8 Absatz 2 der Richtlinie (EU) 2016/2102.

(2) Die Überwachungsstelle berichtet dem für den Bereich der Politik für und mit Menschen mit Behinderungen federführend zuständigen Ministerium über die Ergebnisse der Überwachung einschließlich der Messdaten. Die konkreten Modalitäten ergeben sich aus dem Durchführungsrechtsakt der Kommission nach Artikel 8 Absatz 2 der Richtlinie (EU) 2016/2102 sowie der Barrierefreie Informationstechnik-Verordnung Nordrhein-Westfalen vom 24. Juni 2004 (GV. NRW. S. 339) in der jeweils geltenden Fassung.

(3) Die Überwachungsstelle hat zur wirksamen Wahrnehmung ihrer Aufgaben nach den Absätzen 1 und 2 das Recht, von den öffentlichen Stellen des Landes die notwendigen Informationen einzufordern.

(4) Das für den Bereich der Politik für und mit Menschen mit Behinderungen federführend zuständige Ministerium berichtet der Überwachungsstelle des Bundes nach § 13 Absatz 3 des Behindertengleichstellungsgesetzes vom 27. April 2002 (BGBl. I S. 1467, 1468), das zuletzt durch Artikel 3 des Gesetzes vom 10. Juli 2018 (BGBl. I S. 1117) geändert worden ist, alle drei Jahre über die Ergebnisse der Überwachung einschließlich der Messdaten sowie Informationen über die Nutzung des Ombudsverfahrens nach § 10 d.

(5) Das für den Bereich der Politik für und mit Menschen mit Behinderungen federführend zuständige Ministerium kann sich jederzeit über die Tätigkeit der Überwachungsstelle informieren und die Wahrnehmung der Aufgaben nach den Absätzen 1 und 2 prüfen. Hierzu können mündliche, schriftliche und elektronische Berichte sowie Akten und sonstige Unterlagen angefordert und eingesehen werden.

(6) Art und Form der Berichterstattung nach den Absätzen 2 und 4 richten sich nach den Anforderungen, die auf Grundlage von Artikel 8 Absatz 6 der Richtlinie (EU) 2016/2102 festgelegt werden.

§ 10d Ombudsverfahren

(1) Zur Gewährleistung einer angemessenen und wirksamen Durchsetzung der Anforderungen an die Barrierefreiheit gemäß § 10 wird eine Ombudsstelle für barrierefreie Informationstechnik eingerichtet. Diese ist für das Durchsetzungsverfahren im Sinne von Artikel 9 der Richtlinie (EU) 2016/2102 zuständig.

(2) Die Ombudsstelle für barrierefreie Informationstechnik erstattet dem für den Bereich der Politik für und mit Menschen mit Behinderungen federführend zuständigen Ministerium alle drei Jahre, erstmalig zum 30. April 2021, Bericht über die Nutzung des Ombudsverfahrens.

§ 10e Verordnungsermächtigung

Das für den Bereich der Politik für und mit Menschen mit Behinderungen federführend zuständige Ministerium wird ermächtigt, im Einvernehmen mit den übrigen Ressorts durch Rechtsverordnung zu regeln:

1. die barrierefreie Gestaltung der Informationstechnik im Sinne des § 10, die dabei anzuwendenden Standards und den Zeitpunkt, ab dem diese Standards verbindlich anzuwenden sind,
2. die Arten und Bereiche sowie entsprechende Ausnahmen amtlicher Informationen, die barrierefrei zu gestalten sind,
3. die konkreten Anforderungen an die Erklärung zur Barrierefreiheit sowie das elektronische Kontaktformular nach § 10b,
4. die konkrete Ausgestaltung der Berichterstattung über den Stand der Barrierefreiheit nach § 10c,
5. die Einzelheiten zur Ausgestaltung der Überwachungsstelle und des Überwachungsverfahrens nach § 10c,
6. die Einrichtung der Ombudsstelle und die Einzelheiten zur Ausgestaltung des Ombudsverfahrens nach § 10d sowie
7. die Fristen zur Umsetzung der Anforderungen aus §§ 10a bis 10d.

Abschnitt 3
Wahrung der Belange von Menschen mit Behinderung

§ 11 Aufgabenübertragung, Rechtsstellung

(1) Die Landesregierung soll eine Beauftragte oder einen Beauftragten für die Belange der Menschen mit Behinderung (§ 12) bestellen. Das Amt endet, außer im Fall der Entlassung, mit dem Zusammentreten eines neuen Landtags. Bis zur Berufung einer neuen Beauftragten oder eines neuen Beauftragten nimmt die bisherige Beauftragte oder der bisherige Beauftragte die Aufgaben weiterhin kommissarisch wahr. Eine erneute Übertragung ist zulässig. Einem Verlangen der oder des Beauftragten auf vorzeitige Beendigung der Aufgabenübertragung ist stattzugeben.

(2) Das Land hat die für die Erfüllung der Aufgaben notwendige Personal- und Sachausstattung nach Maßgabe des Haushalts zur Verfügung zu stellen.

§ 12 Aufgaben

(1) Zur Wahrung der Belange der Menschen mit Behinderung gehören insbesondere folgende Aufgaben:

1. die Durchsetzung der Gleichbehandlung von Menschen mit und ohne Behinderung,
2. die Anregung von Maßnahmen, die darauf gerichtet sind, Diskriminierungen von Menschen mit Behinderung abzubauen oder deren Entstehen entgegenzuwirken,
3. die Zusammenarbeit mit den von den Gemeinden und Gemeindeverbänden auf örtlicher Ebene für die Angelegenheiten von Menschen mit Behinderung bestellten Persönlichkeiten oder Gremien,
4. die Unterstützung der Verbände und Organisationen der Menschen mit Behinderungen bei der Wahrnehmung ihrer Beteiligungsrechte nach § 9 Absatz 4 Inklusionsgrundsätzegesetz.

Darüber hinaus führt die oder der Landesbehindertenbeauftragte den Vorsitz über folgende Gremien:

1. den Beirat der oder des Landesbehindertenbeauftragten. Der Beirat besteht aus maximal neun ständigen Vertreterinnen und Vertretern der Verbände und Organisationen der Menschen mit Behinderungen. Die Berufung der Vertreterinnen und Vertreter im Beirat der oder des Landesbehindertenbeauftragten erfolgt auf Vorschlag der Verbände und Organisationen der Menschen mit Behinderung auf Landesebene durch die Landesbehindertenbeauftragte oder den Landesbehindertenbeauftragten. Die Berufung der Expertinnen und Experten erfolgt durch die Landesbehindertenbeauftragte oder den Landesbehindertenbeauftragten
2. den Fachbeirat Partizipation zum Inklusionsbeirat gemäß § 9 des Inklusionsgrundsätzegesetzes. Der oder die Landesbehindertenbeauftragte kann das Nähere zur Organisation und Zusammensetzung des Fachbeirates regeln.

Bei der Aufgabenwahrnehmung ist darauf zu achten, dass besondere Benachteiligungen von Frauen und Mädchen mit Behinderung beseitigt und unterschiedliche Lebensbedingungen von Frauen und Mädchen mit Behinderung berücksichtigt werden.

(2) Die oder der Landesbeauftragte für die Belange von Menschen mit Behinderung überwacht die Einhaltung der Vorschriften dieses Gesetzes sowie anderer Vorschriften, die die Belange von Menschen mit Behinderung betreffen, bei den Trägern öffentlicher Belange. Sie oder er berät die Träger öffentlicher Belange in Fragen der Belange von Menschen mit Behinderungen und kann ihnen zur Durchsetzung der Gleichstellung von Menschen mit Behinderungen Empfehlungen geben.

(3) Die Ministerien hören die oder den Landesbeauftragten für die Belange von Menschen mit Behinderung bei Gesetzes- und Verordnungsvorhaben sowie bei der Erarbeitung von Verwaltungsvorschriften des Landes rechtzeitig vor einer Kabinettbefassung an, soweit sie Fragen der Belange von Menschen mit Behinderung behandeln oder berühren. Die Ministerien geben der oder dem Landesbehindertenbeauftragten bei sonstigen Ressortabstimmungen, die die Belange der Menschen mit Behinderung betreffen, rechtzeitig Gelegenheit zur Stellungnahme. Die Träger öffentlicher Belange sind verpflichtet, die oder den Landesbeauftragten für die Belange von Menschen mit Behinderung bei der Erfüllung ihrer Aufgaben zu unterstützen, insbesondere die erforderlichen Auskünfte zu erteilen und ihnen Akteneinsicht zu gewähren. Die Bestimmungen zum Schutz personenbezogener Daten bleiben unberührt.

§ 13 Wahrung der Belange von Menschen mit Behinderungen auf örtlicher Ebene

(1) Die Wahrung der Belange von Menschen mit Behinderungen auch auf örtlicher Ebene ist eine Aufgabe von wesentlicher Bedeutung sowohl für die volle, wirksame und gleichberechtigte Teilhabe von Menschen mit Behinderungen als auch für die selbstbestimmte und selbstständige Lebensführung, die Wahrnehmung der Menschen mit Behinderungen als Teil menschlicher Vielfalt sowie für den Schutz vor Diskriminierungen und Be-

nachteiligungen. Das Nähere zur Wahrung der Belange von Menschen mit Behinderungen bestimmen die Gemeinden und Gemeindeverbände durch Satzung.

(2) Die Landesregierung erarbeitet unter Beteiligung des Inklusionsbeirats Empfehlungen und Mustersatzungen zur Unterstützung der Kommunen bei der Wahrung der Belange von Menschen mit Behinderungen.

Abschnitt 4
Berichtspflichten

§ 14 Berichte

(1) Die oder der Landesbeauftragte für die Belange von Menschen mit Behinderungen berichtet der Landesregierung einmal in jeder Wahlperiode über ihre oder seine Tätigkeit. Die Landesregierung leitet diesen Bericht mit ihrer Stellungnahme und mit dem nach § 12 Absatz 1 des Inklusionsgrundsätzegesetzes zu erstellenden Bericht dem Landtag zu.

(2) Alle Feststellungen im Bericht sind geschlechtsbezogen zu treffen. Der Bericht schließt die Darstellung von Verstößen gegen das Benachteiligungsverbot ein und nimmt zu möglichen weiteren Maßnahmen Stellung.

Sozialgesetzbuch Neuntes Buch – Rehabilitation und Teilhabe von Menschen mit Behinderungen – (Neuntes Buch Sozialgesetzbuch – SGB IX)

Vom 23. Dezember 2016 (BGBl. I S. 3234)

Zuletzt geändert durch
Zweites Betriebsrentenstärkungsgesetz
vom 16. Januar 2026 (BGBl. I Nr. 14)

– Auszug –

Inhaltsübersicht

Teil 1
Regelungen für behinderte und von Behinderung bedrohte Menschen

Kapitel 1
Allgemeine Vorschriften

§ 1 Selbstbestimmung und Teilhabe am Leben in der Gesellschaft

1Menschen mit Behinderungen oder von Behinderung bedrohte Menschen erhalten Leistungen nach diesem Buch und den für die Rehabilitationsträger geltenden Leistungsgesetzen, um ihre Selbstbestimmung und ihre volle, wirksame und gleichberechtigte Teilhabe am Leben in der Gesellschaft zu fördern, Benachteiligungen zu vermeiden oder ihnen entgegenzuwirken. 2Dabei wird den besonderen Bedürfnissen von Frauen und Kindern mit Behinderungen und von Behinderung bedrohter Frauen und Kinder sowie Menschen mit seelischen Behinderungen oder von einer solchen Behinderung bedrohter Menschen Rechnung getragen.

§ 2 Begriffsbestimmungen

(1) 1Menschen mit Behinderungen sind Menschen, die körperliche, seelische, geistige oder Sinnesbeeinträchtigungen haben, die sie in Wechselwirkung mit einstellungs- und umweltbedingten Barrieren an der gleichberechtigten Teilhabe an der Gesellschaft mit hoher Wahrscheinlichkeit länger als sechs Monate hindern können. 2Eine Beeinträchtigung nach Satz 1 liegt vor, wenn der Körper- und Gesundheitszustand von dem für das Lebensalter typischen Zustand abweicht. 3Menschen sind von Behinderung bedroht, wenn eine Beeinträchtigung nach Satz 1 zu erwarten ist.

(2) Menschen sind im Sinne des Teils 3 schwerbehindert, wenn bei ihnen ein Grad der Behinderung von wenigstens 50 vorliegt und sie ihren Wohnsitz, ihren gewöhnlichen Aufenthalt oder ihre Beschäftigung auf einem Arbeitsplatz im Sinne des § 156 rechtmäßig im Geltungsbereich dieses Gesetzbuches haben.

(3) Schwerbehinderten Menschen gleichgestellt werden sollen Menschen mit Behinderungen mit einem Grad der Behinderung von weniger als 50, aber wenigstens 30, bei denen die übrigen Voraussetzungen des Absatzes 2 vorliegen, wenn sie infolge ihrer Behinderung ohne die Gleichstellung einen geeigneten Arbeitsplatz im Sinne des § 156 nicht erlangen oder nicht behalten können (gleichgestellte behinderte Menschen).

§ 3 Vorrang von Prävention

(1) Die Rehabilitationsträger und die Integrationsämter wirken bei der Aufklärung, Beratung, Auskunft und Ausführung von Leistungen im Sinne des Ersten Buches sowie im Rahmen der Zusammenarbeit mit den Arbeitgebern nach § 167 darauf hin, dass der Eintritt einer Behinderung einschließlich einer chronischen Krankheit vermieden wird.

(2) Die Rehabilitationsträger nach § 6 Absatz 1 Nummer 1 bis 4 und 6 und ihre Verbände wirken bei der Entwicklung und Umsetzung der Nationalen Präventionsstrategie nach den Bestimmungen der §§ 20d bis 20g des Fünften Buches mit, insbesondere mit der Zielsetzung der Vermeidung von Beeinträchtigungen bei der Teilhabe am Leben in der Gesellschaft.

(3) Bei der Erbringung von Leistungen für Personen, deren berufliche Eingliederung auf Grund gesundheitlicher Einschränkungen besonders erschwert ist, arbeiten die Krankenkassen mit der Bundesagentur für Arbeit und mit den kommunalen Trägern der Grundsicherung für Arbeitsuchende nach § 20a des Fünften Buches eng zusammen.

Teil 3
Besondere Regelungen zur Teilhabe schwerbehinderter Menschen (Schwerbehindertenrecht)

Kapitel 1
Geschützter Personenkreis

§ 151 Geltungsbereich

(1) Die Regelungen dieses Teils gelten für schwerbehinderte und diesen gleichgestellte behinderte Menschen.

(2) 1Die Gleichstellung behinderter Menschen mit schwerbehinderten Menschen (§ 2 Absatz 3) erfolgt auf Grund einer Feststellung nach § 152 auf Antrag des behinderten Menschen durch die Bundesagentur für Arbeit. 2Die Gleichstellung wird mit dem Tag des Eingangs des Antrags wirksam. Sie kann befristet werden.

(3) Auf gleichgestellte behinderte Menschen werden die besonderen Regelungen für schwerbehinderte Menschen mit Ausnahme des § 208 und des Kapitels 13 angewendet.

(4) 1Schwerbehinderten Menschen gleichgestellt sind auch behinderte Jugendliche und junge Erwachsene (§ 2 Absatz 1) während der Zeit ihrer Berufsausbildung in Betrieben und Dienststellen oder einer beruflichen Orientierung, auch wenn der Grad der Behinderung weniger als 30 beträgt oder ein Grad der Behinderung nicht festgestellt ist. 2Der Nachweis der Behinderung wird durch eine Stellungnahme der Agentur für Arbeit oder durch einen Bescheid über Leistungen zur Teilhabe am Arbeitsleben erbracht. 3Die Gleichstellung gilt nur für Leistungen des Integrationsamtes im Rahmen der beruflichen Orientierung und der Berufsausbildung im Sinne des § 185 Absatz 3 Nummer 2 Buchstabe c.

VIII

§ 152 Feststellung der Behinderung, Ausweise

(1) 1Auf Antrag des behinderten Menschen stellen die für die Durchführung des Vierzehnten Buches zuständigen Behörden das Vorliegen einer Behinderung und den Grad der Behinderung zum Zeitpunkt der Antragstellung fest. 2Auf Antrag kann festgestellt werden, dass ein Grad der Behinderung oder gesundheitliche Merkmale bereits zu einem früheren Zeitpunkt vorgelegen haben, wenn dafür ein besonderes Interesse glaubhaft gemacht wird. 3Beantragt eine erwerbstätige Person die Feststellung der Eigenschaft als schwerbehinderter Mensch (§ 2 Absatz 2), gelten die in § 14 Absatz 2 Satz 2 und 3 sowie § 17 Absatz 1 Satz 1 und Absatz 2 Satz 1 genannten Fristen sowie § 60 Absatz 1 des Ersten Buches entsprechend. 4Die Auswirkungen auf die Teilhabe am Leben in der Gesellschaft werden als Grad der Behinderung nach Zehnergraden abgestuft festgestellt. 5Eine Feststellung ist nur zu treffen, wenn ein Grad der Behinderung von wenigstens 20 vorliegt. 6Durch Landesrecht kann die Zuständigkeit abweichend von Satz 1 geregelt werden.

(2) 1Feststellungen nach Absatz 1 sind nicht zu treffen, wenn eine Feststellung über das Vorliegen einer Behinderung und den Grad einer auf ihr beruhenden Erwerbsminderung schon in einem Rentenbescheid, einer entsprechenden Verwaltungs- oder Gerichtsentscheidung oder einer vorläufigen Bescheinigung der für diese Entscheidungen zuständigen Dienststellen getroffen worden ist, es sei denn, dass der behinderte Mensch ein Interesse an anderweitiger Feststellung nach Absatz 1 glaubhaft macht. 2Eine Feststellung nach Satz 1 gilt zugleich als Feststellung des Grades der Behinderung.

(3) 1Liegen mehrere Beeinträchtigungen der Teilhabe am Leben in der Gesellschaft vor, so wird der Grad der Behinderung nach den Auswirkungen der Beeinträchtigungen in ihrer Gesamtheit unter Berücksichtigung ihrer wechselseitigen Beziehungen festgestellt. 2Für diese Entscheidung gilt Absatz 1, es sei denn, dass in einer Entscheidung nach Absatz 2 eine Gesamtbeurteilung bereits getroffen worden ist.

(4) Sind neben dem Vorliegen der Behinderung weitere gesundheitliche Merkmale Voraussetzung für die Inanspruchnahme von Nachteilsausgleichen, so treffen die zuständigen Behörden die erforderlichen Feststellungen im Verfahren nach Absatz 1.

(5) 1Auf Antrag des behinderten Menschen stellen die zuständigen Behörden auf Grund einer Feststellung der Behinderung einen Ausweis über die Eigenschaft als schwerbehinderter Mensch, den Grad der Behinderung sowie im Falle des Absatzes 4 über weitere gesundheitliche Merkmale aus. 2Der Ausweis dient dem Nachweis für die Inanspruchnahme von Leistungen und sonstigen Hilfen, die schwerbehinderten Menschen nach diesem Teil oder nach anderen Vorschriften zustehen. 3Die Gültigkeitsdauer des Ausweises soll befristet werden. 4Er wird eingezogen, sobald

der gesetzliche Schutz schwerbehinderter Menschen erloschen ist. 5Der Ausweis wird berichtigt, sobald eine Neufeststellung unanfechtbar geworden ist.

§ 153 Verordnungsermächtigung

(1) Die Bundesregierung wird ermächtigt, durch Rechtsverordnung mit Zustimmung des Bundesrates nähere Vorschriften zu erlassen über

1. das Format, die Gestaltung und die Gültigkeit der Ausweise nach § 152 Absatz 5,
2. das Format, die Ausstellung, die Gestaltung und die Gültigkeit von Ausweisen für Menschen mit Behinderungen nach dem gemeinsamen einheitlichen Muster der Europäischen Union,
3. das entsprechende Verwaltungsverfahren sowie
4. die Anerkennung der Ausweise nach Nummer 2, die von einem anderen Mitgliedstaat ausgestellt worden sind.

(2) Das Bundesministerium für Arbeit und Soziales wird ermächtigt, durch Rechtsverordnung mit Zustimmung des Bundesrates die Grundsätze aufzustellen, die für die Bewertung des Grades der Behinderung, die Kriterien für die Bewertung der Hilflosigkeit und die Voraussetzungen für die Vergabe von Merkzeichen maßgebend sind, die nach Bundesrecht im Schwerbehindertenausweis einzutragen sind.

§ 153a Sachverständigenbeirat, Verfahren

(1) 1Beim Bundesministerium für Arbeit und Soziales wird ein unabhängiger „Sachverständigenbeirat Versorgungsmedizinische Begutachtung" gebildet. 2Der Beirat berät das Bundesministerium für Arbeit und Soziales zu allen versorgungsärztlichen Angelegenheiten und bereitet die Fortentwicklung der in der Versorgungsmedizin-Verordnung enthaltenen Versorgungsmedizinischen Grundsätze vor, die bei der Begutachtung im Schwerbehindertenrecht und im Sozialen Entschädigungsrecht verbindlich anzuwenden sind. 3Dies geschieht teilhabeorientiert auf der Grundlage des aktuellen Standes der medizinischen Wissenschaft und der Medizintechnik unter Berücksichtigung versorgungsmedizinischer Erfordernisse.

(2) 1Für den Beirat benennen die Länder, der Deutsche Behindertenrat und das Bundesministerium für Arbeit und Soziales jeweils sieben Personen, darunter jeweils mindestens vier Ärztinnen und Ärzte, die versorgungsmedizinisch oder wissenschaftlich besonders qualifiziert sind. 2Eine der vom Bundesministerium für Arbeit und Soziales zu benennenden Personen ist ein Vertreter oder eine Vertreterin aus dem versorgungsmedizinischen ärztlich-gutachterlichen Bereich der Bundeswehr. 3Das Bundesministerium für Arbeit und Soziales beruft die benannten Personen als Mitglieder in den Beirat.

(3) 1Die Mitglieder des Beirates werden für die Dauer von vier Jahren berufen. 2Die Mitgliedschaft im Beirat ist ein persönliches Ehrenamt, das keine Vertretung zulässt. 3Die Mitglieder des Beirates unterliegen keinerlei Weisungen, üben ihre Tätigkeit unabhängig aus und sind nur ihrem Gewissen verantwortlich. 4Scheidet ein Mitglied aus, erfolgt für dieses Mitglied eine Neuberufung für den restlichen Zeitraum der Berufungsperiode. 5Der Beirat bestimmt durch Wahl aus seiner Mitte den Vorsitz sowie die Stellvertretung des Vorsitzes und gibt sich eine Geschäftsordnung. 6Die Geschäftsführung des Beirates wird vom Bundesministerium für Arbeit und Soziales ausgeübt, welches zu den Sitzungen einlädt und im Einvernehmen mit dem vorsitzenden Mitglied die Tagesordnung festlegt.

(4) 1Die Beschlüsse des Beirates werden mit einfacher Mehrheit der berufenen Mitglieder gefasst. 2Zu den Beratungen des Beirates können externe Sachverständige hinzugezogen werden. 3Es können Arbeitsgruppen gebildet werden.

Kapitel 2 Beschäftigungspflicht der Arbeitgeber

§ 154 Pflicht der Arbeitgeber zur Beschäftigung schwerbehinderter Menschen

(1) 1Private und öffentliche Arbeitgeber (Arbeitgeber) mit jahresdurchschnittlich monat-

lich mindestens 20 Arbeitsplätzen im Sinne des § 156 haben auf wenigstens 5 Prozent der Arbeitsplätze schwerbehinderte Menschen zu beschäftigen. $_{2}$Dabei sind schwerbehinderte Frauen besonders zu berücksichtigen. $_{3}$Abweichend von Satz 1 haben Arbeitgeber mit jahresdurchschnittlich monatlich weniger als 40 Arbeitsplätzen jahresdurchschnittlich je Monat einen schwerbehinderten Menschen, Arbeitgeber mit jahresdurchschnittlich monatlich weniger als 60 Arbeitsplätzen jahresdurchschnittlich je Monat zwei schwerbehinderte Menschen zu beschäftigen.

(2) Als öffentliche Arbeitgeber im Sinne dieses Teils gelten

1. jede oberste Bundesbehörde mit ihren nachgeordneten Dienststellen, das Bundespräsidialamt, die Verwaltungen des Deutschen Bundestages und des Bundesrates, das Bundesverfassungsgericht, die obersten Gerichtshöfe des Bundes, der Bundesgerichtshof jedoch zusammengefasst mit dem Generalbundesanwalt, sowie das Bundeseisenbahnvermögen,
2. jede oberste Landesbehörde und die Staats- und Präsidialkanzleien mit ihren nachgeordneten Dienststellen, die Verwaltungen der Landtage, die Rechnungshöfe (Rechnungskammern), die Organe der Verfassungsgerichtsbarkeit der Länder und jede sonstige Landesbehörde, zusammengefasst jedoch diejenigen Behörden, die eine gemeinsame Personalverwaltung haben,
3. jede sonstige Gebietskörperschaft und jeder Verband von Gebietskörperschaften,
4. jede sonstige Körperschaft, Anstalt oder Stiftung des öffentlichen Rechts.

§ 155 Beschäftigung besonderer Gruppen schwerbehinderter Menschen

(1) Im Rahmen der Erfüllung der Beschäftigungspflicht sind in angemessenem Umfang zu beschäftigen:

1. schwerbehinderte Menschen, die nach Art oder Schwere ihrer Behinderung im Arbeitsleben besonders betroffen sind, insbesondere solche,
   a) die zur Ausübung der Beschäftigung wegen ihrer Behinderung nicht nur vorübergehend einer besonderen Hilfskraft bedürfen oder
   b) deren Beschäftigung infolge ihrer Behinderung nicht nur vorübergehend mit außergewöhnlichen Aufwendungen für den Arbeitgeber verbunden ist oder
   c) die infolge ihrer Behinderung nicht nur vorübergehend offensichtlich nur eine wesentlich verminderte Arbeitsleistung erbringen können oder
   d) bei denen ein Grad der Behinderung von wenigstens 50 allein infolge geistiger oder seelischer Behinderung oder eines Anfallsleidens vorliegt oder
   e) die wegen Art oder Schwere der Behinderung keine abgeschlossene Berufsbildung im Sinne des Berufsbildungsgesetzes haben,
2. schwerbehinderte Menschen, die das 50. Lebensjahr vollendet haben.

(2) $_{1}$Arbeitgeber mit Stellen zur beruflichen Bildung, insbesondere für Auszubildende, haben im Rahmen der Erfüllung der Beschäftigungspflicht einen angemessenen Anteil dieser Stellen mit schwerbehinderten Menschen zu besetzen. $_{2}$Hierüber ist mit der zuständigen Interessenvertretung im Sinne des § 176 und der Schwerbehindertenvertretung zu beraten.

§ 156 Begriff des Arbeitsplatzes

(1) Arbeitsplätze im Sinne dieses Teils sind alle Stellen, auf denen Arbeitnehmerinnen und Arbeitnehmer, Beamtinnen und Beamte, Richterinnen und Richter sowie Auszubildende und andere zu ihrer beruflichen Bildung Eingestellte beschäftigt werden.

(2) Als Arbeitsplätze gelten nicht die Stellen, auf denen beschäftigt werden:

1. behinderte Menschen, die an Leistungen zur Teilhabe am Arbeitsleben nach § 49 Absatz 3 Nummer 4 in Betrieben oder Dienststellen teilnehmen,
2. Personen, deren Beschäftigung nicht in erster Linie ihrem Erwerb dient, sondern vorwiegend durch Beweggründe karitati-

ver oder religiöser Art bestimmt ist, und Geistliche öffentlich-rechtlicher Religionsgemeinschaften,

3. Personen, deren Beschäftigung nicht in erster Linie ihrem Erwerb dient und die vorwiegend zu ihrer Heilung, Wiedereingewöhnung oder Erziehung erfolgt,
4. Personen, die an Arbeitsbeschaffungsmaßnahmen nach dem Dritten Buch teilnehmen,
5. Personen, die nach ständiger Übung in ihre Stellen gewählt werden,
6. Personen, deren Arbeits-, Dienst- oder sonstiges Beschäftigungsverhältnis wegen Wehr- oder Zivildienst, Elternzeit, unbezahlten Urlaubs, wegen Bezuges einer Rente auf Zeit oder bei Altersteilzeitarbeit in der Freistellungsphase (Verblockungsmodell) ruht, solange für sie eine Vertretung eingestellt ist.

(3) Als Arbeitsplätze gelten ferner nicht Stellen, die nach der Natur der Arbeit oder nach den zwischen den Parteien getroffenen Vereinbarungen nur auf die Dauer von höchstens acht Wochen besetzt sind, sowie Stellen, auf denen Beschäftigte weniger als 18 Stunden wöchentlich beschäftigt werden.

§ 157 Berechnung der Mindestzahl von Arbeitsplätzen und der Pflichtarbeitsplatzzahl

(1) $_{1}$Bei der Berechnung der Mindestzahl von Arbeitsplätzen und der Zahl der Arbeitsplätze, auf denen schwerbehinderte Menschen zu beschäftigen sind (§ 154), zählen Stellen, auf denen Auszubildende beschäftigt werden, nicht mit. $_{2}$Das Gleiche gilt für Stellen, auf denen Rechts- oder Studienreferendarinnen und -referendare beschäftigt werden, die einen Rechtsanspruch auf Einstellung haben.

(2) Bei der Berechnung sich ergebende Bruchteile von 0,5 und mehr sind aufzurunden, bei Arbeitgebern mit jahresdurchschnittlich weniger als 60 Arbeitsplätzen abzurunden.

§ 158 Anrechnung Beschäftigter auf die Zahl der Pflichtarbeitsplätze für schwerbehinderte Menschen

(1) Ein schwerbehinderter Mensch, der auf einem Arbeitsplatz im Sinne des § 156 Absatz 1 oder Absatz 2 Nummer 1 oder 4 beschäftigt wird, wird auf einen Pflichtarbeitsplatz für schwerbehinderte Menschen angerechnet.

(2) $_{1}$Ein schwerbehinderter Mensch, der in Teilzeitbeschäftigung kürzer als betriebsüblich, aber nicht weniger als 18 Stunden wöchentlich beschäftigt wird, wird auf einen Pflichtarbeitsplatz für schwerbehinderte Menschen angerechnet. $_{2}$Bei Herabsetzung der wöchentlichen Arbeitszeit auf weniger als 18 Stunden infolge von Altersteilzeit oder Teilzeitberufsausbildung gilt Satz 1 entsprechend. $_{3}$Wird ein schwerbehinderter Mensch weniger als 18 Stunden wöchentlich beschäftigt, lässt die Bundesagentur für Arbeit die Anrechnung auf einen dieser Pflichtarbeitsplätze zu, wenn die Teilzeitbeschäftigung wegen Art oder Schwere der Behinderung notwendig ist.

(3) Ein schwerbehinderter Mensch, der im Rahmen einer Maßnahme zur Förderung des Übergangs aus der Werkstatt für behinderte Menschen auf den allgemeinen Arbeitsmarkt (§ 5 Absatz 4 Satz 1 der Werkstättenverordnung) beschäftigt wird, wird auch für diese Zeit auf die Zahl der Pflichtarbeitsplätze angerechnet.

(4) Ein schwerbehinderter Arbeitgeber wird auf einen Pflichtarbeitsplatz für schwerbehinderte Menschen angerechnet.

(5) Der Inhaber eines Bergmannsversorgungsscheins wird, auch wenn er kein schwerbehinderter oder gleichgestellter behinderter Mensch im Sinne des § 2 Absatz 2 oder 3 ist, auf einen Pflichtarbeitsplatz angerechnet.

§ 159 Mehrfachanrechnung

(1) $_{1}$Die Bundesagentur für Arbeit kann die Anrechnung eines schwerbehinderten Menschen, besonders eines schwerbehinderten Menschen im Sinne des § 155 Absatz 1 auf mehr als einen Pflichtarbeitsplatz, höchstens drei Pflichtarbeitsplätze für schwerbehinderte Menschen zulassen, wenn dessen Teilhabe am Arbeitsleben auf besondere Schwierigkeiten stößt. $_{2}$Satz 1 gilt auch für schwerbehinderte Menschen im Anschluss an eine Beschäftigung in einer Werkstatt für behinderte Menschen und für teilzeitbeschäftigte schwerbe-

hinderte Menschen im Sinne des § 158 Absatz 2.

(2) 1Ein schwerbehinderter Mensch, der beruflich ausgebildet wird, wird auf zwei Pflichtarbeitsplätze für schwerbehinderte Menschen angerechnet. 2Satz 1 gilt auch während der Zeit einer Ausbildung im Sinne des § 51 Absatz 2, die in einem Betrieb oder einer Dienststelle durchgeführt wird. 3Die Bundesagentur für Arbeit kann die Anrechnung auf drei Pflichtarbeitsplätze für schwerbehinderte Menschen zulassen, wenn die Vermittlung in eine berufliche Ausbildungsstelle wegen Art oder Schwere der Behinderung auf besondere Schwierigkeiten stößt. 4Bei Übernahme in ein Arbeits- oder Beschäftigungsverhältnis durch den ausbildenden oder einen anderen Arbeitgeber im Anschluss an eine abgeschlossene Ausbildung wird der schwerbehinderte Mensch im ersten Jahr der Beschäftigung auf zwei Pflichtarbeitsplätze angerechnet; Absatz 1 bleibt unberührt.

(2a) Ein schwerbehinderter Mensch, der unmittelbar vorher in einer Werkstatt für behinderte Menschen oder bei einem anderen Leistungsanbieter beschäftigt war oder ein Budget für Arbeit erhält, wird in den ersten zwei Jahren der Beschäftigung auf zwei Pflichtarbeitsplätze angerechnet; Absatz 1 bleibt unberührt.

(3) Bescheide über die Anrechnung eines schwerbehinderten Menschen auf mehr als drei Pflichtarbeitsplätze für schwerbehinderte Menschen, die vor dem 1. August 1986 erlassen worden sind, gelten fort.

§ 160 Ausgleichsabgabe

(1) 1Solange Arbeitgeber die vorgeschriebene Zahl schwerbehinderter Menschen nicht beschäftigen, entrichten sie für jeden unbesetzten Pflichtarbeitsplatz für schwerbehinderte Menschen eine Ausgleichsabgabe. 2Die Zahlung der Ausgleichsabgabe hebt die Pflicht zur Beschäftigung schwerbehinderter Menschen nicht auf. 3Die Ausgleichsabgabe wird auf der Grundlage einer jahresdurchschnittlichen Beschäftigungsquote ermittelt.

(2) 1Die Ausgleichsabgabe beträgt je unbesetztem Pflichtarbeitsplatz

1. 140 Euro bei einer jahresdurchschnittlichen Beschäftigungsquote von 3 Prozent bis weniger als dem geltenden Pflichtsatz,
2. 245 Euro bei einer jahresdurchschnittlichen Beschäftigungsquote von 2 Prozent bis weniger als 3 Prozent,
3. 360 Euro bei einer jahresdurchschnittlichen Beschäftigungsquote von mehr als 0 Prozent bis weniger als 2 Prozent,
4. 720 Euro bei einer jahresdurchschnittlichen Beschäftigungsquote von 0 Prozent.

2Abweichend von Satz 1 beträgt die Ausgleichsabgabe je unbesetztem Pflichtarbeitsplatz für schwerbehinderte Menschen

1. für Arbeitgeber mit jahresdurchschnittlich weniger als 40 zu berücksichtigenden Arbeitsplätzen bei einer jahresdurchschnittlichen Beschäftigung von weniger als einem schwerbehinderten Menschen 140 Euro und bei einer jahresdurchschnittlichen Beschäftigung von null schwerbehinderten Menschen 210 Euro und
2. für Arbeitgeber mit jahresdurchschnittlich weniger als 60 zu berücksichtigenden Arbeitsplätzen bei einer jahresdurchschnittlichen Beschäftigung von weniger als zwei schwerbehinderten Menschen 140 Euro, bei einer jahresdurchschnittlichen Beschäftigung von weniger als einem schwerbehinderten Menschen 245 Euro und bei einer jahresdurchschnittlichen Beschäftigung von null schwerbehinderten Menschen 410 Euro.

(3) 1Die Ausgleichsabgabe erhöht sich entsprechend der Veränderung der Bezugsgröße nach § 18 Absatz 1 des Vierten Buches. 2Sie erhöht sich zum 1. Januar eines Kalenderjahres, wenn sich die Bezugsgröße seit der letzten Neubestimmung der Beträge der Ausgleichsabgabe um wenigstens 10 Prozent erhöht hat. 3Die Erhöhung der Ausgleichsabgabe erfolgt, indem der Faktor für die Veränderung der Bezugsgröße mit dem jeweiligen Betrag der Ausgleichsabgabe vervielfältigt wird. 4Die sich ergebenden Beträge sind auf den nächsten durch fünf teilbaren Betrag abzurunden. 5Das Bundesministerium für Arbeit und Soziales gibt den Erhöhungsbetrag und die sich nach

Satz 3 ergebenden Beträge der Ausgleichsabgabe im Bundesanzeiger bekannt.

(4) 1Die Ausgleichsabgabe zahlt der Arbeitgeber jährlich zugleich mit der Erstattung der Anzeige nach § 163 Absatz 2 an das für seinen Sitz zuständige Integrationsamt. 2Ist ein Arbeitgeber mehr als drei Monate im Rückstand, erlässt das Integrationsamt einen Feststellungsbescheid über die rückständigen Beträge und zieht diese ein. 3Für rückständige Beträge der Ausgleichsabgabe erhebt das Integrationsamt nach dem 31. März Säumniszuschläge nach Maßgabe des § 24 Absatz 1 des Vierten Buches; für ihre Verwendung gilt Absatz 5 entsprechend. 4Das Integrationsamt kann in begründeten Ausnahmefällen von der Erhebung von Säumniszuschlägen absehen. 5Widerspruch und Anfechtungsklage gegen den Feststellungsbescheid haben keine aufschiebende Wirkung. 6Gegenüber privaten Arbeitgebern wird die Zwangsvollstreckung nach den Vorschriften über das Verwaltungszwangsverfahren durchgeführt. 7Bei öffentlichen Arbeitgebern wendet sich das Integrationsamt an die Aufsichtsbehörde, gegen deren Entscheidung es die Entscheidung der obersten Bundes- oder Landesbehörde anrufen kann. 8Die Ausgleichsabgabe wird nach Ablauf des Kalenderjahres, das auf den Eingang der Anzeige bei der Bundesagentur für Arbeit folgt, weder nachgefordert noch erstattet.

(5) 1Die Ausgleichsabgabe darf nur für besondere Leistungen zur Förderung der Teilhabe schwerbehinderter Menschen am Arbeitsleben einschließlich begleitender Hilfe im Arbeitsleben (§ 185 Absatz 1 Nummer 3) verwendet werden, soweit Mittel für denselben Zweck nicht von anderer Seite zu leisten sind oder geleistet werden. 2Aus dem Aufkommen an Ausgleichsabgabe dürfen persönliche und sächliche Kosten der Verwaltung und Kosten des Verfahrens nicht bestritten werden. 3Das Integrationsamt gibt dem Beratenden Ausschuss für behinderte Menschen bei dem Integrationsamt (§ 186) auf dessen Verlangen eine Übersicht über die Verwendung der Ausgleichsabgabe.

(6) 1Die Integrationsämter leiten den in der Rechtsverordnung nach § 162 bestimmten Prozentsatz des Aufkommens an Ausgleichsabgabe an den Ausgleichsfonds (§ 161) weiter. 2Zwischen den Integrationsämtern wird ein Ausgleich herbeigeführt. 3Der auf das einzelne Integrationsamt entfallende Anteil am Aufkommen an Ausgleichsabgabe bemisst sich nach dem Mittelwert aus dem Verhältnis der Wohnbevölkerung im Zuständigkeitsbereich des Integrationsamtes zur Wohnbevölkerung im Geltungsbereich dieses Gesetzbuches und dem Verhältnis der Zahl der im Zuständigkeitsbereich des Integrationsamtes in den Betrieben und Dienststellen beschäftigungspflichtiger Arbeitgeber auf Arbeitsplätzen im Sinne des § 156 beschäftigten und der bei den Agenturen für Arbeit arbeitslos gemeldeten schwerbehinderten und diesen gleichgestellten behinderten Menschen zur entsprechenden Zahl der schwerbehinderten und diesen gleichgestellten behinderten Menschen im Geltungsbereich dieses Gesetzbuchs.

(7) 1Die bei den Integrationsämtern verbleibenden Mittel der Ausgleichsabgabe werden von diesen gesondert verwaltet. 2Die Rechnungslegung und die formelle Einrichtung der Rechnungen und Belege regeln sich nach den Bestimmungen, die für diese Stellen allgemein maßgebend sind.

(8) Für die Verpflichtung zur Entrichtung einer Ausgleichsabgabe (Absatz 1) gelten hinsichtlich der in § 154 Absatz 2 Nummer 1 genannten Stellen der Bund und hinsichtlich der in § 154 Absatz 2 Nummer 2 genannten Stellen das Land als ein Arbeitgeber.

§ 161 Ausgleichsfonds

(1) 1Zur besonderen Förderung der Einstellung und Beschäftigung schwerbehinderter Menschen auf Arbeitsplätzen und zur Förderung von Einrichtungen und Maßnahmen, die den Interessen mehrerer Länder auf dem Gebiet der Förderung der Teilhabe schwerbehinderter Menschen am Arbeitsleben dienen, ist beim Bundesministerium für Arbeit und Soziales als zweckgebundene Vermögensmasse ein Ausgleichsfonds für überregionale

Vorhaben zur Teilhabe schwerbehinderter Menschen am Arbeitsleben gebildet. 2Das Bundesministerium für Arbeit und Soziales verwaltet den Ausgleichsfonds.

(2) Abweichend von § 160 Absatz 5 Satz 1 dürfen sich Vorhaben, die aus dem Ausgleichsfonds finanziert werden, auch auf die Förderung der Ausbildung von nicht schwerbehinderten Jugendlichen und jungen Erwachsenen erstrecken, wenn diese Personen Leistungen zur Teilhabe am Arbeitsleben erhalten.

(3) Abweichend von § 160 Absatz 5 Satz 2 werden bei Vorhaben, die aus dem Ausgleichsfonds gefördert werden, auch die dabei anfallenden Administrationskosten aus dem Ausgleichsfonds finanziert.

§ 162 Verordnungsermächtigungen

Die Bundesregierung wird ermächtigt, durch Rechtsverordnung mit Zustimmung des Bundesrates

1. die Pflichtquote nach § 154 Absatz 1 nach dem jeweiligen Bedarf an Arbeitsplätzen für schwerbehinderte Menschen zu ändern, jedoch auf höchstens 10 Prozent zu erhöhen oder bis auf 4 Prozent herabzusetzen; dabei kann die Pflichtquote für öffentliche Arbeitgeber höher festgesetzt werden als für private Arbeitgeber,
2. nähere Vorschriften über die Verwendung der Ausgleichsabgabe nach § 160 Absatz 5 und die Gestaltung des Ausgleichsfonds nach § 161, die Verwendung der Mittel durch ihn für die Förderung der Teilhabe schwerbehinderter Menschen am Arbeitsleben und das Vergabe- und Verwaltungsverfahren des Ausgleichsfonds zu erlassen,
3. in der Rechtsverordnung nach Nummer 2
   a) den Anteil des an den Ausgleichsfonds weiterzuleitenden Aufkommens an Ausgleichsabgabe entsprechend den erforderlichen Aufwendungen zur Erfüllung der Aufgaben des Ausgleichsfonds und der Integrationsämter sowie
   b) den Ausgleich zwischen den Integrationsämtern auf Vorschlag der Länder oder einer Mehrheit der Länder abweichend von § 160 Absatz 6 Satz 3

   zu regeln,
4. die Ausgleichsabgabe bei Arbeitgebern, die über weniger als 30 Arbeitsplätze verfügen, für einen bestimmten Zeitraum allgemein oder für einzelne Bundesländer herabzusetzen oder zu erlassen, wenn die Zahl der unbesetzten Pflichtarbeitsplätze für schwerbehinderte Menschen die Zahl der zu beschäftigenden schwerbehinderten Menschen so erheblich übersteigt, dass die Pflichtarbeitsplätze für schwerbehinderte Menschen dieser Arbeitgeber nicht in Anspruch genommen zu werden brauchen.

Kapitel 3
Sonstige Pflichten der Arbeitgeber; Rechte der schwerbehinderten Menschen

§ 163 Zusammenwirken der Arbeitgeber mit der Bundesagentur für Arbeit und den Integrationsämtern

(1) Die Arbeitgeber haben, gesondert für jeden Betrieb und jede Dienststelle, ein Verzeichnis der bei ihnen beschäftigten schwerbehinderten, ihnen gleichgestellten behinderten Menschen und sonstigen anrechnungsfähigen Personen laufend zu führen und dieses den Vertretern oder Vertreterinnen der Bundesagentur für Arbeit und des Integrationsamtes, die für den Sitz des Betriebes oder der Dienststelle zuständig sind, auf Verlangen vorzulegen.

(2) 1Die Arbeitgeber haben der für ihren Sitz zuständigen Agentur für Arbeit einmal jährlich bis spätestens zum 31. März für das vorangegangene Kalenderjahr, aufgegliedert nach Monaten, die Daten anzuzeigen, die zur Berechnung des Umfangs der Beschäftigungspflicht, zur Überwachung ihrer Erfüllung und der Ausgleichsabgabe notwendig sind. 2Der Anzeige sind das nach Absatz 1 geführte Verzeichnis sowie eine Kopie der Anzeige und des Verzeichnisses zur Weiterleitung an das für ihren Sitz zuständige Integrationsamt beizufügen. 3Dem Betriebs-, Personal-, Richter-, Staatsanwalts- und Präsidialrat, der Schwerbehindertenvertretung und dem Inklusionsbeauftragten des Arbeit-

gebers ist je eine Kopie der Anzeige und des Verzeichnisses zu übermitteln.

(3) Zeigt ein Arbeitgeber die Daten bis zum 30. Juni nicht, nicht richtig oder nicht vollständig an, erlässt die Bundesagentur für Arbeit nach Prüfung in tatsächlicher sowie in rechtlicher Hinsicht einen Feststellungsbescheid über die zur Berechnung der Zahl der Pflichtarbeitsplätze für schwerbehinderte Menschen und der besetzten Arbeitsplätze notwendigen Daten.

(4) Die Arbeitgeber, die Arbeitsplätze für schwerbehinderte Menschen nicht zur Verfügung zu stellen haben, haben die Anzeige nur nach Aufforderung durch die Bundesagentur für Arbeit im Rahmen einer repräsentativen Teilerhebung zu erstatten, die mit dem Ziel der Erfassung der in Absatz 1 genannten Personengruppen, aufgegliedert nach Bundesländern, alle fünf Jahre durchgeführt wird.

(5) Die Arbeitgeber haben der Bundesagentur für Arbeit und dem Integrationsamt auf Verlangen die Auskünfte zu erteilen, die zur Durchführung der besonderen Regelungen zur Teilhabe schwerbehinderter und ihnen gleichgestellter behinderter Menschen am Arbeitsleben notwendig sind.

(6) $_1$Für das Verzeichnis und die Anzeige des Arbeitgebers sind die mit der Bundesarbeitsgemeinschaft der Integrationsämter und Hauptfürsorgestellen abgestimmten Vordrucke der Bundesagentur für Arbeit zu verwenden. $_2$Die Bundesagentur für Arbeit soll zur Durchführung des Anzeigeverfahrens in Abstimmung mit der Bundesarbeitsgemeinschaft ein elektronisches Übermittlungsverfahren zulassen.

(7) Die Arbeitgeber haben den Beauftragten der Bundesagentur für Arbeit und des Integrationsamtes auf Verlangen Einblick in ihren Betrieb oder ihre Dienststelle zu geben, soweit es im Interesse der schwerbehinderten Menschen erforderlich ist und Betriebs- oder Dienstgeheimnisse nicht gefährdet werden.

(8) Die Arbeitgeber haben die Vertrauenspersonen der schwerbehinderten Menschen (§ 177 Absatz 1 Satz 1 bis 3 und § 180 Absatz 1 bis 5) unverzüglich nach der Wahl und ihren Inklusionsbeauftragten für die Angelegenheiten der schwerbehinderten Menschen (§ 181 Satz 1) unverzüglich nach der Bestellung der für den Sitz des Betriebes oder der Dienststelle zuständigen Agentur für Arbeit und dem Integrationsamt zu benennen.

§ 164 Pflichten des Arbeitgebers und Rechte schwerbehinderter Menschen

(1) $_1$Die Arbeitgeber sind verpflichtet zu prüfen, ob freie Arbeitsplätze mit schwerbehinderten Menschen, insbesondere mit bei der Agentur für Arbeit arbeitslos oder arbeitsuchend gemeldeten schwerbehinderten Menschen, besetzt werden können. $_2$Sie nehmen frühzeitig Verbindung mit der Agentur für Arbeit auf. $_3$Die Bundesagentur für Arbeit oder ein Integrationsfachdienst schlägt den Arbeitgebern geeignete schwerbehinderte Menschen vor. $_4$Über die Vermittlungsvorschläge und vorliegende Bewerbungen von schwerbehinderten Menschen haben die Arbeitgeber die Schwerbehindertenvertretung und die in § 176 genannten Vertretungen unmittelbar nach Eingang zu unterrichten. $_5$Bei Bewerbungen schwerbehinderter Richterinnen und Richter wird der Präsidialrat unterrichtet und gehört, soweit dieser an der Ernennung zu beteiligen ist. $_6$Bei der Prüfung nach Satz 1 beteiligen die Arbeitgeber die Schwerbehindertenvertretung nach § 178 Absatz 2 und hören die in § 176 genannten Vertretungen an. $_7$Erfüllt der Arbeitgeber seine Beschäftigungspflicht nicht und ist die Schwerbehindertenvertretung oder eine in § 176 genannte Vertretung mit der beabsichtigten Entscheidung des Arbeitgebers nicht einverstanden, ist diese unter Darlegung der Gründe mit ihnen zu erörtern. $_8$Dabei wird der betroffene schwerbehinderte Mensch angehört. $_9$Alle Beteiligten sind vom Arbeitgeber über die getroffene Entscheidung unter Darlegung der Gründe unverzüglich zu unterrichten. $_{10}$Bei Bewerbungen schwerbehinderter Menschen ist die Schwerbehindertenvertretung nicht zu beteiligen, wenn der schwerbehinderte Mensch die Beteiligung der Schwerbehindertenvertretung ausdrücklich ablehnt.

(2) $_1$Arbeitgeber dürfen schwerbehinderte Beschäftigte nicht wegen ihrer Behinderung benachteiligen. $_2$Im Einzelnen gelten hierzu

die Regelungen des Allgemeinen Gleichbehandlungsgesetzes.

(3) 1Die Arbeitgeber stellen durch geeignete Maßnahmen sicher, dass in ihren Betrieben und Dienststellen wenigstens die vorgeschriebene Zahl schwerbehinderter Menschen eine möglichst dauerhafte behinderungsgerechte Beschäftigung finden kann. 2Absatz 4 Satz 2 und 3 gilt entsprechend.

(4) 1Die schwerbehinderten Menschen haben gegenüber ihren Arbeitgebern Anspruch auf

1. Beschäftigung, bei der sie ihre Fähigkeiten und Kenntnisse möglichst voll verwerten und weiterentwickeln können,
2. bevorzugte Berücksichtigung bei innerbetrieblichen Maßnahmen der beruflichen Bildung zur Förderung ihres beruflichen Fortkommens,
3. Erleichterungen im zumutbaren Umfang zur Teilnahme an außerbetrieblichen Maßnahmen der beruflichen Bildung,
4. behinderungsgerechte Einrichtung und Unterhaltung der Arbeitsstätten einschließlich der Betriebsanlagen, Maschinen und Geräte sowie der Gestaltung der Arbeitsplätze, des Arbeitsumfelds, der Arbeitsorganisation und der Arbeitszeit, unter besonderer Berücksichtigung der Unfallgefahr,
5. Ausstattung ihres Arbeitsplatzes mit den erforderlichen technischen Arbeitshilfen

unter Berücksichtigung der Behinderung und ihrer Auswirkungen auf die Beschäftigung. 2Bei der Durchführung der Maßnahmen nach Satz 1 Nummer 1, 4 und 5 unterstützen die Bundesagentur für Arbeit und die Integrationsämter die Arbeitgeber unter Berücksichtigung der für die Beschäftigung wesentlichen Eigenschaften der schwerbehinderten Menschen. 3Ein Anspruch nach Satz 1 besteht nicht, soweit seine Erfüllung für den Arbeitgeber nicht zumutbar oder mit unverhältnismäßigen Aufwendungen verbunden wäre oder soweit die staatlichen oder berufsgenossenschaftlichen Arbeitsschutzvorschriften oder beamtenrechtliche Vorschriften entgegenstehen.

(5) 1Die Arbeitgeber fördern die Einrichtung von Teilzeitarbeitsplätzen. 2Sie werden dabei von den Integrationsämtern unterstützt. 3Schwerbehinderte Menschen haben einen Anspruch auf Teilzeitbeschäftigung, wenn die kürzere Arbeitszeit wegen Art oder Schwere der Behinderung notwendig ist; Absatz 4 Satz 3 gilt entsprechend.

§ 165 Besondere Pflichten der öffentlichen Arbeitgeber

1Die Dienststellen der öffentlichen Arbeitgeber melden den Agenturen für Arbeit frühzeitig nach einer erfolglosen Prüfung zur internen Besetzung des Arbeitsplatzes frei werdende und neu zu besetzende sowie neue Arbeitsplätze (§ 156). 2Mit dieser Meldung gilt die Zustimmung zur Veröffentlichung der Stellenangebote als erteilt. 3Haben schwerbehinderte Menschen sich um einen solchen Arbeitsplatz beworben oder sind sie von der Bundesagentur für Arbeit oder einem von dieser beauftragten Integrationsfachdienst vorgeschlagen worden, werden sie zu einem Vorstellungsgespräch eingeladen. 4Eine Einladung ist entbehrlich, wenn die fachliche Eignung offensichtlich fehlt. 5Einer Inklusionsvereinbarung nach § 166 bedarf es nicht, wenn für die Dienststellen dem § 166 entsprechende Regelungen bereits bestehen und durchgeführt werden.

§ 166 Inklusionsvereinbarung

(1) 1Die Arbeitgeber treffen mit der Schwerbehindertenvertretung und den in § 176 genannten Vertretungen in Zusammenarbeit mit dem Inklusionsbeauftragten des Arbeitgebers (§ 181) eine verbindliche Inklusionsvereinbarung. 2Auf Antrag der Schwerbehindertenvertretung wird unter Beteiligung der in § 176 genannten Vertretungen hierüber verhandelt. 3Ist eine Schwerbehindertenvertretung nicht vorhanden, steht das Antragsrecht den in § 176 genannten Vertretungen zu. 4Der Arbeitgeber oder die Schwerbehindertenvertretung kann das Integrationsamt einladen, sich an den Verhandlungen über die Inklusionsvereinbarung zu beteiligen. 5Das Integrationsamt soll dabei insbesondere darauf hinwirken, dass unterschiedliche Auffassungen überwunden werden. 6Der Agentur für Arbeit und dem Integrationsamt, die für

den Sitz des Arbeitgebers zuständig sind, wird die Vereinbarung übermittelt.

(2) 1Die Vereinbarung enthält Regelungen im Zusammenhang mit der Eingliederung schwerbehinderter Menschen, insbesondere zur Personalplanung, Arbeitsplatzgestaltung, Gestaltung des Arbeitsumfelds, Arbeitsorganisation, Arbeitszeit sowie Regelungen über die Durchführung in den Betrieben und Dienststellen. 2Dabei ist die gleichberechtigte Teilhabe schwerbehinderter Menschen am Arbeitsleben bei der Gestaltung von Arbeitsprozessen und Rahmenbedingungen von Anfang an zu berücksichtigen. 3Bei der Personalplanung werden besondere Regelungen zur Beschäftigung eines angemessenen Anteils von schwerbehinderten Frauen vorgesehen.

(3) In der Vereinbarung können insbesondere auch Regelungen getroffen werden

1. zur angemessenen Berücksichtigung schwerbehinderter Menschen bei der Besetzung freier, frei werdender oder neuer Stellen,
2. zu einer anzustrebenden Beschäftigungsquote, einschließlich eines angemessenen Anteils schwerbehinderter Frauen,
3. zu Teilzeitarbeit,
4. zur Ausbildung behinderter Jugendlicher,
5. zur Durchführung der betrieblichen Prävention (betriebliches Eingliederungsmanagement) und zur Gesundheitsförderung,
6. über die Hinzuziehung des Werks- oder Betriebsarztes auch für Beratungen über Leistungen zur Teilhabe sowie über besondere Hilfen im Arbeitsleben.

(4) In den Versammlungen schwerbehinderter Menschen berichtet der Arbeitgeber über alle Angelegenheiten im Zusammenhang mit der Eingliederung schwerbehinderter Menschen.

§ 167 Prävention

(1) Der Arbeitgeber schaltet bei Eintreten von personen-, verhaltens- oder betriebsbedingten Schwierigkeiten im Arbeits- oder sonstigen Beschäftigungsverhältnis, die zur Gefährdung dieses Verhältnisses führen können, möglichst frühzeitig die Schwerbehindertenvertretung und die in § 176 genannten Vertretungen sowie das Integrationsamt ein, um mit ihnen alle Möglichkeiten und alle zur Verfügung stehenden Hilfen zur Beratung und mögliche finanzielle Leistungen zu erörtern, mit denen die Schwierigkeiten beseitigt werden können und das Arbeits- oder sonstige Beschäftigungsverhältnis möglichst dauerhaft fortgesetzt werden kann.

(2) 1Sind Beschäftigte innerhalb eines Jahres länger als sechs Wochen ununterbrochen oder wiederholt arbeitsunfähig, klärt der Arbeitgeber mit der zuständigen Interessenvertretung im Sinne des § 176, bei schwerbehinderten Menschen außerdem mit der Schwerbehindertenvertretung, mit Zustimmung und Beteiligung der betroffenen Person die Möglichkeiten, wie die Arbeitsunfähigkeit möglichst überwunden werden und mit welchen Leistungen oder Hilfen erneuter Arbeitsunfähigkeit vorgebeugt und der Arbeitsplatz erhalten werden kann (betriebliches Eingliederungsmanagement). 2Beschäftigte können zusätzlich eine Vertrauensperson eigener Wahl hinzuziehen. 3Soweit erforderlich, wird der Werks- oder Betriebsarzt hinzugezogen. 4Die betroffene Person oder ihr gesetzlicher Vertreter ist zuvor auf die Ziele des betrieblichen Eingliederungsmanagements sowie auf Art und Umfang der hierfür erhobenen und verwendeten Daten hinzuweisen. 5Kommen Leistungen zur Teilhabe oder begleitende Hilfen im Arbeitsleben in Betracht, werden vom Arbeitgeber die Rehabilitationsträger oder bei schwerbehinderten Beschäftigten das Integrationsamt hinzugezogen. 6Diese wirken darauf hin, dass die erforderlichen Leistungen oder Hilfen unverzüglich beantragt und innerhalb der Frist des § 14 Absatz 2 Satz 2 erbracht werden. 7Die zuständige Interessenvertretung im Sinne des § 176, bei schwerbehinderten Menschen außerdem die Schwerbehindertenvertretung, können die Klärung verlangen. 8Sie wachen darüber, dass der Arbeitgeber die ihm nach dieser Vorschrift obliegenden Verpflichtungen erfüllt.

(3) Die Rehabilitationsträger und die Integrationsämter können Arbeitgeber, die ein betriebliches Eingliederungsmanagement einführen, durch Prämien oder einen Bonus fördern.

Kapitel 4
Kündigungsschutz

§ 168 Erfordernis der Zustimmung

Die Kündigung des Arbeitsverhältnisses eines schwerbehinderten Menschen durch den Arbeitgeber bedarf der vorherigen Zustimmung des Integrationsamtes.

§ 169 Kündigungsfrist

Die Kündigungsfrist beträgt mindestens vier Wochen.

§ 170 Antragsverfahren

(1) $_{1}$Die Zustimmung zur Kündigung beantragt der Arbeitgeber bei dem für den Sitz des Betriebes oder der Dienststelle zuständigen Integrationsamt schriftlich oder elektronisch. $_{2}$Der Begriff des Betriebes und der Begriff der Dienststelle im Sinne dieses Teils bestimmen sich nach dem Betriebsverfassungsgesetz und dem Personalvertretungsrecht.

(2) Das Integrationsamt holt eine Stellungnahme des Betriebsrates oder Personalrates und der Schwerbehindertenvertretung ein und hört den schwerbehinderten Menschen an.

(3) Das Integrationsamt wirkt in jeder Lage des Verfahrens auf eine gütliche Einigung hin.

§ 171 Entscheidung des Integrationsamtes

(1) Das Integrationsamt soll die Entscheidung, falls erforderlich, auf Grund mündlicher Verhandlung, innerhalb eines Monats vom Tag des Eingangs des Antrages an treffen.

(2) $_{1}$Die Entscheidung wird dem Arbeitgeber und dem schwerbehinderten Menschen zugestellt. $_{2}$Der Bundesagentur für Arbeit wird eine Abschrift der Entscheidung übersandt.

(3) Erteilt das Integrationsamt die Zustimmung zur Kündigung, kann der Arbeitgeber die Kündigung nur innerhalb eines Monats nach Zustellung erklären.

(4) Widerspruch und Anfechtungsklage gegen die Zustimmung des Integrationsamtes zur Kündigung haben keine aufschiebende Wirkung.

(5) $_{1}$In den Fällen des § 172 Absatz 1 Satz 1 und Absatz 3 gilt Absatz 1 mit der Maßgabe, dass die Entscheidung innerhalb eines Monats vom Tag des Eingangs des Antrages an zu treffen ist. $_{2}$Wird innerhalb dieser Frist eine Entscheidung nicht getroffen, gilt die Zustimmung als erteilt. $_{3}$Die Absätze 3 und 4 gelten entsprechend.

§ 172 Einschränkungen der Ermessensentscheidung

(1) $_{1}$Das Integrationsamt erteilt die Zustimmung bei Kündigungen in Betrieben und Dienststellen, die nicht nur vorübergehend eingestellt oder aufgelöst werden, wenn zwischen dem Tag der Kündigung und dem Tag, bis zu dem Gehalt oder Lohn gezahlt wird, mindestens drei Monate liegen. $_{2}$Unter der gleichen Voraussetzung soll es die Zustimmung auch bei Kündigungen in Betrieben und Dienststellen erteilen, die nicht nur vorübergehend wesentlich eingeschränkt werden, wenn die Gesamtzahl der weiterhin beschäftigten schwerbehinderten Menschen zur Erfüllung der Beschäftigungspflicht nach § 154 ausreicht. $_{3}$Die Sätze 1 und 2 gelten nicht, wenn eine Weiterbeschäftigung auf einem anderen Arbeitsplatz desselben Betriebes oder derselben Dienststelle oder auf einem freien Arbeitsplatz in einem anderen Betrieb oder einer anderen Dienststelle desselben Arbeitgebers mit Einverständnis des schwerbehinderten Menschen möglich und für den Arbeitgeber zumutbar ist.

(2) Das Integrationsamt soll die Zustimmung erteilen, wenn dem schwerbehinderten Menschen ein anderer angemessener und zumutbarer Arbeitsplatz gesichert ist.

(3) Ist das Insolvenzverfahren über das Vermögen des Arbeitgebers eröffnet, soll das Integrationsamt die Zustimmung erteilen, wenn

1. der schwerbehinderte Mensch in einem Interessenausgleich namentlich als einer der zu entlassenden Arbeitnehmer bezeichnet ist (§ 125 der Insolvenzordnung),
2. die Schwerbehindertenvertretung beim Zustandekommen des Interessenausgleichs gemäß § 178 Absatz 2 beteiligt worden ist,
3. der Anteil der nach dem Interessenausgleich zu entlassenden schwerbehinderten

Menschen an der Zahl der beschäftigten schwerbehinderten Menschen nicht größer ist als der Anteil der zu entlassenden übrigen Arbeitnehmer an der Zahl der beschäftigten übrigen Arbeitnehmer und

4. die Gesamtzahl der schwerbehinderten Menschen, die nach dem Interessenausgleich bei dem Arbeitgeber verbleiben sollen, zur Erfüllung der Beschäftigungspflicht nach § 154 ausreicht.

§ 173 Ausnahmen

(1) 1Die Vorschriften dieses Kapitels gelten nicht für schwerbehinderte Menschen,

1. deren Arbeitsverhältnis zum Zeitpunkt des Zugangs der Kündigungserklärung ohne Unterbrechung noch nicht länger als sechs Monate besteht oder
2. die auf Stellen im Sinne des § 156 Absatz 2 Nummer 2 bis 5 beschäftigt werden oder
3. deren Arbeitsverhältnis durch Kündigung beendet wird, sofern sie
   a) das 58. Lebensjahr vollendet haben und Anspruch auf eine Abfindung, Entschädigung oder ähnliche Leistung auf Grund eines Sozialplanes haben oder
   b) Anspruch auf Knappschaftsausgleichsleistung nach dem Sechsten Buch oder auf Anpassungsgeld für entlassene Arbeitnehmer des Bergbaus haben.

2Satz 1 Nummer 3 (Buchstabe a und b) finden Anwendung, wenn der Arbeitgeber ihnen die Kündigungsabsicht rechtzeitig mitgeteilt hat und sie der beabsichtigten Kündigung bis zu deren Ausspruch nicht widersprechen.

(2) Die Vorschriften dieses Kapitels finden ferner bei Entlassungen, die aus Witterungsgründen vorgenommen werden, keine Anwendung, sofern die Wiedereinstellung der schwerbehinderten Menschen bei Wiederaufnahme der Arbeit gewährleistet ist.

(3) Die Vorschriften dieses Kapitels finden ferner keine Anwendung, wenn zum Zeitpunkt der Kündigung die Eigenschaft als schwerbehinderter Mensch nicht nachgewiesen ist oder das Versorgungsamt nach Ablauf der Frist des § 152 Absatz 1 Satz 3 eine Feststellung wegen fehlender Mitwirkung nicht treffen konnte.

(4) Der Arbeitgeber zeigt Einstellungen auf Probe und die Beendigung von Arbeitsverhältnissen schwerbehinderter Menschen in den Fällen des Absatzes 1 Nummer 1 unabhängig von der Anzeigepflicht nach anderen Gesetzen dem Integrationsamt innerhalb von vier Tagen an.

§ 174 Außerordentliche Kündigung

(1) Die Vorschriften dieses Kapitels gelten mit Ausnahme von § 169 auch bei außerordentlicher Kündigung, soweit sich aus den folgenden Bestimmungen nichts Abweichendes ergibt.

(2) 1Die Zustimmung zur Kündigung kann nur innerhalb von zwei Wochen beantragt werden; maßgebend ist der Eingang des Antrages bei dem Integrationsamt. 2Die Frist beginnt mit dem Zeitpunkt, in dem der Arbeitgeber von den für die Kündigung maßgebenden Tatsachen Kenntnis erlangt.

(3) 1Das Integrationsamt trifft die Entscheidung innerhalb von zwei Wochen vom Tag des Eingangs des Antrages an. 2Wird innerhalb dieser Frist eine Entscheidung nicht getroffen, gilt die Zustimmung als erteilt.

(4) Das Integrationsamt soll die Zustimmung erteilen, wenn die Kündigung aus einem Grund erfolgt, der nicht im Zusammenhang mit der Behinderung steht.

(5) Die Kündigung kann auch nach Ablauf der Frist des § 626 Absatz 2 Satz 1 des Bürgerlichen Gesetzbuchs erfolgen, wenn sie unverzüglich nach Erteilung der Zustimmung erklärt wird.

(6) Schwerbehinderte Menschen, denen lediglich aus Anlass eines Streiks oder einer Aussperrung fristlos gekündigt worden ist, werden nach Beendigung des Streiks oder der Aussperrung wieder eingestellt.

§ 175 Erweiterter Beendigungsschutz

1Die Beendigung des Arbeitsverhältnisses eines schwerbehinderten Menschen bedarf auch dann der vorherigen Zustimmung des Integrationsamtes, wenn sie im Falle des Eintritts einer teilweisen Erwerbsminderung, der Erwerbsminderung auf Zeit, der Berufsunfähigkeit oder der Erwerbsunfähigkeit auf Zeit ohne Kündigung erfolgt. 2Die Vorschriften dieses Kapitels über die Zustimmung zur ordentlichen Kündigung gelten entsprechend.

Kapitel 5 Betriebs-, Personal-, Richter-, Staatsanwalts- und Präsidialrat, Schwerbehindertenvertretung, Inklusionsbeauftragter des Arbeitgebers

§ 176 Aufgaben des Betriebs-, Personal-, Richter-, Staatsanwalts- und Präsidialrates

1Betriebs-, Personal-, Richter-, Staatsanwalts- und Präsidialrat fördern die Eingliederung schwerbehinderter Menschen. 2Sie achten insbesondere darauf, dass die dem Arbeitgeber nach den §§ 154, 155 und 164 bis 167 obliegenden Verpflichtungen erfüllt werden; sie wirken auf die Wahl der Schwerbehindertenvertretung hin.

§ 177 Wahl und Amtszeit der Schwerbehindertenvertretung

(1) 1In Betrieben und Dienststellen, in denen wenigstens fünf schwerbehinderte Menschen nicht nur vorübergehend beschäftigt sind, werden eine Vertrauensperson und wenigstens ein stellvertretendes Mitglied gewählt, das die Vertrauensperson im Falle der Verhinderung vertritt. 2Ferner wählen bei Gerichten, denen mindestens fünf schwerbehinderte Richter oder Richterinnen angehören, diese einen Richter oder eine Richterin zu ihrer Schwerbehindertenvertretung. 3Satz 2 gilt entsprechend für Staatsanwälte oder Staatsanwältinnen, soweit für sie eine besondere Personalvertretung gebildet wird. 4Betriebe oder Dienststellen, die die Voraussetzungen des Satzes 1 nicht erfüllen, können für die Wahl mit räumlich nahe liegenden Betrieben des Arbeitgebers oder gleichstufigen Dienststellen derselben Verwaltung zusammengefasst werden; soweit erforderlich, können Gerichte unterschiedlicher Gerichtszweige und Stufen zusammengefasst werden. 5Über die Zusammenfassung entscheidet der Arbeitgeber im Benehmen mit dem für den Sitz der Betriebe oder Dienststellen einschließlich Gerichten zuständigen Integrationsamt.

(2) Wahlberechtigt sind alle in dem Betrieb oder der Dienststelle beschäftigten schwerbehinderten Menschen.

(3) 1Wählbar sind alle in dem Betrieb oder der Dienststelle nicht nur vorübergehend Beschäftigten, die am Wahltag das 18. Lebensjahr vollendet haben und dem Betrieb oder der Dienststelle seit sechs Monaten angehören; besteht der Betrieb oder die Dienststelle weniger als ein Jahr, so bedarf es für die Wählbarkeit nicht der sechsmonatigen Zugehörigkeit. 2Nicht wählbar ist, wer kraft Gesetzes dem Betriebs-, Personal-, Richter-, Staatsanwalts- oder Präsidialrat nicht angehören kann.

(4) In Dienststellen der Bundeswehr sind auch schwerbehinderte Soldatinnen und Soldaten wahlberechtigt und auch Soldatinnen und Soldaten wählbar.

(5) 1Die regelmäßigen Wahlen finden alle vier Jahre in der Zeit vom 1. Oktober bis 30. November statt. 2Außerhalb dieser Zeit finden Wahlen statt, wenn

1. das Amt der Schwerbehindertenvertretung vorzeitig erlischt und ein stellvertretendes Mitglied nicht nachrückt,
2. die Wahl mit Erfolg angefochten worden ist oder
3. eine Schwerbehindertenvertretung noch nicht gewählt ist.

3Hat außerhalb des für die regelmäßigen Wahlen festgelegten Zeitraumes eine Wahl der Schwerbehindertenvertretung stattgefunden, wird die Schwerbehindertenvertretung in dem auf die Wahl folgenden nächsten Zeitraum der regelmäßigen Wahlen neu gewählt. 4Hat die Amtszeit der Schwerbehindertenvertretung zum Beginn des für die regelmäßigen Wahlen festgelegten Zeitraums noch nicht ein Jahr betragen, wird die Schwerbehindertenvertretung im übernächsten Zeitraum für regelmäßige Wahlen neu gewählt.

(6) 1Die Vertrauensperson und das stellvertretende Mitglied werden in geheimer und unmittelbarer Wahl nach den Grundsätzen der Mehrheitswahl gewählt. 2Im Übrigen sind die Vorschriften über die Wahlanfechtung,

den Wahlschutz und die Wahlkosten bei der Wahl des Betriebs-, Personal-, Richter-, Staatsanwalts- oder Präsidialrates sinngemäß anzuwenden. 3In Betrieben und Dienststellen mit weniger als 50 wahlberechtigten schwerbehinderten Menschen wird die Vertrauensperson und das stellvertretende Mitglied im vereinfachten Wahlverfahren gewählt, sofern der Betrieb oder die Dienststelle nicht aus räumlich weit auseinanderliegenden Teilen besteht. 4Ist in einem Betrieb oder einer Dienststelle eine Schwerbehindertenvertretung nicht gewählt, so kann das für den Betrieb oder die Dienststelle zuständige Integrationsamt zu einer Versammlung schwerbehinderter Menschen zum Zwecke der Wahl eines Wahlvorstandes einladen.

(7) 1Die Amtszeit der Schwerbehindertenvertretung beträgt vier Jahre. 2Sie beginnt mit der Bekanntgabe des Wahlergebnisses oder, wenn die Amtszeit der bisherigen Schwerbehindertenvertretung noch nicht beendet ist, mit deren Ablauf. 3Das Amt erlischt vorzeitig, wenn die Vertrauensperson es niederlegt, aus dem Arbeits-, Dienst- oder Richterverhältnis ausscheidet oder die Wählbarkeit verliert. 4Scheidet die Vertrauensperson vorzeitig aus dem Amt aus, rückt das mit der höchsten Stimmenzahl gewählte stellvertretende Mitglied für den Rest der Amtszeit nach; dies gilt für das stellvertretende Mitglied entsprechend. 5Auf Antrag eines Viertels der wahlberechtigten schwerbehinderten Menschen kann der Widerspruchsausschuss bei dem Integrationsamt (§ 202) das Erlöschen des Amtes einer Vertrauensperson wegen grober Verletzung ihrer Pflichten beschließen.

(8) In Betrieben gilt § 21a des Betriebsverfassungsgesetzes entsprechend.

§ 178 Aufgaben der Schwerbehindertenvertretung

(1) 1Die Schwerbehindertenvertretung fördert die Eingliederung schwerbehinderter Menschen in den Betrieb oder die Dienststelle, vertritt ihre Interessen in dem Betrieb oder der Dienststelle und steht ihnen beratend und helfend zur Seite. 2Sie erfüllt ihre Aufgaben insbesondere dadurch, dass sie

1. darüber wacht, dass die zugunsten schwerbehinderter Menschen geltenden Gesetze, Verordnungen, Tarifverträge, Betriebs- oder Dienstvereinbarungen und Verwaltungsanordnungen durchgeführt, insbesondere auch die dem Arbeitgeber nach den §§ 154, 155 und 164 bis 167 obliegenden Verpflichtungen erfüllt werden,
2. Maßnahmen, die den schwerbehinderten Menschen dienen, insbesondere auch präventive Maßnahmen, bei den zuständigen Stellen beantragt,
3. Anregungen und Beschwerden von schwerbehinderten Menschen entgegennimmt und, falls sie berechtigt erscheinen, durch Verhandlung mit dem Arbeitgeber auf eine Erledigung hinwirkt; sie unterrichtet die schwerbehinderten Menschen über den Stand und das Ergebnis der Verhandlungen.

3Die Schwerbehindertenvertretung unterstützt Beschäftigte auch bei Anträgen an die nach § 152 Absatz 1 zuständigen Behörden auf Feststellung einer Behinderung, ihres Grades und einer Schwerbehinderung sowie bei Anträgen auf Gleichstellung an die Agentur für Arbeit. 4In Betrieben und Dienststellen mit in der Regel mehr als 100 beschäftigten schwerbehinderten Menschen kann sie nach Unterrichtung des Arbeitgebers das mit der höchsten Stimmenzahl gewählte stellvertretende Mitglied zu bestimmten Aufgaben heranziehen. 5Ab jeweils 100 weiteren beschäftigten schwerbehinderten Menschen kann jeweils auch das mit der nächsthöheren Stimmenzahl gewählte Mitglied herangezogen werden. 6Die Heranziehung zu bestimmten Aufgaben schließt die Abstimmung untereinander ein.

(2) 1Der Arbeitgeber hat die Schwerbehindertenvertretung in allen Angelegenheiten, die einen einzelnen oder die schwerbehinderten Menschen als Gruppe berühren, unverzüglich und umfassend zu unterrichten und vor einer Entscheidung anzuhören; er hat ihr die getroffene Entscheidung unverzüglich mitzuteilen. 2Die Durchführung oder Vollziehung einer ohne Beteiligung nach Satz 1 getroffenen Entscheidung ist auszusetzen, die Beteiligung ist innerhalb von sieben Tagen nachzuholen; sodann ist endgültig zu entscheiden. 3Die

VIII

Kündigung eines schwerbehinderten Menschen, die der Arbeitgeber ohne eine Beteiligung nach Satz 1 ausspricht, ist unwirksam. $_{4}$Die Schwerbehindertenvertretung hat das Recht auf Beteiligung am Verfahren nach § 164 Absatz 1 und beim Vorliegen von Vermittlungsvorschlägen der Bundesagentur für Arbeit nach § 164 Absatz 1 oder von Bewerbungen schwerbehinderter Menschen das Recht auf Einsicht in die entscheidungsrelevanten Teile der Bewerbungsunterlagen und Teilnahme an Vorstellungsgesprächen.

(3) $_{1}$Der schwerbehinderte Mensch hat das Recht, bei Einsicht in die über ihn geführte Personalakte oder ihn betreffende Daten des Arbeitgebers die Schwerbehindertenvertretung hinzuzuziehen. $_{2}$Die Schwerbehindertenvertretung bewahrt über den Inhalt der Daten Stillschweigen, soweit sie der schwerbehinderte Mensch nicht von dieser Verpflichtung entbunden hat.

(4) $_{1}$Die Schwerbehindertenvertretung hat das Recht, an allen Sitzungen des Betriebs-, Personal-, Richter-, Staatsanwalts- oder Präsidialrates und deren Ausschüssen sowie des Arbeitsschutzausschusses beratend teilzunehmen; sie kann beantragen, Angelegenheiten, die einzelne oder die schwerbehinderten Menschen als Gruppe besonders betreffen, auf die Tagesordnung der nächsten Sitzung zu setzen. $_{2}$Erachtet sie einen Beschluss des Betriebs-, Personal-, Richter-, Staatsanwalts- oder Präsidialrates als eine erhebliche Beeinträchtigung wichtiger Interessen schwerbehinderter Menschen oder ist sie entgegen Absatz 2 Satz 1 nicht beteiligt worden, wird auf ihren Antrag der Beschluss für die Dauer von einer Woche vom Zeitpunkt der Beschlussfassung an ausgesetzt; die Vorschriften des Betriebsverfassungsgesetzes und des Personalvertretungsrechts über die Aussetzung von Beschlüssen gelten entsprechend. $_{3}$Durch die Aussetzung wird eine Frist nicht verlängert. $_{4}$In den Fällen des § 21e Absatz 1 und 3 des Gerichtsverfassungsgesetzes ist die Schwerbehindertenvertretung, außer in Eilfällen, auf Antrag einer betroffenen schwerbehinderten Richterin oder eines schwerbehinderten Richters vor dem Präsidium des Gerichtes zu hören.

(5) Die Schwerbehindertenvertretung wird zu Besprechungen nach § 74 Absatz 1 des Betriebsverfassungsgesetzes, § 65 des Bundespersonalvertretungsgesetzes sowie den entsprechenden Vorschriften des sonstigen Personalvertretungsrechts zwischen dem Arbeitgeber und den in Absatz 4 genannten Vertretungen hinzugezogen.

(6) $_{1}$Die Schwerbehindertenvertretung hat das Recht, mindestens einmal im Kalenderjahr eine Versammlung schwerbehinderter Menschen im Betrieb oder in der Dienststelle durchzuführen. $_{2}$Die für Betriebs- und Personalversammlungen geltenden Vorschriften finden entsprechende Anwendung.

(7) Sind in einer Angelegenheit sowohl die Schwerbehindertenvertretung der Richter und Richterinnen als auch die Schwerbehindertenvertretung der übrigen Bediensteten beteiligt, so handeln sie gemeinsam.

(8) Die Schwerbehindertenvertretung kann an Betriebs- und Personalversammlungen in Betrieben und Dienststellen teilnehmen, für die sie als Schwerbehindertenvertretung zuständig ist, und hat dort ein Rederecht, auch wenn die Mitglieder der Schwerbehindertenvertretung nicht Angehörige des Betriebes oder der Dienststelle sind.

§ 179 Persönliche Rechte und Pflichten der Vertrauenspersonen der schwerbehinderten Menschen

(1) Die Vertrauenspersonen führen ihr Amt unentgeltlich als Ehrenamt.

(2) Die Vertrauenspersonen dürfen in der Ausübung ihres Amtes nicht behindert oder wegen ihres Amtes nicht benachteiligt oder begünstigt werden; dies gilt auch für ihre berufliche Entwicklung.

(3) $_{1}$Die Vertrauenspersonen besitzen gegenüber dem Arbeitgeber die gleiche persönliche Rechtsstellung, insbesondere den gleichen Kündigungs-, Versetzungs- und Abordnungsschutz, wie ein Mitglied des Betriebs-, Personal-, Staatsanwalts- oder Richterrates. $_{2}$Das stellvertretende Mitglied besitzt während der Dauer der Vertretung und der Heranziehung

nach § 178 Absatz 1 Satz 4 und 5 die gleiche persönliche Rechtsstellung wie die Vertrauensperson, im Übrigen die gleiche Rechtsstellung wie Ersatzmitglieder der in Satz 1 genannten Vertretungen.

(4) 1Die Vertrauenspersonen werden von ihrer beruflichen Tätigkeit ohne Minderung des Arbeitsentgelts oder der Dienstbezüge befreit, wenn und soweit es zur Durchführung ihrer Aufgaben erforderlich ist. 2Sind in den Betrieben und Dienststellen in der Regel wenigstens 100 schwerbehinderte Menschen beschäftigt, wird die Vertrauensperson auf ihren Wunsch freigestellt; weitergehende Vereinbarungen sind zulässig. 3Satz 1 gilt entsprechend für die Teilnahme der Vertrauensperson und des mit der höchsten Stimmenzahl gewählten stellvertretenden Mitglieds sowie in den Fällen des § 178 Absatz 1 Satz 5 auch des jeweils mit der nächsthöheren Stimmenzahl gewählten weiteren stellvertretenden Mitglieds an Schulungs- und Bildungsveranstaltungen, soweit diese Kenntnisse vermitteln, die für die Arbeit der Schwerbehindertenvertretung erforderlich sind.

(5) 1Freigestellte Vertrauenspersonen dürfen von inner- oder außerbetrieblichen Maßnahmen der Berufsförderung nicht ausgeschlossen werden. 2Innerhalb eines Jahres nach Beendigung ihrer Freistellung ist ihnen im Rahmen der Möglichkeiten des Betriebes oder der Dienststelle Gelegenheit zu geben, eine wegen der Freistellung unterbliebene berufliche Entwicklung in dem Betrieb oder der Dienststelle nachzuholen. 3Für Vertrauenspersonen, die drei volle aufeinander folgende Amtszeiten freigestellt waren, erhöht sich der genannte Zeitraum auf zwei Jahre.

(6) Zum Ausgleich für ihre Tätigkeit, die aus betriebsbedingten oder dienstlichen Gründen außerhalb der Arbeitszeit durchzuführen ist, haben die Vertrauenspersonen Anspruch auf entsprechende Arbeits- oder Dienstbefreiung unter Fortzahlung des Arbeitsentgelts oder der Dienstbezüge.

(7) 1Die Vertrauenspersonen sind verpflichtet,

1. ihnen wegen ihres Amtes anvertraute oder sonst bekannt gewordene fremde Geheimnisse, namentlich zum persönlichen Lebensbereich gehörende Geheimnisse, nicht zu offenbaren und
2. ihnen wegen ihres Amtes bekannt gewordene und vom Arbeitgeber ausdrücklich als geheimhaltungsbedürftig bezeichnete Betriebs- oder Geschäftsgeheimnisse nicht zu offenbaren und nicht zu verwerten.

2Diese Pflichten gelten auch nach dem Ausscheiden aus dem Amt. 3Sie gelten nicht gegenüber der Bundesagentur für Arbeit, den Integrationsämtern und den Rehabilitationsträgern, soweit deren Aufgaben den schwerbehinderten Menschen gegenüber es erfordern, gegenüber den Vertrauenspersonen in den Stufenvertretungen (§ 180) sowie gegenüber den in § 79 Absatz 1 des Betriebsverfassungsgesetzes und den in den entsprechenden Vorschriften des Personalvertretungsrechts genannten Vertretungen, Personen und Stellen.

(8) 1Die durch die Tätigkeit der Schwerbehindertenvertretung entstehenden Kosten trägt der Arbeitgeber; für öffentliche Arbeitgeber gelten die Kostenregelungen für Personalvertretungen entsprechend. 2Das Gleiche gilt für die durch die Teilnahme der stellvertretenden Mitglieder an Schulungs- und Bildungsveranstaltungen nach Absatz 4 Satz 3 entstehenden Kosten. 3Satz 1 umfasst auch eine Bürokraft für die Schwerbehindertenvertretung in erforderlichem Umfang.

(9) Die Räume und der Geschäftsbedarf, die der Arbeitgeber dem Betriebs-, Personal-, Richter-, Staatsanwalts- oder Präsidialrat für dessen Sitzungen, Sprechstunden und laufende Geschäftsführung zur Verfügung stellt, stehen für die gleichen Zwecke auch der Schwerbehindertenvertretung zur Verfügung, soweit ihr hierfür nicht eigene Räume und sächliche Mittel zur Verfügung gestellt werden.

§ 180 Konzern-, Gesamt-, Bezirks- und Hauptschwerbehindertenvertretung

(1) 1Ist für mehrere Betriebe eines Arbeitgebers ein Gesamtbetriebsrat oder für den Geschäftsbereich mehrerer Dienststellen ein Gesamtpersonalrat errichtet, wählen die Schwerbehindertenvertretungen der einzelnen Betriebe oder Dienststellen eine Gesamtschwerbe-

VIII

hindertenvertretung. 2Ist eine Schwerbehindertenvertretung nur in einem der Betriebe oder in einer der Dienststellen gewählt, nimmt sie die Rechte und Pflichten der Gesamtschwerbehindertenvertretung wahr.

(2) 1Ist für mehrere Unternehmen ein Konzernbetriebsrat errichtet, wählen die Gesamtschwerbehindertenvertretungen eine Konzernschwerbehindertenvertretung. 2Besteht ein Konzernunternehmen nur aus einem Betrieb, für den eine Schwerbehindertenvertretung gewählt ist, hat sie das Wahlrecht wie eine Gesamtschwerbehindertenvertretung.

(3) 1Für den Geschäftsbereich mehrstufiger Verwaltungen, bei denen ein Bezirks- oder Hauptpersonalrat gebildet ist, gilt Absatz 1 sinngemäß mit der Maßgabe, dass bei den Mittelbehörden von deren Schwerbehindertenvertretung und den Schwerbehindertenvertretungen der nachgeordneten Dienststellen eine Bezirksschwerbehindertenvertretung zu wählen ist. 2Bei den obersten Dienstbehörden ist von deren Schwerbehindertenvertretung und den Bezirksschwerbehindertenvertretungen des Geschäftsbereichs eine Hauptschwerbehindertenvertretung zu wählen; ist die Zahl der Bezirksschwerbehindertenvertretungen niedriger als zehn, sind auch die Schwerbehindertenvertretungen der nachgeordneten Dienststellen wahlberechtigt.

VIII

(4) 1Für Gerichte eines Zweiges der Gerichtsbarkeit, für die ein Bezirks- oder Hauptrichterrat gebildet ist, gilt Absatz 3 entsprechend. 2Sind in einem Zweig der Gerichtsbarkeit bei den Gerichten der Länder mehrere Schwerbehindertenvertretungen nach § 177 zu wählen und ist in diesem Zweig kein Hauptrichterrat gebildet, ist in entsprechender Anwendung von Absatz 3 eine Hauptschwerbehindertenvertretung zu wählen. 3Die Hauptschwerbehindertenvertretung nimmt die Aufgabe der Schwerbehindertenvertretung gegenüber dem Präsidialrat wahr.

(5) Für jede Vertrauensperson, die nach den Absätzen 1 bis 4 neu zu wählen ist, wird wenigstens ein stellvertretendes Mitglied gewählt.

(6) 1Die Gesamtschwerbehindertenvertretung vertritt die Interessen der schwerbehinderten Menschen in Angelegenheiten, die das Gesamtunternehmen oder mehrere Betriebe oder Dienststellen des Arbeitgebers betreffen und von den Schwerbehindertenvertretungen der einzelnen Betriebe oder Dienststellen nicht geregelt werden können, sowie die Interessen der schwerbehinderten Menschen, die in einem Betrieb oder einer Dienststelle tätig sind, für die eine Schwerbehindertenvertretung nicht gewählt ist; dies umfasst auch Verhandlungen und den Abschluss entsprechender Inklusionsvereinbarungen. 2Satz 1 gilt entsprechend für die Konzern-, Bezirks- und Hauptschwerbehindertenvertretung sowie für die Schwerbehindertenvertretung der obersten Dienstbehörde, wenn bei einer mehrstufigen Verwaltung Stufenvertretungen nicht gewählt sind. 3Die nach Satz 2 zuständige Schwerbehindertenvertretung ist auch in Angelegenheiten, die einen einzelnen oder die schwerbehinderten Menschen als Gruppe berühren und über die eine übergeordnete Dienststelle entscheidet, zuständig; sie gibt der Schwerbehindertenvertretung der Dienststelle, die den schwerbehinderten Menschen beschäftigt, Gelegenheit zur Äußerung. 4Satz 3 gilt nicht in den Fällen, in denen der Personalrat der Beschäftigungsbehörde zu beteiligen ist.

(7) § 177 Absatz 3 bis 8, § 178 Absatz 1 Satz 4 und 5, Absatz 2, 4, 5 und 7 und § 179 gelten entsprechend, § 177 Absatz 5 mit der Maßgabe, dass die Wahl der Gesamt- und Bezirksschwerbehindertenvertretungen in der Zeit vom 1. Dezember bis 31. Januar, die der Konzern- und Hauptschwerbehindertenvertretungen in der Zeit vom 1. Februar bis 31. März stattfindet, § 177 Absatz 6 mit der Maßgabe, dass bei den Wahlen zu überörtlichen Vertretungen der zweite Halbsatz des Satzes 3 nicht gilt.

(8) § 178 Absatz 6 gilt für die Durchführung von Versammlungen der Vertrauens- und der Bezirksvertrauenspersonen durch die Gesamt-, Bezirks- oder Hauptschwerbehindertenvertretung entsprechend.

§ 181 Inklusionsbeauftragter des Arbeitgebers

1Der Arbeitgeber bestellt einen Inklusionsbeauftragten, der ihn in Angelegenheiten schwerbehinderter Menschen verantwortlich vertritt; falls erforderlich, können mehrere Inklusionsbeauftragte bestellt werden. 2Der Inklusionsbeauftragte soll nach Möglichkeit selbst ein schwerbehinderter Mensch sein. 3Der Inklusionsbeauftragte achtet vor allem darauf, dass dem Arbeitgeber obliegende Verpflichtungen erfüllt werden.

§ 182 Zusammenarbeit

(1) Arbeitgeber, Inklusionsbeauftragter des Arbeitgebers, Schwerbehindertenvertretung und Betriebs-, Personal-, Richter-, Staatsanwalts- oder Präsidialrat arbeiten zur Teilhabe schwerbehinderter Menschen am Arbeitsleben in dem Betrieb oder der Dienststelle eng zusammen.

(2) 1Die in Absatz 1 genannten Personen und Vertretungen, die mit der Durchführung dieses Teils beauftragten Stellen und die Rehabilitationsträger unterstützen sich gegenseitig bei der Erfüllung ihrer Aufgaben. 2Vertrauensperson und Inklusionsbeauftragter des Arbeitgebers sind Verbindungspersonen zur Bundesagentur für Arbeit und zu dem Integrationsamt.

§ 183 Verordnungsermächtigung

Die Bundesregierung wird ermächtigt, durch Rechtsverordnung mit Zustimmung des Bundesrates nähere Vorschriften über die Vorbereitung und Durchführung der Wahl der Schwerbehindertenvertretung und ihrer Stufenvertretungen zu erlassen.

Kapitel 6
Durchführung der besonderen Regelungen zur Teilhabe schwerbehinderter Menschen

§ 184 Zusammenarbeit der Integrationsämter und der Bundesagentur für Arbeit

(1) Soweit die besonderen Regelungen zur Teilhabe schwerbehinderter Menschen am Arbeitsleben nicht durch freie Entschließung der Arbeitgeber erfüllt werden, werden sie

1. in den Ländern von dem Amt für die Sicherung der Integration schwerbehinderter Menschen im Arbeitsleben (Integrationsamt) und
2. von der Bundesagentur für Arbeit

in enger Zusammenarbeit durchgeführt.

(2) Die den Rehabilitationsträgern nach den geltenden Vorschriften obliegenden Aufgaben bleiben unberührt.

§ 185 Aufgaben des Integrationsamtes

(1) 1Das Integrationsamt hat folgende Aufgaben:

1. die Erhebung und Verwendung der Ausgleichsabgabe,
2. den Kündigungsschutz,
3. die begleitende Hilfe im Arbeitsleben,
4. die zeitweilige Entziehung der besonderen Hilfen für schwerbehinderte Menschen (§ 200).

2Die Integrationsämter werden so ausgestattet, dass sie ihre Aufgaben umfassend und qualifiziert erfüllen können. 3Hierfür wird besonders geschultes Personal mit Fachkenntnissen des Schwerbehindertenrechts eingesetzt.

(2) 1Die begleitende Hilfe im Arbeitsleben wird in enger Zusammenarbeit mit der Bundesagentur für Arbeit und den übrigen Rehabilitationsträgern durchgeführt. 2Sie soll dahingehend wirken, dass die schwerbehinderten Menschen in ihrer sozialen Stellung nicht absinken, auf Arbeitsplätzen beschäftigt werden, auf denen sie ihre Fähigkeiten und Kenntnisse voll verwerten und weiterentwickeln können sowie durch Leistungen der Rehabilitationsträger und Maßnahmen der Arbeitgeber befähigt werden, sich am Arbeitsplatz und im Wettbewerb mit nichtbehinderten Menschen zu behaupten. 3Dabei gelten als Arbeitsplätze auch Stellen, auf denen Beschäftigte befristet oder als Teilzeitbeschäftigte in einem Umfang von mindestens 15 Stunden, in Inklusionsbetrieben mindestens zwölf Stunden wöchentlich beschäftigt werden. 4Die begleitende Hilfe im Arbeitsleben umfasst auch die nach den Umständen des Einzelfalles notwendige psychosoziale Betreuung schwerbehinderter Menschen. 5Das Integrationsamt kann bei der Durchführung der begleitenden Hilfen im Arbeitsleben Integrationsfachdienste einschließlich psy-

chosozialer Dienste freier gemeinnütziger Einrichtungen und Organisationen beteiligen. 6Das Integrationsamt soll außerdem darauf Einfluss nehmen, dass Schwierigkeiten im Arbeitsleben verhindert oder beseitigt werden; es führt hierzu auch Schulungs- und Bildungsmaßnahmen für Vertrauenspersonen, Inklusionsbeauftragte der Arbeitgeber, Betriebs-, Personal-, Richter-, Staatsanwalts- und Präsidialräte durch. 7Das Integrationsamt benennt in enger Abstimmung mit den Beteiligten des örtlichen Arbeitsmarktes Ansprechpartner, die in Handwerks- sowie in Industrie- und Handelskammern für die Arbeitgeber zur Verfügung stehen, um sie über Funktion und Aufgaben der Integrationsfachdienste aufzuklären, über Möglichkeiten der begleitenden Hilfe im Arbeitsleben zu informieren und Kontakt zum Integrationsfachdienst herzustellen.

(3) Das Integrationsamt kann im Rahmen seiner Zuständigkeit für die begleitende Hilfe im Arbeitsleben aus den ihm zur Verfügung stehenden Mitteln auch Geldleistungen erbringen, insbesondere

1. an schwerbehinderte Menschen
   a) für technische Arbeitshilfen,
   b) zum Erreichen des Arbeitsplatzes,
   c) zur Gründung und Erhaltung einer selbständigen beruflichen Existenz,
   d) zur Beschaffung, Ausstattung und Erhaltung einer behinderungsgerechten Wohnung,
   e) zur Teilnahme an Maßnahmen zur Erhaltung und Erweiterung beruflicher Kenntnisse und Fertigkeiten und
   f) in besonderen Lebenslagen,

2. an Arbeitgeber
   a) zur behinderungsgerechten Einrichtung von Arbeits- und Ausbildungsplätzen für schwerbehinderte Menschen,
   b) für Zuschüsse zu Gebühren, insbesondere Prüfungsgebühren, bei der Berufsausbildung besonders betroffener schwerbehinderter Jugendlicher und junger Erwachsener,
   c) für Prämien und Zuschüsse zu den Kosten der Berufsausbildung behinderter Jugendlicher und junger Erwachsener, die für die Zeit der Berufsausbildung schwerbehinderten Menschen nach § 151 Absatz 4 gleichgestellt worden sind,
   d) für Prämien zur Einführung eines betrieblichen Eingliederungsmanagements und
   e) für außergewöhnliche Belastungen, die mit der Beschäftigung schwerbehinderter Menschen im Sinne des § 155 Absatz 1 Nummer 1 Buchstabe a bis d, von schwerbehinderten Menschen im Anschluss an eine Beschäftigung in einer anerkannten Werkstatt für behinderte Menschen oder im Sinne des § 158 Absatz 2 verbunden sind, vor allem, wenn ohne diese Leistungen das Beschäftigungsverhältnis gefährdet würde,

3. an Träger von Integrationsfachdiensten einschließlich psychosozialer Dienste freier gemeinnütziger Einrichtungen und Organisationen sowie an Träger von Inklusionsbetrieben,

4. zur Durchführung von Aufklärungs-, Schulungs- und Bildungsmaßnahmen,

5. nachrangig zur beruflichen Orientierung,

6. zur Deckung eines Teils der Aufwendungen für ein Budget für Arbeit oder eines Teils der Aufwendungen für ein Budget für Ausbildung.

(4) Schwerbehinderte Menschen haben im Rahmen der Zuständigkeit des Integrationsamtes aus den ihm aus der Ausgleichsabgabe zur Verfügung stehenden Mitteln Anspruch auf Übernahme der Kosten einer Berufsbegleitung nach § 55 Absatz 3.

(5) 1Schwerbehinderte Menschen haben im Rahmen der Zuständigkeit des Integrationsamtes für die begleitende Hilfe im Arbeitsleben aus den ihm aus der Ausgleichsabgabe zur Verfügung stehenden Mitteln Anspruch auf Übernahme der Kosten einer notwendigen Arbeitsassistenz. 2Der Anspruch richtet sich auf die Übernahme der vollen Kosten, die

für eine als notwendig festgestellte Arbeitsassistenz entstehen.

(6) 1Verpflichtungen anderer werden durch die Absätze 3 bis 5 nicht berührt. 2Leistungen der Rehabilitationsträger nach § 6 Absatz 1 Nummer 1 bis 5 dürfen, auch wenn auf sie ein Rechtsanspruch nicht besteht, nicht deshalb versagt werden, weil nach den besonderen Regelungen für schwerbehinderte Menschen entsprechende Leistungen vorgesehen sind; eine Aufstockung durch Leistungen des Integrationsamtes findet nicht statt.

(7) 1Die §§ 14, 15 Absatz 1, die §§ 16 und 17 gelten sinngemäß, wenn bei dem Integrationsamt eine Leistung zur Teilhabe am Arbeitsleben beantragt wird. 2Das Gleiche gilt, wenn ein Antrag bei einem Rehabilitationsträger gestellt und der Antrag von diesem nach § 16 Absatz 2 des Ersten Buches an das Integrationsamt weitergeleitet worden ist. 3Ist die unverzügliche Erbringung einer Leistung zur Teilhabe am Arbeitsleben erforderlich, so kann das Integrationsamt die Leistung vorläufig erbringen. 4Hat das Integrationsamt eine Leistung erbracht, für die ein anderer Träger zuständig ist, so erstattet dieser die auf die Leistung entfallenden Aufwendungen.

(8) 1Auf Antrag führt das Integrationsamt seine Leistungen zur begleitenden Hilfe im Arbeitsleben als Persönliches Budget aus. 2§ 29 gilt entsprechend.

(9) Ein Antrag auf eine Leistung, auf die ein Anspruch besteht (Absätze 4 und 5), gilt sechs Wochen nach Eingang als genehmigt, wenn

1. das Integrationsamt bis dahin nicht über den Antrag entschieden hat und
2. die beantragte Leistung nach Art und Umfang im Antrag genau bezeichnet ist.

§ 185a Einheitliche Ansprechstellen für Arbeitgeber

(1) Einheitliche Ansprechstellen für Arbeitgeber informieren, beraten und unterstützen Arbeitgeber bei der Ausbildung, Einstellung und Beschäftigung von schwerbehinderten Menschen.

(2) 1Die Einheitlichen Ansprechstellen für Arbeitgeber werden als begleitende Hilfe im Arbeitsleben aus Mitteln der Ausgleichsabgabe finanziert. 2Sie haben die Aufgabe,

1. Arbeitgeber anzusprechen und diese für die Ausbildung, Einstellung und Beschäftigung von schwerbehinderten Menschen zu sensibilisieren,
2. Arbeitgebern als trägerunabhängiger Lotse bei Fragen zur Ausbildung, Einstellung, Berufsbegleitung und Beschäftigungssicherung von schwerbehinderten Menschen zur Verfügung zu stehen und
3. Arbeitgeber bei der Stellung von Anträgen bei den zuständigen Leistungsträgern zu unterstützen.

(3) 1Die Einheitlichen Ansprechstellen für Arbeitgeber sind flächendeckend einzurichten. 2Sie sind trägerunabhängig.

(4) Die Einheitlichen Ansprechstellen für Arbeitgeber sollen

1. für Arbeitgeber schnell zu erreichen sein,
2. über fachlich qualifiziertes Personal verfügen, das mit den Regelungen zur Teilhabe schwerbehinderter Menschen sowie der Beratung von Arbeitgebern und ihren Bedürfnissen vertraut ist, sowie
3. in der Region gut vernetzt sein.

(5) 1Die Integrationsämter beauftragen die Integrationsfachdienste oder andere geeignete Träger, als Einheitliche Ansprechstellen für Arbeitgeber tätig zu werden. 2Die Integrationsämter wirken darauf hin, dass die Einheitlichen Ansprechstellen für Arbeitgeber flächendeckend zur Verfügung stehen und mit Dritten, die aufgrund ihres fachlichen Hintergrunds über eine besondere Betriebsnähe verfügen, zusammenarbeiten.

§ 186 Beratender Ausschuss für behinderte Menschen bei dem Integrationsamt

(1) 1Bei jedem Integrationsamt wird ein Beratender Ausschuss für behinderte Menschen gebildet, der die Teilhabe der behinderten Menschen am Arbeitsleben fördert, das Integrationsamt bei der Durchführung der besonderen Regelungen für schwerbehinderte

VIII

Menschen zur Teilhabe am Arbeitsleben unterstützt und bei der Vergabe der Mittel der Ausgleichsabgabe mitwirkt. 2Soweit die Mittel der Ausgleichsabgabe zur institutionellen Förderung verwendet werden, macht der Beratende Ausschuss Vorschläge für die Entscheidungen des Integrationsamtes.

(2) Der Ausschuss besteht aus zehn Mitgliedern, und zwar aus

1. zwei Mitgliedern, die die Arbeitnehmerinnen und Arbeitnehmer vertreten,
2. zwei Mitgliedern, die die privaten und öffentlichen Arbeitgeber vertreten,
3. vier Mitgliedern, die die Organisationen behinderter Menschen vertreten,
4. einem Mitglied, das das jeweilige Land vertritt,
5. einem Mitglied, das die Bundesagentur für Arbeit vertritt.

(3) 1Für jedes Mitglied ist eine Stellvertreterin oder ein Stellvertreter zu berufen. 2Mitglieder und Stellvertreterinnen oder Stellvertreter sollen im Bezirk des Integrationsamtes ihren Wohnsitz haben.

(4) 1Das Integrationsamt beruft auf Vorschlag

1. der Gewerkschaften des jeweiligen Landes zwei Mitglieder,
2. der Arbeitgeberverbände des jeweiligen Landes ein Mitglied,
3. der zuständigen obersten Landesbehörde oder der von ihr bestimmten Behörde ein Mitglied,
4. der Organisationen behinderter Menschen des jeweiligen Landes, die nach der Zusammensetzung ihrer Mitglieder dazu berufen sind, die behinderten Menschen in ihrer Gesamtheit zu vertreten, vier Mitglieder.

2Die zuständige oberste Landesbehörde oder die von ihr bestimmte Behörde und die Bundesagentur für Arbeit berufen je ein Mitglied.

VIII

§ 187 Aufgaben der Bundesagentur für Arbeit

(1) Die Bundesagentur für Arbeit hat folgende Aufgaben:

1. die Berufsberatung, Ausbildungsvermittlung und Arbeitsvermittlung schwerbehinderter Menschen einschließlich der Vermittlung von in Werkstätten für behinderte Menschen Beschäftigten auf den allgemeinen Arbeitsmarkt,
2. die Beratung der Arbeitgeber bei der Besetzung von Ausbildungs- und Arbeitsplätzen mit schwerbehinderten Menschen,
3. die Förderung der Teilhabe schwerbehinderter Menschen am Arbeitsleben auf dem allgemeinen Arbeitsmarkt, insbesondere von schwerbehinderten Menschen,
   a) die wegen Art oder Schwere ihrer Behinderung oder sonstiger Umstände im Arbeitsleben besonders betroffen sind (§ 155 Absatz 1),
   b) die langzeitarbeitslos im Sinne des § 18 des Dritten Buches sind,
   c) die im Anschluss an eine Beschäftigung in einer anerkannten Werkstatt für behinderte Menschen, bei einem anderen Leistungsanbieter (§ 60) oder einem Inklusionsbetrieb eingestellt werden,
   d) die als Teilzeitbeschäftigte eingestellt werden oder
   e) die zur Aus- oder Weiterbildung eingestellt werden,
4. im Rahmen von Arbeitsbeschaffungsmaßnahmen die besondere Förderung schwerbehinderter Menschen,
5. die Gleichstellung, deren Widerruf und Rücknahme,
6. die Durchführung des Anzeigeverfahrens (§ 163 Absatz 2 und 4),
7. die Überwachung der Erfüllung der Beschäftigungspflicht,
8. die Zulassung der Anrechnung und der Mehrfachanrechnung (§ 158 Absatz 2, § 159 Absatz 1 und 2),
9. die Erfassung der Werkstätten für behinderte Menschen, ihre Anerkennung und die Aufhebung der Anerkennung.

(2) 1Die Bundesagentur für Arbeit übermittelt dem Bundesministerium für Arbeit und Soziales jährlich die Ergebnisse ihrer Förderung der Teilhabe schwerbehinderter Menschen

am Arbeitsleben auf dem allgemeinen Arbeitsmarkt nach dessen näherer Bestimmung und fachlicher Weisung. 2Zu den Ergebnissen gehören Angaben über die Zahl der geförderten Arbeitgeber und schwerbehinderten Menschen, die insgesamt aufgewandten Mittel und die durchschnittlichen Förderungsbeträge. 3Die Bundesagentur für Arbeit veröffentlicht diese Ergebnisse.

(3) 1Die Bundesagentur für Arbeit führt befristete überregionale und regionale Arbeitsmarktprogramme zum Abbau der Arbeitslosigkeit schwerbehinderter Menschen, besonderer Gruppen schwerbehinderter Menschen, insbesondere schwerbehinderter Frauen, sowie zur Förderung des Ausbildungsplatzangebots für schwerbehinderte Menschen durch, die ihr durch Verwaltungsvereinbarung gemäß § 368 Absatz 3 Satz 2 und Absatz 4 des Dritten Buches unter Zuweisung der entsprechenden Mittel übertragen werden. 2Über den Abschluss von Verwaltungsvereinbarungen mit den Ländern ist das Bundesministerium für Arbeit und Soziales zu unterrichten.

(4) Die Bundesagentur für Arbeit richtet zur Durchführung der ihr in diesem Teil und der ihr im Dritten Buch zur Teilhabe behinderter und schwerbehinderter Menschen am Arbeitsleben übertragenen Aufgaben in allen Agenturen für Arbeit besondere Stellen ein; bei der personellen Ausstattung dieser Stellen trägt sie dem besonderen Aufwand bei der Beratung und Vermittlung des zu betreuenden Personenkreises sowie bei der Durchführung der sonstigen Aufgaben nach Absatz 1 Rechnung.

(5) Im Rahmen der Beratung der Arbeitgeber nach Absatz 1 Nummer 2 hat die Bundesagentur für Arbeit

1. dem Arbeitgeber zur Besetzung von Arbeitsplätzen geeignete arbeitslose oder arbeitssuchende schwerbehinderte Menschen unter Darlegung der Leistungsfähigkeit und der Auswirkungen der jeweiligen Behinderung auf die angebotene Stelle vorzuschlagen,
2. ihre Fördermöglichkeiten aufzuzeigen, soweit möglich und erforderlich, auch die entsprechenden Hilfen der Rehabilitationsträger und der begleitenden Hilfe im Arbeitsleben durch die Integrationsämter.

§ 188 Beratender Ausschuss für behinderte Menschen bei der Bundesagentur für Arbeit

(1) Bei der Zentrale der Bundesagentur für Arbeit wird ein Beratender Ausschuss für behinderte Menschen gebildet, der die Teilhabe der behinderten Menschen am Arbeitsleben durch Vorschläge fördert und die Bundesagentur für Arbeit bei der Durchführung der in diesem Teil und im Dritten Buch zur Teilhabe behinderter und schwerbehinderter Menschen am Arbeitsleben übertragenen Aufgaben unterstützt.

(2) Der Ausschuss besteht aus elf Mitgliedern, und zwar aus

1. zwei Mitgliedern, die die Arbeitnehmerinnen und Arbeitnehmer vertreten,
2. zwei Mitgliedern, die die privaten und öffentlichen Arbeitgeber vertreten,
3. fünf Mitgliedern, die die Organisationen behinderter Menschen vertreten,
4. einem Mitglied, das die Integrationsämter vertritt,
5. einem Mitglied, das das Bundesministerium für Arbeit und Soziales vertritt.

(3) Für jedes Mitglied ist eine Stellvertreterin oder ein Stellvertreter zu berufen.

(4) 1Der Vorstand der Bundesagentur für Arbeit beruft die Mitglieder, die Arbeitnehmer und Arbeitgeber vertreten, auf Vorschlag ihrer Gruppenvertreter im Verwaltungsrat der Bundesagentur für Arbeit. 2Er beruft auf Vorschlag der Organisationen behinderter Menschen, die nach der Zusammensetzung ihrer Mitglieder dazu berufen sind, die behinderten Menschen in ihrer Gesamtheit auf Bundesebene zu vertreten, die Mitglieder, die Organisationen der behinderten Menschen vertreten. 3Auf Vorschlag der Bundesarbeitsgemeinschaft der Integrationsämter und Hauptfürsorgestellen beruft er das Mitglied, das die Integrationsämter vertritt, und auf Vorschlag des Bundesministeriums für Arbeit und Soziales das Mitglied, das dieses vertritt.

VIII

§ 189 Gemeinsame Vorschriften

(1) $_1$Die Beratenden Ausschüsse für behinderte Menschen (§§ 186, 188) wählen aus den ihnen angehörenden Mitgliedern von Seiten der Arbeitnehmer, Arbeitgeber oder Organisationen behinderter Menschen jeweils für die Dauer eines Jahres eine Vorsitzende oder einen Vorsitzenden und eine Stellvertreterin oder einen Stellvertreter. $_2$Die Gewählten dürfen nicht derselben Gruppe angehören. $_3$Die Gruppen stellen in regelmäßig jährlich wechselnder Reihenfolge die Vorsitzende oder den Vorsitzenden und die Stellvertreterin oder den Stellvertreter. $_4$Die Reihenfolge wird durch die Beendigung der Amtszeit der Mitglieder nicht unterbrochen. $_5$Scheidet die Vorsitzende oder der Vorsitzende oder die Stellvertreterin oder der Stellvertreter aus, wird sie oder er neu gewählt.

(2) $_1$Die Beratenden Ausschüsse für behinderte Menschen sind beschlussfähig, wenn wenigstens die Hälfte der Mitglieder anwesend ist. $_2$Die Beschlüsse und Entscheidungen werden mit einfacher Stimmenmehrheit getroffen.

(3) $_1$Die Mitglieder der Beratenden Ausschüsse für behinderte Menschen üben ihre Tätigkeit ehrenamtlich aus. $_2$Ihre Amtszeit beträgt vier Jahre.

§ 190 Übertragung von Aufgaben

(1) $_1$Die Landesregierung oder die von ihr bestimmte Stelle kann die Verlängerung der Gültigkeitsdauer der Ausweise nach § 152 Absatz 5, für die eine Feststellung nach § 152 Absatz 1 nicht zu treffen ist, auf andere Behörden übertragen. $_2$Im Übrigen kann sie andere Behörden zur Aushändigung der Ausweise heranziehen.

(2) Die Landesregierung oder die von ihr bestimmte Stelle kann Aufgaben und Befugnisse des Integrationsamtes nach diesem Teil auf örtliche Fürsorgestellen übertragen oder die Heranziehung örtlicher Fürsorgestellen zur Durchführung der den Integrationsämtern obliegenden Aufgaben bestimmen.

§ 191 Verordnungsermächtigung

Die Bundesregierung wird ermächtigt, durch Rechtsverordnung mit Zustimmung des Bundesrates das Nähere über die Voraussetzungen des Anspruchs nach § 49 Absatz 8 Nummer 3 und § 185 Absatz 5 sowie über die Dauer und Ausführung der Leistungen zu regeln.

Kapitel 7
Integrationsfachdienste

§ 192 Begriff und Personenkreis

(1) Integrationsfachdienste sind Dienste Dritter, die bei der Durchführung der Maßnahmen zur Teilhabe schwerbehinderter Menschen am Arbeitsleben beteiligt werden.

(2) Schwerbehinderte Menschen im Sinne des Absatzes 1 sind insbesondere

1. schwerbehinderte Menschen mit einem besonderen Bedarf an arbeitsbegleitender Betreuung,
2. schwerbehinderte Menschen, die nach zielgerichteter Vorbereitung durch die Werkstatt für behinderte Menschen am Arbeitsleben auf dem allgemeinen Arbeitsmarkt teilhaben sollen und dabei auf aufwendige, personalintensive, individuelle arbeitsbegleitende Hilfen angewiesen sind sowie
3. schwerbehinderte Schulabgänger, die für die Aufnahme einer Beschäftigung auf dem allgemeinen Arbeitsmarkt auf die Unterstützung eines Integrationsfachdienstes angewiesen sind.

(3) Ein besonderer Bedarf an arbeits- und berufsbegleitender Betreuung ist insbesondere gegeben bei schwerbehinderten Menschen mit geistiger oder seelischer Behinderung oder mit einer schweren Körper-, Sinnes- oder Mehrfachbehinderung, die sich im Arbeitsleben besonders nachteilig auswirkt und allein oder zusammen mit weiteren vermittlungshemmenden Umständen (Alter, Langzeitarbeitslosigkeit, unzureichende Qualifikation, Leistungsminderung) die Teilhabe am Arbeitsleben auf dem allgemeinen Arbeitsmarkt erschwert.

(4) $_1$Der Integrationsfachdienst kann im Rahmen der Aufgabenstellung nach Absatz 1 auch zur beruflichen Eingliederung von behinderten Menschen, die nicht schwerbehin-

dert sind, tätig werden. 2Hierbei wird den besonderen Bedürfnissen seelisch behinderter oder von einer seelischen Behinderung bedrohter Menschen Rechnung getragen.

§ 193 Aufgaben

(1) Die Integrationsfachdienste können zur Teilhabe schwerbehinderter Menschen am Arbeitsleben (Aufnahme, Ausübung und Sicherung einer möglichst dauerhaften Beschäftigung) beteiligt werden, indem sie

1. die schwerbehinderten Menschen beraten, unterstützen und auf geeignete Arbeitsplätze vermitteln,
2. die Arbeitgeber informieren, beraten und ihnen Hilfe leisten.

(2) Zu den Aufgaben des Integrationsfachdienstes gehört es,

1. die Fähigkeiten der zugewiesenen schwerbehinderten Menschen zu bewerten und einzuschätzen und dabei ein individuelles Fähigkeits-, Leistungs- und Interessenprofil zur Vorbereitung auf den allgemeinen Arbeitsmarkt in enger Kooperation mit den schwerbehinderten Menschen, dem Auftraggeber und der abgebenden Einrichtung der schulischen oder beruflichen Bildung oder Rehabilitation zu erarbeiten,
2. die Bundesagentur für Arbeit auf deren Anforderung bei der Berufsorientierung und Berufsberatung in den Schulen einschließlich der auf jeden einzelnen Jugendlichen bezogenen Dokumentation der Ergebnisse zu unterstützen,
3. die betriebliche Ausbildung schwerbehinderter, insbesondere seelisch und lernbehinderter, Jugendlicher zu begleiten,
4. geeignete Arbeitsplätze (§ 156) auf dem allgemeinen Arbeitsmarkt zu erschließen,
5. die schwerbehinderten Menschen auf die vorgesehenen Arbeitsplätze vorzubereiten,
6. die schwerbehinderten Menschen, solange erforderlich, am Arbeitsplatz oder beim Training der berufspraktischen Fähigkeiten am konkreten Arbeitsplatz zu begleiten,
7. mit Zustimmung des schwerbehinderten Menschen die Mitarbeiter im Betrieb oder in der Dienststelle über Art und Auswirkungen der Behinderung und über entsprechende Verhaltensregeln zu informieren und zu beraten,
8. eine Nachbetreuung, Krisenintervention oder psychosoziale Betreuung durchzuführen sowie
9. als Einheitliche Ansprechstellen für Arbeitgeber zur Verfügung zu stehen, über die Leistungen für die Arbeitgeber zu informieren und für die Arbeitgeber diese Leistungen abzuklären,
10. in Zusammenarbeit mit den Rehabilitationsträgern und den Integrationsämtern die für den schwerbehinderten Menschen benötigten Leistungen zu klären und bei der Beantragung zu unterstützen.

§ 194 Beauftragung und Verantwortlichkeit

(1) 1Die Integrationsfachdienste werden im Auftrag der Integrationsämter oder der Rehabilitationsträger tätig. 2Diese bleiben für die Ausführung der Leistung verantwortlich.

(2) Im Auftrag legt der Auftraggeber in Abstimmung mit dem Integrationsfachdienst Art, Umfang und Dauer des im Einzelfall notwendigen Einsatzes des Integrationsfachdienstes sowie das Entgelt fest.

(3) Der Integrationsfachdienst arbeitet insbesondere mit

1. den zuständigen Stellen der Bundesagentur für Arbeit,
2. dem Integrationsamt,
3. dem zuständigen Rehabilitationsträger, insbesondere den Berufshelfern der gesetzlichen Unfallversicherung,
4. dem Arbeitgeber, der Schwerbehindertenvertretung und den anderen betrieblichen Interessenvertretungen,
5. der abgebenden Einrichtung der schulischen oder beruflichen Bildung oder Rehabilitation mit ihren begleitenden Diensten und internen Integrationsfachkräften oder -diensten zur Unterstützung von Teil-

nehmenden an Leistungen zur Teilhabe am Arbeitsleben,
6. den Handwerks-, den Industrie- und Handelskammern sowie den berufsständigen Organisationen,
7. wenn notwendig, auch mit anderen Stellen und Personen,

eng zusammen.

(4) 1Näheres zur Beauftragung, Zusammenarbeit, fachlichen Leitung, Aufsicht sowie zur Qualitätssicherung und Ergebnisbeobachtung wird zwischen dem Auftraggeber und dem Träger des Integrationsfachdienstes vertraglich geregelt. 2Die Vereinbarungen sollen im Interesse finanzieller Planungssicherheit auf eine Dauer von mindestens drei Jahren abgeschlossen werden.

(5) Die Integrationsämter wirken darauf hin, dass die berufsbegleitenden und psychosozialen Dienste bei den von ihnen beauftragten Integrationsfachdiensten konzentriert werden.

§ 195 Fachliche Anforderungen

(1) Die Integrationsfachdienste müssen
1. nach der personellen, räumlichen und sächlichen Ausstattung in der Lage sein, ihre gesetzlichen Aufgaben wahrzunehmen,
2. über Erfahrungen mit dem zu unterstützenden Personenkreis (§ 192 Absatz 2) verfügen,
3. mit Fachkräften ausgestattet sein, die über eine geeignete Berufsqualifikation, eine psychosoziale oder arbeitspädagogische Zusatzqualifikation und ausreichende Berufserfahrung verfügen, sowie
4. rechtlich oder organisatorisch und wirtschaftlich eigenständig sein.

(2) 1Der Personalbedarf eines Integrationsfachdienstes richtet sich nach den konkreten Bedürfnissen unter Berücksichtigung der Zahl der Betreuungs- und Beratungsfälle, des durchschnittlichen Betreuungs- und Beratungsaufwands, der Größe des regionalen Einzugsbereichs und der Zahl der zu beratenden Arbeitgeber. 2Den besonderen Bedürfnissen besonderer Gruppen schwerbehinderter Menschen, insbesondere schwerbehinderter Frauen, und der Notwendigkeit einer psychosozialen Betreuung soll durch eine Differenzierung innerhalb des Integrationsfachdienstes Rechnung getragen werden.

(3) 1Bei der Stellenbesetzung des Integrationsfachdienstes werden schwerbehinderte Menschen bevorzugt berücksichtigt. 2Dabei wird ein angemessener Anteil der Stellen mit schwerbehinderten Frauen besetzt.

§ 196 Finanzielle Leistungen

(1) 1Die Inanspruchnahme von Integrationsfachdiensten wird vom Auftraggeber vergütet. 2Die Vergütung für die Inanspruchnahme von Integrationsfachdiensten kann bei Beauftragung durch das Integrationsamt aus Mitteln der Ausgleichsabgabe erbracht werden.

(2) Die Bezahlung tarifvertraglich vereinbarter Vergütungen sowie entsprechender Vergütungen nach kirchlichen Arbeitsrechtsregelungen kann bei der Beauftragung von Integrationsfachdiensten nicht als unwirtschaftlich abgelehnt werden.

(3) 1Die Bundesarbeitsgemeinschaft der Integrationsämter und Hauptfürsorgestellen vereinbart mit den Rehabilitationsträgern nach § 6 Absatz 1 Nummer 2 bis 5 unter Beteiligung der maßgeblichen Verbände, darunter der Bundesarbeitsgemeinschaft, in der sich die Integrationsfachdienste zusammengeschlossen haben, eine gemeinsame Empfehlung zur Inanspruchnahme der Integrationsfachdienste durch die Rehabilitationsträger, zur Zusammenarbeit und zur Finanzierung der Kosten, die dem Integrationsfachdienst bei der Wahrnehmung der Aufgaben der Rehabilitationsträger entstehen. 2§ 26 Absatz 7 und 8 gilt entsprechend.

§ 197 Ergebnisbeobachtung

(1) 1Der Integrationsfachdienst dokumentiert Verlauf und Ergebnis der jeweiligen Bemühungen um die Förderung der Teilhabe am Arbeitsleben. 2Er erstellt jährlich eine zusammenfassende Darstellung der Ergebnisse und legt diese den Auftraggebern nach deren näherer gemeinsamer Maßgabe vor. 3Diese Zusammenstellung soll insbesondere geschlechtsdifferenzierte Angaben enthalten zu

VIII

1. den Zu- und Abgängen an Betreuungsfällen im Kalenderjahr,
2. dem Bestand an Betreuungsfällen,
3. der Zahl der abgeschlossenen Fälle, differenziert nach Aufnahme einer Ausbildung, einer befristeten oder unbefristeten Beschäftigung, einer Beschäftigung in einem Integrationsprojekt oder in einer Werkstatt für behinderte Menschen.

(2) Der Integrationsfachdienst dokumentiert auch die Ergebnisse seiner Bemühungen zur Unterstützung der Bundesagentur für Arbeit und die Begleitung der betrieblichen Ausbildung nach § 193 Absatz 2 Nummer 2 und 3 unter Einbeziehung geschlechtsdifferenzierter Daten und Besonderheiten sowie der Art der Behinderung.

§ 198 Verordnungsermächtigung

(1) Das Bundesministerium für Arbeit und Soziales wird ermächtigt, durch Rechtsverordnung mit Zustimmung des Bundesrates das Nähere über den Begriff und die Aufgaben des Integrationsfachdienstes, die für sie geltenden fachlichen Anforderungen und die finanziellen Leistungen zu regeln.

(2) Vereinbaren die Bundesarbeitsgemeinschaft der Integrationsämter und Hauptfürsorgestellen und die Rehabilitationsträger nicht innerhalb von sechs Monaten, nachdem das Bundesministerium für Arbeit und Soziales sie dazu aufgefordert hat, eine gemeinsame Empfehlung nach § 196 Absatz 3 oder ändern sie die unzureichend gewordene Empfehlung nicht innerhalb dieser Frist, kann das Bundesministerium für Arbeit und Soziales Regelungen durch Rechtsverordnung mit Zustimmung des Bundesrates erlassen.

Kapitel 8
Beendigung der Anwendung der besonderen Regelungen zur Teilhabe schwerbehinderter und gleichgestellter behinderter Menschen

§ 199 Beendigung der Anwendung der besonderen Regelungen zur Teilhabe schwerbehinderter Menschen

(1) Die besonderen Regelungen für schwerbehinderte Menschen werden nicht angewendet nach dem Wegfall der Voraussetzungen nach § 2 Absatz 2; wenn sich der Grad der Behinderung auf weniger als 50 verringert, jedoch erst am Ende des dritten Kalendermonats nach Eintritt der Unanfechtbarkeit des die Verringerung feststellenden Bescheides.

(2) $_1$Die besonderen Regelungen für gleichgestellte behinderte Menschen werden nach dem Widerruf oder der Rücknahme der Gleichstellung nicht mehr angewendet. $_2$Der Widerruf der Gleichstellung ist zulässig, wenn die Voraussetzungen nach § 2 Absatz 3 in Verbindung mit § 151 Absatz 2 weggefallen sind. $_3$Er wird erst am Ende des dritten Kalendermonats nach Eintritt seiner Unanfechtbarkeit wirksam.

(3) Bis zur Beendigung der Anwendung der besonderen Regelungen für schwerbehinderte Menschen und ihnen gleichgestellte behinderte Menschen werden die behinderten Menschen dem Arbeitgeber auf die Zahl der Pflichtarbeitsplätze für schwerbehinderte Menschen angerechnet.

§ 200 Entziehung der besonderen Hilfen für schwerbehinderte Menschen

(1) $_1$Einem schwerbehinderten Menschen, der einen zumutbaren Arbeitsplatz ohne berechtigten Grund zurückweist oder aufgibt oder sich ohne berechtigten Grund weigert, an einer Maßnahme zur Teilhabe am Arbeitsleben teilzunehmen, oder sonst durch sein Verhalten seine Teilhabe am Arbeitsleben schuldhaft vereitelt, kann das Integrationsamt im Benehmen mit der Bundesagentur für Arbeit die besonderen Hilfen für schwerbehinderte Men-

schen zeitweilig entziehen. $_2$Dies gilt auch für gleichgestellte behinderte Menschen.

(2) $_1$Vor der Entscheidung über die Entziehung wird der schwerbehinderte Mensch gehört. $_2$In der Entscheidung wird die Frist bestimmt, für die sie gilt. $_3$Die Frist läuft vom Tag der Entscheidung an und beträgt nicht mehr als sechs Monate. $_4$Die Entscheidung wird dem schwerbehinderten Menschen bekannt gegeben.

Kapitel 9 Widerspruchsverfahren

§ 201 Widerspruch

(1) $_1$Den Widerspruchsbescheid nach § 73 der Verwaltungsgerichtsordnung erlässt bei Verwaltungsakten der Integrationsämter und bei Verwaltungsakten der örtlichen Fürsorgestellen (§ 190 Absatz 2) der Widerspruchsausschuss bei dem Integrationsamt (§ 202). $_2$Des Vorverfahrens bedarf es auch, wenn den Verwaltungsakt ein Integrationsamt erlassen hat, das bei einer obersten Landesbehörde besteht.

(2) Den Widerspruchsbescheid nach § 85 des Sozialgerichtsgesetzes erlässt bei Verwaltungsakten, welche die Bundesagentur für Arbeit auf Grund dieses Teils erlässt, der Widerspruchsausschuss der Bundesagentur für Arbeit.

§ 202 Widerspruchsausschuss bei dem Integrationsamt

(1) Bei jedem Integrationsamt besteht ein Widerspruchsausschuss aus sieben Mitgliedern, und zwar aus zwei Mitgliedern, die schwerbehinderte Arbeitnehmer oder Arbeitnehmerinnen sind, zwei Mitgliedern, die Arbeitgeber sind, einem Mitglied, das das Integrationsamt vertritt, einem Mitglied, das die Bundesagentur für Arbeit vertritt, einer Vertrauensperson schwerbehinderter Menschen.

(2) Für jedes Mitglied wird ein Stellvertreter oder eine Stellvertreterin berufen.

(3) $_1$Das Integrationsamt beruft auf Vorschlag der Organisationen behinderter Menschen des jeweiligen Landes die Mitglieder, die Arbeitnehmer sind, auf Vorschlag der jeweils für das Land zuständigen Arbeitgeberverbände die Mitglieder, die Arbeitgeber sind, sowie die Vertrauensperson. $_2$Die zuständige oberste Landesbehörde oder die von ihr bestimmte Behörde beruft das Mitglied, das das Integrationsamt vertritt. $_3$Die Bundesagentur für Arbeit beruft das Mitglied, das sie vertritt. $_4$Entsprechendes gilt für die Berufung des Stellvertreters oder der Stellvertreterin des jeweiligen Mitglieds.

(4) $_1$In Kündigungsangelegenheiten schwerbehinderter Menschen, die bei einer Dienststelle oder in einem Betrieb beschäftigt sind, der zum Geschäftsbereich des Bundesministeriums der Verteidigung gehört, treten an die Stelle der Mitglieder, die Arbeitgeber sind, Angehörige des öffentlichen Dienstes. $_2$Dem Integrationsamt werden ein Mitglied und sein Stellvertreter oder seine Stellvertreterin von den von der Bundesregierung bestimmten Bundesbehörden benannt. $_3$Eines der Mitglieder, die schwerbehinderte Arbeitnehmer oder Arbeitnehmerinnen sind, muss dem öffentlichen Dienst angehören.

(5) $_1$Die Amtszeit der Mitglieder der Widerspruchsausschüsse beträgt vier Jahre. $_2$Die Mitglieder der Ausschüsse üben ihre Tätigkeit unentgeltlich aus.

§ 203 Widerspruchsausschüsse der Bundesagentur für Arbeit

(1) Die Bundesagentur für Arbeit richtet Widerspruchsausschüsse ein, die aus sieben Mitgliedern bestehen, und zwar aus zwei Mitgliedern, die schwerbehinderte Arbeitnehmer oder Arbeitnehmerinnen sind, zwei Mitgliedern, die Arbeitgeber sind, einem Mitglied, das das Integrationsamt vertritt, einem Mitglied, das die Bundesagentur für Arbeit vertritt, einer Vertrauensperson schwerbehinderter Menschen.

(2) Für jedes Mitglied wird ein Stellvertreter oder eine Stellvertreterin berufen.

(3) $_1$Die Bundesagentur für Arbeit beruft

1. die Mitglieder, die Arbeitnehmer oder Arbeitnehmerinnen sind, auf Vorschlag der jeweils zuständigen Organisationen behinderter Menschen, der im Benehmen mit den jeweils zuständigen Gewerkschaften, die für die Vertretung der Arbeitnehmerin-

teressen wesentliche Bedeutung haben, gemacht wird,

2. die Mitglieder, die Arbeitgeber sind, auf Vorschlag der jeweils zuständigen Arbeitgeberverbände, soweit sie für die Vertretung von Arbeitgeberinteressen wesentliche Bedeutung haben, sowie
3. das Mitglied, das die Bundesagentur für Arbeit vertritt, und
4. die Vertrauensperson.

2Die zuständige oberste Landesbehörde oder die von ihr bestimmte Behörde beruft das Mitglied, das das Integrationsamt vertritt. 3Entsprechendes gilt für die Berufung des Stellvertreters oder der Stellvertreterin des jeweiligen Mitglieds.

(4) § 202 Absatz 5 gilt entsprechend.

§ 204 Verfahrensvorschriften

(1) Für den Widerspruchsausschuss bei dem Integrationsamt (§ 202) und die Widerspruchsausschüsse bei der Bundesagentur für Arbeit (§ 203) gilt § 189 Absatz 1 und 2 entsprechend.

(2) Im Widerspruchsverfahren nach Kapitel 4 werden der Arbeitgeber und der schwerbehinderte Mensch vor der Entscheidung gehört; in den übrigen Fällen verbleibt es bei der Anhörung des Widerspruchsführers.

(3) 1Die Mitglieder der Ausschüsse können wegen Besorgnis der Befangenheit abgelehnt werden. 2Über die Ablehnung entscheidet der Ausschuss, dem das Mitglied angehört.

Kapitel 10
Sonstige Vorschriften

§ 205 Vorrang der schwerbehinderten Menschen

Verpflichtungen zur bevorzugten Einstellung und Beschäftigung bestimmter Personenkreise nach anderen Gesetzen entbinden den Arbeitgeber nicht von der Verpflichtung zur Beschäftigung schwerbehinderter Menschen nach den besonderen Regelungen für schwerbehinderte Menschen.

§ 206 Arbeitsentgelt und Dienstbezüge

(1) 1Bei der Bemessung des Arbeitsentgelts und der Dienstbezüge aus einem bestehenden Beschäftigungsverhältnis werden Renten und vergleichbare Leistungen, die wegen der Behinderung bezogen werden, nicht berücksichtigt. 2Die völlige oder teilweise Anrechnung dieser Leistungen auf das Arbeitsentgelt oder die Dienstbezüge ist unzulässig.

(2) Absatz 1 gilt nicht für Zeiträume, in denen die Beschäftigung tatsächlich nicht ausgeübt wird und die Vorschriften über die Zahlung der Rente oder der vergleichbaren Leistung eine Anrechnung oder ein Ruhen vorsehen, wenn Arbeitsentgelt oder Dienstbezüge gezahlt werden.

§ 207 Mehrarbeit

Schwerbehinderte Menschen werden auf ihr Verlangen von Mehrarbeit freigestellt.

§ 208 Zusatzurlaub

(1) 1Schwerbehinderte Menschen haben Anspruch auf einen bezahlten zusätzlichen Urlaub von fünf Arbeitstagen im Urlaubsjahr; verteilt sich die regelmäßige Arbeitszeit des schwerbehinderten Menschen auf mehr oder weniger als fünf Arbeitstage in der Kalenderwoche, erhöht oder vermindert sich der Zusatzurlaub entsprechend. 2Soweit tarifliche, betriebliche oder sonstige Urlaubsregelungen für schwerbehinderte Menschen einen längeren Zusatzurlaub vorsehen, bleiben sie unberührt.

(2) 1Besteht die Schwerbehinderteneigenschaft nicht während des gesamten Kalenderjahres, so hat der schwerbehinderte Mensch für jeden vollen Monat der im Beschäftigungsverhältnis vorliegenden Schwerbehinderteneigenschaft einen Anspruch auf ein Zwölftel des Zusatzurlaubs nach Absatz 1 Satz 1. 2Bruchteile von Urlaubstagen, die mindestens einen halben Tag ergeben, sind auf volle Urlaubstage aufzurunden. 3Der so ermittelte Zusatzurlaub ist dem Erholungsurlaub hinzuzurechnen und kann bei einem nicht im ganzen Kalenderjahr bestehenden Beschäftigungsverhältnis nicht erneut gemindert werden.

(3) Wird die Eigenschaft als schwerbehinderter Mensch nach § 152 Absatz 1 und 2 rück-

VIII

wirkend festgestellt, finden auch für die Übertragbarkeit des Zusatzurlaubs in das nächste Kalenderjahr die dem Beschäftigungsverhältnis zugrunde liegenden urlaubsrechtlichen Regelungen Anwendung.

§ 209 Nachteilsausgleich

(1) Die Vorschriften über Hilfen für behinderte Menschen zum Ausgleich behinderungsbedingter Nachteile oder Mehraufwendungen (Nachteilsausgleich) werden so gestaltet, dass sie unabhängig von der Ursache der Behinderung der Art oder Schwere der Behinderung Rechnung tragen.

(2) Nachteilsausgleiche, die auf Grund bisher geltender Rechtsvorschriften erfolgen, bleiben unberührt.

§ 210 Beschäftigung schwerbehinderter Menschen in Heimarbeit

(1) Schwerbehinderte Menschen, die in Heimarbeit beschäftigt oder diesen gleichgestellt sind (§ 1 Absatz 1 und 2 des Heimarbeitsgesetzes) und in der Hauptsache für den gleichen Auftraggeber arbeiten, werden auf die Arbeitsplätze für schwerbehinderte Menschen dieses Auftraggebers angerechnet.

(2) 1Für in Heimarbeit beschäftigte und diesen gleichgestellte schwerbehinderte Menschen wird die in § 29 Absatz 2 des Heimarbeitsgesetzes festgelegte Kündigungsfrist von zwei Wochen auf vier Wochen erhöht; die Vorschrift des § 29 Absatz 7 des Heimarbeitsgesetzes ist sinngemäß anzuwenden. 2Der besondere Kündigungsschutz schwerbehinderter Menschen im Sinne des Kapitels 4 gilt auch für die in Satz 1 genannten Personen.

VIII

(3) 1Die Bezahlung des zusätzlichen Urlaubs der in Heimarbeit beschäftigten oder diesen gleichgestellten schwerbehinderten Menschen erfolgt nach den für die Bezahlung ihres sonstigen Urlaubs geltenden Berechnungsgrundsätzen. 2Sofern eine besondere Regelung nicht besteht, erhalten die schwerbehinderten Menschen als zusätzliches Urlaubsgeld 2 Prozent des in der Zeit vom 1. Mai des vergangenen bis zum 30. April des laufenden Jahres verdienten Arbeitsentgelts ausschließlich der Unkostenzuschläge.

(4) 1Schwerbehinderte Menschen, die als fremde Hilfskräfte eines Hausgewerbetreibenden oder eines Gleichgestellten beschäftigt werden (§ 2 Absatz 6 des Heimarbeitsgesetzes) können auf Antrag eines Auftraggebers auch auf dessen Pflichtarbeitsplätze für schwerbehinderte Menschen angerechnet werden, wenn der Arbeitgeber in der Hauptsache für diesen Auftraggeber arbeitet. 2Wird einem schwerbehinderten Menschen im Sinne des Satzes 1, dessen Anrechnung die Bundesagentur für Arbeit zugelassen hat, durch seinen Arbeitgeber gekündigt, weil der Auftraggeber die Zuteilung von Arbeit eingestellt oder die regelmäßige Arbeitsmenge erheblich herabgesetzt hat, erstattet der Auftraggeber dem Arbeitgeber die Aufwendungen für die Zahlung des regelmäßigen Arbeitsverdienstes an den schwerbehinderten Menschen bis zur rechtmäßigen Beendigung seines Arbeitsverhältnisses.

(5) Werden fremde Hilfskräfte eines Hausgewerbetreibenden oder eines Gleichgestellten (§ 2 Absatz 6 des Heimarbeitsgesetzes) einem Auftraggeber gemäß Absatz 4 auf seine Arbeitsplätze für schwerbehinderte Menschen angerechnet, erstattet der Auftraggeber die dem Arbeitgeber nach Absatz 3 entstehenden Aufwendungen.

(6) Die den Arbeitgeber nach § 163 Absatz 1 und 5 treffenden Verpflichtungen gelten auch für Personen, die Heimarbeit ausgeben.

§ 211 Schwerbehinderte Beamtinnen und Beamte, Richterinnen und Richter, Soldatinnen und Soldaten

(1) Die besonderen Vorschriften und Grundsätze für die Besetzung der Beamtenstellen sind unbeschadet der Geltung dieses Teils auch für schwerbehinderte Beamtinnen und Beamte so zu gestalten, dass die Einstellung und Beschäftigung schwerbehinderter Menschen gefördert und ein angemessener Anteil schwerbehinderter Menschen unter den Beamten und Beamtinnen erreicht wird.

(2) Absatz 1 gilt für Richterinnen und Richter entsprechend.

(3) 1Für die persönliche Rechtsstellung schwerbehinderter Soldatinnen und Soldaten gelten

die §§ 2, 152, 176 bis 182, 199 Absatz 1 sowie die §§ 206, 208, 209 und 228 bis 230. 2Im Übrigen gelten für Soldatinnen und Soldaten die Vorschriften über die persönliche Rechtsstellung der schwerbehinderten Menschen, soweit sie mit den Besonderheiten des Dienstverhältnisses vereinbar sind.

§ 212 Unabhängige Tätigkeit

Soweit zur Ausübung einer unabhängigen Tätigkeit eine Zulassung erforderlich ist, soll schwerbehinderten Menschen, die eine Zulassung beantragen, bei fachlicher Eignung und Erfüllung der sonstigen gesetzlichen Voraussetzungen die Zulassung bevorzugt erteilt werden.

§ 213 Geheimhaltungspflicht

(1) Die Beschäftigten der Integrationsämter, der Bundesagentur für Arbeit, der Rehabilitationsträger sowie der von diesen Stellen beauftragten Integrationsfachdienste und die Mitglieder der Ausschüsse und des Beirates für die Teilhabe von Menschen mit Behinderungen (§ 86) und ihre Stellvertreterinnen oder Stellvertreter sowie zur Durchführung ihrer Aufgaben hinzugezogene Sachverständige sind verpflichtet,

1. über ihnen wegen ihres Amtes oder Auftrages bekannt gewordene persönliche Verhältnisse und Angelegenheiten von Beschäftigten auf Arbeitsplätzen für schwerbehinderte Menschen, die ihrer Bedeutung oder ihrem Inhalt nach einer vertraulichen Behandlung bedürfen, Stillschweigen zu bewahren und
2. ihnen wegen ihres Amtes oder Auftrages bekannt gewordene und vom Arbeitgeber ausdrücklich als geheimhaltungsbedürftig bezeichnete Betriebs- oder Geschäftsgeheimnisse nicht zu offenbaren und nicht zu verwerten.

(2) 1Diese Pflichten gelten auch nach dem Ausscheiden aus dem Amt oder nach Beendigung des Auftrages. 2Sie gelten nicht gegenüber der Bundesagentur für Arbeit, den Integrationsämtern und den Rehabilitationsträgern, soweit deren Aufgaben gegenüber schwerbehinderten Menschen es erfordern, gegenüber der Schwerbehindertenvertretung sowie gegenüber den in § 79 Absatz 1 des Betriebsverfassungsgesetzes und den in den entsprechenden Vorschriften des Personalvertretungsrechts genannten Vertretungen, Personen und Stellen.

§ 214 Statistik

(1) Über schwerbehinderte Menschen wird alle zwei Jahre eine Bundesstatistik durchgeführt. Sie umfasst die folgenden Erhebungsmerkmale:

1. die Zahl der schwerbehinderten Menschen mit gültigem Ausweis,
2. die schwerbehinderten Menschen nach Geburtsjahr, Geschlecht, Staatsangehörigkeit und Wohnort,
3. Art, Ursache und Grad der Behinderung.

(2) Hilfsmerkmale sind:

1. Name, Anschrift, Telefonnummer und Adresse für elektronische Post der nach Absatz 3 Satz 2 auskunftspflichtigen Behörden,
2. Name und Kontaktdaten der für Rückfragen zur Verfügung stehenden Personen,
3. die Signiernummern für das Versorgungsamt und für das Berichtsland.

(3) 1Für die Erhebung besteht Auskunftspflicht. 2Auskunftspflichtig sind die nach § 152 Absatz 1 und 5 zuständigen Behörden. 3Die Angaben zu Absatz 2 Nummer 2 sind freiwillig.

VIII

Kapitel 11
Inklusionsbetriebe

§ 215 Begriff und Personenkreis

(1) Inklusionsbetriebe sind rechtlich und wirtschaftlich selbständige Unternehmen oder unternehmensinterne oder von öffentlichen Arbeitgebern im Sinne des § 154 Absatz 2 geführte Betriebe oder Abteilungen zur Beschäftigung schwerbehinderter Menschen auf dem allgemeinen Arbeitsmarkt, deren Teilhabe an einer sonstigen Beschäftigung auf dem allgemeinen Arbeitsmarkt auf Grund von Art oder Schwere der Behinderung oder wegen sonstiger Umstände voraussichtlich trotz Ausschöp-

fens aller Fördermöglichkeiten und des Einsatzes von Integrationsfachdiensten auf besondere Schwierigkeiten stößt.

(2) Schwerbehinderte Menschen nach Absatz 1 sind insbesondere

1. schwerbehinderte Menschen mit geistiger oder seelischer Behinderung oder mit einer schweren Körper-, Sinnes- oder Mehrfachbehinderung, die sich im Arbeitsleben besonders nachteilig auswirkt und allein oder zusammen mit weiteren vermittlungshemmenden Umständen die Teilhabe am allgemeinen Arbeitsmarkt außerhalb eines Inklusionsbetriebes erschwert oder verhindert,
2. schwerbehinderte Menschen, die nach zielgerichteter Vorbereitung in einer Werkstatt für behinderte Menschen oder in einer psychiatrischen Einrichtung für den Übergang in einen Betrieb oder eine Dienststelle auf dem allgemeinen Arbeitsmarkt in Betracht kommen und auf diesen Übergang vorbereitet werden sollen,
3. schwerbehinderte Menschen nach Beendigung einer schulischen Bildung, die nur dann Aussicht auf eine Beschäftigung auf dem allgemeinen Arbeitsmarkt haben, wenn sie zuvor in einem Inklusionsbetrieb an berufsvorbereitenden Bildungsmaßnahmen teilnehmen und dort beschäftigt und weiterqualifiziert werden, sowie
4. schwerbehinderte Menschen, die langzeitarbeitslos im Sinne des § 18 des Dritten Buches sind.

(3) 1Inklusionsbetriebe beschäftigen mindestens 30 Prozent schwerbehinderte Menschen im Sinne von Absatz 1. 2Der Anteil der schwerbehinderten Menschen soll in der Regel 50 Prozent nicht übersteigen.

(4) Auf die Quoten nach Absatz 3 wird auch die Anzahl der psychisch kranken beschäftigten Menschen angerechnet, die behindert oder von Behinderung bedroht sind und deren Teilhabe an einer sonstigen Beschäftigung auf dem allgemeinen Arbeitsmarkt auf Grund von Art oder Schwere der Behinderung oder wegen sonstiger Umstände auf besondere Schwierigkeiten stößt.

§ 216 Aufgaben

1Die Inklusionsbetriebe bieten den schwerbehinderten Menschen Beschäftigung, Maßnahmen der betrieblichen Gesundheitsförderung und arbeitsbegleitende Betreuung an, soweit erforderlich auch Maßnahmen der beruflichen Weiterbildung oder Gelegenheit zur Teilnahme an entsprechenden außerbetrieblichen Maßnahmen sowie geeignete Maßnahmen zur Vorbereitung auf eine Beschäftigung in einem Inklusionsbetrieb. 2Satz 1 gilt entsprechend für psychisch kranke Menschen im Sinne des § 215 Absatz 4.

§ 217 Finanzielle Leistungen

(1) Inklusionsbetriebe können aus Mitteln der Ausgleichsabgabe Leistungen für Aufbau, Erweiterung, Modernisierung und Ausstattung einschließlich einer betriebswirtschaftlichen Beratung und für besonderen Aufwand erhalten.

(2) Die Finanzierung von Leistungen nach § 216 Satz 2 erfolgt durch den zuständigen Rehabilitationsträger.

§ 218 Verordnungsermächtigung

Das Bundesministerium für Arbeit und Soziales wird ermächtigt, durch Rechtsverordnung mit Zustimmung des Bundesrates das Nähere über den Begriff und die Aufgaben der Inklusionsbetriebe, die für sie geltenden fachlichen Anforderungen, die Aufnahmevoraussetzungen und die finanziellen Leistungen zu regeln.

Kapitel 12
Werkstätten für behinderte Menschen

§ 219 Begriff und Aufgaben der Werkstatt für behinderte Menschen

(1) 1Die Werkstatt für behinderte Menschen ist eine Einrichtung zur Teilhabe behinderter Menschen am Arbeitsleben im Sinne des Kapitels 10 des Teils 1 und zur Eingliederung in das Arbeitsleben. 2Sie hat denjenigen behinderten Menschen, die wegen Art oder Schwere der Behinderung nicht, noch nicht oder noch nicht wieder auf dem allgemeinen Arbeitsmarkt beschäftigt werden können,

1. eine angemessene berufliche Bildung und eine Beschäftigung zu einem ihrer Leistung angemessenen Arbeitsentgelt aus dem Arbeitsergebnis anzubieten und
2. zu ermöglichen, ihre Leistungs- oder Erwerbsfähigkeit zu erhalten, zu entwickeln, zu erhöhen oder wiederzugewinnen und dabei ihre Persönlichkeit weiterzuentwickeln.

3Sie fördert den Übergang geeigneter Personen auf den allgemeinen Arbeitsmarkt durch geeignete Maßnahmen. 4Sie verfügt über ein möglichst breites Angebot an Berufsbildungs- und Arbeitsplätzen sowie über qualifiziertes Personal und einen begleitenden Dienst. 5Zum Angebot an Berufsbildungs- und Arbeitsplätzen gehören ausgelagerte Plätze auf dem allgemeinen Arbeitsmarkt. 6Die ausgelagerten Arbeitsplätze werden zum Zwecke des Übergangs und als dauerhaft ausgelagerte Plätze angeboten.

(2) 1Die Werkstatt steht allen behinderten Menschen im Sinne des Absatzes 1 unabhängig von Art oder Schwere der Behinderung offen, sofern erwartet werden kann, dass sie spätestens nach Teilnahme an Maßnahmen im Berufsbildungsbereich wenigstens ein Mindestmaß wirtschaftlich verwertbarer Arbeitsleistung erbringen werden. 2Dies ist nicht der Fall bei behinderten Menschen, bei denen trotz einer der Behinderung angemessenen Betreuung eine erhebliche Selbst- oder Fremdgefährdung zu erwarten ist oder das Ausmaß der erforderlichen Betreuung und Pflege die Teilnahme an Maßnahmen im Berufsbildungsbereich oder sonstige Umstände ein Mindestmaß wirtschaftlich verwertbarer Arbeitsleistung im Arbeitsbereich dauerhaft nicht zulassen.

(3) 1Behinderte Menschen, die die Voraussetzungen für eine Beschäftigung in einer Werkstatt nicht erfüllen, sollen in Einrichtungen oder Gruppen betreut und gefördert werden, die der Werkstatt angegliedert sind. 2Die Betreuung und Förderung kann auch gemeinsam mit den Werkstattbeschäftigten in der Werkstatt erfolgen. 3Die Betreuung und Förderung soll auch Angebote zur Orientierung auf Beschäftigung enthalten.

§ 220 Aufnahme in die Werkstätten für behinderte Menschen

(1) 1Anerkannte Werkstätten nehmen diejenigen behinderten Menschen aus ihrem Einzugsgebiet auf, die die Aufnahmevoraussetzungen gemäß § 219 Absatz 2 erfüllen, wenn Leistungen durch die Rehabilitationsträger gewährleistet sind; die Möglichkeit zur Aufnahme in eine andere anerkannte Werkstatt nach Maßgabe des § 104 oder entsprechender Regelungen bleibt unberührt. 2Die Aufnahme erfolgt unabhängig von

1. der Ursache der Behinderung,
2. der Art der Behinderung, wenn in dem Einzugsgebiet keine besondere Werkstatt für behinderte Menschen für diese Behinderungsart vorhanden ist, und
3. der Schwere der Behinderung, der Minderung der Leistungsfähigkeit und einem besonderen Bedarf an Förderung, begleitender Betreuung oder Pflege.

(2) Behinderte Menschen werden in der Werkstatt beschäftigt, solange die Aufnahmevoraussetzungen nach Absatz 1 vorliegen.

(3) Leistungsberechtigte Menschen mit Behinderungen, die aus einer Werkstatt für behinderte Menschen auf den allgemeinen Arbeitsmarkt übergegangen sind oder bei einem anderen Leistungsanbieter oder mit Hilfe des Budgets für Arbeit oder des Budgets für Ausbildung am Arbeitsleben teilnehmen, haben einen Anspruch auf Aufnahme in eine Werkstatt für behinderte Menschen.

§ 221 Rechtsstellung und Arbeitsentgelt behinderter Menschen

(1) Behinderte Menschen im Arbeitsbereich anerkannter Werkstätten stehen, wenn sie nicht Arbeitnehmer sind, zu den Werkstätten in einem arbeitnehmerähnlichen Rechtsverhältnis, soweit sich aus dem zugrunde liegenden Sozialleistungsverhältnis nichts anderes ergibt.

(2) 1Die Werkstätten zahlen aus ihrem Arbeitsergebnis an die im Arbeitsbereich beschäftigten behinderten Menschen ein Arbeitsentgelt, das sich aus einem Grundbetrag in Höhe des Ausbildungsgeldes, das die Bun-

desagentur für Arbeit nach den für sie geltenden Vorschriften behinderten Menschen im Berufsbildungsbereich leistet, und einem leistungsangemessenen Steigerungsbetrag zusammensetzt. 2Der Steigerungsbetrag bemisst sich nach der individuellen Arbeitsleistung der behinderten Menschen, insbesondere unter Berücksichtigung von Arbeitsmenge und Arbeitsgüte.

(3) Der Inhalt des arbeitnehmerähnlichen Rechtsverhältnisses wird unter Berücksichtigung des zwischen den behinderten Menschen und dem Rehabilitationsträger bestehenden Sozialleistungsverhältnisses durch Werkstattverträge zwischen den behinderten Menschen und dem Träger der Werkstatt näher geregelt.

(4) Hinsichtlich der Rechtsstellung der Teilnehmer an Maßnahmen im Eingangsverfahren und im Berufsbildungsbereich gilt § 52 entsprechend.

(5) Ist ein volljähriger behinderter Mensch gemäß Absatz 1 in den Arbeitsbereich einer anerkannten Werkstatt für behinderte Menschen im Sinne des § 219 aufgenommen worden und war er zu diesem Zeitpunkt geschäftsunfähig, so gilt der von ihm geschlossene Werkstattvertrag in Ansehung einer bereits bewirkten Leistung und deren Gegenleistung, soweit diese in einem angemessenen Verhältnis zueinander stehen, als wirksam.

(6) War der volljährige behinderte Mensch bei Abschluss eines Werkstattvertrages geschäftsunfähig, so kann der Träger einer Werkstatt das Werkstattverhältnis nur unter den Voraussetzungen für gelöst erklären, unter denen ein wirksamer Vertrag seitens des Trägers einer Werkstatt gekündigt werden kann.

(7) Die Lösungserklärung durch den Träger einer Werkstatt bedarf der schriftlichen Form und ist zu begründen.

§ 222 Mitbestimmung, Mitwirkung, Frauenbeauftragte

(1) 1Die in § 221 Absatz 1 genannten behinderten Menschen bestimmen und wirken unabhängig von ihrer Geschäftsfähigkeit durch Werkstatträte in den ihre Interessen berührenden Angelegenheiten der Werkstatt mit. 2Die Werkstatträte berücksichtigen die Interessen der im Eingangsverfahren und im Berufsbildungsbereich der Werkstätten tätigen behinderten Menschen in angemessener und geeigneter Weise, solange für diese eine Vertretung nach § 52 nicht besteht.

(2) Ein Werkstattrat wird in Werkstätten gewählt; er setzt sich aus mindestens drei Mitgliedern zusammen.

(3) Wahlberechtigt zum Werkstattrat sind alle in § 221 Absatz 1 genannten behinderten Menschen; von ihnen sind die behinderten Menschen wählbar, die am Wahltag seit mindestens sechs Monaten in der Werkstatt beschäftigt sind.

(4) 1Die Werkstätten für behinderte Menschen unterrichten die Personen, die behinderte Menschen gesetzlich vertreten oder mit ihrer Betreuung beauftragt sind, einmal im Kalenderjahr in einer Eltern- und Betreuerversammlung in angemessener Weise über die Angelegenheiten der Werkstatt, auf die sich die Mitwirkung erstreckt, und hören sie dazu an. 2In den Werkstätten kann im Einvernehmen mit dem Träger der Werkstatt ein Eltern- und Betreuerbeirat errichtet werden, der die Werkstatt und den Werkstattrat bei ihrer Arbeit berät und durch Vorschläge und Stellungnahmen unterstützt.

(5) 1Behinderte Frauen im Sinne des § 221 Absatz 1 wählen in jeder Werkstatt eine Frauenbeauftragte und eine Stellvertreterin. 2In Werkstätten mit mehr als 700 wahlberechtigten Frauen wird eine zweite Stellvertreterin gewählt, in Werkstätten mit mehr als 1000 wahlberechtigten Frauen werden bis zu drei Stellvertreterinnen gewählt.

§ 223 Anrechnung von Aufträgen auf die Ausgleichsabgabe

(1) 1Arbeitgeber, die durch Aufträge an anerkannte Werkstätten für behinderte Menschen zur Beschäftigung behinderter Menschen beitragen, können 50 Prozent des auf die Arbeitsleistung der Werkstatt entfallenden Rechnungsbetrages solcher Aufträge (Gesamtrechnungsbetrag abzüglich Materialkosten) auf die Ausgleichsabgabe anrechnen. 2Dabei wird die Arbeitsleistung des Fachper-

VIII

sonals zur Arbeits- und Berufsförderung berücksichtigt, nicht hingegen die Arbeitsleistung sonstiger nichtbehinderter Arbeitnehmerinnen und Arbeitnehmer. 3Bei Weiterveräußerung von Erzeugnissen anderer anerkannter Werkstätten für behinderte Menschen wird die von diesen erbrachte Arbeitsleistung berücksichtigt. 4Die Werkstätten bestätigen das Vorliegen der Anrechnungsvoraussetzungen in der Rechnung.

(2) Voraussetzung für die Anrechnung ist, dass

1. die Aufträge innerhalb des Jahres, in dem die Verpflichtung zur Zahlung der Ausgleichsabgabe entsteht, von der Werkstatt für behinderte Menschen ausgeführt und vom Auftraggeber bis spätestens 31. März des Folgejahres vergütet werden und
2. es sich nicht um Aufträge handelt, die Träger einer Gesamteinrichtung an Werkstätten für behinderte Menschen vergeben, die rechtlich unselbständige Teile dieser Einrichtung sind.

(3) Bei der Vergabe von Aufträgen an Zusammenschlüsse anerkannter Werkstätten für behinderte Menschen gilt Absatz 2 entsprechend.

§ 224 Vergabe von Aufträgen durch die öffentliche Hand

(1) 1Aufträge der öffentlichen Hand, die von anerkannten Werkstätten für behinderte Menschen ausgeführt werden können, werden bevorzugt diesen Werkstätten angeboten; zudem können Werkstätten für behinderte Menschen nach Maßgabe der allgemeinen Verwaltungsvorschriften nach Satz 2 beim Zuschlag und den Zuschlagskriterien bevorzugt werden. 2Die Bundesregierung erlässt mit Zustimmung des Bundesrates allgemeine Verwaltungsvorschriften zur Vergabe von Aufträgen durch die öffentliche Hand.

(2) Absatz 1 gilt auch für Inklusionsbetriebe.

§ 225 Anerkennungsverfahren

1Werkstätten für behinderte Menschen, die eine Vergünstigung im Sinne dieses Kapitels in Anspruch nehmen wollen, bedürfen der Anerkennung. 2Die Entscheidung über die Anerkennung trifft auf Antrag die Bundesagentur für Arbeit im Einvernehmen mit dem Träger der Eingliederungshilfe. 3Die Bundesagentur für Arbeit führt ein Verzeichnis der anerkannten Werkstätten für behinderte Menschen. 4In dieses Verzeichnis werden auch Zusammenschlüsse anerkannter Werkstätten für behinderte Menschen aufgenommen.

§ 226 Blindenwerkstätten

Die §§ 223 und 224 sind auch zugunsten von auf Grund des Blindenwarenvertriebsgesetzes anerkannten Blindenwerkstätten anzuwenden.

§ 227 Verordnungsermächtigungen

(1) Die Bundesregierung bestimmt durch Rechtsverordnung mit Zustimmung des Bundesrates das Nähere über den Begriff und die Aufgaben der Werkstatt für behinderte Menschen, die Aufnahmevoraussetzungen, die fachlichen Anforderungen, insbesondere hinsichtlich der Wirtschaftsführung, sowie des Begriffs und der Verwendung des Arbeitsergebnisses sowie das Verfahren zur Anerkennung als Werkstatt für behinderte Menschen.

(2) 1Das Bundesministerium für Arbeit und Soziales bestimmt durch Rechtsverordnung mit Zustimmung des Bundesrates im Einzelnen die Errichtung, Zusammensetzung und Aufgaben des Werkstattrats, die Fragen, auf die sich Mitbestimmung und Mitwirkung erstrecken, einschließlich Art und Umfang der Mitbestimmung und Mitwirkung, die Vorbereitung und Durchführung der Wahl, einschließlich der Wahlberechtigung und der Wählbarkeit, die Amtszeit sowie die Geschäftsführung des Werkstattrats einschließlich des Erlasses einer Geschäftsordnung und der persönlichen Rechte und Pflichten der Mitglieder des Werkstattrats und der Kostentragung. 2In der Rechtsverordnung werden auch Art und Umfang der Beteiligung von Frauenbeauftragten, die Vorbereitung und Durchführung der Wahl einschließlich der Wahlberechtigung und der Wählbarkeit, die Amtszeit, die persönlichen Rechte und die Pflichten der Frauenbeauftragten und ihrer Stellvertreterinnen sowie die Kostentragung geregelt. 3Die Rechtsverordnung kann darüber hinaus bestimmen, dass die in ihr ge-

troffenen Regelungen keine Anwendung auf Religionsgemeinschaften und ihre Einrichtungen finden, soweit sie eigene gleichwertige Regelungen getroffen haben.

Kapitel 13
Unentgeltliche Beförderung schwerbehinderter Menschen im öffentlichen Personenverkehr

§ 228 Unentgeltliche Beförderung, Anspruch auf Erstattung der Fahrgeldausfälle

(1) $_1$Schwerbehinderte Menschen, die infolge ihrer Behinderung in ihrer Bewegungsfähigkeit im Straßenverkehr erheblich beeinträchtigt oder hilflos oder gehörlos sind, werden von Unternehmern, die öffentlichen Personenverkehr betreiben, gegen Vorzeigen eines entsprechend gekennzeichneten Ausweises nach § 152 Absatz 5 im Nahverkehr im Sinne des § 230 Absatz 1 unentgeltlich befördert; die unentgeltliche Beförderung verpflichtet zur Zahlung eines tarifmäßigen Zuschlages bei der Benutzung zuschlagpflichtiger Züge des Nahverkehrs. $_2$Voraussetzung ist, dass der Ausweis mit einer gültigen Wertmarke versehen ist.

(2) $_1$Die Wertmarke wird gegen Entrichtung eines Betrages von 80 Euro für ein Jahr oder 40 Euro für ein halbes Jahr ausgegeben. $_2$Der Betrag erhöht sich in entsprechender Anwendung des § 160 Absatz 3 jeweils zu dem Zeitpunkt, zu dem die nächste Neubestimmung der Beträge der Ausgleichsabgabe erfolgt. $_3$Liegt dieser Zeitpunkt innerhalb der Gültigkeitsdauer einer bereits ausgegebenen Wertmarke, ist der höhere Betrag erst im Zusammenhang mit der Ausgabe der darauffolgenden Wertmarke zu entrichten. $_4$Abweichend von § 160 Absatz 3 Satz 4 sind die sich ergebenden Beträge auf den nächsten vollen Eurobetrag aufzurunden. $_5$Das Bundesministerium für Arbeit und Soziales gibt den Erhöhungsbetrag und die sich nach entsprechender Anwendung des § 160 Absatz 3 Satz 3 ergebenden Beträge im Bundesanzeiger bekannt.

(3) $_1$Wird die für ein Jahr ausgegebene Wertmarke vor Ablauf eines halben Jahres ihrer Gültigkeitsdauer zurückgegeben, wird auf Antrag die Hälfte der Gebühr erstattet. $_2$Entsprechendes gilt für den Fall, dass der schwerbehinderte Mensch vor Ablauf eines halben Jahres der Gültigkeitsdauer der für ein Jahr ausgegebenen Wertmarke verstirbt.

(4) Auf Antrag wird eine für ein Jahr gültige Wertmarke, ohne dass der Betrag nach Absatz 2 in seiner jeweiligen Höhe zu entrichten ist, an schwerbehinderte Menschen ausgegeben,

1. die blind im Sinne des § 72 Absatz 5 des Zwölften Buches oder entsprechender Vorschriften oder hilflos im Sinne des § 33b des Einkommensteuergesetzes oder entsprechender Vorschriften sind oder
2. die Leistungen zur Sicherung des Lebensunterhalts nach dem Zweiten Buch oder für den Lebensunterhalt laufende Leistungen nach dem Dritten und Vierten Kapitel des Zwölften Buches, dem Achten oder dem Vierzehnten Buch erhalten oder
3. die am 1. Oktober 1979 die Voraussetzungen nach § 2 Absatz 1 Nummer 1 bis 4 und Absatz 3 des Gesetzes über die unentgeltliche Beförderung von Kriegs- und Wehrdienstbeschädigten sowie von anderen Behinderten im Nahverkehr vom 27. August 1965 (BGBl. I S. 978), das zuletzt durch Artikel 41 des Zuständigkeitsanpassungs-Gesetzes vom 18. März 1975 (BGBl. I S. 705) geändert worden ist, erfüllten, solange ein Grad der Schädigungsfolgen von mindestens 70 festgestellt ist oder von mindestens 50 festgestellt ist und sie infolge der Schädigung erheblich gehbehindert sind; das Gleiche gilt für schwerbehinderte Menschen, die diese Voraussetzungen am 1. Oktober 1979 nur deshalb nicht erfüllt haben, weil sie ihren Wohnsitz oder ihren gewöhnlichen Aufenthalt zu diesem Zeitpunkt in dem in Artikel 3 des Einigungsvertrages genannten Gebiet hatten.

(5) $_1$Die Wertmarke wird nicht ausgegeben, solange eine Kraftfahrzeugsteuerermäßigung nach § 3a Absatz 2 des Kraftfahrzeugsteuergesetzes in Anspruch genommen wird. $_2$Die Ausgabe der Wertmarken erfolgt auf Antrag durch die nach § 152 Absatz 5 zuständigen Behörden. $_3$Die Landesregierung oder die von ihr bestimmte Stelle kann die Aufgaben nach den Absätzen 2 bis 4 ganz oder teilweise auf

andere Behörden übertragen. $_{4}$Für Streitigkeiten in Zusammenhang mit der Ausgabe der Wertmarke gilt § 51 Absatz 1 Nummer 7 des Sozialgerichtsgesetzes entsprechend.

(6) Absatz 1 gilt im Nah- und Fernverkehr im Sinne des § 230, ohne dass die Voraussetzung des Absatzes 1 Satz 2 erfüllt sein muss, für die Beförderung

1. einer Begleitperson eines schwerbehinderten Menschen im Sinne des Absatzes 1, wenn die Berechtigung zur Mitnahme einer Begleitperson nachgewiesen und dies im Ausweis des schwerbehinderten Menschen eingetragen ist, und
2. des Handgepäcks, eines mitgeführten Krankenfahrstuhles, soweit die Beschaffenheit des Verkehrsmittels dies zulässt, sonstiger orthopädischer Hilfsmittel und eines Führhundes; das Gleiche gilt für einen Hund, den ein schwerbehinderter Mensch mitführt, in dessen Ausweis die Berechtigung zur Mitnahme einer Begleitperson nachgewiesen ist, sowie für einen nach § 12e Absatz 4 des Behindertengleichstellungsgesetzes gekennzeichneten Assistenzhund.

(7) $_{1}$Die durch die unentgeltliche Beförderung nach den Absätzen 1 bis 6 entstehenden Fahrgeldausfälle werden nach Maßgabe der §§ 231 bis 233 erstattet. $_{2}$Die Erstattungen sind aus dem Anwendungsbereich der Verordnung (EG) Nr. 1370/2007 des Europäischen Parlaments und des Rates vom 23. Oktober 2007 über öffentliche Personenverkehrsdienste auf Schiene und Straße und zur Aufhebung der Verordnungen (EWG) Nr. 1191/69 und (EWG) Nr. 1107/70 des Rates (ABl. L 315 vom 3. 12. 2007, S. 1) ausgenommen.

§ 229 Persönliche Voraussetzungen

(1) $_{1}$In seiner Bewegungsfähigkeit im Straßenverkehr erheblich beeinträchtigt ist, wer infolge einer Einschränkung des Gehvermögens (auch durch innere Leiden oder infolge von Anfällen oder von Störungen der Orientierungsfähigkeit) nicht ohne erhebliche Schwierigkeiten oder nicht ohne Gefahren für sich oder andere Wegstrecken im Ortsverkehr zurückzulegen vermag, die üblicherweise noch zu Fuß zurückgelegt werden. $_{2}$Der Nachweis der erheblichen Beeinträchtigung in der Bewegungsfähigkeit im Straßenverkehr kann bei schwerbehinderten Menschen mit einem Grad der Behinderung von wenigstens 80 nur mit einem Ausweis mit halbseitigem orangefarbenem Flächenaufdruck und eingetragenem Merkzeichen „G" geführt werden, dessen Gültigkeit frühestens mit dem 1. April 1984 beginnt, oder auf dem ein entsprechender Änderungsvermerk eingetragen ist.

(2) $_{1}$Zur Mitnahme einer Begleitperson sind schwerbehinderte Menschen berechtigt, die bei der Benutzung von öffentlichen Verkehrsmitteln infolge ihrer Behinderung regelmäßig auf Hilfe angewiesen sind. $_{2}$Die Feststellung bedeutet nicht, dass die schwerbehinderte Person, wenn sie nicht in Begleitung ist, eine Gefahr für sich oder für andere darstellt.

(3) $_{1}$Schwerbehinderte Menschen mit außergewöhnlicher Gehbehinderung sind Personen mit einer erheblichen mobilitätsbezogenen Teilhabebeeinträchtigung, die einem Grad der Behinderung von mindestens 80 entspricht. $_{2}$Eine erhebliche mobilitätsbezogene Teilhabebeeinträchtigung liegt vor, wenn sich die schwerbehinderten Menschen wegen der Schwere ihrer Beeinträchtigung dauernd nur mit fremder Hilfe oder mit großer Anstrengung außerhalb ihres Kraftfahrzeuges bewegen können. $_{3}$Hierzu zählen insbesondere schwerbehinderte Menschen, die auf Grund der Beeinträchtigung der Gehfähigkeit und Fortbewegung – dauerhaft auch für sehr kurze Entfernungen – aus medizinischer Notwendigkeit auf die Verwendung eines Rollstuhls angewiesen sind. $_{4}$Verschiedenste Gesundheitsstörungen (insbesondere Störungen bewegungsbezogener, neuromuskulärer oder mentaler Funktionen, Störungen des kardiovaskulären oder Atmungssystems) können die Gehfähigkeit erheblich beeinträchtigen. $_{5}$Diese sind als außergewöhnliche Gehbehinderung anzusehen, wenn nach versorgungsärztlicher Feststellung die Auswirkung der Gesundheitsstörungen sowie deren Kombination auf die Gehfähigkeit dauerhaft so schwer ist, dass sie der unter Satz 1 genannten Beeinträchtigung gleich kommt.

§ 230 Nah- und Fernverkehr

(1) Nahverkehr im Sinne dieses Gesetzes ist der öffentliche Personenverkehr mit

1. Straßenbahnen und Obussen im Sinne des Personenbeförderungsgesetzes,
2. Kraftfahrzeugen im Linienverkehr nach den §§ 42 und 43 des Personenbeförderungsgesetzes auf Linien, bei denen die Mehrzahl der Beförderungen eine Strecke von 50 Kilometern nicht übersteigt, es sei denn, dass bei den Verkehrsformen nach § 43 des Personenbeförderungsgesetzes die Genehmigungsbehörde auf die Einhaltung der Vorschriften über die Beförderungsentgelte gemäß § 45 Absatz 3 des Personenbeförderungsgesetzes ganz oder teilweise verzichtet hat,
3. S-Bahnen in der 2. Wagenklasse,
4. Eisenbahnen in der 2. Wagenklasse in Zügen und auf Strecken und Streckenabschnitten, die in ein von mehreren Unternehmern gebildetes, mit den unter Nummer 1, 2 oder 7 genannten Verkehrsmitteln zusammenhängendes Liniennetz mit einheitlichen oder verbundenen Beförderungsentgelten einbezogen sind,
5. Eisenbahnen des Bundes in der 2. Wagenklasse in Zügen, die überwiegend dazu bestimmt sind, die Verkehrsnachfrage im Nahverkehr zu befriedigen (Züge des Nahverkehrs),
6. sonstigen Eisenbahnen des öffentlichen Verkehrs im Sinne von § 2 Absatz 1 und § 3 Absatz 1 des Allgemeinen Eisenbahngesetzes in der 2. Wagenklasse auf Strecken, bei denen die Mehrzahl der Beförderungen eine Strecke von 50 Kilometern nicht überschreitet,
7. Wasserfahrzeugen im Linien-, Fähr- und Übersetzverkehr, wenn dieser der Beförderung von Personen im Orts- und Nachbarschaftsbereich dient und Ausgangs- und Endpunkt innerhalb dieses Bereiches liegen; Nachbarschaftsbereich ist der Raum zwischen benachbarten Gemeinden, die, ohne unmittelbar aneinander grenzen zu müssen, durch einen stetigen, mehr als einmal am Tag durchgeführten Verkehr wirtschaftlich und verkehrsmäßig verbunden sind.

(2) Fernverkehr im Sinne dieses Gesetzes ist der öffentliche Personenverkehr mit

1. Kraftfahrzeugen im Linienverkehr nach § 42a Satz 1 des Personenbeförderungsgesetzes,
2. Eisenbahnen, ausgenommen der Sonderzugverkehr,
3. Wasserfahrzeugen im Fähr- und Übersetzverkehr, sofern keine Häfen außerhalb des Geltungsbereiches dieses Buches angelaufen werden, soweit der Verkehr nicht Nahverkehr im Sinne des Absatzes 1 ist.

(3) Die Unternehmer, die öffentlichen Personenverkehr betreiben, weisen im öffentlichen Personenverkehr nach Absatz 1 Nummer 2, 5, 6 und 7 im Fahrplan besonders darauf hin, inwieweit eine Pflicht zur unentgeltlichen Beförderung nach § 228 Absatz 1 nicht besteht.

§ 231 Erstattung der Fahrgeldausfälle im Nahverkehr

(1) Die Fahrgeldausfälle im Nahverkehr werden nach einem Prozentsatz der von den Unternehmern oder den Nahverkehrsorganisationen im Sinne des § 233 Absatz 2 nachgewiesenen Fahrgeldeinnahmen im Nahverkehr erstattet.

(2) 1Fahrgeldeinnahmen im Sinne dieses Kapitels sind alle Erträge aus dem Fahrkartenverkauf. 2Sie umfassen auch Erträge aus der Beförderung von Handgepäck, Krankenfahrstühlen, sonstigen orthopädischen Hilfsmitteln, Tieren sowie aus erhöhten Beförderungsentgelten.

(3) Werden in einem von mehreren Unternehmern gebildeten zusammenhängenden Liniennetz mit einheitlichen oder verbundenen Beförderungsentgelten die Erträge aus dem Fahrkartenverkauf zusammengefasst und dem einzelnen Unternehmer anteilmäßig nach einem vereinbarten Verteilungsschlüssel zugewiesen, so ist der zugewiesene Anteil Ertrag im Sinne des Absatzes 2.

(4) 1Der Prozentsatz im Sinne des Absatzes 1 wird für jedes Land von der Landesregierung oder der von ihr bestimmten Behörde für jeweils ein Jahr bekannt gemacht. 2Bei der Be-

VIII

rechnung des Prozentsatzes ist von folgenden Zahlen auszugehen:

1. der Zahl der in dem Land in dem betreffenden Kalenderjahr ausgegebenen Wertmarken und der Hälfte der in dem Land am Jahresende in Umlauf befindlichen gültigen Ausweise im Sinne des § 228 Absatz 1 von schwerbehinderten Menschen, die das sechste Lebensjahr vollendet haben und bei denen die Berechtigung zur Mitnahme einer Begleitperson im Ausweis eingetragen ist; Wertmarken mit einer Gültigkeitsdauer von einem halben Jahr und Wertmarken für ein Jahr, die vor Ablauf eines halben Jahres ihrer Gültigkeitsdauer zurückgegeben werden, werden zur Hälfte gezählt,
2. der in den jährlichen Veröffentlichungen des Statistischen Bundesamtes zum Ende des Vorjahres nachgewiesenen Zahl der Wohnbevölkerung in dem Land abzüglich der Zahl der Kinder, die das sechste Lebensjahr noch nicht vollendet haben, und der Zahlen nach Nummer 1.

3Der Prozentsatz ist nach folgender Formel zu berechnen:

$$\frac{\text{nach Nummer 1 errechnete Zahl}}{\text{nach Nummer 2 errechnete Zahl}} \times 100$$

4Bei der Festsetzung des Prozentsatzes sich ergebende Bruchteile von 0,005 und mehr werden auf ganze Hundertstel aufgerundet, im Übrigen abgerundet.

(5) 1Weist ein Unternehmen durch Verkehrszählung nach, dass das Verhältnis zwischen den nach diesem Kapitel unentgeltlich beförderten Fahrgästen und den sonstigen Fahrgästen den nach Absatz 4 festgesetzten Prozentsatz um mindestens ein Drittel übersteigt, wird neben dem sich aus der Berechnung nach Absatz 4 ergebenden Erstattungsbetrag auf Antrag der nachgewiesene, über dem Drittel liegende Anteil erstattet. 2Die Länder können durch Rechtsverordnung bestimmen, dass die Verkehrszählung durch Dritte auf Kosten des Unternehmens zu erfolgen hat.

(6) Absatz 5 gilt nicht in Fällen des § 233 Absatz 2.

§ 232 Erstattung der Fahrgeldausfälle im Fernverkehr

(1) Die Fahrgeldausfälle im Fernverkehr werden nach einem Prozentsatz der von den Unternehmern nachgewiesenen Fahrgeldeinnahmen im Fernverkehr erstattet.

(2) 1Der maßgebende Prozentsatz wird vom Bundesministerium für Arbeit und Soziales im Einvernehmen mit dem Bundesministerium der Finanzen und dem Bundesministerium für Verkehr und digitale Infrastruktur für jeweils zwei Jahre bekannt gemacht. 2Bei der Berechnung des Prozentsatzes ist von folgenden, für das letzte Jahr vor Beginn des Zweijahreszeitraumes vorliegenden Zahlen auszugehen:

1. der Zahl der im Geltungsbereich dieses Gesetzes am Jahresende in Umlauf befindlichen gültigen Ausweise nach § 228 Absatz 1, auf denen die Berechtigung zur Mitnahme einer Begleitperson eingetragen ist, abzüglich 25 Prozent,
2. der in den jährlichen Veröffentlichungen des Statistischen Bundesamtes zum Jahresende nachgewiesenen Zahl der Wohnbevölkerung im Geltungsbereich dieses Gesetzes abzüglich der Zahl der Kinder, die das vierte Lebensjahr noch nicht vollendet haben, und der nach Nummer 1 ermittelten Zahl.

3Der Prozentsatz ist nach folgender Formel zu errechnen:

$$\frac{\text{nach Nummer 1 errechnete Zahl}}{\text{nach Nummer 2 errechnete Zahl}} \times 100$$

4§ 231 Absatz 4 letzter Satz gilt entsprechend.

§ 233 Erstattungsverfahren

(1) 1Die Fahrgeldausfälle werden auf Antrag des Unternehmers erstattet. 2Bei einem von mehreren Unternehmern gebildeten zusammenhängenden Liniennetz mit einheitlichen oder verbundenen Beförderungsentgelten können die Anträge auch von einer Gemeinschaftseinrichtung dieser Unternehmer für ihre Mitglieder gestellt werden. 3Der Antrag ist innerhalb von drei Jahren nach Ablauf des Abrechnungsjahres zu stellen, und zwar für

VIII

den Nahverkehr nach § 234 Satz 1 Nummer 1 und für den Fernverkehr an das Bundesverwaltungsamt, für den übrigen Nahverkehr bei den in Absatz 4 bestimmten Behörden.

(2) Haben sich in einem Bundesland mehrere Aufgabenträger des öffentlichen Personennahverkehrs auf lokaler oder regionaler Ebene zu Verkehrsverbünden zusammengeschlossen und erhalten die im Zuständigkeitsbereich dieser Aufgabenträger öffentlichen Personennahverkehr betreibenden Verkehrsunternehmen für ihre Leistungen ein mit diesen Aufgabenträgern vereinbartes Entgelt (Bruttoprinzip), können anstelle der antrags- und erstattungsberechtigten Verkehrsunternehmen auch die Nahverkehrsorganisationen Antrag auf Erstattung der in ihrem jeweiligen Gebiet entstandenen Fahrgeldausfälle stellen, sofern die Verkehrsunternehmen hierzu ihr Einvernehmen erteilt haben.

(3) $_{1}$Die Unternehmer oder die Nahverkehrsorganisationen im Sinne des Absatzes 2 erhalten auf Antrag Vorauszahlungen für das laufende Kalenderjahr in Höhe von insgesamt 80 Prozent des zuletzt für ein Jahr festgesetzten Erstattungsbetrages. $_{2}$Die Vorauszahlungen werden je zur Hälfte am 15. Juli und am 15. November gezahlt. $_{3}$Der Antrag auf Vorauszahlungen gilt zugleich als Antrag im Sinne des Absatzes 1. $_{4}$Die Vorauszahlungen sind zurückzuzahlen, wenn Unterlagen, die für die Berechnung der Erstattung erforderlich sind, nicht bis zum 31. Dezember des dritten auf die Vorauszahlung folgenden Kalenderjahres vorgelegt sind. $_{5}$In begründeten Ausnahmefällen kann die Rückforderung der Vorauszahlungen ausgesetzt werden.

(4) $_{1}$Die Landesregierung oder die von ihr bestimmte Stelle legt die Behörden fest, die über die Anträge auf Erstattung und Vorauszahlung entscheiden und die auf den Bund und das Land entfallenden Beträge auszahlen. $_{2}$§ 11 Absatz 2 bis 4 des Personenbeförderungsgesetzes gilt entsprechend.

(5) Erstreckt sich der Nahverkehr auf das Gebiet mehrerer Länder, entscheiden die nach Landesrecht zuständigen Landesbehörden dieser Länder darüber, welcher Teil der Fahrgeldeinnahmen jeweils auf den Bereich ihres Landes entfällt.

(6) Die Unternehmen im Sinne des § 234 Satz 1 Nummer 1 legen ihren Anträgen an das Bundesverwaltungsamt den Anteil der nachgewiesenen Fahrgeldeinnahmen im Nahverkehr zugrunde, der auf den Bereich des jeweiligen Landes entfällt; für den Nahverkehr von Eisenbahnen des Bundes im Sinne des § 230 Absatz 1 Satz 1 Nummer 5 bestimmt sich dieser Teil nach dem Anteil der Zugkilometer, die von einer Eisenbahn des Bundes mit Zügen des Nahverkehrs im jeweiligen Land erbracht werden.

(7) $_{1}$Hinsichtlich der Erstattungen gemäß § 231 für den Nahverkehr nach § 234 Satz 1 Nummer 1 und gemäß § 232 sowie der entsprechenden Vorauszahlungen nach Absatz 3 wird dieses Kapitel in bundeseigener Verwaltung ausgeführt. $_{2}$Die Verwaltungsaufgaben des Bundes erledigt das Bundesverwaltungsamt nach fachlichen Weisungen des Bundesministeriums für Arbeit und Soziales in eigener Zuständigkeit.

(8) $_{1}$Für das Erstattungsverfahren gelten das Verwaltungsverfahrensgesetz und die entsprechenden Gesetze der Länder. $_{2}$Bei Streitigkeiten über die Erstattungen und die Vorauszahlungen ist der Verwaltungsrechtsweg gegeben.

§ 234 Kostentragung

$_{1}$Der Bund trägt die Aufwendungen für die unentgeltliche Beförderung

1. im Nahverkehr, soweit Unternehmen, die sich überwiegend in der Hand des Bundes oder eines mehrheitlich dem Bund gehörenden Unternehmens befinden (auch in Verkehrsverbünden), erstattungsberechtigte Unternehmer sind sowie
2. im Fernverkehr für die Begleitperson und die mitgeführten Gegenstände im Sinne des § 228 Absatz 6.

$_{2}$Die Länder tragen die Aufwendungen für die unentgeltliche Beförderung im übrigen Nahverkehr.

§ 235 Einnahmen aus Wertmarken

$_{1}$Von den durch die Ausgabe der Wertmarken erzielten jährlichen Einnahmen erhält der Bund einen Anteil von 27 Prozent. 2Dieser ist unter Berücksichtigung der in der Zeit vom 1. Januar bis 30. Juni eines Kalenderjahres eingegangenen Einnahmen zum 15. Juli und unter Berücksichtigung der vom 1. Juli bis 31. Dezember eines Kalenderjahres eingegangenen Einnahmen zum 15. Januar des darauffolgenden Kalenderjahres an den Bund abzuführen.

§ 236 Erfassung der Ausweise

1Die für die Ausstellung der Ausweise nach § 152 Absatz 5 zuständigen Behörden erfassen

1. die am Jahresende im Umlauf befindlichen gültigen Ausweise, getrennt nach Art und besonderen Eintragungen,
2. die im Kalenderjahr ausgegebenen Wertmarken, unterteilt nach der jeweiligen Gültigkeitsdauer und die daraus erzielten Einnahmen

als Grundlage für die nach § 231 Absatz 4 Satz 2 Nummer 1 und § 232 Absatz 2 Satz 2 Nummer 1 zu ermittelnde Zahl der Ausweise und Wertmarken. 2Die zuständigen obersten Landesbehörden teilen dem Bundesministerium für Arbeit und Soziales das Ergebnis der Erfassung nach Satz 1 spätestens bis zum 31. März des Jahres mit, in dem die Prozentsätze festzusetzen sind.

§ 237 Verordnungsermächtigungen

(1) Die Bundesregierung wird ermächtigt, in der Rechtsverordnung auf Grund des § 153 Absatz 1 nähere Vorschriften über die Gestaltung der Wertmarken, ihre Verbindung mit dem Ausweis und Vermerke über ihre Gültigkeitsdauer zu erlassen.

(2) Das Bundesministerium für Arbeit und Soziales und das Bundesministerium für Verkehr und digitale Infrastruktur werden ermächtigt, durch Rechtsverordnung festzulegen, welche Zuggattungen von Eisenbahnen des Bundes zu den Zügen des Nahverkehrs im Sinne des § 230 Absatz 1 Nummer 5 und zu den zuschlagpflichtigen Zügen des Nahverkehrs im Sinne des § 228 Absatz 1 Satz 1 zweiter Halbsatz zählen.

Kapitel 14
Straf-, Bußgeld- und Schlussvorschriften

§ 237a Strafvorschriften

(1) Mit Freiheitsstrafe bis zu zwei Jahren oder mit Geldstrafe wird bestraft, wer entgegen § 179 Absatz 7 Satz 1 Nummer 2, auch in Verbindung mit Satz 2 oder § 180 Absatz 7, ein Betriebs- oder Geschäftsgeheimnis verwertet.

(2) Die Tat wird nur auf Antrag verfolgt.

§ 237b Strafvorschriften

(1) Mit Freiheitsstrafe bis zu einem Jahr oder mit Geldstrafe wird bestraft, wer entgegen § 179 Absatz 7 Satz 1, auch in Verbindung mit Satz 2 oder § 180 Absatz 7, ein dort genanntes Geheimnis offenbart.

(2) Handelt der Täter gegen Entgelt oder in der Absicht, sich oder einen anderen zu bereichern oder einen anderen zu schädigen, so ist die Strafe Freiheitsstrafe bis zu zwei Jahren oder Geldstrafe.

(3) Die Tat wird nur auf Antrag verfolgt.

§ 238 Bußgeldvorschriften

(1) Ordnungswidrig handelt, wer vorsätzlich oder fahrlässig

1. (weggefallen)
2. entgegen § 163 Absatz 1 ein Verzeichnis nicht, nicht richtig, nicht vollständig oder nicht in der vorgeschriebenen Weise führt oder nicht oder nicht rechtzeitig vorlegt,
3. entgegen § 163 Absatz 2 Satz 1 oder Absatz 4 eine Anzeige nicht, nicht richtig, nicht vollständig, nicht in der vorgeschriebenen Weise oder nicht rechtzeitig erstattet,
4. entgegen § 163 Absatz 5 eine Auskunft nicht, nicht richtig, nicht vollständig oder nicht rechtzeitig erteilt,
5. entgegen § 163 Absatz 7 Einblick in den Betrieb oder die Dienststelle nicht oder nicht rechtzeitig gibt,
6. entgegen § 163 Absatz 8 eine dort bezeichnete Person nicht oder nicht rechtzeitig benennt,
7. entgegen § 164 Absatz 1 Satz 4 oder 9 eine dort bezeichnete Vertretung oder ei-

VIII

nen Beteiligten nicht, nicht richtig, nicht vollständig oder nicht rechtzeitig unterrichtet oder

8. entgegen § 178 Absatz 2 Satz 1 erster Halbsatz die Schwerbehindertenvertretung nicht, nicht richtig, nicht vollständig oder nicht rechtzeitig unterrichtet oder nicht oder nicht rechtzeitig anhört.

(2) Die Ordnungswidrigkeit kann mit einer Geldbuße bis zu zehntausend Euro geahndet werden.

(3) Verwaltungsbehörde im Sinne des § 36 Absatz 1 Nummer 1 des Gesetzes über Ordnungswidrigkeiten ist die Bundesagentur für Arbeit.

(4) 1Die Geldbußen fließen in die Kasse der Verwaltungsbehörde, die den Bußgeldbescheid erlassen hat. 2§ 66 des Zehnten Buches gilt entsprechend.

(5) 1Die nach Absatz 4 Satz 1 zuständige Kasse trägt abweichend von § 105 Absatz 2 des Gesetzes über Ordnungswidrigkeiten die notwendigen Auslagen. 2Sie ist auch ersatzpflichtig im Sinne des § 110 Absatz 4 des Gesetzes über Ordnungswidrigkeiten.

§ 239 Stadtstaatenklausel

(1) 1Der Senat der Freien und Hansestadt Hamburg wird ermächtigt, die Schwerbehindertenvertretung für Angelegenheiten, die mehrere oder alle Dienststellen betreffen, in der Weise zu regeln, dass die Schwerbehindertenvertretungen aller Dienststellen eine Gesamtschwerbehindertenvertretung wählen. 2Für die Wahl gilt § 177 Absatz 2, 3, 6 und 7 entsprechend.

(2) § 180 Absatz 6 Satz 1 gilt entsprechend.

§ 240 Sonderregelung für den Bundesnachrichtendienst und den Militärischen Abschirmdienst

(1) Für den Bundesnachrichtendienst gilt dieses Gesetz mit folgenden Abweichungen:

1. Der Bundesnachrichtendienst gilt vorbehaltlich der Nummer 3 als einheitliche Dienststelle.
2. Für den Bundesnachrichtendienst gelten die Pflichten zur Vorlage des nach § 163 Absatz 1 zu führenden Verzeichnisses, zur Anzeige nach § 163 Absatz 2 und zur Gewährung von Einblick nach § 163 Absatz 7 nicht. Die Anzeigepflicht nach § 173 Absatz 4 gilt nur für die Beendigung von Probearbeitsverhältnissen.
3. Als Dienststelle im Sinne des Kapitels 5 gelten auch Teile und Stellen des Bundesnachrichtendienstes, die nicht zu seiner Zentrale gehören. § 177 Absatz 1 Satz 4 und 5 sowie § 180 sind nicht anzuwenden. In den Fällen des § 180 Absatz 6 ist die Schwerbehindertenvertretung der Zentrale des Bundesnachrichtendienstes zuständig. Im Falle des § 177 Absatz 6 Satz 4 lädt der Leiter oder die Leiterin der Dienststelle ein. Die Schwerbehindertenvertretung ist in den Fällen nicht zu beteiligen, in denen die Beteiligung der Personalvertretung nach dem Bundespersonalvertretungsgesetz ausgeschlossen ist. Der Leiter oder die Leiterin des Bundesnachrichtendienstes kann anordnen, dass die Schwerbehindertenvertretung nicht zu beteiligen ist, Unterlagen nicht vorgelegt oder Auskünfte nicht erteilt werden dürfen, wenn und soweit dies aus besonderen nachrichtendienstlichen Gründen geboten ist. Die Rechte und Pflichten der Schwerbehindertenvertretung ruhen, wenn die Rechte und Pflichten der Personalvertretung ruhen. § 179 Absatz 7 Satz 3 ist nach Maßgabe der Sicherheitsbestimmungen des Bundesnachrichtendienstes anzuwenden. § 182 Absatz 2 gilt nur für die in § 182 Absatz 1 genannten Personen und Vertretungen der Zentrale des Bundesnachrichtendienstes.
4. Im Widerspruchsausschuss bei dem Integrationsamt (§ 202) und in den Widerspruchsausschüssen bei der Bundesagentur für Arbeit (§ 203) treten in Angelegenheiten schwerbehinderter Menschen, die beim Bundesnachrichtendienst beschäftigt sind, an die Stelle der Mitglieder, die Arbeitnehmer oder Arbeitnehmerinnen und Arbeitgeber sind (§ 202 Absatz 1 und § 203 Absatz 1), Angehörige des Bundesnachrichtendienstes, an die Stelle der Schwerbehindertenvertretung die Schwer-

VIII

behindertenvertretung der Zentrale des Bundesnachrichtendienstes. Sie werden dem Integrationsamt und der Bundesagentur für Arbeit vom Leiter oder von der Leiterin des Bundesnachrichtendienstes benannt. Die Mitglieder der Ausschüsse müssen nach den dafür geltenden Bestimmungen ermächtigt sein, Kenntnis von Verschlusssachen des in Betracht kommenden Geheimhaltungsgrades zu erhalten.

5. Über Rechtsstreitigkeiten, die auf Grund dieses Buches im Geschäftsbereich des Bundesnachrichtendienstes entstehen, entscheidet im ersten und letzten Rechtszug der oberste Gerichtshof des zuständigen Gerichtszweiges.

(2) Der Militärische Abschirmdienst mit seinem Geschäftsbereich gilt als einheitliche Dienststelle.

§ 241 Übergangsregelung

(1) Abweichend von § 154 Absatz 1 beträgt die Pflichtquote für die in § 154 Absatz 2 Nummer 1 und 4 genannten öffentlichen Arbeitgeber des Bundes weiterhin 6 Prozent, wenn sie am 31. Oktober 1999 auf mindestens 6 Prozent der Arbeitsplätze schwerbehinderte Menschen beschäftigt hatten.

(2) Eine auf Grund des Schwerbehindertengesetzes getroffene bindende Feststellung über das Vorliegen einer Behinderung, eines Grades der Behinderung und das Vorliegen weiterer gesundheitlicher Merkmale gelten als Feststellungen nach diesem Buch.

(3) Die nach § 56 Absatz 2 des Schwerbehindertengesetzes erlassenen allgemeinen Richtlinien sind bis zum Erlass von allgemeinen Verwaltungsvorschriften nach § 224 weiter anzuwenden, auch auf Inklusionsbetriebe.

(4) Auf Erstattungen nach Kapitel 13 dieses Teils ist § 231 für bis zum 31. Dezember 2004 entstandene Fahrgeldausfälle in der bis zu diesem Zeitpunkt geltenden Fassung anzuwenden.

(5) Soweit noch keine Verordnung nach § 153 Absatz 2 erlassen ist, gelten die Maßstäbe des § 30 Absatz 1 des Bundesversorgungsgesetzes und der auf Grund des § 30 Absatz 16 des Bundesversorgungsgesetzes erlassenen Rechtsverordnungen entsprechend.

(6) Bestehende Integrationsvereinbarungen im Sinne des § 83 in der bis zum 30. Dezember 2016 geltenden Fassung gelten als Inklusionsvereinbarungen fort.

(7) [1]Die nach § 22 in der am 31. Dezember 2017 geltenden Fassung bis zu diesem Zeitpunkt errichteten gemeinsamen Servicestellen bestehen längstens bis zum 31. Dezember 2018. [2]Für die Aufgaben der nach Satz 1 im Jahr 2018 bestehenden gemeinsamen Servicestellen gilt § 22 in der am 31. Dezember 2017 geltenden Fassung entsprechend.

(8) Bis zum 31. Dezember 2019 treten an die Stelle der Träger der Eingliederungshilfe als Rehabilitationsträger im Sinne dieses Buches die Träger der Sozialhilfe nach § 3 des Zwölften Buches, soweit sie zur Erbringung von Leistungen der Eingliederungshilfe für Menschen mit Behinderungen nach § 8Nummer 4 des Zwölften Buches bestimmt sind.

(9) Das Inkrafttreten der bei einer Beschäftigungsquote von 0 Prozent zu zahlenden Ausgleichsabgabe gilt nicht als Neubestimmung der Ausgleichsabgabe im Sinne des § 160 Absatz 3 Satz 2.

Bundeskindergeldgesetz (BKGG)

in der Fassung der Bekanntmachung vom 28. Januar 2009 (BGBl. I S. 142, S. 3177)

Zuletzt geändert durch
Dreizehntes Gesetz zur Änderung des Zweiten Buches Sozialgesetzbuch und anderer Gesetze
vom 16. April 2026 (BGBl. I Nr. 107)

Inhaltsübersicht

Erster Abschnitt
Leistungen

§ 1 Anspruchsberechtigte

(1) Kindergeld nach diesem Gesetz für seine Kinder erhält, wer nach § 1 Absatz 1 und 2 des Einkommensteuergesetzes nicht unbeschränkt steuerpflichtig ist und auch nicht nach § 1 Abs. 3 des Einkommensteuergesetzes als unbeschränkt steuerpflichtig behandelt wird und

1. in einem Versicherungspflichtverhältnis zur Bundesagentur für Arbeit nach dem Dritten Buch Sozialgesetzbuch steht oder versicherungsfrei nach § 28 Absatz 1 Nummer 1 des Dritten Buches Sozialgesetzbuch ist oder
2. als Entwicklungshelfer Unterhaltsleistungen im Sinne des § 4 Absatz 1 Nummer 1 des Entwicklungshelfer-Gesetzes erhält oder als Missionar der Missionswerke und -gesellschaften, die Mitglieder oder Vereinbarungspartner des Evangelischen Missionswerkes Hamburg, der Arbeitsgemeinschaft Evangelikaler Missionen e. V., des Deutschen katholischen Missionsrates oder der Arbeitsgemeinschaft pfingstlich-charismatischer Missionen sind, tätig ist oder
3. eine nach § 123a des Beamtenrechtsrahmengesetzes oder § 29 des Bundesbeamtengesetzes oder § 20 des Beamtenstatusgesetzes bei einer Einrichtung außerhalb Deutschlands zugewiesene Tätigkeit ausübt oder
4. als Ehegatte oder Lebenspartner eines Mitglieds der Truppe oder des zivilen Gefolges eines NATO-Mitgliedstaates die Staatsangehörigkeit eines EU/EWR-Mitgliedstaates besitzt und in Deutschland seinen Wohnsitz oder gewöhnlichen Aufenthalt hat.

(2) 1Kindergeld für sich selbst erhält, wer

1. in Deutschland einen Wohnsitz oder seinen gewöhnlichen Aufenthalt hat,
2. Vollwaise ist oder den Aufenthalt seiner Eltern nicht kennt und
3. nicht bei einer anderen Person als Kind zu berücksichtigen ist.

2§ 2 Absatz 2 und 3 sowie die §§ 4 und 5 sind entsprechend anzuwenden. 3Im Fall des § 2 Absatz 2 Satz 1 Nummer 3 wird Kindergeld längstens bis zur Vollendung des 25. Lebensjahres gewährt.

(3) 1Ein nicht freizügigkeitsberechtigter Ausländer erhält Kindergeld nur, wenn er

1. eine Niederlassungserlaubnis oder eine Erlaubnis zum Daueraufenthalt-EU besitzt,
2. eine Blaue Karte EU, eine ICT-Karte, eine Mobiler-ICT-Karte oder eine Aufenthaltserlaubnis besitzt, die für einen Zeitraum von mindestens sechs Monaten zur Ausübung einer Erwerbstätigkeit berechtigen oder berechtigt haben oder diese erlauben, es sei denn, die Aufenthaltserlaubnis wurde
   a) nach § 16e des Aufenthaltsgesetzes zu Ausbildungszwecken, nach § 19c Absatz 1 des Aufenthaltsgesetzes zum Zweck der Beschäftigung als Au-Pair oder zum Zweck der Saisonbeschäftigung, nach § 19e des Aufenthaltsgesetzes zum Zweck der Teilnahme an einem Europäischen Freiwilligendienst oder nach § 20a Absatz 5 Satz 1 des Aufenthaltsgesetzes zur Suche nach einer Erwerbstätigkeit oder nach Maßnahmen zur Anerkennung ausländischer Berufsqualifikationen erteilt,
   b) nach § 16b des Aufenthaltsgesetzes zum Zweck eines Studiums, nach § 16d des Aufenthaltsgesetzes für Maßnahmen zur Anerkennung ausländischer Berufsqualifikationen, nach § 20 des Aufenthaltsgesetzes zur Suche nach einer Erwerbstätigkeit oder nach § 20a Absatz 5 Satz 2 des Aufenthaltsgesetzes zur Suche nach einer Erwerbstätigkeit oder nach Maßnahmen zur Anerkennung ausländischer Berufsqualifikationen erteilt und er ist weder erwerbstätig noch nimmt er Elternzeit nach § 15 des Bundeselterngeld- und Elternzeitgesetzes oder laufende Geldleistungen nach dem Dritten Buch Sozialgesetzbuch in Anspruch,

c) nach §23 Absatz 1 des Aufenthaltsgesetzes wegen eines Krieges in seinem Heimatland oder nach den §23a oder §25 Absatz 3 bis 5 des Aufenthaltsgesetzes erteilt,

3. eine in Nummer 2 Buchstabe c genannte Aufenthaltserlaubnis besitzt und im Bundesgebiet berechtigt erwerbstätig ist oder Elternzeit nach §15 des Bundeselterngeld- und Elternzeitgesetzes oder laufende Geldleistungen nach dem Dritten Buch Sozialgesetzbuch in Anspruch nimmt,
4. eine in Nummer 2 Buchstabe c genannte Aufenthaltserlaubnis besitzt und sich seit mindestens 15 Monaten erlaubt, gestattet oder geduldet im Bundesgebiet aufhält oder
5. eine Beschäftigungsduldung gemäß §60d in Verbindung mit §60a Absatz 2 Satz 3 des Aufenthaltsgesetzes besitzt.

$_2$Abweichend von Satz 1 Nummer 3 erste Alternative erhält ein minderjähriger nicht freizügigkeitsberechtigter Ausländer unabhängig von einer Erwerbstätigkeit Kindergeld.

§2 Kinder

(1) Als Kinder werden auch berücksichtigt

1. vom Berechtigten in seinen Haushalt aufgenommene Kinder seines Ehegatten oder Lebenspartners,
2. Pflegekinder (Personen, mit denen der Berechtigte durch ein familienähnliches, auf Dauer berechnetes Band verbunden ist, sofern er sie nicht zu Erwerbszwecken in seinen Haushalt aufgenommen hat und das Obhuts- und Pflegeverhältnis zu den Eltern nicht mehr besteht),
3. vom Berechtigten in seinen Haushalt aufgenommene Enkel.

(2) $_1$Ein Kind, das das 18. Lebensjahr vollendet hat, wird berücksichtigt, wenn es

1. noch nicht das 21. Lebensjahr vollendet hat, nicht in einem Beschäftigungsverhältnis steht und bei einer Agentur für Arbeit im Inland als Arbeitsuchender gemeldet ist oder
2. noch nicht das 25. Lebensjahr vollendet hat und

a) für einen Beruf ausgebildet wird oder

b) sich in einer Übergangszeit von höchstens vier Monaten befindet, die zwischen zwei Ausbildungsabschnitten oder zwischen einem Ausbildungsabschnitt und der Ableistung des gesetzlichen Wehr- oder Zivildienstes, einer vom Wehr- oder Zivildienst befreienden Tätigkeit als Entwicklungshelfer oder als Dienstleistender im Ausland nach §14b des Zivildienstgesetzes oder der Ableistung des freiwilligen Wehrdienstes nach §58b des Soldatengesetzes oder der Ableistung eines freiwilligen Dienstes im Sinne des Buchstaben d liegt, oder

c) eine Berufsausbildung mangels Ausbildungsplatzes nicht beginnen oder fortsetzen kann oder

d) einen der folgenden freiwilligen Dienste leistet:

aa) ein freiwilliges soziales Jahr im Sinne des Jugendfreiwilligendienstegesetzes,

bb) ein freiwilliges ökologisches Jahr im Sinne des Jugendfreiwilligendienstegesetzes,

cc) einen Bundesfreiwilligendienst im Sinne des Bundesfreiwilligendienstgesetzes,

dd) eine Freiwilligentätigkeit im Rahmen des Europäischen Solidaritätskorps im Sinne der Verordnung (EU) 2021/888 des Europäischen Parlaments und des Rates vom 20. Mai 2021 zur Aufstellung des Programms für das Europäische Solidaritätskorps und zur Aufhebung der Verordnungen (EU) 2018/1475 und (EU) Nr. 375/2014 (ABl. L 202 vom 8. 6. 2021, S. 32),

ee) einen anderen Dienst im Ausland im Sinne von §5 des Bundesfreiwilligendienstgesetzes,

ff) einen entwicklungspolitischen Freiwilligendienst „weltwärts" im Sinne der Förderleitlinie des Bundesministeriums für wirtschaftliche Zusammenarbeit und Entwicklung vom 1. Januar 2016,

gg) einen Freiwilligendienst aller Generationen im Sinne von § 2 Absatz 1a des Siebten Buches Sozialgesetzbuch oder

hh) einen Internationalen Jugendfreiwilligendienst im Sinne der Richtlinie des Bundesministeriums für Familie, Senioren, Frauen und Jugend vom 4. Januar 2021 (GMBl. S. 77) oder

3. wegen körperlicher, geistiger oder seelischer Behinderung außerstande ist, sich selbst zu unterhalten; Voraussetzung ist, dass die Behinderung vor Vollendung des 25. Lebensjahres eingetreten ist.

₂Nach Abschluss einer erstmaligen Berufsausbildung oder eines Erststudiums wird ein Kind in den Fällen des Satzes 1 Nummer 2 nur berücksichtigt, wenn das Kind keiner Erwerbstätigkeit nachgeht. ₃Eine Erwerbstätigkeit mit bis zu 20 Stunden regelmäßiger wöchentlicher Arbeitszeit, ein Ausbildungsdienstverhältnis oder ein geringfügiges Beschäftigungsverhältnis im Sinne der §§ 8 und 8a des Vierten Buches Sozialgesetzbuch sind unschädlich.

(3) ₁In den Fällen des Absatzes 2 Satz 1 Nummer 1 oder Nummer 2 Buchstabe a und b wird ein Kind, das

1. den gesetzlichen Grundwehrdienst oder Zivildienst geleistet hat oder
2. sich an Stelle des gesetzlichen Grundwehrdienstes freiwillig für die Dauer von nicht mehr als drei Jahren zum Wehrdienst verpflichtet hat oder
3. eine vom gesetzlichen Grundwehrdienst oder Zivildienst befreiende Tätigkeit als Entwicklungshelfer im Sinne des § 1 Absatz 1 des Entwicklungshelfer-Gesetzes ausgeübt hat,

für einen der Dauer dieser Dienste oder der Tätigkeit entsprechenden Zeitraum, höchstens für die Dauer des inländischen gesetzlichen Grundwehrdienstes, bei anerkannten Kriegsdienstverweigerern für die Dauer des inländischen gesetzlichen Zivildienstes über das 21. oder 25. Lebensjahr hinaus berücksichtigt. ₂Wird der gesetzliche Grundwehrdienst oder Zivildienst in einem Mitgliedstaat der Europäischen Union oder einem Staat, auf den das Abkommen über den Europäischen Wirtschaftsraum Anwendung findet, geleistet, so ist die Dauer dieses Dienstes maßgebend. ₃Absatz 2 Satz 2 und 3 gilt entsprechend.

(4) ₁Kinder, für die einer anderen Person nach dem Einkommensteuergesetz Kindergeld oder ein Kinderfreibetrag zusteht, werden nicht berücksichtigt. ₂Dies gilt nicht für Kinder, die in den Haushalt des Anspruchsberechtigten nach § 1 aufgenommen worden sind oder für die dieser die höhere Unterhaltsrente zahlt, wenn sie weder in seinen Haushalt noch in den Haushalt eines nach § 62 des Einkommensteuergesetzes Anspruchsberechtigten aufgenommen sind.

(5) ₁Kinder, die weder einen Wohnsitz noch ihren gewöhnlichen Aufenthalt in Deutschland haben, werden nicht berücksichtigt. ₂Dies gilt nicht gegenüber Berechtigten nach § 1 Absatz 1 Nummer 2 und 3, wenn sie die Kinder in ihren Haushalt aufgenommen haben.

(6) Die Bundesregierung wird ermächtigt, durch Rechtsverordnung, die nicht der Zustimmung des Bundesrates bedarf, zu bestimmen, dass einem Berechtigten, der in Deutschland erwerbstätig ist oder sonst seine hauptsächlichen Einkünfte erzielt, für seine in Absatz 5 Satz 1 bezeichneten Kinder Kindergeld ganz oder teilweise zu leisten ist, soweit dies mit Rücksicht auf die durchschnittlichen Lebenshaltungskosten für Kinder in deren Wohnland und auf die dort gewährten dem Kindergeld vergleichbaren Leistungen geboten ist.

§ 3 Zusammentreffen mehrerer Ansprüche

(1) Für jedes Kind werden nur einer Person Kindergeld, Kinderzuschlag und Leistungen für Bildung und Teilhabe gewährt.

(2) ₁Erfüllen für ein Kind mehrere Personen die Anspruchsvoraussetzungen, so werden das Kindergeld, der Kinderzuschlag und die Leistungen für Bildung und Teilhabe derjenigen Person gewährt, die das Kind in ihren Haushalt aufgenommen hat. ₂Ist ein Kind in den ge-

meinsamen Haushalt von Eltern, von einem Elternteil und dessen Ehegatten oder Lebenspartner, von Pflegeeltern oder Großeltern aufgenommen worden, bestimmen diese untereinander den Berechtigten. $_{3}$Wird eine Bestimmung nicht getroffen, bestimmt das Familiengericht auf Antrag den Berechtigten. $_{4}$Antragsberechtigt ist, wer ein berechtigtes Interesse an der Leistung des Kindergeldes hat. $_{5}$Lebt ein Kind im gemeinsamen Haushalt von Eltern und Großeltern, werden das Kindergeld, der Kinderzuschlag und die Leistungen für Bildung und Teilhabe vorrangig einem Elternteil gewährt; sie werden an einen Großelternteil gewährt, wenn der Elternteil gegenüber der zuständigen Stelle auf seinen Vorrang schriftlich verzichtet hat.

(3) $_{1}$Ist das Kind nicht in den Haushalt einer der Personen aufgenommen, die die Anspruchsvoraussetzungen erfüllen, wird das Kindergeld derjenigen Person gewährt, die dem Kind eine Unterhaltsrente zahlt. $_{2}$Zahlen mehrere anspruchsberechtigte Personen dem Kind Unterhaltsrenten, wird das Kindergeld derjenigen Person gewährt, die dem Kind laufend die höchste Unterhaltsrente zahlt. $_{3}$Werden gleich hohe Unterhaltsrenten gezahlt oder zahlt keiner der Berechtigten dem Kind Unterhalt, so bestimmen die Berechtigten untereinander, wer das Kindergeld erhalten soll. $_{4}$Wird eine Bestimmung nicht getroffen, so gilt Absatz 2 Satz 3 und 4 entsprechend.

§ 4 Andere Leistungen für Kinder

$_{1}$Kindergeld wird nicht für ein Kind gezahlt, für das eine der folgenden Leistungen zu zahlen ist oder bei entsprechender Antragstellung zu zahlen wäre:

1. Leistungen für Kinder, die im Ausland gewährt werden und dem Kindergeld oder der Kinderzulage aus der gesetzlichen Unfallversicherung nach § 217 Absatz 3 des Siebten Buches Sozialgesetzbuch in der bis zum 30. Juni 2020 geltenden Fassung oder dem Kinderzuschuss aus der gesetzlichen Rentenversicherung nach § 270 des Sechsten Buches Sozialgesetzbuch in der bis zum 16. November 2016 geltenden Fassung vergleichbar sind,
2. Leistungen für Kinder, die von einer zwischen- oder überstaatlichen Einrichtung gewährt werden und dem Kindergeld vergleichbar sind.

$_{2}$Steht ein Berechtigter in einem Versicherungspflichtverhältnis zur Bundesagentur für Arbeit nach dem Dritten Buch Sozialgesetzbuch oder ist er versicherungsfrei nach § 28 Absatz 1 Nummer 1 des Dritten Buches Sozialgesetzbuch oder steht er in Deutschland in einem öffentlich-rechtlichen Dienst- oder Amtsverhältnis, so wird sein Anspruch auf Kindergeld für ein Kind nicht nach Satz 1 Nummer 2 mit Rücksicht darauf ausgeschlossen, dass sein Ehegatte oder Lebenspartner als Beamter, Ruhestandsbeamter oder sonstiger Bediensteter der Europäischen Gemeinschaften für das Kind Anspruch auf Kinderzulage hat.

§ 5 Beginn und Ende des Anspruchs

(1) Das Kindergeld, der Kinderzuschlag und die Leistungen für Bildung und Teilhabe werden vom Beginn des Monats an gewährt, in dem die Anspruchsvoraussetzungen erfüllt sind; sie werden bis zum Ende des Monats gewährt, in dem die Anspruchsvoraussetzungen wegfallen.

(2) Das Kindergeld wird rückwirkend nur für die letzten sechs Monate vor Beginn des Monats gezahlt, in dem der Antrag auf Kindergeld eingegangen ist.

(3) $_{1}$Der Kinderzuschlag wird nicht für Zeiten vor der Antragstellung gewährt. $_{2}$§ 28 des Zehnten Buches Sozialgesetzbuch gilt mit der Maßgabe, dass der Antrag unverzüglich nach Ablauf des Monats, in dem die Ablehnung oder Erstattung der anderen Leistungen bindend geworden ist, nachzuholen ist.

§ 6 Höhe des Kindergeldes

(1) Das Kindergeld beträgt monatlich für jedes Kind 259 Euro.

(2) $_{1}$Werden die Freibeträge für Kinder nach § 31 Satz 1 in Verbindung mit § 32 Absatz 6 Satz 1 des Einkommensteuergesetzes angehoben, wird das Kindergeld entsprechend erhöht. $_{2}$Das Kindergeld ist dabei auf volle Euro kaufmännisch zu runden.

(3) 1Darüber hinaus wird für jedes Kind, für das für den Monat Juli 2022 ein Anspruch auf Kindergeld besteht, für den Monat Juli 2022 ein Einmalbetrag in Höhe von 100 Euro gezahlt. 2Ein Anspruch in Höhe des Einmalbetrags von 100 Euro für das Kalenderjahr 2022 besteht auch für ein Kind, für das nicht für den Monat Juli 2022, jedoch für mindestens einen anderen Kalendermonat im Kalenderjahr 2022 ein Anspruch auf Kindergeld besteht.

§ 6a Kinderzuschlag

(1) Personen erhalten für in ihrem Haushalt lebende unverheiratete oder nicht verpartnerte Kinder, die noch nicht das 25. Lebensjahr vollendet haben, einen Kinderzuschlag, wenn

1. sie für diese Kinder nach diesem Gesetz oder nach dem X. Abschnitt des Einkommensteuergesetzes Anspruch auf Kindergeld oder Anspruch auf andere Leistungen im Sinne von § 4 haben,
2. sie mit Ausnahme des Wohngeldes, des Kindergeldes und des Kinderzuschlags über Einkommen im Sinne des § 11 Absatz 1 Satz 1 und 2 des Zweiten Buches Sozialgesetzbuch in Höhe von mindestens 900 Euro oder, wenn sie alleinerziehend sind, in Höhe von mindestens 600 Euro verfügen, wobei Beträge nach § 11b des Zweiten Buches Sozialgesetzbuch nicht abzusetzen sind, und
3. bei Bezug des Kinderzuschlags keine Hilfebedürftigkeit im Sinne des § 9 des Zweiten Buches Sozialgesetzbuch besteht, wobei die Bedarfe nach § 28 des Zweiten Buches Sozialgesetzbuch außer Betracht bleiben. Bei der Prüfung der Hilfebedürftigkeit ist das für den Antragsmonat bewilligte Wohngeld zu berücksichtigen. Wird kein Wohngeld bezogen und könnte mit Wohngeld und Kinderzuschlag Hilfebedürftigkeit vermieden werden, ist bei der Prüfung Wohngeld in der Höhe anzusetzen, in der es voraussichtlich für den Antragsmonat zu bewilligen wäre.

(1a) Ein Anspruch auf Kinderzuschlag besteht abweichend von Absatz 1 Nummer 3, wenn

1. bei Bezug von Kinderzuschlag Hilfebedürftigkeit besteht, der Bedarfsgemeinschaft zur Vermeidung von Hilfebedürftigkeit aber mit ihrem Einkommen, dem Kinderzuschlag und dem Wohngeld höchstens 100 Euro fehlen,
2. sich bei der Ermittlung des Einkommens der Eltern nach § 11b Absatz 2 bis 3 des Zweiten Buches Sozialgesetzbuch wegen Einkommen aus Erwerbstätigkeit Absetzbeträge in Höhe von mindestens 100 Euro ergeben und
3. kein Mitglied der Bedarfsgemeinschaft Leistungen nach dem Zweiten oder nach dem Zwölften Buch Sozialgesetzbuch erhält oder beantragt hat.

(2) 1Der monatliche Höchstbetrag des Kinderzuschlags deckt zusammen mit dem für ein erstes Kind nach § 66 des Einkommensteuergesetzes zu zahlenden Kindergeld ein Zwölftel des steuerfrei zu stellenden sächlichen Existenzminimums eines Kindes für das jeweilige Kalenderjahr mit Ausnahme des Anteils für Bildung und Teilhabe. 2Steht dieses Existenzminimum eines Kindes zu Beginn eines Jahres nicht fest, ist insoweit der für das Jahr geltende Betrag für den Mindestunterhalt eines Kindes in der zweiten Altersstufe nach der Mindestunterhaltsverordnung maßgeblich. 3Als Höchstbetrag des Kinderzuschlags in dem jeweiligen Kalenderjahr gilt der Betrag, der sich zu Beginn des Jahres nach den Sätzen 1 und 2 ergibt, mindestens jedoch ein Betrag in Höhe des Vorjahres. 4Der Betrag nach Satz 3 erhöht sich um einen Sofortzuschlag in Höhe von 25 Euro.

(3) 1Ausgehend vom Höchstbetrag mindert sich der jeweilige Kinderzuschlag, wenn das Kind nach den §§ 11 bis 12 des Zweiten Buches Sozialgesetzbuch zu berücksichtigendes Einkommen oder Vermögen hat. 2Bei der Berücksichtigung des Einkommens bleiben das Wohngeld, das Kindergeld und der Kinderzuschlag außer Betracht. 3Der Kinderzuschlag wird um 45 Prozent des zu berücksichtigenden Einkommens des Kindes monatlich gemindert. 4Ein Anspruch auf Zahlung des Kinderzuschlags für ein Kind besteht nicht, wenn zumutbare Anstrengungen unterlassen wur-

den, Ansprüche auf Einkommen des Kindes geltend zu machen. 5Abweichend von § 12 Absatz 2 Satz 1 des Zweiten Buches Sozialgesetzbuch wird Vermögen nur berücksichtigt, wenn es 40 000 Euro für die berechtigte Person und 15 000 Euro für jedes weitere Mitglied der Bedarfsgemeinschaft übersteigt. 6Ist das zu berücksichtigende Vermögen höher als der nach den Sätzen 1 bis 5 verbleibende monatliche Anspruch auf Kinderzuschlag, so dass es den Kinderzuschlag für den ersten Monat des Bewilligungszeitraums vollständig mindert, entfällt der Anspruch auf Kinderzuschlag. 7Ist das zu berücksichtigende Vermögen niedriger als der monatliche Anspruch auf Kinderzuschlag, ist der Kinderzuschlag im ersten Monat des Bewilligungszeitraums um einen Betrag in Höhe des zu berücksichtigenden Vermögens zu mindern und ab dem folgenden Monat Kinderzuschlag ohne Minderung wegen des Vermögens zu zahlen.

(4) Die Summe der einzelnen Kinderzuschläge nach den Absätzen 2 und 3 bildet den Gesamtkinderzuschlag.

(5) 1Der Gesamtkinderzuschlag wird in voller Höhe gewährt, wenn das nach den §§ 11 bis 11b des Zweiten Buches Sozialgesetzbuch mit Ausnahme des Wohngeldes und des Kinderzuschlags zu berücksichtigende Einkommen der Eltern einen Betrag in Höhe der bei der Berechnung des Grundsicherungsgeldes nach dem Zweiten Buch Sozialgesetzbuch zu berücksichtigenden Bedarfe der Eltern (Gesamtbedarf der Eltern) nicht übersteigt und kein zu berücksichtigendes Vermögen der Eltern nach § 12 des Zweiten Buches Sozialgesetzbuch vorhanden ist. 2Als Einkommen oder Vermögen der Eltern gilt dabei dasjenige der Mitglieder der Bedarfsgemeinschaft mit Ausnahme des Einkommens oder Vermögens der in dem Haushalt lebenden Kinder. 3Absatz 3 Satz 5 gilt entsprechend. 4Zur Feststellung des Gesamtbedarfs der Eltern sind die Bedarfe für Unterkunft und Heizung in dem Verhältnis aufzuteilen, das sich aus den im 12. Bericht der Bundesregierung über die Höhe des Existenzminimums von Erwachsenen und Kindern festgestellten entsprechenden Bedarfen für Alleinstehende, Ehepaare, Lebenspartnerschaften und Kinder ergibt.

(6) 1Der Gesamtkinderzuschlag wird um das zu berücksichtigende Einkommen der Eltern gemindert, soweit es deren Bedarf übersteigt. 2Wenn das zu berücksichtigende Einkommen der Eltern nicht nur aus Erwerbseinkünften besteht, ist davon auszugehen, dass die Überschreitung des Gesamtbedarfs der Eltern durch die Erwerbseinkünfte verursacht wird, wenn nicht die Summe der anderen Einkommensteile für sich genommen diesen maßgebenden Betrag übersteigt. 3Der Gesamtkinderzuschlag wird um 45 Prozent des Betrags, um den die monatlichen Erwerbseinkünfte den maßgebenden Betrag übersteigen, monatlich gemindert. 4Anderes Einkommen oder Vermögen der Eltern mindern den Gesamtkinderzuschlag in voller Höhe. 5Bei der Berücksichtigung des Vermögens gilt Absatz 3 Satz 6 und 7 entsprechend.

(7) 1Über den Gesamtkinderzuschlag ist jeweils für sechs Monate zu entscheiden (Bewilligungszeitraum). 2Der Bewilligungszeitraum beginnt mit dem Monat, in dem der Antrag gestellt wird, jedoch frühestens nach Ende eines laufenden Bewilligungszeitraums. 3Änderungen in den tatsächlichen oder rechtlichen Verhältnissen während des laufenden Bewilligungszeitraums sind abweichend von § 48 des Zehnten Buches Sozialgesetzbuch nicht zu berücksichtigen, es sei denn, die Zusammensetzung der Bedarfsgemeinschaft oder der Höchstbetrag des Kinderzuschlags ändert sich. 4Wird ein neuer Antrag gestellt, unverzüglich nachdem der Verwaltungsakt nach § 48 des Zehnten Buches Sozialgesetzbuch wegen einer Änderung der Bedarfsgemeinschaft aufgehoben worden ist, so beginnt ein neuer Bewilligungszeitraum unmittelbar nach dem Monat, in dem sich die Bedarfsgemeinschaft geändert hat.

(8) 1Für die Ermittlung des monatlich zu berücksichtigenden Einkommens ist der Durchschnitt des Einkommens aus den sechs Monaten vor Beginn des Bewilligungszeitraums maßgeblich. 2Bei Personen, die den selbst

genutzten Wohnraum mieten, sind als monatliche Bedarfe für Unterkunft und Heizung die laufenden Bedarfe für den ersten Monat des Bewilligungszeitraums zugrunde zu legen. 3Bei Personen, die an dem selbst genutzten Wohnraum Eigentum haben, sind als monatliche Bedarfe für Unterkunft und Heizung die Bedarfe aus den durchschnittlichen Monatswerten des Kalenderjahres vor Beginn des Bewilligungszeitraums zugrunde zu legen. 4Liegen die entsprechenden Monatswerte für den Wohnraum nicht vor, soll abweichend von Satz 3 ein Durchschnitt aus den letzten vorliegenden Monatswerten für den Wohnraum zugrunde gelegt werden, nicht jedoch aus mehr als zwölf Monatswerten. 5Im Übrigen sind die tatsächlichen und rechtlichen Verhältnisse zu Beginn des Bewilligungszeitraums maßgeblich.

§ 6b Leistungen für Bildung und Teilhabe

(1) 1Personen erhalten Leistungen für Bildung und Teilhabe für ein Kind, wenn sie für dieses Kind nach diesem Gesetz oder nach dem X. Abschnitt des Einkommensteuergesetzes Anspruch auf Kindergeld oder Anspruch auf andere Leistungen im Sinne von § 4 haben und wenn

1. das Kind mit ihnen in einem Haushalt lebt und sie für ein Kind Kinderzuschlag nach § 6a beziehen oder
2. im Falle der Bewilligung von Wohngeld sie und das Kind, für das sie Kindergeld beziehen, zu berücksichtigende Haushaltsmitglieder sind.

2Satz 1 gilt entsprechend, wenn das Kind, nicht jedoch die berechtigte Person zu berücksichtigendes Haushaltsmitglied im Sinne von Satz 1 Nummer 2 ist und die berechtigte Person Leistungen nach dem Zweiten oder Zwölften Buch Sozialgesetzbuch bezieht. 3Wird das Kindergeld nach § 74 Absatz 1 des Einkommensteuergesetzes oder nach § 48 Absatz 1 des Ersten Buches Sozialgesetzbuch ausgezahlt, stehen die Leistungen für Bildung und Teilhabe dem Kind oder der Person zu, die dem Kind Unterhalt gewährt.

(2) 1Die Leistungen für Bildung und Teilhabe entsprechen den Leistungen zur Deckung der Bedarfe nach § 28 Absatz 2 bis 7 des Zweiten Buches Sozialgesetzbuch. 2§ 28 Absatz 1 Satz 2 des Zweiten Buches Sozialgesetzbuch gilt entsprechend. 3Für die Bemessung der Leistungen für die Schülerbeförderung nach § 28 Absatz 4 des Zweiten Buches Sozialgesetzbuch sind die erforderlichen tatsächlichen Aufwendungen zu berücksichtigen, soweit sie nicht von Dritten übernommen werden. 4Die Leistungen nach Satz 1 gelten nicht als Einkommen oder Vermögen im Sinne dieses Gesetzes. 5§ 19 Absatz 3 des Zweiten Buches Sozialgesetzbuch findet keine Anwendung.

(2a) Ansprüche auf Leistungen für Bildung und Teilhabe verjähren in zwölf Monaten nach Ablauf des Kalendermonats, in dem sie entstanden sind.

(3) Für die Erbringung der Leistungen für Bildung und Teilhabe gelten die §§ 29, 30 und 40 Absatz 6 des Zweiten Buches Sozialgesetzbuch entsprechend.

§ 6c Unterhaltspflichten

Unterhaltspflichten werden durch den Kinderzuschlag nicht berührt.

§ 6d Kinderfreizeitbonus aus Anlass der COVID-19-Pandemie für Familien mit Kinderzuschlag, Wohngeld oder Sozialhilfe

(1) 1Personen erhalten eine Einmalzahlung in Höhe von 100 Euro für ein Kind, welches das 18. Lebensjahr noch nicht vollendet hat und für das sie für den Monat August 2021 Kindergeld nach diesem Gesetz oder nach dem X. Abschnitt des Einkommensteuergesetzes oder andere Leistungen im Sinne von § 4 beziehen, wenn

1. sie für dieses Kind für den Monat August 2021 Kinderzuschlag nach § 6a beziehen,
2. sie und dieses Kind oder nur dieses Kind zu berücksichtigende Haushaltsmitglieder im Sinne der §§ 5 und 6 Absatz 1 des Wohngeldgesetzes sind und die Wohngeldbewilligung den Monat August 2021 umfasst oder
3. dieses Kind für den Monat August 2021 Leistungen nach dem Dritten Kapitel des Zwölften Buches Sozialgesetzbuch bezieht.

VIII

$_{2}$Eines gesonderten Antrags bedarf es in den Fällen des Satzes 1 Nummer 1 nicht. $_{3}$In den Fällen des Satzes 1 Nummer 2 und 3 bedarf es eines Antrags; § 9 Absatz 1 Satz 2 ist entsprechend anzuwenden.

(2) $_{1}$Die Einmalzahlung nach Absatz 1 Satz 1 ist bei Sozialleistungen, deren Zahlung von anderen Einkommen abhängig ist, nicht als Einkommen zu berücksichtigen. $_{2}$Der Anspruch auf die Einmalzahlung nach Absatz 1 Satz 1 ist unpfändbar. $_{3}$§ 6c gilt entsprechend.

Zweiter Abschnitt
Organisation und Verfahren

§ 7 Zuständigkeit

(1) Die Bundesagentur für Arbeit (Bundesagentur) führt dieses Gesetz nach fachlichen Weisungen des Bundesministeriums für Familie, Senioren, Frauen und Jugend durch.

(2) Die Bundesagentur führt bei der Durchführung dieses Gesetzes die Bezeichnung „Familienkasse".

(3) Abweichend von Absatz 1 führen die Länder § 6b als eigene Angelegenheit aus.

§ 7a Datenübermittlung

(1) Die Träger der Leistungen nach § 6b und die Träger der Grundsicherung für Arbeitsuchende teilen sich alle Tatsachen mit, die für die Erbringung und Abrechnung der Leistungen nach § 6b dieses Gesetzes und § 28 des Zweiten Buches Sozialgesetzbuch erforderlich sind.

(2) $_{1}$Die zuständige Familienkasse übermittelt dem Bundeszentralamt für Steuern unter den Vorgaben des § 139b Absatz 10 Satz 2 und 3 der Abgabenordnung die internationale Bankkontonummer (IBAN), bei ausländischen Kreditinstituten auch den internationalen Banken-Identifizierungsschlüssel (BIC), des Kontos, auf welches das Kindergeld zuletzt ausgezahlt worden ist. $_{2}$Ist in den Fällen des Satzes 1 der Familienkasse die Identifikationsnummer nicht bekannt, darf sie diese Identifikationsnummer unter Angabe der in § 139b Absatz 3 der Abgabenordnung genannten Daten beim Bundeszentralamt für Steuern abfragen.

§ 7b Automatisiertes Abrufverfahren

Macht das Bundesministerium der Finanzen von seiner Ermächtigung nach § 68 Absatz 6 Satz 2 des Einkommensteuergesetzes Gebrauch und erlässt eine Rechtsverordnung zur Durchführung von automatisierten Abrufen nach § 68 Absatz 6 Satz 1 des Einkommensteuergesetzes, so ist die Rechtsverordnung im Geltungsbereich dieses Gesetzes entsprechend anzuwenden.

§ 8 Aufbringung der Mittel

(1) Die Aufwendungen der Bundesagentur für die Durchführung dieses Gesetzes trägt der Bund.

(2) Der Bund stellt der Bundesagentur nach Bedarf die Mittel bereit, die sie für die Zahlung des Kindergeldes und des Kinderzuschlags benötigt.

(3) $_{1}$Der Bund erstattet die Verwaltungskosten, die der Bundesagentur aus der Durchführung dieses Gesetzes entstehen. $_{2}$Näheres wird durch Verwaltungsvereinbarung geregelt.

(4) Abweichend von den Absätzen 1 bis 3 tragen die Länder die Ausgaben für die Leistungen nach § 6b und ihre Durchführung.

§ 9 Antrag

(1) $_{1}$Das Kindergeld und der Kinderzuschlag sind schriftlich zu beantragen. $_{2}$Der Antrag soll bei der nach § 13 zuständigen Familienkasse gestellt werden. $_{3}$Den Antrag kann außer dem Berechtigten auch stellen, wer ein berechtigtes Interesse an der Leistung des Kindergeldes hat.

(2) $_{1}$Vollendet ein Kind das 18. Lebensjahr, so wird es für den Anspruch auf Kindergeld nur dann weiterhin berücksichtigt, wenn der oder die Berechtigte anzeigt, dass die Voraussetzungen des § 2 Absatz 2 vorliegen. $_{2}$Absatz 1 gilt entsprechend.

(3) $_{1}$Die Leistungen für Bildung und Teilhabe sind bei der zuständigen Stelle zu beantragen. $_{2}$Absatz 1 Satz 3 gilt entsprechend.

§ 10 Auskunftspflicht

(1) $_{1}$§ 60 Absatz 1 des Ersten Buches Sozialgesetzbuch gilt auch für die bei dem Antragsteller oder Berechtigten berücksichtigten

Kinder, für den nicht dauernd getrennt lebenden Ehegatten des Antragstellers oder Berechtigten und für die sonstigen Personen, bei denen die bezeichneten Kinder berücksichtigt werden. ₂§ 60 Absatz 4 des Zweiten Buches Sozialgesetzbuch gilt entsprechend.

(2) Soweit es zur Durchführung der §§ 2 und 6a erforderlich ist, hat der jeweilige Arbeitgeber der in diesen Vorschriften bezeichneten Personen auf Verlangen der zuständigen Stelle eine Bescheinigung über den Arbeitslohn, die einbehaltenen Steuern und Sozialabgaben auszustellen.

(3) Die Familienkassen können den nach Absatz 2 Verpflichteten eine angemessene Frist zur Erfüllung der Pflicht setzen.

§ 11 Gewährung des Kindergeldes und des Kinderzuschlags

(1) Das Kindergeld und der Kinderzuschlag werden monatlich gewährt.

(2) Auszuzahlende Beträge sind auf Euro abzurunden, und zwar unter 50 Cent nach unten, sonst nach oben.

(3) Abweichend von § 47 Absatz 1 des Ersten Buches Sozialgesetzbuch werden das sozialrechtliche Kindergeld und der Kinderzuschlag ausschließlich auf das angegebene Konto bei einem Geldinstitut, für das die Verordnung (EU) Nr. 260/2012 gilt, überwiesen. Die Überweisung erfolgt kostenfrei.

(4) § 45 Absatz 3 des Zehnten Buches Sozialgesetzbuch findet keine Anwendung.

(5) Ein rechtswidriger nicht begünstigender Verwaltungsakt ist abweichend von § 44 Absatz 1 des Zehnten Buches Sozialgesetzbuch für die Zukunft zurückzunehmen; er kann ganz oder teilweise auch für die Vergangenheit zurückgenommen werden.

(6) Wird ein Verwaltungsakt über die Bewilligung von Kinderzuschlag aufgehoben, sind bereits erbrachte Leistungen abweichend von § 50 Absatz 1 des Zehnten Buches Sozialgesetzbuch nicht zu erstatten, soweit der Bezug von Kinderzuschlag den Anspruch auf Leistungen nach dem Zweiten Buch Sozialgesetzbuch ausschließt oder mindert.

(7) Entsprechend anwendbar sind die Vorschriften des Dritten Buches Sozialgesetzbuch über

1. die Aufhebung von Verwaltungsakten (§ 330 Absatz 2, 3 Satz 1) sowie
2. die vorläufige Zahlungseinstellung nach § 331 mit der Maßgabe, dass die Familienkasse auch zur teilweisen Zahlungseinstellung berechtigt ist, wenn sie von Tatsachen Kenntnis erhält, die zu einem geringeren Leistungsanspruch führen.

§ 12 Aufrechnung

§ 51 des Ersten Buches Sozialgesetzbuch gilt für die Aufrechnung eines Anspruchs auf Erstattung von Kindergeld und Kinderzuschlag gegen einen späteren Anspruch auf Kindergeld und Kinderzuschlag eines oder einer mit dem Erstattungspflichtigen in Haushaltsgemeinschaft lebenden Berechtigten entsprechend, soweit es sich um laufendes Kindergeld oder laufenden Kinderzuschlag für ein Kind handelt, das bei beiden berücksichtigt werden konnte.

§ 13 Zuständige Stelle

(1) ₁Für die Entgegennahme des Antrages und die Entscheidungen über den Anspruch ist die Familienkasse (§ 7 Absatz 2) zuständig, in deren Bezirk der Berechtigte seinen Wohnsitz hat. ₂Hat der Berechtigte keinen Wohnsitz im Geltungsbereich dieses Gesetzes, ist die Familienkasse zuständig, in deren Bezirk er seinen gewöhnlichen Aufenthalt hat. ₃Hat der Berechtigte im Geltungsbereich dieses Gesetzes weder einen Wohnsitz noch einen gewöhnlichen Aufenthalt, ist die Familienkasse zuständig, in deren Bezirk er erwerbstätig ist. ₄In den übrigen Fällen ist die Familienkasse Bayern Nord zuständig.

(2) Die Entscheidungen über den Anspruch trifft die Leitung der Familienkasse.

(3) Der Vorstand der Bundesagentur kann für bestimmte Bezirke oder Gruppen von Berechtigten die Entscheidungen über den Anspruch auf Kindergeld und Kinderzuschlag einheitlich einer anderen Familienkasse übertragen.

(4) Für die Leistungen nach § 6b bestimmen abweichend von den Absätzen 1 und 2 die Landesregierungen oder die von ihnen beauftragten Stellen die für die Durchführung zuständigen Behörden.

§ 14 Bescheid, Bekanntgabe von Verwaltungsakten durch Bereitstellung zum Datenabruf

(1) 1Wird der Antrag auf Kindergeld, Kinderzuschlag oder Leistungen für Bildung und Teilhabe abgelehnt, ist ein Bescheid zu erteilen. 2Das Gleiche gilt, wenn das Kindergeld, der Kinderzuschlag oder die Leistungen für Bildung und Teilhabe entzogen werden.

(2) Abweichend von § 37 Absatz 2a des Zehnten Buches Sozialgesetzbuch gilt für die Bekanntgabe von elektronischen Verwaltungsakten zum Kindergeld und zum Kinderzuschlag § 9 Absatz 1 des Onlinezugangsgesetzes.

§ 15 Rechtsweg

Für Streitigkeiten nach diesem Gesetz sind die Gerichte der Sozialgerichtsbarkeit zuständig.

Dritter Abschnitt Bußgeldvorschriften

§ 16 Ordnungswidrigkeiten

(1) Ordnungswidrig handelt, wer vorsätzlich oder leichtfertig

1. entgegen § 60 Absatz 1 Satz 1 Nummer 1 oder Nummer 3 des Ersten Buches Sozialgesetzbuch in Verbindung mit § 10 Absatz 1 auf Verlangen nicht die leistungserheblichen Tatsachen angibt oder Beweisurkunden vorlegt,
2. entgegen § 60 Absatz 1 Satz 1 Nummer 2 des Ersten Buches Sozialgesetzbuch eine Änderung in den Verhältnissen, die für einen Anspruch auf Kindergeld, Kinderzuschlag oder Leistungen für Bildung und Teilhabe erheblich ist, nicht, nicht richtig, nicht vollständig oder nicht rechtzeitig mitteilt oder
3. entgegen § 10 Absatz 2 oder Absatz 3 auf Verlangen eine Bescheinigung nicht, nicht richtig, nicht vollständig oder nicht rechtzeitig ausstellt.

(2) Die Ordnungswidrigkeit kann mit einer Geldbuße geahndet werden.

(3) § 66 des Zehnten Buches Sozialgesetzbuch gilt entsprechend.

(4) Verwaltungsbehörden im Sinne des § 36 Absatz 1 Nummer 1 des Gesetzes über Ordnungswidrigkeiten sind die nach § 409 der Abgabenordnung bei Steuerordnungswidrigkeiten wegen des Kindergeldes nach dem X. Abschnitt des Einkommensteuergesetzes zuständigen Verwaltungsbehörden.

Vierter Abschnitt Übergangs- und Schlussvorschriften

§ 17 Recht der Europäischen Gemeinschaft

1Soweit in diesem Gesetz Ansprüche Deutschen vorbehalten sind, haben Angehörige der anderen Mitgliedstaaten der Europäischen Union, Flüchtlinge und Staatenlose nach Maßgabe des Vertrages zur Gründung der Europäischen Gemeinschaft und der auf seiner Grundlage erlassenen Verordnungen die gleichen Rechte. 2Auch im Übrigen bleiben die Bestimmungen der genannten Verordnungen unberührt.

§ 18 Anwendung des Sozialgesetzbuches

Soweit dieses Gesetz keine ausdrückliche Regelung trifft, ist bei der Ausführung das Sozialgesetzbuch anzuwenden.

§ 19 Übergangsvorschriften

(1) Ist für die Nachzahlung und Rückforderung von Kindergeld und Zuschlag zum Kindergeld für Berechtigte mit geringem Einkommen der Anspruch eines Jahres vor 1996 maßgeblich, finden die §§ 10, 11 und 11a in der bis zum 31. Dezember 1995 geltenden Fassung Anwendung.

(2) Verfahren, die am 1. Januar 1996 anhängig sind, werden nach den Vorschriften des

Sozialgesetzbuches und des Bundeskindergeldgesetzes in der bis zum 31. Dezember 1995 geltenden Fassung zu Ende geführt, soweit in § 78 des Einkommensteuergesetzes nichts anderes bestimmt ist.

(3) Wird Kinderzuschlag vor dem 1. Juli 2019 bewilligt, finden die Regelungen des Bundeskindergeldgesetzes in der bis zum 30. Juni 2019 geltenden Fassung weiter Anwendung, mit Ausnahme der Regelung zum monatlichen Höchstbetrag des Kinderzuschlags nach § 20 Absatz 3.

(4) § 6c lässt Unterhaltsleistungen, die vor dem 30. Juni 2021 fällig geworden sind, unberührt.

§ 20 Anwendungsvorschrift

(1) 1§ 1 Absatz 3 in der am 19. Dezember 2006 geltenden Fassung ist in Fällen, in denen eine Entscheidung über den Anspruch auf Kindergeld für Monate in dem Zeitraum zwischen dem 1. Januar 1994 und dem 18. Dezember 2006 noch nicht bestandskräftig geworden ist, anzuwenden, wenn dies für den Antragsteller günstiger ist. 2In diesem Fall werden die Aufenthaltsgenehmigungen nach dem Ausländergesetz den Aufenthaltstiteln nach dem Aufenthaltsgesetz entsprechend den Fortgeltungsregelungen in § 101 des Aufenthaltsgesetzes gleichgestellt.

(2) (weggefallen)

(3) Abweichend von § 6a Absatz 2 beträgt für die Zeit vom 1. Juli 2019 bis zum 31. Dezember 2020 der monatliche Höchstbetrag des Kinderzuschlags für jedes zu berücksichtigende Kind 185 Euro.

(3a) Abweichend von § 6a Absatz 2 beträgt der monatliche Höchstbetrag des Kinderzuschlags im Kalenderjahr 2023 für jedes zu berücksichtigende Kind 250 Euro.

(4) Wird einer Person Kinderzuschlag für einen nach dem 30. Juni 2019 und vor dem 1. Juli 2021 beginnenden Bewilligungszeitraum bewilligt und wird ihr der Verwaltungsakt erst nach Ablauf des ersten Monats des Bewilligungszeitraums bekannt gegeben, endet dieser Bewilligungszeitraum abweichend von § 6a Absatz 7 Satz 1 am Ende des fünften Monats nach dem Monat der Bekanntgabe des Verwaltungsaktes.

(5) 1Abweichend von § 6a Absatz 7 Satz 1 wird in Fällen, in denen der höchstmögliche Gesamtkinderzuschlag bezogen wird und der sechsmonatige Bewilligungszeitraum in der Zeit vom 1. April 2020 bis zum 30. September 2020 endet, der Bewilligungszeitraum von Amts wegen einmalig um weitere sechs Monate verlängert. 2Satz 1 gilt entsprechend, wenn der ursprüngliche Bewilligungszeitraum in Anwendung des § 20 Absatz 4 mehr als sechs Monate umfasst.

(6) (weggefallen)

(6a) (weggefallen)

(7) 1In Fällen, in denen der Bewilligungszeitraum vor dem 1. April 2020 begonnen hat, kann im April oder Mai 2020 einmalig während des laufenden Bewilligungszeitraums ein Antrag auf Überprüfung gestellt werden. 2Bei der Überprüfung ist abweichend von § 6a Absatz 8 Satz 1 als monatlich zu berücksichtigendes Einkommen der Eltern nur das Einkommen aus dem Monat vor dem Überprüfungsantrag zugrunde zu legen. 3Im Übrigen sind die bereits für den laufenden Bewilligungszeitraum nach Absatz 8 ermittelten tatsächlichen und rechtlichen Verhältnisse zugrunde zu legen. 4Die Voraussetzung nach § 6a Absatz 1 Nummer 3, dass bei Bezug des Kinderzuschlags keine Hilfebedürftigkeit besteht, ist nicht anzuwenden. 5Ergibt die Überprüfung einen höheren Kinderzuschlag, wird für die restlichen Monate des Bewilligungszeitraums Kinderzuschlag in der neuen Höhe bewilligt; anderenfalls ist der Antrag abzulehnen. 6Ist ein Bewilligungsbescheid für einen Bewilligungszeitraum, der vor dem 1. April 2020 beginnt, noch nicht ergangen, gelten die Sätze 1 bis 5 entsprechend. 7In den Fällen nach den Sätzen 1 bis 6 ist die Verlängerungsregelung nach Absatz 5 nicht anzuwenden.

(8) 1§ 1 Absatz 2 Satz 3 und § 2 Absatz 2 und 3 in der Fassung des Artikels 3 des Gesetzes vom 19. Juli 2006 (BGBl. I S. 1652) ist für Kinder, die im Kalenderjahr 2006 das 24. Lebensjahr vollendeten, mit der Maßgabe anzuwenden, dass jeweils an die Stelle der Angabe „25. Lebensjahres" die Angabe

VIII

„26. Lebensjahres" und an die Stelle der Angabe „25. Lebensjahr" die Angabe „26. Lebensjahr" tritt; für Kinder, die im Kalenderjahr 2006 das 25. oder 26. Lebensjahr vollendeten, sind § 1 Absatz 2 Satz 3 und § 2 Absatz 2 und 3 weiterhin in der bis zum 31. Dezember 2006 geltenden Fassung anzuwenden. [2]§ 1 Absatz 2 Satz 3 und § 2 Absatz 2 und 3 in der Fassung des Artikels 3 des Gesetzes vom 19. Juli 2006 (BGBl. I S. 1652) sind erstmals für Kinder anzuwenden, die im Kalenderjahr 2007 wegen einer vor Vollendung des 25. Lebensjahres eingetretenen körperlichen, geistigen oder seelischen Behinderung außerstande sind, sich selbst zu unterhalten; für Kinder, die wegen einer vor dem 1. Januar 2007 in der Zeit ab der Vollendung des 25. Lebensjahres und vor Vollendung des 27. Lebensjahres eingetretenen körperlichen, geistigen oder seelischen Behinderung außerstande sind, sich selbst zu unterhalten, ist § 2 Absatz 2 Satz 1 Nummer 3 weiterhin in der bis zum 31. Dezember 2006 geltenden Fassung anzuwenden. [3]§ 2 Absatz 3 Satz 1 in der Fassung des Artikels 3 des Gesetzes vom 19. Juli 2006 (BGBl. I S. 1652) ist für Kinder, die im Kalenderjahr 2006 das 24. Lebensjahr vollendeten, mit der Maßgabe anzuwenden, dass an die Stelle der Angabe „über das 21. oder 25. Lebensjahr hinaus" die Angabe „über das 21. oder 26. Lebensjahr hinaus" tritt; für Kinder, die im Kalenderjahr 2006 das 25., 26. oder 27. Lebensjahr vollendeten, ist § 2 Absatz 3 Satz 1 weiterhin in der bis zum 31. Dezember 2006 geltenden Fassung anzuwenden.

(9) § 2 Absatz 2 Satz 1 Nummer 2 Buchstabe d in der am 31. Juli 2014 geltenden Fassung ist auf Freiwilligendienste im Sinne der Verordnung (EU) Nr. 1288/2013 des Europäischen Parlaments und des Rates vom 11. Dezember 2013 zur Einrichtung von „Erasmus+", dem Programm der Union für allgemeine und berufliche Bildung, Jugend und Sport, und zur Aufhebung der Beschlüsse Nr. 1719/2006/EG, Nr. 1720/2006/EG und Nr. 1298/2008/EG (ABl. L 347 vom 20. 12. 2013, S. 50), die ab dem 1. Januar 2014 begonnen wurden, ab dem 1. Januar 2014 anzuwenden.

(9a) § 2 Absatz 2 Satz 2 in der Fassung des Artikels 13 des Gesetzes vom 16. Juli 2009 (BGBl. I S. 1959) ist ab dem 1. Januar 2010 anzuwenden.

(10) § 2 Absatz 2 Satz 4 in der Fassung des Artikels 2 Absatz 8 des Gesetzes vom 16. Mai 2008 (BGBl. I S. 842) ist erstmals ab dem 1. Januar 2009 anzuwenden.

(11) § 2 Absatz 3 ist letztmals bis zum 31. Dezember 2018 anzuwenden; Voraussetzung ist in diesen Fällen, dass das Kind den Dienst oder die Tätigkeit vor dem 1. Juli 2011 angetreten hat.

(12) § 6 Absatz 3 in der am 1. Januar 2018 geltenden Fassung ist auf Anträge anzuwenden, die nach dem 31. Dezember 2017 eingehen.

(13) [1]§ 1 Absatz 3 Satz 1 Nummer 1 bis 4 in der Fassung des Artikels 34 des Gesetzes vom 12. Dezember 2019 (BGBl. I S. 2451) ist für Entscheidungen anzuwenden, die Zeiträume betreffen, die nach dem letzten Tag des sechsten auf die Verkündung des Fachkräfteeinwanderungsgesetzes folgenden Kalendermonats beginnen. [2]§ 1 Absatz 3 Satz 1 Nummer 5 in der Fassung des Artikels 34 des Gesetzes vom 12. Dezember 2019 (BGBl. I S. 2451) ist für Entscheidungen anzuwenden, die Zeiträume betreffen, die nach dem 31. Dezember 2019 beginnen. [3]§ 1 Absatz 3 Nummer 2 Buchstabe c in der Fassung des Artikels 5 Nummer 1 des Gesetzes vom 23. Mai 2022 (BGBl. I S. 760) ist für Entscheidungen anzuwenden, die Zeiträume betreffen, die nach dem 31. Mai 2022 beginnen. [4]§ 1 Absatz 3 Satz 1 Nummer 2 in der Fassung des Artikels 42 des Gesetzes vom 2. Dezember 2024 (BGBl. 2024 I Nr. 387) ist für Entscheidungen anzuwenden, die Zeiträume betreffen, die nach dem 31. Mai 2024 beginnen.

§ 21 Sondervorschrift zur Steuerfreistellung des Existenzminimums eines Kindes in den Veranlagungszeiträumen 1983 bis 1995 durch Kindergeld

[1]In Fällen, in denen die Entscheidung über die Höhe des Kindergeldanspruchs für Monate in dem Zeitraum zwischen dem 1. Januar 1983

und dem 31. Dezember 1995 noch nicht bestandskräftig geworden ist, kommt eine von den §§ 10 und 11 in der jeweils geltenden Fassung abweichende Bewilligung von Kindergeld nur in Betracht, wenn die Einkommensteuer formell bestandskräftig und hinsichtlich der Höhe der Kinderfreibeträge nicht vorläufig festgesetzt sowie das Existenzminimum des Kindes nicht unter der Maßgabe des § 53 des Einkommensteuergesetzes steuerfrei belassen worden ist. 2Dies ist vom Kindergeldberechtigten durch eine Bescheinigung des zuständigen Finanzamtes nachzuweisen. 3Nach Vorlage dieser Bescheinigung hat die Familienkasse den vom Finanzamt ermittelten Unterschiedsbetrag zwischen der festgesetzten Einkommensteuer und der Einkommensteuer, die nach § 53 Satz 6 des Einkommensteuergesetzes festzusetzen gewesen wäre, wenn die Voraussetzungen nach § 53 Satz 1 und 2 des Einkommensteuergesetzes vorgelegen hätten, als zusätzliches Kindergeld zu zahlen.

Einkommensteuergesetz (EStG)

in der Fassung der Bekanntmachung vom 8. Oktober 2009 (BGBl. I S. 3366, S. 3862)

Zuletzt geändert durch
Neuntes Gesetz zur Änderung von Vorschriften im Steuerberatungsrecht sowie im Steuerrecht
vom 29. Juni 2026 (BGBl. I Nr. 197)

Inhaltsübersicht

VIII

I. Steuerpflicht

§ 1 Steuerpflicht

(1) 1Natürliche Personen, die im Inland einen Wohnsitz oder ihren gewöhnlichen Aufenthalt haben, sind unbeschränkt einkommensteuerpflichtig. 2Zum Inland im Sinne dieses Gesetzes gehört auch der der Bundesrepublik Deutschland zustehende Anteil

1. an der ausschließlichen Wirtschaftszone, soweit dort
   a) die lebenden und nicht lebenden natürlichen Ressourcen der Gewässer über dem Meeresboden, des Meeresbodens und seines Untergrunds erforscht, ausgebeutet, erhalten oder bewirtschaftet werden,
   b) andere Tätigkeiten zur wirtschaftlichen Erforschung oder Ausbeutung der ausschließlichen Wirtschaftszone ausgeübt werden, wie beispielsweise die Energieerzeugung aus Wasser, Strömung und Wind oder
   c) künstliche Inseln errichtet oder genutzt werden und Anlagen und Bauwerke für die in den Buchstaben a und b genannten Zwecke errichtet oder genutzt werden, und
2. am Festlandsockel, soweit dort
   a) dessen natürliche Ressourcen erforscht oder ausgebeutet werden; natürliche Ressourcen in diesem Sinne sind die mineralischen und sonstigen nicht lebenden Ressourcen des Meeresbodens und seines Untergrunds sowie die zu den sesshaften Arten gehörenden Lebewesen, die im nutzbaren Stadium entweder unbeweglich auf oder unter dem Meeresboden verbleiben oder sich nur in ständigem körperlichen Kontakt mit dem Meeresboden oder seinem Untergrund fortbewegen können; oder
   b) künstliche Inseln errichtet oder genutzt werden und Anlagen und Bauwerke für die in Buchstabe a genannten Zwecke errichtet oder genutzt werden.

(2) 1Unbeschränkt einkommensteuerpflichtig sind auch deutsche Staatsangehörige, die

1. im Inland weder einen Wohnsitz noch ihren gewöhnlichen Aufenthalt haben und
2. zu einer inländischen juristischen Person des öffentlichen Rechts in einem Dienstverhältnis stehen und dafür Arbeitslohn aus einer inländischen öffentlichen Kasse beziehen

sowie zu ihrem Haushalt gehörende Angehörige, die die deutsche Staatsangehörigkeit besitzen oder keine Einkünfte oder nur Einkünfte beziehen, die ausschließlich im Inland einkommensteuerpflichtig sind. 2Dies gilt nur für natürliche Personen, die in dem Staat, in dem sie ihren Wohnsitz oder ihren gewöhnlichen Aufenthalt haben, lediglich in einem der beschränkten Einkommensteuerpflicht ähnlichen Umfang zu einer Steuer vom Einkommen herangezogen werden.

(3) 1Auf Antrag werden auch natürliche Personen als unbeschränkt einkommensteuerpflichtig behandelt, die im Inland weder einen Wohnsitz noch ihren gewöhnlichen Aufenthalt haben, soweit sie inländische Einkünfte im Sinne des § 49 haben. 2Dies gilt nur, wenn ihre Einkünfte im Kalenderjahr mindestens zu 90 Prozent der deutschen Einkommensteuer unterliegen oder die nicht der deutschen Einkommensteuer unterliegenden Einkünfte den Grundfreibetrag nach § 32a Absatz 1 Satz 2 Nummer 1 nicht übersteigen; dieser Betrag ist zu kürzen, soweit es nach den Verhältnissen im Wohnsitzstaat des Steuerpflichtigen notwendig und angemessen ist. 3Inländische Einkünfte, die nach einem Abkommen zur Vermeidung der Doppelbesteuerung nur der Höhe nach beschränkt besteuert werden dürfen, gelten hierbei als nicht der deutschen Einkommensteuer unterliegend. 4Unberücksichtigt bleiben bei der Ermittlung der Einkünfte nach Satz 2 nicht der deutschen Einkommensteuer unterliegende Einkünfte, die im Ausland nicht besteuert werden, soweit vergleichbare Einkünfte im Inland steuerfrei sind. 5Weitere Voraussetzung ist, dass die Höhe der nicht der deutschen Einkommensteuer unterliegenden Einkünfte durch eine Bescheinigung der zuständigen ausländischen Steuerbehörde nachgewiesen wird. 6Der Steuerabzug nach § 50a ist ungeachtet der Sätze 1 bis 4 vorzunehmen.

(4) Natürliche Personen, die im Inland weder einen Wohnsitz noch ihren gewöhnlichen Aufenthalt haben, sind vorbehaltlich der Absätze 2 und 3 und des § 1a beschränkt einkommensteuerpflichtig, wenn sie inländische Einkünfte im Sinne des § 49 haben.

§ 1a (EU- und EWR-Staatsangehörige)

(1) Für Staatsangehörige eines Mitgliedstaates der Europäischen Union oder eines Staates, auf den das Abkommen über den Europäischen Wirtschaftsraum anwendbar ist, die nach § 1 Absatz 1 unbeschränkt einkommensteuerpflichtig sind oder die nach § 1 Absatz 3 als unbeschränkt einkommensteuerpflichtig zu behandeln sind, gilt bei Anwendung von § 10 Absatz 1a und § 26 Absatz 1 Satz 1 Folgendes:

1. Aufwendungen im Sinne des § 10 Absatz 1a sind auch dann als Sonderausgaben abziehbar, wenn der Empfänger der Leistung oder Zahlung nicht unbeschränkt einkommensteuerpflichtig ist. $_2$Voraussetzung ist, dass
   a) der Empfänger seinen Wohnsitz oder gewöhnlichen Aufenthalt im Hoheitsgebiet eines anderen Mitgliedstaates der Europäischen Union oder eines Staates hat, auf den das Abkommen über den Europäischen Wirtschaftsraum Anwendung findet und
   b) die Besteuerung der nach § 10 Absatz 1a zu berücksichtigenden Leistung oder Zahlung beim Empfänger durch eine Bescheinigung der zuständigen ausländischen Steuerbehörde nachgewiesen wird;
2. der nicht dauernd getrennt lebende Ehegatte ohne Wohnsitz oder gewöhnlichen Aufenthalt im Inland wird auf Antrag für die Anwendung des § 26 Absatz 1 Satz 1 als unbeschränkt einkommensteuerpflichtig behandelt. $_2$Nummer 1 Satz 2 Buchstabe a gilt entsprechend. $_3$Bei Anwendung des § 1 Absatz 3 Satz 2 ist auf die Einkünfte beider Ehegatten abzustellen und der Grundfreibetrag nach § 32a Absatz 1 Satz 2 Nummer 1 zu verdoppeln.

(2) Für unbeschränkt einkommensteuerpflichtige Personen im Sinne des § 1 Absatz 2, die die Voraussetzungen des § 1 Absatz 3 Satz 2 bis 5 erfüllen, und für unbeschränkt einkommensteuerpflichtige Personen im Sinne des § 1 Absatz 3, die die Voraussetzungen des § 1 Absatz 2 Satz 1 Nummer 1 und 2 erfüllen und an einem ausländischen Dienstort tätig sind, gilt die Regelung des Absatzes 1 Nummer 2 entsprechend mit der Maßgabe, dass auf Wohnsitz oder gewöhnlichen Aufenthalt im Staat des ausländischen Dienstortes abzustellen ist.

II. Einkommen

1. Sachliche Voraussetzungen für die Besteuerung

§ 2 Umfang der Besteuerung, Begriffsbestimmungen

(1) $_1$Der Einkommensteuer unterliegen
1. Einkünfte aus Land- und Forstwirtschaft,
2. Einkünfte aus Gewerbebetrieb,
3. Einkünfte aus selbständiger Arbeit,
4. Einkünfte aus nichtselbständiger Arbeit,
5. Einkünfte aus Kapitalvermögen,
6. Einkünfte aus Vermietung und Verpachtung,
7. sonstige Einkünfte im Sinne des § 22,

die der Steuerpflichtige während seiner unbeschränkten Einkommensteuerpflicht oder als inländische Einkünfte während seiner beschränkten Einkommensteuerpflicht erzielt. $_2$Zu welcher Einkunftsart die Einkünfte im einzelnen Fall gehören, bestimmt sich nach den §§ 13 bis 24.

(2) $_1$Einkünfte sind
1. bei Land- und Forstwirtschaft, Gewerbebetrieb und selbständiger Arbeit der Gewinn (§§ 4 bis 7k und 13a),
2. bei den anderen Einkunftsarten der Überschuss der Einnahmen über die Werbungskosten (§§ 8 bis 9a).

$_2$Bei Einkünften aus Kapitalvermögen tritt § 20 Absatz 9 vorbehaltlich der Regelung in § 32d Absatz 2 an die Stelle der §§ 9 und 9a.

(3) Die Summe der Einkünfte, vermindert um den Altersentlastungsbetrag, den Entlastungsbetrag für Alleinerziehende und den Abzug nach § 13 Absatz 3, ist der Gesamtbetrag der Einkünfte.

(4) Der Gesamtbetrag der Einkünfte, vermindert um die Sonderausgaben und die außergewöhnlichen Belastungen, ist das Einkommen.

(5) 1Das Einkommen, vermindert um die Freibeträge nach § 32 Absatz 6 und um die sonstigen vom Einkommen abzuziehenden Beträge, ist das zu versteuernde Einkommen; dieses bildet die Bemessungsgrundlage für die tarifliche Einkommensteuer. 2Knüpfen andere Gesetze an den Begriff des zu versteuernden Einkommens an, ist für deren Zweck das Einkommen in allen Fällen des § 32 um die Freibeträge nach § 32 Absatz 6 zu vermindern.

(5a) 1Knüpfen außersteuerliche Rechtsnormen an die in den vorstehenden Absätzen definierten Begriffe (Einkünfte, Summe der Einkünfte, Gesamtbetrag der Einkünfte, Einkommen, zu versteuerndes Einkommen) an, erhöhen sich für deren Zwecke diese Größen um die nach § 32d Absatz 1 und nach § 43 Absatz 5 zu besteuernden Beträge sowie um die nach § 3 Nummer 40 steuerfreien Beträge und mindern sich um die nach § 3c Absatz 2 nicht abziehbaren Beträge. 2Knüpfen außersteuerliche Rechtsnormen an die in den Absätzen 1 bis 3 genannten Begriffe (Einkünfte, Summe der Einkünfte, Gesamtbetrag der Einkünfte) an, mindern sich für deren Zwecke diese Größen um die nach § 10 Absatz 1 Nummer 5 abziehbaren Kinderbetreuungskosten.

(5b) Soweit Rechtsnormen dieses Gesetzes an die in den vorstehenden Absätzen definierten Begriffe (Einkünfte, Summe der Einkünfte, Gesamtbetrag der Einkünfte, Einkommen, zu versteuerndes Einkommen) anknüpfen, sind Kapitalerträge nach § 32d Absatz 1 und § 43 Absatz 5 nicht einzubeziehen.

(6) 1Die tarifliche Einkommensteuer, vermindert um den Unterschiedsbetrag nach § 32c Absatz 1 Satz 2, die anzurechnenden ausländischen Steuern und die Steuerermäßigungen, vermehrt um die Steuer nach § 32d Absatz 3 und 4, die Steuer nach § 34c Absatz 5 und den Zuschlag nach § 3 Absatz 4 Satz 2 des Forstschäden-Ausgleichsgesetzes in der Fassung der Bekanntmachung vom 26. August 1985 (BGBl. I S. 1756), das zuletzt durch Artikel 412 der Verordnung vom 31. August 2015 (BGBl. I S. 1474) geändert worden ist, in der jeweils geltenden Fassung, ist die festzusetzende Einkommensteuer. 2Wurde der Gesamtbetrag der Einkünfte in den Fällen des § 10a Absatz 2 um Sonderausgaben nach § 10a Absatz 1 gemindert, ist für die Ermittlung der festzusetzenden Einkommensteuer der Anspruch auf Zulage nach Abschnitt XI der tariflichen Einkommensteuer hinzuzurechnen; bei der Ermittlung der dem Steuerpflichtigen zustehenden Zulage bleibt die Erhöhung der Grundzulage nach § 84 Satz 2 außer Betracht. 3Wird das Einkommen in den Fällen des § 31 um die Freibeträge nach § 32 Absatz 6 gemindert, ist der Anspruch auf Kindergeld nach Abschnitt X der tariflichen Einkommensteuer hinzuzurechnen; nicht jedoch für Kalendermonate, in denen durch Bescheid der Familienkasse ein Anspruch auf Kindergeld festgesetzt, aber wegen § 70 Absatz 1 Satz 2 nicht ausgezahlt wurde.

(7) 1Die Einkommensteuer ist eine Jahressteuer. 2Die Grundlagen für ihre Festsetzung sind jeweils für ein Kalenderjahr zu ermitteln. 3Besteht während eines Kalenderjahres sowohl unbeschränkte als auch beschränkte Einkommensteuerpflicht, so sind die während der beschränkten Einkommensteuerpflicht erzielten inländischen Einkünfte in eine Veranlagung zur unbeschränkten Einkommensteuerpflicht einzubeziehen.

(8) Die Regelungen dieses Gesetzes zu Ehegatten und Ehen sind auch auf Lebenspartner und Lebenspartnerschaften anzuwenden.

4. Überschuss der Einnahmen über die Werbungskosten

§ 8 Einnahmen

(1) 1Einnahmen sind alle Güter, die in Geld oder Geldeswert bestehen und dem Steuerpflichtigen im Rahmen einer der Einkunftsarten des § 2 Absatz 1 Satz 1 Nummer 4 bis 7 zufließen. 2Zu den Einnahmen in Geld gehö-

ren auch zweckgebundene Geldleistungen, nachträgliche Kostenerstattungen, Geldsurrogate und andere Vorteile, die auf einen Geldbetrag lauten. $_{3}$Satz 2 gilt nicht bei Gutscheinen und Geldkarten, die ausschließlich zum Bezug von Waren oder Dienstleistungen berechtigen und die Kriterien des § 2 Absatz 1 Nummer 10 des Zahlungsdiensteaufsichtsgesetzes erfüllen.

(2) $_{1}$Einnahmen, die nicht in Geld bestehen (Wohnung, Kost, Waren, Dienstleistungen und sonstige Sachbezüge), sind mit den um übliche Preisnachlässe geminderten üblichen Endpreisen am Abgabeort anzusetzen. $_{2}$Für die private Nutzung eines betrieblichen Kraftfahrzeugs zu privaten Fahrten gilt § 6 Absatz 1 Nummer 4 Satz 2 entsprechend. $_{3}$Kann das Kraftfahrzeug auch für Fahrten zwischen Wohnung und erster Tätigkeitsstätte sowie Fahrten nach § 9 Absatz 1 Satz 3 Nummer 4a Satz 3 genutzt werden, erhöht sich der Wert in Satz 2 für jeden Kalendermonat um 0,03 Prozent des Listenpreises im Sinne des § 6 Absatz 1 Nummer 4 Satz 2 für jeden Kilometer der Entfernung zwischen Wohnung und erster Tätigkeitsstätte sowie der Fahrten nach § 9 Absatz 1 Satz 3 Nummer 4a Satz 3. $_{4}$Der Wert nach den Sätzen 2 und 3 kann mit dem auf die private Nutzung und die Nutzung zu Fahrten zwischen Wohnung und erster Tätigkeitsstätte sowie Fahrten nach § 9 Absatz 1 Satz 3 Nummer 4a Satz 3 entfallenden Teil der gesamten Kraftfahrzeugaufwendungen angesetzt werden, wenn die durch das Kraftfahrzeug insgesamt entstehenden Aufwendungen durch Belege und das Verhältnis der privaten Fahrten und der Fahrten zwischen Wohnung und erster Tätigkeitsstätte sowie Fahrten nach § 9 Absatz 1 Satz 3 Nummer 4a Satz 3 zu den übrigen Fahrten durch ein ordnungsgemäßes Fahrtenbuch nachgewiesen werden; § 6 Absatz 1 Nummer 4 Satz 3 zweiter Halbsatz gilt entsprechend. $_{5}$Die Nutzung des Kraftfahrzeugs zu einer Familienheimfahrt im Rahmen einer doppelten Haushaltsführung ist mit 0,002 Prozent des Listenpreises im Sinne des § 6 Absatz 1 Nummer 4 Satz 2 für jeden Kilometer der Entfernung zwischen dem Ort des eigenen Hausstands und dem Beschäftigungsort anzusetzen; dies gilt nicht, wenn für diese Fahrt ein Abzug von Werbungskosten nach § 9 Absatz 1 Satz 3 Nummer 5 Satz 5 und 6 in Betracht käme; Satz 4 ist sinngemäß anzuwenden. $_{6}$Bei Arbeitnehmern, für deren Sachbezüge durch Rechtsverordnung nach § 17 Absatz 1 Satz 1 Nummer 4 des Vierten Buches Sozialgesetzbuch Werte bestimmt worden sind, sind diese Werte maßgebend. $_{7}$Die Werte nach Satz 6 sind auch bei Steuerpflichtigen anzusetzen, die nicht der gesetzlichen Rentenversicherungspflicht unterliegen. $_{8}$Wird dem Arbeitnehmer während einer beruflichen Tätigkeit außerhalb seiner Wohnung und ersten Tätigkeitsstätte oder im Rahmen einer beruflich veranlassten doppelten Haushaltsführung vom Arbeitgeber oder auf dessen Veranlassung von einem Dritten eine Mahlzeit zur Verfügung gestellt, ist diese Mahlzeit mit dem Wert nach Satz 6 (maßgebender amtlicher Sachbezugswert nach der Sozialversicherungsentgeltverordnung) anzusetzen, wenn der Preis für die Mahlzeit 60 Euro nicht übersteigt. $_{9}$Der Ansatz einer nach Satz 8 bewerteten Mahlzeit unterbleibt, wenn beim Arbeitnehmer für ihm entstehende Mehraufwendungen für Verpflegung ein Werbungskostenabzug nach § 9 Absatz 4a Satz 1 bis 7 in Betracht käme. $_{10}$Die oberste Finanzbehörde eines Landes kann mit Zustimmung des Bundesministeriums der Finanzen für weitere Sachbezüge der Arbeitnehmer Durchschnittswerte festsetzen. $_{11}$Sachbezüge, die nach Satz 1 zu bewerten sind, bleiben außer Ansatz, wenn die sich nach Anrechnung der vom Steuerpflichtigen gezahlten Entgelte ergebenden Vorteile insgesamt 50 Euro im Kalendermonat nicht übersteigen; die nach Absatz 1 Satz 3 nicht zu den Einnahmen in Geld gehörenden Gutscheine und Geldkarten bleiben nur dann außer Ansatz, wenn sie zusätzlich zum ohnehin geschuldeten Arbeitslohn gewährt werden. $_{12}$Der Ansatz eines Sachbezugs für eine dem Arbeitnehmer vom Arbeitgeber, auf dessen Veranlassung von einem verbundenen Unternehmen (§ 15 des Aktiengesetzes) oder bei einer juristischen Person des öffentlichen Rechts als Arbeitgeber auf dessen Veranlas-

sung von einem entsprechend verbundenen Unternehmen zu eigenen Wohnzwecken überlassene Wohnung unterbleibt, soweit das vom Arbeitnehmer gezahlte Entgelt mindestens zwei Drittel des ortsüblichen Mietwerts und dieser nicht mehr als 25 Euro je Quadratmeter ohne umlagefähige Kosten im Sinne der Verordnung über die Aufstellung von Betriebskosten beträgt.

(3) 1Erhält ein Arbeitnehmer auf Grund seines Dienstverhältnisses Waren oder Dienstleistungen, die vom Arbeitgeber nicht überwiegend für den Bedarf seiner Arbeitnehmer hergestellt, vertrieben oder erbracht werden und deren Bezug nicht nach § 40 pauschal versteuert wird, so gelten als deren Werte abweichend von Absatz 2 die um 4 Prozent geminderten Endpreise, zu denen der Arbeitgeber oder der dem Abgabeort nächstansässige Abnehmer die Waren oder Dienstleistungen fremden Letztverbrauchern im allgemeinen Geschäftsverkehr anbietet. 2Die sich nach Abzug der vom Arbeitnehmer gezahlten Entgelte ergebenden Vorteile sind steuerfrei, soweit sie aus dem Dienstverhältnis insgesamt 1080 Euro im Kalenderjahr nicht übersteigen.

(4) 1Im Sinne dieses Gesetzes werden Leistungen des Arbeitgebers oder auf seine Veranlassung eines Dritten (Sachbezüge oder Zuschüsse) für eine Beschäftigung nur dann zusätzlich zum ohnehin geschuldeten Arbeitslohn erbracht, wenn

1. die Leistung nicht auf den Anspruch auf Arbeitslohn angerechnet,
2. der Anspruch auf Arbeitslohn nicht zugunsten der Leistung herabgesetzt,
3. die verwendungs- oder zweckgebundene Leistung nicht anstelle einer bereits vereinbarten künftigen Erhöhung des Arbeitslohns gewährt und
4. bei Wegfall der Leistung der Arbeitslohn nicht erhöht

wird. 2Unter den Voraussetzungen des Satzes 1 ist von einer zusätzlich zum ohnehin geschuldeten Arbeitslohn erbrachten Leistung auch dann auszugehen, wenn der Arbeitnehmer arbeitsvertraglich oder auf Grund einer anderen arbeits- oder dienstrechtlichen Rechtsgrundlage (wie Einzelvertrag, Betriebsvereinbarung, Tarifvertrag, Gesetz) einen Anspruch auf diese hat.

§ 9 Werbungskosten

(1) 1Werbungskosten sind Aufwendungen zur Erwerbung, Sicherung und Erhaltung der Einnahmen. 2Sie sind bei der Einkunftsart abzuziehen, bei der sie erwachsen sind. 3Werbungskosten sind auch

1. Schuldzinsen und auf besonderen Verpflichtungsgründen beruhende Renten und dauernde Lasten, soweit sie mit einer Einkunftsart in wirtschaftlichem Zusammenhang stehen. 2Bei Leibrenten kann nur der Anteil abgezogen werden, der sich nach § 22 Nummer 1 Satz 3 Buchstabe a Doppelbuchstabe bb ergibt;
2. Steuern vom Grundbesitz, sonstige öffentliche Abgaben und Versicherungsbeiträge, soweit solche Ausgaben sich auf Gebäude oder auf Gegenstände beziehen, die dem Steuerpflichtigen zur Einnahmeerzielung dienen;
3. Beiträge zu Berufsständen und sonstigen Berufsverbänden, deren Zweck nicht auf einen wirtschaftlichen Geschäftsbetrieb gerichtet ist;
4. Aufwendungen des Arbeitnehmers für die Wege zwischen Wohnung und erster Tätigkeitsstätte im Sinne des Absatzes 4. 2Zur Abgeltung dieser Aufwendungen ist für jeden Arbeitstag, an dem der Arbeitnehmer die erste Tätigkeitsstätte aufsucht eine Entfernungspauschale für jeden vollen Kilometer der Entfernung zwischen Wohnung und erster Tätigkeitsstätte von 0,38 Euro anzusetzen, höchstens jedoch 4500 Euro im Kalenderjahr; ein höherer Betrag als 4500 Euro ist anzusetzen, soweit der Arbeitnehmer einen eigenen oder ihm zur Nutzung überlassenen Kraftwagen benutzt. 3Die Entfernungspauschale gilt nicht für Flugstrecken und Strecken mit steuerfreier Sammelbeförderung nach § 3 Nummer 32. 4Für die Bestimmung der Entfernung ist die kürzeste Straßenverbindung zwischen Wohnung und erster Tätigkeitsstätte maßgebend; eine andere als

die kürzeste Straßenverbindung kann zugrunde gelegt werden, wenn diese offensichtlich verkehrsgünstiger ist und vom Arbeitnehmer regelmäßig für die Wege zwischen Wohnung und erster Tätigkeitsstätte benutzt wird. $_{5}$Nach §8 Absatz 2 Satz 11 oder Absatz 3 steuerfreie Sachbezüge für Fahrten zwischen Wohnung und erster Tätigkeitsstätte mindern den nach Satz 2 abziehbaren Betrag; ist der Arbeitgeber selbst der Verkehrsträger, ist der Preis anzusetzen, den ein dritter Arbeitgeber an den Verkehrsträger zu entrichten hätte. $_{6}$Hat ein Arbeitnehmer mehrere Wohnungen, so sind die Wege von einer Wohnung, die nicht der ersten Tätigkeitsstätte am nächsten liegt, nur zu berücksichtigen, wenn sie den Mittelpunkt der Lebensinteressen des Arbeitnehmers bildet und nicht nur gelegentlich aufgesucht wird. $_{7}$Nach §3 Nummer 37 steuerfreie Sachbezüge mindern den nach Satz 2 abziehbaren Betrag nicht; §3c Absatz 1 ist nicht anzuwenden.

4a. Aufwendungen des Arbeitnehmers für beruflich veranlasste Fahrten, die nicht Fahrten zwischen Wohnung und erster Tätigkeitsstätte im Sinne des Absatzes 4 sowie keine Familienheimfahrten sind. $_{2}$Anstelle der tatsächlichen Aufwendungen, die dem Arbeitnehmer durch die persönliche Benutzung eines Beförderungsmittels entstehen, können die Fahrtkosten mit den pauschalen Kilometersätzen angesetzt werden, die für das jeweils benutzte Beförderungsmittel (Fahrzeug) als höchste Wegstreckenentschädigung nach dem Bundesreisekostengesetz festgesetzt sind. $_{3}$Hat ein Arbeitnehmer keine erste Tätigkeitsstätte (§9 Absatz 4) und hat er nach den dienst- oder arbeitsrechtlichen Festlegungen sowie den diese ausfüllenden Absprachen und Weisungen zur Aufnahme seiner beruflichen Tätigkeit dauerhaft denselben Ort oder dasselbe weiträumige Tätigkeitsgebiet typischerweise arbeitstäglich aufzusuchen, gilt Absatz 1 Satz 3 Nummer 4 und Absatz 2 für die Fahrten von der Wohnung zu diesem Ort oder dem zur Wohnung nächstgelegenen Zugang zum Tätigkeitsgebiet entsprechend. $_{4}$Für die Fahrten innerhalb des weiträumigen Tätigkeitsgebietes gelten die Sätze 1 und 2 entsprechend.

5. notwendige Mehraufwendungen, die einem Arbeitnehmer wegen einer beruflich veranlassten doppelten Haushaltsführung entstehen. $_{2}$Eine doppelte Haushaltsführung liegt nur vor, wenn der Arbeitnehmer außerhalb des Ortes seiner ersten Tätigkeitsstätte einen eigenen Hausstand unterhält und auch am Ort der ersten Tätigkeitsstätte wohnt. $_{3}$Das Vorliegen eines eigenen Hausstandes setzt das Innehaben einer Wohnung sowie eine finanzielle Beteiligung an den Kosten der Lebensführung voraus. $_{4}$Als Unterkunftskosten für eine doppelte Haushaltsführung können die tatsächlichen Aufwendungen für die Nutzung der Unterkunft angesetzt werden, höchstens 1000 Euro im Monat bei einer Unterkunft im Inland und höchstens 2000 Euro im Monat bei einer Unterkunft im Ausland; die Grenze von 2000 Euro bei einer Unterkunft im Ausland gilt nicht, wenn eine Dienst- oder Werkswohnung verpflichtend und zweckgebunden genutzt werden muss oder deren Kosten für Zwecke des Mietzuschusses nach §54 des Bundesbesoldungsgesetzes als notwendig anerkannt worden sind. $_{5}$Aufwendungen für die Wege vom Ort der ersten Tätigkeitsstätte zum Ort des eigenen Hausstandes und zurück (Familienheimfahrt) können jeweils nur für eine Familienheimfahrt wöchentlich abgezogen werden. $_{6}$Zur Abgeltung der Aufwendungen für eine Familienheimfahrt ist eine Entfernungspauschale von 0,38 Euro für jeden vollen Kilometer der Entfernung zwischen dem Ort des eigenen Hausstandes und dem Ort der ersten Tätigkeitsstätte anzusetzen. $_{7}$Nummer 4 Satz 3 bis 5 ist entsprechend anzuwenden. $_{8}$Aufwendungen für Familienheimfahrten mit einem dem Steuerpflichtigen im Rahmen einer Einkunftsart überlassenen Kraftfahrzeug werden nicht berücksichtigt.

5a. notwendige Mehraufwendungen eines Arbeitnehmers für beruflich veranlasste Übernachtungen an einer Tätigkeitsstätte, die nicht erste Tätigkeitsstätte ist. 2Übernachtungskosten sind die tatsächlichen Aufwendungen für die persönliche Inanspruchnahme einer Unterkunft zur Übernachtung. 3Soweit höhere Übernachtungskosten anfallen, weil der Arbeitnehmer eine Unterkunft gemeinsam mit Personen nutzt, die in keinem Dienstverhältnis zum selben Arbeitgeber stehen, sind nur diejenigen Aufwendungen anzusetzen, die bei alleiniger Nutzung durch den Arbeitnehmer angefallen wären. 4Nach Ablauf von 48 Monaten einer längerfristigen beruflichen Tätigkeit an derselben Tätigkeitsstätte, die nicht erste Tätigkeitsstätte ist, können Unterkunftskosten nur noch bis zur Höhe des Betrags nach Nummer 5 angesetzt werden. 5Eine Unterbrechung dieser beruflichen Tätigkeit an derselben Tätigkeitsstätte führt zu einem Neubeginn, wenn die Unterbrechung mindestens sechs Monate dauert.

5b. notwendige Mehraufwendungen, die einem Arbeitnehmer während seiner auswärtigen beruflichen Tätigkeit auf einem Kraftfahrzeug des Arbeitgebers oder eines vom Arbeitgeber beauftragten Dritten im Zusammenhang mit einer Übernachtung in dem Kraftfahrzeug für Kalendertage entstehen, an denen der Arbeitnehmer eine Verpflegungspauschale nach Absatz 4a Satz 3 Nummer 1 und 2 sowie Satz 5 zur Nummer 1 und 2 beanspruchen könnte. 2Anstelle der tatsächlichen Aufwendungen, die dem Arbeitnehmer im Zusammenhang mit einer Übernachtung in dem Kraftfahrzeug entstehen, kann im Kalenderjahr einheitlich eine Pauschale von 9 Euro für jeden Kalendertag berücksichtigt werden, an dem der Arbeitnehmer eine Verpflegungspauschale nach Absatz 4a Satz 3 Nummer 1 und 2 sowie Satz 5 zur Nummer 1 und 2 beanspruchen könnte,

6. Aufwendungen für Arbeitsmittel, zum Beispiel für Werkzeuge und typische Berufskleidung. 2Nummer 7 bleibt unberührt;

7. Absetzungen für Abnutzung und für Substanzverringerung, Sonderabschreibungen nach § 7b und erhöhte Absetzungen. 2§ 6 Absatz 2 Satz 1 bis 3 ist in Fällen der Anschaffung oder Herstellung von Wirtschaftsgütern entsprechend anzuwenden.

(2) 1Durch die Entfernungspauschalen sind sämtliche Aufwendungen abgegolten, die durch die Wege zwischen Wohnung und erster Tätigkeitsstätte im Sinne des Absatzes 4 und durch die Familienheimfahrten veranlasst sind. 2Aufwendungen für die Benutzung öffentlicher Verkehrsmittel können angesetzt werden, soweit sie den im Kalenderjahr insgesamt als Entfernungspauschale abziehbaren Betrag übersteigen. 3Menschen mit Behinderungen,

1. deren Grad der Behinderung mindestens 70 beträgt,
2. deren Grad der Behinderung weniger als 70, aber mindestens 50 beträgt und die in ihrer Bewegungsfähigkeit im Straßenverkehr erheblich beeinträchtigt sind,

können anstelle der Entfernungspauschalen die tatsächlichen Aufwendungen für die Wege zwischen Wohnung und erster Tätigkeitsstätte und für Familienheimfahrten ansetzen. 4Die Voraussetzungen der Nummern 1 und 2 sind durch amtliche Unterlagen nachzuweisen.

(3) Absatz 1 Satz 3 Nummer 4 bis 5a sowie die Absätze 2 und 4a gelten bei den Einkunftsarten im Sinne des § 2 Absatz 1 Satz 1 Nummer 5 bis 7 entsprechend.

(4) 1Erste Tätigkeitsstätte ist die ortsfeste betriebliche Einrichtung des Arbeitgebers, eines verbundenen Unternehmens (§ 15 des Aktiengesetzes) oder eines vom Arbeitgeber bestimmten Dritten, der der Arbeitnehmer dauerhaft zugeordnet ist. 2Die Zuordnung im Sinne des Satzes 1 wird durch die dienst- oder arbeitsrechtlichen Festlegungen sowie die diese ausfüllenden Absprachen und Weisungen bestimmt. 3Von einer dauerhaften Zuordnung ist insbesondere auszugehen, wenn

VIII

der Arbeitnehmer unbefristet, für die Dauer des Dienstverhältnisses oder über einen Zeitraum von 48 Monaten hinaus an einer solchen Tätigkeitsstätte tätig werden soll. 4Fehlt eine solche dienst- oder arbeitsrechtliche Festlegung auf eine Tätigkeitsstätte oder ist sie nicht eindeutig, ist erste Tätigkeitsstätte die betriebliche Einrichtung, an der der Arbeitnehmer dauerhaft

1. typischerweise arbeitstäglich tätig werden soll oder
2. je Arbeitswoche zwei volle Arbeitstage oder mindestens ein Drittel seiner vereinbarten regelmäßigen Arbeitszeit tätig werden soll.

5Je Dienstverhältnis hat der Arbeitnehmer höchstens eine erste Tätigkeitsstätte. 6Liegen die Voraussetzungen der Sätze 1 bis 4 für mehrere Tätigkeitsstätten vor, ist diejenige Tätigkeitsstätte erste Tätigkeitsstätte, die der Arbeitgeber bestimmt. 7Fehlt es an dieser Bestimmung oder ist sie nicht eindeutig, ist die der Wohnung örtlich am nächsten liegende Tätigkeitsstätte die erste Tätigkeitsstätte. 8Als erste Tätigkeitsstätte gilt auch eine Bildungseinrichtung, die außerhalb eines Dienstverhältnisses zum Zwecke eines Vollzeitstudiums oder einer vollzeitigen Bildungsmaßnahme aufgesucht wird; die Regelungen für Arbeitnehmer nach Absatz 1 Satz 3 Nummer 4 und 5 sowie Absatz 4a sind entsprechend anzuwenden.

(4a) 1Mehraufwendungen des Arbeitnehmers für die Verpflegung sind nur nach Maßgabe der folgenden Sätze als Werbungskosten abziehbar. 2Wird der Arbeitnehmer außerhalb seiner Wohnung und ersten Tätigkeitsstätte beruflich tätig (auswärtige berufliche Tätigkeit), ist zur Abgeltung der ihm tatsächlich entstandenen, beruflich veranlassten Mehraufwendungen eine Verpflegungspauschale anzusetzen. 3Diese beträgt

1. 28 Euro für jeden Kalendertag, an dem der Arbeitnehmer 24 Stunden von seiner Wohnung und ersten Tätigkeitsstätte abwesend ist,
2. jeweils 14 Euro für den An- und Abreisetag, wenn der Arbeitnehmer an diesem, einem anschließenden oder vorhergehenden Tag außerhalb seiner Wohnung übernachtet,
3. 14 Euro für den Kalendertag, an dem der Arbeitnehmer ohne Übernachtung außerhalb seiner Wohnung mehr als 8 Stunden von seiner Wohnung und der ersten Tätigkeitsstätte abwesend ist; beginnt die auswärtige berufliche Tätigkeit an einem Kalendertag und endet am nachfolgenden Kalendertag ohne Übernachtung, werden 14 Euro für den Kalendertag gewährt, an dem der Arbeitnehmer den überwiegenden Teil der insgesamt mehr als 8 Stunden von seiner Wohnung und der ersten Tätigkeitsstätte abwesend ist.

4Hat der Arbeitnehmer keine erste Tätigkeitsstätte, gelten die Sätze 2 und 3 entsprechend; Wohnung im Sinne der Sätze 2 und 3 ist der Hausstand, der den Mittelpunkt der Lebensinteressen des Arbeitnehmers bildet sowie eine Unterkunft am Ort der ersten Tätigkeitsstätte im Rahmen der doppelten Haushaltsführung. 5Bei einer Tätigkeit im Ausland treten an die Stelle der Pauschbeträge nach Satz 3 länderweise unterschiedliche Pauschbeträge, die für die Fälle der Nummer 1 mit 120 sowie der Nummern 2 und 3 mit 80 Prozent der Auslandstagegelder nach dem Bundesreisekostengesetz vom Bundesministerium der Finanzen im Einvernehmen mit den obersten Finanzbehörden der Länder aufgerundet auf volle Euro festgesetzt werden; dabei bestimmt sich der Pauschbetrag nach dem Ort, den der Arbeitnehmer vor 24 Uhr Ortszeit zuletzt erreicht, oder, wenn dieser Ort im Inland liegt, nach dem letzten Tätigkeitsort im Ausland. 6Der Abzug der Verpflegungspauschalen ist auf die ersten drei Monate einer längerfristigen beruflichen Tätigkeit an derselben Tätigkeitsstätte beschränkt. 7Eine Unterbrechung der beruflichen Tätigkeit an derselben Tätigkeitsstätte führt zu einem Neubeginn, wenn sie mindestens vier Wochen dauert. 8Wird dem Arbeitnehmer anlässlich oder während einer Tätigkeit außerhalb seiner ersten Tätigkeitsstätte vom Arbeitgeber oder auf dessen Veranlassung von einem Dritten eine Mahlzeit zur

Verfügung gestellt, sind die nach den Sätzen 3 und 5 ermittelten Verpflegungspauschalen zu kürzen:

1. für Frühstück um 20 Prozent,
2. für Mittag- und Abendessen um jeweils 40 Prozent,

der nach Satz 3 Nummer 1 gegebenenfalls in Verbindung mit Satz 5 maßgebenden Verpflegungspauschale für einen vollen Kalendertag; die Kürzung darf die ermittelte Verpflegungspauschale nicht übersteigen. $_{9}$Satz 8 gilt auch, wenn Reisekostenvergütungen wegen der zur Verfügung gestellten Mahlzeiten einbehalten oder gekürzt werden oder die Mahlzeiten nach § 40 Absatz 2 Satz 1 Nummer 1a pauschal besteuert werden. $_{10}$Hat der Arbeitnehmer für die Mahlzeit ein Entgelt gezahlt, mindert dieser Betrag den Kürzungsbetrag nach Satz 8. $_{11}$Erhält der Arbeitnehmer steuerfreie Erstattungen für Verpflegung, ist ein Werbungskostenabzug insoweit ausgeschlossen. $_{12}$Die Verpflegungspauschalen nach den Sätzen 3 und 5, die Dreimonatsfrist nach den Sätzen 6 und 7 sowie die Kürzungsregelungen nach den Sätzen 8 bis 10 gelten entsprechend auch für den Abzug von Mehraufwendungen für Verpflegung, die bei einer beruflich veranlassten doppelten Haushaltsführung entstehen, soweit der Arbeitnehmer vom eigenen Hausstand im Sinne des § 9 Absatz 1 Satz 3 Nummer 5 abwesend ist; dabei ist für jeden Kalendertag innerhalb der Dreimonatsfrist, an dem gleichzeitig eine Tätigkeit im Sinne des Satzes 2 oder des Satzes 4 ausgeübt wird, nur der jeweils höchste in Betracht kommende Pauschbetrag abziehbar. $_{13}$Die Dauer einer Tätigkeit im Sinne des Satzes 2 an dem Tätigkeitsort, an dem die doppelte Haushaltsführung begründet wurde, ist auf die Dreimonatsfrist anzurechnen, wenn sie ihr unmittelbar vorausgegangen ist.

(5) $_{1}$§ 4 Absatz 5 Satz 1 Nummer 1 bis 4, 6b bis 8a, 10, 12 und Absatz 6 gilt sinngemäß. $_{2}$Die §§ 4k, 6 Absatz 1 Nummer 1a und § 6e gelten entsprechend.

(6) $_{1}$Aufwendungen des Steuerpflichtigen für seine Berufsausbildung oder für sein Studium sind nur dann Werbungskosten, wenn der Steuerpflichtige zuvor bereits eine Erstausbildung (Berufsausbildung oder Studium) abgeschlossen hat oder wenn die Berufsausbildung oder das Studium im Rahmen eines Dienstverhältnisses stattfindet. $_{2}$Eine Berufsausbildung als Erstausbildung nach Satz 1 liegt vor, wenn eine geordnete Ausbildung mit einer Mindestdauer von 12 Monaten bei vollzeitiger Ausbildung und mit einer Abschlussprüfung durchgeführt wird. $_{3}$Eine geordnete Ausbildung liegt vor, wenn sie auf der Grundlage von Rechts- oder Verwaltungsvorschriften oder internen Vorschriften eines Bildungsträgers durchgeführt wird. $_{4}$Ist eine Abschlussprüfung nach dem Ausbildungsplan nicht vorgesehen, gilt die Ausbildung mit der tatsächlichen planmäßigen Beendigung als abgeschlossen. $_{5}$Eine Berufsausbildung als Erstausbildung hat auch abgeschlossen, wer die Abschlussprüfung einer durch Rechts- oder Verwaltungsvorschriften geregelten Berufsausbildung mit einer Mindestdauer von 12 Monaten bestanden hat, ohne dass er zuvor die entsprechende Berufsausbildung durchlaufen hat.

Entscheidung des Bundesverfassungsgerichts Vom 19. November 2019 (BGBl. 2022 I S. 413)

Aus dem Beschluss des Bundesverfassungsgerichts vom 19. November 2019 – 2 BvL 22/14 u. a. – wird folgende Entscheidungsformel veröffentlicht:

§ 9 Absatz 6 des Einkommensteuergesetzes in der Fassung des Gesetzes zur Umsetzung der Beitreibungsrichtlinie sowie zur Änderung steuerlicher Vorschriften (Beitreibungsrichtlinie-Umsetzungsgesetz – BeitrRLUmsG) vom 7. Dezember 2011 (Bundesgesetzblatt I Seite 2592) ist mit dem Grundgesetz vereinbar.

Die vorstehende Entscheidungsformel hat gemäß § 31 Absatz 2 des Bundesverfassungsgerichtsgesetzes Gesetzeskraft.

§ 9a Pauschbeträge für Werbungskosten

$_{1}$Für Werbungskosten sind bei der Ermittlung der Einkünfte die folgenden Pauschbeträge abzuziehen, wenn nicht höhere Werbungskosten nachgewiesen werden:

1. a) von den Einnahmen aus nichtselbständiger Arbeit vorbehaltlich Buchstabe b:
   ein Arbeitnehmer-Pauschbetrag von 1230 Euro;
   b) von den Einnahmen aus nichtselbständiger Arbeit, soweit es sich um Versorgungsbezüge im Sinne des § 19 Absatz 2 handelt:
   ein Pauschbetrag von 102 Euro;
2. (weggefallen)
3. von den Einnahmen im Sinne des § 22 Nummer 1, 1a und 5:
   ein Pauschbetrag von insgesamt 102 Euro.

₂Der Pauschbetrag nach Satz 1 Nummer 1 Buchstabe b darf nur bis zur Höhe der um den Versorgungsfreibetrag einschließlich des Zuschlags zum Versorgungsfreibetrag (§ 19 Absatz 2) geminderten Einnahmen, die Pauschbeträge nach Satz 1 Nummer 1 Buchstabe a und Nummer 3 dürfen nur bis zur Höhe der Einnahmen abgezogen werden. ₃Beitragszahlungen an Gewerkschaften als Werbungskosten im Sinne des § 9 Absatz 1 Satz 3 Nummer 3 werden neben den Pauschbeträgen im Sinne des Satzes 1 berücksichtigt.

5. Sonderausgaben

VIII

§ 10

(1) Sonderausgaben sind die folgenden Aufwendungen, wenn sie weder Betriebsausgaben noch Werbungskosten sind oder wie Betriebsausgaben oder Werbungskosten behandelt werden:

1. (weggefallen)
2. a) Beiträge zu den gesetzlichen Rentenversicherungen oder zur landwirtschaftlichen Alterskasse sowie zu berufsständischen Versorgungseinrichtungen, die den gesetzlichen Rentenversicherungen vergleichbare Leistungen erbringen;
   b) Beiträge des Steuerpflichtigen
      aa) zum Aufbau einer eigenen kapitalgedeckten Altersversorgung, wenn der Vertrag nur die Zahlung einer monatlichen, auf das Leben des Steuerpflichtigen bezogenen lebenslangen Leibrente nicht vor Vollendung des 62. Lebensjahres oder zusätzlich die ergänzende Absicherung des Eintritts der Berufsunfähigkeit (Berufsunfähigkeitsrente), der verminderten Erwerbsfähigkeit (Erwerbsminderungsrente) oder von Hinterbliebenen (Hinterbliebenenrente) vorsieht. ₂Hinterbliebene in diesem Sinne sind der Ehegatte des Steuerpflichtigen und die Kinder, für die er Anspruch auf Kindergeld oder auf einen Freibetrag nach § 32 Absatz 6 hat. ₃Der Anspruch auf Waisenrente darf längstens für den Zeitraum bestehen, in dem der Rentenberechtigte die Voraussetzungen für die Berücksichtigung als Kind im Sinne des § 32 erfüllt;
      bb) für seine Absicherung gegen den Eintritt der Berufsunfähigkeit oder der verminderten Erwerbsfähigkeit (Versicherungsfall), wenn der Vertrag nur die Zahlung einer monatlichen, auf das Leben des Steuerpflichtigen bezogenen lebenslangen Leibrente für einen Versicherungsfall vorsieht, der bis zur Vollendung des 67. Lebensjahres eingetreten ist. ₂Der Vertrag kann die Beendigung der Rentenzahlung wegen eines medizinisch begründeten Wegfalls der Berufsunfähigkeit oder der verminderten Erwerbsfähigkeit vorsehen. ₃Die Höhe der zugesagten Rente kann vom Alter des Steuerpflichtigen bei Eintritt des Versicherungsfalls abhängig gemacht werden, wenn der Steuerpflichtige das 55. Lebensjahr vollendet hat.

₂Die Ansprüche nach Buchstabe b dürfen nicht vererblich, nicht übertragbar, nicht beleihbar, nicht veräußerbar und nicht kapitalisierbar sein. ₃Anbieter und Steuerpflichtiger können vereinbaren, dass bis zu zwölf Monatsleistungen in einer Auszahlung zusammengefasst werden oder eine Kleinbetragsrente im Sinne von § 93 Absatz 3 Satz 2 oder 4 abgefunden wird. 4Bei der Berechnung der Kleinbetragsrente sind alle bei einem Anbieter bestehenden Verträge des Steuerpflichtigen jeweils nach Buchstabe b Doppelbuchstabe aa oder Doppelbuchstabe bb zusammenzurechnen. 5Neben den genannten Auszahlungsformen darf kein weiterer Anspruch auf Auszahlungen bestehen. 6Zu den Beiträgen nach den Buchstaben a und b ist der nach § 3 Nummer 62 steuerfreie Arbeitgeberanteil zur gesetzlichen Rentenversicherung und ein diesem gleichgestellter steuerfreier Zuschuss des Arbeitgebers hinzuzurechnen. 7Beiträge nach § 168 Absatz 1 Nummer 1b oder 1c oder nach § 172 Absatz 3 oder 3a des Sechsten Buches Sozialgesetzbuch werden abweichend von Satz 6 nur auf Antrag des Steuerpflichtigen hinzugerechnet;

3. Beiträge zu
   a) Krankenversicherungen, soweit diese zur Erlangung eines durch das Zwölfte Buch Sozialgesetzbuch bestimmten sozialhilfegleichen Versorgungsniveaus erforderlich sind und sofern auf die Leistungen ein Anspruch besteht. 2Für Beiträge zur gesetzlichen Krankenversicherung sind dies die nach dem Dritten Titel des Ersten Abschnitts des Achten Kapitels des Fünften Buches Sozialgesetzbuch oder die nach dem Sechsten Abschnitt des Zweiten Gesetzes über die Krankenversicherung der Landwirte festgesetzten Beiträge; Voraussetzung für die Berücksichtigung beim Steuerpflichtigen ist die Angabe der erteilten Identifikationsnummer (§ 139b der Abgabenordnung) des Kindes in der Einkommensteuererklärung des Steuerpflichtigen. 3Für Beiträge zu einer privaten Krankenversicherung sind dies die Beitragsanteile, die auf Vertragsleistungen entfallen, die, mit Ausnahme der auf das Krankengeld entfallenden Beitragsanteile, in Art, Umfang und Höhe den Leistungen nach dem Dritten Kapitel des Fünften Buches Sozialgesetzbuch vergleichbar sind; § 158 Absatz 2 des Versicherungsaufsichtsgesetzes gilt entsprechend. 4Wenn sich aus den Krankenversicherungsbeiträgen nach Satz 2 ein Anspruch auf Krankengeld oder ein Anspruch auf eine Leistung, die anstelle von Krankengeld gewährt wird, ergeben kann, ist der jeweilige Beitrag um 4 Prozent zu vermindern;
   b) gesetzlichen Pflegeversicherungen (soziale Pflegeversicherung und private Pflege-Pflichtversicherung).

2Als eigene Beiträge des Steuerpflichtigen können auch eigene Beiträge im Sinne der Buchstaben a oder b eines Kindes behandelt werden, wenn der Steuerpflichtige die Beiträge des Kindes, für das ein Anspruch auf einen Freibetrag nach § 32 Absatz 6 oder auf Kindergeld besteht, durch Leistungen in Form von Bar- oder Sachunterhalt wirtschaftlich getragen hat, unabhängig von Einkünften oder Bezügen des Kindes. 3Satz 2 gilt entsprechend, wenn der Steuerpflichtige die Beiträge für ein unterhaltsberechtigtes Kind trägt, welches nicht selbst Versicherungsnehmer ist, sondern der andere Elternteil. 4Hat der Steuerpflichtige in den Fällen des Absatzes 1a Nummer 1 eigene Beiträge im Sinne des Buchstaben a oder des Buchstaben b zum Erwerb einer Krankenversicherung oder gesetzlichen Pflegeversicherung für einen geschiedenen oder dauernd getrennt lebenden unbeschränkt einkommensteuerpflichtigen Ehegatten geleistet, dann werden diese abweichend von Satz 1 als eigene Beiträge des geschiedenen oder dauernd getrennt lebenden unbeschränkt einkommensteuerpflichtigen Ehegatten behandelt. 5Beiträge, die für nach Ablauf des Veranlagungszeitraums beginnende Beitragsjahre geleistet werden und in der Summe das Dreifache der auf den Veranlagungszeitraum entfallenden Beiträge überschreiten, sind in dem

Veranlagungszeitraum anzusetzen, für den sie geleistet wurden;

3a. Beiträge zu Kranken- und Pflegeversicherungen, soweit diese nicht nach Nummer 3 zu berücksichtigen sind; Beiträge zu Versicherungen gegen Arbeitslosigkeit, zu Erwerbs- und Berufsunfähigkeitsversicherungen, die nicht unter Nummer 2 Satz 1 Buchstabe b fallen, zu Unfall- und Haftpflichtversicherungen sowie zu Risikoversicherungen, die nur für den Todesfall eine Leistung vorsehen; Beiträge zu Versicherungen im Sinne des § 10 Absatz 1 Nummer 2 Buchstabe b Doppelbuchstabe bb bis dd in der am 31. Dezember 2004 geltenden Fassung, wenn die Laufzeit dieser Versicherungen vor dem 1. Januar 2005 begonnen hat und ein Versicherungsbeitrag bis zum 31. Dezember 2004 entrichtet wurde; § 10 Absatz 1 Nummer 2 Satz 2 bis 6 und Absatz 2 Satz 2 in der am 31. Dezember 2004 geltenden Fassung ist in diesen Fällen weiter anzuwenden;

4. gezahlte Kirchensteuer; dies gilt nicht, soweit die Kirchensteuer als Zuschlag zur Kapitalertragsteuer oder als Zuschlag auf die nach dem gesonderten Tarif des § 32d Absatz 1 ermittelte Einkommensteuer gezahlt wurde;

VIII

5. 80 Prozent der Aufwendungen, höchstens 4800 Euro je Kind, für Dienstleistungen zur Betreuung eines zum Haushalt des Steuerpflichtigen gehörenden Kindes im Sinne des § 32 Absatz 1, welches das 14. Lebensjahr noch nicht vollendet hat oder wegen einer vor Vollendung des 25. Lebensjahres eingetretenen körperlichen, geistigen oder seelischen Behinderung außerstande ist, sich selbst zu unterhalten. $_2$Dies gilt nicht für Aufwendungen für Unterricht, die Vermittlung besonderer Fähigkeiten sowie für sportliche und andere Freizeitbetätigungen. $_3$Ist das zu betreuende Kind nicht nach § 1 Absatz 1 oder Absatz 2 unbeschränkt einkommensteuerpflichtig, ist der in Satz 1 genannte Betrag zu kürzen, soweit es nach den Verhältnissen im Wohnsitzstaat des Kindes notwendig und angemessen ist. $_4$Voraussetzung für den Abzug der Aufwendungen nach Satz 1 ist, dass der Steuerpflichtige für die Aufwendungen eine Rechnung erhalten hat und die Zahlung auf das Konto des Erbringers der Leistung erfolgt ist;

6. (weggefallen)

7. Aufwendungen für die eigene Berufsausbildung bis zu 6000 Euro im Kalenderjahr. $_2$Bei Ehegatten, die die Voraussetzungen des § 26 Absatz 1 Satz 1 erfüllen, gilt Satz 1 für jeden Ehegatten. $_3$Zu den Aufwendungen im Sinne des Satzes 1 gehören auch Aufwendungen für eine auswärtige Unterbringung. $_4$§ 4 Absatz 5 Satz 1 Nummer 6b und 6c sowie § 9 Absatz 1 Satz 3 Nummer 4 und 5, Absatz 2, 4 Satz 8 und Absatz 4a sind bei der Ermittlung der Aufwendungen anzuwenden.

8. (weggefallen)

9. 30 Prozent des Entgelts, höchstens 5000 Euro, das der Steuerpflichtige für ein Kind, für das er Anspruch auf einen Freibetrag nach § 32 Absatz 6 oder auf Kindergeld hat, für dessen Besuch einer Schule in freier Trägerschaft oder einer überwiegend privat finanzierten Schule entrichtet, mit Ausnahme des Entgelts für Beherbergung, Betreuung und Verpflegung. $_2$Voraussetzung ist, dass die Schule in einem Mitgliedstaat der Europäischen Union oder in einem Staat belegen ist, auf den das Abkommen über den Europäischen Wirtschaftsraum Anwendung findet, und die Schule zu einem von dem zuständigen inländischen Ministerium eines Landes, von der Kultusministerkonferenz der Länder oder von einer inländischen Zeugnisanerkennungsstelle anerkannten oder einem inländischen Abschluss an einer öffentlichen Schule als gleichwertig anerkannten allgemein bildenden oder berufsbildenden Schul-, Jahrgangs- oder Berufsabschluss führt. $_3$Der Besuch einer anderen Einrichtung, die auf einen Schul-, Jahrgangs- oder Berufsabschluss im Sinne des Satzes 2 ordnungsgemäß vorbereitet, steht einem Schulbesuch im Sinne des

Satzes 1 gleich. $_{4}$Der Besuch einer Deutschen Schule im Ausland steht dem Besuch einer solchen Schule gleich, unabhängig von ihrer Belegenheit. $_{5}$Der Höchstbetrag nach Satz 1 wird für jedes Kind, bei dem die Voraussetzungen vorliegen, je Elternpaar nur einmal gewährt.

(1a) $_{1}$Sonderausgaben sind auch die folgenden Aufwendungen:

1. Unterhaltsleistungen an den geschiedenen oder dauernd getrennt lebenden unbeschränkt einkommensteuerpflichtigen Ehegatten, wenn der Geber dies mit Zustimmung des Empfängers beantragt, bis zu 13 805 Euro im Kalenderjahr. $_{2}$Der Höchstbetrag nach Satz 1 erhöht sich um den Betrag der im jeweiligen Veranlagungszeitraum nach Absatz 1 Nummer 3 für die Absicherung des geschiedenen oder dauernd getrennt lebenden unbeschränkt einkommensteuerpflichtigen Ehegatten aufgewandten Beiträge. $_{3}$Der Antrag kann jeweils nur für ein Kalenderjahr gestellt und nicht zurückgenommen werden. $_{4}$Die Zustimmung ist mit Ausnahme der nach § 894 der Zivilprozessordnung als erteilt geltenden bis auf Widerruf wirksam. $_{5}$Der Widerruf ist vor Beginn des Kalenderjahres, für das die Zustimmung erstmals nicht gelten soll, gegenüber dem Finanzamt zu erklären. $_{6}$Die Sätze 1 bis 5 gelten für Fälle der Nichtigkeit oder der Aufhebung der Ehe entsprechend. $_{7}$Voraussetzung für den Abzug der Aufwendungen ist die Angabe der erteilten Identifikationsnummer (§ 139b der Abgabenordnung) der unterhaltenen Person in der Steuererklärung des Unterhaltsleistenden, wenn die unterhaltene Person der unbeschränkten oder beschränkten Steuerpflicht unterliegt. $_{8}$Die unterhaltene Person ist für diese Zwecke verpflichtet, dem Unterhaltsleistenden ihre erteilte Identifikationsnummer (§ 139b der Abgabenordnung) mitzuteilen. $_{9}$Kommt die unterhaltene Person dieser Verpflichtung nicht nach, ist der Unterhaltsleistende berechtigt, bei der für ihn zuständigen Finanzbehörde die Identifikationsnummer der unterhaltenen Person zu erfragen;
2. auf besonderen Verpflichtungsgründen beruhende, lebenslange und wiederkehrende Versorgungsleistungen, die nicht mit Einkünften in wirtschaftlichem Zusammenhang stehen, die bei der Veranlagung außer Betracht bleiben, wenn der Empfänger unbeschränkt einkommensteuerpflichtig ist. $_{2}$Dies gilt nur für
   a) Versorgungsleistungen im Zusammenhang mit der Übertragung eines Mitunternehmeranteils an einer Personengesellschaft, die eine Tätigkeit im Sinne der §§ 13, 15 Absatz 1 Satz 1 Nummer 1 oder des § 18 Absatz 1 ausübt,
   b) Versorgungsleistungen im Zusammenhang mit der Übertragung eines Betriebs oder Teilbetriebs, sowie
   c) Versorgungsleistungen im Zusammenhang mit der Übertragung eines mindestens 50 Prozent betragenden Anteils an einer Gesellschaft mit beschränkter Haftung, wenn der Übergeber als Geschäftsführer tätig war und der Übernehmer diese Tätigkeit nach der Übertragung übernimmt.

   $_{3}$Satz 2 gilt auch für den Teil der Versorgungsleistungen, der auf den Wohnteil eines Betriebs der Land- und Forstwirtschaft entfällt. $_{4}$Voraussetzung für den Abzug der Aufwendungen ist die Angabe der erteilten Identifikationsnummer (§ 139b der Abgabenordnung) des Empfängers in der Steuererklärung des Leistenden; Nummer 1 Satz 8 und 9 gilt entsprechend;
3. Ausgleichsleistungen zur Vermeidung eines Versorgungsausgleichs nach § 6 Absatz 1 Satz 2 Nummer 2 und § 23 des Versorgungsausgleichsgesetzes sowie § 1408 Absatz 2 und § 1587 des Bürgerlichen Gesetzbuchs, soweit der Verpflichtete dies mit Zustimmung des Berechtigten beantragt und der Berechtigte unbeschränkt einkommensteuerpflichtig ist. $_{2}$Nummer 1 Satz 3 bis 5 gilt entsprechend. $_{3}$Voraussetzung für den Abzug der Aufwendungen ist die Angabe der erteilten Identifikationsnummer (§ 139b der Abgabenordnung) des Berechtigten in der Steuererklärung des Verpflichteten; Nummer 1 Satz 8 und 9 gilt entsprechend;

4. Ausgleichszahlungen im Rahmen des Versorgungsausgleichs nach den §§ 20 bis 22 und 26 des Versorgungsausgleichsgesetzes und nach den §§ 1587f, 1587g und 1587i des Bürgerlichen Gesetzbuchs in der bis zum 31. August 2009 geltenden Fassung sowie nach § 3a des Gesetzes zur Regelung von Härten im Versorgungsausgleich, soweit die ihnen zu Grunde liegenden Einnahmen bei der ausgleichspflichtigen Person der Besteuerung unterliegen, wenn die ausgleichsberechtigte Person unbeschränkt einkommensteuerpflichtig ist. $_2$Nummer 3 Satz 3 gilt entsprechend.

(2) $_1$Voraussetzung für den Abzug der in Absatz 1 Nummern 2, 3 und 3a bezeichneten Beträge (Vorsorgeaufwendungen) ist, dass sie

1. nicht in unmittelbarem wirtschaftlichen Zusammenhang mit steuerfreien Einnahmen stehen; ungeachtet dessen sind Vorsorgeaufwendungen im Sinne des Absatzes 1 Nummer 2, 3 und 3a zu berücksichtigen, soweit
   a) sie in unmittelbarem wirtschaftlichen Zusammenhang mit in einem Mitgliedstaat der Europäischen Union oder einem Vertragsstaat des Abkommens über den Europäischen Wirtschaftsraum oder in der Schweizerischen Eidgenossenschaft erzielten Einnahmen stehen,
   b) diese Einnahmen nach einem Abkommen zur Vermeidung der Doppelbesteuerung im Inland steuerfrei sind und
   c) der andere Staat keinerlei steuerliche Berücksichtigung von Vorsorgeaufwendungen im Rahmen der Besteuerung dieser Einnahmen zulässt;

   steuerfreie Zuschüsse zu einer Kranken- oder Pflegeversicherung stehen insgesamt in unmittelbarem wirtschaftlichen Zusammenhang mit den Vorsorgeaufwendungen im Sinne des Absatzes 1 Nummer 3,
2. geleistet werden an
   a) Versicherungsunternehmen,
      aa) die ihren Sitz oder ihre Geschäftsleitung in einem Mitgliedstaat der Europäischen Union oder einem Vertragsstaat des Abkommens über den Europäischen Wirtschaftsraum haben und das Versicherungsgeschäft im Inland betreiben dürfen, oder
      bb) denen die Erlaubnis zum Geschäftsbetrieb im Inland erteilt ist.

      $_2$Darüber hinaus werden Beiträge nur berücksichtigt, wenn es sich um Beträge im Sinne des Absatzes 1 Nummer 3 Satz 1 Buchstabe a an eine Einrichtung handelt, die eine anderweitige Absicherung im Krankheitsfall im Sinne des § 5 Absatz 1 Nummer 13 des Fünften Buches Sozialgesetzbuch oder eine der Beihilfe oder freien Heilfürsorge vergleichbare Absicherung im Sinne des § 193 Absatz 3 Satz 2 Nummer 2 des Versicherungsvertragsgesetzes gewährt. $_3$Dies gilt entsprechend, wenn ein Steuerpflichtiger, der weder seinen Wohnsitz noch seinen gewöhnlichen Aufenthalt im Inland hat, mit den Beiträgen einen Versicherungsschutz im Sinne des Absatzes 1 Nummer 3 Satz 1 erwirbt,
   b) berufsständische Versorgungseinrichtungen,
   c) einen Sozialversicherungsträger oder
   d) einen Anbieter im Sinne des § 80.

$_2$Vorsorgeaufwendungen nach Absatz 1 Nummer 2 Buchstabe b werden nur berücksichtigt, wenn die Beiträge zugunsten eines Vertrags geleistet wurden, der nach § 5a des Altersvorsorgeverträge-Zertifizierungsgesetzes zertifiziert ist, wobei die Zertifizierung Grundlagenbescheid im Sinne des § 171 Absatz 10 der Abgabenordnung ist.

(2a) $_1$Bei Vorsorgeaufwendungen nach Absatz 1 Nummer 2 Buchstabe b hat der Anbieter als mitteilungspflichtige Stelle nach Maßgabe des § 93c der Abgabenordnung und unter Angabe der Vertrags- oder der Versicherungsdaten die Höhe der im jeweiligen Beitragsjahr geleisteten Beiträge und die Zertifizierungsnummer an die zentrale Stelle (§ 81) zu übermitteln. $_2$§ 22a Absatz 2 gilt entsprechend. $_3$§ 72a Absatz 4 und § 93c Absatz 4 der Abgabenordnung finden keine Anwendung.

(2b) 1Bei Vorsorgeaufwendungen nach Absatz 1 Nummer 3 hat das Versicherungsunternehmen, der Träger der gesetzlichen Kranken- und Pflegeversicherung, die Künstlersozialkasse oder eine Einrichtung im Sinne des Absatzes 2 Satz 1 Nummer 2 Buchstabe a Satz 2 als mitteilungspflichtige Stelle nach Maßgabe des § 93c der Abgabenordnung und unter Angabe der Vertrags- oder der Versicherungsdaten die Höhe der im jeweiligen Beitragsjahr geleisteten und erstatteten Beiträge sowie die in § 93c Absatz 1 Nummer 2 Buchstabe c der Abgabenordnung genannten Daten mit der Maßgabe, dass insoweit als Steuerpflichtiger die versicherte Person gilt, an die zentrale Stelle (§ 81) zu übermitteln; sind Versicherungsnehmer und versicherte Person nicht identisch, sind zusätzlich die Identifikationsnummer und der Tag der Geburt des Versicherungsnehmers anzugeben. 2Auf der Grundlage des § 65a des Fünften Buches Sozialgesetzbuch nach den Satzungen der gesetzlichen Krankenkassen erbrachte Bonusleistungen gelten bis zu einer Höhe von 150 Euro pro versicherter Person und Beitragsjahr nicht als Beitragserstattung; diese Summe übersteigende Bonusleistungen gelten stets als Beitragserstattung. 3Der Steuerpflichtige kann nachweisen, dass Bonusleistungen in Höhe des übersteigenden Betrags nicht als Beitragserstattung zu qualifizieren sind. 4Satz 1 gilt nicht, soweit diese Daten mit der elektronischen Lohnsteuerbescheinigung (§ 41b Absatz 1 Satz 2) oder der Rentenbezugsmitteilung (§ 22a Absatz 1 Satz 1 Nummer 4) zu übermitteln sind. 5§ 22a Absatz 2 gilt entsprechend. 6Zuständige Finanzbehörde im Sinne des § 72a Absatz 4 und des § 93c Absatz 4 der Abgabenordnung ist das Bundeszentralamt für Steuern. 7Wird in den Fällen des § 72a Absatz 4 der Abgabenordnung eine unzutreffende Höhe der Beiträge übermittelt, ist die entgangene Steuer mit 30 Prozent des zu hoch ausgewiesenen Betrags anzusetzen.

(2c) 1Bei Vorsorgeaufwendungen nach Absatz 1 Nummer 2 Buchstabe a hat der Träger der gesetzlichen Rentenversicherung, die landwirtschaftliche Alterskasse oder die berufsständische Versorgungseinrichtung als mitteilungspflichtige Stelle nach Maßgabe des § 93c der Abgabenordnung unter Angabe der Versicherungsdaten die Höhe der im jeweiligen Beitragsjahr geleisteten und erstatteten Beiträge an die zentrale Stelle (§ 81) zu übermitteln. 2Satz 1 gilt nicht, soweit diese Daten mit der elektronischen Lohnsteuerbescheinigung (§ 41b Absatz 1 Satz 2) zu übermitteln sind. 3§ 22a Absatz 2 gilt entsprechend. 4§ 72a Absatz 4 und § 93c Absatz 4 der Abgabenordnung finden keine Anwendung.

(3) 1Vorsorgeaufwendungen nach Absatz 1 Nummer 2 sind bis zu dem Höchstbeitrag zur knappschaftlichen Rentenversicherung, aufgerundet auf einen vollen Betrag in Euro, zu berücksichtigen. 2Bei zusammenveranlagten Ehegatten verdoppelt sich der Höchstbetrag. 3Der Höchstbetrag nach Satz 1 oder 2 ist bei Steuerpflichtigen, die

1. Arbeitnehmer sind und die während des ganzen oder eines Teils des Kalenderjahres
   a) in der gesetzlichen Rentenversicherung versicherungsfrei oder auf Antrag des Arbeitgebers von der Versicherungspflicht befreit waren und denen für den Fall ihres Ausscheidens aus der Beschäftigung auf Grund des Beschäftigungsverhältnisses eine lebenslängliche Versorgung oder an deren Stelle eine Abfindung zusteht oder die in der gesetzlichen Rentenversicherung nachzuversichern sind oder
   b) nicht der gesetzlichen Rentenversicherungspflicht unterliegen, eine Berufstätigkeit ausgeübt und im Zusammenhang damit auf Grund vertraglicher Vereinbarungen Anwartschaftsrechte auf eine Altersversorgung erworben haben, oder
2. Einkünfte im Sinne des § 22 Nummer 4 erzielen und die ganz oder teilweise ohne eigene Beitragsleistung einen Anspruch auf Altersversorgung erwerben,

um den Betrag zu kürzen, der, bezogen auf die Einnahmen aus der Tätigkeit, die die Zugehörigkeit zum genannten Personenkreis begründen, dem Gesamtbeitrag (Arbeitgeber- und

VIII

Arbeitnehmeranteil) zur allgemeinen Rentenversicherung entspricht. 4Im Kalenderjahr 2013 sind 76 Prozent der nach den Sätzen 1 bis 3 ermittelten Vorsorgeaufwendungen anzusetzen. 5Der sich danach ergebende Betrag, vermindert um den nach § 3 Nummer 62 steuerfreien Arbeitgeberanteil zur gesetzlichen Rentenversicherung und einen diesem gleichgestellten steuerfreien Zuschuss des Arbeitgebers, ist als Sonderausgabe abziehbar. 6Der Prozentsatz in Satz 4 erhöht sich in den folgenden Kalenderjahren bis zum Kalenderjahr 2022 um je 2 Prozentpunkte je Kalenderjahr; ab dem Kalenderjahr 2023 beträgt er 100 Prozent. 7Beiträge nach § 168 Absatz 1 Nummer 1b oder 1c oder nach § 172 Absatz 3 oder 3a des Sechsten Buches Sozialgesetzbuch vermindern den abziehbaren Betrag nach Satz 5 nur, wenn der Steuerpflichtige die Hinzurechnung dieser Beiträge zu den Vorsorgeaufwendungen nach Absatz 1 Nummer 2 Satz 7 beantragt hat.

(4) 1Vorsorgeaufwendungen im Sinne des Absatzes 1 Nummer 3 und 3a können je Kalenderjahr insgesamt bis 2800 Euro abgezogen werden. 2Der Höchstbetrag beträgt 1900 Euro bei Steuerpflichtigen, die ganz oder teilweise ohne eigene Aufwendungen einen Anspruch auf vollständige oder teilweise Erstattung oder Übernahme von Krankheitskosten haben oder für deren Krankenversicherung Leistungen im Sinne des § 3 Nummer 9, 14, 57 oder 62 erbracht werden. 3Bei zusammen veranlagten Ehegatten bestimmt sich der gemeinsame Höchstbetrag aus der Summe der jedem Ehegatten unter den Voraussetzungen von Satz 1 und 2 zustehenden Höchstbeträge. 4Übersteigen die Vorsorgeaufwendungen im Sinne des Absatzes 1 Nummer 3 die nach den Sätzen 1 bis 3 zu berücksichtigenden Vorsorgeaufwendungen, sind diese abzuziehen und ein Abzug von Vorsorgeaufwendungen im Sinne des Absatzes 1 Nummer 3a scheidet aus.

(4a) 1Ist in den Kalenderjahren 2013 bis 2019 der Abzug der Vorsorgeaufwendungen nach Absatz 1 Nummer 2 Buchstabe a, Absatz 1 Nummer 3 und Nummer 3a in der für das Kalenderjahr 2004 geltenden Fassung des § 10 Absatz 3 mit folgenden Höchstbeträgen für den Vorwegabzug

Kalenderjahr	Vorwegabzug für den Steuerpflichtigen	Vorwegabzug im Fall der Zusammenveranlagung von Ehegatten
2013	2100	4200
2014	1800	3600
2015	1500	3000
2016	1200	2400
2017	900	1800
2018	600	1200
2019	300	600

zuzüglich des Erhöhungsbetrags nach Satz 3 günstiger, ist der sich danach ergebende Betrag anstelle des Abzugs nach Absatz 3 und 4 anzusetzen. 2Mindestens ist bei Anwendung des Satzes 1 der Betrag anzusetzen, der sich ergeben würde, wenn zusätzlich noch die Vorsorgeaufwendungen nach Absatz 1 Nummer 2 Buchstabe b in die Günstigerprüfung einbezogen werden würden; der Erhöhungsbetrag nach Satz 3 ist nicht hinzuzurechnen. 3Erhöhungsbetrag sind die Beiträge nach Absatz 1 Nummer 2 Buchstabe b, soweit sie nicht den um die Beiträge nach Absatz 1 Nummer 2 Buchstabe a und den nach § 3 Nummer 62 steuerfreien Arbeitgeberanteil zur gesetzlichen Rentenversicherung und einen diesem gleichgestellten steuerfreien Zuschuss verminderten Höchstbetrag nach Absatz 3 Satz 1 bis 3 überschreiten; Absatz 3 Satz 4 und 6 gilt entsprechend.

(4b) 1Erhält der Steuerpflichtige für die von ihm für einen anderen Veranlagungszeitraum geleisteten Aufwendungen im Sinne des Satzes 2 einen steuerfreien Zuschuss, ist dieser den erstatteten Aufwendungen gleichzustellen. 2Übersteigen bei den Sonderausgaben nach Absatz 1 Nummer 2 bis 3a die im Veranlagungszeitraum erstatteten Aufwendungen die geleisteten Aufwendungen (Erstattungsüberhang), ist der Erstattungsüberhang mit anderen im Rahmen der jeweiligen Nummer anzusetzenden Aufwendungen zu verrechnen. 3Ein verbleibender Betrag des sich bei den Aufwendungen nach Absatz 1 Nummer 3 und 4 ergebenden Erstattungsüberhangs ist dem Gesamtbetrag der Einkünfte hinzuzurechnen. 4Nach Maßgabe des § 93c

VIII

der Abgabenordnung haben Behörden im Sinne des § 6 Absatz 1 der Abgabenordnung und andere öffentliche Stellen, die einem Steuerpflichtigen für die von ihm geleisteten Beiträge im Sinne des Absatzes 1 Nummer 2, 3 und 3a steuerfreie Zuschüsse gewähren oder Vorsorgeaufwendungen im Sinne dieser Vorschrift erstatten als mitteilungspflichtige Stellen, neben den nach § 93c Absatz 1 der Abgabenordnung erforderlichen Angaben, die zur Gewährung und Prüfung des Sonderausgabenabzugs nach § 10 erforderlichen Daten an die zentrale Stelle zu übermitteln. 5§ 22a Absatz 2 gilt entsprechend. 6§ 72a Absatz 4 und § 93c Absatz 4 der Abgabenordnung finden keine Anwendung.

(5) Durch Rechtsverordnung wird bezogen auf den Versicherungstarif bestimmt, wie der nicht abziehbare Teil der Beiträge zum Erwerb eines Krankenversicherungsschutzes im Sinne des Absatzes 1 Nummer 3 Buchstabe a Satz 3 durch einheitliche prozentuale Abschläge auf die zugunsten des jeweiligen Tarifs gezahlte Prämie zu ermitteln ist, soweit der nicht abziehbare Beitragsteil nicht bereits als gesonderter Tarif oder Tarifbaustein ausgewiesen wird.

(6) Absatz 1 Nummer 2 Buchstabe b Doppelbuchstabe aa ist für Vertragsabschlüsse vor dem 1. Januar 2012 mit der Maßgabe anzuwenden, dass der Vertrag die Zahlung der Leibrente nicht vor der Vollendung des 60. Lebensjahres vorsehen darf.

§ 10a Zusätzliche Altersvorsorge

(1) 1In der inländischen gesetzlichen Rentenversicherung Pflichtversicherte können Altersvorsorgebeiträge (§ 82) zuzüglich der dafür nach Abschnitt XI zustehenden Zulage jährlich bis zu 2100 Euro als Sonderausgaben abziehen; das Gleiche gilt für

1. Empfänger von inländischer Besoldung nach dem Bundesbesoldungsgesetz oder einem Landesbesoldungsgesetz,
2. Empfänger von Amtsbezügen aus einem inländischen Amtsverhältnis, deren Versorgungsrecht die entsprechende Anwendung des § 69e Absatz 3 und 4 des Beamtenversorgungsgesetzes vorsieht,
3. die nach § 5 Absatz 1 Satz 1 Nummer 2 und 3 des Sechsten Buches Sozialgesetzbuch versicherungsfrei Beschäftigten, die nach § 6 Absatz 1 Satz 1 Nummer 2 oder nach § 230 Absatz 2 Satz 2 des Sechsten Buches Sozialgesetzbuch von der Versicherungspflicht befreiten Beschäftigten, deren Versorgungsrecht die entsprechende Anwendung des § 69e Absatz 3 und 4 des Beamtenversorgungsgesetzes vorsieht,
4. Beamte, Richter, Berufssoldaten und Soldaten auf Zeit, die ohne Besoldung beurlaubt sind, für die Zeit einer Beschäftigung, wenn während der Beurlaubung die Gewährleistung einer Versorgungsanwartschaft unter den Voraussetzungen des § 5 Absatz 1 Satz 1 des Sechsten Buches Sozialgesetzbuch auf diese Beschäftigung erstreckt wird, und
5. Steuerpflichtige im Sinne der Nummern 1 bis 4, die beurlaubt sind und deshalb keine Besoldung, Amtsbezüge oder Entgelt erhalten, sofern sie eine Anrechnung von Kindererziehungszeiten nach § 56 des Sechsten Buches Sozialgesetzbuch in Anspruch nehmen könnten, wenn die Versicherungsfreiheit in der inländischen gesetzlichen Rentenversicherung nicht bestehen würde,

wenn sie spätestens bis zum Ablauf des Beitragsjahres (§ 88) folgt, gegenüber der zuständigen Stelle (§ 81a) schriftlich oder elektronisch eingewilligt haben, dass diese der zentralen Stelle (§ 81) jährlich unter Angabe der Identifikationsnummer mitteilt, dass der Steuerpflichtige zum begünstigten Personenkreis gehört, dass die zuständige Stelle der zentralen Stelle die für die Ermittlung des Mindesteigenbeitrags (§ 86) und die Gewährung der Kinderzulage (§ 85) erforderlichen Daten übermittelt und die zentrale Stelle diese Daten für das Zulageverfahren verarbeiten darf. 2Bei der Erteilung der Einwilligung ist der Steuerpflichtige darauf hinzuweisen, dass er die Einwilligung vor Beginn des Kalenderjahres, für das sie erstmals nicht mehr gelten soll, gegenüber der zuständigen Stelle widerrufen kann. 3Versicherungspflichtige nach dem Gesetz über die Alterssicherung der

VIII

Landwirte stehen Pflichtversicherten gleich; dies gilt auch für Personen, die

1. eine Anrechnungszeit nach § 58 Absatz 1 Nummer 3 oder Nummer 6 des Sechsten Buches Sozialgesetzbuch in der gesetzlichen Rentenversicherung erhalten und
2. unmittelbar vor einer Anrechnungszeit nach § 58 Absatz 1 Nummer 3 oder Nummer 6 des Sechsten Buches Sozialgesetzbuch einer der im ersten Halbsatz, in Satz 1 oder in Satz 4 genannten begünstigten Personengruppen angehörten.

4Die Sätze 1 und 2 gelten entsprechend für Steuerpflichtige, die nicht zum begünstigten Personenkreis nach Satz 1 oder 3 gehören und eine Rente wegen voller Erwerbsminderung oder Erwerbsunfähigkeit oder eine Versorgung wegen Dienstunfähigkeit aus einem der in Satz 1 oder 3 genannten Alterssicherungssysteme beziehen, wenn unmittelbar vor dem Bezug der entsprechenden Leistungen der Leistungsbezieher einer der in Satz 1 oder 3 genannten begünstigten Personengruppen angehörte; dies gilt nicht, wenn der Steuerpflichtige das 67. Lebensjahr vollendet hat. 5Bei der Ermittlung der dem Steuerpflichtigen zustehenden Zulage nach Satz 1 bleibt die Erhöhung der Grundzulage nach § 84 Satz 2 außer Betracht.

(1a) 1Steuerpflichtige, die eine Kinderzulage für ein Kind beantragen oder auf den Ehegatten übertragen haben, das im Beitragsjahr sein viertes Lebensjahr noch nicht vollendet hat und für das gegenüber dem Steuerpflichtigen oder seinem Ehegatten Kindergeld festgesetzt worden ist, stehen einem in der inländischen gesetzlichen Rentenversicherung Pflichtversicherten gleich, wenn eine Anrechnung von Kindererziehungszeiten nach § 56 des Sechsten Buches Sozialgesetzbuch nur auf Grund eines fehlenden oder noch nicht beschiedenen Antrags auf Berücksichtigung von Kindererziehungszeiten bislang nicht erfolgt ist. 2Voraussetzung ist, dass der Steuerpflichtige spätestens am Tag nach der Vollendung des vierten Lebensjahres des Kindes die Kindererziehungszeiten beim zuständigen Träger der gesetzlichen Rentenversicherung beantragt. 3Werden die Kindererziehungszeiten vom Träger der gesetzlichen Rentenversicherung nicht anerkannt, entfällt rückwirkend die Förderberechtigung nach Satz 1. 4Wurde das Kind am 1. Januar geboren, gilt Satz 1 mit der Maßgabe, dass das fünfte Lebensjahr noch nicht vollendet sein darf.

(1b) 1Sofern eine Zulagenummer (§ 90 Absatz 1 Satz 2) durch die zentrale Stelle oder eine Versicherungsnummer nach § 147 des Sechsten Buches Sozialgesetzbuch noch nicht vergeben ist, haben die in Absatz 1 Satz 1 Nummer 1 bis 5 genannten Steuerpflichtigen über die zuständige Stelle eine Zulagenummer bei der zentralen Stelle zu beantragen. 2Für Empfänger einer Versorgung im Sinne des Absatzes 1 Satz 4 gilt Satz 1 entsprechend.

(2) 1Ist der Sonderausgabenabzug nach Absatz 1 für den Steuerpflichtigen günstiger als der Anspruch auf die Zulage nach Abschnitt XI, erhöht sich die unter Berücksichtigung des Sonderausgabenabzugs ermittelte tarifliche Einkommensteuer um den Anspruch auf Zulage. 2In den anderen Fällen scheidet der Sonderausgabenabzug aus. 3Die Günstigerprüfung wird von Amts wegen vorgenommen.

(3) 1Der Abzugsbetrag nach Absatz 1 steht im Fall der Veranlagung von Ehegatten nach § 26 Absatz 1 jedem Ehegatten unter den Voraussetzungen des Absatzes 1 gesondert zu. 2Gehört nur ein Ehegatte zu dem nach Absatz 1 begünstigten Personenkreis und ist der andere Ehegatte nach § 79 Satz 2 zulageberechtigt, sind bei dem nach Absatz 1 abzugsberechtigten Ehegatten die von beiden Ehegatten geleisteten Altersvorsorgebeiträge und die dafür zustehenden Zulagen bei der Anwendung der Absätze 1 und 2 zu berücksichtigen. 3Der Höchstbetrag nach Absatz 1 Satz 1 erhöht sich in den Fällen des Satzes 2 um 60 Euro. 4Dabei sind die von dem Ehegatten, der zu dem nach Absatz 1 begünstigten Personenkreis gehört, geleisteten Altersvorsorgebeiträge vorrangig zu berücksichtigen, jedoch mindestens 60 Euro der von dem anderen Ehegatten geleisteten Altersvorsorgebeiträge. 5Gehören beide Ehegatten zu dem nach Absatz 1 begünstigten Personenkreis und liegt ein Fall der Veranlagung nach

§ 26 Absatz 1 vor, ist bei der Günstigerprüfung nach Absatz 2 der Anspruch auf Zulage beider Ehegatten anzusetzen.

(4) 1Im Fall des Absatzes 2 Satz 1 stellt das Finanzamt die über den Zulageanspruch nach Abschnitt XI hinausgehende Steuerermäßigung gesondert fest und teilt diese der zentralen Stelle (§ 81) mit; § 10d Absatz 4 Satz 3 bis 5 gilt entsprechend. 2Sind Altersvorsorgebeiträge zugunsten von mehreren Verträgen geleistet worden, erfolgt die Zurechnung im Verhältnis der nach Absatz 1 berücksichtigten Altersvorsorgebeiträge. 3Ehegatten ist der nach Satz 1 festzustellende Betrag auch im Fall der Zusammenveranlagung jeweils getrennt zuzurechnen; die Zurechnung erfolgt im Verhältnis der nach Absatz 1 berücksichtigten Altersvorsorgebeiträge. 4Werden Altersvorsorgebeiträge nach Absatz 3 Satz 2 berücksichtigt, die der nach § 79 Satz 2 zulageberechtigte Ehegatte zugunsten eines auf seinen Namen lautenden Vertrages geleistet hat, ist die hierauf entfallende Steuerermäßigung dem Vertrag zuzurechnen, zu dessen Gunsten die Altersvorsorgebeiträge geleistet wurden. 5Die Übermittlung an die zentrale Stelle erfolgt unter Angabe der Vertragsnummer und der Identifikationsnummer (§ 139b Abgabenordnung) sowie der Zulage- oder Versicherungsnummer nach § 147 des Sechsten Buches Sozialgesetzbuch.

(5) 1Nach Maßgabe des § 93c der Abgabenordnung hat der Anbieter als mitteilungspflichtige Stelle auch unter Angabe der Vertragsdaten die Höhe der im jeweiligen Beitragsjahr zu berücksichtigenden Altersvorsorgebeiträge sowie die Zulage- oder die Versicherungsnummer nach § 147 des Sechsten Buches Sozialgesetzbuch an die zentrale Stelle zu übermitteln. 2§ 22a Absatz 2 gilt entsprechend. 3§ 72a Absatz 4 der Abgabenordnung findet keine Anwendung. 4Die übrigen Voraussetzungen für den Sonderausgabenabzug nach den Absätzen 1 bis 3 werden im Wege der Datenerhebung und des automatisierten Datenabgleichs nach § 91 überprüft. 5Erfolgt eine Datenübermittlung nach Satz 1 und wurde noch keine Zulagenummer (§ 90 Absatz 1 Satz 2) durch die zentrale Stelle oder keine Versicherungsnummer nach § 147 des Sechsten Buches Sozialgesetzbuch vergeben, gilt § 90 Absatz 1 Satz 2 und 3 entsprechend.

(6) 1Für die Anwendung der Absätze 1 bis 5 stehen den in der inländischen gesetzlichen Rentenversicherung Pflichtversicherten nach Absatz 1 Satz 1 die Pflichtmitglieder in einem ausländischen gesetzlichen Alterssicherungssystem gleich, wenn diese Pflichtmitgliedschaft

1. mit einer Pflichtmitgliedschaft in einem inländischen Alterssicherungssystem nach Absatz 1 Satz 1 oder 3 vergleichbar ist und
2. vor dem 1. Januar 2010 begründet wurde.

2Für die Anwendung der Absätze 1 bis 5 stehen den Steuerpflichtigen nach Absatz 1 Satz 4 die Personen gleich,

1. die aus einem ausländischen gesetzlichen Alterssicherungssystem eine Leistung erhalten, die den in Absatz 1 Satz 4 genannten Leistungen vergleichbar ist,
2. die unmittelbar vor dem Bezug der entsprechenden Leistung nach Satz 1 oder Absatz 1 Satz 1 oder 3 begünstigt waren und
3. die noch nicht das 67. Lebensjahr vollendet haben.

3Als Altersvorsorgebeiträge (§ 82) sind bei den in Satz 1 oder 2 genannten Personen nur diejenigen Beiträge zu berücksichtigen, die vom Abzugsberechtigten zugunsten seines vor dem 1. Januar 2010 abgeschlossenen Vertrags geleistet wurden. 4Endet die unbeschränkte Steuerpflicht eines Zulageberechtigten im Sinne des Satzes 1 oder 2 durch Aufgabe des inländischen Wohnsitzes oder gewöhnlichen Aufenthalts und wird die Person nicht nach § 1 Absatz 3 als unbeschränkt einkommensteuerpflichtig behandelt, so gelten die §§ 93 und 94 entsprechend; § 99 Absatz 1 in der am 31. Dezember 2008 geltenden Fassung ist anzuwenden.

(7) Soweit nichts anderes bestimmt ist, sind die Regelungen des § 10a und des Abschnitts XI in der für das jeweilige Beitragsjahr geltenden Fassung anzuwenden.

IV. Tarif

§ 31 Familienleistungsausgleich

₁Die steuerliche Freistellung eines Einkommensbetrags in Höhe des Existenzminimums eines Kindes einschließlich der Bedarfe für Betreuung und Erziehung oder Ausbildung wird im gesamten Veranlagungszeitraum entweder durch die Freibeträge nach § 32 Absatz 6 oder durch Kindergeld nach Abschnitt X bewirkt. ₂Soweit das Kindergeld dafür nicht erforderlich ist, dient es der Förderung der Familie. ₃Im laufenden Kalenderjahr wird Kindergeld als Steuervergütung monatlich gezahlt. ₄Bewirkt der Anspruch auf Kindergeld für den gesamten Veranlagungszeitraum die nach Satz 1 gebotene steuerliche Freistellung nicht vollständig und werden deshalb bei der Veranlagung zur Einkommensteuer die Freibeträge nach § 32 Absatz 6 vom Einkommen abgezogen, erhöht sich die unter Abzug dieser Freibeträge ermittelte tarifliche Einkommensteuer um den Anspruch auf Kindergeld für den gesamten Veranlagungszeitraum; bei nicht zusammenveranlagten Eltern wird der Kindergeldanspruch im Umfang des Kinderfreibetrags angesetzt. ₅Bei der Prüfung der Steuerfreistellung und der Hinzurechnung nach Satz 4 bleibt der Anspruch auf Kindergeld für Kalendermonate unberücksichtigt, in denen durch Bescheid der Familienkasse ein Anspruch auf Kindergeld festgesetzt, aber wegen § 70 Absatz 1 Satz 2 nicht ausgezahlt wurde. ₆Satz 4 gilt entsprechend für mit dem Kindergeld vergleichbare Leistungen nach § 65. ₇Besteht nach ausländischem Recht Anspruch auf Leistungen für Kinder, wird dieser insoweit nicht berücksichtigt, als er das inländische Kindergeld übersteigt.

§ 32 Kinder, Freibeträge für Kinder

(1) Kinder sind

1. im ersten Grad mit dem Steuerpflichtigen verwandte Kinder,
2. Pflegekinder (Personen, mit denen der Steuerpflichtige durch ein familienähnliches, auf längere Dauer berechnetes Band verbunden ist, sofern er sie nicht zu Erwerbszwecken in seinen Haushalt aufgenommen hat und das Obhuts- und Pflegeverhältnis zu den Eltern nicht mehr besteht).

(2) ₁Besteht bei einem angenommenen Kind das Kindschaftsverhältnis zu den leiblichen Eltern weiter, ist es vorrangig als angenommenes Kind zu berücksichtigen. ₂Ist ein im ersten Grad mit dem Steuerpflichtigen verwandtes Kind zugleich ein Pflegekind, ist es vorrangig als Pflegekind zu berücksichtigen.

(3) Ein Kind wird in dem Kalendermonat, in dem es lebend geboren wurde, und in jedem folgenden Kalendermonat, zu dessen Beginn es das 18. Lebensjahr noch nicht vollendet hat, berücksichtigt.

(4) ₁Ein Kind, das das 18. Lebensjahr vollendet hat, wird berücksichtigt, wenn es

1. noch nicht das 21. Lebensjahr vollendet hat, nicht in einem Beschäftigungsverhältnis steht und bei einer Agentur für Arbeit im Inland als Arbeitsuchender gemeldet ist oder
2. noch nicht das 25. Lebensjahr vollendet hat und
   a) für einen Beruf ausgebildet wird oder
   b) sich in einer Übergangszeit von höchstens vier Monaten befindet, die zwischen zwei Ausbildungsabschnitten oder zwischen einem Ausbildungsabschnitt und der Ableistung des gesetzlichen Wehr- oder Zivildienstes, einer vom Wehr- oder Zivildienst befreienden Tätigkeit als Entwicklungshelfer oder als Dienstleistender im Ausland nach § 14b des Zivildienstgesetzes oder der Ableistung des freiwilligen Wehrdienstes nach § 58b des Soldatengesetzes oder der Ableistung eines freiwilligen Dienstes im Sinne des Buchstaben d liegt, oder
   c) eine Berufsausbildung mangels Ausbildungsplatzes nicht beginnen oder fortsetzen kann oder
   d) einen der folgenden freiwilligen Dienste leistet:
      aa) ein freiwilliges soziales Jahr im Sinne des Jugendfreiwilligendienstegesetzes,

VIII

bb) ein freiwilliges ökologisches Jahr im Sinne des Jugendfreiwilligendienstegesetzes,

cc) einen Bundesfreiwilligendienst im Sinne des Bundesfreiwilligendienstgesetzes,

dd) eine Freiwilligentätigkeit im Rahmen des Europäischen Solidaritätskorps im Sinne der Verordnung (EU) 2021/888 des Europäischen Parlaments und des Rates vom 20. Mai 2021 zur Aufstellung des Programms für das Europäische Solidaritätskorps und zur Aufhebung der Verordnungen (EU) 2018/1475 und (EU) Nr. 375/2014 (ABl. L 202 vom 8. 6. 2021, S. 32),

ee) einen anderen Dienst im Ausland im Sinne von § 5 des Bundesfreiwilligendienstgesetzes,

ff) einen entwicklungspolitischen Freiwilligendienst „weltwärts" im Sinne der Förderleitlinie des Bundesministeriums für wirtschaftliche Zusammenarbeit und Entwicklung vom 1. Januar 2016,

gg) einen Freiwilligendienst aller Generationen im Sinne von § 2 Absatz 1a des Siebten Buches Sozialgesetzbuch oder

hh) einen Internationalen Jugendfreiwilligendienst im Sinne der Richtlinie des Bundesministeriums für Familie, Senioren, Frauen und Jugend vom 4. Januar 2021 (GMBl S. 77) oder

3. wegen körperlicher, geistiger oder seelischer Behinderung außerstande ist, sich selbst zu unterhalten; Voraussetzung ist, dass die Behinderung vor Vollendung des 25. Lebensjahres eingetreten ist.

2Nach Abschluss einer erstmaligen Berufsausbildung oder eines Erststudiums wird ein Kind in den Fällen des Satzes 1 Nummer 2 nur berücksichtigt, wenn das Kind keiner Erwerbstätigkeit nachgeht. 3Eine Erwerbstätigkeit mit bis zu 20 Stunden regelmäßiger wöchentlicher Arbeitszeit, ein Ausbildungsdienstverhältnis oder ein geringfügiges Beschäftigungsverhältnis im Sinne der §§ 8 und 8a des Vierten Buches Sozialgesetzbuch sind unschädlich.

(5) 1In den Fällen des Absatzes 4 Satz 1 Nummer 1 oder Nummer 2 Buchstabe a und b wird ein Kind, das

1. den gesetzlichen Grundwehrdienst oder Zivildienst geleistet hat, oder
2. sich anstelle des gesetzlichen Grundwehrdienstes freiwillig für die Dauer von nicht mehr als drei Jahren zum Wehrdienst verpflichtet hat, oder
3. eine vom gesetzlichen Grundwehrdienst oder Zivildienst befreiende Tätigkeit als Entwicklungshelfer im Sinne des § 1 Absatz 1 des Entwicklungshelfer-Gesetzes ausgeübt hat,

für einen der Dauer dieser Dienste oder der Tätigkeit entsprechenden Zeitraum, höchstens für die Dauer des inländischen gesetzlichen Grundwehrdienstes oder bei anerkannten Kriegsdienstverweigerern für die Dauer des inländischen gesetzlichen Zivildienstes über das 21. oder 25. Lebensjahr hinaus berücksichtigt. 2Wird der gesetzliche Grundwehrdienst oder Zivildienst in einem Mitgliedstaat der Europäischen Union oder einem Staat, auf den das Abkommen über den Europäischen Wirtschaftsraum Anwendung findet, geleistet, so ist die Dauer dieses Dienstes maßgebend. 3Absatz 4 Satz 2 und 3 gilt entsprechend.

(6) 1Bei der Veranlagung zur Einkommensteuer wird für jedes zu berücksichtigende Kind des Steuerpflichtigen ein Freibetrag von 3414 Euro für das sächliche Existenzminimum des Kindes (Kinderfreibetrag) sowie ein Freibetrag von 1464 Euro für den Betreuungs- und Erziehungs- oder Ausbildungsbedarf des Kindes vom Einkommen abgezogen. 2Bei Ehegatten, die nach den §§ 26, 26b zusammen zur Einkommensteuer veranlagt werden, verdoppeln sich die Beträge nach Satz 1, wenn das Kind zu beiden Ehegatten in einem Kindschaftsverhältnis steht. 3Die Beträge nach Satz 2 stehen dem Steuerpflichtigen auch dann zu, wenn

1. der andere Elternteil verstorben oder nicht unbeschränkt einkommensteuerpflichtig ist oder

VIII

2. der Steuerpflichtige allein das Kind angenommen hat oder das Kind nur zu ihm in einem Pflegekindschaftsverhältnis steht.

$_{4}$Für ein nicht nach § 1 Absatz 1 oder 2 unbeschränkt einkommensteuerpflichtiges Kind können die Beträge nach den Sätzen 1 bis 3 nur abgezogen werden, soweit sie nach den Verhältnissen seines Wohnsitzstaates notwendig und angemessen sind. $_{5}$Für jeden Kalendermonat, in dem die Voraussetzungen für einen Freibetrag nach den Sätzen 1 bis 4 nicht vorliegen, ermäßigen sich die dort genannten Beträge um ein Zwölftel. $_{6}$Abweichend von Satz 1 wird bei einem unbeschränkt einkommensteuerpflichtigen Elternpaar, bei dem die Voraussetzungen des § 26 Absatz 1 Satz 1 nicht vorliegen, auf Antrag eines Elternteils der dem anderen Elternteil zustehende Kinderfreibetrag auf ihn übertragen, wenn er, nicht jedoch der andere Elternteil, seiner Unterhaltspflicht gegenüber dem Kind für das Kalenderjahr im Wesentlichen nachkommt oder der andere Elternteil mangels Leistungsfähigkeit nicht unterhaltspflichtig ist; die Übertragung des Kinderfreibetrags führt stets auch zur Übertragung des Freibetrags für den Betreuungs- und Erziehungs- oder Ausbildungsbedarf. $_{7}$Eine Übertragung nach Satz 6 scheidet für Zeiträume aus, für die Unterhaltsleistungen nach dem Unterhaltsvorschussgesetz gezahlt werden. $_{8}$Bei minderjährigen Kindern wird der dem Elternteil, in dessen Wohnung das Kind nicht gemeldet ist, zustehende Freibetrag für den Betreuungs- und Erziehungs- oder Ausbildungsbedarf auf Antrag des anderen Elternteils auf diesen übertragen, wenn bei dem Elternpaar die Voraussetzungen des § 26 Absatz 1 Satz 1 nicht vorliegen. $_{9}$Eine Übertragung nach Satz 8 scheidet aus, wenn der Übertragung widersprochen wird, weil der Elternteil, bei dem das Kind nicht gemeldet ist, Kinderbetreuungskosten trägt oder das Kind regelmäßig in einem nicht unwesentlichen Umfang betreut. $_{10}$Die den Eltern nach den Sätzen 1 bis 9 zustehenden Freibeträge können auf Antrag auch auf einen Stiefelternteil oder Großelternteil übertragen werden, wenn dieser das Kind in seinen Haushalt aufgenommen hat oder dieser einer Unterhaltspflicht gegenüber dem Kind unterliegt. $_{11}$Die Übertragung nach Satz 10 kann auch mit Zustimmung des berechtigten Elternteils erfolgen, die nur für künftige Kalenderjahre widerrufen werden kann. $_{12}$Voraussetzung für die Berücksichtigung des Kinderfreibetrags sowie des Freibetrags für den Betreuungs- und Erziehungs- oder Ausbildungsbedarf des Kindes ist die Identifizierung des Kindes durch die an dieses Kind vergebene Identifikationsnummer (§ 139b der Abgabenordnung). $_{13}$Ist das Kind nicht nach einem Steuergesetz steuerpflichtig (§ 139a Absatz 2 der Abgabenordnung), ist es in anderer geeigneter Weise zu identifizieren. $_{14}$Die nachträgliche Identifizierung oder nachträgliche Vergabe der Identifikationsnummer wirkt auf Monate zurück, in denen die übrigen Voraussetzungen für die Gewährung des Kinderfreibetrags sowie des Freibetrags für den Betreuungs- und Erziehungs- oder Ausbildungsbedarf des Kindes vorliegen.

§ 32a Einkommensteuertarif

(1) $_{1}$Die tarifliche Einkommensteuer bemisst sich nach dem auf volle Euro abgerundeten zu versteuernden Einkommen. $_{2}$Sie beträgt ab dem Veranlagungszeitraum 2026 vorbehaltlich der §§ 32b, 32d, 34, 34a, 34b und 34c jeweils in Euro für zu versteuernde Einkommen

1. bis 12 348 Euro (Grundfreibetrag):
   0;
2. von 12 349 Euro bis 17 799 Euro:
   $(914{,}51 \cdot y + 1\,400) \cdot y$;
3. von 17 800 Euro bis 69 878 Euro:
   $(173{,}10 \cdot z + 2\,397) \cdot z + 1\,034{,}87$;
4. von 69 879 Euro bis 277 825 Euro:
   $0{,}42 \cdot x - 11\,135{,}63$;
5. von 277 826 Euro an:
   $0{,}45 \cdot x - 19\,470{,}38$.

$_{3}$Die Größe „y“ ist ein Zehntausendstel des den Grundfreibetrag übersteigenden Teils des auf einen vollen Euro-Betrag abgerundeten zu versteuernden Einkommens. $_{4}$Die Größe „z“ ist ein Zehntausendstel des 17 799 Euro übersteigenden Teils des auf einen vollen Euro-Betrag abgerundeten zu versteuernden Einkommens. $_{5}$Die Größe „x“ ist das auf einen vollen Euro-Betrag abgerundete zu versteuernde Einkommen. 6Der sich ergebende Steuerbetrag ist auf den nächsten vollen Euro-Betrag abzurunden.

(2) bis (4) (weggefallen)

(5) Bei Ehegatten, die nach den §§ 26, 26b zusammen zur Einkommensteuer veranlagt werden, beträgt die tarifliche Einkommensteuer vorbehaltlich der §§ 32b, 32d, 34, 34a, 34b und 34c das Zweifache des Steuerbetrags, der sich für die Hälfte ihres gemeinsam zu versteuernden Einkommens nach Absatz 1 ergibt (Splitting-Verfahren).

(6) 1Das Verfahren nach Absatz 5 ist auch anzuwenden zur Berechnung der tariflichen Einkommensteuer für das zu versteuernde Einkommen

1. bei einem verwitweten Steuerpflichtigen für den Veranlagungszeitraum, der dem Kalenderjahr folgt, in dem der Ehegatte verstorben ist, wenn der Steuerpflichtige und sein verstorbener Ehegatte im Zeitpunkt seines Todes die Voraussetzungen des § 26 Absatz 1 Satz 1 erfüllt haben,
2. bei einem Steuerpflichtigen, dessen Ehe in dem Kalenderjahr, in dem er sein Einkommen bezogen hat, aufgelöst worden ist, wenn in diesem Kalenderjahr
   a) der Steuerpflichtige und sein bisheriger Ehegatte die Voraussetzungen des § 26 Absatz 1 Satz 1 erfüllt haben,
   b) der bisherige Ehegatte wieder geheiratet hat und
   c) der bisherige Ehegatte und dessen neuer Ehegatte ebenfalls die Voraussetzungen des § 26 Absatz 1 Satz 1 erfüllen.

2Voraussetzung für die Anwendung des Satzes 1 ist, dass der Steuerpflichtige nicht nach den §§ 26, 26a einzeln zur Einkommensteuer veranlagt wird.

X. Kindergeld

§ 62 Anspruchsberechtigte

(1) 1Für Kinder im Sinne des § 63 hat Anspruch auf Kindergeld nach diesem Gesetz, wer

1. im Inland einen Wohnsitz oder seinen gewöhnlichen Aufenthalt hat oder
2. ohne Wohnsitz oder gewöhnlichen Aufenthalt im Inland
   a) nach § 1 Absatz 2 unbeschränkt einkommensteuerpflichtig ist oder
   b) nach § 1 Absatz 3 als unbeschränkt einkommensteuerpflichtig behandelt wird.

2Voraussetzung für den Anspruch nach Satz 1 ist, dass der Berechtigte durch die an ihn vergebene Identifikationsnummer (§ 139b der Abgabenordnung) identifiziert wird. 3Die nachträgliche Vergabe der Identifikationsnummer wirkt auf Monate zurück, in denen die Voraussetzungen des Satzes 1 vorliegen.

(1a) 1Begründet ein Staatsangehöriger eines anderen Mitgliedstaates der Europäischen Union oder eines Staates, auf den das Abkommen über den Europäischen Wirtschaftsraum Anwendung findet, im Inland einen Wohnsitz oder gewöhnlichen Aufenthalt, so hat er für die ersten drei Monate ab Begründung des Wohnsitzes oder des gewöhnlichen Aufenthalts keinen Anspruch auf Kindergeld. 2Dies gilt nicht, wenn er nachweist, dass er inländische Einkünfte im Sinne des § 2 Absatz 1 Satz 1 Nummer 1 bis 4 mit Ausnahme von Einkünften nach § 19 Absatz 1 Satz 1 Nummer 2 erzielt. 3Nach Ablauf des in Satz 1 genannten Zeitraums hat er Anspruch auf Kindergeld, es sei denn, die Voraussetzungen des § 2 Absatz 2 oder Absatz 3 des Freizügigkeitsgesetzes/EU liegen nicht vor oder es sind nur die Voraussetzungen des § 2 Absatz 2 Nummer 1a des Freizügigkeitsgesetzes/EU erfüllt, ohne dass vorher eine andere der in § 2 Absatz 2 des Freizügigkeitsgesetzes/EU genannten Voraussetzungen erfüllt war. 4Die Prüfung, ob die Voraussetzungen für einen Anspruch auf Kindergeld gemäß Satz 2 vorliegen oder gemäß Satz 3 nicht gegeben sind, führt die Familienkasse in eigener Zuständigkeit durch. 5Lehnt die Familienkasse eine Kindergeldfestsetzung in diesem Fall ab, hat sie ihre Entscheidung der zuständigen Ausländerbehörde mitzuteilen. 6Wurde das Vorliegen der Anspruchsvoraussetzungen durch die Verwendung gefälschter oder verfälschter Dokumente oder durch Vorspiege-

VIII

lung falscher Tatsachen vorgetäuscht, hat die Familienkasse die zuständige Ausländerbehörde unverzüglich zu unterrichten.

(2) Ein nicht freizügigkeitsberechtigter Ausländer erhält Kindergeld nur, wenn er

1. eine Niederlassungserlaubnis oder eine Erlaubnis zum Daueraufenthalt-EU besitzt,
2. eine Blaue Karte EU, eine ICT-Karte, eine Mobiler-ICT-Karte oder eine Aufenthaltserlaubnis besitzt, die für einen Zeitraum von mindestens sechs Monaten zur Ausübung einer Erwerbstätigkeit berechtigen oder berechtigt haben oder diese erlauben, es sei denn, die Aufenthaltserlaubnis wurde
   a) nach § 16e des Aufenthaltsgesetzes zu Ausbildungszwecken, nach § 19c Absatz 1 des Aufenthaltsgesetzes zum Zweck der Beschäftigung als Au-Pair oder zum Zweck der Saisonbeschäftigung, nach § 19e des Aufenthaltsgesetzes zum Zweck der Teilnahme an einem Europäischen Freiwilligendienst oder nach § 20a Absatz 5 Satz 1 des Aufenthaltsgesetzes zur Suche nach einer Erwerbstätigkeit oder nach Maßnahmen zur Anerkennung ausländischer Berufsqualifikationen erteilt,
   b) nach § 16b des Aufenthaltsgesetzes zum Zweck eines Studiums, nach § 16d des Aufenthaltsgesetzes für Maßnahmen zur Anerkennung ausländischer Berufsqualifikationen, nach § 20 des Aufenthaltsgesetzes zur Suche nach einer Erwerbstätigkeit oder nach § 20a Absatz 5 Satz 2 des Aufenthaltsgesetzes zur Suche nach einer Erwerbstätigkeit oder nach Maßnahmen zur Anerkennung ausländischer Berufsqualifikationen erteilt und er ist weder erwerbstätig noch nimmt er Elternzeit nach § 15 des Bundeselterngeld- und Elternzeitgesetzes oder laufende Geldleistungen nach dem Dritten Buch Sozialgesetzbuch in Anspruch,
   c) nach § 23 Absatz 1 des Aufenthaltsgesetzes wegen eines Krieges in seinem Heimatland oder nach den § 23a oder § 25 Absatz 3 bis 5 des Aufenthaltsgesetzes erteilt,
3. eine in Nummer 2 Buchstabe c genannte Aufenthaltserlaubnis besitzt und im Bundesgebiet berechtigt erwerbstätig ist oder Elternzeit nach § 15 des Bundeselterngeld- und Elternzeitgesetzes oder laufende Geldleistungen nach dem Dritten Buch Sozialgesetzbuch in Anspruch nimmt,
4. eine in Nummer 2 Buchstabe c genannte Aufenthaltserlaubnis besitzt und sich seit mindestens 15 Monaten erlaubt, gestattet oder geduldet im Bundesgebiet aufhält oder
5. eine Beschäftigungsduldung gemäß § 60d in Verbindung mit § 60a Absatz 2 Satz 3 des Aufenthaltsgesetzes besitzt.

§ 63 Kinder

(1) 1Als Kinder werden berücksichtigt

1. Kinder im Sinne des § 32 Absatz 1,
2. vom Berechtigten in seinen Haushalt aufgenommene Kinder seines Ehegatten,
3. vom Berechtigten in seinen Haushalt aufgenommene Enkel.

2§ 32 Absatz 3 bis 5 gilt entsprechend. 3Voraussetzung für die Berücksichtigung ist die Identifizierung des Kindes durch die an dieses Kind vergebene Identifikationsnummer (§ 139b der Abgabenordnung). 4Ist das Kind nicht nach einem Steuergesetz steuerpflichtig (§ 139a Absatz 2 der Abgabenordnung), ist es in anderer geeigneter Weise zu identifizieren. 5Die nachträgliche Identifizierung oder nachträgliche Vergabe der Identifikationsnummer wirkt auf Monate zurück, in denen die Voraussetzungen der Sätze 1 bis 4 vorliegen. 6Kinder, die weder einen Wohnsitz noch ihren gewöhnlichen Aufenthalt im Inland, in einem Mitgliedstaat der Europäischen Union oder in einem Staat, auf den das Abkommen über den Europäischen Wirtschaftsraum Anwendung findet, haben, werden nicht berücksichtigt, es sei denn, sie leben im Haushalt eines Berechtigten im Sinne des § 62 Absatz 1 Satz 1 Nummer 2 Buchstabe a. 7Kinder im Sinne von § 2 Absatz 4 Satz 2 des Bundeskindergeldgesetzes werden nicht berücksichtigt.

(2) Die Bundesregierung wird ermächtigt, durch Rechtsverordnung, die nicht der Zustimmung des Bundesrates bedarf, zu bestimmen, dass

einem Berechtigten, der im Inland erwerbstätig ist oder sonst seine hauptsächlichen Einkünfte erzielt, für seine in Absatz 1 Satz 3 erster Halbsatz bezeichneten Kinder Kindergeld ganz oder teilweise zu leisten ist, soweit dies mit Rücksicht auf die durchschnittlichen Lebenshaltungskosten für Kinder in deren Wohnsitzstaat und auf die dort gewährten dem Kindergeld vergleichbaren Leistungen geboten ist.

§ 64 Zusammentreffen mehrerer Ansprüche

(1) Für jedes Kind wird nur einem Berechtigten Kindergeld gezahlt.

(2) 1Bei mehreren Berechtigten wird das Kindergeld demjenigen gezahlt, der das Kind in seinen Haushalt aufgenommen hat. 2Ist ein Kind in den gemeinsamen Haushalt von Eltern, einem Elternteil und dessen Ehegatten, Pflegeeltern oder Großeltern aufgenommen worden, so bestimmen diese untereinander den Berechtigten. 3Wird eine Bestimmung nicht getroffen, so bestimmt das Familiengericht auf Antrag den Berechtigten. 4Den Antrag kann stellen, wer ein berechtigtes Interesse an der Zahlung des Kindergeldes hat. 5Lebt ein Kind im gemeinsamen Haushalt von Eltern und Großeltern, so wird das Kindergeld vorrangig einem Elternteil gezahlt; es wird an einen Großelternteil gezahlt, wenn der Elternteil gegenüber der zuständigen Stelle auf seinen Vorrang schriftlich verzichtet hat.

(3) 1Ist das Kind nicht in den Haushalt eines Berechtigten aufgenommen, so erhält das Kindergeld derjenige, der dem Kind eine Unterhaltsrente zahlt. 2Zahlen mehrere Berechtigte dem Kind Unterhaltsrenten, so erhält das Kindergeld derjenige, der dem Kind die höchste Unterhaltsrente zahlt. 3Werden gleich hohe Unterhaltsrenten gezahlt oder zahlt keiner der Berechtigten dem Kind Unterhalt, so bestimmen die Berechtigten untereinander, wer das Kindergeld erhalten soll. 4Wird eine Bestimmung nicht getroffen, so gilt Absatz 2 Satz 3 und 4 entsprechend.

§ 65 Andere Leistungen für Kinder

1Kindergeld wird nicht für ein Kind gezahlt, für das eine der folgenden Leistungen zu zahlen ist oder bei entsprechender Antragstellung zu zahlen wäre:

1. Leistungen für Kinder, die im Ausland gewährt werden und dem Kindergeld oder der Kinderzulage aus der gesetzlichen Unfallversicherung nach § 217 Absatz 3 des Siebten Buches Sozialgesetzbuch in der bis zum 30. Juni 2020 geltenden Fassung oder dem Kinderzuschuss aus der gesetzlichen Rentenversicherung nach § 270 des Sechsten Buches Sozialgesetzbuch in der bis zum 16. November 2016 geltenden Fassung vergleichbar sind,
2. Leistungen für Kinder, die von einer zwischen- oder überstaatlichen Einrichtung gewährt werden und dem Kindergeld vergleichbar sind.

2Soweit es für die Anwendung von Vorschriften dieses Gesetzes auf den Erhalt von Kindergeld ankommt, stehen die Leistungen nach Satz 1 dem Kindergeld gleich. 3Steht ein Berechtigter in einem Versicherungspflichtverhältnis zur Bundesagentur für Arbeit nach § 24 des Dritten Buches Sozialgesetzbuch oder ist er versicherungsfrei nach § 28 Absatz 1 Nummer 1 des Dritten Buches Sozialgesetzbuch oder steht er im Inland in einem öffentlich-rechtlichen Dienst- oder Amtsverhältnis, so wird sein Anspruch auf Kindergeld für ein Kind nicht nach Satz 1 Nummer 2 mit Rücksicht darauf ausgeschlossen, dass sein Ehegatte als Beamter, Ruhestandsbeamter oder sonstiger Bediensteter der Europäischen Union für das Kind Anspruch auf Kinderzulage hat.

§ 66 Höhe des Kindergeldes, Zahlungszeitraum

(1) Das Kindergeld beträgt monatlich für jedes Kind 259 Euro.

(2) Das Kindergeld wird monatlich vom Beginn des Monats an gezahlt, in dem die Anspruchsvoraussetzungen erfüllt sind, bis zum Ende des Monats, in dem die Anspruchsvoraussetzungen wegfallen.

(3) 1Werden die Freibeträge für Kinder nach § 31 Satz 1 in Verbindung mit § 32 Absatz 6 Satz 1 angehoben, wird das Kindergeld entsprechend erhöht. 2Das Kindergeld ist dabei auf volle Euro kaufmännisch zu runden.

§ 67 Antrag

$_{1}$Das Kindergeld ist bei der zuständigen Familienkasse elektronisch nach amtlich vorgeschriebenem Datensatz über die amtlich vorgeschriebene Schnittstelle zu beantragen; die Familienkasse kann auf die elektronische Antragstellung verzichten, wenn das Kindergeld schriftlich beantragt und der Antrag vom Berechtigten eigenhändig unterschrieben wird. $_{2}$Den Antrag kann außer dem Berechtigten auch stellen, wer ein berechtigtes Interesse an der Leistung des Kindergeldes hat. $_{3}$In Fällen des Satzes 2 ist § 62 Absatz 1 Satz 2 bis 3 anzuwenden. $_{4}$Der Berechtigte ist zu diesem Zweck verpflichtet, demjenigen, der ein berechtigtes Interesse an der Leistung des Kindergeldes hat, seine an ihn vergebene Identifikationsnummer (§ 139b der Abgabenordnung) mitzuteilen. $_{5}$Kommt der Berechtigte dieser Verpflichtung nicht nach, teilt die zuständige Familienkasse demjenigen, der ein berechtigtes Interesse an der Leistung des Kindergeldes hat, auf seine Anfrage die Identifikationsnummer des Berechtigten mit.

§ 68 Besondere Mitwirkungspflichten und Offenbarungsbefugnis

(1) $_{1}$Wer Kindergeld beantragt oder erhält, hat Änderungen in den Verhältnissen, die für die Leistung erheblich sind oder über die im Zusammenhang mit der Leistung Erklärungen abgegeben worden sind, unverzüglich der zuständigen Familienkasse mitzuteilen. $_{2}$Ein Kind, das das 18. Lebensjahr vollendet hat, ist auf Verlangen der Familienkasse verpflichtet, an der Aufklärung des für die Kindergeldzahlung maßgebenden Sachverhalts mitzuwirken; § 101 der Abgabenordnung findet insoweit keine Anwendung.

(2) (weggefallen)

(3) Auf Antrag des Berechtigten erteilt die das Kindergeld auszahlende Stelle eine Bescheinigung über das für das Kalenderjahr ausgezahlte Kindergeld.

(4) $_{1}$Die Familienkassen dürfen den Stellen, die die Bezüge im öffentlichen Dienst anweisen, den für die jeweilige Kindergeldzahlung maßgebenden Sachverhalt durch automatisierte Abrufverfahren bereitstellen oder Auskunft über diesen Sachverhalt erteilen. $_{2}$Das Bundesministerium der Finanzen wird ermächtigt, durch Rechtsverordnung ohne Zustimmung des Bundesrates zur Durchführung von automatisierten Abrufen nach Satz 1 die Voraussetzungen, unter denen ein Datenabruf erfolgen darf, festzulegen.

(5) $_{1}$Zur Erfüllung der in § 31a Absatz 2 der Abgabenordnung genannten Mitteilungspflichten und zur Prüfung der jeweiligen Anspruchsvoraussetzungen und zur Bemessung der jeweiligen Leistung dürfen die Familienkassen den Leistungsträgern, die für Leistungen der Arbeitsförderung nach § 19 Absatz 2, für Leistungen der Grundsicherung für Arbeitsuchende nach § 19a Absatz 2, für Kindergeld, Kinderzuschlag, Leistungen für Bildung und Teilhabe und Elterngeld nach § 25 Absatz 3 oder für Leistungen der Sozialhilfe nach § 28 Absatz 2 des Ersten Buches Sozialgesetzbuch zuständig sind, und den nach § 9 Absatz 1 Satz 2 des Unterhaltsvorschussgesetzes zuständigen Stellen den für die jeweilige Kindergeldzahlung maßgebenden Sachverhalt in einem automatisierten Abrufverfahren übermitteln. $_{2}$Das Bundesministerium der Finanzen wird ermächtigt, durch Rechtsverordnung mit Zustimmung des Bundesrates zur Durchführung von automatisierten Abrufen nach Satz 1 die Voraussetzungen, unter denen ein Datenabruf erfolgen darf, festzulegen.

(6) $_{1}$Zur Prüfung und Bemessung der in Artikel 3 Absatz 1 Buchstabe j in Verbindung mit Artikel 1 Buchstabe z der Verordnung (EG) Nr. 883/2004 des Europäischen Parlaments und des Rates vom 29. April 2004 zur Koordinierung der Systeme der sozialen Sicherheit (ABl. L 166 vom 30. 4. 2004, S. 1), die zuletzt durch die Verordnung (EU) 2017/492 (ABl. L 76 vom 22. 3. 2017, S. 13) geändert worden ist, genannten Familienleistungen dürfen die Familienkassen den zuständigen öffentlichen Stellen eines Mitgliedstaates der Europäischen Union den für die jeweilige Kindergeldzahlung maßgebenden Sachverhalt durch automatisierte Abrufverfahren bereitstellen. $_{2}$Das Bundesministerium der Finanzen wird ermächtigt, durch Rechtsverordnung ohne Zustimmung des Bundesrates zur Durchführung von auto-

matisierten Abrufen nach Satz 1 die Voraussetzungen, unter denen ein Datenabruf erfolgen darf, festzulegen.

(7) 1Die Datenstelle der Rentenversicherung darf den Familienkassen in einem automatisierten Abrufverfahren die zur Überprüfung des Anspruchs auf Kindergeld nach § 62 Absatz 1a und 2 erforderlichen Daten übermitteln; § 79 Absatz 2 bis 4 des Zehnten Buches Sozialgesetzbuch gilt entsprechend. 2Die Träger der Leistungen nach dem Zweiten und Dritten Buch Sozialgesetzbuch dürfen den Familienkassen in einem automatisierten Abrufverfahren die zur Überprüfung des Anspruchs auf Kindergeld nach § 62 erforderlichen Daten übermitteln. 3Das Bundesministerium für Arbeit und Soziales wird ermächtigt, durch Rechtsverordnung mit Zustimmung des Bundesrates die Voraussetzungen für das Abrufverfahren und Regelungen zu den Kosten des Verfahrens nach Satz 2 festzulegen.

§ 69 Datenübermittlung an die Familienkassen

1Erfährt das Bundeszentralamt für Steuern, dass ein Kind, für das Kindergeld gezahlt wird, verzogen ist oder von Amts wegen von der Meldebehörde abgemeldet wurde, hat es der zuständigen Familienkasse unverzüglich die in § 139b Absatz 3 Nummer 1, 3, 5, 8 und 14 der Abgabenordnung genannten Daten zum Zweck der Prüfung der Rechtmäßigkeit des Bezugs von Kindergeld zu übermitteln. 2Die beim Bundeszentralamt für Steuern gespeicherten Daten für ein Kind, für das Kindergeld gezahlt wird, werden auf Anfrage auch den Finanzämtern zur Prüfung der Rechtmäßigkeit der Berücksichtigung der Freibeträge nach § 32 Absatz 6 zur Verfügung gestellt. 3Erteilt das Bundeszentralamt für Steuern auf Grund der Geburt eines Kindes eine neue Identifikationsnummer nach § 139b der Abgabenordnung, übermittelt es der zuständigen Familienkasse zum Zweck der Prüfung des Bezugs von Kindergeld unverzüglich

1. die in § 139b Absatz 3 Nummer 1, 3, 5, 8 und 10 der Abgabenordnung genannten Daten des Kindes sowie
2. soweit vorhanden, die in § 139b Absatz 3 Nummer 1, 3, 5, 8 und 10 und Absatz 3a der Abgabenordnung genannten Daten der Personen, bei denen für dieses Kind nach § 39e Absatz 1 ein Kinderfreibetrag berücksichtigt wird.

§ 70 Festsetzung und Zahlung des Kindergeldes

(1) 1Das Kindergeld nach § 62 wird von den Familienkassen durch Bescheid festgesetzt und ausgezahlt. 2Die Auszahlung von festgesetztem Kindergeld erfolgt rückwirkend nur für die letzten sechs Monate vor Beginn des Monats, in dem der Antrag auf Kindergeld eingegangen ist. 3Der Anspruch auf Kindergeld nach § 62 bleibt von dieser Auszahlungsbeschränkung unberührt.

(2) 1Soweit in den Verhältnissen, die für den Anspruch auf Kindergeld erheblich sind, Änderungen eintreten, ist die Festsetzung des Kindergeldes mit Wirkung vom Zeitpunkt der Änderung der Verhältnisse aufzuheben oder zu ändern. 2Ist die Änderung einer Kindergeldfestsetzung nur wegen einer Anhebung der in § 66 Absatz 1 genannten Kindergeldbeträge erforderlich, kann von der Erteilung eines schriftlichen Änderungsbescheides abgesehen werden.

(3) 1Materielle Fehler der letzten Festsetzung können durch Aufhebung oder Änderung der Festsetzung mit Wirkung ab dem auf die Bekanntgabe der Aufhebung oder Änderung der Festsetzung folgenden Monat beseitigt werden. 2Bei der Aufhebung oder Änderung der Festsetzung nach Satz 1 ist § 176 der Abgabenordnung entsprechend anzuwenden; dies gilt nicht für Monate, die nach der Verkündung der maßgeblichen Entscheidung eines obersten Bundesgerichts beginnen.

§ 71 Vorläufige Einstellung der Zahlung des Kindergeldes

(1) Die Familienkasse kann die Zahlung des Kindergeldes ohne Erteilung eines Bescheides vorläufig einstellen, wenn

1. sie Kenntnis von Tatsachen erhält, die kraft Gesetzes zum Ruhen oder zum Wegfall des Anspruchs führen, und

2. die Festsetzung, aus der sich der Anspruch ergibt, deshalb mit Wirkung für die Vergangenheit aufzuheben ist.

(2) 1Soweit die Kenntnis der Familienkasse nicht auf Angaben des Berechtigten beruht, der das Kindergeld erhält, sind dem Berechtigten unverzüglich die vorläufige Einstellung der Zahlung des Kindergeldes sowie die dafür maßgeblichen Gründe mitzuteilen. 2Ihm ist Gelegenheit zu geben, sich zu äußern.

(3) Die Familienkasse hat die vorläufig eingestellte Zahlung des Kindergeldes unverzüglich nachzuholen, soweit die Festsetzung, aus der sich der Anspruch ergibt, zwei Monate nach der vorläufigen Einstellung der Zahlung nicht mit Wirkung für die Vergangenheit aufgehoben oder geändert wird.

§ 72 (weggefallen)

§ 73 (weggefallen)

§ 74 Zahlung des Kindergeldes in Sonderfällen

(1) 1Das für ein Kind festgesetzte Kindergeld nach § 66 Absatz 1 kann an das Kind ausgezahlt werden, wenn der Kindergeldberechtigte ihm gegenüber seiner gesetzlichen Unterhaltspflicht nicht nachkommt. 2Dies gilt auch, wenn der Kindergeldberechtigte mangels Leistungsfähigkeit nicht unterhaltspflichtig ist oder nur Unterhalt in Höhe eines Betrags zu leisten braucht, der geringer ist als das für die Auszahlung in Betracht kommende Kindergeld. 3Die Auszahlung kann auch an die Person oder Stelle erfolgen, die dem Kind Unterhalt gewährt.

(2) Für Erstattungsansprüche der Träger von Sozialleistungen gegen die Familienkasse gelten die §§ 102 bis 109 und 111 bis 113 des Zehnten Buches Sozialgesetzbuch entsprechend.

§ 75 Aufrechnung

(1) Mit Ansprüchen auf Erstattung von Kindergeld kann die Familienkasse gegen Ansprüche auf Kindergeld bis zu deren Hälfte aufrechnen, wenn der Leistungsberechtigte nicht nachweist, dass er dadurch hilfebedürftig im Sinne der Vorschriften des Zwölften Buches Sozialgesetzbuch über die Hilfe zum Lebensunterhalt oder im Sinne der Vorschriften des Zweiten Buches Sozialgesetzbuch über die Leistungen zur Sicherung des Lebensunterhalts wird.

(2) Absatz 1 gilt für die Aufrechnung eines Anspruchs auf Erstattung von Kindergeld gegen einen späteren Kindergeldanspruch eines mit dem Erstattungspflichtigen in Haushaltsgemeinschaft lebenden Berechtigten entsprechend, soweit es sich um laufendes Kindergeld für ein Kind handelt, das bei beiden berücksichtigt werden kann oder konnte.

§ 76 Pfändung

Der Anspruch auf Kindergeld kann nur wegen gesetzlicher Unterhaltsansprüche eines Kindes, für das Kindergeld festgesetzt und dem Berechtigten ausgezahlt wird, gepfändet werden.

§ 77 Erstattung von Kosten im Vorverfahren

(1) 1Soweit der Einspruch gegen die Kindergeldfestsetzung erfolgreich ist, hat die Familienkasse demjenigen, der den Einspruch erhoben hat, die zur zweckentsprechenden Rechtsverfolgung oder Rechtsverteidigung notwendigen Aufwendungen zu erstatten. 2Dies gilt auch, wenn der Einspruch nur deshalb keinen Erfolg hat, weil die Verletzung einer Verfahrens- oder Formvorschrift nach § 126 der Abgabenordnung unbeachtlich ist. 3Aufwendungen, die durch das Verschulden eines Erstattungsberechtigten entstanden sind, hat dieser selbst zu tragen; das Verschulden eines Vertreters ist dem Vertretenen zuzurechnen.

(2) Die Gebühren und Auslagen eines Bevollmächtigten oder Beistandes, der nach den Vorschriften des Steuerberatungsgesetzes zur geschäftsmäßigen Hilfeleistung in Steuersachen befugt ist, sind erstattungsfähig, wenn dessen Zuziehung notwendig war.

(3) 1Die Familienkasse setzt auf Antrag den Betrag der zu erstattenden Aufwendungen fest. 2Die Kostenentscheidung bestimmt auch, ob die Zuziehung eines Bevollmächtigten oder Beistandes im Sinne des Absatzes 2 notwendig war.

§ 78 Übergangsregelungen

(1) bis (4) (weggefallen)

(5) 1Abweichend von § 64 Absatz 2 und 3 steht Berechtigten, die für Dezember 1990 für ihre Kinder Kindergeld in dem in Artikel 3 des Einigungsvertrages genannten Gebiet bezogen haben, das Kindergeld für diese Kinder auch für die folgende Zeit zu, solange sie ihren Wohnsitz oder gewöhnlichen Aufenthalt in diesem Gebiet beibehalten und die Kinder die Voraussetzungen ihrer Berücksichtigung weiterhin erfüllen. 2§ 64 Absatz 2 und 3 ist insoweit erst für die Zeit vom Beginn des Monats an anzuwenden, in dem ein hierauf gerichteter Antrag bei der zuständigen Stelle eingegangen ist; der hiernach Berechtigte muss die nach Satz 1 geleisteten Zahlungen gegen sich gelten lassen.

XI. Altersvorsorgezulage

§ 79 Zulageberechtigte

1Die in § 10a Absatz 1 genannten Personen haben Anspruch auf eine Altersvorsorgezulage (Zulage). 2Ist nur ein Ehegatte nach Satz 1 begünstigt, so ist auch der andere Ehegatte zulageberechtigt, wenn

1. beide Ehegatten nicht dauernd getrennt leben (§ 26 Absatz 1),
2. beide Ehegatten ihren Wohnsitz oder gewöhnlichen Aufenthalt in einem Mitgliedstaat der Europäischen Union oder einem Staat haben, auf den das Abkommen über den Europäischen Wirtschaftsraum anwendbar ist,
3. ein auf den Namen des anderen Ehegatten lautender Altersvorsorgevertrag besteht,
4. der andere Ehegatte zugunsten des Altersvorsorgevertrags nach Nummer 3 im jeweiligen Beitragsjahr mindestens 60 Euro geleistet hat und
5. die Auszahlungsphase des Altersvorsorgevertrags nach Nummer 3 noch nicht begonnen hat.

3Satz 1 gilt entsprechend für die in § 10a Absatz 6 Satz 1 und 2 genannten Personen, sofern sie unbeschränkt steuerpflichtig sind oder für das Beitragsjahr nach § 1 Absatz 3 als unbeschränkt steuerpflichtig behandelt werden.

§ 80 Anbieter

Anbieter im Sinne dieses Gesetzes sind Anbieter von Altersvorsorgeverträgen gemäß § 1 Absatz 2 des Altersvorsorgeverträge-Zertifizierungsgesetzes sowie die in § 82 Absatz 2 genannten Versorgungseinrichtungen.

§ 81 Zentrale Stelle

Zentrale Stelle im Sinne dieses Gesetzes ist die Deutsche Rentenversicherung Bund.

§ 81a Zuständige Stelle

1Zuständige Stelle ist bei einem

1. Empfänger von Besoldung nach dem Bundesbesoldungsgesetz oder einem Landesbesoldungsgesetz die die Besoldung anordnende Stelle,
2. Empfänger von Amtsbezügen im Sinne des § 10a Absatz 1 Satz 1 Nummer 2 die die Amtsbezüge anordnende Stelle,
3. versicherungsfrei Beschäftigten sowie bei einem von der Versicherungspflicht befreiten Beschäftigten im Sinne des § 10a Absatz 1 Satz 1 Nummer 3 der die Versorgung gewährleistende Arbeitgeber der rentenversicherungsfreien Beschäftigung,
4. Beamten, Richter, Berufssoldaten und Soldaten auf Zeit im Sinne des § 10a Absatz 1 Satz 1 Nummer 4 der zur Zahlung des Arbeitsentgelts verpflichtete Arbeitgeber und
5. Empfänger einer Versorgung im Sinne des § 10a Absatz 1 Satz 4 die die Versorgung anordnende Stelle.

2Für die in § 10a Absatz 1 Satz 1 Nummer 5 genannten Steuerpflichtigen gilt Satz 1 entsprechend.

§ 82 Altersvorsorgebeiträge

(1) 1Geförderte Altersvorsorgebeiträge sind im Rahmen des in § 10a Absatz 1 Satz 1 genannten Höchstbetrags

1. Beiträge,
2. Tilgungsleistungen,

die der Zulageberechtigte (§ 79) bis zum Beginn der Auszahlungsphase zugunsten eines auf seinen Namen lautenden Vertrags leistet, der nach § 5 des Altersvorsorgeverträge-Zertifizierungsgesetzes zertifiziert ist (Altersvorsorgevertrag). $_{2}$Die Zertifizierung ist Grundlagenbescheid im Sinne des § 171 Absatz 10 der Abgabenordnung. $_{3}$Als Tilgungsleistungen gelten auch Beiträge, die vom Zulageberechtigten zugunsten eines auf seinen Namen lautenden Altersvorsorgevertrags im Sinne des § 1 Absatz 1a Satz 1 Nummer 3 des Altersvorsorgeverträge-Zertifizierungsgesetzes erbracht wurden und die zur Tilgung eines im Rahmen des Altersvorsorgevertrags abgeschlossenen Darlehens abgetreten wurden. $_{4}$Im Fall der Übertragung von gefördertem Altersvorsorgevermögen nach § 1 Absatz 1 Satz 1 Nummer 10 Buchstabe b des Altersvorsorgeverträge-Zertifizierungsgesetzes in einen Altersvorsorgevertrag im Sinne des § 1 Absatz 1a Satz 1 Nummer 3 des Altersvorsorgeverträge-Zertifizierungsgesetzes gelten die Beiträge nach Satz 1 Nummer 1 ab dem Zeitpunkt der Übertragung als Tilgungsleistungen nach Satz 3; eine erneute Förderung nach § 10a oder Abschnitt XI erfolgt insoweit nicht. $_{5}$Tilgungsleistungen nach den Sätzen 1 und 3 werden nur berücksichtigt, wenn das zugrunde liegende Darlehen für eine nach dem 31. Dezember 2007 vorgenommene wohnungswirtschaftliche Verwendung im Sinne des § 92a Absatz 1 Satz 1 eingesetzt wurde. $_{6}$Bei einer Aufgabe der Selbstnutzung nach § 92a Absatz 3 Satz 1 gelten im Beitragsjahr der Aufgabe der Selbstnutzung auch die nach der Aufgabe der Selbstnutzung geleisteten Beiträge oder Tilgungsleistungen als Altersvorsorgebeiträge nach Satz 1. $_{7}$Bei einer Reinvestition nach § 92a Absatz 3 Satz 9 Nummer 1 gelten im Beitragsjahr der Reinvestition auch die davor geleisteten Beiträge oder Tilgungsleistungen als Altersvorsorgebeiträge nach Satz 1. $_{8}$Bei einer Wiederaufnahme der Selbstnutzung nach § 92a Absatz 3 Satz 9 Nummer 5 oder bei einem beruflich bedingten Umzug nach § 92a Absatz 4 gelten

1. im Beitragsjahr des Wegzugs auch die nach dem Wegzug und
2. im Beitragsjahr des Wiedereinzugs auch die vor dem Wiedereinzug

geleisteten Beiträge und Tilgungsleistungen als Altersvorsorgebeiträge nach Satz 1.

(2) $_{1}$Zu den Altersvorsorgebeiträgen gehören auch

a) die aus dem individuell versteuerten Arbeitslohn des Arbeitnehmers geleisteten Beiträge an einen Pensionsfonds, eine Pensionskasse oder eine Direktversicherung zum Aufbau einer kapitalgedeckten betrieblichen Altersversorgung und

b) Beiträge des Arbeitnehmers und des ausgeschiedenen Arbeitnehmers, die dieser im Fall der zunächst durch Entgeltumwandlung (§ 1a des Betriebsrentengesetzes) finanzierten und nach § 3 Nummer 63 oder § 10a und diesem Abschnitt geförderten kapitalgedeckten betrieblichen Altersversorgung nach Maßgabe des § 1a Absatz 4, des § 1b Absatz 5 Satz 1 Nummer 2 und des § 22 Absatz 3 Nummer 1 Buchstabe a des Betriebsrentengesetzes selbst erbringt.

$_{2}$Satz 1 gilt nur, wenn

1. a) vereinbart ist, dass die zugesagten Altersversorgungsleistungen als monatliche Leistungen in Form einer lebenslangen Leibrente oder als Ratenzahlungen im Rahmen eines Auszahlungsplans mit einer anschließenden Teilkapitalverrentung ab spätestens dem 85. Lebensjahr ausgezahlt werden und die Leistungen während der gesamten Auszahlungsphase gleich bleiben oder steigen; dabei können bis zu zwölf Monatsleistungen in einer Auszahlung zusammengefasst und bis zu 30 Prozent des zu Beginn der Auszahlungsphase zur Verfügung stehenden Kapitals außerhalb der monatlichen Leistungen ausgezahlt werden, und
   b) ein vereinbartes Kapitalwahlrecht nicht oder nicht außerhalb des letzten Jahres vor dem vertraglich vorgesehenen Beginn der Altersversorgungsleistung ausgeübt wurde, oder
2. bei einer reinen Beitragszusage nach § 1 Absatz 2 Nummer 2a des Betriebsrenten-

gesetzes der Pensionsfonds, die Pensionskasse oder die Direktversicherung eine lebenslange Zahlung als Altersversorgungsleistung zu erbringen hat.

3Die §§ 3 und 4 des Betriebsrentengesetzes stehen dem vorbehaltlich des § 93 nicht entgegen.

(3) Zu den Altersvorsorgebeiträgen gehören auch die Beitragsanteile, die zur Absicherung der verminderten Erwerbsfähigkeit des Zulageberechtigten und zur Hinterbliebenenversorgung verwendet werden, wenn in der Leistungsphase die Auszahlung in Form einer Rente erfolgt.

(4) Nicht zu den Altersvorsorgebeiträgen zählen

1. Aufwendungen, die vermögenswirksame Leistungen nach dem Fünften Vermögensbildungsgesetz in der jeweils geltenden Fassung darstellen,
2. prämienbegünstigte Aufwendungen nach dem Wohnungsbau-Prämiengesetz in der Fassung der Bekanntmachung vom 30. Oktober 1997 (BGBl. I S. 2678), zuletzt geändert durch Artikel 5 des Gesetzes vom 29. Juli 2008 (BGBl. I S. 1509), in der jeweils geltenden Fassung,
3. Aufwendungen, die im Rahmen des § 10 als Sonderausgaben geltend gemacht werden,
4. Zahlungen nach § 92a Absatz 2 Satz 4 Nummer 1 und Absatz 3 Satz 9 Nummer 2 oder
5. Übertragungen im Sinne des § 3 Nummer 55 bis 55c.

§ 83 Altersvorsorgezulage

In Abhängigkeit von den geleisteten Altersvorsorgebeiträgen wird eine Zulage gezahlt, die sich aus einer Grundzulage (§ 84) und einer Kinderzulage (§ 85) zusammensetzt.

§ 84 Grundzulage

1Jeder Zulageberechtigte erhält eine Grundzulage; diese beträgt ab dem Beitragsjahr 2018 jährlich 175 Euro. 2Für Zulageberechtigte nach § 79 Satz 1, die zu Beginn des Beitragsjahres (§ 88) das 25. Lebensjahr noch nicht vollendet haben, erhöht sich die Grundzulage nach Satz 1 um einmalig 200 Euro. 3Die Erhöhung nach Satz 2 ist für das erste nach dem 31. Dezember 2007 beginnende Beitragsjahr zu gewähren, für das eine Altersvorsorgezulage beantragt wird.

§ 85 Kinderzulage

(1) 1Die Kinderzulage beträgt für jedes Kind, für das gegenüber dem Zulageberechtigten Kindergeld festgesetzt wird, jährlich 185 Euro. 2Für ein nach dem 31. Dezember 2007 geborenes Kind erhöht sich die Kinderzulage nach Satz 1 auf 300 Euro. 3Der Anspruch auf Kinderzulage entfällt für den Veranlagungszeitraum, für den das Kindergeld insgesamt zurückgefordert wird. 4Erhalten mehrere Zulageberechtigte für dasselbe Kind Kindergeld, steht die Kinderzulage demjenigen zu, dem gegenüber für den ersten Anspruchszeitraum (§ 66 Absatz 2) im Kalenderjahr Kindergeld festgesetzt worden ist.

(2) 1Bei Eltern verschiedenen Geschlechts, die miteinander verheiratet sind, nicht dauernd getrennt leben (§ 26 Absatz 1) und ihren Wohnsitz oder gewöhnlichen Aufenthalt in einem Mitgliedstaat der Europäischen Union oder einem Staat haben, auf den das Abkommen über den Europäischen Wirtschaftsraum (EWR-Abkommen) anwendbar ist, wird die Kinderzulage der Mutter zugeordnet, auf Antrag beider Eltern dem Vater. 2Bei Eltern gleichen Geschlechts, die miteinander verheiratet sind oder eine Lebenspartnerschaft führen, nicht dauernd getrennt leben (§ 26 Absatz 1) und ihren Wohnsitz oder gewöhnlichen Aufenthalt in einem Mitgliedstaat der Europäischen Union oder einem Staat haben, auf den das EWR-Abkommen anwendbar ist, ist die Kinderzulage dem Elternteil zuzuordnen, dem gegenüber das Kindergeld festgesetzt wird, auf Antrag beider Eltern dem anderen Elternteil. 3Der Antrag kann für ein abgelaufenes Beitragsjahr nicht zurückgenommen werden.

§ 86 Mindesteigenbeitrag

(1) 1Die Zulage nach den §§ 84 und 85 wird gekürzt, wenn der Zulageberechtigte nicht den Mindesteigenbeitrag leistet. 2Dieser beträgt jährlich 4 Prozent der Summe der in dem

dem Kalenderjahr vorangegangenen Kalenderjahr

1. erzielten beitragspflichtigen Einnahmen im Sinne des Sechsten Buches Sozialgesetzbuch,
2. bezogenen Besoldung und Amtsbezüge,
3. in den Fällen des § 10a Absatz 1 Satz 1 Nummer 3 und Nummer 4 erzielten Einnahmen, die beitragspflichtig wären, wenn die Versicherungsfreiheit in der gesetzlichen Rentenversicherung nicht bestehen würde und
4. bezogenen Rente wegen voller Erwerbsminderung oder Erwerbsunfähigkeit oder bezogenen Versorgungsbezüge wegen Dienstunfähigkeit in den Fällen des § 10a Absatz 1 Satz 4,

jedoch nicht mehr als der in § 10a Absatz 1 Satz 1 genannte Höchstbetrag, vermindert um die Zulage nach den §§ 84 und 85; gehört der Ehegatte zum Personenkreis nach § 79 Satz 2, berechnet sich der Mindesteigenbeitrag des nach § 79 Satz 1 Begünstigten unter Berücksichtigung der den Ehegatten insgesamt zustehenden Zulagen. $_{3}$Auslandsbezogene Bestandteile nach den §§ 52 ff. des Bundesbesoldungsgesetzes oder entsprechender Regelungen eines Landesbesoldungsgesetzes bleiben unberücksichtigt. $_{4}$Als Sockelbetrag sind ab dem Jahr 2005 jährlich 60 Euro zu leisten. $_{5}$Ist der Sockelbetrag höher als der Mindesteigenbeitrag nach Satz 2, so ist der Sockelbetrag als Mindesteigenbeitrag zu leisten. $_{6}$Die Kürzung der Zulage ermittelt sich nach dem Verhältnis der Altersvorsorgebeiträge zum Mindesteigenbeitrag.

(2) $_{1}$Ein nach § 79 Satz 2 begünstigter Ehegatte hat Anspruch auf eine ungekürzte Zulage, wenn der zum begünstigten Personenkreis nach § 79 Satz 1 gehörende Ehegatte seinen geförderten Mindesteigenbeitrag unter Berücksichtigung der den Ehegatten insgesamt zustehenden Zulagen erbracht hat. $_{2}$Werden bei einer in der gesetzlichen Rentenversicherung pflichtversicherten Person beitragspflichtige Einnahmen zu Grunde gelegt, die höher sind als das tatsächlich erzielte Entgelt oder die Entgeltersatzleistung, ist das tatsächlich erzielte Entgelt oder der Zahlbetrag der Entgeltersatzleistung für die Berechnung des Mindesteigenbeitrags zu berücksichtigen. $_{3}$Für die nicht erwerbsmäßig ausgeübte Pflegetätigkeit einer nach § 3 Satz 1 Nummer 1a des Sechsten Buches Sozialgesetzbuch rentenversicherungspflichtigen Person ist für die Berechnung des Mindesteigenbeitrags ein tatsächlich erzieltes Entgelt von 0 Euro zu berücksichtigen.

(3) $_{1}$Für Versicherungspflichtige nach dem Gesetz über die Alterssicherung der Landwirte ist Absatz 1 mit der Maßgabe anzuwenden, dass auch die Einkünfte aus Land- und Forstwirtschaft im Sinne des § 13 des zweiten dem Beitragsjahr vorangegangenen Veranlagungszeitraums als beitragspflichtige Einnahmen des vorangegangenen Kalenderjahres gelten. $_{2}$Negative Einkünfte im Sinne des Satzes 1 bleiben unberücksichtigt, wenn weitere nach Absatz 1 oder Absatz 2 zu berücksichtigende Einnahmen erzielt werden.

(4) Wird nach Ablauf des Beitragsjahres festgestellt, dass die Voraussetzungen für die Gewährung einer Kinderzulage nicht vorgelegen haben, ändert sich dadurch die Berechnung des Mindesteigenbeitrags für dieses Beitragsjahr nicht.

(5) Bei den in § 10a Absatz 6 Satz 1 und 2 genannten Personen ist der Summe nach Absatz 1 Satz 2 die Summe folgender Einnahmen und Leistungen aus dem dem Kalenderjahr vorangegangenen Kalenderjahr hinzuzurechnen:

1. die erzielten Einnahmen aus der Tätigkeit, die die Zugehörigkeit zum Personenkreis des § 10a Absatz 6 Satz 1 begründet, und
2. die bezogenen Leistungen im Sinne des § 10a Absatz 6 Satz 2 Nummer 1.

§ 87 Zusammentreffen mehrerer Verträge

(1) $_{1}$Zahlt der nach § 79 Satz 1 Zulageberechtigte Altersvorsorgebeiträge zugunsten mehrerer Verträge, so wird die Zulage nur für zwei dieser Verträge gewährt. $_{2}$Der insgesamt nach § 86 zu leistende Mindesteigenbeitrag muss zugunsten dieser Verträge geleistet worden sein. $_{3}$Die Zulage ist entsprechend

dem Verhältnis der auf diese Verträge geleisteten Beiträge zu verteilen.

(2) $_{1}$Der nach § 79 Satz 2 Zulageberechtigte kann die Zulage für das jeweilige Beitragsjahr nicht auf mehrere Altersvorsorgeverträge verteilen. $_{2}$Es ist nur der Altersvorsorgevertrag begünstigt, für den zuerst die Zulage beantragt wird.

§ 88 Entstehung des Anspruchs auf Zulage

Der Anspruch auf die Zulage entsteht mit Ablauf des Kalenderjahres, in dem die Altersvorsorgebeiträge geleistet worden sind (Beitragsjahr).

§ 89 Antrag

(1) $_{1}$Der Zulageberechtigte hat den Antrag auf Zulage nach amtlich vorgeschriebenem Vordruck bis zum Ablauf des zweiten Kalenderjahres, das auf das Beitragsjahr (§ 88) folgt, bei dem Anbieter seines Vertrages einzureichen; dies kann auch elektronisch unter Angabe der erforderlichen Antragsdaten erfolgen, wenn sowohl der Anbieter als auch der Zulageberechtigte mit diesem Verfahren einverstanden sind. $_{2}$Hat der Zulageberechtigte im Beitragsjahr Altersvorsorgebeiträge für mehrere Verträge gezahlt, so hat er mit dem Zulageantrag zu bestimmen, auf welche Verträge die Zulage überwiesen werden soll. $_{3}$Beantragt der Zulageberechtigte die Zulage für mehr als zwei Verträge, so wird die Zulage nur für die zwei Verträge mit den höchsten Altersvorsorgebeiträgen gewährt. $_{4}$Sofern eine Zulagenummer (§ 90 Absatz 1 Satz 2) durch die zentrale Stelle (§ 81) oder eine Versicherungsnummer nach § 147 des Sechsten Buches Sozialgesetzbuch für den nach § 79 Satz 2 berechtigten Ehegatten noch nicht vergeben ist, hat dieser über seinen Anbieter eine Zulagenummer bei der zentralen Stelle zu beantragen. $_{5}$Der Antragsteller ist verpflichtet, dem Anbieter unverzüglich eine Änderung der Verhältnisse mitzuteilen, die zu einer Minderung oder zum Wegfall des Zulageanspruchs führt; dies kann auch elektronisch erfolgen, wenn sowohl der Anbieter als auch der Zulageberechtigte mit diesem Verfahren einverstanden sind.

(1a) $_{1}$Der Zulageberechtigte kann den Anbieter seines Vertrages unter Angabe der erforderlichen Antragsdaten schriftlich bevollmächtigen, für ihn abweichend von Absatz 1 die Zulage für jedes Beitragsjahr zu beantragen; dies kann auch elektronisch erfolgen, wenn sowohl der Anbieter als auch der Zulageberechtigte mit diesem Verfahren einverstanden sind. $_{2}$Absatz 1 Satz 5 gilt mit Ausnahme der Mitteilung geänderter beitragspflichtiger Einnahmen im Sinne des Sechsten Buches Sozialgesetzbuch entsprechend; erlangt der Anbieter von einer Änderung der Verhältnisse Kenntnis, hat dieser die zentrale Stelle zu unterrichten. $_{3}$Ein Widerruf der Vollmacht ist bis zum Ablauf des Beitragsjahres, für das der Anbieter keinen Antrag auf Zulage stellen soll, gegenüber dem Anbieter zu erklären.

(2) $_{1}$Der Anbieter ist verpflichtet,

a) die Vertragsdaten,

b) die Identifikationsnummer, die Versicherungsnummer nach § 147 des Sechsten Buches Sozialgesetzbuch, die Zulagenummer des Zulageberechtigten und dessen Ehegatten oder einen Antrag auf Vergabe einer Zulagenummer eines nach § 79 Satz 2 berechtigten Ehegatten,

c) die vom Zulageberechtigten mitgeteilten Angaben zur Ermittlung des Mindesteigenbeitrags (§ 86),

d) die Identifikationsnummer des Kindes sowie die weiteren für die Gewährung der Kinderzulage erforderlichen Daten,

e) die Höhe der geleisteten Altersvorsorgebeiträge und

f) das Vorliegen einer nach Absatz 1a erteilten Vollmacht

als die für die Ermittlung und Überprüfung des Zulageanspruchs und Durchführung des Zulageverfahrens erforderlichen Daten zu erfassen. $_{2}$Er hat die Daten der bei ihm im Laufe eines Kalendervierteljahres eingegangenen Anträge bis zum Ende des folgenden Monats nach amtlich vorgeschriebenem Datensatz durch amtlich bestimmte Datenfernübertragung an die zentrale Stelle zu übermitteln. $_{3}$Dies gilt auch im Fall des Absatzes 1 Satz 5. $_{4}$§ 22a Absatz 2 gilt entsprechend.

(3) $_{1}$Ist der Anbieter nach Absatz 1a Satz 1 bevollmächtigt worden, hat er der zentralen

Stelle die nach Absatz 2 Satz 1 erforderlichen Angaben für jedes Kalenderjahr bis zum Ablauf des auf das Beitragsjahr folgenden Kalenderjahres zu übermitteln. $_{2}$Liegt die Bevollmächtigung erst nach dem im Satz 1 genannten Meldetermin vor, hat der Anbieter die Angaben bis zum Ende des folgenden Kalendervierteljahres nach der Bevollmächtigung, spätestens jedoch bis zum Ablauf der in Absatz 1 Satz 1 genannten Antragsfrist, zu übermitteln. $_{3}$Absatz 2 Satz 2 und 3 gilt sinngemäß.

§ 90 Verfahren

(1) $_{1}$Die zentrale Stelle ermittelt auf Grund der von ihr erhobenen oder der ihr übermittelten Daten, ob und in welcher Höhe ein Zulageanspruch besteht. $_{2}$Soweit der zuständige Träger der Rentenversicherung keine Versicherungsnummer vergeben hat, vergibt die zentrale Stelle zur Erfüllung der ihr nach diesem Abschnitt zugewiesenen Aufgaben eine Zulagenummer. $_{3}$Die zentrale Stelle teilt im Fall eines Antrags nach § 10a Absatz 1b der zuständigen Stelle, im Fall eines Antrags nach § 89 Absatz 1 Satz 4 dem Anbieter die Zulagenummer mit; von dort wird sie an den Antragsteller weitergeleitet.

(2) $_{1}$Die zentrale Stelle veranlasst die Auszahlung an den Anbieter zugunsten der Zulageberechtigten durch die zuständige Kasse nach erfolgter Berechnung nach Absatz 1 und Überprüfung nach § 91. $_{2}$Ein gesonderter Bescheid ergeht vorbehaltlich des Absatzes 4 nicht. $_{3}$Der Anbieter hat die erhaltenen Zulagen unverzüglich den begünstigten Verträgen gutzuschreiben. $_{4}$Zulagen, die nach Beginn der Auszahlungsphase für das Altersvorsorgevermögen von der zentralen Stelle an den Anbieter überwiesen werden, können vom Anbieter an den Anleger ausgezahlt werden. $_{5}$Besteht kein Zulageanspruch, so teilt die zentrale Stelle dies dem Anbieter durch Datensatz mit. $_{6}$Die zentrale Stelle teilt dem Anbieter die Altersvorsorgebeiträge im Sinne des § 82, auf die § 10a oder dieser Abschnitt angewendet wurde, durch Datensatz mit.

(3) $_{1}$Erkennt die zentrale Stelle bis zum Ende des zweiten auf die Ermittlung der Zulage folgenden Jahres nachträglich auf Grund neuer, berichtigter oder stornierter Daten, dass der Zulageanspruch ganz oder teilweise nicht besteht oder weggefallen ist, so hat sie zu Unrecht gutgeschriebene oder ausgezahlte Zulagen bis zum Ablauf eines Jahres nach der Erkenntnis zurückzufordern und dies dem Zulageberechtigten durch Bescheid nach Absatz 4 Satz 1 Nummer 2 und dem Anbieter durch Datensatz mitzuteilen. $_{2}$Bei bestehendem Vertragsverhältnis hat der Anbieter das Konto zu belasten. $_{3}$Die ihm im Kalendervierteljahr mitgeteilten Rückforderungsbeträge hat er bis zum zehnten Tag des dem Kalendervierteljahr folgenden Monats in einem Betrag bei der zentralen Stelle anzumelden und an diese abzuführen. $_{4}$Die Anmeldung nach Satz 3 ist nach amtlich vorgeschriebenem Vordruck abzugeben. $_{5}$Sie gilt als Steueranmeldung im Sinne der Abgabenordnung. $_{6}$Abweichend von Satz 1 gilt die Ausschlussfrist für den Personenkreis der Kindererziehenden nach § 10a Absatz 1a und deren nach § 79 Satz 2 förderberechtigten Ehegatten nicht; die zentrale Stelle hat die Zulage des Zulageberechtigten als auch des nach § 79 Satz 2 förderberechtigten Ehegatten bis zur Vollendung des fünften Lebensjahres des Kindes, das für die Anerkennung der Förderberechtigung nach § 10a Absatz 1a maßgebend war, zurückzufordern, wenn die Kindererziehungszeiten bis zu diesem Zeitpunkt in der gesetzlichen Rentenversicherung nicht angerechnet wurden. $_{7}$Hat der Zulageberechtigte die Kindererziehungszeiten innerhalb der in § 10a Absatz 1a genannten Frist beantragt, der zuständige Träger der gesetzlichen Rentenversicherung aber nicht innerhalb der Ausschlussfrist von Satz 6 darüber abschließend beschieden, verlängert sich die Ausschlussfrist um drei Monate nach Kenntniserlangung der zentralen Stelle vom Erlass des Bescheides.

(3a) $_{1}$Erfolgt nach der Durchführung einer versorgungsrechtlichen Teilung eine Rückforderung von zu Unrecht gezahlten Zulagen, setzt die zentrale Stelle den Rückforderungsbetrag nach Absatz 3 unter Anrechnung bereits vom Anbieter einbehaltener und abgeführter Beträge gegenüber dem Zulageberechtigten fest, soweit

1. das Guthaben auf dem Vertrag des Zulageberechtigten zur Zahlung des Rückforderungsbetrags nach § 90 Absatz 3 Satz 1 nicht ausreicht und
2. im Rückforderungsbetrag ein Zulagebetrag enthalten ist, der in der Ehe- oder Lebenspartnerschaftszeit ausgezahlt wurde.

2Erfolgt nach einer Inanspruchnahme eines Altersvorsorge-Eigenheimbetrags im Sinne des § 92a Absatz 1 oder während einer Darlehenstilgung bei Altersvorsorgeverträgen nach § 1 Absatz 1a des Altersvorsorgeverträge-Zertifizierungsgesetzes eine Rückforderung zu Unrecht gezahlter Zulagen, setzt die zentrale Stelle den Rückforderungsbetrag nach Absatz 3 unter Anrechnung bereits vom Anbieter einbehaltener und abgeführter Beträge gegenüber dem Zulageberechtigten fest, soweit das Guthaben auf dem Altersvorsorgevertrag des Zulageberechtigten zur Zahlung des Rückforderungsbetrags nicht ausreicht. 3Der Anbieter hat in diesen Fällen der zentralen Stelle die nach Absatz 3 einbehaltenen und abgeführten Beträge nach amtlich vorgeschriebenem Datensatz durch amtlich bestimmte Datenfernübertragung mitzuteilen.

(4) 1Eine Festsetzung der Zulage erfolgt

1. von Amts wegen, wenn die nach den vorliegenden Daten abschließend berechnete Zulage von der beantragten Zulage abweicht,
2. im Falle des Absatzes 3 von Amts wegen,
3. auf besonderen Antrag des Zulageberechtigten, sofern nicht bereits eine Festsetzung nach Nummer 1, 2 oder 4 erfolgt ist, oder
4. auf Anforderung des zuständigen Finanzamtes, wenn dessen Daten von den Daten der zentralen Stelle abweichen; eine gesonderte Festsetzung unterbleibt, wenn eine Festsetzung nach den Nummern 1 bis 3 bereits erfolgt ist, für das Beitragsjahr keine Zulage beantragt wurde oder die Frist nach Absatz 3 Satz 1 abgelaufen ist.

2Der Antrag nach Satz 1 Nummer 3 ist schriftlich oder elektronisch innerhalb eines Jahres vom Zulageberechtigten an die zentrale Stelle zu richten; die Frist beginnt mit der Erteilung der Bescheinigung nach § 92, die die Ermittlungsergebnisse für das Beitragsjahr enthält, für das eine Festsetzung der Zulage erfolgen soll. 3Der Anbieter teilt auf Anforderung der zentralen Stelle nach amtlich vorgeschriebenem Datensatz durch amtlich bestimmte Datenfernübertragung das Datum der Erteilung der nach Satz 2 maßgebenden Bescheinigung nach § 92 mit. 4Er hat auf Anforderung weitere ihm vorliegende, für die Festsetzung erforderliche Unterlagen beizufügen; eine ergänzende Stellungnahme kann beigefügt werden; dies kann auch elektronisch erfolgen, wenn sowohl der Anbieter als auch die zentrale Stelle mit diesem Verfahren einverstanden sind. 5Die zentrale Stelle teilt die Festsetzung auch dem Anbieter und die Festsetzung nach Satz 1 Nummer 4 auch dem Finanzamt mit; erfolgt keine Festsetzung nach Satz 1 Nummer 4, teilt dies die zentrale Stelle dem Finanzamt ebenfalls mit. 6Im Übrigen gilt Absatz 3 entsprechend. 7Satz 1 Nummer 1 gilt nicht, wenn der Datensatz nach § 89 Absatz 2 auf Grund von unzureichenden oder fehlerhaften Angaben des Zulageberechtigten abgewiesen sowie um eine Fehlermeldung ergänzt worden ist und die Angaben nicht innerhalb der Antragsfrist des § 89 Absatz 1 Satz 1 von dem Zulageberechtigten an den Anbieter nachgereicht werden.

(5) 1Im Rahmen des Festsetzungsverfahrens oder Einspruchsverfahrens kann der Zulageberechtigte bis zum rechtskräftigen Abschluss des Festsetzungsverfahrens oder Einspruchsverfahrens eine nicht fristgerecht abgegebene Einwilligung nach § 10a Absatz 1 Satz 1 Halbsatz 2 gegenüber der zuständigen Stelle nachholen. 2Über die Nachholung hat er die zentrale Stelle unter Angabe des Datums der Erteilung der Einwilligung unmittelbar zu informieren. 3Hat der Zulageberechtigte im Rahmen des Festsetzungsverfahrens oder Einspruchsverfahrens eine wirksame Einwilligung gegenüber der zuständigen Stelle erteilt, wird er so gestellt, als hätte er die Einwilligung innerhalb der Frist nach § 10a Absatz 1 Satz 1 Halbsatz 2 wirksam gestellt.

Gesetz zum Elterngeld und zur Elternzeit (Bundeselterngeld- und Elternzeitgesetz – BEEG)

in der Fassung der Bekanntmachung vom 27. Januar 2015 (BGBl. I S. 33)

Zuletzt geändert durch
Wehrdienst-Modernisierungsgesetz
vom 22. Dezember 2025 (BGBl. I Nr. 370)

Abschnitt 1 Elterngeld

§1 Berechtigte

(1) 1Anspruch auf Elterngeld hat, wer

1. einen Wohnsitz oder seinen gewöhnlichen Aufenthalt in Deutschland hat,
2. mit seinem Kind in einem Haushalt lebt,
3. dieses Kind selbst betreut und erzieht und
4. keine oder keine volle Erwerbstätigkeit ausübt.

2Bei Mehrlingsgeburten besteht nur ein Anspruch auf Elterngeld.

(2) 1Anspruch auf Elterngeld hat auch, wer, ohne eine der Voraussetzungen des Absatzes 1 Satz 1 Nummer 1 zu erfüllen,

1. nach §4 des Vierten Buches Sozialgesetzbuch dem deutschen Sozialversicherungsrecht unterliegt oder im Rahmen seines in Deutschland bestehenden öffentlich-rechtlichen Dienst- oder Amtsverhältnisses vorübergehend ins Ausland abgeordnet, versetzt oder kommandiert ist,
2. Entwicklungshelfer oder Entwicklungshelferin im Sinne des §1 des Entwicklungshelfer-Gesetzes ist oder als Missionar oder Missionarin der Missionswerke und -gesellschaften, die Mitglieder oder Vereinbarungspartner des Evangelischen Missionswerkes Hamburg, der Arbeitsgemeinschaft Evangelikaler Missionen e. V. oder der Arbeitsgemeinschaft pfingstlich-charismatischer Missionen sind, tätig ist oder
3. die deutsche Staatsangehörigkeit besitzt und nur vorübergehend bei einer zwischen- oder überstaatlichen Einrichtung tätig ist, insbesondere nach den Entsenderichtlinien des Bundes beurlaubte Beamte und Beamtinnen, oder wer vorübergehend eine nach §123a des Beamtenrechtsrahmengesetzes oder §29 des Bundesbeamtengesetzes zugewiesene Tätigkeit im Ausland wahrnimmt.

2Dies gilt auch für mit der nach Satz 1 berechtigten Person in einem Haushalt lebende Ehegatten oder Ehegattinnen.

(3) 1Anspruch auf Elterngeld hat abweichend von Absatz 1 Satz 1 Nummer 2 auch, wer

1. mit einem Kind in einem Haushalt lebt, das er mit dem Ziel der Annahme als Kind aufgenommen hat,
2. ein Kind des Ehegatten oder der Ehegattin in seinen Haushalt aufgenommen hat oder
3. mit einem Kind in einem Haushalt lebt und die von ihm erklärte Anerkennung der Vaterschaft nach §1594 Absatz 2 des Bürgerlichen Gesetzbuchs noch nicht wirksam oder über die von ihm beantragte Vaterschaftsfeststellung nach §1600d des Bürgerlichen Gesetzbuchs noch nicht entschieden ist.

2Für angenommene Kinder und Kinder im Sinne des Satzes 1 Nummer 1 sind die Vorschriften dieses Gesetzes mit der Maßgabe anzuwenden, dass statt des Zeitpunktes der Geburt der Zeitpunkt der Aufnahme des Kindes bei der berechtigten Person maßgeblich ist.

(4) Können die Eltern wegen einer schweren Krankheit, Schwerbehinderung oder Todes der Eltern ihr Kind nicht betreuen, haben Verwandte bis zum dritten Grad und ihre Ehegatten oder Ehegattinnen Anspruch auf Elterngeld, wenn sie die übrigen Voraussetzungen nach Absatz 1 erfüllen und wenn von

anderen Berechtigten Elterngeld nicht in Anspruch genommen wird.

(5) Der Anspruch auf Elterngeld bleibt unberührt, wenn die Betreuung und Erziehung des Kindes aus einem wichtigen Grund nicht sofort aufgenommen werden kann oder wenn sie unterbrochen werden muss.

(6) Eine Person ist nicht voll erwerbstätig, wenn

1. ihre Arbeitszeit 32 Wochenstunden im Durchschnitt des Lebensmonats nicht übersteigt,
2. sie eine Beschäftigung zur Berufsbildung ausübt oder
3. sie als eine im Sinne der §§ 23 und 43 des Achten Buches Sozialgesetzbuch geeignete Kindertagespflegeperson tätig ist.

(6a) Als erwerbstätig im Sinne dieses Gesetzes gelten auch Personen, die vorübergehend nicht arbeiten, solange sie

1. sich in einem Arbeitsverhältnis befinden oder
2. selbständig erwerbstätig sind.

(7) 1Ein nicht freizügigkeitsberechtigter Ausländer oder eine nicht freizügigkeitsberechtigte Ausländerin ist nur anspruchsberechtigt, wenn diese Person

1. eine Niederlassungserlaubnis oder eine Erlaubnis zum Daueraufenthalt-EU besitzt,
2. eine Blaue Karte EU, eine ICT-Karte, eine Mobiler-ICT-Karte oder eine Aufenthaltserlaubnis besitzt, die für einen Zeitraum von mindestens sechs Monaten zur Ausübung einer Erwerbstätigkeit berechtigen oder berechtigt haben oder diese erlauben, es sei denn, die Aufenthaltserlaubnis wurde
   a) nach § 16e des Aufenthaltsgesetzes zu Ausbildungszwecken, nach § 19c Absatz 1 des Aufenthaltsgesetzes zum Zweck der Beschäftigung als Au-Pair oder zum Zweck der Saisonbeschäftigung, nach § 19e des Aufenthaltsgesetzes zum Zweck der Teilnahme an einem Europäischen Freiwilligendienst oder nach § 20a Absatz 5 Satz 1 des Aufenthaltsgesetzes zur Suche nach einer Erwerbstätigkeit oder nach Maßnahmen zur Anerkennung ausländischer Berufsqualifikationen erteilt,
   b) nach § 16b des Aufenthaltsgesetzes zum Zweck eines Studiums, nach § 16d des Aufenthaltsgesetzes für Maßnahmen zur Anerkennung ausländischer Berufsqualifikationen, nach § 20 des Aufenthaltsgesetzes zur Suche nach einer Erwerbstätigkeit oder nach § 20a Absatz 5 Satz 2 des Aufenthaltsgesetzes zur Suche nach einer Erwerbstätigkeit oder nach Maßnahmen zur Anerkennung ausländischer Berufsqualifikationen erteilt und die Person ist weder erwerbstätig noch nimmt sie Elternzeit nach § 15 dieses Gesetzes oder laufende Geldleistungen nach dem Dritten Buch Sozialgesetzbuch in Anspruch,
   c) nach § 23 Absatz 1 des Aufenthaltsgesetzes wegen eines Krieges im Heimatland dieser Person oder nach § 23a oder § 25 Absatz 3 bis 5 des Aufenthaltsgesetzes erteilt,
3. eine in Nummer 2 Buchstabe c genannte Aufenthaltserlaubnis besitzt und im Bundesgebiet berechtigt erwerbstätig ist oder Elternzeit nach § 15 dieses Gesetzes oder laufende Geldleistungen nach dem Dritten Buch Sozialgesetzbuch in Anspruch nimmt,
4. eine in Nummer 2 Buchstabe c genannte Aufenthaltserlaubnis besitzt und sich seit mindestens 15 Monaten erlaubt, gestattet oder geduldet im Bundesgebiet aufhält oder
5. eine Beschäftigungsduldung gemäß § 60d in Verbindung mit § 60a Absatz 2 Satz 3 des Aufenthaltsgesetzes besitzt.

2Abweichend von Satz 1 Nummer 3 erste Alternative ist ein minderjähriger nicht freizügigkeitsberechtigter Ausländer oder eine minderjährige nicht freizügigkeitsberechtigte Ausländerin unabhängig von einer Erwerbstätigkeit anspruchsberechtigt.

(8) 1Ein Anspruch entfällt, wenn die berechtigte Person im letzten abgeschlossenen Veranlagungszeitraum vor der Geburt des Kindes ein zu versteuerndes Einkommen nach § 2 Absatz 5 des Einkommensteuergesetzes in Höhe von mehr als 175 000 Euro erzielt hat. 2Erfüllt

auch eine andere Person die Voraussetzungen des Absatzes 1 Satz 1 Nummer 2 oder der Absätze 3 oder 4, entfällt abweichend von Satz 1 der Anspruch, wenn die Summe des zu versteuernden Einkommens beider Personen mehr als 175 000 Euro beträgt.

§ 2 Höhe des Elterngeldes

(1) 1Elterngeld wird in Höhe von 67 Prozent des Einkommens aus Erwerbstätigkeit vor der Geburt des Kindes gewährt. 2Es wird bis zu einem Höchstbetrag von 1800 Euro monatlich für volle Lebensmonate gezahlt, in denen die berechtigte Person kein Einkommen aus Erwerbstätigkeit hat. 3Das Einkommen aus Erwerbstätigkeit errechnet sich nach Maßgabe der §§ 2c bis 2f aus der um die Abzüge für Steuern und Sozialabgaben verminderten Summe der positiven Einkünfte aus

1. nichtselbständiger Arbeit nach § 2 Absatz 1 Satz 1 Nummer 4 des Einkommensteuergesetzes sowie
2. Land- und Forstwirtschaft, Gewerbebetrieb und selbständiger Arbeit nach § 2 Absatz 1 Satz 1 Nummer 1 bis 3 des Einkommensteuergesetzes,

die im Inland zu versteuern sind und die die berechtigte Person durchschnittlich monatlich im Bemessungszeitraum nach § 2b oder in Lebensmonaten der Bezugszeit nach § 2 Absatz 3 hat.

VIII

(2) 1In den Fällen, in denen das Einkommen aus Erwerbstätigkeit vor der Geburt geringer als 1000 Euro war, erhöht sich der Prozentsatz von 67 Prozent um 0,1 Prozentpunkte für je 2 Euro, um die dieses Einkommen den Betrag von 1000 Euro unterschreitet, auf bis zu 100 Prozent. 2In den Fällen, in denen das Einkommen aus Erwerbstätigkeit vor der Geburt höher als 1200 Euro war, sinkt der Prozentsatz von 67 Prozent um 0,1 Prozentpunkte für je 2 Euro, um die dieses Einkommen den Betrag von 1200 Euro überschreitet, auf bis zu 65 Prozent.

(3) 1Für Lebensmonate nach der Geburt des Kindes, in denen die berechtigte Person ein Einkommen aus Erwerbstätigkeit hat, das durchschnittlich geringer ist als das Einkommen aus Erwerbstätigkeit vor der Geburt, wird Elterngeld in Höhe des nach den Absätzen 1 oder 2 maßgeblichen Prozentsatzes des Unterschiedsbetrages dieser Einkommen aus Erwerbstätigkeit gezahlt. 2Als Einkommen aus Erwerbstätigkeit vor der Geburt ist dabei höchstens der Betrag von 2770 Euro anzusetzen. 3Der Unterschiedsbetrag nach Satz 1 ist für das Einkommen aus Erwerbstätigkeit in Lebensmonaten, in denen die berechtigte Person Basiselterngeld in Anspruch nimmt, und in Lebensmonaten, in denen sie Elterngeld Plus im Sinne des § 4a Absatz 2 in Anspruch nimmt, getrennt zu berechnen.

(4) 1Elterngeld wird mindestens in Höhe von 300 Euro gezahlt. 2Dies gilt auch, wenn die berechtigte Person vor der Geburt des Kindes kein Einkommen aus Erwerbstätigkeit hat.

§ 2a Geschwisterbonus und Mehrlingszuschlag

(1) 1Lebt die berechtigte Person in einem Haushalt mit

1. zwei Kindern, die noch nicht drei Jahre alt sind, oder
2. drei oder mehr Kindern, die noch nicht sechs Jahre alt sind,

wird das Elterngeld um 10 Prozent, mindestens jedoch um 75 Euro erhöht (Geschwisterbonus). 2Zu berücksichtigen sind alle Kinder, für die die berechtigte Person die Voraussetzungen des § 1 Absatz 1 und 3 erfüllt und für die sich das Elterngeld nicht nach Absatz 4 erhöht.

(2) 1Für angenommene Kinder, die noch nicht 14 Jahre alt sind, gilt als Alter des Kindes der Zeitraum seit der Aufnahme des Kindes in den Haushalt der berechtigten Person. 2Dies gilt auch für Kinder, die die berechtigte Person entsprechend § 1 Absatz 3 Satz 1 Nummer 1 mit dem Ziel der Annahme als Kind in ihren Haushalt aufgenommen hat. 3Für Kinder mit Behinderung im Sinne von § 2 Absatz 1 Satz 1 des Neunten Buches Sozialgesetzbuch liegt die Altersgrenze nach Absatz 1 Satz 1 bei 14 Jahren.

(3) Der Anspruch auf den Geschwisterbonus endet mit Ablauf des Monats, in dem eine der in Absatz 1 genannten Anspruchsvoraussetzungen entfällt.

(4) 1Bei Mehrlingsgeburten erhöht sich das Elterngeld um je 300 Euro für das zweite und jedes weitere Kind (Mehrlingszuschlag). 2Dies gilt auch, wenn ein Geschwisterbonus nach Absatz 1 gezahlt wird.

§ 2b Bemessungszeitraum

(1) 1Für die Ermittlung des Einkommens aus nichtselbstständiger Erwerbstätigkeit im Sinne von § 2c vor der Geburt sind die zwölf Kalendermonate vor dem Kalendermonat der Geburt des Kindes maßgeblich. 2Bei der Bestimmung des Bemessungszeitraums nach Satz 1 bleiben Kalendermonate unberücksichtigt, in denen die berechtigte Person

1. im Zeitraum nach § 4 Absatz 1 Satz 2 und 3 und Absatz 5 Satz 3 Nummer 1 Buchstabe b, Nummer 2 Buchstabe b, Nummer 3 Buchstabe b und Nummer 4 Buchstabe b Elterngeld für ein älteres Kind bezogen hat,
2. während der Schutzfristen nach § 3 des Mutterschutzgesetzes nicht beschäftigt werden durfte oder Mutterschaftsgeld nach dem Fünften Buch Sozialgesetzbuch oder nach dem Zweiten Gesetz über die Krankenversicherung der Landwirte oder Krankentagegeld nach § 192 Absatz 5 Satz 2 des Versicherungsvertragsgesetzes bezogen hat,
3. eine Krankheit hatte, die maßgeblich durch eine Schwangerschaft bedingt war, oder
4. Wehrdienst nach dem Wehrpflichtgesetz oder nach dem Vierten Abschnitt des Soldatengesetzes oder Zivildienst nach dem Zivildienstgesetz geleistet hat.

3Abweichend von Satz 2 sind Kalendermonate im Sinne des Satzes 2 Nummer 1 bis 4 auf Antrag der berechtigten Person zu berücksichtigen. 4Abweichend von Satz 2 bleiben auf Antrag bei der Ermittlung des Einkommens für die Zeit vom 1. März 2020 bis zum Ablauf des 23. September 2022 auch solche Kalendermonate unberücksichtigt, in denen die berechtigte Person aufgrund der COVID-19-Pandemie ein geringeres Einkommen aus Erwerbstätigkeit hatte und dies glaubhaft machen kann. 5Satz 2 Nummer 1 gilt in den Fällen des § 27 Absatz 1 Satz 1 mit der Maßgabe, dass auf Antrag auch Kalendermonate mit Elterngeldbezug für ein älteres Kind nach Vollendung von dessen 14. Lebensmonat unberücksichtigt bleiben, soweit der Elterngeldbezug von der Zeit vor Vollendung des 14. Lebensmonats auf danach verschoben wurde.

(2) 1Für die Ermittlung des Einkommens aus selbstständiger Erwerbstätigkeit im Sinne von § 2d vor der Geburt sind die jeweiligen steuerlichen Gewinnermittlungszeiträume maßgeblich, die dem letzten abgeschlossenen steuerlichen Veranlagungszeitraum vor der Geburt des Kindes zugrunde liegen. 2Haben in einem Gewinnermittlungszeitraum die Voraussetzungen des Absatzes 1 Satz 2 oder Satz 4 vorgelegen, sind auf Antrag die Gewinnermittlungszeiträume maßgeblich, die dem diesen Ereignissen vorangegangenen abgeschlossenen steuerlichen Veranlagungszeitraum zugrunde liegen.

(3) 1Abweichend von Absatz 1 ist für die Ermittlung des Einkommens aus nichtselbstständiger Erwerbstätigkeit vor der Geburt der letzte abgeschlossene steuerliche Veranlagungszeitraum vor der Geburt maßgeblich, wenn die berechtigte Person in den Zeiträumen nach Absatz 1 oder Absatz 2 Einkommen aus selbstständiger Erwerbstätigkeit hatte. 2Haben im Bemessungszeitraum nach Satz 1 die Voraussetzungen des Absatzes 1 Satz 2 oder Satz 4 vorgelegen, ist Absatz 2 Satz 2 mit der zusätzlichen Maßgabe anzuwenden, dass für die Ermittlung des Einkommens aus nichtselbstständiger Erwerbstätigkeit vor der Geburt der vorangegangene steuerliche Veranlagungszeitraum maßgeblich ist.

(4) 1Abweichend von Absatz 3 ist auf Antrag der berechtigten Person für die Ermittlung des Einkommens aus nichtselbstständiger Erwerbstätigkeit allein der Bemessungszeitraum nach Absatz 1 maßgeblich, wenn die zu berücksichtigende Summe der Einkünfte aus Land- und Forstwirtschaft, Gewerbebetrieb und selbstständiger Arbeit nach § 2 Absatz 1 Satz 1 Nummer 1 bis 3 des Einkommensteuergesetzes

1. in den jeweiligen steuerlichen Gewinnermittlungszeiträumen, die dem letzten abgeschlossenen steuerlichen Veranlagungs-

VIII

zeitraum vor der Geburt des Kindes zugrunde liegen, durchschnittlich weniger als 35 Euro im Kalendermonat betrug und

2. in den jeweiligen steuerlichen Gewinnermittlungszeiträumen, die dem steuerlichen Veranlagungszeitraum der Geburt des Kindes zugrunde liegen, bis einschließlich zum Kalendermonat vor der Geburt des Kindes durchschnittlich weniger als 35 Euro im Kalendermonat betrug.

$_{2}$Abweichend von § 2 Absatz 1 Satz 3 Nummer 2 ist für die Berechnung des Elterngeldes im Fall des Satzes 1 allein das Einkommen aus nichtselbstständiger Erwerbstätigkeit maßgeblich. $_{3}$Die für die Entscheidung über den Antrag notwendige Ermittlung der Höhe der Einkünfte aus Land- und Forstwirtschaft, Gewerbebetrieb und selbstständiger Arbeit erfolgt für die Zeiträume nach Satz 1 Nummer 1 entsprechend § 2d Absatz 2; in Fällen, in denen zum Zeitpunkt der Entscheidung kein Einkommensteuerbescheid vorliegt, und für den Zeitraum nach Satz 1 Nummer 2 erfolgt die Ermittlung der Höhe der Einkünfte entsprechend § 2d Absatz 3. $_{4}$Die Entscheidung über den Antrag erfolgt abschließend auf der Grundlage der Höhe der Einkünfte, wie sie sich aus den gemäß Satz 3 vorgelegten Nachweisen ergibt.

§ 2c Einkommen aus nichtselbstständiger Erwerbstätigkeit

(1) $_{1}$Der monatlich durchschnittlich zu berücksichtigende Überschuss der Einnahmen aus nichtselbstständiger Arbeit in Geld oder Geldeswert über ein Zwölftel des Arbeitnehmer-Pauschbetrags, vermindert um die Abzüge für Steuern und Sozialabgaben nach den §§ 2e und 2f, ergibt das Einkommen aus nichtselbstständiger Erwerbstätigkeit. $_{2}$Nicht berücksichtigt werden Einnahmen, die im Lohnsteuerabzugsverfahren nach den lohnsteuerlichen Vorgaben als sonstige Bezüge zu behandeln sind. $_{3}$Die zeitliche Zuordnung von Einnahmen erfolgt nach den lohnsteuerlichen Vorgaben für das Lohnsteuerabzugsverfahren. $_{4}$Maßgeblich ist der Arbeitnehmer-Pauschbetrag nach § 9a Satz 1 Nummer 1 Buchstabe a des Einkommensteuergesetzes in der am 1. Januar des Kalenderjahres vor der Geburt des Kindes für dieses Jahr geltenden Fassung.

(2) $_{1}$Grundlage der Ermittlung der Einnahmen sind die Angaben in den für die maßgeblichen Kalendermonate erstellten Lohn- und Gehaltsbescheinigungen des Arbeitgebers. $_{2}$Die Richtigkeit und Vollständigkeit der Angaben in den maßgeblichen Lohn- und Gehaltsbescheinigungen wird vermutet.

(3) $_{1}$Grundlage der Ermittlung der nach den §§ 2e und 2f erforderlichen Abzugsmerkmale für Steuern und Sozialabgaben sind die Angaben in der Lohn- und Gehaltsbescheinigung, die für den letzten Kalendermonat im Bemessungszeitraum mit Einnahmen nach Absatz 1 erstellt wurde. $_{2}$Soweit sich in den Lohn- und Gehaltsbescheinigungen des Bemessungszeitraums eine Angabe zu einem Abzugsmerkmal geändert hat, ist die von der Angabe nach Satz 1 abweichende Angabe maßgeblich, wenn sie in der überwiegenden Zahl der Kalendermonate des Bemessungszeitraums gegolten hat. $_{3}$§ 2c Absatz 2 Satz 2 gilt entsprechend.

(4) $_{1}$Der anteilige Arbeitnehmer-Pauschbetrag nach Absatz 1 Satz 1 ist nicht zu berücksichtigen, wenn dem Ansässigkeitsstaat der berechtigten Person nach einem Abkommen zur Vermeidung der Doppelbesteuerung das Besteuerungsrecht für das Elterngeld zusteht und wenn das aus Deutschland gezahlte Elterngeld nach den maßgebenden Vorschriften des Ansässigkeitsstaats der Steuer unterliegt. $_{2}$Unterliegt das Elterngeld im Ansässigkeitsstaat nach dessen maßgebenden Vorschriften nicht der Steuer, so ist der Arbeitnehmer-Pauschbetrag nach Absatz 1 entsprechend zu berücksichtigen.

§ 2d Einkommen aus selbstständiger Erwerbstätigkeit

(1) Die monatlich durchschnittlich zu berücksichtigende Summe der positiven Einkünfte aus Land- und Forstwirtschaft, Gewerbebetrieb und selbstständiger Arbeit (Gewinneinkünfte), vermindert um die Abzüge für Steuern und Sozialabgaben nach den §§ 2e

und 2f, ergibt das Einkommen aus selbstständiger Erwerbstätigkeit.

(2) 1Bei der Ermittlung der im Bemessungszeitraum zu berücksichtigenden Gewinneinkünfte sind die entsprechenden im Einkommensteuerbescheid ausgewiesenen Gewinne anzusetzen. 2Ist kein Einkommensteuerbescheid zu erstellen, werden die Gewinneinkünfte in entsprechender Anwendung des Absatzes 3 ermittelt.

(3) 1Grundlage der Ermittlung der in den Bezugsmonaten zu berücksichtigenden Gewinneinkünfte ist eine Gewinnermittlung, die mindestens den Anforderungen des § 4 Absatz 3 des Einkommensteuergesetzes entspricht. 2Als Betriebsausgaben sind 25 Prozent der zugrunde gelegten Einnahmen oder auf Antrag die damit zusammenhängenden tatsächlichen Betriebsausgaben anzusetzen.

(4) 1Soweit nicht in § 2c Absatz 3 etwas anderes bestimmt ist, sind bei der Ermittlung der nach § 2e erforderlichen Abzugsmerkmale für Steuern die Angaben im Einkommensteuerbescheid maßgeblich. 2§ 2c Absatz 3 Satz 2 gilt entsprechend.

(5) Die zeitliche Zuordnung von Einnahmen und Ausgaben erfolgt nach den einkommensteuerrechtlichen Grundsätzen.

§ 2e Abzüge für Steuern

(1) 1Als Abzüge für Steuern sind Beträge für die Einkommensteuer, den Solidaritätszuschlag und, wenn die berechtigte Person kirchensteuerpflichtig ist, die Kirchensteuer zu berücksichtigen. 2Die Abzüge für Steuern werden einheitlich für Einkommen aus nichtselbstständiger und selbstständiger Erwerbstätigkeit auf Grundlage einer Berechnung anhand des am 1. Januar des Kalenderjahres vor der Geburt des Kindes für dieses Jahr geltenden Programmablaufplans für die maschinelle Berechnung der vom Arbeitslohn einzubehaltenden Lohnsteuer, des Solidaritätszuschlags und der Maßstabsteuer für die Kirchenlohnsteuer im Sinne von § 39b Absatz 6 des Einkommensteuergesetzes nach den Maßgaben der Absätze 2 bis 5 ermittelt.

(2) 1Bemessungsgrundlage für die Ermittlung der Abzüge für Steuern ist die monatlich durchschnittlich zu berücksichtigende Summe der Einnahmen nach § 2c, soweit sie von der berechtigten Person zu versteuern sind, und der Gewinneinkünfte nach § 2d. 2Bei der Ermittlung der Abzüge für Steuern nach Absatz 1 werden folgende Pauschalen berücksichtigt:

1. der Arbeitnehmer-Pauschbetrag nach § 9a Satz 1 Nummer 1 Buchstabe a des Einkommensteuergesetzes, wenn die berechtigte Person von ihr zu versteuernde Einnahmen hat, die unter § 2c fallen, und
2. eine Vorsorgepauschale
   a) mit den Teilbeträgen nach § 39b Absatz 2 Satz 5 Nummer 3 Buchstabe b, c und e des Einkommensteuergesetzes, falls die berechtigte Person von ihr zu versteuernde Einnahmen nach § 2c hat, ohne in der gesetzlichen Rentenversicherung oder einer vergleichbaren Einrichtung versicherungspflichtig gewesen zu sein, oder
   b) mit den Teilbeträgen nach § 39b Absatz 2 Satz 5 Nummer 3 Buchstabe a bis c und e des Einkommensteuergesetzes in allen übrigen Fällen,

   wobei die Höhe der Teilbeträge ohne Berücksichtigung der besonderen Regelungen zur Berechnung der Beiträge nach § 55 Absatz 3 und § 58 Absatz 3 des Elften Buches Sozialgesetzbuch bestimmt wird.

(3) 1Als Abzug für die Einkommensteuer ist der Betrag anzusetzen, der sich unter Berücksichtigung der Steuerklasse und des Faktors nach § 39f des Einkommensteuergesetzes nach § 2c Absatz 3 ergibt; die Steuerklasse VI bleibt unberücksichtigt. 2War die berechtigte Person im Bemessungszeitraum nach § 2b in keine Steuerklasse eingereiht oder ist ihr nach § 2d zu berücksichtigender Gewinn höher als ihr nach § 2c zu berücksichtigender Überschuss der Einnahmen über ein Zwölftel des Arbeitnehmer-Pauschbetrags, ist als Abzug für die Einkommensteuer der Betrag anzusetzen, der sich unter Berücksichtigung der Steuerklasse IV ohne Berücksichtigung eines Faktors nach § 39f des Einkommensteuergesetzes ergibt.

VIII

(4) 1Als Abzug für den Solidaritätszuschlag ist der Betrag anzusetzen, der sich nach den Maßgaben des Solidaritätszuschlagsgesetzes 1995 für die Einkommensteuer nach Absatz 3 ergibt. 2Freibeträge für Kinder werden nach den Maßgaben des § 3 Absatz 2a des Solidaritätszuschlagsgesetzes 1995 berücksichtigt.

(5) 1Als Abzug für die Kirchensteuer ist der Betrag anzusetzen, der sich unter Anwendung eines Kirchensteuersatzes von 8 Prozent für die Einkommensteuer nach Absatz 3 ergibt. 2Freibeträge für Kinder werden nach den Maßgaben des § 51a Absatz 2a des Einkommensteuergesetzes berücksichtigt.

(6) Vorbehaltlich der Absätze 2 bis 5 werden Freibeträge und Pauschalen nur berücksichtigt, wenn sie ohne weitere Voraussetzung jeder berechtigten Person zustehen.

(7) 1Abzüge für Steuern nach Absatz 1 Satz 1 sind nicht zu berücksichtigen, wenn dem Ansässigkeitsstaat der berechtigten Person nach einem Abkommen zur Vermeidung der Doppelbesteuerung das Besteuerungsrecht für das Elterngeld zusteht und wenn das aus Deutschland gezahlte Elterngeld nach den maßgebenden Vorschriften des Ansässigkeitsstaats der Steuer unterliegt. 2Unterliegt das Elterngeld im Ansässigkeitsstaat nach dessen maßgebenden Vorschriften nicht der Steuer, so sind die Abzüge für Steuern nach den Absätzen 1 bis 6 entsprechend zu berücksichtigen.

VIII

§ 2f Abzüge für Sozialabgaben

(1) 1Als Abzüge für Sozialabgaben sind Beträge für die gesetzliche Sozialversicherung oder für eine vergleichbare Einrichtung sowie für die Arbeitsförderung zu berücksichtigen. 2Die Abzüge für Sozialabgaben werden einheitlich für Einkommen aus nichtselbstständiger und selbstständiger Erwerbstätigkeit anhand folgender Beitragssatzpauschalen ermittelt:

1. 9 Prozent für die Kranken- und Pflegeversicherung, falls die berechtigte Person in der gesetzlichen Krankenversicherung nach § 5 Absatz 1 Nummer 1 bis 12 des Fünften Buches Sozialgesetzbuch versicherungspflichtig gewesen ist,
2. 10 Prozent für die Rentenversicherung, falls die berechtigte Person in der gesetzlichen Rentenversicherung oder einer vergleichbaren Einrichtung versicherungspflichtig gewesen ist, und
3. 2 Prozent für die Arbeitsförderung, falls die berechtigte Person nach dem Dritten Buch Sozialgesetzbuch versicherungspflichtig gewesen ist.

(2) 1Bemessungsgrundlage für die Ermittlung der Abzüge für Sozialabgaben ist die monatlich durchschnittlich zu berücksichtigende Summe der Einnahmen nach § 2c und der Gewinneinkünfte nach § 2d. 2Einnahmen aus Beschäftigungen im Sinne des § 8, des § 8a oder des § 20 Absatz 3 Satz 1 des Vierten Buches Sozialgesetzbuch werden nicht berücksichtigt. 3Für Einnahmen aus Beschäftigungsverhältnissen im Sinne des § 20 Absatz 2 des Vierten Buches Sozialgesetzbuch ist der Betrag anzusetzen, der sich nach § 344 Absatz 4 des Dritten Buches Sozialgesetzbuch für diese Einnahmen ergibt, wobei der Faktor im Sinne des § 20 Absatz 2a Satz 2 des Vierten Buches Sozialgesetzbuch unter Zugrundelegung der Beitragssatzpauschalen nach Absatz 1 bestimmt wird.

(3) Andere Maßgaben zur Bestimmung der sozialversicherungsrechtlichen Beitragsbemessungsgrundlagen werden nicht berücksichtigt.

§ 3 Anrechnung von anderen Einnahmen

(1) 1Auf das der berechtigten Person nach § 2 oder nach § 2 in Verbindung mit § 2a zustehende Elterngeld werden folgende Einnahmen angerechnet:

1. Mutterschaftsleistungen
   a) in Form des Mutterschaftsgeldes nach dem Fünften Buch Sozialgesetzbuch oder nach dem Zweiten Gesetz über die Krankenversicherung der Landwirte mit Ausnahme des Mutterschaftsgeldes nach § 19 Absatz 2 des Mutterschutzgesetzes oder
   b) in Form des Zuschusses zum Mutterschaftsgeld nach § 20 des Mutterschutzgesetzes, die der berechtigten

Person für die Zeit ab dem Tag der Geburt des Kindes zustehen,

2. Dienst- und Anwärterbezüge sowie Zuschüsse, die der berechtigten Person nach beamten- oder soldatenrechtlichen Vorschriften für die Zeit eines Beschäftigungsverbots ab dem Tag der Geburt des Kindes zustehen,
3. dem Elterngeld oder den Mutterschaftsleistungen vergleichbare Leistungen, auf die eine nach § 1 berechtigte Person außerhalb Deutschlands oder gegenüber einer über- oder zwischenstaatlichen Einrichtung Anspruch hat,
4. Elterngeld, das der berechtigten Person für ein älteres Kind zusteht, oder dem Elterngeld oder den Mutterschaftsleistungen vergleichbare Leistungen für ein älteres Kind, auf die die berechtigte Person außerhalb Deutschlands oder gegenüber einer über- oder zwischenstaatlichen Einrichtung Anspruch hat,
5. Einnahmen, die der berechtigten Person als Ersatz für Erwerbseinkommen zustehen und
   a) die nicht bereits für die Berechnung des Elterngeldes nach § 2 berücksichtigt werden oder
   b) bei deren Berechnung das Elterngeld nicht berücksichtigt wird.

2Stehen der berechtigten Person die Einnahmen nur für einen Teil des Lebensmonats des Kindes zu, sind sie nur auf den entsprechenden Teil des Elterngeldes anzurechnen. 3Für jeden Kalendermonat, in dem Einnahmen nach Satz 1 Nummer 4 oder Nummer 5 im Bemessungszeitraum bezogen worden sind, wird der Anrechnungsbetrag um ein Zwölftel gemindert. 4Beginnt der Bezug von Einnahmen nach Satz 1 Nummer 5 nach der Geburt des Kindes und berechnen sich die anzurechnenden Einnahmen auf der Grundlage eines Einkommens, das geringer ist als das Einkommen aus Erwerbstätigkeit im Bemessungszeitraum, so ist der Teil des Elterngeldes in Höhe des nach § 2 Absatz 1 oder 2 maßgeblichen Prozentsatzes des Unterschiedsbetrages zwischen dem durchschnittlichen monatlichen Einkommen aus Erwerbstätigkeit im Bemessungszeitraum und dem durchschnittlichen monatlichen Bemessungseinkommen der anzurechnenden Einnahmen von der Anrechnung freigestellt.

(2) 1Bis zu einem Betrag von 300 Euro ist das Elterngeld von der Anrechnung nach Absatz 1 frei, soweit nicht Einnahmen nach Absatz 1 Satz 1 Nummer 1 bis 3 auf das Elterngeld anzurechnen sind. 2Dieser Betrag erhöht sich bei Mehrlingsgeburten um je 300 Euro für das zweite und jedes weitere Kind.

(3) Solange kein Antrag auf die in Absatz 1 Satz 1 Nummer 3 genannten vergleichbaren Leistungen gestellt wird, ruht der Anspruch auf Elterngeld bis zur möglichen Höhe der vergleichbaren Leistung.

§ 4 Bezugsdauer, Anspruchsumfang

(1) 1Elterngeld wird als Basiselterngeld oder als Elterngeld Plus gewährt. 2Es kann ab dem Tag der Geburt bezogen werden. 3Basiselterngeld kann bis zur Vollendung des 14. Lebensmonats des Kindes bezogen werden. 4Elterngeld Plus kann bis zur Vollendung des 32. Lebensmonats bezogen werden, solange es ab dem 15. Lebensmonat in aufeinander folgenden Lebensmonaten von zumindest einem Elternteil in Anspruch genommen wird. 5Für angenommene Kinder und Kinder im Sinne des § 1 Absatz 3 Satz 1 Nummer 1 kann Elterngeld ab Aufnahme bei der berechtigten Person längstens bis zur Vollendung des achten Lebensjahres des Kindes bezogen werden.

(2) 1Elterngeld wird in Monatsbeträgen für Lebensmonate des Kindes gezahlt. 2Der Anspruch endet mit dem Ablauf des Lebensmonats, in dem eine Anspruchsvoraussetzung entfallen ist.

(3) 1Die Eltern haben gemeinsam Anspruch auf zwölf Monatsbeträge Basiselterngeld. 2Ist das Einkommen aus Erwerbstätigkeit eines Elternteils in zwei Lebensmonaten gemindert, haben die Eltern gemeinsam Anspruch auf zwei weitere Monate Basiselterngeld (Partnermonate). 3Statt für einen Lebensmonat Basiselterngeld zu beanspruchen, kann die berechtigte Person jeweils zwei Lebensmonate Elterngeld Plus beziehen.

VIII

(4) 1Ein Elternteil hat Anspruch auf höchstens zwölf Monatsbeträge Basiselterngeld zuzüglich der höchstens vier zustehenden Monatsbeträge Partnerschaftsbonus nach § 4b. 2Ein Elternteil hat nur Anspruch auf Elterngeld, wenn er es mindestens für zwei Lebensmonate bezieht. 3Lebensmonate des Kindes, in denen einem Elternteil nach § 3 Absatz 1 Satz 1 Nummer 1 bis 3 anzurechnende Leistungen oder nach § 192 Absatz 5 Satz 2 des Versicherungsvertragsgesetzes Versicherungsleistungen zustehen, gelten als Monate, für die dieser Elternteil Basiselterngeld nach § 4a Absatz 1 bezieht.

(5) 1Abweichend von Absatz 3 Satz 1 beträgt der gemeinsame Anspruch der Eltern auf Basiselterngeld für ein Kind, das

1. mindestens sechs Wochen vor dem voraussichtlichen Tag der Entbindung geboren wurde: 13 Monatsbeträge Basiselterngeld;
2. mindestens acht Wochen vor dem voraussichtlichen Tag der Entbindung geboren wurde: 14 Monatsbeträge Basiselterngeld;
3. mindestens zwölf Wochen vor dem voraussichtlichen Tag der Entbindung geboren wurde: 15 Monatsbeträge Basiselterngeld;
4. mindestens 16 Wochen vor dem voraussichtlichen Tag der Entbindung geboren wurde: 16 Monatsbeträge Basiselterngeld.

VIII

2Für die Berechnung des Zeitraums zwischen dem voraussichtlichen Tag der Entbindung und dem tatsächlichen Tag der Geburt ist der voraussichtliche Tag der Entbindung maßgeblich, wie er sich aus dem ärztlichen Zeugnis oder dem Zeugnis einer Hebamme oder eines Entbindungspflegers ergibt.

3Im Fall von

1. Satz 1 Nummer 1
   a) hat ein Elternteil abweichend von Absatz 4 Satz 1 Anspruch auf höchstens 13 Monatsbeträge Basiselterngeld zuzüglich der höchstens vier zustehenden Monatsbeträge Partnerschaftsbonus nach § 4b,
   b) kann Basiselterngeld abweichend von Absatz 1 Satz 3 bis zur Vollendung des 15. Lebensmonats des Kindes bezogen werden und
   c) kann Elterngeld Plus abweichend von Absatz 1 Satz 4 bis zur Vollendung des 32. Lebensmonats des Kindes bezogen werden, solange es ab dem 16. Lebensmonat in aufeinander folgenden Lebensmonaten von zumindest einem Elternteil in Anspruch genommen wird;
2. Satz 1 Nummer 2
   a) hat ein Elternteil abweichend von Absatz 4 Satz 1 Anspruch auf höchstens 14 Monatsbeträge Basiselterngeld zuzüglich der höchstens vier zustehenden Monatsbeträge Partnerschaftsbonus nach § 4b,
   b) kann Basiselterngeld abweichend von Absatz 1 Satz 3 bis zur Vollendung des 16. Lebensmonats des Kindes bezogen werden und
   c) kann Elterngeld Plus abweichend von Absatz 1 Satz 4 bis zur Vollendung des 32. Lebensmonats des Kindes bezogen werden, solange es ab dem 17. Lebensmonat in aufeinander folgenden Lebensmonaten von zumindest einem Elternteil in Anspruch genommen wird;
3. Satz 1 Nummer 3
   a) hat ein Elternteil abweichend von Absatz 4 Satz 1 Anspruch auf höchstens 15 Monatsbeträge Basiselterngeld zuzüglich der höchstens vier zustehenden Monatsbeträge Partnerschaftsbonus nach § 4b,
   b) kann Basiselterngeld abweichend von Absatz 1 Satz 3 bis zur Vollendung des 17. Lebensmonats des Kindes bezogen werden und
   c) kann Elterngeld Plus abweichend von Absatz 1 Satz 4 bis zur Vollendung des 32. Lebensmonats des Kindes bezogen werden, solange es ab dem 18. Lebensmonat in aufeinander folgenden Lebensmonaten von zumindest einem Elternteil in Anspruch genommen wird;
4. Satz 1 Nummer 4
   a) hat ein Elternteil abweichend von Absatz 4 Satz 1 Anspruch auf höchstens

16 Monatsbeträge Basiselterngeld zuzüglich der höchstens vier zustehenden Monatsbeträge Partnerschaftsbonus nach § 4b,

b) kann Basiselterngeld abweichend von Absatz 1 Satz 3 bis zur Vollendung des 18. Lebensmonats des Kindes bezogen werden und

c) kann Elterngeld Plus abweichend von Absatz 1 Satz 4 bis zur Vollendung des 32. Lebensmonats des Kindes bezogen werden, solange es ab dem 19. Lebensmonat in aufeinander folgenden Lebensmonaten von zumindest einem Elternteil in Anspruch genommen wird.

(6) 1Ein gleichzeitiger Bezug von Basiselterngeld beider Elternteile ist nur in einem der ersten zwölf Lebensmonate des Kindes möglich. 2Bezieht einer der beiden Elternteile Elterngeld Plus, so kann dieser Elternteil das Elterngeld Plus gleichzeitig zum Bezug von Basiselterngeld oder von Elterngeld Plus des anderen Elternteils beziehen. 3§ 4b bleibt unberührt. 4Abweichend von Satz 1 können bei Mehrlingsgeburten und Frühgeburten im Sinne des Absatzes 5 sowie bei Kindern, bei denen eine Behinderung im Sinne von § 2 Absatz 1 Satz 1 des Neunten Buches Sozialgesetzbuch ärztlich festgestellt wird und bei Kindern, die einen Geschwisterbonus nach § 2a Absatz 1 in Verbindung mit Absatz 2 Satz 3 auslösen, beide Elternteile gleichzeitig Basiselterngeld beziehen.

§ 4a Berechnung von Basiselterngeld und Elterngeld Plus

(1) Basiselterngeld wird allein nach den Vorgaben der §§ 2 bis 3 ermittelt.

(2) 1Elterngeld Plus wird nach den Vorgaben der §§ 2 bis 3 und den zusätzlichen Vorgaben der Sätze 2 und 3 ermittelt. 2Das Elterngeld Plus beträgt monatlich höchstens die Hälfte des Basiselterngeldes, das der berechtigten Person zustünde, wenn sie während des Elterngeldbezugs keine Einnahmen im Sinne des § 2 oder des § 3 hätte oder hat. 3Für die Berechnung des Elterngeldes Plus halbieren sich:

1. der Mindestbetrag für das Elterngeld nach § 2 Absatz 4 Satz 1,
2. der Mindestbetrag des Geschwisterbonus nach § 2a Absatz 1 Satz 1,
3. der Mehrlingszuschlag nach § 2a Absatz 4 sowie
4. die von der Anrechnung freigestellten Elterngeldbeträge nach § 3 Absatz 2.

§ 4b Partnerschaftsbonus

(1) Wenn beide Elternteile

1. nicht weniger als 24 und nicht mehr als 32 Wochenstunden im Durchschnitt des Lebensmonats erwerbstätig sind und
2. die Voraussetzungen des § 1 erfüllen,

hat jeder Elternteil für diesen Lebensmonat Anspruch auf einen zusätzlichen Monatsbetrag Elterngeld Plus (Partnerschaftsbonus).

(2) 1Die Eltern haben je Elternteil Anspruch auf höchstens vier Monatsbeträge Partnerschaftsbonus. 2Sie können den Partnerschaftsbonus nur beziehen, wenn sie ihn jeweils für mindestens zwei Lebensmonate in Anspruch nehmen.

(3) Die Eltern können den Partnerschaftsbonus nur gleichzeitig und in aufeinander folgenden Lebensmonaten beziehen.

(4) Treten während des Bezugs des Partnerschaftsbonus die Voraussetzungen für einen alleinigen Bezug nach § 4c Absatz 1 Nummer 1 bis 3 ein, so kann der Bezug durch einen Elternteil nach § 4c Absatz 2 fortgeführt werden.

(5) Das Erfordernis des Bezugs in aufeinander folgenden Lebensmonaten nach Absatz 3 und § 4 Absatz 1 Satz 4 gilt auch dann als erfüllt, wenn sich während des Bezugs oder nach dem Ende des Bezugs herausstellt, dass die Voraussetzungen für den Partnerschaftsbonus nicht in allen Lebensmonaten, für die der Partnerschaftsbonus beantragt wurde, vorliegen oder vorlagen.

§ 4c Alleiniger Bezug durch einen Elternteil

(1) Ein Elternteil kann abweichend von § 4 Absatz 4 Satz 1 zusätzlich auch das Elterngeld für die Partnermonate nach § 4 Absatz 3 Satz 2 beziehen, wenn das Einkommen aus

VIII

Erwerbstätigkeit für zwei Lebensmonate gemindert ist und

1. bei diesem Elternteil die Voraussetzungen für den Entlastungsbetrag für Alleinerziehende nach § 24b Absatz 1 und 3 des Einkommensteuergesetzes vorliegen und der andere Elternteil weder mit ihm noch mit dem Kind in einer Wohnung lebt,
2. mit der Betreuung durch den anderen Elternteil eine Gefährdung des Kindeswohls im Sinne von § 1666 Absatz 1 und 2 des Bürgerlichen Gesetzbuchs verbunden wäre oder
3. die Betreuung durch den anderen Elternteil unmöglich ist, insbesondere, weil er wegen einer schweren Krankheit oder einer Schwerbehinderung sein Kind nicht betreuen kann; für die Feststellung der Unmöglichkeit der Betreuung bleiben wirtschaftliche Gründe und Gründe einer Verhinderung wegen anderweitiger Tätigkeiten außer Betracht.

(2) 1Liegt eine der Voraussetzungen des Absatzes 1 Nummer 1 bis 3 vor, so hat ein Elternteil, der in mindestens zwei bis höchstens vier aufeinander folgenden Lebensmonaten nicht weniger als 24 und nicht mehr als 32 Wochenstunden im Durchschnitt des Lebensmonats erwerbstätig ist, für diese Lebensmonate Anspruch auf zusätzliche Monatsbeträge Elterngeld Plus. 2§ 4b Absatz 5 gilt entsprechend.

VIII

§ 4d Weitere Berechtigte

1Die §§ 4 bis 4c gelten in den Fällen des § 1 Absatz 3 und 4 entsprechend. 2Der Bezug von Elterngeld durch nicht sorgeberechtigte Elternteile und durch Personen, die nach § 1 Absatz 3 Satz 1 Nummer 2 und 3 Anspruch auf Elterngeld haben, bedarf der Zustimmung des sorgeberechtigten Elternteils.

Abschnitt 2 Verfahren und Organisation

§ 5 Zusammentreffen von Ansprüchen

(1) Erfüllen beide Elternteile die Anspruchsvoraussetzungen, bestimmen sie, wer von ihnen die Monatsbeträge für welche Lebensmonate des Kindes in Anspruch nimmt.

(2) 1Beanspruchen beide Elternteile zusammen mehr als die ihnen nach § 4 Absatz 3 und § 4b oder nach § 4 Absatz 3 und § 4b in Verbindung mit § 4d zustehenden Monatsbeträge, so besteht der Anspruch eines Elternteils, der nicht über die Hälfte der zustehenden Monatsbeträge hinausgeht, ungekürzt; der Anspruch des anderen Elternteils wird gekürzt auf die vom Gesamtanspruch verbleibenden Monatsbeträge. 2Beansprucht jeder der beiden Elternteile mehr als die Hälfte der ihm zustehenden Monatsbeträge, steht jedem Elternteil die Hälfte des Gesamtanspruchs der Monatsbeträge zu.

(3) 1Die Absätze 1 und 2 gelten in den Fällen des § 1 Absatz 3 und 4 entsprechend. 2Wird eine Einigung mit einem nicht sorgeberechtigten Elternteil oder einer Person, die nach § 1 Absatz 3 Satz 1 Nummer 2 und 3 Anspruch auf Elterngeld hat, nicht erzielt, so kommt es abweichend von Absatz 2 allein auf die Entscheidung des sorgeberechtigten Elternteils an.

§ 6 Auszahlung

Elterngeld wird im Laufe des Lebensmonats gezahlt, für den es bestimmt ist.

§ 7 Antragstellung

(1) 1Elterngeld ist schriftlich zu beantragen. 2Es wird rückwirkend nur für die letzten drei Lebensmonate vor Beginn des Lebensmonats geleistet, in dem der Antrag auf Elterngeld eingegangen ist. 3Im Antrag ist anzugeben, für welche Lebensmonate Basiselterngeld, für welche Lebensmonate Elterngeld Plus oder für welche Lebensmonate Partnerschaftsbonus beantragt wird.

(2) 1Die im Antrag getroffenen Entscheidungen können bis zum Ende des Bezugszeitraums geändert werden. 2Eine Änderung kann rückwirkend nur für die letzten drei Lebensmonate vor Beginn des Lebensmonats verlangt werden, in dem der Änderungsantrag eingegangen ist. 3Sie ist außer in den Fällen besonderer Härte unzulässig, soweit Monatsbeträge bereits ausgezahlt sind. 4Abweichend

von den Sätzen 2 und 3 kann für einen Lebensmonat, in dem bereits Elterngeld Plus bezogen wurde, nachträglich Basiselterngeld beantragt werden. 5Im Übrigen finden die für die Antragstellung geltenden Vorschriften auch auf den Änderungsantrag Anwendung.

(3) 1Der Antrag ist, außer im Fall des § 4c und der Antragstellung durch eine allein sorgeberechtigte Person, zu unterschreiben von der Person, die ihn stellt, und zur Bestätigung der Kenntnisnahme auch von der anderen berechtigten Person. 2Die andere berechtigte Person kann gleichzeitig

1. einen Antrag auf Elterngeld stellen oder
2. der Behörde anzeigen, wie viele Monatsbeträge sie beansprucht, wenn mit ihrem Anspruch die Höchstgrenzen nach § 4 Absatz 3 in Verbindung mit § 4b überschritten würden.

3Liegt der Behörde von der anderen berechtigten Person weder ein Antrag auf Elterngeld noch eine Anzeige nach Satz 2 vor, so werden sämtliche Monatsbeträge der berechtigten Person ausgezahlt, die den Antrag gestellt hat; die andere berechtigte Person kann bei einem späteren Antrag abweichend von § 5 Absatz 2 nur die unter Berücksichtigung von § 4 Absatz 3 in Verbindung mit § 4b vom Gesamtanspruch verbleibenden Monatsbeträge erhalten.

§ 8 Auskunftspflicht, Nebenbestimmungen

(1) Soweit im Antrag auf Elterngeld Angaben zum voraussichtlichen Einkommen aus Erwerbstätigkeit gemacht wurden, ist nach Ablauf des Bezugszeitraums für diese Zeit das tatsächliche Einkommen aus Erwerbstätigkeit nachzuweisen.

(1a) 1Die Mitwirkungspflichten nach § 60 des Ersten Buches Sozialgesetzbuch gelten

1. im Falle des § 1 Absatz 8 Satz 2 auch für die andere Person im Sinne des § 1 Absatz 8 Satz 2 und
2. im Falle des § 4b oder des § 4b in Verbindung mit § 4d Satz 1 für beide Personen, die den Partnerschaftsbonus beantragt haben.

2§ 65 Absatz 1 und 3 des Ersten Buches Sozialgesetzbuch gilt entsprechend.

(2) 1Elterngeld wird in den Fällen, in denen die berechtigte Person nach ihren Angaben im Antrag im Bezugszeitraum voraussichtlich kein Einkommen aus Erwerbstätigkeit haben wird, unter dem Vorbehalt des Widerrufs für den Fall gezahlt, dass sie entgegen ihren Angaben im Antrag Einkommen aus Erwerbstätigkeit hat. 2In den Fällen, in denen zum Zeitpunkt der Antragstellung der Steuerbescheid für den letzten abgeschlossenen steuerlichen Veranlagungszeitraum vor der Geburt des Kindes nicht vorliegt und nach den Angaben im Antrag die Beträge nach § 1 Absatz 8 voraussichtlich nicht überschritten werden, wird das Elterngeld unter dem Vorbehalt des Widerrufs für den Fall gezahlt, dass entgegen den Angaben im Antrag die Beträge nach § 1 Absatz 8 überschritten werden.

(3) Über die Höhe des Elterngeldes wird bis zum Nachweis der jeweils erforderlichen Angaben vorläufig unter Berücksichtigung der glaubhaft gemachten Angaben entschieden, wenn

1. zum Zeitpunkt der Antragstellung der Steuerbescheid für den letzten abgeschlossenen Veranlagungszeitraum vor der Geburt des Kindes nicht vorliegt und noch nicht angegeben werden kann, ob die Beträge nach § 1 Absatz 8 überschritten werden,
2. das Einkommen aus Erwerbstätigkeit vor der Geburt nicht ermittelt werden kann oder
3. die berechtigte Person nach den Angaben im Antrag auf Elterngeld im Bezugszeitraum voraussichtlich Einkommen aus Erwerbstätigkeit hat.

§ 9 Einkommens- und Arbeitszeitnachweis, Auskunftspflicht des Arbeitgebers

(1) 1Soweit es zum Nachweis des Einkommens aus Erwerbstätigkeit oder der wöchentlichen Arbeitszeit erforderlich ist, hat der Arbeitgeber der nach § 12 zuständigen Behörde für bei ihm Beschäftigte das Arbeitsentgelt, die für die Ermittlung der nach den §§ 2e und 2f erforderlichen Abzugsmerkmale für Steuern und Sozialabgaben so-

VIII

wie die Arbeitszeit auf Verlangen zu bescheinigen; das Gleiche gilt für ehemalige Arbeitgeber. 2Für die in Heimarbeit Beschäftigten und die ihnen Gleichgestellten (§ 1 Absatz 1 und 2 des Heimarbeitsgesetzes) tritt an die Stelle des Arbeitgebers der Auftraggeber oder Zwischenmeister.

(2) 1Für den Nachweis des Einkommens aus Erwerbstätigkeit kann die nach § 12 Absatz 1 zuständige Behörde auch das in § 108a Absatz 1 des Vierten Buches Sozialgesetzbuch vorgesehene Verfahren zur elektronischen Abfrage und Übermittlung von Entgeltbescheinigungsdaten nutzen. 2Sie darf dieses Verfahren nur nutzen, wenn die betroffene Arbeitnehmerin oder der betroffene Arbeitnehmer zuvor in dessen Nutzung eingewilligt hat. 3Wenn der betroffene Arbeitgeber ein systemgeprüftes Entgeltabrechnungsprogramm nutzt, ist er verpflichtet, die jeweiligen Entgeltbescheinigungsdaten mit dem in § 108a Absatz 1 des Vierten Buches Sozialgesetzbuch vorgesehenen Verfahren zu übermitteln.

§ 10 Verhältnis zu anderen Sozialleistungen

(1) Das Elterngeld und vergleichbare Leistungen der Länder sowie die nach § 3 auf die Leistung angerechneten Einnahmen oder Leistungen bleiben bei Sozialleistungen, deren Zahlung von anderen Einkommen abhängig ist, bis zu einer Höhe von insgesamt 300 Euro im Monat als Einkommen unberücksichtigt.

(2) Das Elterngeld und vergleichbare Leistungen der Länder sowie die nach § 3 auf die Leistung angerechneten Einnahmen oder Leistungen dürfen bis zu einer Höhe von insgesamt 300 Euro nicht dafür herangezogen werden, um auf Rechtsvorschriften beruhende Leistungen anderer, auf die kein Anspruch besteht, zu versagen.

(3) Soweit die berechtigte Person Elterngeld Plus bezieht, bleibt das Elterngeld nur bis zur Hälfte des Anrechnungsfreibetrags, der nach Abzug der anderen nach Absatz 1 nicht zu berücksichtigenden Einnahmen für das Elterngeld verbleibt, als Einkommen unberücksichtigt und darf nur bis zu dieser Höhe nicht dafür herangezogen werden, um auf Rechtsvorschriften beruhende Leistungen anderer, auf die kein Anspruch besteht, zu versagen.

(4) Die nach den Absätzen 1 bis 3 nicht zu berücksichtigenden oder nicht heranzuziehenden Beträge vervielfachen sich bei Mehrlingsgeburten mit der Zahl der geborenen Kinder.

(5) 1Die Absätze 1 bis 4 gelten nicht bei Leistungen nach dem Zweiten Buch Sozialgesetzbuch, dem Zwölften Buch Sozialgesetzbuch, § 6a des Bundeskindergeldgesetzes und dem Asylbewerberleistungsgesetz. 2Bei den in Satz 1 bezeichneten Leistungen bleiben das Elterngeld und vergleichbare Leistungen der Länder sowie die nach § 3 auf das Elterngeld angerechneten Einnahmen in Höhe des nach § 2 Absatz 1 berücksichtigten Einkommens aus Erwerbstätigkeit vor der Geburt bis zu 300 Euro im Monat als Einkommen unberücksichtigt. 3Soweit die berechtigte Person Elterngeld Plus bezieht, verringern sich die Beträge nach Satz 2 um die Hälfte. 4Abweichend von Satz 2 bleibt Mutterschaftsgeld gemäß § 19 des Mutterschutzgesetzes in voller Höhe unberücksichtigt.

(6) Die Absätze 1 bis 4 gelten entsprechend, soweit für eine Sozialleistung ein Kostenbeitrag erhoben werden kann, der einkommensabhängig ist.

§ 11 Unterhaltspflichten

1Unterhaltsverpflichtungen werden durch die Zahlung des Elterngeldes und vergleichbarer Leistungen der Länder nur insoweit berührt, als die Zahlung 300 Euro monatlich übersteigt. 2Soweit die berechtigte Person Elterngeld Plus bezieht, werden die Unterhaltspflichten insoweit berührt, als die Zahlung 150 Euro übersteigt. 3Die in den Sätzen 1 und 2 genannten Beträge vervielfachen sich bei Mehrlingsgeburten mit der Zahl der geborenen Kinder. 4Die Sätze 1 bis 3 gelten nicht in den Fällen des § 1361 Absatz 3, der §§ 1579, 1603 Absatz 2 und des § 1611 Absatz 1 des Bürgerlichen Gesetzbuchs.

§ 12 Zuständigkeit; Bewirtschaftung der Mittel

(1) 1Die Landesregierungen oder die von ihnen beauftragten Stellen bestimmen die für

die Ausführung dieses Gesetzes zuständigen Behörden. 2Zuständig ist die von den Ländern für die Durchführung dieses Gesetzes bestimmte Behörde des Bezirks, in dem das Kind, für das Elterngeld beansprucht wird, zum Zeitpunkt der ersten Antragstellung seinen inländischen Wohnsitz hat. 3Hat das Kind, für das Elterngeld beansprucht wird, in den Fällen des § 1 Absatz 2 zum Zeitpunkt der ersten Antragstellung keinen inländischen Wohnsitz, so ist die von den Ländern für die Durchführung dieses Gesetzes bestimmte Behörde des Bezirks zuständig, in dem die berechtigte Person ihren letzten inländischen Wohnsitz hatte; hilfsweise ist die Behörde des Bezirks zuständig, in dem der entsendende Dienstherr oder Arbeitgeber der berechtigten Person oder der Arbeitgeber des Ehegatten oder der Ehegattin der berechtigten Person den inländischen Sitz hat.

(2) Den nach Absatz 1 zuständigen Behörden obliegt auch die Beratung zur Elternzeit.

(3) 1Der Bund trägt die Ausgaben für das Elterngeld. 2Die damit zusammenhängenden Einnahmen sind an den Bund abzuführen. 3Für die Ausgaben und die mit ihnen zusammenhängenden Einnahmen sind die Vorschriften über das Haushaltsrecht des Bundes einschließlich der Verwaltungsvorschriften anzuwenden.

§ 13 Rechtsweg

(1) 1Über öffentlich-rechtliche Streitigkeiten in Angelegenheiten der §§ 1 bis 12 entscheiden die Gerichte der Sozialgerichtsbarkeit. 2§ 85 Absatz 2 Nummer 2 des Sozialgerichtsgesetzes gilt mit der Maßgabe, dass die zuständige Stelle nach § 12 bestimmt wird.

(2) Widerspruch und Anfechtungsklage haben keine aufschiebende Wirkung.

§ 14 Bußgeldvorschriften

(1) Ordnungswidrig handelt, wer vorsätzlich oder fahrlässig

1. entgegen § 8 Absatz 1 einen Nachweis nicht, nicht richtig, nicht vollständig oder nicht rechtzeitig erbringt,
2. entgegen § 9 Absatz 1 eine dort genannte Angabe nicht, nicht richtig, nicht vollständig oder nicht rechtzeitig bescheinigt,
3. entgegen § 60 Absatz 1 Satz 1 Nummer 1 des Ersten Buches Sozialgesetzbuch, auch in Verbindung mit § 8 Absatz 1a Satz 1, eine Angabe nicht, nicht richtig, nicht vollständig oder nicht rechtzeitig macht,
4. entgegen § 60 Absatz 1 Satz 1 Nummer 2 des Ersten Buches Sozialgesetzbuch, auch in Verbindung mit § 8 Absatz 1a Satz 1, eine Mitteilung nicht, nicht richtig, nicht vollständig oder nicht rechtzeitig macht oder
5. entgegen § 60 Absatz 1 Satz 1 Nummer 3 des Ersten Buches Sozialgesetzbuch, auch in Verbindung mit § 8 Absatz 1a Satz 1, eine Beweisurkunde nicht, nicht richtig, nicht vollständig oder nicht rechtzeitig vorlegt.

(2) Die Ordnungswidrigkeit kann mit einer Geldbuße von bis zu zweitausend Euro geahndet werden.

(3) Verwaltungsbehörden im Sinne des § 36 Absatz 1 Nummer 1 des Gesetzes über Ordnungswidrigkeiten sind die in § 12 Absatz 1 genannten Behörden.

Abschnitt 3
Elternzeit für Arbeitnehmerinnen und Arbeitnehmer

§ 15 Anspruch auf Elternzeit

(1) 1Arbeitnehmerinnen und Arbeitnehmer haben Anspruch auf Elternzeit, wenn sie

1. a) mit ihrem Kind,
   b) mit einem Kind, für das sie die Anspruchsvoraussetzungen nach § 1 Absatz 3 oder 4 erfüllen, oder
   c) mit einem Kind, das sie in Vollzeitpflege nach § 33 des Achten Buches Sozialgesetzbuch aufgenommen haben,

   in einem Haushalt leben und
2. dieses Kind selbst betreuen und erziehen.

2Nicht sorgeberechtigte Elternteile und Personen, die nach Satz 1 Nummer 1 Buchstabe b und c Elternzeit nehmen können, bedürfen der Zustimmung des sorgeberechtigten Elternteils.

(1a) 1Anspruch auf Elternzeit haben Arbeitnehmerinnen und Arbeitnehmer auch, wenn sie mit ihrem Enkelkind in einem Haushalt leben und dieses Kind selbst betreuen und erziehen und

1. ein Elternteil des Kindes minderjährig ist oder
2. ein Elternteil des Kindes sich in einer Ausbildung befindet, die vor Vollendung des 18. Lebensjahres begonnen wurde und die Arbeitskraft des Elternteils im Allgemeinen voll in Anspruch nimmt.

2Der Anspruch besteht nur für Zeiten, in denen keiner der Elternteile des Kindes selbst Elternzeit beansprucht.

(2) 1Der Anspruch auf Elternzeit besteht bis zur Vollendung des dritten Lebensjahres eines Kindes. 2Ein Anteil von bis zu 24 Monaten kann zwischen dem dritten Geburtstag und dem vollendeten achten Lebensjahr des Kindes in Anspruch genommen werden. 3Die Zeit der Mutterschutzfrist nach § 3 Absatz 2 und 3 des Mutterschutzgesetzes wird für die Elternzeit der Mutter auf die Begrenzung nach den Sätzen 1 und 2 angerechnet. 4Bei mehreren Kindern besteht der Anspruch auf Elternzeit für jedes Kind, auch wenn sich die Zeiträume im Sinne der Sätze 1 und 2 überschneiden. 5Bei einem angenommenen Kind und bei einem Kind in Vollzeit- oder Adoptionspflege kann Elternzeit von insgesamt bis zu drei Jahren ab der Aufnahme bei der berechtigten Person, längstens bis zur Vollendung des achten Lebensjahres des Kindes genommen werden; die Sätze 2 und 4 sind entsprechend anwendbar, soweit sie die zeitliche Aufteilung regeln. 6Der Anspruch kann nicht durch Vertrag ausgeschlossen oder beschränkt werden.

(3) 1Die Elternzeit kann, auch anteilig, von jedem Elternteil allein oder von beiden Elternteilen gemeinsam genommen werden. 2Satz 1 gilt in den Fällen des Absatzes 1 Satz 1 Nummer 1 Buchstabe b und c entsprechend.

(4) 1Die Arbeitnehmerin oder der Arbeitnehmer darf während der Elternzeit nicht mehr als 32 Wochenstunden im Durchschnitt des Monats erwerbstätig sein. 2Die Beschränkung auf 32 Wochenstunden im Durchschnitt des Monats gilt nicht für die Tätigkeit einer im Sinne der §§ 23 und 43 des Achten Buches Sozialgesetzbuch geeigneten Kindertagespflegeperson. 3Die Ausübung einer Teilzeitarbeit bei einem anderen Arbeitgeber oder einer selbständigen Erwerbstätigkeit nach Satz 1 bedürfen der Zustimmung des Arbeitgebers. 4Dieser kann seine Zustimmung nur innerhalb von vier Wochen nach der Beantragung aus dringenden betrieblichen Gründen in Textform verweigern.

(5) 1Der Arbeitnehmer oder die Arbeitnehmerin kann eine Verringerung der Arbeitszeit und ihre Verteilung beantragen. 2Der Antrag kann mit der Mitteilung nach Absatz 7 Satz 1 Nummer 5 in Textform verbunden werden. 3Über den Antrag sollen sich der Arbeitgeber und der Arbeitnehmer oder die Arbeitnehmerin innerhalb von vier Wochen einigen. 4Lehnt der Arbeitgeber den Antrag ab, so hat er dies dem Arbeitnehmer oder der Arbeitnehmerin innerhalb der Frist nach Satz 3 mit einer Begründung mitzuteilen. 5Unberührt bleibt das Recht, sowohl die vor der Elternzeit bestehende Teilzeitarbeit unverändert während der Elternzeit fortzusetzen, soweit Absatz 4 beachtet ist, als auch nach der Elternzeit zu der Arbeitszeit zurückzukehren, die vor Beginn der Elternzeit vereinbart war.

(6) Der Arbeitnehmer oder die Arbeitnehmerin kann gegenüber dem Arbeitgeber, soweit eine Einigung nach Absatz 5 nicht möglich ist, unter den Voraussetzungen des Absatzes 7 während der Gesamtdauer der Elternzeit zweimal eine Verringerung seiner oder ihrer Arbeitszeit beanspruchen.

(7) 1Für den Anspruch auf Verringerung der Arbeitszeit gelten folgende Voraussetzungen:

1. Der Arbeitgeber beschäftigt, unabhängig von der Anzahl der Personen in Berufsbildung, in der Regel mehr als 15 Arbeitnehmer und Arbeitnehmerinnen,

VIII

2. das Arbeitsverhältnis in demselben Betrieb oder Unternehmen besteht ohne Unterbrechung länger als sechs Monate,
3. die vertraglich vereinbarte regelmäßige Arbeitszeit soll für mindestens zwei Monate auf einen Umfang von nicht weniger als 15 und nicht mehr als 32 Wochenstunden im Durchschnitt des Monats verringert werden,
4. dem Anspruch stehen keine dringenden betrieblichen Gründe entgegen und
5. der Anspruch auf Teilzeit wurde dem Arbeitgeber
   a) für den Zeitraum bis zum vollendeten dritten Lebensjahr des Kindes sieben Wochen und
   b) für den Zeitraum zwischen dem dritten Geburtstag und dem vollendeten achten Lebensjahr des Kindes 13 Wochen

vor Beginn der Teilzeittätigkeit in Textform mitgeteilt.

$_{2}$Der Antrag muss den Beginn und den Umfang der verringerten Arbeitszeit enthalten. $_{3}$Die gewünschte Verteilung der verringerten Arbeitszeit soll im Antrag angegeben werden. $_{4}$Falls der Arbeitgeber die beanspruchte Verringerung oder Verteilung der Arbeitszeit ablehnt, muss die Ablehnung innerhalb der in Satz 5 genannten Frist und mit Begründung in Textform erfolgen. $_{5}$Hat ein Arbeitgeber die Verringerung der Arbeitszeit

1. in einer Elternzeit zwischen der Geburt und dem vollendeten dritten Lebensjahr des Kindes nicht spätestens vier Wochen nach Zugang des Antrags oder
2. in einer Elternzeit zwischen dem dritten Geburtstag und dem vollendeten achten Lebensjahr des Kindes nicht spätestens acht Wochen nach Zugang des Antrags

in Textform abgelehnt, gilt die Zustimmung als erteilt und die Verringerung der Arbeitszeit entsprechend den Wünschen der Arbeitnehmerin oder des Arbeitnehmers als festgelegt. $_{6}$Haben Arbeitgeber und Arbeitnehmerin oder Arbeitnehmer über die Verteilung der Arbeitszeit kein Einvernehmen nach Absatz 5 Satz 2 erzielt und hat der Arbeitgeber nicht innerhalb der in Satz 5 genannten Fristen die gewünschte Verteilung in Textform abgelehnt, gilt die Verteilung der Arbeitszeit entsprechend den Wünschen der Arbeitnehmerin oder des Arbeitnehmers als festgelegt. $_{7}$Soweit der Arbeitgeber den Antrag auf Verringerung oder Verteilung der Arbeitszeit rechtzeitig ablehnt, kann die Arbeitnehmerin oder der Arbeitnehmer Klage vor dem Gericht für Arbeitssachen erheben.

§ 16 Inanspruchnahme der Elternzeit

(1) $_{1}$Wer Elternzeit beanspruchen will, muss sie

1. für den Zeitraum bis zum vollendeten dritten Lebensjahr des Kindes spätestens sieben Wochen und
2. für den Zeitraum zwischen dem dritten Geburtstag und dem vollendeten achten Lebensjahr des Kindes spätestens 13 Wochen

vor Beginn der Elternzeit in Textform vom Arbeitgeber verlangen. $_{2}$Verlangt die Arbeitnehmerin oder der Arbeitnehmer Elternzeit nach Satz 1 Nummer 1, muss sie oder er gleichzeitig erklären, für welche Zeiten innerhalb von zwei Jahren Elternzeit genommen werden soll. $_{3}$Bei dringenden Gründen ist ausnahmsweise eine angemessene kürzere Frist möglich. $_{4}$Nimmt die Mutter die Elternzeit im Anschluss an die Mutterschutzfrist, wird die Zeit der Mutterschutzfrist nach § 3 Absatz 2 und 3 des Mutterschutzgesetzes auf den Zeitraum nach Satz 2 angerechnet. $_{5}$Nimmt die Mutter die Elternzeit im Anschluss an einen auf die Mutterschutzfrist folgenden Erholungsurlaub, werden die Zeit der Mutterschutzfrist nach § 3 Absatz 2 und 3 des Mutterschutzgesetzes und die Zeit des Erholungsurlaubs auf den Zweijahreszeitraum nach Satz 2 angerechnet. $_{6}$Jeder Elternteil kann seine Elternzeit auf drei Zeitabschnitte verteilen; eine Verteilung auf weitere Zeitabschnitte ist nur mit der Zustimmung des Arbeitgebers möglich. $_{7}$Der Arbeitgeber kann die Inanspruchnahme eines dritten Abschnitts einer Elternzeit innerhalb von acht Wochen nach Zugang des Antrags aus dringenden betrieblichen Gründen ablehnen, wenn dieser Abschnitt im Zeitraum zwischen dem dritten Geburtstag und dem vollendeten achten Lebensjahr des Kindes liegen soll. 8Der Arbeitgeber hat dem Arbeitnehmer oder der Arbeitnehmerin die Elternzeit zu bescheinigen. 9Bei einem Arbeitgeberwechsel ist bei der Anmeldung der Elternzeit auf Verlangen des neuen Arbeitgebers eine Bescheinigung des früheren Arbeitgebers über bereits genommene Elternzeit durch die Arbeitnehmerin oder den Arbeitnehmer vorzulegen.

(2) Können Arbeitnehmerinnen aus einem von ihnen nicht zu vertretenden Grund eine sich unmittelbar an die Mutterschutzfrist des § 3 Absatz 2 und 3 des Mutterschutzgesetzes anschließende Elternzeit nicht rechtzeitig verlangen, können sie dies innerhalb einer Woche nach Wegfall des Grundes nachholen.

(3) 1Die Elternzeit kann vorzeitig beendet oder im Rahmen des § 15 Absatz 2 verlängert werden, wenn der Arbeitgeber zustimmt. 2Die vorzeitige Beendigung wegen der Geburt eines weiteren Kindes oder in Fällen besonderer Härte, insbesondere bei Eintritt einer schweren Krankheit, Schwerbehinderung oder Tod eines Elternteils oder eines Kindes der berechtigten Person oder bei erheblich gefährdeter wirtschaftlicher Existenz der Eltern nach Inanspruchnahme der Elternzeit, kann der Arbeitgeber unbeschadet von Satz 3 nur innerhalb von vier Wochen aus dringenden betrieblichen Gründen schriftlich ablehnen. 3Die Elternzeit kann zur Inanspruchnahme der Schutzfristen des § 3 des Mutterschutzgesetzes auch ohne Zustimmung des Arbeitgebers vorzeitig beendet werden; in diesen Fällen soll die Arbeitnehmerin dem Arbeitgeber die Beendigung der Elternzeit rechtzeitig mitteilen. 4Eine Verlängerung der Elternzeit kann verlangt werden, wenn ein vorgesehener Wechsel der Anspruchsberechtigten aus einem wichtigen Grund nicht erfolgen kann.

(4) Stirbt das Kind während der Elternzeit, endet diese spätestens drei Wochen nach dem Tod des Kindes.

(5) Eine Änderung in der Anspruchsberechtigung hat der Arbeitnehmer oder die Arbeitnehmerin dem Arbeitgeber unverzüglich mitzuteilen.

§ 17 Urlaub

(1) 1Der Arbeitgeber kann den Erholungsurlaub, der dem Arbeitnehmer oder der Arbeitnehmerin für das Urlaubsjahr zusteht, für jeden vollen Kalendermonat der Elternzeit um ein Zwölftel kürzen. 2Dies gilt nicht, wenn der Arbeitnehmer oder die Arbeitnehmerin während der Elternzeit bei seinem oder ihrem Arbeitgeber Teilzeitarbeit leistet.

(2) Hat der Arbeitnehmer oder die Arbeitnehmerin den ihm oder ihr zustehenden Urlaub vor dem Beginn der Elternzeit nicht oder nicht vollständig erhalten, hat der Arbeitgeber den Resturlaub nach der Elternzeit im laufenden oder im nächsten Urlaubsjahr zu gewähren.

(3) Endet das Arbeitsverhältnis während der Elternzeit oder wird es im Anschluss an die Elternzeit nicht fortgesetzt, so hat der Arbeitgeber den noch nicht gewährten Urlaub abzugelten.

(4) Hat der Arbeitnehmer oder die Arbeitnehmerin vor Beginn der Elternzeit mehr Urlaub erhalten, als ihm oder ihr nach Absatz 1 zusteht, kann der Arbeitgeber den Urlaub, der dem Arbeitnehmer oder der Arbeitnehmerin nach dem Ende der Elternzeit zusteht, um die zu viel gewährten Urlaubstage kürzen.

§ 18 Kündigungsschutz

(1) 1Der Arbeitgeber darf das Arbeitsverhältnis ab dem Zeitpunkt, von dem an Elternzeit verlangt worden ist, nicht kündigen. 2Der Kündigungsschutz nach Satz 1 beginnt

1. frühestens acht Wochen vor Beginn einer Elternzeit bis zum vollendeten dritten Lebensjahr des Kindes und
2. frühestens 14 Wochen vor Beginn einer Elternzeit zwischen dem dritten Geburtstag und dem vollendeten achten Lebensjahr des Kindes.

3Während der Elternzeit darf der Arbeitgeber das Arbeitsverhältnis nicht kündigen. 4In besonderen Fällen kann ausnahmsweise eine Kündigung für zulässig erklärt werden. 5Die Zulässigkeitserklärung erfolgt durch die für den Arbeitsschutz zuständige oberste Landesbehörde oder die von ihr bestimmte Stelle. 6Die Bundesregierung kann mit Zustimmung des Bundesrates allgemeine Verwaltungsvorschriften zur Durchführung des Satzes 4 erlassen.

(2) Absatz 1 gilt entsprechend, wenn Arbeitnehmer oder Arbeitnehmerinnen

1. während der Elternzeit bei demselben Arbeitgeber Teilzeitarbeit leisten oder
2. ohne Elternzeit in Anspruch zu nehmen, Teilzeitarbeit leisten und Anspruch auf Elterngeld nach § 1 während des Zeitraums nach § 4 Absatz 1 Satz 2, 3 und 5 haben.

§ 19 Kündigung zum Ende der Elternzeit

Der Arbeitnehmer oder die Arbeitnehmerin kann das Arbeitsverhältnis zum Ende der Elternzeit nur unter Einhaltung einer Kündigungsfrist von drei Monaten kündigen.

§ 20 Zur Berufsbildung Beschäftigte, in Heimarbeit Beschäftigte

(1) 1Die zu ihrer Berufsbildung Beschäftigten gelten als Arbeitnehmer und Arbeitnehmerinnen im Sinne dieses Gesetzes. 2Die Elternzeit wird auf die Dauer einer Berufsausbildung nicht angerechnet, es sei denn, dass während der Elternzeit die Berufsausbildung nach § 7a des Berufsbildungsgesetzes oder § 27b der Handwerksordnung in Teilzeit durchgeführt wird. 3§ 15 Absatz 4 Satz 1 bleibt unberührt.

(2) 1Anspruch auf Elternzeit haben auch die in Heimarbeit Beschäftigten und die ihnen Gleichgestellten (§ 1 Absatz 1 und 2 des Heimarbeitsgesetzes), soweit sie am Stück mitarbeiten. 2Für sie tritt an die Stelle des Arbeitgebers der Auftraggeber oder Zwischenmeister und an die Stelle des Arbeitsverhältnisses das Beschäftigungsverhältnis.

§ 21 Befristete Arbeitsverträge

(1) Ein sachlicher Grund, der die Befristung eines Arbeitsverhältnisses rechtfertigt, liegt vor, wenn ein Arbeitnehmer oder eine Arbeitnehmerin zur Vertretung eines anderen Arbeitnehmers oder einer anderen Arbeitnehmerin für die Dauer eines Beschäftigungsverbotes nach dem Mutterschutzgesetz, einer Elternzeit, einer auf Tarifvertrag, Betriebsvereinbarung oder einzelvertraglichen Vereinbarung beruhenden Arbeitsfreistellung zur Betreuung eines Kindes oder für diese Zeiten zusammen oder für Teile davon eingestellt wird.

(2) Über die Dauer der Vertretung nach Absatz 1 hinaus ist die Befristung für notwendige Zeiten einer Einarbeitung zulässig.

(3) Die Dauer der Befristung des Arbeitsvertrags muss kalendermäßig bestimmt oder bestimmbar oder den in den Absätzen 1 und 2 genannten Zwecken zu entnehmen sein.

(4) 1Der Arbeitgeber kann den befristeten Arbeitsvertrag unter Einhaltung einer Frist von mindestens drei Wochen, jedoch frühestens zum Ende der Elternzeit, kündigen, wenn die Elternzeit ohne Zustimmung des Arbeitgebers vorzeitig endet und der Arbeitnehmer oder die Arbeitnehmerin die vorzeitige Beendigung der Elternzeit mitgeteilt hat. 2Satz 1 gilt entsprechend, wenn der Arbeitgeber die vorzeitige Beendigung der Elternzeit in den Fällen des § 16 Absatz 3 Satz 2 nicht ablehnen darf.

(5) Das Kündigungsschutzgesetz ist im Falle des Absatzes 4 nicht anzuwenden.

(6) Absatz 4 gilt nicht, soweit seine Anwendung vertraglich ausgeschlossen ist.

(7) 1Wird im Rahmen arbeitsrechtlicher Gesetze oder Verordnungen auf die Zahl der beschäftigten Arbeitnehmer und Arbeitnehmerinnen abgestellt, so sind bei der Ermittlung dieser Zahl Arbeitnehmer und Arbeitnehmerinnen, die sich in der Elternzeit befinden oder zur Betreuung eines Kindes freigestellt sind, nicht mitzuzählen, solange für sie aufgrund von Absatz 1 ein Vertreter oder eine Vertreterin eingestellt ist. 2Dies gilt nicht, wenn der Vertreter oder die Vertreterin nicht mitzuzählen ist. 3Die Sätze 1 und 2 gelten entsprechend, wenn im Rahmen arbeitsrechtlicher Gesetze oder Verordnungen auf die Zahl der Arbeitsplätze abgestellt wird.

Abschnitt 4
Statistik und Schlussvorschriften

§ 22 Bundesstatistik

(1) 1Zur Beurteilung der Auswirkungen dieses Gesetzes sowie zu seiner Fortentwicklung

sind laufende Erhebungen zum Bezug von Elterngeld als Bundesstatistiken durchzuführen. 2Die Erhebungen erfolgen zentral beim Statistischen Bundesamt.

(2) 1Die Statistik zum Bezug von Elterngeld erfasst vierteljährlich zum jeweils letzten Tag des aktuellen und der vorangegangenen zwei Kalendermonate für Personen, die in einem dieser Kalendermonate Elterngeld bezogen haben, für jedes den Anspruch auslösende Kind folgende Erhebungsmerkmale:

1. Art der Berechtigung nach § 1,
2. Grundlagen der Berechnung des zustehenden Monatsbetrags nach Art und Höhe (§ 2 Absatz 1, 2, 3 oder 4, § 2a Absatz 1 oder 4, § 2c, die §§ 2d, 2e oder § 2f),
3. Höhe und Art des zustehenden Monatsbetrags (§ 4a Absatz 1 und 2 Satz 1) ohne die Berücksichtigung der Einnahmen nach § 3,
4. Art und Höhe der Einnahmen nach § 3,
5. Inanspruchnahme der als Partnerschaftsbonus gewährten Monatsbeträge nach § 4b Absatz 1 und der weiteren Monatsbeträge Elterngeld Plus nach § 4c Absatz 2,
6. Höhe des monatlichen Auszahlungsbetrags,
7. Geburtstag des Kindes,
8. für die Elterngeld beziehende Person:
   a) Geschlecht, Geburtsjahr und -monat,
   b) Staatsangehörigkeit,
   c) Wohnsitz oder gewöhnlicher Aufenthalt,
   d) Familienstand und unverheiratetes Zusammenleben mit dem anderen Elternteil,
   e) Vorliegen der Voraussetzungen nach § 4c Absatz 1 Nummer 1 und
   f) Anzahl der im Haushalt lebenden Kinder.

2Die Angaben nach den Nummern 2, 3, 5 und 6 sind für jeden Lebensmonat des Kindes bezogen auf den nach § 4 Absatz 1 möglichen Zeitraum des Leistungsbezugs zu melden.

(3) Hilfsmerkmale sind:

1. Name und Anschrift der zuständigen Behörde,
2. Name und Telefonnummer sowie Adresse für elektronische Post der für eventuelle Rückfragen zur Verfügung stehenden Person und
3. Kennnummer des Antragstellers oder der Antragstellerin.

§ 23 Auskunftspflicht; Datenübermittlung an das Statistische Bundesamt

(1) 1Für die Erhebung nach § 22 besteht Auskunftspflicht. 2Die Angaben nach § 22 Absatz 3 Nummer 2 sind freiwillig. 3Auskunftspflichtig sind die nach § 12 Absatz 1 zuständigen Stellen.

(2) 1Die Antragstellerin oder der Antragsteller ist gegenüber den nach § 12 Absatz 1 zuständigen Stellen zu den Erhebungsmerkmalen nach § 22 Absatz 2 auskunftspflichtig. 2Die zuständigen Stellen nach § 12 Absatz 1 dürfen die Angaben nach § 22 Absatz 2 Satz 1 Nummer 8, soweit sie für den Vollzug dieses Gesetzes nicht erforderlich sind, nur durch technische und organisatorische Maßnahmen getrennt von den übrigen Daten nach § 22 Absatz 2 und nur für die Übermittlung an das Statistische Bundesamt verwenden und haben diese unverzüglich nach Übermittlung an das Statistische Bundesamt zu löschen.

(3) Die in sich schlüssigen Angaben sind als Einzeldatensätze elektronisch bis zum Ablauf von 30 Arbeitstagen nach Ablauf des Berichtszeitraums an das Statistische Bundesamt zu übermitteln.

§ 24 Übermittlung von Tabellen mit statistischen Ergebnissen durch das Statistische Bundesamt

1Zur Verwendung gegenüber den gesetzgebenden Körperschaften und zu Zwecken der Planung, jedoch nicht zur Regelung von Einzelfällen, übermittelt das Statistische Bundesamt Tabellen mit statistischen Ergebnissen, auch soweit Tabellenfelder nur einen einzigen Fall ausweisen, an die fachlich zuständigen obersten Bundes- oder Landesbehörden. 2Tabellen, deren Tabellenfelder nur einen einzigen Fall ausweisen, dürfen nur dann übermittelt werden, wenn sie nicht differenzierter als auf Regierungsbezirksebene, im Falle der Stadtstaaten auf Bezirksebene, aufbereitet sind.

§ 24a Übermittlung von Einzelangaben durch das Statistische Bundesamt

(1) 1Zur Abschätzung von Auswirkungen der Änderungen dieses Gesetzes im Rahmen der Zwecke nach § 24 übermittelt das Statistische Bundesamt auf Anforderung des fachlich zuständigen Bundesministeriums diesem oder von ihm beauftragten Forschungseinrichtungen Einzelangaben ab dem Jahr 2007 ohne Hilfsmerkmale mit Ausnahme des Merkmals nach § 22 Absatz 3 Nummer 3 für die Entwicklung und den Betrieb von Mikrosimulationsmodellen. 2Die Einzelangaben dürfen nur im hierfür erforderlichen Umfang und mittels eines sicheren Datentransfers übermittelt werden.

(2) 1Bei der Verarbeitung der Daten nach Absatz 1 ist das Statistikgeheimnis nach § 16 des Bundesstatistikgesetzes zu wahren. 2Dafür ist die Trennung von statistischen und nichtstatistischen Aufgaben durch Organisation und Verfahren zu gewährleisten. 3Die nach Absatz 1 übermittelten Daten dürfen nur für die Zwecke verwendet werden, für die sie übermittelt wurden. 4Die übermittelten Einzeldaten sind nach dem Erreichen des Zweckes zu löschen, zu dem sie übermittelt wurden.

(3) 1Personen, die Empfängerinnen und Empfänger von Einzelangaben nach Absatz 1 Satz 1 sind, unterliegen der Pflicht zur Geheimhaltung nach § 16 Absatz 1 und 10 des Bundesstatistikgesetzes. 2Personen, die Einzelangaben nach Absatz 1 Satz 1 erhalten sollen, müssen Amtsträger oder für den öffentlichen Dienst besonders Verpflichtete sein. 3Personen, die Einzelangaben erhalten sollen und die nicht Amtsträger oder für den öffentlichen Dienst besonders Verpflichtete sind, sind vor der Übermittlung zur Geheimhaltung zu verpflichten. 4§ 1 Absatz 2, 3 und 4 Nummer 2 des Verpflichtungsgesetzes vom 2. März 1974 (BGBl. I S. 469, 547), das durch § 1 Nummer 4 des Gesetzes vom 15. August 1974 (BGBl. I S. 1942) geändert worden ist, gilt in der jeweils geltenden Fassung entsprechend. 5Die Empfängerinnen und Empfänger von Einzelangaben dürfen aus ihrer Tätigkeit gewonnene Erkenntnisse nur für die in Absatz 1 genannten Zwecke verwenden.

§ 25 Automatisierter Datenabruf bei den Standesämtern

Beantragt eine Person Elterngeld, so ist die nach § 12 Absatz 1 zuständige Behörde berechtigt, zur Prüfung des Anspruchs nach § 1 die folgenden Daten über die Beurkundung der Geburt eines Kindes bei dem für die Entgegennahme der Anzeige der Geburt zuständigen Standesamt gemäß § 68 Absatz 3 des Personenstandsgesetzes automatisiert abzurufen, wenn die antragstellende Person zuvor in die elektronische Datenübermittlung eingewilligt hat:

1. Tag und Ort der Geburt des Kindes,
2. Geburtsname und Vornamen des Kindes,
3. Familiennamen, Geburtsnamen und Vornamen der Eltern des Kindes.

§ 26 Anwendung der Bücher des Sozialgesetzbuches

(1) Soweit dieses Gesetz zum Elterngeld keine ausdrückliche Regelung trifft, ist bei der Ausführung des Ersten und Zweiten Abschnitts das Erste Kapitel des Zehnten Buches Sozialgesetzbuch anzuwenden.

(2) § 328 Absatz 3 und § 331 des Dritten Buches Sozialgesetzbuch gelten entsprechend.

§ 27 Sonderregelung aus Anlass der COVID-19-Pandemie

(1) 1Übt ein Elternteil eine systemrelevante Tätigkeit aus, so kann sein Bezug von Elterngeld auf Antrag für die Zeit vom 1. März 2020 bis 31. Dezember 2020 aufgeschoben werden. 2Der Bezug der verschobenen Lebensmonate ist spätestens bis zum 30. Juni 2021 anzutreten. 3Wird von der Möglichkeit des Aufschubs Gebrauch gemacht, so kann das Basiselterngeld abweichend von § 4 Absatz 1 Satz 2 und 3 auch noch nach Vollendung des 14. Lebensmonats bezogen werden. 4In der Zeit vom 1. März 2020 bis 30. Juni 2021 entstehende Lücken im Elterngeldbezug sind abweichend von § 4 Absatz 1 Satz 4 unschädlich.

(2) 1Für ein Verschieben des Partnerschaftsbonus genügt es, wenn nur ein Elternteil einen systemrelevanten Beruf ausübt. 2Hat der Bezug des Partnerschaftsbonus bereits be-

VIII

gonnen, so gelten allein die Bestimmungen des Absatzes 3.

(3) Liegt der Bezug des Partnerschaftsbonus ganz oder teilweise vor dem Ablauf des 23. September 2022 und kann die berechtigte Person die Voraussetzungen des Bezugs aufgrund der COVID-19-Pandemie nicht einhalten, gelten die Angaben zur Höhe des Einkommens und zum Umfang der Arbeitszeit, die bei der Beantragung des Partnerschaftsbonus glaubhaft gemacht worden sind.

§ 28 Übergangsvorschrift

(1) Für die vor dem 1. September 2021 geborenen oder mit dem Ziel der Adoption aufgenommenen Kinder ist dieses Gesetz in der bis zum 31. August 2021 geltenden Fassung weiter anzuwenden.

(1a) Für die nach dem 31. August 2021 und vor dem 1. April 2024 geborenen oder mit dem Ziel der Adoption aufgenommenen Kinder ist dieses Gesetz in der bis zum 31. März 2024 geltenden Fassung weiter anzuwenden.

(1b) Für die nach dem 31. März 2024 und vor dem 1. Mai 2025 geborenen oder mit dem Ziel der Adoption aufgenommenen Kinder ist dieses Gesetz in der bis zum 30. April 2025 geltenden Fassung weiter anzuwenden.

(2) Für die dem Erziehungsgeld vergleichbaren Leistungen der Länder sind § 8 Absatz 1 und § 9 des Bundeserziehungsgeldgesetzes in der bis zum 31. Dezember 2006 geltenden Fassung weiter anzuwenden.

(3) $_{1}$§ 1 Absatz 7 Satz 1 Nummer 1 bis 4 in der Fassung des Artikels 36 des Gesetzes vom 12. Dezember 2019 (BGBl. I S. 2451) ist für Entscheidungen anzuwenden, die Zeiträume betreffen, die nach dem 29. Februar 2020 beginnen. $_{2}$§ 1 Absatz 7 Satz 1 Nummer 5 in der Fassung des Artikels 36 des Gesetzes vom 12. Dezember 2019 (BGBl. I S. 2451) ist für Entscheidungen anzuwenden, die Zeiträume betreffen, die nach dem 31. Dezember 2019 beginnen. $_{3}$§ 1 Absatz 7 Satz 1 Nummer 2 Buchstabe c in der Fassung des Artikels 12 Nummer 1 des Gesetzes vom 23. Mai 2022 (BGBl. I S. 760) ist für Entscheidungen anzuwenden, die Zeiträume betreffen, die nach dem 31. Mai 2022 beginnen. $_{4}$§ 1 Absatz 7 Satz 1 Nummer 2 Buchstabe a und b in der Fassung des Artikels 43 des Gesetzes vom 2. Dezember 2024 (BGBl. 2024 I Nr. 387) ist für Entscheidungen anzuwenden, die Zeiträume betreffen, die nach dem 31. Mai 2024 beginnen.

(4) $_{1}$§ 9 Absatz 2 ist auf Kinder anwendbar, die nach dem 31. Dezember 2021 geboren oder mit dem Ziel der Adoption aufgenommen worden sind. $_{2}$§ 25 ist auf Kinder anwendbar, die nach dem 31. Oktober 2024 geboren oder mit dem Ziel der Adoption aufgenommen worden sind. $_{3}$Für die nach dem 31. Dezember 2021 und vor dem 1. November 2024 geborenen oder mit dem Ziel der Adoption aufgenommenen Kinder ist § 25 in der bis zum 31. Oktober 2024 geltenden Fassung weiter anzuwenden. $_{4}$Zur Erprobung des Verfahrens können diese Regelungen in Pilotprojekten mit Zustimmung des Bundesministeriums für Familie, Senioren, Frauen und Jugend, des Bundesministeriums für Arbeit und Soziales und des Bundesministeriums des Innern und für Heimat auf Kinder, die vor dem 1. Januar 2022 geboren oder mit dem Ziel der Adoption aufgenommen worden sind, angewendet werden.

(5) $_{1}$§ 1 Absatz 8 ist auf Kinder anwendbar, die ab dem 1. April 2025 geboren oder mit dem Ziel der Adoption angenommen worden sind. $_{2}$Für die ab dem 1. April 2024 und vor dem 1. April 2025 geborenen oder mit dem Ziel der Adoption angenommenen Kinder gilt § 1 Absatz 8 mit der Maßgabe, dass ein Anspruch entfällt, wenn die berechtigte Person im letzten abgeschlossenen Veranlagungszeitraum vor der Geburt des Kindes ein zu versteuerndes Einkommen nach § 2 Absatz 5 des Einkommensteuergesetzes in Höhe von mehr als 200 000 Euro erzielt hat. $_{3}$Erfüllt auch eine andere Person die Voraussetzungen des § 1 Absatz 1 Satz 1 Nummer 2 oder des Absatzes 3 oder 4, entfällt in diesem Zeitraum abweichend von § 1 Absatz 8 Satz 1 der Anspruch, wenn die Summe des zu versteuernden Einkommens beider Personen mehr als 200 000 Euro beträgt.

Verordnung zur Regelung von Zuständigkeiten nach dem Bundeselterngeld- und Elternzeitgesetz und nach dem Bundeskindergeldgesetz

Vom 5. Dezember 2006 (GV. NRW. S. 599)

Zuletzt geändert durch
Verordnung zur Änderung der Verordnung zur Regelung von Zuständigkeiten nach dem Bundeselterngeld- und Elternzeitgesetz und nach dem Bundeskindergeldgesetz
vom 9. Juli 2013 (GV. NRW. S. 456)

§ 1

(1) Zuständige Behörden zur Ausführung der Abschnitte 1 bis 3 des Bundeselterngeld- und Elternzeitgesetzes (BEEG) vom 5. Dezember 2006 (BGBl. I S. 2748) sind die Kreise und kreisfreien Städte. Die Städteregion Aachen ist zuständige Behörde für das Gebiet der Stadt Aachen und der übrigen regionsangehörigen Gemeinden.

(2) Die Kreise und kreisfreien Städte nehmen die Aufgabe als Auftragsangelegenheit kraft Bundesrechts wahr. Die Aufsicht führt die Bezirksregierung Münster. Oberste Aufsichtsbehörde ist die fachlich zuständige oberste Landesbehörde.

(3) Örtlich zuständig ist der Kreis oder die kreisfreie Stadt, in deren Bezirk die berechtigte Person ihren gewöhnlichen Aufenthalt hat. Hat die berechtigte Person keinen gewöhnlichen Aufenthalt im Geltungsbereich des Bundeselterngeld- und Elternzeitgesetzes und sind die Voraussetzungen des § 1 Abs. 2 BEEG nicht gegeben, befindet sich jedoch der Sitz ihres Arbeitgebers oder ihrer obersten Dienstbehörde in Nordrhein-Westfalen, ist der Kreis oder die kreisfreie Stadt zuständig, in deren Bezirk der Sitz ihres Arbeitgebers oder ihrer obersten Dienstbehörde liegt.

(4) Hinsichtlich der Aufwendungen, die für die Durchführung des Abschnitts 2 (Betreuungsgeld) des Bundeselterngeld- und Elternzeitgesetzes entstehen, erstellt die Landesregierung unter Beteiligung der kommunalen Spitzenverbände und entsprechend dem Verfahren des Konnexitätsausführungsgesetzes eine Kostenfolgeabschätzung auf der Basis der im Benehmen mit den kommunalen Spitzenverbänden festgelegten Erhebungskriterien und der daraus resultierenden Erkenntnisse, die zum 1. August 2014 vorliegen. Über das Ergebnis der Kostenfolgeabschätzung ist dem Landtag zu berichten. Sollte sich auf dieser Grundlage eine wesentliche Belastung der Kreise und kreisfreien Städte ergeben, wird der Belastungsausgleich für die entstehenden notwendigen, durchschnittlichen Aufwendungen durch Rechtsverordnung der Landesregierung geregelt.

§ 2

Zuständige Behörde für die Entscheidung über die Zulässigkeit einer Kündigung nach § 18 Abs. 1 Satz 2 des Bundeselterngeld- und Elternzeitgesetzes sind die Bezirksregierungen.

§ 3

(1) Zuständige Behörden zur Wahrnehmung der Aufgaben nach § 6b Bundeskindergeldgesetz sind die Kreise und kreisfreien Städte. Die Städteregion Aachen ist zuständige Behörde für das Gebiet der Stadt Aachen und der übrigen regionsangehörigen Gemeinden.

(2) Die Kreise sind befugt, kreisangehörige Gemeinden im Benehmen mit diesen durch Satzung zur Durchführung der Aufgaben nach § 6b Bundeskindergeldgesetz heranzuziehen.

(3) Der Belastungsausgleich für die entstehenden notwendigen, durchschnittlichen Mehraufwendungen, die den Kreisen und kreisfreien Städten für die Durchführung der Aufgabe nach Absatz 1 entstehen, wird durch Rechtsverordnung der Landesregierung geregelt.

§ 4

(1) Die Verordnung tritt mit Wirkung vom 1. Januar 2007 in Kraft.

(2) Das für die Durchführung des Bundeselterngeld- und Elternzeitgesetzes und des Bundeskindergeldgesetzes zuständige Ministerium berichtet der Landesregierung bis zum 31. Dezember 2016 und danach alle fünf Jahre über die Erfahrungen mit dieser Verordnung.

Gesetz über vermögenswirksame Leistungen für Beamte, Richter, Berufssoldaten und Soldaten auf Zeit

in der Fassung der Bekanntmachung vom 16. Mai 2002 (BGBl. I S. 1778)

Zuletzt geändert durch
Gesetz zum Abbau verzichtbarer Anordnungen der Schriftform im Verwaltungsrecht des Bundes vom 29. März 2017 (BGBl. I S. 626)

§ 1

(1) Vermögenswirksame Leistungen nach dem Fünften Vermögensbildungsgesetz erhalten

1. Bundesbeamte, Beamte der Länder, der Gemeinden, der Gemeindeverbände sowie der sonstigen der Aufsicht eines Landes unterstehenden Körperschaften, Anstalten und Stiftungen des öffentlichen Rechts; ausgenommen sind die Ehrenbeamten und entpflichtete Hochschullehrer,
2. Richter des Bundes und der Länder; ausgenommen sind die ehrenamtlichen Richter,
3. Berufssoldaten und Soldaten auf Zeit mit Anspruch auf Besoldung oder Ausbildungsgeld (§ 30 Abs. 2 des Soldatengesetzes).

(2) Vermögenswirksame Leistungen werden für die Kalendermonate gewährt, in denen dem Berechtigten Dienstbezüge, Anwärterbezüge oder Ausbildungsgeld nach § 30 Abs. 2 des Soldatengesetzes zustehen und er diese Bezüge erhält.

(3) Der Anspruch auf die vermögenswirksamen Leistungen entsteht frühestens für den Kalendermonat, in dem der Berechtigte die nach § 4 Abs. 1 erforderlichen Angaben mitteilt, und für die beiden vorangegangenen Monate desselben Kalenderjahres.

§ 2

(1) Die vermögenswirksame Leistung beträgt 6,65 Euro. Teilzeitbeschäftigte erhalten den Betrag, der dem Verhältnis der ermäßigten zur regelmäßigen Arbeitszeit entspricht; bei begrenzter Dienstfähigkeit nach bundes- oder landesrechtlicher Regelung gilt Entsprechendes.

(2) Beamte auf Widerruf im Vorbereitungsdienst, deren Anwärterbezüge nebst Familienzuschlag der Stufe 1 971,45 Euro monatlich nicht erreichen, erhalten 13,29 Euro.

(3) Für die Höhe der vermögenswirksamen Leistung sind die Verhältnisse am Ersten des Kalendermonats maßgebend. Wird das Dienstverhältnis nach dem Ersten des Kalendermonats begründet, ist für diesen Monat der Tag des Beginns des Dienstverhältnisses maßgebend.

(4) Die vermögenswirksame Leistung ist bis zum Ablauf der auf den Monat der Mitteilung nach § 4 Abs. 1 folgenden drei Kalendermonate, danach monatlich im Voraus zu zahlen.

§ 3

(1) Die vermögenswirksame Leistung wird dem Berechtigten im Kalendermonat nur einmal gewährt.

(2) Bei mehreren Dienstverhältnissen ist das Dienstverhältnis maßgebend, aus dem der Berechtigte einen Anspruch auf vermögenswirksame Leistungen hat. Sind solche Leistungen für beide Dienstverhältnisse vorgesehen, sind sie aus dem zuerst begründeten Verhältnis zu zahlen.

(3) Erreicht die vermögenswirksame Leistung nach Absatz 2 nicht den Betrag nach § 2 dieses Gesetzes, ist der Unterschiedsbetrag aus dem anderen Dienstverhältnis zu zahlen.

(4) Die Absätze 1 bis 3 gelten entsprechend für vermögenswirksame Leistungen aus einem anderen Rechtsverhältnis, auch wenn die Regelungen im Einzelnen nicht übereinstimmen.

§ 4

(1) Der Berechtigte teilt seiner Dienststelle oder der nach Landesrecht bestimmten Stelle schriftlich oder elektronisch die Art der ge-

VIII

wählten Anlage mit und gibt hierbei, soweit dies nach der Art der Anlage erforderlich ist, das Unternehmen oder Institut mit der Nummer des Kontos an, auf das die Leistung eingezahlt werden soll.

(2) Für die vermögenswirksamen Leistungen nach diesem Gesetz und die vermögenswirksame Anlage von Teilen der Bezüge nach dem Fünften Vermögensbildungsgesetz soll der Berechtigte möglichst dieselbe Anlageart und dasselbe Unternehmen oder Institut wählen.

(3) Der Wechsel der Anlage bedarf im Falle des § 11 Abs. 3 Satz 2 des Fünften Vermögensbildungsgesetzes nicht der Zustimmung der zuständigen Stelle, wenn der Berechtigte diesen Wechsel aus Anlass der erstmaligen Gewährung der vermögenswirksamen Leistung verlangt.

§ 5 (weggefallen)

§ 6

Dieses Gesetz gilt nicht für die öffentlich-rechtlichen Religionsgemeinschaften und ihre Verbände.

IX Verfassung/Verwaltung

Grundgesetz für die Bundesrepublik Deutschland

Vom 23. Mai 1949 (BGBl. S. 1)

Zuletzt geändert durch
Gesetz zur Änderung des Grundgesetzes
(Artikel 109, 115 und 143h)
vom 22. März 2025 (BGBl. I Nr. 94)

Inhaltsübersicht

PRÄAMBEL

Im Bewußtsein seiner Verantwortung vor Gott und den Menschen, von dem Willen beseelt, als gleichberechtigtes Glied in einem vereinten Europa dem Frieden der Welt zu dienen, hat sich das Deutsche Volk kraft seiner verfassungsgebenden Gewalt dieses Grundgesetz gegeben.

Die Deutschen in den Ländern Baden-Württemberg, Bayern, Berlin, Brandenburg, Bremen, Hamburg, Hessen, Mecklenburg-Vorpommern, Niedersachsen, Nordrhein-Westfalen, Rheinland-Pfalz, Saarland, Sachsen, Sachsen-Anhalt, Schleswig-Holstein und Thüringen haben in freier Selbstbestimmung die Einheit und Freiheit Deutschlands vollendet. Damit gilt dieses Grundgesetz für das gesamte Deutsche Volk.

I. Die Grundrechte

Artikel 1 (Schutz der Menschenwürde)

(1) Die Würde des Menschen ist unantastbar. Sie zu achten und zu schützen ist Verpflichtung aller staatlichen Gewalt.

(2) Das Deutsche Volk bekennt sich darum zu unverletzlichen und unveräußerlichen Menschenrechten als Grundlage jeder menschlichen Gemeinschaft, des Friedens und der Gerechtigkeit in der Welt.

(3) Die nachfolgenden Grundrechte binden Gesetzgebung, vollziehende Gewalt und Rechtsprechung als unmittelbar geltendes Recht.

Artikel 2 (Persönliche Freiheit)

(1) Jeder hat das Recht auf die freie Entfaltung seiner Persönlichkeit, soweit er nicht die Rechte anderer verletzt und nicht gegen die verfassungsmäßige Ordnung oder das Sittengesetz verstößt.

(2) Jeder hat das Recht auf Leben und körperliche Unversehrtheit. Die Freiheit der Person ist unverletzlich. In diese Rechte darf nur auf Grund eines Gesetzes eingegriffen werden.

Artikel 3 (Gleichheit vor dem Gesetz)

(1) Alle Menschen sind vor dem Gesetz gleich.

(2) Männer und Frauen sind gleichberechtigt. Der Staat fördert die tatsächliche Durchsetzung der Gleichberechtigung von Frauen und Männern und wirkt auf die Beseitigung bestehender Nachteile hin.

(3) Niemand darf wegen seines Geschlechtes, seiner Abstammung, seiner Rasse, seiner Sprache, seiner Heimat und Herkunft, seines Glaubens, seiner religiösen oder politischen Anschauungen benachteiligt oder bevorzugt werden. Niemand darf wegen seiner Behinderung benachteiligt werden.

Artikel 4 (Glaubens- und Bekenntnisfreiheit)

(1) Die Freiheit des Glaubens, des Gewissens und die Freiheit des religiösen und weltanschaulichen Bekenntnisses sind unverletzlich.

(2) Die ungestörte Religionsausübung wird gewährleistet.

(3) Niemand darf gegen sein Gewissen zum Kriegsdienst mit der Waffe gezwungen werden. Das Nähere regelt ein Bundesgesetz.

Artikel 5 (Freie Meinungsäußerung)

(1) Jeder hat das Recht, seine Meinung in Wort, Schrift und Bild frei zu äußern und zu verbreiten und sich aus allgemein zugänglichen Quellen ungehindert zu unterrichten. Die Pressefreiheit und die Freiheit der Berichterstattung durch Rundfunk und Film werden gewährleistet. Eine Zensur findet nicht statt.

(2) Diese Rechte finden ihre Schranken in den Vorschriften der allgemeinen Gesetze, den gesetzlichen Bestimmungen zum Schutze der Jugend und in dem Recht der persönlichen Ehre.

(3) Kunst und Wissenschaft, Forschung und Lehre sind frei. Die Freiheit der Lehre entbindet nicht von der Treue zur Verfassung.

Artikel 6 (Ehe, Familie, uneheliche Kinder)

(1) Ehe und Familie stehen unter dem besonderen Schutze der staatlichen Ordnung.

(2) Pflege und Erziehung der Kinder sind das natürliche Recht der Eltern und die zuvörderst ihnen obliegende Pflicht. Über ihre Betätigung wacht die staatliche Gemeinschaft.

(3) Gegen den Willen der Erziehungsberechtigten dürfen Kinder nur auf Grund eines Gesetzes von der Familie getrennt werden, wenn die Erziehungsberechtigten versagen

oder wenn die Kinder aus anderen Gründen zu verwahrlosen drohen.

(4) Jede Mutter hat Anspruch auf den Schutz und die Fürsorge der Gemeinschaft.

(5) Den unehelichen Kindern sind durch die Gesetzgebung die gleichen Bedingungen für ihre leibliche und seelische Entwicklung und ihre Stellung in der Gesellschaft zu schaffen wie den ehelichen Kindern.

Artikel 7 (Schulwesen)

(1) Das gesamte Schulwesen steht unter der Aufsicht des Staates.

(2) Die Erziehungsberechtigten haben das Recht, über die Teilnahme des Kindes am Religionsunterricht zu bestimmen.

(3) Der Religionsunterricht ist in den öffentlichen Schulen mit Ausnahme der bekenntnisfreien Schulen ordentliches Lehrfach. Unbeschadet des staatlichen Aufsichtsrechtes wird der Religionsunterricht in Übereinstimmung mit den Grundsätzen der Religionsgemeinschaften erteilt. Kein Lehrer darf gegen seinen Willen verpflichtet werden, Religionsunterricht zu erteilen.

(4) Das Recht zur Errichtung von privaten Schulen wird gewährleistet. Private Schulen als Ersatz für öffentliche Schulen bedürfen der Genehmigung des Staates und unterstehen den Landesgesetzen. Die Genehmigung ist zu erteilen, wenn die privaten Schulen in ihren Lehrzielen und Einrichtungen sowie in der wissenschaftlichen Ausbildung ihrer Lehrkräfte nicht hinter den öffentlichen Schulen zurückstehen und eine Sonderung der Schüler nach den Besitzverhältnissen der Eltern nicht gefördert wird. Die Genehmigung ist zu versagen, wenn die wirtschaftliche und rechtliche Stellung der Lehrkräfte nicht genügend gesichert ist.

(5) Eine private Volksschule ist nur zuzulassen, wenn die Unterrichtsverwaltung ein besonderes pädagogisches Interesse anerkennt oder, auf Antrag von Erziehungsberechtigten, wenn sie als Gemeinschaftsschule, als Bekenntnis- oder Weltanschauungsschule errichtet werden soll und eine öffentliche Volksschule dieser Art in der Gemeinde nicht besteht.

(6) Vorschulen bleiben aufgehoben.

Artikel 8 (Versammlungsfreiheit)

(1) Alle Deutschen haben das Recht, sich ohne Anmeldung oder Erlaubnis friedlich und ohne Waffen zu versammeln.

(2) Für Versammlungen unter freiem Himmel kann dieses Recht durch Gesetz oder auf Grund eines Gesetzes beschränkt werden.

Artikel 9 (Vereinigungsfreiheit)

(1) Alle Deutschen haben das Recht, Vereine und Gesellschaften zu bilden.

(2) Vereinigungen, deren Zwecke oder deren Tätigkeit den Strafgesetzen zuwiderlaufen oder die sich gegen die verfassungsmäßige Ordnung oder gegen den Gedanken der Völkerverständigung richten, sind verboten.

(3) Das Recht, zur Wahrung und Förderung der Arbeits- und Wirtschaftsbedingungen Vereinigungen zu bilden, ist für jedermann und für alle Berufe gewährleistet. Abreden, die dieses Recht einschränken oder zu behindern suchen, sind nichtig, hierauf gerichtete Maßnahmen sind rechtswidrig. Maßnahmen nach den Artikeln 12a, 35 Abs. 2 und 3, Artikel 87a Abs. 4 und Artikel 91 dürfen sich nicht gegen Arbeitskämpfe richten, die zur Wahrung und Förderung der Arbeits- und Wirtschaftsbedingungen von Vereinigungen im Sinne des Satzes 1 geführt werden.

Artikel 10 (Brief- und Postgeheimnis)

(1) Das Briefgeheimnis sowie das Post- und Fernmeldegeheimnis sind unverletzlich.

(2) Beschränkungen dürfen nur auf Grund eines Gesetzes angeordnet werden. Dient die Beschränkung dem Schutze der freiheitlichen demokratischen Grundordnung oder des Bestandes oder der Sicherung des Bundes oder eines Landes, so kann das Gesetz bestimmen, daß sie dem Betroffenen nicht mitgeteilt wird und daß an die Stelle des Rechtsweges die Nachprüfung durch von der Volksvertretung bestellte Organe und Hilfsorgane tritt.

Artikel 11 (Freizügigkeit)

(1) Alle Deutschen genießen Freizügigkeit im ganzen Bundesgebiet.

(2) Dieses Recht darf nur durch Gesetz oder auf Grund eines Gesetzes und nur für die Fälle eingeschränkt werden, in denen eine ausrei-

chende Lebensgrundlage nicht vorhanden ist und der Allgemeinheit daraus besondere Lasten entstehen würden oder in denen es zur Abwehr einer drohenden Gefahr für den Bestand oder die freiheitliche demokratische Grundordnung des Bundes oder eines Landes, zur Bekämpfung von Seuchengefahr, Naturkatastrophen oder besonders schweren Unglücksfällen, zum Schutze der Jugend vor Verwahrlosung oder um strafbaren Handlungen vorzubeugen, erforderlich ist.

Artikel 12 (Freiheit des Berufes)

(1) Alle Deutschen haben das Recht, Beruf, Arbeitsplatz und Ausbildungsstätte frei zu wählen. Die Berufsausübung kann durch Gesetz oder auf Grund eines Gesetzes geregelt werden.

(2) Niemand darf zu einer bestimmten Arbeit gezwungen werden, außer im Rahmen einer herkömmlichen allgemeinen, für alle gleichen öffentlichen Dienstleistungspflicht.

(3) Zwangsarbeit ist nur bei einer gerichtlich angeordneten Freiheitsentziehung zulässig.

Artikel 12a (Wehrpflicht, Ersatzdienst)

(1) Männer können vom vollendeten achtzehnten Lebensjahr an zum Dienst in den Streitkräften, im Bundesgrenzschutz oder in einem Zivilschutzverband verpflichtet werden.

(2) Wer aus Gewissensgründen den Kriegsdienst mit der Waffe verweigert, kann zu einem Ersatzdienst verpflichtet werden. Die Dauer des Ersatzdienstes darf die Dauer des Wehrdienstes nicht übersteigen. Das Nähere regelt ein Gesetz, das die Freiheit der Gewissensentscheidung nicht beeinträchtigen darf und auch eine Möglichkeit des Ersatzdienstes vorsehen muß, die in keinem Zusammenhang mit den Verbänden der Streitkräfte und des Bundesgrenzschutzes steht.

(3) Wehrpflichtige, die nicht zu einem Dienst nach Absatz 1 oder 2 herangezogen sind, können im Verteidigungsfalle durch Gesetz oder auf Grund eines Gesetzes zu zivilen Dienstleistungen für Zwecke der Verteidigung einschließlich des Schutzes der Zivilbevölkerung in Arbeitsverhältnisse verpflichtet werden; Verpflichtungen in öffentlich-rechtliche Dienstverhältnisse sind nur zur Wahrnehmung polizeilicher Aufgaben oder solcher hoheitlichen Aufgaben der öffentlichen Verwaltung, die nur in einem öffentlich-rechtlichen Dienstverhältnis erfüllt werden können, zulässig. Arbeitsverhältnisse nach Satz 1 können bei den Streitkräften, im Bereich ihrer Versorgung sowie bei der öffentlichen Verwaltung begründet werden; Verpflichtungen in Arbeitsverhältnisse im Bereiche der Versorgung der Zivilbevölkerung sind nur zulässig, um ihren lebensnotwendigen Bedarf zu decken oder ihren Schutz sicherzustellen.

(4) Kann im Verteidigungsfalle der Bedarf an zivilen Dienstleistungen im zivilen Sanitäts- und Heilwesen sowie in der ortsfesten militärischen Lazarettorganisation nicht auf freiwilliger Grundlage gedeckt werden, so können Frauen vom vollendeten achtzehnten bis zum vollendeten fünfundfünfzigsten Lebensjahr durch Gesetz oder auf Grund eines Gesetzes zu derartigen Dienstleistungen herangezogen werden. Sie dürfen auf keinen Fall zum Dienst mit der Waffe verpflichtet werden.

(5) Für die Zeit vor dem Verteidigungsfalle können Verpflichtungen nach Absatz 3 nur nach Maßgabe des Artikels 80a Abs. 1 begründet werden. Zur Vorbereitung auf Dienstleistungen nach Absatz 3, für die besondere Kenntnisse oder Fertigkeiten erforderlich sind, kann durch Gesetz oder auf Grund eines Gesetzes die Teilnahme an Ausbildungsveranstaltungen zur Pflicht gemacht werden. Satz 1 findet insoweit keine Anwendung.

(6) Kann im Verteidigungsfalle der Bedarf an Arbeitskräften für die in Absatz 3 Satz 2 genannten Bereiche auf freiwilliger Grundlage nicht gedeckt werden, so kann zur Sicherung dieses Bedarfs die Freiheit der Deutschen, die Ausübung eines Berufs oder den Arbeitsplatz aufzugeben, durch Gesetz oder auf Grund eines Gesetzes eingeschränkt werden. Vor Eintritt des Verteidigungsfalles gilt Absatz 5 Satz 1 entsprechend.

Artikel 13 (Unverletzlichkeit der Wohnung)

(1) Die Wohnung ist unverletzlich.

(2) Durchsuchungen dürfen nur durch den Richter, bei Gefahr im Verzuge auch durch die

in den Gesetzen vorgesehenen anderen Organe angeordnet und nur in der dort vorgeschriebenen Form durchgeführt werden.

(3) Begründen bestimmte Tatsachen den Verdacht, daß jemand eine durch Gesetz einzeln bestimmte besonders schwere Straftat begangen hat, so dürfen zur Verfolgung der Tat auf Grund richterlicher Anordnung technische Mittel zur akustischen Überwachung von Wohnungen, in denen der Beschuldigte sich vermutlich aufhält, eingesetzt werden, wenn die Erforschung des Sachverhalts auf andere Weise unverhältnismäßig erschwert oder aussichtslos wäre. Die Maßnahme ist zu befristen. Die Anordnung erfolgt durch einen mit drei Richtern besetzten Spruchkörper. Bei Gefahr im Verzuge kann sie auch durch einen einzelnen Richter getroffen werden.

(4) Zur Abwehr dringender Gefahren für die öffentliche Sicherheit, insbesondere einer gemeinen Gefahr oder einer Lebensgefahr, dürfen technische Mittel zur Überwachung von Wohnungen nur auf Grund richterlicher Anordnung eingesetzt werden. Bei Gefahr im Verzuge kann die Maßnahme auch durch eine andere gesetzlich bestimmte Stelle angeordnet werden; eine richterliche Entscheidung ist unverzüglich nachzuholen.

(5) Sind technische Mittel ausschließlich zum Schutze der bei einem Einsatz in Wohnungen tätigen Personen vorgesehen, kann die Maßnahme durch eine gesetzlich bestimmte Stelle angeordnet werden. Eine anderweitige Verwertung der hierbei erlangten Erkenntnisse ist nur zum Zwecke der Strafverfolgung oder der Gefahrenabwehr und nur zulässig, wenn zuvor die Rechtmäßigkeit der Maßnahme richterlich festgestellt ist; bei Gefahr im Verzuge ist die richterliche Entscheidung unverzüglich nachzuholen.

(6) Die Bundesregierung unterrichtet den Bundestag jährlich über den nach Absatz 3 sowie über den im Zuständigkeitsbereich des Bundes nach Absatz 4 und, soweit richterlich überprüfungsbedürftig, nach Absatz 5 erfolgten Einsatz technischer Mittel. Ein vom Bundestag gewähltes Gremium übt auf der Grundlage dieses Berichts die parlamentarische Kontrolle aus. Die Länder gewährleisten eine gleichwertige parlamentarische Kontrolle.

(7) Eingriffe und Beschränkungen dürfen im übrigen nur zur Abwehr einer gemeinen Gefahr oder einer Lebensgefahr für einzelne Personen, auf Grund eines Gesetzes auch zur Verhütung dringender Gefahren für die öffentliche Sicherheit und Ordnung, insbesondere zur Behebung der Raumnot, zur Bekämpfung von Seuchengefahr oder zum Schutze gefährdeter Jugendlicher vorgenommen werden.

Artikel 14 (Eigentum, Erbrecht und Enteignung)

(1) Das Eigentum und das Erbrecht werden gewährleistet. Inhalt und Schranken werden durch die Gesetze bestimmt.

(2) Eigentum verpflichtet. Sein Gebrauch soll zugleich dem Wohle der Allgemeinheit dienen.

(3) Eine Enteignung ist nur zum Wohle der Allgemeinheit zulässig. Sie darf nur durch Gesetz oder auf Grund eines Gesetzes erfolgen, das Art und Ausmaß der Entschädigung regelt. Die Entschädigung ist unter gerechter Abwägung der Interessen der Allgemeinheit und der Beteiligten zu bestimmen. Wegen der Höhe der Entschädigung steht im Streitfalle der Rechtsweg vor den ordentlichen Gerichten offen.

Artikel 15 (Sozialisierung)

Grund und Boden, Naturschätze und Produktionsmittel können zum Zwecke der Vergesellschaftung durch ein Gesetz, das Art und Ausmaß der Entschädigung regelt, in Gemeineigentum oder in andere Formen der Gemeinwirtschaft überführt werden. Für die Entschädigung gilt Art. 14 Abs. 3 Satz 3 und 4 entsprechend.

Artikel 16 (Ausbürgerung, Auslieferung)

(1) Die Deutsche Staatsangehörigkeit darf nicht entzogen werden. Der Verlust der Staatsangehörigkeit darf nur auf Grund eines Gesetzes und gegen den Willen des Betroffenen nur dann eintreten, wenn der Betroffene dadurch nicht staatenlos wird.

(2) Kein Deutscher darf an das Ausland ausgeliefert werden. Durch Gesetz kann eine

abweichende Regelung für Auslieferungen an einen Mitgliedstaat der Europäischen Union oder an einen internationalen Gerichtshof getroffen werden, soweit rechtsstaatliche Grundsätze gewahrt sind.

Artikel 16a (Asylrecht)

(1) Politisch Verfolgte genießen Asylrecht.

(2) Auf Absatz 1 kann sich nicht berufen, wer aus einem Mitgliedstaat der Europäischen Gemeinschaften oder aus einem anderen Drittstaat einreist, in dem die Anwendung des Abkommens über die Rechtsstellung der Flüchtlinge und der Konvention zum Schutze der Menschenrechte und Grundfreiheiten sichergestellt ist. Die Staaten außerhalb der Europäischen Gemeinschaften, auf die die Voraussetzungen des Satzes 1 zutreffen, werden durch Gesetz, das der Zustimmung des Bundesrates bedarf, bestimmt. In den Fällen des Satzes 1 können aufenthaltsbeendende Maßnahmen unabhängig von einem hiergegen eingelegten Rechtsbehelf vollzogen werden.

(3) Durch Gesetz, das der Zustimmung des Bundesrates bedarf, können Staaten bestimmt werden, bei denen auf Grund der Rechtslage, der Rechtsanwendung und der allgemeinen politischen Verhältnisse gewährleistet erscheint, daß dort weder politische Verfolgung noch unmenschliche oder erniedrigende Bestrafung oder Behandlung stattfindet. Es wird vermutet, daß ein Ausländer aus einem solchen Staat nicht verfolgt wird, solange er nicht Tatsachen vorträgt, die die Annahme begründen, daß er entgegen dieser Vermutung politisch verfolgt wird.

(4) Die Vollziehung aufenthaltsbeendender Maßnahmen wird in den Fällen des Absatzes 3 und in anderen Fällen, die offensichtlich unbegründet sind oder als offensichtlich unbegründet gelten, durch das Gericht nur ausgesetzt, wenn ernstliche Zweifel an der Rechtmäßigkeit der Maßnahme bestehen; der Prüfungsumfang kann eingeschränkt werden und verspätetes Vorbringen unberücksichtigt bleiben. Das Nähere ist durch Gesetz zu bestimmen.

(5) Die Absätze 1 bis 4 stehen völkerrechtlichen Verträgen von Mitgliedstaaten der Europäischen Gemeinschaften untereinander und mit dritten Staaten nicht entgegen, die unter Beachtung der Verpflichtungen aus dem Abkommen über die Rechtsstellung der Flüchtlinge und der Konvention zum Schutze der Menschenrechte und Grundfreiheiten, deren Anwendung in den Vertragsstaaten sichergestellt sein muß, Zuständigkeitsregelungen für die Prüfung von Asylbegehren einschließlich der gegenseitigen Anerkennung von Asylentscheidungen treffen.

Artikel 17 (Petitionsrecht)

Jedermann hat das Recht, sich einzeln oder in Gemeinschaft mit anderen schriftlich mit Bitten oder Beschwerden an die zuständigen Stellen und an die Volksvertretung zu wenden.

Artikel 17a (Wehrdienst, Ersatzdienst)

(1) Gesetze über Wehrdienst und Ersatzdienst können bestimmen, daß für die Angehörigen der Streitkräfte und des Ersatzdienstes während der Zeit des Wehr- oder Ersatzdienstes das Grundrecht, seine Meinung in Wort, Schrift und Bild frei zu äußern und zu verbreiten (Artikel 5 Abs. 1 Satz 1 erster Halbsatz), das Grundrecht der Versammlungsfreiheit (Artikel 8) und das Petitionsrecht (Artikel 17), soweit es das Recht gewährt, Bitten oder Beschwerden in Gemeinschaft mit anderen vorzubringen, eingeschränkt werden.

(2) Gesetze, die der Verteidigung einschließlich des Schutzes der Zivilbevölkerung dienen, können bestimmen, daß die Grundrechte der Freizügigkeit (Artikel 11) und der Unverletzlichkeit der Wohnung (Artikel 13) eingeschränkt werden.

Artikel 18 (Verwirkung von Grundrechten)

Wer die Freiheit der Meinungsäußerung, insbesondere die Pressefreiheit (Artikel 5 Abs. 1), die Lehrfreiheit (Artikel 5 Abs. 3), die Versammlungsfreiheit (Artikel 8), die Vereinigungsfreiheit (Artikel 9), das Brief-, Post- und Fernmeldegeheimnis (Artikel 10), das Eigentum (Artikel 14) oder das Asylrecht (Artikel 16a) zum Kampfe gegen die freiheitliche demokratische Grundordnung mißbraucht, verwirkt diese Grundrechte. Die Verwirkung und ihr Ausmaß werden durch das Bundesverfassungsgericht ausgesprochen.

Artikel 19 (Einschränkung von Grundrechten)

(1) Soweit nach diesem Grundgesetz ein Grundrecht durch Gesetz oder auf Grund eines Gesetzes eingeschränkt werden kann, muß das Gesetz allgemein und nicht nur für den Einzelfall gelten. Außerdem muß das Gesetz das Grundrecht unter Angabe des Artikels nennen.

(2) In keinem Falle darf ein Grundrecht in seinem Wesensgehalt angetastet werden.

(3) Die Grundrechte gelten auch für inländische juristische Personen, soweit sie ihrem Wesen nach auf diese anwendbar sind.

(4) Wird jemand durch die öffentliche Gewalt in seinen Rechten verletzt, so steht ihm der Rechtsweg offen. Soweit eine andere Zuständigkeit nicht begründet ist, ist der ordentliche Rechtsweg gegeben. Artikel 10 Abs. 2 Satz 2 bleibt unberührt.

II. Der Bund und die Länder

Artikel 20 (Demokratische, rechtsstaatliche Verfassung)

(1) Die Bundesrepublik Deutschland ist ein demokratischer und sozialer Bundesstaat.

(2) Alle Staatsgewalt geht vom Volke aus. Sie wird vom Volke in Wahlen und Abstimmungen und durch besondere Organe der Gesetzgebung, der vollziehenden Gewalt und der Rechtsprechung ausgeübt.

(3) Die Gesetzgebung ist an die verfassungsmäßige Ordnung, die vollziehende Gewalt und die Rechtsprechung sind an Gesetz und Recht gebunden.

(4) Gegen jeden, der es unternimmt, diese Ordnung zu beseitigen, haben alle Deutschen das Recht zum Widerstand, wenn andere Abhilfe nicht möglich ist.

Artikel 20a (Schutz der natürlichen Lebensgrundlagen)

Der Staat schützt auch in Verantwortung für die künftigen Generationen die natürlichen Lebensgrundlagen und die Tiere im Rahmen der verfassungsmäßigen Ordnung durch die Gesetzgebung und nach Maßgabe von Gesetz und Recht durch die vollziehende Gewalt und die Rechtsprechung.

Artikel 21 (Parteien)

(1) Die Parteien wirken bei der politischen Willensbildung des Volkes mit. Ihre Gründung ist frei. Ihre innere Ordnung muß demokratischen Grundsätzen entsprechen. Sie müssen über die Herkunft und Verwendung ihrer Mittel sowie über ihr Vermögen öffentlich Rechenschaft geben.

(2) Parteien, die nach ihren Zielen oder nach dem Verhalten ihrer Anhänger darauf ausgehen, die freiheitliche demokratische Grundordnung zu beeinträchtigen oder zu beseitigen oder den Bestand der Bundesrepublik Deutschland zu gefährden, sind verfassungswidrig.

(3) Parteien, die nach ihren Zielen oder dem Verhalten ihrer Anhänger darauf ausgerichtet sind, die freiheitliche demokratische Grundordnung zu beeinträchtigen oder zu beseitigen oder den Bestand der Bundesrepublik Deutschland zu gefährden, sind von staatlicher Finanzierung ausgeschlossen. Wird der Ausschluss festgestellt, so entfällt auch eine steuerliche Begünstigung dieser Parteien und von Zuwendungen an diese Parteien.

(4) Über die Frage der Verfassungswidrigkeit nach Absatz 2 sowie über den Ausschluss von staatlicher Finanzierung nach Absatz 3 entscheidet das Bundesverfassungsgericht.

(5) Das Nähere regeln Bundesgesetze.

Artikel 22 (Hauptstadt Berlin, Bundesflagge)

(1) Die Hauptstadt der Bundesrepublik Deutschland ist Berlin. Die Repräsentation des Gesamtstaates in der Hauptstadt ist Aufgabe des Bundes. Das Nähere wird durch Bundesgesetz geregelt.

(2) Die Bundesflagge ist schwarz-rot-gold.

Artikel 23 (Europäische Union)

(1) Zur Verwirklichung eines vereinten Europas wirkt die Bundesrepublik Deutschland bei der Entwicklung der Europäischen Union mit,

die demokratischen, rechtsstaatlichen, sozialen und föderativen Grundsätzen und dem Grundsatz der Subsidiarität verpflichtet ist und einen diesem Grundgesetz im wesentlichen vergleichbaren Grundrechtsschutz gewährleistet. Der Bund kann hierzu durch Gesetz mit Zustimmung des Bundesrates Hoheitsrechte übertragen. Für die Begründung der Europäischen Union sowie für Änderungen ihrer vertraglichen Grundlagen und vergleichbare Regelungen, durch die dieses Grundgesetz seinem Inhalt nach geändert oder ergänzt wird oder solche Änderungen oder Ergänzungen ermöglicht werden, gilt Artikel 79 Abs. 2 und 3.

(1a) Der Bundestag und der Bundesrat haben das Recht, wegen Verstoßes eines Gesetzgebungsakts der Europäischen Union gegen das Subsidiaritätsprinzip vor dem Gerichtshof der Europäischen Union Klage zu erheben. Der Bundestag ist hierzu auf Antrag eines Viertels seiner Mitglieder verpflichtet. Durch Gesetz, das der Zustimmung des Bundesrates bedarf, können für die Wahrnehmung der Rechte, die dem Bundestag und dem Bundesrat in den vertraglichen Grundlagen der Europäischen Union eingeräumt sind, Ausnahmen von Artikel 42 Abs. 2 Satz 1 und Artikel 52 Abs. 3 Satz 1 zugelassen werden.

(2) In Angelegenheiten der Europäischen Union wirken der Bundestag und durch den Bundesrat die Länder mit. Die Bundesregierung hat den Bundestag und den Bundesrat umfassend und zum frühestmöglichen Zeitpunkt zu unterrichten.

(3) Die Bundesregierung gibt dem Bundestag Gelegenheit zur Stellungnahme vor ihrer Mitwirkung an Rechtsetzungsakten der Europäischen Union. Die Bundesregierung berücksichtigt die Stellungnahmen des Bundestages bei den Verhandlungen. Das Nähere regelt ein Gesetz.

(4) Der Bundesrat ist an der Willensbildung des Bundes zu beteiligen, soweit er an einer entsprechenden innerstaatlichen Maßnahme mitzuwirken hätte oder soweit die Länder innerstaatlich zuständig wären.

(5) Soweit in einem Bereich ausschließlicher Zuständigkeiten des Bundes Interessen der Länder berührt sind oder soweit im übrigen der Bund das Recht zur Gesetzgebung hat, berücksichtigt die Bundesregierung die Stellungnahme des Bundesrates. Wenn im Schwerpunkt Gesetzgebungsbefugnisse der Länder, die Einrichtung ihrer Behörden oder ihre Verwaltungsverfahren betroffen sind, ist bei der Willensbildung des Bundes insoweit die Auffassung des Bundesrates maßgeblich zu berücksichtigen; dabei ist die gesamtstaatliche Verantwortung des Bundes zu wahren. In Angelegenheiten, die zu Ausgabenerhöhungen oder Einnahmeminderungen für den Bund führen können, ist die Zustimmung der Bundesregierung erforderlich.

(6) Wenn im Schwerpunkt ausschließliche Gesetzgebungsbefugnisse der Länder auf den Gebieten der schulischen Bildung, der Kultur oder des Rundfunks betroffen sind, wird die Wahrnehmung der Rechte, die der Bundesrepublik Deutschland als Mitgliedstaat der Europäischen Union zustehen, vom Bund auf einen vom Bundesrat benannten Vertreter der Länder übertragen. Die Wahrnehmung der Rechte erfolgt unter Beteiligung und in Abstimmung mit der Bundesregierung; dabei ist die gesamtstaatliche Verantwortung des Bundes zu wahren.

(7) Das Nähere zu den Absätzen 4 bis 6 regelt ein Gesetz, das der Zustimmung des Bundesrates bedarf.

Artikel 24 (Supranationale Einrichtungen)

(1) Der Bund kann durch Gesetz Hoheitsrechte auf zwischenstaatliche Einrichtungen übertragen.

(1a) Soweit die Länder für die Ausübung der staatlichen Befugnisse und die Erfüllung der staatlichen Aufgaben zuständig sind, können sie mit Zustimmung der Bundesregierung Hoheitsrechte auf grenznachbarschaftliche Einrichtungen übertragen.

(2) Der Bund kann sich zur Wahrung des Friedens einem System gegenseitiger kollektiver Sicherheit einordnen; er wird hierbei in die Beschränkungen seiner Hoheitsrechte einwilligen, die eine friedliche und dauerhafte Ordnung in Europa und zwischen den Völkern der Welt herbeiführen und sichern.

(3) Zur Regelung zwischenstaatlicher Streitigkeiten wird der Bund Vereinbarungen über eine allgemeine, umfassende, obligatorische, internationale Schiedsgerichtsbarkeit beitreten.

Artikel 25 (Regeln des Völkerrechts)

Die allgemeinen Regeln des Völkerrechts sind Bestandteil des Bundesrechtes. Sie gehen den Gesetzen vor und erzeugen Rechte und Pflichten unmittelbar für die Bewohner des Bundesgebietes.

Entscheidung des Bundesverfassungsgerichts vom 6. Dezember 2006 (BGBl. I 2007 S. 33)

Aus dem Beschluss des Bundesverfassungsgerichts vom 6. Dezember 2006 – 2 BvM 9/03 – wird die Entscheidungsformel veröffentlicht:

Eine allgemeine Regel des Völkerrechts, nach der ein lediglich pauschaler Immunitätsverzicht zur Aufhebung des Schutzes der Immunität auch für solches Vermögen genügt, das dem Entsendestaat im Empfangsstaat zur Aufrechterhaltung der Funktionsfähigkeit seiner diplomatischen Mission dient, ist nicht feststellbar.

Die vorstehende Entscheidungsformel hat gemäß § 31 Abs. 2 des Bundesverfassungsgerichtsgesetzes Gesetzeskraft.

Artikel 26 (Angriffskrieg, Kriegswaffen)

(1) Handlungen, die geeignet sind und in der Absicht vorgenommen werden, das friedliche Zusammenleben der Völker zu stören, insbesondere die Führung eines Angriffskrieges vorzubereiten, sind verfassungswidrig. Sie sind unter Strafe zu stellen.

(2) Zur Kriegsführung bestimmte Waffen dürfen nur mit Genehmigung der Bundesregierung hergestellt, befördert und in Verkehr gebracht werden. Das Nähere regelt ein Bundesgesetz.

Artikel 27 (Handelsflotte)

Alle deutschen Kauffahrteischiffe bilden eine einheitliche Handelsflotte.

Artikel 28 (Länder und Gemeinden)

(1) Die verfassungsmäßige Ordnung in den Ländern muß den Grundsätzen des republikanischen, demokratischen und sozialen Rechtsstaates im Sinne dieses Grundgesetzes entsprechen. In den Ländern, Kreisen und Gemeinden muß das Volk eine Vertretung haben, die aus allgemeinen, unmittelbaren, freien, gleichen und geheimen Wahlen hervorgegangen ist. Bei Wahlen in Kreisen und Gemeinden sind auch Personen, die die Staatsangehörigkeit eines Mitgliedstaates der Europäischen Gemeinschaft besitzen, nach Maßgabe von Recht der Europäischen Gemeinschaft wahlberechtigt und wählbar. In Gemeinden kann an die Stelle einer gewählten Körperschaft die Gemeindeversammlung treten.

(2) Den Gemeinden muß das Recht gewährleistet sein, alle Angelegenheiten der örtlichen Gemeinschaft im Rahmen der Gesetze in eigener Verantwortung zu regeln. Auch die Gemeindeverbände haben im Rahmen ihres gesetzlichen Aufgabenbereiches nach Maßgabe der Gesetze das Recht der Selbstverwaltung. Die Gewährleistung der Selbstverwaltung umfaßt auch die Grundlagen der finanziellen Eigenverantwortung, zu diesen Grundlagen gehört eine den Gemeinden mit Hebesatzrecht zustehende wirtschaftskraftbezogene Steuerquelle.

(3) Der Bund gewährleistet, daß die verfassungsmäßige Ordnung der Länder den Grundrechten und den Bestimmungen der Absätze 1 und 2 entspricht.

Artikel 29 (Neugliederung des Bundesgebiets)

(1) Das Bundesgebiet kann neu gegliedert werden, um zu gewährleisten, daß die Länder nach Größe und Leistungsfähigkeit die ihnen obliegenden Aufgaben wirksam erfüllen können. Dabei sind die landsmannschaftliche Verbundenheit, die geschichtlichen und kulturellen Zusammenhänge, die wirtschaftliche Zweckmäßigkeit sowie die Erfordernisse der Raumordnung und der Landesplanung zu berücksichtigen.

(2) Maßnahmen zur Neugliederung des Bundesgebietes ergehen durch Bundesgesetz, das der Bestätigung durch Volksentscheid bedarf. Die betroffenen Länder sind zu hören.

(3) Der Volksentscheid findet in den Ländern statt, aus deren Gebieten oder Gebietsteilen ein neues oder neu umgrenztes Land gebildet werden soll (betroffene Länder). Abzustimmen ist über die Frage, ob die betroffenen

Länder wie bisher bestehenbleiben sollen oder ob das neue oder neu umgrenzte Land gebildet werden soll. Der Volksentscheid für die Bildung eines neuen oder neu umgrenzten Landes kommt zustande, wenn in dessen künftigem Gebiet und insgesamt in den Gebieten oder Gebietsteilen eines betroffenen Landes, deren Landeszugehörigkeit im gleichen Sinne geändert werden soll, jeweils eine Mehrheit der Änderung zustimmt. Er kommt nicht zustande, wenn im Gebiet eines der betroffenen Länder eine Mehrheit die Änderung ablehnt; die Ablehnung ist jedoch unbeachtlich, wenn in einem Gebietsteil, dessen Zugehörigkeit zu dem betroffenen Land geändert werden soll, eine Mehrheit von zwei Dritteln der Änderung zustimmt, es sei denn, daß im Gesamtgebiet des betroffenen Landes eine Mehrheit von zwei Dritteln die Änderung ablehnt.

(4) Wird in einem zusammenhängenden, abgegrenzten Siedlungs- und Wirtschaftsraum, dessen Teile in mehreren Ländern liegen und der mindestens eine Million Einwohner hat, von einem Zehntel der in ihm zum Bundestag Wahlberechtigten durch Volksbegehren gefordert, daß für diesen Raum eine einheitliche Landeszugehörigkeit herbeigeführt werde, so ist durch Bundesgesetz innerhalb von zwei Jahren entweder zu bestimmen, ob die Landeszugehörigkeit gemäß Absatz 2 geändert wird, oder daß in den betroffenen Ländern eine Volksbefragung stattfindet.

(5) Die Volksbefragung ist darauf gerichtet festzustellen, ob eine in dem Gesetz vorzuschlagende Änderung der Landeszugehörigkeit Zustimmung findet. Das Gesetz kann verschiedene, jedoch nicht mehr als zwei Vorschläge der Volksbefragung vorlegen. Stimmt eine Mehrheit einer vorgeschlagenen Änderung der Landeszugehörigkeit zu, so ist durch Bundesgesetz innerhalb von zwei Jahren zu bestimmen, ob die Landeszugehörigkeit gemäß Absatz 2 geändert wird. Findet ein der Volksbefragung vorgelegter Vorschlag eine den Maßgaben des Absatzes 3 Satz 3 und 4 entsprechende Zustimmung, so ist innerhalb von zwei Jahren nach der Durchführung der Volksbefragung ein Bundesgesetz zur Bildung des vorgeschlagenen Landes zu erlassen, das der Bestätigung durch Volksentscheid nicht mehr bedarf.

(6) Mehrheit im Volksentscheid und in der Volksbefragung ist die Mehrheit der abgegebenen Stimmen, wenn sie mindestens ein Viertel der zum Bundestag Wahlberechtigten umfaßt. Im übrigen wird das Nähere über Volksentscheid, Volksbegehren und Volksbefragung durch ein Bundesgesetz geregelt; dieses kann auch vorsehen, daß Volksbegehren innerhalb eines Zeitraumes von fünf Jahren nicht wiederholt werden können.

(7) Sonstige Änderungen des Gebietsbestandes der Länder können durch Staatsverträge der beteiligten Länder oder durch Bundesgesetz mit Zustimmung des Bundesrates erfolgen, wenn das Gebiet, dessen Landeszugehörigkeit geändert werden soll, nicht mehr als 50 000 Einwohner hat. Das Nähere regelt ein Bundesgesetz, das der Zustimmung des Bundesrates und der Mehrheit der Mitglieder des Bundestages bedarf. Es muß die Anhörung der betroffenen Gemeinden und Kreise vorsehen.

(8) Die Länder können eine Neugliederung für das jeweils von ihnen umfaßte Gebiet oder für Teilgebiete abweichend von den Vorschriften der Absätze 2 bis 7 durch Staatsvertrag regeln. Die betroffenen Gemeinden und Kreise sind zu hören. Der Staatsvertrag bedarf der Bestätigung durch Volksentscheid in jedem beteiligten Land. Betrifft der Staatsvertrag Teilgebiete der Länder, kann die Bestätigung auf Volksentscheide in diesen Teilgebieten beschränkt werden; Satz 5 zweiter Halbsatz findet keine Anwendung. Bei einem Volksentscheid entscheidet die Mehrheit der abgegebenen Stimmen, wenn sie mindestens ein Viertel der zum Bundestag Wahlberechtigten umfaßt; das Nähere regelt ein Bundesgesetz. Der Staatsvertrag bedarf der Zustimmung des Bundestages.

Artikel 30 (Funktionen der Länder)

Die Ausübung der staatlichen Befugnisse und die Erfüllung der staatlichen Aufgaben ist Sache der Länder, soweit dieses Grundgesetz keine andere Regelung trifft oder zuläßt.

Artikel 31 (Vorrang des Bundesrechts)

Bundesrecht bricht Landesrecht.

Artikel 32 (Auswärtige Beziehungen)

(1) Die Pflege der Beziehungen zu auswärtigen Staaten ist Sache des Bundes.

(2) Vor dem Abschlusse eines Vertrages, der die besonderen Verhältnisse eines Landes berührt, ist das Land rechtzeitig zu hören.

(3) Soweit die Länder für die Gesetzgebung zuständig sind, können sie mit Zustimmung der Bundesregierung mit auswärtigen Staaten Verträge abschließen.

Artikel 33 (Staatsbürger, öffentlicher Dienst)

(1) Jeder Deutsche hat in jedem Lande die gleichen staatsbürgerlichen Rechte und Pflichten.

(2) Jeder Deutsche hat nach seiner Eignung, Befähigung und fachlichen Leistung gleichen Zugang zu jedem öffentlichen Amte.

(3) Der Genuß bürgerlicher und staatsbürgerlicher Rechte, die Zulassung zu öffentlichen Ämtern sowie die im öffentlichen Dienste erworbenen Rechte sind unabhängig von dem religiösen Bekenntnis. Niemandem darf aus seiner Zugehörigkeit oder Nichtzugehörigkeit zu einem Bekenntnisse oder einer Weltanschauung ein Nachteil erwachsen.

(4) Die Ausübung hoheitsrechtlicher Befugnisse ist als ständige Aufgabe in der Regel Angehörigen des öffentlichen Dienstes zu übertragen, die in einem öffentlich-rechtlichen Dienst- und Treueverhältnis stehen.

(5) Das Recht des öffentlichen Dienstes ist unter Berücksichtigung der hergebrachten Grundsätze des Berufsbeamtentums zu regeln und fortzuentwickeln.

Artikel 34 (Amtshaftung bei Amtspflichtverletzungen)

Verletzt jemand in Ausübung eines ihm anvertrauten öffentlichen Amtes die ihm einem Dritten gegenüber obliegende Amtspflicht, so trifft die Verantwortlichkeit grundsätzlich den Staat oder die Körperschaft, in deren Dienst er steht. Bei Vorsatz oder grober Fahrlässigkeit bleibt der Rückgriff vorbehalten. Für den Anspruch auf Schadensersatz und für den Rückgriff darf der ordentliche Rechtsweg nicht ausgeschlossen werden.

Artikel 35 (Rechts- und Amtshilfe)

(1) Alle Behörden des Bundes und der Länder leisten sich gegenseitig Rechts- und Amtshilfe.

(2) Zur Aufrechterhaltung oder Wiederherstellung der öffentlichen Sicherheit oder Ordnung kann ein Land in Fällen von besonderer Bedeutung Kräfte und Einrichtungen des Bundesgrenzschutzes zur Unterstützung seiner Polizei anfordern, wenn die Polizei ohne diese Unterstützung eine Aufgabe nicht oder nur unter erheblichen Schwierigkeiten erfüllen könnte. Zur Hilfe bei einer Naturkatastrophe oder bei einem besonders schweren Unglücksfall kann ein Land Polizeikräfte anderer Länder, Kräfte und Einrichtungen anderer Verwaltungen sowie des Bundesgrenzschutzes und der Streitkräfte anfordern.

(3) Gefährdet die Naturkatastrophe oder der Unglücksfall das Gebiet mehr als eines Landes, so kann die Bundesregierung, soweit es zur wirksamen Bekämpfung erforderlich ist, den Landesregierungen die Weisung erteilen, Polizeikräfte anderen Ländern zur Verfügung zu stellen, sowie Einheiten des Bundesgrenzschutzes und der Streitkräfte zur Unterstützung der Polizeikräfte einsetzen. Maßnahmen der Bundesregierung nach Satz 1 sind jederzeit auf Verlangen des Bundesrates, im übrigen unverzüglich nach Beseitigung der Gefahr aufzuheben.

Artikel 36 (Landsmannschaftliche Gleichbehandlung)

(1) Bei den obersten Bundesbehörden sind Beamte aus allen Ländern in angemessenem Verhältnis zu verwenden. Die bei den übrigen Bundesbehörden beschäftigten Personen sollen in der Regel aus dem Lande genommen werden, in dem sie tätig sind.

(2) Die Wehrgesetze haben auch die Gliederung des Bundes in Länder und ihre besonderen landsmannschaftlichen Verhältnisse zu berücksichtigen.

Artikel 37 (Bundeszwang)

(1) Wenn ein Land die ihm nach dem Grundgesetze oder einem anderen Bundesgesetze

obliegenden Bundespflichten nicht erfüllt, kann die Bundesregierung mit Zustimmung des Bundesrates die notwendigen Maßnahmen treffen, um das Land im Wege des Bundeszwanges zur Erfüllung seiner Pflichten anzuhalten.

(2) Zur Durchführung des Bundeszwanges hat die Bundesregierung oder ihr Beauftragter das Weisungsrecht gegenüber allen Ländern und ihren Behörden.

III. Der Bundestag

Artikel 38 (Wahl)

(1) Die Abgeordneten des Deutschen Bundestages werden in allgemeiner, unmittelbarer, freier, gleicher und geheimer Wahl gewählt. Sie sind Vertreter des ganzen Volkes, an Aufträge und Weisungen nicht gebunden und nur ihrem Gewissen unterworfen.

(2) Wahlberechtigt ist, wer das achtzehnte Lebensjahr vollendet hat; wählbar ist, wer das Alter erreicht hat, mit dem die Volljährigkeit eintritt.

(3) Das Nähere bestimmt ein Bundesgesetz.

Artikel 39 (Wahlperiode, Zusammentritt)

(1) Der Bundestag wird vorbehaltlich der nachfolgenden Bestimmungen auf vier Jahre gewählt. Seine Wahlperiode endet mit dem Zusammentritt eines neuen Bundestages. Die Neuwahl findet frühestens sechsundvierzig, spätestens achtundvierzig Monate nach Beginn der Wahlperiode statt. Im Falle einer Auflösung des Bundestages findet die Neuwahl innerhalb von sechzig Tagen statt.

(2) Der Bundestag tritt spätestens am dreißigsten Tage nach der Wahl zusammen.

(3) Der Bundestag bestimmt den Schluß und den Wiederbeginn seiner Sitzungen. Der Präsident des Bundestages kann ihn früher einberufen. Er ist hierzu verpflichtet, wenn ein Drittel der Mitglieder, der Bundespräsident oder der Bundeskanzler es verlangen.

Artikel 40 (Präsidium, Geschäftsordnung)

(1) Der Bundestag wählt seinen Präsidenten, dessen Stellvertreter und die Schriftführer. Er gibt sich eine Geschäftsordnung.

(2) Der Präsident übt das Hausrecht und die Polizeigewalt im Gebäude des Bundestages aus. Ohne seine Genehmigung darf in den Räumen des Bundestages keine Durchsuchung oder Beschlagnahme stattfinden.

Artikel 41 (Wahlprüfung)

(1) Die Wahlprüfung ist Sache des Bundestages. Er entscheidet auch, ob ein Abgeordneter des Bundestages die Mitgliedschaft verloren hat.

(2) Gegen die Entscheidung des Bundestages ist die Beschwerde an das Bundesverfassungsgericht zulässig.

(3) Das Nähere regelt ein Bundesgesetz.

Artikel 42 (Öffentlichkeit, Beschlussfassung)

(1) Der Bundestag verhandelt öffentlich. Auf Antrag eines Zehntels seiner Mitglieder oder auf Antrag der Bundesregierung kann mit Zweidrittelmehrheit die Öffentlichkeit ausgeschlossen werden. Über den Antrag wird in nichtöffentlicher Sitzung entschieden.

(2) Zu einem Beschlusse des Bundestages ist die Mehrheit der abgegebenen Stimmen erforderlich, soweit dieses Grundgesetz nichts anderes bestimmt. Für die vom Bundestage vorzunehmenden Wahlen kann die Geschäftsordnung Ausnahmen zulassen.

(3) Wahrheitsgetreue Berichte über die öffentlichen Sitzungen des Bundestages und seiner Ausschüsse bleiben von jeder Verantwortlichkeit frei.

Artikel 43 (Anwesenheit der Bundesminister)

(1) Der Bundestag und seine Ausschüsse können die Anwesenheit jedes Mitgliedes der Bundesregierung verlangen.

(2) Die Mitglieder des Bundesrates und der Bundesregierung sowie ihre Beauftragten haben zu allen Sitzungen des Bundestages und seiner Ausschüsse Zutritt. Sie müssen jederzeit gehört werden.

Artikel 44 (Untersuchungsausschüsse)

(1) Der Bundestag hat das Recht und auf Antrag eines Viertels seiner Mitglieder die

Pflicht, einen Untersuchungsausschuß einzusetzen, der in öffentlicher Verhandlung die erforderlichen Beweise erhebt. Die Öffentlichkeit kann ausgeschlossen werden.

(2) Auf Beweiserhebungen finden die Vorschriften über den Strafprozeß sinngemäß Anwendung. Das Brief-, Post- und Fernmeldegeheimnis bleibt unberührt.

(3) Gerichte und Verwaltungsbehörden sind zur Rechts- und Amtshilfe verpflichtet.

(4) Die Beschlüsse der Untersuchungsausschüsse sind der richterlichen Erörterung entzogen. In der Würdigung und Beurteilung des der Untersuchung zugrunde liegenden Sachverhaltes sind die Gerichte frei.

Artikel 45 (Ausschuss für die Angelegenheiten der Europäischen Union)

Der Bundestag bestellt einen Ausschuß für die Angelegenheiten der Europäischen Union. Er kann ihn ermächtigen, die Rechte des Bundestages gemäß Artikel 23 gegenüber der Bundesregierung wahrzunehmen. Er kann ihn auch ermächtigen, die Rechte wahrzunehmen, die dem Bundestag in den vertraglichen Grundlagen der Europäischen Union eingeräumt sind.

Artikel 45a (Ausschüsse für Auswärtiges und Verteidigung)

(1) Der Bundestag bestellt einen Ausschuß für auswärtige Angelegenheiten und einen Ausschuß für Verteidigung.

(2) Der Ausschuß für Verteidigung hat auch die Rechte eines Untersuchungsausschusses. Auf Antrag eines Viertels seiner Mitglieder hat er die Pflicht, eine Angelegenheit zum Gegenstand seiner Untersuchung zu machen.

(3) Artikel 44 Abs. 1 findet auf dem Gebiet der Verteidigung keine Anwendung.

Artikel 45b (Wehrbeauftragter)

Zum Schutz der Grundrechte und als Hilfsorgan des Bundestages bei der Ausübung der parlamentarischen Kontrolle wird ein Wehrbeauftragter des Bundestages berufen. Das Nähere regelt ein Bundesgesetz.

Artikel 45c (Petitionsausschuss)

(1) Der Bundestag bestellt einen Petitionsausschuß, dem die Behandlung der nach Artikel 17 an den Bundestag gerichteten Bitten und Beschwerden obliegt.

(2) Die Befugnisse des Ausschusses zur Überprüfung von Beschwerden regelt ein Bundesgesetz.

Artikel 45d (Parlamentarisches Kontrollgremium)

(1) Der Bundestag bestellt ein Gremium zur Kontrolle der nachrichtendienstlichen Tätigkeit des Bundes.

(2) Das Nähere regelt ein Bundesgesetz.

Artikel 46 (Indemnität, Immunität)

(1) Ein Abgeordneter darf zu keiner Zeit wegen seiner Abstimmung oder wegen einer Äußerung, die er im Bundestage oder in einem seiner Ausschüsse getan hat, gerichtlich oder dienstlich verfolgt oder sonst außerhalb des Bundestages zur Verantwortung gezogen werden. Dies gilt nicht für verleumderische Beleidigungen.

(2) Wegen einer mit Strafe bedrohten Handlung darf ein Abgeordneter nur mit Genehmigung des Bundestages zur Verantwortung gezogen oder verhaftet werden, es sei denn, daß er bei Begehung der Tat oder im Laufe des folgenden Tages festgenommen wird.

(3) Die Genehmigung des Bundestages ist ferner bei jeder anderen Beschränkung der persönlichen Freiheit eines Abgeordneten oder zur Einleitung eines Verfahrens gegen einen Abgeordneten gemäß Artikel 18 erforderlich.

(4) Jedes Strafverfahren und jedes Verfahren gemäß Artikel 18 gegen einen Abgeordneten, jede Haft und jede sonstige Beschränkung seiner persönlichen Freiheit sind auf Verlangen des Bundestages auszusetzen.

Artikel 47 (Zeugnisverweigerungsrecht)

Die Abgeordneten sind berechtigt, über Personen, die ihnen in ihrer Eigenschaft als Abgeordnete oder denen sie in dieser Eigenschaft Tatsachen anvertraut haben, sowie über diese Tatsachen selbst das Zeugnis zu verweigern. Soweit dieses Zeugnisverweigerungsrecht reicht, ist die Beschlagnahme von Schriftstücken unzulässig.

Artikel 48 (Ansprüche der Abgeordneten)

(1) Wer sich um einen Sitz im Bundestage bewirbt, hat Anspruch auf den zur Vorbereitung seiner Wahl erforderlichen Urlaub.

(2) Niemand darf gehindert werden, das Amt eines Abgeordneten zu übernehmen und auszuüben. Eine Kündigung oder Entlassung aus diesem Grunde ist unzulässig.

(3) Die Abgeordneten haben Anspruch auf eine angemessene, ihre Unabhängigkeit sichernde Entschädigung. Sie haben das Recht der freien Benutzung aller staatlichen Verkehrsmittel. Das Nähere regelt ein Bundesgesetz.

Artikel 49 (weggefallen)

IV. Der Bundesrat

Artikel 50 (Funktion)

Durch den Bundesrat wirken die Länder bei der Gesetzgebung und Verwaltung des Bundes und in Angelegenheiten der Europäischen Union mit.

Artikel 51 (Zusammensetzung)

(1) Der Bundesrat besteht aus Mitgliedern der Regierungen der Länder, die sie bestellen und abberufen. Sie können durch andere Mitglieder ihrer Regierungen vertreten werden.

(2) Jedes Land hat mindestens drei Stimmen, Länder mit mehr als zwei Millionen Einwohnern haben vier, Länder mit mehr als sechs Millionen Einwohnern fünf, Länder mit mehr als sieben Millionen Einwohnern sechs Stimmen.

(3) Jedes Land kann so viele Mitglieder entsenden, wie es Stimmen hat. Die Stimmen eines Landes können nur einheitlich und nur durch anwesende Mitglieder oder deren Vertreter abgegeben werden.

Artikel 52 (Präsident, Geschäftsordnung)

(1) Der Bundesrat wählt seinen Präsidenten auf ein Jahr.

(2) Der Präsident beruft den Bundesrat ein. Er hat ihn einzuberufen, wenn die Vertreter von mindestens zwei Ländern oder die Bundesregierung es verlangen.

(3) Der Bundesrat faßt seine Beschlüsse mit mindestens der Mehrheit seiner Stimmen. Er gibt sich eine Geschäftsordnung. Er verhandelt öffentlich. Die Öffentlichkeit kann ausgeschlossen werden.

(3a) Für Angelegenheiten der Europäischen Union kann der Bundesrat eine Europakammer bilden, deren Beschlüsse als Beschlüsse des Bundesrates gelten; die Anzahl der einheitlich abzugebenden Stimmen der Länder bestimmt sich nach Artikel 51 Abs. 2.

(4) Den Ausschüssen des Bundesrates können andere Mitglieder oder Beauftragte der Regierungen der Länder angehören.

Artikel 53 (Anwesenheit der Bundesregierung)

Die Mitglieder der Bundesregierung haben das Recht und auf Verlangen die Pflicht, an den Verhandlungen des Bundesrates und seiner Ausschüsse teilzunehmen. Sie müssen jederzeit gehört werden. Der Bundesrat ist von der Bundesregierung über die Führung der Geschäfte auf dem laufenden zu halten.

IVa. Gemeinsamer Ausschuß

Artikel 53a (Zusammensetzung, Verfahren)

(1) Der Gemeinsame Ausschuß besteht zu zwei Dritteln aus Abgeordneten des Bundestages, zu einem Drittel aus Mitgliedern des Bundesrates. Die Abgeordneten werden vom Bundestage entsprechend dem Stärkeverhältnis der Fraktionen bestimmt; sie dürfen nicht der Bundesregierung angehören. Jedes Land wird durch ein von ihm bestelltes Mitglied des Bundesrates vertreten; diese Mitglieder sind nicht an Weisungen gebunden. Die Bildung des Gemeinsamen Ausschusses und sein Verfahren werden durch eine Geschäftsordnung geregelt, die vom Bundestage zu beschließen ist und der Zustimmung des Bundesrates bedarf.

(2) Die Bundesregierung hat den Gemeinsamen Ausschuß über ihre Planungen für den Verteidigungsfall zu unterrichten. Die Rechte des Bundestages und seiner Ausschüsse nach Artikel 43 Abs. 1 bleiben unberührt.

V. Der Bundespräsident

Artikel 54 (Bundesversammlung)

(1) Der Bundespräsident wird ohne Aussprache von der Bundesversammlung gewählt. Wählbar ist jeder Deutsche, der das Wahlrecht zum Bundestage besitzt und das vierzigste Lebensjahr vollendet hat.

(2) Das Amt des Bundespräsidenten dauert fünf Jahre. Anschließende Wiederwahl ist nur einmal zulässig.

(3) Die Bundesversammlung besteht aus den Mitgliedern des Bundestages und einer gleichen Anzahl von Mitgliedern, die von den Volksvertretungen der Länder nach den Grundsätzen der Verhältniswahl gewählt werden.

(4) Die Bundesversammlung tritt spätestens 30 Tage vor Ablauf der Amtszeit des Bundespräsidenten, bei vorzeitiger Beendigung spätestens 30 Tage nach diesem Zeitpunkt zusammen. Sie wird von dem Präsidenten des Bundestages einberufen.

(5) Nach Ablauf der Wahlperiode beginnt die Frist des Absatzes 4 Satz 1 mit dem ersten Zusammentritt des Bundestages.

(6) Gewählt ist, wer die Stimmen der Mehrheit der Mitglieder der Bundesversammlung erhält. Wird diese Mehrheit in zwei Wahlgängen von keinem Bewerber erreicht, so ist gewählt, wer in einem weiteren Wahlgang die meisten Stimmen auf sich vereinigt.

(7) Das Nähere regelt ein Bundesgesetz.

Artikel 55 (Unabhängigkeit des Bundespräsidenten)

(1) Der Bundespräsident darf weder der Regierung noch einer gesetzgebenden Körperschaft des Bundes oder eines Landes angehören.

(2) Der Bundespräsident darf kein anderes besoldetes Amt, kein Gewerbe und keinen Beruf ausüben und weder der Leitung noch dem Aufsichtsrat eines auf Erwerb gerichteten Unternehmens angehören.

Artikel 56 (Eidesleistung)

Der Bundespräsident leistet bei seinem Amtsantritt vor den versammelten Mitgliedern des Bundestages und des Bundesrates folgenden Eid: „Ich schwöre, daß ich meine Kraft dem Wohle des deutschen Volkes widmen, seinen Nutzen mehren, Schaden von ihm wenden, das Grundgesetz und die Gesetze des Bundes wahren und verteidigen, meine Pflichten gewissenhaft erfüllen und Gerechtigkeit gegen jedermann üben werde. So wahr mir Gott helfe." Der Eid kann auch ohne religiöse Beteuerung geleistet werden.

Artikel 57 (Vertretung)

Die Befugnisse des Bundespräsidenten werden im Falle seiner Verhinderung oder bei vorzeitiger Erledigung des Amtes durch den Präsidenten des Bundesrates wahrgenommen.

Artikel 58 (Gegenzeichnung)

Anordnungen und Verfügungen des Bundespräsidenten bedürfen zu ihrer Gültigkeit der Gegenzeichnung durch den Bundeskanzler oder durch den zuständigen Bundesminister. Dies gilt nicht für die Ernennung und Entlassung des Bundeskanzlers, die Auflösung des Bundestages gemäß Artikel 63 und das Ersuchen gemäß Artikel 69 Abs. 3.

Artikel 59 (Völkerrechtliche Vertretungsmacht)

(1) Der Bundespräsident vertritt den Bund völkerrechtlich. Er schließt im Namen des Bundes die Verträge mit auswärtigen Staaten. Er beglaubigt und empfängt die Gesandten.

(2) Verträge, welche die politischen Beziehungen des Bundes regeln oder sich auf Gegenstände der Bundesgesetzgebung beziehen, bedürfen der Zustimmung oder der Mitwirkung der jeweils für die Bundesgesetzgebung zuständigen Körperschaften in der Form eines Bundesgesetzes. Für Verwaltungsabkommen gelten die Vorschriften über die Bundesverwaltung entsprechend.

Artikel 60 (Ernennung der Bundesbeamten)

(1) Der Bundespräsident ernennt und entläßt die Bundesrichter, die Bundesbeamten, die

IX

Offiziere und Unteroffiziere, soweit gesetzlich nichts anderes bestimmt ist.

(2) Er übt im Einzelfalle für den Bund das Begnadigungsrecht aus.

(3) Er kann diese Befugnisse auf andere Behörden übertragen.

(4) Die Absätze 2 bis 4 des Artikels 46 finden auf den Bundespräsidenten entsprechende Anwendung.

Artikel 61 (Anklage vor dem Bundesverfassungsgericht)

(1) Der Bundestag oder der Bundesrat können den Bundespräsidenten wegen vorsätzlicher Verletzung des Grundgesetzes oder eines anderen Bundesgesetzes vor dem Bundesverfassungsgericht anklagen. Der Antrag auf Erhebung der Anklage muß von mindestens einem Viertel der Mitglieder des Bundestages oder einem Viertel der Stimmen des Bundesrates gestellt werden. Der Beschluß auf Erhebung der Anklage bedarf der Mehrheit von zwei Dritteln der Mitglieder des Bundestages oder von zwei Dritteln der Stimmen des Bundesrates. Die Anklage wird von einem Beauftragten der anklagenden Körperschaft vertreten.

(2) Stellt das Bundesverfassungsgericht fest, daß der Bundespräsident einer vorsätzlichen Verletzung des Grundgesetzes oder eines anderen Bundesgesetzes schuldig ist, so kann es ihn des Amtes für verlustig erklären. Durch einstweilige Anordnung kann es nach der Erhebung der Anklage bestimmen, daß er an der Ausübung seines Amtes verhindert ist.

VI. Die Bundesregierung

Artikel 62 (Zusammensetzung)

Die Bundesregierung besteht aus dem Bundeskanzler und aus den Bundesministern.

Artikel 63 (Wahl des Bundeskanzlers; Bundestagsauflösung)

(1) Der Bundeskanzler wird auf Vorschlag des Bundespräsidenten vom Bundestage ohne Aussprache gewählt.

(2) Gewählt ist, wer die Stimmen der Mehrheit der Mitglieder des Bundestages auf sich vereinigt. Der Gewählte ist vom Bundespräsidenten zu ernennen.

(3) Wird der Vorgeschlagene nicht gewählt, so kann der Bundestag binnen vierzehn Tagen nach dem Wahlgange mit mehr als der Hälfte seiner Mitglieder einen Bundeskanzler wählen.

(4) Kommt eine Wahl innerhalb dieser Frist nicht zustande, so findet unverzüglich ein neuer Wahlgang statt, in dem gewählt ist, wer die meisten Stimmen erhält. Vereinigt der Gewählte die Stimmen der Mehrheit der Mitglieder des Bundestages auf sich, so muß der Bundespräsident ihn binnen sieben Tagen nach der Wahl ernennen. Erreicht der Gewählte diese Mehrheit nicht, so hat der Bundespräsident binnen sieben Tagen entweder ihn zu ernennen oder den Bundestag aufzulösen.

Artikel 64 (Ernennung der Bundesminister)

(1) Die Bundesminister werden auf Vorschlag des Bundeskanzlers vom Bundespräsidenten ernannt und entlassen.

(2) Der Bundeskanzler und die Bundesminister leisten bei der Amtsübernahme vor dem Bundestage den in Artikel 56 vorgesehenen Eid.

Artikel 65 (Verantwortung, Geschäftsordnung)

Der Bundeskanzler bestimmt die Richtlinien der Politik und trägt dafür die Verantwortung. Innerhalb dieser Richtlinien leitet jeder Bundesminister seinen Geschäftsbereich selbständig und unter eigener Verantwortung. Über Meinungsverschiedenheiten zwischen den Bundesministern entscheidet die Bundesregierung. Der Bundeskanzler leitet ihre Geschäfte nach einer von der Bundesregierung beschlossenen und vom Bundespräsidenten genehmigten Geschäftsordnung.

Artikel 65a (Befehls- und Kommandogewalt)

Der Bundesminister für Verteidigung hat die Befehls- und Kommandogewalt über die Streitkräfte.

Artikel 66 (Kein Nebenberuf)

Der Bundeskanzler und die Bundesminister dürfen kein anderes besoldetes Amt, kein Gewerbe und keinen Beruf ausüben und weder der Leitung noch ohne Zustimmung des

Bundestages dem Aufsichtsrate eines auf Erwerb gerichteten Unternehmens angehören.

Artikel 67 (Misstrauensvotum)

(1) Der Bundestag kann dem Bundeskanzler das Mißtrauen nur dadurch aussprechen, daß er mit der Mehrheit seiner Mitglieder einen Nachfolger wählt und den Bundespräsidenten ersucht, den Bundeskanzler zu entlassen. Der Bundespräsident muß dem Ersuchen entsprechen und den Gewählten ernennen.

(2) Zwischen dem Antrage und der Wahl müssen 48 Stunden liegen.

Artikel 68 (Vertrauensvotum – Bundestagsauflösung)

(1) Findet ein Antrag des Bundeskanzlers, ihm das Vertrauen auszusprechen, nicht die Zustimmung der Mehrheit der Mitglieder des Bundestages, so kann der Bundespräsident auf Vorschlag des Bundeskanzlers binnen 21 Tagen den Bundestag auflösen. Das Recht zur Auflösung erlischt, sobald der Bundestag mit der Mehrheit seiner Mitglieder einen anderen Bundeskanzler wählt.

(2) Zwischen dem Antrage und der Abstimmung müssen 48 Stunden liegen.

Artikel 69 (Stellvertreter des Bundeskanzlers)

(1) Der Bundeskanzler ernennt einen Bundesminister zu seinem Stellvertreter.

(2) Das Amt des Bundeskanzlers oder eines Bundesministers endigt in jedem Falle mit dem Zusammentritt eines neuen Bundestages, das Amt eines Bundesministers auch mit jeder anderen Erledigung des Amtes des Bundeskanzlers.

(3) Auf Ersuchen des Bundespräsidenten ist der Bundeskanzler, auf Ersuchen des Bundeskanzlers oder des Bundespräsidenten ein Bundesminister verpflichtet, die Geschäfte bis zur Ernennung seines Nachfolgers weiterzuführen.

VII. Die Gesetzgebung des Bundes

Artikel 70 (Gesetzgebung des Bundes und der Länder)

(1) Die Länder haben das Recht der Gesetzgebung, soweit dieses Grundgesetz nicht dem Bunde Gesetzgebungsbefugnisse verleiht.

(2) Die Abgrenzung der Zuständigkeit zwischen Bund und Ländern bemißt sich nach den Vorschriften dieses Grundgesetzes über die ausschließliche und die konkurrierende Gesetzgebung.

Artikel 71 (Ausschließliche Gesetzgebung)

Im Bereiche der ausschließlichen Gesetzgebung des Bundes haben die Länder die Befugnis zur Gesetzgebung nur, wenn und soweit sie hierzu in einem Bundesgesetze ausdrücklich ermächtigt werden.

Artikel 72 (Konkurrierende Gesetzgebung)

(1) Im Bereich der konkurrierenden Gesetzgebung haben die Länder die Befugnis zur Gesetzgebung, solange und soweit der Bund von seiner Gesetzgebungszuständigkeit nicht durch Gesetz Gebrauch gemacht hat.

(2) Auf den Gebieten des Artikels 74 Abs. 1 Nr. 4, 7, 11, 13, 15, 19a, 20, 22, 25 und 26 hat der Bund das Gesetzgebungsrecht, wenn und soweit die Herstellung gleichwertiger Lebensverhältnisse im Bundesgebiet oder die Wahrung der Rechts- oder Wirtschaftseinheit im gesamtstaatlichen Interesse eine bundesgesetzliche Regelung erforderlich macht.

(3) Hat der Bund von seiner Gesetzgebungszuständigkeit Gebrauch gemacht, können die Länder durch Gesetz hiervon abweichende Regelungen treffen über:

1. das Jagdwesen (ohne das Recht der Jagdscheine);
2. den Naturschutz und die Landschaftspflege (ohne die allgemeinen Grundsätze des Naturschutzes, das Recht des Artenschutzes oder des Meeresnaturschutzes);
3. die Bodenverteilung;
4. die Raumordnung;
5. den Wasserhaushalt (ohne stoff- oder anlagenbezogene Regelungen);
6. die Hochschulzulassung und die Hochschulabschlüsse;
7. die Grundsteuer.

Bundesgesetze auf diesen Gebieten treten frühestens sechs Monate nach ihrer Verkündung in Kraft, soweit nicht mit Zustimmung des Bundesrates anderes bestimmt ist. Auf den Gebieten des Satzes 1 geht im Verhältnis von Bundes- und Landesrecht das jeweils spätere Gesetz vor.

(4) Durch Bundesgesetz kann bestimmt werden, daß eine bundesgesetzliche Regelung, für die eine Erforderlichkeit im Sinne des Absatzes 2 nicht mehr besteht, durch Landesrecht ersetzt werden kann.

Artikel 73 (Sachgebiete der ausschließlichen Gesetzgebung)

(1) Der Bund hat die ausschließliche Gesetzgebung über:

1. die auswärtigen Angelegenheiten sowie die Verteidigung einschließlich des Schutzes der Zivilbevölkerung;
2. die Staatsangehörigkeit im Bunde;
3. die Freizügigkeit, das Passwesen, das Melde- und Ausweiswesen, die Ein- und Auswanderung und die Auslieferung;
4. das Währungs-, Geld- und Münzwesen, Maße und Gewichte sowie die Zeitbestimmung;
5. die Einheit des Zoll- und Handelsgebietes, die Handels- und Schiffahrtsverträge, die Freizügigkeit des Warenverkehrs und den Waren- und Zahlungsverkehr mit dem Auslande einschließlich des Zoll- und Grenzschutzes;

5a. den Schutz deutschen Kulturgutes gegen Abwanderung ins Ausland;

6. den Luftverkehr;

6a. den Verkehr von Eisenbahnen, die ganz oder mehrheitlich im Eigentum des Bundes stehen (Eisenbahnen des Bundes), den Bau, die Unterhaltung und das Betreiben von Schienenwegen der Eisenbahnen des Bundes sowie die Erhebung von Entgelten für die Benutzung dieser Schienenwege;

7. das Postwesen und die Telekommunikation;
8. die Rechtsverhältnisse der im Dienste des Bundes und der bundesunmittelbaren Körperschaften des öffentlichen Rechtes stehenden Personen;
9. den gewerblichen Rechtsschutz, das Urheberrecht und das Verlagsrecht;

9a. die Abwehr von Gefahren des internationalen Terrorismus durch das Bundeskriminalpolizeiamt in Fällen, in denen eine länderübergreifende Gefahr vorliegt, die Zuständigkeit einer Landespolizeibehörde nicht erkennbar ist oder die oberste Landesbehörde um eine Übernahme ersucht;

10. die Zusammenarbeit des Bundes und der Länder
    a) in der Kriminalpolizei,
    b) zum Schutze der freiheitlichen demokratischen Grundordnung, des Bestandes und der Sicherheit des Bundes oder eines Landes (Verfassungsschutz) und
    c) zum Schutze gegen Bestrebungen im Bundesgebiet, die durch Anwendung von Gewalt oder darauf gerichtete Vorbereitungshandlungen auswärtige Belange der Bundesrepublik Deutschland gefährden,

    sowie die Einrichtung eines Bundeskriminalpolizeiamtes und die internationale Verbrechensbekämpfung;
11. die Statistik für Bundeszwecke;
12. das Waffen- und das Sprengstoffrecht;
13. die Versorgung der Kriegsbeschädigten und Kriegshinterbliebenen und die Fürsorge für die ehemaligen Kriegsgefangenen;
14. die Erzeugung und Nutzung der Kernenergie zu friedlichen Zwecken, die Errichtung und den Betrieb von Anlagen, die diesen Zwecken dienen, den Schutz gegen Gefahren, die bei Freiwerden von Kernenergie oder durch ionisierende Strahlen entstehen, und die Beseitigung radioaktiver Stoffe.

(2) Gesetze nach Absatz 1 Nr. 9a bedürfen der Zustimmung des Bundesrates.

Artikel 74 (Sachgebiete der konkurrierenden Gesetzgebung)

(1) Die konkurrierende Gesetzgebung erstreckt sich auf folgende Gebiete:

1. das bürgerliche Recht, das Strafrecht, die Gerichtsverfassung, das gerichtliche Verfahren (ohne das Recht des Untersuchungshaftvollzugs), die Rechtsanwaltschaft, das Notariat und die Rechtsberatung;
2. das Personenstandswesen;
3. das Vereinsrecht;
4. das Aufenthalts- und Niederlassungsrecht der Ausländer;
5. (weggefallen)
6. die Angelegenheiten der Flüchtlinge und Vertriebenen;
7. die öffentliche Fürsorge (ohne das Heimrecht);
8. (weggefallen)
9. die Kriegsschäden und die Wiedergutmachung;
10. die Kriegsgräber und Gräber anderer Opfer des Krieges und Opfer von Gewaltherrschaft;
11. das Recht der Wirtschaft (Bergbau, Industrie, Energiewirtschaft, Handwerk, Gewerbe, Handel, Bank- und Börsenwesen, privatrechtliches Versicherungswesen) ohne das Recht des Ladenschlusses, der Gaststätten, der Spielhallen, der Schaustellung von Personen, der Messen, der Ausstellungen und der Märkte;
12. das Arbeitsrecht einschließlich der Betriebsverfassung, des Arbeitsschutzes und der Arbeitsvermittlung sowie die Sozialversicherung einschließlich der Arbeitslosenversicherung;
13. die Regelung der Ausbildungsbeihilfen und die Förderung der wissenschaftlichen Forschung;
14. das Recht der Enteignung, soweit sie auf den Sachgebieten der Artikel 73 und 74 in Betracht kommt;
15. die Überführung von Grund und Boden, von Naturschätzen und Produktionsmitteln in Gemeineigentum oder in andere Formen der Gemeinwirtschaft;
16. die Verhütung des Mißbrauchs wirtschaftlicher Machtstellung;
17. die Förderung der land- und forstwirtschaftlichen Erzeugung (ohne das Recht der Flurbereinigung), die Sicherung der Ernährung, die Ein- und Ausfuhr land- und forstwirtschaftlicher Erzeugnisse, die Hochsee- und Küstenfischerei und den Küstenschutz;
18. den städtebaulichen Grundstücksverkehr, das Bodenrecht (ohne das Recht der Erschließungsbeiträge) und das Wohngeldrecht, das Altschuldenhilferecht, das Wohnungsbauprämienrecht, das Bergarbeiterwohnungsbaurecht und das Bergmannssiedlungsrecht;
19. Maßnahmen gegen gemeingefährliche oder übertragbare Krankheiten bei Menschen und Tieren, Zulassung zu ärztlichen und anderen Heilberufen und zum Heilgewerbe, sowie das Recht des Apothekenwesens, der Arzneien, der Medizinprodukte, der Heilmittel, der Betäubungsmittel und der Gifte;

19a. die wirtschaftliche Sicherung der Krankenhäuser und die Regelung der Krankenhauspflegesätze;

20. das Recht der Lebensmittel einschließlich der ihrer Gewinnung dienenden Tiere, das Recht der Genussmittel, Bedarfsgegenstände und Futtermittel sowie den Schutz beim Verkehr mit land- und forstwirtschaftlichem Saat- und Pflanzgut, den Schutz der Pflanzen gegen Krankheiten und Schädlinge sowie den Tierschutz;
21. die Hochsee- und Küstenschiffahrt sowie die Seezeichen, die Binnenschiffahrt, den Wetterdienst, die Seewasserstraßen und die dem allgemeinen Verkehr dienenden Binnenwasserstraßen;
22. den Straßenverkehr, das Kraftfahrwesen, den Bau und die Unterhaltung von Landstraßen für den Fernverkehr sowie die Erhebung und Verteilung von Gebühren oder Entgelten für die Benutzung öffentlicher Straßen mit Fahrzeugen;
23. die Schienenbahnen, die nicht Eisenbahnen des Bundes sind, mit Ausnahme der Bergbahnen;

24. die Abfallwirtschaft, die Luftreinhaltung und die Lärmbekämpfung (ohne Schutz vor verhaltensbezogenem Lärm);
25. die Staatshaftung;
26. die medizinisch unterstützte Erzeugung menschlichen Lebens, die Untersuchung und die künstliche Veränderung von Erbinformationen sowie Regelungen zur Transplantation von Organen, Geweben und Zellen;
27. die Statusrechte und -pflichten der Beamten der Länder, Gemeinden und anderen Körperschaften des öffentlichen Rechts sowie der Richter in den Ländern mit Ausnahme der Laufbahnen, Besoldung und Versorgung;
28. das Jagdwesen;
29. den Naturschutz und die Landschaftspflege;
30. die Bodenverteilung;
31. die Raumordnung;
32. den Wasserhaushalt;
33. die Hochschulzulassung und die Hochschulabschlüsse.

(2) Gesetze nach Absatz 1 Nr. 25 und 27 bedürfen der Zustimmung des Bundesrates.

Artikel 75 (weggefallen)

Artikel 76 (Gesetzesvorlagen)

(1) Gesetzesvorlagen werden beim Bundestage durch die Bundesregierung, aus der Mitte des Bundestages oder durch den Bundesrat eingebracht.

(2) Vorlagen der Bundesregierung sind zunächst dem Bundesrat zuzuleiten. Der Bundesrat ist berechtigt, innerhalb von sechs Wochen zu diesen Vorlagen Stellung zu nehmen. Verlangt er aus wichtigem Grunde, insbesondere mit Rücksicht auf den Umfang einer Vorlage, eine Fristverlängerung, so beträgt die Frist neun Wochen. Die Bundesregierung kann eine Vorlage, die sie bei der Zuleitung an den Bundesrat ausnahmsweise als besonders eilbedürftig bezeichnet hat, nach drei Wochen oder, wenn der Bundesrat ein Verlangen nach Satz 3 geäußert hat, nach sechs Wochen dem Bundestag zuleiten, auch wenn die Stellungnahme des Bundesrates noch nicht bei ihr eingegangen ist; sie hat die Stellungnahme des Bundesrates unverzüglich nach Eingang dem Bundestag nachzureichen. Bei Vorlagen zur Änderung dieses Grundgesetzes und zur Übertragung von Hoheitsrechten nach Artikel 23 oder Artikel 24 beträgt die Frist zur Stellungnahme neun Wochen; Satz 4 findet keine Anwendung.

(3) Vorlagen des Bundesrates sind dem Bundestag durch die Bundesregierung innerhalb von sechs Wochen zuzuleiten. Sie soll hierbei ihre Auffassung darlegen. Verlangt sie aus wichtigem Grunde, insbesondere mit Rücksicht auf den Umfang einer Vorlage, eine Fristverlängerung, so beträgt die Frist neun Wochen. Wenn der Bundesrat eine Vorlage ausnahmsweise als besonders eilbedürftig bezeichnet hat, beträgt die Frist drei Wochen oder, wenn die Bundesregierung ein Verlangen nach Satz 3 geäußert hat, sechs Wochen. Bei Vorlagen zur Änderung dieses Grundgesetzes und zur Übertragung von Hoheitsrechten nach Artikel 23 oder Artikel 24 beträgt die Frist neun Wochen; Satz 4 findet keine Anwendung. Der Bundestag hat über die Vorlagen in angemessener Frist zu beraten und Beschluß zu fassen.

Artikel 77 (Gesetzgebungsverfahren)

(1) Die Bundesgesetze werden vom Bundestage beschlossen. Sie sind nach ihrer Annahme durch den Präsidenten des Bundestages unverzüglich dem Bundesrate zuzuleiten.

(2) Der Bundesrat kann binnen drei Wochen nach Eingang des Gesetzesbeschlusses verlangen, daß ein aus Mitgliedern des Bundestages und des Bundesrates für die gemeinsame Beratung von Vorlagen gebildeter Ausschuß einberufen wird. Die Zusammensetzung und das Verfahren dieses Ausschusses regelt eine Geschäftsordnung, die vom Bundestag beschlossen wird und der Zustimmung des Bundesrates bedarf. Die in diesen Ausschuß entsandten Mitglieder des Bundesrates sind nicht an Weisungen gebunden. Ist zu einem Gesetz die Zustimmung des Bundesrates erforderlich, so können auch der Bundestag und die Bundesregierung die Einberufung verlangen. Schlägt der Ausschuß eine Änderung des Gesetzesbeschlusses vor, so hat der Bundestag erneut Beschluß zu fassen.

(2a) Soweit zu einem Gesetz die Zustimmung des Bundesrates erforderlich ist, hat der Bundesrat, wenn ein Verlangen nach Absatz 2 Satz 1 nicht gestellt oder das Vermittlungsverfahren ohne einen Vorschlag zur Änderung des Gesetzesbeschlusses beendet ist, in angemessener Frist über die Zustimmung Beschluß zu fassen.

(3) Soweit zu einem Gesetze die Zustimmung des Bundesrates nicht erforderlich ist, kann der Bundesrat, wenn das Verfahren nach Abs. 2 beendigt ist, gegen ein vom Bundestage beschlossenes Gesetz binnen zwei Wochen Einspruch einlegen. Die Einspruchsfrist beginnt im Falle des Absatzes 2 letzter Satz mit dem Eingange des vom Bundestage erneut gefaßten Beschlusses, in allen anderen Fällen mit dem Eingange der Mitteilung des Vorsitzenden des in Absatz 2 vorgesehenen Ausschusses, daß das Verfahren vor dem Ausschusse abgeschlossen ist.

(4) Wird der Einspruch mit der Mehrheit der Stimmen des Bundesrates beschlossen, so kann er durch Beschluß der Mehrheit der Mitglieder des Bundestages zurückgewiesen werden. Hat der Bundesrat den Einspruch mit einer Mehrheit von mindestens zwei Dritteln seiner Stimmen beschlossen, so bedarf die Zurückweisung durch den Bundestag einer Mehrheit von zwei Dritteln, mindestens der Mehrheit der Mitglieder des Bundestages.

Artikel 78 (Zustandekommen der Gesetze)

Ein vom Bundestage beschlossenes Gesetz kommt zustande, wenn der Bundesrat zustimmt, den Antrag gemäß Artikel 77 Abs. 2 nicht stellt, innerhalb der Frist des Artikels 77 Abs. 3 keinen Einspruch einlegt oder ihn zurücknimmt oder wenn der Einspruch vom Bundestage überstimmt wird.

Artikel 79 (Änderung des Grundgesetzes)

(1) Das Grundgesetz kann nur durch ein Gesetz geändert werden, das den Wortlaut des Grundgesetzes ausdrücklich ändert oder ergänzt. Bei völkerrechtlichen Verträgen, die eine Friedensregelung, die Vorbereitung einer Friedensregelung oder den Abbau einer besatzungsrechtlichen Ordnung zum Gegenstand haben oder der Verteidigung der Bundesrepublik zu dienen bestimmt sind, genügt zur Klarstellung, daß die Bestimmungen des Grundgesetzes dem Abschluß und dem Inkraftsetzen der Verträge nicht entgegenstehen, eine Ergänzung des Wortlautes des Grundgesetzes, die sich auf diese Klarstellung beschränkt.

(2) Ein solches Gesetz bedarf der Zustimmung von zwei Dritteln der Mitglieder des Bundestages und zwei Dritteln der Stimmen des Bundesrates.

(3) Eine Änderung dieses Grundgesetzes, durch welche die Gliederung des Bundes in Länder, die grundsätzliche Mitwirkung der Länder bei der Gesetzgebung oder die in den Artikeln 1 und 20 niedergelegten Grundsätze berührt werden, ist unzulässig.

Artikel 80 (Erlass von Rechtsverordnungen)

(1) Durch Gesetz können die Bundesregierung, ein Bundesminister oder die Landesregierungen ermächtigt werden, Rechtsverordnungen zu erlassen. Dabei müssen Inhalt, Zweck und Ausmaß der erteilten Ermächtigung im Gesetze bestimmt werden. Die Rechtsgrundlage ist in der Verordnung anzugeben. Ist durch Gesetz vorgesehen, daß eine Ermächtigung weiter übertragen werden kann, so bedarf es zur Übertragung der Ermächtigung einer Rechtsverordnung.

(2) Der Zustimmung des Bundesrates bedürfen, vorbehaltlich anderweitiger bundesgesetzlicher Regelung, Rechtsverordnungen der Bundesregierung oder eines Bundesministers über Grundsätze und Gebühren für die Benutzung der Einrichtungen des Postwesens und der Telekommunikation, über die Grundsätze der Erhebung des Entgelts für die Benutzung der Einrichtungen der Eisenbahnen des Bundes, über den Bau und Betrieb der Eisenbahnen, sowie Rechtsverordnungen auf Grund von Bundesgesetzen, die der Zustimmung des Bundesrates bedürfen oder die von den Ländern im Auftrage des Bundes oder als eigene Angelegenheit ausgeführt werden.

(3) Der Bundesrat kann der Bundesregierung Vorlagen für den Erlaß von Rechtsverordnungen zuleiten, die seiner Zustimmung bedürfen.

(4) Soweit durch Bundesgesetz oder auf Grund von Bundesgesetzen Landesregierungen ermächtigt werden, Rechtsverordnungen zu erlassen, sind die Länder zu einer Regelung auch durch Gesetz befugt.

Artikel 80a (Verteidigungsfall, Spannungsfall)

(1) Ist in diesem Grundgesetz oder in einem Bundesgesetz über die Verteidigung einschließlich des Schutzes der Zivilbevölkerung bestimmt, daß Rechtsvorschriften nur nach Maßgabe dieses Artikels angewandt werden dürfen, so ist die Anwendung außer im Verteidigungsfalle nur zulässig, wenn der Bundestag den Eintritt des Spannungsfalles festgestellt oder wenn er der Anwendung besonders zugestimmt hat. Die Feststellung des Spannungsfalles und die besondere Zustimmung in den Fällen des Artikels 12a Abs. 5 Satz 1 und Abs. 6 Satz 2 bedürfen einer Mehrheit von zwei Dritteln der abgegebenen Stimmen.

(2) Maßnahmen auf Grund von Rechtsvorschriften nach Absatz 1 sind aufzuheben, wenn der Bundestag es verlangt.

(3) Abweichend von Absatz 1 ist die Anwendung solcher Rechtsvorschriften auch auf der Grundlage und nach Maßgabe eines Beschlusses zulässig, der von einem internationalen Organ im Rahmen eines Bündnisvertrages mit Zustimmung der Bundesregierung gefaßt wird. Maßnahmen nach diesem Absatz sind aufzuheben, wenn der Bundestag es mit der Mehrheit seiner Mitglieder verlangt.

Artikel 81 (Gesetzgebungsnotstand)

(1) Wird im Falle des Artikels 68 der Bundestag nicht aufgelöst, so kann der Bundespräsident auf Antrag der Bundesregierung mit Zustimmung des Bundesrates für eine Gesetzesvorlage den Gesetzgebungsnotstand erklären, wenn der Bundestag sie ablehnt, obwohl die Bundesregierung sie als dringlich bezeichnet hat. Das gleiche gilt, wenn eine Gesetzesvorlage abgelehnt worden ist, obwohl der Bundeskanzler mit ihr den Antrag des Artikels 68 verbunden hatte.

(2) Lehnt der Bundestag die Gesetzesvorlage nach Erklärung des Gesetzgebungsnotstandes erneut ab oder nimmt er sie in einer für die Bundesregierung als unannehmbar bezeichneten Fassung an, so gilt das Gesetz als zustande gekommen, soweit der Bundesrat ihm zustimmt. Das gleiche gilt, wenn die Vorlage vom Bundestage nicht innerhalb von vier Wochen nach der erneuten Einbringung verabschiedet wird.

(3) Während der Amtszeit eines Bundeskanzlers kann auch jede andere vom Bundestage abgelehnte Gesetzesvorlage innerhalb einer Frist von sechs Monaten nach der ersten Erklärung des Gesetzgebungsnotstandes gemäß Absatz 1 und 2 verabschiedet werden. Nach Ablauf der Frist ist während der Amtszeit des gleichen Bundeskanzlers eine weitere Erklärung des Gesetzgebungsnotstandes unzulässig.

(4) Das Grundgesetz darf durch ein Gesetz, das nach Absatz 2 zustande kommt, weder geändert noch ganz oder teilweise außer Kraft oder außer Anwendung gesetzt werden.

Artikel 82 (Verkündung, In-Kraft-Treten)

(1) Die nach den Vorschriften dieses Grundgesetzes zustande gekommenen Gesetze werden vom Bundespräsidenten nach Gegenzeichnung ausgefertigt und im Bundesgesetzblatt verkündet. Das Bundesgesetzblatt kann in elektronischer Form geführt werden. Rechtsverordnungen werden von der Stelle, die sie erlässt, ausgefertigt. Das Nähere zur Verkündung und zur Form von Gegenzeichnung und Ausfertigung von Gesetzen und Rechtsverordnungen regelt ein Bundesgesetz.

(2) Jedes Gesetz und jede Rechtsverordnung soll den Tag des Inkrafttretens bestimmen. Fehlt eine solche Bestimmung, so treten sie mit dem 14. Tage nach Ablauf des Tages in Kraft, an dem das Bundesgesetzblatt ausgegeben worden ist.

VIII. Die Ausführung der Bundesgesetze und die Bundesverwaltung

Artikel 83 (Grundsatz: landeseigene Verwaltung)

Die Länder führen die Bundesgesetze als eigene Angelegenheit aus, soweit dieses Grundgesetz nichts anderes bestimmt oder zuläßt.

Artikel 84 (Bundesaufsicht bei landeseigener Verwaltung)

(1) Führen die Länder die Bundesgesetze als eigene Angelegenheit aus, so regeln sie die Einrichtung der Behörden und das Verwaltungsverfahren. Wenn Bundesgesetze etwas anderes bestimmen, können die Länder davon abweichende Regelungen treffen. Hat ein Land eine abweichende Regelung nach Satz 2 getroffen, treten in diesem Land hierauf bezogene spätere bundesgesetzliche Regelungen der Einrichtung der Behörden und des Verwaltungsverfahrens frühestens sechs Monate nach ihrer Verkündung in Kraft, soweit nicht mit Zustimmung des Bundesrates anderes bestimmt ist. Artikel 72 Abs. 3 Satz 3 gilt entsprechend. In Ausnahmefällen kann der Bund wegen eines besonderen Bedürfnisses nach bundeseinheitlicher Regelung das Verwaltungsverfahren ohne Abweichungsmöglichkeit für die Länder regeln. Diese Gesetze bedürfen der Zustimmung des Bundesrates. Durch Bundesgesetz dürfen Gemeinden und Gemeindeverbänden Aufgaben nicht übertragen werden.

(2) Die Bundesregierung kann mit Zustimmung des Bundesrates allgemeine Verwaltungsvorschriften erlassen.

(3) Die Bundesregierung übt die Aufsicht darüber aus, daß die Länder die Bundesgesetze dem geltenden Rechte gemäß ausführen. Die Bundesregierung kann zu diesem Zwecke Beauftragte zu den obersten Landesbehörden entsenden, mit deren Zustimmung und, falls diese Zustimmung versagt wird, mit Zustimmung des Bundesrates auch zu den nachgeordneten Behörden.

(4) Werden Mängel, die die Bundesregierung bei der Ausführung der Bundesgesetze in den Ländern festgestellt hat, nicht beseitigt, so beschließt auf Antrag der Bundesregierung oder des Landes der Bundesrat, ob das Land das Recht verletzt hat. Gegen den Beschluß des Bundesrates kann das Bundesverfassungsgericht angerufen werden.

(5) Der Bundesregierung kann durch Bundesgesetz, das der Zustimmung des Bundesrates bedarf, zur Ausführung von Bundesgesetzen die Befugnis verliehen werden, für besondere Fälle Einzelweisungen zu erteilen. Sie sind, außer wenn die Bundesregierung den Fall für dringlich erachtet, an die obersten Landesbehörden zu richten.

Artikel 85 (Landesverwaltung im Bundesauftrag)

(1) Führen die Länder die Bundesgesetze im Auftrage des Bundes aus, so bleibt die Einrichtung der Behörden Angelegenheit der Länder, soweit nicht Bundesgesetze mit Zustimmung des Bundesrates etwas anderes bestimmen. Durch Bundesgesetz dürfen Gemeinden und Gemeindeverbänden Aufgaben nicht übertragen werden.

(2) Die Bundesregierung kann mit Zustimmung des Bundesrates allgemeine Verwaltungsvorschriften erlassen. Sie kann die einheitliche Ausbildung der Beamten und Angestellten regeln. Die Leiter der Mittelbehörden sind mit ihrem Einvernehmen zu bestellen.

(3) Die Landesbehörden unterstehen den Weisungen der zuständigen obersten Bundesbehörden. Die Weisungen sind, außer wenn die Bundesregierung es für dringlich erachtet, an die obersten Landesbehörden zu richten. Der Vollzug der Weisung ist durch die obersten Landesbehörden sicherzustellen.

(4) Die Bundesaufsicht erstreckt sich auf Gesetzmäßigkeit und Zweckmäßigkeit der Ausführung. Die Bundesregierung kann zu diesem Zwecke Bericht und Vorlage der Akten verlangen und Beauftragte zu allen Behörden entsenden.

Artikel 86 (Bundeseigene Verwaltung)

Führt der Bund die Gesetze durch bundeseigene Verwaltung oder durch bundesunmittelbare Körperschaften oder Anstalten des öffentlichen Rechtes aus, so erläßt die Bundesregierung, soweit nicht das Gesetz Besonderes vorschreibt, die allgemeinen Verwaltungsvorschriften. Sie regelt, soweit das Gesetz nichts anderes bestimmt, die Einrichtung der Behörden.

Artikel 87 (Gegenstände der Bundeseigenverwaltung)

(1) In bundeseigener Verwaltung mit eigenem Verwaltungsunterbau werden geführt der Auswärtige Dienst, die Bundesfinanzverwal-

tung und nach Maßgabe des Artikels 89 die Verwaltung der Bundeswasserstraßen und der Schiffahrt. Durch Bundesgesetz können Bundesgrenzschutzbehörden, Zentralstellen für das polizeiliche Auskunfts- und Nachrichtenwesen, für die Kriminalpolizei und zur Sammlung von Unterlagen für Zwecke des Verfassungsschutzes und des Schutzes gegen Bestrebungen im Bundesgebiet, die durch Anwendung von Gewalt oder darauf gerichtete Vorbereitungshandlungen auswärtige Belange der Bundesrepublik Deutschland gefährden, eingerichtet werden.

(2) Als bundesunmittelbare Körperschaften des öffentlichen Rechtes werden diejenigen sozialen Versicherungsträger geführt, deren Zuständigkeitsbereich sich über das Gebiet eines Landes hinaus erstreckt. Soziale Versicherungsträger, deren Zuständigkeitsbereich sich über das Gebiet eines Landes, aber nicht über mehr als drei Länder hinaus erstreckt, werden abweichend von Satz 1 als landesunmittelbare Körperschaften des öffentlichen Rechtes geführt, wenn das aufsichtsführende Land durch die beteiligten Länder bestimmt ist.

(3) Außerdem können für Angelegenheiten, für die dem Bunde die Gesetzgebung zusteht, selbständige Bundesoberbehörden und neue bundesunmittelbare Körperschaften und Anstalten des öffentlichen Rechtes durch Bundesgesetz errichtet werden. Erwachsen dem Bunde auf Gebieten, für die ihm die Gesetzgebung zusteht, neue Aufgaben, so können bei dringendem Bedarf bundeseigene Mittel- und Unterbehörden mit Zustimmung des Bundesrates und der Mehrheit der Mitglieder des Bundestages errichtet werden.

Artikel 87a (Streitkräfte und ihr Einsatz)

(1) Der Bund stellt Streitkräfte zur Verteidigung auf. Ihre zahlenmäßige Stärke und die Grundzüge ihrer Organisation müssen sich aus dem Haushaltsplan ergeben.

(1a) Zur Stärkung der Bündnis- und Verteidigungsfähigkeit kann der Bund ein Sondervermögen für die Bundeswehr mit eigener Kreditermächtigung in Höhe von einmalig bis zu 100 Milliarden Euro errichten. Auf die Kreditermächtigung sind Artikel 109 Absatz 3 und Artikel 115 Absatz 2 nicht anzuwenden. Das Nähere regelt ein Bundesgesetz.

(2) Außer zur Verteidigung dürfen die Streitkräfte nur eingesetzt werden, soweit dieses Grundgesetz es ausdrücklich zuläßt.

(3) Die Streitkräfte haben im Verteidigungsfalle und im Spannungsfalle die Befugnis, zivile Objekte zu schützen und Aufgaben der Verkehrsregelung wahrzunehmen, soweit dies zur Erfüllung ihres Verteidigungsauftrages erforderlich ist. Außerdem kann den Streitkräften im Verteidigungsfalle und im Spannungsfalle der Schutz ziviler Objekte auch zur Unterstützung polizeilicher Maßnahmen übertragen werden; die Streitkräfte wirken dabei mit den zuständigen Behörden zusammen.

(4) Zur Abwehr einer drohenden Gefahr für den Bestand oder die freiheitliche demokratische Grundordnung des Bundes oder eines Landes kann die Bundesregierung, wenn die Voraussetzungen des Artikels 91 Abs. 2 vorliegen und die Polizeikräfte sowie der Bundesgrenzschutz nicht ausreichen, Streitkräfte zur Unterstützung der Polizei und des Bundesgrenzschutzes beim Schutze von zivilen Objekten und bei der Bekämpfung organisierter und militärisch bewaffneter Aufständischer einsetzen. Der Einsatz von Streitkräften ist einzustellen, wenn der Bundestag oder der Bundesrat es verlangen.

Artikel 87b (Bundeswehrverwaltung)

(1) Die Bundeswehrverwaltung wird in bundeseigener Verwaltung mit eigenem Verwaltungsunterbau geführt. Sie dient den Aufgaben des Personalwesens und der unmittelbaren Deckung des Sachbedarfs der Streitkräfte. Aufgaben der Beschädigtenversorgung und des Bauwesens können der Bundeswehrverwaltung nur durch Bundesgesetz, das der Zustimmung des Bundesrates bedarf, übertragen werden. Der Zustimmung des Bundesrates bedürfen ferner Gesetze, soweit sie die Bundeswehrverwaltung zu Eingriffen in Rechte Dritter ermächtigen; das gilt nicht für Gesetze auf dem Gebiete des Personalwesens.

(2) Im übrigen können Bundesgesetze, die der Verteidigung einschließlich des Wehrersatzwesens und des Schutzes der Zivilbevöl-

kerung dienen, mit Zustimmung des Bundesrates bestimmen, daß sie ganz oder teilweise in bundeseigener Verwaltung mit eigenem Verwaltungsunterbau oder von den Ländern im Auftrage des Bundes ausgeführt werden. Werden solche Gesetze von den Ländern im Auftrage des Bundes ausgeführt, so können sie mit Zustimmung des Bundesrates bestimmen, daß die der Bundesregierung und den zuständigen obersten Bundesbehörden auf Grund des Artikels 85 zustehenden Befugnisse ganz oder teilweise Bundesoberbehörden übertragen werden; dabei kann bestimmt werden, daß diese Behörden beim Erlaß allgemeiner Verwaltungsvorschriften gemäß Artikel 85 Abs. 2 Satz 1 nicht der Zustimmung des Bundesrates bedürfen.

Artikel 87c (Auftragsverwaltung im Kernenergiebereich)

Gesetze, die auf Grund des Artikels 73 Abs. 1 Nr. 14 ergehen, können mit Zustimmung des Bundesrates bestimmen, daß sie von den Ländern im Auftrag des Bundes ausgeführt werden.

Artikel 87d (Luftverkehrsverwaltung)

(1) Die Luftverkehrsverwaltung wird in Bundesverwaltung geführt. Aufgaben der Flugsicherung können auch durch ausländische Flugsicherungsorganisationen wahrgenommen werden, die nach Recht der Europäischen Gemeinschaft zugelassen sind. Das Nähere regelt ein Bundesgesetz.

(2) Durch Bundesgesetz, das der Zustimmung des Bundesrates bedarf, können Aufgaben der Luftverkehrsverwaltung den Ländern als Auftragsverwaltung übertragen werden.

Artikel 87e (Eisenbahnverkehrsverwaltung)

(1) Die Eisenbahnverkehrsverwaltung für Eisenbahnen des Bundes wird in bundeseigener Verwaltung geführt. Durch Bundesgesetz können Aufgaben der Eisenbahnverkehrsverwaltung den Ländern als eigene Angelegenheit übertragen werden.

(2) Der Bund nimmt die über den Bereich der Eisenbahnen des Bundes hinausgehenden Aufgaben der Eisenbahnverkehrsverwaltung wahr, die ihm durch Bundesgesetz übertragen werden.

(3) Eisenbahnen des Bundes werden als Wirtschaftsunternehmen in privat-rechtlicher Form geführt. Diese stehen im Eigentum des Bundes, soweit die Tätigkeit des Wirtschaftsunternehmens den Bau, die Unterhaltung und das Betreiben von Schienenwegen umfaßt. Die Veräußerung von Anteilen des Bundes an den Unternehmen nach Satz 2 erfolgt auf Grund eines Gesetzes; die Mehrheit der Anteile an diesen Unternehmen verbleibt beim Bund. Das Nähere wird durch Bundesgesetz geregelt.

(4) Der Bund gewährleistet, daß dem Wohl der Allgemeinheit, insbesondere den Verkehrsbedürfnissen, beim Ausbau und Erhalt des Schienennetzes der Eisenbahnen des Bundes sowie bei deren Verkehrsangeboten auf diesem Schienennetz, soweit diese nicht den Schienenpersonennahverkehr betreffen, Rechnung getragen wird. Das Nähere wird durch Bundesgesetz geregelt.

(5) Gesetze auf Grund der Absätze 1 bis 4 bedürfen der Zustimmung des Bundesrates. Der Zustimmung des Bundesrates bedürfen ferner Gesetze, die die Auflösung, die Verschmelzung und die Aufspaltung von Eisenbahnunternehmen des Bundes, die Übertragung von Schienenwegen der Eisenbahnen des Bundes an Dritte sowie die Stillegung von Schienenwegen der Eisenbahnen des Bundes regeln oder Auswirkungen auf den Schienenpersonennahverkehr haben.

Artikel 87f (Postwesen, Telekommunikation)

(1) Nach Maßgabe eines Bundesgesetzes, das der Zustimmung des Bundesrates bedarf, gewährleistet der Bund im Bereich des Postwesens und der Telekommunikation flächendeckend angemessene und ausreichende Dienstleistungen.

(2) Dienstleistungen im Sinne des Absatzes 1 werden als privatwirtschaftliche Tätigkeiten durch die aus dem Sondervermögen Deutsche Bundespost hervorgegangenen Unternehmen und durch andere private Anbieter erbracht. Hoheitsaufgaben im Bereich des Postwesens

und der Telekommunikation werden in bundeseigener Verwaltung ausgeführt.

(3) Unbeschadet des Absatzes 2 Satz 2 führt der Bund in der Rechtsform einer bundesunmittelbaren Anstalt des öffentlichen Rechts einzelne Aufgaben in bezug auf die aus dem Sondervermögen Deutsche Bundespost hervorgegangenen Unternehmen nach Maßgabe eines Bundesgesetzes aus.

Artikel 88 (Bundesbank)

Der Bund errichtet eine Währungs- und Notenbank als Bundesbank. Ihre Aufgaben und Befugnisse können im Rahmen der Europäischen Union der Europäischen Zentralbank übertragen werden, die unabhängig ist und dem vorrangigen Ziel der Sicherung der Preisstabilität verpflichtet.

Artikel 89 (Bundeswasserstraßen)

(1) Der Bund ist Eigentümer der bisherigen Reichswasserstraßen.

(2) Der Bund verwaltet die Bundeswasserstraßen durch eigene Behörden. Er nimmt die über den Bereich eines Landes hinausgehenden staatlichen Aufgaben der Binnenschifffahrt und die Aufgaben der Seeschifffahrt wahr, die ihm durch Gesetz übertragen werden. Er kann die Verwaltung von Bundeswasserstraßen, soweit sie im Gebiete eines Landes liegen, diesem Lande auf Antrag als Auftragsverwaltung übertragen. Berührt eine Wasserstraße das Gebiet mehrerer Länder, so kann der Bund das Land beauftragen, für das die beteiligten Länder es beantragen.

(3) Bei der Verwaltung, dem Ausbau und dem Neubau von Wasserstraßen sind die Bedürfnisse der Landeskultur und der Wasserwirtschaft im Einvernehmen mit den Ländern zu wahren.

Artikel 90 (Bundesstraßen)

(1) Der Bund bleibt Eigentümer der Bundesautobahnen und sonstigen Bundesstraßen des Fernverkehrs. Das Eigentum ist unveräußerlich.

(2) Die Verwaltung der Bundesautobahnen wird in Bundesverwaltung geführt. Der Bund kann sich zur Erledigung seiner Aufgaben einer Gesellschaft privaten Rechts bedienen. Diese Gesellschaft steht im unveräußerlichen Eigentum des Bundes. Eine unmittelbare oder mittelbare Beteiligung Dritter an der Gesellschaft und deren Tochtergesellschaften ist ausgeschlossen. Eine Beteiligung Privater im Rahmen von Öffentlich-Privaten Partnerschaften ist ausgeschlossen für Streckennetze, die das gesamte Bundesautobahnnetz oder das gesamte Netz sonstiger Bundesfernstraßen in einem Land oder wesentliche Teile davon umfassen. Das Nähere regelt ein Bundesgesetz.

(3) Die Länder oder die nach Landesrecht zuständigen Selbstverwaltungskörperschaften verwalten die sonstigen Bundesstraßen des Fernverkehrs im Auftrage des Bundes.

(4) Auf Antrag eines Landes kann der Bund die sonstigen Bundesstraßen des Fernverkehrs, soweit sie im Gebiet dieses Landes liegen, in Bundesverwaltung übernehmen.

Artikel 91 (Abwehr drohender Gefahr)

(1) Zur Abwehr einer drohenden Gefahr für den Bestand oder die freiheitliche demokratische Grundordnung des Bundes oder eines Landes kann ein Land Polizeikräfte anderer Länder sowie Kräfte und Einrichtungen anderer Verwaltungen und des Bundesgrenzschutzes anfordern.

(2) Ist das Land, in dem die Gefahr droht, nicht selbst zur Bekämpfung der Gefahr bereit oder in der Lage, so kann die Bundesregierung die Polizei in diesem Lande und die Polizeikräfte anderer Länder ihren Weisungen unterstellen sowie Einheiten des Bundesgrenzschutzes einsetzen. Die Anordnung ist nach Beseitigung der Gefahr, im übrigen jederzeit auf Verlangen des Bundesrates aufzuheben. Erstreckt sich die Gefahr auf das Gebiet mehr als eines Landes, so kann die Bundesregierung, soweit es zur wirksamen Bekämpfung erforderlich ist, den Landesregierungen Weisungen erteilen; Satz 1 und Satz 2 bleiben unberührt.

VIIIa. Gemeinschaftsaufgaben, Verwaltungszusammenarbeit

Artikel 91a (Gemeinschaftsaufgaben)

(1) Der Bund wirkt auf folgenden Gebieten bei der Erfüllung von Aufgaben der Länder mit, wenn diese Aufgaben für die Gesamtheit be-

deutsam sind und die Mitwirkung des Bundes zur Verbesserung der Lebensverhältnisse erforderlich ist (Gemeinschaftsaufgaben):

1. Verbesserung der regionalen Wirtschaftsstruktur,
2. Verbesserung der Agrarstruktur und des Küstenschutzes.

(2) Durch Bundesgesetz mit Zustimmung des Bundesrates werden die Gemeinschaftsaufgaben sowie Einzelheiten der Koordinierung näher bestimmt.

(3) Der Bund trägt in den Fällen des Absatzes 1 Nr. 1 die Hälfte der Ausgaben in jedem Land. In den Fällen des Absatzes 1 Nr. 2 trägt der Bund mindestens die Hälfte; die Beteiligung ist für alle Länder einheitlich festzusetzen. Das Nähere regelt das Gesetz. Die Bereitstellung der Mittel bleibt der Feststellung in den Haushaltsplänen des Bundes und der Länder vorbehalten.

Artikel 91b (Zusammenwirken von Bund und Ländern)

(1) Bund und Länder können auf Grund von Vereinbarungen in Fällen überregionaler Bedeutung bei der Förderung von Wissenschaft, Forschung und Lehre zusammenwirken. Vereinbarungen, die im Schwerpunkt Hochschulen betreffen, bedürfen der Zustimmung aller Länder. Dies gilt nicht für Vereinbarungen über Forschungsbauten einschließlich Großgeräten.

(2) Bund und Länder können auf Grund von Vereinbarungen zur Feststellung der Leistungsfähigkeit des Bildungswesens im internationalen Vergleich und bei diesbezüglichen Berichten und Empfehlungen zusammenwirken.

(3) Die Kostentragung wird in der Vereinbarung geregelt.

Artikel 91c (Zusammenwirken bei informationstechnischen Systemen)

(1) Bund und Länder können bei der Planung, der Errichtung und dem Betrieb der für ihre Aufgabenerfüllung benötigten informationstechnischen Systeme zusammenwirken.

(2) Bund und Länder können auf Grund von Vereinbarungen die für die Kommunikation zwischen ihren informationstechnischen Systemen notwendigen Standards und Sicherheitsanforderungen festlegen. Vereinbarungen über die Grundlagen der Zusammenarbeit nach Satz 1 können für einzelne nach Inhalt und Ausmaß bestimmte Aufgaben vorsehen, dass nähere Regelungen bei Zustimmung einer in der Vereinbarung zu bestimmenden qualifizierten Mehrheit für Bund und Länder in Kraft treten. Sie bedürfen der Zustimmung des Bundestages und der Volksvertretungen der beteiligten Länder; das Recht zur Kündigung dieser Vereinbarungen kann nicht ausgeschlossen werden. Die Vereinbarungen regeln auch die Kostentragung.

(3) Die Länder können darüber hinaus den gemeinschaftlichen Betrieb informationstechnischer Systeme sowie die Errichtung von dazu bestimmten Einrichtungen vereinbaren.

(4) Der Bund errichtet zur Verbindung der informationstechnischen Netze des Bundes und der Länder ein Verbindungsnetz. Das Nähere zur Errichtung und zum Betrieb des Verbindungsnetzes regelt ein Bundesgesetz mit Zustimmung des Bundesrates.

(5) Der übergreifende informationstechnische Zugang zu den Verwaltungsleistungen von Bund und Ländern wird durch Bundesgesetz mit Zustimmung des Bundesrates geregelt.

Artikel 91d (Vergleichsstudien)

Bund und Länder können zur Feststellung und Förderung der Leistungsfähigkeit ihrer Verwaltungen Vergleichsstudien durchführen und die Ergebnisse veröffentlichen.

Artikel 91e (Zusammenwirken auf dem Gebiet der Grundsicherung für Arbeitsuchende)

(1) Bei der Ausführung von Bundesgesetzen auf dem Gebiet der Grundsicherung für Arbeitsuchende wirken Bund und Länder oder die nach Landesrecht zuständigen Gemeinden und Gemeindeverbände in der Regel in gemeinsamen Einrichtungen zusammen.

(2) Der Bund kann zulassen, dass eine begrenzte Anzahl von Gemeinden und Gemeindeverbänden auf ihren Antrag und mit Zustimmung der obersten Landesbehörde die Aufgaben nach Absatz 1 allein wahrnimmt. Die notwendigen Ausgaben einschließlich

der Verwaltungsausgaben trägt der Bund, soweit die Aufgaben bei einer Ausführung von Gesetzen nach Absatz 1 vom Bund wahrzunehmen sind.

(3) Das Nähere regelt ein Bundesgesetz, das der Zustimmung des Bundesrates bedarf.

IX. Die Rechtsprechung

Artikel 92 (Gerichtsorganisation)

Die rechtsprechende Gewalt ist den Richtern anvertraut; sie wird durch das Bundesverfassungsgericht, durch die in diesem Grundgesetze vorgesehenen Bundesgerichte und durch die Gerichte der Länder ausgeübt.

Artikel 93 (Bundesverfassungsgericht)

(1) Das Bundesverfassungsgericht ist ein allen übrigen Verfassungsorganen gegenüber selbständiger und unabhängiger Gerichtshof des Bundes.

(2) Das Bundesverfassungsgericht besteht aus Bundesrichtern und anderen Mitgliedern; es gliedert sich in zwei Senate. In jeden Senat werden je zur Hälfte vom Bundestag und vom Bundesrat acht Richter gewählt; sie dürfen weder dem Bundestag, dem Bundesrat, der Bundesregierung noch entsprechenden Organen eines Landes angehören. Durch Bundesgesetz nach Absatz 5 kann vorgesehen werden, dass das Wahlrecht vom anderen Wahlorgan ausgeübt werden kann, wenn innerhalb einer zu bestimmenden Frist nach dem Ende der Amtszeit oder dem vorzeitigen Ausscheiden eines Richters eine Wahl seines Nachfolgers nicht zustande kommt.

IX

(3) Die Amtszeit der Mitglieder des Bundesverfassungsgerichts dauert zwölf Jahre, längstens bis zum Ende des Monats, in dem das Mitglied das 68. Lebensjahr vollendet. Nach Ablauf der Amtszeit führen die Richter ihre Amtsgeschäfte bis zur Ernennung des Nachfolgers fort. Eine anschließende oder spätere Wiederwahl ist ausgeschlossen.

(4) Das Bundesverfassungsgericht gibt sich eine Geschäftsordnung, die das Plenum beschließt.

(5) Ein Bundesgesetz regelt die Verfassung und das Verfahren des Bundesverfassungsgerichts. Es kann für Verfassungsbeschwerden die vorherige Erschöpfung des Rechtsweges zur Voraussetzung machen und ein besonderes Annahmeverfahren vorsehen.

Artikel 94 (Zuständigkeit des Bundesverfassungsgerichts)

(1) Das Bundesverfassungsgericht entscheidet:

1. über die Auslegung dieses Grundgesetzes aus Anlass von Streitigkeiten über den Umfang der Rechte und Pflichten eines obersten Bundesorgans oder anderer Beteiligter, die durch dieses Grundgesetz oder in der Geschäftsordnung eines obersten Bundesorgans mit eigenen Rechten ausgestattet sind;
2. bei Meinungsverschiedenheiten oder Zweifeln über die förmliche und sachliche Vereinbarkeit von Bundesrecht oder Landesrecht mit diesem Grundgesetz oder die Vereinbarkeit von Landesrecht mit sonstigem Bundesrecht auf Antrag der Bundesregierung, einer Landesregierung oder eines Viertels der Mitglieder des Bundestages;

2a. bei Meinungsverschiedenheiten, ob ein Gesetz den Voraussetzungen des Artikels 72 Absatz 2 entspricht, auf Antrag des Bundesrates, einer Landesregierung oder der Volksvertretung eines Landes;

3. bei Meinungsverschiedenheiten über Rechte und Pflichten des Bundes und der Länder, insbesondere bei der Ausführung von Bundesrecht durch die Länder und bei der Ausübung der Bundesaufsicht;
4. in anderen öffentlich-rechtlichen Streitigkeiten zwischen dem Bund und den Ländern, zwischen verschiedenen Ländern oder innerhalb eines Landes, soweit nicht ein anderer Rechtsweg gegeben ist;

4a. über Verfassungsbeschwerden, die von jedermann mit der Behauptung erhoben werden können, durch die öffentliche Gewalt in einem seiner Grundrechte oder in einem seiner in Artikel 20 Absatz 4, 33, 38, 101, 103 und 104 enthaltenen Rechte verletzt zu sein;

4b. über Verfassungsbeschwerden von Gemeinden und Gemeindeverbänden wegen Verletzung des Rechts auf Selbstverwaltung nach Artikel 28 durch ein Gesetz, bei Landesgesetzen jedoch nur, soweit nicht Beschwerde beim Landesverfassungsgericht erhoben werden kann;

4c. über Beschwerden von Vereinigungen gegen ihre Nichtanerkennung als Partei für die Wahl zum Bundestag;

5. in den übrigen in diesem Grundgesetz vorgesehenen Fällen.

(2) Das Bundesverfassungsgericht entscheidet außerdem auf Antrag des Bundesrates, einer Landesregierung oder der Volksvertretung eines Landes, ob im Falle des Artikels 72 Absatz 4 die Erforderlichkeit für eine bundesgesetzliche Regelung nach Artikel 72 Absatz 2 nicht mehr besteht oder Bundesrecht in den Fällen des Artikels 125a Absatz 2 Satz 1 nicht mehr erlassen werden könnte. Die Feststellung, dass die Erforderlichkeit entfallen ist oder Bundesrecht nicht mehr erlassen werden könnte, ersetzt ein Bundesgesetz nach Artikel 72 Absatz 4 oder nach Artikel 125a Absatz 2 Satz 2. Der Antrag nach Satz 1 ist nur zulässig, wenn eine Gesetzesvorlage nach Artikel 72 Absatz 4 oder nach Artikel 125a Absatz 2 Satz 2 im Bundestag abgelehnt oder über sie nicht innerhalb eines Jahres beraten und Beschluss gefasst oder wenn eine entsprechende Gesetzesvorlage im Bundesrat abgelehnt worden ist.

(3) Das Bundesverfassungsgericht wird ferner in den ihm sonst durch Bundesgesetz zugewiesenen Fällen tätig.

(4) Die Entscheidungen des Bundesverfassungsgerichts binden die Verfassungsorgane des Bundes und der Länder sowie alle Gerichte und Behörden. Ein Bundesgesetz bestimmt, in welchen Fällen seine Entscheidungen Gesetzeskraft haben.

Artikel 95 (Oberste Gerichtshöfe)

(1) Für die Gebiete der ordentlichen, der Verwaltungs-, der Finanz-, der Arbeits- und der Sozialgerichtsbarkeit errichtet der Bund als oberste Gerichtshöfe den Bundesgerichtshof, das Bundesverwaltungsgericht, den Bundesfinanzhof, das Bundesarbeitsgericht und das Bundessozialgericht.

(2) Über die Berufung der Richter dieser Gerichte entscheidet der für das jeweilige Sachgebiet zuständige Bundesminister gemeinsam mit einem Richterwahlausschuß, der aus den für das jeweilige Sachgebiet zuständigen Ministern der Länder und einer gleichen Anzahl von Mitgliedern besteht, die vom Bundestage gewählt werden.

(3) Zur Wahrung der Einheitlichkeit der Rechtsprechung ist ein Gemeinsamer Senat der in Absatz 1 genannten Gerichte zu bilden. Das Nähere regelt ein Bundesgesetz.

Artikel 96 (Bundesgerichte)

(1) Der Bund kann für Angelegenheiten des gewerblichen Rechtsschutzes ein Bundesgericht errichten.

(2) Der Bund kann Wehrstrafgerichte für die Streitkräfte als Bundesgerichte errichten. Sie können die Strafgerichtsbarkeit nur im Verteidigungsfalle sowie über Angehörige der Streitkräfte ausüben, die in das Ausland entsandt oder an Bord von Kriegsschiffen eingeschifft sind. Das Nähere regelt ein Bundesgesetz. Diese Gerichte gehören zum Geschäftsbereich des Bundesjustizministers. Ihre hauptamtlichen Richter müssen die Befähigung zum Richteramt haben.

(3) Oberster Gerichtshof für die in Absatz 1 und 2 genannten Gerichte ist der Bundesgerichtshof.

(4) Der Bund kann für Personen, die zu ihm in einem öffentlich-rechtlichen Dienstverhältnis stehen, Bundesgerichte zur Entscheidung in Disziplinarverfahren und Beschwerdeverfahren errichten.

(5) Für Strafverfahren auf den folgenden Gebieten kann ein Bundesgesetz mit Zustimmung des Bundesrates vorsehen, dass Gerichte der Länder Gerichtsbarkeit des Bundes ausüben:

1. Völkermord;
2. völkerstrafrechtliche Verbrechen gegen die Menschlichkeit;
3. Kriegsverbrechen;
4. andere Handlungen, die geeignet sind und in der Absicht vorgenommen werden, das

IX

friedliche Zusammenleben der Völker zu stören (Artikel 26 Abs. 1);

5. Staatsschutz.

Artikel 97 (Unabhängigkeit der Richter)

(1) Die Richter sind unabhängig und nur dem Gesetze unterworfen.

(2) Die hauptamtlich und planmäßig endgültig angestellten Richter können wider ihren Willen nur kraft richterlicher Entscheidung und nur aus Gründen und unter den Formen, welche die Gesetze bestimmen, vor Ablauf ihrer Amtszeit entlassen oder dauernd oder zeitweise ihres Amtes enthoben oder an eine andere Stelle oder in den Ruhestand versetzt werden. Die Gesetzgebung kann Altersgrenzen festsetzen, bei deren Erreichung auf Lebenszeit angestellte Richter in den Ruhestand treten. Bei Veränderung der Einrichtung der Gerichte oder ihrer Bezirke können Richter an ein anderes Gericht versetzt oder aus dem Amte entfernt werden, jedoch nur unter Belassung des vollen Gehaltes.

Artikel 98 (Rechtsstellung der Richter)

(1) Die Rechtsstellung der Bundesrichter ist durch besonderes Bundesgesetz zu regeln.

(2) Wenn ein Bundesrichter im Amte oder außerhalb des Amtes gegen die Grundsätze des Grundgesetzes oder gegen die verfassungsmäßige Ordnung eines Landes verstößt, so kann das Bundesverfassungsgericht mit Zweidrittelmehrheit auf Antrag des Bundestages anordnen, daß der Richter in ein anderes Amt oder in den Ruhestand zu versetzen ist. Im Falle eines vorsätzlichen Verstoßes kann auf Entlassung erkannt werden.

(3) Die Rechtsstellung der Richter in den Ländern ist durch besondere Landesgesetze zu regeln, soweit Artikel 74 Abs. 1 Nr. 27 nichts anderes bestimmt.

(4) Die Länder können bestimmen, daß über die Anstellung der Richter in den Ländern der Landesjustizminister gemeinsam mit einem Richterwahlausschuß entscheidet.

(5) Die Länder können für Landesrichter eine Absatz 2 entsprechende Regelung treffen. Geltendes Landesverfassungsrecht bleibt unberührt. Die Entscheidung über eine Richteranklage steht dem Bundesverfassungsgericht zu.

Artikel 99 (Verfassungsstreitigkeiten durch Landesgesetz zugewiesen)

Dem Bundesverfassungsgerichte kann durch Landesgesetz die Entscheidung von Verfassungsstreitigkeiten innerhalb eines Landes, den in Artikel 95 Abs. 1 genannten obersten Gerichtshöfen für den letzten Rechtszug die Entscheidung in solchen Sachen zugewiesen werden, bei denen es sich um die Anwendung von Landesrecht handelt.

Artikel 100 (Verfassungsrechtliche Vorentscheidung)

(1) Hält ein Gericht ein Gesetz, auf dessen Gültigkeit es bei der Entscheidung ankommt, für verfassungswidrig, so ist das Verfahren auszusetzen und, wenn es sich um die Verletzung der Verfassung eines Landes handelt, die Entscheidung des für Verfassungsstreitigkeiten zuständigen Gerichtes des Landes, wenn es sich um die Verletzung dieses Grundgesetzes handelt, die Entscheidung des Bundesverfassungsgerichtes einzuholen. Dies gilt auch, wenn es sich um die Verletzung dieses Grundgesetzes durch Landesrecht oder um die Unvereinbarkeit eines Landesgesetzes mit einem Bundesgesetze handelt.

(2) Ist in einem Rechtsstreite zweifelhaft, ob eine Regel des Völkerrechtes Bestandteil des Bundesrechts ist und ob sie unmittelbar Rechte und Pflichten für den einzelnen erzeugt (Artikel 25), so hat das Gericht die Entscheidung des Bundesverfassungsgerichtes einzuholen.

(3) Will das Verfassungsgericht eines Landes bei der Auslegung des Grundgesetzes von einer Entscheidung des Bundesverfassungsgerichtes oder des Verfassungsgerichtes eines anderen Landes abweichen, so hat das Verfassungsgericht die Entscheidung des Bundesverfassungsgerichtes einzuholen.

Entscheidung des Bundesverfassungsgerichts vom 6. Dezember 2006 (BGBl. I 2007 S. 33)

Aus dem Beschluss des Bundesverfassungsgerichts vom 6. Dezember 2006 – 2 BvM 9/03 – wird die Entscheidungsformel veröffentlicht:

Eine allgemeine Regel des Völkerrechts, nach der ein lediglich pauschaler Immunitätsverzicht zur Aufhebung des Schutzes der Immunität auch für solches Vermögen genügt, das dem Entsendestaat im Empfangsstaat zur Aufrechterhaltung der Funktionsfähigkeit seiner diplomatischen Mission dient, ist nicht feststellbar.

Die vorstehende Entscheidungsformel hat gemäß § 31 Abs. 2 des Bundesverfassungsgerichtsgesetzes Gesetzeskraft.

Artikel 101 (Verbot von Ausnahmegerichten)

(1) Ausnahmegerichte sind unzulässig. Niemand darf seinem gesetzlichen Richter entzogen werden.

(2) Gerichte für besondere Sachgebiete können nur durch Gesetz errichtet werden.

Artikel 102 (Abschaffung der Todesstrafe)

Die Todesstrafe ist abgeschafft.

Artikel 103 (Grundrechtsgarantien für das Strafverfahren)

(1) Vor Gericht hat jedermann Anspruch auf rechtliches Gehör.

(2) Eine Tat kann nur bestraft werden, wenn die Strafbarkeit gesetzlich bestimmt war, bevor die Tat begangen wurde.

(3) Niemand darf wegen derselben Tat auf Grund der allgemeinen Strafgesetze mehrmals bestraft werden.

Artikel 104 (Rechtsgarantien bei Freiheitsentziehung)

(1) Die Freiheit der Person kann nur auf Grund eines förmlichen Gesetzes und nur unter Beachtung der darin vorgeschriebenen Formen beschränkt werden. Festgehaltene Personen dürfen weder seelisch noch körperlich mißhandelt werden.

(2) Über die Zulässigkeit und Fortdauer einer Freiheitsentziehung hat nur der Richter zu entscheiden. Bei jeder nicht auf richterlicher Anordnung beruhenden Freiheitsentziehung ist unverzüglich eine richterliche Entscheidung herbeizuführen. Die Polizei darf aus eigener Machtvollkommenheit niemanden länger als bis zum Ende des Tages nach dem Ergreifen in eigenem Gewahrsam halten. Das Nähere ist gesetzlich zu regeln.

(3) Jeder wegen des Verdachtes einer strafbaren Handlung vorläufig Festgenommene ist spätestens am Tage nach der Festnahme dem Richter vorzuführen, der ihm die Gründe der Festnahme mitzuteilen, ihn zu vernehmen und ihm Gelegenheit zu Einwendungen zu geben hat. Der Richter hat unverzüglich entweder einen mit Gründen versehenen schriftlichen Haftbefehl zu erlassen oder die Freilassung anzuordnen.

(4) Von jeder richterlichen Entscheidung über die Anordnung oder Fortdauer einer Freiheitsentziehung ist unverzüglich ein Angehöriger des Festgehaltenen oder eine Person seines Vertrauens zu benachrichtigen.

X. Das Finanzwesen

Artikel 104a (Tragung der Ausgaben)

(1) Der Bund und die Länder tragen gesondert die Ausgaben, die sich aus der Wahrnehmung ihrer Aufgaben ergeben, soweit dieses Grundgesetz nichts anderes bestimmt.

(2) Handeln die Länder im Auftrage des Bundes, trägt der Bund die sich daraus ergebenden Ausgaben.

(3) Bundesgesetze, die Geldleistungen gewähren und von den Ländern ausgeführt werden, können bestimmen, daß die Geldleistungen ganz oder zum Teil vom Bund getragen werden. Bestimmt das Gesetz, daß der Bund die Hälfte der Ausgaben oder mehr trägt, wird es im Auftrage des Bundes durchgeführt. Bei der Gewährung von Leistungen für Unterkunft und Heizung auf dem Gebiet der Grundsicherung für Arbeitsuchende wird das Gesetz im Auftrage des Bundes ausgeführt, wenn der Bund drei Viertel der Ausgaben oder mehr trägt.

(4) Bundesgesetze, die Pflichten der Länder zur Erbringung von Geldleistungen, geldwerten Sachleistungen oder vergleichbaren Dienstleistungen gegenüber Dritten begründen und von den Ländern als eigene Angelegenheit oder nach Absatz 3 Satz 2 im Auftrag des Bundes ausgeführt werden, bedürfen der Zustimmung des Bundesrates, wenn daraus entstehende Ausgaben von den Ländern zu tragen sind.

(5) Der Bund und die Länder tragen die bei ihren Behörden entstehenden Verwaltungsausgaben und haften im Verhältnis zueinander für eine ordnungsmäßige Verwaltung. Das Nähere bestimmt ein Bundesgesetz, das der Zustimmung des Bundesrates bedarf.

(6) Bund und Länder tragen nach der innerstaatlichen Zuständigkeits- und Aufgabenverteilung die Lasten einer Verletzung von supranationalen oder völkerrechtlichen Verpflichtungen Deutschlands. In Fällen länderübergreifender Finanzkorrekturen der Europäischen Union tragen Bund und Länder diese Lasten im Verhältnis 15 zu 85. Die Ländergesamtheit trägt in diesen Fällen solidarisch 35 vom Hundert der Gesamtlasten entsprechend einem allgemeinen Schlüssel; 50 vom Hundert der Gesamtlasten tragen die Länder, die die Lasten verursacht haben, anteilig entsprechend der Höhe der erhaltenen Mittel. Das Nähere regelt ein Bundesgesetz, das der Zustimmung des Bundesrates bedarf.

Artikel 104b (Finanzhilfen für besonders bedeutsame Investitionen)

(1) Der Bund kann, soweit dieses Grundgesetz ihm Gesetzgebungsbefugnisse verleiht, den Ländern Finanzhilfen für besonders bedeutsame Investitionen der Länder und der Gemeinden (Gemeindeverbände) gewähren, die

1. zur Abwehr einer Störung des gesamtwirtschaftlichen Gleichgewichts oder
2. zum Ausgleich unterschiedlicher Wirtschaftskraft im Bundesgebiet oder
3. zur Förderung des wirtschaftlichen Wachstums

erforderlich sind. Abweichend von Satz 1 kann der Bund im Falle von Naturkatastrophen oder außergewöhnlichen Notsituationen, die sich der Kontrolle des Staates entziehen und die staatliche Finanzlage erheblich beeinträchtigen, auch ohne Gesetzgebungsbefugnisse Finanzhilfen gewähren.

(2) Das Nähere, insbesondere die Arten der zu fördernden Investitionen, wird durch Bundesgesetz, das der Zustimmung des Bundesrates bedarf, oder auf Grund des Bundeshaushaltsgesetzes durch Verwaltungsvereinbarung geregelt. Das Bundesgesetz oder die Verwaltungsvereinbarung kann Bestimmungen über die Ausgestaltung der jeweiligen Länderprogramme zur Verwendung der Finanzhilfen vorsehen. Die Festlegung der Kriterien für die Ausgestaltung der Länderprogramme erfolgt im Einvernehmen mit den betroffenen Ländern. Zur Gewährleistung der zweckentsprechenden Mittelverwendung kann die Bundesregierung Bericht und Vorlage der Akten verlangen und Erhebungen bei allen Behörden durchführen. Die Mittel des Bundes werden zusätzlich zu eigenen Mitteln der Länder bereitgestellt. Sie sind befristet zu gewähren und hinsichtlich ihrer Verwendung in regelmäßigen Zeitabständen zu überprüfen. Die Finanzhilfen sind im Zeitablauf mit fallenden Jahresbeträgen zu gestalten.

(3) Bundestag, Bundesregierung und Bundesrat sind auf Verlangen über die Durchführung der Maßnahmen und die erzielten Verbesserungen zu unterrichten.

Artikel 104c (Finanzhilfen)

Der Bund kann den Ländern Finanzhilfen für gesamtstaatlich bedeutsame Investitionen sowie besondere, mit diesen unmittelbar verbundene, befristete Ausgaben der Länder und Gemeinden (Gemeindeverbände) zur Steigerung der Leistungsfähigkeit der kommunalen Bildungsinfrastruktur gewähren. Artikel 104b Absatz 2 Satz 1 bis 3, 5, 6 und Absatz 3 gilt entsprechend. Zur Gewährleistung der zweckentsprechenden Mittelverwendung kann die Bundesregierung Berichte und anlassbezogen die Vorlage von Akten verlangen.

Artikel 104d (Finanzhilfen für sozialen Wohnungsbau)

Der Bund kann den Ländern Finanzhilfen für gesamtstaatlich bedeutsame Investitionen der Länder und Gemeinden (Gemeindeverbände) im Bereich des sozialen Wohnungsbaus gewähren. Artikel 104b Absatz 2 Satz 1 bis 5 sowie Absatz 3 gilt entsprechend.

Artikel 105 (Gesetzgebungszuständigkeit)

(1) Der Bund hat die ausschließliche Gesetzgebung über die Zölle und Finanzmonopole.

(2) Der Bund hat die konkurrierende Gesetzgebung über die Grundsteuer. Er hat die konkur-

rierende Gesetzgebung über die übrigen Steuern, wenn ihm das Aufkommen dieser Steuern ganz oder zum Teil zusteht oder die Voraussetzungen des Artikels 72 Abs. 2 vorliegen.

(2a) Die Länder haben die Befugnis zur Gesetzgebung über die örtlichen Verbrauch- und Aufwandsteuern, solange und soweit sie nicht bundesgesetzlich geregelten Steuern gleichartig sind. Sie haben die Befugnis zur Bestimmung des Steuersatzes bei der Grunderwerbsteuer.

(3) Bundesgesetze über Steuern, deren Aufkommen den Ländern oder den Gemeinden (Gemeindeverbänden) ganz oder zum Teil zufließt, bedürfen der Zustimmung des Bundesrates.

Artikel 106 (Steuerverteilung)

(1) Der Ertrag der Finanzmonopole und das Aufkommen der folgenden Steuern stehen dem Bund zu:

1. die Zölle,
2. die Verbrauchsteuern, soweit sie nicht nach Absatz 2 den Ländern, nach Absatz 3 Bund und Ländern gemeinsam oder nach Absatz 6 den Gemeinden zustehen,
3. die Straßengüterverkehrsteuer, die Kraftfahrzeugsteuer und sonstige auf motorisierte Verkehrsmittel bezogene Verkehrsteuern,
4. die Kapitalverkehrsteuern, die Versicherungsteuer und die Wechselsteuer,
5. die einmaligen Vermögensabgaben und die zur Durchführung des Lastenausgleichs erhobenen Ausgleichsabgaben,
6. die Ergänzungsabgabe zur Einkommensteuer und zur Körperschaftsteuer,
7. Abgaben im Rahmen der Europäischen Gemeinschaften.

(2) Das Aufkommen der folgenden Steuern steht den Ländern zu:

1. die Vermögensteuer,
2. die Erbschaftsteuer,
3. die Verkehrsteuern, soweit sie nicht nach Absatz 1 dem Bund oder nach Absatz 3 Bund und Ländern gemeinsam zustehen,
4. die Biersteuer,
5. die Abgabe von Spielbanken.

(3) Das Aufkommen der Einkommensteuer, der Körperschaftsteuer und der Umsatzsteuer steht dem Bund und den Ländern gemeinsam zu (Gemeinschaftsteuern), soweit das Aufkommen der Einkommensteuer nicht nach Absatz 5 und das Aufkommen der Umsatzsteuer nicht nach Absatz 5a den Gemeinden zugewiesen wird. Am Aufkommen der Einkommensteuer und der Körperschaftsteuer sind der Bund und die Länder je zur Hälfte beteiligt. Die Anteile von Bund und Ländern an der Umsatzsteuer werden durch Bundesgesetz, das der Zustimmung des Bundesrates bedarf, festgesetzt. Bei der Festsetzung ist von folgenden Grundsätzen auszugehen:

1. Im Rahmen der laufenden Einnahmen haben der Bund und die Länder gleichmäßig Anspruch auf Deckung ihrer notwendigen Ausgaben. Dabei ist der Umfang der Ausgaben unter Berücksichtigung einer mehrjährigen Finanzplanung zu ermitteln.
2. Die Deckungsbedürfnisse des Bundes und der Länder sind so aufeinander abzustimmen, daß ein billiger Ausgleich erzielt, eine Überbelastung der Steuerpflichtigen vermieden und die Einheitlichkeit der Lebensverhältnisse im Bundesgebiet gewahrt wird.

Zusätzlich werden in die Festsetzung der Anteile von Bund und Ländern an der Umsatzsteuer Steuermindereinnahmen einbezogen, die den Ländern ab 1. Januar 1996 aus der Berücksichtigung von Kindern im Einkommensteuerrecht entstehen. Das Nähere bestimmt das Bundesgesetz nach Satz 3.

(4) Die Anteile von Bund und Ländern an der Umsatzsteuer sind neu festzusetzen, wenn sich das Verhältnis zwischen den Einnahmen und Ausgaben des Bundes und der Länder wesentlich anders entwickelt; Steuermindereinnahmen, die nach Absatz 3 Satz 5 in die Festsetzung der Umsatzsteueranteile zusätzlich einbezogen werden, bleiben hierbei unberücksichtigt. Werden den Ländern durch Bundesgesetz zusätzliche Ausgaben auferlegt oder Einnahmen entzogen, so kann die Mehrbelastung durch Bundesgesetz, das der Zustimmung des Bundesrates bedarf, auch mit Finanzzuweisungen des Bundes ausgeglichen werden, wenn sie auf einen kurzen Zeitraum begrenzt ist. In dem Gesetz sind die

Grundsätze für die Bemessung dieser Finanzzuweisungen und für ihre Verteilung auf die Länder zu bestimmen.

(5) Die Gemeinden erhalten einen Anteil an dem Aufkommen der Einkommensteuer, der von den Ländern an ihre Gemeinden auf der Grundlage der Einkommensteuerleistungen ihrer Einwohner weiterzuleiten ist. Das Nähere bestimmt ein Bundesgesetz, das der Zustimmung des Bundesrates bedarf. Es kann bestimmen, daß die Gemeinden Hebesätze für den Gemeindeanteil festsetzen.

(5a) Die Gemeinden erhalten ab dem 1. Januar 1998 einen Anteil an dem Aufkommen der Umsatzsteuer. Er wird von den Ländern auf der Grundlage eines orts- und wirtschaftsbezogenen Schlüssels an ihre Gemeinden weitergeleitet. Das Nähere wird durch Bundesgesetz, das der Zustimmung des Bundesrates bedarf, bestimmt.

(6) Das Aufkommen der Grundsteuer und Gewerbesteuer steht den Gemeinden, das Aufkommen der örtlichen Verbrauch- und Aufwandsteuern steht den Gemeinden oder nach Maßgabe der Landesgesetzgebung den Gemeindeverbänden zu. Den Gemeinden ist das Recht einzuräumen, die Hebesätze der Grundsteuer und Gewerbesteuer im Rahmen der Gesetze festzusetzen. Bestehen in einem Land keine Gemeinden, so steht das Aufkommen der Grundsteuer und Gewerbesteuer sowie der örtlichen Verbrauch- und Aufwandsteuern dem Land zu. Bund und Länder können durch eine Umlage an dem Aufkommen der Gewerbesteuer beteiligt werden. Das Nähere über die Umlage bestimmt ein Bundesgesetz, das der Zustimmung des Bundesrates bedarf. Nach Maßgabe der Landesgesetzgebung können die Grundsteuer und Gewerbesteuer sowie der Gemeindeanteil vom Aufkommen der Einkommensteuer und der Umsatzsteuer als Bemessungsgrundlagen für Umlagen zugrunde gelegt werden.

(7) Von dem Länderanteil am Gesamtaufkommen der Gemeinschaftsteuern fließt den Gemeinden und Gemeindeverbänden insgesamt ein von der Landesgesetzgebung zu bestimmender Hundertsatz zu. Im übrigen bestimmt die Landesgesetzgebung, ob und inwieweit das Aufkommen der Landessteuern den Gemeinden (Gemeindeverbänden) zufließt.

(8) Veranlaßt der Bund in einzelnen Ländern oder Gemeinden (Gemeindeverbänden) besondere Einrichtungen, die diesen Ländern oder Gemeinden (Gemeindeverbänden) unmittelbar Mehrausgaben oder Mindereinnahmen (Sonderbelastungen) verursachen, gewährt der Bund den erforderlichen Ausgleich, wenn und soweit den Ländern oder Gemeinden (Gemeindeverbänden) nicht zugemutet werden kann, die Sonderbelastungen zu tragen. Entschädigungsleistungen Dritter und finanzielle Vorteile, die diesen Ländern oder Gemeinden (Gemeindeverbänden) als Folge der Einrichtungen erwachsen, werden bei dem Ausgleich berücksichtigt.

(9) Als Einnahmen und Ausgaben der Länder im Sinne dieses Artikels gelten auch die Einnahmen und Ausgaben der Gemeinden (Gemeindeverbände).

Artikel 106a (Personennahverkehr)

Den Ländern steht ab 1. Januar 1996 für den öffentlichen Personennahverkehr ein Betrag aus dem Steueraufkommen des Bundes zu. Das Nähere regelt ein Bundesgesetz, das der Zustimmung des Bundesrates bedarf. Der Betrag nach Satz 1 bleibt bei der Bemessung der Finanzkraft nach Artikel 107 Abs. 2 unberücksichtigt.

Artikel 106b (Ausgleich infolge der Übertragung der Kfz-Steuer)

Den Ländern steht ab dem 1. Juli 2009 infolge der Übertragung der Kraftfahrzeugsteuer auf den Bund ein Betrag aus dem Steueraufkommen des Bundes zu. Das Nähere regelt ein Bundesgesetz, das der Zustimmung des Bundesrates bedarf.

Artikel 107 (Örtliches Aufkommen)

(1) Das Aufkommen der Landessteuern und der Länderanteil am Aufkommen der Einkommensteuer und der Körperschaftsteuer stehen den einzelnen Ländern insoweit zu, als die Steuern von den Finanzbehörden in ihrem Gebiet vereinnahmt werden (örtliches Aufkommen). Durch Bundesgesetz, das der Zustimmung des Bundesrates bedarf, sind für

die Körperschaftsteuer und die Lohnsteuer nähere Bestimmungen über die Abgrenzung sowie über Art und Umfang der Zerlegung des örtlichen Aufkommens zu treffen. Das Gesetz kann auch Bestimmungen über die Abgrenzung und Zerlegung des örtlichen Aufkommens anderer Steuern treffen. Der Länderanteil am Aufkommen der Umsatzsteuer steht den einzelnen Ländern, vorbehaltlich der Regelungen nach Absatz 2, nach Maßgabe ihrer Einwohnerzahl zu.

(2) Durch Bundesgesetz, das der Zustimmung des Bundesrates bedarf, ist sicherzustellen, dass die unterschiedliche Finanzkraft der Länder angemessen ausgeglichen wird; hierbei sind die Finanzkraft und der Finanzbedarf der Gemeinden (Gemeindeverbände) zu berücksichtigen. Zu diesem Zweck sind in dem Gesetz Zuschläge zu und Abschläge von der jeweiligen Finanzkraft bei der Verteilung der Länderanteile am Aufkommen der Umsatzsteuer zu regeln. Die Voraussetzungen für die Gewährung von Zuschlägen und für die Erhebung von Abschlägen sowie die Maßstäbe für die Höhe dieser Zuschläge und Abschläge sind in dem Gesetz zu bestimmen. Für Zwecke der Bemessung der Finanzkraft kann die bergrechtliche Förderabgabe mit nur einem Teil ihres Aufkommens berücksichtigt werden. Das Gesetz kann auch bestimmen, dass der Bund aus seinen Mitteln leistungsschwachen Ländern Zuweisungen zur ergänzenden Deckung ihres allgemeinen Finanzbedarfs (Ergänzungszuweisungen) gewährt. Zuweisungen können unabhängig von den Maßstäben nach den Sätzen 1 bis 3 auch solchen leistungsschwachen Ländern gewährt werden, deren Gemeinden (Gemeindeverbände) eine besonders geringe Steuerkraft aufweisen (Gemeindesteuerkraftzuweisungen), sowie außerdem solchen leistungsschwachen Ländern, deren Anteile an den Fördermitteln nach Artikel 91b ihre Einwohneranteile unterschreiten.

Artikel 108 (Finanzverwaltung)

(1) Zölle, Finanzmonopole, die bundesgesetzlich geregelten Verbrauchsteuern einschließlich der Einfuhrumsatzsteuer, die Kraftfahrzeugsteuer und sonstige auf motorisierte Verkehrsmittel bezogene Verkehrsteuern ab dem 1. Juli 2009 sowie die Abgaben im Rahmen der Europäischen Gemeinschaften werden durch Bundesfinanzbehörden verwaltet. Der Aufbau dieser Behörden wird durch Bundesgesetz geregelt. Soweit Mittelbehörden eingerichtet sind, werden deren Leiter im Benehmen mit den Landesregierungen bestellt.

(2) Die übrigen Steuern werden durch Landesfinanzbehörden verwaltet. Der Aufbau dieser Behörden und die einheitliche Ausbildung der Beamten können durch Bundesgesetz mit Zustimmung des Bundesrates geregelt werden. Soweit Mittelbehörden eingerichtet sind, werden deren Leiter im Einvernehmen mit der Bundesregierung bestellt.

(3) Verwalten die Landesfinanzbehörden Steuern, die ganz oder zum Teil dem Bund zufließen, so werden sie im Auftrage des Bundes tätig. Artikel 85 Abs. 3 und 4 gilt mit der Maßgabe, daß an die Stelle der Bundesregierung der Bundesminister der Finanzen tritt.

(4) Durch Bundesgesetz, das der Zustimmung des Bundesrates bedarf, kann bei der Verwaltung von Steuern ein Zusammenwirken von Bundes- und Landesfinanzbehörden sowie für Steuern, die unter Absatz 1 fallen, die Verwaltung durch Landesfinanzbehörden und für andere Steuern die Verwaltung durch Bundesfinanzbehörden vorgesehen werden, wenn und soweit dadurch der Vollzug der Steuergesetze erheblich verbessert oder erleichtert wird. Für die den Gemeinden (Gemeindeverbänden) allein zufließenden Steuern kann die den Landesfinanzbehörden zustehende Verwaltung durch die Länder ganz oder zum Teil den Gemeinden (Gemeindeverbänden) übertragen werden. Das Bundesgesetz nach Satz 1 kann für ein Zusammenwirken von Bund und Ländern bestimmen, dass bei Zustimmung einer im Gesetz genannten Mehrheit Regelungen für den Vollzug von Steuergesetzen für alle Länder verbindlich werden.

(4a) Durch Bundesgesetz, das der Zustimmung des Bundesrates bedarf, können bei der Verwaltung von Steuern, die unter Absatz 2 fallen, ein Zusammenwirken von Landesfinanzbehörden und eine länderübergreifende Übertragung von Zuständigkeiten auf Landesfinanzbehörden eines oder mehrerer Länder im Einvernehmen mit den betroffenen Ländern vorgesehen werden, wenn und soweit dadurch der Vollzug der Steuergesetze erheblich verbessert oder erleichtert wird. Die Kostentragung kann durch Bundesgesetz geregelt werden.

(5) Das von den Bundesfinanzbehörden anzuwendende Verfahren wird durch Bundesgesetz geregelt. Das von den Landesfinanzbehörden und in den Fällen des Absatzes 4 Satz 2 von den Gemeinden (Gemeindeverbänden) anzuwendende Verfahren kann durch Bundesgesetz mit Zustimmung des Bundesrates geregelt werden.

(6) Die Finanzgerichtsbarkeit wird durch Bundesgesetz einheitlich geregelt.

(7) Die Bundesregierung kann allgemeine Verwaltungsvorschriften erlassen, und zwar mit Zustimmung des Bundesrates, soweit die Verwaltung den Landesfinanzbehörden oder Gemeinden (Gemeindeverbänden) obliegt.

Artikel 109 (Haushaltswirtschaft)

(1) Bund und Länder sind in ihrer Haushaltswirtschaft selbständig und voneinander unabhängig.

(2) Bund und Länder erfüllen gemeinsam die Verpflichtungen der Bundesrepublik Deutschland aus Rechtsakten der Europäischen Gemeinschaft auf Grund des Artikels 104 des Vertrags zur Gründung der Europäischen Gemeinschaft zur Einhaltung der Haushaltsdisziplin und tragen in diesem Rahmen den Erfordernissen des gesamtwirtschaftlichen Gleichgewichts Rechnung.

(3) Die Haushalte von Bund und Ländern sind grundsätzlich ohne Einnahmen aus Krediten auszugleichen. Bund und Länder können Regelungen zur im Auf- und Abschwung symmetrischen Berücksichtigung der Auswirkungen einer von der Normallage abweichenden konjunkturellen Entwicklung sowie eine Ausnahmeregelung für Naturkatastrophen oder außergewöhnliche Notsituationen, die sich der Kontrolle des Staates entziehen und die staatliche Finanzlage erheblich beeinträchtigen, vorsehen. Für die Ausnahmeregelung ist eine entsprechende Tilgungsregelung vorzusehen. Die nähere Ausgestaltung regelt für den Haushalt des Bundes Artikel 115 mit der Maßgabe, dass Satz 1 entsprochen ist, wenn die Einnahmen aus Krediten 0,35 vom Hundert im Verhältnis zum nominalen Bruttoinlandsprodukt nicht überschreiten. Von den zu berücksichtigenden Einnahmen aus Krediten ist der Betrag abzuziehen, um den die Verteidigungsausgaben, die Ausgaben des Bundes für den Zivil- und Bevölkerungsschutz sowie für die Nachrichtendienste, für den Schutz der informationstechnischen Systeme und für die Hilfe für völkerrechtswidrig angegriffene Staaten 1 vom Hundert im Verhältnis zum nominalen Bruttoinlandsprodukt übersteigen. Die Gesamtheit der Länder entspricht Satz 1, wenn die durch sie erzielten Einnahmen aus Krediten 0,35 vom Hundert im Verhältnis zum nominalen Bruttoinlandsprodukt nicht überschreiten. Die Aufteilung der für die Gesamtheit der Länder zulässigen Kreditaufnahme nach Satz 6 auf die einzelnen Länder regelt ein Bundesgesetz mit Zustimmung des Bundesrates. Die nähere Ausgestaltung für die Haushalte der Länder regeln diese im Rahmen ihrer verfassungsrechtlichen Kompetenzen. Bestehende landesrechtliche Regelungen, die hinter der gemäß Satz 7 festgelegten Kreditobergrenze zurückbleiben, treten außer Kraft.

(4) Durch Bundesgesetz, das der Zustimmung des Bundesrates bedarf, können für Bund und Länder gemeinsam geltende Grundsätze für das Haushaltsrecht, für eine konjunkturgerechte Haushaltswirtschaft und für eine mehrjährige Finanzplanung aufgestellt werden.

(5) Sanktionsmaßnahmen der Europäischen Gemeinschaft im Zusammenhang mit den Bestimmungen in Artikel 104 des Vertrags zur Gründung der Europäischen Gemeinschaft zur Einhaltung der Haushaltsdisziplin tragen Bund und Länder im Verhältnis 65 zu 35. Die Ländergesamtheit trägt solidarisch 35 vom Hundert der auf die Länder entfallenden Lasten entsprechend ihrer Einwohnerzahl; 65 vom Hundert der auf die Länder entfallenden Lasten tragen die Länder entsprechend ihrem Verursachungsbeitrag. Das Nähere regelt ein Bundesgesetz, das der Zustimmung des Bundesrates bedarf.

Artikel 109a (Haushaltsnotlage, Stabilitätsrat)

(1) Zur Vermeidung von Haushaltsnotlagen regelt ein Bundesgesetz, das der Zustimmung des Bundesrates bedarf,

1. die fortlaufende Überwachung der Haushaltswirtschaft von Bund und Ländern durch ein gemeinsames Gremium (Stabilitätsrat),
2. die Voraussetzungen und das Verfahren zur Feststellung einer drohenden Haushaltsnotlage,
3. die Grundsätze zur Aufstellung und Durchführung von Sanierungsprogrammen zur Vermeidung von Haushaltsnotlagen.

(2) Dem Stabilitätsrat obliegt ab dem Jahr 2020 die Überwachung der Einhaltung der Vorgaben des Artikels 109 Absatz 3 durch Bund und Länder. Die Überwachung orientiert sich an den Vorgaben und Verfahren aus Rechtsakten auf Grund des Vertrages über die Arbeitsweise der Europäischen Union zur Einhaltung der Haushaltsdisziplin.

(3) Die Beschlüsse des Stabilitätsrats und die zugrunde liegenden Beratungsunterlagen sind zu veröffentlichen.

Artikel 110 (Haushaltsplan)

(1) Alle Einnahmen und Ausgaben des Bundes sind in den Haushaltsplan einzustellen; bei Bundesbetrieben und bei Sondervermögen brauchen nur die Zuführungen oder die Ablieferungen eingestellt zu werden. Der Haushaltsplan ist in Einnahme und Ausgabe auszugleichen.

(2) Der Haushaltsplan wird für ein oder mehrere Rechnungsjahre, nach Jahren getrennt, vor Beginn des ersten Rechnungsjahres durch das Haushaltsgesetz festgestellt. Für Teile des Haushaltsplanes kann vorgesehen werden, daß sie für unterschiedliche Zeiträume, nach Rechnungsjahren getrennt, gelten.

(3) Die Gesetzesvorlage nach Absatz 2 Satz 1 sowie Vorlagen zur Änderung des Haushaltsgesetzes und des Haushaltsplanes werden gleichzeitig mit der Zuleitung an den Bundesrat beim Bundestage eingebracht; der Bundesrat ist berechtigt, innerhalb von sechs Wochen, bei Änderungsvorlagen innerhalb von drei Wochen, zu den Vorlagen Stellung zu nehmen.

(4) In das Haushaltsgesetz dürfen nur Vorschriften aufgenommen werden, die sich auf die Einnahmen und Ausgaben des Bundes und auf den Zeitraum beziehen, für den das Haushaltsgesetz beschlossen wird. Das Haushaltsgesetz kann vorschreiben, daß die Vorschriften erst mit der Verkündung des nächsten Haushaltsgesetzes oder bei Ermächtigung nach Artikel 115 zu einem späteren Zeitpunkt außer Kraft treten.

Artikel 111 (Haushaltsvorgriff)

(1) Ist bis zum Schluß eines Rechnungsjahres der Haushaltsplan für das folgende Jahr nicht durch Gesetz festgestellt, so ist bis zu seinem Inkrafttreten die Bundesregierung ermächtigt, alle Ausgaben zu leisten, die nötig sind,

a) um gesetzlich bestehende Einrichtungen zu erhalten und gesetzlich beschlossene Maßnahmen durchzuführen,
b) um die rechtlich begründeten Verpflichtungen des Bundes zu erfüllen,
c) um Bauten, Beschaffungen und sonstige Leistungen fortzusetzen oder Beihilfen für diese Zwecke weiter zu gewähren, sofern durch den Haushaltsplan eines Vorjahres bereits Beträge bewilligt worden sind.

(2) Soweit nicht auf besonderem Gesetze beruhende Einnahmen aus Steuern, Abgaben und sonstigen Quellen oder die Betriebsmittelrücklage die Ausgaben unter Absatz 1 decken, darf die Bundesregierung die zur Aufrechterhaltung der Wirtschaftsführung erforderlichen Mittel bis zur Höhe eines Viertels der Endsumme des abgelaufenen Haushaltsplanes im Wege des Kredits flüssig machen.

Artikel 112 (Über- und außerplanmäßige Ausgaben)

Überplanmäßige und außerplanmäßige Ausgaben bedürfen der Zustimmung des Bundesministers der Finanzen. Sie darf nur im Falle eines unvorhergesehenen und unabweisbaren Bedürfnisses erteilt werden. Näheres kann durch Bundesgesetz bestimmt werden.

Artikel 113 (Ausgabenerhöhung, Einnahmeminderung)

(1) Gesetze, welche die von der Bundesregierung vorgeschlagenen Ausgaben des Haus-

haltsplanes erhöhen oder neue Ausgaben in sich schließen oder für die Zukunft mit sich bringen, bedürfen der Zustimmung der Bundesregierung. Das gleiche gilt für Gesetze, die Einnahmeminderungen in sich schließen oder für die Zukunft mit sich bringen. Die Bundesregierung kann verlangen, daß der Bundestag die Beschlußfassung über solche Gesetze aussetzt. In diesem Fall hat die Bundesregierung innerhalb von sechs Wochen dem Bundestage eine Stellungnahme zuzuleiten.

(2) Die Bundesregierung kann innerhalb von vier Wochen, nachdem der Bundestag das Gesetz beschlossen hat, verlangen, daß der Bundestag erneut Beschluß faßt.

(3) Ist das Gesetz nach Artikel 78 zustande gekommen, kann die Bundesregierung ihre Zustimmung nur innerhalb von sechs Wochen und nur dann versagen, wenn sie vorher das Verfahren nach Absatz 1 Satz 3 und 4 oder nach Absatz 2 eingeleitet hat. Nach Ablauf dieser Frist gilt die Zustimmung als erteilt.

Artikel 114 (Rechnungslegung, Bundesrechnungshof)

(1) Der Bundesminister der Finanzen hat dem Bundestage und dem Bundesrate über alle Einnahmen und Ausgaben sowie über das Vermögen und die Schulden im Laufe des nächsten Rechnungsjahres zur Entlastung der Bundesregierung Rechnung zu legen.

(2) Der Bundesrechnungshof, dessen Mitglieder richterliche Unabhängigkeit besitzen, prüft die Rechnung sowie die Wirtschaftlichkeit und Ordnungsmäßigkeit der Haushalts- und Wirtschaftsführung des Bundes. Zum Zweck der Prüfung nach Satz 1 kann der Bundesrechnungshof auch bei Stellen außerhalb der Bundesverwaltung Erhebungen vornehmen; dies gilt auch in den Fällen, in denen der Bund den Ländern zweckgebundene Finanzierungsmittel zur Erfüllung von Länderaufgaben zuweist. Er hat außer der Bundesregierung unmittelbar dem Bundestage und dem Bundesrate jährlich zu berichten. Im übrigen werden die Befugnisse des Bundesrechnungshofes durch Bundesgesetz geregelt.

Artikel 115 (Kreditaufnahme)

(1) Die Aufnahme von Krediten sowie die Übernahme von Bürgschaften, Garantien oder sonstigen Gewährleistungen, die zu Ausgaben in künftigen Rechnungsjahren führen können, bedürfen einer der Höhe nach bestimmten oder bestimmbaren Ermächtigung durch Bundesgesetz.

(2) Einnahmen und Ausgaben sind grundsätzlich ohne Einnahmen aus Krediten auszugleichen. Diesem Grundsatz ist entsprochen, wenn die Einnahmen aus Krediten 0,35 vom Hundert im Verhältnis zum nominalen Bruttoinlandsprodukt nicht überschreiten. Zusätzlich sind bei einer von der Normallage abweichenden konjunkturellen Entwicklung die Auswirkungen auf den Haushalt im Auf- und Abschwung symmetrisch zu berücksichtigen. Von den zu berücksichtigenden Einnahmen aus Krediten ist der Betrag abzuziehen, um den die Verteidigungsausgaben, die Ausgaben des Bundes für den Zivil- und Bevölkerungsschutz sowie für die Nachrichtendienste, für den Schutz der informationstechnischen Systeme und für die Hilfe für völkerrechtswidrig angegriffene Staaten 1 vom Hundert im Verhältnis zum nominalen Bruttoinlandsprodukt übersteigen. Abweichungen der tatsächlichen Kreditaufnahme von der nach den Sätzen 1 bis 4 zulässigen Kreditobergrenze werden auf einem Kontrollkonto erfasst; Belastungen, die den Schwellenwert von 1,5 vom Hundert im Verhältnis zum nominalen Bruttoinlandsprodukt überschreiten, sind konjunkturgerecht zurückzuführen. Näheres, insbesondere die Bereinigung der Einnahmen und Ausgaben um finanzielle Transaktionen und um Verteidigungsausgaben, die Ausgaben des Bundes für den Zivil- und Bevölkerungsschutz sowie für die Nachrichtendienste, für den Schutz der informationstechnischen Systeme und für die Hilfe für völkerrechtswidrig angegriffene Staaten oberhalb von 1 vom Hundert im Verhältnis zum nominalen Bruttoinlandsprodukt sowie das Verfahren zur Berechnung der Obergrenze der jährlichen Nettokreditaufnahme unter Berücksichtigung der konjunkturellen Entwicklung auf der Grundlage eines Konjunkturbereinigungsverfahrens sowie die Kontrolle und den Ausgleich von Abweichungen der tatsächlichen Kreditaufnahme von der Regelgrenze, regelt ein Bundesgesetz. Im Falle von

Naturkatastrophen oder außergewöhnlichen Notsituationen, die sich der Kontrolle des Staates entziehen und die staatliche Finanzlage erheblich beeinträchtigen, können diese Kreditobergrenzen auf Grund eines Beschlusses der Mehrheit der Mitglieder des Bundestages überschritten werden. Der Beschluss ist mit einem Tilgungsplan zu verbinden. Die Rückführung der nach Satz 7 aufgenommenen Kredite hat binnen eines angemessenen Zeitraumes zu erfolgen.

Xa. Verteidigungsfall

Artikel 115a (Feststellung des Verteidigungsfalles)

(1) Die Feststellung, daß das Bundesgebiet mit Waffengewalt angegriffen wird oder ein solcher Angriff unmittelbar droht (Verteidigungsfall), trifft der Bundestag mit Zustimmung des Bundesrates. Die Feststellung erfolgt auf Antrag der Bundesregierung und bedarf einer Mehrheit von zwei Dritteln der abgegebenen Stimmen, mindestens der Mehrheit der Mitglieder des Bundestages.

(2) Erfordert die Lage unabweisbar ein sofortiges Handeln und stehen einem rechtzeitigen Zusammentritt des Bundestages unüberwindliche Hindernisse entgegen oder ist er nicht beschlußfähig, so trifft der Gemeinsame Ausschuß diese Feststellung mit einer Mehrheit von zwei Dritteln der abgegebenen Stimmen, mindestens der Mehrheit seiner Mitglieder.

(3) Die Feststellung wird vom Bundespräsidenten gemäß Artikel 82 im Bundesgesetzblatt verkündet. Ist dies nicht rechtzeitig möglich, so erfolgt die Verkündung in anderer Weise; sie ist im Bundesgesetzblatt nachzuholen, sobald die Umstände es zulassen.

(4) Wird das Bundesgebiet mit Waffengewalt angegriffen und sind die zuständigen Bundesorgane außerstande, sofort die Feststellung nach Absatz 1 Satz 1 zu treffen, so gilt diese Feststellung als getroffen und als zu dem Zeitpunkt verkündet, in dem der Angriff begonnen hat. Der Bundespräsident gibt diesen Zeitpunkt bekannt, sobald die Umstände es zulassen.

(5) Ist die Feststellung des Verteidigungsfalles verkündet und wird das Bundesgebiet mit Waffengewalt angegriffen, so kann der Bundespräsident völkerrechtliche Erklärungen über das Bestehen des Verteidigungsfalles mit Zustimmung des Bundestages abgeben. Unter den Voraussetzungen des Absatzes 2 tritt an die Stelle des Bundestages der Gemeinsame Ausschuß.

Artikel 115b (Übergang der Befehls- und Kommandogewalt)

Mit der Verkündung des Verteidigungsfalles geht die Befehls- und Kommandogewalt über die Streitkräfte auf den Bundeskanzler über.

Artikel 115c (Konkurrierende Gesetzgebung im Verteidigungsfall)

(1) Der Bund hat für den Verteidigungsfall das Recht der konkurrierenden Gesetzgebung auch auf den Sachgebieten, die zur Gesetzgebungszuständigkeit der Länder gehören. Diese Gesetze bedürfen der Zustimmung des Bundesrates.

(2) Soweit es die Verhältnisse während des Verteidigungsfalles erfordern, kann durch Bundesgesetz für den Verteidigungsfall

1. bei Enteignungen abweichend von Artikel 14 Abs. 3 Satz 2 die Entschädigung vorläufig geregelt werden,
2. für Freiheitsentziehungen eine von Artikel 104 Abs. 2 Satz 3 und Abs. 3 Satz 1 abweichende Frist, höchstens jedoch eine solche von vier Tagen, für den Fall festgesetzt werden, daß ein Richter nicht innerhalb der für Normalzeiten geltenden Frist tätig werden konnte.

(3) Soweit es zur Abwehr eines gegenwärtigen oder unmittelbar drohenden Angriffs erforderlich ist, kann für den Verteidigungsfall durch Bundesgesetz mit Zustimmung des Bundesrates die Verwaltung und das Finanzwesen des Bundes und der Länder abweichend von den Abschnitten VIII, VIIIa und X geregelt werden, wobei die Lebensfähigkeit der Länder, Gemeinden und Gemeindeverbände, insbesondere auch in finanzieller Hinsicht, zu wahren ist.

(4) Bundesgesetze nach den Absätzen 1 und 2 Nr. 1 dürfen zur Vorbereitung ihres Vollzuges schon vor Eintritt des Verteidigungsfalles angewandt werden.

Artikel 115d (Gesetzgebungsverfahren im Verteidigungsfall)

(1) Für die Gesetzgebung des Bundes gilt im Verteidigungsfalle abweichend von Artikel 76 Abs. 2, Artikel 77 Abs. 1 Satz 2 und Abs. 2 bis 4, Artikel 78 und Artikel 82 Abs. 1 die Regelung der Absätze 2 und 3.

(2) Gesetzesvorlagen der Bundesregierung, die sie als dringlich bezeichnet, sind gleichzeitig mit der Einbringung beim Bundestage dem Bundesrate zuzuleiten. Bundestag und Bundesrat beraten diese Vorlagen unverzüglich gemeinsam. Soweit zu einem Gesetze die Zustimmung des Bundesrates erforderlich ist, bedarf es zum Zustandekommen des Gesetzes der Zustimmung der Mehrheit seiner Stimmen. Das Nähere regelt eine Geschäftsordnung, die vom Bundestage beschlossen wird und der Zustimmung des Bundesrates bedarf.

(3) Für die Verkündung der Gesetze gilt Artikel 115a Abs. 3 Satz 2 entsprechend.

Artikel 115e (Befugnisse des gemeinsamen Ausschusses)

(1) Stellt der Gemeinsame Ausschuß im Verteidigungsfalle mit einer Mehrheit von zwei Dritteln der abgegebenen Stimmen, mindestens mit der Mehrheit seiner Mitglieder fest, daß dem rechtzeitigen Zusammentritt des Bundestages unüberwindliche Hindernisse entgegenstehen oder daß dieser nicht beschlußfähig ist, so hat der Gemeinsame Ausschuß die Stellung von Bundestag und Bundesrat und nimmt deren Rechte einheitlich wahr.

(2) Durch ein Gesetz des Gemeinsamen Ausschusses darf das Grundgesetz weder geändert noch ganz oder teilweise außer Kraft oder außer Anwendung gesetzt werden. Zum Erlaß von Gesetzen nach Artikel 23 Abs. 1 Satz 2, Artikel 24 Abs. 1 oder Artikel 29 ist der Gemeinsame Ausschuß nicht befugt.

Artikel 115f (Einsatz des Bundesgrenzschutzes; Weisungen an Landesregierungen)

(1) Die Bundesregierung kann im Verteidigungsfalle, soweit es die Verhältnisse erfordern,

1. den Bundesgrenzschutz im gesamten Bundesgebiete einsetzen;
2. außer der Bundesverwaltung auch den Landesregierungen und, wenn sie es für dringlich erachtet, den Landesbehörden Weisungen erteilen und diese Befugnis auf von ihr zu bestimmende Mitglieder der Landesregierungen übertragen.

(2) Bundestag, Bundesrat und der Gemeinsame Ausschuß sind unverzüglich von den nach Absatz 1 getroffenen Maßnahmen zu unterrichten.

Artikel 115g (Bundesverfassungsgericht)

Die verfassungsmäßige Stellung und die Erfüllung der verfassungsmäßigen Aufgaben des Bundesverfassungsgerichtes und seiner Richter dürfen nicht beeinträchtigt werden. Das Gesetz über das Bundesverfassungsgericht darf durch ein Gesetz des Gemeinsamen Ausschusses nur insoweit geändert werden, als dies auch nach Auffassung des Bundesverfassungsgerichtes zur Aufrechterhaltung der Funktionsfähigkeit des Gerichtes erforderlich ist. Bis zum Erlaß eines solchen Gesetzes kann das Bundesverfassungsgericht die zur Erhaltung der Arbeitsfähigkeit des Gerichtes erforderlichen Maßnahmen treffen. Beschlüsse nach Satz 2 und Satz 3 faßt das Bundesverfassungsgericht mit der Mehrheit der anwesenden Richter.

Artikel 115h (Ablauf von Wahlperioden, Amtszeiten)

(1) Während des Verteidigungsfalles ablaufende Wahlperioden des Bundestages oder der Volksvertretungen der Länder enden sechs Monate nach Beendigung des Verteidigungsfalles. Die im Verteidigungsfalle ablaufende Amtszeit des Bundespräsidenten sowie bei vorzeitiger Erledigung seines Amtes die Wahrnehmung seiner Befugnisse durch den Präsidenten des Bundesrates enden neun Monate nach Beendigung des Verteidigungsfalles. Die im Verteidigungsfalle ablaufende Amtszeit eines Mitgliedes des Bundesverfassungsgerichtes endet sechs Monate nach Beendigung des Verteidigungsfalles.

(2) Wird eine Neuwahl des Bundeskanzlers durch den Gemeinsamen Ausschuß erforderlich, so wählt dieser einen neuen Bundes-

kanzler mit der Mehrheit seiner Mitglieder; der Bundespräsident macht dem Gemeinsamen Ausschuß einen Vorschlag. Der Gemeinsame Ausschuß kann dem Bundeskanzler das Mißtrauen nur dadurch aussprechen, daß er mit der Mehrheit von zwei Dritteln seiner Mitglieder einen Nachfolger wählt.

(3) Für die Dauer des Verteidigungsfalles ist die Auflösung des Bundestages ausgeschlossen.

Artikel 115i (Befugnisse der Landesregierungen)

(1) Sind die zuständigen Bundesorgane außerstande, die notwendigen Maßnahmen zur Abwehr der Gefahr zu treffen, und erfordert die Lage unabweisbar ein sofortiges selbständiges Handeln in einzelnen Teilen des Bundesgebietes, so sind die Landesregierungen oder die von ihnen bestimmten Behörden oder Beauftragten befugt, für ihren Zuständigkeitsbereich Maßnahmen im Sinne des Artikels 115f Abs. 1 zu treffen.

(2) Maßnahmen nach Absatz 1 können durch die Bundesregierung, im Verhältnis zu Landesbehörden und nachgeordneten Bundesbehörden auch durch die Ministerpräsidenten der Länder jederzeit aufgehoben werden.

Artikel 115k (Außer-Kraft-Treten von Gesetzen und Rechtsverordnungen)

(1) Für die Dauer ihrer Anwendbarkeit setzen Gesetze nach den Artikeln 115c, 115e und 115g und Rechtsverordnungen, die auf Grund solcher Gesetze ergehen, entgegenstehendes Recht außer Anwendung. Dies gilt nicht gegenüber früherem Recht, das auf Grund der Artikel 115c, 115e und 115g erlassen worden ist.

(2) Gesetze, die der Gemeinsame Ausschuß beschlossen hat, und Rechtsverordnungen, die auf Grund solcher Gesetze ergangen sind, treten spätestens sechs Monate nach Beendigung des Verteidigungsfalles außer Kraft.

(3) Gesetze, die von den Artikeln 91a, 91b, 104a, 106 und 107 abweichende Regelungen enthalten, gelten längstens bis zum Ende des zweiten Rechnungsjahres, das auf die Beendigung des Verteidigungsfalles folgt. Sie können nach Beendigung des Verteidigungsfalles durch Bundesgesetz mit Zustimmung des Bundesrates geändert werden, um zu der Regelung gemäß den Abschnitten VIIIa und X überzuleiten.

Artikel 115l (Beendigung des Verteidigungsfalles)

(1) Der Bundestag kann jederzeit mit Zustimmung des Bundesrates Gesetze des Gemeinsamen Ausschusses aufheben. Der Bundesrat kann verlangen, daß der Bundestag hierüber beschließt. Sonstige zur Abwehr der Gefahr getroffene Maßnahmen des Gemeinsamen Ausschusses oder der Bundesregierung sind aufzuheben, wenn der Bundestag und der Bundesrat es beschließen.

(2) Der Bundestag kann mit Zustimmung des Bundesrates jederzeit durch einen vom Bundespräsidenten zu verkündenden Beschluß den Verteidigungsfall für beendet erklären. Der Bundesrat kann verlangen, daß der Bundestag hierüber beschließt. Der Verteidigungsfall ist unverzüglich für beendet zu erklären, wenn die Voraussetzungen für seine Feststellung nicht mehr gegeben sind.

(3) Über den Friedensschluß wird durch Bundesgesetz entschieden.

XI. Übergangs- und Schlußbestimmungen

Artikel 116 (Begriff „Deutscher"; Wiedereinbürgerung)

(1) Deutscher im Sinne dieses Grundgesetzes ist vorbehaltlich anderweitiger gesetzlicher Regelung, wer die deutsche Staatsangehörigkeit besitzt oder als Flüchtling oder Vertriebener deutscher Volkszugehörigkeit oder als dessen Ehegatte oder Abkömmling in dem Gebiete des Deutschen Reiches nach dem Stande vom 31. Dezember 1937 Aufnahme gefunden hat.

(2) Frühere deutsche Staatsangehörige, denen zwischen dem 30. Januar 1933 und dem 8. Mai 1945 die Staatsangehörigkeit aus politischen, rassischen oder religiösen Gründen entzogen worden ist, und ihre Abkömmlinge sind auf Antrag wieder einzubürgern. Sie

gelten als nicht ausgebürgert, sofern sie nach dem 8. Mai 1945 ihren Wohnsitz in Deutschland genommen haben und nicht einen entgegengesetzten Willen zum Ausdruck gebracht haben.

Artikel 117 (Übergangsregelung für Artikel 3 und Artikel 11)

(1) Das dem Artikel 3 Abs. 2 entgegenstehende Recht bleibt bis zu seiner Anpassung an diese Bestimmung des Grundgesetzes in Kraft, jedoch nicht länger als bis zum 31. März 1953.

(2) Gesetze, die das Recht der Freizügigkeit mit Rücksicht auf die gegenwärtige Raumnot einschränken, bleiben bis zu ihrer Aufhebung durch Bundesgesetz in Kraft.

Artikel 118 (Neugliederung von Baden-Württemberg)

Die Neugliederung in dem die Länder Baden, Württemberg-Baden und Württemberg-Hohenzollern umfassenden Gebiete kann abweichend von den Vorschriften des Artikels 29 durch Vereinbarung der beteiligten Länder erfolgen. Kommt eine Vereinbarung nicht zustande, so wird die Neugliederung durch Bundesgesetz geregelt, das eine Volksbefragung vorsehen muß.

Artikel 118a (Neugliederung Berlin/Brandenburg)

Die Neugliederung in dem die Länder Berlin und Brandenburg umfassenden Gebiet kann abweichend von den Vorschriften des Artikels 29 unter Beteiligung ihrer Wahlberechtigten durch Vereinbarung beider Länder erfolgen.

Artikel 119 (Flüchtlinge und Vertriebene)

In Angelegenheiten der Flüchtlinge und Vertriebenen, insbesondere zu ihrer Verteilung auf die Länder, kann bis zu einer bundesgesetzlichen Regelung die Bundesregierung mit Zustimmung des Bundesrates Verordnungen mit Gesetzeskraft erlassen. Für besondere Fälle kann dabei die Bundesregierung ermächtigt werden, Einzelweisungen zu erteilen. Die Weisungen sind außer bei Gefahr im Verzuge an die obersten Landesbehörden zu richten.

Artikel 120 (Besatzungskosten, Kriegsfolgelasten, Soziallasten)

(1) Der Bund trägt die Aufwendungen für Besatzungskosten und die sonstigen inneren und äußeren Kriegsfolgelasten nach näherer Bestimmung von Bundesgesetzen. Soweit diese Kriegsfolgelasten bis zum 1. Oktober 1969 durch Bundesgesetze geregelt worden sind, tragen Bund und Länder im Verhältnis zueinander die Aufwendungen nach Maßgabe dieser Bundesgesetze. Soweit Aufwendungen für Kriegsfolgelasten, die in Bundesgesetzen weder geregelt worden sind noch geregelt werden, bis zum 1. Oktober 1965 von den Ländern, Gemeinden (Gemeindeverbänden) oder sonstigen Aufgabenträgern, die Aufgaben von Ländern oder Gemeinden erfüllen, erbracht worden sind, ist der Bund zur Übernahme von Aufwendungen dieser Art auch nach diesem Zeitpunkt nicht verpflichtet. Der Bund trägt die Zuschüsse zu den Lasten der Sozialversicherung mit Einschluß der Arbeitslosenversicherung und der Arbeitslosenhilfe. Die durch diesen Absatz geregelte Verteilung der Kriegsfolgelasten auf Bund und Länder läßt die gesetzliche Regelung von Entschädigungsansprüchen für Kriegsfolgen unberührt.

(2) Die Einnahmen gehen auf den Bund zu demselben Zeitpunkte über, an dem der Bund die Ausgaben übernimmt.

Artikel 120a (Lastenausgleich)

(1) Die Gesetze, die der Durchführung des Lastenausgleichs dienen, können mit Zustimmung des Bundesrates bestimmen, daß sie auf dem Gebiete der Ausgleichsleistungen teils durch den Bund, teils im Auftrage des Bundes durch die Länder ausgeführt werden und daß die der Bundesregierung und den zuständigen obersten Bundesbehörden auf Grund des Artikels 85 insoweit zustehenden Befugnisse ganz oder teilweise dem Bundesausgleichsamt übertragen werden. Das Bundesausgleichsamt bedarf bei Ausübung dieser Befugnisse nicht der Zustimmung des Bundesrates; seine Weisungen sind, abgesehen von den Fällen der Dringlichkeit, an die obersten Landesbehörden (Landesausgleichsämter) zu richten.

(2) Artikel 87 Abs. 3 Satz 2 bleibt unberührt.

Artikel 121 (Begriff „Mehrheit")

Mehrheit der Mitglieder des Bundestages und der Bundesversammlung im Sinne dieses Grundgesetzes ist die Mehrheit ihrer gesetzlichen Mitgliederzahl.

Artikel 122 (Aufhebung früherer Gesetzgebungszuständigkeiten)

(1) Vom Zusammentritt des Bundestages an werden die Gesetze ausschließlich von den in diesem Grundgesetze anerkannten gesetzgebenden Gewalten beschlossen.

(2) Gesetzgebende und bei der Gesetzgebung beratend mitwirkende Körperschaften, deren Zuständigkeit nach Absatz 1 endet, sind mit diesem Zeitpunkt aufgelöst.

Artikel 123 (Fortgelten bisherigen Rechts; Staatsverträge)

(1) Recht aus der Zeit vor dem Zusammentritt des Bundestages gilt fort, soweit es dem Grundgesetze nicht widerspricht.

(2) Die vom Deutschen Reich abgeschlossenen Staatsverträge, die sich auf Gegenstände beziehen, für die nach diesem Grundgesetze die Landesgesetzgebung zuständig ist, bleiben, wenn sie nach allgemeinen Rechtsgrundsätzen gültig sind und fortgelten, unter Vorbehalt aller Rechte und Einwendungen der Beteiligten in Kraft, bis neue Staatsverträge durch die nach diesem Grundgesetze zuständigen Stellen abgeschlossen werden oder ihre Beendigung auf Grund der in ihnen enthaltenen Bestimmungen anderweitig erfolgt.

Artikel 124 (Fortgelten bei ausschließlicher Gesetzgebung)

Recht, das Gegenstände der ausschließlichen Gesetzgebung des Bundes betrifft, wird innerhalb seines Geltungsbereiches Bundesrecht.

Artikel 125 (Fortgelten bei konkurrierender Gesetzgebung)

Recht, das Gegenstände der konkurrierenden Gesetzgebung des Bundes betrifft, wird innerhalb seines Geltungsbereiches Bundesrecht,

1. soweit es innerhalb einer oder mehrerer Besatzungszonen einheitlich gilt,
2. soweit es sich um Recht handelt, durch das nach dem 8. Mai 1945 früheres Reichsrecht abgeändert worden ist.

Artikel 125a (Übergangsregelung bei Kompetenzänderung)

(1) Recht, das als Bundesrecht erlassen worden ist, aber wegen der Änderung des Artikels 74 Abs. 1, der Einfügung des Artikels 84 Abs. 1 Satz 7, des Artikels 85 Abs. 1 Satz 2 oder des Artikels 105 Abs. 2a Satz 2 oder wegen der Aufhebung der Artikel 74a, 75 oder 98 Abs. 3 Satz 2 nicht mehr als Bundesrecht erlassen werden könnte, gilt als Bundesrecht fort. Es kann durch Landesrecht ersetzt werden.

(2) Recht, das auf Grund des Artikels 72 Abs. 2 in der bis zum 15. November 1994 geltenden Fassung erlassen worden ist, aber wegen Änderung des Artikels 72 Abs. 2 nicht mehr als Bundesrecht erlassen werden könnte, gilt als Bundesrecht fort. Durch Bundesgesetz kann bestimmt werden, dass es durch Landesrecht ersetzt werden kann.

(3) Recht, das als Landesrecht erlassen worden ist, aber wegen Änderung des Artikels 73 nicht mehr als Landesrecht erlassen werden könnte, gilt als Landesrecht fort. Es kann durch Bundesrecht ersetzt werden.

Artikel 125b (Überleitung Föderalismusreform)

(1) Recht, das auf Grund des Artikels 75 in der bis zum 1. September 2006 geltenden Fassung erlassen worden ist und das auch nach diesem Zeitpunkt als Bundesrecht erlassen werden könnte, gilt als Bundesrecht fort. Befugnisse und Verpflichtungen der Länder zur Gesetzgebung bleiben insoweit bestehen. Auf den in Artikel 72 Abs. 3 Satz 1 genannten Gebieten können die Länder von diesem Recht abweichende Regelungen treffen, auf den Gebieten des Artikels 72 Abs. 3 Satz 1 Nr. 2, 5 und 6 jedoch erst, wenn und soweit der Bund ab dem 1. September 2006 von seiner Gesetzgebungszuständigkeit Gebrauch gemacht hat, in den Fällen der Nummern 2 und 5 spätestens ab dem 1. Januar 2010, im Falle der Nummer 6 spätestens ab dem 1. August 2008.

(2) Von bundesgesetzlichen Regelungen, die auf Grund des Artikels 84 Abs. 1 in der vor dem 1. September 2006 geltenden Fassung erlassen worden sind, können die Länder abweichende Regelungen treffen, von Regelungen des Verwaltungsverfahrens bis zum 31. Dezember 2008 aber nur dann, wenn ab dem 1. September 2006 in dem jeweiligen Bundesgesetz Regelungen des Verwaltungsverfahrens geändert worden sind.

(3) Auf dem Gebiet des Artikels 72 Absatz 3 Satz 1 Nummer 7 darf abweichendes Landesrecht der Erhebung der Grundsteuer frühestens für Zeiträume ab dem 1. Januar 2025 zugrunde gelegt werden.

Artikel 125c (Überleitung Föderalismusreform)

(1) Recht, das auf Grund des Artikels 91a Abs. 2 in Verbindung mit Abs. 1 Nr. 1 in der bis zum 1. September 2006 geltenden Fassung erlassen worden ist, gilt bis zum 31. Dezember 2006 fort.

(2) Die nach Artikel 104a Abs. 4 in der bis zum 1. September 2006 geltenden Fassung in den Bereichen der Gemeindeverkehrsfinanzierung und der sozialen Wohnraumförderung geschaffenen Regelungen gelten bis zum 31. Dezember 2006 fort. Die im Bereich der Gemeindeverkehrsfinanzierung für die besonderen Programme nach § 6 Absatz 1 des Gemeindeverkehrsfinanzierungsgesetzes sowie die mit dem Gesetz über Finanzhilfen des Bundes nach Artikel 104a Absatz 4 des Grundgesetzes an die Länder Bremen, Hamburg, Mecklenburg-Vorpommern, Niedersachsen sowie Schleswig-Holstein für Seehäfen vom 20. Dezember 2001 nach Artikel 104a Absatz 4 in der bis zum 1. September 2006 geltenden Fassung geschaffenen Regelungen gelten bis zu ihrer Aufhebung fort. Eine Änderung des Gemeindeverkehrsfinanzierungsgesetzes durch Bundesgesetz ist zulässig. Die sonstigen nach Artikel 104a Absatz 4 in der bis zum 1. September 2006 geltenden Fassung geschaffenen Regelungen gelten bis zum 31. Dezember 2019 fort, soweit nicht ein früherer Zeitpunkt für das Außerkrafttreten bestimmt ist oder wird. Artikel 104b Absatz 2 Satz 4 gilt entsprechend.

(3) Artikel 104b Absatz 2 Satz 5 ist erstmals auf nach dem 31. Dezember 2019 in Kraft getretene Regelungen anzuwenden.

Artikel 126 (Zweifel über Fortgelten von Recht)

Meinungsverschiedenheiten über das Fortgelten von Recht als Bundesrecht entscheidet das Bundesverfassungsgericht.

Artikel 127 (Recht des Vereinigten Wirtschaftsgebietes)

Die Bundesregierung kann mit Zustimmung der Regierungen der beteiligten Länder Recht der Verwaltung des Vereinigten Wirtschaftsgebietes, soweit es nach Artikel 124 oder 125 als Bundesrecht fortgilt, innerhalb eines Jahres nach Verkündung dieses Grundgesetzes in den Ländern Baden, Groß-Berlin, Rheinland-Pfalz und Württemberg-Hohenzollern in Kraft setzen.

Artikel 128 (Fortbestehen von Weisungsrechten)

Soweit fortgeltendes Recht Weisungsrechte im Sinne des Artikels 84 Abs. 5 vorsieht, bleiben sie bis zu einer anderweitigen gesetzlichen Regelung bestehen.

Artikel 129 (Fortgelten von Ermächtigungen)

(1) Soweit in Rechtsvorschriften, die als Bundesrecht fortgelten, eine Ermächtigung zum Erlasse von Rechtsverordnungen oder allgemeinen Verwaltungsvorschriften sowie zur Vornahme von Verwaltungsakten enthalten ist, geht sie auf die nunmehr sachlich zuständigen Stellen über. In Zweifelsfällen entscheidet die Bundesregierung im Einvernehmen mit dem Bundesrate; die Entscheidung ist zu veröffentlichen.

(2) Soweit in Rechtsvorschriften, die als Landesrecht fortgelten, eine solche Ermächtigung enthalten ist, wird sie von den nach Landesrecht zuständigen Stellen ausgeübt.

(3) Soweit Rechtsvorschriften im Sinne der Absätze 1 und 2 zu ihrer Änderung oder Ergänzung oder zum Erlaß von Rechtsvorschrif-

ten an Stelle von Gesetzen ermächtigen, sind diese Ermächtigungen erloschen.

(4) Die Vorschriften der Absätze 1 und 2 gelten entsprechend, soweit in Rechtsvorschriften auf nicht mehr geltende Vorschriften oder nicht mehr bestehende Einrichtungen verwiesen ist.

Artikel 130 (Körperschaften des öffentlichen Rechts)

(1) Verwaltungsorgane und sonstige der öffentlichen Verwaltung oder Rechtspflege dienende Einrichtungen, die nicht auf Landesrecht oder Staatsverträgen zwischen Ländern beruhen, sowie die Betriebsvereinigung der südwestdeutschen Eisenbahnen und der Verwaltungsrat für das Post- und Fernmeldewesen für das französische Besatzungsgebiet unterstehen der Bundesregierung. Diese regelt mit Zustimmung des Bundesrates die Überführung, Auflösung oder Abwicklung.

(2) Oberster Disziplinarvorgesetzter der Angehörigen dieser Verwaltungen und Einrichtungen ist der zuständige Bundesminister.

(3) Nicht landesunmittelbare und nicht auf Staatsverträgen zwischen den Ländern beruhende Körperschaften und Anstalten des öffentlichen Rechtes unterstehen der Aufsicht der zuständigen obersten Bundesbehörde.

Artikel 131 (Frühere Angehörige des öffentlichen Dienstes)

Die Rechtsverhältnisse von Personen einschließlich der Flüchtlinge und Vertriebenen, die am 8. Mai 1945 im öffentlichen Dienste standen, aus anderen als beamten- oder tarifrechtlichen Gründen ausgeschieden sind und bisher nicht oder nicht ihrer früheren Stellung entsprechend verwendet werden, sind durch Bundesgesetz zu regeln. Entsprechendes gilt für Personen einschließlich der Flüchtlinge und Vertriebenen, die am 8. Mai 1945 versorgungsberechtigt waren und aus anderen als beamten- oder tarifrechtlichen Gründen keine oder keine entsprechende Versorgung mehr erhalten. Bis zum Inkrafttreten des Bundesgesetzes können vorbehaltlich anderweitiger landesrechtlicher Regelung Rechtsansprüche nicht geltend gemacht werden.

Artikel 132 (gegenstandslos)

Artikel 133 (Vereinigtes Wirtschaftsgebiet, Rechtsnachfolge)

Der Bund tritt in die Rechte und Pflichten der Verwaltung des Vereinigten Wirtschaftsgebietes ein.

Artikel 134 (Reichsvermögen, Rechtsnachfolge)

(1) Das Vermögen des Reiches wird grundsätzlich Bundesvermögen.

(2) Soweit es nach seiner ursprünglichen Zweckbestimmung überwiegend für Verwaltungsaufgaben bestimmt war, die nach diesem Grundgesetze nicht Verwaltungsaufgaben des Bundes sind, ist es unentgeltlich auf die nunmehr zuständigen Aufgabenträger und, soweit es nach seiner gegenwärtigen, nicht nur vorübergehenden Benutzung Verwaltungsaufgaben dient, die nach diesem Grundgesetze nunmehr von den Ländern zu erfüllen sind, auf die Länder zu übertragen. Der Bund kann auch sonstiges Vermögen den Ländern übertragen.

(3) Vermögen, das dem Reich von den Ländern und Gemeinden (Gemeindeverbänden) unentgeltlich zur Verfügung gestellt wurde, wird wiederum Vermögen der Länder und Gemeinden (Gemeindeverbände), soweit es nicht der Bund für eigene Verwaltungsaufgaben benötigt.

(4) Das Nähere regelt ein Bundesgesetz, das der Zustimmung des Bundesrates bedarf.

Artikel 135 (Gebietsänderungen, Rechtsnachfolge)

(1) Hat sich nach dem 8. Mai 1945 bis zum Inkrafttreten dieses Grundgesetzes die Landeszugehörigkeit eines Gebietes geändert, so steht in diesem Gebiete das Vermögen des Landes, dem das Gebiet angehört hat, dem Lande zu, dem es jetzt angehört.

(2) Das Vermögen nicht mehr bestehender Länder und nicht mehr bestehender anderer Körperschaften und Anstalten des öffentlichen Rechtes geht, soweit es nach seiner ursprünglichen Zweckbestimmung überwiegend für Verwaltungsaufgaben bestimmt

war, oder nach seiner gegenwärtigen, nicht nur vorübergehenden Benutzung überwiegend Verwaltungsaufgaben dient, auf das Land oder die Körperschaft oder Anstalt des öffentlichen Rechtes über, die nunmehr diese Aufgaben erfüllen.

(3) Grundvermögen nicht mehr bestehender Länder geht einschließlich des Zubehörs, soweit es nicht bereits zu Vermögen im Sinne des Absatzes 1 gehört, auf das Land über, in dessen Gebiet es gelegen ist.

(4) Sofern ein überwiegendes Interesse des Bundes oder das besondere Interesse eines Gebietes es erfordert, kann durch Bundesgesetz eine von den Absätzen 1 bis 3 abweichende Regelung getroffen werden.

(5) Im übrigen wird die Rechtsnachfolge und die Auseinandersetzung, soweit sie nicht bis zum 1. Januar 1952 durch Vereinbarung zwischen den beteiligten Ländern oder Körperschaften oder Anstalten des öffentlichen Rechtes erfolgt, durch Bundesgesetz geregelt, das der Zustimmung des Bundesrates bedarf.

(6) Beteiligungen des ehemaligen Landes Preußen an Unternehmen des privaten Rechtes gehen auf den Bund über. Das Nähere regelt ein Bundesgesetz, das auch Abweichendes bestimmen kann.

(7) Soweit über Vermögen, das einem Lande oder einer Körperschaft oder Anstalt des öffentlichen Rechtes nach den Absätzen 1 bis 3 zufallen würde, von dem danach Berechtigten durch ein Landesgesetz, auf Grund eines Landesgesetzes oder in anderer Weise bei Inkrafttreten des Grundgesetzes verfügt worden war, gilt der Vermögensübergang als vor der Verfügung erfolgt.

Artikel 135a (Erfüllung alter Verbindlichkeiten)

(1) Durch die in Artikel 134 Absatz 4 und Artikel 135 Absatz 5 vorbehaltene Gesetzgebung des Bundes kann auch bestimmt werden, daß nicht oder nicht in voller Höhe zu erfüllen sind

1. Verbindlichkeiten des Reiches sowie Verbindlichkeiten des ehemaligen Landes Preußen und sonstiger nicht mehr bestehender Körperschaften und Anstalten des öffentlichen Rechts,
2. Verbindlichkeiten des Bundes oder anderer Körperschaften und Anstalten des öffentlichen Rechts, welche mit dem Übergang von Vermögenswerten nach Artikel 89, 90, 134 und 135 im Zusammenhang stehen, und Verbindlichkeiten dieser Rechtsträger, die auf Maßnahmen der in Nummer 1 bezeichneten Rechtsträger beruhen,
3. Verbindlichkeiten der Länder und Gemeinden (Gemeindeverbände), die aus Maßnahmen entstanden sind, welche diese Rechtsträger vor dem 1. August 1945 zur Durchführung von Anordnungen der Besatzungsmächte oder zur Beseitigung eines kriegsbedingten Notstandes im Rahmen dem Reich obliegender oder vom Reich übertragener Verwaltungsaufgaben getroffen haben.

(2) Absatz 1 findet entsprechende Anwendung auf Verbindlichkeiten der Deutschen Demokratischen Republik oder ihrer Rechtsträger sowie auf Verbindlichkeiten des Bundes oder anderer Körperschaften und Anstalten des öffentlichen Rechts, die mit dem Übergang von Vermögenswerten der Deutschen Demokratischen Republik auf Bund, Länder und Gemeinden im Zusammenhang stehen, und auf Verbindlichkeiten, die auf Maßnahmen der Deutschen Demokratischen Republik oder ihrer Rechtsträger beruhen.

Artikel 136 (Erster Zusammentritt des Bundesrates)

(1) Der Bundesrat tritt erstmalig am Tage des ersten Zusammentritts des Bundestages zusammen.

(2) Bis zur Wahl des ersten Bundespräsidenten werden dessen Befugnisse von dem Präsidenten des Bundesrates ausgeübt. Das Recht der Auflösung des Bundestages steht ihm nicht zu.

Artikel 137 (Wählbarkeit von Beamten, Soldaten und Richtern)

(1) Die Wählbarkeit von Beamten, Angestellten des öffentlichen Dienstes, Berufssoldaten, freiwilligen Soldaten auf Zeit und Rich-

tern im Bund, in den Ländern und den Gemeinden kann gesetzlich beschränkt werden.

(2) und (3) (gegenstandslos)

Artikel 138 (Notariat)

Änderungen der Einrichtungen des jetzt bestehenden Notariats in den Ländern Baden, Bayern, Württemberg-Baden und Württemberg-Hohenzollern bedürfen der Zustimmung der Regierungen dieser Länder.

Statt Baden, Württemberg-Baden und Württemberg-Hohenzollern: Baden-Württemberg.

Artikel 139 (Befreiungsgesetze)

Die zur „Befreiung des deutschen Volkes vom Nationalsozialismus und Militarismus" erlassenen Rechtsvorschriften werden von den Bestimmungen dieses Grundgesetzes nicht berührt.

Artikel 140 (Religionsfreiheit, Religionsgesellschaften)

Die Bestimmungen der Artikel 136, 137, 138, 139 und 141 der Deutschen Verfassung vom 11. August 1919 sind Bestandteile dieses Grundgesetzes.

Die Bestimmungen der **Weimarer Reichsverfassung** lauten:

Artikel 136

(1) Die bürgerlichen und staatsbürgerlichen Rechte und Pflichten werden durch die Ausübung der Religionsfreiheit weder bedingt noch beschränkt.

(2) Der Genuß bürgerlicher und staatsbürgerlicher Rechte sowie die Zulassung zu öffentlichen Ämtern sind unabhängig von dem religiösen Bekenntnis.

(3) Niemand ist verpflichtet, seine religiöse Überzeugung zu offenbaren. Die Behörden haben nur soweit das Recht, nach der Zugehörigkeit zu einer Religionsgesellschaft zu fragen, als davon Rechte und Pflichten abhängen oder eine gesetzlich angeordnete statistische Erhebung dies erfordert.

(4) Niemand darf zu einer kirchlichen Handlung oder Feierlichkeit oder zur Teilnahme an religiösen Übungen oder zur Benutzung einer religiösen Eidesform gezwungen werden.

Artikel 137

(1) Es besteht keine Staatskirche.

(2) Die Freiheit der Vereinigung zur Religionsgesellschaften wird gewährleistet. Der Zusammenschluß von Religionsgesellschaften innerhalb des Reichsgebiets unterliegt keinen Beschränkungen.

(3) Jede Religionsgesellschaft ordnet und verwaltet ihre Angelegenheiten selbständig innerhalb der Schranken des für alle geltenden Gesetzes. Sie verleiht ihre Ämter ohne Mitwirkung des Staates oder der bürgerlichen Gemeinde.

(4) Religionsgesellschaften erwerben die Rechtsfähigkeit nach den allgemeinen Vorschriften des bürgerlichen Rechts.

(5) Die Religionsgesellschaften bleiben Körperschaften des öffentlichen Rechtes, soweit sie solche bisher waren. Anderen Religionsgesellschaften sind auf ihren Antrag gleiche Rechte zu gewähren, wenn sie durch ihre Verfassung und die Zahl ihrer Mitglieder die Gewähr der Dauer bieten. Schließen sich mehrere derartige öffentlich-rechtliche Religionsgesellschaften zu einem Verbande zusammen, so ist auch dieser Verband eine öffentlich-rechtliche Körperschaft.

(6) Die Religionsgesellschaften, welche Körperschaften des öffentlichen Rechtes sind, sind berechtigt, auf Grund der bürgerlichen Steuerlisten nach Maßgabe der landesrechtlichen Bestimmungen Steuern zu erheben.

(7) Den Religionsgesellschaften werden die Vereinigungen gleichgestellt, die sich die gemeinschaftliche Pflege einer Weltanschauung zur Aufgabe machen.

(8) Soweit die Durchführung dieser Bestimmungen eine weitere Regelung erfordert, liegt diese der Landesgesetzgebung ob.

Artikel 138

(1) Die auf Gesetz, Vertrag oder besonderen Rechtstiteln beruhenden Staatsleistungen an die Religionsgesellschaften werden durch die Landesgesetzgebung abgelöst. Die Grundsätze hierfür stellt das Reich auf.

(2) Das Eigentum und andere Rechte der Religionsgesellschaften und religiösen Vereine an ihren für Kultus-, Unterrichts- und Wohltätigkeitszwecke bestimmten Anstalten, Stiftungen und sonstigen Vermögen werden gewährleistet.

Artikel 139

Der Sonntag und die staatlich anerkannten Feiertage bleiben als Tage der Arbeitsruhe und der seelischen Erhebung gesetzlich geschützt.

Artikel 141

Soweit das Bedürfnis nach Gottesdienst und Seelsorge im Heer, in Krankenhäusern, Strafanstalten oder sonstigen öffentlichen Anstalten besteht, sind die Religionsgesellschaften zur Vornahme religiöser Handlungen zuzulassen, wobei jeder Zwang fernzuhalten ist.

Artikel 141 (Landesrechtliche Regelung des Religionsunterrichts)

Artikel 7 Abs. 3 Satz 1 findet keine Anwendung in einem Lande, in dem am 1. Januar 1949 eine andere landesrechtliche Regelung bestand.

Artikel 142 (Grundrechte in Landesverfassungen)

Ungeachtet der Vorschrift des Artikels 31 bleiben Bestimmungen der Landesverfassungen auch insoweit in Kraft, als sie in Übereinstimmung mit den Artikeln 1 bis 18 dieses Grundgesetzes Grundrechte gewährleisten.

Artikel 143 (Abweichungen vom Grundgesetz aufgrund Einigungsvertrag)

(1) Recht in dem in Artikel 3 des Einigungsvertrags genannten Gebiet kann längstens bis zum 31. Dezember 1992 von Bestimmungen dieses Grundgesetzes abweichen, soweit und solange infolge der unterschiedlichen Verhältnisse die völlige Anpassung an die grundgesetzliche Ordnung noch nicht erreicht werden kann. Abweichungen dürfen nicht gegen Artikel 19 Abs. 2 verstoßen und müssen mit den in Artikel 79 Abs. 3 genannten Grundsätzen vereinbar sein.

(2) Abweichungen von den Abschnitten II, VIII, VIIIa, IX, X und XI sind längstens bis zum 31. Dezember 1995 zulässig.

(3) Unabhängig von Absatz 1 und 2 haben Artikel 41 des Einigungsvertrags und Regelungen zu seiner Durchführung auch insoweit Bestand, als sie vorsehen, daß Eingriffe in das Eigentum auf dem in Artikel 3 dieses Vertrags genannten Gebiet nicht mehr rückgängig gemacht werden.

Artikel 143a (Umwandlung der Bundeseisenbahnen)

(1) Der Bund hat die ausschließliche Gesetzgebung über alle Angelegenheiten, die sich aus der Umwandlung der in bundeseigener Verwaltung geführten Bundeseisenbahnen in Wirtschaftsunternehmen ergeben. Artikel 87e Abs. 5 findet entsprechende Anwendung. Beamte der Bundeseisenbahnen können durch Gesetz unter Wahrung ihrer Rechtsstellung und der Verantwortung des Dienstherrn einer privat-rechtlich organisierten Eisenbahn des Bundes zur Dienstleistung zugewiesen werden.

(2) Gesetze nach Absatz 1 führt der Bund aus.

(3) Die Erfüllung der Aufgaben im Bereich des Schienenpersonennahverkehrs der bisherigen Bundeseisenbahnen ist bis zum 31. Dezember 1995 Sache des Bundes. Dies gilt auch für die entsprechenden Aufgaben der Eisenbahnverkehrsverwaltung. Das Nähere wird durch Bundesgesetz geregelt, das der Zustimmung des Bundesrates bedarf.

Artikel 143b (Umwandlung der Bundespost)

(1) Das Sondervermögen Deutsche Bundespost wird nach Maßgabe eines Bundesgesetzes in Unternehmen privater Rechtsform umgewandelt. Der Bund hat die ausschließliche Gesetzgebung über alle sich hieraus ergebenden Angelegenheiten.

(2) Die vor der Umwandlung bestehenden ausschließlichen Rechte des Bundes können durch Bundesgesetz für eine Übergangszeit den aus der Deutschen Bundespost POSTDIENST und der Deutschen Bundespost TELEKOM hervorgegangenen Unternehmen verliehen werden. Die Kapitalmehrheit am Nachfolgeunternehmen der Deutschen Bundespost POSTDIENST darf der Bund frühestens fünf Jahre nach Inkrafttreten des Gesetzes aufgeben. Dazu bedarf es eines Bundesgesetzes mit Zustimmung des Bundesrates.

(3) Die bei der Deutschen Bundespost tätigen Bundesbeamten werden unter Wahrung ihrer Rechtsstellung und der Verantwortung des Dienstherrn bei den privaten Unternehmen beschäftigt. Die Unternehmen üben Dienstherrnbefugnisse aus. Das Nähere bestimmt ein Bundesgesetz.

Artikel 143c (Beträge aus dem Bundeshaushalt)

(1) Den Ländern stehen ab dem 1. Januar 2007 bis zum 31. Dezember 2019 für den durch die Abschaffung der Gemeinschaftsaufgaben Ausbau und Neubau von Hochschulen einschließlich Hochschulkliniken und Bildungsplanung sowie für den durch die Abschaffung der Finanzhilfen zur Verbesserung der Ver-

kehrsverhältnisse der Gemeinden und zur sozialen Wohnraumförderung bedingten Wegfall der Finanzierungsanteile des Bundes jährlich Beträge aus dem Haushalt des Bundes zu. Bis zum 31. Dezember 2013 werden diese Beträge aus dem Durchschnitt der Finanzierungsanteile des Bundes im Referenzzeitraum 2000 bis 2008 ermittelt.

(2) Die Beträge nach Absatz 1 werden auf die Länder bis zum 31. Dezember 2013 wie folgt verteilt:

1. als jährliche Festbeträge, deren Höhe sich nach dem Durchschnittsanteil eines jeden Landes im Zeitraum 2000 bis 2003 errechnet;
2. jeweils zweckgebunden an den Aufgabenbereich der bisherigen Mischfinanzierungen.

(3) Bund und Länder überprüfen bis Ende 2013, in welcher Höhe die den Ländern nach Absatz 1 zugewiesenen Finanzierungsmittel zur Aufgabenerfüllung der Länder noch angemessen und erforderlich sind. Ab dem 1. Januar 2014 entfällt die nach Absatz 2 Nr. 2 vorgesehene Zweckbindung der nach Absatz 1 zugewiesenen Finanzierungsmittel; die investive Zweckbindung des Mittelvolumens bleibt bestehen. Die Vereinbarungen aus dem Solidarpakt II bleiben unberührt.

(4) Das Nähere regelt ein Bundesgesetz, das der Zustimmung des Bundesrates bedarf.

Artikel 143d (Haushaltswirtschaft, Schuldenbremse)

(1) Artikel 109 und 115 in der bis zum 31. Juli 2009 geltenden Fassung sind letztmals auf das Haushaltsjahr 2010 anzuwenden. Artikel 109 und 115 in der ab dem 1. August 2009 geltenden Fassung sind erstmals für das Haushaltsjahr 2011 anzuwenden; am 31. Dezember 2010 bestehende Kreditermächtigungen für bereits eingerichtete Sondervermögen bleiben unberührt. Die Länder dürfen im Zeitraum vom 1. Januar 2011 bis zum 31. Dezember 2019 nach Maßgabe der geltenden landesrechtlichen Regelungen von den Vorgaben des Artikels 109 Absatz 3 abweichen. Die Haushalte der Länder sind so aufzustellen, dass im Haushaltsjahr 2020 die Vorgabe aus Artikel 109 Absatz 3 Satz 5 erfüllt wird. Der Bund kann im Zeitraum vom 1. Januar 2011 bis zum 31. Dezember 2015 von der Vorgabe des Artikels 115 Absatz 2 Satz 2 abweichen. Mit dem Abbau des bestehenden Defizits soll im Haushaltsjahr 2011 begonnen werden. Die jährlichen Haushalte sind so aufzustellen, dass im Haushaltsjahr 2016 die Vorgabe aus Artikel 115 Absatz 2 Satz 2 erfüllt wird; das Nähere regelt ein Bundesgesetz.

(2) Als Hilfe zur Einhaltung der Vorgaben des Artikels 109 Absatz 3 ab dem 1. Januar 2020 können den Ländern Berlin, Bremen, Saarland, Sachsen-Anhalt und Schleswig-Holstein für den Zeitraum 2011 bis 2019 Konsolidierungshilfen aus dem Haushalt des Bundes in Höhe von insgesamt 800 Millionen Euro jährlich gewährt werden. Davon entfallen auf Bremen 300 Millionen Euro, auf das Saarland 260 Millionen Euro und auf Berlin, Sachsen-Anhalt und Schleswig-Holstein jeweils 80 Millionen Euro. Die Hilfen werden auf der Grundlage einer Verwaltungsvereinbarung nach Maßgabe eines Bundesgesetzes mit Zustimmung des Bundesrates geleistet. Die Gewährung der Hilfen setzt einen vollständigen Abbau der Finanzierungsdefizite bis zum Jahresende 2020 voraus. Das Nähere, insbesondere die jährlichen Abbauschritte der Finanzierungsdefizite, die Überwachung des Abbaus der Finanzierungsdefizite durch den Stabilitätsrat sowie die Konsequenzen im Falle der Nichteinhaltung der Abbauschritte, wird durch Bundesgesetz mit Zustimmung des Bundesrates und durch Verwaltungsvereinbarung geregelt. Die gleichzeitige Gewährung der Konsolidierungshilfen und Sanierungshilfen auf Grund einer extremen Haushaltsnotlage ist ausgeschlossen.

(3) Die sich aus der Gewährung der Konsolidierungshilfen ergebende Finanzierungslast wird hälftig von Bund und Ländern, von letzteren aus ihrem Umsatzsteueranteil, getragen. Das Nähere wird durch Bundesgesetz mit Zustimmung des Bundesrates geregelt.

(4) Als Hilfe zur künftig eigenständigen Einhaltung der Vorgaben des Artikels 109 Absatz 3 können den Ländern Bremen und Saarland ab dem 1. Januar 2020 Sanierungs-

hilfen in Höhe von jährlich insgesamt 800 Millionen Euro aus dem Haushalt des Bundes gewährt werden. Die Länder ergreifen hierzu Maßnahmen zum Abbau der übermäßigen Verschuldung sowie zur Stärkung der Wirtschafts- und Finanzkraft. Das Nähere regelt ein Bundesgesetz, das der Zustimmung des Bundesrates bedarf. Die gleichzeitige Gewährung der Sanierungshilfen und Sanierungshilfen auf Grund einer extremen Haushaltsnotlage ist ausgeschlossen.

Artikel 143e (Bundesautobahnen und sonstige Fernstraßen)

(1) Die Bundesautobahnen werden abweichend von Artikel 90 Absatz 2 längstens bis zum 31. Dezember 2020 in Auftragsverwaltung durch die Länder oder die nach Landesrecht zuständigen Selbstverwaltungskörperschaften geführt. Der Bund regelt die Umwandlung der Auftragsverwaltung in Bundesverwaltung nach Artikel 90 Absatz 2 und 4 durch Bundesgesetz mit Zustimmung des Bundesrates.

(2) Auf Antrag eines Landes, der bis zum 31. Dezember 2018 zu stellen ist, übernimmt der Bund abweichend von Artikel 90 Absatz 4 die sonstigen Bundesstraßen des Fernverkehrs, soweit sie im Gebiet dieses Landes liegen, mit Wirkung zum 1. Januar 2021 in Bundesverwaltung.

(3) Durch Bundesgesetz mit Zustimmung des Bundesrates kann geregelt werden, dass ein Land auf Antrag die Aufgabe der Planfeststellung und Plangenehmigung für den Bau und für die Änderung von Bundesautobahnen und von sonstigen Bundesstraßen des Fernverkehrs, die der Bund nach Artikel 90 Absatz 4 oder Artikel 143e Absatz 2 in Bundesverwaltung übernommen hat, im Auftrage des Bundes übernimmt und unter welchen Voraussetzungen eine Rückübertragung erfolgen kann.

Artikel 143f (Außerkrafttreten)

Artikel 143d, das Gesetz über den Finanzausgleich zwischen Bund und Ländern sowie sonstige auf der Grundlage von Artikel 107 Absatz 2 in seiner ab dem 1. Januar 2020 geltenden Fassung erlassene Gesetze treten außer Kraft, wenn nach dem 31. Dezember 2030 die Bundesregierung, der Bundestag oder gemeinsam mindestens drei Länder Verhandlungen über eine Neuordnung der bundesstaatlichen Finanzbeziehungen verlangt haben und mit Ablauf von fünf Jahren nach Notifikation des Verhandlungsverlangens der Bundesregierung, des Bundestages oder der Länder beim Bundespräsidenten keine gesetzliche Neuordnung der bundesstaatlichen Finanzbeziehungen in Kraft getreten ist. Der Tag des Außerkrafttretens ist im Bundesgesetzblatt bekannt zu geben.

Artikel 143g (Übergangsregelung)

Für die Regelung der Steuerertragsverteilung, des Länderfinanzausgleichs und der Bundesergänzungszuweisungen bis zum 31. Dezember 2019 ist Artikel 107 in seiner bis zum Inkrafttreten des Gesetzes zur Änderung des Grundgesetzes vom 13. Juli 2017 geltenden Fassung weiter anzuwenden.

Artikel 143h (Sondervermögen)

(1) Der Bund kann ein Sondervermögen mit eigener Kreditermächtigung für zusätzliche Investitionen in die Infrastruktur und für zusätzliche Investitionen zur Erreichung der Klimaneutralität bis zum Jahr 2045 mit einem Volumen von bis zu 500 Milliarden Euro errichten. Zusätzlichkeit liegt vor, wenn im jeweiligen Haushaltsjahr eine angemessene Investitionsquote im Bundeshaushalt erreicht wird. Auf die Kreditermächtigung sind Artikel 109 Absatz 3 und Artikel 115 Absatz 2 nicht anzuwenden. Investitionen aus dem Sondervermögen können innerhalb einer Laufzeit von zwölf Jahren bewilligt werden. Zuführungen aus dem Sondervermögen in den Klima- und Transformationsfonds werden in Höhe von 100 Milliarden Euro vorgenommen. Das Nähere regelt ein Bundesgesetz.

(2) Aus dem Sondervermögen nach Absatz 1 Satz 1 stehen den Ländern 100 Milliarden Euro auch für Investitionen der Länder in deren Infrastruktur zur Verfügung. Die Länder haben dem Bund über die Mittelverwendung Bericht zu erstatten. Der Bund ist zur Prüfung der zweckentsprechenden Mittelverwendung berechtigt. Das Nähere regelt ein Bundesgesetz mit Zustimmung des Bundesrates.

Artikel 144 (Ratifizierung des Grundgesetzes)

(1) Dieses Grundgesetz bedarf der Annahme durch die Volksvertretungen in zwei Dritteln der deutschen Länder, in denen es zunächst gelten soll.

(2) Soweit die Anwendung dieses Grundgesetzes in einem der in Artikel 23 aufgeführten Länder oder in einem Teile eines dieser Länder Beschränkungen unterliegt, hat das Land oder der Teil des Landes das Recht, gemäß Artikel 38 Vertreter in den Bundestag und gemäß Artikel 50 Vertreter in den Bundesrat zu entsenden.

Artikel 145 (Verkündung des Grundgesetzes)

(1) Der Parlamentarische Rat stellt in öffentlicher Sitzung unter Mitwirkung der Abgeordneten Groß-Berlins die Annahme dieses Grundgesetzes fest, fertigt es aus und verkündet es.

(2) Dieses Grundgesetz tritt mit Ablauf des Tages der Verkündung in Kraft.

(3) Es ist im Bundesgesetzblatt zu veröffentlichen.

Der Tag der Verkündung war der 23. Mai 1949.

Artikel 146 (Außer-Kraft-Treten des Grundgesetzes)

Dieses Grundgesetz, das nach Vollendung der Einheit und Freiheit Deutschlands für das gesamte deutsche Volk gilt, verliert seine Gültigkeit an dem Tage, an dem eine Verfassung in Kraft tritt, die von dem deutschen Volke in freier Entscheidung beschlossen worden ist.

IX

Verfassung für das Land Nordrhein-Westfalen

Vom 18. Juni 1950 (GV. NW. S. 127)

Zuletzt geändert durch
Gesetz zur Änderung der Verfassung für das Land Nordrhein-Westfalen
vom 18. Dezember 2025 (GV. NRW. 2026 S. 5)

Inhaltsübersicht

IX

Der Landtag Nordrhein-Westfalen hat am 6. Juni 1950 folgendes Gesetz beschlossen, das gemäß Artikel 90 am 18. Juni 1950 durch Volksentscheid von der Mehrheit der Abstimmenden bejaht worden ist:

Präambel

In Verantwortung vor Gott und den Menschen, verbunden mit allen Deutschen, erfüllt von dem Willen, die Not der Gegenwart in gemeinschaftlicher Arbeit zu überwinden, dem inneren und äußeren Frieden zu dienen, Freiheit, Gerechtigkeit und Wohlstand für alle zu schaffen, haben sich die Männer und Frauen des Landes Nordrhein-Westfalen diese Verfassung gegeben:

Erster Teil
Von den Grundlagen des Landes

Artikel 1 (Staatsverfassung)

(1) Nordrhein-Westfalen ist ein Gliedstaat der Bundesrepublik Deutschland und damit Teil der Europäischen Union. Das Land gliedert sich in Gemeinden und Gemeindeverbände.

(2) Die Landesfarben und das Landeswappen werden durch Gesetz bestimmt.

(3) Nordrhein-Westfalen trägt zur Verwirklichung und Entwicklung eines geeinten Europas bei, das demokratischen, rechtsstaatlichen, sozialen und föderativen Grundsätzen sowie dem Grundsatz der Subsidiarität verpflichtet ist, die Eigenständigkeit der Regionen wahrt und deren Mitwirkung an europäischen Entscheidungen sichert. Das Land arbeitet mit anderen europäischen Regionen zusammen und unterstützt die grenzüberschreitende Kooperation.

Artikel 2 (Volkswille)

Das Volk bekundet seinen Willen durch Wahl, Volksbegehren und Volksentscheid.

Artikel 3 (Dreiteilung der Gewalten)

(1) Die Gesetzgebung steht dem Volk und der Volksvertretung zu.

(2) Die Verwaltung liegt in den Händen der Landesregierung, der Gemeinden und der Gemeindeverbände.

(3) Die Rechtsprechung wird durch unabhängige Richter ausgeübt.

Zweiter Teil
Von den Grundrechten und der Ordnung des Gemeinschaftslebens

Erster Abschnitt
Von den Grundrechten

Artikel 4 (Grundrechte)

(1) Die im Grundgesetz für die Bundesrepublik Deutschland in der Fassung vom 23. Mai 1949 festgelegten Grundrechte und staatsbürgerlichen Rechte sind Bestandteil dieser Verfassung und unmittelbar geltendes Landesrecht.

(2) Jeder hat Anspruch auf Schutz seiner personenbezogenen Daten. Eingriffe sind nur in überwiegendem Interesse der Allgemeinheit auf Grund eines Gesetzes zulässig.

Zweiter Abschnitt
Die Familie

Artikel 5 (Schutz der Familie)

(1) Ehe und Familie werden als die Grundlagen der menschlichen Gesellschaft anerkannt. Sie stehen unter dem besonderen Schutz des Landes. Die Mutterschaft und die kinderreiche Familie haben Anspruch auf besondere Fürsorge.

(2) Familien- und Erwerbsarbeit sind gleichwertig. Frauen und Männer sind entsprechend ihrer Entscheidung an Familien- und Erwerbsarbeit gleichberechtigt beteiligt.

Artikel 6 Kinder und Jugendliche

(1) Jedes Kind hat ein Recht auf Achtung seiner Würde als eigenständige Persönlichkeit und auf besonderen Schutz von Staat und Gesellschaft.

(2) Kinder und Jugendliche haben ein Recht auf Entwicklung und Entfaltung ihrer Persönlichkeit, auf gewaltfreie Erziehung und den Schutz vor Gewalt, Vernachlässigung und Ausbeutung. Staat und Gesellschaft schützen sie vor Gefahren für ihr körperliches, geistiges

und seelisches Wohl. Sie achten und sichern ihre Rechte, tragen für altersgerechte Lebensbedingungen Sorge und fördern sie nach ihren Anlagen und Fähigkeiten.

(3) Allen Jugendlichen ist die umfassende Möglichkeit zur Berufsausbildung und Berufsausübung zu sichern.

(4) Das Mitwirkungsrecht der Kirchen und Religionsgemeinschaften sowie der Verbände der freien Wohlfahrtspflege in den Angelegenheiten der Familienförderung, der Kinder- und Jugendhilfe bleibt gewährleistet und ist zu fördern.

Dritter Abschnitt
Schule, Kunst und Wissenschaft, Sport, Religion und Religionsgemeinschaften

Artikel 7 (Grundsätze der Erziehung)

(1) Ehrfurcht vor Gott, Achtung vor der Würde des Menschen und Bereitschaft zum sozialen Handeln zu wecken, ist vornehmstes Ziel der Erziehung.

(2) Die Jugend soll erzogen werden im Geiste der Menschlichkeit, der Demokratie und der Freiheit, zur Duldsamkeit und zur Achtung vor der Überzeugung des anderen, zur Verantwortung für Tiere und die Erhaltung der natürlichen Lebensgrundlagen, in Liebe zu Volk und Heimat, zur Völkergemeinschaft und Friedensgesinnung.

Artikel 8 (Elternrecht und Schulpflicht)

(1) Jedes Kind hat Anspruch auf Erziehung und Bildung. Das natürliche Recht der Eltern, die Erziehung und Bildung ihrer Kinder zu bestimmen, bildet die Grundlage des Erziehungs- und Schulwesens.

Die staatliche Gemeinschaft hat Sorge zu tragen, daß das Schulwesen den kulturellen und sozialen Bedürfnissen des Landes entspricht.

(2) Es besteht allgemeine Schulpflicht. Das Nähere regelt ein Gesetz.

(3) Land und Gemeinden haben die Pflicht, Schulen zu errichten und zu fördern. Das gesamte Schulwesen steht unter der Aufsicht des Landes. Die Schulaufsicht wird durch hauptamtlich tätige, fachlich vorgebildete Beamte ausgeübt.

(4) Für die Privatschulen gelten die Bestimmungen des Artikels 7 Abs. 4 und 5 des Grundgesetzes der Bundesrepublik Deutschland vom 23. Mai 1949 zugleich als Bestandteil dieser Verfassung. Die hiernach genehmigten Privatschulen haben die gleichen Berechtigungen wie die entsprechenden öffentlichen Schulen. Sie haben Anspruch auf die zur Durchführung ihrer Aufgaben und zur Erfüllung ihrer Pflichten erforderlichen öffentlichen Zuschüsse.

Artikel 9 (Schulgeldfreiheit)

(1) Schulgeld wird nicht erhoben.

(2) Einführung und Durchführung der Lehr- und Lernmittelfreiheit für alle Schulen sind gesetzlich zu regeln. Zum Zwecke des Studiums sind im Bedarfsfalle besondere Unterhaltsbeihilfen zu gewähren. Soweit der Staat für die öffentlichen Schulen Schulgeldfreiheit gewährt, sind auch die in Artikel 8 Abs. 4 genannten Privatschulen berechtigt, zu Lasten des Staates auf die Erhebung von Schulgeld zu verzichten; soweit er Lehr- und Lernmittelfreiheit gewährt, sind Lehr- und Lernmittel in gleicher Weise für diese Privatschulen zur Verfügung zu stellen wie für die öffentlichen Schulen.

Artikel 10 (Schulverfassung)

(1) Das Schulwesen des Landes baut sich auf einer für alle Kinder verbindlichen Grundschule auf. Das Schulwesen wird durch die Mannigfaltigkeit der Lebens- und Berufsaufgaben bestimmt. Das Land gewährleistet ein ausreichendes und vielfältiges öffentliches Schulwesen, das ein gegliedertes Schulsystem, integrierte Schulformen sowie weitere andere Schulformen ermöglicht. Für die Aufnahme in eine Schule sind Anlage und Neigung des Kindes maßgebend, nicht die wirtschaftliche Lage und die gesellschaftliche Stellung der Eltern.

(2) Die Erziehungsberechtigten wirken durch Elternvertretungen an der Gestaltung des Schulwesens mit.

Artikel 11 (Staatsbürgerkunde)

In allen Schulen ist Staatsbürgerkunde Lehrgegenstand und staatsbürgerliche Erziehung verpflichtende Aufgabe.

Artikel 12 (Schularten)

(1) Schulen müssen entsprechend ihren Bildungszielen nach Organisation und Ausstattung die Voraussetzungen eines geordneten Schulbetriebs erfüllen.

(2) Grundschulen sind Gemeinschaftsschulen, Bekenntnisschulen oder Weltanschauungsschulen. Auf Antrag der Erziehungsberechtigten sind, soweit ein geordneter Schulbetrieb gewährleistet ist, Grundschulen einzurichten.

(3) In Gemeinschaftsschulen werden Kinder auf der Grundlage christlicher Bildungs- und Kulturwerte in Offenheit für die christlichen Bekenntnisse und für andere religiöse und weltanschauliche Überzeugungen gemeinsam unterrichtet und erzogen.

In Bekenntnisschulen werden Kinder des katholischen oder des evangelischen Glaubens oder einer anderen Religionsgemeinschaft nach den Grundsätzen des betreffenden Bekenntnisses unterrichtet und erzogen.

In Weltanschauungsschulen, zu denen auch die bekenntnisfreien Schulen gehören, werden die Kinder nach den Grundsätzen der betreffenden Weltanschauung unterrichtet und erzogen.

(4) Das Nähere bestimmt ein Gesetz.

IX

Artikel 13 (Schultoleranz)

Wegen des religiösen Bekenntnisses darf im Einzelfalle keinem Kinde die Aufnahme in eine öffentliche Schule verweigert werden, falls keine entsprechende Schule vorhanden ist.

Artikel 14 (Religionsunterricht)

(1) Der Religionsunterricht ist ordentliches Lehrfach an allen Schulen, mit Ausnahme der Weltanschauungsschulen (bekenntnisfreien Schulen). Für die religiöse Unterweisung bedarf der Lehrer der Bevollmächtigung durch die Kirche oder durch die Religionsgemeinschaft. Kein Lehrer darf gezwungen werden, Religionsunterricht zu erteilen.

(2) Lehrpläne und Lehrbücher für den Religionsunterricht sind im Einvernehmen mit der Kirche oder Religionsgemeinschaft zu bestimmen.

(3) Unbeschadet des staatlichen Aufsichtsrechtes haben die Kirchen oder die Religionsgemeinschaften das Recht, nach einem mit der Unterrichtsverwaltung vereinbarten Verfahren sich durch Einsichtnahme zu vergewissern, daß der Religionsunterricht in Übereinstimmung mit ihren Lehren und Anforderungen erteilt wird.

(4) Die Befreiung vom Religionsunterricht ist abhängig von einer schriftlichen Willenserklärung der Erziehungsberechtigten oder des religionsmündigen Schülers.

Artikel 15 (Lehrerbildung)

Die Ausbildung der Lehrer erfolgt in der Regel an wissenschaftlichen Hochschulen. Sie berücksichtigt die Bedürfnisse der Schulen; es ist ein Lehrangebot zu gewährleisten, das diesem Erfordernis gerecht wird. Es ist sicherzustellen, daß die Befähigung zur Erteilung des Religionsunterrichts erworben werden kann.

Artikel 16 (Universitäten und Hochschulen)

(1) Die Universitäten und diejenigen Hochschulen, die ihnen als Stätten der Forschung und der Lehre gleichstehen, haben, unbeschadet der staatlichen Aufsicht, das Recht auf eine ihrem besonderen Charakter entsprechende Selbstverwaltung im Rahmen der Gesetze und ihrer staatlich anerkannten Satzungen.

(2) Zur Ausbildung ihrer Geistlichen haben die Kirchen und zur Ausbildung ihrer Religionsdiener die Religionsgemeinschaften das Recht, eigene Anstalten mit Hochschulcharakter zu errichten und zu unterhalten.

Artikel 17 (Erwachsenenbildung)

Die Erwachsenenbildung ist zu fördern. Als Träger von Einrichtungen der Erwachsenenbildung werden neben Staat, Gemeinden und Gemeindeverbänden auch andere Träger, wie die Kirchen und freien Vereinigungen, anerkannt.

Artikel 18 (Kultur, Kunst und Wissenschaft)

(1) Kultur, Kunst und Wissenschaft sind durch Land und Gemeinden zu pflegen und zu fördern.

(2) Die Denkmäler der Kunst, der Geschichte und der Kultur, die Landschaft und Naturdenkmale stehen unter dem Schutz des Landes, der Gemeinden und Gemeindeverbände.

(3) Sport ist durch Land und Gemeinden zu pflegen und zu fördern.

Artikel 19 (Freie Religionsausübung)

(1) Die Freiheit der Vereinigung zu Kirchen oder Religionsgemeinschaften wird gewährleistet. Der Zusammenschluß von Kirchen oder Religionsgemeinschaften innerhalb des Landes unterliegt keinen Beschränkungen.

(2) Die Kirchen und Religionsgemeinschaften ordnen und verwalten ihre Angelegenheiten selbständig innerhalb der Schranken des für alle geltenden Gesetzes. Sie haben das Recht, ihre Ämter ohne Mitwirkung des Staates und der politischen Gemeinden zu verleihen oder zu entziehen.

Artikel 20 (Anstaltsseelsorge)

Die Kirchen und die Religionsgemeinschaften haben das Recht, in Erziehungs-, Kranken-, Straf- und ähnlichen öffentlichen Anstalten gottesdienstliche Handlungen vorzunehmen und eine geordnete Seelsorge auszuüben, wobei jeder Zwang fernzuhalten ist.

Artikel 21 (Leistungen an die Kirchen)

Die den Kirchen oder den Religionsgemeinschaften gemäß Gesetz, Vertrag oder anderen Rechtstiteln zustehenden Leistungen des Staates, der politischen Gemeinden oder Gemeindeverbände können nur durch Vereinbarungen abgelöst werden; soweit solche Vereinbarungen das Land betreffen, bedürfen sie der Bestätigung durch Landesgesetz.

Artikel 22 (Weimarer Verfassung als Landesrecht)

Im übrigen gilt für die Ordnung zwischen Land und Kirchen oder Religionsgemeinschaften Artikel 140 des Bonner Grundgesetzes für die Bundesrepublik Deutschland vom 23. Mai 1949 als Bestandteil dieser Verfassung und unmittelbar geltendes Landesrecht.

Artikel 23 (Kirchenverträge)

(1) Die Bestimmungen der Verträge mit der Katholischen Kirche und der Evangelischen Kirche der Altpreußischen Union, die im früheren Freistaat Preußen Geltung hatten, werden für die Gebiete des Landes Nordrhein-Westfalen, die zum ehemaligen Preußen gehörten, als geltendes Recht anerkannt.

(2) Zur Änderung dieser Kirchenverträge und zum Abschluß neuer Verträge ist außer der Zustimmung der Vertragspartner ein Landesgesetz erforderlich.

Vierter Abschnitt
Arbeit, Wirtschaft, Umwelt

Artikel 24 (Arbeit, Lohn, Urlaub)

(1) Im Mittelpunkt des Wirtschaftslebens steht das Wohl des Menschen. Der Schutz seiner Arbeitskraft hat den Vorrang vor dem Schutz materiellen Besitzes. Jedermann hat ein Recht auf Arbeit.

(2) Der Lohn muß der Leistung entsprechen und den angemessenen Lebensbedarf des Arbeitenden und seiner Familie decken. Für gleiche Tätigkeit und gleiche Leistung besteht Anspruch auf gleichen Lohn. Das gilt auch für Frauen und Jugendliche.

(3) Das Recht auf einen ausreichenden, bezahlten Urlaub ist gesetzlich festzulegen.

Artikel 25 (Sonn- und Feiertage)

(1) Der Sonntag und die staatlich anerkannten Feiertage werden als Tage der Gottesverehrung, der seelischen Erhebung, der körperlichen Erholung und der Arbeitsruhe anerkannt und gesetzlich geschützt.

(2) Der 1. Mai als Tag des Bekenntnisses zu Freiheit und Frieden, sozialer Gerechtigkeit, Völkerversöhnung und Menschenwürde ist gesetzlicher Feiertag.

Artikel 26 (Mitbestimmungsrecht)

Entsprechend der gemeinsamen Verantwortung und Leistung der Unternehmer und Ar-

IX

beitnehmer für die Wirtschaft wird das Recht der Arbeitnehmer auf gleichberechtigte Mitbestimmung bei der Gestaltung der wirtschaftlichen und sozialen Ordnung anerkannt und gewährleistet.

Artikel 27 (Monopolbetriebe und Kartelle)

(1) Großbetriebe und Grundstoffindustrie und Unternehmen, die wegen ihrer monopolartigen Stellung besondere Bedeutung haben, sollen in Gemeineigentum überführt werden.

(2) Zusammenschlüsse, die ihre wirtschaftliche Macht mißbrauchen, sind zu verbieten.

Artikel 28 (Förderung des Mittelstandes)

Die Klein- und Mittelbetriebe in Landwirtschaft, Handwerk, Handel und Gewerbe und die freien Berufe sind zu fördern. Die genossenschaftliche Selbsthilfe ist zu unterstützen.

Artikel 29 (Siedlungswesen)

(1) Die Verbindung weiter Volksschichten mit dem Grund und Boden ist anzustreben.

(2) Das Land hat die Aufgabe, nach Maßgabe der Gesetze neue Wohn- und Wirtschaftsheimstätten zu schaffen und den klein- und mittelbäuerlichen Besitz zu stärken.

(3) Die Kleinsiedlung und das Kleingartenwesen sind zu fördern.

Artikel 29a (Umweltschutz)

(1) Die natürlichen Lebensgrundlagen und die Tiere stehen unter dem Schutz des Landes, der Gemeinden und Gemeindeverbände.

(2) Die notwendigen Bindungen und Pflichten bestimmen sich unter Ausgleich der betroffenen öffentlichen und privaten Belange. Das Nähere regelt das Gesetz.

Dritter Teil
Von den Organen und Aufgaben des Landes

Erster Abschnitt
Der Landtag

Artikel 30 (Volksvertreter)

(1) Der Landtag besteht aus den vom Volke gewählten Abgeordneten. Zu seinen Aufgaben gehören die Wahl des/der Ministerpräsidenten/in, die Verabschiedung der Gesetze und die Kontrolle des Handelns der Landesregierung; er bildet ein öffentliches Forum für die politische Willensbildung.

(2) Die Abgeordneten stimmen nach ihrer freien, nur durch die Rücksicht auf das Wohl des Landes Nordrhein-Westfalen bestimmten Überzeugung; sie sind an Aufträge nicht gebunden.

(3) Die Abgeordneten haben im Landtag insbesondere das Recht, das Wort zu ergreifen, Fragen und Anträge zu stellen sowie an Wahlen und Abstimmungen teilzunehmen. Das Nähere regelt die Geschäftsordnung.

(4) Der Landtag bildet Ausschüsse, insbesondere zur Vorbereitung seiner Beschlüsse. Die Zusammensetzung der Ausschüsse sowie die Regelung des Vorsitzes in den Ausschüssen ist im Verhältnis der Stärke der einzelnen Fraktionen vorzunehmen. Jeder Abgeordnete hat das Recht auf Mitwirkung in einem Ausschuss.

(5) Abgeordnete können sich zu Fraktionen zusammenschließen. Die Fraktionen wirken mit eigenen Rechten und Pflichten an der Erfüllung der Aufgaben des Landtags mit. Zu ihren Aufgaben gehören die Koordination der parlamentarischen Tätigkeit und die Information der Öffentlichkeit. Ihre innere Ordnung muss demokratischen Grundsätzen entsprechen. Zur Wahrnehmung ihrer Aufgaben ist den Fraktionen eine angemessene Ausstattung zu gewährleisten. Das Nähere regelt die Geschäftsordnung des Landtags oder ein Gesetz.

Artikel 31 (Wahl)

(1) Die Abgeordneten werden in allgemeiner, gleicher, unmittelbarer, geheimer und freier Wahl gewählt.

(2) Wahlberechtigt ist, wer das 16. Lebensjahr vollendet hat. Wählbar ist, wer das Alter erreicht hat, mit dem die Volljährigkeit eintritt.

(3) Die Wahl findet an einem Sonntag oder einem gesetzlichen Feiertag statt.

(4) Das Nähere wird durch Gesetz geregelt.

Artikel 32 (Wahlverbot für Umstürzler)

(1) Vereinigungen und Personen, die es unternehmen, die staatsbürgerlichen Freiheiten zu unterdrücken oder gegen Volk, Land oder Ver-

fassung Gewalt anzuwenden, dürfen sich an Wahlen und Abstimmungen nicht beteiligen.

(2) Die Entscheidung darüber, ob diese Voraussetzungen vorliegen, trifft auf Antrag der Landesregierung oder von mindestens fünfzig Abgeordneten des Landtags der Verfassungsgerichtshof.

Artikel 33 (Wahlprüfung)

(1) Die Wahlprüfung ist Sache des Landtags.

(2) Ihm obliegt auch die Feststellung, ob ein Abgeordneter des Landtags die Mitgliedschaft verloren hat.

(3) Die Entscheidung kann durch Beschwerde beim Verfassungsgerichtshof angefochten werden.

(4) Das Nähere wird durch Gesetz geregelt.

Artikel 34 (Wahlperiode)

Der Landtag wird auf fünf Jahre gewählt. Die Neuwahl findet im letzten Vierteljahr der Wahlperiode statt. Die Wahlperiode endet, auch im Fall einer Auflösung des Landtags, mit dem Zusammentritt des neuen Landtags.

Artikel 35 (Auflösung des Landtags)

(1) Der Landtag kann sich durch Beschluß auflösen. Hierzu bedarf es der Zustimmung der Mehrheit der gesetzlichen Mitgliederzahl.

(2) Nach der Auflösung des Landtags muß die Neuwahl binnen neunzig Tagen stattfinden.

Artikel 36 (Beginn der Legislaturperiode)

Die Wahlperiode des neuen Landtags beginnt mit seinem ersten Zusammentritt.

Artikel 37 (Zusammentritt des Landtags)

(1) Der Landtag tritt spätestens am zwanzigsten Tag nach der Wahl zusammen. Der neugewählte Landtag wird zu seiner ersten Sitzung vom bisherigen Präsidenten einberufen.

(2) Nach dem Zusammentritt eines neuen Landtags führt das an Jahren älteste oder, wenn es ablehnt oder verhindert ist, das jeweils nächstälteste Mitglied des Landtags den Vorsitz, bis der neugewählte Präsident oder einer seiner Stellvertreter das Amt übernimmt.

Artikel 38 (Präsidium, Geschäftsordnung, Einberufung)

(1) Der Landtag wählt den Präsidenten, dessen Stellvertreter und die übrigen Mitglieder des Präsidiums. Er gibt sich seine Geschäftsordnung.

(2) Bis zur Wahl des neuen Präsidiums führt das bisherige Präsidium die Geschäfte weiter.

(3) Der Landtag wird jeweils durch den Präsidenten einberufen.

(4) Auf Antrag der Landesregierung oder eines Viertels seiner Mitglieder muß der Landtag unverzüglich einberufen werden.

Artikel 39 (Landtagsverwaltung)

(1) In Rechtsgeschäften und Rechtsstreitigkeiten der Landtagsverwaltung vertritt der Präsident das Land. Er verfügt über die Einnahmen und Ausgaben der Landtagsverwaltung nach Maßgabe des Haushalts.

(2) Dem Präsidenten steht die Annahme und Entlassung der Angestellten und Arbeiter sowie im Benehmen mit dem Präsidium die Ernennung der Beamten des Landtags zu. Er hat die Dienstaufsicht und Dienststrafgewalt über die Beamten, Angestellten und Arbeiter des Landtags. Er übt das Hausrecht und die Polizeigewalt im Landtagsgebäude aus.

(3) Im übrigen werden die Rechte und Pflichten des Präsidenten durch die Geschäftsordnung bestimmt.

Artikel 40 (Pflichten der Landesregierung)

(1) Die Landesregierung unterrichtet den Landtag frühzeitig und umfassend über die Vorbereitung von Landesgesetzen, Staatsverträgen, Verwaltungsabkommen und Angelegenheiten der Landesplanung sowie über Angelegenheiten des Bundes und der Europäischen Union, soweit sie an ihnen mitwirkt. Das Nähere regelt eine Vereinbarung zwischen Landtag und Landesregierung.

(2) In Angelegenheiten der Europäischen Union, die im Schwerpunkt Gesetzgebungsrechte des Landtags betreffen, berücksichtigt die Landesregierung die Stellungnahme des Landtags bei der Wahrnehmung ihrer Aufgaben. Weicht die Landesregierung in ihrem

Stimmverhalten im Bundesrat von einer Stellungnahme des Landtags ab, so hat sie ihre Entscheidung gegenüber dem Landtag zu begründen.

Artikel 41 (Untersuchungsausschüsse)

(1) Der Landtag hat das Recht und auf Antrag von einem Fünftel der gesetzlichen Zahl seiner Mitglieder die Pflicht, Untersuchungsausschüsse einzusetzen. Diese Ausschüsse erheben in öffentlicher Verhandlung die Beweise, die sie oder die Antragsteller für erforderlich erachten. Sie können mit Zweidrittelmehrheit die Öffentlichkeit ausschließen. Die Zahl der Mitglieder bestimmt der Landtag. Die Mitglieder wählt der Landtag im Wege der Verhältniswahl. Das Nähere über die Einsetzung, die Befugnisse und das Verfahren wird durch Gesetz geregelt.

(2) Die Gerichte und Verwaltungsbehörden sind zur Rechts- und Amtshilfe verpflichtet. Sie sind insbesondere verpflichtet, dem Ersuchen dieser Ausschüsse um Beweiserhebungen nachzukommen. Die Akten der Behörden und öffentlichen Körperschaften sind ihnen auf Verlangen vorzulegen.

(3) Das Brief-, Post- und Fernmeldegeheimnis bleiben unberührt.

(4) Die Beschlüsse der Untersuchungsausschüsse sind der richterlichen Erörterung entzogen. In der Feststellung und in der rechtlichen Beurteilung des der Untersuchung zugrunde liegenden Sachverhalts sind die Gerichte frei.

Artikel 41a

(1) Zur Vorbereitung der Beschlüsse über Petitionen gemäß Artikel 17 des Grundgesetzes sind die Landesregierung und die Körperschaften, Anstalten und Stiftungen des öffentlichen Rechts sowie Behörden und sonstige Verwaltungseinrichtungen, soweit sie unter der Aufsicht des Landes stehen, verpflichtet, dem Petitionsausschuß des Landtags auf sein Verlangen jederzeit Zutritt zu den Einrichtungen zu gestatten.

(2) Die in Absatz 1 genannten Stellen sind verpflichtet, dem Petitionsausschuß auf sein Verlangen alle erforderlichen Auskünfte zu erteilen und Akten zugängig zu machen. Der Petitionsausschuß ist berechtigt, den Petenten und beteiligte Personen anzuhören. Nach näherer Bestimmung der Geschäftsordnung kann der Petitionsausschuß Beweise durch Vernehmung von Zeugen und Sachverständigen erheben. Die Vorschriften der Strafprozeßordnung finden sinngemäß Anwendung. Das Brief-, Post- und Fernmeldegeheimnis bleibt unberührt.

(3) Nach Maßgabe der Geschäftsordnung kann der Petitionsausschuß die ihm gemäß Absatz 1 und 2 zustehenden Befugnisse mit Ausnahme der eidlichen Vernehmung auf einzelne Mitglieder des Ausschusses übertragen; auf Antrag des Petitionsausschusses beauftragt der Präsident des Landtags Beamte der Landtagsverwaltung mit der Wahrnehmung dieser Befugnisse. Artikel 45 Abs. 1 und 2 findet sinngemäß Anwendung.

Artikel 42 (Öffentlichkeit)

Die Sitzungen des Landtags sind öffentlich. Auf Antrag der Landesregierung oder von zehn Abgeordneten kann der Landtag mit Zweidrittelmehrheit der Anwesenden die Öffentlichkeit für einzelne Gegenstände der Tagesordnung ausschließen. Über den Antrag wird in geheimer Sitzung verhandelt.

Artikel 43 (Parlamentsberichterstattung)

Wegen wahrheitsgetreuer Berichte über öffentliche Sitzungen des Landtags und seiner Ausschüsse kann niemand zur Verantwortung gezogen werden.

Artikel 44 (Beschlußfassung)

(1) Der Landtag ist beschlußfähig, wenn mehr als die Hälfte der gesetzlichen Mitgliederzahl anwesend ist.

(2) Der Landtag faßt seine Beschlüsse mit Stimmenmehrheit.

Artikel 45 (Rechte und Pflichten der Landesregierung)

(1) Die Mitglieder der Landesregierung und die von ihnen Beauftragten können den Sitzungen des Landtags und seiner Ausschüsse beiwohnen. Die Aufrechterhaltung der Ordnung in der Sitzung obliegt dem Vorsitzenden. Den Mitgliedern der Landesregierung ist jederzeit, auch außerhalb der Tagesordnung, das Wort zu erteilen.

(2) Der Landtag und seine Ausschüsse können die Anwesenheit jedes Mitgliedes der Landesregierung verlangen.

(3) Die Vorschrift des Absatzes 1, Satz 1 und 3 gilt nicht für die Sitzungen der Untersuchungsausschüsse.

Artikel 46 (Ansprüche der Abgeordneten)

(1) Abgeordnete dürfen an der Übernahme und Ausübung ihres Mandats nicht gehindert oder hierdurch in ihrem Amt oder Arbeitsverhältnis benachteiligt werden. Insbesondere ist unzulässig, sie aus diesem Grunde zu entlassen oder ihnen zu kündigen.

(2) Beamte, Angestellte und Arbeiter bedürfen zu der mit den Obliegenheiten ihres Mandats als Mitglieder des Landtags verbundenen Tätigkeit keines Urlaubs. Bewerben sie sich um einen Sitz im Landtag, so ist ihnen der zur Vorbereitung ihrer Wahl erforderliche Urlaub zu gewähren.

(3) Die Wählbarkeit von Beamten, Angestellten des öffentlichen Dienstes und Richtern im Lande Nordrhein-Westfalen kann gesetzlich beschränkt werden.

Artikel 47 (Indemnität)

Kein Abgeordneter darf zu irgendeiner Zeit wegen seiner Abstimmung oder wegen Äußerungen in Ausübung seines Mandats gerichtlich oder dienstlich verfolgt oder sonst außerhalb der Versammlung zur Verantwortung gezogen werden. Dies gilt nicht für verleumderische Beleidigungen.

Artikel 48 (Immunität)

(1) Kein Abgeordneter kann ohne Genehmigung des Landtags während der Wahlperiode wegen einer mit Strafe bedrohten Handlung zur Untersuchung gezogen, festgenommen oder verhaftet werden, es sei denn, daß er bei der Ausübung der Tat oder spätestens im Laufe des nächstfolgenden Tages ergriffen wird oder ein Fall der Ehrverletzung nach Artikel 47 vorliegt.

(2) Die gleiche Genehmigung ist bei jeder anderen Beschränkung der persönlichen Freiheit erforderlich, die die Ausübung des Abgeordnetenmandats beeinträchtigt.

(3) Jedes Strafverfahren gegen einen Abgeordneten und jede Haft oder sonstige Beschränkung seiner persönlichen Freiheit wird auf Verlangen des Landtags entweder für die gesamte Dauer oder bestimmte Zeitabschnitte der Wahlperiode ausgesetzt.

Artikel 49 (Zeugnisverweigerungsrecht)

(1) Die Abgeordneten sind berechtigt, über Personen, die ihnen in ihrer Eigenschaft als Abgeordnete oder denen sie in dieser Eigenschaft Tatsachen anvertraut haben sowie über diese Tatsachen selbst das Zeugnis zu verweigern. Soweit dieses Zeugnisverweigerungsrecht reicht, ist die Beschlagnahme von Schriftstücken unzulässig.

(2) Eine Durchsuchung oder Beschlagnahme darf in den Räumen des Landtags nur mit Genehmigung des Präsidenten vorgenommen werden.

Artikel 50 (Freie Fahrt und Entschädigung)

Die Mitglieder des Landtags haben Anspruch auf angemessene Bezüge nach Maßgabe eines Gesetzes. Sie erhalten das Recht zur freien Fahrt auf allen Eisenbahnen und sonstigen Beförderungsmitteln der Deutschen Bahn im Lande Nordrhein-Westfalen. Ein Verzicht auf diese Rechte ist unzulässig.

Zweiter Abschnitt
Die Landesregierung

Artikel 51 (Zusammensetzung)

Die Landesregierung besteht aus dem Ministerpräsidenten und den Landesministern.

Artikel 52 (Regierungsbildung)

(1) Der Landtag wählt aus seiner Mitte in geheimer Wahl ohne Aussprache den Ministerpräsidenten mit mehr als der Hälfte der gesetzlichen Zahl seiner Mitglieder.

(2) Kommt eine Wahl gemäß Absatz 1 nicht zustande, so findet innerhalb von 14 Tagen ein zweiter, gegebenenfalls ein dritter Wahlgang statt, in dem der gewählt ist, der mehr als die Hälfte der abgegebenen Stimmen erhält. Ergibt sich keine solche Mehrheit, so findet eine Stichwahl zwischen den beiden

IX

Vorgeschlagenen statt, die die höchste Stimmenzahl erhalten haben.

(3) Der Ministerpräsident ernennt und entläßt die Minister. Er beauftragt ein Mitglied der Landesregierung mit seiner Vertretung und zeigt seine Entscheidungen unverzüglich dem Landtag an.

Artikel 53 (Amtseid)

Die Mitglieder der Landesregierung leisten beim Amtsantritt vor dem Landtag folgenden Amtseid:

„Ich schwöre, daß ich meine ganze Kraft dem Wohle des Landes Nordrhein-Westfalen widmen, seinen Nutzen mehren, Schaden von ihm wenden, das mir übertragene Amt nach bestem Wissen und Können unparteiisch verwalten, Verfassung und Gesetz wahren und verteidigen, meine Pflichten gewissenhaft erfüllen und Gerechtigkeit gegen jedermann üben werde. So wahr mir Gott helfe."

Der Eid kann auch ohne religiöse Beteuerung geleistet werden.

Artikel 54 (Vorsitz im Kabinett)

(1) Der Ministerpräsident führt den Vorsitz in der Landesregierung. Bei Stimmengleichheit entscheidet seine Stimme.

(2) Er leitet die Geschäfte nach einer von der Landesregierung beschlossenen Geschäftsordnung.

Artikel 55 (Verantwortung)

(1) Der Ministerpräsident bestimmt die Richtlinien der Politik und trägt dafür die Verantwortung.

(2) Innerhalb dieser Richtlinien leitet jeder Minister seinen Geschäftsbereich selbständig und unter eigener Verantwortung.

(3) Bei Meinungsverschiedenheiten über Fragen, die den Geschäftsbereich mehrerer Mitglieder der Landesregierung berühren, entscheidet die Landesregierung.

Artikel 56 (Gesetzesvorlagen)

(1) Die Landesregierung beschließt über Gesetzesvorlagen, die beim Landtag einzubringen sind.

(2) Die Landesregierung erläßt die zur Ausführung eines Gesetzes erforderlichen Verwaltungsverordnungen, soweit das Gesetz diese Aufgabe nicht einzelnen Ministern zuweist.

Artikel 57 (Vertretungsbefugnis)

Die Landesregierung vertritt das Land Nordrhein-Westfalen nach außen. Sie kann diese Befugnis auf den Ministerpräsidenten, auf ein anderes Mitglied der Landesregierung oder auf nachgeordnete Stellen übertragen.

Artikel 58 (Beamtenernennung)

Die Landesregierung ernennt die Landesbeamten. Sie kann die Befugnis auf andere Stellen übertragen.

Artikel 59 (Recht der Begnadigung)

(1) Der Ministerpräsident übt das Recht der Begnadigung aus. Er kann die Befugnis auf andere Stellen übertragen. Zugunsten eines Mitgliedes der Landesregierung wird das Recht der Begnadigung durch den Landtag ausgeübt.

(2) Allgemeine Straferlasse und die Niederschlagung einer bestimmten Art anhängiger Strafsachen dürfen nur auf Grund eines Gesetzes ausgesprochen werden.

Artikel 60 (Gesetzgebungsnotstand)

(1) Ist der Landtag durch höhere Gewalt daran gehindert, sich frei zu versammeln, und wird dies durch einen mit Mehrheit gefaßten Beschluß des Landtagspräsidenten und seiner Stellvertreter festgestellt, so kann die Landesregierung zur Aufrechterhaltung der öffentlichen Ruhe und Ordnung oder zur Beseitigung eines Notstandes Verordnungen mit Gesetzeskraft, die der Verfassung nicht widersprechen, erlassen.

(2) Diese Verordnungen bedürfen der Zustimmung eines des in der Geschäftsordnung zu bestimmenden Ausschusses, es sei denn, daß auch dieser nach einer entsprechend Absatz 1 zu treffenden Feststellung am Zusammentritt verhindert ist.

(3) Verordnungen ohne Beteiligung in der Geschäftsordnung zu bestimmenden Ausschusses sind nur mit Gegenzeichnung des Landtagspräsidenten rechtswirksam. Die Gegenzeichnung erfolgt oder gilt als erfolgt, so-

IX

fern der Landtagspräsident und seine Stellvertreter dies mit Mehrheit beschließen.

(4) Die Feststellung des Landtagspräsidenten und seiner Stellvertreter ist jeweils nur für einen Monat wirksam und, wenn die Voraussetzungen des Notstandes fortdauern, zu wiederholen.

(5) Die Verordnungen sind dem Landtage bei seinem nächsten Zusammentritt zur Genehmigung vorzulegen. Wird die Genehmigung versagt, so sind die Verordnungen durch Bekanntmachung im Gesetz- und Verordnungsblatt unverzüglich außer Kraft zu setzen.

Artikel 61 (Konstruktives Mißtrauensvotum)

(1) Der Landtag kann dem Ministerpräsidenten das Mißtrauen nur dadurch aussprechen, daß er mit der Mehrheit der abgegebenen Stimmen einen Nachfolger wählt.

(2) Zwischen dem Antrag auf Abberufung und der Wahl müssen mindestens achtundvierzig Stunden liegen.

Artikel 62 (Beendigung des Ministeramtes)

(1) Der Ministerpräsident und die Minister können jederzeit zurücktreten.

(2) Das Amt des Ministerpräsidenten und der Minister endet in jedem Falle mit dem Zusammentritt eines neuen Landtags, das Amt eines Ministers auch mit jeder anderen Erledigung des Amtes des Ministerpräsidenten.

(3) Im Falle des Rücktritts oder einer sonstigen Beendigung des Amtes haben die Mitglieder der Landesregierung bis zur Amtsübernahme des Nachfolgers ihr Amt weiterzuführen.

Artikel 63 (weggefallen)

Artikel 64 (Rechtsverhältnisse der Minister)

(1) Besoldung, Ruhegehalt und Hinterbliebenenversorgung der Mitglieder der Landesregierung werden durch Gesetz geregelt.

(2) Mit dem Amte eines Mitgliedes der Landesregierung ist die Ausübung eines anderen öffentlichen Amtes oder einer anderen Berufstätigkeit in der Regel unvereinbar. Die Landesregierung kann Mitgliedern der Landesregierung die Beibehaltung ihrer Berufstätigkeit gestatten.

(3) Die Wahl in den Vorstand, Verwaltungsrat oder Aufsichtsrat industrieller oder ähnlicher den Gelderwerb bezweckender Unternehmungen dürfen Mitglieder der Landesregierung nur mit besonderer Genehmigung des Hauptausschusses annehmen. Der Genehmigung durch die Landesregierung bedarf es, wenn sie nach ihrem Eintritt in die Landesregierung in dem Vorstand, Verwaltungsrat oder Aufsichtsrat einer der erwähnten Unternehmungen tätig bleiben wollen. Die erteilte Genehmigung ist dem Landtagspräsidenten anzuzeigen.

(4) Ein Mitglied der Landesregierung kann nicht gleichzeitig Mitglied des Bundestags oder der Bundesregierung sein.

Dritter Abschnitt
Die Gesetzgebung

Artikel 65 (Gesetzgebungsinitiative)

Gesetzentwürfe werden von der Landesregierung oder aus der Mitte des Landtags eingebracht.

Artikel 66 (Beschlußfassung)

Die Gesetze werden vom Landtag beschlossen. Staatsverträge bedürfen der Zustimmung des Landtags.

Artikel 67 (Bedenken der Landesregierung)

(1) Volksinitiativen können darauf gerichtet sein, den Landtag im Rahmen seiner Entscheidungszuständigkeit mit bestimmten Gegenständen der politischen Willensbildung zu befassen. Einer Initiative kann auch ein mit Gründen versehener Gesetzentwurf zu Grunde liegen.

(2) Volksinitiativen müssen von mindestens 0,5 vom Hundert der Stimmberechtigten unterzeichnet sein. Artikel 31 Absatz 1 und Absatz 2 Satz 1 über das Wahlrecht findet auf das Stimmrecht entsprechende Anwendung.

(3) Das Nähere wird durch Gesetz geregelt.

Artikel 68 (Volksbegehren und Volksentscheid)

(1) Volksbegehren können darauf gerichtet werden, Gesetze zu erlassen, zu ändern oder aufzuheben. Dem Volksbegehren muß ein ausgearbeiteter und mit Gründen versehener Gesetzentwurf zugrunde liegen. Ein Volksbegehren ist nur auf Gebieten zulässig, die der Gesetzgebungsgewalt des Landes unterliegen. Über Finanzfragen, Abgabengesetze und Besoldungsordnungen ist ein Volksbegehren nicht zulässig. Über die Zulässigkeit entscheidet die Landesregierung. Gegen die Entscheidung ist die Anrufung des Verfassungsgerichtshofes zulässig.

Das Volksbegehren ist nur rechtswirksam, wenn es von mindestens 8 vom Hundert der Stimmberechtigten gestellt ist.

(2) Das Volksbegehren ist von der Landesregierung unter Darlegung ihres Standpunktes unverzüglich dem Landtag zu unterbreiten. Entspricht der Landtag dem Volksbegehren nicht, so ist binnen zehn Wochen ein Volksentscheid herbeizuführen. Entspricht der Landtag dem Volksbegehren, so unterbleibt der Volksentscheid.

(3) Die Abstimmung kann nur bejahend oder verneinend sein. Es entscheidet die Mehrheit der abgegebenen Stimmen, sofern diese Mehrheit mindestens 15 vom Hundert der Stimmberechtigten beträgt.

(4) Die Vorschriften des Artikels 31 Abs. 1 bis 3 über das Wahlrecht und Wahlverfahren finden auf das Stimmrecht und das Abstimmungsverfahren entsprechende Anwendung. Das Nähere wird durch Gesetz geregelt.

Artikel 69 (Verfassungsänderung)

(1) Die Verfassung kann nur durch ein Gesetz geändert werden, das den Wortlaut der Verfassung ausdrücklich ändert oder ergänzt. Änderungen der Verfassung, die den Grundsätzen des republikanischen, demokratischen und sozialen Rechtsstaates im Sinne des Grundgesetzes für die Bundesrepublik Deutschland widersprechen, sind unzulässig.

(2) Für eine Verfassungsänderung bedarf es der Zustimmung einer Mehrheit von zwei Dritteln der gesetzlichen Mitgliederzahl des Landtags.

(3) Kommt die Mehrheit gemäß Absatz 2 nicht zustande, so kann sowohl der Landtag als auch die Regierung die Zustimmung zu der begehrten Änderung der Verfassung durch Volksentscheid einholen.

Die Verfassung kann auch durch Volksentscheid aufgrund eines Volksbegehrens nach Artikel 68 geändert werden. Das Gesetz ist angenommen, wenn mindestens die Hälfte der Stimmberechtigten sich an dem Volksentscheid beteiligt und mindestens zwei Drittel der Abstimmenden dem Gesetzentwurf zustimmen.

Artikel 70 (Rechtsverordnungen)

Die Ermächtigung zum Erlaß einer Rechtsverordnung kann nur durch Gesetz erteilt werden. Das Gesetz muß Inhalt, Zweck und Ausmaß der erteilten Ermächtigung bestimmen. In der Verordnung ist die Rechtsgrundlage anzugeben. Ist durch Gesetz vorgesehen, daß eine Ermächtigung weiterübertragen werden kann, so bedarf es zu ihrer Übertragung einer Rechtsverordnung.

Artikel 71 (Verkündung der Gesetze)

(1) Die Gesetze werden von der Landesregierung unverzüglich ausgefertigt und im Gesetz- und Verordnungsblatt verkündet. Sie werden vom Ministerpräsidenten und den beteiligten Ministern unterzeichnet.

(2) Rechtsverordnungen werden von der Stelle, die sie erläßt, ausgefertigt und im Gesetz- und Verordnungsblatt verkündet.

(3) Gesetze und Rechtsverordnungen treten, wenn nichts anderes bestimmt ist, mit dem vierzehnten Tage nach Ausgabe der die Verkündung enthaltenden Nummer des Gesetz- und Verordnungsblattes in Kraft.

Vierter Abschnitt
Die Rechtspflege

Artikel 72 (Rechtsprechung)

(1) Die Gerichte urteilen im Namen des Deutschen Volkes.

(2) An der Rechtsprechung sind Männer und Frauen aus dem Volke nach Maßgabe der Gesetze zu beteiligen.

Artikel 73 (Richteranklage)

Wenn ein Richter im Amte oder außerhalb des Amtes gegen die Grundsätze des Grundgesetzes oder gegen die verfassungsmäßige Ordnung des Landes verstößt, so kann das Bundesverfassungsgericht mit Zweidrittelmehrheit auf Antrag der Mehrheit der gesetzlichen Mitgliederzahl des Landtags anordnen, daß der Richter in ein anderes Amt oder in den Ruhestand zu versetzen ist. Im Falle eines vorsätzlichen Verstoßes kann auf Entlassung erkannt werden.

Artikel 74 (Verwaltungsgerichte)

(1) Gegen die Anordnungen, Verfügungen und Unterlassungen der Verwaltungsbehörden kann der Betroffene die Entscheidung der Verwaltungsgerichte anrufen. Die Verwaltungsgerichte haben zu prüfen, ob die beanstandete Maßnahme dem Gesetz entspricht und die Grenze des pflichtgemäßen Ermessens nicht überschreitet.

(2) Die Verwaltungsgerichtsbarkeit wird durch selbständige Gerichte in mindestens zwei Stufen ausgeübt.

Fünfter Abschnitt
Der Verfassungsgerichtshof

Artikel 75

Der Verfassungsgerichtshof entscheidet:

1. in den Fällen der Artikel 32 und 33,
2. über die Auslegung der Verfassung aus Anlaß von Streitigkeiten über den Umfang der Rechte und Pflichten eines obersten Landesorgans oder anderer Beteiligter, die durch diese Verfassung oder in der Geschäftsordnung eines obersten Landesorgans mit eigenen Rechten ausgestattet sind,
3. bei Meinungsverschiedenheiten oder Zweifeln über die Vereinbarkeit von Landesrecht mit dieser Verfassung auf Antrag der Landesregierung oder eines Drittels der Mitglieder des Landtags,
4. über Beschwerden von Vereinigungen gegen ihre Nichtanerkennung als Partei für die Wahl zum Landtag,

5a. über Verfassungsbeschwerden, die von jedermann mit der Behauptung erhoben werden können, durch die öffentliche Gewalt des Landes in einem seiner in dieser Verfassung für das Land Nordrhein-Westfalen enthaltenen Rechte verletzt zu sein,

5b. über Verfassungsbeschwerden von Gemeinden und Gemeindeverbänden, die mit der Behauptung erhoben werden können, dass Landesrecht die Vorschriften dieser Verfassung des Landes Nordrhein-Westfalen über das Recht auf Selbstverwaltung verletze,

6. in sonstigen durch Gesetz zugewiesenen Fällen.

Artikel 76 (Zusammensetzung)

(1) Der Verfassungsgerichtshof setzt sich zusammen aus dem Präsidenten, dem Vizepräsidenten und aus fünf weiteren Mitgliedern. Die Mitglieder werden durch sieben stellvertretende Mitglieder persönlich vertreten.

(2) Die Mitglieder und ihre Stellvertreter werden vom Landtag ohne Aussprache mit Zweidrittelmehrheit auf die Dauer von zehn Jahren gewählt. Wiederwahl ist ausgeschlossen. Sie müssen die Befähigung zum Richteramt haben. Drei Mitglieder und ihre Stellvertreter müssen Berufsrichter sein.

(3) Das Nähere bestimmt das Gesetz.

Sechster Abschnitt
Die Verwaltung

Artikel 77 (Verwaltungsorganisation)

Die Organisation der allgemeinen Landesverwaltung und die Regelung der Zuständigkeiten erfolgt durch Gesetz. Die Einrichtung der Behörden im einzelnen obliegt der Landesregierung und auf Grund der von ihr erteilten Ermächtigung den einzelnen Landesministern.

Artikel 77a

(1) Der Landtag wählt auf Vorschlag der Landesregierung einen Landesbeauftragten für den Datenschutz mit mehr als der Hälfte der gesetzlichen Zahl seiner Mitglieder; Artikel 58 bleibt im übrigen unberührt.

(2) Der Landesbeauftragte für den Datenschutz ist in Ausübung seines Amtes unabhängig und nur dem Gesetz unterworfen. Er kann sich jederzeit an den Landtag wenden.

(3) Das Nähere wird durch Gesetz geregelt.

Artikel 78 (Kommunale Selbstverwaltung)

(1) Die Gemeinden und Gemeindeverbände sind Gebietskörperschaften mit dem Recht der Selbstverwaltung durch ihre gewählten Organe. Die Räte in den Gemeinden, die Bezirksvertretungen, die Kreistage und die Verbandsversammlung des Regionalverbandes Ruhr werden in allgemeiner, gleicher, unmittelbarer, geheimer und freier Wahl gewählt. Wahlvorschläge, nach deren Ergebnis sich die Sitzanteile in den Räten der Gemeinden, den Bezirksvertretungen, den Kreistagen und der Verbandsversammlung des Regionalverbandes Ruhr bestimmen, werden nur berücksichtigt, wenn sie mindestens 2,5 vom Hundert der insgesamt abgegebenen gültigen Stimmen erhalten haben. Das Gesetz bestimmt das Nähere.

(2) Die Gemeinden und Gemeindeverbände sind in ihrem Gebiet die alleinigen Träger der öffentlichen Verwaltung, soweit die Gesetze nichts anderes vorschreiben.

(3) Das Land kann die Gemeinden oder Gemeindeverbände durch Gesetz oder Rechtsverordnung zur Übernahme und Durchführung bestimmter öffentlicher Aufgaben verpflichten, wenn dabei gleichzeitig Bestimmungen über die Deckung der Kosten getroffen werden. Führt die Übertragung neuer oder die Veränderung bestehender und übertragbarer Aufgaben zu einer wesentlichen Belastung der davon betroffenen Gemeinden oder Gemeindeverbände, ist dafür durch Gesetz oder Rechtsverordnung aufgrund einer Kostenfolgeabschätzung ein entsprechender finanzieller Ausgleich für die entstehenden notwendigen, durchschnittlichen Aufwendungen zu schaffen. Der Aufwendungsersatz soll pauschaliert geleistet werden. Wird nachträglich eine wesentliche Abweichung von der Kostenfolgeabschätzung festgestellt, wird der finanzielle Ausgleich für die Zukunft angepasst. Das Nähere zu den Sätzen 2 bis 4 regelt ein Gesetz; darin sind die Grundsätze der Kostenfolgeabschätzung festzulegen und Bestimmungen über eine Beteiligung der kommunalen Spitzenverbände zu treffen.

(4) Das Land überwacht die Gesetzmäßigkeit der Verwaltung der Gemeinden und Gemeindeverbände. Das Land kann sich bei Pflichtaufgaben ein Weisungs- und Aufsichtsrecht nach näherer gesetzlicher Vorschrift vorbehalten.

Artikel 79 (Gemeindesteuern)

Die Gemeinden haben zur Erfüllung ihrer Aufgaben das Recht auf Erschließung eigener Steuerquellen. Das Land ist verpflichtet, diesem Anspruch bei der Gesetzgebung Rechnung zu tragen und im Rahmen seiner finanziellen Leistungsfähigkeit einen übergemeindlichen Finanzausgleich zu gewährleisten.

Artikel 80 (Beamteneid)

Die Beamten und sonstigen Verwaltungsangehörigen sind Diener des ganzen Volkes, nicht einer Partei oder sonstigen Gruppe. Sie haben ihr Amt und ihre Aufgaben unparteiisch und ohne Rücksicht auf die Person nur nach sachlichen Gesichtspunkten wahrzunehmen.

Jeder Beamte leistet folgenden Amtseid:

„Ich schwöre, daß ich das mir übertragene Amt nach bestem Wissen und Können verwalten, Verfassung und Gesetze befolgen und verteidigen, meine Pflichten gewissenhaft erfüllen und Gerechtigkeit gegen jedermann üben werde. So wahr mir Gott helfe."

Der Eid kann auch ohne religiöse Beteuerung geleistet werden.

Siebter Abschnitt
Das Finanzwesen

Artikel 81 (Haushaltsplan)

(1) Der Landtag sorgt durch Bewilligung der erforderlichen laufenden Mittel für die Deckung des Landesbedarfs.

(2) Alle Einnahmen und Ausgaben des Landes sind in den Haushaltsplan einzustellen; bei Landesbetrieben und bei Sondervermögen

brauchen nur die Zuführungen oder Ablieferungen eingestellt zu werden. Ein Nachtragshaushaltsplan kann sich auf einzelne Einnahmen und Ausgaben beschränken. Der Haushaltsplan und der Nachtragshaushaltsplan sollen in Einnahmen und Ausgaben ausgeglichen sein.

(3) Der Haushaltsplan wird für ein oder mehrere Haushaltsjahre, nach Jahren getrennt, vor Beginn des ersten Haushaltsjahres durch das Haushaltsgesetz festgestellt. Für Teile des Haushaltsplans kann vorgesehen werden, daß sie für unterschiedliche Zeiträume, nach Haushaltsjahren getrennt, gelten.

Artikel 82 (Übergangsermächtigung)

Ist bis zum Schluß eines Haushaltsjahres der Haushaltsplan für das folgende Jahr nicht festgestellt, so ist bis zu seinem Inkrafttreten die Landesregierung ermächtigt,

1. alle Ausgaben zu leisten, die nötig sind,
   a) um gesetzlich bestehende Einrichtungen zu erhalten und gesetzlich beschlossene Maßnahmen durchzuführen,
   b) um die rechtlich begründeten Verpflichtungen des Landes zu erfüllen,
   c) um Bauten, Beschaffungen und sonstige Leistungen fortzusetzen, für die durch den Haushaltsplan des Vorjahres bereits Beträge bewilligt worden sind;
2. Schatzanweisungen bis zur Höhe eines Viertels der Endsumme des abgelaufenen Haushaltsplanes für je drei Monate auszugeben, soweit nicht Einnahmen aus Steuern und Abgaben und Einnahmen aus sonstigen Quellen die Ausgaben unter Ziffer 1 decken.

Artikel 83 (Kreditbeschaffung)

Die Aufnahme von Krediten sowie die Übernahme von Bürgschaften, Garantien oder sonstigen Gewährleistungen, die zu Ausgaben in künftigen Haushaltsjahren führen können, bedürfen einer der Höhe nach bestimmten oder bestimmbaren Ermächtigung durch Gesetz. Die Einnahmen aus Krediten dürfen entsprechend den Erfordernissen des gesamtwirtschaftlichen Gleichgewichts in der Regel nur bis zur Höhe der Summe der im Haushaltsplan veranschlagten Ausgaben für Investitionen in den Haushaltsplan eingestellt werden; das Nähere wird durch Gesetz geregelt.

Artikel 84 (Ausgabendeckung)

Beschlüsse des Landtags, welche Ausgaben mit sich bringen, müssen bestimmen, wie diese Ausgaben gedeckt werden.

Artikel 85 (Haushaltsüberschreitungen)

(1) Überplanmäßige und außerplanmäßige Ausgaben bedürfen der Zustimmung des Finanzministers. Sie darf nur im Falle eines unvorhergesehenen und unabweisbaren Bedürfnisses erteilt werden.

(2) Zu überplanmäßigen und außerplanmäßigen Ausgaben hat der Finanzminister die Genehmigung des Landtags einzuholen.

Artikel 86 (Rechnungsprüfung)

(1) Der Finanzminister hat dem Landtag über alle Einnahmen und Ausgaben im Laufe des nächsten Haushaltsjahres zur Entlastung der Landesregierung Rechnung zu legen. Der Haushaltsrechnung sind Übersichten über das Vermögen und die Schulden des Landes beizufügen.

(2) Der Landesrechnungshof prüft die Rechnung sowie die Ordnungsmäßigkeit und Wirtschaftlichkeit der Haushalts- und Wirtschaftsführung. Er faßt das Ergebnis seiner Prüfung jährlich in einem Bericht für den Landtag zusammen, den er auch der Landesregierung zuleitet.

Artikel 87 (Landesrechnungshof)

(1) Der Landesrechnungshof ist eine selbständige, nur dem Gesetz unterworfene oberste Landesbehörde. Seine Mitglieder genießen den Schutz richterlicher Unabhängigkeit.

(2) Der Präsident, der Vizepräsident und die anderen Mitglieder des Landesrechnungshofes werden vom Landtag ohne Aussprache gewählt und sind von der Landesregierung zu ernennen.

(3) Das Nähere wird durch Gesetz geregelt.

Artikel 88 (Fiskalische Betriebe)

Das Finanzwesen der ertragswirtschaftlichen Unternehmungen des Landes kann durch Gesetz abweichend von den Vorschriften der Artikel 81 bis 86 geregelt werden.

Übergangs- und Schlußbestimmungen

Artikel 89

Auf dem Gebiete des Schulwesens gelten in dem ehemaligen Lande Lippe die Rechtsvorschriften vom 1. Januar 1933 bis zur endgültigen Entscheidung über die staatsrechtliche Eingliederung Lippes in das Land Nordrhein-Westfalen.

Artikel 90 (Volksentscheid)

(1) Die Verfassung ist dem Volke zur Billigung zu unterbreiten. Die Abstimmung erfolgt nach Maßgabe eines Landtagsbeschlusses. Die Verfassung gilt als angenommen, wenn die Mehrheit der Abstimmenden sie bejaht hat.

(2) Die Verfassung ist nach ihrer Annahme durch das Volk im Gesetz- und Verordnungsblatt zu verkünden. Sie tritt mit dem auf ihre Verkündung folgenden Tage in Kraft.

Artikel 91 (Übergangsregelung)

(1) Der am 18. Juni 1950 gewählte Landtag gilt als erster Landtag im Sinne dieser Verfassung.

(2) Die bestehenden Organe des Landes nehmen bis zur Bildung der durch diese Verfassung vorgesehenen Organe deren Aufgaben wahr. Eine nach den Bestimmungen dieser Verfassung bereits vor ihrem Inkrafttreten gebildete Landesregierung gilt als Landesregierung im Sinne der Artikel 51 ff.

Artikel 92

Die Wahlperiode des im Jahre 1970 zu wählenden Landtags beträgt vier Jahre zehn Monate.

Artikel 93 (Übergangsregelung)

Die Amtszeit der Richter des Verfassungsgerichtshofes, die am 30. Juni 2017 im Amt sind, wird durch die Neuregelung des Artikels 76 nicht berührt. Soweit die Richter auf der Grundlage des Artikels 76 in der bis zum 30. Juni 2017 geltenden Fassung in ihr Amt gelangt sind, steht dieses einer Wahl gemäß Artikel 76 Absatz 2 in der neuen Fassung nicht entgegen.

Verwaltungsgerichtsordnung (VwGO)

in der Fassung der Bekanntmachung vom 19. März 1991 (BGBl. I S. 686)

Zuletzt geändert durch
GEAS-Anpassungsgesetz
vom 23. April 2026 (BGBl. I Nr. 111)

Inhaltsübersicht

Teil I
Gerichtsverfassung

1. Abschnitt
Gerichte

§ 1 (Unabhängigkeit)

Die Verwaltungsgerichtsbarkeit wird durch unabhängige, von den Verwaltungsbehörden getrennte Gerichte ausgeübt.

§ 2 (Gliederung)

Gerichte der Verwaltungsgerichtsbarkeit sind in den Ländern die Verwaltungsgerichte und je ein Oberverwaltungsgericht, im Bund das Bundesverwaltungsgericht mit Sitz in Leipzig.

§ 3 (Gerichtsorganisation)

(1) Durch Gesetz werden angeordnet

1. die Errichtung und Aufhebung eines Verwaltungsgerichts oder eines Oberverwaltungsgerichts,
2. die Verlegung eines Gerichtssitzes,
3. Änderungen in der Abgrenzung der Gerichtsbezirke,
4. die Zuweisung einzelner Sachgebiete an ein Verwaltungsgericht für die Bezirke mehrerer Verwaltungsgerichte,

4a. die Zuweisung von Verfahren, bei denen sich die örtliche Zuständigkeit nach § 52 Nr. 2 Satz 1, 2 oder 5 bestimmt, an ein anderes Verwaltungsgericht oder an mehrere Verwaltungsgerichte des Landes,

5. die Errichtung einzelner Kammern des Verwaltungsgerichts oder einzelner Senate des Oberverwaltungsgerichts an anderen Orten,
6. der Übergang anhängiger Verfahren auf ein anderes Gericht bei Maßnahmen nach den Nummern 1, 3, 4 und 4a, wenn sich die Zuständigkeit nicht nach den bisher geltenden Vorschriften richten soll.

(2) Mehrere Länder können die Errichtung eines gemeinsamen Gerichts oder gemeinsamer Spruchkörper eines Gerichts oder die Ausdehnung von Gerichtsbezirken über die Landesgrenzen hinaus, auch für einzelne Sachgebiete, vereinbaren.

§ 4 (Präsidium, Geschäftsverteilung)

Für die Gerichte der Verwaltungsgerichtsbarkeit gelten die Vorschriften des Zweiten Titels des Gerichtsverfassungsgesetzes entsprechend. Die Mitglieder und drei Vertreter des für Entscheidungen nach § 99 Abs. 2 zuständigen Spruchkörpers bestimmt das Präsidium jeweils für die Dauer von vier Jahren. Die Mitglieder und ihre Vertreter müssen Richter auf Lebenszeit sein.

§ 5 (Besetzung, Kammern)

(1) Das Verwaltungsgericht besteht aus dem Präsidenten und aus den Vorsitzenden Richtern und weiteren Richtern in erforderlicher Anzahl.

(2) Bei dem Verwaltungsgericht werden Kammern gebildet.

(3) Die Kammer des Verwaltungsgerichts entscheidet in der Besetzung von drei Richtern und zwei ehrenamtlichen Richtern, soweit nicht ein Einzelrichter entscheidet. Bei Beschlüssen außerhalb der mündlichen Verhandlung und bei Gerichtsbescheiden (§ 84) wirken die ehrenamtlichen Richter nicht mit.

§ 6 (Einzelrichter)

(1) Die Kammer soll in der Regel den Rechtsstreit einem ihrer Mitglieder als Einzelrichter zur Entscheidung übertragen, wenn

1. die Sache keine besonderen Schwierigkeiten tatsächlicher oder rechtlicher Art aufweist und
2. die Rechtssache keine grundsätzliche Bedeutung hat.

Ein Richter auf Probe darf im ersten Jahr nach seiner Ernennung nicht Einzelrichter sein.

(2) Der Rechtsstreit darf dem Einzelrichter nicht übertragen werden, wenn bereits vor der Kammer mündlich verhandelt worden ist, es sei denn, daß inzwischen ein Vorbehalts-, Teil- oder Zwischenurteil ergangen ist.

(3) Der Einzelrichter kann nach Anhörung der Beteiligten den Rechtsstreit auf die Kammer zurückübertragen, wenn sich aus einer wesentlichen Änderung der Prozeßlage ergibt,

IX

daß die Rechtssache grundsätzliche Bedeutung hat oder die Sache besondere Schwierigkeiten tatsächlicher oder rechtlicher Art aufweist. Eine erneute Übertragung auf den Einzelrichter ist ausgeschlossen.

(4) Beschlüsse nach den Absätzen 1 und 3 sind unanfechtbar. Auf eine unterlassene Übertragung kann ein Rechtsbehelf nicht gestützt werden.

§§ 7 und 8 (weggefallen)

§ 9 (Oberverwaltungsgericht)

(1) Das Oberverwaltungsgericht besteht aus dem Präsidenten und aus den Vorsitzenden Richtern und weiteren Richtern in erforderlicher Anzahl.

(2) Bei dem Oberverwaltungsgericht werden Senate gebildet.

(3) Die Senate des Oberverwaltungsgerichts entscheiden in der Besetzung von drei Richtern; die Landesgesetzgebung kann vorsehen, daß die Senate in der Besetzung von fünf Richtern entscheiden, von denen zwei auch ehrenamtliche Richter sein können. Für die Fälle des § 48 Abs. 1 kann auch vorgesehen werden, daß die Senate in der Besetzung von fünf Richtern und zwei ehrenamtlichen Richtern entscheiden. Satz 1 Halbsatz 2 und Satz 2 gelten nicht für die Fälle des § 99 Abs. 2.

(4) In Verfahren nach § 48 Absatz 1 Satz 1 Nummer 3 bis 15 kann der Senat den Rechtsstreit einem seiner Mitglieder als Einzelrichter zur Entscheidung übertragen, wenn

1. die Sache keine besonderen Schwierigkeiten tatsächlicher oder rechtlicher Art aufweist und
2. die Rechtssache keine grundsätzliche Bedeutung hat.

§ 6 Absatz 2 bis 4 gilt entsprechend.

§ 10 (Bundesverwaltungsgericht)

(1) Das Bundesverwaltungsgericht besteht aus dem Präsidenten und aus den Vorsitzenden Richtern und weiteren Richtern in erforderlicher Anzahl.

(2) Bei dem Bundesverwaltungsgericht werden Senate gebildet.

(3) Die Senate des Bundesverwaltungsgerichts entscheiden in der Besetzung von fünf Richtern, bei Beschlüssen außerhalb der mündlichen Verhandlung in der Besetzung von drei Richtern.

(4) In Verfahren nach § 50 Absatz 1 Nummer 6 kann der Senat in einer Besetzung mit drei Richtern entscheiden, wenn

1. die Sache keine besonderen Schwierigkeiten tatsächlicher oder rechtlicher Art aufweist und
2. die Rechtssache keine grundsätzliche Bedeutung hat.

§ 6 Absatz 2 bis 4 gilt entsprechend.

§ 11 (Großer Senat)

(1) Bei dem Bundesverwaltungsgericht wird ein Großer Senat gebildet.

(2) Der Große Senat entscheidet, wenn ein Senat in einer Rechtsfrage von der Entscheidung eines anderen Senats oder des Großen Senats abweichen will.

(3) Eine Vorlage an den Großen Senat ist nur zulässig, wenn der Senat, von dessen Entscheidung abgewichen werden soll, auf Anfrage des erkennenden Senats erklärt hat, daß er an seiner Rechtsauffassung festhält. Kann der Senat, von dessen Entscheidung abgewichen werden soll, wegen einer Änderung des Geschäftsverteilungsplanes mit der Rechtsfrage nicht mehr befaßt werden, tritt der Senat an seine Stelle, der nach dem Geschäftsverteilungsplan für den Fall, in dem abweichend entschieden wurde, nunmehr zuständig wäre. Über die Anfrage und die Antwort entscheidet der jeweilige Senat durch Beschluß in der für Urteile erforderlichen Besetzung.

(4) Der erkennende Senat kann eine Frage von grundsätzlicher Bedeutung dem Großen Senat zur Entscheidung vorlegen, wenn das nach seiner Auffassung zur Fortbildung des Rechts oder zur Sicherung einer einheitlichen Rechtsprechung erforderlich ist.

(5) Der Große Senat besteht aus dem Präsidenten und je einem Richter der Revisionssenate, in denen der Präsident nicht den Vorsitz führt. Legt ein anderer als ein Revisionssenat

vor oder soll von dessen Entscheidung abgewichen werden, ist auch ein Mitglied dieses Senats im Großen Senat vertreten. Bei einer Verhinderung des Präsidenten tritt ein Richter des Senats, dem er angehört, an seine Stelle.

(6) Die Mitglieder und die Vertreter werden durch das Präsidium für ein Geschäftsjahr bestellt. Das gilt auch für das Mitglied eines anderen Senats nach Absatz 5 Satz 2 und für seinen Vertreter. Den Vorsitz im Großen Senat führt der Präsident, bei Verhinderung das dienstälteste Mitglied. Bei Stimmengleichheit gibt die Stimme des Vorsitzenden den Ausschlag.

(7) Der Große Senat entscheidet nur über die Rechtsfrage. Er kann ohne mündliche Verhandlung entscheiden. Seine Entscheidung ist in der vorliegenden Sache für den erkennenden Senat bindend.

§ 12 (Großer Senat des OVG)

(1) Die Vorschriften des § 11 gelten für das Oberverwaltungsgericht entsprechend, soweit es über eine Frage des Landesrechts endgültig entscheidet. An die Stelle der Revisionssenate treten die nach diesem Gesetz gebildeten Berufungssenate.

(2) Besteht ein Oberverwaltungsgericht nur aus zwei Berufungssenaten, so treten an die Stelle des Großen Senats die Vereinigten Senate.

(3) Durch Landesgesetz kann eine abweichende Zusammensetzung des Großen Senats bestimmt werden.

§ 13 (Geschäftsstelle)

Bei jedem Gericht wird eine Geschäftsstelle eingerichtet. Sie wird mit der erforderlichen Anzahl von Urkundsbeamten besetzt.

§ 14 (Rechts- und Amtshilfe)

Alle Gerichte und Verwaltungsbehörden leisten den Gerichten der Verwaltungsgerichtsbarkeit Rechts- und Amtshilfe.

2. Abschnitt
Richter

§ 15 (Ernennung)

(1) Die Richter werden auf Lebenszeit ernannt, soweit nicht in §§ 16 und 17 Abweichendes bestimmt ist.

(2) (weggefallen)

(3) Die Richter des Bundesverwaltungsgerichts müssen das fünfunddreißigste Lebensjahr vollendet haben.

§ 16 (Richter im Nebenamt)

Bei dem Oberverwaltungsgericht und bei dem Verwaltungsgericht können auf Lebenszeit ernannte Richter anderer Gerichte und ordentliche Professoren des Rechts für eine bestimmte Zeit von mindestens zwei Jahren, längstens jedoch für die Dauer ihres Hauptamtes, zu Richtern im Nebenamt ernannt werden.

§ 17 (Richter auf Probe, Richter kraft Auftrags, Richter auf Zeit)

Bei den Verwaltungsgerichten können auch folgende Richter verwendet werden:

1. Richter auf Probe,
2. Richter kraft Auftrags und
3. Richter auf Zeit.

§ 18 (Deckung vorübergehenden Personalbedarfs)

Zur Deckung eines nur vorübergehenden Personalbedarfs kann ein Beamter auf Lebenszeit mit der Befähigung zum Richteramt für die Dauer von mindestens zwei Jahren, längstens jedoch für die Dauer seines Hauptamts, zum Richter auf Zeit ernannt werden. § 15 Absatz 1 Satz 1 und 3 sowie Absatz 2 des Deutschen Richtergesetzes ist entsprechend anzuwenden.

3. Abschnitt
Ehrenamtliche Richter

§ 19 (Gleiche Rechte)

Der ehrenamtliche Richter wirkt bei der mündlichen Verhandlung und der Urteilsfindung mit gleichen Rechten wie der Richter mit.

§ 20 (Persönliche Voraussetzungen)

Der ehrenamtliche Richter muß Deutscher sein. Er soll das 25. Lebensjahr vollendet und seinen Wohnsitz innerhalb des Gerichtsbezirks haben.

§ 21 (Ausschluss)

(1) Vom Amt des ehrenamtlichen Richters sind ausgeschlossen

1. Personen, die infolge Richterspruchs die Fähigkeit zur Bekleidung öffentlicher Ämter nicht besitzen oder wegen einer vorsätzlichen Tat zu einer Freiheitsstrafe von mehr als sechs Monaten verurteilt worden sind,
2. Personen, gegen die Anklage wegen einer Tat erhoben ist, die den Verlust der Fähigkeit zur Bekleidung öffentlicher Ämter zur Folge haben kann,
3. Personen, die nicht das Wahlrecht zu den gesetzgebenden Körperschaften des Landes besitzen.

(2) Personen, die in Vermögensverfall geraten sind, sollen nicht zu ehrenamtlichen Richtern berufen werden.

§ 22 (Ausgeschlossene Personengruppen)

Zu ehrenamtlichen Richtern können nicht berufen werden

1. Mitglieder des Bundestages, des Europäischen Parlaments, der gesetzgebenden Körperschaften eines Landes, der Bundesregierung oder einer Landesregierung,
2. Richter,
3. Beamte und Angestellte im öffentlichen Dienst, soweit sie nicht ehrenamtlich tätig sind,
4. Berufssoldaten und Soldaten auf Zeit,
5. Rechtsanwälte, Notare und Personen, die fremde Rechtsangelegenheiten geschäftsmäßig besorgen.

§ 23 (Ablehnungsberechtigte)

(1) Die Berufung zum Amt des ehrenamtlichen Richters dürfen ablehnen

1. Geistliche und Religionsdiener,
2. Schöffen und andere ehrenamtliche Richter,
3. Personen, die zwei Amtsperioden lang als ehrenamtliche Richter bei Gerichten der allgemeinen Verwaltungsgerichtsbarkeit tätig gewesen sind,
4. Ärzte, Krankenpfleger, Hebammen,
5. Apothekenleiter, die keinen weiteren Apotheker beschäftigen,
6. Personen, die die Regelaltersgrenze nach dem Sechsten Buch Sozialgesetzbuch erreicht haben.

(2) In besonderen Härtefällen kann außerdem auf Antrag von der Übernahme des Amtes befreit werden.

§ 24 (Entbindung vom Amt)

(1) Ein ehrenamtlicher Richter ist von seinem Amt zu entbinden, wenn er

1. nach §§ 20 bis 22 nicht berufen werden konnte oder nicht mehr berufen werden kann oder
2. seine Amtspflichten gröblich verletzt hat oder
3. einen Ablehnungsgrund nach § 23 Abs. 1 geltend macht oder
4. die zur Ausübung seines Amtes erforderlichen geistigen oder körperlichen Fähigkeiten nicht mehr besitzt oder
5. seinen Wohnsitz im Gerichtsbezirk aufgibt.

(2) In besonderen Härtefällen kann außerdem auf Antrag von der weiteren Ausübung des Amtes entbunden werden.

(3) Die Entscheidung trifft ein Senat des Oberverwaltungsgerichts in den Fällen des Absatzes 1 Nr. 1, 2 und 4 auf Antrag des Präsidenten des Verwaltungsgerichts, in den Fällen des Absatzes 1 Nr. 3 und 5 und des Absatzes 2 auf Antrag des ehrenamtlichen Richters. Die Entscheidung ergeht durch Beschluß nach Anhörung des ehrenamtlichen Richters. Sie ist unanfechtbar.

(4) Absatz 3 gilt entsprechend in den Fällen des § 23 Abs. 2.

(5) Auf Antrag des ehrenamtlichen Richters ist die Entscheidung nach Absatz 3 von dem Senat des Oberverwaltungsgerichts aufzuheben, wenn Anklage nach § 21 Nr. 2 erhoben war und der Angeschuldigte rechtskräftig außer Verfolgung gesetzt oder freigesprochen worden ist.

§ 25 (Amtszeit)

Die ehrenamtlichen Richter werden auf fünf Jahre gewählt.

§ 26 (Wahlausschuss)

(1) Bei jedem Verwaltungsgericht wird ein Ausschuß zur Wahl der ehrenamtlichen Richter bestellt.

(2) Der Ausschuß besteht aus dem Präsidenten des Verwaltungsgerichts als Vorsitzendem, einem von der Landesregierung bestimmten Verwaltungsbeamten und sieben Vertrauensleuten als Beisitzern. Die Vertrauensleute, ferner sieben Vertreter werden aus den Einwohnern des Verwaltungsgerichtsbezirks vom Landtag oder von einem durch ihn bestimmten Landtagsausschuß oder nach Maßgabe eines Landesgesetzes gewählt. Sie müssen die Voraussetzungen zur Berufung als ehrenamtliche Richter erfüllen. Die Landesregierungen werden ermächtigt, durch Rechtsverordnung die Zuständigkeit für die Bestimmung des Verwaltungsbeamten abweichend von Satz 1 zu regeln. Sie können diese Ermächtigung auf oberste Landesbehörden übertragen. In den Fällen des § 3 Abs. 2 richtet sich die Zuständigkeit für die Bestellung des Verwaltungsbeamten sowie des Landes für die Wahl der Vertrauensleute nach dem Sitz des Gerichts. Die Landesgesetzgebung kann in diesen Fällen vorsehen, dass jede beteiligte Landesregierung einen Verwaltungsbeamten in den Ausschuss entsendet und dass jedes beteiligte Land mindestens zwei Vertrauensleute bestellt.

(3) Der Ausschuß ist beschlußfähig, wenn wenigstens der Vorsitzende, ein Verwaltungsbeamter und drei Vertrauensleute anwesend sind.

§ 27 (Erforderliche Zahl)

Die für jedes Verwaltungsgericht erforderliche Zahl von ehrenamtlichen Richtern wird durch den Präsidenten so bestimmt, daß voraussichtlich jeder zu höchstens zwölf ordentlichen Sitzungstagen im Jahr herangezogen wird.

§ 28 (Vorschlagsliste)

Die Kreise und kreisfreien Städte stellen in jedem fünften Jahr eine Vorschlagsliste für ehrenamtliche Richter auf. Der Ausschuß bestimmt für jeden Kreis und für jede kreisfreie Stadt die Zahl der Personen, die in die Vorschlagsliste aufzunehmen sind. Hierbei ist die doppelte Anzahl der nach § 27 erforderlichen ehrenamtlichen Richter zugrunde zu legen. Für die Aufnahme in die Liste ist die Zustimmung von zwei Dritteln der anwesenden Mitglieder der Vertretungskörperschaft des Kreises oder der kreisfreien Stadt, mindestens jedoch die Hälfte der gesetzlichen Mitgliederzahl erforderlich. Die jeweiligen Regelungen zur Beschlussfassung der Vertretungskörperschaft bleiben unberührt. Die Vorschlagslisten sollen außer dem Namen auch den Geburtsort, den Geburtstag und Beruf des Vorgeschlagenen enthalten; sie sind dem Präsidenten des zuständigen Verwaltungsgerichts zu übermitteln.

§ 29 (Auswahl)

(1) Der Ausschuß wählt aus den Vorschlagslisten mit einer Mehrheit von mindestens zwei Dritteln der Stimmen die erforderliche Zahl von ehrenamtlichen Richtern.

(2) Bis zur Neuwahl bleiben die bisherigen ehrenamtlichen Richter im Amt.

§ 30 (Reihenfolge; Hilfsliste)

(1) Das Präsidium des Verwaltungsgerichts bestimmt vor Beginn des Geschäftsjahres die Reihenfolge, in der die ehrenamtlichen Richter zu den Sitzungen heranzuziehen sind.

(2) Für die Heranziehung von Vertretern bei unvorhergesehener Verhinderung kann eine Hilfsliste aus ehrenamtlichen Richtern aufgestellt werden, die am Gerichtssitz oder in seiner Nähe wohnen.

§ 31 (weggefallen)

§ 32 (Entschädigung)

Der ehrenamtliche Richter und der Vertrauensmann (§ 26) erhalten eine Entschädigung nach dem Justizvergütungs- und -entschädigungsgesetz.

§ 33 (Ordnungsgeld)

(1) Gegen einen ehrenamtlichen Richter, der sich ohne genügende Entschuldigung zu einer Sitzung nicht rechtzeitig einfindet oder der sich seinen Pflichten auf andere Weise entzieht, kann ein Ordnungsgeld festgesetzt werden. Zugleich können ihm die durch sein Verhalten verursachten Kosten auferlegt werden.

(2) Die Entscheidung trifft der Vorsitzende. Bei nachträglicher Entschuldigung kann er sie ganz oder zum Teil aufheben.

§ 34 (Oberverwaltungsgericht)

§§ 19 bis 33 gelten für die ehrenamtlichen Richter bei dem Oberverwaltungsgericht entsprechend, wenn die Landesgesetzgebung bestimmt hat, daß bei diesem Gericht ehrenamtliche Richter mitwirken.

4. Abschnitt
Vertreter des öffentlichen Interesses

§ 35 (Oberbundesanwalt)

(1) Die Bundesregierung bestellt einen Vertreter des Bundesinteresses beim Bundesverwaltungsgericht und richtet ihn im Bundesministerium des Innern, für Bau und Heimat ein. Der Vertreter des Bundesinteresses beim Bundesverwaltungsgericht kann sich an jedem Verfahren vor dem Bundesverwaltungsgericht beteiligen; dies gilt nicht für Verfahren vor den Wehrdienstsenaten. Er ist an die Weisungen der Bundesregierung gebunden.

(2) Das Bundesverwaltungsgericht gibt dem Vertreter des Bundesinteresses beim Bundesverwaltungsgericht Gelegenheit zur Äußerung.

§ 36 (Oberverwaltungsgericht, Verwaltungsgericht)

(1) Bei dem Oberverwaltungsgericht und bei dem Verwaltungsgericht kann nach Maßgabe einer Rechtsverordnung der Landesregierung ein Vertreter des öffentlichen Interesses bestimmt werden. Dabei kann ihm allgemein oder für bestimmte Fälle die Vertretung des Landes oder von Landesbehörden übertragen werden.

(2) § 35 Abs. 2 gilt entsprechend.

§ 37 (Befähigung zum Richteramt)

(1) Der Vertreter des Bundesinteresses beim Bundesverwaltungsgericht und seine hauptberuflichen Mitarbeiter des höheren Dienstes müssen die Befähigung zum Richteramt haben.

(2) Der Vertreter des öffentlichen Interesses bei dem Oberverwaltungsgericht und bei dem Verwaltungsgericht muß die Befähigung zum Richteramt nach dem Deutschen Richtergesetz haben; § 174 bleibt unberührt.

5. Abschnitt
Gerichtsverwaltung

§ 38 (Dienstaufsicht)

(1) Der Präsident des Gerichts übt die Dienstaufsicht über die Richter, Beamten, Angestellten und Arbeiter aus.

(2) Übergeordnete Dienstaufsichtsbehörde für das Verwaltungsgericht ist der Präsident des Oberverwaltungsgerichts.

§ 39 (Keine Verwaltungsgeschäfte)

Dem Gericht dürfen keine Verwaltungsgeschäfte außerhalb der Gerichtsverwaltung übertragen werden.

6. Abschnitt
Verwaltungsrechtsweg und Zuständigkeit

§ 40 (Öffentlich-rechtliche Streitigkeiten)

(1) Der Verwaltungsrechtsweg ist in allen öffentlich-rechtlichen Streitigkeiten nichtverfas-

sungsrechtlicher Art gegeben, soweit die Streitigkeiten nicht durch Bundesgesetz einem anderen Gericht ausdrücklich zugewiesen sind. Öffentlich-rechtliche Streitigkeiten auf dem Gebiet des Landesrechts können einem anderen Gericht auch durch Landesgesetz zugewiesen werden.

(2) Für vermögensrechtliche Ansprüche aus Aufopferung für das gemeine Wohl und aus öffentlich-rechtlicher Verwahrung sowie für Schadensersatzansprüche aus der Verletzung öffentlich-rechtlicher Pflichten, die nicht auf einem öffentlich-rechtlichen Vertrag beruhen, ist der ordentliche Rechtsweg gegeben; dies gilt nicht für Streitigkeiten über das Bestehen und die Höhe eines Ausgleichsanspruchs im Rahmen des Artikels 14 Abs. 1 Satz 2 des Grundgesetzes. Die besonderen Vorschriften des Beamtenrechts sowie über den Rechtsweg bei Ausgleich von Vermögensnachteilen wegen Rücknahme rechtswidriger Verwaltungsakte bleiben unberührt.

§ 41 (weggefallen)

§ 42 (Anfechtungsklage; Verpflichtungsklage)

(1) Durch Klage kann die Aufhebung eines Verwaltungsakts (Anfechtungsklage) sowie die Verurteilung zum Erlaß eines abgelehnten oder unterlassenen Verwaltungsakts (Verpflichtungsklage) begehrt werden.

(2) Soweit gesetzlich nichts anderes bestimmt ist, ist die Klage nur zulässig, wenn der Kläger geltend macht, durch den Verwaltungsakt oder seine Ablehnung oder Unterlassung in seinen Rechten verletzt zu sein.

§ 43 (Feststellungsklage)

(1) Durch Klage kann die Feststellung des Bestehens oder Nichtbestehens eines Rechtsverhältnisses oder der Nichtigkeit eines Verwaltungsakts begehrt werden, wenn der Kläger ein berechtigtes Interesse an der baldigen Feststellung hat (Feststellungsklage).

(2) Die Feststellung kann nicht begehrt werden, soweit der Kläger seine Rechte durch Gestaltungs- oder Leistungsklage verfolgen kann oder hätte verfolgen können. Dies gilt nicht, wenn die Feststellung der Nichtigkeit eines Verwaltungsakts begehrt wird.

§ 44 (Mehrere Klagebegehren)

Mehrere Klagebegehren können vom Kläger in einer Klage zusammen verfolgt werden, wenn sie sich gegen denselben Beklagten richten, im Zusammenhang stehen und dasselbe Gericht zuständig ist.

§ 44a (Rechtsbehelfe gegen behördliche Verfahrenshandlungen)

Rechtsbehelfe gegen behördliche Verfahrenshandlungen können nur gleichzeitig mit den gegen die Sachentscheidung zulässigen Rechtsbehelfen geltend gemacht werden. Dies gilt nicht, wenn behördliche Verfahrenshandlungen vollstreckt werden können oder gegen einen Nichtbeteiligten ergehen.

§ 45 (Erster Rechtszug)

Das Verwaltungsgericht entscheidet im ersten Rechtszug über alle Streitigkeiten, für die der Verwaltungsrechtsweg offensteht.

§ 46 (Zweiter Rechtszug)

Das Oberverwaltungsgericht entscheidet über das Rechtsmittel

1. der Berufung gegen Urteile des Verwaltungsgerichts und
2. der Beschwerde gegen andere Entscheidungen des Verwaltungsgerichts.

§ 47 (Gültigkeit von Satzungen, von Rechtsvorschriften)

(1) Das Oberverwaltungsgericht entscheidet im Rahmen seiner Gerichtsbarkeit auf Antrag über die Gültigkeit

1. von Satzungen, die nach den Vorschriften des Baugesetzbuchs erlassen worden sind, sowie von Rechtsverordnungen auf Grund des § 246 Abs. 2 des Baugesetzbuchs,
2. von anderen im Rang unter dem Landesgesetz stehenden Rechtsvorschriften, sofern das Landesrecht dies bestimmt.

(2) Den Antrag kann jede natürliche oder juristische Person, die geltend macht, durch die Rechtsvorschrift oder deren Anwendung in

ihren Rechten verletzt zu sein oder in absehbarer Zeit verletzt zu werden, sowie jede Behörde innerhalb eines Jahres nach Bekanntmachung der Rechtsvorschrift stellen. Er ist gegen die Körperschaft, Anstalt oder Stiftung zu richten, welche die Rechtsvorschrift erlassen hat. Das Oberverwaltungsgericht kann dem Land und anderen juristischen Personen des öffentlichen Rechts, deren Zuständigkeit durch die Rechtsvorschrift berührt wird, Gelegenheit zur Äußerung binnen einer zu bestimmenden Frist geben. § 65 Abs. 1 und 4 und § 66 sind entsprechend anzuwenden.

(3) Das Oberverwaltungsgericht prüft die Vereinbarkeit der Rechtsvorschrift mit Landesrecht nicht, soweit gesetzlich vorgesehen ist, daß die Rechtsvorschrift ausschließlich durch das Verfassungsgericht eines Landes nachprüfbar ist.

(4) Ist ein Verfahren zur Überprüfung der Gültigkeit der Rechtsvorschrift bei einem Verfassungsgericht anhängig, so kann das Oberverwaltungsgericht anordnen, daß die Verhandlung bis zur Erledigung des Verfahrens vor dem Verfassungsgericht auszusetzen sei.

(5) Das Oberverwaltungsgericht entscheidet durch Urteil oder, wenn es eine mündliche Verhandlung nicht für erforderlich hält, durch Beschluß. Kommt das Oberverwaltungsgericht zu der Überzeugung, daß die Rechtsvorschrift ungültig ist, so erklärt es sie für unwirksam; in diesem Fall ist die Entscheidung allgemein verbindlich und die Entscheidungsformel vom Antragsgegner ebenso zu veröffentlichen wie die Rechtsvorschrift bekanntzumachen wäre. Für die Wirkung der Entscheidung gilt § 183 entsprechend.

(6) Das Gericht kann auf Antrag eine einstweilige Anordnung erlassen, wenn dies zur Abwehr schwerer Nachteile oder aus anderen wichtigen Gründen dringend geboten ist.

§ 48 (Erster Rechtszug)

(1) Das Oberverwaltungsgericht entscheidet im ersten Rechtszug über sämtliche Streitigkeiten, die betreffen

1. die Errichtung, den Betrieb, die sonstige Innehabung, die Veränderung, die Stillegung, den sicheren Einschluß und den Abbau von Anlagen im Sinne der §§ 7 und 9a Abs. 3 des Atomgesetzes,

1a. das Bestehen und die Höhe von Ausgleichsansprüchen auf Grund der §§ 7e und 7f des Atomgesetzes,

2. die Bearbeitung, Verarbeitung und sonstige Verwendung von Kernbrennstoffen außerhalb von Anlagen der in § 7 des Atomgesetzes bezeichneten Art (§ 9 des Atomgesetzes) und die wesentliche Abweichung oder die wesentliche Veränderung im Sinne des § 9 Abs. 1 Satz 2 des Atomgesetzes sowie die Aufbewahrung von Kernbrennstoffen außerhalb der staatlichen Verwahrung (§ 6 des Atomgesetzes),

3. die Errichtung, den Betrieb und die Änderung von Kraftwerken mit Feuerungsanlagen für feste, flüssige und gasförmige Brennstoffe mit einer Feuerungswärmeleistung von mehr als dreihundert Megawatt,

3a. die Errichtung, den Betrieb und die Änderung von Anlagen zur Nutzung von Windenergie an Land mit einer Gesamthöhe von mehr als 50 Metern sowie Anlagen von Windenergie auf See im Küstenmeer,

3b. die Errichtung, den Betrieb und die Änderung von Kraft-Wärme-Kopplungsanlagen im Sinne des Kraft-Wärme-Kopplungsgesetzes ab einer Feuerungswärmeleistung von 50 Megawatt,

3c. die Errichtung, den Betrieb und die Änderung von
   a) Anlagen nach § 2 Nummer 1 des Geothermie-Beschleunigungsgesetzes vom 22. Dezember 2025 (BGBl. 2025 I Nr. 348, S. 2) in der jeweils geltenden Fassung einschließlich der Streitigkeiten nach § 10 Absatz 2 des Geothermie-Beschleunigungsgesetzes,
   b) Anlagen nach § 2 Nummer 3 des Geothermie-Beschleunigungsgesetzes mit einer thermischen Leistung von mindestens 500 Kilowatt ein-

schließlich der Streitigkeiten nach § 10 Absatz 2 des Geothermie-Beschleunigungsgesetzes sowie

c) Leitungen nach § 2 Nummer 5 des Geothermie-Beschleunigungsgesetzes einschließlich der Streitigkeiten nach § 10 Absatz 2 des Geothermie-Beschleunigungsgesetzes,

3d. die Errichtung, den Betrieb und die Änderung von

a) Anlagen nach § 2 Absatz 1 Nummer 1 des Wasserstoffbeschleunigungsgesetzes vom 29. März 2026 (BGBl. 2026 I Nr. 84, S. 2), in der jeweils geltenden Fassung, mit einer elektrischen Nennleistung von mindestens 30 Megawatt und den dazugehörigen Leitungen nach § 2 Absatz 1 Nummer 13 und 14 des Wasserstoffbeschleunigungsgesetzes und

b) Anlagen nach § 2 Absatz 1 Nummer 3 des Wasserstoffbeschleunigungsgesetzes, sofern diese eine Speicherkapazität von 25 Tonnen Wasserstoff oder mehr haben, und der dazugehörigen Leitungen nach § 2 Absatz 1 Nummer 13 und 14 des Wasserstoffbeschleunigungsgesetzes,

4. Planfeststellungsverfahren gemäß § 43 des Energiewirtschaftsgesetzes, soweit nicht die Zuständigkeit des Bundesverwaltungsgerichts nach § 50 Absatz 1 Nummer 6 begründet ist,

4a. Planfeststellungs- oder Plangenehmigungsverfahren für die Errichtung, den Betrieb und die Änderung von Einrichtungen nach § 66 Absatz 1 des Windenergie-auf-See-Gesetzes, soweit nicht die Zuständigkeit des Bundesverwaltungsgerichts nach § 50 Absatz 1 Nummer 6 begründet ist,

5. Verfahren für die Errichtung, den Betrieb und die wesentliche Änderung von ortsfesten Anlagen zur Verbrennung oder thermischen Zersetzung von Abfällen mit einer jährlichen Durchsatzleistung (effektive Leistung) von mehr als einhunderttausend Tonnen und von ortsfesten Anlagen, in denen ganz oder teilweise Abfälle im Sinne des § 48 des Kreislaufwirtschaftsgesetzes gelagert oder abgelagert werden,

6. das Anlegen, die Erweiterung oder Änderung und den Betrieb von Verkehrsflughäfen und von Verkehrslandeplätzen mit beschränktem Bauschutzbereich,

7. Planfeststellungsverfahren für den Bau oder die Änderung der Strecken von Straßenbahnen, Magnetschwebebahnen und von öffentlichen Eisenbahnen sowie für den Bau oder die Änderung von Rangier- und Containerbahnhöfen,

8. Planfeststellungsverfahren für den Bau oder die Änderung von Bundesfernstraßen und Landesstraßen,

9. Planfeststellungsverfahren für den Neubau oder den Ausbau von Bundeswasserstraßen,

10. Planfeststellungsverfahren für Maßnahmen des öffentlichen Küsten- oder Hochwasserschutzes,

11. Planfeststellungsverfahren nach § 68 Absatz 1 des Wasserhaushaltsgesetzes oder nach landesrechtlichen Vorschriften für die Errichtung, die Erweiterung oder die Änderung von Häfen, die für Wasserfahrzeuge mit mehr als 1350 Tonnen Tragfähigkeit zugänglich sind, unbeschadet der Nummer 9,

12. Planfeststellungsverfahren nach § 68 Absatz 1 des Wasserhaushaltsgesetzes für die Errichtung, die Erweiterung oder die Änderung von Wasserkraftanlagen mit einer elektrischen Nettoleistung von mehr als 100 Megawatt,

12a. Gewässerbenutzungen im Zusammenhang mit der aufgrund des Kohleverstromungsbeendigungsgesetzes vorgesehenen Einstellung von Braunkohletagebauen,

12b. Planfeststellungsverfahren für Gewässerausbauten im Zusammenhang mit der aufgrund des Kohleverstromungsbeendigungsgesetzes vorgesehenen Einstellung von Braunkohletagebauen,

13. Planfeststellungsverfahren nach dem Bundesberggesetz,
14. Zulassungen von
    a) Rahmenbetriebsplänen,
    b) Hauptbetriebsplänen,
    c) Sonderbetriebsplänen und
    d) Abschlussbetriebsplänen

    sowie Grundabtretungsbeschlüsse, jeweils im Zusammenhang mit der aufgrund des Kohleverstromungsbeendigungsgesetzes vorgesehenen Einstellung von Braunkohletagebauen,
15. Planfeststellungsverfahren nach §65 Absatz 1 in Verbindung mit Anlage 1 Nummer 19.7 des Gesetzes über die Umweltverträglichkeitsprüfung für die Errichtung und den Betrieb oder die Änderung von Dampf- oder Warmwasserpipelines und
16. Planfeststellungs- oder Plangenehmigungsverfahren sowie Genehmigungsverfahren nach dem Kohlendioxid-Speicherung-und-Transport-Gesetz.

Satz 1 gilt auch für Streitigkeiten über Genehmigungen, die anstelle einer Planfeststellung erteilt werden, sowie für Streitigkeiten über sämtliche für das Vorhaben erforderlichen Genehmigungen und Erlaubnisse, auch soweit sie Nebeneinrichtungen betreffen, die mit ihm in einem räumlichen und betrieblichen Zusammenhang stehen. Die Länder können durch Gesetz vorschreiben, daß über Streitigkeiten, die Besitzeinweisungen in den Fällen des Satzes 1 betreffen, das Oberverwaltungsgericht im ersten Rechtszug entscheidet.

(2) Das Oberverwaltungsgericht entscheidet im ersten Rechtszug ferner über Klagen gegen die von einer obersten Landesbehörde nach §3 Abs. 2 Nr. 1 des Vereinsgesetzes ausgesprochenen Vereinsverbote und nach §8 Abs. 2 Satz 1 des Vereinsgesetzes erlassenen Verfügungen.

(3) Abweichend von §21e Absatz 4 des Gerichtsverfassungsgesetzes soll das Präsidium des Oberverwaltungsgerichts anordnen, dass ein Spruchkörper, der in einem Verfahren nach Absatz 1 Satz 1 Nummer 3 bis 16 tätig geworden ist, für dieses nach einer Änderung der Geschäftsverteilung zuständig bleibt.

Entscheidung des Bundesverfassungsgerichts

vom 29. September 2020 (BGBl. I S. 2652)

Aus dem Beschluss des Bundesverfassungsgerichts vom 29. September 2020 – 1 BvR 1550/19 – wird folgende Entscheidungsformel veröffentlicht:

1. Die Beschwerdeführerinnen sind dadurch in ihrem Grundrecht aus Artikel 14 Absatz 1 des Grundgesetzes verletzt, dass der Gesetzgeber auch für den Zeitraum nach dem 30. Juni 2018 weder durch das Sechzehnte Gesetz zur Änderung des Atomgesetzes vom 10. Juli 2018 (Bundesgesetzblatt I Seite 1122) noch durch ein anderes Gesetz eine Neuregelung in Kraft gesetzt hat, die eine im Wesentlichen vollständige Verstromung der den Kernkraftwerken in Anlage 3 Spalte 2 zum Atomgesetz zugewiesenen Elektrizitätsmengen sicherstellt oder einen angemessenen Ausgleich für nicht mehr verstrombare Teile dieser Elektrizitätsmengen gewährt (vgl. BVerfGE 143, 246 <248, Nummer 1 der Entscheidungsformel>).

   (**Anmerkung der Redaktion**: Durch das oben genannte Sechzehnte Gesetz zur Änderung des Atomgesetzes wurde in §48 VwGO Absatz 1 Satz 1 Nr. 1a eingefügt. Laut Urteilsbegründung ist das Änderungsgesetz nicht wirksam in Kraft getreten.)
2. Der Gesetzgeber bleibt zur Neuregelung verpflichtet.

Die vorstehende Entscheidungsformel hat gemäß §31 Absatz 2 des Bundesverfassungsgerichtsgesetzes Gesetzeskraft.

§ 49 (Dritter Rechtszug)

Das Bundesverwaltungsgericht entscheidet über das Rechtsmittel

1. der Revision gegen Urteile des Oberverwaltungsgerichts nach §132,
2. der Revision gegen Urteile des Verwaltungsgerichts nach §§134 und 135,
3. der Beschwerde nach §99 Abs. 2 und §133 Abs. 1 dieses Gesetzes sowie nach §17a Abs. 4 Satz 4 des Gerichtsverfassungsgesetzes.

§ 50 (Bundesverwaltungsgericht im ersten Rechtszug)

(1) Das Bundesverwaltungsgericht entscheidet im ersten und letzten Rechtszug

1. über öffentlich-rechtliche Streitigkeiten nichtverfassungsrechtlicher Art zwischen dem Bund und den Ländern und zwischen verschiedenen Ländern,
2. über Klagen gegen die vom Bundesminister des Innern, für Bau und Heimat nach § 3 Abs. 2 Nr. 2 des Vereinsgesetzes ausgesprochenen Vereinsverbote und nach § 8 Abs. 2 Satz 1 des Vereinsgesetzes erlassenen Verfügungen,
3. über Streitigkeiten gegen Abschiebungsanordnungen nach § 58a des Aufenthaltsgesetzes und ihre Vollziehung, sowie den Erlass eines Einreise- und Aufenthaltsverbots auf dieser Grundlage,
4. über Klagen gegen den Bund, denen Vorgänge im Geschäftsbereich des Bundesnachrichtendienstes zugrunde liegen,
5. über Klagen gegen Maßnahmen und Entscheidungen nach § 12 Absatz 3a des Abgeordnetengesetzes, nach den Vorschriften des Elften Abschnitts des Abgeordnetengesetzes, nach § 6b des Bundesministergesetzes und nach § 7 des Gesetzes über die Rechtsverhältnisse der Parlamentarischen Staatssekretäre in Verbindung mit § 6b des Bundesministergesetzes,
6. über sämtliche Streitigkeiten, die Planfeststellungsverfahren und Plangenehmigungsverfahren für Vorhaben betreffen, die in dem Allgemeinen Eisenbahngesetz, dem Bundeswasserstraßengesetz, dem Energieleitungsausbaugesetz, dem Bundesbedarfsplangesetz, dem § 43e Absatz 4 des Energiewirtschaftsgesetzes, dem § 76 Absatz 1 des Windenergie-auf-See-Gesetzes oder dem Magnetschwebebahnplanungsgesetz bezeichnet sind, über sämtliche Streitigkeiten zu Verfahren im Sinne des § 17e Absatz 1 des Bundesfernstraßengesetzes, über sämtliche Streitigkeiten, die in § 9 Absatz 2 des Wasserstoffbeschleunigungsgesetzes bezeichnet sind, sowie über die ihm nach dem LNG-Beschleunigungsgesetz zugewiesenen Verfahren,
7. über die ihm nach dem Energiesicherungsgesetz zugewiesenen Verfahren.

(2) In Verfahren nach Absatz 1 Nummer 6 ist § 48 Absatz 3 entsprechend anzuwenden.

(3) Hält das Bundesverwaltungsgericht nach Absatz 1 Nr. 1 eine Streitigkeit für verfassungsrechtlich, so legt es die Sache dem Bundesverfassungsgericht zur Entscheidung vor.

§ 51 (Verbot eines Teilvereins)

(1) Ist gemäß § 5 Abs. 2 des Vereinsgesetzes das Verbot des Gesamtvereins anstelle des Verbots eines Teilvereins zu vollziehen, so ist ein Verfahren über eine Klage dieses Teilvereins gegen das ihm gegenüber erlassene Verbot bis zum Erlaß der Entscheidung über eine Klage gegen das Verbot des Gesamtvereins auszusetzen.

(2) Eine Entscheidung des Bundesverwaltungsgerichts bindet im Falle des Absatzes 1 die Oberverwaltungsgerichte.

(3) Das Bundesverwaltungsgericht unterrichtet die Oberverwaltungsgerichte über die Klage eines Vereins nach § 50 Abs. 1 Nr. 2.

§ 52 (Örtliche Zuständigkeit)

Für die örtliche Zuständigkeit gilt folgendes:

1. In Streitigkeiten, die sich auf unbewegliches Vermögen oder ein ortsgebundenes Recht oder Rechtsverhältnis beziehen, ist nur das Verwaltungsgericht örtlich zuständig, in dessen Bezirk das Vermögen oder der Ort liegt.
2. Bei Anfechtungsklagen gegen den Verwaltungsakt einer Bundesbehörde, einer bundesunmittelbaren Körperschaft, Anstalt oder Stiftung des öffentlichen Rechts, ist das Verwaltungsgericht örtlich zuständig, in dessen Bezirk die Bundesbehörde, die Körperschaft, Anstalt oder Stiftung ihren Sitz hat, vorbehaltlich der Nummern 1 und 4. Dies gilt auch bei Verpflichtungsklagen in den Fällen des Satzes 1. In Streitigkeiten nach dem Asylgesetz ist jedoch das Verwaltungsgericht örtlich zuständig, bei dem bereits ein Verfahren von

IX

Familienangehörigen im Sinne des § 26 Absatz 1 bis 3 des Asylgesetzes anhängig ist, es sei denn, die Streitigkeit bezieht sich auf ein Verfahren nach § 18a des Asylgesetzes und der Ausländer ist noch verpflichtet, sich an einem Standort gemäß § 18a Absatz 6 oder Absatz 6a des Asylgesetzes aufzuhalten; dies gilt unabhängig davon, ob die Familie bereits vor der Ankunft des Ausländers im Hoheitsgebiet der Mitgliedstaaten bestanden hat; im Übrigen ist das Verwaltungsgericht örtlich zuständig, in dessen Bezirk der Ausländer nach dem Asylgesetz seinen Aufenthalt zu nehmen hat; ist eine örtliche Zuständigkeit danach nicht gegeben, bestimmt sie sich nach Nummer 3. Soweit ein Land, in dem der Ausländer seinen Aufenthalt zu nehmen hat, von der Möglichkeit nach § 83 Absatz 3 des Asylgesetzes Gebrauch gemacht hat, ist das Verwaltungsgericht örtlich zuständig, das nach dem Landesrecht für Streitigkeiten nach dem Asylgesetz betreffend den Herkunftsstaat des Ausländers zuständig ist. Für Klagen gegen den Bund auf Gebieten, die in die Zuständigkeit der diplomatischen und konsularischen Auslandsvertretungen der Bundesrepublik Deutschland fallen, auf dem Gebiet der Visumangelegenheiten auch, wenn diese in die Zuständigkeit des Bundesamts für Auswärtige Angelegenheiten fallen, ist das Verwaltungsgericht örtlich zuständig, in dessen Bezirk die Bundesregierung ihren Sitz hat.

3. Bei allen anderen Anfechtungsklagen vorbehaltlich der Nummern 1 und 4 ist das Verwaltungsgericht örtlich zuständig, in dessen Bezirk der Verwaltungsakt erlassen wurde. Ist er von einer Behörde, deren Zuständigkeit sich auf mehrere Verwaltungsgerichtsbezirke erstreckt, oder von einer gemeinsamen Behörde mehrerer oder aller Länder erlassen, so ist das Verwaltungsgericht zuständig, in dessen Bezirk der Beschwerte seinen Sitz oder Wohnsitz hat. Fehlt ein solcher innerhalb des Zuständigkeitsbereichs der Behörde, so bestimmt sich die Zuständigkeit nach Nummer 5. Bei Anfechtungsklagen gegen Verwaltungsakte einer von den Ländern mit der Vergabe von Studienplätzen beauftragten Behörde ist jedoch das Verwaltungsgericht örtlich zuständig, in dessen Bezirk die Behörde ihren Sitz hat. Dies gilt auch bei Verpflichtungsklagen in den Fällen der Sätze 1, 2 und 4.
4. Für alle Klagen aus einem gegenwärtigen oder früheren Beamten-, Richter-, Wehrpflicht-, Wehrdienst- oder Zivildienstverhältnis und für Streitigkeiten, die sich auf die Entstehung eines solchen Verhältnisses beziehen, ist das Verwaltungsgericht örtlich zuständig, in dessen Bezirk der Kläger oder Beklagte seinen dienstlichen Wohnsitz oder in Ermangelung dessen seinen Wohnsitz hat. Hat der Kläger oder Beklagte keinen dienstlichen Wohnsitz oder keinen Wohnsitz innerhalb des Zuständigkeitsbereichs der Behörde, die den ursprünglichen Verwaltungsakt erlassen hat, so ist das Gericht örtlich zuständig, in dessen Bezirk diese Behörde ihren Sitz hat. Die Sätze 1 und 2 gelten für Klagen nach § 79 des Gesetzes zur Regelung der Rechtsverhältnisse der unter Artikel 131 des Grundgesetzes fallenden Personen entsprechend.
5. In allen anderen Fällen ist das Verwaltungsgericht örtlich zuständig, in dessen Bezirk der Beklagte seinen Sitz, Wohnsitz oder in Ermangelung dessen seinen Aufenthalt hat oder seinen letzten Wohnsitz oder Aufenthalt hatte.

§ 53 (Bestimmung des zuständigen Gerichts)

(1) Das zuständige Gericht innerhalb der Verwaltungsgerichtsbarkeit wird durch das nächsthöhere Gericht bestimmt,

1. wenn das an sich zuständige Gericht in einem einzelnen Fall an der Ausübung der Gerichtsbarkeit rechtlich oder tatsächlich verhindert ist,
2. wenn es wegen der Grenzen verschiedener Gerichtsbezirke ungewiß ist, welches Gericht für den Rechtsstreit zuständig ist,

3. wenn der Gerichtsstand sich nach § 52 richtet und verschiedene Gerichte in Betracht kommen,
4. wenn verschiedene Gerichte sich rechtskräftig für zuständig erklärt haben,
5. wenn verschiedene Gerichte, von denen eines für den Rechtsstreit zuständig ist, sich rechtskräftig für unzuständig erklärt haben.

(2) Wenn eine örtliche Zuständigkeit nach § 52 nicht gegeben ist, bestimmt das Bundesverwaltungsgericht das zuständige Gericht.

(3) Jeder am Rechtsstreit Beteiligte und jedes mit dem Rechtsstreit befaßte Gericht kann das im Rechtszug höhere Gericht oder das Bundesverwaltungsgericht anrufen. Das angerufene Gericht kann ohne mündliche Verhandlung entscheiden.

Teil II
Verfahren

7. Abschnitt
Allgemeine Verfahrensvorschriften

§ 54 (Ausschließung, Ablehnung von Gerichtspersonen)

(1) Für die Ausschließung und Ablehnung der Gerichtspersonen gelten §§ 41 bis 49 der Zivilprozeßordnung entsprechend.

(2) Von der Ausübung des Amtes als Richter oder ehrenamtlicher Richter ist auch ausgeschlossen, wer bei dem vorausgegangenen Verwaltungsverfahren mitgewirkt hat.

(3) Besorgnis der Befangenheit nach § 42 der Zivilprozeßordnung ist stets dann begründet, wenn der Richter oder ehrenamtliche Richter der Vertretung einer Körperschaft angehört, deren Interessen durch das Verfahren berührt werden.

§ 55 (Öffentlichkeit, Sitzungspolizei, Gerichtssprache, Beratung, Abstimmung)

§§ 169, 171a bis 198 des Gerichtsverfassungsgesetzes über die Öffentlichkeit, Sitzungspolizei, Gerichtssprache, Beratung und Abstimmung finden entsprechende Anwendung.

§ 55a (Elektronische Dokumente)

(1) Vorbereitende Schriftsätze und deren Anlagen, schriftlich einzureichende Anträge und Erklärungen der Beteiligten sowie schriftlich einzureichende Auskünfte, Aussagen, Gutachten, Übersetzungen, Anträge und Erklärungen Dritter können nach Maßgabe der Absätze 2 bis 6 als elektronische Dokumente bei Gericht eingereicht werden.

(2) Das elektronische Dokument muss für die Bearbeitung durch das Gericht geeignet sein. Die Bundesregierung bestimmt durch Rechtsverordnung mit Zustimmung des Bundesrates technische Rahmenbedingungen für die Übermittlung und die Eignung zur Bearbeitung durch das Gericht sowie das Nähere zur Verarbeitung von Daten der Postfachinhaber nach Absatz 4 Satz 1 Nummer 3 und 4 in einem sicheren elektronischen Verzeichnis.

(3) Das elektronische Dokument muss mit einer qualifizierten elektronischen Signatur der verantwortenden Person versehen sein oder von der verantwortenden Person signiert und auf einem sicheren Übermittlungsweg eingereicht werden. Satz 1 gilt nicht für Anlagen, die vorbereitenden Schriftsätzen beigefügt sind. Soll ein schriftlich einzureichender Antrag oder eine schriftlich einzureichende Erklärung eines Beteiligten oder eines Dritten als elektronisches Dokument eingereicht werden, so kann der unterschriebene Antrag oder die unterschriebene Erklärung in ein elektronisches Dokument übertragen und durch den Bevollmächtigten, den Vertreter oder den Beistand nach Satz 1 übermittelt werden.

(4) Sichere Übermittlungswege sind

1. der Übermittlungsweg zwischen den besonderen elektronischen Anwaltspostfächern nach den §§ 31a und 31b der Bundesrechtsanwaltsordnung oder einem entsprechenden, auf gesetzlicher Grundlage errichteten elektronischen Postfach und der elektronischen Poststelle des Gerichts,
2. der Übermittlungsweg zwischen einem nach Durchführung eines Identifizierungs-

IX

verfahrens eingerichteten Postfach einer Behörde oder einer juristischen Person des öffentlichen Rechts und der elektronischen Poststelle des Gerichts,

3. der Übermittlungsweg zwischen einem nach Durchführung eines Identifizierungsverfahrens eingerichteten elektronischen Postfach einer natürlichen oder juristischen Person oder einer sonstigen Vereinigung und der elektronischen Poststelle des Gerichts,
4. der Übermittlungsweg zwischen einem nach Durchführung eines Identifizierungsverfahrens genutzten Postfach- und Versanddienst eines Nutzerkontos im Sinne des § 2 Absatz 5 des Onlinezugangsgesetzes und der elektronischen Poststelle des Gerichts,
5. sonstige bundeseinheitliche Übermittlungswege, die durch Rechtsverordnung der Bundesregierung mit Zustimmung des Bundesrates festgelegt werden, bei denen die Authentizität und Integrität der Daten sowie die Barrierefreiheit gewährleistet sind.

Das Nähere zu den Übermittlungswegen gemäß Satz 1 Nummer 2 bis 4 regelt die Rechtsverordnung nach Absatz 2 Satz 2.

(5) Ein elektronisches Dokument ist eingegangen, sobald es auf der für den Empfang bestimmten Einrichtung des Gerichts gespeichert ist. Dem Absender ist eine automatisierte Bestätigung über den Zeitpunkt des Eingangs zu erteilen. Die Vorschriften dieses Gesetzes über die Beifügung von Abschriften für die übrigen Beteiligten finden keine Anwendung.

(6) Ist ein elektronisches Dokument für das Gericht zur Bearbeitung nicht geeignet, ist dies dem Absender unter Hinweis auf die Unwirksamkeit des Eingangs unverzüglich mitzuteilen. Das Dokument gilt als zum Zeitpunkt der früheren Einreichung eingegangen, sofern der Absender es unverzüglich in einer für das Gericht zur Bearbeitung geeigneten Form nachreicht und glaubhaft macht, dass es mit dem zuerst eingereichten Dokument inhaltlich übereinstimmt.

(7) Soweit eine handschriftliche Unterzeichnung durch den Richter oder den Urkundsbeamten der Geschäftsstelle vorgeschrieben ist, genügt dieser Form die Aufzeichnung als elektronisches Dokument, wenn die verantwortenden Personen am Ende des Dokuments ihren Namen hinzufügen und das Dokument mit einer qualifizierten elektronischen Signatur versehen. Der in Satz 1 genannten Form genügt auch ein elektronisches Dokument, in welches das handschriftlich unterzeichnete Schriftstück gemäß § 55b Absatz 6 Satz 4 übertragen worden ist.

§ 55b (Elektronische Prozessakten)

(1) Die Prozessakten werden elektronisch geführt. Die Bundesregierung und die Landesregierungen bestimmen jeweils für ihren Bereich durch Rechtsverordnung die organisatorischen und dem Stand der Technik entsprechenden technischen Rahmenbedingungen für die Bildung, Führung und Aufbewahrung der elektronischen Akten einschließlich der einzuhaltenden Anforderungen der Barrierefreiheit. Die Landesregierungen können die Ermächtigung nach Satz 2 auf die für die Verwaltungsgerichtsbarkeit zuständigen obersten Landesbehörden übertragen. Die Rechtsverordnung der Bundesregierung bedarf nicht der Zustimmung des Bundesrates.

(2) Akten, die in Papierform angelegt wurden, können in Papierform weitergeführt werden. Sie können ab einem bestimmten Stichtag oder Ereignis in elektronischer Form weitergeführt werden. Der Beginn der Weiterführung der Akten in elektronischer Form ist aktenkundig zu machen. Werden die Akten in Papierform geführt, ist von einem elektronischen Dokument ein Ausdruck für die Akten zu fertigen. Kann dies bei Anlagen zu vorbereitenden Schriftsätzen nicht oder nur mit unverhältnismäßigem Aufwand erfolgen, so kann ein Ausdruck unterbleiben. Die Daten sind in diesem Fall dauerhaft zu speichern; der Speicherort ist aktenkundig zu machen.

(3) Wird das elektronische Dokument auf einem sicheren Übermittlungsweg eingereicht, so ist dies aktenkundig zu machen.

IX

(4) Ist das elektronische Dokument mit einer qualifizierten elektronischen Signatur versehen und nicht auf einem sicheren Übermittlungsweg eingereicht, muss der Ausdruck einen Vermerk darüber enthalten,

1. welches Ergebnis die Integritätsprüfung des Dokumentes ausweist,
2. wen die Signaturprüfung als Inhaber der Signatur ausweist,
3. welchen Zeitpunkt die Signaturprüfung für die Anbringung der Signatur ausweist.

(5) Ein eingereichtes elektronisches Dokument kann im Falle von Absatz 2 nach Ablauf von sechs Monaten gelöscht werden.

(6) Werden die Prozessakten elektronisch geführt, sind in Papierform vorliegende Schriftstücke und sonstige Unterlagen nach dem Stand der Technik zur Ersetzung der Urschrift in ein elektronisches Dokument zu übertragen. Es ist sicherzustellen, dass das elektronische Dokument mit den vorliegenden Schriftstücken und sonstigen Unterlagen bildlich und inhaltlich übereinstimmt. Das elektronische Dokument ist mit einem Übertragungsnachweis zu versehen, der das bei der Übertragung angewandte Verfahren und die bildliche und inhaltliche Übereinstimmung dokumentiert. Wird ein von den verantwortenden Personen handschriftlich unterzeichnetes gerichtliches Schriftstück übertragen, ist der Übertragungsnachweis mit einer qualifizierten elektronischen Signatur des Urkundsbeamten der Geschäftsstelle zu versehen. Die in Papierform vorliegenden Schriftstücke und sonstigen Unterlagen können sechs Monate nach der Übertragung vernichtet werden, sofern sie nicht rückgabepflichtig sind.

(7) Die Bundesregierung kann durch Rechtsverordnung mit Zustimmung des Bundesrates die für die Übermittlung elektronischer Akten zwischen Behörden und Gerichten geltenden Standards bestimmen.

§ 55c Formulare; Verordnungsermächtigung

Das Bundesministerium der Justiz und für Verbraucherschutz kann durch Rechtsverordnung mit Zustimmung des Bundesrates elektronische Formulare einführen. Die Rechtsverordnung kann bestimmen, dass die in den Formularen enthaltenen Angaben ganz oder teilweise in strukturierter maschinenlesbarer Form zu übermitteln sind. Die Formulare sind auf einer in der Rechtsverordnung zu bestimmenden Kommunikationsplattform im Internet zur Nutzung bereitzustellen. Die Rechtsverordnung kann bestimmen, dass eine Identifikation des Formularverwenders abweichend von § 55a Absatz 3 auch durch Nutzung des elektronischen Identitätsnachweises nach § 18 des Personalausweisgesetzes, § 12 des eID-Karte-Gesetzes oder § 78 Absatz 5 des Aufenthaltsgesetzes erfolgen kann.

§ 55d Nutzungspflicht für Rechtsanwälte, Behörden und vertretungsberechtigte Bevollmächtigte

Vorbereitende Schriftsätze und deren Anlagen sowie schriftlich einzureichende Anträge und Erklärungen, die durch einen Rechtsanwalt, durch eine Behörde oder durch eine juristische Person des öffentlichen Rechts einschließlich der von ihr zur Erfüllung ihrer öffentlichen Aufgaben gebildeten Zusammenschlüsse eingereicht werden, sind als elektronisches Dokument zu übermitteln. Gleiches gilt für die nach diesem Gesetz vertretungsberechtigten Personen und Bevollmächtigten, für die ein sicherer Übermittlungsweg nach § 55a Absatz 4 Satz 1 Nummer 1 oder 3 zur Verfügung steht; ausgenommen sind nach § 67 Absatz 2 Satz 2 Nummer 1 Halbsatz 1 oder Nummer 2 vertretungsbefugte Personen. Ist eine Übermittlung aus technischen Gründen vorübergehend nicht möglich, bleibt die Übermittlung nach den allgemeinen Vorschriften zulässig. Die vorübergehende Unmöglichkeit ist bei der Ersatzeinreichung oder unverzüglich danach glaubhaft zu machen; auf Anforderung ist ein elektronisches Dokument nachzureichen.

§ 56 (Zustellung)

(1) Anordnungen und Entscheidungen, durch die eine Frist in Lauf gesetzt wird, sowie Terminbestimmungen und Ladungen sind zuzu-

stellen, bei Verkündung jedoch nur, wenn es ausdrücklich vorgeschrieben ist.

(2) Zugestellt wird von Amts wegen nach den Vorschriften der Zivilprozessordnung.

(3) Wer nicht im Inland wohnt, hat auf Verlangen einen Zustellungsbevollmächtigten zu bestellen.

§ 56a (Öffentliche Bekanntmachung)

(1) Sind gleiche Bekanntgaben an mehr als fünfzig Personen erforderlich, kann das Gericht für das weitere Verfahren die Bekanntgabe durch öffentliche Bekanntmachung anordnen. In dem Beschluß muß bestimmt werden, in welchen Tageszeitungen die Bekanntmachungen veröffentlicht werden; dabei sind Tageszeitungen vorzusehen, die in dem Bereich verbreitet sind, in dem sich die Entscheidung voraussichtlich auswirken wird. Der Beschluß ist den Beteiligten zuzustellen. Die Beteiligten sind darauf hinzuweisen, auf welche Weise die weiteren Bekanntgaben bewirkt werden und wann das Dokument als zugestellt gilt. Der Beschluß ist unanfechtbar. Das Gericht kann den Beschluß jederzeit aufheben; es muß ihn aufheben, wenn die Voraussetzungen des Satzes 1 nicht vorlagen oder nicht mehr vorliegen.

(2) Die öffentliche Bekanntmachung erfolgt durch Aushang an der Gerichtstafel oder durch Veröffentlichung in einem elektronischen Informations- und Kommunikationssystem, das im Gericht öffentlich zugänglich ist und durch Veröffentlichung im Bundesanzeiger sowie in den im Beschluss nach Absatz 1 Satz 2 bestimmten Tageszeitungen. Bei einer Entscheidung genügt die öffentliche Bekanntmachung der Entscheidungsformel und der Rechtsbehelfsbelehrung. Statt des bekannt zu machenden Dokuments kann eine Benachrichtigung öffentlich bekannt gemacht werden, in der angegeben ist, wo das Dokument eingesehen werden kann. Eine Terminbestimmung oder Ladung muss im vollständigen Wortlaut öffentlich bekannt gemacht werden.

(3) Das Dokument gilt als an dem Tage zugestellt, an dem seit dem Tage der Veröffentlichung im Bundesanzeiger zwei Wochen verstrichen sind; darauf ist in jeder Veröffentlichung hinzuweisen. Nach der öffentlichen Bekanntmachung einer Entscheidung können die Beteiligten eine Ausfertigung schriftlich anfordern; darauf ist in der Veröffentlichung gleichfalls hinzuweisen.

§ 57 (Fristen)

(1) Der Lauf einer Frist beginnt, soweit nichts anderes bestimmt ist, mit der Zustellung oder, wenn diese nicht vorgeschrieben ist, mit der Eröffnung oder Verkündung.

(2) Für die Fristen gelten die Vorschriften der §§ 222, 224 Abs. 2 und 3, §§ 225 und 226 der Zivilprozeßordnung.

§ 58 (Belehrung über Rechtsbehelf)

(1) Die Frist für ein Rechtsmittel oder einen anderen Rechtsbehelf beginnt nur zu laufen, wenn der Beteiligte über den Rechtsbehelf, die Verwaltungsbehörde oder das Gericht, bei denen der Rechtsbehelf anzubringen ist, den Sitz und die einzuhaltende Frist schriftlich oder elektronisch belehrt worden ist.

(2) Ist die Belehrung unterblieben oder unrichtig erteilt, so ist die Einlegung des Rechtsbehelfs nur innerhalb eines Jahres seit Zustellung, Eröffnung oder Verkündung zulässig, außer wenn die Einlegung vor Ablauf der Jahresfrist infolge höherer Gewalt unmöglich war oder eine schriftliche oder elektronische Belehrung dahin erfolgt ist, daß ein Rechtsbehelf nicht gegeben sei. § 60 Abs. 2 gilt für den Fall höherer Gewalt entsprechend.

§ 59 (weggefallen)

§ 60 (Wiedereinsetzung in den vorigen Stand)

(1) Wenn jemand ohne Verschulden verhindert war, eine gesetzliche Frist einzuhalten, so ist ihm auf Antrag Wiedereinsetzung in den vorigen Stand zu gewähren.

(2) Der Antrag ist binnen zwei Wochen nach Wegfall des Hindernisses zu stellen; bei Versäumung der Frist zur Begründung der Berufung, des Antrags auf Zulassung der Berufung, der Revision, der Nichtzulassungsbeschwerde oder der Beschwerde beträgt die

Frist einen Monat. Die Tatsachen zur Begründung des Antrags sind bei der Antragstellung oder im Verfahren über den Antrag glaubhaft zu machen. Innerhalb der Antragsfrist ist die versäumte Rechtshandlung nachzuholen. Ist dies geschehen, so kann die Wiedereinsetzung auch ohne Antrag gewährt werden.

(3) Nach einem Jahr seit dem Ende der versäumten Frist ist der Antrag unzulässig, außer wenn der Antrag vor Ablauf der Jahresfrist infolge höherer Gewalt unmöglich war.

(4) Über den Wiedereinsetzungsantrag entscheidet das Gericht, das über die versäumte Rechtshandlung zu befinden hat.

(5) Die Wiedereinsetzung ist unanfechtbar.

§ 61 (Beteiligungsfähigkeit)

Fähig, am Verfahren beteiligt zu sein, sind

1. natürliche und juristische Personen,
2. Vereinigungen, soweit ihnen ein Recht zustehen kann,
3. Behörden, sofern das Landesrecht dies bestimmt.

§ 62 (Prozessfähigkeit)

(1) Fähig zur Vornahme von Verfahrenshandlungen sind

1. die nach bürgerlichem Recht Geschäftsfähigen,
2. die nach bürgerlichem Recht in der Geschäftsfähigkeit Beschränkten, soweit sie durch Vorschriften des bürgerlichen oder öffentlichen Rechts für den Gegenstand des Verfahrens als geschäftsfähig anerkannt sind.

(2) Betrifft ein Einwilligungsvorbehalt nach § 1825 des Bürgerlichen Gesetzbuchs den Gegenstand des Verfahrens, so ist ein geschäftsfähiger Betreuter nur insoweit zur Vornahme von Verfahrenshandlungen fähig, als er nach den Vorschriften des bürgerlichen Rechts ohne Einwilligung des Betreuers handeln kann oder durch Vorschriften des öffentlichen Rechts als handlungsfähig anerkannt ist.

(3) Für Vereinigungen sowie für Behörden handeln ihre gesetzlichen Vertreter und Vorstände.

(4) §§ 53 bis 58 der Zivilprozeßordnung gelten entsprechend.

§ 63 (Beteiligte)

Beteiligte am Verfahren sind

1. der Kläger,
2. der Beklagte,
3. der Beigeladene (§ 65),
4. der Vertreter des Bundesinteresses beim Bundesverwaltungsgericht oder der Vertreter des öffentlichen Interesses, falls er von seiner Beteiligungsbefugnis Gebrauch macht.

§ 64 (Streitgenossenschaft)

Die Vorschriften der §§ 59 bis 63 der Zivilprozeßordnung über die Streitgenossenschaft sind entsprechend anzuwenden.

§ 65 (Beiladung)

(1) Das Gericht kann, solange das Verfahren noch nicht rechtskräftig abgeschlossen oder in höherer Instanz anhängig ist, von Amts wegen oder auf Antrag andere, deren rechtliche Interessen durch die Entscheidung berührt werden, beiladen.

(2) Sind an dem streitigen Rechtsverhältnis Dritte derart beteiligt, daß die Entscheidung auch ihnen gegenüber nur einheitlich ergehen kann, so sind sie beizuladen (notwendige Beiladung).

(3) Kommt nach Absatz 2 die Beiladung von mehr als fünfzig Personen in Betracht, kann das Gericht durch Beschluß anordnen, daß nur solche Personen beigeladen werden, die dies innerhalb einer bestimmten Frist beantragen. Der Beschluß ist unanfechtbar. Er ist im Bundesanzeiger bekanntzumachen. Er muß außerdem in Tageszeitungen veröffentlicht werden, die in dem Bereich verbreitet sind, in dem sich die Entscheidung voraussichtlich auswirken wird. Die Bekanntmachung kann zusätzlich in einem von dem Gericht für Bekanntmachungen bestimmten Informations- und Kommunikationssystem erfolgen. Die Frist muß mindestens drei Monate seit Veröffentlichung im Bundesanzeiger betragen. In der Veröffentlichung in Tageszeitungen ist mitzuteilen, an welchem Tage die

Frist abläuft. Für die Wiedereinsetzung in den vorigen Stand bei Versäumung der Frist gilt § 60 entsprechend. Das Gericht soll Personen, die von der Entscheidung erkennbar in besonderem Maße betroffen werden, auch ohne Antrag beiladen.

(4) Der Beiladungsbeschluß ist allen Beteiligten zuzustellen. Dabei sollen der Stand der Sache und der Grund der Beiladung angegeben werden. Die Beiladung ist unanfechtbar.

§ 66 (Stellung des Beigeladenen)

Der Beigeladene kann innerhalb der Anträge eines Beteiligten selbständig Angriffs- und Verteidigungsmittel geltend machen und alle Verfahrenshandlungen wirksam vornehmen. Abweichende Sachanträge kann er nur stellen, wenn eine notwendige Beiladung vorliegt.

§ 67 (Bevollmächtigte Vertreter)

(1) Die Beteiligten können vor dem Verwaltungsgericht den Rechtsstreit selbst führen.

(2) Die Beteiligten können sich durch einen Rechtsanwalt oder einen Rechtslehrer an einer staatlichen oder staatlich anerkannten Hochschule eines Mitgliedstaates der Europäischen Union, eines anderen Vertragsstaates des Abkommens über den Europäischen Wirtschaftsraum oder der Schweiz, der die Befähigung zum Richteramt besitzt, als Bevollmächtigten vertreten lassen. Darüber hinaus sind als Bevollmächtigte vor dem Verwaltungsgericht vertretungsbefugt nur

1. Beschäftigte des Beteiligten oder eines mit ihm verbundenen Unternehmens (§ 15 des Aktiengesetzes); Behörden und juristische Personen des öffentlichen Rechts einschließlich der von ihnen zur Erfüllung ihrer öffentlichen Aufgaben gebildeten Zusammenschlüsse können sich auch durch Beschäftigte anderer Behörden oder juristischer Personen des öffentlichen Rechts einschließlich der von ihnen zur Erfüllung ihrer öffentlichen Aufgaben gebildeten Zusammenschlüsse vertreten lassen,
2. volljährige Familienangehörige (§ 15 der Abgabenordnung, § 11 des Lebenspartnerschaftsgesetzes), Personen mit Befähigung zum Richteramt und Streitgenossen, wenn die Vertretung nicht im Zusammenhang mit einer entgeltlichen Tätigkeit steht,
3. Steuerberater, Steuerbevollmächtigte, Wirtschaftsprüfer und vereidigte Buchprüfer, Personen und Vereinigungen im Sinne der §§ 3a und 3c des Steuerberatungsgesetzes im Rahmen ihrer Befugnisse nach § 3a des Steuerberatungsgesetzes, zu beschränkter geschäftsmäßiger Hilfeleistung in Steuersachen nach den §§ 3d und 3e des Steuerberatungsgesetzes berechtigte Personen im Rahmen dieser Befugnisse sowie Gesellschaften im Sinne des § 3 Satz 1 Nummer 2 und 3 des Steuerberatungsgesetzes, die durch Personen im Sinne des § 3 Satz 2 des Steuerberatungsgesetzes handeln, in Abgabenangelegenheiten,

3a. Steuerberater, Steuerbevollmächtigte, Wirtschaftsprüfer und vereidigte Buchprüfer, Personen und Vereinigungen im Sinne der §§ 3a und 3c des Steuerberatungsgesetzes im Rahmen ihrer Befugnisse nach § 3a des Steuerberatungsgesetzes, zu beschränkter geschäftsmäßiger Hilfeleistung in Steuersachen nach den §§ 3d und 3e des Steuerberatungsgesetzes berechtigte Personen im Rahmen dieser Befugnisse sowie Gesellschaften im Sinne des § 3 Satz 1 Nummer 2 und 3 des Steuerberatungsgesetzes, die durch Personen im Sinne des § 3 Satz 2 des Steuerberatungsgesetzes handeln, in Angelegenheiten finanzieller Hilfeleistungen im Rahmen staatlicher Hilfsprogramme zur Abmilderung der Folgen der COVID-19-Pandemie, wenn und soweit diese Hilfsprogramme eine Einbeziehung der Genannten als prüfende Dritte vorsehen,

4. berufsständische Vereinigungen der Landwirtschaft für ihre Mitglieder,
5. Gewerkschaften und Vereinigungen von Arbeitgebern sowie Zusammenschlüsse solcher Verbände für ihre Mitglieder oder für andere Verbände oder Zusammen-

schlüsse mit vergleichbarer Ausrichtung und deren Mitglieder,

6. Vereinigungen, deren satzungsgemäße Aufgaben die gemeinschaftliche Interessenvertretung, die Beratung und Vertretung von Menschen mit Behinderungen wesentlich umfassen und die unter Berücksichtigung von Art und Umfang ihrer Tätigkeit sowie ihres Mitgliederkreises die Gewähr für eine sachkundige Prozessvertretung bieten, für ihre Mitglieder in Angelegenheiten des Schwerbehindertenrechts sowie der damit im Zusammenhang stehenden Angelegenheiten,

7. juristische Personen, deren Anteile sämtlich im wirtschaftlichen Eigentum einer der in den Nummern 5 und 6 bezeichneten Organisationen stehen, wenn die juristische Person ausschließlich die Rechtsberatung und Prozessvertretung dieser Organisation und ihrer Mitglieder oder anderer Verbände oder Zusammenschlüsse mit vergleichbarer Ausrichtung und deren Mitglieder entsprechend deren Satzung durchführt, und wenn die Organisation für die Tätigkeit der Bevollmächtigten haftet,

8. Patentanwälte in den in § 39 Absatz 1 Satz 1 des Agrargeoschutz-Durchführungsgesetzes genannten Angelegenheiten.

Bevollmächtigte, die keine natürlichen Personen sind, handeln durch ihre Organe und mit der Prozessvertretung beauftragten Vertreter.

(3) Das Gericht weist Bevollmächtigte, die nicht nach Maßgabe des Absatzes 2 vertretungsbefugt sind, durch unanfechtbaren Beschluss zurück. Prozesshandlungen eines nicht vertretungsbefugten Bevollmächtigten und Zustellungen oder Mitteilungen an diesen Bevollmächtigten sind bis zu seiner Zurückweisung wirksam. Das Gericht kann den in Absatz 2 Satz 2 Nr. 1 und 2 bezeichneten Bevollmächtigten durch unanfechtbaren Beschluss die weitere Vertretung untersagen, wenn sie nicht in der Lage sind, das Sach- und Streitverhältnis sachgerecht darzustellen.

(4) Vor dem Bundesverwaltungsgericht und dem Oberverwaltungsgericht müssen sich die Beteiligten, außer im Prozesskostenhilfeverfahren, durch Prozessbevollmächtigte vertreten lassen. Dies gilt auch für Prozesshandlungen, durch die ein Verfahren vor dem Bundesverwaltungsgericht oder einem Oberverwaltungsgericht eingeleitet wird. Als Bevollmächtigte sind nur die in Absatz 2 Satz 1 bezeichneten Personen zugelassen. Behörden und juristische Personen des öffentlichen Rechts einschließlich der von ihnen zur Erfüllung ihrer öffentlichen Aufgaben gebildeten Zusammenschlüsse können sich durch eigene Beschäftigte mit Befähigung zum Richteramt oder durch Beschäftigte mit Befähigung zum Richteramt anderer Behörden oder juristischer Personen des öffentlichen Rechts einschließlich der von ihnen zur Erfüllung ihrer öffentlichen Aufgaben gebildeten Zusammenschlüsse vertreten lassen. Vor dem Bundesverwaltungsgericht sind auch die in Absatz 2 Satz 2 Nr. 5 bezeichneten Organisationen einschließlich der von ihnen gebildeten juristischen Personen gemäß Absatz 2 Satz 7 Nr. 7 als Bevollmächtigte zugelassen, jedoch nur in Angelegenheiten, die Rechtsverhältnisse im Sinne des § 52 Nr. 4 betreffen, in Personalvertretungsangelegenheiten und in Angelegenheiten, die in einem Zusammenhang mit einem gegenwärtigen oder früheren Arbeitsverhältnis von Arbeitnehmern im Sinne des § 5 des Arbeitsgerichtsgesetzes stehen, einschließlich Prüfungsangelegenheiten. Die in Satz 5 genannten Bevollmächtigten müssen durch Personen mit der Befähigung zum Richteramt handeln. Vor dem Oberverwaltungsgericht sind auch die in Absatz 2 Satz 2 Nr. 3 bis 7 bezeichneten Personen und Organisationen als Bevollmächtigte zugelassen. Ein Beteiligter, der nach Maßgabe der Sätze 3, 5 und 7 zur Vertretung berechtigt ist, kann sich selbst vertreten.

(5) Richter dürfen nicht als Bevollmächtigte vor dem Gericht auftreten, dem sie angehören. Ehrenamtliche Richter dürfen, außer in den Fällen des Absatzes 2 Satz 2 Nr. 1, nicht vor einem Spruchkörper auftreten, dem sie

angehören. Absatz 3 Satz 1 und 2 gilt entsprechend.

(6) Die Vollmacht ist schriftlich zu den Gerichtsakten einzureichen. Sie kann nachgereicht werden; hierfür kann das Gericht eine Frist bestimmen. Der Mangel der Vollmacht kann in jeder Lage des Verfahrens geltend gemacht werden. Das Gericht hat den Mangel der Vollmacht von Amts wegen zu berücksichtigen, wenn nicht als Bevollmächtigter ein Rechtsanwalt auftritt. Ist ein Bevollmächtigter bestellt, sind die Zustellungen oder Mitteilungen des Gerichts an ihn zu richten.

(7) In der Verhandlung können die Beteiligten mit Beiständen erscheinen. Beistand kann sein, wer in Verfahren, in denen die Beteiligten den Rechtsstreit selbst führen können, als Bevollmächtigter zur Vertretung in der Verhandlung befugt ist. Das Gericht kann andere Personen als Beistand zulassen, wenn dies sachdienlich ist und hierfür nach den Umständen des Einzelfalls ein Bedürfnis besteht. Absatz 3 Satz 1 und 3 und Absatz 5 gelten entsprechend. Das von dem Beistand Vorgetragene gilt als von dem Beteiligten vorgebracht, soweit es nicht von diesem sofort widerrufen oder berichtigt wird.

§ 67a (Gemeinsamer Bevollmächtigter)

(1) Sind an einem Rechtsstreit mehr als zwanzig Personen im gleichen Interesse beteiligt, ohne durch einen Prozeßbevollmächtigten vertreten zu sein, kann das Gericht ihnen durch Beschluß aufgeben, innerhalb einer angemessenen Frist einen gemeinsamen Bevollmächtigten zu bestellen, wenn sonst die ordnungsgemäße Durchführung des Rechtsstreits beeinträchtigt wäre. Bestellen die Beteiligten einen gemeinsamen Bevollmächtigten nicht innerhalb der ihnen gesetzten Frist, kann das Gericht einen Rechtsanwalt als gemeinsamen Vertreter durch Beschluß bestellen. Die Beteiligten können Verfahrenshandlungen nur durch den gemeinsamen Bevollmächtigten oder Vertreter vornehmen. Beschlüsse nach den Sätzen 1 und 2 sind unanfechtbar.

(2) Die Vertretungsmacht erlischt, sobald der Vertreter oder der Vertretene dies dem Gericht schriftlich oder zu Protokoll des Urkundsbeamten der Geschäftsstelle erklärt; der Vertreter kann die Erklärung nur hinsichtlich aller Vertretenen abgeben. Gibt der Vertretene eine solche Erklärung ab, so erlischt die Vertretungsmacht nur, wenn zugleich die Bestellung eines anderen Bevollmächtigten angezeigt wird.

8. Abschnitt
Besondere Vorschriften für Anfechtungs- und Verpflichtungsklagen

§ 68 (Nachprüfung im Vorverfahren)

(1) Vor Erhebung der Anfechtungsklage sind Rechtmäßigkeit und Zweckmäßigkeit des Verwaltungsakts in einem Vorverfahren nachzuprüfen. Einer solchen Nachprüfung bedarf es nicht, wenn ein Gesetz dies bestimmt oder wenn

1. der Verwaltungsakt von einer obersten Bundesbehörde oder von einer obersten Landesbehörde erlassen worden ist, außer wenn ein Gesetz die Nachprüfung vorschreibt, oder
2. der Abhilfebescheid oder der Widerspruchsbescheid erstmalig eine Beschwer enthält.

(2) Für die Verpflichtungsklage gilt Absatz 1 entsprechend, wenn der Antrag auf Vornahme des Verwaltungsakts abgelehnt worden ist.

§ 69 (Widerspruch)

Das Vorverfahren beginnt mit der Erhebung des Widerspruchs.

§ 70 (Frist)

(1) Der Widerspruch ist innerhalb eines Monats, nachdem der Verwaltungsakt dem Beschwerten bekanntgegeben worden ist, schriftlich, in elektronischer Form nach § 3a Absatz 2 des Verwaltungsverfahrensgesetzes, schriftformersetzend nach § 3a Absatz 3 des Verwaltungsverfahrensgesetzes und § 9a Absatz 5 des Onlinezugangsgesetzes oder zur Niederschrift bei der Behörde zu erheben,

die den Verwaltungsakt erlassen hat. Die Frist wird auch durch Einlegung bei der Behörde, die den Widerspruchsbescheid zu erlassen hat, gewahrt.

(2) §§ 58 und 60 Abs. 1 bis 4 gelten entsprechend.

§ 71 (Anhörung)

Ist die Aufhebung oder Änderung eines Verwaltungsakts im Widerspruchsverfahren erstmalig mit einer Beschwer verbunden, soll der Betroffene vor Erlaß des Abhilfebescheids oder des Widerspruchsbescheids gehört werden.

§ 72 (Abhilfe)

Hält die Behörde den Widerspruch für begründet, so hilft sie ihm ab und entscheidet über die Kosten.

§ 73 (Widerspruchsbescheid)

(1) Hilft die Behörde dem Widerspruch nicht ab, so ergeht ein Widerspruchsbescheid. Diesen erläßt

1. die nächsthöhere Behörde, soweit nicht durch Gesetz eine andere höhere Behörde bestimmt wird,
2. wenn die nächsthöhere Behörde eine oberste Bundes- oder oberste Landesbehörde ist, die Behörde, die den Verwaltungsakt erlassen hat,
3. in Selbstverwaltungsangelegenheiten die Selbstverwaltungsbehörde, soweit nicht durch Gesetz anderes bestimmt wird.

Abweichend von Satz 2 Nr. 1 kann durch Gesetz bestimmt werden, dass die Behörde, die den Verwaltungsakt erlassen hat, auch für die Entscheidung über den Widerspruch zuständig ist.

(2) Vorschriften, nach denen im Vorverfahren des Absatzes 1 Ausschüsse oder Beiräte an die Stelle einer Behörde treten, bleiben unberührt. Die Ausschüsse oder Beiräte können abweichend von Absatz 1 Nr. 1 auch bei der Behörde gebildet werden, die den Verwaltungsakt erlassen hat.

(3) Der Widerspruchsbescheid ist zu begründen, mit einer Rechtsmittelbelehrung zu versehen und zuzustellen. Zugestellt wird von Amts wegen nach den Vorschriften des Verwaltungszustellungsgesetzes. Der Widerspruchsbescheid bestimmt auch, wer die Kosten trägt.

§ 74 (Frist zur Klageerhebung)

(1) Die Anfechtungsklage muß innerhalb eines Monats nach Zustellung des Widerspruchsbescheids erhoben werden. Ist nach § 68 ein Widerspruchsbescheid nicht erforderlich, so muß die Klage innerhalb eines Monats nach Bekanntgabe des Verwaltungsakts erhoben werden.

(2) Für die Verpflichtungsklage gilt Absatz 1 entsprechend, wenn der Antrag auf Vornahme des Verwaltungsakts abgelehnt worden ist.

§ 75 (Verzögerung der Sachentscheidung)

Ist über einen Widerspruch oder über einen Antrag auf Vornahme eines Verwaltungsakts ohne zureichenden Grund in angemessener Frist sachlich nicht entschieden worden, so ist die Klage abweichend von § 68 zulässig. Die Klage kann nicht vor Ablauf von drei Monaten seit der Einlegung des Widerspruchs oder seit dem Antrag auf Vornahme des Verwaltungsakts erhoben werden, außer wenn wegen besonderer Umstände des Falles eine kürzere Frist geboten ist. Liegt ein zureichender Grund dafür vor, daß über den Widerspruch noch nicht entschieden oder der beantragte Verwaltungsakt noch nicht erlassen ist, so setzt das Gericht das Verfahren bis zum Ablauf einer von ihm bestimmten Frist, die verlängert werden kann, aus. Wird dem Widerspruch innerhalb der vom Gericht gesetzten Frist stattgegeben oder der Verwaltungsakt innerhalb dieser Frist erlassen, so ist die Hauptsache für erledigt zu erklären.

§ 76 (weggefallen)

§ 77 (Ersetzung von Einspruchs- und Beschwerdeverfahren)

(1) Alle bundesrechtlichen Vorschriften in anderen Gesetzen über Einspruchs- oder Beschwerdeverfahren sind durch die Vorschriften dieses Abschnitts ersetzt.

(2) Das gleiche gilt für landesrechtliche Vorschriften über Einspruchs- oder Beschwerdeverfahren als Voraussetzung der verwaltungsgerichtlichen Klage.

§ 78 (Klagegegner)

(1) Die Klage ist zu richten

1. gegen den Bund, das Land oder die Körperschaft, deren Behörde den angefochtenen Verwaltungsakt erlassen oder den beantragten Verwaltungsakt unterlassen hat; zur Bezeichnung des Beklagten genügt die Angabe der Behörde,
2. sofern das Landesrecht dies bestimmt, gegen die Behörde selbst, die den angefochtenen Verwaltungsakt erlassen oder den beantragten Verwaltungsakt unterlassen hat.

(2) Wenn ein Widerspruchsbescheid erlassen ist, der erstmalig eine Beschwer enthält (§ 68 Abs. 1 Satz 2 Nr. 2), ist Behörde im Sinne des Absatzes 1 die Widerspruchsbehörde.

§ 79 (Gegenstand der Anfechtungsklage)

(1) Gegenstand der Anfechtungsklage ist

1. der ursprüngliche Verwaltungsakt in der Gestalt, die er durch den Widerspruchsbescheid gefunden hat,
2. der Abhilfebescheid oder Widerspruchsbescheid, wenn dieser erstmalig eine Beschwer enthält.

(2) Der Widerspruchsbescheid kann auch dann alleiniger Gegenstand der Anfechtungsklage sein, wenn und soweit er gegenüber dem ursprünglichen Verwaltungsakt eine zusätzliche selbständige Beschwer enthält. Als eine zusätzliche Beschwer gilt auch die Verletzung einer wesentlichen Verfahrensvorschrift, sofern der Widerspruchsbescheid auf dieser Verletzung beruht. § 78 Abs. 2 gilt entsprechend.

§ 80 (Aufschiebende Wirkung; sofortige Vollziehung; Aussetzung der Vollziehung)

(1) Widerspruch und Anfechtungsklage haben aufschiebende Wirkung. Das gilt auch bei rechtsgestaltenden und feststellenden Verwaltungsakten sowie bei Verwaltungsakten mit Doppelwirkung (§ 80a).

(2) Die aufschiebende Wirkung entfällt nur

1. bei der Anforderung von öffentlichen Abgaben und Kosten,
2. bei unaufschiebbaren Anordnungen und Maßnahmen von Polizeivollzugsbeamten,
3. in anderen durch Bundesgesetz oder für Landesrecht durch Landesgesetz vorgeschriebenen Fällen, insbesondere für Widersprüche und Klagen Dritter gegen Verwaltungsakte, die Investitionen oder die Schaffung von Arbeitsplätzen betreffen,

3a. für Widersprüche und Klagen Dritter gegen Verwaltungsakte, die die Zulassung von Vorhaben betreffend Bundesverkehrswege und Mobilfunknetze zum Gegenstand haben und die nicht unter Nummer 3 fallen,

4. in den Fällen, in denen die sofortige Vollziehung im öffentlichen Interesse oder im überwiegenden Interesse eines Beteiligten von der Behörde, die den Verwaltungsakt erlassen oder über den Widerspruch zu entscheiden hat, besonders angeordnet wird.

Die Länder können auch bestimmen, daß Rechtsbehelfe keine aufschiebende Wirkung haben, soweit sie sich gegen Maßnahmen richten, die in der Verwaltungsvollstreckung durch die Länder nach Bundesrecht getroffen werden.

(3) In den Fällen des Absatzes 2 Satz 1 Nummer 4 ist das besondere Interesse an der sofortigen Vollziehung des Verwaltungsakts schriftlich zu begründen. Einer besonderen Begründung bedarf es nicht, wenn die Behörde bei Gefahr im Verzug, insbesondere bei drohenden Nachteilen für Leben, Gesundheit oder Eigentum vorsorglich eine als solche bezeichnete Notstandsmaßnahme im öffentlichen Interesse trifft.

(4) Die Behörde, die den Verwaltungsakt erlassen oder über den Widerspruch zu entscheiden hat, kann in den Fällen des Absatzes 2 die Vollziehung aussetzen, soweit nicht

bundesgesetzlich etwas anderes bestimmt ist. Bei der Anforderung von öffentlichen Abgaben und Kosten kann sie die Vollziehung auch gegen Sicherheit aussetzen. Die Aussetzung soll bei öffentlichen Abgaben und Kosten erfolgen, wenn ernstliche Zweifel an der Rechtmäßigkeit des angegriffenen Verwaltungsakts bestehen oder wenn die Vollziehung für den Abgaben- oder Kostenpflichtigen eine unbillige, nicht durch überwiegende öffentliche Interessen gebotene Härte zur Folge hätte.

(5) Auf Antrag kann das Gericht der Hauptsache die aufschiebende Wirkung in den Fällen des Absatzes 2 Satz 1 Nummer 1 bis 3a ganz oder teilweise anordnen, im Falle des Absatzes 2 Satz 1 Nummer 4 ganz oder teilweise wiederherstellen. Der Antrag ist schon vor Erhebung der Anfechtungsklage zulässig. Ist der Verwaltungsakt im Zeitpunkt der Entscheidung schon vollzogen, so kann das Gericht die Aufhebung der Vollziehung anordnen. Die Wiederherstellung der aufschiebenden Wirkung kann von der Leistung einer Sicherheit oder von anderen Auflagen abhängig gemacht werden. Sie kann auch befristet werden.

(6) In den Fällen des Absatzes 2 Satz 1 Nummer 1 ist der Antrag nach Absatz 5 nur zulässig, wenn die Behörde einen Antrag auf Aussetzung der Vollziehung ganz oder zum Teil abgelehnt hat. Das gilt nicht, wenn

1. die Behörde über den Antrag ohne Mitteilung eines zureichenden Grundes in angemessener Frist sachlich nicht entschieden hat oder
2. eine Vollstreckung droht.

(7) Das Gericht der Hauptsache kann Beschlüsse über Anträge nach Absatz 5 jederzeit ändern oder aufheben. Jeder Beteiligte kann die Änderung oder Aufhebung wegen veränderter oder im ursprünglichen Verfahren ohne Verschulden nicht geltend gemachter Umstände beantragen.

(8) In dringenden Fällen kann der Vorsitzende entscheiden.

§ 80a (Rechtsbehelf eines Dritten)

(1) Legt ein Dritter einen Rechtsbehelf gegen den an einen anderen gerichteten, diesen begünstigenden Verwaltungsakt ein, kann die Behörde

1. auf Antrag des Begünstigten nach § 80 Absatz 2 Satz 1 Nummer 4 die sofortige Vollziehung anordnen,
2. auf Antrag des Dritten nach § 80 Abs. 4 die Vollziehung aussetzen und einstweilige Maßnahmen zur Sicherung der Rechte des Dritten treffen.

(2) Legt ein Betroffener gegen einen an ihn gerichteten belastenden Verwaltungsakt, der einen Dritten begünstigt, einen Rechtsbehelf ein, kann die Behörde auf Antrag des Dritten nach § 80 Absatz 2 Satz 1 Nummer 4 die sofortige Vollziehung anordnen.

(3) Das Gericht kann auf Antrag Maßnahmen nach den Absätzen 1 und 2 ändern oder aufheben oder solche Maßnahmen treffen. § 80 Abs. 5 bis 8 gilt entsprechend.

§ 80b (Aufschiebende Wirkung)

(1) Die aufschiebende Wirkung des Widerspruchs und der Anfechtungsklage endet mit der Unanfechtbarkeit oder, wenn die Anfechtungsklage im ersten Rechtszug abgewiesen worden ist, drei Monate nach Ablauf der gesetzlichen Begründungsfrist des gegen die abweisende Entscheidung gegebenen Rechtsmittels. Dies gilt auch, wenn die Vollziehung durch die Behörde ausgesetzt oder die aufschiebende Wirkung durch das Gericht wiederhergestellt oder angeordnet worden ist, es sei denn, die Behörde hat die Vollziehung bis zur Unanfechtbarkeit ausgesetzt.

(2) Das Rechtsmittelgericht kann auf Antrag anordnen, daß die aufschiebende Wirkung fortdauert.

(3) § 80 Abs. 5 bis 8 und die §§ 80a und 80c gelten entsprechend.

§ 80c (Aufschiebende Wirkung im ersten Rechtszug)

(1) In Verfahren nach § 48 Absatz 1 Satz 1 Nummer 3 bis 15 und § 50 Absatz 1 Nummer 6 gelten für die Anordnung oder Wiederherstellung der aufschiebenden Wirkung

(§§ 80 und 80a) ergänzend die Absätze 2 bis 4. Von Satz 1 ausgenommen sind in § 48 Absatz 1 Satz 1 Nummer 6 das Anlegen von Verkehrsflughäfen und von Verkehrslandeplätzen mit beschränktem Bauschutzbereich sowie in § 48 Absatz 1 Satz 1 Nummer 13 Planfeststellungsverfahren für Braunkohletagebaue.

(2) Das Gericht kann einen Mangel des angefochtenen Verwaltungsaktes außer Acht lassen, wenn offensichtlich ist, dass dieser in absehbarer Zeit behoben sein wird. Ein solcher Mangel kann insbesondere sein

1. eine Verletzung von Verfahrens- oder Formvorschriften oder
2. ein Mangel bei der Abwägung im Rahmen der Planfeststellung oder der Plangenehmigung.

Das Gericht soll eine Frist zur Behebung des Mangels setzen. Verstreicht die Frist, ohne dass der Mangel behoben worden ist, gilt § 80 Absatz 7 entsprechend. Satz 1 gilt grundsätzlich nicht für Verfahrensfehler gemäß § 4 Absatz 1 des Umwelt-Rechtsbehelfsgesetzes.

(3) Entscheidet das Gericht im Rahmen einer Vollzugsfolgenabwägung, soll es die Anordnung oder Wiederherstellung der aufschiebenden Wirkung in der Regel auf diejenigen Maßnahmen des angefochtenen Verwaltungsaktes beschränken, bei denen dies erforderlich ist, um anderenfalls drohende irreversible Nachteile zu verhindern. Es kann die beschränkte Anordnung oder Wiederherstellung der aufschiebenden Wirkung von der Leistung einer Sicherheit durch den Begünstigten des angefochtenen Verwaltungsaktes abhängig machen.

(4) Das Gericht hat im Rahmen einer Vollzugsfolgenabwägung die Bedeutung von Vorhaben besonders zu berücksichtigen, wenn ein Bundesgesetz feststellt, dass diese im überragenden öffentlichen Interesse liegen.

9. Abschnitt
Verfahren im ersten Rechtszug

§ 81 (Erhebung der Klage)

(1) Die Klage ist bei dem Gericht schriftlich zu erheben. Bei dem Verwaltungsgericht kann sie auch zu Protokoll des Urkundsbeamten der Geschäftsstelle erhoben werden. § 129a Absatz 2 der Zivilprozessordnung gilt entsprechend.

(2) Der Klage und allen Schriftsätzen sollen vorbehaltlich des § 55a Absatz 5 Satz 3 Abschriften für die übrigen Beteiligten beigefügt werden.

§ 82 (Inhalt der Klageschrift)

(1) Die Klage muß den Kläger, den Beklagten und den Gegenstand des Klagebegehrens bezeichnen. Sie soll einen bestimmten Antrag enthalten. Die zur Begründung dienenden Tatsachen und Beweismittel sollen angegeben, die angefochtene Verfügung und der Widerspruchsbescheid sollen in Abschrift beigefügt werden.

(2) Entspricht die Klage diesen Anforderungen nicht, hat der Vorsitzende oder der nach § 21g des Gerichtsverfassungsgesetzes zuständige Berufsrichter (Berichterstatter) den Kläger zu der erforderlichen Ergänzung innerhalb einer bestimmten Frist aufzufordern. Er kann dem Kläger für die Ergänzung eine Frist mit ausschließender Wirkung setzen, wenn es an einem der in Absatz 1 Satz 1 genannten Erfordernisse fehlt. Für die Wiedereinsetzung in den vorigen Stand gilt § 60 entsprechend.

§ 83 (Verweisung)

Für die sachliche und örtliche Zuständigkeit gelten die §§ 17 bis 17b des Gerichtsverfassungsgesetzes entsprechend. Beschlüsse entsprechend § 17a Abs. 2 und 3 des Gerichtsverfassungsgesetzes sind unanfechtbar.

§ 84 (Gerichtsbescheid)

(1) Das Gericht kann ohne mündliche Verhandlung durch Gerichtsbescheid entscheiden, wenn die Sache keine besonderen Schwierigkeiten tatsächlicher oder rechtlicher Art aufweist und der Sachverhalt geklärt ist.

Die Beteiligten sind vorher zu hören. Die Vorschriften über Urteile gelten entsprechend.

(2) Die Beteiligten können innerhalb eines Monats nach Zustellung des Gerichtsbescheids

1. Berufung einlegen, wenn sie zugelassen worden ist (§ 124a),
2. Zulassung der Berufung oder mündliche Verhandlung beantragen; wird von beiden Rechtsbehelfen Gebrauch gemacht, findet mündliche Verhandlung statt,
3. Revision einlegen, wenn sie zugelassen worden ist,
4. Nichtzulassungsbeschwerde einlegen oder mündliche Verhandlung beantragen, wenn die Revision nicht zugelassen worden ist; wird von beiden Rechtsbehelfen Gebrauch gemacht, findet mündliche Verhandlung statt,
5. mündliche Verhandlung beantragen, wenn ein Rechtsmittel nicht gegeben ist.

(3) Der Gerichtsbescheid wirkt als Urteil; wird rechtzeitig mündliche Verhandlung beantragt, gilt er als nicht ergangen.

(4) Wird mündliche Verhandlung beantragt, kann das Gericht in dem Urteil von einer weiteren Darstellung des Tatbestandes und der Entscheidungsgründe absehen, soweit es der Begründung des Gerichtsbescheides folgt und dies in seiner Entscheidung feststellt.

§ 85 (Zustellung der Klage)

Der Vorsitzende verfügt die Zustellung der Klage an den Beklagten. Zugleich mit der Zustellung ist der Beklagte aufzufordern, sich schriftlich zu äußern; § 81 Abs. 1 Satz 2 gilt entsprechend. Hierfür kann eine Frist gesetzt werden.

§ 86 (Erforschung des Sachverhalts)

(1) Das Gericht erforscht den Sachverhalt von Amts wegen; die Beteiligten sind dabei heranzuziehen. Es ist an das Vorbringen und an die Beweisanträge der Beteiligten nicht gebunden.

(2) Ein in der mündlichen Verhandlung gestellter Beweisantrag kann nur durch einen Gerichtsbeschluß, der zu begründen ist, abgelehnt werden.

(3) Der Vorsitzende hat darauf hinzuwirken, daß Formfehler beseitigt, unklare Anträge erläutert, sachdienliche Anträge gestellt, ungenügende tatsächliche Angaben ergänzt, ferner alle für die Feststellung und Beurteilung des Sachverhalts wesentlichen Erklärungen abgegeben werden.

(4) Die Beteiligten sollen zur Vorbereitung der mündlichen Verhandlung Schriftsätze einreichen. Hierzu kann sie der Vorsitzende unter Fristsetzung auffordern. Die Schriftsätze sind den Beteiligten von Amts wegen zu übermitteln.

(5) Den Schriftsätzen sind die Urkunden oder elektronischen Dokumente, auf die Bezug genommen wird, in Abschrift ganz oder im Auszug beizufügen. Sind die Urkunden dem Gegner bereits bekannt oder sehr umfangreich, so genügt die genaue Bezeichnung mit dem Anerbieten, Einsicht bei Gericht zu gewähren.

§ 87 (Vorbereitende richterliche Anordnungen)

(1) Der Vorsitzende oder der Berichterstatter hat schon vor der mündlichen Verhandlung alle Anordnungen zu treffen, die notwendig sind, um den Rechtsstreit möglichst in einer mündlichen Verhandlung zu erledigen. Er kann insbesondere

1. die Beteiligten zur Erörterung des Sach- und Streitstandes und zur gütlichen Beilegung des Rechtsstreits laden und einen Vergleich entgegennehmen;
2. den Beteiligten die Ergänzung oder Erläuterung ihrer vorbereitenden Schriftsätze, die Vorlegung von Urkunden, die Übermittlung von elektronischen Dokumenten und die Vorlegung von anderen zur Niederlegung bei Gericht geeigneten Gegenständen aufgeben, insbesondere eine Frist zur Erklärung über bestimmte klärungsbedürftige Punkte setzen;
3. Auskünfte einholen;

4. die Vorlage von Urkunden oder die Übermittlung von elektronischen Dokumenten anordnen;
5. das persönliche Erscheinen der Beteiligten anordnen; § 95 gilt entsprechend;
6. Zeugen und Sachverständige zur mündlichen Verhandlung laden.

(2) Die Beteiligten sind von jeder Anordnung zu benachrichtigen.

(3) Der Vorsitzende oder der Berichterstatter kann einzelne Beweise erheben. Dies darf nur insoweit geschehen, als es zur Vereinfachung der Verhandlung vor dem Gericht sachdienlich und von vornherein anzunehmen ist, daß das Gericht das Beweisergebnis auch ohne unmittelbaren Eindruck von dem Verlauf der Beweisaufnahme sachgemäß zu würdigen vermag.

§ 87a (Entscheidung des Vorsitzenden)

(1) Der Vorsitzende entscheidet, wenn die Entscheidung im vorbereitenden Verfahren ergeht,

1. über die Aussetzung und das Ruhen des Verfahrens;
2. bei Zurücknahme der Klage, Verzicht auf den geltend gemachten Anspruch oder Anerkenntnis des Anspruchs, auch über einen Antrag auf Prozesskostenhilfe;
3. bei Erledigung des Rechtsstreits in der Hauptsache, auch über einen Antrag auf Prozesskostenhilfe;
4. über den Streitwert;
5. über Kosten;
6. über die Beiladung.

(2) Im Einverständnis der Beteiligten kann der Vorsitzende auch sonst anstelle der Kammer oder des Senats entscheiden.

(3) Ist ein Berichterstatter bestellt, so entscheidet dieser anstelle des Vorsitzenden.

§ 87b (Fristsetzung)

(1) Der Vorsitzende oder der Berichterstatter kann dem Kläger eine Frist setzen zur Angabe der Tatsachen, durch deren Berücksichtigung oder Nichtberücksichtigung im Verwaltungsverfahren er sich beschwert fühlt. Die Fristsetzung nach Satz 1 kann mit der Fristsetzung nach § 82 Abs. 2 Satz 2 verbunden werden.

(2) Der Vorsitzende oder der Berichterstatter kann einem Beteiligten unter Fristsetzung aufgeben, zu bestimmten Vorgängen

1. Tatsachen anzugeben oder Beweismittel zu bezeichnen,
2. Urkunden oder andere bewegliche Sachen vorzulegen sowie elektronische Dokumente zu übermitteln, soweit der Beteiligte dazu verpflichtet ist.

(3) Das Gericht kann Erklärungen und Beweismittel, die erst nach Ablauf einer nach den Absätzen 1 und 2 gesetzten Frist vorgebracht werden, zurückweisen und ohne weitere Ermittlungen entscheiden, wenn

1. ihre Zulassung nach der freien Überzeugung des Gerichts die Erledigung des Rechtsstreits verzögern würde und
2. der Beteiligte die Verspätung nicht genügend entschuldigt und
3. der Beteiligte über die Folgen einer Fristversäumung belehrt worden ist.

Der Entschuldigungsgrund ist auf Verlangen des Gerichts glaubhaft zu machen. Satz 1 gilt nicht, wenn es mit geringem Aufwand möglich ist, den Sachverhalt auch ohne Mitwirkung des Beteiligten zu ermitteln.

(4) Abweichend von Absatz 3 hat das Gericht in Verfahren nach § 48 Absatz 1 Satz 1 Nummer 3 bis 15 und § 50 Absatz 1 Nummer 6 Erklärungen und Beweismittel, die erst nach Ablauf einer nach den Absätzen 1 und 2 gesetzten Frist vorgebracht werden, zurückzuweisen und ohne weitere Ermittlungen zu entscheiden, wenn der Beteiligte

1. die Verspätung nicht genügend entschuldigt und
2. über die Folgen einer Fristversäumung belehrt worden ist.

Absatz 3 Satz 2 und 3 gilt entsprechend.

§ 87c (Vorrang und Beschleunigung)

(1) Verfahren nach § 48 Absatz 1 Satz 1 Nummer 3 bis 15 und § 50 Absatz 1 Nummer 6 sollen vorrangig und beschleunigt durchgeführt werden. Dies gilt auch

1. für Verfahren nach § 47 Absatz 1 Nummer 1, wenn sie Bauleitpläne mit Darstellungen oder Festsetzungen von Flächen für die in § 48 Absatz 1 Satz 1 Nummer 3, 3a, 3b oder 5 genannten Vorhaben zum Gegenstand haben und
2. für Verfahren nach § 47 Absatz 1 Nummer 2, wenn sie Raumordnungspläne mit Festlegungen von Gebieten zur Nutzung von Windenergie zum Gegenstand haben.

Besonders zu priorisieren sind Verfahren über Vorhaben, wenn ein Bundesgesetz feststellt, dass diese im überragenden öffentlichen Interesse liegen. Von Satz 1 ausgenommen sind in § 48 Absatz 1 Satz 1 Nummer 6 das Anlegen von Verkehrsflughäfen und von Verkehrslandeplätzen mit beschränktem Bauschutzbereich sowie in § 48 Absatz 1 Satz 1 Nummer 13 Planfeststellungsverfahren für Braunkohletagebaue.

(2) In den in Absatz 1 genannten Verfahren soll der Vorsitzende oder der Berichterstatter in geeigneten Fällen die Beteiligten zu einem frühen ersten Termin zur Erörterung des Sach- und Streitstandes und zur gütlichen Beilegung des Rechtsstreits laden. Kommt es in diesem Termin nicht zu einer gütlichen Beilegung des Rechtsstreits, erörtert der Vorsitzende oder der Berichterstatter mit den Beteiligten den weiteren Ablauf des Verfahrens und die mögliche Terminierung der mündlichen Verhandlung.

§ 88 (Bindung an das Klagebegehren)

Das Gericht darf über das Klagebegehren nicht hinausgehen, ist aber an die Fassung der Anträge nicht gebunden.

§ 89 (Widerklage)

(1) Bei dem Gericht der Klage kann eine Widerklage erhoben werden, wenn der Gegenanspruch mit dem in der Klage geltend gemachten Anspruch oder mit den gegen ihn vorgebrachten Verteidigungsmitteln zusammenhängt. Dies gilt nicht, wenn in den Fällen des § 52 Nr. 1 für die Klage wegen des Gegenanspruchs ein anderes Gericht zuständig ist.

(2) Bei Anfechtungs- und Verpflichtungsklagen ist die Widerklage ausgeschlossen.

§ 90 (Rechtshängigkeit)

Durch Erhebung der Klage wird die Streitsache rechtshängig. In Verfahren nach dem Siebzehnten Titel des Gerichtsverfassungsgesetzes wegen eines überlangen Gerichtsverfahrens wird die Streitsache erst mit Zustellung der Klage rechtshängig.

§ 91 (Änderung der Klage)

(1) Eine Änderung der Klage ist zulässig, wenn die übrigen Beteiligten einwilligen oder das Gericht die Änderung für sachdienlich hält.

(2) Die Einwilligung des Beklagten in die Änderung der Klage ist anzunehmen, wenn er sich, ohne ihr zu widersprechen, in einem Schriftsatz oder in einer mündlichen Verhandlung auf die geänderte Klage eingelassen hat.

(3) Die Entscheidung, daß eine Änderung der Klage nicht vorliegt oder zuzulassen sei, ist nicht selbständig anfechtbar.

§ 92 (Zurücknahme der Klage)

(1) Der Kläger kann bis zur Rechtskraft des Urteils seine Klage zurücknehmen. Die Zurücknahme nach Stellung der Anträge in der mündlichen Verhandlung setzt die Einwilligung des Beklagten und, wenn ein Vertreter des öffentlichen Interesses an der mündlichen Verhandlung teilgenommen hat, auch seine Einwilligung voraus. Die Einwilligung gilt als erteilt, wenn der Klagerücknahme nicht innerhalb von zwei Wochen seit Zustellung des die Rücknahme enthaltenden Schriftsatzes widersprochen wird; das Gericht hat auf diese Folge hinzuweisen.

(2) Die Klage gilt als zurückgenommen, wenn der Kläger das Verfahren trotz Aufforderung des Gerichts länger als zwei Monate nicht betreibt. Absatz 1 Satz 2 und 3 gilt entsprechend. Der Kläger ist in der Aufforderung auf die sich aus Satz 1 und § 155 Abs. 2 ergebenden Rechtsfolgen hinzuweisen. Das Gericht stellt durch Beschluß fest, daß die Klage als zurückgenommen gilt.

(3) Ist die Klage zurückgenommen oder gilt sie als zurückgenommen, so stellt das Gericht das Verfahren durch Beschluß ein und spricht die sich nach diesem Gesetz ergebenden Rechtsfolgen der Zurücknahme aus. Der Beschluß ist unanfechtbar.

§ 93 (Gemeinsame Verhandlung; Trennung)

Das Gericht kann durch Beschluß mehrere bei ihm anhängige Verfahren über den gleichen Gegenstand zu gemeinsamer Verhandlung und Entscheidung verbinden und wieder trennen. Es kann anordnen, daß mehrere in einem Verfahren erhobene Ansprüche in getrennten Verfahren verhandelt und entschieden werden.

§ 93a (Musterverfahren)

(1) Ist die Rechtmäßigkeit einer behördlichen Maßnahme Gegenstand von mehr als zwanzig Verfahren, kann das Gericht eines oder mehrere geeignete Verfahren vorab durchführen (Musterverfahren) und die übrigen Verfahren aussetzen. Die Beteiligten sind vorher zu hören. Der Beschluß ist unanfechtbar.

(2) Ist über die durchgeführten Verfahren rechtskräftig entschieden worden, kann das Gericht nach Anhörung der Beteiligten über die ausgesetzten Verfahren durch Beschluß entscheiden, wenn es einstimmig der Auffassung ist, daß die Sachen gegenüber rechtskräftig entschiedenen Musterverfahren keine wesentlichen Besonderheiten tatsächlicher oder rechtlicher Art aufweisen und der Sachverhalt geklärt ist. Das Gericht kann in einem Musterverfahren erhobene Beweise einführen; es kann nach seinem Ermessen die wiederholte Vernehmung eines Zeugen oder eine neue Begutachtung durch denselben oder andere Sachverständige anordnen. Beweisanträge zu Tatsachen, über die bereits im Musterverfahren Beweis erhoben wurde, kann das Gericht ablehnen, wenn ihre Zulassung nach seiner freien Überzeugung nicht zum Nachweis neuer entscheidungserheblicher Tatsachen beitragen und die Erledigung des Rechtsstreits verzögern würde. Die Ablehnung kann in der Entscheidung nach Satz 1 erfolgen. Den Beteiligten steht gegen den Beschluß nach Satz 1 das Rechtsmittel zu, das zulässig wäre, wenn das Gericht durch Urteil entschieden hätte. Die Beteiligten sind über dieses Rechtsmittel zu belehren.

§ 94 (Aussetzung der Verhandlung)

Das Gericht kann, wenn die Entscheidung des Rechtsstreits ganz oder zum Teil von dem Bestehen oder Nichtbestehen eines Rechtsverhältnisses abhängt, das den Gegenstand eines anderen anhängigen Rechtsstreits bildet oder von einer Verwaltungsbehörde festzustellen ist, anordnen, daß die Verhandlung bis zur Erledigung des anderen Rechtsstreits oder bis zur Entscheidung der Verwaltungsbehörde auszusetzen sei.

§ 95 (Persönliches Erscheinen)

(1) Das Gericht kann das persönliche Erscheinen eines Beteiligten anordnen. Als persönliches Erscheinen gilt auch die nach § 102a Absatz 2 Satz 1 gestattete Teilnahme per Bild- und Tonübertragung. Für den Fall des Ausbleibens kann es Ordnungsgeld wie gegen einen im Vernehmungstermin nicht erschienenen Zeugen androhen. Bei schuldhaftem Ausbleiben setzt das Gericht durch Beschluß das angedrohte Ordnungsgeld fest. Androhung und Festsetzung des Ordnungsgeldes können wiederholt werden.

(2) Ist Beteiligter eine juristische Person oder eine Vereinigung, so ist das Ordnungsgeld dem nach Gesetz oder Satzung Vertretungsberechtigten anzudrohen und gegen ihn festzusetzen.

(3) Das Gericht kann einer beteiligten öffentlich-rechtlichen Körperschaft oder Behörde aufgeben, zur mündlichen Verhandlung einen Beamten oder Angestellten zu entsenden, der mit einem schriftlichen Nachweis über die Vertretungsbefugnis versehen und über die Sach- und Rechtslage ausreichend unterrichtet ist.

§ 96 (Beweiserhebung)

(1) Das Gericht erhebt Beweis in der mündlichen Verhandlung. Es kann insbesondere Augenschein einnehmen, Zeugen, Sachver-

ständige und Beteiligte vernehmen und Urkunden heranziehen.

(2) Das Gericht kann in geeigneten Fällen schon vor der mündlichen Verhandlung durch eines seiner Mitglieder als beauftragten Richter Beweis erheben lassen oder durch Bezeichnung der einzelnen Beweisfragen ein anderes Gericht um die Beweisaufnahme ersuchen.

§ 97 (Beweistermin)

Die Beteiligten werden von allen Beweisterminen benachrichtigt und können der Beweisaufnahme beiwohnen. Sie können an Zeugen und Sachverständige sachdienliche Fragen richten. Wird eine Frage beanstandet, so entscheidet das Gericht.

§ 98 (Anwendbare Vorschriften)

Soweit dieses Gesetz nicht abweichende Vorschriften enthält, sind auf die Beweisaufnahme §§ 358 bis 444 und 450 bis 494 der Zivilprozeßordnung entsprechend anzuwenden.

§ 99 (Urkunden-, Aktenvorlage; Auskunftspflicht)

(1) Behörden sind zur Vorlage von Urkunden oder Akten, zur Übermittlung elektronischer Dokumente und zu Auskünften verpflichtet. Führen Behörden die Akten elektronisch, sind diese als digital durchsuchbare Dokumente vorzulegen, soweit dies technisch möglich ist. Wenn das Bekanntwerden des Inhalts dieser Urkunden, Akten, elektronischen Dokumente oder dieser Auskünfte dem Wohl des Bundes oder eines Landes Nachteile bereiten würde oder wenn die Vorgänge nach einem Gesetz oder ihrem Wesen nach geheim gehalten werden müssen, kann die zuständige oberste Aufsichtsbehörde die Vorlage von Urkunden oder Akten, die Übermittlung der elektronischen Dokumente und die Erteilung der Auskünfte verweigern.

(2) Auf Antrag eines Beteiligten stellt das Oberverwaltungsgericht ohne mündliche Verhandlung durch Beschluss fest, ob die Verweigerung der Vorlage der Urkunden oder Akten, der Übermittlung der elektronischen Dokumente oder der Erteilung von Auskünften rechtmäßig ist. Verweigert eine oberste Bundesbehörde die Vorlage, Übermittlung oder Auskunft mit der Begründung, das Bekanntwerden des Inhalts der Urkunden, der Akten, der elektronischen Dokumente oder der Auskünfte würde dem Wohl des Bundes Nachteile bereiten, entscheidet das Bundesverwaltungsgericht; Gleiches gilt, wenn das Bundesverwaltungsgericht nach § 50 für die Hauptsache zuständig ist. Der Antrag ist bei dem für die Hauptsache zuständigen Gericht zu stellen. Dieses gibt den Antrag und die Hauptsacheakten an den nach § 189 zuständigen Spruchkörper ab. Die oberste Aufsichtsbehörde hat die nach Absatz 1 Satz 2 verweigerten Urkunden oder Akten auf Aufforderung dieses Spruchkörpers vorzulegen, die elektronischen Dokumente zu übermitteln oder die verweigerten Auskünfte zu erteilen. Sie ist zu diesem Verfahren beizuladen. Das Verfahren unterliegt den Vorschriften des materiellen Geheimschutzes. Können diese nicht eingehalten werden oder macht die zuständige Aufsichtsbehörde geltend, dass besondere Gründe der Geheimhaltung oder des Geheimschutzes der Übergabe der Urkunden oder Akten oder der Übermittlung der elektronischen Dokumente an das Gericht entgegenstehen, wird die Vorlage oder Übermittlung nach Satz 5 dadurch bewirkt, dass die Urkunden, Akten oder elektronischen Dokumente dem Gericht in von der obersten Aufsichtsbehörde bestimmten Räumlichkeiten zur Verfügung gestellt werden. Für die nach Satz 5 vorgelegten Akten, elektronischen Dokumente und für die gemäß Satz 8 geltend gemachten besonderen Gründe gilt § 100 nicht. Die Mitglieder des Gerichts sind zur Geheimhaltung verpflichtet; die Entscheidungsgründe dürfen Art und Inhalt der geheim gehaltenen Urkunden, Akten, elektronischen Dokumente und Auskünfte nicht erkennen lassen. Für das nichtrichterliche Personal gelten die Regelungen des personellen Geheimschutzes. Soweit nicht das Bundesverwaltungsgericht entschieden hat, kann der Beschluss selbständig mit der Beschwerde angefochten werden. Über die Beschwerde gegen den Beschluss eines Oberverwaltungsgerichts entscheidet das Bundes-

verwaltungsgericht. Für das Beschwerdeverfahren gelten die Sätze 4 bis 11 sinngemäß.

§ 100 (Akteneinsicht)

(1) Die Beteiligten können die Gerichtsakten und die dem Gericht vorgelegten Akten einsehen. Beteiligte können sich auf ihre Kosten durch die Geschäftsstelle Ausfertigungen, Auszüge, Ausdrucke und Abschriften erteilen lassen.

(2) Werden die Prozessakten elektronisch geführt, wird Akteneinsicht durch Bereitstellung des Inhalts der Akten zum Abruf oder durch Übermittlung des Inhalts der Akten auf einem sicheren Übermittlungsweg gewährt. Auf besonderen Antrag wird Akteneinsicht durch Einsichtnahme in die Akten in Diensträumen gewährt. Ein Aktenausdruck oder ein Datenträger mit dem Inhalt der Akten wird auf besonders zu begründenden Antrag nur übermittelt, wenn der Antragsteller hieran ein berechtigtes Interesse darlegt. Stehen der Akteneinsicht in der nach Satz 1 vorgesehenen Form wichtige Gründe entgegen, kann die Akteneinsicht in der nach den Sätzen 2 und 3 vorgesehenen Form auch ohne Antrag gewährt werden. Über einen Antrag nach Satz 3 entscheidet der Vorsitzende; die Entscheidung ist unanfechtbar. § 87a Absatz 3 gilt entsprechend.

(3) Werden die Prozessakten in Papierform geführt, wird Akteneinsicht durch Einsichtnahme in die Akten in Diensträumen gewährt. Die Akteneinsicht kann, soweit nicht wichtige Gründe entgegenstehen, auch durch Bereitstellung des Inhalts der Akten zum Abruf oder durch Übermittlung des Inhalts der Akten auf einem sicheren Übermittlungsweg gewährt werden. Nach dem Ermessen des Vorsitzenden kann der nach § 67 Absatz 2 Satz 1 und 2 Nummer 3 bis 6 bevollmächtigten Person die Mitnahme der Akten in die Wohnung oder Geschäftsräume gestattet werden. § 87a Absatz 3 gilt entsprechend.

(4) In die Entwürfe zu Urteilen, Beschlüssen und Verfügungen, die Arbeiten zu ihrer Vorbereitung und die Dokumente, die Abstimmungen betreffen, wird Akteneinsicht nach den Absätzen 1 bis 3 nicht gewährt.

§ 101 (Mündliche Verhandlung)

(1) Das Gericht entscheidet, soweit nichts anderes bestimmt ist, auf Grund mündlicher Verhandlung. Die mündliche Verhandlung soll so früh wie möglich stattfinden.

(2) Mit Einverständnis der Beteiligten kann das Gericht ohne mündliche Verhandlung entscheiden.

(3) Entscheidungen des Gerichts, die nicht Urteile sind, können ohne mündliche Verhandlung ergehen, soweit nichts anderes bestimmt ist.

§ 102 (Ladung der Beteiligten)

(1) Sobald der Termin zur mündlichen Verhandlung bestimmt ist, sind die Beteiligten mit einer Ladungsfrist von mindestens zwei Wochen, bei dem Bundesverwaltungsgericht von mindestens vier Wochen, zu laden. In dringenden Fällen kann der Vorsitzende die Frist abkürzen.

(2) Bei der Ladung ist darauf hinzuweisen, daß beim Ausbleiben eines Beteiligten auch ohne ihn verhandelt und entschieden werden kann.

(3) Die Gerichte der Verwaltungsgerichtsbarkeit können Sitzungen auch außerhalb des Gerichtssitzes abhalten, wenn dies zur sachdienlichen Erledigung notwendig ist.

(4) § 227 Abs. 3 Satz 1 der Zivilprozeßordnung ist nicht anzuwenden.

§ 102a (Videoübertragung)

(1) Die mündliche Verhandlung kann in geeigneten Fällen und soweit ausreichende Kapazitäten zur Verfügung stehen als Videoverhandlung stattfinden. Eine mündliche Verhandlung findet als Videoverhandlung statt, wenn an ihr mindestens ein Verfahrensbeteiligter per Bild- und Tonübertragung teilnimmt. Verfahrensbeteiligte nach dieser Vorschrift sind die Beteiligten, ihre Bevollmächtigten und Beistände.

(2) Das Gericht kann unter den Voraussetzungen des Absatzes 1 Satz 1 auf Antrag eines Verfahrensbeteiligten oder von Amts we-

gen die Teilnahme per Bild- und Tonübertragung für einen Verfahrensbeteiligten, mehrere oder alle Verfahrensbeteiligte gestatten. Die Ablehnung eines Antrags auf Teilnahme per Bild- und Tonübertragung ist kurz zu begründen.

(3) Das Gericht kann auf Antrag oder von Amts wegen die Vernehmung eines Zeugen, Sachverständigen oder Beteiligten per Bild- und Tonübertragung gestatten. Das Antragsrecht steht den Verfahrensbeteiligten, Zeugen und Sachverständigen zu. Absatz 1 gilt entsprechend.

(4) Den Verfahrensbeteiligten und Dritten ist es untersagt, die Übertragung aufzuzeichnen. Hierauf sind sie zu Beginn der Verhandlung hinzuweisen. Das Gericht kann die Videoverhandlung oder die Bild- und Tonübertragung nach Absatz 3 für die Zwecke des § 160a der Zivilprozessordnung ganz oder teilweise aufzeichnen. Über Beginn und Ende der Aufzeichnung hat das Gericht die Verfahrensbeteiligten und im Falle von Absatz 3 auch die Zeugen und Sachverständigen zu informieren.

(5) Entscheidungen nach dieser Vorschrift sind unanfechtbar.

(6) Die Absätze 1 bis 5 gelten entsprechend für Erörterungstermine (§ 87 Absatz 1 Satz 2 Nummer 1 und § 87c Absatz 2 Satz 1).

§ 103 (Ablauf der Verhandlung)

(1) Der Vorsitzende eröffnet und leitet die mündliche Verhandlung.

(2) Nach Aufruf der Sache trägt der Vorsitzende oder der Berichterstatter den wesentlichen Inhalt der Akten vor.

(3) Hierauf erhalten die Beteiligten das Wort, um ihre Anträge zu stellen und zu begründen.

§ 104 (Erörterung der Streitsache)

(1) Der Vorsitzende hat die Streitsache mit den Beteiligten tatsächlich und rechtlich zu erörtern.

(2) Der Vorsitzende hat jedem Mitglied des Gerichts auf Verlangen zu gestatten, Fragen zu stellen. Wird eine Frage beanstandet, so entscheidet das Gericht.

(3) Nach Erörterung der Streitsache erklärt der Vorsitzende die mündliche Verhandlung für geschlossen. Das Gericht kann die Wiedereröffnung beschließen.

§ 105 (Niederschrift)

Für das Protokoll gelten die §§ 159 bis 165 der Zivilprozeßordnung entsprechend.

§ 106 (Vergleich)

Um den Rechtsstreit vollständig oder zum Teil zu erledigen, können die Beteiligten zu Protokoll des Gerichts oder des beauftragten oder ersuchten Richters einen Vergleich schließen, soweit sie über den Gegenstand des Vergleichs verfügen können. Ein gerichtlicher Vergleich kann auch dadurch geschlossen werden, daß die Beteiligten einen in der Form eines Beschlusses ergangenen Vorschlag des Gerichts, des Vorsitzenden oder des Berichterstatters schriftlich oder durch Erklärung zu Protokoll in der mündlichen Verhandlung gegenüber dem Gericht annehmen.

10. Abschnitt
Urteile und andere Entscheidungen

§ 107 (Entscheidung durch Urteil)

Über die Klage wird, soweit nichts anderes bestimmt ist, durch Urteil entschieden.

§ 108 (Richterliche Überzeugung)

(1) Das Gericht entscheidet nach seiner freien, aus dem Gesamtergebnis des Verfahrens gewonnenen Überzeugung. In dem Urteil sind die Gründe anzugeben, die für die richterliche Überzeugung leitend gewesen sind.

(2) Das Urteil darf nur auf Tatsachen und Beweisergebnisse gestützt werden, zu denen die Beteiligten sich äußern konnten.

§ 109 (Zwischenurteil)

Über die Zulässigkeit der Klage kann durch Zwischenurteil vorab entschieden werden.

§ 110 (Teilurteil)

Ist nur ein Teil des Streitgegenstands zur Entscheidung reif, so kann das Gericht ein Teilurteil erlassen.

§ 111 (Zwischenurteil über den Grund)

Ist bei einer Leistungsklage ein Anspruch nach Grund und Betrag streitig, so kann das Gericht durch Zwischenurteil über den Grund vorab entscheiden. Das Gericht kann, wenn der Anspruch für begründet erklärt ist, anordnen, daß über den Betrag zu verhandeln ist.

§ 112 (Mitwirkende Richter)

Das Urteil kann nur von den Richtern und ehrenamtlichen Richtern gefällt werden, die an der dem Urteil zugrunde liegenden Verhandlung teilgenommen haben.

§ 113 (Ausspruch)

(1) Soweit der Verwaltungsakt rechtswidrig und der Kläger dadurch in seinen Rechten verletzt ist, hebt das Gericht den Verwaltungsakt und den etwaigen Widerspruchsbescheid auf. Ist der Verwaltungsakt schon vollzogen, so kann das Gericht auf Antrag auch aussprechen, daß und wie die Verwaltungsbehörde die Vollziehung rückgängig zu machen hat. Dieser Ausspruch ist nur zulässig, wenn die Behörde dazu in der Lage und diese Frage spruchreif ist. Hat sich der Verwaltungsakt vorher durch Zurücknahme oder anders erledigt, so spricht das Gericht auf Antrag durch Urteil aus, daß der Verwaltungsakt rechtswidrig gewesen ist, wenn der Kläger ein berechtigtes Interesse an dieser Feststellung hat.

(2) Begehrt der Kläger die Änderung eines Verwaltungsaktes, der einen Geldbetrag festsetzt oder eine darauf bezogene Feststellung trifft, kann das Gericht den Betrag in anderer Höhe festsetzen oder die Feststellung durch eine andere ersetzen. Erfordert die Ermittlung des festzusetzenden oder festzustellenden Betrags einen nicht unerheblichen Aufwand, kann das Gericht die Änderung des Verwaltungsaktes durch Angabe der zu Unrecht berücksichtigten oder nicht berücksichtigten tatsächlichen oder rechtlichen Verhältnisse so bestimmen, daß die Behörde den Betrag auf Grund der Entscheidung errechnen kann. Die Behörde teilt den Beteiligten das Ergebnis der Neuberechnung unverzüglich formlos mit; nach Rechtskraft der Entscheidung ist der Verwaltungsakt mit dem geänderten Inhalt neu bekanntzugeben.

(3) Hält das Gericht eine weitere Sachaufklärung für erforderlich, kann es, ohne in der Sache selbst zu entscheiden, den Verwaltungsakt und den Widerspruchsbescheid aufheben, soweit nach Art oder Umfang die noch erforderlichen Ermittlungen erheblich sind und die Aufhebung auch unter Berücksichtigung der Belange der Beteiligten sachdienlich ist. Auf Antrag kann das Gericht bis zum Erlaß des neuen Verwaltungsakts eine einstweilige Regelung treffen, insbesondere bestimmen, daß Sicherheiten geleistet werden oder ganz oder zum Teil bestehen bleiben und Leistungen zunächst nicht zurückgewährt werden müssen. Der Beschluß kann jederzeit geändert oder aufgehoben werden. Eine Entscheidung nach Satz 1 kann nur binnen sechs Monaten seit Eingang der Akten der Behörde bei Gericht ergehen.

(4) Kann neben der Aufhebung eines Verwaltungsaktes eine Leistung verlangt werden, so ist im gleichen Verfahren auch die Verurteilung zur Leistung zulässig.

(5) Soweit die Ablehnung oder Unterlassung des Verwaltungsaktes rechtswidrig und der Kläger dadurch in seinen Rechten verletzt ist, spricht das Gericht die Verpflichtung der Verwaltungsbehörde aus, die beantragte Amtshandlung vorzunehmen, wenn die Sache spruchreif ist. Andernfalls spricht es die Verpflichtung aus, den Kläger unter Beachtung der Rechtsauffassung des Gerichts zu bescheiden.

§ 114 (Ermessensentscheidungen)

Soweit die Verwaltungsbehörde ermächtigt ist, nach ihrem Ermessen zu handeln, prüft das Gericht auch, ob der Verwaltungsakt oder die Ablehnung oder Unterlassung des Verwaltungsakts rechtswidrig ist, weil die gesetzlichen Grenzen des Ermessens überschritten sind oder von dem Ermessen in einer dem Zweck der Ermächtigung nicht entsprechenden Weise Gebrauch gemacht ist. Die Verwaltungsbehörde kann ihre Ermessenserwägungen hinsichtlich des Verwaltungsaktes auch noch im verwaltungsgerichtlichen Verfahren ergänzen.

§ 115 (Anfechtungsklage)

§§ 113 und 114 gelten entsprechend, wenn nach § 79 Abs. 1 Nr. 2 und Abs. 2 der Widerspruchsbescheid Gegenstand der Anfechtungsklage ist.

§ 116 (Verkündung, Zustellung)

(1) Das Urteil wird, wenn eine mündliche Verhandlung stattgefunden hat, in der Regel in dem Termin, in dem die mündliche Verhandlung geschlossen wird, verkündet, in besonderen Fällen in einem sofort anzuberaumenden Termin, der nicht über zwei Wochen hinaus angesetzt werden soll. Das Urteil ist den Beteiligten zuzustellen. Der Vorsitzende kann den Beteiligten, ihren Bevollmächtigten und Beiständen gestatten, an der Urteilsverkündung per Bild- und Tonübertragung teilzunehmen.

(2) Statt der Verkündung ist die Zustellung des Urteils zulässig; dann ist das Urteil binnen zwei Wochen nach der mündlichen Verhandlung der Geschäftsstelle zu übermitteln.

(3) Entscheidet das Gericht ohne mündliche Verhandlung, so wird die Verkündung durch Zustellung an die Beteiligten ersetzt.

§ 117 (Inhalt des Urteils)

(1) Das Urteil ergeht „Im Namen des Volkes". Es ist schriftlich abzufassen und von den Richtern, die bei der Entscheidung mitgewirkt haben, zu unterzeichnen. Ist ein Richter verhindert, seine Unterschrift beizufügen, so wird dies mit dem Hinderungsgrund vom Vorsitzenden oder, wenn er verhindert ist, vom dienstältesten beisitzenden Richter unter dem Urteil vermerkt. Der Unterschrift der ehrenamtlichen Richter bedarf es nicht.

(2) Das Urteil enthält

1. die Bezeichnung der Beteiligten, ihrer gesetzlichen Vertreter und der Bevollmächtigten nach Namen, Beruf, Wohnort und ihrer Stellung im Verfahren,
2. die Bezeichnung des Gerichts und die Namen der Mitglieder, die bei der Entscheidung mitgewirkt haben,
3. die Urteilsformel,
4. den Tatbestand,
5. die Entscheidungsgründe,
6. die Rechtsmittelbelehrung.

(3) Im Tatbestand ist der Sach- und Streitstand unter Hervorhebung der gestellten Anträge seinem wesentlichen Inhalt nach gedrängt darzustellen. Wegen der Einzelheiten soll auf Schriftsätze, Protokolle und andere Unterlagen verwiesen werden, soweit sich aus ihnen der Sach- und Streitstand ausreichend ergibt.

(4) Ein Urteil, das bei der Verkündung noch nicht vollständig abgefaßt war, ist vor Ablauf von zwei Wochen, vom Tage der Verkündung an gerechnet, vollständig abgefaßt der Geschäftsstelle zu übermitteln. Kann dies ausnahmsweise nicht geschehen, so ist innerhalb dieser zwei Wochen das von den Richtern unterschriebene Urteil ohne Tatbestand, Entscheidungsgründe und Rechtsmittelbelehrung der Geschäftsstelle zu übermitteln; Tatbestand, Entscheidungsgründe und Rechtsmittelbelehrung sind alsbald nachträglich niederzulegen, von den Richtern besonders zu unterschreiben und der Geschäftsstelle zu übermitteln.

(5) Das Gericht kann von einer weiteren Darstellung der Entscheidungsgründe absehen, soweit es der Begründung des Verwaltungsakts oder des Widerspruchsbescheids folgt und dies in seiner Entscheidung feststellt.

(6) Der Urkundsbeamte der Geschäftsstelle hat auf dem Urteil den Tag der Zustellung und im Falle des § 116 Abs. 1 Satz 1 den Tag der Verkündung zu vermerken und diesen Vermerk zu unterschreiben. Werden die Akten elektronisch geführt, hat der Urkundsbeamte der Geschäftsstelle den Vermerk in einem gesonderten Dokument festzuhalten. Das Dokument ist mit dem Urteil untrennbar zu verbinden.

§ 118 (Berichtigung)

(1) Schreibfehler, Rechenfehler und ähnliche offenbare Unrichtigkeiten im Urteil sind jederzeit vom Gericht zu berichtigen.

(2) Über die Berichtigung kann ohne vorgängige mündliche Verhandlung entschieden werden. Der Berichtigungsbeschluß wird auf dem Urteil und den Ausfertigungen vermerkt. Ist das Urteil elektronisch abgefasst, ist auch der Beschluss elektronisch abzufassen und mit dem Urteil untrennbar zu verbinden.

§ 119 (Antrag auf Berichtigung)

(1) Enthält der Tatbestand des Urteils andere Unrichtigkeiten oder Unklarheiten, so kann die Berichtigung binnen zwei Wochen nach Zustellung des Urteils beantragt werden.

(2) Das Gericht entscheidet ohne Beweisaufnahme durch Beschluß. Der Beschluß ist unanfechtbar. Bei der Entscheidung wirken nur die Richter mit, die beim Urteil mitgewirkt haben. Ist ein Richter verhindert, so entscheidet bei Stimmengleichheit die Stimme des Vorsitzenden. Der Berichtigungsbeschluß wird auf dem Urteil und den Ausfertigungen vermerkt. Ist das Urteil elektronisch abgefasst, ist auch der Beschluss elektronisch abzufassen und mit dem Urteil untrennbar zu verbinden.

§ 120 (Urteilsergänzung)

(1) Wenn ein nach dem Tatbestand von einem Beteiligten gestellter Antrag oder die Kostenfolge bei der Entscheidung ganz oder zum Teil übergangen ist, so ist auf Antrag das Urteil durch nachträgliche Entscheidung zu ergänzen.

(2) Die Entscheidung muß binnen zwei Wochen nach Zustellung des Urteils beantragt werden.

(3) Die mündliche Verhandlung hat nur den nicht erledigten Teil des Rechtsstreits zum Gegenstand. Von der Durchführung einer mündlichen Verhandlung kann abgesehen werden, wenn mit der Ergänzung des Urteils nur über einen Nebenanspruch oder über die Kosten entschieden werden soll und wenn die Bedeutung der Sache keine mündliche Verhandlung erfordert.

§ 121 (Wirkung rechtskräftiger Urteile)

Rechtskräftige Urteile binden, soweit über den Streitgegenstand entschieden worden ist,

1. die Beteiligten und ihre Rechtsnachfolger und
2. im Falle des § 65 Abs. 3 die Personen, die einen Antrag auf Beiladung nicht oder nicht fristgemäß gestellt haben.

§ 122 (Beschlüsse, Begründung)

(1) §§ 88, 108 Abs. 1 Satz 1, §§ 118, 119 und 120 gelten entsprechend für Beschlüsse.

(2) Beschlüsse sind zu begründen, wenn sie durch Rechtsmittel angefochten werden können oder über einen Rechtsbehelf entscheiden. Beschlüsse über die Aussetzung der Vollziehung (§§ 80, 80a) und über einstweilige Anordnungen (§ 123) sowie Beschlüsse nach Erledigung des Rechtsstreits in der Hauptsache (§ 161 Abs. 2) sind stets zu begründen. Beschlüsse, die über ein Rechtsmittel entscheiden, bedürfen keiner weiteren Begründung, soweit das Gericht das Rechtsmittel aus den Gründen der angefochtenen Entscheidung als unbegründet zurückweist.

11. Abschnitt
Einstweilige Anordnung

§ 123 (Einstweilige Anordnung bezüglich Streitgegenstand)

(1) Auf Antrag kann das Gericht, auch schon vor Klageerhebung, eine einstweilige Anordnung in bezug auf den Streitgegenstand treffen, wenn die Gefahr besteht, daß durch eine Veränderung des bestehenden Zustandes die Verwirklichung eines Rechts des Antragstellers vereitelt oder wesentlich erschwert werden könnte. Einstweilige Anordnungen sind auch zur Regelung eines vorläufigen Zustands in bezug auf ein streitiges Rechtsverhältnis zulässig, wenn diese Regelung, vor allem bei dauernden Rechtsverhältnissen, um wesentliche Nachteile abzuwenden oder drohende Gewalt zu verhindern oder aus anderen Gründen nötig erscheint.

(2) Für den Erlaß einstweiliger Anordnungen ist das Gericht der Hauptsache zuständig. Dies ist das Gericht des ersten Rechtszugs und, wenn die Hauptsache im Berufungsverfahren anhängig ist, das Berufungsgericht. § 80 Abs. 8 ist entsprechend anzuwenden.

(3) Für den Erlaß einstweiliger Anordnungen gelten §§ 920, 921, 923, 926, 928 bis 932, 938, 939, 941 und 945 der Zivilprozeßordnung entsprechend.

(4) Das Gericht entscheidet durch Beschluß.

(5) Die Vorschriften der Absätze 1 bis 3 gelten nicht für die Fälle der §§ 80 und 80a.

Teil III
Rechtsmittel und Wiederaufnahme des Verfahrens

12. Abschnitt
Berufung

§ 124 (Berufung gegen Endurteile)

(1) Gegen Endurteile einschließlich der Teilurteile nach § 110 und gegen Zwischenurteile nach den §§ 109 und 111 steht den Beteiligten die Berufung zu, wenn sie von dem Verwaltungsgericht oder dem Oberverwaltungsgericht zugelassen wird.

(2) Die Berufung ist nur zuzulassen,

1. wenn ernstliche Zweifel an der Richtigkeit des Urteils bestehen,
2. wenn die Rechtssache besondere tatsächliche oder rechtliche Schwierigkeiten aufweist,
3. wenn die Rechtssache grundsätzliche Bedeutung hat,
4. wenn das Urteil von einer Entscheidung des Oberverwaltungsgerichts, des Bundesverwaltungsgerichts, des Gemeinsamen Senats der obersten Gerichtshöfe des Bundes oder des Bundesverfassungsgerichts abweicht und auf dieser Abweichung beruht oder
5. wenn ein der Beurteilung des Berufungsgerichts unterliegender Verfahrensmangel geltend gemacht wird und vorliegt, auf dem die Entscheidung beruhen kann.

§ 124a (Zulassung der Berufung)

(1) Das Verwaltungsgericht lässt die Berufung in dem Urteil zu, wenn die Gründe des § 124 Abs. 2 Nr. 3 oder Nr. 4 vorliegen. Das Oberverwaltungsgericht ist an die Zulassung gebunden. Zu einer Nichtzulassung der Berufung ist das Verwaltungsgericht nicht befugt.

(2) Die Berufung ist, wenn sie von dem Verwaltungsgericht zugelassen worden ist, innerhalb eines Monats nach Zustellung des vollständigen Urteils bei dem Verwaltungsgericht einzulegen. Die Berufung muss das angefochtene Urteil bezeichnen.

(3) Die Berufung ist in den Fällen des Absatzes 2 innerhalb von zwei Monaten nach Zustellung des vollständigen Urteils zu begründen. Die Begründung ist, sofern sie nicht zugleich mit der Einlegung der Berufung erfolgt, bei dem Oberverwaltungsgericht einzureichen. Die Begründungsfrist kann auf einen vor ihrem Ablauf gestellten Antrag von dem Vorsitzenden des Senats verlängert werden. Die Begründung muss einen bestimmten Antrag enthalten sowie die im Einzelnen anzuführenden Gründe der Anfechtung (Berufungsgründe). Mangelt es an einem dieser Erfordernisse, so ist die Berufung unzulässig.

(4) Wird die Berufung nicht in dem Urteil des Verwaltungsgerichts zugelassen, so ist die Zulassung innerhalb eines Monats nach Zustellung des vollständigen Urteils zu beantragen. Der Antrag ist bei dem Verwaltungsgericht zu stellen. Er muss das angefochtene Urteil bezeichnen. Innerhalb von zwei Monaten nach Zustellung des vollständigen Urteils sind die Gründe darzulegen, aus denen die Berufung zuzulassen ist. Die Begründung ist, soweit sie nicht bereits mit dem Antrag vorgelegt worden ist, bei dem Oberverwaltungsgericht einzureichen. Die Stellung des Antrags hemmt die Rechtskraft des Urteils.

(5) Über den Antrag entscheidet das Oberverwaltungsgericht durch Beschluss. Die Berufung ist zuzulassen, wenn einer der Gründe des § 124 Abs. 2 dargelegt ist und vorliegt. Der Beschluss soll kurz begründet werden. Mit der Ablehnung des Antrags wird das Urteil rechtskräftig. Lässt das Oberverwaltungsgericht die Berufung zu, wird das An-

tragsverfahren als Berufungsverfahren fortgesetzt; der Einlegung einer Berufung bedarf es nicht.

(6) Die Berufung ist in den Fällen des Absatzes 5 innerhalb eines Monats nach Zustellung des Beschlusses über die Zulassung der Berufung zu begründen. Die Begründung ist bei dem Oberverwaltungsgericht einzureichen. Absatz 3 Satz 3 bis 5 gilt entsprechend.

§ 125 (Anwendbare Vorschriften)

(1) Für das Berufungsverfahren gelten die Vorschriften des Teils II entsprechend, soweit sich aus diesem Abschnitt nichts anderes ergibt. § 84 findet keine Anwendung.

(2) Ist die Berufung unzulässig, so ist sie zu verwerfen. Die Entscheidung kann durch Beschluß ergehen. Die Beteiligten sind vorher zu hören. Gegen den Beschluß steht den Beteiligten das Rechtsmittel zu, das zulässig wäre, wenn das Gericht durch Urteil entschieden hätte. Die Beteiligten sind über dieses Rechtsmittel zu belehren.

§ 126 (Zurücknahme)

(1) Die Berufung kann bis zur Rechtskraft des Urteils zurückgenommen werden. Die Zurücknahme nach Stellung der Anträge in der mündlichen Verhandlung setzt die Einwilligung des Beklagten und, wenn ein Vertreter des öffentlichen Interesses an der mündlichen Verhandlung teilgenommen hat, auch seine Einwilligung voraus.

(2) Die Berufung gilt als zurückgenommen, wenn der Berufungskläger das Verfahren trotz Aufforderung des Gerichts länger als drei Monate nicht betreibt. Absatz 1 Satz 2 gilt entsprechend. Der Berufungskläger ist in der Aufforderung auf die sich aus Satz 1 und § 155 Abs. 2 ergebenden Rechtsfolgen hinzuweisen. Das Gericht stellt durch Beschluß fest, daß die Berufung als zurückgenommen gilt.

(3) Die Zurücknahme bewirkt den Verlust des eingelegten Rechtsmittels. Das Gericht entscheidet durch Beschluß über die Kostenfolge.

§ 127 (Anschlussberufung)

(1) Der Berufungsbeklagte und die anderen Beteiligten können sich der Berufung anschließen. Die Anschlussberufung ist bei dem Oberverwaltungsgericht einzulegen.

(2) Die Anschließung ist auch statthaft, wenn der Beteiligte auf die Berufung verzichtet hat oder die Frist für die Berufung oder den Antrag auf Zulassung der Berufung verstrichen ist. Sie ist zulässig bis zum Ablauf eines Monats nach der Zustellung der Berufungsbegründungsschrift.

(3) Die Anschlussberufung muss in der Anschlussschrift begründet werden. § 124a Abs. 3 Satz 2, 4 und 5 gilt entsprechend.

(4) Die Anschlussberufung bedarf keiner Zulassung.

(5) Die Anschließung verliert ihre Wirkung, wenn die Berufung zurückgenommen oder als unzulässig verworfen wird.

§ 128 (Umfang der Prüfung)

Das Oberverwaltungsgericht prüft den Streitfall innerhalb des Berufungsantrags im gleichen Umfange wie das Verwaltungsgericht. Es berücksichtigt auch neu vorgebrachte Tatsachen und Beweismittel.

§ 128a (Neue Erklärungen, Beweismittel)

(1) Neue Erklärungen und Beweismittel, die im ersten Rechtszug entgegen einer hierfür gesetzten Frist (§ 87b Abs. 1 und 2) nicht vorgebracht worden sind, sind nur zuzulassen, wenn nach der freien Überzeugung des Gerichts ihre Zulassung die Erledigung des Rechtsstreits nicht verzögern würde oder wenn der Beteiligte die Verspätung genügend entschuldigt. Der Entschuldigungsgrund ist auf Verlangen des Gerichts glaubhaft zu machen. Satz 1 gilt nicht, wenn der Beteiligte im ersten Rechtszug über die Folgen einer Fristversäumung nicht nach § 87b Abs. 3 Nr. 3 belehrt worden ist oder wenn es mit geringem Aufwand möglich ist, den Sachverhalt auch ohne Mitwirkung des Beteiligten zu ermitteln.

(2) Erklärungen und Beweismittel, die das Verwaltungsgericht zu Recht zurückgewiesen

hat, bleiben auch im Berufungsverfahren ausgeschlossen.

§ 129 (Bindung an Anträge)

Das Urteil des Verwaltungsgerichts darf nur soweit geändert werden, als eine Änderung beantragt ist.

§ 130 (Aufhebung, Zurückverweisung)

(1) Das Oberverwaltungsgericht hat die notwendigen Beweise zu erheben und in der Sache selbst zu entscheiden.

(2) Das Oberverwaltungsgericht darf die Sache, soweit ihre weitere Verhandlung erforderlich ist, unter Aufhebung des Urteils und des Verfahrens an das Verwaltungsgericht nur zurückverweisen,

1. soweit das Verfahren vor dem Verwaltungsgericht an einem wesentlichen Mangel leidet und aufgrund dieses Mangels eine umfangreiche oder aufwändige Beweisaufnahme notwendig ist oder
2. wenn das Verwaltungsgericht noch nicht in der Sache selbst entschieden hat

und ein Beteiligter die Zurückverweisung beantragt.

(3) Das Verwaltungsgericht ist an die rechtliche Beurteilung der Berufungsentscheidung gebunden.

§ 130a (Berufung unbegründet)

Das Oberverwaltungsgericht kann über die Berufung durch Beschluß entscheiden, wenn es sie einstimmig für begründet oder einstimmig für unbegründet hält und eine mündliche Verhandlung nicht für erforderlich hält. § 125 Abs. 2 Satz 3 bis 5 gilt entsprechend.

§ 130b (Begründung)

Das Oberverwaltungsgericht kann in dem Urteil über die Berufung auf den Tatbestand der angefochtenen Entscheidung Bezug nehmen, wenn es sich die Feststellungen des Verwaltungsgerichts in vollem Umfange zu eigen macht. Von einer weiteren Darstellung der Entscheidungsgründe kann es absehen, soweit es die Berufung aus den Gründen der angefochtenen Entscheidung als unbegründet zurückweist.

§ 131 (weggefallen)

13. Abschnitt
Revision

§ 132 (Revision gegen Entscheidung des Oberverwaltungsgerichts)

(1) Gegen das Urteil des Oberverwaltungsgerichts (§ 49 Nr. 1) und gegen Beschlüsse nach § 47 Abs. 5 Satz 1 steht den Beteiligten die Revision an das Bundesverwaltungsgericht zu, wenn das Oberverwaltungsgericht oder auf Beschwerde gegen die Nichtzulassung das Bundesverwaltungsgericht sie zugelassen hat.

(2) Die Revision ist nur zuzulassen, wenn

1. die Rechtssache grundsätzliche Bedeutung hat,
2. das Urteil von einer Entscheidung des Bundesverwaltungsgerichts, des Gemeinsamen Senats der obersten Gerichtshöfe des Bundes oder des Bundesverfassungsgerichts abweicht und auf dieser Abweichung beruht oder
3. ein Verfahrensmangel geltend gemacht wird und vorliegt, auf dem die Entscheidung beruhen kann.

(3) Das Bundesverwaltungsgericht ist an die Zulassung gebunden.

§ 133 (Beschwerde gegen Nichtzulassung)

(1) Die Nichtzulassung der Revision kann durch Beschwerde angefochten werden.

(2) Die Beschwerde ist bei dem Gericht, gegen dessen Urteil Revision eingelegt werden soll, innerhalb eines Monats nach Zustellung des vollständigen Urteils einzulegen. Die Beschwerde muß das angefochtene Urteil bezeichnen.

(3) Die Beschwerde ist innerhalb von zwei Monaten nach der Zustellung des vollständigen Urteils zu begründen. Die Begründung ist bei dem Gericht, gegen dessen Urteil Revision eingelegt werden soll, einzureichen. In der

Begründung muß die grundsätzliche Bedeutung der Rechtssache dargelegt oder die Entscheidung, von der das Urteil abweicht, oder der Verfahrensmangel bezeichnet werden.

(4) Die Einlegung der Beschwerde hemmt die Rechtskraft des Urteils.

(5) Wird der Beschwerde nicht abgeholfen, entscheidet das Bundesverwaltungsgericht durch Beschluß. Der Beschluß soll kurz begründet werden; von einer Begründung kann abgesehen werden, wenn sie nicht geeignet ist, zur Klärung der Voraussetzungen beizutragen, unter denen eine Revision zuzulassen ist. Mit der Ablehnung der Beschwerde durch das Bundesverwaltungsgericht wird das Urteil rechtskräftig.

(6) Liegen die Voraussetzungen des § 132 Abs. 2 Nr. 3 vor, kann das Bundesverwaltungsgericht in dem Beschluß das angefochtene Urteil aufheben und den Rechtsstreit zur anderweitigen Verhandlung und Entscheidung zurückverweisen.

§ 134 (Sprungrevision)

(1) Gegen das Urteil eines Verwaltungsgerichts (§ 49 Nr. 2) steht den Beteiligten die Revision unter Übergehung der Berufungsinstanz zu, wenn der Kläger und der Beklagte der Einlegung der Sprungrevision schriftlich zustimmen und wenn sie von dem Verwaltungsgericht im Urteil oder auf Antrag durch Beschluß zugelassen wird. Der Antrag ist innerhalb eines Monats nach Zustellung des vollständigen Urteils schriftlich zu stellen. Die Zustimmung zu der Einlegung der Sprungrevision ist dem Antrag oder, wenn die Revision im Urteil zugelassen ist, der Revisionsschrift beizufügen.

IX

(2) Die Revision ist nur zuzulassen, wenn die Voraussetzungen des § 132 Abs. 2 Nr. 1 oder 2 vorliegen. Das Bundesverwaltungsgericht ist an die Zulassung gebunden. Die Ablehnung der Zulassung ist unanfechtbar.

(3) Lehnt das Verwaltungsgericht den Antrag auf Zulassung der Revision durch Beschluß ab, beginnt mit der Zustellung dieser Entscheidung der Lauf der Frist für den Antrag auf Zulassung der Berufung von neuem, sofern der Antrag in der gesetzlichen Frist und Form gestellt und die Zustimmungserklärung beigefügt war. Läßt das Verwaltungsgericht die Revision durch Beschluß zu, beginnt der Lauf der Revisionsfrist mit der Zustellung dieser Entscheidung.

(4) Die Revision kann nicht auf Mängel des Verfahrens gestützt werden.

(5) Die Einlegung der Revision und die Zustimmung gelten als Verzicht auf die Berufung, wenn das Verwaltungsgericht die Revision zugelassen hat.

§ 135 (Ausschluss der Berufung)

Gegen das Urteil eines Verwaltungsgerichts (§ 49 Nr. 2) steht den Beteiligten die Revision an das Bundesverwaltungsgericht zu, wenn durch Bundesgesetz die Berufung ausgeschlossen ist. Die Revision kann nur eingelegt werden, wenn das Verwaltungsgericht oder auf Beschwerde gegen die Nichtzulassung das Bundesverwaltungsgericht sie zugelassen hat. Für die Zulassung gelten die §§ 132 und 133 entsprechend.

§ 136 (weggefallen)

§ 137 (Verletzung von Bundesrecht)

(1) Die Revision kann nur darauf gestützt werden, daß das angefochtene Urteil auf der Verletzung

1. von Bundesrecht oder
2. einer Vorschrift des Verwaltungsverfahrensgesetzes eines Landes, die ihrem Wortlaut nach mit dem Verwaltungsverfahrensgesetz des Bundes übereinstimmt,

beruht.

(2) Das Bundesverwaltungsgericht ist an die in dem angefochtenen Urteil getroffenen tatsächlichen Feststellungen gebunden, außer wenn in bezug auf diese Feststellungen zulässige und begründete Revisionsgründe vorgebracht sind.

(3) Wird die Revision auf Verfahrensmängel gestützt und liegt nicht zugleich eine der Voraussetzungen des § 132 Abs. 2 Nr. 1 und 2 vor, so ist nur über die geltend gemachten Verfahrensmängel zu entscheiden. Im übrigen ist das Bundesverwaltungsgericht an die

geltend gemachten Revisionsgründe nicht gebunden.

§ 138 (Revisionsgründe)

Ein Urteil ist stets als auf der Verletzung von Bundesrecht beruhend anzusehen, wenn

1. das erkennende Gericht nicht vorschriftsmäßig besetzt war,
2. bei der Entscheidung ein Richter mitgewirkt hat, der von der Ausübung des Richteramts kraft Gesetzes ausgeschlossen oder wegen Besorgnis der Befangenheit mit Erfolg abgelehnt war,
3. einem Beteiligten das rechtliche Gehör versagt war,
4. ein Beteiligter im Verfahren nicht nach Vorschrift des Gesetzes vertreten war, außer wenn er der Prozeßführung ausdrücklich oder stillschweigend zugestimmt hat,
5. das Urteil auf eine mündliche Verhandlung ergangen ist, bei der die Vorschriften über die Öffentlichkeit des Verfahrens verletzt worden sind, oder
6. die Entscheidung nicht mit Gründen versehen ist.

§ 139 (Einlegung der Revision)

(1) Die Revision ist bei dem Gericht, dessen Urteil angefochten wird, innerhalb eines Monats nach Zustellung des vollständigen Urteils oder des Beschlusses über die Zulassung der Revision nach § 134 Abs. 3 Satz 2 schriftlich einzulegen. Die Revisionsfrist ist auch gewahrt, wenn die Revision innerhalb der Frist bei dem Bundesverwaltungsgericht eingelegt wird. Die Revision muß das angefochtene Urteil bezeichnen.

(2) Wird der Beschwerde gegen die Nichtzulassung der Revision abgeholfen oder läßt das Bundesverwaltungsgericht die Revision zu, so wird das Beschwerdeverfahren als Revisionsverfahren fortgesetzt, wenn nicht das Bundesverwaltungsgericht das angefochtene Urteil nach § 133 Abs. 6 aufhebt; der Einlegung einer Revision durch den Beschwerdeführer bedarf es nicht. Darauf ist in dem Beschluß hinzuweisen.

(3) Die Revision ist innerhalb von zwei Monaten nach Zustellung des vollständigen Urteils oder des Beschlusses über die Zulassung der Revision nach § 134 Abs. 3 Satz 2 zu begründen; im Falle des Absatzes 2 beträgt die Begründungsfrist einen Monat nach Zustellung des Beschlusses über die Zulassung der Revision. Die Begründung ist bei dem Bundesverwaltungsgericht einzureichen. Die Begründungsfrist kann auf einen vor ihrem Ablauf gestellten Antrag von dem Vorsitzenden verlängert werden. Die Begründung muß einen bestimmten Antrag enthalten, die verletzte Rechtsnorm und, soweit Verfahrensmängel gerügt werden, die Tatsachen angeben, die den Mangel ergeben.

§ 140 (Zurücknahme)

(1) Die Revision kann bis zur Rechtskraft des Urteils zurückgenommen werden. Die Zurücknahme nach Stellung der Anträge in der mündlichen Verhandlung setzt die Einwilligung des Revisionsbeklagten und, wenn der Vertreter des Bundesinteresses beim Bundesverwaltungsgericht an der mündlichen Verhandlung teilgenommen hat, auch seine Einwilligung voraus.

(2) Die Zurücknahme bewirkt den Verlust des eingelegten Rechtsmittels. Das Gericht entscheidet durch Beschluß über die Kostenfolge.

§ 141 (Anwendbare Vorschriften)

Für die Revision gelten die Vorschriften über die Berufung entsprechend, soweit sich aus diesem Abschnitt nichts anderes ergibt. Die §§ 87a, 130a und 130b finden keine Anwendung.

§ 142 (Keine Klageänderung, Beiladung)

(1) Klageänderungen und Beiladungen sind im Revisionsverfahren unzulässig. Das gilt nicht für Beiladungen nach § 65 Abs. 2.

(2) Ein im Revisionsverfahren nach § 65 Abs. 2 Beigeladener kann Verfahrensmängel nur innerhalb von zwei Monaten nach Zustellung des Beiladungsbeschlusses rügen. Die Frist kann auf einen vor ihrem Ablauf gestellten Antrag von dem Vorsitzenden verlängert werden.

§ 143 (Unzulässige Revision)

Das Bundesverwaltungsgericht prüft, ob die Revision statthaft und ob sie in der gesetzlichen Form und Frist eingelegt und begründet worden ist. Mangelt es an einem dieser Erfordernisse, so ist die Revision unzulässig.

§ 144 (Revisionsentscheidung)

(1) Ist die Revision unzulässig, so verwirft sie das Bundesverwaltungsgericht durch Beschluß.

(2) Ist die Revision unbegründet, so weist das Bundesverwaltungsgericht die Revision zurück.

(3) Ist die Revision begründet, so kann das Bundesverwaltungsgericht

1. in der Sache selbst entscheiden,
2. das angefochtene Urteil aufheben und die Sache zur anderweitigen Verhandlung und Entscheidung zurückverweisen.

Das Bundesverwaltungsgericht verweist den Rechtsstreit zurück, wenn der im Revisionsverfahren nach § 142 Abs. 1 Satz 2 Beigeladene ein berechtigtes Interesse daran hat.

(4) Ergeben die Entscheidungsgründe zwar eine Verletzung des bestehenden Rechts, stellt sich die Entscheidung selbst aber aus anderen Gründen als richtig dar, so ist die Revision zurückzuweisen.

(5) Verweist das Bundesverwaltungsgericht die Sache bei der Sprungrevision nach § 49 Nr. 2 und nach § 134 zur anderweitigen Verhandlung und Entscheidung zurück, so kann es nach seinem Ermessen auch an das Oberverwaltungsgericht zurückverweisen, das für die Berufung zuständig gewesen wäre. Für das Verfahren vor dem Oberverwaltungsgericht gelten dann die gleichen Grundsätze, wie wenn der Rechtsstreit auf eine ordnungsgemäß eingelegte Berufung bei dem Oberverwaltungsgericht anhängig geworden wäre.

(6) Das Gericht, an das die Sache zur anderweitigen Verhandlung und Entscheidung zurückverwiesen ist, hat seiner Entscheidung die rechtliche Beurteilung des Revisionsgerichts zugrunde zu legen.

(7) Die Entscheidung über die Revision bedarf keiner Begründung, soweit das Bundesverwaltungsgericht Rügen von Verfahrensmängeln nicht für durchgreifend hält. Das gilt nicht für Rügen nach § 138 und, wenn mit der Revision ausschließlich Verfahrensmängel geltend gemacht werden, für Rügen, auf denen die Zulassung der Revision beruht.

§ 145 (weggefallen)

14. Abschnitt
Beschwerde, Erinnerung, Anhörungsrüge

§ 146 (Beschwerde gegen Entscheidungen des Verwaltungsgerichts)

(1) Gegen die Entscheidungen des Verwaltungsgerichts, des Vorsitzenden oder des Berichterstatters, die nicht Urteile oder Gerichtsbescheide sind, steht den Beteiligten und den sonst von der Entscheidung Betroffenen die Beschwerde an das Oberverwaltungsgericht zu, soweit nicht in diesem Gesetz etwas anderes bestimmt ist.

(2) Prozeßleitende Verfügungen, Aufklärungsanordnungen, Beschlüsse über eine Vertagung oder die Bestimmung einer Frist, Beweisbeschlüsse, Beschlüsse über Ablehnung von Beweisanträgen, über Verbindung und Trennung von Verfahren und Ansprüchen und über die Ablehnung von Gerichtspersonen sowie Beschlüsse über die Ablehnung der Prozesskostenhilfe, wenn das Gericht ausschließlich die persönlichen oder wirtschaftlichen Voraussetzungen der Prozesskostenhilfe verneint, können nicht mit der Beschwerde angefochten werden.

(3) Außerdem ist vorbehaltlich einer gesetzlich vorgesehenen Beschwerde gegen die Nichtzulassung der Revision die Beschwerde nicht gegeben in Streitigkeiten über Kosten, Gebühren und Auslagen, wenn der Wert des Beschwerdegegenstandes zweihundert Euro nicht übersteigt.

(4) Die Beschwerde gegen Beschlüsse des Verwaltungsgerichts in Verfahren des vorläufigen Rechtsschutzes (§§ 80, 80a und 123) ist

innerhalb eines Monats nach Bekanntgabe der Entscheidung zu begründen. Die Begründung ist, sofern sie nicht bereits mit der Beschwerde vorgelegt worden ist, bei dem Oberverwaltungsgericht einzureichen. Sie muss einen bestimmten Antrag enthalten, die Gründe darlegen, aus denen die Entscheidung abzuändern oder aufzuheben ist, und sich mit der angefochtenen Entscheidung auseinander setzen. Mangelt es an einem dieser Erfordernisse, ist die Beschwerde als unzulässig zu verwerfen. Das Verwaltungsgericht legt die Beschwerde unverzüglich vor; § 148 Abs. 1 findet keine Anwendung. Das Oberverwaltungsgericht prüft nur die dargelegten Gründe.

§ 147 (Einlegung der Beschwerde)

(1) Die Beschwerde ist bei dem Gericht, dessen Entscheidung angefochten wird, schriftlich oder zu Protokoll des Urkundsbeamten der Geschäftsstelle innerhalb von zwei Wochen nach Bekanntgabe der Entscheidung einzulegen. § 67 Abs. 4 bleibt unberührt.

(2) Die Beschwerdefrist ist auch gewahrt, wenn die Beschwerde innerhalb der Frist bei dem Beschwerdegericht eingeht.

§ 148 (Abhilfe; Vorlage)

(1) Hält das Verwaltungsgericht, der Vorsitzende oder der Berichterstatter, dessen Entscheidung angefochten wird, die Beschwerde für begründet, so ist ihr abzuhelfen; sonst ist sie unverzüglich dem Oberverwaltungsgericht vorzulegen.

(2) Das Verwaltungsgericht soll die Beteiligten von der Vorlage der Beschwerde an das Oberverwaltungsgericht in Kenntnis setzen.

§ 149 (Aufschiebende Wirkung; Aussetzung der Vollziehung)

(1) Die Beschwerde hat nur dann aufschiebende Wirkung, wenn sie die Festsetzung eines Ordnungs- oder Zwangsmittels zum Gegenstand hat. Das Gericht, der Vorsitzende oder der Berichterstatter, dessen Entscheidung angefochten wird, kann auch sonst bestimmen, daß die Vollziehung der angefochtenen Entscheidung einstweilen auszusetzen ist.

(2) §§ 178 und 181 Abs. 2 des Gerichtsverfassungsgesetzes bleiben unberührt.

§ 150 (Entscheidung durch Beschluss)

Über die Beschwerde entscheidet das Oberverwaltungsgericht durch Beschluß.

§ 151 (Beauftragter, ersuchter Richter; Urkundsbeamter)

Gegen die Entscheidungen des beauftragten oder ersuchten Richters oder des Urkundsbeamten kann innerhalb von zwei Wochen nach Bekanntgabe die Entscheidung des Gerichts beantragt werden. Der Antrag ist schriftlich oder zu Protokoll des Urkundsbeamten der Geschäftsstelle des Gerichts zu stellen. §§ 147 bis 149 gelten entsprechend.

§ 152 (Beschwerden an das Bundesverwaltungsgericht)

(1) Entscheidungen des Oberverwaltungsgerichts können vorbehaltlich des § 99 Abs. 2 und des § 133 Abs. 1 dieses Gesetzes sowie des § 17a Abs. 4 Satz 4 des Gerichtsverfassungsgesetzes nicht mit der Beschwerde an das Bundesverwaltungsgericht angefochten werden.

(2) Im Verfahren vor dem Bundesverwaltungsgericht gilt für Entscheidungen des beauftragten oder ersuchten Richters oder des Urkundsbeamten der Geschäftsstelle § 151 entsprechend.

§ 152a (Rüge eines beschwerten Beteiligten)

(1) Auf die Rüge eines durch eine gerichtliche Entscheidung beschwerten Beteiligten ist das Verfahren fortzuführen, wenn

1. ein Rechtsmittel oder ein anderer Rechtsbehelf gegen die Entscheidung nicht gegeben ist und
2. das Gericht den Anspruch dieses Beteiligten auf rechtliches Gehör in entscheidungserheblicher Weise verletzt hat.

Gegen eine der Endentscheidung vorausgehende Entscheidung findet die Rüge nicht statt.

(2) Die Rüge ist innerhalb von zwei Wochen nach Kenntnis von der Verletzung des recht-

IX

lichen Gehörs zu erheben; der Zeitpunkt der Kenntniserlangung ist glaubhaft zu machen. Nach Ablauf eines Jahres seit Bekanntgabe der angegriffenen Entscheidung kann die Rüge nicht mehr erhoben werden. Formlos mitgeteilte Entscheidungen gelten mit dem vierten Tag nach Aufgabe zur Post als bekannt gegeben. Die Rüge ist schriftlich oder zu Protokoll des Urkundsbeamten der Geschäftsstelle bei dem Gericht zu erheben, dessen Entscheidung angegriffen wird. § 67 Abs. 4 bleibt unberührt. Die Rüge muss die angegriffene Entscheidung bezeichnen und das Vorliegen der in Absatz 1 Satz 1 Nr. 2 genannten Voraussetzungen darlegen.

(3) Den übrigen Beteiligten ist, soweit erforderlich, Gelegenheit zur Stellungnahme zu geben.

(4) Ist die Rüge nicht statthaft oder nicht in der gesetzlichen Form oder Frist erhoben, so ist sie als unzulässig zu verwerfen. Ist die Rüge unbegründet, weist das Gericht sie zurück. Die Entscheidung ergeht durch unanfechtbaren Beschluss. Der Beschluss soll kurz begründet werden.

(5) Ist die Rüge begründet, so hilft ihr das Gericht ab, indem es das Verfahren fortführt, soweit dies aufgrund der Rüge geboten ist. Das Verfahren wird in die Lage zurückversetzt, in der es sich vor dem Schluss der mündlichen Verhandlung befand. In schriftlichen Verfahren tritt an die Stelle des Schlusses der mündlichen Verhandlung der Zeitpunkt, bis zu dem Schriftsätze eingereicht werden können. Für den Ausspruch des Gerichts ist § 343 der Zivilprozessordnung entsprechend anzuwenden.

(6) § 149 Abs. 1 Satz 2 ist entsprechend anzuwenden.

15. Abschnitt
Wiederaufnahme des Verfahrens

§ 153 (Wiederaufnahme rechtskräftig beendeter Verfahren)

(1) Ein rechtskräftig beendetes Verfahren kann nach den Vorschriften des Vierten Buchs der Zivilprozeßordnung wiederaufgenommen werden.

(2) Die Befugnis zur Erhebung der Nichtigkeitsklage und der Restitutionsklage steht auch dem Vertreter des öffentlichen Interesses, im Verfahren vor dem Bundesverwaltungsgericht im ersten und letzten Rechtszug auch dem Vertreter des Bundesinteresses beim Bundesverwaltungsgericht zu.

Teil IV
Kosten und Vollstreckung

16. Abschnitt
Kosten

§ 154 (Kostenpflichtige)

(1) Der unterliegende Teil trägt die Kosten des Verfahrens.

(2) Die Kosten eines ohne Erfolg eingelegten Rechtsmittels fallen demjenigen zur Last, der das Rechtsmittel eingelegt hat.

(3) Dem Beigeladenen können Kosten nur auferlegt werden, wenn er Anträge gestellt oder Rechtsmittel eingelegt hat; § 155 Abs. 4 bleibt unberührt.

(4) Die Kosten des erfolgreichen Wiederaufnahmeverfahrens können der Staatskasse auferlegt werden, soweit sie nicht durch das Verschulden eines Beteiligten entstanden sind.

(5) Soweit der Antragsteller allein auf Grund von § 80c Absatz 2 unterliegt, fallen die Gerichtskosten dem obsiegenden Teil zur Last. Absatz 3 bleibt unberührt.

§ 155 (Verteilung auf mehrere Beteiligte)

(1) Wenn ein Beteiligter teils obsiegt, teils unterliegt, so sind die Kosten gegeneinander aufzuheben oder verhältnismäßig zu teilen. Sind die Kosten gegeneinander aufgehoben, so fallen die Gerichtskosten jedem Teil zur Hälfte zur Last. Einem Beteiligten können die Kosten ganz auferlegt werden, wenn der andere nur zu einem geringen Teil unterlegen ist.

(2) Wer einen Antrag, eine Klage, ein Rechtsmittel oder einen anderen Rechtsbehelf zurücknimmt, hat die Kosten zu tragen.

(3) Kosten, die durch einen Antrag auf Wiedereinsetzung in den vorigen Stand entstehen, fallen dem Antragsteller zur Last.

(4) Kosten, die durch Verschulden eines Beteiligten entstanden sind, können diesem auferlegt werden.

§ 156 (Anerkenntnis)

Hat der Beklagte durch sein Verhalten keine Veranlassung zur Erhebung der Klage gegeben, so fallen dem Kläger die Prozeßkosten zur Last, wenn der Beklagte den Anspruch sofort anerkennt.

§ 157 (weggefallen)

§ 158 (Anfechtung)

(1) Die Anfechtung der Entscheidung über die Kosten ist unzulässig, wenn nicht gegen die Entscheidung in der Hauptsache ein Rechtsmittel eingelegt wird.

(2) Ist eine Entscheidung in der Hauptsache nicht ergangen, so ist die Entscheidung über die Kosten unanfechtbar.

§ 159 (Gesamtschuldner)

Besteht der kostenpflichtige Teil aus mehreren Personen, so gilt § 100 der Zivilprozeßordnung entsprechend. Kann das streitige Rechtsverhältnis dem kostenpflichtigen Teil gegenüber nur einheitlich entschieden werden, so können die Kosten den mehreren Personen als Gesamtschuldnern auferlegt werden.

§ 160 (Vergleich)

Wird der Rechtsstreit durch Vergleich erledigt und haben die Beteiligten keine Bestimmung über die Kosten getroffen, so fallen die Gerichtskosten jedem Teil zur Hälfte zur Last. Die außergerichtlichen Kosten trägt jeder Beteiligte selbst.

§ 161 (Kostenentscheidung)

(1) Das Gericht hat im Urteil oder, wenn das Verfahren in anderer Weise beendet worden ist, durch Beschluß über die Kosten zu entscheiden.

(2) Ist der Rechtsstreit in der Hauptsache erledigt, so entscheidet das Gericht außer in den Fällen des § 113 Abs. 1 Satz 4 nach billigem Ermessen über die Kosten des Verfahrens durch Beschluß; der bisherige Sach- und Streitstand ist zu berücksichtigen. Der Rechtsstreit ist auch in der Hauptsache erledigt, wenn der Beklagte der Erledigungserklärung des Klägers nicht innerhalb von zwei Wochen seit Zustellung des die Erledigungserklärung enthaltenden Schriftsatzes widerspricht und er vom Gericht auf diese Folge hingewiesen worden ist.

(3) In den Fällen des § 75 fallen die Kosten stets dem Beklagten zur Last, wenn der Kläger mit seiner Bescheidung vor Klageerhebung rechnen durfte.

§ 162 (Zu erstattende Kosten)

(1) Kosten sind die Gerichtskosten (Gebühren und Auslagen) und die zur zweckentsprechenden Rechtsverfolgung oder Rechtsverteidigung notwendigen Aufwendungen der Beteiligten einschließlich der Kosten des Vorverfahrens.

(2) Die Gebühren und Auslagen eines Rechtsanwalts oder eines Rechtsbeistands, in den in § 67 Absatz 2 Satz 2 Nummer 3 und 3a genannten Angelegenheiten auch einer der dort genannten Personen, sind stets erstattungsfähig. Soweit ein Vorverfahren geschwebt hat, sind Gebühren und Auslagen erstattungsfähig, wenn das Gericht die Zuziehung eines Bevollmächtigten für das Vorverfahren für notwendig erklärt. Juristische Personen des öffentlichen Rechts und Behörden können an Stelle ihrer tatsächlichen notwendigen Aufwendungen für Post- und Telekommunikationsdienstleistungen den in Nummer 7002 der Anlage 1 zum Rechtsanwaltsvergütungsgesetz bestimmten Höchstsatz der Pauschale fordern.

(3) Die außergerichtlichen Kosten des Beigeladenen sind nur erstattungsfähig, wenn sie das Gericht aus Billigkeit der unterliegenden Partei oder der Staatskasse auferlegt.

§ 163 (Wertfestsetzung)

(1) Wird die Wertfestsetzung für die Gerichtsgebühren

1. nach § 63 Absatz 3 des Gerichtskostengesetzes oder
2. infolge einer Beschwerde gegen die Festsetzung des Streitwerts nach § 68 des Gerichtskostengesetzes

geändert, so kann das Gericht seine getroffene Kostenentscheidung von Amts wegen ändern. Wird die Kostenentscheidung nach Satz 1 geändert, ist auch eine bereits erfolgte Kostenfestsetzung von Amts wegen zu ändern.

(2) Für die Entscheidung nach Absatz 1 Satz 1 gilt § 118 Absatz 2 entsprechend. Vor der Entscheidung sind die Beteiligten zu hören. Die Änderung der Kostenentscheidung ist nur innerhalb von sechs Monaten zulässig, nachdem die Änderung der Wertfestsetzung Rechtskraft erlangt hat. Die Änderung der Kostenentscheidung hat keine Änderung der übrigen Teile des Urteils oder des Beschlusses zur Folge.

(3) Entscheidungen nach Absatz 1 Satz 1 sind unanfechtbar. Auf Entscheidungen nach Absatz 1 Satz 2 ist § 165 anzuwenden.

§ 164 (Kostenfestsetzung)

Der Urkundsbeamte des Gerichts des ersten Rechtszugs setzt auf Antrag den Betrag der zu erstattenden Kosten fest.

§ 165 (Anfechtung)

Die Beteiligten können die Festsetzung der zu erstattenden Kosten anfechten. § 151 gilt entsprechend.

§ 165a (Anwendbarkeit der ZPO)

§ 110 der Zivilprozessordnung gilt entsprechend.

§ 166 (Prozesskostenhilfe)

(1) Die Vorschriften der Zivilprozeßordnung über die Prozesskostenhilfe sowie § 569 Abs. 3 Nr. 2 der Zivilprozessordnung gelten entsprechend. Einem Beteiligten, dem Prozesskostenhilfe bewilligt worden ist, kann auch ein Steuerberater, Steuerbevollmächtigter, Wirtschaftsprüfer oder vereidigter Buchprüfer beigeordnet werden. Die Vergütung richtet sich nach den für den beigeordneten Rechtsanwalt geltenden Vorschriften des Rechtsanwaltsvergütungsgesetzes.

(2) Die Prüfung der persönlichen und wirtschaftlichen Verhältnisse nach den §§ 114 bis 116 der Zivilprozessordnung einschließlich der in § 118 Absatz 2 der Zivilprozessordnung bezeichneten Maßnahmen, der Beurkundung von Vergleichen nach § 118 Absatz 1 Satz 3 der Zivilprozessordnung und der Entscheidungen nach § 118 Absatz 2 Satz 4 der Zivilprozessordnung obliegt dem Urkundsbeamten der Geschäftsstelle des jeweiligen Rechtszugs, wenn der Vorsitzende ihm das Verfahren insoweit überträgt. Liegen die Voraussetzungen für die Bewilligung der Prozesskostenhilfe hiernach nicht vor, erlässt der Urkundsbeamte die den Antrag ablehnende Entscheidung; anderenfalls vermerkt der Urkundsbeamte in den Prozessakten, dass dem Antragsteller nach seinen persönlichen und wirtschaftlichen Verhältnissen Prozesskostenhilfe gewährt werden kann und in welcher Höhe gegebenenfalls Monatsraten oder Beträge aus dem Vermögen zu zahlen sind.

(3) Dem Urkundsbeamten obliegen im Verfahren über die Prozesskostenhilfe ferner die Bestimmung des Zeitpunkts für die Einstellung und eine Wiederaufnahme der Zahlungen nach § 120 Absatz 3 der Zivilprozessordnung sowie die Änderung und die Aufhebung der Bewilligung der Prozesskostenhilfe nach den §§ 120a und 124 Absatz 1 Nummer 2 bis 5 der Zivilprozessordnung.

(4) Der Vorsitzende kann Aufgaben nach den Absätzen 2 und 3 zu jedem Zeitpunkt an sich ziehen. § 5 Absatz 1 Nummer 1, die §§ 6, 7, 8 Absatz 1 bis 4 und § 9 des Rechtspflegergesetzes gelten entsprechend mit der Maßgabe, dass an die Stelle des Rechtspflegers der Urkundsbeamte der Geschäftsstelle tritt.

(5) § 87a Absatz 3 gilt entsprechend.

(6) Gegen Entscheidungen des Urkundsbeamten nach den Absätzen 2 und 3 kann innerhalb von zwei Wochen nach Bekanntgabe

die Entscheidung des Gerichts beantragt werden.

(7) Durch Landesgesetz kann bestimmt werden, dass die Absätze 2 bis 6 für die Gerichte des jeweiligen Landes nicht anzuwenden sind.

17. Abschnitt Vollstreckung

§ 167 (Anwendbare Vorschriften)

(1) Soweit sich aus diesem Gesetz nichts anderes ergibt, gilt für die Vollstreckung das Achte Buch der Zivilprozeßordnung entsprechend. Vollstreckungsgericht ist das Gericht des ersten Rechtszugs.

(2) Urteile auf Anfechtungs- und Verpflichtungsklagen können nur wegen der Kosten für vorläufig vollstreckbar erklärt werden.

§ 168 (Vollstreckungstitel)

(1) Vollstreckt wird

1. aus rechtskräftigen und aus vorläufig vollstreckbaren gerichtlichen Entscheidungen,
2. aus einstweiligen Anordnungen,
3. aus gerichtlichen Vergleichen,
4. aus Kostenfestsetzungsbeschlüssen,
5. aus den für vollstreckbar erklärten Schiedssprüchen öffentlich-rechtlicher Schiedsgerichte, sofern die Entscheidung über die Vollstreckbarkeit rechtskräftig oder fur vorläufig vollstreckbar erklärt ist.

(2) Für die Vollstreckung können den Beteiligten auf ihren Antrag Ausfertigungen des Urteils ohne Tatbestand und ohne Entscheidungsgründe erteilt werden, deren Zustellung in den Wirkungen der Zustellung eines vollständigen Urteils gleichsteht.

§ 169 (Vollstreckung zu Gunsten von Gebietskörperschaften u. ä.)

(1) Soll zugunsten des Bundes, eines Landes, eines Gemeindeverbandes, einer Gemeinde oder einer Körperschaft, Anstalt oder Stiftung des öffentlichen Rechts vollstreckt werden, so richtet sich die Vollstreckung nach dem Verwaltungsvollstreckungsgesetz. Vollstreckungsbehörde im Sinne des Verwaltungsvollstreckungsgesetzes ist der Vorsitzende des Gerichts des ersten Rechtszugs; er kann für die Ausführung der Vollstreckung eine andere Vollstreckungsbehörde oder einen Gerichtsvollzieher in Anspruch nehmen.

(2) Wird die Vollstreckung zur Erzwingung von Handlungen, Duldungen und Unterlassungen im Wege der Amtshilfe von Organen der Länder vorgenommen, so ist sie nach landesrechtlichen Bestimmungen durchzuführen.

§ 170 (Vollstreckung gegen Gebietskörperschaften u. ä.)

(1) Soll gegen den Bund, ein Land, einen Gemeindeverband, eine Gemeinde, eine Körperschaft, eine Anstalt oder Stiftung des öffentlichen Rechts wegen einer Geldforderung vollstreckt werden, so verfügt auf Antrag des Gläubigers das Gericht des ersten Rechtszugs die Vollstreckung. Es bestimmt die vorzunehmenden Vollstreckungsmaßnahmen und ersucht die zuständige Stelle um deren Vornahme. Die ersuchte Stelle ist verpflichtet, dem Ersuchen nach den für sie geltenden Vollstreckungsvorschriften nachzukommen.

(2) Das Gericht hat vor Erlaß der Vollstreckungsverfügung die Behörde oder bei Körperschaften, Anstalten und Stiftungen des öffentlichen Rechts, gegen die vollstreckt werden soll, die gesetzlichen Vertreter von der beabsichtigten Vollstreckung zu benachrichtigen mit der Aufforderung, die Vollstreckung innerhalb einer vom Gericht zu bemessenden Frist abzuwenden. Die Frist darf einen Monat nicht übersteigen.

(3) Die Vollstreckung ist unzulässig in Sachen, die für die Erfüllung öffentlicher Aufgaben unentbehrlich sind oder deren Veräußerung ein öffentliches Interesse entgegensteht. Über Einwendungen entscheidet das Gericht nach Anhörung der zuständigen Aufsichtsbehörde oder bei obersten Bundes- oder Landesbehörden des zuständigen Ministers.

(4) Für öffentlich-rechtliche Kreditinstitute gelten die Absätze 1 bis 3 nicht.

(5) Der Ankündigung der Vollstreckung und der Einhaltung einer Wartefrist bedarf es

IX

nicht, wenn es sich um den Vollzug einer einstweiligen Anordnung handelt.

§ 171 (Keine Vollstreckungsklausel)

In den Fällen der §§ 169, 170 Abs. 1 bis 3 bedarf es einer Vollstreckungsklausel nicht.

§ 172 (Zwangsgeld)

Kommt die Behörde in den Fällen des § 113 Abs. 1 Satz 2 und Abs. 5 und des § 123 der ihr im Urteil oder in der einstweiligen Anordnung auferlegten Verpflichtung nicht nach, so kann das Gericht des ersten Rechtszugs auf Antrag unter Fristsetzung gegen sie ein Zwangsgeld bis zehntausend Euro durch Beschluß androhen, nach fruchtlosem Fristablauf festsetzen und von Amts wegen vollstrecken. Das Zwangsgeld kann wiederholt angedroht, festgesetzt und vollstreckt werden.

Teil V
Schluß- und Übergangsbestimmungen

§ 173 (Grundsätzliche Anwendbarkeit von GVG und ZPO)

Soweit dieses Gesetz keine Bestimmungen über das Verfahren enthält, sind das Gerichtsverfassungsgesetz und die Zivilprozeßordnung einschließlich § 278 Absatz 5 und § 278a entsprechend anzuwenden, wenn die grundsätzlichen Unterschiede der beiden Verfahrensarten dies nicht ausschließen; das Leitentscheidungsverfahren nach den §§ 552b und 565 der Zivilprozessordnung ist nicht anzuwenden. Die Vorschriften des Siebzehnten Titels des Gerichtsverfassungsgesetzes sind mit der Maßgabe entsprechend anzuwenden, dass an die Stelle des Oberlandesgerichts das Oberverwaltungsgericht, an die Stelle des Bundesgerichtshofs das Bundesverwaltungsgericht und an die Stelle der Zivilprozessordnung die Verwaltungsgerichtsordnung tritt. Gericht im Sinne des § 1062 der Zivilprozeßordnung ist das zuständige Verwaltungsgericht, Gericht im Sinne des § 1065 der Zivilprozeßordnung das zuständige Oberverwaltungsgericht.

§ 174 (Befähigung zum höheren Verwaltungsdienst)

(1) Für den Vertreter des öffentlichen Interesses bei dem Oberverwaltungsgericht und bei dem Verwaltungsgericht steht der Befähigung zum Richteramt nach dem Deutschen Richtergesetz die Befähigung zum höheren Verwaltungsdienst gleich, wenn sie nach mindestens dreijährigem Studium der Rechtswissenschaft an einer Universität und dreijähriger Ausbildung im öffentlichen Dienst durch Ablegen der gesetzlich vorgeschriebenen Prüfungen erlangt worden ist.

(2) Bei Kriegsteilnehmern gilt die Voraussetzung des Absatzes 1 als erfüllt, wenn sie den für sie geltenden besonderen Vorschriften genügt haben.

§ 175 (Verfahren vor 18. April 2018)

§ 43 des Einführungsgesetzes zum Gerichtsverfassungsgesetz gilt entsprechend.

§ 176 (Besetzung des Gerichts)

Bei den Verwaltungsgerichten dürfen bis zum Ablauf des 31. Dezember 2025 abweichend von § 29 Absatz 1 des Deutschen Richtergesetzes bei einer gerichtlichen Entscheidung auch mitwirken:

1. zwei abgeordnete Richter auf Lebenszeit oder
2. ein abgeordneter Richter auf Lebenszeit und entweder ein Richter auf Probe oder ein Richter kraft Auftrags.

§ 177 (Papierform)

Dokumente und Aktenteile, die nach den Verschlusssachenanweisungen des Bundes oder der Länder als Verschlusssache höher als VS-NUR FÜR DEN DIENSTGEBRAUCH eingestuft sind, dürfen bis zum 31. Dezember 2035 abweichend von den §§ 55a bis 55d in Papierform erstellt, geführt und übermittelt werden. Dokumente und Aktenteile, die nach den Verschlusssachenanweisungen des Bundes oder der Länder als Verschlusssache VS-NUR FÜR DEN DIENSTGEBRAUCH eingestuft sind, dürfen bis zum 31. Dezember 2035 abweichend von den §§ 55a bis 55d in Papierform übermittelt werden. Die für die Handhabung von Verschlusssachen geltenden Geheimschutzvorschriften bleiben unberührt.

§§ 178 und 179 (Änderungsvorschriften)

§ 180 (Vernehmung, Vereidigung nach VwVfG und SGB X)

Erfolgt die Vernehmung oder die Vereidigung von Zeugen und Sachverständigen nach dem Verwaltungsverfahrensgesetz oder nach dem Zehnten Buch Sozialgesetzbuch durch das Verwaltungsgericht, so findet sie vor dem dafür im Geschäftsverteilungsplan bestimmten Richter statt. Über die Rechtmäßigkeit einer Verweigerung des Zeugnisses, des Gutachtens oder der Eidesleistung nach dem Verwaltungsverfahrensgesetz oder nach dem Zehnten Buch Sozialgesetzbuch entscheidet das Verwaltungsgericht durch Beschluß.

§§ 181 und 182 (Änderungsvorschriften)

§ 183 (Nichtigkeit von Landesrecht)

Hat das Verfassungsgericht eines Landes die Nichtigkeit von Landesrecht festgestellt oder Vorschriften des Landesrechts für nichtig erklärt, so bleiben vorbehaltlich einer besonderen gesetzlichen Regelung durch das Land die nicht mehr anfechtbaren Entscheidungen der Gerichte der Verwaltungsgerichtsbarkeit, die auf der für nichtig erklärten Norm beruhen, unberührt. Die Vollstreckung aus einer solchen Entscheidung ist unzulässig. § 767 der Zivilprozeßordnung gilt entsprechend.

§ 184 (Verwaltungsgerichtshof)

Das Land kann bestimmen, daß das Oberverwaltungsgericht die bisherige Bezeichnung „Verwaltungsgerichtshof" weiterführt.

§ 185 (Besonderheiten für bestimmte Bundesländer)

(1) In den Ländern Berlin und Hamburg treten an die Stelle der Kreise im Sinne des § 28 die Bezirke.

(2) Die Länder Berlin, Brandenburg, Bremen, Hamburg, Mecklenburg-Vorpommern, Saarland und Schleswig-Holstein können Abweichungen von den Vorschriften des § 73 Abs. 1 Satz 2 zulassen.

(3) In den Ländern Berlin und Bremen treten an die Stelle der Landesstraßen im Sinne des § 48 Absatz 1 Satz 1 Nummer 8 die Straßen I. Ordnung nach § 20 Nummer 1 des Berliner Straßengesetzes und die Straßen der Gruppe A nach § 3 Absatz 1 Nummer 1 des Bremischen Landesstraßengesetzes.

§ 186 (Besonderheiten für Stadtstaaten)

§ 22 Nr. 3 findet in den Ländern Berlin, Bremen und Hamburg auch mit der Maßgabe Anwendung, daß in der öffentlichen Verwaltung ehrenamtlich tätige Personen nicht zu ehrenamtlichen Richtern berufen werden können. § 6 des Einführungsgesetzes zum Gerichtsverfassungsgesetz gilt entsprechend.

§ 187 (Ermächtigungen für Länder)

(1) Die Länder können den Gerichten der Verwaltungsgerichtsbarkeit Aufgaben der Disziplinargerichtsbarkeit und der Schiedsgerichtsbarkeit bei Vermögensauseinandersetzungen öffentlich-rechtlicher Verbände übertragen, diesen Gerichten Berufsgerichte angliedern sowie dabei die Besetzung und das Verfahren regeln.

(2) Die Länder können ferner für das Gebiet des Personalvertretungsrechts von diesem Gesetz abweichende Vorschriften über die Besetzung und das Verfahren der Verwaltungsgerichte und des Oberverwaltungsgerichts erlassen.

§ 188 (Zusammenfassung von Sachgebieten)

Die Sachgebiete in Angelegenheiten der Fürsorge mit Ausnahme der Angelegenheiten der Sozialhilfe und des Asylbewerberleistungsgesetzes, der Jugendhilfe, der Schwerbehindertenfürsorge sowie der Ausbildungsförderung sollen in einer Kammer oder in einem Senat zusammengefaßt werden. Gerichtskosten (Gebühren und Auslagen) werden in den Verfahren dieser Art nicht erhoben; dies gilt nicht für Erstattungsstreitigkeiten zwischen Sozialleistungsträgern.

IX

§ 188a (Wirtschaftsrecht)

Für Angelegenheiten des Wirtschaftsrechts können besondere Kammern oder Senate gebildet werden (Wirtschaftskammern, Wirtschaftssenate). Die Sachgebiete der Wirtschaftsverfassung, Wirtschaftslenkung, Marktordnung und Außenwirtschaft, des Gewerberechts sowie des Post-, Fernmelde- und Telekommunikationsrechts sollen in den Wirtschaftskammern oder Wirtschaftssenaten zusammengefasst werden. Darüber hinaus können den Wirtschaftskammern oder Wirtschaftssenaten weitere Streitigkeiten mit einem Bezug zum Wirtschaftsrecht zugewiesen werden.

§ 188b (Planungsrecht)

Für Angelegenheiten des Planungsrechts sollen besondere Kammern oder Senate gebildet werden (Planungskammern, Planungssenate). Ihnen können insbesondere auch Sachgebiete zugewiesen werden, die mit den Angelegenheiten des Planungsrechts im Zusammenhang stehen.

§ 189 (Bildung von Fachsenaten)

Für die nach § 99 Abs. 2 zu treffenden Entscheidungen sind bei den Oberverwaltungsgerichten und dem Bundesverwaltungsgericht Fachsenate zu bilden.

§ 190 (Unberührtes Bundesrecht)

Die folgenden Gesetze, die von diesem Gesetz abweichen, bleiben unberührt:

1. das Lastenausgleichsgesetz vom 14. August 1952 (Bundesgesetzbl. I S. 446) in der Fassung der dazu ergangenen Änderungsgesetze,
2. das Gesetz über die Errichtung eines Bundesaufsichtsamtes für das Versicherungs- und Bausparwesen vom 31. Juli 1951 (Bundesgesetzbl. I S. 480) in der Fassung des Gesetzes zur Ergänzung des Gesetzes über die Errichtung eines Bundesaufsichtsamtes für das Versicherungs- und Bausparwesen vom 22. Dezember 1954 (Bundesgesetzbl. I S. 501),
3. (weggefallen)
4. das Flurbereinigungsgesetz vom 14. Juli 1953 (Bundesgesetzbl. I S. 591),
5. das Personalvertretungsgesetz vom 5. August 1955 (Bundesgesetzbl. I S. 477),
6. die Wehrbeschwerdeordnung (WBO) vom 23. Dezember 1956 (Bundesgesetzbl. I S. 1066),
7. das Kriegsgefangenenentschädigungsgesetz (KgfEG) in der Fassung vom 8. Dezember 1956 (Bundesgesetzbl. I S. 908),
8. § 13 Abs. 2 des Patentgesetzes und die Vorschriften über das Verfahren vor dem Deutschen Patentamt.

§ 191 (Änderungsvorschrift)

(1) (Änderungsvorschrift)

(2) § 127 des Beamtenrechtsrahmengesetzes und § 54 des Beamtenstatusgesetzes bleiben unberührt.

§ 192 (Änderungsvorschrift)

§ 193 (Verfassungsstreitigkeiten)

In einem Land, in dem kein Verfassungsgericht besteht, bleibt eine dem Oberverwaltungsgericht übertragene Zuständigkeit zur Entscheidung von Verfassungsstreitigkeiten innerhalb des Landes bis zur Errichtung eines Verfassungsgerichts unberührt.

§ 194 (Übergangsvorschrift)

(1) Die Zulässigkeit der Berufungen richtet sich nach dem bis zum 31. Dezember 2001 geltenden Recht, wenn vor dem 1. Januar 2002

1. die mündliche Verhandlung, auf die das anzufechtende Urteil ergeht, geschlossen worden ist,
2. in Verfahren ohne mündliche Verhandlung die Geschäftsstelle die anzufechtende Entscheidung zum Zwecke der Zustellung an die Parteien herausgegeben hat.

(2) Im Übrigen richtet sich die Zulässigkeit eines Rechtsmittels gegen eine gerichtliche Entscheidung nach dem bis zum 31. Dezember 2001 geltenden Recht, wenn vor dem 1. Januar 2002 die gerichtliche Entscheidung bekannt gegeben oder verkündet oder von

Amts wegen an Stelle einer Verkündung zugestellt worden ist.

(3) Fristgerecht vor dem 1. Januar 2002 eingelegte Rechtsmittel gegen Beschlüsse in Verfahren der Prozesskostenhilfe gelten als durch das Oberverwaltungsgericht zugelassen.

(4) In Verfahren, die vor dem 1. Januar 2002 anhängig geworden sind oder für die die Klagefrist vor diesem Tage begonnen hat, sowie in Verfahren über Rechtsmittel gegen gerichtliche Entscheidungen, die vor dem 1. Januar 2002 bekannt gegeben oder verkündet oder von Amts wegen an Stelle einer Verkündung zugestellt worden sind, gelten für die Prozessvertretung der Beteiligten die bis zu diesem Zeitpunkt geltenden Vorschriften.

(5) § 40 Abs. 2 Satz 1, § 154 Abs. 3, § 162 Abs. 2 Satz 3 und § 188 Satz 2 sind für die ab 1. Januar 2002 bei Gericht anhängig werdenden Verfahren in der zu diesem Zeitpunkt geltenden Fassung anzuwenden.

(6) Für am 1. Januar 2024 noch anhängige Verfahren aus dem Sachgebiet der Kriegsopferfürsorge gilt § 67 Absatz 2 Satz 2 Nummer 6 in der am 31. Dezember 2023 geltenden Fassung weiter.

§ 195 (In-Kraft-Treten)

(1) (Inkrafttreten)

(2) bis (6) (weggefallen)

(7) Für Rechtsvorschriften im Sinne des § 47, die vor dem 1. Januar 2007 bekannt gemacht worden sind, gilt die Frist des § 47 Abs. 2 in der bis zum Ablauf des 31. Dezember 2006 geltenden Fassung.

Verwaltungsverfahrensgesetz für das Land Nordrhein-Westfalen (Verwaltungsverfahrensgesetz NRW – VwVfG NRW)

in der Fassung der Bekanntmachung vom 12. November 1999 (GV. NRW. S. 602)

Zuletzt geändert durch
Gesetz zur Änderung verwaltungsverfahrensrechtlicher, verwaltungsvollstreckungsrechtlicher und kostenrechtlicher Vorschriften
vom 10. Dezember 2024 (GV. NRW. S. 1184)

Inhaltsübersicht

Teil I
Anwendungsbereich, örtliche Zuständigkeit, elektronische Kommunikation, Amtshilfe, europäische Verwaltungszusammenarbeit

Abschnitt 1
Anwendungsbereich, örtliche Zuständigkeit, elektronische Kommunikation

§ 1 Anwendungsbereich

(1) Dieses Gesetz gilt für die öffentlich-rechtliche Verwaltungstätigkeit der Behörden

des Landes,

der Gemeinden und Gemeindeverbände,

der sonstigen der Aufsicht des Landes unterstehenden juristischen Personen des öffentlichen Rechts,

soweit nicht Rechtsvorschriften des Landes inhaltsgleiche oder entgegenstehende Bestimmungen enthalten.

(2) Behörde im Sinne dieses Gesetzes ist jede Stelle, die Aufgaben der öffentlichen Verwaltung wahrnimmt.

§ 2 Ausnahmen vom Anwendungsbereich

(1) Dieses Gesetz gilt nicht für die Tätigkeit der Kirchen, der Religionsgesellschaften und Weltanschauungsgemeinschaften sowie ihrer Verbände und Einrichtungen und des Westdeutschen Rundfunks Köln.

(2) Dieses Gesetz gilt ferner nicht für

1. Verwaltungsverfahren, in denen Rechtsvorschriften der Abgabenordnung anzuwenden sind,
2. die Strafverfolgung, die Verfolgung und Ahndung von Ordnungswidrigkeiten, die Rechtshilfe für das Ausland in Straf- und Zivilsachen und, unbeschadet des § 80 Absatz 4, für Maßnahmen des Richterdienstrechts,
3. Verwaltungsverfahren, für die das Sozialgesetzbuch (SGB) anzuwenden ist,
4. das Recht des Lastenausgleichs,
5. das Recht der Wiedergutmachung.

(3) Für die Tätigkeit

1. der Gerichtsverwaltungen und der Behörden der Justizverwaltung einschließlich der ihrer Aufsicht unterliegenden Körperschaften des öffentlichen Rechts gilt dieses Gesetz nur, soweit die Tätigkeit der Nachprüfung durch die Gerichte der Verwaltungsgerichtsbarkeit oder durch die in verwaltungsrechtlichen Anwalts-, Patentanwalts- und Notarsachen zuständigen Gerichte unterliegt;
2. der Behörden bei Leistungs-, Eignungs- und ähnlichen Prüfungen von Personen und der Besetzung von Professorenstellen gelten nur die §§ 3a bis 13, 17 bis 27, 29 bis 38, 40 bis 52, 79, 80 und 95;
3. der Schulen und Hochschulen gelten nur die §§ 3a bis 13, 17 bis 52, 79 bis 80 und 95. Die §§ 28 und 39 gelten, soweit die Entscheidung nicht auf Leistungsbeurteilungen der Schule oder Beurteilungen wissenschaftlicher oder künstlerischer Art von Personen durch Hochschulen beruht.

§ 3 Örtliche Zuständigkeit

(1) Örtlich zuständig ist

1. in Angelegenheiten, die sich auf unbewegliches Vermögen oder ein ortsgebundenes Recht oder Rechtsverhältnis beziehen, die Behörde, in deren Bezirk das Vermögen oder der Ort liegt;
2. in Angelegenheiten, die sich auf den Betrieb eines Unternehmens oder einer seiner Betriebsstätten, auf die Ausübung eines Berufes oder auf eine andere dauernde Tätigkeit beziehen, die Behörde, in deren Bezirk das Unternehmen oder die Betriebsstätte betrieben oder der Beruf oder die Tätigkeit ausgeübt wird oder werden soll;
3. in anderen Angelegenheiten, die
   a) eine natürliche Person betreffen, die Behörde, in deren Bezirk die natürliche Person ihren gewöhnlichen Aufenthalt hat oder zuletzt hatte,
   b) eine juristische Person oder eine Vereinigung betreffen, die Behörde, in deren Bezirk die juristische Person oder die Vereinigung ihren Sitz hat oder zuletzt hatte;

4. in Angelegenheiten, bei denen sich die Zuständigkeit nicht aus den Nummern 1 bis 3 ergibt, die Behörde, in deren Bezirk der Anlass für die Amtshandlung hervortritt.

(2) Sind nach Absatz 1 mehrere Behörden zuständig, so entscheidet die Behörde, die zuerst mit der Sache befasst worden ist, es sei denn, die gemeinsame fachlich zuständige Aufsichtsbehörde bestimmt, dass eine andere örtlich zuständige Behörde zu entscheiden hat. Sie kann in den Fällen, in denen eine gleiche Angelegenheit sich auf mehrere Betriebsstätten eines Betriebes oder Unternehmens bezieht, eine der nach Absatz 1 Nummer 2 zuständigen Behörden als gemeinsame zuständige Behörde bestimmen, wenn dies unter Wahrnehmung der Interessen der Beteiligten zur einheitlichen Entscheidung geboten ist. Diese Aufsichtsbehörde entscheidet ferner über die örtliche Zuständigkeit, wenn sich mehrere Behörden für zuständig oder für unzuständig halten oder wenn die Zuständigkeit aus anderen Gründen zweifelhaft ist. Fehlt eine gemeinsame Aufsichtsbehörde, so treffen die fachlich zuständigen Aufsichtsbehörden die Entscheidung gemeinsam.

(3) Ändern sich im Lauf des Verwaltungsverfahrens die die Zuständigkeit begründenden Umstände, so kann die bisher zuständige Behörde das Verwaltungsverfahren fortführen, wenn dies unter Wahrung der Interessen der Beteiligten der einfachen und zweckmäßigen Durchführung des Verfahrens dient und die nunmehr zuständige Behörde zustimmt.

(4) Bei Gefahr im Verzug ist für unaufschiebbare Maßnahmen jede Behörde örtlich zuständig, in deren Bezirk der Anlass für die Amtshandlung hervortritt. Die nach Absatz 1 Nummer 1 bis 3 örtlich zuständige Behörde ist unverzüglich zu unterrichten.

§ 3a Elektronische Kommunikation

(1) Die Übermittlung elektronischer Dokumente ist zulässig, soweit der Empfänger hierfür einen Zugang eröffnet. Bei Behörden erfolgt die Eröffnung des Zugangs durch Bekanntmachung über deren Internetseite. Die technischen und organisatorischen Rahmenbedingungen sind anzugeben. Abweichend von Satz 2 und 3 gilt im Fall des Absatzes 3 Nummer 2 Buchstabe a bis c der Zugang als eröffnet, wenn die Behörde in ein sicheres elektronisches Verzeichnis nach § 6 Absatz 1 Nummer 3 der Elektronischer-Rechtsverkehr-Verordnung vom 24. November 2017 (BGBl. I S. 3803) in der jeweils geltenden Fassung eingetragen ist.

(2) Eine durch Rechtsvorschrift angeordnete Schriftform kann, soweit nicht durch Rechtsvorschrift etwas anderes bestimmt ist, durch die elektronische Form ersetzt werden. Der elektronischen Form genügt ein elektronisches Dokument, das mit einer qualifizierten elektronischen Signatur versehen ist. Die Signierung mit einem Pseudonym, das die Identifizierung der Person des Signaturschlüsselinhabers nicht unmittelbar durch die Behörde ermöglicht, ist nicht zulässig.

(3) Die Schriftform kann auch ersetzt werden

1. durch unmittelbare Abgabe der Erklärung in einem elektronischen Formular, das von der Behörde in einem Eingabegerät oder über öffentlich zugängliche Netze zur Verfügung gestellt wird; bei einer Eingabe über öffentlich zugängliche Netze muss ein elektronischer Identitätsnachweis nach § 18 des Personalausweisgesetzes vom 18. Juni 2009 (BGBl. I S. 1346), nach § 12 des eID-Karte-Gesetzes vom 21. Juni 2019 (BGBl. I S. 846) oder nach § 78 Absatz 5 des Aufenthaltsgesetzes in der Fassung der Bekanntmachung vom 25. Februar 2008 (BGBl. I S. 162), jeweils in der jeweils geltenden Fassung, erfolgen;
2. durch Übermittlung einer von dem Erklärenden elektronisch signierten Erklärung an die Behörde
   a) aus einem besonderen elektronischen Anwaltspostfach nach den §§ 31a und 31b der Bundesrechtsanwaltsordnung in der im Bundesgesetzblatt Teil III, Gliederungsnummer 303-8, veröffentlichten bereinigten Fassung in der jeweils geltenden Fassung oder aus einem entsprechenden, auf gesetzlicher Grundlage errichteten elektronischen Postfach;
   b) aus einem elektronischen Postfach einer Behörde oder einer juristischen

Person des öffentlichen Rechts, das nach Durchführung eines Identifizierungsverfahrens nach den Regelungen der auf Grund des § 130a Absatz 2 Satz 2 der Zivilprozessordnung in der Fassung der Bekanntmachung vom 5. Dezember 2005 (BGBl. I S. 3202; 2006 I S. 431; 2007 I S. 1781) in der jeweils geltenden Fassung erlassenen Rechtsverordnung eingerichtet wurde;

c) aus einem elektronischen Postfach einer natürlichen oder juristischen Person oder einer sonstigen Vereinigung, das nach Durchführung eines Identifizierungsverfahrens nach den Regelungen der auf Grund des § 130a Absatz 2 Satz 2 der Zivilprozessordnung erlassenen Rechtsverordnung eingerichtet wurde;

d) mit der Versandart nach § 5 Absatz 5 des De-Mail-Gesetzes vom 28. April 2011 (BGBl. I S. 666) in der jeweils geltenden Fassung;

3. bei elektronischen Verwaltungsakten oder sonstigen elektronischen Dokumenten der Behörde,

   a) indem diese mit dem qualifizierten elektronischen Siegel der Behörde versehen werden;

   b) durch Versendung einer De-Mail-Nachricht nach § 5 Absatz 5 des De-Mail-Gesetzes, bei der die Bestätigung des akkreditierten Diensteanbieters die erlassende Behörde als Nutzer des De-Mail-Kontos erkennen lässt.

(4) Ist ein der Behörde übermitteltes elektronisches Dokument für sie zur Bearbeitung nicht geeignet, teilt sie dies dem Absender unter Angabe der für sie geltenden technischen Rahmenbedingungen unverzüglich mit. Macht ein Empfänger geltend, er könne das von der Behörde übermittelte elektronische Dokument nicht bearbeiten, hat sie es ihm erneut in einem geeigneten elektronischen Format oder als Schriftstück zu übermitteln.

(5) Ermöglicht die Behörde die unmittelbare Abgabe einer Erklärung in einem elektronischen Formular, das von der Behörde in einem Eingabegerät oder über öffentlich zugängliche Netze zur Verfügung gestellt wird, so hat sie dem Erklärenden vor Abgabe der Erklärung Gelegenheit zu geben, die gesamte Erklärung auf Vollständigkeit und Richtigkeit zu prüfen. Nach der Abgabe ist dem Erklärenden eine Kopie der Erklärung zur Verfügung zu stellen.

§ 3b Betriebs- und Geschäftsgeheimnisse

Die Behörde darf Angaben über persönliche und sachliche Verhältnisse einer natürlichen Person sowie Betriebs- oder Geschäftsgeheimnisse nicht unbefugt offenbaren.

Abschnitt 2
Amtshilfe

§ 4 Amtshilfepflicht

(1) Jede Behörde leistet anderen Behörden auf Ersuchen ergänzende Hilfe (Amtshilfe).

(2) Amtshilfe liegt nicht vor, wenn

1. Behörden einander innerhalb eines bestehenden Weisungsverhältnisses Hilfe leisten;
2. die Hilfeleistung in Handlungen besteht, die der ersuchten Behörde als eigene Aufgabe obliegen.

§ 5 Voraussetzungen und Grenzen der Amtshilfe

(1) Eine Behörde kann um Amtshilfe insbesondere dann ersuchen, wenn sie

1. aus rechtlichen Gründen die Amtshandlung nicht selbst vornehmen kann;
2. aus tatsächlichen Gründen, besonders weil die zur Vornahme der Amtshandlung erforderlichen Dienstkräfte oder Einrichtungen fehlen, die Amtshandlung nicht selbst vornehmen kann;
3. zur Durchführung ihrer Aufgaben auf die Kenntnis von Tatsachen angewiesen ist, die ihr unbekannt sind und die sie selbst nicht ermitteln kann;
4. zur Durchführung ihrer Aufgaben Urkunden oder sonstige Beweismittel benötigt, die sich im Besitz der ersuchten Behörde befinden;

5. die Amtshandlung nur mit wesentlich größerem Aufwand vornehmen könnte als die ersuchte Behörde.

(2) Die ersuchte Behörde darf Hilfe nicht leisten, wenn
1. sie hierzu aus rechtlichen Gründen nicht in der Lage ist;
2. durch die Hilfeleistung dem Wohl des Bundes oder eines Landes erhebliche Nachteile bereitet würden.

Die ersuchte Behörde ist insbesondere zur Vorlage von Urkunden oder Akten sowie zur Erteilung von Auskünften nicht verpflichtet, wenn die Vorgänge nach einem Gesetz oder ihrem Wesen nach geheimgehalten werden müssen.

(3) Die ersuchte Behörde braucht Hilfe nicht zu leisten, wenn
1. eine andere Behörde die Hilfe wesentlich einfacher oder mit wesentlich geringerem Aufwand leisten kann;
2. sie die Hilfe nur mit unverhältnismäßig großem Aufwand leisten könnte;
3. sie unter Berücksichtigung der Aufgaben der ersuchenden Behörde durch die Hilfeleistung die Erfüllung ihrer eigenen Aufgaben ernstlich gefährden würde.

(4) Die ersuchte Behörde darf die Hilfe nicht deshalb verweigern, weil sie das Ersuchen aus anderen als den in Absatz 3 genannten Gründen oder weil sie die mit der Amtshilfe zu verwirklichende Maßnahme für unzweckmäßig hält.

(5) Hält die ersuchte Behörde sich zur Hilfe nicht verpflichtet, so teilt sie der ersuchenden Behörde ihre Auffassung mit. Besteht diese auf der Amtshilfe, so entscheidet über die Verpflichtung zur Amtshilfe die gemeinsame fachlich zuständige Aufsichtsbehörde oder, sofern eine solche nicht besteht, die für die ersuchte Behörde fachlich zuständige Aufsichtsbehörde.

§ 6 Auswahl der Behörde

Kommen für die Amtshilfe mehrere Behörden in Betracht, so soll nach Möglichkeit eine Behörde der untersten Verwaltungsstufe des Verwaltungszweiges ersucht werden, dem die ersuchende Behörde angehört.

§ 7 Durchführung der Amtshilfe

(1) Die Zulässigkeit der Maßnahme, die durch die Amtshilfe verwirklicht werden soll, richtet sich nach dem für die ersuchende Behörde, die Durchführung der Amtshilfe nach dem für die ersuchte Behörde geltenden Recht.

(2) Die ersuchende Behörde trägt gegenüber der ersuchten Behörde die Verantwortung für die Rechtmäßigkeit der zu treffenden Maßnahme. Die ersuchte Behörde ist für die Durchführung der Amtshilfe verantwortlich.

§ 8 Kosten der Amtshilfe

(1) Die ersuchende Behörde hat der ersuchten Behörde für die Amtshilfe keine Verwaltungsgebühr zu entrichten. Auslagen hat sie der ersuchten Behörde auf Anforderung zu erstatten, wenn sie im Einzelfall 35 Euro übersteigen. Leisten Behörden desselben Rechtsträgers einander Amtshilfe, so werden die Auslagen nicht erstattet.

(2) Nimmt die ersuchte Behörde zur Durchführung der Amtshilfe eine kostenpflichtige Amtshandlung vor, so stehen ihr die von einem Dritten hierfür geschuldeten Kosten (Verwaltungsgebühren, Benutzungsgebühren und Auslagen) zu.

Abschnitt 3
Europäische Verwaltungszusammenarbeit[1])

§ 8a Grundsätze der Hilfeleistung

(1) Jede Behörde leistet Behörden anderer Mitgliedstaaten der Europäischen Union auf Ersuchen Hilfe, soweit dies nach Maßgabe von Rechtsakten der Europäischen Gemeinschaft geboten ist.

[1]) Artikel 21 und 28 bis 35 der Richtlinie 2006/123/EG des Europäischen Parlaments und des Rates vom 12. Dezember 2006 über Dienstleistungen im Binnenmarkt (ABl. L 376 vom 27. 12. 2006, S. 36).

(2) Behörden anderer Mitgliedstaaten der Europäischen Union können um Hilfe ersucht werden, soweit dies nach Maßgabe von Rechtsakten der Europäischen Gemeinschaft zugelassen ist. Um Hilfe ist zu ersuchen, soweit dies nach Maßgabe von Rechtsakten der Europäischen Gemeinschaft geboten ist.

(3) Die §§ 5, 7 und 8 Absatz 2 sind entsprechend anzuwenden, soweit Rechtsakte der Europäischen Gemeinschaft nicht entgegenstehen.

§ 8b Form und Behandlung der Ersuchen

(1) Ersuchen sind in deutscher Sprache an Behörden anderer Mitgliedstaaten der Europäischen Union zu richten; soweit erforderlich, ist eine Übersetzung beizufügen. Die Ersuchen sind gemäß den gemeinschaftsrechtlichen Vorgaben und unter Angabe des maßgeblichen Rechtsakts zu begründen.

(2) Ersuchen von Behörden anderer Mitgliedstaaten der Europäischen Union dürfen nur erledigt werden, wenn sich ihr Inhalt in deutscher Sprache aus den Akten ergibt. Soweit erforderlich, soll bei Ersuchen in einer anderen Sprache von der ersuchenden Behörde eine Übersetzung verlangt werden.

(3) Ersuchen von Behörden anderer Mitgliedstaaten der Europäischen Union können abgelehnt werden, wenn sie nicht ordnungsgemäß und unter Angabe des maßgeblichen Rechtsakts begründet sind und die erforderliche Begründung nach Aufforderung nicht nachgereicht wird.

(4) Einrichtungen und Hilfsmittel der Kommission zur Behandlung von Ersuchen sollen genutzt werden. Informationen sollen elektronisch übermittelt werden.

§ 8c Kosten der Hilfeleistung

Ersuchende Behörden anderer Mitgliedstaaten der Europäischen Union haben Verwaltungsgebühren oder Auslagen nur zu erstatten, soweit dies nach Maßgabe von Rechtsakten der Europäischen Gemeinschaft verlangt werden kann.

§ 8d Mitteilungen von Amts wegen

(1) Die zuständige Behörde teilt den Behörden anderer Mitgliedstaaten der Europäischen Union und der Kommission Angaben über Sachverhalte und Personen mit, soweit dies nach Maßgabe von Rechtsakten der Europäischen Gemeinschaft geboten ist. Dabei sollen die hierzu eingerichteten Informationsnetze genutzt werden.

(2) Übermittelt eine Behörde Angaben nach Absatz 1 an die Behörde eines anderen Mitgliedstaats der Europäischen Union, unterrichtet sie den Betroffenen über die Tatsache der Übermittlung, soweit Rechtsakte der Europäischen Gemeinschaft dies vorsehen; dabei ist auf die Art der Angaben sowie auf die Zweckbestimmung und die Rechtsgrundlage der Übermittlung hinzuweisen.

§ 8e Anwendbarkeit

Die Regelungen dieses Abschnitts sind mit Inkrafttreten des jeweiligen Rechtsaktes der Europäischen Gemeinschaft, wenn dieser unmittelbare Wirkung entfaltet, im Übrigen mit Ablauf der jeweiligen Umsetzungsfrist anzuwenden. Sie gelten auch im Verhältnis zu den anderen Vertragsstaaten des Abkommens über den Europäischen Wirtschaftsraum, soweit Rechtsakte der Europäischen Gemeinschaft auch auf diese Staaten anzuwenden sind.

Teil II
Allgemeine Vorschriften über das Verwaltungsverfahren

Abschnitt 1
Verfahrensgrundsätze

§ 9 Begriff des Verwaltungsverfahrens

Das Verwaltungsverfahren im Sinne dieses Gesetzes ist die nach außen wirkende Tätigkeit der Behörden, die auf die Prüfung der Voraussetzungen, die Vorbereitung und den Erlass eines Verwaltungsaktes oder auf den Abschluss eines öffentlich-rechtlichen Vertrages gerichtet ist; es schließt den Erlass des Verwaltungsaktes oder den Abschluss des öffentlich-rechtlichen Vertrages ein.

§ 10 Nichtförmlichkeit des Verwaltungsverfahrens

(1) Das Verwaltungsverfahren ist an bestimmte Formen nicht gebunden, soweit kei-

ne besonderen Rechtsvorschriften für die Form des Verfahrens bestehen. Es ist einfach, zweckmäßig und zügig durchzuführen.

(2) Die Behörden sollen die Durchführung ihrer Verwaltungsverfahren mit Bürgerinnen und Bürgern oder Unternehmen nach Möglichkeit auf elektronischem Weg anbieten. § 3a Absatz 2 und 3 bleibt unberührt.

§ 11 Beteiligungsfähigkeit

Fähig, am Verfahren beteiligt zu sein, sind

1. natürliche und juristische Personen,
2. Vereinigungen, soweit ihnen ein Recht zustehen kann,
3. Behörden.

§ 12 Handlungsfähigkeit

(1) Fähig zur Vornahme von Verfahrenshandlungen sind

1. natürliche Personen, die nach bürgerlichem Recht geschäftsfähig sind,
2. natürliche Personen, die nach bürgerlichem Recht in der Geschäftsfähigkeit beschränkt sind, soweit sie für den Gegenstand des Verfahrens durch Vorschriften des bürgerlichen Rechts als geschäftsfähig oder durch Vorschriften des öffentlichen Rechts als handlungsfähig anerkannt sind,
3. juristische Personen und Vereinigungen (§ 11 Nummer 2) durch ihre gesetzlichen Vertreter oder durch besonders Beauftragte,
4. Behörden durch ihre Leiter, deren Vertreter oder Beauftragte.

(2) Betrifft ein Einwilligungsvorbehalt nach § 1825 des Bürgerlichen Gesetzbuchs den Gegenstand des Verfahrens, so ist ein geschäftsfähiger Betreuter nur insoweit zur Vornahme von Verfahrenshandlungen fähig, als er nach den Vorschriften des bürgerlichen Rechts ohne Einwilligung des Betreuers handeln kann oder durch Vorschriften des öffentlichen Rechts als handlungsfähig anerkannt ist.

(3) Die §§ 53 und 55 der Zivilprozeßordnung gelten entsprechend.

§ 13 Beteiligte

(1) Beteiligte sind

1. Antragsteller und Antragsgegner,
2. diejenigen, an die die Behörde den Verwaltungsakt richten will oder gerichtet hat,
3. diejenigen, mit denen die Behörde einen öffentlich-rechtlichen Vertrag schließen will oder geschlossen hat,
4. diejenigen, die nach Absatz 2 von der Behörde zu dem Verfahren hinzugezogen worden sind.

(2) Die Behörde kann von Amts wegen oder auf Antrag diejenigen, deren rechtliche Interessen durch den Ausgang des Verfahrens berührt werden können, als Beteiligte hinzuziehen. Hat der Ausgang des Verfahrens rechtsgestaltende Wirkung für einen Dritten, so ist dieser auf Antrag als Beteiligter zu dem Verfahren hinzuzuziehen; soweit er der Behörde bekannt ist, hat diese ihn von der Einleitung des Verfahrens zu benachrichtigen.

(3) Wer anzuhören ist, ohne dass die Voraussetzungen des Absatzes 1 vorliegen, wird dadurch nicht Beteiligter.

§ 14 Bevollmächtigte und Beistände

(1) Ein Beteiligter kann sich durch einen Bevollmächtigten vertreten lassen. Die Vollmacht ermächtigt zu allen das Verwaltungsverfahren betreffenden Verfahrenshandlungen, sofern sich aus ihrem Inhalt nicht etwas anderes ergibt. Der Bevollmächtigte hat auf Verlangen seine Vollmacht schriftlich nachzuweisen. Ein Widerruf der Vollmacht wird der Behörde gegenüber erst wirksam, wenn er ihr zugeht.

(2) Die Vollmacht wird weder durch den Tod des Vollmachtgebers noch durch eine Veränderung in seiner Handlungsfähigkeit oder seiner gesetzlichen Vertretung aufgehoben; der Bevollmächtigte hat jedoch, wenn er für den Rechtsnachfolger im Verwaltungsverfahren auftritt, dessen Vollmacht auf Verlangen schriftlich beizubringen.

(3) Ist für das Verfahren ein Bevollmächtigter bestellt, so soll sich die Behörde an ihn wenden. Sie kann sich an den Beteiligten selbst wenden, soweit er zur Mitwirkung verpflichtet ist. Wendet sich die Behörde an den Beteiligten, so soll der Bevollmächtigte verständigt werden. Vorschriften über die Zustellung an Bevollmächtigte bleiben unberührt.

(4) Ein Beteiligter kann zu Verhandlungen und Besprechungen mit einem Beistand erscheinen. Das von dem Beistand Vorgetragene gilt als von den Beteiligten vorgebracht, soweit dieser nicht unverzüglich widerspricht.

(5) Bevollmächtigte und Beistände sind zurückzuweisen, wenn sie entgegen § 3 des Rechtsdienstleistungsgesetzes Rechtsdienstleistungen erbringen.

(6) Bevollmächtigte und Beistände können vom Vortrag zurückgewiesen werden, wenn sie hierzu ungeeignet sind; vom mündlichen Vortrag können sie nur zurückgewiesen werden, wenn sie zum sachgemäßen Vortrag nicht fähig sind. Nicht zurückgewiesen werden können Personen, die nach § 67 Absatz 2 Satz 1 und 2 Nummer 3 bis 7 der Verwaltungsgerichtsordnung zur Vertretung im verwaltungsgerichtlichen Verfahren befugt sind.

(7) Die Zurückweisung nach den Absätzen 5 und 6 ist auch dem Beteiligten, dessen Bevollmächtigter oder Beistand zurückgewiesen wird, mitzuteilen. Verfahrenshandlungen des zurückgewiesenen Bevollmächtigten oder Beistandes, die dieser nach der Zurückweisung vornimmt, sind unwirksam.

§ 15 Bestellung eines Empfangsbevollmächtigten

Ein Beteiligter ohne Wohnsitz oder gewöhnlichen Aufenthalt, Sitz oder Geschäftsleitung im Inland hat der Behörde auf Verlangen innerhalb einer angemessenen Frist einen Empfangsbevollmächtigten im Inland zu benennen. Unterlässt er dies, gilt ein an ihn gerichtetes Schriftstück am siebenten Tage nach der Aufgabe zur Post und ein elektronisch übermitteltes Dokument am dritten Tage nach der Absendung als zugegangen. Dies gilt nicht, wenn feststeht, dass das Dokument den Empfänger nicht oder zu einem späteren Zeitpunkt erreicht hat. Auf die Rechtsfolgen der Unterlassung ist der Beteiligte hinzuweisen.

§ 16 Bestellung eines Vertreters von Amts wegen

(1) Ist ein Vertreter nicht vorhanden, so hat das Betreuungsgericht, für einen minderjährigen Beteiligten das Familiengericht auf Ersuchen der Behörde einen geeigneten Vertreter zu bestellen

1. für einen Beteiligten, dessen Person unbekannt ist;
2. für einen abwesenden Beteiligten, dessen Aufenthalt unbekannt ist oder der an der Besorgung seiner Angelegenheiten verhindert ist;
3. für einen Beteiligten ohne Aufenthalt im Inland, wenn er der Aufforderung der Behörde, einen Vertreter zu bestellen, innerhalb der ihm gesetzten Frist nicht nachgekommen ist;
4. für einen Beteiligten, der infolge einer psychischen Krankheit oder körperlichen, geistigen oder seelischen Behinderung nicht in der Lage ist, in dem Verwaltungsverfahren selbst tätig zu werden;
5. bei herrenlosen Sachen, auf die sich das Verfahren bezieht, zur Wahrung der sich in Bezug auf die Sache ergebenden Rechte und Pflichten.

(2) Für die Bestellung des Vertreters ist in den Fällen des Absatzes 1 Nummer 4 das Gericht zuständig, in dessen Bezirk der Beteiligte seinen gewöhnlichen Aufenthalt hat; im Übrigen ist das Gericht zuständig, in dessen Bezirk die ersuchende Behörde ihren Sitz hat.

(3) Der Vertreter hat gegen den Rechtsträger der Behörde, die um seine Bestellung ersucht hat, Anspruch auf eine angemessene Vergütung und auf die Erstattung seiner baren Auslagen. Die Behörde kann von dem Vertretenen Ersatz ihrer Aufwendungen verlangen. Sie bestimmt die Vergütung und stellt die Auslagen und Aufwendungen fest.

(4) Im Übrigen gelten für die Bestellung und für das Amt des Vertreters in den Fällen des Absatzes 1 Nummer 4 die Vorschriften über die Betreuung, in den übrigen Fällen die Vorschriften über die Pflegschaft entsprechend.

§ 17 Vertreter bei gleichförmigen Eingaben

(1) Bei Anträgen und Eingaben, die in einem Verwaltungsverfahren von mehr als 50 Personen auf Unterschriftslisten unterzeichnet

oder in Form vervielfältigter gleichlautender Texte eingereicht worden sind (gleichförmige Eingaben), gilt für das Verfahren derjenige Unterzeichner als Vertreter der übrigen Unterzeichner, der darin mit seinem Namen und seiner Anschrift als Vertreter bezeichnet ist, soweit er nicht von ihnen als Bevollmächtigter bestellt worden ist. Vertreter kann nur eine natürliche Person sein.

(2) Die Behörde kann gleichförmige Eingaben, die die Angaben nach Absatz 1 Satz 1 nicht deutlich sichtbar auf jeder mit einer Unterschrift versehenen Seite enthalten oder dem Erfordernis des Absatzes 1 Satz 2 nicht entsprechen, unberücksichtigt lassen. Will die Behörde so verfahren, so hat sie dies durch ortsübliche Bekanntmachung mitzuteilen. Die Behörde kann ferner gleichförmige Eingaben insoweit unberücksichtigt lassen, als Unterzeichner ihren Namen oder ihre Anschrift nicht oder unleserlich angegeben haben.

(3) Die Vertretungsmacht erlischt, sobald der Vertreter oder der Vertretene dies der Behörde schriftlich erklärt; der Vertreter kann eine solche Erklärung nur hinsichtlich aller Vertretenen abgeben. Gibt der Vertretene eine solche Erklärung ab, so soll er der Behörde zugleich mitteilen, ob er seine Eingabe aufrechterhält und ob er einen Bevollmächtigten bestellt hat.

(4) Endet die Vertretungsmacht des Vertreters, so kann die Behörde die nicht mehr Vertretenen auffordern, innerhalb einer angemessenen Frist einen gemeinsamen Vertreter zu bestellen. Sind mehr als 50 Personen aufzufordern, so kann die Behörde die Aufforderung ortsüblich bekanntmachen. Wird der Aufforderung nicht fristgemäß entsprochen, so kann die Behörde von Amts wegen einen gemeinsamen Vertreter bestellen.

IX

§ 18 Vertreter für Beteiligte bei gleichem Interesse

(1) Sind an einem Verwaltungsverfahren mehr als 50 Personen im gleichen Interesse beteiligt, ohne vertreten zu sein, so kann die Behörde sie auffordern, innerhalb einer angemessenen Frist einen gemeinsamen Vertreter zu bestellen, wenn sonst die ordnungsmäßige Durchführung des Verwaltungsverfahrens beeinträchtigt wäre. Kommen sie der Aufforderung nicht fristgemäß nach, so kann die Behörde von Amts wegen einen gemeinsamen Vertreter bestellen. Vertreter kann nur eine natürliche Person sein.

(2) Die Vertretungsmacht erlischt, sobald der Vertreter oder der Vertretene dies der Behörde schriftlich erklärt; der Vertreter kann eine solche Erklärung nur hinsichtlich aller Vertretenen abgeben. Gibt der Vertretene eine solche Erklärung ab, so soll er der Behörde zugleich mitteilen, ob er seine Eingabe aufrechterhält und ob er einen Bevollmächtigten bestellt hat.

§ 19 Gemeinsame Vorschriften für Vertreter bei gleichförmigen Eingaben und bei gleichem Interesse

(1) Der Vertreter hat die Interessen der Vertretenen sorgfältig wahrzunehmen. Er kann alle das Verwaltungsverfahren betreffenden Verfahrenshandlungen vornehmen. An Weisungen ist er nicht gebunden.

(2) § 14 Absatz 5 bis 7 gilt entsprechend.

(3) Der von der Behörde bestellte Vertreter hat gegen deren Rechtsträger Anspruch auf angemessene Vergütung und auf Erstattung seiner baren Auslagen. Die Behörde kann von den Vertretenen zu gleichen Anteilen Ersatz ihrer Aufwendungen verlangen. Sie bestimmt die Vergütung und stellt die Auslagen und Aufwendungen fest.

§ 20 Ausgeschlossene Personen

(1) In einem Verwaltungsverfahren darf für eine Behörde nicht tätig werden,

1. wer selbst Beteiligter ist;
2. wer Angehöriger eines Beteiligten ist;
3. wer einen Beteiligten kraft Gesetzes oder Vollmacht allgemein oder in diesem Verwaltungsverfahren vertritt;
4. wer Angehöriger einer Person ist, die einen Beteiligten in diesem Verfahren vertritt;
5. wer bei einem Beteiligten gegen Entgelt beschäftigt ist oder bei ihm als Mitglied

des Vorstandes, des Aufsichtsrates oder eines gleichartigen Organs tätig ist; dies gilt nicht für den, dessen Anstellungskörperschaft Beteiligte ist;

6. wer außerhalb seiner amtlichen Eigenschaft in der Angelegenheit ein Gutachten abgegeben hat oder sonst tätig geworden ist.

Dem Beteiligten steht gleich, wer durch die Tätigkeit oder durch die Entscheidung einen unmittelbaren Vorteil oder Nachteil erlangen kann. Dies gilt nicht, wenn der Vor- oder Nachteil nur darauf beruht, dass jemand einer Berufs- oder Bevölkerungsgruppe angehört, deren gemeinsame Interessen durch die Angelegenheit berührt werden.

(2) Absatz 1 gilt nicht für Wahlen zu einer ehrenamtlichen Tätigkeit und für die Abberufung von ehrenamtlich Tätigen.

(3) Wer nach Absatz 1 ausgeschlossen ist, darf bei Gefahr im Verzug unaufschiebbare Maßnahmen treffen.

(4) Hält sich ein Mitglied eines Ausschusses (§ 88) für ausgeschlossen oder bestehen Zweifel, ob die Voraussetzungen des Absatzes 1 gegeben sind, ist dies dem Vorsitzenden des Ausschusses mitzuteilen. Der Ausschuss entscheidet über den Ausschluss. Der Betroffene darf an dieser Entscheidung nicht mitwirken. Das ausgeschlossene Mitglied darf bei der weiteren Beratung und Beschlussfassung nicht zugegen sein.

(5) Angehörige im Sinne des Absatzes 1 Nrn. 2 und 4 sind:

1. der Verlobte,
2. der Ehegatte oder eingetragene Lebenspartner,
3. Verwandte und Verschwägerte gerader Linie,
4. Geschwister,
5. Kinder der Geschwister,
6. Ehegatten der Geschwister und Geschwister der Ehegatten,

6a. eingetragene Lebenspartner der Geschwister und Geschwister der eingetragenen Lebenspartner,

7. Geschwister der Eltern,
8. Personen, die durch ein auf längere Dauer angelegtes Pflegeverhältnis mit häuslicher Gemeinschaft wie Eltern und Kind miteinander verbunden sind (Pflegeeltern und Pflegekinder).

Angehörige sind die in Satz 1 aufgeführten Personen auch dann, wenn

1. in den Fällen der Nummern 2, 3, 6 und 6a die die Beziehung begründende Ehe oder eingetragene Lebenspartnerschaft nicht mehr besteht;
2. in den Fällen der Nummern 3 bis 7 die Verwandtschaft oder Schwägerschaft durch Annahme als Kind erloschen ist;
3. im Falle der Nummer 8 die häusliche Gemeinschaft nicht mehr besteht, sofern die Personen weiterhin wie Eltern und Kind miteinander verbunden sind.

§ 21 Besorgnis der Befangenheit

(1) Liegt ein Grund vor, der geeignet ist, Misstrauen gegen eine unparteiische Amtsausübung zu rechtfertigen, oder wird von einem Beteiligten das Vorliegen eines solchen Grundes behauptet, so hat, wer in einem Verwaltungsverfahren für eine Behörde tätig werden soll, den Leiter der Behörde oder den von diesem Beauftragten zu unterrichten und sich auf dessen Anordnung der Mitwirkung zu enthalten. Betrifft die Besorgnis der Befangenheit den Leiter der Behörde, so trifft diese Anordnung die Aufsichtsbehörde, sofern sich der Behördenleiter nicht selbst einer Mitwirkung enthält.

(2) Für Mitglieder eines Ausschusses (§ 88) gilt § 20 Absatz 4 entsprechend.

§ 22 Beginn des Verfahrens

Die Behörde entscheidet nach pflichtgemäßem Ermessen, ob und wann sie ein Verwaltungsverfahren durchführt. Dies gilt nicht, wenn die Behörde auf Grund von Rechtsvorschriften

1. von Amts wegen oder auf Antrag tätig werden muss;
2. nur auf Antrag tätig werden darf und ein Antrag nicht vorliegt.

§ 23 Amtssprache

(1) Die Amtssprache ist deutsch.

(2) Werden bei einer Behörde in einer fremden Sprache Anträge gestellt oder Eingaben, Belege, Urkunden oder sonstige Dokumente vorgelegt, soll die Behörde unverzüglich die Vorlage einer Übersetzung verlangen. In begründeten Fällen kann die Vorlage einer beglaubigten oder von einem öffentlich bestellten oder beeidigten Dolmetscher oder Übersetzer angefertigten Übersetzung verlangt werden. Wird die verlangte Übersetzung nicht unverzüglich vorgelegt, so kann die Behörde auf Kosten des Beteiligten selbst eine Übersetzung beschaffen. Hat die Behörde Dolmetscher oder Übersetzer herangezogen, erhalten diese in entsprechender Anwendung des Justizvergütungs- und -entschädigungsgesetzes eine Vergütung.

(3) Soll durch eine Anzeige, einen Antrag oder die Abgabe einer Willenserklärung eine Frist in Lauf gesetzt werden, innerhalb deren die Behörde in einer bestimmten Weise tätig werden muss, und gehen diese in einer fremden Sprache ein, so beginnt der Lauf der Frist erst mit dem Zeitpunkt, in dem der Behörde eine Übersetzung vorliegt.

(4) Soll durch eine Anzeige, einen Antrag oder eine Willenserklärung, die in fremder Sprache eingehen, zugunsten eines Beteiligten eine Frist gegenüber der Behörde gewahrt, ein öffentlich-rechtlicher Anspruch geltend gemacht oder eine Leistung begehrt werden, so gelten die Anzeige, der Antrag oder die Willenserklärung als zum Zeitpunkt des Eingangs bei der Behörde abgegeben, wenn auf Verlangen der Behörde innerhalb einer von dieser zu setzenden angemessenen Frist eine Übersetzung vorgelegt wird. Andernfalls ist der Zeitpunkt des Eingangs der Übersetzung maßgebend, soweit sich nicht aus zwischenstaatlichen Vereinbarungen etwas anderes ergibt. Auf diese Rechtsfolge ist bei der Fristsetzung hinzuweisen.

§ 24 Untersuchungsgrundsatz

(1) Die Behörde ermittelt den Sachverhalt von Amts wegen. Sie bestimmt Art und Umfang der Ermittlungen; an das Vorbringen und an die Beweisanträge der Beteiligten ist sie nicht gebunden. Setzt die Behörde automatische Einrichtungen zum Erlass von Verwaltungsakten ein, muss sie für den Einzelfall bedeutsame tatsächliche Angaben des Beteiligten berücksichtigen, die im automatischen Verfahren nicht ermittelt würden.

(2) Die Behörde hat alle für den Einzelfall bedeutsamen, auch die für die Beteiligten günstigen Umstände zu berücksichtigen.

(3) Die Behörde darf die Entgegennahme von Erklärungen oder Anträgen, die in ihren Zuständigkeitsbereich fallen, nicht deshalb verweigern, weil sie die Erklärung oder den Antrag in der Sache für unzulässig oder unbegründet hält.

§ 25 Beratung, Auskunft

(1) Die Behörde soll die Abgabe von Erklärungen, die Stellung von Anträgen oder die Berichtigung von Erklärungen oder Anträgen anregen, wenn diese offensichtlich nur versehentlich oder aus Unkenntnis unterblieben oder unrichtig abgegeben oder gestellt worden sind. Sie erteilt, soweit erforderlich, Auskunft über die den Beteiligten im Verwaltungsverfahren zustehenden Rechte und die ihnen obliegenden Pflichten.

(2) Die Behörde erörtert, soweit erforderlich, bereits vor Stellung eines Antrags mit dem zukünftigen Antragsteller, welche Nachweise und Unterlagen von ihm zu erbringen sind und in welcher Weise das Verfahren beschleunigt werden kann. Soweit es der Verfahrensbeschleunigung dient, soll sie dem Antragsteller nach Eingang des Antrags unverzüglich Auskunft über die voraussichtliche Verfahrensdauer und die Vollständigkeit der Antragsunterlagen geben.

§ 25a Frühe Öffentlichkeitsbeteiligung

(1) Die Behörde wirkt darauf hin, dass der Träger eines Vorhabens, das nicht nur unwesentliche Auswirkungen auf die Belange einer größeren Zahl von Dritten haben kann, die von dem Vorhaben betroffene Öffentlichkeit bereits frühzeitig vor Stellung des Antrags unterrichtet (frühe Öffentlichkeitsbeteiligung). Satz 1 gilt nicht, soweit die betroffe-

IX

ne Öffentlichkeit bereits nach anderen Rechtsvorschriften vor der Antragstellung zu beteiligen ist. Beteiligungsrechte nach anderen Rechtsvorschriften bleiben unberührt.

(2) Der Vorhabenträger soll die betroffene Öffentlichkeit über die Ziele des Vorhabens, die Mittel, es zu verwirklichen, und die voraussichtlichen Auswirkungen des Vorhabens unterrichten und Gelegenheit zur Äußerung und Erörterung geben.

(3) Der Vorhabenträger soll Inhalt und abschließendes Ergebnis der frühen Öffentlichkeitsbeteiligung

1. in einem verkehrsüblichen elektronischen Format unverzüglich, spätestens mit der Antragstellung, an die Behörde übermitteln und
2. der betroffenen Öffentlichkeit mitteilen.

Für die Übermittlung nach Satz 1 Nummer 1 soll auch ein maschinenlesbares Format verwendet werden, wenn auf Seiten des Vorhabenträgers und der Behörde die technischen Voraussetzungen vorliegen und kein unverhältnismäßig hoher Aufwand entsteht.

§ 26 Beweismittel

(1) Die Behörde bedient sich unter Beachtung des § 3b der Beweismittel, die sie nach pflichtgemäßem Ermessen zur Ermittlung des Sachverhalts für erforderlich hält. Sie kann insbesondere

1. Auskünfte jeder Art einholen,
2. Beteiligte anhören, Zeugen und Sachverständige vernehmen oder die schriftliche oder elektronische Äußerung von Beteiligten, Sachverständigen und Zeugen einholen,
3. Urkunden und Akten beiziehen,
4. den Augenschein einnehmen.

(2) Die Beteiligten sollen bei der Ermittlung des Sachverhalts mitwirken. Sie sollen insbesondere ihnen bekannte Tatsachen und Beweismittel angeben. Eine weitergehende Pflicht, bei der Ermittlung des Sachverhalts mitzuwirken, insbesondere eine Pflicht zum persönlichen Erscheinen oder zur Aussage, besteht nur, soweit sie durch Rechtsvorschrift besonders vorgesehen ist. Der Auskunftspflichtige kann die Auskunft auf solche Fragen, zu deren Beantwortung er durch Rechtsvorschrift verpflichtet ist, verweigern, wenn deren Beantwortung ihn selbst oder einen der in § 383 Absatz 1 Nrn. 1 bis 3 der Zivilprozeßordnung bezeichneten Angehörigen der Gefahr strafgerichtlicher Verfolgung oder eines Verfahrens nach dem Gesetz über Ordnungswidrigkeiten aussetzen würde.

(3) Für Zeugen und Sachverständige besteht eine Pflicht zur Aussage oder zur Erstattung von Gutachten, wenn sie durch Rechtsvorschrift vorgesehen ist. Falls die Behörde Zeugen und Sachverständige herangezogen hat, erhalten sie auf Antrag in entsprechender Anwendung des Justizvergütungs- und -entschädigungsgesetzes eine Entschädigung oder Vergütung.

§ 27 Versicherung an Eides statt

(1) Die Behörde darf bei der Ermittlung des Sachverhalts eine Versicherung an Eides statt nur verlangen und abnehmen, wenn die Abnahme der Versicherung über den betreffenden Gegenstand und in dem betreffenden Verfahren durch Gesetz oder Rechtsverordnung vorgesehen und die Behörde durch Rechtsvorschrift für zuständig erklärt worden ist. Eine Versicherung an Eides statt soll nur gefordert werden, wenn andere Mittel zur Erforschung der Wahrheit nicht vorhanden sind, zu keinem Ergebnis geführt haben oder einen unverhältnismäßigen Aufwand erfordern. Von eidesunfähigen Personen im Sinne des § 393 der Zivilprozeßordnung darf eine eidesstattliche Versicherung nicht verlangt werden.

(2) Wird die Versicherung an Eides statt von einer Behörde zur Niederschrift aufgenommen, so sind zur Aufnahme nur der Behördenleiter, sein allgemeiner Vertreter sowie Angehörige des öffentlichen Dienstes befugt, welche die Befähigung zum Richteramt haben. Andere Angehörige des öffentlichen Dienstes kann der Behördenleiter oder sein allgemeiner Vertreter hierzu allgemein oder im Einzelfall schriftlich ermächtigen.

(3) Die Versicherung besteht darin, dass der Versichernde die Richtigkeit seiner Erklärung

über den betreffenden Gegenstand bestätigt und erklärt: „Ich versichere an Eides statt, dass ich nach bestem Wissen die reine Wahrheit gesagt und nichts verschwiegen habe." Bevollmächtigte und Beistände sind berechtigt, an der Aufnahme der Versicherung an Eides statt teilzunehmen.

(4) Vor der Aufnahme der Versicherung an Eides statt ist der Versichernde über die Bedeutung der eidesstattlichen Versicherung und die strafrechtlichen Folgen einer unrichtigen oder unvollständigen eidesstattlichen Versicherung zu belehren. Die Belehrung ist in der Niederschrift zu vermerken.

(5) Die Niederschrift hat ferner die Namen der anwesenden Personen sowie den Ort und den Tag der Niederschrift zu enthalten. Die Niederschrift ist demjenigen, der die eidesstattliche Versicherung abgibt, zur Genehmigung vorzulesen oder auf Verlangen zur Durchsicht vorzulegen. Die erteilte Genehmigung ist zu vermerken und von dem Versichernden zu unterschreiben. Die Niederschrift ist sodann von demjenigen, der die Versicherung an Eides statt aufgenommen hat, sowie von dem Schriftführer zu unterschreiben.

§ 27a Bekanntmachung im Internet

(1) Ist durch Rechtsvorschrift eine öffentliche oder ortsübliche Bekanntmachung angeordnet, so ist diese dadurch zu bewirken, dass der Inhalt der Bekanntmachung auch auf einer Internetseite der Behörde oder ihres Verwaltungsträgers zugänglich gemacht wird. Soweit durch Rechtsvorschrift nichts anderes bestimmt ist, ist für die Einhaltung einer vorgeschriebenen Frist die Zugänglichmachung im Internet nach Satz 1 maßgeblich.

(2) Absatz 1 gilt nicht, wenn eine Zugänglichmachung im Internet, insbesondere aus technischen Gründen, nicht möglich ist.

§ 27b Zugänglichmachung auszulegender Dokumente

(1) Ist durch Rechtsvorschrift die Auslegung von Dokumenten zur Einsicht angeordnet, so ist sie dadurch zu bewirken, dass die Dokumente zugänglich gemacht werden

1. auf einer Internetseite der für die Auslegung zuständigen Behörde oder ihres Verwaltungsträgers und
2. auf mindestens eine andere Weise.

Ist eine Veröffentlichung der auszulegenden Unterlagen im Internet, insbesondere aus technischen Gründen, nicht möglich, so wird die angeordnete Auslegung zur Einsicht durch die andere Zugangsmöglichkeit nach Satz 1 Nummer 2 bewirkt.

(2) In der Bekanntmachung der Auslegung sind anzugeben

1. der Zeitraum der Auslegung,
2. die Internetseite, auf der die Zugänglichmachung erfolgt, sowie
3. Art und Ort der anderen Zugangsmöglichkeit.

(3) Die Behörde kann verlangen, dass die Dokumente, die für die Auslegung einzureichen sind, in einem verkehrsüblichen elektronischen Format eingereicht werden.

(4) Sind in den auszulegenden Dokumenten Geheimnisse nach § 3b enthalten, so ist derjenige, der diese Dokumente einreichen muss, verpflichtet,

1. diese Geheimnisse zu kennzeichnen und
2. der Behörde zum Zwecke der Auslegung zusätzlich eine Darstellung vorzulegen, die den Inhalt der betreffenden Teile der Dokumente ohne Preisgabe der Geheimnisse beschreibt.

§ 27c Erörterung mit Verfahrensbeteiligten oder der Öffentlichkeit

(1) Ist durch Rechtsvorschrift eine Erörterung, insbesondere ein Erörterungstermin, eine mündliche Verhandlung oder eine Antragskonferenz angeordnet, kann sie ersetzt werden

1. durch eine Onlinekonsultation oder
2. mit Einwilligung der zur Teilnahme Berechtigten durch eine Video- oder Telefonkonferenz.

(2) Bei einer Onlinekonsultation ist den zur Teilnahme Berechtigten innerhalb einer vorher bekannt zu machenden Frist Gelegenheit zu geben, sich schriftlich oder elektronisch zu

äußern. Die Frist soll mindestens eine Woche betragen. Werden für die Onlinekonsultation Informationen zur Verfügung gestellt, so gilt § 27b Absatz 4 entsprechend.

(3) Sonstige Regelungen, die die Durchführung einer Erörterung nach Absatz 1 betreffen, bleiben unberührt.

§ 28 Anhörung Beteiligter

(1) Bevor ein Verwaltungsakt erlassen wird, der in Rechte eines Beteiligten eingreift, ist diesem Gelegenheit zu geben, sich zu den für die Entscheidung erheblichen Tatsachen zu äußern.

(2) Von der Anhörung kann abgesehen werden, wenn sie nach den Umständen des Einzelfalles nicht geboten ist, insbesondere wenn

1. eine sofortige Entscheidung wegen Gefahr im Verzug oder im öffentlichen Interesse notwendig erscheint;
2. durch die Anhörung die Einhaltung einer für die Entscheidung maßgeblichen Frist in Frage gestellt würde;
3. von den tatsächlichen Angaben eines Beteiligten, die dieser in einem Antrag oder einer Erklärung gemacht hat, nicht zu seinen Ungunsten abgewichen werden soll;
4. die Behörde eine Allgemeinverfügung oder gleichartige Verwaltungsakte in größerer Zahl oder Verwaltungsakte mit Hilfe automatischer Einrichtungen erlassen will;
5. Maßnahmen in der Verwaltungsvollstreckung getroffen werden sollen.

(3) Eine Anhörung unterbleibt, wenn ihr ein zwingendes öffentliches Interesse entgegensteht.

§ 29 Akteneinsicht durch Beteiligte

(1) Die Behörde hat den Beteiligten Einsicht in die das Verfahren betreffenden Akten zu gestatten, soweit deren Kenntnis zur Geltendmachung oder Verteidigung ihrer rechtlichen Interessen erforderlich ist. Satz 1 gilt bis zum Abschluss des Verwaltungsverfahrens nicht für Entwürfe zu Entscheidungen sowie die Arbeiten zu ihrer unmittelbaren Vorbereitung. Soweit nach den §§ 17 und 18 eine Vertretung stattfindet, haben nur die Vertreter Anspruch auf Akteneinsicht.

(2) Die Behörde ist zur Gestattung der Akteneinsicht nicht verpflichtet, soweit durch sie die ordnungsgemäße Erfüllung der Aufgaben der Behörde beeinträchtigt, das Bekanntwerden des Inhalts der Akten dem Wohle des Bundes oder eines Landes Nachteile bereiten würde oder soweit die Vorgänge nach einem Gesetz oder ihrem Wesen nach, namentlich wegen der berechtigten Interessen der Beteiligten oder dritter Personen, geheimgehalten werden müssen.

(3) Die Akteneinsicht erfolgt bei der Behörde, die die Akten führt. Im Einzelfall kann die Einsicht auch bei einer anderen Behörde oder bei einer diplomatischen oder berufskonsularischen Vertretung der Bundesrepublik Deutschland im Ausland erfolgen; weitere Ausnahmen kann die Behörde, die die Akten führt, gestatten.

§ 30 (weggefallen)

Abschnitt 2
Fristen, Termine, Wiedereinsetzung

§ 31 Fristen und Termine

(1) Für die Berechnung von Fristen und für die Bestimmung von Terminen gelten die §§ 187 bis 193 des Bürgerlichen Gesetzbuches entsprechend, soweit nicht durch die Absätze 2 bis 5 etwas anderes bestimmt ist.

(2) Der Lauf einer Frist, die von einer Behörde gesetzt wird, beginnt mit dem Tag, der auf die Bekanntgabe der Frist folgt, außer wenn dem Betroffenen etwas anderes mitgeteilt wird.

(3) Fällt das Ende einer Frist auf einen Sonntag, einen gesetzlichen Feiertag oder einen Sonnabend, so endet die Frist mit dem Ablauf des nächstfolgenden Werktages. Dies gilt nicht, wenn dem Betroffenen unter Hinweis auf diese Vorschrift ein bestimmter Tag als Ende der Frist mitgeteilt worden ist.

(4) Hat eine Behörde Leistungen nur für einen bestimmten Zeitraum zu erbringen, so endet dieser Zeitraum auch dann mit dem Ablauf seines letzten Tages, wenn dieser auf einen

Sonntag, einen gesetzlichen Feiertag oder einen Sonnabend fällt.

(5) Der von einer Behörde gesetzte Termin ist auch dann einzuhalten, wenn er auf einen Sonntag, gesetzlichen Feiertag oder Sonnabend fällt.

(6) Ist eine Frist nach Stunden bestimmt, so werden Sonntage, gesetzliche Feiertage oder Sonnabende mitgerechnet.

(7) Fristen, die von einer Behörde gesetzt sind, können verlängert werden. Sind solche Fristen bereits abgelaufen, so können sie rückwirkend verlängert werden, insbesondere wenn es unbillig wäre, die durch den Fristablauf eingetretenen Rechtsfolgen bestehen zu lassen. Die Behörde kann die Verlängerung der Frist nach § 36 mit einer Nebenbestimmung verbinden.

§ 32 Wiedereinsetzung in den vorigen Stand

(1) War jemand ohne Verschulden verhindert, eine gesetzliche Frist einzuhalten, so ist ihm auf Antrag Wiedereinsetzung in den vorigen Stand zu gewähren. Das Verschulden eines Vertreters ist dem Vertretenen zuzurechnen.

(2) Der Antrag ist innerhalb von zwei Wochen nach Wegfall des Hindernisses zu stellen. Die Tatsachen zur Begründung des Antrages sind bei der Antragstellung oder im Verfahren über den Antrag glaubhaft zu machen. Innerhalb der Antragsfrist ist die versäumte Handlung nachzuholen. Ist dies geschehen, so kann Wiedereinsetzung auch ohne Antrag gewährt werden.

IX

(3) Nach einem Jahr seit dem Ende der versäumten Frist kann die Wiedereinsetzung nicht mehr beantragt oder die versäumte Handlung nicht mehr nachgeholt werden, außer wenn dies vor Ablauf der Jahresfrist infolge höherer Gewalt unmöglich war.

(4) Über den Antrag auf Wiedereinsetzung entscheidet die Behörde, die über die versäumte Handlung zu befinden hat.

(5) Die Wiedereinsetzung ist unzulässig, wenn sich aus einer Rechtsvorschrift ergibt, dass sie ausgeschlossen ist.

Abschnitt 3
Amtliche Beglaubigung

§ 33 Beglaubigung von Dokumenten

(1) Jede Behörde ist befugt, Abschriften von Urkunden, die sie selbst ausgestellt hat, zu beglaubigen. Darüber hinaus sind die von der Landesregierung oder – auf Grund einer von ihr erteilten Ermächtigung – dem zuständigen Landesministerium durch Rechtsverordnung bestimmten Behörden befugt, Abschriften zu beglaubigen, wenn die Urschrift von einer Behörde ausgestellt ist oder die Abschrift zur Vorlage bei einer Behörde benötigt wird, sofern nicht durch Rechtsvorschrift die Erteilung beglaubigter Abschriften aus amtlichen Registern und Archiven anderen Behörden ausschließlich vorbehalten ist.

(2) Abschriften dürfen nicht beglaubigt werden, wenn Umstände zu der Annahme berechtigen, dass der ursprüngliche Inhalt des Schriftstückes, dessen Abschrift beglaubigt werden soll, geändert worden ist, insbesondere wenn dieses Schriftstück Lücken, Durchstreichungen, Einschaltungen, Änderungen, unleserliche Wörter, Zahlen oder Zeichen, Spuren der Beseitigung von Wörtern, Zahlen und Zeichen enthält oder wenn der Zusammenhang eines aus mehreren Blättern bestehenden Schriftstückes aufgehoben ist.

(3) Eine Abschrift wird beglaubigt durch einen Beglaubigungsvermerk, der unter die Abschrift zu setzen ist. Der Vermerk muss enthalten

1. die genaue Bezeichnung des Schriftstückes, dessen Abschrift beglaubigt wird,
2. die Feststellung, dass die beglaubigte Abschrift mit dem vorgelegten Schriftstück übereinstimmt,
3. den Hinweis, dass die beglaubigte Abschrift nur zur Vorlage bei der angegebenen Behörde erteilt wird, wenn die Urschrift nicht von einer Behörde ausgestellt worden ist,
4. den Ort und den Tag der Beglaubigung, die Unterschrift des für die Beglaubigung zuständigen Bediensteten und das Dienstsiegel.

(4) Die Absätze 1 bis 3 gelten entsprechend für die Beglaubigung von

1. Ablichtungen, Lichtdrucken und ähnlichen in technischen Verfahren hergestellten Vervielfältigungen,
2. auf fototechnischem Wege von Schriftstücken hergestellten Negativen, die bei einer Behörde aufbewahrt werden,
3. Ausdrucken elektronischer Dokumente,
4. elektronischen Dokumenten,
   a) die zur Abbildung eines Schriftstücks hergestellt wurden,
   b) die ein anderes technisches Format als das Ausgangsdokument, das verbunden ist mit einer qualifizierten elektronischen Signatur oder einem qualifizierten elektronischen Siegel einer Behörde, erhalten haben.

(5) Der Beglaubigungsvermerk muss zusätzlich zu den Angaben nach Absatz 3 Satz 2 bei der Beglaubigung

1. des Ausdrucks eines elektronischen Dokuments, das mit einer qualifizierten elektronischen Signatur oder einem qualifizierten elektronischen Siegel einer Behörde verbunden ist, die Feststellungen enthalten,
   a) wen die Signaturprüfung als Inhaber der Signatur ausweist oder welche Behörde die Signaturprüfung als Inhaber des Siegels ausweist,
   b) welchen Zeitpunkt die Signaturprüfung für die Anbringung der Signatur oder des Siegels ausweist und
   c) welche Zertifikate mit welchen Daten dieser Signatur oder diesem Siegel zu Grunde lagen;
2. eines elektronischen Dokuments den Namen des für die Beglaubigung zuständigen Bediensteten und die Bezeichnung der Behörde, die die Beglaubigung vornimmt, enthalten; die Unterschrift des für die Beglaubigung zuständigen Bediensteten und das Dienstsiegel nach Absatz 3 Satz 2 Nummer 4 werden durch eine dauerhaft überprüfbare qualifizierte elektronische Signatur oder durch ein dauerhaft überprüfbares qualifiziertes elektronisches Siegel der Behörde ersetzt.

Wird ein elektronisches Dokument, das ein anderes technisches Format erhalten hat als das Ausgangsdokument, das mit einer qualifizierten elektronischen Signatur oder mit einem qualifizierten elektronischen Siegel einer Behörde verbunden ist, nach Satz 1 Nummer 2 beglaubigt, so muss der Beglaubigungsvermerk zusätzlich die Feststellungen nach Satz 1 Nummer 1 für das Ausgangsdokument enthalten.

(6) Die nach Absatz 4 hergestellten Dokumente stehen, sofern sie beglaubigt sind, beglaubigten Abschriften gleich.

(7) Jede Behörde soll von Urkunden, die sie selbst ausgestellt hat, auf Verlangen ein elektronisches Dokument nach Absatz 4 Nummer 4 Buchstabe a oder eine elektronische Abschrift fertigen und beglaubigen.

§ 34 Beglaubigung von Unterschriften

(1) Die von der Landesregierung oder auf Grund einer von ihr erteilten Ermächtigung dem zuständigen Ministerium durch Rechtsverordnung bestimmten Behörden sind befugt, Unterschriften zu beglaubigen, wenn das unterzeichnete Schriftstück zur Vorlage bei einer Behörde oder bei einer sonstigen Stelle, der auf Grund einer Rechtsvorschrift das unterzeichnete Schriftstück vorzulegen ist, benötigt wird. Dies gilt nicht für

1. Unterschriften ohne zugehörigen Text,
2. Unterschriften, die der öffentlichen Beglaubigung (§ 129 des Bürgerlichen Gesetzbuches) bedürfen.

(2) Eine Unterschrift soll nur beglaubigt werden, wenn sie in Gegenwart des beglaubigenden Bediensteten vollzogen oder anerkannt wird.

(3) Der Beglaubigungsvermerk ist unmittelbar bei der Unterschrift, die beglaubigt werden soll, anzubringen. Er muss enthalten

1. die Bestätigung, dass die Unterschrift echt ist,
2. die genaue Bezeichnung desjenigen, dessen Unterschrift beglaubigt wird, sowie die Angabe, ob sich der für die Beglaubi-

gung zuständige Bedienstete Gewissheit über diese Person verschafft hat und ob die Unterschrift in seiner Gegenwart vollzogen oder anerkannt worden ist,
3. den Hinweis, dass die Beglaubigung nur zur Vorlage bei der angegebenen Behörde oder Stelle bestimmt ist,
4. den Ort und den Tag der Beglaubigung, die Unterschrift des für die Beglaubigung zuständigen Bediensteten und das Dienstsiegel.

(4) Die Absätze 1 bis 3 gelten für die Beglaubigung von Handzeichen entsprechend.

Teil III
Verwaltungsakt

Abschnitt 1
Zustandekommen des Verwaltungsaktes

§ 35 Begriff des Verwaltungsaktes

Verwaltungsakt ist jede Verfügung, Entscheidung oder andere hoheitliche Maßnahme, die eine Behörde zur Regelung eines Einzelfalles auf dem Gebiet des öffentlichen Rechts trifft und die auf unmittelbare Rechtswirkung nach außen gerichtet ist. Allgemeinverfügung ist ein Verwaltungsakt, der sich an einen nach allgemeinen Merkmalen bestimmten oder bestimmbaren Personenkreis richtet oder die öffentlich-rechtliche Eigenschaft einer Sache oder ihre Benutzung durch die Allgemeinheit betrifft.

IX

§ 35a Vollständig automatisierter Erlass eines Verwaltungsaktes

Ein Verwaltungsakt kann vollständig durch automatische Einrichtungen erlassen werden, sofern dies durch Rechtsvorschrift zugelassen ist und weder ein Ermessen noch ein Beurteilungsspielraum besteht.

§ 36 Nebenbestimmungen zum Verwaltungsakt

(1) Ein Verwaltungsakt, auf den ein Anspruch besteht, darf mit einer Nebenbestimmung nur versehen werden, wenn sie durch Rechtsvorschrift zugelassen ist oder wenn sie sicherstellen soll, dass die gesetzlichen Voraussetzungen des Verwaltungsaktes erfüllt werden.

(2) Unbeschadet des Absatzes 1 darf ein Verwaltungsakt nach pflichtgemäßem Ermessen erlassen werden mit
1. einer Bestimmung, nach der eine Vergünstigung oder Belastung zu einem bestimmten Zeitpunkt beginnt, endet oder für einen bestimmten Zeitraum gilt (Befristung);
2. einer Bestimmung, nach der der Eintritt oder der Wegfall einer Vergünstigung oder einer Belastung von dem ungewissen Eintritt eines zukünftigen Ereignisses abhängt (Bedingung);
3. einem Vorbehalt des Widerrufs

oder verbunden werden mit
4. einer Bestimmung, durch die dem Begünstigten ein Tun, Dulden oder Unterlassen vorgeschrieben wird (Auflage);
5. einem Vorbehalt der nachträglichen Aufnahme, Änderung oder Ergänzung einer Auflage.

(3) Eine Nebenbestimmung darf dem Zweck des Verwaltungsaktes nicht zuwiderlaufen.

§ 37 Bestimmtheit und Form des Verwaltungsaktes, Rechtsbehelfsbelehrung

(1) Ein Verwaltungsakt muss inhaltlich hinreichend bestimmt sein.

(2) Ein Verwaltungsakt kann schriftlich, elektronisch, mündlich oder in anderer Weise erlassen werden. Ein mündlicher Verwaltungsakt ist schriftlich oder elektronisch zu bestätigen, wenn hieran ein berechtigtes Interesse besteht und der Betroffene dies unverzüglich verlangt. Ein elektronischer Verwaltungsakt ist unter denselben Voraussetzungen schriftlich zu bestätigen; § 3a Absatz 2 und 3 findet insoweit keine Anwendung.

(3) Ein schriftlicher oder elektronischer Verwaltungsakt muss die erlassende Behörde erkennen lassen und die Unterschrift oder die Namenswiedergabe des Behördenleiters, seines Vertreters oder seines Beauftragten enthalten. Wird für einen Verwaltungsakt, für

den durch Rechtsvorschrift die Schriftform angeordnet ist, die elektronische Form verwendet, muss auch das der Signatur zugrunde liegende qualifizierte Zertifikat oder ein zugehöriges qualifiziertes Attribut-Zertifikat die erlassende Behörde erkennen lassen. Im Fall des § 3a Absatz 3 Nummer 3 Buchstabe b muss die Bestätigung nach § 5 Absatz 5 des De-Mail-Gesetzes die erlassende Behörde als Nutzer des De-Mail-Kontos erkennen lassen.

(4) Für einen Verwaltungsakt kann für die nach § 3a Absatz 2 erforderliche Signatur oder für das nach § 3a Absatz 3 Nummer 3 Buchstabe a erforderliche Siegel durch Rechtsvorschrift die dauerhafte Überprüfbarkeit vorgeschrieben werden.

(5) Bei einem schriftlichen Verwaltungsakt, der mit Hilfe automatischer Einrichtungen erlassen wird, können abweichend von Absatz 3 Unterschrift und Namenswiedergabe fehlen. Zur Inhaltsangabe können Schlüsselzeichen verwendet werden, wenn derjenige, für den der Verwaltungsakt bestimmt ist oder der von ihm betroffen wird, auf Grund der dazu gegebenen Erläuterungen den Inhalt des Verwaltungsaktes eindeutig erkennen kann.

(6) Einem schriftlichen oder elektronischen Verwaltungsakt, der der Anfechtung unterliegt, ist eine Erklärung beizufügen, durch die der Beteiligte über den Rechtsbehelf, der gegen den Verwaltungsakt gegeben ist, über die Behörde oder das Gericht, bei denen der Rechtsbehelf einzulegen ist, den Sitz und über die einzuhaltende Frist belehrt wird (Rechtsbehelfsbelehrung). Die Rechtsbehelfsbelehrung ist auch der schriftlichen oder elektronischen Bestätigung eines Verwaltungsaktes und der Bescheinigung nach § 42a Absatz 3 beizufügen.

§ 38 Zusicherung

(1) Eine von der zuständigen Behörde erteilte Zusage, einen bestimmten Verwaltungsakt später zu erlassen oder zu unterlassen (Zusicherung), bedarf zu ihrer Wirksamkeit der schriftlichen Form. Ist vor dem Erlass des zugesicherten Verwaltungsaktes die Anhörung Beteiligter oder die Mitwirkung einer anderen Behörde oder eines Ausschusses auf Grund einer Rechtsvorschrift erforderlich, so darf die Zusicherung erst nach Anhörung der Beteiligten oder nach Mitwirkung dieser Behörde oder des Ausschusses gegeben werden.

(2) Auf die Unwirksamkeit der Zusicherung finden, unbeschadet des Absatzes 1 Satz 1, § 44, auf die Heilung von Mängeln bei der Anhörung Beteiligter und der Mitwirkung anderer Behörden oder Ausschüsse § 45 Absatz 1 Nummer 3 bis 5 sowie Absatz 2, auf die Rücknahme § 48, auf den Widerruf, unbeschadet des Absatzes 3, § 49 entsprechende Anwendung.

(3) Ändert sich nach Abgabe der Zusicherung die Sach- oder Rechtslage derart, dass die Behörde bei Kenntnis der nachträglich eingetretenen Änderung die Zusicherung nicht gegeben hätte oder aus rechtlichen Gründen nicht hätte geben dürfen, ist die Behörde an die Zusicherung nicht mehr gebunden.

§ 39 Begründung des Verwaltungsaktes

(1) Ein schriftlicher oder elektronischer sowie ein schriftlich oder elektronisch bestätigter Verwaltungsakt ist mit einer Begründung zu versehen. In der Begründung sind die wesentlichen tatsächlichen und rechtlichen Gründe mitzuteilen, die die Behörde zu ihrer Entscheidung bewogen haben. Die Begründung von Ermessensentscheidungen soll auch die Gesichtspunkte erkennen lassen, von denen die Behörde bei der Ausübung ihres Ermessens ausgegangen ist.

(2) Einer Begründung bedarf es nicht,

1. soweit die Behörde einem Antrag entspricht oder einer Erklärung folgt und der Verwaltungsakt nicht in Rechte eines anderen eingreift;
2. soweit demjenigen, für den der Verwaltungsakt bestimmt ist oder der von ihm betroffen wird, die Auffassung der Behörde über die Sach- und Rechtslage bereits bekannt oder auch ohne Begründung für ihn ohne weiteres erkennbar ist;
3. wenn die Behörde gleichartige Verwaltungsakte in größerer Zahl oder Verwaltungsakte mit Hilfe automatischer Einrich-

tungen erlässt und die Begründung nach den Umständen des Einzelfalls nicht geboten ist;
4. wenn sich dies aus einer Rechtsvorschrift ergibt;
5. wenn eine Allgemeinverfügung öffentlich bekanntgegeben wird.

§ 40 Ermessen

Ist die Behörde ermächtigt, nach ihrem Ermessen zu handeln, hat sie ihr Ermessen entsprechend dem Zweck der Ermächtigung auszuüben und die gesetzlichen Grenzen des Ermessens einzuhalten.

§ 41 Bekanntgabe des Verwaltungsaktes

(1) Ein Verwaltungsakt ist demjenigen Beteiligten bekanntzugeben, für den er bestimmt ist oder der von ihm betroffen wird. Ist ein Bevollmächtigter bestellt, so kann die Bekanntgabe ihm gegenüber vorgenommen werden.

(2) Ein schriftlicher Verwaltungsakt, der im Inland durch die Post übermittelt wird, gilt am vierten Tag nach der Aufgabe zur Post als bekannt gegeben. Ein Verwaltungsakt, der im Inland oder in das Ausland elektronisch übermittelt wird, gilt am vierten Tag nach der Absendung als bekannt gegeben. Dies gilt nicht, wenn der Verwaltungsakt nicht oder zu einem späteren Zeitpunkt zugegangen ist; im Zweifel hat die Behörde den Zugang des Verwaltungsaktes und den Zeitpunkt des Zugangs nachzuweisen.

(2a) Mit Einwilligung des Beteiligten kann ein elektronischer Verwaltungsakt dadurch bekannt gegeben werden, dass er vom Beteiligten oder von seinem Bevollmächtigten über öffentlich zugängliche Netze abgerufen wird. Die Behörde hat zu gewährleisten, dass der Abruf nur nach Authentifizierung der berechtigten Person möglich ist und der elektronische Verwaltungsakt von ihr gespeichert werden kann. Der Verwaltungsakt gilt am Tag nach dem Abruf als bekannt gegeben. Wird der Verwaltungsakt nicht innerhalb von zehn Tagen nach Absendung einer Benachrichtigung über die Bereitstellung abgerufen, wird diese beendet. In diesem Fall ist die Bekanntgabe nicht bewirkt; die Möglichkeit einer erneuten Bereitstellung zum Abruf oder der Bekanntgabe auf andere Weise bleibt unberührt.

(3) Ein Verwaltungsakt darf öffentlich bekanntgegeben werden, wenn dies durch Rechtsvorschrift zugelassen ist. Eine Allgemeinverfügung darf auch dann öffentlich bekanntgegeben werden, wenn eine Bekanntgabe an die Beteiligten untunlich ist.

(4) Die öffentliche Bekanntgabe eines schriftlichen oder elektronischen Verwaltungsaktes wird dadurch bewirkt, dass sein verfügender Teil ortsüblich bekanntgemacht wird. In der ortsüblichen Bekanntmachung ist anzugeben, wo der Verwaltungsakt und seine Begründung eingesehen werden können. Der Verwaltungsakt gilt zwei Wochen nach der ortsüblichen Bekanntmachung als bekanntgegeben. In einer Allgemeinverfügung kann ein hiervon abweichender Tag, jedoch frühestens der auf die Bekanntmachung folgende Tag bestimmt werden.

(5) Vorschriften über die Bekanntgabe eines Verwaltungsaktes mittels Zustellung bleiben unberührt.

§ 42 Offenbare Unrichtigkeiten im Verwaltungsakt

Die Behörde kann Schreibfehler, Rechenfehler und ähnliche offenbare Unrichtigkeiten in einem Verwaltungsakt jederzeit berichtigen. Bei berechtigtem Interesse des Beteiligten ist zu berichtigen. Die Behörde ist berechtigt, die Vorlage des Dokumentes zu verlangen, das berichtigt werden soll.

§ 42a Genehmigungsfiktion

(1) Eine beantragte Genehmigung gilt nach Ablauf einer für die Entscheidung festgelegten Frist als erteilt (Genehmigungsfiktion), wenn dies durch Rechtsvorschrift angeordnet und der Antrag hinreichend bestimmt ist. Die Vorschriften über die Bestandskraft von Verwaltungsakten und über das Rechtsbehelfsverfahren gelten entsprechend.

(2) Die Frist nach Absatz 1 Satz 1 beträgt drei Monate, soweit durch Rechtsvorschrift nichts

Abweichendes bestimmt ist. Die Frist beginnt mit Eingang der vollständigen Unterlagen. Sie kann einmal angemessen verlängert werden, wenn dies wegen der Schwierigkeit der Angelegenheit gerechtfertigt ist. Die Fristverlängerung ist zu begründen und rechtzeitig mitzuteilen.

(3) Auf Verlangen ist demjenigen, dem der Verwaltungsakt nach § 41 Absatz 1 hätte bekannt gegeben werden müssen, der Eintritt der Genehmigungsfiktion schriftlich zu bescheinigen.

Abschnitt 2
Bestandskraft des Verwaltungsaktes

§ 43 Wirksamkeit des Verwaltungsaktes

(1) Ein Verwaltungsakt wird gegenüber demjenigen, für den er bestimmt ist oder der von ihm betroffen wird, in dem Zeitpunkt wirksam, in dem er ihm bekanntgegeben wird. Der Verwaltungsakt wird mit dem Inhalt wirksam, mit dem er bekanntgegeben wird.

(2) Ein Verwaltungsakt bleibt wirksam, solange und soweit er nicht zurückgenommen, widerrufen, anderweitig aufgehoben oder durch Zeitablauf oder auf andere Weise erledigt ist.

(3) Ein nichtiger Verwaltungsakt ist unwirksam.

§ 44 Nichtigkeit des Verwaltungsaktes

(1) Ein Verwaltungsakt ist nichtig, soweit er an einem besonders schwerwiegenden Fehler leidet und dies bei verständiger Würdigung aller in Betracht kommenden Umstände offensichtlich ist.

(2) Ohne Rücksicht auf das Vorliegen der Voraussetzungen des Absatzes 1 ist ein Verwaltungsakt nichtig,

1. der schriftlich oder elektronisch erlassen worden ist, die erlassende Behörde aber nicht erkennen lässt;
2. der nach einer Rechtsvorschrift nur durch die Aushändigung einer Urkunde erlassen werden kann, aber dieser Form nicht genügt;
3. den eine Behörde außerhalb ihrer durch § 3 Absatz 1 Nummer 1 begründeten Zuständigkeit erlassen hat, ohne dazu ermächtigt zu sein;
4. den aus tatsächlichen Gründen niemand ausführen kann;
5. der die Begehung einer rechtswidrigen Tat verlangt, die einen Straf- oder Bußgeldtatbestand verwirklicht;
6. der gegen die guten Sitten verstößt.

(3) Ein Verwaltungsakt ist nicht schon deshalb nichtig, weil

1. Vorschriften über die örtliche Zuständigkeit nicht eingehalten worden sind, außer wenn ein Fall des Absatzes 2 Nummer 3 vorliegt;
2. eine nach § 20 Absatz 1 Satz 1 Nummer 2 bis 6 ausgeschlossene Person mitgewirkt hat;
3. ein durch Rechtsvorschrift zur Mitwirkung berufener Ausschuss den für den Erlass des Verwaltungsaktes vorgeschriebenen Beschluss nicht gefasst hat oder nicht beschlussfähig war;
4. die nach einer Rechtsvorschrift erforderliche Mitwirkung einer anderen Behörde unterblieben ist.

(4) Betrifft die Nichtigkeit nur einen Teil des Verwaltungsaktes, so ist er im Ganzen nichtig, wenn der nichtige Teil so wesentlich ist, dass die Behörde den Verwaltungsakt ohne den nichtigen Teil nicht erlassen hätte.

(5) Die Behörde kann die Nichtigkeit jederzeit von Amts wegen feststellen; auf Antrag ist sie festzustellen, wenn der Antragsteller hieran ein berechtigtes Interesse hat.

§ 45 Heilung von Verfahrens- und Formfehlern

(1) Eine Verletzung von Verfahrens- oder Formvorschriften, die nicht den Verwaltungsakt nach § 44 nichtig macht, ist unbeachtlich, wenn

1. der für den Erlass des Verwaltungsaktes erforderliche Antrag nachträglich gestellt wird;
2. die erforderliche Begründung nachträglich gegeben wird;

3. die erforderliche Anhörung eines Beteiligten nachgeholt wird;
4. der Beschluss eines Ausschusses, dessen Mitwirkung für den Erlass des Verwaltungsaktes erforderlich ist, nachträglich gefasst wird;
5. die erforderliche Mitwirkung einer anderen Behörde nachgeholt wird.

(2) Handlungen nach Absatz 1 können dürfen nur bis zum Abschluss der letzten Tatsacheninstanz eines verwaltungsgerichtlichen Verfahrens nachgeholt werden.

(3) Fehlt einem Verwaltungsakt die erforderliche Begründung oder ist die erforderliche Anhörung eines Beteiligten vor Erlass des Verwaltungsaktes unterblieben und ist dadurch die rechtzeitige Anfechtung des Verwaltungsaktes versäumt worden, so gilt die Versäumung der Rechtsbehelfsfrist als nicht verschuldet. Das für die Wiedereinsetzungsfrist nach § 32 Absatz 2 maßgebende Ereignis tritt im Zeitpunkt der Nachholung der unterlassenen Verfahrenshandlung ein.

§ 46 Folgen von Verfahrens- und Formfehlern

Die Aufhebung eines Verwaltungsaktes, der nicht nach § 44 nichtig ist, kann nicht allein deshalb beansprucht werden, weil er unter Verletzung von Vorschriften über das Verfahren, die Form oder die örtliche Zuständigkeit zustande gekommen ist, wenn offensichtlich ist, dass die Verletzung die Entscheidung in der Sache nicht beeinflusst hat.

§ 47 Umdeutung eines fehlerhaften Verwaltungsaktes

(1) Ein fehlerhafter Verwaltungsakt kann in einen anderen Verwaltungsakt umgedeutet werden, wenn er auf das gleiche Ziel gerichtet ist, von der erlassenden Behörde in der geschehenen Verfahrensweise und Form rechtmäßig hätte erlassen werden können, und wenn die Voraussetzungen für dessen Erlass erfüllt sind.

(2) Absatz 1 gilt nicht, wenn der Verwaltungsakt, in den der fehlerhafte Verwaltungsakt umzudeuten wäre, der erkennbaren Absicht der erlassenden Behörde widerspräche oder seine Rechtsfolgen für den Betroffenen ungünstiger wären als die des fehlerhaften Verwaltungsaktes. Eine Umdeutung ist ferner unzulässig, wenn der fehlerhafte Verwaltungsakt nicht zurückgenommen werden dürfte.

(3) Eine Entscheidung, die nur als gesetzlich gebundene Entscheidung ergehen kann, kann nicht in eine Ermessensentscheidung umgedeutet werden.

(4) § 28 ist entsprechend anzuwenden.

§ 48 Rücknahme eines rechtswidrigen Verwaltungsaktes

(1) Ein rechtswidriger Verwaltungsakt kann, auch nachdem er unanfechtbar geworden ist, ganz oder teilweise mit Wirkung für die Zukunft oder für die Vergangenheit zurückgenommen werden. Ein Verwaltungsakt, der ein Recht oder einen rechtlich erheblichen Vorteil begründet oder bestätigt hat (begünstigender Verwaltungsakt), darf nur unter den Einschränkungen der Absätze 2 bis 4 zurückgenommen werden.

(2) Ein rechtswidriger Verwaltungsakt, der eine einmalige oder laufende Geldleistung oder teilbare Sachleistung gewährt oder hierfür Voraussetzung ist, darf nicht zurückgenommen werden, soweit der Begünstigte auf den Bestand des Verwaltungsaktes vertraut hat und sein Vertrauen unter Abwägung mit dem öffentlichen Interesse an einer Rücknahme schutzwürdig ist. Das Vertrauen ist in der Regel schutzwürdig, wenn der Begünstigte gewährte Leistungen verbraucht oder eine Vermögensdisposition getroffen hat, die er nicht mehr oder nur unter unzumutbaren Nachteilen rückgängig machen kann. Auf Vertrauen kann sich der Begünstigte nicht berufen, wenn er

1. den Verwaltungsakt durch arglistige Täuschung, Drohung oder Bestechung erwirkt hat;
2. den Verwaltungsakt durch Angaben erwirkt hat, die in wesentlicher Beziehung unrichtig oder unvollständig waren;
3. die Rechtswidrigkeit des Verwaltungsaktes kannte oder infolge grober Fahrlässigkeit nicht kannte.

In den Fällen des Satzes 3 wird der Verwaltungsakt in der Regel mit Wirkung für die Vergangenheit zurückgenommen.

(3) Wird ein rechtswidriger Verwaltungsakt, der nicht unter Absatz 2 fällt, zurückgenommen, so hat die Behörde dem Betroffenen auf Antrag den Vermögensnachteil auszugleichen, den dieser dadurch erleidet, dass er auf den Bestand des Verwaltungsaktes vertraut hat, soweit sein Vertrauen unter Abwägung mit dem öffentlichen Interesse schutzwürdig ist. Absatz 2 Satz 3 ist anzuwenden. Der Vermögensnachteil ist jedoch nicht über den Betrag des Interesses hinaus zu ersetzen, das der Betroffene an dem Bestand des Verwaltungsaktes hat. Der auszugleichende Vermögensnachteil wird durch die Behörde festgesetzt. Der Anspruch kann nur innerhalb eines Jahres geltend gemacht werden; die Frist beginnt, sobald die Behörde den Betroffenen auf sie hingewiesen hat.

(4) Erhält die Behörde von Tatsachen Kenntnis, welche die Rücknahme eines rechtswidrigen Verwaltungsaktes rechtfertigen, so ist die Rücknahme nur innerhalb eines Jahres seit dem Zeitpunkt der Kenntnisnahme zulässig. Dies gilt nicht im Falle des Absatzes 2 Satz 3 Nummer 1.

(5) Über die Rücknahme entscheidet nach Unanfechtbarkeit des Verwaltungsaktes die nach § 3 zuständige Behörde; dies gilt auch dann, wenn der zurückzunehmende Verwaltungsakt von einer anderen Behörde erlassen worden ist.

§ 49 Widerruf eines rechtmäßigen Verwaltungsaktes

(1) Ein rechtmäßiger nicht begünstigender Verwaltungsakt kann, auch nachdem er unanfechtbar geworden ist, ganz oder teilweise mit Wirkung für die Zukunft widerrufen werden, außer wenn ein Verwaltungsakt gleichen Inhalts erneut erlassen werden müsste oder aus anderen Gründen ein Widerruf unzulässig ist.

(2) Ein rechtmäßiger begünstigender Verwaltungsakt darf, auch nachdem er unanfechtbar geworden ist, ganz oder teilweise mit Wirkung für die Zukunft nur widerrufen werden,

1. wenn der Widerruf durch Rechtsvorschrift zugelassen oder im Verwaltungsakt vorbehalten ist;
2. wenn mit dem Verwaltungsakt eine Auflage verbunden ist und der Begünstigte diese nicht oder nicht innerhalb einer ihm gesetzten Frist erfüllt hat;
3. wenn die Behörde auf Grund nachträglich eingetretener Tatsachen berechtigt wäre, den Verwaltungsakt nicht zu erlassen, und wenn ohne den Widerruf das öffentliche Interesse gefährdet würde;
4. wenn die Behörde auf Grund einer geänderten Rechtsvorschrift berechtigt wäre, den Verwaltungsakt nicht zu erlassen, soweit der Begünstigte von der Vergünstigung noch keinen Gebrauch gemacht oder auf Grund des Verwaltungsaktes noch keine Leistungen empfangen hat, und wenn ohne den Widerruf das öffentliche Interesse gefährdet würde;
5. um schwere Nachteile für das Gemeinwohl zu verhüten oder zu beseitigen.

§ 48 Absatz 4 gilt entsprechend.

(3) Ein rechtmäßiger Verwaltungsakt, der eine einmalige oder laufende Geldleistung oder teilbare Sachleistung zur Erfüllung eines bestimmten Zweckes gewährt oder hierfür Voraussetzung ist, darf, auch nachdem er unanfechtbar geworden ist, ganz oder teilweise auch mit Wirkung für die Vergangenheit nur widerrufen werden,

1. wenn die Leistung nicht, nicht alsbald nach der Erbringung oder nicht mehr für den in dem Verwaltungsakt bestimmten Zweck verwendet wird,
2. wenn mit dem Verwaltungsakt eine Auflage verbunden ist und der Begünstigte diese nicht oder nicht innerhalb einer ihm gesetzten Frist erfüllt hat.

§ 48 Absatz 4 gilt entsprechend.

(4) Der widerrufene Verwaltungsakt wird mit dem Wirksamwerden des Widerrufs unwirksam, wenn die Behörde keinen anderen Zeitpunkt bestimmt.

(5) Über den Widerruf entscheidet nach Unanfechtbarkeit des Verwaltungsaktes die nach § 3 zuständige Behörde; dies gilt auch

dann, wenn der zu widerrufende Verwaltungsakt von einer anderen Behörde erlassen worden ist.

(6) Wird ein begünstigender Verwaltungsakt in den Fällen des Absatzes 2 Nummer 3 bis 5 widerrufen, so hat die Behörde den Betroffenen auf Antrag für den Vermögensnachteil zu entschädigen, den dieser dadurch erleidet, dass er auf den Bestand des Verwaltungsaktes vertraut hat, soweit sein Vertrauen schutzwürdig ist. § 48 Absatz 3 Satz 3 bis 5 gilt entsprechend. Für Streitigkeiten über die Entschädigung ist der ordentliche Rechtsweg gegeben.

§ 49a Erstattung, Verzinsung

(1) Soweit ein Verwaltungsakt mit Wirkung für die Vergangenheit zurückgenommen oder widerrufen worden oder infolge Eintritts einer auflösenden Bedingung unwirksam geworden ist, sind bereits erbrachte Leistungen zu erstatten. Die zu erstattende Leistung ist durch schriftlichen Verwaltungsakt festzusetzen.

(2) Für den Umfang der Erstattung mit Ausnahme der Verzinsung gelten die Vorschriften des Bürgerlichen Gesetzbuches über die Herausgabe einer ungerechtfertigten Bereicherung entsprechend. Auf den Wegfall der Bereicherung kann sich der Begünstigte nicht berufen, soweit er die Umstände kannte oder infolge grober Fahrlässigkeit nicht kannte, die zur Rücknahme, zum Widerruf oder zur Unwirksamkeit des Verwaltungsaktes geführt haben.

(3) Der zu erstattende Betrag ist vom Eintritt der Unwirksamkeit des Verwaltungsaktes an mit drei Prozentpunkten über dem Basiszinssatz jährlich zu verzinsen. Von der Geltendmachung des Zinsanspruchs kann insbesondere dann abgesehen werden, wenn der Begünstigte die Umstände, die zur Rücknahme, zum Widerruf oder zur Unwirksamkeit des Verwaltungsaktes geführt haben, nicht zu vertreten hat und den zu erstattenden Betrag innerhalb der von der Behörde festgesetzten Frist leistet.

(4) Wird eine Leistung nicht alsbald nach der Auszahlung für den bestimmten Zweck verwendet, so können für die Zeit bis zur zweckentsprechenden Verwendung Zinsen nach Absatz 3 Satz 1 verlangt werden. Entsprechendes gilt, soweit eine Leistung in Anspruch genommen wird, obwohl andere Mittel anteilig oder vorrangig einzusetzen sind. § 49 Absatz 3 Satz 1 Nummer 1 bleibt unberührt.

§ 50 Rücknahme und Widerruf im Rechtsbehelfsverfahren

§ 48 Absatz 1 Satz 2, Absatz 2 bis 4 sowie § 49 Absatz 2 bis 4 und 6 gelten nicht, wenn ein begünstigender Verwaltungsakt, der von einem Dritten angefochten worden ist, während des Vorverfahrens oder während des verwaltungsgerichtlichen Verfahrens aufgehoben wird, soweit dadurch dem Widerspruch oder der Klage abgeholfen wird.

§ 51 Wiederaufgreifen des Verfahrens

(1) Die Behörde hat auf Antrag des Betroffenen über die Aufhebung oder Änderung eines unanfechtbaren Verwaltungsaktes zu entscheiden, wenn

1. sich die dem Verwaltungsakt zugrunde liegende Sach- oder Rechtslage nachträglich zugunsten des Betroffenen geändert hat;
2. neue Beweismittel vorliegen, die eine dem Betroffenen günstigere Entscheidung herbeigeführt haben würden;
3. Wiederaufnahmegründe entsprechend § 580 der Zivilprozeßordnung gegeben sind.

(2) Der Antrag ist nur zulässig, wenn der Betroffene ohne grobes Verschulden außerstande war, den Grund für das Wiederaufgreifen in dem früheren Verfahren, insbesondere durch Rechtsbehelf, geltend zu machen.

(3) Der Antrag muss binnen drei Monaten gestellt werden. Die Frist beginnt mit dem Tage, an dem der Betroffene von dem Grund für das Wiederaufgreifen Kenntnis erhalten hat.

(4) Über den Antrag entscheidet die nach § 3 zuständige Behörde; dies gilt auch dann, wenn der Verwaltungsakt, dessen Aufhebung oder Änderung begehrt wird, von einer anderen Behörde erlassen worden ist.

(5) Die Vorschriften des § 48 Absatz 1 Satz 1 und § 49 Absatz 1 bleiben unberührt.

§ 52 Rückgabe von Urkunden und Sachen

Ist ein Verwaltungsakt unanfechtbar widerrufen oder zurückgenommen oder ist seine

Wirksamkeit aus einem anderen Grund nicht oder nicht mehr gegeben, so kann die Behörde die auf Grund dieses Verwaltungsaktes erteilten Urkunden oder Sachen, die zum Nachweis der Rechte aus dem Verwaltungsakt oder zu deren Ausübung bestimmt sind, zurückfordern. Der Inhaber und, sofern er nicht der Besitzer ist, auch der Besitzer dieser Urkunden oder Sachen sind zu ihrer Herausgabe verpflichtet. Der Inhaber oder der Besitzer kann jedoch verlangen, dass ihm die Urkunden oder Sachen wieder ausgehändigt werden, nachdem sie von der Behörde als ungültig gekennzeichnet sind; dies gilt nicht bei Sachen, bei denen eine solche Kennzeichnung nicht oder nicht mit der erforderlichen Offensichtlichkeit oder Dauerhaftigkeit möglich ist.

Abschnitt 3 Verjährungsrechtliche Wirkungen des Verwaltungsaktes

§ 53 Hemmung der Verjährung durch Verwaltungsakt

(1) Ein Verwaltungsakt, der zur Feststellung oder Durchsetzung des Anspruchs eines öffentlich-rechtlichen Rechtsträgers erlassen wird, hemmt die Verjährung dieses Anspruchs. Die Hemmung endet mit Eintritt der Unanfechtbarkeit des Verwaltungsaktes oder sechs Monate nach seiner anderweitigen Erledigung.

(2) Ist ein Verwaltungsakt im Sinne des Absatzes 1 unanfechtbar geworden, beträgt die Verjährungsfrist 30 Jahre. Soweit der Verwaltungsakt einen Anspruch auf künftig fällig werdende regelmäßig wiederkehrende Leistungen zum Inhalt hat, bleibt es bei der für diesen Anspruch geltenden Verjährungsfrist.

Teil IV Öffentlich-rechtlicher Vertrag

§ 54 Zulässigkeit des öffentlich-rechtlichen Vertrages

Ein Rechtsverhältnis auf dem Gebiet des öffentlichen Rechts kann durch Vertrag begründet, geändert oder aufgehoben werden (öffentlich-rechtlicher Vertrag), soweit Rechtsvorschriften nicht entgegenstehen. Insbesondere kann die Behörde, anstatt einen Verwaltungsakt zu erlassen, einen öffentlich-rechtlichen Vertrag mit demjenigen schließen, an den sie sonst den Verwaltungsakt richten würde.

§ 55 Vergleichsvertrag

Ein öffentlich-rechtlicher Vertrag im Sinne des § 54 Satz 2, durch den eine bei verständiger Würdigung des Sachverhalts oder der Rechtslage bestehende Ungewissheit durch gegenseitiges Nachgeben beseitigt wird (Vergleich), kann geschlossen werden, wenn die Behörde den Abschluss des Vergleichs zur Beseitigung der Ungewissheit nach pflichtgemäßem Ermessen für zweckmäßig hält.

§ 56 Austauschvertrag

(1) Ein öffentlich-rechtlicher Vertrag im Sinne des § 54 Satz 2, in dem sich der Vertragspartner der Behörde zu einer Gegenleistung verpflichtet, kann geschlossen werden, wenn die Gegenleistung für einen bestimmten Zweck im Vertrag vereinbart wird und der Behörde zur Erfüllung ihrer öffentlichen Aufgaben dient. Die Gegenleistung muss den gesamten Umständen nach angemessen sein und im sachlichen Zusammenhang mit der vertraglichen Leistung der Behörde stehen.

(2) Besteht auf die Leistung der Behörde ein Anspruch, so kann nur eine solche Gegenleistung vereinbart werden, die bei Erlass eines Verwaltungsaktes Inhalt einer Nebenbestimmung nach § 36 sein könnte.

§ 57 Schriftform

Ein öffentlich-rechtlicher Vertrag ist schriftlich zu schließen, soweit nicht durch Rechtsvorschrift eine andere Form vorgeschrieben ist.

§ 58 Zustimmung von Dritten und Behörden

(1) Ein öffentlich-rechtlicher Vertrag, der in Rechte eines Dritten eingreift, wird erst wirksam, wenn der Dritte schriftlich zustimmt.

(2) Wird anstatt eines Verwaltungsaktes, bei dessen Erlass nach einer Rechtsvorschrift die Genehmigung, die Zustimmung oder das Einvernehmen einer anderen Behörde erfor-

derlich ist, ein Vertrag geschlossen, so wird dieser erst wirksam, nachdem die andere Behörde in der vorgeschriebenen Form mitgewirkt hat.

§ 59 Nichtigkeit des öffentlich-rechtlichen Vertrages

(1) Ein öffentlich-rechtlicher Vertrag ist nichtig, wenn sich die Nichtigkeit aus der entsprechenden Anwendung von Vorschriften des Bürgerlichen Gesetzbuches ergibt.

(2) Ein Vertrag im Sinne des § 54 Satz 2 ist ferner nichtig, wenn

1. ein Verwaltungsakt mit entsprechendem Inhalt nichtig wäre;
2. ein Verwaltungsakt mit entsprechendem Inhalt nicht nur wegen eines Verfahrens- oder Formfehlers im Sinne des § 46 rechtswidrig wäre und dies den Vertragschließenden bekannt war;
3. die Voraussetzungen zum Abschluss eines Vergleichsvertrages nicht vorlagen und ein Verwaltungsakt mit entsprechendem Inhalt nicht nur wegen eines Verfahrens- oder Formfehlers im Sinne des § 46 rechtswidrig wäre;
4. sich die Behörde eine nach § 56 unzulässige Gegenleistung versprechen lässt.

(3) Betrifft die Nichtigkeit nur einen Teil des Vertrages, so ist er im Ganzen nichtig, wenn nicht anzunehmen ist, dass er auch ohne den nichtigen Teil geschlossen worden wäre.

§ 60 Anpassung und Kündigung in besonderen Fällen

(1) Haben die Verhältnisse, die für die Festsetzung des Vertragsinhalts maßgebend gewesen sind, sich seit Abschluss des Vertrages so wesentlich geändert, dass einer Vertragspartei das Festhalten an der ursprünglichen vertraglichen Regelung nicht zuzumuten ist, so kann diese Vertragspartei eine Anpassung des Vertragsinhalts an die geänderten Verhältnisse verlangen oder, sofern eine Anpassung nicht möglich oder einer Vertragspartei nicht zuzumuten ist, den Vertrag kündigen. Die Behörde kann den Vertrag auch kündigen, um schwere Nachteile für das Gemeinwohl zu verhüten oder zu beseitigen.

(2) Die Kündigung bedarf der Schriftform, soweit nicht durch Rechtsvorschrift eine andere Form vorgeschrieben ist. Sie soll begründet werden.

§ 61 Unterwerfung unter die sofortige Vollstreckung

(1) Jeder Vertragschließende kann sich der sofortigen Vollstreckung aus einem öffentlich-rechtlichen Vertrag im Sinne des § 54 Satz 2 unterwerfen. Die Behörde muss hierbei von dem Behördenleiter, seinem allgemeinen Vertreter oder einem Angehörigen des öffentlichen Dienstes, der die Befähigung zum Richteramt hat, vertreten werden.

(2) Auf öffentlich-rechtliche Verträge im Sinne des Absatzes 1 Satz 1 ist das Verwaltungsvollstreckungsgesetz für das Land Nordrhein-Westfalen entsprechend anzuwenden. Will eine natürliche oder juristische Person des Privatrechts oder eine nichtrechtsfähige Vereinigung die Vollstreckung wegen einer Geldforderung betreiben, so ist § 170 Absatz 1 bis 3 der Verwaltungsgerichtsordnung entsprechend anzuwenden. Richtet sich die Vollstreckung wegen der Erzwingung einer Handlung, Duldung oder Unterlassung gegen eine Behörde im Sinne des § 1, so ist § 172 der Verwaltungsgerichtsordnung entsprechend anzuwenden.

§ 62 Ergänzende Anwendung von Vorschriften

Soweit sich aus den §§ 54 bis 61 nichts Abweichendes ergibt, gelten die übrigen Vorschriften dieses Gesetzes. Ergänzend gelten die Vorschriften des Bürgerlichen Gesetzbuches entsprechend.

Teil V
Besondere Verfahrensarten

Abschnitt 1
Förmliches Verwaltungsverfahren

§ 63 Anwendung der Vorschriften über das förmliche Verwaltungsverfahren

(1) Das förmliche Verwaltungsverfahren nach diesem Gesetz findet statt, wenn es durch Rechtsvorschrift angeordnet ist.

(2) Für das förmliche Verwaltungsverfahren gelten die §§ 64 bis 71 und, soweit sich aus ihnen nichts Abweichendes ergibt, die übrigen Vorschriften dieses Gesetzes.

(3) Die Mitteilung nach § 17 Absatz 2 Satz 2 und die Aufforderung nach § 17 Absatz 4 Satz 2 sind im förmlichen Verwaltungsverfahren öffentlich bekanntzumachen. Die öffentliche Bekanntmachung wird dadurch bewirkt, dass die Behörde die Mitteilung oder die Aufforderung in ihrem amtlichen Veröffentlichungsblatt und außerdem in örtlichen Tageszeitungen, die in dem Bereich verbreitet sind, in dem sich die Entscheidung voraussichtlich auswirken wird, bekanntmacht.

§ 64 Form des Antrages

Setzt das förmliche Verwaltungsverfahren einen Antrag voraus, so ist er schriftlich, elektronisch oder zur Niederschrift bei der Behörde zu stellen.

§ 65 Mitwirkung von Zeugen und Sachverständigen

(1) Im förmlichen Verwaltungsverfahren sind Zeugen zur Aussage und Sachverständige zur Erstattung von Gutachten verpflichtet. Die Vorschriften der Zivilprozeßordnung über die Pflicht, als Zeuge auszusagen oder als Sachverständiger ein Gutachten zu erstatten, über die Ablehnung von Sachverständigen sowie über die Vernehmung von Angehörigen des öffentlichen Dienstes als Zeugen oder Sachverständige gelten entsprechend.

(1a) Mit Einverständnis der Beteiligten kann die Behörde gestatten, dass sich eine Zeugin oder ein Zeuge während der Vernehmung oder eine Sachverständige oder ein Sachverständiger während einer Anhörung an einem anderen Ort aufhält. Die Vernehmung oder Anhörung wird zeitgleich in Bild und Ton an diesen Ort und in das Sitzungszimmer übertragen. Über die Vernehmung oder Anhörung ist ein Protokoll zu führen.

(2) Verweigern Zeugen oder Sachverständige ohne Vorliegen eines der in den §§ 376, 383 bis 385 und 408 der Zivilprozeßordnung bezeichneten Gründe die Aussage oder die Erstattung des Gutachtens, so kann die Behörde das für den Wohnsitz oder den Aufenthaltsort des Zeugen oder des Sachverständigen zuständige Verwaltungsgericht um die Vernehmung ersuchen. Befindet sich der Wohnsitz oder der Aufenthaltsort des Zeugen oder des Sachverständigen nicht am Sitz eines Verwaltungsgerichts oder einer besonders errichteten Kammer, so kann auch das zuständige Amtsgericht um die Vernehmung ersucht werden. In dem Ersuchen hat die Behörde den Gegenstand der Vernehmung darzulegen sowie die Namen und Anschriften der Beteiligten anzugeben. Das Gericht hat die Beteiligten von den Beweisterminen zu benachrichtigen.

(3) Hält die Behörde mit Rücksicht auf die Bedeutung der Aussage eines Zeugen oder des Gutachtens eines Sachverständigen oder zur Herbeiführung einer wahrheitsgemäßen Aussage die Beeidigung für geboten, so kann sie das nach Absatz 2 zuständige Gericht um die eidliche Vernehmung ersuchen.

(4) Das Gericht entscheidet über die Rechtmäßigkeit einer Verweigerung des Zeugnisses, des Gutachtens oder der Eidesleistung.

(5) Ein Ersuchen nach Absatz 2 oder 3 an das Gericht darf nur vom Behördenleiter, seinem allgemeinen Vertreter oder einem Angehörigen des öffentlichen Dienstes gestellt werden, der die Befähigung zum Richteramt hat.

§ 66 Verpflichtung zur Anhörung von Beteiligten

(1) Im förmlichen Verwaltungsverfahren ist den Beteiligten Gelegenheit zu geben, sich vor der Entscheidung zu äußern.

(2) Den Beteiligten ist Gelegenheit zu geben, der Vernehmung von Zeugen und Sachverständigen und der Einnahme des Augenscheins beizuwohnen und hierbei sachdienliche Fragen zu stellen; ein schriftlich oder elektronisch vorliegendes Gutachten soll ihnen zugänglich gemacht werden.

§ 67 Erfordernis der mündlichen Verhandlung

(1) Die Behörde entscheidet nach mündlicher Verhandlung. Hierzu sind die Beteiligten mit angemessener Frist schriftlich oder elektro-

nisch zu laden. Bei der Ladung ist darauf hinzuweisen, dass bei Ausbleiben eines Beteiligten auch ohne ihn verhandelt und entschieden werden kann. Sind mehr als 50 Ladungen vorzunehmen, so können sie durch öffentliche Bekanntmachung ersetzt werden. Die öffentliche Bekanntmachung wird dadurch bewirkt, dass der Verhandlungstermin mindestens zwei Wochen vorher im amtlichen Veröffentlichungsblatt der Behörde und außerdem in örtlichen Tageszeitungen, die in dem Bereich verbreitet sind, in dem sich die Entscheidung voraussichtlich auswirken wird, mit dem Hinweis nach Satz 3 bekanntgemacht wird. Maßgebend für die Frist nach Satz 5 ist die Bekanntgabe im amtlichen Veröffentlichungsblatt.

(2) Die Behörde kann ohne mündliche Verhandlung entscheiden, wenn

1. einem Antrag im Einvernehmen mit allen Beteiligten in vollem Umfang entsprochen wird;
2. kein Beteiligter innerhalb einer hierfür gesetzten Frist Einwendungen gegen die vorgesehene Maßnahme erhoben hat;
3. die Behörde den Beteiligten mitgeteilt hat, dass sie beabsichtige, ohne mündliche Verhandlung zu entscheiden, und kein Beteiligter innerhalb einer hierfür gesetzten Frist Einwendungen dagegen erhoben hat;
4. alle Beteiligten auf sie verzichtet haben;
5. wegen Gefahr im Verzug eine sofortige Entscheidung notwendig ist.

(3) Die Behörde soll das Verfahren so fördern, dass es möglichst in einem Verhandlungstermin erledigt werden kann.

§ 68 Verlauf der mündlichen Verhandlung

(1) Die mündliche Verhandlung ist nicht öffentlich. An ihr können Vertreter der Aufsichtsbehörden und Personen, die bei der Behörde zur Ausbildung beschäftigt sind, teilnehmen. Anderen Personen kann der Verhandlungsleiter die Anwesenheit gestatten, wenn kein Beteiligter widerspricht.

(2) Der Verhandlungsleiter hat die Sache mit den Beteiligten zu erörtern. Er hat darauf hinzuwirken, dass unklare Anträge erläutert, sachdienliche Anträge gestellt, ungenügende Angaben ergänzt sowie alle für die Feststellung des Sachverhalts wesentlichen Erklärungen abgegeben werden.

(3) Der Verhandlungsleiter ist für die Ordnung verantwortlich. Er kann Personen, die seine Anordnungen nicht befolgen, entfernen lassen. Die Verhandlung kann ohne diese Personen fortgesetzt werden.

(4) Über die mündliche Verhandlung ist eine Niederschrift zu fertigen. Die Niederschrift muss Angaben enthalten über

1. den Ort und den Tag der Verhandlung,
2. die Namen des Verhandlungsleiters, der erschienenen Beteiligten, Zeugen und Sachverständigen,
3. den behandelten Verfahrensgegenstand und die gestellten Anträge,
4. den wesentlichen Inhalt der Aussagen der Zeugen und Sachverständigen,
5. das Ergebnis eines Augenscheines.

Die Niederschrift ist von dem Verhandlungsleiter und, soweit ein Schriftführer hinzugezogen worden ist, auch von diesem zu unterzeichnen. Der Aufnahme in die Verhandlungsniederschrift steht die Aufnahme in eine Schrift gleich, die ihr als Anlage beigefügt und als solche bezeichnet ist; auf die Anlage ist in der Verhandlungsniederschrift hinzuweisen.

§ 69 Entscheidung

(1) Die Behörde entscheidet unter Würdigung des Gesamtergebnisses des Verfahrens.

(2) Verwaltungsakte, die das förmliche Verfahren abschließen, sind schriftlich zu erlassen, schriftlich zu begründen und den Beteiligten zuzustellen; in den Fällen des § 39 Absatz 2 Nummer 1 und 3 bedarf es einer Begründung nicht. Ein elektronischer Verwaltungsakt nach Satz 1 ist mit einer dauerhaft überprüfbaren qualifizierten elektronischen Signatur zu versehen. Sind mehr als 50 Zustellungen vorzunehmen, so können sie durch öffentliche Bekanntmachung ersetzt werden. Die öffentliche Bekanntmachung wird dadurch bewirkt, dass der verfügende

Teil des Verwaltungsaktes und die Rechtsbehelfsbelehrung im amtlichen Veröffentlichungsblatt der Behörde und außerdem in örtlichen Tageszeitungen bekanntgemacht werden, die in dem Bereich verbreitet sind, in dem sich die Entscheidung voraussichtlich auswirken wird. Der Verwaltungsakt gilt mit dem Tage als zugestellt, an dem seit dem Tage der Bekanntmachung in dem amtlichen Veröffentlichungsblatt zwei Wochen verstrichen sind; hierauf ist in der Bekanntmachung hinzuweisen. Nach der öffentlichen Bekanntmachung kann der Verwaltungsakt bis zum Ablauf der Rechtsbehelfsfrist von den Beteiligten schriftlich oder elektronisch angefordert werden; hierauf ist in der Bekanntmachung gleichfalls hinzuweisen.

(3) Wird das förmliche Verwaltungsverfahren auf andere Weise abgeschlossen, so sind die Beteiligten hiervon zu benachrichtigen. Sind mehr als 50 Benachrichtigungen vorzunehmen, so können sie durch öffentliche Bekanntmachung ersetzt werden; Absatz 2 Satz 4 gilt entsprechend.

§ 70 Anfechtung der Entscheidung

Vor Erhebung einer verwaltungsgerichtlichen Klage, die einen im förmlichen Verwaltungsverfahren erlassenen Verwaltungsakt zum Gegenstand hat, bedarf es keiner Nachprüfung in einem Vorverfahren.

§ 71 Besondere Vorschriften für das förmliche Verfahren vor Ausschüssen

(1) Findet das förmliche Verwaltungsverfahren vor einem Ausschuss (§ 88) statt, so hat jedes Mitglied das Recht, sachdienliche Fragen zu stellen. Wird eine Frage von einem Beteiligten beanstandet, so entscheidet der Ausschuss über ihre Zulässigkeit.

(2) Bei der Beratung und Abstimmung dürfen nur Ausschussmitglieder zugegen sein, die an der mündlichen Verhandlung teilgenommen haben. Ferner dürfen Personen zugegen sein, die bei der Behörde, bei der der Ausschuss gebildet ist, zur Ausbildung beschäftigt sind, soweit der Vorsitzende ihre Anwesenheit gestattet. Die Abstimmungsergebnisse sind festzuhalten.

(3) Jeder Beteiligte kann ein Mitglied des Ausschusses ablehnen, das in diesem Verwaltungsverfahren nicht tätig werden darf (§ 20) oder bei dem die Besorgnis der Befangenheit besteht (§ 21). Eine Ablehnung vor der mündlichen Verhandlung ist schriftlich oder zur Niederschrift zu erklären. Die Erklärung ist unzulässig, wenn sich der Beteiligte, ohne den ihm bekannten Ablehnungsgrund geltend zu machen, in die mündliche Verhandlung eingelassen hat. Für die Entscheidung über die Ablehnung gilt § 20 Absatz 4 Satz 2 bis 4.

Abschnitt 1a
Verfahren über eine einheitliche Stelle

§ 71a Anwendbarkeit

(1) Ist durch Rechtsvorschrift angeordnet, dass ein Verwaltungsverfahren über eine einheitliche Stelle abgewickelt werden kann, so gelten die Vorschriften dieses Abschnitts und, soweit sich aus ihnen nichts Abweichendes ergibt, die übrigen Vorschriften dieses Gesetzes.

(2) Der zuständigen Behörde obliegen die Pflichten aus § 71b Absatz 3, 4 und 6, § 71c Absatz 2 und § 71e auch dann, wenn sich der Antragsteller oder Anzeigepflichtige unmittelbar an die zuständige Behörde wendet.

§ 71b Verfahren

(1) Die einheitliche Stelle nimmt Anzeigen, Anträge, Willenserklärungen und Unterlagen entgegen und leitet sie unverzüglich an die zuständigen Behörden weiter.

(2) Anzeigen, Anträge, Willenserklärungen und Unterlagen gelten am dritten Tag nach Eingang bei der einheitlichen Stelle als bei der zuständigen Behörde eingegangen. Fristen werden mit Eingang bei der einheitlichen Stelle gewahrt.

(3) Soll durch die Anzeige, den Antrag oder die Abgabe einer Willenserklärung eine Frist in Lauf gesetzt werden, innerhalb deren die zuständige Behörde tätig werden muss, stellt die zuständige Behörde eine Empfangsbestätigung aus. In der Empfangsbestätigung ist das Datum des Eingangs bei der einheitlichen

IX

Stelle mitzuteilen und auf die Frist, die Voraussetzungen für den Beginn des Fristlaufs und auf eine an den Fristablauf geknüpfte Rechtsfolge sowie auf die verfügbaren Rechtsbehelfe hinzuweisen.

(4) Ist die Anzeige oder der Antrag unvollständig, teilt die zuständige Behörde unverzüglich mit, welche Unterlagen nachzureichen sind. Die Mitteilung enthält den Hinweis, dass der Lauf der Frist nach Absatz 3 erst mit Eingang der vollständigen Unterlagen beginnt. Das Datum des Eingangs der nachgereichten Unterlagen bei der einheitlichen Stelle ist mitzuteilen.

(5) Soweit die einheitliche Stelle zur Verfahrensabwicklung in Anspruch genommen wird, sollen Mitteilungen der zuständigen Behörde an den Antragsteller oder Anzeigepflichtigen über sie weitergegeben werden. Verwaltungsakte werden auf Verlangen desjenigen, an den sich der Verwaltungsakt richtet, von der zuständigen Behörde unmittelbar bekannt gegeben.

(6) Ein schriftlicher Verwaltungsakt, der durch die Post in das Ausland übermittelt wird, gilt einen Monat nach Aufgabe zur Post als bekannt gegeben. § 41 Absatz 2 Satz 3 gilt entsprechend. Von dem Antragsteller oder Anzeigepflichtigen kann nicht nach § 15 verlangt werden, einen Empfangsbevollmächtigten zu bestellen.

§ 71c Informationspflichten

(1) Die einheitliche Stelle erteilt auf Anfrage unverzüglich Auskunft über die maßgeblichen Vorschriften, die zuständigen Behörden, den Zugang zu den öffentlichen Registern und Datenbanken, die zustehenden Verfahrensrechte und die Einrichtungen, die den Antragsteller oder Anzeigepflichtigen bei der Aufnahme oder Ausübung seiner Tätigkeit unterstützen. Sie teilt unverzüglich mit, wenn eine Anfrage zu unbestimmt ist.

(2) Die zuständigen Behörden erteilen auf Anfrage unverzüglich Auskunft über die maßgeblichen Vorschriften und deren gewöhnliche Auslegung. Nach § 25 erforderliche Anregungen und Auskünfte werden unverzüglich gegeben.

§ 71d Gegenseitige Unterstützung

Die einheitliche Stelle und die zuständigen Behörden wirken gemeinsam auf eine ordnungsgemäße und zügige Verfahrensabwicklung hin; die Pflicht zur Unterstützung besteht auch gegenüber einheitlichen Stellen oder sonstigen Behörden des Bundes oder anderer Länder. Die zuständigen Behörden stellen der einheitlichen Stelle insbesondere die erforderlichen Informationen zum Verfahrensstand zur Verfügung.

§ 71e Elektronisches Verfahren

Das Verfahren nach diesem Abschnitt wird auf Verlangen elektronisch abgewickelt. § 3a Absatz 2 bis 4 bleibt unberührt.

Abschnitt 2
Planfeststellungsverfahren

§ 72 Anwendung der Vorschriften über das Planfeststellungsverfahren

(1) Ist ein Planfeststellungsverfahren durch Rechtsvorschrift angeordnet, so gelten hierfür die §§ 73 bis 78 und, soweit sich aus ihnen nichts Abweichendes ergibt, die übrigen Vorschriften dieses Gesetzes; die §§ 51 und 71a bis 71e sind nicht anzuwenden, § 29 ist mit der Maßgabe anzuwenden, dass Akteneinsicht nach pflichtgemäßem Ermessen zu gewähren ist.

(2) Die Mitteilung nach § 17 Absatz 2 Satz 2 und die Aufforderung nach § 17 Absatz 4 Satz 2 sind im Planfeststellungsverfahren öffentlich bekanntzumachen. Die öffentliche Bekanntmachung wird dadurch bewirkt, dass die Behörde die Mitteilung oder die Aufforderung in ihrem amtlichen Veröffentlichungsblatt und außerdem in örtlichen Tageszeitungen, die in dem Bereich verbreitet sind, in dem sich das Vorhaben voraussichtlich auswirken wird, bekanntmacht.

§ 73 Anhörungsverfahren

(1) Der Träger des Vorhabens hat den Plan der Anhörungsbehörde zur Durchführung des Anhörungsverfahrens einzureichen. Der Plan besteht aus den Zeichnungen und Erläuterungen, die das Vorhaben, seinen Anlass und

die von dem Vorhaben betroffenen Grundstücke und Anlagen erkennen lassen.

(2) Innerhalb eines Monats nach Zugang des vollständigen Plans fordert die Anhörungsbehörde die Behörden, deren Aufgabenbereich durch das Vorhaben berührt wird, zur Stellungnahme auf und veranlasst, dass der Plan in den Gemeinden, in denen sich das Vorhaben voraussichtlich auswirken wird, nach § 27b ausgelegt wird.

(3) Die Gemeinden nach Absatz 2 haben den Plan innerhalb von drei Wochen nach Zugang für die Dauer eines Monats zur Einsichtnahme auszulegen. Die Anhörungsbehörde bestimmt, in welcher der Gemeinden nach Absatz 2 eine andere Zugangsmöglichkeit nach § 27b Absatz 1 Satz 1 Nummer 2 zur Verfügung zu stellen ist und legt im Benehmen mit der jeweiligen Gemeinde die Zugangsmöglichkeit fest. Auf eine Auslegung kann verzichtet werden, wenn der Kreis der Betroffenen und die Vereinigungen nach Absatz 4 Satz 5 bekannt sind und ihnen innerhalb angemessener Frist Gelegenheit gegeben wird, den Plan einzusehen.

(3a) Die Behörden nach Absatz 2 haben ihre Stellungnahme innerhalb einer von der Anhörungsbehörde zu setzenden Frist abzugeben, die drei Monate nicht überschreiten darf. Stellungnahmen, die nach Ablauf der Frist nach Satz 1 eingehen, sind zu berücksichtigen, wenn der Planfeststellungsbehörde die vorgebrachten Belange bekannt sind oder hätten bekannt sein müssen oder für die Rechtmäßigkeit der Entscheidung von Bedeutung sind; im Übrigen können sie berücksichtigt werden.

(4) Jeder, dessen Belange durch das Vorhaben berührt werden, kann bis zwei Wochen nach Ablauf der Auslegungsfrist schriftlich oder zur Niederschrift bei der Anhörungsbehörde oder bei einer Gemeinde nach Absatz 2 Einwendungen gegen den Plan erheben. Im Falle des Absatzes 3 Satz 3 bestimmt die Anhörungsbehörde die Einwendungsfrist. Mit Ablauf der Einwendungsfrist sind alle Einwendungen ausgeschlossen, die nicht auf besonderen privatrechtlichen Titeln beruhen. Hierauf ist in der Bekanntmachung der Auslegung oder bei der Bekanntgabe der Einwendungsfrist hinzuweisen. Vereinigungen, die auf Grund einer Anerkennung nach anderen Rechtsvorschriften befugt sind, Rechtsbehelfe nach der Verwaltungsgerichtsordnung gegen die Entscheidung nach § 74 einzulegen, können innerhalb der Frist nach Satz 1 Stellungnahmen zu dem Plan abgeben. Die Sätze 2 bis 4 gelten entsprechend. Soweit die Anhörungsbehörde in einem Verfahren hierfür einen Zugang eröffnet, können die Erhebung von Einwendungen nach Satz 1 und die Abgabe von Stellungnahmen nach Satz 5 auch elektronisch erfolgen; in der Bekanntmachung nach Absatz 5 ist ein entsprechender Hinweis aufzunehmen.

(5) Die Gemeinden nach Absatz 2, in denen der Plan auszulegen ist, haben die Auslegung vorher ortsüblich bekanntzumachen. In der Bekanntmachung ist darauf hinzuweisen,

1. wo und in welchem Zeitraum der Plan zur Einsicht ausgelegt ist;
2. dass etwaige Einwendungen oder Stellungnahmen von Vereinigungen nach Absatz 4 Satz 5 bei den in der Bekanntmachung zu bezeichnenden Stellen innerhalb der Einwendungsfrist vorzubringen sind;
3. dass bei Ausbleiben eines Beteiligten in dem Erörterungstermin auch ohne ihn verhandelt werden kann;
4. dass
   a) die Personen, die Einwendungen erhoben haben, oder die Vereinigungen, die Stellungnahmen abgegeben haben, von dem Erörterungstermin durch öffentliche Bekanntmachung benachrichtigt werden können,
   b) die Zustellung der Entscheidung über die Einwendungen durch öffentliche Bekanntmachung ersetzt werden kann,

   wenn mehr als 50 Benachrichtigungen oder Zustellungen vorzunehmen sind.

Nicht ortsansässige Betroffene, deren Person und Aufenthalt bekannt sind oder sich innerhalb angemessener Frist ermitteln lassen, sollen auf Veranlassung der Anhörungsbehörde von der Auslegung mit dem Hinweis nach Satz 2 benachrichtigt werden.

(6) Nach Ablauf der Einwendungsfrist hat die Anhörungsbehörde die rechtzeitig gegen den Plan erhobenen Einwendungen, die rechtzeitig abgegebenen Stellungnahmen von Vereinigungen nach Absatz 4 Satz 5 sowie die Stellungnahmen der Behörden zu dem Plan mit dem Träger des Vorhabens, den Behörden, den Betroffenen sowie denjenigen, die Einwendungen erhoben oder Stellungnahmen abgegeben haben, zu erörtern. Der Erörterungstermin ist mindestens eine Woche vorher ortsüblich bekanntzumachen. Die Behörden, der Träger des Vorhabens und diejenigen, die Einwendungen erhoben oder Stellungnahmen abgegeben haben, sind von dem Erörterungstermin zu benachrichtigen. Sind außer der Benachrichtigung der Behörden und des Trägers des Vorhabens mehr als 50 Benachrichtigungen vorzunehmen, so können diese Benachrichtigungen durch öffentliche Bekanntmachung ersetzt werden. Die öffentliche Bekanntmachung wird dadurch bewirkt, dass abweichend von Satz 2 der Erörterungstermin im amtlichen Veröffentlichungsblatt der Anhörungsbehörde und außerdem in örtlichen Tageszeitungen bekanntgemacht wird, die in dem Bereich verbreitet sind, in dem sich das Vorhaben voraussichtlich auswirken wird; maßgebend für die Frist nach Satz 2 ist die Bekanntgabe im amtlichen Veröffentlichungsblatt. Im Übrigen gelten für die Erörterung die Vorschriften über die mündliche Verhandlung im förmlichen Verwaltungsverfahren (§ 67 Absatz 1 Satz 3, Absatz 2 Nummer 1 und 4 und Absatz 3, § 68) entsprechend. Die Anhörungsbehörde schließt die Erörterung innerhalb von drei Monaten nach Ablauf der Einwendungsfrist ab.

(7) Abweichend von den Vorschriften des Absatzes 6 Satz 2 bis 5 kann der Erörterungstermin bereits in der Bekanntmachung nach Absatz 5 Satz 2 bestimmt werden.

(8) Soll ein ausgelegter Plan geändert werden und werden dadurch der Aufgabenbereich einer Behörde oder einer Vereinigung nach Absatz 4 Satz 5 oder Belange Dritter erstmals oder stärker als bisher berührt, so ist diesen die Änderung mitzuteilen und ihnen Gelegenheit zu Stellungnahmen und Einwendungen innerhalb von zwei Wochen zu geben; Absatz 4 Satz 3 bis 6 gilt entsprechend. Wird sich die Änderung voraussichtlich auf das Gebiet einer anderen Gemeinde auswirken, so ist der geänderte Plan in dieser Gemeinde auszulegen; die Absätze 2 bis 6 gelten entsprechend.

(9) Die Anhörungsbehörde gibt zum Ergebnis des Anhörungsverfahrens eine Stellungnahme ab und leitet diese der Planfeststellungsbehörde innerhalb eines Monats nach Abschluss der Erörterung mit dem Plan, den Stellungnahmen der Behörden und der Vereinigungen nach Absatz 4 Satz 5 sowie den nicht erledigten Einwendungen zu.

§ 74 Planfeststellungsbeschluss, Plangenehmigung

(1) Die Planfeststellungsbehörde stellt den Plan fest (Planfeststellungsbeschluss). Die Vorschriften über die Entscheidung und die Anfechtung der Entscheidung im förmlichen Verwaltungsverfahren (§§ 69 und 70) sind anzuwenden.

(2) Im Planfeststellungsbeschluss entscheidet die Planfeststellungsbehörde über die Einwendungen, über die bei der Erörterung vor der Anhörungsbehörde keine Einigung erzielt worden ist. Sie hat dem Träger des Vorhabens Vorkehrungen oder die Einrichtung und Unterhaltung von Anlagen aufzuerlegen, die zum Wohl der Allgemeinheit oder zur Vermeidung nachteiliger Wirkungen auf Rechte anderer erforderlich sind. Sind solche Vorkehrungen oder Anlagen untunlich oder mit dem Vorhaben unvereinbar, so hat der Betroffene Anspruch auf angemessene Entschädigung in Geld.

(3) Soweit eine abschließende Entscheidung noch nicht möglich ist, ist diese im Planfeststellungsbeschluss vorzubehalten; dem Träger des Vorhabens ist dabei aufzugeben, noch fehlende oder von der Planfeststellungsbehörde bestimmte Unterlagen rechtzeitig vorzulegen.

(4) Der Planfeststellungsbeschluss ist dem Träger des Vorhabens, denjenigen, über deren Einwendungen entschieden worden ist,

und den Vereinigungen, über deren Stellungnahmen entschieden worden ist, zuzustellen. Eine Ausfertigung des Beschlusses ist mit einer Rechtsbehelfsbelehrung und einer Ausfertigung des festgestellten Planes in den Gemeinden zwei Wochen zur Einsicht auszulegen; die Auslegung ist ortsüblich bekannt zu machen. Die Planfeststellungsbehörde bestimmt, in welcher Gemeinde eine andere Zugangsmöglichkeit nach § 27b Absatz 1 Satz 1 Nummer 2 zur Verfügung zu stellen ist, und legt im Benehmen mit der jeweiligen Gemeinde die Zugangsmöglichkeit fest. Mit dem Ende der Auslegungsfrist gilt der Beschluss gegenüber den übrigen Betroffenen als zugestellt; darauf ist in der Bekanntmachung hinzuweisen.

(5) Sind außer an den Träger des Vorhabens mehr als 50 Zustellungen nach Absatz 4 vorzunehmen, so können diese Zustellungen durch öffentliche Bekanntmachung ersetzt werden. Die öffentliche Bekanntmachung wird dadurch bewirkt, dass der verfügende Teil des Planfeststellungsbeschlusses, die Rechtsbehelfsbelehrung und ein Hinweis auf die Auslegung nach Absatz 4 Satz 2 im amtlichen Veröffentlichungsblatt der zuständigen Behörde und außerdem in örtlichen Tageszeitungen bekanntgemacht werden, die in dem Bereich verbreitet sind, in dem sich das Vorhaben voraussichtlich auswirken wird; auf Auflagen ist hinzuweisen. Mit dem Ende der Auslegungsfrist gilt der Beschluss den Betroffenen und denjenigen gegenüber, die Einwendungen erhoben haben, als zugestellt; hierauf ist in der Bekanntmachung hinzuweisen. Nach der öffentlichen Bekanntmachung kann der Planfeststellungsbeschluss bis zum Ablauf der Rechtsbehelfsfrist von den Betroffenen und von denjenigen, die Einwendungen erhoben haben, schriftlich oder elektronisch angefordert werden; hierauf ist in der Bekanntmachung gleichfalls hinzuweisen.

(6) Anstelle eines Planfeststellungsbeschlusses kann eine Plangenehmigung erteilt werden, wenn

1. Rechte anderer nicht oder nur unwesentlich beeinträchtigt werden oder die Betroffenen sich mit der Inanspruchnahme ihres Eigentums oder eines anderen Rechts schriftlich einverstanden erklärt haben,
2. das Benehmen hergestellt worden ist
   a) mit den Trägern öffentlicher Belange, deren Aufgabenbereich berührt wird,
   b) mit den anerkannten Naturschutzvereinigungen im Sinne des § 66 Absatz 1 des Landesnaturschutzgesetzes vom 21. Juli 2000 (GV. NRW. S. 568) in der jeweils geltenden Fassung bei Vorhaben, die mit Eingriffen in Natur und Landschaft im Sinne von § 14 des Bundesnaturschutzgesetzes vom 29. Juli 2009 (BGBl. I S. 2542) in der jeweils geltenden Fassung verbunden sind

   und
3. nicht andere Rechtsvorschriften eine Öffentlichkeitsbeteiligung vorschreiben, die den Anforderungen des § 73 Absatz 3 Satz 1 und Absatz 4 bis 7 entsprechen muss.

Die Plangenehmigung hat die Rechtswirkungen der Planfeststellung; auf ihre Erteilung sind die Vorschriften über das Planfeststellungsverfahren nicht anzuwenden; davon ausgenommen sind Absatz 4 Satz 1 und Absatz 5, die entsprechend anzuwenden sind. Vor Erhebung einer verwaltungsgerichtlichen Klage bedarf es keiner Nachprüfung in einem Vorverfahren. § 75 Absatz 4 gilt entsprechend.

(7) Planfeststellung und Plangenehmigung entfallen in Fällen von unwesentlicher Bedeutung.

Diese liegen vor, wenn

1. andere öffentliche Belange nicht berührt sind oder die erforderlichen behördlichen Entscheidungen vorliegen und sie dem Plan nicht entgegenstehen,
2. Rechte anderer nicht beeinflusst werden oder mit den vom Plan Betroffenen entsprechende Vereinbarungen getroffen worden sind und
3. nicht andere Rechtsvorschriften eine Öffentlichkeitsbeteiligung vorschreiben, die den Anforderungen des § 73 Absatz 3 Satz 1 und Absatz 4 bis 7 entsprechen muss.

Die anerkannten Naturschutzvereinigungen im Sinne des § 66 Absatz 1 des Landesnatur-

IX

schutzgesetzes erhalten Gelegenheit zur Stellungnahme.

§ 75 Rechtswirkungen der Planfeststellung

(1) Durch die Planfeststellung wird die Zulässigkeit des Vorhabens einschließlich der notwendigen Folgemaßnahmen an anderen Anlagen im Hinblick auf alle von ihm berührten öffentlichen Belange festgestellt; neben der Planfeststellung sind andere behördliche Entscheidungen, insbesondere öffentlich-rechtliche Genehmigungen, Verleihungen, Erlaubnisse, Bewilligungen, Zustimmungen und Planfeststellungen nicht erforderlich. Durch die Planfeststellung werden alle öffentlich-rechtlichen Beziehungen zwischen dem Träger des Vorhabens und den durch den Plan Betroffenen rechtsgestaltend geregelt.

(1a) Mängel bei der Abwägung der von dem Vorhaben berührten öffentlichen und privaten Belange sind nur erheblich, wenn sie offensichtlich und auf das Abwägungsergebnis von Einfluss gewesen sind. Erhebliche Mängel bei der Abwägung oder eine Verletzung von Verfahrens- oder Formvorschriften führen nur dann zur Aufhebung des Planfeststellungsbeschlusses oder der Plangenehmigung, wenn sie nicht durch Planergänzung oder durch ein ergänzendes Verfahren behoben werden können; die §§ 45 und 46 bleiben unberührt.

(2) Ist der Planfeststellungsbeschluss unanfechtbar geworden, so sind Ansprüche auf Unterlassung des Vorhabens, auf Beseitigung oder Änderung der Anlagen oder auf Unterlassung ihrer Benutzung ausgeschlossen. Treten nicht voraussehbare Wirkungen des Vorhabens oder der dem festgestellten Plan entsprechenden Anlagen auf das Recht eines anderen erst nach Unanfechtbarkeit des Planes auf, so kann der Betroffene Vorkehrungen oder die Errichtung und Unterhaltung von Anlagen verlangen, welche die nachteiligen Wirkungen ausschließen. Sie sind dem Träger des Vorhabens durch Beschluss der Planfeststellungsbehörde aufzuerlegen. Sind solche Vorkehrungen oder Anlagen untunlich oder mit dem Vorhaben unvereinbar, so richtet sich der Anspruch auf angemessene Entschädigung in Geld. Werden Vorkehrungen oder Anlagen im Sinne des Satzes 2 notwendig, weil nach Abschluss des Planfeststellungsverfahrens auf einem benachbarten Grundstück Veränderungen eingetreten sind, so hat die hierdurch entstehenden Kosten der Eigentümer des benachbarten Grundstücks zu tragen, es sei denn, dass die Veränderungen durch natürliche Ereignisse oder höhere Gewalt verursacht worden sind; Satz 4 ist nicht anzuwenden.

(3) Anträge, mit denen Ansprüche auf Herstellung von Einrichtungen oder auf angemessene Entschädigung nach Absatz 2 Satz 2 und 4 geltend gemacht werden, sind schriftlich an die Planfeststellungsbehörde zu richten. Sie sind nur innerhalb von drei Jahren nach dem Zeitpunkt zulässig, zu dem der Betroffene von den nachteiligen Wirkungen des dem unanfechtbar festgestellten Plan entsprechenden Vorhabens oder der Anlage Kenntnis erhalten hat; sie sind ausgeschlossen, wenn nach Herstellung des dem Plan entsprechenden Zustandes dreißig Jahre verstrichen sind.

(4) Wird mit der Durchführung des Planes nicht innerhalb von fünf Jahren nach Eintritt der Unanfechtbarkeit begonnen, so tritt er außer Kraft. Als Beginn der Durchführung des Planes gilt jede erstmals nach außen erkennbare Tätigkeit von mehr als nur geringfügiger Bedeutung zur plangemäßen Verwirklichung des Vorhabens; eine spätere Unterbrechung der Verwirklichung des Vorhabens berührt den Beginn der Durchführung nicht.

§ 76 Planänderungen vor Fertigstellung des Vorhabens

(1) Soll vor Fertigstellung des Vorhabens der festgestellte Plan geändert werden, bedarf es eines neuen Planfeststellungsverfahrens.

(2) Bei Planänderungen von unwesentlicher Bedeutung kann die Planfeststellungsbehörde von einem neuen Planfeststellungsverfahren absehen, wenn die Belange anderer nicht berührt werden oder wenn die Betroffenen der Änderung zugestimmt haben.

(3) Führt die Planfeststellungsbehörde in den Fällen des Absatzes 2 oder in anderen Fällen einer Planänderung von unwesentlicher Bedeutung ein Planfeststellungsverfahren

durch, so bedarf es keines Anhörungsverfahrens und keiner öffentlichen Bekanntgabe des Planfeststellungsbeschlusses.

§ 77 Aufhebung des Planfeststellungsbeschlusses

Wird ein Vorhaben, mit dessen Durchführung begonnen worden ist, endgültig aufgegeben, so hat die Planfeststellungsbehörde den Planfeststellungsbeschluss aufzuheben. In dem Aufhebungsbeschluss sind dem Träger des Vorhabens die Wiederherstellung des früheren Zustandes oder geeignete andere Maßnahmen aufzuerlegen, soweit dies zum Wohl der Allgemeinheit oder zur Vermeidung nachteiliger Wirkungen auf Rechte anderer erforderlich ist. Werden solche Maßnahmen notwendig, weil nach Abschluss des Planfeststellungsverfahrens auf einem benachbarten Grundstück Veränderungen eingetreten sind, so kann der Träger des Vorhabens durch Beschluss der Planfeststellungsbehörde zu geeigneten Vorkehrungen verpflichtet werden; die hierdurch entstehenden Kosten hat jedoch der Eigentümer des benachbarten Grundstückes zu tragen, es sei denn, dass die Veränderungen durch natürliche Ereignisse oder höhere Gewalt verursacht worden sind.

§ 78 Zusammentreffen mehrerer Vorhaben

(1) Treffen mehrere selbständige Vorhaben, für deren Durchführung Planfeststellungsverfahren vorgeschrieben sind, derart zusammen, dass für diese Vorhaben oder für Teile von ihnen nur eine einheitliche Entscheidung möglich ist, so findet für diese Vorhaben oder für deren Teile nur ein Planfeststellungsverfahren statt.

(2) Zuständigkeiten und Verfahren richten sich nach den Rechtsvorschriften über das Planfeststellungsverfahren, das für diejenige Anlage vorgeschrieben ist, die einen größeren Kreis öffentlich-rechtlicher Beziehungen berührt. Bestehen Zweifel, welche Rechtsvorschrift anzuwenden ist, so entscheidet, falls nach den in Betracht kommenden Rechtsvorschriften mehrere Landesbehörden in den Geschäftsbereichen mehrerer oberster Landesbehörden zuständig sind, die Landesregierung, sonst die zuständige oberste Landesbehörde. Bestehen Zweifel, welche Rechtsvorschrift anzuwenden ist, und sind nach den in Betracht kommenden Rechtsvorschriften eine Bundesbehörde und eine Landesbehörde zuständig, so führen, falls sich die obersten Bundes- und Landesbehörden nicht einigen, die Bundesregierung und die Landesregierung das Einvernehmen darüber herbei, welche Rechtsvorschrift anzuwenden ist.

Teil VI
Rechtsbehelfsverfahren

§ 79 Rechtsbehelfe gegen Verwaltungsakte

Für förmliche Rechtsbehelfe gegen Verwaltungsakte gelten die Verwaltungsgerichtsordnung und die zu ihrer Ausführung ergangenen Rechtsvorschriften, soweit nicht durch Gesetz etwas anderes bestimmt ist; im übrigen gelten die Vorschriften dieses Gesetzes.

§ 80 Erstattung von Kosten im Vorverfahren

(1) Soweit der Widerspruch erfolgreich ist, hat der Rechtsträger, dessen Behörde den angefochtenen Verwaltungsakt erlassen hat, demjenigen, der Widerspruch erhoben hat, die zur zweckentsprechenden Rechtsverfolgung oder Rechtsverteidigung notwendigen Aufwendungen zu erstatten. Dies gilt auch, wenn der Widerspruch nur deshalb keinen Erfolg hat, weil die Verletzung einer Verfahrens- oder Formvorschrift nach § 45 unbeachtlich ist. Soweit der Widerspruch erfolglos geblieben ist, hat derjenige, der den Widerspruch eingelegt hat, die zur zweckentsprechenden Rechtsverfolgung oder Rechtsverteidigung notwendigen Aufwendungen der Behörde, die den angefochtenen Verwaltungsakt erlassen hat, zu erstatten; dies gilt nicht, wenn der Widerspruch gegen einen Verwaltungsakt eingelegt wird, der im Rahmen

1. eines bestehenden oder früheren öffentlich-rechtlichen Dienst- oder Amtsverhältnisses
   oder

IX

2. einer bestehenden oder früheren gesetzlichen Dienstpflicht oder einer Tätigkeit, die an Stelle der gesetzlichen Dienstpflicht geleistet werden kann,

erlassen wurde. Aufwendungen, die durch das Verschulden eines Erstattungsberechtigten entstanden sind, hat dieser selbst zu tragen; das Verschulden eines Vertreters ist dem Vertretenen zuzurechnen.

(2) Die Gebühren und Auslagen eines Rechtsanwalts oder eines sonstigen Bevollmächtigten im Vorverfahren sind erstattungsfähig, wenn die Zuziehung eines Bevollmächtigten notwendig war.

(3) Die Behörde, die die Kostenentscheidung getroffen hat, setzt auf Antrag den Betrag der zu erstattenden Aufwendungen fest; hat ein Ausschuss oder Beirat (§ 73 Absatz 2 der Verwaltungsgerichtsordnung) die Kostenentscheidung getroffen, so obliegt die Kostenfestsetzung der Behörde, bei der der Ausschuss oder Beirat gebildet ist. Die Kostenentscheidung bestimmt auch, ob die Zuziehung eines Rechtsanwalts oder eines sonstigen Bevollmächtigten notwendig war.

(4) Die Absätze 1 bis 3 gelten auch für Vorverfahren bei Maßnahmen des Richterdienstrechts.

Teil VII
Ehrenamtliche Tätigkeit, Ausschüsse

Abschnitt 1
Ehrenamtliche Tätigkeit

§ 81 Anwendung der Vorschriften über die ehrenamtliche Tätigkeit

Für die ehrenamtliche Tätigkeit im Verwaltungsverfahren gelten die §§ 82 bis 87, soweit Rechtsvorschriften nichts Abweichendes bestimmen.

§ 82 Pflicht zu ehrenamtlicher Tätigkeit

Eine Pflicht zur Übernahme ehrenamtlicher Tätigkeit besteht nur, wenn sie durch Rechtsvorschrift vorgesehen ist.

§ 83 Ausübung ehrenamtlicher Tätigkeit

(1) Der ehrenamtlich Tätige hat seine Tätigkeit gewissenhaft und unparteiisch auszuüben.

(2) Bei Übernahme seiner Aufgaben ist er zur gewissenhaften und unparteiischen Tätigkeit und zur Verschwiegenheit besonders zu verpflichten. Die Verpflichtung ist aktenkundig zu machen.

§ 84 Verschwiegenheitspflicht

(1) Der ehrenamtlich Tätige hat, auch nach Beendigung seiner ehrenamtlichen Tätigkeit, über die ihm dabei bekanntgewordenen Angelegenheiten Verschwiegenheit zu wahren. Dies gilt nicht für Mitteilungen im dienstlichen Verkehr oder über Tatsachen, die offenkundig sind oder ihrer Bedeutung nach keiner Geheimhaltung bedürfen.

(2) Der ehrenamtlich Tätige darf ohne Genehmigung über Angelegenheiten, über die er Verschwiegenheit zu wahren hat, weder vor Gericht noch außergerichtlich aussagen oder Erklärungen abgeben.

(3) Die Genehmigung, als Zeuge auszusagen, darf nur versagt werden, wenn die Aussage dem Wohle des Bundes oder eines Landes Nachteile bereiten oder die Erfüllung öffentlicher Aufgaben ernstlich gefährden oder erheblich erschweren würde.

(4) Ist der ehrenamtlich Tätige Beteiligter in einem gerichtlichen Verfahren oder soll sein Vorbringen der Wahrnehmung seiner berechtigten Interessen dienen, so darf die Genehmigung auch dann, wenn die Voraussetzungen des Absatzes 3 erfüllt sind, nur versagt werden, wenn ein zwingendes öffentliches Interesse dies erfordert. Wird sie versagt, so ist dem ehrenamtlich Tätigen der Schutz zu gewähren, den die öffentlichen Interessen zulassen.

(5) Die Genehmigung nach den Absätzen 2 bis 4 erteilt die fachlich zuständige Aufsichtsbehörde der Stelle, die den ehrenamtlich Tätigen berufen hat.

§ 85 Entschädigung

Der ehrenamtlich Tätige hat Anspruch auf Ersatz seiner notwendigen Auslagen und seines Verdienstausfalles.

§ 86 Abberufung

Personen, die zu ehrenamtlicher Tätigkeit herangezogen worden sind, können von der Stelle, die sie berufen hat, abberufen werden, wenn ein wichtiger Grund vorliegt. Ein wichtiger Grund liegt insbesondere vor, wenn der ehrenamtlich Tätige

1. seine Pflicht gröblich verletzt oder sich als unwürdig erwiesen hat,
2. seine Tätigkeit nicht mehr ordnungsgemäß ausüben kann.

§ 87 (weggefallen)

Abschnitt 2
Ausschüsse

§ 88 Anwendung der Vorschriften über Ausschüsse

Für Ausschüsse, Beiräte und andere kollegiale Einrichtungen (Ausschüsse) gelten, wenn sie in einem Verwaltungsverfahren tätig werden, die §§ 89 bis 93, soweit Rechtsvorschriften nichts Abweichendes bestimmen.

§ 89 Ordnung in den Sitzungen

Der Vorsitzende eröffnet, leitet und schließt die Sitzungen; er ist für die Ordnung verantwortlich.

§ 90 Beschlussfähigkeit

(1) Ausschüsse sind beschlussfähig, wenn alle Mitglieder geladen und mehr als die Hälfte, mindestens aber drei der stimmberechtigten Mitglieder anwesend sind. Beschlüsse können auch im schriftlichen Verfahren gefasst werden, wenn kein Mitglied widerspricht.

(2) Ist eine Angelegenheit wegen Beschlussunfähigkeit zurückgestellt worden und wird der Ausschuss zur Behandlung desselben Gegenstandes erneut geladen, so ist er ohne Rücksicht auf die Zahl der Erschienenen beschlussfähig, wenn darauf in dieser Ladung hingewiesen worden ist.

§ 91 Beschlussfassung

Beschlüsse werden mit Stimmenmehrheit gefasst. Bei Stimmengleichheit entscheidet die Stimme des Vorsitzenden, wenn er stimmberechtigt ist; sonst gilt Stimmengleichheit als Ablehnung.

§ 92 Wahlen durch Ausschüsse

(1) Gewählt wird, wenn kein Mitglied des Ausschusses widerspricht, durch Zuruf oder Zeichen, sonst durch Stimmzettel. Auf Verlangen eines Mitgliedes ist geheim zu wählen.

(2) Gewählt ist, wer von den abgegebenen Stimmen die meisten erhalten hat. Bei Stimmengleichheit entscheidet das vom Leiter der Wahl zu ziehende Los.

(3) Sind mehrere gleichartige Wahlstellen zu besetzen, so ist nach dem Höchstzahlverfahren d'Hondt zu wählen, außer wenn einstimmig etwas anderes beschlossen worden ist. Über die Zuteilung der letzten Wahlstelle entscheidet bei gleicher Höchstzahl das vom Leiter der Wahl zu ziehende Los.

§ 93 Niederschrift

Über die Sitzung ist eine Niederschrift zu fertigen. Die Niederschrift muss Angaben enthalten über

1. den Ort und den Tag der Sitzung,
2. die Namen des Vorsitzenden und der anwesenden Ausschussmitglieder,
3. den behandelten Gegenstand und die gestellten Anträge,
4. die gefassten Beschlüsse,
5. das Ergebnis von Wahlen.

Die Niederschrift ist von dem Vorsitzenden und, soweit ein Schriftführer hinzugezogen worden ist, auch von diesem zu unterzeichnen.

IX

Teil VIII
Schlussvorschriften

§ 94 Sonderregelung für Verteidigungsangelegenheiten

Nach Feststellung des Verteidigungsfalles oder des Spannungsfalles kann in Verteidigungsangelegenheiten von der Anhörung Beteiligter (§ 28 Absatz 1), von der schriftlichen Bestätigung (§ 37 Absatz 2 Satz 2) und von der schriftlichen Begründung eines Verwaltungsaktes (§ 39 Absatz 1) abgesehen werden; in diesen Fällen gilt ein Verwaltungsakt abweichend von § 41 Absatz 4 Satz 3 mit dem auf die Bekanntmachung folgenden Tag als bekanntgegeben. Dasselbe gilt für die sonstigen gemäß Artikel 80a des Grundgesetzes anzuwendenden Rechtsvorschriften.

§ 95 Einwohnerzahlen

(1) Wenn nach Gesetzen und Verordnungen eine Einwohnerzahl maßgebend ist, so bemisst sich diese nach den bei der Volkszählung festgestellten Ergebnissen. Das für Inneres zuständige Ministerium bestimmt durch Rechtsverordnung den Zeitpunkt, von dem ab die Ergebnisse der nach Inkrafttreten dieses Gesetzes durchgeführten Volkszählungen verbindlich sind. Es kann für bestimmte Rechtsgebiete vorsehen, dass die vom Landesbetrieb Information und Technik NRW (IT.NRW) veröffentlichten Zahlen über die fortgeschriebene Bevölkerung laufend oder für einen bestimmten Zeitpunkt an die Stelle der bei der Volkszählung festgestellten Ergebnisse treten.

(2) Ein Rückgang unter eine bestimmte Einwohnerzahl ist so lange unbeachtlich, als das für Inneres zuständige Ministerium durch Rechtsverordnung nichts anderes bestimmt.

(3) Rechtsvorschriften, die von den Absätzen 1 und 2 abweichende Regelungen enthalten, bleiben unberührt.

§ 96 Verwaltungsvorschriften

Das für Inneres zuständige Ministerium erlässt im Einvernehmen mit den beteiligten Ministerien die zur Durchführung dieses Gesetzes erforderlichen Verwaltungsvorschriften.

§ 97 Übergangsvorschriften

Die Regelungen dieses Gesetzes sind auch auf bereits vor dem 1. Januar 2025 begonnene, aber noch nicht abgeschlossene Verfahren nach Maßgabe der Sätze 2 bis 4 anzuwenden. Verfahrensschritte, die vor dem 1. Januar 2025 begonnen, aber noch nicht abgeschlossen wurden, sind nach diesem Gesetz in der zum Zeitpunkt des Beginns des Verfahrensschritts jeweils geltenden Fassung durchzuführen. Ein Verfahrensschritt, der vor dem 1. Januar 2025 begonnen wurde, ist jedoch zu wiederholen, wenn er nach diesem Gesetz in der ab 1. Januar 2025 geltenden Fassung durchgeführt werden soll. § 3a bleibt unberührt.

§ 98 Inkrafttreten

Dieses Gesetz tritt am 1. Januar 1977 in Kraft.

Gesetz über die Organisation der Landesverwaltung (Landesorganisationsgesetz – LOG NRW)

Vom 10. Juli 1962 (GV. NW. S. 421)

Zuletzt geändert durch
Gesetz zur Stärkung der Sicherheit im Landtag Nordrhein-Westfalen
vom 10. Juli 2025 (GV. NRW. S. 646)

Inhaltsübersicht

IX

Der Landtag hat das folgende Gesetz beschlossen, das hiermit verkündet wird:

I. Geltungsbereich

§ 1

(1) Dieses Gesetz gilt für die Behörden und Einrichtungen des Landes. Für die Gemeinden und Gemeindeverbände gilt das Gesetz nur, soweit es dies bestimmt. Unter der gleichen Voraussetzung gilt es auch für die der Aufsicht des Landes unterstehenden sonstigen Körperschaften sowie Anstalten und Stiftungen des öffentlichen Rechts mit eigener Rechtspersönlichkeit.

(2) Dieses Gesetz gilt nicht

a) für die Verwaltung des Landtags und den Landesrechnungshof, unbeschadet ihrer Stellung als oberste Landesbehörden, sowie für die Staatlichen Rechnungsprüfungsämter,

b) für den Landesbeauftragten für Datenschutz,

c) für die Organe der Rechtspflege (Gerichte, Staatsanwaltschaften, Vollzugsanstalten und Gnadenstellen),

d) für die staatlichen wissenschaftlichen Hochschulen, Kunsthochschulen und Fachhochschulen gemäß § 1 Abs. 2 des Fachhochschulgesetzes.

(3) Dieses Gesetz gilt nicht für Kirchen und Religionsgemeinschaften und die ihnen zugehörigen Körperschaften, Anstalten und Stiftungen des öffentlichen Rechts.

II. Behörden und Einrichtungen des Landes

§ 2 Einteilung der Landesbehörden

Landesbehörden sind die obersten Landesbehörden, die Landesoberbehörden, die Landesmittelbehörden und die unteren Landesbehörden.

§ 3 Oberste Landesbehörden

Oberste Landesbehörden sind die Landesregierung, der Ministerpräsident und die Landesministerien.

§ 4 Zuständigkeiten und Geschäftsbereiche der obersten Landesbehörden

(1) Der Ministerpräsident und die Landesministerien sind – unbeschadet der Zuständigkeiten der Landesregierung – jeweils für ihren Geschäftsbereich die zuständige oberste Landesbehörde.

(2) Der Ministerpräsident gibt die Geschäftsbereiche der obersten Landesbehörden im Gesetz- und Verordnungsblatt bekannt.

(3) Werden Geschäftsbereiche neu abgegrenzt, so gehen auch die in Gesetzen und Rechtsverordnungen der bisher zuständigen obersten Landesbehörde zugewiesenen Zuständigkeiten auf die nach der Neuabgrenzung zuständige oberste Landesbehörde über; der Ministerpräsident weist hierauf sowie auf den Zeitpunkt des Übergangs im Gesetz- und Verordnungsblatt hin.

§ 5 Leitung und Beaufsichtigung der Landesverwaltung; Durchführung von Bundesrecht und Recht der Europäischen Gemeinschaften

(1) Die Landesregierung und im Rahmen ihres Geschäftsbereichs der Ministerpräsident und die Landesministerien leiten und beaufsichtigen die Landesverwaltung. Für Verwaltungsaufgaben in Einzelfällen sind sie insoweit zuständig, als dies durch Gesetz oder Rechtsverordnung bestimmt ist. Darüber hinaus sollen sie solche Aufgaben nur wahrnehmen, soweit es die Leitung ihres Geschäftsbereichs erfordert.

(2) Ist eine oberste Landesbehörde durch Bundes- oder Landesrecht ermächtigt, Befugnisse zu übertragen, so ist von dieser Ermächtigung durch Rechtsverordnung Gebrauch zu machen, sofern nicht besondere Gründe die Zuständigkeit der obersten Landesbehörde erfordern.

(3) Wenn das Land oder die nach Landesrecht zuständige Stelle Bundesrecht oder Recht der Europäischen Gemeinschaften durchzuführen hat, so bestimmt die Landesregierung nach Anhörung des fachlich zuständigen Ausschusses des Landtags durch Rechtsverordnung, welche Behörde sachlich und örtlich

zuständig ist. Dabei kann auch bestimmt werden, daß diese Aufgaben als Pflichtaufgaben zur Erfüllung nach Weisung wahrgenommen werden; der Umfang des Weisungsrechts und die Aufsichtsbehörden sind in der Rechtsverordnung zu bestimmen. Satz 2 gilt auch für Zuständigkeitsregelungen aufgrund bundesrechtlicher Ermächtigung.

(4) Wenn nach Bundesrecht eine höhere Verwaltungsbehörde, eine staatliche Mittelbehörde oder eine untere Verwaltungsbehörde zuständig ist, so bestimmt die Landesregierung durch Rechtsverordnung, welche Behörde sachlich und örtlich als zuständig im Sinne des Bundesrechts zu gelten hat.

(5) Die zuständige Behörde ist nach den Grundsätzen einer einfachen Verwaltung möglichst ortsnah zu bestimmen.

(6) Das Innenministerium kann durch Rechtsverordnung im Einvernehmen mit den Ministerien, deren Geschäftsbereich berührt wird, Rechtsverordnungen aufheben, soweit sie wegen Veränderung der Verhältnisse entbehrlich geworden oder durch spätere Rechtsvorschriften überholt sind und eine sonstige Ermächtigung für die Aufhebung nicht vorhanden ist.

§ 6 Landesoberbehörden

(1) Landesoberbehörden sind Behörden, die einer obersten Landesbehörde unmittelbar unterstehen und für das ganze Land zuständig sind.

(2) Landesoberbehörden sind

1. das Landesamt für Besoldung und Versorgung,
2. das Landeskriminalamt,
3. das Landesamt für Zentrale Polizeiliche Dienste,
4. das Landesamt für Ausbildung, Fortbildung und Personalangelegenheiten der Polizei,
5. das Landesamt für Natur, Umwelt und Klima,
6. das Landesamt für Verbraucherschutz und Ernährung,
7. die Direktorin beziehungsweise der Direktor der Landwirtschaftskammer als Landesbeauftragte beziehungsweise Landesbeauftragter,
8. das Rechenzentrum der Finanzverwaltung,
9. das Landesamt für Finanzen und
10. das Landesamt für Gesundheit und Arbeitsschutz Nordrhein-Westfalen.

(3) Andere Landesoberbehörden dürfen nur durch Gesetz oder auf Grund eines Gesetzes errichtet werden.

§ 7 Landesmittelbehörden

(1) Landesmittelbehörden sind die einer obersten Landesbehörde unmittelbar unterstehenden Behörden, die für einen Teil des Landes und in besonderen Fällen für das ganze Land zuständig sind.

(2) Landesmittelbehörden sind die Bezirksregierungen und die Oberfinanzdirektionen.

(3) Landesmittelbehörden anderer als in Absatz 2 genannter Art dürfen nur durch Gesetz oder auf Grund eines Gesetzes errichtet werden.

(4) Sitz und Bezirk der Landesmittelbehörden bestimmt die Landesregierung oder auf Grund einer von ihr erteilten Ermächtigung das zuständige Landesministerium. Die Landesregierung oder – auf Grund einer von ihr erteilten Ermächtigung – das zuständige Landesministerium kann einer Landesmittelbehörde Aufgaben im Bezirk anderer Landesmittelbehörden übertragen; abweichende gesetzliche Vorschriften bleiben unberührt.

§ 8 Die Bezirksregierung

(1) Die Bezirksregierung ist die allgemeine Vertretung der Landesregierung im Bezirk. Sie hat die Entwicklung auf allen Lebensbereichen im Bezirk zu beobachten und den zuständigen obersten Landesbehörden darüber zu berichten.

(2) Die Bezirksregierung ist eine Bündelungsbehörde.

(3) Die Bezirksregierung ist zuständig für alle Aufgaben der Landesverwaltung, die nicht ausdrücklich anderen Behörden übertragen sind.

(4) Die Bezirksregierungen gliedern sich in Abteilungen, die aus den Dezernaten gebildet

werden. Soweit möglich werden Dezernate, die Aufgaben aus dem Geschäftsbereich eines Ministeriums wahrnehmen, in ressortorientierten Abteilungen zusammengefasst. Der Aufbau und die Geschäftsordnung der Bezirksregierungen werden vom Innenministerium im Einvernehmen mit den betroffenen Ressorts festgelegt.

§ 9 Untere Landesbehörden

(1) Untere Landesbehörden sind Behörden, die einer Landesoberbehörde oder einer Landesmittelbehörde unterstehen.

(2) Untere Landesbehörden sind die Landrätinnen und Landräte als untere staatliche Verwaltungsbehörden und

- die Direktorinnen und Direktoren der Landschaftsverbände als untere staatliche Maßregelvollzugsbehörde,
- die Finanzämter,
- die Kreispolizeibehörden,
- die Geschäftsführerinnen oder Geschäftsführer der Kreisstellen der Landwirtschaftskammer als Landesbeauftragte im Kreise,
- die Schulämter.

(3) § 7 Abs. 3 und Abs. 4 gilt entsprechend.

§ 10 Bekanntmachung der Bezirke der Landesmittelbehörden und der unteren Landesbehörden

Der Ministerpräsident gibt die Bezirke der Landesmittelbehörden und der unteren Landesbehörden und ihre späteren Veränderungen im Gesetz- und Verordnungsblatt nachrichtlich bekannt.

§ 11 Dienstaufsicht und Fachaufsicht

Die nachgeordneten Landesbehörden unterstehen der Dienstaufsicht und der Fachaufsicht.

§ 12 Dienstaufsicht und Dienstaufsichtsbehörden

(1) Die Dienstaufsicht erstreckt sich auf den Aufbau, die innere Ordnung, die allgemeine Geschäftsführung und die Personalangelegenheiten der Behörde.

(2) Die Dienstaufsicht führen

1. die obersten Landesbehörden über die ihnen im Rahmen ihres Geschäftsbereichs unterstehenden Landesoberbehörden und Landesmittelbehörden,
2. das Innenministerium über die Bezirksregierungen, soweit sich nicht aus Absatz 3 etwas anderes ergibt,
3. die Landesoberbehörden und die Landesmittelbehörden über die ihnen unterstehenden unteren Landesbehörden.

Die obersten Landesbehörden führen zugleich die oberste Dienstaufsicht über die ihnen im Rahmen ihres Geschäftsbereichs unterstehenden unteren Landesbehörden.

(3) Die Dienstaufsicht des Innenministeriums über die Bezirksregierungen berührt die Befugnisse der übrigen obersten Landesbehörden als oberste Dienstbehörden im Sinne des § 3 Abs. 1 des Landesbeamtengesetzes oder auf Grund besonderer gesetzlicher Vorschriften nicht.

§ 13 Fachaufsicht und Fachaufsichtsbehörden

(1) Die Fachaufsicht erstreckt sich auf die rechtmäßige und zweckmäßige Wahrnehmung der Aufgaben.

(2) Die Fachaufsicht führen

1. die obersten Landesbehörden im Rahmen ihres Geschäftsbereichs über die Landesoberbehörden und Landesmittelbehörden,
2. die Landesoberbehörden und die Landesmittelbehörden über die ihnen unterstehenden unteren Landesbehörden.

Die obersten Landesbehörden führen zugleich im Rahmen ihres Geschäftsbereichs die oberste Fachaufsicht über die unteren Landesbehörden.

(3) In Ausübung der Fachaufsicht können sich die Fachaufsichtsbehörden unterrichten, Weisungen erteilen und bei Gefahr im Verzuge oder auf Grund besonderer gesetzlicher Ermächtigung die Befugnisse der nachgeordneten Behörden selbst ausüben.

§ 14 Einrichtungen des Landes

(1) Einrichtungen des Landes, insbesondere Institute, Archive, Untersuchungsanstalten, Schulen, Ausbildungsstätten, Forschungsanstalten und zentrale Forschungseinrichtun-

gen, Kuranstalten und sonstige nichtrechtsfähige öffentliche Anstalten, die einen eigenen Bestand an Personal und sächlichen Mitteln haben, werden – vorbehaltlich der besonderen hierfür geltenden Vorschriften – von den obersten Landesbehörden im Rahmen ihres Geschäftsbereichs errichtet. Die obersten Landesbehörden können ihre Dienst- oder Fachaufsicht auf nachgeordnete Behörden übertragen.

(2) Die einzelnen Einrichtungen müssen sich aus dem Haushaltsplan ergeben.

§ 14a Landesbetriebe

(1) Landesbetriebe sind rechtlich unselbständige, organisatorisch abgesonderte Teile der Landesverwaltung, deren Tätigkeit erwerbswirtschaftlich oder zumindest auf Kostendeckung ausgerichtet ist.

(2) Landesbetriebe können hoheitliche Aufgaben wahrnehmen.

(3) Nach der Umwandlung von Behörden oder Einrichtungen in Landesbetriebe kann das für die Errichtung des Landesbetriebes zuständige Ministerium durch Rechtsverordnung mit Zustimmung der Landesregierung bestimmen, dass alle Dienststellen der Landesverwaltung, die bislang Dienstleistungen oder Produkte von der überführten Behörde oder Einrichtung bezogen oder deren Sach- und Personalmittel genutzt haben, verpflichtet bleiben, weiterhin die Dienstleistungen, Produkte und Nutzungen des Landesbetriebes in Anspruch zu nehmen. In der Rechtsverordnung können der Umfang und die Dauer des Abnahme- und Benutzungszwangs näher bestimmt werden.

III. Gemeinden und Gemeindeverbände

§ 15 Mitwirkung bei der Landesverwaltung

Die Gemeinden und Gemeindeverbände wirken bei der Landesverwaltung nach Maßgabe der hierfür geltenden gesetzlichen Vorschriften mit.

§ 16 Weisungen und Auftragsangelegenheiten kraft Bundesrechts

(1) Die Gemeinden und Gemeindeverbände sind bei der Durchführung von Bundesgesetzen, die das Land im Auftrag des Bundes ausführt (Art. 85 des Grundgesetzes), an die Weisungen der Aufsichtsbehörden gebunden. Das gleiche gilt, soweit die Bundesregierung in den Fällen des Art. 84 Abs. 5 des Grundgesetzes Einzelweisungen erteilt.

(2) Aufgaben, die der Verteidigung einschließlich des Wehrersatzwesens und des Schutzes der Zivilbevölkerung dienen und die das Land im Auftrag des Bundes ausführt (Art. 87b Abs. 2 Satz 1 des Grundgesetzes), obliegen, falls sie von Gemeinden oder Kreisen durchzuführen sind, den Hauptverwaltungsbeamten dieser Gebietskörperschaften. Die für die Erfüllung dieser Aufgaben erforderlichen Dienstkräfte und Einrichtungen sind von den Gemeinden und Kreisen zur Verfügung zu stellen. Diese Aufgaben führen die Gemeinden und Kreise unter Haftung des Landes durch.

§ 17 Übertragung von Aufgaben

Die Gemeinden und Gemeindeverbände können aufgrund des § 5 dieses Gesetzes für zuständig erklärt werden.

IV. Körperschaften, Anstalten und Stiftungen des öffentlichen Rechts

§ 18 Errichtung und Aufhebung

Körperschaften des öffentlichen Rechts mit eigener Rechtspersönlichkeit (Körperschaften) können nur durch Gesetz oder auf Grund eines Gesetzes errichtet werden.

§ 19 Mitwirkung bei der Landesverwaltung

(1) Die Körperschaften wirken bei der Landesverwaltung nach Maßgabe der hierfür geltenden gesetzlichen Vorschriften mit.

(2) Körperschaften, ihren Organen oder ihren leitenden Beamten oder Angestellten können Hoheitsaufgaben des Landes nur durch Gesetz oder auf Grund eines Gesetzes übertragen werden, das die Übertragung auf Körperschaften ausdrücklich vorsieht oder zuläßt.

§ 20 Aufsicht

(1) Die Aufsicht über die Körperschaften erstreckt sich darauf, daß sie ihre Aufgaben im Einklang mit dem geltenden Recht erfüllen (allgemeine Körperschaftsaufsicht); die §§ 118 bis 122 und 124 der Gemeindeordnung für das Land Nordrhein-Westfalen gelten entsprechend. Abweichende gesetzliche Vorschriften bleiben unberührt.

(2) Soweit die Körperschaften ihre Aufgaben nach Weisung erfüllen, richtet sich die Aufsicht nach den hierfür geltenden gesetzlichen Vorschriften (besondere Körperschaftsaufsicht).

§ 21 Anstalten und Stiftungen des öffentlichen Rechts

Die §§ 18 bis 20 gelten entsprechend für Anstalten und Stiftungen des öffentlichen Rechts mit eigener Rechtspersönlichkeit.

V. Schluß- und Übergangsbestimmungen

§ 22 Bestehende Landesbehörden

Sitz und Bezirk der Landesmittelbehörden und der unteren Landesbehörden richten sich nach den bei Inkrafttreten dieses Gesetzes bestehenden Rechts- oder Verwaltungsvorschriften, solange die Landesregierung nichts Abweichendes gemäß § 7 Abs. 4 oder § 9 Abs. 3 bestimmt.

§ 23 (weggefallen)

§ 24 Abweichender Behördenbegriff

Die bei Inkrafttreten dieses Gesetzes geltenden landesrechtlichen Vorschriften, aus denen sich ergibt, daß die dort für Behörden getroffenen Bestimmungen auch für Einrichtungen des Landes gelten sollen, bleiben insoweit unberührt.

§ 25 Prüfungsämter und Prüfungsausschüsse

Die Stellung der Behörden und Einrichtungen, denen die Prüfung von Personen obliegt, insbesondere der Prüfungsämter und Prüfungsausschüsse, bleibt unberührt.

§ 26 Änderung des Allgemeinen Berggesetzes

(1) Soweit nach dem Allgemeinen Berggesetz vom 24. Juni 1865 (Pr.GS. NW. S. 164) für eine Entscheidung des Oberbergamtes ein Beschluß vorgeschrieben ist, entfällt das Beschlußverfahren.

(2) Der Minister für Wirtschaft, Mittelstand und Verkehr wird ermächtigt, das Allgemeine Berggesetz mit den sich aus Absatz 1 ergebenden Änderungen neu bekanntzumachen und hierbei Unstimmigkeiten im Wortlaut zu beseitigen und die Ausdrucksweise dem heutigen Sprachgebrauch anzupassen.

§ 27 Änderung des Gesetzes betreffend Verbandsordnung für den Siedlungsverband Ruhrkohlenbezirk

(hier nicht aufgenommen)

§ 28 Änderung des Gesetzes über staatliche Verwaltungsgebühren

(hier nicht aufgenommen)

§ 29 Änderung des Gesetzes über die Errichtung von Landwirtschaftskammern im Lande Nordrhein-Westfalen

(hier nicht aufgenommen)

§ 30 Inkrafttreten

Das Gesetz tritt am 15. Juli 1962 in Kraft.

IX

Datenschutzgesetz Nordrhein-Westfalen (DSG NRW)

Vom 17. Mai 2018 (GV. NRW. S. 244, S. 404, S. 278)

Zuletzt geändert durch
Gesetz zur Neuverkündung des Verfassungsschutzgesetzes Nordrhein-Westfalen und zur Änderung weiterer Gesetze
vom 18. November 2025 (GV. NRW. S. 988)

Inhaltsübersicht

IX

Teil 1
Allgemeine Bestimmungen

§ 1 Zweck

(1) Dieses Gesetz trifft die zur Durchführung der Verordnung (EU) 2016/679 des Europäischen Parlaments und des Rates vom 27. April 2016 zum Schutz natürlicher Personen bei der Verarbeitung personenbezogener Daten, zum freien Datenverkehr und zur Aufhebung der Richtlinie 95/46/EG (Datenschutz-Grundverordnung) (ABl. L 119 vom 4. 5. 2016, S. 1, L 314 vom 22. 11. 2016, S. 72) notwendigen ergänzenden Regelungen. Innerhalb der Grenzen der Verordnung (EU) 2016/679 werden spezifische Anforderungen an die Verarbeitung personenbezogener Daten geregelt.

(2) Dieses Gesetz dient ebenfalls der Umsetzung der Richtlinie (EU) 2016/680 des Europäischen Parlaments und des Rates vom 27. April 2016 zum Schutz natürlicher Personen bei der Verarbeitung personenbezogener Daten durch die zuständigen Behörden zum Zweck der Verhütung, Ermittlung, Aufdeckung oder Verfolgung von Straftaten oder der Strafvollstreckung sowie zum freien Datenverkehr und zur Aufhebung des Rahmenbeschlusses 2008/977/JI des Rates (ABl. L 119 vom 4. 5. 2016, S. 89).

§ 2 Sicherstellung des Datenschutzes

Die obersten Landesbehörden, die Gemeinden und Gemeindeverbände sowie die sonstigen der Aufsicht des Landes unterstehenden juristischen Personen des öffentlichen Rechts und deren Vereinigungen ungeachtet ihrer Rechtsform haben jeweils für ihren Bereich die Ausführung der Verordnung (EU) 2016/679, dieses Gesetzes sowie anderer Rechtsvorschriften über den Datenschutz sicherzustellen.

§ 3 Zulässigkeit der Verarbeitung personenbezogener Daten

(1) Soweit spezialgesetzliche Regelungen nicht vorgehen, ist die Verarbeitung personenbezogener Daten durch öffentliche Stellen zulässig, wenn sie für die Wahrnehmung einer im öffentlichen Interesse liegenden Aufgabe der verarbeitenden Stellen erforderlich ist oder wenn sie in Ausübung öffentlicher Gewalt erfolgt, die dem Verantwortlichen übertragen wurde.

(2) Die Datenverarbeitung soll so organisiert sein, dass bei der Verarbeitung, insbesondere der Übermittlung, der Kenntnisnahme im Rahmen der Aufgabenerfüllung und der Einsichtnahme, die Trennung der Daten nach den jeweils verfolgten Zwecken und nach unterschiedlichen Betroffenen möglich ist. Sind personenbezogene Daten derart verbunden, dass ihre Trennung nach erforderlichen und nicht erforderlichen Daten nicht oder nur mit unverhältnismäßigem Aufwand möglich ist, sind auch die Kenntnisnahme, die Weitergabe innerhalb der datenverarbeitenden Stelle und die Übermittlung der Daten, die nicht zur Erfüllung der jeweiligen Aufgaben erforderlich sind, zulässig, soweit nicht schutzwürdige Belange der betroffenen Person oder Dritter überwiegen. Die nicht erforderlichen Daten unterliegen insoweit einem Verwertungsverbot.

(3) Behördliche Unterlagen über die technischen und organisatorischen Maßnahmen gemäß Artikel 32 der Verordnung (EU) 2016/679 unterliegen nicht dem allgemeinen Informationszugang nach dem Informationsfreiheitsgesetz Nordrhein-Westfalen.

§ 4 Begriffsbestimmung

Ergänzend zu Artikel 4 der Verordnung (EU) 2016/679 bezeichnet der Ausdruck „Anonymisieren" das Verändern personenbezogener Daten dergestalt, dass die Einzelangaben über persönliche oder sachliche Verhältnisse nicht mehr oder nur mit einem unverhältnismäßigen Aufwand an Zeit, Kosten und Arbeitskraft einer bestimmten oder bestimmbaren natürlichen Person zugeordnet werden können.

§ 5 Anwendungsbereich

(1) Teil 2 dieses Gesetzes gilt für die Verarbeitung personenbezogener Daten durch die Behörden, Einrichtungen und sonstigen öffentlichen Stellen des Landes, die Gemeinden und Gemeindeverbände sowie für die sonstigen der Aufsicht des Landes unterstehenden juristischen Personen des öffentlichen Rechts und deren Vereinigungen ungeachtet ihrer Rechtsform (öffentliche Stellen). Unbeschadet der Regelung des Satzes 1 gelten Schulen der Gemeinden und Gemeindeverbände, soweit sie in inneren Schulangelegenheiten

personenbezogene Daten verarbeiten, als öffentliche Stellen im Sinne dieses Gesetzes. Nimmt eine nicht-öffentliche Stelle hoheitliche Aufgaben einer öffentlichen Stelle des Landes wahr, gilt sie als öffentliche Stelle im Sinne des Gesetzes.

(2) Öffentliche Stellen im Sinne dieses Gesetzes sind auch natürliche und juristische Personen des privaten Rechts, soweit sie Befugnisse der Verwaltung übertragen bekommen haben und hoheitliche Aufgaben der öffentlichen Verwaltung wahrnehmen.

(3) Für den Landtag gilt Teil 2 dieses Gesetzes, soweit er Verwaltungsaufgaben wahrnimmt.

(4) Für den Landesrechnungshof und die Staatlichen Rechnungsprüfungsämter, die Gerichte und die Behörden der Staatsanwaltschaft gilt Teil 2 dieses Gesetzes, soweit sie Verwaltungsaufgaben wahrnehmen.

(5) Teil 2 dieses Gesetzes findet mit Ausnahme des Kapitels 3 Abschnitt 1, des Kapitels 5 und des § 32 keine Anwendung, soweit

1. wirtschaftliche Unternehmen der Gemeinden oder Gemeindeverbände ohne eigene Rechtspersönlichkeit (Eigenbetriebe),
2. öffentliche Einrichtungen, die entsprechend den Vorschriften über Eigenbetriebe geführt werden,
3. Landesbetriebe oder
4. der Aufsicht des Landes oder der Gemeinden oder Gemeindeverbänden unterstehende juristische Personen des öffentlichen Rechts, die am Wettbewerb teilnehmen, und die NRW.BANK,

personenbezogene Daten zu wirtschaftlichen Zwecken oder Zielen verarbeiten. Soweit Hochschulen im Sinne des § 1 des Gesetzes über die Hochschulen des Landes Nordrhein-Westfalen (Hochschulgesetz – HG) Aufgaben nach § 3 des Gesetzes über die Hochschulen des Landes Nordrhein-Westfalen (Hochschulgesetz – HG) wahrnehmen findet Satz 1 keine Anwendung.

Soweit dieses Gesetz nach Maßgabe von Satz 1 keine Anwendung findet, gelten die Vorschriften für nicht-öffentliche Stellen mit Ausnahme der §§ 4, 22, 26 bis 28 Bundesdatenschutzgesetz vom 30. Juni 2017 (BGBl. I S. 2097) in der jeweils geltenden Fassung entsprechend.

(6) Soweit besondere Rechtsvorschriften auf die Verarbeitung personenbezogener Daten anzuwenden sind, gehen sie den Vorschriften des Teils 2 dieses Gesetzes vor. Regeln Rechtsvorschriften einen Sachverhalt, für den dieses Gesetz gilt, nicht oder nicht abschließend, finden die Vorschriften dieses Gesetzes insoweit Anwendung.

(7) Die Vorschriften der §§ 22–24 und 33 des Gesetzes betreffend das Urheberrecht an Werken der bildenden Künste und der Fotografie (KunstUrhG) vom 9. 1. 1907, zuletzt geändert durch Artikel 3 § 31 des Gesetzes vom 16. 2. 2001 in seiner jeweils geltenden Fassung, bleiben für die nach § 5 unter dieses Gesetz fallenden Stellen unberührt.

(8) Auf Verarbeitungen, die nicht in den Anwendungsbereich des Unionsrechts fallen, sind die Vorschriften der Verordnung (EU) 2016/679 und die Vorschriften des Teils 2 dieses Gesetzes entsprechend anzuwenden, soweit nicht dieser Teil oder andere spezielle Rechtsvorschriften abweichende Regelungen enthalten. Dies gilt nicht für die in den Absätzen 3 und 4 genannten Stellen. Im Fall der entsprechenden Anwendung sind die Vorschriften über den gerichtlichen Rechtsschutz nach § 20 des Bundesdatenschutzgesetzes anzuwenden.

(9) Für Verarbeitungen, die nicht dem Anwendungsbereich von Artikel 2 Absatz 1 der Verordnung (EU) 2016/679 unterfallen, gelten die Artikel 13 und 14 der Verordnung (EU) 2016/679 nicht.

Teil 2
Durchführungsbestimmungen zur Verordnung (EU) 2016/679

Kapitel 1
Grundsätze der Verarbeitung personenbezogener Daten

§ 6 Automatisierte Abrufverfahren und regelmäßige Datenübermittlung

(1) Die Einrichtung eines automatisierten Verfahrens, das die Übermittlung gespeicher-

ter personenbezogener Daten an andere öffentliche Stellen ermöglicht, ist zulässig, soweit die Verarbeitung der Daten zur Erfüllung von Zwecken nach Artikel 6 Absatz 1 Buchstabe c oder e der Verordnung (EU) 2016/679 erfolgt und eine Rechtsvorschrift dies zulässt. Die Zulässigkeit des einzelnen Abrufs bestimmt sich nach den Vorschriften der Verordnung (EU) 2016/679 und dieses Gesetzes.

(2) Die obersten Landesbehörden werden ermächtigt, für die Behörden und Einrichtungen ihres Geschäftsbereichs sowie für die der Rechtsaufsicht des Landes unterliegenden sonstigen öffentlichen Stellen die Einrichtung automatisierter Abrufverfahren durch Rechtsverordnung zuzulassen. Ein solches Verfahren darf nur eingerichtet werden, soweit dies unter Berücksichtigung des informationellen Selbstbestimmungsrechts des betroffenen Personenkreises und der Aufgaben der beteiligten Stellen angemessen ist. Die Datenempfänger, die Datenart und der Zweck des Abrufs sind festzulegen. Die oder der Landesbeauftragte für Datenschutz und Informationsfreiheit ist frühzeitig zu unterrichten.

(3) Die Absätze 1 und 2 gelten nicht für Datenbestände, die jedermann ohne oder nach besonderer Zulassung zur Benutzung offen stehen oder deren Veröffentlichung zulässig wäre.

(4) Für die Einrichtung automatisierter Abrufverfahren innerhalb einer öffentlichen Stelle gelten Absatz 2 Satz 2 bis 4 sowie Absatz 3 entsprechend.

(5) Für die Zulassung regelmäßiger Datenübermittlungen sind die Absätze 1 bis 4 entsprechend anzuwenden.

IX

§ 7 Erhebung personenbezogener Daten bei dritten Personen und nicht-öffentlichen Stellen

Werden personenbezogene Daten bei einer dritten Person oder einer nicht-öffentlichen Stelle erhoben, so hat die oder der Erhebende diese auf Verlangen über den Erhebungszweck zu informieren, soweit dadurch schutzwürdige Belange der betroffenen Person nicht beeinträchtigt werden. Werden die Daten aufgrund einer Rechtsvorschrift erhoben, die sie zur Auskunft verpflichtet, ist die dritte Person beziehungsweise die nicht-öffentliche Stelle auf diese Vorschrift, anderenfalls auf die Freiwilligkeit ihrer Angaben, hinzuweisen.

§ 8 Verantwortung für die Datenübermittlung

(1) Die Verantwortung für die Zulässigkeit einer Übermittlung personenbezogener Daten trägt die übermittelnde Stelle. Erfolgt die Übermittlung aufgrund eines Ersuchens einer öffentlichen Stelle, trägt diese die Verantwortung. Die übermittelnde Stelle hat dann lediglich zu prüfen, ob das Übermittlungsersuchen im Rahmen der Aufgaben des Empfängers liegt. Die Rechtmäßigkeit des Ersuchens prüft sie nur, wenn hierzu im Einzelfall Anlass besteht. Die ersuchende Stelle hat in dem Ersuchen die für diese Prüfung erforderlichen Angaben zu machen. Erfolgt die Übermittlung durch automatisierten Abruf, trägt die Verantwortung für die Rechtmäßigkeit des Abrufs der Empfänger.

(2) Die Übermittlung personenbezogener Daten durch öffentliche Stellen an nichtöffentliche Stellen ist zulässig, wenn

1. sie zur Erfüllung der in der Zuständigkeit der übermittelnden Stelle liegenden Aufgaben erforderlich ist und die Voraussetzungen vorliegen, die eine Verarbeitung nach § 3 und § 9 zulassen würden,
2. der Dritte, an den die Daten übermittelt werden, ein berechtigtes Interesse an der Kenntnis der zu übermittelnden Daten glaubhaft darlegt und die betroffene Person kein schutzwürdiges Interesse an dem Ausschluss der Übermittlung hat oder
3. es zur Geltendmachung, Ausübung oder Verteidigung rechtlicher Ansprüche erforderlich ist
4. und der Dritte sich gegenüber der übermittelnden öffentlichen Stelle verpflichtet hat, die Daten nur für den Zweck zu verarbeiten, zu dessen Erfüllung sie ihm übermittelt werden.

   Eine Verarbeitung für andere Zwecke ist zulässig, wenn eine Übermittlung nach Satz 1 zulässig wäre und die übermittelnde Stelle zugestimmt hat.

(3) Die Übermittlung besonderer Kategorien personenbezogener Daten im Sinne des Artikels 9 Absatz 1 der Verordnung (EU) 2016/679 ist zulässig, wenn die Voraussetzungen des Absatzes 1 oder 2 und ein Ausnahmetatbestand nach Artikel 9 Absatz 2 der Verordnung (EU) 2016/679 oder nach § 16 vorliegen.

(4) Bei Übermittlung personenbezogener Daten an nichtöffentliche Stellen ist auf die Voraussetzungen in Absatz 2 und 3 hinzuweisen.

§ 9 Zulässigkeit der Datenverarbeitung im Hinblick auf die Zweckbindung

(1) Personenbezogene Daten dürfen durch öffentliche Stellen auch zur Wahrnehmung von Aufsichts- und Kontrollbefugnissen, zur Rechnungsprüfung oder zur Durchführung von Organisationsuntersuchungen verarbeitet werden. Dies gilt auch für die Verarbeitung zu Ausbildungs- und Prüfungszwecken, sofern berechtigte Interessen der betroffenen Person an der Geheimhaltung der Daten nicht offensichtlich überwiegen.

(2) Eine Verarbeitung personenbezogener Daten zu anderen Zwecken als zu denjenigen, zu denen die Daten erhoben worden sind, ist zulässig, wenn

1. sie zur Abwehr erheblicher Nachteile für das Gemeinwohl oder einer Gefahr für die öffentliche Sicherheit, die Verteidigung oder die nationale Sicherheit erforderlich ist,
2. sie zur Abwehr einer schwerwiegenden Beeinträchtigung der Rechte einer anderen Person erforderlich ist,
3. sich bei der rechtmäßigen Aufgabenerfüllung Anhaltspunkte für Straftaten oder Ordnungswidrigkeiten ergeben und die Unterrichtung der für die Verfolgung oder Vollstreckung zuständigen Behörden geboten erscheint,
4. die Überprüfung der Angaben der betroffenen Person aufgrund tatsächlicher Anhaltspunkte für deren Unrichtigkeit erforderlich ist,
5. sie zur Wahrung eines rechtlichen Interesses eines Dritten erforderlich ist und das schützenswerte Geheimhaltungsinteresse der betroffenen Person nicht überwiegt oder
6. sie im öffentlichen Interesse, insbesondere zur Durchsetzung öffentlich-rechtlicher Geldforderungen, liegt oder zur Wahrung berechtigter Interessen eines Dritten erforderlich ist und die betroffene Person in diesen Fällen der Datenverarbeitung nicht widersprochen hat.

(3) Eine Information der betroffenen Person über die Datenverarbeitung nach Absatz 2 erfolgt nicht, soweit und solange hierdurch der Zweck der Verarbeitung gefährdet würde.

(4) Ferner ist eine Zweckänderung zulässig, wenn

1. die Einholung der Einwilligung der betroffenen Person nicht möglich ist oder mit unverhältnismäßig hohem Aufwand verbunden wäre, aber offensichtlich ist, dass die Datenverarbeitung in ihrem Interesse liegt und sie in Kenntnis des anderen Zweckes ihre Einwilligung erteilen würde,
2. die Bearbeitung eines von der betroffenen Person gestellten Antrags ohne die Zweckänderung der Daten nicht möglich ist,
3. die Daten aus allgemein zugänglichen Quellen entnommen werden können oder die datenverarbeitende Stelle sie veröffentlichen darf, es sei denn, dass das Interesse der betroffenen Person an dem Ausschluss der Speicherung oder einer Veröffentlichung der gespeicherten Daten offensichtlich überwiegt.

(5) Unterliegen die personenbezogenen Daten einem Berufs- oder besonderen Amtsgeheimnis und sind sie der verantwortlichen Stelle von der zur Verschwiegenheit verpflichteten Person in Ausübung ihrer Berufs- oder Amtspflicht übermittelt worden, finden die Absätze 2 und 4 keine Anwendung.

(6) Die Übermittlung personenbezogener Daten an Stellen der öffentlich-rechtlichen Religionsgesellschaften ist in entsprechender Anwendung der Vorschriften über die Datenübermittlung an öffentliche Stellen zulässig, sofern sichergestellt ist, dass bei dem Empfänger ausreichende Datenschutzmaßnahmen getroffen sind.

§ 10 Löschung personenbezogener Daten

(1) Sofern öffentliche Stellen verpflichtet sind, einem öffentlichen Archiv Unterlagen zur

Übernahme anzubieten, ist eine Löschung personenbezogener Daten erst zulässig, nachdem die Unterlagen dem öffentlichen Archiv angeboten und als nicht archivwürdig bewertet worden sind oder die Verpflichtung zur weiteren Aufbewahrung nach § 4 Absatz 5 Satz 1 des Archivgesetzes Nordrhein-Westfalen vom 16. März 2010 (GV. NRW. S. 188) in der jeweils geltenden Fassung, entfallen ist.

(2) Ist eine Löschung im Fall nicht automatisierter Datenverarbeitung wegen der besonderen Art der Speicherung nicht oder nur mit unverhältnismäßig hohem Aufwand möglich und ist das Interesse der betroffenen Person an der Löschung als gering anzusehen, besteht das Recht der betroffenen Person auf und die Pflicht des Verantwortlichen zur Löschung personenbezogener Daten gemäß Artikel 17 Absatz 1 der Verordnung (EU) 2016/679 ergänzend zu den in Artikel 17 Absatz 3 der Verordnung (EU) 2016/679 genannten Ausnahmen nicht. In diesem Fall tritt an die Stelle einer Löschung die Einschränkung der Verarbeitung gemäß Artikel 18 der Verordnung (EU) 2016/679. Die Sätze 1 und 2 finden keine Anwendung, wenn die personenbezogenen Daten unrechtmäßig verarbeitet wurden.

Kapitel 2
Rechte der betroffenen Personen

§ 11 Beschränkung der Informationspflicht bei der Erhebung von personenbezogenen Daten nach Artikel 13 und 14 der Verordnung (EU) 2016/679

(1) Bei der Verarbeitung personenbezogener Daten entfällt die Informationspflicht des Verantwortlichen nach Artikel 13 Absatz 3 und Artikel 14 Absätze 1, 2 und 4 der Verordnung (EU) 2016/679, soweit und solange

1. die Information die Verfolgung von Straftaten, Ordnungswidrigkeiten oder berufsrechtlichen Verstößen, die öffentliche Sicherheit oder den Schutz des Wohles des Bundes oder eines Landes gefährdet,
2. die personenbezogenen Daten oder die Tatsache ihrer Verarbeitung nach einer Rechtsvorschrift oder wegen der Rechte und Freiheiten anderer Personen geheim zu halten sind oder
3. die Information die Geltendmachung, Ausübung oder Verteidigung zivilrechtlicher Ansprüche beeinträchtigen würde und die Interessen des Verantwortlichen an der Nichterteilung der Information die Interessen der betroffenen Person überwiegen.

(2) Bezieht sich die Informationspflicht auf die Übermittlung personenbezogener Daten an Behörden der Staatsanwaltschaft, an Polizeidienststellen, an Behörden der Finanzverwaltung, soweit sie personenbezogene Daten für Zwecke der Verhütung, Ermittlung, Aufdeckung oder Verfolgung von Straftaten speichern, an Verfassungsschutzbehörden, an den Bundesnachrichtendienst, an den Militärischen Abschirmdienst und, soweit die Sicherheit des Bundes berührt wird, andere Behörden des Bundesministeriums der Verteidigung, ist die Erteilung der Information nur mit Zustimmung dieser Stellen zulässig. Gleiches gilt für die Übermittlung personenbezogener Daten von diesen Behörden.

§ 12 Beschränkung des Auskunftsrechts der betroffenen Person nach Artikel 15 der Verordnung (EU) 2016/679

(1) Soweit der Verantwortliche große Mengen von Informationen über die betroffene Person verarbeitet, kann er bei einem Auskunftsersuchen verlangen, dass die betroffene Person präzisiert, auf welche Information oder welche Verarbeitungsvorgänge sich ihr Auskunftsersuchen bezieht. Das Auskunftsrecht setzt voraus, dass die betreffende Person Angaben macht, die das Auffinden der Daten mit angemessenem Aufwand ermöglicht.

(2) Die Auskunftserteilung kann abgelehnt werden, soweit und solange

1. dies zur Verfolgung von Straftaten, Ordnungswidrigkeiten oder berufsrechtlichen Verstößen notwendig ist,
2. die Auskunft die öffentliche Sicherheit gefährden oder sonst dem Wohle des Bundes oder eines Landes Nachteile bereiten würde oder

3. die personenbezogenen Daten oder die Tatsache ihrer Verarbeitung nach einer Rechtsvorschrift oder wegen der Rechte und Freiheiten anderer Personen geheim zu halten sind.

Die betroffene Person kann keine Auskunft über die Verarbeitung sie betreffender personenbezogener Daten nach Artikel 15 der Verordnung (EU) 2016/679 verlangen, soweit die Daten ausschließlich zu Zwecken der Datensicherung oder der Datenschutzkontrolle gespeichert sind und eine Verarbeitung zu anderen Zwecken durch geeignete technische und organisatorische Maßnahmen ausgeschlossen ist.

(3) Bezieht sich die Auskunftserteilung auf die Übermittlung personenbezogener Daten an Behörden der Staatsanwaltschaft, an Polizeidienststellen, an Behörden der Finanzverwaltung, soweit sie personenbezogene Daten für Zwecke der Verhütung, Ermittlung, Aufdeckung oder Verfolgung von Straftaten speichern, an Verfassungsschutzbehörden, an den Bundesnachrichtendienst, an den Militärischen Abschirmdienst und, soweit die Sicherheit des Bundes berührt wird, andere Behörden des Bundesministeriums der Verteidigung, ist die Auskunft nur mit Zustimmung dieser Stellen zulässig. Gleiches gilt für die Übermittlung personenbezogener Daten von diesen Behörden.

(4) Die Ablehnung der Auskunftserteilung bedarf keiner Begründung, soweit durch die Begründung der Zweck der Verweigerung gefährdet würde. Die Ablehnungsgründe sind aktenkundig zu machen.

§ 13 Beschränkung der Benachrichtigung der von einer Verletzung des Schutzes personenbezogener Daten betroffenen Personen nach Artikel 34 der Verordnung (EU) 2016/679

Der Verantwortliche kann von der Benachrichtigung der von einer Verletzung des Schutzes personenbezogener Daten betroffenen Person absehen, soweit und solange

1. die Informationen die öffentliche Sicherheit gefährden oder sonst dem Wohle des Bundes oder eines Landes Nachteile bereiten würde,
2. die personenbezogenen Daten oder die Tatsache ihrer Verarbeitung nach einer Rechtsvorschrift oder wegen der Rechte und Freiheiten anderer Personen geheim zu halten sind oder
3. die Information die Sicherheit von IT-Systemen gefährden würde.

§ 14 Beschränkung des Widerspruchsrechts

Das Recht auf Widerspruch gemäß Artikel 21 Absatz 1 der Verordnung (EU) 2016/679 gegenüber einer öffentlichen Stelle besteht nicht, soweit an der Verarbeitung ein zwingendes öffentliches Interesse besteht, das die Interessen der betroffenen Person überwiegt, oder eine Rechtsvorschrift zur Verarbeitung verpflichtet.

Kapitel 3
Vorschriften für besondere Verarbeitungssituationen

§ 15 Garantien zum Schutz personenbezogener Daten und anderer Grundrechte

Werden besondere Kategorien personenbezogener Daten im Sinne von Artikel 9 Absatz 1 der Verordnung (EU) 2016/679 verarbeitet, sind vom Verantwortlichen angemessene und spezifische Maßnahmen zur Wahrung der Grundrechte und Interessen der betroffenen Personen vorzusehen. Unter Berücksichtigung des Stands der Technik, der Implementierungskosten und der Art, des Umfangs, der Umstände und der Zwecke der Verarbeitung sowie der unterschiedlichen Eintrittswahrscheinlichkeit und Schwere der mit der Verarbeitung verbundenen Risiken für die Rechte und Freiheiten natürlicher Personen sind das:

1. technische und organisatorische Maßnahmen, um sicherzustellen, dass die Verarbeitung gemäß der Verordnung (EU) 2016/679 erfolgt,
2. Maßnahmen, die gewährleisten, dass nachträglich überprüft und festgestellt

werden kann, ob und von wem personenbezogene Daten eingegeben, verändert oder entfernt worden sind,
3. die Sensibilisierung der an Verarbeitungsvorgängen Beteiligten,
4. die Beschränkung des Zugangs zu den personenbezogenen Daten innerhalb der verantwortlichen Stelle und von Auftragsverarbeitern,
5. die Anonymisierung und wenn sie nicht möglich ist die Pseudonymisierung personenbezogener Daten,
6. die Verschlüsselung personenbezogener Daten,
7. die Sicherstellung der Fähigkeit, Vertraulichkeit, Integrität, Verfügbarkeit und Belastbarkeit der Systeme und Dienste im Zusammenhang mit der Verarbeitung personenbezogener Daten einschließlich der Fähigkeit, die Verfügbarkeit und den Zugang bei einem physischen oder technischen Zwischenfall unverzüglich wiederherzustellen,
8. die Einrichtung eines Verfahrens zur regelmäßigen Überprüfung, Bewertung und Evaluierung der Wirksamkeit der technischen und organisatorischen Maßnahmen zur Gewährleistung der Sicherheit der Verarbeitung oder
9. spezifische Verfahrensregelungen, die im Falle einer Übermittlung oder Verarbeitung für andere Zwecke die Einhaltung der Vorgaben dieses Gesetzes sowie der Verordnung (EU) 2016/679 sicherstellen.

Abschnitt 1
Besondere Verarbeitungssituationen im Anwendungsbereich der Verordnung (EU) 2016/679

§ 16 Verarbeitung besonderer Kategorien personenbezogener Daten

(1) Die Verarbeitung besonderer Kategorien personenbezogener Daten im Sinne des Artikel 9 Absatz 1 der Verordnung (EU) 2016/679 ist zulässig, soweit
1. sie zur Abwehr von Gefahren für die öffentliche Sicherheit erforderlich ist,
2. sie zur Verfolgung von Straftaten oder Ordnungswidrigkeiten, zur Vollstreckung oder zum Vollzug von Strafen, von Bußgeldentscheidungen, Maßregeln der Besserung und Sicherung, Erziehungsmaßregeln oder Zuchtmitteln im Sinne des Jugendgerichtsgesetzes oder zur Anordnung von Einziehungsentscheidungen erforderlich ist,
3. sie zum Zwecke der Gesundheitsvorsorge, zur medizinischen Diagnostik, zur Gewährleistung und Überwachung der Gesundheit oder Mitteilung von Gesundheitswarnungen, zur Prävention oder Kontrolle ansteckender Krankheiten und anderer schwerwiegender Gesundheitsgefahren oder zur Verwaltung von Leistungen der Gesundheitsversorgung erforderlich ist, sofern die Verarbeitung dieser Daten durch ärztliches oder sonstiges Personal erfolgt, das einer entsprechenden Geheimhaltungspflicht unterliegt oder
4. sie erforderlich ist, um die aus dem Recht der sozialen Sicherheit und des Sozialschutzes erwachsenden Rechte auszuüben und den diesbezüglichen Pflichten nachzukommen.

(2) Im Falle des Artikel 9 Absatz 2 Buchstabe a der Verordnung (EU) 2016/679 hat die Einwilligung in die Verarbeitung genetischer oder biometrischer Daten oder von Gesundheitsdaten schriftlich zu erfolgen.

§ 17 Datenverarbeitung personenbezogener Daten zu wissenschaftlichen oder historischen Forschungszwecken oder zu statistischen Zwecken

(1) Die Verarbeitung personenbezogener Daten ist aufgrund von Artikel 6 Absatz 1 Satz 1 Buchstabe e) der Verordnung (EU) 2016/679 sowie besonderer Kategorien personenbezogener Daten aufgrund von Artikel 9 Absatz 2 Buchstabe j) der Verordnung (EU) 2016/679, auch ohne Einwilligung für wissenschaftliche oder historische Forschungszwecke oder für statistische Zwecke zulässig, wenn die Verarbeitung zu diesen Zwecken erforderlich ist

und schutzwürdige Belange der betroffenen Person nicht überwiegen.

(2) Der Verantwortliche sieht angemessene und spezifische Maßnahmen zur Wahrung der Interessen der betroffenen Person gemäß § 15 vor. Ergänzend zu den in § 15 genannten Maßnahmen sind zu wissenschaftlichen oder historischen Forschungszwecken oder zu statistischen Zwecken verarbeitete besondere Kategorien personenbezogener Daten im Sinne des Artikels 9 Absatz 1 der Verordnung (EU) 2016/679 zu anonymisieren, sobald dies nach dem Forschungs- oder Statistikzweck möglich ist, es sei denn, berechtigte Interessen der betroffenen Person stehen dem entgegen.

(3) Die personenbezogenen Daten sind zu anonymisieren, sobald dies nach dem Forschungs- oder Statistikzweck möglich ist. Zuvor sind die Merkmale gesondert zu speichern, mit denen Einzelangaben über persönliche oder sachliche Verhältnisse einer bestimmten oder bestimmbaren Person zugeordnet werden können. Sie dürfen mit den Einzelangaben nur zusammengeführt werden, soweit der Forschungszweck dies erfordert. Sie sind zu löschen, sobald der Forschungs- oder Statistikzweck dies erlaubt.

(4) Die zu wissenschaftlichen oder historischen Forschungszwecken oder zu statistischen Zwecken verarbeiteten personenbezogenen Daten einschließlich solcher im Sinne von Artikel 9 Absatz 1 der Verordnung (EU) 2016/679 dürfen nach Maßgabe von Artikel 9 Absatz 2 Buchstabe a der Verordnung (EU) 2016/679 nur veröffentlicht werden, wenn

1. die betroffene Person in die Veröffentlichung eingewilligt hat oder
2. dies für die Darstellung von Forschungsergebnissen oder solchen über Ereignisse der Zeitgeschichte erforderlich ist und das öffentliche Interesse die schutzwürdigen Belange der betroffenen Person erheblich überwiegt.

(5) Ansprüche auf Auskunft gemäß Artikel 15 der Verordnung (EU) 2016/679, auf Berichtigung gemäß Artikel 16 der Verordnung (EU) 2016/679, auf Einschränkung der Bearbeitung gemäß Artikel 18 der Verordnung (EU) 2016/679 und auf Widerspruch gemäß Artikel 21 der Verordnung (EU) 2016/679 bestehen nicht, soweit die Inanspruchnahme dieser Rechte voraussichtlich die Verwirklichung der Forschungs- oder Statistikzwecke unmöglich macht oder ernsthaft beeinträchtigt und die Beschränkung dieser Rechte für die Erfüllung dieser Zwecke notwendig ist.

§ 18 Datenverarbeitung im Beschäftigungskontext

(1) Personenbezogene Daten von Bewerberinnen und Bewerbern sowie Beschäftigten dürfen nur verarbeitet werden, wenn dies zur Eingehung, Durchführung, Beendigung oder Abwicklung des Beschäftigungsverhältnisses oder zur Durchführung organisatorischer, personeller und sozialer Maßnahmen, insbesondere zu Zwecken der Personalplanung und des Personaleinsatzes, erforderlich ist oder eine Rechtsvorschrift, ein Tarifvertrag oder eine Dienstvereinbarung dies vorsieht oder die oder der Beschäftigte eingewilligt hat. Eine Übermittlung der Daten von Bewerberinnen und Bewerbern und Beschäftigten an Personen und Stellen außerhalb des öffentlichen Bereichs ist nur zulässig, wenn der Empfänger ein rechtliches Interesse darlegt, der Dienstverkehr es erfordert oder die betroffene Person eingewilligt hat. Die Datenübermittlung an einen künftigen Dienstherrn oder Arbeitgeber ist nur mit Einwilligung der betroffenen Person zulässig.

(2) Erfolgt die Verarbeitung personenbezogener Daten von Beschäftigten auf der Grundlage einer Einwilligung, so sind für die Beurteilung der Freiwilligkeit der Einwilligung insbesondere die im Beschäftigungsverhältnis bestehende Abhängigkeit der beschäftigten Person sowie die Umstände, unter denen die Einwilligung erteilt worden ist, zu berücksichtigen. Freiwilligkeit kann insbesondere vorliegen, wenn für die beschäftigte Person ein rechtlicher oder wirtschaftlicher Vorteil erreicht wird oder Arbeitgeber und beschäftigte Person gleichgelagerte Interessen verfolgen. Die Einwilligung bedarf der Schriftform, soweit nicht wegen besonderer Umstände eine andere Form angemessen ist. Der Arbeitgeber hat

IX

die beschäftigte Person über den Zweck der Datenverarbeitung und über ihr Widerrufsrecht nach Artikel 7 Absatz 3 der Verordnung (EU) 2016/679 in Textform aufzuklären.

(3) Abweichend von Artikel 9 Absatz 1 der Verordnung (EU) 2016/679 ist die Verarbeitung besonderer Kategorien personenbezogener Daten im Sinne des Artikels 9 Absatz 1 der Verordnung (EU) 2016/679 für Zwecke des Beschäftigungsverhältnisses zulässig, wenn sie zur Ausübung von Rechten oder zur Erfüllung rechtlicher Pflichten aus dem Arbeitsrecht, dem Recht der sozialen Sicherheit und des Sozialschutzes erforderlich ist und kein Grund zu der Annahme besteht, dass das schutzwürdige Interesse der betroffenen Person an dem Ausschluss der Verarbeitung überwiegt. Absatz 2 gilt auch für die Einwilligung in die Verarbeitung besonderer Kategorien personenbezogener Daten; die Einwilligung muss sich dabei ausdrücklich auf diese Daten beziehen.

(4) Personenbezogene Daten von Bewerberinnen und Bewerbern für

1. den Polizeivollzugsdienst oder
2. ein Arbeits-, Ausbildungs- oder Praktikantenverhältnis in Polizeibehörden

dürfen zum Zwecke der Überprüfung der Einstellungsvoraussetzungen an Polizei- und Verfassungsschutzbehörden übermittelt werden. Die Daten dürfen in den Vorgangsverwaltungs- und Informationssystemen der Polizei- und der Verfassungsschutzbehörden verarbeitet werden. Eine Einwilligung der Bewerberinnen und Bewerber hierzu ist nicht notwendig.

(5) Die beamtenrechtlichen Vorschriften über die Führung von Personalakten gemäß § 50 des Beamtenstatusgesetzes vom 17. Juni 2008 (BGBl. I S. 1010) in der jeweils geltenden Fassung sowie §§ 83 bis 92 des Landesbeamtengesetzes vom 14. Juni 2016 (GV. NRW. S. 310, ber. S. 642) in der jeweils geltenden Fassung, sind für alle nicht beamteten Beschäftigten einer öffentlichen Stelle entsprechend anzuwenden, soweit nicht die Besonderheiten des Tarif- und Arbeitsrechts hinsichtlich der Aufnahme und Entfernung von bestimmten Vorgängen und Vermerken eine abweichende Behandlung erfordern.

(6) Die Weiterverarbeitung der bei ärztlichen oder psychologischen Untersuchungen und Tests zum Zwecke der Eingehung eines Beschäftigungsverhältnisses erhobenen Daten ist nur mit schriftlicher Einwilligung der betroffenen Person zulässig. Die Einstellungsbehörde darf vom untersuchenden Arzt in der Regel nur die Übermittlung des Ergebnisses der Eignungsuntersuchung und der dabei festgestellten Risikofaktoren verlangen.

(7) Personenbezogene Daten, die vor der Eingehung eines Beschäftigungsverhältnisses erhoben wurden, sind unverzüglich zu löschen, sobald feststeht, dass ein Dienst- oder Arbeitsverhältnis nicht zustande kommt, es sei denn, dass die betroffene Person in die weitere Speicherung eingewilligt hat oder dass Fristen für die Geltendmachung von Ansprüchen nach dem Allgemeinen Gleichbehandlungsgesetz vom 14. August 2006 (BGBl. I S. 1897) in der jeweils geltenden Fassung abzuwarten sind. Nach Beendigung eines Beschäftigungsverhältnisses sind personenbezogene Daten zu löschen, wenn diese Daten nicht mehr benötigt werden, es sei denn, dass Rechtsvorschriften der Löschung entgegenstehen.

(8) Die Ergebnisse medizinischer oder psychologischer Untersuchungen und Tests der Beschäftigten dürfen automatisiert nur verarbeitet werden, wenn dies dem Schutz der Beschäftigten dient.

(9) Soweit Daten der Beschäftigten im Rahmen der Durchführung von technischen und organisatorischen Maßnahmen nach Artikel 32 der Verordnung (EU) 2016/679 gespeichert werden, dürfen sie nicht zu Zwecken der Verhaltens- oder Leistungskontrolle genutzt werden.

(10) Beurteilungen dürfen nicht allein auf Informationen gestützt werden, die unmittelbar durch automatisierte Datenverarbeitung gewonnen werden.

(11) Leitstellen und Befehlsstellen der in Satz 4 genannten Einrichtungen und Organisationen dürfen zur Bestimmung des geografischen Standorts personenbezogene Daten der von

ihnen gesteuerten Einsatzkräfte mittels elektronischer Einrichtungen durch eine Funktion des Digitalfunks für Behörden und Organisationen mit Sicherheitsaufgaben (BOS-Digitalfunk) oder durch andere technische Mittel ohne Einwilligung der betroffenen Person verarbeiten, soweit dies aus dienstlichen Gründen zur Sicherheit oder zur Koordinierung der Einsatzkräfte erforderlich ist. Standortdaten dürfen ausschließlich zu den in Satz 1 festgelegten Zwecken verarbeitet werden. Die Daten sind unverzüglich zu löschen, wenn sie zur Erreichung des Zwecks der Speicherung nicht mehr erforderlich sind. Die Sätze 1 und 2 gelten für Einsatzkräfte der Berechtigten des § 4 Absatz 1 Nummern 1.1, 1.5, 1.6, 1.7 bis 1.9 der BOS-Funkrichtlinie vom 7. September 2009 (GMBl. 2009, S. 803) in der jeweils geltenden Fassung, soweit es sich hierbei um kommunale Behörden oder um Landesbehörden handelt.

(12) Die Beteiligungsrechte der Interessenvertretungen der Beschäftigten bleiben unberührt.

§ 19 Verarbeitung zu künstlerischen oder literarischen Zwecken

(1) Werden personenbezogene Daten zu künstlerischen oder literarischen Zwecken verarbeitet, stehen den betroffenen Personen nur die in Absatz 2 genannten Rechte zu. Im Übrigen gelten für Verarbeitungen im Sinne des Satzes 1 Kapitel I, Artikel 5 Absatz 1 Buchstabe f, Artikel 24 und 32, Kapitel VIII, X und XI der Verordnung (EU) 2016/679. Artikel 82 der Verordnung (EU) 2016/679 gilt mit der Maßgabe, dass nur für unzureichende Maßnahmen nach Artikel 5 Absatz 1 Buchstabe f, Artikel 24 und 32 der Verordnung (EU) 2016/679 gehaftet wird.

(2) Führt die künstlerische oder literarische Verarbeitung personenbezogener Daten zur Verbreitung von Gegendarstellungen, zu Verpflichtungserklärungen, gerichtlichen Entscheidungen oder Widerrufen, sind diese zu den gespeicherten Daten zu nehmen, dort für dieselbe Zeitdauer aufzubewahren wie die Daten selbst und bei einer Übermittlung der Daten gemeinsam mit diesen zu übermitteln.

§ 20 Videoüberwachung

(1) Die Verarbeitung personenbezogener Daten in öffentlich zugänglichen Bereichen mittels optisch-elektronischer Einrichtungen (Videoüberwachung) durch öffentliche Stellen ist zulässig, wenn dies

1. zur Wahrnehmung des Hausrechts,
2. zum Schutz des Lebens, der Gesundheit, des Eigentums oder Besitzes oder
3. zur Kontrolle von Zugangsberechtigungen

erforderlich ist und keine Anhaltspunkte bestehen, dass schutzwürdige Interessen der betroffenen Personen überwiegen.

(2) Der Umstand der Videoüberwachung, die Angaben nach Artikel 13 Absatz 1 Buchstabe a bis c der Verordnung (EU) 2016/679 sowie die Möglichkeit, bei der oder dem Verantwortlichen die weiteren Informationen nach Artikel 13 der Verordnung (EU) 2016/679 zu erhalten, sind durch geeignete Maßnahmen zum frühestmöglichen Zeitpunkt erkennbar zu machen.

(3) Die Verarbeitung der nach Absatz 1 erhobenen Daten zu einem anderen Zweck ist nur zulässig, soweit dies zur Abwehr von Gefahren für die staatliche und öffentliche Sicherheit, zur Verfolgung von Straftaten oder zur Geltendmachung von Rechtsansprüchen gegenüber betroffenen Personen erforderlich ist und keine Anhaltspunkte dafür bestehen, dass schutzwürdige Interessen betroffener Personen überwiegen.

(4) Die nach Absatz 1 erhobenen Daten sind unverzüglich zu löschen. Dies gilt nicht, sofern die Daten zur Abwehr von Gefahren für die staatliche und öffentliche Sicherheit, zur Verfolgung von Straftaten oder zur Geltendmachung von Rechtsansprüchen gegenüber der betroffenen Person erforderlich sind.

Abschnitt 2
Besondere Verarbeitungssituationen außerhalb des Anwendungsbereiches der Verordnung (EU) 2016/679

§ 21 Anwendbarkeit der Verordnung (EU) 2016/679

Auf die Regelungen dieses Abschnitts findet abweichend von der Regelung in § 5 Absatz 8 die Verordnung (EU) 2016/679 grundsätzlich keine entsprechende Anwendung, soweit nicht die Vorschriften dieses Abschnitts die Anwendung einzelner Vorschriften vorsehen.

§ 22 Öffentliche Auszeichnungen und Ehrungen

(1) Zur Vorbereitung öffentlicher Auszeichnungen und Ehrungen dürfen die zuständigen Stellen die dazu erforderlichen Daten einschließlich Daten im Sinne von Artikel 9 Absatz 1 der Verordnung (EU) 2016/679 auch ohne Kenntnis der betroffenen Person verarbeiten. Eine Verarbeitung dieser Daten für andere Zwecke ist nur mit Einwilligung der betroffenen Person zulässig.

(2) Auf Anforderung der in Absatz 1 genannten Stellen dürfen andere öffentliche Stellen die zur Vorbereitung der Auszeichnung oder Ehrung erforderlichen Daten übermitteln.

(3) Die Absätze 1 und 2 finden keine Anwendung, wenn der datenverarbeitenden Stelle bekannt ist, dass die betroffene Person ihrer öffentlichen Auszeichnung oder Ehrung oder der mit ihr verbundenen Datenverarbeitung widersprochen hat.

(4) In Verfahren der Entscheidung über öffentliche Auszeichnungen und Ehrungen finden nur Artikel 5 bis 7, Kapitel IV mit Ausnahme der Artikel 33 und 34 sowie Kapitel VI der Verordnung (EU) 2016/679 entsprechende Anwendung.

§ 23 Begnadigungsverfahren

(1) In Begnadigungsverfahren ist die Verarbeitung personenbezogener Daten einschließlich Daten im Sinne von Artikel 9 Absatz 1 der Verordnung (EU) 2016/679 zulässig, soweit sie zur Ausübung des Gnadenrechts durch die zuständigen Stellen erforderlich ist. Die Datenverarbeitung unterliegt nicht der Kontrolle durch die Landesbeauftragte oder den Landesbeauftragten für Datenschutz und Informationsfreiheit.

(2) In Begnadigungsverfahren finden nur Artikel 5 bis 7 sowie Kapitel IV mit Ausnahme der Artikel 33 und 34 der Verordnung (EU) 2016/679 entsprechende Anwendung.

Kapitel 4
Pflichten des Verantwortlichen

§ 24 Datenschutz-Folgenabschätzung

(1) Eine Datenschutz-Folgenabschätzung nach Artikel 35 Absatz 1 Satz 1 der Verordnung (EU) 2016/679 soll nicht durchgeführt werden, soweit diese für eine Verarbeitung, die im Wesentlichen unverändert übernommen wird, bereits von der fachlich zuständigen obersten Landesbehörde oder von einer durch diese ermächtigten öffentlichen Stelle durchgeführt wurde.

(2) Die obersten Landesbehörden können den öffentlichen Stellen ihres Geschäftsbereichs die Ergebnisse der von ihnen oder durch von ihnen ermächtigten Behörden durchgeführten Datenschutz-Folgenabschätzungen zur Verfügung stellen, soweit die Information nicht die Sicherheit von IT-Systemen gefährden würde.

(3) Entwickelt eine öffentliche Stelle ein automatisiertes Verfahren, das zum Einsatz durch öffentliche Stellen bestimmt ist, so kann sie, sofern die Voraussetzungen des Artikel 35 Absatz 1 der Verordnung (EU) 2016/679 bei diesem Verfahren vorliegen, die Folgenabschätzung nach den Artikeln 35 und 36 der Verordnung (EU) 2016/679 durchführen. Soweit das Verfahren von öffentlichen Stellen im Wesentlichen unverändert übernommen wird, kann eine weitere Folgenabschätzung durch die übernehmenden öffentlichen Stellen unterbleiben.

Kapitel 5
Die oder der Landesbeauftragte für Datenschutz und Informationsfreiheit

§ 25 Errichtung und Rechtsstellung

(1) Die oder der Landesbeauftragte für Datenschutz und Informationsfreiheit ist Aufsichtsbehörde im Sinne des Artikels 51 der Verordnung (EU) 2016/679. Der Landtag wählt auf Vorschlag der Landesregierung die Leiterin oder den Leiter der Aufsichtsbehörde für den Datenschutz mit mehr als der Hälfte der gesetzlichen Zahl seiner Mitglieder. Die Leiterin oder der Leiter der Aufsichtsbehörde

für den Datenschutz ist zugleich die oder der Landesbeauftragte für Informationsfreiheit. Sie oder er muss die Befähigung zum Richteramt oder zu der Laufbahngruppe 2, zweites Einstiegsamt haben und die zur Erfüllung ihrer oder seiner Aufgaben erforderliche Fachkunde und Erfahrung gemäß Artikel 53 Absatz 2 der Verordnung (EU) 2016/679 besitzen. Die Amts- und Funktionsbezeichnung lautet „Die Landesbeauftragte für Datenschutz und Informationsfreiheit" oder „Der Landesbeauftragte für Datenschutz und Informationsfreiheit".

(2) Die oder der Landesbeauftragte für Datenschutz und Informationsfreiheit ist eine von der Landesregierung unabhängige Landesbehörde. Die Behörde hat ihren Sitz in Düsseldorf. Sie oder er ist oberste Dienstbehörde und trifft Entscheidungen nach § 37 des Beamtenstatusgesetzes vom 17. Juni 2008 (BGBl. I S. 1010) in der jeweils geltenden Fassung für sich und ihre oder seine Bediensteten in eigener Verantwortung. Die Bediensteten unterstehen nur ihren oder seinen Weisungen.

(3) Die oder der Landesbeauftragte für Datenschutz und Informationsfreiheit wird jeweils für die Dauer von acht Jahren in ein Beamtenverhältnis auf Zeit berufen. Die einmalige Wiederwahl ist zulässig. Nach Ende der Amtszeit bleibt sie oder er bis zur Ernennung einer Nachfolgerin oder eines Nachfolgers im Amt. Die oder der Landesbeauftragte für Datenschutz und Informationsfreiheit bestellt eine Mitarbeiterin zur Stellvertreterin oder einen Mitarbeiter zum Stellvertreter. Diese oder dieser führt die Geschäfte im Verhinderungsfall.

(4) Für die beamtenrechtlichen Angelegenheiten der oder des Landesbeauftragten für Datenschutz und Informationsfreiheit in Person ist das für Inneres zuständige Ministerium mit der Maßgabe zuständig, dass die Wahrnehmung der Zuständigkeit die Unabhängigkeit der oder des Landesbeauftragten für Datenschutz und Informationsfreiheit nicht beeinträchtigt.

(5) Das Amtsverhältnis beginnt mit Aushändigung der Ernennungsurkunde. Das Amtsverhältnis endet neben den in Artikel 53 Absatz 3 der Verordnung (EU) 2016/679 genannten Gründe mit dem Rücktritt der oder des Landesbeauftragten für Datenschutz und Informationsfreiheit. Über eine Amtsenthebung wegen schwerer Verfehlung der oder des Landesbeauftragten für Datenschutz und Informationsfreiheit in Person entscheiden die Richterdienstgerichte. Auf das Verfahren vor den Richterdienstgerichten sind die Vorschriften des Landesrichter- und Staatsanwältegesetzes vom 8. Dezember 2015 (GV. NRW. S. 812) in der jeweils geltenden Fassung anzuwenden. Die nach diesen Vorschriften zustehenden Befugnisse der verfahrenseinleitenden Stelle übt die Präsidentin oder der Präsident des Landtags aus. Die nicht ständigen Beisitzerinnen und Beisitzer des Richterdienstgerichts müssen Mitglieder der Verwaltungsgerichtsbarkeit sein.

(6) Die oder der Landesbeauftragte für Datenschutz und Informationsfreiheit wird im Einzelplan des Landtags in einem eigenen Kapitel ausgewiesen. § 28 Absatz 3 und § 29 Absatz 3 der Landeshaushaltsordnung in der Fassung der Bekanntmachung vom 26. April 1999 (GV. NRW. S. 158) in der jeweils geltenden Fassung gelten entsprechend. Die oder der Landesbeauftragte für Datenschutz und Informationsfreiheit unterliegt der Rechnungsprüfung durch den Landesrechnungshof, soweit hierdurch ihre oder seine Unabhängigkeit nicht beeinträchtigt wird.

(7) Die oder der Landesbeauftragte für Datenschutz und Informationsfreiheit ist für alle beamten- und disziplinarrechtlichen Entscheidungen sowie für alle arbeitsrechtlichen Entscheidungen ihren oder seinen Beschäftigten gegenüber zuständig. Ihre Einbeziehung in den Personalaustausch in der Landesverwaltung wird gewährleistet. Näheres zur Personalgewinnung und zur Personalverwaltung kann die oder der Landesbeauftragte für Datenschutz und Informationsfreiheit mit dem für Inneres zuständigen Ministerium vereinbaren.

(8) Die oder der Landesbeauftragte für Datenschutz und Informationsfreiheit kann sich jederzeit an den Landtag wenden.

§ 26 Zuständigkeit

Als Aufsichtsbehörde überwacht die oder der Landesbeauftragte für Datenschutz und Informationsfreiheit die Einhaltung der datenschutzrechtlichen Bestimmungen im Anwendungsbereich der Verordnung (EU) 2016/679, dieses Gesetzes und anderer Rechtsvorschriften über den Datenschutz bei den öffentlichen Stellen. Für nicht-öffentliche Stellen und solche im Sinne von § 5 Absatz 5 ist sie oder er Aufsichtsbehörde nach § 40 des Bundesdatenschutzgesetzes.

§ 27 Aufgaben

(1) Neben den sonstigen in Artikel 57 der Verordnung (EU) 2016/679 genannten Aufgaben berät und informiert die oder der Landesbeauftragte für Datenschutz und Informationsfreiheit die öffentlichen Stellen in Belangen des Datenschutzes.

(2) Die öffentlichen Stellen sind verpflichtet, die Landesbeauftragte oder den Landesbeauftragten für Datenschutz und Informationsfreiheit bei der Erfüllung ihrer oder seiner Aufgaben und Befugnisse nach Maßgabe von Artikel 57 und 58 der Verordnung (EU) 2016/679 zu unterstützen und Amtshilfe zu leisten. Der oder dem Landesbeauftragten für Datenschutz und Informationsfreiheit ist jederzeit Zutritt zu allen Diensträumen und Zugriff auf elektronische Dienste zu gewähren. Gesetzliche Geheimhaltungsvorschriften können einem Auskunfts- oder Einsichtsverlangen nicht entgegengehalten werden.

(3) Abweichend von Absatz 2 bestehen die Untersuchungsbefugnisse der oder des Landesbeauftragten für Datenschutz und Informationsfreiheit gemäß Artikel 58 Absatz 1 Buchstabe e und f der Verordnung (EU) 2016/679 gegenüber den in § 203 Absatz 1 und 3 sowie Absatz 4 Satz 1 des Strafgesetzbuchs genannten Personen oder deren Auftragsverarbeitern nicht, soweit die Inanspruchnahme der Befugnisse zu einem Verstoß gegen die Geheimhaltungspflichten dieser Personen führen würde.

(4) Sofern die Bereitstellung der geforderten Informationen die Aufgabenerfüllung des Verantwortlichen wesentlich gefährden würde, ist die Gefährdung der oder dem Landesbeauftragten für Datenschutz und Informationsfreiheit schriftlich anzuzeigen und zu begründen. Stellt die jeweils zuständige oberste Landesbehörde im Einzelfall fest, dass die Sicherheit des Bundes oder eines Landes dies gebietet, können die Befugnisse der oder des Landesbeauftragten für Datenschutz und Informationsfreiheit nur von dieser oder diesem persönlich ausgeübt werden. In diesem Fall müssen personenbezogene Daten einer betroffenen Person, der von der datenverarbeitenden Stelle Vertraulichkeit besonders zugesichert worden ist, auch ihr oder ihm gegenüber nicht offenbart werden.

(5) Die oder der Landesbeauftragte für Datenschutz und Informationsfreiheit ist frühzeitig über Planungen zur Entwicklung, zum Aufbau oder zur wesentlichen Veränderung automatisierter Datenverarbeitungs- und Informationssysteme zu unterrichten, sofern in dem jeweiligen System personenbezogene Daten verarbeitet werden sollen. Entsprechendes gilt für Entwürfe für Rechts- oder Verwaltungsvorschriften des Landes, wenn sie eine Verarbeitung personenbezogener Daten vorsehen.

§ 28 Befugnisse

(1) Die oder der Landesbeauftragte für Datenschutz und Informationsfreiheit ist befugt, personenbezogene Daten, die ihr oder ihm durch Beschwerden, Anfragen, Hinweise und Beratungswünsche bekannt werden, zu verarbeiten, soweit dies zur Erfüllung ihrer oder seiner Aufgaben erforderlich ist. Sie oder er darf im Rahmen von Kontrollmaßnahmen personenbezogene Daten auch ohne Kenntnis der betroffenen Person erheben. Von einer Benachrichtigung der betroffenen Person kann nach pflichtgemäßem Ermessen abgesehen werden.

(2) Kommt die oder der Landesbeauftragte für Datenschutz und Informationsfreiheit zu dem Ergebnis, dass Verstöße gegen die Vorschriften dieses Gesetzes oder gegen andere Vorschriften über den Datenschutz oder sonstige Mängel bei der Verarbeitung personenbezogener Daten vorliegen, kann sie oder er diese

1. bei der Landesverwaltung der zuständigen obersten Landesbehörde, beim Landes-

IX

rechnungshof der Präsidentin oder dem Präsidenten,

2. bei der Kommunalverwaltung der jeweils verantwortlichen Gemeinde oder dem verantwortlichen Gemeindeverband,
3. bei den wissenschaftlichen Hochschulen und Fachhochschulen der Hochschulpräsidentin oder dem Hochschulpräsidenten oder der Rektorin oder dem Rektor, bei öffentlichen Schulen der Leitung der Schule oder
4. bei den sonstigen Körperschaften, Anstalten und Stiftungen des öffentlichen Rechts dem Vorstand oder dem sonst vertretungsberechtigten Organ

beanstanden und kann vor Ausübung der Befugnisse des Artikels 58 Absatz 2 Buchstabe b bis g, i und j der Verordnung (EU) 2016/679 Gelegenheit zur Stellungnahme innerhalb einer angemessenen Frist geben. In den Fällen von Satz 1 Nummer 2 bis 4 unterrichtet die oder der Landesbeauftragte für Datenschutz und Informationsfreiheit gleichzeitig auch die zuständige Aufsichtsbehörde. Von der Einräumung der Gelegenheit zur Stellungnahme kann abgesehen werden, wenn eine sofortige Entscheidung wegen Gefahr im Verzug oder im öffentlichen Interesse notwendig erscheint oder ihr ein zwingendes öffentliches Interesse entgegensteht.

(3) Die Stellungnahme nach Absatz 2 Satz 1 soll auch eine Darstellung der Maßnahmen enthalten, die aufgrund der Beanstandung der oder des Landesbeauftragten für Datenschutz und Informationsfreiheit getroffen worden sind. Die in Absatz 2 Nummer 2 bis 4 genannten Stellen leiten der zuständigen Rechts- oder Fachaufsichtsbehörde eine Abschrift ihrer Stellungnahme an die oder den Landesbeauftragten für Datenschutz und Informationsfreiheit unverzüglich zu.

§ 29 Beschwerderecht nach Artikel 77 der Verordnung (EU) 2016/679

Jeder kann sich gemäß Artikel 77 der Verordnung (EU) 2016/679 an die oder den Landesbeauftragten für Datenschutz und Informationsfreiheit mit dem Vorbringen wenden, bei der Verarbeitung personenbezogener Daten in seinen Rechten verletzt worden zu sein. Durch die Anrufung der oder des Landesbeauftragten dürfen der betroffenen Person keine Nachteile entstehen. Bei der Ausübung des Beschwerderechts durch Beschäftigte öffentlicher Stellen muss der Dienstweg nicht eingehalten werden.

§ 30 Tätigkeitsbericht, Gutachtertätigkeit

(1) Die oder der Landesbeauftragte für Datenschutz und Informationsfreiheit kann ihren oder seinen nach Maßgabe von Artikel 59 der Verordnung (EU) 2016/679 zu erstellenden Jahresbericht in jedem zweiten Kalenderjahr um eine Darstellung ihrer oder seiner Tätigkeiten auf dem Gebiet der Informationsfreiheit ergänzen. Der Bericht zur Informationsfreiheit ist inhaltlich klar von dem nach Artikel 59 der Verordnung (EU) 2016/679 zu erstellenden Tätigkeitsbericht zu trennen. Eine gemeinsame Veröffentlichung ist zulässig. Der Bericht ist dem Landtag sowie der Landesregierung vorzulegen. Die Landesregierung nimmt hierzu gegenüber dem Landtag schriftlich Stellung.

(2) Der Landtag kann die oder den Landesbeauftragten für Datenschutz und Informationsfreiheit mit der Erstattung von Gutachten in Datenschutzfragen betrauen.

Kapitel 6 Die oder der behördliche Datenschutzbeauftragte

§ 31 Verschwiegenheitspflicht, Zeugnisverweigerungsrecht und Abberufung

(1) Bei Bedarf kann eine Stelle auch mehrere behördliche Datenschutzbeauftragte sowie mehrere Vertreterinnen und Vertreter benennen.

(2) Betroffene Personen können die behördliche Datenschutzbeauftragte oder den behördlichen Datenschutzbeauftragten zu allen mit der Verarbeitung ihrer personenbezogen Daten und mit der Wahrnehmung ihrer Rechte gemäß der Verordnung (EU) 2016/679, dieses Gesetzes sowie anderer Rechtsvorschriften über den Datenschutz im Zusammenhang stehenden Fragen zu Rate ziehen.

Die oder der behördliche Datenschutzbeauftragte ist zur Verschwiegenheit über die Identität der betroffenen Person sowie über Umstände, die Rückschlüsse auf die betroffene Person zulassen, verpflichtet, soweit sie oder er nicht davon durch die betroffene Person befreit ist.

(3) Wenn die oder der Datenschutzbeauftragte bei ihrer oder seiner Tätigkeit Kenntnis von Daten erhält, für die der Leitung oder einer bei der öffentlichen Stelle beschäftigten Person aus beruflichen Gründen ein Zeugnisverweigerungsrecht zusteht, steht dieses Recht auch der oder dem Datenschutzbeauftragten und den ihr oder ihm unterstellten Beschäftigten zu. Über die Ausübung dieses Rechts entscheidet die Person, der das Zeugnisverweigerungsrecht aus beruflichen Gründen zusteht, es sei denn, dass diese Entscheidung in absehbarer Zeit nicht herbeigeführt werden kann. Soweit das Zeugnisverweigerungsrecht der oder des Datenschutzbeauftragten reicht, unterliegen ihre oder seine Akten und andere Dokumente einem Beschlagnahmeverbot.

(4) Die Abberufung der oder des behördlichen Datenschutzbeauftragten ist nur in entsprechender Anwendung des § 626 des Bürgerlichen Gesetzbuchs zulässig. Die Kündigung des Arbeitsverhältnisses ist unzulässig, es sei denn, dass Tatsachen vorliegen, welche die öffentliche Stelle zur Kündigung aus wichtigem Grund ohne Einhaltung einer Kündigungsfrist berechtigen. Nach dem Ende der Tätigkeit als behördliche Datenschutzbeauftragte oder behördlicher Datenschutzbeauftragter ist die Kündigung des Arbeitsverhältnisses innerhalb eines Jahres unzulässig. Dies gilt nicht, wenn die öffentliche Stelle zur Kündigung aus wichtigem Grund ohne Einhaltung einer Kündigungsfrist berechtigt ist.

IX

Kapitel 7
Straf- und Bußgeldvorschriften

§ 32 Geldbußen

Geldbußen nach Artikel 83 der Verordnung (EU) 2016/679 dürfen nur gegen öffentliche Stellen im Sinne des § 5 Absatz 5 Nummer 1 bis 4 verhängt werden.

§ 33 Ordnungswidrigkeiten

(1) Ordnungswidrig handelt, wer entgegen den Vorschriften der Verordnung (EU) 2016/679, dieses Gesetzes oder einer anderen Rechtsvorschrift des Landes Nordrhein-Westfalen geschützte personenbezogene Daten, die nicht offenkundig sind,

1. erhebt, speichert, verwendet, verändert, übermittelt, weitergibt, zum Abruf bereit hält, den Personenbezug herstellt oder löscht oder
2. abruft, einsieht, sich verschafft oder durch Vortäuschung falscher Tatsachen ihre Übermittlung oder Weitergabe an sich oder andere veranlasst.

Ordnungswidrig handelt auch, wer unter den in Satz 1 genannten Voraussetzungen Einzelangaben über persönliche oder sachliche Verhältnisse einer nicht mehr bestimmbaren Person mit anderen Informationen zusammenführt und dadurch die betroffene Person wieder bestimmbar macht.

(2) Die Ordnungswidrigkeit kann mit einer Geldbuße bis zu fünfzigtausend Euro geahndet werden.

(3) Verwaltungsbehörde im Sinne von § 36 Absatz 1 Nummer 1 des Gesetzes über Ordnungswidrigkeiten in der Fassung der Bekanntmachung vom 19. Februar 1987 (BGBl. I S. 602) in der jeweils geltenden Fassung ist die oder der Landesbeauftragte für Datenschutz und Informationsfreiheit.

(4) Gegen öffentliche Stellen im Sinne von § 5 Absatz 1 werden Geldbußen nach Absatz 2 oder einer anderen Rechtsvorschrift über den Schutz personenbezogener Daten nicht verhängt.

§ 34 Straftaten

(1) Wer in Ausübung seiner Tätigkeit für eine öffentliche Stelle einen der in § 33 Absatz 1 genannten Verstöße gegen Entgelt oder in der Absicht, sich oder einen anderen zu bereichern oder einen anderen zu schädigen, begeht, wird mit Freiheitsstrafe bis zu zwei

Jahren oder mit Geldstrafe bestraft. Der Versuch ist strafbar.

(2) Die Tat wird nur auf Antrag verfolgt. Antragsberechtigt sind die betroffene Person, der Verantwortliche, der Auftragsverarbeiter sowie die oder der Landesbeauftragte für Datenschutz und Informationsfreiheit.

(3) Absatz 1 findet nur Anwendung, soweit die Tat nicht nach anderen Vorschriften mit Strafe bedroht ist.

Teil 3 Umsetzung der Richtlinie (EU) 2016/680

Kapitel 1 Allgemeine Bestimmungen

§ 35 Anwendungsbereich

(1) Die Vorschriften dieses Teils gelten für die Verarbeitung personenbezogener Daten durch

1. die Behörden der Polizei,
2. die Gerichte in Strafsachen und die Staatsanwaltschaften,
3. die Strafvollstreckungs- und Justizvollzugsbehörden,
4. die Behörden des Maßregelvollzugs und
5. die Behörden der Finanzverwaltung

im Rahmen ihrer Aufgabenwahrnehmung zur Verhütung, Ermittlung, Aufdeckung, Verfolgung und Ahndung von Straftaten oder Ordnungswidrigkeiten und der Strafvollstreckung. Die Verhütung von Straftaten im Sinne des Satzes 1 umfasst den Schutz vor sowie die Abwehr von Gefahren für die öffentliche Sicherheit oder Ordnung.

(2) Für Ordnungsbehörden gelten die Vorschriften dieses Teils, soweit sie Ordnungswidrigkeiten verfolgen, ahnden sowie Sanktionen vollstrecken.

(3) Soweit besondere Rechtsvorschriften auf die Verarbeitung personenbezogener Daten anzuwenden sind, gehen sie den Vorschriften dieses Gesetzes vor.

§ 36 Begriffsbestimmungen

Es bezeichnen die Begriffe:

1. „personenbezogene Daten" alle Informationen, die sich auf eine identifizierte oder identifizierbare natürliche Person (betroffene Person) beziehen; als identifizierbar wird eine natürliche Person angesehen, die direkt oder indirekt, insbesondere mittels Zuordnung zu einer Kennung wie einem Namen, zu einer Kennnummer, zu Standortdaten, zu einer Online-Kennung oder zu einem oder mehreren besonderen Merkmalen, die Ausdruck der physischen, physiologischen, genetischen, psychischen, wirtschaftlichen, kulturellen oder sozialen Identität dieser Person sind, identifiziert werden kann,
2. „Verarbeitung" jeden mit oder ohne Hilfe automatisierter Verfahren ausgeführten Vorgang oder jede solche Vorgangsreihe im Zusammenhang mit personenbezogenen Daten wie das Erheben, das Erfassen, die Organisation, das Ordnen, die Speicherung, die Anpassung, die Veränderung, das Auslesen, das Abfragen, die Verwendung, die Offenlegung durch Übermittlung, Verbreitung oder eine andere Form der Bereitstellung, den Abgleich, die Verknüpfung, die Einschränkung, das Löschen oder die Vernichtung,
3. „Einschränkung der Verarbeitung" die Markierung gespeicherter personenbezogener Daten mit dem Ziel, ihre künftige Verarbeitung einzuschränken,
4. „Profiling" jede Art der automatisierten Verarbeitung personenbezogener Daten, bei der diese Daten verwendet werden, um bestimmte persönliche Aspekte, die sich auf eine natürliche Person beziehen, zu bewerten, insbesondere um Aspekte der Arbeitsleistung, der wirtschaftlichen Lage, der Gesundheit, der persönlichen Vorlieben, der Interessen, der Zuverlässigkeit, des Verhaltens, der Aufenthaltsorte oder der Ortswechsel dieser natürlichen Person zu analysieren oder vorherzusagen,
5. „Pseudonymisierung" die Verarbeitung personenbezogener Daten in einer Weise, in der die Daten ohne Hinzuziehung zusätzlicher Informationen nicht mehr einer spezifischen betroffenen Person zugeordnet werden können, sofern diese zusätzlichen Informationen gesondert

IX

aufbewahrt werden und technischen und organisatorischen Maßnahmen unterliegen, die gewährleisten, dass die Daten keiner betroffenen Person zugewiesen werden,

6. „Anonymisierung" das Verändern personenbezogener Daten derart, dass die Einzelangaben über persönliche oder sachliche Verhältnisse nicht mehr oder nur mit einem unverhältnismäßig großen Aufwand an Zeit, Kosten, Arbeitskraft einer bestimmten oder bestimmbaren natürlichen Person zugeordnet werden können,
7. „Dateisystem" jede strukturierte Sammlung personenbezogener Daten, die nach bestimmten Kriterien zugänglich sind, unabhängig davon, ob diese Sammlung zentral, dezentral oder nach funktionalen oder geografischen Gesichtspunkten geordnet geführt wird,
8. „zuständige Behörde"
   a) eine staatliche Stelle, die für die Verhütung, Ermittlung, Aufdeckung oder Verfolgung von Straftaten oder die Strafvollstreckung, einschließlich des Schutzes vor und der Abwehr von Gefahren für die öffentliche Sicherheit oder Ordnung, zuständig ist, oder
   b) eine andere Stelle oder Einrichtung, der durch das nationale Recht die Ausübung öffentlicher Gewalt und hoheitlicher Befugnisse zur Verhütung, Ermittlung, Aufdeckung oder Verfolgung von Straftaten oder zur Strafvollstreckung, einschließlich des Schutzes vor und der Abwehr von Gefahren für die öffentliche Sicherheit oder Ordnung, übertragen wurde,
9. „Verantwortlicher" die zuständige Behörde, die allein oder gemeinsam mit anderen über die Zwecke und Mittel der Verarbeitung von personenbezogenen Daten entscheidet,
10. „Auftragsverarbeiter" eine natürliche oder juristische Person, Behörde, Einrichtung oder andere Stelle, die personenbezogene Daten im Auftrag des Verantwortlichen verarbeitet,
11. „Empfänger" eine natürliche oder juristische Person, Behörde, Einrichtung oder andere Stelle, der personenbezogene Daten offengelegt werden, unabhängig davon, ob es sich bei ihr um einen Dritten handelt oder nicht; Behörden, die im Rahmen eines bestimmten Untersuchungsauftrags nach dem Unionsrecht oder anderen Rechtsvorschriften personenbezogene Daten erhalten, gelten jedoch nicht als Empfänger; die Verarbeitung dieser Daten durch die genannten Behörden erfolgt im Einklang mit den geltenden Datenschutzvorschriften gemäß den Zwecken der Verarbeitung,
12. „Verletzung des Schutzes personenbezogener Daten" eine Verletzung der Sicherheit, die zur unbeabsichtigten oder unrechtmäßigen Vernichtung, zum Verlust, zur Veränderung oder zur unbefugten Offenlegung von oder zum unbefugten Zugang zu personenbezogenen Daten geführt hat, die verarbeitet wurden,
13. „genetische Daten" personenbezogene Daten zu den ererbten oder erworbenen genetischen Eigenschaften einer natürlichen Person, die eindeutige Informationen über die Physiologie oder die Gesundheit dieser Person liefern, insbesondere solche, die aus der Analyse einer biologischen Probe der Person gewonnen wurden,
14. „biometrische Daten" mit speziellen technischen Verfahren gewonnene personenbezogene Daten zu den physischen, physiologischen oder verhaltenstypischen Merkmalen einer natürlichen Person, die die eindeutige Identifizierung dieser natürlichen Person ermöglichen oder bestätigen, insbesondere Gesichtsbilder oder daktyloskopische Daten,
15. „Gesundheitsdaten" personenbezogene Daten, die sich auf die körperliche oder geistige Gesundheit einer natürlichen Person, einschließlich der Erbringung von Gesundheitsdienstleistungen, beziehen und aus denen Informationen über deren Gesundheitszustand hervorgehen,

16. „Aufsichtsbehörde“ ist die oder der Landesbeauftragte für Datenschutz und Informationsfreiheit gemäß § 60 dieses Gesetzes,
17. „internationale Organisation“ eine völkerrechtliche Organisation und ihre nachgeordneten Stellen sowie jede sonstige Einrichtung, die durch eine von zwei oder mehr Staaten geschlossene Übereinkunft oder auf der Grundlage einer solchen Übereinkunft geschaffen wurde,
18. „besondere Kategorien personenbezogener Daten“
    a) Daten, aus denen die rassische oder ethnische Herkunft, politische Meinungen, religiöse oder weltanschauliche Überzeugung oder die Gewerkschaftszugehörigkeit hervorgehen,
    b) genetische Daten,
    c) biometrische Daten zur eindeutigen Identifizierung einer natürlichen Person,
    d) Gesundheitsdaten und
    e) Daten zum Sexualleben oder zur sexuellen Orientierung,
19. „Einwilligung“ jede freiwillig für den bestimmten Fall, in informierter Weise und unmissverständlich abgegebene Willensbekundung in Form einer Erklärung oder einer sonstigen eindeutigen bestätigenden Handlung, mit der die betroffene Person zu verstehen gibt, dass sie mit der Verarbeitung der sie betreffenden personenbezogenen Daten einverstanden ist,
20. „öffentliche Stellen“ sind die Behörden, die Organe der Rechtspflege und andere öffentlich-rechtlich organisierte Einrichtungen eines Landes, einer Gemeinde, eines Gemeindeverbandes oder sonstiger der Aufsicht des Landes unterstehender juristischer Personen des öffentlichen Rechts sowie deren Vereinigungen ungeachtet ihrer Rechtsform.

Kapitel 2
Grundsätze

§ 37 Allgemeine Grundsätze für die Verarbeitung personenbezogener Daten

Personenbezogene Daten müssen

1. auf rechtmäßige Weise und nach Treu und Glauben verarbeitet werden,
2. für festgelegte, eindeutige und rechtmäßige Zwecke erhoben und nicht in einer mit diesen Zwecken nicht zu vereinbarenden Weise verarbeitet werden,
3. dem Verarbeitungszweck entsprechen, für das Erreichen des Verarbeitungszwecks erforderlich sein und ihre Verarbeitung darf nicht außer Verhältnis zu diesem Zweck stehen,
4. sachlich richtig und erforderlichenfalls auf dem neuesten Stand sein; dabei sind alle angemessenen Maßnahmen zu treffen, damit personenbezogene Daten, die im Hinblick auf die Zwecke ihrer Verarbeitung unrichtig sind, unverzüglich gelöscht oder berichtigt werden,
5. nicht länger als es für die Zwecke, für die sie verarbeitet werden, erforderlich ist, in einer Form gespeichert werden, die die Identifizierung der betroffenen Personen ermöglicht, und
6. in einer Weise verarbeitet werden, die eine angemessene Sicherheit der personenbezogenen Daten gewährleistet; hierzu gehört auch ein durch geeignete technische und organisatorische Maßnahmen zu gewährleistender Schutz vor unbefugter oder unrechtmäßiger Verarbeitung, unbeabsichtigtem Verlust, unbeabsichtigter Zerstörung oder unbeabsichtigter Schädigung.

§ 38 Einwilligung

(1) Soweit die Verarbeitung personenbezogener Daten auf der Grundlage einer Einwilligung erfolgen kann, muss der Verantwortliche die Einwilligung der betroffenen Person nachweisen können.

(2) Erfolgt die Einwilligung der betroffenen Person durch eine schriftliche Erklärung, die noch andere Sachverhalte betrifft, muss das

Ersuchen um Einwilligung in verständlicher und leicht zugänglicher Form in einer klaren und einfachen Sprache so erfolgen, dass es von den anderen Sachverhalten klar zu unterscheiden ist.

(3) Die betroffene Person hat das Recht, ihre Einwilligung jederzeit zu widerrufen. Durch den Widerruf der Einwilligung wird die Rechtmäßigkeit der aufgrund der Einwilligung bis zum Widerruf erfolgten Verarbeitung nicht berührt. Die betroffene Person ist vor Abgabe der Einwilligung hiervon in Kenntnis zu setzen.

(4) Die Einwilligung ist nur wirksam, wenn sie auf der freien Entscheidung der betroffenen Person beruht. Bei der Beurteilung, ob die Einwilligung freiwillig erteilt wurde, müssen die Umstände der Erteilung berücksichtigt werden. Die betroffene Person ist in geeigneter Weise über die Bedeutung der Einwilligung, insbesondere über den Verwendungszweck der Daten, und bei einer beabsichtigten Übermittlung über die Empfänger der Daten aufzuklären. Ist dies nach den Umständen des Einzelfalles erforderlich oder verlangt die betroffene Person dies, ist sie auch über die Folgen der Verweigerung der Einwilligung zu belehren.

(5) Soweit besondere Kategorien personenbezogener Daten verarbeitet werden, muss sich die Einwilligung ausdrücklich auf diese Daten beziehen.

IX

§ 39 Verarbeitung zu einem anderen Zweck als dem Erhebungszweck

Eine Verarbeitung personenbezogener Daten zu einem anderen Zweck als zu demjenigen, zu dem die Daten erhoben worden sind, ist zulässig, wenn es sich bei dem anderen Zweck um einen solchen in § 35 genannten Zweck handelt, der Verantwortliche befugt ist, Daten zu diesem Zweck zu verarbeiten und die Verarbeitung zu diesem Zweck erforderlich und verhältnismäßig ist. Die Verarbeitung personenbezogener Daten zu einem anderen, in § 35 nicht genannten Zweck, ist zulässig, wenn sie in einer Rechtsvorschrift vorgesehen ist.

§ 40 Verarbeitung zu wissenschaftlichen oder statistischen Zwecken

Personenbezogene Daten dürfen im Rahmen der in § 35 genannten Zwecke in wissenschaftlicher oder statistischer Form verarbeitet werden, wenn hieran ein öffentliches Interesse besteht und geeignete Garantien für die Rechtsgüter der betroffenen Personen vorgesehen sind. Solche Garantien können in einer so zeitnah wie möglich erfolgenden Anonymisierung der personenbezogenen Daten, in Vorkehrungen gegen ihre unbefugte Kenntnisnahme durch Dritte oder in ihrer räumlich und organisatorisch von den sonstigen Fachaufgaben getrennten Verarbeitung bestehen.

§ 41 Datengeheimnis

Denjenigen Personen, die bei öffentlichen Stellen oder ihren Auftragnehmern dienstlichen Zugang zu personenbezogenen Daten haben, ist es auch nach Beendigung ihrer Tätigkeit untersagt, solche Daten unbefugt zu einem anderen als dem zur jeweiligen rechtmäßigen Aufgabenerfüllung gehörenden Zweck zu verarbeiten oder zu offenbaren.

§ 42 Unterscheidung zwischen verschiedenen Kategorien betroffener Personen

Der Verantwortliche hat bei der Verarbeitung personenbezogener Daten so weit wie möglich zwischen den verschiedenen Kategorien betroffener Personen zu unterscheiden. Dies betrifft insbesondere folgende Kategorien:

1. Personen, gegen die ein begründeter Verdacht besteht, dass sie eine Straftat begangen haben,
2. Personen, gegen die ein begründeter Verdacht besteht, dass sie in naher Zukunft eine Straftat begehen werden,
3. verurteilte Straftäter,
4. Opfer einer Straftat oder Personen, bei denen bestimmte Tatsachen darauf hindeuten, dass sie Opfer einer Straftat sein könnten, und
5. andere Personen wie insbesondere Zeugen, Hinweisgeber oder Personen, die mit den in den Nummern 1 bis 4 genannten Personen in Kontakt oder Verbindung stehen.

§ 43 Unterscheidung zwischen Tatsachen und persönlichen Einschätzungen

Der Verantwortliche hat bei der Verarbeitung so weit wie möglich danach zu unterscheiden, ob personenbezogene Daten auf Tatsachen oder auf persönlichen Einschätzungen beruhen. Zu diesem Zweck soll er, soweit dies im Rahmen der jeweiligen Verarbeitung möglich und angemessen ist, Beurteilungen, die auf persönlichen Einschätzungen beruhen, als solche kenntlich machen. Es muss außerdem feststellbar sein, welche Stelle die Unterlagen führt, die der auf einer persönlichen Einschätzung beruhenden Beurteilung zugrunde liegen.

§ 44 Verfahren bei Übermittlungen

(1) Der Verantwortliche hat angemessene Maßnahmen zu ergreifen, um zu gewährleisten, dass personenbezogene Daten, die unrichtig, unvollständig oder nicht mehr aktuell sind, nicht übermittelt oder sonst zur Verfügung gestellt werden. Zu diesem Zweck hat er, soweit dies mit angemessenem Aufwand möglich ist, die Qualität der Daten vor ihrer Übermittlung oder Bereitstellung zu überprüfen. Bei jeder Übermittlung personenbezogener Daten hat er zudem, soweit dies möglich und angemessen ist, Informationen beizufügen, die es dem Empfänger gestatten, die Richtigkeit, die Vollständigkeit und die Zuverlässigkeit der Daten sowie deren Aktualität zu beurteilen.

(2) Gelten für die Verarbeitung von personenbezogenen Daten besondere Bedingungen, so hat bei Datenübermittlungen die übermittelnde Stelle den Empfänger auf diese Bedingungen und die Pflicht zu ihrer Beachtung hinzuweisen. Die Hinweispflicht kann durch eine entsprechende Markierung der Daten erfüllt werden.

(3) Die übermittelnde Stelle darf auf Empfänger in anderen Mitgliedstaaten der Europäischen Union und auf Einrichtungen und sonstige Stellen, die nach den Kapiteln 4 und 5 des Titels V des Dritten Teils des Vertrags über die Arbeitsweise der Europäischen Union 2012/C 326/01 (ABl. C 326 vom 26. 10. 2012, S. 1) errichtet wurden, keine Bedingungen anwenden, die nicht auch für entsprechende innerstaatliche Datenübermittlungen gelten.

§ 45 Verarbeitung besonderer Kategorien personenbezogener Daten

(1) Die Verarbeitung besonderer Kategorien personenbezogener Daten ist nur zulässig, wenn sie zur Aufgabenerfüllung unbedingt erforderlich ist.

(2) Werden besondere Kategorien personenbezogener Daten verarbeitet, sind geeignete Garantien für die Rechtsgüter der betroffenen Personen vorzusehen. Geeignete Garantien können insbesondere solche des § 15 sein.

§ 46 Automatisierte Einzelentscheidungen

(1) Entscheidungen, die für die betroffene Person mit einer nachteiligen Rechtsfolge verbunden sind oder sie erheblich beeinträchtigen, dürfen nicht ausschließlich auf eine automatische Verarbeitung, einschließlich Profiling, gestützt werden, es sei denn eine Rechtsvorschrift lässt dies ausdrücklich zu.

(2) Unbeschadet der allgemeinen Anforderungen an die Verarbeitung besonderer Kategorien personenbezogener Daten dürfen diese bei Entscheidungen nach Absatz 1 nur verarbeitet werden, wenn geeignete Maßnahmen zum Schutz der Rechte und Freiheiten sowie der berechtigten Interessen der betroffenen Person getroffen wurden.

(3) Profiling, das zur Folge hat, dass betroffene Personen auf der Grundlage von besonderen Kategorien personenbezogener Daten diskriminiert werden, ist verboten.

Kapitel 3
Rechte der betroffenen Personen

§ 47 Allgemeine Informationen zu Datenverarbeitungen

Der Verantwortliche hat in allgemeiner Form und für jedermann zugänglich Informationen zur Verfügung zu stellen über

1. die Zwecke der von ihm vorgenommenen Verarbeitungen,

2. die im Hinblick auf die Verarbeitung der personenbezogenen Daten bestehenden Rechte der betroffenen Personen auf Auskunft, Berichtigung, Löschung und Einschränkung der Verarbeitung,
3. die Kontaktdaten des Verantwortlichen und die Kontaktdaten des behördlichen Datenschutzbeauftragten,
4. das Recht nach § 60, die Landesbeauftragte oder den Landesbeauftragten für Datenschutz und Informationsfreiheit anzurufen, und
5. die Erreichbarkeit der oder des Landesbeauftragten für Datenschutz und Informationsfreiheit.

§ 48 Benachrichtigung betroffener Personen

(1) Ist die Benachrichtigung betroffener Personen über die Verarbeitung sie betreffender personenbezogener Daten in speziellen Rechtsvorschriften, insbesondere bei verdeckten Maßnahmen, vorgesehen oder angeordnet, so hat diese Benachrichtigung zumindest die folgenden Angaben zu enthalten:

1. die in § 47 genannten Angaben,
2. die Rechtsgrundlage der Verarbeitung,
3. die für die Daten geltende Speicherdauer oder, falls dies nicht möglich ist, die Kriterien für die Festlegung dieser Dauer,
4. gegebenenfalls die Kategorien von Empfängern der personenbezogenen Daten sowie
5. erforderlichenfalls weitere Informationen, insbesondere, wenn die personenbezogenen Daten ohne Wissen der betroffenen Person erhoben wurden.

(2) In den Fällen des Absatzes 1 kann der Verantwortliche die Benachrichtigung soweit und solange aufschieben, einschränken oder unterlassen, wie es

1. die Erfüllung der in § 35 genannten Aufgaben,
2. die öffentliche Sicherheit oder Ordnung,
3. Rechtsgüter Dritter,
4. die Vermeidung von Nachteilen für das Wohl des Bundes oder des Landes sowie
5. die Gewährleistung, dass behördliche oder gerichtliche Untersuchungen, Ermittlungen oder Verfahren nicht behindert werden,

erfordern, wenn das Interesse des Verantwortlichen an der Nichterteilung der Information das Informationsinteresse der betroffenen Person überwiegt.

(3) Bezieht sich die Benachrichtigung auf die Übermittlung personenbezogener Daten an Verfassungsschutzbehörden, den Bundesnachrichtendienst, den Militärischen Abschirmdienst oder, soweit die Sicherheit des Bundes berührt ist, andere Behörden des Bundesministeriums der Verteidigung, ist sie nur mit Zustimmung dieser Stellen zulässig.

(4) Im Fall des Absatzes 2 gilt § 49 Absatz 8 entsprechend.

§ 49 Auskunftsrecht

(1) Der Verantwortliche hat betroffenen Personen auf Antrag Auskunft darüber zu erteilen, ob er sie betreffende Daten verarbeitet. Betroffene Personen haben darüber hinaus das Recht, Informationen zu erhalten über

1. die personenbezogenen Daten, die Gegenstand der Verarbeitung sind, und die Kategorie, zu der sie gehören,
2. die verfügbaren Informationen über die Herkunft der Daten,
3. die Zwecke der Verarbeitung und deren Rechtsgrundlage,
4. die Empfänger oder die Kategorien von Empfängern, gegenüber denen die Daten offengelegt worden sind, insbesondere bei Empfängern in Drittstaaten oder bei internationalen Organisationen,
5. die für die Daten geltende Speicherdauer oder, falls dies nicht möglich ist, die Kriterien für die Festlegung dieser Dauer,
6. das Bestehen eines Rechts auf Berichtigung, Löschung oder Einschränkung der Verarbeitung der Daten durch den Verantwortlichen,
7. das Recht nach § 60, die Landesbeauftragte oder den Landesbeauftragten für Datenschutz und Informationsfreiheit anzurufen, sowie

8. Angaben zur Erreichbarkeit der oder des Landesbeauftragten für Datenschutz und Informationsfreiheit.

(2) Die betroffene Person kann keine Auskunft über die Verarbeitung sie betreffender personenbezogener Daten nach Absatz 1 verlangen, soweit die Daten ausschließlich zu Zwecken der Datensicherung oder der Datenschutzkontrolle gespeichert sind und eine Verarbeitung zu anderen Zwecken durch geeignete technische und organisatorische Maßnahmen ausgeschlossen ist.

(3) Soweit der Verantwortliche große Mengen von Informationen über die betroffene Person verarbeitet, kann er bei einem Auskunftsersuchen verlangen, dass die betroffene Person präzisiert, auf welche Information oder welche Verarbeitungsvorgänge sich ihr Auskunftsersuchen bezieht.

(4) Der Verantwortliche kann unter den Voraussetzungen des § 48 Absatz 2 von der Auskunft nach Absatz 1 Satz 1 absehen oder die Auskunftserteilung nach Absatz 1 Satz 2 ganz oder teilweise einschränken.

(5) Bezieht sich die Auskunftserteilung auf die Übermittlung personenbezogener Daten an Verfassungsschutzbehörden, den Bundesnachrichtendienst, den Militärischen Abschirmdienst oder, soweit die Sicherheit des Bundes berührt ist, andere Behörden des Bundesministeriums der Verteidigung, ist sie nur mit Zustimmung dieser Stellen zulässig.

(6) Der Verantwortliche hat die betroffene Person über das Absehen von oder die Einschränkung einer Auskunft unverzüglich schriftlich zu unterrichten. Dies gilt nicht, wenn bereits die Erteilung dieser Information eine Gefährdung im Sinne des § 48 Absatz 2 mit sich bringt. Die Unterrichtung nach Satz 1 ist zu begründen, es sei denn, dass die Mitteilung der Gründe den mit dem Absehen von oder der Einschränkung der Auskunft verfolgten Zweck gefährdet.

(7) Wird die betroffene Person nach Absatz 6 über das Absehen von oder die Einschränkung der Auskunft unterrichtet, kann sie ihr Auskunftsrecht auch über die Landesbeauftragte oder den Landesbeauftragten für Datenschutz und Informationsfreiheit ausüben. Der Verantwortliche hat die betroffene Person darüber zu unterrichten, dass sie gemäß § 60 die Landesbeauftragte oder den Landesbeauftragten für Datenschutz und Informationsfreiheit anrufen, ihr Auskunftsrecht über sie oder ihn ausüben oder gerichtlichen Rechtsschutz suchen kann. Macht die betroffene Person von ihrem Recht nach Satz 1 Gebrauch, ist die Auskunft auf ihr Verlangen der oder dem Landesbeauftragten für Datenschutz und Informationsfreiheit zu erteilen, soweit nicht die zuständige oberste Landesbehörde im Einzelfall feststellt, dass dadurch die Sicherheit des Bundes oder eines Landes gefährdet würde. Die oder der Landesbeauftragte für Datenschutz und Informationsfreiheit hat die betroffene Person darüber zu unterrichten, dass alle erforderlichen Prüfungen erfolgt sind oder eine Überprüfung durch ihn stattgefunden hat. Diese Mitteilung kann die Information enthalten, ob datenschutzrechtliche Verstöße festgestellt wurden. Die Mitteilung der oder des Landesbeauftragten für Datenschutz und Informationsfreiheit an die betroffene Person darf keine Rückschlüsse auf den Erkenntnisstand des Verantwortlichen zulassen, sofern dieser keiner weitergehenden Auskunft zustimmt. Der Verantwortliche darf die Zustimmung nur insoweit und solange verweigern, wie er nach Absatz 4 von einer Auskunft absehen oder sie einschränken könnte. Die oder der Landesbeauftragte für Datenschutz und Informationsfreiheit hat die betroffene Person ebenfalls über ihr Recht auf gerichtlichen Rechtsschutz zu unterrichten.

(8) Der Verantwortliche hat die sachlichen oder rechtlichen Gründe für die Entscheidung zu dokumentieren.

§ 50 Rechte auf Berichtigung und Löschung sowie Einschränkung der Verarbeitung

(1) Die betroffene Person hat das Recht, von dem Verantwortlichen unverzüglich die Berichtigung sie betreffender unrichtiger Daten zu verlangen. Insbesondere im Fall von Aussagen oder Beurteilungen betrifft die Frage

der Richtigkeit nicht den Inhalt der Aussage oder Beurteilung. Wenn die Richtigkeit oder Unrichtigkeit der Daten nicht festgestellt werden kann, tritt an die Stelle der Berichtigung eine Einschränkung der Verarbeitung. In diesem Fall hat der Verantwortliche die betroffene Person zu unterrichten, bevor er die Einschränkung wieder aufhebt. Die betroffene Person kann zudem die Vervollständigung unvollständiger personenbezogener Daten verlangen, wenn dies unter Berücksichtigung der Verarbeitungszwecke angemessen ist.

(2) Die betroffene Person hat das Recht, von dem Verantwortlichen unverzüglich die Löschung sie betreffender Daten zu verlangen, wenn deren Verarbeitung unzulässig ist, deren Kenntnis für die Aufgabenerfüllung nicht mehr erforderlich ist oder die Daten zur Erfüllung einer rechtlichen Verpflichtung gelöscht werden müssen.

(3) Anstatt die personenbezogenen Daten zu löschen, kann der Verantwortliche deren Verarbeitung einschränken, wenn

1. Grund zu der Annahme besteht, dass eine Löschung schutzwürdige Interessen einer betroffenen dritten Person beeinträchtigen würde,
2. die Daten zu Beweiszwecken in Verfahren, die Zwecken des § 35 dienen, weiter aufbewahrt werden müssen oder
3. eine Löschung wegen der besonderen Art der Speicherung nicht oder nur mit unverhältnismäßigem Aufwand möglich ist.

In ihrer Verarbeitung nach Satz 1 eingeschränkte Daten dürfen nur zu dem Zweck verarbeitet werden, der ihrer Löschung entgegenstand.

(4) Bei automatisierten Dateisystemen ist technisch sicherzustellen, dass eine Einschränkung der Verarbeitung eindeutig erkennbar ist und eine Verarbeitung für andere Zwecke nicht ohne weitere Prüfung möglich ist.

(5) Hat der Verantwortliche eine Berichtigung vorgenommen, hat er einer Stelle, die ihm die personenbezogenen Daten zuvor übermittelt hat, die Berichtigung mitzuteilen. In Fällen der Berichtigung, Löschung oder Einschränkung der Verarbeitung nach den Absätzen 1 bis 3 hat der Verantwortliche Empfängern, denen die Daten übermittelt wurden, diese Maßnahmen mitzuteilen. Der Empfänger hat die Daten zu berichtigen, zu löschen oder ihre Verarbeitung einzuschränken.

(6) Der Verantwortliche hat die betroffene Person über ein Absehen von der Berichtigung oder Löschung personenbezogener Daten oder über die an deren Stelle tretende Einschränkung der Verarbeitung schriftlich zu unterrichten. Dies gilt nicht, wenn bereits die Erteilung dieser Information eine Gefährdung im Sinne des § 48 Absatz 2 mit sich bringen würde. Die Unterrichtung nach Satz 1 ist zu begründen, es sei denn, dass die Mitteilung der Gründe den mit dem Absehen von der Unterrichtung verfolgten Zweck gefährdet.

(7) § 49 Absatz 7 und 8 finden entsprechende Anwendung.

§ 51 Verfahren

(1) Der Verantwortliche hat mit den betroffenen Personen unter Verwendung einer klaren und einfachen Sprache in präziser, verständlicher und leicht zugänglicher Form zu kommunizieren. Unbeschadet besonderer Formvorschriften soll er bei der Beantwortung von Anträgen grundsätzlich die für den Antrag gewählte Form verwenden.

(2) Bei Anträgen hat der Verantwortliche die betroffene Person unverzüglich, unbeschadet des § 49 Absatz 6 und des § 50 Absatz 6, schriftlich darüber in Kenntnis zu setzen, wie verfahren wurde.

(3) Die Erteilung von Informationen nach § 47, die Benachrichtigungen nach § 50 und den Vorschriften über die Benachrichtigung betroffener Personen bei Verletzungen des Schutzes personenbezogener Daten und die Bearbeitung von Anträgen nach den §§ 49 und 50 erfolgen unentgeltlich. Bei offenkundig unbegründeten oder exzessiven Anträgen nach den §§ 49 und 50 kann der Verantwortliche entweder eine angemessene Gebühr auf der Grundlage der Verwaltungskosten verlangen oder sich weigern, aufgrund des Antrags tätig zu werden. In diesem Fall muss

der Verantwortliche den offenkundig unbegründeten oder exzessiven Charakter des Antrags belegen können.

(4) Hat der Verantwortliche begründete Zweifel an der Identität einer betroffenen Person, die einen Antrag nach den §§ 49 oder 50 gestellt hat, kann er von ihr zusätzliche Informationen anfordern, die zur Bestätigung ihrer Identität erforderlich sind.

Kapitel 4
Pflichten der Verantwortlichen und Auftragsverarbeiter

§ 52 Verarbeitung personenbezogener Daten im Auftrag

(1) Bei der Verarbeitung personenbezogener Daten im Auftrag finden Artikel 28 Absatz 1 bis 4, 9 und 10, sowie Artikel 29 der Verordnung (EU) 2016/679 entsprechende Anwendung. Werden personenbezogene Daten im Auftrag eines Verantwortlichen durch andere Personen oder Stellen verarbeitet, hat der Verantwortliche für die Einhaltung der Vorschriften dieses Gesetzes und anderer Vorschriften über den Datenschutz zu sorgen. Die Rechte der betroffenen Personen auf Auskunft, Berichtigung, Löschung, Einschränkung der Verarbeitung und Schadensersatz sind in diesem Fall gegenüber dem Verantwortlichen geltend zu machen.

(2) Artikel 28 Absatz 1 bis 4, 9 und 10, sowie Artikel 29 der Verordnung (EU) 2016/679 sind auch dann entsprechend anzuwenden, wenn die Prüfung oder Wartung von automatisierten Verfahren oder Datenverarbeitungsanlagen durch andere Personen oder Stellen im Auftrag vorgenommen wird. Diese Personen müssen die notwendige fachliche Qualifikation und Zuverlässigkeit aufweisen. Der Auftraggeber hat vor Beginn der Arbeiten sicherzustellen, dass der Auftragnehmer personenbezogene Daten nur zur Kenntnis nehmen kann, soweit dies unvermeidlich ist. Dies gilt auch für die Kenntnisnahme von Daten, die Berufs- oder besonderen Amtsgeheimnissen unterliegen. Der Auftragnehmer hat dem Auftraggeber zuzuordnende personenbezogene Daten unverzüglich nach Erledigung des Auftrags zu löschen. Die Dokumentation der Maßnahme ist zum Zweck der Datenschutzkontrolle drei Jahre aufzubewahren.

§ 53 Verzeichnis von Verarbeitungstätigkeiten

Der Verantwortliche und der Auftragsverarbeiter sowie gegebenenfalls deren Vertreter haben ein Verzeichnis ihrer Verarbeitungstätigkeiten zu führen. Artikel 30 Absatz 1 bis 4 der Verordnung (EU) 2016/679 gilt entsprechend mit der Maßgabe, dass in die Verzeichnisse nach Artikel 30 Absatz 1 der Verordnung (EU) 2016/679 ergänzend Angaben über die Rechtsgrundlage der Verarbeitung, einschließlich der Übermittlungen, für die die personenbezogenen Daten bestimmt sind, sowie gegebenenfalls die Verwendung von Profiling aufzunehmen sind.

§ 54 Berichtigung und Löschung personenbezogener Daten sowie Einschränkung der Verarbeitung

(1) Der Verantwortliche hat personenbezogene Daten zu berichtigen, wenn sie unrichtig sind.

(2) Der Verantwortliche hat personenbezogene Daten unverzüglich zu löschen, wenn ihre Verarbeitung unzulässig ist, sie zur Erfüllung einer rechtlichen Verpflichtung gelöscht werden müssen oder ihre Kenntnis für seine Aufgabenerfüllung nicht mehr erforderlich ist.

(3) § 50 Absatz 3 bis 5 ist entsprechend anzuwenden. Sind unrichtige personenbezogene Daten oder personenbezogene Daten unrechtmäßig übermittelt worden, ist dies dem Empfänger mitzuteilen.

(4) Unbeschadet in Rechtsvorschriften festgesetzter Höchstspeicher- oder Löschungsfristen hat der Verantwortliche für die Löschung von personenbezogenen Daten oder eine regelmäßige Überprüfung der Notwendigkeit ihrer Speicherung angemessene Fristen vorzusehen und durch verfahrensrechtliche Vorkehrungen sicherzustellen, dass diese Fristen eingehalten werden.

§ 55 Protokollierung

(1) In automatisierten Verarbeitungssystemen haben Verantwortliche und Auftragsver-

arbeiter mindestens die folgenden Verarbeitungsvorgänge zu protokollieren:

1. Erhebung,
2. Veränderung,
3. Abfrage,
4. Offenlegung einschließlich Übermittlung,
5. Kombination und
6. Löschung.

(2) Die Protokolle über Abfragen und Offenlegungen müssen es ermöglichen, die Begründung, das Datum und die Uhrzeit dieser Vorgänge und so weit wie möglich die Identität der Person, die die personenbezogenen Daten abgefragt oder offengelegt hat, und die Identität des Empfängers der Daten festzustellen.

(3) Die Protokolle dürfen ausschließlich für die Überprüfung der Rechtmäßigkeit der Datenverarbeitung durch die behördliche Datenschutzbeauftragte oder den behördlichen Datenschutzbeauftragten, die Landesbeauftragte für Datenschutz und Informationsfreiheit oder den Landesbeauftragten für Datenschutz und Informationsfreiheit und die betroffene Person sowie für die Eigenüberwachung, für die Gewährleistung der Integrität und Sicherheit der personenbezogenen Daten und für Strafverfahren verwendet werden.

(4) Die Protokolldaten sind am Ende des auf deren Generierung folgenden Jahres zu löschen.

(5) Der Verantwortliche und der Auftragsverarbeiter haben die Protokolle der oder dem Landesbeauftragten für Datenschutz und Informationsfreiheit auf Anforderung zur Verfügung zu stellen.

§ 56 Datenschutz-Folgenabschätzung

(1) Hat eine Form der Verarbeitung, insbesondere bei Verwendung neuer Technologien, aufgrund der Art, des Umfangs, der Umstände und der Zwecke der Verarbeitung voraussichtlich eine hohes Risiko für die Rechte und Freiheiten betroffener Personen zur Folge, hat der Verantwortliche vorab eine Abschätzung der Folgen der vorgesehenen Verarbeitungsvorgänge für den Schutz personenbezogener Daten durchzuführen.

(2) Für die Untersuchung mehrerer ähnlicher Verarbeitungsvorgänge mit ähnlich hohen Risiken kann eine gemeinsame Datenschutz-Folgenabschätzung vorgenommen werden.

(3) Der Verantwortliche hat die Datenschutzbeauftragte oder den Datenschutzbeauftragten an der Durchführung der Folgenabschätzung zu beteiligen.

(4) Die Folgenabschätzung hat den berechtigten Interessen der von der Verarbeitung betroffenen Personen Rechnung zu tragen und zumindest die in Artikel 35 Absatz 7 der Verordnung (EU) 2016/679 genannten Anforderungen zu beachten.

(5) Erforderlichenfalls führt der Verantwortliche eine Überprüfung durch, um zu bewerten, ob die Verarbeitung gemäß der Datenschutz-Folgenabschätzung durchgeführt wird; dies gilt zumindest, wenn hinsichtlich des mit den Verarbeitungsvorgängen verbundenen Risikos Änderungen eingetreten sind.

§ 57 Konsultation der oder des Landesbeauftragten für Datenschutz und Informationsfreiheit

(1) Der Verantwortliche hat vor der Inbetriebnahme von neu anzulegenden Dateisystemen die Landesbeauftragte oder den Landesbeauftragten für Datenschutz und Informationsfreiheit zu konsultieren, wenn

1. aus einer Datenschutz-Folgenabschätzung nach § 56 hervorgeht, dass die Verarbeitung ein hohes Risiko für die Rechtsgüter der betroffenen Personen zur Folge hat, wenn der Verantwortliche oder Auftragsverarbeiter keine Abhilfemaßnahmen zur Eindämmung des Risikos trifft, oder
2. die Form der Verarbeitung, insbesondere bei der Verwendung neuer Technologien, Mechanismen oder Verfahren, ein hohes Risiko für die Rechtsgüter der betroffenen Personen zur Folge hat.

Die oder der Landesbeauftragte für Datenschutz und Informationsfreiheit kann eine Liste der Verarbeitungsvorgänge erstellen, die der Pflicht zur Anhörung nach Satz 1 unterliegen.

(2) Der oder dem Landesbeauftragten für Datenschutz und Informationsfreiheit sind im Fall des Absatzes 1 vorzulegen:

1. die nach § 56 durchgeführte Datenschutz-Folgenabschätzung,
2. gegebenenfalls Angaben zu den jeweiligen Zuständigkeiten des Verantwortlichen, der gemeinsam Verantwortlichen und der an der Verarbeitung beteiligten Auftragsverarbeiter,
3. Angaben zu den Zwecken und Mitteln der beabsichtigten Verarbeitung,
4. Angaben zu den zum Schutz der Rechtsgüter der betroffenen Personen vorgesehenen Maßnahmen und Garantien und
5. Name und Kontaktdaten der oder des Datenschutzbeauftragten.

Auf Anforderung sind ihr oder ihm zudem alle sonstigen Informationen zu übermitteln, die sie oder er benötigt, um die Rechtmäßigkeit der Verarbeitung sowie insbesondere die in Bezug auf den Schutz der personenbezogenen Daten der betroffenen Personen bestehenden Gefahren und die diesbezüglichen Garantien bewerten zu können.

(3) Falls die oder der Landesbeauftragte für Datenschutz und Informationsfreiheit der Auffassung ist, dass die geplante Verarbeitung gegen gesetzliche Vorgaben verstößt, insbesondere weil der Verantwortliche das Risiko nicht ausreichend ermittelt oder keine ausreichenden Abhilfemaßnahmen getroffen hat, kann sie oder er dem Verantwortlichen und gegebenenfalls dem Auftragsverarbeiter innerhalb eines Zeitraums von sechs Wochen nach Einleitung der Anhörung schriftliche Empfehlungen unterbreiten, welche Maßnahmen noch ergriffen werden sollten. Die oder der Landesbeauftragte für Datenschutz und Informationsfreiheit kann diese Frist um einen Monat verlängern, wenn die geplante Verarbeitung besonders komplex ist. Sie oder er hat in diesem Fall innerhalb eines Monats nach Einleitung der Anhörung den Verantwortlichen und gegebenenfalls den Auftragsverarbeiter über die Fristverlängerung zu informieren. Die Frist nach Satz 1 beginnt erst, sobald die in Absatz 2 Satz 1 benannten, vorzulegenden Pflichtunterlagen vollständig eingereicht wurden. Auch wird die Frist solange gehemmt, bis der Verantwortliche alle Unterlagen, die nach Absatz 2 Satz 2 angefordert wurden, eingereicht hat.

(4) Hat die beabsichtigte Verarbeitung erhebliche Bedeutung für die Aufgabenerfüllung des Verantwortlichen und ist sie daher besonders dringlich, kann er mit der Verarbeitung nach Beginn der Anhörung, aber vor Ablauf der in Absatz 3 Satz 1 genannten Frist, beginnen. In diesem Fall sind die Empfehlungen der oder des Landesbeauftragten für Datenschutz und Informationsfreiheit im Nachhinein zu berücksichtigen. Art und Weise der Verarbeitung sind gegebenenfalls anzupassen.

(5) Die oder der Landesbeauftragte für Datenschutz und Informationsfreiheit ist bei der Ausarbeitung eines Vorschlags einer zu erlassenden Gesetzgebungsmaßnahme oder von auf solchen Gesetzgebungsmaßnahmen beruhenden Regelungsmaßnahmen, die die Verarbeitung im Anwendungsbereich des § 35 betreffen, zu konsultieren.

§ 58 Anforderungen an die Sicherheit der Verarbeitung

(1) Der Verantwortliche und der Auftragsverarbeiter haben unter Berücksichtigung des Stands der Technik, der Implementierungskosten, der Art, des Umfangs, der Umstände und der Zwecke der Verarbeitung sowie der Eintrittswahrscheinlichkeit und der Schwere der mit der Verarbeitung verbundenen Gefahren für die Rechtsgüter der betroffenen Personen die erforderlichen technischen und organisatorischen Maßnahmen zu treffen, um bei der Verarbeitung personenbezogener Daten ein dem Risiko angemessenes Schutzniveau zu gewährleisten, insbesondere im Hinblick auf die Verarbeitung besonderer Kategorien personenbezogener Daten. Der Verantwortliche hat hierbei die einschlägigen Technischen Richtlinien und Empfehlungen des Bundesamtes für Sicherheit in der Informationstechnik zu berücksichtigen.

(2) Die in Absatz 1 genannten Maßnahmen können unter anderem die Pseudonymisierung und Verschlüsselung personenbezogener Daten umfassen, soweit ihr Aufwand in einem angemessenen Verhältnis zu dem an-

IX

gestrebten Schutzzweck steht. Die Maßnahmen nach Absatz 1 sollen dazu führen, dass

1. die Vertraulichkeit, Integrität, Verfügbarkeit und Belastbarkeit der Systeme und Dienste im Zusammenhang mit der Verarbeitung auf Dauer sichergestellt werden und
2. die Verfügbarkeit der personenbezogenen Daten und der Zugang zu ihnen bei einem physischen oder technischen Zwischenfall rasch wiederhergestellt werden können.

(3) Im Fall einer Verarbeitung personenbezogener Daten haben der Verantwortliche und der Auftragsverarbeiter auf Grundlage einer Risikobewertung Maßnahmen zu ergreifen, die geeignet sind zu gewährleisten, dass

1. nur Befugte personenbezogene Daten zur Kenntnis nehmen können (Vertraulichkeit),
2. personenbezogene Daten während der Verarbeitung unversehrt, vollständig und aktuell bleiben (Integrität),
3. personenbezogene Daten zeitgerecht zur Verfügung stehen und ordnungsgemäß verarbeitet werden können (Verfügbarkeit),
4. jederzeit personenbezogene Daten ihrem Ursprung zugeordnet werden können (Authentizität) und
5. die Verfahrensweisen bei der Verarbeitung personenbezogener Daten vollständig, aktuell und in einer Weise dokumentiert sind, dass sie in zumutbarer Zeit nachvollzogen werden können (Transparenz).

(4) Zur Umsetzung von Absatz 2 sind insbesondere

1. Unbefugten den Zugang zu Datenverarbeitungsanlagen, mit denen personenbezogene Daten verarbeitet werden, zu verwehren (Zugangskontrolle),
2. zu verhindern, dass Datenträger unbefugt gelesen, kopiert, verändert oder entfernt werden können (Datenträgerkontrolle),
3. die unbefugte Eingabe sowie die unbefugte Kenntnisnahme, Veränderung oder Löschung gespeicherter personenbezogener Daten zu verhindern (Speicherkontrolle),
4. zu verhindern, dass automatisierte Datenverarbeitungssysteme mit Hilfe von Einrichtungen zur Datenübertragung von Unbefugten genutzt werden können (Benutzerkontrolle),
5. zu gewährleisten, dass die zur Benutzung eines automatisierten Datenverarbeitungssystems Berechtigten ausschließlich auf die ihrer Zugriffsberechtigung unterliegenden Daten zugreifen können (Zugriffskontrolle),
6. zu gewährleisten, dass überprüft und festgestellt werden kann, an welche Stellen personenbezogene Daten mit Hilfe von Einrichtungen zur Datenübertragung übermittelt oder zur Verfügung gestellt wurden oder werden können (Übertragungskontrolle),
7. zu gewährleisten, dass nachträglich überprüft und festgestellt werden kann, welche personenbezogenen Daten zu welcher Zeit von wem in automatisierte Datenverarbeitungssysteme eingegeben worden sind (Eingabekontrolle),
8. zu gewährleisten, dass personenbezogene Daten, die im Auftrag verarbeitet werden, nur entsprechend den Weisungen des Verantwortlichen verarbeitet werden können (Auftragskontrolle),
9. zu verhindern, dass bei der Übermittlung personenbezogener Daten sowie beim Transport von Datenträgern die Daten unbefugt gelesen, kopiert, verändert oder gelöscht werden können (Transportkontrolle),
10. die innerbehördliche oder innerbetriebliche Organisation so zu gestalten, dass sie den besonderen Anforderungen des Datenschutzes gerecht wird (Organisationskontrolle),
11. zu gewährleisten, dass personenbezogene Daten gegen Zerstörung oder Verlust geschützt sind (Verfügbarkeitskontrolle),
12. zu gewährleisten, dass eingesetzte Systeme im Störungsfall wiederhergestellt werden können (Wiederherstellung),
13. zu gewährleisten, dass alle Funktionen des Systems zur Verfügung stehen und

auftretende Fehlfunktionen gemeldet werden (Zuverlässigkeit),

14. zu gewährleisten, dass gespeicherte personenbezogene Daten nicht durch Fehlfunktionen des Systems beschädigt werden können (Datenintegrität) und
15. zu gewährleisten, dass zu unterschiedlichen Zwecken erhobene personenbezogene Daten getrennt verarbeitet werden können (Trennbarkeit).

Ein Zweck nach Satz 1 Nummer 2 bis 5 kann insbesondere durch die Verwendung von dem Stand der Technik entsprechenden Verschlüsselungsverfahren erreicht werden.

§ 59 Meldung von Verletzungen des Schutzes personenbezogener Daten an die Aufsichtsbehörde

Das Verfahren zur Meldung von Verletzungen des Schutzes personenbezogener Daten an die Aufsichtsbehörde nach Artikel 33 der Verordnung (EU) 2016/679 findet entsprechende Anwendung. Soweit die Verletzung des Schutzes personenbezogener Daten personenbezogene Daten betrifft, die von dem oder an den Verantwortlichen eines anderen Mitgliedstaats übermittelt wurden, sind die in Artikel 33 Absatz 3 der Verordnung (EU) 2016/679 genannten Informationen dem Verantwortlichen des Mitgliedstaats unverzüglich zu übermitteln. Eine Meldung nach Artikel 33 der Verordnung (EU) 2016/679 darf in einem Strafverfahren gegen die meldepflichtige Person oder einen ihrer in § 54 Absatz 1 der Strafprozessordnung bezeichneten Angehörigen nur mit Zustimmung verwendet werden.

Kapitel 5
Die oder der Landesbeauftragte für Datenschutz und Informationsfreiheit

§ 60 Die oder der Landesbeauftragte für Datenschutz und Informationsfreiheit

(1) Die Aufsicht über die Einhaltung und Überwachung der Vorschriften dieses Teils sowie anderer Vorschriften über den Datenschutz bei der Verarbeitung personenbezogener Daten zu Zwecken des § 35 obliegt der oder dem Landesbeauftragten für Datenschutz und Informationsfreiheit. Artikel 51 bis 55 der Verordnung (EU) 2016/679 und die zu ihrer Durchführung erlassenen Vorschriften dieses Gesetzes finden entsprechende Anwendung.

(2) Die oder der Landesbeauftragte für Datenschutz und Informationsfreiheit nimmt die Aufgaben nach Artikel 57 Absatz 1 Buchstaben a bis i, l und t, Absatz 2 bis 4 der Verordnung (EU) 2016/679 entsprechend wahr. Übt sie oder er für die betroffene Person deren Rechte aus, hat sie oder er die Rechtmäßigkeit der Verarbeitung zu überprüfen. Die betroffene Person ist innerhalb einer angemessenen Frist über das Ergebnis dieser Überprüfung oder über die Gründe zu unterrichten, aus denen die Überprüfung nicht vorgenommen wurde.

(3) Im Übrigen stehen der oder dem Landesbeauftragten für Datenschutz und Informationsfreiheit die Befugnisse nach Artikel 58 Absatz 1 Buchstabe e, Absatz 2 Buchstabe a, d und f, Absatz 3 Buchstabe a und b, Absatz 4 und 5 der Verordnung (EU) 2016/679 entsprechend zu.

(4) Artikel 59 der Verordnung (EU) 2016/679 gilt entsprechend mit der Maßgabe, dass der Jahresbericht über die Tätigkeit der Aufsichtsbehörde auch eine Liste der Arten der verhängten Sanktionen enthalten kann.

§ 61 Recht auf Beschwerde bei einer Aufsichtsbehörde

Artikel 77 der Verordnung (EU) 2016/679 gilt entsprechend. Jeder kann sich gemäß Artikel 77 der Verordnung (EU) 2016/679 an die oder den Landesbeauftragten für Datenschutz und Informationsfreiheit mit dem Vorbringen wenden, bei der Verarbeitung seiner personenbezogenen Daten in seinen Rechten verletzt worden zu sein. Durch die Anrufung der oder des Landesbeauftragten dürfen der betroffenen Person keine Nachteile entstehen. Bei der Ausübung des Beschwerderechts durch Beschäftigte öffentlicher Stellen muss der Dienstweg nicht eingehalten werden. Die oder der Landesbeauftragte für Datenschutz und Informationsfreiheit hat eine bei ihr oder ihm eingelegte Beschwerde über eine Verarbeitung, die in die Zuständigkeit einer anderen Aufsichtsbehörde fällt, unverzüglich an die zuständige Aufsichtsbehörde weiterzuleiten. In diesem Fall hat sie oder er die betroffene Person über die Weiterleitung zu unterrichten und ihr auf ihr Ersuchen weitere Unterstützung zu leisten.

Kapitel 6
Datenübermittlungen an Drittstaaten und an internationale Organisationen

§ 62 Allgemeine Voraussetzungen

(1) Die Übermittlung personenbezogener Daten an Stellen in Drittstaaten oder an internationale Organisationen ist bei Vorliegen der übrigen für Datenübermittlungen geltenden Voraussetzungen zulässig, wenn

1. die Stelle oder internationale Organisation für die in § 35 genannten Zwecke zuständig ist und
2. die Europäische Kommission gemäß Artikel 36 Absatz 3 der Richtlinie (EU) 2016/680 einen Angemessenheitsbeschluss gefasst hat.

(2) Die Übermittlung personenbezogener Daten hat trotz des Vorliegens eines Angemessenheitsbeschlusses im Sinne des Absatzes 1 Nummer 2 und des zu berücksichtigenden öffentlichen Interesses an der Datenübermittlung zu unterbleiben, wenn im Einzelfall ein datenschutzrechtlich angemessener und die elementaren Menschenrechte wahrender Umgang mit den Daten beim Empfänger nicht hinreichend gesichert ist oder sonst überwiegende schutzwürdige Interessen einer betroffenen Person entgegenstehen. Bei seiner Beurteilung hat der Verantwortliche maßgeblich zu berücksichtigen, ob der Empfänger im Einzelfall einen angemessenen Schutz der übermittelten Daten garantiert.

(3) Wenn personenbezogene Daten, die aus einem anderen Mitgliedstaat der Europäischen Union übermittelt oder zur Verfügung gestellt wurden, nach Absatz 1 übermittelt werden sollen, muss diese Übermittlung zuvor von der zuständigen Stelle des anderen Mitgliedstaats genehmigt werden. Übermittlungen ohne vorherige Genehmigung sind nur dann zulässig, wenn die Übermittlung erforderlich ist, um eine unmittelbare und ernsthafte Gefahr für die öffentliche Sicherheit eines Staates oder für die wesentlichen Interessen eines Mitgliedstaats abzuwehren, und die vorherige Genehmigung nicht rechtzeitig eingeholt werden kann. Im Fall des Satzes 2 ist die Stelle des anderen Mitgliedstaats, die für die Erteilung der Genehmigung zuständig gewesen wäre, unverzüglich über die Übermittlung zu unterrichten.

(4) Der Verantwortliche, der Daten nach Absatz 1 übermittelt, hat durch geeignete Maßnahmen sicherzustellen, dass der Empfänger die übermittelten Daten nur dann an andere Drittstaaten oder andere internationale Organisationen weiterübermittelt, wenn der Verantwortliche diese Übermittlung zuvor genehmigt hat. Bei der Entscheidung über die Erteilung der Genehmigung hat der Verantwortliche alle maßgeblichen Faktoren zu berücksichtigen, insbesondere die Schwere der Straftat, den Zweck der ursprünglichen Übermittlung und das in dem Drittstaat oder der internationalen Organisation, an das oder an die die Daten weiterübermittelt werden sollen, bestehende Schutzniveau für personenbezogene Daten. Eine Genehmigung darf nur dann erfolgen, wenn auch eine direkte Übermittlung an den anderen Drittstaat oder die andere internationale Organisation zulässig wäre. Die Zuständigkeit für die Erteilung der Genehmigung kann auch abweichend geregelt werden.

§ 63 Datenübermittlung bei geeigneten Garantien

(1) Liegt entgegen § 62 Absatz 1 Nummer 2 kein Beschluss nach Artikel 36 Absatz 3 der Richtlinie (EU) 2016/680 vor, ist eine Übermittlung bei Vorliegen der übrigen Voraussetzungen des § 59 auch dann zulässig, wenn

1. in einem rechtsverbindlichen Instrument geeignete Garantien für den Schutz personenbezogener Daten vorgesehen sind oder
2. der Verantwortliche nach Beurteilung aller Umstände, die bei der Übermittlung eine

IX

Rolle spielen, zu der Auffassung gelangt ist, dass geeignete Garantien für den Schutz personenbezogener Daten bestehen.

(2) Der Verantwortliche hat Übermittlungen nach Absatz 1 Nummer 2 zu dokumentieren. Die Dokumentation hat den Zeitpunkt der Übermittlung, die Identität des Empfängers, den Grund der Übermittlung und die übermittelten personenbezogenen Daten zu enthalten. Sie ist der oder dem Landesbeauftragten für Datenschutz und Informationsfreiheit auf Anforderung zur Verfügung zu stellen.

(3) Der Verantwortliche hat die Landesbeauftragte für Datenschutz und Informationsfreiheit oder den Landesbeauftragten für Datenschutz und Informationsfreiheit zumindest jährlich über Übermittlungen zu unterrichten, die aufgrund einer Beurteilung nach Absatz 1 Nummer 2 erfolgt sind. In der Unterrichtung kann er die Empfänger und die Übermittlungszwecke angemessen kategorisieren.

§ 64 Datenübermittlung ohne geeignete Garantien

(1) Liegt entgegen § 62 Absatz 1 Nummer 2 kein Beschluss nach Artikel 36 Absatz 3 der Richtlinie (EU) 2016/680 vor und liegen auch keine geeigneten Garantien im Sinne des § 63 Absatz 1 vor, ist eine Übermittlung bei Vorliegen der übrigen Voraussetzungen des § 62 auch dann zulässig, wenn die Übermittlung erforderlich ist

1. zum Schutz lebenswichtiger Interessen einer natürlichen Person,
2. zur Wahrung berechtigter Interessen der betroffenen Person,
3. zur Abwehr einer gegenwärtigen und erheblichen Gefahr für die öffentliche Sicherheit eines Staates,
4. im Einzelfall für die in § 35 genannten Zwecke oder
5. im Einzelfall zur Geltendmachung, Ausübung oder Verteidigung von Rechtsansprüchen im Zusammenhang mit den in § 35 genannten Zwecken.

(2) Der Verantwortliche hat von einer Übermittlung nach Absatz 1 abzusehen, wenn die Grundrechte der betroffenen Person das öffentliche Interesse an der Übermittlung überwiegen.

(3) Für Übermittlungen nach Absatz 1 gilt § 63 Absatz 2 entsprechend.

§ 65 Sonstige Datenübermittlung an Empfänger in Drittstaaten

(1) Verantwortliche können bei Vorliegen der übrigen für die Datenübermittlung in Drittstaaten geltenden Voraussetzungen im besonderen Einzelfall personenbezogene Daten unmittelbar an nicht in § 63 Absatz 1 Nummer 1 genannte Stellen in Drittstaaten übermitteln, wenn die Übermittlung für die Erfüllung ihrer Aufgaben unbedingt erforderlich ist und

1. im konkreten Fall keine Grundrechte und Grundfreiheiten der betroffenen Person das öffentliche Interesse an einer Übermittlung überwiegen,
2. die Übermittlung an die in § 62 Absatz 1 Nummer 1 genannten Stellen wirkungslos oder ungeeignet wäre, insbesondere weil sie nicht rechtzeitig durchgeführt werden kann, und
3. der Verantwortliche dem Empfänger die Zwecke der Verarbeitung mitteilt und ihn darauf hinweist, dass die übermittelten Daten nur in dem Umfang verarbeitet werden dürfen, in dem ihre Verarbeitung für diese Zwecke erforderlich ist.

(2) Im Fall des Absatzes 1 hat der Verantwortliche die in § 62 Absatz 1 Nummer 1 genannten Stellen unverzüglich über die Übermittlung zu unterrichten, sofern dies nicht wirkungslos oder ungeeignet ist.

(3) Für Übermittlungen nach Absatz 1 gilt § 63 Absatz 2 und 3 entsprechend.

(4) Bei Übermittlungen nach Absatz 1 hat der Verantwortliche den Empfänger zu verpflichten, die übermittelten personenbezogenen Daten ohne seine Zustimmung nur für den Zweck zu verarbeiten, für den sie übermittelt worden sind.

(5) Regelungen in bi- oder multilateralen internationalen Übereinkünften mit Dritten im Bereich der justiziellen Zusammenarbeit in Strafsachen und der polizeilichen Zusammenarbeit bleiben unberührt.

IX

Kapitel 7
Ergänzende Vorschriften

§ 66 Vertrauliche Meldung von Datenschutzverstößen

Der Verantwortliche hat zu ermöglichen, dass ihm vertrauliche Meldungen über in seinem Verantwortungsbereich erfolgende Verstöße gegen Datenschutzvorschriften zugeleitet werden können.

§ 67 Ergänzende Anwendung der Verordnung (EU) 2016/679

Die Vorschriften der Verordnung (EU) 2016/679 über

1. den Datenschutz durch Technikgestaltung und durch datenschutzfreundliche Voreinstellung nach Artikel 25 Absatz 1 und 2,
2. gemeinsam für die Verarbeitung Verantwortliche gemäß Artikel 26,
3. die Verarbeitungen unter der Aufsicht des Verantwortlichen oder des Auftragsverarbeiters nach Artikel 29,
4. die Zusammenarbeit mit der Aufsichtsbehörde nach Artikel 31,
5. die Benachrichtigung der von einer Verletzung des Schutzes personenbezogener Daten betroffenen Person gemäß Artikel 34,
6. die Benennung, Stellung und Aufgaben des behördlichen Datenschutzbeauftragten nach Artikel 37 bis Artikel 39,
7. die gegenseitige Amtshilfe nach Artikel 61 und
8. das Recht auf wirksamen gerichtlichen Rechtsbehelf gegen eine Aufsichtsbehörde nach Artikel 78 Absatz 1 bis 3

sowie die zu ihrer Durchführung erlassenen Vorschriften des Teils 2 dieses Gesetzes sind auf Datenverarbeitungen im Sinne von § 1 Absatz 2 dieses Gesetzes entsprechend anzuwenden.

§ 68 Schadensersatz

(1) Wird der betroffenen Person durch eine nach den Vorschriften dieses Gesetzes oder nach anderen Vorschriften über den Datenschutz unzulässige oder unrichtige Verarbeitung ihrer personenbezogenen Daten ein Schaden zugefügt, ist der Träger der verantwortlichen Stelle ihr zum Schadensersatz verpflichtet. Die Ersatzpflicht entfällt, soweit bei einer nicht automatisierten Verarbeitung der Schaden nicht auf ein Verschulden des Verantwortlichen zurückzuführen ist.

(2) Wegen eines Schadens, der nicht Vermögensschaden ist, kann die betroffene Person eine angemessene Entschädigung in Geld verlangen.

(3) Mehrere Ersatzpflichtige haften als Gesamtschuldner.

(4) Auf eine schuldhafte Mitverursachung des Schadens durch die betroffene Person sind die §§ 254 und 839 Absatz 3 des Bürgerlichen Gesetzbuchs entsprechend anzuwenden. Auf die Verjährung finden die für unerlaubte Handlungen geltenden Verjährungsvorschriften des Bürgerlichen Gesetzbuchs entsprechende Anwendung.

(5) Weitergehende Schadensersatzansprüche bleiben unberührt.

§ 69 Straf- und Bußgeldvorschriften

Für die Verarbeitung personenbezogener Daten durch öffentliche Stellen im Rahmen von Tätigkeiten nach § 35 finden die §§ 33 und 34 entsprechende Anwendung.

Teil 4
Übergangsvorschrift, Einschränkung von Grundrechten, Inkrafttreten, Außerkrafttreten

§ 70 Übergangsvorschrift

(1) Mit Inkrafttreten dieses Gesetzes wird das bestehende Amtsverhältnis der Landesbeauftragten für Datenschutz und Informationsfreiheit in ein solches nach diesem Gesetz überführt. Ihre statusrechtliche Stellung bleibt unberührt.

(2) Abweichend von § 53 gelten bis zum 6. Mai 2023 für vor dem 6. Mai 2016 bereits eingeführte Verfahren zur automatisierten Verarbeitung von personenbezogenen Daten im Anwendungsbereich von Teil 3 dieses Gesetzes die Vorschriften über Verfahrensverzeichnisse und Dokumentationen aus den

IX

§§ 8 und 10 Absatz 3 des Datenschutzgesetzes Nordrhein-Westfalen in der Fassung der Bekanntmachung vom 9. Juni 2000 (GV. NRW. S. 542) in der bis zum 24. Mai 2018 geltenden Fassung.

(3) Abweichend von § 55 gelten bis zum 6. Mai 2023 für vor dem 6. Mai 2016 bereits eingeführte Verfahren zur automatisierten Verarbeitung von personenbezogenen Daten im Anwendungsbereich von Teil 3 dieses Gesetzes die Vorschriften über Protokollierungen nach § 10 Absatz 2 des Datenschutzgesetzes Nordrhein-Westfalen in der bis zum 24. Mai 2018 geltenden Fassung.

§ 71 Einschränkung von Grundrechten

Durch dieses Gesetz werden das Grundrecht auf informationelle Selbstbestimmung und das Grundrecht auf Schutz personenbezogener Daten nach Artikel 2 Absatz 1 in Verbindung mit Artikel 1 Absatz 1 des Grundgesetzes in Verbindung mit Artikel 4 Absatz 1 und Artikel 4 Absatz 2 Satz 1 der Verfassung für das Land Nordrhein-Westfalen eingeschränkt.

§ 72 Inkrafttreten, Außerkrafttreten

Dieses Gesetz tritt am 25. Mai 2018 in Kraft. Gleichzeitig tritt das Datenschutzgesetz Nordrhein-Westfalen in der Fassung der Bekanntmachung vom 9. Juni 2000 außer Kraft.

Gesetz über die Freiheit des Zugangs zu Informationen für das Land Nordrhein-Westfalen (Informationsfreiheitsgesetz Nordrhein-Westfalen – IFG NRW)

Vom 27. November 2001 (GV. NRW. S. 806)

Zuletzt geändert durch
Gesetz zur Modernisierung des Sparkassenrechts und zur Änderung weiterer Gesetze
vom 19. Dezember 2024 (GV. NRW. S. 1220)

Der Landtag hat das folgende Gesetz beschlossen, das hiermit verkündet wird:

§ 1 Zweck des Gesetzes

Zweck dieses Gesetzes ist es, den freien Zugang zu den bei den öffentlichen Stellen vorhandenen Informationen zu gewährleisten und die grundlegenden Voraussetzungen festzulegen, unter denen derartige Informationen zugänglich gemacht werden sollen.

§ 2 Anwendungsbereich

(1) Dieses Gesetz gilt für die Verwaltungstätigkeit der Behörden, Einrichtungen und sonstigen öffentlichen Stellen des Landes, der Gemeinden und Gemeindeverbände sowie der sonstigen der Aufsicht des Landes unterstehenden juristischen Personen des öffentlichen Rechts und deren Vereinigungen (öffentliche Stellen). Behörde im Sinne dieses Gesetzes ist jede Stelle, die Aufgaben der öffentlichen Verwaltung wahrnimmt.

(2) Für den Landtag und für die Gerichte sowie für die Behörden der Staatsanwaltschaft gilt dieses Gesetz, soweit sie Verwaltungsaufgaben wahrnehmen. Entsprechendes gilt für den Landesrechnungshof und die Staatlichen Rechnungsprüfungsämter.

(3) Für Forschungseinrichtungen, Hochschulen und Prüfungseinrichtungen gilt dieses Gesetz nur, soweit sie nicht im Bereich von Forschung, Lehre, Leistungsbeurteilungen und Prüfungen tätig werden.

(4) Für öffentlich-rechtliche Kreditinstitute gilt dieses Gesetz nur, soweit nicht Zugang zu kundenbezogenen Daten gewährt werden soll, die dem Kreditinstitut aufgrund, aus Anlass oder im Rahmen der Geschäftsverbindung zum Kunden bekannt geworden sind. Satz 1 gilt nicht, soweit Informationen zu aggregierten, nicht individualisierbaren Daten oder zu Konten in der Zeit des Nationalsozialismus enteigneter oder verfolgter Personen oder zum späteren Umgang der öffentlich-rechtlichen Kreditinstitute mit diesen Konten begehrt werden.

(5) Sofern eine natürliche oder juristische Person des Privatrechts öffentlich-rechtliche Aufgaben wahrnimmt, gilt sie als Behörde im Sinne dieses Gesetzes.

§ 3 Begriffsbestimmungen

Informationen im Sinne dieses Gesetzes sind alle in Schrift-, Bild-, Ton- oder Datenverarbeitungsform oder auf sonstigen Informationsträgern vorhandenen Informationen, die im dienstlichen Zusammenhang erlangt wurden. Informationsträger sind alle Medien, die Informationen in Schrift-, Bild-, Ton- oder Datenverarbeitungsform oder in sonstiger Form speichern können.

§ 4 Informationsrecht

(1) Jede natürliche Person hat nach Maßgabe dieses Gesetzes gegenüber den in § 2 genannten Stellen Anspruch auf Zugang zu den bei der Stelle vorhandenen amtlichen Informationen.

(2) Soweit besondere Rechtsvorschriften über den Zugang zu amtlichen Informationen, die Auskunftserteilung oder die Gewährung von Akteneinsicht bestehen, gehen sie den Vorschriften dieses Gesetzes vor. Im Rahmen dieses Gesetzes entfällt die Pflicht zur Amtsverschwiegenheit.

§ 5 Verfahren

(1) Der Zugang zu den bei den öffentlichen Stellen vorhandenen Informationen wird auf

Antrag gewährt. Der Antrag kann schriftlich, mündlich oder elektronisch gestellt werden. Er muss hinreichend bestimmt sein und insbesondere erkennen lassen, auf welche Informationen er gerichtet ist. Anträge auf Zugang zu amtlichen Informationen der Verwaltungstätigkeit von Schulen sind in inneren Schulangelegenheiten an die Schulaufsicht, in äußeren Schulangelegenheiten an die Schulträger zu richten. Begehrt die Antragstellerin oder der Antragsteller eine bestimmte Art des Informationszugangs, so darf nur dann eine andere Art bestimmt werden, wenn hierfür ein wichtiger Grund vorliegt.

(2) Die Information soll unverzüglich, spätestens innerhalb eines Monats nach Antragstellung, zugänglich gemacht werden. Die inhaltliche Richtigkeit der Information ist nicht zu überprüfen. Die Ablehnung eines Antrages nach Absatz 1 oder die Beschränkung des beantragten Zugangs zu einer Information ist schriftlich zu erteilen und zu begründen; bei mündlicher Antragstellung gilt die Schriftform nur auf ausdrückliches Verlangen der Antragstellerin oder des Antragstellers. Die informationssuchende Person ist im Falle der Ablehnung auch auf ihr Recht nach § 13 Abs. 2 hinzuweisen.

(3) Ist die Gewährung des Informationszugangs von der Einwilligung einer betroffenen Person abhängig, gilt diese Einwilligung als verweigert, wenn sie nicht innerhalb eines Monats nach Anfrage durch die öffentliche Stelle vorliegt.

(4) Der Antrag kann abgelehnt werden, wenn die Information der Antragstellerin oder dem Antragsteller bereits zur Verfügung gestellt worden ist oder wenn sich die Antragstellerin oder der Antragsteller die Information in zumutbarer Weise aus allgemein zugänglichen Quellen beschaffen kann.

(5) Bei Anträgen, die von mehr als 20 Personen auf Unterschriftenlisten unterzeichnet oder in Form vervielfältigter gleichlautender Texte eingereicht werden (gleichförmige Anträge), gelten die §§ 17 und 19 des Verwaltungsverfahrensgesetzes entsprechend. Sind mehr als 20 Personen aufzufordern, einen gemeinsamen Vertreter zu bestellen, kann die öffentliche Stelle die Aufforderung ortsüblich bekanntmachen.

§ 6 Schutz öffentlicher Belange und der Rechtsdurchsetzung

Der Antrag auf Informationszugang ist abzulehnen, soweit und solange

a) das Bekanntwerden der Information die Landesverteidigung, die internationalen Beziehungen, die Beziehungen zum Bund oder zu einem Land oder die öffentliche Sicherheit oder Ordnung, insbesondere die Tätigkeit der Polizei, des Verfassungsschutzes, der Staatsanwaltschaften oder der Behörden des Straf- und Maßregelvollzugs einschließlich ihrer Aufsichtsbehörden beeinträchtigen würde oder

b) durch die Bekanntgabe der Information der Verfahrensablauf eines anhängigen Verwaltungsverfahrens, eines Ordnungswidrigkeitenverfahrens, eines Disziplinarverfahrens oder der Erfolg einer bevorstehenden behördlichen Maßnahme erheblich beeinträchtigt würde oder

c) durch das Bekanntwerden der Information Angaben und Mitteilungen öffentlicher Stellen des Bundes oder anderer Länder ohne deren Zustimmung offenbart würden.

Entsprechendes gilt, wenn konkrete Anhaltspunkte dafür bestehen, dass die Information zu einer Gefährdung der öffentlichen Sicherheit oder Ordnung missbräuchlich verwendet werden soll.

§ 7 Schutz des behördlichen Entscheidungsbildungsprozesses

(1) Der Antrag auf Informationszugang ist abzulehnen für Entwürfe zu Entscheidungen, für Arbeiten und Beschlüsse zu ihrer unmittelbaren Vorbereitung sowie für Protokolle vertraulicher Beratungen.

(2) Der Antrag soll abgelehnt werden, wenn

a) sich der Inhalt der Information auf den Prozess der Willensbildung innerhalb von und zwischen öffentlichen Stellen bezieht oder

b) das Bekanntwerden des Inhalts der Information die Funktionsfähigkeit und die Eigenverantwortung der Landesregierung beeinträchtigt oder

c) es sich um Informationen handelt, die ausschließlich Bestandteil von Vorentwürfen und Notizen sind, die nicht Bestandteil eines Vorgangs werden sollen und alsbald vernichtet werden.

(3) Informationen, die nach Absatz 1 vorenthalten worden sind, sind nach Abschluss des jeweiligen Verfahrens zugänglich zu machen. Für Protokolle vertraulichen Inhalts gilt dies nur für die Ergebnisse.

§ 8 Schutz von Betriebs- und Geschäftsgeheimnissen

Der Antrag auf Informationszugang ist abzulehnen, soweit durch die Übermittlung der Information ein Betriebs- oder Geschäftsgeheimnis offenbart wird und dadurch ein wirtschaftlicher Schaden entstehen würde. Entsprechendes gilt für Informationen, die wegen ihrer volkswirtschaftlichen Bedeutung im öffentlichen Interesse geheimzuhalten sind. Sätze 1 und 2 gelten nicht, wenn die Allgemeinheit ein überwiegendes Interesse an der Gewährung des Informationszugangs hat und der eintretende Schaden nur geringfügig wäre. Im Zweifelsfall ist der oder dem Betroffenen vorher Gelegenheit zur Stellungnahme zu geben. Betroffen sein kann auch eine öffentliche Stelle.

§ 9 Schutz personenbezogener Daten

(1) Der Antrag auf Informationszugang ist abzulehnen, soweit durch das Bekanntwerden der Information personenbezogene Daten offenbart werden, es sei denn,

a) die betroffene Person hat eingewilligt oder

b) die Offenbarung ist durch ein Gesetz oder aufgrund eines Gesetzes erlaubt oder

c) die Offenbarung ist zur Abwehr erheblicher Nachteile für das Allgemeinwohl oder von Gefahren für Leben, Gesundheit, persönliche Freiheit oder sonstiger schwerwiegender Beeinträchtigungen der Rechte Einzelner geboten oder

d) die Einholung der Einwilligung der betroffenen Person ist nicht oder nur mit unverhältnismäßigem Aufwand möglich und es offensichtlich ist, dass die Offenbarung im Interesse der betroffenen Person liegt oder

e) die Antragstellerin oder der Antragsteller macht ein rechtliches Interesse an der Kenntnis der begehrten Information geltend und überwiegende schutzwürdige Belange der betroffenen Person stehen der Offenbarung nicht entgegen.

(2) Soll Zugang zu personenbezogenen Informationen nach Absatz 1 Buchstabe b bis e gewährt werden, ist die betroffene Person von der Freigabe der Information zu benachrichtigen, wenn dies nicht mit einem unverhältnismäßigen Aufwand verbunden ist. Können durch den Zugang zu einer Information schutzwürdige Belange der betroffenen Person beeinträchtigt werden, so hat die öffentliche Stelle dieser vorher Gelegenheit zur Stellungnahme zu geben.

(3) Dem Antrag auf Informationszugang soll in der Regel stattgegeben werden, soweit sich die Angaben auf Namen, Titel, akademischen Grad, Berufs- und Funktionsbezeichnung, Büroanschrift und Rufnummer beschränken und

a) die betroffene Person als Amtsträger an dem jeweiligen Vorgang mitgewirkt hat oder

b) die betroffene Person als Gutachter, Sachverständiger oder in vergleichbarer Weise eine Stellungnahme in einem Verfahren abgegeben hat,

es sei denn, der Offenbarung stehen schutzwürdige Belange der betroffenen Person entgegen.

§ 10 Einwilligung der betroffenen Person

(1) Im Fall des § 9 Abs. 1 Buchstabe a) ist zu prüfen, ob dem Antrag auf Informationszugang nach Abtrennung oder Schwärzung der personenbezogenen Daten stattgegeben werden kann. Ist dies nicht oder nur mit unverhältnismäßigem Aufwand möglich, hat die öffentliche Stelle unverzüglich die Einwilligung der betroffenen Person einzuholen. Wird die Einwilligung nicht erteilt oder gilt sie nach § 5 Abs. 3 als verweigert, besteht der Anspruch auf Informationszugang nicht.

IX

(2) Die öffentlichen Stellen treffen nach dem geltenden Datenschutzrecht geeignete Maßnahmen, damit Informationen, die dem Anwendungsbereich der §§ 6 bis 9 unterfallen, möglichst ohne unverhältnismäßigen Aufwand abgetrennt werden können.

§ 11 Kosten

(1) Für Amtshandlungen, die aufgrund dieses Gesetzes vorgenommen werden, werden Gebühren erhoben. Die Ablehnung eines Antrages auf Informationszugang ist gebührenfrei.

(2) Die Landesregierung wird ermächtigt, im Einvernehmen mit dem Landtagsausschuss für Innere Verwaltung und Verwaltungsstrukturreform die Gebührentatbestände und die Gebühren durch Rechtsverordnung (Gebührenordnung) zu bestimmen. Die Bestimmungen des Gebührengesetzes des Landes Nordrhein-Westfalen bleiben im Übrigen unberührt.

§ 12 Veröffentlichungspflichten

Geschäftsverteilungspläne, Organigramme und Aktenpläne sind nach Maßgabe dieses Gesetzes allgemein zugänglich zu machen. Die öffentlichen Stellen sollen Verzeichnisse führen, aus denen sich die vorhandenen Informationssammlungen und -zwecke erkennen lassen. Soweit möglich hat die Veröffentlichung elektronisch zu erfolgen. § 4 Abs. 2 Satz 1 dieses Gesetzes bleibt unberührt.

§ 13 Beauftragte oder Beauftragter für das Recht auf Information

(1) Für die Sicherstellung des Rechts auf Information ist die oder der Landesbeauftragte für den Datenschutz und Informationsfreiheit zuständig.

(2) Jeder hat das Recht, die Landesbeauftragte oder den Landesbeauftragten für Datenschutz und Informationsfreiheit als Beauftragte oder Beauftragten für das Recht auf Information anzurufen.

(3) Berufung und Rechtsstellung der oder des Landesbeauftragten für Datenschutz und Informationsfreiheit richtet sich nach § 25 des Datenschutzgesetzes Nordrhein-Westfalen vom 17. Mai 2018 (GV. NRW. S. 244).

(4) Die in § 2 vom Anwendungsbereich umfassten Stellen sind verpflichtet, die Landesbeauftragte oder den Landesbeauftragten für Datenschutz und Informationsfreiheit bei der Aufgabenerfüllung zu unterstützen. Der oder dem Landesbeauftragten für Datenschutz und Informationsfreiheit ist dabei insbesondere

1. Auskunft zu ihren oder seinen Fragen zu erteilen sowie die Einsicht in alle Unterlagen und Akten zu gewähren, die im Zusammenhang mit dem Informationsanliegen stehen und
2. Zutritt zu Diensträumen zu gewähren.

Gesetzliche Geheimhaltungsvorschriften können einem Auskunfts- oder Einsichtsverlangen nicht entgegen gehalten werden.

(5) Die Rechte der oder des Landesbeauftragten für Datenschutz und Informationsfreiheit nach Absatz 4 dürfen nur von ihr oder ihm persönlich ausgeübt werden, wenn die oberste Landesbehörde im Einzelfall feststellt, dass die Sicherheit des Bundes oder eines Landes dies gebietet. In diesem Fall müssen personenbezogene Daten einer betroffenen Person, der von der datenverarbeitenden Stelle Vertraulichkeit besonders zugesichert worden ist, auch ihr oder ihm gegenüber nicht offenbart werden.

(6) Stellt die oder der Landesbeauftragte für Datenschutz und Informationsfreiheit Verstöße gegen dieses Gesetz bei nach § 2 informationspflichtigen Stellen fest, so fordert sie oder er diese zur Mängelbeseitigung auf. Bei Verstößen gegen die Informationspflicht kann er oder sie diese beanstanden

1. bei der Landesverwaltung gegenüber der zuständigen obersten Landesbehörde,
2. beim Landesrechnungshof gegenüber der Präsidentin oder dem Präsidenten,
3. bei der Kommunalverwaltung gegenüber der jeweils verantwortlichen Gemeinde oder dem verantwortlichen Gemeindeverband,
4. bei den wissenschaftlichen Hochschulen und Fachhochschulen gegenüber der Hochschulpräsidentin oder dem Hochschulpräsidenten oder der Rektorin oder dem Rektor, bei öffentlichen Schulen gegenüber der Leitung der Schule und

IX

5. bei den sonstigen Körperschaften, Anstalten und Stiftungen des öffentlichen Rechts gegenüber dem Vorstand oder dem sonst vertretungsberechtigten Organ

und fordert zur Stellungnahme innerhalb einer von ihr oder ihm zu bestimmenden Frist auf. In den Fällen von Satz 1 Nummer 2 bis 5 unterrichtet die oder der Landesbeauftragte für Datenschutz und Informationsfreiheit gleichzeitig auch die zuständige Aufsichtsbehörde.

(7) Die oder der Landesbeauftragte für Datenschutz und Informationsfreiheit kann von einer Beanstandung absehen oder auf eine Stellungnahme der betroffenen Stelle verzichten, wenn es sich um unerhebliche Mängel handelt oder wenn ihre Behebung sichergestellt ist.

(8) Mit der Beanstandung kann die oder der Landesbeauftragte für Datenschutz und Informationsfreiheit Vorschläge zur Beseitigung der Mängel und zur sonstigen Verbesserung des Informationszugangs verbinden.

(9) Die gemäß Absatz 6 abzugebende Stellungnahme soll auch eine Darstellung der Maßnahmen enthalten, die auf Grund der Beanstandung der oder des Landesbeauftragten für Datenschutz und Informationsfreiheit getroffen worden sind. Die in Absatz 6 Nummer 2 bis 4 genannten Stellen leiten der zuständigen Aufsichtsbehörde eine Abschrift ihrer Stellungnahme an die Landesbeauftragte oder den Landesbeauftragten für Datenschutz und Informationsfreiheit zu.

(10) Die oder der Landesbeauftragte für Datenschutz und Informationsfreiheit legt dem Landtag und der Landesregierung jeweils für zwei Kalenderjahre einen Bericht über ihre oder seine Tätigkeit als Beauftragte oder Beauftragter für das Recht auf Information vor. § 30 des Datenschutzgesetzes Nordrhein-Westfalen gilt entsprechend.

§ 14 Inkrafttreten

Dieses Gesetz tritt am 1. Januar 2002 in Kraft.

IX

Gesetz über die Justiz im Land Nordrhein-Westfalen (Justizgesetz Nordrhein-Westfalen – JustG NRW)

Vom 26. Januar 2010 (GV. NRW. S. 30)

– Auszug –[1]

Zuletzt geändert durch
Gesetz zur Änderung des Justizgesetzes Nordrhein-Westfalen sowie weiterer Gesetze
vom 6. Dezember 2022 (GV. NRW. S. 1072)

Inhaltsübersicht

IX

[1]) Aufgeführt sind nur die den Auszug betreffenden Änderungen.

Teil 1
Organisation der Rechtspflege

Kapitel 1
Aufbau der Justizverwaltung

§ 1 Oberste Landesbehörde

(1) Oberste Landesbehörde im Sinne dieses Gesetzes ist das für Justiz zuständige Ministerium.

(2) Die Ermächtigungen der Landesregierung im Gerichtsverfassungsgesetz und in anderen Bundesgesetzen zum Erlass von Rechtsverordnungen auf dem Gebiet des gerichtlichen und staatsanwaltlichen Verfahrens, der Zwangsvollstreckung, der Strafvollstreckung sowie der Justizverwaltung werden auf das für Justiz zuständige Ministerium übertragen, soweit diese Gesetze die Möglichkeit einer Übertragung auf die Landesjustizverwaltung vorsehen. Satz 1 gilt entsprechend, soweit nach Landesrecht zuständige Stellen zu bestimmen sind.

§ 2 Mittelbehörden

(1) Mittelbehörden im Sinne dieses Gesetzes sind die dem für Justiz zuständigen Ministerium unmittelbar nachgeordneten Gerichte, soweit sie Verwaltungsaufgaben wahrnehmen, und die Generalstaatsanwaltschaften.

(2) Mittelbehörden nach Absatz 1 sind das Oberverwaltungsgericht, die Oberlandesgerichte, das Landessozialgericht, die Finanzgerichte, die Landesarbeitsgerichte und die Generalstaatsanwaltschaften.

§ 3 Untere Justizbehörden

(1) Untere Justizbehörden im Sinne dieses Gesetzes sind die den Mittelbehörden nachgeordneten Gerichte, soweit sie Verwaltungsaufgaben wahrnehmen, und Staatsanwaltschaften.

(2) Untere Justizbehörden nach Absatz 1 sind die Verwaltungsgerichte, die Land- und Amtsgerichte, die Sozialgerichte, die Arbeitsgerichte und die Staatsanwaltschaften.

§ 3a Landesjustizprüfungsamt, Justizprüfungsämter

Das Landesjustizprüfungsamt ist an das für Justiz zuständige Ministerium angegliedert. An die Oberlandesgerichte ist jeweils ein Justizprüfungsamt angegliedert. Die Stellung der Behörden bleibt im Übrigen unberührt.

§ 4 Behördenleitung

(1) Die Leitung der Arbeitsgerichte und der Amtsgerichte erfolgt vorbehaltlich des Absatzes 2 jeweils durch eine Direktorin oder einen Direktor. Die Leitung der übrigen Gerichte erfolgt jeweils durch eine Präsidentin oder einen Präsidenten. Die Generalstaatsanwaltschaften werden jeweils von einer Generalstaatsanwältin oder einem Generalstaatsanwalt geleitet, die Staatsanwaltschaften jeweils von einer Leitenden Oberstaatsanwältin oder einem Leitenden Oberstaatsanwalt.

(2) Das für Justiz zuständige Ministerium trifft die Entscheidung darüber, ob ein Amtsgericht durch eine Präsidentin oder einen Präsidenten geleitet wird. In diesem Fall untersteht das Amtsgericht unmittelbar dem Oberlandesgericht.

§ 5 Vertretung der Behördenleitung

(1) Die ständige Vertretung der Präsidentin oder des Präsidenten erfolgt durch die Vizepräsidentin bzw. die Vizepräsidentinnen oder den bzw. die Vizepräsidenten.

(2) Ist keine Richterin oder kein Richter in eine für die ständige Vertretung bestimmte Planstelle eingewiesen, so kann eine Richterin oder ein Richter zur ständigen Vertretung der Präsidentin oder des Präsidenten oder der Direktorin oder des Direktors bestellt werden. Es können auch mehrere Personen zur ständigen Vertretung bestellt werden. Die Bestellung erfolgt durch das für Justiz zuständige Ministerium.

(3) Das für Justiz zuständige Ministerium bestellt die ständige Vertretung der Generalstaatsanwältinnen oder Generalstaatsanwälte.

(4) Ist eine ständige Vertretung der Behördenleitung eines Gerichts oder einer Staatsanwaltschaft nicht ernannt, bestellt oder ist diese verhindert, so nimmt die oder der dem Range nach höhere, bei gleichem Range dem Dienstalter und bei gleichem Dienstalter der Geburt nach älteste Behördenangehörige des richterlichen (in Gerichten) bzw. staatsanwaltlichen Dienstes (in Staatsanwaltschaf-

IX

ten) die Vertretung wahr. Die Behördenleiterin oder der Behördenleiter kann die Vertretung im Einzelfall abweichend regeln.

§ 6 Organisation der Gerichte und Staatsanwaltschaften

(1) Unbeschadet der Sätze 2 und 3 bestimmen die Leitungen der Gerichte nach Anhörung des Präsidiums die Zahl der Kammern oder Senate des jeweiligen Gerichts. Die Zahl der Kammern für Handelssachen bei den Landgerichten bestimmt das für Justiz zuständige Ministerium. Die Zahl der Kammern bei den Arbeitsgerichten und Landesarbeitsgerichten bestimmt das für Justiz zuständige Ministerium, sofern die Landesregierung diese Befugnis nicht durch Rechtsverordnung auf die Präsidentin oder den Präsidenten des Landesarbeitsgerichts übertragen hat. Die Bestimmung der Zahl der Kammern bei den Arbeitsgerichten und Landesarbeitsgerichten erfolgt nach Anhörung der Gewerkschaften und Vereinigungen von Arbeitgebern, die für das Arbeitsleben im Landesgebiet wesentliche Bedeutung haben.

(2) Die Einrichtung von Abteilungen bei den Staatsanwaltschaften bestimmt die jeweilige Behördenleitung mit Zustimmung der Generalstaatsanwaltschaft. Die Einrichtung von Hauptabteilungen und Zweigstellen bedarf der Zustimmung des für Justiz zuständigen Ministeriums. Die Einrichtung von Abteilungen bei den Generalstaatsanwaltschaften bestimmt die jeweilige Behördenleitung mit Zustimmung des für Justiz zuständigen Ministeriums.

§ 7 Erledigung der Verwaltungsgeschäfte

(1) Die Leitungen der Gerichte und Staatsanwaltschaften haben die ihnen zugewiesenen Geschäfte der Justizverwaltung einschließlich der Gerichtsverwaltung zu erledigen sowie dem für Justiz zuständigen Ministerium auf Verlangen über Angelegenheiten der Justizverwaltung einschließlich der Gesetzgebung Stellungnahmen abzugeben. Sie können hierzu die ihrer Dienstaufsicht unterstehenden Bediensteten heranziehen.

(2) Das für Justiz zuständige Ministerium kann die Erledigung der in Absatz 1 bezeichneten Geschäfte allgemein oder im Einzelfall näher regeln.

§ 8 Dienstaufsicht

(1) Oberste Dienstaufsichtsbehörde für die Gerichte und Staatsanwaltschaften ist das für Justiz zuständige Ministerium.

(2) Die Dienstaufsicht üben im Übrigen aus:

1. die Leitungen der Gerichte, Staatsanwaltschaften und sonstigen Behörden über ihre jeweilige Behörde;
2. die Mittelbehörden über die jeweils nachgeordneten Behörden;
   die Landgerichte über die Amtsgerichte, soweit diese nicht durch eine Präsidentin oder einen Präsidenten geleitet werden.

(3) Die Leitung des Landgerichts übt die Dienstaufsicht über die Fachkräfte des ambulanten Sozialen Dienstes der Justiz ihres Bezirks aus.

(4) Wer nach dieser Vorschrift die Dienstaufsicht ausübt, ist dienstvorgesetzte Stelle der Richterinnen und Richter, Staatsanwältinnen und Staatsanwälte, Beamtinnen und Beamten sowie der Beschäftigten der ihrer oder seiner Dienstaufsicht unterstellten Gerichte, Staatsanwaltschaften und sonstigen Behörden. Der Direktorin oder dem Direktor des Amtsgerichts und des Arbeitsgerichts steht die Dienstaufsicht über die Richterinnen und Richter dieser Gerichte nicht zu. § 2 des Landesbeamtengesetzes vom 21. April 2009 (GV. NRW. S. 224) in der jeweils geltenden Fassung und § 2 Absatz 2 bis 4 des Landesrichter- und Staatsanwältegesetzes vom 8. Dezember 2015 (GV. NRW. S. 812) in der jeweils geltenden Fassung bleiben unberührt.

Kapitel 2
Gliederung der Gerichte und Staatsanwaltschaften

Abschnitt 1
Ordentliche Gerichtsbarkeit, Staatsanwaltschaften

§ 9 Oberlandesgerichte

Oberlandesgerichte bestehen in Düsseldorf, Hamm und Köln.

§ 10 Landgerichte

Landgerichte bestehen in dem

1. Oberlandesgerichtsbezirk Düsseldorf in Düsseldorf, Duisburg, Kleve, Krefeld, Mönchengladbach und Wuppertal;
2. Oberlandesgerichtsbezirk Hamm in Arnsberg, Bielefeld, Bochum, Detmold, Dortmund, Essen, Hagen, Münster, Paderborn und Siegen;
3. Oberlandesgerichtsbezirk Köln in Aachen, Bonn und Köln.

§ 10a Führungsaufsichtsstelle

In jedem Landgerichtsbezirk ist eine Aufsichtsstelle nach § 68a des Strafgesetzbuches eingerichtet. Die Aufsichtsstelle ist dem Landgericht angegliedert. Sie führt die Bezeichnung „Landgericht … Führungsaufsichtsstelle“. Die Aufsichtsstelle wird von einer Richterin oder einem Richter geleitet. Die Leiterin oder der Leiter der Führungsaufsichtsstelle sowie die Vertreterin oder der Vertreter unterstehen der Dienstaufsicht der Präsidentin oder des Präsidenten des Landgerichts.

§ 11 Amtsgerichte

Amtsgerichte bestehen in dem

1. Landgerichtsbezirk Düsseldorf in Düsseldorf, Langenfeld (Rhld.), Neuss und Ratingen;
2. Landgerichtsbezirk Duisburg in Dinslaken, Duisburg, Duisburg-Hamborn, Duisburg-Ruhrort, Mülheim an der Ruhr, Oberhausen und Wesel;
3. Landgerichtsbezirk Kleve in Emmerich am Rhein, Geldern, Kleve, Moers und Rheinberg;
4. Landgerichtsbezirk Krefeld in Kempen, Krefeld und Nettetal;
5. Landgerichtsbezirk Mönchengladbach in Erkelenz, Grevenbroich, Mönchengladbach, Mönchengladbach-Rheydt und Viersen;
6. Landgerichtsbezirk Wuppertal in Mettmann, Remscheid, Solingen, Velbert und Wuppertal;
7. Landgerichtsbezirk Arnsberg in Arnsberg, Brilon, Marsberg, Medebach, Menden (Sauerland), Meschede, Schmallenberg, Soest, Warstein und Werl;
8. Landgerichtsbezirk Bielefeld in Bielefeld, Bünde, Gütersloh, Halle (Westf.), Herford, Lübbecke, Minden, Bad Oeynhausen, Rahden, Rheda-Wiedenbrück;
9. Landgerichtsbezirk Bochum in Bochum, Herne, Herne-Wanne, Recklinghausen und Witten;
10. Landgerichtsbezirk Detmold in Blomberg, Detmold und Lemgo;
11. Landgerichtsbezirk Dortmund in Castrop-Rauxel, Dortmund, Hamm, Kamen, Lünen und Unna;
12. Landgerichtsbezirk Essen in Bottrop, Dorsten, Essen, Essen-Borbeck, Essen-Steele, Gelsenkirchen, Gelsenkirchen-Buer, Gladbeck, Hattingen und Marl; das Amtsgericht Gelsenkirchen-Buer wird mit Ablauf des 31. Dezember 2015 aufgehoben;
13. Landgerichtsbezirk Hagen in Altena, Hagen, Iserlohn, Lüdenscheid, Meinerzhagen, Plettenberg, Schwelm, Schwerte und Wetter (Ruhr);
14. Landgerichtsbezirk Münster in Ahaus, Ahlen, Beckum, Bocholt, Borken, Coesfeld, Dülmen, Gronau (Westf.), Ibbenbüren, Lüdinghausen, Münster, Rheine, Steinfurt, Tecklenburg und Warendorf;
15. Landgerichtsbezirk Paderborn in Brakel, Delbrück, Höxter, Lippstadt, Paderborn und Warburg;
16. Landgerichtsbezirk Siegen in Bad Berleburg, Lennestadt, Olpe und Siegen;
17. Landgerichtsbezirk Aachen in Aachen, Düren, Eschweiler, Geilenkirchen, Heinsberg, Jülich, Monschau und Schleiden;
18. Landgerichtsbezirk Bonn in Bonn, Euskirchen, Königswinter, Rheinbach, Siegburg und Waldbröl;
19. Landgerichtsbezirk Köln in Bergheim, Bergisch Gladbach, Brühl, Gummersbach, Kerpen, Köln, Leverkusen, Wermelskirchen und Wipperfürth.

§ 11a Aufhebung des Amtsgerichts Gelsenkirchen-Buer

(1) Das Amtsgericht Gelsenkirchen tritt mit Wirkung vom 1. Januar 2016 an die Stelle des Amtsgerichts Gelsenkirchen-Buer. Die dort

anhängigen Sachen gehen auf das Amtsgericht Gelsenkirchen über.

(2) Ist im Zeitpunkt der Aufhebung des Amtsgerichts Gelsenkirchen-Buer die Hauptverhandlung in einer Strafsache noch nicht beendet, so kann sie vor dem Amtsgericht Gelsenkirchen fortgesetzt werden, wenn dieselben Richter weiterhin an ihr teilnehmen.

(3) Schöffen und Hilfsschöffen, die bei dem Amtsgericht Gelsenkirchen-Buer eingesetzt oder gewählt sind, werden entsprechend ihrer Wahl für den Rest oder die nächste Amtszeit dem Amtsgerichtsbezirk Gelsenkirchen zugewiesen. Für die Bestimmung der Reihenfolge der Heranziehung der Schöffen und Hilfsschöffen gelten die §§ 44 und 45 Absatz 1 und 2 des Gerichtsverfassungsgesetzes entsprechend.

(4) Schöffen, die im Zeitpunkt der Aufhebung des Amtsgerichts Gelsenkirchen-Buer in der Hauptverhandlung einer Strafsache mitwirken, gelten für diese Hauptverhandlung als Schöffen des Amtsgerichts Gelsenkirchen unabhängig der §§ 44 und 45 Absatz 1 und 2 des Gerichtsverfassungsgesetzes.

(5) Stehen Schöffen und Hilfsschöffen bei dem Amtsgericht Gelsenkirchen nach Zuweisung der Schöffen und Hilfsschöffen des Amtsgerichts Gelsenkirchen-Buer nicht in der für die Fortführung der strafrechtlichen Aufgaben erforderlichen Zahl zur Verfügung, so findet für die laufende Amtsperiode eine Nachwahl auf Grund der Vorschlagslisten der Stadt Gelsenkirchen statt. Für die Nachwahl gilt § 52 Absatz 6 Satz 2 und 3 des Gerichtsverfassungsgesetzes entsprechend.

(6) Das für Justiz zuständige Ministerium wird ermächtigt, durch Rechtsverordnung die in Absatz 1 und § 11 Nummer 12 bestimmten Termine um bis zu 12 Monate zu verschieben, wenn dies wegen des Standes der Bauarbeiten für das Justizzentrum Gelsenkirchen geboten ist.

§ 12 Zuständigkeitskonzentrationen

Dem Oberlandesgericht in Hamm werden folgende Entscheidungen für das Land Nordrhein-Westfalen übertragen:

1. die nach § 25 Absatz 1 des Einführungsgesetzes zum Gerichtsverfassungsgesetz den Strafsenaten zugewiesenen Entscheidungen;
2. die Beschwerdeentscheidungen betreffend die Aussetzung des Strafrestes bei lebens-langer Freiheitsstrafe.

§ 13 Staatsanwaltschaft

(1) Staatsanwaltschaften bestehen am Sitz der Oberlandesgerichte und am Sitz der Landgerichte. Die Staatsanwaltschaften bei den Oberlandesgerichten führen die Bezeichnung „Generalstaatsanwaltschaft".

(2) Die Staatsanwaltschaften bei den Landgerichten nehmen auch die staatsanwaltlichen Geschäfte bei den Amtsgerichten ihres Bezirks wahr.

IX

Verordnung über richter- und beamtenrechtliche Zuständigkeiten sowie zur Bestimmung der mit Disziplinarbefugnissen ausgestatteten dienstvorgesetzten Stellen im Geschäftsbereich des Ministeriums der Justiz (Beamten- und Disziplinarzuständigkeitsverordnung JM – ZustVO JM)

Vom 4. Dezember 2007 (GV. NRW. S. 652)

Zuletzt geändert durch
Siebte Verordnung zur Änderung der Beamten- und Disziplinarzuständigkeitsverordnung JM vom 1. Februar 2022 (GV. NRW. S. 135)

Aufgrund

- § 3 Abs. 3 und § 180 Satz 2 des Beamtengesetzes für das Land Nordrhein-Westfalen (Landesbeamtengesetz – LBG) in der Fassung der Bekanntmachung vom 1. Mai 1981 (GV. NRW. S. 234, ber. 1982 S. 256), zuletzt geändert durch Artikel 3 des Gesetzes vom 9. Oktober 2007 (GV. NRW. S. 393), in Verbindung mit § 4 Abs. 1 Satz 1 des Richtergesetzes für das Land Nordrhein-Westfalen (Landesrichtergesetz – LRiG) vom 29. März 1966 (GV. NRW. S. 217), zuletzt geändert durch Artikel XIV des Gesetzes vom 5. April 2005 (GV. NRW. S. 408),
- § 126 Abs. 3 Nr. 2 Satz 2 des Beamtenrechtsrahmengesetzes (BRRG) in der Fassung der Bekanntmachung vom 31. März 1999 (BGBl. I S. 654), zuletzt geändert durch Artikel 2 Abs. 1 des Gesetzes vom 5. Dezember 2006 (BGBl. I S. 2748), in Verbindung mit § 71 Abs. 3 des Deutschen Richtergesetzes (DRiG) in der Fassung der Bekanntmachung vom 19. April 1972 (BGBl. I S. 713), zuletzt geändert durch Artikel 4 des Gesetzes vom 22. Dezember 2006 (BGBl. I S. 3416),
- § 3 Abs. 1 der Verordnung über die Ernennung, Entlassung und Zurruhesetzung der Beamten und Richter des Landes Nordrhein-Westfalen vom 27. Juni 1978 (GV. NRW. S. 286), zuletzt geändert durch Verordnung vom 9. September 2003 (GV. NRW. S. 570),
- § 9 Abs. 2 und des § 30 Abs. 2 des Sozialgerichtsgesetzes in der Fassung der Bekanntmachung vom 23. September 1975 (BGBl. I S. 2535), zuletzt geändert durch Artikel 9 des Gesetzes vom 20. April 2007 (BGBl. I S. 554),
- § 15 Abs. 2 und des § 34 Abs. 2 des Arbeitsgerichtsgesetzes in der Fassung der Bekanntmachung vom 2. Juli 1979 (BGBl. I S. 853), zuletzt geändert durch Artikel 8 des Gesetzes vom 20. April 2007 (BGBl. I S. 554),
- § 1 der Verordnung zur Übertragung von Ermächtigungen im Bereich der Arbeitsgerichtsbarkeit vom 9. Januar 2001 (GV. NRW. S. 36),
- § 224 der Bundesrechtsanwaltsordnung vom 1. August 1959 (BGBl. I S. 565), zuletzt geändert durch Artikel 1 des Gesetzes vom 26. März 2007 (BGBl. I S. 358),
- § 13 Satz 1 der Verordnung zur einheitlichen Regelung der Gerichtsverfassung vom 20. März 1935 (RGBl. I S. 403)

wird für den Geschäftsbereich des Justizministeriums verordnet:

§ 1 Dienstvorgesetzte Stelle

(1) Zuständig für richter- und beamtenrechtliche Entscheidungen über die persönlichen Angelegenheiten der Richterinnen und Richter sowie der Beamtinnen und Beamten ist die Leitung des Gerichts, der Behörde, oder der Einrichtung, bei dem oder bei der sie beschäftigt sind (dienstvorgesetzte Stelle). Abweichend von Satz 1 ist für die Richterinnen und Richter bei den nicht mit einer Präsidentin oder einem Präsidenten besetzten Amtsgerichten die Präsidentin oder der Präsident des übergeordneten Landgerichts, für die Richterinnen und Richter der Arbeitsgerichts-

IX

barkeit die Präsidentin oder der Präsident des übergeordneten Landesarbeitsgerichts zuständig.

(2) Absatz 1 gilt nicht, soweit nach Gesetz oder Verordnung eine andere Stelle zuständig ist oder nachfolgend etwas anderes bestimmt ist.

§ 2 Übertragene Zuständigkeiten

1. Der Präsidentin oder dem Präsidenten des Oberverwaltungsgerichts für das Land Nordrhein-Westfalen,
2. den Präsidentinnen oder den Präsidenten der Oberlandesgerichte,
3. der Präsidentin oder dem Präsidenten des Landessozialgerichts Nordrhein-Westfalen,
4. den Präsidentinnen oder den Präsidenten der Finanzgerichte,
5. den Präsidentinnen oder den Präsidenten der Landesarbeitsgerichte,
6. den Generalstaatsanwältinnen oder den Generalstaatsanwälten,
7. der Direktorin oder dem Direktor der Fachhochschule für Rechtspflege Nordrhein-Westfalen,
8. der Leiterin oder dem Leiter des Ausbildungszentrums der Justiz Nordrhein-Westfalen und
9. der Leiterin oder dem Leiter der Justizakademie des Landes Nordrhein-Westfalen – Gustav-Heinemann-Haus –

werden die in den §§ 3 bis 6 bestimmten Befugnisse jeweils für ihren Geschäftsbereich übertragen.

§ 3 Ernennung, Entlassung und Versetzung in den Ruhestand

(1) Die Ausübung der Befugnis zur

1. Ernennung,
2. Entlassung und
3. Versetzung in den Ruhestand von Beamtinnen und Beamten der Laufbahngruppe 1 und der Laufbahngruppe 2, denen ein Amt bis zur Besoldungsgruppe A 15 verliehen ist oder wird, wird den in § 2 genannten Leitungen der Gerichte, Behörden oder Einrichtungen übertragen. Gleiches gilt für entsprechende Personen ohne Amt sowie für Laufbahnbewerberinnen und Laufbahnbewerber im öffentlich-rechtlichen Ausbildungsverhältnis.

von Beamtinnen und Beamten

- des einfachen, des mittleren, des gehobenen Dienstes,
- des höheren Dienstes, denen ein Amt der Besoldungsgruppen A 13 bis A 15 verliehen ist oder wird,

von entsprechenden Personen ohne Amt sowie von Laufbahnbewerberinnen und Laufbahnbewerbern im öffentlich-rechtlichen Ausbildungsverhältnis wird den in § 2 genannten Leitungen der Gerichte, Behörden oder Einrichtungen übertragen.

(2) Die Ausübung der Befugnis zur Ernennung zur Richterin oder Staatsanwältin, zum Richter oder Staatsanwalt auf Lebenszeit (Besoldungsgruppe R 1) wird den in § 2 Nrn. 1 bis 3, 5 und 6 bezeichneten Leitungen der Gerichte und Behörden übertragen.

(3) Die Ausübung der Befugnis

1. zur Ernennung zur Richterin oder zum Richter auf Probe oder kraft Auftrags und zu deren Entlassung sowie
2. zur Entlassung oder Versetzung in den Ruhestand von Richterinnen oder Richtern, Staatsanwältinnen oder Staatsanwälten der Besoldungsgruppe R 1 (ohne Amtszulage)

wird den in § 2 Nrn. 1 bis 6 bezeichneten Leitungen der Gerichte und Behörden übertragen.

§ 4 Versetzung, Abordnung, Verwendung, Entsendung und Zuweisung nach § 20 Beamtenstatusgesetz – BeamtStG, § 71 Deutsches Richtergesetz – DRiG

(1) Für die

1. Versetzung,
2. Abordnung,
3. Verwendung von Richterinnen und Richtern auf Probe (§ 13 DRiG),

IX

4. die Erklärung des Einverständnisses zu einer Versetzung oder Abordnung in den Landesdienst (§§ 14, 15 Beamtenstatusgesetz, §§ 24, 25 des Landesbeamtengesetzes vom 14. Juni 2016 (GV. NRW. S. 310, ber. S. 642) in der jeweils geltenden Fassung, § 2 Absatz 2 des Landesrichter- und Staatsanwältegesetzes vom 8. Dezember 2015 (GV. NRW. S. 812) in der jeweils geltenden Fassung)

sind dienstvorgesetzte Stellen die in § 2 bezeichneten Leitungen der Gerichte, Behörden und Einrichtungen, soweit die Entscheidung die in § 3 genannten Personen betrifft.

Die in § 2 bezeichneten Leitungen der Gerichte, Behörden und Einrichtungen entscheiden ferner über die Abordnung von nicht in § 3 genannten Richterinnen und Richtern auf Lebenszeit oder auf Zeit (§ 37 DRiG) und Beamtinnen und Beamten an die Gerichte oder Behörden ihres Geschäftsbereichs.

(2) Abweichend von Absatz 1 entscheidet

1. über die Versetzung und Abordnung von Richterinnen und Richtern oder Beamtinnen und Beamten der Laufbahngruppe 2, zweites Einstiegsamt,
   - an den Landtag,
   - den Verfassungsgerichtshof,
   - eine oberste Landesbehörde des Landes Nordrhein-Westfalen,
   - zu einem anderen Dienstherrn

   das für Justiz zuständige Ministerium,
2. über die Versetzung und Abordnung von Beamtinnen und Beamten der Laufbahngruppe 1 und der Laufbahngruppe 2, erstes Einstiegsamt, an das Ministerium der Justiz das Ministerium der Justiz,
3. über die Abordnung von Beamtinnen und Beamten innerhalb des Landgerichtsbezirks bis zur Dauer von 3 Monaten

   die Präsidentin oder der Präsident des Landgerichts.

(3) In anderen als den in den Absätzen 1 und 2 bezeichneten Fällen wird die Versetzung oder Abordnung von dem für Justiz zuständigen Ministerium verfügt oder das Einverständnis zu einer Versetzung oder Abordnung in den Landesdienst von diesem erklärt.

(4) Die Zuweisung einer Tätigkeit nach den §§ 20 BeamtStG, 71 DRiG verfügt das für Justiz zuständige Ministerium.

(5) Dem für Justiz zuständigen Ministerium bleiben ferner vorbehalten

1. Entscheidungen über die Versetzung einer Richterin oder eines Richters im Interesse der Rechtspflege (§ 31 DRiG) sowie über die Übertragung eines anderen Richteramts oder die Amtsenthebung infolge Veränderung der Gerichtsorganisation (§ 32 DRiG),
2. die Entsendung von Richterinnen und Richtern sowie Beamtinnen und Beamten zu zwischenstaatlichen oder überstaatlichen Organisationen (§ 31 Freistellungs- und Urlaubsverordnung NRW).

§5 Weitere Entscheidungen

(1) Es werden übertragen

1. Entscheidungen nach den §§ 8 bis 12 Beamtenstatusgesetz und §§ 14 bis 17 des Landesbeamtengesetzes, §§ 21 bis 32 Beamtenstatusgesetz und §§ 27 bis 41 Landesbeamtengesetz, § 39 Beamtenstatusgesetz, 77 Absatz 4 des Landesbeamtengesetzes sowie § 4 Absatz 3 des Landesrichter- und Staatsanwältegesetzes,
2. Entscheidungen über die Dauer der hauptberuflichen Tätigkeit und der Probezeit (§§ 8, 13 des Landesbeamtengesetzes),
3. Entscheidungen nach den §§ 18, 19 und 27 Deutsches Richtergesetz,
4. Entscheidungen nach § 29 Absatz 4 und § 30 Absatz 1 Satz 2 bis 4 des Landesbesoldungsgesetzes vom 14. Juni 2016 (GV. NRW. S. 310, ber. S. 642) in der jeweils geltenden Fassung

den in § 2 bezeichneten Leitungen der Gerichte, Behörden oder Einrichtungen, soweit die Entscheidung die in § 3 genannten Personen betrifft.

(2) Es werden ferner übertragen

1. die Ausübung der Befugnis zur Ernennung von ehrenamtlichen Richterinnen und Richtern bei den Kammern für Handelssachen

sowie zur Entbindung vom Amt (§§ 108, 113 Abs. 4 Gerichtsverfassungsgesetz),

2. die Ausübung der Befugnis zur Ernennung von ehrenamtlichen Richterinnen und Richtern zu Mitgliedern der Kammern für Steuerberater- und Steuerbevollmächtigtensachen und des Senats für Steuerberater- und Steuerbevollmächtigtensachen beim Oberlandesgericht sowie die sonstigen Zuständigkeiten der Landesjustizverwaltung nach den §§ 95 ff. Steuerberatungsgesetz,
3. die Ausübung der Befugnis zur Ernennung von sachkundigen Beisitzerinnen und Beisitzern bei den Kammern für Wertpapierbereinigung sowie zur Entbindung vom Amt (§ 30 Wertpapierbereinigungsgesetz, §§ 108, 113 Abs. 4 Gerichtsverfassungsgesetz) den in § 2 Nr. 2 bezeichneten Leitungen der Gerichte,
4. die Berufung der ehrenamtlichen Richterinnen und Richter bei den Arbeitsgerichten und den Landesarbeitsgerichten (§§ 20, 37 Arbeitsgerichtsgesetz) den in § 2 Nr. 5 bezeichneten Leitungen der Gerichte,
5. die Berufung und Festsetzung der Zahl der ehrenamtlichen Richterinnen und Richter bei den Sozialgerichten und bei dem Landessozialgericht den Präsidentinnen oder Präsidenten des jeweiligen Gerichts. Die Zahl der ehrenamtlichen Richterinnen und Richter ist so zu bemessen, dass jede ehrenamtliche Richterin und jeder ehrenamtlicher Richter voraussichtlich an nicht mehr als zwölf Sitzungstagen im Jahr in Anspruch genommen wird.

§ 6 Bestimmung der dienstvorgesetzten Stelle für andere Entscheidungen

(1) Die Leitungen der in § 2 bezeichneten Gerichte, Behörden und Einrichtungen sind dienstvorgesetzte Stellen der Richterinnen und Richter sowie der Beamtinnen und Beamten ihres Geschäftsbereichs für

1. Entscheidungen auf dem Gebiet des Nebentätigkeitsrechts (§ 41 Beamtenstatusgesetz, §§ 48 bis 58 Landesbeamtengesetz, §§ 40, 42 Deutsches Richtergesetz),
2. die Geltendmachung von Schadensersatzansprüchen des Landes gegen Richterinnen und Richter sowie Beamtinnen und Beamte nach §§ 48 Beamtenstatusgesetz, § 80 des Landesbeamtengesetzes sowie Entscheidungen nach § 82a des Landesbeamtengesetzes,
3. die Gewährung von Unterstützungen und Gehaltsvorschüssen,
4. Entscheidungen nach den §§ 7 bis 10 Landesrichter- und Staatsanwältegesetz, §§ 63 bis 70 des Landesbeamtengesetzes sowie nach Teil 2 und 3 der Freistellungs- und Urlaubsverordnung NRW,
5. Entscheidungen nach den §§ 2 Absatz 1 und 2, 12 Satz 1 des Bundesumzugskostengesetzes/Landesumzugskostengesetzes sowie über die Festsetzung der Umzugskostenvergütung, ferner für die Gewährung von Auslagenersatz nach § 1 Abs. 2 Nr. 3 Satz 1 des Landesumzugskostengesetzes,
6. Entscheidungen über die Bewilligung von Trennungsentschädigung,
7. die Gewährung von Sonderurlaub nach Teil 6 der Freistellungs- und Urlaubsverordnung NRW, sofern die Dauer des Urlaubs einen Monat überschreitet,
8. Entscheidungen über die Gewährung von Pflegezeit gemäß § 16 Absatz 1 Nummer 2 Freistellungs- und Urlaubsverordnung NRW,
9. Entscheidungen über die finanzielle Abgeltung von Mindesturlaub gemäß § 19a Freistellungs- und Urlaubsverordnung NRW,
10. die weitere dienstliche Beurteilung (Überbeurteilung) im Rahmen des § 92 Absatz 1 des Landesbeamtengesetzes,
11. die Festsetzung des Allgemeinen Dienstalters der Richterinnen und Richter (§ 20 Deutsches Richtergesetz),
12. Entscheidungen über die Teilnahme an Fortbildungsveranstaltungen.

(2) Abweichend von Absatz 1 sind dienstvorgesetzte Stellen der Richterinnen und Richter sowie der Beamtinnen und Beamten ihres Geschäftsbereichs

1. im Falle des Absatzes 1 Nr. 6,
   soweit es sich nicht um Trennungsentschädigung nach Zusage der Umzugskostenvergütung (§ 2 Trennungsentschädigungsverordnung) handelt,
   die Präsidentinnen und Präsidenten der Land- und der Amtsgerichte, die Präsidentinnen und Präsidenten der Verwaltungsgerichte, die Präsidentinnen und Präsidenten der Sozialgerichte und die Leitenden Oberstaatsanwältinnen und Leitende Oberstaatsanwälte,
2. im Falle des Absatzes 1 Nr. 10
   auch die Präsidentin oder der Präsident des übergeordneten Landgerichts für die Beamtinnen und Beamten, die bei einem nicht mit einer Präsidentin oder einem Präsidenten besetzten Amtsgericht beschäftigt sind.

(3) Die Präsidentinnen oder die Präsidenten der Oberlandesgerichte entscheiden auch über die Anträge der Beihilfeberechtigten bei den anderen Gerichten, Justizbehörden und -einrichtungen, die ihren Sitz im Bezirk des Oberlandesgerichts haben.

§ 7 Dem Ministerium der Justiz vorbehaltene Befugnisse

(1) Soweit die Ausübung der in den §§ 3 bis 6 bezeichneten Befugnisse nicht übertragen ist, wird diese Befugnis von dem für Justiz zuständigen Ministerium wahrgenommen.

(2) Dem für Justiz zuständigen Ministerium bleiben ferner vorbehalten

1. Entscheidungen über die Versagung der Genehmigung, als Zeuge auszusagen oder ein Gutachten zu erstatten (§ 37 Beamtenstatusgesetz),
2. die Zustimmung zur Auslandsdienstreise einer Richterin oder eines Richters in Wahrnehmung eines richterlichen Amtsgeschäfts mit Ausnahme der Dienstreise in die Mitgliedstaaten der Europäischen Union sowie in die Staaten Island, Liechtenstein, Norwegen und die Schweiz und
3. die weitere dienstliche Beurteilung (Überbeurteilung) aus Anlass der Bewerbung um ein Amt
   a) als Präsidentin oder Präsident des Oberverwaltungsgerichts für das Land Nordrhein-Westfalen,
   b) als Präsidentin oder Präsident eines Oberlandesgerichts,
   c) als Präsidentin oder Präsident des Landessozialgerichts Nordrhein-Westfalen,
   d) als Präsidentin oder Präsident eines Finanzgerichts,
   e) als Präsidentin oder Präsident eines Landesarbeitsgerichts und
   f) als Generalstaatsanwältin oder Generalstaatsanwalt;

   die Befugnis zur Überbeurteilung nach § 6 Absatz 1 Nummer 10 bleibt unberührt.

§ 8 Justizvollzug

(1) Für die Beamtinnen und Beamten bei den Justizvollzugsanstalten, der Sozialtherapeutischen Anstalt, dem Justizvollzugskrankenhaus Nordrhein-Westfalen und den Jugendarrestanstalten (Justizvollzugseinrichtungen) sowie der Justizvollzugsschule Nordrhein-Westfalen sind dienstvorgesetzte Stellen die Leitungen der Einrichtungen. Ihnen werden beamtenrechtliche Entscheidungen übertragen, soweit diese nicht in den Absätzen 2 bis 4 dem für Justiz zuständigen Ministerium vorbehalten werden.

(2) Dem für Justiz zuständigen Ministerium bleiben vorbehalten:

1. die Ausübung der Befugnis zur Ernennung und Entlassung von Regierungsinspektoranwärterinnen und Regierungsinspektoranwärtern sowie zur Ernennung zur Regierungsinspektorin oder zum Regierungsinspektor,
2. Entscheidungen über die Versetzung und Abordnung von Beamtinnen und Beamten der Laufbahngruppe 2, erstes Einstiegsamt, des Vollzugs- und Verwaltungsdienstes sowie der Laufbahngruppe 2, zweites Einstiegsamt, Dienstes an den Landtag, den Verfassungsgerichtshof, eine oberste Landesbehörde des Landes Nordrhein-Westfalen oder zu einem anderen Dienstherrn,

IX

3. Entscheidungen über die Abordnung von Beamtinnen und Beamten auf Probe der Laufbahngruppe 2, erstes Einstiegsamt, des Vollzugs- und Verwaltungsdienstes und
4. Entscheidungen über die Verlängerung der Frist gemäß § 2 Absatz 3 Satz 2 des Bundesumzugskostengesetzes/Landesumzugskostengesetzes.

(3) Die Ausübung der Befugnis zur

1. Ernennung,
2. Entlassung,
3. Versetzung in den Ruhestand,
4. Entscheidung nach §§ 8 bis 12 Beamtenstatusgesetz und §§ 14 bis 17 des Landesbeamtengesetzes, nach §§ 21 bis 32 Beamtenstatusgesetz und §§ 27 bis 41 Landesbeamtengesetz, nach § 39 Beamtenstatusgesetz sowie nach § 77 Absatz 4 des Landesbeamtengesetzes,
5. Entscheidung über die Dauer der hauptberuflichen Tätigkeit und der Probezeit (§§ 8, 13 des Landesbeamtengesetzes),
6. Entscheidungen nach § 29 Absatz 4 und § 30 Absatz 1 Satz 2 bis 4 des Landesbesoldungsgesetzes,
7. Entscheidung nach den §§ 63 bis 70 des Landesbeamtengesetzes sowie über Elternzeit nach Teil 3 der Freistellungs- und Urlaubsverordnung NRW,
8. Entscheidung über die Gewährung von Sonderurlaub nach Teil 6 der Freistellungs- und Urlaubsverordnung NRW, sofern die Dauer des Urlaubs einen Monat überschreitet,
9. Entscheidung über die Versagung der Genehmigung, als Zeuge auszusagen oder ein Gutachten zu erstatten (§ 37 Beamtenstatusgesetz),
10. Versetzung,
11. Abordnung und
12. Erklärung des Einverständnisses zu einer Versetzung oder Abordnung in den Landesdienst (§§ 14, 15 Beamtenstatusgesetz und §§ 24, 25 Landesbeamtengesetz)

von

a) Beamtinnen und Beamten der Laufbahngruppe 2, zweites Einstiegsamt, des Vollzugs- und Verwaltungsdienstes und des seelsorglichen Dienstes,
b) Beamtinnen und Beamten, denen eines der folgenden Ämter übertragen ist oder die sich um ein solches Amt bewerben: Leiterin oder Leiter einer Einrichtung, ständige Vertreterin oder ständiger Vertreter der Leiterin oder des Leiters einer Einrichtung, Verwaltungsleiterin oder Verwaltungsleiter, Leiterin oder Leiter eines Fachdienstes, Leiterin oder Leiter der Verbindungsgruppe Justizvollzug/Polizei des Landes NRW, Leiterin oder Leiter des Buchungs- und Kostenrechnungsservice EPOS.NRW im Justizvollzug, Leiterin oder Leiter der Zentralstelle für das Beschaffungswesen im Justizvollzug, Leiterin oder Leiter der Zentralstelle für Arbeitsverwaltung und Berufliche Bildung im Justizvollzug,
c) anderen Beamtinnen und Beamten, denen ein Amt der Besoldungsgruppe A 15 und höher verliehen ist oder wird,

bleiben dem für Justiz zuständigen Ministerium vorbehalten.

(4) Die weitere dienstliche Beurteilung (Überbeurteilung) im Rahmen des § 92 Absatz 1 des Landesbeamtengesetzes bleibt dem für Justiz zuständigen Ministerium vorbehalten. In der Laufbahngruppe 1 erfolgt eine weitere dienstliche Beurteilung nur, wenn dies in den durch das für Justiz zuständige Ministerium zu erlassenden Beurteilungsgrundsätzen für den Justizvollzug ausdrücklich vorgesehen ist.

(5) Für die Justizvollzugseinrichtungen und die Justizvollzugsschule Nordrhein-Westfalen werden Entscheidungen nach § 82a des Landesbeamtengesetzes von der Leiterin oder dem Leiter der Zentralstelle für Rechts- und Schadensangelegenheiten getroffen.

§ 9 Rechtsbehelfe aus dem Richter- oder Beamtenverhältnis

(1) Soweit ein Vorverfahren nach § 54 Absatz 2 Beamtenstatusgesetz, § 103 Absatz 1 des Landesbeamtengesetzes, § 26 Absatz 3 Deutsches Richtergesetz stattfindet, ist die Stelle, die die angefochtene Entscheidung erlassen oder die begehrte Entscheidung un-

IX

terlassen hat, auch für die Entscheidung über den Widerspruch zuständig.

(2) Die Vertretung des Landes vor den Gerichten der allgemeinen Verwaltungsgerichtsbarkeit und den Richterdienstgerichten wird den in § 2 genannten Stellen sowie dem Landesamt für Besoldung und Versorgung übertragen, soweit sie oder ihnen nachgeordnete Gerichte und Behörden die angefochtene Entscheidung erlassen oder die begehrte Entscheidung unterlassen haben. Satz 1 ist in Verfahren auf Gewährung vorläufigen Rechtsschutzes entsprechend anzuwenden. Die Sätze 1 und 2 gelten auch für Verfahren, die Streitigkeiten über Präsidiumsbeschlüsse zum Gegenstand haben.

(3) Für die Behörden und Einrichtungen des Justizvollzuges werden die in Absatz 1 und 2 bezeichneten Befugnisse von der Leiterin oder dem Leiter der Zentralstelle für Rechts- und Schadensangelegenheiten im Justizvollzug wahrgenommen.

(4) In anderen als den in den Absätzen 1 bis 3 genannten Fällen ist für die Entscheidung über den Widerspruch, wenn ein solcher stattfindet, und die Vertretung des Landes das für Justiz zuständigen Ministerium oder, soweit es sich um eine Angelegenheit des Landesjustizprüfungsamtes handelt, dessen Präsidentin oder Präsident zuständig.

§ 10 Sonderzuständigkeit

Für die in § 1 Abs. 1 genannten Leitungen von Gerichten, Behörden oder Einrichtungen sind dienstvorgesetzte Stellen die Leitungen der jeweils unmittelbar übergeordneten Stelle, soweit sich nicht aus § 1 Abs. 2 etwas anderes ergibt. Richter- und beamtenrechtliche Entscheidungen über die persönlichen Angelegenheiten der in §§ 2 und 8 genannten Leitungen von Gerichten, Behörden oder Einrichtungen werden von dem für Justiz zuständigen Ministerium getroffen, soweit nicht nach Gesetz oder Verordnung eine andere Stelle zuständig ist.

Die Sätze 1 und 2 gelten nicht für die Festsetzung von Reise- und Umzugskostenvergütungen sowie von Trennungsentschädigung; Satz 2 gilt ferner nicht für die Bewilligung von Erholungsurlaub und die Genehmigung von Inlandsdienstreisen.

§ 11 Disziplinarbefugnisse

(1) Zu dienstvorgesetzten Stellen zur Ausübung von Disziplinarbefugnissen bestimme ich, soweit sich dies nicht bereits aus § 17 Abs. 5 Satz 1 LDG NRW ergibt:

1. die Präsidentin oder den Präsidenten des Oberverwaltungsgerichts für das Land Nordrhein-Westfalen für die Richterinnen und Richter und Beamtinnen und Beamten des Oberverwaltungsgerichts und der Verwaltungsgerichte,
2. die Präsidentinnen oder die Präsidenten der Oberlandesgerichte, der Landgerichte und der Amtsgerichte für die Richterinnen und Richter und Beamtinnen und Beamten, ferner die Generalstaatsanwältinnen oder die Generalstaatsanwälte und die Leitenden Oberstaatsanwältinnen oder die Leitenden Oberstaatsanwälte (als Leiterinnen oder Leiter einer Staatsanwaltschaft) für die Beamtinnen und Beamten und die Richterinnen/Richter auf Probe sowie die Direktorinnen oder die Direktoren der Amtsgerichte für die Beamtinnen und Beamten, die gemäß den §§ 14 und 15 der Verordnung zur einheitlichen Regelung der Gerichtsverfassung vom 20. März 1935 (RGS. NRW. S. 99), geändert durch Gesetz vom 24. Februar 1970 (GV. NRW. S. 168), ihrer Dienstaufsicht unterstehen,
3. die Präsidentinnen oder die Präsidenten der Oberlandesgerichte und der Landgerichte für die an den Gnadenstellen ihres Bezirks zu Gnadenbeauftragten bestellten Richterinnen und Richter und die bei den Gnadenstellen tätigen Beamtinnen und Beamten, die Generalstaatsanwältinnen oder die Generalstaatsanwälte und die Leitenden Oberstaatsanwältinnen oder die Leitenden Oberstaatsanwälte (als Leiterinnen oder Leiter einer Staatsanwaltschaft) für die zu Gnadenbeauftragten in ihrem Bezirk bestellten Staatsanwältinnen und Staatsanwälte,

IX

4. die Präsidentinnen oder die Präsidenten der Oberlandesgerichte und der Landgerichte für die Richterinnen und Richter und Beamtinnen und Beamten der Wiedergutmachungsämter ihres Bezirks,
5. die Präsidentinnen oder die Präsidenten der Oberlandesgerichte und der Landgerichte für die Rechtspflegeranwärterinnen und Rechtspflegeranwärter und die zur Einführungszeit für die Laufbahngruppe 2, erstes Einstiegsamt, zugelassenen Beamtinnen und Beamten der Laufbahngruppe 1, zweites Einstiegsamt, während des gesamten Vorbereitungsdienstes bzw. der gesamten Einführungszeit sowie während des Prüfungsverfahrens,
6. die Präsidentinnen oder die Präsidenten der Oberlandesgerichte und der Landgerichte für die Justizsekretäranwärterinnen und Justizsekretäranwärter und die zur Einführungszeit für die Laufbahngruppe 1, zweites Einstiegsamt, zugelassenen Beamtinnen und Beamten der Laufbahngruppe 1, erstes Einstiegsamt, während des gesamten Vorbereitungsdienstes bzw. der gesamten Einführungszeit sowie während des Prüfungsverfahrens,
7. die Präsidentinnen oder die Präsidenten der Verwaltungsgerichte und der Finanzgerichte für die Richterinnen und Richter und Beamtinnen und Beamten ihrer Gerichte,
8. die Präsidentin oder den Präsidenten des Landessozialgerichts Nordrhein-Westfalen für die Richterinnen und Richter und Beamtinnen und Beamten des Landessozialgerichts und der Sozialgerichte,
9. die Präsidentinnen oder die Präsidenten der Landesarbeitsgerichte für die Richterinnen und Richter und Beamtinnen und Beamten der Landesarbeitsgerichte und der Arbeitsgerichte ihres Bezirks,
10. die Präsidentinnen oder die Präsidenten der Sozialgerichte für die Richterinnen und Richter und Beamtinnen und Beamten ihrer Gerichte,
11. die Leiterinnen und die Leiter der Justizvollzugseinrichtungen für die Beamtinnen und Beamten ihrer Anstalt,
12. die Direktorin oder den Direktor der Fachhochschule für Rechtspflege Nordrhein-Westfalen für die hauptamtlich Lehrenden und hauptamtlichen Lehrbeauftragten, die Beamtinnen und Beamten der Fachhochschule sowie die Studierenden und Gasthörerinnen und Gasthörer während der fachwissenschaftlichen Studien einschließlich der Zeiten, in denen die Aufsichtsarbeiten geschrieben werden,
13. die Leiterin oder den Leiter des Ausbildungszentrums der Justiz Nordrhein-Westfalen für die hauptamtlichen Lehrkräfte, Beamtinnen und Beamten sowie Lehrgangsteilnehmerinnen und Lehrgangsteilnehmer des Ausbildungszentrums,
14. die Leiterin oder den Leiter der Justizvollzugsschule Nordrhein-Westfalen für die hauptamtlichen Lehrkräfte, Beamtinnen und Beamten und Lehrgangsteilnehmerinnen und Lehrgangsteilnehmer,
15. die Leiterin oder den Leiter der Justizakademie des Landes Nordrhein-Westfalen – Gustav-Heinemann-Haus – für die Beamtinnen und Beamten der Justizakademie.

(2) Nach § 76 Abs. 5 LDG NRW übertrage ich die Befugnis zu Entscheidungen über die Zahlung oder Entziehung des Unterhaltsbeitrags gem. den § 76 Abs. 3 Halbsatz 2 und Abs. 4 Satz 1 LDG NRW, jeweils für ihren Geschäftsbereich,

der Präsidentin oder dem Präsidenten des Oberverwaltungsgerichts für das Land Nordrhein-Westfalen,

den Präsidentinnen oder den Präsidenten der Oberlandesgerichte,

der Präsidentin oder dem Präsidenten des Landessozialgerichts Nordrhein-Westfalen,

den Präsidentinnen oder den Präsidenten der Finanzgerichte,

den Präsidentinnen oder den Präsidenten der Landesarbeitsgerichte,

den Generalstaatsanwältinnen oder den Generalstaatsanwälten, der Direktorin oder dem Direktor der Fachhochschule für Rechtspflege Nordrhein-Westfalen,

der Leiterin oder dem Leiter des Ausbildungszentrums der Justiz Nordrhein-Westfalen und

der Leiterin oder dem Leiter der Justizakademie des Landes Nordrhein-Westfalen – Gustav-Heinemann-Haus –.

(3) Nach § 81 Satz 2 LDG NRW übertrage ich die Ausübung der Disziplinarbefugnisse gegenüber Ruhestandsbeamtinnen und Ruhestandsbeamten, jeweils für ihren Geschäftsbereich,

der Präsidentin oder dem Präsidenten des Oberverwaltungsgerichts für das Land Nordrhein-Westfalen, den Präsidentinnen oder den Präsidenten der Oberlandesgerichte,

der Präsidentin oder dem Präsidenten des Landessozialgerichts Nordrhein-Westfalen,

den Präsidentinnen oder den Präsidenten der Finanzgerichte,

den Präsidentinnen oder den Präsidenten der Landesarbeitsgerichte,

den Generalstaatsanwältinnen oder den Generalstaatsanwälten,

den Leiterinnen oder Leitern der Justizvollzugseinrichtungen,

der Direktorin oder dem Direktor der Fachhochschule für Rechtspflege Nordrhein-Westfalen,

der Leiterin oder dem Leiter des Ausbildungszentrums der Justiz Nordrhein-Westfalen,

der Leiterin oder dem Leiter der Justizvollzugsschule Nordrhein-Westfalen und

der Leiterin oder dem Leiter der Justizakademie des Landes Nordrhein-Westfalen – Gustav-Heinemann-Haus –.

§ 12 Inkrafttreten

Mit Inkrafttreten der Verordnung tritt die Verordnung zur Bestimmung der mit Disziplinarbefugnissen ausgestatteten dienstvorgesetzten Stellen im Geschäftsbereich des Justizministeriums vom 16. Dezember 2004 (GV. NRW. S. 825) außer Kraft.

Geschäftsstellenordnung für die Gerichte und die Staatsanwaltschaften des Landes Nordrhein-Westfalen (GStO)

Vom 10. Februar 2006 (JMBl. NRW. S. 62)

Zuletzt geändert durch
Änderung der Geschäftsstellenordnung für die Gerichte und die Staatsanwaltschaften des Landes Nordrhein-Westfalen (GStO)
vom 18. Juni 2025 (JMBl. NRW. S. 1269)

§ 1 Anwendungsbereich

(1) Die Geschäftsstellenordnung regelt die Organisation, den Aufbau und die Aufgaben der Geschäftsstelle der Gerichte und der Staatsanwaltschaften (§ 153 GVG, § 7 ArbGG, § 13 VwGO, § 12 FGO, § 4 SGG).

(2) Die zum Geschäftsbetrieb ergangenen Vorschriften (z. B. Geschäftsordnung, Aktenordnungen, Generalaktenverfügungen, Statistikanordnungen) bleiben hiervon unberührt.

§ 2 Leitung der Geschäftsstelle

(1) Die Geschäftsstelle untersteht der Geschäftsleiterin bzw. dem Geschäftsleiter des Gerichts bzw. der Staatsanwaltschaft (Geschäftsleitung), soweit nicht die Behördenleitung einzelne Aufgaben auf Andere übertragen hat. Stellung und Aufgaben der Geschäftsleitung und deren Vertretung richten sich nach der AV des JM vom 15. Februar 2006 (2320 – I. 1) in der jeweils geltenden Fassung (Geschäftsleitungs-AV)

(2) Ist die Geschäftsstelle in Abteilungen gegliedert, so kann die Behördenleitung für eine oder mehrere Abteilungen eine Beamtin bzw. einen Beamten der Laufbahngruppe 2.1 oder der Laufbahngruppe 1.2 oder vergleichbare Beschäftigte zur Gruppenleiterin bzw. zum Gruppenleiter bestellen, der bzw. dem insoweit die Leitung des gesamten Geschäftsbetriebs obliegt.

§ 3 Aufbau und Organisation der Geschäftsstelle

(1) Die Behördenleitung kann die Geschäftsstelle in Abteilungen einteilen. Diese sollen in der Form von Service-Einheiten organisiert werden. Dies gilt auch für die in Justizverwaltungssachen eingerichtete Abteilung. In den Service-Einheiten werden Beamtinnen und Beamte der Laufbahngruppe 1.2 und Beschäftigte eingesetzt. Die Bezeichnung der Service-Einheit soll der Spruchkörperbezeichnung oder der Bezeichnung der Abteilungen, Kammern und Senate des Gerichts bzw. der Abteilungen und Dezernate der Staatsanwaltschaft folgen. Mehrere Service-Einheiten können zu Service-Gruppen zusammengefasst werden.

(2) Die Aufgaben des Geschäftsstelle einschließlich der Aufgaben der Urkundsbeamtin bzw. des Urkundsbeamten der Geschäftsstelle und der Kostenbeamtin bzw. des Kostenbeamten im Sinne der Kostenverfügung werden von Beamtinnen bzw. Beamten der Laufbahngruppe 1.2 wahrgenommen oder können geeigneten Beschäftigten übertragen werden, soweit ihre Erledigung nicht nach gesetzlichen Bestimmungen, nach dieser Anordnung oder nach sonstigen Verwaltungsvorschriften Angehörigen anderer Dienstzweige zugewiesen ist. Geeignet sind Beschäftigte, die auf dem Sachgebiet, das ihnen übertragen werden soll, einen Wissens- und Leistungsstand aufweisen, der dem den Beamtinnen und Beamten vermittelten Stand gleichwertig ist.

(3) Die Aufgabe der Übertragung in ein ersetzendes elektronisches Dokument sowie der qualifizierten elektronischen Signatur

a) eines von den verantwortenden Personen handschriftlich unterzeichneten strafverfolgungsbehördlichen oder gerichtlichen Schriftstücks (vgl. § 298a Abs. 2 Satz 4 ZPO, § 14 Abs. 1 Satz 2 FamFG, § 32e Abs. 3 Satz 2 StPO, § 110c Satz 1 OWiG,

IX

§ 335 Abs. 2a Satz 2 HGB, § 46e Abs. 2 Satz 4 ArbeitsGG, § 65b Abs. 6 Satz 4 SGG, § 55b Abs. 6 Satz 4 VwGO, § 52b Abs. 6 Satz 4 FGO);

b) eines in Papierform vorliegenden Schriftstücks, das in dieser Form anstelle der Papierurkunde in die elektronische Grundakte übernommen wird, einschließlich vorzunehmender Vermerke (§ 97 GBV),

kann auch geeigneten Beamtinnen und Beamten der Laufbahngruppe 1.1 sowie geeigneten vergleichbaren Tarifbeschäftigten derselben Laufbahngruppe als Urkundsbeamte der Geschäftsstelle übertragen werden.

(4) Die Behördenleitung regelt die Geschäftsverteilung.

§ 4 Aufgaben der Geschäftsstelle

(1) Die Mitarbeiterinnen und Mitarbeiter in der Service-Einheit erledigen alle Aufgaben, die ihnen nach Rechts- und Verwaltungsvorschriften oder dieser AV obliegen oder übertragen sind. Sie unterstützen vor allem die Spruchkörper der Gerichte und die Entscheiderinnen und Entscheider bei den Staatsanwaltschaften bei der Erfüllung des Rechtsschutzauftrages.

(2) Zu den Aufgaben der Service-Einheit gehören auch

a) die Fertigung von Beschluss- und Verfügungsentwürfen einfacher Art,

b) die Bearbeitung von Anträgen auf Zahlung von Vergütung, Entschädigungen und Vorschüssen für Zeuginnen bzw. Zeugen, Sachverständige, Dolmetscher, Übersetzer und ehrenamtliche Richterinnen bzw. Richter, die Bearbeitung von Anträgen auf Ersatz von Auslagen der zu Verteidigerinnen bzw. Verteidigern bestellten Referendarinnen bzw. Referendare sowie die Veranlassung der Wiedereinziehung der in diesen Bereichen zu viel gezahlten Beträge,

c) bei den Amtsgerichten:
   - in Grundbuchsachen die Fertigung der Entwürfe von Grundpfandbriefen und der Entwürfe für nachträgliche Vermerke auf den Briefen,
   - in Grundbuch- und Registerangelegenheiten die Fertigung von Entwürfen für Eintragungsverfügungen nach vorangegangener rechtlicher Vorprüfung, soweit diese in elektronischer Form als automatisierte Datei geführt werden.

d) bei den Staatsanwaltschaften:
   - die Überwachung der Ratenzahlungen und die Mahnung (§ 7 EBAO) bei der Einforderung von Geldbeträgen, soweit nicht das Verfahren JUKOS oder ein gleichartiges Fachverfahren zur Anwendung kommt.

Im Übrigen obliegt den Mitarbeiterinnen und Mitarbeitern in den Service-Einheiten die Mitwirkung bei der Ausbildung von Anwärterinnen, Anwärtern und Auszubildenden.

(3) Die entscheidungsunterstützenden Tätigkeiten nehmen die Mitarbeiterinnen und Mitarbeiter in den Service-Einheiten nach Maßgabe der Spruchkörper- und Entscheiderpraxis und auf der Grundlage der hierzu eingeführten Aufgabenkataloge (vgl. § 7) wahr.

(4) Die Mitarbeiterinnen und Mitarbeiter in den Service-Einheiten erledigen ihre Aufgaben einschließlich des Schreib- und Protokolldienstes grundsätzlich in ganzheitlicher Bearbeitungsweise. Sie arbeiten gesamtverantwortlich im Team und sorgen selbständig für eine effiziente Erledigung ihrer Aufgaben. Hierbei ist auf eine enge Zusammenarbeit mit den Entscheiderinnen bzw. Entscheidern hinzuwirken. Die Service-Einheiten – auch innerhalb einer Service-Gruppe – wirken auf eine gleichmäßige Arbeitsbelastung hin.

(5) Die Mitwirkung der Beamtinnen und Beamten der Laufbahngruppe 1.2 und der vergleichbaren Beschäftigten im Bereich des Anordnungswesens richtet sich nach den Verwaltungsvorschriften zur Landeshaushaltsordnung (VV zur LHO).

§ 5 Aufgabenvorbehalt

(1) Den Beamtinnen bzw. Beamten der Laufbahngruppe 2.1 bleiben vorbehalten:

1. die Angelegenheiten des Rechtshilfeverkehrs mit dem Ausland (mit Ausnahme der Akten- und Registerführung), soweit nicht

die Zuständigkeit der Richterin bzw. des Richters, der Staatsanwältin bzw. des Staatsanwalts, der Amtsanwältin bzw. des Amtsanwalts oder der Rechtspflegerin bzw. des Rechtspflegers gegeben ist.

2. bei den Gerichten der ordentlichen Gerichtsbarkeit die Aufgaben der Kostenbeamtin bzw. des Kostenbeamten in
   a) Zwangsversteigerungs- und Zwangsverwaltungssachen,
   b) Konkurs- und Vergleichssachen mit Ausnahme des besonderen Prüfungstermins in Konkursverfahren,
   c) Schiffsregister- und Schiffsbauregistersachen,
   d) familienrechtlichen und sonstigen Angelegenheiten nach Teil 1 Vorbemerkungen 1 und 1.3.5, Nummer 11101 bis 11105 KV GNotKG; nach Nummer 13500, 13501, 13502, 13504; nach Nummer 15112, 15210, 15211, 15212 Ziffern 1, 3 bis 6; 15213, 15214 KV GNotKG; nach Teil 3 Vorbemerkung 3.1, Nummer 17004 KV GNotKG sowie nach § 26 Absatz 3, § 62 GNotKG,
   e) Betreuungssachen und betreuungsgerichtlichen Zuweisungssachen,
   f) familienrechtlichen Angelegenheiten nach Nrn. 1310 KostVerzFamGKG (nur bei Genehmigungen nach § 1643 BGB), nach Nrn. 1311 bis 1313 KostVerzFamGKG,

   dieser Vorbehalt gilt jedoch nicht
   – für Beschwerdeverfahren,
   – für Angelegenheiten, in denen die Geschäftsstelle auch für die Sachentscheidung zuständig ist und
   – für die Erteilung von Ausfertigungen und Abschriften.

3. bei den Gerichten der Verwaltungsgerichtsbarkeit
   a) die Aufgaben der Rechtsantragstelle, soweit es sich nicht um Anträge und Erklärungen einfacher Art handelt,
   b) die Erteilung der qualifizierten Vollstreckungsklauseln,
   c) die Kostenfestsetzung mit Ausnahme der Festsetzung der Prozesskostenhilfevergütung.
4. bei den Gerichten der Sozialgerichtsbarkeit
   a) die Aufnahmen von Klagen, Berufungen und Beschwerden (§ 90, § 151 Abs. 1, § 173 SGG) sowie von anderen Anträgen und Erklärungen, die prozessuale Bedeutung haben,
   b) die Erteilung von vollstreckbaren Ausfertigungen in den Fällen des § 726 Abs. 1, der §§ 727 bis 729, 733, 738, 742, 744, 745 Abs. 2, des 749 ZPO in Verbindung mit § 198 Abs. 1 SGG,
   c) die Festsetzung der Kosten gemäß § 197 Abs. 1 SGG,
   d) die Festsetzung der Vergütung gemäß § 55 RVG
   e) die Festsetzung der Vergütung gemäß § 11 RVG
   f) die Zahlungserinnerungen bei rückständigen Beträgen in Prozesskostenhilfesachen.
5. bei den Finanzgerichten
   a) die Aufgaben der Rechtsantragstelle,
   b) die Erteilung der qualifizierten Vollstreckungsklauseln,
   c) die Kostenfestsetzung einschließlich der Prozesskostenhilfevergütungsfestsetzung,
   d) die Durchführung der Buch- und Belegprüfungen,
   e) die Berechnung der nicht vom Gericht festgesetzten Streitwerte.

(2) Die nach Absatz 1 Nr. 2 den Beamtinnen und Beamten der Laufbahngruppe 2.1 vorbehaltenen Aufgaben der Kostenbeamtin bzw. des Kostenbeamten können geeigneten Beamtinnen und Beamten der Laufbahngruppe 1.2 bzw. Beschäftigten vergleichbarer Entgeltgruppen übertragen werden. Die Entscheidung trifft die Behördenleitung.

Mit der selbständigen Wahrnehmung von Aufgaben der Urkundsbeamten der Geschäftsstelle bei den Sozialgerichten können bei Bedarf auch Beschäftigte widerruflich beauftragt werden. Die Beauftragung obliegt der Behördenleitung.

§ 6 Übertragene Verwaltungsaufgaben

(1) Bei Bedarf kann die Behördenleitung einen oder mehrere Beamtinnen bzw. Beamte der Laufbahngruppe 2.1 oder vergleichbare Beschäftigte zur Bearbeitung in Justizverwaltungsaufgaben heranziehen.

(2) Den Beamtinnen bzw. Beamten der Laufbahngruppe 1.2 und vergleichbaren Beschäftigten werden die in der Anlage aufgeführten sonstigen Justizverwaltungsaufgaben zur Erledigung übertragen.

§ 7 Aufgabenkataloge

Die Leiterinnen und Leiter der Mittelbehörden können Rahmen und Inhalt der Aufgabenkataloge im Sinne dieser Geschäftsstellenordnung festlegen (§ 4 Abs. 3).

§ 8 Vorlagepflicht

(1) Die Beamtinnen bzw. Beamten der Laufbahngruppe 1.2 und vergleichbaren Beschäftigten haben die ihnen zur Erledigung zugewiesenen Geschäfte der Beamtin bzw. dem Beamten der Laufbahngruppe 2.1, der Rechtspflegerin bzw. dem Rechtspfleger, der Richterin bzw. dem Richter, der Staatsanwältin bzw. dem Staatsanwalt oder der Amtsanwältin bzw. dem Amtsanwalt vorzulegen, wenn dies mit Rücksicht auf rechtliche oder tatsächliche Schwierigkeiten erforderlich erscheint. Nach Vorlage kann diese bzw. dieser die Bearbeitung selbst übernehmen oder Weisungen für die Bearbeitung geben.

IX

Unter der gleichen Voraussetzung haben die Beamtinnen und Beamten der Laufbahngruppe 1.1 sowie die vergleichbaren Tarifbeschäftigten derselben Laufbahngruppe die ihnen zur Erledigung zugewiesenen Geschäfte der Beamtin bzw. dem Beamten der Laufbahngruppe 1.2 vorzulegen.

(2) Ferner haben die Beamtinnen und Beamte der Laufbahngruppe 1.2 die ihnen zur Erledigung zugewiesenen Sachen der Beamtin bzw. dem Beamten der Laufbahngruppe 2.1 oder der Rechtspflegerin bzw. dem Rechtspfleger vorzulegen, wenn dies wegen eines zusammenhängenden Geschäftes erforderlich erscheint. Für den Fall, dass eine getrennte Bearbeitung nicht sachdienlich ist, hat die Beamtin bzw. der Beamte der Laufbahngruppe 2.1 oder die Rechtspflegerin bzw. der Rechtspfleger die gesamte Angelegenheit zu bearbeiten.

§ 9 Beauftragung von Anwärterinnen und Anwärtern

Mit der Wahrnehmung von Aufgaben der Urkundsbeamtin bzw. des Urkundsbeamten der Geschäftsstelle, die Beamtinnen und Beamten der Laufbahngruppe 1.2 und vergleichbaren Beschäftigten (Fn 2) obliegen, dürfen auch Anwärterinnen bzw. Anwärter der Laufbahngruppe 2.1 und der Laufbahngruppe 1.2 nach Beendigung des Vorbereitungsdienstes betraut werden.

§ 10 Ausnahmeregelung

(1) Mit Blick auf die Einführung der elektronischen Akte und die damit verbundenen besonderen Herausforderungen können in Ausnahmefällen noch bis zum 31. 12. 2026 die den Beamtinnen bzw. Beamten der Laufbahngruppe 1.2 und vergleichbaren Beschäftigten obliegenden Aufgaben, soweit sie vor der Übertragung von Beamtinnen und Beamten der Laufbahngruppe 2.1 bearbeitet worden sind, weiter den Beamtinnen und Beamten der Laufbahngruppe 2.1 zugewiesen werden. Die Entscheidung trifft die Behördenleitung.

(2) Das Ministerium der Justiz wird nach der flächendeckenden Einführung der elektronischen Akte am 01. 01. 2026 die bis dahin erfolgte Umsetzung der Aufgabenübertragung evaluieren.

§ 11 In-Kraft-Treten

Diese AV tritt am 1. April 2006 in Kraft.

Die AV vom 25. November 1980 (2325 – I B. 8), die AV vom 16. Januar 1992 (2325 – I B. 7), die AV vom 26. November 1992 (2325 – I B. 9) und der RdErl. des Ministeriums für Arbeit, Gesundheit und Soziales vom 7. Dezember 1989 (I B 2 – 1241 A) werden zum selben Zeitpunkt aufgehoben.

Anlage zur Geschäftsstellenordnung für die Gerichte und die Staatsanwaltschaften des Landes Nordrhein-Westfalen

Den Beamtinnen bzw. Beamten des mittleren Justizdienstes und vergleichbaren Beschäftigten werden zur Erledigung übertragen:

1. die Bearbeitung von Einzelangelegenheiten in Personalsachen aller Dienstzweige sowie der Rechtsanwältinnen bzw. der Rechtsanwälte, der Notarinnen bzw. der Notare, der Rechtsbeistände und der Schiedspersonen nach Weisung der Behördenleitung, der Dezernentin bzw. der Dezernenten oder der Geschäftsleitung, insbesondere die Anfertigung von Entwürfen für Berichte, Verfügungen, Dankschreiben, ferner die Berechnung der Dienstjubiläen sowie Aktenanforderungen;

2. die Bearbeitung von vermögensrechtlichen Angelegenheiten der Bediensteten nach Weisung der Behördenleitung, der Dezernentin bzw. des Dezernenten oder der Geschäftsleitung; dies gilt insbesondere für

a) Beihilfen,

b) Entschädigungen der Vollstreckungsbeamtinnen bzw. -beamten,

c) Trennungsentschädigungen,

d) Reisekosten in Verwaltungssachen,

e) Zulagen für Dienst zu ungünstigen Zeiten,

f) auf Anordnung zu gewährende Unfallfürsorgeleistungen nach §§ 30, 33 BeamtVG,

g) Vergütungen von Prüfungstätigkeiten (RV vom 3. April 2003 – 2223 – I C. 1.1 – in der jeweils geltenden Fassung),

h) Hausdienstvergütungen,

i) Unterstützungs- und Vorschusssachen;

3. die Bearbeitung folgender Angelegenheiten nach Weisung der Behördenleitung

a) Post- und Telekommunikationsdienstleistungen,

b) Vergütungen für eine Unterrichtstätigkeit,

c) Kosten der Gefangenenbeförderung in Vorführungssachen,

d) Kosten für Zeugnisse der unteren Gesundheitsbehörden, die der Arbeitgeber zu tragen hat;

4. die Mitarbeit in Wohnungsfürsorgeangelegenheiten;

5. die Tätigkeit der Ausbilderin bzw. des Ausbilders der Auszubildenden zur/zum Justizfachangestellten;

6. die Bearbeitung von Angelegenheiten des Haushalts- und Beschaffungswesens nach Weisung der Behördenleitung, der Dezernentin bzw. des Dezernenten oder der Geschäftsleitung;

7. die Führung der Haushaltsüberwachungslisten und der Haushaltskontrollen, soweit es sich um Angelegenheiten handelt, in denen der Beamtin bzw. dem Beamten des mittleren Justizdienstes die Bearbeitung übertragen worden ist;

8. die Führung von Verzeichnissen nach den VV zu § 73 LHO und die Verwaltung der darin erfassten Bestände;

9. die Unterstützung der Bezirksrevisorin bzw. des Bezirksrevisors bei der Erledigung der in Nrn. 3.1.1, 3.1.2 und 3.1.3 der Geschäftsordnung für Bezirksrevisoren genannten Prüfungsaufgaben; geeigneten Beamtinnen bzw. Beamten des mittleren Justizdienstes können zur selbstständigen Wahrnehmung zugewiesen werden

a) Prüfungsgeschäfte im Rahmen des Kostenansatzes, soweit die Kostenangelegenheiten nicht dem gehobenen Justizdienst vorbehalten sind (vgl. Abschnitt III),

b) die Überwachung der ordnungsgemäßen Verwendung von elektronischen Kostenmarken nach den Bestimmungen über die Verwendung von Elektronischen Kostenmarken;

10. die Prüfung der Kostenmarkenverwendung (Nr. 7 der Bestimmungen über die Verwendung von Elektronischen Kostenmarken) und die Prüfung der Verwendung bzw. des Zustands des Gerichtskostenstemplers (Nr. 12 bzw. 13 der Bestimmungen über die Verwendung von Gerichtskostenstemplern);

11. die Prüfung nach der AV über Dienstsiegel und Dienststempel vom 8. November 2001 (5413 – I D.6/JMBl. NRW S. 292) in der jeweils geltenden Fassung;

12. die Prüfung der Liste der Überführungsstücke nach § 9 AktO;

13. die Prüfung der Aufbewahrungsliste nach § 12 der Gewahrsamssachenanweisung;

14. die Prüfung der Nachweisungen und Belege über die Vordrucke für Hypotheken-, Grundschuld- und Rentenschuldbriefe nach § 30 Abs. 2 der AV vom 28. 08. 2007 (3850 – I. 58) – JMBl. NRW S. 217 – in der jeweils geltenden Fassung.

15. die Unterstützung bei den Prüfungen des Unterstützungsbereichs und der Vollstreckungsbeamtinnen bzw. Vollstreckungsbeamten; als „Unterstützung" gilt sowohl unselbstständige als auch selbstständige Hilfstätigkeit;

16. die Büchereiangelegenheiten mit Ausnahme der Entscheidung über die Bestellung von Büchern und Zeitschriften;

17. die Verwaltung der Vordrucke;

18. die Leitung der Aktenaussonderung nach Maßgabe der hierzu ergangenen besonderen Bestimmungen;

19. die Aussonderung, der Verkauf und die Vernichtung der Geräte und Einrichtungsgegenstände und des Altpapiers;

20. die Behandlung und Verwertung der Fundsachen;

21. die Fertigung und Vollziehung von Zählkarten für statistische Zwecke;

22. die Aufstellung, Führung oder Auswertung von Statistiken und Übersichten nach Weisung der Behördenleitung oder der Dezernentin bzw. des Dezernenten;

23. die Aufstellung und die Führung von Nachweisungen, Listen und Karteien jeder Art;

24. die Bescheinigung der Anzahl der Blätter in den Dienstregistern und Kassenbüchern der Gerichtsvollzieherinnen bzw. der Gerichtsvollzieher;

25. die Fertigung und Vollziehung der Mitteilungen zum Bundeszentralregister, zum Gewerbezentralregister und an das Kraftfahrt-Bundesamt;

26. die Bearbeitung der Angelegenheiten der Zwischenbeglaubigung von Unterschriften zum Zwecke der Legalisation und der Angelegenheiten der Erteilung der Apostille nach dem Haager Übereinkommen vom 5. Oktober 1961;

27. die Kraftfahrzeugsachbearbeitung;

28. die Angelegenheiten der Hausverwaltung nach Weisung der Geschäftsleitung;

29. die vorbereitende Tätigkeit bezüglich der Geschäftsprüfung der Schiedspersonen;

30. die Vorbereitung der verwaltungsmäßigen Prüfung ein- und ausgehender Auslandsersuchen um Rechtshilfe gemäß § 9 ZRHO;

31. die Sachbearbeitung bei den Koordinierungsstellen für IT-Verfahren;

32. die Fertigung von Verfügungsentwürfen jeder Art nach Weisung der Behördenleitung, der Dezernentin bzw. des Dezernenten oder der Geschäftsleitung.

Allgemeine Verfügung über die Bestellung und Aufgaben der Geschäftsleiterinnen und Geschäftsleiter bei den Gerichten und Staatsanwaltschaften in Nordrhein-Westfalen (Geschäftsleitungs-AV)

Vom 15. Februar 2006 (JMBl. NRW. S. 61)

Zuletzt geändert durch
Allgemeine Verfügung des Justizministeriums
vom 28. September 2009 (JMBl. NRW. S. 238)

I. Bestellung

Bei den Gerichten und Staatsanwaltschaften des Landes Nordrhein-Westfalen werden Beamtinnen und Beamten des höheren oder des gehobenen Justizdienstes als Geschäftsleiterin bzw. Geschäftsleiter von der Ernennungsbehörde bestellt. Die Vertretung der Geschäftsleiterinnen und der Geschäftsleiter regeln die Behördenleiterinnen bzw. Behördenleiter der Gerichte und Staatsanwaltschaften, sofern für die Vertretungsstellen kein besonderer Dienstposten ausgewiesen ist.

II. Aufgaben

1.1

Die Geschäftsleiterinnen und Geschäftsleiter unterstützen die Behördenleitung bei der Gewährleistung des Geschäftsbetriebs; sie sind für alle nach dieser AV und der Geschäftsverteilung übertragenen Aufgaben verantwortlich. Die Geschäftsleiterinnen und Geschäftsleiter sind im Rahmen ihrer Zuständigkeit Vorgesetzte (§ 2 Abs. 5 Satz 1 LBG NRW) des nichtrichterlichen und nichtstaatsanwaltlichen Dienstes einschließlich des Personals in Ausbildung mit Ausnahme des höheren Dienstes, des Amtsanwaltdienstes sowie der vergleichbaren Angestellten. Sie sind in ihrem Aufgabenbereich sachlich und personell weisungsbefugt. § 9 Rechtspflegergesetz bleibt unberührt.

Sie

- führen die unterstellten Mitarbeiterinnen und Mitarbeiter aktivierend,
- beteiligen sie unter Nutzung ihrer Kreativität und Erfahrung an der Weiterentwicklung von Geschäftsabläufen und an strukturellen Veränderungen und
- sind mitverantwortlich für den wirtschaftlichen Einsatz der Ressourcen.

1.2

Über Einwendungen gegen Weisungen der Geschäftsleiterinnen bzw. Geschäftsleiter entscheiden die Behördenleiterinnen bzw. Behördenleiter; bis zu deren Entscheidung gelten die Weisungen fort.

2.

Den Geschäftsleiterinnen und Geschäftsleitern werden folgende Aufgaben zur selbstständigen Erledigung und Zeichnung übertragen, soweit nicht die Behördenleiterin bzw. der Behördenleiter aufgrund gesetzlicher oder tariflicher Regelungen, besonderer Verwaltungsvorschriften, der Dienstvorgesetzteneigenschaft oder wegen grundsätzlicher Bedeutung zuständig ist:

a) Personalangelegenheiten für den in Abschnitt II Nr. 1.1 genannten Personenkreis, mit Ausnahme der dienstlichen Beurteilungen,
b) Personalmanagement für den in Abschnitt II Nr. 1.1 genannten Personenkreis,
c) Geschäftsverteilung für den in Abschnitt II Nr. 1.1 genannten Personenkreis unter Berücksichtigung der Aufgaben der sonstigen Dienstzweige,
d) Aus- und Fortbildungsangelegenheiten für den in Abschnitt II Nr. 1.1 genannten Personenkreis,
e) Haushalts-, Kassen- und Rechnungswesen vorbehaltlich der Befugnisse des Beauftragten für den Haushalt,
f) Grundstücks- und Gebäudeangelegenheiten,
g) Regelung des Einsatzes von Arbeitsmitteln aller Art.

IX

2.1

Die Behördenleiterinnen bzw. Behördenleiter können sich einzelne Verwaltungsangelegenheiten aus dem vorstehenden Katalog der Aufgaben vorbehalten. Sie können diese anderen Behördenangehörigen zur selbstständigen Erledigung und Zeichnung zuweisen.

Außerdem können sie den Geschäftsleiterinnen bzw. Geschäftsleitern weitere Verwaltungsangelegenheiten – mit Ausnahme der Beurteilungen der Beamtinnen und Beamten – zur selbstständigen Erledigung und Zeichnung übertragen.

2.2

Die Geschäftsleiterinnen und Geschäftsleiter können bestimmte Verwaltungsangelegenheiten allgemein oder im Einzelfall mit Zustimmung der Behördenleiterin bzw. des Behördenleiters delegieren.

3.

Die Geschäftsleiterinnen bzw. Geschäftsleiter haben Vorgänge der Behördenleiterin bzw. dem Behördenleiter vorzulegen, wenn dies wegen der Bedeutung der Angelegenheit erforderlich erscheint. Sie unterrichten die Behördenleiterin bzw. den Behördenleiter sowie ihre Vertreterinnen bzw. Vertreter rechtzeitig über alle wichtigen Angelegenheiten des übertragenen Bereichs.

4.

Die Eingänge in Verwaltungssachen sind der Behördenleiterin bzw. dem Behördenleiter sowie der Geschäftsleiterin bzw. dem Geschäftsleiter vorzulegen. Die Behördenleiterin bzw. der Behördenleiter kann auf die Vorlage der Eingänge, die übertragene Aufgaben betreffen, verzichten. Die Geschäftsleiterin bzw. der Geschäftsleiter kann auf die Vorlage bestimmter Eingänge verzichten.

III. Schlussvorschriften

Diese AV tritt am 1. April 2006 in Kraft.

X Allgemeine Schutzvorschriften

X

Allgemeines Gleichbehandlungsgesetz (AGG)

Vom 14. August 2006 (BGBl. I S. 1897)

Zuletzt geändert durch
Gesetz zur Anpassung der Bundesbesoldung und -versorgung für die Jahre 2023 und 2024 sowie zur Änderung weiterer dienstrechtlicher Vorschriften
vom 22. Dezember 2023 (BGBl. I Nr. 414)

Abschnitt 1
Allgemeiner Teil

§ 1 Ziel des Gesetzes

Ziel des Gesetzes ist, Benachteiligungen aus Gründen der Rasse oder wegen der ethnischen Herkunft, des Geschlechts, der Religion oder Weltanschauung, einer Behinderung, des Alters oder der sexuellen Identität zu verhindern oder zu beseitigen.

§ 2 Anwendungsbereich

(1) Benachteiligungen aus einem in § 1 genannten Grund sind nach Maßgabe dieses Gesetzes unzulässig in Bezug auf:

1. die Bedingungen, einschließlich Auswahlkriterien und Einstellungsbedingungen, für den Zugang zu unselbstständiger und selbstständiger Erwerbstätigkeit, unabhängig von Tätigkeitsfeld und beruflicher Position, sowie für den beruflichen Aufstieg,
2. die Beschäftigungs- und Arbeitsbedingungen einschließlich Arbeitsentgelt und Entlassungsbedingungen, insbesondere in individual- und kollektivrechtlichen Vereinbarungen und Maßnahmen bei der Durchführung und Beendigung eines Beschäftigungsverhältnisses sowie beim beruflichen Aufstieg,
3. den Zugang zu allen Formen und allen Ebenen der Berufsberatung, der Berufsbildung einschließlich der Berufsausbildung, der beruflichen Weiterbildung und der Umschulung sowie der praktischen Berufserfahrung,
4. die Mitgliedschaft und Mitwirkung in einer Beschäftigten- oder Arbeitgebervereinigung oder einer Vereinigung, deren Mitglieder einer bestimmten Berufsgruppe angehören, einschließlich der Inanspruchnahme der Leistungen solcher Vereinigungen,
5. den Sozialschutz, einschließlich der sozialen Sicherheit und der Gesundheitsdienste,
6. die sozialen Vergünstigungen,
7. die Bildung,
8. den Zugang zu und die Versorgung mit Gütern und Dienstleistungen, die der Öffentlichkeit zur Verfügung stehen, einschließlich von Wohnraum.

(2) $_{1}$Für Leistungen nach dem Sozialgesetzbuch gelten § 33c des Ersten Buches Sozialgesetzbuch und § 19a des Vierten Buches Sozialgesetzbuch. $_{2}$Für die betriebliche Altersvorsorge gilt das Betriebsrentengesetz.

(3) $_{1}$Die Geltung sonstiger Benachteiligungsverbote oder Gebote der Gleichbehandlung wird durch dieses Gesetz nicht berührt. $_{2}$Dies gilt auch für öffentlich-rechtliche Vorschriften, die dem Schutz bestimmter Personengruppen dienen.

(4) Für Kündigungen gelten ausschließlich die Bestimmungen zum allgemeinen und besonderen Kündigungsschutz.

§ 3 Begriffsbestimmungen

(1) $_{1}$Eine unmittelbare Benachteiligung liegt vor, wenn eine Person wegen eines in § 1 genannten Grundes eine weniger günstige Behandlung erfährt, als eine andere Person in einer vergleichbaren Situation erfährt, erfahren hat oder erfahren würde. $_{2}$Eine unmittelbare Benachteiligung wegen des Geschlechts liegt in Bezug auf § 2 Abs. 1 Nr. 1 bis 4 auch im Falle einer ungünstigeren Behandlung einer Frau wegen Schwangerschaft oder Mutterschaft vor.

(2) Eine mittelbare Benachteiligung liegt vor, wenn dem Anschein nach neutrale Vorschrif-

ten, Kriterien oder Verfahren Personen wegen eines in § 1 genannten Grundes gegenüber anderen Personen in besonderer Weise benachteiligen können, es sei denn, die betreffenden Vorschriften, Kriterien oder Verfahren sind durch ein rechtmäßiges Ziel sachlich gerechtfertigt und die Mittel sind zur Erreichung dieses Ziels angemessen und erforderlich.

(3) Eine Belästigung ist eine Benachteiligung, wenn unerwünschte Verhaltensweisen, die mit einem in § 1 genannten Grund in Zusammenhang stehen, bezwecken oder bewirken, dass die Würde der betreffenden Person verletzt und ein von Einschüchterungen, Anfeindungen, Erniedrigungen, Entwürdigungen oder Beleidigungen gekennzeichnetes Umfeld geschaffen wird.

(4) Eine sexuelle Belästigung ist eine Benachteiligung in Bezug auf § 2 Abs. 1 Nr. 1 bis 4, wenn ein unerwünschtes, sexuell bestimmtes Verhalten, wozu auch unerwünschte sexuelle Handlungen und Aufforderungen zu diesen, sexuell bestimmte körperliche Berührungen, Bemerkungen sexuellen Inhalts sowie unerwünschtes Zeigen und sichtbares Anbringen von pornographischen Darstellungen gehören, bezweckt oder bewirkt, dass die Würde der betreffenden Person verletzt wird, insbesondere wenn ein von Einschüchterungen, Anfeindungen, Erniedrigungen, Entwürdigungen oder Beleidigungen gekennzeichnetes Umfeld geschaffen wird.

(5) $_1$Die Anweisung zur Benachteiligung einer Person aus einem in § 1 genannten Grund gilt als Benachteiligung. $_2$Eine solche Anweisung liegt in Bezug auf § 2 Abs. 1 Nr. 1 bis 4 insbesondere vor, wenn jemand eine Person zu einem Verhalten bestimmt, das einen Beschäftigten oder eine Beschäftigte wegen eines in § 1 genannten Grundes benachteiligt oder benachteiligen kann.

§ 4 Unterschiedliche Behandlung wegen mehrerer Gründe

Erfolgt eine unterschiedliche Behandlung wegen mehrerer der in § 1 genannten Gründe, so kann diese unterschiedliche Behandlung nach den §§ 8 bis 10 und 20 nur gerechtfertigt werden, wenn sich die Rechtfertigung auf alle diese Gründe erstreckt, derentwegen die unterschiedliche Behandlung erfolgt.

§ 5 Positive Maßnahmen

Ungeachtet der in den §§ 8 bis 10 sowie in § 20 benannten Gründe ist eine unterschiedliche Behandlung auch zulässig, wenn durch geeignete und angemessene Maßnahmen bestehende Nachteile wegen eines in § 1 genannten Grundes verhindert oder ausgeglichen werden sollen.

Abschnitt 2
Schutz der Beschäftigten vor Benachteiligung

Unterabschnitt 1
Verbot der Benachteiligung

§ 6 Persönlicher Anwendungsbereich

(1) $_1$Beschäftigte im Sinne dieses Gesetzes sind

1. Arbeitnehmerinnen und Arbeitnehmer,
2. die zu ihrer Berufsbildung Beschäftigten,
3. Personen, die wegen ihrer wirtschaftlichen Unselbstständigkeit als arbeitnehmerähnliche Personen anzusehen sind; zu diesen gehören auch die in Heimarbeit Beschäftigten und die ihnen Gleichgestellten.

$_2$Als Beschäftigte gelten auch die Bewerberinnen und Bewerber für ein Beschäftigungsverhältnis sowie die Personen, deren Beschäftigungsverhältnis beendet ist.

(2) $_1$Arbeitgeber (Arbeitgeber und Arbeitgeberinnen) im Sinne dieses Abschnitts sind natürliche und juristische Personen sowie rechtsfähige Personengesellschaften, die Personen nach Absatz 1 beschäftigen. $_2$Werden Beschäftigte einem Dritten zur Arbeitsleistung überlassen, so gilt auch dieser als Arbeitgeber im Sinne dieses Abschnitts. $_3$Für die in Heimarbeit Beschäftigten und die ihnen Gleichgestellten tritt an die Stelle des Arbeitgebers der Auftraggeber oder Zwischenmeister.

(3) Soweit es die Bedingungen für den Zugang zur Erwerbstätigkeit sowie den beruflichen Aufstieg betrifft, gelten die Vorschriften dieses Abschnitts für Selbstständige und Organ-

X

mitglieder, insbesondere Geschäftsführer oder Geschäftsführerinnen und Vorstände, entsprechend.

§ 7 Benachteiligungsverbot

(1) Beschäftigte dürfen nicht wegen eines in § 1 genannten Grundes benachteiligt werden; dies gilt auch, wenn die Person, die die Benachteiligung begeht, das Vorliegen eines in § 1 genannten Grundes bei der Benachteiligung nur annimmt.

(2) Bestimmungen in Vereinbarungen, die gegen das Benachteiligungsverbot des Absatzes 1 verstoßen, sind unwirksam.

(3) Eine Benachteiligung nach Absatz 1 durch Arbeitgeber oder Beschäftigte ist eine Verletzung vertraglicher Pflichten.

§ 8 Zulässige unterschiedliche Behandlung wegen beruflicher Anforderungen

(1) Eine unterschiedliche Behandlung wegen eines in § 1 genannten Grundes ist zulässig, wenn dieser Grund wegen der Art der auszuübenden Tätigkeit oder der Bedingungen ihrer Ausübung eine wesentliche und entscheidende berufliche Anforderung darstellt, sofern der Zweck rechtmäßig und die Anforderung angemessen ist.

(2) Die Vereinbarung einer geringeren Vergütung für gleiche oder gleichwertige Arbeit wegen eines in § 1 genannten Grundes wird nicht dadurch gerechtfertigt, dass wegen eines in § 1 genannten Grundes besondere Schutzvorschriften gelten.

§ 9 Zulässige unterschiedliche Behandlung wegen der Religion oder Weltanschauung

(1) Ungeachtet des § 8 ist eine unterschiedliche Behandlung wegen der Religion oder der Weltanschauung bei der Beschäftigung durch Religionsgemeinschaften, die ihnen zugeordneten Einrichtungen ohne Rücksicht auf ihre Rechtsform oder durch Vereinigungen, die sich die gemeinschaftliche Pflege einer Religion oder Weltanschauung zur Aufgabe machen, auch zulässig, wenn eine bestimmte Religion oder Weltanschauung unter Beachtung des Selbstverständnisses der jeweiligen Religionsgemeinschaft oder Vereinigung im Hinblick auf ihr Selbstbestimmungsrecht oder nach der Art der Tätigkeit eine gerechtfertigte berufliche Anforderung darstellt.

(2) Das Verbot unterschiedlicher Behandlung wegen der Religion oder der Weltanschauung berührt nicht das Recht der in Absatz 1 genannten Religionsgemeinschaften, der ihnen zugeordneten Einrichtungen ohne Rücksicht auf ihre Rechtsform oder der Vereinigungen, die sich die gemeinschaftliche Pflege einer Religion oder Weltanschauung zur Aufgabe machen, von ihren Beschäftigten ein loyales und aufrichtiges Verhalten im Sinne ihres jeweiligen Selbstverständnisses verlangen zu können.

§ 10 Zulässige unterschiedliche Behandlung wegen des Alters

1Ungeachtet des § 8 ist eine unterschiedliche Behandlung wegen des Alters auch zulässig, wenn sie objektiv und angemessen und durch ein legitimes Ziel gerechtfertigt ist. 2Die Mittel zur Erreichung dieses Ziels müssen angemessen und erforderlich sein. 3Derartige unterschiedliche Behandlungen können insbesondere Folgendes einschließen:

1. die Festlegung besonderer Bedingungen für den Zugang zur Beschäftigung und zur beruflichen Bildung sowie besonderer Beschäftigungs- und Arbeitsbedingungen, einschließlich der Bedingungen für Entlohnung und Beendigung des Beschäftigungsverhältnisses, um die berufliche Eingliederung von Jugendlichen, älteren Beschäftigten und Personen mit Fürsorgepflichten zu fördern oder ihren Schutz sicherzustellen,
2. die Festlegung von Mindestanforderungen an das Alter, die Berufserfahrung oder das Dienstalter für den Zugang zur Beschäftigung oder für bestimmte mit der Beschäftigung verbundene Vorteile,
3. die Festsetzung eines Höchstalters für die Einstellung auf Grund der spezifischen Ausbildungsanforderungen eines bestimmten Arbeitsplatzes oder auf Grund der Notwendigkeit einer angemessenen Be-

schäftigungszeit vor dem Eintritt in den Ruhestand,

4. die Festsetzung von Altersgrenzen bei den betrieblichen Systemen der sozialen Sicherheit als Voraussetzung für die Mitgliedschaft oder den Bezug von Altersrente oder von Leistungen bei Invalidität einschließlich der Festsetzung unterschiedlicher Altersgrenzen im Rahmen dieser Systeme für bestimmte Beschäftigte oder Gruppen von Beschäftigten und die Verwendung von Alterskriterien im Rahmen dieser Systeme für versicherungsmathematische Berechnungen,
5. eine Vereinbarung, die die Beendigung des Beschäftigungsverhältnisses ohne Kündigung zu einem Zeitpunkt vorsieht, zu dem der oder die Beschäftigte eine Rente wegen Alters beantragen kann; § 41 des Sechsten Buches Sozialgesetzbuch bleibt unberührt,
6. Differenzierungen von Leistungen in Sozialplänen im Sinne des Betriebsverfassungsgesetzes, wenn die Parteien eine nach Alter oder Betriebszugehörigkeit gestaffelte Abfindungsregelung geschaffen haben, in der die wesentlich vom Alter abhängenden Chancen auf dem Arbeitsmarkt durch eine verhältnismäßig starke Betonung des Lebensalters erkennbar berücksichtigt worden sind, oder Beschäftigte von den Leistungen des Sozialplans ausgeschlossen haben, die wirtschaftlich abgesichert sind, weil sie, gegebenenfalls nach Bezug von Arbeitslosengeld, rentenberechtigt sind.

Unterabschnitt 2
Organisationspflichten des Arbeitgebers

§ 11 Ausschreibung

Ein Arbeitsplatz darf nicht unter Verstoß gegen § 7 Abs. 1 ausgeschrieben werden.

§ 12 Maßnahmen und Pflichten des Arbeitgebers

(1) 1Der Arbeitgeber ist verpflichtet, die erforderlichen Maßnahmen zum Schutz vor Benachteiligungen wegen eines in § 1 genannten Grundes zu treffen. 2Dieser Schutz umfasst auch vorbeugende Maßnahmen.

(2) 1Der Arbeitgeber soll in geeigneter Art und Weise, insbesondere im Rahmen der beruflichen Aus- und Fortbildung, auf die Unzulässigkeit solcher Benachteiligungen hinweisen und darauf hinwirken, dass diese unterbleiben. 2Hat der Arbeitgeber seine Beschäftigten in geeigneter Weise zum Zwecke der Verhinderung von Benachteiligung geschult, gilt dies als Erfüllung seiner Pflichten nach Absatz 1.

(3) Verstoßen Beschäftigte gegen das Benachteiligungsverbot des § 7 Abs. 1, so hat der Arbeitgeber die im Einzelfall geeigneten, erforderlichen und angemessenen Maßnahmen zur Unterbindung der Benachteiligung wie Abmahnung, Umsetzung, Versetzung oder Kündigung zu ergreifen.

(4) Werden Beschäftigte bei der Ausübung ihrer Tätigkeit durch Dritte nach § 7 Abs. 1 benachteiligt, so hat der Arbeitgeber die im Einzelfall geeigneten, erforderlichen und angemessenen Maßnahmen zum Schutz der Beschäftigten zu ergreifen.

(5) 1Dieses Gesetz und § 61b des Arbeitsgerichtsgesetzes sowie Informationen über die für die Behandlung von Beschwerden nach § 13 zuständigen Stellen sind im Betrieb oder in der Dienststelle bekannt zu machen. 2Die Bekanntmachung kann durch Aushang oder Auslegung an geeigneter Stelle oder den Einsatz der im Betrieb oder der Dienststelle üblichen Informations- und Kommunikationstechnik erfolgen.

Unterabschnitt 3
Rechte der Beschäftigten

§ 13 Beschwerderecht

(1) 1Die Beschäftigten haben das Recht, sich bei den zuständigen Stellen des Betriebs, des Unternehmens oder der Dienststelle zu beschweren, wenn sie sich im Zusammenhang mit ihrem Beschäftigungsverhältnis vom Arbeitgeber, von Vorgesetzten, anderen Beschäftigten oder Dritten wegen eines in § 1 genannten Grundes benachteiligt fühlen. 2Die Beschwerde ist zu prüfen und das Ergebnis

X

der oder dem beschwerdeführenden Beschäftigten mitzuteilen.

(2) Die Rechte der Arbeitnehmervertretungen bleiben unberührt.

§ 14 Leistungsverweigerungsrecht

1Ergreift der Arbeitgeber keine oder offensichtlich ungeeignete Maßnahmen zur Unterbindung einer Belästigung oder sexuellen Belästigung am Arbeitsplatz, sind die betroffenen Beschäftigten berechtigt, ihre Tätigkeit ohne Verlust des Arbeitsentgelts einzustellen, soweit dies zu ihrem Schutz erforderlich ist. 2§ 273 des Bürgerlichen Gesetzbuchs bleibt unberührt.

§ 15 Entschädigung und Schadensersatz

(1) 1Bei einem Verstoß gegen das Benachteiligungsverbot ist der Arbeitgeber verpflichtet, den hierdurch entstandenen Schaden zu ersetzen. 2Dies gilt nicht, wenn der Arbeitgeber die Pflichtverletzung nicht zu vertreten hat.

(2) 1Wegen eines Schadens, der nicht Vermögensschaden ist, kann der oder die Beschäftigte eine angemessene Entschädigung in Geld verlangen. 2Die Entschädigung darf bei einer Nichteinstellung drei Monatsgehälter nicht übersteigen, wenn der oder die Beschäftigte auch bei benachteiligungsfreier Auswahl nicht eingestellt worden wäre.

(3) Der Arbeitgeber ist bei der Anwendung kollektiv-rechtlicher Vereinbarungen nur dann zur Entschädigung verpflichtet, wenn er vorsätzlich oder grob fahrlässig handelt.

(4) 1Ein Anspruch nach Absatz 1 oder 2 muss innerhalb einer Frist von zwei Monaten schriftlich geltend gemacht werden, es sei denn, die Tarifvertragsparteien haben etwas anderes vereinbart. 2Die Frist beginnt im Falle einer Bewerbung oder eines beruflichen Aufstiegs mit dem Zugang der Ablehnung und in den sonstigen Fällen einer Benachteiligung zu dem Zeitpunkt, in dem der oder die Beschäftigte von der Benachteiligung Kenntnis erlangt.

(5) Im Übrigen bleiben Ansprüche gegen den Arbeitgeber, die sich aus anderen Rechtsvorschriften ergeben, unberührt.

(6) Ein Verstoß des Arbeitgebers gegen das Benachteiligungsverbot des § 7 Abs. 1 begründet keinen Anspruch auf Begründung eines Beschäftigungsverhältnisses, Berufsausbildungsverhältnisses oder einen beruflichen Aufstieg, es sei denn, ein solcher ergibt sich aus einem anderen Rechtsgrund.

§ 16 Maßregelungsverbot

(1) 1Der Arbeitgeber darf Beschäftigte nicht wegen der Inanspruchnahme von Rechten nach diesem Abschnitt oder wegen der Weigerung, eine gegen diesen Abschnitt verstoßende Anweisung auszuführen, benachteiligen. 2Gleiches gilt für Personen, die den Beschäftigten hierbei unterstützen oder als Zeuginnen oder Zeugen aussagen.

(2) 1Die Zurückweisung oder Duldung benachteiligender Verhaltensweisen durch betroffene Beschäftigte darf nicht als Grundlage für eine Entscheidung herangezogen werden, die diese Beschäftigten berührt. 2Absatz 1 Satz 2 gilt entsprechend.

(3) § 22 gilt entsprechend.

Unterabschnitt 4
Ergänzende Vorschriften

§ 17 Soziale Verantwortung der Beteiligten

(1) Tarifvertragsparteien, Arbeitgeber, Beschäftigte und deren Vertretungen sind aufgefordert, im Rahmen ihrer Aufgaben und Handlungsmöglichkeiten an der Verwirklichung des in § 1 genannten Ziels mitzuwirken.

(2) 1In Betrieben, in denen die Voraussetzungen des § 1 Abs. 1 Satz 1 des Betriebsverfassungsgesetzes vorliegen, können bei einem groben Verstoß des Arbeitgebers gegen Vorschriften aus diesem Abschnitt der Betriebsrat oder eine im Betrieb vertretene Gewerkschaft unter der Voraussetzung des § 23 Abs. 3 Satz 1 des Betriebsverfassungsgesetzes die dort genannten Rechte gerichtlich geltend machen; § 23 Abs. 3 Satz 2 bis 5 des Betriebsverfassungsgesetzes gilt entsprechend. 2Mit dem Antrag dürfen nicht Ansprüche des Benachteiligten geltend gemacht werden.

§ 18 Mitgliedschaft in Vereinigungen

(1) Die Vorschriften dieses Abschnitts gelten entsprechend für die Mitgliedschaft oder die Mitwirkung in einer

1. Tarifvertragspartei,
2. Vereinigung, deren Mitglieder einer bestimmten Berufsgruppe angehören oder die eine überragende Machtstellung im wirtschaftlichen oder sozialen Bereich innehat, wenn ein grundlegendes Interesse am Erwerb der Mitgliedschaft besteht,

sowie deren jeweiligen Zusammenschlüssen.

(2) Wenn die Ablehnung einen Verstoß gegen das Benachteiligungsverbot des § 7 Abs. 1 darstellt, besteht ein Anspruch auf Mitgliedschaft oder Mitwirkung in den in Absatz 1 genannten Vereinigungen.

Abschnitt 3 Schutz vor Benachteiligung im Zivilrechtsverkehr

§ 19 Zivilrechtliches Benachteiligungsverbot

(1) Eine Benachteiligung aus Gründen der Rasse oder wegen der ethnischen Herkunft, wegen des Geschlechts, der Religion, einer Behinderung, des Alters oder der sexuellen Identität bei der Begründung, Durchführung und Beendigung zivilrechtlicher Schuldverhältnisse, die

1. typischerweise ohne Ansehen der Person zu vergleichbaren Bedingungen in einer Vielzahl von Fällen zustande kommen (Massengeschäfte) oder bei denen das Ansehen der Person nach der Art des Schuldverhältnisses eine nachrangige Bedeutung hat und die zu vergleichbaren Bedingungen in einer Vielzahl von Fällen zustande kommen oder
2. eine privatrechtliche Versicherung zum Gegenstand haben,

ist unzulässig.

(2) Eine Benachteiligung aus Gründen der Rasse oder wegen der ethnischen Herkunft ist darüber hinaus auch bei der Begründung, Durchführung und Beendigung sonstiger zivilrechtlicher Schuldverhältnisse im Sinne des § 2 Abs. 1 Nr. 5 bis 8 unzulässig.

(3) Bei der Vermietung von Wohnraum ist eine unterschiedliche Behandlung im Hinblick auf die Schaffung und Erhaltung sozial stabiler Bewohnerstrukturen und ausgewogener Siedlungsstrukturen sowie ausgeglichener wirtschaftlicher, sozialer und kultureller Verhältnisse zulässig.

(4) Die Vorschriften dieses Abschnitts finden keine Anwendung auf familien- und erbrechtliche Schuldverhältnisse.

(5) 1Die Vorschriften dieses Abschnitts finden keine Anwendung auf zivilrechtliche Schuldverhältnisse, bei denen ein besonderes Nähe- oder Vertrauensverhältnis der Parteien oder ihrer Angehörigen begründet wird. 2Bei Mietverhältnissen kann dies insbesondere der Fall sein, wenn die Parteien oder ihre Angehörigen Wohnraum auf demselben Grundstück nutzen. 3Die Vermietung von Wohnraum zum nicht nur vorübergehenden Gebrauch ist in der Regel kein Geschäft im Sinne des Absatzes 1 Nr. 1, wenn der Vermieter insgesamt nicht mehr als 50 Wohnungen vermietet.

§ 20 Zulässige unterschiedliche Behandlung

(1) 1Eine Verletzung des Benachteiligungsverbots ist nicht gegeben, wenn für eine unterschiedliche Behandlung wegen der Religion, einer Behinderung, des Alters, der sexuellen Identität oder des Geschlechts ein sachlicher Grund vorliegt. 2Das kann insbesondere der Fall sein, wenn die unterschiedliche Behandlung

1. der Vermeidung von Gefahren, der Verhütung von Schäden oder anderen Zwecken vergleichbarer Art dient,
2. dem Bedürfnis nach Schutz der Intimsphäre oder der persönlichen Sicherheit Rechnung trägt,
3. besondere Vorteile gewährt und ein Interesse an der Durchsetzung der Gleichbehandlung fehlt,
4. an die Religion eines Menschen anknüpft und im Hinblick auf die Ausübung der Religionsfreiheit oder auf das Selbstbestim-

X

mungsrecht der Religionsgemeinschaften, der ihnen zugeordneten Einrichtungen ohne Rücksicht auf ihre Rechtsform sowie der Vereinigungen, die sich die gemeinschaftliche Pflege einer Religion zur Aufgabe machen, unter Beachtung des jeweiligen Selbstverständnisses gerechtfertigt ist.

(2) $_{1}$Kosten im Zusammenhang mit Schwangerschaft und Mutterschaft dürfen auf keinen Fall zu unterschiedlichen Prämien oder Leistungen führen. $_{2}$Eine unterschiedliche Behandlung wegen der Religion, einer Behinderung, des Alters oder der sexuellen Identität ist im Falle des § 19 Abs. 1 Nr. 2 nur zulässig, wenn diese auf anerkannten Prinzipien risikoadäquater Kalkulation beruht, insbesondere auf einer versicherungsmathematisch ermittelten Risikobewertung unter Heranziehung statistischer Erhebungen.

§ 21 Ansprüche

(1) $_{1}$Der Benachteiligte kann bei einem Verstoß gegen das Benachteiligungsverbot unbeschadet weiterer Ansprüche die Beseitigung der Beeinträchtigung verlangen. $_{2}$Sind weitere Beeinträchtigungen zu besorgen, so kann er auf Unterlassung klagen.

(2) $_{1}$Bei einer Verletzung des Benachteiligungsverbots ist der Benachteiligende verpflichtet, den hierdurch entstandenen Schaden zu ersetzen. $_{2}$Dies gilt nicht, wenn der Benachteiligende die Pflichtverletzung nicht zu vertreten hat. $_{3}$Wegen eines Schadens, der nicht Vermögensschaden ist, kann der Benachteiligte eine angemessene Entschädigung in Geld verlangen.

(3) Ansprüche aus unerlaubter Handlung bleiben unberührt.

(4) Auf eine Vereinbarung, die von dem Benachteiligungsverbot abweicht, kann sich der Benachteiligende nicht berufen.

(5) $_{1}$Ein Anspruch nach den Absätzen 1 und 2 muss innerhalb einer Frist von zwei Monaten geltend gemacht werden. $_{2}$Nach Ablauf der Frist kann der Anspruch nur geltend gemacht werden, wenn der Benachteiligte ohne Verschulden an der Einhaltung der Frist verhindert war.

Abschnitt 4
Rechtsschutz

§ 22 Beweislast

Wenn im Streitfall die eine Partei Indizien beweist, die eine Benachteiligung wegen eines in § 1 genannten Grundes vermuten lassen, trägt die andere Partei die Beweislast dafür, dass kein Verstoß gegen die Bestimmungen zum Schutz vor Benachteiligung vorgelegen hat.

§ 23 Unterstützung durch Antidiskriminierungsverbände

(1) $_{1}$Antidiskriminierungsverbände sind Personenzusammenschlüsse, die nicht gewerbsmäßig und nicht nur vorübergehend entsprechend ihrer Satzung die besonderen Interessen von benachteiligten Personen oder Personengruppen nach Maßgabe von § 1 wahrnehmen. $_{2}$Die Befugnisse nach den Absätzen 2 bis 4 stehen ihnen zu, wenn sie mindestens 75 Mitglieder haben oder einen Zusammenschluss aus mindestens sieben Verbänden bilden.

(2) $_{1}$Antidiskriminierungsverbände sind befugt, im Rahmen ihres Satzungszwecks in gerichtlichen Verfahren als Beistände Benachteiligter in der Verhandlung aufzutreten. $_{2}$Im Übrigen bleiben die Vorschriften der Verfahrensordnungen, insbesondere diejenigen, nach denen Beiständen weiterer Vortrag untersagt werden kann, unberührt.

(3) Antidiskriminierungsverbänden ist im Rahmen ihres Satzungszwecks die Besorgung von Rechtsangelegenheiten Benachteiligter gestattet.

(4) Besondere Klagerechte und Vertretungsbefugnisse von Verbänden zu Gunsten von behinderten Menschen bleiben unberührt.

Abschnitt 5
Sonderregelungen für öffentlich-rechtliche Dienstverhältnisse

§ 24 Sonderregelung für öffentlich-rechtliche Dienstverhältnisse

Die Vorschriften dieses Gesetzes gelten unter Berücksichtigung ihrer besonderen Rechtsstellung entsprechend für

1. Beamtinnen und Beamte des Bundes, der Länder, der Gemeinden, der Gemeindeverbände sowie der sonstigen der Aufsicht des Bundes oder eines Landes unterstehenden Körperschaften, Anstalten und Stiftungen des öffentlichen Rechts,
2. Richterinnen und Richter des Bundes und der Länder,
3. Zivildienstleistende sowie anerkannte Kriegsdienstverweigerer, soweit ihre Heranziehung zum Zivildienst betroffen ist.

Abschnitt 6
Antidiskriminierungsstelle des Bundes und Unabhängige Bundesbeauftragte oder Unabhängiger Bundesbeauftragter für Antidiskriminierung

§ 25 Antidiskriminierungsstelle des Bundes

(1) Beim Bundesministerium für Familie, Senioren, Frauen und Jugend wird unbeschadet der Zuständigkeit der Beauftragten des Deutschen Bundestages oder der Bundesregierung die Stelle des Bundes zum Schutz vor Benachteiligungen wegen eines in § 1 genannten Grundes (Antidiskriminierungsstelle des Bundes) errichtet.

(2) 1Der Antidiskriminierungsstelle des Bundes ist die für die Erfüllung ihrer Aufgaben notwendige Personal- und Sachausstattung zur Verfügung zu stellen. 2Sie ist im Einzelplan des Bundesministeriums für Familie, Senioren, Frauen und Jugend in einem eigenen Kapitel auszuweisen.

(3) Die Antidiskriminierungsstelle des Bundes wird von der oder dem Unabhängigen Bundesbeauftragten für Antidiskriminierung geleitet.

§ 26 Wahl der oder des Unabhängigen Bundesbeauftragten für Antidiskriminierung; Anforderungen

(1) Die oder der Unabhängige Bundesbeauftragte für Antidiskriminierung wird auf Vorschlag der Bundesregierung vom Deutschen Bundestag gewählt.

(2) Über den Vorschlag stimmt der Deutsche Bundestag ohne Aussprache ab.

(3) Die vorgeschlagene Person ist gewählt, wenn für sie mehr als die Hälfte der gesetzlichen Zahl der Mitglieder des Deutschen Bundestages gestimmt hat.

(4) 1Die oder der Unabhängige Bundesbeauftragte für Antidiskriminierung muss zur Erfüllung ihrer oder seiner Aufgaben und zur Ausübung ihrer oder seiner Befugnisse über die erforderliche Qualifikation, Erfahrung und Sachkunde insbesondere im Bereich der Antidiskriminierung verfügen. 2Insbesondere muss sie oder er über durch einschlägige Berufserfahrung erworbene Kenntnisse des Antidiskriminierungsrechts verfügen und die Befähigung für die Laufbahn des höheren nichttechnischen Verwaltungsdienstes des Bundes haben.

§ 26a Rechtsstellung der oder des Unabhängigen Bundesbeauftragten für Antidiskriminierung

(1) 1Die oder der Unabhängige Bundesbeauftragte für Antidiskriminierung steht nach Maßgabe dieses Gesetzes in einem öffentlich-rechtlichen Amtsverhältnis zum Bund. 2Sie oder er ist bei der Ausübung ihres oder seines Amtes unabhängig und nur dem Gesetz unterworfen.

(2) Die oder der Unabhängige Bundesbeauftragte für Antidiskriminierung untersteht der Rechtsaufsicht der Bundesregierung.

§ 26b Amtszeit der oder des Unabhängigen Bundesbeauftragten für Antidiskriminierung

(1) Die Amtszeit der oder des Unabhängigen Bundesbeauftragten für Antidiskriminierung beträgt fünf Jahre.

(2) Eine einmalige Wiederwahl ist zulässig.

(3) Kommt vor Ende des Amtsverhältnisses eine Neuwahl nicht zustande, so führt die oder der bisherige Unabhängige Bundesbeauftragte für Antidiskriminierung auf Ersuchen der Bundespräsidentin oder des Bundespräsidenten die Geschäfte bis zur Neuwahl fort.

§ 26c Beginn und Ende des Amtsverhältnisses der oder des Unabhängigen Bundesbeauftragten für Antidiskriminierung; Amtseid

(1) $_{1}$Die oder der nach § 26 Gewählte ist von der Bundespräsidentin oder dem Bundespräsidenten zu ernennen. $_{2}$Das Amtsverhältnis der oder des Unabhängigen Bundesbeauftragten für Antidiskriminierung beginnt mit der Aushändigung der Ernennungsurkunde.

(2) $_{1}$Die oder der Unabhängige Bundesbeauftragte für Antidiskriminierung leistet vor der Bundespräsidentin oder dem Bundespräsidenten folgenden Eid: „Ich schwöre, dass ich meine Kraft dem Wohl des deutschen Volkes widmen, seinen Nutzen mehren, Schaden von ihm wenden, das Grundgesetz und die Gesetze des Bundes wahren und verteidigen, meine Pflichten gewissenhaft erfüllen und Gerechtigkeit gegen jedermann üben werde. So wahr mir Gott helfe." $_{2}$Der Eid kann auch ohne religiöse Beteuerung geleistet werden.

(3) Das Amtsverhältnis endet

1. regulär mit dem Ablauf der Amtszeit oder
2. wenn die oder der Unabhängige Bundesbeauftragte für Antidiskriminierung vorzeitig aus dem Amt entlassen wird.

(4) $_{1}$Entlassen wird die oder der Unabhängige Bundesbeauftragte für Antidiskriminierung

1. auf eigenes Verlangen oder
2. auf Vorschlag der Bundesregierung, wenn die oder der Unabhängige Bundesbeauftragte für Antidiskriminierung eine schwere Verfehlung begangen hat oder die Voraussetzungen für die Wahrnehmung ihrer oder seiner Aufgaben nicht mehr erfüllt.

$_{2}$Die Entlassung erfolgt durch die Bundespräsidentin oder den Bundespräsidenten.

(5) $_{1}$Im Fall der Beendigung des Amtsverhältnisses vollzieht die Bundespräsidentin oder der Bundespräsident eine Urkunde. $_{2}$Die Entlassung wird mit der Aushändigung der Urkunde wirksam.

§ 26d Unerlaubte Handlungen und Tätigkeiten der oder des Unabhängigen Bundesbeauftragten für Antidiskriminierung

(1) Die oder der Unabhängige Bundesbeauftragte für Antidiskriminierung darf keine Handlungen vornehmen, die mit den Aufgaben des Amtes nicht zu vereinbaren sind.

(2) $_{1}$Die oder der Unabhängige Bundesbeauftragte für Antidiskriminierung darf während der Amtszeit und während einer anschließenden Geschäftsführung keine anderen Tätigkeiten ausüben, die mit dem Amt nicht zu vereinbaren sind, unabhängig davon, ob es entgeltliche oder unentgeltliche Tätigkeiten sind. $_{2}$Insbesondere darf sie oder er

1. kein besoldetes Amt, kein Gewerbe und keinen Beruf ausüben,
2. nicht dem Vorstand, Aufsichtsrat oder Verwaltungsrat eines auf Erwerb gerichteten Unternehmens, nicht einer Regierung oder einer gesetzgebenden Körperschaft des Bundes oder eines Landes angehören und
3. nicht gegen Entgelt außergerichtliche Gutachten abgeben.

§ 26e Verschwiegenheitspflicht der oder des Unabhängigen Bundesbeauftragten für Antidiskriminierung

(1) $_{1}$Die oder der Unabhängige Bundesbeauftragte für Antidiskriminierung ist verpflichtet, über die Angelegenheiten, die ihr oder ihm im Amt oder während einer anschließenden Geschäftsführung bekannt werden, Verschwiegenheit zu bewahren. $_{2}$Dies gilt nicht für Mitteilungen im dienstlichen Verkehr oder für Tatsachen, die offenkundig sind oder ihrer Bedeutung nach keiner Geheimhaltung bedürfen. $_{3}$Die oder der Unabhängige Bundesbeauftragte für Antidiskriminierung entscheidet nach pflichtgemäßem Ermessen, ob und inwieweit sie oder er über solche Angelegenheiten vor Gericht oder außergerichtlich aussagt oder Erklärungen abgibt.

(2) $_{1}$Die Pflicht zur Verschwiegenheit gilt auch nach Beendigung des Amtsverhältnisses oder nach Beendigung einer anschließenden Geschäftsführung. $_{2}$In Angelegenheiten, für die die Pflicht zur Verschwiegenheit gilt, darf vor

Gericht oder außergerichtlich nur ausgesagt werden und dürfen Erklärungen nur abgegeben werden, wenn dies die oder der amtierende Unabhängige Bundesbeauftragte für Antidiskriminierung genehmigt hat.

(3) Unberührt bleibt die Pflicht, bei einer Gefährdung der freiheitlichen demokratischen Grundordnung für deren Erhaltung einzutreten und die gesetzlich begründete Pflicht, Straftaten anzuzeigen.

§ 26f Zeugnisverweigerungsrecht der oder des Unabhängigen Bundesbeauftragten für Antidiskriminierung

(1) $_1$Die oder der Unabhängige Bundesbeauftragte für Antidiskriminierung ist berechtigt, über Personen, die ihr oder ihm in ihrer oder seiner Eigenschaft als Leitung der Antidiskriminierungsstelle des Bundes Tatsachen anvertraut haben, sowie über diese Tatsachen selbst das Zeugnis zu verweigern. $_2$Soweit das Zeugnisverweigerungsrecht der oder des Unabhängigen Bundesbeauftragten für Antidiskriminierung reicht, darf von ihr oder ihm nicht gefordert werden, Akten oder andere Dokumente vorzulegen oder herauszugeben.

(2) Das Zeugnisverweigerungsrecht gilt auch für die der oder dem Unabhängigen Bundesbeauftragten für Antidiskriminierung zugewiesenen Beschäftigten mit der Maßgabe, dass über die Ausübung dieses Rechts die oder der Unabhängige Bundesbeauftragte für Antidiskriminierung entscheidet.

§ 26g Anspruch der oder des Unabhängigen Bundesbeauftragten für Antidiskriminierung auf Amtsbezüge, Versorgung und auf andere Leistungen

(1) Die oder der Unabhängige Bundesbeauftragte für Antidiskriminierung erhält Amtsbezüge entsprechend dem Grundgehalt der Besoldungsgruppe B 6 und den Familienzuschlag entsprechend den §§ 39 bis 41 des Bundesbesoldungsgesetzes.

(2) $_1$Der Anspruch auf die Amtsbezüge besteht für die Zeit vom ersten Tag des Monats, in dem das Amtsverhältnis beginnt, bis zum letzten Tag des Monats, in dem das Amtsverhältnis endet. $_2$Werden die Geschäfte über das Ende des Amtsverhältnisses hinaus noch bis zur Neuwahl weitergeführt, so besteht der Anspruch für die Zeit bis zum letzten Tag des Monats, in dem die Geschäftsführung endet. $_3$Bezieht die oder der Unabhängige Bundesbeauftragte für Antidiskriminierung für einen Zeitraum, für den sie oder er Amtsbezüge erhält, ein Einkommen aus einer Verwendung im öffentlichen Dienst, so ruht der Anspruch auf dieses Einkommen bis zur Höhe der Amtsbezüge. $_4$Die Amtsbezüge werden monatlich im Voraus gezahlt.

(3) $_1$Für Ansprüche auf Beihilfe und Versorgung gelten § 12 Absatz 6, die §§ 13 bis 18 und 20 des Bundesministergesetzes entsprechend mit der Maßgabe, dass an die Stelle der vierjährigen Amtszeit in § 15 Absatz 1 des Bundesministergesetzes eine Amtszeit als Unabhängige Bundesbeauftragte oder Unabhängiger Bundesbeauftragter für Antidiskriminierung von fünf Jahren tritt. $_2$Ein Anspruch auf Übergangsgeld besteht längstens bis zum Ablauf des Monats, in dem die für Bundesbeamtinnen und Bundesbeamte geltende Regelaltersgrenze nach § 51 Absatz 1 und 2 des Bundesbeamtengesetzes vollendet wird. $_3$Ist § 18 Absatz 2 des Bundesministergesetzes nicht anzuwenden, weil das Beamtenverhältnis einer Bundesbeamtin oder eines Bundesbeamten nach Beendigung des Amtsverhältnisses als Unabhängige Bundesbeauftragte oder Unabhängiger Bundesbeauftragter für Antidiskriminierung fortgesetzt wird, dann ist die Amtszeit als Unabhängige Bundesbeauftragte oder Unabhängiger Bundesbeauftragter für Antidiskriminierung bei der wegen Eintritt oder Versetzung der Bundesbeamtin oder des Bundesbeamten in den Ruhestand durchzuführenden Festsetzung des Ruhegehalts als ruhegehaltfähige Dienstzeit zu berücksichtigen.

(4) Die oder der Unabhängige Bundesbeauftragte für Antidiskriminierung erhält Reisekostenvergütung und Umzugskostenvergütung entsprechend den für Bundesbeamtinnen und Bundesbeamte geltenden Vorschriften.

§ 26h Verwendung der Geschenke an die Unabhängige Bundesbeauftragte oder den Unabhängigen Bundesbeauftragten für Antidiskriminierung

(1) Erhält die oder der Unabhängige Bundesbeauftragte für Antidiskriminierung ein Geschenk in Bezug auf das Amt, so muss sie oder er dies der Präsidentin oder dem Präsidenten des Deutschen Bundestages mitteilen.

(2) $_{1}$Die Präsidentin oder der Präsident des Deutschen Bundestages entscheidet über die Verwendung des Geschenks. $_{2}$Sie oder er kann Verfahrensvorschriften erlassen.

§ 26i Berufsbeschränkung

$_{1}$Die oder der Unabhängige Bundesbeauftragte für Antidiskriminierung ist verpflichtet, eine beabsichtigte Erwerbstätigkeit oder sonstige entgeltliche Beschäftigung außerhalb des öffentlichen Dienstes, die innerhalb der ersten 18 Monate nach dem Ende der Amtszeit oder einer anschließenden Geschäftsführung aufgenommen werden soll, schriftlich oder elektronisch gegenüber der Präsidentin oder dem Präsidenten des Deutschen Bundestages anzuzeigen. $_{2}$Die Präsidentin oder der Präsident des Deutschen Bundestages kann der oder dem Unabhängigen Bundesbeauftragten für Antidiskriminierung die beabsichtigte Erwerbstätigkeit oder sonstige entgeltliche Beschäftigung untersagen, soweit zu besorgen ist, dass öffentliche Interessen beeinträchtigt werden. $_{3}$Von einer Beeinträchtigung ist insbesondere dann auszugehen, wenn die beabsichtigte Erwerbstätigkeit oder sonstige entgeltliche Beschäftigung in Angelegenheiten oder Bereichen ausgeführt werden soll, in denen die oder der Unabhängige Bundesbeauftragte für Antidiskriminierung während der Amtszeit oder einer anschließenden Geschäftsführung tätig war. $_{4}$Eine Untersagung soll in der Regel die Dauer von einem Jahr nach dem Ende der Amtszeit oder einer anschließenden Geschäftsführung nicht überschreiten. $_{5}$In Fällen der schweren Beeinträchtigung öffentlicher Interessen kann eine Untersagung auch für die Dauer von bis zu 18 Monaten ausgesprochen werden.

§ 27 Aufgaben der Antidiskriminierungsstelle des Bundes

(1) $_{1}$Wer der Ansicht ist, wegen eines in § 1 genannten Grundes benachteiligt worden zu sein, kann sich an die Antidiskriminierungsstelle des Bundes wenden. $_{2}$An die Antidiskriminierungsstelle des Bundes können sich auch Beschäftigte wenden, die der Ansicht sind, benachteiligt worden zu sein auf Grund

1. der Beantragung oder Inanspruchnahme einer Freistellung von der Arbeitsleistung oder der Anpassung der Arbeitszeit als Eltern oder pflegende Angehörige nach dem Bundeselterngeld- und Elternzeitgesetz, dem Pflegezeitgesetz oder dem Familienpflegezeitgesetz,
2. des Fernbleibens von der Arbeit nach § 2 des Pflegezeitgesetzes oder
3. der Verweigerung ihrer persönlich zu erbringenden Arbeitsleistung aus dringenden familiären Gründen nach § 275 Absatz 3 des Bürgerlichen Gesetzbuchs, wenn eine Erkrankung oder ein Unfall ihre unmittelbare Anwesenheit erforderten.

(2) $_{1}$Die Antidiskriminierungsstelle des Bundes unterstützt auf unabhängige Weise Personen, die sich nach Absatz 1 an sie wenden, bei der Durchsetzung ihrer Rechte zum Schutz vor Benachteiligungen. $_{2}$Hierbei kann sie insbesondere

1. über Ansprüche und die Möglichkeiten des rechtlichen Vorgehens im Rahmen gesetzlicher Regelungen zum Schutz vor Benachteiligungen informieren,
2. Beratung durch andere Stellen vermitteln,
3. eine gütliche Beilegung zwischen den Beteiligten anstreben.

$_{3}$Soweit Beauftragte des Deutschen Bundestages oder der Bundesregierung zuständig sind, leitet die Antidiskriminierungsstelle des Bundes die Anliegen der in Absatz 1 genannten Personen mit deren Einverständnis unverzüglich an diese weiter.

(3) Die Antidiskriminierungsstelle des Bundes nimmt auf unabhängige Weise folgende Aufgaben wahr, soweit nicht die Zuständigkeit der Beauftragten der Bundesregierung oder des Deutschen Bundestages berührt ist:

1. Öffentlichkeitsarbeit,
2. Maßnahmen zur Verhinderung von Benachteiligungen aus den in § 1 genannten Gründen sowie von Benachteiligungen von Beschäftigten gemäß Absatz 1 Satz 2,
3. Durchführung wissenschaftlicher Untersuchungen zu diesen Benachteiligungen.

(4) 1Die Antidiskriminierungsstelle des Bundes und die in ihrem Zuständigkeitsbereich betroffenen Beauftragten der Bundesregierung und des Deutschen Bundestages legen gemeinsam dem Deutschen Bundestag alle vier Jahre Berichte über Benachteiligungen aus den in § 1 genannten Gründen sowie über Benachteiligungen von Beschäftigten gemäß Absatz 1 Satz 2 vor und geben Empfehlungen zur Beseitigung und Vermeidung dieser Benachteiligungen. 2Sie können gemeinsam wissenschaftliche Untersuchungen zu Benachteiligungen durchführen.

(5) Die Antidiskriminierungsstelle des Bundes und die in ihrem Zuständigkeitsbereich betroffenen Beauftragten der Bundesregierung und des Deutschen Bundestages sollen bei Benachteiligungen aus mehreren der in § 1 genannten Gründe zusammenarbeiten.

§ 28 Amtsbefugnisse der oder des Unabhängigen Bundesbeauftragten für Antidiskriminierung und Pflicht zur Unterstützung durch Bundesbehörden und öffentliche Stellen des Bundes

(1) 1Die oder der Unabhängige Bundesbeauftragte für Antidiskriminierung ist bei allen Vorhaben, die ihre oder seine Aufgaben berühren, zu beteiligen. 2Die Beteiligung soll möglichst frühzeitig erfolgen. 3Sie oder er kann der Bundesregierung Vorschläge machen und Stellungnahmen zuleiten.

(2) Die oder der Unabhängige Bundesbeauftragte für Antidiskriminierung informiert die Bundesministerien – vorbehaltlich anderweitiger gesetzlicher Bestimmungen – frühzeitig in Angelegenheiten von grundsätzlicher politischer Bedeutung, soweit Aufgaben der Bundesministerien betroffen sind.

(3) In den Fällen, in denen sich eine Person wegen einer Benachteiligung an die Antidiskriminierungsstelle des Bundes gewandt hat und die Antidiskriminierungsstelle des Bundes die gütliche Beilegung zwischen den Beteiligten anstrebt, kann die oder der Unabhängige Bundesbeauftragte für Antidiskriminierung Beteiligte um Stellungnahmen ersuchen, soweit die Person, die sich an die Antidiskriminierungsstelle des Bundes gewandt hat, hierzu ihr Einverständnis erklärt.

(4) Alle Bundesministerien, sonstigen Bundesbehörden und öffentlichen Stellen im Bereich des Bundes sind verpflichtet, die Unabhängige Bundesbeauftragte oder den Unabhängigen Bundesbeauftragten für Antidiskriminierung bei der Erfüllung der Aufgaben zu unterstützen, insbesondere die erforderlichen Auskünfte zu erteilen.

§ 29 Zusammenarbeit der Antidiskriminierungsstelle des Bundes mit Nichtregierungsorganisationen und anderen Einrichtungen

Die Antidiskriminierungsstelle des Bundes soll bei ihrer Tätigkeit Nichtregierungsorganisationen sowie Einrichtungen, die auf europäischer, Bundes-, Landes- oder regionaler Ebene zum Schutz vor Benachteiligungen wegen eines in § 1 genannten Grundes tätig sind, in geeigneter Form einbeziehen.

§ 30 Beirat der Antidiskriminierungsstelle des Bundes

(1) 1Zur Förderung des Dialogs mit gesellschaftlichen Gruppen und Organisationen, die sich den Schutz vor Benachteiligungen wegen eines in § 1 genannten Grundes zum Ziel gesetzt haben, wird der Antidiskriminierungsstelle des Bundes ein Beirat beigeordnet. 2Der Beirat berät die Antidiskriminierungsstelle des Bundes bei der Vorlage von Berichten und Empfehlungen an den Deutschen Bundestag nach § 27 Abs. 4 und kann hierzu sowie zu wissenschaftlichen Untersuchungen nach § 27 Abs. 3 Nr. 3 eigene Vorschläge unterbreiten.

(2) 1Das Bundesministerium für Familie, Senioren, Frauen und Jugend beruft im Einvernehmen mit der oder dem Unabhängigen Bundesbeauftragten für Antidiskriminierung

sowie den entsprechend zuständigen Beauftragten der Bundesregierung oder des Deutschen Bundestages die Mitglieder dieses Beirats und für jedes Mitglied eine Stellvertretung. $_{2}$In den Beirat sollen Vertreterinnen und Vertreter gesellschaftlicher Gruppen und Organisationen sowie Expertinnen und Experten in Benachteiligungsfragen berufen werden. $_{3}$Die Gesamtzahl der Mitglieder des Beirats soll 16 Personen nicht überschreiten. $_{4}$Der Beirat soll zu gleichen Teilen mit Frauen und Männern besetzt sein.

(3) Der Beirat gibt sich eine Geschäftsordnung, die der Zustimmung des Bundesministeriums für Familie, Senioren, Frauen und Jugend bedarf.

(4) $_{1}$Die Mitglieder des Beirats üben die Tätigkeit nach diesem Gesetz ehrenamtlich aus. $_{2}$Sie haben Anspruch auf Aufwandsentschädigung sowie Reisekostenvergütung, Tagegelder und Übernachtungsgelder. $_{3}$Näheres regelt die Geschäftsordnung.

Abschnitt 7
Schlussvorschriften

§ 31 Unabdingbarkeit

Von den Vorschriften dieses Gesetzes kann nicht zu Ungunsten der geschützten Personen abgewichen werden.

§ 32 Schlussbestimmung

Soweit in diesem Gesetz nicht Abweichendes bestimmt ist, gelten die allgemeinen Bestimmungen.

§ 33 Übergangsbestimmungen

(1) Bei Benachteiligungen nach den §§ 611a, 611b und 612 Abs. 3 des Bürgerlichen Gesetzbuchs oder sexuellen Belästigungen nach dem Beschäftigtenschutzgesetz ist das vor dem 18. August 2006 maßgebliche Recht anzuwenden.

(2) $_{1}$Bei Benachteiligungen aus Gründen der Rasse oder wegen der ethnischen Herkunft sind die §§ 19 bis 21 nicht auf Schuldverhältnisse anzuwenden, die vor dem 18. August 2006 begründet worden sind. $_{2}$Satz 1 gilt nicht für spätere Änderungen von Dauerschuldverhältnissen.

(3) $_{1}$Bei Benachteiligungen wegen des Geschlechts, der Religion, einer Behinderung, des Alters oder der sexuellen Identität sind die §§ 19 bis 21 nicht auf Schuldverhältnisse anzuwenden, die vor dem 1. Dezember 2006 begründet worden sind. $_{2}$Satz 1 gilt nicht für spätere Änderungen von Dauerschuldverhältnissen.

(4) $_{1}$Auf Schuldverhältnisse, die eine privatrechtliche Versicherung zum Gegenstand haben, ist § 19 Abs. 1 nicht anzuwenden, wenn diese vor dem 22. Dezember 2007 begründet worden sind. $_{2}$Satz 1 gilt nicht für spätere Änderungen solcher Schuldverhältnisse.

(5) $_{1}$Bei Versicherungsverhältnissen, die vor dem 21. Dezember 2012 begründet werden, ist eine unterschiedliche Behandlung wegen des Geschlechts im Falle des § 19 Absatz 1 Nummer 2 bei den Prämien oder Leistungen nur zulässig, wenn dessen Berücksichtigung bei einer auf relevanten und genauen versicherungsmathematischen und statistischen Daten beruhenden Risikobewertung ein bestimmender Faktor ist. $_{2}$Kosten im Zusammenhang mit Schwangerschaft und Mutterschaft dürfen auf keinen Fall zu unterschiedlichen Prämien oder Leistungen führen.

Gesetz über die Durchführung von Maßnahmen des Arbeitsschutzes zur Verbesserung der Sicherheit und des Gesundheitsschutzes der Beschäftigten bei der Arbeit (Arbeitsschutzgesetz – ArbSchG)

Vom 7. August 1996 (BGBl. I S. 1246)

Zuletzt geändert durch
Gesetz zur Modernisierung und Digitalisierung der Schwarzarbeitsbekämpfung
vom 22. Dezember 2025 (BGBl. I Nr. 369)

Erster Abschnitt
Allgemeine Vorschriften

§ 1 Zielsetzung und Anwendungsbereich

(1) 1Dieses Gesetz dient dazu, Sicherheit und Gesundheitsschutz der Beschäftigten bei der Arbeit durch Maßnahmen des Arbeitsschutzes zu sichern und zu verbessern. 2Es gilt in allen Tätigkeitsbereichen und findet im Rahmen der Vorgaben des Seerechtsübereinkommens der Vereinten Nationen vom 10. Dezember 1982 (BGBl. 1994 II S. 1799) auch in der ausschließlichen Wirtschaftszone Anwendung.

(2) 1Dieses Gesetz gilt nicht für den Arbeitsschutz von Hausangestellten in privaten Haushalten. 2Es gilt nicht für den Arbeitsschutz von Beschäftigten auf Seeschiffen und in Betrieben, die dem Bundesberggesetz unterliegen, soweit dafür entsprechende Rechtsvorschriften bestehen.

(3) 1Pflichten, die die Arbeitgeber zur Gewährleistung von Sicherheit und Gesundheitsschutz der Beschäftigten bei der Arbeit nach sonstigen Rechtsvorschriften haben, bleiben unberührt. 2Satz 1 gilt entsprechend für Pflichten und Rechte der Beschäftigten. 3Unberührt bleiben Gesetze, die andere Personen als Arbeitgeber zu Maßnahmen des Arbeitsschutzes verpflichten.

(4) Bei öffentlich-rechtlichen Religionsgemeinschaften treten an die Stelle der Betriebs- oder Personalräte die Mitarbeitervertretungen entsprechend dem kirchlichen Recht.

§ 2 Begriffsbestimmungen

(1) Maßnahmen des Arbeitsschutzes im Sinne dieses Gesetzes sind Maßnahmen zur Verhütung von Unfällen bei der Arbeit und arbeitsbedingten Gesundheitsgefahren einschließlich Maßnahmen der menschengerechten Gestaltung der Arbeit.

(2) Beschäftigte im Sinne dieses Gesetzes sind:

1. Arbeitnehmerinnen und Arbeitnehmer,
2. die zu ihrer Berufsbildung Beschäftigten,
3. arbeitnehmerähnliche Personen im Sinne des § 5 Abs. 1 des Arbeitsgerichtsgesetzes, ausgenommen die in Heimarbeit Beschäftigten und die ihnen Gleichgestellten,
4. Beamtinnen und Beamte,
5. Richterinnen und Richter,
6. Soldatinnen und Soldaten,
7. die in Werkstätten für Behinderte Beschäftigten.

(3) Arbeitgeber im Sinne dieses Gesetzes sind natürliche und juristische Personen und rechtsfähige Personengesellschaften, die Personen nach Absatz 2 beschäftigen.

(4) Sonstige Rechtsvorschriften im Sinne dieses Gesetzes sind Regelungen über Maßnahmen des Arbeitsschutzes in anderen Gesetzen, in Rechtsverordnungen und Unfallverhütungsvorschriften.

(5) 1Als Betriebe im Sinne dieses Gesetzes gelten für den Bereich des öffentlichen Dienstes die Dienststellen. 2Dienststellen sind die einzelnen Behörden, Verwaltungsstellen und Betriebe der Verwaltungen des Bundes, der Länder, der Gemeinden und der sonstigen Körperschaften, Anstalten und Stiftungen des öffentlichen Rechts, die Gerichte des Bundes und der Länder sowie die entsprechenden Einrichtungen der Streitkräfte.

Zweiter Abschnitt
Pflichten des Arbeitgebers

§ 3 Grundpflichten des Arbeitgebers

(1) 1Der Arbeitgeber ist verpflichtet, die erforderlichen Maßnahmen des Arbeitsschutzes unter Berücksichtigung der Umstände zu treffen, die Sicherheit und Gesundheit der Beschäftigten bei der Arbeit beeinflussen. 2Er hat die Maßnahmen auf ihre Wirksamkeit zu überprüfen und erforderlichenfalls sich ändernden Gegebenheiten anzupassen. 3Dabei hat er eine Verbesserung von Sicherheit und Gesundheitsschutz der Beschäftigten anzustreben.

(2) Zur Planung und Durchführung der Maßnahmen nach Absatz 1 hat der Arbeitgeber unter Berücksichtigung der Art der Tätigkeiten und der Zahl der Beschäftigten

1. für eine geeignete Organisation zu sorgen und die erforderlichen Mittel bereitzustellen sowie
2. Vorkehrungen zu treffen, daß die Maßnahmen erforderlichenfalls bei allen Tätigkeiten und eingebunden in die betrieblichen Führungsstrukturen beachtet werden und die Beschäftigten ihren Mitwirkungspflichten nachkommen können.

(3) Kosten für Maßnahmen nach diesem Gesetz darf der Arbeitgeber nicht den Beschäftigten auferlegen.

§ 4 Allgemeine Grundsätze

Der Arbeitgeber hat bei Maßnahmen des Arbeitsschutzes von folgenden allgemeinen Grundsätzen auszugehen:

1. Die Arbeit ist so zu gestalten, daß eine Gefährdung für das Leben sowie die physische und die psychische Gesundheit möglichst vermieden und die verbleibende Gefährdung möglichst gering gehalten wird;
2. Gefahren sind an ihrer Quelle zu bekämpfen;
3. bei den Maßnahmen sind der Stand von Technik, Arbeitsmedizin und Hygiene sowie sonstige gesicherte arbeitswissenschaftliche Erkenntnisse zu berücksichtigen;
4. Maßnahmen sind mit dem Ziel zu planen, Technik, Arbeitsorganisation, sonstige Arbeitsbedingungen, soziale Beziehungen und Einfluß der Umwelt auf den Arbeitsplatz sachgerecht zu verknüpfen;
5. individuelle Schutzmaßnahmen sind nachrangig zu anderen Maßnahmen;
6. spezielle Gefahren für besonders schutzbedürftige Beschäftigtengruppen sind zu berücksichtigen;
7. den Beschäftigten sind geeignete Anweisungen zu erteilen;
8. mittelbar oder unmittelbar geschlechtsspezifisch wirkende Regelungen sind nur zulässig, wenn dies aus biologischen Gründen zwingend geboten ist.

§ 5 Beurteilung der Arbeitsbedingungen

(1) Der Arbeitgeber hat durch eine Beurteilung der für die Beschäftigten mit ihrer Arbeit verbundenen Gefährdung zu ermitteln, welche Maßnahmen des Arbeitsschutzes erforderlich sind.

(2) 1Der Arbeitgeber hat die Beurteilung je nach Art der Tätigkeiten vorzunehmen. 2Bei gleichartigen Arbeitsbedingungen ist die Beurteilung eines Arbeitsplatzes oder einer Tätigkeit ausreichend.

(3) Eine Gefährdung kann sich insbesondere ergeben durch

1. die Gestaltung und die Einrichtung der Arbeitsstätte und des Arbeitsplatzes,
2. physikalische, chemische und biologische Einwirkungen,
3. die Gestaltung, die Auswahl und den Einsatz von Arbeitsmitteln, insbesondere von Arbeitsstoffen, Maschinen, Geräten und Anlagen sowie den Umgang damit,
4. die Gestaltung von Arbeits- und Fertigungsverfahren, Arbeitsabläufen und Arbeitszeit und deren Zusammenwirken,
5. unzureichende Qualifikation und Unterweisung der Beschäftigten,
6. psychische Belastungen bei der Arbeit.

§ 6 Dokumentation

(1) 1Der Arbeitgeber muß über die je nach Art der Tätigkeiten und der Zahl der Beschäftigten erforderlichen Unterlagen verfügen, aus denen das Ergebnis der Gefährdungsbeurtei-

lung, die von ihm festgelegten Maßnahmen des Arbeitsschutzes und das Ergebnis ihrer Überprüfung ersichtlich sind. $_{2}$Bei gleichartiger Gefährdungssituation ist es ausreichend, wenn die Unterlagen zusammengefaßte Angaben enthalten.

(2) Unfälle in seinem Betrieb, bei denen ein Beschäftigter getötet oder so verletzt wird, daß er stirbt oder für mehr als drei Tage völlig oder teilweise arbeits- oder dienstunfähig wird, hat der Arbeitgeber zu erfassen.

§ 7 Übertragung von Aufgaben

Bei der Übertragung von Aufgaben auf Beschäftigte hat der Arbeitgeber je nach Art der Tätigkeiten zu berücksichtigen, ob die Beschäftigten befähigt sind, die für die Sicherheit und den Gesundheitsschutz bei der Aufgabenerfüllung zu beachtenden Bestimmungen und Maßnahmen einzuhalten.

§ 8 Zusammenarbeit mehrerer Arbeitgeber

(1) $_{1}$Werden Beschäftigte mehrerer Arbeitgeber an einem Arbeitsplatz tätig, sind die Arbeitgeber verpflichtet, bei der Durchführung der Sicherheits- und Gesundheitsschutzbestimmungen zusammenzuarbeiten. $_{2}$Soweit dies für die Sicherheit und den Gesundheitsschutz der Beschäftigten bei der Arbeit erforderlich ist, haben die Arbeitgeber je nach Art der Tätigkeiten insbesondere sich gegenseitig und ihre Beschäftigten über die mit den Arbeiten verbundenen Gefahren für Sicherheit und Gesundheit der Beschäftigten zu unterrichten und Maßnahmen zur Verhütung dieser Gefahren abzustimmen.

(2) Der Arbeitgeber muß sich je nach Art der Tätigkeit vergewissern, daß die Beschäftigten anderer Arbeitgeber, die in seinem Betrieb tätig werden, hinsichtlich der Gefahren für ihre Sicherheit und Gesundheit während ihrer Tätigkeit in seinem Betrieb angemessene Anweisungen erhalten haben.

§ 9 Besondere Gefahren

(1) Der Arbeitgeber hat Maßnahmen zu treffen, damit nur Beschäftigte Zugang zu besonders gefährlichen Arbeitsbereichen haben, die zuvor geeignete Anweisungen erhalten haben.

(2) $_{1}$Der Arbeitgeber hat Vorkehrungen zu treffen, daß alle Beschäftigten, die einer unmittelbaren erheblichen Gefahr ausgesetzt sind oder sein können, möglichst frühzeitig über diese Gefahr und die getroffenen oder zu treffenden Schutzmaßnahmen unterrichtet sind. $_{2}$Bei unmittelbarer erheblicher Gefahr für die eigene Sicherheit oder die Sicherheit anderer Personen müssen die Beschäftigten die geeigneten Maßnahmen zur Gefahrenabwehr und Schadensbegrenzung selbst treffen können, wenn der zuständige Vorgesetzte nicht erreichbar ist; dabei sind die Kenntnisse der Beschäftigten und die vorhandenen technischen Mittel zu berücksichtigen. $_{3}$Den Beschäftigten dürfen aus ihrem Handeln keine Nachteile entstehen, es sei denn, sie haben vorsätzlich oder grob fahrlässig ungeeignete Maßnahmen getroffen.

(3) $_{1}$Der Arbeitgeber hat Maßnahmen zu treffen, die es den Beschäftigten bei unmittelbarer erheblicher Gefahr ermöglichen, sich durch sofortiges Verlassen der Arbeitsplätze in Sicherheit zu bringen. $_{2}$Den Beschäftigten dürfen hierdurch keine Nachteile entstehen. $_{3}$Hält die unmittelbare erhebliche Gefahr an, darf der Arbeitgeber die Beschäftigten nur in besonders begründeten Ausnahmefällen auffordern, ihre Tätigkeit wieder aufzunehmen. $_{4}$Gesetzliche Pflichten der Beschäftigten zur Abwehr von Gefahren für die öffentliche Sicherheit sowie die §§ 7 und 11 des Soldatengesetzes bleiben unberührt.

§ 10 Erste Hilfe und sonstige Notfallmaßnahmen

(1) $_{1}$Der Arbeitgeber hat entsprechend der Art der Arbeitsstätte und der Tätigkeiten sowie der Zahl der Beschäftigten die Maßnahmen zu treffen, die zur Ersten Hilfe, Brandbekämpfung und Evakuierung der Beschäftigten erforderlich sind. $_{2}$Dabei hat er der Anwesenheit anderer Personen Rechnung zu tragen. $_{3}$Er hat auch dafür zu sorgen, daß im Notfall die erforderlichen Verbindungen zu außerbetrieblichen Stellen, insbesondere in den Bereichen der Ersten Hilfe, der medizinischen Notversorgung, der Bergung und der Brandbekämpfung eingerichtet sind.

(2) 1Der Arbeitgeber hat diejenigen Beschäftigten zu benennen, die Aufgaben der Ersten Hilfe, Brandbekämpfung und Evakuierung der Beschäftigten übernehmen. 2Anzahl, Ausbildung und Ausrüstung der nach Satz 1 benannten Beschäftigten müssen in einem angemessenen Verhältnis zur Zahl der Beschäftigten und zu den bestehenden besonderen Gefahren stehen. 3Vor der Benennung hat der Arbeitgeber den Betriebs- oder Personalrat zu hören. 4Weitergehende Beteiligungsrechte bleiben unberührt. 5Der Arbeitgeber kann die in Satz 1 genannten Aufgaben auch selbst wahrnehmen, wenn er über die nach Satz 2 erforderliche Ausbildung und Ausrüstung verfügt.

§ 11 Arbeitsmedizinische Vorsorge

Der Arbeitgeber hat den Beschäftigten auf ihren Wunsch unbeschadet der Pflichten aus anderen Rechtsvorschriften zu ermöglichen, sich je nach den Gefahren für ihre Sicherheit und Gesundheit bei der Arbeit regelmäßig arbeitsmedizinisch untersuchen zu lassen, es sei denn, auf Grund der Beurteilung der Arbeitsbedingungen und der getroffenen Schutzmaßnahmen ist nicht mit einem Gesundheitsschaden zu rechnen.

§ 12 Unterweisung

(1) 1Der Arbeitgeber hat die Beschäftigten über Sicherheit und Gesundheitsschutz bei der Arbeit während ihrer Arbeitszeit ausreichend und angemessen zu unterweisen. 2Die Unterweisung umfaßt Anweisungen und Erläuterungen, die eigens auf den Arbeitsplatz oder den Aufgabenbereich der Beschäftigten ausgerichtet sind. 3Die Unterweisung muß bei der Einstellung, bei Veränderungen im Aufgabenbereich, der Einführung neuer Arbeitsmittel oder einer neuen Technologie vor Aufnahme der Tätigkeit der Beschäftigten erfolgen. 4Die Unterweisung muß an die Gefährdungsentwicklung angepaßt sein und erforderlichenfalls regelmäßig wiederholt werden.

(2) 1Bei einer Arbeitnehmerüberlassung trifft die Pflicht zur Unterweisung nach Absatz 1 den Entleiher. 2Er hat die Unterweisung unter Berücksichtigung der Qualifikation und der Erfahrung der Personen, die ihm zur Arbeitsleistung überlassen werden, vorzunehmen. 3Die sonstigen Arbeitsschutzpflichten des Verleihers bleiben unberührt.

§ 13 Verantwortliche Personen

(1) Verantwortlich für die Erfüllung der sich aus diesem Abschnitt ergebenden Pflichten sind neben dem Arbeitgeber

1. sein gesetzlicher Vertreter,
2. das vertretungsberechtigte Organ einer juristischen Person,
3. der vertretungsberechtigte Gesellschafter einer Personenhandelsgesellschaft,
4. Personen, die mit der Leitung eines Unternehmens oder eines Betriebes beauftragt sind, im Rahmen der ihnen übertragenen Aufgaben und Befugnisse,
5. sonstige nach Absatz 2 oder nach einer auf Grund dieses Gesetzes erlassenen Rechtsverordnung oder nach einer Unfallverhütungsvorschrift verpflichtete Personen im Rahmen ihrer Aufgaben und Befugnisse.

(2) Der Arbeitgeber kann zuverlässige und fachkundige Personen schriftlich damit beauftragen ihm obliegende Aufgaben nach diesem Gesetz in eigener Verantwortung wahrzunehmen.

§ 14 Unterrichtung und Anhörung der Beschäftigten des öffentlichen Dienstes

(1) Die Beschäftigten des öffentlichen Dienstes sind vor Beginn der Beschäftigung und bei Veränderungen in ihren Arbeitsbereichen über Gefahren für Sicherheit und Gesundheit, denen sie bei der Arbeit ausgesetzt sein können, sowie über die Maßnahmen und Einrichtungen zur Verhütung dieser Gefahren und die nach § 10 Abs. 2 getroffenen Maßnahmen zu unterrichten.

(2) Soweit in Betrieben des öffentlichen Dienstes keine Vertretung der Beschäftigten besteht, hat der Arbeitgeber die Beschäftigten zu allen Maßnahmen zu hören, die Auswirkungen auf Sicherheit und Gesundheit der Beschäftigten haben können.

Dritter Abschnitt Pflichten und Rechte der Beschäftigten

§ 15 Pflichten der Beschäftigten

(1) 1Die Beschäftigten sind verpflichtet, nach ihren Möglichkeiten sowie gemäß der Unterweisung und Weisung des Arbeitgebers für ihre Sicherheit und Gesundheit bei der Arbeit Sorge zu tragen. 2Entsprechend Satz 1 haben die Beschäftigten auch für die Sicherheit und Gesundheit der Personen zu sorgen, die von ihren Handlungen oder Unterlassungen bei der Arbeit betroffen sind.

(2) Im Rahmen des Absatzes 1 haben die Beschäftigten insbesondere Maschinen, Geräte, Werkzeuge, Arbeitsstoffe, Transportmittel und sonstige Arbeitsmittel sowie Schutzvorrichtungen und die ihnen zur Verfügung gestellte persönliche Schutzausrüstung bestimmungsgemäß zu verwenden.

§ 16 Besondere Unterstützungspflichten

(1) Die Beschäftigten haben dem Arbeitgeber oder dem zuständigen Vorgesetzten jede von ihnen festgestellte unmittelbare erhebliche Gefahr für die Sicherheit und Gesundheit sowie jeden an den Schutzsystemen festgestellten Defekt unverzüglich zu melden.

(2) 1Die Beschäftigten haben gemeinsam mit dem Betriebsarzt und der Fachkraft für Arbeitssicherheit den Arbeitgeber darin zu unterstützen, die Sicherheit und den Gesundheitsschutz der Beschäftigten bei der Arbeit zu gewährleisten und seine Pflichten entsprechend den behördlichen Aufgaben zu erfüllen. 2Unbeschadet ihrer Pflicht nach Absatz 1 sollen die Beschäftigten von ihnen festgestellte Gefahren für Sicherheit und Gesundheit und Mängel an den Schutzsystemen auch der Fachkraft für Arbeitssicherheit, dem Betriebsarzt oder dem Sicherheitsbeauftragten nach § 22 des Siebten Buches Sozialgesetzbuch mitteilen.

§ 17 Rechte der Beschäftigten

(1) 1Die Beschäftigten sind berechtigt, dem Arbeitgeber Vorschläge zu allen Fragen der Sicherheit und des Gesundheitsschutzes bei der Arbeit zu machen. 2Für Beamtinnen und Beamte des Bundes ist § 125 des Bundesbeamtengesetzes anzuwenden. 3Entsprechendes Landesrecht bleibt unberührt.

(2) 1Sind Beschäftigte auf Grund konkreter Anhaltspunkte der Auffassung, daß die vom Arbeitgeber getroffenen Maßnahmen und bereitgestellten Mittel nicht ausreichen, um die Sicherheit und den Gesundheitsschutz bei der Arbeit zu gewährleisten, und hilft der Arbeitgeber darauf gerichteten Beschwerden von Beschäftigten nicht ab, können sich diese an die zuständige Behörde wenden. 2Hierdurch dürfen den Beschäftigten keine Nachteile entstehen. 3Die in Absatz 1 Satz 2 und 3 genannten Vorschriften sowie die Vorschriften des Hinweisgeberschutzgesetzes, der Wehrbeschwerdeordnung und des Gesetzes über den Wehrbeauftragten des Deutschen Bundestages bleiben unberührt.

Vierter Abschnitt Verordnungsermächtigungen

§ 18 Verordnungsermächtigungen

(1) 1Die Bundesregierung wird ermächtigt, durch Rechtsverordnung mit Zustimmung des Bundesrates vorzuschreiben, welche Maßnahmen der Arbeitgeber und die sonstigen verantwortlichen Personen zu treffen haben und wie sich die Beschäftigten zu verhalten haben, um ihre jeweiligen Pflichten, die sich aus diesem Gesetz ergeben, zu erfüllen. 2In diesen Rechtsverordnungen kann auch bestimmt werden, daß bestimmte Vorschriften des Gesetzes zum Schutz anderer als in § 2 Abs. 2 genannter Personen anzuwenden sind.

(2) Durch Rechtsverordnungen nach Absatz 1 kann insbesondere bestimmt werden,

1. daß und wie zur Abwehr bestimmter Gefahren Dauer oder Lage der Beschäftigung oder die Zahl der Beschäftigten begrenzt werden muß,
2. daß der Einsatz bestimmter Arbeitsmittel oder -verfahren mit besonderen Gefahren für die Beschäftigten verboten ist oder der zuständigen Behörde angezeigt oder von ihr erlaubt sein muß oder besonders gefährdete Personen dabei nicht beschäftigt werden dürfen,

3. daß bestimmte, besonders gefährliche Betriebsanlagen einschließlich der Arbeits- und Fertigungsverfahren vor Inbetriebnahme, in regelmäßigen Abständen oder auf behördliche Anordnung fachkundig geprüft werden müssen,

3a. dass für bestimmte Beschäftigte angemessene Unterkünfte bereitzustellen sind, wenn dies aus Gründen der Sicherheit, zum Schutz der Gesundheit oder aus Gründen der menschengerechten Gestaltung der Arbeit erforderlich ist und welche Anforderungen dabei zu erfüllen sind,

4. daß Beschäftigte, bevor sie eine bestimmte gefährdende Tätigkeit aufnehmen oder fortsetzen oder nachdem sie sie beendet haben, arbeitsmedizinisch zu untersuchen sind, und welche besonderen Pflichten der Arzt dabei zu beachten hat,

5. dass Ausschüsse zu bilden sind, denen die Aufgabe übertragen wird, die Bundesregierung oder das zuständige Bundesministerium zur Anwendung der Rechtsverordnungen zu beraten, dem Stand der Technik, Arbeitsmedizin und Hygiene entsprechende Regeln und sonstige gesicherte arbeitswissenschaftliche Erkenntnisse zu ermitteln sowie Regeln zu ermitteln, wie die in den Rechtsverordnungen gestellten Anforderungen erfüllt werden können. Das Bundesministerium für Arbeit und Soziales kann die Regeln und Erkenntnisse amtlich bekannt machen.

(3) $_1$In epidemischen Lagen von nationaler Tragweite nach § 5 Absatz 1 des Infektionsschutzgesetzes kann das Bundesministerium für Arbeit und Soziales ohne Zustimmung des Bundesrates spezielle Rechtsverordnungen nach Absatz 1 für einen befristeten Zeitraum erlassen. $_2$Das Bundesministerium für Arbeit und Soziales kann ohne Zustimmung des Bundesrates durch Rechtsverordnung für einen befristeten Zeitraum, der spätestens mit Ablauf des 7. April 2023 endet,

1. bestimmen, dass spezielle Rechtsverordnungen nach Satz 1 nach Aufhebung der Feststellung der epidemischen Lage von nationaler Tragweite nach § 5 Absatz 1 des Infektionsschutzgesetzes fortgelten, und diese ändern sowie
2. spezielle Rechtsverordnungen nach Absatz 1 erlassen.

§ 19 Rechtsakte der Europäischen Gemeinschaften und zwischenstaatliche Vereinbarungen

Rechtsverordnungen nach § 18 können auch erlassen werden, soweit dies zur Durchführung von Rechtsakten des Rates oder der Kommission der Europäischen Gemeinschaften oder von Beschlüssen internationaler Organisationen oder von zwischenstaatlichen Vereinbarungen, die Sachbereiche dieses Gesetzes betreffen, erforderlich ist, insbesondere um Arbeitsschutzpflichten für andere als in § 2 Abs. 3 genannte Personen zu regeln.

§ 20 Regelungen für den öffentlichen Dienst

(1) Für die Beamten der Länder, Gemeinden und sonstigen Körperschaften, Anstalten und Stiftungen des öffentlichen Rechts regelt das Landesrecht, ob und inwieweit die nach § 18 erlassenen Rechtsverordnungen gelten.

(2) $_1$Für bestimmte Tätigkeiten im öffentlichen Dienst des Bundes, insbesondere bei der Bundeswehr, der Polizei, den Zivil- und Katastrophenschutzdiensten, dem Zoll oder den Nachrichtendiensten, können das Bundeskanzleramt, das Bundesministerium des Innern, für Bau und Heimat, das Bundesministerium für Verkehr und digitale Infrastruktur, das Bundesministerium der Verteidigung oder das Bundesministerium der Finanzen, soweit sie hierfür jeweils zuständig sind, durch Rechtsverordnung ohne Zustimmung des Bundesrates bestimmen, daß Vorschriften dieses Gesetzes ganz oder zum Teil nicht anzuwenden sind, soweit öffentliche Belange dies zwingend erfordern, insbesondere zur Aufrechterhaltung oder Wiederherstellung der öffentlichen Sicherheit. $_2$Rechtsverordnungen nach Satz 1 werden im Einvernehmen mit dem Bundesministerium für Arbeit und Soziales und, soweit nicht das Bundesministerium des Innern, für Bau und Heimat selbst ermächtigt ist, im Einvernehmen mit

X

diesem Ministerium erlassen. $_{3}$In den Rechtsverordnungen ist gleichzeitig festzulegen, wie die Sicherheit und der Gesundheitsschutz bei der Arbeit unter Berücksichtigung der Ziele dieses Gesetzes auf andere Weise gewährleistet werden. $_{4}$Für Tätigkeiten im öffentlichen Dienst der Länder, Gemeinden und sonstigen landesunmittelbaren Körperschaften, Anstalten und Stiftungen des öffentlichen Rechts können den Sätzen 1 und 3 entsprechende Regelungen durch Landesrecht getroffen werden.

Fünfter Abschnitt
Gemeinsame deutsche Arbeitsschutzstrategie

§ 20a Gemeinsame deutsche Arbeitsschutzstrategie

(1) $_{1}$Nach den Bestimmungen dieses Abschnitts entwickeln Bund, Länder und Unfallversicherungsträger im Interesse eines wirksamen Arbeitsschutzes eine gemeinsame deutsche Arbeitsschutzstrategie und gewährleisten ihre Umsetzung und Fortschreibung. $_{2}$Mit der Wahrnehmung der ihnen gesetzlich zugewiesenen Aufgaben zur Verhütung von Arbeitsunfällen, Berufskrankheiten und arbeitsbedingten Gesundheitsgefahren sowie zur menschengerechten Gestaltung der Arbeit tragen Bund, Länder und Unfallversicherungsträger dazu bei, die Ziele der gemeinsamen deutschen Arbeitsschutzstrategie zu erreichen.

(2) Die gemeinsame deutsche Arbeitsschutzstrategie umfasst

1. die Entwicklung gemeinsamer Arbeitsschutzziele,
2. die Festlegung vorrangiger Handlungsfelder und von Eckpunkten für Arbeitsprogramme sowie deren Ausführung nach einheitlichen Grundsätzen,
3. die Evaluierung der Arbeitsschutzziele, Handlungsfelder und Arbeitsprogramme mit geeigneten Kennziffern,
4. die Festlegung eines abgestimmten Vorgehens der für den Arbeitsschutz zuständigen Landesbehörden und der Unfallversicherungsträger bei der Beratung und Überwachung der Betriebe,
5. die Herstellung eines verständlichen, überschaubaren und abgestimmten Vorschriften- und Regelwerks.

§ 20b Nationale Arbeitsschutzkonferenz

(1) $_{1}$Die Aufgabe der Entwicklung, Steuerung und Fortschreibung der gemeinsamen deutschen Arbeitsschutzstrategie nach § 20a Abs. 1 Satz 1 wird von der Nationalen Arbeitsschutzkonferenz wahrgenommen. $_{2}$Sie setzt sich aus jeweils drei stimmberechtigten Vertretern von Bund, Ländern und den Unfallversicherungsträgern zusammen und bestimmt für jede Gruppe drei Stellvertreter. $_{3}$Außerdem entsenden die Spitzenorganisationen der Arbeitgeber und Arbeitnehmer für die Behandlung von Angelegenheiten nach § 20a Abs. 2 Nr. 1 bis 3 und 5 jeweils bis zu drei Vertreter in die Nationale Arbeitsschutzkonferenz; sie nehmen mit beratender Stimme an den Sitzungen teil. $_{4}$Die Nationale Arbeitsschutzkonferenz gibt sich eine Geschäftsordnung; darin werden insbesondere die Arbeitsweise und das Beschlussverfahren festgelegt. $_{5}$Die Geschäftsordnung muss einstimmig angenommen werden.

(2) Alle Einrichtungen, die mit Sicherheit und Gesundheit bei der Arbeit befasst sind, können der Nationalen Arbeitsschutzkonferenz Vorschläge für Arbeitsschutzziele, Handlungsfelder und Arbeitsprogramme unterbreiten.

(3) $_{1}$Die Nationale Arbeitsschutzkonferenz wird durch ein Arbeitsschutzforum unterstützt, das in der Regel einmal jährlich stattfindet. $_{2}$Am Arbeitsschutzforum sollen sachverständige Vertreter der Spitzenorganisationen der Arbeitgeber und Arbeitnehmer, der Berufs- und Wirtschaftsverbände, der Wissenschaft, der Kranken- und Rentenversicherungsträger, von Einrichtungen im Bereich Sicherheit und Gesundheit bei der Arbeit sowie von Einrichtungen, die der Förderung der Beschäftigungsfähigkeit dienen, teilnehmen. $_{3}$Das Arbeitsschutzforum hat die Aufgabe, eine frühzeitige und aktive Teilhabe der sachverständigen Fachöffentlichkeit an der Entwicklung und Fortschreibung der gemeinsamen deutschen Arbeitsschutzstrategie sicherzustellen und die Nationale Arbeitsschutzkonferenz entsprechend zu beraten.

(4) Einzelheiten zum Verfahren der Einreichung von Vorschlägen nach Absatz 2 und zur Durchführung des Arbeitsschutzforums nach Absatz 3 werden in der Geschäftsordnung der Nationalen Arbeitsschutzkonferenz geregelt.

(5) $_{1}$Die Geschäfte der Nationalen Arbeitsschutzkonferenz und des Arbeitsschutzforums führt die Bundesanstalt für Arbeitsschutz und Arbeitsmedizin. $_{2}$Einzelheiten zu Arbeitsweise und Verfahren werden in der Geschäftsordnung der Nationalen Arbeitsschutzkonferenz festgelegt.

Sechster Abschnitt Schlußvorschriften

§ 21 Zuständige Behörden; Zusammenwirken mit den Trägern der gesetzlichen Unfallversicherung

(1) $_{1}$Die Überwachung des Arbeitsschutzes nach diesem Gesetz ist staatliche Aufgabe. $_{2}$Die zuständigen Behörden haben die Einhaltung dieses Gesetzes und der auf Grund dieses Gesetzes erlassenen Rechtsverordnungen zu überwachen und die Arbeitgeber bei der Erfüllung ihrer Pflichten zu beraten. $_{3}$Bei der Überwachung haben die zuständigen Behörden bei der Auswahl von Betrieben Art und Umfang des betrieblichen Gefährdungspotenzials zu berücksichtigen.

(1a) $_{1}$Die zuständigen Landesbehörden haben bei der Überwachung nach Absatz 1 sicherzustellen, dass im Laufe eines Kalenderjahres eine Mindestanzahl an Betrieben besichtigt wird. $_{2}$Beginnend mit dem Kalenderjahr 2026 sind im Laufe eines Kalenderjahres mindestens 5 Prozent der im Land vorhandenen Betriebe zu besichtigen (Mindestbesichtigungsquote). $_{3}$Von der Mindestbesichtigungsquote kann durch Landesrecht nicht abgewichen werden. $_{4}$Erreicht eine Landesbehörde die Mindestbesichtigungsquote nicht, so hat sie die Zahl der besichtigten Betriebe bis zum Kalenderjahr 2026 schrittweise mindestens so weit zu erhöhen, dass sie die Mindestbesichtigungsquote erreicht. $_{5}$Maßgeblich für die Anzahl der im Land vorhandenen Betriebe ist die amtliche Statistik der Bundesagentur für Arbeit des Vorjahres.

(2) $_{1}$Die Aufgaben und Befugnisse der Träger der gesetzlichen Unfallversicherung richten sich, soweit nichts anderes bestimmt ist, nach den Vorschriften des Sozialgesetzbuchs. $_{2}$Soweit die Träger der gesetzlichen Unfallversicherung nach dem Sozialgesetzbuch im Rahmen ihres Präventionsauftrags auch Aufgaben zur Gewährleistung von Sicherheit und Gesundheitsschutz der Beschäftigten wahrnehmen, werden sie ausschließlich im Rahmen ihrer autonomen Befugnisse tätig.

(3) $_{1}$Die zuständigen Landesbehörden und die Unfallversicherungsträger wirken auf der Grundlage einer gemeinsamen Beratungs- und Überwachungsstrategie nach § 20a Abs. 2 Nr. 4 eng zusammen und stellen den Erfahrungsaustausch sicher. $_{2}$Diese Strategie umfasst die Abstimmung allgemeiner Grundsätze zur methodischen Vorgehensweise bei

1. der Beratung und Überwachung der Betriebe,
2. der Festlegung inhaltlicher Beratungs- und Überwachungsschwerpunkte, aufeinander abgestimmter oder gemeinsamer Schwerpunktaktionen und Arbeitsprogramme und
3. der Förderung eines Daten- und sonstigen Informationsaustausches, insbesondere über Betriebsbesichtigungen und deren wesentliche Ergebnisse.

$_{3}$Die zuständigen Landesbehörden vereinbaren mit den Unfallversicherungsträgern nach § 20 Abs. 2 Satz 3 des Siebten Buches Sozialgesetzbuch die Maßnahmen, die zur Umsetzung der gemeinsamen Arbeitsprogramme nach § 20a Abs. 2 Nr. 2 und der gemeinsamen Beratungs- und Überwachungsstrategie notwendig sind; sie evaluieren deren Zielerreichung mit den von der Nationalen Arbeitsschutzkonferenz nach § 20a Abs. 2 Nr. 3 bestimmten Kennziffern.

(3a) $_{1}$Zu nach dem 1. Januar 2023 durchgeführten Betriebsbesichtigungen und deren Ergebnissen übermitteln die für den Arbeitsschutz zuständigen Landesbehörden an den für die besichtigte Betriebsstätte zuständigen Unfallversicherungsträger im Wege elektronischer Datenübertragung folgende Informationen:

1. Name und Anschrift des Betriebs,
2. Anschrift der besichtigten Betriebsstätte, soweit nicht mit Nummer 1 identisch,
3. Kennnummer zur Identifizierung,
4. Wirtschaftszweig des Betriebs,
5. Datum der Besichtigung,
6. Anzahl der Beschäftigten zum Zeitpunkt der Besichtigung,
7. Vorhandensein einer betrieblichen Interessenvertretung,
8. Art der sicherheitstechnischen Betreuung,
9. Art der betriebsärztlichen Betreuung,
10. Bewertung der Arbeitsschutzorganisation einschließlich
    a) der Unterweisung,
    b) der arbeitsmedizinischen Vorsorge und
    c) der Ersten Hilfe und sonstiger Notfallmaßnahmen,
11. Bewertung der Gefährdungsbeurteilung einschließlich
    a) der Ermittlung von Gefährdungen und Festlegung von Maßnahmen,
    b) der Prüfung der Umsetzung der Maßnahmen und ihrer Wirksamkeit und
    c) der Dokumentation der Gefährdungen und Maßnahmen,
12. Verwaltungshandeln in Form von Feststellungen, Anordnungen oder Bußgeldern.

2Die übertragenen Daten dürfen von den Unfallversicherungsträgern nur zur Erfüllung der in ihrer Zuständigkeit nach § 17 Absatz 1 des Siebten Buches Sozialgesetzbuch liegenden Aufgaben verarbeitet werden.

(4) 1Die für den Arbeitsschutz zuständige oberste Landesbehörde kann mit Trägern der gesetzlichen Unfallversicherung vereinbaren, daß diese in näher zu bestimmenden Tätigkeitsbereichen die Einhaltung dieses Gesetzes, bestimmter Vorschriften dieses Gesetzes oder der auf Grund dieses Gesetzes erlassenen Rechtsverordnungen überwachen. 2In der Vereinbarung sind Art und Umfang der Überwachung sowie die Zusammenarbeit mit den staatlichen Arbeitsschutzbehörden festzulegen.

(5) 1Soweit nachfolgend nichts anderes bestimmt ist, ist zuständige Behörde für die Durchführung dieses Gesetzes und der auf dieses Gesetz gestützten Rechtsverordnungen in den Betrieben und Verwaltungen des Bundes die Zentralstelle für Arbeitsschutz beim Bundesministerium des Innern, für Bau und Heimat. 2Im Auftrag der Zentralstelle handelt, soweit nichts anderes bestimmt ist, die Unfallversicherung Bund und Bahn, die insoweit der Aufsicht des Bundesministeriums des Innern, für Bau und Heimat unterliegt; Aufwendungen werden nicht erstattet. 3Im öffentlichen Dienst im Geschäftsbereich des Bundesministeriums für Verkehr und digitale Infrastruktur führt die Unfallversicherung Bund und Bahn, soweit die Eisenbahn-Unfallkasse bis zum 31. Dezember 2014 Träger der Unfallversicherung war, dieses Gesetz durch. 4Für Betriebe und Verwaltungen in den Geschäftsbereichen des Bundesministeriums der Verteidigung und des Auswärtigen Amtes hinsichtlich seiner Auslandsvertretungen führt das jeweilige Bundesministerium, soweit es jeweils zuständig ist, oder die von ihm jeweils bestimmte Stelle dieses Gesetz durch. 5Im Geschäftsbereich des Bundesministeriums der Finanzen führt die Berufsgenossenschaft Verkehrswirtschaft Post-Logistik Telekommunikation dieses Gesetz durch, soweit der Geschäftsbereich des ehemaligen Bundesministeriums für Post und Telekommunikation betroffen ist. 6Die Sätze 1 bis 4 gelten auch für Betriebe und Verwaltungen, die zur Bundesverwaltung gehören, für die aber eine Berufsgenossenschaft Träger der Unfallversicherung ist. 7Die zuständigen Bundesministerien können mit den Berufsgenossenschaften für diese Betriebe und Verwaltungen vereinbaren, daß das Gesetz von den Berufsgenossenschaften durchgeführt wird; Aufwendungen werden nicht erstattet.

§ 22 Befugnisse der zuständigen Behörden

(1) 1Die zuständige Behörde kann vom Arbeitgeber oder von den verantwortlichen Personen die zur Durchführung ihrer Überwachungsaufgabe erforderlichen Auskünfte und die Überlassung von entsprechenden Unterlagen verlangen. 2Werden Beschäftigte mehrerer Arbeitgeber an einem Arbeitsplatz

X

tätig, kann die zuständige Behörde von den Arbeitgebern oder von den verantwortlichen Personen verlangen, dass das Ergebnis der Abstimmung über die zu treffenden Maßnahmen nach § 8 Absatz 1 schriftlich vorgelegt wird. 3Die auskunftspflichtige Person kann die Auskunft auf solche Fragen oder die Vorlage derjenigen Unterlagen verweigern, deren Beantwortung oder Vorlage sie selbst oder einen ihrer in § 383 Abs. 1 Nr. 1 bis 3 der Zivilprozeßordnung bezeichneten Angehörigen der Gefahr der Verfolgung wegen einer Straftat oder Ordnungswidrigkeit aussetzen würde. 4Die auskunftspflichtige Person ist darauf hinzuweisen.

(2) 1Die mit der Überwachung beauftragten Personen sind befugt, zu den Betriebs- und Arbeitszeiten Betriebsstätten, Geschäfts- und Betriebsräume zu betreten, zu besichtigen und zu prüfen sowie in die geschäftlichen Unterlagen der auskunftspflichtigen Person Einsicht zu nehmen, soweit dies zur Erfüllung ihrer Aufgaben erforderlich ist. 2Außerdem sind sie befugt, Betriebsanlagen, Arbeitsmittel und persönliche Schutzausrüstungen zu prüfen, Arbeitsverfahren und Arbeitsabläufe zu untersuchen, Messungen vorzunehmen und insbesondere arbeitsbedingte Gesundheitsgefahren festzustellen und zu untersuchen, auf welche Ursachen ein Arbeitsunfall, eine arbeitsbedingte Erkrankung oder ein Schadensfall zurückzuführen ist. 3Sie sind berechtigt, die Begleitung durch den Arbeitgeber oder eine von ihm beauftragte Person zu verlangen. 4Der Arbeitgeber oder die verantwortlichen Personen haben die mit der Überwachung beauftragten Personen bei der Wahrnehmung ihrer Befugnisse nach den Sätzen 1 und 2 zu unterstützen. 5Außerhalb der in Satz 1 genannten Zeiten dürfen die mit der Überwachung beauftragten Personen ohne Einverständnis des Arbeitgebers die Maßnahmen nach den Sätzen 1 und 2 nur treffen, soweit sie zur Verhütung dringender Gefahren für die öffentliche Sicherheit und Ordnung erforderlich sind. 6Wenn sich die Arbeitsstätte in einer Wohnung befindet, dürfen die mit der Überwachung beauftragten Personen die Maßnahmen nach den Sätzen 1 und 2 ohne Einverständnis der Bewohner oder Nutzungsberechtigten nur treffen, soweit sie zur Verhütung dringender Gefahren für die öffentliche Sicherheit und Ordnung erforderlich sind. 7Die auskunftspflichtige Person hat die Maßnahmen nach den Sätzen 1, 2, 5 und 6 zu dulden. 8Die Sätze 1 und 5 gelten entsprechend, wenn nicht feststeht, ob in der Arbeitsstätte Personen beschäftigt werden, jedoch Tatsachen gegeben sind, die diese Annahme rechtfertigen. 9Das Grundrecht der Unverletzlichkeit der Wohnung (Artikel 13 des Grundgesetzes) wird insoweit eingeschränkt.

(3) 1Die zuständige Behörde kann im Einzelfall anordnen,

1. welche Maßnahmen der Arbeitgeber und die verantwortlichen Personen oder die Beschäftigten zur Erfüllung der Pflichten zu treffen haben, die sich aus diesem Gesetz und den auf Grund dieses Gesetzes erlassenen Rechtsverordnungen ergeben,
2. welche Maßnahmen der Arbeitgeber und die verantwortlichen Personen zur Abwendung einer besonderen Gefahr für Leben und Gesundheit der Beschäftigten zu treffen haben.

2Die zuständige Behörde hat, wenn nicht Gefahr im Verzug ist, zur Ausführung der Anordnung eine angemessene Frist zu setzen. 3Wird eine Anordnung nach Satz 1 nicht innerhalb einer gesetzten Frist oder eine für sofort vollziehbar erklärte Anordnung nicht sofort ausgeführt, kann die zuständige Behörde die von der Anordnung betroffene Arbeit oder die Verwendung oder den Betrieb der von der Anordnung betroffenen Arbeitsmittel untersagen. 4Maßnahmen der zuständigen Behörde im Bereich des öffentlichen Dienstes, die den Dienstbetrieb wesentlich beeinträchtigen, sollen im Einvernehmen mit der obersten Bundes- oder Landesbehörde oder dem Hauptverwaltungsbeamten der Gemeinde getroffen werden.

§ 23 Betriebliche Daten; Zusammenarbeit mit anderen Behörden; Jahresbericht, Bundesfachstelle

(1) 1Der Arbeitgeber hat der zuständigen Behörde zu einem von ihr bestimmten Zeitpunkt Mitteilungen über

1. die Zahl der Beschäftigten und derer, an die er Heimarbeit vergibt, aufgegliedert nach Geschlecht, Alter und Staatsangehörigkeit,
2. den Namen oder die Bezeichnung und Anschrift des Betriebes, in dem er sie beschäftigt,
3. seinen Namen, seine Firma und seine Anschrift sowie
4. den Wirtschaftszweig, dem sein Betrieb angehört,

zu machen. 2Das Bundesministerium für Arbeit und Soziales wird ermächtigt, durch Rechtsverordnung mit Zustimmung des Bundesrates zu bestimmen, daß die Stellen der Bundesverwaltung, denen der Arbeitgeber die in Satz 1 genannten Mitteilungen bereits auf Grund einer Rechtsvorschrift mitgeteilt hat, diese Angaben an die für die Behörden nach Absatz 1 zuständigen obersten Landesbehörden als Schreiben oder auf maschinell verwertbaren Datenträgern oder durch Datenübertragung weiterzuleiten haben. 3In der Rechtsverordnung können das Nähere über die Form der weiterzuleitenden Angaben sowie die Frist für die Weiterleitung bestimmt werden. 4Die weitergeleiteten Angaben dürfen nur zur Erfüllung der in der Zuständigkeit der Behörden nach § 21 Abs. 1 liegenden Arbeitsschutzaufgaben verarbeitet werden.

(2) 1Die mit der Überwachung beauftragten Personen dürfen die ihnen bei ihrer Überwachungstätigkeit zur Kenntnis gelangenden Geschäfts- und Betriebsgeheimnisse nur in den gesetzlich geregelten Fällen oder zur Verfolgung von Gesetzwidrigkeiten oder zur Erfüllung von gesetzlich geregelten Aufgaben zum Schutz der Versicherten dem Träger der gesetzlichen Unfallversicherung oder zum Schutz der Umwelt den dafür zuständigen Behörden offenbaren. 2Soweit es sich bei Geschäfts- und Betriebsgeheimnissen um Informationen über die Umwelt im Sinne des Umweltinformationsgesetzes handelt, richtet sich die Befugnis zu ihrer Offenbarung nach dem Umweltinformationsgesetz.

(3) 1Ergeben sich im Einzelfall für die zuständigen Behörden konkrete Anhaltspunkte für

1. eine Beschäftigung oder Tätigkeit von Ausländern ohne den erforderlichen Aufenthaltstitel nach § 4a Absatz 5 Satz 1 des Aufenthaltsgesetzes, eine Erlaubnis oder Berechtigung nach § 4a Absatz 5 Satz 2 in Verbindung mit Absatz 4 des Aufenthaltsgesetzes, eine Aufenthaltsgestattung oder eine Duldung, die zur Ausübung der Beschäftigung berechtigen, oder eine Genehmigung nach § 284 Absatz1 des Dritten Buches Sozialgesetzbuch,
2. Verstöße gegen die Mitwirkungspflicht nach § 60 Abs. 1 Satz 1 Nr. 2 des Ersten Buches Sozialgesetzbuch gegenüber einer Dienststelle der Bundesagentur für Arbeit, einem Träger der gesetzlichen Kranken-, Pflege-, Unfall- oder Rentenversicherung oder einem Träger der Sozialhilfe oder gegen die Meldepflicht nach § 8a des Asylbewerberleistungsgesetzes,
3. Verstöße gegen das Schwarzarbeitsbekämpfungsgesetz,
4. Verstöße gegen das Arbeitnehmerüberlassungsgesetz,
5. Verstöße gegen die Vorschriften des Vierten und des Siebten Buches Sozialgesetzbuch über die Verpflichtung zur Zahlung von Sozialversicherungsbeiträgen,
6. Verstöße gegen das Aufenthaltsgesetz,
7. Verstöße gegen die Steuergesetze,
8. Verstöße gegen das Gesetz zur Sicherung von Arbeitnehmerrechten in der Fleischwirtschaft,
9. Verstöße gegen Vorgaben für Pakete mit erhöhtem Gewicht nach dem Postgesetz,
10. Verstöße gegen das Mindestlohngesetz,
11. Verstöße gegen das Arbeitnehmer-Entsendegesetz,

unterrichten sie die für die Verfolgung und Ahndung zuständigen Behörden, die Träger der Sozialhilfe sowie die Behörden nach § 71 des Aufenthaltsgesetzes. 2In den Fällen des Satzes 1 arbeiten die zuständigen Behörden insbesondere mit den Agenturen für Arbeit, den Hauptzollämtern, den Rentenversicherungsträgern, den Krankenkassen als Einzugsstellen für die Sozialversicherungsbeiträ-

X

ge, den Trägern der gesetzlichen Unfallversicherung, den nach Landesrecht für die Verfolgung und Ahndung von Verstößen gegen das Gesetz zur Bekämpfung der Schwarzarbeit zuständigen Behörden, den Trägern der Sozialhilfe, den in § 71 des Aufenthaltsgesetzes genannten Behörden, den Finanzbehörden und der Bundesnetzagentur für Elektrizität, Gas, Telekommunikation, Post und Eisenbahnen zusammen.

(3a) Leitet die Generalzolldirektion im Rahmen ihrer Funktion als Verbindungsbüro im Sinne des Artikels 4 Absatz 1 der Richtlinie 96/71/EG in der Fassung vom 28. Juni 2018 ein über das Binnenmarkt-Informationssystem eingehendes Ersuchen, das die Mindestarbeitsbedingungen nach Artikel 3 Absatz 1 Buchstabe e der Richtlinie 96/71/EG in der Fassung vom 28. Juni 2018 betrifft, an die zuständigen Behörden weiter, so können diese die zur Beantwortung erforderlichen Informationen an die Generalzolldirektion zur Weiterleitung an die ersuchenden Behörden übermitteln.

(4) 1Die zuständigen obersten Landesbehörden haben über die Überwachungstätigkeit der ihnen unterstellten Behörden einen Jahresbericht zu veröffentlichen. 2Der Jahresbericht umfaßt auch Angaben zur Erfüllung von Unterrichtungspflichten aus internationalen Übereinkommen oder Rechtsakten der Europäischen Gemeinschaften, soweit sie den Arbeitsschutz betreffen.

(5) 1Bei der Bundesanstalt für Arbeitsschutz und Arbeitsmedizin wird eine Bundesfachstelle für Sicherheit und Gesundheit bei der Arbeit eingerichtet. 2Sie hat die Aufgabe, die Jahresberichte der Länder einschließlich der Besichtigungsquote nach § 21 Absatz 1a auszuwerten und die Ergebnisse für den statistischen Bericht über den Stand von Sicherheit und Gesundheit bei der Arbeit und über das Unfall- und Berufskrankheitengeschehen in der Bundesrepublik Deutschland nach § 25 Absatz 1 des Siebten Buches Sozialgesetzbuch zusammenzufassen. 3Das Bundesministerium für Arbeit und Soziales kann die Arbeitsweise und das Verfahren der Bundesfachstelle für Sicherheit und Gesundheit bei der Arbeit im Errichtungserlass der Bundesanstalt für Arbeitsschutz und Arbeitsmedizin festlegen.

X

§ 24 Ermächtigung zum Erlaß von allgemeinen Verwaltungsvorschriften

Die Bundesregierung kann mit Zustimmung des Bundesrates allgemeine Verwaltungsvorschriften erlassen insbesondere

1. zur Durchführung dieses Gesetzes und der auf Grund dieses Gesetzes erlassenen Rechtsverordnungen, insbesondere dazu, welche Kriterien zur Auswahl von Betrieben bei der Überwachung anzuwenden, welche Sachverhalte im Rahmen einer Betriebsbesichtigung mindestens zu prüfen und welche Ergebnisse aus der Überwachung für die Berichterstattung zu erfassen sind,
2. über die Gestaltung der Jahresberichte nach § 23 Abs. 4 und
3. über die Angaben, die die zuständigen obersten Landesbehörden dem Bundesministerium für Arbeit und Soziales für den Unfallverhütungsbericht nach § 25 Abs. 2 des Siebten Buches Sozialgesetzbuch bis zu einem bestimmten Zeitpunkt mitzuteilen haben.

§ 24a Ausschuss für Sicherheit und Gesundheit bei der Arbeit

(1) 1Beim Bundesministerium für Arbeit und Soziales wird ein Ausschuss für Sicherheit und Gesundheit bei der Arbeit gebildet, in dem geeignete Personen vonseiten der öffentlichen und privaten Arbeitgeber, der Gewerkschaften, der Landesbehörden, der gesetzlichen Unfallversicherung und weitere geeignete Personen, insbesondere aus der Wissenschaft, vertreten sein sollen. 2Dem Ausschuss sollen nicht mehr als 15 Mitglieder angehören. 3Für jedes Mitglied ist ein stellvertretendes Mitglied zu benennen. 4Die Mitgliedschaft im Ausschuss ist ehrenamtlich. 5Ein Mitglied oder ein stellvertretendes Mitglied aus den anderen Ausschüssen beim Bundesministerium für Arbeit und Soziales nach § 18 Absatz 2 Nummer 5 soll dauerhaft als Gast im Ausschuss für Sicherheit und Gesundheit bei der Arbeit vertreten sein.

(2) $_{1}$Das Bundesministerium für Arbeit und Soziales beruft die Mitglieder des Ausschusses für Sicherheit und Gesundheit bei der Arbeit und die stellvertretenden Mitglieder. $_{2}$Der Ausschuss gibt sich eine Geschäftsordnung und wählt die Vorsitzende oder den Vorsitzenden aus seiner Mitte. $_{3}$Die Geschäftsordnung und die Wahl der oder des Vorsitzenden bedürfen der Zustimmung des Bundesministeriums für Arbeit und Soziales.

(3) $_{1}$Zu den Aufgaben des Ausschusses für Sicherheit und Gesundheit bei der Arbeit gehört es, soweit hierfür kein anderer Ausschuss beim Bundesministerium für Arbeit und Soziales nach § 18 Absatz 2 Nummer 5 zuständig ist,

1. den Stand von Technik, Arbeitsmedizin und Hygiene sowie sonstige gesicherte arbeitswissenschaftliche Erkenntnisse für die Sicherheit und Gesundheit der Beschäftigten zu ermitteln,
2. Regeln und Erkenntnisse zu ermitteln, wie die in diesem Gesetz gestellten Anforderungen erfüllt werden können,
3. Empfehlungen zu Sicherheit und Gesundheit bei der Arbeit aufzustellen,
4. das Bundesministerium für Arbeit und Soziales in allen Fragen des Arbeitsschutzes zu beraten.

$_{2}$Das Arbeitsprogramm des Ausschusses für Sicherheit und Gesundheit bei der Arbeit wird mit dem Bundesministerium für Arbeit und Soziales abgestimmt. $_{3}$Der Ausschuss arbeitet eng mit den anderen Ausschüssen beim Bundesministerium für Arbeit und Soziales nach § 18 Absatz 2 Nummer 5 zusammen.

(4) $_{1}$Das Bundesministerium für Arbeit und Soziales kann die vom Ausschuss für Sicherheit und Gesundheit bei der Arbeit ermittelten Regeln und Erkenntnisse im Gemeinsamen Ministerialblatt bekannt geben und die Empfehlungen veröffentlichen. $_{2}$Der Arbeitgeber hat die bekannt gegebenen Regeln und Erkenntnisse zu berücksichtigen. $_{3}$Bei Einhaltung dieser Regeln und bei Beachtung dieser Erkenntnisse ist davon auszugehen, dass die in diesem Gesetz gestellten Anforderungen erfüllt sind, soweit diese von der betreffenden Regel abgedeckt sind. $_{4}$Die Anforderungen aus Rechtsverordnungen nach § 18 und dazu bekannt gegebene Regeln und Erkenntnisse bleiben unberührt.

(5) $_{1}$Die Bundesministerien sowie die obersten Landesbehörden können zu den Sitzungen des Ausschusses für Sicherheit und Gesundheit bei der Arbeit Vertreterinnen oder Vertreter entsenden. $_{2}$Auf Verlangen ist ihnen in der Sitzung das Wort zu erteilen.

(6) Die Geschäfte des Ausschusses für Sicherheit und Gesundheit bei der Arbeit führt die Bundesanstalt für Arbeitsschutz und Arbeitsmedizin.

§ 25 Bußgeldvorschriften

(1) Ordnungswidrig handelt, wer vorsätzlich oder fahrlässig

1. einer Rechtsverordnung nach § 18 Abs. 1 oder § 19 zuwiderhandelt, soweit sie für einen bestimmten Tatbestand auf diese Bußgeldvorschrift verweist oder
2. a) als Arbeitgeber oder als verantwortliche Person einer vollziehbaren Anordnung nach § 22 Abs. 3 oder
   b) als Beschäftigter einer vollziehbaren Anordnung nach § 22 Abs. 3 Satz 1 Nr. 1 zuwiderhandelt.

(2) Die Ordnungswidrigkeit kann in den Fällen des Absatzes 1 Nr. 1 und 2 Buchstabe b mit einer Geldbuße bis zu fünftausend Euro, in den Fällen des Absatzes 1 Nr. 2 Buchstabe a mit einer Geldbuße bis zu dreißigtausend Euro geahndet werden.

§ 26 Strafvorschriften

Mit Freiheitsstrafe bis zu einem Jahr oder mit Geldstrafe wird bestraft, wer

1. eine in § 25 Abs. 1 Nr. 2 Buchstabe a bezeichnete Handlung beharrlich wiederholt oder
2. durch eine in § 25 Abs. 1 Nr. 1 oder Nr. 2 Buchstabe a bezeichnete vorsätzliche Handlung Leben oder Gesundheit eines Beschäftigten gefährdet.

Gesetz zum Schutz von Nichtraucherinnen und Nichtrauchern in Nordrhein-Westfalen (Nichtraucherschutzgesetz NRW – NiSchG NRW)

Vom 20. Dezember 2007 (GV. NRW. S. 742)

Zuletzt geändert durch
Gesetz zur Änderung des Nichtraucherschutzgesetzes NRW
vom 4. Dezember 2012 (GV. NRW. S. 635)

§ 1 Grundsätze

(1) Die in diesem Gesetz aufgeführten Rauchverbote gelten in Gebäuden und sonstigen vollständig umschlossenen Räumen. Die Rauchverbote gelten nicht in Räumlichkeiten, die ausschließlich der privaten Nutzung vorbehalten sind.

(2) Weitergehende Rauchverbote in anderen Vorschriften oder aufgrund von Befugnissen, die mit dem Eigentum oder dem Besitzrecht verbunden sind, bleiben unberührt.

§ 2 Begriffsbestimmungen

Im Sinne dieses Gesetzes sind

1. Öffentliche Einrichtungen:
   a) Verfassungsorgane des Landes,
   b) Behörden der Landes- und Kommunalverwaltung,
   c) Gerichte und andere Organe der Rechtspflege des Landes,
   d) alle sonstigen Einrichtungen von Trägern öffentlicher Verwaltung des Landes und der Kommunen unabhängig von ihrer Rechtsform;
2. Gesundheits- und Sozialeinrichtungen:
   unabhängig von ihrer Trägerschaft Krankenhäuser, Vorsorge- und Rehabilitationseinrichtungen nach § 107 des Fünften Buches des Sozialgesetzbuches und vergleichbare stationäre Einrichtungen, die der Heilfürsorge oder der Wiederherstellung der Gesundheit Kranker dienen, sowie stationäre Einrichtungen der Pflege und der Behindertenhilfe und Studierendenwohnheime;
3. Erziehungs- und Bildungseinrichtungen:
   a) Schulen im Sinne des § 6 Abs. 1 Schulgesetz,
   b) Einrichtungen der Kinder- und Jugendhilfe nach dem Achten Buch des Sozialgesetzbuches und ausgewiesene Kinderspielplätze,
   c) Einrichtungen der Erwachsenenbildung unabhängig von ihrer Trägerschaft sowie
   d) Universitäten und Fachhochschulen, Kunst- und Musikhochschulen;
4. Sporteinrichtungen:
   umschlossene Räume bei öffentlich zugänglichem Sportbetrieb wie z. B. Sporthallen, Hallenbäder und sonstige geschlossene Räumlichkeiten, die der Ausübung von Sport dienen, einschließlich der Aufenthaltsräume;
5. Kultur- und Freizeiteinrichtungen:
   Einrichtungen, die der Bewahrung, Vermittlung, Aufführung und Ausstellung künstlerischer, unterhaltender, Freizeit gestaltender oder historischer Inhalte oder Werke dienen wie z. B. Theater, Museen, Kinos, Konzertsäle, Spielhallen und Spielbanken, unabhängig von ihrer Trägerschaft;
6. Flughäfen:
   öffentlich zugängliche Flächen an Flughäfen;
7. Gaststätten:
   Schank- und Speisewirtschaften, unabhängig von der Betriebsart, Größe und Anzahl der Räume;
8. Einkaufszentren und Einkaufspassagen:
   Öffentlich zugängliche Laufflächen in Einkaufszentren und Einkaufspassagen.

§ 3 Rauchverbot

(1) Das Rauchen ist nach Maßgabe dieses Gesetzes in den Einrichtungen nach § 2 Nummern 1 bis 8 verboten. Für Erziehungs- und Bildungseinrichtungen im Sinne von § 2 Nr. 3 Buchstaben a) und b) gilt das Rauchverbot, abweichend von § 1 Abs. 1 Satz 1, auf dem gesamten Grundstück. Für Schulen im Sinne von § 2 Nr. 3 Buchstabe a) gilt das Rauchverbot überdies für schulische Veranstaltungen außerhalb des Schulgrundstücks.

(2) Davon abweichend können in den Einrichtungen nach § 2 Nummern 1 Buchstaben b–d, 3 Buchstabe c und 6 abgeschlossene Räume eingerichtet werden, in denen das Rauchen gestattet ist. Voraussetzung hierfür ist, dass

1. eine ausreichende Anzahl von Räumen zur Verfügung steht,
2. die in Satz 1 genannten Räume ausdrücklich als Raucherräume, zu denen Personen unter 18 Jahren keinen Zutritt haben, gekennzeichnet werden.

In stationären Einrichtungen der Pflege, der Behindertenhilfe sowie der Wohnungslosen-/Gefährdetenhilfe kann die Einrichtung von Raucherräumen zugelassen werden. Ein Anspruch auf die Einrichtung von Raucherräumen besteht nicht. Werden Raucherräume eingerichtet, ist ein barrierefreier Zugang zu gewährleisten.

(3) Abweichend von Absatz 1 können Ausnahmen für solche Personen zugelassen werden,

a) die sich in palliativmedizinischer oder psychiatrischer Behandlung befinden,
b) die sich aufgrund einer gerichtlich angeordneten Unterbringung in einer geschlossenen Abteilung des Krankenhauses aufhalten oder
c) bei denen die Untersagung des Rauchens dem Therapieziel entgegensteht.

Die Entscheidung, ob im Einzelfall das Rauchen erlaubt werden kann, trifft die Leitung der Einrichtung in Abstimmung mit der behandelnden Ärztin oder dem behandelnden Arzt. Soweit die Leitung der Einrichtung für die in Satz 1 genannten Personen entsprechende Räumlichkeiten zur Verfügung stellt, sollen diese so gelegen und beschaffen sein, dass sie den Zweck dieses Gesetzes nicht beeinträchtigen.

(4) Abweichend von Absatz 1 ist in Justizvollzugsanstalten das Rauchen in den Hafträumen gestattet. Bei der Belegung eines Haftraumes mit mehr als einer Person ist das Rauchen in diesem Haftraum nicht zulässig, wenn eine der in diesem Haftraum untergebrachten Personen Nichtraucherin oder Nichtraucher ist.

(5) Die Leitung der jeweiligen Einrichtung hat bei allen Ausnahmeentscheidungen nach diesem Gesetz Vorkehrungen zu treffen, um die Rauchfreiheit und den gesundheitlichen Schutz der übrigen sich in der Einrichtung aufhaltenden Personen soweit wie möglich zu gewährleisten.

§ 4 Hinweispflichten, Verantwortlichkeit für die Umsetzung der Rauchverbote

(1) Orte, für die nach diesem Gesetz ein Rauchverbot besteht, sind deutlich sichtbar im Eingangsbereich kenntlich zu machen. Hierfür ist das Verbotszeichen „Rauchen verboten" nach Nummer 3.1 des Anhangs II der Richtlinie 92/58/EWG des Rates über Mindestvorschriften für die Sicherheits- und Gesundheitsschutzkennzeichnung am Arbeitsplatz (neunte Einzelrichtlinie im Sinne von Artikel 16 Abs. 1 der Richtlinie 89/391/EWG) vom 24. Juni 1992 (ABl. EG Nr. L 245 S. 23) zu verwenden.

(2) Verantwortlich für die Einhaltung der Rauchverbote nach § 3 sowie für die Erfüllung der Hinweispflichten nach Absatz 1 sind im Rahmen ihrer Befugnisse

a) die Leitung der Einrichtung im Sinne von § 2 Nrn. 1 bis 6,
b) die Betreiberin oder der Betreiber der Gaststätte im Sinne von § 2 Nr. 7.

Soweit den Verantwortlichen nach Satz 1 ein Verstoß gegen das Rauchverbot bekannt wird, haben sie die erforderlichen Maßnahmen zu ergreifen, um eine Fortsetzung des Verstoßes oder einen neuen Verstoß gegen das Rauchverbot zu verhindern.

X

§ 5 Ordnungswidrigkeiten

(1) Mit Geldbuße kann belegt werden, wer entgegen einem Rauchverbot nach § 3 raucht.

(2) Mit Geldbuße kann belegt werden, wer entgegen der Verpflichtung nach § 4 Absatz 2 Satz 2 nicht die erforderlichen Maßnahmen ergreift, um eine Fortsetzung des Verstoßes oder einen neuen Verstoß gegen das Rauchverbot zu verhindern oder Kennzeichnungspflichten nach § 3 Absatz 2 Satz 2 Nummer 2 oder Hinweispflichten nach § 4 Absatz 1 nicht erfüllt.

(3) Die Ordnungswidrigkeit kann im Fall von Absatz 2 mit einer Geldbuße von bis zu 2500 Euro geahndet werden.

(4) Verwaltungsbehörde im Sinne des § 36 Abs. 1 Nr. 1 des Gesetzes über Ordnungswidrigkeiten sind die örtlichen Ordnungsbehörden. Unbeschadet dessen sind auch zuständig für die Verfolgung und Ahndung von Ordnungswidrigkeiten nach den Absätzen 1 und 2 die jeweiligen Sonderordnungsbehörden im Rahmen ihrer Zuständigkeit.

(5) Zuständig für die Verfolgung und Ahndung von Ordnungswidrigkeiten nach § 5 Bundesnichtraucherschutzgesetz, die in Verkehrsmitteln des öffentlichen Personenverkehrs im Sinne des § 2 Nummer 2 Bundesnichtraucherschutzgesetz begangen werden, sind die örtlichen Ordnungsbehörden.

§ 6 Inkrafttreten, Berichtspflicht

Das Gesetz tritt zum 1. Januar 2008 in Kraft.

Stichwortverzeichnis

Sie finden das jeweilige Stichwort über die fettgedruckte Angabe der Leitziffer, gefolgt durch die Vorschriftenabkürzung. Wo die männliche Form verwendet wurde, ist implizit auch die weibliche gemeint.
Beispiel: I.2/LBG NRW weist auf die Leitziffer I.2; hier im Kapitel I in der Ordnungsziffer 2 wurde das Landesbeamtengesetz eingeordnet. Im angegebenen Paragraphen bzw. Artikel finden Sie den gesuchten Begriff.

XI

XI

XI

XI

XI

XI

XI

2026	JANUAR	FEBRUAR	MÄRZ
Montag	5 12 19 26	2 9 16 23	2 9 16 23 30
Dienstag	**6** 13 20 27	3 10 17 24	3 10 17 24 31
Mittwoch	7 14 21 28	4 11 18 25	4 11 18 25
Donnerstag	**1** 8 15 22 29	5 12 19 26	5 12 19 26
Freitag	2 9 16 23 30	6 13 20 27	6 13 20 27
Samstag	3 10 17 24 31	7 14 21 28	7 14 21 28
Sonntag	**4 11 18 25**	**1 8 15 22**	**1 8 15 22 29**

	APRIL	MAI	JUNI
Montag	**6** 13 20 27	4 11 18 **25**	1 8 15 22 29
Dienstag	7 14 21 28	5 12 19 26	2 9 16 23 30
Mittwoch	1 8 15 22 29	6 13 20 27	3 10 17 24
Donnerstag	2 9 16 23 30	7 **14** 21 28	**4** 11 18 25
Freitag	**3** 10 17 24	**1** 8 15 22 29	5 12 19 26
Samstag	4 11 18 25	2 9 16 23 30	6 13 20 27
Sonntag	**5 12 19 26**	**3 10 17 24 31**	**7 14 21 28**

	JULI	AUGUST	SEPTEMBER
Montag	6 13 20 27	3 10 17 24 31	7 14 21 28
Dienstag	7 14 21 28	4 11 18 25	1 8 15 22 29
Mittwoch	1 8 15 22 29	5 12 19 26	2 9 16 23 30
Donnerstag	2 9 16 23 30	6 13 20 27	3 10 17 24
Freitag	3 10 17 24 31	7 14 21 28	4 11 18 25
Samstag	4 11 18 25	1 **8** **15** 22 29	5 12 19 26
Sonntag	**5 12 19 26**	**2 9 16 23 30**	**6 13 20 27**

	OKTOBER	NOVEMBER	DEZEMBER
Montag	5 12 19 26	2 9 16 23 30	7 14 21 28
Dienstag	6 13 20 27	3 10 17 24	1 8 15 22 29
Mittwoch	7 14 21 28	4 11 **18** 25	2 9 16 23 30
Donnerstag	1 8 15 22 29	5 12 19 26	3 10 17 24 31
Freitag	2 9 16 23 30	6 13 20 27	4 11 18 **25**
Samstag	**3** 10 17 24 **31**	7 14 21 28	5 12 19 **26**
Sonntag	**4 11 18 25**	**1 8 15 22 29**	**6 13 20 27**

Neujahr 1. Januar, Hl. Drei Könige 6. Januar, Weltfrauentag 8. März, Karfreitag 3. April, Ostern 5. und 6. April, Tag der Arbeit 1. Mai, Christi Himmelfahrt 14. Mai, Pfingsten 24. und 25. Mai, Fronleichnam 4. Juni, Friedensfest Augsburg 8. August, Mariä Himmelfahrt 15. August, Weltkindertag 20. September, Tag der Dt. Einheit 3. Oktober, Reformationstag 31. Oktober, Allerheiligen 1. November, Buß- und Bettag 18. November, Weihnachten 25. und 26. Dezember

2027	JANUAR					FEBRUAR				MÄRZ				
Montag		4	11	18	25	1	8	15	22	1	**8**	15	22	**29**
Dienstag		5	12	19	26	2	9	16	23	2	9	16	23	30
Mittwoch		**6**	13	20	27	3	10	17	24	3	10	17	24	31
Donnerstag		7	14	21	28	4	11	18	25	4	11	18	25	
Freitag	**1**	8	15	22	29	5	12	19	26	5	12	19	**26**	
Samstag	2	9	16	23	30	6	13	20	27	6	13	20	27	
Sonntag	**3**	**10**	**17**	**24**	**31**	**7**	**14**	**21**	**28**	**7**	**14**	**21**	**28**	

	APRIL					MAI						JUNI				
Montag		5	12	19	26		3	10	**17**	24	31		7	14	21	28
Dienstag		6	13	20	27		4	11	18	25		1	8	15	22	29
Mittwoch		7	14	21	28		5	12	19	26		2	9	16	23	30
Donnerstag	1	8	15	22	29		**6**	13	20	**27**		3	10	17	24	
Freitag	2	9	16	23	30		7	14	21	28		4	11	18	25	
Samstag	3	10	17	24		**1**	8	15	22	29		5	12	19	26	
Sonntag	**4**	**11**	**18**	**25**		**2**	**9**	**16**	**23**	**30**		**6**	**13**	**20**	**27**	

	JULI					AUGUST						SEPTEMBER				
Montag		5	12	19	26		2	9	16	23	30		6	13	**20**	27
Dienstag		6	13	20	27		3	10	17	24	31		7	14	21	28
Mittwoch		7	14	21	28		4	11	18	25		1	8	15	22	29
Donnerstag	1	8	15	22	29		5	12	19	26		2	9	16	23	30
Freitag	2	9	16	23	30		6	13	20	27		3	10	17	24	
Samstag	3	10	17	24	31		7	14	21	28		4	11	18	25	
Sonntag	**4**	**11**	**18**	**25**		**1**	**8**	**15**	**22**	**29**		**5**	**12**	**19**	**26**	

	OKTOBER					NOVEMBER					DEZEMBER				
Montag		4	11	18	25	**1**	8	15	22	29		6	13	20	27
Dienstag		5	12	19	26	2	9	16	23	30		7	14	21	28
Mittwoch		6	13	20	27	3	10	**17**	24		1	8	15	22	29
Donnerstag		7	14	21	28	4	11	18	25		2	9	16	23	30
Freitag	1	8	15	22	29	5	12	19	26		3	10	17	24	31
Samstag	2	9	16	23	30	6	13	20	27		4	11	18	**25**	
Sonntag	**3**	**10**	**17**	**24**	**31**	**7**	**14**	**21**	**28**		**5**	**12**	**19**	**26**	

Neujahr 1. Januar, Hl. Drei Könige 6. Januar, Weltfrauentag 8. März, Karfreitag 26. März, Ostern 28. und 29. März, Tag der Arbeit 1. Mai, Christi Himmelfahrt 6. Mai, Pfingsten 16. und 17. Mai, Fronleichnam 27. Mai, Friedensfest Augsburg 8. August, Mariä Himmelfahrt 15. August, Weltkindertag 20. September, Tag der Dt. Einheit 3. Oktober, Reformationstag 31. Oktober, Allerheiligen 1. November, Buß- und Bettag 17. November, Weihnachten 25. und 26. Dezember

JANUAR

1	**Do**	**Neujahr**		**1**
2	Fr			
3	Sa		○	
4	**So**			
5	Mo			**2**
6	**Di**	**Heilige Drei Könige**[1]		
7	Mi			
8	Do			
9	Fr			
10	Sa		◑	
11	**So**			
12	Mo			**3**
13	Di			
14	Mi			
15	Do			
16	Fr			
17	Sa			
18	**So**		●	
19	Mo			**4**
20	Di			
21	Mi			
22	Do			
23	Fr			
24	Sa			
25	**So**			
26	Mo		◐	**5**
27	Di			
28	Mi			
29	Do			
30	Fr			
31	Sa			

1 Gesetzlicher Feiertag in Baden-Württemberg, Bayern und Sachsen-Anhalt

FEBRUAR

1	**So**		○	
2	Mo			**6**
3	Di			
4	Mi			
5	Do			
6	Fr			
7	Sa			
8	**So**			
9	Mo		◑	**7**
10	Di			
11	Mi			
12	Do			
13	Fr			
14	Sa	Valentinstag		
15	**So**			
16	Mo	Rosenmontag		**8**
17	Di	Fastnacht	●	
18	Mi	Aschermittwoch		
19	Do			
20	Fr			
21	Sa			
22	**So**			
23	Mo			**9**
24	Di		◐	
25	Mi			
26	Do			
27	Fr			
28	Sa			

● = Neumond, ○ = Vollmond, ◑ = Halbmond, abnehmend, ◐ = Halbmond, zunnehmend, ⊗ = Mondfinsternis, Vollmond

XII

MÄRZ

1	**So**			
2	Mo			**10**
3	Di		○	
4	Mi			
5	Do			
6	Fr			
7	Sa			
8	**So**	**Weltfrauentag[1]**		
9	Mo			**11**
10	Di			
11	Mi		◑	
12	Do			
13	Fr			
14	Sa			
15	**So**			
16	Mo			**12**
17	Di			
18	Mi			
19	Do		●	
20	Fr	Frühlingsanfang		
21	Sa			
22	**So**			
23	Mo			**13**
24	Di			
25	Mi		◐	
26	Do			
27	Fr			
28	Sa			
29	**So**	Beginn der Sommerzeit		
30	Mo			**14**
31	Di			

1 Gesetzlicher Feiertag in Berlin und Mecklenburg-Vorpommern

APRIL

1	Mi			
2	Do		○	
3	**Fr**	**Karfreitag**		
4	Sa			
5	**So**	**Ostersonntag**		
6	**Mo**	**Ostermontag**		**15**
7	Di			
8	Mi			
9	Do			
10	Fr		◑	
11	Sa			
12	**So**			
13	Mo			**16**
14	Di			
15	Mi			
16	Do			
17	Fr		●	
18	Sa			
19	**So**			
20	Mo			**17**
21	Di			
22	Mo			
23	Do			
24	Fr		◐	
25	Sa			
26	**So**			
27	Mo			**18**
28	Di			
29	Mi			
30	Do			

XII

MAI

1	**Fr**	**Tag der Arbeit**	○	
2	Sa			
3	**So**			
4	Mo			**19**
5	Di			
6	Mi			
7	Do			
8	Fr			
9	Sa		◑	
10	**So**	Muttertag		
11	Mo			**20**
12	Di			
13	Mi			
14	**Do**	**Christi Himmelfahrt**		
15	Fr			
16	Sa		●	
17	**So**			
18	Mo			**21**
19	Di			
20	Mi			
21	Do			
22	Fr			
23	Sa		◐	
24	**So**	**Pfingstsonntag**		
25	**Mo**	**Pfingstmontag**		**22**
26	Di			
27	Mi			
28	Do			
29	Fr			
30	Sa			
31	**So**		○	

JUNI

1	Mo			**23**
2	Di			
3	Mi			
4	**Do**	**Fronleichnam[1]**		
5	Fr			
6	Sa			
7	**So**			
8	Mo		◑	**24**
9	Di			
10	Mi			
11	Do			
12	Fr			
13	Sa			
14	**So**			
15	Mo		●	**25**
16	Di			
17	Mi			
18	Do			
19	Fr			
20	Sa			
21	**So**	Sommeranfang		
22	Mo		◐	**26**
23	Di			
24	Mi			
25	Do			
26	Fr			
27	Sa			
28	**So**			
29	Mo			**27**
30	Di		○	

1 Gesetzlicher Feiertag in Baden-Württemberg, Bayern, Hessen, Nordrhein-Westfalen, Rheinland-Pfalz, Saarland und teilweise in Sachsen und Thüringen

XII

JULI

1	Mi			
2	Do			
3	Fr			
4	Sa			
5	**So**			
6	Mo			**28**
7	Di		◑	
8	Mi			
9	Do			
10	Fr			
11	Sa			
12	**So**			
13	Mo			**29**
14	Di		●	
15	Mi			
16	Do			
17	Fr			
18	Sa			
19	**So**			
20	Mo			**30**
21	Di		◐	
22	Mi			
23	Do			
24	Fr			
25	Sa			
26	**So**			
27	Mo			**31**
28	Di			
29	Mi		○	
30	Do			
31	Fr			

AUGUST

1	Sa			
2	**So**			
3	Mo			**32**
4	Di			
5	Mi			
6	Do		◑	
7	Fr			
8	**Sa**	**Friedensfest**[1]		
9	**So**			
10	Mo			**33**
11	Di			
12	Mi		●	
13	Do			
14	Fr			
15	**Sa**	**Mariä Himmelfahrt**[2]		
16	**So**			
17	Mo			**34**
18	Di			
19	Mi			
20	Do		◐	
21	Fr			
22	Sa			
23	**So**			
24	Mo			**35**
25	Di			
26	Mi			
27	Do			
28	Fr		⊗	
29	Sa			
30	**So**			
31	Mo			**36**

1 Gesetzlicher Feiertag im Stadtkreis Augsburg
2 Gesetzlicher Feiertag teilweise in Bayern und im Saarland

SEPTEMBER

1	Di		
2	Mi		
3	Do		
4	Fr	◑	
5	Sa		
6	**So**		
7	Mo		**37**
8	Di		
9	Mi		
10	Do		
11	Fr	●	
12	Sa		
13	**So**		
14	Mo		**38**
15	Di		
16	Mi		
17	Do		
18	Fr	◐	
19	Sa		
20	**So**	**Weltkindertag**[1]	
21	Mo		**39**
22	Di		
23	Mi	Herbstanfang	
24	Do		
25	Fr		
26	Sa	○	
27	**So**		
28	Mo		**40**
29	Di		
30	Mi		

1 Gesetzlicher Feiertag in Thüringen

OKTOBER

1	Do		
2	Fr		
3	**Sa**	**Tag der Deutschen Einheit** ◑	
4	**So**	Erntedankfest	
5	Mo		**41**
6	Di		
7	Mi		
8	Do		
9	Fr		
10	Sa	●	
11	**So**		
12	Mo		**42**
13	Di		
14	Mi		
15	Do		
16	Fr		
17	Sa		
18	**So**	◐	
19	Mo		**43**
20	Di		
21	Mi		
22	Do		
23	Fr		
24	Sa		
25	**So**	Ende der Sommerzeit	
26	Mo	○	**44**
27	Di		
28	Mi		
29	Do		
30	Fr		
31	**Sa**	**Reformationstag**[2]	

1 Gesetzlicher Feiertag in Brandenburg, Bremen, Hamburg, Mecklenburg-Vorpommern, Niedersachsen, Sachsen, Schleswig-Holstein, Sachsen-Anhalt und Thüringen

XII

NOVEMBER

1	**So**	**Allerheiligen**[1]	◑	
2	Mo			**45**
3	Di			
4	Mi			
5	Do			
6	Fr			
7	Sa			
8	**So**			
9	Mo		●	**46**
10	Di			
11	Mi			
12	Do			
13	Fr			
14	Sa			
15	**So**	Volkstrauertag		
16	Mo			**47**
17	Di		◐	
18	**Mi**	**Buß- und Bettag**[2]		
19	Do			
20	Fr			
21	Sa			
22	**So**	Totensonntag		
23	Mo			**48**
24	Di		○	
25	Mi			
26	Do			
27	Fr			
28	Sa			
29	**So**	1. Advent		
30	Mo			**49**

DEZEMBER

1	Di		◑	
2	Mi			
3	Do			
4	Fr			
5	Sa			
6	**So**	2. Advent/Nikolaus		
7	Mo			**50**
8	Di			
9	Mi		●	
10	Do			
11	Fr			
12	Sa			
13	**So**	3. Advent		
14	Mo			**51**
15	Di			
16	Mi			
17	Do		◐	
18	Fr			
19	Sa			
20	**So**	4. Advent		
21	Mo			**52**
22	Di	Winteranfang		
23	Mi			
24	Do	Heiligabend	○	
25	**Fr**	**2. Weihnachtstag**		
26	**Sa**	**2. Weihnachtstag**		
27	**So**			
28	Mo			**53**
29	Di			
30	Mi		◑	
31	Do	Silvester		

XII

1 Gesetzlicher Feiertag in Baden-Württemberg, Bayern, Nordrhein-Westfalen, Rheinland-Pfalz und im Saarland
2 Gesetzlicher Feiertag in Sachsen

Schulferien 2026 Bundesrepublik Deutschland

	Winter/ Halbjahresferien	Ostern/ Frühjahr	Himmelfahrt/ Pfingsten	Sommer	Herbst	Weihnachten
Baden-Württemberg	–	30.03.–11.04.	26.05.–05.06.	30.07.–12.09.	26.10.–30.10./31.10.	23.12.–09.01.
Bayern	16.02.–20.02.	30.03.–10.04.	26.05.–05.06.	03.08.–14.09.	02.11.–06.11./18.11.	24.12.–08.01.
Berlin	02.02.–07.02.	30.03.–10.04.	15.05./26.05.	09.07.–22.08.	19.10.–31.10.	23.12.–02.01
Brandenburg	02.02.–07.02.	30.03.–10.04.	15.05./26.05.	09.07.–22.08.	19.10.–30.10.	23.12.–02.01.
Bremen	02.02.–03.02.	23.03.–07.04.	15.05./26.05.	02.07.–12.08.	12.10.–24.10.	23.12.–09.01
Hamburg	30.01.	02.03.–13.03.	11.05.–15.05.	09.07.–19.08.	19.10.–30.10.	21.12.–01.01.
Hessen	–	30.03.–10.04.	–	29.06.–07.08.	05.10.–17.10.	23.12.–12.01.
Mecklenburg-Vorp.	09.02.–20.02.	30.03.–08.04.	15.05./22.05.–26.05.	13.07.–22.08.	19.10.–24.10./26.11.–27.11.	19.12.–02.01.
Niedersachsen[1]	02.02.–03.02.	23.03.–07.04.	15.05./26.05.	02.07.–12.08.	12.10.–24.10.	23.12.–09.01.
Nordrhein-Westfalen	–	30.03.–11.04.	26.05.	20.07.–01.09.	17.10.–31.10.	23.12.–06.01.
Rheinland-Pfalz	–	30.03.–10.04.	–	29.06.–07.08.	05.10.–16.10.	23.12.–08.01.
Saarland	16.02.–20.02.	07.04.–17.04.	–	29.06.–07.08.	05.10.–16.10.	21.12.–31.12.
Sachsen	09.02.–21.02.	03.04.–10.04.	15.05.	04.07.–14.08.	12.10.–24.10.	23.12.–02.01.
Sachsen-Anhalt	31.01.–06.02.	30.03.–04.04.	26.05.–29.05.	04.07.–14.08.	19.10.–30.10.	21.12.–02.01.
Schleswig-Holstein[2]	02.02.–03.02.	26.03.–10.04.	15.05.	04.07.–15.08.	12.10.–24.10.	21.12.–06.01.
Thüringen	16.02.–21.02.	07.04.–17.04.	15.05.	04.07.–14.08.	12.10.–24.10.	23.12.–02.01.

1 Auf den Ostfriesischen Inseln gelten Sonderregelungen.

2 Auf den Inseln Sylt, Föhr, Helgoland und Amrum sowie auf den Halligen enden die Sommerferien eine Woche früher, die Herbstferien beginnen eine Woche früher.

Alle Angaben ohne Gewähr.

Schulferien 2027 Bundesrepublik Deutschland

	Winter Halbjahresferien	Ostern/ Frühjahr	Himmelfahrt/ Pfingsten	Sommer	Herbst	Weihnachten
Baden-Württemberg	–	25.03./30.03.–03.04.	18.05.–29.05.	29.07.–11.09.	02.11.–06.11.	23.12.–08.01.
Bayern	08.02.–12.02.	22.03.–02.04.	18.05.–28.05.	02.08.–13.09.	02.11.–05.11.	24.12.–07.01.
Berlin	01.02.–06.02.	22.03.–02.04.	07.05./18.05.–19.05.	01.07.–14.08.	11.10.–23.10.	22.12.–31.12.
Brandenburg	01.02.–06.02.	22.03.–03.04.	07.05./18.05.	01.07.–14.08.	11.10.–23.10.	23.12.–31.12.
Bremen	01.02.–02.02.	22.03.–03.04.	07.05./18.05.	08.07.–18.08.	18.10.–30.10.	23.12. - 08.01.
Hamburg	29.01.	01.03.–12.03.	07.05.–14.05.	01.07.–11.08.	11.10.–22.10.	20.12.–31.12.
Hessen	–	22.03.–02.04.	–	28.06.–06.08.	04.10.–16.10.	23.12.–11.01.
Mecklenburg-Vorp.	08.02.–19.02.	22.03.–31.03.	07.05./14.05.–18.05.	05.07.–14.08.	16.10.–23.10./25.11.–26.11.	23.12.–04.01.
Niedersachsen[1]	01.02.–02.02.	22.03.–03.04.	07.05./18.05.	08.07.–18.08.	16.10.–30.10.	23.12.–08.01.
Nordrhein-Westfalen	–	22.03.–03.04.	18.05.	19.07.–31.08.	23.10.–06.11.	24.12.–08.01.
Rheinland-Pfalz	–	22.03.–02.04.	–	28.06.–06.08.	04.10.–15.10.	23.12.–07.01.
Saarland	08.02.–12.02.	30.03.–09.04.	–	28.06.–06.08.	04.10.–15.10.	20.12.–31.12.
Sachsen	08.02.–19.02.	26.03.–02.04.	07.05./15.05.–18.05.	10.07.–20.08.	11.10.–23.10.	23.12.–01.01.
Sachsen-Anhalt	01.02.–06.02.	22.03.–27.03.	15.05.–22.05.	10.07.–20.08.	18.10.–23.10.	20.12.–31.12.
Schleswig-Holstein[2]	01.02.–02.02.	30.03.–10.04.	07.05.	03.07.–14.08.	11.10.–23.10.	23.12.–08.01.
Thüringen	01.02.–06.02.	22.03.–03.04.	07.05.	10.07.–20.08.	09.10.–23.10.	23.12.–31.12.

1 Auf den Ostfriesischen Inseln gelten Sonderregelungen.

2 Auf den Inseln Sylt, Föhr, Helgoland und Amrum sowie auf den Halligen enden die Sommerferien eine Woche früher, die Herbstferien beginnen eine Woche früher.

Alle Angaben ohne Gewähr.

Schnellübersicht